DIREITO DO TRABALHO

Grupo Editorial Nacional

O GEN | Grupo Editorial Nacional – maior plataforma editorial brasileira no segmento científico, técnico e profissional – publica conteúdos nas áreas de concursos, ciências jurídicas, humanas, exatas, da saúde e sociais aplicadas, além de prover serviços direcionados à educação continuada.

As editoras que integram o GEN, das mais respeitadas no mercado editorial, construíram catálogos inigualáveis, com obras decisivas para a formação acadêmica e o aperfeiçoamento de várias gerações de profissionais e estudantes, tendo se tornado sinônimo de qualidade e seriedade.

A missão do GEN e dos núcleos de conteúdo que o compõem é prover a melhor informação científica e distribuí-la de maneira flexível e conveniente, a preços justos, gerando benefícios e servindo a autores, docentes, livreiros, funcionários, colaboradores e acionistas.

Nosso comportamento ético incondicional e nossa responsabilidade social e ambiental são reforçados pela natureza educacional de nossa atividade e dão sustentabilidade ao crescimento contínuo e à rentabilidade do grupo.

VÓLIA BOMFIM

DIREITO DO TRABALHO

DE ACORDO COM A
REFORMA TRABALHISTA

18.ª edição
Revista e atualizada

gen | EDITORA MÉTODO

- O autor deste livro e a editora empenharam seus melhores esforços para assegurar que as informações e os procedimentos apresentados no texto estejam em acordo com os padrões aceitos à época da publicação, e todos os dados foram atualizados pelo autor até a data de fechamento do livro. Entretanto, tendo em conta a evolução das ciências, as atualizações legislativas, as mudanças regulamentares governamentais e o constante fluxo de novas informações sobre os temas que constam do livro, recomendamos enfaticamente que os leitores consultem sempre outras fontes fidedignas, de modo a se certificarem de que as informações contidas no texto estão corretas e de que não houve alterações nas recomendações ou na legislação regulamentadora.

- Fechamento desta edição: *09.03.2021*

- O Autor e a editora se empenharam para citar adequadamente e dar o devido crédito a todos os detentores de direitos autorais de qualquer material utilizado neste livro, dispondo-se a possíveis acertos posteriores caso, inadvertida e involuntariamente, a identificação de algum deles tenha sido omitida.

- **Atendimento ao cliente: (11) 5080-0751 | faleconosco@grupogen.com.br**

Editora Forense Ltda.
Uma editora integrante do GEN | Grupo Editorial Nacional
Travessa do Ouvidor, 11 – Térreo e 6º andar
Rio de Janeiro – RJ – 20040-040
www.grupogen.com.br

- Capa: Aurélio Corrêa

- **CIP – BRASIL. CATALOGAÇÃO NA FONTE.**
SINDICATO NACIONAL DOS EDITORES DE LIVROS, RJ.

Bomfim, Vólia

Direito do Trabalho: de acordo com a reforma trabalhista / Vólia Bomfim. – 18. ed. – Rio de Janeiro: Forense; Método, 2021.

Inclui bibliografia e índice
ISBN 978-85-309-9319-1

1. Direito do trabalho – Brasil. 2. Serviço público – Brasil – Concursos. I. Título

21-68746 CDU: 349.2(81)

Meri Gleice Rodrigues de Souza – Bibliotecária – CRB-7/6439

"Entre o forte e o fraco, entre o rico e o pobre, entre o patrão e o operário, é a liberdade que oprime e a lei que liberta."

Abade Lacordaire

"A lei sem Direito e Justiça é forma inanimada, corpo sem alma, fruto sem seiva."

Benedito Calheiros Bomfim

"O Direito, na sua interpretação e aplicação, exige o pensar, mas não se pode pensar nem praticar o Direito sem antes estudá-lo e sem conhecê-lo."

Benedito Calheiros Bomfim

DEDICATÓRIA

Ao meu pai, Benedito Calheiros Bomfim (*in memoriam*), exemplo de probidade, retidão de caráter, senso de justiça e simplicidade. Ensinou-me como o trabalho dignifica e incentivou-me na vida acadêmica e literária. À minha mãe, Celi de Menezes Bomfim (*in memoriam*), demonstração incansável de perseverança, fé e coragem para enfrentar as dificuldades da vida e da morte. Exemplo de alegria e positividade.

Aos meus alunos, que me inspiram ao estudo e tanto me ensinam. Esta obra foi feita para aqueles que, como eles, têm sede de conhecimento.

Dedico este livro, ainda, ao meu marido, Fernando, com muito amor e carinho, aos meus filhos, Luana, amiga e motivo constante de orgulho e admiração; Lucas e Juliana, retratos da felicidade; Daniela (*in memoriam*), eterna saudade; e ao querido Pedro e à querida Eva, sinônimos de renovação de vida e de muita alegria, pois esta obra é fruto das intermináveis ausências familiares que eles souberam compreender e suportar com muito amor e paciência.

NOTA À 18ª EDIÇÃO

A Lei da Liberdade Econômica (Lei 13.874/19) trouxe algumas alterações na legislação trabalhista, principalmente no que diz respeito à CTPS eletrônica e à necessidade de cartões de ponto.

Muitos pontos foram atualizados pela jurisprudência do STF e TST.

Para que o leitor possa estar sempre atualizado, serão disponibilizados, pelo QRCode abaixo, vídeos com comentários da autora a respeito de alterações legislativas relacionadas à disciplina:

Acesse o *QR Code* e assista à aula explicativa sobre este assunto.

> *https://goo.gl/zMXA1u*

APRESENTAÇÃO

Este livro engloba todo o conteúdo programático de Direito do Trabalho, desde a parte histórica, seus fundamentos filosóficos, a crise vivenciada a cada dia pelo Direito do Trabalho, bem como todos os pontos dos Direitos Individual e Coletivo do Trabalho, com rápidas passagens por outros ramos do Direito necessárias para melhor compreensão da matéria, como Direito Civil, Direito Internacional, Direito Processual Civil, Direito Processual do Trabalho, Direito Penal, Direito Administrativo e Direito Constitucional. Os temas foram explorados de forma profunda e técnica.

Tentamos transportar a experiência adquirida em longos anos de advocacia, magistratura e magistério aos exemplos citados no correr deste compêndio.

A obra apresenta toda a matéria teórica, explorando as nuanças e correntes de cada tema, com referências doutrinárias dos autores mais conhecidos das respectivas áreas. Foi selecionada jurisprudência sobre os temas mais controvertidos, para facilitar a compreensão do leitor.

O livro tem o objetivo de contribuir para o conhecimento dos interessados no tema, por isso, destina-se aos estudiosos, estudantes, professores, magistrados, procuradores e advogados trabalhistas.

Colaborações e críticas são bem-vindas e devem ser enviadas diretamente para a autora em seu endereço eletrônico: **voliabomfim@gmail.com.**

A Autora

PREFÁCIO

No mesmo ano em que resolvi encerrar a edição das *Instituições de Direito do Trabalho*, conforta-me o lançamento do magnífico *Direito do Trabalho*, da magistrada e professora Vólia Bomfim.

Há 50 anos ocorreu a 1ª edição das *Instituições*, que escrevi com Délio Maranhão e José Segadas Vianna. Com o falecimento desses admiráveis colegas e notáveis juristas, as edições que se sucederam foram atualizadas e complementadas pelo competente João de Lima Teixeira Filho e por mim. Hoje, chegamos à 23ª edição, com cinco segundas tiragens, totalizando mais de cem mil exemplares. A minha idade já não aconselha o esforço de prosseguir nessa tarefa, numa fase em que o ordenamento legal e a jurisprudência dos nossos tribunais são alterados com frequência. Assim, conforme escreveu Henri de Page:

> *O direito é essencialmente uma coisa viva. Ele está destinado a reger homens, isto é, seres que se movem, pensam, agem, mudam e se modificam.*

Aos excelentes tratados e cursos sobre o tema, que honram a literatura jurídica brasileira, juntar-se-á, agora, o completo livro de Vólia Bomfim, que herdou do seu pai – o exemplar advogado Benedito Calheiros Bomfim – a ética e a sabedoria unanimemente proclamados pelos operadores do Direito.

O livro disserta com profundidade sobre o Direito Individual e o Direito Coletivo do trabalho, com uma incursão no campo do poder normativo da Justiça do Trabalho. E o faz com ampla referência às doutrinas nacional e estrangeira e à legislação comparada, além de muitas transcrições de súmulas e acórdãos dos nossos tribunais. Afigura-se-me inquestionável o sucesso da obra agora colocada à disposição dos estudiosos do Direito do Trabalho.

Quero destacar, nesta oportunidade, o Capítulo 2, no qual a autora tece considerações pertinentes aos efeitos da globalização da economia nas relações de trabalho, e os Capítulos 6 e 7, relativos aos princípios, cujo apelo pelos magistrados é tímido.

Nos países de tradição jurídica romano-germânica, há um freio à desregulamentação do Direito do Trabalho, mas a flexibilização, que não se confunde com a precarização defendida por neoliberais, tem alcance distinto na Europa e na América Latina. Consoante escrevi no meu *Curso de Direito do Trabalho*:

Na Europa predomina a flexibilização atinente à contratação do trabalhador, com opções referentes a contratos a tempo parcial, de interinidade, intermitente, partilhado ou temporário, além das hipóteses de contrato por prazo determinado. Outrossim, expande-se o teletrabalho. Quanto às despedidas, a garantia de emprego tem sido excepcionada para as coletivas decorrentes de causas econômicas. A modulação das jornadas de trabalho, com a estipulação de médias semanais, mensais e até anuais (banco de horas) e o horário flexível são admitidos em diversos países, tendo sido ampliado o poder patronal para a fixação de horários e a mobilidade do trabalhador. Demais disto, há casos de redução de obrigações social-trabalhistas para empresas de pequeno porte, além de maior flexibilidade, para salvar empreendimentos afetados pelas crises econômicas.

Na América Latina prevalece, infelizmente, a flexibilização selvagem, com a revogação ou modificação de algumas normas legais de proteção ao trabalhador e a ampliação da franquia para reduzir direito e condições de trabalho, seja por meio de contratos coletivos, seja, em alguns países, por atos unilaterais do empregador. É indisfarçável a influência externa para minimizar a participação heterônoma do Estado nas relações de trabalho, não obstante tenha essa intervenção resultado, em nosso continente, da história geopolítica e do estágio das condições socioeconômicas da respectiva região.

Nos Estados Unidos da América, de tradição jurídica no sentido de que o contrato deve ser a base fundamental das relações jurídicas, vigoram raras leis trabalhistas, razão pela qual os contratos coletivos entre sindicatos e empresas preenchem o vazio legislativo. A globalização da economia e a referida flexibilização não alteraram, portanto, a prática estabelecida.

Os princípios, tão bem estudados por Vólia, são enunciados genéricos que devem iluminar tanto a elaboração das leis e a criação de normas jurídicas autônomas quanto a interpretação e a aplicação do Direito. Eles não se limitam a sanar omissões, sendo certo que a Carta Magna brasileira de 1988 deu hierarquia constitucional a relevantes princípios e preceituou que os direitos e as garantias nela expressos não excluem outros decorrentes dos princípios que adotou (§ 2º do art. 5º). Daí por que devemos substituir o culto da interpretação meramente formal do Direito, com a aplicação mecânica das normas jurídicas, pelo atendimento aos objetivos do sistema, homenageando os princípios que o fundamentam e a força normativa da realidade social.

O Direito, desprovido dos seus elementos filosóficos e, pois, concebidos sem consideração aos princípios que o fundamentam, seria, segundo a comparação do imortal Kant, "semelhante a uma cabeça sem cérebro".

Consoante advertiu Anatole France, o Direito e a justiça não podem sancionar as injustiças. E como bem assinalou Roberto Lyra Filho:

Justiça é Justiça Social, antes de tudo: é atualização dos princípios condutores, emergindo nas lutas sociais, para levar à criação duma sociedade em que cessem a exploração e a opressão do homem pelo homem; e o Direito não é mais nem menos do que a expressão daqueles princípios supremos enquanto modelo avançado de legítima organização social da liberdade.

Urge, assim, uma nova ordem econômica internacional fundada num pacto de solidariedade em escala mundial, que consagre a cooperação responsável de todos os povos.

Rio de Janeiro, 12 de maio de 2007

Arnaldo Süssekind

SUMÁRIO

Unidade I
DIREITO INDIVIDUAL DO TRABALHO

UNIDADE II
DIREITO COLETIVO DO TRABALHO

Unidade I
DIREITO INDIVIDUAL DO TRABALHO

Capítulo 1

DIREITO DO TRABALHO (HISTÓRICO)

1. TRABALHO

1.1. Origem da Palavra

Do ponto de vista histórico e etimológico a palavra trabalho decorre de algo desagradável: dor, castigo, sofrimento, tortura. O termo trabalho tem origem no latim – *tripalium*. Espécie de instrumento de tortura ou canga[1] que pesava sobre os animais. Por isso, os nobres, os senhores feudais ou os vencedores não trabalhavam, pois consideravam o trabalho uma espécie de castigo.

A partir daí, decorreram variações como *tripaliare* (trabalhar) e *trepalium* (cavalete de três paus usado para aplicar a ferradura aos cavalos).

1.2. Definição

Se no passado o trabalho tinha conotação de tortura, atualmente significa toda energia física ou intelectual empregada pelo homem com finalidade produtiva. Todavia, nem toda atividade humana produtiva constitui objeto do Direito do Trabalho, pois somente a feita em favor de terceiros interessa ao nosso estudo e não a energia despendida para si próprio.

Trabalho pressupõe ação, emissão de energia, desprendimento e despendimento de energia humana, física e mental, com o objetivo de atingir algum resultado.

2. DIREITO DO TRABALHO

2.1. Conceito

Três correntes discorrem sobre o tema:

A primeira delas é a corrente **subjetiva**, que prioriza os sujeitos (pessoas) da relação de emprego: o empregado e o empregador. Ao se conceituar sob a ótica

---

[1] Peça de madeira que prende os bois pelo pescoço e os liga ao carro ou ao arado.

subjetivista, com frequência destaca-se a fragilidade da condição econômica do empregado na relação jurídica.

Cesarino Junior[2] assim conceitua o Direito do Trabalho destacando o papel do empregado:

> É o conjunto de leis que consideram individualmente o empregado e o empregador, unidos numa relação contratual.
>
> (...)
>
> O sistema jurídico de proteção ao economicamente fraco na relação jurídica.

A segunda vertente é a **objetiva** e realça o conteúdo do Direito do Trabalho e não seus destinatários. Não prioriza os sujeitos da relação jurídica, mas a lei, o campo objetivo. Tem como fio condutor a prestação de trabalho subordinado, objeto do contrato de trabalho. Assim, entende Messias Donato,[3] defensor desta corrente, que o Direito do Trabalho é um:

> Corpo de princípios e normas jurídicas que ordenam a prestação de trabalho subordinado ou a este equivalente, bem como as relações e os riscos que dela se originam.

Na verdade, não há como separar a posição subjetivista da objetivista, pois são frente e verso da mesma moeda,[4] e separar uma corrente da outra torna insuficiente o conceito para entender o Direito do Trabalho em sua plenitude.

A terceira corrente, majoritária na doutrina, é chamada de **mista**, pois engloba as duas categorias acima, valorando tanto os sujeitos da relação de trabalho quanto o conteúdo do Direito do Trabalho. Martins Catharino[5] é defensor desta corrente:

> É o conjunto de princípios e normas que regulam, principalmente, as relações imediata ou mediatamente ligadas ao trabalho remunerado, livre, privado e subordinado, e, ainda, aspectos relativos à existência dos que o executam.

A corrente mista também tem como adeptos Sergio Pinto,[6] Godinho,[7] Süssekind,[8] Rodrigues Pinto,[9] Magano,[10] Evaristo Moraes Filho[11] e Orlando Gomes.[12]

---

2 CESARINO JUNIOR. *Direito social*. São Paulo: LTr, 1980, p. 52-54.

3 *Apud* DELGADO, Mauricio Godinho. *Curso de Direito do Trabalho*. São Paulo: LTr, 2002, p. 41.

4 Neste sentido CATHARINO, José Martins. *Compêndio Universitário de Direito do Trabalho*. São Paulo: Editora Jurídica e Universitária, 1972, v. 1, p. 49.

5 *Ibidem*, p. 50.

6 MARTINS, Sergio Pinto. *Direito do Trabalho*. 13. ed. São Paulo: Atlas, 2001, p. 45.

7 DELGADO, Mauricio Godinho. *Curso de Direito do Trabalho*. São Paulo: LTr, 2002, p. 48.

8 SÜSSEKIND, Arnaldo. *Curso de Direito do Trabalho*. 18. ed. Rio de Janeiro: Renovar, 1999, v. 1, p. 58.

9 PINTO, José Augusto Rodrigues. *Curso de Direito Individual do Trabalho*. 4. ed. São Paulo: LTr, 2000, p. 46.

10 MAGANO, Otávio Bueno. *Manual de Direito do Trabalho*. Direito Individual do Trabalho. 3. ed. São Paulo: LTr, 1992, v. 2, p. 27.

11 MORAES FILHO, Evaristo de. *Introdução ao Direito do Trabalho*. São Paulo: LTr, 1971, p. 17.

12 GOMES, Orlando; GOTTSCHALK, Élson. *Curso de Direito do Trabalho*. 16. ed. Rio de Janeiro: Forense, 2004, p. 8.

Entretanto, tecemos algumas críticas ao conceito do autor, pois, na visão pós-moderna constitucional, os princípios são espécies do gênero normas. Portanto, é redundância referir-se a princípios e normas, bastando mencionar "normas", pois aí já estão incluídas as regras, os princípios e os valores.

A segunda crítica está na limitação do Direito do Trabalho apenas ao trabalhador subordinado, porque, excepcionalmente, a legislação trabalhista também se aplica ao trabalhador não empregado – avulso, rural eventual, meeiro, parceiro etc.

Ademais, o Direito do Trabalho é muito mais amplo, tem toda uma conotação coletiva, social, com institutos internacionais, nacionais e setoriais que visam à melhoria da condição social dos trabalhadores, à proteção das minorias e dos hipossuficientes, à proteção da sociedade trabalhadora. Também tem a visão e abordagem econômica, quanto aos tributos e encargos trabalhistas, mercado de trabalho, globalização da economia e consequente flexibilização das obrigações trabalhistas para sobrevivência da empresa.

O Direito do Trabalho não pode ser visto apenas como aquele que cuida da aplicação das regras trabalhistas, isto é, da aplicação da CLT e das demais leis extravagantes. Vai além destes limites. Supera a visão individualista e coletiva e perpassa pela visão econômica, política e social.

Concordamos, portanto, com a visão holística da corrente mista.

Para nós, o conceito de Direito do Trabalho é **um sistema jurídico permeado por institutos, valores, regras e princípios dirigidos aos trabalhadores subordinados e assemelhados, aos empregadores, empresas coligadas, tomadores de serviço, para tutela do contrato mínimo de trabalho, das obrigações decorrentes das relações de trabalho, das medidas que visam à proteção da sociedade trabalhadora, sempre norteadas pelos princípios constitucionais, principalmente o da dignidade da pessoa humana. Também é recheado de normas destinadas aos sindicatos e associações representativas; à atenuação e forma de solução dos conflitos individuais, coletivos e difusos, existentes entre capital e trabalho; à estabilização da economia social e à melhoria da condição social de todos os relacionados.**

2.2. Características

A maior característica do Direito do Trabalho é a proteção do trabalhador, seja através da regulamentação legal das condições mínimas da relação de emprego, seja através de medidas sociais adotadas e implantadas pelo governo e sociedade. Logo, seu principal conteúdo é o empregado e o empregador. Sob o aspecto do direito coletivo do trabalho, sua maior característica está na busca de soluções e na pacificação dos conflitos coletivos do trabalho (conflitos *on going*),[13] bem como nas formas de representação pelos sindicatos.

---

[13] Conflitos *on going* são as lides eternas, que não se exaurem em um ato. As relações entre empregado e empregador sempre se perpetuarão, pois os interesses econômicos são antagônicos.

Alice Monteiro[14] enumera outras características:

> a) a tendência *in fieri*, isto é, à ampliação crescente; b) o fato de ser um direito "tuitivo", de reivindicação de classe; c) o cunho intervencionista; d) o caráter cosmopolita, isto é, influenciado pelas normas internacionais; e) o fato de os seus institutos jurídicos mais típicos serem de ordem coletiva ou socializante; f) o fato de ser um direito em transição. A essas características a doutrina estrangeira acrescenta a circunstância de ser limitativo da autonomia de vontade individual no contrato, ter como propósito principal a tutela do trabalhador e do economicamente mais fraco e ordenar o mundo do trabalho de acordo com os princípios da dignidade humana, tendo em vista a paz social.

A **crescente ampliação** mencionada no texto acima foi realçada na Constituição da República de 1988 no campo **subjetivo** ou **pessoal** (sujeitos atingidos) onde o Direito do Trabalho está sendo estendido a um número cada vez maior de trabalhadores não empregados. O Direito do Trabalho é um conjunto de normas que pugna pela valoração social do trabalhador, não importando se é um empregado (em que há prestação de trabalho subordinado, objeto do contrato de trabalho), ou um trabalhador assemelhado ao empregado, ou ainda, um desempregado, mas inserido no mercado de trabalho à procura de uma nova colocação.

Constata-se que o legislador de 1988 estendeu aos avulsos os mesmos direitos sociais garantidos aos empregados pela Constituição (art. 7º, XXXIV, da CRFB).

No campo **objetivo**[15] da ampliação do Direito do Trabalho percebe-se um aumento no leque de direitos e vantagens destinados ao trabalhador. Isto porque a Carta de 1988 conferiu aos rurais o instituto do FGTS, do salário-família, o adicional de periculosidade e insalubridade (de discutida aplicabilidade antes da Carta de 1988), enquanto para os domésticos, em sua redação originária, garantiu o aviso prévio, 13º salário, salário mínimo, RSR, dentre outros institutos anteriormente destinados apenas aos urbanos. Além disso, ampliou os benefícios dos empregados, tais como: seguro-desemprego, 1/3 sobre a remuneração de férias, 40% sobre o FGTS em caso de dispensa imotivada.

Com a ampliação do campo de atuação do Direito do Trabalho a legislação passou a se preocupar também com os trabalhadores ociosos, isto é, com os desempregados que buscam nova colocação no mercado. É o que demonstra a Lei nº 7.998/90 que, regulamentando o inciso II do art. 7º da CRFB, garante o pagamento, em número cada vez maior de parcelas, do seguro-desemprego. Por sua vez, o art. 373-A, I, da CLT proíbe a publicação de anúncio de emprego que contenha qualquer tipo de discriminação.

Convém ressaltar que nada mudou quanto ao conceito do Direito do Trabalho ou suas características, após a Emenda Constitucional nº 45/04, que apenas alargou a competência da Justiça do Trabalho, isto é, alterou apenas a parte processual, relativa à competência e aos procedimentos destinados a cada ação, e não o direito

14 BARROS, Alice Monteiro de. *Curso de Direito do Trabalho*. São Paulo: LTr, 2005, p. 87.

15 Alice Monteiro se refere a este critério como ampliação crescente em **intensidade**. BARROS, Alice Monteiro de. *Curso de Direito do Trabalho*. São Paulo: LTr, 2005, p. 88.

material, suas regras, princípios e valores, que continuam a ser aplicados aos mesmos destinatários anteriores. O Direito do Trabalho permanece preocupado principalmente com a questão social do trabalhador subordinado, a relação de emprego e, excepcionalmente, com as demais relações de trabalho sujeitas às regras trabalhistas (CLT, avulso *x* armador; parceiro, meeiro ou arrendatário rural *x* fazendeiro).

Após a Emenda Constitucional nº 45/2004, algumas relações de trabalho, salvo as referentes às relações de consumo,[16] passaram para a competência da Justiça do Trabalho, mas com princípios, regras e valores distintos daqueles inerentes ao Direito do Trabalho. Não se deve confundir o direito material com o processual. A EC nº 72/2013 ampliou os direitos do empregado doméstico e a Lei nº 13.467/2017 modificou de forma profunda o direito e o processo do trabalho.

Cumpre ressaltar que não se deve confundir a ampliação do campo de aplicação do Direito do Trabalho com a ampliação da competência da Justiça do Trabalho, matérias absolutamente distintas.

O **caráter socializante** do Direito do Trabalho vem inspirando todos os outros ramos do Direito, pois realça a finalidade social e o caráter coletivo do Direito, menos preocupado, como outrora, com o individual e o patrimônio, abandonando o caráter privatista do direito comum. Por conta disso, a clássica inércia do Estado foi rompida pioneiramente pelo Direito do Trabalho para, através de uma legislação imperativa, garantir direitos mínimos e fundamentais à pessoa humana, adotando o princípio da proteção ao hipossuficiente (**caráter tuitivo ou protetivo**). Virtudes, aliás, adotadas pelo atual Código Civil.

A socialização dos direitos também está ligada às questões coletivas, já que obriga a repartição dos problemas com toda a sociedade, demonstrando a necessária solidariedade que deve existir entre os agentes sociais que influenciam nas relações de trabalho (Estado *x* sindicatos *x* empresários *x* economia *x* trabalhadores). Isto justifica a supremacia do direito coletivo sobre o individual.

Preocupado com a unificação mundial dos direitos mínimos do trabalhador, o art. 427 do Tratado de Versalhes (1919) determina a harmonização da legislação trabalhista entre os países, dando um **caráter transnacional**[17] ao Direito do Trabalho. Esta garantia mínima também toma conotação mundial na Declaração Universal dos Direitos do Homem.

A cada momento, o Direito do Trabalho tem que se transformar para se adaptar às realidades econômicas e sociais da época, sem esquecer a figura do trabalhador que deve ser protegida. Este é seu **caráter transformador**.[18]

---

16 A matéria ainda é muito controvertida.

17 Alice Monteiro denomina este critério de "caráter **cosmopolita**". BARROS, Alice Monteiro de. *Curso de Direito do Trabalho*. São Paulo: LTr, 2005, p. 91.

18 Alice Monteiro denomina esta característica de "direito em **transição**". BARROS, Alice Monteiro de. *Curso de Direito do Trabalho*. São Paulo: LTr, 2005, p. 91.

2.3. Denominação

Várias denominações foram dadas ao Direito do Trabalho ao longo do tempo: legislação industrial, legislação operária, legislação trabalhista e legislação social. Apenas em 1919, com o Tratado de Paz da Primeira Guerra Mundial, foi consagrada a autonomia científica do Direito Trabalho, o que fez substituir a palavra "legislação" pelo vocábulo "direito". A partir de então, foram utilizadas as denominações: direito operário (art. 16, XVI da CF/37), direito industrial, direito corporativo, direito social, Direito do Trabalho. As duas primeiras nomenclaturas pecavam pelo caráter restritivo, pois partiam da premissa que todo trabalhador era operário e trabalhava na indústria. Entretanto, havia os trabalhadores no comércio, transportes, bancos etc. Portanto, a nomenclatura não se adequava à realidade. Posteriormente, sob influência do Direito italiano, chamou-se direito corporativo, já que a união dos trabalhadores constitui-se em força e, portanto, pressiona os empregadores, realçando a relevância dos sindicatos. Alguns até chamavam o Direito do Trabalho de direito sindical nesta época.

Contudo, o Direito do Trabalho é mais abrangente que o direito sindical ou coletivo, e a nomenclatura não se adaptava à complexidade e à importância da disciplina.

Finalmente a denominação que permaneceu foi Direito do Trabalho, pois se destinava a reger as relações de trabalho subordinado. Alguns autores[19] preferiram o nome Direito Social em face do seu caráter social e protetivo do hipossuficiente.

Concordamos que a melhor nomenclatura é Direito do Trabalho, pois se refere à energia humana despendida com um fim produtivo.

Apesar disso, há críticas quanto a esta nomenclatura até hoje. Para alguns deveria se chamar direito social. Todavia, a visão social de um sistema jurídico não é exclusiva ao Direito do Trabalho, mas também há outros ramos do direito, como o previdenciário, o do consumidor, o de família etc. Outros preferem o nome Direito do Trabalho Subordinado, sob o argumento de que a nomenclatura Direito do Trabalho poderia dar a entender que qualquer trabalho está incluído neste sistema. Entretanto, não se aplica ao trabalho autônomo, de representação comercial, eventual, avulso etc. Portanto, o nome Direito do Trabalho Subordinado seria o ideal por demonstrar que sua aplicação precípua se limita ao empregado.

Orlando Gomes[20] apresenta, ainda, outras definições de alguns autores, como direito novo, direito de classe, novo direito e direito do futuro.

2.4. Divisão do Direito do Trabalho

O Direito do Trabalho divide-se em direito individual e direito coletivo. O **direito individual** caracteriza-se pela existência de uma relação jurídica cujos

[19] CESARINO JUNIOR. *Direito social*. São Paulo: LTr, 1980, p. 16.

[20] GOMES, Orlando; GOTTSCHALK, Élson. *Curso de Direito do Trabalho*. Rio de Janeiro: Forense, 2003, p. 17.

interesses são concretos tanto dos trabalhadores quanto dos empresários, analisados de forma individual (de cada sujeito). Já o **direito coletivo** foca os interesses abstratos do grupo.

Para a corrente majoritária, o Direito do Trabalho é o gênero do qual são espécies: o direito individual do trabalho e o direito coletivo do trabalho. Mas há quem entenda, de forma minoritária, que o direito individual do trabalho é ciência autônoma, assim como o direito coletivo, que não se confundem, pois possuem regramentos, princípios e normas próprias e peculiares.

2.5. Natureza Jurídica ou Taxonomia[21]

Natureza jurídica de um instituto, segundo Mauricio Godinho:[22]

> É a atividade lógica de classificação pela qual se integra determinada figura jurídica no conjunto mais próximo de figuras existentes no universo do direito mediante a identificação e cotejo de seus elementos constitutivos fundamentais.[23]

O trabalho mental lógico de se classificar uma figura jurídica a partir de institutos ou figuras mais amplas também é chamado de taxonomia ou enciclopédia jurídica. Na moderna linguagem da informática, natureza jurídica seria o mesmo que guardar um texto num arquivo e este arquivo numa pasta. A pasta é o gênero maior, o arquivo o gênero menor. Exatamente por conta desta visão (arquivo ou pasta) é que encontraremos na doutrina controvérsias acerca da natureza jurídica de determinado instituto. Alguns preferem classificar a figura jurídica no instituto mais próximo; outros no mais amplo, na figura base.

Ulpiano já dividia o Direito em público e privado. Quis dizer que o Direito é um gênero que tem várias espécies. O ato de identificar em um sistema jurídico se um direito é público ou privado, é perquirir a sua natureza jurídica. Portanto, para se buscar a natureza jurídica de uma figura de direito mister primeiro perquirir seu conceito, estrutura básica e finalidade e, a partir daí, achar conexões com as figuras básicas do Direito. Este ato de "procurar a pasta em que vai se arquivar o texto"[24] é o ato de classificação. Ao encontrar a pasta, vai se chegar à natureza jurídica do "texto".

Nos dias atuais, a divisão entre o direito público e o privado está cada vez mais difícil, pois seus contornos, definições e características não são mais tão transparentes como foram outrora. Por isso, há autores que já abandonaram a ideia de se perseguir a natureza jurídica de uma ciência jurídica. Isto se explica porque o direito privado está cada vez mais público e o público, algumas vezes, aparece com características de privado.

---

21 Também pode ser utilizada a expressão taxinomia, enciclopédia jurídica ou posição enciclopédica. Deve-se evitar o termo taxionomia por ser incorreto.

22 DELGADO, Mauricio Godinho. *Direito do Trabalho*. São Paulo: LTr, 2004, p. 73.

23 *Ibidem*, p. 66.

24 Estamos utilizando neste conceito uma linguagem metafórica de informática apenas por questão didática.

De qualquer forma, estudaremos a matéria ignorando a nova discussão.

Há cinco correntes quanto à natureza jurídica do Direito do Trabalho.

- Direito público

A primeira vertente entende que o Direito do Trabalho faz parte do direito público, tendo em vista a natureza de suas normas, que são imperativas, cogentes e, também, de ordem administrativa. O Estado determina as regras mínimas do contrato, é intervencionista e considera nulo qualquer ato que vise desvirtuar a aplicação da legislação do trabalho – art. 9º da CLT. Ademais, o Direito do Trabalho tem finalidade social, de proteger os hipossuficientes, suas normas dizem respeito a direitos indisponíveis.

Para Washington de Barros Monteiro, "a natureza jurídica de direito público advém do fato de um dos sujeitos da relação ser o Estado e o interesse é público, além de haver indisponibilidade deste direito, já que as regras são imperativas".[25]

Apesar do caráter público de suas normas e da finalidade social, o Estado não é sujeito desta relação de trabalho que, via de regra, é travada entre particulares e só excepcionalmente o empregador poderá ser público.

- Direito privado

A segunda corrente, defendida por Sergio Pinto Martins,[26] Hugo Gueiros,[27] Rodrigues Pinto[28] e Délio Maranhão,[29] classifica o Direito do Trabalho como de natureza privada, já que decorre de um contrato feito entre particulares, normalmente sujeitos privados.

Apesar de sua natureza privada, é um direito regulamentado por lei, isto é, com cláusulas legais mínimas, porém isto não o descaracteriza como de natureza privada. Ora, alguns outros ramos do Direito também têm cláusulas mínimas estipuladas por lei, demonstrando um dirigismo estatal, uma intervenção do Estado nas relações particulares e privadas: direito do consumidor, direito de família, planos médicos, seguros etc.

Também preferimos esta corrente, pelos motivos citados anteriormente.

- Direito social

Alguns autores defendem a existência de uma terceira categoria para fins de classificação, em que o Direito do Trabalho não seria considerado nem público,

---

25 MONTEIRO, Washington de Barros. *Curso de Direito Civil*. São Paulo: Saraiva, 2004, v. 1, p. 18.

26 MARTINS, Sergio Pinto. *Direito do Trabalho*. 13. ed. São Paulo: Atlas, 2001, p. 54.

27 BERNARDES, Hugo Gueiros. *Direito do Trabalho*. São Paulo: LTr, 1989, v. 1, p. 84.

28 PINTO, José Augusto Rodrigues. *Curso de Direito Individual do Trabalho*. 4. ed. São Paulo: LTr, 2000, p. 32.

29 SÜSSEKIND, Arnaldo; MARANHÃO, Délio; VIANNA, Segadas; TEIXEIRA, Lima. *Instituições de Direito do Trabalho*. 19. ed. São Paulo: LTr, 2000, v. 2, p. 76.

nem privado, seria um *tertium genus*, um terceiro gênero. Cesarino Junior[30] é o defensor da terceira corrente, que classifica o Direito do Trabalho como direito social por amparar os hipossuficientes, em face de seu caráter protetivo e social. Todavia, todo direito tem cunho social, especialmente aqueles mais voltados para as minorias, os mais fracos da relação, como o direito previdenciário, do consumidor, de família, constitucional etc.

- Direito misto

A quarta corrente enquadra o Direito do Trabalho como de natureza mista, isto é, um direito tanto público quanto privado cujas normas coexistem sem divergência. Há um contrato mínimo previsto em lei e grande intervenção estatal na legislação para proteção do mais fraco, com regras indisponíveis e interesse estatal na harmonia da luta de classes. Neste ponto o caráter público do Direito do Trabalho. Todavia, instrumentaliza-se através de um contrato, em que há autonomia de vontade na admissão, demissão e algumas cláusulas contratuais, desde que não violem a lei. Neste aspecto assemelha-se ao direito privado.

Esta corrente fundamenta sua tese nestes pontos, afirmando que há normas de direito privado e de direito público, por isto, sua natureza é mista.

- Direito unitário

Arnaldo Süssekind[31] e Evaristo de Moraes Filho,[32] inspirados em correntes alemãs, defendem que o Direito do Trabalho é uma fusão, um amálgama entre as normas de direito público e direito privado, constituindo algo de novo, inseparável, uma substância diferente das demais já estudadas, onde não se consegue identificar, de forma isolada, a parte referente ao caráter público ou privado. A diferença entre esta tese e a teoria do direito misto é que nesta, haveria uma coexistência entre as normas públicas e privadas, enquanto na teoria unitária haveria uma fusão entre estas normas.

3. FUNDAMENTOS E FORMAÇÃO HISTÓRICA

3.1. Fundamento

O Direito do Trabalho nasce como reação ao cenário que se apresentou com a Revolução Industrial, com a crescente e incontrolável exploração desumana do trabalho. É produto da reação da classe trabalhadora ocorrida no século XIX contra a utilização sem limites do trabalho humano.

---

30 CESARINO JUNIOR. *Direito social*. São Paulo: LTr, 1980, p. 16.

31 SÜSSEKIND, Arnaldo; MARANHÃO, Délio; VIANNA, Segadas; TEIXEIRA, Lima. *Instituições de Direito do Trabalho*. 19. ed. São Paulo: LTr., 2000, v. 2, p. 56.

32 MORAES FILHO, Evaristo de. *Introdução ao Direito do Trabalho*. São Paulo: LTr, 1971, p. 25.

O direito comum (civil), com suas regras privadas de mercado, não mais atendia aos anseios da classe trabalhadora, oprimida e explorada pela explosão do mercado de trabalho ocorrida em virtude da invenção da máquina a vapor, de tear, da luz e da consequente revolução industrial. Em face da mecanização do trabalho já não mais se exigia o aprendizado em um ofício ou profissão. Qualquer "operário" estaria apto para o trabalho e sua mão de obra mais barata, seu poder de barganha, em face dos numerosos trabalhadores em busca de colocação no mercado, era ínfimo.

Assim, a prática de que "contrato faz lei entre as partes" colocava o trabalhador em posição inferior de barganha que, em face da necessidade, acabava por aceitar todo e qualquer tipo de cláusula contratual, submetendo-se às condições desumanas e degradantes. Crianças e mulheres eram exploradas em condições insalubres e perigosas, com salários aviltantes em jornadas extremamente dilatadas, sem qualquer descanso, seja diário, semanal ou anual. Daí a necessidade de um novo sistema legislativo protecionista, intervencionista, em que o Estado deixasse a sua apatia natural e comum, sua inércia e tomasse um papel paternalista, intervencionista, com o intuito de impedir a exploração do homem pelo homem de forma vil.

A partir daí nasce o Direito do Trabalho com função tutelar, econômica, política, coordenadora e social. **Tutelar**, porque visa proteger o trabalhador e reger o contrato mínimo de trabalho, protegendo o trabalhador de cláusulas abusivas, garantindo-lhe um mínimo. **Econômico**, em face da sua necessidade de realizar valores, de injetar capital no mercado e democratizar o acesso às riquezas, de abalar a economia do país. **Coordenadora** ou **pacificadora**, porque visa harmonizar os naturais conflitos entre capital e trabalho. **Política**, porque toda medida estatal coletiva atinge a toda população e tem interesse público. **Social**, porque visa à melhoria da condição social do trabalhador, da sociedade como um todo. Alguns autores mencionam, ainda, a função **conservadora**, porque através da imperatividade de suas regras e indisponibilidade do direito, o Estado sufocaria a ação dos trabalhadores e dos empregadores, congelando-os, engessando-os, impedindo os "avanços do Direito do Trabalho".

3.2. Histórico Mundial

a) Trabalho subordinado

O trabalho sempre foi exercido pelo homem. Na antiguidade, o homem trabalhava para alimentar-se, defender-se, abrigar-se e para fins de construção de instrumentos. A formação de tribos propiciou o início das lutas pelo poder e domínio. "Os perdedores tornavam-se prisioneiros e, como tais, eram mortos e comidos. Alguns passaram à condição de escravos para execução de serviços mais penosos."[33] A partir da escravidão surgiu o trabalho subordinado em favor de terceiro.

---

33 SÜSSEKIND, Arnaldo. *Curso de Direito do Trabalho*. Rio de Janeiro: Renovar, 2002, p. 3.

b) Até o século XIX – escravidão

O escravo sempre foi tido como coisa, mercadoria. Apesar de não ser reconhecido como sujeito de direito, transmitia esta condição aos filhos. Estava presente uma absoluta relação de domínio. Seu trabalho era gracioso e forçado em favor do amo.

c) Século XXI a.C. até XIX – locação do trabalho

O Código Hammurabi do século XIX a.C., adotado na Babilônia, dispôs sobre condições de prestação de trabalho livre, inclusive salário e já vislumbrava uma forma de arrendamento do trabalho.

Muito mais tarde, no Direito romano, nasce o arrendamento da coisa = *locatio conducto rei:* a) *locatio conducto operis*, e b) *locatio conducto operarum.*

Surge paralelamente à escravidão e à servidão como forma de trabalho autônomo dos artesãos e artífices na antiguidade. Boa parte do Direito do Trabalho contemporâneo foi inspirado nas antigas regras da *locatio operarum.*

d) Séculos I a XI – servidão

A servidão surge na época do feudalismo em que os "senhores feudais davam proteção militar e política aos servos, que não eram livres",[34] pois tinham que trabalhar na terra do senhor, entregando parte da produção em troca da proteção militar e política. Eram chamados de "servos da gleba". Recebiam parte da produção e repassavam o restante ao senhor.

e) Século XIV – mita espanhola[35]

Desenvolvida pelos indígenas na América espanhola como forma de trabalho obrigatório imposto por sorteio. O sorteado era obrigado ao trabalho vitalício. Em troca, o trabalhador recebia uma contraprestação pelo serviço, além de algumas garantias: salário em dinheiro; jornada de 8 horas, salvo em minas (7 horas); descanso dominical; assistência médica e meio salário durante o tratamento do acidente de trabalho e proibição de alguns trabalhos aos menores de 18 anos e às mulheres. A legislação protetiva era conhecida como "legislação das Índias", de Felipe II (Ordenanças de 1574).

f) Séculos XII a XVI – corporações de artes e ofício

A partir do século XI a sociedade medieval cede "à sociedade urbana, fundada no comércio e na indústria rudimentar".[36] Com as cruzadas, pestes e invasões, os feudos enfraqueceram, facilitando a fuga dos colonos que se refugiavam nas cidades,

---

[34] MARTINS, Sergio Pinto. *Direito do Trabalho*. 13. ed. São Paulo: Atlas, 2001, p. 34.

[35] SÜSSEKIND, Arnaldo. *Curso de Direito do Trabalho*. Rio de Janeiro: Renovar, 2002, p. 8.

[36] *Op. cit.*, p. 8.

onde passaram a procurar por trabalho e a reunirem-se em associações semelhantes aos antigos modelos de *collegia* e *ghildas*[37] ao lado dos artesãos e operários.

A partir destas agremiações surgiram no século XII as corporações de ofício, que se caracterizavam em típicas empresas dirigidas pelos respectivos mestres. Desfrutavam de verdadeiro monopólio, pois nenhum outro trabalhador ou corporação poderia explorar a mesma atividade naquele local. Inicialmente compostas de mestres e aprendizes. Somente a partir do século XIV surgem os companheiros.

As Corporações de Ofício ou Associações de Artes e Misteres (expressão utilizada por Segadas Viana)[38] possuíam três categorias (mestre, companheiro e aprendiz).

O aprendiz devia obediência a seu mestre e, no final de seu aprendizado, em torno de cinco anos, tornava-se companheiro ou oficial. No entanto, continuava vinculado ao mesmo mestre até que o aprendiz ou o companheiro se tornassem mestres, o que acontecia somente através de prova, que era paga.

Essa dependência dos companheiros aos mestres iniciou um atrito grande entre essas duas categorias, dando início à *Compagnonnage* (ver próximo item).

Roberto Fachetti[39] acrescenta, ainda, que as corporações de ofício acumulavam o exercício dos três poderes estatais; legislativo (ditavam os estatutos e estabeleciam as condições de trabalho), executivo (exercido pelos seus chefes) e judicial (os jurados – mestres – tinham poderes para sancionar as faltas dos agremiados).

Nesta época, o trabalho poderia ultrapassar 18 horas em algumas ocasiões, mas chegavam, em média, a 12 e 14 horas por dia.[40] Havia exploração do trabalho da mulher e da criança, além de trabalho em condições excessivamente insalubres e perigosas.

g) Século XVI – *compagnonnage*

Com o desvio da inicial finalidade das corporações de ofício e a consequente exploração de aprendizes e companheiros que dificilmente chegavam à maestria, nasceram as *compagnonnage*, compostas de companheiros que se reuniam em defesa de seus interesses para acirrar a luta entre mestres e companheiros. Daí o embrião do atual paralelismo sindical. A decadência das corporações de ofício iniciava-se.

Em 1789, as corporações de ofício foram extintas com a Revolução Francesa e em 1791 a Lei Chapelier (art. 1º), de 17 de junho, proibia seu restabelecimento e demais coalizões. Nasce a lei do mercado, o liberalismo, sem intervenção estatal nas relações contratuais.

---

37 Os *collegia* romanos, as *hetairidas* gregas e os *ghildas* germânicos foram modelos de associações similares aos sindicatos. Ainda hoje permanece a dúvida acerca de suas funções. Há quem defenda que eram verdadeiras cooperativas de trabalho e não associações assistenciais e profissionais.

38 SÜSSEKIND, Arnaldo; MARANHÃO, Délio; VIANNA, Segadas; TEIXEIRA, Lima. *Instituições de Direito do Trabalho*. 22. ed. São Paulo: LTr, 2005, v. 1, p. 30.

39 Cf. SÜSSEKIND, Arnaldo. *Curso de Direito do Trabalho*. Rio de Janeiro: Renovar, 2002, p. 9.

40 MARTINS, Sergio Pinto. *Direito do Trabalho*. 13. ed. São Paulo: Atlas, 2001, p. 35.

h) Ano 1775 – Revolução Industrial

Com a descoberta e o desenvolvimento da máquina a vapor, de fiar e tear (1738 – 1790) expandiram-se as empresas, pois o trabalho passou a ser feito de forma mais rápida e produtiva, substituindo-se o trabalho do homem pelo da máquina, terminando com vários postos de trabalho, causando desemprego. Nasce a necessidade do trabalho do homem para operar a máquina e, com isso, o trabalho assalariado. Substituía-se o trabalho do homem pelo do menor e das mulheres, que eram economicamente mais baratos e mais dóceis. Prevalecia a lei do mercado onde o empregador ditava as regras, sem intervenção do Estado – liberdade contratual. A jornada era de 16 horas e a exploração da mão de obra infantil chegou a níveis alarmantes.

O Direito do Trabalho nasce como reação às Revoluções Francesa e Industrial e à crescente exploração desumana do trabalho. É um produto da reação ocorrida no século XIX contra a utilização sem limites do trabalho humano.

A partir daí encontramos legislações e constituições preocupadas em proteger o hipossuficiente.

O Direito do Trabalho nasce com duas ramificações: Direito Individual do Trabalho e Direito Coletivo. O Direito Coletivo, com a preocupação abstrata e geral de proteção dos interesses do grupo de trabalhadores (categoria) ou de empresários. O direito individual, com a preocupação concreta da proteção dos direitos sociais do empregado. A base do direito coletivo do trabalho é o sindicato.

Em 1791, a Lei Chapelier extingue as corporações de ofício, por serem consideradas atentatórias aos direitos do homem e do cidadão. Esta lei proibia qualquer agrupamento, coalizão ou reunião pacífica, porque não interessava ao Estado que estas pessoas se reunissem devido à forma política que tais movimentos poderiam obter.

1800 – Robert Owen assume a fábrica de tecidos em *New Lamark*, na Escócia, empreendendo profundas mudanças para a época, como a supressão dos castigos e prêmios; não admissão de menor de 10 anos; jornada de dez horas e meia de trabalho; medidas de higiene no trabalho; caixa de previdência para a velhice e assistência médica. Mais tarde, Robert Owen passa a ser conhecido como pai do Direito do Trabalho. Ele consegue, ainda, estabelecer a criação do *Trade Union*, correspondente ao sindicato.

1802 – Pela primeira vez, na Inglaterra, é fixada a jornada de 12 horas no máximo para o trabalho. É proibido o trabalho entre 21h e 6h, ou seja, o trabalho noturno.

1809 – É considerado ilegal o trabalho do menor de nove anos (não era lei ainda, mas já era considerado algo impróprio).

1813 – É proibido o trabalho do menor de 18 anos em minas de subsolo.

1814 – É proibido o trabalho do menor de 18 anos, em domingos e feriados.

1839 – Lei que proíbe o trabalho do menor de nove anos, que anteriormente era vedado, porém ainda não havia lei neste sentido. E para o menor entre nove e 16 anos é fixada uma jornada de 10 horas, podendo trabalhar em uma jornada de 12 horas o maior de 16 anos.

1880 – Descoberta da eletricidade.

1891 – Encíclica *Rerum Novarum*, publicada pelo Papa Leão XIII, que, sensibilizado pela imensa exploração do homem pela máquina, tenta trazer regras mínimas que fixavam um salário mínimo, uma jornada máxima, buscando, também, uma intervenção estatal.

1917 – Constituição do México. Foi a primeira Constituição mundial a proteger direitos dos trabalhadores.

1919 – Constituição de Weimar trazendo direitos trabalhistas.

Esta data é marcada também pela criação da OIT, através do Tratado de Versailles. Trata-se de um organismo neutro, supraestatal, que institui regras de obediência mundial de proteção ao trabalho.

1927 – Carta *del Lavoro* – Constituição italiana inspirada no corporativismo, influenciando o sistema sindical brasileiro, bem como a organização da Justiça do Trabalho.

1948 – Declaração Universal dos Direitos do Homem.

3.3. Histórico no Brasil

1824 – A Constituição do Império (art. 179, XXV), inspirada nos princípios da Revolução Francesa, assegurou ampla liberdade para o trabalho e extinguiu as Corporações de Ofício.

1850 – Código Comercial. Primeiro código nacional que trouxe regras de Processo, Direito Civil e Direito do Trabalho, sendo, portanto, o berço dos demais Códigos. Ao tratar das relações de comércio, fazia menção ao armador e seus tripulantes, tratando também da possibilidade do aviso prévio, da indenização pela rescisão injusta do contrato a termo, da justa causa, da garantia de salário em caso de acidente de trabalho.

1871 – Lei do Ventre Livre em que os nascidos do ventre de escrava já não eram mais escravos.

1885 – Lei Saraiva Cotegipe. Libertou os escravos com mais de 60 anos depois que cumprissem mais de três anos de trabalho espontâneo.

1888 – A Lei Áurea foi a mais importante lei do Império. Libertou os escravos, aboliu a escravatura. Este fato trouxe para o Brasil uma nova realidade, porque houve aumento da demanda no mercado e não havia trabalho para todos. A mão de obra era desqualificada e numerosa.

1890 – Foi emitido um aviso do Ministro da Agricultura em 17 de janeiro de 1890 concedendo férias anuais remuneradas de 15 dias úteis para os ferroviários da Estrada de Ferro Central do Brasil.

1891 – A Carta de 1891 apenas garantiu o livre exercício de qualquer profissão (art. 72, § 24) e assegurou a liberdade de associação (art. 72, § 8º), o que embasou o STF a considerar lícita a organização de sindicatos.

1891 – Através do Decreto nº 1.313/1891 foi proibido o trabalho do menor de 12 anos em fábricas; foi fixada jornada de sete horas para menores entre 12 e 15 anos do sexo feminino e entre 12 e 14 do sexo masculino.

1903 – Primeira norma brasileira sobre sindicalização e organização sindical dos rurais – Decreto nº 979/1903.

1907 – Organização sindical dos urbanos garantida pelo Decreto nº 1.637/1907.

1916 – Código Civil. Tratou da locação de serviços e parte de suas disposições era aplicada às relações de trabalho, como aviso prévio, contrato determinado etc.

1919 – Criação do instituto do acidente de trabalho e, mundialmente, a criação da OIT.

1923 – Lei Eloy Chaves (Decreto nº 4.682/23) criou a estabilidade decenal apenas para os ferroviários e no mesmo ato instituiu o Conselho Nacional do Trabalho, no âmbito do Ministério da Agricultura, Indústria e Comércio.

O Decreto nº 16.027/23 criou o Conselho Nacional do Trabalho, que foi o primeiro embrião da Justiça do Trabalho.

1925 – Decreto nº 4.982/25 estendeu as férias de 15 dias úteis para os trabalhadores de estabelecimentos comerciais, industriais e bancários.

1927 – Código de Menores (Decreto nº 17.934-A) em que se estabeleceu a idade mínima de 12 anos para o trabalho, como também a proibição de trabalho noturno e em minas de subsolo.

1930 – Em 24 de outubro desse ano, Getúlio Vargas tornou-se presidente e no dia 26 do mês de novembro criou o antigo Ministério do Trabalho, Indústria e Comércio através do Decreto nº 19.443/30. A partir de então, houve farta legislação, através de decretos legislativos, tanto sobre previdência social quanto a respeito das relações de trabalho (individuais e coletivas) até a promulgação da Carta de 1934.

1931 – O Decreto Legislativo nº 19.671-A criou o Departamento Nacional do Trabalho e o Decreto Legislativo nº 19.770/31 regulamentou a organização sindical.

1932 – O Decreto Legislativo nº 21.396/32 criou a Comissão Mista e Permanente de Conciliação e o Decreto Legislativo nº 22.132/32 as Juntas de Conciliação e Julgamento. Estes dois decretos representam a mais importante figura na formação da futura Justiça do Trabalho, constituída formalmente apenas em 1939.

O Decreto Legislativo nº 21.690/32 foi o primeiro a falar da Convenção Coletiva do Trabalho. O Decreto nº 21.417-A regulamentou o trabalho da mulher e o Decreto nº 21.186 fixou jornada de oito horas para trabalho no comércio, mais tarde também estendida aos industriários.

1934 – Foi a primeira Constituição (Constituição da República) que elevou os direitos trabalhistas ao *status* constitucional disposto nos arts. 120 e 121, tais como salário mínimo, jornada de oito horas, férias, repouso semanal (não era remunerado), pluralidade sindical, indenização por despedida imotivada, criação da Justiça do Trabalho, ainda não integrante do Poder Judiciário. A Carta de 1934 foi elaborada sob forte influência da Constituição de Weimar (social-democrata) e da Constituição americana (liberal-individualista).

1935 – A Lei nº 62/35 disciplinou a rescisão do contrato, justa causa, aviso prévio e a estabilidade dos empregados da indústria e do comércio após 10 anos de serviço.

1936 – A Lei nº 185/36 instituiu o salário mínimo.

1937 – Golpe de Getúlio Vargas. Regime ditatorial. O Congresso é fechado. Foi dada competência normativa aos tribunais trabalhistas. A Constituição de 1937 foi outorgada por Getúlio, com apoio das Forças Armadas e tinha índole corporativa. No campo dos direitos individuais, a Carta de 37 manteve o elenco de direitos da Constituição anterior e garantiu direitos coletivos como: reconhecimento dos sindicatos; a imposição da contribuição sindical e a unicidade sindical; previsão para o contrato coletivo de trabalho. A greve e o *lockout* foram considerados recursos antissociais.

O Decreto-Lei nº 39/37 disciplinou a execução dos julgados nos conflitos entre empregados e empregadores.

A Lei nº 435/37 considera empregadora única e solidária a empresa principal do grupo econômico.

1939 – Organização da Justiça do Trabalho através do Decreto-Lei nº 1.237/39. O Decreto-Lei nº 1.346/39 reorganiza o Conselho Nacional do Trabalho.

1940 – Regulamento do Conselho Nacional do Trabalho pelo Decreto nº 6.597/40.

1941 – Decreto-Lei nº 3.078/41 regulou a locação de serviços dos empregados domésticos.

1943 – A CLT é compilada. Decreto-Lei nº 5.452, de 1º de maio de 1943.

O Decreto nº 5.821/43 dispõe sobre dissídio coletivo enquanto perdurar o estado de guerra.

1945 – Getúlio é deposto.

1946 – A Carta de 1946 foi considerada democrática. Dispôs sobre a participação dos empregados nos lucros da empresa, o repouso semanal remunerado, feriados, concedeu a estabilidade decenal a todos os trabalhadores, foi reconhecido o direito de greve, houve a inclusão da Justiça do Trabalho no Poder Judiciário, retirando este órgão da esfera do Executivo. Os julgadores e conciliadores da Justiça do Trabalho, até então nomeados (e não concursados), passaram a se chamar juízes e os dois conciliadores passaram a se chamar vogais, posteriormente classistas.

1949 – A Lei nº 605/49 instituiu o repouso semanal remunerado. A partir daí há extensa legislação trabalhista, sendo destacadas abaixo apenas as mais importantes.

1955 – Lei nº 2.573/55 criou adicional para o trabalho perigoso.

1957 – A Lei nº 3.207/57 dispôs sobre o vendedor pracista.

1962/1963 – Criação do 13º salário: Lei nº 4.090/62 e Lei nº 4.749/65.

1964 – Lei nº 4.330/64: primeira lei que regulamentou o direito de greve reconhecido no art. 158 da CRFB de 1946.

1966 – Lei nº 5.107/66: Lei do Fundo de Garantia do Tempo de Serviço – FGTS.

1967 – Esta Constituição manteve os direitos previstos na Carta de 1946 e objetivou a continuidade da revolução de 1964.

1969 – A Emenda Constitucional nº 1, de 1969, repetiu a Constituição anterior, porém criou alguns direitos. Em relação ao direito coletivo dispôs sobre o imposto sindical, proibiu o direito de greve para o serviço público e atividades essenciais. A revisão da Carta de 67 pela EC nº 1/69 foi imposta pelo golpe militar de 17 de outubro 1969 que assumiu o poder rompendo a doutrina defendida pela Carta de 1967.

1972 – Lei nº 5.859/72: Lei do doméstico.

1973 – Lei nº 5.889/73: Lei do trabalho rural.

1974 – Lei nº 6.019/74: Lei do trabalho temporário.

1983 – Lei nº 7.102/83: Lei dos vigilantes.

1988 – Nova Constituição retomando o homem como figura principal a ser protegida, abandonando o conceito individualista e privatista e priorizando o coletivo, o social e a dignidade da pessoa.

Houve, portanto, uma intensa evolução na legislação até culminar na Constituição de 1988 que, no art. 7º, arrola inúmeros direitos aos trabalhadores que visam à melhoria de sua condição social. Por outro lado, também forneceu instrumentos para a flexibilização de direitos trabalhistas.

1999 – A Emenda Constitucional nº 24 transformou as Juntas de Conciliação e Julgamento em Varas do Trabalho, extinguindo a representação classista.

2004 – A Emenda Constitucional nº 45 ampliou a competência da Justiça do Trabalho para abarcar também as controvérsias oriundas das demais relações de trabalho.

2013 – A Emenda Constitucional 72 estendeu aos domésticos diversos direitos trabalhistas, antes só garantidos aos urbanos e rurais. Alguns dependem de regulamentação e outros têm eficácia imediata.

2015 – A Lei Complementar 150 regulamentou a Emenda Constitucional 72/2013.

2017 – Reforma Trabalhista – Lei 13.467/17.

3.4. Consolidação das Leis Trabalhistas – CLT

Entre 1949 e 1964, o mercado interno ampliou-se, crescendo consideravelmente o número de assalariados, já que a produção industrial brasileira multiplicou-se três vezes e meia.

A sistematização e consolidação das leis num único texto (CLT) integrou os trabalhadores no círculo de direitos mínimos e fundamentais para uma sobrevivência digna. Além disso, proporcionou o conhecimento global dos direitos trabalhistas por todos os interessados, principalmente empregados e empregadores.

1 – Foram compiladas normas de proteção individual do trabalhador com pequenas alterações, adaptações e ajustes legislativos, copiadas ou inspiradas na Encíclica *Rerum Novarum* e convenções da OIT; decretos legislativos publicados entre 1930 e 1934; leis publicadas entre 1934 a 1937 e decretos-leis de 1937 até 1942.

2 – Sem qualquer alteração, algumas normas simplesmente foram transpostas para a CLT, como os decretos-leis e regulamentos de 1939 e 1942 concernentes à Justiça do Trabalho e à organização sindical.

3 – Algumas normas foram complementadas, atualizadas ou generalizadas como as referentes à medicina e à segurança do trabalho, convenção coletiva do trabalho, inspeção do trabalho e processo administrativo.

4 – Por último, foram elaboradas outras normas que eram necessárias para sistematização e exequibilidade da CLT como: Título I, referente à introdução; Capítulos I, II, III e IV do Título IV, referentes ao contrato de trabalho, remuneração, alteração, suspensão e interrupção. Em virtude disto, as normas posteriores, referentes aos Capítulos V a VIII, do mesmo título, foram adaptadas.

Dorval Lacerda foi o responsável pela elaboração, redação e readaptação destes dois títulos, mencionados acima, salvo no que se refere à estabilidade e à remuneração, que coube a Arnaldo Süssekind.

Os membros que participaram da elaboração da CLT foram: Arnaldo Süssekind, Dorval Lacerda, Segadas Vianna, Rego Monteiro e Oscar Saraiva.

Capítulo 2

DIREITO DO TRABALHO

Importância do Direito do Trabalho na publicização do Direito, globalização, crise do Direito do Trabalho, flexibilização, desregulamentação e limite à flexibilização.

1. PUBLICIZAÇÃO DO DIREITO

Em um regime onde mundialmente se defendia a total separação entre o Estado e a sociedade civil, grande foi o avanço obtido através dos movimentos operários, em meados do século XIX, em que se presenciou o nascimento do Direito do Trabalho conferindo um caráter público às relações de esfera privada. O *welfare* foi a expressão de um movimento que teve origem na sociedade civil europeia, com legítima pretensão universalista, em razão da centralidade do trabalho na organização da sociedade industrial. A necessidade de o Estado intervir na relação contratual para proteger a parte hipossuficiente, até então regida pelas leis de mercado, foi movida pela pressão da sociedade operária, pelas relações internacionais (Declaração Universal dos Direitos do Homem e Tratado de *Versailles*, OIT) e pela ação da Igreja (Encíclica *Rerum Novarum*).

Além desta publicização do direito privado, em que o Estado toma para si a gestão das principais regras até então delegadas ao arbítrio dos particulares, o Direito do Trabalho implantou no Direito um sentimento de justiça, já que buscou compensar a parte economicamente mais fraca da relação jurídica, travada entre empregado e empregador, de caráter eminentemente privado, mediante regulação legal, acarretando uma revisão dos pressupostos que informavam a ordem liberal, conferindo a ela um viés igualitário por meio da publicização da esfera privada.

Nos países de organização de política liberal, a concretização dos direitos do *welfare* teve sua base na democracia representativa, já que resultou da manifestação de maiorias parlamentares, a partir de uma prévia e favorável sedimentação da opinião no terreno da sociedade civil. Este processo de crescimento acarretou também o investimento em outras estruturas básicas do processo produtivo industrial.

O *Welfare State* representa o direito que tem toda pessoa de ser protegida contra abusos do poder econômico, garantindo-lhe, por exemplo, renda mínima, alimentação, educação, saúde, habitação, independentemente da condição social do ser humano, tudo como forma de direito político e não como caridade.[1]

A consequência desse tipo de medida (*Welfare State*) é que as relações sociais passam a ser regidas por instituições políticas democráticas – Estado, ao invés de permanecerem dependentes da esfera privada.

2. GLOBALIZAÇÃO E A CRISE DO DIREITO DO TRABALHO

A globalização é parte de um todo formado pelo neoliberalismo, privatizações, multinacionais, dentre outros elementos que concernem à estrutura e atribuições do Estado e de sua organização política, suas relações internacionais e à ordem socioeconômica nacional e mundial.

É um processo, uma "onda" que traduz uma nova cultura no quadro das transformações do capitalismo liberal. É um produto inevitável da tecnologia nas áreas da informática e das comunicações.

O mercado de trabalho passou por uma profunda modificação em face da forte volatilidade do mercado, do aumento da competição, do estreitamento das margens de lucro, da necessidade de maior produção, da divisão internacional do trabalho e da subordinação dos países mais pobres aos mais ricos.

Nos dias atuais, ainda se discute acerca da possibilidade de um "supercapitalismo", como mencionado por Lenin e Kautsky,[2] gerido e dominado pelas grandes potências que disputam o poder e a riqueza mundial. A competição entre potências sempre marcou a história, e delas podemos tirar algumas lições: 1) a união do capital privado com o poder político serviu como fator decisivo para a origem do sistema capitalista; 2) a consequência desta união foi a "extraterritorialidade" do poder dos Estados, que passaram a competir entre si, na busca de mais poder e concentração de riqueza; 3) esta disputa acabou por formar alianças fortes entre príncipes, mercadores e banqueiros.

Todavia, a competição entre os "blocos" formados por estas alianças gerou uma estrutura hierarquizada de poder e riqueza, onde de um lado se encontram as grandes potências e, de outro, a periferia de países retardatários.[3]

Essas transformações no processo de trabalho e da economia geram consequências lógicas, sentidas por todos: desigualdade social, política, cultural, religiosa, racial etc.; nações desnacionalizadas, subordinadas aos ditames dos países ricos; países mais pobres e crescimento do desemprego.

---

1 STRECK, Lenio Luiz. *Jurisdição constitucional e hermenêutica*. Rio Grande do Sul: Livraria do Advogado, 2000, p. 64.

2 *Apud* STRECK, Lenio Luiz. *Jurisdição constitucional e hermenêutica*. Rio Grande do Sul. Livraria do Advogado, 2000, p. 59.

3 STRECK, Lenio Luiz. *Jurisdição constitucional e hermenêutica*. Rio Grande do Sul. Livraria do Advogado, 2000, p. 60.

Neste particular, sábia a alusão proferida a este processo por Celso R. Duvivier de Albuquerque Mello:[4]

> Em um outro sentido, a palavra globalização pode ser entendida como uma decorrência dos interesses planetários de poucos Estados, ou ainda, como uma decorrência do programa de meios de comunicação de massa. Pode-se dizer que é praticamente uma interpretação ecológica das relações internacionais. Se no mundo físico a globalização pode ser um fato, já no mundo dos homens, isto é, político, é um ato que poderíamos dizer de livre-arbítrio. Só se globaliza o que se quer. E mais: a globalização é sempre realizada no interesse de umas poucas grandes potências que, em seu nome, passam a agir em todo o planeta, a fim de salvaguardar os seus interesses. É óbvio que esta afirmação não pretende ser absoluta, vez que existem sempre as eternas exceções, como as crises econômicas em grandes potências.

Através da reação e da resistência dos mercados nacionais e dos Estados periféricos ao impulso das grandes potências, surgiu a globalização do capitalismo. Apenas aqueles Estados que souberam resistir e aproveitar destas potências ao mesmo tempo, tiveram sucesso econômico-político. Esse processo de polarização da riqueza se deu com muita velocidade e intensidade, aumentando o contraste social. À margem disto, continuam fora da globalização "a defesa dos sistemas econômicos 'nacionais' e a proteção das populações diante da tendência do sistema à pauperização".[5]

Diante deste processo, necessário se faz uma profunda reflexão sobre a possibilidade de realização da democracia e das garantias dos direitos fundamentais. Para tanto, é preciso discutir a relação Estado *x* Direito *x* sociedade.

Como reação nasce a crise filosófica que questiona os fundamentos em que se baseia o modelo do bem-estar social do trabalhador. O excesso de proteção ao trabalhador torna-se alvo de dúvidas.

Sob a máscara de se estar defendendo um modelo de bem-estar social percebe-se um projeto simbólico de rearranjo das relações intersubjetivas que está calcado não só no consenso democrático, mas, também, na ideia de um viver comunitário em que todos compartilham lucros e prejuízos.

Diante destas crises, afirmam os neoliberais que poderá haver uma revisão das garantias mínimas, devendo o Estado enxugá-las. Todavia, as consequências da **minimização do Estado** onde de fato foi aplicado o *welfare* são incomparáveis com aquelas de Estados em que nunca houve um Estado Social, como é o caso do Brasil. Em nosso país as promessas de modernidade e de reintegração da atividade econômica na vida social nunca foram cumpridas.

Com base nesses argumentos os patrões tiram "proveito do enfraquecimento do poder sindical e da grande quantidade de mão de obra excedente (desempregados e subempregados) para impor regimes e contratos de trabalho mais flexíveis".[6]

---

4 MELLO, Celso D. de Albuquerque. "Aspectos jurídico-políticos da globalização". *Revista de Ciências Sociais*. Rio de Janeiro: Universidade Gama Filho, v. 2, n. 2, dez. 1996, p. 75.

5 STRECK, Lenio Luiz. *Jurisdição constitucional e hermenêutica*. Rio Grande do Sul. Livraria do Advogado, 2000, p. 61.

6 IANNI, Octavio. *A era do globalismo*. Rio de Janeiro: Civilização Brasileira, 1996, p. 162.

Por causa disto, Boaventura Santos[7] afirmou que "precisamos de um Estado cada vez mais forte para garantir os direitos, num contexto hostil de globalização neoliberal".

Na verdade, a globalização que nos é oferecida não vem acompanhada de um comportamento liberal ou neoliberal dos países centrais, já que impõem barreiras monetárias e alfandegárias. A alta proteção trabalhista e a visão do bem-estar social praticados na era da administração econômica nacional ocasionam sociedades ocidentais não competitivas em relação às economias industrializadas e, por isso, alguns defendem que tais direitos devem ser drasticamente reduzidos, diminuindo os gastos, possibilitando melhor competitividade no mercado. "Esse processo leva ao fenômeno da **desregulamentação**, variante menor de propostas de desconstitucionalização"[8] (grifo nosso).

Este fenômeno influencia não só a flexibilidade das leis, a redução de direitos trabalhistas, mas também o comportamento político.

Percebe-se a mudança no tradicional perfil das funções do Estado em diversos setores, inclusive na jurisdição, quando, por exemplo, o Legislativo pratica a jurisdição nas Comissões Parlamentares de Inquérito.

Outra mudança está no Judiciário que, com a tarefa de solucionar os conflitos sociais de massa, acabou por desempenhar um importante papel na democracia e consequentemente na política, ensejando o fenômeno de **judicialização da política**[9] e das relações sociais.

Apesar das crises, é necessário firmar um projeto nacional, para que os Estados não fiquem à mercê das exigências externas, fazendo triunfar os interesses da nação, mesmo num mundo globalizado. A nossa Carta estabelece um Estado forte, intervencionista e regulador. A desregulamentação desmedida e a minimização dos direitos enfraquecem o Estado, único agente capaz de, através de políticas públicas, erradicar as desigualdades sociais que se avolumam em nosso país.

Neste diapasão, cumpre registrar a assertiva de Miguel Reale,[10] de incontestável autoridade:

> Não é possível pensar num Estado evanescente, num Estado fraco, mas, ao contrário, é preciso respeitar a identidade de cada povo, de cada nação, não apenas pela sua língua e pelas suas tradições, mas também pela defesa e salvaguarda de seus próprios interesses. Então, o primeiro personagem que deve cuidar do alcance do equilíbrio é o Estado. Não concebido como uma soberania todo-poderosa, mas, ao contrário, como um centro de poder capaz de atuar como cooperadora e realizadora de uma aliança de caráter internacional. Diante deste pacto tecnológico, as nações devem se compor entre si.

---

7 *Apud* STRECK, Lenio Luiz. *Jurisdição constitucional e hermenêutica*. Rio Grande do Sul: Livraria do Advogado, 2000, p. 70.

8 *Ibidem*, p. 72.

9 Judicialização da política significa controle jurisdicional das ações e políticas públicas.

10 REALE, Miguel. "A Globalização da economia e o Direito do Trabalho". *Revista LTr*, 61-01/12.

As promessas de modernidade só atingem alguns brasileiros. Daí a existência de duas espécies de brasileiros segundo Streck: "o sobreintegrado ou sobrecidadão, que dispõe do sistema, mas a ele não se subordina, e o subintegrado ou subcidadão, que depende do sistema, mas a ele não tem acesso."[11]

Ianni[12] acrescenta que "o desemprego estrutural pode implicar a formação da subclasse, uma manifestação particularmente aguda da questão social", e explica que o termo subclasse expressa "a cristalização de um segmento identificável da população na parte inferior, ou sob a parte inferior da subclasse", cujas características são percebidas por aqueles que sentem o desemprego prolongado, seja porque não têm especialização, cultura, seja pela raça, cor, idade etc. As discriminações fazem parte deste novo sistema econômico.

Sofre, também, o Direito ante os desdobramentos das problemáticas acima, entrando em crise.

A partir daí um grande paradoxo se instala: de um lado uma população carente e de outro uma Constituição que lhe garante direitos básicos. A solução estaria, então, na efetivação destes direitos, concretizando-se o Estado Social preconizado pela Constituição. No Estado Democrático de Direito a lei passa a ser, privilegiadamente, um instrumento de ação concreta do Estado, tendo como método assecuratório de sua efetividade a promoção de determinadas ações pretendidas pela ordem jurídica.

Constata-se que a sociedade brasileira não dispunha de uma mentalidade cívica e de cultura política democrática para a aplicação da constitucionalização em aberto.

Assim, na recepção brasileira da "Constituição aberta", tais valores e princípios foram trazidos do patrimônio cultural do Ocidente, os quais deveriam encontrar positivação no seu direito constitucional.

A concretização da vontade geral declarada na Constituição seria uma obra de arte confiada às futuras gerações, a quem caberia garantir a efetividade do sistema de direitos constitucionalmente assegurados por meio dos recursos procedimentais dispostos em seu próprio texto.

No entanto, a partir dos anos 90, esta tendência vem sendo revertida, surgindo a possibilidade de a emergente democracia brasileira se expressar pela representação política e pelas novas vias abertas pela Constituição para uma democracia participativa.

Torna-se imprescindível superar esta crise de duas faces do Direito, vencendo o obstáculo imposto pelo velho modelo do direito individualista, pronto, com soluções rápidas; assim como deve ser afastado o obstáculo hermenêutico, que limita os operadores do direito a fazer uma interpretação mais ampla dos novos direitos, negando-lhe eficácia, efetividade ou amplitude.

Por último, é importante acrescentar a função do Judiciário na criação de direitos, interpretando as normas segundo as regras e princípios constitucionais. Para

---

11 STRECK, Lenio Luiz. *Jurisdição constitucional e hermenêutica*. Rio Grande do Sul: Livraria do Advogado, 2000, p. 72.

12 IANNI, Octavio. *A era do globalismo*. Rio de Janeiro: Civilização Brasileira, 1996, p. 162.

superar a deficiência atual surgida pelo "uso tradicional" do Direito é necessária uma conscientização da realidade social, dos direitos e princípios constitucionais, assim como dos avanços sociais.

Convém salientar, como já mencionado, a **judicialização da política**, tão bem relatada entre nós por Werneck,[13] que frisa a conexão entre a democracia representativa e a participativa, e, no campo do direito, concorrem para isso as ações públicas, em que a cidadania encontra-se legitimada para deflagrar o processo judicial contra as instâncias do poder. Com isso, o Judiciário poderá controlar as políticas públicas.

Enfim, há duas democracias na Constituição, a de representação e a de participação, embora esta última, dependente da efetivação do direito. Não deve haver oposição, nem formal, nem substancial. Se houver obstáculos para que a população crie o seu próprio direito, em razão da democracia representativa, o que importa é que os direitos fundamentais estejam positivados, e tenham como guardião a mais alta Corte de Justiça, que pode ser provocada a se manifestar pela sociedade civil, e que a democratização do acesso à Justiça possa ser vivida como arena de aquisição de direitos e de credenciamento para a cidadania.

Conclusão: o Direito "é o impulsionador de transformações sociais qualitativas e quantitativas, característica que exsurge do *plus* normativo exsurgente do Estado Democrático de Direito".[14]

A sociedade precisa se conscientizar de seus direitos e exigir a aplicação daquelas regras e princípios estampados expressamente na Constituição, fazendo-se efetivar o bem-estar social e a democracia. Todos nós devemos resistir às manobras aparentemente atrativas da globalização neoliberal, à exploração do homem e, impedir o **retrocesso** de direitos duramente conquistados[15].

O Direito do Trabalho reflete todo o pioneirismo do papel ativo do Estado priorizando o bem-estar social dos trabalhadores, intervindo nas relações privadas para pacificação das lutas de classes, tornando um direito, até então privado e individualista, em um direito voltado para o bem-estar social mínimo garantido aos trabalhadores, já que impõe regras básicas para o contrato de trabalho, dando uma feição de direito público a um direito privado, daí a **publicização do Direito**.

A garantia de direitos mínimos ao trabalhador faz parte de um conjunto de valores humanos civilizatórios (**mínimo existencial**), que encontra respaldo no princípio da dignidade da pessoa humana previsto constitucionalmente como maior patrimônio da humanidade.

A este respeito, Luiz Edson Fachin,[16] referindo-se ao mínimo existencial, defende:

---

13 VIANNA, L.W. *A judicialização da política e das relações sociais no Brasil.* São Paulo: Revan. 2002, p. 17-39.

14 VIANNA, L.W. *A judicialização da política e das relações sociais no Brasil.* São Paulo: Revan, 2002, p. 89.

15 A Reforma Trabalhista, autorizada pela Lei 13.467/17, retira vários direitos dos trabalhadores, caracterizando retrocesso social.

16 FACHIN, Luiz Edson. *Estatuto jurídico do patrimônio jurídico*, 2001, nota prévia.

> (...) a existência de uma garantia patrimonial mínima inerente a toda pessoa humana, integrante da respectiva esfera jurídica individual ao lado dos atributos pertinentes à própria condição humana. Trata-se de um patrimônio mínimo indispensável a uma vida digna do qual, em hipótese alguma, pode ser desapossada, cuja proteção está acima dos interesses dos credores.

Hoje o Direito do Trabalho vive uma fase de transição, onde se questiona o paternalismo estatal, a intervenção estatal em regras privadas. Alguns pretendem a total **desregulamentação**, isto é, a ausência total, a abstinência estatal nas relações de trabalho, deixando o contrato de trabalho livre e à mercê das regras do mercado, sob o argumento de que o modelo que inspirou o *welfare* não existe mais, que os trabalhadores atuais são mais conscientes, mais maduros e menos explorados.

Outros, apesar de reconhecerem alguma mudança no Direito do Trabalho, percebem também que o Brasil ainda não pode ser visto como país que efetivou o *welfare* (o bem-estar social), pois ainda temos trabalho escravo ou, em condição análoga; exploração do trabalho do menor; condições sub-humanas de trabalho e legislação trabalhista ainda muito desrespeitada. Por isso, não se pode defender o total afastamento do Estado desta relação privada, não se pode pretender a privatização dos direitos trabalhistas, o retrocesso de um grande avanço conquistado com profundo sacrifício.

Na era em que o direito comum (civil) caminha para a visão social, a publicização de seus institutos, a humanização e a centralização do homem como figura principal a se proteger, resgatando a moral e a ética; na era em que a Constituição de um país prioriza os direitos fundamentais do homem, sua dignidade e seus valores, garantindo um mínimo existencial e abandonando o ideal do supercapitalismo, da propriedade sobre a pessoa e seus valores, o Direito do Trabalho tende a um retrocesso. O **neoliberalismo** é, na verdade, um caminho isolado na contramão da socialização dos direitos e da efetivação dos direitos fundamentais do homem.

Não se discute que o processo de globalização vem de fato modificando as relações de trabalho, fazendo com que seja necessária uma revisão do Direito do Trabalho. Mas isto não quer dizer sua total **desregulamentação**.

O Direito do Trabalho foi muito atingido com o processo de globalização, conforme atesta A. Romita.[17] Para ele:

> No que tange aos efeitos da globalização econômica sobre o mundo do trabalho, cabe considerar os impactos sobre a empresa e sobre o emprego. Quanto ao último aspecto, cumpre salientar o relevo que adquire o direito **ao** trabalho em confronto com o Direito do Trabalho (grifo nosso).

Em relação ao confronto travado entre a necessidade de se manter um Estado social de direito e a crise econômica das empresas, a flexibilização se mostra como melhor meio de composição deste conflito, mas de forma responsável e sem abuso.

---

[17] ROMITA, Arion Sayão. *Globalização da economia e Direito do Trabalho*. São Paulo: LTr, 1997, p. 87.

Para Romita,[18] o desemprego cresceu a tal ponto que adquiriu características estruturais que não podem mais ser ignoradas, tornando premente a necessidade da **flexibilização**:

> No Brasil, a globalização da economia produz efeitos correspondentes aos registrados no primeiro mundo, observadas as características de um país ainda em vias de desenvolvimento. Aqui, os problemas são agravados pela necessidade de integração econômica de consideráveis segmentos sociais marginalizados. O maior impacto localiza-se nos efeitos nocivos do desemprego. Na Europa, preocupa o desemprego aberto. No Brasil, além deste, há o subemprego e o crescimento do emprego informal, subprodutos da economia subterrânea, clandestina, marginal ou oculta.

O diretor do FMI,[19] na abertura de seu discurso da 48ª Assembleia Anual do Fundo Monetário Internacional/Banco Mundial, em setembro de 1993, anunciou o desemprego como o maior problema a ser enfrentado pelos países industrializados, apontando 32 milhões de pessoas sem emprego no mundo rico. Imaginem o quantitativo nos dias atuais nos países pobres ou em desenvolvimento.

A falência do sistema imobiliário dos EUA ocasionou uma crise mundial em efeito cascata, agravando aquela já vivenciada por alguns países.

Explica-se.

Nos Estados Unidos, o processo de compra de imóvel é bem mais complexo que no Brasil. De maneira indireta, o sistema de securitização criado em 1933 permite que os imóveis sejam adquiridos com dinheiro do mercado de capitais, entrelaçando as economias do mercado com a imobiliária.

Notícias[20] informavam que:

> Funciona assim: as instituições financiadoras – que nem sempre são bancos – captam recursos à base de depósitos, que emprestam a mutuários e construtoras. Em seguida, emitem títulos, lastreados nos créditos que têm a receber, que vendem a fundos de investimento no mercado de capitais. Cotas desses fundos, por sua vez, são vendidas a pessoas físicas e jurídicas. Quando tem algum problema nesse sistema, é uma queda de dominós.

No Brasil, a aquisição de um imóvel ocorre pela alienação fiduciária, pois o mutuário toma um empréstimo junto a um banco e dá o imóvel como garantia. Isto quer dizer que, se não for paga a dívida, o banco retoma o bem e o vende a outro, recuperando o dinheiro emprestado.

Por estar vinculada a diferentes instrumentos financeiros, a crise imobiliária enfrentada pelos Estados Unidos se espalhou pela economia mundial, potencializando as crises principalmente em países menos desenvolvidos, pois dependem da economia saudável dos EUA.

---

[18] *Ibidem*.

[19] *Apud* IANNI, Octavio. *A era do globalismo*. Rio de Janeiro: Civilização Brasileira, 1996, p. 162.

[20] Disponível em: http://g1.globo.com/Noticias/Economia_Negocios/0,,MUL757709-9356,00-TAMANHO+DO+MERCADO+IMOBILIARIO+DOS+EUA+ALIMENTA+A+CRISE+DE+CREDITO.html. Acesso em 29/11/09.

Em agosto de 2008[21], foram contabilizados cerca de 600 mil pedidos de seguro desemprego semanais nos EUA, enquanto em 25 de novembro de 2009[22] caíram para 466 mil pedidos na semana, o que demonstra a rápida reação positiva do mercado americano.

A crise do desemprego foi sentida também no Brasil, que registrou,[23] em dezembro de 2008, 654.946 demissões; em janeiro, 101.748; em fevereiro, 1,22 milhão; e em março, 1,38 milhão. No primeiro semestre de 2009 foram gastos R$10 bilhões[24] em pagamento de seguro-desemprego, o maior valor na última década. Março de 2009 foi apontado como o mês que contou com o maior número de demissões, efeito da crise global iniciada no final de 2008 nos EUA, ocasião que o FGTS teve fluxo negativo: "a arrecadação líquida ficou negativa em R$ 440,281 milhões, decorrente de receita bruta no valor de R$ 4,416 bilhões e saques no montante de R$ 4,856 bilhões no mês passado."[25]

Em 2016, "segundo o IBGE, a população desocupada no Brasil chegou a 11,8 milhões de pessoas em julho. No acumulado nos 7 primeiros meses de 2016, o país perdeu 623 mil empregos formais".[26] Já em 2017, o "desemprego subiu para 13,7% no trimestre de janeiro a março, segundo dados divulgados" pelo IBGE, por meio da pesquisa Pnad Contínua. "De acordo com o IBGE, essa foi a maior taxa de desocupação da série histórica, iniciada em 2012. No primeiro trimestre, o Brasil tinha 14,2 milhões de desempregados, também batendo recorde da série histórica."[27]

Tais fatos apenas reafirmam a crise econômica e a necessidade de rearranjo das relações de trabalho com a flexibilização consciente de sua legislação.

Além da globalização outros fatores contribuem para aumento do desemprego, como o desemprego "estrutural" que ocorre nos países subdesenvolvidos ou em desenvolvimento como o Brasil.

A utilização da força de trabalho realiza-se em condições absurdas, denominada por Ianni[28] de superexploração que ele caracteriza da seguinte forma:

> Superexploração: salários ínfimos, longas jornadas de trabalho "legitimadas" pelo instituto das horas extras, aceleração do ritmo de trabalho pela emulação do gru-

---

21 Disponível em: http://g1.globo.com/Noticias/Mundo/0,,MUL1256819-5602,00-PEDIDOS+SEMANAIS+DE+SEGURODESEMPREGO+CAEM+EM+MIL+NOS+EUA.html. Acesso em 29/11/09.

22 Disponível em: http://g1.globo.com/Noticias/Mundo/0,,MUL1256819-5602,00-PEDIDOS+SEMANAIS+DE+SEGURODESEMPREGO+CAEM+EM+MIL+NOS+EUA.html. Acesso em 29/11/09.

23 Disponível em: http://www.agenciabrasil.gov.br/noticias/2009/04/29/materia.2009-04-29.9234533717/view. Acesso em 29/11/09.

24 Disponível em: http://jornalnacional.globo.com/Telejornais/JN/0,,MUL1241027-10406,00-PEDIDO+DE+SEGURODESEMPREGO+BATE+RECORDE+NO+GOVERNO+LULA.html. Acesso em 29/11/09.

25 Disponível em: http://g1.globo.com/Noticias/Economia_Negocios/0,,MUL1103422-9356,00-DEMISSOES+GERARAM+FLUXO+NEGATIVO+DE+R+MI+NO+FGTS+EM+MARCO.html. Acesso em 29/11/09.

26 Disponível em: http://g1.globo.com/economia/noticia/2016/08/desemprego-no-brasil-e-o-7-maior-do-mundo-em-ranking-com-51-paises.html. Acesso em 20/06/2017.

27 Disponível em: http://g1.globo.com/economia/noticia/desemprego-fica-em-137-no-1-trimestre-de-2017.ghtml. Acesso em 20/07/2017.

28 IANNI, Octavio. *A era do globalismo*. Rio de Janeiro: Civilização Brasileira, 1996, p. 174.

po de trabalho e pela manipulação da velocidade das máquinas e equipamentos produtivos, ausência ou escassez de proteção ao trabalhador em ambientes de trabalho, insegurança social.

A "superexploração" acarreta excesso de trabalho e pouco descanso para repor o mínimo de energia. A recuperação física e mental do trabalho e do estresse dele decorrente fica esquecida, e este desconforto é agravado pelos salários, cujos valores são cada vez mais insuficientes para uma subsistência mínima.

De acordo com a Constituição de 1988, que reconhece os direitos sociais à educação, à assistência, ao trabalho, lazer, segurança, previdência social e aos desamparados, na forma dos arts. 5º e 6º, conclui-se que é preciso reduzir as desigualdades sociais, a fim de assegurar não apenas uma vida digna para todos os cidadãos, mas também a valorização do trabalho. Para que esses objetivos sejam atingidos conclui-se que é preciso haver um Estado eficiente, garantidor da base jurídica, onde se possa realizar políticas sociais, em um novo cenário no qual os programas sociais sejam desenvolvidos por modalidades de autorregulação social que substituam os órgãos impositivos institucionais.

Nova tendência tem sido buscar solução em outros modelos sociais adotados em alguns países, como Dinamarca, França e Espanha. A flexissegurança ou *fexsécurité* ou *flexsecurity* é uma combinação de flexibilidade com a segurança, segundo Pinho Pedreira.[29] A nosso ver, a flexissegurança, na verdade, repousa sobre uma relação triangular: mercado flexível pela desregulamentação das regras trabalhistas; sistemas de indenização generosos proporcionados por um Estado social; política estatal de "ativação" do mercado de trabalho, isto é, o Estado oferece cursos de qualificação e métodos de motivação à procura de novo emprego.

Este modelo social está avançando na Europa desde 1990, numa tentativa de conciliar interesses antagônicos entre Estado, trabalhadores e empresários, já que estes clamam pela necessidade de redução dos custos da mão de obra e reclamam do excesso de proteção legal ou coletiva (instrumentos coletivos) aos trabalhadores, que prejudicou o crescimento econômico de alguns países, garantindo ao trabalhador, em troca, acolhimento social público, tanto no que diz respeito à percepção de um seguro-desemprego por longo tempo, como o preparo e profissionalização para nova colocação no mercado. Assim, por exemplo, na Espanha um acordo confederal de 1997 ampliou as hipóteses das causas de dispensa por motivo econômico, reduzindo o custo da despedida e o número de hipóteses de dispensa imotivada. Meses depois, foi garantido aos trabalhadores temporários um salário equivalente àquele praticado na empresa cliente.

Em 2012, Portugal também reformulou sua legislação trabalhista na expectativa de reduzir direitos e garantir maior competitividade das empresas portuguesas no mercado internacional. Várias medidas foram tomadas, entre elas, a redução do período de férias de 25 para 22 dias, a supressão de alguns feriados nacionais,

---

29 PEDREIRA, Pinho. "Um novo modelo social: a flexissegurança". São Paulo: *Revista LTr*, Publicação mensal de legislação, doutrina e jurisprudência, v. 69, n. 6, p. 645, jun. 2005.

civis e religiosos, compensação de jornada mais dilatada, além de alterar regras relativas às dispensas e ao auxílio-desemprego, reduzindo a indenização.

O modelo dinamarquês tem servido de exemplo aos demais países, pois ressalta que não se pode pretender a reforma ou a desregulamentação das leis trabalhistas, sem antes repensar o conjunto do sistema de proteção social público e de política de emprego.

Sob esse aspecto, Miguel Reale[30] com propriedade acrescenta que:

> Quanto ao impacto da globalização da economia sobre o Direito do Trabalho, o tema abre à reflexão do estudioso um leque de questões, todas de grande relevância, quer no campo do Direito Individual, quer no do Direito Coletivo. Cabe examinar, apenas, dois aspectos: a crise do chamado "princípio protetor" e os efeitos da exigência de competitividade das empresas sobre a tradicional regulação heterônoma das condições de trabalho. (...)
>
> As exigências da economia preconizam o triunfo do mercado e impõem a flexibilização das condições de trabalho, como condição para a redução dos custos da empresa. (...)
>
> A flexibilização já adquiriu foros de preceito constitucional (Constituição de 5 de outubro de 1988, art. 7º, incisos VI, XII e XIV), embora ela não tenha por fim propiciar ganhos ou redução de custos ao empregador, mas sim fornecer aos atores sociais elementos para preservar a fonte de emprego (a empresa), como meio de combate ao desemprego.

Acirrando-se a competição entre as empresas, com a globalização da economia mundial, torna-se primordial para a sua sobrevivência a adoção de medidas a favor da automação e da informatização, já que permitem elevados níveis de competitividade. Dessa forma, cresce o desemprego, trocando-se o empregado por uma máquina que pode realizar o seu serviço com maior precisão e rapidez.

Evidentemente que encontrar o equilíbrio para essa delicada situação de crise social é o objetivo de todos que estudam o Direito Laboral; e pode-se mesmo observar que a tendência entre os doutrinadores é na direção da **flexibilização** como solução para os conflitos sociais gerados pelo desemprego crescente, sempre de forma responsável, **sem abuso** e desde que a empresa **comprovadamente** esteja atravessando grave crise econômica. A flexibilização não pode servir de fundamento para aumentar o lucro ou o enriquecimento dos sócios, mas para a **manutenção da saúde da empresa** e, consequentemente, do nível de emprego.

Desta forma, a flexibilização das normas trabalhistas não pode pôr em risco os direitos adquiridos pelos trabalhadores, nem ser utilizado como mais um mecanismo do direito, mas como última solução a questões práticas de sobrevivência da empresa.

É essa proposta multidisciplinar, que envolve todos os setores da sociedade, junto ao Estado, que poderá permitir configurar-se a flexibilização como um fenômeno deste milênio.

---

30 *Ibidem.*

Neste sentido, poderá o Estado continuar regulamentando esta relação de trabalho e, excepcionalmente, permitir a redução de direitos trabalhistas sempre que, no caso concreto, estiver comprovada a precária situação econômica da empresa, o que poderia acarretar sua extinção.

É preciso encontrar a pedra de toque, o limite razoável para a flexibilização, ponderando os princípios conflitantes[31-32] da dignidade e o da valorização social do trabalhador *versus* o princípio da preservação e saúde da empresa, devendo prevalecer, em cada caso, um ou outro, de forma a levar a melhor solução para sociedade.

O princípio constitucional da **proteção do trabalhador** preconizado no *caput* do art. 7º da CRFB, analisado de acordo com a moderna hermenêutica constitucional como norma de **eficácia plena**, deve ser o agente limitador da flexibilização, coibindo os abusos, a aplicação irrestrita do instituto e o desvio de sua finalidade.

3. FLEXIBILIZAÇÃO E DESREGULAMENTAÇÃO

Muitos fatores e crises têm transformado a economia mundial, tais como: crise financeira iniciada nos anos 70 e 80, na Europa Ocidental, decorrente da quebra do polo petrolífero asiático; os problemas de caixa para continuidade do plano de adoção do *Welfare State*; a descoberta dos *chips* revolucionando a informática; a telemática; a nanotecnologia; a robotização e demais inventos tecnológicos; a quebra das barreiras alfandegárias com a mundialização da economia, que incrementou a concorrência entre os países, impondo-lhes a necessidade de produzir mais, com menor custo e melhor qualidade para disputar o mercado globalizado; avanço nos meios de comunicação, a divisão mundial do comércio e a crise imobiliária e econômica da economia americana. A partir daí o paradigma buscado passa a ser um modelo de Direito do Trabalho, com regras um pouco mais flexíveis, aberto a mudanças, adaptável à nova situação econômica mundial e de cada empresa.

---

31 Dworkin (EUA) defende que os casos difíceis têm resposta correta, desde que se entenda que o material jurídico envolve normas, diretrizes e princípios, sendo tal suporte suficiente para encontrar a resposta exata do problema apresentado. Assim, diante da existência de lacunas ou contradições, o juiz não teria discricionariedade porque deveria solucionar pautado em princípios.

32 Interessante transcrever o pensamento de Dworkin: *"O modelo de princípio satisfaz todas as nossas condições, pelo menos tão bem quanto qualquer modelo poderia fazê-lo numa sociedade moralmente pluralista. Torna específicas as responsabilidades da cidadania: cada cidadão respeita os princípios do sentimento de equidade e de justiça da organização política vigentes em sua comunidade particular, que podem ser diferentes daqueles de outras comunidades, considere ele ou não que, de um ponto de vista utópico, são esses os melhores princípios. Faz com que essas responsabilidades sejam inteiramente pessoais: exige que ninguém seja excluído; determina que, na política, estamos todos juntos para o melhor ou pior; que ninguém pode ser sacrificado, como os feridos em um campo de batalha, na cruzada pela justiça total. (...) Os atos políticos de todos exprimem sempre, ao se mostrar como devem ser as regras e de que modo se devem aplicá-las, um profundo e constante compromisso que exige sacrifício, não apenas por parte dos perdedores, mas também dos poderosos que teriam a ganhar com o tipo de conluio e soluções conciliatórias que a integridade proíbe. Sua base racional tende para a igualdade no sentido que requer a quarta condição: sua exigência de integridade pressupõe que cada pessoa é tão digna quanto qualquer outra, que cada uma deve ser tratada com o mesmo interesse, de acordo com uma concepção coerente do que isso significa".* DWORKIN, Ronald. *O império do direito*. São Paulo: Martins Fontes, 1999, p. 257.

Com a transmutação da economia mundial e o consequente enfraquecimento da política interna de cada país, dos altos índices de desemprego mundial e de subempregos de milhões de pessoas, mister a adoção de medidas que harmonizem os interesses empresariais com as necessidades profissionais, justificando a flexibilização de determinados preceitos rígidos ou de criação de regras alternativas para justificar a manutenção da saúde da empresa e da fonte de emprego. **Flexibilizar** pressupõe a manutenção da intervenção estatal nas relações trabalhistas estabelecendo as condições mínimas de trabalho, sem as quais não se pode conceber a vida do trabalhador com dignidade (mínimo existencial), mas autorizando, em determinados casos, exceções ou regras menos rígidas, de forma que possibilite a manutenção da empresa e dos empregos.

Através de uma visão pós-positivista dos princípios, como espécie do gênero norma constitucional, necessário é localizar alguma solução no Direito do Trabalho que sirva de ponto de equilíbrio entre o **princípio de proteção ao trabalhador**, implícito e explícito em diversas normas imperativas de ordem pública, os direitos garantidores da dignidade humana e a necessidade atual de **manutenção da saúde da empresa**. Estes interesses são ao mesmo tempo conflitantes e harmônicos.

Conflitantes porque o interesse do empresário não é o mesmo do trabalhador. O empregado quer ganhar mais e ter melhoria de sua condição de trabalho. O patrão quer pagar menos para ter maior lucro ou para manter o negócio saudável.

Haverá harmonia de interesses quando o próprio empregado tiver consciência da situação precária de seu empregador, da dificuldade de nova colocação no mercado e da ameaça de desemprego, momento em que seus interesses convergirão com os do empregador, passando a perseguir juntos a recuperação da empresa. Nesta situação, o trabalhador autoriza conscientemente o sacrifício de seus direitos trabalhistas[33] em prol da manutenção de seu emprego.

Portanto, a flexibilização deve ser um mecanismo utilizado apenas quando os reais interesses entre empregados e empregadores, em cada caso concreto, forem convergentes.

O contrato de trabalho, por ser regulamentado por lei, limita a liberdade. Isto se explica diante da desigualdade das partes, em que um dos lados é hipossuficiente em relação ao outro, necessitando da proteção estatal. Diante deste desnivelamento substancial mister a aplicação de uma igualdade jurídica[34] nos contratos de trabalho. O paradigma deste contrato, salvo exceções raríssimas no Brasil, não é mais a vontade, mas a necessidade.

---

[33] Exemplo clássico noticiado em todos os jornais foi o caso da Varig (empresa aérea), situação em que os próprios empregados concordaram com a redução ou até supressão de seus direitos, na tentativa de sua recuperação. Várias passeatas, cartazes, movimentos foram retratados pela imprensa acerca do desespero destes aeronautas.

[34] TEIXEIRA, João Lima; SÜSSEKIND, Arnaldo. *Instituições de Direito do Trabalho*. 21. ed. São Paulo: LTr, 2003, v. 1, p. 239.

Para Rosita Nassar,[35] a flexibilização das normas trabalhistas faz parte integrante de um processo maior de flexibilização do mercado de trabalho, consistente em um conjunto de medidas destinadas a dotar o Direito do Trabalho de novos mecanismos capazes de compatibilizá-lo com as mutações decorrentes de fatores de ordem econômica, tecnológica ou de natureza diversa. Isto significa que a flexibilização das normas trabalhistas não se exaure numa só medida, mas sim na totalidade do fenômeno da flexibilização, que é mais abrangente, compreendendo estratégias políticas, econômicas e sociais, e não apenas jurídicas.

Algumas soluções já foram adotadas como aumento da carga fiscal e diminuição da proteção estatal nas relações privadas, flexibilização das regras trabalhistas, havendo alguns que defendem até a desregulamentação, isto é, a total ausência do Estado na regulação das relações contratuais.

Maria Lúcia Roboredo[36] esclarece que um dos princípios primordiais da flexibilização é o princípio protetor do Direito do Trabalho, que incentiva o sindicato a atuar como representante dos empregados, para zelar pela classe operária. Esse princípio protetor fundamenta-se basicamente sobre outro princípio: da razoabilidade ou da racionalidade, cuja premissa é que o ser humano age de forma razoável e racional, estruturando suas ações e comportamentos dentro de padrões preestabelecidos socialmente.

Outro princípio relevante para as considerações acerca da flexibilização é o da adaptabilidade. Sob esse aspecto, é essencial considerar que as normas trabalhistas visam a atender aos empregados e aos empregadores, o que faz do Estado o ponto de equilíbrio entre esses dois lados. Para atingir-se o ponto ideal de adaptabilidade, é necessário que o Estado seja o regulador das normas, autorizando, em alguns casos, alguma flexibilidade.

Esse equilíbrio é desejado tanto pelo Estado e sociedade, como também pelos empregados e empregadores.

Ao investigar a vontade real no caso concreto, se houver conflito entre o princípio da proteção ao trabalhador e a necessidade de manutenção de seus empregos através da necessária flexibilização de seus direitos para sobrevivência da empresa, a ponderação será a medida mais razoável a ser adotada, devendo-se observar, em cada caso, a necessidade ou não de redução de direitos adquiridos e indispensáveis para a manutenção do emprego. O que se deve evitar é o **abuso do direito**, hoje já consagrado como ato ilícito no Código Civil (art. 187).

Convém ressaltar que abuso de direito não se confunde com ato ilícito. Neste sentido, Heloísa Carpena[37] distingue o ato ilícito do abuso de direito:

> O ilícito, sendo resultante da violação de limites formais, pressupõe a existência de concretas proibições normativas, ou seja, é a própria lei que irá fixar limites

---

35 NASSAR, Rosita de Nazaré Sidrim. *Flexibilização do Direito do Trabalho*. São Paulo: LTr, 1991, p. 76.

36 ROBOREDO, Maria Lúcia. *Flexibilização do direito laboral no Cone Sul*. Rio de Janeiro: Universidade Gama Filho, 1997, Tese de Doutorado.

37 CARPENA, Heloísa. *Abuso de direito nos contratos de consumo*. Rio de Janeiro: Renovar, 2001, p. 382.

para o exercício do direito. No abuso não há limites definidos e fixados aprioristicamente, pois estes serão dados pelos princípios que regem o ordenamento, os quais contêm seus valores fundamentais.

Consequência lógica do **abuso de direito** que fere norma de ordem pública é a nulidade absoluta do ato praticado.

Diante de todos estes fatos, é forçoso concluir que a matéria pode ser aplicada, com facilidade, ao Direito do Trabalho, principalmente por sua finalidade social de diminuir a desigualdade social e de proteger o hipossuficiente.

Aliás, o Código Civil também se preocupou com o viés ético e a função social do direito. Sob este aspecto Miguel Reale,[38] referindo-se ainda ao projeto do atual Código Civil, muito bem observou:

> Se não houve a vitória do socialismo, houve o triunfo da "socialidade", fazendo prevalecer os valores coletivos sobre os individuais, sem perda, porém, do valor fundante da pessoa humana. Por outro lado, o projeto se distingue por maior aderência à realidade contemporânea, com a necessária revisão dos direitos e deveres dos cinco principais personagens do Direito Privado tradicional: o proprietário, o contratante, o empresário, o pai de família e o testador.

A flexibilização não pode servir ao empregador como desculpa para ter lucro superior, para aumentar seus rendimentos. A flexibilização é um direito do patrão, mas deve ser utilizada com cautela e apenas em caso de real e comprovada necessidade de recuperação da empresa. Daí por que os princípios da razoabilidade, da lealdade, da transparência, da necessidade, devem permear todo o processo, sob a tutela sindical (art. 50, VIII, da Lei nº 11.101/2005).

Segundo Paulo Bonavides,[39] dissertando sobre o princípio da razoabilidade:

> Trata-se daquilo que há de mais novo, abrangente e relevante em toda teoria do constitucionalismo contemporâneo: princípio cuja vocação se move, sobretudo no sentido de compatibilizar a consideração das realidades não captadas pelo formalismo jurídico, ou por este marginalizadas.

Atualmente, o mundo passa por uma crise nas relações de trabalho, crise provocada pelas mudanças geradas pelo processo de globalização, a robótica, desemprego em massa e a mundialização da economia.

Daniel Sarmento[40] enfatiza que a nossa Constituição de 1988 é uma Constituição social, preocupada com o combate da exploração do homem pelo homem

---

[38] REALE, Miguel. "Visão geral do projeto de Código Civil: tramitação do projeto". *Revista dos Tribunais*, nº 752, jun. 1998, p. 22-30.

[39] BONAVIDES, Paulo. *Curso de Direito Constitucional*. 10. ed. São Paulo: Malheiros, 2000, p. 76.

[40] Daniel Sarmento cita decisão do STF que, com base no princípio da isonomia, segundo a qual empregados de uma empresa francesa não poderiam receber deste país vantagens superiores às concedidas aos empregados brasileiros e, ainda, do TST quando, sem lei, extraiu de princípios constitucionais a proibição de demissão imotivada do empregado soropositivo. SARMENTO, Daniel. *Direitos fundamentais e relações privadas*. Rio de Janeiro: Lumen Juris, 2001, p. 234.

e defende a aplicação direta dos princípios nela contidos como meio de reforçar a proteção aos hipossuficientes.

Deve haver ponderação entre a flexibilização das relações de trabalho e a realização dos valores sociais preservadores da dignidade do ser humano que trabalha, através da aplicação da teoria pós-positivista dos princípios constitucionais, priorizando o homem, o trabalhador e sua dignidade, sempre à luz das necessidades brasileiras.

Essa tendência a se desrespeitar o mínimo existencial garantido ao trabalhador aumenta a necessidade de ponderação entre a flexibilização da legislação, que preconiza a redução de direitos trabalhistas para a manutenção da saúde da empresa,[41] e a preservação de direitos absolutos e universais que são: o direito à dignidade humana, os direitos fundamentais do trabalho e a preservação da proteção do trabalhador.

Os defensores da corrente neoliberalista, sob o argumento de que é o excesso de encargos trabalhistas que dificulta a gestão empresarial e o crescimento econômico, têm insistido na tese de que a negociação coletiva deve prevalecer sobre as correspondentes leis, vulnerando a hierarquia das fontes formais de direito e revogando, pela vontade coletiva dos sindicatos, os direitos arduamente conquistados e constitucionalmente garantidos.

Muitos economistas[42] distinguem três formas fundamentais de flexibilização:

1) flexibilização **funcional**: que corresponde à capacidade da empresa de adaptar seu pessoal para que assuma novas tarefas ou aplique novos métodos de produção;
2) flexibilização **salarial**: que consiste na vinculação dos salários à produtividade e à demanda dos seus produtos;
3) flexibilização **numérica**: que consiste na faculdade de adaptar o fator trabalho à demanda dos produtos da empresa.

Incluímos mais três modalidades:

4) flexibilização necessária: consiste na flexibilização apenas em caso de necessidade de recuperação da saúde da empresa. É a forma de manutenção dos empregos, algumas vezes reduzindo direitos mínimos do trabalhador, como o próprio salário. Neste caso, a norma coletiva será utilizada para autorizar a redução de vantagens ou do próprio salário na expectativa de aliviar as contas e gastos da empresa e, tentar recuperá-la. Normalmente a medida é temporária e excepcional. A manutenção

41 Convém ressaltar que nos dias atuais a flexibilização tem sido utilizada pelas empresas como forma de realizar ganhos através da diminuição dos direitos dos trabalhadores. Não há a preocupação de limitar as hipóteses de flexibilização àquelas efetivamente previstas na Carta Maior e apenas em casos de comprovada dificuldade econômica da empresa. Encontramos na jurisprudência absurdos posicionamentos no sentido de que "se a Carta possibilitou o mais (redução de salário através de normas coletivas) os convênios coletivos podem o menos, isto é, renunciar, reduzir, suprimir qualquer outro direito, pois de menor importância frente ao salário".

42 *Apud* SÜSSEKIND, Arnaldo. *Direito Constitucional do Trabalho*. Rio de Janeiro: Renovar, 1999, p. 49.

da saúde da empresa com esta premissa está em consonância com o princípio da função social da empresa – art. 170 da CF.

5) flexibilização para adaptação: é a utilizada para alterar as regras legais e moldá-las à realidade da atividade, da empresa ou da localidade. É a que ocorre, por exemplo, com o acordo de compensação dos médicos, que preferem trabalhar em regime de compensação de jornada por plantão de 24 horas consecutivas, uma vez por semana, em hospitais e clínicas médicas. Entretanto, a CLT não permite (ou não permitia) o aumento de mais que duas horas por dia. Normalmente a empresa não está atravessando dificuldades econômicas e precisa da norma coletiva apenas para fazer a adaptação da lei ao caso concreto, atendendo a necessidade de ambas as partes.

6) flexibilização abusiva: é a utilizada apenas para aumentar os lucros da empresa. Dessa forma, direitos legais dos empregados são reduzidos ou suprimidos apenas para majorar a lucratividade da empresa, que não está atravessando dificuldades econômicas.

Quanto aos **agentes**, o direito comparado tem dividido a flexibilização em três tipos: a) unilateral, quando imposta por autoridade pública ou pelo empregador (Chile, Panamá e Peru); b) negociada com o sindicato (Espanha e Itália); c) mista, isto é, pode ser unilateral ou negociada (Argentina).

Alice Monteiro[43] divide a desregulamentação, que para ela é sinônimo de flexibilização, em "normativa" e "de novo tipo". A primeira (normativa) equivale à flexibilização heterônoma, isto é, imposta unilateralmente pelo Estado. A segunda ("novo tipo"), que para ela é sinônimo de flexibilização autônoma, pressupõe a substituição das garantias legais pelas garantias convencionais, com primazia da negociação coletiva.

Alguns autores[44-45] defendem que o Brasil adotou a flexibilização negociada ou autônoma, sob o forte argumento de que a Carta apenas a autorizou em três hipóteses e sempre com a chancela sindical (art. 7º, VI, XIII, XIV).

Defendemos que o Brasil adotou a **flexibilização legal** e a **sindical** ou negociada sindicalmente. A primeira (legal) ocorre quando a própria lei prevê as exceções ou autoriza, em certas hipóteses, a redução de direitos. A segunda (sindical ou negociada sindicalmente) acontece quando as normas coletivas autorizam a diminuição de direitos.[46]

[43] BARROS, Alice Monteiro de. *Curso de Direito do Trabalho*. São Paulo: LTr, 2005, p. 82.

[44] SÜSSEKIND, Arnaldo. *Direito Constitucional do Trabalho*. Rio de Janeiro: Renovar, 1999, p. 51.

[45] BARROS, Alice Monteiro de. *Curso de Direito do Trabalho*. São Paulo: LTr, 2005, p. 51.

[46] A Lei nº 13.467/2017, chamada de reforma trabalhista, autorizou a flexibilização por norma coletiva na forma dos arts. 611-A e 611-B da CLT e outras (flexibilização legal) mediante acordo individual escrito entre empregado e empregador, como a jornada de 12x36 (art. 58-A da CLT), a cláusula de arbitragem (art. 507-A da CLT), a livre negociação praticada pelo empregado hipersuficiente (art. 444, parágrafo único, da CLT) etc.

Mauricio Godinho,[47] por exemplo, em visão restritiva à flexibilização ampla, entende que existem direitos de **indisponibilidade absoluta** e direitos de **indisponibilidade (ou disponibilidade) relativa**.[48] Na visão do autor, apenas estes poderiam ser flexibilizados, enquanto aqueles não, pois fazem parte de um **patamar mínimo civilizatório**.[49] Esse é o limite para negociação coletiva, fundamento do princípio da **adequação setorial negociada** citada pelo autor, conforme jurisprudência anterior à Lei 13.467/17:

> PRINCÍPIO DA ADEQUAÇÃO SETORIAL NEGOCIADA. FLEXIBILIZAÇÃO DE DIREITOS DE INDISPONIBILIDADE RELATIVA. O princípio da adequação setorial negociada, que retrata o alcance da contraposição das normas coletivamente negociadas àquelas de cunho imperativo, emanadas do Estado, viabiliza que as normas autônomas construídas para incidirem no âmbito de certa comunidade econômico-profissional possam prevalecer sobre aquelas de origem heterônoma, desde que transacionem parcelas de indisponibilidade apenas relativa, como, *e.g.*, as concernentes à manutenção da hora noturna em 60 minutos, vez que não caracteriza alteração em patamar prejudicial à saúde do trabalhador e desde que não traduza simples renúncia, mas transação de direitos. TRT/MG – Processo nº: 01512.2001.018.03.00.4 – Rel. Designado: Juiz Júlio Bernardo do Campo. *DJ*/MG 07/6/2002.

A Súmula nº 449 do TST também limitava a flexibilização por norma coletiva, considerando nula cláusula prevista em convenção ou acordo coletivo que elastece o limite de 5 minutos que antecedem e sucedem a jornada de trabalho para fins de apuração das horas extras.

Há, ainda, a posição de alguns ministros do TST no sentido de aceitar a flexibilização de qualquer direito. Argumentam que se o constituinte autorizou o mais, isto é, se a Constituição autorizou a redução do maior de todos os direitos (salário), mediante convenção ou acordo coletivo, logo, o menos também é permitido. Neste sentido, tudo que não seja o próprio salário-base do empregado é menos.

Existia, também, jurisprudência que, embora admitisse a corrente acima, exigia como requisito mínimo para validade do ajuste, concessões recíprocas. É a chamada Teoria da **Conglobalização dos Pactos Coletivos**. Alguns Tribunais Regionais do Trabalho adotavam esta vertente.

> INDENIZAÇÃO DO ART. 71, § 4º, DA CLT. CONVENÇÃO COLETIVA. LIMITES. É salutar que os sindicatos assumam a responsabilidade pela representação de classe que lhes foi conferida pela Constituição Federal de 1988 no inciso III

[47] DELGADO, Mauricio Godinho. *Curso de Direito do Trabalho*. São Paulo: LTr, 2002, p. 212.

[48] Para nós, antes da Lei nº 13.467/2017, eram direitos de indisponibilidade absoluta todos aqueles previstos na Constituição, princípios e valores constitucionais, leis, decretos, normas de medicina e segurança do trabalho etc. Nesse contexto, os direitos de disponibilidade relativa seriam os direitos de caráter privado, isto é, não previstos constitucionalmente, em lei etc., como os estipulados em normas coletivas, regulamento de empresa, contrato de trabalho etc. Entretanto, a Lei nº 13.467/2017 fixou como núcleo imodificável, como direitos de indisponibilidade absoluta os contidos no art. 611-B da CLT. Defendemos que, além destes, também os demais direitos constitucionais, analisados genericamente, estão incluídos nesse núcleo imodificável.

[49] Patamar mínimo civilizatório é a garantia de direitos mínimos à existência digna dos trabalhadores ou mínimo existencial.

do art. 8º. Conquistada a representação irrestrita da categoria, é certo que os sindicatos que representam os trabalhadores devem exercê-la com maior consciência e zelo, em especial ao negociarem os acordos coletivos com o sindicato patronal. Convencionado entre as partes intervalo intrajornada de 15 minutos e comprovado nos autos que o autor usufruía de tal intervalo, não há que se falar na indenização prevista no § 4º, do art. 71, da CLT. TRT/DF – Processo nº: 00191.2002.011.10.00.9 – Rel. Designado: Juíza Elaine Machado Vasconcelos. *DJ*/DF 22/11/2002.

REAJUSTE SALARIAL DIFERENCIADO PREVISTO EM ACORDO COLETIVO DE TRABALHO. IMPOSSIBILIDADE DE EXTENSÃO À FUNÇÃO GRATIFICADA INCORPORADA. Decorrem as negociações coletivas de concessões recíprocas, em que observada a autonomia das partes convenentes, sedimentada na Carta Magna, as quais podem abrir mão, inclusive, de uma vantagem, em prol de condições que lhes tragam maiores benefícios. Tal flexibilização, ajustada, patenteia-se, a exemplificar, nas disposições do art. 7º, incisos VI, XIII e XIV da Constituição Federal. Há, pois, que prevalecer o Acordo Coletivo do Trabalho, que determina índices de reajuste diferenciados para as diferentes rubricas salariais, estabelecendo que o reajuste de 25% tem pertinência, tão somente, à tabela de empregos permanentes da Reclamada – EP, não se estendendo à gratificação de função incorporada. TRT/DF – Processo nº: 00704.2004.011.10.00.3 – Rel. Designado: Juiz Alexandre Nery de Oliveira. *DJ*/DF 14/01/2005.

Defendemos, ainda, que a flexibilização pode ser de três tipos: a) **flexibilização de necessidade**; b) flexibilização de adequação; c) flexibilização abusiva.

A primeira tem como objetivo o resgate ou manutenção da saúde da empresa, já que, se esta for extinta, o maior prejudicado será o trabalhador. Se o empregador realmente estiver atravessando dificuldades financeiras que coloquem em risco sua existência e isto restar comprovado, podem ser aceitas as reduções de vantagens trabalhistas (inclusive do salário), com o único objetivo de manter todos ou parte dos empregos existentes. Porém, por ser medida de exceção, tal situação será mantida apenas durante o processo de recuperação da saúde da empresa, não importando quanto tempo isto represente.

Por outro lado, a **flexibilização de adequação** é o mecanismo utilizado para adequar as regras trabalhistas às condições de trabalho, isto é, à realidade daquela atividade econômico-profissional. Nesse caso, a empresa não está atravessando crise financeira, mas precisa moldar a legislação à situação fática. Dessa forma, se, por exemplo, a empresa tem períodos de alta e baixa produtividade, por conta da sazonalidade da demanda ou da sagra ou da fabricação do produto, pode adequar os períodos de férias, o banco de horas ou o contrato por tempo parcial para que se adequem aos respectivos períodos.

A **flexibilização abusiva** é a utilizada apenas para aumentar a lucratividade da empresa, que não está atravessando dificuldades econômicas, mas, assim mesmo, se utiliza das normas coletivas para revogar ou suprimir direitos legais dos trabalhadores.

Infelizmente, nenhum tipo de flexibilização foi vedado pela Lei 13.467/17 e, ao contrário da lógica, não exigiu contrapartidas proporcionalmente vantajosas para os casos de flexibilização por adequação ou abusiva. Ao contrário, apenas para as hipóteses de redução de salário ou (e) jornada (logo, para os casos de flexibilização por necessidade) é que a lei exigiu uma contrapartida para a validade da norma coletiva flexibilizadora: proteção dos empregados contra a dispensa imotivada durante a vigência do instrumento coletivo (§ 3º, art. 611-A, CLT). Para as demais flexibilizações, a não concessão de contrapartida recíproca não torna nula a norma coletiva (art. 611-A, § 2º). Para maiores esclarecimentos acerca da aplicação do art. 611-A da CLT, remetemos o leitor ao Capítulo de Direito Coletivo.

Algumas posições são apresentadas com maiores detalhes, inclusive com decisões judiciais, no Capítulo sobre "Princípios", no item relativo aos "Princípios da Irrenunciabilidade e da Intransacionabilidade".

A lei tem autorizado, cada vez mais, outras hipóteses de flexibilização além daquelas previstas na Constituição, seja por meio de acordo entre as partes, sem intervenção sindical, como é o caso do acordo de compensação de jornada (art. 7º, XIII, da CF c/c arts. 58 e 58-A da CLT); a opção pelo contrato por tempo parcial – art. 58-A, § 2º, da CLT – e a suspensão do contrato para realização de curso – art. 476-A da CLT. A lei também retirou a natureza salarial de algumas parcelas ou utilidades (art. 457 da CLT e art. 458, § 2º, da CLT) e reduziu o FGTS para os aprendizes (art. 15, § 7º, da Lei nº 8.036/90). Há, ainda, a possibilidade de descontos no salário em virtude de empréstimo bancário (Lei nº 10.820/2003) etc. A Lei nº 13.189/2015 criou o Programa de Proteção ao Emprego e autorizou a redução de 30% do salário[50] e jornada, em momentos de comprovada crise decorrente da retração econômica, mediante acordo coletivo e adesão ao programa até 31 de dezembro de 2016, respeitado o salário mínimo, por um período máximo de 24 meses. A Lei 13.456/17 alterou o nome para Programa Seguro-Emprego (PSE) e estendeu o prazo para adesão.

Por último, a Lei 13.429/17 ampliou as hipóteses de terceirização, e a Lei 13.467/17 (Reforma Trabalhista) alterou a CLT para reduzir direitos dos empregados, autorizar que o ajuste escrito entre as partes possa flexibilizar algumas regras trabalhistas e deu maior amplitude à flexibilização coletiva, pois permite a redução de direitos desde que autorizada pelo acordo coletivo ou convenção coletiva, prevalecendo o negociado sobre o legislado.

Ressalte-se que a desregulamentação do Direito do Trabalho não se confunde com a flexibilização[51] das regras trabalhistas, apesar de alguns autores não identificarem esta distinção.[52]

---

50 Os empregados de empresas que aderirem ao PPE e que tiverem seu salário reduzido fazem jus a uma compensação pecuniária equivalente a 50% (cinquenta por cento) do valor da redução salarial e limitada a 65% (sessenta e cinco por cento) do valor máximo da parcela do seguro-desemprego, enquanto perdurar o período de redução temporária da jornada de trabalho. Os empregados atingidos têm garantia de emprego pelo período de adesão ao programa e, após o seu término, por mais 1/3 do período de adesão.

51 Neste sentido SÜSSEKIND. *Direito Constitucional do Trabalho*. Rio de Janeiro: Renovar, 1999, p. 51.

52 Aparentemente Alice Monteiro defende que a desregulamentação normativa, isto é, imposta unilateralmente pelo Estado, é sinônimo de flexibilização heterônoma. BARROS, Alice Monteiro. *Curso de Direito do Trabalho*. São Paulo: 2005, p. 81.

A **desregulamentação** pressupõe a ausência do Estado (Estado mínimo), revogação de direitos impostos pela lei, retirada total da proteção legislativa, permitindo a livre manifestação de vontade, a autonomia privada para regular a relação de trabalho, seja de forma individual ou coletiva. A flexibilização pressupõe intervenção estatal, mais ou menos intensa, para proteção dos direitos do trabalhador, mesmo que apenas para garantia de direitos básicos. Na flexibilização um núcleo de normas de ordem pública permanece intangível, pois sem estas não se pode conceber a vida do trabalhador com dignidade, sendo fundamental a manutenção do Estado Social.

Barroso[53] acrescenta que:

> A dignidade da pessoa humana expressa um conjunto de valores civilizatórios incorporados ao patrimônio da humanidade. O conteúdo jurídico dos princípios vem associado aos direitos fundamentais, envolvendo aspectos dos direitos individuais, políticos e sociais. Seu núcleo material elementar é composto do *mínimo existencial*, locução que identifica o conjunto de bens e utilidades básicas para a subsistência física e indispensável ao desfrute da própria liberdade. Aquém daquele patamar, ainda quando haja sobrevivência, não há dignidade. O elenco de prestações que compõem o mínimo existencial comporta variação conforme a visão subjetiva de quem o elabore, mas parece haver razoável consenso de que inclui: renda mínima, saúde básica e educação fundamental. Há, ainda, um elemento instrumental, que é o acesso à justiça, indispensável para a exigibilidade e efetivação dos direitos.

Só é possível um mercado de trabalho flexível, regido pelas leis de mercado, num país em que as taxas de desemprego sejam pequenas e que adote medidas protetivas para amparar e capacitar o trabalhador desempregado, visando e buscando a recolocação deste obreiro no mercado de trabalho.

4. PRINCÍPIO CONSTITUCIONAL DA CONDIÇÃO MAIS FAVORÁVEL COMO LIMITE À FLEXIBILIZAÇÃO DOS DIREITOS FUNDAMENTAIS DO TRABALHO

Arnaldo Süssekind[54] esclarece que com a flexibilização os sistemas legais preveem fórmulas opcionais de estipulação de condições de trabalho, ampliando o espaço para a contemplação ou suplementação do ordenamento legal, permitindo a adaptação de normas cogentes às peculiaridades regionais, empresariais ou profissionais e admitindo derrogações de condições anteriormente ajustadas, para adaptá-las a situações conjunturais, métodos de trabalho ou implementação de nova tecnologia, possibilitando a intervenção estatal, com normas gerais abaixo das quais não se pode conceber a vida do trabalhador com dignidade.[55]

---

53 BARROSO, Luis. "Fundamentos teóricos e filosóficos do novo direito constitucional brasileiro". *Jus Navigandi*, Teresina, ano 6, n. 59, out. 2002, disponível em http://jus2.uol.com.br/doutrina/ texto.asp?id=3208, acesso em 12.12.06.

54 SÜSSEKIND, *op. cit.*, p. 211.

55 SÜSSEKIND, Arnaldo; MARANHÃO, Délio; VIANNA, Segadas; TEIXEIRA, Lima. *Instituições de Direito do Trabalho*. 19. ed. São Paulo: LTr, 2000, v. 2, p. 203.

É a Constituição da República que fixará os princípios fundamentais que embasarão as decisões relativas a conflitos de normas (*lato sensu*),[56] ou seja, onde não houver possibilidade de solucionar o conflito, estes serão resolvidos com base nos princípios constitucionais e com base na moderna Teoria da Ponderação de Interesses na Constituição Federal.[57]

A flexibilização de regras rígidas, em que o Estado estabelece um parâmetro ou um limite máximo e/ou mínimo para que os atores sociais negociem, traz também uma questão: diante das poucas ofertas de trabalho, o indivíduo se vê paralisado tendente a abrir mão de direitos para não perder o direito básico que mantém a vida, que é o direito ao trabalho e correspondente salário, estrutura da própria dignidade humana. Assim, defender o direito ao trabalho passou a ser prioridade, uma vez que sua falta deixa o indivíduo em estado de apatia, para conquista dos demais direitos garantidores e preservadores da dignidade humana. Porém, a sociedade está se tornando complexa demais e o mercado de trabalho enxuto.

O que se verifica atualmente é a falta de perspectiva com relação às oportunidades de trabalho e uma consequente conformação com as mudanças na legislação trabalhista, sob o argumento de que ou se aceita a flexibilização, venha como vier, ou se diminuem as oportunidades de trabalho, aumentando o desemprego, a marginalização, a queda da autoestima e da própria dignidade. "Não é um bom sinal do caminho que o mundo vai seguindo quando os homens perdem a confiança no futuro, e cenários de *Götterämmerung* tomam o lugar das utopias".[58]

A flexibilização é possível e necessária, desde que as normas por ela estabelecidas através da convenção ou do acordo coletivo, como previsto na Constituição, ou na forma que a lei determinar, sejam analisadas sob duplo aspecto: respeito à dignidade do ser humano que trabalha para manutenção do emprego e redução de direitos apenas em casos de comprovada necessidade econômica, quando destinada à sobrevivência da empresa. Não alcançando este objetivo mínimo, conquistado arduamente ao longo da história pelo trabalhador, o acordo ou a convenção coletiva deverão ser considerados inconstitucionais, uma vez que valores maiores são aqueles protegidos pelos direitos fundamentais, afinal, os princípios norteiam a aplicação do direito.

---

56 Segundo Ronald Dworkin (EUA) regras e princípios têm conteúdo normativo. Os primeiros diferem dos segundos por serem aplicados ao caso concreto na dimensão "tudo ou nada", ou seja, havendo conflito entre normas, uma delas deve ser excluída em prol da outra. Já com os princípios, que têm "dimensão de peso", isto não ocorre, pois se deve fazer uma ponderação entre princípios conflitantes e ambos serão aplicados ao caso concreto, preservando-se o núcleo de cada princípio e ponderando sua amplitude. Em caminho semelhante seguiu Robert Alexy (Alemanha) ao constatar que as regras têm natureza "biunívoca" e os princípios são "mandados de otimização". *Apud* HÄBERLE, Peter. *Hermenêutica constitucional. A sociedade aberta dos intérpretes da Constituição: contribuição para a interpretação pluralista e "procedimental" da Constituição*. Tradução por Gilmar Ferreira Mendes. Porto Alegre: Sérgio Antônio Fabris, 1997, p. 51.

57 SARMENTO, Daniel. *Ponderação de interesses na Constituição Federal*. Rio de Janeiro: Lumen Juris, 2000, p. 147.

58 HÄBERLE, Peter. *Op. cit.*, p. 51.

Segundo Celso Antônio Bandeira de Mello, princípio é:

> O mandamento nuclear de um sistema, verdadeiro alicerce dele, disposição fundamental que se erradia sobre diferentes normas compondo-lhe o espírito e servindo de critério para sua exata compreensão e inteligência, exatamente por definir a lógica e a racionalidade do sistema normativo no que lhe confere a tônica e lhe dá sentido harmônico.[59]

Ademais, nossa legislação já tem sido flexibilizada ao longo dos tempos, senão vejamos alguns exemplos:

a) aumento das hipóteses de contrato determinado, com a alteração ocorrida no art. 443 da CLT, através do Decreto-Lei nº 229/67, que lhe acrescentou todo § 2º;
b) utilização de trabalhadores terceirizados, como previsto originariamente na Lei nº 6.019/74, lei mais tarde alterada pela Lei nº 13.429/2017 para autorizar a terceirização ampla e permanente inclusive para as atividades principais da empresa;
c) imposição da terceirização do vigilante, na forma da Lei nº 7.102/83;
d) ampliação do conceito de empregado de confiança para fins de exclusão do Capítulo "Da Duração do Trabalho";
e) liberdade de o empregador despedir imotivadamente o empregado com a criação do regime do FGTS – antiga Lei nº 5.107/66 e atual Lei nº 8.036/90 e extinção do regime anterior preconizado nos arts. 478 e 492 da CLT;
f) quebra do princípio da irredutibilidade salarial – art. 503, CLT, posteriormente a Lei nº 4.923/65 e hoje art. 7º, IV, da CRFB c/c art. 58-A, § 2º, da CLT;
g) flexibilização das jornadas de trabalho – art. 59 da CLT; art. 7º, XIII, da CRFB e art. 59, § 2º, da CLT, que criou o nefasto banco de horas, hoje possível por ajuste escrito individual;
h) ampliação da jornada de seis horas para os turnos ininterruptos de revezamento quando autorizada por negociação coletiva – art. 7º, XIV, da CRFB;
i) possibilidade, mediante acordo entre as partes e desde que notificado o sindicato, da habitação do rural não ter natureza salarial – art. 9º, § 5º, da Lei nº 5.889/73;
j) contrato provisório para estímulo a novos empregos – Lei nº 9.601/98;
k) trabalho por tempo parcial que autoriza a redução proporcional dos salários – art. 58-A da CLT;

---

59 MELLO, Celso Bandeira de. *Curso de Direito Administrativo*. 11. ed. São Paulo: Malheiros, 1999, p. 136.

l) ampliação das hipóteses de terceirização – Súmula nº 331 do TST, mesmo antes da Lei nº 13.429/2017;

m) possibilidade de adesão ao programa de alimentação do trabalhador (PAT), afastando a natureza salarial da alimentação *in natura* ou equivalente, fornecida pelo empregador – Lei nº 6.321/76. Adesão hoje desnecessária ante o disposto no art. 457, § 2º, da CLT (redação dada pela Lei nº 13.467/2017);

n) redução das hipóteses de salário-utilidade – art. 458, § 2º, da CLT;

o) suspensão do contrato de trabalho para realização de curso – art. 476-A da CLT;

p) lei das microempresas autorizando benefícios burocráticos trabalhistas, como isenção de livro de inspeção, de contratação obrigatória de aprendizes etc.;

q) limitação da integração das gorjetas ao salário – Súmula nº 354 do TST;

r) ampliação das hipóteses de descontos salariais – Súmula nº 342 do TST e Lei nº 10.820/2003, que autoriza desconto no salário e nas parcelas da rescisão, mediante adesão voluntária e irretratável, para fins de empréstimo, financiamento e operações de arrendamento mercantil concedidos por instituições financeiras e outras mencionadas na lei, desde que não ultrapassem 30% da remuneração do empregado;

s) inclusão do trabalhador rural no inciso XXIX do art. 7º da CRFB através da EC nº 28/2000, estendendo a ele a prescrição parcial;

t) novo Código Civil capacitando o menor entre 16 e 18 anos que for admitido como empregado com condições de subsistência própria, alterando as regras de representação pelo responsável legal para alguns atos do contrato de trabalho;

u) limitação do valor do crédito trabalhista a 150 salários mínimos para fins do art. 449, § 1º, da CLT, isto é, limitação para fins de crédito privilegiado na falência – art. 83, I, da Lei nº 11.101/2005;

v) possibilidade (controvertida) de renúncia ou transação, durante ou após a extinção do contrato de trabalho, de direitos trabalhistas nas Comissões de Conciliação Prévia – art. 625-E da CLT;

w) redução do percentual do FGTS para os aprendizes e exclusão das hipóteses previstas nos arts. 479 e 480 da CLT, bem como aumento da idade para 24 anos (Lei nº 11.180/2005);

x) limitação do poder normativo da Justiça do Trabalho e proibição de dissídio de natureza econômica unilateral – EC nº 45/2004;

y) autorização de penhora do salário quando o crédito tiver natureza alimentar, apesar de ainda controvertida a matéria (art. 833, IV, do CPC);

z) aumento da jornada dos professores de 6 horas-aulas máximas para 8 horas – art. 318 da CLT;

z1) ampliação das hipóteses de terceirização – arts. 4º-A e 5º-A da Lei nº 6.019/74 – e ampliação do prazo de vigência do contrato temporário – Lei nº 6.019/74;

z2) autorização para livre negociação entre empregado e empregador, nos mesmos termos dos arts. 611-A e 611-B da CLT, desde que ganhe igual ou mais que duas vezes o teto da previdência e possua diploma de curso superior (art. 444, parágrafo único, da CLT);

z3) permissão de inclusão de cláusula compromissória no contrato de trabalho dos que ganham mais que duas vezes o teto da previdência (art. 507-A da CLT);

z4) exclusão do teletrabalhador do direito às horas extras, noturnas e intervalos – art. 62, III, da CLT);

z5) autorização de trabalho insalubre para grávidas (considerado inconstitucional o artigo 394-A da CLT pela ADI 5.938);

z6) autorização de prorrogação de jornada em local insalubre sem a prévia autorização da autoridade competente;

z7) ampliação dos poderes da negociação coletiva com preponderância sobre a lei, podendo até revogar direitos legais;

z8) demais alterações prejudiciais aos trabalhadores trazidos pela Reforma Trabalhista – Lei nº 13.467/2017.

É preciso destacar que o Brasil é um país desigualmente desenvolvido tendo regiões subdesenvolvidas, onde ainda é possível encontrar exploração do menor e de trabalhadores em situações análogas à de escravos, convivendo com regiões desenvolvidas ou em vias de desenvolvimento.

Prestigiar a máxima do negociado sobre o legislado é crer que todos os sindicatos brasileiros têm condições e capacidade de negociar, que são fortes e independentes dos interesses e pressões econômicas, o que não é verdade. Raros são os sindicatos com espírito sindical e reivindicatório, para defesa dos interesses da categoria profissional, e isentos da influência do poder econômico dos empresários, inclusive os situados nas grandes cidades, onde há desenvolvimento econômico e grandes concentrações operárias, sobretudo no setor industrial. Se isto ocorre sob os olhos do intenso controle e fiscalização existente nas grandes metrópoles, imagine-se a fragilidade dos sindicatos das pequenas cidades e centros rurais, diante do poder econômico, da ameaça dos "coronéis do campo" e da falta de fiscalização das fazendas rurais. Além disso, não é difícil perceber que comumente os interesses da categoria conflitam com os do sindicato, quando, na verdade, deveriam se confundir e convergir na mesma direção, pois este deveria ser o representante ou a reprodução dos interesses da categoria.

Não prospera o argumento daqueles que apontam ter sido proposital o reconhecimento das convenções e acordos coletivos de trabalho no inciso XXVI do art. 7º da Carta, para permitir que a negociação pudesse se sobrepor à lei, uma vez que o inciso deve ser interpretado em consonância com o *caput*, e este expressa com clareza o princípio da norma mais favorável quando dispõe que "são direitos dos trabalhadores urbanos e rurais, além de outros que visem a melhoria de sua condição social". Sendo assim, incabível interpretação que possa prejudicar o trabalhador por frontalmente contrária à norma constitucional.

O inciso que reconhece a importância das convenções e acordos coletivos deve ser interpretado à luz do *caput*, isto é, deve ser aplicada a **interpretação** conforme, para dar **harmonia** ao texto constitucional.

Por este motivo o legislador constituinte, entre 34 incisos disciplinando direitos trabalhistas, destinou apenas três para autorizar a derrogação ou diminuição do comando legal pela norma coletiva.

A culpa não recai no salário do empregado. Os gastos com os outros encargos trabalhistas conexos é que poderiam ser flexibilizados, para aliviar a carga tributária sofrida pelo patrão.

É bom lembrar que quase metade do salário é destinada a pagamento do INSS, Sesc, Senac, Sesi, Senai, Sebrae, Incra, salário-educação e, dependendo, imposto de renda. Ora, tais encargos oneram a folha de pagamento, reduzem o valor recebido pelo empregado e inibem a formalização do vínculo de emprego.

Ademais, em face das peculiaridades, o Direito do Trabalho não acolheu o sistema piramidal clássico, mas sim o princípio da **hierarquia dinâmica das normas**.[60] Esse sistema irá priorizar não a hierarquia formal da norma, mas o princípio da norma mais favorável ao trabalhador. Desse modo, quando havia conflito entre uma norma ordinária menos favorável ao trabalhador[61] e uma convenção coletiva de trabalho mais favorável, esta prevalecia sobre aquela.[62] Da mesma forma, em um conflito entre as normas previstas na Constituição e aquelas previstas no contrato individual de trabalho, prevalecerá a mais favorável ao trabalhador, pouco importando sua hierarquia formal. É bom ressaltar que, depois da aprovação da Reforma Trabalhista pela Lei nº 13.467/2017, diversas exceções foram criadas ao princípio da aplicação da norma mais favorável e da condição mais benéfica ao trabalhador e ampliadas as hipóteses de prevalência do negociado coletivamente sobre o legislado, para reduzir ou retirar direitos trabalhistas validamente.

No Direito do Trabalho, diferentemente da previsão piramidal de Kelsen, não aplica a norma hierarquicamente "superior", mas a norma mais favorável ou até mesmo a situação fática mais benéfica ao trabalhador, salvo disposições estatais, imperativas e de ordem pública em contrário[63] ou a flexibilização (arts. 611-A e 611-B da CLT).

---

60 NASCIMENTO, Amauri Mascaro. *Curso de direito do trabalho*. 16. ed. São Paulo: Saraiva, 1999. p. 248.

61 Nesse caso, o intérprete deve optar por uma das teorias para o conflito: do conglobamento, atomista ou intermediária. Há posicionamentos, baseados na nova vertente sobre flexibilização, de que o acordo coletivo sempre prevalecerá, mesmo sobre a sentença normativa, pois mais adequado ao caso concreto daquela empresa.

62 A partir da Lei nº 13.467/2017, o art. 620 da CLT foi alterado para determinar que o acordo coletivo prevalece sobre a convenção, mesmo que estabeleça condições menos favoráveis ao trabalhador. É o primado da flexibilização trazido pela Reforma Trabalhista. Com isso, a teoria da prevalência da norma mais favorável e a do conglobamento foram enfraquecidas.

63 Em conflito com esta tese as OJs 123, 154, 159, 163 (cancelada), 169 (cancelada), 224, 258 (cancelada), 308, 322, 325, 339 da SDI-I do TST, que autorizam a redução de benesses anteriormente concedidas ao trabalhador.

A Constituição preserva os direitos mínimos indisponíveis assegurados aos trabalhadores. Os arts. 5º, 7º, 8º, 9º, 10 e 11 da Constituição da República Federativa do Brasil de 1988 estabelecem direitos mínimos aos trabalhadores, que devem ser preservados. Neles reúnem-se as disposições basilares sobre Direito do Trabalho, que são parâmetros iniciais na aplicação deste Direito. Os direitos mínimos são irrenunciáveis e são preservadores da dignidade humana.[64]

Além disso, no quadro de uma sociedade injusta e desigualitária como a brasileira, faz-se mister reforçar todos os instrumentos que permitam a proteção dos hipossuficentes.[65]

Os temas relacionados com a flexibilização das relações trabalhistas e a sua limitação pelo princípio constitucional da proteção do trabalhador merecem maior reflexão em todos os sentidos, principalmente depois da aprovação da Reforma Trabalhista em 2017. A análise dos casos concretos e a formação da doutrina e jurisprudência consequente darão com o tempo melhor contorno a estas questões. O que não se deseja em uma sociedade civilizada é que haja maiores desrespeitos à dignidade humana e, particularmente, na sociedade brasileira, onde a desigualdade é flagrante, que não se viabilizem meios para conquista da igualdade substancial.

O Direito do Trabalho, por suas peculiaridades, tem mecanismos suficientes para ponderar, no caso concreto, os conflitos que surgem entre a flexibilização e a proteção aos direitos fundamentais do homem que trabalha, buscando materializar a justiça social. Assim, poder-se-ão garantir melhores relações de trabalho.

No âmbito do Direito do Trabalho, a flexibilização apresenta-se como solução à crise econômica vivida pelas empresas que estão à beira da falência, da quebra. Para evitar uma crise social mais grave, com o aumento do desemprego e consequente diminuição do mercado de trabalho a flexibilização responsável, sem abusos e sem a liberdade pretendida pela corrente neoliberal, é a resposta que mais harmoniza com os postulados constitucionais de valoração da dignidade da pessoa humana e como proteção ao princípio fundamental ao trabalho.

Conclui-se, assim, que já existem regramentos que possibilitam a flexibilização de normas trabalhistas e correntes que ora exploraram o instituto de forma mais ampla e irrestrita (neoliberal), ora de forma mais responsável e limitada (estado social de direito).

Contudo, é importante destacar que a flexibilização responsável e não abusiva é fundamental para a viabilização de algumas relações de trabalho, sempre analisada pela ótica constitucional, sob a interpretação conforme os princípios da proteção ao trabalhador. É imprescindível que, ante o imperativo da eficácia econômica, a flexibilização deve estar atrelada à exigência de uma ética de justiça social, inspirada em uma ordem democrática que conserve o exercício de direitos fundamentais.

Na visão positivista, o exercício do direito previsto em lei não acarretava nulidade, em face do grande apego à norma posta. Na atual concepção, o direito

---

64 SAAD, Eduardo Gabriel. *CLT comentada*. 37. ed. São Paulo: LTr, 2004, p. 24.

65 SARMENTO, Daniel. *Direitos fundamentais e relações privadas*. Rio de Janeiro: Lumen Juris, 2001, p. 292.

deve servir ao homem e não o homem servir ao direito. Neste sentido, é fácil concluir que o abuso de direito ganha espaço na nova ótica e, por isso, passa a constar expressamente do art. 187 do Código Civil de 2002: "Art. 187 – Também comete ato ilícito o titular de um direito que, ao exercê-lo, excede manifestamente os limites impostos pelo seu fim econômico ou social, pela boa-fé ou pelos bons costumes."

Desta forma, considera-se abuso de direito o exercício de um direito subjetivo ou de prerrogativas individuais de forma exacerbada, fora dos limites normais que são baseados em princípios de comportamento e de direito, que importe em atos que violem a ética, a moral, a boa-fé, os bons costumes, o bem comum e a função social do direito.

Gustavo Tepedino[66] acrescenta que:

> (...) A intenção do legislador foi a de abarcar as diferentes concepções de abuso de direito, impondo limites éticos ao exercício das posições jurídicas, seja por meio do princípio da boa-fé objetiva, da noção de bons costumes ou da função socioeconômica dos direitos.

Portanto, a pedra de toque para a limitação do direito de flexibilizar é o não abuso deste direito, isto é, a sua utilização de acordo com o fim social do Direito do Trabalho e nos limites da lei. Só se pode conceber a dignidade do trabalhador quando o direito é exercido de acordo com sua função social. Neste sentido, considera-se abusiva toda e qualquer norma coletiva que tente reduzir direitos previstos em lei sem o necessário motivo: séria crise econômica, que deve ser sempre comprovada, em face do princípio da transparência nas negociações coletivas.[67]

Remetemos o leitor ao Capítulo "Princípios", no subitem "Princípios da Irrenunciabilidade e Intransacionabilidade", onde será explorado outro enfoque da flexibilização, sob o aspecto da natureza dos direitos trabalhistas, isto é, se de caráter público ou privado, ou seja, se disponíveis ou indisponíveis.

---

66 TEPEDINO, Gustavo; BARBOZA, Heloísa Helena; MORAES, Maria Celina Bodin de. *Código Civil Interpretado conforme a Constituição*. Rio de Janeiro: Renovar, 2004, v. 1, p. 554.

67 Aliás, a proposta de reforma sindical, encaminhada ao sr. Presidente em fevereiro de 2005 pelo sr. Ministro de Estado do Trabalho e do Emprego, Sr. Ricardo José Ribeiro Berzoini, expressamente garante aos trabalhadores, durante a negociação coletiva, o direito à informação e pugna pelo princípio da boa-fé:

Art. 99. A conduta de boa-fé constitui princípio da negociação coletiva.

§ 1º Para os fins desta Lei, considera-se boa-fé o dever de:

I – participar da negociação coletiva quando regularmente requerida, salvo justificativa razoável;

II – formular e responder a propostas e contrapropostas que visem a promover o diálogo entre os atores coletivos;

III – prestar informações, definidas de comum acordo, no prazo e com o detalhamento necessário à negociação;

IV – preservar o sigilo das informações recebidas com esse caráter;

V – obter autorização da assembleia para propor negociação coletiva, celebrar contrato coletivo de trabalho e provocar a atuação da Justiça do Trabalho, de árbitro ou de órgão arbitral para a solução do conflito coletivo de interesses.

§ 2º A violação ao dever de boa-fé equipara-se à conduta antissindical.

Capítulo 3

FONTES DE DIREITO DO TRABALHO

1. CONCEITO DE FONTE

De acordo com o Dicionário Aurélio[1] a definição de fonte corresponde:

> Fonte. (Do *lat. fonte*) S.f. 1. Nascente de água. 2. Bica de onde corre água potável para uso doméstico etc. [C.f. Chafariz (1).] 3. O depósito para onde corre [Dim. irreg.: fontainha, fontícula.] 4. Pia batismal. 5. Fig. Aquilo que origina ou produz; origem, causa.

2. CONCEITO DE FONTE DE DIREITO

De acordo com Pedro Nunes,[2] fontes de direito "(...) são elementos diretos e essenciais da formação das instituições jurídicas de uma nação ou do seu direito positivo".

Délio Maranhão[3] acrescenta que "(...) as regras de direito saem do húmus social, de onde se originam, como as águas saem do solo: espontaneamente e naturalmente".

Assim, fonte de Direito do Trabalho significa: meio pelo qual o Direito do Trabalho se forma, se origina e estabelece suas normas jurídicas.

Emprega-se também a expressão no sentido de "fundamento de validade jurídico-positiva da norma jurídica", visão kelseniana.[4]

2.1. Direito Positivo – Conceito

Direito positivo é retratado pela norma, que se constitui em regras, princípios e valores, dotada de força coercitiva sobre os agentes sociais a que se destina.

---

1 FERREIRA, Aurélio Buarque de Holanda. *Novo Dicionário Aurélio da Língua Portuguesa*. 2. ed. Rio de Janeiro: Nova Fronteira, 1986, p. 797.

2 NUNES, Pedro. *Dicionário de Terminologia Jurídica*. 10. ed. São Paulo: Renovar, 1979, v. 1, p. 459.

3 SÜSSEKIND, Arnaldo; MARANHÃO, Délio; VIANNA, Segadas; TEIXEIRA, Lima. *Instituições de Direito do Trabalho*. 19. ed. São Paulo: LTr, 2000, v. 2, p. 154.

4 DINIZ, Maria Helena. *Curso de Direito Civil brasileiro*. Teoria Geral do Direito Civil. 22. ed. São Paulo: Saraiva, 2005, v. 1, p. 20.

As **regras** têm como roupagem a lei escrita. Os **princípios**, por sua vez, são os comandos gerais cujas funções são inúmeras, tais como: a normativa, a supletiva, integrativa, de iluminação e inspiração do intérprete, entre outras. Por fim, os **valores** são os padrões sociais aceitos e seguidos por todos os indivíduos de uma sociedade.

Portanto, direito positivo **não** significa apenas, como muitos erroneamente pensam, direito escrito. **Direito positivo** é aquele que age coercitivamente sobre a sociedade. O destinatário cumpre a norma porque se sente obrigado a tanto, mesmo que ela não esteja escrita, como acontece, por exemplo, com o costume.

Caio Mário da Silva Pereira[5] leciona:

> Num sentido de verdadeira precisão geométrica, pode-se encarar a vida jurídica de um povo determinado, numa época precisa, e verificar que toda a normação da coexistência social, em dado momento histórico, se acha submetida a regras dirigidas à vontade de todos. Não importa seja o momento atual ou pretérito. A este complexo dá-se o nome de direito positivo, que se define como o conjunto de princípios que pautam a vida social de determinado povo em determinada época. É nesta acepção que nos referimos ao Direito romano, ao Direito inglês, ao Direito alemão, ao Direito brasileiro (...) Não importa seja escrito ou não escrito, de elaboração sistemática ou de formação jurisprudencial. O direito positivo, segundo a síntese de Capitant, é o que está em vigor num povo determinado e compreende toda a disciplina da conduta, abrangendo as leis votadas pelo poder competente, os regulamentos, as disposições normativas de qualquer espécie. Ligado ao conceito de vigência, o direito positivo fixa nesta o fundamento de sua existência. Por isso é contingente e variável.

3. IMPORTÂNCIA DO ASSUNTO

É a partir da fonte que se cria o direito e, com este, a obrigação e a exigibilidade ao cumprimento desta. A fonte formal regula o comportamento das pessoas que, por sua vez, têm que ter ciência do direito vigente que as obriga naquele momento.

A identificação das fontes formais de Direito do Trabalho é importante para que empregado e empregador se conscientizem de que, além da força obrigatória dos respectivos contratos de trabalho, existem outros regramentos que têm força coercitiva e que devem ser respeitados e cumpridos.

4. FONTE DE DIREITO DO TRABALHO

A **fonte formal** se caracteriza por seu caráter geral,[6] abstrato,[7] impessoal[8] e imperativo.[9] Neste sentido, o conceito de fonte formal de direito se confunde com

5 PEREIRA, Caio Mário da Silva. *Instituições de Direito Civil*. 22. ed. Rio de Janeiro: Forense, 2005, v. 1, p. 7.

6 Geral: feita para todos abstratamente, e não para uma só pessoa ou grupo.

7 Abstrata: não prevê uma condição concreta, mas sim uma hipótese.

8 Impessoal: Leva em conta a coletividade e não uma única pessoa.

9 Imperativo: todos são obrigados a cumprir, tem caráter coercitivo.

o conceito de norma. Daí por que a doutrina não é unânime quanto aos seus tipos. Alguns preferem conceituar fonte como qualquer elemento gerador de direito e, outros, como norma.[10]

Por isso, Orlando Gomes[11] inclui dentre as fontes formais de Direito do Trabalho o contrato individual de trabalho, pois o contrato gera direitos e obriga as partes. Discordamos do autor porque fonte deve ter o caráter geral, abstrato e impessoal, enquanto o contrato de trabalho é pessoal, concreto e específico.

Logo, não se considera, sob a ótica técnica, fonte formal de direito tudo que acarrete em nascimento do **direito**, mas apenas a **norma** de caráter positivo (regras, princípios e valores). Ou seja, todo comando jurídico geral, impessoal, imperativo e abstrato.

5. TIPOS

As fontes do Direito do Trabalho podem ser divididas em duas categorias: materiais e formais. As fontes formais se subdividem, ainda, em autônomas e heterônomas.

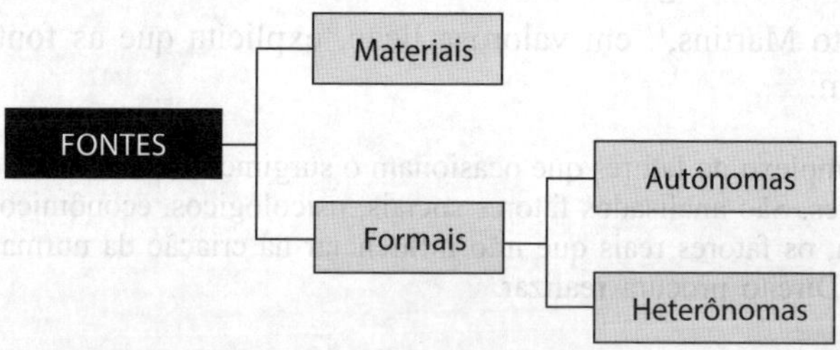

São, também, utilizadas outras nomenclaturas para designar fontes autônomas: profissionais,[12] primárias[13] e não estatais.

Da mesma forma, as heterônomas podem ser chamadas de imperativas,[14] estatais[15] e indiretas.

Convém ressaltar que há na doutrina severas críticas quanto a esta divisão. Miguel Reale,[16] por exemplo, comenta que: "é necessário advertir que a antiga distinção entre fonte formal e fonte material do direito tem sido razão de grandes equívocos nos domínios da Ciência Jurídica, tornando-se indispensável empregarmos

10 Norma também é conceituada como critério de decisão, pois age como uma direção para a conduta, o comportamento.

11 GOMES, Orlando; GOTTSCHALK, Élson. *Curso de Direito do Trabalho*. Rio de Janeiro: Forense, 1995, p. 36.

12 *Idem*.

13 PINTO, José Augusto Rodrigues. *Curso de Direito Individual do Trabalho*. 4. ed. São Paulo: LTr, 2000, p. 81.

14 *Idem*.

15 GOMES, Orlando; GOTTSCHALK, Élson. *Op. cit.*, p. 36.

16 REALE, Miguel. *Lições preliminares de Direito*, 16.ed. São Paulo: Saraiva, 1988, p. 139 e 141.

o termo fonte do direito para indicar apenas os processos de produção de normas jurídicas". Para ele as fontes de direito derivam das fontes de poder, sendo estas divididas da seguinte maneira:

- fontes derivadas do processo legislativo (relativas ao Poder Legislativo);
- fontes derivadas da jurisdição (relativas ao Poder Judiciário);
- fontes derivadas dos usos e costumes (exprimem o poder social, ou seja, poder decisório do povo);
- fontes negociais (derivadas da autonomia da vontade).

Apesar da crítica, a classificação usualmente empregada é realmente a de dividir as fontes de direito em formais e materiais.

5.1. Fontes Materiais de Direito do Trabalho

As fontes materiais de Direito do Trabalho encontram-se num estágio anterior às fontes formais, porque contribuem para a formação do direito material. A fonte material é antecedente lógico das fontes formais.

Sergio Pinto Martins,[17] em valorosa lição, explicita que as fontes materiais se caracterizam em:

> (...) complexo de fatores que ocasionam o surgimento de normas, envolvendo fatos e valores. São analisados fatores sociais, psicológicos, econômicos, históricos etc., ou seja, os fatores reais que irão influenciar na criação da norma jurídica, valores que o Direito procura realizar.

O fenômeno da movimentação social dos trabalhadores, em busca de melhoria das condições de trabalho através de protestos, reivindicações e paralisações, constitui fonte material de Direito do Trabalho. Da mesma forma, as pressões dos empregadores em busca de seus interesses econômicos ou para flexibilização das regras rígidas trabalhistas também são consideradas fontes materiais.

Em resumo, a fonte material de Direito do Trabalho é a ebulição social, política e econômica que influencia de forma direta ou indireta na confecção, transformação ou formação de uma norma jurídica. Afinal, as leis são confeccionadas para a satisfação dos apelos sociais e, o direito, para satisfazer a coletividade.

Estas causas pressionam o **Estado** ou a própria **sociedade** a fim de que se elabore o direito, regule ou imponha uma forma de comportamento social uniforme a ser adotado.

Por isso, é certo afirmar que toda fonte formal já foi uma fonte material. Entretanto, nem toda fonte material chega a se transformar em formal, pois não se tornou coercitiva sobre os agentes sociais, apesar da movimentação desempenhada pelo grupo interessado para tanto.

---

17 MARTINS, Sergio Pinto. *Direito do Trabalho*. 13. ed. São Paulo: Atlas, 2001, p. 71.

5.2. Fontes Formais de Direito do Trabalho

As **fontes formais** são os comandos gerais, abstratos, impessoais e imperativos. Conferem à norma jurídica o caráter positivo, obrigando os agentes sociais. São impostas e se incorporam às relações jurídicas. Ordenam os fatos segundo valores, regulam as relações e as ligam a determinadas consequências.

Fonte formal **não** significa norma escrita e sim **norma positiva**, ou seja, aquela que tem força coercitiva sobre seus destinatários. O costume é fonte formal assim como o é a lei. Assim, por exemplo, a gorjeta recebida pelo garçom é parcela espontânea, pois a lei não obriga ninguém a fazê-lo, mas o cliente do restaurante se sente coagido a tanto.

As fontes formais dividem-se em **autônomas** e **heterônomas**. Autônomas, diretas, não estatais ou primárias[18] são as elaboradas pelos agentes sociais, sem intervenção do Estado. Emergem da vontade dos sujeitos da relação de emprego. Ao contrário, as heterônomas, estatais ou imperativas são as emanadas do Estado ou aquelas em que ele intervém na sua elaboração. Resultam da atividade estatal.

Orlando Gomes[19] chama de profissionais as fontes autônomas; de estatais, as confeccionadas apenas pelo Estado interno; de mistas, aquelas em que o Estado participa junto com os agentes sociais na confecção da norma; e de internacionais, as emanadas de organismo estrangeiro.

Assim, as fontes formais de Direito do Trabalho se dividem em autônomas ou primárias e heterônomas ou imperativas.

5.2.1. Fontes Formais Autônomas ou Profissionais

São elaboradas pelos próprios destinatários, sem a intervenção estatal. Os próprios agentes sociais espontaneamente as produzem; emergem da vontade das partes.

São elas: convenção coletiva, acordo coletivo, regulamento de empresa e o costume.

> **Ex.:** Empregado e empregador, através dos respectivos sindicatos, ajustam condições de trabalho através de uma convenção coletiva. Trata-se de fonte formal autônoma porque o Estado não participou de sua confecção. Tem característica de fonte porque é norma geral, abstrata, impessoal, imperativa e criadora de direitos.

5.2.2. Fontes Formais Heterônomas, Imperativas ou Estatais

São aquelas que emanam do Estado, e normalmente são impostas, ou aquelas em que o Estado participa ou interfere.

Sergio Pinto[20] sugere que as fontes formais são as impostas por agente externo.

---

18 PINTO, José Augusto Rodrigues. *Curso de Direito Individual do Trabalho*. 4. ed. São Paulo: LTr, 2000, p. 85.

19 GOMES, Orlando; GOTTSCHALK, Élson. *Curso de Direito do Trabalho*. Rio de Janeiro: Forense, 1995, p. 37.

20 MARTINS, Sergio Pinto. *Direito do Trabalho*. 13. ed. São Paulo: Atlas, 2001, p. 61.

Arnaldo Süssekind[21] acrescenta que também são fontes formais de Direito do Trabalho as fontes subsidiárias. Aponta as mencionadas fontes no art. 8º da CLT (analogia, direito comum, jurisprudência, equidade, princípios gerais de direito e direito comparado). Os demais juristas, com os quais concordamos, consideram tais elementos como métodos de interpretação ou integração de lei ou do direito, e não como fontes.

São elas: Constituição, leis (em geral), decretos expedidos pelo Poder Executivo, sentença normativa, súmulas vinculantes e, em alguns casos excepcionais, o costume.

5.2.3. Fontes Formais e Hierarquia Formal

Fontes formais, segundo sua hierarquia formal:[22]

1º – Constituição (Regras, Valores e Princípios);
2º – leis;
3º – decreto (expedido pelo Executivo);
4º – sentença normativa;
5º – convenção coletiva e acordo coletivo;
6º – laudo ou sentença arbitral coletiva;
7º – regulamento de empresa;
8º – súmula vinculante;
9º – costume.

Orlando Gomes[23] propõe outra hierarquia das fontes formais, diferente da defendida acima:

1º – convênios e recomendações internacionais (Tratados e Convenções);
2º – Constituição;
3º – leis;
4º – regulamento (expedido pelo Executivo);
5º – sentença normativa;
6º – convenção coletiva e acordo coletivo;
7º – regulamento de empresa;
8º – contrato de trabalho.

---

21 SÜSSEKIND, Arnaldo. *Curso de Direito do Trabalho*. Rio de Janeiro: Renovar, 2002, p. 124.

22 De forma similar se posicionam Délio Maranhão e Arnaldo Süssekind. SÜSSEKIND, Arnaldo; MARANHÃO, Délio; VIANNA, Segadas; TEIXEIRA, Lima. *Instituições de Direito do Trabalho*. 21. ed. São Paulo: LTr, 2003, v. 1, p. 153 e SÜSSEKIND, Arnaldo. *Curso de Direito do Trabalho*. Rio de Janeiro: Renovar, 2002, p. 127.

23 GOMES, Orlando; GOTTSCHALK, Élson. *Curso de Direito do Trabalho*. Rio de Janeiro: Forense, 1995, p. 37.

6. ANÁLISE DAS FONTES FORMAIS DE ACORDO COM A HIERARQUIA

6.1. Constituição

A Constituição encontra-se no ápice da hierarquia das normas jurídicas, pois ela é a que confere fundamento e eficácia a todas as demais regras existentes no país. Por isso, possui prevalência na ordem jurídica.

Ela estabelece regras de convívio social e regras jurídicas que asseguram a liberdade, direitos e deveres aos cidadãos.

Nossa Constituição garantiu alguns direitos sociais fundamentais aos trabalhadores – art. 7º da CRFB.

Entretanto, nem todos os dispositivos constitucionais **têm eficácia plena**, já que alguns dependem de regulamentação para produzirem os efeitos desejados pelo Constituinte.

Eficácia é o atributo da norma que possui todos os elementos ou apenas alguns capazes de produzir efeitos jurídicos. Uma norma eficaz age de forma coercitiva sobre os agentes sociais e, em virtude disto, pode ser exigido judicialmente seu cumprimento. Para José Afonso da Silva,[24] uma norma só pode ser aplicada concretamente quando for eficaz.[25]

Há duas correntes doutrinárias que se posicionam sobre o tema:

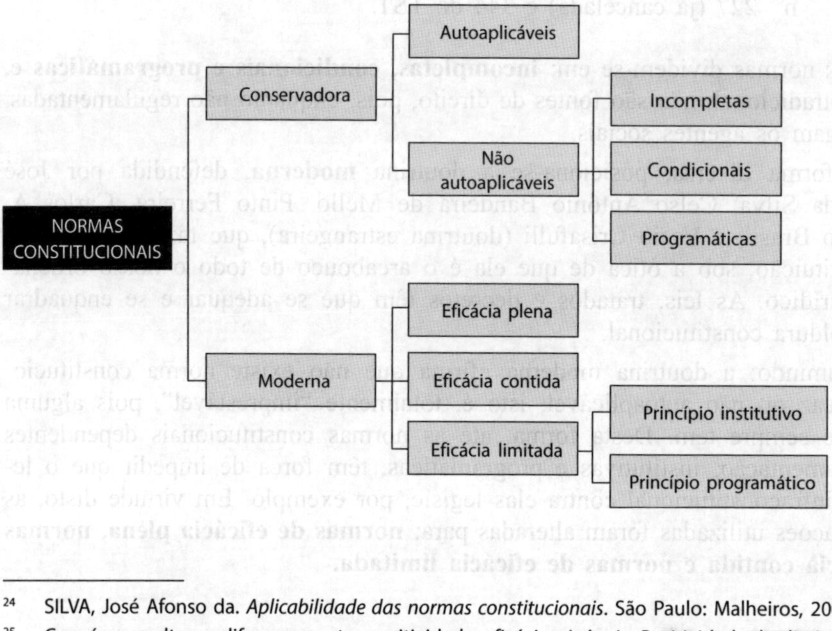

[24] SILVA, José Afonso da. *Aplicabilidade das normas constitucionais*. São Paulo: Malheiros, 2001, p. 60.

[25] Convém ressaltar as diferenças entre positividade, eficácia, vigência. Positividade do direito exprime a característica de um direito que rege a conduta humana concretamente, mediante normas atributivas atuais ou históricas. Eficácia é a capacidade de atingir objetivos previamente fixados como metas. Vigência refere-se à norma atual, de existência específica da norma, do aqui e agora.

A primeira corrente, **conservadora**, defendida por Alice Monteiro[26] e Délio Maranhão,[27] ainda predominante na área trabalhista, leva em consideração o critério tradicional de classificação das normas constitucionais segundo a eficácia e aplicabilidade, cujos principais defensores fora da área trabalhista são: Manoel Gonçalves Ferreira Filho e Pontes de Miranda, no Brasil, e Thomas Cooley, nos EUA.

Neste sentido, as normas constitucionais dividem-se em:

a) **Autoaplicáveis**. Aproximam-se do que a doutrina clássica norte-americana chama de *self-executing, self-enforcing* ou *self-acting*. Pontes de Miranda as denominava de "bastantes em si". Têm força normativa, pois não precisam de uma norma infraconstitucional para lhes dar aplicabilidade. Possuem todos os elementos para concretizar o direito materialmente. Nesta concepção sempre serão fonte de direito. Exemplo: horas extras remuneradas com acréscimo de 50%.

b) **Não autoaplicáveis** (*not self-executing*) ou "não bastantes em si". Estas normas precisam de regulamentação através de uma lei complementar ou ordinária para a sua aplicação e efetivação. De acordo com a jurisprudência trabalhista, que adotou a corrente tradicional, são normas desta espécie: a participação nos lucros e o adicional de penosidade (art. 7º, XI, XXIII, da CRFB). Outro exemplo é o do salário-família previsto no art. 7º, XII, da Carta para o trabalhador rural, pois só foi regulamentado a partir da publicação da Lei nº 8.213/91 – Súmulas nºs 227 (já cancelada) e 344 do TST.

Estas normas dividem-se em: **incompletas, condicionais e programáticas** e, na visão tradicional, não são fontes de direito, pois, enquanto não regulamentadas, não obrigam os agentes sociais.

De forma diversa, posiciona-se a doutrina **moderna**, defendida por José Afonso da Silva, Celso Antônio Bandeira de Mello, Pinto Ferreira, Carlos A. Britto, no Brasil, e Vezio Crisafulli (doutrina estrangeira), que faz uma releitura da Constituição, sob a ótica de que ela é o arcabouço de todo o nosso ordenamento jurídico. As leis, tratados e decretos têm que se adequar e se enquadrar nesta moldura constitucional.

Resumindo: a doutrina moderna afirma que não existe norma constitucional ineficaz ou não autoaplicável, isto é, totalmente "imprestável", pois alguma finalidade sempre tem. Desta forma, até as normas constitucionais dependentes de regulamentação, institutivas e programáticas, têm força de impedir que o legislador infraconstitucional contra elas legisle, por exemplo. Em virtude disto, as denominações utilizadas foram alteradas para: **normas de eficácia plena, normas de eficácia contida e normas de eficácia limitada.**

---

26 BARROS, Alice Monteiro de. *Curso de Direito do Trabalho*. São Paulo: LTr, 2005, p. 102.

27 SÜSSEKIND, Arnaldo; MARANHÃO, Délio; VIANNA, Segadas; TEIXEIRA, Lima. *Instituições de Direito do Trabalho*. 21. ed. São Paulo: LTr, 2003, v. 1, p. 127.

As normas constitucionais de **eficácia plena** são aquelas que possuem aplicabilidade direta, imediata e integral, tendo em vista que elas podem ser aplicadas ao caso concreto, independentemente de uma norma regulamentadora que sobre elas disponha. A qualidade de integralidade da norma significa dizer que ela não admite contenção em seu conteúdo. Ex.: art. 1º, parágrafo único, e art. 2º da CRFB/88.

As normas de **eficácia contida** são aquelas que possuem aplicabilidade direta, imediata, tendo sua eficácia independente da interferência do legislador ordinário, isto é, não dependem de lei ulterior para ter eficácia, mas ficam dependentes de limites ou circunstâncias restritivas. São aquelas em que o legislador constituinte regulou suficientemente os interesses relativos à determinada matéria, mas deixou margem à atuação restritiva do Poder Público, nos termos em que a lei estabelecer. Um bom exemplo de norma de eficácia contida é a prevista no art. 5º, XIII, da CRFB: "É livre o exercício de qualquer trabalho, ofício ou profissão, *atendidas as qualificações profissionais que a lei estabelecer*." Outro exemplo é o contido no art. 37, I, da CRFB: "os cargos, empregos e funções públicas são acessíveis aos brasileiros *que preencham os requisitos estabelecidos em lei*". Portanto, essas são normas que permitem que o legislador infraconstitucional limite a amplitude de sua eficácia.

As normas de **eficácia limitada** são as que dependem de outras providências para que possam surtir os efeitos essenciais desejados pelo legislador constituinte. A sua força normativa está presente, porém, não há a concretude necessária para a sua aplicação ao caso prático, devido à necessidade de lei que sobre ela disponha. Ao mesmo tempo, a sua eficácia e densidade impedem que a norma infraconstitucional com ela colida. Ex.: art. 7º, XI, da CRFB – participação nos lucros (ressalte-se que a Lei nº 10.101/2000 não obrigou ao pagamento, apenas regulamenta a forma de pagamento de quem recebe) e art. 7º, XXI, da CRFB (o aviso prévio proporcional ao tempo de serviço só foi regulamentado em 2011, portanto, até então era um direito contido em norma de eficácia limitada).

É gênero das seguintes espécies:

a) norma constitucional de eficácia limitada de **princípio institutivo** ou organizatório, dependente de lei para criar órgãos e instituições nela descritos. Ex.: art. 17, IV, art. 25, § 3º, entre outros, da CRFB;
b) norma constitucional de eficácia limitada de **princípio programático**, cujo conteúdo é um esquema governamental a ser implementado no futuro. Traça linhas diretoras, pelas quais devem se orientar os Poderes Públicos. Nas palavras de Pontes de Miranda,[28] "a legislação, a execução e a própria Justiça ficam sujeitas a esses ditames, que são como programas dados à sua função". Ex.: arts. 197, 201, 205, 211, 215 e 217, todos da CRFB.

[28] *Apud* SILVA, José Afonso da. *Aplicabilidade das normas constitucionais*. São Paulo: Malheiros, 2001, p. 137.

Quando a Constituição faz menção à lei (... conforme a lei...; a lei determinará...), está se reportando ou à norma de eficácia contida ou à norma de eficácia limitada, já que a lei pode ter a função de tornar a norma aplicável, sendo, portanto, obrigatória, isto é, de produção vinculada. A lei pode também ser facultativa, hipótese em que sua função não será de tornar a norma constitucional aplicável, mas sim limitar o seu conteúdo. Seria, portanto, uma norma legal de produção discricionária.

Para a doutrina moderna, a Constituição da República sempre é fonte de direito, com normas de execução imediata e outras que se situam apenas na moldura constitucional. Mesmo essas não podem sofrer violação por nenhuma norma infraconstitucional. Caso ocorra a infração, a norma que a violar será tida como inconstitucional, ou não será recepcionada, devendo ser extirpada do nosso ordenamento jurídico (barreira de contenção).

6.2. Lei

De acordo com o dicionário jurídico[29] lei é palavra derivada do latim *lex*, de *legere* (escrever). Em sentido amplo significa o que está escrito. No conceito jurídico é a regra jurídica escrita, instituída pelo legislador através de processo legislativo próprio, instituído pela Constituição Federal.

Considera-se **lei** toda regra escrita, abstrata, geral e permanente, com força coercitiva sobre os agentes sociais, emanada do Poder Público competente para produzi-la.

Em sentido estrito, as leis emanam do Poder Legislativo e são sancionadas e promulgadas pelo Presidente da República.

As leis podem ser classificadas de acordo com a hierarquia (a), com a natureza (b), com a força obrigatória (c) e com a forma técnica (d):

a) Quanto à hierarquia

As leis podem ser classificadas como: constitucionais, complementares, ordinárias e regulamentares.

As leis constitucionais estabelecem o funcionamento e a estrutura do Estado, a competência dos Poderes e os direitos e garantias fundamentais do homem.

A **Constituição** da República Federativa do Brasil, que é a lei fundamental, apesar de estar sujeita a emendas, é rígida, já que não está em constante elaboração.

As **leis complementares** se destinam a completar dispositivos constitucionais e devem ser aprovadas por maioria absoluta dos membros das duas Casas do Congresso Nacional – art. 69 da CRFB. Sobrepõem-se à lei ordinária, visto que regulamentam o texto constitucional.

As **leis ordinárias** são elaboradas pelo Congresso Nacional, obedecem e possuem um *quorum* de aprovação menor que o das leis complementares (art. 47, CRFB) e com campo de abrangência maior e menos específico que o da lei complementar.

---

[29] SILVA, De Plácido e. *Vocabulário jurídico*. 23. ed. Atualizadores: Nagib Slaibi Filho e Gláucia Carvalho. Rio de Janeiro: Forense, 2003, p. 826.

As **leis delegadas** são elaboradas pelo Presidente da República, com a prévia autorização do Congresso Nacional, salvo nos casos previstos no art. 68, § 1º, I, II e III, da CRFB.

Os **decretos legislativos** também emanam do Poder Legislativo, conforme art. 59, VI, da CRFB, e compreendem as deliberações em que se consagra uma medida qualquer de caráter administrativo ou político do Congresso Nacional. Aprovam os tratados, convenções e protocolos dos organismos internacionais.

Os **decretos** ou regulamentos visam garantir o cumprimento da lei e das medidas provisórias. Algumas vezes criam normas internas (art. 84, VI, *a* e *b*, da CRFB).

No que diz respeito à **medida provisória**, existe controvérsia sobre sua natureza jurídica. A medida provisória é lei ou não?

A primeira corrente defende que se trata de um ato administrativo com força provisória de lei, isto porque, se já fosse lei, sequer precisaria ser convertida em uma.

Outro fator é que se fosse lei também não teria necessidade da expressão "força de lei" contida no art. 84, XXVI, da CRFB.

Entretanto, há uma vertente que sustenta tratar-se de ato normativo, já que a medida provisória integra o rol do art. 59 da CRFB, fazendo parte, assim, do processo legislativo, tendo força de lei na forma do art. 62 da Carta Magna.

Nesta esteira de raciocínio, o STF acrescenta que se trata de um ato materialmente legislativo, admitindo seu caráter normativo. Porém, sua natureza é efêmera e precária. Nesse sentido também se posiciona Alexandre de Moraes.[30] Estamos com essa corrente.

Há, ainda, outro entendimento no sentido de classificá-la como um provimento do Executivo, por tratar-se de ato emitido pelo Presidente da República, que deve ser submetido ao Congresso Nacional para ser convertido em lei ou, em caso contrário, perder a eficácia desde a sua edição, deixando de existir formalmente. Neste caso, não estaria enquadrada nas correntes acima mencionadas.

b) Quanto à natureza

As leis, de acordo com essa classificação, podem ser substantivas ou teóricas, quando definirem os direitos objetivos. Também são chamadas de leis materiais e prevalecem sobre as processuais.

As leis práticas ou adjetivas são as que instituem as regras e ritos processuais, e informam os meios para fazer valer os direitos criados pelas leis materiais.

c) Quanto à força obrigatória ou caráter

As leis podem ser **absolutas** ou **imperativas**. Estas se dividem, ainda, em imperativas ou proibitivas.

Também podem ser **dispositivas** ou **facultativas**, que se dividem em declarativas, permissivas, supletivas e preceituais.

30 MORAES, Alexandre de. *Direito Constitucional*. 8. ed. São Paulo: Atlas, 2000, p. 531-532.

As imperativas são as de força cogente, insuscetíveis de renúncia ou disponibilidade pela vontade da parte. Preceituam um dever ou impõem uma obrigação. Também são chamadas de coativas. Encerram uma ordem positiva.

As proibitivas ordenam, de forma negativa, uma abstenção ou proíbem que se pratique ou se faça determinado ato. Identificam-se com as leis especiais, de exceção.

As dispositivas ou facultativas não ordenam nem proíbem: dispõem simplesmente sobre determinados fatos, dando às pessoas certas faculdades, instituindo regras ou formas. Subdividem-se em **declaratórias**, **permissivas**, **supletivas** e **preceituais**.

As permissivas são as que concedem uma faculdade, mas impõem limite ao arbítrio do agente, prescrevendo uma determinada forma ou um certo tempo para o exercício do direito. Também são chamadas de facultativas porque estabelecem uma faculdade que ainda não existia.

As leis atributivas são as que conferem direitos, atribuições e qualidades às pessoas.

As declarativas ou explicativas não são autônomas e, ao contrário das atributivas, servem para explicar, declarar ou definir o sentido de outra norma.

Leis preceituais são as que estabelecem um preceito geral que deve ser usado na interpretação de leis ou no estudo das questões jurídicas. Definem ou explicam certos princípios legalmente estabelecidos ou certos institutos jurídicos. São as definições legais.

Os direitos trabalhistas, em sua maioria, estão previstos em normas de índole imperativa ou proibitiva, estabelecendo um caráter rígido destas normas. Portanto, não podem as partes livremente ajustar as cláusulas contratuais, sendo a lei o contrato mínimo de trabalho. A lei garante os direitos mínimos ao trabalhador, podendo o empregado ser beneficiado por regras mais favoráveis.

Exceção à regra acima é a flexibilização, já estudada no capítulo a respeito do tema.

d) Quanto à forma técnica

No que concerne à forma técnica, a lei pode ser feita sob a forma de consolidações (ex.: CLT), códigos (ex.: CPC, CC, CP, CPP) e leis extravagantes (estas aparecem após a promulgação das Consolidações e dos Códigos para complementar algo ou, também, para derrogar ou revogar parcialmente preceitos contidos neles).

O código é lei estabelecida de forma originária pelo legislador enquanto as consolidações são compilações de antigas legislações vigentes num só corpo normativo, portanto, feitas de forma derivada.

A CLT equipara-se a um código, pois não se limitou à compilação de antigas leis, também legislou.

6.3. Decretos

A doutrina de Hely Lopes Meirelles[31] ensina:

> O poder regulamentar é a faculdade de que dispõem os Chefes do Executivo (Presidente da República, Governadores e Prefeitos) de explicar a lei para sua

[31] MEIRELLES, Hely Lopes. *Direito Administrativo brasileiro*. 31. ed. São Paulo: Malheiros, 2003, p. 128.

> correta execução, ou de expedir decretos e regulamentos sobre matéria de sua competência ainda não disciplinada por lei. É um poder inerente e privativo do Chefe do Executivo (CF, art. 84, IV), e, por isso mesmo, indelegável a qualquer subordinado.

E, mais além, adverte:

> A faculdade normativa, embora caiba predominantemente ao Legislativo, nele não se exaure, remanescendo boa parte para o Executivo, que expede regulamentos e outros atos de caráter geral e efeitos externos. Assim, o regulamento é um complemento da lei naquilo que não é privativo da lei. Entretanto não se pode confundir lei e regulamento.

Regulamento é ato administrativo geral e normativo, expedido privativamente pelo chefe do Executivo (federal, estadual ou municipal), através de decreto, com o fim de explicar o modo e forma de execução da lei (regulamento de execução) ou prover situações não disciplinadas em lei (regulamento autônomo ou independente).

O decreto é expedido pelo Poder Executivo (Presidente da República, governadores e prefeitos) enquanto as leis são emanadas do Poder Legislativo. O Executivo também pode emitir portarias, avisos, instruções normativas, normas regulamentares e circulares.

Os decretos propriamente ditos podem ser classificados em: regulamentares (ou de execução) e autônomos.

Os **decretos de execução** ou regulamentadores são aqueles que têm por finalidade explicar a lei, de modo que os seus mandamentos possam ser aclarados, viabilizando sua execução. Procura-se esmiuçar e especificar o direito para torná-lo efetivo. Exemplo: a Constituição estabelece que todo trabalhador tem direito ao Fundo de Garantia, sem contudo especificar valores e parcelas de incidência. Daí por que a necessidade de a lei infraconstitucional dispor que todo empregador deve recolher o FGTS equivalente a 8% do valor da remuneração, podendo, por sua vez, delegar ao decreto ou a outra lei, o conceito de remuneração, bem como fixar procedimento administrativo e burocrático para o recolhimento do FGTS.

O decreto de execução é aquele que visa instrumentalizar, dar total eficácia ao direito previsto em lei. Ele repete o que está na lei e pormenoriza e esmiúça a forma de execução desse direito. Sob o ponto de vista de criação de direito, o decreto de execução não é fonte, mas sob o ponto de vista da forma de instrumentalizar esse direito, ele é fonte procedimental.

Por isso, a doutrina majoritária não o considera como fonte formal de direito.

Excepcionalmente, podem ter força normativa, quando a lei deixar espaço (delegar) para o decreto criar o direito, hipótese em que será considerado como fonte criadora de direito, em face do seu caráter normativo.

A lei poderá delegar ao Executivo o poder de criar o direito, como o fez no caso dos arts. 193, 195 e 196 da CLT, deixando às normas regulamentares, às portarias, o poder de dizer quais são as atividades insalubres e perigosas – NR 15 e 17 do MTPS c/c Súmula nº 448 do TST. Neste sentido, não só o decreto, mas também as portarias, circulares etc., poderão, excepcionalmente, constituir-se em fonte de direito.

Sob outro aspecto, caso o decreto não venha a exaurir toda a matéria a ser regulamentada, poderá haver uma portaria que o complemente ou uma instrução normativa, visando desta forma dar efetividade ao comando normativo. Tais atos visam uma uniformização de procedimentos, dando exequibilidade, instrumentalidade à lei. Uma portaria poderá dar eficácia a um decreto, que por sua vez dá eficácia à lei. Ao dirigir-se à CEF, por exemplo, a portaria interna deste órgão é que dirá qual o formulário correto para recolhimento do FGTS. Esta portaria será fonte formal de procedimento e não de (criação de) direito.

Normalmente, esta é a função das circulares, portarias, instruções normativas ou normas regulamentadoras (decretos): a de dar procedibilidade ao direito criado pela lei. Neste sentido, não são fontes de direito material, mas fontes de procedimento, isto é, só será fonte de direito na parte instrumental e não na parte material. Eles serão fontes instrumentais quando, por exemplo, informarem datas, a forma de recolhimento, qual o tipo de formulário a ser preenchido etc. Serão fontes formais de direito material quando, por exemplo, conceituarem remuneração para os fins de recolhimento do FGTS; quando determinarem os requisitos para o exercício do vale-transporte; quando incluírem as entidades filantrópicas como obrigadas ao recolhimento do FGTS etc.

Por isso, há na doutrina aqueles que sustentam que os decretos não são fontes de direito, sob o argumento de que o direito é criado pela lei e o decreto apenas o instrumentaliza. De fato, alguns decretos não criam direito, mas obrigam ao cumprimento de suas formalidades. Assim, sempre serão fontes na parte instrumental.

Pode o Decreto ir além da lei? Regular matéria não prevista por ela?

A controvérsia a respeito do assunto apresenta duas posições no direito vigente e perpassa pelos decretos autônomos.

Para alguns autores, antes da Constituição de 88 era possível o **decreto autônomo**. Outros afirmavam que o art. 81, III, da EC nº 1/69 só permitia decreto de execução.

Todavia, após a Carta de 1988, para o entendimento majoritário, o decreto autônomo passou a não ser admitido, pois só a lei pode obrigar alguém a fazer ou deixar de fazer alguma coisa (art. 5º, inciso II). De qualquer forma, existia uma vertente que o admitia, desde que utilizado para suprir omissão legislativa e até que alguma lei viesse a dispor a respeito.

José dos Santos Carvalho Filho[32] ensina:

> (...) ao poder regulamentar não cabe contrariar a lei (*contra legem*), pena de sofrer invalidação. Seu exercício somente pode dar-se *secundum legem*, ou seja,

32 CARVALHO FILHO, José dos Santos. *Manual de Direito Administrativo.* 7. ed. Rio de Janeiro: Lumen Juris, 2006, p. 37.

em conformidade com o conteúdo da lei e nos limites que esta impuser. Decorre daí que não podem os atos formalizadores criar direitos e obrigações, porque tal é vedado num dos postulados fundamentais que norteiam nosso sistema jurídico: ninguém é obrigado a fazer ou deixar de fazer alguma coisa senão em virtude de lei (art. 5º, II, CF).

Depois da Constituição de 1988, até a Emenda Constitucional nº 32/2001, conforme entendimento majoritário, os decretos autônomos foram indiretamente proibidos, como se conclui de dois dispositivos constitucionais:

> **Art. 84, IV, da CRFB** – Compete privativamente ao Presidente da República:
> (...)
> IV – sancionar, promulgar e fazer publicar as leis, bem como expedir decretos e regulamentos para sua fiel execução;
> (...)
> **Art. 25, I, do ADCT** – Ficam revogados, a partir de cento e oitenta dias da promulgação da Constituição, sujeito este prazo a prorrogação por lei, todos os dispositivos legais que atribuam ou deleguem a órgão do Poder Executivo competência assinalada pela Constituição ao Congresso Nacional, especialmente no que tange a:
> I – ação normativa;

Neste sentido, o legislador constituinte quis destacar que as leis não podem dar ação normativa aos atos do Executivo, nem a vontade do administrador pode substituir à do legislador. Da combinação do art. 25, I, do ADCT e do art. 84, IV, da CF, chegaremos à seguinte conclusão:

> **Art. 49, V** – É competência exclusiva do Congresso Nacional:
> (...)
> V – sustar os atos normativos do Poder Executivo que exorbitem do poder regulamentar ou dos limites de delegação legislativa.

O Executivo deve, desta forma, regulamentar a lei e não suprir a sua omissão, pois neste caso há instrumentos constitucionais para tais omissões, como a Ação Direta de Inconstitucionalidade por Omissão e o Mandado de Injunção.

Todavia, a Emenda Constitucional nº 32/2001 alterou a redação do art. 84, VI, da CF:

> **Art. 84** – Compete privativamente ao Presidente da República:
> (...)
> VI – dispor, mediante decreto, sobre:
> a) organização e funcionamento da administração federal, quando não implicar aumento de despesa nem criação ou extinção de órgão públicos;
> b) extinção de funções ou cargos públicos, quando vagos;

A doutrina majoritária argumenta que o dispositivo *supra* resgata o decreto autônomo e independente, nas matérias mencionadas nas alíneas *a* e *b*.

A doutrina minoritária sustenta, ao contrário, que o decreto autônomo inova no mundo jurídico, criando direitos e obrigações a terceiros. Afirma que a administração pública apenas pode organizar a sua estrutura interna, independentemente de lei e que isto não é ato normativo.

Isto porque a estruturação da administração pública era determinada por lei. A intenção da EC nº 32/2001, segundo esta corrente, foi a de permitir que esta estruturação possa ser feita através de decreto autônomo.

Os decretos autônomos, como regra, não podem ser considerados fontes de direito, pois contrariam a ordem constitucional, sendo ineficazes, salvo quando posteriores à EC nº 32/2001, estritamente nas matérias contidas nas alíneas *a* e *b* do art. 84, VI, da CRFB. Neste caso, apenas serão fonte formal de direito para os empregados públicos.

Na seara trabalhista, a discussão perpassa pelo princípio da norma mais favorável, abandonando, por vezes, o critério formal da hierarquia de Kelsen das normas. Isto é, no caso concreto é feita uma análise do direito criado pelo decreto autônomo ou normativo (o que extravasa ou excede os limites da lei), e, se mais favorável ao trabalhador, prevalece. Esta tem sido a tendência da jurisprudência,[33] que ignora a hierarquia formal das leis quando para beneficiar o empregado.

Por outro lado, quando o decreto criar um direito menos favorável ao trabalhador, reduzindo ou condicionando o exercício do direito previsto em lei, a tendência dos tribunais é a de aplicar a hierarquia formal das normas jurídicas.

Podemos perceber que a questão da legalidade e ilegalidade de tais decretos tem como fundamento a verificação de seu conteúdo. Se trouxerem benefícios ao empregado, haverá uma forte tendência da jurisprudência em considerá-los válidos, caso contrário, serão inválidos.

Resumindo:

Os **decretos de execução** visam especificar, pormenorizar regras que foram genericamente criadas, traçadas e limitadas pela lei, mas dependem do decreto para organizar, executar e especificar o pensamento legislativo. São fontes apenas procedimentais, na forma ou na instrumentalização do direito, mas não na sua criação em si.

Os **decretos autônomos** ou independentes se equiparam à lei, pois são expedidos para dispor sobre matéria ainda não disciplinada em lei ou em seus vazios. Vigoram enquanto o legislador não completar os claros da legislação, desde que não invada matéria reservada à lei. Estes decretos foram proibidos na Carta de 1988 e revigorados com a Emenda nº 32/2001, segundo a corrente majoritária, mas apenas para algumas matérias.

---

33 Esta tendência da jurisprudência, apesar de majoritária, encontra paradoxos em outros julgados. Uma das contradições está no exemplo 4 mais adiante citado, em que antiga jurisprudência era no sentido de que o exercício do direito ao vale-transporte dependia do preenchimento dos requisitos previstos no art. 7º, § 1º, do Decreto nº 95.247/87l – OJ nº 215 da SDI-I do TST (cancelada). Entendemos de forma diversa. O decreto, mesmo anterior à Carta, não pode condicionar o exercício de um direito, quando a própria lei o criou sem impor condições.

Se válidos, os decretos que contêm normatividade regulamentar ou autônoma constituem fonte de direito.

No âmbito trabalhista, há decretos que criam direitos não previstos em lei.

> **Ex. 1:** O art. 27 do Decreto nº 99.684/90 inclui as entidades filantrópicas como empregador responsável pelo recolhimento do Fundo de Garantia do Tempo de Serviço de seus empregados, contrariando o Decreto-Lei nº 194/67 que isentava as entidades filantrópicas do recolhimento do FGTS.

Discute-se se o art. 7º, III, da CRFB ou a Lei nº 8.036/90 revogaram o referido Decreto-Lei nº 194/67, ou se ele foi recepcionado pela Carta, já que tais normas não foram expressas a respeito da matéria. Neste caso, como poderia o Decreto nº 99.684/90 incluir as entidades filantrópicas na obrigação de recolhimento do FGTS, se a lei não o fez expressamente?

> **Ex. 2:** O art. 23, parágrafo único, do Decreto nº 73.626/74 considerou justa causa para rescisão do contrato de trabalho do trabalhador rural sua incapacidade total e permanente, resultante de idade avançada, enfermidade ou lesão orgânica, comprovada mediante perícia médica. Além de discriminatória (e absurda), a regra não está prevista na lei do trabalhador rural (Lei nº 5.889/73). Poderia, portanto, o Decreto fazê-lo?
>
> **Ex. 3:** O art. 7º, § 1º, do Decreto nº 95.247/87 condiciona o exercício do direito ao vale-transporte aos requisitos descritos nos incisos I e II e seus parágrafos, enquanto a Lei nº 7.418/85 não o faz. Da mesma forma, o § 3º do mesmo art. 7º do Decreto nº 95.247/87 menciona que "a declaração falsa ou o uso indevido do Vale Transporte constituem falta grave". Entretanto, tal direito (falta grave) não consta da Lei nº 7.418/85. Pode o decreto extravasar os limites da lei?

O resultado dos questionamentos acima é quase o mesmo: aplicação da norma mais favorável ao trabalhador. A exceção se aplica apenas ao exemplo 1, pois prevalece o entendimento de que o Decreto-Lei nº 194/67 não foi recepcionado pela Carta de 88.

6.4. Sentenças Normativas

As sentenças normativas são proferidas nos autos de um dissídio coletivo, cuja vigência máxima é de quatro anos – art. 868, parágrafo único, da CLT.

São fontes heterônomas de direito porque criam normas genéricas, impessoais e abstratas para a categoria a que se destinam. Normalmente não se aplicam em todo território nacional, mas apenas sobre a base territorial dos sindicatos dissidentes. Têm forma de sentença, por se constituírem em ato do Poder Judiciário, entretanto, equiparam-se materialmente à lei.

São fontes formais apenas as cláusulas normativas contidas nos dissídios coletivos de natureza econômica, onde é exercido[34] o poder normativo da Justiça do Trabalho, competência atribuída à Justiça do Trabalho pelo art. 114, § 2º, da CRFB.

Vejamos o quadro abaixo:

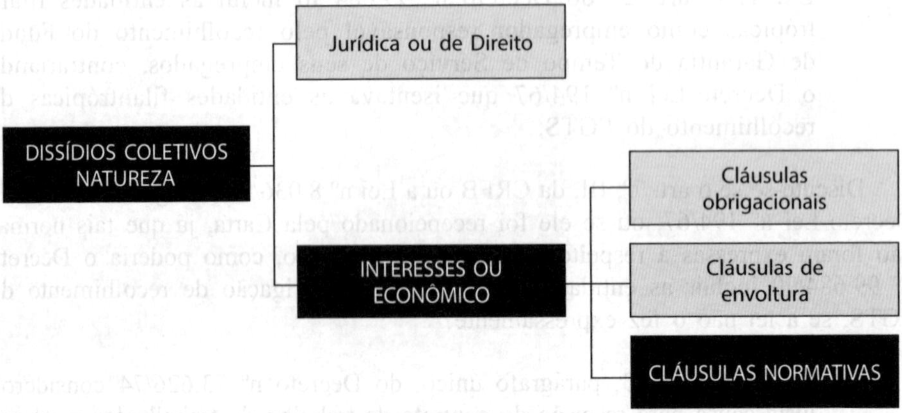

6.5. Convenções Coletivas e Acordos Coletivos

As convenções coletivas e acordos coletivos são espécies de negócio jurídico *sui generis*, de vigência temporária máxima de dois anos – art. 614, § 3º, da CLT.

Délio Maranhão[35] as considera como ato-regra. É fonte autônoma de direito, pois cria normas abstratas e impessoais para os membros da categoria de uma determinada base territorial, sem a intervenção estatal.

São pactos coletivos extrajudiciais que estabelecem normas de caráter abstrato e impessoal, efetuados entre o sindicato representativo da categoria econômica (empregadores) e o sindicato representativo da categoria profissional (empregados) – convenção coletiva, ou entre o sindicato da categoria profissional e uma ou mais empresas (acordo coletivo), em que se estabelecem condições de trabalho que atingem os integrantes daquelas categorias convenentes, na base territorial dos respectivos sindicatos, durante o período de vigência nele fixado, limitado pela lei.

São fontes de direito apenas as cláusulas normativas, pois estas são destinadas aos membros da categoria, enquanto as demais cláusulas (obrigacionais e de envoltura) são destinadas aos sindicatos ou partes formais do convênio coletivo.

---

[34] Após a Emenda Constitucional nº 45/04 o poder normativo perdeu força, mas não desapareceu, pois ainda é possível, mesmo que de forma tímida e amputada, a criação de direitos através da sentença normativa (a manutenção daqueles anteriormente previstos nos convênios coletivos autônomos importa em estabelecimento destes mesmos direitos após a vigência do convênio coletivo). Isto porque foi suprimida a expressão "podendo a Justiça do Trabalho **estabelecer normas** e condições" e incluída a expressão "podendo a Justiça do Trabalho **decidir** o conflito", na redação do § 2º do art. 114 da CRFB.

[35] SÜSSEKIND, Arnaldo; MARANHÃO, Délio; VIANNA, Segadas; TEIXEIRA, Lima. *Instituições de Direito do Trabalho*. 21. ed. São Paulo: LTr, 2003, v. 1, p. 157.

6.6. Costume

Segundo Délio Maranhão[36] costume "consiste no fato de um determinado núcleo social adotar e observar, constante e espontaneamente, um certo modo de agir de conteúdo jurídico."

O costume é a adoção reiterada de uma determinada postura jurídica, em uma certa época, por um determinado grupo. O costume é um fenômeno que normalmente não tem intervenção do Estado, logo, constitui-se em fonte autônoma do Direito do Trabalho.

As súmulas, orientações jurisprudenciais e a jurisprudência, quando consagradas e observadas espontaneamente como comportamento do grupo, representam um costume dos tribunais trabalhistas. Como o costume é fonte de direito, é possível que aquelas, sob este ponto de vista, possam ser consideradas, de forma indireta, como fonte heterônoma de direito, pois o Estado participa de sua elaboração.

A lei que instituiu o 13º salário, por exemplo, nasceu da prática costumeira que as empresas tinham de pagar uma gratificação natalina aos seus empregados.

Logo, o costume pode ser fonte autônoma (regra) e, excepcionalmente, heterônoma.

6.6.1. Formas

O costume[37] de conteúdo jurídico pode se apresentar de três formas:

a) *Secundum legem*

Ocorre quando a lei se refere ao costume para indicá-lo como modo de comportamento a ser respeitado. Tem a função de integrar a lei, completando-a. Ex.: Rural – A Lei nº 5.889/73, art. 5º, dispõe que o intervalo intrajornada do rural será concedido de acordo com os usos e costumes do local; Salário supletivo – art. 460, da CLT determina que na falta de estipulação do salário o empregado terá direito a receber o que for habitualmente pago para serviço semelhante.

O antigo § 3º do art. 270 da CLT, revogado pela Lei nº 8.630/93 (esta também revogada pela Lei nº 12.815/2013), previa a hipótese em que o salário dos trabalhadores em embarcações podia ser determinado de acordo com o costume adotado em cada região, substituindo a vontade das partes.

b) *Praeter legem*

Quando a lei não disciplina toda a matéria e o costume desempenha função supletiva e a regula, preenchendo a lacuna existente.

---

36 SÜSSEKIND, Arnaldo; MARANHÃO, Délio; VIANNA, Segadas; TEIXEIRA, Lima. *Instituições de Direito do Trabalho*. 21. ed. São Paulo: LTr, 2003. v. 1, p. 165.

37 Não se deve confundir uso com o costume. O uso caracteriza-se pela prática de atos iguais ou semelhantes repetidos no tempo, enquanto o costume é a prática (o uso) que se torna juridicamente obrigatória.

Ex. 1: Súmula nº 291 do TST aparentemente cria indenização não prevista em lei. Mas, na verdade, a jurisprudência deu interpretação analógica e extensiva do benefício previsto na Lei nº 5.811/72.

Ex. 2: O pagamento de gorjetas não é obrigatório, mas, por demonstrar um costume, todos se sentem obrigados a pagá-la. Apesar de espontânea, tem consequências jurídicas (integra a remuneração do empregado).

Ex. 3: A sucessão trabalhista é regida de forma muito sucinta nos arts. 10 e 448 da CLT. Apesar disso, o costume jurídico é mais abrangente que a lei em seus efeitos, dando contornos não previstos no texto legal. Após a Reforma Trabalhista, a matéria foi mais bem regulada pelo art. 448-A da CLT.

c) *Contra legem*

É o costume contrário à lei. Não se admite revogação de lei pelo costume. Mas quando a lei está obsoleta, em desuso, pode o costume prevalecer sobre ela. Ex.: o art. 59 da CLT limita o número de horas extras laboradas, ao máximo, em duas horas por dia. Todavia, a interpretação que prevaleceu foi contrária à literalidade do dispositivo. Entende-se que a proibição foi dirigida ao empregador e não ao empregado, isto é, se o empregado laborou mais de duas horas extras por dia, deverá ser contraprestacionado de todo trabalho extra, sem a limitação imposta pela lei – Súmula nº 376, I, do TST.

6.7. Jurisprudência

A expressão **jurisprudência** é derivada da conjugação dos termos, em latim, *jus* (Direito) e *prudentia* (sabedoria), que significa aplicação do direito ao caso concreto. A jurisprudência não se forma por decisões isoladas, mas sim após uma série de decisões no mesmo sentido.

Não é fonte de direito como regra, pois é a forma pela qual os Tribunais interpretam a lei, dando-lhe aplicação ao caso concreto. Sob esta ótica, não é abstrata, impessoal e genérica, pois reflete a posição de um caso particular que foi apreciado pelos Tribunais. Por isso, não obriga os demais juízes, que são livres para decidir conforme suas próprias convicções, não constituindo fonte de direito. Assim também Délio Maranhão[38] e João Lima Teixeira,[39] que, como nós, só a considera como fonte indireta de direito quando, por sua iteração, se converte em costume predominante.

Orlando Gomes,[40] de forma diversa, destaca a jurisprudência como fonte de direito quando for reiterada.

---

38 SÜSSEKIND, Arnaldo; MARANHÃO, Délio; VIANNA, Segadas; TEIXEIRA, Lima. *Instituições de Direito do Trabalho*. 21. ed. São Paulo: LTr, 2003, v. 1, p. 158.

39 João Lima Teixeira argumenta que a jurisprudência não é fonte de direito porque não compete aos tribunais formar regras jurídicas. SÜSSEKIND, Arnaldo; MARANHÃO, Délio; VIANNA, Segadas; TEIXEIRA, Lima. *Instituições de Direito do Trabalho*. 21. ed. São Paulo: LTr, 2003, v. 1, p. 158.

40 GOMES, Orlando; GOTTSCHALK, Élson. *Curso de Direito do Trabalho*. Rio de Janeiro: Forense, 1995, p. 76.

Neste mesmo diapasão Lênio Luiz Streck[41] defende que a jurisprudência é sim, fonte de direito, e por duas razões: "uma, porque influencia na produção de normas individuais; outra, porque participa da produção do fenômeno normativo, apesar de sua maleabilidade." E adiante conclui: "A jurisprudência acaba impondo ao legislador uma visão nova dos institutos jurídicos, forçando o processo de criação das leis na direção da orientação construída pelos tribunais. Assim, é induvidoso que a jurisprudência no Brasil se constitui, além de fonte de normas jurídicas gerais, em uma fonte subsidiária de informação e alimentação ao sistema de produção de normas jurídicas".

Em que pesem os entendimentos acima citados, a doutrina trabalhista dominante não vislumbra a jurisprudência como fonte de direito, nem mesmo as reiteradas, ou súmulas, como pretende Orlando Gomes.

Na verdade, as súmulas (não obsoletas) refletem o entendimento dominante dos Tribunais a respeito de uma matéria controvertida, equiparando-se, em sua maioria, ao costume. Como diz o jargão: "recorrer de decisão proferida em consonância com uma súmula é o mesmo que ministrar remédio vencido a doente: não faz efeito algum".

Logo, as súmulas, orientações jurisprudenciais ou algumas jurisprudências não se constituem em fonte de direito, mesmo quando obrigarem ou vincularem, pois a vinculação se faz aos demais órgãos julgadores. Mas, quando demonstrarem, como o fazem em sua maioria, um comportamento adotado pelos agentes sociais, por adoção espontânea daquela regra, será um costume, e, desta forma, será fonte de direito.

Aliás, a Lei 13.467/17 incluiu o § 2º ao artigo 8º da CLT para impedir que as súmulas e outros enunciados de jurisprudência editados pelos tribunais criem ou restrinjam direitos, deixando claro que a jurisprudência não pode ser fonte criadora de direitos, podendo apenas interpretá-los.

A jurisprudência é o resultado da adequação das hipóteses abstratas previstas em lei aos casos concretos submetidos a julgamento. Concordamos com De Page[42] quando afirma que a "(...) lei é uma roupa feita que serve a todos porque não assenta bem em ninguém (...)" e que "(...) a justiça exige uma roupa sob medida" para cada um que buscá-la. Aí está a finalidade da jurisprudência, harmonizar estas duas extremidades. A lei é geral e abstrata. O direito e a justiça exigem uma apreciação particular. Diante deste paradoxo, compete ao juiz humanizar a lei, adaptando-a a cada caso. Ao decidir uma lide o julgador interpreta a lei impondo sua decisão, julgando com equidade. Muitas decisões contendo a mesma interpretação de determinada situação correspondem à jurisprudência. A uniformização destas jurisprudências com procedimento próprio enseja a súmula e as orientações jurisprudenciais.

---

41 STRECK, Lênio Luiz. *Jurisdição constitucional e hermenêutica.* Rio Grande do Sul: Livraria do Advogado, 2000, p. 84.

42 SÜSSEKIND, Arnaldo; MARANHÃO, Délio; VIANNA, Segadas; TEIXEIRA, Lima. *Instituições de Direito do Trabalho.* 21. ed. São Paulo: LTr, 2003, v. 1, p. 159.

Transcrevendo as lições de Couture:[43] "(...) o juiz é um homem que se move dentro do direito como o prisioneiro dentro de seu cárcere (...) com liberdade para mover-se e nisto exerce sua vontade; o direito, porém, lhe fixa limites, que ele não pode ultrapassar (...)".

Porém, são consideradas **vinculantes** as súmulas que não possuem apenas um caráter orientador para a comunidade jurídica, mas que são obrigatórias para todos, determinando aos juízes de instâncias inferiores a forma de julgamento no sentido em que foi sumulada a questão, passando a ser fonte formal de direito. Agem de forma impessoal, abstrata, geral e coercitiva sobre os julgadores.

A Emenda Constitucional nº 45/04 aprovou as súmulas vinculantes, conforme redação prevista no art. 103-A da Carta Magna, regulamentada pela Lei 11.417/2006.

Depreende-se do preceito constitucional que somente as súmulas da Corte Suprema possuem caráter vinculante.

A partir da vigência das Leis 13.015/2014 e 13.105/2015 (Novo CPC), também se tornaram vinculantes a **Tese Jurídica Prevalente** ou a **Súmula** de um Tribunal Regional. Esta vincula apenas os desembargadores daquele mesmo tribunal, já que sua observância passa a ser obrigatória, conforme Ato 491/14, IN 37/15 do TST e Resolução 195/15.

6.7.1. *Súmulas, Orientações Jurisprudenciais e Precedentes*

Durante muito tempo o TST consagrou sua jurisprudência majoritária em prejulgados e súmulas. Os primeiros, eram normativos e com efeitos vinculantes para as instâncias inferiores e, as súmulas com intenção de orientar os órgãos inferiores e cristalizar a jurisprudência majoritária. O STF, em 1977, decidindo a representação 946/DF, considerou revogado tacitamente o art. 902, § 1º, da CLT desde a Constituição de 1946. Mesmo assim, alguns prejulgados continuaram a ser aplicados, como se fossem súmulas, pois espelhavam o entendimento majoritário do TST a respeito de algumas matérias. A revogação formal dos prejulgados foi feita através da Lei nº 7.033/82, que transformou alguns dos antigos em súmulas.

Logo a partir de outubro/82 a jurisprudência predominante uniformizada pelo TST formalmente passou a se chamar de **súmula**, pois alguns dos 60 prejulgados até então existentes foram convertidos, em 1982, nas Súmulas nºs 130 a 179 do TST.

Em 1985, as Súmulas do TST passaram a se chamar "Enunciados de Súmulas". **Enunciado** é o conteúdo de algo, no caso, da súmula, é o texto da súmula. Essa terminologia foi utilizada pelo antigo § 5º do art. 896 da CLT (parágrafo revogado pela Lei 13.467/17). Talvez esse tenha sido o motivo da mudança de nomenclatura.

Além dos enunciados de súmulas, havia ainda os precedentes normativos, orientações jurisprudenciais da SDI-I, SDI-II e SDC, todos com a mesma finalidade: demonstrar o entendimento majoritário do TST e trancar os recursos de revista.

---

43 *Apud* SÜSSEKIND, Arnaldo; MARANHÃO, Délio; VIANNA, Segadas; TEIXEIRA, Lima. *Instituições de Direito do Trabalho*. 21. ed. São Paulo: LTr, 2003, v. 1, p. 159.

As Orientações Jurisprudenciais ainda não são Súmulas, pois necessitam de maior maturação acerca da matéria debatida. Elas se originam de decisões anteriores, de precedentes recolhidos a respeito do tema, demonstrando apenas uma inclinação do Tribunal naquele sentido. Por isso, têm *status* inferior ao da Súmula. Se o entendimento for mantido, a OJ se transformará em Súmula.

Em 2005 (através da Resolução nº 129), o TST decidiu retornar à denominação anterior e os enunciados voltaram a se chamar apenas de súmulas.

Ressalte-se que súmula é originário do latim *summula*, que significa sumário, restrito.

6.7.2. Precedentes Normativos

Os precedentes normativos consubstanciam-se em registros das decisões tomadas nas sentenças normativas, isto é, decisões oriundas dos dissídios coletivos, com intenção de uniformizá-las mais tarde. Quando as condições reivindicadas na peça inicial da ação coletiva são concedidas por diversas decisões coletivas os precedentes são positivos; quando denegadas, são negativos.

6.7.3. Orientações Jurisprudenciais

As orientações jurisprudenciais oriundas da SDC (Seção de Dissídios Coletivos) e SDI-I e II (Seção de Dissídios Individuais) do TST cristalizam a tendência da jurisprudência do Tribunal Superior do Trabalho ora em matérias coletivas ora em matérias decididas em dissídios individuais, mas que ainda não tiveram a autoridade exigida para se transformarem em súmulas.

O Colendo TST, em 2000, dividiu a Seção de Dissídios Individuais em duas: Subseção I e Subseção II. A ideia desse desmembramento foi deixar com que cada uma ficasse responsável por determinadas causas, fazendo com que houvesse uma harmonia maior nas decisões, em razão dessa especialização.

De acordo com a Seção V do Regimento Interno do TST, aprovado pela Resolução Administrativa nº 1.937/17, cada uma dessas subseções está restrita ao julgamento de determinada causa, porém também há previsão de julgamento do Pleno da Seção de Dissídios Individuais em casos específicos (art. 78, I, do Regimento Interno).

> **Seção V**
>
> Da Competência da Seção Especializada em Dissídios Individuais
>
> **Art. 78.** À Seção Especializada em Dissídios Individuais, em composição plena ou dividida em duas Subseções, compete:
>
> I – em composição plena:
>
> a) julgar, em caráter de urgência e com preferência na pauta, os processos nos quais tenha sido estabelecida, na votação, divergência entre as Subseções I e II da Seção Especializada em Dissídios Individuais, quanto à aplicação de dispositivo de lei federal ou da Constituição da República;
>
> b) processar e julgar as reclamações destinadas à preservação de sua competência, à garantia da autoridade de suas decisões e à observância

obrigatória de tese jurídica firmada em decisão com eficácia de precedente judicial de cumprimento obrigatório, por ela proferida.

II – à Subseção I:

a) julgar os embargos interpostos contra decisões divergentes das Turmas, ou destas que divirjam de decisão da Seção de Dissídios Individuais, de Súmula ou de Orientação Jurisprudencial;

b) processar e julgar as reclamações destinadas à preservação de sua competência, à garantia da autoridade de suas decisões e à observância obrigatória de tese jurídica firmada em decisão com eficácia de precedente judicial de cumprimento obrigatório, por ela proferida;

c) julgar os agravos internos interpostos contra decisão monocrática exarada em processos de sua competência ou decorrentes do juízo de admissibilidade da Presidência de Turmas do Tribunal;

d) processar e julgar os incidentes de recursos repetitivos que lhe forem afetados;

III – à Subseção II:

a) originariamente:

I – julgar as ações rescisórias propostas contra suas decisões, as da Subseção I e as das Turmas do Tribunal;

II – julgar os mandados de segurança contra os atos praticados pelo Presidente do Tribunal, ou por qualquer dos Ministros integrantes da Seção Especializada em Dissídios Individuais, nos processos de sua competência;

III – julgar os pedidos de concessão de tutelas provisórias e demais medidas de urgência;

IV – julgar os *habeas corpus*;

V – processar e julgar os Incidentes de Resolução de Demandas Repetitivas suscitados nos processos de sua competência originária;

VI – processar e julgar as reclamações destinadas à preservação de sua competência, à garantia da autoridade de suas decisões e à observância obrigatória de tese jurídica firmada em decisão com eficácia de precedente judicial de cumprimento obrigatório, por ela proferida.

b) em única instância:

I – julgar os agravos internos interpostos contra decisão monocrática exarada em processos de sua competência;

II – julgar os conflitos de competência entre Tribunais Regionais e os que envolvam Desembargadores dos Tribunais de Justiça, quando investidos da jurisdição trabalhista, e Juízes do Trabalho em processos de dissídios individuais.

c) em última instância:

I – julgar os recursos ordinários interpostos contra decisões dos Tribunais Regionais em processos de dissídio individual de sua competência originária;

II – julgar os agravos de instrumento interpostos contra decisão denegatória de recurso ordinário em processos de sua competência.

As orientações jurisprudenciais da SDI-II surgiram em meados do ano 2000 e têm a intenção de se manifestar sobre questões decorrentes de sua competência originária. Todavia, há orientações jurisprudenciais da SDI-I que também tratam de questões processuais, entretanto, editadas antes.

Vide comentários a seguir sobre a nova competência para estabelecer orientações jurisprudenciais.

6.7.4. Súmulas, Súmulas Vinculantes e Súmulas Impeditivas

As súmulas refletem o posicionamento majoritário de determinado Tribunal. Elas servem de orientação para toda a comunidade jurídica para tentar harmonizar julgamentos futuros sobre a questão sumulada. O objetivo delas é, conforme Sergio Pinto Martins,[44] trazer paz social no julgamento das matérias, possuindo um papel construtivo para dar correta interpretação de lei ou abrandar seu rigor para fazer justiça. Além disso, é instrumento eficaz para diminuir as demandas judiciais.

As **súmulas vinculantes**, conforme acima mencionado, são aquelas que não possuem apenas um caráter orientador para a comunidade jurídica, mas que são obrigatórias para todos, determinando os juízes de instâncias inferiores ao julgamento no sentido em que foi sumulada a questão. A EC 45/04 introduziu na Carta Magna a possibilidade da criação destas (art. 103-A), mas somente no âmbito do STF.

> **Art. 103-A.** O Supremo Tribunal Federal poderá, de ofício ou por provocação, mediante decisão de dois terços dos seus membros, após reiteradas decisões sobre matéria constitucional, aprovar súmula que, a partir de sua publicação na imprensa oficial, terá efeito vinculante em relação aos demais órgãos do Poder Judiciário e à administração pública direta e indireta, nas esferas federal, estadual e municipal, bem como proceder à sua revisão ou cancelamento, na forma estabelecida em lei.
>
> § 1º A súmula terá por objetivo a validade, a interpretação e a eficácia de normas determinadas, acerca das quais haja controvérsia atual entre órgãos judiciários ou entre esses e a administração pública que acarrete grave insegurança jurídica e relevante multiplicação de processos sobre questão idêntica.
>
> § 2º Sem prejuízo do que vier a ser estabelecido em lei, a aprovação, revisão ou cancelamento de súmula poderá ser provocada por aqueles que podem propor a ação direta de inconstitucionalidade.
>
> § 3º Do ato administrativo ou decisão judicial que contrariar a súmula aplicável ou que indevidamente a aplicar, caberá reclamação ao Supremo Tribunal Federal que, julgando-a procedente, anulará o ato administrativo ou cassará a decisão judicial reclamada, e determinará que outra seja proferida com ou sem a aplicação da súmula, conforme o caso.

Súmula impeditiva de recurso tem o objetivo de impedir a interposição de recurso impetrado contra decisão que estiver em consonância com a matéria sumulada do STJ e do STF. Estão previstas na Lei nº 11.276/2006, com vigência a partir de 08/05/2006. Diferentemente das súmulas vinculantes, as impeditivas não impedem o juiz de julgar conforme seu entendimento. Se julgar contra a súmula, caberá recurso, se julgar na forma da súmula, não caberá recurso.

A intenção é nítida no sentido de diminuir o número de recursos recebidos pelos tribunais superiores, para desafogar a justiça, sem, contudo, ferir a autonomia

44 MARTINS, Sergio Pinto. *Comentários às súmulas do TST*. São Paulo: Atlas. 2005, p. 3.

dos juízes. A Súmula impeditiva hoje não tem mais o efeito desejado, pois acabou o juízo de admissibilidade para os recursos pelos juízes de 1º grau – art. 1.010, § 3º do CPC.

Interessante discutir sobre a possibilidade de o TST editar súmulas impeditivas de recurso. Ocorre que, apesar de a Emenda Constitucional nº 45/2004 prever a possibilidade de os tribunais superiores expedirem essas súmulas, a Lei nº 11.276/2006 só estendeu este recurso ao Superior Tribunal de Justiça e ao Supremo Tribunal Federal, sendo silente quanto à possibilidade do TST, empregar tal mecanismo.

Sendo assim, enquanto não houver lei específica que permita ao TST editar súmula impeditiva de recurso, este tribunal superior fica impedido de prolatá-las.

A **Tese Jurídica Prevalente** ou a **Súmula** do TST ou de um Tribunal Regional também é vinculante para todos ou apenas para aqueles desembargadores e juízes do tribunal que emitiram a tese ou súmula, já que sua observância passou ser obrigatória a partir da vigência da Lei 13.015/2014, conforme Ato 491/14, IN 37/15 do TST e Resolução 195/15 e do CPC/2015.

a) diferenças

Os **precedentes** e as **orientações** em comento se distinguem das súmulas por dois motivos: a) para que as decisões se transformem em precedentes e/ou orientações não havia a necessidade do procedimento e do *quorum* exigido para a uniformização da jurisprudência em Súmula – art. 896, § 3º, da CLT (parágrafo revogado pela Lei 13.467/17) c/c Lei nº 7.701/88 e as orientações são deliberadas, em sua maioria, por órgãos fracionários (SDI-1, SDI-2 e SDC) enquanto as súmulas, sempre pelo órgão pleno; b) As Súmulas podem ser persuasivas ou vinculantes enquanto as orientações jurisprudenciais são sempre persuasivas; c) as OJs não têm o *status* das Súmulas nem a maturidade na discussão das matérias enunciadas nas Súmulas; d) Não é admitido recurso de revista da decisão proferida em procedimento sumaríssimo que contraria orientação jurisprudencial, enquanto é admitido da que contraria súmula – art. 896, § 9º, da CLT.

b) semelhanças

As súmulas, emanadas de outros órgãos e aquelas expedidas pelos tribunais trabalhistas, as teses, os precedentes e as orientações se caracterizam em um eficaz instrumento de trabalho para o juiz agilizar a prestação jurisdicional e desafogar o Judiciário, especialmente o TST, pois ensejam o trancamento do recurso de revista – Súmula nº 333 do TST c/c art. 896, § 7º, da CLT, OJs nºs 219 e 336 da SDI-I. Esta é uma das semelhanças entre elas. Todas causam o mesmo efeito: trancam o recurso de revista.

A edição de súmulas, precedentes, **orientações jurisprudenciais** e das **teses** firmadas em recursos repetitivos e as Súmulas dos TRTs tem sido o instrumento mais utilizado pelo TST como forma de redução do excessivo trabalho (em 2014 o TST recebeu cerca de 245 mil[45] e em 2015 cerca de 208 mil novos casos, em uma média de 3.200 processos por ministro por ano).

---

45 Disponível em: <http://www.tst.jus.br/documents/10157/054875ad-31ea-48df-83be-c7166151f7b4>. Acesso em: 10 dez. 2016.

Talvez o melhor remédio para diminuir o volume de demandas judiciais fosse uma reforma completa do sistema judiciário, aumentando o número de juízes de primeira instância, criando juizados especiais, limitando por LEI o acesso às instâncias superiores.

Transformar os julgamentos em fontes de direito é tornar genérica uma decisão proferida para um caso concreto, como se fosse uma regra de direito, substituindo-se ao legislador.

Com razão Carnelutti:[46]

> As incertezas e contrastes da jurisprudência são como os poros através dos quais o Direito respira a Justiça. E, quando, pelo fetichismo da uniformidade, os juízes descansam nas soluções feitas, e o conjunto de máximas adquire na prática o valor de um código desmedido, cerra-se a via normal de renovação do Direito.

A segunda semelhança entre orientações jurisprudenciais, teses e súmulas é que ambas pacificam lides e tranquilizam as relações, doutrinando os agentes sociais, pois "ministrar remédio vencido a doente é o mesmo que matá-lo", isto é, recorrer contra súmula é o mesmo que perder tempo, pois a decisão que contrariá-la será modificada. O empregador que tem conhecimento do posicionamento majoritário do TST acerca de determinada matéria, comporta-se da forma por ele recomendada, para evitar um passivo trabalhista.

6.7.5. Limitações Impostas pela Lei nº 13.467/17

O art. 8º, § 2º, da CLT, acrescido pela Lei nº 13.467/17, proíbe os tribunais de criar ou restringir direitos por meio das súmulas ou outros enunciados de jurisprudência.

A lei, portanto, limita a interpretação normativa dos tribunais e impede que a súmulas e demais enunciados de jurisprudência sejam fontes formais de Direito.

De fato, pelo princípio da separação dos poderes, compete ao legislativo legislar e ao Judiciário resolver conflitos e julgar, observando as normas existentes – art. 2º da CF.

Na função interpretativa da lei, todavia, há cunho normativo, principalmente nas lacunas, nos vazios. Por outro lado, o juiz não pode deixar de sentenciar ao argumento de lacuna ou obscuridade da lei (art. 140 do CPC, c/c o art. 15 do CPC) nem julgar de forma contrária às normas constitucionais, nem deixar de atender os objetivos sociais da Justiça (art. 8º do CPC, c/c o art. 15 do CPC).

Além disso, a interpretação da lei à luz da Constituição pode dar sentido à letra da lei diverso da vontade do legislador.

Por outro lado, a obrigatoriedade de observância dos precedentes obrigatórios e de uniformização da jurisprudência está contida nos arts. 489, § 1º, VI, 926 e 927 do CPC, e obriga o julgador à observância dos respectivos precedentes obrigatórios.

46 SÜSSEKIND, Arnaldo; MARANHÃO, Délio; VIANNA, Segadas; TEIXEIRA, Lima. *Instituições de Direito do Trabalho*. 21. ed. São Paulo: LTr, 2003, v. 1, p. 160.

Diante do todo exposto, percebe-se que o § 2º do art. 8º da CLT aparentemente conflita com os mencionados artigos do CPC, aplicáveis ao processo do trabalho por força dos arts. 15 do CPC, 769 da CLT e com o *caput* do art. 8º da CLT.

Os métodos tradicionais de solução de conflitos de normas não resolvem a questão, a antinomia, a contradição entre os comandos legais referidos. Logo, a solução é compatibilizá-los.

Explico.

Em se tratando de normas de mesma hierarquia, a hermenêutica[47] nos ensina que a posterior revoga a anterior quando tratar da mesma matéria de forma diversa. Ora, o § 2º do art. 8º da CLT não exclui a aplicação do CPC nem revoga a regra do art. 15 do CPC, que determina sua aplicação supletiva.

Lado outro, o § 1º do art. 2º da Lei de Introdução às Normas de Direito Brasileiro (LINDB) dispõe:

> Art. 2º Não se destinando à vigência temporária, a lei terá vigor até que outra a modifique ou revogue.
>
> § 1º A lei posterior revoga a anterior quando expressamente o declare, quando seja com ela incompatível ou quando regule inteiramente a matéria de que tratava a lei anterior.

Ora, o § 2º do art. 8º da CLT não declara expressamente a revogação, não regula inteiramente a matéria e não é totalmente incompatível com os dispositivos do CPC a respeito do tema.

Assim, a solução é compatibilizar as normas, entendendo que o que quis o novo comando legal foi restringir o ativismo judicial,[48] a atuação do Judiciário Trabalhista, mas não o eliminar.

Por outro lado, a Lei nº 13.467/2017 alterou a redação da alínea *f* do inciso I do art. 702 da CLT, para determinar que apenas a composição plena, isto é, o Tribunal Pleno poderá estabelecer ou alterar súmulas e outros enunciados de jurisprudência uniforme. A mudança, teoricamente, retira a competência de órgãos fracionários de deliberarem sobre a matéria e, com isso, a SDI (Seção de Dissídios Individuais) não poderia mais confeccionar Orientações Jurisprudenciais.

---

[47] Hermenêutica é a ciência que estuda a arte de interpretar o sentido e alcance das palavras; estuda o fenômeno interpretativo através de técnicas e ferramentas que tornam a interpretação mais fácil. A interpretação do Direito tem por objetivo a compreensão do texto e a busca da incidência da hipótese prevista ao caso concreto. Se as palavras dissessem tudo não haveria a ciência da interpretação. Uma das técnicas admitidas pela hermenêutica clássica é a de que, havendo conflitos entre regras da mesma hierarquia que versam sobre o mesmo assunto, a regra posterior revoga a anterior.

[48] **Ativismo judicial** INDIE é uma atitude do Judiciário, uma escolha do juiz na interpretação da norma à luz da Constituição, sanando omissões e preenchendo as lacunas legais, dando nova interpretação ao Direito, muitas vezes não contemplada pela lei. O ativismo não se confunde com judicialização da política. Judicialização tem amparo no modelo constitucional adotado pelo Brasil que institui direitos fundamentais sociais a serem ser concretizados na vida prática. Significa que questões importantes e relevantes, normalmente de grande repercussão social, relacionadas às políticas públicas e aos direitos fundamentais, são resolvidas pelo Poder Judiciário ao invés de solucionadas pelo Poder competente, como o Legislativo ou Executivo. Nas palavras de Barroso, "A judicialização é um fato e não uma vontade política do Judiciário; é a circunstância do modelo constitucional que nós temos".

Além disso, a nova redação da alínea *f* do art. 702, I, da CLT dispõe que compete ao Pleno do TST: "estabelecer ou alterar súmulas e outros enunciados de jurisprudência uniforme, pelo voto de pelo menos dois terços de seus membros, caso a mesma matéria já tenha sido decidida de forma idêntica por unanimidade em, no mínimo, dois terços das turmas em pelo menos dez sessões diferentes em cada uma delas, podendo, ainda, por maioria de dois terços de seus membros, restringir os efeitos daquela declaração ou decidir que ela só tenha eficácia a partir de sua publicação no Diário Oficial".

Há arguição de inconstitucionalidade sobre a matéria, pendente de apreciação pelo Pleno do TST, pois, segundo a tese adotada, viola a liberdade e autonomia dos Tribunais de regularem a matéria em seus regimentos (arts. 96, I, e 99 da CF). Antes da alteração legislativa, a competência para estabelecer súmulas e orientações jurisprudenciais poderia estar prevista também no Regimento Interno.

Não concordamos com a tese da inconstitucionalidade, pois não podem os Tribunais legislar (art. 2º da CF), salvo quando expressamente autorizados, o que não ocorreu. A autonomia dos tribunais, ao elaborarem seus regimentos, é administrativa, e não processual, como, aliás, é expresso na alínea *a* do inciso I do art. 96 da CF: "... elaborar seus regimentos internos, com observância das normas de processo...". Aliás, o art. 22, I, da CF afirma que compete privativamente à união legislar sobre processo.

É certo que a alteração endureceu os requisitos para aprovação de súmulas e orientações jurisprudenciais, mas está em consonância com a necessidade de existência de precedentes anteriores para a uniformização, como também previsto no art. 926, § 2º, do CPC e com a nova força vinculante e obrigatória do conteúdo respectivo.

6.8. Tratados e Convenções Internacionais

O termo tratado é bastante impreciso. A definição mais utilizada pela doutrina encontra-se no art. 1º, "a", da Convenção da ONU sobre o Direito dos Tratados, de 1969 (Convenção de Viena):

> **Art. 1º [...]** *a)* Significa um acordo internacional celebrado entre Estados em forma escrita e regido pelo direito internacional, que conste, ou de um instrumento único ou de dois ou mais instrumentos conexos, qualquer que seja a sua denominação específica.

Logo, **tratado** é negócio jurídico escrito efetuado entre dois ou mais sujeitos de direito internacional com a finalidade de criar, modificar ou extinguir direitos. Tratado aberto, que predomina no Direito Internacional do Trabalho, permite a adesão de outros sujeitos de direito internacional e, o fechado, não.

De acordo com Alice Monteiro de Barros[49] "outra distinção compreende os tratados-contratos, que são negócios jurídicos reguladores de assuntos concretos e os tratados-leis, que admitem número ilimitado de partes e estabelecem normas de condutas gerais e abstratas. São tratados-leis as **convenções internacionais**".

---

[49] BARROS, Alice Monteiro de. *Curso de Direito do Trabalho*. 2. ed. São Paulo: LTr, 2006, p. 108.

As **recomendações** não criam ou extinguem obrigações, não derivam da vontade dos agentes internacionais, pois apenas contêm sugestões dirigidas aos sujeitos de direito. Por isso, não são passíveis de ratificação. Assim, não são consideradas fontes formais de direito. São, todavia, fontes materiais de direito.

A finalidade dos tratados e das convenções internacionais do trabalho é a de uniformizar os direitos sociais entre os múltiplos países e organismos internacionais, para garantir, de forma holística, um mínimo existencial e, com isso, assegurar vantagens trabalhistas mínimas, impedindo a redução destas garantias, sob o argumento da necessária diminuição dos custos empresariais, para maior concorrência no mercado internacional. Por isso, Alice Monteiro[50] afirma que "os fatores da internacionalização são de ordem humanitária (de tutela ao trabalho) e econômica, ligadas à necessidade de evitar ou dissuadir as práticas de competição internacional, que impliquem redução dos patamares mínimos de condições de trabalho".

Hierarquia

Algumas vezes a norma interna entra em conflito com a ordem externa, já que tratam da mesma matéria de forma distinta. A dificuldade está em se saber se o direito internacional público e o interno são dois ordenamentos independentes, estanques, ou se são dois ramos de um mesmo sistema jurídico. E qual seria o preponderante, isto é, a hierarquia de cada um.

Para se identificar a posição hierárquica dos tratados internacionais na ordem jurídica interna e para verificar se há separação entre o ordenamento jurídico nacional e o internacional, nos anos 20, surgiram duas teorias: a **dualista** (ou pluralista) e a **monista**.

A teoria dualista, defendida por Carl Heinrich Triepel e Dionisio Anzilotti, afirma que o direito internacional e o direito interno de cada Estado são sistemas rigorosamente independentes e juridicamente autônomos, de tal modo que a validade de uma norma doméstica não se condiciona à sua sintonia com a ordem internacional.

Segundo Triepel:[51]

> (...) por este sistema era necessária uma transposição da norma de origem internacional para o sistema interno através de uma manifestação legislativa, que só então a transforma em norma interna. A recepção da norma de direito internacional no direito interno não ocorria de forma direta, mas depois de passar por um processo de internalização.

Por outro lado, a teoria monista internacionalista, fundada por Hans Kelsen, sustenta a unicidade da ordem jurídica sob o primado do direito internacional a que se ajustariam todas as ordens internas. Não haveria desta forma, a necessidade de internalização das obrigações decorrentes do tratado no plano nacional.

---

[50] BARROS, Alice Monteiro de. *Curso de Direito do Trabalho*. 2. ed. São Paulo: LTr, 2006, p. 107.

[51] *Apud* ARAUJO, Nádia de. *Direito Internacional Privado*. Rio de Janeiro: Renovar, 2001, p. 153.

No que se refere aos conflitos, Kelsen propunha a sua solução ou pela supremacia do direito internacional (internacionalista), ou pela do direito doméstico (nacionalista), preferindo àquela.

No Brasil, estas teorias tiveram novas denominações: **dualismo extremado, dualismo moderado** *X* **monismo radical** e **monismo moderado**.

A seguir o quadro sugerido, mas por nós alterado em algumas passagens, por Gustavo Binenbonjm[52] que melhor explica a matéria:

DUALISMO[53]	DUALISMO RADICAL ou EXTREMADO	DUALISMO MODERADO ou TEMPERADO
Critério: dualismo de sistemas – o interno e o internacional – que não se comunicam. Daí a necessidade de mecanismos de internalização dos tratados, para que tenham vigência no território nacional.	Necessidade da edição de lei para a incorporação do tratado à ordem jurídica nacional.	A incorporação prescinde de lei, embora seja necessária a observância do *iter* procedimental previsto no direito interno. **No Brasil: aprovação congressual e promulgação presidencial.**

MONISMO	MONISMO RADICAL ou EXTREMADO	MONISMO MODERADO, TEMPERADO ou RELATIVIZADO
Critério: o direito interno e o internacional integram o mesmo e único sistema. Daí a admissibilidade da existência de conflitos entre tratados e a ordem jurídica nacional.	Prevalência do tratado sobre a ordem jurídica interna, também chamado de monismo internacionalista.	Equiparação hierárquica do tratado à lei ordinária. Consequências: (i) subordinação do tratado à Constituição; (ii) quanto à lei ordinária, aplicação dos critérios temporal e da especialidade para a solução de antinomias. Também chamado de monista nacionalista.

Dualista

O dualismo extremado defende a necessidade da edição de lei para a incorporação do tratado à ordem jurídica nacional, o que não ocorre na prática brasileira.

---

[52] *Apud* ARAUJO, Nádia de. *Direito Internacional Privado*. Rio de Janeiro: Renovar, 2001, p. 155.

[53] Süssekind acrescenta que "a ratificação do tratado importa no compromisso de legislar na conformidade do diploma ratificado, sob pena de responsabilidade do Estado na esfera internacional; mas a complementação ou modificação do sistema jurídico interno exige um ato formal por parte do legislador nacional."

O dualismo moderado dispensa a exigibilidade de confecção de lei, necessitando apenas de um procedimento para a internacionalização dos tratados e atos internacionais no país.

O art. 84 da Constituição disciplina a competência única e exclusiva do chefe do Poder Executivo Nacional para celebrar tratados, convenções e atos internacionais. Contudo, determina que tais instrumentos devem ser referendados pelo Congresso nacional, através do decreto legislativo.

Por conseguinte, são necessários os seguintes atos para internalização da norma estrangeira: a) celebração de tratados internacionais exclusivamente pelo Presidente da República; b) posterior necessidade de referendo pelo Congresso Nacional; c) novo referendo do Presidente da República; assinatura e respectivo depósito dos instrumentos (início da vigência interna); d) obrigatoriedade de promulgação, através de decreto expedido pelo Executivo, vertendo a norma externa para o nosso vernáculo, publicado em diário oficial, para sua publicização (fase que integra a eficácia dos tratados). Logo, o procedimento constitui ato complexo.

Percebe-se do dito acima, que o processo de inserção dos tratados internacionais no Brasil não passa pelas mesmas exigências destinadas às leis, daí por que alguns defendem que o Brasil adotou a teoria dualista temperada.

O obstáculo encontrado neste procedimento é a tradução,[54] que muitas vezes não condiz com o verdadeiro sentido do texto.

O tratado aprovado pelo Congresso Nacional não entrará em vigor até a publicação do decreto promulgatório[55] (ato de integração da eficácia). Se não ratificado o tratado, tem-se por recusado, já que a anuência de ratificação é ato inerente à soberania do Estado e, por conseguinte, constitui o exercício normal de um direito, não transgredindo nenhum preceito internacional.

---

54 Um exemplo deste problema foi o da Convenção 158 da OIT, cujo conteúdo estava relacionado à cessação da relação de trabalho por iniciativa do empregador. Desta forma o artigo da convenção dispõe:
Article 10
"Si les organimes mentionnés à l'article 8 de la presénte Convention arrivent à la conclusion que le licenciement est injustifié, et si, completenu de la législation et de la pratique nationales, ils n' ont pas le pouvoir ou n' estiment pas possible dans les circonstances d'annuler le licenciement et ou d'ordonner ou de proposer la **réintégration** du travailleur, ils devront être habilités à ordonner le versement d'une indeminité adéquate ou toute autre forme de réparation considérée comme appropriée".
A tradução correta do texto acima é: Se os organismos mencionados no art. 8º da presente Convenção considerarem a despedida injustificada e se, de acordo com a legislação e a prática nacionais, não tiverem esta faculdade ou não considerarem viável anular a despedida e ou ordenar ou propor a **reintegração** do trabalhador, ficarão habilitados a ordenar o pagamento de uma indenização adequada ou qualquer outra forma de reparação que se considere apropriada.
Porém, quando o texto foi traduzido, ao invés de reintegração, foi utilizada a palavra readmissão que, para o Direito do Trabalho, possui um outro significado.

55 Há quem entenda que a vigência interna se inicia com a ratificação, mesmo antes de publicada por decreto promulgatório.

Monista

Há doutrinadores brasileiros que ainda sustentam que o nosso ordenamento adotou a teoria monista extremada.[56] Esta, conforme o quadro acima, parte do pressuposto de que há um único sistema jurídico, onde as normas supraestatais, elaboradas pelos sujeitos internacionais, possuem hierarquia superior à Constituição e demais normas internas.

Para Felipe Luiz Barros e Peterson Fernandes Braga:[57]

> Entre os monistas, o *punctum saliens* situa-se na divergência sobre qual ordem irá prevalecer: a internacional (**monismo internacionalista**) ou nacional (**monismo nacionalista**).
>
> Para o monismo internacional, baseado notadamente em **Kelsen**, o direito interno é derivado do direito internacional, neste encontrando sua subordinação e fundamento de validade, devendo a ele se ajustar (a conhecida pirâmide kelseniana de hierarquia das normas). Em caso de conflito, prevalecerá o direito internacional. Esta é a corrente seguida pela maior parte dos autores nacionais, havendo registros de que o Supremo Tribunal Federal por um longo período de tempo assumiu por completo esta subcategoria do monismo.
>
> O monismo nacionalista (rechaçado por Kelsen), por seu turno, prega a supremacia do direito nacional sobre o direito internacional, sendo a adesão às normas estrangeiras mera faculdade discricionária do Estado soberano. Esta doutrina, conforme se observa, é marcada fortemente pela filosofia de **Hegel**, cuja visão de Estado é calcada principalmente na ideia de soberania absoluta. Esta corrente, além de não ser a mais aceita, vem sendo fortemente mitigada. A própria legislação internacional que trata dos tratados, qual seja, o chamado Pacto de Viena de 1969 (do qual o Brasil é signatário), em sua Parte III (Observância, Aplicação e Interpretação dos Tratados), Seção Primeira, arts. 26 e 27, diz, respectivamente, que todo tratado em vigor obriga às partes acordantes, devendo ser cumprido por elas de boa-fé (*pacta sunt servanda*), não podendo ser invocadas as disposições de direito interno como justificativa para o descumprimento do tratado.
>
> Estas, portanto, em suma, são as tradicionais definições dos sistemas dualista e monista (nacional e internacional), as quais servirão como base teorética para o entendimento dos caminhos trilhados pela jurisprudência pátria nos casos práticos postos em discussão, como será visto nos tópicos que se seguem.

O STF e a jurisprudência, alterando sua posição anterior, mas mantendo a teoria monista,[58] passaram a defender a supremacia da Constituição sobre os tratados e as convenções internacionais, apoiando o **monismo nacionalista**.

---

56 Aparentemente Orlando Gomes adotava essa teoria.

57 BARROS, Felipe Luiz Machado; BRAGA, Peterson Fernandes. "Os tratados internacionais em matéria tributária". *Jus Navigandi*, Teresina, ano 7, n. 64, abr. 2003. Disponível em: http:// jus2.uol.com.br/doutrina/texto.asp?id=3897. Acesso em: 19 fev. 2007.

58 Entre os monistas, há divergência sobre qual ordem irá prevalecer: a internacional (**monismo internacionalista**) ou nacional (**monismo nacionalista**). De acordo com o STF o Brasil adota a **monista nacionalista**, pois ainda não foi abandonada a ideia de único sistema, mas com supremacia da ordem interna sobre a externa.

Todavia, essa posição muda o tempo todo. Por isso, a doutrina ainda é pendular a respeito da posição do Supremo Tribunal Federal. Nádia Araújo,[59] por exemplo, afirma que o STF hodiernamente adota a teoria **dualista moderada**, enquanto Felipe Luiz Machado Barros afirma que o STF adota a corrente **monista nacionalista**.

O que é pacífico é a supremacia da nossa Carta Política sobre os tratados e convenções internacionais, salvo quando o tratado versar sobre direitos humanos mais favoráveis.

A discussão ainda pendente é saber, após a incorporação destes tratados ao sistema interno brasileiro, qual será o critério aplicado, aquele da lei posterior que revoga a anterior ou o critério da especialidade, senão vejamos:

> Cumpre assinalar, finalmente, que os atos internacionais, uma vez regularmente incorporados ao direito interno, situam-se no mesmo plano de validade e eficácia das normas infraconstitucionais. Essa visão do tema foi prestigiada em decisão proferida pelo Supremo Tribunal Federal no julgamento do RE nº 80.004-SE (*RTJ* 83/809, Relator Min. Cunha Peixoto), quando se consagrou, entre nós a tese – até hoje prevalecente na jurisprudência da Corte (e recentemente reiterada no julgamento da ADI nº 1.480-DF, Rel. Min. Celso de Mello) – de que existe, entre tratados internacionais e leis internas brasileiras, de caráter ordinário, mera relação de paridade normativa.
>
> A normatividade emergente dos tratados internacionais, dentro do sistema jurídico brasileiro, por isso mesmo, permite situar esses atos de direito internacional público, no que concerne à hierarquia das fontes, no mesmo plano e no mesmo grau de eficácia em que se posicionam as leis internas (José Alfredo Borges, *in Revista de Direito Tributário*, v. 27/28, 170-173; Francisco Campos, *in RDA* 47/452; Antônio Roberto Sampaio Doria, *Da Lei Tributária no Tempo*, p. 41, 1968; Geraldo Ataliba, *Apontamentos de Ciência das Finanças, Direito Financeiro e Tributário*, p. 110, 1969, RT; Irineu Strenger, *Curso de Direito Internacional Privado*, p. 108/112,1978, Forense; José Francisco Rezek, *Direito dos Tratados*, p. 470/475, itens 393-395, 1984, Forense, *v.g.*).
>
> A eventual precedência dos atos internacionais sobre as normas infraconstitucionais de direito interno somente ocorrerá – presente o contexto de eventual situação de antinomia com o ordenamento doméstico –, não em virtude de uma inexistente primazia hierárquica, mas, sempre, em face de aplicação do critério cronológico (*lex posterior derogat priori*) ou, quando cabível, do critério da especialidade (*RTJ* 70/333 – *RTJ* 100/1030 – *RT* 554/434).[60]

Após a Emenda Constitucional 45/04

Como anteriormente visto, a redação do § 2º do art. 5º da Carta de 1988, gerou o aparecimento de duas correntes: a monista e a dualista. Porém, este trabalho de inserção de uma norma internacional está praticamente pacificado diante do entendimento do STF em adotar o monismo nacionalista ou, dependendo da interpretação, o dualismo moderado.

---

59 ARAUJO, Nádia de. *Direito Internacional Privado*. 2. ed. Rio de Janeiro: Renovar, 2004, p. 158.

60 *Ibidem*, p. 155.

Entretanto, a Emenda Constitucional nº 45/2004 introduziu o § 3º no art. 5º da CF, alterando sua redação, para dar novo *status* constitucional às normas internacionais de direitos humanos, a saber:

> **Art. 5º (...)**
>
> § 3º Os tratados e convenções internacionais sobre direitos humanos que forem aprovados, em cada Casa do Congresso Nacional, em dois turnos, por três quintos dos votos dos respectivos membros, serão equivalentes às emendas constitucionais.

A partir daí, a discussão trazida à baila refere-se à posição hierárquica da emenda constitucional, isto é, se está submetida ao controle constitucional ou não.

Para os que defendem que o poder originário (Constituição) está no mesmo patamar que o derivado (Emenda), a lei posterior pode alterar ou revogar a anterior, logo, a norma internacional, quando internalizada, pode alterar a Constituição, mesmo que para reduzir direitos, por ter mesma hierarquia.

A moderna doutrina constitucional e o STF, no entanto, consideram a emenda constitucional hierarquicamente inferior à Constituição, na medida em que é submetida a controle constitucional[61] quando ferir seu **núcleo imodificável** (cláusulas pétreas). Além disto, a própria Constituição da República, em seu art. 60, dispõe sobre sua forma de produção. Assim, a Constituição é o fundamento de validade comum da ordem jurídica. É o ápice de todo o ordenamento, posicionada em grau superior ao das demais espécies normativas. Toda a ordem jurídica busca fundamento, direta ou indiretamente, na Lei Maior.

Entrementes, quando se trata de norma internacional de direitos humanos a discussão perpassa ainda por outros caminhos. A questão é deslocada do aspecto formal (hierárquico), acima analisado, para o aspecto material, não levando em conta a origem da norma (se internacional ou nacional), mas sim, seu conteúdo em respeito ao princípio da dignidade da pessoa humana, considerado cerne do Estado Democrático de Direito.

Até o momento, apenas um tratado internacional de direitos humanos foi ratificado de acordo com o procedimento previsto no art. 5º, § 3º, da CF: a Convenção sobre os Direitos das Pessoas com Deficiência. Todos os demais tratados da OIT ratificados pelo Brasil depois da EC 45/04 não passaram pelo procedimento exigido pelo art. 5º, § 3º, da CF, o que nos leva a concluir pela sua hierarquia de lei ordinária federal.

É o Direito do Trabalho um direito humano? Em caso positivo, por que os tratados ratificados depois da EC 45/04 não passaram pelo procedimento constitucional do art. 5º, § 3º?

Os tratados da OIT ratificados antes e depois da EC 45/04 têm qual hierarquia: de emenda constitucional, de norma supralegal ou de lei ordinária?

61 A prática tem demonstrado a inferioridade hierárquica das emendas constitucionais, pois já há casos de declaração de inconstitucionalidade de emenda constitucional (como ocorreu com a EC 19).

Filiamo-nos à corrente que entende que parte do Direito do Trabalho é espécie do gênero "Direitos Humanos", já que é o meio de instrumentalização do artigo XXIII da Declaração Universal dos Direitos do Homem, como abaixo transcrito:

> **Artigo XXIII**
>
> 1. Toda pessoa tem direito ao trabalho, à livre escolha de emprego, a condições justas e favoráveis de trabalho e à proteção contra o desemprego.
>
> 2. Toda pessoa, sem qualquer distinção, tem direito a igual remuneração por igual trabalho.
>
> 3. Toda pessoa que trabalhe tem direito a uma remuneração justa e satisfatória, que lhe assegure, assim como à sua família, uma existência compatível com a dignidade humana, e a que se acrescentarão, se necessário, outros meios de proteção social.
>
> 4. Toda pessoa tem direito a organizar sindicatos e neles ingressar para proteção de seus interesses.

Sendo assim, a parte do Direito do Trabalho contida nas normas internacionais vigentes no nosso país que versarem sobre direitos humanos tem hierarquia material superior à lei ordinária, apesar de não formalizada como emenda constitucional (por não ter passado pelo procedimento específico). Essas normas, no nosso entender, são as relacionadas às vedações ao trabalho escravo, degradante, do menor, da mulher, normas de medicina e segurança do trabalho.

Infelizmente, a matéria é controvertida, havendo quem defenda que o Direito do Trabalho não faz parte dos Direitos Humanos.

A doutrina faz distinção entre direitos humanos e direitos fundamentais. Os **direitos fundamentais** (ou liberdades públicas) são os constituídos pelo núcleo imodificável dos direitos do homem, como o direito à vida, a proibição de tortura, trabalho escravo e servidão. São contemplados por normas jurídicas positivas, pois os direitos fundamentais são aptos à produção de efeitos jurídicos, enquanto os **direitos humanos** (ou do homem) apresentam característica suprapositiva, ligada ao direito natural, restringindo-se ao domínio da ética (art. 1º, nº 3, da Carta das Nações Unidas se refere ao "respeito aos direitos do homem e às liberdades fundamentais de todos", como se fossem distintos). Os demais direitos humanos, segundo alguns, não seriam tidos como direitos fundamentais. Outros argumentam que os direitos sociais, dos quais o Direito do Trabalho faz parte, são direitos de segunda geração ou família e, por isso, não pertencem aos direitos humanos, porque apenas os de primeira geração são assim qualificados. De **primeira geração** ou família estariam incluídos os direitos civis e políticos, que exigem apenas um ato negativo do Estado, de abstencionismo. Os de **segunda geração** são os direitos econômicos, sociais e culturais que exigem um ato negativo e outro positivo do Estado, requerendo sua intervenção direta para tornar efetivo o direito. Por último, os direitos de terceira geração são os coletivos, pois ultrapassam a individualidade do ser humano. Perfilhamos a corrente de que os direitos de todas as famílias ou gerações pertencem ao gênero direitos humanos, portanto, o Direito do Trabalho é um direito fundamental e um direito humano.

Cumpre ressaltar que os direitos sociais são os previstos no art. 6º da CRFB e exigem do Estado ato positivo para realizá-los materialmente, concretizando-os. Daí por que alguns autores argumentam que o direito social é "condicionado", pois depende de um ato positivo do Estado para proporcionar ao indivíduo meios de invocar seu direito, bem como para garantir recursos jurídicos para a sua realização.

De qualquer forma defendemos que os direitos sociais estão atingidos pelo inciso IV, § 4º, do art. 60 da Constituição, seja porque são direitos fundamentais e humanos, seja porque a expressão "direitos e garantias individuais" deve ser interpretada de forma ampliativa e não reducionista.

Explica-se:

O inciso IV do § 4º do art. 60 da CRFB impede que qualquer reforma ou revisão constitucional restrinja ou suprima os "direitos e garantias individuais", formando um núcleo imodificável e protegido contra o retrocesso. Todavia, a doutrina constitucionalista diverge quanto à inclusão ou não, neste núcleo imodificável, dos direitos e garantias coletivas incluídos no art. 5º, bem como dos direitos sociais incluídos nos arts. 6º, 7º, 8º e 9º da Carta. O STF parece tendencioso no sentido de incluir nas cláusulas pétreas os direitos sociais, dos quais o direito do trabalho (arts. 7º e 8º da CRFB) faz parte. Manoel Gonçalves Ferreira Filho[62] no mesmo sentido.

Conclusão:

Apesar de toda controvérsia supra apontada, depois da decisão proferida no RE 466.343, o STF modificou sua jurisprudência anterior para reconhecer a força normativa dos tratados internacionais relacionados aos direitos humanos, após oscilante jurisprudência a respeito da hierarquia dos tratados internacionais a respeito da matéria.

Resumidamente, existem quatro precedentes jurisprudenciais a respeito do tema, quando relacionado aos direitos humanos, quais sejam[63]:

a) Posição da jurisprudência até 1977, que consagrava o primado do Direito Internacional;

b) RE nº 80.004, de 1977, que equiparou juridicamente tratado e lei federal e a decisão do *Habeas Corpus* nº 72.131, de 1995, que manteve, à luz da Constituição de 1988, a teoria da paridade hierárquica entre tratado e lei federal; e

c) RE nº 466.343[64], de 2008, que conferiu aos tratados de direitos humanos uma hierarquia especial e privilegiada.

---

62 FERREIRA FILHO, Manoel Gonçalves. *Do processo legislativo*, 3ª ed., São Paulo: Saraiva, 1995, p. 286.

63 PIOVESAN, Flávia. *Temas de Direitos Humanos*. 8. ed. São Paulo: Saraiva, 2015, p. 68.

64 Nesse processo, o STF decidiu pela inconstitucionalidade da prisão civil do depositário infiel.

Como visto, não há mais dúvidas relativas à hierarquia das normas internacionais a respeito dos direitos humanos. A controvérsia persistirá em saber se os Tratados da OIT ratificados pelo Brasil, que tratam de regras de Direito do Trabalho, são espécies de Direitos Humanos ou não. Destacamos que os poucos tratados da OIT ratificados depois da EC nº 45/04 não vieram sob a forma de emenda constitucional, isto é, não passaram pelo crivo do quórum estabelecido no § 3º do art. 5º da CF. Seriam essas normas equivalentes às leis ordinárias federais ou seriam normas supralegais? E os anteriores podem ser considerados materialmente como supralegais ou não, apesar de formalmente não o serem?

Estas e muitas outras controvérsias surgirão a respeito de alguns dispositivos contidos na Reforma Trabalhista que contrariam normas contidas em tratados da OIT.

Da nossa parte, defendemos que são raras as passagens da Lei nº 13.467/17 que violam tratados internacionais da OIT ratificados pelo Brasil e estas serão enfrentadas nos temas a seguir.

De qualquer sorte, a Lei nº 13.467/17 manteve todos os direitos constitucionais específicos garantidos pelo art. 7º da CF, apenas os regulou de forma diversa.

6.9. Equidade

Equidade, segundo Francisco Fernandes,[65] significa: igualdade, imparcialidade, retidão, justiça, serenidade, moderação.

Todavia, no contexto jurídico-legal o vocábulo em estudo pode ser empregado em diversos sentidos:[66] isonomia; justiça; moderação; equilíbrio; igualdade; imparcialidade; retidão; serenidade; critério para aplicação da lei; princípios gerais de direito como fonte do direito; justiça adequada a um caso concreto.

No nosso sistema legislativo, algumas vezes a palavra **equidade** é precedida da preposição **por**, outras vezes da preposição **com**.

Entretanto, há diferenças entre as duas figuras, isto é, tecnicamente, o julgamento **com** equidade é diverso do julgamento **por** equidade, apesar de nem sempre isto corresponder à literalidade do que está exibido nos textos legais.

A grande dificuldade do intérprete é a de traduzir o alcance das expressões quando o vocábulo **equidade** aparece nas normas, ante seus diferentes sentidos.

Apreciar as circunstâncias reais de cada caso de forma minudente para ajustar a lei abstrata à hipótese concreta na hora do julgamento, adequando, aparando arestas e interpretando, significa humanizar a lei. Isto quer dizer julgar **com** equidade (arts. 4º e 5º da LINDB). Nas palavras de Alice Monteiro,[67] "o **princípio da justiça** é o da equidade, segundo o qual deve-se dar a cada um aquilo que lhe pertence". Esta é função legítima do julgador e não se constitui em fonte de direito. Neste

---

65 FERNANDES, F. *Dicionário de sinônimos e antônimos da língua portuguesa*. Rio de Janeiro: Globo, 1995.

66 HOLANDA, A. B. *Novo dicionário da língua portuguesa*. Rio de Janeiro: Nova Fronteira, 1996.

67 BARROS, Alice Monteiro de. *Curso de Direito do Trabalho*. 2. ed. São Paulo: LTr, 2006, p. 152.

sentido, a equidade é a justiça do juiz, porque é a intermediária entre a lei e a realidade concreta.

Entretanto, pode o juiz julgar **por** equidade, isto é, criar a norma que entender justa ao caso, quando a lei autorizar. Segundo a visão positivista o juiz está obrigado a julgar de acordo com a lei, salvo quando expressamente autorizado ao contrário (art. 127 do CPC/73 e art. 140, parágrafo único, do CPC/2015). O julgamento por equidade escapa do paradigma do positivismo, pois afasta-se da lei para conceder o justo. Porém, o que é justo tem significado subjetivo que perpassa por esse conceito.

O julgamento por equidade pode levar a uma fonte de direito quando encerrar uma sentença normativa (única hipótese prevista em lei para julgamento por equidade pela Justiça do Trabalho – art. 114, § 2º, da CRFB c/c art. 766 da CLT), mesmo assim, este poder hoje encontra-se amputado pela EC nº 45/2004. Logo, a equidade é mero instrumento da fonte de direito, isto é, ela em si não é fonte de direito, mas sim a sentença normativa criadora de direitos. A equidade foi apenas a forma de julgamento e da integração do direito.

A equidade de que tratam os arts. 8º e 852-I, § 1º, da CLT, é a que se refere à aplicação da lei ao caso concreto, levando-se em conta as circunstâncias de cada caso, isto significa julgamento **com** equidade. Na verdade, estes dois artigos não autorizam o julgamento **por** equidade.

6.9.1. Julgamento com Equidade e Julgamento por Equidade

Julgamento COM Equidade

Todo juiz deve julgar **com equidade**, vale dizer, com equilíbrio, justiça, imparcialidade, retidão, serenidade e moderação. Deve o julgador levar em conta, quando da aplicação da lei, as circunstâncias de cada caso concreto, ajustando a lei à espécie. A equidade deve servir de guia do juiz na interpretação e na aplicação da lei. Humanizar a lei é julgar com equidade. O que não se admite é que o juiz deixe de aplicar a lei por considerá-la injusta.

Como adverte De Page[68] o direito não pode ser refeito sob o pretexto da equidade:

> Esta, infelizmente, a tendência demasiado frequente de certos juristas que, na verdade, ignoram o direito e pretendem remediar essa ignorância recorrendo à equidade (...). A equidade deve ser uma ambiência, uma atmosfera. Não é um fim em si mesma, mas um meio. Deve ser manejada por mãos de artistas, por juristas que conheçam o direito *tout court*, e não por aqueles que o ignorem e tentem suprir suas próprias deficiências por uma equidade que não é, em realidade, senão uma concepção primária. Em uma época em que, historicamente, o próprio direito positivo é fortemente temperado pela equidade, esta há de ser a *ultima ratio* em circunstâncias excepcionais, um poder moderador. Não pode jamais constituir pretexto para o sentimentalismo ou generosidade.

68 *Apud* MARANHÃO, D. *Instituições de Direito do Trabalho*. São Paulo: LTr, 1999, p. 172.

O julgamento com equidade não é fonte de direito e sim método de integração da norma utilizado pelo juiz ao interpretar e aplicar o direito ao caso concreto.

Julgamento POR Equidade

Julgar **por** equidade pode ter significados diversos, dependendo do intérprete e do espírito da lei. Todavia, jamais poderá significar julgamento contra a lei.

De acordo com o parágrafo único do art. 140 do Código de Processo Civil: "o juiz só decidirá por equidade nos casos previstos em lei".

Segundo Almeida Melo[69] o vocábulo equidade traduz o conceito de *equity* do Direito anglo-americano. *Equity* significa justiça.[70]

Explica o autor que, na Inglaterra, historicamente, a *equity* desenvolveu-se de forma separada da lei como reação à inabilidade das Cortes da *common law*, em sua estrita aderência à rigidez dos *writs* e formas de ação, para fornecer ou providenciar um remédio para cada lesão ou ameaça a direito. Como consequência, o Rei instituiu a alta Corte de Chancelaria, cujo propósito consistia em administrar a Justiça segundo princípios de equidade, para aqueles casos que a *common law* não previa nenhum reparo ou remédio inadequado. O Direito da *equity* era formulado em máximas (princípios gerais), significando que a *equity* forneceria um caminho para se atingir um resultado jurídico quando o procedimento legal se mostrasse inadequado.[71]

Era, na verdade, um sistema de jurisprudência, ou ramo de justiça reparadora, administrada por certos tribunais, distintos das Cortes da *common law*, com competência para exercer a jurisdição no sentido amplo de justiça, ligado aos princípios gerais de direito, aplicados por Cortes paralelas às da *common law*, criadas oficialmente. Assim, as Cortes da *common law* aplicavam a lei, enquanto as Cortes de *Equity*, denominadas, nos Estados Unidos, de *Courts of Chancery*, aplicavam os princípios gerais de direito.

Segundo Almeida Melo,72 hoje, nos Estados Unidos, só existe uma Court of Chancery, a do Estado de Delaware, com mais de 100 anos, e respeitabilíssima naquele país que aplica, harmoniosamente, a lei e os princípios gerais de direito.

A criação das Cortes de Equidade nos países de direito anglo-americano ocorreu, em determinada época histórica, para suprir lacunas da lei, quando ainda prevalecia, entre os magistrados, uma visão muito estreita e formalista do Direito: uma visão superada com a evolução dos tempos.

Almeida Melo[73] conclui sua tese afirmando que a palavra equidade, contida na expressão julgar **por** equidade, corresponde precisamente ao conceito de *equity* do direito anglo-americano. Julgar **por** equidade significa, para o autor, julgar aplicando os princípios gerais do direito e, por isso, conclui Almeida Melo, não

---

69 MELO, J. T. A "Julgamento por equidade", *in O sino de Samuel*. Belo Horizonte: Faculdade de Direito da UFMG, 1997.

70 BLACK, H. C. *Black´s Law Dictionary*. St. Paul, Minn: West, 1968.

71 BLACK, H. C. *Black´s Law Dictionary*. St. Paul, Minn, West, 1968.

72 ALMEIDA, Melo. *Op. cit.*

73 *Idem.*

haveria necessidade de nenhum comando especial, pois há uma regra contida na Lei de Introdução às normas do Direito Brasileiro, que erige os princípios gerais de direito em fonte supletiva do Direito.

A segunda conotação da palavra equidade encontrou ressonância no antigo Código de Processo Civil (1939), que, em seu art. 114, autorizava o juiz, em circunstâncias especiais, a aplicar a norma que estabeleceria se fosse legislador.

Neste dispositivo se encontrava a segunda conotação da expressão **por** equidade. Desta forma, julgar **por** equidade significa criar lei, normatizar, legislar no caso concreto.

Por se tratar de um poder anormal, já que a regra é que apenas ao Legislativo cabe o poder de criar leis, a normatização pelo juiz deve ser vista como exceção e, como tal, interpretada restritivamente, sob pena do Judiciário usurpar a atribuição do Legislativo.

Comentando esse dispositivo, Caio Mário da Silva Pereira,[74] citando De Page, asseverou o seguinte:

> Fora dos casos em que é expressamente autorizado a assim decidir, o emprego dela [da equidade] só é tolerado com caráter extremamente excepcional, pois que a própria norma já contém os temperamentos que a equidade natural aconselha, e não pode servir de motivo ou desculpa à efetivação das tendências sentimentais ou filantrópicas do juiz.

O Código de Processo Civil de 1973 já não investia o juiz da faculdade de aplicar a norma que estabeleceria se fosse legislador. Ao contrário, expressamente dispunha que o juiz **só** julgaria por equidade quando a lei o autorizasse a tanto (art. 127, do CPC/73). A mesma regra foi mantida pelo art. 140, parágrafo único, do CPC/2015, isto é, só o próprio legislador pode delegar este poder ao Judiciário nas hipóteses expressamente por ele enumeradas.

A conotação de "julgar por equidade" significa atribuir poder ao juiz de criar regras próprias para julgar de acordo com sua consciência, convicção, seu entender de justiça, suas regras, seus critérios subjetivos.

Por se tratar de uma exceção, o julgamento **por** equidade deve ser afastado sempre que houver dúvida quanto ao alcance e interpretação da norma, pois o que o juiz não pode fazer é substituir a lei ou os princípios gerais de direito por algum critério subjetivo personalíssimo.

Por esse motivo, o § 2º do artigo 8 da CLT, acrescido pela Lei 13.467/17, impede as súmulas e a jurisprudência de criar ou restringir direitos, limitando o juiz ao julgamento COM equidade.

A jurisprudência tem assim decidido:

> Acúmulo de funções. Motorista e cobrador. Plus salarial. Indevido. Não há como imputar ao empregador o pagamento de parcela salarial à qual não se obrigou por norma coletiva ou contrato e na inexistência de hipótese de equiparação salarial,

---

[74] PEREIRA, C. M. *Instituições de Direito Civil*. Rio de Janeiro: Forense, 1997, v. 1, p. 76.

> pois o ordenamento jurídico autoriza o julgamento por equidade apenas nas hipóteses autorizadas por lei (artigo 127 do CPC), ou seja, não se pode criar obrigação apenas com base em critério de justiça. (TRT-1 - RO: 00016094320125010002 RJ, Relator: Volia Bomfim Cassar, Data de Julgamento: 21/05/2014, Segunda Turma, Data de Publicação: 04/06/2014).
>
> A proibição de que o juiz decida por equidade, salvo quando autorizado por lei, significa que não haverá de substituir a aplicação do direito objetivo por seus critérios pessoais de justiça. Não há de ser entendida, entretanto, como vedando se busque alcançar a justiça no caso concreto, com atenção ao disposto no art. 5º da Lei de Introdução. Superior Tribunal de Justiça, REsp nº 48.176, São Paulo, in: DJU, 08/04/1996, p. 10.469.
>
> DANOS MORAIS. FIXAÇÃO DO VALOR DA INDENIZAÇÃO. DECISÃO POR EQUIDADE E COM EQUIDADE. A fixação do quantum da indenização por dano moral, com base no artigo 944, do CC, compreende decisão por equidade, que deve levar em conta a extensão do dano e o caráter pedagógico--punitivo para o infrator e compensatório para a vítima, não podendo ser meio de enriquecimento nem de ruína para nenhuma das partes. Para a fixação do valor, portanto, o magistrado deve decidir com equidade, observando os princípios da razoabilidade e da proporcionalidade à luz do caso concreto que lhe é submetido, bem como as condições socioeconômicas da vítima e do ofensor. (TRT-17 - RO: 00002683520175170010, Relator: ALZENIR BOLLESI DE PLÁ LOEFFLER, Data de Julgamento: 22/10/2018, Data de Publicação: 26/11/2018).

Caio Mário da Silva Pereira[75] alerta para o fato de que a equidade pode ser uma perigosa ferramenta. E acrescenta:

> (...) se, por um lado, permite ao juiz a aplicação da lei de forma a realizar o seu verdadeiro conteúdo espiritual, por outro lado pode servir de instrumento às tendências legiferantes do julgador, que, pondo de lado o seu dever de aplicar o direito positivo, com ela acoberta uma desconformidade com a lei.

A correta aplicação da equidade ocorre quando o juiz, sem desconsiderar a lei, procura empregar seu verdadeiro conteúdo espiritual.

Conclusão: a equidade não é fonte de direito, mas, por exceção, pode ser meio de criação de fonte de direito, quando dos julgamentos por equidade.

6.10. Princípios Gerais de Direito

Remetemos o leitor ao Capítulo acerca de "Princípios", oportunidade em que será analisada, com profundidade, a questão do princípio como fonte de direito.

6.11. Regulamento de Empresa

É um ato normativo que decorre do poder diretivo do empregador. O regulamento de empresa é o conjunto de normas confeccionadas, de forma espontânea, a

[75] *Idem.*

fim de estruturar e organizar internamente a empresa. É, portanto, o veículo facultado ao empregador, para dispor, de forma unilateral, sobre normas institucionais voltadas para emissão de ordens técnicas relativas ao empreendimento, organização do trabalho, métodos de produção, problemas técnicos da empresa etc.

O regulamento interno de empresa é também conhecido como regimento interno, regulamento de fábrica, regulamento de serviço. No entanto, muitas empresas utilizam nomenclaturas próprias como *job description*, PCC (plano de cargos e salários); descrição de serviço etc.

Tecnicamente não deveriam estipular condições gerais de trabalho, isto é, regras de feição contratual. Porém, na prática, muitos empregadores desvirtuam a finalidade principal de organização e estruturação interna dos regulamentos, passando a incluir também cláusulas que criam direitos (gerais, abstratos e impessoais) direcionados aos seus trabalhadores. São exemplos dessas cláusulas as relativas aos planos de cargos e salários, jornada especial, previsão de complementação de aposentadoria, concessão de prêmios e benefícios condicionados a certo evento; estruturação da carreira, com critérios de promoção, além de outros direitos.

Desta forma, quando o regimento interno de uma empresa contiver cláusulas garantidoras de direitos gerais, abstratos e impessoais direcionados aos seus trabalhadores, será considerado fonte de direito.

Todavia, a questão não é tão simples.

Para alguns, o regulamento em seu todo não é fonte de direito por constituir-se em uma regra relativa à atividade econômica do empregador. Outros argumentam que não pode ser fonte de direito por se tratar de fonte unilateral,[76] isto é, expedida por um só agente: o empregador. Não incluem o regulamento de empresa como fonte formal de Direito do Trabalho: Délio Maranhão,[77] Süssekind[78] e Martins Catharino[79] (corrente minoritária).

Sob o argumento de que o regulamento cria direitos abstratos e gerais para os trabalhadores, Orlando Gomes,[80] Russomano,[81] Amauri,[82] Valentim Carrion,[83] Evaristo de Moraes Filho[84] e Sergio Pinto Martins[85] incluem o regulamento como fonte de direito.

---

[76] DELGADO, Mauricio Godinho. *Curso de Direito do Trabalho*. São Paulo: LTr, 2002, p. 163.

[77] SÜSSEKIND, Arnaldo; MARANHÃO, Délio; VIANNA, Segadas; TEIXEIRA, Lima. *Instituições de Direito do Trabalho*. 21. ed. São Paulo: LTr, 2003, v. 1, p. 165.

[78] SÜSSEKIND, Arnaldo. *Curso de Direito do Trabalho*. Rio de Janeiro: Renovar, 2002, p. 124-128. Süssekind acrescenta que o regulamento de empresa, "no seu todo, não é fonte de direito (...)" mas no que tange "às regras derivadas do poder de comando do empresário, completa o quadro das normas aplicáveis às relações de trabalho".

[79] CATHARINO, José Martins. *Compêndio de Direito do Trabalho*. São Paulo: LTr, 1983, p. 99.

[80] GOMES, Orlando; GOTTSCHALK, Élson. *Curso de Direito do Trabalho*. Rio de Janeiro: Forense, 1995, p. 49.

[81] RUSSOMANO, Mozart Victor. *Curso de Direito do Trabalho*. 7. ed. Curitiba: Juruá, 1999, p. 52.

[82] NASCIMENTO, Amauri Mascaro. *Curso de Direito do Trabalho*. 16. ed. São Paulo: Saraiva, 1999, p. 226.

[83] CARRION, Valentin. *Comentários à Consolidação das Leis do Trabalho*. 28. ed. São Paulo: Saraiva, atualizado por Eduardo Carrion, 2003, p. 275.

[84] MORAES FILHO, Evaristo. *Do contrato de trabalho como elemento da empresa*. São Paulo: LTr, 1993, p. 141.

[85] MARTINS, Sergio Pinto. *Direito do Trabalho*. 13. ed. São Paulo: Altas, 2001, p. 73.

O regimento difere do contrato de trabalho porque este é pessoal e concreto, e aquele geral e abstrato, dirigido a todos os empregados atuais ou futuros, enquanto vigente a norma interna.

Os benefícios previstos na norma regulamentar se incorporam ao contrato de trabalho e só podem ser alterados (*in pejus*) para os empregados admitidos após sua modificação – Súmula nº 51, I, do TST.

Havendo coexistência de dois regulamentos de empresa, a opção do empregado por um deles tem efeito de renúncia às normas do outro, mesmo que cause prejuízo – Súmula nº 51, II, do TST.

A negociação coletiva (acordo coletivo ou convenção coletiva) poderá dispor sobre os direitos previstos no regulamento de empresa e poderá alterá-lo ou revogá-lo (art. 611-A, VI, da CLT).

Natureza Jurídica

A natureza jurídica do regimento interno ainda é motivo de controvérsia na doutrina.

Alguns[86] defendem a natureza jurídica contratualista, sob o argumento de que o empregado adere ao regimento quando admitido, dando-lhe contorno contratual. Outros adotam a natureza institucionalista, por ser lei interna empresarial, já que emitida unilateralmente para fixar as diretrizes e estruturação da empresa. Por último, há quem[87] defenda a teoria mista que, embora não despreze a feição contratualista, admite que sua destinação é para emissão de ordens técnicas pertinentes ao empreendimento.

6.12. Contrato de Trabalho

O contrato de trabalho é o acordo bilateral entre empregado e empregador. Por isto, caracteriza-se em norma pessoal, concreta e específica, criadora de obrigações.

Logo, não pode ser considerado como fonte formal autônoma de Direito do Trabalho[88-89] por lhe faltarem três requisitos para sua caracterização como fonte: a abstração, generalidade e impessoalidade. Isto não quer dizer que o contrato não faça lei entre as partes contratantes. Ao contrário, o princípio do *pacta sunt servanda* é amplamente aplicado no Direito do Trabalho. Desta forma, aquilo que for ajustado acima da lei obrigará o empregador ao respectivo cumprimento.

Todavia, não há que se confundir fonte de Direito do Trabalho com obrigações assumidas pelas partes contratantes. São institutos diferentes. As fontes, para se caracterizarem como tal, necessitam da abstração, generalização e impessoalidade,

86 LACERDA, Dorval. *A falta grave no Direito do Trabalho*. 4. ed. São Paulo: Edições Trabalhistas, 1976, p. 84.

87 BARROS, Alice Monteiro de. *Curso de Direito do Trabalho*. 2. ed. São Paulo: LTr, 2006, p. 118.

88 Da mesma forma pensa Godinho. DELGADO, Mauricio Godinho. *Curso de Direito do Trabalho*. São Paulo: LTr, 2002, p. 169.

89 Assim também Délio Maranhão. SÜSSEKIND, Arnaldo; MARANHÃO, Délio; VIANNA Segadas; TEIXEIRA, Lima. *Instituições de Direito do Trabalho*. 21. ed. São Paulo: LTr, 2003, v. 1, p. 165.

isto é, assemelham-se à lei. Quer dizer, aplicam-se abstratamente a todos que se enquadrarem naquelas condições e hipóteses nela prevista.

A impessoalidade significa que a norma não foi dirigida a uma pessoa identificável, mas sim a um grupo, categoria ou coletividade não identificável. A generalidade significa que não regula uma situação concreta, mas sim geral. Ora, o contrato de trabalho é feito entre o empregador A e o empregado B, conforme as cláusulas constantes no contrato de trabalho C. Logo, não se aplica a todos os trabalhadores em geral daquela empresa.

Em sentido contrário Orlando Gomes,[90] Rodrigues Pinto,[91] Süssekind,[92] Alice Monteiro[93] e Carrion,[94] que defendem que o contrato de trabalho é fonte de direito.

6.13. Laudo ou Sentença Arbitral

As partes podem convencionar submeter um litígio à solução de um terceiro por elas eleito. Este árbitro formulará laudo que será respeitado pelas partes. O árbitro pode ser técnico, perito ou leigo e a arbitragem pode ser jurídica ou por equidade.

Hoje a arbitragem é tratada pela Lei nº 9.307/96 como um importante instrumento para dirimir litígios relativos a direitos patrimoniais disponíveis entre pessoas capazes – art. 1º, o que não ocorre com a maioria das lides individuais trabalhistas, pois tratam de direitos previstos na legislação, logo, de caráter imperativo, de ordem pública. Em função disso, a arbitragem tem maior aplicabilidade no âmbito do direito coletivo que trata de direitos patrimoniais disponíveis.[95] Quando proferido em lides individuais, isto é, entre trabalhador e empregador, o laudo arbitral cria obrigação apenas entre as partes.

Portanto, podemos concluir que o laudo arbitral proferido em lide individual não é fonte de direito porque aprecia concretamente uma controvérsia, perdendo as características de norma geral, abstrata e impessoal.

De forma diversa pode ocorrer quando o laudo tratar de matéria coletiva, dirimindo conflito entre categoria econômica e profissional, quando será considerado fonte de direito, da mesma forma e na mesma hierarquia que as convenções e acordos coletivos.

Alice Monteiro de Barros[96] inclui o laudo arbitral como fonte de direito, sem, contudo, fazer a distinção entre o laudo coletivo e o individual.

---

90 GOMES, Orlando; GOTTSCHALK, Élson. *Curso de Direito do Trabalho*. Rio de Janeiro: Forense, 1995, p. 36.

91 PINTO, José Augusto Rodrigues. *Curso de Direito Individual do Trabalho*. 4. ed. São Paulo: LTr, 2000, p. 80.

92 SÜSSEKIND, Arnaldo. *Curso de Direito do Trabalho*. Rio de Janeiro: Renovar, 2002, p. 128.

93 BARROS, Alice Monteiro de. *Curso de Direito do Trabalho*. São Paulo: LTr, 2005, p. 117.

94 CARRION, Valentin. *Comentários à Consolidação das Leis do Trabalho*. 28. ed. São Paulo: Saraiva, 2003, p. 64.

95 A partir da Lei nº 13.467/2017 foi permitida a inclusão de cláusula compromissória no contrato de trabalho dos empregados que percebem mais que duas vezes o teto da Previdência.

96 BARROS, Alice Monteiro de. *Curso de Direito do Trabalho*. 2. ed. São Paulo: LTr, 2006, p. 121.

7. HIERARQUIA DAS FONTES NO CASO CONCRETO

7.1. Formal

A ordem hierárquica ou graduação das fontes é aquela onde a norma inferior respeita a norma de âmbito superior. Esta é a ordem formal: Constituição, leis, decreto, súmula vinculante, sentença normativa, convenção coletiva, acordo coletivo, costume e regulamento de empresa.

7.2. Material

O Direito do Trabalho tem sua base e sustentação no princípio da proteção do hipossuficiente, do qual deriva o princípio da preponderância da norma mais favorável ao trabalhador. Isto significa que, apesar de existir uma hierarquia formal das fontes, o Direito do Trabalho, de forma peculiar, confere a esta classificação hierárquica uma maleabilidade, de forma que a lei atua como mínimo superável, que pode ser aprimorado em prol do trabalhador.

Assim, deve prevalecer aquela norma mais benéfica ao trabalhador, mesmo que hierarquicamente seja inferior a uma outra norma que não lhe concede tal direito, salvo algumas exceções que serão estudas mais a frente. A comparação deve ser entre leis de um mesmo país, pois é discutida a aplicação do princípio da norma mais favorável para normas estrangeiras em confronto com as nacionais.

7.3. Critério de Comparação

Para **Orlando Gomes**,[97] a hierarquia das fontes pelo critério de comparação deve respeitar a seguinte regra:

a) havendo conflito entre as fontes estatais e as internacionais, prevaleceriam as últimas. Logo, as recomendações, convenções e tratados internacionais estariam acima da Constituição;

b) na hipótese de conflito estabelecido entre as fontes estatais e as mistas, prevaleceriam as estatais. Conclui-se que a Constituição e as leis se sobrepõem à sentença normativa;

c) se o conflito for entre as fontes mistas e as profissionais, prevaleceriam as primeiras. Desta forma a sentença normativa supera o regulamento de empresa (fonte profissional para o autor), e as convenções e acordos coletivos. Sob este aspecto também haveria o argumento de que a norma autônoma não pode dispor da heterônoma, porque imperativa;

d) no caso de conflito entre normas profissionais, tais como, usos, costumes, regulamento e convenção coletiva, prevalecem as de âmbito mais generalizado.

---

97 GOMES, Orlando; GOTTSCHALK, Élson. *Curso de Direito do Trabalho*. Rio de Janeiro: Forense, 1995, p. 57.

Orlando Gomes utiliza nomenclatura diversa da maioria dos doutrinadores. Desta forma, chama de profissionais as fontes autônomas (convenções, acordos coletivos, contrato de trabalho, regulamento de empresa e costume). De estatais, as confeccionadas apenas pelo Estado (Constituição, leis, regulamento do Executivo); de mistas aquelas em que o Estado participa junto com os agentes sociais na confecção da norma (sentença normativa e súmulas); e de internacionais as emanadas de organismo estrangeiro (tratados e convenções internacionais).

Sugerimos outro critério de comparação, mas antes precisamos abordar as teorias gerais a respeito da prevalência da norma mais favorável ao trabalhador.

Conflito de Fontes Formais de Direito do Trabalho

Um empregado pode ter, ao mesmo tempo, direito a várias normas que disciplinam a mesma matéria de forma diversa. Neste caso, haverá conflito de fontes formais, cuja solução não é fácil.

Há mais de quatro correntes para a questão. A maior controvérsia ocorre quando o convênio coletivo (acordo ou convenção coletiva) dispuser de forma diversa da lei ou de outra norma autônoma. Para tanto, remetemos o leitor ao Capítulo referente à Flexibilização, onde o assunto é melhor explicado. Abaixo mencionaremos só algumas.

a) A primeira corrente pugna pela prevalência da norma mais favorável.

Na verdade, quando o intérprete estiver diante de duas ou mais normas aplicáveis ao empregado, deverá optar pela mais benéfica ao trabalhador. Entretanto, há normas que tratam da mesma matéria de forma diversa, e escolher o que é mais benéfico não é pacífico na doutrina, pois parte de uma norma pode ser boa e parte, menos favorável que outra.

São três as correntes que defendem a forma de escolha da norma mais favorável: 1) teoria da acumulação, da soma, tomista ou da cumulação; 2) **conjunto, em bloco ou conglobamento**; 3) eclética, orgânica, intermediária ou conglobamento parcial ou mitigado.

1) **Teoria tomista, atomista, da acumulação ou da soma:** reúne todos os artigos, dispositivos e vantagens ao trabalhador contidas em cada fonte autônoma comparada, conjugando-as numa só relação jurídica de trabalho, ignorando-se as desvantagens ao trabalhador. Submete a mesma relação contratual às regras contidas em fontes diferentes, acarretando no ápice do princípio da norma mais favorável. Esta teoria onera demais o empregador por desrespeitar as características de cada instituto, por isso, minoritária na doutrina. Fraciona e fragmenta demais o conteúdo dos textos, retirando-lhe as características singulares de cada fonte.

É a tese mais criticada, pois "(...) o sentido exato da norma jurídica não se apura quando esta se considera isoladamente e sim quando apreciada em suas relações com outras normas concernentes à mesma matéria".[98]

---

[98] Palavras de Magano citadas por Carrion. CARRION, Valentin. *Comentários à Consolidação das Leis do Trabalho*. 26. ed. São Paulo: Saraiva, 2001, p. 24.

2) **Teoria do conjunto, em bloco ou conglobamento:** consagra a escolha de uma ou da outra fonte de direito comparando-as em sua integralidade. Mário Deveali[99] chamava este critério de orgânico, porque considerava o caráter unitário de cada regime. Hoje a palavra orgânica está mais próxima do critério intermediário, abaixo estudado.

Assim, o intérprete deverá optar pela fonte mais benéfica no todo ao trabalhador. A finalidade desta teoria é a unidade do texto, respeitando o sistema em que foi constituído e que integra como um universo.

A apuração em conjunto permite uma interpretação equitativa, pois o empregador que concedeu mais benefícios não pode ser apenado com a obrigatoriedade de cumprimento simultâneo de benesse prevista em outra fonte de direito autônoma.

O critério em comento atinge os empregados como coletividade, mas pode, no caso concreto, ser maléfica.

Esta teoria (conglobamento) é a adotada por Martins Catharino.[100]

Vantagens: a mesma relação jurídica (contrato) se submete apenas a uma fonte de direito autônoma, incentivando os empregadores a criarem melhores condições de trabalho, aplicando-se o princípio da norma mais favorável de forma equilibrada. Além do mais, o intérprete não fraciona a fonte do direito que aplicou ao caso, respeitando os parâmetros estabelecidos pelas partes quando confeccionaram a norma.

A jurisprudência vinha aplicando a teoria do conglobamento aos casos de conflito entre acordo e convenção coletiva (antes da Lei 13.467/17 – Reforma Trabalhista).

> CONFLITO ENTRE CONVENÇÃO COLETIVA E ACORDO COLETIVO APLICÁVEL À CATEGORIA. Verificado que a convenção coletiva é mais benéfica ao autor, vez que institui valores superiores para os mesmos benefícios deferidos pelo acordo coletivo, faz-se mister a aplicação daquela norma coletiva, em detrimento do acordo firmado diretamente pela empregadora, em total consonância com o **princípio do conglobamento**. TRT, 1ª Reg. 2ª T., RO 00178-2005-044-01-00-2, Rel. Aurora Coentro, *DJRJ* 09/11/2006 (grifos nossos).

> COMPLEMENTAÇÃO DE APOSENTADORIA. REAJUSTE SALARIAL E ABONO – PREVALÊNCIA DO ACORDO COLETIVO SOBRE A CONVENÇÃO COLETIVA. ADOÇÃO DA TEORIA DO CONGLOBAMENTO. O acórdão regional rejeitou o pedido do Autor, sob o fundamento de que os empregados em atividade não tiveram reajuste salarial, não se justificando o que pretendido, sobre a complementação de aposentadoria. Concluiu que não ocorreu ofensa ao art. 620, da CLT, restando prejudicada a aplicação da norma mais favorável, tendo em vista a **teoria do conglobamento**. Um dos princípios norteadores do Direito do Trabalho é o da aplicação da norma mais favorável ao empregado. No entanto, deve ser compreendido de forma sistemática, ou seja, considerando-se o conjunto das normas. Da mesma forma que as instâncias ordinárias, a jurisprudência desta Corte firma-se no sentido de que o art. 620 da CLT revela a **teoria do conglo-**

---

[99] *Apud* CATHARINO, José Martins. *Compêndio Universitário de Direito do Trabalho*. São Paulo: Editora Jurídica e Universitária, 1972, p. 110.

[100] *Idem*.

bamento, pela qual as normas são consideradas e interpretadas em conjunto, e não da forma isolada, pretendida pelo Recorrente. Recurso de Revista conhecido e desprovido. TST, 3ª T., RR-1021/2002-074-15-00.7, Rel. Maria Cristina Irigoyen Peduzzi, *DJU* 07/12/2006 (grifos nossos).

A crítica que se fazia no caso de conflito entre normas coletivas era quanto à dificuldade de se examinar a integralidade de duas normas coletivas ou a dificuldade entre o conflito de outras fontes autônomas de Direito aplicáveis a um empregado, para se fazer a comparação a fim de escolher qual a mais benéfica.

Cabe lembrar que, após a Lei nº 13.467/2017, que alterou o art. 620 da CLT, sempre haverá prevalência do acordo coletivo sobre a convenção coletiva, mesmo que menos favorável ao trabalhador. Portanto, a aplicação do princípio da prevalência da norma mais favorável, quando o conflito for entre normas autônomas, será limitada ao conflito entre regulamento e norma interna da mesma empresa ou entre contrato de trabalho e regulamento de empresa (para os que defendem que o contrato é fonte formal de direito).

Ex.: Aplica-se o Regulamento Interno do Banco X ou a Ordem de Serviço Interno do Banco X, vigentes na mesma época, para os mesmos empregados? Vamos imaginar que o Regulamento Interno em seu conjunto oferece mais vantagens aos empregados do Banco X que a Ordem de Serviço analisada em seu todo. Desta forma, pode ocorrer de um determinado empregado do Banco X não receber a gratificação de função equivalente a 55%, como determina a Ordem de Serviço, mas receba todas as outras vantagens previstas no Regulamento Interno. A questão é controvertida e há quem defenda neste exemplo a teoria da acumulação.

3) **A teoria intermediária, eclética ou orgânica**[101] determina a aplicação do conjunto de normas agrupadas sob a mesma forma de instituto jurídico, desde que mais favorável ao trabalhador, em detrimento daquela matéria prevista em outra fonte de direito também aplicável ao empregado. Assim, serão respeitadas as características de cada instituto, sem onerar de forma demasiada o empregador e sem beneficiar ilimitadamente o empregado. Desta forma, as duas fontes autônomas são aplicadas à mesma relação de trabalho, sendo que a adoção do instituto jurídico de uma fonte exclui a aplicação do mesmo instituto ou matéria contida na outra.

A Lei nº 7.064/82 expressamente adotou esta teoria[102] – *vide* art. 3º, II. Em sentido contrário, Mauricio Godinho[103] e Amauri Mascaro[104] que entendem que a

[101] Esta teoria também pode ser chamada de conglobamento mitigado, conglobamento por instituto, conglobamento orgânico ou conglobamento parcial, conglobamento limitado, homogêneo de institutos e blocos afins.

[102] No mesmo sentido BARROS, Alice Monteiro de. *Curso de Direito do Trabalho*. 2. ed. São Paulo: LTr, 2006, p. 123.

[103] DELGADO, Mauricio Godinho. *Curso de Direito do Trabalho*. São Paulo: LTr, 2002, p. 177.

[104] NASCIMENTO, Amauri Mascaro. *Curso de Direito do Trabalho*. 16. ed. São Paulo: Saraiva, 1999, p. 246.

lei em comento adotou a teoria do conglobamento. Cumpre salientar que referidos autores citam apenas as duas primeiras teses.

A tese intermediária tem sido a mais aceita na doutrina (Plá Rodriguez,[105] Carrion,[106] Pinho Pedreira[107] e Süssekind,[108] mas não na jurisprudência, que prefere a do conglobamento.

A teoria intermediária também é chamada por alguns[109] de teoria do conglobamento por instituto, ou conglobamento orgânico ou mitigado.

> **Ex.:** Aplica-se a um trabalhador o capítulo "Da Remuneração", contido no Regulamento de Empresa, que fixa um piso salarial muito superior ao previsto na Ordem de Serviço Interna da mesma empresa, somado ao capítulo da "Indenização por Tempo de Serviço", contido na Ordem de Serviço, desprezando-se o mesmo capítulo previsto no Regulamento, por menos benéfico. Neste caso, ao mesmo trabalhador é garantido o piso salarial superior em detrimento às pequenas vantagens dos sobressalários previstas no Regulamento Interno (gratificações e adicionais), além de ter o direito a uma indenização por tempo de serviço vantajosa prevista na Ordem de Serviço, quando de uma futura dispensa imotivada.

OBSERVAÇÕES GERAIS – LIMITES

As duas primeiras teses foram inspiradas na doutrina italiana que resolveu a questão apenas com elas. A terceira teoria foi empregada por Mário Deveali[110] em analogia da lei argentina (art. 9º da Lei do Contrato de Trabalho). Por esta razão, alguns poucos autores não mencionam a terceira tese como forma de solução dos conflitos de normas aplicáveis ao mesmo trabalhador.

O critério de comparação acima estudado para se apurar qual das normas é a mais benéfica e, portanto, a aplicável ao trabalhador, merece limitações. Não se pode aplicar a tese de prevalência da norma mais favorável, sob a ótica da teoria do conglobamento ou teoria intermediária, aos conflitos de fontes heterônomas, pois emanadas do Estado ou confeccionadas com sua intervenção, salvo quando a própria lei autorizar. Logo, não podem deixar de ser cumpridas, sob o argumento de que a outra norma é mais favorável em seu todo ou em relação a um instituto. Não pode ficar sob o crivo do empregador a faculdade de aplicá-las ou não. São imperativas.

---

105 RODRIGUEZ, Américo Plá. *Princípios de Direito do Trabalho*. São Paulo: LTr, 1978, p. 58.

106 CARRION, Valentin. *Comentários à Consolidação das Leis do Trabalho*. 28. ed. São Paulo: Saraiva, atualizado por Eduardo Carrion, 2003, p. 24.

107 SILVA, Luiz de Pinho Pedreira da. *Principiologia do Direito do Trabalho*. 2. ed. São Paulo: LTr, 1999, p. 90.

108 SÜSSEKIND, Arnaldo. *Curso de Direito do Trabalho*. Rio de Janeiro: Renovar, 2002, p. 127.

109 BARROS, Alice Monteiro de. *Curso de Direito do Trabalho*. São Paulo: LTr, 2005, p. 123.

110 *Apud* CATHARINO, José Martins. *Compêndio de Direito do Trabalho*. São Paulo: LTr, 1983, p. 110.

Para os conflitos entre fontes **heterônomas e heterônomas**, ou entre uma **heterônoma e outra autônoma**, prevalecerá o critério da aplicação da norma mais favorável ao trabalhador sob a teoria **atomista**, salvo em dois casos:

a) quando a própria lei determinar outro critério ou criar exceção;
b) nos casos de flexibilização autorizada em acordo coletivo ou convenção coletiva.

Importante salientar que o art. 611-B da CLT, acrescido pela Lei 13.467/17, limitou as hipóteses de flexibilização, proibindo a redução por norma coletiva dos direitos apontados nos seus incisos I a XXX, e não exigiu contrapartida patrimonial correspondente, salvo quando houver redução de salário ou jornada, quando deve ser impedida a despedida imotivada durante a vigência do respectivo ajuste coletivo (art. 611-A, §§ 2º e 3º, CLT).

A flexibilização está limitada ao mínimo existencial garantido ao trabalhador pela Constituição e pelo art. 611-B da CLT.

Mauricio Godinho[111] adota a tese de que a negociação coletiva tem que respeitar o patamar mínimo civilizatório.

Arion Romita[112] também adota essa corrente, mas fixa um patamar mínimo diverso de Godinho (direitos da personalidade). De resto, tudo pode ser flexibilizado.

O patamar mínimo ou núcleo duro de direitos indisponíveis por norma coletiva está hoje apontado no art. 611-B da CLT.

Remetemos o leitor ao capítulo que trata de flexibilização, em que a matéria é melhor detalhada e explicada.

Convém ressaltar que, após a Lei nº 13.467/2017, o art. 620 da CLT expressamente determina a prevalência do acordo coletivo sobre a convenção, mesmo que o acordo contenha regras menos favoráveis ao trabalhador.

---

111 DELGADO, Mauricio Godinho. *Curso de direito do trabalho*. São Paulo: LTr, 2002. p. 174-178.

112 Romita menciona sua opinião no prefácio do livro da Professora Zoraide. SOUZA, Zoraide Amaral de. *Arbitragem, conciliação, mediação nos conflitos trabalhistas*. São Paulo: LTr, 2004.

Capítulo 4

INTERPRETAÇÃO DO DIREITO E DO DIREITO DO TRABALHO

1. CONCEITO DE INTERPRETAÇÃO

O Dicionário Aurélio aponta o seguinte conceito de interpretar:

> *[Do lat.*interpretare, por interpretari.*] V.t.d. 1. Ajuizar a intenção, o sentido de: Não pôde interpretar o desejo da namorada. 2. Explicar, explanar ou aclarar o sentido de (palavra, texto, lei etc.) 3. Tirar de (sonho, visão etc.) indução ou presságio: A oniromancia é a arte de interpretar os sonhos. 4. Traduzir ou verter de língua estrangeira ou antiga. 5. Representar (3) (no teatro, cinema, televisão etc.): Este ator interpretou bem o papel. Transobj. 6. Julgar, considerar, reputar: *Interpretou o seu silêncio como assentimento.* [Pres. subj.: *interprete* etc. Cf. *intérprete.*][1]

Interpretar a norma é buscar seu real significado, é desvendar a intenção, a vontade do legislador (*mens legislatoris*), através da *mens legis* (interpretação da lei). Como ensina Carlos Maximiliano:[2]

> A partir do momento em que o legislador conclui sua obra, esta passa a ter vida própria e independente. A lei editada liberta-se da influência do legislador tal como o bebê ao ter o seu cordão umbilical partido. A vontade primária daquele que redigiu a lei será lembrada através do elemento histórico, da interpretação sistemática e da busca do elemento lógico e teleológico, mas apesar disto toda a norma tem vida própria.

Para Caio Mário da Silva Pereira:[3]

> Esta pesquisa da vontade legal, que, de tão importante e construtiva, não falta quem classifique como última fase da elaboração normativa, sob fundamento de

1 FERREIRA, Aurélio Buarque de Holanda. *Novo Dicionário Aurélio da Língua Portuguesa*. 2. ed. Rio de Janeiro: Nova Fronteira, 1986, p. 959.

2 *Apud* MOTTA, Sylvio; DOUGLAS, William. *Direito Constitucional*. Rio de Janeiro: Impetus, 2004, p. 10.

3 PEREIRA, Caio Mário da Silva. *Instituições de Direito Civil*. Rio de Janeiro: Forense, 2002, v. 1, p. 187.

que a lei contém na verdade o que o intérprete nela enxerga, ou dela extrai, afina em essência com o conceito valorativo da disposição, e conduz o direito no rumo evolutivo que permite conservar, vivificar e atualizar preceitos ditados há anos, há décadas, há séculos, e que hoje subsistem somente em função do entendimento moderno de seus termos.

1.1. Conceito Jurídico de Interpretação

Interpretar é atribuir significado, sentido, compreensão. A **interpretação de uma lei determina-lhe seu sentido**, pensamento, seu espírito e vontade. A vontade da lei (*mens legis*) nem sempre coincide com a vontade do legislador (*mens legislatoris*), por isso a necessidade de buscar seu alcance. É como numa relação entre criador e criatura. A criatura pode ter vontade própria, diversa da de seu criador. Quando as leis são publicadas e passam a vigorar se dissociam de seus criadores para terem vida própria, podendo adaptar-se às novas realidades que não foram consideradas na ocasião de sua feitura.

2. INTERPRETAÇÃO CONSTITUCIONAL – CONCEITO

A interpretação **constitucional** tem a finalidade de investigar e revelar o conteúdo e o alcance das normas que integram a Constituição. Consiste no processo intelectual por meio do qual enunciados linguísticos que compõem a Constituição transformam-se em normas, pois adquirem conteúdo normativo. Esta atividade hermenêutica busca concretizar, aplicar e realizar as normas constitucionais.

Segundo J. J. Canotilho:[4]

> Interpretar uma norma constitucional consiste em atribuir um significado a um ou vários símbolos linguísticos escritos na Constituição com o fim de obter uma decisão de problemas práticos normativo-constitucionalmente fundada.

A interpretação da norma constitucional, como toda interpretação de normas jurídicas, busca compreender, investigar e concretizar o conteúdo dos enunciados linguísticos que formam o texto constitucional.

3. CONSTITUIÇÃO

Nas palavras de Luiz Roberto Barroso,[5] as normas constitucionais têm quatro características típicas: a) superioridade hierárquica; b) natureza da linguagem; c) conteúdo específico; d) caráter político.

4 CANOTILHO, J. J. Gomes. *Direito Constitucional e Teoria da Constituição*. 2. ed. Coimbra: Livraria Almeida, 1998, p. 1.074.

5 BARROSO, Luís Roberto. *Interpretação e aplicação da Constituição*: fundamentos de uma dogmática constitucional transformadora. São Paulo: Saraiva, 1999, p. 107.

Em virtude de sua **superioridade hierárquica**, todo o ordenamento jurídico está subordinado à Constituição, de forma que nenhum ato jurídico possa existir validamente, se contrariar o sentido de suas normas. Isto tudo demonstra a supremacia da Carta, sua principal característica.

A **linguagem constitucional** tem maior abertura, isto é, maior grau de abstração e, consequentemente, menor grau de densidade jurídica, por isso algumas de suas normas têm índole principiológica. Para realizar estas normas se torna indispensável uma operação de concretização, onde o intérprete tem certo grau de discricionariedade, que Canotilho[6] denomina de **"espaço de decisão"**.

O **conteúdo** da Constituição é específico na medida em que é sede de determinadas categorias de normas que não se encontram em nenhum outro ordenamento jurídico (normas determinadoras de competência, normas garantidoras de direitos fundamentais etc.).

Afirma Barroso[7] que seu **caráter político** se apresenta devido à sua origem, através do poder constituinte que espelha um fenômeno político, de seu objeto, pois contém normas políticas que interessam ao Estado.

4. SISTEMAS ESPECÍFICOS DE INTERPRETAÇÃO CONSTITUCIONAL

A existência de direitos fundamentais no texto constitucional favorece a tese da doutrina que defende a existência de métodos peculiares para interpretar a Carta, uma vez que estes valores, dogmas e princípios necessitam de interpretação própria, com método específico, diverso do tradicional. Apenas as regras constitucionais ficariam à mercê desses métodos da hermenêutica constitucional.

Isto significa dizer que uma interpretação puramente constitucional, limita-se a "mandatos de otimização que podem e devem ser aplicados na medida do possível e com diferentes graus de efetivação".[8] É a hermenêutica de princípios.

4.1. Métodos de Interpretação Constitucional

Paulo Bonavides[9] aponta três métodos de interpretação constitucional: a) método integrativo ou científico-espiritual; b) método tópico; c) método concretista.

O método **integrativo** parte do pressuposto que a Constituição tem valores econômicos, sociais, políticos e culturais que devem ser compreendidos como um todo, de forma coletiva, pois constituem a realidade existencial do Estado.

6 CANOTILHO, J. J. Gomes. *Direito constitucional e teoria da constituição*. 2. ed. Coimbra: Livraria Almedina, 1999, p. 1.100.

7 BARROSO, Luís Roberto, *op. cit.*, p. 110.

8 COELHO, Inocêncio Mártires. *Interpretação constitucional*. Porto Alegre: Sérgio A. Fabris Editor, 1997, p. 84.

9 BONAVIDES, Paulo. *Curso de Direito Constitucional*. São Paulo, Malheiros, 1994, p. 434.

A Constituição também deve ser compreendida como um bloco, na busca de uma unidade e harmonia de sentido.

O método **tópico** caracteriza-se pela forma com que se pensa o problema a ser solucionado, na medida em que recomenda que o resultado deve ser eleito dentre aqueles mais recomendáveis para aplicação no caso concreto. A crítica a este método defende que não se pode partir do problema para a norma e sim da norma para o problema.

O método **concretista** busca indicações, pontos de vista ou orientações que devem ser adotadas de acordo com a norma e o problema a ser objeto de concretização. Tem teor empírico e casuístico, sempre atento à realidade.

4.2. Princípios de Interpretação Constitucional

A moderna doutrina atribui aos princípios um caráter normativo **autônomo** e outro **supletivo**. Tais funções, é bom lembrar, não se aplicam exclusivamente às normas constitucionais. Para afirmar a importância dos princípios, leciona Daniel Sarmento:[10]

> Em primeiro lugar, em razão da sua acentuada carga axiológica e proximidade do conceito de justiça, os princípios constitucionais assumem a função de fundamento de legitimidade da ordem jurídico-positiva, porque corporificam, nas palavras de Paulo Bonavides, os valores supremos ao redor dos quais gravitam os direitos, as garantias e as competências de uma sociedade constitucional.

E mais adiante preceitua:[11]

> Os princípios constitucionais apresentam, ainda, função supletiva, regulando imediatamente o comportamento dos seus destinatários, diante da inexistência de regras constitucionais específicas sobre determinadas matérias. Sob este ângulo, pode-se afirmar, na esteira da lição de Canotilho, que os princípios podem revelar normas que não são expressas por qualquer enunciado legislativo, possibilitando aos juristas, sobretudo aos juízes, o desenvolvimento, integração e complementação do direito.

Sabendo-se que a interpretação constitucional é uma hermenêutica de princípios, mister o estudo dos princípios constitucionais.

De acordo com a concepção de Luís Roberto Barroso[12] as normas constitucionais podem ser enquadradas em duas categorias: **normas-princípios** e **normas-disposição.**

As normas-princípios, ou simplesmente princípios, são formulados de maneira aberta, vaga, contendo espaços livres a serem complementados e, por isso, têm maior grau de abstração e posição mais destacada.

---

10 *Apud* SARMENTO, Daniel. *A ponderação de interesses na Constituição Federal*. 1. ed. 3ª Tiragem. Rio de Janeiro: Lumen Juris, 2003, p. 54.

11 *Ibidem*, p. 55.

12 BARROSO, Luís Roberto, *op. cit.*, p. 147.

As normas-disposição, ou regras, apresentam grau de abstração reduzido e eficácia restrita.

4.3. Modalidades de Princípios de Interpretação Constitucional

4.3.1. Princípio da Supremacia Constitucional

A Constituição ocupa o ápice na pirâmide de Kelsen ao tratar da hierarquia formal das normas. É superior a todos os demais atos normativos, não podendo nenhuma norma jurídica contrariá-la, formal ou materialmente. A supremacia constitucional é um pressuposto do controle de constitucionalidade, tendo em vista o seu caráter rígido. A Constituição é o fundamento de validade de todas as normas, tendo em vista a superioridade do poder constituinte em relação ao poder constituído, conforme se extrai do texto a seguir:[13]

> Coube ao padre Emmanuel Joseph Sieyès, autor do célebre opúsculo *'Qu'est-ce que le Tiers État'?*, formular pela primeira vez a distinção entre poder constituinte e poder constituído, bem como afirmar a superioridade da Constituição. Remonta a essa obra a ideia da ausência de limitação jurídica ao poder constituinte, que não sofre restrição alguma do direito positivo anterior. "Acima dele só existe o direito natural". A afirmação não encontra, modernamente, resistência de maior peso, sendo endossada pela doutrina mais autorizada. A percepção de Sieyès quanto à dualidade do poder constituinte e poder constituído, embora hoje se afigure óbvia, representou um enfoque inteiramente novo do direito constitucional. Ao constatar que uma Constituição supõe um poder constituinte, revelou-se que ela não é um "*dado*" mas uma "*criação*".

4.3.2. Princípio da Unidade da Constituição

De acordo com este princípio as normas constitucionais não podem ser interpretadas e consideradas isoladamente, abstraídas de seu sistema, mas sim integradas no conjunto, vistas de forma global, dentro de uma estrutura unitária de regras e princípios.

Nas palavras de Jorge Miranda,[14] "a Constituição deve ser apreendida, a qualquer instante, como um todo, na busca de uma unidade e harmonia de sentido".

Sylvio Motta e William Douglas,[15] discorrendo sobre o tema, advertem sobre a função do intérprete:

> É nessa hora que o intérprete é quase tão importante quanto o constituinte, pois é a ele que agora cabe a peculiar e preciosa tarefa de conciliar ideias aparentemente antagônicas (ou antagônicas mesmo!), a fim de que seja preservada a unidade que

---

13 *Apud* SARMENTO, Daniel. *A ponderação de interesses na Constituição Federal.* 1. ed. 3ª Tiragem. Rio de Janeiro: Lumen Juris, 2003, p. 55.

14 MIRANDA, Jorge. *Teoria do Estado e da Constituição*. Rio de Janeiro: Forense, 2002, p. 451.

15 MOTTA, Sylvio; DOUGLAS, William. *Controle de constitucionalidade*. Rio de Janeiro. 2. ed. Impetus, 2002, p. 23.

faz possível a convivência de ideias diferentes. O pluralismo diz exatamente isto, que é possível a convivência social pacífica entre pessoas com ideias diferentes. Esta concepção, registrada na nossa Carta, depende da atuação e da competência profissional do intérprete.

O método chamado de interpretação sistemática é bastante útil para se realizar a interpretação conforme o princípio da unidade da Constituição.

Logo, sob a nova ótica constitucional, que destacou como bem de maior valor o ser humano e sua dignidade, não há como utilizar qualquer método de interpretação das leis trabalhistas sem ter como pano de fundo a Constituição. Por esse princípio a Carta deve ser interpretada como um bloco unitário que apresenta conflitos de interesses e ideias antagônicas em suas diversas passagens, resolvidos pelo critério da ponderação de valores.

Por isso, a interpretação conforme é uma técnica utilizada para unificar o ordenamento jurídico, sem redução de texto, dando, muitas vezes, efeito histórico-evolutivo à norma legal.

4.3.3. Princípio da Concordância Prática ou da Harmonização

Havendo conflito entre bens e valores constitucionais, propõe-se uma harmonização entre estes, impedindo o sacrifício de um bem em benefício de outro. Deve-se buscar a coordenação entre os princípios e bens jurídicos em conflito.

Não sendo possível, deve-se optar pela subordinação[16] e não a exclusão de um bem sobre outro, hierarquizando e ponderando os valores constitucionais. Muitos denominam este método de princípio da ponderação.

4.3.4. Princípio da Força Normativa da Constituição

Impõe que, na interpretação constitucional, deva-se dar preferência às soluções que possibilitem a atualização de suas normas e, por isso, garantam a sua eficácia e permanência, abandonando-se a ideia de vinculá-las a normas futuras, cuja execução não vincule os intérpretes.

4.3.5. Princípio da Máxima Efetividade ou da Eficiência

O intérprete deve atribuir às normas constitucionais o sentido que lhes dê maior eficácia, isto é, o máximo de capacidade de regulamentação. "Interpretar a Constituição é realizar a Constituição".[17]

Faz com que o intérprete assuma uma postura de extrair o máximo de capacidade de regulação, de efetividade, de coerção das normas constitucionais. Pois, efetividade é um instituto sociológico e não jurídico, cujo significado é o de

[16] MIRANDA, Jorge, *op. cit.*, p. 452.

[17] MIRANDA, Jorge, *op. cit.*, p. 452.

respeitabilidade. Portanto, conclui-se que o que se busca é a obediência às normas constitucionais. A nenhuma norma pode-se dar uma interpretação que lhe retire ou diminua a razão de ser.

O princípio da eficiência foi por nós utilizado para dar eficácia aos direitos constitucionais trabalhistas estendidos aos domésticos pelo parágrafo único do art. 7º da CRFB e depois pela EC 72/13, na época que ainda não tinham sido regulamentados pela lei (antes da LC 150/15). Muitos direitos ali apontados dependiam deste método de interpretação para sua aplicação imediata, antes mesmo da posterior regulamentação. Para maiores considerações, remetemos o leitor ao item 3 do Capítulo dos Empregados Domésticos.

O mesmo raciocínio foi utilizado para dar eficácia aos direitos do rural antes da regulamentação por lei própria.

4.3.6. Princípio da Presunção de Constitucionalidade das Leis e dos Atos do Poder Público

Os poderes do Estado situam-se em um plano de igualdade, havendo uma presunção *iuris tantum* de constitucionalidade dos atos emanados de cada um. Desta forma, compete ao Poder Judiciário, caso haja uma inconstitucionalidade, declará-la, utilizando-se de seu poder jurisdicional típico, de restauração da ordem jurídica quando violada. E segundo os ensinamentos de Luís Roberto Barroso:[18]

> O princípio se traduz em duas regras de observância necessária pelo intérprete e aplicador do direito:
>
> a) não sendo evidente a inconstitucionalidade, havendo dúvida ou a possibilidade de razoavelmente se considerar a norma como válida, deve o órgão competente abster-se da declaração de inconstitucionalidade;
>
> b) havendo alguma interpretação possível que permita afirmar-se a compatibilidade da norma com a Constituição, em meio a outras que carreavam para ela um juízo de invalidade, deve o intérprete optar pela interpretação legitimadora, mantendo o preceito em vigor.

Afirma Barroso que a primeira regra é a da presunção de constitucionalidade propriamente dita e a segunda refere-se ao princípio da interpretação conforme a Constituição que estudaremos a seguir.

4.3.7. Princípio do Efeito Integrador

Deve-se dar prioridade às interpretações que levem às soluções que favoreçam a integração política e social, reforçando a unidade política integradora.

---

18 BARROSO, Luís Roberto. *Interpretação e aplicação da Constituição*. 5. ed. São Paulo: Saraiva, 2003, p. 178.

4.3.8. Princípio da Interpretação Conforme a Constituição

Recomenda que o exegeta escolha, dentre as diversas opções de interpretação de uma norma infraconstitucional, a que estiver em harmonia com a Constituição. Caso a interpretação mais razoável esteja em desarmonia com a Carta, impõe-se a declaração da inconstitucionalidade desta norma.

Canotilho[19] informa que esta formulação importa em várias dimensões: a) princípio da **prevalência da Constituição**, em que deve prevalecer a interpretação que se coaduna com o texto e o programa da norma constitucional; b) princípio da **conservação da norma**, que afirma que não deve ser declarada inconstitucional a norma que pode ser interpretada em conformidade com a Carta; c) quando a norma não comportar qualquer interpretação constitucional, porque viola a Carta, deve-se excluir **a interpretação conforme**. Isso significa que a interpretação constitucional não pode contrariar a letra e o sentido da norma, porque neste caso ela deve ser declarada inconstitucional ao invés de ser interpretada constitucionalmente.

Desta forma, o princípio da interpretação conforme só pode ser aplicado quando houver espaço para decisão, isto é, espaço para interpretação dentre as várias e possíveis formas de interpretar o texto.

Canotilho[20] conclui afirmando que caso se chegue "a um resultado interpretativo de uma norma jurídica em inequívoca contradição com a norma constitucional, impõe-se a rejeição, por inconstitucionalidade, desta norma".

Também deve ser afastada a interpretação conforme a Lei Maior quando se obtém uma nova regulação, diversa daquele resultado desejado pelo legislador, isto é, em contradição ao sentido literal ou objetivo do texto constitucional.

Este princípio pode ser visto sob duas óticas: a primeira, como um princípio **constitucional de hermenêutica** e, a segunda, como um **método de controle de constitucionalidade** em que se declara ilegítima uma determinada leitura da norma constitucional.

Na área trabalhista, a interpretação conforme também tem ampla aplicação, como veremos nos exemplos a seguir:

> **Ex. 1:** O Capítulo III da CLT dispõe acerca "Da proteção do trabalho da mulher"que, em seu art. 373-A, proíbe:
>
> **Art. 373-A.** Ressalvadas as disposições legais destinadas a corrigir as distorções que afetam o **acesso da mulher ao mercado de trabalho** e certas especificidades estabelecidas nos acordos trabalhistas, é vedado:
>
> I – publicar ou fazer publicar anúncio de emprego no qual haja referência ao sexo, à idade, à cor ou situação familiar, salvo quando a natureza da atividade a ser exercida, pública e notoriamente, assim o exigir;

---

[19] CANOTILHO, J. J. Gomes. *Direito constitucional e teoria da constituição*. 2. ed. Coimbra: Livraria Almedina, p. 1.099.

[20] *Ibidem*, p. 1.100.

II – recusar emprego, promoção ou motivar a dispensa do trabalho em razão de sexo, idade, cor, situação familiar ou estado de gravidez, salvo quando a natureza da atividade seja notória e publicamente incompatível;

III – considerar o sexo, a idade, a cor ou situação familiar como variável determinante para fins de remuneração, formação profissional e oportunidades de ascensão profissional;

IV – exigir atestado ou exame, de qualquer natureza, para comprovação de esterilidade ou gravidez, na admissão ou permanência no emprego;

V – impedir o acesso ou adotar critérios subjetivos para deferimento de inscrição ou aprovação em concursos, em empresas privadas, em razão de sexo, idade, cor, situação familiar ou estado de gravidez;

VI – proceder o empregador ou preposto a revistas íntimas nas **empregadas ou funcionárias** (grifos nossos).

Interpretação razoável e plausível dos comandos acima se inclina no sentido de se admitir que as proibições de discriminação se apliquem tanto para mulheres (como quis o legislador) como para os homens. A aplicação da interpretação conforme, com redução de texto, possibilita maior alcance da norma e a harmoniza com os arts. 5º, *caput* e inciso I, c/c 7º, XXX, da CRFB. A exegese é razoável e não contraria a literalidade do texto legal que, apesar de ter se referido apenas às mulheres, não excluiu sua aplicação aos homens, pois se o fizesse seria o caso de declaração de inconstitucionalidade.

Ex. 2: É absurdo o comando da lei que determina a eficácia liberatória plena quando há acordo, sem ressalva, nas comissões de conciliação prévia – art. 625-E, parágrafo único, da CLT. O abuso está na "presunção de quitação total do contrato", salvo quando houver ressalva, seja porque repassa ao empregado a preocupação e o ônus de fazer a ressalva, seja porque premia o agente torpe, que enriquece sem causa. Isto ocorre, por exemplo, quando o empregador paga quantia muito inferior ao devido e obtém quitação daquilo que não pagou. Além disso, dar quitação plena, sem que isto tenha sido expressamente negociado, com transparência nas tratativas, contraria o princípio de que a transação deve ser interpretada restritivamente e demonstra a má-fé do empregador ao querer quitar além daquilo que pagou.

A conduta fere a boa-fé objetiva, assim entendida como o dever de agir de acordo com o padrão socialmente aceito e recomendado, pautado na ética, na lisura, na honestidade. Não se pode admitir que um empregado, extrajudicialmente e inadvertidamente, dê quitação além dos valores efetivamente pagos.

Defendemos a restrição, para fins de conciliação nas CCPs, apenas aos direitos patrimoniais disponíveis. Quanto aos demais, não haverá eficácia liberatória da parcela e o pagamento, com ou sem ressalva, apenas quitará valores e não prestações ou parcelas. Isto porque a regra contida no art. 625-E da CLT, se não interpretada da maneira explanada, é inconstitucional, tanto no que se refere à possibilidade de transação de direitos constitucionalmente indisponíveis, quanto na pretendida eficácia liberatória geral, já que não está em harmonia com os princípios constitucionais sociais.

De fato, a extensão de tão amplo poder aos conciliadores das CCPs, tanto no que se refere à transação de direitos constitucionalmente indisponíveis quanto à pretendida eficácia liberatória geral destes mesmos direitos, que pode ser concedida facilmente por um termo de quitação emitido pelas CCPs, e não for limitado, pode gerar injustiças. O art. 625-E da CLT, como os demais que autorizam a transação extrajudicial, só pode ser considerado constitucional diante de uma interpretação conforme a Constituição, isto é, apenas quando incidir sobre direitos patrimoniais disponíveis.

Ex. 3: Antes da LC 150/15, o art. 7º, *a*, da CLT deveria ser interpretado à luz do art. 7º, parágrafo único, da CRFB.

Explica-se:

Mesmo os enunciados genéricos contidos na norma constitucional têm eficácia e, como a Constituição está no ápice da hierarquia formal das demais normas, ela irradia seus efeitos e amplia seu alcance às demais normas infraconstitucionais. Alguns destes comandos constitucionais têm todas as características para produzir seus efeitos tendo, por isso, eficácia plena, imediata. Outros dependem de regulamentação para sua efetivação plena, sua concretização. O art. 5º, § 1º, da CRFB determina que "as normas definidoras dos direitos e garantias fundamentais têm aplicação imediata". Os direitos contidos no parágrafo único do art. 7º da CRFB são direitos fundamentais.

Portanto, é dever do intérprete afastar todas as dificuldades para dar efetividade (princípio da máxima efetividade da Constituição) aos direitos constitucionalmente reconhecidos aos domésticos (antes da sua regulamentação por lei, que só ocorreu tempos depois da CR), já conhecidos pelos outros trabalhadores, mas, pela primeira vez, destinados também aos domésticos, salvo sobre aqueles que a própria Constituição condicionou seu exercício à prévia regulamentação (EC 72/13).

O art. 7º, parágrafo único, da CRFB, em sua redação originária (1988), garantiu, por exemplo, o aviso prévio, o RSR e o salário mínimo ao doméstico, direitos antes não concedidos a esta classe de trabalhadores.

Todavia, o conceito de aviso prévio, as hipóteses de cabimento, a faculdade de convertê-lo ou não em pecúnia e de quanto, sua integração ou não ao tempo de serviço, a época do pagamento das parcelas decorrentes da rescisão, inclusive do aviso, são regras que estão disciplinadas nos arts. 487 e seguintes da CLT, às quais, em princípio, o doméstico não teria direito por força do disposto no art. 7º, *a*, da CLT (antes da LC 150/15).

Da mesma forma, o conceito de repouso semanal remunerado, cujos requisitos para aquisição, a forma de pagamento, as consequências do trabalho em dia de folga não compensado etc., estão previstos na Lei nº 605/49. Entrementes, o Decreto nº 27.048/49, em seu art. 3º, *a*, excluía expressamente o doméstico (alínea já revogada pela Lei nº 11.324/06). Só a partir da Lei nº 11.324/06 é que a Lei nº 605/49 passou a ser aplicada ao doméstico em sua integralidade, salvo raras adaptações.

Apesar de concedido o salário mínimo ao doméstico, com todas as utilidades a que ele se destina (como expressamente enumera o art. 7º, IV, da CRFB), o conceito de salário mínimo, sua proteção contra descontos, a época do pagamento, o conceito de utilidade, os percentuais de desconto, o valor mínimo pago em dinheiro, a periodicidade do pagamento etc., são regras estampadas na CLT, que, à primeira vista, seriam inaplicáveis ao doméstico, por força do art. 7º, *a*, da CLT (antes da LC 150/15).

Entretanto, para cumprir a ordem emanada do art. 5º, § 1º, da Carta, que determina a aplicação imediata dos direitos fundamentais daquele capítulo, bem como dos princípios da força normativa e da máxima eficácia, o hermeneuta, ao analisar as normas infraconstitucionais que excluíam o trabalhador doméstico de sua aplicação total, e que regulam os novos direitos concedidos ao doméstico, deve empregar-lhes uma interpretação em conformidade com a Constituição, para dar efetivação àqueles direitos ainda não regulamentados. Para tanto, o exegeta deve utilizar temporariamente as regras contidas na CLT (ou na lei ordinária que regula o direito), desde que compatíveis, para dar instrumentalidade àqueles direitos (método utilizado antes da LC 150/15). Assim, a CLT, a Lei nº 605/49 (RSR) e a Lei nº 4.090/62 (13º) serão utilizadas mesmo antes da LC 150/15, apenas na parte compatível que possa dar efetividade ao direito criado constitucionalmente para o doméstico.

Esta técnica de interpretação deve ser cuidadosa e encontrar limites nos postulados da razoabilidade, pois os efeitos conexos, numa interpretação muito extensiva, podem importar em abuso, e desviar a finalidade constitucional.

Conclusão: a única interpretação possível para se dar efetividade a um comando constitucional que determina a aplicação imediata de direitos fundamentais é a utilização temporária, até que a lei especial regule de forma diversa, de determinados artigos em lei geral, no caso, a CLT, que devem ser utilizadas para dar exequibilidade aos direitos constitucionais criados para o empregado doméstico mesmo antes da EC 72/13 e da LC 150/15.

> **Ex. 4:** O art. 358 da CLT garante idêntico salário para o brasileiro que exerça função análoga[21] à que é exercida por estrangeiro.

De forma resumida, percebe-se que a CLT, quando comparou dois empregados brasileiros para fins de isonomia salarial, estabeleceu as regras contidas no art. 461, cujos critérios são mais rígidos, para evitar o disparate salarial, enquanto que, quando o cotejo for entre um brasileiro e um estrangeiro em situações idênticas, e este perceber salário superior ao de um brasileiro, os requisitos para a igualdade salarial são mais brandos, na forma do art. 358 da CLT.

---

21 Análoga não quer dizer "igual", mas sim "parecida".

Várias podem ser as interpretações:

> Mauricio Godinho,[22] Barreto Prado[23] e Alice Monteiro de Barros[24] consideram que este dispositivo não foi recepcionado pela Carta Magna, já que viola o princípio da isonomia, pois mesmo entre estrangeiros e brasileiros deve ser aplicado o art. 461 da CLT (equiparação salarial).

Süssekind[25] e Carrion[26] advogam que o art. 358 da CLT foi recepcionado pela Lei Maior, pois se trata de norma de proteção da soberania do Estado, que garante proteção aos nacionais. Sergio Pinto Martins,[27] aparentemente no mesmo sentido, esclarece que desde a Constituição Federal de 1967 a nacionalidade foi excluída do aspecto discriminatório. Süssekind[28] também defende a vigência do art. 358 da CLT, sob o argumento de que os incisos XXX e XXXI do art. 7º da Carta de 88, proibiram a diferença de salário por motivo de sexo, idade, cor, estado civil ou deficiência física. Ressalta que não há indicação de nacionalidade nos referidos dispositivos legais.

Entretanto, outra pode ser a interpretação. Analisando o art. 358 da CLT com o olhar constitucional (interpretação conforme), fácil é concluir que o artigo só será constitucional se o estrangeiro, em idêntica situação, tiver o mesmo direito quando receber salário inferior ao do brasileiro.

Portanto, são três as correntes:

a) a que prefere fazer uma interpretação conforme;
b) os que afirmam que a regra foi recepcionada pela Carta, porque protege o mercado interno de trabalho, evitando a ocupação por estrangeiros mais bem remunerados. Baseiam-se no princípio da soberania. Sob esta ótica, não haveria discriminação, logo, o dispositivo foi recepcionado pela Carta de 1988. Estamos com esta opinião;
c) os que acreditam na não recepção da regra pela Carta, porque a violenta frontalmente, pois discrimina o estrangeiro.

4.3.9. *Princípio da Proporcionalidade*

O princípio da proporcionalidade tem três aspectos: a) adequação; b) necessidade; c) proporcionalidade.

---

22 DELGADO, Mauricio Godinho. *Curso de Direito do Trabalho.* São Paulo: LTr, 2004, p. 785.

23 *Apud* CARRION. *Comentários à Consolidação das Leis do Trabalho.* 29. ed., São Paulo: Saraiva, 2004, p. 242.

24 BARROS, Alice Monteiro de. *Curso de Direito do Trabalho.* São Paulo: LTr, 2005, p. 793.

25 Cf. CARRION, Valentin. *Comentários à Consolidação das Leis do Trabalho.* 29. ed. São Paulo: Saraiva, 2004, p. 242.

26 *Idem.*

27 MARTINS, Sergio Pinto. *Direito do Trabalho.* 14. ed., São Paulo: Atlas, 2001, pp. 265-266.

28 SÜSSEKIND, Arnaldo; MARANHÃO, Délio; VIANNA, Segadas; TEIXEIRA, Lima. *Instituições de Direito do Trabalho.* 18. ed., São Paulo: LTr, 1999, v. 1, p. 443.

Por **adequação** entende-se a escolha do meio ideal para a consecução dos objetivos pretendidos. **Necessidade** significa que os meios escolhidos não devem ultrapassar os limites mínimos para a conservação dos fins almejados. A **proporcionalidade** deve espelhar a vantagem em se ter escolhido aquele meio para o caso concreto.

Em suma, a adequação meio-fim traduz-se no binômio: necessidade da prática do ato legislativo e busca de seu custo-benefício.

4.4. Modernas Técnicas de Interpretação Constitucional

4.4.1. Controle de Constitucionalidade através da Interpretação Conforme a Constituição

Não é a Constituição que deve ser interpretada em conformidade com a lei, mas sim a lei que deve ser interpretada em conformidade com a Constituição.

Em face de sua superioridade e relevância, a Constituição deve dirigir o hermeneuta na interpretação das leis.[29]

A interpretação conforme a Carta é feita dentre as possíveis interpretações que emergem da norma, devendo o órgão jurisdicional declarar qual destas interpretações se mostra compatível com a Lei Maior.

Na verdade, o Tribunal declara a compatibilidade de uma lei com o Diploma Maior, indicando as possibilidades de interpretação consideradas constitucionais e inconstitucionais.

Para tanto, a norma tem que comportar interpretações diversas. Quando o sentido da norma é unívoco e contrário à Constituição, não é possível fazer a interpretação conforme.

Luís Roberto Barroso[30] ensina:

> A interpretação conforme a Constituição compreende sutilezas que se escondem por trás da designação truística do princípio. Cuida-se, por certo, da escolha de uma linha de interpretação de uma norma legal, em meio a outras que o Texto comportaria. Mas, se fosse somente isso, ela não se distinguiria da mera presunção de constitucionalidade dos atos legislativos, que também impõe o aproveitamento da norma sempre que possível. O conceito sugere mais: a necessidade de buscar uma interpretação que não seja a que decorre da leitura mais óbvia do dispositivo. É ainda, da sua natureza excluir a interpretação ou as interpretações que contravenham a Constituição.

Apesar de a doutrina apontar diversos tipos de interpretação constitucional, o Supremo Tribunal Federal tem equiparado, em seus julgados, a interpretação conforme à declaração de nulidade parcial sem redução de texto.

---

[29] Jorge Miranda ressalva as normas de direito internacional convencional, seja porque têm cânones hermenêuticos próprios, seja para não abalar as relações internacionais entre os diferentes Estados. MIRANDA, Jorge. *Teoria do Estado e da Constituição*. Coimbra: Coimbra, 2002, p. 658.

[30] BARROSO, Luís Roberto. *Interpretação e aplicação da Constituição*. 5. ed. São Paulo: Saraiva, 2003, p. 189.

Em virtude disto, alguns autores defendem que a interpretação conforme é gênero que comporta espécies, enquanto outros distinguem os métodos de interpretação constitucional como tipos diferentes e autônomos.

Assim, Alexandre de Moraes[31] subdivide a interpretação conforme em três espécies. Leciona que poderão ser utilizadas três hipóteses para que seja obtida uma interpretação conforme a Constituição:

Interpretação conforme com redução de texto – essa primeira hipótese ocorrerá quando for possível, em virtude da redação do texto impugnado, declarar a inconstitucionalidade de determinada expressão, possibilitando, a partir dessa exclusão de parte do texto, uma interpretação compatível com a Constituição Federal.

Interpretação conforme sem redução de texto, conferindo à norma impugnada uma determinada interpretação que lhe preserve a constitucionalidade – Ocorre quando não for possível suprimir qualquer expressão do texto para alcançar seu objetivo em face da sua redação. Neste caso, impõe-se a utilização da técnica de concessão de liminar para suspensão da eficácia parcial do texto impugnado, sem a redução de sua expressão literal, isto é, a liminar determina a forma que o exegeta deve interpretar o texto impugnado. Esta técnica se inspira na razão de ser da declaração de inconstitucionalidade sem redução do texto, por permitir interpretação conforme a Constituição (ADIn nº 1.344-1/ES). Aqui, o STF define a interpretação que deve ser dada à norma, não admitindo, assim, outra forma de analisar o dispositivo impugnado.

Interpretação conforme sem redução de texto, excluindo da norma impugnada uma interpretação que lhe acarretaria a inconstitucionalidade – Nestes casos, o Supremo Tribunal Federal excluirá da norma impugnada determinada interpretação incompatível com a Constituição Federal, ou seja, será reduzido o alcance valorativo da norma impugnada, adequando-a à Carta Magna.[32] Assim, o STF determina apenas que a norma não pode ter uma determinada interpretação, permitindo todas as outras aplicáveis ao dispositivo.

4.4.2. Declaração de Inconstitucionalidade com Apelo ao Legislador

Esta técnica busca não declarar a inconstitucionalidade da norma sem antes fazer um apelo ao legislador para obter dele uma regra compatível com a Carta Maior.

No Brasil só tem relevância no caso da ação de inconstitucionalidade por omissão, pois as outras formas de inconstitucionalidade com apelo ao legislador não têm aplicabilidade prática, uma vez que, reconhecida a inconstitucionalidade de uma norma, caberá ao Tribunal pronunciá-la, podendo até indicar o caminho para posterior regulamentação constitucional.

31 MORAES, Alexandre de. *Direito Constitucional*. 9. ed. São Paulo: Atlas, 2002, p. 44-45.

32 *Apud* MOTTA, Sylvio; DOUGLAS, William. *Controle de constitucionalidade*. 2. ed. Rio de Janeiro: Impetus, 2002, p. 23.

5. HERMENÊUTICA TRADICIONAL

A hermenêutica é a ciência que tem por objeto o estudo das diversas formas, técnicas e métodos necessários para que a interpretação da norma se realize no plano concreto.

A palavra hermenêutica significa tornar compreensível, interpretar e tem sua origem no deus da mitologia grega Hermes,[33] filho de Zeus e de Maia. Hermes era o guardião dos caminhos e encruzilhadas e tinha sua imagem colocada nos locais de orientação, uma divindade complexa, com múltiplos atributos e funções. Regia as estradas e andava com incrível velocidade, emprestada por suas sandálias de ouro, dotadas de asas, e, só não se perdia na noite porque dominava o mundo da luz e o das trevas, podendo também circular nos três níveis (o terreno, o telúrico e o das trevas). Conhecido por seu prazer de misturar-se aos homens, é o deus condutor de almas para outra vida. Sua grande tarefa era ser o intérprete da vontade dos deuses, pois detentor dos atributos da astúcia e da inventividade, com domínio sobre a obscuridade e interesse pela atividade dos homens que têm seu mundo em permanente construção e aprimoramento. Companheiro do homem, Hermes é o patrono e transmissor de toda ciência secreta, aquele que tudo sabe e, por isso, tudo pode. Possuidor do poder divinatório respondia às consultas de seus devotos. A iconografia de Hermes apresenta-o com as sandálias aladas segurando um bastão em torno do qual se enrolam duas serpentes em sentidos inversos, e em algumas ocasiões, usando um chapéu com formato especial. Lembramos, que de acordo com a interpretação de Jung, trocar de chapéu é símbolo de trocar de ideias, e poder ter uma nova visão do mundo.

"Aristóteles denominou de interpretação o livro no qual estudava-se a relação dos sinais linguísticos com os pensamentos e a relação destes com as coisas."[34]

Neste contexto tradicional, diversas escolas e métodos disputaram a preferência da época, sendo que os interesses se convergiam em uma única finalidade, qual seja: desvendar o real sentindo da norma.

Segundo Ihering:[35]

> O Direito romano, a princípio, não se valia senão dos elementos literais, restringindo-se a interpretação à procura do que se achava fixado na palavra. Este apego à forma é natural em todos os povos que atravessam fase menos desenvolvida de sua evolução, não apenas no tocante ao direito, mas a todas as manifestações de inteligência. Somente quando o romano atingiu mais adiantado grau de cultura, ao alcançar o estágio de plenitude de seu florescimento, e conseguiu expressar-se na criação de conceitos abstratos, pôde formular regras de hermenêutica sob a dominação do elemento lógico, e assentou, então, que a interpretação é algo mais do que conhecimento literal da linguagem da lei, por envolver também a perquirição da sua força e da sua vontade.

---

33 BRANDÃO, Junito de Souza. *Mitologia grega*. Rio de Janeiro: Vozes, 1987, v. 2, p. 191-207.

34 *Apud* PEIXINHO, Manoel Messias. *A interpretação da Constituição e os princípios fundamentais. Elementos para uma interpretação constitucional renovada*. Rio de Janeiro: Lumen Juris, 1999, p. 2.

35 *Apud* PEREIRA, Caio Mário da Silva. *Instituições de Direito Civil*. Rio de janeiro: Forense, 2004, p. 196.

6. MÉTODOS[36] DE INTERPRETAÇÃO E ESCOLAS DE INTERPRETAÇÃO

Os métodos de interpretação consistem nos processos adotados pelo intérprete para determinar o alcance e o sentido da norma.

6.1. Interpretação Tradicional, Gramatical ou Literal (Quanto aos Elementos ou à Natureza)

Parte da premissa que o intérprete deve buscar o significado das palavras, já que o legislador não as teria escolhido em vão. As palavras proclamam a expressão da vontade do legislador. Nesta teoria, também chamada de **escola exegética**, predomina a vontade do legislador. Surgiu na França no século XIX e pugna pelo positivismo, isto é, o excessivo rigor à lei. Pesquisa-se a intenção do legislador pelo significado das palavras que fez incluir na norma e conclui-se o que ele quis para um determinado caso. O exegeta apenas aplica a lei em consonância com a interpretação literal das palavras do legislador. Alguns vislumbram na interpretação literal a visão atextual, isto é, o significado da palavra fora do seu contexto, do seu sistema, contrariando toda a conexão entre as diversas ligações da norma. Por isso, a interpretação literal é considerada como a mais pobre.

A **interpretação literal** também é muito criticada, porque se as palavras, em seu sentido gramatical, traduzissem toda a intenção do legislador, não seria necessário interpretar. Ademais, engessaria uma nova interpretação quando da evolução dos fatos, como visto abaixo.

Tal qual uma obra de arte, o texto deve ser analisado sob diversos enfoques e com todas as suas conexões e consequências, levando em consideração a influência da época em que foi confeccionada, a época atual, o sistema como um todo, a finalidade etc.

A interpretação literal muitas vezes demonstra-se vazia, errônea, restrita, fugindo daquilo que poderia ser considerado como razoável àquela interpretação.

> **Ex. 1:** De acordo com o § 5º do art. 73 da CLT: "Às prorrogações **do** trabalho noturno aplica-se o disposto neste Capítulo" (grifos nossos). Ao interpretar este dispositivo legal muitos se inclinaram no sentido de que o texto queria dizer que o trabalho extra (prorrogação) que recaísse em **horário noturno** deveria ser remunerado na forma do **art. 73 da CLT**, isto é, que os adicionais noturno e extra deveriam ser cumulados e a hora noturna extra reduzida. Outros, alinhando-se à interpretação literal, distinguiram o significado da preposição **no** (em + o = lugar em que se está, logo, significa dentro do horário noturno), da preposição **do** (de + o = **prorrogação do horário noturno**) para concluir que quem trabalha todo o horário noturno (22h às 5h) e prorroga até o diurno, este trabalho

---

36 Alguns autores denominam de classificação da interpretação, outros preferem escolas de interpretação.

executado após as 5h da manhã será considerado também como noturno. Neste sentido a Súmula nº 60, II, do TST. Neste exemplo a jurisprudência curvou-se à interpretação literal.

Ex. 2: A questão se resume ao seguinte questionamento: a expressão **acordo ou convenção coletiva** é igual à expressão **convenção ou acordo coletivo**, ou seus significados são distintos? A resposta modifica o entendimento acerca da interpretação do inciso XIII do art. 7º da CRFB, senão vejamos.

Assim dispõem alguns incisos do art. 7º da CRFB:

> **Art. 7º** (...)
>
> (...)
>
> VI – irredutibilidade do salário, salvo o disposto em **convenção ou acordo coletivo**;
>
> (...)
>
> XIII – duração do trabalho normal não superior a oito horas diárias e quarenta e quatro semanais, facultada a compensação de horários e a redução da jornada, mediante **acordo ou convenção coletiva** de trabalho;
>
> XIV – jornada de seis horas para o trabalho realizado em turnos ininterruptos de revezamento, salvo **negociação coletiva**;
>
> (...)

As diferentes posições da palavra **acordo** no texto acima transcrito geraram controvérsia na doutrina acerca da formalidade necessária para a **compensação de jornada**, isto é, se o **acordo** a que se refere o inciso XIII é o **individual** ou o **coletivo**. Uns argumentam que a intenção do legislador foi a de limitar qualquer flexibilização através dos sindicatos, tanto que no inciso XIV se referiu à negociação coletiva, para não ser repetitivo nos três casos de flexibilização previstos constitucionalmente. Acrescentam que a ordem da expressão **acordo** (que no inciso VI aparece junto com o termo **coletivo** e no inciso XIII figura longe da palavra **coletivo**) não altera o sentido da necessidade da norma coletiva para autorizar a compensação de jornada. Ademais, o adjetivo **coletivo** pode ser flexionado ou não quando ele qualifica duas ou mais coisas ao mesmo tempo. Logo, poderia ter ido para o plural (coletivo**s**) ou ter permanecido no singular (coletivo), pois ambas as formas estão gramaticalmente corretas. Adotamos esta corrente. Outros preferiram entender que a mudança na ordem da palavra **acordo** foi proposital, pois no inciso VI ele tem que ser coletivo enquanto no inciso XIII ele pode ser coletivo ou individual. Este foi o entendimento que prevaleceu na jurisprudência – Súmula nº 85, I, do TST. Neste exemplo há dois sentidos literais, sendo que o primeiro entendimento é aprimorado pela interpretação sistemática e histórica.

Ex. 3: A redação do § 6º do art. 477 da CLT, dispõe que "**o pagamento dos valores constantes do instrumento de rescisão ou recibo de quitação** deverão ser efetuados até dez dias" (grifos nossos). Uma interpretação literal conduz à conclusão de que apenas quando o empregador emitir um instrumento (termo, papel, recibo, documento) em que constem os valores das parcelas é que ele terá um prazo para pagar, pois a lei determina um prazo para o pagamento dos **valores constantes do termo**. Assim, indagava-se: não havendo valores ou documento que os confesse, não haveria prazo? Melhor teria sido o legislador dizer: "os valores devidos pelo empregador ao empregado em virtude da extinção do contrato de trabalho deverão ser pagos no seguinte prazo". Com essa redação, não haveria dúvida de que a norma se aplica a qualquer tipo de extinção de contrato, formalizada ou não, confessados os valores em um documento ou não.

Observe-se que muitas vezes o preciosismo do intérprete preso à letra da lei demonstra um positivismo exacerbado, como um prisioneiro limitado às idas e vindas em seu minúsculo cárcere. Este ato o distancia da realidade e da própria justiça. O excesso de tecnicismo, atribuindo significado a cada um dos vocábulos, a cada uma das expressões do texto, sem a visão sistemática e sem o sentimento de justiça, é a pior forma de interpretação, e só deve ser utilizada quando a norma for tão clara que não induza a qualquer outra forma de interpretação.

Ex. 4: O art. 195, § 2º, da CLT, dispõe: "Arguida em juízo **insalubridade** ou periculosidade, seja por empregado, seja por Sindicato, em favor de grupo de associados, o juiz **designará perito habilitado** na forma deste artigo, e, onde não houver, requisitará **perícia** ao órgão competente do Ministério do Trabalho" (grifos nossos).

Se fizermos uma interpretação **literal** deste dispositivo, chegaremos à conclusão de que a perícia é prova obrigatória[37] por lei e, portanto, obrigatória a todos os pedidos de insalubridade e periculosidade, mesmo que o empregado não a deseje ou não tenha condições de arcá-la. Aliás, até hoje alguns juízes julgam extinto sem julgamento de mérito todo o processo por ausência desta prova.

Porém, em um outro contexto, se fizermos uma interpretação **histórica** do momento em que esta lei foi produzida, antes de compilada a CLT, a imposição pelo legislador da realização da **prova pericial** seria explicada, pois naquela época a Justiça do Trabalho pertencia ao Poder Executivo, um mero prolongamento do Ministério do Trabalho, que tinha um corpo de peritos médicos e engenheiros do trabalho que poderiam fazer a vistoria local e a perícia sem o encargo financeiro do empregado. Logo, a intenção do legislador não foi a de impossibilitar ou obrigar a uma prova e sim de utilizar os mecanismos existentes à disposição naquela época para facilitar a verificação do direito.

Todavia, desde 1946, a Justiça do Trabalho pertence ao Poder Judiciário e não tem mais qualquer relação com o Ministério do Trabalho, não podendo, por isso, dispor dos médicos e engenheiros do trabalho que fazem a fiscalização nas

---

37 Aparentemente a OJ nº 278 da SDI-I é nesse sentido.

empresas. A prova pericial fica a cargo de perito escolhido pelo juiz, de forma onerosa, sendo suportada pelo trabalhador.[38]

Por outro lado, a Justiça do Trabalho, atualmente, transformou-se na "Justiça dos Sem Trabalho", pois hoje só buscam o socorro da Justiça os desempregados. O empregado que recorrer ao Judiciário com seu contrato vigente provavelmente será demitido.

Logo, o apego à interpretação **histórica** também leva à injustiça, porque não permite a evolução da lei nem a produção graciosa da prova.

Por outro lado, uma análise feita sob o critério **histórico-evolutivo** possibilita ao intérprete dar novo sentido à norma, permitindo que a primitiva pretensão do legislador seja mantida, mas de forma diferente. Com isso, o exegeta pode entender que a prova pericial é facultativa e qualquer outro meio de prova deve ser aceito. Ademais, em se tratando de uma Justiça de desempregados, fácil é concluir que não se pode mais dar a mesma interpretação àquela imposição legal, pois o reclamante, desempregado, não pode e não tem como pagar uma prova pericial, normalmente cara "(média de três salários mínimos).[39]"

O desapego à literalidade e à interpretação histórica, neste caso, torna-se imperioso, no intuito de evitar que injustiças sejam cometidas, fazendo-se uma **interpretação histórico-evolutiva.**

> **Ex. 5:** O art. 477, § 2º, da CLT, dispõe que: "O instrumento de rescisão ou recibo de quitação, qualquer que seja a causa ou forma de dissolução do contrato, deve ter especificada a natureza de cada parcela paga ao empregado e discriminado o seu valor, sendo válida a quitação, apenas, relativamente às **mesmas parcelas**" (grifos nossos). Imaginemos que fosse pago, quando da rescisão contratual, devidamente formalizada e homologada, o valor de R$ 1,00, a título da **parcela aviso prévio**, cujo débito é, na verdade, de R$ 2.000,00. O efeito desta quitação é de eficácia liberatória da **parcela**, como pretende a literalidade do texto? Isto é, por ter pago R$ 1,00 está livre da dívida de R$ 2.000,00?

Esta interpretação violaria o princípio de que ninguém pode se valer de sua própria torpeza e do não enriquecimento sem causa. Melhor interpretação seria a de que o pagamento de R$ 1,00 quita o exato **valor** pago e não a **parcela**, isto é, a eficácia liberatória é do valor pago e não da parcela (aviso prévio). Em sentido contrário, a absurda redação atual da Súmula nº 330. O TST ratifica a eficácia liberatória à parcela, salvo quando oposta ressalva no termo de rescisão. Apesar

---

38 Convém ressaltar que o art. 1º, I, da Resolução nº 66/10 do CSJT autoriza os Tribunais Regionais a destinar recursos orçamentários para pagamento dos honorários periciais, o que suavizou o ônus do trabalhador.

39 O art. 10 da Resolução nº 66/10 do CSJT inverteu o ônus da prova, obrigando o patrão a exibir os laudos a que está obrigado a ter por força das NRs. Maiores esclarecimentos no item "Enquadramento das atividades insalubres e perigosas".

disto, a jurisprudência, em sua maioria, não tem acolhido a tese de eficácia liberatória à **parcela** e sim aos **valores** pagos.

No exemplo visto a interpretação literal conduz ao injusto enriquecimento sem causa e à renunciabilidade de direitos indisponíveis. Melhor seria uma interpretação sistemática ou científica, em que se analisa o contexto do Direito do Trabalho, da ciência, da natureza de suas normas, para se concluir que não foi esta a intenção da lei.

As interpretações sugeridas nos exemplos anteriores são objeto de grande polêmica na doutrina e na jurisprudência. A crítica que se faz quando o intérprete se afasta do sentido literal da regra é que ele acaba se substituindo ao legislador, dando à norma sentido novo e diverso do pretendido.

Em virtude disto, existe corrente[40] que defende que:

> A hermenêutica deve consistir na explicação da lei escrita, subordinando toda a técnica interpretativa à regra de que não pode haver direito fora da lei. Interpretar é indagar a vontade do legislador, a intenção do legislador, a *mens legislatoris*, não podendo o jurista desprender-se do texto. A lei é fonte exclusiva do direito e na sua palavra está expressa a soberania legislativa. Ao entendimento da norma não devem contribuir quaisquer fatores extrínsecos, nem há cogitar das necessidades econômicas ou sociais, como não podem penetrar ideias renovadoras, nem a inspiração da equidade, nem o conceito abstrato de boa-fé. A hermenêutica, como processo lógico, cinge seu trabalho às construções silogísticas, para as quais os elementos básicos situam-se na própria lei, de que a interpretação é apenas uma conclusão necessária, como a demonstração de um teorema de matemática.

Entretanto, o art. 5º da Lei de Introdução às normas do Direito Brasileiro dispõe que: "Na aplicação da lei, o juiz atenderá aos fins sociais a que ela se dirige e às exigências do bem comum", referindo-se à interpretação **teleológica**.

A Carta Magna, Título I, dispõe sobre os direitos fundamentais como fins precípuos do Estado brasileiro. É o que se extrai do seu art. 3º e incisos, *in verbis*:

> **Art. 3º** – Constituem objetivos fundamentais da República Federativa do Brasil:
>
> I – construir uma sociedade livre, justa e solidária;
>
> II – garantir o desenvolvimento nacional;
>
> III – erradicar a pobreza e a marginalização e reduzir as desigualdades sociais e regionais;
>
> IV – promover o bem de todos, sem preconceitos de origem, raça, sexo, cor, idade e quaisquer outras formas de discriminação.

Assim, continuamos a defender que a interpretação literal pode ser, quando injusta e antissocial, a mais pobre e, por isso, deve ser substituída por outro tipo de interpretação.

---

40 PEREIRA, Caio Mário da Silva. *Instituições de Direito Civil*. 20. ed. Rio de Janeiro: Forense, 2002, v. 1, p. 197.

6.2. Interpretação Histórico-Evolutiva (Quanto aos Elementos ou à Natureza)

Como reação ao positivismo exagerado da escola exegética (e outras que vigoravam à época) surge o sistema de interpretação histórico-evolutiva que buscava (e busca) a *mens legislatoris* (vontade ou intenção do legislador na época da confecção da lei) para aplicá-la, de forma adaptada, ao presente contexto social. Leva em conta que a norma tem que se **adaptar às realidades** sociais e, por ter vida própria, é possível o intérprete dar-lhe sentido novo, de acordo com as circunstâncias do momento, mas respeitando o objetivo do legislador. A intenção da lei é estática, mas a realidade social é dinâmica, por isso precisa se adaptar aos novos momentos e circunstâncias.

> **Ex. 1:** O **art. 884, § 1º, da CLT**, menciona: "A matéria de defesa será restrita às alegações de cumprimento da decisão ou do acordo, quitação ou **prescrição da dívida**" (grifos nossos). A respeito do tema **prescrição** mencionado no texto acima, alguns autores[41-42] defendem a possibilidade da prescrição intercorrente no processo do trabalho. Porém, a regra foi inspirada no Código de Processo Civil vigente à época, uma vez que as decisões administrativas daquela "Justiça do Trabalho" eram executadas na Justiça Comum (ora a estadual ora a federal), conforme Decreto-Lei nº 39/37 c/c Decreto-Lei nº 1.237/39. Logo, a norma foi editada quando a Justiça do Trabalho ainda era uma justiça administrativa, um mero prolongamento do Ministério do Trabalho, parte do Executivo. Por não ter o poder de coerção de execução, o credor deveria, com base no título emitido por aquela "Justiça do Trabalho" de ordem administrativa, cobrar judicialmente, na Justiça competente, a dívida. Portanto, era esta a prescrição que se referia à regra. Desde 1946, quando a Justiça do Trabalho passou a fazer parte do Poder Judiciário, a execução de suas decisões passou a ser feita pelo próprio órgão, como mero prolongamento do processo de conhecimento, não existindo mais a prescrição referida no art. 884, § 1º, da CLT. Por este motivo, a Súmula nº 114 do TST consagrou o não cabimento da prescrição intercorrente na Justiça do Trabalho.

Portanto, numa interpretação histórico-evolutiva, deve ser desprezada a parte do texto contido no § 1º do art. 884 da CLT, no que diz respeito à prescrição da dívida, salvo quando se referir a títulos executivos extrajudiciais, como abaixo explicado.

A partir da inclusão dos arts. 625-A e seguintes da CLT e da alteração do art. 876 da CLT, é possível a aplicação da prescrição prevista no art. 884, § 1º, da CLT, não como prescrição intercorrente, como pretendeu Manoel Antônio Teixeira

---

41 TEIXEIRA FILHO, Manoel Antônio. *Execução no processo do trabalho*. São Paulo: LTr, 1989, p. 217.

42 RIPERT, Georges. *O regime democrático e o Direito Civil moderno*. Trad. bras. São Paulo: Saraiva, 1987, p. 128.

Filho, mas como prescrição da **dívida**, como se refere a lei, isto é, a extinção da exigibilidade da dívida, constituída pelo título emitido pelas Comissões de Conciliação Prévia ou pelos termos de ajustamento de conduta.

Explica-se:

O termo de acordo, emitido pelas Comissões de Conciliação Prévia, tem natureza jurídica de título executivo extrajudicial – art. 625-E, parágrafo único, da CLT, devendo ser executado diretamente na Justiça do Trabalho, quando descumprido e requerido pela parte interessada – art. 876 da CLT, dispensando o processo de conhecimento. Assim, o prazo para exigir o cumprimento deste acordo ou do termo de ajustamento de conduta será de dois anos, contados do descumprimento. É esta a prescrição que o devedor poderá arguir em sede de embargos à execução.

As interpretações acima refletem o método histórico-evolutivo.

Este método de interpretação também tem como crítica a preocupação de o intérprete vir a ocupar o lugar do legislador, sob o argumento que lhe está emprestando um sentido novo em face das exigências do momento.

Em nosso sentir, com a nova ordem constitucional esta interpretação ganha grande importância, principalmente com a ideia da interpretação conforme a Constituição, levando em consideração princípios de hermenêutica constitucional, tais como: o princípio da supremacia constitucional, da imperatividade da norma constitucional, da conformidade funcional ou da justeza, da concordância prática ou da harmonização e da unidade da Constituição.

O Supremo Tribunal Federal já tem se posicionado no sentido de interpretar a norma adequando-a à nova ordem constitucional.

Esta nova postura constitucional deve ser aplaudida com louvor, e utilizada sempre que estivermos diante de uma nova realidade, para que injustiças absurdas não sejam cometidas.

Na lição de Ripert[43] lembramos seu maior mandamento: **"toda vez que a lei ignora a realidade, esta se vinga e ignora a lei"** (grifos nossos).

> **Ex. 2:** A CLT destinou jornada reduzida às telefonistas (operadores) que trabalhassem para empresa de telefonia (6 horas – art. 227 da CLT) e, em outra passagem, garantiu intervalo especial, computado na jornada, para os datilógrafos ou mecanógrafos (intervalo de 10 minutos a cada 90 min. de trabalho – art. 72 da CLT). A clara intenção do legislador foi a de proteger os trabalhadores ora da penosidade do trabalho, ora para evitar esforço repetitivo, grande causador de doenças profissionais. Com a nova tecnologia muitas empresas passaram a ter centrais telefônicas e

[43] *Apud* BARROSO, Luís Roberto. Interpretação e Aplicação da Constituição, 5. ed. São Paulo: Saraiva, 2003, p. 133.

telefonistas próprias. Por outro lado, os computadores substituíram a velha máquina de escrever e a datilógrafa passou a digitadora. Em ambos os casos houve mudança do fato social, do ambiente e das ferramentas de trabalho. Daí exsurgem duas interpretações, pelo menos: 1º) a interpretação histórico-evolutiva, que admite a jornada reduzida para outras telefonistas que passem pela mesma penosidade durante o trabalho, mesmo que seu empregador não explore a atividade de telefonia, como exige a lei (Súmula nº 178 do TST) e o intervalo especial para os digitadores (Súmula nº 346 do TST); 2º) a interpretação literal nega a aplicação dos artigos às novas situações, pois escapam do comando legal.

6.3. Interpretação Histórica (Quanto aos Elementos ou à Natureza)

Para se alcançar a *mens legis* muitas vezes o intérprete tem que recorrer ao momento, aos elementos e às condições históricas da época (*occasio legis*) em que foi confeccionada a lei. Em alguns casos vale-se dos projetos de leis, dos debates nas comissões técnicas das assembleias legislativas, dos pareceres etc. Este material não é fonte de direito, mas serve como subsídio para se descobrir a verdadeira vontade da lei, isto é, do legislador.

Constitui-se na procura da verdadeira intenção do legislador (*mens legislatoris*), buscando subsídios nos momentos históricos, políticos, sociais e ideológicos.

A interpretação histórica encontra limites na seara constitucional. A doutrina e a jurisprudência da área (constitucional) têm restringido sua aplicação, quando se refere à interpretação constitucional, como se infere do voto do ministro Celso de Mello, do Supremo Tribunal Federal:

> Não me parece, por isso, Sr. Presidente, deva conferir-se um valor subordinante, no processo de interpretação da Lei Fundamental, quer aos trabalhos parlamentares, quer à vontade e à intenção originários do legislador constituinte.(...) O originalismo contudo – enquanto designação doutrinária desse método de interpretação – possui um peso específico, porém relativo, (...) na exata medida em que os seus postulados não condicionam e nem vinculam o intérprete na definição e na fixação do alcance do sentido normativo das regras constitucionais.(...) Os condicionamentos hermenêuticos impostos pela exacerbação da vontade do legislador constituinte, e da intenção que o animava em determinado momento histórico, reduziriam, de modo extremamente inconveniente, a interpretação Constitucional, a uma "dimensão voluntarista" (J. J. Gomes Canotilho), que se revela de todo incompatível com o verdadeiro significado da Constituição (...).

Ainda com relação aos limites a serem impostos à interpretação histórica da Carta, John Hart Ely,[44] professor americano, autor de livro clássico sobre a matéria menciona:

---

44 *Ibidem*, p.135.

> (...) que tal movimento – de certa forma abrangido no conceito mais amplo de interpretativismo – não é compatível com os princípios democráticos. A defesa da ideia de subordinação de todas as gerações futuras à vontade que aprovou a Constituição contrasta com a ideia de Jefferson, generalizadamente aceita, de que a Constituição deve ser reafirmada a cada geração, sendo, consequentemente, um patrimônio dos vivos.

A interpretação histórica é boa e algumas vezes utilizada, tendo também caráter ilustrativo. Porém, em outras ocasiões nega o efeito evolutivo da norma, petrificando o exegeta, que fica preso ao passado. Por isso a doutrina adverte que esta interpretação deve ser utilizada com cautela e como subsídio ao entendimento do hermeneuta.

Remetemos o leitor ao exemplo 4 da interpretação literal – item 6.1.

6.4. Interpretação Teleológica ou Lógica (Quanto aos Elementos ou à Natureza)

De acordo com Ihering,[45] "a luta é o trabalho eterno do direito", pois os fins sociais e as exigências do bem comum devem pautar a interpretação de uma norma, que se for de cunho trabalhista deve respeitar também o interesse público e social. Tal fim dirige o intérprete para o caminho da justiça ao invés de prestigiar a literalidade da letra fria da lei. Por isso, a norma trabalhista é inderrogável em face de seu interesse público e protetivo ao trabalhador – arts. 8º e 9º da CLT.

Esta técnica parte da premissa que a norma deve ser interpretada de acordo com sua finalidade. Se atingido o fim almejado pela norma, considera-se que ela está cumprida, mesmo que de forma diversa daquela descrita pela regra. Assim, mantém-se o equilíbrio entre as partes interessadas.

Todavia, o método deve ser usado com cautela, sob pena de se empregar uma ideia não prevista em lei e não pretendida pelo legislador.

Neste sentido, fazendo uma comparação com a interpretação histórica temos que:[46]

> A interpretação histórica cuida, como se assinalou, da *occasio legis*, isto é, da circunstância histórica que gerou o nascimento de lei e que constitui sua finalidade imediata. É certo que a modificação de tais circunstâncias ou mesmo a sua cessação não exerce qualquer influência sobre o valor jurídico da norma. Daí a necessidade de se trabalhar um outro conceito – o da *ratio legis* –, que constitui o fundamento racional da norma e redefine ao longo do tempo a finalidade nela contida. A *ratio legis* é uma "força vivente móvel" que anima a disposição e a acompanha em toda a sua vida e desenvolvimento. A finalidade de uma norma, portanto, não é perene, e pode evoluir sem modificação de seu texto.

---

45 *Apud* BARROS, Alice Monteiro de. *Curso de Direito do Trabalho*. 2. ed. São Paulo: LTr, 2006, p. 129.

46 *Apud* BARROSO, Luís Roberto. *Interpretação e aplicação da Constituição*. 5. ed. São Paulo: Saraiva, 2003, p. 139.

Ex. 1: Quando o empregador, por exemplo, pagar o vale-transporte em dinheiro, desrespeitando o disposto no art. 5º do Decreto nº 95.247/87, que proíbe a substituição do tíquete por dinheiro, qual seria a penalidade? Se a interpretação escolhida for a literal, o empregador será condenado na concessão do benefício *in natura*, por ter descumprido a norma. Se, a interpretação basear-se na finalidade da lei, isto é, de que o objetivo da Lei nº 7.418/85 é a de garantir ao empregado um benefício a mais, fazendo com que o empregador custeie parte do valor que o empregado é obrigado a gastar com sua locomoção casa-trabalho e vice-versa, o exegeta chegará à conclusão que a finalidade está atingida e, por isso, o empregador não será condenado novamente na parcela. A infração será de ordem administrativa, apenas.

Ex. 2: De acordo com o art. 135 da CLT: "A concessão das férias será participada, por escrito, ao empregado, com antecedência de, no mínimo, 30 (trinta) dias. Dessa participação o interessado dará recibo". Digamos que o empregador comunique ao empregado que suas férias começarão dali a 10 dias. Paga no prazo (dois dias antes do início da concessão) o empregado usufrui e descansa. Pergunta-se: o empregador poderá ser condenado a pagar essas férias novamente porque as concedeu sem respeitar o prazo legal de comunicação, ou a infração seria meramente administrativa, porque atingida a finalidade da benesse: o merecido descanso. Aqui também se discute entre a aplicação da interpretação literal e a lógica ou teleológica. O mesmo poderia ser feito com as exigências contidas no art. 145 da CLT se o empregador pagasse o valor das férias junto com o salário, ou seja, no lugar de antecipar o pagamento o faz *a posteriori*, isto é, no quinto dia do mês subsequente.

Nos exemplos acima defendemos a interpretação lógica.

Ora, o art. 133, *caput* e inciso III, da CLT menciona que: "Não terá direito a férias o empregado que, no curso do período aquisitivo: (...) III – deixar de trabalhar, com percepção do salário, por mais de 30 (trinta) dias em virtude de paralisação parcial ou total dos serviços da empresa".

Se a própria CLT diz que se este empregado receber salário e não trabalhar, ele não terá direito a férias, é porque considera atingida sua finalidade. Por este motivo, a Lei nº 8.112/90 autoriza o pagamento das férias na mesma época do salário.

Ex. 3: O empregador não assinou a CTPS do empregado. Todavia, quando da dispensa foram pagas em espécie todas as parcelas devidas, inclusive o FGTS + 40% e o valor correspondente ao seguro-desemprego. Uma interpretação literal conduziria o juiz a condenar o empregador no FGTS + 40%, pois não recolhido à CEF, como determina a lei. Por outro lado, uma interpretação teleológica admitiria o pagamento como válido e daria quitação à parcela, considerando o fato como mera infração administrativa.

É preciso lembrar que a lei não contém palavras em vão, assim como o legislador não impõe requisitos ao seu bel-prazer. Por isso, a prudência na aplicação desta técnica é sempre recomendada, sob pena de se desprezar todos os requisitos da lei, que muitas vezes são criados com múltiplas finalidades.

6.5. Interpretação Sistemática (Quanto aos Elementos ou à Natureza)

Toda ciência é sistematizada quanto à forma, à ordem crescente de seus artigos dentro de cada lei, aos princípios, aos institutos jurídicos etc. Esta forma de interpretação leva em conta o sistema jurídico como um todo, exercitado de forma abstrata e lógica. Procura estabelecer uma conexão entre os diferentes textos legais.

Esta técnica visa uma análise do sistema legal em seu conjunto e não de forma individual.

Como bem explica Luís Roberto Barroso:[47]

> O método sistemático disputa com o teleológico a primazia no processo interpretativo. O direito objetivo não é um aglomerado aleatório de disposições legais, mas um organismo jurídico, um sistema de preceitos coordenados ou subordinados, que convivem harmonicamente. A interpretação sistemática é fruto da ideia de unidade do ordenamento jurídico. Através dela, o intérprete situa o dispositivo a ser interpretado dentro do contexto normativo geral e particular, estabelecendo as conexões internas que enlaçam as instituições e as normas jurídicas. Em bela passagem, registrou Capograssi que a interpretação não é senão a afirmação do todo, da unidade diante da particularidade e da fragmentação dos comandos singulares.

A Constituição da República Federativa do Brasil de 1988, diferente das Constituições anteriores, cujos primeiros artigos eram dirigidos à ordem econômica, política e à propriedade, demonstrando a importância que a sociedade dava a esses valores, mudou e inverteu a ordem para priorizar: a soberania, a cidadania, a dignidade da pessoa humana, os valores sociais do trabalho, da livre iniciativa e o pluralismo político.

Logo, partindo-se de uma interpretação sistemática, conclui-se que o exegeta deve observar comandos maiores explícitos ou demonstrados pela Carta ou pela lei, para submeter o restante do ordenamento jurídico ou das regras a estes, pautando sua interpretação e análise em tais axiomas, como, por exemplo, a dignidade da pessoa humana, a proteção do menor e do hipossuficiente etc.

A análise da disposição formal dos capítulos e títulos em relação ao grau de importância dos temas importa numa interpretação sistemática. Pode ser feita internamente em cada texto legal. Assim, o inciso deve ser analisado de acordo com o parágrafo, que deve ser interpretado de acordo com o artigo e este com o

---

47 *Apud* BARROSO, Luís Roberto. *Interpretação e aplicação da Constituição*. 5. ed. São Paulo: Saraiva, 2003, p. 136.

capítulo, que está inserido no título. A análise divorciada de uma alínea, fora do contexto do artigo e do capítulo, pode causar graves distorções no direito.

A CLT também deve ser interpretada de forma sistemática. Assim, por exemplo, o Capítulo IV que trata "Da Proteção do Trabalho do Menor" demonstra regra de proteção à incapacidade e não de exclusão de direitos ou de discriminação, atenuando os efeitos ou até colocando por terra a teoria das nulidades absolutas preconizada nos arts. 166 e seguintes do Código Civil.

O limite desta técnica é a preocupação com o intérprete que, sob este argumento, descumpra as regras e, por isso, toma o lugar do legislador, criando suas próprias regras. Isto porque o intérprete que se utiliza da teoria em estudo não dá importância aos detalhes e, muitas vezes, passa ao largo das exceções previstas pelo legislador. Portanto, toda prudência é pouca.

6.6. Interpretação através de Pesquisa Científica

Pugna pela solução das hipóteses não previstas em lei, (lacunas) pela pesquisa sobre a natureza das coisas, já que a lei não é completa, pois não pode prever todas as situações.

O direito não está todo contido na lei e, por isso, o intérprete deve preencher as lacunas da lei, utilizando-se da analogia, princípios e dos costumes. O art. 4º da LINDB e o art. 8º da CLT revelam a influência desta técnica, que foi inspirada na Escola Francesa.

6.7. Interpretação Extensiva, Interpretação Restritiva e Interpretação Declarativa (Quanto ao Resultado da Interpretação)

O princípio *in dubio pro misero* inspira todo o Direito do Trabalho, conduzindo à interpretação mais favorável ao trabalhador, não importando se restritiva ou extensiva. Por isso, quando a norma for restritiva de direito, a interpretação também o será e, *a contrario sensu*, quando a norma for criadora de benefícios ao trabalhador, sua interpretação será extensiva.

A interpretação **extensiva** verifica-se quando a fórmula legal é menos ampla do que quis o legislador, isto é, a intenção do legislador ao confeccionar a norma legal era a de abranger mais hipóteses que as enumeradas ou mencionadas na regra em estudo.

Cita-se, como exemplo, o previsto no art. 477, § 6º, da CLT, que se refere ao pagamento das parcelas constantes no **instrumento ou recibo de quitação** (remetemos o leitor ao exemplo 3 citado no item 6.1 deste Capítulo).

Como acima explicado, uma interpretação literal do dispositivo mencionado limitaria a penalidade apenas aos casos em que o empregador emitir o documento de rescisão e confessar os valores devidos. Numa interpretação ampliativa, concluiremos que em qualquer caso de pagamento das verbas da rescisão fora dos prazos ali previstos a penalidade é devida.

Ex. 1: O art. 7º, XVII, da CRFB refere-se como direito dos trabalhadores ao "gozo de férias anuais remuneradas com, pelo menos, um terço a mais do que o salário normal". A interpretação majoritária que se faz deste inciso é que o terço pecuniário é devido inclusive quando as férias não são gozadas e sim indenizadas. Afinal, não poderia o empregador se valer de sua própria torpeza.

A interpretação **restritiva** parte da premissa que o legislador ao elaborar a norma utilizou de expressões mais amplas que sua intenção e, portanto, a interpretação deve ser no sentido de restringir seus efeitos.

Remetemos ao caso da perícia como prova tarifada e ao da quitação preconizada no art. 477, § 2º, da CLT, citados nos exemplos 4 e 5 do item 6.1 deste ponto.

Outro exemplo de efeito restritivo que alguns têm emprestado ao texto legal é a interpretação que se faz à eficácia liberatória geral do termo de acordo da comissão de conciliação prévia – art. 625-E, parágrafo único, da CLT. Há corrente que defende que a eficácia liberatória diz respeito apenas aos valores pagos.

A interpretação **declarativa** se limita a alcançar o sentido e vontade exata das palavras transparentes utilizadas na lei, pois a expressão da norma traduz todo o seu conteúdo.

A censura que se faz a estas interpretações é acerca da possibilidade de substituição do legislador pelo intérprete, dando ao texto efeito maior ou menor do que o pretendido pelo legislador, descumprindo a lei.

6.8. Interpretação Autêntica, Legislativa ou Legal (Quanto à Origem)

Ocorre quando a interpretação emana do próprio órgão que criou a norma. Este órgão declara o conteúdo, intenção, alcance ou interpretação daquela norma por meio de outra norma jurídica.

Este procedimento é realizado através de um provimento legislativo. Como ensina Caio Mário:[48]

> Reconhecendo a ambiguidade ou inobviosidade da norma, o legislador vota uma nova lei, destinada a esclarecer a sua vontade, e neste caso, a lei interpretativa é considerada como a própria lei interpretada. Não há, aqui, um verdadeiro processo interpretativo, pois que se não trata de dar entendimento à lei para uma aplicação, senão de fixar o legislador, a sua própria vontade, mal concretizada ou imperfeitamente manifestada nos termos em que se vazou, ou de se alterar o rumo de aplicação da lei interpretada, acaso em desconformidade com as conveniências sociais ou com os propósitos a que se visava ao tempo de sua promulgação. Sendo a lei interpretativa uma norma de direito objetivo, um comando estatal da mesma natureza da interpretada, requer à sua vez entendimento e está sujeita ao processo interpretativo.

[48] PEREIRA, Caio Mário da Silva. *Instituições de Direito Civil*. 20. ed. Rio de Janeiro: Forense, 2002, v. 1, p. 189.

Alguns autores afirmam que as exposições de motivos são formas que o legislador encontrou de demonstrar as suas razões e fundamentos e, por isso, seria uma interpretação autêntica, pois retrata a intenção do legislador. Preferimos adotar a corrente segundo aquela exposição de motivos pode ensejar uma interpretação histórica ou teleológica, mas não autêntica, porque não é feita por lei.

Foi o que ocorreu, por exemplo, com o art. 53 da Exposição de Motivos da CLT, que revela o desejo do legislador em abraçar a figura do empregador único quando se tratar de empresas do mesmo grupo.

A crítica que se faz a esta interpretação diz respeito à hierarquia da norma que faz a interpretação e ao seu conteúdo.

6.9. Interpretação Doutrinária ou Privada (Quanto à Origem)

A interpretação doutrinária promana dos estudos e pareceres de juristas e jurisconsultos realizados em livros, artigos e publicações a respeito da norma.

6.10. Interpretação Judicial ou Jurisprudencial (Quanto à Origem)

Quando várias decisões judiciais encerram mesmo entendimento acerca de determinada matéria, cria-se uma jurisprudência, que demonstra a forma de interpretação majoritária dos juízes.

O art. 8º, § 2º, da CLT, acrescidos pela Lei nº 13.467/17, proíbe os tribunais de criarem ou restringirem direitos através das súmulas ou outros enunciados de jurisprudência. Portanto, a lei limita a interpretação.

6.11. Da Interpretação em Favor da Liberdade

Hodiernamente alguns autores sustentam que qualquer norma que restrinja a liberdade deve ser interpretada restritivamente, isto porque, para eles, é a liberdade o bem máximo do ser humano.

Neste diapasão Carlos Maximiliano assim dispõe: "Interpretam-se estritamente as disposições que limitam a liberdade, tomada esta palavra, em qualquer de suas acepções: liberdade de locomoção, trabalho, trânsito, profissão, indústria, comércio etc."[49]

Note-se ainda que a interpretação em favor da liberdade possui guarida na Constituição Federal, quando determina que um dos objetivos fundamentais do nosso país é "construir uma sociedade livre, justa e solidária" (art. 3º, inciso I), garantindo-se aos brasileiros e aos estrangeiros aqui residentes a inviolabilidade do direito à vida, **à liberdade**, à igualdade, à segurança e à propriedade (*caput* do art. 5º).

---

[49] MAXIMILIANO, Carlos. *Hermenêutica e aplicação do Direito*. 12. ed. Rio de Janeiro: Forense, 1992, p. 231.

7. INTERPRETAÇÃO DO DIREITO DO TRABALHO

Não há um sistema específico de interpretação das normas de Direito do Trabalho, pois todos os métodos acima descritos são aplicáveis. Como as normas trabalhistas são antigas, muitas vezes a interpretação mais utilizada é a histórico-evolutiva.

Todavia, ao interpretar as normas trabalhistas, deve-se observar o princípio *in dubio pro misero* e o da **norma mais favorável**, ambos estudados detalhadamente no Capítulo "Princípios".

Observe-se, ainda, a ordem contida na parte final do art. 8º da CLT de que "nenhum interesse de classe ou particular prevaleça sobre o interesse público", bem como o comando constitucional contido no *caput* do art. 7º da Carta.

Por fim, vale relembrar o comando contido no art. 620 da CLT, que determina a aplicação do acordo coletivo sobre a convenção, mesmo que seja a norma menos favorável.

Délio Maranhão[50] adverte que:

> Não é verdadeiro que, na dúvida deva sempre o juiz interpretá-las em sentido favorável ao trabalhador. Uma norma não se interpreta isoladamente, mas em função do sistema que integra e do fim social a que se dirige. A valoração sistemática da norma e o propósito a que se destina podem revelar-lhe um sentido contrário à pretensão do empregado, no caso a ser decidido.

Conclusão: O ordenamento jurídico deve ser sempre analisado de forma holística, em seu conjunto, em conformidade com o filtro constitucional, no sentido de que nenhuma lei está livre de ser interpretada por qualquer uma das técnicas apresentadas, porque todas têm pontos importantes, com vantagens e desvantagens. A grande beleza do Direito está no fato de comportar diversas formas de interpretar, como um admirador de uma obra de arte que impregna o ar com sua forma de olhar a tela.

8. INTERPRETAÇÃO DAS NORMAS COLETIVAS

O art. 8º, § 3º, da CLT, acrescido pela Lei 13.467/17, afirma que, no exame da norma coletiva (acordo coletivo e convenção coletiva), a Justiça do Trabalho deve analisar **exclusivamente** os requisitos previstos no art. 104 do Código Civil (agente capaz, forma prescrita ou não defesa em lei e objeto lícito) e balizará sua atuação pelo princípio da intervenção mínima na autonomia da vontade coletiva.

Entretanto, há outros vícios que podem tornar nulo o negócio jurídico coletivo, como a ausência dos requisitos previstos nos arts. 613 e 614, bem como quando

---

50 MARANHÃO, Délio; CARVALHO, Luiz Inácio Barbosa. Direito do Trabalho. Rio de Janeiro: 17. ed. Fundação Getúlio Vargas, 1998, p. 37.

contrariar o art. 611-B, ou, ainda, quando não contiver a contrapartida compensatória mencionada no § 3º do art. 611-A, todos da CLT. Além disso, é possível declarar a nulidade de cláusula de convenção e acordo coletivo quando contrariar princípios ou valores constitucionais.

Capítulo 5

APLICAÇÃO DO DIREITO DO TRABALHO NO TERRITÓRIO, NO TEMPO E NO ESPAÇO

Territorial – Lei federal, território nacional – aplicação em todo país.

Temporal – Aplicação imediata de forma não retroativa.

Espacial – Direito internacional privado do trabalho.

1. NO TERRITÓRIO

A legislação de Direito do Trabalho deve regular todas as relações de emprego surgidas no território nacional (art. 1º, parágrafo único, do Decreto-Lei nº 5.452/43), pois vigora em todo país e é lei federal. Apesar de a CLT estar consubstanciada no Decreto-Lei nº 5.452/43 sua eficácia se compara à de uma lei federal, pois a Constituição de 1937, no seu art. 180, conferia poderes ao Presidente da República de expedir decretos-leis sobre todas as matérias da competência legislativa federal, enquanto não se reunisse o Parlamento Nacional (o que nunca aconteceu). Hoje, a competência para legislar sobre Direito do Trabalho é **privativa da União Federal** – art. 22, I e parágrafo único, da CRFB, mas a lei complementar poderá autorizar os Estados a legislar sobre questões específicas, como aconteceu de fato com a Lei Complementar nº 103/2000, que autorizou a fixação do piso salarial de categoria profissional a que se refere o art. 7º, V, da CRFB por Estado, como, de fato, ocorreu no Rio de Janeiro.

A Consolidação das Leis do Trabalho passou a ter vigência em 10 de novembro de 1943 introduzindo novidades e reunindo a diversificada legislação anterior que existia a respeito da matéria. O Decreto-Lei nº 5.452/43 foi assinado em 1º de maio de 1943, e publicado em 9 de agosto de 1943.

Conclui-se, pois, que não pode o Estado ou o Município criar ou restringir direitos trabalhistas, salvo quando autorizado através de lei complementar. Não deve ser aplicado o princípio da norma mais favorável.

Ex. 1: A Lei nº 1.202/88 do Estado do Rio de Janeiro garantiu estabilidade aos empregados públicos do Estado, assim como o fez o art. 18

da Lei Orgânica do Município do Rio de Janeiro. Em ambos os casos, o legislador, estadual e municipal, extravasou seus limites ao criar direito trabalhista não previsto em lei federal. Portanto, as normas são inconstitucionais na parte que normatizaram direitos trabalhistas, mesmo trazendo benefícios aos trabalhadores.

2. NO TEMPO

As leis **não** são retroativas e têm aplicação imediata. **Efeito retroativo** significa aplicação da lei no passado (efeito *ex tunc*), isto é, sobre situações jurídicas definitivamente consumadas antes de entrar em vigor lei nova. **Efeito imediato** é a aplicação da lei no presente, nas relações em curso ainda não consumadas (efeito *ex nunc*) – art. 6º, da Lei de Introdução às normas do Direito Brasileiro. Esta restrição está também contida na Carta – art. 5º, XXXVI, que determina que "a lei não prejudicará o direito adquirido, o ato jurídico perfeito e a coisa julgada".

Tanto o direito adquirido quanto o consumado estão protegidos pela irretroatividade do direito. **Direito adquirido** é o que já se incorporou ao patrimônio da pessoa, aperfeiçoado no tempo em que aquela lei vigorava, constituindo-se em um bem juridicamente protegido. Portanto, considera-se adquirido o direito pendente de termo resolutivo ou condição resolutiva inalterável ao arbítrio de outrem (art. 6º da LINDB c/c arts. 125 e 131 do CC).

Direito consumado ou **ato jurídico perfeito** é o que já se realizou, pois não está sujeito a qualquer condição ou evento futuro. É perfeito e já concluído.

Logo, as leis de proteção ao trabalho (regras imperativas e cogentes) têm aplicação imediata e atingem os contratos de trabalho em curso, mas não modificam os já extintos ou as situações já consumadas sob a égide da lei pretérita.

Normalmente, a legislação trabalhista entra em vigor na data de sua publicação. Ocorre que, em alguns casos, a lei é omissa quanto à data que ela entrará em vigor. Neste caso, a lei passará a vigorar 45 dias após a publicação no órgão oficial (art. 1º da LINDB). Nos estados estrangeiros a obrigatoriedade da lei brasileira inicia-se três meses depois de oficialmente publicada (§ 1º do art. 1º da LINDB).

A CLT tinha regra própria para sua aplicação temporal, como demonstram os arts. 912, 915 e 916.

3. NO ESPAÇO – DIREITO INTERNACIONAL PRIVADO DO TRABALHO

Sendo o contrato de trabalho de trato sucessivo, isto é, que não se exaure num único ato, é comum que a cada dia haja uma inovação, modificação ou alteração, seja qualitativa, seja quantitativa.

Em virtude disso, pode ocorrer de o empregado ser contratado para prestar serviços num país e depois ser transferido para outro. Ou ser contratado num país para trabalhar noutro. Ou, ainda, ser contratado para trabalhar em diversos países, em sistema de rodízio.

Quando existir dúvida acerca da legislação material do trabalho a ser aplicada, existirá um conflito de leis no espaço. A regra geral para resolver a questão é a territorialidade da legislação trabalhista, devendo, portanto, ser respeitada a lei vigente no local da prestação de serviços – **princípio da *lex loci executionis*.**

Todavia, Arnaldo Süssekind[1] informa que a relação jurídica do trabalho possui **três fases: constituição, execução e cessação.** As duas últimas regidas, salvo algumas raras exceções, pela lei vigente no país da execução do contrato de trabalho. A primeira fase (de constituição do contrato), segundo o autor, é regida pela lei do país onde foi constituído o contrato, salvo quanto à forma e capacidade dos agentes que, em certas situações, também é regulada pela *lex loci executionis*. Assim, se um menor de 13 anos de idade foi contratado no estrangeiro como empregado, onde tinha plena capacidade para o trabalho e, meses depois, é transferido para o Brasil, onde a lei proíbe o labor do menor de 16 anos (art. 7º, XXXIII, da CRFB), o ajuste não terá eficácia no Brasil, por se tratar de norma de proteção de ordem pública interna.

Discordamos do autor. Pouco importa o local da contratação quando sua execução não se opera na mesma localidade onde foi firmado o contrato,[2] pois, em regra, prevalecerá a lei do país da execução dos serviços. Desta forma, se o empregado foi contratado num país que exige formalidades especiais para sua validade ou formação (ex.: contrato escrito ou homologado por autoridade pública), mas de fato o empregado só executou serviços em outro país que nenhuma formalidade exige para o mesmo serviço, prevalecerá a lei do segundo. O mesmo pode ser afirmado quanto à extinção do contrato. Prevalecerá, como regra geral, a lei do país do último dia trabalhado para reger os direitos decorrentes da rescisão contratual.

Outra questão a ser estudada é a lei processual que regerá a matéria, quer dizer, qual será a autoridade (brasileira ou estrangeira) competente para apreciar e julgar a questão; quais as provas, procedimentos e prazos processuais aplicáveis ao caso. Em alguns casos, o juiz brasileiro pode ser o competente para apreciar a questão e aplicar a legislação material estrangeira. Por isso, não se deve confundir legislação material (social/ trabalhista) a ser aplicada, com a competência da Justiça brasileira para apreciar e julgar a matéria. Aqui, mencionamos os dois prismas de um conflito, o processual e o material, que não se confundem. Délio Maranhão,[3] comentando a respeito da diferença acerca dos temas, refere-se à aplicação do direito material como "competência de lei" e à lei processual como "competência de jurisdição". Abordaremos novamente o assunto no item 3.1.5.

3.1. Aplicação da Lei Trabalhista no Território

O art. 198 do Código de Bustamante, ratificado pelo Brasil por meio do Decreto nº 18.871/29, dispõe que é territorial a legislação social do trabalho. Este dispositivo

---

1 SÜSSEKIND, Arnaldo. *Conflitos de Leis do Trabalho*. São Paulo: Freitas Bastos, 1979, p. 22.

2 Salvo no caso da Lei nº 7.064/82.

3 SÜSSEKIND, Arnaldo; MARANHÃO, Délio; VIANNA, Segadas; TEIXEIRA, Lima. *Instituições de Direito do Trabalho*. 21. ed. São Paulo: LTr, 2003, v. 1, p. 171.

espelha o princípio da *lex loci executionis*, que determina a aplicação da lei do País em que o empregado executou o contrato, antes consagrado pela Súmula nº 207 do C. TST (cancelada).[4] O princípio da territorialidade foi reconhecido pela Convenção de Havana de 1928, ratificada pelo Brasil (Código de Bustamante) e consagrado pela Convenção de Roma de 1980. No mesmo sentido a Recomendação nº 2 da OIT,[5] que garante aos trabalhadores estrangeiros empregados o benefício de aplicação da lei trabalhista territorial.

Esta teoria não contraria o art. 9º da Lei de Introdução às normas do Direito Brasileiro, que determina que para reger e regular as obrigações deve ser aplicada a lei do país onde elas se constituíram, pois destinada aos contratos civis relacionados a direitos patrimoniais disponíveis, não se estendendo aos contratos que atingem as legislações sociais. De acordo com Süssekind,[6] a "expressão *proteção social do trabalhador*, como têm acentuado a doutrina e a jurisprudência, concerne tanto às normas cogentes do Direito do Trabalho como aos sistemas da Previdência Social". Isto se explica porque as normas dirigidas aos trabalhadores visam à proteção da capacidade para o trabalho; para o exercício da profissão; para normas de medicina e segurança do trabalho; para proteção das minorias e dos ofícios e profissões diferenciadas, limite de jornada; dignidade do trabalhador; não discriminação; regras de soberania de Estado; princípios constitucionais do trabalho; etc. Portanto, impera o princípio da lei do local da prestação de serviços para reger e regular a relação material do trabalho.

Entrementes, esta regra geral pressupõe que o trabalho tenha sido realizado de forma **permanente** sempre no mesmo país, logo, não é absoluta para todas as hipóteses. Para situações em que o trabalho foi realizado em diversos países a questão é diferente.

Vejamos as regras a seguir:

3.1.1. Trabalho Permanente em um só País

Como já analisado, para o trabalho desenvolvido de forma **permanente** em um só país durante toda a vigência do contrato de trabalho aplica-se a lei do país, onde o trabalho foi executado de forma permanente, para reger aquele contrato, independente da nacionalidade do trabalhador, conforme a antiga Súmula nº 207 do C. TST (cancelada), salvo quando a contratação for realizada na forma da Lei nº 7.064/82

---

4 Apesar de cancelada a Súmula nº 207 do TST, entendemos que o **princípio da territorialidade** continua vigente, pois a Lei nº 7.064/82, mesmo após a alteração ocorrida em 2009, **não** se aplica para: I – o empregado removido para o exterior, cujo contrato estava sendo executado no território brasileiro; II – o empregado cedido à empresa sediada no estrangeiro, para trabalhar no exterior, desde que mantido o vínculo trabalhista com o empregador brasileiro; III – o empregado contratado por empresa sediada no Brasil para trabalhar a seu serviço no exterior.

5 Recomendação nº 2 da OIT garante "aos trabalhadores estrangeiros empregados em seu território e a suas famílias, sobre uma base de reciprocidade e nas condições ajustadas, entre os países interessados, o benefício das leis e regulamentos de proteção operária e o gozo do direito de associação legalmente reconhecido a seus próprios trabalhadores".

6 SÜSSEKIND, Arnaldo. *Conflitos de Leis do Trabalho*. São Paulo: Freitas Bastos, 1979, p. 19.

(com a alteração do art. 1º dada pela Lei nº 11.962/2009),[7] hipótese que só se aplica para os empregados contratados e transferidos depois da alteração legislativa.

Antes da alteração do art. 1º da Lei nº 7.064/82, o local da contratação do empregado não interessava, pois apenas era importante o local da prestação de serviços, pois a referida lei era aplicada apenas para os que trabalhavam para empresas de engenharia, arquitetura etc. Hoje o local da contratação é importante, pois, se aqui foi contratado para trabalhar no exterior a serviço de empregador brasileiro, aplica-se a Lei nº 7.064/82, e não o princípio da territorialidade. Mesmo assim, ainda prevalece a aplicação da lei do local da execução do contrato para aquele empregado contratado no Brasil para trabalhar em empresa estrangeira, que não tem sede no nosso país.

Ex.: Empregado brasileiro contratado no Brasil para trabalhar de forma permanente no Iraque (para empregador estrangeiro), deve ser aplicada a lei do Iraque; ou empregado brasileiro contratado para trabalhar no Japão, deve-se aplicar a lei do Japão.

A jurisprudência abaixo retratava bem o cenário, pois se espelhava na cancelada Súmula 207 do TST:

> COMPETÊNCIA. LOCAL CONTRATAÇÃO. SERVIÇO EXTERIOR. 1. É competente a Autoridade Judiciária brasileira para instruir e julgar litígio decorrente de serviços prestados no estrangeiro, desde que tenha ocorrido aqui a contratação do empregado. 2. **Aplicado o Enunciado 207, Súmula do TST, e incidindo na espécie a legislação iraquiana, não há falar em indenização pelo tempo restante do contrato por prazo determinado**. TRT/MG – RO: 58/1986 – Rel. Designado: Juiz Aroldo Plínio Gonçalves. *DJ*/MG 06/06/1986 (grifos nossos).

3.1.2. Trabalho Transitório ou Intermitente pela Natureza do Serviço Executado em Diversos Países por Período de até 90 Dias

O trabalho desenvolvido em diversos países, com residência fixada ou não em cada um destes, porque transferido de um estabelecimento para outro por período não superior a 90 dias[8] **e desde que tenha ciência dessa transitoriedade**[9], mas que continua subordinado à matriz, sede ou filial responsável pela contratação: aplica-se a lei do país onde normalmente o trabalho é executado ou do país em que se situa a matriz a que está subordinado o empregado, sede ou, na falta dos parâmetros anteriores, a lei do país onde está situada a sede da empresa.[10-11] Ex.: supervisor

---

[7] Da mesma forma Délio Maranhão. SÜSSEKIND, Arnaldo; MARANHÃO, Délio; VIANNA, Segadas; TEIXEIRA, Lima. *Instituições de Direito do Trabalho*. 21. ed. São Paulo: LTr, 2003, v. 1, p. 172.

[8] Esta regra se aplica apenas para os empregados transferidos depois da alteração do art. 1º da Lei nº 7.064/82 (03/07/2009).

[9] O inciso II do art. 2º da Lei nº 7.064/82 também inclui como requisito de sua exclusão que o trabalhador, além da transitoriedade não superior a 90 dias e de ter ciência deste fato, que recebe as passagens de ida e volta, diárias durante o período de trabalho no exterior, as quais, seja qual for o respectivo valor, não terão natureza salarial.

[10] Délio neste sentido. *Idem*.

[11] Süssekind defende que, em caso de trabalho transitório ou intermitente desenvolvido em diversos países, deve-se aplicar a lei do país da sede da empresa. SÜSSEKIND, Arnaldo. *Conflitos de Leis do Trabalho*. São Paulo: Freitas Bastos, 1979, p. 26.

mundial do McDonald's que se fixa temporariamente na Itália, depois na França, mais tarde, no Brasil e, por último, na Espanha, de forma a supervisionar todos os países em que a empresa possui filiais; viajantes com trabalho itinerante em diversos países; executivos com atribuições de fiscalização das empresas do grupo que estão situadas em diversos países etc.

Aqui também se enquadram os empregados em transportes internacionais, que serão analisados no item 3.1.7.

3.1.3. Transferência Provisória Superior a 90 Dias

No caso de trabalho desenvolvido em um país e, mais tarde em outro(s), em face da transferência do trabalhador, provisória ou definitiva, com ou sem mudança de domicílio ou residência (art. 469 da CLT), por iniciativa do patrão, deve ser aplicada a lei do país que garantir mais vantagens trabalhistas ao empregado, isto é, a lei mais favorável ao empregado, na forma do art. 1º da Lei nº 7.064/82, com a redação dada pela Lei nº 11.962/09, desde que contratados no Brasil ou transferidos por seus empregadores para prestar serviços no exterior.

De acordo com a Lei nº 7.064/82:

> **Art. 2º** Para os efeitos desta Lei, considera-se transferido:
> I – o empregado removido para o exterior, cujo **contrato estava sendo executado no território brasileiro;**
> II – o empregado cedido à empresa sediada no estrangeiro, para trabalhar no exterior, **desde que mantido o vínculo trabalhista com o empregador brasileiro**;
> III – o empregado **contratado** por empresa sediada no Brasil para trabalhar a seu serviço no exterior.

Pode ocorrer mais de uma transferência durante o contrato e, mesmo assim, deve ser aplicada a legislação mais favorável, o que se coaduna com o princípio da unidade do contrato[12-13], que visa proteger o trabalhador contra as constantes mudanças de legislação que, por fim, acabam trazendo prejuízos, pois está submetido às oscilações de direitos, ora melhores para o empresário, ora melhores para o empregado. Ex.: trabalhador contratado no Brasil onde permaneceu por três anos, transferido para a França por dois anos, depois para a Inglaterra por um ano, quando finalmente retornou ao Brasil para trabalhar mais três anos. No caso, deve ser aplicada a lei mais favorável segundo o critério do conglobamento.

---

12 SÜSSEKIND, Arnaldo; MARANHÃO, Délio; VIANNA, Segadas; TEIXEIRA, Lima. *Instituições de Direito do Trabalho*. 21. ed. São Paulo: LTr, 2003, v. 1, p. 173.

13 Süssekind aponta como exceção ao princípio geral de submissão à lei da filial a que o empregado está subordinado o necessário respeito às regras de soberania referentes à proibição de trabalho ou métodos de proteção à saúde do trabalhador, como, por exemplo: regras de jornada (RSR), medicina e segurança do trabalho e aos casos de proibição do trabalho do menor e da mulher, se houver no país em que o empregado passa ou trabalha de forma intermitente regra própria a respeito. SÜSSEKIND, Arnaldo. *Op. cit.*, p. 38 e 41.

Especial é o caso do **técnico estrangeiro** contratado a termo para exercer provisoriamente atividade no Brasil, porque regido pelo Decreto-Lei nº 691/69, que lhe garante alguns direitos trabalhistas brasileiros, tais como os previstos nos arts. 479 e 480 da CLT. Todavia, os direitos básicos, como salário mínimo, repouso semanal remunerado, jornada, normas de medicina e segurança do trabalho, seguro contra acidente de trabalho e previdência, só serão estendidos ao técnico estrangeiro se perceber remuneração exclusivamente em moeda nacional.

Aliás, depois da Lei nº 13.445/17 foi garantida a igualdade de direitos entre brasileiro e estrangeiro, inclusive quanto ao trabalho – art. 3º, XI.

Para o estrangeiro trabalhar no Brasil basta obter visto temporário que depende da prévia comprovação de oferta de trabalho formalizada por pessoa jurídica em atividade no País, dispensada esta exigência se o imigrante comprovar titulação em curso de ensino superior ou equivalente (art. 14, § 5º, da Lei dos Imigrantes – Lei nº 13.445/17). O § 7º da mesma lei deixa claro que **não** se exigirá do marítimo que ingressar no Brasil em viagem de longo curso ou em cruzeiros marítimos pela costa brasileira o visto temporário, bastando a apresentação da carteira internacional de marítimo, nos termos de regulamento.

Não se deve confundir o trabalho transitório em virtude de transferências provisórias com o **trabalho do fronteiriço**, isto é, daquele trabalhador que, apesar de residente num país limítrofe, executa seus serviços em outro – art. 1º, IV, da Lei nº 13.445/17. Neste caso, a legislação trabalhista a ser aplicada pode ser objeto de tratado internacional, como ocorreu com o Brasil/Paraguai para a Usina de Itaipu, tema abaixo estudado.

Se, entretanto, não houver pacto internacional, deve prevalecer a *lex loci executionis*,[14] salvo quanto àqueles direitos expressamente excluídos.

Para os trabalhadores **fronteiriços** é suficiente a apresentação da identidade expedida pela Polícia Federal, já que não há obrigatoriedade de assinatura da sua CTPS. Isto se explica porque sua aposentadoria será pelo seu país e não por aquele em que presta serviços. Entrementes, se o fronteiriço trabalhar em outras localidades distantes da fronteira, deverá ter visto temporário de trabalho – art. 14, § 5º, da Lei nº 13.445/17.

Outra exceção é a do **serviçal** (doméstico) com **visto de cortesia** para trabalhar particularmente para o portador de visto de cortesia, oficial ou diplomático. Nestes casos, a lei é expressa no sentido de não se aplicar a lei trabalhista brasileira – do art. 18 da Lei nº 13.445/17.

Aos titulares de visto de cortesia, diplomático ou oficial também não se aplica a legislação trabalhista.

Remetemos o leitor ao Capítulo "Trabalhadores e Empregados Especiais", item 16 – "Trabalhador Estrangeiro".

---

14 Arnaldo Süssekind, no mesmo sentido. Não aponta, contudo, nenhuma exceção. *Ibidem*, p. 33.

3.1.4. Trabalho Prestado às Pessoas de Direito Público Internacional ou Equiparados (OIT, ONU, Representações Diplomáticas, Embaixadas ou Consulados)

Ainda hoje há controvérsia acerca da legislação material do trabalho a ser aplicada aos trabalhadores que exercem suas atividades em condição de emprego para as pessoas jurídicas de direito público externo (Estados-membros e qualquer outro organismo exterior, como OIT, ONU, OEA, OMC etc.) situadas no Brasil. O questionamento nasceu da necessidade de se precisar se o espaço territorial brasileiro onde se situa o organismo estrangeiro é considerado terra estrangeira ou não, em face da soberania entre os Estados e, ainda, se esta soberania é absoluta ou relativa. Tudo porque a regra de aplicação da legislação trabalhista é territorial, isto é, vincula-se ao território onde é exercido o trabalho.

Portanto, a celeuma diz respeito à lei a ser aplicada, isto é, se o organismo estrangeiro está obrigado a respeitar a lei trabalhista brasileira quando aqui estiver situado, ou, ao contrário, se está obrigado a aplicar a lei de seu país ou, ainda, se pode escolher as regras trabalhistas a serem aplicadas (livre autonomia de vontade).

Cinco correntes tentam solucionar a questão:

1ª) Aplicação da lei material do país **acreditante**[15] em face da "imunidade" à legislação territorial – **extraterritorialidade**[16]. A tese considera que aquele espaço de terra delimitado e ocupado pelo organismo internacional, embaixada ou consulado, é terra estrangeira, mesmo que geograficamente esteja localizado, por exemplo, no Brasil. Desta forma, aplica-se a lei do local da execução dos serviços, que é a lei do país que a embaixada ou o organismo estrangeiro representa. Ex. (posição de Délio Maranhão): Empregado da embaixada da Alemanha, situada em Brasília, tem seu contrato de emprego regido pela lei do país representado pela embaixada – Lei da Alemanha.

Esta também é a opinião de Arnaldo Süssekind, como se percebe da decisão abaixo:

> (...) a imunidade de jurisdição das missões e representações de Estados estrangeiros, aos quais se equiparam as organizações internacionais de direito público, decorre do princípio da extraterritorialidade, que obsta a aplicação das leis do território onde, de fato, se encontram os respectivos agentes e servidores. Tratando-se de servidores do Governo norte-americano descabe à Justiça brasileira analisar a natureza da função exercida pelo reclamante, pois um Estado estrangeiro não pode ser demandado em nosso país. TST, Proc. 4.950/65, Rel. Ministro Arnaldo Süssekind (grifos nossos).

---

15 **Acreditante** é o representante de um Estado-membro ou organismo internacional enviado. Acreditado significa aprovado, aceito. Logo, o Estado **acreditado** é o país que aceita a entrada de outro.

16 MARANHÃO, Délio; SÜSSEKIND, Arnaldo; MARANHÃO, Délio; VIANNA, Segadas; TEIXEIRA, Lima. *Instituições de Direito do Trabalho*. 21. ed. São Paulo: LTr, 2003, v. 1, p. 185.

Explica-se o fundamento desta vertente:

> O Direito Internacional é baseado nos princípios da independência e da igualdade entre as nações, e, por isso, preconiza a imunidade de jurisdição aos entes de direito público externos em relação ao direito interno dos Estados em que esses organismos se encontram sediados. Historicamente, essa imunidade se assenta no brocardo latino *par in parem non habet judicium*, ou seja, entre iguais não há jurisdição (Direito das Gentes).

A interpretação de alguns autores foi no sentido de que a imunidade de jurisdição se estendia tanto ao direito de não ser processado em outro país, quanto à exclusão da legislação material local a ser aplicada aos conflitos.

Esta tese, ainda majoritária na doutrina trabalhista, afasta-se da moderna visão do direito internacional público.

Por isso não concordamos com esta vertente (primeira corrente).

A imunidade é de jurisdição (direito processual), que não se confunde com a de legislação (direito material), principalmente quando o direito a ser aplicado tem característica territorial, como o Direito do Trabalho (Código de Bustamante).

Na verdade, cronologicamente, deve-se primeiro definir a lei material trabalhista a ser aplicada ao caso concreto, pois o trabalhador será contratado por aquele ente estrangeiro. Num segundo momento, após iniciada a execução do contrato (normalmente após sua extinção), havendo alegação de lesão (e só neste caso), seja porque o trabalhador entendeu que a correta legislação do trabalho não lhe foi aplicada ou foi descumprida, é que haverá o interesse processual para a demanda judicial. Nem todos os empregados destes entes públicos externos recorrem ao Judiciário, porém todos têm direito a uma definição de qual a sua legislação trabalhista. Só a partir do ajuizamento da ação é que se discutiria o juiz competente para apreciar a questão acerca da imunidade de jurisdição e, ainda, se esta é absoluta ou relativa.

De fato, nenhum Estado soberano pode ser submetido, contra sua vontade, à condição de parte perante foro doméstico, todavia, há exceções, mais tarde criadas pela jurisprudência, quanto aos atos de gestão e de império que, de qualquer forma, não se confundem com a legislação material do trabalho a ser aplicada, e sim com a imunidade ou não à jurisdição brasileira.

Defendemos que as relações de emprego mantidas entre brasileiros, na condição de empregados, e os países estrangeiros ou organismos internacionais aqui sediados (acreditantes), enquanto empregadores, com representações diplomáticas em solo pátrio, devem ser regidos pela legislação brasileira, pois é aqui que trabalham. Exceção seja feita aos domésticos (serviçais) dos membros consulares e diplomáticos que residem e habitam no país acreditante, mas que aqui estão temporariamente acompanhando a família (Decreto Legislativo nº 103/65).

2ª) A segunda corrente, defendida por Amauri Mascaro Nascimento,[17] defende que a lei material será livremente escolhida pelas partes.

---

[17] Amauri Mascaro Nascimento afirma que as embaixadas estrangeiras são excluídas dos efeitos da legislação do país em que se encontram, ressaltando que as relações entre estas e seu pessoal, no Brasil, **são**

3ª) É bastante conhecida a máxima *par in parem non habet imperium*, segundo a qual dois Estados nacionais, igualmente soberanos perante a ordem internacional, não podem exercer, entre si, jurisdição, já que isso significa a submissão de um Estado ao outro, ferindo sua soberania (art. 4º da CRFB).

Em virtude disso, por muito tempo entendeu-se que o Estado não poderia responder às ações propostas perante o Judiciário de outro país, a não ser que expressamente concordasse. Entendia-se, pois, que um Estado era imune à jurisdição dos outros. A jurisprudência trabalhista seguiu por muito tempo esta orientação, como visto acima.

Todavia, novos paradigmas[18] passaram a contaminar o tema, fundados tanto na territorialidade de algumas matérias (meio ambiente, Direito do Trabalho etc.), quanto nas injustiças sociais causadas com entendimento tão radical.

A partir daí passou-se a distinguir entre duas espécies de **imunidades**: a **absoluta**, que não comporta exceções, valendo para todas as espécies de lides, e a **relativa**, que pode ser excepcionada em algumas modalidades de ações.

Distinguiram-se, para tanto, os **atos de gestão** dos **atos de império**, entendendo-se que naqueles o Estado atua despido de sua soberania, assemelhando-se aos particulares e, assim, pode submeter-se à jurisdição de outro país.[19-20] Admitia-se, assim, o afastamento da imunidade do Estado em algumas espécies de ação, especialmente as trabalhistas.

A partir daí, o STF, após a Constituição de 1988, posicionou-se no sentido da inexistência de imunidade de jurisdição do Estado estrangeiro em causa de natureza trabalhista, como se percebe da decisão abaixo:

> ESTADO ESTRANGEIRO. IMUNIDADE JUDICIÁRIA. CAUSA TRABALHISTA. Não há imunidade de jurisdição para o Estado estrangeiro, em causa de natureza trabalhista. Em princípio, esta deve ser processada e julgada pela Justiça do Trabalho, se ajuizada depois do advento da Constituição Federal de 1988 (art. 114). Na hipótese, porém, permanece a competência da Justiça Federal, em face do disposto no § 10 do art. 27 do ADCT da Constituição Federal de 1988 c/c art. 125, II, da EC nº 1/69. Recurso Ordinário conhecido e provido pelo Supremo Tribunal Federal para se afastar a imunidade judiciária reconhecida pelo juízo federal de primeiro grau, que deve prosseguir no julgamento da causa, como de direito. Tribunal Pleno, AC-9696, 31/05/1989, Rel. Min. Sydney Sanches.

---

reguladas pelo princípio da autonomia da vontade, em face da extraterritorialidade. NASCIMENTO, Amauri Mascaro. *Curso de Direito do Trabalho*. 16. ed. São Paulo: Saraiva, 1999, p. 289. A Recomendação nº 2 da OIT, apesar de se referir ao ajuste entre as partes, determina a observância da lei operária local.

18 A inspiração desta corrente partiu do direito internacional: Convenção Europeia de 1972 e lei norte-americana de 1976, ambas afastando a imunidade de jurisdição para as causas trabalhistas.

19 De acordo com esta tese, Paulo Emílio Ribeiro de Vilhena. *Apud* SÜSSEKIND, Arnaldo. *Conflitos de Leis do Trabalho*. São Paulo: Freitas Bastos, 1979, p. 77.

20 Haroldo Valladão afirma que a tese acerca da imunidade de jurisdição, de acordo com os atos praticados pelos entes públicos, se de gestão ou de império, está superada pela doutrina e jurisprudência italianas, que a criaram, (...) e não prosperou na doutrina brasileira. No mesmo sentido Seabra Fagundes e Süssekind. *Ibidem*, p. 78-92.

Mais tarde, o TST[21] e a jurisprudência trabalhista seguiram a mesma corrente:

> Não há imunidade de jurisdição para o Estado estrangeiro, em causa de natureza trabalhista. TST, SDI-I, MS 98.595/93.4, Ac. 4.406/94, Rel. Min. Ney Proença Doyle.

A terceira corrente vê nas decisões acima também a "imunidade" de legislação, advogando que, a partir da Constituição, a lei material trabalhista brasileira aplica-se para os empregados de consulados, embaixadas e demais organismos internacionais aqui situados, já que estes entes públicos de direito externo não têm imunidade de jurisdição. Mais uma vez, a doutrina e a jurisprudência confundem o direito processual com o material. O território não mudou e, portanto, não pode ser alterado o critério da *lex loci executionis* pelo fato de o Estado estrangeiro ter ou não imunidade de jurisdição. Se aqui está situada geograficamente, é a lei doméstica que deve prevalecer.

Os defensores desta corrente argumentam que o contrato de emprego é sempre um ato de gestão, pois qualquer cidadão, pessoa jurídica ou organismo tem legitimidade para contratar; logo, devem ser aplicadas as regras trabalhistas do país onde são prestados os serviços, relativizando-se a soberania dos referidos organismos para fins de "imunidade" de legislação trabalhista.

Alguns autores apontam, ainda, a Convenção de Viena (Decreto Legislativo nº 103/64 e Decreto Promulgatório nº 56.435/65) como mais um fundamento à tese, pois recomenda que os agentes diplomáticos e consulares se conformem com as prescrições do direito local, quando se tratar de relações com o meio ambiente territorial.

A Convenção de Viena[22] também traça outro princípio que determina que os funcionários diplomáticos (verdadeiros servidores públicos do Estado acreditante) e suas famílias não estão sujeitos à legislação social do Estado acreditado, mas seus serviçais, nacionais do Estado acreditado ou nele residentes em caráter permanente, estão sujeitos à legislação previdenciária do país receptor. Ora, se o empregado doméstico do agente diplomático, residente no Brasil ou brasileiro, tem direito à legislação previdenciária[23] local, também deveria ter direito à legislação trabalhista nacional, pois ambas são territoriais, isto é, ligadas ao meio ambiente onde os serviços são prestados.

---

[21] No mesmo sentido o Proc. ROAR – 242/2005-000-10-00.1 do TST, SDI-II.

[22] Assim dispõe o Decreto nº 56.435/65: "Art. 31. (...) 1º O agente diplomático gozará de imunidade de jurisdição penal do Estado acreditado. Gozará também da imunidade de jurisdição civil e administrativa, a não ser que se trate de: (...) Art. 33. (...) § 1º Salvo o disposto no § 3º deste artigo o agente diplomático estará no tocante aos serviços prestados ao Estado acreditante, **isento das disposições sobre seguro social** que possam vigorar no **Estado acreditado** (grifos nossos). § 2º A isenção prevista no § 1º deste artigo aplicar-se-á também aos **criados particulares que se acham ao serviço exclusivo do agente diplomático,** desde que (grifos nossos):a) Não sejam nacionais do Estado acreditado nem nele tenham residência permanente; e; b) Estejam protegidos pelas disposições sobre seguro social vigentes no Estado acreditado ou em terceiro estado. (...)"

[23] A Lei nº 8.212/91, art. 12, alínea *d*, considera contribuintes obrigatórios os que prestam "serviço no Brasil a missão diplomática ou a repartição consular ou a repartição consular de carreira estrangeira e a órgãos a ela subordinados, ou a membros dessas missões e repartições, excluídos o não brasileiro sem residência permanente no Brasil e o brasileiro amparado pela legislação previdenciária do país da respectiva missão diplomática ou repartição consular".

Francisco Rezek acrescenta que "em todas as suas relações com o meio ambiente territorial deve o Estado estrangeiro, por norma costumeira, (...) conformar-se às prescrições do direito local".[24]

Portanto, estes últimos argumentos, embora corretos, sob o ponto de vista do direito material, estão errados quando se vinculam à tese da "imunidade relativa de jurisdição".

São defensores da terceira corrente João Lima Teixeira Filho[25] e Francisco Rezek.

Criticando a tese, Délio Maranhão argumenta que tanto os atos de império como os de gestão escapam à jurisdição nacional, tanto no que se refere à "**competência de lei**" (aplicação da lei material) quanto ao que se refere à "**competência jurisdicional**" (aplicação da lei processual – competência da autoridade para julgar a matéria).[26] Alice Monteiro parece defender a terceira corrente, como se observa da decisão abaixo:

> RECLAMAÇÃO TRABALHISTA. CONSULADO. IMUNIDADE DE JURISDIÇÃO. As Convenções de Viena firmadas em 1961 e 1963, que regulamentam, respectivamente, os serviços diplomático e consular, não garantiam a imunidade de jurisdição do Estado, mas tão somente de seus representantes (diplomatas e cônsules). A imunidade do Estado decorria de norma consuetudinária advinda da máxima *par in parem non habet judicium* (entre iguais não há jurisdição). Atento a essa prática costumeira na esfera internacional, o Excelso Supremo Tribunal Federal inclinava-se pela extensão da imunidade de jurisdição ao próprio Estado estrangeiro. A partir da década de 1970, essa tendência caminhou em sentido contrário, com a edição da Convenção Europeia, em 1972, a qual afasta a imunidade no caso de demanda trabalhista ajuizada por súdito, ou pessoa residente no território local, contra representação diplomática estrangeira (art. 5º). Na mesma década, veio a lume lei norte-americana (1976), abolindo a imunidade nos feitos relacionados com danos, ferimentos ou morte, produzidos pelo Estado estrangeiro no território local. A Grã-Bretanha também promulgou legislação semelhante (1978), baseada nos dois textos mencionados acima. A partir dessa época, portanto, a imunidade deixou de ser absoluta no plano internacional. Na esteira desse entendimento, o Excelso Supremo Tribunal Federal alterou o posicionamento até então adotado, passando a se manifestar pelo afastamento da imunidade absoluta. O entendimento que tem prevalecido, desde essa época, é o de que o **ente de direito público externo está sujeito a cumprir a legislação trabalhista na hipótese de contratação de empregados**. Apenas os atos de império atraem a imunidade de jurisdição. Os atos de gestão, como, por exemplo, a contratação de pessoas residentes ou domiciliadas no país acreditado, não estão abrangidos pela referida imunidade. Logo, o Poder Judiciário não deverá negar a prestação jurisdicional devida a brasileiros que venham alegar lesão a seus direitos trabalhistas pela atuação de Estados estrangeiros, dentro do território nacional. TRT/MG – Processo nº 01558.2001.001.03.00.1 – Rel. Designado: Juíza Alice Monteiro de Barros. *DJ*/MG 01/05/2002 (grifos nossos).

[24] *Apud* SÜSSEKIND, Arnaldo; MARANHÃO, Délio; VIANNA, Segadas; TEIXEIRA, Lima. *Instituições de Direito do Trabalho*. 21. ed. São Paulo: LTr, 2003, v. 1, p. 185.

[25] *Ibidem*, p. 186.

[26] Délio Maranhão quis, na verdade, se referir a "imunidade de lei" (direito material a ser aplicado) e "imunidade de jurisdição" (direito processual a ser aplicado – competência).

Se o organismo estrangeiro estiver amparado por tratado ratificado pelo Brasil, não se aplicará a tese da imunidade relativa em relação aos atos de gestão, como consagrou a jurisprudência:

> *OJ-SDI1-416 IMUNIDADE DE JURISDIÇÃO. ORGANIZAÇÃO OU ORGANISMO INTERNACIONAL. (DEJT divulgado em 14, 15 e 16.02.2012). As organizações ou organismos internacionais gozam de imunidade absoluta de jurisdição quando amparados por norma internacional incorporada ao ordenamento jurídico brasileiro, não se lhes aplicando a regra do Direito Consuetudinário relativa à natureza dos atos praticados. Excepcionalmente, prevalecerá a jurisdição brasileira na hipótese de renúncia expressa à cláusula de imunidade jurisdicional.*

4ª) Teoria da Reciprocidade: A tese surgiu junto com a terceira corrente, já que a reciprocidade nasceu da tentativa de se aplicar internamente a imunidade absoluta e relativa da jurisdição, da mesma forma que outros países vinham aplicando para as causas trabalhistas. Todavia, dela se difere porque a terceira corrente deveria se restringir à questão processual e não material. Tem como fundamento a Recomendação nº 2 da OIT, que determina a reciprocidade entre os países na aplicação da lei local, confundindo, mais uma vez, a questão processual com a material. Se um país estrangeiro dispensa ao Brasil tratamento privilegiado, respeitando a **imunidade de jurisdição** e imunidade de legislação (exclusão da legislação trabalhista local), também o Brasil o tratará da mesma forma. Ignoram as teses referentes aos atos de império ou gestão, ou os tratados e convenções internacionais a respeito. É um posicionamento mais político que jurídico. Há decisões do STF nesse sentido. Assim, por exemplo, se a França isenta o agente diplomático ou a embaixada brasileira lá localizada, de respeitar a legislação trabalhista francesa aos empregados lá contratados e residentes, o Brasil também a tratará da mesma forma, quando aqui estiver situado e contratar brasileiros.

Não concordamos com esta corrente, porque ela também confunde imunidade de jurisdição com "imunidade de legislação". Além disso, haveria grande dificuldade de o juiz de primeira instância ter conhecimento do tratamento que outros países dispensam ao Brasil.

5ª) Empregado que trabalha no território brasileiro tem aplicação da lei brasileira, mesmo que seu empregador seja ente de direito público externo aqui situado, pois não se deve confundir imunidade de jurisdição, que é regra processual, com "imunidade" de legislação material. Assim como o organismo estrangeiro se submete às regras civis quando aluga um imóvel, também deve respeitar a lei brasileira quando contrata empregado no Brasil. Entendemos que esta é a melhor posição, como já fundamentamos nas críticas às demais correntes.

Desta forma, um empregado brasileiro contratado para executar serviços que poderiam ser entregues a atividades privadas, como atendente, faxineiro, secretária, garçom de um consulado, tem direito a ter sua CTPS assinada, bem como aos demais benefícios previstos na CLT, pois trabalha em território nacional. Despicienda quem seja a pessoa do empregador: se tem finalidade lucrativa ou não; se tem personalidade jurídica ou não; se é ente de direito público interno ou externo e, por fim, se pessoa física ou jurídica, pois se aqui executa o serviço é a lei trabalhista brasileira que deve ser aplicada – princípio da territorialidade salvo os funcionários públicos da entidade externa, como o cônsul, o embaixador etc., por serem *longa manus* do país acreditante, bem como aqueles que a lei expressamente excluir.

Na prática, percebemos que as pessoas jurídicas de direito público externo aqui situadas não aplicam a lei trabalhista brasileira aos seus empregados, isto é, a todos que não estejam incluídos como representantes oficiais do país acreditante. Valem-se da imunidade de jurisdição para descumprirem a lei material doméstica, pois sabem que permanecerão impunes. Todavia, tais casos devem ser denunciados à OIT, órgão supraestatal, para que ela aprecie a reclamação, podendo, se for o caso, emitir recomendações e praticar retaliações contra o ente.

Esta última corrente chega à mesma conclusão que a terceira posição, todavia por argumentos distintos. Enquanto aquela se apega à imunidade relativa de jurisdição, esta se funda na territorialidade da legislação do trabalho.

3.1.5. Direito Marítimo e Aéreo

O trabalho executado em embarcações e aeronaves normalmente não pode se fixar em um só país ou território, em face da movimentação constante destes "estabelecimentos móveis". A embarcação pode passar muito tempo em alto-mar e a aeronave em horas pode percorrer diversos países. Em virtude disso, não é possível aplicar aos empregados em embarcações ou aeronaves, ou qualquer outro transporte que percorra vários países (trem, ônibus etc.), a lei do local da execução dos serviços.

Para a corrente majoritária, a nacionalidade do empregado ou o local de sua contratação não influencia na legislação material do trabalho a ser aplicada, pois o que irá determiná-la é a lei do país da **bandeira, matrícula** ou **pavilhão** da embarcação ou aeronave, isto é, a nacionalidade de quem explora a atividade econômica. Isto se explica porque não seria crível que um armador tivesse que aplicar inúmeras leis trabalhistas, cada qual de um país diferente, aos seus diversos empregados (tripulantes).

Aliás, esta é a regra constante do Código de Bustamante, que no art. 274 trata da aplicação da lei da patente da navegação e no art. 282, da aplicação da lei da patente das aeronaves.

Assim, o trabalho executado em embarcações[27] deve respeitar a lei do país cuja bandeira, matrícula[28] ou pavilhão representa, salvo quando se tratar de **bandeira**

---

[27] Cumpre esclarecer que as plataformas marítimas são consideradas embarcações e, por isso, devem ter matrícula e bandeira, cuja lei do respectivo país regerá as relações de trabalho.

[28] SÜSSEKIND, Arnaldo. *Conflitos de Leis do Trabalho*. São Paulo: Freitas Bastos, 1979, p. 27.

de favor, isto é, fraude no uso da bandeira, quando prevalecerá a lei do país do domicílio da pessoa (física ou jurídica) que está explorando o navio. Isto porque a relação de emprego se estabelece entre a pessoa física ou jurídica que explora o navio ou o empreendimento turístico, e não entre o trabalhador e o dono da embarcação. Neste sentido a corrente doutrinária majoritária.

Todavia, Délio Maranhão,[29] de forma diferente, afirma que há limitações à aplicação da lei do pavilhão impostas pela *lex loci executionis* ou pela *lex loci contractus*, autorizando, assim, a aplicação da lei do local da contratação quando feita com o intuito de fraudar a aplicação das normas de proteção ao trabalho do país em que foi contratado o trabalhador. Alega que um tripulante contratado em porto nacional tem direito à aplicação da legislação brasileira. Discordamos do autor. O fato de o empregado ser contratado num país e a bandeira ser de outro não significa que o empregador, por si só, tenta ou quer fraudar os direitos de ordem pública do país da contratação. É necessário algum elemento que comprove a fraude no uso da bandeira, sob pena de não se estar aplicando o art. 274 do Código de Bustamante.

Em posição anterior, Délio Maranhão[30] defendia que não se poderia aplicar a lei do pavilhão quando esta não se identificasse com a lei do domicílio do armador, pois a regra da lei da matrícula ou pavilhão pressupunha sua identidade com a lei do domicílio do armador, gerando a presunção de fraude à lei da "bandeira" ou "bandeira de favor". Sugeria, como solução para tais casos, a aplicação da lei do domicílio do empregador, pois não é o navio o empregador, e, sim, a pessoa jurídica ou física (ambos chamados de armador), que contrata, e esta realidade não pode ser desprezada.

A questão não é simples e existem outras opiniões. Russomano,[31] por exemplo, informa que deve ser aplicada a lei da nacionalidade da empresa que contrata o empregado e explora seus serviços (e não do domicílio do empregador):

> (...) não importa saber a bandeira do navio em que trabalha o tripulante e, sim, a nacionalidade da empresa que o contrata. Se o armador é constituído em empresa comercial no Brasil e, se aqui contratou os tripulantes da embarcação, mesmo que o navio arrendado pelo empregador seja estrangeiro, as relações de trabalho entre as duas partes são regidas pela lei nacional.

Amaro Barreto[32] defende que é a lei onde a empresa contratante está sediada; Carrion[33] advoga que, neste caso, é a lei do país onde se deu a contratação ou onde são desenvolvidas as atividades, pois o que prevalece para o Brasil é a lei do local da execução.

---

29 SÜSSEKIND, Arnaldo; MARANHÃO, Délio; VIANNA, Segadas; TEIXEIRA, Lima. *Instituições de Direito do Trabalho*. 21. ed. São Paulo: LTr, 2003, p. 172.

30 *Apud* SÜSSEKIND, Arnaldo, *op. cit.*, p. 56.

31 RUSSOMANO, Mozart Victor. *Comentários à Consolidação das Leis do Trabalho*. 9. ed. Rio de Janeiro: Forense, 1982, p. 443.

32 BARRETO, Amaro. *Tutela geral do trabalho*. Rio de Janeiro: Rio, 1964, p. 72.

33 CARRION, Valentin. *Comentários à Consolidação das Leis do Trabalho*. 28. ed. atualizada por Eduardo Carrion. São Paulo: Saraiva, 2003, p. 25.

O estrangeiro que quiser trabalhar no Brasil deve comprovar oferta de trabalho formalizada por pessoa jurídica em atividade no País e obter o visto temporário de trabalho (art. 14, § 5º, da Lei nº 13.445/17).

O § 7º da Lei dos Imigrantes deixa claro que não se exigirá do marítimo que ingressar no Brasil em viagem de longo curso ou em cruzeiros marítimos pela costa brasileira o visto temporário, bastando a apresentação da carteira internacional de marítimo, nos termos de regulamento.

A mesma regra se aplica aos tripulantes das aeronaves[34] (art. 282 do Código de Bustamante). Deve prevalecer a lei do país da matrícula que normalmente coincide com a lei da nacionalidade da empresa aérea.

> **Ex. 1:** Empregado que executa seus serviços no *Navio Costa Marina* (bandeira italiana). Seu contrato de trabalho rege-se pela lei da Itália, mesmo quando estiver em águas ou portos brasileiros.
>
> **Ex. 2:** Aeronautas empregados pela Tam ou pela Varig: aplica-se a lei brasileira, pois a empresa que explora o serviço é nacional, mesmo que o trabalhador esteja de prontidão em outro país. Já os aeroviários da Varig serão regidos pela lei do país em que prestem seus serviços (*lex loci executionis*).

Ressalvados os casos previstos no Código Brasileiro de Aeronáutica (Lei nº 7.565/86), a profissão de **aeronauta** é privativa de brasileiros (art. 6º da Lei dos Aeronautas). Todavia, as empresas brasileiras que operam em linhas internacionais poderão utilizar comissários estrangeiros, desde que o número destes não exceda a 1/3 dos comissários existentes a bordo da aeronave (art. 6º, § 1º, da Lei dos Aeronautas). Para as empresas aéreas de transporte público, será obrigatório que seu quadro de empregados seja de brasileiros natos ou naturalizados nos voos domésticos em território brasileiro.

Excepcionalmente, pode ocorrer de o empregado trabalhar em transporte internacional por estrada de rodagem ou ferrovia e, por isso, executar serviços intermitentes em diversos países. Neste caso, também deve ser aplicada a regra da matrícula, que é a mesma da lei do país da nacionalidade do empregador ou onde normalmente o serviço é executado.

---

34 Não confundir aeronauta com aeroviário. O aeronauta executa trabalho no ar e faz parte da tripulação, isto é, pessoal de bordo. É o profissional habilitado pelo Ministério da Aeronáutica ou órgão competente que exerce atividade a bordo de aeronave civil nacional mediante contrato de trabalho ou estrangeira em virtude de contrato de trabalho regido pelas leis brasileiras (art. 1º da Lei nº 13.475/17). O aeroviário executa trabalho em terra (aeroporto ou aerovia) para empresa de transporte aéreo. Assim dispõe o art. 1º do Decreto nº 1.232/62: "Art. 1º É aeroviário o trabalhador que, não sendo aeronauta, exerce função remunerada nos serviços terrestres de Empresa de Transportes Aéreos. Parágrafo único. É também considerado aeroviário o titular de licença e respectivo certificado válido de habilitação técnica expedidas pela Diretoria de Aeronáutica Civil para prestação de serviços em terra, que exerça função efetivamente remunerada em aeroclubes, escolas de aviação civil, bem como o titular ou não, de licença e certificado, que preste serviço de natureza permanente na conservação, manutenção e despacho de aeronaves".

3.1.6. *Itaipu*

O tratado para a construção da Hidrelétrica de Itaipu foi firmado em 26 de abril de 1973 (Decreto Legislativo nº 23/73) para aproveitamento, em condomínio, dos recursos hídricos do rio Paraná, pertencentes ao Brasil e ao Paraguai. Não foi conferida a nenhum dos dois países a propriedade ou jurisdição sobre qualquer parte do território, sendo livre o trânsito de pessoas que prestem serviços a Itaipu.

Itaipu é uma comunidade binacional regida por um direito próprio, com a adoção de regras peculiares, inclusive no que se refere à legislação trabalhista. Isto se explica porque não seria possível a aplicação do princípio da territorialidade, já que os dois países estão separados pelo rio Paraná, que serve como fronteira física, e é o local exato onde está situada a Usina Hidrelétrica de Itaipu. O Direito do Trabalho busca a unidade de legislação, portanto, não seria crível, para aqueles que têm como local de trabalho o "território de Itaipu", que o contrato de trabalho fosse regido ora pela legislação brasileira, ora pela legislação do Paraguai.

Em virtude disso, foi aprovado (11/02/74) o Protocolo sobre as Relações de Trabalho e Previdência Social a ser aplicado a todos os trabalhadores contratados pela Itaipu e, mais tarde, assinado um Protocolo adicional (10/09/74) para estender o primeiro aos demais trabalhadores contratados por locadoras ou sublocadoras de serviços, empreiteiras ou subempreiteiras.[35] Arnaldo Süssekind[36] esclarece que:

> Três princípios básicos foram adotados pelos dois Protocolos sobre as relações de trabalho e previdência social nas áreas de ITAIPU, com finalidade de evitar ou resolver os conflitos de leis brasileiras e paraguaias:
>
> 1º) aplicação da lei do lugar de celebração do contrato de trabalho às questões de capacidade e identificação profissional dos trabalhadores, de formalidades e prova do contrato e, bem assim, às relacionadas com sistemas cujo funcionamento depende de órgãos sindicais ou administrativos nacionais;
>
> 2º) aplicação de normas uniformes especiais às hipóteses nelas expressamente contempladas;
>
> 3º) aplicação das normas mais favoráveis, consideradas no conjunto para cada matéria, às questões referentes ao contrato de trabalho que não estejam sujeitas aos dois princípios anteriores.

Do contexto acima, conclui-se que os brasileiros devem ser contratados no território nacional e, portanto, a eles se aplicam as leis brasileiras, respeitados os parâmetros acima.

Como já afirmado, o art. 2º do referido Protocolo determina que devem ser observadas as regras do local da contratação apenas para alguns efeitos, tais como: capacidade jurídica dos trabalhadores, formalidades e prova dos contratos, direitos sindicais, identificação profissional etc.

---

35 O protocolo adicional foi denunciado.

36 COELHO, Humberto Alves e NEVES, Marcelo. "Direito Público do Trabalho. Estudos em Homenagem a Ivan D. Rodrigues Alves". Artigo de Arnaldo Süssekind, *Os direitos sociais-trabalhistas na binacional "ITAIPU"*, Belo Horizonte, Fórum, 2008, pp. 26-31.

O art. 3º do Protocolo fixa regras especiais para os empregados de Itaipu, independentemente do local da contratação, tais como: jornada de 8 horas com intervalo para refeição, salvo para os ocupantes de cargo de direção; adicional de hora extra (no máximo de duas por dia) de 25%; possibilidade de acordo de compensação, desde que não ultrapasse 48 semanais, nem dez horas diárias; é considerado horário noturno o executado entre as 21h de um dia e as 5h30 do outro dia, com direito ao adicional de 25%; e demais regras referentes aos direitos decorrentes da extinção do contrato de trabalho e especificação dos feriados.

Estas medidas refletem a modernidade dos pactos sociais entre países, sempre na busca de uma unidade de legislação para proteger o trabalhador das oscilações de direitos trabalhistas.

3.1.7. Lei nº 7.064/82

Esta foi a primeira lei que determinou a aplicação do princípio da norma mais favorável aos empregados transferidos para outro país. Era específica para trabalhadores contratados no Brasil para prestar serviços no exterior e regia apenas relações existentes entre empregados e empresas prestadoras de serviços de engenharia, projetos, consultoria ligadas a essas áreas, obras, montagens, gerenciamento e congêneres, de aplicação. Após a modificação da redação do art. 1º da Lei nº 7.064/82 (pela Lei nº 11.962/2009), suas disposições passaram a ser aplicadas a qualquer trabalhador contratado ou transferido para execução do trabalho no exterior. Desta forma, não está mais limitada aos empregados de empresas de engenharia e afins.

Estão excluídos da aplicação da lei em comento os empregados transferidos para o exterior de forma precária, isto é, por período não superior a 90 dias, como determina o parágrafo único do art. 1º.

A lei não se aplica a todo e qualquer trabalhador contratado no Brasil, mas apenas àqueles: a) removidos para o exterior, cujo contrato estava sendo executado no território brasileiro, isto é, que trabalhou no Brasil e está sendo transferido para o exterior; b) cedido à empresa sediada no estrangeiro, para trabalhar no exterior, desde que mantido o vínculo trabalhista com o empregador brasileiro; c) contratado por empresa sediada no Brasil para trabalhar a seu serviço no exterior.

A lei determina a aplicação da norma mais favorável ao empregado toda vez que este for cedido, removido ou contratado para trabalho em outro país, independentemente da natureza da transferência, isto é, se provisória ou definitiva.

Cabe ressaltar que a lei em comento não especifica que o trabalhador contratado seja exclusivamente brasileiro, o que dá margem ao entendimento de que se aplica também ao trabalhador estrangeiro que tenha sido aqui contratado para trabalhar no exterior para empregador brasileiro.

O art. 3º e seu inciso II da Lei nº 7.064/82 determinam que a empresa responsável pelo contrato de trabalho do empregado transferido lhe assegurará, independente da observância da legislação do local da execução dos serviços, "a aplicação da legislação brasileira de proteção ao trabalho, naquilo que não for incompatível com o disposto nesta Lei, quando mais favorável do que a legislação territorial, no **conjunto de normas em relação a cada matéria**" (grifos nossos).

A expressão "conjunto de normas em relação a cada matéria" originou grande polêmica sob o tipo de interpretação pretendida pelo legislador. Para alguns, a lei se referiu à teoria do conglobamento, sendo essa é a nossa opinião, pois "o conjunto de cada matéria" diria respeito à matéria trabalhista. Outros[37] advogam que a intenção do legislador foi a de adotar a teoria intermediária, pois a palavra "matéria" quer dizer "instituto". Há, ainda, aqueles[38] que defendem que a lei não autoriza a prevalência da norma mais benéfica, tampouco que se deva aplicar a legislação brasileira.

3.1.7.1. Teorias

No confronto de duas regras do mesmo ordenamento jurídico ou na hipótese de comparação de duas leis (uma nacional e outra estrangeira, quando legalmente autorizada a comparação) deve-se aplicar uma das teorias para avaliar a lei mais benéfica: **a) atomista** (tomista, da soma, acumulação ou cumulação); **b) conglobamento** (em bloco ou do conjunto); **c) intermediária** (por instituto, orgânica, eclética ou conglobamento mitigado).

a) Teoria tomista, atomista, da acumulação ou da soma: propõe a reunião de todos os artigos, dispositivos e textos das leis comparadas, conjugando-os num só ordenamento, ignorando as desvantagens ao trabalhador. Submete a mesma relação jurídica a regras nacionais e estrangeiras. Esta tese onera demais o empregador por desrespeitar as características de cada instituto e o sistema jurídico em que se inspirou.

É a tese mais criticada, pois o "(...) sentido exato da norma jurídica não se apura quando esta se considera isoladamente e sim quando apreciada em suas relações com outras normas concernentes à mesma matéria".[39]

b) Teoria do conjunto ou conglobamento: consagra a escolha de uma única lei em sua totalidade, ou seja, o intérprete deve optar pela lei nacional ou pela estrangeira, aplicando, exclusivamente, a que entender mais favorável.

Ex.: Empregado que trabalha no Brasil e é cedido para o exterior de acordo com a Lei nº 7.064/82. Ou se aplica o direito material previsto na CLT brasileira, ou aquele encontrado na legislação estrangeira, respeitando-se

[37] Magano, nesse sentido. *Apud* CARRION, Valentin. *Comentários à Consolidação das Leis do Trabalho*. 28. ed. atualizada por Eduardo Carrion. São Paulo: Saraiva, 2003, p. 24.

[38] Conforme JORGE NETO, Francisco Ferreira; CAVALCANTE, Jouberto de Quadros Pessoa. *Manual de Direito do Trabalho*. Rio de Janeiro: Lumen Juris, 2003, p. 140.

[39] *Apud* CARRION, Valentin. *Comentários à Consolidação das Leis do Trabalho*. 28. ed. atualizada por Eduardo Carrion. São Paulo: Saraiva, 2003, p. 24.

todos os critérios que levaram o legislador a conceder mais direitos em um instituto jurídico em detrimento de outro, o que equilibra a escolha. Esta teoria é a adotada por Martins Catharino.[40]

A jurisprudência tem adotado a teoria do conglobamento aos conflitos entre acordo coletivo e convenção coletiva (normas autônomas) e a teoria atomista nos conflitos de normas heterônomas ou heterônomas e autônomas. Remetemos o leitor ao Capítulo "Princípios de Direito do Trabalho", no item "Princípio da Norma mais Favorável", e ao Capítulo "Fontes de Direito do Trabalho" – Hierarquia – Critério de Comparação.

A vantagem desta tese é que a mesma relação jurídica (contrato) se submete apenas a uma legislação trabalhista, respeitando-se o princípio da unidade contratual e da congruência.

A crítica que se faz é quanto à dificuldade de se examinar toda a legislação do país estrangeiro para poder comparar com a nossa e escolher qual é a mais benéfica. Outros acrescentam que esta teoria pode beneficiar a coletividade, mas, no caso concreto, ser maléfica.

> **Ex.:** Empregado acidentado que pretende sua reintegração. Lei brasileira garante sua estabilidade. Lei estrangeira não garante a estabilidade pretendida, mas em relação a outras questões traz direitos mais benéficos, tais como salário justo e muito superior aos pisos nacionais, jornada reduzida, indenização por tempo de serviço etc. Neste exemplo, apesar da legislação estrangeira ser mais benéfica no todo, é prejudicial no caso concreto.

Contudo, mesmo assim, ainda consideramos que esta (conglobamento) é a teoria mais apropriada no caso de conflito entre a legislação brasileira e a estrangeira, cabendo ao magistrado uma análise profunda de ambas as normas, para aplicar aquela mais favorável em seu conjunto.

c) A teoria intermediária, eclética ou orgânica determina a aplicação do conjunto de normas agrupadas sob a mesma forma de **instituto jurídico** que for mais favorável ao trabalhador, em detrimento daquela matéria prevista na legislação do outro país. Assim, serão respeitadas as características de cada instituto, sem onerar de forma demasiada o empregador e sem beneficiar ilimitadamente o empregado. Desta forma, as duas leis (brasileira e estrangeira) são aplicadas à mesma relação de trabalho, sendo que a adoção do instituto jurídico de uma lei exclui a aplicação do mesmo instituto ou matéria de outra lei. Esta é a posição mais aceita na doutrina. Ex.: Empregado contratado no Brasil para trabalhar no exterior sob a égide da Lei nº 7.064/82. Pela teoria intermediária aplica-se, por exemplo, o Capítulo "Da Remuneração"

---

[40] CATHARINO, José Martins. *Compêndio Universitário de Direito do Trabalho*. São Paulo: Editora Jurídica e Universitária, 1972, p. 110.

> contido na norma estrangeira, que fixa salário e benesses salariais superiores às nacionais e, ao mesmo contrato, o Capítulo da "Indenização por Tempo de Serviço" contido na legislação brasileira, dando, assim, ao trabalhador o salário digno do exterior em detrimento das pequenas vantagens do salário e sobressalários nacionais (gratificações e adicionais), somado aos benefícios do FGTS + 40% devidos em face da dispensa imotivada prevista na legislação brasileira.

A Lei nº 7.064/82, art. 3º, II, se refere expressamente a este critério para a escolha da norma mais benéfica.

Alice Monteiro de Barros,[41] conforme a decisão abaixo, defende a aplicação da teoria intermediária nos casos da Lei nº 7.064/82, porém a denomina de conglobamento mitigado, conglobamento orgânico ou conglobamento por instituto:

> TEORIA DO CONGLOBAMENTO MITIGADO. Na aferição da norma mais favorável, o Direito do Trabalho brasileiro adotou a teoria do conglobamento mitigado, também conhecido como conglobamento orgânico ou por instituto (Deveali, Mario Pasco e Pinho Pedreira). Isso significa que a análise deverá extrair-se do conjunto de normas que se referem a um mesmo instituto e não à totalidade da norma coletiva. Cada instituto possui um regime unitário, portanto, não há como aplicá-lo parcialmente, tendo-se em vista que o "instituto é o conjunto de disposições e cláusulas unificadas *ratione materiae*, isto é, concernentes a atribuições da mesma natureza". Entendemos, pois, que a Lei nº 7.064, de 1982, no art. 3º, II, adotou essa teoria ao dispor sobre "a aplicação da legislação brasileira de proteção ao trabalho, naquilo que não for incompatível com o disposto nesta Lei, quando mais vantajosa do que a legislação territorial, no conjunto de normas e em relação a cada matéria"; logo, se a norma coletiva dispõe que o transporte fornecido em percurso sabidamente não servido por linha regular de ônibus será excluído do cálculo das horas *in itinere*, previstas hoje em Lei (art. 58, § 2º, da CLT), a cláusula só poderia ter validade se o referido instrumento normativo instituísse uma vantagem em relação à duração do trabalho. Do contrário, a hipótese traduz renúncia às horas extras *in itinere*, previstas em norma imperativa irrenunciável, não se situando na permissividade constante dos incisos VI, XII e XIV do art. 7º da Constituição Federal de 1988, dada a diversidade da matéria. TRT/MG – Processo nº 01731.2004.067.03.00.6 – Rel. Designado: Juíza Alice Monteiro de Barros. *DJ*/MG 17/03/2005.

Por sua vez, Mauricio Godinho[42] advoga que o art. 3º, II, da Lei nº 7.064/82 referiu-se expressamente à teoria do conglobamento, que, aliás, acha ser a mais adequada para qualquer conflito de normas.

Magano[43] defende que as leis trabalhistas de outro país não terão eficácia no Brasil quando ofenderem a soberania nacional, a ordem pública e os bons costumes.

---

[41] BARROS, Alice Monteiro de. *Curso de Direito do Trabalho*. São Paulo: LTr, 2005, p. 158.

[42] DELGADO, Mauricio Godinho. *Curso de Direito do Trabalho*. 6. ed. São Paulo: LTr, 2007, p. 183.

[43] *Apud* CARRION, Valentin. *Comentários à Consolidação das Leis do Trabalho*. 26. ed. São Paulo: Saraiva, 2001, p. 22.

3.1.8. Contrato e Norma mais Favorável

É possível o empregado executar serviços em outro país, mas seu contrato de trabalho determinar a aplicação do princípio da lei mais favorável ao trabalhador. Também aqui devem ser observadas as teorias acima mencionadas para a escolha da melhor.

O ajuste pode ser tácito ou expresso. Expresso quando pactuado pelas partes, sob a forma oral ou escrita. Tácito quando o empregador, mesmo sem ter se comprometido expressamente, aplica total ou parcialmente a legislação do outro país, que formalmente estaria isento de respeitar.

> **Ex.:** Empregado que presta serviços de forma permanente em Nova York. A lei a ser aplicada é a de Nova York. Se, entretanto, o empregador espontaneamente conceder também benesses trabalhistas brasileiras (FGTS, férias + 1/3 e RSR, por exemplo), estará, tacitamente, ajustando a aplicação da lei brasileira. Logo, devem ser aplicadas as duas leis. A de NY em face do princípio da *lex loci executionis* e a do Brasil por aplicação espontânea e habitual do patrão.

Entretanto, há autores (Magano)[44] que aplicam o princípio da norma mais favorável para solução dos conflitos de leis, mesmo quando o contrato nada prevê. Discordamos deste entendimento. Não se pode aplicar um princípio interno brasileiro para resolução de conflito entre lei interna e externa.

O art. 19, 8, da Constituição[45] da OIT em nada modifica a nossa tese, pois trata dos conflitos havidos entre convenções e atos autônomos internacionais e a lei interna de um país participante, acordante.

---

44 *Idem.*

45 Assim dispõe o art. 19, 8, da Constituição da OIT: "Em caso algum, a adoção, pela Conferência, de uma convenção ou recomendação, ou a ratificação, por um Estado-membro, de uma convenção, deverão ser consideradas como afetando qualquer lei, sentença, costumes ou acordos que assegurem aos trabalhadores interessados condições mais favoráveis que as previstas pela convenção ou recomendação".

Capítulo 6

PRINCÍPIOS

1. CONCEITO DE PRINCÍPIO

De acordo com o Dicionário Aurélio[1] a definição é a seguinte:

> *Princípio. (Do lat. principiu)* S.m. 1. Momento ou local ou trecho em que algo tem origem (...) 2. Causa primária. 3. Elemento predominante na constituição de um corpo orgânico. 4. Preceito, regra, lei. 5, p. ext. Base; germe (...) 6. Filos. Fonte ou causa de uma ação. 7. Filos. Proposição que se põe no início de uma dedução, e que não é deduzida de nenhuma outra dentro do sistema, sendo admitida, provisoriamente, como inquestionável (São princípios os axiomas, os postulados, os teoremas etc. Cf. princípio do v. principiar).
>
> Princípios (...). 4. Filo. Proposições diretoras de uma ciência, às quais todo o desenvolvimento posterior dessa ciência deve estar subordinado.

2. CONCEITO TRADICIONAL DE PRINCÍPIO DE DIREITO

Princípio é a postura mental que leva o intérprete a se posicionar desta ou daquela maneira. Serve de diretriz, de arcabouço, de orientação para que a interpretação seja feita de uma certa maneira e, por isso, tem função interpretativa.

Para Alonso Olea,[2] o princípio geral de direito é um critério de ordenação que **inspira** todo o sistema jurídico. Explica que, na verdade, os princípios de direito se dirigem não só ao juiz, mas também aos intérpretes, aos legisladores, aos demais operadores do direito, como também aos agentes sociais a que se destinam.

Servem não só de parâmetro para a formação de novas normas jurídicas, mas também de **orientação** para a **interpretação** e **aplicação** das normas já existentes. Designam a estruturação de um sistema jurídico através de uma ideia mestre que **ilumina** e **irradia** as demais normas e pensamentos acerca da matéria.

---

1 FERREIRA, Aurélio Buarque de Holanda. *Novo Dicionário Aurélio da Língua Portuguesa*. 2. ed. Rio de Janeiro: Nova Fronteira, 1986, p. 1.393.

2 *Apud* RODRIGUEZ, Américo Plá. *Princípios de Direito do Trabalho*. São Paulo: LTr, 1978, p. 31.

Para Arnaldo Süssekind:[3]

> (...) são enunciados genéricos, explicitados ou deduzidos, do ordenamento jurídico pertinente, destinados a **iluminar** tanto o legislador, ao elaborar as leis dos respectivos sistemas, como ao intérprete, ao aplicar as normas ou sanar as omissões. (grifos nossos)

Por fim, cabe mencionar a definição de Américo Plá Rodriguez:[4]

> (...) linhas diretrizes que informam algumas normas e **inspiram** direta ou indiretamente uma série de soluções, pelo que podem servir para promover e embasar a aprovação de novas normas, **orientar** a **interpretação** das existentes e resolver os casos não previstos. (grifos nossos)

3. CONCEITO DE PRINCÍPIOS CONSTITUCIONAIS

O conceito de princípio de direito acima apresentado corresponde à visão positivista, mais fechada às regras de direito, com excessivo apego ao texto legal, em que para toda hipótese há sempre um comando e uma consequência prevista. Por este prisma, os princípios constitucionais são apenas fontes de inspiração, de dedução, encaminhamento, integração e interpretação da lei ou do legislador.

Apesar de ser esta, ainda hoje, a posição majoritária de nossos tribunais trabalhistas e de boa parte da doutrina, a Constituição da República de 1988 elevou os princípios à categoria de norma, dando outra abordagem a partir de então.

Por este novo paradigma, embora não se deva abandonar as regras (texto legal), ou seja, o positivismo (norma posta, imposta), pois ordenam a sociedade e conferem paz social, o direito caminha no sentido de não encarar os princípios constitucionais como fontes secundárias, preponderando, assim, as cláusulas abertas, que são mais plásticas e menos concretas, e que permitem ao direito solucionar maior número de questões e acompanhar as novas necessidades sociais, fruto da evolução de nossa história.

A doutrina[5] pós-positivista diferencia os **princípios jurídicos** ou de direito, dos **princípios constitucionais**, pois enquanto aqueles se destinam, quase sempre, a **orientar** o intérprete e **inspirar** o legislador, estes são espécies de **norma jurídica**, com força normativa (comando geral, abstrato, impessoal e imperativo).

Na visão moderna, a norma é gênero da qual são espécies: princípios, regras, valores e postulados.

Comungamos com a corrente que entende que a Justiça vai além do positivismo, e na qual todos os princípios constitucionais têm eficácia imperativa e, por isso, são normas.

---

3 SÜSSEKIND, Arnaldo. Instituições de Direito do Trabalho. 21. ed. São Paulo: LTR, 2003, p. 142.

4 RODRIGUEZ, Américo Plá. *Princípios de Direito do Trabalho*. São Paulo: LTr, 2002, p. 36.

5 No Brasil, Paulo Bonavides retratou com fidelidade todos os autores estrangeiros que defendiam a normatividade dos princípios e demonstrou a tendência brasileira se curvando para tanto – *Dos princípios Gerais de Direito aos Princípios Constitucionais*.

3.1. Eficácia dos Princípios Constitucionais

Fábio Gomes[6] bem ilustra a evolução do Direito Constitucional, como demonstra o quadro abaixo por ele sugerido:

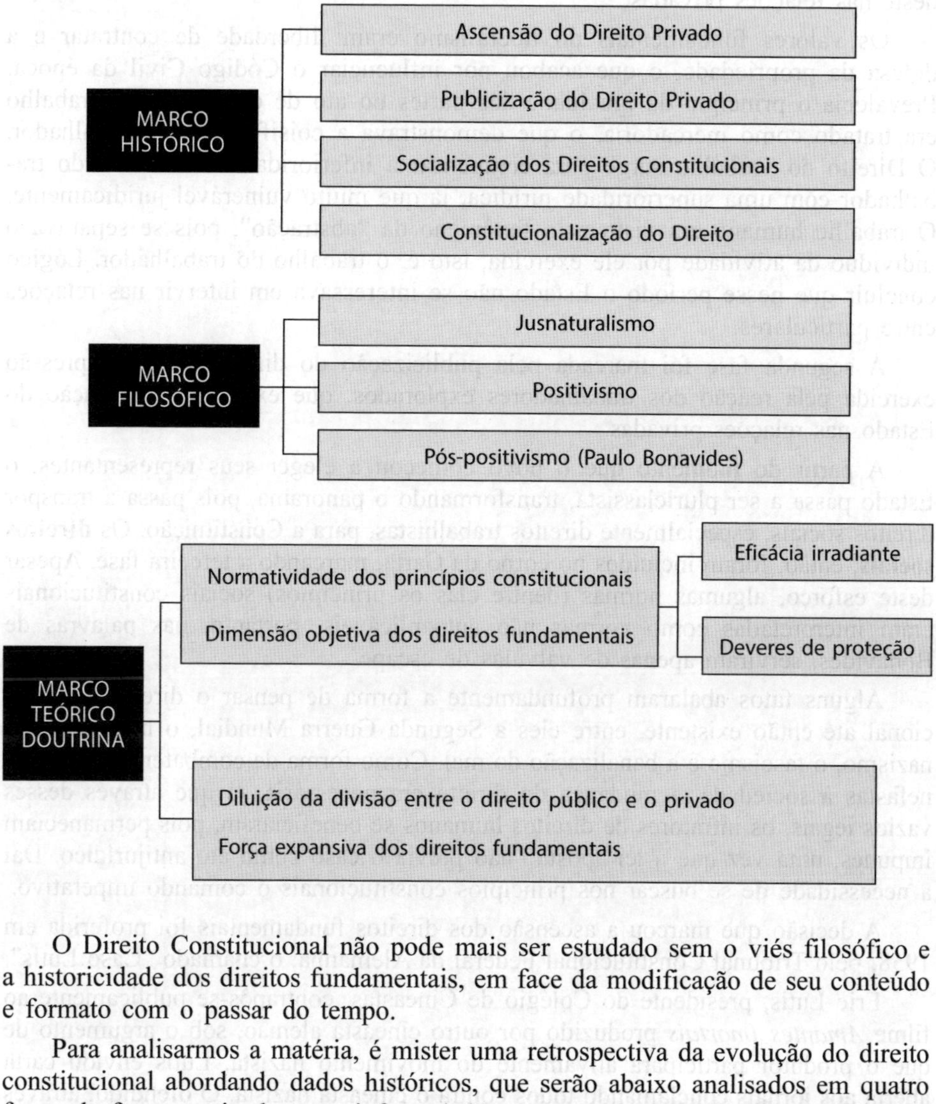

O Direito Constitucional não pode mais ser estudado sem o viés filosófico e a historicidade dos direitos fundamentais, em face da modificação de seu conteúdo e formato com o passar do tempo.

Para analisarmos a matéria, é mister uma retrospectiva da evolução do direito constitucional abordando dados históricos, que serão abaixo analisados em quatro fases, de forma muito breve e informal, já que este não é o objetivo deste livro.

A primeira fase foi marcada pela Revolução Francesa, cuja consequência foi a criação de um Estado Moderno, com poderes separados e independentes, a fim

[6] GOMES, Fábio Rodrigues. *Eficácia horizontal dos princípios constitucionais*. Palestra proferida no Metta Cursos Jurídicos em 15/02/07, às 9h.

de conter o poder absoluto existente até então. A ideia de criação de direitos fundamentais aparece, neste primeiro momento, como direitos de defesa do cidadão em face do Estado, o que significava que o Estado deveria se abster de praticar alguns atos que violassem a liberdade dos particulares, limitando a intervenção deste nas relações privadas.

Os valores fundamentais do liberalismo eram: liberdade de contratar e a defesa da propriedade, o que acabou por influenciar o Código Civil da época. Prevalecia o princípio da igualdade das partes no ato de contratar, e o trabalho era tratado como mercadoria, o que demonstrava a coisificação do trabalhador. O Direito do Trabalho surge para compensar a inferioridade econômica do trabalhador com uma superioridade jurídica, já que muito vulnerável juridicamente. O trabalho humano era visto pelo fenômeno da "abstração", pois se separava o indivíduo da atividade por ele exercida, isto é, o trabalho do trabalhador. Lógico concluir que nesse período o Estado não se interessava em intervir nas relações entre particulares.

A segunda fase foi marcada pela publicização do direito, fruto da pressão exercida pela reação dos trabalhadores explorados, que exigiu a intervenção do Estado nas relações privadas.

A partir do momento que o povo começou a eleger seus representantes, o Estado passa a ser pluriclassista, transformando o panorama, pois passa a transpor direitos sociais, especialmente direitos trabalhistas, para a Constituição. Os **direitos sociais**, então, foram incluídos no corpo da Carta, marcando a terceira fase. Apesar deste esforço, algumas normas (dentre elas os princípios) sociais constitucionais eram interpretadas como normas não autoaplicáveis, portanto, nas palavras de Bonavides, serviram apenas de válvulas de escape.

Alguns fatos abalaram profundamente a forma de pensar o direito constitucional até então existente, entre eles a Segunda Guerra Mundial, o holocausto, o nazismo, o fascismo e a banalização do mal. Como forma de combater tais práticas nefastas à sociedade, a mudança do direito era necessária, já que através desses vazios legais, os infratores de direitos humanos se beneficiaram, pois permaneciam impunes, uma vez que a lei "posta" não previa o caso como ato antijurídico. Daí a necessidade de se buscar nos princípios constitucionais o comando imperativo.

A decisão que marcou a ascensão dos direitos fundamentais foi proferida em 1958, pelo Tribunal Constitucional Federal da Alemanha, o chamado "Caso Lutis".

Eric Lutis, presidente do Colégio de Cineastas, contrapôs-se publicamente ao filme *Amantes Imortais* produzido por outro cineasta alemão, sob o argumento de que o produtor participara ativamente do movimento nazista. Lutis enviou carta aberta aos jornais conclamando todos contra o cineasta nazista. O ofendido, através de sua produtora, reagiu e propôs ação com base no § 826 do Código Civil alemão, para impedir Lutis de continuar o "boicote". O parágrafo referido proibia a prática de atos contrários aos bons costumes. A produtora ganhou a causa nas duas primeiras instâncias. Lutis, então, ajuizou queixa no Tribunal Federal Alemão, alegando o seu direito fundamental de liberdade de expressão, previsto na Constituição. A decisão da mais alta Corte alemã foi histórica e marcou o início de uma nova era no direito, pois, pela primeira vez apontava o equívoco de se interpretar a lei ignorando os direitos fundamentais previstos na Constituição, determinando que a interpretação da lei deve se dar **conforme a Constituição**. Declarou, ainda, que o sistema de direitos fundamentais representa ordem objetiva de valores e como tal influencia o direito infraconstitucional e vincula todas as funções e órgãos estatais. A partir daí nasce a **constitucionalização do direito** (última fase).

Visão pós-positivista

A Constituição é norma de conduta ou de comportamento (dever-ser) e não apenas uma Carta Política. Não é mera diretriz, mera luz ou um papel. Agora o Estado é personalista, pois leva em conta o homem, historicamente situado, vislumbrando os interesses e necessidades do indivíduo concreto, abandonando a ideia do homem ideal, do bom pai de família, que o direito civil preconizava.

Neste momento pós-positivista, o direito se afasta um pouco da regra escrita e se aproxima mais da ética, da Justiça e da moral.

Expande-se a ideia da **normatividade dos princípios**.

Constituição é norma e traz diversos valores em forma de princípios.

A norma constitucional é dividida em quatro espécies: princípios, regras, valores e postulados.

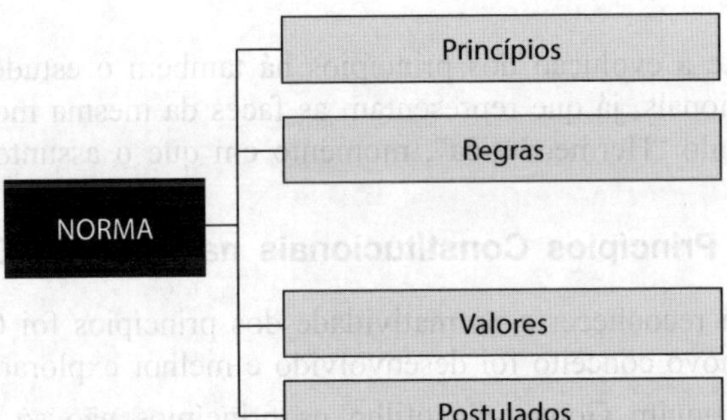

O **princípio** diz o fim almejado, mas não diz o meio, o caminho para se chegar àquele fim. É mais plástico, mais aberto, de menor densidade e mais irradiante. Possui um grau mais alto de generalidade e abstração que as regras. Aplica-se a vários casos. Ex.: Princípio da dignidade da pessoa humana. Como se chegar a este fim desejado pela norma constitucional?

A **regra** é aquela que contém a hipótese de incidência e a consequência, é o chamado "se... então". Por isso, são mais concretas, menos irradiantes e menos abertas. Tem maior densidade normativa. Ex.: **Se** trabalhar mais que oito horas por dia, **então** terá direito a horas extras com acréscimo de 50%, igualdade etc.

Valor é um axioma subjetivo que impregna toda a Constituição, é o que é bom para a pessoa e quando incorporado ao direito ele se torna norma. Alguns se incorporam ao direito através dos princípios. Ex.: justiça, valorização do ser sobre o ter, igualdade etc.

Os **postulados** são critérios de ponderação, estabelecendo apenas o meio e não o fim almejado. Por isso, Humberto D'avila não os considera como princípios. Ex.: Postulado da proporcionalidade e da razoabilidade.

Conclusão: na visão atual, os princípios constitucionais são considerados fontes formais do direito porque são normas.[7] Este fenômeno também pode ser aplicado a alguns princípios gerais de direito ou específicos de Direito do Trabalho, embora a doutrina e jurisprudência trabalhistas ainda não reconheçam esta função normativa.

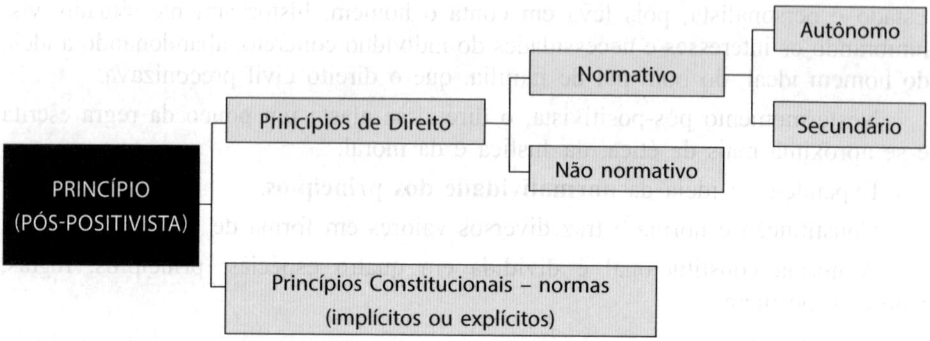

Paralelamente à evolução dos princípios há também o estudo da eficácia das normas constitucionais, já que representam as faces da mesma moeda. Remetemos o leitor ao Capítulo "Hermenêutica", momento em que o assunto é abordado.

3.2. Regras e Princípios Constitucionais na Visão de Canotilho

O primeiro a reconhecer a normatividade dos princípios foi Crisafulli (1952), e, mais tarde, o novo conceito foi desenvolvido e melhor explorado por Canotilho.

Para José Joaquim Gomes Canotilho os princípios não só iluminam, como podem ser também estruturais, diretores ou normativos, isto é, alguns princípios somente inspiram, outros encaminham, porém há aqueles que criam regras, que são normativos.

Acrescenta que[8] as normas se subdividem em regras e princípios, sendo que as regras "(...) são normas que, verificados determinados pressupostos, exigem, proíbem ou permitem algo em termos definitivos, sem qualquer excepção (direito definitivo)...", ao passo que princípios "(...) são normas que exigem a realização de algo, da melhor forma possível, de acordo com as possibilidades fácticas e jurídicas (...)".

7 BARROS, Alice Monteiro de. *Curso de Direito do Trabalho*. São Paulo: LTr, 2005, p. 165.

8 CANOTILHO, José Joaquim Gomes. *Direito Constitucional e teoria da constituição*, 2. ed. Coimbra: Almedina, 1998, p. 86-88.

Canotilho não incluiu o "valor" como integrante do gênero norma jurídica, tarefa realizada posteriormente, no Brasil, por Paulo Bonavides.

Canotilho[9] sugere alguns critérios para distinção dos princípios e das regras, dentre eles citamos:

a) grau de abstração: os princípios apresentam grau de abstração elevado, enquanto as regras possuem grau de abstração reduzido;
b) grau de determinabilidade na aplicação do caso concreto: as regras permitem aplicação direta, pois criam um direito subjetivo, enquanto os princípios, por serem vagos e indeterminados, são suscetíveis de mediações concretizadoras;
c) caráter de fundamentalidade no sistema das fontes de direitos: os princípios desempenham um papel fundamental no ordenamento jurídico diante de sua posição hierárquica no sistema das fontes (ex.: princípios constitucionais) ou mesmo em função da sua importância estruturante dentro do sistema jurídico (ex.: princípio do Estado de Direito);
d) proximidade da ideia de direito: os princípios estão vinculados às exigências de justiça ou ideia de direito, ao passo que regras podem ser normas vinculativas com conteúdo meramente funcional;
e) natureza normogenética: os princípios servem de fundamento para as regras, ou seja, os princípios representam a razão da existência de regras jurídicas, e servem de base para estas.

3.2.1. Função dos Princípios para Canotilho

Para melhor distinção, é mister saber qual a função dos princípios, isto é, se são normas de conduta ou possuem função retórico-argumentativa. Identificar se os princípios e as regras pertencem à mesma família, sendo a diferença apenas de grau, isto é "(...) quanto à generalidade, conteúdo informativo, hierarquia das fontes, explicitação do conteúdo, conteúdo valorativo",[10] ou se há, entre os princípios e regras, na verdade, uma distinção qualitativa.

Para perquirir qual a função dos princípios, Canotilho os classifica como princípios hermenêuticos e princípios jurídicos. Os princípios hermenêuticos são aqueles que desempenham uma função argumentativa, que busca a mensagem traduzida por uma disposição, revelando normas que não são expressamente consignadas nos dispositivos legais, permitindo o desenvolvimento, integração e aplicação do direito. Já os princípios jurídicos são normas jurídicas de conduta.

O que interessa na visão do autor, na verdade, não é a função hermenêutica, mas o princípio visto como norma de conduta, e sobre este prisma prossegue sua obra.

---

9 *Ibidem*, p. 1.124-1.230.

10 *Ibidem*, p. 1.035.

No que concerne ao segundo aspecto, discorre o autor que a distinção é qualitativa, segundo os seguintes aspectos: os princípios são normas jurídicas impositivas de otimização, compatíveis com vários graus de concretização, que variam de acordo com as condições fáticas ou jurídicas; as regras, por sua vez, estabelecem coercitivamente uma exigência (impõem, permitem ou proíbem) que pode ou não vir a ser cumprida.

Estabelece que a convivência dos princípios é conflitual, ao passo que das regras é antinômica, permitindo a coexistência de princípios que sejam conflitantes, enquanto no que se refere às regras, ocorre a exclusão. Isto é, ou a regra vale, devendo ser cumprida na medida estabelecida, ou não tem validade. Segundo o autor: "Os princípios, ao constituírem exigências de optimização, permitem o balanceamento de valores e interesses (não obedecem, como as regras, à lógica do tudo ou nada), consoante o seu peso e a ponderação de outros princípios textualmente conflitantes".[11]

3.3. Funções dos Princípios para o Direito Moderno

Os princípios podem ter diversas funções, sob a ótica moderna: informadora, interpretadora, diretiva e normativa.

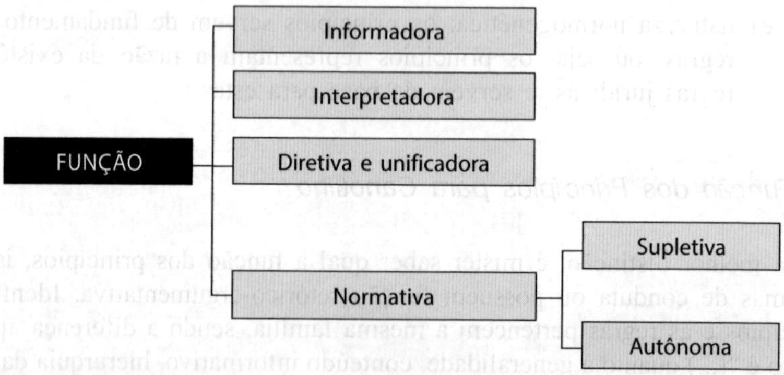

Informadora, porque inspira o legislador a legislar a favor do bem jurídico que deve ser tutelado, e que vai servir de fundamento para o ordenamento jurídico. Ex.: Princípio da proteção ao trabalhador. O legislador deve privilegiar o hipossuficiente.

Interpretadora, pois opera como critério orientador do juiz ou do intérprete. Ex.: princípio *in dubio pro misero*: quando a norma comportar mais de uma interpretação razoável, o intérprete deverá optar por aquela mais favorável ao trabalhador.

Diretiva e unificadora, porque unifica o ordenamento e indica a direção a ser tomada pelo legislador, operadores do direito e intérpretes. Não permite analisar a norma de forma isolada.

---

11 *Idem*.

> **Ex.:** O inciso XXVI do art. 7º da CRFB deve ser interpretado de acordo com o *caput* do mesmo artigo, sob pena de se ignorar o princípio da unidade da interpretação constitucional (mais tarde estudada).

Normativo supletivo, acessório ou secundário quando supre e integra as lacunas legais, servindo como fonte supletiva. A regra concreta existe, mas não prevê determinada nuança ou hipótese. O princípio preenche esse vazio normatizando o caso.

> **Ex.:** O art. 10, II, *b*, do ADCT concede estabilidade à gestante desde a confirmação da gravidez até cinco meses após o parto. Porém, não informa qual deve ser o procedimento quando a gravidez é interrompida pela morte da criança (ainda no ventre) ou quando nasce morta ou, ainda, quando a confirmação se dá após a rescisão contratual, mas com data de concepção anterior à dispensa. O intérprete deve ponderar se deve aplicar o princípio da proteção à maternidade ou à trabalhadora (que não teve sequer a oportunidade de ser mãe, em virtude do falecimento do feto).

A função **normativa autônoma** atua criando um direito subjetivo, preenchendo o vazio existente no ordenamento jurídico e não na regra.

> **Ex.:** Não existe lei que proíba um anão a aceitar trabalhar como um projétil a ser arremessado pelos fregueses do empregador (abaixo o exemplo será melhor explorado). Todavia, tal comportamento parece ferir o princípio constitucional da dignidade da pessoa humana. Nesse caso, a aplicação do princípio funcionará para impedir o trabalho, atuando como fonte normativa autônoma.

A normatividade dos princípios foi limitada pela Lei nº 13.467/17, quando acrescentou o § 2º ao art. 8º da CLT:

> Art. 8º As autoridades administrativas e a Justiça do Trabalho, na falta de disposições legais ou contratuais, decidirão, conforme o caso, pela jurisprudência, por analogia, por equidade e outros princípios e normas gerais de direito, principalmente do direito do trabalho, e, ainda, de acordo com os usos e costumes, o direito comparado, mas sempre de maneira que nenhum interesse de classe ou particular prevaleça sobre o interesse público.
>
> § 1º O direito comum será fonte subsidiária do direito do trabalho.
>
> § 2º Súmulas e outros enunciados de jurisprudência editados pelo Tribunal Superior do Trabalho e pelos Tribunais Regionais do Trabalho não poderão restringir direitos legalmente previstos nem criar obrigações que não estejam previstas em lei.

Da análise do texto acima, percebe-se que o § 2º do art. 8º da CLT proíbe os tribunais trabalhistas de criarem ou restringirem direitos por meio das súmulas ou outros enunciados de jurisprudência.

Portanto, a lei limita a interpretação dos tribunais e impede que a súmulas e demais enunciados de jurisprudência sejam fontes de direito (remetemos o leitor ao Capítulo Fontes de Direito do Trabalho).

Todavia, na função normativa dos princípios, que age na interpretação direta dos dispositivos da lei, visa-se o preenchimento das lacunas, nos vazios, por isso, entendemos que continua existindo na Justiça do Trabalho a função normativa dos princípios, mas agora de forma mais tímida, mais amarrada, menos ativista.

3.4. Princípios, Regras e Valores Constitucionais na Visão Moderna Brasileira

A eficácia jurídica dos princípios constitucionais foi exemplarmente debatida por Ana Paula de Barcellos,[12] que aponta três modalidades de eficácia jurídica reconhecida aos princípios: **interpretativa**, **negativa e vedativa de retrocesso**, e prossegue conceituando eficácia e concluindo:

> (...) princípios constitucionais, pois aqui estarão associadas suas características de **norma-princípio** com a superioridade hierárquica própria da Constituição. Como consequência da eficácia interpretativa, cada norma infraconstitucional, ou mesmo constitucional, deverá ser interpretada de modo a realizar o mais amplamente possível o princípio que rege a matéria (grifos nossos).
>
> A eficácia negativa exige mais elaboração quando se trata dos princípios, igualmente por força de seus efeitos indeterminados (...) funciona como **barreira de contenção**, impedindo que sejam praticados atos ou editadas normas que se oponham aos propósitos do princípio. (...) (grifos nossos).
>
> A **vedação de retrocesso**, por sua vez, desenvolveu-se especialmente tendo em conta os princípios constitucionais e em particular aqueles que estabelecem fins materiais relacionados aos **direitos fundamentais**, para cuja consecução é necessária a edição de normas infraconstitucionais (grifos nossos).

Portanto, os princípios constitucionais brasileiros têm eficácia jurídica e, com isso, força normativa. Entende-se por **eficácia** o atributo da norma que possui todos os elementos que a torna capaz de produzir efeitos jurídicos. Uma norma eficaz age de forma coercitiva sobre os agentes sociais e, em virtude disto, pode ser exigido judicialmente seu cumprimento. Para José Afonso da Silva[13] uma norma só pode ser aplicada concretamente quando for eficaz.[14]

Paulo Bonavides[15] informa que as normas jurídicas são o gênero de três espécies: as regras, os princípios e os valores. Os princípios têm dois tipos normativos:

---

[12] BARCELLOS, Ana Paula de. *A eficácia jurídica dos princípios constitucionais. O princípio da dignidade da pessoa humana*. Rio de Janeiro: Renovar, 2002, p. 59.

[13] SILVA, José Afonso da. *Aplicabilidade das normas constitucionais*. São Paulo: Malheiros, 2001, p. 60.

[14] Convém ressaltar as diferenças entre **positividade, eficácia** e **vigência**. Positividade do direito exprime a característica de um direito que rege a conduta humana concretamente, mediante normas atributivas atuais ou históricas. Eficácia é a capacidade de atingir objetivos previamente fixados como metas. Vigência refere-se à norma atual, ao tempo de existência específica da norma, do aqui e agora.

[15] BARROSO, Luiz Roberto. *Interpretação e aplicação da Constituição*. São Paulo: Saraiva, 2003, p. 328.

o **princípio normativo autônomo**, que é exatamente aquele dotado de conteúdo normativo, podendo, desta forma, revogar uma lei ou dar-lhe interpretação contrária à mesma e o **princípio normativo**, usado de forma **supletiva** ou subsidiária, que tem a função interpretadora da regra.

Os princípios possuem generalidade e abstração superior à das regras e, por isso, maior dimensão. Segundo Canaris,[16] "outra distinção fundamental entre princípios e regras é que aqueles não permitem, pela insuficiência do seu grau de concretização, a subsunção".

E Daniel Sarmento[17] comenta:

> Segundo tal autor, no plano da fluidez, os princípios situam-se entre os valores e as regras jurídicas. Excedem os valores, em termos de concretização, por já delinearem indicações sobre as suas consequências jurídicas, mas ainda não alcançam o grau de densidade normativa das regras, pois não têm delimitadas, com precisão necessária, as respectivas hipóteses de incidência e consequências jurídicas.

Os princípios que possuem força normativa são fontes formais do direito. Porém, não é pacífico esse entendimento na seara trabalhista.

O método da **ponderação[18] de interesses** demonstra ser um instrumento hábil para equacionar os conflitos entre princípios constitucionais, na medida em que os critérios clássicos para a resolução de antinomias, quais sejam: o cronológico, o hierárquico e o da especialidade não se mostram suficientes para resolução das tensões entre normas constitucionais. Tais ferramentas possuem eficácia plena, quando aplicadas para a resolução dos conflitos entre as regras, pois estas possuem comandos definitivos.

Os ensinamentos doutrinários demonstram que os conflitos entre princípios constitucionais, por uma dimensão de peso, não são tratados de maneira hierárquica, assim, o conflito é solucionado levando em consideração o valor relativo assumido pelo princípio dentro das circunstâncias do caso concreto.

---

16 *Apud* Daniel Sarmento. *A ponderação de interesses na Constituição Federal.* Rio de Janeiro: Lumen Juris, 2003, p. 43.

17 *Idem.*

18 A necessidade de criação de um método de ponderação entre os interesses que devem prevalecer nasceu de casos concretos em que havia conflitos de princípios constitucionais. O fato que bem ilustrou ocorreu na França no "caso *Morsang-sur-Orge*" ou "caso do anão", cuja lide era a seguinte: uma boate organizou um concurso de "arremesso de anão" que consistia em uma prova na qual venceria o freguês que conseguisse lançar mais longe o anão, a partir do palco da discoteca. Entretanto, o prefeito da cidade, na condição de guardião da ordem pública, interditou o espetáculo, baseando-se no argumento de que aquele ato era contrário ao princípio da dignidade da pessoa humana. Inconformada com a decisão administrativa, a empresa organizadora do concurso, em litisconsórcio com o anão, seu empregado contratado como "projétil", impugnou na justiça administrativa o ato do prefeito. O empresário alegava a seu favor o princípio constitucional da "livre iniciativa" e o trabalhador anão o princípio, também constitucional, da liberdade de exercício de ofício e profissão e, que não havia lei que proibisse o trabalho de "projétil humano". A partir daí três princípios constitucionais poderiam ser aplicados ao mesmo caso, mas que almejavam objetivos diversos. Presente estava o conflito de princípios. Por fim, o Conselho de Estado francês manteve o ato do Poder Público (do prefeito), afirmando a indisponibilidade da dignidade humana pelo seu próprio titular e a preponderância deste princípio sobre os demais.

Este método é todo embasado no Princípio ou Postulado da Proporcionalidade. Como afirmou Willis Santiago Guerra Filho:[19]

> (...) é ele que permite fazer o "sopesamento" dos princípios e direitos fundamentais, bem como dos interesses e bens jurídicos em que se expressam, quando se encontram em estado de contradição, solucionando-a de forma que maximize o respeito de todos os envolvidos no conflito.

E como ensina Daniel Sarmento:[20]

> Na **ponderação**, a restrição imposta a cada interesse em jogo, num caso de conflito entre princípios constitucionais, só se justificará na medida em que: (a) mostrar-se apta a garantir a sobrevivência do interesse contraposto, (b) não houver solução menos gravosa, e (c) o benefício logrado com a restrição a um interesse compensar o grau de sacrifício imposto ao interesse antagônico (grifo nosso).

Posicionando-se com relação ao conflito entre princípios, Luís Roberto Barroso[21] leciona:

> Princípios contêm, normalmente, uma maior carga valorativa, um fundamento ético, uma decisão política relevante, e indicam determinada direção a seguir. Ocorre que, em ordem pluralista, existem outros princípios que abrigam decisões, valores ou fundamentos diversos, por vezes contrapostos. A **colisão de princípios**, portanto, não é só possível, como faz parte da lógica do sistema, que é dialético. Por isso a sua incidência não pode ser posta em termos de *tudo ou nada*, de validade ou importância. À vista dos elementos do caso concreto, o intérprete deverá fazer escolhas fundamentadas, quando se defronte com antagonismos inevitáveis, como os que existem entre a liberdade de expressão e privacidade, a livre iniciativa e a intervenção estatal, o direito de propriedade e a sua função social. A aplicação dos princípios se dá, predominantemente, mediante *ponderação*.

E estas ponderações devem respeitar o núcleo essencial dos direitos fundamentais que são analisados de acordo com o caso concreto.

4. PRINCÍPIOS × FONTES – VISÃO TRABALHISTA

Os princípios são fontes materiais porque inspiradores, informadores, integrativos. É fonte formal quando possuir força normativa (autônoma). Estão aí compreendidos os princípios constitucionais e outros essenciais ao direito. Aparentemente Alice Monteiro[22] compartilha dessa opinião, pois afirma que os princípios gerais de direito são normas fundamentais.

Porém, este entendimento não é uníssono na doutrina trabalhista.

---

19 *Apud* Daniel Sarmento. *A ponderação de interesses na Constituição Federal*. Rio de Janeiro: Lumen Juris, 2003, p. 96.

20 *Idem*.

21 BARROSO, Luiz Roberto. *Interpretação e aplicação da Constituição*. São Paulo: Saraiva, 2003, p. 329.

22 BARROS, Alice Monteiro de. *Curso de Direito do Trabalho*. São Paulo: LTr, 2005, p. 165.

Plá Rodriguez[23] e Sergio Pinto[24] sustentam sua força normativa supletiva e, não, a autônoma.

Godinho[25] afirma que a prevalência dos princípios sobre as regras legais é relativa, "sob pena de criar-se total insegurança na ordem jurídica e meio social regulado". Em virtude disto, sustenta que os princípios têm força normativa concorrente, e, não, autônoma ou própria.

Por outro lado, há autores (positivistas) cujo entendimento é o de que os princípios não possuem força normativa: Amauri Mascaro[26] e Délio Maranhão.[27]

5. PRINCÍPIOS APLICÁVEIS AO DIREITO DO TRABALHO

5.1. Princípios Universais de Direito do Trabalho

Declaração Universal dos Direitos Humanos

Proibição de trabalho escravo – art. IV;

Direito **ao** trabalho[28] – art. XXIII, *caput*;

Liberdade de trabalho – art. XXIII, 1;

Direito à condição favorável de trabalho – art. XXIII, 1;

Proteção contra o desemprego – art. XXIII, 1;

Não discriminação de salário – art. XXIII, 2;

Garantia de um salário digno, além de outros meios de proteção social ao trabalhador – art. XXIII, 3;

Direito à organização sindical e à livre associação – art. XXIII, 4.

Tratado de Versalhes

O trabalho não pode ser considerado como mercadoria[29] ou artigo de comércio – art. 427, 1;

---

[23] RODRIGUEZ, Américo Plá. *Princípios de Direito do Trabalho*. Traduzido por Wagner Giglio. São Paulo: LTr, 1978, p. 17.

[24] MARTINS, Sergio Pinto. *Direito do Trabalho*. 13. ed. São Paulo: Atlas, 2001, p. 74.

[25] DELGADO, Mauricio Godinho. *Curso de Direito do Trabalho*. São Paulo: LTr, 2002, p. 188-190.

[26] NASCIMENTO, Amauri Mascaro. *Iniciação ao Direito do Trabalho*. 27. ed. São Paulo: LTr, 2001, p. 115.

[27] SÜSSEKIND, Arnaldo; MARANHÃO, Délio; VIANNA, Segadas; TEIXEIRA, Lima. *Instituições de Direito do Trabalho*. 18. ed. São Paulo: LTr, 1999, v. 1, p. 173.

[28] *Artigo XXIII da Declaração Universal dos Direitos do Homem assim se refere: 1. Toda pessoa tem direito ao trabalho, à livre escolha de emprego, a condições justas e favoráveis de trabalho e à proteção contra o desemprego.*

2. Toda pessoa, sem qualquer distinção, tem direito à igual remuneração por igual trabalho.

3. Toda pessoa que trabalhe tem direito a uma remuneração justa e satisfatória, que lhe assegure, assim como à sua família, uma existência compatível com a dignidade humana, e a que se acrescentarão, se necessário, outros meios de proteção social.

4. Toda pessoa tem direito a organizar sindicatos e neles ingressar para proteção de seus interesses.

[29] Este princípio é a base de todo o Direito do Trabalho, como afirmou Mario de La Cueva, "contém a essência do Direito do Trabalho. O trabalho não é uma mercadoria; equivale a sustentar que, em todos os

Direito de associação sindical – art. 427, 4;

Direito a salário que assegure nível de vida conveniente – art. 427, 3;

Jornada de 8 horas e 48h semanais – art. 427, 4;

Descanso semanal de 24 horas – art. 427, 5;

Supressão do trabalho infantil e limitação ao trabalho do menor – art. 427, 6;

Salário igual sem distinção de sexo – art. 427, 7;

Salário igual entre trabalhadores residentes legalmente no mesmo país – art. 427, 8.

5.2. Princípios Gerais Constitucionais de Direito do Trabalho

Art. 1º da CRFB

Respeito à dignidade da pessoa humana (art. 1º, III);

Valores sociais do trabalho (art. 1º, IV);

Livre-iniciativa (art. 1º, IV);

Art. 5º da CRFB

Inviolabilidade do direito à vida, à liberdade, à igualdade (...) – art. 5º, *caput*;

Da anterioridade legal: fazer ou deixar de fazer algo, salvo em virtude de lei – art. 5º, II;

Ninguém será submetido a tortura nem a tratamento desumano ou degradante (...) – art. 5º, III;

Livre manifestação do pensamento (...) – art. 5º, IV;

Direito à indenização por dano moral, material ou à imagem (...) – art. 5º, V;

Liberdade de consciência e de crença (...) – art. 5º, VI;

Da isonomia de tratamento: Ninguém será privado de direitos por motivos de crença religiosa (...) – art. 5º, VIII;

Inviolabilidade à intimidade, à vida privada, à honra e à imagem (...) – art. 5º, X;

Livre exercício de qualquer trabalho ou ofício (...) – art. 5º, XIII;

Direito à informação – art. 5º, XIV;

Livre reunião pacífica, sem armas... em locais abertos (...) – art. 5º, XVI;

Direito à associação para fins lícitos (...) – art. 5º, XVII;

Criação de associações e cooperativas (...) – art. 5º, XVIII;

Associações dissolvidas apenas por decisão judicial (...) – art. 5º, XIX;

---

casos, deve respeitar-se a dignidade da pessoa humana". *Apud* SÜSSEKIND, Arnaldo. *Direito Internacional do Trabalho*. 3. ed. São Paulo: LTr, 2000, p. 103.

Ninguém será obrigado a associar-se ou permanecer associado (...) – art. 5º, XX;

Legitimidade das associações (...) – art. 5º, XXI;

A lei não excluirá do Judiciário lesão ou ameaça de direito (...) – art. 5º, LV.

Respeito ao direito adquirido, ao ato jurídico perfeito e à coisa julgada (...) – art. 5º, XXXVI;

Direito de resposta, a contraditório e ampla defesa (...) – art. 5º, V e LV.

Art. 170 da CRFB

Justiça social – art. 170, *caput*;

Valorização do trabalho humano – art. 170, *caput*;

Livre-iniciativa – art. 170, *caput;*

Dignidade da pessoa humana – *art. 170, caput*;

Função social da empresa – art. 170, III;

Busca do pleno emprego – art. 170, VIII.

5.3. Princípios Constitucionais Específicos de Direito do Trabalho

Art. 7º da CRFB

Da proteção ao trabalhador e prevalência da condição mais favorável (art. 7º, *caput*);

Da proteção contra a despedida arbitrária (art. 7º, I);

Garantia de salário mínimo (digno) capaz de atender às necessidades básicas e vitais do trabalhador e de sua família (art. 7º, IV);

Periodicidade de reajuste do salário mínimo (art. 7º, IV);

Da irredutibilidade salarial (art. 7º, VI);

Proteção do mercado de trabalho da mulher (art. 7º, XX);

Do reconhecimento dos Convênios Coletivos (art. 7º, XXVI);

Da proteção ao trabalhador em face da automação (art. 7º, XXVII);

Da isonomia salarial e de tratamento (art. 7º, XXX);

Da não discriminação (art. 7º, incisos XXX, XXXI, XXXII);

Da proibição do trabalho infantil e proteção de trabalho noturno, perigoso e insalubre ao adolescente (art. 7º, XXXIII);

Da redução dos riscos inerentes ao trabalho (art. 7º, XXII);

Do seguro contra acidentes do trabalho a cargo do empregador (art. 7º, XXVIII).

Art. 8º da CRFB

Liberdade sindical – art. 8º, *caput*;

Não interferência estatal nos sindicatos – art. 8º, I;

Unicidade sindical – art. 8º, II;
Representação sindical – art. 8º, III;
Contribuição sindical compulsória – art. 8º, IV;
Livre filiação sindical – art. 8º, V;
Necessária intervenção sindical nas negociações coletivas – art. 8º, VI;
Proteção ao dirigente sindical – art. 8º, VIII;
Garantia do sistema confederativo – art. 8º, IV;
Subordinação do sindicato à vontade da assembleia – art. 8º, IV.

Art. 9º da CRFB
Direito de greve.

Art. 11 da CRFB
Representação dos trabalhadores na empresa.

5.4. Princípios Gerais Aplicáveis ao Direito do Trabalho

Não alegação da ignorância da lei – art. 3º LINDB;
Função social do direito – art. 5º da LINDB;
Respeito ao direito adquirido, ato jurídico perfeito e coisa julgada – art. 6º da LINDB;
Da irrenunciabilidade dos direitos da personalidade – art. 11 do CC;
Da inviolabilidade da vida privada – art. 21 do CC;
Da prevalência da intenção sobre a forma – art. 112 do CC;
Boa-fé e lealdade nos contratos – art. 113 do CC;
Livre consentimento – art. 138 e seg. do CC;
Da não alegação da própria torpeza – art. 150 do CC e outros;
Proibição do abuso do direito e do enriquecimento sem causa – art. 187 do CC;
Da força vinculante dos contratos (*pacta sunt servanda*) e da sua inalterabilidade;
Da exceção do contrato não cumprido;
Da razoabilidade, ponderação, prudência e sensatez na avaliação das condutas humanas;
Da tipificação legal das penas e ilícitos;
Da proteção à incapacidade ou das minorias;
Do aproveitamento dos atos a favor do hipossuficiente;
Da proteção à criança e ao adolescente.

Capítulo 7

PRINCÍPIOS DE DIREITO DO TRABALHO

1. INTRODUÇÃO

A diretriz básica do Direito do Trabalho é a proteção do trabalhador, uma vez que o empregado não tem a mesma igualdade jurídica que o empregador, como acontece com os contratantes no Direito Civil. A finalidade do Direito do Trabalho é a de alcançar uma verdadeira igualdade substancial entre as partes e, para tanto, necessário é proteger a parte mais frágil desta relação: o empregado.

Em face deste desequilíbrio existente na relação travada entre empregado e empregador, por ser o trabalhador hipossuficiente (economicamente mais fraco) em relação ao empregador, consagrou-se o **princípio da proteção ao trabalhador**, para equilibrar esta relação desigual. Assim, o Direito do Trabalho tende a proteger os menos abastados, para evitar a sonegação dos direitos trabalhistas destes. Para compensar esta desproporcionalidade econômica desfavorável ao empregado, o Direito do Trabalho lhe destinou uma maior proteção jurídica. Assim, o procedimento lógico para corrigir as desigualdades é o de criar outras desigualdades.

O princípio da proteção ao trabalhador está caracterizado pela intensa **intervenção estatal** brasileira nas relações entre empregado e empregador, o que limita, em muito, a autonomia da vontade das partes. Desta forma, o Estado legisla e **impõe regras mínimas** que devem ser observadas pelos agentes sociais. Estas formarão a estrutura basilar de todo contrato de emprego.

O fundamento deste princípio está relacionado com a própria razão de ser do Direito do Trabalho: o equilíbrio entre os interesses do empregado e do patrão. Como afirma Plá Rodriguez[1] "(...) historicamente, o Direito do Trabalho surgiu como consequência de que a liberdade de contrato entre pessoas com poder e capacidade econômica desiguais conduzia a diferentes formas de exploração. Inclusive, às mais abusivas e iníquas".

---

1 RODRIGUEZ, Américo Plá. *Princípios de Direito do Trabalho*. São Paulo: LTr, 1978, p. 40.

É bom lembrar que os princípios de Direito do Trabalho se aplicam a todos os empregados, inclusive àqueles excluídos da CLT, como os domésticos.

Para Plá Rodriguez[2] o princípio da **Proteção ao Trabalhador**, que é o fundamento e a base do Direito do Trabalho, divide-se em:

- Princípio da prevalência da **norma mais favorável** ao trabalhador;
- Princípio da prevalência da **condição mais benéfica** ao trabalhador;
- Princípio da interpretação: ***in dubio, pro misero***.

Não há consenso na doutrina se este princípio é gênero de todos os outros princípios de Direito do Trabalho ou apenas dos três princípios acima destacados. A doutrina majoritária, seguindo a orientação de Américo Plá Rodriguez, defende que o princípio da proteção é gênero que comporta as três espécies acima.

Assim afirma Plá Rodriguez:[3]

> (...) além do princípio protetor, no qual se inserem as regras *in dubio pro operario*, da norma mais favorável e da condição mais benéfica, o Direito do Trabalho consagra os princípios da irrenunciabilidade, da continuidade da relação de emprego, da primazia da realidade, da razoabilidade e da boa-fé.

O princípio da proteção ao trabalhador tem fundamento na desigualdade, diferente do Direito Civil, em que teoricamente as partes contratantes possuem igualdade patrimonial. No Direito do Trabalho há uma desigualdade natural, pois o capital possui toda a força do poder econômico. Desta forma, a igualdade preconizada pelo Direito do Trabalho é tratar os desiguais de formal desigual.

O trabalhador já adentra na relação de emprego em desvantagem, seja porque vulnerável economicamente, seja porque dependente daquele emprego para sua sobrevivência, aceitando condições cada vez menos dignas de trabalho, seja porque primeiro trabalha, para, só depois, receber sua contraprestação, o salário.

Todavia, o princípio da proteção do trabalhador, em todas as suas esferas, está atravessando grave crise, modificando o cenário do *welfare state* (sequer vivido pelo Brasil em sua plenitude) de excessiva proteção para uma realidade de desproteção ou de menos proteção destinada ao empregado. Há até os que defendem[4] que o princípio da proteção ao trabalhador não existe (e nunca existiu) e aqueles que acreditam na necessidade da sua futura extinção, em face da dificuldade econômica que atravessa o país e, por isso, advogam pela ausência total do Estado nesta relação entre particulares.

Realmente, é visível a crise enfrentada que enfraquece, e muito, o princípio da proteção ao trabalhador, o que pode ser facilmente constatado pela jurisprudência e súmulas mais recentes dos tribunais trabalhistas, que já não mais defendem ferozmente o trabalhador como outrora faziam, permitindo, em alguns casos, a

---

2 RODRIGUEZ, Américo Plá. *Princípios de Direito do Trabalho*. São Paulo: LTr, 1978, p. 41.

3 *Apud* Arnaldo Süssekind. *Instituições de Direito do Trabalho*. 21. ed. São Paulo: LTr, 2003, p. 147.

4 Arion Romita, neste sentido. ROMITA, Arion Sayão. *O princípio da proteção em xeque e outros ensaios*. São Paulo: LTr, 2003, p. 23/27.

redução de seus direitos ou a alteração *in pejus*. Além disso, a alteração da CLT pela Reforma Trabalhista (Lei nº 13.467/17) e a ampliação das hipóteses de terceirização, acrescida pelas modificações que já vinha sofrendo a legislação trabalhista, comprovam o enfraquecimento do princípio da proteção ao trabalhador, pois cada vez mais se prestigia a autonomia da vontade do trabalhador no contrato de trabalho e em suas alterações, ignorando a sua vulnerabilidade.

Abaixo analisaremos cada um dos princípios e abordaremos as posições mais tradicionais (defendendo o princípio da proteção) e as decisões e súmulas em sentido contrário, comprovando a alteração do cenário de garantias ao trabalhador.

2. ESPÉCIES

2.1. Princípio da Prevalência da Condição mais Benéfica ao Trabalhador

Determina que toda circunstância mais vantajosa em que o empregado se encontrar habitualmente prevalecerá sobre a situação anterior, seja oriunda de lei, do contrato, regimento interno ou norma coletiva. Todo tratamento favorável ao trabalhador, concedido tacitamente e de modo habitual, prevalece, não podendo ser suprimido, porque incorporado ao patrimônio do trabalhador, como cláusula contratual tacitamente ajustada – art. 468 da CLT. Se concedido expressamente, o requisito da habitualidade é desnecessário, pois a benesse é cláusula contratual ajustada pelas partes, não podendo o empregador descumprir o pacto.

Tem como corolário a regra do direito adquirido, contida no inciso XXXVI do art. 5º da CRFB, e da inalterabilidade contratual *in pejus*, prevista no art. 468 da CLT.

> **Ex.:** Contrato de trabalho estabelece labor das 8 horas às 17 horas, de segunda a sexta-feira, com uma hora de refeição e das 8 horas às 12 horas aos sábados, com descanso aos domingos, respeitando o limite legal de 44 horas semanais. Todavia, nos últimos anos o empregador permitiu que o empregado Manoel da Silva cumprisse, de segunda a sexta-feira, a jornada de seis horas, concedendo folga todos os sábados e domingos.

Ao permitir que o empregado usufrua desta condição que lhe é mais favorável (trabalhar menos horas, com folgas também aos sábados) que aquela prevista no contrato de trabalho e na lei, o empregador limitou seu poder potestativo de variar o contrato e vinculou-se ao cumprimento desta nova condição mais favorável ao trabalhador, por tacitamente ajustada pela habitualidade (repetição no tratamento benéfico). Na verdade, estas benesses se incorporaram de forma definitiva ao contrato de trabalho daquele empregado. Logo, não pode mais o patrão exigir o labor de oito horas diárias e o trabalho aos sábados, conforme ajustado na admissão e no contrato escrito. Se o fizer, deverá pagar ao trabalhador, duas horas extras diárias, de segunda a sexta-feira, além das horas trabalhadas aos sábados também como extras (exceção ao empregado público da administração direta, autárquica e fundacional – OJ nº 308 da SDI-I do TST).

2.1.1. Requisitos

Para se aplicar o princípio da condição mais benéfica ao trabalhador é necessário:

a) existência de uma condição concreta anterior ou de uma norma anterior aplicável àquela situação concreta;
b) situação ou norma nova, distinta da anterior e aplicada voluntariamente, de forma habitual pela empresa, e que seja mais vantajosa que a anterior para aquele mesmo trabalhador, desde que inexista lei proibindo a incorporação da benesse ou que não contrarie norma de ordem pública.

A partir daí podemos sintetizar **quatro** elementos fundamentais:

a) condição mais favorável ao trabalhador que a legal ou a contratual;
b) habitualidade na concessão da benesse, salvo quando o benefício foi concedido de forma expressa (oral ou escrito);
c) concessão voluntária e incondicional;
d) não haver impedimento legal para sua incorporação ao contrato.

2.1.2. Condição Favorável

A concessão de uma utilidade ou de um tratamento dado pelo patrão ao empregado só será considerado benéfico se não ferir as regras gerais de Direito do Trabalho, seus princípios e bons costumes, de forma que não cause prejuízos diretos ou indiretos ao empregado.

Nem sempre é fácil distinguir o que é bom para o trabalhador, pois a análise do caso concreto pode perpassar por fundamentos diversos, ou seja, se a condição é realmente benéfica para o trabalhador ou não. O olhar do intérprete deve levar em conta o bem-estar do empregado segundo as normas de direito e não suas preferências pessoais. Entende-se por bem-estar do empregado tudo que proteja sua saúde mental, física, biológica e social.

Assim, se o empregador fornece habitualmente cigarros ou bebida alcoólica, esta condição não se incorporará JAMAIS ao contrato, pois constitui malefício à saúde do empregado, mesmo que para ele seja vantajosa a concessão graciosa, pois mantém seu vício sem ônus – Súmula nº 367, II do TST c/c art. 458, *in fine*, da CLT.

A alteração da jornada de 12 horas de trabalho por 36 horas de descanso, limitadas a 192 mensais, para outra jornada, isto é, de oito horas por dia limitadas a 44 semanais; ou, ainda, a alteração da jornada em turnos ininterruptos de revezamento de seis horas diárias e 36 semanais, para turnos fixos de oito horas diárias, 44 semanais, são exemplos de alterações benéficas ao trabalhador, apesar do aumento da carga horária no dia, semana ou mês, pois o labor diário, por 12 horas, ou o revezamento em turnos alternados de trabalho, faz mal à saúde mental, física e social do trabalhador – Súmula nº 391, II do TST.

A situação benéfica prevista em um plano de cargos e salários ou inserida em um regulamento de empresa, alterada pela opção espontânea do trabalhador por outro plano, também favorável, mas com diferentes critérios e direitos, não enseja a incorporação das benesses anteriores (do primeiro plano de cargos) ao seu contrato de trabalho. O eventual prejuízo sofrido pelo empregado em face da mudança de plano de cargos e salários ou de regulamento, feita a seu pedido ou com sua concordância, não viola o art. 468 da CLT, seja porque o direito era disponível (privado) seja pelo fato de a jurisprudência entender que o prejuízo não era certo, nem provável, mas tão somente acidental – Súmula nº 51, II, do TST e Súmula 288, II, do TST.

O trabalho noturno, insalubre[5], perigoso ou extraordinário[6] é considerado nocivo ao trabalhador. Em face disto, o empregador poderá, a qualquer tempo, suprimir estas condições de trabalho, mesmo que importe na redução de sua gama salarial, pois o adicional só é pago enquanto o empregado permanecer na situação prevista em lei – Súmulas nºs 265 e 291 do TST.

2.1.3. Habitualidade na Concessão do Benefício

Quando o empregador se comprometer expressamente a fornecer uma benesse ao trabalhador, limita-se a cumprir o avençado. Todavia, nem sempre a concessão do benefício decorre de ajuste expresso. Quando isso acontece, para se presumir a existência de pacto (cláusula tácita) é necessária a habitualidade na concessão do benefício.

Habitual é o que se repete no tempo. Tem conceito temporal. Logo, quando o empregador fornece um benefício por um curto espaço de tempo, não se poderá considerar que a concessão foi tacitamente ajustada.

Porém, se a prática deste tratamento mais vantajoso para o empregado for frequente, a benesse se incorpora ao contrato de trabalho, como cláusula ajustada, sendo despiciendo se o ajuste foi tácito ou expresso.

Não há como se demarcar qual seria o tempo necessário para se considerar habitual a concessão de um benefício. Recomendamos bom-senso para equacionar a questão, pois o critério é subjetivo.

> **Ex. 1:** Durante os cinco anos de vigência de seu contrato, o empregado recebeu nos primeiros dois anos alimentação graciosa, benesse que foi suprimida nos anos seguintes. Neste exemplo, a concessão da vantagem foi habitual, porque repetida por 24 meses e, em face disso, o empregador não poderia tê-la suprimido (antes da Reforma Trabalhista).

> **Ex. 2:** Durante os cinco anos de vigência de seu contrato, o empregado recebeu alimentação graciosa por dois meses, vantagem nunca mais concedida. Neste caso, o benefício foi eventual, logo, não se incorporou ao contrato, sendo válida a supressão.

---

5 O adicional de insalubridade não poderá ser suprimido na hipótese contida no art. 394-A da CLT.

6 No caso de supressão do trabalho extra e, consequentemente, do pagamento das horas extras habituais, é devida uma indenização calculada na forma da Súmula 291 do TST, apesar de lícita a alteração contratual.

2.1.4. Concessão Voluntária e Incondicional

O limite de atuação do princípio da prevalência da condição mais favorável é a concessão do benefício sob **condição resolutiva** (evento futuro e incerto) ou de forma **temporária**. Implementada a condição, o benefício poderá ser suprimido.

Os benefícios concedidos por força de norma coletiva ou sentença normativa, por exemplo, vigoram apenas durante a vigência da respectiva norma, porque concedidos por até dois anos (§ 3º do art. 614 da CLT), e, além disso, as benesses concedidas pela norma coletiva não se incorporam de forma definitiva no contrato. Cessados os efeitos da norma coletiva, por findo seu prazo de vigência, o empregador poderá suprimir o pagamento ou concessão do benefício. Esta é a atual posição do § 3º do art. 614 da CLT, alterado pela Lei nº 13.467/17.

Explico:

Antes da Reforma Trabalhista (Lei nº 13.467/17) a questão era polêmica. Apesar de já ter defendido a tese da não incorporação definitiva das condições criadas pelas normas coletivas ao contrato de trabalho, o TST alterou seu entendimento em 2012 para defender a integração destas benesses aos contratos individuais de trabalho, só autorizando a supressão ou modificação mediante nova negociação coletiva de trabalho, dando efeito ultrativo às normas coletivas – Súmula nº 277[7] (Res. nº 185/2012). Ressalte-se a ultratividade agora está proibida pela atual redação do § 3º do art. 614 da CLT.

Enfim, os benefícios previstos nos instrumentos coletivos são concedidos sob condição resolutiva (até a caducidade da norma). Implementada a condição, a vantagem pode ser suprimida.

Os sobressalários são condicionais e previstos em lei ou concedidos por força do contrato, como ocorrem com os adicionais, as gratificações específicas etc. Podem ser suprimidos quando a condição resolutiva se efetivar. Assim, enquanto o trabalhador estiver laborando em horário noturno perceberá o correspondente adicional e quando deixar de trabalhar neste horário, cessará o respectivo pagamento, conforme a Súmula nº 265 do TST. O mesmo se diga em relação aos adicionais de insalubridade, periculosidade e transferência, gratificação de função de caixa etc. Enquanto trabalhar em local insalubre[8], perigoso, estiver transferido provisoriamente para outra localidade ou estiver exercendo a função de caixa, receberá o respectivo adicional ou gratificação.

Desta forma, pode ser ajustada, por exemplo, a concessão de alimentação e habitação gratuita enquanto o empregado estiver executando o contrato em outro estado ou país, em face da transferência provisória determinada pelo empregador. Quando o trabalhador retornar, não terá mais o direito à utilidade anteriormente concedida, mesmo que este prazo tenha sido longo (ex.: um ano, dois anos etc.).

---

7 Confira-se decisão da 4ª Turma do TST no RR 37500-76.2005.5.15.0004, em que foi modulada a aplicação da nova redação da Súmula 277 às situações ocorridas a partir da sua publicação.

8 A exceção a esta regra encontra-se no art. 394-A da CLT, que determina o pagamento do adicional de insalubridade mesmo na hipótese de afastamento do empregado na situação nociva.

Plá Rodriguez[9] acrescenta:

> (...) muitas vezes, as condições mais favoráveis são meramente provisórias e fugazes, em consequência ou do desempenho interino de um cargo, ou de algum acontecimento extraordinário que origina uma sobrecarga circunstancial de trabalho. (...) Se, na prática, os fatos demonstram que se tratava de um benefício meramente transitório, uma vez finda a situação que o originou, pode ser tornado sem efeito.

Quis dizer o jurista que pode o empregador deixar de conceder o benefício se a situação que o originou foi temporária e já se esvaiu. Logo, podemos afirmar que somente as benesses criadas ou concedidas de forma definitiva podem ser levadas em consideração na análise das condições mais favoráveis.

Assim, pode o empregador retornar o empregado à antiga função efetiva, revertendo-o ou rebaixando-o funcionalmente em duas situações: destituição do cargo de confiança (art. 468, § 1º, da CLT) e para a readaptação do empregado acidentado (art. 475 da CLT).

É também o caso da substituição interina de um empregado afastado temporariamente. O substituto poderá retornar ao cargo anterior, com possibilidade de rebaixamento do *status* e do salário recebido enquanto substituía o colega – Súmula nº 159 do TST c/c o art. 450 da CLT.

O bancário que tem jornada de seis horas, quando promovido ao cargo de confiança, não poderá arguir a seu favor o benefício da jornada reduzida, mesmo que habitual, em face do disposto no art. 224, § 2º, da CLT. Terá sua jornada aumentada para oito horas, desde que preencha os requisitos exigidos pela lei.

O empregado chamado a ocupar cargo de confiança com o pagamento da respectiva gratificação, quando for destituído da função de confiança perderá o *status* de chefe, bem como a correspondente gratificação – art. 468, § 2º, da CLT. Convém relembrar que o exercício do cargo de confiança é interino e, por isso, a gratificação é condicionada ao exercício do cargo ou função.

Na verdade, quase todos os sobressalários são espécies de salário-condição, o que quer dizer que enquanto preenchido o requisito legal ou contratual o empregado o recebe, podendo ser suprimido quando não o preencher.

Há quem faça distinção sobre os efeitos de certas condições. Isto porque as condições podem ser casuais ou potestativas.[10] As primeiras são as que defluem naturalmente de acontecimentos independentes da vontade humana ou de evento oriundo de fatos naturais (chuva, sol, morte etc.). As potestativas subordinam a eficácia do negócio jurídico a um acontecimento da vontade humana.

---

9 RODRIGUEZ, Américo Plá. *Princípios de Direito do Trabalho*. São Paulo: LTr, 1978, p. 63.

10 Alice Monteiro afirma que as condições podem ser **casuais**, que são as concedidas em face da qualidade especial do empregado ou **concessivas**, que são as outorgadas pelo empregador, sem cunho sinalagmático. BARROS, Alice Monteiro de. *Curso de Direito do Trabalho*. 2. ed. São Paulo: LTr, 2006, p. 170.

As **condições potestativas**, por sua vez, podem ser **puras** ou **simples**. Puras, quando dependem do puro arbítrio do declarante e, simples, quando subordinadas a fato externo.

> **Ex. 1:** Enquanto eu (empregador) quiser vou conceder a vantagem habitualmente ao empregado – condição puramente potestativa. De acordo com o art. 122 do CC, é nulo o negócio jurídico quando submetido a condição puramente potestativa. Portanto, inválida essa condição como obstáculo ao princípio da prevalência da condição mais favorável ao trabalhador.
>
> **Ex. 2:** Enquanto durar a obra você receberá café da manhã graciosamente – condição simplesmente ou meramente potestativa – válida.

Do acima exposto, conclui-se que nulas são as cláusulas que subordinam a concessão de uma vantagem a condições **puramente potestativas** – art. 122 do CC. No mesmo sentido a OJ Transitória nº 71 da SDI-I do TST. Por outro lado, válidas as cláusulas que subordinam a concessão da benesse à condição simplesmente potestativa que, uma vez implementada restabelece a situação anterior, não importando em alteração prejudicial ao empregado.

Todavia, a jurisprudência defendia, antes da Lei nº 13.467/17, outro entrave para a incorporação de vantagens habitualmente concedidas ao empregado: **a demora no implemento da condição simplesmente potestativa**.

> **Ex.:** Enquanto o empregado exercer a função de confiança receberá a respectiva gratificação de função. Quando deixar de exercer, deixará de receber, pois implementada a condição. Todavia, a Súmula nº 372, I, do TST, entendia que o empregado que permaneceu por 10 ou mais anos na função de confiança poderia ser revertido ao cargo efetivo, mas a gratificação não poderia ser suprimida se a reversão se deu sem justo motivo, pois incorporada ao seu contrato, tendo em vista o princípio da estabilidade financeira proporcionada ao empregado. Esta posição hoje não mais prevalece diante do § 2º do art. 468 da CLT, acrescido pela Lei nº 13.467/17, que impede a incorporação definitiva da gratificação de função de confiança.

2.1.5. Inexistência de Impedimento Legal

Mesmo quando presentes todos os requisitos, pode a lei proibir a incorporação da benesse ao contrato, pois o procedimento adotado pelas partes pode ferir de morte norma legal ou constitucional.

Isso quer dizer que há casos em que a própria lei excepciona a possibilidade de incorporação de uma benesse ao contrato, entendendo como lícita a sua supressão, pois autoriza atos ou alterações contratuais prejudiciais ao trabalhador.

Um exemplo é o contido no art. 457, § 2º, da CLT, que foi expresso em afirmar a possibilidade de supressão do pagamento, mesmo que antes habitual, do auxílio alimentação, diárias de viagem, prêmios e abonos.

Outros exemplos: empregados públicos da administração direta, autárquica e fundacional que pretendem a equiparação salarial (proibição contida no art. 37, XIII, da CF – OJ 297 SDI-1 do TST); reconhecimento do vínculo de emprego sem concurso público (vedação contida no art. 37, II, da CF – Súmula 363 do TST) ou que percebem salários acima do teto constitucional – art. 37, XIII, da CRFB – OJ nº 339 da SDI-1 do TST. Maiores considerações, remetemos ao Capítulo "Igualdade Salarial".

Também é o caso da inclusão de cláusula de vigência permanente em norma coletiva autônoma (convenção ou acordo coletivo), contrariando o art. 614, § 3º, da CLT – OJ nº 322 da SDI-I do TST.

Assim também a Súmula nº 449 do TST, que considerava nula cláusula de convenção ou acordo coletivo que elastecia o limite de 5 minutos que antecediam e sucediam a jornada de trabalho para fins de apuração das horas extras, pois contrariava o § 1º do art. 58 da CLT, limitando a flexibilização efetuada antes da Lei nº 13.467/17. Nesse caso, prevalecia a CLT por ser mais favorável ao trabalhador. Entretanto, após a Reforma Trabalhista, a questão voltará a ser controvertida, pois o art. 611-A da CLT autoriza a flexibilização mais ampla, principalmente em relação à jornada de trabalho.

Outra possibilidade de mudança prejudicial ao empregado, apesar de não expressa na lei, é o *ius variandi* do patrão (remetemos o leitor ao Capítulo "Alteração do Contrato de Trabalho" e ao item abaixo sobre "Inalterabilidade Contratual"), que é o direito que o empregador tem de variar o contrato.

Remetemos o leitor ao princípio da inalterabilidade contratual *in pejus*, pois as exceções ali apontadas também são exceções ao princípio da prevalência da condição mais favorável ao trabalhador.

2.1.6. Exceções ao Princípio da Prevalência da Condição mais Favorável ao Trabalhador

A jurisprudência tem temperado o princípio da condição mais benéfica, sob a influência da flexibilização e da excessiva rigidez nas regras trabalhistas, enfraquecendo o princípio basilar da proteção ao trabalhador, conforme exemplos abaixo transcritos:

> *OJ nº 159 da SDI-I do TST: Data de pagamento. Salários. Alteração. Diante da inexistência de previsão expressa em contrato ou em instrumento normativo, a alteração de data de pagamento pelo empregador não viola o art. 468, desde que observado o parágrafo único, do art. 459, ambos da CLT.*
>
> *OJ nº 275 da SDI-I do TST: Turno ininterrupto de revezamento. Horista. Horas extras e adicional. Devidos. Inexistindo instrumento coletivo fixando*

jornada diversa, o empregado horista submetido a turno ininterrupto de revezamento faz jus ao pagamento das horas extraordinárias laboradas além da 6º, bem como ao respectivo adicional.

*OJ nº 297 SDI-I do TST: Equiparação salarial. Servidor público da administração direta, autárquica e fundacional. Art. 37, XIII, da CF/1988 (*DJ *11/08/2003) O art. 37, inciso XIII, da CF/1988, veda a equiparação de qualquer natureza para o efeito de remuneração do pessoal do serviço público, sendo juridicamente impossível a aplicação da norma infraconstitucional prevista no art. 461 da CLT quando se pleiteia equiparação salarial entre servidores públicos, independentemente de terem sido contratados pela CLT.*

OJ nº 308 da SDI-I do TST: Jornada de trabalho. Alteração. Retorno à jornada inicialmente contratada. Servidor público. O retorno do servidor público (administração direta, autárquica e fundacional) à jornada inicialmente contratada não se insere nas vedações do art. 468 da CLT, sendo a jornada definida em lei e no contrato de trabalho firmado entre as partes.

OJ nº 325 da SDI-I do TST: Aumento salarial concedido pela empresa. Compensação no ano seguinte em antecipação sem a participação do sindicato profissional. Impossibilidade. DJ *09/12/2003. O aumento real, concedido pela empresa a todos os seus empregados, somente pode ser reduzido mediante a participação efetiva do sindicato profissional no ajuste, nos termos do art. 7º, VI, da CF/88.*

OJ nº 339 da SDI-I do TST: Teto remuneratório. Empresa pública e sociedade de economia mista. Art. 37, XI, da CF/88 (anterior à Emenda Constitucional nº 19/98). Nova redação, DJ *04/05/2004. As empresas públicas e as sociedades de economia mista estão submetidas à observância do teto remuneratório previsto no inciso XI do art. 37 da CF/88, sendo aplicável, inclusive, ao período anterior à alteração introduzida pela Emenda Constitucional nº 19/1998 (Redação determinada pela Resolução 129, de 5 de abril de 2005).*

Súmula nº 51 do TST: Norma regulamentar. Vantagens e opção pelo novo regulamento. Art. 468 da CLT.

I – As cláusulas regulamentares, que revoguem ou alterem vantagens deferidas anteriormente, só atingirão os trabalhadores admitidos após a revogação ou alteração do regulamento.

II – Havendo a coexistência de dois regulamentos da empresa, a opção do empregado por um deles tem efeito jurídico de renúncia às regras do sistema do outro.

Súmula nº 288 do TST: Complementação dos proventos da aposentadoria (nova redação para o item I e acrescidos os itens III e IV em decorrência do julgamento do processo TST-E-ED-RR-235-20.2010.5.20.0006 pelo Tribunal Pleno em 12.04.2016) – Res. 207/2016, DEJT *divulgado em 18, 19 e 20/04/2016.*

2.2. Princípio da Norma mais Favorável ao Trabalhador

O princípio da norma mais favorável deriva também do princípio da proteção ao trabalhador e pressupõe a existência de conflito de normas aplicáveis a um mesmo empregado. Neste caso, deve-se optar pela norma que for mais favorável ao obreiro, pouco importando sua hierarquia formal. Em outras palavras: o princípio determina que, caso haja mais de uma norma aplicável a um mesmo trabalhador, deva-se optar por aquela que lhe seja mais favorável, sem se levar em consideração a hierarquia das normas.

A regra geral em outras áreas do direito nos ensina que, quando há conflito de normas aplicáveis ao mesmo caso concreto, deve-se aplicar a de grau superior e, dentre as de igual hierarquia, a promulgada mais recentemente ou a regra especial.

Entrementes, em termos de Direito do Trabalho a regra é diferente, pois norteado pelo princípio da norma mais favorável ao trabalhador. Neste caso, não há um respeito à hierarquia formal da norma e sim, em cada caso, à fonte que for mais benéfica ao empregado, desde que esteja acima do mínimo legal, prevalecendo a norma que lhe trouxer mais benefícios.

Quando existirem duas normas vigentes conflitantes entre si que se apliquem ao mesmo trabalhador, mas que disciplinem a matéria de forma diversa ou, ainda, que contenham partes benéficas e partes menos favoráveis que a outra norma em comparação, deve-se respeitar a que for mais favorável ao empregado, observando-se, quanto às normas **autônomas** (elaboradas sem a participação do Estado), o critério de comparação segundo as teorias **atomista**, **conglobamento** e **intermediária**.

Atomista é o critério de interpretação e integração de normas que leva em conta o benefício isolado contido em cada norma, aglutinando-os, acumulando-os numa só. A segunda teoria (**conglobamento**) se preocupa com a norma como um todo, respeitando seu conjunto. Aplica exclusivamente, após o confronto, aquela que for mais favorável ao trabalhador, em seu bloco, ignorando a outra. A teoria **intermediária**, por sua vez, não faz a interpretação somando os benefícios de ambas as normas, relativas ao mesmo grupo de matéria, nem ignorando uma norma em prol da outra, em seu conjunto. Seleciona os institutos existentes entre as duas normas para cotejá-los e, a partir daí, escolher exclusivamente o mais benéfico de cada norma para aplicá-lo ao trabalhador.

Quando o conflito ocorrer entre uma norma **autônoma** e outra **heterônoma**, ou entre duas heterônomas, deverá ser aplicado o critério **atomista**, pois as teorias do conglobamento e intermediária desprezam uma das normas heterônomas ou parte dela em detrimento de outra e, como as normas heterônomas são indisponíveis, não é possível a exclusão, apenas a soma, salvo a flexibilização por norma coletiva, pois a partir da Reforma Trabalhista é possível a convenção ou o acordo coletivo reduzir ou revogar direitos legais.

> **Ex. 1:** Não pode o empregador deixar de assinar a CTPS, de depositar o FGTS ou de pagar o adicional de periculosidade sob o argumento que a norma coletiva garante ao empregado maiores benefícios que os previstos

na CLT, como salário de R$ 20.000,00 e estabilidade no emprego. Neste caso, não se pode cogitar da aplicação da teoria do conglobamento. Ora, mesmo que, hipoteticamente, uma norma coletiva contenha benefícios tão valiosos, não se pode deixar de aplicar a CLT. Aqui a única forma de interpretação é a da soma das duas normas: CLT + norma coletiva, garantindo ao empregado o salário de R$ 20.000,00 + a estabilidade + a anotação da CTPS + o pagamento do FGTS, bem como o adicional de periculosidade.

Ex. 2: A CLT determina que a hora noturna seja paga com acréscimo de 20% sobre a hora diurna. O Regulamento Interno do empregador dispõe que a hora noturna deverá ser acrescida de 40%. O intérprete deverá aplicar a norma que for mais favorável ao empregado, que, neste caso, segundo a teoria atomista, é a prevista no regulamento interno do empregador, pois o conflito foi entre norma heterônoma (CLT) e norma autônoma (regulamento de empresa).

Ex. 3: Havendo confronto entre o acordo coletivo efetuado entre o Banco X e o Sindicato dos Bancários do Rio de Janeiro, e uma convenção coletiva efetuada entre o Sindicato dos Estabelecimentos Bancários do Rio de Janeiro e o Sindicato dos Bancários do Rio de Janeiro, o exegeta, antes da Lei nº 13.467/17, podia optar pela convenção coletiva dos bancários em detrimento do acordo coletivo, porque, em seu conjunto, oferecia mais vantagens aos empregados do Banco X que o acordo coletivo da categoria, já que, analisada como um todo, a convenção trazia, segundo a análise do intérprete, maiores vantagens aos empregados daquela empresa. Ressalte-se que o exemplo só tem cabimento para as situações anteriores à Lei nº 13.467/17, pois a nova redação do art. 620 da CLT determina a prevalência do acordo coletivo sobre a convenção, mesmo que estabeleça, no todo ou em parte, norma menos favorável ao trabalhador. Além disso, o art. 620 não permite a partição da norma, isto é, a aplicação dos critérios atomista ou do conglobamento mitigado. O exegeta só poderá aplicar o acordo coletivo no todo (teoria do conglobamento) em detrimento da convenção coletiva, seja esta mais ou menos favorável.

Não podemos deixar de mencionar que a jurisprudência do C. TST, em sentido contrário ao princípio:

> *OJ nº 123 da SDI-I do TST: Bancários. Ajuda alimentação. Inserida em 20/04/98.*
>
> *A ajuda alimentação prevista em norma coletiva em decorrência de prestação de horas extras tem natureza indenizatória e, por isso, não integra o salário do empregado bancário.*[11]
>
> *OJ nº 322 da SDI-I do TST: Acordo coletivo de trabalho. Cláusula de termo aditivo prorrogando o acordo para prazo indeterminado. Inválida. DJ 09/12/2003.*

---

[11] Em princípio toda utilidade, quando preenchidos os requisitos legais, tem natureza salarial. Portanto, deveria ser considerada nula a cláusula prevista em acordo ou convenção coletiva que retirasse a natureza salarial de alguma utilidade. Todavia, de acordo com a Orientação Jurisprudencial acima transcrita, percebe-se, claramente, que o entendimento da jurisprudência dominante foi no sentido de que a natureza daquela utilidade é indenizatória, prevalecendo a norma autônoma sobre a heterônoma.

Nos termos da CLT, art. 614, § 3º, é de 2 anos o prazo máximo de vigência dos acordos e das convenções coletivas. Assim sendo, é inválida, naquilo que ultrapassa o prazo total de 2 anos, a cláusula de termo aditivo que prorroga a vigência do instrumento coletivo originário por prazo indeterminado.

Súmula nº 423 do TST: Turno ininterrupto de revezamento. Fixação de jornada de trabalho mediante negociação coletiva. Validade. (Conversão da Orientação Jurisprudencial nº 169 da SBDI-I). Estabelecida jornada superior a seis horas limitada a oito horas por meio de regular negociação coletiva, os empregados submetidos a turnos ininterruptos de revezamento não têm direito ao pagamento da 7ª e 8ª horas extras.

Nos termos do art. 614, § 3º, da CLT, é de dois anos o prazo máximo de vigência dos acordos e das convenções coletivas, vedada sua ultratividade. Assim sendo, é inválida, naquilo que ultrapassa o prazo total de dois anos, a cláusula de termo aditivo que prorroga a vigência do instrumento coletivo originário por prazo indeterminado, mesmo que a norma coletiva fosse favorável ao trabalhador.

Luiz Pinho Pedreira da Silva,[12] citando Campos Ruiz, afirma que o princípio da norma mais favorável sofre limitações de três tipos. A primeira, de cunho instrumental (entre que normas atua); a segunda, de caráter material, que diz respeito ao conteúdo das normas, e, por fim, a última limitação aplicativa (de aplicação), em que se questiona qual o método de comparação entre as normas deve ser utilizado, em suma, qual a norma mais favorável deve ser aplicada no caso concreto.

Exceções:

- Mesmo que a norma seja mais favorável ao empregado, se violar dispositivo expresso na lei ou for inconstitucional, não poderá ser aplicada. É o que ocorre quando uma norma coletiva concede aumento coletivo que contrarie lei de política salarial – art. 623 da CLT c/c Súmula nº 375 do TST – ou no caso do empregador que paga salário acima do teto para empregado público da administração direta, autárquica e fundacional, salvo a flexibilização normativa;
- Lei estadual que conceda benefício trabalhista é inconstitucional porque é da competência privativa da União legislar sobre Direito do Trabalho (art. 22, I, da CF);
- Decreto regulamentador autônomo, mesmo que crie vantagens para os empregados é inconstitucional, logo, não aplicável;
- Benefício contido em termo aditivo que prorroga a vigência de norma coletiva além do limite legal não é devido – OJ nº 322 da SDI-I do TST;
- Direitos suprimidos por força da flexibilização por norma coletiva, principalmente depois do advento do art. 611-A da CLT, que ampliou as hipóteses de a norma coletiva suprimir ou reduzir benefícios previstos em lei (remetemos o leitor ao Capítulo da Flexibilização);

12 SILVA, Luiz Pinho Pedreira da. *Principiologia do Direito do Trabalho*, 2. ed. São Paulo: LTr, 1999, p. 72.

- Prevalência do acordo coletivo sobre a convenção coletiva, mesmo que contenha direitos menos favoráveis ao trabalhador (art. 620 da CLT – redação dada pela Lei nº 13.467/2017);
- Art. 3º, II, da Lei nº 7.064/82;
- Prioridade das condições ajustadas contratualmente por empregado portador de diploma de curso superior que perceba salário mensal igual ou superior a duas vezes o limite máximo dos benefícios do Regime Geral de Previdência Social, desde que o ajuste verse sobre as matérias do art. 611-A da CLT, com prevalência, inclusive, sobre a norma coletiva – art. 444, parágrafo único, da CLT (remetemos o leitor ao item do Princípio da Condição mais Favorável, em que outras exceções são apontadas).

2.3. Princípio do *In Dubio Pro Misero* ou *In Dubio Pro Operario*

Este princípio, corolário do princípio da proteção ao trabalhador, recomenda que o intérprete deve optar, quando estiver diante de uma norma que comporte mais de uma interpretação razoável e distinta, por aquela que seja mais favorável ao trabalhador, já que este é a parte fraca da relação. Ou seja, quando emergir da norma dúvida a respeito da sua **interpretação**, desde que seja **razoável**, o exegeta deverá optar por aquela que **beneficiar o hipossuficiente**.

Apesar de se tratar de um princípio de direito material, existe controvérsia a respeito de sua aplicação ao **Processo do Trabalho**. Isto porque o princípio tem nomenclatura similar àquele conhecido no processo penal como *in dubio pro reo*, confundindo alguns estudiosos, que afirmam[13] ser uma transposição adaptada deste princípio processual penal ao Direito do Trabalho. Em face disso, há duas correntes neste sentido:

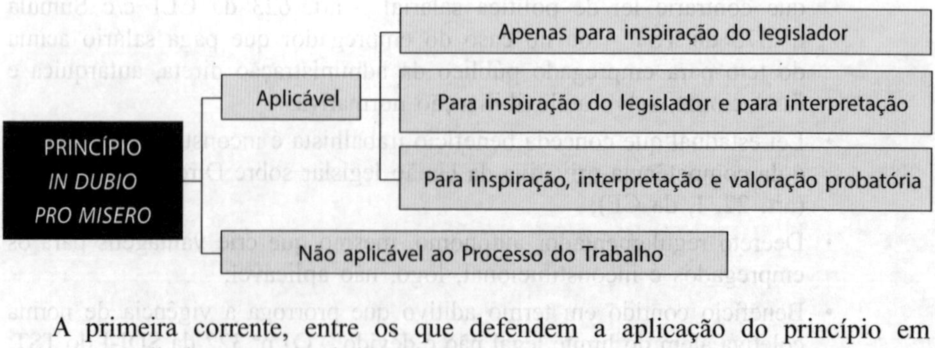

A primeira corrente, entre os que defendem a aplicação do princípio em comento ao direito processual do trabalho, argumenta que ele está limitado a **inspirar o legislador** processual. Por se tratar de um princípio de direito material, não se aplica ao processo do trabalho, salvo quando tiver caráter informativo para

[13] Neste sentido, DELGADO, Mauricio Godinho. 6. ed. *Curso de Direito do Trabalho*. São Paulo: LTr, 2007, p. 212.

o legislador. Desta forma, o princípio *in dubio pro misero* orienta o legislador na elaboração da lei processual para dar tratamento diferenciado ao hipossuficiente na relação processual, protegendo-o.

De fato, percebe-se que a lei processual trabalhista já é mitigada a favor do trabalhador, sendo mais rígida com o empregador. Ex.: o autor (trabalhador), em caso de improcedência do pedido está dispensado do depósito recursal, além de poder ser beneficiado com a isenção das custas, se deferida a gratuidade de justiça, enquanto o réu (empregador pessoa jurídica), excepcionalmente, será beneficiado pela gratuidade; o não comparecimento do autor à primeira audiência importa em arquivamento (extinção do processo sem julgamento de mérito), enquanto o do réu acarreta a revelia (confissão quanto à matéria fática). Comprovado, portanto, que a lei processual já é tendenciosa para beneficiar o empregado.

Concordamos com Amauri Mascaro, Wagner Giglio e Rodrigues Pinto, que se filiam a este entendimento, em que a inspiração deve ser anterior ao processo e destina-se apenas ao legislador processual que, antes de confeccionar a lei, influencia-se pelo princípio da proteção ao trabalhador.

A segunda vertente, dos adeptos à aplicação do princípio ao processo do trabalho, advoga que além de inspirar o legislador ele também se aplica quando houver fundada dúvida na interpretação da lei processual, e, neste caso, a opção do exegeta deve ser no sentido de beneficiar o trabalhador. Destacamos dentre os autores favoráveis a esta visão Sergio Pinto Martins, Campos Batalha[14] e Júlio César Bebber.[15]

Para os defensores da terceira corrente, dentre os quais destacamos Cesarino Junior,[16] Coqueijo Costa[17] e Américo Plá Rodriguez,[18] este princípio é amplamente aplicado ao processo do trabalho, inclusive na fase judicial (processual), para valoração[19] das provas dos fatos, no momento do julgamento. Logo, além de inspirar o legislador processual trabalhista, de auxiliar o exegeta em caso de dúvida na interpretação da lei processual, para os defensores dessa tese, o princípio *in dubio pro operario* também influencia o juiz a favorecer o trabalhador, quando da valoração das provas produzidas processualmente.

---

14 *Apud* BEBBER, Júlio César. *Princípios do Processo do Trabalho*. São Paulo: LTr, 1997, p. 79.

15 *Ibidem*, p. 78.

16 *Apud* BEBBER, Júlio César. *Princípios do Processo do Trabalho*. São Paulo: LTr, 1997, p. 78.

17 *Ibidem*, p. 79.

18 Américo Plá Rodriguez afirma que: "cabe aplicar a regra dentro desse âmbito em casos de autêntica dúvida, para valorar o alcance ou o significado de uma prova. Não para suprir omissões, mas para apreciar adequadamente o conjunto dos elementos probatórios, tendo em conta as diversas circunstâncias do caso". Mais adiante o autor justifica seu entendimento sob o argumento de que "o trabalhador tem muito maior dificuldade do que o empregador para provar certos fatos ou trazer certos dados ou obter certas informações ou documentos". RODRIGUEZ, Américo Plá. *Princípios de Direito do Trabalho*. São Paulo: LTr, 1978, p. 47.

19 Convém ressaltar que valorar é diferente de avaliar a prova. Valorar, segundo Bebber, pode ser a mera contemplação, sem comparação ou confrontos. Acrescenta que "o crítico de arte valora um quadro ou uma estátua, porque os compreende sob um prisma valorativo, em seu sentido ou significado", não avaliando o preço e sim a arte. BEBBER, Júlio César, *op. cit.*, p. 78.

Ex.: O empregado faz prova testemunhal de que laborava uma hora extra por dia. Por outro lado, a testemunha do empregador, também compromissada a dizer a verdade, afirma que o autor não trabalhava em jornada suplementar. Logo, há um impasse quanto à veracidade dos fatos ocorridos, já que opostos os depoimentos. Os defensores da vertente em estudo se inclinariam a acolher o depoimento da testemunha do autor, porque "na dúvida o juiz deve valorar a prova a favor do empregado para protegê-lo". Para os adeptos das outras duas correntes acima, o juiz deve ser isento, em face do princípio constitucional da imparcialidade e, por isso, tem o dever de aplicar a lei processual seja quanto ao ônus da prova (art. 373 do CPC), seja superando o depoimento de uma das testemunhas ouvidas porque menos coerente, contraditória, contrária aos fatos confessados pelas partes etc., aplicando o princípio da persuasão racional ou convencimento motivado. Concordamos com este último entendimento, pois ao beneficiar uma das partes processuais e deixar de aplicar o comando do CPC relativo ao princípio do convencimento motivado (que determina que o juiz deve motivar sua decisão com os fatos e provas constantes do processo, sem parcialidade), o juiz corre o risco de ser parcial e ferir o princípio democrático de direito, acarretando insegurança jurídica a todos.

Mauricio Godinho[20], Sergio Pinto Martins[21] e Alice Monteiro de Barros[22] perfilham a mesma opinião, isto é, pela não aplicação do princípio *in dubio pro operario* para o exame de fatos e provas no campo processual, pois em caso de dúvidas a respeito do direito do autor, não se pode decidir preliminarmente em favor do empregado, é preciso verificar quem tem o ônus da prova, de acordo com o art. 373 do CPC.

Há ainda o entendimento de Manoel Antonio Teixeira Filho,[23] pela inaplicabilidade deste princípio ao direito processual do trabalho, o que entendemos ser inadequado, uma vez que a lei processual trabalhista em si já é mitigada em prol do trabalhador, demonstrando claramente que o princípio foi fonte de inspiração para o legislador.

A regra contida no art. 8º, § 2º, da CLT, impedindo o Judiciário Trabalhista, por meio das súmulas e enunciados de jurisprudência, de criar ou restringir direitos, não abalou o princípio *in dubio pro misero*, pois este constitui método de interpretação e integração da lei.

A verdadeira intenção do § 2º do art. 8º da CLT foi frear o ativismo judicial refletivo nas diversas súmulas, OJs e teses. Tentou impedir os tribunais do trabalho de aplicar interpretações extensivas ou restritivas, não previstas na lei, favoráveis ao trabalhador. Entretanto, esqueceu o legislador de consagrar um princípio interpretativo

20 DELGADO, Mauricio Godinho. *Curso de Direito do Trabalho*. 6. ed. São Paulo: LTr, 2007, p. 213.

21 MARTINS, Sergio Pinto. *Direito do Trabalho*. 13. ed. São Paulo: Atlas, 2001, p. 95.

22 BARROS, Alice Monteiro de. *Curso de Direito do Trabalho*. 2. ed. São Paulo: LTr, 2006, p. 173.

23 TEIXEIRA FILHO. Manoel Antônio. *A prova no Processo do Trabalho*. 5. ed. São Paulo: LTr, 1991, p. 101.

diverso do que estamos estudando. Logo, apesar da dificuldade imposta pelo legislador reformista de criação de enunciados de jurisprudência e súmulas, quando a norma comportar mais de uma interpretação razoável, ainda assim, o intérprete deverá optar pela favorável ao trabalhador, pois decorrente de princípio basilar do Direito do Trabalho.

2.3.1. Requisitos

O princípio em estudo só poderá ser aplicado quando preenchidos dois requisitos simultaneamente:

a) somente quando exista dúvida razoável sobre o alcance da norma legal; e
b) sempre que não esteja em desacordo com a vontade expressa do legislador.

Ex. 1: A melhor interpretação do § 6º do art. 477 da CLT é aquela que leva ao entendimento de que o prazo ali previsto para pagamento das parcelas constantes do instrumento de rescisão aplica-se mesmo que não haja termo de rescisão ou recibo de quitação, como menciona expressamente o texto do § 6º. Assim, desprezava-se a interpretação literal do dispositivo legal, optando-se pela interpretação extensiva. Demitiu sem confessar no termo quanto deve, mesmo assim o patrão tem prazo para pagar.

Ex. 2: O art. 59 da CLT limita o labor extra ao máximo de duas horas por dia, mediante acordo escrito ou norma coletiva. Apesar da expressa limitação, a *ratio legis* (vontade do legislador ou espírito da lei) foi a de impedir o empregador de exigir número superior a duas horas extras por dia, isto é, a de dificultar a contratação de horas extras. Pois bem, a interpretação majoritária que acabou por prevalecer foi no sentido de que se o trabalhador de fato executou mais de duas horas extras por dia, independentemente se estas foram ou não contratadas formalmente, todas deverão ser remuneradas, até as excedentes, como horas extras (Súmula 376, I, do TST).

A jurisprudência aponta inúmeros exemplos da aplicação do princípio em estudo, alguns já mencionados, outros ainda não, mas todos já consagrados por orientações jurisprudenciais ou súmulas, como abaixo transcrito:

> *OJ nº 14 da SDI-I do TST: Aviso prévio cumprido em casa. Verbas rescisórias. Prazo para pagamento.*
>
> *Em caso de aviso prévio cumprido em casa, o prazo para pagamento das verbas rescisórias é até o décimo dia da notificação de despedida.*
>
> *Súmula nº 60 do TST: Adicional noturno. Integração no salário e prorrogação em horário diurno.*
>
> *I – O adicional noturno, pago com habitualidade, integra o salário do empregado para todos os efeitos.*
>
> *II – Cumprida integralmente a jornada no período noturno e prorrogada esta, devido é também o adicional quanto às horas prorrogadas. Exegese do art. 73, § 5º, da CLT.*

OJ nº 261 da SDI-I do TST: Bancos. Sucessão trabalhista.

As obrigações trabalhistas, inclusive as contraídas à época em que os empregados trabalhavam para o banco sucedido, são de responsabilidade do sucessor, uma vez que a este foram transferidos os ativos, as agências, os direitos e deveres contratuais, caracterizando típica sucessão trabalhista.

Súmula nº 360 do TST: Turnos ininterruptos de revezamento. Intervalos intrajornada e semanal. A interrupção do trabalho destinada a repouso e alimentação, dentro de cada turno, ou o intervalo para repouso semanal, não descaracteriza o turno de revezamento com jornada de 6 (seis) horas prevista no art. 7º, XIV, da CF/1988.

Súmula nº 376 do TST: Horas extras. Limitação. Art. 59 da CLT. Reflexos.

I – A limitação legal da jornada suplementar a duas horas diárias não exime o empregador de pagar todas as horas trabalhadas.

II – O valor das horas extras habitualmente prestadas integra o cálculo dos haveres trabalhistas, independentemente da limitação prevista no caput do art. 59 da CLT.

Súmula nº 390 do TST: Estabilidade. Art. 41 da CF/1988. Celetista. Administração direta, autárquica ou fundacional. Aplicabilidade. Empregado de empresa pública e sociedade de economia mista. Inaplicável.

I – O servidor público celetista da administração direta, autárquica ou fundacional é beneficiário da estabilidade prevista no art. 41 da CF/1988.

Não podemos deixar de mencionar que a jurisprudência do C. TST vem se manifestando, em algumas passagens, de modo contrário ao acima exposto, interpretando contra o trabalhador, como a seguir veremos:

OJ nº 272 da SDI-I do TST: Salário mínimo. Servidor. Salário-base inferior. Diferenças. Indevidas.

A verificação do respeito ao direito ao salário mínimo não se apura pelo confronto isolado do salário-base com o mínimo legal, mas deste com a soma de todas as parcelas de natureza salarial recebidas pelo empregado diretamente do empregador.

Súmula nº 358 do TST: Radiologista. Salário profissional. Lei nº 7.394, de 29.10.1985. O salário profissional dos técnicos em radiologia é igual a 2 (dois) salários mínimos e não a 4 (quatro).

Súmula nº 369 do TST: Dirigente sindical. Estabilidade provisória.

(...)

II – O art. 522 da CLT, que limita a sete o número de dirigentes sindicais, foi recepcionado pela Constituição Federal de 1988.

III – O empregado de categoria diferenciada eleito dirigente sindical só goza de estabilidade se exercer na empresa atividade pertinente à categoria profissional do sindicato para o qual foi eleito dirigente.

IV – Havendo extinção da atividade empresarial no âmbito da base territorial do sindicato, não há razão para subsistir a estabilidade.

V – O registro da candidatura do empregado a cargo de dirigente sindical durante o período de aviso prévio, ainda que indenizado, não lhe assegura a estabilidade, visto que inaplicável a regra do § 3º do art. 543 da Consolidação das Leis do Trabalho.

> *Súmula nº 370 do TST: Médico e engenheiro. Jornada de trabalho. Leis nº 3.999/1961 e 4.950/1966. Tendo em vista que as Leis nº 3.999/1961 e 4.950/1966 não estipulam a jornada reduzida, mas apenas estabelecem o salário mínimo da categoria para uma jornada de quatro horas para os médicos e de seis horas para os engenheiros, não há que se falar em horas extras, salvo as excedentes à oitava, desde que seja respeitado o salário mínimo/horário das categorias.*
>
> *Súmula nº 371 do TST: Aviso prévio indenizado. Efeitos. Superveniência de auxílio-doença no curso deste. A projeção do contrato de trabalho para o futuro, pela concessão do aviso prévio indenizado, tem efeitos limitados às vantagens econômicas obtidas no período de pré-aviso, ou seja, salários, reflexos e verbas rescisórias. No caso de concessão de auxílio-doença no curso do aviso prévio, todavia, só se concretizam os efeitos da dispensa depois de expirado o benefício previdenciário.*

2.4. Princípio da Primazia da Realidade

Para o Direito do Trabalho, **prevalecem os fatos sobre as formas**.[24] O que importa é o que realmente aconteceu e não o que está escrito.

Arnaldo Süssekind[25] ensina "que a relação objetiva evidenciada pelos fatos define a verdadeira relação jurídica estipulada pelos contratantes, ainda que sob capa simulada, não corresponda à realidade".

Plá Rodriguez[26] complementa: "Isto significa que, em matéria trabalhista, importa o que ocorre na prática mais do que as partes pactuarem, em forma mais ou menos solene ou expressa, ou o que se insere em documentos, formulários e instrumentos de contrato".

O princípio da primazia da realidade destina-se a proteger o trabalhador, já que seu empregador poderia, com relativa facilidade, obrigá-lo a assinar documentos contrários aos fatos e aos seus interesses. Ante o estado de sujeição permanente que o empregado se encontra durante o contrato de trabalho, algumas vezes submete-se às ordens do empregador, mesmo que contra sua vontade.

> **Ex. 1:** Cartões de ponto não noticiam labor extra, apesar de assinados pelo empregado. Entretanto, o trabalhador sempre trabalhou duas horas extras por dia. Se comprovar o fato, este prevalecerá sobre os controles de ponto.
>
> **Ex. 2:** Empregado recebe R$ 2.300,00 mensais. Todavia, de seus contracheques consta apenas o valor do salário mínimo, sendo a diferença paga "por fora". Se comprovar o valor do real salário pago, este fato prevalecerá sobre os recibos salariais.

Em algumas doutrinas este princípio é confundido com o contrato realidade. Muitos o usam como sinônimo, mas tecnicamente são institutos distintos e não

---

[24] Como o empregado comprovará juridicamente o que realmente aconteceu é matéria de direito processual, que aqui não será abordada.

[25] SÜSSEKIND, Arnaldo; MARANHÃO, Délio; VIANNA, Segadas e TEIXEIRA, Lima. *Instituições de Direito do Trabalho*. 18. ed. São Paulo: LTr, 1999, v. 1, p. 173.

[26] *Apud idem*.

podem ser confundidos. O contrato realidade é o nome de uma das teorias que tenta explicar a natureza jurídica da relação de emprego, enquanto a primazia da realidade é um princípio de Direito do Trabalho. Remetemos o leitor ao Capítulo destinado à natureza jurídica da relação de emprego, onde será melhor abordada a teoria do contrato realidade.

1ª Controvérsia

Este princípio prioriza a realidade, colocando-a em um patamar superior ao da forma. A questão que se coloca é saber se esta realidade prevalece sobre a lei quando a violar. Trata-se de um problema abordado no campo do objeto ilícito, isto porque o princípio da primazia da realidade encontra seus **limites na lei**.

Assim, se um trabalhador executa de fato a função de enfermeiro, mas não tem habilitação legal para tanto, pois não fez o curso necessário para sua formação profissional, não poderá pretender os salários destinados ao piso da categoria, pois seu trabalho fere a lei, e seu contrato pode ser considerado nulo, por objeto ilícito, na forma dos arts. 104 e 606 do CC. Tampouco poderá pretender a equiparação salarial, pelos mesmos motivos – OJ nº 296 da SDI-I do TST.

O Judiciário é o guardião da lei e, por isso, deve coibir as irregularidades. Não importa se a profissão que está sendo exercida ilegalmente é técnica (vigilante, técnico de radiologia, técnico de enfermagem), intelectual, ou de nível superior (médico, engenheiro, arquiteto etc.), pois o exercício ilegal de qualquer profissão é repudiado pelo Direito, sendo considerado, inclusive, crime.

Logo, a primeira controvérsia, em relação ao princípio da primazia da realidade, diz respeito a como o intérprete deve se posicionar quando o princípio violar a lei. A solução está na ponderação entre o interesse do trabalhador e o interesse da sociedade, devendo ser valorado aquele que se coadune com a função social do direito. Logo, não deve ser permitido o exercício ilegal da profissão. O direito tem que ser usado dentro de sua finalidade, de seu fim social. Afinal, o direito serve ao homem e não o homem ao direito. Não se coaduna com a nova visão social, o Judiciário permitir que este seja aplicado quando constituir crime, violar a ética, a moralidade e bons costumes.

No entanto, percebe-se como é difícil ao operador trabalhista afastar-se do princípio da proteção ao trabalhador, já tão impregnado no Judiciário trabalhista.

Daí por que algumas vezes encontramos decisões contrárias à Constituição, à ética e à finalidade do direito, tudo em nome de privilegiar o trabalhador a todo custo, fechando os olhos para a realidade.

Um bom exemplo, já impresso em jurisprudência dominante, é o caso do **empregado público** desviado de sua função para exercer de fato outra diversa, sem concurso público que autorize a investidura nesta nova atribuição. Apesar de violar a Constituição, pois ocupou e exerceu cargo público sem a prévia aprovação em concurso público (art. 37, II, da CRFB), a jurisprudência reconhece o direito às diferenças salariais, mas não ao reenquadramento (OJ 125 SDI-I do TST), nem sempre determinando o retorno ao cargo anterior. Discordamos da opinião da jurisprudência majoritária, pois trata-se de contrato cuja formação é proibida por lei e, como tal, não pode gerar efeitos, porque há uma nulidade absoluta.

O mesmo se diga quanto à concessão de FGTS ao empregado público admitido sem concurso (art. 19-A da Lei nº 8.036/90). Seu trabalho, além de proibido, causa sangria nos cofres públicos e frauda a regra do concurso público (Súmula nº 363 do TST), propiciando fraudes na contratação de cooperativas ou outras intermediadoras de mão de obra.

A aplicação do princípio da primazia da realidade normalmente tem prevalecido, mesmo quando arranha a lei, como se pode facilmente constatar do exemplo abaixo:

> *Súmula nº 301 do TST: Auxiliar de laboratório. Ausência de diploma. Efeitos. O fato de o empregado não possuir diploma de profissionalização de auxiliar de laboratório não afasta a observância das normas da Lei nº 3.999, de 15/12/1961, uma vez comprovada a prestação de serviços na atividade (Res. 11/1989,* DJ *14/04/1989).*

Em sentido contrário, em respeito à lei, as OJs nºs 296 e 297 da SDI-I do TST, o que demonstra a contradição nas decisões do TST:

> *OJ nº 296 da SDI-I do TST: Equiparação salarial. Atendente e auxiliar de enfermagem. Impossibilidade.* DJ *11/08/2003.*
>
> *Sendo regulamentada a profissão de auxiliar de enfermagem, cujo exercício pressupõe habilitação técnica, realizada pelo Conselho Regional de Enfermagem, impossível a equiparação salarial do simples atendente com o auxiliar de enfermagem.*
>
> *OJ 297 SDI-I do TST: Equiparação salarial. Servidor Público da administração direta, autárquica e fundacional. Art. 37, XIII, da CF/1988 (DJ 11.08.2003) O art. 37, inciso XIII, da CF/1988, veda a equiparação de qualquer natureza para o efeito de remuneração do pessoal do serviço público, sendo juridicamente impossível a aplicação da norma infraconstitucional prevista no art. 461 da CLT quando se pleiteia equiparação salarial entre servidores públicos, independentemente de terem sido contratados pela CLT.*

Também há raras decisões reconhecendo a prevalência da lei sobre a realidade:

> O EXERCÍCIO DA FUNÇÃO DE SEGURANÇA ATRAVÉS DE EMPRESA NÃO ESPECIALIZADA EM VIGILÂNCIA, NÃO ENQUADRA O TRABALHADOR COMO VIGILANTE. PISO. DIFERENÇAS SALARIAIS INCABÍVEIS. O exercício da profissão de vigilante necessita de aprovação em curso de formação profissional e registro prévio na polícia federal e só pode ser intermediado por empresa especializada autorizada a funcionar pelo Ministério da Justiça. TRT, 1ª Reg., 8ª T., Proc. 01603.2003.070.01.00.5, Rel. Vólia Bomfim Cassar, sessão do dia 14/09/2005.

2ª Controvérsia

Dúvida de relevo surge quando o princípio é **utilizado de forma contrária ao trabalhador**. Há quem entenda que o princípio em estudo prevalece em qualquer situação permitida em lei, mesmo que contrário aos interesses do empregado. Outros defendem que o princípio da primazia da realidade, por ser espécie do gênero "princípio da proteção ao trabalhador", **não** poderá ser aplicado em detrimento do empregado.

> **Ex.:** Empregada doméstica que executa trabalhos exclusivamente domésticos em casa de família, mas tem sua CTPS assinada pela pessoa jurídica da qual o patrão é o sócio majoritário. A Lei Complementar 150/2015 determina que o empregador doméstico seja uma pessoa física. Pelo princípio da norma mais favorável, deveria ser aplicada a CLT para reger todo o contrato. Por outro lado, como de fato a empregada executava serviços domésticos e o patrão de fato era a pessoa física, que não se valia da mão de obra doméstica para fins lucrativos, poderia ser aplicado o princípio da primazia da realidade, mesmo em prejuízo ao trabalhador. Entendemos que deveria prevalecer a lei do doméstico e não a CLT para reger aquele contrato, cabendo ao empregador ou ao Judiciário retificar a CTPS para passar a constar o real empregador (pessoa física), apesar da CLT conter mais benesses que a lei do doméstico. Deve ser aplicado o art. 112 do CC, que determina que nas declarações de vontade se atenderá mais à intenção que ao sentido literal da linguagem (leia-se: ao sentido literal do que foi escrito).

Nesta esteira de raciocínio, percebe-se que a jurisprudência se orienta, nestes casos, no sentido de proteger o trabalhador, não aplicando o princípio da primazia da realidade.

A reforma trabalhista modificou um pouco o cenário favorável aos trabalhadores pela aplicação do princípio da primazia da realidade acima estudado, pois algumas das modificações feitas na CLT deixam clara a prevalência do ajustado sobre a realidade, mesmo que o contrato seja menos favorável.

Abaixo apontaremos alguns dos casos trazidos pela reforma trabalhista (Lei nº 13.467/17):

a) Para que um empregado seja enquadrado como trabalhador intermitente basta que celebre por escrito contrato de trabalho intermitente com o patrão, mesmo que inicialmente trabalhe de forma continuada (art. 452-A da CLT). O trabalho intermitente é desfavorável ao empregado, pois ficará aguardando a convocação para o trabalho e enfrentará períodos de inatividade e estes não serão considerados como tempo à disposição, o que contraria o art. 4º da CLT e a realidade. Isto é, de fato, o empregado está aguardando o chamado do patrão, mas esse período de inatividade não é computado como de serviço, e sim como suspensão contratual;

b) O contrato de trabalho que indique que o empregado é um teletrabalhador (art. 75-C da CLT) o afasta do Capítulo "Da Duração do Trabalho" (art. 62, III, da CLT). Mesmo que controlado e fiscalizado não terá direito às horas extras, noturnas e intervalo intrajornada. Nesse caso, não prevalece a realidade (controle, fiscalização e labor extra comprovado). O contrato que transfere para o empregado teletrabalhador as despesas com equipamentos, materiais e infraestrutura de trabalho (art. 75-D) prevalece, mesmo invertendo a ordem lógica de que o empregado não investe na atividade econômica e não corre os riscos do empreendimento. Mesmo sendo uma espécie de trabalhador externo, o art. 75-B da CLT informa que o teletrabalhador que executa seus serviços fora do estabelecimento do patrão não é considerado empregado externo. Uma inversão da realidade e da lógica! Aqui também temos exceções ao princípio da prevalência da condição mais favorável ao trabalhador;

c) Empregado cuja função é apontada na norma coletiva como de confiança nos moldes do art. 62, II, da CLT. Mesmo que não exerça de fato função de confiança intensa estará excluído do Capítulo "Da Duração do Trabalho", pois a norma coletiva se sobrepõe à lei e não poderá o juiz questionar seu conteúdo, salvo se violar a Constituição ou o art. 104 do CC (art. 8º, § 3º, da CLT);

d) A prestação de horas extras habituais não descaracteriza o ajuste de compensação de jornada, na forma do parágrafo único do art. 59-B da CLT. Ora, se existe um contrato para compensar a jornada e se este não é cumprido porque o empregado habitualmente faz horas extras no dia da compensação, deveria prevalecer a realidade (o não cumprimento do acordo), mas a lei, alterando o entendimento da jurisprudência (Súmula 85 do TST) pugna pela validade do acordado (compensação) sobre a realidade;

e) Prevalência das cláusulas contratuais sobre a realidade desde que versem sobre os direitos previstos no art. 611-A da CLT e desde que seja portador de diploma de curso superior e que perceba igual ou mais que duas vezes o limite máximo dos benefícios do Regime Geral da Previdência – art. 444, parágrafo único da CLT. Por exemplo: se este empregado assinar com o patrão um contrato contendo uma cláusula que informa que ele é empregado de confiança nos moldes do art. 62, II, da CLT, este fato, por si só, o afasta do Capítulo Da Duração do Trabalho, mesmo que na prática não seja um empregado de alta confiança, mas de confiança simples;

f) Prevalência do termo de quitação da parcela feito com a chancela no sindicato mesmo que não tenha havido pagamento da parcela – art. 507-B da CLT. Não concordamos com a tese, apesar de defendida por alguns, pois não se quita o que não foi pago. O simples carimbo do sindicato noticiando a quitação de verbas trabalhistas não tem o condão de liberar o patrão da guarda dos recibos de pagamento. A mesma tese pode ser aplicada ao termo de conciliação efetuado na CCP (Comissão de Conciliação Prévia – parágrafo único do art. 625-D da CLT[27]).

---

27 No julgamento da ADIN 2.237, por maioria e nos termos do voto da Relatora, Ministra Carmen Lucia (Presidente), o STF julgou parcialmente procedentes os pedidos, para dar interpretação conforme

g) Mesmo que o trabalhador preencha os requisitos previstos nos arts. 2º e 3º da CLT, o fato de assinar um contrato de autônomo formalizado, com todas as exigências legais (se existir), o afasta da relação de emprego? Aparentemente, foi essa a intenção do art. 442-B da CLT, apesar de absurda e de contrariar a realidade fática.

2.5. Princípio da Intangibilidade e da Irredutibilidade Salarial

Este princípio está consagrado no art. 7º, VI, da CRFB e no art. 468 da CLT. Intangibilidade significa proteção dos salários contra descontos não previstos em lei. A intangibilidade tem como fundamento a proteção do salário do trabalhador contra seus credores. As inúmeras exceções estão expressamente previstas em lei, tais como: o pagamento de pensão alimentícia, a dedução de imposto de renda, contribuição previdenciária, contribuição sindical, empréstimos bancários, utilidades e outros.

O salário é irredutível, salvo convenção coletiva ou acordo coletivo que autorize a redução – art. 7º, VI, da CRFB.

A contraprestação recebida pelo trabalhador pode ser paga em pecúnia ou *in natura*. Nem uma nem outra podem ser reduzidas, salvo acordo coletivo ou convenção coletiva. O impedimento visa a estabilidade econômica do trabalhador, que não pode ficar sujeito às oscilações salariais.

A possibilidade de redução salarial já tinha sido autorizada pelo art. 503 da CLT e pela Lei nº 4.923/65 (art. 2º).

Arnaldo Süssekind[28] advoga que o art. 503 da CLT está superado pela Constituição. Entretanto, defende a recepção pela Carta da Lei nº 4.923/65, permanecendo os critérios e as razões previstas na lei para a redução salarial, desde que através de instrumento coletivo (modificação introduzida pela Constituição). Remetemos o leitor ao Capítulo destinado ao tema, em que será melhor explorado.

Ressalte-se que a irredutibilidade salarial se aplica apenas ao valor real e nominal do salário, não se incluindo aí as reduções salariais advindas de inflação, aplicação de índices oficiais de correção monetária, planos econômicos etc.

A norma coletiva poderá suprimir alguns tipos de sobressalários e isto pode importar em redução da gama remuneratória do empregado – art. 611-A da CLT.

Maiores considerações e comentários a respeito da possibilidade de penhora ao salário no Capítulo "Ajuste e Fixação do Salário", item 3.

---

a Constituição ao art. 625-D, § 1º a § 4º, da Consolidação das Leis do Trabalho, assentando que a Comissão de Conciliação Previa constitui meio legitimo, mas não obrigatório, de solução de conflitos, permanecendo o acesso à Justiça resguardado para todos os que venham a ajuizar demanda diretamente ao órgão judiciário competente, e para manter hígido o inciso II do art. 852-B da CLT, no sentido de se considerar legitima a citação nos termos estabelecidos na norma. Vencidos, em parte, os Ministros Edson Fachin e Rosa Weber, no que se refere ao art. 625-E da CLT.

[28] SÜSSEKIND, Arnaldo. *Curso de Direito do Trabalho*. Rio de Janeiro: Renovar, 2002, p. 57.

2.6. Princípio da Continuidade da Relação de Emprego

A relação de emprego, como regra geral, tende a ser duradoura, em face da própria natureza humana que impulsiona o homem na busca do equilíbrio e da estabilidade de suas relações em sociedade.

Imagina-se que o empregado, quando aceita um emprego, pretenda neste permanecer por tempo indefinido. Esta é a noção de engajamento do empregado na empresa.

Em virtude disto, a regra geral quanto ao prazo do contrato de emprego é que este é indeterminado e a exceção é o contrato a termo. Por isto, o contrato a termo deve ser expresso[29] (art. 29 da CLT). Não havendo prova do ajuste de vigência do pacto, a presunção é de que o contrato de trabalho é indeterminado.

Deste princípio também decorre a ilação de que o ônus de provar a data e motivo da extinção do pacto trabalhista é do empregador, na forma da Súmula nº 212 do TST.

O homem médio busca a segurança e a estabilidade econômica, o que acarreta presunção de que todos desejam uma colocação no mercado para ter a oportunidade de trabalho, já que o desemprego assusta e traz instabilidade econômica. Daí pressupõe-se que o trabalhador não quer sair de seu emprego. O desdobramento dessa presunção conjugado ao fato do contrato de trabalho ser de trato sucessivo (que não se esgota num único ato) gera a conclusão de que o ônus de provar o motivo e a data da saída do empregado de seu emprego é do patrão.

Arnaldo Süssekind[30] e Alice Monteiro[31] sustentam que este princípio se encontra no art. 7º, I, da CRFB, revelando que o Direito do Trabalho tende a resistir à dispensa arbitrária e a premiar as estabilidades, embora o artigo constitucional em comento ainda não tenha sido regulamentado. Discordamos do posicionamento, pois a visão atual do princípio deve ser no sentido de não mais pugnar pela estabilidade geral no emprego ou de inibir as despedidas arbitrárias. Apenas parte da premissa lógica da necessidade do trabalhador em se inserir em um emprego, num contexto que lhe traga segurança econômica, já que o fio condutor do direito é o repúdio a mudanças bruscas. Ademais, diante dos novos paradigmas que têm norteado o Direito do Trabalho (flexibilização), em que a estabilidade decenal já foi extinta e as demais estão cada vez mais diminutas, como os demais direitos trabalhistas, defender a proibição ou inibição da despedida arbitrária[32] significa incrementar a crise do Direito do Trabalho, sofrida em razão da atual conjuntura econômica do país, o que incentiva os defensores da desregulamentação. Talvez essa tenha sido a real intenção do legislador constituinte em 1988, mas esta interpretação não mais pode ser a adotada.

---

29 O ajuste expresso inclui a forma oral ou escrita.

30 SÜSSEKIND, Arnaldo; MARANHÃO, Délio; VIANNA, Segadas; TEIXEIRA, Lima. *Instituições de Direito do Trabalho*. 18. ed. São Paulo: LTr, 1999, v. 1, p. 173.

31 BARROS, Alice Monteiro de. *Curso de Direito do Trabalho*. 2. ed. São Paulo: LTr, 2006, p. 174.

32 Aliás, a Lei nº 13.467/17 incluiu o art. 477-A à CLT, e este permitiu as dispensas plúrimas e coletivas sem a prévia intervenção da entidade sindical ou de celebração de norma coletiva.

2.7. Princípio da Continuidade da Empresa, ou da Preservação da Empresa, ou Função Social da Empresa

Este princípio já era uma tendência mundial, mas só tomou fôlego em nosso país a partir da Carta de 1988, pelo art. 170 da CRFB. Isto porque no estudo da função social da propriedade percebeu-se que a **empresa é uma das formas de exercício da propriedade**. Daí por que a relação entre propriedade, empresa e Direito do Trabalho será abaixo estudada. Apesar de o tema ser badalado nos outros ramos do direito, não é ainda explorado pela doutrina trabalhista.

A empresa desempenha um importante papel na sociedade, pois é a grande propulsora da produção e do desenvolvimento econômico. Grande parte da população depende diretamente da empresa, seja através dos empregos que cria, das receitas fiscais e parafiscais que o Estado através dela arrecada, seja através dos serviços ou produtos que produz e faz circular, do desenvolvimento que proporciona.

O princípio da função social da empresa pugna pela prioridade da sobrevivência da empresa em casos de dúvida acerca de sua continuidade ou encerramento, fazendo com que prevaleçam seus interesses a médio e longo prazo, sobre o interesse daqueles que preferem sua extinção, que tendem a pensar a curto prazo, de modo egoísta ou individualista. A manutenção da empresa atende ao interesse coletivo na medida em que é fonte geradora de empregos, de tributos, de produção ou mediação de bens e funciona como válvula propulsora de desenvolvimento.

A maior incidência do princípio da preservação ocorre nos possíveis casos de dissolução da sociedade, quando, por exemplo, há retirada ou morte de um sócio ou administrador.

Todavia, o princípio em estudo também pode ser explorado pelo viés dos interesses a serem protegidos enquanto a empresa estiver em funcionamento.

Em virtude disto, a doutrina identifica duas finalidades da função social da empresa: como incentivadora do exercício da empresa e como condicionadora de tal exercício.

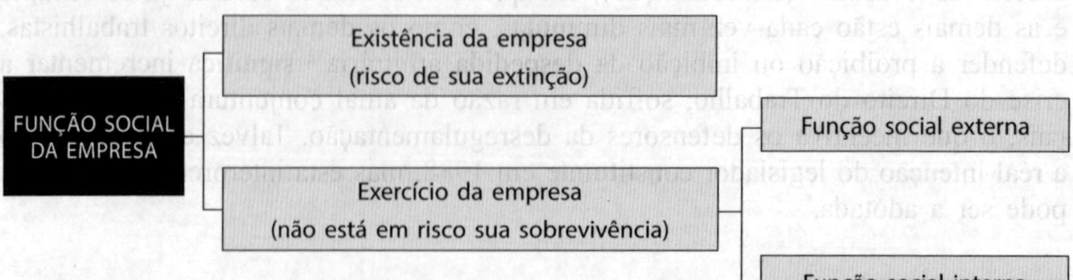

No primeiro caso, a função social da empresa serve de fundamento para sua manutenção, evitando o encerramento pela vontade de alguns sócios, como antes explicado.

No segundo caso, a função social da empresa aparece como condição de seu exercício.

Explica-se:

Não raras vezes, a empresa enfrenta interesses antagônicos aos seus, seja no que se refere à preservação do meio ambiente, seja no interesse de seus empregados ou dos seus consumidores e até em relação aos concorrentes. Quando estes interesses se conflitam é necessário encontrar um ponto em comum para pautar a escolha, ponderando interesses para priorizar o mais importante: a função social da empresa.

Para se perquirir o que é a função social da empresa, necessário se faz o prévio conceito do gênero "função social".

O substantivo função, do latim *functio*, é derivado, na referida língua, do verbo *fungor*, cujo significado é de cumprir algo, ou desempenhar-se um dever ou uma tarefa.

Aurélio Buarque de Holanda[33] aponta como significados da palavra função:

> (...) 1. Ação própria ou natural dum órgão, aparelho ou máquina. 2. Cargo, serviço, ofício. (...) 8. Jur. Cada uma das grandes divisões da atividade do Estado na consecução de seus objetivos jurídicos. 9. Jur. **O conjunto dos direitos, obrigações e atribuições duma pessoa em sua atividade profissional específica.** (...) (grifos nossos).

Juridicamente o conceito toma outros contornos. Segundo Fábio Comparato:[34]

> (...) a noção de função, no sentido que é empregado o termo nesta matéria, significa um poder, mais especificadamente, o poder de dar ao objeto da propriedade destino determinado, de vinculá-lo a certo objetivo. O adjetivo social mostra que esse objetivo corresponde ao interesse coletivo e não ao interesse próprio do *dominus*; o que não significa que não possa haver harmonização entre um e outro. Mas, de qualquer modo, se se está diante de um **interesse coletivo**, essa função social da propriedade corresponde a um poder-dever do proprietário, sancionável pela ordem jurídica (Grifos nossos).

Os arts. 170, 182, § 2º, e 186 da CRFB esclarecem qual é a função social da propriedade:

> **Art. 170.** A ordem econômica, fundada na valorização do trabalho humano e na livre iniciativa, tem por fim assegurar a todos existência digna, conforme os ditames da justiça social, observados os seguintes princípios:
>
> I – soberania nacional;
>
> II – propriedade privada;

---

33 FERREIRA, Aurélio B. H. *Dicionário da Língua Portuguesa*. Rio de Janeiro: Nova Fronteira, 1985, p. 827.

34 COMPARATO, Fábio Konder. *Função social da propriedade e dos bens de produção. Direito Empresarial – estudos e pareceres*, São Paulo: Saraiva, 1990, p. 32.

> III – **função social da propriedade**;
>
> IV – livre concorrência;
>
> V – defesa do consumidor;
>
> VI – defesa do meio ambiente, inclusive mediante tratamento diferenciado conforme o impacto ambiental dos produtos e serviços e de seus processos de elaboração e prestação (Redação dada pela Emenda Constitucional nº 42, de 19/12/2003);
>
> VII – redução das desigualdades regionais e sociais;
>
> VIII – busca do pleno emprego;
>
> IX – tratamento favorecido para as empresas de pequeno porte constituídas sob as leis brasileiras e que tenham sua sede e administração no País (Redação dada pela Emenda Constitucional nº 6, de 1995).
>
> Parágrafo único. É assegurado a todos o livre exercício de qualquer atividade econômica, independentemente de autorização de órgãos públicos, salvo nos casos previstos em lei.
>
> (...) (Grifos nossos).
>
> **Art. 182.** (...)
>
> § 2º A propriedade urbana cumpre sua **função social** quando atende às exigências fundamentais de ordenação da cidade expressas no plano diretor. (Grifos nossos).
>
> (...)
>
> **Art. 186.** A **função social** é cumprida quando a propriedade rural atende, simultaneamente, segundo critérios e graus de exigência estabelecidos em lei, aos seguintes requisitos (Grifos nossos):
>
> I – aproveitamento racional e adequado;
>
> II – utilização adequada dos recursos naturais disponíveis e preservação do meio ambiente;
>
> III – observância das disposições que regulam as relações de trabalho;
>
> IV – exploração que favoreça o bem-estar dos proprietários e dos trabalhadores.

A **função social** da empresa também impregnou a legislação infraconstitucional, como, por exemplo, nos arts. 116, parágrafo único, e 154 da Lei nº 6.404/76:

> **Art. 116.** (...)
>
> Parágrafo único. O acionista controlador deve usar o poder com o fim de fazer a companhia realizar o seu objetivo e cumprir sua **função social**, e tem deveres e responsabilidades para com os demais acionistas da empresa, os que nela trabalham e para com a comunidade em que atua, cujos direitos e interesses deve lealmente respeitar e atender (Grifos nossos).
>
> (...)
>
> **Art. 154.** O administrador deve exercer as atribuições que a lei e o estatuto lhe conferem para lograr os fins e no interesse da companhia, satisfeitas as exigências do bem público e da **função social da empresa** (grifos nossos).

A Lei nº 11.101/2005 (Lei de falências) também se referiu à função social da empresa:

> **Art. 47.** A recuperação judicial tem por objetivo viabilizar a superação da situação de crise econômico-financeira do devedor, a fim de permitir a manutenção

da fonte produtora, do emprego dos trabalhadores e dos interesses dos credores, promovendo, assim, a preservação da empresa, sua **função social** e o estímulo à atividade econômica (grifos nossos).

Fábio Comparato traça um paralelo entre a propriedade e a empresa para defender a existência de uma função social desta. Para tanto, insere a empresa dentro do conceito de bens de produção e confere ao titular do controle o mesmo *status* e encargo do titular da propriedade. Afirma que na proteção constitucional da propriedade se inserem, também, os bens patrimoniais sobre os quais o titular não exerce nenhum direito real e que, por consequência, "também o poder de controle empresarial, o qual não pode ser qualificado com um *ius in re*, há de ser incluído na abrangência do conceito constitucional de propriedade".[35]

No mesmo sentido José Afonso da Silva,[36] ao defender que o princípio constitucional da função social da propriedade "ultrapassa o simples sentido de elemento conformador de uma nova concepção de propriedade como manifestação de direito individual, que ela, pelo visto, já não o é apenas, porque interfere com a chamada propriedade empresarial" e conclui que o "direito de propriedade (dos meios de produção, principalmente) não pode mais ser tido como um direito individual", devendo atender às necessidades da sociedade, isto é, à sua função social.

Esta visão se coaduna com a nova ótica constitucional, que prioriza a unidade da Constituição, a eficácia e a hierarquia de suas normas, de forma que o intérprete não mais resolva os conflitos sob uma visão simplista e isolada prevista em um artigo de lei, mas sim à luz do inteiro ordenamento jurídico, dos princípios fundamentais[37] e função social do direito.

Sendo assim, é possível condicionar o exercício de todo e qualquer direito ao atendimento dos princípios constitucionais, que são considerados norma na nova ótica constitucional. A funcionalização[38] do uso da propriedade e, como consequência, do uso da empresa, deve ser pautada pelo bem-estar da coletividade, pelo bem-estar social. Nas palavras de Comparato,[39] "trata-se de uma liberdade-meio, ou liberdade condicional".

O princípio da função social da empresa foi reforçado pelo Código Civil de 2002, ao balancear economicamente os contratos através do princípio da eticidade, ou ao trazer a norma mais próxima ao caso concreto, como no princípio da

---

35 COMPARATO, Fábio Konder. "Estado, empresa e função social". *RT* nº 732, 1996, p. 43-44.

36 SILVA, José. A. *Curso de direito constitucional positivo*. 17. ed. São Paulo: Malheiros, 2000, p. 287.

37 Da mesma forma, TEPEDINO, Gustavo. "Premissas metodológicas para a constitucionalização do Direito Civil". *In: Temas de Direito Civil*. Rio de Janeiro: Renovar, 1999, p. 1-22.

38 Funcionalizar determinado direito significa condicionar seu exercício aos interesses maiores da sociedade e é neste sentido que hoje é vista a função social da propriedade e do contrato.

39 COMPARATO, Fábio Konder. "A reforma da empresa". Rio de Janeiro, *Revista Forense*, n. 290, 1985, p. 10.

operabilidade. Os princípios da boa-fé, da função social do contrato, da propriedade e da Justiça perpassam pelo Código Civil de 2002.

Contrariamente ao antigo Código, individualista e patrimonialista, o novo Código de 2002 buscou priorizar a pessoa humana, a função social do contrato, da propriedade, a proteção do hipossuficiente.

Nas palavras de Miguel Reale:[40]

> Se não houve a vitória do socialismo, houve o triunfo da "socialidade", fazendo prevalecer os valores coletivos sobre os individuais, sem perda, porém, do valor fundante da pessoa humana. Por outro lado, o projeto se distingue por maior aderência à realidade contemporânea, com a necessária revisão dos direitos e deveres dos cinco principais personagens do direito privado tradicional: o proprietário, o contratante, o empresário, o pai de família e o testador.

Todavia, estes primados devem ser permeados pela não abusividade.

Heloísa Carpena[41] afirma que o desvio no exercício do direito da função social da empresa acarreta em uma das modalidades do abuso de direito. Assim, a empresa gozará de autonomia e liberdade enquanto respeitar os direitos dos trabalhadores, tanto aqueles previstos em lei quanto os relacionados ao trato, ao meio ambiente, à livre concorrência, ao pagamento de tributos, ao oferecimento de produtos, sem ferir o direito do consumidor etc.

Isto não quer dizer que à empresa é transferido o múnus do Poder Público de zelar pelas políticas públicas, pela diminuição do desemprego, pela preservação do meio ambiente e pela erradicação da pobreza. Não se pretende transferir ao empresário a obrigação do Poder Público, mas apenas exigir que as pessoas que desempenham papel importante na sociedade com ela colaborem. Assim, não está o patrão obrigado a oferecer aos seus empregados nada além do que está previsto em lei, nem de garantir casa ou educação aos filhos dos empregados. Tampouco, será obrigado a contratar mais empregados ou impedido de dispensá-los, nem obrigado a oferecer produtos fora de sua margem de produção ou desconexo com sua atividade, salvo nos casos especificados em lei especial a este respeito.

A função social da empresa dirige-se aos casos em que a empresa, ao contratar, dê preferência de acordo com os percentuais estabelecidos em lei, aos deficientes físicos ou às minorias; que trate com urbanidade e condições salubres seus empregados, que diminua os riscos inerentes ao trabalho, que respeite os direitos trabalhistas; que não discrimine seus empregados na admissão, no curso do contrato ou na demissão, nem discrimine o trabalhador em virtude de sexo, cor, idade, raça etc.

---

40 REALE, Miguel. "Visão geral do projeto de Código Civil: tramitação do projeto". *Revista dos Tribunais*, n. 752, jun. 1998, p. 22-30.

41 CARPENA, Heloísa. *Abuso do direito nos contratos de consumo*. Rio de Janeiro: Renovar, 2001, p. 53.

A responsabilidade social da empresa deve partir de uma postura voluntária do empresário, enquanto a função social da empresa, por ser norma cogente, constitucional, deve ser de observância obrigatória.

Fábio Konder Comparato[42] classifica os interesses da empresa em internos e externos, que devem ser observados e respeitados pela sociedade empresarial.

Modesto Carvalhosa[43] acrescenta que:

> Tem a empresa uma óbvia função social, nela sendo interessados os empregados, os fornecedores, a comunidade em que atua e o próprio Estado, que dela retira contribuições fiscais e parafiscais, considerando-se principalmente três as modernas funções da empresa. A primeira refere-se às condições de trabalho e às relações com seus empregados (...) a segunda volta-se ao interesse dos consumidores (...) a terceira volta-se ao interesse dos concorrentes (...) E ainda mais atual é a preocupação com os interesses de preservação ecológica, urbana e ambiental da comunidade em que a empresa atua.

Viviani Perez[44] conclui que o condicionamento ao exercício da empresa, sob a ótica de sua função social, pode ser classificado sob duas vertentes: "a) endógena – relativa às relações entre os agentes internos da empresa; b) exógena – relativa às relações com os centros de interesse externos à empresa".

O primeiro aspecto[45] estaria relacionado à observância pelo empresário de todos os direitos dos seus trabalhadores, sem sonegar-lhes qualquer um e sem abusar dos direitos que a lei confere aos empregadores. Baseia-se no inciso VIII do art. 170 da CRFB.

A classificação sob o aspecto interno do condicionamento ao exercício da empresa só pode ser explorada quando não houver discussão acerca de sua existência, isto é, quando a empresa estiver em pleno funcionamento, independentemente de estar ou não atravessando dificuldades econômicas.[46]

Abordando a questão pela ótica trabalhista, a empresa que está em funcionamento não pode utilizar o direito de forma abusiva em detrimento dos direitos do

---

[42] COMPARATO, Fábio. "Estado, empresa e função social". São Paulo: RT nº 732, 1996, p. 44.

[43] CARVALHOSA, Modesto *apud* PEREZ, Viviani. *A função social da empresa: uma proposta de sistematização do conceito*. Trabalho final de disciplina de Direito Civil. Mestranda da Uerj, 2005, p. 15.

[44] PEREZ, Viviani. *A função social da empresa: uma proposta de sistematização do conceito*. Trabalho final de disciplina de Direito Civil. Mestranda da Uerj, 2005, p. 15.

[45] A autora também inclui entre os interesses endógenos o respeito que a sociedade deve ter aos interesses dos sócios, ou acionistas, imposto pelo administrador ou sócio majoritário como, por exemplo, determina o art. 116, parágrafo único, da Lei nº 6.404/76.

[46] Sobre o objetivo do lucro como um fim em si mesmo Werson Franco Rêgo e Oswaldo Luiz Franco Rêgo abordam o assunto, indicando que em qualquer caso deve ser priorizado o "valor do trabalho humano com vistas a alcançar a justiça social". RÊGO, Werson Franco Pereira e RÊGO, Oswaldo Luiz Franco. "O Código de Defesa do Consumidor e o direito econômico". Rio de Janeiro, *Revista da Emerj*, n. 19, 2002, p. 120.

trabalhador. Ademais, de acordo com o art. 187 do Código Civil, equipara-se ao **ato ilícito o ato** praticado **com abuso de direito**.

> **Art. 187.** Também comete ato ilícito o titular de um direito que, ao exercê-lo, excede manifestamente os limites impostos pelo seu fim econômico ou social, pela boa-fé ou pelos bons costumes.

Neste sentido podemos considerar abuso de direito o exercício de um direito subjetivo ou de prerrogativas individuais de forma exacerbada, fora dos limites normais, que são baseados em princípios de comportamento e de direito, que importe em atos que violem a ética, a moral, a boa-fé, os bons costumes, o bem comum e a função social do direito.

Convém ressaltar que abuso de direito não se confunde com ato ilícito. Neste sentido, Heloísa Carpena[47] distingue o ato ilícito do abuso de direito:

> O ilícito, sendo resultante da violação de limites formais, pressupõe a existência de concretas proibições normativas, ou seja, é a própria lei que irá fixar limites para o exercício do direito. No abuso não há limites definidos e fixados aprioristicamente, pois estes serão dados pelos princípios que regem o ordenamento, os quais contêm seus valores fundamentais.

Consequência lógica do abuso de direito que causa prejuízo a terceiro é o dever de indenizar. Se ferir norma de ordem pública, deve-se, ainda, declarar a nulidade absoluta do ato praticado.

Corroborando com o entendimento acima, há o Enunciado nº 37 da Jornada de Direito Civil do Conselho da Justiça Federal - CJF, o qual preconiza que "a responsabilidade civil decorrente do abuso de direito independe da culpa, e fundamenta-se somente no critério objetivo-finalístico".

Diante de todos estes fatos, é forçoso concluir que a matéria pode ser aplicada, com facilidade, ao Direito do Trabalho, principalmente por sua finalidade social de diminuir a desigualdade social e de proteger o hipossuficiente.

Assim, o empregador que, sem necessidade, utiliza o instituto da flexibilização para reduzir coletivamente os salários de seus empregados apenas para aumentar seus lucros **abusa do direito** previsto no art. 7º, XIII da CRFB, viola o princípio da proteção ao trabalhador consagrado no art. 7º, *caput*, da CRFB; prioriza o capital ao trabalho humano, ferindo o princípio da valorização do trabalho humano também consagrado constitucionalmente.

O empregador que se utiliza do contrato por tempo parcial (art. 58-A, § 2º, da CLT) para reduzir o salário na vigência do contrato como forma de perseguir um determinado empregado **abusa do seu direito** de variar o contrato e de se utilizar das faculdades legais de forma responsável, tendo em vista a função social do direito e da empresa.

---

47 CARPENA, Heloísa. *Abuso de direito nos contratos de consumo*. Rio de Janeiro: Renovar, 2001, p. 382.

É bom relembrar que a flexibilização das regras trabalhistas ressurge na década de 1980 na Europa Ocidental, como alternativa à crise econômica, acarretada pela quebra dos polos petrolíferos asiáticos, conjugada à invenção dos *chips*, que revolucionou a informática, a telemática, a robotização e demais inventos tecnológicos. A quebra das barreiras alfandegárias, com a mundialização da economia, incrementou a concorrência entre os países, impondo-lhes a necessidade de produzir mais, reduzir custos e em melhor qualidade para disputar o mercado globalizado. A partir daí, o paradigma buscado passa a ser um modelo de Direito do Trabalho com regras um pouco mais flexíveis, aberto a mudanças, adaptável à situação econômica mundial e de cada empresa, sem, contudo, deixar de atender **ao fim social a que se destina**. A flexibilização pode ser necessária para a manutenção da existência da empresa, mas não como forma de aumento desmensurado dos lucros da empresa.

Como a preservação da empresa é de interesse público, assim como a pacificação dos conflitos de classe ocasionados por interesses contrários entre empresários e trabalhadores, nasce a necessidade de se ponderar, em cada caso, o interesse maior que irá prevalecer.

A empresa é fonte geradora de emprego, de receita fiscal para o Estado, de circulação de produtos e de desenvolvimento econômico, daí a possibilidade de submissão do **princípio da proteção ao trabalhador**, também previsto constitucionalmente – art. 7º, *caput*, da CLT –, ao princípio da preservação da empresa, mas apenas quando a **existência** desta estiver sendo discutida como forma de adaptação à realidade fática, sob pena de abuso de direito.

Apenas nessas hipóteses haverá supremacia do princípio da preservação da empresa em detrimento do princípio da proteção ao trabalhador, pois, em última análise, mantendo-se a empresa, mantêm-se os respectivos postos de trabalho, evitando o desemprego, assim como suas outras finalidades sociais.

Se, ao contrário, a empresa estiver em funcionamento, fora do cenário de discussão de sua manutenção física ou extinção física, prevalecerá sempre a pessoa à coisa, o ser ao ter, o trabalhador às vantagens econômicas lucrativas do empresário.

A empresa que despede todos os seus empregados por justa causa, apenas para ganhar tempo para pagar as parcelas devidas em decorrência da extinção do contrato, abusa do direito de demitir, ferindo a função social da empresa.

O empresário que faz todos os empregados assinarem o contrato intermitente para eventualmente poder deixá-los à disposição aguardando os chamados para o trabalho, mesmo que não seja esta a modalidade do serviço, comete abuso de direito e viola frontalmente a sua função social.

O patrão que obriga anualmente seus empregados, na vigência do contrato, à quitação no sindicato, mesmo que nada tenha pago, apenas para obter a liberação prevista no art. 507-B da CLT, fere a função social da empresa e comete ato ilícito.

A inobservância dos direitos dos trabalhadores, como o pagamento pontual de seus salários e sobressalários previstos em lei ou em normas coletivas, o tratamento ético, urbano e livre de assédio; o abuso no exercício de direitos dirigidos ao patrão como o de despedir, o de flexibilizar, o de variar algumas condições de trabalho *(ius variandi)*, acarreta o desrespeito ao princípio da função social da empresa e em abuso de direitos.

Note-se que neste segundo aspecto do princípio da preservação da saúde da empresa, o da condicionalidade do seu exercício, o **abuso de direito** toma lugar como limite aos atos praticados pelo empregador em detrimento dos direitos de seus empregados.

Assim também Jorge Manuel Coutinho de Abreu,[48] quando afirma que:

> (...) a iniciativa econômica privada tem de exercer-se dentro dos limites definidos pela Constituição e pela lei (...), podendo até o Estado intervir transitoriamente na gestão de empresas privadas para assegurar o interesse geral e os direitos dos trabalhadores.

Por outro lado, as limitações exógenas ou externas ao exercício da empresa decorrem de três interesses a serem preservados concomitantemente: livre concorrência (art. 173, § 4º, da CRFB c/c Lei nº 12.529/2011), respeito aos direitos dos consumidores (Lei nº 8.078/90) e meio ambiente (art. 170, VI, da CRFB). Além destes interesses expressos no texto constitucional, outros podem ser mencionados, como o de gerar arrecadação de impostos, propiciando ao Estado seu desenvolvimento; avanço tecnológico e produção ou distribuição de bens e serviços, acarretando o desenvolvimento da economia.

Conclusão

O princípio da preservação da saúde da empresa pode ser analisado sob dois aspectos: a) para incentivar sua manutenção, quando sua existência estiver em discussão; b) para exigir que ela cumpra sua função social, condicionando seu exercício à observância dos critérios **internos** e **externos** deste condicionamento.

A flexibilização selvagem de direitos trabalhistas, como vem sendo utilizada pelos empresários, com o único objetivo de aumentar seus lucros, constitui abuso de direito e como tal deve ser impedida, já que viola o princípio da função social, que tem seu exercício condicionado ao respeito aos direitos trabalhistas de seus empregados (aspecto interno).

Hoje o Direito do Trabalho vive uma fase de transição, em que se questiona o paternalismo estatal, a intervenção estatal em regras privadas. Alguns pretendem a total desregulamentação, isto é, a ausência total, a abstinência estatal nas relações de trabalho, deixando o contrato de trabalho livre às regras do mercado, sob o argumento de que o modelo que inspirou o *welfare* não mais existe, que os trabalhadores atuais são mais conscientes, mais maduros, menos explorados.

Outros, apesar de reconhecerem alguma mudança no Direito do Trabalho, percebem que nosso país ainda não pode ser visto como aquele que efetivou o *welfare* (o bem-estar social). O Brasil ainda tem trabalho escravo ou em condição

[48] ABREU, Jorge Manuel Coutinho de. *Do abuso de direito*. 1999, p. 41, *apud* PEREZ, Viviani. A função social da empresa: uma proposta de sistematização do conceito. Trabalho final de disciplina de direito civil. Mestranda da Uerj, 2005, p. 13.

análoga; ainda há exploração do trabalho do menor; labor em condições subumanas e legislação trabalhista muito desrespeitada. Por isso, não se pode defender o total afastamento do Estado desta relação privada não se pode pretender a privatização dos direitos trabalhistas, o retrocesso de um grande avanço conquistado a duras penas.

Neste sentido os princípios constitucionais, vistos como norma de eficácia plena, destacando-se em particular o da proteção ao trabalhador (art. 7º, *caput*) e o da função social da empresa (art. 170), devem limitar a onda de flexibilização selvagem, que vem contaminando os tribunais trabalhistas e a legislação.

Na era em que o direito comum (civil) caminha para a visão social, a publicização de seus institutos, a humanização e a centralização do homem como figura principal a se proteger; na era em que a Constituição de um país prioriza os direitos fundamentais do homem, sua dignidade, o valor social do trabalho, da função social da justiça e do direito, abandonando a prevalência do capital, da propriedade sobre a pessoa e seus valores, o Direito do Trabalho tende a um retrocesso?

O neoliberalismo é, na verdade, um caminho isolado na contramão da socialização dos direitos e da efetivação dos direitos fundamentais do homem. Por isso, deve ser repudiado.

2.8. Princípio da Inalterabilidade Contratual *In Pejus*

Tem sua origem no Direito Civil, que considera que o contrato faz lei entre as partes (*pacta sunt servanda*). Por estarem obrigadas a cumprir o contrato, as partes não podem livremente alterar suas cláusulas no curso deste. Este princípio civilista tem sido relativizado, pois o novo paradigma do direito comum é a ética, a boa-fé objetiva, a função social do contrato, o não abuso do direito, a proteção do hipossuficiente e a transparência nas tratativas, que permitem a manifestação de vontade de forma consciente (consentimento informado).

Também no Direito do Trabalho o contrato faz lei entre as partes. Entretanto, a livre manifestação de vontade é mitigada, pois a autonomia das partes, ao ajustarem as cláusulas contratuais, está vinculada aos limites da lei. Conclui-se, pois, que as partes podem pactuar cláusulas iguais ou melhores (para o empregado) que a lei, mas nunca contra a lei ou as normas coletivas vigentes (art. 444 da CLT).

Como consequência lógica do princípio da proteção, a CLT veda alteração, mesmo que bilateral, quando prejudicial ao empregado (art. 468 da CLT). É válida, pois, qualquer alteração unilateral ou bilateral, que não cause prejuízo ao trabalhador, como aumento salarial ou redução da jornada, por exemplo.

As alterações contratuais podem ser divididas, quanto aos efeitos, em **voluntárias**, quando dependerem da vontade das partes, ou **compulsórias**, quando impostas por lei.

Dividem-se, ainda, quanto à finalidade, hipótese em que podem ser **quantitativas**, quando afetam na quantidade de trabalho ou de valor de salário, ou **qualitativas**, quando não afetam na quantidade de trabalho ou de valor de salário, isto é, quando estiverem relacionadas com a função, qualificação do trabalhador, local de trabalho, *status* do empregado etc.

Quanto à duração, podem ser **provisórias** ou **definitivas**.

Alguns assuntos ainda suscitam dúvidas na doutrina. Um deles diz respeito à **promoção**. A corrente majoritária entende que, por se tratar de alteração benéfica e consequência lógica do engajamento do empregado à empresa, o empregado deverá aceitá-la, sob pena de insubordinação. Outros entendem que o empregado tem o direito de aceitar ou não, de acordo com a compatibilidade entre sua personalidade e os novos encargos profissionais da função oferecida, opinião com a qual concordamos.

O mesmo se diga quanto à alteração das bases contratuais em virtude do **progresso tecnológico** adotado pela empresa. Defendemos que é possível a revisão de algumas cláusulas contratuais, que não causem prejuízo ao trabalhador, para adaptar a empresa às novas tecnologias por ela implantadas na produção. Deste modo, se o empregado percebia 10% sobre sua produção manual, que correspondia no final do mês a R$ 3.000,00, por exemplo, pode passar a ter direito a 0,1% da produção industrial que passou a ser adotada depois de implementada nova tecnologia, desde que continue retirando a média mensal de R$ 3.000,00.

A Reforma Trabalhista permitiu uma série de alterações contratuais, mesmo que prejudiciais ao empregado, como analisado a seguir:

a) Possibilidade de alteração do contrato, que antes era executado de forma presencial para telepresencial – teletrabalho, mediante ajuste escrito – art. 75-C da CLT e alteração unilateral do trabalho telepresencial para presencial, mediante aviso prévio de 15 dias;
b) Autorização indireta para alteração do trabalho contínuo para trabalho intermitente, desde que por ajuste escrito – art. 452-A da CLT;
c) Redução ou supressão de direitos pela flexibilização dos direitos trabalhistas por meio das normas coletivas (art. 611-A da CLT);
d) Supressão da gratificação de função de confiança mesmo após dez anos, caso o empregado seja revertido ao cargo efetivo – art. 468, § 2º, da CLT;
e) Autorização de renúncia ou transação feita por empregado que ganhe salário igual ou maior que duas vezes o valor máximo do benefício previdenciário e possua diploma de curso superior em relação aos direitos previstos nas normas coletivas ou acerca dos direitos previstos no art. 611-A da CLT (parágrafo único do art. 444 da CLT);
f) Retirada da natureza salarial e permitida a supressão do auxílio-alimentação, do abono, das ajudas de custo, de diárias de viagem ou do prêmio por determinação do empregador que antes os concedia por liberalidade – art. 457, § 2º, da CLT. O artigo é expresso ao afirmar que tais benesses, mesmo que habitualmente concedidas, não se incorporam ao salário e ao contrato;
g) Retirada da natureza salarial das gratificações, salvo a de natal (matéria ainda controvertida) – art. 457, §§ 1º e 2º, da CLT.

Portanto, tais alterações contratuais, apesar de maléficas ao empregado, são lícitas, porque autorizadas por lei.

Remetemos o leitor ao Capítulo "Alteração Contratual", momento em que o assunto será exposto com mais detalhes.

2.8.1. *Outras Exceções*

a) O art. 468, § 1º, da CLT possibilita a reversão do empregado de confiança ao cargo efetivo, perdendo, inclusive, a gratificação correspondente à função.

b) O art. 469 da CLT faculta a transferência unilateral do trabalhador que exerça cargo de confiança ou daquele cujo contrato contenha cláusula explícita ou implícita de transferibilidade ou de qualquer empregado em casos de fechamento do estabelecimento. Para os demais empregados a transferência deverá ser bilateral.

c) O art. 475 c/c art. 461, § 4º, da CLT permite o rebaixamento do empregado nos casos em que a Previdência Social recomenda a sua readaptação. Todavia, esta alteração *in pejus* não pode importar, também, em redução salarial.

d) Manutenção dos benefícios normativos apenas durante a vigência da norma coletiva, pois as condições de trabalho criadas pelas normas coletivas obrigam enquanto vigentes, podendo o empregador suprimi-las após seu término, salvo se a norma posterior mantiver a vantagem.

e) *Ius variandi*. Por ser o dono do empreendimento e correr o risco do negócio, o empregador tem o poder diretivo do contrato de trabalho, podendo variar algumas cláusulas contratuais de acordo com a tendência econômica ou interesse da empresa. Fazem parte do *ius variandi*, por exemplo: a) mudança do horário de trabalho, desde que não haja majoração da quantidade de horas trabalhadas por dia (jornada) e não importe em alteração do turno diurno para o noturno (por ser prejudicial ao empregado) – Súmula nº 265 do TST; b) mudança do local da prestação de serviços, respeitados os limites do art. 469 da CLT; c) possibilidade de exigir do empregado atribuições compatíveis com a função exercida – art. 456, parágrafo único, da CLT; d) promoção do empregado; e) alteração da nomenclatura do cargo (sem causar prejuízos) etc.

Remetemos o leitor a todas as exceções relativas aos demais princípios protetores do trabalhador, assim como às Orientações Jurisprudenciais nºs 308 e 339 da SDI-I do TST, Súmulas nºs 51, II, e 288, II, do TST e ao Capítulo a respeito de "Flexibilização" e "Alteração Contratual".

> *OJ nº 308 da SDI-I do TST: Jornada de trabalho. Alteração. Retorno à jornada inicialmente contratada. Servidor público.*

O retorno do servidor público (administração direta, autárquica e fundacional) à jornada inicialmente contratada não se insere nas vedações do art. 468 da CLT, sendo a sua jornada definida em lei e no contrato de trabalho firmado entre as partes.

OJ nº 339 da SDI-I do TST: Teto remuneratório. Empresa pública e sociedade de economia mista. Art. 37, XI, da CF/1988 (Anterior à Emenda Constitucional nº 19/98).

As empresas públicas e as sociedades de economia mista estão submetidas à observância do teto remuneratório previsto no inciso XI do art. 37 da CF/1988, sendo aplicável, inclusive, ao período anterior à alteração introduzida pela Emenda Constitucional nº 19/98.

Súmula nº 51 do TST: Norma regulamentar. Vantagens e opção pelo novo regulamento. Art. 468 da CLT.

....

II – Havendo a coexistência de dois regulamentos da empresa, a opção do empregado por um deles tem efeito jurídico de renúncia às regras do sistema do outro.

2.9. Princípio da Irrenunciabilidade e da Intransacionabilidade

Como regra geral, não pode o empregado, antes da admissão, no curso do contrato ou após seu término, renunciar ou transacionar seus direitos trabalhistas, seja de forma expressa ou tácita.

O impedimento tem como fundamento a natureza das normas trabalhistas, que são de ordem pública, cogentes, imperativas, logo, irrenunciáveis e intransacionáveis pelo empregado. O art. 9º da CLT declara como nulo todo ato que vise desvirtuar, impedir ou fraudar a aplicação dos direitos trabalhistas previstos na lei. Da mesma forma, o art. 468 da CLT, que considera nula toda alteração contratual que cause prejuízo ao trabalhador. Reforçando o entendimento, o art. 444 da CLT autoriza a criação de outros direitos pela vontade das partes, desde que não contrariem aqueles previstos na lei e nas normas coletivas.

Todavia, a matéria não é tão tranquila como parece, principalmente depois da Reforma Trabalhista trazida pela Lei nº 13.467/17.

Inicialmente, convém traçar as distinções mais importantes entre a renúncia e a transação.

A **renúncia** é uma declaração unilateral de vontade que atinge direito certo e atual, cujo efeito é a extinção deste direito. Plácido e Silva[49] conceitua renúncia como:

> (...) designa o abandono ou a desistência do direito que se tem sobre alguma coisa. Nesta razão, a renúncia importa sempre num abandono ou numa desistência voluntária, pela qual o titular de um direito deixa de usá-lo ou anuncia que não o quer utilizar. A renúncia pode vir expressamente ou pode ser deduzida. Daí a

[49] SILVA, De Plácido e. *Vocabulário Jurídico*. 23. ed. Atualizadores: Nagib Slaibi Filho e Gláucia Carvalho. Rio de Janeiro: Forense, 2003, p. 1.201.

> renúncia expressa e a renúncia tácita. A expressa é a que, claramente, positivamente, é declarada ou firmada em ato pelo qual se declara ou se anuncia o abandono ou a desistência. A tácita é a deduzida ou a presumida, decorrendo da omissão, ou da inexecução do ato, dentro do prazo legal, que viria assegurar o direito.

Já a **transação** é bilateral e recai sobre direito duvidoso, e o seu efeito é a prevenção do litígio. Pressupõe concessões recíprocas. Em ambos os casos o objeto da renúncia ou da transação deve ser direito **patrimonial disponível**, na forma do art. 841 do Código Civil.

De acordo com o Vocabulário Jurídico,[50] transação:

> "(...) é a convenção em que, mediante concessões recíprocas, duas ou mais pessoas ajustam certas cláusulas e condições para que previnam litígio, que se pode suscitar entre elas ou ponham fim a litígio já suscitado."

O objeto da renúncia e da transação são os **direitos patrimoniais trabalhistas de caráter privado**, seja antes da contratação, durante o contrato ou após a sua extinção. Portanto, é necessário traçar as diferenças entre os direitos patrimoniais de caráter privado e os direitos de caráter público, ou seja, os direitos disponíveis e os indisponíveis e, a partir de então prosseguir no raciocínio.

Patrimoniais são os direitos suscetíveis de serem avaliados em dinheiro, isto é, aqueles em que é possível se atribuir valoração econômica, expressão monetária. **Indisponíveis** são os direitos que são controlados pelo Estado com maior ou menor intensidade, por protegerem interesses públicos. Não derivam da autonomia da vontade da parte e sim de imposição legal feita através de normas cogentes, impostas pelo Estado para tutelar algum interesse social. **Disponíveis** são os direitos cujos interesses são particulares, suscetíveis de circulabilidade.

A concepção liberal dos direitos trabalhistas, que partia da separação radical entre o Estado e a sociedade civil, entre o direito público e o direito privado, quando se percebia uma postura inerte do Estado diante dos problemas sociais, foi superada pela concepção do trabalhador como pessoa hipossuficiente, merecedora da proteção do Estado. A revalorização do trabalho subordinado toma contornos com a Constituição mexicana de 1917, Constituição de Weimar de 1919, criação da OIT e com a Declaração Universal dos Direitos do Homem (1948), hoje espelhada na nossa Carta de 1988. Ao consagrar os direitos fundamentais da pessoa, os textos constitucionais assumem conscientemente um sistema de valores, cujo maior fundamento é a dignidade da pessoa humana. A fixação, em sede constitucional, dos direitos trabalhistas, de valores éticos e de princípios protetores e democráticos, todos com força normativa, limitou ainda mais a liberdade contratual e os poderes patronais.

A constitucionalização do Direito do Trabalho tornou mais intenso o caráter de indisponibilidade dos direitos trabalhistas em face da irradiação da **eficácia horizontal** dos direitos fundamentais ali preconizados. Daí a ideia de que os direitos

50 *Ibidem*, p. 1.421.

trabalhistas são fundamentais e, como tal, se impõem aos cidadãos em suas relações interpessoais e interprivadas, constituindo-se em limite à autonomia da vontade de negociar. Sendo assim, não podem ser negociados, transacionados ou renunciados, salvo quando a lei expressamente autorizar.

Não foi por outro motivo que a CLT, apesar de editada em 1943, já previa a nulidade de todo e qualquer ato que objetivasse fraudar ou burlar direitos trabalhistas nela previstos – arts. 9º, 444 e 468 da CLT.

Desta forma, é forçoso concluir que todos os direitos trabalhistas previstos na lei são indisponíveis, imperativos, e só poderão ser disponibilizados quando a lei assim autorizar.

Da mesma forma se posiciona a doutrina majoritária,[51] seja quanto à transação ou à renúncia, de forma antecipada ou no curso do contrato de trabalho. Todavia, quanto à transação após a extinção do contrato há controvérsias, pois alguns autores admitem, como mais adiante será explicitado.

Diferentes são aqueles direitos criados por meio do contrato de trabalho, regulamento interno de empresa, convenção ou acordo coletivo, isto é, de forma autônoma e privada, em que impera a vontade dos contratantes. Embora esses direitos privados sejam aqueles concedidos acima do patamar mínimo da lei, a CLT também impunha limites à sua alteração, quando isso representar prejuízo ao empregado (art. 478 da CLT).

Portanto, quando o direito criado pelo ajuste entre as partes for **privado**, a transação será possível, desde que não cause prejuízo direto ou indireto ao trabalhador. O mesmo não se pode dizer quanto à renúncia, que será sempre nula, porque causará prejuízo ao empregado.

No Direito do Trabalho existem normas imperativas, que são indisponíveis pelas partes, mas que não impedem a vontade privada de criação de outras normas de disponibilidade. Todavia, a lei cerca o trabalhador de garantias para assegurar a não ocorrência de atos que lhe causem prejuízo – art. 468 da CLT. Este foi o mecanismo de defesa da lei para proteção da política social adotada pelo Estado.

De forma diferente, Mauricio Godinho criou uma divisão entre os direitos **indisponíveis**, para informar que estes direitos podem ser **absolutos** ou **relativos**. Absoluta é a indisponibilidade cujo "direito enfocado merecer uma tutela de nível de interesse público, por traduzir um **patamar civilizatório mínimo**,[52] firmado pela sociedade política em um dado momento histórico"[53] (grifos nossos). O

---

[51] LACERDA, Dorval. *A renúncia no direito do trabalho*. São Paulo: Max Limonad, p. 132; SÜSSEKIND, Arnaldo; MARANHÃO, Délio; VIANNA, Segadas; TEIXEIRA, Lima. *Instituições de direito do trabalho*. 18. ed. São Paulo: LTr, 1999. v. 1, p. 222; MARANHÃO, Délio. *Direito do trabalho*. Rio de Janeiro: FGV, 1987. p. 26; DELGADO, Mauricio Godinho. *Curso de direito do trabalho*. São Paulo: LTr, 2002. p. 212; BARROS, Alice Monteiro. *Curso de direito do trabalho*. São Paulo: LTr, 2005. p. 180; RODRIGUEZ, Américo Plá. *Princípios de direito do trabalho*. São Paulo: LTr, 1978. p. 73-96.

[52] DELGADO, Mauricio Godinho. *Curso de Direito do Trabalho*. São Paulo: LTr, 2002, p. 1.379.

[53] *Ibidem*, p. 212.

autor[54] limita o "patamar mínimo civilizatório" em "três grupos convergentes de normas heterônomas": os direitos constitucionais em geral; as normas de tratados e convenções internacionais vigentes internamente no Brasil, e as normas legais infraconstitucionais que asseguram patamares de cidadania ao indivíduo que labora, como, por exemplo, a assinatura da CTPS, a garantia do salário mínimo e bases salariais mínimas, normas de identificação profissional, procedimentos antidiscriminatórios e as normas de proteção à saúde e segurança do trabalhador.

Melhor seria dizer, utilizando a terminologia do autor, que a indisponibilidade relativa refere-se ao direito cujo interesse seja privado, que não se caracteriza num padrão civilizatório geral mínimo. Godinho aponta como exemplos de direitos de indisponibilidade relativa: normas autônomas, modalidade de pagamento, tipo de jornada pactuada, fornecimento ou não de utilidade. Por isso, o autor admite a transação, desde que não acarrete prejuízo para o trabalhador (art. 468 da CLT), mas não admite a renúncia. Quanto à possibilidade de criação pelas próprias partes de direitos (normas autônomas) e à possibilidade de transação destes por norma coletiva autônoma, Godinho limita sua atuação no **princípio da adequação setorial negociada**. Explica que este princípio tem como objetivo harmonizar validamente as normas jurídicas oriundas de convênios coletivos com as regras jurídicas provenientes da legislação estatal. Para tanto, fixa dois critérios para a validade do convênio coletivo: a) quando as normas coletivas implementarem padrão de direitos superiores aos legais, pois geram vantagens melhores que aquelas gerais destinadas aos demais trabalhadores; b) quando as normas coletivas autônomas transacionarem direitos de indisponibilidade relativa (nunca absoluta). Também não admite a renúncia por instrumento coletivo, sob o argumento de que ao processo coletivo falecem poderes de renúncia sobre direitos de terceiros.

Discordamos da nomenclatura destinada à tese.

Na verdade, nos parece que Mauricio Godinho denominou as normas de caráter privado como aquelas de indisponibilidade relativa e as de natureza pública como aquelas de indisponibilidade absoluta.

Sugerimos que, aqueles denominados pelo autor de "**direitos de indisponibilidade relativa**" sejam, na verdade, chamados, de forma mais adequada, de direitos de "disponibilidade relativa", já que referem-se a direitos de natureza privada, criados pela vontade das partes, acima do mínimo legal, podendo ser alterados ou transacionados, porque disponíveis, **desde que não causem prejuízo ao trabalhador**. Só podem ser disponibilizados quando não causarem prejuízo ao trabalhador, ante o óbice no art. 468 da CLT, que impede a alteração *in pejus* – art. 9º da CLT. Aí está a relatividade da disponibilidade.

---

[54] Nos parece que Mauricio Godinho entende que o **"patamar mínimo civilizatório"** corresponde aos direitos trabalhistas previstos na Constituição, nas normas regulamentares ou expedidas pelo Executivo para garantia da saúde do trabalhador (normas de medicina e segurança do trabalho) e normas internacionais garantidoras de direitos trabalhistas. DELGADO, Mauricio Godinho. *Op. cit.*, p. 1379.

De outra forma se posiciona Romita,[55] ao caracterizar os direitos de indisponibilidade relativa e os de indisponibilidade absoluta:

> Supõe-se que os direitos individuais do trabalhador sejam indisponíveis, o que bastaria para inviabilizar o apelo à arbitragem, quando se cuida de solucionar dissídios individuais do trabalho. Não é correta, contudo, a assertiva de que os direitos trabalhistas – do trabalhador individualmente considerado – sejam indisponíveis. O que a Consolidação das Leis do Trabalho, no art. 9º, declara é que são nulos os atos tendentes a desvirtuar, fraudar ou impedir a aplicação das normas de proteção ao trabalho. Nenhum preceito legal estabelece, de antemão, a indisponibilidade dos direitos do trabalhador. Caso contrário, seriam automaticamente fulminados pela nulidade todos os acordos celebrados pela Justiça do Trabalho nas reclamações trabalhistas (...). É que os direitos do trabalhador admitem uma divisão: direitos absolutamente indisponíveis e os direitos relativamente disponíveis. O art. 9º da CLT não declara indisponíveis os direitos do trabalhador, apenas priva de eficácia o ato do empregador tendente a inviabilizar o gozo dos direitos assegurados por lei ao trabalhador. Se o empregado decide dispor de um direito não coberto pela proteção da indisponibilidade absoluta, a lei não veda o acesso à via arbitral.
>
> (...)
>
> São absolutamente indisponíveis os direitos de personalidade do trabalhador: honra, intimidade, segurança, vida privada, imagem. Os direitos patrimoniais são plenamente disponíveis, após o término da relação de emprego e apenas relativamente indisponíveis durante a vigência do contrato (...). São disponíveis, porque sobre eles os titulares detêm poder que não invade a esfera dos direitos de personalidade.

Mario Garmendia Arigón[56] informa que o Direito do Trabalho é o "claro exemplo de uma disciplina em que a proteção dos valores contidos na ideia da ordem pública adquire dimensão distinta da tradicionalmente utilizada, já que a clássica indisponibilidade absoluta sofre correções que a relativizam ao admitir determinadas margens para eficácia negocial". A partir daí Romita[57] conclui que os direitos de ordem pública necessitam de uma nova distinção: "aquelas que outorgam direitos revestidos de indisponibilidade absoluta e as que preveem benefícios aos quais os trabalhadores, pela via negocial coletiva, podem validamente renunciar, por força de um interesse mais alto", denominando, estas últimas, de direitos de indisponibilidade relativa. Afirma, desta forma, que alguns direitos de ordem pública podem ser objeto de renúncia, desde que já se achem incorporados ao patrimônio do trabalhador, e se faça pela via negocial.

---

55 ROMITA, Arion Sayão. Prefácio contido no livro de SOUZA, Zoraide Amaral. *Arbitragem – Conciliação – Mediação nos conflitos coletivos trabalhistas.* São Paulo: LTr, 2004, p. 11-12.

56 *Apud* ROMITA, Arion Sayão. *Direitos fundamentais nas relações de trabalho.* São Paulo: LTr, 2005, p. 164.

57 *Idem.*

Nesta mesma linha de pensamento, Luiz de Pinho Pedreira da Silva[58] dispõe que:

> (...) consideram-se absolutamente indisponíveis todos os direitos estritamente vinculados à pessoa, como os direitos personalíssimos. Mas também há direitos patrimoniais absolutamente indisponíveis e tal é o caso dos benefícios previdenciários (...). A indisponibilidade absoluta é rara no Direito do Trabalho, podendo apontar como exemplos dela o direito previdenciário, o direito do trabalhador à segurança, a liberdade sindical. Mas a indisponibilidade relativa domina o mesmo direito, como também o fazem a imperatividade das normas e a presunção de vícios de consentimento, também causas, conforme já visto, de exclusão, quase total, do poder de disposição quanto aos direitos do trabalhador.

Não concordávamos com as teses de indisponibilidade absoluta e relativa. A norma que contempla direitos indisponíveis sempre o é de forma absoluta, pois, quando quis excepcionar, o fez no próprio texto legal, tornando-os disponíveis. Só a lei poderá criar exceções a estas regras e, mesmo assim, numa interpretação restritiva, conforme o comando constitucional contido no art. 7º, *caput* da Constituição, que determina a prevalência da condição mais favorável ao trabalhador.

Apesar das teses acima expostas, a jurisprudência era vacilante. Ora autorizava a disponibilidade de direito previsto em lei, por entender que era disponível, ora não autorizava. Ressalte-se que os exemplo abaixo refletem a jurisprudência anterior à Lei nº 13.467/17.

Vejamos:

> ***Súmula nº 51, II, do TST:*** *Regulamento de empresa. A opção por um regulamento importa em renúncia ao outro (inciso II).* ***Crítica****: É contraditória, pois ao mesmo tempo que a Súmula, em seu inciso I, determina que as alterações efetuadas no regulamento interno da empresa não se aplicam aos empregados admitidos antes da alteração, salvo quando mais benéficas, permite, por outro lado, em seu inciso II, a renúncia de um deles quando o empregado assim optar, mesmo que este ato lhe cause prejuízos. Isto incentiva o empregador a criar novo regulamento ao invés de modificar o já existente.*
>
> ***Súmula nº 288, II, do TST:*** *Na hipótese de coexistência de dois regulamentos de planos de previdência complementar, instituídos pelo empregador ou por entidade de previdência privada, a opção do beneficiário por um deles tem efeito jurídico de renúncia às regras do outro.* ***Crítica:*** *É a repetição adaptada da Súmula 51, II, do TST, e permite a renúncia de direitos mesmo que prejudicial ao trabalhador.*
>
> ***Súm. nº 437, II, do TST:*** *Intervalo intrajornada para repouso e alimentação. "II – É inválida cláusula de acordo ou convenção coletiva de trabalho contemplando a supressão ou redução do intervalo intrajornada porque este constitui medida de higiene, saúde e segurança do trabalho, garantido por norma de ordem pública (art. 71 da CLT e art. 7º, XXII, da CF/1988), infenso à negociação coletiva."* ***Crítica:*** *A Súmula não permitia,*

[58] SILVA, Luiz de Pinho Pedreira da. *Principiologia do Direito do Trabalho*. São Paulo: LTr, 1999, p. 124-126.

antes da Lei nº 13.467/17, a supressão ou redução do intervalo por norma coletiva porque o repouso intrajornada é norma de medicina e segurança do trabalho. Entretanto, hoje o art. 611-A, III, da CLT, permite a redução do período do intervalo, por norma coletiva, para até 30 minutos.

OJ nº 123 da SDI-I do TST: *Possibilidade de a norma coletiva retirar a natureza salarial de uma utilidade.* ***Crítica:*** *A posição contrariava o art. 458 da CLT. Hoje, o art. 611-A, IX, da CLT permite que a norma coletiva retire a natureza salarial de qualquer sobressalário fixado para remunerar a produtividade ou desempenho individual. Aliás, a nova redação dos §§ 2º e 4º do art. 457 da CLT também são no mesmo sentido, assim como o § 5º do art. 458 da CLT.*

OJ nº 270 da SDI-I do TST: *PDV – A adesão do empregado ao programa de demissão voluntária que acarreta a extinção do contrato por transação extrajudicial implica quitação exclusiva das parcelas constantes do recibo.* ***Crítica:*** *A orientação jurisprudencial deveria ter mencionado que a quitação se dá quanto aos valores e não quanto às parcelas. Hoje o art. 484-A da CLT, acrescido pela Lei nº 13.467/17, é no mesmo sentido.*

OJ nº 275 da SDI-I do TST: *Possibilidade de a norma coletiva excluir o pagamento da 7ª e da 8ª horas do empregado submetido a turnos ininterruptos de revezamento de 8 horas, na forma do art. 7º, XIV, da CRFB.* ***Crítica:*** *A Constituição de 1988 fixa a jornada de 6 horas para os trabalhadores em turnos ininterruptos de revezamento, podendo a norma criar exceção temporária, sem, contudo, trazer prejuízo ao trabalhador. Logo, se ele trabalha 8 horas, deve receber por estas, mesmo que de forma ordinária (sem o respectivo adicional sobre a 7ª e a 8ª horas).*

Resumindo:

São seis as correntes:

A primeira defende que não poderá haver renúncia e transação quanto aos direitos previstos em lei, salvo quando a própria lei autorizar, mas não haverá óbice àqueles de caráter privado, seja de forma individual ou coletiva.

O segundo entendimento não admite haver renúncia e transação aos direitos previstos em lei, salvo quando a própria lei autorizar e quanto àqueles previstos em norma de ordem privada a alteração só poderá ocorrer se não causar prejuízo ao trabalhador, salvo disposição legal. Defendemos esta posição.

A terceira posição é no sentido de classificar os direitos trabalhistas em direitos de indisponibilidade absoluta ou de indisponibilidade relativa. O problema desta corrente é que cada autor conceitua de forma diferente quais são os direitos de indisponibilidade absoluta e aqueles de indisponibilidade relativa. De qualquer forma, os de indisponibilidade absoluta não podem ser transacionados (ou renunciados), enquanto os de indisponibilidade relativa, sim.

A quarta vertente era a adotada por alguns tribunais, mesmo antes da nº Lei 13.467/17, no sentido de que tudo era possível por intermédio de norma coletiva, em face da flexibilização autorizada pela Constituição de 1988. Defendem que, se a CF permitiu o mais, que é a redução salarial pela via negocial, o menos está automaticamente autorizado.

A quinta tese, minoritária,[59] sustenta que se o trabalhador pode renunciar seus direitos em juízo, ou seja, perante um juiz do trabalho, qualquer renúncia é válida. Todavia, os defensores desta posição não esclarecem se até mesmo os direitos indisponíveis (previstos na Carta e nas leis trabalhistas) podem ser objeto de renúncia.

Remetemos o leitor ao Capítulo "Flexibilização".

Momento

O momento da renúncia ou transação costuma ser analisado em três fases do contrato: antes da admissão, durante sua vigência ou depois da extinção do contrato.

Antes da admissão não é possível haver transação ou renúncia de direitos trabalhistas. O único caso de renúncia prévia estava prevista no Decreto-Lei nº 4.362/42, que foi revogado em 1943 pela CLT. Este decreto autorizava ao trabalhador, com mais de 45 anos, desde que não tivesse trabalhado nos dois anos anteriores para o mesmo empregador, o direito de "desistir" expressamente do benefício da estabilidade no emprego.

Durante o contrato de trabalho também não é possível a renúncia ou a transação, seja porque os direitos trabalhistas são irrenunciáveis, seja pela limitação do art. 468 da CLT, ou ainda, pela aplicação do princípio da prevalência da condição mais favorável ao trabalhador, salvo quando a própria lei excepcionar a regra e autorizar a renúncia ou a transação. A doutrina acrescenta outro argumento para defender a proibição de renúncia (ou transação) durante o contrato: a coação presumida de que todo empregado está submetido durante o contrato em face da sua dependência. Apesar de plausível a tese, nem sempre a coação está presente. Portanto, preferimos defender que a coação deve ser provada e não presumida.

Arnaldo Süssekind[60] e Délio Maranhão[61] advogam que há a presunção de coação na vigência do contrato, pelo temor que tem o empregado do desemprego, além da indisponibilidade do direito, por se tratar de norma de caráter público.

Todavia, extinto o contrato, Délio Maranhão, Arnaldo Süssekind[62] e Romita[63] autorizam a renúncia ou transação ao argumento de que o temor (a coação) cessou.

Discordamos deste entendimento, pois a irrenunciabilidade e a intransacionabilidade dos direitos trabalhistas não decorrem tão somente da alegada coação presumida, isto é, da existência de vício de consentimento, mas sim do conteúdo de suas normas, que são de caráter público, de interesse social e, por isso, indisponíveis pelo trabalhador e **inderrogáveis.**[64]

---

59 MARTINS, Sergio Pinto. *Direito do Trabalho*. 13. ed. São Paulo: Atlas, 2001, p. 496.

60 SÜSSEKIND, Arnaldo; MARANHÃO, Délio; VIANNA, Segadas; TEIXEIRA, Lima. *Instituições de Direito do Trabalho*. 18. ed. São Paulo: LTr, 1999, v. 1, p. 222.

61 MARANHÃO, Délio. *Direito do Trabalho*. Rio de Janeiro: FGV, 1987, p. 26.

62 SÜSSEKIND, Arnaldo; MARANHÃO, Délio; VIANNA, Segadas; TEIXEIRA, Lima. *Op. cit.*, p. 224.

63 ROMITA, Aron Sayão. Prefácio contido no livro de SOUZA, Zoraide Amaral. *Arbitragem* – Conciliação – Mediação nos conflitos coletivos trabalhistas. São Paulo: LTr, 2004, p. 11-12.

64 A respeito da **inderrogabilidade** das normas trabalhistas, Mário Deveali distingue inderrogabilidade absoluta e inderrogabilidade relativa. A primeira significa que a norma não pode ser modificada em

Nestes casos, Süssekind limita a validade da transação ou renúncia a dois requisitos: a) livre manifestação de vontade; b) incidência apenas sobre os direitos disponíveis trabalhistas. Informa que após a extinção do contrato, o estado de sujeição em que se encontrava o empregado, que o colocava em situação de coação presumida, desaparece, recobrando as partes a liberdade de negociação e a livre manifestação de vontade (do empregado).

Ora, os direitos do trabalhador, impostos por norma de ordem pública, não perdem esta característica após a extinção do pacto, logo, não podem ser abdicados.[65] Quanto aos direitos de caráter privado, devidos em decorrência da extinção do pacto, se forem certos e adquiridos, importariam em renúncia e não em transação, o que não se pode admitir. Quando duvidosos é que se poderia argumentar pela possibilidade de transação, desde que favorável ao empregado e recaísse sobre direito patrimonial disponível.

Assim, por exemplo, o FGTS, em regra, só pode ser movimentado com a extinção imotivada do contrato e, mesmo assim, continua sendo um direito indisponível, bem como a indenização adicional de 40%. Logo, não pode o empregado dele dispor mesmo após o contrato. O mesmo ocorre com o aviso prévio, as parcelas da rescisão e outros direitos que nascem com a terminação do pacto. Exceção a esta regra será exposta abaixo (distrato – art. 484-A da CLT).

A complementação de aposentadoria ajustada no curso do contrato, para produzir efeitos após sua extinção, constitui direito privado e adquirido, podendo ser, segundo alguns, renunciada pelo empregado (Súmula nº 288, II, do TST). Assim também a Súmula nº 51, II, do TST, que admite a renúncia de um regulamento interno em prol do outro, mesmo que cause prejuízo. Discordamos desta opinião. Mesmo após a dispensa, o trabalhador não pode dispor dos direitos previstos em lei, porque indisponíveis, nem tampouco dos concedidos voluntariamente pelo empregador (ordem privada), porque o ato lhe causa prejuízo, ferindo o princípio constitucional da proteção ao trabalhador (art. 7º, *caput*, da CRFB), consagrado como norma.

Por outro lado, é possível se defender a coação mesmo após a extinção do contrato. É comum nos dias atuais o empregador condicionar o pagamento dos principais direitos adquiridos em virtude da despedida imotivada à assinatura da renúncia ou da transação de alguns destes direitos, principalmente hoje diante do art. 484-A da CLT. Diante da futura situação de desemprego e dos compromissos já assumidos, da incerteza de novo emprego, o trabalhador aceita a "proposta", mesmo que lhe causa prejuízo. Esta declaração de vontade foi viciada pela coação.

> **Ex. 1:** Empregador demite o empregado e lhe informa que não tem dinheiro para lhe pagar todos os valores devidos. Se ele quiser receber logo terá que preencher um cheque devolvendo o valor equivalente à indenização

---

nenhum sentido. A segunda significa que a norma não pode ser modificada para diminuir a proteção do trabalhador, mas nada impede seu aumento. Plá Rodriguez informa que os conceitos de **inderrogabilidade** e de **indisponibilidade** são afins, mas distintos.

65 LACERDA, Dorval. *A renúncia no Direito do Trabalho*. São Paulo: Max Limonad, p. 132.

adicional de 40% e do aviso prévio, sob pena de ter que recorrer à Justiça e esperar todo o trâmite processual (que algumas vezes demora anos).

Ex. 2: Empregador demite o empregado e lhe informa que não tem dinheiro, e, se tem, que não vai lhe pagar. Comunica que se o empregado quiser receber terá de assinar a adesão ao PDV (programa de demissão voluntária – art. 484-A da CLT) para lhe pagar metade do aviso prévio e metade da indenização adicional do FGTS. Muitos empregados, coagidos pelo temor da despedida sem pagamento de nenhum valor e pela demora do Judiciário, aceitam, mesmo que prejudicados. Claro que, se comprovar que foi coagido, será nula a adesão ao distrato.

Renúncias e Transações trazidas pela Reforma trabalhista – Lei nº 13.467/17

A **reforma trabalhista** é uma imposição do governo, que começou timidamente com um projeto de poucos artigos e se transformou numa radical alteração da CLT, consubstanciada na nº Lei 13.467/17.

Muitos dispositivos da referida lei desconstroem o Direito do Trabalho como conhecemos, inverte seus princípios, suprime regras favoráveis ao trabalhador, prioriza a norma menos favorável ao empregado, enfatiza a livre autonomia da vontade do empregado, prestigia o negociado coletivamente sobre o legislado (para reduzir direitos trabalhistas), valoriza a imprevisibilidade do trabalho, a liberdade de ajuste, exclui regras protetoras de direito civil e de processo civil ao direito e processo do trabalho.

Abaixo analisaremos algumas das alterações propostas pela Reforma Trabalhista sob o enfoque da autonomia a vontade das partes, que possam acarretar renúncia ou transação de direitos trabalhistas.

Autônomo – vínculo de emprego – art. 442-B da CLT

> *Art. 442-B. A contratação do autônomo, cumpridas por este todas as formalidades legais, com ou sem exclusividade, de forma contínua ou não, afasta a qualidade de empregado prevista no art. 3º desta Consolidação.*

A regra contida no art. 442-B da CLT é lógica, mas incompleta. Se o trabalhador [illegible]nomo, não é empregado. Portanto, a sua inclusão na CLT mais parece [illegible] de burlar a relação de emprego que de reconhecer que o autônomo [illegible] empregado. O fato de existir contrato de prestação de serviços escrito e/ou com as formalidades legais não afasta, por si só, o liame empregatício. Aliás, esse direito é irrenunciável, inclusive sobre ele sequer pode haver negociação coletiva (art. 611-B, I, da CLT). O que afasta o contrato de emprego é a ausência dos requisitos contidos nos arts. 2º e 3º da CLT.

Aliás, a MP nº 808/2017, cuja vigência caducou em 23.04.2018, tentou melhorar a redação do mencionado artigo e inibir as fraudes.

Caso o trabalhador preencha todos os requisitos contidos nos arts. 2º e 3º da CLT, assine um contrato de representação comercial ou de prestação de serviços autônomos, esse fato não pode afastar, por si só, a relação de emprego com o simples argumento da "autonomia da vontade", isto é, que as partes desejaram afastar a legislação trabalhista, porque esta é inafastável pela vontade das partes e até por norma coletiva (art. 611-B, I, da CLT). Essa interpretação se mantém mesmo depois do fim da MP nº 808/2017.

Entrementes, alguns irão adotar a interpretação literal para defender que o art. 442-B da CLT autorizou a renúncia ao vínculo de emprego, pois, ao assinar o contrato de serviços autônomos, o empregado abriu mão da proteção da CLT e do vínculo de emprego. Sob esse enfoque, esta seria uma hipótese de renúncia a todo o direito do trabalho.

Trabalho intermitente – arts. 443 e 452-A da CLT

> *Art. 452-A. O contrato de trabalho intermitente deve ser celebrado por escrito e deve conter especificamente o valor da hora de trabalho, que não pode ser inferior ao valor horário do salário mínimo ou àquele devido aos demais empregados do estabelecimento que exerçam a mesma função em contrato intermitente ou não.*

A criação de mais uma espécie de contrato de trabalho sob a denominação "**contrato intermitente**" visou, na verdade, autorizar a jornada móvel variada e o trabalho variável ("bico"), isto é, a imprevisibilidade da prestação de serviços, ferindo de morte os princípios da segurança jurídica e a proteção ao trabalhador. O art. 452-A da CLT só atende aos interesses dos empresários e não dos trabalhadores.

De acordo com os arts. 2º e 3º da CLT, é o empregador quem corre os riscos da atividade empresarial. Os dois artigos (arts. 443 e 452-A) pretendem repassar ao trabalhador os riscos inerentes ao empreendimento, o que não era possível nas relações de emprego. Ademais, o contrato intermitente importa renúncia ao art. 4º, *caput*, da CLT, que garante aos empregados que o tempo à disposição aguardando ordens do patrão é tempo de serviço efetivo e, portanto, computado no tempo de trabalho.

Permitir que o trabalho seja executado de tempos em tempos, sem garantia mínima de salário mensal e sem previsibilidade de quantidade mínima de dias de trabalho por mês ou número de meses de trabalho por ano é equiparar o empregado ao autônomo, repassando ao trabalhador os riscos do contrato.

O trabalhador, ao aceitar o contrato intermitente, renuncia às garantidas do empregado comum.

Contrato de trabalho – livre autonomia – art. 444, parágrafo único, da CLT

> *Art. 444. (...)*
>
> *Parágrafo único. A livre estipulação a que se refere o* caput *deste artigo aplica-se às hipóteses previstas no art. 611-A desta Consolidação, com a mesma eficácia legal e preponderância sobre os instrumentos coletivos, no*

> *caso de empregado portador de diploma de nível superior e que perceba salário mensal igual ou superior a duas vezes o limite máximo dos benefícios do Regime Geral de Previdência Social.*

Os direitos trabalhistas previstos em lei são indisponíveis, isto é, são irrenunciáveis e intransacionáveis pela sua característica pública. O valor do salário recebido pelo empregado não deveria alterar a natureza jurídica do direito. Entender que os empregados que recebem igual ou mais que o valor máximo que duas vezes os benefícios previdenciários podem livremente dispor sobre os direitos trabalhistas relacionados no art. 611-A da CLT e/ou renunciar as benesses previstas nas normas coletivas é negar a vulnerabilidade do trabalhador, que depende do emprego para sobreviver e, com relativa facilidade, concordaria com qualquer ajuste para manutenção do emprego.

Entrementes, este é o comando legal. A partir da Lei nº 13.467/17 poderá o empregado renunciar a alguns direitos legais, contratuais e normativos.

Nos parece que a finalidade do disposto no parágrafo único do art. 444 da CLT foi tornar disponíveis os direitos previstos nos incisos do art. 611-A da CLT e os previstos em normas coletivas, dando liberdade a este empregado para sobre estes negociar.

Plano ou Programa de demissão voluntária – norma coletiva – quitação geral – artigo 477-B da CLT

> *Art. 477-B. Plano de Demissão Voluntária ou Incentivada, para dispensa individual, plúrima ou coletiva, previsto em convenção coletiva ou acordo coletivo de trabalho, enseja quitação plena e irrevogável dos direitos decorrentes da relação empregatícia, salvo disposição em contrário estipulada entre as partes.*

A intenção do novo dispositivo legal foi a obtenção pelo patrão da quitação com eficácia geral liberatória pela adesão pelo empregado ao PDV (programa de demissão voluntária), desde que previsto em norma coletiva. A mudança, na verdade, propõe hipótese de renúncia de direitos trabalhistas, ignorando que muitos direitos trabalhistas estão previstos na Constituição, e, por isso, deveriam ser de indisponibilidade absoluta por ajuste entre as partes ou coletivo. A alteração também importa em enriquecimento sem causa e retrocesso social, pois não se quita o que não se pagou.

Mais uma vez o legislador quis prestigiar a negociação coletiva e dar à autonomia da vontade do trabalhador a força que teria nas relações civis. "Se o empregado aderiu ao programa de demissão voluntária, o fez porque quis": esse será o fundamento.

Provavelmente o legislador se inspirou na decisão do STF. Explico: a decisão do STF (RE 590.415/SC), do Relator Ministro Luís Roberto Barroso, de 30/04/2015, reconheceu a validade da quitação geral e eficácia liberatória prevista no PDV, porque autorizada pela norma coletiva.

Teletrabalho

> *Art. 75-C. A prestação de serviços na modalidade de teletrabalho deverá constar expressamente do contrato individual de trabalho, que especificará as atividades que serão realizadas pelo empregado.*
>
> *§ 1º Poderá ser realizada a alteração entre regime presencial e de teletrabalho desde que haja mútuo acordo entre as partes, registrado em aditivo contratual.*
>
> *(...)*
>
> *Art. 75-D. As disposições relativas à responsabilidade pela aquisição, manutenção ou fornecimento dos equipamentos tecnológicos e da infraestrutura necessária e adequada à prestação do trabalho remoto, bem como ao reembolso de despesas arcadas pelo empregado, serão previstas em contrato escrito.*
>
> *(...)*
>
> *Art. 75-E. O empregador deverá instruir os empregados, de maneira expressa e ostensiva, quanto às precauções a tomar a fim de evitar doenças e acidentes de trabalho.*
>
> *Parágrafo único. O empregado deverá assinar termo de responsabilidade comprometendo-se a seguir as instruções fornecidas pelo empregador.*

O contrato entre empregado e empregador poderá, com a nova regra contida na CLT, ser ajustado sob a modalidade de "teletrabalho" ou ser alterado de presencial para teletrabalho (trabalho à distância). O legislador partiu da premissa de que o empregado livremente pode abrir mão do Capítulo "Da Duração do Trabalho", renunciando às horas extras, à hora noturna, ao adicional noturno e aos intervalos intra e entrejornadas, mesmo que controlado e fiscalizado.

Além disso, o parágrafo único do art. 75-E da CLT autoriza que a simples assinatura de um termo de responsabilidade exclui a responsabilidade subjetiva do patrão pelas doenças profissionais, mesmo as decorrentes da atividade exercida (ex: tenossinovite). Nessa esteira de raciocínio, o art. 75-D da CLT autoriza o repasse do investimento nos meios de produção, nas ferramentas, dos meios tecnológicos e da estrutura ao empregado.

Em suma, muitos direitos trabalhistas podem ser renunciados pelo empregado se ele optar ou concordar com sua condição de teletrabalhador.

A MP 927/20 autorizou, durante o período de calamidade pública decretado pelo Decreto Legislativo 6/20, a transferência unilateral do empregado presencial para telepresencial, desde que notificado com antecedência de 48 (quarenta e oito) horas.

Distrato – direitos – art. 484-A da CLT

> *Art. 484-A. O contrato de trabalho poderá ser extinto por acordo entre empregado e empregador, caso em que serão devidas as seguintes verbas trabalhistas:*
>
> *I – por metade:*
>
> *a) o aviso prévio, se indenizado; e*
>
> *b) a indenização sobre o saldo do Fundo de Garantia do Tempo de Serviço, prevista no § 1º do art. 18 da Lei nº 8.036, de 11 de maio de 1990;*

O distrato é a extinção do contrato por comum acordo. O PDV é uma espécie de distrato, mas de iniciativa e com incentivo do patrão.

A novidade trazida pelo art. 484-A da CLT é que o distrato pode ocorrer sem um programa prévio criado pelo patrão e sem o incentivo de um prêmio, isto é, sem a obrigatoriedade de o empregador em oferecer um montante em dinheiro para incentivar à adesão de empregados ao programa. Assim, por que o empregado entraria em acordo com o empregador para a extinção do contrato? Ou porque o empregado pretendia pedir demissão, mas não queria abrir mão do levantamento do seu FGTS ou porque o patrão não o queria mais e pretendia baratear os custos da dispensa imotivada, forçando o empregado a aderir ao distrato. Nas duas hipóteses, há burla de direitos. Ou se levanta o FGTS em casos de "pedido" de demissão (o que burla as regras de levantamento do FGTS) ou não se paga o que é devido, no caso de despedida injusta.

O verdadeiro distrato (extinção do contrato por comum acordo) pressupõe que uma das partes tomou a iniciativa de propor o rompimento em conjunto e a outra concorda.

Ora, se o empregado não mais quiser trabalhar deve pedir sua demissão. Ajustar um distrato neste caso lhe beneficiaria, já que, pelo art. 484-A da CLT, receberia mais que na demissão, mas o ato importaria em burla ao sistema do FGTS.

Se o empregador tomar a iniciativa, qual a vantagem para o empregado, já que tem direito a receber mais parcelas que as supostamente oferecidas em caso de distrato. Nesta hipótese, ocorrerá renúncia ou transação decorrentes da extinção contratual.

Poder-se-ia argumentar que as partes poderiam compor num distrato os interesses de ambas e ajustarem as parcelas devidas em face deste ato. Todavia, os direitos trabalhistas são irrenunciáveis e intransacionáveis, por se caracterizarem em direitos contidos em normas de ordem pública. As partes podem ajustar mais que o previsto em lei, mas não menos.

Como exceção, podemos imaginar que raríssimas serão as hipóteses de verdadeira intenção das partes que, de comum acordo, querem romper o contrato. Apenas nesses casos a novidade legislativa seria positiva, pois permitiria o levantamento parcial do FGTS (80%) e a percepção, pela metade, do aviso prévio indenizado e metade da indenização adicional sobre o FGTS, além das férias e trezenos a que tiver direito. Assim, o aviso prévio e a indenização adicional do FGTS são transacionados com o patrão, para que este pague a metade do valor que seria devido em caso de despedida imotivada.

Arbitragem – art. 507-A da CLT

> *Art. 507-A. Nos contratos individuais de trabalho cuja remuneração seja superior a duas vezes o limite máximo estabelecido para os benefícios do Regime Geral de Previdência Social, poderá ser pactuada cláusula compromissória de arbitragem, desde que por iniciativa do empregado ou mediante a sua concordância expressa, nos termos previstos na Lei nº 9.307, de 23 de setembro de 1996.*

Os direitos trabalhistas previstos em lei são irrenunciáveis e intransacionáveis pela sua característica pública, logo, são direitos **indisponíveis**. Portanto, o valor do salário recebido pelo empregado não altera a natureza jurídica do direito. Entender que os empregados, que recebem igual ou mais que duas vezes o valor máximo dos benefícios da Previdência Social, podem pactuar a cláusula compromissória de arbitragem é desconhecer a Lei nº 9.307/96, que só permite a arbitragem em direitos patrimoniais **disponíveis** (art. 1º, § 1º).

De acordo com o art. 1º da Lei nº 9.307/96, a arbitragem só pode ser utilizada para dirimir conflitos cujos direitos sejam de natureza patrimonial disponível, o que não ocorre com a maioria das lides individuais trabalhistas, pois tratam de direitos previstos na legislação.

Do exposto acima, percebe-se que a natureza do direito e a liberdade na autonomia da vontade são os fios condutores de todo o ajuste de arbitragem. Entrementes, a livre autonomia da vontade é duvidosa na relação de emprego, em face da constante vulnerabilidade do trabalhador, mesmo que este perceba mais do que o teto fixado no artigo. Permitir que o empregado que percebe mais que o teto possa ajustar com o empregador a cláusula compromissória, na admissão ou durante o contrato, é fechar os olhos para o medo do desemprego que qualquer trabalhador tem, inclusive os altos empregados, que facilmente se submeterão às cláusulas impostas pelo patrão como mero contrato de adesão.

Teria o art. 507-A da CLT tornado disponíveis todos os direitos trabalhistas dos empregados que recebem mais que o teto ali imposto ao autorizar que a eventual lide decorrente deste contrato de emprego possa ser resolvida pela arbitragem? Seria outra exceção? Com certeza, muitos defenderão esta tese.

Quitação anual – sindicato – art. 507-B da CLT

> *Art. 507-B. É facultado a empregados e empregadores, na vigência ou não do contrato de emprego, firmar o termo de quitação anual de obrigações trabalhistas, perante o sindicato dos empregados da categoria.*

Estudaremos mais profundamente o tema mais adiante, mas não podemos deixar de apontar neste momento mais uma alteração da CLT sobre o assunto.

O art. 507-B da CLT pretende a liberação da parcela pela simples comprovação de quitação perante o sindicato, mecanismo que já se tentou com a Súmula 330 do TST e antigo art. 233 da CF (revogado pela EC 28/2000). Todavia, não se quita o que não está pago. A quitação do que foi pago já está prevista no art. 477, § 2º da CLT. Criar a possibilidade de quitação anual em relação a cada parcela mencionada no termo, na vigência do contrato, quando o empregado está presumidamente submetido às ordens do patrão é de duvidosa liberdade de vontade. Ora, se os recibos bastam para a comprovação das obrigações trabalhistas, qual o motivo para a quitação em sindicado? Claro que a intenção foi a de obter a eficácia liberatória geral do que não foi pago, gerando o enriquecimento sem causa.

Seria esta mais uma hipótese de renúncia de direitos prevista em lei?

Indisponibilidade relativa dos direitos previstos nas normas coletivas

As normas coletivas se aplicam a toda categoria atingida e não apenas aos associados aos sindicatos convenentes ou acordantes – art. 611 da CLT. Assim, mesmo a empresa que não participou do convênio coletivo está obrigada a respeitá-lo. Também serão beneficiados ou prejudicados os empregados não associados ao sindicato participante da convenção ou do acordo coletivo.

Entrementes, o parágrafo único do art. 444 da CLT autorizou que o empregado portador de diploma de curso superior e que perceba salário igual ou superior a duas vezes o valor máximo dos benefícios previdenciários possa, mediante ajuste escrito com o patrão, renunciar os direitos previstos nas normas coletivas. Ora, se o mesmo dispositivo legal permite a disponibilidade de alguns direitos legais, por maior razão também os normativos.

A hipótese em estudo é exceção à regra geral de **indisponibilidade** dos direitos previstos nas normas coletivas

Conclusão

A liberdade e a autonomia na declaração de vontade do trabalhador antes, durante e depois da vigência da relação de emprego são os fios condutores da validade dos ajustes efetuados entre empregado e patrão. Independentemente do grau de vulnerabilidade, do valor do salário, da formação técnica do trabalhador, os direitos trabalhistas previstos em lei são indisponíveis e, por isso, irrenunciáveis e intransacionáveis, salvo raras exceções legalmente autorizadas.

Ademais, a intenção do legislador constituinte foi a melhoria da condição social do trabalhador (art. 7º, *caput*), por isso, também neste aspecto, a Reforma Trabalhista retrata verdadeiro retrocesso de direitos trabalhistas.

Equivocou-se a mudança legislativa trazida pela chamada "reforma trabalhista" quando prestigiou a negociação individual entre as partes sobre os direitos previstos em lei, permitindo que o negociado individualmente prevaleça sobre o legislado, pois parte da falsa premissa de que o trabalhador quer livremente abrir mão de seus direitos, ignorando sua vulnerabilidade jurídica.

A matéria ainda será muito debatida e muitas correntes vão surgir, tanto daqueles que defenderão que foram criadas novas hipóteses de renúncias e transações, como dos que vão dar interpretação restritiva aos novos dispositivos legais.

2.9.1. *Conciliação Judicial e Extrajudicial*

A conciliação judicial é diversa da transação extrajudicial. A que ocorre em juízo tem por objetivo a composição da lide, pondo fim ao processo. O Processo do Trabalho sempre foi sustentado pelo princípio da conciliação, tanto que em dois momentos distintos o juiz deve propor o acordo e exortar as partes à conciliação, usando de todos os meios de convencimento – arts. 846, 850 e 852-E da CLT (antes de recebida a defesa e depois das razões finais no procedimento ordinário e em qualquer fase processual no procedimento sumaríssimo). Neste caso, o juiz deixa de ser um agente passivo, que se limita à aplicação do direito ao caso concreto, para tentar aproximar os entendimentos, sem antecipar sua decisão, para um fim amigável, devendo usar de meios adequados de persuasão para solução conciliatória do litígio. A tentativa de conciliação é fase obrigatória no processo de conhecimento e é instituída no interesse da administração da Justiça. De forma menos intensa, o Processo Civil também impõe ao juiz que tente a conciliação em determinados tipos de lide. A conciliação judicial é um negócio jurídico processual e tem força de sentença meritória. Assim, não se confunde com a transação ou conciliação extrajudicial, que é negócio jurídico material.

Moacyr Amaral[66] e Humberto Theodoro Junior[67] também defendem que a conciliação judicial não se confunde com a transação ou conciliação extrajudicial, pois são institutos distintos. A conciliação judicial é, em nosso processo civil e do trabalho, um acordo entre as partes para solucionar o litígio deduzido em juízo e conta, para tanto, com um mediador, que é o juiz. Assemelha-se à transação, mas dela se distingue porque esta é ato particular das partes de dispor do direito enquanto a conciliação judicial é ato processual realizado por provocação e sob mediação do juiz e as partes dispõem da lide processual.

O que se concilia em Juízo, na verdade, é o risco de uma demanda, pois mesmo que o empregado tenha razão em sua pretensão, mas não puder prová-lo, dificilmente terá êxito em sua demanda. Na conciliação material, conforme dito anteriormente, o que se busca é a extinção de uma obrigação, de uma dívida ou de um direito duvidoso.

Sobre a mediação e a conciliação remetemos o leitor ao Capítulo 37 – Direito Coletivo.

2.9.2. Renúncias e Transações Previstas em Lei ou Toleradas pela Jurisprudência

Analisaremos a seguir as exceções que autorizam renúncias e transações de direitos trabalhistas:

a) A Lei nº 5.107/66 instituiu o FGTS e permitiu um tipo de renúncia e de transação durante o contrato de trabalho. Previa que a opção pelo FGTS importava em renúncia à estabilidade decenal para aqueles empregados não optantes que contassem com mais de 10 anos de casa. Após a CRFB/88 o regime do FGTS é obrigatório, não existindo mais a faculdade de ser ou não optante pelo regime.

A Lei nº 5.107/66 (revogada pela Lei 7.839/89) também autorizou a transação no curso do contrato de trabalho, para os empregados não optantes que desejassem

66 SANTOS, Moacyr Amaral. *Primeiras linhas de Direito Processual Civil*. 15. ed. São Paulo: Saraiva, 1992, p. 366.

67 THEODORO JUNIOR, Humberto. *Curso de Direito Processual Civil*. Rio de Janeiro: Forense, 1996, v. 2, p. 491.

fazê-lo em relação ao período anterior à opção. Para tanto, o empregador deveria pagar, pelo menos, 60% da indenização devida em caso de dispensa imotivada.

O art. 14, §§ 2º e 4º, da Lei nº 8.036/90 contém a mesma previsão quanto ao direito de o empregado optar retroativamente, renunciando à sua estabilidade decenal e de transacionar a indenização por tempo de serviço, relativa ao período anterior à Carta, quando era não optante pelo sistema do FGTS. Portanto, existe até hoje previsão legal para renúncia e transação.

b) A Lei nº 9.958/2000 trouxe, segundo alguns autores, forma de transação extrajudicial válida. Para estes, a transação efetuada entre empregado e empregador, consubstanciada nos termos expedidos pelos membros das Comissões de Conciliação Prévia, atinge, inclusive, os direitos indisponíveis previstos em lei. Não concordamos com esta posição, como abaixo explicitado;
c) A renúncia ao aviso prévio é a única não prevista em lei, porém admitida pela jurisprudência, desde que o empregado o faça expressamente e comprove que conseguiu um novo emprego (Súmula nº 276 do TST). Quanto ao empregado aderir ao PDV, transacionará parcial seu aviso prévio (art. 484-A da CLT – receberá 50%);
d) Ao optar por um plano de cargos e salários o empregado renuncia ao outro – Súmula nº 51, II do TST e Súmula 288, II, do TST;
e) Flexibilização reduzindo ou suprimindo direitos legais mediante convenção ou acordo coletivo – art. 7º da CRFB e art. 611-A CLT;
f) Direitos de caráter privado (segundo alguns autores);
g) Direitos de indisponibilidade relativa (Arion Romita, Godinho etc.);
h) Desistência do exercício do direito ao vale-transporte – Lei nº 7.418/85;
i) Renúncia dos seus direitos pela adesão ao PDV previsto também em norma coletiva – art. 477-B da CLT;
j) Transação do aviso prévio e da indenização adicional pelo distrato – art. 484-A CLT;
l) Renúncia ou transação dos seus direitos no tribunal de arbitragem para os que percebem mais que o teto – art. 507-A da CLT;
m) Renúncia ou transação dos direitos mencionados nos incisos contidos no artigo 611-A da CLT, quando portador de diploma de curso superior e perceber mais que o teto estabelecido no parágrafo único do art. 444 da CLT;
n) Renúncia de alguns direitos quando o empregado concordar por ajuste escrito em exercer sua função como teletrabalhador – arts. 75-A e ss. da CLT c/c o art. 62, III, da CLT;
o) Renúncia de seus direitos pela chancela sindical de quitação anual – art. 507-B da CLT (segundo alguns autores);
p) Renúncia ao art. 4º da CLT – tempo à disposição como efetivo serviço prestado, pela concordância por escrito com o contrato intermitente – art. 452-A da CLT.

2.9.3. Das Comissões de Conciliação Prévia e da Súmula nº 330 do TST

Da Súmula nº 330 do TST

A primeira tentativa dos tribunais superiores em dar eficácia liberatória ao recibo de quitação constante do termo de rescisão foi ao dar interpretação ampliativa ao art. 477, § 2º, da CLT, inserido através da Lei nº 5.562/68, pois a parte final do mencionado parágrafo dispõe: "sendo válida a quitação, apenas, relativamente às mesmas **parcelas**".

Numa interpretação razoável e decorrente do princípio *in dubio pro misero,* concluise que, quando a lei se referiu às **parcelas**, quis, na verdade, limitar a quitação aos **valores**[68] e não à parcela, à rubrica ou à prestação paga. Assim, se o empregador, no termo de rescisão, devidamente homologado pelo sindicato, com ou sem ressalvas, pagou R$ 1,00 a título de aviso prévio, mas, na verdade, devia R$ 2.000,00, não se pode considerar que a parcela "aviso prévio" está quitada, mas tão somente o valor de R$ 1,00 (um real), restando a dívida de R$ 1.999,00. Interpretação diversa acarretaria no absurdo do enriquecimento sem causa. A se pensar de outra forma haveria verdadeira renúncia do trabalhador aos direitos indisponíveis que lhes são devidos.

Arion Romita[69] posiciona-se no mesmo sentido:

> A eficácia liberatória alcança apenas o valor efetivamente pago, não se estendendo a uma importância cujo direito só viria a adquirir mais tarde (...) Quando, na Consolidação das leis do Trabalho e no Enunciado nº 330, alude-se a "parcela expressamente consignada", concede-se eficácia liberatória não ao título quitado, mas ao valor pecuniário efetivamente recebido pelo empregado, segundo entendimento jurisprudencial pacífico dos Tribunais do Trabalho (grifos nossos).

Todavia, o TST se posicionou de forma diversa e, após sucessivas alterações na redação da Súmula nº 330, entendeu que a quitação se estende à **parcela** e não aos **valores** efetivamente pagos. Todas as redações anteriores também se inclinavam pela quitação geral da parcela e, algumas vezes, de qualquer lesão do contrato.

Súmula nº 330 do TST:

> *A quitação passada pelo empregado, com assistência de entidade sindical de sua categoria, ao empregador, com observância dos requisitos exigidos nos parágrafos do art. 477 da CLT, tem* ***eficácia liberatória*** *em relação às* ***parcelas*** *expressamente consignadas no recibo, salvo se oposta ressalva expressa e especificado ao valor dado à parcela ou parcelas impugnadas (grifos nossos).*
>
> *I – A quitação não abrange parcelas não consignadas no recibo de quitação e, consequentemente, seus reflexos em outras parcelas, ainda que estas constem desse recibo.*

---

68 Da mesma forma pensa. BARROS, Alice Monteiro de. *Curso de Direito do Trabalho*. São Paulo: LTr, 2005, p. 182 e 187 e SÜSSEKIND, Arnaldo; MARANHÃO, Délio; VIANNA, Segadas; TEIXEIRA, Lima. *Instituições de Direito do Trabalho*. 18. ed. São Paulo: LTr,1999, v. 1, p. 222.

69 ROMITA, Arion Sayão. *O princípio da proteção em xeque*. São Paulo: LTr, 2003.

> *II – Quanto a direitos que deveriam ter sido satisfeitos durante a vigência do contrato de trabalho, a quitação é válida em relação ao período expressamente consignado no recibo de quitação.*

Esta Súmula deixa o empregado, hipossuficiente na relação, à mercê do empregador e do sindicato.

Após a Lei nº 13.467/17, a Súmula nº 330 do TST perde sua força, pois foi revogada a homologação da rescisão de empregados com mais de um ano de serviço. Por isso, não será aplicável para as despedidas e demissões posteriores a 11.11.17 não homologadas. Porém, para a quitação anual (art. 507-A da CLT) ainda terá sua utilidade.

Das Comissões de Conciliação Prévia

Na tentativa de tornar a Justiça mais célere e efetiva, os processualistas têm atuado em dois sentidos: o judicial, visando simplificar e desburocratizar o processo, e o extrajudicial, recorrendo a soluções alternativas de pacificação social dos conflitos, como forma de amenizar a sobrecarga existente nos Tribunais. De fato, estatística do Tribunal Superior do Trabalho[70] comprova que o número de demandas trabalhistas aumentou após a Constituição Brasileira de 1988, chegando a quase 2.500.000 processos autuados em todo Brasil, no ano de 1997, o que significava, à época 2/3 de todas as demandas judiciais brasileiras, aí incluídas a Justiça Estadual, Federal, Eleitoral e Militar.

O excesso de demandas retarda a entrega da tutela jurisdicional, e o trabalhador, por conseguinte, demora a ver o seu direito concretizado. Justiça tardia é o mesmo que injustiça.

Para amenizar este cenário, o TST encaminhou projetos de leis sugerindo diversas modificações no Processo do Trabalho, dentre elas, sob o argumento de estrangulamento no Judiciário Trabalhista, em face do significativo aumento das demandas, a criação das Comissões de Conciliação Prévia.

Como consequência, a Lei nº 9.958 foi editada em 12.01.2000 (mas só entrou em vigor em 12.04.00), inserindo os arts. 625-A a 625-H e criando o Título VI-A na Consolidação das Leis do Trabalho, dando nova redação ao art. 876 e acrescentando o art. 877-A.

Em face disso, foi facultada a criação de Comissões de Conciliação Prévia no âmbito empresarial, sindical, em grupos de empresas ou ainda em caráter intersindical, de composição paritária, com representantes dos empregados e dos empregadores, com a função precípua de tentar conciliar os conflitos individuais do trabalho.

Segundo Dallegrave Neto,[71] as Comissões de Conciliação Prévia surgiram como forma de composição extrajudicial de dissídios individuais:

---

70 *Site* consultado em 21/11/2003: www.tst.gov.br.

71 NORRIS, Roberto; DALLEGRAVE NETO, José Affonso. *Inovações no Processo do Trabalho*. 2. ed. Rio de Janeiro: Forense, 2000, p. 47.

> Infundida na esteira neoliberal, a Lei nº 9.958 integra o receituário da "reforma" que tem como escopo diminuir a interferência do Estado (leia-se aqui Poder Judiciário) nas relações capital-trabalho, fomentando a autocomposição dos conflitos trabalhistas.

Foi, de fato, um "esforço de modernização do nosso Direito do Trabalho e, ao mesmo passo, constitui-se numa louvável tentativa de descongestionar os vários órgãos da Justiça do Trabalho", afirma Eduardo Saad.[72]

Historicamente, em 1932, o Decreto Legislativo nº 21.396 criou as Comissões Mistas de Conciliação, anteriores ao surgimento da Justiça do Trabalho. Sua finalidade era a de conciliar as questões individuais e coletivas, fora do âmbito judicial. Neste mesmo ano, foram criadas as Juntas de Conciliação e Julgamento, também com natureza extrajudicial.

Em consonância estão as orientações emitidas pela OIT. A Recomendação nº 92, de 1951, propõe a criação de organismos de conciliação voluntária dos conflitos do trabalho, sempre de base mista e a Recomendação da OIT nº 94, de 1952, sugere a criação de organismos de consulta e colaboração entre patrões e empregados, no âmbito da empresa, para prevenir e conciliar as controvérsias decorrentes das relações de trabalho.

Cumpre ressaltar que a Recomendação nº 130, de 1967, da OIT é expressa em afirmar que não poderá haver limitação de acesso do trabalhador ao Judiciário, quando os conflitos forem submetidos à solução extrajudicial, no âmbito da empresa.

É possível submeter esta demanda trabalhista às Comissões de Conciliação Prévia antes da demissão do empregado, durante a vigência do contrato, ou mesmo, depois da sua extinção. E esta comissão tem de ser paritária, ou, seja, é necessário que se tenha um representante dos empregados e um dos empregadores. Ambos serão os conciliadores. Estes têm a função precípua de tentar a conciliação. Caso esta conciliação não obtenha êxito, será proposta a reclamação trabalhista. Em sendo a conciliação próspera, lavrar-se-á o termo. Este será assinado pelo empregado e também pelo empregador, ou por seu preposto, bem como pelos membros da Comissão, fornecendo-se cópia às partes. A audiência para conciliação deve se realizar em 10 dias, contados da provocação do interessado (art. 625-F da CLT), prazo em que a prescrição fica suspensa, salvo se a conciliação for anterior (art. 625-G). De acordo com a lei, o termo de Conciliação é título **executivo extrajudicial e terá eficácia liberatória geral**, exceto quanto às parcelas expressamente ressalvadas. Isto afirma exatamente o entendimento do TST, ou seja, é feita uma conciliação extrajudicial cujo efeito é a eficácia liberatória geral.

A determinação legal é absurda, afronta o princípio da irrenunciabilidade e viola de morte a norma constitucional de proteção ao trabalhador – art. 7º *caput*, da CRFB. Portanto, a interpretação da norma celetista deve ser feita em conformidade com a Carta (como adiante analisado).

---

72 SAAD, Eduardo Gabriel. Das comissões de conciliação prévia, "Suplemento LTr, 043/00, p. 235".

Fazendo-se a interpretação literal do disposto do parágrafo único do art. 625-E da CLT, sem as ponderações acima, fácil é concluir que a lei autorizou hipótese de renúncia e de transação de direitos patrimoniais indisponíveis. Acerca dessa possibilidade, há várias opiniões abaixo estudadas.

Há autores que entendem pela inconstitucionalidade, pois é vedado à lei obrigar a submissão prévia de uma lide a um órgão que não seja o Judiciário, em afronta ao art. 5º, XXXV, da CRFB. Neste sentido, a Súmula nº 2 do TRT da 2ª Região. Aqueles que defendem a constitucionalidade[73] se apoiam no Código de Processo Civil, quanto aos requisitos do exercício do direito de ação. A ação, de acordo com a dinâmica processual, somente poderá ser proposta, com o pagamento das custas processuais. Da mesma forma, o recurso somente poderá ser interposto havendo o depósito recursal, e nos embargos é preciso que haja a garantia do juízo. A teoria predominante a respeito do tema, no direito processual civil, é a eclética, pois há requisitos a serem cumpridos. Desta forma, seria afastada a inconstitucionalidade. Neste sentido, a Comissão de Conciliação Prévia seria um pressuposto processual, ou uma condição especifica da ação.

De qualquer forma, a questão processual foi pacificada, pois o Supremo Tribunal Federal (STF), julgando as ADIs 2139 e 2160, adotou interpretação conforme à Constituição no sentido de que o art. 625-D da CLT não obsta o acesso direto ao Judiciário, sendo possível o ajuizamento de ações trabalhistas antes que tenham sido analisadas por uma Comissão de Conciliação Prévia, pois tal medida preserva o direito universal dos cidadãos de acesso à Justiça – art. 5º, XXXV, da CRFB.

A outra corrente doutrinária sustenta que somente poderão ser transacionados direitos disponíveis, pois não é possível a renúncia ou a transação de um direito indisponível extrajudicialmente. Esta é a nossa posição, mesmo assim, só após a extinção do pacto.

Há, ainda, a corrente da finalidade. A sua filosofia é no sentido de saber se as partes têm interesse em conciliar, caso não tenham, já está atingida a finalidade, não havendo necessidade de submeter a demanda à CCP, já que não foi possível a conciliação. Os adeptos desta concepção não estabelecem se a Comissão de Conciliação Prévia é constitucional ou não.

A interpretação deve se dar sob a luz da Constituição e, por isso, não se pode admitir transação ou renúncia de direitos indisponíveis.

O art. 7º, *caput*, da Carta dispõe que: "São direitos dos trabalhadores urbanos e rurais, **além de outros que visem a melhoria de sua condição social**" (grifos nossos). Portanto, há comando constitucional expresso no sentido de se estender aos trabalhadores condições mais favoráveis que as previstas na Carta. Conclui-se, pois, que o princípio da condição mais favorável ao trabalhador está expresso no texto Maior e, como tal, deve agir de forma imperativa, coercitiva e ter eficácia plena a fim de cumprir sua finalidade (art. 5º, § 1º, da CRFB), não só para

---

[73] Arion Romita posiciona-se no sentido de que a tentativa prévia de conciliação na CCP é condição da ação. ROMITA, Arion Sayão. *O princípio da proteção em xeque*. São Paulo: LTr, 2003, p. 392.

obrigar os agentes sociais, mas também para servir de escudo contra a legislação infraconstitucional que o ferir.

Logo, outra não pode ser a interpretação do parágrafo único do art. 625-E da CLT: o termo de conciliação extrajudicial **terá eficácia liberatória geral quanto aos valores pagos**, como qualquer outra quitação válida, independentemente de ter ou não ressalvas.

As Comissões de Conciliação Prévia são respeitadas como instituição, porém o que se percebe é o abuso do direito, é a utilização errônea do instituto, pois é dada a quitação aos direitos trabalhistas de forma ampla. O empregado, via de regra, não vai à CCP antes do contrato e tampouco durante a sua vigência, mas sim quando extinto. E, desempregado, acaba aceitando um acordo infinitamente menor do que realmente ele teria a receber. Ademais, é imoral e abusivo dar quitação de valor não pago.

A doutrina majoritária entende que as Comissões de Conciliação Prévia incluem-se em uma das exceções à intransacionabilidade. Sendo assim, a regra geral é a de que os **direitos de caráter público não podem ser transacionados**, salvo nas Comissões de Conciliação Prévia. Neste sentido é o posicionamento de Arnaldo Süssekind[74] e Sergio Pinto Martins.[75]

Todavia, a doutrina e a jurisprudência não afinam no mesmo diapasão.

Quanto à extensão desta quitação, uns defendem a **eficácia liberatória geral** dos direitos transacionados sem ressalva, interpretando literalmente o artigo legal. Nesse sentido Valentin Carrion[76] e parte da jurisprudência:

> COMISSÃO DE CONCILIAÇÃO PRÉVIA. TERMO DE CONCILIAÇÃO. EFICÁCIA LIBERATÓRIA. O termo de conciliação firmado perante a comissão de conciliação prévia, nos termos da lei, tem força de título executivo extrajudicial, com eficácia liberatória geral, exceto quanto às parcelas expressamente ressalvadas, tratando-se de negócio jurídico perfeito e acabado, dispensando a homologação pelo Judiciário. O recorrente aceitou, espontaneamente, a via da conciliação, não podendo, desta feita, ingressar em juízo objetivando haver possíveis diferenças de verbas salariais que entende ainda lhe serem devidas. O comparecimento perante a comissão não é obrigatório, mas a parte que lá comparece e aceita a autocomposição tem que responder pelos efeitos jurídicos do ato que praticou. TRT/RJ – PROC: 00590.2002.201.01.00.8 – Rel. Designado: Juiz Paulo Roberto Capanema da Fonseca. *DJ*/RJ 14/05/2004.

> ACORDO FIRMADO ATRAVÉS DE COMISSÃO DE CONCILIAÇÃO PRÉVIA. EFICÁCIA LIBERATÓRIA GERAL. A regra inserta no parágrafo único do art. 625-E da CLT traduz a intenção do legislador de prestigiar a autocompo-

---

74 SÜSSEKIND, Arnaldo; MARANHÃO, Délio; VIANNA, Segadas; TEIXEIRA, Lima. *Instituições de Direito do Trabalho*. 22. ed. São Paulo: LTr, 2005, v. 1, p. 220.

75 MARTINS, Sergio Pinto. *Comissões de Conciliação Prévia e Procedimento Sumaríssimo*. 2. ed. São Paulo: Atlas, 2001, p. 21/22.

76 CARRION, Valentin. *Comentários à Consolidação das Leis do Trabalho*. 29. ed. São Paulo: Saraiva, 2004, p. 472.

sição entre empregador e empregado, por intermédio de suas entidades sindicais representativas, proporcionando celeridade à solução dos conflitos trabalhistas e reduzindo o número de ações ajuizadas nesta Justiça Especial. Cumpre, assim, conferir ao acordo extrajudicial firmado através de comissão de conciliação prévia a eficácia liberatória geral referida no mencionado dispositivo. TRT/MG – PROC: 01599.2003.040.03.00.2 – Rel. Designado: Juiz Marcus Moura Ferreira. *DJ*/MG 14/05/2004, p. 6.

COMISSÃO DE CONCILIAÇÃO PRÉVIA. EFICÁCIA LIBERATÓRIA GERAL. CARÊNCIA DE AÇÃO. O termo de conciliação entre as partes perante a comissão de conciliação prévia, ao contrário do que ocorre com o termo de rescisão do contrato de trabalho, envolve concessões recíprocas e, desse modo, tem eficácia liberatória geral quanto às obrigações oriundas do contrato. Salvo em relação àquelas expressamente ressalvadas, conforme preceitua o art. 625-E, parágrafo único, da CLT. Não havendo qualquer ressalva no termo de conciliação, consideram-se extintas as obrigações trabalhistas e, em consequência, mostra-se ausente o interesse processual do empregado para ajuizamento da reclamatória, nos termos do art. 3º do CPC, perfectibilizando-se a carência de ação, que impõe a extinção do processo sem julgamento de mérito, nos termos do art. 267, V, do CPC. Provimento negado. TRT 4ª Reg. RO 01165.2002.305.04.00.3. Ac. 4ª T. – julgado em 11/12/2003. Rel. Juiz Darcy Carlos Mahle. *DJRS* 29/01/2004.

Outros[77] entendem que a quitação abrange apenas as **parcelas e valores** pagos, e não os títulos, como dispõe o art. 477, § 2º, da CLT c/c a Súmula nº 330 do TST. De acordo com essa interpretação, o trabalhador pode apresentar nova postulação sobre as parcelas não mencionadas na primeira postulação. Esta posição nos parece a mais razoável, isto é, de que o termo de conciliação quita apenas os valores pagos relativos às respectivas parcelas consignadas no termo. Se o termo não tiver discriminação de parcela, indicando o valor de cada uma, entender-se-á que a quitação foi apenas do valor.

Romita[78] se expressa da seguinte forma:

O termo de conciliação é título executivo extrajudicial e tem eficácia liberatória geral, exceto quanto às parcelas expressamente ressalvadas (art. 625-E, parágrafo único). A quitação abrange apenas as parcelas e valores pagos, e não o título, como dispõe o art. 477, § 2º, da CLT, combinado com o Enunciado nº 330 da Súmula do TST.

Há decisões neste sentido:

COMISSÃO DE CONCILIAÇÃO PRÉVIA – ACORDO EXTRAJUDICIAL. LIMITES. A quitação concedida pelo empregado, mediante termo de conciliação celebrado sob a intervenção da Comissão de Conciliação Prévia tem eficácia li-

77 ROMITA, Arion Sayão. "Inovações no processo do trabalho." *Revista Forense*, v. 353. Rio de Janeiro: Forense, p. 13.

78 ROMITA, Arion Sayão. *O princípio da proteção em xeque*. São Paulo: LTr, 2003, p. 392.

beratória somente com relação às parcelas postuladas e valores que foram objeto da demanda submetida ao órgão conciliador. Essa é a interpretação sistemática a ser dada ao parágrafo único do art. 625-E da CLT, em conjunto com os arts. 625-D, §§ 1º e 2º, da CLT e 320, *caput*, do CC-2002. Entendimento contrário constituiria evidente violação aos princípios informativos do Direito do Trabalho e à garantia constitucional da tutela jurisdicional prevista no art. 5º, XXXV, da CR/88.TRT/MG – PROC: 00264.2005.054.03.00.1 – Rel. Designado Juíza Maria Laura Franco Lima de Faria. *DJ*/MG 11/11/2005.

No mesmo sentido, Luiz de Pinho Pedreira[79] defende que a quitação concerne exclusivamente aos **valores discriminados no documento**, da mesma forma como defendia o TST, na cancelada Súmula nº 41. Júlio Bernardo do Campo,[80] também defensor dessa posição, diz que o art. 477, § 2º, da CLT, deve ser interpretado em consonância com seu fim social, de acordo com o art. 5º da Lei de Introdução às normas do Direito Brasileiro, ou seja, o trabalhador deve ser protegido em relação à quitação efetuada, já que esta ocorre no momento em que o trabalhador está sem emprego. Com isso, o efeito liberatório da quitação alcança apenas o montante efetivamente pago.

> *Súmula nº 41 do TST*[81] *– QUITAÇÃO – Cancelada – Res. 121/2003, DJ 21.11.2003 A quitação, nas hipóteses dos §§ 1º e 2º do art. 477 da CLT concerne exclusivamente aos valores discriminados no documento respectivo (grifos nossos).*

COMISSÃO DE CONCILIAÇÃO PRÉVIA. HOMOLOGAÇÃO DE RESCISÃO. A Comissão de Conciliação Prévia não é substituto de sindicato, sendo estranho a sua índole a homologação de rescisão contratual. Sem validade a quitação de parcelas rescisórias firmada, sob clara coação econômica, pelo empregado que se encontra em estado de necessidade, com dois meses de salários atrasados. Ac. TRT. 8ª Reg. (RO 6286/2002), Rel. Juiz Francisco Sérgio Silva Rocha, julgado em 11/02/2002. *Dicionário de Decisões Trabalhistas*, 35. ed., Benedito Calheiros Bomfim, Rio de Janeiro: Impetus, 2005, p. 105.

É absurdo o comando da lei, que determina a eficácia liberatória plena, com "presunção de quitação total do contrato", salvo quando houver ressalva, repassando ao empregado a preocupação e o ônus de fazer a ressalva. Além disso, dar quitação plena, sem que isto tenha sido expressamente negociado, com transparência nas tratativas, contraria o princípio de que a transação deve ser interpretada restritivamente e demonstra a má-fé do empregador (e do próprio legislador) ao querer quitar além daquilo que pagou.

---

79 SILVA, Luiz de Pinho Pedreira da. *Principiologia do Direito do Trabalho*. São Paulo: LTr, 1999, p. 138.

80 CARMO, Júlio Bernardo do. "Da eficácia liberatória da quitação advinda de homologação de rescisão contratual". São Paulo: *Revista LTr*, mar/1994, p. 306.

81 A Súmula nº 41 do TST foi cancelada e está sendo mencionada apenas para fins de raciocínio didático.

Tal abuso também é reconhecido por Dallegrave:[82]

> Ora, a quitação, via de regra, deveria dar-se no limite das verbas que foram objeto da demanda junto às Comissões e pelo valor ajustado (...). É lamentável verificar que a hegemonia do capital, idealizada pelo ideário neoliberal, com o propósito de reduzir número de ações trabalhistas, seja capaz de romper regras comezinhas do direito privado, deformando a ciência jurídica através de figuras anômalas como essa da "eficácia liberatória geral em transações extrajudiciais". Se, por um lado, é saudável a ideia de aproximar as partes para uma autocomposição do litígio, não se justifica falar em "presunção de quitação plena do contrato". Há aqui um *in dúbio pro empregador* na medida em que o silêncio, quanto ao registro de ressalvas, favorece-o absurdamente.
>
> (...)
>
> Essa conduta de levar vantagem indevida, de querer quitar mais do que se pagou, fere a chamada boa-fé objetiva que, por sua vez, na seara contratual, é mais relevante que a boa-fé subjetiva.

Com razão Dallegrave. Propor que o empregado dê quitação total além do valor efetivamente pago é conduta que fere a boa-fé objetiva, assim entendida como o *dever* de agir de acordo com o padrão socialmente aceito, socialmente recomendado, pautado na ética, na lisura, na honestidade. Não se pode admitir que um empregado, extrajudicialmente e inadvertidamente, dê quitação além dos valores efetivamente pagos.

De forma diversa Francisco Antônio de Oliveira[83] e Vicente José Malheiros da Fonseca[84] que afirmam que a quitação se dá apenas sobre as parcelas discriminadas no termo de acordo e não ressalvadas. Ou seja, quanto às demais, o empregado poderia ajuizar demanda trabalhista posterior. Sebastião Saulo Valeriano[85] entende que a eficácia liberatória "deve ser restrita às parcelas que foram objeto da conciliação".

> COMISSÃO DE CONCILIAÇÃO PRÉVIA. TERMO DE CONCILIAÇÃO. EFICÁCIA LIBERATÓRIA. ABRANGÊNCIA. A eficácia liberatória geral de que trata o parágrafo único do art. 625-E da CLT há de ser compreendida apenas em relação àquelas parcelas objeto da demanda exposta à Comissão de Conciliação, não compreendendo quitação geral do contrato de trabalho no que respeita a outras verbas trabalhistas que não tenham sido objeto expresso da conciliação. TRT/SC – PROC: 01723.2003.009.12.00.9 – Rel. Designado Juíza Lília Leonor Abreu. *DJ*/SC 11/05/2005.

Defendemos a restrição, para fins de conciliação nas CCPs, apenas aos direitos patrimoniais disponíveis. Quanto aos demais, não haverá eficácia liberatória da parcela e

---

82 DALLEGRAVE NETO, José Affonso (Coord.) *Direito do Trabalho contemporâneo*. Flexibilização e efetividade. São Paulo: LTr, 2003, p. 26.

83 Cf. SILVA, Luiz de Pinto Pedreira da. *Principiologia do Direito do Trabalho*. São Paulo: LTr, 1999, p. 138.

84 FONSECA, Vicente José Malheiros da. "Comissões de conciliação prévia. Justiça do Trabalho", ano 18, n. 210. Porto Alegre: HS Editora, p. 27.

85 João Luís Vieira Teixeira *apud* VALERIANO, Sebastião Saulo. *Comissões de conciliação prévia trabalhistas*: Lei nº 9.958/2000: aspectos controvertidos e jurisprudência. São Paulo: LTr, 2003, p. 94.

o pagamento, com ou sem ressalva, apenas quitará valores e não prestações ou parcelas. Isto porque, a regra contida no art. 625-E da CLT é inconstitucional, tanto no que se refere à possibilidade de transação de direitos constitucionalmente indisponíveis, quanto na pretendida eficácia liberatória geral, já que não está em harmonia com os princípios constitucionais sociais, salvo se for feita uma interpretação conforme à Constituição, como já comentado. Parece ser esta a posição de Alice Monteiro[86] e de Godinho.

A respeito do tema, Godinho menciona:[87]

> (...) a Carta não conferiu, no plano juslaborativo, a qualquer entidade ou processo inerentes à sociedade civil, excetuada a negociação coletiva, poderes superiores aos restritos conferidos à transação meramente bilateral trabalhista. Tal como se passa com a arbitragem trabalhista, que tende a ficar restrita ao plano do Direito Coletivo, não se ajusta à Carta Magna fórmula de solução de conflito empregatício que dispense a observância e respeito aos princípios nucleares do Direito do Trabalho; tal fórmula, no Direito brasileiro, somente tende a ser válida no plano do Direito Coletivo do Trabalho, porque somente nesse plano é que podem existir garantias grupais necessárias para uma equânime distribuição de poder no âmbito dos sujeitos em conflito. Em conformidade com o que se expôs anteriormente, o Direito Individual do Trabalho, ao menos em sua regulamentação constitucional brasileira, não fornece mecanismos com poderes tão extensos quanto os imaginados pela Lei nº 9.958 em favor dessas entidades (...).

De fato, a extensão de tão amplo poder aos conciliadores das CCPs, tanto no que se refere à transação de direitos constitucionalmente indisponíveis quanto à pretendida eficácia liberatória geral destes mesmos direitos, que pode ser concedida facilmente por um termo de quitação emitido pelas CCPs, é inconstitucional. O art. 625-E da CLT, como os demais que autorizam a transação extrajudicial, só pode ser considerado constitucional, diante de uma interpretação conforme a Constituição, isto é, apenas quando incidir sobre direitos patrimoniais disponíveis.

O TST tem defendido, em sua maioria, a eficácia liberatória geral do termo de quitação ora a quitação apenas das verbas constantes do termo:

> RECURSO DE REVISTA. COMISSÃO DE CONCILIAÇÃO PRÉVIA. ACORDO. VÍCIO NÃO CARACTERIZADO. AUSÊNCIA DE RESSALVAS. EFEITOS. Segundo o Regional, o acordo celebrado perante a Comissão de Conciliação Prévia não padecia de nenhum vício de consentimento. Conclusão diversa demandaria o reexame de fatos e provas dos autos, o que é vedado, nesta instância, pela Súmula nº 126 do TST. Além disso, o entendimento consolidado desta Corte é no sentido de que o termo de quitação firmado perante Comissão de Conciliação Prévia possui eficácia liberatória geral, quando não há vícios ou ressalva de parcelas, nos termos do art. 625-E da CLT. Precedentes. Recurso de revista não conhecido (TST RR, 8ª T., RR- 219/2007-097-15-00, Relª. Minª. Dora Maria da Costa, *DEJT* – 27/11/2009).

> RECURSO DE REVISTA. COMISSÃO DE CONCILIAÇÃO PRÉVIA. TERMO DE QUITAÇÃO. LIMITES DA EFICÁCIA LIBERATÓRIA. A eficácia liberatória geral

[86] BARROS, Alice Monteiro. *Curso de Direito do Trabalho*. São Paulo: LTr, 2005, p. 195.

[87] DELGADO, Maurício Godinho. *Curso de Direito do Trabalho*. São Paulo: LTr, 2002, p. 1.435.

do termo de acordo firmado junto à Comissão de Conciliação Prévia opera efeitos apenas em relação às importâncias expressamente nele consignadas, e não à totalidade dos títulos salariais ou indenizatórios que têm sua causa no contrato de trabalho. A ressalva diz apenas com os valores que constam do termo de conciliação, e não com todo o contrato de trabalho. Precedentes da 3ª Turma (TST, 3ª T., RR – 677/2008-075-03-00, Relª. Minª. Rosa Maria Weber Candiota da Rosa, *DEJT* – 27/11/2009).

Entretanto, o STF declarou constitucional o parágrafo único do artigo 625-E da CLT, impugnado na ADI 2237, o qual estabelece que o termo de conciliação é título executivo extrajudicial e terá eficácia liberatória geral, exceto quanto às parcelas expressamente ressalvadas. Portanto, a partir de então, a quitação passada nas CCPs, sem ressalvas, tem eficácia liberatória geral.

As mesmas discussões e teses podem ser estendidas para a **quitação anual** com chancela sindical prevista no art. 507-B da CLT.

De qualquer sorte, o STF, no julgamento da ADIN 2.237, entendeu, por maioria que é constitucional a quitação mencionada no parágrafo único do artigo 625-E da CLT.

2.9.4. *Renúncia e Transação de Direitos Privados*

Os regulamentos internos (ou regulamento de empresa) expedidos pelo empregador, as convenções coletivas e os acordos coletivos constituem-se em regras autônomas, de ordem privada, pois são normas confeccionadas pelas próprias partes, sem a interferência do Estado. Estas normas podem criar direitos como, por exemplo: estipular jornada benéfica de trabalho, criar plano de cargos e salários com previsão de promoções periódicas, fixar pisos salariais maiores que os legais ou criar gratificações não previstas em lei.

Pela ótica do Direito Civil, os direitos prescritos nas cláusulas contratuais são de natureza privada, logo, podem ser transacionados ou renunciados, de acordo com a vontade das partes. Entretanto, este entendimento não pode ser aplicado de forma tão objetiva no Direito do Trabalho, ante o óbice imposto no art. 468 da CLT, que impede a alteração contratual, mesmo que bilateral, que cause prejuízo ao empregado. Ademais, de acordo com o princípio da condição mais benéfica, a supressão de uma benesse não seria possível.

Todavia, esta posição não é unânime na doutrina e na jurisprudência. Alguns autores sustentam que não há qualquer impedimento na renúncia ou transação praticada pelo empregado, desde que o direito renunciado ou transacionado seja de natureza privada.

De qualquer sorte, as Súmulas 51, II, e 288, II, do TST consideram válida a renúncia na hipótese de o empregado optar por outro regulamento ou norma interna da empresa.

A Lei nº 13.467/17 autorizou a renúncia ou transação dos direitos previstos nos incisos do art. 611-A da CLT para os empregados portadores de curso superior que recebem igual ou mais que o teto estabelecido no parágrafo único do art. 444 da CLT. Entre os incisos se encontram direitos privados, como nos casos dos incisos

V (plano de cargos e salários, funções e enquadramento na função de confiança), VI (regulamento de empresa), IX (remuneração por produtividade), XIV (prêmios de incentivo em bens ou serviços).

2.10. Princípio da Boa-fé

A boa-fé constitui um princípio geral, aplicável ao direito civil, empresarial, trabalhista etc.

Encontra-se no Código Civil em várias passagens (arts. 113, 187, 442 etc.), o que demonstra o crescente intervencionismo estatal na atividade privada, mitigando a autonomia da vontade das partes, antes tão livres no Direito Civil. Aliás, o Código Civil trouxe consigo outras virtudes, tais como a preponderância da ordem pública, da função social do direito e do contrato (art. 421 do CC), o interesse público, a ética, a moral e o equilíbrio econômico do contrato.

O princípio da boa-fé pressupõe que todos devem comportar-se de acordo com um padrão ético, moral, de confiança e lealdade que se espera de um homem comum. Como consequência disso, as partes contratantes devem se comportar de forma adequada, mesmo que isto não esteja previsto expressamente na lei ou no contrato. É uma espécie do gênero "norma de conduta", pois determina como as partes devem agir.

A boa-fé deve estar presente no ato da contratação, na execução e na extinção do contrato de trabalho. Desta forma, todo ato praticado com má-fé deve ser punido pela abusividade (art. 187 do CC) e repelido pelo direito (declarado nulo).

A boa-fé pode ser objetiva e subjetiva.

A **objetiva** determina um modelo de conduta, de forma que cada pessoa deva agir de forma ética, com caráter reto, com honestidade, lealdade e probidade. Traduz-se em um dever de agir de acordo com determinados padrões sociais reconhecidos como ideais, corretos, retos. Leva-se em conta os fatores concretos do caso e não a vontade do agente.

> **Ex. 1:** Quando um idoso tropeça e cai próximo a um grupo de pessoas, espera-se como comportamento natural do ser humano que essas pessoas se dirijam para socorrê-lo e prestar-lhe ajuda. Este comportamento esperado é o que demonstra a boa-fé objetiva do agente. Portanto, aquele que não socorre, não age de boa-fé, mesmo que mentalmente desejasse fazê-lo (boa-fé subjetiva), pois o que deve se levar em conta é como efetivamente se comportou diante do fato.

> **Ex. 2:** Empregador comunica à empregada que pretende demiti-la e que só não o fará caso ela esteja grávida, ou que reconsiderará o ato, por nulo, caso haja comprovação de gravidez durante o aviso prévio. Diante da declaração transparente do patrão e de sua boa-fé espera-se como conduta natural da empregada que ela o informe do seu verdadeiro estado. Isto

quer dizer que, em caso de silêncio intencional para omitir a gravidez, ficará constatada sua má-fé e, como tal deve ser repelida pelo direito e equiparada a ato de renúncia à estabilidade.

Sílvio Venosa[88] acrescenta que:

> Pelo prisma do vigente Código, há três funções nítidas no conceito de boa-fé objetiva: função interpretativa (art. 113); função de controle dos limites do exercício de um direito (art. 187); e função de integração do negócio jurídico (art. 421).

Já a **boa-fé subjetiva** demonstra um estado de consciência, isto é, a intenção, o estado psicológico ou íntima convicção do agente. O manifestante de vontade crê que sua conduta é correta, tendo em vista o grau de conhecimento que possui acerca do negócio jurídico que está realizando. Tem o sentido de conhecimento ou de desconhecimento de uma situação.

O Código Civil de 2002 prestigiou a boa-fé objetiva por ser mais fácil de ser constatada. Ela deve ser respeitada no ajuste, na execução e após a extinção do contrato, valores que se aplicam perfeitamente ao contrato de trabalho.

2.10.1. Princípio do Rendimento

Américo Plá Rodriguez[89] faz referência a esse princípio como sendo aquele em que as partes têm a obrigação de "realizar o máximo esforço para aumentar, incrementar e impulsionar a produção" da empresa. Consiste na obrigação que o empregado tem de executar seu serviço, esforçando-se para direcionar sua energia ao crescimento da empresa, sempre com diligência, lealdade e boa-fé. Nas palavras do autor[90] o princípio gera "uma obrigação do trabalhador de aplicar suas energias normais no cumprimento das tarefas ordenadas, ou seja, determina um nível mínimo de rendimento abaixo do qual se estaria violando o contrato."

Um maior rendimento qualitativo empresarial favorece, também, o crescimento nacional, logo, o princípio também pode ser explorado sob o viés da produção global do país, que também é obrigação do patrão.

Na verdade, o princípio do rendimento decorre do princípio da boa-fé, pois é natural que se espere de qualquer pessoa que é empregada que ela execute seus serviços da melhor forma possível, com lealdade e diligência.

Apesar de ser adotado por outros autores modernos, este princípio deve ser limitado pelo não abuso do direito. Nessa esteira de raciocínio, não se pode admitir a adoção do "sistema Taylor" como forma de remuneração do empregado. O **sistema Taylor** consiste em remunerar em valor mais alto as

---

88 VENOSA, Sílvio de Salvo. *Direito Civil*. Teoria geral das obrigações e teoria geral dos contratos. 5. ed. São Paulo: Atlas, 2005, v. 2, p. 409.

89 RODRIGUEZ, Américo Plá. *Princípios de Direito do Trabalho*. São Paulo: LTr, 1978, p. 265.

90 *Ibidem*, p. 266.

peças produzidas nas primeiras horas, desde que perfeitas, em valor inferior as efetuadas nas horas seguintes e com um valor ainda mais baixo as realizadas no final da jornada, de forma a incentivar o empregado a produzir muito para ganhar mais, desde o início da jornada, quando está mais descansado. Entretanto, esta forma de remunerar o trabalho por peça, por produção ou tarefa acarreta um ritmo acelerado de trabalho, trazendo maior fadiga e cansaço físico e mental, e, por isso, deve ser proibido.

Portanto, a dedicação do empregado deve estar dentro do limite do razoável, do possível.

2.11. Princípio da Alheiabilidade ou *Ajenidad*

Ajenidad significa aquisição originária de trabalho por conta alheia. Este princípio revela dois conteúdos: a) que a aquisição do trabalho gera o vínculo de emprego com o tomador que originariamente recebe os serviços do empregado, daí por que a aquisição é originária; b) que o trabalho é exercido para e por conta de outra pessoa. Isto quer dizer que a energia desprendida pelo trabalhador destina-se a outro que não ele próprio e que é por conta deste tomador que ele exerce seus serviços, logo, é o empregador quem corre os riscos deste negócio.

Daí exsurge a conclusão de que o natural é que o vínculo de emprego se forme diretamente com o tomador de serviços. A terceirização deveria ser considerada exceção, pois a aquisição do trabalho se dá de forma derivada para a empresa que terceiriza mão de obra. Esse princípio foi excepcionado pela Lei nº 13.429/17 e depois pela Reforma Trabalhista, que ampliaram a terceirização.

Outra característica que se abstrai deste princípio é o caráter forfetário da relação de emprego, isto é, de que ela é onerosa e os riscos são sofridos apenas pelo patrão.

Nas palavras de Hugo Gueiros:[91]

> Da doutrina estrangeira nos vem o Também não precisaria dizer que a obrigação de trabalhar é conceito de *Ajenidad* (alienidade, se nos fosse lícito criar o neologismo, já que não há tradução adequada), uma proposta espanhola (...) opõe-se ao conceito de trabalho autônomo ou por conta própria. Refere-se à atribuição inicial e direta dos frutos do trabalho (...). A *ajenidad* não substitui, mas completa a subordinação: o trabalho que se envolve na figura jurídica denominada contrato de trabalho caracteriza-se não somente por ser subordinado, mas também por realizar-se por *conta alheia* (...). Por outro lado, a *ajenidad* permite, junto com a subordinação, determinar a pessoa do empregador e dos que com ele sejam responsáveis solidários pela relação de emprego: todo aquele em proveito de quem se realiza diretamente a prestação de trabalho (fazendo lembrar a teoria do risco-proveito de *Josserand*).

---

[91] BERNARDES, Hugo Gueiros. *Direito do Trabalho*. São Paulo: LTr, 1989. v. 1, p. 144.

2.12. Princípio da Unidade, da Estabilidade ou da Segurança

O princípio da segurança jurídica é percebido em vários incisos do art. 5º da Constituição. Quando, por exemplo, a Carta determina o respeito ao direito adquirido, ao ato jurídico perfeito, à coisa julgada, à anterioridade legal etc., demonstra, implicitamente, uma regra de conduta que pugna pela segurança jurídica, pela previsibilidade, pela estabilidade. Aliás, estes são os pilares indispensáveis a qualquer ordenamento jurídico, já que visam conferir certeza e estabilidade às relações jurídicas.

A relação de trabalho, de trato sucessivo, clama ainda mais pela segurança jurídica para evitar surpresas e alterações bruscas no contrato. Quando analisado à luz do princípio da proteção ao trabalhador seus contornos tornam-se mais precisos, garantindo outros direitos como:

a) o da preferência pela unidade de legislação, devendo prevalecer em caso de dúvida e de outro parâmetro, uma única lei para reger todo o contrato de trabalho mantido com o mesmo empregador.

Ex.: Empregado que trabalha em vários países por força de sua função itinerante, cujas legislações trabalhistas são diversas em cada país. Neste caso, o intérprete deve ser norteado pelo princípio da unidade de legislação, pois garante maior segurança ao trabalhador, aplicando a lei do país onde está situada a matriz ou sucursal a que o empregado está subordinado – *Vide* Capítulo "Aplicação da Legislação Trabalhista". Isto porque um contrato regido por cinco leis diferentes, por exemplo, gera instabilidade ao empregado, que não consegue prever seu futuro nem se prevenir, pois sequer sabe os direitos que tem.

b) o da preferência pelo enquadramento legal ou sindical único, em que o intérprete deve evitar variar a legislação trabalhista durante o contrato ou o enquadramento sindical do seu empregado.

Ex. 1: Doméstico que trabalha em casa de família e na atividade econômica da empresa de seu empregador, a pedido deste. Não se pode conceber que ele seja regido pela lei dos domésticos durante as horas do dia em que está na residência familiar e pela CLT no restante do período num mesmo contrato. Esta promiscuidade na prestação de serviços do doméstico deve ser resolvida pela aplicação da lei mais favorável para reger todo o contrato (no caso a CLT) ou pela teoria da "preponderância" – remetemos o leitor ao Capítulo "Empregado Doméstico".

Ex. 2: Empregado que trabalha para um banco exercendo duas funções: advogado e caixa, durante a mesma jornada. Ou ele é enquadrado sindicalmente como bancário ou como advogado. O que não se admite é o fracionamento do contrato para ser regido temporariamente por direitos sindicais distintos, trazendo insegurança jurídica ao empregado. Também aqui deve prevalecer o princípio da norma mais favorável ou da "preponderância".

c) o da preferência por um contrato único com o mesmo empregador e presunção de fraude à lei e aos direitos trabalhistas em caso de readmissões efetuadas em curto espaço de tempo.

Ex. 1: Não pode o empregador efetuar com o professor diversos contratos de trabalho, um para cada disciplina, ou para cada campus em que ministra aula, pois sua intenção foi unicamente a de fraudar a jornada do professor, mesmo que as unidades se constituam em empresas do mesmo grupo.

Ex. 2: Não pode o patrão efetuar contrato para o empregado trabalhar das 8 às 17h e outro para ele trabalhar das 18h às 2h; ou um contrato para ele trabalhar como advogado e outro, executado em dias alternados, para trabalhar como caixa para a mesma empresa, porque a medida fere a regra de saúde do trabalhador de limitação da jornada. Na segunda hipótese, o ato praticado pelo empregador fere o princípio da norma mais favorável.

Ex. 3: Não pode o empregador despedir o empregado sem justa causa e readmiti-lo um mês depois, porque tal lapso temporal foi extremamente curto, gerando a presunção de que a intenção foi fraudar a lei (levantar o FGTS, seguro desemprego etc.), ou sonegar os direitos trabalhistas do empregado (férias, redução salarial, rebaixamento etc.). Portanto, mesmo que não tenha havido trabalho neste mês de afastamento do empregado, o contrato deve ser declarado único e o período como de interrupção contratual, obrigando o empregador ao pagamento dos respectivos salários do mês de afastamento – antiga Súmula nº 20 do TST.

Exceção:

O contrato intermitente previsto nos arts. 452-A e seguintes da CLT fere o princípio da estabilidade, pois permeado pela imprevisibilidade da convocação para o trabalho, da quantidade de serviço e do valor a receber. O trabalhador fica à mercê do patrão sem nada receber e sem saber quando irá trabalhar e, se o for, por quanto tempo.

Capítulo 8

RELAÇÃO DE EMPREGO

Preocupado com a possibilidade dos abusos do poder econômico do empregador no momento de contratar, o legislador trabalhista foi rigoroso na regulamentação dos direitos dos empregados. Por isso, o contrato de trabalho tem suas regras mínimas impostas por lei, uma vez que os contratantes não possuem igualdade econômica como acontece, via de regra, nos contratos de natureza civil, em que qualquer direito pode ser ajustado ante a livre autonomia de vontade (partes patrimonialmente iguais).

Como é sabido, estas regras impostas pela lei são de ordem pública, cogentes e imperativas. Logo, as partes não podem delas dispor. Tal fato limita sobremaneira a autonomia de vontade dos contratantes, reduzindo a capacidade de ajustar. São verdadeiros contratos regulamentados, como chamava Savatier.[1] Este excesso de dirigismo estatal limitativo da autonomia dos contratantes também ocorre em outros contratos, como o de seguro, transporte, locação, consumidor etc., logo, não é um fenômeno peculiar do Direito do Trabalho.

Diante de tamanha limitação à liberdade de ajustar cláusulas contratuais do trabalho, alguns estudiosos negaram a existência do contrato em si, pois lhe faltava a vontade. A partir daí decorreram diversas correntes: uns defendiam a ideia da relação de trabalho em substituição à nomenclatura "contrato de trabalho" ou "contrato de emprego", abandonando, assim, a ideia contratualista. Outros, perfilhando esta corrente anticontratualista ou acontratualista, preferiram justificar a relação de emprego pela simples inserção do empregado no empreendimento do empregador. Neste diapasão, o empregador não ajusta e não contrata o empregado, apenas o insere na instituição empregadora. Daí exsurge a teoria institucionalista, em que ao empregado são impostas regras, no interesse da empresa.

Todavia, esta não é a realidade, pois quando o empregado aceita trabalhar numa empresa sabendo das condições de trabalho e vantagens propostas emite uma declaração de vontade, pois não estava obrigado a tanto. Poder-se-ia dizer que este é um ato de adesão.[2] Mas, como frisa De Page,[3] "nenhum texto ou princípio

---

1 *Apud* SÜSSEKIND, Arnaldo; MARANHÃO, Délio; VIANNA, Segadas; TEIXEIRA, Lima. *Instituições de Direito do Trabalho*. 21. ed. São Paulo: LTr, 2003, v. 1, p. 229.

2 Neste sentido Cesarino Junior e Alice Monteiro. CESARINO JUNIOR, *Direito social*. São Paulo: LTr, 1980, p. 187; BARROS, Alice Monteiro de. *Curso de Direito do Trabalho*. 2. ed. São Paulo: LTr, 2006, p. 223.

3 *Apud* SÜSSEKIND, Arnaldo; MARANHÃO, Délio; VIANNA, Segadas; TEIXEIRA, Lima. *Instituições de Direito do Trabalho*. 21. ed. São Paulo: LTr, 2003, v. 1, p. 230.

de direito exige, para a validade de um acordo de vontades, que o **conteúdo** do contrato seja estabelecido pelas **duas** partes ou tenha sido objeto de negociações e discussões preliminares (...) todo contrato pode converter-se em um contrato de adesão, sem que, por esse motivo, as condições de sua validade sofram a menor modificação" (grifos nossos).

Com razão De Page quando diz que a relação de emprego é contratualista e tem fortes características de **contrato de adesão**, mas não o é, pois é possível o empregado ter autonomia para ajustar benesses acima da lei.

Portanto, defendemos a teoria contratualista e negamos a teoria do contrato de adesão.

Ademais, a antiga concepção de que somente haveria contrato quando os sujeitos de direito, individualmente considerados, após discussão, debate e análise das propostas, conjugassem suas vontades para determinar o conteúdo do vínculo obrigacional criado por aquele pacto, há muito está superada pela moderna visão de que sempre haverá contrato quando houver a possibilidade de exercício da vontade, mesmo que esta seja limitada.

1. NATUREZA JURÍDICA DA RELAÇÃO DE EMPREGO – RESUMO DAS TEORIAS

Consideramos o presente estudo ultrapassado, pois há muito superado pela própria legislação que expressamente criou na CLT o Título IV referente ao "contrato individual de trabalho", questão também pacificada pela doutrina, afirmando sua posição no sentido de que a **relação de emprego é contratual**.[4] Em virtude disso, passaremos pela matéria de forma rápida e sucinta, tal qual um voo de pássaro.

Há diversas correntes que tentam explicar qual a natureza jurídica da relação de emprego. Segundo Martins Catharino[5] estas são as teorias: anticontratualista, acontratualista ou paracontratualista e contratualista, eclética ou sincrética.

1.1. Teoria Anticontratualista

Nega a existência do contrato, isto é, do ajuste e da autonomia de vontade.

As duas principais manifestações que representam esse pensamento são: **teoria institucionalista** e a **teoria da relação de emprego.**

A **teoria institucionalista pura**[6] prega o interesse exclusivo da instituição em detrimento dos interesses individuais dos que nela ingressarem. O institucionalismo

---

4 Ressalte-se que os arts. 28 e 29 da Exposição de Motivos da CLT afirmam a prevalência da concepção institucionalista sobre a teoria contratualista nas relações de emprego, ante a precedência das normas de tutela legal do trabalhador sobre os contratos. Todavia, defendemos, junto com outros autores, que esta foi mera intenção do legislador, mas não é o que de fato ocorreu, tanto que o Título IV, Capítulo I, estabelece "DO CONTRATO INDIVIDUAL DO TRABALHO" ratificando a adoção da teoria contratualista.

5 CATHARINO, José Martins. *Compêndio de Direito do Trabalho*. São Paulo: LTr, 1983, p. 225.

6 Alice Monteiro de Barros e Mauricio Godinho inserem a teoria institucionalista como uma das categorias da corrente acontratualista. Estamos com Amauri Mascaro e Martins Catharino que, de forma

correspondeu a um movimento desenvolvido na França que percebeu na empresa um poder organizado e estruturado segundo as regras de autoridade. Enquanto nos contratos prevalece o critério de igualdade entre as partes, na relação institucionalista há superioridade jurídica da instituição que exerce seu poder com autoridade em relação aos seus empregados. Neste caso, a empresa seria uma instituição-pessoa com atividade normativa, podendo emitir regras,[7] às quais o empregado, ao ingressar na instituição, estaria automaticamente vinculado, e com os demais trabalhadores, compõe uma coletividade que está a serviço dos interesses da instituição.

A Comissão Elaboradora da CLT era composta por cinco membros: os Procuradores da Justiça do Trabalho Luiz Augusto Rego Monteiro (institucionalista); Arnaldo Süssekind (contratualista), Dorval Lacerda (institucionalista) e Segadas Vianna (contratualista) e o Consultor Jurídico do Ministério do Trabalho, Oscar Saraiva (contratualista). Na época, Arnaldo Süssekind contava com apenas 24 anos de idade.

Daí por que a Consolidação das Leis Trabalhistas tem passagens que sugerem a teoria institucionalista, pois considera empregador a **empresa** (arts. 2º, 10 e 448 da CLT etc.) quando deveria se referir à pessoa física ou jurídica. Em outros momentos a lei demonstra que adotou a corrente contratualista (arts. 468, 472 e seg., 482 da CLT etc.), dando nítida característica mista à nossa legislação trabalhista.

Por fim, vale transcrever as críticas de Délio Maranhão e Luiz Inácio Barbosa de Carvalho[8] à teoria institucionalista, nuança da teoria anticontratualista que, inspirados nas palavras de Ripert, assim dissertam:

> A relação institucional, ao contrário, implica obediência no interesse da empresa, de que não participa o empregado, acentuando a subordinação de homens pertencentes a uma classe social e a manutenção da servidão sob a forma de salário. Não foi por acaso que a concepção institucionalista veio a ser consagrada pela lei nazista de 1934, que organizou a frente de trabalho.

---

diversa classificam a teoria na corrente anticontratualista. BARROS, Alice Monteiro de. Curso de Direito do Trabalho. 2. ed. São Paulo: LTr, 2006, p. 222; DELGADO, Mauricio Godinho. *Curso de Direito do Trabalho*. 6. ed. São Paulo: LTr, 2007, p. 318; NASCIMENTO, Amauri Mascaro. *Curso de Direito do Trabalho*. 16. ed. São Paulo: Saraiva, 1999, p. 363; CATHARINO, José Martins. *Compêndio de Direito do Trabalho*. São Paulo: LTr, 1983, p. 225.

7 Como esta teoria advoga que a empresa pode emitir regras com as quais os empregados estão obrigados, alguns autores a confundem com a teoria institucionalista impura, analisada abaixo. A teoria **institucionalista impura** ou **moderada** denomina estas regras de **estatuto institucional**, que, na verdade é o conjunto de normas elaboradas espontaneamente pelo empregador para impor à comunidade de empregados o comportamento desejado (hoje esta norma pode ser chamada de regimento interno, norma interna etc.). Por isso, Alice Monteiro de Barros e Mauricio Godinho mencionam o perfil **estatutário** desta teoria. Todavia, não se deve confundir o perfil estatutário desta teoria com a prévia existência de um estatuto legal da teoria acontratualista (ato-condição – também abordada abaixo), pois enquanto aquele estatuto é **emitido espontaneamente** pela empresa, mas imposto ao empregado, este é **legal**, imposto pelo Estado. BARROS, Alice Monteiro de. **Curso de Direito do Trabalho**. 2. ed. São Paulo: LTr, 2006, p. 223; DELGADO, Mauricio Godinho. *Curso de Direito do Trabalho*. 6. ed. São Paulo: LTr, 2007, p. 319.

8 MARANHÃO, Délio; CARVALHO, Luiz Inácio Barbosa. *Direito do Trabalho*. 17. ed. Rio de Janeiro: Fundação Getúlio Vargas, 1998, p. 50.

Outro segmento desta corrente é a **teoria da relação de trabalho** ou de emprego, que defende que o fato gerador da relação de emprego é a inserção do empregado na empresa, sua ocupação e engajamento, querendo dizer que não existe ato volitivo criador de direitos e sim um fato objetivo (o pisar dos pés do empregado no estabelecimento, ao iniciar a prestação de serviços na empresa constitui a relação de emprego). A relação de emprego se resumiria em simples relação de ocupação (mesmo que esteja apenas aguardando ordens), duradoura e permanente ou ao início efetivo da execução do trabalho. Foi inspirada na teoria alemã, onde alcançou posição de destaque pelas práticas de Hitler com o nazismo autoritário.

Reduz a vontade das partes a quase nada ou a nada, para priorizar o "fato-trabalho e ao dever de fidelidade do trabalhador"[9] aproximando esta relação a um vínculo quase familiar ou societário fundado na legalidade do trabalhador com o espírito da servidão medieval.

Em algumas empresas é possível sentir o espírito institucionalista da teoria da relação de emprego que a contaminou desde sua criação. Este perfil é identificado principalmente nas multinacionais de origem europeia aqui sediadas. Apesar da natureza contratualista da relação de emprego, seus empregados "vestem a camisa" da empresa, acreditam no seu serviço ou produto, participam da produção com visão de cooperação, agindo com o mesmo objetivo: o crescimento da instituição em primeiro lugar. A filosofia destas empresas é a de que o trabalhador é membro e colaborador do empreendimento, investindo e acreditando no obreiro, o que eleva sua autoestima. Já em outras (perfil das empresas brasileiras), é fácil perceber que os empregados estão sempre insatisfeitos, maldizem o patrão e muitas vezes têm objetivos antagônicos aos dela. Sentem-se explorados, desvalorizados, mal pagos e ali permanecem apenas por fatores econômicos.

1.2. Teoria Acontratualista ou Paracontratualista

Não afirma nem nega a existência do contrato, pois não se preocupa com tal fato. Defende que a simples aceitação pelo empregado de ingresso na empresa basta para a existência da relação de emprego. Uma nuança desta ideia acontratualista é a teoria do **ato-condição**, que explica que o ingresso do empregado na empresa é uma condição. Uma vez atingida, a consequência é a incidência do estatuto legal, normativo ou convencional, que será aplicado automaticamente ao empregado.

Este é o caso dos servidores públicos estatutários. A aprovação no concurso público e a respectiva posse são as condições para a lei dos funcionários públicos

---

9 Por isso alguns autores também denominam esta tese de **fática** ou **factual**, porque o importante era a ocupação do trabalhador em algum posto de trabalho da empresa. Acontecido o fato, passaria à condição de empregado, pertencendo à comunidade empresária, devendo fidelidade e respeito ao seu chefe. Isto bem reflete o autoritarismo do regime nazista e facista, que foram os terrenos férteis para o desenvolvimento desta corrente, mais tarde difundida em outros países. *Apud* CATHARINO, José Martins. *Compêndio de Direito do Trabalho*. São Paulo: LTr, 1983, p. 226.

ser aplicada a esta relação de trabalho. Não há qualquer liberdade de ajuste para o trabalhador a respeito das condições de trabalho, pois estas já estão preestabelecidas pelo estatuto legal (ex.: Lei nº 8.112/90).

Esta teoria também influenciou a legislação brasileira, basta ver o art. 442 da CLT.

1.3. Teoria Contratualista e Teoria Eclética ou Sincrética

Enquanto os anticontratualistas negam a influência da vontade e os acontratualistas a desprezam, os **contratualistas** afirmam sua essencialidade. Por isso a teoria contratualista entende que o ajuste é fundamental para o início da relação de emprego, pois sem a vontade dos contratantes ela não se constitui, já que o pretendente empregado tem que aceitar as condições oferecidas para o emprego e o chefe da empresa escolher aquele trabalhador, mesmo quando a lei imponha regras mínimas que não podem ser derrogadas pelas partes. Esta foi a teoria adotada pela CLT.

Uma variação da corrente contratualista é a **teoria eclética** ou do contratualismo realista, desenvolvida no México por Mário de La Cueva, com o nome de **contrato-realidade.** O autor advoga que a relação jurídica de trabalho se aperfeiçoa ou pela vontade das partes (contrato expresso) ou pelo fato (trabalho efetivo), ainda que não haja convenção (contrato tácito). Por isso assevera que só após a efetiva prestação de trabalho é que o contrato passa a existir, negando as regras trabalhistas àqueles contratos que, apesar de formalizados, não chegaram a se efetivar porque submetidos à condição ou termo suspensivo. Apesar desta teoria se aproximar da teoria da ocupação ou da relação de emprego (anticontratualista), dela difere porque ressalta a existência do contrato, como sendo o acordo de vontade.

Na verdade, a aplicação da teoria de Mário de La Cueva ao Brasil é em parte equivocada, primeiro porque o contrato pode ser expresso ou tácito, e mesmo no tácito há vontade (art. 443 da CLT). Em segundo lugar, o contrato sem qualquer trabalho é **contrato de inação**, de natureza civil[10] e, por isso, não é contrato de trabalho, por faltar-lhe a causa que lhe dê validade (trabalho). Assim, se o empregador permitiu o trabalho e por este o remunerou, assentiu tacitamente com esta relação de emprego.

A CLT adotou a **teoria contratualista**,[11-12] como bem ilustra o art. 468, que veda a alteração unilateral das condições de trabalho ajustadas. Ademais, o Título IV da CLT denomina-se "do contrato individual de trabalho". Assim também

---

10 CATHARINO, José Martins. *Compêndio de Direito do Trabalho*. São Paulo: LTr, 1983, p. 235.

11 A posição acima adotada não é unânime e encontra obstáculo nos arts. 28 e 29 da Exposição de Motivos da CLT, pois a própria exposição de motivos deixa clara a posição institucionalista e não contratualista.

12 Depois da reforma trabalhista entendemos que a teoria contratualista se fortaleceu, pois a autonomia da vontade do empregado, muitas vezes, supera a letra da lei, como no casos do parágrafo único do art. 444 da CLT, do art. 442-B da CLT, entre outros muitos casos já comentados no Capítulo "Princípios".

se posiciona a doutrina majoritária: Amauri Mascaro,[13] Alice Monteiro Barros,[14] Mauricio Godinho,[15] Martins Catharino[16] e outros.

Outro desdobramento da teoria contratualista, por isso também chamada de **eclética** ou **sincrética**, é a do institucionalismo impuro ou moderado. Nasce das críticas travadas contra a teoria institucionalista pura, já estudada. Esta corrente, embora admita a necessidade do ajuste de vontade para o ingresso do empregado na instituição, preconiza que esta relação está cada vez mais estatutária, o que significa que a vontade da empresa, manifestada muitas vezes por normas por ela emanadas, se sobrepõe à vontade do trabalhador. Aproxima-se da teoria do ato-condição, que também se manifesta por um estatuto legal adredemente imposto às partes.

1.3.1. Evolução Histórica da Teoria Contratualista

Com a criação da relação de emprego houve a necessidade de se estabelecer sua natureza jurídica. Uma das correntes pioneiras na evolução deste estudo foi a corrente contratualista que, como era natural, procurou no Direito Civil sua fonte inspiradora. Em virtude disso, várias teorias tentaram aproximar a relação de emprego a contratos típicos até então conhecidos pelo direito comum. A partir daí nasceram as correntes abaixo estudadas, que logo foram superadas, porque frágeis e artificiais, prevalecendo a tese que a relação de emprego nasce do contrato de trabalho.

1.3.2. Teoria do Arrendamento ou Locação

O Código de Napoleão (1804) incluiu como uma das formas de arrendamento o contrato de trabalho, inspirado na *locatio operarum* que importava na contratação dos serviços. Mais tarde o Código Civil brasileiro, perfilhando o mesmo entendimento, classificou a relação de emprego como contrato de locação de mão de obra ou locação de serviços.

A teoria foi muito criticada porque não separa o empregado de seus serviços, coisificando seu trabalho. Ademais, o trabalho não é mercadoria para ser arrendada ou locada e, por isso, o salário não poderá ser considerado o preço desta. Por esses motivos, a tese foi afastada.

1.3.3. Teoria da Compra e Venda

Parte da premissa que o contrato de trabalho tem natureza jurídica de compra e venda, destacando o trabalho como objeto de venda e o preço como forma de retribuição a esta venda.

---

13 NASCIMENTO, Amauri Mascaro. *Curso de Direito do Trabalho*. 16. ed. São Paulo: Saraiva, 1999, p. 370.

14 BARROS, Alice Monteiro de. *Curso de Direito do Trabalho*. 2. ed. São Paulo: LTr, 2006, p. 204.

15 DELGADO, Mauricio Godinho. *Curso de Direito do Trabalho*. 6. ed. São Paulo: LTr, 2007, p. 314

16 CATHARINO, José Martins, *Op. cit.*, p. 235.

As críticas são as mesmas das apontadas no item superior. O trabalho não pode ser analisado como mercadoria e nem o salário como seu preço. Este entendimento fere de morte o princípio universal consagrado no Tratado de Versailles a respeito da matéria. Ademais, na compra e venda o seu principal objeto constitui-se em dar coisa certa, enquanto no contrato de trabalho a obrigação é de fazer. Acresça-se ao fato de que não se pode separar, por completo, o trabalho de quem o executa.

1.3.4. Teoria do Mandato

A teoria é construída a partir da ideia de que o contrato de trabalho corresponde à espécie de contrato de mandato, em que o empregado aparece como mandatário e o patrão como mandante. A tese funda-se no caráter fiduciário da relação de emprego e na subordinação do trabalhador às ordens do empresário.

Foi rechaçada porque a relação de emprego depende apenas de duas pessoas: empregado e empregador; enquanto a relação contratual de mandato depende de três: o mandante, o mandatário e o terceiro (aquele perante o qual o mandatário irá representar o mandante). Ademais, os contratos de mandato são, via de regra, graciosos, enquanto a relação de emprego sempre será onerosa.

Há quem acrescente que a relação de confiança presente nos contratos de mandato é muito mais intensa que a existente na relação de emprego.

1.3.5. Teoria da Sociedade

Acreditava-se que a relação de emprego se assemelhava a um contrato de sociedade efetuado entre patrão e empregado, sob o argumento de que havia real interesse das partes para o aumento da produção e crescimento da empresa. Além disso os atos praticados são sucessivos e coordenados dos participantes desta relação. Todavia, a fragilidade da teoria logo foi percebida, já que lhe falta um requisito essencial para o contrato de sociedade: *affectio societatis*, isto é, vontade de ser sócio. O empregador não quer dividir os lucros nem o trabalhador assumir os prejuízos, por isso, a relação de emprego não se confunde nem nasce do contrato de sociedade.

Capítulo 9

REQUISITOS PARA CARACTERIZAÇÃO DO CONTRATO DE TRABALHO

O Código Hammurabi do século XIX a.C., adotado na Babilônia, dispôs sobre condições de prestação de trabalho livre, inclusive salário, e já vislumbrava uma forma de arrendamento do trabalho.

Muito mais tarde (séculos VII e VI a.C.), no Direito romano, nasce o arrendamento da coisa (locatio conducto rei): a) *locatio conducto operis* e b) *locatio conducto operarum.*

No modelo do antigo Direito romano se inspirou a relação de emprego. O contrato de locação de coisas (*locatio conductio*), que se assemelhava ao de escravo, com o incremento nas relações sociais e o crescimento populacional, fez com que alguns senhores passassem a arrendar os serviços de escravos de outros senhores e posteriormente os serviços de homens livres de classe inferior.

A *locatio conductio* se definia como contrato bilateral no qual uma pessoa se obrigava a proporcionar a outra o uso de uma coisa, a prestação de um serviço ou a realização de uma obra, mediante pagamento em dinheiro, chamado de *merces* ou *pensio*, que era regulado pela lei da oferta e demanda de mercado. Não era possível a contraprestação apenas em utilidades, como alimentos e moradia, sendo essencial o pagamento em dinheiro, não havendo, no entanto, um valor mínimo estipulado a ser respeitado. Neste gênero havia, na verdade, três espécies: *locatio conductio rei; locatio conductio operarum; locatio conductio operis.*

Na *locatio rei* as partes contratavam o uso e gozo de uma coisa mediante uma retribuição.

A *locatio operis faciendi* era uma modalidade de contrato cujo trabalho era especificado pelo seu resultado, pelo fim, pela obra contratada. Assim, o *locator* contratava uma obra (resultado) a um *conductor* que deveria assumir os riscos do empreendimento mediante remuneração acertada. Hoje a figura mais próxima é a da empreitada.

A *locatio operarum*, que tinha grande liberdade contratual, importava na contratação dos serviços e não da obra. Portanto, não era o resultado o que importava e sim o serviço. Na atualidade, a figura mais próxima é o contrato de trabalho.

1. CONCEITO E CARACTERIZAÇÃO

No Brasil, a primeira lei a tratar dos requisitos da relação de emprego surgiu em 1830.

Mais tarde o Código Civil de 1916 concebeu a prestação de serviços com grande amplitude, compreendendo uma variedade de prestações de serviços humanos.

A relação de emprego se assemelha à prestação de serviços, pois o que é contratado é o serviço e não o produto final, mas dela se distingue pelos seus requisitos, hoje descritos nos arts. 2º e 3º da CLT.

Os arts. 2º e 3º da CLT relacionam todos os requisitos necessários para a configuração da relação de emprego:

> **Art. 2º** Considera-se **empregador** a empresa, individual ou coletiva, que, **assumindo os riscos da atividade econômica**, admite, assalaria e dirige a **prestação pessoal de serviço** (grifos nossos).
> (...)
> **Art. 3º** Considera-se empregado toda pessoa física que prestar serviços de **natureza não eventual** a empregador, **sob a dependência** deste e mediante **salário** (grifos nossos).

Para que um trabalhador urbano ou rural seja considerado como empregado, mister que preencha, ao mesmo tempo, todos os requisitos abaixo:

a) pessoalidade;
b) subordinação;
c) onerosidade;
d) não eventualidade;
e) o empregado não corre o risco do empreendimento.

Via de consequência, a ausência de qualquer um destes requisitos descaracteriza o trabalhador como empregado.

Podemos então, de acordo com os pressupostos acima, **conceituar empregado** como toda **pessoa física** que preste serviço a empregador (pessoa física ou jurídica) de forma **não eventual**, com **subordinação jurídica**, mediante **salário, sem correr os riscos do negócio**.

No nosso entendimento, a Justiça do Trabalho é competente[1] para apreciar várias outras relações de trabalho (representante comercial, empreiteiro de lavor, autônomo, avulso, trabalhador eventual etc.), e não apenas as de emprego, por isso a relevância de se saber identificar o enquadramento do trabalhador. Presentes os cinco elementos concomitantemente estará caracterizada a relação de emprego, distinguindo o empregado dos demais trabalhadores.

---

1 Importante apontar que a matéria é controvertida e há vários julgados em sentido oposto à nossa posição.

A partir da Lei nº 13.467/17, foi incluído o art. 442-B à CLT gerando controvérsias a respeito do alcance da nova norma. Alguns defendem que o legislador autorizou a renúncia ao vínculo de emprego pela simples assinatura de contrato formal de autônomo, quando preenchidas as formalidades legais do contrato (ser escrito, registrado ou não etc.). Outros, de forma diversa, adotam a tese de que nada mudou, pois se de fato o trabalhador for empregado, na forma dos arts. 2º e 3º da CLT, não pode o contrato escrito prevalecer sobre a verdade (princípio da primazia da realidade e da irrenunciabilidade do vínculo de emprego). Defendemos esta última tese. Ademais, se a norma coletiva não pode dispor do vínculo de emprego (art. 611-B, I, da CLT), não poderia a própria parte dele renunciar também.

2. EMPREGADO URBANO OU RURAL

2.1. Pessoalidade

O contrato de emprego é **pessoal** em relação ao empregado. Isto quer dizer que aquele indivíduo foi escolhido por suas qualificações pessoais ou virtudes (formação técnica, acadêmica, perfil profissional, personalidade, grau de confiança que nele é depositada etc.). É contratado para prestar pessoalmente os serviços, não podendo ser substituído por outro qualquer de sua escolha, aleatoriamente. Todavia, pode o empregador pôr um substituto de sua escolha ou aquiescer com a substituição indicada pelo trabalhador. Isto quer dizer que o contrato é firmado com **certa e determinada pessoa**.

O trabalhador é sempre uma pessoa física, isto se explica porque o trabalho se constitui numa obrigação de fazer inseparável da pessoa humana, o que consequentemente acarreta a intervenção do Estado, minimizando a autonomia das partes, impondo normas para tutelar seus direitos fundamentais.

Pessoalidade ou caráter *intuitu personae* significa que é aquela pessoa física escolhida quem deve executar o serviço contratado porque o contrato de trabalho é intransmissível. Assim, o empregado não pode, quando bem entender, mandar o amigo, o vizinho, o pai ou o irmão no seu lugar para trabalhar.

> **Ex.:** Universidade contrata um professor para ministrar aulas de Direito. No dia da prova, o professor manda em seu lugar, a seu bel-prazer, seu pai, também professor, para substituí-lo em seu trabalho. Ora, o trabalho deve ser desenvolvido pelo professor contratado, não podendo fazer-se substituir por estranho à relação de emprego, salvo quando indicado pelo empregador ou quando este concordar com a substituição sugerida pelo trabalhador. Não foi o serviço (ministrar aulas) o contratado pela universidade e sim a pessoa do empregado. Este é o caráter pessoal da relação de emprego, a escolha da **pessoa** do empregado, e não do **serviço**. Contrata-se o meio (empregado) pelo qual se obtém o resultado final (serviço), o trabalhador é mero instrumento deste resultado.

Na verdade, o que é **pessoal** é o **contrato** efetuado entre aquele empregado e o seu empregador porque este negócio jurídico é **intransmissível**. Porém, a execução do serviço, o trabalho em si, pode ser transferida a outro trabalhador, a critério do patrão.

Conclusão: a pessoalidade não quer dizer que o trabalho só poderá ser desenvolvido, com exclusividade, por aquele empregado, e nenhum outro. Na verdade, o empregador poderá trocar de empregado, seja para substituí-lo no posto de trabalho, seja para cobrir suas faltas, férias ou atrasos. Isto significa que o obreiro pode ser trocado por outro empregado, por escolha do empregador ou com o consentimento deste, mas não pode se fazer substituir livremente por alguém da sua própria escolha, estranho aos quadros da empresa e sem o consentimento do patrão.

A **repetição** dos serviços de um mesmo empregado para um mesmo tomador, seja de forma contínua (todos os dias) ou intermitente (alguns dias da semana, quinzena ou mês, mas durante longo período) comprova a **pessoalidade** daquele trabalhador.

Desta forma, o músico que comparece toda quinta-feira na casa de show durante anos, executa o trabalho pessoalmente, apesar de os colegas trabalharem em outros dias. O advogado que trabalha quinzenalmente para determinado escritório de advocacia, durante anos a fio, executa trabalho pessoal, apesar do corpo de advogados de trabalho contínuo do próprio escritório. O garçom que trabalha apenas aos sábados e domingos no restaurante, todas as semanas, também executa trabalho pessoal.

Há mais.

A CLT não pretendeu dizer o óbvio, isto é, que a prestação dos serviços é pessoal, pois só a pessoa humana presta serviços. Quis dizer, na verdade, que o contrato é pessoal.

Também não vinculou a infungibilidade do serviço em si, pois este não se constitui em uma obrigação personalíssima. Personalíssima é aquela obrigação que só pode ser realizada pelo contratado e mais ninguém e, portanto, extingue se o contratado não a executar, ressaltando que ninguém mais poderá fazê-lo por ele. A obrigação personalíssima ou infungível não admite a substituição do obrigado, pois depende da atuação pessoal do devedor (empregado). Não sendo executada pelo obrigado (empregado) a obrigação converte-se em perdas e danos – art. 247 do CC.

Há obrigações em que um número indeterminado de pessoas possui habilidade para executá-las, pois fungíveis. Entretanto, há outras em que a obrigação de fazer (prestar o serviço) é contraída exclusivamente por valores intrínsecos da pessoa do obrigado, como: fama, talento, interpretação, criação, habilidade, parentesco etc. Estas são as obrigações infungíveis ou de caráter personalíssimo. Assim, quando se contrata um atleta, um artista, ou o médico em face da sua experiência e currículo, não pode outro executar o serviço contratado, porque infungível aquela obrigação de fazer.

Ora, o contrato de trabalho recai sobre a pessoa do trabalhador, o que quer dizer que ele deve responder pessoalmente pela obrigação de prestar os serviços.

Todavia, poderá ser facilmente substituído em casos de faltas, atrasos, férias, repousos, folgas etc., desde que por outro trabalhador com a habilidade necessária para aquele trabalho e de escolha ou aceitação do patrão. Isto quer dizer que o serviço não é personalíssimo, mas tão somente o contrato com cada empregado. Todavia, o contrato, além de pessoal, pode prever um tipo de obrigação personalíssima, isto é, que só poderá ser desenvolvida pelo contratante e mais ninguém, como, por exemplo, o contrato de emprego firmado entre uma clínica de cirurgia plástica e o Ivo Pitangui. Só ele pode executar o serviço, pois o cliente, quando procura a clínica, quer ser operado por ele, exclusivamente. Isto é excepcional.

A pessoalidade é percebida ou comprovada pela repetição no tempo dos serviços por um mesmo trabalhador, isto porque o fato de uma mesma pessoa ter executado o serviço por meses ou anos comprova que o contrato foi dirigido à pessoa do trabalhador, impedindo assim que qualquer outro possa executá-lo com aquele mesmo contrato.

Em virtude disto, afirmamos que o contrato de trabalho tem caráter pessoal, o que pode ser comprovado pela intenção expressa das partes (contrato escrito ou oral) ou pela simples repetição da mão de obra no tempo por uma mesma pessoa. O trabalho em si não é uma obrigação personalíssima, pois pode ser executado por outros, o que é personalíssimo é o contrato de emprego ou a obrigação que dele decorre.

A Súmula nº 159, I, do TST reflete esta posição, pois permite, de forma clara, a substituição do empregado em razão de suas férias, o que demonstra o caráter pessoal da relação de trabalho e não personalíssimo.

> *Súmula nº 159 do TST: Substituição de caráter não eventual e vacância do cargo.*
>
> *I – Enquanto perdurar a substituição que não tenha caráter meramente eventual, inclusive nas férias, o empregado substituto fará jus ao salário contratual do substituído.*
>
> *(...)*

Há quem[2-3] afirme que a pessoalidade no contrato de trabalho é atenuada nos casos de **trabalho em domicílio** (art. 6º da CLT), **teletrabalho**[4] e nos casos do contrato de **equipe**, pois o "grupo" é que seria o contratado, pouco importando as pessoas que o compõem. Em alguns casos o grupo seria representado pelo chefe da equipe e apenas com este haveria o caráter personalíssimo.

De fato, o empregado em domicílio pode ser ajudado por seus familiares, desde que o auxílio não seja intenso. Isto não descaracteriza a relação de emprego com o contratado nem a configura com o ajudante eventual. A pessoalidade não desaparece

---

2 BERNARDES, Hugo Gueiros. *Direito do Trabalho*. São Paulo: LTr, 1989, v. 1, p. 138.

3 BARROS, Alice Monteiro de. *Curso de Direito do Trabalho*. São Paulo: LTr, 2005, p. 238.

4 Nesse sentido Jefferson Ramos Brandão no artigo "Contrato de Trabalho na sociedade pós-industrial e a necessidade de revisão dos requisitos da relação de emprego". DALLEGRAVE NETO, José Affonso. (Coord.) *Direito do Trabalho contemporâneo*. Flexibilização e efetividade. São Paulo: LTr, 2003, p. 56.

nesses casos, nem fica mais tênue. Discordamos, pois, da posição que afirma que ela fica atenuada. Na verdade, o que diminui de intensidade é a subordinação, porque a distância pode inibir a fiscalização direta. Porém, esta abordagem se faz em relação ao contrato, que é pessoal, e não à repetição, como acima afirmado.

O **contrato de equipe** se resolve por um feixe de contratos individuais firmados entre cada empregado e empregador. Portanto, há pessoalidade entre cada membro do grupo e os demais, assim como entre eles e o empregador. Se existir um "representante", um "chefe" ele será apenas um trabalhador que representa os demais, mas não seu empregador. Os contratos são independentes e autônomos entre si. A extinção de um não importa na extinção dos demais. Sua maior característica é a reunião espontânea dos seus membros. Portanto, discordamos da opinião da doutrina, pois presente a pessoalidade.

A pessoalidade não é elemento exclusivo da relação de emprego. Também existe pessoalidade nas relações de sociedade, principalmente nas de pessoas; na representação comercial; nos contratos de prestação de serviços – art. 605 do CC; contrato de mandato; contrato de sociedade etc.

Se algum substituto cobrir as ausências do empregado e entre este substituto e o tomador estiverem presentes os requisitos do liame empregatício, também o substituto será empregado, independentemente do fato de sua substituição ter sido indicada pelo patrão ou por ele aceita, mesmo que tacitamente. O contrato tácito perfaz-se porque é obrigação do empregador fiscalizar o trabalho do empregado.

2.2. Subordinação Jurídica

A expressão subordinação deriva do termo *subordinare* (*sub* – baixo; *ordinare* – ordenar), isto quer dizer imposição da ordem, submissão, dependência, subalternidade hierárquica.

A subordinação ou dependência hierárquica tem sido muito utilizada como critério diferenciador entre o contrato de emprego e os demais contratos de trabalho (autônomo, representação, mandato etc.)

Em face do poder de comando do empregador, o empregado tem o dever de obediência, mesmo que tênue (altos empregados) ou em potencial (profissionistas), podendo aquele dirigir, fiscalizar a prestação de serviços, bem como punir o trabalhador.

O empregador é dotado do poder de direção por comandar, escolher e controlar os fatores de produção da empresa. O poder de direção se desdobra[5] em poder diretivo, em poder disciplinar e em poder hierárquico ou de organização. O primeiro se constitui na capacidade do empregador em dar conteúdo concreto à atividade do trabalhador, visando os objetivos da empresa. O segundo traduz-se

---

[5] MAGANO, Otávio Bueno. *Manual de Direito do Trabalho.* Direito Individual do Trabalho. 3. ed. São Paulo: LTr, 1992, v. 2, p. 50.

no poder que tem o patrão de impor punições aos empregados. O terceiro é a capacidade do empregador em determinar e organizar a estrutura econômica e técnica da empresa, aí compreendida a hierarquia dos cargos e funções, bem como de escolher as estratégias e rumos da empresa.

A subordinação nada mais é que o dever de obediência ou o estado de dependência na conduta profissional, a sujeição às regras, orientações e normas estabelecidas pelo empregador inerentes ao contrato, à função, desde que legais e não abusivas.

Aliás, em dezembro de 2011 foi acrescido o parágrafo único ao art. 6º da CLT (Lei nº 12.551/2011) esclarecendo que o trabalho à distância executado por meio da informática ou da telemática não afasta a subordinação do empregado. Em boa hora o legislador modernizou a CLT e espancou de vez qualquer dúvida sobre a possibilidade de vínculo de emprego do trabalhador totalmente externo, mas controlado ou fiscalizado pelo empregador, prática que foi permitida pelos modernos meios da tecnologia.

Dispõe o parágrafo único do art. 6º da CLT:

> **Parágrafo único.** Os meios telemáticos e informatizados de comando, controle e supervisão se equiparam, para fins de subordinação jurídica, aos meios pessoais e diretos de comando, controle e supervisão do trabalho.

A subordinação está sempre presente na relação de emprego, algumas vezes mais intensa; outras de modo menos intenso. Quanto mais o empregado sobe na escala hierárquica da empresa, ou quanto mais técnico ou intelectual o trabalho, normalmente a subordinação fica mais tênue, frágil. Contrariamente, quando o empregado exerce uma função subalterna, de baixa hierarquia na empresa ou quando é revertido do cargo de confiança para a função efetiva, a subordinação se intensifica.

O trabalho externo pode tornar a subordinação menos intensa, pois o empregado fica longe dos olhos do patrão, salvo quando o trabalhador é controlado ou fiscalizado por telefone, rádio, pela internet ou por qualquer meio telemático ou informatizado (art. 6º parágrafo único, da CLT).

A respeito do tema assim se manifesta Alice Monteiro,[6] citando Riva Sanseverino:

> "(...) a subordinação varia de intensidade, passando de um máximo a um mínimo, segundo a natureza da prestação de trabalho e à medida que se passa do trabalho prevalentemente material ao prevalentemente intelectual."

O critério adotado pelo legislador trabalhista brasileiro foi o da **subordinação jurídica** ou hierárquica. Todavia, há outras classificações para a natureza da subordinação existente entre empregado e empregador, outrora explorados em outros países: a) subordinação técnica; b) subordinação econômica.

6 BARROS, Alice Monteiro de. *Curso de Direito do Trabalho*. 2. ed. São Paulo: LTr, 2006, p. 245.

O critério da **subordinação técnica** (nascido na França) é realçado pelo necessário comando técnico do patrão dirigido ao empregado. Parte da premissa que o empresário detém o total domínio da técnica da produção ou do serviço. Entretanto, é possível o empregado ter maior conhecimento técnico que o empregador e, por isso, tem ampla liberdade na execução de suas tarefas. Logo, este critério não é completo, é insuficiente para explicar a subordinação da relação de emprego.

A **subordinação econômica** (origem alemã) está ligada à necessidade de subsistência do trabalhador, pois depende dos salários para sobreviver, dependendo economicamente do patrão. O critério é inaceitável porque pode ocorrer de o trabalhador ter suficiência econômica, com renda e patrimônio superiores aos do patrão (fato incomum) e, mesmo assim estar subordinado ao patrão. Ademais, pode existir dependência econômica sem existir relação de emprego, como ocorre com o empreiteiro de lavor e o representante comercial. Na verdade, a real dependência econômica do trabalhador ao salário fez nascer o Direito do Trabalho, mas isto não quer dizer que este seja o tipo de subordinação sempre existente no contrato de trabalho.

A questão já está pacificada. A **subordinação jurídica** é que está presente na relação de emprego, seja porque ela decorre de lei (arts. 2º e 3º da CLT) seja porque cabe ao empregador dirigir a prestação de serviços e, portanto, o contrato.

O trabalho a distância (teletrabalho) não descaracteriza a subordinação – art. 6º da CLT, assim como a recusa do empregado em aceitar o serviço, no caso de contrato de trabalho intermitente (art. 452-A, § 3º, da CLT).

2.2.1. Subordinação Direta e Indireta

A jurisprudência traçou características que distinguem a subordinação direta da indireta, como se percebe da parte final do inciso III da Súmula nº 331 do TST.

Quando uma ordem ou comando é feita diretamente pelo patrão, pelos sócios ou diretores da empresa, a subordinação é **direta**, isto é, sem intermediários. Assim, o sócio que trabalha no negócio comanda seus empregados diretamente.

Quando entre o empregado e o patrão existirem intermediários, prepostos, empregados de confiança que recebem e repassam a ordem ou quando a ordem chega ao trabalhador por intermédio de terceiros, trabalhadores ou não, a subordinação será chamada de **indireta**.

A subordinação indireta não altera nem modifica a relação de emprego. Não concordamos, pois, com a parte final do inciso III da Súmula nº 331 do TST, que afirma que o vínculo só se forma com o tomador quando presente a pessoalidade e a subordinação direta a este, nos casos de terceirização. Ora, a subordinação é o estado de submissão ou sujeição do trabalhador e quando presente direta ou indiretamente, tem-se caracterizada a relação de emprego desde que presentes os demais requisitos.

Presume-se a subordinação direta quando o trabalhador terceirizado executa seus serviços dentro do estabelecimento do tomador, pois por ele é controlado e fiscalizado, mesmo que este controle e ordens sejam replicadas por superior hierárquico da intermediadora, colocado propositalmente no tomador para mascarar a subordinação direta, que também obedece a ordens do tomador.

Conclui-se, portanto, que a Súmula nº 331 do TST pretendeu dar outra conotação à matéria em estudo, modificando suas bases. Sugere que subordinação direta seja entendida como aquela sentida pelos empregados do tomador, e a indireta como a existente para os trabalhadores que apenas obedecem a ordens de seu patrão intermediador de mão de obra, apesar de na realidade trabalharem para o tomador.

> **Ex.:** Banco Real contratou a VigBan para colocar trabalhadores em suas agências para executarem os serviços de caixa expresso ou automático, cuja característica é o não atendimento ao público. Trabalham lado a lado com os demais caixas do Banco, com as mesmas características e atribuições, salvo no que se refere ao atendimento ao público. Para mascarar a subordinação direta e configurar a indireta, utilizam-se de supervisores, contratados pela VigBan, que têm como única tarefa replicar as ordens do Banco, isto é, do gerente da agência ou do setor, empregado do banco. No exemplo o fato de ter um "intermediário" entre o tomador dos serviços e o trabalhador, não descaracteriza a subordinação, que é o requisito para formar o vínculo de emprego, além dos demais.

Remetemos o leitor ao Capítulo da "Terceirização".

2.2.2. Subordinação Objetiva e Subjetiva

Quando o comando do empregador recai sobre a pessoa do empregado, a subordinação é **subjetiva**; quando recai sobre os serviços executados pelo trabalhador é **objetiva**.

A subordinação **subjetiva** existia no trabalho escravo, na servidão, quando a pessoa do trabalhador estava sujeita ao amo, ao senhor feudal ou à terra. Também era denominada de dependência, expressão utilizada pelo art. 3º da CLT.

O legislador trabalhista adotou, por motivos óbvios, o enfoque objetivo da subordinação, que atua no modo como o serviço deve ser executado e não sobre a pessoa do trabalhador. Por isso, é possível contratar empregado externo, em domicílio, teletrabalhadores etc., pois nesses casos percebe-se que a fiscalização recai sobre os serviços, já que o empregado em si fica longe dos olhos do patrão.

Logo, inapropriada também é a redação contida na parte final do art. 2º da CLT quando se refere "(...) dirige a prestação pessoal de serviços (...)", pois conduz o intérprete à visão subjetiva do instituto, já que utiliza a expressão pessoal logo após a palavra dirige. Deveria ter invertido a ordem da expressão afirmando que "(...) dirige a prestação de serviços pessoais (...)".

Neste sentido muito bem asseverou Arion Romita:[7]

> A subordinação deve gravitar em torno da atividade e exercitar-se pela integração do empregado na organização empresarial. Neste contexto, a relação de trabalho, caracterizada pela subordinação, é uma relação intersubjetiva (por isso, não isenta de conotações pessoais), mas o vínculo de subordinação é de ordem objetiva.

2.2.3. *Parassubordinação*

Parassubordinação é a nomenclatura dada pelo Direito italiano aos trabalhadores nas relações de coordenação que, embora executem trabalho pessoal, mediante paga, têm uma subordinação tênue, mais frágil.

Defendemos que a parassubordinação é sinônimo de subordinação e designa o estado de sujeição do trabalhador que não é empregado, podendo ser autônomo, eventual, ou de qualquer outra espécie.

Existem trabalhadores que se situam na zona *grise*, cinzenta, numa zona fronteiriça, de difícil classificação como empregado ou como não empregado. Quando não forem empregados, apesar das características similares às destes, a subordinação toma o nome de parassubordinação.

Conclusão: a parassubordinação é a subordinação dos não empregados que têm características de empregado, normalmente apresentada de forma leve, tênue.

Todavia, a matéria é controvertida.

Para Amauri[8] o trabalho parassubordinado:

> (...) é uma categoria intermediária entre o autônomo e o subordinado, abrangendo tipos de trabalho que não se enquadram exatamente em uma das duas modalidades tradicionais, entre as quais se situa, como a representação comercial, o trabalho dos profissionais liberais e outras atividades atípicas, nas quais o trabalho é prestado com pessoalidade, continuidade e coordenação.

Alice Monteiro,[9] aparentemente no mesmo sentido, esclarece que em alguns tipos de trabalho artístico, como diretor de fotografia, dubladores, apresentadores, produtores, atores principais, pode se encontrar a parassubordinação quando, embora detentores de certa autonomia, preservando sua individualidade, permanecem à disposição do tomador. Assim, para a autora, existiria um terceiro gênero ao lado do trabalho autônomo e do subordinado, cujos traços característicos se diferenciariam destes, a saber: presença pessoal (infungibilidade), coordenação e a interação funcional com a estrutura da empresa ou com o interesse do sujeito que se utiliza do trabalho de outrem, a continuidade do empenho do trabalho no tempo, até o

---

7 ROMITA, Arion. *A subordinação no contrato de trabalho*. Rio de Janeiro: Forense, 1979, p. 80.

8 NASCIMENTO, Amauri Mascaro. *Curso de Direito do Trabalho*. 16. ed. São Paulo: Saraiva, 1999, p. 329.

9 BARROS, Alice Monteiro de. *Curso de Direito do Trabalho*. São Paulo: LTr, 2005, p. 244.

alcance do trabalho final (um filme, espetáculo, programa de televisão) o que implicaria redimensionamento do Direito do Trabalho.

De forma diferente Sergio Pinto,[10] que conceitua parassubordinação como sinônimo de telessubordinação, isto é, de subordinação à distância, mesmo dos empregados.

> PARASSUBORDINAÇÃO. JORNALISTA. CORRESPONDENTE. NATUREZA JURÍDICA DO CONTRATO RELACIONADO COM A PRESTAÇÃO DE SERVIÇOS. Encontra-se sob o manto da legislação trabalhista, porquanto presentes os pressupostos do art. 3º da CLT, a pessoa física que prestou pessoalmente os serviços de correspondente jornalístico, onerosamente. Ao exercer a atividade relacionada com a busca de notícias, bem como com a respectiva redação de informações e comentários sobre o fato jornalístico, o profissional inseriu-se no eixo em torno do qual gravita a atividade empresarial, de modo que, simultaneamente, como que se forças cinéticas, a não eventualidade e a subordinação, esta última ainda que de maneira mais tênue, se atritaram e legitimaram a caracterização da relação empregatícia. As novas e modernas formas de prestação de serviços avançam sobre o determinismo do art. 3º da CLT, e alargam o conceito da subordinação jurídica, que, a par de possuir diversos matizes, já admite a variação periférica da parassubordinação, isto é, do trabalho coordenado, cooperativo, prestado extramuros, distante da sua original concepção clássica de subsunção direta do tomador de serviços. Com a crescente e contínua horizontalização da empresa, que se movimenta para fora de diversas maneiras, inclusive via terceirização, via parassubordinação, via micro *ateliers* satélites, adveio o denominado fenômeno da desverticalização da subordinação, que continua a ser o mesmo instituto, mas com traços modernos, com roupagem diferente, caracterizada por um sistema de coordenação, de amarração da prestação de serviços ao empreendimento por fios menos visíveis, por cordões menos densos. Contudo, os profissionais, principalmente os dotados de formação intelectual, transitam ao lado e se interpenetram na subordinação, para cujo centro são atraídos, não se inserindo na esfera contratual do trabalho autônomo, que, a cada dia, disputa mais espaço com o trabalho subordinado. Neste contexto social moderno, é preciso muito cuidado para que os valores jurídicos do trabalho não se curvem indistintamente aos fatores econômicos, devendo ambos serem avaliados à luz da formação histórica e dos princípios informadores do Direito do Trabalho, de onde nasce e para onde volta todo o sistema justrabalhista. O veio da integração objetiva do trabalhador num sistema de trocas coordenadas de necessidades cria a figura da parassubordinação e não da para-autonomia. Se a região é de densa nebulosidade, isto é, de verdadeiro *fog* jurídico, a atração da relação jurídica realiza-se para dentro da CLT e não para dentro do Código Civil, que pouco valoriza e dignifica o trabalho do homem, que é muito livre para contratar, mas muito pouco livre para ajustar de maneira justa as cláusulas deste contrato. TRT/MG – Proc: 00073.2005.103.03.00.5 – Rel. Designado: Juiz Luiz Otávio Linhares Renault. *DJ*/MG 01/10/2005.

Jefferson Ramos, mencionando Reginaldo Melhado, afirma que a parassubordinação é sentida por aquele empregado que desfruta de uma alta qualificação e de um grande poder contratual, relação típica que acontece com os teletrabalhadores.

---

10 MARTINS, Sergio Pinto. *Direito do Trabalho*. 13. ed. São Paulo: Atlas, 2001, p. 95.

Afirma que "o vocábulo é um neologismo utilizado para explicar a nova contratualidade, segundo os modernos paradigmas da produção, sendo um meio-termo entre o trabalho subordinado e o trabalho autônomo".[11]

Conclusão: Há três correntes a respeito da matéria. A primeira, no sentido de que a parassubordinação é o estado de sujeição sentido pelos trabalhadores que não são empregados. A segunda, de que o instituto não se confunde com a subordinação dos empregados, nem com a liberdade dos autônomos, e sim pela coordenação existente entre o prestador e o tomador dos serviços. A última corrente afirma que parassubordinação é a subordinação leve tanto daqueles que são empregados como dos que não o são.

Na verdade, a parassubordinação teve origem na Itália, em 1973, a partir da Lei nº 533 (Código de Processo Civil, art. 409), que conferia à Justiça do Trabalho a competência para apreciar as lides decorrentes dos contratos de colaboração, representação comercial, agência, desde que operassem de forma continuada, coordenada, sem subordinação. Eram chamados de contratos a projetos.

A coordenação é conceituada por Amauri César Alves[12] como:

> A *coordenação* da prestação é entendida como a sujeição do trabalhador às diretrizes do contratante acerca da modalidade da prestação, sem que haja, neste contexto subordinação no sentido clássico e já analisado do termo. É atividade empresarial de coordenar o trabalho sem subordinar o trabalhador. É, ainda, a conexão funcional entre a atividade do prestador do trabalho e a organização do contratante, sendo que aquele se insere no contexto organizativo deste – no estabelecimento ou na dinâmica empresarial – sem ser empregado.

2.2.4. Subordinação Estrutural ou Integrativa

De acordo com Mauricio Godinho[13] "estrutural é, pois, a subordinação que se manifesta pela inserção do trabalhador na dinâmica do tomador de seus serviços, independentemente de receber (ou não) suas ordens diretas, mas acolhendo, estruturalmente, sua dinâmica de organização e funcionamento."

Em outras palavras, toda vez que o empregado executar serviços essenciais à atividade-fim da empresa, isto é, que se inserem na sua atividade econômica, ele terá uma **subordinação estrutural** ou **integrativa**, já que integra o processo produtivo e a dinâmica estrutural de funcionamento da empresa ou do tomador de serviços. Esse argumento tem sido utilizado para afastar o óbice imposto pela parte final da Súmula nº 331, III, do TST e, consequentemente impedir as terceirizações

---

11 BRANDÃO, Jefferson Ramos. *In* DALLEGRAVE NETO, José Affonso. (Coord.) *Direito do Trabalho contemporâneo*. Flexibilização e efetividade. São Paulo: LTr, 2003, p. 61.

12 ALVES, Amauri César. *Novo contrato de emprego: parassubordinação trabalhista*. São Paulo: LTr, 2004, p. 89.

13 DELGADO, Mauricio Godinho. "Direitos fundamentais na relação de trabalho". São Paulo: *Revista LTr* 70-06/667.

ilícitas ou irregulares, deixando o liame empregatício se formar com o tomador dos serviços.

Já há jurisprudência a esse respeito:

> TERCEIRIZAÇÃO E SUBORDINAÇÃO ESTRUTURAL. No exercício da função de instalador/emendador de cabos telefônicos, o autor exercia função perfeita e essencialmente inserida nas atividades empresariais da companhia telefônica (TELEMAR). E uma vez inserido nesse contexto essencial da atividade produtiva da empresa pós-industrial e flexível, não há mais necessidade de ordem direta do empregador, que passa a ordenar apenas a produção. Nesse ambiente pós-grande indústria, cabe ao trabalhador ali inserido habitualmente apenas "colaborar". A nova organização do trabalho, pelo sistema da acumulação flexível, imprime uma espécie de cooperação competitiva entre os trabalhadores que prescinde do sistema de hierarquia clássica. Em certa medida, desloca-se a concorrência do campo do capital, para introjetá-la no seio da esfera do trabalho, pois a própria equipe de trabalhadores se encarrega de cobrar, uns dos outros, o aumento da produtividade do grupo; processa-se uma espécie de sub-rogação horizontal do comando empregatício. A subordinação jurídica tradicional foi desenhada para a realidade da produção fordista e taylorista, fortemente hierarquizada e segmentada. Nela prevalecia o binômio ordem-subordinação. Já no sistema ohnista, de gestão flexível, prevalece o binômio colaboração-dependência, mais compatível com uma concepção estruturalista da subordinação. Nessa ordem de ideias, é irrelevante a discussão acerca da ilicitude ou não da terceirização, como também a respeito do disposto no art. 94, II, da Lei nº 9.472/97, pois no contexto fático em que se examina o presente caso, ressume da prova a subordinação do reclamante-trabalhador ao empreendimento de telecomunicação, empreendimento esse que tem como beneficiário final do excedente do trabalho humano a companhia telefônica. Vale lembrar que na feliz e contemporânea conceituação da CLT – art. 2º, *caput* – o empregador típico é a empresa e não um ente determinado dotado de personalidade jurídica. A relação de emprego exsurge da realidade econômica da empresa e do empreendimento, mas se aperfeiçoa em função da entidade final beneficiária das atividades empresariais. TRT, 3ª Reg., 1ª T., RO 00059-2007-011-03-00-0, Rel. Juiz José Eduardo de Resende Chaves Júnior, publicada em 21/08/2007.

2.3. Onerosidade

Onerosidade significa **vantagens** recíprocas. O patrão recebe os serviços e, o empregado, o respectivo pagamento. A toda prestação de trabalho corresponde uma contraprestação **pecuniária** ou ***in natura***. Não há contrato de emprego gratuito, isto é, efetuado apenas em virtude da fé, do altruísmo, da caridade, ideologia, reabilitação, finalidade social, sem qualquer vantagem para o trabalhador.

A onerosidade do contrato de trabalho é traduzida pelo pagamento de salário em pecúnia ou em utilidade.

Um trabalhador que executar serviços em troca de casa e comida, o faz de forma onerosa. Seu pagamento (salário) é pago sob a forma de utilidade. Apesar de irregular, pois o empregador deveria pagar um mínimo em pecúnia, na forma do art. 82, parágrafo único, da CLT, parte do pagamento foi efetuado, logo, o trabalho se deu de forma onerosa.

A onerosidade pode ser enfocada sob dois aspectos: o objetivo e o subjetivo.

O objetivo (finalidade, meta) da prestação de serviços é o **tipo de trabalho** em si e não a paga que dele deriva.

Por isso, aspecto **objetivo** ocorre quando, mesmo que não tenha havido o interesse principal no pagamento ou intenção de se trabalhar pelo dinheiro, houve de fato contraprestação. É o que ocorre com alguns professores, que ministram aula apenas por amor ao magistério, ora auxiliam comunidades carentes sem qualquer contraprestação (ex.: amigos da escola), ora são remunerados por este trabalho em universidades. Neste o trabalho foi oneroso, naquele gracioso. Alguns famosos médicos que labutam em algum pequeno hospital, por salários ínfimos, apenas por amor à vida humana etc.

Subjetivo quando o trabalho é desempenhado pela necessidade de subsistência, isto é, pelo dinheiro que dele rende, em troca do salário, de vantagens, do pagamento. Demonstra-se pela intenção onerosa manifestada pelo trabalhador. O trabalho é aceito pela troca do dinheiro. É o que ocorre com o pedreiro, com o contador, com a doméstica, que trabalham pelo dinheiro que irão receber.

Da mesma forma se posiciona Godinho[14] quando afirma que:

> No plano objetivo a onerosidade manifesta-se pelo pagamento, pelo empregador, de parcelas dirigidas a remunerar o empregado em função do contrato empregatício pactuado.
>
> (...)
>
> No plano subjetivo, a onerosidade manifesta-se pela intenção contraprestativa, pela intenção econômica (intenção onerosa, pois) conferida pelas partes (...).

Conclusão: É oneroso o contrato de trabalho tanto pelo critério objetivo quanto pelo subjetivo.

Questão polêmica é a relacionada com causas benevolentes, através de atividades altruístas, políticas, de crença, fé, religião etc., em que haja alguma contraprestação pelo trabalho executado.

No que concerne ao trabalho religioso, por exemplo, há uma intenção graciosa em seu desenvolvimento (não onerosa), visto que a atividade é prestada em razão da fé e dos votos realizados perante Deus.

Assim, entende-se que no caso de atividade espiritual desenvolvida em função do ente religioso ao qual se está vinculado, não há qualquer aplicação da legislação trabalhista, pois se trata de questão restrita ao Direito Canônico desde que absolutamente graciosa a prestação de serviços.

Esta lógica deve ser aplicada na relação existente entre o **padre** e a **Igreja** Católica, mas também deve ser estendida às pessoas religiosas pertencentes a outras crenças, como, por exemplo, o presbítero, o pastor, o orientador espiritual, o pregador, o missionário etc., desde que o trabalho seja realizado de forma absolutamente graciosa, isto é, sem qualquer contraprestação em pecúnia ou em utilidade.

---

14 DELGADO, Mauricio Godinho. *Curso de Direito do Trabalho*. São Paulo: LTr, 2002, p. 293.

Apesar da afirmativa acima, a doutrina e a jurisprudência têm negado o vínculo de emprego entre o representante religioso e a igreja que representa, mesmo quando comprovada (além dos outros requisitos) a onerosidade da relação contratual travada entre ambos, sob argumentos juridicamente inconsistentes ou extrajurídicos e sim filosóficos.

> RELAÇÃO DE EMPREGO. SERVIÇO RELIGIOSO. PASTOR EVANGÉLICO. "O direito não foi feito nem para os heróis nem para os santos, mas para os homens medíocres que somos" (J. Carbonnier. *Théorie des obligations*. PUF. Paris, 1969, n. 86, p. 55). O trabalho de cunho religioso não constitui objeto de um contrato de emprego, pois, sendo destinado à assistência espiritual e à divulgação da fé, não é avaliável economicamente. Ademais, nos serviços religiosos prestados ao ente eclesiástico, não há interesses distintos ou opostos, capazes de configurar o contrato; as pessoas que os executam, fazem-no como membros da mesma comunidade, dando um testemunho de generosidade, em nome de sua crença. Tampouco se pode falar em obrigação das partes, pois, do ponto de vista técnico, aquela é um vínculo que nos compele a dar, fazer ou não fazer alguma coisa em proveito de outrem. Esse constrangimento não existe no tocante aos deveres da religião, aos quais as pessoas aderem espontaneamente, imbuídas do espírito de fé. Em consequência, quando o religioso (frei, padre, irmã, freira, pastor, diácono, pregador ou missionário) atua por espírito de seita ou voto, exerce profissão evangélica a serviço da comunidade religiosa a que pertence, estando excluído do ordenamento jurídico-trabalhista, ou seja, não é empregado. Suas atividades transcendem os limites contratuais. TRT/MG – Proc.: 00190.2004.108.03.00.0 – Rel. Designado: Juíza Alice Monteiro de Barros. *DJ*/MG 30/06/2004.

> RECURSO DE REVISTA. RECLAMAÇÃO TRABALHISTA AJUIZADA POR PASTOR EVANGÉLICO. JULGAMENTO EM QUE SE ADOTA APENAS A PREMISSA QUE O TRABALHO RELIGIOSO POR SI SÓ AFASTA A POSSIBILIDADE DE PROCEDÊNCIA DO PEDIDO. DEMAIS REQUISITOS DA FORMAÇÃO DO VÍNCULO DE EMPREGO NÃO APRECIADOS. As relações jurídicas se definem e se conceituam pelo seu real conteúdo, pouco importando a nomenclatura atribuída pelas partes. Sendo assim, sempre prevalecerá a situação fática real ocorrida. No caso, a única premissa lançada para se afastar a relação empregatícia consistiu no fato de se tratar de pastor de igreja que desenvolve atividade ligada à evangelização de fiéis na comunidade religiosa. Todavia, as instâncias ordinárias nada cogitaram acerca dos outros requisitos formadores da relação empregatícia, nos termos estabelecidos no art. 3º da CLT. Precedentes. Recurso de Revista conhecido e provido. RR-157500-11.2012.5.17.0132, 5ª Turma, Relator Desembargador Convocado Marcelo Lamego Pertence, *DEJT* 17/10/2014.

Parte da doutrina classifica os padres, pastores e ministros religiosos como autônomos ou equiparados a estes, com base na lei da previdência.

De fato, a Lei nº 8.213/91, assim dispõe:

> **Art. 11.** São segurados obrigatórios da Previdência Social as seguintes pessoas físicas:
>
> (...)
>
> V – como contribuinte individual:
>
> (...)
>
> c) o ministro de confissão religiosa e o membro de instituto de vida consagrada de congregação ou de ordem religiosa;

Ressalte-se que autônomo é aquele que explora seu ofício ou profissão por sua própria conta e risco, de forma habitual. Logo, se autônomo for, isto é, se o trabalho tiver estas características, de fato não será empregado o ministro ou pastor religioso. Do contrário, o vínculo será possível.

De forma similar a jurisprudência não admite, ainda, a existência do vínculo de emprego ao colportor, cuja atividade consiste em distribuir livros religiosos e outras publicações editadas pela Igreja Adventista do 7º dia ou de entidade similar, mesmo que onerosa, sob o argumento de que o engajamento possui finalidade estritamente religiosa.

> VÍNCULO EMPREGATÍCIO. MISSIONÁRIO EVANGÉLICO. INEXISTÊNCIA. Inexistentes os requisitos do art. 3º da CLT, não há como reconhecer o vínculo empregatício entre o colportor-missionário e a corporação evangélica a qual fez voto de fé, pregando espontaneamente a palavra divina em horário flexível, entregando folhetos, e vendendo assinatura das revistas da congregação ao tempo em que fazia orações com assinantes ou não das revistas, com o objetivo de divulgar a palavra evangélica, sem sofrer fiscalização ou penalidades. TRT/SC – RO: 9210/1996 – Rel. Designado: Juíza Licélia Ribeiro. *DJ*/SC 24/09/1997.

Assim, mesmo quando em exercício de funções administrativas ligadas à igreja, a doutrina e a jurisprudência não têm concedido o vínculo de emprego, sob a alegação de que as causas conexas estão ligadas à atividade religiosa, logo, este religioso deve cumprir os votos que lhe foram impostos pela ordem religiosa, os quais foram aceitos em razão da grande fé existente nessas pessoas. Mais uma vez os argumentos utilizados pela doutrina são religiosos e não jurídicos. Há, contudo, opiniões minoritárias no sentido de que o vínculo pode se formar quando exercerem o magistério religioso na própria congregação.[15]

Alice Monteiro de Barros,[16] muito bem, registra que a entidade religiosa não está totalmente imune ao fato de ser empregadora, pois se alguém lhe prestar serviços sem pertencer à sua congregação por meio de votos, a vinculação de emprego poderá restar caracterizada caso estejam preenchidos todos os elementos deste tipo de relação.

Discordamos da posição majoritária. Não pode o intérprete negar a aplicação do direito por preconceitos religiosos, sociais ou pessoais. Apenas a lei pode excluir a aplicação dos requisitos do vínculo de emprego a algum tipo de trabalhador.

A **igreja** pode ser considerada para alguns como intocável, ou do “outro mundo”. Mas para a realidade jurídica é algo deste mundo e regida pelas leis terrenas. A igreja é considerada pessoa jurídica de direito privado pelo Código Civil – art. 44, IV, CC, logo, pode ser empregadora. Aliás, a CLT não distingue o empregador que explora atividade lucrativa daquele que tem finalidade beneficente ou sem

---

15 Neste sentido Délio Maranhão. SÜSSEKIND, Arnaldo; MARANHÃO, Délio; VIANNA, Segadas; TEIXEIRA, Lima. *Instituições de Direito do Trabalho*. 21. ed. São Paulo: LTr, 2003, v. 1, p. 319.

16 BARROS, Alice Monteiro de. *Curso de Direito do Trabalho*. São Paulo: LTr, 2005, p. 444.

finalidade econômica ou lucrativa – art. 2º, § 1º, da CLT. Neste sentido concorda Délio Maranhão.[17] Equipara-se a uma associação sem fins lucrativos.

Os argumentos da doutrina para exclusão destes trabalhadores religiosos da legislação trabalhista são juridicamente frágeis: "os serviços executados com intenção piedosa não têm proteção laborista";[18] "como sacerdote, em relação à igreja, de que não é apenas membro, mas órgão, é 'intermediário entre o sagrado e o profano'".[19]

Entendemos que, caso o pastor, o padre ou o representante da igreja receba pagamento em dinheiro, moradia ou vantagens em troca dos serviços prestados, o trabalho será oneroso.[20] Seu trabalho é de necessidade permanente para o tomador dos serviços, logo, também é habitual. Além de pessoal, o pastor, padre ou representante da igreja presta serviços de forma subordinada. Sujeita-se aos mandamentos filosóficos, idealistas e religiosos de sua igreja, sendo até punido caso contrarie alguns mandamentos. Alguns também estão subordinados à realização de um número mínimo de reuniões, cultos, encontros semanais na paróquia. Se, aliado aos demais requisitos, não correr o risco da atividade que exerce, será empregado. Délio[21] advoga que o padre é sócio da congregação religiosa a que pertence. Ora, se for mesmo, deve arcar com as despesas, correr os riscos e participar dos "lucros" ou sobras, sem qualquer garantia mínima. Se assim o for, de fato não será empregado. Mas do contrário, será.

> VÍNCULO DE EMPREGO. PASTOR. O fato de um trabalhador aceitar o cargo de pastor e ter exercido esse mister por crença religiosa e ideologia não afasta o vínculo de emprego, pois a lei não excepciona esta hipótese. Ac. (maioria) RO 00068-2004-036-01-00-5, TRT 1ª Reg. 8ª Turma. Rel. Juíza Vólia Bomfim Cassar, sessão de 25/05/2005.

O fato de um trabalhador aceitar o cargo de pastor e ter exercido esse mister por crença religiosa e ideologia não afasta o vínculo de emprego, pois a lei não excepciona esta hipótese. Desta forma, o liame empregatício se forma em qualquer caso em que estejam presentes os requisitos necessários para a formação do vínculo de emprego, salvo lei em sentido contrário.

Assim, se o padre, o pastor, o sacerdote, o mestre ou o pai de santo, receber paga mensal, for subordinado, não correr os riscos da atividade, nela se inserir e exercer suas atividades com pessoalidade e de forma habitual, será empregado da igreja, da congregação religiosa ou do centro espírita.

---

[17] SÜSSEKIND, Arnaldo, MARANHÃO, Délio, VIANNA, Segadas e TEIXEIRA, Lima. *Instituições de Direito do Trabalho*. São Paulo: LTr. 21. ed., vol. 1, 2003, p. 319.

[18] CARRION, Valentin. *Comentários à Consolidação das Leis do Trabalho*. São Paulo: Saraiva. 28. ed., 2003, p. 28.

[19] SÜSSEKIND, Arnaldo; MARANHÃO, Délio; VIANNA, Segadas; TEIXEIRA, Lima. *Op. cit.*, p. 319.

[20] O pastor religioso é considerado pela Lei nº 8.212/90 como contribuinte individual e deve contribuir para a previdência pelo valor que recebe da igreja.

[21] SÜSSEKIND, Arnaldo; MARANHÃO, Délio; VIANNA, Segadas; TEIXEIRA, Lima. *Op. cit.*, p. 319.

Da mesma forma Rodrigo de Lacerda Carelli,[22] comentando sobre o trabalho realizado por motivo religioso, conclui que "a pedra de toque, em termos de trabalho voluntário, é realmente a onerosidade, não importando para quem ou em que função é realizado o trabalho." Acrescenta que algumas comunidades religiosas têm organização em forma empresarial e fim lucrativo e, desta forma, seus sacerdotes deveriam ser empregados.

O jornalista que aceita trabalhar para um jornal ou editora pode fazê-lo por ideologia política. O médico, da mesma forma, pode buscar a cura; o advogado, a justiça; o professor, a educação; o engenheiro, a construção; o vigilante, a segurança, e assim por diante. Nem todos trabalham apenas pelo dinheiro, mas principalmente pela ocupação. A paga é consequência destes trabalhos.

Em todos os casos acima o trabalho foi executado por compaixão, altruísmo, amor, crença, ideologia etc.

Estes fatores não impedem o vínculo de emprego.

O que impediria a formação do liame empregatício seria o fato de, pelos motivos vistos, a parte prestar seus serviços de forma graciosa ou correr os riscos de sua atividade, injetando capital para investir no seu trabalho ou trabalhando por caridade, sem qualquer contraprestação.

O vínculo de emprego só pode ser afastado quando a lei expressamente assim determinar, como ocorre com o preso que presta serviços internos ou externos a terceiros, na forma do art. 28, § 2º, da Lei nº 7.210/84. O trabalho do preso tem conotação de reabilitação e exerce forte função social. Mas não é este o motivo que impede a formação do vínculo de emprego e sim o comando legal que expressamente determina o afastamento da legislação trabalhista (CLT).

Valentin Carrion[23] assim se manifesta: "o trabalho penitenciário não é abrangido pelo direito social, a não ser quanto ao seguro por acidente de trabalho."

A plenitude da discriminação decorrente do preconceito social é o entendimento de alguns[24] de que o trabalho do deficiente físico também não gera vínculo de emprego, pois tem fins terapêuticos. Aparentemente esta era a orientação contida na IN 5/91 do MTPS que contraria a Lei nº 7.853/89.

Como vimos, é frágil, injusto e antijurídico o fundamento de que entre o pastor (por ser intermediário entre Deus e o homem), o doente mental ou físico (por ter que agradecer a rara oportunidade de emprego para sua inserção profissional) e o tomador de serviços não há relação contratual. Está na hora da Justiça de fato usar a venda nos olhos e parar de discriminar a pessoa do trabalhador pelo tipo de serviço que exerce ou pelo tipo de tomador. Só a lei tem autorização para criar exceções.

Foi o que ocorreu.

---

22 CARELLI, Rodrigo de Lacerda. *Formas atípicas de trabalho*. São Paulo: LTr, 2004, p. 86.

23 CARRION, Valentin. *Comentários à Consolidação das Leis do Trabalho*. 28. ed. São Paulo: Saraiva, 2003, p. 33.

24 Neste sentido, Carrion. *Idem*.

O disposto no art. 16 do Decreto nº 7.107, de 11 de fevereiro de 2010, que promulgou o Acordo entre o Governo da República Federativa do Brasil e a Santa Sé relativo ao Estatuto Jurídico da Igreja Católica no Brasil, firmado na Cidade do Vaticano, em 13 de novembro de 2008, dispõe que:

> **"Art. 16.**
>
> Dado o caráter peculiar religioso e beneficente da Igreja Católica e de suas instituições:
>
> I – **O vínculo entre os ministros ordenados ou fiéis consagrados mediante votos e as Dioceses ou Institutos Religiosos e equiparados é de caráter religioso e portanto, observado o disposto na legislação trabalhista brasileira, não gera, por si mesmo, vínculo empregatício, a não ser que seja provado o desvirtuamento da instituição eclesiástica.**
>
> II – As tarefas de índole apostólica, pastoral, litúrgica, catequética, assistencial, de promoção humana e semelhantes poderão ser realizadas a título voluntário, observado o disposto na legislação trabalhista brasileira."

2.4. Habitualidade ou Não Eventualidade

A expressão "serviços de natureza não eventual" referida no art. 3º da CLT deve ser interpretada sob a ótica do empregador, isto é, se a necessidade daquele tipo de serviço ou mão de obra para a empresa é permanente ou acidental. Não se deve empregar a interpretação de repetição da prestação do serviço pelo mesmo trabalhador.

Com muita correção Catharino[25] esclarece que: "*Eventual* significa casual, fortuito, que depende de acontecimento incerto. Mas, **eventual** de **que** e de **quem? Do trabalho prestado por determinado trabalhador ou da atividade do empregador**?" (grifos nossos).

Nossa legislação preferiu o enquadramento do trabalho de acordo com a atividade do empregador.

A **necessidade** daquele tipo de serviço pode ser **permanente** (de forma contínua ou intermitente) ou **acidental**, fortuita, rara. Assim, o vocábulo "serviços de natureza **não eventual**" caracteriza-se quando o tipo de trabalho desenvolvido pelo obreiro, em relação ao seu tomador, é de necessidade permanente para o empreendimento. A pergunta correta é: a empresa precisa permanentemente daquele tipo de serviço para funcionar ou precisa de forma acidental?

Não se deve confundir necessidade permanente da mão de obra com serviço inserido na atividade-fim da empresa empregadora, pois é possível um trabalhador ser empregado tanto na hipótese de seu serviço se inserir na **atividade-fim** do empregador, quanto na que corresponde à **atividade-meio** da empresa. A diferença é que naquela há **presunção** de necessidade permanente da mão de obra para o tomador e nesta deve ser analisado o caso concreto. Eis a diferença. Veja

25 CATHARINO, José Martins. *Compêndio Universitário de Direito do Trabalho*. São Paulo: Editora Jurídica e Universitária, 1972, v. 1, p. 185.

comentários acerca de trabalhador eventual, em que apresentamos vários conceitos e teorias para o tema – Capítulo: Trabalhadores e Empregados Especiais.

Alguns autores[26-27] preferem conceituar trabalho não eventual como aquele que se insere nos fins normais da empresa. Não gostamos da expressão "fins normais", pois leva a crer que uma empresa possa ter fins "anormais". E o que seria anormal? O ilegal, o atípico, ou a atividade-meio?

A CLT é fruto da sistematização da esparsa legislação disponível à época em que foi elaborada (1943). Seus membros, os juslaboralistas Arnaldo Süssekind, Segadas Vianna, Dorval Lacerda, Luiz Augusto Rego Monteiro e Oscar Saraiva, acresceram, para tanto, várias disposições inovadoras, sendo muitas apoiadas em avançadas legislações de outros países como Alemanha, França, Espanha etc. Uma das novidades trazidas quando da elaboração da CLT foi o conceito de empregado e empregador inserido nos arts. 2º e 3º da CLT, cuja inspiração foi baseada em doutrinas estrangeiras. Apesar de ainda presente a controvérsia a respeito da legislação alienígena que inspirou o legislador brasileiro, a doutrina majoritária acredita que a CLT rechaçou a teoria italiana e, por isso, preferiu a expressão "**não eventual**" (como se quisesse dizer não à Itália).

A CLT em seu art. 3º assim se referiu: "Considera-se empregado toda pessoa física que **prestar serviços de natureza não eventual** a empregador (...)", preferindo a negativa à assertiva "**serviços de natureza contínua**", como o fez no caso da lei do doméstico. A intenção foi, segundo a doutrina majoritária, a de imprimir no texto legal o entendimento de que o Brasil não adotou, no conceito de empregado, a teoria italiana. Para a Itália, trabalho eventual é analisado sob a ótica do empregado, isto é, se a sua prestação de serviços, em relação àquela empresa, é esporádica, sem repetição ou não.

De acordo com a doutrina, o legislador considera subentendido no conceito de **pessoalidade** o critério da repetição no tempo dos serviços pela mesma pessoa a um mesmo tomador. Logo, seria uma redundância utilizar expressões diferentes para o mesmo significado. Assim, a incorreção técnica gramatical do legislador foi proposital, já que preferiu dizer não ao critério utilizado pela Itália (análise sob a ótica do empregado), ao invés de utilizar a correta expressão que seria: **serviços de necessidade permanente para a empresa, sejam de natureza contínua ou intermitente**.

O Direito do Trabalho brasileiro adotou a teoria mexicana, na qual a habitualidade ou não eventualidade relaciona o tipo de serviço executado à atividade do empregador, isto é, à necessidade permanente da mão de obra para o empreendimento.

Martins Catharino[28] com muita propriedade leciona que:

---

26 Délio Maranhão faz referência aos fins "normais" da empresa. MARANHÃO, Délio e CARVALHO, Luiz Inácio Barbosa. *Direito do Trabalho*. 17. ed. Rio de Janeiro: *Fundação Getúlio Vargas*, 1998, p. 50.

27 Alice Monteiro afirma que trabalho eventual é aquele "que não se insere no âmbito das atividades normais de uma empresa, como é o caso do técnico chamado momentaneamente para reparar o elevador de um estabelecimento comercial". BARROS, Alice Monteiro de. *Curso de Direito do Trabalho*. São Paulo: LTr, 2005, p. 201.

28 CATHARINO, José Martins. *Compêndio Universitário de Direito do Trabalho*. São Paulo: Editora Jurídica e Universitária, 1972, v. 1, p. 185.

> Duas correntes principais existem quanto à caracterização da eventualidade. Na Itália predomina o critério da descontinuidade ou da falta de profissionalidade do trabalho prestado por determinado trabalhador. No México e no Brasil, segue-se o da *natureza do trabalho em função da atividade da emprêsa.* Como a doutrina e jurisprudência nacionais o adotam pacificamente, vindo do México, vale a pena transcrever trecho de uma decisão, de 03.09.1936, da Suprema Côrte mexicana: "para existência de um trabalho efetivo requer-se unicamente que o serviço desempenhado constitua uma necessidade permanente da emprêsa, isto é, que não se trate de um serviço meramente acidental, cuja repetição só possa ser consequência do concurso de circunstâncias especiais, ou, igualmente, que o serviço não faça parte das atividades normais constantes e uniformes da emprêsa..." (Mário de La Cueva, "Derecho Mexicano del Trabajo" – I).

Portanto, a necessidade eventual deve ser analisada sob a ótica da atividade do empregador.

A necessidade permanente dos serviços, ao contrário do que diz Délio Maranhão,[29] não precisa estar ligada à atividade-fim da empresa, já que, também pode existir necessidade permanente em relação à atividade-meio.

Russomano[30] acrescenta que "trabalho eventual é aquele que depende de acontecimento incerto, casual, fortuito (...)".

Conclusão:

O termo "natureza do serviço **não eventual**", quando relacionado ao Direito do Trabalho, no ponto referente ao vínculo de emprego urbano e rural, tem conotação peculiar, pois significa **necessidade permanente** do serviço ou da atividade do trabalhador para o empreendimento (ex.: engenheiro para uma empresa de construção civil; garçom para uma churrascaria; advogado para um escritório de advocacia; limpeza para um grande universidade; um hospital), seja de forma **contínua** (ex.: garçom que trabalha de segunda a sábado em tempo integral para a churrascaria) ou **intermitente** (ex.: garçom contratado apenas para trabalhar aos sábados e domingos, dias ou épocas de maior movimento, ou aquele contratado somente no mês de dezembro em razão da grande procura do restaurante para festas de fim de ano).

Há algumas atividades em que se **presume** a necessidade permanente de certos serviços, pois indispensáveis para o empreendimento, seja porque ligados à sua atividade-fim, seja porque decorrentes da necessidade (ex.: cozinheiro e garçom para restaurante, médico para hospital, caixa para banco, atendente para loja – inserção na atividade-fim; limpeza para a universidade, para o supermercado, para o hospital – serviços ligados à atividade-meio). Todavia, outros serviços não comportam a presunção de necessidade permanente para a empresa, como alguns ligados à

---

29 MARANHÃO, Délio; CARVALHO, Luiz Inácio Barbosa. *Direito do Trabalho*. 17. ed. Rio de Janeiro: Editora da FGV, 1993, p. 62-64.

30 RUSSOMANO, Mozart Victor *et al. Consolidação das Leis do Trabalho anotada*. Rio de Janeiro: Forense, 2002, p. 12.

atividade meio da empresa. Neste caso, deve-se ter prudência na análise do **caso concreto** para a verificação da imprescindibilidade daquela mão de obra em relação à atividade do empregador (ex.: o publicitário para uma universidade, restaurante ou indústria). Quando uma empresa troca o trabalhador por outro que execute o mesmo serviço diversas vezes está demonstrando que precisa permanentemente daquele tipo de mão de obra. Portanto, o fato de haver substituição de pessoal para a mesma atividade pode comprovar a necessidade permanente de determinada mão de obra para empresa. Só o caso concreto nos auxiliará.

Assim, se determinada indústria, restaurante ou universidade precisa manter permanentemente publicitários porque depende de seu trabalho (propaganda e *marketing*) para atrair a clientela e combater os concorrentes, presente está a necessidade permanente desta mão de obra. No exemplo citado, o trabalho é não eventual em relação ao tomador.

A contrario sensu, **eventual** é o trabalho[31] de necessidade **acidental** para o tomador. Neste caso, a repetição da atividade no tempo pelo mesmo obreiro não é requisito para configuração do vínculo de emprego (ex.: trabalhador contratado para executar manutenção e reparo nas portas e janelas de uma churrascaria), mesmo que o serviço dure três meses ou mais, às vezes até anos, dependendo do serviço (ex.: construção de um anexo para hospital), apesar dos demais requisitos presentes para caracterização do vínculo, a relação de emprego não se forma, já que acidental a atividade para a empresa. Uma vez construído o hospital ou reparadas as portas da churrascaria, o trabalho não é mais necessário para aquele empreendimento.

No entanto, não se deve confundir o acima exposto com a existência ou não de **pessoalidade** nos serviços prestados. A falta de repetição do trabalho por um mesmo obreiro para um determinado tomador impede o vínculo de emprego porque o trabalho não foi pessoal, podendo ter sido eventual (acidental) ou habitual (necessidade permanente) a atividade.

> **Ex.**: Universidade precisa permanentemente de professor (trabalho de necessidade permanente – habitual). Portanto, todo aquele que ministrar aulas neste estabelecimento executará um trabalho não eventual (habitual). Entretanto, se só trabalhar um dia no ano, pois a cada dia um professor diferente ministra a aula (rotatividade de mão de obra), o professor não será empregado, por faltar-lhe pessoalidade na prestação de serviços. Neste caso o trabalho foi habitual (de necessidade permanente) e não pessoal.

Vale ressaltar ainda que o elemento da habitualidade (necessidade permanente dos serviços) também pode estar presente em várias outras relações de trabalho que não são de emprego, como no caso do representante comercial, agenciador e outros. Apenas na concomitância dos cinco requisitos haverá o vínculo de emprego.

---

31 Convém ressaltar que a expressão **trabalhador eventual** induz o intérprete à análise da expressão sob a ótica do empregado, enquanto a expressão **trabalho de natureza eventual** comporta a visão dúplice, isto é, tanto para o empregado quanto para o empregador, dependendo do autor, sendo que o Direito do Trabalho brasileiro a enquadra sob a ótica do empreendimento (do patrão).

Da mesma forma tem entendido a jurisprudência majoritária:

> Operadora de *Telemarketing*. Vínculo de emprego. Configurados os elementos de que fala o art. 3º da Consolidação das Leis do Trabalho, não merece reforma a decisão que reconheceu o liame empregatício entre a editora jornalística e a operadora de *telemarketing*. A natureza dos serviços por ela prestados confirma a sua não eventualidade, uma vez que representa importante parte da atividade desenvolvida pela empresa. Ac. TRT 12ª Reg. 1ª T. (RO 004595/98), Rel. Juiz Idemar Antônio Martini, *DJ*/SC 03/12/98, p. 99.[32]

> VÍNCULO DE EMPREGO. NÃO EVENTUALIDADE. O termo não eventual, quando relacionado ao Direito do Trabalho, no ponto referente ao vínculo de emprego do urbano e rural, tem conotação peculiar, pois significa necessidade permanente da atividade do trabalhador para o empreendimento, seja de forma contínua ou intermitente. A 1ª reclamada tem como um dos objetos atividades de enfermagem. Assim, a reclamante laborava na própria atividade fim da empresa. A habitualidade, *in casu*, é demonstrada pela utilização permanente do serviço de técnica de enfermagem, não sendo uma necessidade acidental. TRT, 1ª Reg. 9ª Turma, RO-0100112-69.2016.5.01.0581, Rel. Des. Vólia Bomfim Cassar, DJE 03/07/18.[33]

> Vínculo de emprego. Configuração. É pela análise dos elementos que compõem a relação jurídica objetivada pelas partes, que se caracteriza o contrato de trabalho, verificando-se que o trabalhador empenhava a sua energia de trabalho em atividade essencialmente relacionada ao objeto principal da reclamada, sendo incontroversa a pessoalidade e a onerosidade e havendo prova testemunhal conclusiva, torna-se inconteste o vínculo de emprego. Ac. TRT 1ª T. (RO 5997-96), Rel. Juiz Luiz Carlos Teixeira Bomfim, proferido em 02/02/98.[34]

Apesar da corrente acima ser a majoritária, há outras correntes que merecem estudo, abaixo relacionadas.

a) Teoria da Descontinuidade

Advoga que eventual significa o trabalho descontínuo, episódico, esporádico, interrupto em relação a um mesmo tomador de serviços (inspirada na doutrina italiana). A análise deve ser feita sob o ponto de vista do empregado, isto é, ele trabalha alguns dias e nunca mais para aquele tomador.

b) Teoria do Evento

Defende que eventual é o trabalho contratado apenas para um determinado evento episódico, transitório, de curta duração em relação à atividade da empresa, para obra certa ou serviço certo. Neste caso, o que é eventual é o tempo de duração do serviço em relação à atividade contínua da empresa. É o caso da colheita, que é uma fase rápida de toda a safra.

---

32 BOMFIM, Benedito Calheiros; SANTOS, Silvério dos. *Dicionário de Decisões Trabalhistas*, 30. ed. Rio de Janeiro: Edições Trabalhistas, 2º semestre de 1997, p. 586.

33 *Ibidem*, p. 570.

34 BOMFIM, Benedito Calheiros; SANTOS, Silvério dos. *Op. cit.*, p. 592.

A tese não é acolhida pela doutrina brasileira, pois o serviço pode ser curto, mas de necessidade permanente, isto é, necessário para toda safra. Este é o caso do trabalho de necessidade permanente intermitente, isto é, que se repete sempre, uma vez ou duas ao ano (natal, colheita, coleção nova etc.).

c) Teoria da Fixação Jurídica ao Tomador de Serviços

Para esta teoria, eventual é o trabalhador que não se fixa a uma fonte de trabalho. O empregado fica restrito a um único empregador (trabalho fixo), enquanto o eventual presta serviços para vários tomadores.

Esta corrente não é aceita na doutrina e na jurisprudência porque a exclusividade não é requisito para formação do vínculo de emprego. É possível, e até comum em algumas profissões (médicos e professores, por exemplo), a prestação de serviços como empregado a empregadores diferentes.

Aparentemente esta é a posição de Amauri Mascaro Nascimento[35] quando afirma que "eventual é o trabalho que, embora exercitado continuamente e em caráter profissional, o é para destinatários que variam no tempo, de tal modo que se torna impossível a fixação jurídica do trabalhador em relação a qualquer deles".

d) Corrente Mista

Godinho[36] recomenda a combinação dos elementos de todas as teorias para a caracterização do trabalho não eventual. Entretanto, conclui contradizendo sua própria corrente: "a eventualidade, para fins celetistas, não traduz intermitência; só o traduz para a teoria da descontinuidade – rejeitada, porém, pela CLT. Desse modo, se a prestação é descontínua, mas permanente, deixa de haver eventualidade."

Ora, uma vertente contradiz a outra. Não é possível a acumulação das duas visões.

2.5. Risco do Negócio do Empregador

Um empreendimento para ter sucesso depende de muitos fatores além de sorte, e quem corre o risco do negócio é sempre o empregador. Este é um critério diferenciador, já que todos os outros requisitos podem estar presentes, em maior ou menor intensidade, mas se o trabalhador correr o risco do negócio, empregado não será. O *caput* do art. 2º da CLT é claro nesse sentido:

> **Art. 2º** Considera-se **empregador** a empresa, individual ou coletiva, que, **assumindo os riscos da atividade econômica**, admite, assalaria e dirige a prestação pessoal de serviço (grifos nossos).

Entrementes, existem trabalhadores situados na zona *grise*,[37] isto porque se assemelham aos empregados, mas também ao não empregado, já que há pontos

35 NASCIMENTO, Amauri Mascaro. *Curso de Direito do Trabalho*. 16. ed. São Paulo: Saraiva, 1999, p. 302.

36 DELGADO, Mauricio Godinho. *Curso de Direito do Trabalho*. São Paulo: LTr, 2002, p. 291.

37 Zona *grise* ou zona cinzenta é o mesmo que a zona fronteiriça entre a relação de emprego e a relação de trabalho sem vínculo de emprego. Fazem parte da zona *grise* aqueles trabalhadores que têm

em comum. Isto requer uma análise mais cuidadosa dos elementos a seguir para aferição da existência ou não de vínculo de emprego: a) a forma de ajuste da contraprestação; b) a possibilidade de assumirem os danos causados ao tomador; c) o investimento no serviço ou negócio.

O primeiro traço a ser observado diz respeito à forma de ajuste da contraprestação: se ganha um valor fixo (por tempo à disposição) ou percentagem. Quando o trabalhador tem contraprestação fixa por mês, há uma presunção de que ele é empregado. Porém, tanto um comissionista como um sócio ou representante comercial podem ganhar comissões ou percentagens.

O empregado pode ter sua remuneração fixada por unidade de obra, isto é, em percentagem (comissionista). Na maioria dos casos o percentual é calculado sobre o valor bruto, o que denota que ele não participa das despesas, não concorrendo com os riscos do empreendimento. Os autônomos, os prestadores de serviço, os padres, pastores, representantes comerciais, sócios etc. também podem ter sua paga ajustada sob a forma de comissão ou percentagem. Normalmente os trabalhadores que se situam na zona *grise* percebem sua contraprestação por percentagem ou por produção de peça, e só a análise do caso concreto permite ao intérprete identificá-lo como empregado ou não.

Por outro lado, o empregador pode descontar do salário do empregado os prejuízos sofridos em virtude do dano que o trabalhador lhe acarretar[38] (art. 462, § 1º, da CLT). Da mesma forma, o autônomo, o representante comercial,[39] o sócio, o prestador de serviços, o empreiteiro (de material) etc., que, por correrem o risco do negócio, ofício ou profissão que exploram, arcam com os prejuízos causados.

O terceiro elemento que coloca o trabalhador na zona fronteiriça das relações jurídicas travadas com o tomador (*fog* jurídico) é o fato de ter o trabalhador investido com recursos próprios no negócio. O empregado pode investir em pequenos equipamentos para o exercício de seu trabalho, ofício ou profissão, como ocorre com as manicuras[40], que normalmente participam comprando esmaltes, lixas e algodão; as atendentes de loja que compram suas roupas de trabalho; com o executivo que adquire seu *laptop*; o médico que compra seu estetoscópio; o vendedor que usa seu carro próprio para fazer visitas e vendas; o motoqueiro para fazer entregas etc. Este pequeno investimento não impede a relação de emprego, pois não chega a configurar risco financeiro para o trabalhador. Este é o ponto diferencial.

---

equisitos característicos da relação de emprego e que, ao mesmo tempo, têm também características de autônomo ou de prestador de serviços sem vínculo de emprego. Dependendo da interpretação de cada julgador o trabalhador poderá ser ou não considerado empregado.

38 Os danos culposos só podem ser descontados do salário do empregado quando autorizados contratualmente. Já os dolosos independem de previsão contratual – art. 462, § 1º, da CLT.

39 Convém ressaltar que foi proibida a cláusula *del credere* ao representante comercial, impossibilitando que ele seja fiador da venda por ele efetuada.

40 Cabe ressaltar que a Lei 13.352/16 autorizou o sistema de parceria entre o profissional trabalhador e o salão de beleza, desde que efetuado mediante contrato de parceria escrito, devidamente homologado pelos sindicatos das categorias ou, na falta destes, pelo Ministério Público do Trabalho. A existência de tal contrato pode afastar o vínculo de emprego entre as partes se preenchidos os requisitos exigidos pela lei.

Todavia, um grande investimento pode caracterizar o trabalhador como sócio ou autônomo.

Da mesma forma posiciona-se a jurisprudência majoritária a respeito do risco do negócio:

> Relação de emprego não caracterizada. Não pode ser considerado empregado aquele que alega ter trabalhado durante 32 anos, sem receber contraprestação salarial em espécie e que, com recursos próprios realizou diversas benfeitorias e despesas para a manutenção do negócio, assumindo os riscos da exploração das fazendas. Ac. TRT 6ª T., 1ª T. (RO 9295/97), Rel. Juíza Cleide Moreira Cruz, *DO*/PE 19/05/98.[41]

> VENDEDOR AUTÔNOMO. O recebimento de comissões em meses alternados e descontínuos e de percentual a título de *del credere*, além da clientela variada comprovam que se trata de vendedor autônomo. RO 2132/03. 8ª Turma. TRT. 1ª Reg. Rel. Juíza Vólia Bomfim Cassar. Sessão do dia 07/12/2005.

> RELAÇÃO DE EMPREGO X TRABALHO AUTÔNOMO. A distinção entre os dois tipos de trabalho está exatamente na assunção do risco da atividade econômica pelo autônomo. Isso porque, em hipótese alguma, pode o empregado participar desse risco, cabendo exclusivamente ao empregador o risco da atividade empreendida (artigos 2º e 3º da CLT). (TRT – 3ª Região, ROT 0010223-47.2019.5.03.0160, Quinta Turma, Relator: Manoel Barbosa da Silva, disponibilizado 23/10/2019).

> VÍNCULO DE EMPREGO. CORRETOR. Trabalhador contratado para recebimento de comissões quando e se houver venda eventual de imóvel, não é empregado, pois se sujeita aos riscos do empreendimento. RO 166/04. 8ª Turma, 1ª Reg. Rel. Juíza Vólia Bomfim Cassar. Sessão do dia 25/05/2005.

> CORRETOR DE IMÓVEIS – VÍNCULO DE EMPREGO. Na hipótese de o empregador admitir a prestação de serviços, o ônus de comprovar que o vínculo jurídico se deu sob moldagem legal diversa da relação de emprego transfere-se a ele, pois este estará opondo fato extintivo ao direito vindicado. Inteligência do que dispõem os arts. 373, II, do CPC e 818, II, da CLT. Não bastasse, impera para o Direito do Trabalho o princípio da primazia da realidade, no sentido de que a relação jurídica é definida e conceituada pelo seu conteúdo real, sendo irrelevante o nome que lhe foi atribuído pelas partes. Evidenciando-se pelo conjunto probatório a presença de todos os requisitos necessários a caracterizar o vínculo empregatício, dentre eles, a subordinação jurídica, pedra de toque da relação de trabalho subordinado, afasta-se a tese da defesa no sentido de que o Autor era corretor autônomo, caracterizando-se, via de consequência, o vínculo de emprego entre as partes. (TRT – 3ª Região, ROT 0010522-63.2017.5.03.0105, Quarta Turma, Relator: Denise Alves Horta, disponibilizado 07/01/2020).

> MOTORISTA COM CAMINHÃO PRÓPRIO PARA USO EXCLUSIVO PELA EMPRESA OU GRUPO. RELAÇÃO DE EMPREGADO CONFIGURADA. Motorista com caminhão próprio contratado todos os dias ou sempre que houver

---

41 BOMFIM, Benedito Calheiros; SANTOS, Silvério dos. *Dicionário de decisões trabalhistas*, 30. ed. Rio de Janeiro: Edições Trabalhistas, 2º semestre de 1997, p. 489.

necessidade, e isto ocorria toda semana, no mínimo três dias por semana, que recebe fixo por dia trabalhado e combustível *in natura* e que trabalhava com exclusividade para a reclamada ou para o grupo familiar, é empregado, pois seu trabalho é necessário, pessoal, oneroso e não corre o risco do negócio. RO 927/04. 8ª Turma. 1ª Reg. Rel. Juíza Vólia Bomfim Cassar. Sessão do dia 30/11/2005.

VÍNCULO DE EMPREGO. ADVOGADO. Advogado que não corre os riscos do empreendimento, tem subordinação e trabalho habitual para escritório de advocacia é empregado, não se lhe aplicando o art. 39 do regulamento da lei dos advogados, já que este dispositivo dirige-se aos verdadeiros autônomos associados. TRT, 1ª Reg. 8ª T., PROC. 01352-2002-041-01-00-2 (RO), Rel. Vólia Bomfim Cassar, sessão do dia 27/07/2005.

SÓCIO DE FATO. Havendo prova de que o trabalhador participava dos ganhos em percentagem calculada sobre o lucro, contribuía com as despesas, efetuava gastos com liberdade de atuação e que sofria os riscos do empreendimento, comprovada está a sociedade de fato. TRT, 1ª Reg. 8ª T., Proc. 02249-2003-222-01-00-9 (RO), Rel. Vólia Bomfim Cassar, sessão dia 27/05/2005.

A Lei nº 13.467/17 trouxe modificações à CLT e algumas hipóteses em que o empregado terá risco maior, sem descaracterizar a relação de emprego: a) o contrato intermitente, autorizado no art. 452-A da CLT, gera insegurança para o trabalhador que não tem garantia de quantidade de trabalho mínimo mensal, pois fica à mercê da convocação do patrão e ainda poderá pagar ao patrão uma multa de 50% caso não cumpra o ajustado; b) o teletrabalhador, dependendo do ajuste, pode arcar com os custos da aquisição, manutenção dos equipamentos tecnológicos e infraestrutura do trabalho (art. 75-D da CLT). As hipóteses mencionadas transferem ao empregado parte do risco do empreendimento, sem, contudo, segundo a lei, descaracterizar o vínculo.

2.6. *Ajenidad* ou Alheiabilidade ou Alienidade

A *ajenidad* não pode ser considerada como requisito essencial para a caracterização da relação de emprego, mas como um princípio que a inspira pela sua forma natural.

Ajenidad ou **alheiabilidade** significa **aquisição originária da energia de trabalho por conta alheia**. Este conceito, cerne da própria relação de emprego, revela dois conteúdos: a) que a aquisição do trabalho gera o vínculo de emprego com o tomador que originariamente toma os serviços do empregado, daí por que a aquisição é originária; b) que o trabalho é exercido para e por conta de outra pessoa. Isto quer dizer que a energia desprendida pelo trabalhador (produção) destina-se a outro que não ele próprio e que é por conta deste tomador que ele exerce seus serviços, logo, é o empregador quem corre os riscos deste negócio.

Daí exsurge a conclusão de que o natural é que o vínculo de emprego sempre se forme diretamente com o tomador de serviços. Portanto, a **terceirização** explicita-se em exceção a esta regra, pois o colocador de mão de obra, verdadeiro intermediador, enriquece-se de forma **derivada**, pois não recebe a energia de trabalho desprendida pelo obreiro e sim os lucros auferidos com a intermediação, enquanto o tomador enriquece originariamente, já que além dos lucros percebidos pelo trabalho, recebe, de forma original, a energia de trabalho. A terceirização contraria o espírito preconizado pelo instituto da *ajenidad,* pois o maior lucro é absorvido pela empresa tomadora dos serviços, que, por isso, deveria ser o empregador real e aparente.

Remetemos o leitor ao Capítulo "Terceirização".

Outra característica que se abstrai deste "princípio" é o **caráter forfetário** da relação de emprego, isto é, de que ela é onerosa e os riscos são sofridos apenas pelo patrão.

Nas palavras de Hugo Gueiros:[42]

> Da doutrina estrangeira nos vem o conceito de *ajenidad* (alienidade, se nos fosse lícito criar o neologismo, já que não há tradução adequada), uma proposta espanhola (...) opõe-se ao conceito de trabalho autônomo ou por conta própria. Refere-se à atribuição inicial e direta dos frutos do trabalho (...). A *ajenidad* não substitui, mas completa a subordinação: o trabalho que se envolve na figura jurídica denominada contrato de trabalho caracteriza-se não somente por ser subordinado, mas também por realizar-se por *conta alheia* (...). Por outro lado, a *ajenidad* permite junto com a subordinação determinar a pessoa do empregador e dos que com ele sejam responsáveis solidários pela relação de emprego: todo aquele em proveito de quem se realiza diretamente a prestação de trabalho (fazendo lembrar a teoria do risco-proveito de *Josserand*).

Olea[43] se referia à *ajenidad* como "utilidade patrimonial do trabalho", isto é, como atribuição ao terceiro dos frutos do trabalho de outrem.

> DIFERENÇAS SALARIAIS. Por força de fenômeno que Manoel Alonso Olea definiu como *ajenidad,* a força de trabalho despendida pelo empregado em prol do empregador é impossível de ser restituída. Ela se esgota na própria prestação do serviço e se incorpora ao patrimônio do empregador de forma definitiva. A única forma de se recompensar o trabalhador é com a devida contraprestação. Assim, mesmo que a origem do trabalho seja reconhecidamente nula, o pagamento deve prevalecer. TST – AIRR: 739939/2001 – Rel. Designado: Ministro João Oreste Dalazen. *DJU* 31/10/2003.

O terceiro que aproveita a mão de obra pode ser a família ou amigos. Este fato não impede o vínculo de emprego.

> VÍNCULO DE EMPREGO ENTRE AMIGOS. POSSÍVEL. Havendo provas de que o trabalho preenchia os requisitos dos arts. 2º e 3º da CLT, despiciendo o fato de o autor e sócio da reclamada serem amigos de infância, já que a lei não excepciona esta hipótese. TRT, 1ª Reg. 8ª T., Rel. Vólia Bomfim Cassar, Proc. 00752-2003-068-01-00-0 (RO), sessão do dia 31/08/2005.

> VÍNCULO DE EMPREGO. Empresa familiar não impede a caracterização do vínculo. TRT, 1ª Reg. 8ª T., Proc. 00297-2000-461-01-00-9 (RO), Rel. Vólia Bomfim Cassar, sessão dia 25/05/2005.

Muitos autores empregam a palavra espanhola *ajenidad* como sinônima de alheiabilidade e de alteridade.

---

42 BERNARDES, Hugo Gueiros. *Direito do Trabalho*. São Paulo: LTr, 1989, v. 1, p. 144.

43 *Apud idem.*

Alteridade

Para Sergio Pinto Martins[44] e Mauricio Godinho[45] o contrato de trabalho é dotado de **alteridade** já que o empregado presta serviços por conta alheia (do empregador). Em outras palavras, quem corre os riscos do negócio, da execução e do próprio contrato de trabalho é o empregador exclusivamente, estando o empregado isento de qualquer responsabilidade sobre os prejuízos da empresa.

> PRÍNCIPIO DA ALTERIDADE. O que pretende a reclamada é verdadeira transferência do risco de desenvolvimento da atividade econômica para o empregado, o que não se admite. Nos termos dos artigos 2º da CLT e 7º, VI, da Constituição Federal, que consagram o princípio da alteridade, ao empregador incumbem os riscos do empreendimento. Recurso improvido. (Processo: RO – 0000782-70.2017.5.06.0017, Redator: Fabio Andre de Farias, Data de julgamento: 17/10/2018, Segunda Turma, Data da assinatura: 17/10/2018). TRT-6 – RO: 00007827020175060017, Data de Julgamento: 17/10/2018, Segunda Turma.

Rodrigues Pinto,[46] citando Barassi, informa que este defendia que a teoria do alheamento é a que defende que o empregado está alheio ao risco da empresa enquanto alteridade tem o significado dado por Manuel Alonso Olea, em que o trabalho do empregado é sempre prestado em benefício de outrem (do empregador).

Parece que Hugo Gueiros[47] e Magano[48] advogam da mesma opinião de Alonso Olea. Afirmam que **alteridade** ou **alienidade**, traduções da expressão espanhola *ajenidad,* significa "a utilização patrimonial do trabalho", tem sentido de alienação, isto é, "se refere a aquisições originárias do resultado do trabalho alheio".

Adotamos a opinião de Alonso Olea quanto ao conceito de alteridade, mas discordamos do caráter por ele dado de requisito essencial para a existência do contrato de trabalho. Na verdade, a **alteridade** é requisito **acidental**, pois não está presente nos casos de terceirização.

Explica-se:

Na terceirização a relação de emprego se forma com o intermediador, que passa a ser o empregador aparente, formal. Este, na verdade, se enriquece derivadamente pela prestação de serviços do empregado. O tomador (empregador natural), apesar de enriquecer originariamente, pois é a quem a energia de trabalho desprendida pelo empregado adere, uma vez que o trabalhador executa seus serviços no interior do estabelecimento do tomador ou diretamente para este, não é o empregador aparente (o que assina a carteira de trabalho).

---

44 MARTINS, Sergio Pinto. *Direito do Trabalho.* 13. ed. São Paulo: Atlas, 2001, p. 96.

45 DELGADO, Mauricio Godinho. *Curso de Direito do Trabalho.* São Paulo: LTr, 2002, p. 382 e 483.

46 PINTO, José Augusto Rodrigues. *Curso de Direito Individual do Trabalho.* 4. ed. São Paulo: LTr, 2000, p. 103.

47 BERNARDES, Hugo Gueiros. *Direito do Trabalho.* São Paulo: LTr, 1989, v. 1, p. 144.

48 MAGANO, Otávio Bueno. *Manual de Direito do Trabalho.* Direito Individual do Trabalho. 3. ed. São Paulo: LTr, 1992, v. 2, p. 54.

Há, por fim, um conceito acerca de alteridade, baseado no direito civil,[49] que significa bilateralidade atributiva ou caráter sinalagmático do contrato ou atribuições recíprocas dos contratantes.

2.7. Exclusividade

A exclusividade não é requisito nem para caracterização nem para a descaracterização da relação de emprego. Em países subdesenvolvidos ou em desenvolvimento como o nosso, nem sempre é possível a manutenção de um único emprego. É comum o trabalhador cumular vários empregos, desde que não sejam no mesmo horário de trabalho, quando executados internamente. É o que ocorre normalmente com professores e médicos.

A obrigação do empregado que tem mais de um emprego é a de não concorrer com o seu empregador, não repassando informações importantes de um para outro, quando as empresas forem concorrentes e comunicar no período de férias que está obrigado ao trabalho na outra empresa – art. 138 da CLT.

A exclusividade não é presumida, deve ser expressa no contrato, já que se caracteriza em cláusula especial. Excepcionalmente, em algumas atividades a exclusividade é presumida, não necessitando de cláusula especial, quando, por exemplo, o empregado é detentor de segredo comercial ou de informações confidenciais, quando não deve trabalhar para o concorrente. Aliás, este dado está indiretamente contido no art. 482, *c* e *g*, da CLT.

49 DINIZ, Maria Helena. *Curso de Direito Civil braseiro*. Teoria das obrigações contratuais e extracontratuais. São Paulo: Saraiva, 2002, v. 3, p. 24.

Capítulo 10

TRABALHADORES E EMPREGADOS ESPECIAIS

1. TRABALHADOR EVENTUAL

Conceituar trabalho eventual é uma difícil tarefa para os doutrinadores, pois o Direito do Trabalho brasileiro teve fontes estrangeiras distintas.

Há, na verdade, quatro importantes teorias que tentam explicar o que é trabalho eventual, sendo a segunda e a quarta de maior importância. Cumpre ressaltar que estas quatro teorias afastam o vínculo de emprego do trabalhador eventual, mas cada qual com fundamento diferente, como abaixo explicitado.

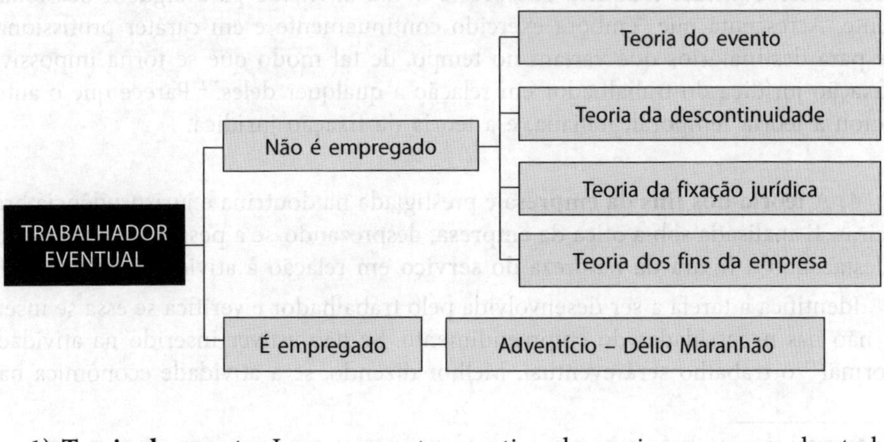

1) **Teoria do evento**. Leva em conta se o tipo de serviço para o qual o trabalhador é contratado é de curta duração para a empresa.

Defende que eventual é o trabalhador contratado apenas para um determinado evento episódico, transitório, de curta duração em relação à atividade da empresa, para obra certa ou serviço certo. Neste caso o que é eventual é o tempo de duração do serviço em relação à atividade contínua da empresa, como, por exemplo, a colheita, que é uma fase rápida de toda safra.

A tese não é acolhida pela doutrina brasileira, pois o serviço pode ser curto, mas ser de necessidade permanente, isto é, necessário para toda safra. Este é o caso do trabalho de necessidade permanente intermitente, isto é, que se repete sempre, uma vez ou duas ao ano (natal, colheita, coleção nova etc.).

2) A **teoria da descontinuidade** leva em conta o conceito temporal da prestação de serviços sob a ótica do trabalhador, considerando eventual o trabalho que não se repete para um mesmo trabalhador, que é descontínuo, executado de modo fracionado, episódico, raro, sem sequência. Inspirou-se no Direito italiano, pois na Itália a eventualidade está vinculada à imagem do empregado e não da atividade da empresa. É descontínua, rara, episódica a prestação dos serviços por aquele trabalhador,[1] como, por exemplo, o professor que ministra uma única aula na Universidade tomadora dos serviços.

De acordo com a doutrina majoritária, a teoria italiana da descontinuidade foi expressamente rejeitada pela CLT quando utilizou a expressão, "não eventual", querendo, na verdade, dizer "não à teoria da descontinuidade" analisada sob a ótica do empreendimento.

3) Eventual, para a **teoria da fixação jurídica**, é aquele trabalhador que presta serviços para diversos tomadores, simultaneamente, sem se fixar de forma definitiva e exclusiva a nenhuma empresa (vulgarmente chamado de biscateiro).

Amauri Mascaro entende que eventualidade é o acaso, a contingência, a incerteza. Trabalhador eventual é aquele que presta a sua atividade para alguém ocasionalmente. Acrescenta que "embora exercido continuamente e em caráter profissional, o é para destinatários que variam no tempo, de tal modo que se torna impossível a fixação jurídica do trabalhador em relação a qualquer deles."[2] Parece que o autor adotou a teoria temporal, italiana, e a teoria da fixação jurídica.

4) A **teoria dos fins da empresa** é prestigiada na doutrina e jurisprudência brasileiras. É analisada sob a ótica da **empresa**, desprezando-se a pessoa do trabalhador e destacando a figura da natureza do **serviço** em relação à atividade empresarial.

Identifica a tarefa a ser desenvolvida pelo trabalhador e verifica se essa se insere ou não nas necessidades do empreendimento. Se não estiver inserido na atividade "normal"[3] o trabalho será eventual. Melhor dizendo, se a atividade econômica não

---

1 CARRION, Valentin. *Comentários à Consolidação das Leis do Trabalho*. 28. ed. São Paulo: Saraiva, atualizado por Eduardo Carrion, 2003, p. 33.

2 NASCIMENTO, Amauri Mascaro. *Curso de Direito do Trabalho*. 16. ed. São Paulo: Saraiva, 1999, p. 324.

3 Délio Maranhão, de forma isolada, considera que o eventual corresponde, na Itália, à figura do empregado adventício. Chama de eventual todos os empregados admitidos em caráter provisório para serviços não relacionados com as atividades "normais" do tomador. Argumenta que a permanência deste trabalhador na empresa é temporária, em face da necessidade transitória de sua mão de obra. Na verdade, Délio Maranhão confunde **necessidade acidental** com **necessidade intermitente**. Aquela afasta o vínculo e esta, ao contrário, caracteriza o trabalho habitual, de necessidade permanente para

necessitar de forma permanente do serviço este serviço será de necessidade eventual, logo, trabalho eventual para a empresa.

Trabalho eventual é aquele que depende de acontecimento incerto, casual, fortuito em relação à atividade da empresa. A base da teoria é o Direito mexicano, em que a eventualidade é apreciada em relação à atividade do empregador, se o serviço for de necessidade acidental o trabalho é eventual, se permanente (contínua ou intermitente) será não eventual ou habitual. É o que acontece com aquele trabalho que depende de acontecimento acidental, fortuito, casual,[4-5-6] como, por exemplo, o eletricista chamado para trocar a fiação de uma universidade. Não é empregado.

O enfoque desta corrente recai na vinculação do objeto da prestação de serviço (tipo de serviço realizado) em relação à atividade desenvolvida pelo tomador de mão de obra, observando-se, no caso concreto se é ou não necessário aquele serviço de forma permanente para a empresa. Ressalte-se que a necessidade permanente pode ser contínua (necessidade daquele tipo de trabalho todos os dias e durante todo o ano) ou intermitente (necessidade daquele trabalho algumas horas por dia, mas durante todos os anos; alguns dias por semana, mas durante todos os anos; ou alguns meses por ano, mas todos os anos etc.).

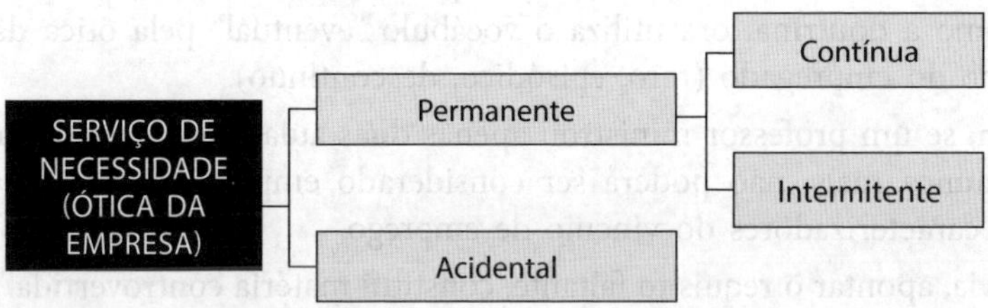

Nossa opinião:

A **teoria da fixação** fracassa, no sentido de que um empregado pode trabalhar para mais de um empregador, basta verificar o caso concreto dos professores e médicos. É comum que eles tenham cinco vínculos de emprego, um com cada universidade, hospital ou clínica.

Discordamos da posição de Délio Maranhão apenas no que se refere à expressão "fins normais", porque a atividade de limpeza e conservação, por exemplo, não tem qualquer relação com a atividade-fim de um banco, de uma padaria, de uma universidade, de um comércio, e, por isso, não se insere nos "fins normais" da

---

o tomador (gerando o vínculo). SÜSSEKIND, Arnaldo; MARANHÃO, Délio; VIANNA, Segadas; TEIXEIRA, Lima. *Instituições de Direito do Trabalho*. 21. ed. São Paulo: LTr, 2003, v. 1, p. 308.

4 CATHARINO, José Martins. *Compêndio Universitário de Direito do Trabalho*. São Paulo: Editora Jurídica e Universitária, 1972, p. 185.

5 RUSSOMANO, Mozart Victor. *Comentários à Consolidação das Leis do Trabalho*. 9. ed. Rio de Janeiro: Forense, 1982, p. 12.

6 GOMES, Orlando; GOTTSCHALK, Élson. *Curso de Direito do Trabalho*. Rio de Janeiro: Forense, 1995, p. 78.

empresa. Todavia, é de necessidade permanente para o tomador. Assim, se presentes os demais requisitos, este trabalhador será empregado.

A **teoria da descontinuidade** também contém suas falhas, pois é possível um trabalhador executar serviços contínuos a um mesmo tomador e ser um autônomo, pois acidental aquela mão de obra em relação à necessidade da empresa, como acontece com o eletricista que presta serviços a um hospital para a troca da rede elétrica por um longo período (todos os dias úteis no curso de um ano, por exemplo). Findo o serviço, o eletricista não mais será necessário, porque seu trabalho, apesar de contínuo, é de necessidade acidental, casual, fortuita para o hospital.

Ademais, depois da inclusão na CLT do trabalho intermitente, que pode ocorrer de épocas em épocas, com grandes períodos de inatividade (art. 452-A da CLT), esta teoria ficou ainda mais enfraquecida, pois não explica que é empregado aquele que tem contrato intermitente do seu empregador.

Apesar de a maioria dos autores noticiar que o Brasil adotou a teoria do México (trabalho não eventual = necessidade permanente da mão de obra de forma contínua ou intermitente), e que a CLT teria expressamente rechaçado a teoria da descontinuidade italiana (temporal), a jurisprudência é vacilante, já que ora se posiciona como a doutrina, ora utiliza o vocábulo "eventual" pela ótica da repetição do trabalho do empregado (raro, episódico, descontínuo).

Assim, se um professor ministrou apenas duas aulas para determinada universidade e nunca mais, não poderá ser considerado empregado, por faltar um dos requisitos caracterizadores do vínculo de emprego.

Todavia, apontar o requisito faltante, constitui matéria controvertida. A) Para os que apoiam a corrente mexicana, a resposta será que **falta pessoalidade** na prestação de serviços, pois a atividade de professor é de necessidade permanente para uma universidade, logo, o trabalho é "não eventual" (aqui entendido o vocábulo "habitual" ou "não eventual" como sinônimo de necessidade permanente para a empresa) e, sabendo que este professor só ministrou duas aulas, isto significa que **não havia pessoalidade**, pois outro(s) ministrará(ão) as demais aulas. B) Por outro lado, há aqueles que advogam que neste exemplo o requisito faltante é o da habitualidade, entendida pela visão da frequência (repetição no tempo) de determinado obreiro para certo tomador, isto é, o **trabalho foi descontínuo**, raro, episódico no tempo em relação ao trabalhador. Neste caso, prevaleceu a tese italiana. C) Sob o ponto de vista da fixação, se o professor trabalhar de forma contínua para clientela diversificada, seu trabalho será "eventual" em relação a esta universidade, pois trabalha para oito universidades ou escolas, ao mesmo tempo, por exemplo. D) Por último, se a contratação foi para substituir provisoriamente determinado professor efetivo, o **evento (substituição) foi casual**, logo, o trabalho foi eventual. De qualquer sorte, todas as teorias, no exemplo citado, desembocam em igual solução: ele não é empregado.

Se, todavia, as aulas forem ministradas toda quarta-feira, o cenário se altera, pois o professor passará a empregado, por qualquer dos critérios adotados.

Portanto, apesar de unânime a doutrina e a jurisprudência a respeito dos efeitos desta relação, isto é, de que o professor não é empregado, o fundamento jurídico muda conforme a corrente adotada para o conceito da palavra "eventual".

Da mesma forma, se um servente, um ascensorista ou uma recepcionista prestarem serviço por apenas três dias para um curso e nunca mais, não serão reconhecidos como empregados, em face da falta de um dos requisitos da relação de emprego: ou o da "pessoalidade" ou o requisito da "eventualidade" da prestação dos serviços, dependendo da corrente adotada. Para os que adotam a corrente temporal italiana o trabalho é descontínuo, logo, eventual. Para a corrente mexicana a atividade do servente, do ascensorista etc. é de necessidade permanente para aquela atividade, logo, habitual (aqui entendido como necessário), todavia, o trabalho é realizado por pessoas distintas; a cada período os trabalhadores são substituídos. Logo, falta pessoalidade do trabalhador. O que se contratou foi o serviço e não a pessoa. Se o trabalhador exercer sua atividade para diversos tomadores, sem fixação a nenhum deles, faltará habitualidade sob o critério da fixação. Se contratado apenas para trabalhar naqueles dias, o evento (acréscimo extraordinário ou substituição) foi casual, raro.

Entretanto, se estes mesmos trabalhadores prestarem serviço todos os dias, por um período maior, serão considerados empregados, seja pelo critério da necessidade, seja pelo da repetição no tempo da mão de obra, do mesmo empregado para o mesmo patrão.

Os dois primeiros critérios (da necessidade e temporal) são os mais importantes e são constantemente confundidos pela jurisprudência. No exemplo abaixo poderemos observar como eles não se confundem quando, de fato, a atividade exercida pelo empregado é acidental em relação à atividade do empregador.

> **Ex.:** Um eletricista é chamado para trocar toda a fiação elétrica de uma universidade. O trabalho foi realizado em seis meses, de segunda a sexta-feira. Apesar da repetição na prestação de serviço, a necessidade deste tipo de serviço em relação a uma instituição de ensino é acidental e rara. Logo, o eletricista não será empregado porque seu trabalho foi eventual, isto é, sem necessidade permanente para a atividade econômica do tomador dos serviços.

Se este mesmo eletricista trabalhasse para um hotel, onde a necessidade de seus serviços é diária, ante o grande número de equipamentos elétricos e a necessidade de mantê-los funcionando, o trabalho seria de necessidade permanente. Todavia, ele só seria empregado se executasse o serviço com pessoalidade, isto é, de forma continuada. Se cada dia fosse um eletricista diferente, sem qualquer repetição, perceberíamos a falta de pessoalidade.

Conclusão

A repetição da mão de obra de um mesmo trabalhador para um tomador pode caracterizar a pessoalidade ou no trabalho de natureza não eventual, dependendo da corrente a ser adotada.

2. ADVENTÍCIOS

Os **adventícios** são empregados com todas as garantias trabalhistas, que prestam serviços de **necessidade permanente**, de forma **intermitente**[7-8] **para a empresa.**

Todos os trabalhadores que executam seus serviços de forma intermitente no dia, na semana, no mês ou no ano são chamados de adventícios.

Assim, são adventícios os empregados que trabalham nas bilheterias dos teatros, pois executam seus serviços em apenas algumas horas do dia, apenas alguns dias por semana. Da mesma forma, os garçons contratados de forma permanente para o excesso de serviço apenas aos sábados e domingos, pois trabalham somente nestes dias. O empregado contratado para trabalho por um ou dois meses para atender à demanda de natal, à colheita, à substituição de um empregado que está de férias etc., é adventício.

Orlando Gomes[9] classifica os adventícios em duas categorias: a) **safristas**, de **estação** ou **sazonais**, para demandas intermitentes. Ex.: Empregado contratado por um hotel de veraneio apenas pelo período de alta estação ou o empregado contratado apenas para a colheita; b) **suplentes**, para substituir pessoal regular. Ex.: Trabalhador contratado para substituir empregado que está em férias, por exemplo.

Discordamos desta classificação, pois não compreende os empregados contratados em regime de tempo parcial (art. 58-A da CLT), assim como os que trabalham apenas aos finais de semana, mas todos os meses durante todo o ano, dentre outros.

Os contratos de trabalho **intermitentes**, ajustados por escrito, também submetem os empregados a sazonalidade exigida para a caracterização do adventício. Então, também são adventistas os empregados com contrato intermitente, na forma do art. 452-A da CLT.

Entretanto, os adventícios normalmente têm previsibilidade da repetição e periodicidade do serviço, mas os intermitentes não têm previsibilidade alguma, pois a convocação é aleatória e pode ocorrer ou não.

3. AUTÔNOMO

Autônomo é o trabalhador que explora seu ofício ou profissão com habitualidade, por conta e risco próprio. A palavra habitualidade tem o conceito temporal, ou seja, que a atividade é exercida com repetição. O exercício da atividade é **habitual em relação ao trabalhador** (que tem constância e repetição no seu labor) e não em relação a cada tomador, como é o caso do empregado, cuja necessidade de sua mão de obra para o empregador é permanente. Normalmente executa seus serviços para diversos tomadores (clientela variada), sem exclusividade, com independência no ajuste, nas tratativas, no preço, no prazo e na execução do contrato. **Corre o risco** do negócio e **não tem** vínculo de emprego.

---

7 Alguns autores preferem a expressão "necessidade provisória" no lugar da palavra intermitente. A denominação não altera a qualidade de empregado do adventício.

8 A expressão **intermitente** aqui não está sendo utilizada para designar o contrato intermitente previsto no art. 452-A da CLT.

9 *Idem.*

O **taxista**, por exemplo, se caracteriza em um autônomo, pois assume os riscos de seu negócio e não tem nenhuma garantia de que vai conseguir clientela (passageiros) suficiente para cobrir os gastos com a diária e custos de manutenção.

Há controvérsias a respeito do vínculo de emprego entre o motorista de táxi e a Uber.[10] Existem decisões negando o liame empregatício[11], sob a argumentação da falta de subordinação (mera coordenação) e pelos riscos sofridos pelo motorista, que pode até ter prejuízos com a atividade e decisões concedendo[12] o vínculo de emprego ao argumento de que a subordinação é ao aplicativo, às tarifas e à avaliação dos clientes.

A lei previdenciária (Lei nº 8.212/91) define no art. 12, inciso V, *h*, que o trabalhador autônomo é "pessoa física que exerce, por conta própria, atividade econômica de natureza urbana, com fins lucrativos ou não". Nesse sentido, também o art. 1º, § 2º, da Lei nº 6.094/74.

A principal diferença entre o autônomo e o empregado é que este presta serviço por conta alheia e não sofre qualquer risco de sua atividade, enquanto aquele a exerce por sua própria conta e risco, sem qualquer garantia de salário. Normalmente, o autônomo trabalha para clientela diversificada,[13] demonstrando a falta de pessoalidade na prestação de seu serviço, enquanto o empregado trabalha com pessoalidade para determinado tomador. Os autônomos têm subordinação mais tênue, hoje chamada pela doutrina de parassubordinação.

Discordamos de Godinho,[14] ao afirmar que o autônomo não tem pessoalidade e subordinação em relação ao tomador, pois os representantes comerciais, assim como os empreiteiros de lavor são considerados autônomos e têm pessoalidade e subordinação (leve) em relação ao tomador dos serviços. Estes se distinguem dos empregados porque correm os riscos de sua atividade.

Segundo Martins Catharino,[15] autônomo é aquele "que dirige o seu próprio trabalho, e se o executa utilizando trabalho alheio por si remunerado e dirigido, é também empregador".

Com razão Catharino. O significado da palavra autônomo já demonstra com clareza quem é este trabalhador. Neste sentido o vocábulo autônomo é o que "serve

[10] Nos autos do Conflito de Competência 164.544 MG, o STJ considerou que o motorista de aplicativo é trabalhador autônomo, e ação contra empresa compete à Justiça comum. Disponível em: <http://www.stj.jus.br/sites/portalp/Paginas/Comunicacao/Noticias/Motorista-de-aplicativo-e-trabalhador--autonomo--e-acao-contra-empresa-compete-a-Justica-comum.aspx>.

[11] TRT/MG, 9ª T, Rel. Maria Stela Álvares da Silva Campos, decisão de 25/05/2017.

[12] TRT/SP, 13ª Vara SP, Juiz Substituto Eduardo Rockenbach Pires, RTOrd 1001492-33.2016.5.02.0013, julgado em 20/04/2017.

[13] Apesar de a doutrina majoritária afirmar que o autônomo tem clientela variada, este não é um requisito obrigatório para a caracterização. Pode acontecer de o autônomo ter exclusividade e prestar serviços apenas para um cliente. É o caso do advogado que faz contrato de partido com exclusividade para um Banco. Ao alugar sua sala para montar o escritório, contratar a secretária e mais dez advogados, demonstra que é autônomo porque explora sua profissão de forma habitual por sua própria conta e risco.

[14] DELGADO, Mauricio Godinho. *Curso de Direito do Trabalho*. São Paulo: LTr, 2002, p. 327.

[15] CATHARINO, José Martins. *Compêndio Universitário de Direito do Trabalho*. São Paulo: Editora Jurídica e Universitária, 1972, p. 183.

de qualificativo a tudo o que possui autonomia ou independência, isto é, de tudo quanto possa funcionar ou manter-se independentemente de outro fato ou ato".[16]

Para Sergio Pinto Martins[17] "o requisito fundamental para se verificar a condição de trabalhador autônomo é a habitualidade. A definição contida na Lei nº 8.212/91 esqueceu desse elemento". O autônomo – segue o magistrado – "é a pessoa que trabalha com continuidade, com habitualidade e não uma vez ou outra para o mesmo tomador de serviços".

São autônomos alguns profissionais liberais, os representantes comerciais, os avulsos, os empreiteiros, os parceiros e meeiros, os agentes etc.

O art. 442-B da CLT, acrescido pela Lei nº 13.467/2017, prevê:

> **Art. 442-B.** A contratação do autônomo, cumpridas por este todas as formalidades legais, com ou sem exclusividade, de forma contínua ou não, afasta a qualidade de empregado prevista no art. 3º desta Consolidação.

O art. 442-B da CLT foi totalmente reformulado pela MP nº 808/2017, mas a referida medida provisória perdeu a eficácia em 23.04.2018. Com isso, o texto retornou à redação originária, supratranscrita. As alterações visavam dar maior segurança aos verdadeiros contratos de prestação de serviços autônomos e inibir a utilização indevida do rótulo de autônomo para mascarar a relação de emprego.

Autônomo é a pessoa física que trabalha habitualmente para outra pessoa física ou jurídica, explorando seu ofício ou profissão por sua conta e risco. Normalmente, tem clientela diversificada, mas nada obsta que trabalhe para um único tomador, apesar de incomum.

Na verdade, a grande diferença entre o empregado e o autônomo, salvo raros casos previstos em leis especiais, é a sua liberdade e autonomia se comparada à subordinação do empregado. Além disso, o empregado não sofre os riscos do seu trabalho, e o autônomo sim. Dessa forma, o verdadeiro autônomo não é empregado.

Defendemos que a simples existência de um contrato escrito não tem a força de afastar a relação de emprego. A melhor interpretação do dispositivo em comento é a sua aplicação para os trabalhadores que têm características de empregado e de autônomo, isto é, aqueles situados na zona *grise* ou que tenham legislação especial regulando o contrato. Se parecem com empregados, mas não são. Neste caso, valerá o contrato, o ajuste, a formalidade. Assim, se um trabalhador possui contrato de representação comercial com inscrição no Conselho Regional (CORE) e contrato escrito e apresenta característica de um representante comercial, com apenas uma característica de empregado, como uma leve subordinação, o exegeta deve prestigiar a formalidade, o contrato, a intenção das partes e afastar o liame empregatício. O

[16] SILVA, De Plácido e. *Vocabulário Jurídico*. 23. ed. Atualizadores: Nagib Slaibi Filho e Gláucia Carvalho. Rio de Janeiro, 2003, p. 176.

[17] MARTINS, Sergio Pinto. *Direito do Trabalho*. 13. ed. São Paulo: Atlas, 2001, p. 184.

mesmo raciocínio deve ser aplicado aos TAC agregados (Trabalhadores Autônomos de Carga), aos empreiteiros de lavor, aos agenciadores e aos corretores de imóveis e **manicures** que trabalham no sistema do "Salão Parceiro"[18].

4. PROFISSIONAIS LIBERAIS

São os que exploram sua própria profissão como autônomos ou empregados. Quando são empregados, também são chamados de profissionistas ou empregados intelectuais. O **profissional liberal** não trabalha de forma episódica, pois o que o caracteriza é o exercício **habitual** de sua profissão. Normalmente, o profissional liberal é o que tem curso superior ou técnico e explora esta atividade como meio de sobrevivência.

Inicialmente os profissionais liberais eram sempre autônomos, por isso a expressão "liberal", relacionada com a liberdade no exercício da profissão. Todavia, diante da necessidade dos tempos modernos muitos profissionais liberais passaram à condição de empregado, mantendo a liberdade na execução do trabalho, mas subordinados a horário, escala e comportamento.

Serão **autônomos** quando exercerem sua profissão como atividade econômica de sobrevivência, por conta própria, assumindo todos os riscos desta atividade. Serão empregados quando preenchidos os requisitos previstos nos arts. 2º e 3º da CLT.

A Lei nº 7.316/85 não estabelece que os profissionais liberais são empregados, já que tal fato só ocorrerá quando presentes os elementos dos arts. 2º e 3º da CLT; apenas equipara a atuação dos sindicatos dessa categoria com a dos sindicatos de categorias diferenciadas.

São espécies do gênero profissional liberal: advogados, médicos, engenheiros, contadores, arquitetos, economistas, artistas etc.

Na Roma Antiga, os profissionais liberais eram obrigados a trabalhar sem, contudo, cobrar por este serviço. As pessoas que necessitavam do trabalho ofertavam um donativo, chamado à época de *honoraria*, de acordo com suas possibilidades financeiras.

Por este motivo, a contraprestação dos profissionais liberais não empregados é chamada de honorário até hoje. Não é vedado, entretanto, o advogado empregado receber, além do salário, os honorários de sucumbência, se assim as partes ajustaram.

Há corrente majoritária no sentido de que os profissionais liberais empregados pertencem à categoria diferenciada. Remetemos o leitor ao Capítulo "Direito Coletivo" – item "Sindicato".

---

[18] A Lei nº 12.592/2012 prevê, no art. 1º-A, que: "Os salões de beleza poderão celebrar contratos de parceria, por escrito, nos termos definidos nesta Lei, com os profissionais que desempenham as atividades de Cabeleireiro, Barbeiro, Esteticista, Manicure, Pedicure, Depilador e Maquiador". O contrato deve ser homologado pelo sindicato da categoria profissional. Preenchidos tais requisitos e desde que os serviços não sejam desviados, o vínculo de emprego será afastado, na forma do § 11 do art. 1º-A da Lei.

5. TRABALHADOR AVULSO PORTUÁRIO E NÃO PORTUÁRIO

5.1. Trabalhador Avulso

A palavra "avulso" deriva do latim *avulsus*, que significa separar, destacar, desligar.

Avulso é o trabalhador normalmente **intermediado** pelo sindicato[19] ou pelo OGMO, para prestar serviços a tomadores diversos, **sem pessoalidade**, em sistema de rodízio. Outra característica do avulso é o pagamento em forma de **rateio** procedido pelo sindicato[20] ou OGMO (Órgão Gestor de Mão de Obra). Portanto, os avulsos **não** são empregados. Mesmo assim, têm os mesmos direitos dos demais trabalhadores com vínculo de emprego (art. 7º, XXXIV, da CRFB).

Octávio Magano[21] entende que o trabalhador avulso é o próprio trabalhador eventual. Afirma que as expressões são sinônimas, sendo o trabalhador avulso o que trabalha desirmanado, sem pertencer aos quadros de uma empresa. No mesmo sentido Godinho,[22] ao afirmar que o trabalho avulso é "uma modalidade de trabalho eventual que oferta sua força de trabalho, por curtos períodos de tempo, a distintos tomadores, sem se fixar especificadamente a qualquer deles".

Discordamos dos autores, pois trabalho eventual é aquele cujo acontecimento depende de evento acidental. Ora, a movimentação de mercadorias nos portos é atividade de necessidade permanente tanto para o operador portuário quanto para o armador. O vínculo não se forma com o operador portuário ou com o armador que for tomar os serviços, em razão da curta duração temporal da prestação destes serviços (alguns dias ou horas) e também pela falta de pessoalidade, pois o avulso pode ser substituído por outro.

Gabriel Saad[23] concorda com esta posição, quando assevera que avulso é aquele que, "por sua natureza ou condições de execução, não tem longa duração e, tanto faz, para sua caracterização, seja ele cumprido com ou sem subordinação, mas em qualquer caso, sempre em troca do salário".

É possível o avulso passar a ser empregado de um operador portuário ou do armador, desde que presentes os requisitos dos arts. 2º e 3º da CLT. Isto pode ocorrer, por exemplo, quando o operador portuário exigir do OGMO exclusividade na escalação de determinados trabalhadores avulsos ou, por coincidência, houver continuidade na prestação de serviços dos mesmos trabalhadores. O avulso que passar à condição de empregado[24] ou de cooperado, este quando para funcionar como

---

19 O sindicato não deveria gerenciar a mão de obra avulsa, apesar de autorizado a tanto pela Lei nº 12.023/09. Maiores considerações no item 5.2. deste Capítulo.

20 NASCIMENTO, Amauri Mascaro. *Curso de Direito do Trabalho*. 16. ed. São Paulo: Saraiva, 1999, p. 755.

21 MAGANO, Otávio Bueno. *Manual de Direito do Trabalho*. Direito Individual do Trabalho. 3. ed. São Paulo: LTr, 1992, v. 2, p. 151.

22 DELGADO, Mauricio Godinho. *Curso de Direito do Trabalho*. São Paulo: LTr, 2002, p. 334.

23 SAAD, Eduardo Gabriel; SAAD, José Eduardo Duarte; BRANCO, Ana Maria Saad Castelo. *CLT Comentada*. 37. ed. São Paulo: LTr, 2004, p. 38.

24 O avulso que passa à condição de empregado é tratado pela lei como aquele que é cedido ao operador portuário em caráter permanente. Só pode ser cedido o avulso registrado, o cadastrado não pode (art. 35 da Lei nº 12.815/2013 c/c o art. 3º, § 2º, da Lei nº 9.719/98).

operador portuário[25] mantém seu registro no OGMO, mas não mais concorrerá à escalação por rodízio dos avulsos – art. 3º, I e § 1º, da Lei nº 9.719/98.

5.2. Conceito

De acordo com o art. 9º, VI, do Decreto 3.048/99: **avulso** é "aquele que, sindicalizado ou não, presta serviços de natureza urbana ou rural, a diversas empresas, sem vínculo empregatício, com a intermediação obrigatória do órgão gestor de mão de obra, nos termos da Lei nº 8.630, de 25 de fevereiro de 1993,[26] ou do sindicato da categoria (...)".

O trabalhador avulso pode ser portuário ou não portuário.[27]

A Instrução Normativa IN RFB nº 971/09 assim define trabalhador avulso portuário e o não portuário:

> **Art. 263.** Para fins do disposto nesta Instrução Normativa considera-se:
>
> I – trabalhador **avulso** aquele que, sindicalizado ou não, presta serviços de natureza urbana ou rural, sem vínculo empregatício, a diversas empresas, com intermediação obrigatória do sindicato da categoria ou, quando se tratar de atividade portuária, do OGMO;
>
> II – trabalhador avulso não portuário, aquele que:
>
> a) presta serviços de carga e descarga de mercadorias de qualquer natureza, inclusive carvão e minério, o trabalhador em alvarenga (embarcação para carga e descarga de navios), o amarrador de embarcação, o ensacador de café, cacau, sal e similares, aquele que trabalha na indústria de extração de sal, o carregador de bagagem em porto, o prático de barra em porto, o guindasteiro, o classificador, o movimentador e o empacotador de mercadorias em portos; e
>
> b) exerce atividade de movimentação de mercadorias em geral, nas atividades de costura, pesagem, embalagem, enlonamento, ensaque, arrasto, posicionamento, acomodação, reordenamento, reparação da carga, amostragem, arrumação, remoção, classificação, empilhamento, transporte com empilhadeiras, paletização, ova e desova de vagões, carga e descarga em feiras livres e abastecimento de lenha em secadores e caldeiras, operações de equipamentos de carga e descarga, pré-limpeza e limpeza em locais necessários à viabilidade das operações ou à sua continuidade.
>
> III – trabalhador avulso portuário, aquele que presta serviços de capatazia, estiva, conferência de carga, conserto de carga, bloco e vigilância de embarcações na área dos portos organizados e de instalações portuárias de uso privativo, com intermediação obrigatória do OGMO, assim conceituados na alínea "a" do inciso VI do art. 9º do RPS, podendo ser:
>
> (...)

---

25 O art. 29 da Lei nº 12.815/2013 permite que as cooperativas formadas por trabalhadores portuários avulsos **registrados** se estabeleçam como operadores portuários para a exploração das instalações portuárias, dentro ou fora dos limites da área do porto organizado. Nesses casos, a cooperativa também tem que se utilizar da mão de obra avulsa (que não seja dos próprios cooperativados) ou de empregados portuários.

26 A Lei nº 8.630/93 foi revogada pela Lei nº 12.815/2013.

27 NASCIMENTO, Amauri Mascaro. O avulso não portuário e a intermediação do sindicato. *Revista LTr*, São Paulo, v. 68, n. 02, fev. 2004, p. 135.

Não portuário é o avulso que trabalha para diversos tomadores, sem vínculo de emprego, obrigatoriamente intermediado pelo **sindicato** da categoria. Pode executar seus serviços na área portuária ou não. O que o diferencia do avulso portuário é, na verdade, que ele (não portuário) é intermediado pelo sindicato e alguns são regidos pela Lei nº 12.023/2009, enquanto o portuário é regido pela Lei 12.815/2013 e intermediado necessariamente pelo OGMO.

Os avulsos não portuários podem executar as atividades de movimentação de mercadorias mencionadas no art. 2º da Lei nº 12.023/2009:

> **Art. 2º** São atividades da movimentação de mercadorias em geral:
>
> I – cargas e descargas de mercadorias a granel e ensacados, costura, pesagem, embalagem, enlonamento, ensaque, arrasto, posicionamento, acomodação, reordenamento, reparação da carga, amostragem, arrumação, remoção, classificação, empilhamento, transporte com empilhadeiras, paletização, ova e desova de vagões, carga e descarga em feiras livres e abastecimento de lenha em secadores e caldeiras;
>
> II – operações de equipamentos de carga e descarga;
>
> III – pré-limpeza e limpeza em locais necessários à viabilidade das operações ou à sua continuidade.

Além destas, os não portuários podem executar outras atividades, como é o caso do prático de barra, a guarda portuária etc. Estes, apesar de serem classificados como não portuários, não são regidos nem pela Lei nº 12.815/2013 nem pela Lei nº 12.023/2009.

Vulgarmente são chamados de "**chapas**",[28] por prestarem serviços em carregamento e descarregamento de carga, sem habitualidade ou repetição. Ressalte-se que o verdadeiro chapa tem que ser intermediado pelo sindicato. São chamados de avulsos não portuário porque podem exercer suas funções longe dos portos lacustres, pluviais e marítimos. Não são regidos pela Lei 12.815/2013, nem intermediados pelo Órgão Gestor de Mão de Obra (OGMO), pois alguns possuem lei própria (Lei nº 12.023/2009). Já o portuário é o que presta serviços a diversos tomadores através do OGMO e na forma da Lei 12.815/2013.

Sergio Pinto Martins[29] esclarece que são características do trabalhador avulso:

> a) A liberdade na prestação de serviço, pois não tem vínculo de emprego nem com o sindicato, muito menos com as empresas tomadoras de serviço; b) há a possibilidade da prestação de serviços a mais de uma empresa, como na prática ocorre; c) o sindicato ou o órgão gestor de mão de obra fazem a intermediação da mão de obra, colocando os trabalhadores onde é necessário o serviço, cobrando posteriormente um valor pelos serviços prestados, já incluindo os direitos traba-

---

28 Há jurisprudência denominando de "chapa" o trabalhador que executa serviço de carregamento e descarregamento, sem vínculo de emprego, por prestar serviços sem continuidade a determinado tomador. É o caso dos trabalhadores que aguardam na frente dos galpões na espera dos caminhões de mercadoria para ajudarem na carga e descarga. Se, de fato, o trabalho é executado para diversos tomadores, sem pessoalidade e repetição, o trabalhador não será empregado. Mas, também não poderá ser considerado como "chapa", pois este tem que ser intermediado pelo sindicato, o que não ocorre neste exemplo.

29 MARTINS, Sergio Pinto. *Direito do Trabalho*. 13. ed. São Paulo: Atlas, 2001, p. 192.

lhistas e os encargos previdenciários e fiscais e fazendo o rateio entre as pessoas que participaram da prestação de serviço; d) curto período em que o serviço é prestado ao beneficiário.

Nas características descritas por Sergio Pinto, falta apenas a divisão entre o trabalhador avulso não portuário e o avulso portuário.

O sindicato não deveria mediar a mão de obra avulsa não portuária (muito menos a portuária), pois seu papel é o de defender os interesses individuais e coletivos da categoria e não o de atuar como gestor e administrador do trabalho avulso. Nem a norma coletiva poderia desviar a finalidade do sindicato e autorizar sua atuação como gerenciador da mão de obra do avulso. Todavia, após o advento da Lei nº 12.023/2009 a mediação está autorizada por lei. Resta saber se a lei fere o art. 8º, III, da CRFB, já que aos sindicatos cabe a defesa dos interesses da categoria e não outra atividade.

Há decisão do TST no mesmo sentido:[30]

> INSTRUMENTO NORMATIVO COLETIVO. CLÁUSULA PERMISSIVA DA ATUAÇÃO DO SINDICATO PROFISSIONAL COMO ÓRGÃO GESTOR DE Mão de obra DO TRABALHADOR AVULSO NÃO PORTUÁRIO. MANIFESTA ILEGALIDADE E INCONSTITUCIONALIDADE. A Constituição da República, ao elevar o *status* jurídico das entidades sindicais no Direito brasileiro, assim o fez em consideração ao seu importante papel de organização defensora dos direitos coletivos e individuais dos trabalhadores, quer de origem constitucional, legal, coletiva privada ou, até mesmo, contratual. Nessa linha, confirmou o imprescindível caráter representativo dos trabalhadores do respectivo sindicato profissional (art. 8º, II, CF/88), firmando, ainda, que ao sindicato cabe a defesa dos direitos e interesses coletivos ou individuais da categoria, inclusive em questões judiciais ou administrativas (art. 8º, III, CF/88, grifos acrescidos). Nesse quadro, desponta como manifestamente inconstitucional regra jurídica autorizadora da descaracterização do papel e funções essenciais do sindicato, transformando-o em locador e gestor de mão de obra, com interesses claramente empresariais e potencialmente contrários aos dos próprios trabalhadores envolvidos. A exceção legal surgida antes de 1988, referente aos sindicatos de trabalhadores avulsos portuários, é absolutamente singular, não podendo ser transplantada para outras realidades do País, que envolvam terceirização ou locação de mão de obra. A própria Lei nº 8.630/1993, subsequente à Constituição, preferiu evitar o aparente conflito de situações jurídicas, criando órgão gestor de mão de obra no seguimento portuário brasileiro (OGMO), de composição tripartite e não apenas sindical (art. 24, Lei nº 8.630/93), sem prejuízo de reconhecer a singularidade histórica da atuação sindicalista nesse específico segmento diferenciado (art. 18, incisos I a VII e parágrafo único, Lei nº 8.630/93). Não tem, portanto, respaldo constitucional regra jurídica que comprometa a estrutura e funções do sindicato profissional como entidade voltada, essencialmente, à defesa dos interesses e direitos individuais, plúrimos e coletivos dos trabalhadores. Recurso ordinário provido para excluir a cláusula. TST, SDC, RODC – 1699/2004-000-15-00, Rel. Min. Maurício Delgado Godinho, *DJ* 24/10/2008.

---

30 Ressalte-se que a decisão transcrita é anterior à Lei nº 12.023/09.

Percebe-se, pois, que a Lei nº 12.023/2009 não atinge todos os avulsos não portuários, mas tão somente os que trabalham na movimentação de mercadoria. Mesmo assim, a constitucionalidade da lei mencionada é discutida, pois fere de morte o art. 8º, III, da CRFB.

Ademais, os amarradores de embarcações, o prático de barra, a guarda portuária e demais trabalhadores chamados de "avulsos não portuários" e não regidos pela Lei nº 12.023/2009, não podem ser intermediados pelo OGMO, não podem ser cadastrados ou registrados pelo OGMO,[31] pois não são regidos pela Lei nº 12.815/2013, já que o tipo de trabalho que executam não diz respeito à movimentação de carga, mas à segurança dos navios ou à segurança dos portos, logo, interligados à atividade de necessidade permanente da administração portuária, já que o operador portuário deve se ocupar com a movimentação de carga nos portos. Os avulsos não portuários devem ser contratados como autônomos ou como empregados pela administração portuária. A Lei nº 12.815/2013 acabou com o cargo efetivo de guarda portuária (eram empregados públicos das Companhias Docas). Assim, não compete mais à administração portuária organizar e regulamentar a guarda portuária que prover a vigilância e a segurança do porto. Cristiano Paixão e Ronaldo Fleury[32] acrescentam que

> ... a própria administração portuária preste o serviço de amarração dos navios. Isso porque a amarração não constitui apenas uma questão de segurança da embarcação – que paga taxas ao porto para ali atracar e movimentar mercadoria –, como do próprio porto. A amarração dos navios é, na verdade, um serviço de apoio à navegação/operação dos navios, para que toda a operação de atracação/desatracação e movimentação de carga se dê em segurança aos trabalhadores, à embarcação e ao próprio porto, logo, compete à administração dos portos a prestação de tal serviço.

Convém ressaltar, que a contratação de vigilante regido pela Lei nº 7.102/83, deve ser efetuada através de empresa especializada em vigilância (terceirizados). Para maiores esclarecimentos a respeito desse tema, remetemos o leitor ao Capítulo sobre a Terceirização.

De acordo com a Lei nº 12.023/2009 caberá ao sindicato o registro e o cadastro dos trabalhadores avulsos, em documento distinto da carteira de associado, para evitar a preferência ao sindicalizado ou indução à associação sindical. Ao sindicato também competirá a distribuição, em sistema de rodízio, do trabalho, em igualdade de condições. O tomador, por sua vez, será o responsável pelo recolhimento direto dos encargos sociais e fiscais do trabalhador avulso, bem como pelo pagamento ao sindicato da remuneração daqueles, a quem fica solidariamente responsável, no limite do que fizerem uso do trabalho avulso intermediado pelo sindicato.

Em resumo, a Lei nº 12.815/2013 só se dirige aos empregados portuários com vínculo de emprego e avulsos portuários, que são aqueles que desenvolvem as atividades descritas no art. 40.

---

31 No mesmo sentido a decisão RO 0828.2001.001.17.00.0, TRT, 17ª Reg., Pleno.

32 PAIXÃO, Cristiano; FLEURY, Ronaldo Curado. *Trabalho Portuário. A modernização dos portos e as relações de trabalho no Brasil.* 2. ed. São Paulo: Método, 2008, p. 89.

Todavia, por força do art. 7º, inciso XXXIV, da CRFB e art. 4º da Lei nº 12.023/2009, os "avulsos não portuários" terão os mesmos direitos trabalhistas constitucionais que os avulsos portuários.

5.3. Avulso Portuário

Trabalhador **avulso portuário** é aquele que presta serviços, sem vínculo de emprego, a inúmeros tomadores, através de um órgão gestor de mão de obra. É regido pela Lei nº 12.815/2013. Trabalha na proximidade da orla marítima, lacustre ou fluvial, isto é, no setor portuário. Não possui vínculo de emprego (art. 34 da Lei nº 12.815/2013) porque a prestação de serviço aos tomadores e armadores é esporádica e não pessoal, em face da curta estadia dos navios nos portos.

Não se deve confundir o trabalhador portuário com o trabalhador marítimo. O marítimo executa serviços profissionais necessários à navegação, a bordo de uma embarcação, com vínculo de emprego com a empresa armadora – art. 7º da Lei nº 9.537/97 (lei de segurança do tráfego aquaviário).[33] Pode, excepcionalmente, movimentar as mercadorias transportadas quando o navio atraca no cais. Normalmente mora na embarcação e pode permanecer afastado do lar e da família por meses. Já o portuário executa serviços com (empregado portuário) ou sem vínculo (avulso), no porto, para movimentação de mercadorias provenientes do transporte aquaviário ou em atividades afins.

O trabalho do avulso se desenvolve tanto quando há navio no porto, quanto sem a presença física do navio, pois pode haver intenso movimento de mercadorias no porto, em seus armazéns e galpões, para preparar a carga ou para encher um contêiner para ser embarcado quando da chegada do navio.

O avulso pode ser registrado ou cadastrado. Os registrados têm prioridade na distribuição do trabalho, enquanto os cadastrados somente trabalham quando o efetivo de registrados for insuficiente para atender à demanda do serviço. Para os registrados a prestação de serviços é contínua dentro do sistema de rodízio para a escalação. Os cadastrados são espécies de reserva dos registrados.[34]

Desta forma, de acordo com a demanda requisitada pelo operador portuário, o OGMO primeiro convocará, observando o necessário rodízio (para não preterir nem privilegiar ninguém), os registrados e, se o número de registrados presentes não for suficiente, os cadastrados serão chamados, na forma do art. 4º, da Lei nº 9.719/98. Normalmente, onde há excesso de trabalhadores avulsos registrados no OGMO, os cadastrados não têm oportunidade de trabalho. Os critérios para o cadastro e registro estão no art. 41 da Lei nº 12.815/2013.

---

33 O Decreto 2.596/98, regulamentador da Lei nº 9.537/97, classifica os aquaviários em: marítimos, fluviários, pescadores, mergulhadores, práticos, agentes de manobra e docagem.

34 Na prática ainda encontramos os **cavalos**, bagrinhos, carteirões ou camisas brancas, que são trabalhadores que não constam da lista de escalação e que compram a oportunidade de trabalho, executando o serviço no lugar do avulso selecionado, colocando em risco a carga e a segurança da área portuária, pois não treinados.

Em virtude disto, os arts. 4º e 5º da Lei nº 9.719/98 asseguram ao avulso cadastrado no OGMO o direito de concorrer à escala diária complementando a equipe de trabalho do quadro dos registrados, em sistema de rodízio. Isto quer dizer que compete ao avulso comparecer diariamente ao local de trabalho para aguardar a convocação feita pelo OGMO, em face da requisição feita pelo operador portuário.

Apesar de presentes no local de trabalho, só será remunerado o avulso selecionado e que prestar o serviço de fato (art. 6º, parágrafo único, da Lei nº 9.719/98).

Francisco Edivar[35] noticia que, na prática, os trabalhadores avulsos apresentam-se ao longo do porto à parede,[36] onde são selecionados para a formação dos ternos[37] a serem enviados aos navios. A composição dos ternos, a remuneração (nunca inferior ao mínimo, art. 7º, IV, da CF), a jornada (que não poderá ser superior à prevista no art. 7º, XIII, da CF) e demais condições de trabalho devem ser objeto de norma coletiva – arts. 32, parágrafo único, e 43 da Lei nº 12.815/2013.

No Rio de Janeiro o sistema de paredes está computadorizado. Cada categoria (capataz, estivador etc.) se apresenta em um terminal à eles destinados para aguardar o pregão. Quando o avulso chega ao trabalho ele se apresenta ("batendo" o cartão no terminal de computador destinado à sua categoria) e, se escalado para trabalhar, receberá a respectiva remuneração (para tanto tem que bater o cartão novamente e prestar o serviço).

A remuneração e definição das funções e composição dos ternos, bem como as demais condições de trabalho, deverão constar da norma coletiva, fruto de uma negociação prévia, efetuada entre a entidade representativa dos trabalhadores avulsos e dos operadores portuários, mas de observância obrigatória do OGMO – art. 43 da Lei nº 12.815/2013.

5.4. Competência da Justiça do Trabalho

Em face da modificação da redação contida no art. 643 da CLT, efetuada pela MP 1.952-20/2000, após convertida na MP 2.164-41/2001,[38] que inseriu o § 3º no referido dispositivo legal, competente é a Justiça do Trabalho para dirimir os conflitos entre os trabalhadores avulsos (sem vínculo de emprego) e os órgãos gestores de mão de obra ou os entre aqueles e os operadores portuários, para defesa dos direitos trabalhistas. Havia algumas exceções que foram exterminadas após a EC nº 45/2004.

---

35 CARVALHO, Francisco Edivar. *Trabalho portuário avulso antes e depois da lei e modernização dos portos*. São Paulo: LTr, 2005, p. 22.

36 Paredes são os locais situados ao longo das instalações portuárias, dentro ou fora delas, onde os trabalhadores se reúnem por categoria, para serem escalados.

37 As equipes de trabalho de estiva e capatazia são divididas de acordo com os porões dos navios. Cada equipe forma um terno, cujo padrão (terno-padrão) é definido pela norma coletiva. Por exemplo, para as operações de embarque de café, o terno-padrão é composto por oito avulsos de capatazia e 11 de estiva.

38 Cabe ressaltar que esta medida provisória é anterior à Emenda Constitucional nº 32/01 e, de acordo com o art. 2º, a MP ficará em vigor até a edição de uma nova MP que a revogue expressamente ou até deliberação definitiva do Congresso Nacional, situações que não ocorreram até a presente data.

A Justiça do Trabalho, até a alteração do art. 643 da CLT, só era competente para as lides travadas entre o avulso e seus tomadores, seja para o pedido de vínculo com estes (quando existente), seja para cobrar os direitos trabalhistas, quando ausente o liame empregatício. A antiga competência foi elastecida, soterrando de vez a controvérsia surgida após o advento da Carta de 1988, quanto à aplicação do inciso XXXIV do art. 7º da CRFB.

De qualquer forma, a Emenda Constitucional nº 45/2004 pacificaria a questão, uma vez que garantiu a competência da Justiça do Trabalho para julgar as relações de trabalho, não se restringindo apenas às relações de emprego e àquelas que o legislador infraconstitucional permitiu.

5.5. Trabalho Portuário

5.5.1. Breve Histórico

O porto sempre foi o local de entrada e saída de mercadorias (exportação e importação) e de pessoas (estrangeiros e nacionais) e, por isso, de grande preocupação dos Estados que, ao mesmo tempo, que dependem dele para fomentar o comércio e abastecer suas cidades, têm que limitar ou impedir atos que fragilizam a segurança local, como o tráfico de escravos, de armas, a entrada de inimigos etc. Além de ser ponto forte para o desenvolvimento de um país, é também local fértil para delitos, como prostituição, furtos, comércio ilegal, entrada de pessoas de forma clandestina, guerra etc.

Na antiguidade, propiciou o aparecimento de muitas cidades através da expansão econômica decorrente do intenso comércio marítimo e fluvial. Prova disso foi o grande desenvolvimento econômico da Mesopotâmia, região localizada às margens dos rios Tigre e Eufrates (3100 - 2900 a.C.).

Interessante apontar outros lugares que sobressaíram no passado por possuírem um bom porto, capaz de realizar intenso comércio: Grécia (Atenas, Siracusa, Alexandria etc.) e, por volta do Século XIV, Paris. Paris era um dos polos comerciais mais ativos da Europa na época, pois se situava às margens do rio Sena.

Ainda hoje os portos são instrumentos de desenvolvimento econômico de um país e motivo de preocupação, pois ainda é alvo de tráfico de drogas, de pessoas, local de prostituição, de desvio de mercadorias etc.

Quanto mais modernos, rápidos, seguros e quanto melhor treinados os trabalhadores portuários, mais eficiente será o serviço oferecido pelo porto e, consequentemente, maior será a movimentação de mercadorias em suas instalações.

5.5.2. Princípios

Ante a relevância do trabalho portuário e diante das especificidades desse tipo de trabalho, foi editada a Convenção nº 137 da OIT a respeito do trabalho no setor portuário, ratificada pelo Brasil (Decreto Legislativo nº 29/93 e Decreto Promulgatório nº 1.574/95).

Certos princípios podem ser extraídos da Convenção nº 137 da OIT e da Recomendação nº 145 da OIT. Abaixo apontaremos alguns:

a) Princípio da proteção do trabalhador portuário contra a automação x Princípio da modernização dos portos

A Lei nº 8.630/93[39] revogou os arts. 254 a 292 da CLT, além de outras leis, alterou a sistemática de administração da mão de obra portuária, abriu margem à negociação coletiva, afastou o sindicato do gerenciamento do trabalho do avulso e aperfeiçoou o trabalho portuário, inaugurando uma nova era.

Com a modernização dos portos, a crise econômica e a necessidade de treinamento técnico da mão de obra, o número de trabalhadores foi drasticamente reduzido.

Cristiano Paixão e Ronaldo Fleury[40] afirmam que existiam no Brasil, em dezembro de 1995, cerca de 62 mil trabalhadores portuários e que no final de 2002 foram contabilizados apenas 34 mil trabalhadores. A redução do quantitativo de portuários é consequência do processo de automação e da crise econômica da Europa ocidental iniciada a partir da década de 1970.

A Recomendação nº 145 traduz a preocupação da OIT com os efeitos decorrentes da modernização dos portos em face das mudanças dos métodos de processamento da carga (automação). Isto porque, ao mesmo tempo em que os portos necessitam melhorar o atendimento, diminuir o tempo de permanência no porto, melhorar a circulação e o processamento das cargas, modernizar maquinário etc., tais mecanismos, muitas vezes, substituem o homem pela máquina, acarretando a mecanização ou a automação do trabalho.

A figura do portuário carregando nas costas sacarias (sacos) pesadas; o quadro de um porto demorando semanas para operar um carregamento; o cenário de vários portuários embalando manualmente a mercadoria etc., são figuras do passado e estão cada vez mais difíceis de repetição, já que hoje a carga vem protegida, embalada, contada e pesada em contêineres, que são carregados por guindastes diretamente para os navios. Este é apenas um dos muitos exemplos da modernização dos portos.

É preciso modernizar e, ao mesmo tempo, aproveitar a mão de obra portuária.

A Lei nº 12.815/2013 revogou a Lei nº 8.630/93 com a clara intenção de dar maior autonomia às instalações de uso privativo.

A exploração indireta das instalações portuárias localizadas fora da área do porto organizado ocorrerá mediante autorização, nos termos do art. 1º, da Lei nº 12.815/2013. Considera-se autorização, na forma do inciso XII, do art. 2º, a outorga de direito a exploração de instalação portuária localizada fora da área do porto

39 Atualmente revogada pela Lei nº 12.815/2013.

40 PAIXÃO, Cristiano, FLEURY, Ronaldo Curado. *Trabalho Portuário. A modernização dos portos e as relações de trabalho no Brasil.* 2. ed. São Paulo: Método, 2008, p. 20.

organizado, formalizada mediante contrato de adesão. Neste ponto, nada foi alterado em relação à revogada Lei 8.630/93, uma vez que para os portos de uso público continuou o modelo de concessão da operação portuária, através da licitação e para o porto de uso privativo a autorização, por meio de contrato de adesão.

Antes da Lei nº 12.815/2013, os terminais privativos estavam autorizados a movimentar apenas carga própria, e só poderiam carregar produtos de terceiros (terminais privativos mistos) em casos específicos e até o limite de 49%[41] de sua capacidade ociosa. Agora esses terminais poderão operar, mediante autorização[42] e por tempo indeterminado, quase 100% com produtos de terceiros, equiparando-se, quanto à operação portuária, ao porto de uso público. Aí está a grande novidade.

Os terminais de uso privativo, de acordo com a nova regra, terão a liberdade de contratar portuários e avulsos sem a intervenção do OGMO, isto é, a estes não será aplicada a exigência de usar os OGMOS ou sindicatos para a contratação de trabalhadores.

Se, por um lado, todas as medidas representam um avanço para o país, pois permitem um desenvolvimento maior, com portos[43] mais bem aparelhados para as exportações e importações, com custos mais baixos, por outro lado, pode enfraquecer a soberania do país, além de reduzir o mercado de trabalho dos avulsos e acarretar em tratamento desigual entre o porto público e o privado, já que este poderá fazer o mesmo serviço com custos inferiores.

Abaixo, de forma resumida, as principais mudanças da Lei nº 12.815/2013:

- Possibilidade de privatização das administrações dos portos públicos;
- Esvaziamento de atribuições das Companhias Docas, que deixam de fazer o planejamento portuário;
- Extinção dos cargos de guarda portuária nas Companhias Docas;
- Permissão para que a iniciativa privada construa novos terminais (privativos) fora dos portos organizados para movimentar carga de terceiros, sem a necessidade de contratar trabalhadores portuários registrados pelo Órgão Gestor de Mão de Obra (OGMO) ou sindicatos;
- O Conselho de Autoridade Portuária (CAP), que era o principal órgão da administração portuária, passou a ter caráter consultivo;

---

41 Não existia uma regulamentação acerca da quantidade de produtos de terceiros que poderia ser carregada em portos privativos, mas havia um entendimento tácito de que não poderia ser superior aos seus próprios carregamentos.

42 Há quem defenda a inconstitucionalidade da nova regra ao argumento de que, ao permitir que os terminais de uso privado movimentem cargas de terceiros sem limitação, estão prestando um serviço público. Logo, restaria violada a regra da necessidade prévia de licitação para prestação por terceiros de todo e qualquer serviço público.

43 Os portos respondem por mais de 90% do fluxo do comércio exterior do país, daí a necessidade de melhor aparelhá-los.

- Transferência para a Secretaria de Portos da Presidência da República de todas as competências relativas a portos fluviais e lacustres que estejam atribuídas ao Ministério dos Transportes e ao Departamento Nacional de Infraestrutura de Transportes (DNIT).

b) Incentivo ao emprego permanente

De acordo com o art. 2º, I, da Convenção nº 137 da OIT os Estados devem "estimular todos os setores interessados para que assegure aos portuários, na medida do possível, o emprego permanente ou regular".

No mesmo sentido a Recomendação nº 145 da OIT, que recomenda aos países signatários assegurar, na medida do possível, emprego permanente ou regular aos portuários.

Por este motivo, a legislação nacional determina que a contratação de empregados portuários exercentes de determinadas funções se dê entre os avulsos registrados – art. 40, § 2º, da Lei nº 12.815/2013.

O que se busca futuramente é que todos os portos possam ter empregados portuários, não precisando mais se valer dos avulsos, pois foram contratados.

c) Preferência ao avulso assíduo

Estimava-se, em 2010, que dos 34 mil avulsos portuários existentes à época, apenas 20 mil efetivamente compareçam regularmente aos pontos de escalação. Os mais assíduos demonstram que necessitam do serviço, pois não devem ter outro rendimento. Daí por que seria crível o OGMO excluir aqueles que não comparecem por um grande período e dar preferência, quando da escalação, àqueles que estão sempre disponíveis para o trabalho, pois comparecem regularmente.

Aliás, a Convenção nº 137 da OIT, em seu art. 1º, I, conceitua os trabalhadores portuários como as "pessoas que trabalham de modo regular como portuário, e cuja principal fonte de renda anual provém desse trabalho", devendo o avulso estar pronto para trabalhar (art. 3º).

d) Reserva de Mercado – falta de liberdade na contratação dos portuários

O trabalho portuário constitui um tipo de reserva de mercado, uma vez que para as atividades mencionadas no art. 40 da Lei nº 12.815/2013, apenas os portuários treinados, registrados ou cadastrados pelo OGMO, podem ser contratados para executar o trabalho.

Isto quer dizer que o operador portuário não pode contratar livremente no mercado empregados portuários ou "avulsos" para exercerem tais atividades (as descritas no art. 40 da Lei nº 12.815/2013), daí por que a lei obriga a contratá-los (empregados) dentre os avulsos registrados.

A regra é a seguinte: Primeiro o operador deve procurar dentre os avulsos registrados mais assíduos. Não havendo interessados ou número suficiente, poderá recorrer aos cadastrados e, apenas não havendo nenhum registrado e cadastrado, poderá procurar no mercado, à sua livre escolha, alguém para o trabalho e só contratá-lo depois de aplicar o curso de treinamento. Nessa hipótese o OGMO deverá proceder ao cadastro do portuário contratado, uma vez que, depois de despedido, poderá concorrer às escalas de trabalho.

Os aposentados não poderão concorrer à escalação de trabalho, nem ser contratados como empregados pelos operadores, já que tiveram seus registros ou cadastros cancelados em virtude da aposentadoria.[44] Excepcionalmente, poderão ser contratados quando ocorrer a situação acima.

e) Multifuncionalidade

Os arts. 12 e 13 da Recomendação nº 145 da OIT sugerem que o número de categorias especializadas deve ser reduzido e as atribuições devem ser modificadas na medida em que a natureza do trabalho for alterada. Recomenda que um número cada vez maior de trabalhadores se capacitem para efetuar uma variedade maior de tarefas, sem distinção, quando possível, entre trabalho a bordo e o em terra, possibilitando um intercâmbio maior de mão de obra e maior flexibilidade na designação do trabalho. Aí está a vantagem da multifuncionalidade.

O art. 33, II, *b*, da Lei nº 12.815/2013 adotou o princípio.

5.5.3. Trabalho Portuário

A revogada Lei nº 8.630/93 regulamentou, de forma definitiva, os portos organizados, acabou com o monopólio dos sindicatos e implementou mudanças que possibilitaram reformas estruturais e administrativas no trabalho portuário, buscando uma melhor competitividade com a descentralização do mercado de trabalho e redução das tarifas e eliminando alguns entraves e impedimentos que dificultavam a adaptação dos portos brasileiros à livre iniciativa mercadológica.

Cabe à União a exploração direta ou indireta dos portos organizados (art. 1º da Lei nº 12.815/2013). Considera-se **porto organizado** o bem público construído e aparelhado para atender às necessidades da navegação, da movimentação de passageiros ou da movimentação e armazenagem de mercadorias e cujo tráfego e operações portuários estejam sob a jurisdição de uma autoridade portuária (art. 2º da Lei nº 12.815/2013).

A **administração portuária** é exercida pela União ou pela entidade concessionária do porto.

O **operador portuário** é a pessoa jurídica que exerce a operação portuária na área do porto por concessão pública (art. 2º, XIII). Cada operador portuário

---

[44] A Quinta Turma do Tribunal Superior do Trabalho determinou o restabelecimento do registro de um trabalhador portuário avulso no órgão de gestão de mão de obra, possibilitando, assim, que ele exerça sua atividade da mesma forma desempenhada antes da sua aposentadoria (RR-1280-12.2011.5.04.0122).

constituirá um órgão gestor de mão de obra (art. 32 da Lei nº 12.815/2013) para gerir e treinar os portuários, bem como para administrar o fornecimento de mão de obra avulsa, em sistema de rodízio (art. 5º da Lei nº 9.719/98), salvo quanto aos cedidos de forma permanente ao agente portuário ou aos avulsos que se constituírem ou associarem a uma cooperativa, conforme art. 3º, I, II e § 1º, da Lei nº 9.719/98 c/c o art. 29 da Lei nº 12.815/2013, que não estarão sujeitos ao rodízio.

O operador portuário responde perante a administração do porto pelos danos causados; perante o proprietário ou consignatário da mercadoria, pelas perdas e danos que ocorrerem durante as operações portuárias; perante o armador, pelas avarias provocadas; perante o trabalhador portuário (empregado), pela remuneração e demais encargos; perante o OGMO, pelas contribuições não recolhidas; perante os órgãos competentes, pelos tributos incidentes sobre o trabalho portuário avulso e perante a autoridade aduaneira, pelas mercadorias sujeitas a controle aduaneiro - art. 26 da Lei nº 12.815/2013. O OGMO não responde pelos danos que o avulso causar aos tomadores ou a terceiros - art. 33, § 1º, da Lei nº 12.815/2013.

O operador portuário que desejar contratar trabalhador portuário de capatazia, estiva, conferência de carga, conserto de carga, bloco e vigilância de embarcações, com vínculo de emprego, deverá escolher dentre os avulsos registrados (exclusivamente) - art. 40 da Lei nº 12.815/2013.

Apesar de a revogada Lei nº 8.630/1993, no parágrafo único do art. 26, não ter mencionado expressamente as atividades de **capatazia** e o **bloco**, entendemos[45] que estas categorias já estavam abrangidas pela determinação legal.

Explica-se:

Fazendo uma interpretação sistemática, percebe-se com clareza que as atividades de bloco e capatazia foram incluídas em toda a sistematização da revogada lei, junto com as demais mencionadas no art. 40 da Lei nº 12.815/2013 e no art. 3º da Lei nº 9.719/98. Todos os portuários são cadastrados, registrados, treinados, mediados pelos OGMO etc., aí incluída a capatazia e o serviço de bloco. Não teria sentido a lei ter determinado a multifuncionalidade das atividades, a gestão desta mão de obra pelo OGMO, o cadastro dos antigos capatazes e discriminá-los no momento da contratação.

Ademais, a capatazia tem motivos históricos que impossibilitavam, à época, a sua inclusão no parágrafo único do art. 26, da revogada Lei, uma vez que eram empregados permanentes dos portos, logo, não eram avulsos.

Há jurisprudência[46] no mesmo sentido.

---

[45] No mesmo sentido PAIXÃO, Cristiano, FLEURY, Ronaldo Curado. *Trabalho Portuário. A modernização dos portos e as relações de trabalho no Brasil.* 2. ed. São Paulo: Método, 2008, p. 52.

[46] Proc. 20174.2004.000.02.00, TRT 2ª Reg. SDC, *DOE/SP* 04/10/05.

Hoje, toda esta discussão é inócua, pois a nova Lei nº 12.815/2013 é expressa em incluir todas as categorias no art. 40.

Enquanto for empregado, o trabalhador não concorre à escala como avulso (art. 3º, § 1º, da Lei nº 9.719/98). Encerrado seu contrato de emprego, o trabalhador retorna à condição de avulso registrado. Aceitamos, excepcionalmente, que o cadastrado seja cedido de forma permanente ao operador portuário (contratação com vínculo de emprego), quando, por exemplo, não tiver registrado interessado ou capacitado para o trabalho.

Compete ao operador portuário a requisição de mão de obra avulsa e não ao OGMO. A este compete apenas administrar a mão de obra avulsa quando requisitada, arrecadar e repassar os direitos trabalhistas dos avulsos na forma do art. 32 da citada Lei nº 12.815/2013.

Na verdade, ao operador portuário cabe a realização das operações portuárias previstas em lei. Para executar tais operações deve contar com mão de obra própria e, apenas quando houver necessidade, com mão de obra sobressalente (avulsa).

A *mens legis* foi a de prestigiar os trabalhadores portuários empregados contratados por prazo indeterminado para suprir a demanda comum. E, em casos de excesso de serviço, o que ocorre com certa frequência, a mão de obra avulsa é requisitada.

O operador portuário não está obrigado a manter de forma permanente qualquer **proporção** entre o empregado portuário e o avulso portuário.

Todavia, para as instalações portuárias de **uso privativo** anteriores à revogada Lei nº 8.630/1993, foi exigida a manutenção da proporção[47] existente entre o trabalhador avulso (portuário) e o empregado portuário (art. 56, parágrafo único, da revogada Lei nº 8.630/1993). Com a nova regra (Lei nº 12.815/2013) não há mais necessidade de o porto de uso privativo requisitar avulsos e, se o fizer, não precisará mais realizá-lo por meio do OGMO. Ressalte-se que a proporcionalidade mencionada não se aplica para o avulso não portuário, já que não há lei que obrigue a tanto, daí por que a Súmula nº 309 do TST entendeu desta forma.

Portanto, não há lei que obrigue os operadores portuários, pessoas jurídicas de direito privado pré-qualificadas para a realização das operações portuárias, a contratar constantemente o trabalhador avulso portuário. Caberá à negociação coletiva tentar incluir nas normas coletivas uma proporcionalidade entre empregados e avulsos, se assim desejarem as partes, de forma a garantir oportunidade de trabalho a estes – art. 43 da Lei nº 12.815/2013.

Por outro lado, a lei expressamente dispensa a intervenção do operador portuário, quando a própria tripulação da embarcação executar o trabalho e não requisitar a utilização de mão de obra estranha aos seus quadros – art. 28 da Lei nº 12.815/2013. Acresça-se que a Carta Maior garante ao empresário a livre iniciativa – art. 5º da CRFB, e que a Convenção nº 137 da OIT (ratificada pelos

---

47 Desta forma, o terminal de uso privativo que tinha 60% de mão de obra avulsa e 40% de empregados, deve manter a mesma proporção nos dias atuais.

Brasil) determina que os países signatários estimulem o vínculo permanente (de emprego) dos portuários.

É proibido ao OGMO ceder avulso **cadastrado** ao operador portuário de forma permanente - § 2º do art. 3º da Lei nº 9.719/98, pois só poderá ceder os avulsos **registrados**.

O trabalhador avulso registrado tem direito a concorrer ao **rodízio** de forma equitativa, devendo o OGMO efetuar a escalação dos presentes respeitando a igualdade de oportunidades de trabalho disponíveis, sem prestigiar um ou outro avulso, baseando-se em sistema numérico de trabalhadores, observadas as habilitações exigidas para cada posto de trabalho. Deve o OGMO tomar medidas no sentido de evitar a figura do "cavalo"[48] e a escolha dos mais antigos e assíduos pelos melhores trabalhos. O critério deve ser igual para todos, sob pena de discriminação de oportunidades.

5.6. OGMO

O órgão gestor é uma pessoa jurídica de direito privado sem fins lucrativos (art. 39 da Lei nº 12.815/2013). É vedada a exploração de qualquer outra atividade econômica não vinculada à gestão de mão de obra ou de prestação de serviços a terceiros. É considerado de utilidade pública.

Cada operador portuário deve constituir um OGMO (órgão gestor de mão de obra), competindo-lhe (art. 32 da Lei nº 12.815/2013):

a) administrar o fornecimento de mão de obra do trabalhador portuário (empregado) e do trabalhador portuário avulso;
b) manter, com exclusividade, o cadastro do trabalhador portuário empregado e o registro do avulso;
c) promover o treinamento e a habilitação profissional do trabalhador portuário empregado, inscrevendo-o no cadastro;
d) selecionar e registrar o trabalhador portuário avulso;
e) estabelecer o número de vagas, a forma e a periodicidade para acesso ao registro do avulso;
f) expedir o documento de identificação dos trabalhadores portuários empregados;
g) arrecadar e repassar, aos beneficiários, os valores devidos pelos operadores portuários, relativos à remuneração do avulso e encargos;
h) aplicar penalidades disciplinares aos avulsos;
i) cancelar o registro dos avulsos;

[48] "Cavalo" é a expressão empregada pelos próprios avulsos, para designar aquele que é escalado para um trabalho, mas o repassa para um colega por valor inferior ao recebido, ficando com o lucro desta intermediação.

j) promover a formação profissional e o treinamento multifuncional do trabalhador portuário, bem como promover programas de realocação e de incentivo ao cancelamento do registro e de antecipação de aposentadoria;

k) zelar pelas normas de higiene, medicina e segurança do trabalho avulso;

l) escalar os trabalhadores avulsos em sistema de rodízio (art. 5º da Lei nº 9.719/98);

m) verificar a presença dos avulsos escalados no local de trabalho (art. 6º da Lei nº 9.719/98);

n) respeitar e cumprir as normas coletivas ajustadas entre as entidades representativas dos trabalhadores avulsos e os operadores portuários.

Os **cursos de qualificação** dos trabalhadores avulsos são planejados pelo OGMO de acordo com as necessidades das fainas em cada porto. Para tanto, poderá se utilizar dos cursos profissionalizantes de diversas instituições, dentre elas a Marinha do Brasil, por meio da Diretoria de Portos e Costas, que administra o Ensino Profissional Marítimo. Tais cursos são custeados pela Diretoria de Portos e Costas e é obrigatório para determinadas atividades. Muitas vezes quem promove os cursos é o próprio OGMO, mas quem controla o currículo, o conteúdo e certifica é a DPC (Diretoria de Portos e Costas).

5.7. Instalações Portuárias

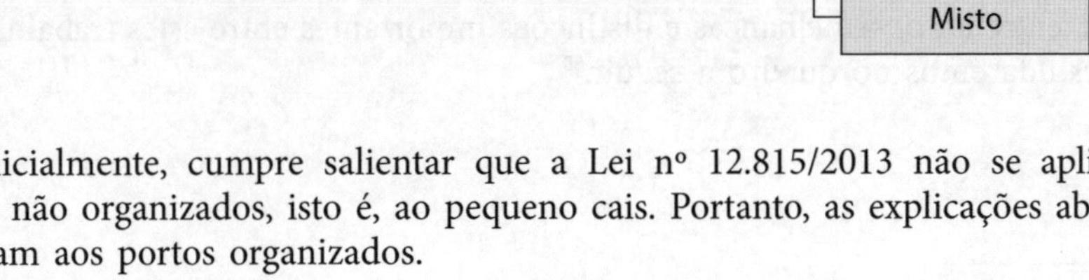

Inicialmente, cumpre salientar que a Lei nº 12.815/2013 não se aplica aos portos não organizados, isto é, ao pequeno cais. Portanto, as explicações abaixo se destinam aos portos organizados.

Há dois tipos de instalações portuárias: as de uso público e as de uso privado.

Terminal de uso privativo pode ser de **uso exclusivo**, quando movimenta somente carga própria, e, de **uso misto**, quando movimentar cargas de terceiros também. As instalações de uso privativo podem estar localizadas dentro ou fora da área do Porto Organizado. O **Terminal de uso público** (a lei evitou esta nomenclatura e prefere denominá-los de portos organizados) pode ser explorado diretamente pela

União (porto público) ou através de concessão pública, feita através de contrato de arrendamento. É aquele que realiza as operações portuárias determinadas pela Lei nº 12.815/2013, opera e movimenta mercadorias de terceiros e estão sempre na Área do Porto Organizado.[49]

De acordo com o art. 2º, I, da Lei nº 12.815/2013, **porto organizado** (ou terminal de uso público) é o construído e aparelhado para atender às necessidades de navegação e da movimentação e armazenagem de mercadorias, concedido ou explorado pela União, cujo tráfego e operações portuárias estejam sob a jurisdição de uma autoridade portuária, sendo sua área compreendida pelas instalações portuárias, como ancoradouros, docas, cais, pontes, píeres de atracação e de acostagem, terrenos, armazéns, edificações, vias de circulação interna e demais infraestruturas necessárias para a operação portuária, sempre construídas com recursos públicos. Desta forma, é fácil concluir que toda infraestrutura portuária construída com recursos públicos está obrigatoriamente submetida a um conselho com autoridade portuária (não mais jurisdição), o CAP - Conselho de Autoridade Portuária, e ao OGMO, denominando-se de terminal de uso público ou porto organizado.

Os terminais de uso privativo devem ser construídos com recursos particulares dos interessados ou por arrendamento dos berços públicos para exploração exclusiva ou mista.

Após a Lei nº 12.815/2013, os portos de uso privativo poderão movimentar maior quantidade de cargas de terceiros, desde que autorizados, sem a necessidade de contratar avulsos e, se precisarem desta mão de obra extra, não precisarão fazê-lo por intermédio do OGMO ou do sindicato. Para maiores esclarecimentos, remetemos o leitor ao item 5.5.2, "a".

5.8. Trabalhador Portuário e Trabalhador Portuário Avulso

A Lei nº 12.815/2013 se aplica tanto para o **empregado portuário** quanto ao **portuário avulso**, enquanto a Lei nº 9.719/98 trata apenas dos direitos do trabalhador portuário avulso.

Há, entretanto, semelhanças e distinções importantes entre estes trabalhadores, como estudaremos no quadro a seguir.[50]

---

49 STEIN, Alex Sandro. *Curso de Direito Portuário*. São Paulo: LTr, 2002, p. 50 e 64.

50 A lei não informa qual critério deve ser utilizado para a fixação do número de vagas existentes para avulsos registrados ou cadastrados. O art. 32, V, da Lei nº 12.815/2013 apenas menciona que compete ao OGMO estabelecer o número de vagas, a forma e periodicidade para o acesso ao registro do avulso portuário. O art. 37 determina a constituição de uma Comissão Paritária para solucionar os litígios decorrentes da aplicação das normas a que se referem os arts. 32, 33 e 35, § 1º, da Lei nº 12.815/2013. Na prática, esta Comissão Paritária, junto ao Conselho de Autoridade Portuária (art. 20), é que fixa o número de vagas. Algumas vezes as normas coletivas estabelecem os critérios, e as Comissões, ouvido o sindicato, fixam o número de vagas.

TRABALHADOR PORTUÁRIO AVULSO	TRABALHADOR PORTUÁRIO EMPREGADO
– Não tem vínculo de emprego nem com o OGMO nem com o operador portuário (art. 34 da Lei nº 12.815/2013).	– Tem vínculo de emprego com o operador portuário (art. 40 da Lei nº 12.815/2013).
– O acesso do avulso ao cadastro se dá por meio de prévia habilitação profissional obtida através de treinamento realizado em entidade indicada pelo OGMO. Com o decorrer do tempo e à medida que for abrindo vaga, o avulso já cadastrado poderá passar a avulso registrado. A partir daí recebe do OGMO documento de identificação art. 41 da Lei nº 12.815/2013.	– Os empregados portuários podem ser contratados livremente pelos operadores portuários, salvo aqueles a que se refere o art. 40 da Lei nº 12.815/2013, que só podem ser contratados dentre os avulsos **registrados** no OGMO.
– O OGMO arrecada, repassa e providencia o recolhimento dos encargos trabalhistas, fiscais e previdenciários, já acrescidos dos percentuais relativos às férias, 13º salário, FGTS etc. (art. 32 da Lei nº 12.815/2013 c/c o art. 2º, I, da Lei nº 9.719/98).	– O pagamento do empregado é efetuado diretamente pelo empregador, que, no caso, é o operador portuário.
– O ingresso no registro depende de prévia seleção e respectiva inscrição no cadastro dos habilitados ao desenvolvimento das atividades portuárias e é feito pelo OGMO (art. 41 da Lei nº 12.815/2013).	– Enquanto for empregado, o OGMO mantém seu registro, mas o trabalhador não concorre à escala de rodízio. Extinto o contrato, o trabalhador retorna à condição de avulso registrado.
– O registro e o cadastro se extinguem pela morte ou cancelamento (art. 41, § 3º, da Lei nº 12.815/2013).	– O contrato de trabalho se extingue pelos motivos previstos na CLT.

5.9. Direitos dos Trabalhadores Avulsos

Seus direitos estão previstos na Carta/88 (art. 7º, XXXIV), na Lei nº 12.815/2013, Lei nº 9.719/98 (pagamento, convocação e intervalo de 11 horas entre duas jornadas), Lei nº 8.036/90 (levantamento do FGTS - art. 20, X); Decreto nº 1.886/96 (revogado pelo Decreto 10.011/19) e Decreto nº 27.048/49 (RSR); Decreto nº 53.153/63 (art. 43 - salário-família) - revogado pelo Decreto 10.011/19; Lei nº 5.085/66 c/c Decreto nº 61.851/67 (revogado) e Decreto nº 80.271/77 (férias) - revogado pelo Decreto 10.011/19; Lei nº 5.480/68 (revogado pelo Decreto 8.630/93)c/c Decreto nº 63.912/68 (13º salário) e Lei nº 7.002/82 (jornada noturna de 6 horas com adicional de 50%). Alguns destes dispositivos não estão mais vigentes, mas ajudam na compreensão dos institutos. A Convenção nº 137 da OIT (Decreto Legislativo nº 29/93) versa sobre as repercussões sociais dos novos métodos de manipulação de cargas nos portos, inserida no ordenamento brasileiro pelo Decreto nº 1.574/95.

O art. 2º, II e § 4º, da Lei nº 9.719/98 c/c o art. 33, § 2º, da Lei nº 12.815/2013 prevê a solidariedade entre o OGMO e o operador portuário quanto aos encargos trabalhistas, previdenciários e demais obrigações decorrentes da requisição de mão de obra, podendo o OGMO exigir garantia prévia dos operadores portuários para tanto (§ 3º do art. 33 da Lei nº 12.815/2013).

Férias de 30 dias e demais direitos

De acordo com o art. 2º do Decreto nº 80.271/77 (revogado pelo Decreto 10.011/19), os requisitantes ou tomadores da mão de obra avulsa contribuirão com um adicional de 10% calculado sobre a remuneração do trabalhador, que será recolhida diretamente à CEF em conta específica denominada "remuneração de férias – trabalhadores avulsos". Deste percentual, 9% se destinam ao financiamento das férias e contribuição previdenciária e 1% para o custeio dos encargos da administração da mão de obra (OGMO). Todavia, este valor é anterior à Carta de 1988 e, portanto, não previa o terço constitucional.

Por este motivo o art. 263, XVI, da IN nº 971/09 do INSS conceitua montante de mão de obra como:

> **XVI** – montante de Mão de Obra (MMO), a remuneração paga, devida ou creditada ao trabalhador avulso portuário em retribuição pelos serviços executados, compreendendo o valor da produção ou da diária e o valor correspondente ao repouso semanal remunerado, sobre o qual serão calculados os valores de **férias e décimo terceiro salário, nos percentuais de 11,12% (onze inteiros e doze centésimos por cento) e de 8,34% (oito inteiros e trinta e quatro centésimos por cento)**, respectivamente (grifos nossos).

O percentual do FGTS de 8% deve incidir sobre o montante de mão de obra ou MMO, sobre as férias + 1/3, RSR e trezeno, logo, este valor chega a 9,5568%[51] sobre o MMO.

Os encargos trabalhistas devem ser recolhidos da seguinte forma:

Férias + 1/3............................11,12% sobre o MMO

13º salário...............................8,34% sobre o MMO

FGTS.......................................9,5568 sobre o MMO

Estes são os valores devidos, além dos referentes ao INSS, contribuição social e CAS, e devem ser recolhidos aos órgãos competentes no prazo estipulado em lei. O repouso semanal deverá ser pago diretamente com a diária e equivale a 1/6 do valor da diária. A soma desta com o repouso semanal denomina-se de montante de mão de obra ou MMO.

O TST cancelou a OJ nº 384 da SDI-I do TST, que entedia aplicável a **prescrição** bienal, prevista no art. 7º, XXIX, da CRFB, ao avulso, tendo como marco inicial a cessação do trabalho ultimado para cada tomada. O motivo do cancelamento foi a existência de forte tendência no sentido de se aplicar a prescrição de cinco anos durante o cadastro ou registro e de dois após o seu cancelamento.

Aliás, a atual Lei nº 12.815/2013 é expressa neste sentido:

---

51 CARVALHO, Francisco Edivar. *Trabalho portuário avulso antes e depois da lei e modernização dos portos.* São Paulo: LTr, 2005, p. 93.

Art. 37.

(...)

§ 4º As ações relativas aos créditos decorrentes da relação de trabalho avulso prescrevem em 5 (cinco) anos até o limite de 2 (dois) anos após o cancelamento do registro ou do cadastro no órgão gestor de mão de obra.

Por fim, destacamos que o Supremo Tribunal Federal decidiu, no final de 2020, que o adicional de risco concedido aos trabalhadores portuários permanentes também será devido aos avulsos que trabalhem nas mesmas condições.

Por maioria, a Corte acompanhou o voto do relator, Ministro Edson Fachin, pelo desprovimento do Recurso Extraordinário 597.124, com repercussão geral reconhecida (Tema 222).

No recurso, o Órgão de Gestão de Mão de Obra do Serviço Portuário Avulso do Porto Organizado de Paranaguá e Antonina (OGMO-PR) contestava decisão do Tribunal Superior do Trabalho que havia garantido aos trabalhadores avulsos o pagamento do adicional de 40% previsto no art. 14 da Lei nº 4.860/1965, que dispõe sobre o regime de trabalho nos portos.

Foi aprovada a seguinte tese de repercussão geral: "Sempre que for pago ao trabalhador com vínculo permanente, o adicional de risco é devido, nos mesmos termos, ao trabalhador portuário avulso":

> RECURSO EXTRAORDINÁRIO. TRABALHADOR PORTUÁRIO AVULSO. ADICIONAL DE RISCOS. ISONOMIA CONSTITUCIONAL EXPRESSA. ARTIGO 7º, XXXIV, CRFB.
>
> 1. A regulação da atividade portuária por meio de legislação específica ocorreu para garantir aos trabalhadores que prestam serviços nas instalações portuárias direitos inerentes ao exercício das atividades que lhe são notoriamente peculiares.
> 2. O fato de os trabalhadores portuários avulsos sujeitarem-se a um regime de exploração diferenciado daqueles trabalhadores portuários com vínculo permanente não autoriza tratamento diferenciado entre eles, pois há norma constitucional explícita e específica de igualdade de direitos, de modo que, uma vez implementadas as condições legais específicas, ao trabalhador portuário avulso também é devido o adicional de riscos, previsto no art. 14 da Lei 4.860/1965, por imposição constitucional expressa.
> 3. Sempre que for pago ao trabalhador com vínculo permanente, o adicional de riscos também é devido, nos mesmos termos, ao trabalhador portuário avulso, considerando o disposto no artigo 7º, XXXIV, da Constituição da República.
> 4. Recurso Extraordinário a que se nega provimento.
>
> (RE 597.124 – Paraná – Rel. Min. Edson Fachin – j. 03/06/2020 – Data da Publicação: 23/10/2020).

6. TRABALHADOR TEMPORÁRIO

O **trabalhador temporário** é o contratado sob a égide da Lei nº 6.019/74 e pelo Decreto nº 10.060/19, por uma empresa prestadora de mão de obra para executar seus serviços para um tomador, sem que isto importe em vínculo de emprego com a empresa cliente. O trabalhador temporário é empregado da empresa temporária, que é uma pessoa jurídica[52], registrada no Ministério da Economia, antigo Ministério Trabalho, responsável pela colocação de trabalhadores à disposição de outras, de forma temporária. Esses trabalhadores têm os direitos previstos no art. 12 da Lei nº 6.019/74 e na CLT, desde que compatíveis.

O art. 2º do aludido Decreto define o trabalhador temporário como sendo "pessoa física contratada por empresa de trabalho temporário, para prestação de serviço destinada a atender à necessidade transitória de substituição de pessoal regular e permanente ou acréscimo extraordinário de tarefas de outras empresas".

Nos casos de falência da empresa prestadora ou intermediadora, a tomadora responde **solidariamente**, na forma do art. 16 da Lei nº 6.019/74.

Os principais requisitos para validade deste contrato são:

a) contrato escrito entre empregado e empregador (empresa intermediadora de mão de obra);
b) contrato (civil) escrito entre a empresa prestadora e a tomadora, contendo o motivo da contratação;
c) duração máxima de cento e oitenta dias[53], consecutivos ou não, podendo ser prorrogado por mais noventa dias.

De resto, remetemos o leitor para o Capítulo "Terceirização", onde a matéria é melhor explorada e o trabalhador temporário estudado em seus pormenores.

7. RELAÇÃO DE EMPREGO ENTRE CÔNJUGES OU COMPANHEIROS

A possibilidade de existir relação de emprego entre parentes e cônjuges ou companheiros vem sendo discutida pela jurisprudência e pela doutrina. Não vemos qualquer obstáculo para formação do vínculo de emprego, desde que presentes os seus requisitos.

Para Délio Maranhão:[54]

> Se o regime de bens é o da comunhão, quando assim for validamente convencionado (art. 1.640 do NCC), não vemos como se possa estabelecer um contrato de trabalho entre os esposos. Até a dissolução da sociedade conjugal, os bens de ambos os cônjuges permanecem em estado de indivisão.

---

52 Antes da Lei nº 13.429/17, a empresa temporária deveria ser pessoa física ou jurídica urbana, logo, não poderia intermediar mão de obra rural.

53 Antes da Lei nº 13.429/17, o contrato de trabalho temporário só poderia ter vigência de 3 meses, podendo ser prorrogado, mediante autorização do Ministério do Trabalho. De acordo com a Portaria 789/14 do MTE, o contrato poderia ser prorrogado por até 9 meses nos casos de substituição de pessoal regular e permanente do tomador. Na prática, o que mudou com a Lei nº 13.429/17 foi a previsão de até 9 meses também para acréscimo de serviço.

54 SÜSSEKIND, Arnaldo; MARANHÃO, Délio; VIANNA, Segadas; TEIXEIRA, Lima. *Instituições de Direito do Trabalho*. 22. ed. São Paulo: LTr, 2005, v. 1, p. 314.

O argumento dos que se posicionam contra a possibilidade de existência de relação de emprego entre marido e mulher está no fato de o patrimônio do empregador responder pelas obrigações resultantes do contrato de trabalho. Assim, não poderia um cônjuge se tornar **credor** do outro quando o regime é de comunhão total, já que o patrimônio é comum.

No entanto, Evaristo de Moraes Filho[55] entende que mesmo na existência do regime da comunhão total de bens é possível a formação de contrato de trabalho entre cônjuges. Para o autor, os arts. 1.659, VI, e 1.668, V, do CC (que excluem da comunhão de bens os proventos do trabalho pessoal de cada cônjuge) reforçam a tese de permitir o contrato de trabalho, independente do regime de bens. Ressalta ainda, que a doutrina e a jurisprudência francesas também interpretam dessa forma. Apoiamos a opinião de Evaristo.

A jurisprudência brasileira, de forma majoritária, posiciona-se pela possibilidade de existência de vínculo de emprego entre cônjuges, independente do regime de bens adotado, porém destaca que os elementos dos arts. 2º e 3º da CLT, principalmente a **subordinação jurídica**, devem estar evidenciados no caso concreto.

> RELAÇÃO DE EMPREGO DESCARACTERIZADA. Embora o parentesco e a afeição não constituam obstáculo ao reconhecimento do vínculo empregatício, pois admite-se que o filho possa ser empregado do pai, ou que um cônjuge o seja do outro, deve ser afastada a relação de emprego quando a subordinação jurídica não está evidenciada. TRT/MG – RO-4934/92 – Rel. Designado: Juíza Alice Monteiro de Barros. *DJ*/MG 05/03/1993.

O mesmo raciocínio pode ser aplicado para as uniões estáveis.

8. RELAÇÃO DE EMPREGO ENTRE PAI E FILHO E ENTRE PARENTES

Embora os pais estejam legalmente proibidos de vender aos filhos ou de com eles fazer permuta, podem realizar contratos. Difícil, porém, será caracterizar a relação de emprego, porque necessário se faz distinguir duas figuras relacionadas à intenção dos agentes: a do simples ânimo benevolente do trabalho prestado, ou a do intuito oneroso empregatício. Nada obsta, contudo, que a relação empregatícia seja estabelecida entre meros parentes. Nesse sentido Délio Maranhão[56] e Alice Monteiro,[57] como visto no acórdão acima.

Entretanto, a jurisprudência que aceita o vínculo empregatício entre pai e filho, observa corretamente a questão para evitar que uma eventual colaboração dos filhos, por exemplo, possa motivar a existência do pacto laboral.

> VÍNCULO DE EMPREGO ENTRE PAI E FILHO. RELAÇÃO DE PARENTESCO. PROVA. O ônus da prova do vínculo de emprego é da parte que alega (art. 818/

---

55 MORAES FILHO, Evaristo; MORAES, Antonio Carlos Flores de. *Introdução ao Direito do Trabalho*. 9. ed. São Paulo: LTr, 2003, p. 331-333.

56 SÜSSEKIND, Arnaldo; MARANHÃO, Délio; VIANNA, Segadas; TEIXEIRA, Lima. *Op. cit.*, p. 315-316.

57 BARROS, Alice Monteiro. *Curso de Direito do Trabalho*. 2. ed. São Paulo: LTr, 2006, p. 288.

CLT), mormente quando se trata de reclamação trabalhista de pai contra filho, ante os estreitos laços de parentesco que os une. A prova do fato de que o pai mora na fazenda do filho é insuficiente para caracterização do liame empregatício, porque natural a família residir na mesma casa. TRT/MG – RO-20559/97 – Rel. Designado: Juíza Maria Auxiliadora Machado Lima. *DJ*/MG 16/10/1998.

9. TRABALHADORES INTELECTUAIS

Com a proletarização do trabalho intelectual, algumas atividades foram deslocadas para outros setores. Os trabalhadores intelectuais que até então, laboravam de forma independente (autônomos), passaram à condição de empregados de grandes empreendimentos. Daí, multiplicaram-se os profissionistas.

Trabalhadores intelectuais ou **profissionistas** são aqueles empregados que têm especial cultura científica ou artística. Distinguem-se daqueles que exercem serviços manuais ou meramente técnicos por dois motivos: desenvolvem trabalhos intelectuais ou artísticos e porque o grau de dependência e subordinação é mais tênue, pois executam seu trabalho com mais autonomia.

Estes trabalhadores possuem uma subordinação mais sutil e podem atuar com um pouco mais de liberdade na execução de suas atividades. Quando aumenta a intelectualidade dos serviços, também se intensifica a confiança funcional no empregado.

São exemplos destes trabalhadores: advogados, engenheiros, médicos, contadores, artistas em geral etc., quando empregados.

O fato de o empregado possuir diploma de curso superior, conjugado com a percepção de salário igual ou superior a duas vezes o limite máximo dos benefícios do Regime Geral da Previdência, são características apontadas no parágrafo único do art. 444 da CLT, como requisitos para autorizar a liberdade no ajuste contratual no que tange à disponibilidade dos direitos previstos no art. 611-A da CLT. A respeito deste assunto, remetemos o leitor ao Capítulo "Princípios da irrenunciabilidade e da intransacionabilidade".

10. ALTOS EMPREGADOS OU EMPREGADOS DE CONFIANÇA

10.1. Conceito

Todo contrato é baseado nos princípios da boa-fé e transparência, que decorrem da fidúcia inerente aos contratantes. O contrato de trabalho também é regido por estes princípios e a todos os empregados é dispensada certa confiança. Todavia, não é este tipo de fidúcia que estudaremos, pois geral a todos os contratos, mas sim àquelas de maior relevo que distinguem os empregados entre si.

Empregado de confiança é aquele que detém poderes delegados pelo empregador, em maior ou menor grau, para em seu nome agir.

Quanto maior a confiança depositada no empregado, maiores são seus poderes e menores os benefícios legais. Assim, para o empregado de confiança há restrições de direitos, de benesses legais, que não são da mesma amplitude que para os demais empregados.

São exemplos: os chefes de departamento, de filial ou setor, coordenadores, superintendentes, gerentes e diretores.

Há diversos escalonamentos hierárquicos dos empregados numa empresa. Quanto mais avança na escala funcional da empresa, mais se distancia dos benefícios trabalhistas, podendo chegar ao topo deste cenário (veja quadro abaixo), quando seu contrato de emprego ficará suspenso, porque será confundido com o próprio empregador, como é o caso do diretor de S/A (Súmula nº 269 do TST).

10.2. Espécies

O grau de confiança pode ter diversos matizes. Por isso, classificamos estes empregados em três categorias e, para cada uma, foi dispensado um tratamento legal distinto, de acordo com o degrau que ocupa na escala de confiança ou com a amplitude do poder que detém:

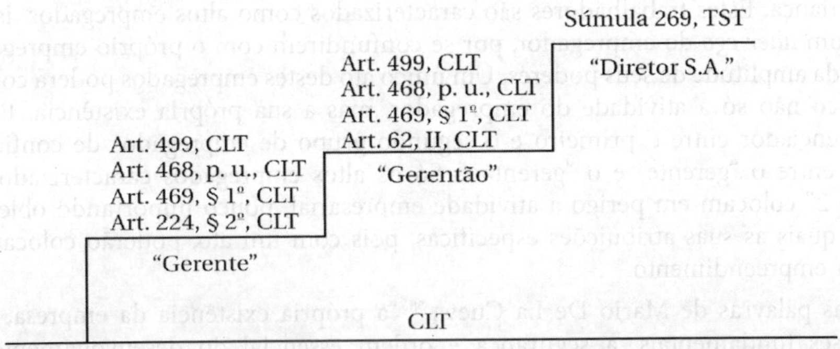

Grupo 1

No primeiro grupo estão aqueles empregados com um ou mais dos poderes a seguir: atribuições de gestão, mando, fiscalização, podendo admitir, demitir, emitir cheques, efetuar compras, contratar, distratar, representar o empregador perante credores, devedores, clientes, repartições públicas, através de mandato outorgado pelo empregador ou não, podendo ter ou não subordinados. Têm poderes restritos, com limitações ou alçadas, não importando a quantidade de afazeres de confiança, mas sim a intensidade desta, que é limitada. Não é possível enumerar taxativamente os poderes ou atribuições destes empregados, pois só o caso concreto irá tipificá-los. Atos deste tipo de empregado podem ocasionar **enormes prejuízos**, mas **jamais** colocam em risco a atividade-fim do empregador e a sua existência.

Limitação de direitos trabalhistas

a) podem ser transferidos unilateralmente para localidade diversa da que resultar o contrato (art. 469, § 1º, da CLT);

b) podem ser revertidos ao cargo efetivo ("rebaixamento"), sem que isto importe em alteração contratual *in pejus* – art. 468, § 1º, da CLT;

c) não adquirem estabilidade na função e, em alguns casos, nem no emprego (art. 499 da CLT);

d) se bancário e perceber gratificação de função superior ao terço do seu salário, estará excluído da jornada de seis horas para ser incluído na regra geral de oito horas diárias, na forma do art. 224, § 2º, da CLT e da primeira parte da Súmula nº 287 do TST. Nesse caso é necessária a concomitância dos dois requisitos: exercer função de confiança e receber a gratificação mínima estabelecida na lei.

Grupo 2

Pertencem ao segundo grupo os empregados de confiança que podem exercer as mesmas atribuições acima descritas, mas com poderes ainda mais amplos ou irrestritos para alguns atos. Normalmente podem exercê-los sem fiscalização, sem limites, de forma autônoma, substituindo o próprio empregador. Mesmo quando necessitam de autorização, esta é concedida sem critério fiscalizador, já que decorre da confiança. Estes trabalhadores são caracterizados como altos empregados, isto é, como um *alter ego* do empregador, por se confundirem com o próprio empregador, diante da amplitude de seus poderes. Um único ato destes empregados poderá colocar em **risco** não só a atividade do empregador, mas a sua própria existência. Este é o diferenciador entre o primeiro e o segundo grupo de empregados de confiança, isto é, entre o "gerente" e o "gerentão". Só os altos empregados caracterizados no "grupo 2" colocam em perigo a atividade empresarial, pouco importando objetivamente quais as suas atribuições específicas, pois com um ato, poderão colocar em risco o empreendimento.

Nas palavras de Mario De La Cueva,[58] "a própria existência da empresa, seus interesses fundamentais, a segurança e ordem essencial do desenvolvimento de sua atividade" são características deste tipo de empregado de confiança, isto é, do "gerentão", já que é um *longa manus* do empresário.

Limitações de Direitos Trabalhistas

a) podem ser transferidos unilateralmente para localidade diversa da que resultar o contrato (art. 469, § 1º, da CLT), assim como os enquadrados no primeiro grupo;

b) podem ser revertidos ao cargo efetivo (rebaixamento), sem que isto importe em alteração contratual *in pejus* – art. 468, § 1º, da CLT, assim como os enquadrados no primeiro grupo;

c) não adquirem estabilidade na função e, em alguns casos, nem no emprego (art. 499 da CLT), da mesma forma que os empregados de confiança do primeiro grupo;

---

58 *Apud* SÜSSEKIND, Arnaldo; MARANHÃO, Délio; VIANNA, Segadas; TEIXEIRA, *Lima. Instituições de Direito do Trabalho*. 18. ed. São Paulo: LTr, 1999, v. 1, p. 319.

d) se receberem, pelo menos, 40% a mais do valor do salário percebido na função ou cargo efetivo, mesmo que pagos em rubrica separada a título de gratificação, estarão **excluídos** de qualquer jornada, bem como de todo o Capítulo II "Da Duração do Trabalho", que compreende, também, os intervalos entre e intrajornadas, a necessidade de controle de ponto, a hora noturna reduzida, o adicional noturno, direitos que o alto empregado não possui.

Nessa situação, encontra-se, por exemplo, o gerente-geral de uma agência de banco, conforme a segunda parte da Súmula nº 287 do TST. No entanto, esta é apenas uma presunção *iuris tantum* (relativa), e não *iuris et de iure* (absoluta), já que somente o real exercício da função de confiança garantirá a aplicação do art. 62, II, da CLT.

Remetemos o leitor ao Capítulo "Duração do Trabalho", em que o assunto é abordado novamente de forma mais aprofundada.

Grupo 3

Aqui estão apenas os empregados eleitos (através de uma assembleia-geral) ao cargo de diretor de uma sociedade anônima, desde que tenha desaparecido a subordinação outrora existente. A jurisprudência majoritária considera suspensos os contratos de emprego enquanto exercerem tal mister (Súmula nº 269 do TST). O tempo de afastamento não será computado como tempo de serviço. Tal posição se apoia no fato de a diretoria da S/A ser um órgão onde os diretores administram livremente a empresa. Há outras correntes, dentre elas a que defende a extinção do contrato porque o empregado passa a ser seu próprio patrão, corrente que adotamos (instituto da confusão – art. 381 do Código Civil de 2002). Remetemos o leitor ao Capítulo "Duração do Trabalho" e ao Capítulo "Suspensão do Contrato".

Enquanto suspenso o contrato, este trabalhador não tem qualquer direito trabalhista, nem ao FGTS. Da mesma forma o Decreto nº 99.684/90, art. 29 c/c item 1.6 da IN nº 3/96 do FGTS, que estendeu o Fundo apenas para aqueles empregados de confiança que, mesmo com o contrato suspenso, o tempo de serviço é computado para todos os fins (item 1.2 da IN nº 3/96 do FGTS), o que não ocorre com os verdadeiros empregados eleitos diretores de S/A.

Diversa é a situação do empregado eleito para o Conselho de Administração de uma Sociedade Anônima. A Lei nº 6.404/76 inovou ao criar o Conselho de Administração, como órgão obrigatório nas sociedades anônimas, de capital autorizado, de deliberação colegiada. O Conselho não tem poder de representação da sociedade, pois é exclusivo da diretoria.

O Conselho é composto de, no mínimo, três membros eleitos pela assembleia-geral (art. 140 da Lei nº 6.404/76).

Não existe impedimento legal para que um empregado da empresa seja eleito para o Conselho de Administração. Ocorrendo tal fato, o contrato de trabalho do empregado eleito não será suspenso, continuará em curso normalmente, porque o

Conselho de Administração é órgão de deliberação, sem poderes para representar a companhia, poder exclusivo da Diretoria.

Para outras considerações *vide* Capítulo "Duração do Trabalho", item 11.2.1.

Autonomia da Vontade e Valor do Salário

A Lei nº 13.467/17 acrescentou o parágrafo único ao art. 444 da CLT, para autorizar que o empregado portador de diploma de curso superior (profissionistas), que receba salário igual ou superior a duas vezes o limite máximo dos benefícios da Previdência Social, possa livremente estipular com o seu empregador cláusulas contratuais que versem sobre os direitos contidos nos incisos do art. 611-A da CLT.

O inciso V do art. 611-A da CLT permite que este empregado identifique no seu contrato se sua função se enquadra entre as de confiança:

> **Art. 444.** (...)
>
> Parágrafo único. A livre estipulação a que se refere o *caput* deste artigo aplica-se às hipóteses previstas no art. 611-A desta Consolidação, com a mesma eficácia legal e preponderância sobre os instrumentos coletivos, no caso de empregado portador de diploma de nível superior e que perceba salário mensal igual ou superior a duas vezes o limite máximo dos benefícios do Regime Geral de Previdência Social.
>
> (...)
>
> **Art. 611-A.** A convenção coletiva e o acordo coletivo de trabalho têm prevalência sobre a lei quando, entre outros, dispuserem sobre:
>
> (...)
>
> V – plano de cargos, salários e funções compatíveis com a condição pessoal do empregado, **bem como identificação dos cargos que se enquadram como funções de confiança;**
>
> (...).

Diante da novidade trazida pela Lei nº 13.467/17, poderá o empregado em estudo, pelo simples fato de ser portador de diploma e receber igual ou mais do que o teto, renunciar ao Capítulo "Da Duração do Trabalho", mesmo que não exerça qualquer cargo de confiança? Poderá este trabalhador ajustar que, mesmo pertencendo de fato ao grupo 1, se enquadra no grupo 2?

Há correntes nas duas posições. Aqueles que defendem a validade da renúncia praticada por estes empregados, pois a lei expressamente impediu o Judiciário Trabalhista de analisar o conteúdo das normas coletivas (art. 8º, § 2º, da CLT, salvo quanto aos vícios contidos no art. 104 do CC) e outros, em sentido oposto, defendendo que não pode o ajuste prevalecer sobre a realidade (princípio da primazia da realidade) e também porque o direito é irrenunciável.

11. PASTOR E IGREJA OU PADRE E IGREJA

Remetemos o leitor ao Capítulo "Requisitos da Relação de Emprego", em que o tema é explorado.

12. REPRESENTANTE COMERCIAL

12.1. Conceito

"Exerce a representação comercial autônoma a pessoa jurídica ou pessoa física, sem relação de emprego, que desempenha, em caráter não eventual por conta de uma ou mais pessoas, a mediação para a realização de negócios mercantis, agenciando propostas ou pedidos, para transmiti-los aos representados, praticando ou não atos relacionados com a execução dos negócios" (art. 1º, *caput*, da Lei nº 4.886/65).

As distinções entre o representante comercial (Lei nº 4.886/65) e o vendedor, viajante ou pracista empregado (Lei nº 3.207/57) são poucas, mas fundamentais. Por isso, toda a atenção é necessária para distingui-los, já que o primeiro não tem vínculo de emprego e o segundo tem.

A figura do representante comercial aproxima-se muito à do vendedor (pracista ou não) empregado, cujas funções são análogas. A solução da questão dependerá do exame do caso concreto.

Isto porque o representante comercial pode ser um agente autônomo com modesta capacidade (pessoa física) ou um agente com grande estrutura de produção (pessoa jurídica). Aquele pode ser confundido com o vendedor empregado.

12.2. Semelhanças e Distinções entre Vendedor Empregado e Representante Comercial

a) A Lei nº 4.886/65, art. 2º, determina, como requisito da substância do ato, a obrigatoriedade do registro dos que exercem a representação comercial autônoma nos conselhos regionais (Core). A falta deste requisito, conjugado com a presença dos requisitos caracterizadores da relação de emprego, acarreta o reconhecimento do vínculo e desnatura a representação comercial (art. 1º, *caput*, da Lei nº 4.886/65). O representante comercial pode ser uma pessoa física ou jurídica, enquanto os empregados só podem ser pessoas físicas (arts. 2º e 3º da CLT);

b) Prevendo o contrato a exclusividade de zona, o representante comercial terá direito às comissões pelas vendas ali realizadas, independentemente de quem as efetuou (art. 31, *caput*, da Lei nº 4.886/65). O mesmo ocorre com o vendedor pracista empregado (art. 2º da Lei nº 3.207/57). De acordo com o parágrafo único do art. 31 da Lei nº 4.886/65, não há presunção da exclusividade de representação na falta de ajuste expresso nesse sentido. O mesmo poderia ser dito em relação ao vendedor pracista, pois a exclusividade é requisito especial do contrato e deve ser ajustada de forma expressa (art. 29 da CLT);

c) O representante pode trabalhar por prazo certo ou indeterminado (art. 27, *c*, da Lei nº 4.886/65). Da mesma forma o vendedor pracista (art. 443 da CLT);

d) O representante não pode dar descontos nem abatimentos no preço sem a autorização expressa do representado (art. 29 da Lei nº 4.886/65); o mesmo ocorre com o vendedor pracista, que não pode praticar preços por conta própria, pois está subordinado ao patrão (arts. 2º e 3º da CLT);

e) O representante comercial só adquire direito às comissões quando do pagamento dos pedidos e propostas (art. 32 da Lei nº 4.886/65). Quando não houver previsão no contrato dos prazos para recusa das propostas, serão consideradas aceitas em 15, 30, 60 ou 120 dias, conforme o caso, (art. 33 da Lei nº 4.886/65). O empregado vendedor pracista adquire o direito às respectivas comissões quando a venda for realizada ou quando o pedido não for recusado em 10 dias (dentro do estado) e 90 dias (fora do estado e no estrangeiro), contados da data da proposta feita (art. 3º da Lei nº 3.207/57). Tanto o representante quanto o empregado vendedor pracista podem ter suas comissões estornadas (devolvidas, descontadas) nos casos de insolvência do comprador (art. 7º da Lei nº 3.207/57 e art. 33, § 1º, da Lei nº 4.886/65);

f) Importante diferença é que o vendedor empregado não corre o risco do negócio, logo, sempre tem a garantia do mínimo quando as comissões são inferiores a este, mesmo quando ajustadas por um trimestre,[59] como autoriza a lei (arts. 1º e 3º da Lei nº 8.716/93 c/c art. 78, parágrafo único, da CLT e art. 7º, VII, da CRFB), o que não ocorre com o representante, que pode passar meses sem nada perceber. O empregado recebe seus salários quando o contrato está interrompido (férias, RSR, 15 primeiros dias da doença etc.); o representante nada recebe nestas ocasiões, pois é considerado um autônomo e, por isso, corre os riscos do negócio;

g) Apesar do afirmado acima, é proibida a cláusula *del credere* ou *star del credere* tanto para os representantes (art. 43 da Lei nº 4.886/65) quanto para os empregados vendedores (art. 2º da CLT). Cláusula *del credere* significa que o vendedor é o fiador do negócio por ele realizado, pagando no caso de inadimplemento do contrato;

h) O contrato de representação comercial poderá ser rompido por justa causa perpetrada pelo representado ou pelo representante (arts. 35 e 36 da Lei nº 4.886/65). Apenas quando o representante cometer justa causa é possível a retenção das comissões devidas, para fins de reparação dos

[59] Defendemos que o art. 4º, parágrafo único, da Lei nº 3.207/57 deve ser interpretado conforme a Constituição, isto é, que a cláusula contratual para pagamento de comissões por periodicidade maior que o mês, só será válida se garantir, nos meses em que não houver qualquer pagamento de comissão, o salário mínimo, como assegurado no art. 7º, VII, da CRFB.

danos causados por este (art. 37 da Lei nº 4.886/65). Os empregadores só podem reter salários de seus empregados em caso de recusa na dação do respectivo recibo, em nenhuma outra hipótese. Logo, aqui há outra distinção entre os cotejados;

i) A denúncia do contrato por prazo indeterminado, sem justa causa, desde que vigente por mais de seis meses, obriga o denunciante, salvo outra garantia prevista no contrato, à concessão de aviso prévio de, no mínimo, 30 dias – art. 34 da Lei nº 4.886/65. Ora, situação similar ocorre quando o contrato de trabalho é extinto sem justa causa – art. 487 da CLT. A distinção é que a CLT não exige a vigência mínima de seis meses;

j) O pagamento das comissões do representante comercial deverá ocorrer até o dia 15 do mês subsequente ao da liquidação da fatura – art. 32 da Lei nº 4.886/65. O empregado adquire o direito às comissões com o pedido ou proposta não recusado, independentemente de ter ou não sido liquidada a dívida por parte do cliente – art. 3º da Lei nº 3.207/57. O pagamento deverá ser efetuado até o quinto dia útil do mês subsequente – 459, § 1º, da CLT;

k) Extinto o contrato indeterminado, sem justa causa, por iniciativa do representado, o representante comercial terá direito a uma indenização não inferior a 1/12 do total da retribuição auferida até a data da rescisão, multiplicada pelo número de meses de vigência do contrato – art. 27, *j* da Lei nº 4.886/65. No passado, de forma similar, o empregado, ao ser demitido, tinha direito a uma indenização (art. 478 da CLT), hoje substituída pelo FGTS (Lei nº 8.036/90);

l) Extinto o contrato a termo antes do termo final, sem justa causa, o representante terá direito à média mensal da retribuição auferida até a data da rescisão, multiplicada pela metade do número de meses resultantes do prazo contratual – art. 27, § 1º, da Lei nº 4.886/65. Indenização similar está prevista para o empregado no art. 479 da CLT. Ao contrato a termo do representante comercial se aplicam as mesmas regras do contrato a termo do empregado – art. 27, §§ 2º e 3º, da Lei nº 4.886/65 e arts. 451 e 452 da CLT;

m) O vendedor pracista não tem a autonomia do representante comercial, ante a subordinação decorrente de seu contrato de emprego, pois dentro da zona de atuação (exclusiva ou não), normalmente é obrigado a visitar determinado número de clientes por dia, é supervisionado e fiscalizado e não pode escolher o dia e hora de visitação, nem dispor da clientela. O representante comercial normalmente não tem supervisor, tem liberdade na forma de desempenhar seu trabalho, na escolha e na visitação da clientela, nos dias e horários que vai trabalhar. Esta talvez seja uma das maiores diferenças entre o empregado vendedor pracista e o representante comercial.

Para outras considerações, remetemos o leitor para o item 6.1 do Capítulo 23 e para o estudo dos "Trabalhadores Autônomos".

13. COOPERADO X COOPERATIVA

13.1. Conceito

Conceito de cooperativa segundo Valentim Carrion:[60]

> É a associação voluntária de pessoas que contribuem com seus esforços pessoais ou suas economias, a fim de obter para si as vantagens que o grupamento possa propiciar.

A palavra cooperativa nos leva ao verbo cooperar que significa atuar em conjunto com outras pessoas para um mesmo fim; contribuição com esforços pessoais ou materiais para atingir uma finalidade comum ao grupo.

As cooperativas podem ser de **crédito**, quando se destinarem ao empréstimo em condições mais vantajosas que as do mercado; de **consumo**, quando seu objetivo for a aquisição de produtos alimentícios, caseiros, eletrônicos etc.; de **produção**, quando sua destinação estiver ligada à produção pecuária, agrária, mineira etc.; em forma de **consórcio**, quando se destinarem à venda facilitada de veículos ou outros produtos etc. O tipo de cooperativa que interessa ao Direito do Trabalho é a cooperativa de **trabalho**.

O art. 4º da Lei 12.690/2012 divide as cooperativas de trabalho em duas espécies: de serviços ou de produção:

> **Art. 4º** A Cooperativa de Trabalho pode ser:
> I - de produção, quando constituída por sócios que contribuem com trabalho para a produção em comum de bens e a cooperativa detém, a qualquer título, os meios de produção; e
> II - de serviço, **quando constituída por sócios para a prestação de serviços especializados a terceiros, sem a presença dos pressupostos da relação de emprego.** (grifos nossos)

Conceito de cooperativa de trabalho ou de serviços de acordo com Carrion:[61]

> É a constituída por trabalhadores autônomos, com liberdade de contratação e sem subordinação, que oferecem os serviços profissionais do grupo ou de seus membros isoladamente, de forma variada e em sistema rodízio informal, com igualdade de condições, sem exclusividade, a terceiros interessados nestes mesmos serviços. Os rendimentos são distribuídos ao grupo de forma proporcional ao esforço de cada um.

---

60 CARRION, Valentin. "Cooperativas de Trabalho - Autenticidade e Falsidade". São Paulo, *Revista LTr*, n. 2, 1999, p. 168.

61 *Idem*.

A Lei 12.690/2012, art. 2º, conceitua cooperativas de trabalho como:

> **Art. 2º** Considera-se Cooperativa de Trabalho a sociedade constituída por trabalhadores para o exercício de suas atividades laborativas ou profissionais com proveito comum, autonomia e autogestão para obterem melhor qualificação, renda, situação socioeconômica e condições gerais de trabalho.

Zangrando[62] informa que em 1969 foi realizado na Venezuela o I Congresso Continental de Direito Cooperativo e, em razão disto, foi elaborada a Carta de *Mérida*, que entre outras disposições estabeleceu elementos essenciais que caracterizam e diferenciam as cooperativas das demais espécies de sociedades, senão vejamos:

a) sujeitos: o cooperado e a cooperativa constituídos e funcionando em conformidade com a lei;
b) objetivo: estabelecido de acordo com os fins da cooperativa;
c) serviços: qualquer um, desde que lícito e **sem intenção de lucro**.

Não há relação de emprego entre a cooperativa e seus cooperados, salvo quando o cooperado cumular também a função de empregado – art. 31 da Lei nº 5.764/71 c/c o inciso II do art. 4º da Lei 12.690/2012.

Se os requisitos do vínculo de emprego (arts. 2º e 3º da CLT) estiverem presentes entre a cooperativa e o trabalhador, ou entre este e um tomador da cooperativa, o trabalhador será empregado, pois sua condição de cooperado era mera fraude.

Portanto, os cooperativados são verdadeiros trabalhadores autônomos, pois entre eles e a cooperativa ou seus tomadores de serviço, não estão presentes os requisitos contidos nos arts. 2º e 3º da CLT.

Aliás, os arts. 4º, II, 5º, 17 e 18 da Lei 12.690/2012 proíbem que a cooperativa sirva para terceirizar mão de obra subordinada ou fraudar o vínculo de emprego.

13.2. Natureza Jurídica

De acordo com o art. 1.094 do CC as cooperativas têm natureza jurídica de sociedades simples.

As sociedades civis podem ser simples, se não exercerem atividades empresariais. As cooperativas não podem exercer atividades empresariais, por isso, são classificadas como sociedades simples de pessoas.

Süssekind[63] prefere dizer que elas têm natureza especial.

---

62 ZANGRANDO, Carlos Henrique da Silva. *Resumo de Direito do Trabalho*, 6. ed. Rio de Janeiro: Edições Trabalhistas, 2003, p. 153.

63 Süssekind afirma que elas são sociedades civis especiais de pessoas, sem fim lucrativo. SÜSSEKIND, Arnaldo; MARANHÃO, Délio; VIANNA, Segadas; TEIXEIRA, Lima. Instituições de Direito do Trabalho. 21. ed. São Paulo: LTr, 2003, v. 1, p. 330.

13.3. Princípios

Mauricio Godinho[64] menciona a necessidade de a pessoa filiada ter, ao mesmo tempo, **dupla qualidade ou condição**,[65] a de cooperada e a de cliente da cooperativa, auferindo as vantagens dessa duplicidade de situações.

Para tanto, a cooperativa deve efetivamente prestar serviços diretamente para o cooperado e não o contrário. Aliás, é isso que deixa a entender os arts. 4º e 6º, I, da Lei nº 5.764/71.

As verdadeiras cooperativas (de taxistas, de médicos associados, de assentados, de produção...) existem para prestar serviços a seus associados, que são trabalhadores autônomos, sendo certo que o oferecimento dos serviços de cada cooperado a terceiros serve de mero instrumento para viabilizar seu objetivo: o trabalho dos membros do grupo.

O art. 3º da Lei 12.690/2012 aponta outros princípios que regem as cooperativas de trabalho:

> **Art. 3º** A Cooperativa de Trabalho rege-se pelos seguintes princípios e valores:
>
> I – adesão voluntária e livre;
>
> II – gestão democrática;
>
> III – participação econômica dos membros;
>
> IV – autonomia e independência;
>
> V – educação, formação e informação;
>
> VI – intercooperação;
>
> VII – interesse pela comunidade;
>
> VIII – preservação dos direitos sociais, do valor social do trabalho e da livre-iniciativa;
>
> IX – não precarização do trabalho;
>
> X – respeito às decisões de assembleia, observado o disposto nesta Lei;
>
> XI – participação na gestão em todos os níveis de decisão de acordo com o previsto em lei e no Estatuto Social.

Podemos destacar como mais importantes, sob o olhar do direito do trabalho, a adesão voluntária, a autonomia de seus membros e a não precarização do trabalho. Dizemos isto porque, para fraudar o vínculo de emprego e diminuir seus custos, muitas empresas obrigam seus empregados a aderirem a uma cooperativa, apenas para sonegar os direitos trabalhistas, precarizando o trabalho.

---

[64] DELGADO, Mauricio Godinho. *Curso de Direito do Trabalho*. São Paulo: LTr, 2002, p. 323.

[65] Alice acrescenta que o cooperado, "além de prestar serviços, deverá ser beneficiário dos serviços prestados pela entidade". BARROS, Alice Monteiro. Curso de Direito do Trabalho. 2. ed. São Paulo: LTr, 2006, p. 212.

13.4. Normas e Legislações Aplicáveis

Atualmente, as Leis nº 5.764/71 e 12.690/2012 regem a matéria. A primeira dispõe, em seu art. 3º, que as cooperativas não têm objetivo lucrativo e, se algum associado for também empregado, não poderá votar naquele exercício – art. 31.

Antes desta, outras leis regeram a matéria, como o Decreto 22.239/32 e a Lei nº 1.652/52, ambos já revogados.

A Recomendação nº 127 da OIT propõe a sujeição das cooperativas a um controle estatal ou privado, para garantir que suas atividades se desenvolvam de acordo com a lei e com o objetivo para que foram criadas.

A Constituição Federal, em seu art. 5º, XVIII c/c art. 174, §§ 1º e 2º, estimula a criação livre das cooperativas.

Para a Previdência Social as cooperativas se equiparam à empresa para fins da contribuição previdenciária – art. 14 da Lei nº 8.213/91 c/c art. 15 da Lei nº 8.212/91.

> **Art. 14.** Consideram-se:
>
> I – empresa – a firma individual ou sociedade que assume o risco de atividade econômica urbana ou rural, com fins lucrativos ou não, bem como os órgãos e entidades da administração pública direta, indireta ou fundacional;
>
> II – empregador doméstico – a pessoa ou família que admite a seu serviço, sem finalidade lucrativa, empregado doméstico.
>
> Parágrafo único. Equiparam-se a empresa, para os efeitos desta Lei, o contribuinte individual e a pessoa física na condição de proprietário ou dono de obra de construção civil, em relação a segurado que lhe presta serviço, **bem como a cooperativa, a associação ou entidade de qualquer natureza ou finalidade,** a missão diplomática e a repartição consular de carreira estrangeiras (grifos nossos).

Infelizmente, por força da Lei nº 8.949/94, a CLT teve acrescido ao art. 442 o parágrafo único que reza:

> **Art. 442.** Contrato individual de trabalho é o acordo tácito ou expresso, correspondente à relação de emprego.
>
> **Parágrafo único.** Qualquer que seja o ramo de atividade da sociedade cooperativa, não existe vínculo empregatício entre ela e seus associados, nem entre estes e os tomadores de serviços daquela (grifos nossos).

Todavia, pouca diferença existe entre a redação do parágrafo único do art. 442 da CLT e aquela prevista no art. 90 da Lei nº 5.764/71: "Qualquer que seja o tipo de cooperativa, não existe vínculo de emprego entre ela e seus associados".

A Lei nº 8.949/94 veio sem a intenção de impedir o vínculo de emprego dos verdadeiros empregados. Na verdade, teve o escopo de proteger as relações jurídicas travadas com o Movimento sem Terra nos assentamentos rurais. Isto é, sob o enfoque da reforma agrária desejava-se conceder a propriedade da terra inativa ao trabalhador (ou família) que a tornasse produtiva. Para tanto, as Cooperativas de Assentados foram criadas para cadastrar e selecionar, normalmente dentre os "sem terra", os trabalhadores interessados na troca. Uma vez selecionados, seriam assentados numa determinada terra e, depois de receberem os subsídios do governo, trabalhariam para torná-la produtiva. Todavia, mesmo após árduo trabalho, muitas terras não produziram e, com isso, a propriedade não foi concedida. Revoltados, ajuizaram milhares de reclamações trabalhistas ora contra a União, ora contra a cooperativa (que nenhum lucro ou promessa fazia).

Para pacificar e tranquilizar estes conflitos foi acrescido o parágrafo único do art. 442 da CLT.

Da mesma forma Valentin Carrion[66] ao afirmar que:

> (...) a norma de 1994 veio silenciosamente para o mundo jurídico laboral, aprovada com a participação inocente e talvez inadvertida da maior parte do Congresso Nacional que se deixou motivar para a alegada conveniência de proteger os assentados do Movimento dos Sem Terra (...) Tratava-se de tranquilizar as relações laborais dos Sem Terra, das chamadas cooperativas de Assentados (de produção) ou as que, em regime de mutirão, lhes prestam colaboração (de trabalho).

Por este motivo foi vetado o art. 30 da Lei 12.690/2012, que expressamente revogava o parágrafo único do art. 442 da CLT, pois tratam de situações distintas, pois o verdadeiro cooperativado não é empregado.

13.5. Objetivo

O objetivo da cooperativa é duplo: de um lado desenvolver a solidariedade e ajuda mútua entre os associados e, de outro, obter para eles a justa remuneração de seu trabalho, sem intuito de lucro. Isto é, por um lado se preocupa com o sentido ético da solidariedade de interesses e colaboração mútua para se chegar a um fim comum; por outro, com a melhoria da condição social do trabalhador.

Por fim, a razão principal da cooperativa é a de promover a melhoria econômica e social de seus membros.

13.6. Vínculo entre o Cooperado e a Cooperativa ou entre o Cooperado e o Tomador

Após a leviana inclusão do parágrafo único ao art. 442 da CLT, através da Lei nº 8.949/94, muitos intérpretes chegaram à errada conclusão de que entre o trabalhador e a cooperativa, ou entre o trabalhador e o tomador ou cliente da cooperativa, não pode existir o vínculo de emprego.

---

66 CARRION, Valentin. "Cooperativas de Trabalho – Autenticidade e Falsidade". São Paulo, *Revista LTr*, n. 2, 1999, p. 168.

Neste sentido Paulo Henrique Ribeiro Vilhena[67] defende:

> Além do explícito seccionamento de vínculo empregatício entre sócio cooperado e sua sociedade ou entre este e uma empresa cliente, o parágrafo único afastou, também, a aplicação do art. 9º da CLT, extirpando qualquer consideração de fraude nos contratos celebrados por cooperados e que tenham por objeto serviço prestado a outrem, mediante contrato com a respectiva sociedade cooperativa.

A partir de então milhares de cooperativas foram criadas apenas com a intenção de acobertar verdadeiras relações de emprego sob o manto de relação entre cooperativa e cooperado, sonegando ao trabalhador toda e qualquer proteção prevista na CLT.

Como visto acima, esta não foi a intenção do legislador.

Mesmo que se argumente que após a publicação de uma lei sua interpretação se desvincula da vontade e intenção de seu criador, passando a ser autônoma e ter vida própria de acordo com a interpretação majoritária de seus destinatários, não se aplicaria a proibição de formação de vínculo entre cooperado e a cooperativa aos verdadeiros empregados destas.

O cooperado que presta serviços a tomador através de sua cooperativa (cooperativa de trabalho) se caracteriza como um trabalhador autônomo, que se reúne aos demais na tentativa de se colocar no mercado. Seus serviços em relação à cooperativa e aos tomadores se dão de forma espontânea, eventual e sem subordinação.

Por este motivo a Lei 12.690/2012 proibiu as cooperativas de trabalho de terceirizarem empregados ou de fraudarem direitos trabalhistas (arts. 5º e 18).

É o que acontece com os taxistas, por exemplo, que se reúnem em uma determinada cooperativa para que esta faça a intermediação entre o cliente (passageiro-tomador) e o taxista (prestador de serviços), evitando voltas inúteis do veículo em busca do passageiro nas ruas da cidade. Não existe entre o taxista trabalhador e o passageiro tomador dos serviços a subordinação e pessoalidade necessárias para a caracterização do vínculo de emprego. Cada dia o motorista taxista tem um passageiro distinto. Este se subordina aos preços fixados pelo taxímetro e às condições que o veículo se encontra.

Diferente seria a situação deste mesmo taxista que ajustasse com determinado passageiro que ficaria pessoalmente à sua disposição, das 8h às 18h, mediante um valor fixo de R$ 2.000,00 por mês, além do reembolso do combustível. Este cooperado (motorista) passaria, sem dúvidas, a empregado deste passageiro (tomador de serviços) no horário de 8h às 18h. Após seu expediente retomaria a sua condição de cooperado para aguardar os chamados do rádio para buscar o passageiro no local designado.

---

67 VILHENA, Paulo Henrique Ribeiro. *Relação de emprego, estrutura legal e pressupostos*. 2. ed. São Paulo: LTr, 1999, p. 653-654.

Ora, se a própria Lei nº 5.764/71, em seu art. 31, permite o vínculo de emprego entre o cooperado-empregado e a cooperativa, por que o intérprete não faria o mesmo?

Ademais, dispõe o art. 3º da referida lei que: "Celebram contrato de sociedade cooperativa as pessoas que reciprocamente se obrigam a contribuir com bens ou serviços para o exercício de uma atividade econômica, de proveito comum, sem OBJETIVO DE LUCRO" (destaque nosso).

Para negar a condição de cooperativa e, consequentemente, deixar de aplicar o disposto no parágrafo único do art. 442 da CLT às cooperativas de trabalho, basta um exame na sua finalidade. Se lucrativa, como acontece na maior parte das vezes, pois cobra pela intermediação muito mais do que repassa ao trabalhador, não pode ser caracterizada como cooperativa.

Logo, a vedação legal mencionada no Estatuto Celetista aplica-se apenas para as relações que se estabelecem entre a verdadeira cooperativa e o autêntico cooperado. Isto quer dizer que aquela não pode ter finalidade lucrativa com a intermediação de mão de obra, e que os serviços prestados por estes sejam espontâneos, sem subordinação jurídica, como forma de colaboração mútua ou por caridade, intenções altruístas, dedicação ou, ainda, por empreendimentos comuns dos cooperados. Por este motivo, foi vetado o art. 30 da Lei 12.690/2012 que revogava o parágrafo único do art. 442 da CLT, pois trata dos verdadeiros cooperativados e não de empregados.

Presentes os requisitos do liame empregatício entre o cooperado e a cooperativa, ou entre este e o tomador dos serviços, o trabalhador será um empregado e não um cooperado.

Da mesma forma Süssekind,[68] Godinho[69] e Carrion[70].

Inexiste vínculo de emprego nas relações que se estabelecem desta forma por ausentes os requisitos contidos nos arts. 2º e 3º da CLT e não por força da proibição do parágrafo único do art. 442 da CLT, já que este artigo é mera repetição do art. 90 da Lei nº 5.764/71.

Assim também os arts. 4º, II, 5º, 17 e 18 da Lei 12.690/2012:

> **Art. 4º** A Cooperativa de Trabalho pode ser:
>
> (...)
>
> II – de serviço, quando constituída por sócios para a prestação de serviços especializados a terceiros, **sem a presença dos pressupostos da relação de emprego.**
>
> **Art. 5º** A Cooperativa de Trabalho **não pode ser utilizada para intermediação de mão de obra subordinada.**
>
> (...)

68 SÜSSEKIND, Arnaldo; MARANHÃO, Délio; VIANNA, Segadas; TEIXEIRA, Lima. *Instituições de Direito do Trabalho*. 21. ed. São Paulo: LTr, 2003, v. 1, p. 330.

69 DELGADO, Maurício Godinho. *Curso de Direito do Trabalho*. São Paulo: LTr, 2002, p. 328.

70 CARRION, Valentin. Cooperativas de Trabalho – Autenticidade e Falsidade. São Paulo, *Revista LTr*, n. 2, 1999, p. 168.

> **Art. 17.** Cabe ao Ministério do Trabalho e Emprego, no âmbito de sua competência, a fiscalização do cumprimento do disposto nesta Lei.
>
> § 1º A Cooperativa de Trabalho **que intermediar mão de obra subordinada** e os contratantes de seus serviços estarão sujeitos à multa de R$ 500,00 (quinhentos reais) por trabalhador prejudicado, dobrada na reincidência, a ser revertida em favor do Fundo de Amparo ao Trabalhador – FAT.
>
> (...)
>
> **Art. 18.** A constituição ou utilização de Cooperativa de Trabalho para **fraudar deliberadamente a legislação trabalhista, previdenciária** e o disposto nesta Lei acarretará aos responsáveis as sanções penais, cíveis e administrativas cabíveis, sem prejuízo da ação judicial visando à dissolução da Cooperativa. (grifos nossos)

No mais, reportamo-nos à leitura do Capítulo sobre "Terceirização".

14. ESTAGIÁRIO

O estágio era regido pela Lei nº 6.494/77 e pelo Decreto 87.497/82. Hoje o estágio está regulado pela Lei nº 11.788/2008. Quando não existia regramento legal disciplinando a matéria, o Ministério da Economia, antigo Ministério do Trabalho, regulava as relações entre estagiário e a parte concedente do estágio (tomador) através da Portaria nº 1.002/67, hoje superada pela Lei.

Considera-se estagiário o estudante que, sem vínculo de emprego, presta serviços a uma pessoa jurídica, que lhe oferece um procedimento didático-profissional, que envolve atividades sociais, profissionais e culturais, através da participação em situações reais de vida e de trabalho, sob a coordenação da instituição de ensino, estágio curricular.

O art. 1º da Lei nº 11.788/2008 conceitua o estágio e aponta sua finalidade:

> **Art. 1º** Estágio é ato educativo escolar supervisionado, desenvolvido no ambiente de trabalho, que visa à preparação para o trabalho produtivo de educandos que estejam frequentando o ensino regular em instituições de educação superior, de educação profissional, de ensino médio, da educação especial e dos anos finais do ensino fundamental, na modalidade profissional da educação de jovens e adultos.

A jurisprudência está atenta para os casos de fraude no contrato de estágio, que não respeitam os requisitos próprios deste tipo de pacto.

> AGRAVO DE INSTRUMENTO. RECURSO DE REVISTA. LEI N . º13.015/2014. CONTRATO DE ESTÁGIO. VÍNCULO EMPREGATÍCIO. INEXISTÊNCIA. O Regional , diante do conteúdo fático-probatório dos autos , consignou que o contrato de estágio juntado aos autos "objetivou propiciar um campo de experiências e conhecimento que constitua em desenvolvimento de habilidades necessária para aquisição de competências profissionais (fl. 13)" , concluindo não observar a irregularidade trazida na reclamação. Registrou também que existia previsão expressa de que o estágio fazia parte do projeto pedagógico da escola, de interesse curricular, além de consignar que a reclamante recebia bolsa auxílio, tudo em conformidade

com a previsão contratual. Logo, entendeu o Regional pelo não reconhecimento do vínculo empregatício, concluindo que "A reclamante apenas participava de todas as atividades dentro da agência bancária, com o objetivo de aprendizado, sem a responsabilidade dos empregados e não finalizava operações". Portanto, verifico que a reclamante não comprovou a alegada fraude na contratação e o referido desvirtuamento dos contratos de estágios firmados. Ademais, estabelecidas as premissas fáticas pelas instâncias ordinárias, não seria possível para esta Corte concluir em sentido oposto ao do acórdão regional sem o reexame do conjunto fático-probatório existente. Óbice da Súmula 126 do TST. AIRR-2097-16.2014.5.03.0020, 2ª Turma, Relatora Ministra Maria Helena Mallmann, *DEJT* 19/12/2017.

14.1. Requisitos para a Validade do Estágio

Requisitos **essenciais** para a validade do estágio de acordo com a Lei nº 11.788/2008:

a) aluno regularmente matriculado e frequentando cursos vinculados ao ensino público ou privado, nos níveis médio, superior, profissional;
b) o trabalho deve propiciar a experiência prática na linha de formação do estágio e complementar o ensino e aprendizagem;
c) termo de compromisso entre o estudante e a parte concedente do estágio (tomador), com a intervenção obrigatória da instituição de ensino, mencionando o instrumento jurídico que se vincula, ou seja, o contrato de estágio deve sempre ser escrito;
d) a parte concedente tem que supervisionar o estágio e emitir relatórios para enviar para a instituição de ensino e esta deve designar um professor orientador para acompanhar o estágio e vistar os relatórios;
e) a duração do estágio não poderá ser superior a 2 anos.

De acordo com a Lei nº 11.788/2008:

Art. 3º O estágio, tanto na hipótese do § 1º do art. 2º desta Lei quanto na prevista no § 2º do mesmo dispositivo, **não cria vínculo empregatício** de qualquer natureza, observados os seguintes **requisitos**: (grifos nossos)

I – matrícula e frequência regular do educando em curso de educação superior, de educação profissional, de ensino médio, da educação especial e nos anos finais do ensino fundamental, na modalidade profissional da educação de jovens e adultos e atestados pela instituição de ensino;

II – celebração de termo de compromisso entre o educando, a parte concedente do estágio e a instituição de ensino;
III – compatibilidade entre as atividades desenvolvidas no estágio e aquelas previstas no termo de compromisso.

§ 1º O estágio, como ato educativo escolar supervisionado, deverá ter acompanhamento efetivo pelo professor orientador da instituição de ensino e por supervisor

> da parte concedente, comprovado por vistos nos relatórios referidos no inciso IV do *caput* do art. 7º desta Lei e por menção de aprovação final.
>
> § 2º O descumprimento de qualquer dos incisos deste artigo ou de qualquer obrigação contida no termo de compromisso **caracteriza vínculo de emprego do educando com a parte concedente** do estágio para todos os fins da legislação trabalhista e previdenciária (grifos nossos).
>
> (....)
>
> **Art. 11.** A duração do estágio, na mesma parte concedente, não poderá exceder **2 (dois) anos**, exceto quando se tratar de estagiário portador de deficiência (grifos nossos).

Não se deve confundir o estagiário com o trabalhador aprendiz. O primeiro não será empregado quando cumpridos os requisitos da Lei nº 11.788/2008, já no segundo caso, o aprendiz sempre será empregado regido pela CLT. Só pode ser aprendiz o menor entre 14 e 24 anos, enquanto no contrato de estágio não existe limitação de idade, dependendo apenas de estar matriculado em curso.

Acresce mais que, o contrato de estágio diferencia-se do contrato de trabalho porque no estágio, embora exista a pessoalidade, subordinação, continuidade e contraprestação, requisitos comuns, pois também presentes no contrato de trabalho, no estágio o escopo principal é a formação profissional do estagiário, tendo finalidade pedagógica e de aprendizado.

Por fim, havendo descumprimento de quaisquer dos requisitos expostos, haverá desvirtuamento do contrato de estágio com a consequente transformação deste contrato em contrato de trabalho, por força do princípio da primazia da realidade e do art. 9º da CLT. Tal entendimento só não irá prosperar no caso de estágio firmado com a administração pública, ante o disposto no art. 37, II, da CRFB. Da mesma forma a OJ nº 366 da SDI-I do TST.

14.2. Tipos de Estágio e Tempo Máximo de Duração

De acordo com a Lei nº 11.788/2008, a duração máxima do estágio na mesma parte concedente, não poderá exceder de **2 anos**, salvo quando o estagiário for portador de deficiência física.

O estágio pode ser obrigatório ou não, conforme as diretrizes curriculares do curso e da área de ensino, na forma do art. 2º:

> **Art. 2º** O estágio poderá ser **obrigatório** ou **não obrigatório**, conforme determinação das diretrizes curriculares da etapa, modalidade e área de ensino e do projeto pedagógico do curso (grifos nossos).
>
> § 1º Estágio **obrigatório** é aquele definido como tal no projeto do curso, cuja carga horária é requisito para aprovação e obtenção de diploma (grifos nossos).
>
> § 2º Estágio **não obrigatório** é aquele desenvolvido como atividade opcional, acrescida à carga horária regular e obrigatória (grifos nossos).

§ 3º As atividades de extensão, de monitorias e de iniciação científica na educação superior, desenvolvidas pelo estudante, somente poderão ser equiparadas ao estágio em caso de previsão no projeto pedagógico do curso.

14.3. Jornada de Trabalho do Estagiário

Para os estágios realizados **depois** da Lei nº 11.788/2008, a jornada de trabalho deverá respeitar o art. 10, abaixo transcrito:

Art. 10. A jornada de atividade em estágio será definida de comum acordo entre a instituição de ensino, a parte concedente e o aluno estagiário ou seu representante legal, devendo constar do termo de compromisso ser compatível com as atividades escolares e não ultrapassar:

I – **4 (quatro) horas** diárias e 20 (vinte) horas semanais, no caso de estudantes de educação especial e dos anos finais do ensino fundamental, na modalidade profissional de educação de jovens e adultos (grifos nossos);

II – **6 (seis) horas** diárias e 30 (trinta) horas semanais, no caso de estudantes do ensino superior, da educação profissional de nível médio e do ensino médio regular (grifos nossos).

§ 1º O estágio relativo a cursos que alternam teoria e prática, nos períodos em que não estão programadas aulas presenciais, poderá ter jornada de até **40 (quarenta) horas** semanais, desde que isso esteja previsto no projeto pedagógico do curso e da instituição de ensino.

§ 2º Se a instituição de ensino adotar verificações de aprendizagem periódicas ou finais, nos períodos de avaliação, a carga horária do estágio será reduzida pelo menos à metade, segundo estipulado no termo de compromisso, para garantir o bom desempenho do estudante.

14.4. Direitos do Estagiário após a Lei nº 11.788/08

a) Bolsa ou qualquer contraprestação para o estágio não obrigatório (art. 12);
b) Auxílio-transporte (art. 12);
c) Seguro contra acidentes pessoais (art. 9º, IV);
d) Recesso de 30 dias, preferencialmente durante as férias escolares, de forma remunerada para os estágios remunerados e não remunerado para o estágio não remunerado, e em qualquer hipótese desde que o período de estágio seja superior a 1 ano (art. 13);
e) Jornada de trabalho (art. 10);
f) Legislação relacionada à saúde e segurança no trabalho (art. 14);
g) Termo de realização do estágio com indicação resumida das atividades desenvolvidas, dos períodos e da avaliação de desempenho, devidos pela parte concedente, quando do desligamento do estagiário (art. 9º, V).

Defendemos que tanto a duração de dois anos do ajuste, como o período aquisitivo de "férias" só começam a contar a partir da vigência da Lei nº 11.788/08 (pelo princípio da irretroatividade das leis), mesmo que o contrato, ao todo, conte com mais de dois anos, pois iniciado antes da lei.

15. MÃE CRECHEIRA, MÃE SOCIAL, MÃE SUBSTITUTA

A atividade de mãe social foi criada no Brasil pela Lei nº 7.644/87, com o objetivo de acolher um menor abandonado, dar-lhe educação e receber, em contrapartida, um incentivo financeiro por isso.

Trata-se de trabalho de cunho social que visa diminuir o abandono de crianças no Brasil e segue o mesmo princípio do conhecido sistema de intercâmbio cultural, onde a pessoa que recebe o adolescente no exterior, e o educa, tem isenções fiscais e benefícios locais.

Antes da Lei nº 7.644/87 já havia algo parecido no Brasil, que eram as "mães crecheiras", que trabalhavam em creches ou em instituições como a LBA[71] e a Febem,[72] e recebiam, em alguns casos, pequenos benefícios como um lanche ou ajuda para o transporte.

Como as mães crecheiras não tinham sua atividade regulada por lei, mas sim por decreto do Executivo, várias ações trabalhistas foram interpostas na Justiça do Trabalho em busca do vínculo de emprego a favor delas. Todavia, a jurisprudência majoritária foi no sentido de que a mãe crecheira não é empregada, porque não tem contraprestação ajustada e paga mensal e, mesmo em havendo uma pequena ajuda de custo, esta é eventual, não gerando vínculo de emprego.

A legislação evoluiu e culminou na Lei nº 7.644/87, garantindo direitos à mãe social (nova nomenclatura da antiga mãe crecheira).

A Lei (art. 1º) permite que as instituições sem finalidade lucrativa, ou de utilidade pública de assistência ao menor abandonado, e, que funcionem pelo sistema de casas-lares, devem utilizar mães sociais para propiciar ao menor as condições familiares ideais ao seu desenvolvimento e reintegração social.

Mãe social é aquela que se dedica à assistência do menor abandonado, dentro do sistema de casas-lares. **São requisitos** para a admissão: idade mínima de 25 anos; boa sanidade mental e física; ter o ensino fundamental; ter sido aprovada no treinamento; boa conduta social; aprovação em teste psicológico. É escolhida através de um processo de seleção e treinamento específicos. Se aprovada, receberá habilitação para o exercício da profissão.

As **casas-lares**, quando agrupadas, formam creches e associações, sendo que a Lei nº 7.644/87 estabelece, no art. 3º, o limite de 10 menores por mãe social.

O exercício da profissão de mãe social, após o processo de seleção e estágio, **acarreta o vínculo de emprego**, devendo ser anotada a CTPS. Tanto a mãe social quanto a mãe social substituta (aquela contratada para substituir a efetiva durante seus afastamentos – art. 10) têm direito às férias, repouso semanal remunerado, 13º salário, FGTS ou indenização, previdência social e a alguns preceitos da CLT. Além disso, tem a mãe social, assim como a substituta (mãe substituta), direito à

---

71 Legião Brasileira de Assistência.

72 Fundação Estadual do Bem-Estar do Menor.

jornada, habitação e alimentação (que pode ser descontada pelo patrão), conclusão que se extrai da interpretação do art. 8º, § 3º, arts. 7º e 10 da Lei.

Sem dúvida, a lei pretendeu estender o vínculo de emprego às mães sociais, seja porque expressamente determinou a anotação da CTPS (art. 5º, I, da Lei), seja porque, quando quis afastá-lo, o fez expressamente, como no art. 8º, § 2º, da Lei nº 7.644/87: "o treinamento e estágio a que se refere o parágrafo anterior não excederão de 60 (sessenta) dias, nem criarão vínculo de emprego de qualquer natureza".

Todavia, a doutrina e a jurisprudência não são unânimes neste sentido. Alertam para o fato de que há trabalhadores, não empregados, que são beneficiados com os mesmos direitos trabalhistas dos empregados, como se assim o fossem. É, por exemplo, o caso de alguns trabalhadores rurais, como o parceiro, o meeiro, o arrendatário, o eventual, desde que subordinados, bem como o do avulso. Neste sentido, defendem que a profissão de mãe substituta tem cunho social e beneficente e, por isto, afastam o vínculo de emprego.

A discussão deve perpassar por outro enfoque: o art. 37, II, da CRFB.

Explica-se:

A lei foi editada antes da Carta/88, quando não era exigido o concurso público para a admissão na Administração Pública.

Hoje, quase a totalidade dos serviços de mãe social é oferecida pelo Estado ou pela União, o que equivale a dizer, por órgãos da Administração Direta. A Lei nº 7.644/87 é anterior à CRFB, em que era permitida a seleção, o estágio, a anotação na CTPS, sob a condição de empregado, sem concurso público. Após a CR/88, só é possível a investidura em cargo ou emprego público, para a Administração Pública, seja direta ou indireta, mediante aprovação prévia em concurso público. Acresça-se que são estatutários aqueles admitidos pela União mediante concurso público (Lei nº 8.112/90).

Em suma, a mãe social só poderá ser admitida na Administração Pública mediante aprovação prévia em concurso público e, via de regra, seu contrato será regido pelo regime geral dos estatutários. Excepcionalmente, a mãe social terá vínculo de emprego, quando a entidade contratante for de direito privado, não pertencente à Administração Pública; ou, quando, admitida mediante concurso público, a entidade da Administração Pública, admitir legalmente o regime celetista.

A jurisprudência, apreciando as relações ocorridas antes de 1988, era conflitante. Ora reconhecia o vínculo de emprego, ora negava. Entretanto, após a Carta as decisões do TST passaram a adotar posição diversa, defendendo a nulidade do contrato de trabalho por falta de aprovação prévia em concurso público.

> MÃES CRECHEIRAS. VÍNCULO DE EMPREGO COM A FEBEM. Não se reconhece violação do art. 3º da CLT quando as premissas fáticas assentadas na decisão regional indicam o preenchimento dos requisitos previstos no citado dispositivo. Recurso de embargos não conhecido. TST-E-RR-589.331/1999, SBDI-1, Rel. Min. Lélio Bentes Corrêa, *DJ* 13/2/2004.

(...) MÃE CRECHEIRA VÍNCULO EMPREGATÍCIO. A prestação de serviços nos moldes da Lei nº 7.644/87, consistente no atendimento de crianças da comunidade, gera vínculo empregatício entre as partes. A expressa e restritiva indicação, na referida lei, de quais os dispositivos celetistas aplicáveis à espécie (arts. 5º e 19) apenas indica a existência de contrato especial de emprego (ERR 572.926; Rel. Ministro Carlos Alberto Reis de Paula). Recurso de revista conhecido e desprovido. PROC. Na TST-RR-24048/2002-900-04-00.5. 3ª Turma, Juiz Convocado Alberto Bresciani.

MÃE SUBSTITUTA. RECONHECIMENTO DO VÍNCULO EMPREGATÍCIO COM A FEBEM. Esta Corte tem entendimento no sentido de que as várias terminologias usadas para a caracterização da atividade relacionada aos cuidados com menores de idade em regime assistencial, equivalente àquela praticada pela Febem – mãe substituta, mãe crecheira, mãe atendente, mãe vicinal enquadram-se, na verdade, nas disposições contidas na Lei nº 7.644/87. A mãe social, responsável pela assistência ao menor abandonado, tem como atribuição maior orientar e assistir os menores colocados sob seus cuidados, administrando o lar em que recebe aquelas crianças, realizando e organizando as tarefas pertinentes e dedicando-se aos menores que lhe foram confiados. No caso dos autos, não há nenhuma dúvida que a Autora desempenhava as suas funções cuidando diretamente das crianças cuja guarda lhe era confiada pela Febem, dentro do seu programa de Lares Vicinais, restando caracterizada a satisfação das condições inerentes ao reconhecimento do contrato de trabalho – pessoalidade, subordinação, não eventualidade – nos moldes do art. 3º consolidado. Improvido.

(...)

II – MÉRITO

2.1 MÃE SUBSTITUTA.

Esta Corte tem entendimento sobre a matéria no sentido de que as várias terminologias usadas para a caracterização da atividade relacionada aos cuidados com menores de idade em regime assistencial, equivalente àquela praticada pela Febem – mãe substituta, mãe crecheira, mãe atendente, mãe vicinal enquadram-se, na verdade, nas disposições contidas na Lei nº 7.644/87. Isto porque o art. 1º da citada lei dispõe que as instituições sem finalidade lucrativa, ou de utilidade pública de assistência ao menor abandonado, e que funcionem pelo sistema de casas-lares, utilizarão mães sociais visando a propiciar ao menor as condições familiares ideais ao seu desenvolvimento e reintegração social. A mãe social, definida em seu art. 2º como a pessoa que se dedica à assistência do menor abandonado, exercendo o encargo em nível social, tem como atribuição maior orientar e assistir os menores colocados sob seus cuidados, administrando o lar em que recebe aquelas crianças, realizando e organizando as tarefas pertinentes e dedicando-se aos menores que lhe foram confiados. O citado diploma legal garante à mãe social os seguintes direitos: anotação na Carteira de Trabalho e Previdência Social, remuneração em valor não inferior ao salário mínimo, repouso semanal remunerado de 24 (vinte e quatro) horas consecutivas, apoio técnico, administrativo e financeiro no desempenho de suas funções, 30 (trinta) dias de férias anuais remuneradas, benefícios e serviços previdenciários, inclusive, em caso de acidente do trabalho, na qualidade de segurada obrigatória, gratificação de Natal (13º salário) e Fundo de Garantia do Tempo de Serviço. Feitas estas considerações, o reconhecimento do vínculo empregatício entre a mãe substituta e a Febem é medida que se impõe, garantindo àquela o pagamento das parcelas daí decorrentes.

A consolidar este entendimento, é oportuna a transcrição dos seguintes precedentes da SBDI1: "VÍNCULO DE EMPREGO. MÃE SUBSTITUTA OU CRECHEIRA.

FEBEM. CARACTERIZAÇÃO. Consoante entendimento majoritário desta Corte, a prestação de serviços nos moldes da Lei nº 7.644/87 - de atendimento a crianças da comunidade - gera vínculo de emprego entre a mãe substituta (ou crecheira) e a Febem, sendo que a indicação na lei do rol dos dispositivos da CLT aplicáveis à espécie, atribui a esse contrato de trabalho natureza de contrato especial. Em razão do que a empregada somente se beneficia dos direitos ali expressamente assegurados" (TST, ERR 514131/98, Ac. SBDI1, Rel. Min. João Batista Brito Pereira, publicado no *DJ* de 26/9/2003); "VÍNCULO EMPREGATÍCIO. MÃE CRECHEIRA. Febem. 1. A prestação de serviços nos moldes da Lei nº 7.644/87, consistente no atendimento de crianças da comunidade, gera vínculo empregatício entre as partes. A expressa e restritiva indicação, na referida lei, de quais os dispositivos celetistas aplicáveis à espécie (arts. 5º e 19) apenas indica a existência de contrato especial de emprego. 2. Embargos de que se conhece, por divergência jurisprudencial, e a que se nega provimento" (TST, ERR 406881/97, Ac. SBDI1, Rel. Min. João Oreste Dalazen, publicado no *DJ* de 3/10/2003). (...) Brasília, 15 de março de 2006. Relatora. Juíza Convocada Maria do Perpetuo Socorro Wanderley Castro. PROC. Na TST-RR-577.460/1999.4. 1ª Turma.

COMPETÊNCIA MATERIAL. JUSTIÇA DO TRABALHO. ENTE PÚBLICO. CONTRATAÇÃO IRREGULAR. REGIME ESPECIAL. DESVIRTUAMENTO. (...)

1.2. CONTRATO NULO. SERVIDOR. AUSÊNCIA DE PRÉVIO CONCURSO PÚBLICO. EFEITOS. O Eg. Regional manteve a r. sentença no tocante ao reconhecimento da nulidade da contratação firmada entre o Município Reclamado e a Reclamante, sem prévio concurso público, e ao deferimento das parcelas relativas a aviso prévio, 13º salário, férias acrescidas de 1/3, FGTS do período trabalhado e multa de 40%. Assim decidiu: (...) Da mesma forma, também não prevalece a arguição de nulidade da contratação por falta de concurso público, como também não prospera a inexistência de vínculo empregatício. Nesse aspecto da contratação dever ser enfatizado que a questão se confunde com o mérito da ação, através da qual foram examinados e constatados todos os elementos configuradores do pacto laboral, diante do fato até incontroverso de que a reclamante trabalhou para o reclamado, no período de 29/05/2001 a 11/01/2003, como Mãe Social, mediante remuneração, subordinação e habitualidade. A alegada nulidade contratual, por inobservância do requisito concursal, na forma do art. 37, II, da Constituição Federal, não se caracteriza no caso em julgamento, conforme os fundamentos da decisão recorrida que reconheceu a validade do contrato até o momento da rescisão, deferindo, portanto, os direitos adquiridos e decorrentes da forma rescisória imotivada, diante do princípio da irretroatividade dos efeitos da denúncia contratual que não pode prejudicar os direitos adquiridos. Esse entendimento orienta-se pela jurisprudência dominante, construída através de numerosos processos em que se debate a mesma questão da arguição de nulidade contratual por falta de concurso público, que não pode operar efeitos *ex tunc*, diante do princípio em que a nulidade não pode ser acolhida em favor de quem lhe deu causa, e ainda mais diante da primazia da contratação trabalhista, por ser impossível reverter ao estado anterior para restituir o trabalho e o esforço físico e intelectual despendido pelo trabalhador. (...)

Definida, portanto, a validade da contratação até o momento em que se operou a denúncia do ato pela rescisão contratual, confirma-se de igual modo a decisão que julgou procedentes os direitos decorrentes da forma de rescisão imotivada, e as parcelas adquiridas ao longo do contrato, conforme apurada essa matéria fática na instrução processual (fls. 52/53). No recurso de revista, o Município Reclamado alega que, sendo nula a contratação da Reclamante sem prévio concurso público, ser-lhe-iam devidos apenas os salários relativos ao período trabalhado, já quitados. Aponta contrariedade à Súmula nº 363 do TST e divergência jurisprudencial (fls. 68/78).

O recurso merece conhecimento. **Como se sabe, após o advento da Constituição da República promulgada em 1988 e a teor do disposto em seu art. 37, inciso II, passou-se a exigir aprovação prévia em concurso público para a investidura em cargo ou emprego público na Administração Pública Direta e Indireta.** Impende registrar que a norma constitucional expressamente comina de "nulidade o ato" praticado com inobservância do apontado requisito do concurso público (§ 2º do art. 37). Assim, em face da nulidade da referida contratação por afronta ao art. 37, inciso II e § 2º, da CF/1988, o empregado faz jus tão somente ao pagamento dos salários, estrito senso, e dos valores relativos aos depósitos do FGTS. Constata-se, pois, que o v. acórdão regional, na forma como proferido, contrariou a diretriz perfilhada pela Súmula nº 363 do TST, de seguinte teor: "S. 363. Contrato nulo. Efeitos. A contratação de servidor público, após a CF/1988, sem prévia aprovação em concurso público, encontra óbice no respectivo art. 37, II e § 2º, somente lhe conferindo direito ao pagamento da contraprestação pactuada, em relação ao número de horas trabalhadas, respeitado o valor da hora do salário mínimo, e dos valores referentes aos depósitos do FGTS (grifamos).

(...)

2. MÉRITO DO RECURSO

2.1. CONTRATO NULO. SERVIDOR. AUSÊNCIA DE PRÉVIO CONCURSO PÚBLICO. EFEITOS. Conhecido o recurso por contrariedade à Sumula 363 do TST, dou-lhe provimento parcial para limitar a condenação aos valores referentes aos depósitos do FGTS do período trabalhado. (...). Brasília, 9 de novembro de 2005. Rel. João Oreste Dalazen. PROC. Nº TST-RR-4054/2004-012-11-00.6. 1ª Turma. *DJ* – 03/02/2006 (grifos nossos).

16. ÍNDIO

A primeira lei a disciplinar a tutela indígena e diferençar os silvícolas nômades dos aldeados e dos pertencentes aos centros civilizados, foi o Decreto nº 5.484, de 1928. Posteriormente, houve o Decreto-Lei nº 736/36, o Decreto nº 10.652/42, a Lei nº 5.371/67 (que criou a FUNAI), o Estatuto do Índio – Lei nº 6.001/73, o Decreto nº 76.999/76 e o Decreto nº 88.118/83.

A Lei nº 6.001/73, em seu art. 3º, I, conceitua o índio como "todo indivíduo de origem e ascendência pré-colombiana que se identifica e é identificado como pertencente a um grupo étnico cujas características culturais o distinguem da sociedade nacional".

Os índios podem ser classificados em três categorias:

a) **isolados**, quando vivem em grupos desconhecidos ou têm contato eventual com a comunidade;

b) em **vias de integração**; quando têm contato intermitente com grupos estranhos e com a comunhão nacional, já tendo algumas práticas comuns a esta;

c) **integrados**, quando totalmente incorporados à comunhão nacional e em exercício de seus direitos civis - art. 4º da Lei nº 6.001/73, mesmo que conservem seus usos, costumes e cultura.

O Código Civil de 1916 utilizava a denominação "silvícolas" com sentido de habitantes das selvas ou não integrados à civilização, e os considerava relativamente incapazes. O atual Código, em conformidade com a CF/88, que a eles dedicou um capítulo especial - arts. 231 e 232, alterou a expressão para "índio", e não mais os classificou como relativamente incapazes, determinando que a capacidade dos índios se regulasse por legislação especial (art. 4º, parágrafo único, do CC/02). Segundo o art. 22, XIV, da CF "compete privativamente à União legislar sobre populações indígenas".

A atual situação jurídica do índio é disciplinada pelo Estatuto do Índio, que autoriza a tutela de sua pessoa e bens à União, desde seu nascimento, independentemente de qualquer medida judicial, até estarem adaptados à civilização. Enquanto isso não ocorrer, o índio isolado é considerado **absolutamente incapaz** e os negócios jurídicos por ele praticados, quando efetuados com pessoa estranha à sua comunidade e sem a participação da FUNAI, são considerados **nulos** (art. 8º da Lei nº 6.001/73).

Para ser liberado do regime tutelar criado pela lei em comento, e ser considerado capaz por um juiz[73] o índio precisa preencher alguns requisitos: idade mínima de 21 anos; conhecimento da língua portuguesa; habilitação para o exercício de atividade útil na comunidade nacional; razoável compreensão dos usos e costumes. Uma vez integrados à comunhão nacional, o índio passa a ser considerado um brasileiro como qualquer outro e sua origem indígena passa a ser juridicamente indiferente. Em outras palavras, cessa toda restrição à capacidade.

Os índios só podem ser empregados quando integrados ou em vias de integração à sociedade nacional.[74] Nos demais casos (isolado), o contrato será teoricamente nulo, mas seus efeitos serão de um contrato válido (*vide* Capítulo "Elementos do Contrato de Trabalho"). É importante salientar que o índio em **vias de integração** pode ser equiparado ao **relativamente incapaz** e, por isso, deve ter a assistência do órgão competente de proteção ao índio - art. 16 da referida Lei.

De acordo com o art. 232 da CRFB:

> **Art. 232.** Os índios, suas comunidades e organizações são partes legítimas para ingressar em juízo em defesa de seus direitos e interesses, intervindo o Ministério Público em todos os atos do processo.

A intervenção do Ministério Público deve ocorrer nos casos dos índios isolados, na forma do art. 178, II, do CPC/2015, ou quando para defender os interesses do grupo.

---

73 A autorização pode ser direta do juiz (ato judicial) ou por ato da FUNAI, homologado pelo órgão judicial.

74 Da mesma forma BARROS, Alice Monteiro de. *Curso de Direito do Trabalho*. São Paulo: LTr, 2005, p. 286.

17. TRABALHO VOLUNTÁRIO

A Lei nº 9.608/98 denominou de trabalho voluntário "a atividade não remunerada prestada por pessoa física a entidade pública de qualquer natureza ou a instituição privada de fins não lucrativos que tenha objetivos cívicos, culturais, educacionais, científicos, recreativos ou de assistência à pessoa" (art. 1º – redação dada pela Lei 13.297/2016).

Apesar da nomenclatura, o **trabalho voluntário** em estudo não pode ser contraposto ao trabalho obrigatório ou forçado, já que este tem caráter de pena e aquele de dever, enquanto o voluntário é espontâneo e tem caráter de benevolência.

O parágrafo único do art. 1º da Lei nº 9.608/98 ressalta a inexistência de vínculo de emprego no serviço voluntário. Para tanto é necessária a celebração de termo de adesão entre a entidade, pública ou privada, e o prestador de serviços, devendo constar o objeto e as condições de seu exercício (art. 2º). Para afastar o vínculo de emprego o **termo de adesão** é requisito da essência do ato, sem o qual nula é a contratação sob a égide da Lei nº 9.608/98.

O trabalho voluntário é gracioso e nenhuma "ajuda financeira" é permitida, sob pena de descaracterizar o serviço voluntário regido pela lei, salvo quanto à possibilidade de o trabalhador ser ressarcido pelas despesas comprovadamente realizadas no desempenho das atividades voluntárias – art. 3º da Lei nº 9.608/98.

18. TRABALHO DO PRESO

Não há vínculo de emprego entre o preso e o Estado, seja porque não aprovado em concurso público (art. 37, II, da CRFB), seja porque a lei expressamente se manifesta nesse sentido – art. 28, § 2º, da Lei nº 7.210/84 (Lei de Execução Penal).

O trabalho do preso tem a finalidade de reabilitação e exerce forte função socioeducativa ao permitir que ele produza enquanto cumpre sua pena. Mas não é este o motivo[75] que impede a formação do vínculo de emprego, e sim o comando legal, que expressamente determina o afastamento da legislação trabalhista (CLT). A jurisprudência também tem negado o vínculo de emprego, como se pode observar do Proc. RO 00616771/99.1, TRT, 4ª T., Rela. Juíza Jane Alide Machado.

Valentin Carrion[76] assim se manifesta a respeito do assunto: "o **trabalho penitenciário** não é abrangido pelo direito social, a não ser quanto ao seguro por acidente de trabalho".

Assim dispõe a Lei de Execução Penal – Lei nº 7.210/84:

> **Art. 28.** O trabalho do condenado, como dever social e condição de dignidade humana, terá finalidade educativa e produtiva.
>
> § 1º Aplicam-se à organização e aos métodos de trabalho as precauções relativas à segurança e à higiene.

---

75 Alice Monteiro de Barros afirma que o impedimento de formação do vínculo ocorre por "reeducação e reinserção na vida social e, por ser, em determinados casos, hipótese de redução da pena". BARROS, Alice Monteiro de. *Contratos e Regulamentações Especiais de Trabalho. Peculiaridades, Aspectos controvertidos e tendências*. 3. ed. São Paulo: LTr, 2008.

76 CARRION, Valentin. *Comentários à Consolidação das Leis do Trabalho*. 28. ed. São Paulo: Saraiva, 2003, p. 33.

§ 2º **O trabalho do preso não está sujeito ao regime da Consolidação das Leis do Trabalho** (grifos nossos).

Art. 29. O trabalho do preso será remunerado, mediante prévia tabela, não podendo ser inferior 3/4 (três quartos) do salário mínimo.

§ 1º O produto da remuneração pelo trabalho deverá atender:

a) à indenização dos danos causados pelo crime, desde que determinados judicialmente e não reparados por outros meios;

b) à assistência à família;

c) a pequenas despesas pessoais;

d) ao ressarcimento ao Estado das despesas realizadas com a manutenção do condenado, em proporção a ser fixada e sem prejuízo da destinação prevista nas letras anteriores.

§ 2º Ressalvadas outras aplicações legais, será depositada a parte restante para constituição do pecúlio, em cadernetas de poupança, que será entregue ao condenado quando posto em liberdade.

Art. 30. As tarefas executadas como prestação de serviço à comunidade não serão remuneradas.

(...)

Art. 36. O **trabalho externo** será admissível para os presos em regime fechado somente em serviço ou obras públicas realizadas por órgãos da administração direta ou indireta, ou entidades privadas, desde que tomadas as cautelas contra a fuga e em favor da disciplina. (grifos nossos)

§ 1º O limite máximo do número de presos será de 10% (dez por cento) do total de empregados na obra.

§ 2º Caberá ao órgão da administração, à entidade ou à empresa empreiteira a remuneração desse trabalho.

§ 3º A prestação de trabalho a entidade privada depende do consentimento expresso do preso.

Art. 37. A prestação de trabalho **externo**, a ser autorizada pela direção do estabelecimento, dependerá de aptidão, disciplina e responsabilidade, além do cumprimento **mínimo 1/6 (um sexto) da pena** (grifos nossos).

Parágrafo único. Revogar-se-á a autorização de trabalho externo ao preso que vier a praticar fato definido como crime, for punido por falta grave, ou tiver comportamento contrário aos requisitos estabelecidos neste artigo.

A **jornada** normal de trabalho do preso não será inferior a seis, nem superior a oito horas (com descanso nos domingos e feriados), conforme estabelece o art. 33 da Lei de Execução Penal.

Remição é um instituto que permite, pelo trabalho, dar como cumprida parte da pena, vale dizer, abreviar o tempo de duração da sentença.

O condenado que cumpre pena em regime fechado ou semiaberto poderá diminuir, pelo trabalho, parte do tempo de execução da pena.

A contagem do tempo para fins de remição será feita em razão de um dia de pena por três de trabalho (art. 126 da LEP). Assim, por exemplo, se o detento trabalhar três dias terá antecipado o vencimento de sua pena em um dia. Há controvérsias acerca da constitucionalidade do art. 127 da LEP, porque fere o direito adquirido do preso.

O descumprimento do dever de trabalhar é previsto como falta grave (art. 50, VI, da LEP), impondo sanções disciplinares.

19. TRANSPORTADOR AUTÔNOMO DE CARGAS

O transporte rodoviário de cargas deve ser efetuado por uma pessoa física chamada de Transportador Autônomo de Cargas (TAC), hoje regido pela Lei nº 11.442/2007 (antes pela Lei nº 7.290/84). De acordo com o art. 2º da Lei vigente, para exercício da atividade comercial de transporte de cargas é necessária a prévia inscrição no Registro Nacional de Transportadores Rodoviários de Carga – RNTE-C, da Agência Nacional de Transporte Terrestre (ANTT), podendo ser exercida por pessoa física (TAC) ou por pessoa jurídica, Empresa de Transporte de Carga (ETC).

O **Transportador Autônomo de Cargas** é a pessoa física que exerce a atividade profissional de transporte rodoviário de cargas e pode ser classificado em dois tipos: **TAC-agregado** e **TAC-independente** (art. 4º, § 1º, da Lei nº 11.442/2007).

O **TAC – independente** não oferece muitas dificuldades, pois difere brutalmente do empregado caminhoneiro ou motorista, já que presta os serviços de transporte de carga em caráter **eventual** (esporádico) e **sem exclusividade** (clientela diversificada), mediante frete ajustado para cada viagem.

Apesar de ambos serem autônomos, isto é, de explorarem sua atividade ou profissão por sua própria conta e risco, o **TAC-agregado** se parece com o caminhoneiro ou motorista de caminhão empregado, já que coloca **veículo de sua propriedade** ou **posse**, a ser dirigido por ele ou por preposto seu, a serviço do contratante, com **exclusividade** (cliente único) e mediante **remuneração** certa (preço previamente ajustado). Se o veículo for dirigido por preposto ou empregado do TAC-agregado e/ou se for proprietário de vários veículos, a questão se resolve facilmente, pois será um autônomo empresário e empregador, não empregado do contratante do fretamento. Todavia, se o motorista for o próprio TAC-agregado e for possuidor ou proprietário de apenas um veículo, a questão se torna mais difícil e deverá ser analisada de forma mais profunda para se evitar as fraudes à legislação trabalhista.

Explica-se:

O Transportador Autônomo de Cargas Agregado, TAC-agregado, é um autônomo, como diz o próprio nome, logo, corre os riscos do empreendimento e tem uma subordinação tênue ou uma relação de cooperação com o contratante (parassubordinação).

Antes da decisão do STF, proferida nos autos da ADI 3961, o intérprete deveria verificar se entre o trabalhador e o tomador dos serviços estavam presentes os requisitos do liame empregatício (arts. 2º e 3º da CLT), pois se assim ocorresse ele seria empregado, e não um transportador autônomo de cargas, por isso, o art. 5º da Lei em comento expressamente menciona que o TAC não é empregado.

Não preenchidos os requisitos da lei, principalmente no que diz respeito ao registro no órgão competente, ser proprietário ou possuidor de, pelo menos um veículo e ter experiência de três anos ou ter sido aprovado em curso específico, o caso poderá ser avaliado concretamente para análise dos requisitos do liame empregatício, como, por exemplo a existência de subordinação.

Um TAC (agregado ou não) que auto-organiza sua atividade comercial ajustando diretamente com o cliente o transporte da carga, a entrega da mercadoria e o preço do fretamento, com roteiros por ele estabelecidos, não tem subordinação. O tomador que fixa o roteiro de visitas e preços aos quais o "TAC" está submetido demonstra que é subordinado, dando indícios de relação de emprego.

A jurisprudência vinha se posicionado no mesmo sentido:

> Vínculo empregatício. Empresa transportadora de cimento e cal. Prestação de serviços que se identifica com a consecução dos fins econômicos da reclamada. Presença dos elementos tipificadores do liame empregatício. De acordo com o art. 3º da CLT "considera-se empregado toda pessoa física que prestar serviços de natureza não eventual a empregador, sob a dependência deste e mediante salário". A decisão do Regional está embasada na prova que demonstra a existência de fraude à legislação trabalhista, tendo em vista que o reclamante executava atividade essencial à consecução dos fins econômicos da reclamada, transportando cimento e cal para seus clientes. Não está demonstrado que auto-organizasse sua atividade, pois era a reclamada quem se comprometia com o cliente para a entrega da mercadoria, cujo transporte era realizado pelo reclamante, conforme roteiro preestabelecido, o que demonstra dependência consubstanciada na sua atividade econômica. A prestação de serviços era pessoal, habitual, com inteira exclusividade à empresa, consoante a prova oral, havendo perdurado por longos 25 anos. A remuneração, embora formalizada como de pagamento a autônomo, não descaracteriza o contrato-realidade, bem como a utilização, pelo recorrente, de veículo próprio de trabalho. Responsável também o reclamante pela manutenção e abastecimento do caminhão, não constitui o fato relevância capaz de afastar a relação de emprego, porquanto, como bem ressalta o Regional, é de conhecimento comum que os preços ajustados para frete envolvem não só a mão de obra, como também os gastos com o veículo. Recurso de revista não conhecido integralmente. TST, 4ª T. RR 718.617/00-4, Rel. Min. Milton de Moura França, *DJ* 05/03/2004.

A Lei 13.467/17 acrescentou o artigo 442-B à CLT, para determinar que "A contratação do autônomo, cumpridas por este todas as formalidades legais, com ou sem exclusividade, de forma contínua ou não, afasta a qualidade de empregado prevista no art. 3º desta Consolidação". O legislador claramente quis priorizar o ajuste entre as partes aos requisitos fáticos da relação de trabalho, dificultando o vínculo entre o TAC e o tomador.

Além disso, o STF, nos autos da ADI 3961, que questionava a constitucionalidade da Lei 11.442/07, fixou tese, de repercussão geral, reconhecendo a constitucionalidade da lei e, preenchidos os requisitos nela estabelecidos, fica afastada a relação de emprego.

Logo, depois da decisão do STF, vinculante, o TAC contratado nos moldes da lei não tem vínculo de emprego, mesmo que a situação fática comprove a subordinação e demais requisitos dos artigos 2º e 3º da CLT.

Capítulo 11

EMPREGADOS DOMÉSTICOS

1. HISTÓRICO E REGULAMENTAÇÃO LEGAL

A palavra "doméstico" deriva do latim *domus* – casa. Daí por que foi inserido no conceito que doméstico é o trabalhador que executa seus serviços na casa do patrão.

As primeiras leis aplicáveis aos domésticos foram as Ordenações do Reino.

Mais tarde, o Código de Postura Municipal de São Paulo de 1886, art. 263, autorizava a contratação para os serviços domésticos de "pessoa de condição livre".

O Código Civil (1916) passou a reger qualquer tipo de "locação de serviços", aí incluído o trabalho doméstico (art. 1.216 e segs. do CC).

O Decreto nº 16.107/1923 conceituou os domésticos, incluindo como tais os cozinheiros e ajudantes de cozinha, copeiros, arrumadores, lavadeiras, engomadeiras, jardineiros, hortelões, porteiros, serventes, amas-secas ou de leite, costureira, damas de companhia, e equiparou alguns trabalhadores, cujos serviços fossem de natureza idêntica aos domésticos, mesmo que o trabalho fosse desenvolvido em hotéis, restaurantes, casas de pasto, pensões, bares, escritórios etc. Concedia certos direitos e autorizava a justa causa para os casos de incapacidade decorrente de doença.

Depois, o Decreto-lei nº 3.078/1941[1] conceituou domésticos como aqueles que, "de qualquer profissão ou mister, mediante remuneração, prestem serviços em residências particulares ou a benefício destas". Portanto, excluiu os trabalhadores de restaurantes, pensões e demais pessoas jurídicas da condição de doméstico. Aqueles passaram à condição de urbanos (CLT). Concedeu, ainda, aviso prévio de oito dias, um período de prova de seis meses, justa causa e despedida indireta.

Posteriormente, a CLT conceituou o trabalhador doméstico, revogando as regras anteriores, salvo a regra geral contida no Código Civil de 1916, e o excluiu dos direitos previstos na CLT – art. 7º, *a*.

Os empregados em edifícios residenciais a serviço da administração do edifício, como porteiros, zeladores, faxineiros e serventes, eram equiparados aos domésticos

---

1 Há quem sustente que o Decreto-lei nº 3.078/1941 jamais teve aplicabilidade, porque não editada a regulamentação determinada pelo art. 15 deste Decreto.

pelo Decreto nº 16.107/1923 e, portanto, excluídos da legislação trabalhista, na forma da antiga redação do art. 7º, *a,* da CLT. A Lei nº 2.757/1956 excluiu esses trabalhadores do conceito de doméstico para considerá-los, a partir de então, como empregados urbanos, tendo todos os direitos dos demais empregados, desde que a serviço do condomínio, e não de um condômino em especial.

Finalmente, a Lei nº 5.859/1972 e o Decreto nº 71.885/1973 passaram a regulamentar exclusivamente os direitos do doméstico. Nessa época, os domésticos só tinham direito à assinatura da CTPS, às férias e à integração à Previdência Social.

A Constituição de 1988, em seu art. 7º, parágrafo único (parágrafo alterado pela EC nº 72/2013), estendeu aos domésticos alguns dos direitos até então só concedidos aos rurais e urbanos. Diante dos novos direitos e da necessidade de sua aplicação e efetivação (art. 5º, § 1º, CRFB), a alínea *a* do art. 7º da CLT passou a ser interpretada conforme a Constituição, a fim de permitir a aplicação da CLT naqueles pontos que visassem dar aplicabilidade aos novos direitos.

Em 2001 foi publicada a Lei nº 10.208/2001, estendendo ao doméstico, de forma facultativa para seu empregador, o FGTS e seguro-desemprego.

A Lei nº 11.324/2006, de 19.07.2006 (publicada em 20.07.2006), por sua vez, estendeu ao doméstico outros direitos: estabilidade à gestante, férias de 30 dias e proibição de descontos por concessão de algumas utilidades e feriados.

No dia 02.04.2013, foi promulgada a EC nº 72/2013, que alterou o parágrafo único do art. 7º da Constituição Federal e estendeu aos domésticos outros direitos, antes só garantidos aos urbanos (CLT) e rurais. Entre os novos direitos estão: jornada de 8 horas diárias, limitadas a 44 horas semanais; hora extra com acréscimo de 50% e, na forma da lei, adicional noturno, FGTS acrescido de multa de 40%, em caso de despedida imotivada etc. Entretanto, alguns desses novos direitos dependiam de regulamentação.

A Lei Complementar nº 150/2015 regulamentou os direitos do doméstico, criou outros e os conceituou de forma mais precisa. Mais tarde, foi criado o e-social (Resolução 780, do CCFGTS, de 24.09.2015), que possibilitou o recolhimento da nova cota previdenciária, FGTS, indenização adicional e seguro por acidente de trabalho a partir de outubro de 2015.

Importante ressaltar que a Lei Complementar nº 150/2015 revogou expressamente a Lei nº 5.859/1972 e, em seu art. 19, mandou aplicar a CLT ao doméstico nas lacunas da nova lei. Com isso, resta parcialmente revogada a alínea *a* do art. 7º da CLT.

O Decreto Legislativo 172/2017 aprovou a Convenção 189 da OIT sobre o Trabalho Decente para as Trabalhadoras e os Trabalhadores Domésticos e Recomendação 201 da OIT também sobre o Trabalho Doméstico Decente para as Trabalhadoras e os Trabalhadores Domésticos.

2. CONTRATO E CONCEITO

Ao ser contratado, o doméstico deve fornecer a CTPS ao patrão, mediante recibo, para que este a assine em 48 horas, na forma do art. 9º da Lei Complementar nº 150/2015. Para os urbanos o prazo é de cinco dias úteis, na forma do art. 29 da CLT.

A Delegacia Regional do Trabalho poderá autuar o empregador doméstico caso não assine a carteira de trabalho no prazo de 48 horas (Lei nº 12.964/2014 c/c a Instrução Normativa 110/2014 do MTE e art. 44 da LC nº 150/2015).

É vedada a contratação de menor de 18 anos, na forma do parágrafo único do art. 1º da LC nº 150, o que apenas ratifica a limitação imposta pelo Decreto nº 6.481/2008 (Convenção nº 182 da OIT).

Conceito:

(a) **Doméstico** é a pessoa física que trabalha com pessoalidade e de forma subordinada, (b) **continuada** e mediante salário, para outra (c) **pessoa física ou família** que (d) **não explore atividade lucrativa**, no (e) **âmbito residencial** desta, **por mais de dois dias semana**, conforme art. 1º da Lei Complementar nº 150/2015.

a) Doméstico

a.1. Enquadramento Legal

O enquadramento legal (aplicação da CLT ou da Lei do Rural, ou da Lei do Doméstico) de um trabalhador não deve ser analisado pela atividade que exerce, e sim **para quem** trabalha. Logo, se uma empregada exerce a função de cozinheira, esse fato por si só não a enquadra em nenhuma das leis mencionadas, pois será necessário que se pesquise quem é seu empregador. Se o seu **empregador** for uma pessoa física que **não explore a atividade lucrativa**, será doméstica; se o seu empregador for um restaurante, um hotel ou uma loja comercial, será urbana; se seu empregador for um produtor rural, será rural.

É preciso lembrar que, para ser doméstico, basta trabalhar para empregador doméstico, independentemente da atividade que o empregado doméstico exerça, isto é, tanto faz se o trabalho é intelectual, manual ou especializado.

Portanto, a função do doméstico pode ser de faxineira, cozinheira, motorista, piloto de avião, médico, professor, acompanhante, garçom do iate particular, segurança particular, caseiro, cuidador, enfermeira etc. O essencial é que o prestador do serviço trabalhe para uma pessoa física que não explore seus serviços com intuito de lucro, mesmo que estes não se limitem ao âmbito residencial do empregador.

Dessa forma, o médico que trabalha todos os dias, durante meses na casa de um paciente para acompanhá-lo, é doméstico. O piloto do avião particular do rico executivo é doméstico. A enfermeira ou técnica de enfermagem da idosa que executava seu serviço em sistema de trabalho de 12 horas por 36 horas de descanso, durante meses ou anos, em sua residência, ou em forma particular em hospital, acompanhando a patroa, é doméstica.

Percebe-se, dos exemplos anteriores, que o doméstico não é só a cozinheira, a babá, a faxineira, o motorista, a governanta, o vigia, o jardineiro, o mordomo, a copeira e a lavadeira, mas também podem ser domésticos: o professor, o piloto, o marinheiro, o piloto, a enfermeira e a cuidadora etc.

Assim também entendem a doutrina[2-3] e a jurisprudência majoritária. Em posição isolada, Magano,[4] advogando pelo não enquadramento como doméstico quando os serviços não forem "próprios da vida do lar".

Logo, o serviço pode ser manual ou intelectual, especializado ou não especializado. Poderão se enquadrar como trabalhadores domésticos motoristas particulares, professores particulares, secretárias particulares, enfermeiras particulares, desde que presentes os elementos caracterizadores da estrutura da relação empregatícia doméstica.

Convém destacar o comentário de Orlando Gomes:[5]

> A natureza da função do empregado é imprestável para definir a qualidade de doméstico. Um cozinheiro pode servir tanto a uma residência particular como a uma casa de pasto. Um professor pode ensinar num estabelecimento público ou privado ou no âmbito residencial da família. Portanto, a natureza intelectual ou manual da atividade não exclui a qualidade do doméstico.

b) Continuidade

A antiga lei do doméstico (Lei nº 5.859/1972, art. 1º), bem como a nova Lei Complementar nº 150/2015, preferiram a expressão "forma contínua" no lugar da utilizada pela CLT (art. 3º) serviço de "natureza não eventual". Tal diferenciação fez surgirem duas interpretações muito debatidas antes da nova LC nº 150.

Antes da LC nº 150, alguns defendiam que era irrelevante a diferença e que os critérios para apuração do trabalho "contínuo" deveriam ser os mesmos para o trabalho "não eventual" da CLT, isto é, o que importaria seria a necessidade permanente da mão de obra do doméstico para o tomador, demonstrada pela **repetição** de seu trabalho durante todo o contrato, mesmo que exercido uma vez só por semana, por quinzena ou mês, mas durante muitos meses ou anos. Alguns autores chamavam essa corrente de **teoria da (des)continuidade**. Para os defensores[6-7] de tal tese, seriam domésticos tanto o empregado que trabalhava de segunda a sexta, durante seis anos para uma família, como aquele que trabalhava apenas às segundas-feiras para a mesma família, durante esses mesmos seis anos.

Todavia, a posição que prevalecia era a de que foi proposital a distinção, porque o conceito de serviço de natureza "não eventual" previsto na CLT (art. 3º da CLT) relaciona-se com a atividade empresarial, com seus fins e necessidades de funcionamento, e o empregador doméstico não explora atividade econômica lucrativa, pois não é empresa. Nesse sentido, o trabalho "contínuo" relaciona-se com o seu conceito linguístico, isto é, vincula-se com o tempo, com a repetição,

---

2 BARROS, Alice Monteiro de. *Curso de Direito do Trabalho*. São Paulo: LTr, 2005, p. 310.

3 GOMES, Orlando; GOTTSCHALK, Élson. *Curso de Direito do Trabalho*. Rio de Janeiro: Forense, 1995, p. 101.

4 MAGANO, Otávio Bueno. *Op. cit.*, p. 123.

5 GOMES, Orlando; GOTTSCHALK, Élson. *Op. cit.*, p. 101.

6 MAGANO, Otávio Bueno, *op. cit.*, p. 125.

7 MARTINS, Sergio Pinto. *Direito do Trabalho*. 13. ed. São Paulo: Atlas, 2001, p. 135.

com o trabalho sucessivo, seguido, **sem interrupção.** Segundo a doutrina[8-9-10-11-12-13] e a jurisprudência da época, a repetição dos trabalhos domésticos deveria ser analisada por semana, desprezando o tempo de duração do contrato, de forma que o trabalhador doméstico executasse seus serviços três ou mais dias na semana (antes da lei nova). Entretanto, mesmo naquela época, dúvidas surgiam, como o caso daqueles que trabalhavam todos os dias, mas por apenas 1 hora, como o *personal trainer*, o professor particular etc. A tese vencedora era no sentido de que não seriam empregados domésticos, e sim diarista doméstica sem vínculo de emprego.

Resumindo: Antes da Lei Complementar 150/2015, a tese preponderante tanto na doutrina como na jurisprudência era a de que o trabalho prestado num só dia da semana para tomador doméstico, por exemplo, a faxineira, a passadeira, a congeleira etc., não gerava vínculo de emprego, por não ser contínuo o serviço prestado, aliás, tese que prevalece até hoje, mas agora porque a LC trata do tema. Para três ou mais dias de trabalho na semana, por várias semanas, a jurisprudência defendia que era a hipótese de trabalho contínuo, logo, gerava o vínculo.

Até o advento da LC nº 150/2015, defendíamos a corrente de que trabalho contínuo era aquele desenvolvido três ou mais dias na semana, por mais de quatro horas a cada dia, por período não inferior a 30 dias. Todavia, era possível, excepcionalmente, entender como empregado doméstico aquele que trabalhava apenas dois dias na semana, mas que ficava à disposição por 24 horas cada dia,[14] por

---

8 Godinho defendia que o trabalho desenvolvido uma ou duas vezes por semana, quinzena ou mês enseja uma relação eventual, logo, não pode ser considerado empregado doméstico, e sim diarista. DELGADO, Mauricio Godinho. *Curso de Direito do Trabalho*. São Paulo: LTr, 2002, p. 360.

9 Alice Monteiro de Barros, adotando o modelo contido na legislação argentina, defendia que o trabalho doméstico, deve se dar por mais de quatro dias na semana, por mais de quatro horas por dia, por um período não inferior a um mês para ser considerado empregado. Se assim não ocorrer será trabalhador doméstico eventual – diarista, sem vínculo de emprego. BARROS, Alice Monteiro de. *Curso de Direito do Trabalho*. São Paulo: LTr, 2005, p. 324.

10 Carrion não se referia ao número de dias da semana necessários para caracterizar o vínculo de emprego doméstico. Mencionava simplesmente que "o diarista intermitente (...) não está, em princípio, protegido pela lei dos domésticos, mesmo que compareça certo dia na semana, (...)". Esta afirmação nos leva a crer que um dia por semana não é suficiente para a relação de emprego doméstico. CARRION, Valentin. *Comentários à Consolidação das Leis do Trabalho*. 28. ed. atualizada por Eduardo Carrion. São Paulo: Saraiva, 2003, p. 44.

11 Evaristo apontava como critérios diferenciadores por diarista sem vínculo o empregado doméstico: "não é considerado empregado doméstico o prestador de serviços a várias famílias, sob a forma de diarista ou de avulso. Esses são considerados autônomos, por conta própria, para todos os efeitos, quer trabalhistas, quer previdenciários". MORAES FILHO, Evaristo; MORAES, Antonio Carlos Flores de. *Introdução ao Direito do Trabalho*. 9. ed. São Paulo: LTr, 2003, p. 268.

12 Prunes mencionava que os domésticos que trabalham um ou mais dias na semana, mas não em todos os dias da semana, não podem ser considerados empregados e sim diaristas sem vínculo de emprego. PRUNES, José Luiz Ferreira. *Contrato de Trabalho Doméstico e Trabalho a Domicílio*. Curitiba: Juruá, 1995, p. 72.

13 A Súmula nº 19 do TRT da 1ª Região dispunha antes de seu cancelamento que: "TRABALHADOR DOMÉSTICO. DIARISTA. PRESTAÇÃO LABORAL DESCONTÍNUA. INEXISTÊNCIA DE VÍNCULO EMPREGATÍCIO. A prestação laboral doméstica realizada até três vezes por semana não enseja configuração do vínculo empregatício, por ausente o requisito da continuidade previsto no art. 1º da Lei 5.859/72".

14 Na verdade, o trabalho executado em dois plantões de 24 horas pelo doméstico equivaleria, proporcionalmente, ao trabalho desenvolvido por 8 horas em três dias por semana. Não seria crível a comparação de um doméstico que trabalha duas horas por dia com aquele que trabalha 24 horas deste mesmo dia.

exemplo, no caso das enfermeiras particulares, acompanhantes, babás ou seguranças particulares. Apenas o caso concreto poderia demonstrar o trabalho contínuo.

Todavia, toda essa controvérsia parece estar superada pelo art. 1º da nova LC nº 150/2015, pois apontou que será empregado doméstico aquele que trabalha "**por mais de 2 (dois) dias por semana**". Dessa forma, a partir de sua vigência, diarista, sem vínculo de emprego, será aquela trabalhadora que prestar serviços dois ou menos dias na semana, mesmo que por várias semanas, meses e anos.

Nossa crítica sobre o atual conceito legal de doméstico permanece, pois o legislador deveria vincular a carga horária semanal ao número de dias trabalhados. A situação ideal seria o legislador fixar que empregado doméstico é aquele que labora mais de 24 horas semanais para o mesmo tomador ou por três dias ou mais por semana, cujas jornadas semanais somem 24 horas ou mais, em período não inferior a 30 dias. Assim, a professora particular, que frequenta a casa da família quatro dias por semana, por apenas duas horas por dia, continua não sendo empregada doméstica, pois só trabalha 8 horas semanais.

O equívoco legislativo está na fixação da continuidade dos trabalhos em número de dias na semana, ignorando a quantidade de horas semanais trabalhadas.

c) Pessoa Física ou Família

c.1. Pessoa Física

Não pode a **pessoa jurídica** ser a tomadora do serviço doméstico. Portanto, não são considerados domésticos os empregados em atividades assistenciais, beneficentes, comerciais (lavadeira, arrumadeira, cozinheira de hotel ou pensão), industriais (cozinheira da fábrica). Também não pode um **profissional liberal** ser considerado, em sua atividade, empregador doméstico (a faxineira do escritório de um advogado, do engenheiro ou do médico etc.). Mesmo os **entes jurídicos especiais, sem personalidade formal**, não podem contratar empregados como domésticos, como é o caso da massa falida e do condomínio.

Situação que suscita dúvidas ocorre quando o tomador real é a pessoa física que não explora a mão de obra do doméstico para fins lucrativos, mas formalmente quem assina a carteira de trabalho é a pessoa jurídica, ou quando há promiscuidade nos serviços prestados, conforme exemplos a seguir:

> **Ex. 1:** A cozinheira ou arrumadeira que trabalha na residência durante o dia, mas por duas horas diárias o patrão a desloca para substituí-lo no caixa de sua padaria, que fica situada ao lado de sua casa.

Ou:

> **Ex. 2:** Cozinheira que trabalha pela manhã e à noite só para a família e à tarde, no mesmo local, cozinha para a patroa doméstica vender refeições.[15]

---

[15] Outros exemplos: a) Iate particular utilizado pela família, alugado no final de semana de época de veraneio, para turistas, onde são empregados um marinheiro e um garçom. b) Casa de veraneio da família, com cozinheira, piscineiro, jardineiro e caseiro, alugada nas férias para outras famílias ou turistas.

Martins Catharino[16] chama as situações anteriores como "fenômeno contratual da promiscuidade", quando o trabalhador ora executa serviços sob a égide de uma lei, ora sob a égide de outra.

Há três teorias que tentam solucionar as questões anteriores:

1. Teoria da preponderância[17]

Ocorrendo o exercício concomitante de atividades domésticas e não domésticas (cuja doutrina denomina de situações promíscuas ou híbridas), para o mesmo empregador ou para tomadores distintos, mas a pedido e mando do mesmo empregador, deve prevalecer a lei que rege a atividade exercida preponderantemente. Nesse caso, o contrato é único, observando-se a legislação que rege a atividade preponderante.

Não adotamos essa tese porque é muito subjetiva, pois deixa a critério do intérprete distinguir qual atividade prepondera. Ademais, a tese poderia levar ao entendimento de que o doméstico pode ser desviado para atividades lucrativas, se o fizer por poucas horas diárias ou semanais. Por fim, cabe a alegação de que é possível o doméstico trabalhar em igualdade de tempo tanto para a atividade doméstica como para a não doméstica. Nesse caso, não haveria a preponderância mencionada.

2. Teoria do contágio, da atração ou da norma mais favorável[18]

Havendo conflitos de leis aplicáveis ao mesmo trabalhador, deve-se optar pelo princípio da norma mais favorável, que contagia todo o contrato. Esta teoria é a adotada pela jurisprudência. Nega a existência de dois contratos ao argumento de que a pessoa jurídica não paga salário ao trabalhador. A legislação mais favorável atrai todo o contrato e passa a regê-lo.

3. Dois contratos[19]

Parte da premissa de que o trabalhador executou serviços para dois tomadores distintos, em horários diferentes. Logo, dois seriam os contratos; um formado com a pessoa física, regido pela lei dos domésticos, e outro com a pessoa jurídica, regido pela CLT.

---

16 Martins Catharino refere-se ao fenômeno da promiscuidade contratual quando trata do trabalhador rural que ora executa suas atividades no campo, ora na usina. A jurisprudência, aproveitando seus conceitos, aplica o mesmo raciocínio para o trabalhador doméstico. CATHARINO, José Martins. *Compêndio Universitário de Direito do Trabalho*. São Paulo: Editora Jurídica e Universitária, 1972, p. 263.

17 Alice Monteiro adota essa tese para os trabalhadores rurais cujos serviços ora sejam executados no campo, ora na usina. Utilizamos a tese analogicamente para os domésticos. BARROS, Alice Monteiro de. *Curso de Direito do Trabalho*. São Paulo: LTr, 2005, p. 388.

18 Magano adota essa tese desde que o tomador seja a pessoa física ou família. Se forem tomadores distintos (pessoa física e pessoa jurídica), defende que o contrato doméstico não se desnatura, formando-se outro com a pessoa jurídica. MAGANO, Otávio Bueno. *Manual de Direito do Trabalho*. Direito Individual do Trabalho. 3. ed. São Paulo: LTr, 1992, v. 2, p. 127.

19 Essa é a tese de Catharino, que é muito criticada pela doutrina. CATHARINO, José Martins. *Compêndio Universitário de Direito do Trabalho*. São Paulo: Editora Jurídica e Universitária, 1972. Valentin Carrion no mesmo sentido. Todavia, Carrion refere-se à "estimativa percentual na prestação do trabalho". Aparentemente, a expressão "estimativa percentual" é utilizada para definir o salário do segundo contrato com a pessoa jurídica. CARRION, Valentin. *Comentários à Consolidação das Leis do Trabalho*. 28. ed. São Paulo: Saraiva, 2003, p. 42.

A dificuldade de se adotar a tese *supra* é que a pessoa jurídica não pagou qualquer salário ao empregado. Nesse sentido, a conclusão lógica seria: a) de que o trabalho foi gracioso e, por isso, não haveria vínculo de emprego; ou b) o julgador deverá determinar o pagamento dos salários pelo trabalho prestado à pessoa jurídica. Todavia, o que fazer com os salários recebidos por esse mesmo período de tempo em que o empregado doméstico executou serviços a tomador pessoa jurídica?

> **Ex. 3:** Pessoa jurídica proprietária de um imóvel residencial funcional que contrata uma cozinheira e arrumadeira para manter o imóvel e servir aos seus empregados executivos que residem em outros Estados, mas que, provisoriamente, estão prestando serviços no estabelecimento local. Em vez de ficarem hospedados em um hotel, ficam instalados em um apartamento com ares de "lar".

No caso *supra*, o posicionamento é unânime, tanto na doutrina quanto na jurisprudência, no sentido de que o empregado não é doméstico, pois seus serviços dirigem-se à atividade econômica da empresa. O imóvel equipara-se a um hotel.

> **Ex. 4:** Doméstica que trabalha em residência particular para pessoa física que não explora sua mão de obra para fins lucrativos, porém sua CTPS é assinada pela pessoa jurídica da qual o patrão é sócio.

Para o questionamento do exemplo 4, a solução comporta mais de uma corrente:

1. Prevalência da norma mais favorável ou teoria do contágio da norma mais favorável

Apesar de o trabalho ser de fato doméstico, houve literal violação ao antigo art. 1º da Lei nº 5.859/1972 e atual art. 1º da LC nº 150/2015. Sendo assim, não pode ser considerado doméstico o empregado cujo empregador é pessoa jurídica. Ademais, em caso de dúvida, deve ser aplicado o princípio da prevalência da norma mais favorável ao trabalhador que, no caso, é a CLT (empregado urbano).

2. Princípio da primazia da realidade

Como o trabalho executado era para empregador doméstico, esta corrente defende que houve mero erro material na anotação da CTPS, prevalecendo a realidade à forma (primazia da realidade). O julgador deverá mandar retificar a CTPS do empregado para passar a constar a pessoa física como empregadora, não se aplicando a CLT (empregado urbano) só por esse erro. Defendemos essa corrente em face do art. 112 do CC, que determina que nas declarações de vontade a intenção prevalecerá sobre o sentido literal da linguagem (leia-se: sobre o sentido literal do que foi escrito).

c.2. Família

Quando o serviço é prestado para a família, o real empregador do doméstico é esta. Todavia, como a família não tem personalidade jurídica, a responsabilidade pela assinatura da CTPS ficará a cargo de um dos membros que a compõem. Sendo assim, todos os membros capazes da família, que tomam os serviços do doméstico, são empregadores, mas só um aparece na carteira de trabalho como empregador formal.

O conceito de família deve ser entendido como reunião **espontânea** de pessoas para habitação em conjunto, mesmo que não haja vínculo de parentesco entre elas. Dessa forma, é possível equiparar ao conceito de família, para fins de caracterização do empregador doméstico, amigos que coabitam numa mesma casa, casal homoafetivo, famílias irregulares[20] etc. Comunidades maiores[21] (colégios, albergues, conventos) devem ser descartadas por perderem a semelhança com a família e por não importarem em reunião espontânea do grupo.

Se o **casal**, com dois filhos menores, contrata uma doméstica, é certo afirmar que ambos são empregadores e, por isso, **solidariamente responsáveis** por esse contrato, mesmo que apenas um deles trabalhe para sustentar o grupo, arcando, por isso, com os salários da doméstica. Da mesma forma, são coempregadoras as três amigas que coabitam, mesmo que uma pague a doméstica, a outra as despesas da casa e a terceira contas extras. Apesar de apenas uma arcar diretamente com os salários da doméstica, todas são igualmente empregadoras, uma vez que todas tomam os serviços domésticos e pela equivalência com a família.

Todos os membros maiores e capazes da família são coempregadores domésticos e respondem solidariamente pelos encargos trabalhistas, mesmo aqueles que não trabalham. Se, por exemplo, um filho casa e vai morar com sua esposa em outro imóvel e a doméstica da casa da mãe é por ela cedida, dois dias por semana, para trabalho na casa do filho, permanecendo os três outros dias da semana na residência dos pais para o labor doméstico, mas ainda remunerada pelos pais pelos cinco dias da semana, conclui-se que a família foi alargada, passando a ser também empregadora, a partir de então, a esposa do filho. Isto porque o local (imóvel) da prestação de serviços domésticos não descaracteriza o vínculo, desde que o empregado seja pago e comandado pela mesma unidade familiar. De forma diversa, se o filho passasse a tomar os serviços da mesma doméstica, por três dias da semana, pagando do seu próprio bolso e dando ordens, o vínculo se formaria com ele (isto é, com o novo casal), salvo ajuste de consórcio de empregador doméstico efetuado entre ele e seus pais.

O **consórcio de empregador doméstico** pode ocorrer quando duas ou mais unidades familiares distintas (ou unidades similares), ajustarem contratar a mesma doméstica para dividirem os encargos trabalhistas, bem como a prestação laboral. Cada unidade comanda os serviços com liberdade e independência da outra.

Vamos supor que dois vizinhos combinem de contratar a mesma cozinheira para trabalhar três dias por semana na casa do primeiro e outros três dias na casa

---

[20] No mesmo sentido, MAGANO, Otávio Bueno. *Manual de Direito do Trabalho. Direito Individual do Trabalho*. 3. ed. São Paulo: LTr, 1992, v. 2, p. 120.

[21] Em sentido contrário, Magano, que defende que o trabalho doméstico deve ser prestado "em uma casa de habitação", isto é, no lugar onde seu empregador viva ou habite, sozinho ou em companhia de pessoas, independentemente se muitas ou poucas. Conclui afirmando que é doméstico aquele que trabalha para comunidades religiosas, em conventos ou locais semelhantes. *Ibidem*, p. 121.

do segundo, por um salário mensal total fixo de R$ 2.000,00, mais vale-transporte e um só vínculo de emprego. Esse será um consórcio de empregadores domésticos. Todavia, como o consórcio não tem personalidade jurídica, uma pessoa física escolhida entre os membros ficará responsável pela assinatura da CTPS, mas todos os tomadores dos serviços serão solidários nas obrigações trabalhistas, já que são empregadores reais. Na verdade, nesse exemplo as famílias poderiam optar por dois vínculos, um com cada tomador.

A adoção do sistema do consórcio é facultativa e, por ser condição mais favorável ao empregado, uma vez que supera a controvérsia acerca do número de dias trabalhados para cada família (o que poderia, em algumas situações, até afastar o liame empregatício), deve ser aceito, apesar de não haver lei expressa que autorize o consórcio de empregador doméstico.

Convém ressaltar, porém, que seja a família ou o consórcio, apenas uma pessoa vai assinar a Carteira. Demandado em juízo apenas um cônjuge ou amigo, o outro poderá representar o réu demandado como corresponsável, sem necessidade de carta de preposição, por também ser considerado empregador. Ocorrendo separação do casal (ou das amigas), o cônjuge que se afastar e, por isso, não mais receber os serviços da doméstica deixa de ser responsável por aquele contrato. Caso a carteira tenha sido por ele assinada, basta uma anotação (no local destinado para as observações gerais) de que o responsável exclusivo pelo contrato permanece apenas o outro, a partir daquele momento. Não deve ser procedida a baixa, nem anotado outro contrato, pois o pacto permanece o mesmo, de forma única, apenas com responsáveis diferentes.

República Estudantil, Albergues, Conventos e Afins

O trabalho prestado para um grupo de pessoas que se reúne de forma espontânea e coabitam no mesmo local, cujo serviço se destina ao consumo pessoal de cada membro do grupo, sem natureza lucrativa, pode tomar a forma de relação doméstica, desde que caracterizados os requisitos contidos da Lei Complementar nº 150/2015. Tal situação pode ocorrer na informal república estudantil, com uma faxineira ou cozinheira contratada para trabalhar para o grupo.

O mesmo entendimento, todavia, não poderá ser adotado quando várias pessoas se encontram casualmente no mesmo local (convento, república estudantil proporcionada pelo governo graciosamente para centenas de estudantes universitários, albergues etc.) e, para o serviço doméstico, contratam uma faxineira ou cozinheira que presta serviço apenas para os que colaboram financeiramente com o trabalho.

Entendemos que nesse caso o empregado não poderá ser considerado doméstico porque o "grupo", por não ter se reunido espontaneamente, não se assemelha à família. São pessoas estranhas que habitam no mesmo lugar, como se fosse uma pousada ou um hotel gracioso. Ademais, as pessoas se revezam de tempos em tempos, há rotatividade de hóspedes. É comum em repúblicas estudantis oferecidas graciosamente pelo governo a estudantes ou em albergues (também graciosos) as pessoas permanecerem na habitação provisoriamente, alguns por dias, outros por meses ou anos. A rotatividade é comum nesses casos.

Defendemos que a cozinheira, arrumadeira, faxineira (ou afim) é autônoma ou empregada regida pela CLT, dependendo se os requisitos dos arts. 2º ou 3º estão ou não presentes. Se empregada urbana, podemos adotar o entendimento da Súmula nº 79 do TJERJ, para responsabilizar todos os que tomam os serviços, mesmo os não pagantes, pois equiparados a um condomínio irregular.

Espólio

O espólio não pode ser considerado empregador doméstico, seja porque não é pessoa física, seja porque com a morte do empregador (único) o contrato do doméstico se rompe. O espólio pode ser acionado em juízo como responsável pela antiga relação de emprego, podendo o empregado cobrar do espólio os direitos trabalhistas ainda não quitados. Convém ressaltar que a morte de um membro da família não importa em extinção do contrato, pois este continua com os demais membros sobreviventes.

d) Atividade de Natureza Não Lucrativa

Sob a ótica do tomador dos serviços, e não do seu prestador, o trabalho exercido não pode ter objetivos e resultados comerciais ou industriais, restringindo-se tão somente ao interesse do tomador ou sua família. Logo, o patrão não pode realizar negócios com o resultado do trabalho do empregado. A energia de trabalho despendida pelo empregado doméstico não pode ter como finalidade o lucro do patrão.

Dessa maneira, quando na residência há um pensionato ou sistema de fornecimento de alimentos, tanto a faxineira quanto a cozinheira deixam de ser domésticas para serem empregadas comuns (urbanas).

Todavia, a matéria não é pacífica como parece.

A controvérsia origina-se da comparação do texto contido no art. 7º, *a*, da CLT, com o conceito de doméstico disposto no art. 1º da revogada Lei nº 5.859/1972, atual art. 1º da Lei Complementar 150/2015, pois a CLT se refere à **atividade não econômica** e a lei do doméstico à **atividade não lucrativa.** Deve-se, portanto, analisar se o art. 7º, *a*, da CLT foi revogado pela lei do doméstico, já que esta última repete o conceito de forma diversa, ou, se o legislador de 1972, ao conceituar doméstico, conceito mantido pela lei nova, cometeu apenas um lapso, vigorando, até hoje, a alínea *a* do art. 7º da CLT.

A resposta é de extrema importância, pois atividade econômica é toda movimentação de bens e serviços,[22] enquanto atividade lucrativa[23] é toda movimentação de bens e serviços organizados com fins lucrativos.

> **Ex. 1:** Empregado que cuida do canil e dos 200 cães do patrão, dando treinamento, remédio, comida, banho, levando para passear etc., tudo para

---

[22] As associações beneficentes, as entidades filantrópicas, as cooperativas, a maioria das universidades, entre outras, são exemplos de atividades econômicas, sem fins lucrativos.

[23] As indústrias, as sociedades comerciais, bancos etc., são exemplos de atividades econômicas com fins lucrativos.

fins de exposições e competições, sem intuito de lucro, pois, quando vencedor, o prêmio é doado. Nesse caso o empregado é doméstico ou urbano?

Ex. 2: Empregada que habitualmente cozinha e prepara 100 quentinhas para a patroa doméstica doar para um orfanato ou um asilo, praticando, portanto, atividade econômica, mas não lucrativa. É doméstica?

Como dito, a matéria suscita controvérsias.

Para a primeira corrente, prevalece o disposto na alínea *a* do art. 7º da CLT, logo, qualquer atividade econômica, mesmo que sem fins lucrativos, descaracteriza a atividade doméstica. Nos exemplos acima, o trabalhador seria urbano, tendo direito à aplicação da CLT. Nesse sentido, Amauri Mascaro,[24] Martins Catharino,[25] Délio Maranhão,[26] João Lima Teixeira,[27] José Augusto Rodrigues Pinto,[28] Russomano[29] e aparentemente Godinho.[30]

A segunda corrente posiciona-se no sentido de que o empregador doméstico não pode explorar atividade lucrativa, mas pode usar a mão de obra de seu empregado para atividades econômicas não lucrativas, prevalecendo o conceito da antiga Lei nº 5.859/1972 e atual LC nº 150/2015. Adotamos essa corrente. Neste sentido também Süssekind,[31] Alice Monteiro,[32] Carrion[33] e Sergio Pinto Martins.[34]

Da mesma forma Magano[35] e Orlando Gomes,[36] que acrescentam que "trata-se de atividade de mero consumo, não produtiva". Assim também a jurisprudência:

> EMPREGADO DOMÉSTICO. FINS LUCRATIVOS. DESCARACTERIZAÇÃO. Nos termos da Lei nº 5.859/72, considera-se empregado doméstico aquele que presta serviços de natureza contínua e de finalidade não lucrativa à pessoa ou à família, no âmbito residencial destes. Assim, comprovados os fins lucrativos na utilização da propriedade em que os serviços eram prestados, resta descaracterizada a relação doméstica, sendo o obreiro empregado celetista. TRT/RJ, Processo nº 00301.2000.511.01.00.0, Rel. Designado Juiz Antônio Carlos Areal, *DJ*/RJ 11.04.2003.

---

24 NASCIMENTO, Amauri Mascaro. *Iniciação ao Direito do Trabalho*. 27. ed. São Paulo: LTr, 2001, p. 270.

25 CATHARINO, José Martins. *Compêndio de Direito do Trabalho*. São Paulo: LTr, 1983.

26 MARANHÃO, Délio; CARVALHO, Luiz Inácio Barbosa. *Direito do Trabalho*. 17. ed. Rio de Janeiro: Editora da FGV, 1993, p. 78.

27 SÜSSEKIND, Arnaldo; MARANHÃO, Délio; VIANNA, Segadas; TEIXEIRA, Lima. *Instituições de Direito do Trabalho*. 21. ed. São Paulo: LTr, 2003, v. 1, p. 179.

28 PINTO, José Augusto Rodrigues. *Curso de Direito Individual do Trabalho*. 4. ed. São Paulo: LTr, 2000, p. 113.

29 RUSSOMANO, Mozart Victor. *Curso de Direito do Trabalho*. 7. ed. Curitiba: Juruá, 1999, p. 285.

30 DELGADO, Mauricio Godinho. *Curso de Direito do Trabalho*. São Paulo: LTr, 2002, p. 341.

31 SÜSSEKIND, Arnaldo. *Direito Constitucional do Trabalho*. Rio de Janeiro: Renovar, 1999, p. 152.

32 BARROS, Alice Monteiro de. *Curso de Direito do Trabalho*. São Paulo: LTr, 2005, p. 310.

33 CARRION, Valentin. *Comentários à Consolidação das Leis do Trabalho*. 28. ed., atualizado por Eduardo Carrion, São Paulo: Saraiva, 2003, p. 45.

34 MARTINS, Sergio Pinto. *Direito do Trabalho*. 13. ed. São Paulo, 2001, p. 133.

35 MAGANO, Otávio Bueno. *Manual de Direito do Trabalho*. Direito Individual do Trabalho. 3. ed. São Paulo: LTr, 1992, v. 2, p. 124.

36 GOMES, Orlando; GOTTSCHALK, Élson. *Curso de Direito do Trabalho*. Rio de Janeiro: Forense, 1995, p. 104.

VÍNCULO DE EMPREGO. TRABALHO DOMÉSTICO. CONTINUIDADE NA PRESTAÇÃO DE SERVIÇOS. DESCARACTERIZAÇÃO. O empregado doméstico é aquele que presta serviços de natureza contínua sem finalidade lucrativa à pessoa ou à família no âmbito residencial, nos termos do que dispõe o artigo 1º da Lei nº 5.859/72. No caso, incontroverso que a prestação de serviços pela reclamante se dava apenas em um dia, ainda que por 4 anos, sempre nos fins de semana, prestando serviços de cuidadora de idoso, mediante o recebimento de salário mensal, o que não caracteriza a continuidade na prestação de serviços, necessária para se reconhecer o vínculo de emprego entre as partes, eis que se trabalho de prestação de trabalho de diarista, e não de empregada doméstica. Recurso de revista conhecido e provido. RR-779-58.2011.5.04.0122, 6ª Turma, Relator Ministro Aloysio Corrêa da Veiga, *DEJT* 20/09/2013.

Assim sendo, para estes últimos, é doméstico a cozinheira que executa suas tarefas para pessoa física que pratica caridade entregando quentinhas feitas pela empregada para instituições de caridade; ou aquele trabalhador que prepara diariamente inúmeras refeições para os cães de competição não lucrativa do canil que o empregador possui.

e) Âmbito Residencial

Havia um equívoco na redação contida no art. 1º da revogada Lei nº 5.859/1972, infelizmente mantido pelo art. 1º da Lei 150/2015, quando se refere ao trabalho executado **no âmbito residencial** do empregador doméstico, pois o trabalho pode ser exclusivamente externo e ser caracterizado como doméstico, como ocorre com o motorista, segurança, o piloto, a acompanhante em hospitais etc. Melhor teria sido a expressão "**para**" o âmbito residencial, ou seja, é doméstico quem executa serviços para consumo da pessoa ou da família.

Sob outro ponto de vista, é importante salientar que o doméstico pode executar seus serviços tanto na unidade familiar principal do patrão como em residências mais distantes, como a casa de praia, casa de campo etc. Isto porque o deslocamento para fora da residência principal, no exercício das funções domésticas, não descaracteriza a relação (motorista em viagens).

SERVIÇOS DOMÉSTICOS. CARACTERIZAÇÃO. Para ser caracterizado como "doméstico" o serviço não precisa ser prestado, necessariamente, na residência do empregador. O que importa é que a atividade desempenhada esteja voltada para o âmbito familiar, não gerando, pois, lucro ao empregador. Ac. 20050560772, Proc. RO 02774.1998.009.02.00.4-SP, 3ª T., Rel. Mércia Tomazinho, j. 23.08.2005, publicado em 06.09.2005.

3. EFICÁCIA DOS DIREITOS CONSTITUCIONAIS DO EMPREGADO DOMÉSTICO

Mesmo os enunciados genéricos contidos na norma constitucional têm eficácia e, como a Constituição está no ápice da hierarquia formal das demais normas, ela irradia seus efeitos e amplia seu alcance às demais normas infraconstitucionais. Alguns desses comandos constitucionais possuem todas as características para produzir seus efeitos, tendo, por isso, eficácia plena, imediata. Outros dependem de regulamentação para sua efetivação plena, sua concretização no plano concreto.

O art. 5º, § 1º, da CRFB determina que "as normas definidoras dos direitos e garantias fundamentais têm aplicação imediata". Os direitos contidos no parágrafo único do art. 7º da CRFB são direitos fundamentais.

Portanto, é dever do intérprete afastar todas as dificuldades para dar efetividade aos direitos constitucionalmente reconhecidos a qualquer trabalhador, inclusive domésticos.

O art. 7º, parágrafo único, da CRFB, em sua redação original (1988) garantiu pela primeira vez aos domésticos, por exemplo, o aviso prévio, o RSR, o salário mínimo, direitos antes não concedidos a essa classe de trabalhadores. Mais tarde, a EC nº 72/2013 alterou o parágrafo único do art. 7º da Constituição Federal e estendeu aos domésticos outros novos direitos, antes só garantidos aos urbanos (CLT) e rurais. Entre os novos direitos estavam: jornada de 8 horas diárias, limitadas a 44 horas semanais; hora extra com acréscimo de 50%, normas coletivas e, dependendo de regulamentação à época, o adicional noturno, FGTS acrescido de multa de 40%, em caso de despedida imotivada etc.

Todavia, o conceito de aviso prévio, as hipóteses de cabimento, a faculdade de convertê-lo ou não em pecúnia e de quanto, sua integração ou não ao tempo de serviço, a época do pagamento das parcelas decorrentes da rescisão, inclusive do aviso, são regras disciplinadas nos arts. 487 e seguintes da CLT, às quais o doméstico não tinha direito antes da LC nº 150/2015, ante o disposto no art. 7º, *a*, da CLT, mas podiam ser aplicadas ao doméstico por conta do princípio da máxima eficácia. Após a LC nº 150 já podem ser aplicadas com maior facilidade.

Da mesma forma, o conceito de repouso semanal remunerado, cujos requisitos para aquisição, a forma de pagamento, as consequências do trabalho em dia de folga não compensado etc., estão previstas na Lei nº 605/1949. No entanto, o Decreto nº 27.048/1949, em seu art. 3º, *a*, excluía expressamente o doméstico de sua aplicação. Só a partir da Lei nº 11.324/2006 é que a Lei nº 605/1949 passou a ser aplicada ao doméstico em sua integralidade, com adaptações, o que foi mantido pela nova lei complementar. Mesmo assim, defendemos que, mesmo antes de 2006, era possível aplicar as regras da Lei 605/1949 com base no princípio da máxima eficácia e eficiência dos direitos constitucionais.

Apesar de concedido o salário mínimo ao doméstico, com todas as utilidades a que ele se destina (como expressamente enumera o art. 7º, IV, da CRFB), o conceito de salário mínimo, sua proteção contra descontos, a época do pagamento, o conceito de utilidade; os percentuais de desconto, o valor mínimo pago em dinheiro, a periodicidade do pagamento etc., são regras estampadas na CLT, que, antes de LC nº 150/2015, à primeira vista, seriam inaplicáveis ao doméstico, por força do art. 7º, *a,* da CLT. Aqui também podemos aplicar o raciocínio da máxima eficiência.

Desde 05.10.1988 também foi concedido ao doméstico o direito ao décimo terceiro salário. A regulamentação desse direito está na Lei nº 4.090/1962.

Logo, alguns dos novos direitos precisavam, antes da LC nº 150/2015, ser interpretados pela CLT ou leis especiais. Portanto, o limite de horas extras deveria respeitar as regras do art. 59 da CLT, inclusive para fins de compensação de jornada, assim como a necessidade de acordo individual escrito (Súmula nº 338 do TST) para o ajuste da compensação de jornada e a desnecessidade de adoção de controle de jornada para os patrões que possuem, por residência, menos de vinte empregados (art. 74, § 2º, da CLT). Isso quer dizer que, antes da regulamentação específica de tais direitos pela LC nº 150/2015, o Capítulo "Da Duração do Trabalho", na parte compatível, era aplicável ao empregado doméstico, inclusive o direito ao intervalo intrajornada e entre jornadas por força da EC nº 72/2013.

Conclusão: a única interpretação possível para a efetividade do comando constitucional, que determina a aplicação imediata dos direitos fundamentais, é a utilização temporária da CLT e outras leis especiais até a regulamentação de tais direitos, que ocorreu parcialmente com a Lei Complementar 150/2015.

Carrion[37] compartilhava de posição similar:

> Os direitos que a Constituição concedeu genericamente aos domésticos devem ser aplicados com a regulamentação das leis que já os contemplam.
>
> É verdade que as leis ordinárias que necessitam de regulamentação somente entram em vigor na data em que esta ocorrer. Mas com as normas constitucionais não se pode dar o mesmo, a não ser que haja condicionamento expresso diferido ou exista absoluta impossibilidade material de atuação efetiva. É que o vazio regulamentador da lei não é tão tolerável como o da Constituição, pela maior imperatividade desta última sobre a primeira. No entendimento da eficácia das Constituições houve uma grande evolução, chegando a afirmar-se que já não há mais normas programáticas (José J. Canotilho), pelo que o intérprete e aplicador da lei tem de afastar as dificuldades para concretizar os dispositivos da Lei Maior. (...) tudo isso tem que levar o intérprete a uma interpretação criativa.
>
> Assim, enquanto não houver lei que complete certos dispositivos simplesmente enunciados pela Constituição, tem-se de aplicar o instituto deferido para outros sujeitos ou situações, tal como ele já está em vigor.

4. DIREITOS

Alguns dos direitos dos domésticos estão no art. 7º, parágrafo único, da CRFB, outros na LC nº 150/2015. Outros, ainda, em leis esparsas.

Por força do art. 19 da Lei Complementar 150/2015, observadas as peculiaridades do trabalho doméstico, é aplicável a CLT de forma subsidiária. Antes dessa lei, os domésticos eram excluídos da CLT (art. 7º, da CLT) e alguns de seus artigos eram utilizados apenas para dar eficácia aos direitos constitucionais estendidos aos domésticos e não regulamentados por lei especial.

Os domésticos também têm direito ao vale-transporte, podendo ser pago em dinheiro, como autorizado pelo parágrafo único do art. 19 da LC nº 150/2015. Aliás, o direito ao vale-transporte já havia sido estendido ao doméstico desde a própria Lei nº 7.418/1985.

---

37 CARRION, Valentin. *Comentários à Consolidação das Leis do Trabalho*. 26. ed. São Paulo: Saraiva, 2001, p. 43-44.

A Lei nº 11.324/2006 concedeu estabilidade à gestante, férias de 30 dias, direito aos feriados e a proibição de descontos por concessão de algumas utilidades, direitos mantidos pela LC nº 150/2015.

Em abril de 2013 foi promulgada a Emenda Constitucional nº 72, que alterou o parágrafo único do art. 7º da Constituição e estendeu aos domésticos novos direitos, antes só garantidos aos urbanos (CLT) e rurais. Entre os novos direitos estão: jornada de 8 horas diárias, limitadas a 44 semanais; hora extra com acréscimo de 50% e, dependendo de regulamentação, por expressa determinação do legislador: adicional noturno, FGTS + 40% e seguro-acidente. A LC nº 150/2015 regulamentou os direitos do doméstico, criou outros e o conceituou de forma mais precisa. Mais tarde, foi criado o e-social (Resolução nº 780, do CCFGTS, de 24.09.2015), que possibilitou o recolhimento da nova cota previdenciária, FGTS, indenização adicional e seguro por acidente de trabalho a partir de outubro de 2015.

Continuam sem aplicação ao doméstico, por incompatível: o instituto da sucessão de empresários (arts. 10 e 448 da CLT) porque só aplicáveis às empresas e, pelos mesmos motivos, a solidariedade do grupo econômico; a estabilidade do cipeiro; o PIS e seu abono anual etc.

Aplicam-se, ainda, os princípios genéricos da proteção ao trabalhador, como o da irredutibilidade salarial, da inalterabilidade contratual, do ajuste contratual como lei entre as partes.

Mesmo antes da EC nº 72/2013 defendíamos que alguns dos direitos até então não incluídos no parágrafo único do art. 7º da CRFB eram aplicáveis aos domésticos, entre esses os que encerravam norma proibitiva ou de prescrição (a prescrição foi expressamente regulada na nova lei), pois destinadas a todos os trabalhadores, independentemente se doméstico, urbano, rural ou avulso (ex.: prescrição, proibição do trabalho do menor, proibição de discriminação etc.). Nesse ponto, a EC nº 72/2013 não trouxe grandes novidades, mas deixou claro o comando de proibições.

Linha do tempo

CF/1988	2006	EC nº 72/2013	LC nº 150/2015	R. nº 780/2015
Salário mínimo	Estabilidade gestante	Jornada	Acordo comp.	FGTS+40%
Irredutibilidade	Utilidades	H. Extras	Adic. noturno	Est. Acidente
Aviso prévio	Feriados		Salário-família	SAT
13º salário	FGTS facultativo		Ad. viagem	Sal.-fam.
RSR	Seguro-desemp. FGTS		Jornada 12x36	
Férias + 1/3	Justa causa		Utilidades	
Lic.-paternidade			Aplicação CLT	
Lic.-maternidade			Cartão de ponto	
Previdência Social			Seguro-desemp.	
			Indep. FGTS	

Direitos Constitucionais: O art. 7º, parágrafo único, da CRFB concedeu aos domésticos:

- relação de emprego protegida contra despedida arbitrária ou sem justa causa, nos termos de lei complementar, que preverá indenização compensatória **(só regulamentado pela LC nº 150/2015 e Res. 780/2015)**;
- seguro-desemprego, em caso de desemprego involuntário **(só regulamentado pela LC nº 150/2015)**;
- fundo de garantia do tempo de serviço **(só regulamentado pela LC nº 150/2015 e Res. 780/2015)**;
- salário mínimo;
- irredutibilidade salarial;
- décimo terceiro salário;
- remuneração do trabalho noturno superior à do diurno **(só regulamentado pela LC nº 150/2015)**;
- proteção do salário na forma da lei, constituindo crime sua retenção dolosa;
- salário-família pago em razão do dependente do trabalhador de baixa renda nos termos da lei **(só regulamentado pela LC nº 150/2015)**;
- duração do trabalho normal não superior a oito horas diárias e quarenta e quatro horas semanais, facultadas a compensação de horários e a redução da jornada, mediante acordo ou convenção coletiva de trabalho;
- repouso semanal remunerado, preferencialmente aos domingos;
- remuneração do serviço extraordinário superior, no mínimo, em cinquenta por cento à do normal;
- gozo de férias anuais com acréscimo de um terço;
- licença à gestante de 120 dias, sem prejuízo do emprego e dos salários;
- licença-paternidade;
- proteção do mercado de trabalho da mulher, mediante incentivos específicos, nos termos da lei;
- aviso prévio;
- redução dos riscos inerentes ao trabalho, por meio de normas de saúde, higiene e segurança;
- integração à Previdência Social;
- assistência gratuita aos filhos e dependentes desde o nascimento até 5 (cinco) anos de idade em creches e pré-escolas;
- reconhecimento das convenções e acordos coletivos de trabalho;
- seguro contra acidentes de trabalho, a cargo do empregador, sem excluir a indenização a que este está obrigado, quando incorrer em dolo ou culpa **(só regulamentado pela LC nº 150/2015 e Res. 780/2015)**;

- proibição de diferença de salários, de exercício de funções e de critério de admissão por motivo de sexo, idade, cor ou estado civil;
- proibição de qualquer discriminação no tocante a salário e critérios de admissão do trabalhador portador de deficiência;
- proibição de trabalho noturno, perigoso ou insalubre a menores de dezoito e de qualquer trabalho a menores de dezesseis anos, salvo na condição de aprendiz, a partir de quatorze anos.

Alguns dos direitos citados serão estudados de forma mais aprofundada. Para os demais, remetemos o leitor aos capítulos pertinentes a cada tema.

4.1. Salário Mínimo

Assim dispõe o inciso IV do art. 7º da CRFB:

> **Art. 7º** São direitos dos trabalhadores urbanos e rurais, além de outros que visem à melhoria de sua condição social:
> (...)
> IV – salário mínimo, fixado em lei, nacionalmente unificado, capaz de atender a suas necessidades vitais básicas e às de sua família como moradia, alimentação, educação, saúde, lazer, vestuário, higiene, transporte e previdência social, com reajustes periódicos que lhe preservem o poder aquisitivo, sendo vedada sua vinculação para qualquer fim;

Ao doméstico não era garantido o salário mínimo. Foi a Constituição de 1988 que lhe estendeu tal direito.

As consequências dessa novidade são múltiplas:

a) Valor e Recibo

A partir de 05.10.1988 o doméstico passou a ter garantido o salário mínimo hora, dia ou mês. Isso significa que não há a obrigação de pagar o valor mensal fixado por lei, se a doméstica não trabalhar de segunda a sábado. Se trabalhar dois dias por semana, deverá receber, pelo menos, o valor do salário mínimo dia, multiplicado pelo número de dias trabalhados no mês, mais o RSR (arts. 2º e 3º da LC nº 150/2015). Esse resultado será inferior ao salário mínimo mensal (ou ao piso estadual), pois proporcional ao trabalho executado. Nem seria justo alguém que trabalha 30 dias ganhar o mesmo valor que outro que trabalha 10 dias no mês. Da mesma forma a OJ nº 358 da SDI-I do TST.

O pagamento do salário deverá ser feito mediante recibo. Portanto, também se aplica ao doméstico o art. 464 da CLT.[38] O recibo deve apontar cada uma das parcelas a serem pagas, sob pena de salário complessivo, que é vedado (Súmula nº 91 do TST).

---

[38] Da mesma forma, BARROS, Alice Monteiro de. *Curso de Direito do Trabalho*. São Paulo: LTr, 2005, p. 336.

PAGAMENTO DE SALÁRIO DE DOMÉSTICO. COMPROVAÇÃO MEDIANTE RECIBO. Qualquer pagamento que se faça ao empregado, inclusive o doméstico, deve obedecer ao disposto na CLT, art. 464, *caput*. O trabalho doméstico, com muito mais razão, exige a dação do comprovante de pagamento; via de regra, a contratualidade se resume apenas a um empregado, o que dificulta até mesmo a comprovação da relação de emprego, quiçá o pagamento das verbas contratuais e legais. Ainda que haja mais de um empregado doméstico, a exigência do recibo se faz premente com vistas a resguardar o direito do trabalhador em uma eventual ação judicial. É muito cômodo ao empregador alegar a existência de "relação de confiança" para se eximir da obrigação legal imposta por lei. Não é por certo o objetivo da lei estratificar a sociedade, impondo a determinados laboriosos a pecha de trabalhadores de segunda classe. A vilania não pode contar com a benesse do Estado; é premissa constitucional a preservação da dignidade da pessoa humana (CF, art. 1º, inciso III). Ac. 20060114848, Proc. 02656.2002.079.02.00.4-SP, 3ª T., Rel. Roviriso Aparecido Boldo, j. 21.02.2006, publicado em 14.03.2006.

Depois da LC nº 150/2015, a CLT passou a ser aplicada aos domésticos e, com isso, as regras de pagamento do salário, estando sepultadas as controvérsias anteriores.

b) Periodicidade e Época do Pagamento

Em virtude da necessidade de dar efetividade aos direitos constitucionais criados para o doméstico (art. 5º, § 1º, da CRFB), regulamentando-os, e, sabendo que a LC nº 150/2015 foi silente a respeito do tema, aplica-se ao doméstico, por força do art. 19 da LC nº 150/15, o comando contido no art. 459 da CLT, que trata da periodicidade e época do pagamento do salário.

Dessa forma, o doméstico não pode ser contratado para pagamento trimestral de seu salário, nem pode receber seu pagamento no dia 15 de cada mês.

O pagamento deverá ser efetuado até o quinto dia útil do mês subsequente e o salário deve ser ajustado com a periodicidade máxima mensal, de forma que todo mês haja pagamento de salário.

c) Descontos

A Constituição simplesmente enumerou, de forma genérica, os direitos estendidos ao doméstico, entre eles, o salário mínimo, sem, contudo, conceituar ou regular tal direito, deixando margem para o intérprete buscar, nas regras gerais existentes a respeito da matéria, a regulação pertinente para dar efetividade a esse direito. Ao relacionar as utilidades a que se destinava o salário mínimo, o constituinte também se referiu, implicitamente, aos percentuais que cada uma destas deve equivaler e às possibilidades de desconto quando concedidas *in natura*. Por outro lado, ao conceder o salário mínimo, também estendeu as proteções a esse salário.

Da mesma forma, mesmo que por outro fundamento, forçoso é concluir que o salário é cercado de proteção, seja pela sua natureza alimentar, seja pelo princípio da proteção ao trabalhador, pois os princípios trabalhistas são aplicáveis a todos os empregados, inclusive aos domésticos. Entre estes, o princípio da inalterabilidade contratual *in pejus* e os da intangibilidade e irredutibilidade salarial são mais importantes. Portanto, é vedado o desconto não autorizado em lei.

Assim, conclui-se que até a inclusão do art. 2º-A à revogada Lei nº 5.859/1972 e o advento da LC nº 150/2015, ao doméstico eram aplicáveis os arts. 81, 82, 458, 462 da CLT, na parte compatível. E até hoje são aplicáveis as leis que fixam o salário mínimo (hora, dia e mês). Após a Lei nº 11.324/2006 foram vedados os descontos de algumas utilidades fornecidas pelo empregador. Essa regra só se aplica ao trabalho executado após 20.07.2006 (data da publicação da lei). Com o advento da LC nº 150/2015, foram também proibidos os descontos por adiantamento do salário, e, mediante acordo escrito, no limite de 20%, descontos pela concessão de seguro médico-hospitalar e odontológico, seguro e previdência privada (art. 18, § 1º).

Logo, se o empregador fornecia uma utilidade, poderia efetuar o desconto correspondente[39] (arts. 81 e 82 da CLT)[40] até 20.07.2006; após essa data o desconto está proibido para algumas utilidades e após a LC nº 150/2015 deverão ser observadas suas regras e limitações.

Se desejar efetuar desconto em virtude de dano, poderá fazê-lo, salvo se culposo, quando deverá haver cláusula contratual específica nesse sentido – art. 462 da CLT.

O motorista, por exemplo, que comete infração de trânsito com o carro do patrão por excesso de velocidade responde pelo dano culposo praticado (multa), desde que haja previsão expressa no contrato nesse sentido, na forma do art. 462 da CLT.

O pagamento mínimo em dinheiro será de, pelo menos, 30% do valor do salário – art. 82, parágrafo único, da CLT.

Não será considerada falta ao serviço a ausência do empregado pelos motivos indicados nos arts. 131 e 473 da CLT (na parte que for compatível), além de outros previstos em leis especiais. Ressalte-se que a partir da LC nº 150/2015 a CLT é aplicável ao doméstico (art. 19).

O art. 2º, § 2º, da LC nº 150/2015 estabeleceu o mesmo divisor e forma de cálculo do valor do dia e da hora do salário previstos na CLT. Logo, os descontos devem obedecer essas regras.

d) Utilidades

Seguindo o mesmo raciocínio do item anterior, ao doméstico foram estendidas as utilidades. A CF as enumerou uma a uma: *salário mínimo, fixado em lei (...) capaz de atender a suas necessidades (...) como* ***moradia, alimentação,***

---

39 Da mesma forma Alice Monteiro de Barros, que defende a aplicação do art. 458 da CLT ao doméstico. BARROS, Alice Monteiro de. *Curso de Direito do Trabalho*. São Paulo: LTr, 2005, p. 335.

40 Empregador que nunca descontou a utilidade não poderá, para aquele mesmo empregado, no mesmo contrato de trabalho, passar a fazê-lo, sob pena de estar alterando prejudicialmente o contrato.

***educação, saúde, lazer, vestuário, higiene, transporte e previdência social** (...)* (grifos nossos).

A partir daí dois lados do instituto podem ser explorados: o relativo aos descontos e o referente à integração ao salário, quando caracterizada a natureza salarial da benesse, observadas as limitações impostas pela antiga Lei nº 11.324/2006 e peculiaridades da LC nº 150/2015.

Remetemos o leitor ao Capítulo da "Remuneração" no item salário-utilidade.

Utilidade é tudo aquilo que não é dinheiro. O empregado pode receber seu salário em dinheiro e/ou em utilidade. A natureza salarial da utilidade depende de cinco requisitos cumulativos: ser benéfica, habitual, graciosa para o empregado; que seja concedida pelo trabalho, e não para o trabalho, isto é, que seja forma de contraprestação do serviço, e não uma ferramenta para a execução deste e desde que não haja lei retirando sua natureza salarial.[41]

A CLT (art. 458, § 3º) indica os percentuais de duas das utilidades referidas no salário mínimo, regra também aplicada ao doméstico: a habitação,[42] que corresponde a 25% (vinte e cinco por cento) e a alimentação, que equivale a 20%[43] (vinte por cento) do salário contratual.

Os incisos I a VII do § 2º do art. 458 da CLT retiraram a natureza salarial de algumas utilidades (transporte, saúde, previdência, educação e vestuário). Todavia, não impediu o desconto dessas mesmas utilidades quando fornecidas até 20.07.2006. A partir daí, isto é, da Lei nº 11.324/2006, que acrescentou o art. 2º-A à revogada Lei nº 5.859/1972, o desconto de algumas utilidades foi proibido, assim como a integração destas mesmas utilidades (alimentação, moradia, higiene e vestuário), o que foi mantido pela LC nº 150/2015. Para as demais utilidades, continua sendo aplicável a CLT (arts. 81, 82 e 458), limitada pelas novas regras impostas pela LC nº 150/2015.

Assim, o patrão podia descontar uma utilidade fornecida nos moldes e percentuais contidos da CLT. Hoje, porém, devem ser respeitados os parâmetros e limites impostos pela antiga Lei nº 11.324/2006, atual LC nº 150/2015:

> **Art. 18.** É vedado ao empregador doméstico efetuar descontos no salário do empregado por fornecimento de alimentação, vestuário, higiene ou moradia, bem como de despesas com transporte, hospedagem e alimentação no caso de acompanhamento em viagem.
>
> § 1º É facultado ao empregador efetuar descontos no salário do empregado em caso de adiantamento salarial e, mediante acordo escrito entre as partes, para a

---

41 Há quem defenda que a norma coletiva também pode retirar a natureza salarial da utilidade.

42 Não se deve confundir habitação com pernoite ou cômodo provisório. O quarto que a doméstica permanece durante a semana para pernoite de segunda a quinta, cuja disponibilidade do espaço é da patroa, que limita a liberdade da empregada, não pode ser considerado habitação. Logo, o desconto não poderá ser no percentual destinado à moradia.

43 O percentual de 20% referente à alimentação engloba as quatro refeições diárias: o desjejum, o almoço, o café da tarde e o jantar.

inclusão do empregado em planos de assistência médico-hospitalar e odontológica, de seguro e de previdência privada, não podendo a dedução ultrapassar 20% (vinte por cento) do salário.

§ 2º Poderão ser descontadas as despesas com moradia de que trata o *caput* deste artigo quando essa se referir a local diverso da residência em que ocorrer a prestação de serviço, desde que essa possibilidade tenha sido expressamente acordada entre as partes.

§ 3º As despesas referidas no *caput* deste artigo não têm natureza salarial nem se incorporam à remuneração para quaisquer efeitos.

§ 4º O fornecimento de moradia ao empregado doméstico na própria residência ou em morada anexa, de qualquer natureza, não gera ao empregado qualquer direito de posse ou de propriedade sobre a referida moradia.

Percebam que o art. 18 da LC nº 150/2015 incluiu a proibição de desconto de alimentação, transporte e hospedagem nos casos de **viagem** para acompanhamento do patrão, regra antes inexistente.

Foi também acrescido o comando de que a moradia concedida pelo patrão não gera qualquer direito de posse ou de propriedade da referida moradia. Foi silente quanto à obrigação de desocupação do imóvel com a extinção do contrato de trabalho, podendo ser aplicado, analogicamente, o art. 9º, § 3º, da Lei nº 5.889/1973, dirigido ao trabalhador rural, por compatível.

O inciso XIX do art. 2º da Lei 10.257/2011, que prevê, entre outros direitos, a garantia de condições condignas destinadas à moradia e ao serviço dos trabalhadores domésticos.

Nem sempre o empregado terá direito à integração de uma utilidade, pois algumas jamais terão natureza salarial. A partir da Lei nº 11.324/2006 a alimentação, vestuário, higiene e moradia do doméstico não poderão ter natureza salarial, nem ser descontados, salvo quando a moradia for em local diverso da residência em que o empregado prestar serviços, regra mantida pelo § 2º do art. 18, da LC nº 150/2015, que acresceu as despesas com transporte, hospedagem e alimentação em viagem para acompanhar o patrão.

e) Piso Salarial

O piso salarial foi previsto no art. 7º, V, da CRFB e difere do salário mínimo, porque este é nacionalmente unificado (um só valor para todo País), enquanto aquele deve levar em consideração a complexidade de cada atividade, profissão ou ofício para fixar valores salariais (pisos) diferenciados para cada uma.

Por sua vez, o art. 22, I e parágrafo único, da CRFB autorizou os Estados a legislar sobre Direito do Trabalho, desde que autorizados por lei complementar.

A LC nº 103/2000, de 14.07.2000 (*DO* de 17.07.2000), autorizou os Estados e o Distrito Federal a fixar pisos salariais superiores aos estabelecidos nacionalmente por lei, excluindo os servidores públicos estaduais e municipais e autorizando a inclusão dos domésticos.

A partir da publicação da LC nº 103/2000, o Governo do Estado do Rio de Janeiro passou a instituir pisos salariais da categoria dos domésticos, sancionando e publicando leis desde o mês de dezembro de 2000.

O empregador que admite doméstico no Estado do Rio de Janeiro ou em outro Estado que tenha piso estadual fixado por lei deverá recolher a contribuição previdenciária com base no salário efetivamente pago, que deve respeitar, no mínimo, o piso estadual.

Nesse sentido, a IN RFB nº 971/2009, do Instituto Nacional do Seguro Social, dispondo o que se segue:

> **Art. 54.** A base de cálculo da contribuição social previdenciária dos segurados do RGPS é o salário de contribuição, observados os limites mínimo e máximo.
>
> § 1º O limite mínimo do salário de contribuição corresponde:
>
> (...)
>
> II – para o **empregado doméstico**, ao **piso estadual** conforme definido na Lei Complementar nº 103, de 2000, ou, inexistindo este, ao salário mínimo, tomados nos seus valores mensal, diário ou horário, conforme o ajustado, e o tempo de trabalho efetivo durante o mês;
>
> (...)

e.1) Constitucionalidade do Piso Estadual dos Domésticos

Há quem sustente a inconstitucionalidade do § 2º do art. 1º da LC nº 103/2000, que determinou a extensão dos pisos salariais aos domésticos, isto porque a Constituição teria sido taxativa quanto aos direitos sociais, não incluindo o inciso V do art. 7º entre estes direitos. Defendem que, como a LC nº 103/2000 veio para regulamentar o inciso V do art. 7º da Carta, não poderia ter estendido o direito a quem a Constituição não conferiu tal benesse. Fundamentam na rigidez da CF, que não pode ser alterada por lei. Outros acrescentam que o piso salarial de que cogita o art. 7º, V, da Carta Magna não é regional ou estadual, mas sim profissional. Deve ser fixado em proporção à extensão ou complexidade do trabalho. É o chamado salário profissional, que pode ser fixado, por exemplo, para metalúrgicos, bancários, comerciantes etc., e os domésticos não seriam considerados como profissionais.

Em sentido contrário, temos a segunda corrente, à qual nos filiamos, pela constitucionalidade da regra. O princípio da prevalência da norma mais favorável está expressamente previsto no *caput* do art. 7º da CRFB: "Art. 7º São direitos dos trabalhadores urbanos e rurais, além de outros que **visem à melhoria de sua condição social**" (grifos nossos). Portanto, a norma mais favorável, ainda que infraconstitucional, deve ser aplicada ao trabalhador, mesmo doméstico.

A jurisprudência também vem se posicionando nesse sentido.

f) Faltas Justas ou Legais e Atrasos

O doméstico tem direito às faltas previstas nos arts. 131 e 473 da CLT sem prejuízo do salário, naquilo que lhe for compatível. Isso quer dizer que toda vez que o empregador não descontar a falta, ela não será considerada; toda vez que não tenha havido serviço (art. 131, IV e VI); em caso de morte de descendente e ascendente ou de casamento; em caso de doação de sangue; quando tiver que comparecer em juízo etc. (art. 473 da CLT).

Outra consequência da aplicação de alguns dispositivos da CLT, por determinação expressa do art. 19 da LC nº 150/2015 e antes disso para dar a máxima efetividade aos direitos constitucionais estendidos ao doméstico, é o impedimento de despedida imotivada durante os períodos de suspensão e interrupção contratual.

Da mesma forma que os domésticos passaram a ter direito às horas extras depois da EC nº 72/2013, conclui-se que também é possível considerar ou descontar os atrasos superiores a 5 minutos do empregado doméstico, devendo-lhe ser aplicada a regra contida no art. 58, § 1º, da CLT.

4.2. Irredutibilidade, Intangibilidade e Impenhorabilidade de Salário

A irredutibilidade salarial é direito do trabalhador doméstico e está explícito no inciso VI do art. 7º da CR. Logo, o empregador não poderá reduzir o valor nominal do salário (expressão monetária) ou efetuar descontos não autorizados por lei.

A proibição estende-se inclusive quando o patrão reduz o salário em virtude da redução do trabalho.

> **Ex. 1:** O empregador contratou doméstico para trabalho de segunda a sábado, por um salário de R$ 2.000,00. Não poderá, depois de um ano, reduzir o salário para R$ 1.000,00, sob o argumento de que o doméstico passará a trabalhar apenas três dias da semana.
>
> **Ex. 2:** O empregador que antes da EC nº 72/2013 pagava R$ 1.400,00 pelo trabalho diário de 14 horas não poderá depois da nova regra constitucional considerar embutidas as horas extras (as laboradas a partir da oitava hora) nesse salário, pois isso importaria em redução de salário. Havendo trabalho extra, este deve ser calculado sobre o valor de R$ 1.400,00.

Apenas os que recebem por hora ou por dia, dependendo da quantidade de trabalho, poderão ter salários variáveis. Se trabalharem mais dias, perceberão mais.

O inciso X do art. 7º da CF também garantiu aos domésticos as mesmas proteções legais do salário destinadas aos demais empregados, como a impenhorabilidade e a intangibilidade, isto é, a proibição de penhora e de descontos (salvo as hipóteses previstas em lei), constituindo crime sua retenção dolosa.

O art. 2º da LC nº 150/2015 apontou a forma de cálculo do salário dia e do salário-hora, fórmula idêntica à prevista na CLT.

4.3. Décimo Terceiro Salário

Tem o doméstico direito ao décimo terceiro salário, que deverá ser pago na forma das Leis nºs 4.090/1962 e 4.749/1965. Aliás, o art. 19 da LC nº 150/2015 é expresso nesse sentido.

A gratificação natalina deve ser paga até o dia 20 de dezembro de cada ano, de acordo com o número de meses trabalhados pela doméstica, devendo o patrão adiantar 50% desse valor entre os meses de fevereiro e novembro de cada ano ou por ocasião das férias, quando requerido tempestivamente.

4.4. Repouso Semanal Remunerado e Feriados

O direito ao repouso semanal remunerado foi estendido ao trabalhador doméstico em 1988 e está previsto no art. 7º, XV, da CRFB.

Para regulamentar esse direito, deve ser utilizada a Lei nº 605/1949, na parte em que for compatível, bem como a LC nº 150/2015.

O repouso deverá ocorrer no sétimo dia, preferencialmente aos domingos, e será de 24h consecutivas. Caso não concedido, o patrão deverá dar folga compensatória, sob pena de pagamento em dobro (art. 2º, § 8º, e art. 16 da LC nº 150/2015).

A Lei nº 605/1949, art. 6º, estabelece dois requisitos necessários para a aquisição do direito à remuneração do repouso e dos feriados, que devem ser aplicados aos domésticos por compatíveis. Assim sendo, na semana que antecede a cada dia de repouso ou na semana do feriado, o empregado deve ser assíduo e pontual.[44]

Para os domésticos contratados para trabalho permanente aos domingos, não é necessária a escala de revezamento a que se referem os arts. 67 e 68 da CLT e o art. 6º do Decreto nº 27.048/1949. O empregador doméstico não pode ser considerado "atividade que por sua natureza ou conveniência pública" tenha que funcionar aos domingos ou que as "exigências técnicas da empresa" autorizem o trabalho aos domingos (art. 6º do Decreto nº 27.048/1949). Portanto, desnecessária a concessão de um domingo a cada sete semanas. Há corrente tímida em contrário, defendendo a aplicação da escala de revezamento aos domésticos. Mesmo que assim se entenda, o não cumprimento desse requisito importaria, apenas, em infração administrativa.

Aos domésticos não foi estendido o direito aos feriados[45] até o advento da Lei nº 11.324/2006, pois a CF não o fez expressamente, e a Lei nº 605/1949 expressamente os excluía de sua aplicação – art. 5º, *a*, da Lei nº 605/1949.

A partir da Lei nº 11.324/2006 (art. 9º), foi revogada a alínea *a* do art. 5º da Lei nº 605/1949, sendo aplicado ao doméstico o direito ao repouso remunerado dos feriados ocorridos após 20.07.2006, o que foi ratificado pela nova lei.

Por via de consequência, se o doméstico trabalhar em dia de feriado ou de repouso semanal, terá direito a outra folga compensatória, sob pena de pagamento em dobro das horas trabalhadas nestes dias – Súmula nº 146 do TST. Essa regra hoje está expressa no art. 2º, § 8º, da LC nº 150/2015.

---

44 A EC nº 72/2013 estendeu aos domésticos a jornada de trabalho.

45 Alice Monteiro, de forma diversa, estendia aos domésticos o direito aos feriados, mesmo antes da Lei nº 11.324/2006. BARROS, Alice Monteiro de. *Curso de Direito do Trabalho*. São Paulo: LTr, 2005, p. 332.

Para os domésticos cujo salário foi ajustado por quinzena ou mês, a remuneração do repouso semanal e do repouso em feriados já está embutida, inclusive quando a jornada for no **sistema 12 x 36** (art. 10 da nova Lei). Portanto, apenas os que recebem por hora, por produção, por dia ou semana receberão o repouso semanal em rubrica destacada no contracheque.

4.5. Férias Acrescidas de 1/3

a) Férias de 20 dias úteis até a Lei nº 11.324/2006 e de 30 dias após a lei.

Breve histórico

Antes da CLT as férias de alguns empregados urbanos eram de 15 dias úteis. A CLT, em 1943, estendeu o direito às férias a todos os trabalhadores urbanos e aumentou seu período para 20 dias úteis. Em 1977, o Decreto-lei nº 1.535 alterou o art. 130 da CLT, majorando para 30 dias corridos as férias dos empregados urbanos (empregados regidos pela CLT).

A revogada Lei nº 5.859 (art. 3º) era de 1972 e concedia aos domésticos 20 dias úteis de férias (após 12 meses consecutivos de trabalho para a mesma pessoa ou família), exato número de dias concedido ao urbano pela regra da CLT, que vigorava à época. Todavia, quando o art. 130 da CLT foi alterado, a antiga lei do doméstico não o foi. A partir daí, alguns passaram a defender que tal fato foi um lapso do legislador e, outros, que foi proposital a manutenção de regra especial, que concedia período menor de férias para os domésticos.

A Constituição de 1988 apenas acrescentou o terço constitucional às férias, sem, contudo, mencionar o número mínimo de dias para gozo – art. 7º, XVII, da CRFB. Portanto, persistiu a controvérsia.

A corrente[46-47] majoritária à época posicionava-se no sentido de que o período de férias do doméstico era de 20 dias úteis, tese que se manteve até o advento da Lei nº 11.324/2006.

Até então, o pagamento deveria ser o correspondente a 20 dias úteis de trabalho (média de 26 dias corridos), acrescidos de 1/3.

Dia útil é de segunda a sábado. Feriados e domingos não são considerados dias úteis.

Havia posições tímidas em contrário, tanto na doutrina[48] como na jurisprudência, no sentido de conceder aos domésticos o período de 30 dias de férias mesmo antes da Lei nº 11.324/2006.

> EMPREGADO DOMÉSTICO – FÉRIAS. Se a Lei nº 5.859/72 e o Decreto regulamentador nº 71.885, de 09.03.1973 se reportam à CLT para deferir aos empregados

---

46 DELGADO, Mauricio Godinho. *Curso de Direito do Trabalho*. São Paulo: LTr, 2002, p. 366.

47 MARTINS, Sergio Pinto. *Direito do Trabalho*. 13. ed. São Paulo: Atlas, 2001, p. 136.

48 Nesse sentido, Alice Monteiro, que fundamenta seu posicionamento na Convenção nº 132 da OIT. BARROS, Alice Monteiro de. *Curso de Direito do Trabalho*. São Paulo: LTr, 2005, p. 332.

domésticos o direito às férias de 20 dias e a própria CLT foi alterada no sentido de que a partir do Decreto-lei nº 1.535, de 13.04.1977, as férias passavam a ser de 30 dias corridos, tem o empregado doméstico direito a férias de 30 dias a partir do advento do novo regramento legal. Recurso provido. Ac. TRT 1ª Reg., 1ª T., Rel. Américo Fernandes Braga, RO 7517/89, *DO*/RJ, Seção III, 08.04.1991.

Após a Lei nº 11.324/2006, a controvérsia foi sepultada, pois o período de 30 dias corridos foi estendido ao doméstico, em face da nova redação do art. 3º da revogada Lei nº 5.859/1972 (atual art. 17 da LC nº 150/2015):

> **Art. 17.** O empregado doméstico terá direito a férias anuais remuneradas de 30 (trinta) dias, salvo o disposto no § 3º do art. 3º, com acréscimo de, pelo menos, um terço do salário normal, após cada período de 12 (doze) meses de trabalho prestado à mesma pessoa ou família.
>
> § 1º Na cessação do contrato de trabalho, o empregado, desde que não tenha sido demitido por justa causa, terá direito à remuneração relativa ao período incompleto de férias, na proporção de um doze avos por mês de serviço ou fração superior a 14 (quatorze) dias.
>
> § 2º O período de férias poderá, a critério do empregador, ser fracionado em até 2 (dois) períodos, sendo 1 (um) deles de, no mínimo, 14 (quatorze) dias corridos.
>
> § 3º É facultado ao empregado doméstico converter um terço do período de férias a que tiver direito em abono pecuniário, no valor da remuneração que lhe seria devida nos dias correspondentes.
>
> § 4º O abono de férias deverá ser requerido até 30 (trinta) dias antes do término do período aquisitivo.
>
> § 5º É lícito ao empregado que reside no local de trabalho nele permanecer durante as férias.
>
> § 6º As férias serão concedidas pelo empregador nos 12 (doze) meses subsequentes à data em que o empregado tiver adquirido o direito.

b) Férias proporcionais, dobra e abono pecuniário

O antigo Decreto nº 71.885/1973, que regulamentava a revogada lei do doméstico, em seu art. 2º, mencionava: "Excetuando o capítulo referente a férias, não se aplicam aos empregados domésticos as demais disposições da Consolidação das Leis do Trabalho".

Apesar disso, o art. 3º da antiga Lei nº 5.859/1972 estabelecia como requisito para aquisição do direito às férias o período de 12 meses consecutivos de vigência do contrato.

Mesmo após a alteração da redação do art. 3º, acrescida pela Lei nº 11.324/2006, manteve-se a mesma exigência: aquisição do direito após cada período de 12 meses de trabalho.

Em virtude dessa dicotomia entre a revogada lei e o seu decreto, alguns[49] defendiam que não se aplicava ao doméstico o direito às férias proporcionais antes

[49] Nesse sentido, Sergio Pinto Martins, Valentin Carrion e Alice Monteiro. MARTINS, Sergio Pinto. *Direito do Trabalho*. 13. ed. São Paulo, 2001, p. 515; CARRION, Valentin. *Comentários à Consolidação das Leis*

da LC nº 150/2015, porque contrariava a lei, que exigia um período mínimo de 12 meses de trabalho. O decreto teria extrapolado os limites da lei?

Na jurisprudência havia inúmeras decisões negando ao doméstico o direito às férias proporcionais, sob o argumento de que a revogada Lei nº 5.859/1972, art. 3º, era expressa ao anunciar que, "após cada período contínuo de 12 (doze) meses de trabalho prestado à mesma pessoa ou família, (...) o empregado doméstico fará jus a férias remuneradas (...)".

> EMPREGADO DOMÉSTICO – FÉRIAS. Empregado doméstico. Férias. Aplicação da Lei nº 5.859/72. O fato da Constituição da República Federativa do Brasil ter estendido aos domésticos o direito ao gozo de férias remuneradas, com pelo menos 1/3 a mais do salário normal, não enseja a aplicação da regulamentação existente para outra categoria. É que a própria lei do doméstico (Lei nº 5.859/72) não prevê os direitos acessórios, decorrentes do principal, quais sejam, a proporcionalidade e a dobra, sendo certo, ainda, que as férias dos domésticos continuam a ser de 20 dias úteis, embora acrescidas do terço constitucional sobressalário normal. Recurso ordinário a que se dá provimento parcial. TRT 1ª Reg, 1ª T., Rel. Juiz Francisco Dal Pra, *RO* 6251/94, *RORJ* 04.11.1996, p. III.

> EMPREGADO DOMÉSTICO. FÉRIAS PROPORCIONAIS. Indevido o pagamento das férias proporcionais ao doméstico, porquanto a lei regulamentadora das relações empregatícias envolvendo empregados domésticos, bem como a Constituição da República não lhe assegura tal vantagem. Embargos providos. TST, SDI-I, E-RR 324225/96, Rel. Min., Vantuil Abdala, *DJU* 26.05.2000, p. 339.

Entretanto, após a LC nº 150/2015 foi pacificada a celeuma, pois o texto legal garantiu aos domésticos as férias proporcionais (art. 17, § 1º) quando da extinção do contrato de trabalho.

Havia discussão similar acerca do direito ou não à dobra[50] incidente sobre as férias não concedidas no prazo legal, já que, para alguns, a dobra tem natureza de pena e, por isso, não poderia ser aplicada analogicamente ao doméstico.

> RECURSO DE REVISTA. EMPREGO DOMÉSTICO. FÉRIAS EM DOBRO. INDEVIDAS. Segundo jurisprudência pacificada deste Tribunal Superior, inexistiu alteração nas férias do trabalhador doméstico acerca da quantidade de dias/ano após o advento da Constituição Federal de 1988. No caso sob análise, existe lei regulamentadora da profissão, que dispõe que o empregado terá direito a vinte dias úteis de férias a cada doze meses de trabalho (Lei nº 5.859/72). Não prevê a legislação específica pagamento de férias em dobro, pelo que resta indevido o pagamento dobrado das férias, no caso de descanso não concedido na época própria. Recurso de revista de que não se conhece. TST-RR-365686/00 – Rel. Designado: Juiz Convocado Guilherme Bastos.

---

do Trabalho. 26. ed. São Paulo: Saraiva, 2001, p. 45; BARROS, Alice Monteiro de. *Curso de Direito do Trabalho*. São Paulo: LTr, 2005, p. 331.

50 Carrion e Alice Monteiro concordam com essa corrente. CARRION, Valentin. *Comentários à Consolidação das Leis do Trabalho*. 26. ed. São Paulo: Saraiva, 2001, p. 45; BARROS, Alice Monteiro de. *Curso de Direito do Trabalho*. São Paulo: LTr, 2005, p. 331.

Entendemos que a matéria foi sepultada pelo art. 19 da LC nº 150/2015, que determina a aplicação da CLT ao doméstico. Dessa forma, tem direito ao pagamento em dobro o empregado doméstico cujas férias forem concedidas fora do prazo legal. O mesmo argumento pode ser estendido ao direito ao abono de férias (conversão de um terço do período em dinheiro – art. 143 da CLT), mas nesse caso a Lei Complementar foi expressa (art. 17, § 3º).

Mesmo antes da LC nº 150/2015 já defendíamos a aplicação da CLT, seja porque não colidia com a revogada Lei nº 5.859/1972, seja porque o decreto regulamentador era no sentido de aplicação do Capítulo das férias ao doméstico. Até porque o patrão que demitiu imotivadamente antes de o empregado completar 12 meses não poderia alegar que o requisito não foi preenchido, quando foi ele mesmo quem impediu seu implemento.

Mauricio Godinho[51] também concedia ao doméstico as férias proporcionais e dobra:

> Em primeiro lugar, o Decreto nº 71.885/73, ao regulamentar a lei especial a que se reporta (Lei do Trabalho Doméstico, 5.859/72), determinou a aplicação do capítulo celetista referente a férias à categoria dos domésticos (arts. 2º e 6º do Decreto nº 71.885/73). Em segundo lugar, mesmo que não se aceite a extensão feita pelo Regulamento, da Lei do Doméstico, este diploma legal conferiu à categoria o direito ao instituto de férias anuais remuneradas, apenas com a particularidade do prazo de 20 dias úteis. Ora, a estrutura e dinâmica do instituto é dada pela CLT, que passou, desse modo, no compatível, a ser necessariamente aplicada à categoria doméstica. Por esta razão, cabem aos empregados domésticos as parcelas de férias proporcionais e a dobra celetista incidente sobre as verbas pagas a destempo. Em contraponto a isso, perde o direito a férias o trabalhador doméstico que faltar injustificadamente ao serviço, no montante proporcional ao estabelecido na CLT; também ficará privado de suas férias aquele doméstico que tiver gozado mais de 30 dias de licença remunerada concedida pelo empregador (arts. 130 e 133 da CLT).

Ainda sobre o tema, alguns arestos do TST são destacados, *verbis*:

> EMPREGADO DOMÉSTICO. FÉRIAS PROPORCIONAIS. Assegurados, pela Constituição Federal de 1988, à categoria dos domésticos os direitos previstos em limitados incisos do art. 7º, dentre eles o XVII, que prevê o direito ao gozo de férias anuais remuneradas com, pelo menos, 1/3 a mais do que o salário normal, esta equiparação atrai a incidência de norma consolidada naquilo que não conflitar diretamente com a legislação específica do trabalho doméstico. Assim, devidas as férias proporcionais quando da ruptura do vínculo do trabalho, com periodicidade superior a 12 meses. Incidência do parágrafo único do art. 146 consolidado. Revista conhecida e provida, para manter o deferimento ao empregado doméstico das férias proporcionais. Recurso de revista conhecido e não provido. TST-RR-553795/95 – Rel. Designado: Juiz Convocado José Antônio Pancotti.

Todavia, após a LC nº 150/2015, a matéria está parcialmente pacificada, pois é expressa ao garantir as férias proporcionais e o abono pecuniário. Permite o fracionamento das férias em dois períodos, um dos quais não poderá ser inferior a 14 dias (regra diferente da CLT). Infelizmente, a lei foi silente quanto à dobra das férias após o período da concessão. Isso quer dizer que, nessa parte, deve-se recorrer ao art. 19 da LC nº 150/2015.

---

51 DELGADO, Mauricio Godinho. *Curso de Direito do Trabalho*. São Paulo: LTr, 2002, p. 341.

O doméstico poderá gozar suas férias, descansos semanais, feriados e pausas na casa do patrão se lá habitar, desde que não trabalhe (art. 2º, § 7º, da LC nº 150/2015).

4.6. Licença-Maternidade, Paternidade e Estabilidade Gestante

a) Licença-paternidade

A licença-paternidade de cinco dias (consecutivos, contados a partir do nascimento) foi uma inovação concedida aos domésticos a partir da Constituição da República – art. 7º, XIX. A benesse só se estende ao pai biológico, e não ao adotivo, e é o empregador quem arca com tal ônus, sem qualquer compensação da previdência. Não se aplica ao doméstico o programa da Empresa Cidadã.

b) Licença-maternidade

A licença-maternidade de 120 dias, por sua vez, foi um benefício ampliado, pois a doméstica já tinha direito à licença de 90 dias antes da Constituição de 1988. O valor é pago diretamente pela Previdência[52] (art. 73, I, da Lei nº 8.213/1991), desde que preenchidos os requisitos, e de acordo com o valor do último salário da empregada. Ou seja, não há teto para este benefício nem carência. Nesse período o contrato ficará suspenso (ou, segundo alguns, interrompido) desde o primeiro dia.

Ao conceder o direito à licença-maternidade de 120 dias (art. 7º, XVIII, da CRFB), sem prejuízo do salário, a doméstica também passou a ter direito ao descanso em caso de aborto, previsto no art. 395 da CLT, bem como à licença em caso de adoção (art. 392-A da CLT).

A Previdência Social só concede licença-maternidade após a 23ª semana de gestação, conforme IN nº 77/2015, do INSS:

> **Art. 343.** O salário-maternidade é devido durante 120 (cento e vinte) dias, com início fixado em até 28 (vinte e oito) dias antes do parto e a data da ocorrência deste, exceto para as seguradas em período de manutenção da qualidade de segurado, para as quais o benefício será devido a partir do nascimento da criança, observado o disposto no § 7º deste artigo.
>
> § 1º Considera-se fato gerador do salário-maternidade, o parto, inclusive do natimorto, o aborto não criminoso, a adoção ou a guarda judicial para fins de adoção.
>
> § 2º A data de início do salário-maternidade coincidirá com a data do fato gerador previsto no § 1º deste artigo, devidamente comprovado, observando que se a DAT for anterior ao nascimento da criança, a DIB será fixada conforme atestado médico original específico apresentado pela segurada, ainda que o requerimento seja realizado após o parto.
>
> § 3º Para fins de concessão do salário-maternidade, considera- se parto o evento que gerou a certidão de nascimento ou certidão de óbito da criança.
>
> § 4º Em caso de aborto não criminoso, comprovado mediante atestado médico com informação do CID específico, a segurada terá direito ao salário-maternidade correspondente a duas semanas.

---

52 As demais trabalhadoras (urbanas ou rurais) recebem o salário-maternidade diretamente do empregador que, por sua vez, compensa esse gasto com valores que deve à Previdência Social.

§ 5º Tratando-se de parto antecipado ou não, ainda que ocorra parto de natimorto, este último comprovado mediante certidão de óbito, a segurada terá direito aos 120 (cento e vinte) dias previstos em lei, sem necessidade de avaliação médico-pericial pelo INSS.

§ 6º Em casos excepcionais, os períodos de repouso anterior e posterior ao parto podem ser aumentados em duas semanas, mediante atestado médico específico.

§ 7º Para a segurada em prazo de manutenção da qualidade de segurado, é assegurado o direito à prorrogação de duas semanas somente para repouso posterior ao parto.

§ 8º A prorrogação prevista nos §§ 6º e 7º deste artigo compreende as situações em que existir algum risco para a vida do feto ou da criança ou da mãe, conforme certificado por atestado médico, sendo que, nas hipóteses em que o pagamento é feito diretamente pela Previdência Social, o benefício somente será prorrogado mediante confirmação desse risco pela Perícia Médica do INSS.

Para a doméstica é devido o salário-maternidade independentemente da carência,[53] desde que tenha havido pelo menos um recolhimento em dia, como dispõem os seguintes artigos da Lei nº 8.213/1991:

Art. 25. A concessão das prestações pecuniárias do Regime Geral de Previdência Social depende dos seguintes períodos de carência, ressalvado o disposto no art. 26:

(...)

III – salário-maternidade para as seguradas de que tratam os incisos V e VII do *caput* do art. 11 e o art. 13 desta Lei: 10 (dez) contribuições mensais, respeitado o disposto no parágrafo único do art. 39 desta Lei; e (Redação dada pela Lei nº 13.846, de 2019)

Art. 26. Independe de carência a concessão das seguintes prestações:

(...)

VI – salário-maternidade para as seguradas empregadas, trabalhadora avulsa e empregada doméstica (Incluído pela Lei nº 9.876, de 26.11.1999).

Art. 27. Para cômputo do período de carência, serão consideradas as contribuições:

(...)

II – realizadas a contar da data do efetivo pagamento da primeira contribuição sem atraso, não sendo consideradas para este fim as contribuições recolhidas com atraso referentes a competências anteriores, no caso dos segurados empregado doméstico, contribuinte individual, especial e facultativo, referidos, respectivamente, nos incisos II, V e VII do art. 11 e no art. 13.

O § 3º do art. 18 da Lei 13.301/16 aumentou o prazo da licença-maternidade em nais 60 dias para as mães de crianças acometidas por sequelas neurológicas, decorrentes de doenças transmitidas pelo *aedes aegypti*, assegurando, nesse período, o recebimento de salário-maternidade previsto no art. 71 da Lei nº 8.213/91. Todavia, a Lei 13.985/20 revogou o art. 18 da Lei nº 13.301/16.

Em casos excepcionais, os períodos de repouso anterior e posterior ao parto podem ser aumentados de mais duas semanas, mediante atestado médico específico – art. 93, § 3º, do Decreto nº 3.048/1999 c/c o art. 392, § 2º, da CLT.

---

53 A benesse também se estende às empregadas urbanas e rurais.

A doméstica segue a regra geral da Previdência, que só considera parto o evento ocorrido após a 23ª semana de gestação, não importando o nascimento com ou sem vida (natimorto), pois o benefício é concedido assim mesmo.

É proibido o trabalho durante a licença-maternidade. Todavia, se de fato foi executado, a trabalhadora terá direito não só ao salário-maternidade, como também aos salários do período trabalhado.

c) Estabilidade

Até o advento da Lei nº 11.324/2006 não se aplicava à doméstica a estabilidade prevista no art. 10, II, *b*, do ADCT, já que este artigo regulamentou provisoriamente o inciso I do art. 7º da CRFB.

Portanto, o doméstico não tem direito a outras estabilidades,[54] salvo a da gestante e a decorrente de acidente de trabalho. Esta já era a posição da doutrina e jurisprudência. Muitos argumentavam que qualquer estabilidade não poderia ser estendida ao doméstico por tratar-se de um empregado de extrema confiança, motivo por que foram excluídos da CLT.

Somente após a edição da Lei nº 11.324/2006 a doméstica passou a ter direito à estabilidade da gestante, pois acrescentou-se o art. 4º-A à revogada Lei nº 5.859/1972, direito ratificado no parágrafo único do art. 25 da LC nº 150/2015:

> Parágrafo único. A confirmação do estado de gravidez durante o curso do contrato de trabalho, ainda que durante o prazo do aviso prévio trabalhado ou indenizado, garante à empregada gestante a estabilidade provisória prevista na alínea "b" do inciso II do art. 10 do Ato das Disposições Constitucionais Transitórias.

Como se trata de uma estabilidade relativa, pode o empregador demitir a doméstica sem justa causa, desde que em virtude de motivo técnico, econômico ou financeiro. O motivo disciplinar enseja a justa causa. Durante a licença-maternidade a dispensa só poderá ocorrer por justa causa. Remetemos o leitor ao Capítulo da Estabilidade.

Cumpre ressaltar que antes desse comando a doméstica não tinha qualquer tipo de estabilidade.

Defendemos que o termo final do contrato a termo, quando a doméstica for contratada sob essa modalidade de ajuste, não suspenderá, interromperá ou será protraído em virtude da estabilidade. Logo, se o empregador contratar a doméstica por experiência, mesmo que grávida, ao término do contrato, não há que falar em estabilidade. Em sentido contrário, a Súmula nº 244, III, do TST, que entende que a estabilidade de qualquer empregada gestante é adquirida mesmo nos contratos determinados.

À doméstica aplicam-se as limitações à dispensa imotivada em virtude da suspensão ou da interrupção contratual. Isso se explica porque durante esse período o

[54] A estabilidade do acidentado é controvertida, já que o doméstico foi incluído no art. 19 da Lei nº 8.213/1991, que conceitua acidente de trabalho, o que não ocorria antes da LC nº 150/2015. Por isso, alguns defenderão o direito ao art. 118 da mesma lei, que garante a estabilidade ao acidentado.

empregador não pode demitir o empregado sem justa causa. Apesar de a suspensão e a interrupção não se caracterizarem estabilidade, são formas impeditivas da despedida imotivada. Remetemos o leitor ao Capítulo da interrupção e suspensão contratual.

São casos de interrupção e, portanto, de falta justa os previstos nos arts. 131 e 473 da CLT.

c.1. Contribuições e benefícios previdenciários

O doméstico é segurado obrigatório da Previdência Social.

Para maiores considerações acerca das contribuições previdenciárias, remetemos o leitor ao Capítulo "Ajuste e Fixação Salarial", item 3.1.

De acordo com o art. 34 da LC nº 150/2015, as contribuições previdenciárias correspondem a:

> **Art. 34.** O Simples Doméstico assegurará o recolhimento mensal, mediante documento único de arrecadação, dos seguintes valores:
>
> I – 8% (oito por cento) a 11% (onze por cento) de Contribuição Previdenciária, a cargo do segurado empregado doméstico, nos termos do art. 20 da Lei nº 8.212, de 24 de julho de 1991;
>
> II – 8% (oito por cento) de Contribuição Patronal Previdenciária (CPP) para a Seguridade Social, a cargo do empregador doméstico, nos termos do art. 24 da Lei nº 8.212, de 24 de julho de 1991;
>
> III – 0,8% (oito décimos por cento) de Contribuição Social para financiamento do seguro contra acidentes do trabalho;
>
> IV – 8% (oito por cento) de recolhimento para o FGTS.
>
> V – 3,2% (três inteiros e dois décimos por cento), na forma do art. 22 desta Lei.

Por exemplo, se a doméstica recebe um salário mínimo (situação mais usual), o empregador deve recolher 8% e reter 8% da parte do empregado (salvo se a CPMF – imposto sobre movimentação bancária/financeira retornar, hipótese em que a alíquota retornará para 7,65%). Os percentuais variam de acordo com a tabela da Previdência Social.

É responsabilidade legal do empregador o recolhimento do INSS, efetuado até o dia 7 do mês subsequente. Por isso, não se admite a escusa de seu dever, sob a alegação de que pagou o valor em dinheiro diretamente ao empregado, sob pena de arcar novamente com as contribuições. Hoje esse recolhimento se faz por meio do e-Social com o FGTS.

Os carnês (documentos utilizados antes do e-Social) devem ficar na posse do empregado por serem documentos indispensáveis à comprovação[55] de seu tempo de serviço junto à Previdência (art. 34, III, da Lei nº 8.213/1991), para fins de aposentadoria e demais benefícios, devendo o empregador guardar cópia dos comprovantes de recolhimento, como meio de prova do cumprimento da obrigação. Ressalte-se que o valor da aposentadoria é baseado em quase todo o período de contribuição – art.

[55] Para os demais empregados basta a comprovação do vínculo de emprego (assinatura da CTPS), mesmo que o empregador não tenha efetivamente recolhido a contribuição previdenciária – art. 34, I, da Lei nº 8.213/1991.

29, I e II, da Lei nº 8.213/1991. Portanto, o empregador que recolhe a previdência sobre salário menor que o efetivamente pago acarreta graves prejuízos ao doméstico.

Em caso de doença, o doméstico deve ser afastado desde o primeiro dia da doença e encaminhado à Previdência, que efetua diretamente o pagamento – art. 72, I, do Decreto nº 3.048/1999. Isto é, o empregador doméstico não está obrigado ao pagamento dos primeiros 15 dias da doença, pois fica a cargo da Previdência (art. 60 da Lei nº 8.213/1991).

São benefícios previdenciários, para os domésticos, apenas o auxílio-doença (inclusive por acidente de trabalho), a aposentadoria e o salário-maternidade.

A EC nº 72/2013 estendeu aos domésticos o **Seguro contra Acidente de Trabalho** (SAT) – inciso XXVIII do art. 7º da CF. Todavia, esse direito só foi regulamentado pelo art. 34, III, da LC nº 150/2015, portanto só é devido seu recolhimento depois da regulamentação do e-Social pela Resolução CCFGTS nº 780/2015.

O auxílio-doença corresponde a 91% do salário de benefício (art. 61 da Lei nº 8.213/1991) e tem carência de 12 contribuições mensais – art. 25, I, da Lei nº 8.213/1991. Em caso de acidente, o benefício é pago independentemente de carência.

Portanto, se o empregado faltar ao trabalho em virtude de doença, antes de cumprir a carência, nem o empregador nem a Previdência estão obrigados a pagar os salários dos dias que o doméstico ficou afastado.

4.7. Aviso Prévio, Contrato Determinado, Justa Causa e Verbas da Rescisão

De acordo com o art. 7º, XXI, da CRFB c/c o parágrafo único do mesmo artigo, o doméstico tem direito ao aviso prévio proporcional ao tempo de serviço de, no mínimo, 30 dias, direito ratificado pelo art. 23 da LC nº 150/2015. A nova lei foi clara ao determinar que tal direito só se aplica ao empregado, e não ao patrão, contrariando a reciprocidade da benesse.

Mesmo antes da Lei Complementar em estudo, para dar eficácia plena ao aviso prévio, como determina o art. 5º, § 1º, da CRFB, necessária era a aplicação de alguns artigos da CLT, entre eles os arts. 487 e seguintes.

Por força do art. 19 da LC nº 150/2015 e, antes dessa lei, para cumprimento da ordem constitucional de que o doméstico tem direito ao aviso prévio, devemos utilizar os regramentos contidos na CLT (que é a regra geral) e na própria Lei Complementar, tais como:

- conceito de despedida injusta e justa, pois só nas dispensas injustas o aviso é devido;
- aviso prévio proporcional ao tempo de serviço (veja capítulo referente ao tema) de, no mínimo, 30 dias;
- conceito de contrato indeterminado e determinado, pois só nos contratos indeterminados é devido o pré-aviso;
- conceito de aviso prévio trabalhado e não trabalhado e demais regras regulamentadoras, para aplicação destas no caso concreto;

- época do pagamento das parcelas da rescisão, já que o fato gerador do aviso prévio é a rescisão contratual;
- proibição da dispensa imotivada em virtude da suspensão e interrupção contratual e da estabilidade;
- redução de 2 horas por dia ou de sete dias consecutivos, nos casos que o empregado é o notificado da despedida imotivada.

Portanto, o aviso só será devido em contratos indeterminados, nas dispensas sem justa causa ou nos pedidos de demissão, pela parte notificante, e nas rescisões indiretas.

O aviso prévio integra o tempo de serviço para efeitos de baixa na Carteira de Trabalho e para fins de prescrição, na forma do art. 487, § 1º, da CLT c/c OJs nºs 82 e 83 da SDI-I do TST. No caso de culpa recíproca, o aviso prévio é reduzido em 50% – Súmula nº 14 do TST.

A rescisão indireta foi agora expressamente garantida aos domésticos, conforme art. 27, parágrafo único, da LC nº 150/2015. Também é devido o aviso prévio nas rescisões indiretas.

Pela via conexa, já era possível, mesmo antes da nova lei, ajustar contrato por prazo determinado. A única modalidade compatível era a prevista no art. 443, § 2º, *c* da CLT – contrato por experiência. Após a LC nº 150/2015, foram estabelecidas duas modalidades de contrato determinado: o de experiência e aquele para substituição de outros empregados ou necessidades transitórias da família (art. 4º da nova Lei), com os mesmos prazos previstos na CLT e mesmos direitos decorrentes da extinção antecipada, podendo ser aplicadas as normas da CLT no silêncio da lei especial.

As dispensas justas eram aquelas apontadas no art. 482 da CLT, quando compatíveis. Após a LC nº 150/2015, art. 27, foram acrescidos alguns novos tipos: maus-tratos a idoso, criança, enfermo, pessoa com deficiência ou sob os cuidados do doméstico.

Defendemos que já eram aplicáveis os arts. 483 e 484 da CLT aos domésticos, mesmo diante do revogado art. 6º-A, § 2º, da antiga Lei nº 5.859/1972, ante a necessidade de se regulamentar a despedida imotivada. Apesar de omissa a revogada lei do doméstico no que se referia à aplicação dos arts. 483 e 484 da CLT, éramos favoráveis à aplicação pelo princípio do tratamento isonômico e porque esse direito já lhe tinha sido estendido desde a Constituição de 1988. Entretanto, a nova lei garantiu aos domésticos a rescisão indireta e por culpa recíproca. A distinção é que o art. 27, parágrafo único, VII, da LC nº 150/2015 assegurou a rescisão indireta também nos casos de violência doméstica praticada contra a empregada.

Era inaplicável a exigência de homologação da rescisão contratual do doméstico com mais de um ano de serviço ou do pedido de demissão, pois o "sindicato" dos domésticos não tinha legitimação sindical e a ele não se aplicavam as prerrogativas e privilégios sindicais. Todavia, a EC nº 72/2013 estendeu aos domésticos o direito às normas coletivas, o que poderá levar à conclusão de aplicação dos prazos previstos no art. 477 da CLT ao doméstico. Contudo, a LC nº 150/2015 não estabeleceu qualquer prazo para pagamento das verbas da rescisão, nem qualquer penalidade decorrente. Assim, continuará a controvérsia da aplicação ou não dos prazos e penalidades previstos no art. 477 da CLT.

Defendemos que deve ser respeitado o prazo previsto no § 6º do art. 477 da CLT para pagamento das parcelas da rescisão do doméstico, seja por força do art. 19 da LC nº 150/2015, seja porque não é crível o empregador não ter prazo de vencimento de sua obrigação de pagar.

Todavia, antes da LC nº 150/2015, a jurisprudência não vinha concedendo a penalidade prevista no § 8º do mesmo artigo, nem aquela contida no art. 467 da CLT, ao fundamento de que pena não se interpreta de forma ampliativa nem pode ser aplicada por analogia.

> AS SANÇÕES PREVISTAS NOS ARTS. 467 E 477, § 8º, DA CLT NÃO SE APLICAM À CATEGORIA DOS EMPREGADOS DOMÉSTICOS. O empregado doméstico está regido por legislação específica, qual seja, a Lei nº 5.859/72, bem como pelas disposições contidas no parágrafo único do art. 7º da Carta Magna. Os preceitos legais mencionados não asseguram o direito ao pagamento das multas previstas nos arts. 467 e 477, § 8º, da CLT. A alínea "a" do art. 7º da CLT, por sua vez, expressamente exclui os empregados domésticos dos preceitos contidos na norma consolidada. Portanto, ao explicitar o legislador constituinte que os direitos sociais outorgados aos domésticos seriam aqueles declinados no parágrafo único do art. 7º, deixou claro o propósito de excluir a categoria em questão das vantagens asseguradas aos empregados celetistas, a não ser aquelas expressamente ali ressalvadas. Ac. 20050332397, TRT 2ª Reg., 4ª T., Rel. Paulo Augusto Câmara, j. 31.05.2005, publicado em 10.06.2005.

A possibilidade de conversão do aviso prévio não trabalhado em pecúnia (erroneamente chamado de aviso prévio indenizado) ou de desconto dos salários quando o empregador for o notificado, também está prevista no art. 487, §§ 1º e 2º, da CLT e na nova lei (art. 23).

Quando o pré-aviso for trabalhado e o empregado for o notificado, deverá o empregador reduzir duas horas por dia ou, à escolha do trabalhador, sete dias consecutivos de trabalho, sem redução do salário.

4.8. Vale-transporte

O vale-transporte foi criado pela Lei nº 7.418/1985 e regulamentado pelo Decreto nº 95.247/1987, que estendeu esse direito ao doméstico no seu art. 1º, II.

Portanto, o empregador deverá fornecer o vale-transporte ao empregado doméstico de acordo com os gastos com o transporte efetivamente utilizado pelo trabalhador. Para tanto, deverá pedir que o empregado declare o itinerário de casa-trabalho e vice-versa, os valores (tarifas comuns) e a periodicidade.

Os domésticos que residem com a família empregadora não terão direito ao benefício, pois não utilizam transporte para o trabalho. Para aqueles que só retornam para casa sexta-feira e voltam na segunda para o trabalho, o patrão só estará obrigado ao ressarcimento da condução utilizada nesses dias.

É faculdade do empregador descontar até 6% do salário-base do empregado – art. 4º, parágrafo único, da Lei, devendo o patrão assumir o pagamento restante, à luz do disposto no art. 9º do Decreto nº 95.247/1987. A importância não tem natureza salarial.

A jurisprudência tem tolerado a substituição do vale por dinheiro, desde que o empregador seja doméstico. O argumento é que ao patrão doméstico não é dispensada a mesma exigência dirigida ao patrão urbano, já que aquele não possui apoio administrativo. O posicionamento contraria o art. 5º do Decreto. Se optar pelo pagamento em dinheiro, os valores pagos a tal título deverão constar de forma separada nos recibos, sob a nomenclatura de "transporte", sob pena de pagamento complessivo.[56] Ratificando essa tese, o art. 19, parágrafo único, da LC nº 150/2015 autoriza o pagamento em dinheiro, no contracheque ou mediante recibo, das despesas com o transporte casa-trabalho e vice-versa.

Convém ressaltar que a antiga Lei nº 11.324/2006, bem como a nova LC não proibiram o desconto em virtude da concessão *in natura* de transporte (casa-trabalho e vice-versa). A nova LC apenas proíbe o desconto com o transporte quando para acompanhar o empregador em viagem.

4.9. FGTS e Seguro-Desemprego

O direito ao seguro-desemprego só era garantido ao doméstico cujo contrato fosse regido pelo fundo de garantia e, mesmo assim, desde que estivessem preenchidos os requisitos legais. Antes, o FGTS era facultativo; depois da EC nº 72/2013 o FGTS passou a ser compulsório. Entretanto, esse direito só foi regulamentado pela LC nº 150/2015 e dependente de Resolução para a sua eficácia. Enquanto não existia a lei especial, tanto o FGTS quanto o seguro-desemprego do doméstico eram regidos pelos revogados arts. 3º-A e 6º-A da Lei dos Domésticos.

Atualmente, os domésticos têm direito a 8% de FGTS e, caso preencham os requisitos, ao seguro-desemprego no valor de, no máximo, três parcelas mensais equivalentes a um salário mínimo (arts. 28 e 34, IV, da Lei nova).

O art. 22 da LC nº 150/2015 obriga o empregador ao pagamento mensal de 3,2% para garantia da indenização adicional de 40% sobre o FGTS. Há quem afirme que o dispositivo é inconstitucional, pois obriga a todos o pagamento de parcela que é condicionada à despedida imotivada, na forma do art. 7º, I, da CRFB.

Convém ressaltar que o recolhimento do FGTS efetivamente só se tornou obrigatório a partir de outubro de 2015, quando foi criado o e-Social (Resolução nº 780, do CCFGTS, de 24.09.2015), que possibilitou o recolhimento da nova cota previdenciária, FGTS, indenização adicional e seguro por acidente de trabalho.

O seguro-desemprego é devido nas dispensas imotivadas desde que o trabalhador conte com, pelo menos, 15 meses de contrato de trabalho vigente nos últimos 24 meses, mesmo sem o recolhimento do FGTS – Resolução nº 754/2015 do CODEFAT.

---

56 Pagamento complessivo é considerado nulo pela jurisprudência – Súmula nº 91 do TST.

5. DA JORNADA, INTERVALO E ADICIONAL NOTURNO

A partir de abril de 2013, por força da EC nº 72/2013, todos os empregados domésticos passaram a ter direito à jornada de 8 horas por dia, limitada a 44 horas semanais, salvo acordo ou convenção coletiva, e ao pagamento das horas extras, acrescidas de 50%. Também foi estendido a esses trabalhadores o adicional noturno, mas este direito só foi regulamentado com o advento da LC nº 150/2015. O adicional noturno é devido aos domésticos nas mesmas hipóteses e no mesmo percentual previstos para os urbanos na CLT.

Como mencionado, o art. 5º, § 1º, da CRFB determina que "as normas definidoras dos direitos e garantias fundamentais têm **aplicação imediata**". Os direitos contidos no art. 7º da CRFB são direitos fundamentais, logo, aplicáveis imediatamente. Isso quer dizer que a maioria dos novos direitos estendidos aos domésticos não depende de regulamentação e **deve** ser aplicada **imediatamente**, salvo aqueles que o próprio legislador excepcionou.

Depois da EC nº 72/2013 e antes da LC nº 150/2015, defendíamos a aplicação ao doméstico, na parte compatível, do Capítulo II do Título II da CLT, que trata da "Duração do Trabalho". Nesse Capítulo, entre outros, temos as seguintes previsões e regras: os descontos salariais por atraso ou limite para considerar trabalho extra (art. 58, § 1º); as horas *in itinere* (art. 58, § 2º); o contrato por tempo parcial (art. 58-A); as limitações para o trabalho extraordinário (art. 59, *caput*) e as regras para o acordo de compensação (art. 59, § 2º); os excluídos (art. 62); a forma de cálculo do salário e das horas extras (art. 64); o intervalo intrajornada e interjornada (arts. 66, 71 e seguintes); as regras para adoção de controle da jornada do empregado (art. 74).

Como mera consequência legal, também é aplicável aos domésticos, depois da EC nº 72/2013, o art. 4º da CLT, que considera tempo de efetivo trabalho aquele em que o empregado permanece aguardando ordens (ou não) à disposição do patrão, assim como, analogicamente, o art. 244 da CLT. Esta última regra deve ser interpretada de acordo com a Súmula nº 428 do TST.

Todavia, após a LC nº 150/2015, a regra estabelecida para o doméstico difere um pouco das elencadas na CLT, devendo prevalecer a regra especial sobre a geral, senão vejamos:

É possível a compensação de jornada mediante acordo escrito entre empregado e empregador, assim como a adoção do sistema do banco de horas anual, sendo que as primeiras 40 horas extras deverão ser pagas, salvo se compensadas no mesmo mês (art. 2º, § 5º, da LC nº 150/2015). A lei nova deixa clara a possibilidade de labor extra de mais de 2 horas extras por dia, quando autoriza o regime de 12 horas de trabalho por 36 de descanso (**12×36**).

No caso de ajuste de trabalho pelo sistema de 12 horas de trabalho por 36 de descanso, o empregado doméstico não terá direito ao feriado nem à prorrogação da hora noturna (art. 10, § 1º da LC 150/15), na forma do art. 73, § 5º da CLT, regra igualmente criada para os trabalhadores urbanos pelo art. 59-A da CLT (acrescido pela Lei nº 13.467/17).

É obrigatória a adoção de controle de ponto idôneo, mesmo para aquelas unidades familiares em que há menos de dez empregados.

A nova lei adotou o regime de tempo parcial de até 25 horas semanais para o doméstico (art. 3º da LC nº 150/2015). Diversamente do estabelecido na CLT, foi autorizado o labor de até 1 hora extra, com o limite máximo diário de 6 horas, sem que isso descaracterize o regime especial. Ao que parece, o legislador só permitiu jornada ordinária de até 5 horas por dia, por até 5 dias, para que seja considerado contrato por tempo parcial, o que também difere da regra contida na CLT.

Entendemos que ainda não é possível adotar a regra disposta no art. 58-A, § 2º, da CLT, de alteração de regime de trabalho, durante sua vigência, que importe em redução do salário do doméstico. Isso se explica porque a redução salarial só é possível se autorizada pelo empregado e em norma coletiva, e, enquanto estas não forem confeccionadas pelos respectivos sindicados, a medida não será possível.

A jornada de 8 horas diárias, concedida aos domésticos, necessariamente deverá ser permeada do intervalo intrajornada para repouso e alimentação de forma contínua (art. 71 da CLT), de 1 a 2 horas, podendo ser reduzida mediante ajuste entre as partes para 30 minutos ou fracionada em dois períodos, cuja soma seja no máximo de 4 horas, nessa hipótese.

A lei não se refere ao intervalo devido para as jornadas superiores a 4 horas, até 6 horas, devendo ser aplicado, em face da lacuna legal, o intervalo mínimo de 15 minutos, por compatível o art. 71 da CLT. O art. 15 da nova Lei também garante ao doméstico o intervalo mínimo entre dois dias de trabalho de 11 horas, exatamente como o art. 66 da CLT. Esses intervalos são consequências naturais da duração do trabalho e constituem em norma de higiene, medicina e segurança do trabalho. Se houver trabalho no período de repouso, o empregador deverá remunerar o período como extra.

É bom lembrar que não poderá o patrão reduzir o salário, ou considerar, a partir da EC nº 72/2013, as horas extras já embutidas no salário antigo, o que é ilegal, ou pré-contratar as horas extras desde a admissão (Súmula nº 199 do TST). Os controles de ponto, obrigatórios a partir da LC nº 150/2015 (art. 12), não podem ser britânicos (Súmula nº 338 do TST), não podem conter rasuras e serão consideradas as variações de horário superiores a 5 minutos (art. 58, § 1º, da CLT). Deve constar dos controles de ponto a pré-assinalação do intervalo intrajornada, salvo se fracionado, quando a pré-anotação é vedada pelos §§ 1º e 2º do art. 13 da nova Lei. Nesse caso, devem ser anotados pelo empregado.

Para o trabalho realizado entre às 22 horas e às 5 horas da manhã, a hora noturna será reduzida de 52'30" e acrescida do adicional de 20%, na forma do art. 14 da LC nº 150/2015.

Antes da nova lei, era inaplicável o acordo de compensação por "banco de horas" variável ao doméstico, já que este só poderia ser efetuado por norma coletiva (Súmula nº 85, V, do TST). Entretanto, o art. 11, § 3º, da LC nº 150/2015 refere-se ao banco de horas, deixando a entender o cabimento desse tipo de compensação variável de jornada. Entrementes, o labor extra habitual torna nulo o acordo de compensação, devendo ser aplicada a Súmula nº 85 do TST.

Remetemos o leitor aos Capítulos deste livro que comentam mais detalhadamente os temas acima: "Da Duração do Trabalho" e "Intervalos Intrajornada e Interjornadas".

6. DO MENOR DOMÉSTICO

A Constituição da República de 1988, no parágrafo único do art. 7º, relacionou os institutos jurídicos trabalhistas aplicáveis aos domésticos.

Primitivamente, o inciso XXXIII não havia sido relacionado no parágrafo único do art. 7º da CRFB. Entretanto, antes mesmo de sua inclusão, já defendíamos que o menor de 16 anos não poderia trabalhar como doméstico.

Logo, não podia o empregador doméstico contratar trabalhador com idade inferior a 16 anos, mesmo antes da novidade trazida pela Emenda, pois essa regra é imperativa e de ordem pública; visa o bem-estar da sociedade e o amparo aos menos protegidos. Ademais, o Código Civil considera incapazes os menores de 16 anos.

De qualquer sorte, após o Decreto nº 6.481/2008 (Convenção nº 182 da OIT), **foi proibido o trabalho do menor de 18 anos** em diversas atividades, inclusive como doméstico.

Ademais, se não fosse o Decreto nº 6.481/2008, a proibição constitucional do trabalho para o menor de 16 anos seria estendida ao menor doméstico por força da EC nº 72/2013.

Também não haviam sido incluídas no parágrafo único do art. 7º a proibição de trabalho do menor de 16 anos (inciso XXXIII), a proibição de discriminação em razão de sexo, cor, idade ou de deficiência (incisos XXX, XXXI e XXXII). Todavia, seria ABSURDA a posição de que, em virtude dessa "omissão", tais regras não eram aplicáveis à relação doméstica, mesmo antes da EC nº 72/2013.

O art. 1º, parágrafo único, da LC nº 150/2015 foi expresso na proibição de contratação do menor de 18 anos como doméstico.

7. DA PRESCRIÇÃO PARA O DOMÉSTICO

Quanto à prescrição, apesar de não ter sido incluído o inciso XXIX do art. 7º da CR no parágrafo único do mesmo artigo, defendemos que a prescrição é norma de característica pública, portanto aplicável ao doméstico desde a Constituição de 1988.

A prescrição não podia ser encarada como um direito social do trabalhador, uma vez que, ao contrário, torna inexigível sua pretensão (retirando o benefício da exigibilidade do crédito). Prescrição é matéria de ordem pública, pois visa a pacificação social. Trata-se de direito material previsto em lei, e seus prazos não podem ser presumidos, criados ou modificados. Assim, entendemos que a prescrição a ser aplicada ao doméstico é a prevista no art. 7º, XXIX, da CRFB[57-58] (5 anos até o limite de 2 anos após a extinção do contrato).

---

[57] SÜSSEKIND, Arnaldo. Prescrição do doméstico. *Revista LTr*, 53-91, p. 1.022.

[58] BARROS, Alice Monteiro de. *Curso de Direito do Trabalho*. São Paulo: LTr, 2005, p. 997.

Nesse sentido, também, Godinho Delgado e parte da jurisprudência anterior à LC nº 150/2015:

> Os créditos trabalhistas do empregado doméstico estão sujeitos ao prazo de prescrição do art. 7º, XXIX, da Constituição Federal de 1988. TST, 2ª T., RR 81.494/93.8, Rel. Vantuil Abdala, *DJU* 16.06.1994.
>
> EMPREGADOS DOMÉSTICOS. PRAZO PRESCRICIONAL: APLICAÇÃO DA REGRA GERAL TRABALHISTA. A regra geral prescritiva trabalhista, lançada na Carta Máxima, dispõe prevalecer, neste segmento especializado do Direito, "prazo prescricional de cinco anos para os trabalhadores urbanos e rurais, até o limite de dois anos após a extinção do contrato de trabalho" (art. 7º, XXIX, CF/88). Tal regra geral, de matriz constitucional, espraia-se a todas as searas do Direito do Trabalho, inclusive a doméstica, não havendo, pois, lacuna normativa, quanto a tal aspecto, na ordem jurídica, sendo descabida, pois, qualquer tentativa analógica no presente caso. TRT/MG, Processo nº 01613.2003.073.03.00.9, Rel. Designado Juiz Maurício José Godinho Delgado, *DJ*/MG 14.05.2004.
>
> PRESCRIÇÃO. EMPREGADO DOMÉSTICO. Aplica-se a todos os trabalhadores, inclusive o doméstico, a prescrição extintiva do direito de ação de que trata o art. 7º, XXIX, da Constituição Federal, sempre que se tratar de "créditos resultantes da relação de trabalho". TRT 2ª Reg., 6ª T., Ac. 20000300785, Rel. Maria Aparecida Duenhas, *DOE*/SP 30.06.2000.

Entretanto, a matéria não era pacífica, pois o inciso XXIX, mesmo depois da EC nº 72/2013, NÃO foi incluído no parágrafo único do art. 7º da CR.

Havia três correntes sobre o tema:

A primeira apoiava a interpretação literal e taxativa do parágrafo único do art. 7º da CRFB, que não incluía o inciso XXIX. Entendia também que não seria aplicável a CLT porque o doméstico foi expressamente excluído – art. 7º, *a*, da CLT. Logo, a prescrição a ser aplicada deveria ser a prevista no Código Civil.

Nessa posição estão Otávio Bueno Magano,[59] Sergio Pinto,[60] Ísis de Almeida,[61] José Ferreira Prunes,[62] sustentando que não se aplica a CLT tampouco a CRFB aos domésticos. A justificativa é que a CLT era expressa na exclusão e a Constituição taxativa nos incisos. Entendiam, assim, que a prescrição a ser aplicada era a do Código Civil. A crítica que se faz a esse posicionamento é que havia previsão expressa no Código Civil anterior (art. 178, § 10, V, do Código Civil de 1916), também dispondo o prazo de cinco anos para "os serviçais, operários e jornaleiros, pelo pagamento dos seus salários". Atualmente este artigo não possui

59 MAGANO, Otávio Bueno. "Fundo de Garantia do Tempo de Serviço". *Boletim IOB*, 30 jan. 1990, p. 35.

60 Sergio Pinto posiciona-se nessa corrente. Apesar de não mencionar nada a respeito da prescrição em seu livro, encontramos decisão por ele proferida nesse sentido.

61 ALMEIDA, Ísis de. *Manual da Prescrição Trabalhista*. 3. ed. São Paulo: LTr, 1990, p. 41.

62 PRUNES, José Luiz Ferreira. *Tratado sobre a prescrição e a decadência no Direito do Trabalho*. São Paulo: LTr, 1998, p. 454.

correspondência com o novo Código Civil de 2002. Assim, aplicar-se-ia o art. 205 do Código atual, dispondo o prazo de 10 anos para os casos omissos.

> PRESCRIÇÃO. DOMÉSTICO. O prazo de prescrição para o doméstico não está previsto no art. 11 da CLT, pois esta não se lhe aplica (art. 7º da CLT). O parágrafo único do art. 7º da Constituição não faz remição ao inciso XXIX do mesmo artigo. Logo, o prazo prescricional do doméstico é previsto no Código Civil. Ac. 200500143310. Proc. 02639.2003.032.02.00.4. TRT 2ª Reg., 2ª T., Rel. Juiz Sergio Pinto Martins, j. 20.01.2005, publicado em 15.02.2005.

A segunda corrente[63] também excluía a prescrição constitucional e aplicava a prescrição da CLT – art. 11, sob o argumento de que os primeiros artigos da CLT equivaleriam a uma "Lei de Introdução", aplicáveis a todos os empregados, mesmo os excluídos expressamente. Logo, os defensores dessa vertente, apesar de fundamentarem de forma diversa, também aplicavam a prescrição de cinco anos até o limite de dois anos após a extinção do contrato.

A última corrente, defendida por Rodolfo Pamplona Filho,[64] era no sentido da aplicação do prazo de dois anos para prescrição de qualquer reclamação trabalhista não abrangida pelos direitos previstos na CLT, pois, segundo seus argumentos, a norma consolidada não tratou de todos os casos de prescrição, prevalecendo, para estes, a antiga norma. Rodolfo Pamplona fundamenta sua posição no Decreto-lei nº 1.237 de 1939, arts. 1º e 101, que dispõem: "Não havendo disposição especial em contrário, prescreve em dois anos qualquer reclamação perante a Justiça do Trabalho". O Regulamento da Justiça do Trabalho repetiu o dispositivo e acrescentou: "contados da data do ato ou fato que lhe der origem".

Discordamos de sua posição, pois, tendo ou não sido revogado o Decreto-lei nº 1.237/1939, a Constituição superou a controvérsia quando determinou novo prazo prescricional – art. 7º, XXIX, da CRFB.

Hoje, toda a celeuma a respeito do prazo prescricional dos créditos trabalhistas dos domésticos foi sepultada pelo art. 43 da LC nº 150/2015, que determinou a aplicação da prescrição de dois anos, contada a partir da extinção do contrato, e da parcial de cinco anos.

8. REPRESENTAÇÃO EM JUÍZO

Como o empregador é a pessoa física ou a família, admite-se que qualquer membro capaz da família, desde que tomador direto do serviço, possa responder à ação, mesmo que não tenha sido o responsável pela anotação da CTPS ou tenha sido o réu indicado no polo passivo da relação processual.

---

63 CARRION, Valentin. *Comentários à Consolidação das Leis do Trabalho*. 28. ed. atualizada por Eduardo Carrion. São Paulo: Saraiva, 2003, p. 75.

64 PAMPLONA FILHO, Rodolfo. "Prescrição das ações propostas por trabalhadores domésticos". *Revista LTr*, 60-11, nov. 1996, p. 1.483.

Isso porque a família não possui personalidade jurídica, apesar de ser considerada pela lei como a real empregadora. Logo, apenas uma pessoa física irá assinar a CTPS e constar do polo passivo da relação processual. No entanto, outro membro poderá representar aquele acionado.

O preposto poderá ser outro empregado doméstico ou membro da família que não conviva na mesma residência. Também poderá ser um amigo íntimo ou alguém com quem o empregador tenha relacionamento próximo. O que não se admite é o preposto contratado para esse fim ou alguém estranho àquele núcleo. Necessita ter conhecimento presencial dos fatos. Só por esse prisma poderá ser interpretada a Súmula nº 377 do TST.

No mesmo sentido a jurisprudência do TST:

> RECURSO DE REVISTA. EMPREGADO DOMÉSTICO. PREPOSTO. PESSOA QUE TENHA CONHECIMENTO DO FATO. POSSIBILIDADE. INTELIGÊNCIA DA SÚMULA Nº 377 DO C. TST. Esta c. Corte Superior, analisando o disposto no art. 843, § 1º, da CLT, pacificou entendimento, por meio do disposto na Súmula nº 377 do c. TST, no sentido de que o preposto deve ser necessariamente empregado do reclamado, exceto quanto à reclamação de empregado doméstico. No presente caso, incontroverso tratar-se de reclamação trabalhista envolvendo empregado doméstico e nos termos da referida súmula não há necessidade de o preposto ser empregado da reclamada, basta que tenha conhecimento dos fatos, cujas declarações obrigarão o preponente. Também não há obrigatoriedade legal de que sejam nomeados, apenas, os membros da família como prepostos nessas hipóteses. Isso porque, nas relações domésticas, pode-se admitir que os amigos ou as pessoas que frequentam o ambiente familiar tenham conhecimento dos fatos que envolvem a relação de emprego entre o empregado doméstico e o empregador, e não apenas os familiares. Por envolver aspectos tão íntimos da vida privada do empregador é que a jurisprudência interpretou a lei de modo mais abrangente, a permitir que o preposto seja uma pessoa próxima ao empregador, independentemente de ser parente. Recurso de revista conhecido e provido, para determinar o retorno dos autos à MM. Vara do Trabalho de origem, afastada a pena de revelia e confissão ficta. TST, 6ª T., Rel. Aloysio Corrêa da Veiga, RR 281/2005-161-05-00, *DJU* 11.05.2007.

9. DOCUMENTOS E TESTEMUNHAS

Em face da relação de extrema confiança travada entre patrão e empregado doméstico, a jurisprudência tem aceitado a produção de prova testemunhal para comprovação do cumprimento das obrigações trabalhistas, inclusive para pagamento dos salários e parcelas da rescisão.

Há, ainda, mesmo que de forma tímida, entendimento no sentido de permitir depoimento de amigo, vizinho ou parente para comprovação de justa causa ou outro fato. Aplica-se analogicamente o direito de família.

De fato, a justa causa é bastante difícil de ser comprovada. Logo, caberá ao juiz dar o valor probatório ao depoimento de pessoas tão próximas à família.

Deverá o empregador guardar todos os documentos comprobatórios do cumprimento das obrigações fiscais, trabalhistas e previdenciárias, enquanto não prescrita a pretensão, na forma do art. 42 da Lei nova.

De acordo com o art. 44 da LC nº 150/2015, que acresceu o art. 11-A à Lei nº 10.593/2002:

> **Art. 11-A.** A verificação, pelo Auditor-Fiscal do Trabalho, do cumprimento das normas que regem o trabalho do empregado doméstico, no âmbito do domicílio do empregador, dependerá de agendamento e entendimento prévios entre a fiscalização e o empregador.
>
> § 1º A fiscalização deverá ter natureza prioritariamente orientadora.
>
> § 2º Será observado o critério de dupla visita para lavratura de autos de infração, salvo quando for constatada infração por falta de anotação na CTPS ou, ainda, na ocorrência de reincidência, fraude, resistência ou embaraço à fiscalização.
>
> § 3º Durante a inspeção do trabalho referida no *caput*, o Auditor-Fiscal do Trabalho far-se-á acompanhar pelo empregador ou por alguém de sua família por ele designado.

10. SUCESSÃO

A sucessão de titulares da empresa está prevista nos arts. 10 e 448 da CLT e não se aplica ao doméstico porque o empregador doméstico não é empresário.

Não se pode confundir sucessão de empresários com empregadores coobrigados que se separam.

> **Ex. 1:** Empregada doméstica que trabalha para pai e filha maior na mesma residência. Falecendo o pai, a filha passa a ser responsável exclusiva do contrato, pois sempre houve apenas um empregador: a família. Quando a pessoa que assina a carteira da doméstica falece, há a extinção da sua personalidade, passando o outro membro da família (se houver) a assumir o contrato com exclusividade. No exemplo, a filha passará a assumir exclusivamente o contrato, sem necessidade de nova assinatura.
>
> **Ex. 2:** Uma pessoa aluga sua casa de veraneio (por temporada ou não) por um preço que engloba também a remuneração da cozinheira e jardineiro, domésticos com CTPS assinada pelo locador. O locatário sucede? Entendemos que a casa está sendo alugada com o serviço doméstico, logo, não se trata de empregado doméstico, e sim de empregado urbano, pois há fim lucrativo na utilização da mão de obra do trabalhador. Portanto, o locatário será o sucessor porque o trabalhador não é doméstico.

Hipótese diferente ocorre quando a pessoa empresta a casa de veraneio para um amigo passar alguns meses, sem cobrar por isso. Entretanto, o amigo assume todos os encargos da empregada doméstica que lá trabalhava e continua trabalhando. Nesse caso, novo contrato passará a existir entre o amigo (novo empregador) e a doméstica, salvo se o amigo não assumir os encargos, ou o fizer por apenas poucos dias. Também neste caso não se pode falar em sucessão, pois o "sucessor" não assume o contrato anterior.

11. NORMAS COLETIVAS E SINDICATO

Até a EC nº 72/2013, o sindicato dos trabalhadores domésticos não tinha legitimação sindical, portanto não podia cobrar contribuição sindical, não podia efetuar negociação coletiva, acordo ou convenção coletiva, assim como não podia deflagrar greve. O sindicato dos domésticos equiparava-se a uma associação. Por isso, não podia homologar rescisões.

Isso se explicava por que não existia o necessário paralelismo sindical, pois não existia sindicato dos empregadores domésticos. Ademais, as regras da CLT, nesse tópico, não se aplicavam, até então, aos domésticos – art. 7º, *a*, da CLT, por isso não se aplicava ao doméstico o art. 511 da CLT.

Como o sindicato não tinha legitimação sindical, nem os poderes e prerrogativas sindicais, não havia norma coletiva, não havia piso normativo, não era compulsória para empregado e empregador a contribuição sindical etc.

Entretanto, a EC nº 72/2013 concedeu aos domésticos o "reconhecimento das convenções e acordos coletivos de trabalho". Para efetivar tal direito, é necessário ANTES legitimar os sindicatos das duas categorias – empregados e empregadores – (hoje verdadeiras associações, apesar do nome "sindicato"), por meio do seu registro Ministério da Economia, antigo Ministério do Trabalho, requisito que investe o sindicato nos poderes coletivos (art. 519 da CLT). A partir daí, todas as regras compatíveis contidas nos arts. 511 e seguintes da CLT serão aplicáveis aos domésticos, inclusive a necessidade de homologar as rescisões contratuais e pedidos de demissão de empregados com mais de um ano de serviço; o dever das partes de negociar coletivamente quando provocadas pela outra (art. 616); devem respeitar e cumprir as normas coletivas que lhes forem aplicáveis (art. 611); respeitar o enquadramento sindical do empregado, que futuramente poderá pertencer a uma categoria sindical diferenciada; garantir a estabilidade do dirigente sindical (art. 543, § 3º, da CLT) etc.

12. PRINCÍPIOS

Todos os princípios constitucionais, civis e trabalhistas são aplicáveis ao doméstico, por exemplo, o da dignidade da pessoa humana, o da não discriminação (hoje regra constitucional expressamente aplicável ao doméstico – incisos XXX e XXXI e parágrafo único do art. 7º da CR), o princípio do contrato faz lei entre as partes, o princípio do não enriquecimento sem causa, o da inalterabilidade contratual, o da proteção ao trabalhador etc.

Também pode ser aplicado o princípio da boa-fé. A boa-fé teve profunda modificação de seu conceito no novo Código Civil, passando do ângulo subjetivo, do código passado, para o objetivo, no atual. A boa-fé no mundo das obrigações e dos contratos era uma simples exortação ética que se fazia aos contratantes, ou seja, pedia-se a eles que agissem honestamente, recomendava-se essa conduta, esperava-se que os contratantes se comportassem como homens probos, mas não havia um comando legal impondo-lhes uma conduta honesta, e por isso considerava-se que o princípio da boa-fé não era uma regra obrigatória de conduta. Dizia-se que a boa-fé, como conceito ético, deveria estar alinhada no coração e na mente das pessoas, e não nas páginas da lei. Bastava, então, que o contratante estivesse imbuído da sincera intenção de não prejudicar o outro, de não lhe causar dano, bastava que ele ignorasse que estava causando um dano ao outro contratante. Por isso é que se dizia que era uma boa-fé subjetiva, porque estaria dentro das pessoas.

O tempo mostrou que a boa-fé subjetiva era inócua, romântica, por isso essa boa-fé passou a ser objetiva advinda de um comando legal, uma regra obrigatória de conduta. Assim, aquele que se utilizar da má-fé poderá ter o seu contrato rescindido pela outra parte. O que denominamos de justa causa é espécie do gênero conduta de má-fé e, atualmente, está na lei do doméstico.

13. CONTRATO POR OBRA CERTA – CONSTRUÇÃO OU REFORMA DE IMÓVEL

É autônomo o trabalhador contratado por pessoa física ou jurídica para construção ou reforma de imóvel residencial ou comercial, desde que o tomador não explore atividade econômica ligada direta ou indiretamente à construção civil. Nesse caso, o trabalhador (operário, o pedreiro, marceneiro, ajudante, mestre, engenheiro etc.) será considerado empreiteiro de material ou de lavor e será regido pelos arts. 610 e seguintes do CC (contrato de natureza civil), não havendo vínculo de emprego, mesmo que subordinado a horário, com pagamento semanal e por um longo período de tempo.

Isso se explica por que o tomador dos serviços (dono da obra) não utiliza aquela mão de obra para explorar qualquer atividade econômica para si, apesar da legislação considerar que há atividade econômica lucrativa na construção ou aumento de imóvel (pagamento de INSS e ISS). Constrói ou reforma para morar ou para a empresa se instalar. Não é empregado urbano porque lhe falta o requisito "habitualidade", pois, uma vez construído ou reformado, não haverá mais necessidade daquela mão de obra. Logo, o serviço é acidental em relação ao tomador de serviços. Não é doméstico, seja porque o tomador pode ser só uma pessoa física, seja porque o empreiteiro corre os riscos de sua atividade.

Um hospital, por exemplo, que contrata operário para reforma total e ampliação do estacionamento não é empregador desses operários, mesmo que eles trabalhem em horário predeterminado pelo hospital, durante dois anos, mediante pagamento semanal dos salários, porque a construção civil não é atividade de necessidade permanente do hospital. Essa atividade é acidental em relação àquelas exercidas pelo hospital. Logo, ausente o requisito "habitualidade", necessário para caracterização da relação de emprego urbana.

Assim também a jurisprudência:

> OBRA RESIDENCIAL. CONTRATO COM O PRÓPRIO PROPRIETÁRIO – A relação havida é de operário ou artífice (art. 652, III, CLT), ausentes os

requisitos para o enquadramento como empregado comum ou doméstico. Ac. 19990410057, Proc. 02980479629, TRT 2ª Reg., 5ª T., Rel. Francisco Antonio de Oliveira, j. 10.08.1999, publicado em 27.08.1999.

DONO DA OBRA RESIDENCIAL. VÍNCULO DE EMPREGO. CONFIGURAÇÃO. A previsão legal do art. 2º da CLT exige, para caracterização do empregador, a assunção de uma atividade econômica e dos riscos inerentes a ela, requisito que não se encontra presente na figura do dono de obra residencial, impossibilitando a configuração do vínculo de emprego. E-RR 542878/99.6, TST, Rel. Min. João Batista Pereira, *DJ* 10.11.2000.

Apesar de inexistir contrato de emprego, opinamos pela competência da Justiça do Trabalho para julgamento da lide entre o empreiteiro e o dono da obra, em face da nova redação do art. 114 da CRFB, após a EC nº 45/2004.

De forma isolada, encontramos na doutrina posições de que esses trabalhadores podem ser domésticos,[65] porque seu empregador não explora atividade lucrativa, desde que o tomador seja pessoa física. Outros, entre estes alguns com base na teoria da fixação, para explicar a não eventualidade capaz de caracterizar a relação de emprego, também em posição tímida, sob o argumento de que a construção ou reforma constitui, por si só, atividade econômica lucrativa, em face do lucro imobiliário auferido com a obra, mesmo que o tomador não explore a construção civil como atividade-fim, consideram que o trabalhador em obra residencial ou comercial é empregado, urbano, regido pela CLT.[66]

---

65 Rodrigues Pinto assim entende: "Já no tocante à reforma de residência existente, parece-nos que a resposta sensata dependerá do vulto da obra. Se destinada à simples conservação, será empregado doméstico; mas, a produzir acréscimos físicos que redundem em acréscimo de valor do imóvel, a situação deve considerar-se equiparada à da construção nova". Rodrigues Pinto não deixa claro se quando há acréscimo ou construção nova de imóvel residencial o trabalhador é ou não empregado e o sendo, se será doméstico ou urbano. PINTO, José Augusto Rodrigues. *Curso de Direito Individual do Trabalho*. 4. ed. São Paulo: LTr, 2000, p. 234.

66 Assim pensam Alice Monteiro de Barros, Rodrigues Pinto e Orlando Gomes. BARROS, Alice Monteiro de. *Curso de Direito do Trabalho*. São Paulo: LTr, 2005, p. 317; GOMES, Orlando; GOTTSCHALK, Élson. *Curso de Direito do Trabalho*. Rio de Janeiro: Forense, 1995, p. 123.

Capítulo 12

TRABALHADOR RURAL

1. HISTÓRICO

No Brasil o trabalhador rural nem sempre teve a mesma proteção que era estendida ao trabalhador urbano. Não havia interesse político para a legislação proteger esta categoria. Talvez porque o trabalho rural, assim como o doméstico, tenha nascido do trabalho escravo. Ou porque o legislador também era o dono ou explorador dos grandes latifúndios. Em virtude disto, raros foram os direitos dirigidos aos trabalhadores rurais antes da CLT. Aos meeiros, parceiros, empreiteiros e arrendatários rurais (todos trabalhadores sem vínculo de emprego) eram destinadas algumas normas do Código Civil.

O art. 7º, *b*, da CLT conceituou trabalhador rural e o excluiu da CLT, salvo quando expressamente autorizada sua aplicação (arts. 76, 129, 442 a 467, 487 a 491). Mais tarde, a Lei nº 605/49 estendeu o RSR aos rurais, salvo quando também fossem meeiros, arrendatários ou parceiros.

A partir do Estatuto do Trabalhador Rural – Lei nº 4.214/63, os rurais do campo passaram a ter outros direitos, revogando os dispositivos da CLT naquilo que colidia com o referido Estatuto.

Com a controvérsia em torno do conceito de empregado rural, foram expedidas a Portaria nº 71/65, mais tarde a Lei Complementar nº 11/71 (Programa de Assistência ao Trabalhador Rural – Pró-Rural), e depois a Resolução nº 775/82 da CES (Comissão de Enquadramento Sindical), que também tentou conceituar o rural.

A Lei nº 5.889/73 revogou o Estatuto do Trabalhador Rural (ETR), bem como as demais leis em contrário.

A Carta de 1988 equiparou, em relação aos direitos trabalhistas, o empregado urbano ao rural – art. 7º, *caput*, da CRFB.

2. CAMPO DE APLICAÇÃO

De acordo com a Convenção nº 141 da OIT, aprovada pelo Decreto Legislativo 5/93, o conceito de trabalhador rural abarca não só o empregado rural, como também o de todas as pessoas que prestam serviços ou tenham ocupação similar ou conexa, nas regiões rurais, nas tarefas campesinas, artesanais, agrícolas, pastoris e pecuárias. Neste conceito incluem-se não só os assalariados, mas também os eventuais (boias-frias) ou aqueles que exploram sua atividade por sua própria conta e risco (autônomos), como os parceiros, arrendatários, meeiros.

Mesmo antes de o Brasil ratificar a Convenção 141, o então Estatuto do Trabalhador Rural (Lei nº 4.214/63) também adotou a mesma posição. Entretanto, advertia para as situações simuladas ou mistas, quando poderia estar escondido um verdadeiro vínculo de emprego camuflado por um contrato civil. Como bem demonstrava o parágrafo único do art. 96 da Lei nº 4.504/1964, atualmente revogado:

> Os contratos que prevejam o pagamento do trabalhador com parte em dinheiro e parte em percentual na lavoura cultivada, ou gado tratado, são considerados simples locação de serviços, regulada pela legislação trabalhista, sempre que a direção dos trabalhos seja de inteira e exclusiva responsabilidade do proprietário, locatário do serviço, a quem cabe todo o risco, assegurando-se ao locador, pelo menos, a percepção do salário mínimo no cômputo das duas parcelas.

No mesmo sentido a Portaria nº 71/65 que considerava trabalhador rural a "pessoa física que exerce atividade rural, sob a forma de emprego ou como empreendedor rural (...)."

Hoje a Lei nº 5.889/73 é expressa em seu art. 17:

> As normas da presente lei são aplicáveis, no que couber, aos trabalhadores rurais não compreendidos na definição do art. 2º, que prestem serviços a empregador rural.

A partir de então, no que tange à extensão da lei aos não empregados, a doutrina se dividiu. Parte defende que a Lei nº 5.889/73 se aplica aos trabalhadores subordinados[1] (empregados e não empregados), não atingindo os autônomos, que têm inteira liberdade do trabalho. Outros[2] defendem que a legislação em comento se aplica a qualquer trabalhador rural: empregados, safristas (que também são empregados), eventuais (boias-frias), meeiros, arrendatários e parceiros. Concordamos com esta opinião, desde que as regras legais sejam compatíveis, isto é, que o trabalhador seja hipossuficiente.

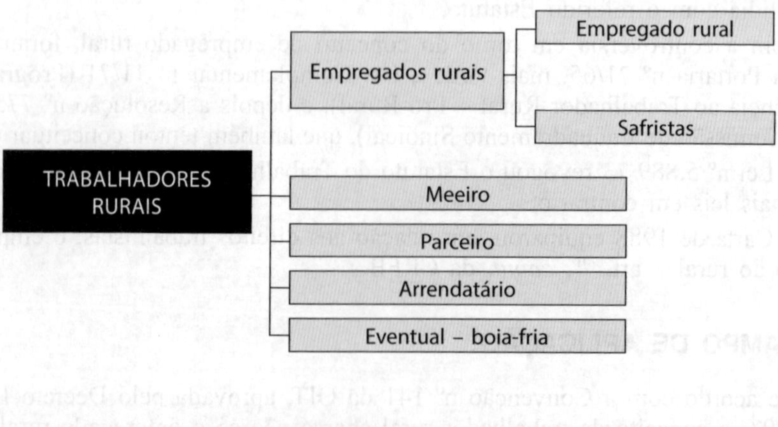

[1] MAGANO, Otávio Bueno. *Manual de Direito do Trabalho*. Vol. II., Direito Individual do Trabalho. 3. ed. São Paulo: LTr, 1992, 129.

[2] CARRION, Valentin. Comentários à Consolidação das Leis do Trabalho. 28. ed., atualizado por Eduardo Carrion, São Paulo: Saraiva, 2003, p. 48.

3. CONCEITO E ENQUADRAMENTO LEGAL

Mesmo depois da Lei nº 5.889/73, ainda hoje persiste a controvérsia acerca do conceito de empregado rural.

É de bom-tom realçar que a celeuma não gira em torno dos elementos comuns como: habitualidade, pessoalidade, subordinação, onerosidade, não correr os riscos da atividade empresarial. Estes elementos são idênticos aos do empregado urbano (da CLT).

Tudo começou com a redação contida no art. 7º, *b*, da CLT.

> **Art. 7º** Os preceitos constantes da presente Consolidação, salvo quando for em cada caso, expressamente determinado em contrário, não se aplicam:
>
> (...)
>
> b) aos trabalhadores rurais, assim considerados aqueles que, **exercendo funções diretamente ligadas à agricultura e à pecuária**, não sejam empregados em atividades que, pelos métodos de execução dos respectivos trabalhos ou pela finalidade de suas operações, se classifiquem como industriais ou comerciais (grifos nossos).

Pelo texto legal acima, o enquadramento de um trabalhador como rural ou urbano era avaliado segundo as atividades exercidas pelo trabalhador. Se pastoreira, campesina, agrícola ou ligada à pecuária o empregado deveria ser rural.

Todavia, o mesmo texto legal, em sua parte final, acrescentou mais requisitos e, com isso, limitou o conceito de rural, pois exigiu que a finalidade ou métodos de execução do trabalho não se classificassem em empresa industrial ou comercial, analisando a atividade do empregador.

A falta de cuidado do legislador com a redação do texto legal acarretou muitas controvérsias.

Convém não esquecer que, como regra geral, a CLT enquadra legalmente seus empregados de acordo com as atividades de seus empregadores. Assim, se um empregado é cozinheiro a norma legal que lhe amparará será a de seu enquadramento legal segundo o seu empregador. Se o empregador for um hotel, um comércio, um restaurante, o trabalhador será urbano. Se o cozinheiro trabalhar para a pessoa física no âmbito da residência desta, sem atividade lucrativa, será doméstico. Se cozinhar para empregador rural, que oferece aos seus empregados rurais refeições, será empregado rural.

O enquadramento sindical também se baseia na atividade preponderante da empresa – art. 511 e seguintes da CLT. Portanto, este é um traço característico da CLT.

Com base neste traço característico, a jurisprudência majoritária da época se posicionou – Súmula nº 196 do STF:

> *Ainda que exerça atividade rural, o empregado de empresa industrial ou comercial é classificado de acordo com a categoria do empregador.*

O Estatuto do Trabalhador Rural, ao definir empregado rural, parecia acolher a mesma tese quando conceituava empregado rural como:

> Toda pessoa física que presta serviços a empregador rural, em propriedade rural ou prédio rústico, mediante salário.

Todavia, a Lei Complementar nº 11/71, que instituiu o Programa de Assistência ao Trabalhador Rural (Pró-Rural), conceituou o empregado rural como aquele que presta "serviços rurais" a empregador. Logo, a lei abandonou o enquadramento pela atividade do empregador e, quebrando todas as regras da CLT, o faz pela atividade do empregado. A partir de então, até hoje, a doutrina e jurisprudência ainda não afinam no mesmo diapasão.

Injustificável tanta controvérsia, pois de acordo com o art. 2º da Lei nº 5.889/73:

> (...) empregado rural é toda pessoa física que, em propriedade rural ou prédio rústico, presta serviços de natureza não eventual a empregador rural, sob a dependência deste e mediante salário.

Pelo conceito acima exposto notamos que o que distingue o empregado rural do urbano é o seu empregador e não o local em que trabalha ou a atividade que exerce.

Compartilhando deste entendimento, Délio Maranhão leciona:[3]

> Fica desfeita, assim, a dúvida que o art. 7º "b" da Consolidação suscitava: se a atividade do empregado, ou a do empregador, é que caracterizava o trabalho rural. Sempre defendemos a posição que a Lei nº 5.889 veio consagrar: é a natureza da exploração econômica do empregador, em que o trabalho é utilizado como fator de produção, que servirá, para caracterizá-lo ou não, como rural.

Entrementes, a Resolução nº 775/82 da antiga Comissão de Enquadramento Sindical estabelece que os empregados de usinas de cana-de-açúcar que executem seu serviço no plantio, cultura ou colheita sejam considerados rurais, e aqueles que executem seus serviços dentro da usina o sejam como urbanos.

Como nenhum regulamento ou ato do Executivo pode afrontar ou contrariar a lei, entendemos que a Resolução é ilegal, mesmo assim a dúvida persistiu.

Defendemos que a Lei nº 5.889/73 pacificou a matéria.[4] **Empregado rural é aquele que trabalha para empregador rural**. Da mesma forma entendem Carrion,[5] Délio Maranhão[6] e Sergio Pinto Martins.[7]

---

3 MARANHÃO, Délio; CARVALHO, Luiz Inácio Barbosa. *Direito do Trabalho*. 17. ed. Rio de Janeiro: Fundação Getúlio Vargas, 1998, p. 76.

4 Confira-se o Decreto nº 7.943/2013 que institui a Política Nacional para os Trabalhadores Rurais Empregados, em especial seu art. 2º, que dispõe: "Para fins deste Decreto, considera-se trabalhador rural empregado a pessoa física prestadora de serviços remunerados e de natureza não eventual a empregador rural, sob a dependência deste, contratada por prazo indeterminado, determinado e de curta duração."

5 CARRION, Valentin. *Comentários à Consolidação das Leis do Trabalho*. 28. ed. atualizado por Eduardo Carrion, São Paulo: Saraiva, 2003, p. 48.

6 Délio Maranhão. *In* SÜSSEKIND, Arnaldo; MARANHÃO, Délio; VIANNA, Segadas; TEIXEIRA, Lima. *Instituições de Direito do Trabalho*. 21. ed. São Paulo: LTr, 2003, v. 1, p. 183.

7 MARTINS, Sergio Pinto. *Direito do Trabalho*. 13. ed. São Paulo: Atlas, 2001, p. 137.

De outro lado, defendendo que o conceito de empregado rural ainda está ligado aos métodos de execução do trabalho, isto é, quando o empregado executar seus serviços na agricultura, pecuária ou no campo, estão Alice Monteiro de Barros[8] e Süssekind.[9]

Há uma terceira corrente, defendida por Godinho,[10] no sentido de se adotar um outro critério. Para se definir o empregado rural seriam necessários dois requisitos: atividade do empregador + local de trabalho, isto é, além do empregador explorar atividade rural o empregado deve trabalhar em prédio rústico ou propriedade rural.

A última corrente, adotada por Magano[11] e Amauri,[12] defende que o local de trabalho é o que determina o enquadramento legal. Magano afirma que:

> De acordo com os critérios adotados, o tratorista, tendo em vista os métodos de execução de seu trabalho, não era considerado trabalhador rural, muito menos os peões, boiadeiros ou campeiros, quando a atividade da Fazenda convergisse para o abate e a industrialização de carne. Os critérios em causa eram falhos porque não atendiam à realidade sociológica do hábitat do trabalhador, o qual, absolutamente, não se alterava nem pelos métodos de execução das tarefas respectivas, nem pela finalidade econômica perseguida pelo empregador. Esses critérios, em boa hora, foram abandonados. Hoje o que conta é o local da prestação de serviços.

O conceito de empregado rural atinge as atividades típicas e atípicas[13] do campo, como também aquelas realizadas, excepcionalmente, fora do campo.[14]

É possível se enquadrar como empregado rural o motorista, o peão, a professora dos peões, o boiadeiro, o piloto do avião, pedreiro, carpinteiro, tratorista, ou, o empregado que exerce sua atividade em um escritório[15] fora da fazenda (em sala comercial situada no centro da cidade, por exemplo). Qual seria a diferença do vendedor, secretária ou auxiliar trabalhar num escritório dentro da fazenda ou fora da fazenda, se o seu empregador é rural?

Assim também a cancelada OJ nº 315 da SDI-I do TST:

> MOTORISTA. EMPRESA. ATIVIDADE PREDOMINANTEMENTE RURAL. ENQUADRAMENTO COMO TRABALHADOR RURAL. É considerado tra-

---

8 BARROS, Alice Monteiro de. *Curso de Direito do Trabalho*. São Paulo: LTr, 2005, p. 379.

9 SÜSSEKIND, Arnaldo. *Curso de Direito do Trabalho*. Rio de Janeiro: Renovar, 2002, p. 67.

10 DELGADO, Mauricio Godinho. *Curso de Direito do Trabalho*. São Paulo: LTr, 2002, p. 375.

11 MAGANO, Otávio Bueno. *Manual de Direito do Trabalho*. Direito Individual do Trabalho. 3. ed. São Paulo: LTr, 1992, v. 2, p. 132.

12 Amauri afirma que "Empregado rural é o trabalhador que presta serviços em propriedade rural, continuadamente e mediante subordinação. Assim, será considerado como tal o trabalhador que cultiva a terra, que cuida do gado, e o pessoal necessário à administração da empresa ou atividade rural." NASCIMENTO, Amauri Mascaro. *Curso de Direito do Trabalho*.16. ed., São Paulo: Saraiva, 1999, p. 739.

13 Sergio Pinto também entende que as atividades atípicas são consideradas rurais, desde que o empregador seja rural. MARTINS, Sergio Pinto. *Direito do Trabalho*. 13. ed. São Paulo: Atlas, 2001, p. 137.

14 Da mesma forma, *ibidem*, p. 462.

15 Havia uma resolução da Comissão de Enquadramento Sindical (já extinta), proferida no Proc. 301.402/75, enquadrando empregados de escritórios que trabalhem para empregador rural como urbanos, na categoria de comerciários.

balhador rural o motorista que trabalha no âmbito de empresa cuja atividade é preponderantemente rural, considerando que, de modo geral, não enfrenta o trânsito das estradas e cidades. (CANCELADA)

No passado, o carpinteiro, o vigia, o apontador de cartão de ponto, a secretária, o vendedor, o motorista, marceneiro, lojista que executasse seus serviços dentro da fazenda, o piloto, os empregados em escritórios fora da fazenda e em outras atividades atípicas não estavam protegidos pela legislação rural, porque o art. 7º, *b*, da CLT mencionava que as atividades deveriam ser executadas **diretamente** na agricultura ou pecuária. Com isso, estariam excluídas as atividades indiretas ou atípicas, o que não mais acontece depois da Lei nº 5.889/73.

Apesar de o novo conceito ter inserido a necessidade de o trabalho ser desenvolvido em prédio rústico ou propriedade rural, tal requisito foi dirigido para conceituar o empregador rural e não o trabalhador rural, que não deve ser discriminado quanto à legislação a ser aplicada. Se, de fato, existem diferenças entre eles, que o enquadramento sindical faça a necessária adaptação através das normas coletivas.

A CLT também se posicionou desta forma. Todos que trabalham para banco são bancários. Não só aqueles que exercem atividades típicas (caixa, tesoureiro, atendente, compensista, gerente etc.), mas também aqueles que executam atividades atípicas (porteiros, serventes, *boy*, auxiliares, fiscais etc.). Da mesma forma, é possível o advogado, que tem sua carteira assinada pelo banco, trabalhar em outro local (escritório alugado para este fim pelo banco), que não a agência do banco. Nem por isso deixará de ser bancário no enquadramento legal (jornada e demais direitos, quando mais favoráveis) e advogado no enquadramento sindical (para corrigir as diferenças e peculiaridades da profissão). Da mesma forma a Súmula nº 102 do TST.

Foi exatamente este o propósito da Lei nº 5.889/73: corrigir as distorções das legislações anteriores, que acabavam por discriminar o trabalhador rural diante de seus colegas. Assim, estão incluídos no conceito de empregado rural aqueles trabalhadores que executam atividades típicas, atípicas, dentro ou fora do estabelecimento rural, desde que trabalhem para empregador rural.

De fato o labor executado por um trabalhador da lavoura de uma fazenda de milho não é distinto do trabalho de outro operário de lavoura em usina de cana-de-açúcar. Todavia, como explicar ao empregado que seus direitos são inferiores[16] ou diferentes daquele que trabalha ao seu lado, mas dentro da usina que fica na mesma propriedade rural? Como aplicar pisos salariais distintos e benesses diferentes, quando o empregador é o mesmo?

Bem salientou Délio Maranhão:[17] "Onde há atividade econômica rural, há empregador rural, e quem para este trabalhe nessa atividade, como empregado, é trabalhador rural."

[16] Na verdade, esta diferença apenas se justificava no passado, quando os rurais tinham menos proteção legal que os urbanos. Hoje, a discussão é apenas teórica, pois rurais e urbanos têm o mesmo nível de proteção legal, o que não acontecia no passado. As distinções se referem mais quanto às peculiaridades do trabalho em si.

[17] Délio Maranhão. *In* SÜSSEKIND, Arnaldo; MARANHÃO, Délio; VIANNA, Segadas; TEIXEIRA, Lima. *Instituições de Direito do Trabalho*. 21. ed. São Paulo: LTr, 2003, v. 1, p. 184.

Empregador rural é aquele que explora atividade rural como conceituada no art. 3º da Lei nº 5.889/73 e no art. 2º do Decreto nº 73.626/74. O tema será melhor estudado nos próximos itens.

No mesmo sentido a OJ 38 da SDI-I do TST, já que empresa de reflorestamento é caracterizada como rural:

> *OJ nº 38 da SDI-I do TST: Empregado que exerce atividade rural. Empresa de reflorestamento. Prescrição própria do rurícola (Lei nº 5.889/73, art. 10 e Decreto nº 73.626/74, art. 2º, § 4º).*

Em sentido contrário, parte da jurisprudência:

> O fato da reclamada ter como finalidade a produção de carvão para siderúrgica, atividade tipicamente industrial, não altera a condição de empregado que presta serviços rurais e não industriais. TST. RR 167.428/ 95.2, Rel. José Zuti Calasãs. Ac. 3ª T. Proc. 4.708/96.

Resumindo:

Para facilitar o estudo vamos dividir a controvérsia em duas; a primeira, quando o empregador for urbano, a segunda, quando for rural. Neste último caso, a discussão girará em torno das atividades atípicas do empregado e do trabalho executado fora do prédio rústico ou propriedade rural. Se, entretanto, o patrão é caracterizado como urbano a questão abordará a atividade ou o local em que seus empregados trabalham:

a) Quando o empregador é **urbano** (indústria, comércio, banco etc.), mas tem empregados que trabalham no campo,[18] em atividade rural, há quatro correntes para definir se estes são ou não empregados rurais:
   A **primeira** prioriza a atividade do empregado, se ligada à agricultura e à pecuária o trabalhador será rural;[19] a **segunda** posição realça a atividade do empregador, se indústria, seus empregados serão industriários, se rural, seus empregados serão rurais; a **terceira**, reúne dois requisitos para enquadrá-lo como rural: a atividade do empregador, desde que o empregado trabalhe em propriedade rural ou prédio rústico.

b) Quando o empregador é **rural**, mas tem empregados exercendo atividades atípicas (motorista, carpinteiro, pedreiro) ou fora do campo

---

18 Convém ressaltar que não há controvérsia a respeito do enquadramento dos empregados que trabalham no estabelecimento urbano de patrão urbano, pois são empregados urbanos.

19 Para os defensores dessa tese, pode acontecer a hipótese da "promiscuidade contratual", que quer dizer: pode um empregado de empresa urbana exercer, no mesmo contrato, atividade urbana e rural, trabalhando ora na usina, ora no campo, por exemplo. Nesse caso, Alice Monteiro sugere uma fórmula para resolver a questão: "Se houver promiscuidade, podem ocorrer duas situações: a) trabalhos subordinados distintos, mas de igual importância, caso em que se aplica a norma mais favorável ao empregado; b) trabalhos **subordinados distintos, de importância diversa**, ou seja, um deles é mais importante no tocante à qualidade, valor ou quantidade. Nesse caso, deverá ser observado o **princípio da preponderância**" (grifos nossos). Barros, Alice Monteiro de. *Curso de Direito do Trabalho*. São Paulo: LTr, 2005, p. 388.

(atividades burocráticas em escritório), a corrente majoritária defende que as atividades atípicas estão incluídas no conceito de empregado rural. Quanto ao segundo questionamento, há duas correntes: **uma** defendendo que mesmo fora do prédio rústico ou propriedade rural é trabalhador rural quem trabalha para empregador rural e, uma **segunda** corrente no sentido oposto, fora do campo o trabalhador é urbano, mesmo que trabalhe para patrão rural.

O esquema a seguir visa facilitar o entendimento:

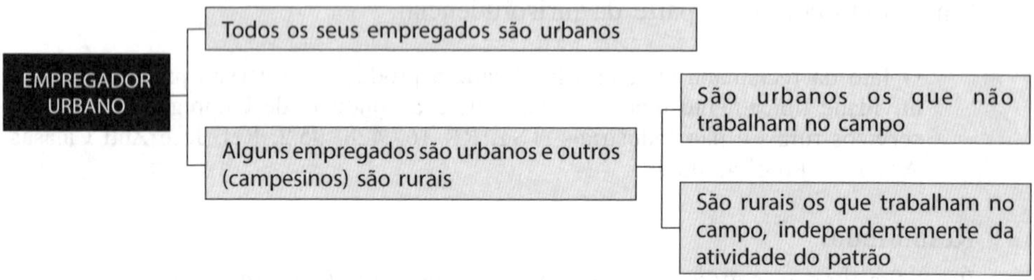

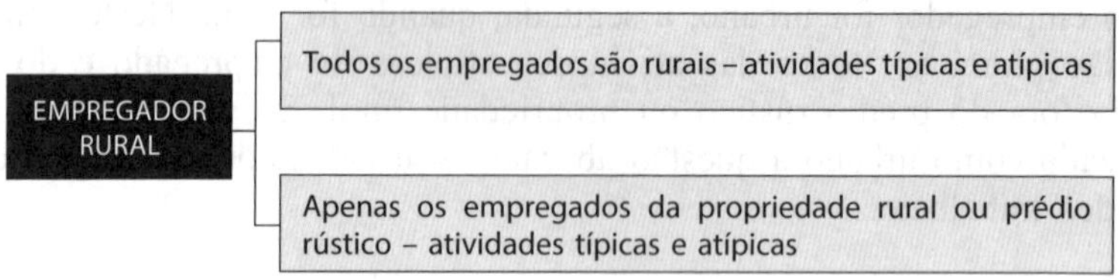

A seguir algumas decisões a respeito da matéria, demonstrando que o TST ora enquadra o trabalhador pela sua atividade, mesmo contrariando a antiga OJ nº 419 da SDI-1 do TST, ora pela atividade do patrão:

OJ nº 419 da SDI-1 do TST (cancelada, mas citada a título de exemplo):

419. ENQUADRAMENTO. EMPREGADO QUE EXERCE ATIVIDADE EM EMPRESA AGROINDUSTRIAL. DEFINIÇÃO PELA ATIVIDADE PREPONDERANTE DA EMPRESA. (CANCELADA)
Considera-se rurícola empregado que, a despeito da atividade exercida, presta serviços a empregador agroindustrial (art. 3º, § 1º, da Lei nº 5.889, de 08.06.1973), visto que, neste caso, é a atividade preponderante da empresa que determina o enquadramento.

RECURSO DE REVISTA. EMPRESA DE FLORESTAMENTO E REFLORESTAMENTO. NATUREZA DO VÍNCULO EMPREGATÍCIO DE SEUS EMPREGADOS. FORMA DE PRESCRIÇÃO. A atividade da reclamada é a **extração da madeira** para abastecer as indústrias de celulose. Dessa forma, o reclamante está enquadrado como rurícola, por força da Lei nº 5.889/73 e do Decreto nº 73.626/74, regulamentador do trabalho rural, não importando que a produção seja destinada à indústria. Destaque-se que a função exercida pelo obreiro (**operador de máquina**) não impede o seu enquadramento como rurícola, pois **prestava serviços no campo para empresa que tem como matéria-prima um produto de origem vegetal, ou seja, madeira**. Além do mais, a Lei nº 5.889/73 não dispõe sobre a natureza dos serviços prestados pelo rurícola, não fazendo qualquer distinção, seja ele lavrador ou carpinteiro, operador de máquina ou mecânico. Entendimento no sentido do acima esposado já foi adotado em inúmeros julgados do TST, os quais têm como parte a própria CENIBRA. TST, RR-698.964/2000, Rel. Juiz Convocado Cláudio Couce de Menezes, *DJ* 27/8/2004 (grifos nossos).

(...) NATUREZA DA RELAÇÃO DE EMPREGO. TRABALHADOR RURÍCOLA. MECÂNICO. **Enquadrada a Reclamada como empregadora rural, em razão das atividades de natureza agrária que realiza, seus empregados são considerados rurícolas**, a despeito das funções exercidas, em razão do disposto no art. 2º da Lei nº 5.889/1973, que exige apenas a prestação de serviços a empregador rural em propriedade rural ou prédio rústico. PRESCRIÇÃO QUINQUENAL. MECÂNICO. EMPRESA AGROECONÔMICA. EMENDA CONSTITUCIONAL Nº 28/2000. 1. Esta Eg. Corte tem entendimento no sentido de que deve ser enquadrado como **trabalhador rural o mecânico** que presta serviços para empresa cuja atividade é predominantemente rural. 2. Não há falar na aplicação da prescrição quinquenal em casos como o presente, em que o contrato de trabalho foi extinto anteriormente à Emenda Constitucional nº 28/2000. Recurso de Revista não conhecido. TST, 8ª T., RR – 281/1999-067-15-00, Rel. Maria Cristina Irigoyen Peduzzi, *DJ* – 05/09/2008 (grifos nossos).

(...) ENQUADRAMENTO DO EMPREGADO COMO RURÍCULA. PRESCRIÇÃO. Os arts. 2º e 3º da Lei nº 5.889/73, que disciplinam o trabalho rural, assim dispõem: "Art. 2º Empregado rural é toda pessoa física que, em propriedade rural ou prédio rústico, presta serviços de natureza não eventual a empregador rural, sob a dependência deste e mediante salário. Art. 3º Considera-se empregador rural, para os efeitos desta lei, a pessoa física ou jurídica, proprietária ou não, que explore atividade agroeconômica, em caráter permanente ou temporário, diretamente ou através de prepostos e com auxílio de empregados." Muito embora se tenha conhecimento de que a questão não é pacífica nem na doutrina, nem na jurisprudência, o reclamante não pode ser classificado como rurícola, visto que, segundo a literalidade dos dispositivos destacados, é **a atividade do empregador que qualifica o empregado, e não o contrário**, isto é, não é a atividade por ele desenvolvida que o qualifica. Ressalte-se que, no caso, a fundamentação contida no acórdão recorrido, para manter o reconhecimento do autor como empregado urbano, não se prende unicamente à atividade preponderante da empresa, como também às atividades por ele desenvolvidas (produção de dormentes necessários à manutenção das vias férreas, utilizadas e administradas pelo empregador na exploração do ramo de transporte ferroviário fl. 484). Nesse contexto, não se há de falar em afronta aos arts. 3º da Lei nº 5.889/73; 7º, XXIX, da Constituição Federal; e 581, § 2º, da CLT. Agravo de instrumento a que se nega provimento. TST, 7ª T, AIRR – 1119/1998-029-15-00, Rel. Min. Pedro Paulo Manus, *DJ* 15/08/2008 (grifos nossos).

PRESCRIÇÃO. RURÍCOLA. Caracteriza-se como urbano ou rurícola o empregado pelo critério da **atividade econômica preponderante do empregador**, salvo categoria diferenciada. Dessa forma, em face dos termos dos arts. 2º e 3º da Lei nº 5.889/73, considera-se empregado rural toda pessoa física que presta serviços de natureza não eventual a empregador rural, sob a dependência deste e mediante salário. Por sua vez, tem-se como empregador rural a pessoa física ou jurídica que explore atividade agroeconômica, inexistindo exigência legal de desempenho pelo obreiro de **típica atividade rural** ou em prédio rústico. Trata-se de rurícola aquele empregado que desenvolva a função de **servente de pedreiro** em prol de empresa que se dedica à agropecuária. Sendo-lhe inaplicável a prescrição de que cuida o art. 7º, inciso XXIX, *a*, da Constituição Federal. Agravo não provido. TST, 1ª T., Proc. AIRR 717267.00, Rel. Min. Wagner Pimenta, *DJ* 13/09/2002 (grifos nossos).

TRABALHADOR RURAL. CARACTERIZAÇÃO. TÉCNICO AGRÍCOLA. Quando o **empregador** exerce atividades que não são típicas de "empresa rural", mas de **indústria extrativa**, os **empregados comuns** são atraídos pelo enquadramento dele, sendo admitidos, excepcionalmente, como **empregados rurais apenas os que lidam diretamente com a terra** (agricultura, plantio de árvores) e com animais (pecuária). O "técnico agrícola" de empresa extrativa não é trabalhador rural. Recurso de Revista parcialmente provido. TST, 3ª T., RR 189.246/95.3, Rel. Min. Manoel Mendes de Freitas, *DJ* 16/12/96 (grifos nossos).

A respeito de empregados que exercem **atividades burocráticas em escritório urbano**, mas para empregador rural, defendemos que seu enquadramento legal será o do seu empregador, logo, sendo seu patrão rural, o trabalhador será rural, mesmo que execute suas atividades fora do campo. Da mesma forma Alice Monteiro de Barros[20] e parte da jurisprudência:

É empregado rural aquele contratado para laborar em escritório localizado na fazenda e que presta serviços de apoio à consecução da atividade-fim da empregadora. Aplicação do art. 2º da Lei nº 5.889/73. TRT-PR RO 1288/90. Rel. Délcio José Machado Lopes, Ac. 1157/91, *DJPR* 22/02/91.

Há decisões do TST em sentido oposto, isto é, de que o empregado é urbano:

PRESCRIÇÃO. ENQUADRAMENTO DO EMPREGADO. URBANO OU RURAL. Esta Corte tem se posicionado no sentido de que é a **atividade do empregado que define ser ele trabalhador urbano ou rural**. No caso concreto, restou evidenciado que as atividades **exercidas pelo empregado eram de natureza burocrática, pertinentes ao ambiente de escritório e não propriamente de campo**. Verifica-se que o empregado é pessoa esclarecida, em face dos poderes a ele outorgados pela Empresa, sendo incompatível a essa condição o reconhecimento de empregado rural, para os fins de proteção da lei. TST, 2ª T., RR – 645400/2000, Min. José Luciano de Castilho, *DJ* 14/12/2001 (grifos nossos).

A posição acima está em consonância com uma decisão da antiga Comissão de Enquadramento Sindical (extinta desde 1988), que se posicionou, através do Proc. 301.402/75, no sentido de enquadrá-lo como urbano, na categoria de comerciário.

---

20 BARROS, Alice Monteiro de. *Curso de Direito do Trabalho*. São Paulo: LTr, 2005, p. 382.

Convém ressaltar que a palavra **rural** inserida na expressão "trabalhador rural, empregador rural" não tem significado geográfico,[21] pois é possível existir empregador que explore a atividade campesina, pastoreira, ou ligado à pecuária, agricultura ou em atividade conexa, na área, no perímetro urbano da cidade, em um sítio, por exemplo.

O legislador quis, na verdade, se referir ao trabalho ligado à terra, aos meios de produção agrícolas, pastoris e pecuários.

4. PROPRIEDADE RURAL E PRÉDIO RÚSTICO

No que diz respeito às expressões "em propriedade rural ou prédio rústico", parte da doutrina[22] afirma que estas são sinônimas, enquanto outra vertente aponta em sentido contrário, isto é, de que as expressões são distintas. Para esta última, prédios rústicos são os imóveis, sem construções e de pequenas dimensões geográficas, destinados à exploração agroindustrial, enquanto, **propriedade rural** compreende meios de produção com maquinaria moderna, tecnologia, perdendo a aparência rústica. Concordamos com esta opinião.

Prédio rústico é o estabelecimento rudimentar, com pouca ou nenhuma maquinaria, de pequenas dimensões, enquanto propriedade rural tem edificações, maquinaria moderna ou ostensiva, onde a atividade não é considerada feita de modo rudimentar, rústico.

Rústico é o prédio onde se guarda sua produção embaixo de lençóis ou em barracos de madeira. Propriedade rural é o estabelecimento que, para o mesmo produto, há grandes reservatórios, com temperatura controlada, e guardados por edificação de alvenaria.

Sergio Pinto[23] entende que prédio rústico é aquele que é destinado à exploração agrícola, mesmo que localizado em perímetro urbano ou rural.

Por outro lado, e de forma isolada, Godinho[24] defende que prédio rústico é o situado na área urbana, embora a exploração econômica da empresa seja enquadrada como de atividade rural, enquanto propriedade rural é a situada na área geográfica rural.

5. CONCEITO DE EMPREGADOR RURAL

De acordo com o art. 3º da Lei nº 5.889/73 empregador rural é a pessoa física ou jurídica, proprietária ou não, que explore atividade agroeconômica, em caráter temporário ou permanente, diretamente ou através de prepostos e com auxílio de empregados.

---

21 Da mesma forma Godinho, aparentemente Sergio Pinto (pois é contraditório) e Carrion. DELGADO, Mauricio Godinho. *Curso de Direito do Trabalho*. São Paulo: LTr, 2002, p. 375; MARTINS, Sergio Pinto. *Direito do Trabalho*. 13. ed. São Paulo: Atlas, 2001, p. 137. CARRION, Valentin. *Comentários à Consolidação das Leis do Trabalho*. 28. ed. atualizado por Eduardo Carrion, São Paulo: Saraiva, 2003, p. 48.

22 MAGANO, Otávio Bueno. *Manual de Direito do Trabalho*. Direito Individual do Trabalho. 3. ed. São Paulo: LTr, 1992, v. 2, p. 130.

23 MARTINS, Sergio Pinto. *Direito do Trabalho*. 13. ed. São Paulo: Atlas, 2001, p. 137.

24 DELGADO, Mauricio Godinho. *Curso de Direito do Trabalho*. São Paulo: LTr, 2002, p. 377.

Inclui-se na atividade econômica rural a exploração industrial em estabelecimento agrário não compreendido na CLT – art. 3º, § 1º, da Lei nº 5.889/73.

O § 4º do art. 2º do Decreto nº 73.626/74 elucida melhor a questão quando explica que:

> Consideram-se como exploração industrial em estabelecimento agrário, para os fins do parágrafo anterior, as atividades que compreendem o primeiro tratamento dos produtos agrários *in natura* sem transformá-los em sua natureza, tais como:
>
> I – o beneficiamento, a primeira modificação e o preparo dos produtos agropecuários e hortigranjeiros e das matérias-primas de origem animal ou vegetal para posterior venda ou industrialização;
>
> II – o aproveitamento dos subprodutos oriundos das operações de preparo e modificação dos produtos *in natura*, referidas no item anterior;
>
> § 5º Para os fins previstos no § 3º, não será considerada indústria rural aquela que, operando a primeira transformação do produto agrário, altere a sua natureza, retirando-lhe a condição de matéria-prima.

A transformação da matéria-prima, em sua aparência ou qualidade, é o principal processo da industrialização de um produto. Apesar de o processo industrial envolver outros métodos, apenas o da transformação da aparência foi o considerado para diferenciar, para fins trabalhistas, uma indústria urbana da rural. Logo, se houver qualquer processo de industrialização sem transformar a matéria-prima na sua aparência *in natura*, isto é, sem mudar a forma como vem da natureza, a indústria será rural. Se, todavia, alterá-la, será empresa urbana.

Desta forma, o beneficiamento, a embalagem, o ensacamento, o recondicionamento, o descaroçamento, o descascamento, a limpeza, a pasteurização, o resfriamento, a fermentação, a secagem, o seccionamento, o abate, o corte etc., são consideradas atividades rurais. Além disso, todo aproveitamento de produtos e subprodutos também, como os grãos da vagem (feijão, ervilha, por exemplo), o leite ou couro da vaca etc.

Por este motivo, o **forneiro** é considerado industriário, já que trabalha na indústria de carvão vegetal, que é um produto novo, não encontrado com esta aparência na natureza. O mesmo se diga em relação aos trabalhadores do **alambique** (transforma a cana em cachaça), na **usina de cana-de-açúcar** (transforma a cana em açúcar) e na de álcool (transforma a cana em álcool), já que tais produtos não são encontrados desta forma na natureza. Cabe salientar que, nestes casos, há quem defenda[25] que os que trabalham com o corte da árvore, o cultivo, plantio ou corte da cana, são rurais, e os que trabalham na usina, industriários.

Na verdade, o que determina o enquadramento do empregador rural, assim como o do trabalhador, é a atividade preponderante da empresa agroindustrial, independente da atividade do empregado (conforme a cancelada OJ nº 419 da SDI-1 do TST).

---

[25] BARROS, Alice Monteiro de, ob. cit., 2005, p. 465.

5.1. Consórcio de Empregadores Rurais

Atualmente se aceita que o trabalhador rural esteja subordinado a um consórcio ou condomínio de empregadores, situação que foi disciplinada pela Portaria nº 1.964/99 GM/MTE, onde estes empregadores, mediante um pacto de solidariedade na forma do art. 265 do Código Civil, contratam trabalhadores rurais para a execução de suas atividades.

Segundo Alice Monteiro de Barros,[26] o Ministério Público do Trabalho apoia esta situação, como uma boa opção de flexibilização trabalhista, sem que isto acarrete uma condição precária ao trabalhador.

De acordo com o art. 1º, parágrafo único, da Portaria nº 1.964/99 do GM/MTE, considera-se consórcio de empregador rural a união de produtores rurais, pessoas físicas, com a finalidade única de contratar empregado.

A finalidade da lei foi a de diminuir a informalidade do trabalho do campo, estimulando a reunião de empregadores rurais para dividirem o mesmo empregado. Um deles é escolhido para representar o grupo e assinar a CTPS. Todos devem efetuar um pacto de solidariedade para responsabilidade comum pelas dívidas trabalhistas e fiscais, na forma do art. 3º da portaria acima referida c/c o art. 25-A, § 3º, da Lei nº 8.212/91.

> CONTRATAÇÃO RURAL – CONSÓRCIO DE EMPREGADORES. FORMALIDADES. PROTEÇÃO LEGAL ASSEGURADA AO EMPREGADO.
>
> O novo modelo de contratação rural chamado "Consórcio, ou Condomínio, de Empregadores" está definido na Portaria GM/MTE nº 1.964, de 1-12-99 como "a união de produtores rurais, pessoas físicas, com a finalidade única de contratar empregados rurais". Nesse modelo admite-se que, além dos empregados diretos do produtor rural, outros possam ser contratados para prestar serviços ao grupo consorciado. A adoção do modelo, no entanto, exige o cumprimento de certas formalidades, dentre as quais a matrícula no Cadastro Eletrônico do INSS (CEI) e o registro cartorial de um pacto de solidariedade firmado pelos produtores nos termos da lei civil, mediante o qual reconhecem sua responsabilidade pelas obrigações trabalhistas, previdenciárias e fiscais decorrentes da prestação de serviços. O Direito do Trabalho não permite se deixe o empregado ao desamparo; consequentemente, se o exame da situação concreta revela que a prestação de serviços se desenvolveu em violação das normas trabalhistas, não pode o produtor, que usufruiu daquele benefício, eximir-se de sua responsabilidade para com o empregado. A irregularidade do consórcio não obsta a responsabilização dos consorciados, atraindo a solidariedade, aliás prevista como requisito para a regularização do consórcio; o credor pode demandar de qualquer deles o total da dívida TRT/MG – RO: 16734/00 – Rel. Designado: Juiz Eduardo Augusto Lobato. *DJ*/MG 18/11/2000.

5.2. Grupo Econômico Rural

O art. 3º, § 2º, da Lei nº 5.889/73 admite tanto o grupo por subordinação quanto o por coordenação, para fins de solidariedade passiva dos créditos trabalhistas do empregado rural. Mais considerações no Capítulo Empregador, item 4, Grupo Econômico.

---

[26] BARROS, Alice Monteiro de. *Curso de Direito do Trabalho.* São Paulo: LTr, 2005, p. 387.

6. TRABALHADORES RURAIS

A Lei nº 5.889/73 se aplica a todos os trabalhadores rurais, inclusive àqueles que não têm relação de emprego, como os boias-frias, os meeiros, arrendatários e parceiros (art. 17 da Lei nº 5.889/73).

Os empregados rurais podem ser classificados em dois tipos: empregados rurais e safristas. Ambos são empregados, todavia, o safrista é contratado por prazo determinado e seu contrato tem a duração da safra – termo incerto (art. 14 da Lei nº 5.889/73).

A Lei nº 11.718/2008 acrescentou o art. 14-A, autorizando o produtor rural pessoa física a contratar por prazo determinado de curta duração empregados rurais com salários proporcionais ao tempo de trabalho, uma espécie de contrato por tempo parcial, o que sempre foi possível. Portanto, nesse aspecto a norma não trouxe novidades. Todavia, estipulou que esse contrato deve ser escrito e com termo máximo de 2 meses de vigência, dentro do período de um ano, sob pena de ser convertido em indeterminado o contrato, como se percebe da redação abaixo:

> **Art. 14-A.** O produtor rural pessoa física poderá realizar contratação de trabalhador rural por pequeno prazo para o exercício de atividades de natureza temporária.
>
> § 1º A contratação de trabalhador rural por pequeno prazo que, dentro do período de 1 (um) ano, superar 2 (dois) meses fica convertida em contrato de trabalho por prazo indeterminado, observando-se os termos da legislação aplicável.

Nítida foi a intenção da lei de obrigar ao reconhecimento do vínculo de emprego de trabalhadores rurais que eram indevidamente tratados como "eventuais", em face da curta duração de seu trabalho. O legislador deixou claro que trabalhos de até dois meses, apesar de duração temporária, também caracterizam o liame empregatício.

O **boia-fria** ou **"volante"** é o trabalhador eventual,[27] que aceita qualquer serviço, a qualquer momento, em qualquer lugar e para qualquer pessoa que lhe ofereça o melhor pagamento, não tendo o empregador rural como seu empregador. Alice Monteiro de Barros,[28] por sua vez, entende que o boia-fria é um empregado, já que há a necessidade permanente de mão de obra.

> "BOIA-FRIA". RELAÇÃO DE EMPREGO. Não se considera eventual o trabalho realizado pelo chamado "boia-fria", durante a colheita do milho, porque decorrente de exigência normal do empreendimento agrícola, vinculando o prestador de serviços a uma única fonte de trabalho, não obstante a sua curta duração. TRT/MG – RO: 13211/93 – Rel. Designado: Juíza Alice Monteiro de Barros. *DJ*/MG 26/11/1993.

---

27 A palavra eventual está empregada no sentido temporal, isto é, episódico, raro, sem continuidade. O mais correto e coerente com a tese majoritária, seria denominar o "boia-fria" de trabalhador sem vínculo de emprego, porque falta pessoalidade entre ele e os diversos tomadores para quem presta serviços.

28 BARROS, Alice Monteiro de, *op. cit.*, p. 404.

Discordamos da magistrada mineira. Realmente existe essa necessidade permanente de mão de obra, o que marca a existência da habitualidade, mas como não há repetição do serviço, falta o requisito da pessoalidade, o que impede, portanto, a formação do vínculo de emprego.

> RELAÇÃO DE EMPREGO RURAL – BOIA-FRIA – CARACTERIZAÇÃO – Ao admitir a prestação de serviços do autor como boia-fria, em trabalhos eventuais, o reclamado atraiu para si o ônus de provar a alegada eventualidade do trabalho, já que se presume o trabalho subordinado. Não se desincumbindo de seu encargo, correta a r. sentença que declarou a relação de emprego. TRT 3ª Região - RO: 0001130-50.2011.5.03.0157, Relator: Cesar Machado. Disponibilização: 15/03/2013, *DEJT* 18/03/2013.

Infelizmente na maioria das vezes é este tipo de trabalhador rural que é cooptado para o trabalho escravo, que em pleno século XXI ainda existe no Brasil.

O **grileiro** não é empregado nem empregador, pois trabalha por conta própria, transportando o boia-fria para o trabalho.

Há, também, a figura do **agregado**, que seria aquele trabalhador que nada ganha pelo seu trabalho, sob a alegação do empregador rural de que apenas ajudou uma pessoa que se encontrava abandonada. No entanto, este trabalho é uma forma análoga à condição de escravo, merecendo, dessa forma, uma atuação rígida do Ministério Público do Trabalho. Normalmente são verdadeiros empregados.

Existem, ainda, outros trabalhadores rurais, como o parceiro, o meeiro e o arrendatário que, como correm os riscos do negócio, não possuem vínculo de emprego com o empregador rural.

Entende-se como **parceria rural** o contrato pelo qual um indivíduo cede a outro determinado imóvel rural, com o objetivo de nele desenvolver atividade de exploração agropecuária, mediante participação nos lucros.

O **arrendamento rural** ocorre quando uma determinada pessoa se obriga, por meio de contrato, a ceder para outra o uso e gozo de propriedade rural por tempo determinado, mediante pagamento de aluguel mensal e para exercer ali atividades de exploração agrícola ou pecuarista, agroindustrial, extrativa ou mista. Está previsto nos arts. 3º, 16 e 33 do Decreto-Lei nº 59.566/66.

A **meação agrária** é estabelecida através de um contrato de parceria, onde o proprietário tem direito a 50% do que o seu parceiro, não proprietário, produzir. Tal espécie de contrato chegou a ser abolido pelo extinto Estatuto da Terra (Lei nº 4.504/64), sendo reintroduzido no ordenamento jurídico com o disposto do art. 195, § 8º, da CRFB.

O trabalhador rural pode, também, trabalhar em parceria com o empregador rural. Neste caso, por ser um parceiro, o trabalhador poderá subcontratar, ajudar na compra dos produtos que serão plantados etc. No entanto, seu percentual será menor do que o do empregador rural. No caso da parceria, parte da jurisprudência admite a coexistência de um contrato deste tipo e de um contrato de trabalho.

> PARCERIA RURAL. CONTRATO DE TRABALHO. COEXISTÊNCIA. ADMISSIBILIDADE. É juridicamente admissível a coexistência, no mesmo espaço de

tempo, do contrato de parceria e da relação de emprego, uma vez que adstritos a requisitos distintos, que podem existir simultaneamente. TRT/SC – RO: 8433/01 – Rel. Designado: Juiz Marcus Pina Mugnaini. *DJ*/SC 28/08/2002.

Apesar de o trabalhador rural ter lei específica e do Decreto nº 73.626/74 ter indicado quais os artigos da CLT que deveriam ser aplicados aos rurais, entendemos que as demais normas celetistas também devem ser aplicadas ao empregado rural, naquilo que não contravenha a Lei nº 5.889/73, seja por aplicação do princípio da norma mais favorável, seja porque um decreto não pode exceder os limites da lei e excluir direitos previstos na lei ou limitar outros. O art. 1º da Lei nº 5.889/73 determinou a aplicação da CLT em tudo aquilo que não colidisse com as regras especiais previstas na lei. Entendemos, assim, que o art. 4º do Decreto foi exemplificativo quando apontou os artigos da CLT aplicáveis aos rurais, não excluindo os demais, quando compatíveis.

É comum encontrar no campo os chamados **turmeiros** ou **gatos**, que são os agenciadores dos fazendeiros que, em nome destes, fazem a intermediação entre o empregador rural e o "boia-fria". Não podem ser considerados empregadores,[29] nem intermediadores de mão de obra.

6.1. Contrato Misto

O art. 12 da Lei nº 5.889/73 c/c o art. 25 do Decreto nº 73.626/74 autorizou o **contrato misto**, que quer dizer que, entre o mesmo empregado e o mesmo patrão é possível haver dois contratos distintos: um de emprego e outro de natureza civil (arrendamento, meação ou parceria), desde que este último recaia sobre cultura secundária, não podendo o patrão descontar dos salários do empregado-parceiro os lucros ou prejuízos obtidos na plantação intercalar ou subsidiária. Caso haja necessidade de contratar empregados safristas para o trabalho na plantação secundária, a responsabilidade trabalhista recairá exclusivamente sobre o empregador (art. 25, § 2º, do Decreto nº 73.626/74).

O fato de um empregado manter com seu patrão contrato misto retira-lhe o direito à remuneração do repouso e feriados, na forma do art. 2º da Lei nº 605/49.

7. DISTINÇÕES ENTRE O EMPREGADO RURAL E O URBANO – LEI Nº 5.889/73

O art. 1º da Lei nº 5.889/73 determina que "as relações de trabalho rural serão reguladas por esta Lei e, no que com ela não colidirem, pelas normas da Consolidação das Leis do Trabalho".

Por sua vez, o Decreto nº 73.626/74, em seu art. 4º, arvorando-se de um poder que não detinha, enumera os artigos da CLT que entende serem aplicáveis ao rural.

Defendemos que o decreto contrariou e extravasou os limites da lei quando não elencou alguns dos artigos celetistas perfeitamente compatíveis com a lei do rural,

---

29 Da mesma forma, *Ibidem*, p. 380.

como, por exemplo, o capítulo da medicina e segurança do trabalho (ensejando o direito ao adicional de insalubridade e periculosidade) ou no caso do intervalo de 15 minutos para jornadas de até seis horas.

7.1. Peculiaridades do Trabalhador Rural e Distinções

7.1.1. Aviso Prévio

No período do aviso prévio trabalhado pelo empregado rural notificado da despedida injusta a lei lhe garante o direito de descansar um dia por semana (art. 15 da Lei nº 5.889/73), não se lhe aplicando a regra contida no art. 488 da CLT, que concede ao urbano a redução de duas horas por dia ou de sete dias consecutivos quando o trabalhador é o notificado da dispensa imotivada e trabalha no período do pré-aviso.

As demais regras a respeito de aviso prévio previstas na CLT são aplicáveis ao rural, por serem perfeitamente compatíveis, tais como: aviso prévio proporcional ao tempo de serviço, aviso prévio indenizado ou a possibilidade de desconto no salário do valor do aviso (quando o empregado for o notificante e não trabalhar no período); integração ao tempo de serviço para todos os efeitos legais; possibilidade de justa causa no seu curso; integração dos benefícios no período do aviso prévio; retratação bilateral da comunicação de dispensa etc.

7.1.2. Intervalo Interjornada

Para trabalho superior a seis horas, obrigatória a concessão de intervalo para alimentação de, no mínimo 1 hora, cujo horário respeitará os usos e costumes da região, conforme o art. 5º da Lei nº 5.889/73 c/c art. 5º, § 1º, do Decreto regulamentador.

Apesar de a lei do rural não prever qual o limite máximo para o intervalo intrajornada do rural que trabalha mais de seis horas, entendemos pela aplicação do art. 71 da CLT, isto é, o limite máximo é de duas horas, salvo para os trabalhos intermitentes, quando a lei tem regra própria.

A Lei nº 5.889/73 também não prevê o direito ao intervalo de 15 minutos para jornadas de até seis horas, como o faz o art. 71, § 1º, da CLT. Entendemos ser aplicável o art. 71, § 1º, da CLT ao rural, em face de sua plena compatibilidade, como determina o art. 1º da Lei nº 5.589/73.

Dúvida de relevo surge a respeito da aplicação do § 4º do art. 71 da CLT ao rurais, pois o intervalo não concedido tem natureza indenizatória e isto é uma punição ao patrão, que, segundo esta corrente, não se aplica analogicamente, por ser espécie de penalidade.

Não concordamos com esta opinião. O adicional devido em virtude da supressão do intervalo para refeição era, antes da Lei nº 13.467/17, adicional de hora extra e, por isso, de natureza salarial (remetemos o leitor ao Capítulo "Da Duração do Trabalho – Jornada"). Ademais, a lei do rural é silente a respeito da matéria, permitindo o preenchimento da lacuna mesmo que a parcela tenha natureza indenizatória. Da mesma forma a Súmula nº 437, I, do TST.

O assunto também será abordado no Capítulo "Intervalos Intrajornada e Interjornadas", no item 4.1.

7.1.3. *Intervalo*

Para os serviços intermitentes é possível intervalo superior a cinco horas, que não será computado na jornada de trabalho, desde que tal previsão esteja ressalvada na CTPS do empregado rural (art. 6º da Lei nº 5.889/73 c/c art. 10, parágrafo único, do Decreto nº 73.626/74). O parágrafo único do art. 10 do Decreto nº 73.626/74 considera serviço intermitente aquele que, por sua natureza, seja normalmente executado em duas ou mais etapas diárias distintas, desde que haja interrupção do trabalho de, no mínimo cinco horas, entre uma e outra parte da execução da tarefa. É o que ocorre, por exemplo, com a ordenha das vacas, que é feita pela manhã e ao entardecer; com a irrigação manual do plantio, que é feito pela manhã e ao entardecer.

7.1.4. *Horário e Adicional Noturno*

Horário noturno dos rurais que trabalhem na agricultura é aquele executado entre as 21 e as 5 horas da manhã do dia seguinte; para aqueles que trabalhem na pecuária é considerado trabalho noturno o executado entre as 20 e as 4 horas da manhã. A hora noturna, nos dois casos, é acrescida de 25% e é computada como de 60 minutos, regras bem diferentes daquelas destinadas aos trabalhadores urbanos (art. 7º da Lei nº 5.889/73).

7.1.5. *Safrista*

Considera-se safrista o empregado rural contratado para trabalhar durante a safra. A duração de seu contrato (a termo) dependerá das variações estacionais da atividade agrária (art. 14, parágrafo único, da Lei). Entende-se como safra o período compreendido entre o preparo do solo para o cultivo e a colheita (art. 19, parágrafo único, do Decreto).

7.1.6. *Utilidades*

A cessão pelo empregador de moradia e de bens destinados à produção não integram a remuneração do rural, desde que caracterizados como tal em contrato escrito, com testemunha e notificação obrigatória do sindicato (art. 9º, § 5º, da Lei nº 5.889/73).

O percentual da alimentação corresponde a 25% do salário mínimo e o da habitação a 20% do salário mínimo – art. 9º, alíneas *a* e *b*, da Lei nº 5.889/73. O desconto no salário do rural nos percentuais acima depende de prévia anuência do trabalhador, sob pena de nulidade – art. 9º, § 1º, da Lei nº 5.889/73. A distinção está tanto nos percentuais, que no caso do rural incidem sobre o mínimo, enquanto para o urbano sobre o salário do empregado, quanto na possibilidade de desconto, pois para o urbano o desconto decorre de faculdade legal, enquanto para o rural exige-se autorização do trabalhador.

De forma isolada, defendemos que tais percentuais não foram recepcionados pela Carta/88, pois foram estabelecidos antes da Constituição, de acordo com os parâmetros dos urbanos, quando a alimentação do rural era equivalente à metade do urbano (urbano: 50% – rural: 25%). Isto se justificava porque, até hoje, a alimentação no campo é mais barata que no meio urbano, por conta dos atravessadores.

Explica-se:

Após a Constituição de 1988 quatro novas utilidades foram acrescidas ao salário mínimo, acarretando a necessária redistribuição dos percentuais até então fixados em lei ou em portarias (Portaria nº 19/52 do MTPS). Se, antes da Carta a alimentação do rural correspondia à metade do percentual do urbano que, na época, equivalia a 50% do salário, na forma da Portaria citada, hoje tal proporção também deve ser respeitada. Logo, se o percentual do urbano atualmente, para alimentação, é de 20%, o do rural deverá ser de 10%.

As demais utilidades também devem ser aplicadas ao rural, respeitando sua regra especial quanto ao desconto autorizado pelo empregado.

Em face da plena compatibilidade, aplicam-se aos rurais o art. 82, parágrafo único da CLT (pagamento mínimo de 30% em dinheiro), bem como os §§ 1º e 2º do art. 458 da CLT, não se lhes aplicando, todavia, os §§ 3º e 4º do art. 458 da CLT, por dispor de forma diferente direito previsto na lei específica do rural.

De forma diversa, Alice Monteiro de Barros[30] afirma que o rurícola deve receber, pelo menos, 55% (cinquenta e cinco por cento) do salário mínimo em espécie, já que, de acordo com o art. 9º da Lei nº 5.889/73, a alimentação (25% – vinte e cinco por cento) e a habitação (20% – vinte por cento) compõem o salário mínimo do trabalhador rural.

Como dito, discordamos da posição da Magistrada.

O art. 82 da CLT, mesmo não incluído no art. 4º do Decreto nº 73.626/74 (que se arvorou de um poder que não tinha ao contrariar e ultrapassar os limites do art. 1º da Lei nº 5.889/73) como norma compatível ao rural, deve ser a ele aplicado, por plenamente compatível e para dar eficácia plena ao art. 7º, IV, da CRFB (ver capítulo de doméstico a respeito do tema: utilização das leis gerais trabalhistas para dar eficácia plena ao comando constitucional), que concedeu ao rural as utilidades: alimentação, habitação, vestuário, higiene e transporte, educação, saúde, lazer e previdência social.

Para se dar plena eficácia às novas utilidades, também estendidas ao rural pela Carta, deve ser aplicado o art. 82 e, na parte compatível, o art. 81 da CLT.

Assim, conforme o art. 82, parágrafo único, da CLT, o salário mínimo pago em pecúnia não pode ser inferior a 30% (trinta por cento).

---

30 *Ibidem*, p. 394.

7.1.7. Moradia

Rescindido o contrato o empregado estará obrigado a devolver o imóvel que lhe foi destinado por força do contrato em 30 dias (art. 9º, § 3º, da Lei nº 5.889/73).

Alice Monteiro de Barros[31] entende que a ação de despejo é o remédio jurídico apropriado no caso de resistência do trabalhador rural de retirar-se do imóvel.

Apoiamos a outra vertente no sentido que a ação correta é a de imissão de posse sendo a Justiça do Trabalho a competente para julgar tal conflito, na forma da nova redação do art. 114 da CRFB, alterado pela EC nº 45/2004.

É possível contrato de equipe com o trabalhador rural (remetemos o leitor ao conceito de contrato de equipe no Capítulo "Espécies de Contrato de Trabalho").

A controvérsia a respeito do tema diz respeito à extinção do contrato de um dos membros. Pergunta-se: a extinção do contrato de trabalho do trabalhador rural acarreta obrigatoriamente a extinção dos contratos da esposa e do filho deste rurícola, caso também sejam empregados?

Defendemos que os contratos de trabalho são autônomos e independentes e, por isso, a extinção de um não acarreta o término do outro pacto laboral.

Alice Monteiro de Barros[32] também concorda com esta vertente, mas entende que tanto a esposa quanto o filho podem pedir demissão por justo motivo em razão da dispensa do trabalhador rural. Não aceitamos esta última posição, pois o empregador não cometeu qualquer falta para ensejar a rescisão indireta do contrato por parte dos demais membros da família num contrato de equipe.

Cumpre registrar, ainda, a posição do C. TST, em seu Precedente Normativo nº 53, onde defende a extensão da dispensa sem justo motivo à esposa, às filhas solteiras e aos filhos até 20 anos de idade, que exerçam atividades na propriedade, mediante opção destes. Desta forma, os contratos de trabalho seriam interligados, isto é, dependentes um do outro.

7.1.8. FGTS e PIS

Antes da Carta de 1988 ao rural não era estendido o direito ao FGTS nem ao PIS. Seu tempo de serviço era regido pelo art. 478 da CLT, e contando com mais de 10 anos no mesmo serviço adquiria estabilidade no emprego, na forma dos arts. 492 e seguintes da CLT.

Só após a Constituição de 88 os rurais passaram ao regime do FGTS, não se lhes mais aplicando, para os admitidos após a Carta, os arts. 478 e 492 e seguintes da CLT.

7.1.9. Salário-família

O salário-família só foi concedido ao rural após a Lei nº 8.213/91 (Súmula nº 344 do TST), mesmo tendo a Constituição concedido a benesse ao rural no

31 BARROS, Alice Monteiro de. *Curso de Direito do Trabalho*. São Paulo: LTr. 2005, p. 404.

32 *Ibidem*, p. 403.

inciso XII do art. 7º. A explicação é simples: não é possível o trabalhador perceber um benefício previdenciário sem a prévia contribuição.

7.1.10. Insalubridade e Periculosidade

Adicionais de insalubridade e de periculosidade foram expressamente estendidos ao rural a partir da Constituição de 1988.

No que concerne ao período anterior à CF/88, há divergência quanto à aplicação desses direitos ao trabalhador rural, já que o Decreto nº 73.626/74 não incluiu os arts. 154 a 201 dentre os direitos celetistas aplicáveis ao rural, extrapolando mais uma vez sua competência.

Uma posição defende a literalidade do disposto no Decreto nº 73.626/74, ou seja, não aplica os dispositivos da CLT a respeito da matéria aos rurais, acarretando-lhes a inexistência do direito aos adicionais de periculosidade e de insalubridade.

Mas existe outra vertente, com a qual compartilhamos, que entende pela existência dos direitos aos adicionais, pois a Lei nº 5.889/73 autoriza a aplicação da CLT nos pontos compatíveis. Com isso, como os direitos aos adicionais são compatíveis, estes são devidos inclusive no que tange ao período anterior à CF/88. Neste sentido era a Súmula nº 292 do TST, já cancelada pelo comando constitucional.

Outra não poderia ser a posição dos tribunais, pois o rural agrícola trabalha diariamente com agrotóxicos e outros agentes nocivos à saúde e, em virtude disto, deverá ter a mesma proteção legal dos urbanos quanto às regras de medicina e segurança do trabalho.

7.1.11. Discriminação a Idade

Entendemos pela inconstitucionalidade de duas regras dirigidas ao rural. A primeira é aquela contida no art. 11, parágrafo único, da Lei nº 5.889/73 (e art. 15, parágrafo único, do Decreto regulamentador), em face da discriminação que faz ao menor de 16 anos, destinando-lhe salário inferior ao pago ao adulto, sem qualquer critério além do da idade. Ressalte-se que a lei não se refere ao menor aprendiz, mas apenas ao menor de 16 anos.

A segunda grosseira inconstitucionalidade, também por ato de discriminação em razão da idade, desta vez avançada (art. 5º da CRFB), é o disposto no art. 23, parágrafo único, do Decreto nº 73.626/73, que faculta a dispensa por justa causa do empregado rural incapacitado para o trabalho em razão de idade avançada.

7.1.12. Enquadramento Sindical e Categoria Diferenciada

Não há previsão legal na Lei nº 5.889/73 acerca do enquadramento sindical do empregado rural. Todavia, o Decreto nº 73.626/74, em seu art. 4º, determina a aplicação do art. 511 da CLT, respeitando o comando contido no art. 1º da lei do rural.

Portanto, o rural será enquadrado de acordo com a atividade preponderante do empregador, salvo quando pertencer à categoria rural diferenciada, na forma prevista na CLT. Seus sindicatos podem estabelecer categorias diferenciadas, se desejarem, já que o Decreto-Lei[33] nº 1.166/71 não foi recepcionado pela Carta.[34] Isto se explica porque o art. 8º, § 1º, da CRFB proibiu a interferência estatal na criação dos sindicatos. Portanto, não pode mais o Estado dizer se o sindicato pode ou não se reunir desta ou daquela forma, salvo quanto à unicidade sindical.

Entretanto, há quem defenda a vigência do Decreto-Lei nº 1.166/71 e, por isso, negam a possibilidade de existir categoria diferenciada para o rural.

Aliás, este parecia ser o entendimento do TST, espelhado na antiga OJ nº 315 da SDI-I do TST, hoje cancelada.

> *OJ nº 315 da SDI-I do TST: MOTORISTA. EMPRESA. ATIVIDADE PREDOMINANTEMENTE RURAL. ENQUADRAMENTO COMO TRABALHADOR RURAL.* (CANCELADA)
>
> *É considerado trabalhador rural o motorista que trabalha no âmbito de empresa cuja atividade é preponderantemente rural, considerando que, de modo geral, não enfrenta o trânsito das estradas e cidades.*

7.1.13. Prescrição Parcial

Não corria a prescrição para o rural no curso do contrato de emprego (art. 7º, XXIX, *b*, c/c art. 233 da CRFB). Todavia, a Emenda Constitucional 28, de 25/05/2000 (republicada no dia 29/05/2000), revogou o art. 233 da CRFB e alterou a redação do art. 7º, XXIX, *b*, da CRFB, aplicando ao rural a prescrição parcial de cinco anos.

Em que pesem as considerações acima, a prescrição **parcial** só começou de fato a partir da data da publicação da Emenda Constitucional e seus efeitos só se produziram de fato após 29 de maio de 2005, pois nenhuma lei poderá ter eficácia retroativa, nem a Lei Maior, sob pena de ferir o direito adquirido e o ato jurídico perfeito. Aplicar a prescrição quinquenal retroativamente a 29/05/2000, para afirmar que estão prescritas as lesões anteriores a esta data é dar efeito retroativo a um comando legal e, com isso, atingir situações pretéritas, que até então eram regidas por outra legislação.

Da mesma forma Arion Romita:[35]

> (...) concluímos que o trabalhador rural poderá propor ação até 26/05/2005 para postular reparação de direitos violados durante a vigência do contrato de trabalho, porque a norma anterior não previa qualquer prazo prescricional e o prazo de cinco anos, fixado pela emenda constitucional, começou a fluir em 26/05/2000, data da

[33] O art. 3º do referido decreto assim dispunha: "Somente será reconhecido, para a mesma base territorial, um sindicato de trabalhadores e outro de empregadores rurais, sem especificação de atividades ou profissão, ressalvado às entidades já reconhecidas o direito à representação constante da respectiva carta sindical."

[34] Da mesma forma Amauri Mascaro Nascimento e Alice Monteiro. NASCIMENTO, Amauri Mascaro. *Curso de Direito do Trabalho*. 16. ed. São Paulo: Saraiva, 1999, p. 264; BARROS, Alice Monteiro de. *Curso de Direito do Trabalho*. São Paulo: LTr, 2005, p. 381.

[35] ROMITA, Arion Sayão. *O princípio da proteção em xeque*. São Paulo: LTr, 2003, p. 353.

respectiva vigência. Até a data mencionada (26/05/2005), não correrá prazo prescricional, pois este período continua sob o império da norma pretérita. A aceitação da prescrição consumada antes de 26/05/2005 teria como consequência atribuir efeito retroativo à nova lei, o que não se coaduna com o ordenamento jurídico brasileiro.

Não é crível a corrente que defende que a data do ajuizamento da ação será o marco definidor à retroação ou não da EC nº 28/2000. A prescrição é regra de direito material e seus prazos são definidos em lei material, não sofrendo qualquer alteração quanto à data do ajuizamento da ação.

A demora no ajuizamento da ação, ultrapassando o marco fixado em lei material, é que torna inexigível a pretensão.

Todavia, este era o entendimento do TST com a antiga redação da OJ nº 271 da SDI-I do TST que, após severas críticas, alterou sua redação.

Logo, se o contrato de trabalho foi firmado (rompido ou não) antes da promulgação da EC nº 28/2000, tem-se que a parte do contrato que vigorou antes da Emenda Constitucional será regida pela lei anterior, e a parte posterior, pelos novos prazos.

Não se deve fazer distinção de prazos prescricionais pela data da extinção do contrato, como pretendem alguns doutrinadores, pois a extinção do contrato faz fluir a prescrição bienal, não alterada pela EC nº 28/2000, não modificando em nada a prescrição parcial.

Todavia, a questão não era pacífica na doutrina ou na jurisprudência.

Assim, no que tange aos contratos celebrados antes do advento da EC nº 28/2000, mas rompidos após a entrada em vigor desta, surgiram controvérsias.

Nesse sentido, existiam quatro correntes:

1) O novo prazo prescricional não poderia ser aplicado de forma retroativa atingindo os contratos firmados antes da alteração constitucional (independentemente da data de sua extinção, como acima explicado), pois, do contrário feriria de morte as bases legais vigentes quando as partes firmaram o contrato de trabalho e as leis da época da sua vigência antes da EC nº 28/2000.

A não retroatividade das leis visa à segurança jurídica das relações firmadas sob a égide da lei anterior, respeitando o ato jurídico perfeito e o direito adquirido.

A EC nº 28/2000 só teve sua plena exequibilidade após cinco anos de sua vigência, pois não poderia ser aplicada de forma retroativa, atingindo situações consumadas e regidas sob a égide de outra lei.

Não se discute sua eficácia, que é plena, porém, somente para as lesões ocorridas após o dia 29 de maio de 2005, quando a Emenda completa cinco anos.

Compartilhamos com esta posição, como explicado anteriormente, assim como Godinho[36] e Romita.[37]

---

36 DELGADO, Mauricio Godinho. *Curso de Direito do Trabalho*. 3. ed. São Paulo: LTr, 2004, p. 382.

37 ROMITA, Arion Sayão, *op. cit.*, p. 353.

Cumpre registrar a opinião de Glauce de Oliveira Barros,[38] com a qual concordamos em todos os sentidos, que afirma que a lei vale para o futuro, ou seja,

> (...) a prescrição só poderá ser acolhida e aplicada, decorridos cinco anos da data da publicação da norma atual, data em que se consumará a prescrição dos direitos anteriores à publicação da norma instituidora da prescrição para o trabalhador rural.

Da mesma forma vem se posicionando parte da jurisprudência:

> PRESCRIÇÃO DO RURÍCOLA. EC Nº 28/2000. A EC nº 28/2000, publicada em 26/05/2000, só produz efeitos a partir de sua entrada em vigor, respeitando as situações já constituídas, em face dos princípios do ato jurídico perfeito e do direito adquirido. Isto é, a EC 28/2000 não abrange relações rurais anteriores à sua vigência, uma vez que esta não fez previsão quanto ao efeito retroativo da norma constitucional. Assim, a prescrição deve ser aplicada decorridos cinco anos da entrada em vigor da citada Emenda, data em que se consuma a prescrição dos direitos anteriores à publicação da norma que instituiu a prescrição para o trabalhador rural. Iniciado o pacto laboral em data anterior a 26/05/2000 e ajuizada a ação após 26/05/2005, é de se acolher a prescrição arguida e aplicá-la em relação às pretensões anteriores ao quinquênio. TRT/MG – Processo nº 00970.2005.047.03.00.5 – Rel. Designado: Juiz Maurício José Godinho Delgado. *DJ*/MG 02/12/2005.

Aliás, parece que este é o posicionamento atual da OJ nº 417 do TST, que contraria a OJ nº 271 da SDI-I do TST:

> *OJ nº 417. PRESCRIÇÃO. RURÍCOLA. EC Nº 28, DE 26/05/2000. CONTRATO DE TRABALHO EM CURSO. Não há prescrição total ou parcial da pretensão do trabalhador rural que reclama direitos relativos a contrato de trabalho que se encontrava em curso à época da promulgação da EC nº 28, de 26/05/2000, desde que ajuizada a demanda no prazo de cinco anos de sua publicação, observada a prescrição bienal.*

Explica-se:

A OJ nº 271 da SDI-I do TST confunde os tipos de prescrição. Antes da EC nº 28/2000 inexistia prazo para a prescrição parcial para o trabalhador rural e depois da EC nº 28/2000, o prazo passou a ser de cinco anos. A prescrição de dois anos já existia antes desta Emenda Constitucional no próprio texto do art. 7º, XXIX da CRFB. Ora, a extinção do contrato desafia a prescrição bienal (dois anos), que não foi alterada com o advento da EC mencionada. Desta forma, incorreta a redação da OJ nº 271 da SDI-I do TST, pois determina a incidência do novo prazo prescricional, criado pela EC nº 28/2000, de acordo com a data da extinção do contrato, quando deveria ser da data da lesão *(actio nata)*, ocorrida durante a vigência do contrato.

---

[38] BARROS, Glauce de Oliveira. "Prescrição dos direitos do trabalhador rural. Inciso XXIX do art. 7º da Constituição Federal à luz da Emenda Constitucional nº 28". *Revista O Trabalho*, Curitiba: Decisório Trabalhista, fascículo 41, jul. 2000, p. 982.

De outro lado, a OJ nº 417 da SDI-I do TST corretamente estabelece que o prazo de cinco anos começa a fluir da lesão, se esta ocorreu após a EC nº 28/2000.

2) O novo prazo prescricional é aplicado de imediato. Com isso, a partir de 29/05/2000 passaria a valer a prescrição estipulada pela EC nº 28/2000, aplicada de forma retroativa. Adota o critério da retroatividade e da não existência de direito adquirido.

Adota esta tese Alice Monteiro de Barros, assim como parte da jurisprudência.

> RECURSO ORDINÁRIO DA RECLAMADA. TRABALHADOR RURAL. PRESCRIÇÃO QUINQUENAL. EC Nº 28/2000. Os contratos iniciados depois da lei nova a esta se submetem. Da mesma forma, os contratos extintos com ação ajuizada anterior à novel lei são regulados pela norma anterior. Porém, particular é a situação do autor porque, no caso vertente, fora admitido quando da lei anterior e demitido quando da lei nova, sendo também ajuizada ação posterior à nova lei. Anteriormente à EC nº 28, a Constituição da República fixava o prazo prescricional para os empregados rurais em até dois anos após a cessação do contrato de trabalho, concomitante com a Lei nº 5.889/73 que não fixava qualquer limite de retroatividade, podendo o empregado rural reclamar direitos adquiridos há 20, 15, 10 anos, diferentemente do empregado urbano, cujo lapso temporal fora restringido em cinco anos. A partir de 29/5/2000, passou a vigorar a nova redação dada ao inciso XXIX do art. 7º da Constituição da República, a qual equiparou os trabalhadores urbanos e rurais quanto ao prazo prescricional, norma com eficácia plena, haja vista que contém todos os elementos imprescindíveis para a produção imediata de seus efeitos previstos. *In casu*, o contrato de trabalho iniciou-se na vigência da lei anterior e se extinguiu na vigência da lei nova, tendo sido ajuizada a ação posteriormente a EC nº 28 e, assim, o autor, trabalhador rural, que tinha mera expectativa de direito à imprescritibilidade de seus créditos e em face de ser o contrato de trabalho de trato sucessivo, cuja execução perdura no tempo, ainda que por prazo determinado, passa a ter seu direito regido pela lei nova, fazendo jus à reparação de créditos trabalhistas concernentes tão somente aos últimos cinco anos. TRT/MT – Processo nº: 01458.2001.021.23.00.0 – Rel. Designado: Juiz Guilherme Bastos. *DJ*/MT 12/08/2002.

3) O TST, modificando sua absurda posição inicial (redação alterada em 22/22/2005), entende que o prazo prescricional será fixado de acordo com a data da extinção do contrato de trabalho, na forma da Orientação Jurisprudencial nº 271 da SDI-I.

> *OJ nº 271 da SDI-I do TST: RURÍCOLA. PRESCRIÇÃO. CONTRATO DE EMPREGO EXTINTO. EC Nº 28/2000. INAPLICABILIDADE. O prazo prescricional da pretensão do rurícola, cujo contrato de emprego já se extinguira ao sobrevir a EC nº 28, de 26/05/2000, tenha sido ou não ajuizada a ação trabalhista, prossegue regido pela lei vigente ao tempo da extinção do contrato de emprego.*

> PRESCRIÇÃO QUINQUENAL – TRABALHADOR RURAL APLICABILIDADE DA EC Nº 28/2000 – EXTINÇÃO DO CONTRATO DE TRABALHO NA VIGÊNCIA DESSA EMENDA. Esta Colenda Corte, acerca da aplicação da EC nº 28/2000, adota o entendimento consubstanciado na Orientação Jurisprudencial nº 271 da SBDI-1, no sentido de que o prazo prescricional da pretensão do rurícola,

cujo contrato de emprego já se extinguira ao sobrevir a EC nº 28, de 26/05/2000, tenha sido ou não ajuizada a ação trabalhista, prossegue regido pela lei vigente ao tempo da extinção do contrato de emprego. Assim, segundo a jurisprudência, a prescrição estabelecida na redação original do inciso XXIX, do art. 7º, da Carta Magna aplica-se aos casos em que a extinção do contrato de trabalho tenha ocorrido antes da EC nº 28/2000. Como a extinção do contrato de trabalho do reclamante ocorreu somente após a vigência da citada Emenda, incide, na hipótese, a prescrição quinquenal nessa prevista. Recurso de revista conhecido e provido para restabelecer a sentença de primeiro grau que aplicara a prescrição quinquenal. TST. 2ª T., RR-1679/2001-028-15-00.7, Rel. Carlos Alberto Reis de Paula. *DJ* 25/08/2006.

Esta posição é coerente com a regra geral da irretroatividade das leis, em respeito ao ato jurídico perfeito e ao direito adquirido e vem servindo de orientação para alguns julgados nos regionais, senão vejamos;

PRESCRIÇÃO. TRABALHADOR RURAL. EC Nº 28. Aplica-se a prescrição prevista na EC nº 28 para os trabalhadores rurais que tenham o contrato de trabalho rescindido após a publicação da referida emenda. Ac (unânime) TRT 12ª Reg. 3ª T (RO-V 00438-2002-025-12-00-9), Relª Juíza Maria de Lourdes Leiria, *DJ/SC* 02/09/2003, p. 158 in DICIONÁRIO DE DECISÕES TRABALHISTAS, BOMFIM, Benedito Calheiros e SANTOS Silvério, 35. ed. Impetus, Niterói/RJ, 2005, p. 441, Ementa 1149.

Mas, ao mesmo tempo é contraditória, pois infringe a mesma regra da irretroatividade, quando deixa a entender que a retroatividade pode ser aplicada para os contratos firmados antes da Emenda nº 28/2000 e extintos após.

Neste sentido encontramos alguns julgados dos Tribunais Regionais:

PRESCRIÇÃO PARCIAL. TRABALHADOR RURAL. CONTRATO EXTINTO APÓS A VIGÊNCIA DA EMENDA nº 28/2000. ACOLHIMENTO. Na esteira da Orientação Jurisprudencial nº 271, proveniente da SDI-I/TST, publicada em 27/09/2002, a prescrição aplicável ao rurícola é aquela vigente à época da propositura da ação, quando em questão a modificação trazida pela EC nº 28, de 25/05/2000, relativamente a prazo para vindicação de créditos trabalhistas pelo trabalhador rural. Isso porque quando a lei trata de norma de direito material, deve ser aplicada considerando ocasião do ajuizamento da reclamação e não àquela em que aconteceram os fatos. TRT/MG – Processo nº: 00440.2004.087.03.00.5 – Rel. Designado: Juiz Paulo Maurício Ribeiro Pires. *DJ*/MG 30/10/2004.

4) Esta corrente entende que o art. 1º da EC nº 28/2000 é inconstitucional, porque suprimiu direito social do empregado rural consagrado no art. 7º, XXIX, *b*, da CRFB, o que viola o disposto no art. 60, § 4º, IV, da CRFB.

Conclusão

Atualmente a prescrição do empregado rural, doméstico e urbano é a mesma.

Aliás, a Lei nº 13.467/17, alterando a redação do art. 11 da CLT, estabeleceu expressamente que prescreve a pretensão do trabalhador urbano e rural em cinco anos, até o limite de dois anos após a extinção do contrato.

Capítulo 13

EMPREGADOR

1. DESPERSONIFICAÇÃO DO EMPREGADOR

1.1. Empregador – Empresa

Os sujeitos da relação de emprego são o empregado e o empregador, como definidos nos arts. 2º e 3º da CLT.

Empresa é a atividade econômica produtiva organizada.

Consoante art. 2º da CLT, empregador é a **empresa**:

> **Art. 2º Considera-se empregador a empresa**, individual ou coletiva, que, assumindo os riscos da atividade econômica, admite, assalaria e dirige a prestação pessoal de serviço (grifos nossos).

Ao contrário do afirmado em diversas obras jurídicas, não vemos qualquer absurdo no fato do legislador celetista ter considerado como empregador a **empresa** e não a pessoa jurídica ou física que contrata, assalaria e toma os serviços do trabalhador.

Explicou, na época, Arnaldo Süssekind,[1] um dos membros da Comissão Elaboradora[2] da Consolidação das Leis do Trabalho, que "o saudoso institucionalista Rego Monteiro propôs à Comissão Elaboradora do projeto da CLT que se reconhecesse expressamente a empresa como sujeito de direito da relação de emprego (...)", com a nítida intenção de firmar um conceito capaz de refletir a **despersonalização do empregador**, de forma a proteger seus empregados, abandonando o conceito civil clássico a respeito do tema.

Acrescentou Süssekind:[3]

> (...) não pretendeu a Consolidação, na solução realista que adotou, inovar o sistema legal alusivo aos sujeitos de direito das relações jurídicas, para classificar empresa como pessoa jurídica, independentemente da pessoa de seu proprietário

---

1 SÜSSEKIND, Arnaldo. *A consolidação das leis do trabalho histórica*. Organizada por Aloysio Santos, Rio de Janeiro: Senai, Sesi, 1993, p. 19-20.

2 A Comissão Elaboradora da CLT era composta por cinco membros: os Procuradores da Justiça do Trabalho Luiz Augusto Rego Monteiro (institucionalista); Arnaldo Süssekind (contratualista), Dorval Lacerda (institucionalista) e Segadas Vianna (contratualista) e o consultor jurídico do Ministério Oscar Saraiva. Na época, Arnaldo Süssekind contava com apenas 24 anos de idade.

3 SÜSSEKIND, Arnaldo, *op. cit.*, p. 20.

(subjetivação da empresa). Este continua a existir, sem embargo de ser a empresa o elemento básico dos respectivos contratos de trabalho. O que ocorre é que os direitos e obrigações pertinentes às relações de trabalho nascem em função da empresa; são inerentes a ela e não à pessoa natural ou jurídica que, no momento, detém o seu domínio.

Assim, sendo a empresa um modo de operar de um sujeito de direito, ela assume uma "cor subjetiva". Logo, o contrato de trabalho leva mais em consideração a empresa (a atividade econômica organizada, o empreendimento) que a pessoa que a explora (empresário).

Vinculando o empregado à atividade econômica (empresa) e não à pessoa física ou jurídica que a explora, o legislador protegeu o empregado das variações das pessoas que exploram o empreendimento e das manobras fraudulentas que visem impedir a aplicação da lei trabalhista. Desta forma, a mudança de sócio, a alteração da estrutura societária ou do tipo de sociedade, a transferência do fundo de comércio e qualquer outro ato neste sentido, não trarão prejuízos aos contratos de trabalho, conforme os arts. 9º, 10, 448 e 468 da CLT.

A CLT, desde 1943, adotou esta postura progressista, com o objetivo de proteger o trabalhador, vinculando-o à empresa, independente dos titulares dela. Desta forma, tem-se a teoria da despersonificação ou da despersonalização do empregador, o que irá justificar inclusive a sucessão.

No entanto, apesar de a posição supracitada ser majoritária, existem outras duas correntes para explicar a expressão "**empresa**", utilizada pelo legislador e contida no art. 2º, *caput*, da CLT.

Para a primeira vertente, adotada pelos conceituados autores Valentin Carrion[4] e Alice Monteiro de Barros,[5] o legislador cometeu um equívoco ao introduzir a expressão "empresa" no dispositivo em tela, porque "empresa" significa atividade econômica produtiva organizada e, como tal, não tem personalidade jurídica, não podendo ser sujeito de direito nem de obrigação. Logo, a empresa é algo abstrato, que não poderia contratar e ser empregadora.

Argumentam que o legislador de 1943 foi pouco técnico e que, na verdade, sua intenção era a de se referir à pessoa jurídica ou física que contrata como empregadora e não à empresa. Por isso que posteriormente, segundo esta vertente, o legislador corrigiu o erro ao utilizar o correto conceito na Lei nº 5.889/73, art. 3º: "empregador [é] a pessoa física ou jurídica que (...)", assim como no art. 15, § 1º, da Lei nº 8.036/90. Evaristo de Moraes Filho,[6] outro defensor desta corrente, diz que no art. 3º do Projeto do Código de Trabalho foi corrigido o equívoco, pois o empregador já é conceituado como pessoa natural ou jurídica que utiliza serviços de outrem em virtude de um contrato de trabalho.

---

4 CARRION, Valentin. *Comentários à Consolidação das Leis do Trabalho*. 29. ed. São Paulo: Saraiva, 2004, p. 25-26.

5 BARROS, Alice Monteiro de. *Curso de Direito do Trabalho*. São Paulo: LTr, 2005, p. 345.

6 MORAES FILHO, Evaristo; Moraes, Antonio Carlos Flores de. *Introdução ao Direito do Trabalho*. 9. ed. São Paulo: LTr, 2003, p. 259.

Assim, para os defensores desta tese, tanto será empregador a sociedade de fato, ou a sociedade irregular, como também a sociedade regular, devidamente constituída.

A outra corrente aponta a **teoria institucionalista** para explicar a definição de empregador, pois dois dos membros (Rego Monteiro e Dorval Lacerda) da Comissão Elaboradora da CLT defendiam a corrente institucionalista para explicar a natureza jurídica da relação de emprego. A teoria institucionalista prega o interesse exclusivo da instituição em detrimento dos interesses individuais dos que nela ingressarem. Neste caso, a empresa seria uma instituição-pessoa com atividade normativa, emitindo regras, as quais, o empregado ao ingressar na instituição, estaria automaticamente vinculado. Sob o argumento de que o legislador consolidado adotou a corrente anticontratualista, da qual a institucionalista é espécie, a corrente explica que a utilização do vocábulo "empresa" foi proposital, pois teve a nítida intenção de demonstrar a teoria a que se filiava.

Ao dizer que o empregador é a empresa, o legislador institucionalista quis dizer que o empreendimento é comum, onde empregador e empregado se unem em um só fim. Não se pretendeu dar a conotação de que a relação de emprego decorre de um contrato, em que há sujeitos de direito, mas sim do mero engajamento no empreendimento, pois o fim é comum.

De fato, alguns dos componentes que integraram a Comissão responsável pela elaboração da CLT filiavam-se à teoria institucionalista, e, por isso, em algumas passagens a CLT "escorrega" em seus termos e conceitos, mas isto não quer dizer que a CLT tenha adotado tal corrente, pois foi expressa em sentido contrário – *vide* arts. 442 e seguintes da CLT, que inicia o Título IV com o tema: 'Do Contrato Individual do Trabalho', pacificando a controvérsia principalmente nos arts. 444 e 468 da CLT. A CLT adotou, portanto, a teoria contratualista.

Na verdade, a intenção real do legislador foi a de proteger o empregado em razão de possíveis alterações no controle e transferência da empresa. Arnaldo Süssekind[7] salienta, ainda, que, ao vincular o empregado à empresa, estaria o trabalhador protegido desse fenômeno.

Pode-se dizer que a CLT pretendeu equiparar a empresa a um bem e o contrato de trabalho a uma obrigação de ônus reais ou *propter rem*, ou seja, o contrato de trabalho acompanha a empresa, e não o titular desta, em face do efeito sequela inerente ao direito real.

1.2. Empregador "por Equiparação"

De acordo com o art. 2º da CLT:

> **Art. 2º** (...)
>
> § 1º **Equiparam-se ao empregador, para os efeitos exclusivos da relação de emprego**, os profissionais liberais, as instituições de beneficência, as associações

---

7 SÜSSEKIND, Arnaldo. *Curso de Direito do Trabalho*. Rio de Janeiro: Renovar, 2002, p. 187.

recreativas ou outras instituições sem fins lucrativos, que admitirem trabalhadores como empregados (grifos nossos).

Percebe-se no § 1º do art. 2º da CLT que o legislador utilizou a expressão "equiparam-se".

Teria sido proposital o uso do vocábulo "equiparam-se" ou foi outra falha técnica da lei? Duas correntes tentam resolver a questão.

A primeira, defendida por nós e por Délio Maranhão,[8] no sentido de que o parágrafo primeiro quis esclarecer que a pessoa física ou jurídica que não explore atividade lucrativa também é empregadora quando contratar empregados.

A lei afirma "equiparam-se ao empregador", mas, na verdade, quis dizer "também é empregador" aquele que emprega trabalhadores, mesmo que aquela não se enquadre no conceito formal de "empresa", já que o *caput* do art. 2º conceitua o empregador como a "empresa" (...). Logo, houve falha técnica na redação.

Isto porque os profissionais liberais, associações beneficentes e outras entidades sem fins lucrativos não são considerados empresas ou empresários e, sob este argumento, poderiam tentar burlar a aplicação da lei trabalhista.

Em outras palavras: o legislador incluiu como empregadoras as pessoas que, embora não se enquadrem no conceito técnico de empresa ou de empresário, têm os mesmos direitos e obrigações dos demais empregadores mencionados no *caput* do art. 2º da CLT.

Para Rodrigues Pinto,[9] "o empregador por equiparação não existe no Direito do Trabalho, sendo uma ficção de nossa lei trabalhista sem nenhuma correspondência com a realidade doutrinária". Valentin Carrion[10] é categórico ao afirmar que todos os citados no art. 2º, § 1º, da CLT são empregadores, não existindo qualquer equiparação.

A "equiparação" que pretendeu o legislador foi à "empresa" para fins de aplicação da legislação trabalhista e não para fins empresariais (falência etc.), igualando as obrigações trabalhistas da "empresa", quando empregadora, àquelas dos profissionais e pessoas jurídicas previstas no § 1º do art. 2º da CLT, quando também empregadoras. Isto porque o legislador considerou que a "empresa" é a empregadora e não a pessoa física ou jurídica.

Portanto, os profissionais liberais, as instituições de beneficência, as associações recreativas e outras instituições sem fins lucrativos, que admitirem trabalhadores como empregados, devem ser considerados empregadores para todos os efeitos e não somente para os "efeitos exclusivos da relação de emprego". Assim também a jurisprudência majoritária.

---

8 SÜSSEKIND, Arnaldo; MARANHÃO, Délio; VIANNA, Segadas; TEIXEIRA, Lima. *Instituições de Direito do Trabalho*. 18. ed. São Paulo: LTr, 1999, v. 1, p. 303.

9 PINTO, José Augusto Rodrigues. *Curso de Direito Individual do Trabalho*. 5. ed. São Paulo: LTr, 2003, p. 134.

10 CARRION, Valentin. *Comentários à Consolidação das Leis do Trabalho*. 29. ed. São Paulo: Saraiva, 2004, p. 27.

RECURSO DE REVISTA. GRUPO ECONÔMICO. ENTIDADES SEM FINS LUCRATIVOS. CONFIGURAÇÃO. Para caracterizar-se grupo econômico, não é essencial o exercício de atividade lucrativa por parte de seus integrantes. Exegese combinada dos §§ 2º e 1º do art. 2º da CLT. Recurso de revista a que se nega provimento. TST-RR-590609/99 – Rel. Designado: Ministro Gelson de Azevedo. *DJU* 16/04/2004.

A segunda corrente se posiciona de forma distinta.

Alice Monteiro de Barros[11] trata tais entidades como empregadores por equiparação, sob o argumento de que eles não têm personalidade jurídica. No mesmo sentido Amauri Mascaro,[12] que divide a figura do empregador em: empregador geral (empresa) e empregador por equiparação (profissionais liberais, entidades sem fins lucrativos etc.). Sergio Pinto Martins[13] compartilha do mesmo entendimento desta vertente.

Sem razão os colegas.

Os profissionais liberais são pessoas físicas e, como tal, possuem personalidade jurídica para contratar. Na verdade, por exercerem atividade intelectual, e dependerem exclusivamente de sua própria mão de obra e profissão, por força do art. 966, parágrafo único, do Código Civil, não são considerados como empresários nem se enquadram no conceito de "empresa", mesmo que tenham empregados, já que exercem pessoalmente sua profissão intelectual. Foi neste sentido que a CLT quis equiparar aquelas pessoas físicas ou jurídicas que, embora não se enquadrem no conceito técnico de "empresa" ou de "empresário", devem ser considerados como empregadores quando admitirem empregados.

Portanto, não deve prosperar a opinião dos doutrinadores mencionados, pois eles confundem o conceito de personalidade jurídica com o conceito de empresa. Remetemos o leitor ao item abaixo sobre empresa e estabelecimento.

Também têm personalidade jurídica as associações beneficentes e as sem fins lucrativos, como as cooperativas, as universidades, as associações. Embora não se enquadrem no conceito de "empresa", têm personalidade jurídica para contratarem empregados e praticarem os demais atos da vida civil.

1.3. Empresa e Estabelecimento

Estabelecimento é o conjunto de bens corpóreos e incorpóreos que instrumentalizam e realizam a empresa – art. 1.142 do CC.

Empresa é a unidade econômica produtiva organizada e como tal seu conteúdo é abstrato. Evaristo de Moraes Filho[14] a conceitua como organização de trabalho alheio.

---

11 BARROS, Alice Monteiro de. *Curso de Direito do Trabalho*. São Paulo: LTr, 2005, p. 348.

12 NASCIMENTO, Amauri Mascaro. *Curso de Direito do Trabalho*. 20. ed. São Paulo: Saraiva, 2005, p. 619.

13 MARTINS, Sergio Pinto. *Direito do Trabalho*. 14. ed. São Paulo: Atlas, 2001, p. 177.

14 MORAES FILHO, Evaristo; Moraes, Antonio Carlos Flores de. *Introdução ao Direito do Trabalho*. 9. ed. São Paulo: LTr, 2003, p. 262.

Na lição basilar de André Luiz Dumortout e Álvaro Thomaz Gonçalves[15] a empresa possui duas significações: a primeira, no sentido de empreendimento, no objetivo de reunir esforços para a realização de uma meta comum, podendo ser esta lucrativa ou não. A segunda significação parte de um sentido mais objetivo, esboçado no direito civil e comercial, é o estabelecimento, sendo este, a organização de um determinado ramo de negócio.

Para o atual Código Civil (art. 966), a empresa é a atividade econômica organizada para a produção ou circulação de bens ou serviços.

Trata-se de atividade, isto é, do conjunto de atos destinados a uma finalidade comum, organizando fatores da produção, para produzir ou fazer circular bens ou serviços. Não basta um ato isolado, é necessária uma sequência de atos dirigidos a uma mesma finalidade, dirigida ao mercado para satisfação de necessidades alheias, para configurar a empresa.

As atividades relativas a profissões intelectuais, artísticas, científicas e literárias, via de regra, são exercidas por profissionais liberais, salvo quando constituam elemento de empresa (art. 966, parágrafo único, do Código Civil). Isto se explica porque em tais atividades prevalece a natureza individual e intelectual sobre a organização, a qual é reduzida a um nível inferior. Portanto, é a relevância dessa organização que diferencia a atividade empresarial de outras atividades econômicas.

A empresa deve abranger a produção ou circulação de bens ou serviços para o mercado.

Neste sentido Carlos Henrique Zangrando da Silva[16] leciona que "a organização empresarial compõe-se de uma universalidade de pessoas (*universitas personarum)*, de uma universalidade de bens (*universitas bonorum)*". Estas, tendo em vista a destinação unitária que lhe concede o empreendedor, podem ser juridicamente consideradas uma "universalidade integral de pessoas e bens, reunidos e organizados com vistas a alcançar um determinado fim."

A empresa, entendida como a atividade econômica organizada, não se confunde nem com o sujeito exercente da atividade, nem com o complexo de bens por meio dos quais se exerce a atividade, que representam outras realidades distintas.

A empresa não possui personalidade jurídica, e nem pode possuí-la, e consequentemente não pode ser entendida como sujeito de direito (salvo sob a ótica do legislador trabalhista que pretendeu ir além do conceito técnico de empresa), pois ela é a atividade econômica que se contrapõe ao titular dela, isto é, ao exercente daquela atividade. O titular da empresa é o empresário.

A atividade (empresa) é exercida por um sujeito (o empresário), que geralmente viabiliza o exercício da atividade por meio de um complexo de bens, que é denominado de estabelecimento ou fundo de comércio. Assim, estabelecimento

---

15 DUMORTOUT, André Luiz; GONÇALVES, Álvaro Thomaz. *Dicionário de Sociedades Comerciais e Mercado de Capitais*. Rio de Janeiro: Forense, 1983, p. 400-401.

16 SILVA, Carlos Henrique Zangrano da. *Resumo de Direito do Trabalho*. 6. ed. Rio de Janeiro: Edições Trabalhistas, 2003, p. 173.

é o conjunto de bens que o empresário reúne para exploração de sua atividade econômica – art. 1.142 do Código Civil.

A natureza jurídica do estabelecimento não se confunde com a natureza da empresa, pois não se trata da atividade empresarial, nem com a natureza do empresário, pois não se trata de ente personalizado. O estabelecimento não é pessoa, nem a atividade é empresarial, é uma universalidade de fato que integra o patrimônio do empresário.

1.3.1. Alienação do Estabelecimento. Trespasse. Visão Civil

Com o advento do Código Civil, o estabelecimento passou a ser disciplinado pelo direito positivo brasileiro nos arts. 1.142 a 1.149 do CC, que trazem regras atinentes principalmente à alienação do estabelecimento.

Tratando-se de uma universalidade de fato, é certo que o estabelecimento pode ser alienado como um todo, como uma coisa coletiva; é o que recebe na doutrina a denominação de *trespasse*. Nessa negociação, transfere-se o conjunto de bens e seus nexos organizativos, e, por conseguinte, o aviamento e as obrigações trabalhistas decorrentes daquela unidade transferida.

Tal alienação poderá influenciar diretamente os interesses de terceiros, sobretudo dos credores trabalhistas, dentre outros. Por isso, o Código Civil exige para a validade perante terceiros, que o contrato de compra e venda do fundo de comércio seja averbado a margem do registro do empresário no órgão competente. A mesma exigência é formulada para os casos de arrendamento ou instituição de usufruto para o fundo de comércio (art. 1.144 do Código Civil).

Exige-se, ainda, a publicação no órgão oficial da notícia de tal negociação, o que funcionará como espécie de uma primeira notificação aos credores, para que tenham conhecimento da negociação, resguardem seus direitos e saibam quem é o titular do fundo de comércio, a partir de então.

Além dessa publicidade, o Código Civil (art. 1.145), reforçando a proteção dos interesses dos credores e reiterando a orientação constante do art. 52, VIII, do Decreto-Lei nº 7.661/45, inquina de ineficácia a alienação do estabelecimento sem o pagamento de todos os credores, ou sem o consentimento expresso ou tácito destes em 30 dias contados de sua notificação. Será, todavia, válida a alienação se o empresário mantiver bens suficientes para o pagamento dos credores. Trata-se de uma inovação salutar que permite de forma ágil o combate a fraudes no *trespasse*, na medida em que permite o reconhecimento da ineficácia da alienação, independentemente do processo de falência.

Feito o *trespasse*, entendia-se que, antes do advento do Código Civil, a princípio, o passivo não fazia parte do estabelecimento transferido. Só o estabelecimento era negociado, as dívidas não eram transferidas, salvo disposição em contrário das partes ou da lei (art. 133 do CTN e arts. 10 e 448 da CLT).

Os débitos não são bens que integram o estabelecimento, são ônus que gravam o patrimônio do empresário (salvo para a teoria que defende que as dívidas trabalhistas se assemelham às obrigações *propter rem* ou às de ônus reais). Com o advento do novo Código (art. 1.146), o adquirente do estabelecimento sucede o alienante nas obrigações regularmente contabilizadas. Todavia, há que se ressaltar que o alienante continua solidariamente obrigado por um ano a contar da publicação do *trespasse* no caso de obrigações vencidas, ou a contar do vencimento no caso das dívidas vincendas. Veja o capítulo sobre Sucessão de Empresários, onde o assunto será explorado sob o enfoque trabalhista e não civilista como acima exposto.

A CLT confunde em diversos momentos empresa com estabelecimento (*caput* dos arts. 160, 429 e 449 da CLT). Em outros momentos, os trata diferentemente, com seus próprios contornos jurídicos (arts. 74, § 2º; 168, § 4º; 355 da CLT).

2. DESCONSIDERAÇÃO DA PESSOA JURÍDICA

2.1. Criação da Pessoa Jurídica

O medo de comprometer o patrimônio particular e enfrentar os riscos de um negócio, a necessidade de reunir esforços de várias pessoas para investimento comum em um determinado empreendimento, a insegurança de confiar a alguém a administração de seu capital, dentre outros, eram os principais fatores que inibiam os investidores na criação de atividade econômica produtiva, na criação de empresas.

É interesse do Estado a criação e manutenção de empresas, por ser importante instrumento da economia de mercado, pois é através delas que se aumenta a arrecadação de tributos, incrementa-se o desenvolvimento econômico, produz emprego e desenvolvimento ao país. A empresa exerce forte função social no cenário jurídico.

Portanto, a criação de uma figura jurídica que autorizasse a reunião de pessoas, protegesse seus patrimônios pessoais e limitasse a responsabilidade destas, reduzindo os riscos do empreendimento, seria a forma de incentivar o investimento e fomentar a criação de empresas.

A solução estava na criação de um ente autônomo, com direitos e obrigações próprias, ente distinto de seus membros; uma sociedade personificada, isto é, com personalidade jurídica diversa da de seus sócios.

A criação da pessoa jurídica permitiu o exercício da atividade empresarial. Visou incentivar o desenvolvimento de atividades produtivas, fortalecendo as uniões de pessoas físicas que desejam investir, sem colocar em risco seu patrimônio particular.

2.2. Pessoa Jurídica – Natureza Jurídica

A natureza da pessoa jurídica não é unânime na doutrina e este tema é motivo de abundante literatura.

Há duas correntes principais acerca da natureza da pessoa jurídica.

A primeira, que nega a existência das pessoas jurídicas. Acredita que as pessoas físicas são reais, enquanto as coletivas são criações arbitrárias do Estado. Sua criação é obra exclusiva da lei, do direito. A teoria ficcionista é conhecida a partir da teoria da ficção de *Savigny*.

A segunda corrente reconhece a existência da pessoa jurídica, não como um ser corporal, mas ideal, moral. Admite que o direito concedeu a qualidade de sujeito ao grupamento de pessoas com interesses próprios e distintos dos interesses individuais de cada um (teoria realista).

Pertencem ao grupo da teoria ficcionista as teorias da ficção, da representação, do patrimônio com fim, da propriedade coletiva e individual. Fazem parte do segundo grupo (teoria realista) as teorias da vontade, da realidade objetiva e da realidade técnica.

A teoria mais aceita pela doutrina é a da realidade técnica.

A personalidade jurídica conferida ao grupo de indivíduos concede capacidade de direito material e formal, nacionalidade, domicílio e patrimônio específico da pessoa jurídica, distinto do de seus sócios.

A lei tem procurado eliminar as diferenças entre as pessoas jurídicas e as físicas para melhor realizar sua personalidade.

2.3. Desconsideração da Pessoa Jurídica

Nas palavras de Ferrara[17] a pessoa jurídica é "uma armadura jurídica para realizar de modo mais adequado os interesses dos homens".

Todavia, a criação desta figura não pode servir para autorizar a prática de atos ilícitos, de fraudes, de armadilhas comerciais e de abusos de direito. O véu societário não pode esconder e afastar a responsabilidade daquele que utilizou a pessoa jurídica indevidamente, desviando sua finalidade, cometendo iniquidades. Afinal, o direito existe para servir aos interesses do homem, realizando sua função social.

Ao contrário, por ser um instrumento de incentivo à iniciativa privada, à promoção da economia de mercado, a atuação deste ente coletivo encontra limites na lei e na Constituição (arts. 1º, IV; 170, *caput*, IV e parágrafo único, 173, §§ 4º e 5º).

Toda vez que a pessoa jurídica for utilizada como meio de obtenção de vantagens indevidas, em detrimento de direitos de terceiros e não tiver patrimônio suficiente para responder pelos prejuízos causados, a pessoa jurídica não poderá mais servir como meio de proteção e segurança de separação patrimonial entre a pessoa jurídica e a de seus sócios. O privilégio até então assegurado pela lei deverá ser descartado.

A teoria da desconsideração não visa à destruição da regra da separação patrimonial entre sócio e sociedade e sim ao afastamento temporário da personalidade da sociedade para, excepcionalmente, autorizar que as obrigações assumidas pela sociedade recaiam sobre seus sócios. Desta forma, o direito coíbe o desvio da função da pessoa jurídica.

Assim, o objetivo da teoria da desconsideração da pessoa jurídica não é o de suprimir a personalidade da pessoa jurídica, de extinguir a sociedade, e sim o de tornar temporariamente ineficaz a autonomia patrimonial da sociedade para buscar nos sócios a solvabilidade patrimonial das dívidas inadimplidas da sociedade, quando comprovado o abuso de direito ou a fraude à lei.

---

17 *Apud* TOMAZETTE, Marlon. "Desconsideração da personalidade jurídica: a teoria, o Código de Defesa do Consumidor e o novo Código Civil". São Paulo: *Revista dos Tribunais*, ano 90, v. 794, dez. 2001, p. 76.

A sociedade não pode servir como escudo, manto ou proteção ao agente que frauda a lei, abusa do direito ou pratica ato ilícito para enriquecer em detrimento do prejuízo de terceiro.

Neste sentido Miguel Reale,[18] coordenador da comissão redatora do Código Civil, ao expor a intenção do art. 50 do CC:

> Não abandonamos o princípio que estabeleceu a distinção entre a pessoa jurídica e os seus membros componentes, mas também não convertemos esse princípio em tabu, até o ponto de permitir sejam perpetrados abusos em proveito ilícito dos sócios e em detrimento da comunidade.

Para os outros ramos do direito o afastamento do véu societário é medida excepcional, rara, incomum. Para afastar o véu societário é necessária a demonstração de atos concretos de desvio de finalidade social, não bastando a simples insatisfação de um crédito. É necessário que a autonomia patrimonial da sociedade seja o instrumento propulsor da fraude ou do abuso do direito.

Fraude é a distorção intencional da verdade com o intuito de prejudicar terceiros. Não basta a existência de uma fraude, é imprescindível que esta guarde relação com o uso da pessoa jurídica.

Nas palavras de Alexandre Assumpção:[19]

> (...) se o que se pretende é um aprimoramento do instituto da pessoa jurídica, não é possível sujeitar os sócios que ingressam na sociedade sob a garantia de limitação de sua responsabilidade e desvinculação de seus patrimônios à simples insatisfação de qualquer credor, ainda que seja um consumidor; por outro lado, não pode a lei dar azo à fraude e abusos, permitindo a utilização impune da pessoa jurídica para prejudicar terceiros.

Não há qualquer antinomia na proteção dada à pessoa jurídica daquela conferida ao consumidor ou ao trabalhador. Ao mesmo tempo em que o Estado estimula a livre iniciativa, protege o desequilíbrio contratual protegendo os direitos daquele que, presumidamente, é mais vulnerável na relação contratual.

Enquanto a teoria da penetração é timidamente utilizada pelo direito comum, para o Direito do Trabalho esta teoria tem sido muito aplicada, bastando a existência de **fraude** para a sua aplicação. Tal medida tem sido alvo de críticas, mas os tribunais trabalhistas têm efetivado o direito dos trabalhadores ponderando interesses. Quando o interesse em jogo é um direito trabalhista, este estará em situação privilegiada à da autonomia patrimonial da pessoa jurídica. A fraude para o Direito do Trabalho é presumida, subentende-se da simples condenação judicial e do art. 9º da CLT.

---

18 *Apud* KOURY, Suzy Elizabeth Cavalcante. *A desconsideração da personalidade jurídica e os grupos de empresas*. Rio de Janeiro: Forense, 2003, p. 143.

19 ALVES, Alexandre Ferreira de Assumpção. "Problemas de Direito Civil e Constitucional". *In*: TEPEDINO, Gustavo (Coord.). *A desconsideração da personalidade jurídica e o direito do consumidor: um estudo de direito civil constitucional*. Rio de Janeiro: Renovar, 2000.

Conquanto a proteção ao trabalhador seja importante, a pessoa jurídica também é relevante ao direito. Portanto, a desconsideração deve ser praticada com cuidado.

2.3.1. *Requisitos*

O elemento essencial para que se opere a desconsideração da pessoa jurídica é a existência de personalidade jurídica. Uma vez personificado, o ente passa a ter existência jurídica.

Outro importante requisito é o uso da pessoa jurídica de forma abusiva ou para fraudar direitos de terceiros, como já estudado.

Assim podem ser resumidos os requisitos para desconsideração da personalidade jurídica:

a) que a sociedade tenha personalidade;
b) que os sócios não constem do título executivo e sim a pessoa jurídica;
c) insolvência da sociedade;
d) dívidas remanescentes;
e) fraude ou ilegalidades praticadas pela sociedade;
f) preferência de ordem, primeiro os bens da sociedade e depois os dos sócios.

2.4. Origem Histórica

A separação patrimonial dos bens da sociedade dos de seus sócios sempre foi prestigiada pelo direito e tida como fundamental para o desenvolvimento econômico. Todavia, o excessivo desvio da finalidade da pessoa jurídica começou a preocupar a sociedade a partir do século XIX.

A decisão judicial precursora da teoria da desconsideração da personalidade jurídica remonta ao ano de 1809, no caso *Bank of United States v. Deveaux*, quando o juiz Marshall manteve a jurisdição das cortes federais sobre as *corporations,* pois a Constituição americana (art. 3º, seção 2º) reserva a tais órgãos judiciais as lides entre cidadãos de diferentes Estados. Ao fixar a competência acabou por desconsiderar a personalidade jurídica, sob o fundamento de que não se tratava de sociedade, mas sim de sócios contenedores.

Todavia, o caso que mais teve repercussão mundial foi o ocorrido na Inglaterra (*Salomon & Co.*) em 1897. Aaron Salomon, próspero comerciante, juntamente com seis membros de sua família, criou uma sociedade anônima (*company*), reservando para si o controle societário e a maioria das ações. A sociedade entrou em atividade, mas, pouco tempo depois, tornou-se insolvente, causando enormes prejuízos aos seus credores, principalmente os quirografários.

O liquidante sustentou que a atividade da pessoa jurídica era conduzida em razão do interesse do *alter-ego* de Aaron Salomon. Com esse quadro, o juiz de primeiro grau declarou a fraude com o alcance aos bens do sócio Aaron Salomon.

A decisão foi mantida pela Corte de Apelação. Entretanto, a Casa dos Lordes (*House of Lords*), última instância, reformando as decisões anteriores, reconheceu a autonomia patrimonial da pessoa jurídica e eximiu de qualquer responsabilidade seu controlador, sob o argumento de que não houve vício na sua constituição.

No entanto, a teoria da desconsideração teve sua difusão contida em virtude do efeito vinculante das decisões da Casa dos Lordes.

O desenvolvimento da teoria ganhou força no Direito norte-americano, chegando ao Direito brasileiro pela fala de Rubens Requião, em palestra proferida na Universidade Federal do Paraná, baseando o raciocínio na fraude e no abuso de direito e depois em um artigo publicado em 1969.

O direito positivo reconheceu a *disregard doctrine* na regra inserta no art. 28 da Lei nº 8.078/90; no art. 34 da Lei nº 12.529/2011; no art. 4º da Lei nº 9.605/98 e, mais recentemente, no art. 50 do Código Civil que fala do abuso da personalidade e da confusão patrimonial.

2.5. Terminologia

A desconsideração da pessoa jurídica pode se apresentar com diversas nomenclaturas: *disregard doctrine, disregard theory, piercing the corporate veil; lifting the corporation veil; disregard of legal entity, durchgriff derr juristichen person* (alemão), teoria do superamento, teoria da penetração, despersonalização da pessoa jurídica etc. A denominação "desconsideração" é mais apropriada que o termo "despersonalização", visto que há a manutenção da personalidade jurídica, que somente é desconsiderada, afastada, levantada temporariamente.

2.6. Direito do Consumidor e Direito do Trabalho

A Constituição de 1988 aponta como um dos objetivos fundamentais da República Federativa a solidariedade social (art. 3º, I) e o da proteção ao trabalhador (art. 7º, *caput*). Estes devem ser, ainda, conjugados com o da liberdade de iniciativa (art. 1º, IV, *in fine*, art. 170, *caput*, da CRFB).

Se a Constituição teve o cuidado de apontar certos valores e objetivos que considera como princípios fundamentais, isto significa que as normas infraconstitucionais devem ser interpretadas à luz destes objetivos.

Assim, o empresário quando contrata um empregado ou quando estabelece uma relação de consumo deve tomar o cuidado de atuar na conformidade do comando constitucional.

O Código de Defesa do Consumidor privilegiou a equidade e a boa-fé objetiva, considerando nulas as cláusulas que a violarem (art. 51, IV). Tratamento similar dispensou a legislação trabalhista aos atos que infrinjam os direitos dos trabalhadores previstos na CLT (art. 9º).

De acordo com o art. 28 do Código de Defesa do Consumidor (Lei nº 8.078/90) a desconsideração da pessoa jurídica pode ocorrer nas seguintes hipóteses:

a) abuso de direito;

b) excesso de poder;
c) infração à lei;
d) fato ou ato ilícito;
e) violação dos estatutos ou contrato social;
f) falência, encerramento ou inatividade da pessoa jurídica por má administração.

A CLT era omissa quanto à possibilidade da desconsideração da pessoa jurídica. Após a Lei nº 13.467/17, o incidente de desconsideração da personalidade jurídica tem previsão na CLT (arts. 855-A e ss.) e deve respeitar àqueles parâmetros e procedimentos para sua aplicação. Entretanto, para os processos com pedido de desconsideração anteriores à nova lei, era aplicado o parágrafo único do art. 8º da CLT que determina que o direito comum será fonte subsidiária do Direito do Trabalho, naquilo que não for incompatível com os princípios fundamentais deste.

Ressalte-se que a Lei nº 13.467/17 também acrescentou o art. 10-A à CLT, que iguala as regras de direito civil às de direito do trabalho quanto às garantias e responsabilidades do **sócio retirante.**

3. RESPONSABILIDADE ENTRE SÓCIO E SOCIEDADE

A teoria da penetração não deve ser confundida com outras formas de responsabilidade dos sócios previstas no direito empresarial. Quando a lei responsabiliza gerentes, administradores, controladores ou sócios ela já está autorizando o comprometimento do patrimônio particular do sócio, seja de forma subsidiária à sociedade, seja de forma isolada ou solidária.

A responsabilidade solidária ou subsidiária dos sócios está prevista em lei, como também prevê a CLT, no caso de grupo econômico, no caso do empreiteiro principal e subempreiteiro (subsidiariedade) etc.

Assim, pode o empregado credor ajuizar a ação em face do empregador (pessoa jurídica/sociedade) e de seus sócios, num litisconsórcio passivo facultativo. A legislação material autoriza a responsabilidade patrimonial do sócio junto com a sociedade em determinados casos.

Quando apenas a pessoa jurídica constar do título executivo e a sociedade não apresentar bens suficientes para a execução, a desconsideração da pessoa jurídica é recomendada. Neste sentido, obedece-se a ordem: primeiro a execução recai sobre a sociedade e, não havendo bens, autoriza-se a penetração no patrimônio dos sócios.

Entretanto, quando o autor ajuíza a ação contra a sociedade empregadora e seus sócios e todos são condenados, a execução poderá ser feita contra qualquer deles, sem preferência de ordem, pois o sócio já estará no título executivo, dispensando a despersonalização da pessoa jurídica.

Para que a desconsideração seja aplicada, é necessário que apenas a pessoa jurídica conste do título executivo. Quando constam do título executivo a pessoa jurídica e a física, a execução poderá recair sobre qualquer um deles, sem preferência de ordem. Isto não é desconsiderar a pessoa jurídica e sim executar um título que vislumbrou a solidariedade entre os devedores.

Em alguns tipos de sociedade a responsabilidade do sócio é ilimitada, em outras limitada ao capital social.

3.1. Responsabilidade Ilimitada

Têm responsabilidade ilimitada junto com a sociedade:

- o sócio comanditado na comandita simples – arts. 1.045/1.051 do Código Civil;
- o sócio ostensivo na sociedade em conta de participação – arts. 991/996 do Código Civil;
- todos os sócios na sociedade em nome coletivo – arts. 1.039/1.044 do Código Civil;
- todos os sócios na sociedade em comum (sociedade de fato ou irregular) – arts. 986/990 do Código Civil;
- todos os sócios na sociedade simples ou simples pura – arts. 997/1.038 do Código Civil;

Possuem responsabilidade ilimitada por desvio de finalidade, ato ilícito e abuso dos administradores:

- o diretor-acionista na comandita por ações – arts. 1.090/1.092 do Código Civil;
- o administrador na sociedade limitada, quando não houver cláusula expressa para aplicação das regras das sociedades anônimas – arts. 1.052/1.087 do Código Civil;
- a diretoria na S/A, quando o diretor-presidente praticar atos ilegais ou com extravagância do objeto social arts. 158, II, §§ 1º e 2º; 233; 239, parágrafo único, todos da Lei nº 6.404/76 c/c art. 50 do CC.

Quando a lei já estipular a responsabilidade ilimitada, não há dúvida de que poderão constar no polo passivo a pessoa jurídica e seus sócios e o juiz estará autorizado, se for o caso, a condenar os sócios juntamente com a sociedade.

No caso de diretor-presidente de uma sociedade anônima, o art. 158, II da Lei nº 6.404/76 autoriza a responsabilidade do administrador que cometer atos ilegais ou extravagantes.

Assim, quando o diretor ou acionista controlador exerce seu poder de forma abusiva e desvia a sociedade para fim estranho ao seu objeto social é possível responsabilizá-lo pessoalmente e comprometer seu patrimônio particular (art. 117, § 1º, e art. 158 da Lei nº 6.404/76). Dentro de um rigor técnico, este ato não foi de desconsideração da personalidade jurídica e sim de aplicação de regra geral de direito material, de caráter cogente.

A teoria da desconsideração prescinde de fundamentos legais para a sua aplicação. Decorre do uso do direito de forma adequada, sem abusos e fraude. Todavia, o legislador preferiu acolher a teoria em determinados dispositivos legais: art. 50 do CC, art. 28 do CDC, art. 34 da Lei nº 12.529/2011 e art. 4º da Lei nº 9.605/98.

3.2. Responsabilidade Limitada

Têm responsabilidade limitada:

- o sócio comanditário na comandita simples – arts. 1.045/1.051 do Código Civil;
- participante (antigo oculto) na sociedade em conta de participação – arts. 991/996 do Código Civil;
- o quotista na sociedade limitada, com capital integralizado – arts. 1.052/1.087 do Código Civil;
- os acionistas na S/A, salvo a diretoria quando praticar atos ilegais ou fora do estatuto social – arts. 158, II, §§ 1º e 2º; 233; 239, parágrafo único, todos da Lei nº 6.404/76.

Só poderão ser responsabilizados os acionistas controladores, ou seja, aqueles que têm poder de mando na S/A, participando da escolha da diretoria e compondo as assembleias e conselhos constituídos, pois são estes os únicos capazes de interferir nos destinos da sociedade.

O sócio de responsabilidade limitada tem sua responsabilidade circunscrita à sua parte-capital.

Entretanto, esta limitação não é absoluta, pois há dispositivos legais que permitem a responsabilidade dos sócios junto com a sociedade.

3.3. Sociedade Limitada (Arts. 1.052/1.087 do Código Civil)

Esta sociedade tinha o nome de sociedade por cotas de responsabilidade limitada e era definida pelo revogado Decreto nº 3.708/1919, hoje, após o Código Civil, denomina-se apenas sociedade limitada.

Enquanto a sociedade não estiver com seu capital totalmente integralizado, todos os sócios respondem até o limite do capital da sociedade. Mas caso esteja integralizado, cada sócio responde até o limite de sua quota.

O Código Civil de 2002 introduziu uma novidade ao afirmar que no caso de omissão no capítulo de sociedade limitada, não devem ser aplicadas as regras das sociedades anônimas, mas sim das sociedades simples (art. 1.053 do Código Civil).

Logo, as sociedades limitadas só podem se basear nas normas das sociedades anônimas caso haja previsão contratual nesse sentido (art. 1.053, parágrafo único, do Código Civil).

Pelo novo Código Civil, art. 1.061, o administrador da sociedade pode ser sócio ou uma pessoa não sócia, desde que o contrato permita. Cabe ao administrador o uso regular da firma, exercendo suas funções com lealdade e zelo. Os limites de suas ações são determinados pelo objeto social. Violando estes limites, caracteriza-se o abuso da firma social e o ato é considerado *ultra vires*.

Portanto, é possível a desconsideração da pessoa jurídica tanto nas sociedades limitadas como nas anônimas.

Em relação à responsabilidade do sócio junto com a sociedade, o administrador responde de acordo com as regras das sociedades simples, desde que não haja cláusula expressa para aplicação das regras das sociedades anônimas. Se utilizada a Lei da S/A, os arts. 158 e 159 devem ser aplicados ao administrador da sociedade limitada.

3.4. Teoria *Ultra Vires*

A teoria *ultra vires*, segundo Rubens Requião,[20] ocorre quando a sociedade não responde pelos atos de seus representantes legais praticados com **extravagância do objeto social**, se deles não tiver auferido vantagem.

Tal teoria provém do direito inglês em que se determina que o direito de administrar não pode ultrapassar os limites da lei.

Antes do novo Código Civil era observada pelo legislador brasileiro a Teoria da Aparência, na qual a sociedade responde pelos atos praticados por seus administradores, mesmo quando feitos com abusividade, fora do objeto social da pessoa jurídica, já que, até então, a teoria *ultra vires* não era por nós adotada.

No entanto, o legislador brasileiro, no art. 47 do Código Civil, afirma que a pessoa jurídica responde pelos atos de seus administradores, quando exercidos dentro dos limites estabelecidos no ato constitutivo. Este dispositivo parece adotar a teoria *ultra vires*, na qual a sociedade não responde pelos atos exercidos pelo administrador fora dos seus objetivos sociais e dos limites legais. Ressalta-se, ainda, que o presente artigo está contido na Parte Geral do Código Civil.

O art. 1.015 do CC parece abraçar a mesma teoria, apesar de se referir às sociedades simples, assim como o art. 159 da Lei da S/A. Entretanto, as normas das sociedades simples, no caso de omissões, podem ser aplicadas para a sociedade limitada.

Dessa forma, com a inclusão, em 2002, dos dois artigos no Código Civil, passou a ser aceita a utilização da teoria *ultra vires* pelo Direito brasileiro e, consequentemente, a teoria da aparência entra em desuso. Para a maioria, ainda, a adoção de tal teoria representaria um retrocesso para o ordenamento jurídico interno e, portanto, não deve ser aplicada. Outros, porém, fazem uma interpretação literal dos dois dispositivos e consideram que a teoria está presente no nosso direito.

Para Mônica Gusmão[21] se a empresa possuir seus atos devidamente arquivados no órgão competente, ficará a sociedade excluída de qualquer responsabilidade pela prática de atos extravagantes de seu administrador. Mas, se tal requisito não for cumprido, deve ser aplicada a teoria da aparência e prevalecerá a boa-fé do contratante.

---

[20] REQUIÃO, Rubens. *Curso de Direito Comercial.* 22. ed. São Paulo: Saraiva, 1995, v. 2, p. 176.

[21] GUSMÃO, Mônica. *Direito Empresarial.* 3. ed. Rio de Janeiro: Impetus, 2004, p. 256-257.

Convém ressaltar que a teoria *ultra vires* só pode ser aplicada quando a sociedade não se beneficiar do ato praticado pelo administrador. No Direito do Trabalho tal situação será difícil, pois a sociedade sempre se beneficiará do trabalho do empregado. Excepcionalmente poderá acontecer de o administrador fraudar a existência de um contrato de trabalho apenas para beneficiar sua esposa, filho ou amigo. Se de fato nunca houve trabalho e a sociedade em nada se beneficiou, será possível, neste caso, a responsabilização do sócio administrador e não da sociedade.

Assim, em regra a sociedade sempre se beneficia das irregularidades trabalhistas praticadas contra o empregado, pois ele de fato executa seus serviços em prol desta. Logo, a teoria *ultra vires* dificilmente será aplicada ao Direito do Trabalho.

Desta forma, os demais sócios não podem alegar que desconheciam as irregularidades trabalhistas praticadas pelo administrador para tentarem se eximir de responsabilidade pessoal, pois a sociedade se beneficiou do trabalho daqueles empregados. Ademais, haverá sempre a culpa *in eligendo*, isto é, quem escolheu mal o administrador responde pelos atos que este praticar.

A teoria em estudo também não se confunde com a desconsideração da pessoa jurídica, pois a personalidade da pessoa jurídica só existe quando o ato é praticado dentro de seu objeto social. Quando for aplicado fora do seu objeto, em fraude à lei, o responsável é o administrador, e não a sociedade, desde que esta não tenha se aproveitado do ato praticado.

3.5. Responsabilidade Solidária ou Subsidiária entre Sócio e Sociedade

Fábio Ulhoa Coelho[22] defende que a responsabilidade dos sócios entre si, nas sociedades em que a responsabilidade é ilimitada, é solidária. Mas a responsabilidade do sócio ou diretor diante das dívidas sociais é subsidiária, porque há uma preferência de ordem imposta pela lei, no art. 795, *caput* e § 1º, do CPC.

Segundo Rubens Requião,[23] o sócio de responsabilidade ilimitada é solidário com os demais companheiros dessa categoria, respondendo integralmente pelas obrigações sociais. Mas essa responsabilidade é subsidiária, no sentido de que somente se efetiva quando faltarem bens suficientes para a sociedade cumprir integralmente suas obrigações.

Os arts. 1.023 e 1.024 do Código Civil, referentes às sociedades simples, também adotam a responsabilidade **subsidiária** dos sócios.

4. GRUPO ECONÔMICO

De acordo com a Consolidação das Leis Trabalhistas:

> **Art. 2º** Considera-se empregador a empresa, individual ou coletiva, que, assumindo os riscos da atividade econômica, admite, assalaria e dirige a prestação pessoal de serviços.

---

22 COELHO, Fábio Ulhôa. *Manual de Direito Comercial*. 6. ed. São Paulo: Saraiva, 2002.

23 REQUIÃO, Rubens. *Curso de Direito Comercial*. 22. ed. São Paulo: Saraiva, 1995, v. 1, p. 429-433.

§ 1º Equiparam-se ao empregador, para **a)**[24] **os efeitos exclusivos da relação de emprego**, os profissionais liberais, as instituições de beneficência, as associações recreativas ou outras instituições sem fins lucrativos, que admitirem trabalhadores como empregados (Alíneas por nós acrescidas – veja nota de rodapé).

§ 2º Sempre que uma ou mais empresas, tendo, embora, cada uma delas, personalidade jurídica própria, **b) estiverem sob a direção, controle ou administração de outra, ou ainda quando, mesmo guardando cada uma sua autonomia, integrem grupo econômico**, serão responsáveis **c) solidariamente pelas obrigações decorrentes** da relação de emprego. (grifos nossos – alíneas por nós acrescidas – veja nota de rodapé).

§ 3º Não caracteriza grupo econômico a mera identidade de sócios, sendo necessárias, para a configuração do grupo, a **d) demonstração do interesse integrado, a efetiva comunhão de interesses e a atuação conjunta das empresas dele integrantes**"(NR) (grifos nossos – alíneas por nós acrescidas – veja nota de rodapé).

4.1. Conceito

O Direito do Trabalho diante da concentração econômica se posicionou no sentido de oferecer aos empregados de um estabelecimento coligado a um grupo de empresas a garantia de seus direitos, evitando-se manobras fraudulentas e outros atos prejudiciais que se prestariam, com relativa facilidade, às interligações grupais. Esta é a origem da norma do § 2º do art. 2º da CLT.

O art. 243, § 2º, e o art. 266 da Lei nº 6.404/76 definem o grupo econômico:

Art. 243. (...)

§ 2º Considera-se controlada a sociedade na qual a controladora, diretamente ou através de outras controladas, é titular de direitos de sócio que lhe assegurem, de modo permanente, preponderância nas deliberações sociais e o poder de eleger a maioria dos administradores.

O art. 266 da Lei nº 6.404/76, preconiza que "cada sociedade conservará personalidade e patrimônios distintos".

Todavia, é possível a existência de grupo econômico fora das sociedades anônimas e do conceito formal regulado pela lei.

Os grupos podem se formar pelas integrações entre os empreendimentos resultantes de fusões (duas ou mais sociedades se unem para uma nova, a qual se tornará a sucessora na totalidade de direitos e obrigações), cisões (uma empresa que transfere uma parte ou todas as parcelas de seu patrimônio para uma ou mais sociedades existentes para essa finalidade, ocorrendo sua extinção no caso de cisão total ou apenas uma repartição de capital, que é a cisão parcial), incorporações (uma ou mais empresas são absorvidas por outra, que se torna a titular dos direitos e das obrigações) ou qualquer outro mecanismo que vincule direta ou indiretamente empresas associadas.

---

[24] A indicação de alíneas no texto legal acima transcrito servirá como fio condutor das teses abaixo defendidas, logo, para cada expressão em negrito com indicação correspondente a uma alínea, será explorada uma ou mais posições da doutrina e jurisprudência.

4.2. Grupo por Subordinação e por Coordenação

O critério para reconhecimento dos grupos é dado pela noção de controle contido no art. 243 da Lei nº 6.404/76. Esta noção deixa subentendido o grupo por **subordinação**, isto é, pressupõe a existência de uma empresa controladora e de controladas.

A redação primitiva da CLT, antes da Lei nº 13.467/17, utilizava a expressão "estiverem sob a direção, controle ou administração de outra". Isto significava que, antes da Reforma Trabalhista, a CLT apontava a responsabilidade solidária apenas para os grupos por subordinação.

Isto se explicava porque "direção" significa dirigir, traçar, ordenar.[25] No sentido mercantil significa gerir (de gerência), administrar, indicar o destino, orientar, estabelecer os rumos, as metas, fixar estratégias de atuação no mercado para obter determinados resultados.

Os grupos econômicos podem ser divididos em grupos de **direito** e grupos de **fato**. Os de **direito** podem ser subdivididos em grupos por **subordinação** ou por **coordenação**.

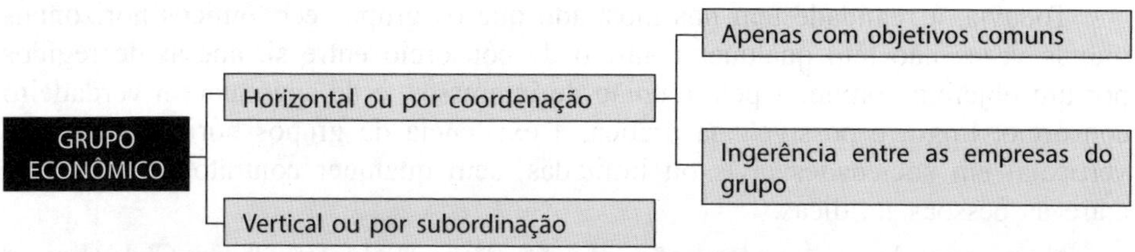

Os grupos por **coordenação** se apresentam quando houver reunião de interesses para execução de determinado empreendimento, tendo ou não o mesmo controle ou administração comum. Logo, os grupos por coordenação podem ter relação de controle entre si, numa **linha horizontal**[26] e não vertical. Isto é, não haverá, no grupo horizontal, uma empresa controladora e outra(s) controlada(s), uma líder (*holding*) e outras lideradas. Todas são interligadas entre si e, apesar de autônomas e independentes, estão integradas pela ingerência, administração comum, como se subordinadas umas às outras administrativamente. Por trás desta administração comum pode estar um ou alguns sócios ou uma pessoa física[27] no controle.

---

25 SILVA, De Plácido e. *Vocabulário Jurídico*. 23. ed. atualizadores: Nagib Slaibi Filho e Gláucia Carvalho. Rio de Janeiro: Forense, 2003, p. 461.

26 As expressões horizontal e vertical estão sendo utilizadas no sentido trabalhista, e não no sentido empresarial, quando podem ser conceituadas de forma diferente. De acordo com Délio Maranhão, integração vertical ocorre quando o produto percorre, no mesmo estabelecimento, diversas etapas em uma progressão, que o transforma de matéria-prima em mercadoria acabada; a integração horizontal ocorre quando o produto, já acabado, é utilizado pelo mesmo empresário para satisfazer necessidades diferentes. Estas integrações podem ser efetuadas por pessoas jurídicas diversas que se associam formando um grupo. SÜSSEKIND, Arnaldo; MARANHÃO, Délio; VIANNA, Segadas; TEIXEIRA, Lima. *Instituições de Direito do Trabalho*. 18. ed. São Paulo: LTr, 1999, v. 1, p. 307.

27 Assim também Valentim Carrion e Alice Monteiro. CARRION, Valentin. *Comentários à Consolidação das Leis do Trabalho*. 28. ed. São Paulo: Saraiva, 2003, p. 30; BARROS, Alice Monteiro de. *Curso de Direito*

Grupo horizontal ou por **coordenação**:

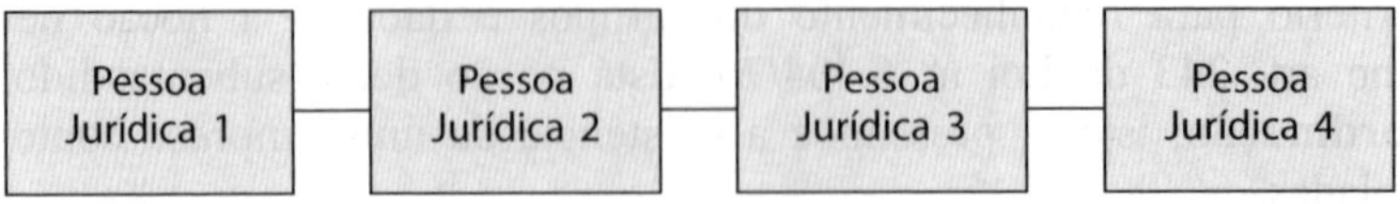

Em outras palavras, o grupo por coordenação é aquele em que não há controle nem administração de uma empresa por outra, mas sim uma reunião de empresas regidas por uma unidade de objetivos. Para a lei de S/A haveria necessidade de um contrato de consórcio para a caracterização do grupo horizontal ou por coordenação.

Segundo o Dicionário de Plácido e Silva,[28] consórcio é:

> (...) associação de interesses promovida por várias empresas, que juridicamente se conservam independentes. É uma das muitas modalidades de cooperação econômica, em virtude da qual as empresas associadas regulam entre si a maneira de executar suas operações, alienando, por ela, parte de sua autonomia econômica, pois ficam, neste particular, sob a dependência da direção do consórcio.

Todavia, a realidade tem nos mostrado que os grupos econômicos horizontais muitas vezes não têm qualquer contrato de consórcio entre si, apesar de regidos por um objetivo comum e pela reunião de interesses, e de aparentarem verdadeiro consórcio. Logo, é possível, na prática, a existência de grupos horizontais (e até verticais) em sociedades civis ou limitadas, sem qualquer contrato de consórcio entre as pessoas jurídicas.

Nesse sentido, a nova redação dos §§ 2º e 3º do art. 2º da CLT (Lei nº 13.467/17). Isto quer dizer que agora a CLT adota expressamente os dois tipos de grupos econômicos para fins de solidariedade, mas com algumas restrições apontadas a seguir para o grupo por coordenação.

Atualmente são solidárias as empresas que:

> b)[29] **estiverem sob a direção, controle ou administração de outra, ou ainda quando, mesmo guardando cada uma sua autonomia, integrem grupo econômico"** desde que haja **"d) demonstração do interesse integrado, a efetiva comunhão de interesses e a atuação conjunta das empresas dele integrantes.**

Mesmo antes da alteração legislativa, nós já defendíamos que a solidariedade se estendia aos grupos por coordenação, assim como Arnaldo Süssekind:[30]

---

do Trabalho. São Paulo: LTr, 2005, p. 359.

28 SILVA, De Plácido e. *Vocabulário Jurídico*. 23. ed. Atualizadores: Nagib Slaibi Filho e Gláucia Carvalho. Rio de Janeiro: Forense, 2003, p. 826.

29 Estamos utilizando as alíneas inseridas na transcrição por nós feita dos §§ 1º a 3º do art. 2º da CLT, acima transcrito.

30 SÜSSEKIND, Arnaldo. *Curso de Direito do Trabalho*. Rio de Janeiro: Renovar, 2002, p. 192.

> O grupo empregador de que trata a CLT não corresponde apenas ao grupo de sociedades a que se refere o capítulo XXI da Lei das Sociedades Anônimas. A responsabilidade solidária das empresas componentes de um grupo econômico, para os efeitos da relação de emprego, *independente de formalização* (...) o propósito do legislador foi sobrepor ao formalismo jurídico a evidência de uma realidade social (...).

Da mesma forma se posicionavam Amauri Mascaro,[31] Valentim Carrion[32] e Mauricio Godinho,[33] já que defendiam a aplicação da solidariedade também ao grupo por coordenação, assim como sempre aplicada para os rurícolas. Explicavam que, apesar de a Lei nº 5.889/73 (art. 3º, § 2º) ter sido expressa ao admitir o grupo "financeiro", isto não excluía a existência deste para os urbanos também.

Magano[34] referia-se ao grupo como real empregador e à pessoa jurídica que assinou a carteira como empregador aparente:

> Ao nosso ver, cada unidade autônoma que contrate o serviço de empregados torna-se o sujeito aparente da relação empregatícia, mas o empregador real é o próprio grupo. Embora não possua ele personalidade jurídica, a sua realidade vem à tona, imputando-se-lhe direitos e obrigações, toda vez que a personalidade jurídica das unidades que a compõem deva ser desconsiderada (*disregard of legal entity*) para dar satisfação aos objetivos trabalhistas (...).

Os grupos de **subordinação** são denominados de grupos de sociedades onde há uma controladora e outra(s) controlada(s), uma empresa líder (*holding*) e outras lideradas. Normalmente apresenta-se em forma piramidal em cujo vértice desponta a empresa principal, administradora. Sua forma mais comum é através do controle acionário majoritário pela empresa principal. É o chamado grupo **vertical**. Para estes não há dúvida de que a CLT sempre os considerou grupo econômico para fins de solidariedade.

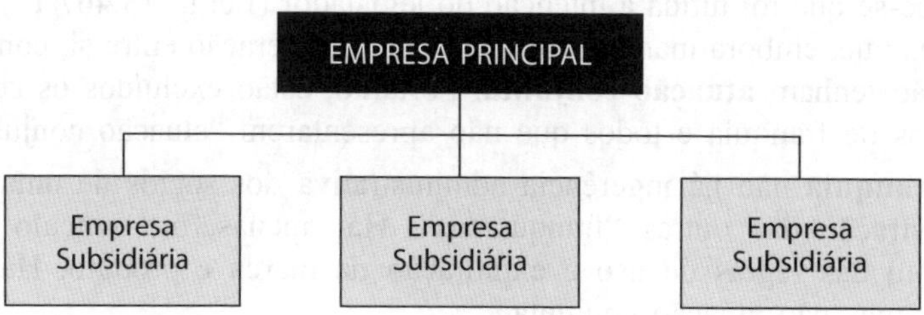

---

31 NASCIMENTO, Amauri Mascaro. *Iniciação ao Direito do Trabalho*. 14. ed. São Paulo: LTr, 1989, p. 141.

32 CARRION, Valentim. *Comentários à Consolidação das Leis do Trabalho*. 28. ed. São Paulo: Saraiva, 2003, p. 30.

33 DELGADO, Mauricio Godinho. *Curso de Direito do Trabalho*. 3. ed. São Paulo: LTr, 2004, p. 401.

34 MAGANO, Otávio Bueno. *Manual de Direito do Trabalho. Direito Individual do Trabalho*. 3. ed. São Paulo: LTr, 1992, v. 2.

Antes da Lei nº 13.467/17, alguns autores[35] só admitiam a solidariedade para o grupo por subordinação, sob o argumento de que a lei foi expressa nesse sentido. Só admitiam o grupo por coordenação para os rurais.

Mesmo antes da nova lei, não adotávamos essa corrente.

Apesar de a CLT ter sido expressa no grupo por subordinação, sempre existiram grupos econômicos horizontais (por coordenação) também no meio urbano, e, desde que fosse comprovada a gerência comum, a identidade de objetivos e interesses, haveria solidariedade entre as empresas. Algumas vezes estes grupos, apesar de não apresentarem os mesmos sócios, alguns membros de uma mesma família constam formalmente como sócios. É o chamado grupo familiar.[36]

Com razão Sergio Pinto Martins,[37] quando esclarecia que o controle poderia ser demonstrado pela unidade de comando, pela identidade do(s) administrador(es). Grande parte da jurisprudência trabalhista aceitava o entendimento desta vertente.

Alice Monteiro de Barros[38] igualava o grupo por coordenação ao grupo por subordinação para os efeitos da solidariedade prevista no art. 2º, § 2º, da CLT. Portanto, aceitava o grupo horizontal.

É o caso do grupo X, por exemplo, em que cada um dos "estabelecimentos da empresa" aparece formalmente nos contratos sociais como sociedades distintas, com pessoas jurídicas diferentes, números de CGC e inscrição estadual diversos. Formalmente, são várias as pessoas jurídicas que exploram a mesma atividade econômica, sob a mesma marca e controle de alguns sócios que se repetem em todas as sociedades, mas com controle comum. Estas pessoas jurídicas admitem empregados e os "transferem" de uma para outra pessoa jurídica como se estivessem alterando apenas o estabelecimento de trabalho. Estes exemplos comprovam que sempre existiu na prática o grupo econômico horizontal ou por coordenação, mas que a CLT só agora os abraça para fins de solidariedade, consagrando aquilo que a jurisprudência já consagrava.

Percebe-se que foi nítida a intenção do legislador (Lei nº 13.467/17) de excluir as empresas que, embora mantenham relação de cooperação entre si, com objetivos comuns, não tenham **atuação conjunta**. Portanto, estão excluídos os contratos de parcerias, os de franquia e todos que não apresentarem "atuação conjunta".

Na **franquia** não há ingerência administrativa dos sócios de uma sociedade na administração das outras "franquiadas". Há, apenas, um vínculo formal de cumprimento das regras de uso e exploração da marca e produto. Há interesses integrados, mas não atuação conjunta.

Logo, nos contratos de franquia não há formação de grupo econômico trabalhista entre as empresas franqueadas ou entre a franqueada e franqueadora, já que

---

35 *Ibidem*, 4. ed., 1993, p. 80, 82 e 84.

36 O grupo familiar normalmente ocorre quando membros de uma mesma família se reúnem para exploração de uma mesma empresa, de empreendimentos afins ou com mesmo interesse e objetivo.

37 MARTINS, Sergio Pinto. *Direito do Trabalho*. 14. ed. São Paulo: Atlas, 2001, p. 169.

38 BARROS, Alice Monteiro de. *Curso de Direito do Trabalho*. São Paulo: LTr, 2005, p. 359-360.

a pessoa que adquire a franquia paga apenas para utilizar a marca, os produtos e o *know-how* da "franqueadora". De resto, controla seu próprio negócio, o administra e não sofre a ingerência administrativa ou controle da franqueadora. Seus empregados não possuem qualquer relação com os empregados das demais pessoas jurídicas que também exploram a mesma franquia ou com o franqueador.

O **contrato de franquia** é entabulado entre o franqueador (aquele que concede o direito de uso e distribuição de marcas, serviços ou tecnologias de sua propriedade e remuneração) e franqueado (aquele que adquire essa concessão, assumindo os riscos do uso desses direitos), estabelecendo-se entre as partes uma relação jurídica empresarial que tem por objetivo, de um lado, o fortalecimento da atividade econômica pela aplicação de menores investimentos e, de outro, o acesso a um mercado que não exige maiores esforços de conquista. Portanto, não pode ser caracterizado grupo econômico por coordenação, nem como grupo por subordinação, nem terceirização de mão de obra, não havendo responsabilidade do franqueador pelos direitos trabalhistas dos empregados do franqueado, nem dos franqueados entre si.

Nesse sentido também a jurisprudência, mesmo antes da Lei nº 13.467/17:

> RELAÇÃO COMERCIAL DE FRANQUIA. INEXISTÊNCIA DE GRUPO ECONÔMICO. ILEGITIMIDADE PROCESSUAL DA EMPRESA FRANQUEADORA PARA RESPONDER SOLIDARIAMENTE PELOS DÉBITOS TRABALHISTAS DA SOCIEDADE FRANQUEADA. Se à época em que vigorou o contrato de trabalho noticiado nos autos era perfeitamente distinta, a existência dos empreendimentos comerciais demandados, entre os quais se estabelecia apenas uma relação comercial de franquia, não há falar em existência de grupo econômico nos moldes preconizados pelo § 2º do art. 2º da CLT e, menos ainda, em responsabilização solidária da franqueadora pelas verbas inadimplidas pela franqueada. TRT/SC-Proc. nº: 02674.1999.031.12.00.5 – Rel. Designado: Juíza Sandra Márcia Wambier. *DJU* 16/08/2002.

> RECURSO ORDINÁRIO. CONTRATO DE FRANQUIA. LEI Nº 8.955/94. TERCEIRIZAÇÃO NÃO CARACTERIZADA. RESPONSABILIZAÇÃO SUBSIDIÁRIA AFASTADA. Sendo exclusivamente comercial o contrato formal de franquia celebrado entre duas empresas, com o objetivo de comercialização de produtos e serviços de marcas da franqueadora, e não havendo prova bastante de desvirtuamento do contrato ou fraude aos preceitos da legislação trabalhista, descabe falar em terceirização e, por conseguinte, em responsabilidade da franqueadora pelos créditos trabalhistas reconhecidos. TRT da 3.ª Região – PJe: 0011816-93.2016.5.03.0103 (RO) – Órgão Julgador: Décima Turma – Relator: Rosemary de O. Pires – *DEJT* 27/08/2018.

> *FRANCHISING* RECURSO ORDINÁRIO INTERPOSTO PELO RECLAMANTE. RESPONSABILIDADE SOLIDÁRIA. CONTRATO DE FRANQUIA. IMPOSSSIBILIDADE. Na hipótese sob exame, além de ser incontroverso o contrato de franquia formalizado entre o primeiro e terceiro reclamados, o quadro fático revela que entre ambos havia típica relação de franqueador e franqueado, sem que se verifique a alegada ingerência do terceiro réu na direção empresarial do empregador do reclamante. Não há lugar, por conseguinte, para o reconhecimento da responsabilidade solidária pretendida. Recurso ordinário a que se nega provimento.

TRT-1 – RO: 01015293420175010060 RJ – Relator: Alexandre Teixeira de Freitas Bastos Cunha – Data de Julgamento: 18/06/2019 – Gabinete do Desembargador Alexandre Teixeira de Freitas Bastos Cunha – Data de Publicação: 04/07/2019.

Por fim, Sergio Pinto Martins[39] observava que:

> O contrato de *franchising* engloba um contrato de assistência técnica a ser prestado pelo franqueador, pode conter um contrato de transferência de tecnologia ou licença para uso do sistema ou método que geralmente é gratuito e um compromisso para fornecimento pelo franqueador ao franqueado dos bens e/ou serviços objeto do pacto, havendo ainda, um contrato oneroso de prestação de serviços de assistência mercadológica. O preço das mercadorias a serem vendidas pelo sistema examinado é comumente fixado pelo franqueador.
>
> Por conseguinte, não se vislumbra uma relação jurídica triangular, na expressão de Messias Pereira Donato, que se manifesta pela mediação feita pela empresa locadora da mão de obra, que contrata o trabalhador e o coloca à disposição da empresa tomadora.

4.3. Requisitos para a Caracterização

Alguns fatos que facilitam a caracterização do grupo:

a) identidade de sócios majoritários com administração comum e promíscua, que se constata por meio dos atos constitutivos das respectivas sociedades ou de sócios de uma mesma família;

b) diretoria de uma sociedade composta por sócios de outra, que interfere na administração daquela;

c) criação de uma pessoa jurídica por outra, com ingerência administrativa;

d) uma sociedade ser a principal patrocinadora econômica de outra e tendo o poder de escolha dos dirigentes da administração da patrocinada;

e) uma sociedade ou pessoa jurídica ser acionista ou sócia majoritária de outra com controle acionário e poder de deliberação;

f) ingerência administrativa da(s) mesma(s) pessoa(s) física(s) ou jurídica(s) sobre(s) a(s) outra(s);

g) uma pessoa (física ou jurídica) ter o poder de interferir nos atos de administração e gestão de outra, numa relação de subordinação e ingerência etc.

Ressalte-se que o § 3º do art. 2º da CLT afirma que a mera identidade de sócio(s) não caracteriza, por si só, o grupo econômico, sendo necessária a demonstração de interesses comuns integrados e a atuação em conjunto das empresas integrantes do grupo.

---

39 MARTINS, Sergio Pinto. *Terceirização e o Direito do Trabalho*. São Paulo: Malheiros, p. 52.

A existência do grupo de empresas se comprova por qualquer meio lícito de prova. Uma vez comprovado o grupo, por força de lei decorre a solidariedade entre as empresas consorciadas ou coligadas.

Há duas teorias a respeito de quem é o verdadeiro empregador: o grupo ou a pessoa jurídica que assinou a carteira de trabalho do empregado. A primeira vertente, inspirada na "teoria da solidariedade passiva", posiciona-se no sentido que o empregador é a pessoa jurídica e não o grupo, havendo, apenas, responsabilidade comum entre as empresas. A segunda, baseada na "teoria da solidariedade ativa", corrente vigente até a Lei nº 13.467/17 defendia que todas as empresas do grupo se constituíam num único empregador, isto é, era o próprio grupo o empregador, e não apenas a pessoa jurídica que assinava a carteira do trabalhador. Catharino dizia que o real empregador era o "grupo", mas como este não tinha personalidade jurídica quem deveria assinar a CTPS era a pessoa jurídica escolhida, que deveria constar como empregador aparente.

A matéria será melhor estudada abaixo.

4.4 Pessoas Físicas ou Jurídicas que Não Exploram Atividade Lucrativa

a)[40] "(...) os efeitos exclusivos da relação de emprego (...)."

Em relação aos empregadores previstos no art. 2º, § 1º, da CLT, para a posição doutrinária majoritária,[41] não há formação de grupo econômico. Argumenta que a lei equiparou aqueles entes ao empregador apenas para fins exclusivos de formação do vínculo de emprego e para nada mais. Portanto, a doutrina majoritária utiliza-se da interpretação literal.

Ora, para os que defendem que os empregadores relacionados no § 1º do art. 2º da CLT apenas o são para fins exclusivos da relação de emprego, deveriam também excluir, para estes, a hipótese de sucessão.

Alice Monteiro[42] noticia que a existência do grupo não pode ser afastada no caso das instituições beneficentes quando, por exemplo, uma empresa comercial organiza uma sociedade civil beneficente, com o caráter assistencial de seus empregados, e fica com a maioria das quotas-partes desta, predominando, assim, a atividade econômica comercial. Octávio Magano, segundo a autora, mesmo defendendo a inexistência do grupo econômico, concorda com o exemplo apresentado.

Outra corrente,[43] que também adotamos, defende a possibilidade de existência de grupo econômico entre os entes relacionados no art. 2º, § 1º, da CLT. É o

40 A inclusão da alínea "a" neste tópico explica-se pela transcrição acima do art. 2º, § 1º, ocasião em que foram incluídas alíneas no texto para melhor explicação.

41 Nesta corrente estão Otávio Bueno Magano, Amauri Mascaro Nascimento, Sergio Pinto e Mauricio Godinho.

42 BARROS, Alice Monteiro de. *Curso de Direito do Trabalho*. São Paulo: LTr, 2005, p. 361-362.

43 CARRION, Valentin. *Comentários à Consolidação das Leis do Trabalho*. 29. ed. São Paulo: Saraiva, 2004, p. 27-31. E Süssekind se refere às pessoas físicas. SÜSSEKIND, Arnaldo. *Curso de Direito do Trabalho*. Rio de Janeiro: Renovar, 2002, p. 193.

caso, por exemplo, das sociedades comerciais que criam empresas de previdência privada. Apesar destas não explorarem atividade lucrativa, são patrocinadas e têm sua diretoria escolhida pela sociedade comercial, o que comprova a ingerência, o controle da administração da empresa de previdência privada. O mesmo poderia ocorrer entre universidades. A Universidade Candido Mendes, por exemplo, que é considerada entidade filantrópica, é constituída por três pessoas jurídicas distintas, cada qual representando um campus da universidade. Todavia, as três utilizam a mesma marca "Candido Mendes", a mesma administração e reitoria, o mesmo currículo por curso, permitindo que o aluno curse na unidade de sua escolha e assista aulas até em *campus* diversos. Logo, não há como negar a existência do grupo.

A jurisprudência tem adotado esta última vertente:

> ENTIDADE SEM FINS LUCRATIVOS. RECONHECIMENTO DE GRUPO ECONÔMICO. POSSIBILIDADE. É irrelevante a existência ou não da finalidade lucrativa para a caracterização do grupo, uma vez que a interpretação literal do § 2º, do artigo 2º, da CLT, ao exigir a prática de atividade econômica, como forma de sua configuração, há muito está ultrapassada, tanto doutrinária como jurisprudencialmente. E isto porque o § 1°, do mesmo art. 2º consolidado equipara à empregadora a entidade sem fins lucrativos. Assim, o simples fato de não haver finalidade lucrativa da empresa não é óbice capaz de afastar o direito do exequente de ver preservada a finalidade da tutela visada. TRT da 3.ª Região – Processo: 0000471-81.2010.5.03.0058-AP – Órgão Julgador: Terceira Turma; Relator: Convocado Helder Vasconcelos Guimaraes; Revisor: Emilia Facchini – *DEJT* 13/02/2017 – Disponibilização: 10/02/2017.

Já no caso de pessoas físicas poderá ocorrer grupo econômico quando, por exemplo, um ou mais profissionais liberais explorarem duas ou mais atividades mantendo entre elas uma unidade, como se fossem sócios de um só negócio.

Embora a lei de S/A (Lei nº 6.404/76) determine que o grupo será, necessariamente, de sociedades (art. 266), para o Direito do Trabalho o que existe na verdade, é grupo econômico[44] que pode ser até **familiar** ou de **pessoas físicas** ou de **entes sem finalidade lucrativa.**

O **grupo familiar** é muito comum no Direito do Trabalho como demonstra o exemplo a seguir.

> **Ex. 1:** Um pai explora pessoalmente o transporte público através de um ônibus de sua propriedade, sem licença prévia (transporte pirata) cobrando do público a passagem pelo transporte. Irregularmente usa o nome fantasia de Sagitários Transporte Ltda. A filha com o genro firmam contrato de sociedade para criação da pessoa jurídica Capricórnios Turismo Ltda. para utilização do mesmo ônibus para viagens turísticas em finais de semana para o Paraguai. A esposa, com outro filho, constitui outra pessoa jurídica com o nome Aquários Transporte Escolar Ltda. para transportar

[44] Da mesma forma MARTINS, Sergio Pinto. *Direito do Trabalho*. 13. ed. São Paulo: Altas, 2001, p. 213.

graciosamente crianças carentes de casa para o colégio e vice-versa, sem intuito de lucro, mas utilizando o mesmo ônibus do pai apenas naquele horário escolar. Todas as pessoas jurídicas indicavam como endereço a casa da família onde moravam o pai, a mãe, filhos e genro. O motorista e trocador do ônibus eram os mesmos para as três atividades econômicas e prestavam serviços à família conduzindo o mesmo ônibus.

No exemplo acima é nítida a existência de grupo econômico familiar, tanto para aquela pessoa jurídica que não explorava atividade econômica lucrativa quanto para a pessoa física do pai ou a jurídica que explorava o turismo, ante a promiscuidade entre as empresas, que se estabeleciam no mesmo endereço, com a mesma família, utilizando o mesmo veículo e empregados. Logo, são solidariamente responsáveis entre si. Este exemplo demonstra o grupo horizontal com solidariedade ativa.

4.5. Solidariedade

d) (...) **solidariamente pelas obrigações decorrentes** da relação de emprego.

A solidariedade pode ser ativa ou passiva.

A solidariedade **ativa** é a existente entre credores e a passiva entre devedores. Esta é a regra contida no Código Civil.

A solidariedade ativa está prevista no art. 267 do CC e se dá entre credores solidários, isto é, quando as empresas do grupo forem credoras solidárias da mão de obra de um mesmo empregado contratado formalmente por uma delas. A solidariedade **passiva** está regulada no art. 275 do CC para devedores solidários, isto é, quando um grupo de empresas for solidário em relação às obrigações trabalhistas assumidas por uma das empresas deste.

Antes da Lei nº 13.467/17, havia controvérsia a respeito do tipo de solidariedade adotada pela CLT. Isto se explicava porque a redação do § 2º do art. 2º da CLT era: "... serão, para **os efeitos da relação de emprego**, solidariamente responsáveis..." (grifos nossos). Aparentemente a solidariedade era para "efeitos da relação de emprego", o que significava para alguns a solidariedade ativa. Para outros, a expressão nada significava, a solidariedade era passiva.

Na verdade, a controvérsia nasceu da própria redação da Lei nº 435/37 que, no *caput* do art. 1º, dispunha que:

> (...) sempre que uma ou mais empresas, tendo, embora, cada uma delas personalidade jurídica própria, estiverem sob a direção, controle ou administração de outra, constituindo grupo industrial ou comercial, serão, para os efeitos da relação de emprego, solidariamente responsáveis (...).

Todavia, em seu parágrafo único acrescentava que:

> (...) essa solidariedade não se dará entre as empresas subordinadas, nem diretamente, nem por intermédio da empresa principal, a não ser para o fim único de se considerarem todas elas como um mesmo empregador.

Todavia, quando compilada, o legislador não incluiu o parágrafo único na antiga redação do art. 2º, § 2º, da CLT.

Antes da Lei nº 13.467/17, parte da doutrina (Orlando Gomes,[45] Cesarino Junior, Antônio Lamarca[46] e, também, Amauri Mascaro)[47] defendia que a solidariedade do grupo urbano é **passiva**, que se caracteriza pela responsabilidade comum dos codevedores quanto aos débitos trabalhistas da empresa empregadora pertencente ao mesmo grupo econômico. Desta forma, o credor poderá cobrar de um ou de todos parte da dívida ou a totalidade desta, sem preferência de ordem, conforme o art. 275, *caput*, do Código Civil.

Por outro lado, outros (Arnaldo Süssekind,[48] Mozart Victor Russomano,[49] Martins Catharino,[50] Délio Maranhão,[51] Octávio Bueno Magano,[52] Mauricio Godinho[53] e Alice Monteiro[54]) entendiam que a solidariedade prevista na lei trabalhista para os urbanos era a "ativa",[55] e que isto garantia condições uniformes para todos os trabalhadores do grupo econômico, independente de para qual empresa o empregado trabalhasse.

Alguns argumentavam que era ativa porque as empresas pertencentes ao grupo eram credoras solidárias do trabalho do empregado. Isto é, as pessoas jurídicas do grupo eram, ao mesmo tempo, devedoras dos salários e demais direitos dos trabalhadores e credoras do trabalho destes mesmos empregados. Neste sentido, a solidariedade era ativa, isto é, de credores.

Outros se filiavam à solidariedade ativa porque todas as empresas do grupo eram, ao mesmo tempo, devedoras e responsáveis (teoria monista).

Mesmo antes da Lei nº 13.467/17, nós discordávamos dos autores acima.

Não se podia adotar uma ou outra corrente isoladamente. Isto porque poderia existir um grupo de empresas em que a solidariedade a ser aplicada seria a "ativa" e em outras a passiva. Aparentemente nesta mesma posição Valentin Carrion.[56]

---

45 GOMES, Orlando; GOTTSCHALK, Élson. *Curso de Direito do Trabalho*. Rio de Janeiro: Forense, 1995, p. 67.

46 Cf. MAGANO, Octavio Bueno. *Manual de Direito do Trabalho*. 2. ed. São Paulo: LTr, 1986, v. 2, p. 79.

47 NASCIMENTO, Amauri Mascaro. *Iniciação ao Direito do Trabalho*. 17. ed. São Paulo: LTr, 1991, p. 140-141.

48 SÜSSEKIND, Arnaldo. *Curso de Direito do Trabalho*. Rio de Janeiro: Renovar, 2002, p. 194.

49 RUSSOMANO, Mozart Victor. *Comentários à Consolidação das Leis do Trabalho*. 9. ed. Rio de Janeiro: Forense, 1982, p. 19.

50 CATHARINO, José Martins. *Compêndio Universitário de Direito do Trabalho*. São Paulo: Editora Jurídica e Universitária, 1972, p. 169.

51 SÜSSEKIND, Arnaldo; MARANHÃO, Délio; VIANNA, Segadas. TEIXEIRA, Lima. *Instituições de Direito do Trabalho*. 21. ed. São Paulo: LTr, 2003, v. 1, p. 310.

52 MAGANO, Octavio Bueno. *Manual de Direito do Trabalho*. 2. ed. São Paulo: LTr, 1986, v. 2, p. 78.

53 DELGADO, Mauricio Godinho. *Curso de Direito do Trabalho*. 3. ed. São Paulo: LTr, 2004, p. 403-405.

54 BARROS, Alice Monteiro de. *Curso de Direito do Trabalho*. São Paulo: LTr, 2005, p. 358-363.

55 Alguns autores como Süssekind e Godinho chamam a ativa de "ativa e passiva" como se a ativa já não compreendesse a passiva. Na verdade, a solidariedade ativa já inclui a responsabilidade de codevedores pelas obrigações trabalhistas. Logo, é redundância falar que a ativa é a soma da ativa com a passiva.

56 CARRION, Valentin. *Comentários à Consolidação das Leis do Trabalho*. 28. ed. São Paulo: Saraiva, 2003, p. 30.

Se, por exemplo, o grupo econômico fosse por subordinação ou vertical, onde existisse um controlador sobre as demais empresas controladas e não houvesse promiscuidade entre as pessoas jurídicas pertencentes ao grupo, a solidariedade seria **passiva** apenas. Mas, se as empresas se confundissem numa só, como normalmente acontece nos grupos horizontais ou por coordenação, em que os empregados trabalhassem para todas as pessoas jurídicas do grupo, mesmo tendo a carteira assinada apenas por uma, ficaria comprovada a promiscuidade entre elas e, com isso, deveria ser adotada a solidariedade **ativa**.

Daí por que a Súmula nº 129 do TST se posicionou no sentido de que o serviço prestado, dentro de sua jornada de trabalho, para mais de uma empresa do grupo, não configura a existência de dois contratos de trabalho, salvo ajuste em contrário. Isto porque, nos casos de solidariedade ativa, o empregador era o grupo, mas quem assinava a carteira era a pessoa jurídica que contratou.

4.6. Aspecto Processual

A antiga Súmula nº 205 do C. TST assim dispunha:

> *Nº 205 GRUPO ECONÔMICO. EXECUÇÃO. SOLIDARIEDADE – Cancelada – Res. 121/2003, DJ 21/11/2003. O responsável solidário, integrante do grupo econômico, que não participou da relação processual como reclamado e que, portanto, não consta no título executivo judicial como devedor, não pode ser sujeito passivo na execução.*

A existência ou não do grupo econômico tem que ser analisada na fase de conhecimento, e apenas aquelas que expressamente constaram do polo passivo da relação processual e que foram condenadas poderão ser executadas. Esta medida visa garantir que o debate possa perpassar por todas as instâncias e permitir a defesa dos membros do grupo.

Portanto, mesmo após o cancelamento da Súmula nº 205 do TST, mantemos a mesma opinião, isto é, a de que não se pode executar quem não fez parte da fase cognitiva e que não conste do título executivo judicial. A medida não pode ser confundida com a figura, já estudada, da desconsideração da pessoa jurídica.

Não há mais a previsão expressa de solidariedade ativa nos grupos econômicos trabalhistas, pois modificado o texto legal pela Lei 13.467/17. Com isso, também acaba a ficção jurídica do empregador único e, consequentemente, a farta jurisprudência que permitia, a partir do cancelamento da Súmula 205 do TST, a inclusão somente na execução de pessoa jurídica do grupo que não fez parte do título executivo. Aliás, desde o artigo 513, § 5º, do CPC não há mais possibilidade de inclusão do devedor solidário ou subsidiário na execução se a empresa não fez parte do contraditório e do título executivo. A Reforma trabalhista só ratificou a tese.

Pela teoria do isolamento do ato processual (art. 14 do CPC), a regra prevista no art. 513, § 5º, do CPC deve ser aplicada imediatamente às execuções iniciadas a partir da vigência do novo CPC. A CLT é silente a respeito da matéria, desafiando a aplicação de regra é compatível com o processo do trabalho (art. 15 do CPC).

Em sentido contrário, Alice Monteiro de Barros defende a execução dos demais membros do grupo, mesmo que não incluídos no título executivo. Baseia seu entendimento no fato de constituírem empregador único e no art. 50 do CC. Como viso, a figura do empregador único foi extinta com a reforma trabalhista.

Capítulo 14

SUCESSÃO DE TITULARES DA EMPRESA OU DE EMPRESÁRIOS

O legislador trabalhista foi tímido ao regular a sucessão, pois gastou apenas três artigos, sendo um genérico (art. 10) e outros mais específicos (arts. 448 e 448-A da CLT) para tratar do tema. Daí por que a matéria ainda é tormentosa até os dias atuais, permitindo que a jurisprudência aponte as hipóteses de sucessão, dentro das possíveis interpretações.

O motivo da celeuma reside na interpretação dos artigos da CLT:

> Art. 448. A mudança na propriedade ou na estrutura jurídica da empresa não afetará os contratos de trabalho dos respectivos empregados.
>
> Art. 448-A. Caracterizada a sucessão empresarial ou de empregadores prevista nos arts. 10 e 448 desta Consolidação, as obrigações trabalhistas, inclusive as contraídas à época em que os empregados trabalhavam para a empresa sucedida, são de responsabilidade do sucessor.
>
> Parágrafo único. A empresa sucedida responderá solidariamente com a sucessora quando ficar comprovada fraude na transferência.

1. CONCEITO

1)[1] A **sucessão de empresários** ocorre **2)** quando há a transferência da empresa de um para outro empresário. A sucessão pode ocorrer **3)** de forma provisória ou definitiva, **4)** a título público ou privado, **5)** de maneira graciosa ou onerosamente **6)** e desde que o sucessor continue explorando a mesma atividade econômica que explorava o sucedido. **7)** O sucessor é o responsável trabalhista por todo contrato, mesmo pelo período contratual anterior à sucessão, já que estes empregados foram contratados pelo sucedido, mas continuaram trabalhando para o sucessor. Defendemos que o sucessor também é responsável pelas dívidas trabalhistas dos contratos extintos antes da sucessão, porque a dívida é da empresa e não da pessoa que a

---

1 A indicação de números no texto servirá como fio condutor das teses contidas no capítulo. Para cada frase ou parágrafo com indicação numérica corresponderá um comentário diverso.

explorava. **8)** Por outro lado, o sucedido não responde pelas dívidas trabalhistas após a sucessão, uma vez que a lei o desonera de tal responsabilidade, salvo em caso de fraude.

É um fenômeno trabalhista que só ocorre com as empresas urbanas ou rurais. Não ocorre com os empregadores domésticos, pois o empregador doméstico não pode ser uma empresa, mas tão somente uma pessoa física que não explore atividade lucrativa (art. 1º da LC 150/15).

Desde a Lei nº 62/35 (art. 3º), passando pela Constituição da República de 1937 (art. 137, *g*), há a previsão da **sucessão de empregadores**, que foi ratificada no Decreto-Lei nº 5.452/43 (CLT), em seus arts. 10 e 448.

1.1. Nomenclatura

Dúvida de relevo surgia quanto à nomenclatura do instituto. Evaristo Moraes Filho[2] (seguido por Délio Maranhão,[3] Arion Romita,[4] Alice Monteiro de Barros,[5] Mauricio Godinho[6] e José Augusto Rodrigues Pinto)[7] refere-se à *sucessão de empregadores,* quando se substitui uma pessoa por outra na mesma relação jurídica. Délio Maranhão[8] informa que, na verdade, o que se transfere é o estabelecimento. Já Arnaldo Süssekind[9] (acompanhado por Orlando Gomes[10] e Valentin Carrion)[11] prefere denominar o fenômeno de sucessão de empresas.

Não comungamos da mesma opinião quanto à nomenclatura.

Sucessão é o fenômeno de substituição com transmissão de direitos. Em sentido técnico, denota sequência de pessoas ou de coisas que se sucedem. Já a expressão suceder significa[12] vir ou acontecer depois, ou tomar o lugar de outrem ou de outra coisa.

Empresa significa atividade econômica produtiva organizada.

Se adotarmos as teses dos mestres acima apontados, que nominam o fenômeno de "sucessão de *empresas*", concluiremos erradamente que a substituição é

---

[2] MORAES FILHO, Evaristo; MORAES, Antonio Carlos Flores de. *Introdução ao Direito do Trabalho*. 9. ed. São Paulo: LTr, 2003, p. 268.

[3] SÜSSEKIND, Arnaldo; MARANHÃO, Délio; VIANNA, Segadas; TEIXEIRA, Lima. *Instituições de Direito do Trabalho*. 21. ed. São Paulo: LTr, 2003, v. 1, p. 301.

[4] ROMITA, Arion Sayon. *Direito do Trabalho*: Temas em aberto. São Paulo, LTr, 1998, p. 188.

[5] BARROS, Alice Monteiro de. *Curso de Direito do Trabalho*. São Paulo: LTr, 2005, p. 363.

[6] DELGADO, Mauricio Godinho. *Curso de Direito do Trabalho*. São Paulo: LTr, 2004, p. 396.

[7] PINTO, José Augusto Rodrigues. *Curso de Direito Individual do Trabalho*. 4. ed. São Paulo: LTr, 2000, p. 309.

[8] SÜSSEKIND, Arnaldo; MARANHÃO, Délio; VIANNA, Segadas; TEIXEIRA, Lima. *Instituições de Direito do Trabalho*. 21. ed. São Paulo: LTr, 2003, v. 1, p. 302.

[9] SÜSSEKIND, Arnaldo. *Curso de Direito do Trabalho*. Rio de Janeiro: Renovar. 2002, p. 197.

[10] GOMES, Orlando; GOTTSCHALK, Élson. *Curso de Direito do Trabalho*. Rio de Janeiro: Forense, 1995, p. 107.

[11] CARRION, Valentin. *Comentários à Consolidação das Leis do Trabalho*. 28. ed. atualizada por Eduardo Carrion. São Paulo: Saraiva, 2003, p. 66.

[12] FERREIRA, Aurélio Buarque de Holanda. *Míni Aurélio*. Curitiba: Positivo. 6. ed. 2004, p. 754.

da atividade econômica produtiva, isto é, de um para outro empregador. Todavia, na forma do art. 2º da CLT, o empregador é a empresa e a sucessão só ocorre se a empresa continuar a mesma, ainda que haja mudança ou alteração em sua "propriedade" (art. 448 da CLT).

Como o vínculo de emprego se forma com a empresa, apesar de não ser sujeito de direito, porque não tem personalidade jurídica, conclui-se que a troca, ou a sucessão, é de empresários, pois a empresa continua a mesma, sem qualquer mudança. Se as empresas fossem diferentes, também seriam distintos os empregadores e os respectivos contratos.

Ora, se a lei preferiu **despersonalizar o empregador**, para afirmar expressamente que empregador é a empresa, assumindo uma ficção legal para proteger o trabalhador, de acordo com o art. 2º da CLT, significa dizer que a sucessão não pode ser nem de empresas, de empregadores, ou de estabelecimentos e sim de titulares, de exploradores da atividade econômica, de detentores da empresa ou de empresários.

Se o empregado está vinculado à empresa e não aos seus sócios ou à sociedade que a detém, quando um empreendimento é transferido de um para outro titular e a empresa continua a mesma, os contratos de emprego são mantidos intactos e o sucessor responde por todos eles.[13]

O **estabelecimento** é a unidade técnica da produção econômica, isto é, todo conjunto de bens corpóreos e incorpóreos para exercício da empresa, mero instrumento da estrutura empresarial – art. 1.142 do CC. Logo, se foi alienada a empresa ou parte dela (estabelecimentos) e o sucessor continuou a explorar a mesma atividade econômica do sucedido, houve sucessão da parte adquirida. Despiciendo o fato do antigo titular continuar existindo ou se foi extinto, pois a sucessão não exige a extinção da pessoa jurídica anterior para se configurar.

Referir-se à sucessão de estabelecimentos, apesar da impropriedade técnica, é o mesmo que afirmar a sucessão parcial da empresa, isto é, sucessão de apenas alguns estabelecimentos e não da empresa toda. Mas se a empresa ou parte dela é o empregador, então não poderá haver troca de um empregador (empresa) por outro.

Por todos estes motivos preferimos a expressão **sucessão de titulares da empresa**[14] **ou de empresários**,[15] pois a empresa continua a mesma, o empregador (empresa) também, o estabelecimento (parte da empresa) *idem*.

---

13 Para facilitar a compreensão, imaginemos a empresa ou estabelecimento como sendo um ônibus, com itinerário e clientela certa. Os passageiros são os empregados e o motorista, o empresário que dirige a empresa (o ônibus). Se, no curso do mesmo itinerário (atividade econômica), o motorista for substituído (sucedido) por outro motorista (empresário), isto não significa que o ônibus (empresa) e os passageiros (empregados) não sejam mais os mesmos. Ao contrário, não houve alteração da atividade (transporte e itinerário), dos passageiros (empregados) e do ônibus (estabelecimento/empresa). Houve sucessão.

14 GUEIROS. Hugo. *Direito do Trabalho*. São Paulo, LTr, 1989, p. 168-172.

15 Da mesma forma Sergio Pinto Martins, que denomina o Instituto de sucessão de empresários. MARTINS, Sergio Pinto. *Direito do Trabalho*. 13. ed. São Paulo: Atlas, 2001, p. 178.

Sergio Pinto Martins[16] (acompanhado por Wagner Giglio)[17] dá ao instituto o nome de **sucessão de empresários**. O raciocínio é lógico e parecido com o aplicado acima. Há apenas uma sucessão da pessoa que comanda a empresa, pois esta continua intacta, sem qualquer alteração em suas obrigações, inclusive as relativas aos contratos de trabalho.

Hugo Gueiros[18] refere-se à sucessão nas obrigações relativas ao contrato de trabalho, sugerindo até a solidariedade entre sucessor e sucedido.

A Lei nº 13.467/17 perdeu a oportunidade de corrigir o equívoco, mas, em vez disso, manteve a incorreção técnica do instituto no art. 448-A da CLT quando utilizou a expressão "sucessão empresarial ou de empregadores".

1.2. Transferência

O fato gerador da sucessão é a transferência da titularidade de toda ou de parte da empresa, de uma pessoa jurídica ou física para outra, seja a que título for. Além disso, é necessário que o novo titular da empresa explore a **mesma** atividade econômica do sucedido.

No entanto, existem atividades econômicas em que uma engloba outra ou muito parecidas, como, por exemplo, banco comercial e banco de investimentos (atividades parecidas), ou supermercado que também oferece refeições (o Zona Sul, supermercado do Rio de Janeiro, oferece uma pizzaria aos seus clientes dentro de seus estabelecimentos). Nesses casos, as decisões não têm sido unânimes a respeito da sucessão, pois alguns acórdãos optam pela sucessão, quando, por exemplo, um banco de investimento é comprado pelo banco comercial, enquanto outros não.

Há julgados defendendo que essa exploração tem que ser de atividade idêntica, não bastando que seja apenas similar ou conexa.[19] Todavia, existe posição contrária, minoritária, no sentido de que se o sucessor adquirir a empresa para explorar atividade similar e conexa àquela antes desenvolvida pelo sucedido, haverá sucessão.

A empresa pode ser realizada através de vários estabelecimentos e, com isso, toda ela pode ser alienada ou apenas alguns estabelecimentos, logo, parte da empresa.

O fato de uma pessoa jurídica ou um empresário se estabelecer num local que outrora foi explorado por outra empresa distinta, mesmo que aquela contrate alguns dos empregados do antigo empreendimento extinto ou reduzido, e aproveite parte da maquinaria, por si só, não configura a sucessão. Para tanto, necessário que aquela antiga empresa tivesse sido alienada ou transferida a qualquer título para esta.

Logo, para ocorrer a sucessão é necessário haver prova da transferência da titularidade da empresa.

---

16 *Idem*.

17 GIGLIO, Wagner. Obra citada, fl.

18 GUEIROS, Hugo. *Direito do Trabalho*. São Paulo, LTr, 1989, p. 169.

19 Aquisição parcial de atividade similar e conexa, mas distinta, ocorreu com o famoso caso do passado *Comind* e Coroa Brastel, que foram vendidos para vários bancos. Como banco tem atividade distinta de financeira ou de venda de títulos e valores mobiliários, a jurisprudência majoritária afastou a sucessão.

Neste sentido, **transferir** significa[20] fazer passar, deslocar, transmitir, ceder.

Este requisito é indispensável para a aplicação das regras preconizadas nos arts. 10 e 448 da CLT.

> **Ex.:** A GLT Postos de Gasolina Ltda. possuía uma matriz e cinco filiais, isto é, seis estabelecimentos. Um deles, o que se situava na Rua Dois de Dezembro, nº 10, após dez anos de funcionamento, foi fechado em razão das dificuldades econômicas que a empresa atravessava. O imóvel locado, onde se situava o estabelecimento, foi devolvido e retirados os bens pessoais e móveis. Poucos meses depois, Amarelinho Postos de Gasolina Ltda., expandindo seus negócios, encontra naquele imóvel o local perfeito para criar outro estabelecimento, pois no subsolo já se encontram os tanques necessários e, acima do solo, as bombas velhas e desgastadas, além das facilidades com o código de postura municipal, em face da atividade e local. Contatado, então, o proprietário do imóvel o aluga no estado em que se encontra para o novo inquilino. Este, ao se instalar, promove reformas e contrata empregados, dentre eles alguns que já tinham trabalhado para o antigo Posto GLT, pois conheciam a clientela.

Nesta hipótese não houve sucessão. Apesar de a atividade econômica da empresa da primitiva pessoa jurídica ser IGUAL (e não a MESMA) a que está sendo explorada pela segunda pessoa jurídica (a atual) e, de ter havido aproveitamento de parte dos tanques subterrâneos e de algumas bombas, do endereço e de alguns empregados, não houve **transferência** de um titular para outro.

Isto é muito comum com lojas de *shoppings* ou restaurantes de rua que se revezam no mesmo endereço e com atividades idênticas, só que não as MESMAS. A cada semestre ou ano uma loja ou restaurante fecha e outro com atividade igual ou similar, aluga o imóvel e se estabelece no mesmo endereço. Estes fatores não geram sequer presunção de sucessão. A sucessão necessita da prova da transferência da atividade econômica produtiva organizada.

Nas palavras de Evaristo Moraes Filho:

> Para que exista sucessão, em sentido técnico, mister se faz que a relação jurídica permaneça a mesma, com o mesmo conteúdo, com o mesmo objeto, e que o sujeito (ou sujeitos) seja substituído por outro, tomando o seu lugar nos direitos, nas obrigações ou em ambos.[21]

Evaristo de Moraes Filho[22] e Arnaldo Süssekind[23] entendem que não pode ocorrer paralisação na atividade para ocorrência da sucessão de empresários. O novo titular da empresa deve continuar, no dia seguinte, a explorar a empresa, como o fazia o antigo titular, sem qualquer paralisação ou interrupção.

---

20 FERREIRA, Aurélio Buarque de Holanda. *Mini Aurélio*. 6. ed. Curitiba: Positivo, 2004, p. 786.

21 MORAES FILHO, Evaristo de Moraes. *Sucessão nas obrigações e a teoria da empresa*. Rio de Janeiro: Forense, 1960, v. 1, p. 76.

22 FILHO, Evaristo de Moraes. *Sucessão nas obrigações e a teoria da empresa*. Rio de Janeiro: Forense, 1960, v. 1, p. 87.

23 SÜSSEKIND, Arnaldo. *Curso de Direito do Trabalho*. Rio de Janeiro: Renovar. 2002, p. 199.

Discordamos, em parte, da opinião dos autores. Ao contrário da paralisação por lapso considerável, que sem dúvida implica na extinção da empresa, entendemos que a interrupção temporária das atividades empresariais (para reforma, novo *layout*, modernização das instalações, balanço etc.) não impede a sucessão, pois a atividade econômica continua sendo a mesma.

Cumpre esclarecer, ainda, que se o adquirente comprar apenas o nome, ou seja, a marca de uma empresa já extinta, não acarretará sucessão.[24]

A prática tem demonstrado que a comprovação da sucessão é mais fácil em negócios grandes, envolvendo sociedades anônimas ou grandes empresas, quando toda a transação é escriturada. Nas pequenas operações, a tarefa costuma ser bem mais árdua. Não raro aparecem "laranjas", em esquemas bem articulados entre antecessores e novos empreendedores, com ardil tão bem engendrado que praticamente inviabiliza a colheita de provas e a caracterização da sucessão com base no art. 10 da CLT.

1.3. Provisória ou Definitiva

A titularidade da empresa pode ser transferida de um para outro titular de forma definitiva ou de forma interina.

O artigo 448 da CLT menciona apenas a transferência definitiva, pois utiliza a expressão "mudança na propriedade". Apesar disso, a interpretação que prevalece é no sentido de que tanto nas transferências provisórias como nas definitivas poderá ocorrer a sucessão, como se percebe da OJ 225 da SDI-1 do TST.

São exemplos de transferências ou alienações definitivas: compra e venda, doação, cessão definitiva, fusão, incorporação, cisão, arrematação em hasta pública ou leilão público. De provisórias: arrendamento, usufruto, locação, comodato, cessão provisória, concessionário de serviço público etc.

1.4. Título Público ou Privado

A alienação da empresa pode ter natureza privada, como nos casos da compra e venda, locação, arrendamento e doação entre particulares.

Também pode ocorrer quando o título jurídico de transferência for público ou quando o Estado assim determinar.

São consideradas sucessões a título público:

a) privatização ou leilão público ou desestatização;

---

24 Caso clássico ocorrido no Rio de Janeiro com a antiga Churrascaria Porcão que, ao adquirir o estabelecimento situado no Aterro do Flamengo, onde outrora um conhecido restaurante existiu, adquiriu a marca "RIOS" e passou a se chamar Porcão Rios, sem que isto importasse em sucessão de empresários, pois o Restaurante Rios Ltda., há mais de dez anos havia encerrado suas atividades e devolvido ao proprietário o imóvel. Portanto, não houve sucessão, uma vez que a atividade econômica não é a mesma e sim IGUAL e não foi adquirida do Restaurante Rios, mas apenas a "marca" Rios.

b) estatização;
c) troca de concessionário de serviço público;
d) desmembramento de Município;
e) cartório extrajudicial;
f) arrematação em leilão ou hasta pública judicial;
g) quando a lei determinar.

Em todos estes casos poderá ocorrer a sucessão, desde que o sucessor continue explorando a mesma atividade-fim que o sucedido, aproveitando total ou parcialmente a maquinaria, os bens corpóreos ou incorpóreos.

As sucessões derivadas de título público são as que mais geram polêmica na doutrina e na jurisprudência. Basta uma simples análise das Orientações Jurisprudenciais do TST ou de suas Súmulas para percebermos as contradições nos entendimentos. Enquanto na sucessão a título privado é indiscutível, salvo quanto às obrigações decorrentes dos contratos extintos antes da sucessão, que o sucessor assume o contrato de trabalho, respondendo pelo ativo e passivo da empresa – OJ nº 261[25] da SDI-I do TST, quando se trata de sucessões que decorrem de troca de concessionário de serviço público, o entendimento da mesma Corte Superior é o de isentar o novo arrendatário ou concessionário do serviço público das obrigações decorrentes dos contratos extintos antes da sucessão – OJ nº 225 da SDI-I do TST. Ou seja, há, neste caso, sucessão do contrato, mas não da dívida. Já quando se trata de desmembramento de Município, desonera-se o sucessor de todas as obrigações trabalhistas decorrentes dos contratos extintos ou vigentes – OJ nº 92 da SDI-I do TST.

1.4.1. Privatização ou Desestatização

Neste caso, ocorre a venda de uma empresa estatal para uma empresa privada.

Segundo Arnaldo Süssekind,[26] durante o período compreendido entre 13 de abril de 1990 e 10 de julho de 1997, quando vigente a redação anterior da alínea *c* do art. 11 e o próprio art. 13 da Lei nº 8.031/90 (lei que instituiu o Programa Nacional de Desestatização), caso o edital sobre a alienação da empresa pertencente à Administração Pública tivesse excluído a responsabilidade do adquirente ou mantido os débitos trabalhistas com o antecessor, o sucessor não responderia pelas dívidas trabalhistas anteriores à privatização. Neste caso, não haveria sucessão das dívidas existentes até a data da "sucessão", pois a regra especial revoga a geral, na forma do art. 2º, § 2º, da LINDB.

---

25 OJ nº 261 da SDI-I do TST: "As obrigações trabalhistas, inclusive as contraídas à época em que os empregados trabalhavam para o banco sucedido, são de responsabilidade do sucessor, uma vez que a este foram transferidos os ativos, as agências, os direitos e deveres contratuais, caracterizando típica sucessão trabalhista".

26 SÜSSEKIND, Arnaldo. Sucessão Trabalhista nas Empresas Estatais Privatizadas. *Revista LTr*, v. 65, n. 1, jan. de 2001, p. 7.

A Lei nº 9.491/97 excluiu a frase "indicando os responsáveis pelo mesmo após a privatização" da alínea *c* do referido artigo, bem como o art. 13 da Lei nº 8.031/90, que determinava que o edital apontasse a situação econômica da empresa a ser privatizada.

A Lei nº 8.031/90 assim dispunha antes da alteração efetuada pela Lei nº 9.491/97:

> **Art. 11.** Para salvaguarda do conhecimento público das condições em que se processará a privatização, assim como da situação econômica, financeira e operacional de cada empresa incluída no Programa Nacional de Desestatização, será dada ampla divulgação das informações necessárias, mediante a publicação de edital, no *Diário Oficial da União*, e em jornais de notória circulação nacional, do qual constarão, pelo menos, os seguintes elementos.
>
> (...)
>
> c) passivo das empresas, a curto, médio e longo prazos, indicando os responsáveis pelo mesmo após a privatização.
>
> (...)
>
> **Art. 13.** Os processos de desestatização observarão, além das normas fixadas nos artigos anteriores, os seguintes preceitos:
>
> I – Serão precedidos de editais, com ampla divulgação em dois órgãos, no mínimo, de grande circulação, depois de publicados na Imprensa Oficial, expondo as condições do processo e da situação econômica e financeira da empresa incluída no Programa Nacional de Desestatização.

Há autores que, sem se referir à lei, consideram que a aquisição da empresa em leilão de privatização importa na sucessão.[27]

Para Alice Monteiro de Barros[28] configura sucessão, através da privatização, a aquisição do acervo patrimonial, do corpo funcional e de toda a infraestrutura de uma sociedade de economia mista. Sergio Pinto Martins[29] também entende que a sucessão de uma pessoa de direito público por outra de direito privado acarreta em sucessão, desde que preenchidos os requisitos para a configuração do instituto.

A jurisprudência majoritária entende que há sucessão, inclusive, dos contratos dos trabalhadores que ingressaram na Administração Pública Direta ou Indireta sem concurso público.

> EMBARGOS. SOCIEDADE DE ECONOMIA MISTA. CONTRATO NULO. PRIVATIZAÇÃO. EFEITOS. A alteração da natureza jurídica da Reclamada, em decorrência da privatização ocorrida, afasta o óbice ao irrestrito poder de contratar. Tendo sido o Reclamante admitido sem a prévia realização de concurso público, é nulo o contrato de trabalho até o momento da privatização da sociedade de economia mista, quando foi, então, considerado pelo ordenamento jurídico o vínculo empregatício. Embargos parcialmente conhecidos e providos. TST-RR-584375/99 – Rel. Designado: Min. Maria Cristina Irigoyen Peduzzi. *DJU* 12/09/2003.

27 DELGADO, Mauricio Godinho. *Curso de Direito do Trabalho*. São Paulo: LTr, 2004, p. 402.

28 BARROS, Alice Monteiro de. *Curso de Direito do Trabalho*. São Paulo: LTr, 2005, p. 375.

29 MARTINS, Sergio Pinto. *Direito do Trabalho*. 14. ed. São Paulo: Atlas, 2001, p. 179.

Aliás, no mesmo sentido a Súmula 430 do TST quanto à convalidação do contrato após a privatização e consequente sucessão:

> *Súm. nº 430: Administração Pública indireta. Contratação. Ausência de concurso público. Nulidade. Ulterior privatização. Convalidação. Insubsistência do vício – Res. nº 177/2012,* DEJT *divulgado em 13, 14 e 15.02.2012. Convalidam-se os efeitos do contrato de trabalho que, considerado nulo por ausência de concurso público, quando celebrado originalmente com ente da Administração Pública Indireta, continua a existir após a sua privatização.*

1.4.2. Estatização

Quanto à estatização, que é o fenômeno inverso, ocorrido quando a exploração da atividade sai da empresa privada e volta para o controle do Estado, não há que se falar em sucessão.

Todos os contratos são extintos no momento do regresso da atividade para o Estado. Para que possam ser empregados novamente terão que ser aprovados em concurso público, na forma do art. 37, II, da CRFB.

No caso dos que trabalham para a Administração Pública sem a aprovação no concurso público, os contratos de trabalho serão nulos (Súmula nº 363 do TST) e o Estado pagará apenas os salários pactuados e os valores referentes ao FGTS. Maiores considerações no Capítulo "Requisitos ou Elementos do Contrato de Trabalho".

Se a estatização ocorrer somente na fase de execução, o TST (Orientação Jurisprudencial nº 343 da SDI-I do TST) aceita que a execução seja direta, na forma do art. 883 da CLT, e não de acordo com o art. 100 da CRFB.

O C. TST, ao julgar o processo nº 10561/2002-900-07-00 (ROAR), já havia se manifestado no sentido de não existir sucessão no caso de estatização.

> Não se pode, por outro lado, considerar vulnerados pela decisão rescindenda os arts. 10 e 448 da CLT, visto que a hipótese é de extinção do estabelecimento do empregador, e, não, de sucessão. Ressalte-se que sucessão jamais poderia existir, do contrário, estaríamos a admitir o ingresso dos Recorrentes no serviço público sem a prévia aprovação em concurso público, em afronta ao disposto no art. 37, II, da Constituição Federal. TST-ROAR-10561/2002-900-07-00 – Rel. Designado: Min. Gelson de Azevedo. *DJU* 30/07/2004.

No entanto, em decisão posterior (setembro de 2005), a mesma Corte entendeu de forma contrária, ferindo o art. 37, II, da CRFB (acesso por concurso público):

> SOCIEDADE DE ECONOMIA MISTA. SUCESSÃO. EXIGÊNCIA DE PRÉVIO CONCURSO PÚBLICO. PRINCÍPIO DA PROPORCIONALIDADE. FUNDO DE COMÉRCIO. 1. No caso dos autos, o Banco do Estado de Goiás S.A., sociedade de economia mista, assumiu o fundo de comércio da empresa sucedida. Acompanham o fundo de comércio os empregados, que dele fazem parte, já que contribuem para a consecução das finalidades empresariais. 2. Ofende o princípio da proporcionalidade exigir que os empregados da sucessora somente possam ingressar no

> quadro de empregados da sucessora por intermédio de concurso público, tendo em vista que apenas acompanharam os desideratos da sucessão, sem terem em nada contribuído para o resultado. 3. A incorporação do fundo de comércio de uma empresa por outra, mesmo que a sucessora seja sociedade de economia mista, não pode afetar os direitos do empregado. Inteligência dos arts. 10 e 448 da CLT. Recurso de Revista conhecido e parcialmente provido. TST-RR-583918/99 – Rel. Designado: Min. Maria Cristina Irigoyen Peduzzi. *DJU* 02/09/2005.

1.4.3. Substituição de Concessionário de Serviço Público

Existem atividades econômicas que o Estado pode explorar diretamente ou de forma indireta, como nos casos da comunicação por rádio, televisão, telefonia, fornecimento de água, luz, esgoto; transportes aéreo, marítimo, ferroviário, rodoviário, subterrâneo; atividades aduaneiras realizadas em portos etc.

Através de licitação pública, concurso público ou ato similar, o Estado pode permitir que o particular, pessoa física ou jurídica, explore a atividade econômica de forma indireta, através de uma concessão pública. Alguns concessionários destes serviços públicos investem na criação dos bens materiais e imateriais para exploração da atividade econômica, outros optam pelo arrendamento, cessão, ou qualquer outro negócio jurídico, com aproveitamento total ou parcial dos bens existentes, de propriedade do Estado ou do particular (normalmente o patrimônio foi inicialmente construído pelo primeiro concessionário).

A simples substituição de um concessionário de serviço público por outro não acarreta a sucessão, salvo se o novo concessionário aproveitar do anterior, mesmo que parcialmente, seu acervo, contratos, ponto, clientela, aviamento etc. Ou seja, a mera troca da pessoa jurídica ou física na exploração da concessão de serviço público não caracteriza sucessão de titulares da empresa, se esta não aproveitar os bens corpóreos ou incorpóreos, em parte ou totalmente.[30]

> Não há sucessão trabalhista quando a reclamada SBT conquistou o direito de explorar o canal de televisão da empresa falida, mediante concorrência pública, sem assumir máquinas e estabelecimentos empresariais (...). TST. 3ª T, Proc. RR 59/86. Rel. Min. Guimarães Falcão, *DJ* 35/87. Repertório de Jurisprudência, João Lima Teixeira Filho, v. 6.

Todavia, ocorre a sucessão quando o novo concessionário prefere aproveitar o acervo já existente, adquirindo máquinas, equipamentos, estabelecimento, ponto, clientela, contratos e demais bens materiais e imateriais. Este procedimento é comum, pois o novo concessionário não tem tempo hábil para construir e constituir

---

30 Da mesma forma Sergio Pinto, Valentim Carrion, Godinho, Délio Maranhão e Süssekind, *in* MARTINS, Sergio Pinto. *Direito do Trabalho*. 13. ed. São Paulo: LTr, p. 179; CARRION, Valentin. *Comentários à Consolidação das Leis do Trabalho*. 28. ed, atualizado por Eduardo Carrion, São Paulo: Saraiva, 2003, p. 66-67; DELGADO, Mauricio Godinho. *Curso de Direito do Trabalho*. São Paulo: LTr, 2004, p. 402; SÜSSEKIND, Arnaldo; MARANHÃO, Délio; VIANNA, Segadas; TEIXEIRA, Lima. *Instituições de Direito do Trabalho*. 21. ed. São Paulo: LTr, 2003, v. 1, p. 305; e SÜSSEKIND, Arnaldo. *Curso de Direito do Trabalho*. Rio de Janeiro: Renovar, 2002, p. 200.

clientela nova, já que os serviços públicos são essenciais à sociedade e, por isso, não podem paralisar. Diante desta necessidade ininterrupta que a atividade econômica exige, o novo concessionário acaba por aproveitar o acervo do anterior ou do concessionário primitivo, sucedendo-o nos contratos e débitos decorrentes de contratos de trabalho vigentes ou extintos antes da sucessão.

Ressalte-se que a sucessão ocorre mesmo que não haja o fim da pessoa física ou jurídica sucedida, mas apenas que esta deixe de explorar aquela atividade, transferindo-a para outro titular.

Exemplo clássico é o da Rede Ferroviária Federal S.A., pioneira na exploração da atividade ferroviária e responsável pela construção de todo o patrimônio existente até hoje, como a malha férrea, os trens, as estações, os pontos etc. Ao término do contrato de concessão, outra concessionária passou a explorar a mesma atividade econômica, aproveitando todos os bens materiais, através de contrato de arrendamento. Desta forma, a CBTU sucedeu a RFFSA, depois a Flumitrens, mais tarde a Supervia e assim por diante.

Todavia, o TST se posicionou de forma diversa e inovadora através da OJ nº 225 da SDI-Ido TST, cuja redação original era a seguinte:

> CONTRATO DE CONCESSÃO DE SERVIÇO PÚBLICO. REDE FERROVIÁRIA FEDERAL S.A. RESPONSABILIDADE TRABALHISTA. Em razão da subsistência da Rede Ferroviária Federal S/A e da transitoriedade da transferência dos seus bens pelo arrendamento das malhas ferroviárias, a Rede é responsável subsidiariamente pelos direitos trabalhistas referentes aos contratos de trabalho rescindidos após a entrada em vigor do contrato de concessão; e quanto àqueles contratos rescindidos antes da entrada em vigor do contrato de concessão, a responsabilidade é exclusiva da Rede.

Mais tarde,[31] o TST estendeu o entendimento para todas as concessões públicas e alterou a redação da OJ nº 225 da SDI-I do TST:

> *OJ nº 225 da SDI-I do TST: Contrato de concessão de serviço público. Responsabilidade trabalhista. Celebrado contrato de concessão de serviço público em que uma empresa (primeira concessionária) outorga a outra (segunda concessionária), no todo ou em parte, mediante arrendamento, ou qualquer outra forma contratual, a título transitório, bens de sua propriedade:*
> *I – em caso de rescisão do contrato de trabalho após a entrada em vigor da concessão, a segunda concessionária, na condição de sucessora, responde pelos direitos decorrentes do contrato de trabalho, sem prejuízo da responsabilidade subsidiária da primeira concessionária pelos débitos trabalhistas contraídos até a concessão;*
> *II – no tocante ao contrato de trabalho extinto antes da vigência da concessão, a responsabilidade pelos direitos dos trabalhadores será exclusivamente da antecessora.*

---

31 A alteração ocorreu em abril de 2005.

Assim, foram estabelecidas duas exceções pelo TST:

a) exclusão da responsabilidade do sucessor para os contratos extintos antes da sucessão, contrariando o entendimento majoritário na jurisprudência espelhado pela OJ nº 261 da SDI-I do TST;

b) inclusão da responsabilidade do sucedido até a sucessão, mesmo que de forma subsidiária, pelo período que trabalhou para o sucedido (e, apenas se trabalhou).

O quadro a seguir tenta facilitar:

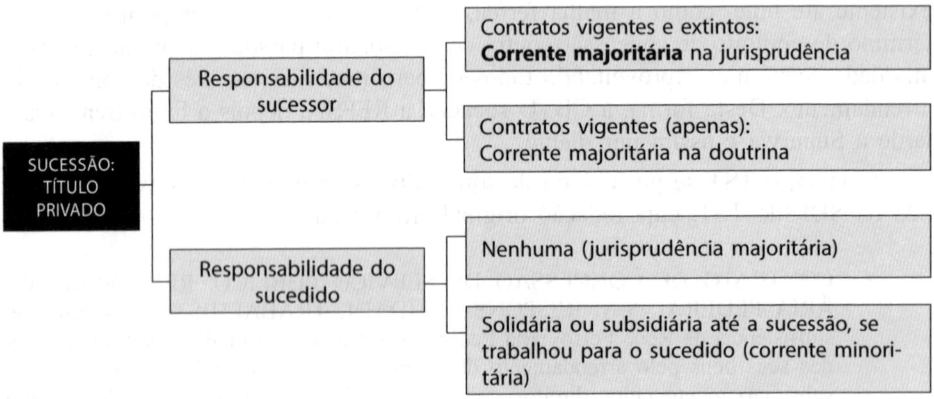

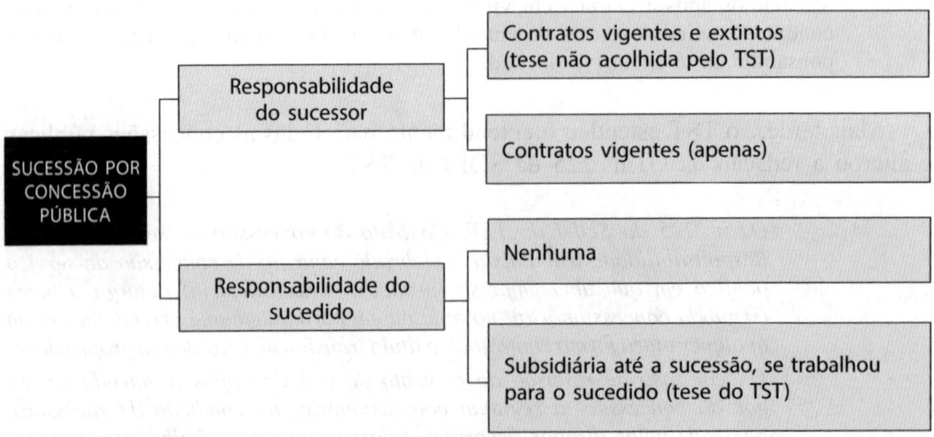

Concordamos, nesta hipótese, com a responsabilidade subsidiária do sucedido, pois ela decorre do fato do sucedido ter sido o tomador dos serviços à época e ter praticado as ilegalidades ou, ainda, pelo fato de ser o proprietário de todo (ou de parte) o patrimônio sobre o qual a empresa é exercida e se desenvolve e, por isso, recebe pagamentos mensais a título de aluguel, arrendamento etc., enriquecendo-se, também, com a continuidade da empresa, mesmo que explorada por outro concessionário.

1.4.4. *Desmembramento de Município*

De acordo com a Orientação Jurisprudencial nº 92 da SDI-I do TST, no caso de desmembramento de Município, cada um deles deve ser responsável pelas obrigações trabalhistas referentes ao período que foram "realmente empregadores". Quis dizer, no período que apareceram formalmente como empregadores, pois a pessoa jurídica é apenas o empregador aparente (o que aparece na CTPS e nos documentos como tal), pois a real empregadora é a EMPRESA.

Neste caso, o empregado poderá optar pelo Município que tiver interesse em trabalhar e, se for para o novo Município, este responderá a partir desse momento, enquanto o antigo responde pelas obrigações trabalhistas até o momento do desmembramento.

Esta posição contraria todos os fundamentos da sucessão e viola os arts. 10 e 448 da CLT, pois a nova unidade deveria suceder às dívidas trabalhistas porventura existentes antes do desmembramento, assim como os contratos vigentes na época. Ora, se o novo Município aproveitou o concurso realizado pelo trabalhador para ingresso no emprego, dentro da antiga região (com toda razão, pois incluía em seu limite territorial), deve trazer o contrato como um todo e não apenas a parte que permanece no novo Município. Dividir o contrato em dois períodos, com "empregadores" diferentes, é o mesmo que dizer que são dois os contratos, logo, o segundo teria sido firmado sem a observância do art. 37, II, da CRFB, pois sua nova admissão ocorreu sem prévia aprovação em concurso público.

Há argumentos contrários à tese, no sentido de que não se pode criar um Município com dívidas e que o concurso foi realizado para aquele "espaço territorial geográfico" também, e, por isso, haverá sucessão do contrato de trabalho, todavia, com responsabilidade trabalhista limitada à data do desmembramento em diante.

Não pode o empregado trabalhar em dois Municípios distintos e cada um responder por seu período. O que se admitiria nesta situação seria a ruptura do primeiro contrato, com o pagamento de todas as verbas devidas no caso de resilição contratual e uma nova pactuação com o novo empregador, após aprovação em novo concurso público. Ou, no máximo, a cessão provisória dos empregados ao município primitivo (para o qual fez o concurso) para o novo (com ou sem encargos) até que o novo Município contrate (por concurso público) seus próprios empregados.

1.4.5. *Cartórios Extrajudiciais*

Existem duas espécies de cartórios: os judiciais ou serventias judiciais, que se sujeitam ao Poder Judiciário, cujos servidores são funcionários públicos estatutários; e o segundo tipo de cartório, objeto do nosso estudo, que é o notarial ou de registro, exercido em caráter privado por outorga do Estado.

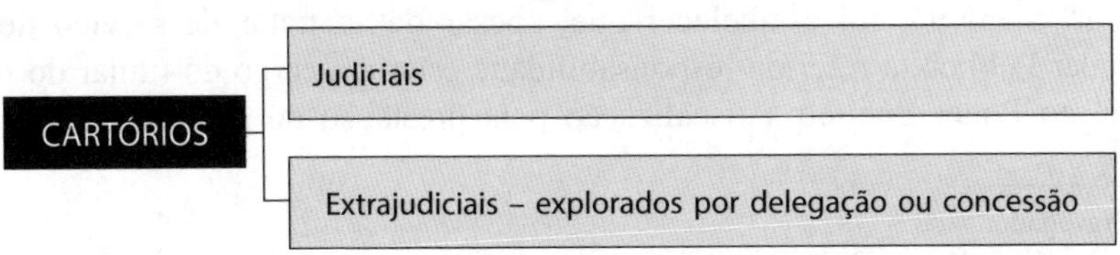

Com o advento da EC nº 7/77, seus titulares passaram a ser escolhidos mediante aprovação em concurso público, abandonando o critério anterior, que era de concessão baseada em interesses políticos. Os serviços notariais e de registro são exercidos em caráter privado, por delegação do Poder Público – art. 236 da CRFB.

Os trabalhadores em cartórios extrajudiciais, como ajudantes, escreventes e auxiliares, são regidos pela CLT e, quando presentes os requisitos da relação de emprego, serão considerados empregados, porém, submetidos às normas da Organização Judiciária e subordinados também à Corregedoria. O art. 236 da CRFB determinou que a exploração do serviço notarial e de registro seria efetuado e explorado em "caráter privado", excluindo o Estado como empregador. Logo, o empregador será a pessoa física que o explorar.

De acordo com o art. 20 da Lei nº 8.935/94, o empregador é o tabelião titular, pois aufere vantajosa renda decorrente do serviço explorado e assume pessoalmente os riscos, como ações cíveis e criminais. Por isto, é a pessoa física que deve assinar a carteira de trabalho de todos os empregados do cartório. Assim também o antigo Aviso nº 123/01,[32] expedido pela Corregedoria-Geral de Justiça do Estado do Rio de Janeiro. A lei é expressa no sentido da aplicação da legislação trabalhista aos trabalhadores dos cartórios extrajudiciais.

Os cartórios extrajudiciais representam verdadeira unidade econômica, já que recebem as custas pelos serviços prestados, embora o respectivo titular exerça atividade delegada do Estado. Consequentemente, a legislação trabalhista lhe é totalmente aplicável e, por isso, pode ocorrer a sucessão quando houver substituição de um tabelião titular por outro, na forma dos arts. 10 e 448 da CLT.

Ao assumir o cartório, após aprovação em concurso público, o tabelião titular sucede o tabelião titular anterior, no que diz respeito às obrigações trabalhistas.

Já o tabelião substituto não tem qualquer responsabilidade, pois sua permanência no cartório se dá por ordem e determinação do Tribunal, e de forma precária. Ademais, o substituto não aufere as vantagens financeiras decorrentes da atividade empresarial, que são revertidas para o Estado, enquanto estiver vago o cartório. Isto se explica porque o serviço público é essencial e não pode ser paralisado, havendo, portanto, a necessidade da pessoa do tabelião substituto para dirigir, temporariamente, a empresa e a prestação de serviços.

A Lei nº 8.935/94 regulamentou o art. 236 da CF/1988, que estabeleceu que os serviços notariais e de registro são exercidos em caráter privado, por delegação do poder público, tendo consignado que lei específica iria regulamentar a atividade, bem como as responsabilidades decorrentes.

A intenção do legislador, ao atribuir a responsabilidade nos termos do art. 21 da Lei nº 8.935/94, foi estabelecer que, apesar de se tratar de serviço delegado pelo Poder Público, a referida responsabilidade estaria a cargo do titular do notário, cabendo ao Poder Público a fiscalização pela prestação do serviço.

---

32 Já revogado.

Não se pode extrair do dispositivo em exame, que eventual substituição do titular por outro não importaria na assunção dos riscos do empreendimento, com a responsabilidade pelos débitos trabalhistas porventura existentes, nos termos dos arts. 10 e 448 da CLT.

O serviço é prestado em caráter privado, embora por delegação do poder público. O notário assume os riscos da atividade econômica, nos termos do art. 2º da CLT. A única diferença é que há respeito às normas da Corregedoria, que tem papel apenas de fiscalização. Isto não desnatura a natureza trabalhista das relações e não impede a caracterização da sucessão.

Há, entretanto, tese contrária, sob o argumento de que o art. 236 da CRFB/88 estabelece provimento por concurso público, inexistindo ato negocial entre o antecessor e o novo titular, nem transferência do patrimônio.

> SERVIÇOS NOTARIAIS. SUCESSÃO. INOCORRÊNCIA. Responsabilidade pessoal do titular da serventia. Serviços notariais e de registros são públicos, por excelência, e executados diretamente, ou por delegação. Não há sucessão possível entre notários, no serviço registral, mesmo frente à regra dos arts. 10 e 448 da CLT. Para que haja sucessão de empregadores, no Direito do Trabalho, é preciso que a empresa, entendida a expressão, como atividade do empresário, passe das mãos de um para as de outro empresário por qualquer modo (venda, cisão, fusão etc.), e que os contratos de trabalho não sofram solução de continuidade. Se os serviços registrais são públicos, pertencem ao Estado, e não ao particular. Logo, não são cessíveis por ato entre vivos. O que não é cessível não é suscetível de suceder. TRT 1ª Reg. 7ª T (RO 10012-2001-491-01-00-0) Rel. Juiz José Geraldo da Fonseca, *DO*/RJ 24/09/2003.

> SUCESSÃO TRABALHISTA. CARTÓRIO DE NOTAS OU DE REGISTRO. INEXISTÊNCIA. Esta Turma vem adotando o entendimento de que não há sucessão quando a mudança do titular do cartório ocorre nas condições descritas nestes autos. É que, com a exigência feita pela Constituição de 1988, de concurso público para o ingresso na atividade notarial e de registro, o novo titular assume o cargo e não o patrimônio da antiga empregadora. Como nenhum crédito lhe é repassado, não pode ser responsabilizado pelos débitos anteriores. O serviço cartorial é concedido pelo poder público àquele que foi aprovado em concurso, inexistindo qualquer transação comercial entre o titular anterior e o novo, ou a transferência de patrimônio. A lei, ao estabelecer a responsabilidade do sucessor pelos contratos de trabalho celebrados pelo sucedido, tem em vista a defesa dos direitos já adquiridos pelo trabalhador, que ficariam prejudicados, se, embora ocorrendo a transferência patrimonial, permanecesse o sucedido responsável pelo pagamento das obrigações ajustadas antes da sucessão. TRT 3ª Reg. RO 00910.2003.002.03.00.0, 4ª T. Rel. Juiz Luiz Otávio Linhares Renault. *DJ*/MG 06/12/2003.

Não podemos concordar com a tese acima, pois com a alteração da titularidade do serviço notarial ocorre a transferência de todos os elementos da unidade econômica que integram o cartório, como a clientela, a atividade desenvolvida, as firmas (assinaturas), a área de atuação e, algumas vezes, até o ponto e o estabelecimento, além dos demais elementos corpóreos ou incorpóreos da atividade empresarial, cujo conjunto se denominou de fundo empresarial. Acresce mais que a lei não estabelece como requisito a existência de ato negocial. Para ocorrer a sucessão basta a transferência da empresa, independentemente de existir "transação comercial", máxime quando se trata de mera substituição de concessionário ou de delegatário de serviço público.

A sucessão ocorrerá independentemente da continuidade do contrato de trabalho para o novo tabelião titular, em face da característica da obrigação trabalhista – *propter rem*, que adere a coisa e a persegue onde estiver.

Assim, o titular sucessor assume as obrigações e encargos contraídos pelo titular sucedido, nos termos dos arts. 10 e 448 da CLT, devendo responder pelos contratos de trabalho já rescindidos, assim como pelos contratos de trabalho que continuaram em execução, após a sucessão.

> CARTÓRIO. SUCESSÃO DO TITULAR. RESPONSABILIDADE. APLICAÇÃO DOS ARTS. 10 E 448 DA CLT. Em que pese o cartório extrajudicial não possuir personalidade jurídica própria, é certo que a alteração da titularidade do serviço notarial acarreta a transferência de todos os elementos da unidade econômica que integra o Cartório, como a atividade desenvolvida e demais elementos corpóreos ou incorpóreos da atividade empresarial, que se denomina de fundo do comércio. Assim, o titular sucessor assume as obrigações e encargos contraídos pelo titular sucedido, nos termos dos arts. 10 e 448 da CLT, devendo responder pelos contratos de trabalho já rescindidos, assim como pelos contratos de trabalho que continuarem em execução, após a sucessão. Precedente: TST-RR-50.908/92.6, 5ª Turma, Rel. Min. Antônio Maria Thaumaturgo Cortizo, *DJ*-03/12/1993). Recurso de revista conhecido e desprovido. TST-RR-684506/00 – Rel. Designado: Juiz Convocado João Carlos Ribeiro de Souza. *DJU* 01/10/2004.

> CARTÓRIO. SUCESSÃO DO TITULAR. RESPONSABILIDADE. APLICAÇÃO DOS ARTS. 10 E 448 DA CLT. 1. A controvérsia em questão gira em torno da existência ou não de sucessão, para fins de responsabilizar o reclamado, ora recorrente, pelas dívidas trabalhistas contraídas pelo antigo titular da serventia em comento, reconhecendo-se, assim, a unicidade contratual. 2. Obstante a pretensão autoral, o reclamado alega que, em tendo assumido a titularidade do cartório, através de concurso público, conforme atestado pelo documento acostado aos autos (ato executivo nº 4.2102004 de sua nomeação), não poderia equiparar-se a um empregador comum, por se revestir o mesmo de caráter público, constituindo tal fato em óbice à pretensa sucessão trabalhista e, via de consequência o reconhecimento da unicidade contratual. 3. De acordo com o art. 236 da Constituição Federal vigente, o qual foi regulamentado pela Lei nº 8.935/94, é claro em seu bojo ao disciplinar que os serviços notariais e de registro seriam exercidos em caráter privado, por delegação do poder público, tendo consignado que lei específica iria regulamentar a atividade, bem como as responsabilidades decorrentes. 4. Nesta mesma esteira é o art. 3º da Lei nº 8.935/94, que diz: "notário ou tabelião, e o oficial de registro, ou registrador, são profissionais do direito, dotados de fé pública, aos quais é delegado o exercício da atividade notarial e de registro". Desta forma, não há dúvida, os serviços notariais recebem mera delegação do Estado, para o exercício de atividade de natureza pública, razão pela qual não são órgãos públicos e se equiparam ao empregador comum, inserido no § 1º, do art. 2º, da CLT. 5. Portanto, uma vez que o cartório extrajudicial não possui personalidade

jurídica própria, seu titular é o responsável pela contratação, remuneração e direção da prestação dos serviços, equiparando-se ao empregador comum, mesmo porque aufere renda proveniente da exploração das atividades cartoriais. 6. Daí concluir-se que a alteração da titularidade do serviço notarial, com a correspondente transferência da unidade econômico-jurídica que integra o estabelecimento, além da continuidade na prestação dos serviços, caracteriza a sucessão de empregadores, sendo o tabelião sucessor responsável pelos créditos trabalhistas relativos tanto aos contratos laborais vigentes quanto aos já extintos (arts. 10 e 448 da CLT), sendo aquela a hipótese dos autos, razão pela qual há de se reconhecer a unicidade contratual pretendida por flagrante a sucessão operada. 7. Admitido o reclamante para os trabalhos cartoriais em 14/04/2003, quando figurava outro notário que não o reclamado, só vindo este último a sê-lo a partir de 01/12/2004, ficando o contrato da reclamante mantido até a data de seu pedido de demissão em 31/12/2004. TRT, 1ª Reg, 5ª T, RO 01643-2005-204-01-00-0, Rel. Ricardo Damião Areosa, *DORJ* de 08/11/2006.

Legitimidade Passiva

Apesar do cartório extrajudicial não possuir personalidade jurídica, é parte legítima para configurar no polo passivo ou ativo da relação processual, uma vez que em caso de vacância continua exercendo suas atividades notariais, contratando empregados, assalariando-os e cumprindo com suas obrigações trabalhistas. Ademais, segundo o art. 2º da CLT, empregador é a empresa, isto é, a atividade econômica produtiva, despersonificando a pessoa física ou jurídica que a explora. Apesar do § 3º do art. 236 da CRFB proibir a vacância por mais de seis meses, percebemos que, na prática, os cartórios permanecem anos sem tabelião titular, em face do desinteresse de alguns candidatos aprovados, em face das brigas judiciais travadas por concursos anulados. Ora, se o cartório que não tem tabelião titular assume direitos e tem obrigações e, para defesa de seus direitos, ajuízam ações ou se defendem, não se poderia pretender rejeitar ação movida contra o cartório que não tem tabelião titular, sob o argumento que não possui legitimidade passiva.

Não é crível se imaginar que um processo possa permanecer paralisado ou sem réu legitimado para responder a ação enquanto não tiver um tabelião principal. Tal atitude feriria o acesso à Justiça.

Defendemos que, mesmo existindo tabelião titular, melhor seria manter no polo da relação processual a "pessoa jurídica" do cartório, ao invés da pessoa física do titular, para se evitar problemas com a sucessão em face das constantes trocas de titulares e da permanência temporária de um tabelião substituto.

Por outro lado, como ficaria o empregado contratado pelo tabelião substituto se ele não é, segundo a lei, o empregador? Quem assinaria sua CTPS?

A tese por nós defendida de que a "pessoa jurídica" do cartório deve assinar a CTPS, é medida de proteção aos empregados, evita incidentes em caso de sucessão no curso do contrato, no processo e na execução, pois esta, por fim recairá de fato sobre a unidade econômica produtiva e não sobre a pessoa física sucessora, que só responderá em casos de desconsideração da "pessoa jurídica". Por este motivo, a Corregedoria-Geral da Justiça do Estado do Rio de Janeiro determinou que a CTPS dos empregados em cartórios extrajudiciais seja assinada **em nome do serviço**, com o número do CNPJ deste e assinado pelo tabelião delegatário, responsável ou interventor, como se verifica do art. 2º do Provimento 14/05 da CGJ:

> **Art. 2º** A contratação dos empregados das serventias extrajudiciais poderá ser realizada em nome do Serviço, com o número do CNPJ deste, ou em nome do Delegatário, Responsável pelo Expediente ou Interventor, com respectivo número do CEI, observadas as obrigações trabalhistas e previdenciárias decorrentes da relação de trabalho, devendo o Responsável pelo Expediente ou Interventor observar o disposto no art. 384 e seu parágrafo único, da Consolidação Normativa da Corregedoria-Geral da Justiça.

Assim, o direito do trabalhador é garantido facilmente na fase de execução, com a penhora da renda dos cartórios, que, aliás, costuma ser bastante elevada.

> CARTÓRIO. SERVENTUÁRIO. RELAÇÃO DE EMPREGO. VERBAS TRABALHISTAS. RESPONSABILIDADE SOLIDÁRIA. 1. A pessoa do titular de serventia pública, como é o caso de cartório que, por delegação do poder público, presta serviços à coletividade na condição de empresa privada, confunde-se com a própria instituição, enquanto investido no cargo. Assim, o vínculo de emprego, quando o contrato é regido pela legislação trabalhista, hipótese admitida anteriormente à promulgação da atual Carta Política, faz-se diretamente com o titular da serventia, mas é o acervo da empresa que responde pelos créditos trabalhistas. Portanto, o cartório, obrigatoriamente, deverá fazer parte da relação processual formada em juízo, porque configurada a figura da responsabilidade solidária. 2. Recursos de revistas conhecidos em parte e providos. TST-RR-204246/95.9 (Ac. 3ª T. – 8388/96) – 10ª Reg – Rel. Designado: Min. Francisco Fausto. *DJU* 07/03/1997, p. 5.773.

1.4.6. Leilão Público ou Hasta Pública

a) Falência e recuperação da empresa

Antes da nova lei de falência, o entendimento majoritário[33] defendia que a pessoa jurídica que arrematasse a empresa falida em leilão judicial era sucessora trabalhista para todos os fins legais, assumindo as responsabilidades dos contratos de trabalho. Isto se justificava quando a empresa, apesar de falida, continuava funcionando até sua venda em leilão. A tese era de que as obrigações trabalhistas se equiparavam às obrigações de ônus reais ou *propter rem*, e, como tal, seguiam a empresa.

> SUCESSÃO. ANTECESSORA FALIDA. Se a prova demonstra, de forma inequívoca, que a demandada é sucessora de empresa falida, fica responsável pelos encargos trabalhistas da sucedida, apesar da falência decretada contra esta. TRT/SP-Proc: 11662/90 (Ac. 8ª T. – 02920063477) – Rel. Designado: Desembargadora Dora Vaz Trevino. *DJU* 30/04/92.

---

33 Neste sentido Carrion, antes da nova lei de falências, Lamarca e a jurisprudência majoritária da época. CARRION, Valentin. *Comentários à Consolidação das Leis do Trabalho*. 28. ed., atualizado por Eduardo Carrion, São Paulo: Saraiva, 2003, p. 66-67. LAMARCA, Antônio. *Contrato individual de trabalho*. São Paulo: Revista dos Tribunais, 1969, p. 86.

> SUCESSÃO DE EMPREENDEDORES. Opera-se pela transferência de universalidades entre empresas, por título jurídico hábil, seja compra e venda, arrendamento ou aquisição de acervos empresariais em hasta pública. TRT/SP – Proc: 02129-2002-025-02-00-8 – Rel. Designado: Desembargador Plínio Bolívar de Almeida. *DJU* 07/12/2004.

Nesta mesma época, havia corrente minoritária[34] que entendia pela inexistência da sucessão. Alice Monteiro argumenta que a arrematação judicial não se assemelha ao contrato de compra e venda, por ser verdadeira expropriação privada por ato unilateral do Estado, sem participação do devedor.

Entretanto, a Lei de Falência (Lei nº 11.101/2005), nos arts. 60, parágrafo único, e 141, II, expressa claramente que o adquirente da empresa em recuperação ou falida não sucede o antigo empresário, salvo nos casos do § 1º do art. 141 da lei em comento. Vejamos:

> **Art. 60.** Se o plano de recuperação judicial aprovado envolver alienação judicial de filiais ou de unidades produtivas isoladas do devedor, o juiz ordenará a sua realização, observado o disposto no art. 142 desta Lei.
>
> **Parágrafo único.** O objeto da alienação estará livre de qualquer ônus e não haverá sucessão do arrematante nas obrigações do devedor, inclusive as de natureza tributária, observado o disposto no § 1º do art. 141 desta Lei.
>
> (...)
>
> **Art. 141.** Na alienação conjunta ou separada de ativos, inclusive da empresa ou de suas filiais, promovida sob qualquer das modalidades de que trata este artigo:
>
> I – todos os credores, observada a ordem de preferência definida no art. 83 desta Lei, sub-rogam-se no produto da realização do ativo;
>
> II – o objeto da alienação estará livre de qualquer ônus e não haverá sucessão do arrematante nas obrigações do devedor, inclusive as de natureza tributária, as derivadas da legislação do trabalho e as decorrentes de acidentes de trabalho.
>
> § 1º O disposto no inciso II do *caput* deste artigo não se aplica quando o arrematante for:
>
> I – sócio da sociedade falida, ou sociedade controlada pelo falido;
>
> II – parente, em linha reta ou colateral até o 4º (quarto) grau, consanguíneo ou afim, do falido ou de sócio da sociedade falida; ou
>
> III – identificado como agente do falido com o objetivo de fraudar a sucessão.
>
> § 2º Empregados do devedor contratados pelo arrematante serão admitidos mediante novos contratos de trabalho e o arrematante não responde por obrigações decorrentes do contrato anterior.

Alice Monteiro[35] acrescenta que não haverá sucessão em qualquer fase, uma vez que há, no presente momento, previsão legal pela inexistência da sucessão na fase de liquidação.

---

[34] Neste sentido Godinho e Alice Monteiro. DELGADO, Mauricio Godinho. *Curso de Direito do Trabalho*. São Paulo: LTr, 2004, p. 402-403. BARROS, Alice Monteiro de. *Curso de Direito do Trabalho*. São Paulo: LTr, 2005, p. 372.

[35] *Ibidem*, p. 369-370.

Com fulcro no art. 60 da Lei nº 11.101/2005, o juiz da 8ª Vara Empresarial[36] do Tribunal de Justiça do Rio de Janeiro, o Dr. Luiz Roberto Ayoub decidiu que os compradores da VARIG não herdariam as dívidas trabalhistas desta, inexistindo assim a sucessão trabalhista também na recuperação judicial. Esta decisão reforça o entendimento da inexistência de sucessão quando a empresa estiver sob recuperação judicial ou falência.

Tal decisão foi contrariada pela sentença proferida pela 34ª Vara do Trabalho do Rio de Janeiro que declarou a sucessão da Varig pela Varig Log, sob o argumento de que o art. 60 se aplica apenas à alienação de parte da empresa e não de toda ela, como se refere o art. 60 da Lei nº 11.101/2005.

A empresa é uma das formas de exercício da propriedade que, por sua vez, tem sua função social reconhecida tanto pelo art. 170, III, da CRFB, como pelo art. 47 da Lei nº 11.101/2005. Desempenha um importante papel na sociedade, pois é a grande propulsora da produção e do desenvolvimento econômico. Grande parte da população depende diretamente da empresa, seja através dos empregos que cria, das receitas fiscais e parafiscais que o Estado através dela arrecada, seja através dos serviços ou produtos que produz e faz circular, do desenvolvimento que proporciona.

O princípio da função social da empresa pugna pela prioridade da sobrevivência da empresa em casos de dúvida acerca de sua continuidade ou encerramento, fazendo com que prevaleçam seus interesses a médio e longo prazo, sobre o interesse daqueles que preferem sua extinção, que tendem a pensar a curto prazo, de modo egoísta ou individualista. A manutenção da empresa atende ao interesse coletivo na medida em que é fonte geradora de empregos, de tributos, de produção ou mediação de bens e funciona como válvula propulsora de desenvolvimento. Daí por que em excepcionais casos, o interesse da empresa vai ser priorizado em relação aos interesses dos trabalhadores.

Isto explica a redação do art. 60 da Lei nº 11.101/2005 (dispositivo legal declarado constitucional pelo STF, através da decisão proferida na ADI 3.934/DF), que determina que não há sucessão da dívida trabalhista pelo adquirente da empresa em recuperação judicial ou falida. Ademais, só a lei pode excepcionar a regra geral.

Portanto, não há sucessão das dívidas trabalhistas de empresa em recuperação judicial ou falida.

1.4.7. Lei

Em virtude de decisão tomada em assembleia, a Petrobras é a real sucessora da Petromisa, considerando que recebeu todos os bens móveis e imóveis da extinta Petromisa – esta é a dicção exata das OJs Transitórias nºs 48 e 59 da SDI-I do TST.

---

[36] O STJ, no CC 152841 e no CC 151621, decidiu que Juízo da recuperação é competente para julgar existência de sucessão empresarial quanto a obrigações trabalhistas. Disponível em: <http://www.stj.jus.br/sites/STJ/default/pt_BR/Comunica%C3%A7%C3%A3o/noticias/Not%C3%ADcias/Ju%C3%ADzo-da-recupera%C3%A7%C3%A3o-%C3%A9-competente-para-julgar-exist%C3%AAncia-de-sucess%C3%A3o-empresarial-quanto-a-obriga%C3%A7%C3%B5es-trabalhistas>.

Todavia, o art. 23 da Lei nº 8.029/90 determinou que:

> (...) A União sucederá a sociedade que venha a ser extinta ou dissolvida, nos seus direitos e obrigações decorrentes de norma legal bem como nas demais obrigações pecuniárias (...).

O Decreto nº 99.226/90 determinou a extinção da Petromisa.

Portanto, extinta a Petromisa, a sucessora será a União Federal e não a Petrobras. Ademais, como poderia a Petrobras assumir os contratos vigentes na época da extinção da Petromisa, se tais empregados não fizeram concurso público para investidura nos cargos públicos da Petrobras? Esta conclusão violaria o art. 37, II da CRFB. Portanto, discordamos da OJ Transitória nº 48 da SDI-I do TST.

> PETROMISA. SUCESSÃO. PETROBRAS. LEGITIMIDADE. Em virtude da decisão tomada em assembleia, a Petrobras é a real sucessora da Petromisa, considerando que recebeu todos os bens móveis e imóveis da extinta Petromisa (Item nº 202 da Orientação Jurisprudencial da SDI). Embargos da Petrobras não conhecidos. TST-E-RR-302980/96 – Rel. Designado: Min. Rider de Brito. *DJU* 14/12/2001.

1.5. Formas Especiais de Sucessão

1.5.1. Liquidação Extrajudicial

De acordo com a Lei nº 6.024/74, o art. 31 autoriza o liquidante, mediante prévia e expressa autorização do Banco Central, a "adotar qualquer forma especial ou qualificada de realização do ativo e liquidação do passivo, ceder o ativo a terceiros, organizar ou reorganizar sociedade para continuação geral ou parcial do negócio ou atividade liquidanda". Valentim Carrion defende que não há sucessão neste caso porque o produto decorrente do ativo reverte à massa. Afirma que "não é sucessão trabalhista, mas forma de realização do ativo. Entretanto, será de responsabilidade dos adquirentes solidariamente se não restar ativo suficiente para pagamento do crédito trabalhista".[37]

Discordamos da tese. A regra geral espelhada na Lei nº 6.024/74 não revoga a especial. Ao aproveitar o ativo o adquirente também se torna responsável pelo passivo, já que se trata de um direito real. Da mesma forma a OJ nº 261do TST.

> PRELIMINAR DE ILEGITIMIDADE PASSIVA. SUCESSÃO. BANCO BAMERINDUS E BANCO HSBC BAMERINDUS. Tem o Banco HSBC legitimidade para figurar no polo passivo da lide na qualidade de sucessor do Banco Bamerindus. A decisão recorrida está em consonância com a OJ nº 261 da SDI-I do TST, que consagra que as obrigações trabalhistas, inclusive as contraídas à época em que os empregados trabalhavam para o banco sucedido, são de responsabilidade do sucessor, já que a este foram transferidos os ativos, as agências, os direitos e deveres contratuais, caracterizando típica sucessão trabalhista. Incidência da Súmula nº 333/TST. Recurso de Revista não conhecido. RESPONSABILIDADE

---

37 CARRION, Valentin. *Comentários à Consolidação das Leis do Trabalho*. 28. ed., atualizado por Eduardo Carrion, São Paulo: Saraiva, 2003, p. 69.

SOLIDÁRIA. Não houve, nas instâncias percorridas, condenação solidária dos Reclamados. Somente o Banco HSBC, na qualidade de sucessor, foi condenado a pagar os títulos trabalhistas deferidos em juízo. Assim, sem objeto o Recurso no particular. Recurso de Revista não conhecido. BANCO SUCEDIDO. LIQUIDAÇÃO EXTRAJUDICIAL. LEI Nº 6.024/1974. PEDIDO DE SUSPENSÃO DO PROCESSO. PEDIDO DE NÃO INCIDÊNCIA DOS JUROS DE MORA. A Lei nº 6.024/1974 refere-se a empresas em liquidação extrajudicial. A condenação imposta nas instâncias percorridas (e mantida nesta instância extraordinária, em face do não conhecimento do Recurso quanto aos temas Sucessão e Responsabilidade Solidária) refere-se exclusivamente ao Banco HSBC, pelo que não está em liquidação extrajudicial. Se não houve condenação do Banco Bamerindus, o qual está em liquidação extrajudicial, fica afastada a discussão sobre a aplicabilidade da Lei nº 6.024/1974 ao caso concreto. Recurso de Revista não conhecido. TST-E-RR-512839/98 – Rel. Designado: Min. João Oreste Dalazen. *DJU* 24/05/2002.

1.6. Oneroso ou Gratuito

Alienação onerosa é aquela em que há contraprestação pecuniária ou em bens e serviços, isto é, há vantagens recíprocas; gratuita é aquela que ocorre graciosamente, sem qualquer vantagem para as partes.

É onerosa a compra e venda, a locação, a arrematação, o leilão público etc. São gratuitos o comodato, a cessão, a doação, o usufruto, dentre outras modalidades de transferência do negócio sem encargo para o sucessor. Não há necessidade que haja ato negocial propriamente dito.

1.7. Sucessor Continua Explorando a mesma Atividade-fim que o Sucedido

O fato gerador da sucessão é a transferência do negócio. Entretanto, este ato é complexo e só se aperfeiçoa quando outro ocorre. Não basta a transferência, é necessário, ainda, que o empresário sucessor continue a explorar a MESMA atividade-fim que o sucedido. Se comprou o negócio para fechá-lo, não houve sucessão. Se o adquiriu para mudar a atividade-fim, não houve sucessão, mesmo que os empregados permaneçam os mesmos, nas mesmas funções e no mesmo local de trabalho.

É o caso de uma distribuidora de títulos e valores mobiliários Laca S/A que compra um estabelecimento bancário Bralasc S/A, para transformá-lo numa filial daquela. Apesar dos empregados serem mantidos em suas respectivas funções, já que as atividades são afins, a atividade econômica do novo titular é diversa. Logo, não houve sucessão.

Dessa forma, se ocorrer a transferência, e a empresa adquirente mantiver a mesma atividade-fim da sucedida, ocorrerá sucessão.

1.8. Desnecessária a Continuidade da Prestação de Serviços do Empregado

Aqui também o tema é tormentoso na doutrina e na jurisprudência. Isso se explica porque o artigo 448 da CLT menciona que a alteração na propriedade da empresa não afetará "os contratos de trabalho dos respectivos empregados". Ao apontar as palavras "contrato" e "empregados", teria o legislador se referido apenas aos contratos vigentes na época da sucessão? Teria sido essa a intenção do legislador?

Adotamos a tese de que o sucessor deve responder, não só pelos contratos vigentes, como também por aqueles que se extinguiram antes da transferência de titularidade da empresa, porque quando adquire a empresa também adquire as obrigações que desta decorrem, já que estas a perseguem (efeito sequela), pois as obrigações trabalhistas gravam a coisa, já que similares às obrigações *propter rem* (sobre as obrigações *propter rem* veja o item 2 abaixo, acerca da natureza jurídica da sucessão).

Todavia, neste ponto a doutrina e a jurisprudência não afinam no mesmo diapasão. A vertente majoritária na doutrina (Délio Maranhão,[38] Orlando Gomes,[39] José Augusto Rodrigues Pinto[40] e Mauricio Godinho[41] e aparentemente Sergio Pinto)[42] defende a tese de que o sucessor só responde pelos contratos que estavam em curso ou que se iniciaram após a sucessão.

Entendemos de forma diversa, como já visto. O sucessor responde pelos débitos trabalhistas dos contratos em curso, por aqueles iniciados após a sucessão, bem como por aqueles extintos antes da sucessão, pois a sucessão se dá quanto ao ativo e ao passivo da empresa. Da mesma forma Valentin Carrion[43] (acompanhado por Ferrara).

Alice Monteiro[44] também considera que o sucessor é responsável, inclusive, pelas chamadas "dívidas velhas", na forma do art. 1.146 do Código Civil. Ainda baseada neste dispositivo afirma que o devedor primitivo é solidário no 1º ano a partir da publicação (quanto aos créditos vencidos) e da data de vencimento (quanto aos demais créditos).

Todavia, a aplicação do art. 1.146 do CC torna-se difícil na prática, pois que empregador contabiliza formalmente suas dívidas? Que pessoa física ou jurídica confessa seus débitos? Não poderá o novo empresário se valer da torpeza do anterior, isto é, a sonegação da informação do passivo, para tentar se eximir de sua responsabilidade. Portanto, só aplicamos o art. 1.146 do CC quando houver dívida escriturada. Como normalmente este fato não ocorre na prática, aplicamos outro fundamento para responsabilizar o sucessor: arts. 10 e 448 da CLT.

---

38 ÜSSEKIND, Arnaldo; MARANHÃO, Délio; VIANNA, Segadas; TEIXEIRA, Lima. *Instituições de Direito do Trabalho*. 21. ed. São Paulo: LTr, 2003, v. 1, p. 303-304.

39 GOMES, Orlando; GOTTSCHALK, Élson. *Curso de Direito do Trabalho*. Rio de Janeiro: Forense, 1995, p. 107.

40 PINTO, José Augusto Rodrigues. *Curso de Direito Individual do Trabalho*. 4. ed. São Paulo: LTr, 2000, p. 145.

41 DELGADO, Mauricio Godinho. *Curso de Direito do Trabalho*. São Paulo: LTr, 2004, p. 403.

42 MARTINS, Sergio Pinto. *Direito do Trabalho*. 13. ed. São Paulo: LTr, 2000, p. 178-179.

43 CARRION, Valentin. *Comentários à Consolidação das Leis do Trabalho*. 29. ed. São Paulo: Saraiva, 2005, p. 284-285.

44 BARROS, Alice Monteiro de. *Curso de Direito do Trabalho*. São Paulo: LTr. 2005, p. 366-369.

Apesar de a doutrina majoritária defender a primeira corrente (não responsabilidade do sucessor pelos contratos extintos antes da sucessão), há inúmeros julgados adotando a segunda corrente (quando se tratar de sucessão a título privado), isto é, a de que o sucessor responde por tudo, como espelha a Orientação Jurisprudencial nº 261 da SDI-I do TST.

> SUCESSÃO TRABALHISTA. CONTRATO DE EMPREGO EXTINTO ANTERIORMENTE À TRANSFERÊNCIA DA EMPRESA SUCEDIDA. RESPONSABILIDADE DO SUCESSOR. 1. À luz dos arts. 10 e 448 da CLT, a continuidade da prestação de serviços pelo empregado ao sucessor não constitui requisito imprescindível à caracterização da sucessão, haja vista que a responsabilidade legal é ditada em função da empresa, em face do princípio da despersonalização do empregador. Robustece tal convicção o art. 2º da CLT, que reputa empregadora a empresa. 2. Mesmo para os contratos já rescindidos pelo antigo empregador, inexistentes no momento do *trespasse*, fica privativamente responsável o sucessor. (...) O novo titular subentra ou sub-roga-se em todos os direitos e obrigações do seu antecessor (Evaristo de Moraes Filho). Portanto, o sucessor responde, por imposição de lei, inclusive pelos débitos vencidos antes da transferência da unidade produtiva ou comercial. 3. Embargos de que não se conhece.TST-E-RR-512839/98 – Rel. Designado: Min. João Oreste Dalazen. *DJU* 24/05/2002.

> SUCESSÃO TRABALHISTA. EXECUÇÃO. EMBARGOS DE TERCEIRO. SUCESSÃO DE EMPREGADORES. A sucessora é parte legítima para figurar no processo de execução, ainda que reconhecida tal situação após encerrado o processo de conhecimento. O atendimento do comando judicial, previsto nos arts. 10 e 448, da CLT, visa evitar eventuais tentativas de fraudes ou outras circunstâncias que possam comprometer a garantia de eficácia da coisa julgada. TRT, 1ª Reg. 3º, RO 00174-2005-052-01-00-9, Rel. Maria das Graças Paranhos, DJRJ 04/10/2006.

Entretanto, cumpre ressaltar que nos casos de substituição de concessionário de serviço público, o mesmo Tribunal Superior adotou posição em contrário (Orientação Jurisprudencial nº 225 da SDI-I), no sentido de isentar o sucessor pelos contratos extintos antes da transferência da concessão.

1.9. O Sucedido fica Desonerado das Dívidas Trabalhistas após a Sucessão

A jurisprudência consagrou o princípio de que o titular sucessor responde pela totalidade da dívida trabalhista, desonerando o antigo desta responsabilidade. A Lei nº 13.467/17 acrescentou o art. 448-A à CLT e adotou o mesmo entendimento.

Poderá, entretanto, haver solidariedade, excepcionalmente, por fraude, simulação, ou pacto de responsabilidade assumido pelo sucedido. Ressalte-se que, em sentido oposto, o ajuste celebrado entre as partes de exclusão de responsabilidade do sucessor não terá efeito trabalhista, onde o instituto ocorre *ope legis* (arts. 10, 448 e 448-A da CLT), servindo, apenas, como fundamento de ação de regresso no cível.

De forma isolada, encontra-se Valentin Carrion[45] que entende que a responsabilidade entre eles é solidária e que o empregado pode se voltar contra qualquer

45 CARRION, Valentin, *op. cit.*, p. 284-285.

um. Afirma, ainda, que o sucessor, condenado ao pagamento de débitos trabalhistas referentes ao período do antecessor, tem o direito de regresso contra este na forma da lei civil.

O art. 1.146 do Código Civil mantém a responsabilidade do devedor primitivo, de forma solidária, por 1 ano a partir da publicação (quanto aos créditos vencidos) e da data de vencimento (quanto aos demais créditos), mas apenas quando os débitos estejam contabilizados. Remetemos o leitor ao Capítulo "Empregador", a respeito do conceito de empresa, estabelecimento e *trespasse*.

A jurisprudência também tem mantido a responsabilidade do sucedido, quando se tratar de substituição de concessionário de serviço público e o sucedido for o proprietário dos bens que estão sendo arrendados ao novo empresário – OJ nº 225 da SDI-I do TST.

Cabe ressaltar que, mesmo antes da inclusão do parágrafo único ao art. 448-A da CLT, a jurisprudência defendia que o sucessor não respondia solidariamente por débitos trabalhistas de empresa adquirida, na forma da OJ nº 411 da SDI-I do TST, desde que, à época, a devedora direta fosse solvente ou idônea economicamente, ressalvada a hipótese de má-fé ou fraude.

2. NATUREZA JURÍDICA

Há uma tendência da doutrina trabalhista em buscar no Direito Civil fundamento para suas teses. Neste sentido, diversos autores tentaram explicar a natureza jurídica da sucessão e seus efeitos sobre o contrato de trabalho, as dívidas anteriores e o sucessor. Alguns experimentaram teorias como a novação; a cessão de débito ou assunção de dívida; a sub-rogação; a estipulação em favor de terceiro, a delegação e até nas obrigações *propter rem* ou as decorrentes de ônus reais.

Dentre estas teorias, as que mais se destacaram foram: novação; cessão de débito e a referente às obrigações *propter rem*.

Não se trata de **novação** subjetiva[46-47] (art. 360, II, do CC), uma vez que não existe ânimo expresso ou tácito de novar por parte dos empregados, elemento indispensável para ocorrência da novação. Ademais, a responsabilidade do novo empresário decorre de lei e não da vontade das partes.

Também não se trata de **assunção de dívida** (arts. 299 e seguintes do CC), porque depende do consentimento expresso do credor para a transmissão da obrigação. Não pode ser considerada, também, como hipótese de sub-rogação, pois esta é convencional e a responsabilidade do sucessor decorre de lei e independente do ajuste efetuado com o sucedido, sendo nula cláusula que isente de responsabilidade o sucessor.

---

46 Da mesma forma Alice Monteiro que entende não se tratar de novação. BARROS. Alice Monteiro de. *Curso de Direito do Trabalho*. São Paulo: LTr, 2005, p. 364.

47 Carrion defende ser uma novação subjetiva. CARRION, Valentin. *Comentários à Consolidação das Leis do Trabalho*. 29. ed. São Paulo: Saraiva, 2005.

Alice Monteiro[48] afirma que a sucessão é uma **cessão de empresa** e/ou estabelecimento, com transferência de créditos e débitos. A autora critica ainda a corrente que adota a delegação como natureza jurídica da sucessão, já que o sucessor não é constituído pelo sucedido como seu delegado para agir em seu nome.

Para Martins Catharino,[49] a sucessão é uma **imposição de crédito e de débito** ajustada por inteiro à relação de emprego, que é de trato sucessivo, com a tendência a permanecer.

O novo Código Civil trouxe figura similar à nossa sucessão. Talvez seja a mais próxima dos nossos fundamentos. Os arts. 1.144 a 1.146 CC determinam que na alienação, arrendamento ou usufruto do estabelecimento o adquirente responde pelo pagamento dos débitos anteriores à transferência, desde que regularmente contabilizados, o que inviabiliza a aplicação do dispositivo *supra*, pois os empregadores não costumam escriturar suas dívidas trabalhistas. Ademais, exigiu que a transferência só produziria efeitos em relação a terceiros, quando averbada à margem da inscrição do empresário ou da sociedade empresária, no Registro Público de Empresas Mercantis e publicada em imprensa oficial, o que nem sempre ocorre na prática, favorecendo o agente torpe pela sua própria torpeza. Remetemos o leitor ao Capítulo "Empregador", a respeito do conceito de empresa, estabelecimento e **trespasse**.

Teoria muito aproximada e que pode socorrer o operador do Direito do Trabalho é a aplicação da teoria ***propter rem***. Essa posição é adotada por Ferrara.[50]

A responsabilidade decorrente da sucessão trabalhista se assemelha com a responsabilidade decorrente das obrigações *propter rem*. Estas se caracterizam nas obrigações que decorrem da coisa. Só existem em razão da propriedade ou da titularidade que o sujeito tem sobre a coisa. Situam-se entre o direito real e o direito obrigacional. Como consequência do direito real, de onde provêm estas obrigações, a dívida trabalhista segue a coisa (efeito sequela), acompanhando-a em suas mutações subjetivas, isto é, segue o novo titular ou o detentor.

A empresa teria tratamento equiparado à coisa, e os contratos de trabalho vigentes e as dívidas deles decorrentes ou daqueles já extintos se equiparariam às obrigações *propter rem*.

Todavia, há uma diferença entre as obrigações *propter rem* e as decorrentes da sucessão: na obrigação *propter rem* possibilita-se a exoneração do devedor pelo abandono do direito real.

De forma diversa ocorre na sucessão trabalhista, em que o abandono da empresa não importa em exoneração do devedor.

Por este motivo Délio Maranhão[51] abandonou a tese.

---

48 BARROS, Alice Monteiro de, *op. cit.*, São Paulo: LTr. 2005, p. 365.

49 CATHARINO, Martins. *Compêndio de Direito do Trabalho*. São Paulo: Saraiva, 1982.

50 Cf. SÜSSEKIND, Arnaldo; MARANHÃO, Délio; VIANNA, Segadas e TEIXEIRA, Lima. *Instituições de Direito do Trabalho*. 22. ed. São Paulo: LTr, 2005, v. 1, p. 307.

51 *Ibidem*. 18. ed. São Paulo: LTr, 1999, v. 2, p. 313.

Talvez, o ideal fosse comparar as dívidas trabalhistas com as de ônus reais, pois neste caso a dívida é da coisa e não da pessoa e o bem (empresa) responde por suas dívidas, independentemente do titular que a esteja explorando na época do vencimento ou da cobrança.

Na verdade não existe correspondente idêntico no direito civil que fundamente a teoria da sucessão de empresários, nos moldes contidos nos arts. 10 e 448 da CLT. Mas, se há alguns institutos próximos no direito civil que possam ajudar a justificar nossa posição, poderíamos dizer que as obrigações que decorrem da sucessão trabalhista se assemelham muito com as *propter rem* ou de ônus reais.

Com razão a doutrina civilista e Orlando Gomes,[52] pois a obrigação *propter rem* segue a coisa e jamais terá seu cordão umbilical rompido, seja qual for o título translativo. A transmissão dessa obrigação é automática e o adquirente não pode recusá-la.

---

52 Cf. GONÇALVES, Carlos Roberto. *Direito Civil Brasileiro*. São Paulo: Saraiva, 2004, v. 2, p. 13.

Capítulo 15

TERCEIRIZAÇÃO

1. TERMINOLOGIA

A terceirização também é chamada de desverticalização, exteriorização, subcontratação, filialização, reconcentração, focalização, parceria[1] (esta também chamada de parceirização); colocação de mão de obra, intermediação de mão de obra, contratação de serviço ou contratação de trabalhador por interposta pessoa, prestação de serviços a terceiros etc.

João de Lima Teixeira Filho[2] acrescenta os nomes de *marchandage* e horizontalização.

Segundo Mauricio Godinho Delgado,[3] a expressão terceirização resulta de neologismo oriundo da palavra terceiro, compreendido como intermediário e interveniente. Por causa disso, alguns autores associam a terceirização à colocação ou intermediação ou cessão de mão de obra.

A terceirização é similar ao instituto da *sous-traitance* adotado no Direito francês, uma espécie de empreitada, em que a empresa tomadora celebra com a outra pessoa jurídica ou física um contrato pelo qual esta última se encarrega da produção de um serviço, que a própria tomadora deveria executar para um cliente.

Arion Sayão Romita[4] acrescenta o vocábulo terciarização (também citado por Sergio Pinto Martins), explicando que esta expressão está relacionada ao setor terciário, ligada essencialmente aos serviços. Informa que o termo terceirização não é usado de forma correta, pois induz à existência de uma terceira pessoa, bem como estabelece uma relação entre os empregados da empresa prestadora de serviços e a tomadora dos serviços. Defende, ainda, que existe apenas uma relação bilateral entre as empresas prestadora e tomadora de serviços.

---

1 Essas terminologias são empregadas por MARTINS, Sergio Pinto. *Direito do Trabalho*. 14. ed. São Paulo: Atlas, 2001, p. 160-161.

2 SÜSSEKIND, Arnaldo; MARANHÃO, Délio, VIANNA; Segadas e TEIXEIRA, Lima. *Instituições de Direito do Trabalho*. 22. ed. São Paulo: LTr, 2005, v. 1, p. 280-282.

3 DELGADO, Mauricio Godinho. *Curso de Direito do Trabalho*. 3. ed. São Paulo: LTr, 2004, p. 429.

4 Cf. SÜSSEKIND, Arnaldo; MARANHÃO, Délio; VIANNA, Segadas; TEIXEIRA, Lima, *op. cit.*, p. 281-282.

Com a devida vênia, entendemos de forma diversa, pois, conforme veremos detalhadamente no próximo tópico, existe uma relação trilateral[5] entre o empregado, empregador aparente (empresa prestadora) e o empregador real (empresa tomadora).

Na terceirização o vínculo empregatício se forma com o empregador aparente (prestadora de serviços), desde que regular, isto é, nos casos previstos em lei ou naqueles em que os requisitos formadores da relação de emprego entre o tomador e o trabalhador não estiverem presentes. Caso contrário, de acordo com a regra trabalhista (princípio da *ajenidad*), o vínculo de emprego será sempre com seu real empregador, ou seja, com o tomador (salvo quando o tomador for ente da Administração Pública – art. 37, II da CRFB).

Valentin Carrion,[6] ao tratar da subempreitada (uma das espécies de terceirização), faz distinção entre a autêntica subempreitada (terceirização legal) e a simples locação de mão de obra. Na primeira, existe do lado do subcontratado, um empreendedor, que desenvolve a atividade pactuada com ordens próprias, iniciativa e autonomia, enquanto na segunda há mera intermediação de mão de obra, em que o locador angaria os trabalhadores e os coloca à disposição de um empresário, com quem se relacionam constante e diretamente e de quem recebem as ordens.

Há, ainda, quem[7] diferencie a **terceirização** da **intermediação de mão de obra**, sendo esta a hipótese do trabalho temporário. Argumentam que na intermediação haveria mero fornecimento temporário de trabalhador, com fim específico, ferramentas e instrumentos da empresa temporária; e na terceirização a prestação de serviços pode ser permanente, com ferramentas da empresa contratante. Apesar de muito comum esta corrente, dela discordamos, pois na prática os dois fenômenos são iguais. Assim, entendemos que a distinção é apenas terminológica e não tem efeitos práticos, ainda mais depois da Lei nº 13.429/17, que aproximou os institutos. Se antes não havia motivos para a distinção, hoje, com maior razão, não há como defender a tese de diferentes conceitos para o mesmo fenômeno, pois também pode haver terceirização temporária ou definitiva para fins específicos.

2. CONCEITO

Terceirização é a **relação trilateral**[8] formada entre trabalhador, intermediador de mão de obra (empregador **aparente**, formal ou dissimulado)[9] e o tomador de

---

5 O ministro Barroso entendeu que, na terceirização, a relação é bilateral, e não triangular, como defendemos – entendimento contido na ADPF 324 e RE 958252, com repercussão geral.

6 CARRION, Valentin. *Comentários à Consolidação das Leis do Trabalho*. 29. ed. São Paulo: Saraiva. 2004, p. 294-295.

7 CARELLI, Rodrigo de Lacerda. *Terceirização e intermediação de mão de obra: ruptura do sistema trabalhista, precarização e exclusão social*. Rio de Janeiro: Renovar, 2003, p. 30.

8 O ministro Barroso entendeu que, na terceirização, a relação é bilateral, e não triangular, como defendemos – ADPF 324 e RE 958252, com repercussão geral. A tese de repercussão geral aprovada no RE foi a seguinte: "É lícita a terceirização ou qualquer outra forma de divisão do trabalho entre pessoas jurídicas distintas, independentemente do objeto social das empresas envolvidas, mantida a responsabilidade subsidiária da empresa contratante".

9 Expressão utilizada por DELGADO, Mauricio Godinho. *Curso de Direito do Trabalho*. 3. ed. São Paulo: LTr, 2004, p. 428.

serviços (empregador **real** ou natural), caracterizada pela não coincidência do empregador real com o formal.

Segundo Mauricio Godinho,[10] terceirização é o fenômeno pelo qual se dissocia a relação econômica de trabalho da relação justrabalhista que lhe seria correspondente. É o mecanismo jurídico que permite a um sujeito de direito tomar serviços no mercado de trabalho sem responder, diretamente, pela relação empregatícia estabelecida com o respectivo trabalhador.

A empresa prestadora de mão de obra coloca seus trabalhadores nas empresas tomadoras ou clientes. Ou seja, a tomadora contrata mão de obra através de outra pessoa, que serve de intermediadora entre o tomador e os trabalhadores, sendo que o liame empregatício se estabelece com a colocadora de mão de obra.

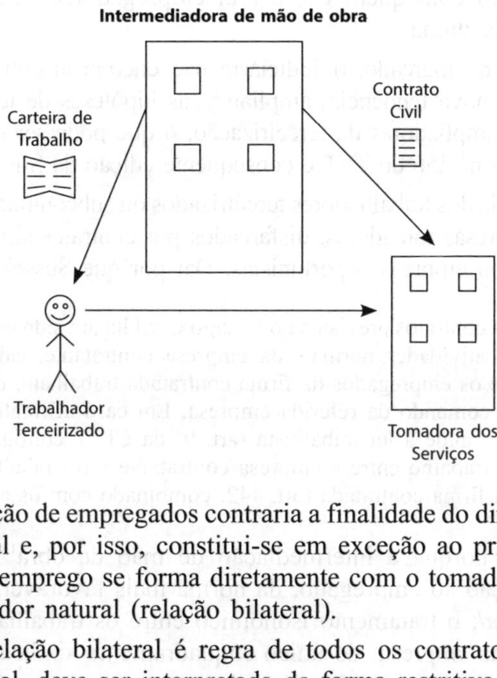

A subcontratação de empregados contraria a finalidade do direito, seus princípios e sua função social e, por isso, constitui-se em exceção ao princípio da *ajenidad*, onde a relação de emprego se forma diretamente com o tomador dos serviços, isto é, com o empregador natural (relação bilateral).

Ademais, a relação bilateral é regra de todos os contratos e a terceirização, exceção e, como tal, deve ser interpretada de forma restritiva.

3. FUNDAMENTOS

A globalização e a crise econômica mundial tornaram o mercado interno mais frágil, exigindo maior produtividade por menores custos para melhor competir com o mercado externo. O primeiro atingido com essa urgente necessidade de redução de custos foi o trabalhador, que teve vários direitos flexibilizados e outros revogados. A terceirização é apenas uma das formas que os empresários têm buscado para

10 DELGADO, Mauricio Godinho, *idem*.

amenizar seus gastos, reinvestindo no negócio ou aumentando seus lucros. Daí por que dos anos 90 para cá a locação de serviços ou terceirização tem sido moda.

Como a legislação brasileira não proíbe a exteriorização de mão de obra, as práticas foram as mais diversas possíveis, demonstrando gritante abuso do direito (modalidade de ato ilícito – art. 187 do CC). Aliás, com o advento das Leis n°s 13.429/17 e 13.467/17 a terceirização foi amplificada e parcialmente regulada.

Melhor teria sido a redução de impostos e da tributação sobre os salários (Sesc, Senai, Sesi, Cofins, PIS etc.), para beneficiar o empregador e pequenos empresários, aliviando o peso econômico do trabalhador sobre a empresa.

Num país onde o desemprego é alarmante e as condições de subemprego crescem a cada trimestre, reduzir os poucos direitos trabalhistas ou sonegar do trabalhador o vínculo com quem é seu real empregador é negar-lhe um mínimo existencial, uma vida digna.

Com a retração do mercado, o Judiciário não encontrou outra saída a não ser a de corroborar com a nova tendência, ampliando as hipóteses de terceirização, mesmo antes das novas leis ampliadoras da terceirização, o que pôde ser observado pelo cancelamento da Súmula nº 256 do TST e consequente edição da Súmula nº 331 do TST.

Todavia, a maioria dos trabalhadores terceirizados ou subcontratados são verdadeiros empregados das empresas tomadoras, disfarçados por contratos simulados com cooperativas, associações ou empresas oportunistas. Daí por que Süssekind[11] assevera que:

> Ainda que os contratos previstos no Código Civil hajam sido celebrados para tarefas estranhas às atividades normais da empresa contratante, caberá verificar-se, em cada caso, se os empregados da firma contratada trabalham, de fato, subordinados ao poder de comando da referida empresa. Em caso afirmativo, haverá nítida simulação em fraude à lei trabalhista (art. 9º da CLT), configurando-se o contrato realidade de trabalho entre a empresa contratante e os trabalhadores formalmente vinculados à firma contratada (art. 442, combinado com os arts. 2º e 3º da CLT).

Isto se explica porque a intermediação de mão de obra[12] fere de morte os princípios: da proteção ao empregado; da norma mais favorável; da condição mais benéfica; da *ajenidad*; o tratamento isonômico entre os trabalhadores que prestam serviço a uma mesma empresa; do único enquadramento sindical; do único empregador; do mesmo enquadramento legal etc. Isso porque os empregados terceirizados possuem direitos inferiores e diversos dos empregados do tomador de serviços.

Ademais, o princípio da proteção ao trabalhador hoje tem *status* constitucional espelhado no art. 7º, *caput,* da CRFB. Consequentemente, a ausência, por exemplo, de um dos requisitos contidos na Lei nº 6.019/74 ou na Lei nº 7.102/83 e demais leis que autorizam a terceirização, acarreta nulidade da cláusula de intermediação e o vínculo se forma diretamente com o tomador dos serviços, passando o empregado

---

11 SÜSSEKIND, Arnaldo; MARANHÃO, Délio; VIANNA, Segadas; TEIXEIRA, Lima. *Instituições de Direito do Trabalho*. 21. ed. São Paulo: LTr, 2003, v. 1, p. 275.

12 Estamos utilizando as expressões "intermediação de mão de obra" e "terceirização" como sinônimas.

a ser protegido pelos direitos contidos na CLT (salvo quando o tomador pertencer à Administração Pública – art. 37, II da CRFB).

4. DIVISÃO

A terceirização pode ser dividida em:

a) Terceirização permanente ou temporária

Temporária é aquela adotada por curto período, para atender demanda transitória, como, por exemplo, a autorizada pela Lei nº 6.019/74. Permanente, a terceirização que pode ser contratada de forma contínua, para necessidade permanente da empresa, como é o caso dos vigilantes (Lei nº 7.102/83) e dos arts. 4º-A e 5º-A da Lei nº 6.019/74, por exemplo.

b) Terceirização de atividade-fim ou de atividade-meio

É possível terceirizar serviços ligados à atividade-fim do tomador, como, por exemplo, para substituição de pessoal regular e permanente ou para demanda complementar de serviço, na forma prevista no § 3º do art. 9º da Lei nº 6.019/74. Desta forma, se o engenheiro chefe da empresa de engenharia vai tirar férias, outro engenheiro poderá ser terceirizado (ou intermediado, como alguns preferem), através de uma empresa que forneça mão de obra temporária, para substituir o titular durante suas férias, por exemplo.

Também é possível terceirizar atividades **inerentes**, como nos casos do art. 455 da CLT, e nas hipóteses previstas na Lei nº 8.987/95 e na Lei nº 9.472/97, com as restrições comentadas abaixo. Entende-se por atividade inerente aquela que está inseparavelmente ligada ou vinculada à atividade principal. Isso significa dizer que é conexa e vinculada à atividade-fim e com ela pode ser confundida.

Antes da Lei nº 13.467/17, Sergio Pinto Martins[13] defendia que a possibilidade de terceirização em atividade-fim ocorria apenas nas hipóteses de: construção civil (art. 455 da CLT), indústria automobilística, serviços contratados pelas **concessionárias de serviço público** e **serviços de telefonia**[14-15] (art. 25 da Lei nº 8.987/95 e art. 94,

---

13 MARTINS, Sergio Pinto. *A Terceirização e o Direito do Trabalho*. São Paulo: Atlas, 2003, p. 134.

14 Conforme as notícias divulgadas no site do STF: "O ministro Teori Zavascki, do Supremo Tribunal Federal, acolheu pedido formulado pela Contax S/A, pela Associação Brasileira de Telesserviços (ABT) e pela Federação Brasileira de Telecomunicações e determinou o sobrestamento de todas as causas que discutam a validade de terceirização da atividade de *call center* pelas concessionárias de telecomunicações. O pedido se deu no Recurso Extraordinário com Agravo (ARE) 791932, com repercussão geral reconhecida...". Disponível em: <http://www.stf.jus.br/portal/cms/verNoticiaDetalhe.asp?idConteudo=276490>. Acesso em: 11 mar. 2015.

15 Recurso de Revista da Telemar Norte Leste S.A. Terceirização. Empresas de Telecomunicações. Licitude. A Lei Geral de Telecomunicações (LGT; Lei nº 9.472/97) ampliou as hipóteses de terceirização de serviços. Assim, a previsão contida no art. 94, II, no sentido de que é possível a contratação de empresa interposta para a prestação de atividades inerentes ao serviço de telecomunicações, autoriza a terceirização das atividades preceituadas no § 1º do art. 60 da LGT. Por conseguinte, torna-se

II, da Lei nº 9.472/97). O autor acrescentava que, em qualquer caso, a pessoalidade e a subordinação direta não poderiam estar presentes. Concordamos com a tese.

De fato, o **empreiteiro principal** pode subcontratar trabalhadores por meio do subempreiteiro para execução de serviços relacionados à obra ou fase desta. Todavia, trabalho executado pelos empregados do subempreiteiro, apesar de similar, não se insere na necessidade permanente e contínua do tomador (empreiteiro principal), tendo em vista que são especializados, transitórios ou intermitentes em relação à obra, como colocação de esquadrias de alumínio, de carpete, de azulejos. Alguns podem até ser caracterizados como serviços inerentes, mas são tomados de forma transitória e prestados para diversos tomadores.

Na **indústria automobilística,** é comum a necessidade de contratação de empresas especializadas para a colocação, durante a produção e a montagem dos veículos, de rádio, ar-condicionado, blindagem e demais acessórios. Estes são instalados e ajustados junto do processo de montagem dos veículos. Daí por que os trabalhadores terceirizados executam seus serviços juntos aos empregados da indústria automobilística, dentro do mesmo pátio industrial, respeitando a mesma estrutura dinâmica de produção. Esta terceirização só pode ocorrer se não houver pessoalidade e subordinação entre o trabalhador e o tomador (indústria automobilística).

Também pode ocorrer, para algumas atividades na **administração pública**[16], assim como nos casos de urgência na concessão dos serviços e não houver tempo hábil para aguardar a criação, por lei, de novas vagas para tais cargos públicos.

O art. 4º-A da Lei nº 6.019/74 (com a redação dada pela Lei nº 13.429/17) autorizou a terceirização para **serviços determinados e específicos**. Como não foi explícita, duas correntes surgiram a partir daí. Uns vislumbraram a autorização para terceirização de atividade-fim; enquanto outros, em posição oposta, defenderam que a lei em comento não foi expressa. Fundamentavam que quando a Lei nº 13.429/17 quis autorizar a terceirização em atividade-fim o fez expressamente, como ocorreu com o § 3º do art. 9º da Lei nº 6.019/74. De qualquer forma, a celeuma durou pouco tempo, pois a Lei nº 13.467/17 novamente alterou o art. 4º-A da Lei nº 6.019/74 para, desta vez de forma expressa, autorizar a terceirização de qualquer atividade, inclusive da **atividade principal**. Assim, a partir da Lei nº 13.467/17 a terceirização da **atividade-fim** é sempre possível.

Expandir os casos de terceirização para as atividades principais (atividade-fim), ao argumento de que tal medida cria mais empregos e reduz a informalidade é a tese daqueles que não se importam com a precarização do trabalho. Para nós, o objetivo da ampla terceirização é a redução do custo da mão de obra com a diminuição do valor do salário e de direitos dos terceirizados, pois não será mais

---

irrelevante discutir se a função desempenhada pela reclamante enquadra-se como atividade-fim ou meio, ante a licitude da terceirização, uma vez respaldada em expressa previsão legal. Tal licitude, porém, não afasta a responsabilidade subsidiária da tomadora dos serviços, nos termos da Súmula 331, IV, desta Corte Superior. Precedentes do TST, RR - 124500-63.2004.5.03.0108, j. 28/04/2010, Rel. Min. Dora Maria da Costa, 8ª T., *DEJT* 07/05/2010.

16 Vide Decreto 9.507/18.

necessário respeitar o piso normativo dos empregados do tomador nem a isonomia de benefícios entre eles.

Convém acrescer a decisão do STF proferida nos autos da ADPF 324 e RE 958252, com repercussão geral, a respeito da matéria:

1. A Constituição não impõe a adoção de um modelo de produção específico, não impede o desenvolvimento de estratégias empresariais flexíveis, tampouco veda a terceirização. Todavia, a jurisprudência trabalhista sobre o tema tem sido oscilante e não estabelece critérios e condições claras e objetivas, que permitam sua adoção com segurança. O direito do trabalho e o sistema sindical precisam se adequar às transformações no mercado de trabalho e na sociedade.
2. A terceirização das atividades-meio ou das atividades-fim de uma empresa tem amparo nos princípios constitucionais da livre iniciativa e da livre concorrência, que asseguram aos agentes econômicos a liberdade de formular estratégias negociais indutoras de maior eficiência econômica e competitividade.
3. A terceirização não enseja, por si só, precarização do trabalho, violação da dignidade do trabalhador ou desrespeito a direitos previdenciários. É o exercício abusivo da sua contratação que pode produzir tais violações.
4. Para evitar tal exercício abusivo, os princípios que amparam a constitucionalidade da terceirização devem ser compatibilizados com as normas constitucionais de tutela do trabalhador, cabendo à contratante: i) verificar a idoneidade e a capacidade econômica da terceirizada; e ii) responder subsidiariamente pelo descumprimento das normas trabalhistas, bem como por obrigações previdenciárias (art. 31 da Lei 8.212/1993).
5. A responsabilização subsidiária da tomadora dos serviços pressupõe a sua participação no processo judicial, bem como a sua inclusão no título executivo judicial.
6. Mesmo com a superveniência da Lei 13.467/2017 persiste o objeto da ação, entre outras razões, porque, a despeito dela, não foi revogada ou alterada a Súmula 331 do TST, que consolidava o conjunto de decisões da Justiça do Trabalho sobre a matéria, a indicar que o tema continua a demandar a manifestação do Supremo Tribunal Federal a respeito dos aspectos constitucionais da terceirização. Além disso, a aprovação da lei ocorreu após o pedido de inclusão do feito em pauta.
7. *Firmo a seguinte tese: "1. É lícita a terceirização de toda e qualquer atividade, meio ou fim, não se configurando relação de emprego entre a contratante e o empregado da contratada. 2. Na terceirização, compete à contratante: i) verificar a idoneidade e a capacidade econômica da terceirizada; e ii) responder subsidiariamente pelo descumprimento das normas trabalhistas, bem como por obrigações previdenciárias, na forma do art. 31 da Lei 8.212/1993".*

8. Julgo procedente a ADPF e dou provimento ao recurso extraordinário, assentando, em ambos os casos, a licitude da terceirização de atividade--fim ou meio.

Como se percebe da transcrição do voto vencedor, mesmo antes da Lei 13.429/17, a terceirização em atividade-fim foi considerada lícita pelo STF, ampliando as hipóteses previstas no inciso I da Súmula 331 do TST e aparentemente modificando o entendimento contido no inciso III quanto à possibilidade de vínculo de emprego entre o terceirizado e o tomador privado, pois parte do voto afirma "3. Em nenhuma hipótese, contudo, se verificará a ocorrência de vínculo de emprego direto entre a contratante e o trabalhador da contratada, resolvendo-se eventuais intercorrências no campo da responsabilidade subsidiária da contratante."

c) Terceirização lícita ou ilícita

Lícita é a terceirização que está autorizada em lei ou não viola regras e princípios de direito. **Ilícita** é a terceirização que é feita ao arrepio da lei, que viola os requisitos estabelecidos em lei ou regras de direito.

A **terceirização lícita** é a autorizada por lei: Leis n°s 7.102/83, 6.019/74, art. 455 da CLT, administração pública para as atividades especializadas e meio; art. 4º-A da Lei nº 6.019/74. Ressalte-se que se não forem atendidos os requisitos impostos por essas leis, a terceirização será ilegal, ou, quando fora desses casos, for praticada em fraude à CLT ou com subordinação ao tomador (art. 9º c/c os arts. 2º e 3º da CLT), ensejando o vínculo com o tomador.

Entrementes, a matéria não é tão tranquila como aparenta, principalmente depois da decisão do STF sobre a licitude de qualquer tipo de terceirização e, inclusive, porque aparentemente impediu o vínculo, em qualquer hipótese, com o tomador. Outra situação que também gerava maior reflexão era o caso da administração pública que, por necessidade (e não por fraude), terceiriza trabalhadores para execução de sua atividade-fim. Mesmo presentes os requisitos dos arts. 2º e 3º da CLT, não gera vínculo de emprego com o tomador ante o óbice constitucional (art. 37, II, da CRFB). Nesse caso, a terceirização não infringiu nenhuma lei, pois não havia vagas abertas para convocação de concurso público, não fraudou nenhum direito do trabalhador, mas é irregular porque contraria o princípio de que a administração pública não deve terceirizar atividade-fim.

Assim, excepcionalmente será **lícita** a terceirização de mão de obra ligada à atividade-fim da Administração Pública que contratar em caso de necessidade, desde que não seja em fraude ao concurso público (vide Decreto 9.507/18).

d) Terceirização voluntária ou obrigatória

Obrigatória é a terceirização em que a lei impõe a contratação do trabalhador por interposta pessoa. Isso ocorrerá toda vez que o tomador não puder, por imposição legal, contratar diretamente o trabalhador.

Há duas hipóteses de terceirização obrigatória: a) administração pública: quanto às atividades-meio e especializadas ou, excepcionalmente, as urgentes; b) serviço de **vigilância armada** (Lei nº 7.102/83) – *vide* tópico específico sobre vigilância.

O Decreto-lei nº 200/67 estabeleceu a estruturação e o funcionamento dos órgãos da administração pública e, entre os princípios da administração pública, tratou da descentralização (art. 6º, III, do Dec.-Lei nº 200/67) e, em seu art. 10, estabeleceu:

> **Art. 10.** A execução das atividades da Administração Federal deverá ser amplamente descentralizada.
>
> § 1º A descentralização será posta em prática em três planos principais:
>
> (...)
>
> § 6º Os órgãos federais responsáveis pelos programas conservarão a autoridade normativa e exercerão controle e fiscalização indispensáveis sobre a execução local, condicionando-se a liberação dos recursos ao fiel cumprimento dos programas e convênios.
>
> § 7º Para melhor desincumbir-se das tarefas de planejamento, coordenação, supervisão e controle e com o objetivo de impedir o crescimento desmesurado da máquina administrativa, a Administração procurará desobrigar-se da realização material de tarefas executivas, **recorrendo, sempre que possível, à execução indireta, mediante contrato, desde que exista, na área, iniciativa privada suficientemente desenvolvida e capacitada a desempenhar os encargos de execução**.
>
> § 8º A aplicação desse critério está condicionada, em qualquer caso, aos ditames do interesse público e às conveniências da segurança nacional.

Por outro lado, a Constituição determinou que todos os cargos e empregos públicos sejam criados por lei (art. 61) e os empregados admitidos mediante concurso público para provimento de cargo efetivo (art. 37, § 2º, da CRFB). Ora, se os cargos destinados às funções relacionadas com a atividade-meio, tais como conservação, limpeza, preparo da alimentação etc., não podem ser criadas por lei, e, se são essenciais para o funcionamento da administração pública, outra alternativa não resta que a de cumprir o disposto no § 7º do art. 10 do Dec.-Lei nº 200/67, isto é, de terceirizar esses trabalhadores. Portanto, se a administração pública necessitar de ascensoristas, garçons, copeiras, faxineiros etc., deverá terceirizar.

Limitando o alcance da Lei 13.429/17, o Decreto 9.507/18, que trata da terceirização no âmbito federal, proibiu sua ocorrência em algumas atividades:

> Administração pública federal direta, autárquica e fundacional
>
> Art. 3º Não serão objeto de execução indireta na administração pública federal direta, autárquica e fundacional, os serviços:
>
> I – que envolvam a tomada de decisão ou posicionamento institucional nas áreas de planejamento, coordenação, supervisão e controle;
>
> II – que sejam considerados estratégicos para o órgão ou a entidade, cuja terceirização possa colocar em risco o controle de processos e de conhecimentos e tecnologias;

III – que estejam relacionados ao poder de polícia, de regulação, de outorga de serviços públicos e de aplicação de sanção;

IV – que sejam inerentes às categorias funcionais abrangidas pelo plano de cargos do órgão ou da entidade, exceto disposição legal em contrário ou quando se tratar de cargo extinto, total ou parcialmente, no âmbito do quadro geral de pessoal.

(...)

Empresas públicas e sociedades de economia mista controladas pela União

Art. 4º Nas empresas públicas e nas sociedades de economia mista controladas pela União, não serão objeto de execução indireta os serviços que demandem a utilização, pela contratada, de profissionais com atribuições inerentes às dos cargos integrantes de seus Planos de Cargos e Salários, exceto se contrariar os princípios administrativos da eficiência, da economicidade e da razoabilidade, tais como na ocorrência de, ao menos, uma das seguintes hipóteses:

I – caráter temporário do serviço;

II – incremento temporário do volume de serviços;

III – atualização de tecnologia ou especialização de serviço, quando for mais atual e segura, que reduzem o custo ou for menos prejudicial ao meio ambiente;

IV – impossibilidade de competir no mercado concorrencial em que se insere.

(...)

Voluntárias são aquelas em que o empresário escolhe se quer ou não terceirizar os serviços.

5. BRASIL – HISTÓRICO LEGISLATIVO

A CLT, que sempre teve um pensamento avançado em relação às demais legislações, desde o seu texto originário, estabeleceu única hipótese de subcontratação de mão de obra. Esta ocorre no caso da subempreitada prevista no art. 455 da CLT.

Esta, durante um bom tempo, era a única hipótese de terceirização prevista no nosso ordenamento jurídico.

O art. 10, § 7º, do Decreto-Lei nº 200/67 incentivou a ampliação do fenômeno, pois tinha a intenção de descentralizar as atividades da Administração Pública, mas só foi regulamentado pelo art. 3º, parágrafo único, da Lei nº 5.645/70 (revogado pela Lei nº 9.527/97).

Logo depois, a terceirização foi estendida também ao setor privado, pelas Leis nºs 6.019/74 (Lei do Trabalho Temporário) e 7.102/83 (Vigilantes), porém com efeitos restritos.

A Lei nº 6.019/74 permite somente contratos de curta duração (cento e oitenta dias, prorrogáveis por mais noventa dias), para atender necessidade transitória de substituição de seu pessoal regular e permanente ou demanda complementar de serviço.[17]

---

17 O parágrafo único do art. 3º do Decreto 10.060/19 estabelece que **não se consideram demandas complementares de serviços as demandas contínuas ou permanentes, nem as demandas decorrentes da abertura de filiais.**

A Lei nº 7.102/83, na época de sua promulgação, limitava-se aos trabalhadores ligados à segurança bancária. Depois, a Lei nº 8.863/94 ampliou o alcance da Lei nº 7.102/83, para permitir a terceirização para toda área de vigilância patrimonial, pública ou privada, inclusive para pessoa física.

Até então a interpretação dos casos de terceirização era restritiva e limitada apenas a essas duas leis, motivo pelo qual foi expedida a já cancelada Súmula nº 256 do TST. Nos demais casos de terceirização, deveria ser respeitado o princípio da *Ajenidad*, e o vínculo se formaria diretamente com o tomador dos serviços, inclusive com os entes da Administração Pública.

O próximo passo foi a Constituição de 1988, que em seu art. 37, II, vedou o reconhecimento do vínculo de emprego com a Administração Pública sem a prévia aprovação em concurso público. Como diz respeito à Lei Maior, houve imediata limitação da Súmula nº 256 do TST, pois a citada norma constitucional é de eficácia plena. Com isso, mesmo violando as hipóteses mencionadas na antiga Súmula nº 256 do TST, já cancelada, o vínculo não poderia se formar com a Administração Pública, salvo se o trabalhador tivesse sido contratado antes da Carta – OJ nº 321 da SDI-I do TST.

Sob a influência da retração do mercado interno, da globalização e da necessidade de redução de custos, a consequência foi flexibilizar as relações de trabalho, ampliando as hipóteses de terceirização. Por esse motivo, foi cancelada a Súmula nº 256 do TST e outra editada (Súmula nº 331 do TST) em 1993. Foram incluídas as atividades de conservação, limpeza e outras ligadas à atividade-meio do tomador ou de mão de obra especializada, sempre com a ressalva da inexistência de pessoalidade e subordinação direta com o tomador.

Depois, a Resolução nº 96/2000 do TST modificou a redação do inciso IV da Súmula nº 331 para incluir de forma expressa a responsabilidade subsidiária da Administração Direta, Autárquica ou Fundacional, bem como as empresas públicas e as sociedades de economia mista que praticavam a terceirização. Com isso, o tomador público de serviços deveria responder de forma subsidiária.

Após o julgamento da ADC nº 16, foi emitida a Res. nº 174/2011, que acrescentou os incisos V e VI, além de alterar o inciso IV, modificando a posição originária do TST, cuja redação atual da Súmula nº 331 do TST é:

> *CONTRATO DE PRESTAÇÃO DE SERVIÇOS. LEGALIDADE*
>
> *I – A contratação de trabalhadores por empresa interposta é ilegal, formando-se o vínculo diretamente com o tomador dos serviços, salvo no caso de trabalho temporário (Lei nº 6.019, de 03.01.1974).*
>
> *II – A contratação irregular de trabalhador, mediante empresa interposta, não gera vínculo de emprego com os órgãos da Administração Pública direta, indireta ou fundacional (art. 37, II, da CF/1988).*
>
> *III – Não forma vínculo de emprego com o tomador a contratação de serviços de vigilância (Lei nº 7.102, de 20.06.1983) e de conservação e limpeza, bem como a de serviços especializados ligados à atividade-meio do tomador, desde que inexistentes a pessoalidade e a subordinação direta.*
>
> *IV – O inadimplemento das obrigações trabalhistas, por parte do empregador, implica a responsabilidade subsidiária do tomador dos serviços quanto*

> *àquelas obrigações, desde que haja participado da relação processual e conste também do título executivo judicial.*
>
> *V – Os entes integrantes da Administração Pública direta e indireta respondem subsidiariamente, nas mesmas condições do item IV, caso evidenciada a sua conduta culposa no cumprimento das obrigações da Lei nº 8.666, de 21.06.1993, especialmente na fiscalização do cumprimento das obrigações contratuais e legais da prestadora de* ***serviço como empregadora. A aludida responsabilidade não decorre de mero inadimplemento das obrigações trabalhistas assumidas pela empresa regularmente contratada.***
>
> *VI – A responsabilidade subsidiária do tomador de serviços abrange todas as verbas decorrentes da condenação referentes ao período da prestação laboral. (grifos nossos)*

A Lei nº 8.949/94 introduziu o parágrafo único no art. 442 da CLT, estimulando as terceirizações por meio de cooperativas. Estabelece o dispositivo em exame que os cooperados não têm vinculação empregatícia com a cooperativa (prestadora de serviços) nem com o tomador dos serviços.[18] Mais tarde, foi proibida às cooperativas a terceirização de serviços (Lei nº 12.690/12).

A Lei nº 8.987/95 autorizou a terceirização de atividades inerentes para as concessionárias de serviço público, assim como a Lei nº 9.472/97 para as empresas de telecomunicação.

Em 2017, a Lei nº 13.429 modificou a Lei nº 6.019/74 e regulou parcialmente a terceirização em geral, além de alterar alguns dispositivos do trabalho temporário.

Por último, a Lei nº 13.467/17 mais uma vez modifica a Lei nº 6.019/74 e dá nova redação aos arts. 4º-A e ss., e expressamente autoriza a terceirização de atividade-fim e regula alguns direitos dos terceirizados.

Em agosto de 2018 o STF julgou a ADPF 324 e RE 958.252 e fixou a seguinte tese: "1) É lícita a terceirização de toda e qualquer atividade, meio ou fim, não se configurando relação de emprego entre a contratante e o empregado da contratada. 2) Na terceirização, compete à contratante verificar a idoneidade e a capacidade econômica da terceirizada e responder subsidiariamente pelo descumprimento das normas trabalhistas, bem como por obrigações previdenciárias". O entendimento se aplica às terceirizações ocorridas antes mesmo da Lei 13.429/17.

6. ESTUDOS DE ALGUNS CASOS

São casos de terceirizações mais comuns no Direito do Trabalho:

a) art. 455 da CLT;
b) Lei nº 6.019/74;
c) Lei nº 7.102/83;

---

18 O art. 5º da Lei 12.690/12 proibiu as cooperativas de trabalho de terceirizarem mão de obra subordinada.

d) art. 442, parágrafo único, da CLT c/c Lei nº 12.690/12;

e) art. 37, II, da CRFB – Vínculo com a Administração Pública somente através de concurso público;

f) atividades ligadas à atividade-meio, desde que inexistente a pessoalidade e subordinação (Súmula nº 331, inciso III, do TST);

g) art. 25 da Lei nº 8.987/95 e art. 94, II, da Lei nº 9.472/97.

h) Lei nº 13.467/17 (art. 4º-A da Lei nº 6.019/74).

6.1. Art. 455 da CLT

A primeira terceirização prevista legalmente na área trabalhista foi a contida no art. 455 da CLT, que permite a subcontratação de operários pelo empreiteiro principal, dono do empreendimento. Nos casos de inadimplemento das obrigações trabalhistas por parte do intermediador (subempreiteiro) responderá o empreiteiro principal. Esta responsabilidade, para alguns, é solidária e para outros, subsidiária.

Uma obra passa por diversas fases, sendo que algumas são transitórias e especializadas em relação à obra principal. A construção da estrutura, dos andares, dos apartamentos etc., fazem parte do curso normal da obra e é realizada pelo empreiteiro principal. Todavia, a colocação de tapete, o rebaixamento dos tetos (gesso), a colocação de mármore nas bancadas; os metais dos banheiros ou suas louças, constituem uma especialização de serviço e uma fase transitória. São, na verdade, **serviços inerentes** (conexos e relacionados, de forma inseparável, à atividade-fim do empreiteiro principal). Para esses serviços transitórios e especiais pode o empreiteiro principal se valer de empresa especializada na atividade (uma em venda e colocação em tapete, outra em mármore, uma terceira em louças e vasos sanitários etc.). Estas empresas, quando contratadas por um empreiteiro (principal), são chamadas de subempreiteiras.

O subempreiteiro pode ser uma pessoa física ou jurídica que contrata operários empregados e os coloca à disposição de um empresário, de quem recebem ordens, relacionando-se diretamente com os empregados deste, inserindo-se na atividade-fim do empreiteiro principal ou em atividades conexas. O subempreiteiro nada mais é que um intermediário entre o operário e seu empregador natural, que impede o vínculo de emprego com este, pois é o empregador legal. É a figura da *marchandage*, vedada em diversos países, mas permitida legalmente aqui no Brasil.

O art. 455 da CLT trata da responsabilidade do empreiteiro principal, quando do inadimplemento do subempreiteiro.

A **responsabilidade subsidiária** do empreiteiro principal encontra ressonância em boa parte da doutrina,[19-20] face à preferência de ordem expressa na lei. Adotamos a tese de que o art. 455 da CLT adotou a responsabilidade subsidiária.

---

19 SÜSSEKIND, Arnaldo; MARANHÃO, Délio; VIANNA, Segadas; TEIXEIRA, Lima. *Instituições de Direito do Trabalho*. 22. ed. São Paulo: LTr, 2005, v. 1, p. 274.

20 Neste sentido CARRION, Valentim, op. cit., 28. ed., 2003, p. 276.

É sabido que o subempreiteiro (pessoa física ou jurídica) normalmente não tem idoneidade financeira ou lastro patrimonial para arcar com as obrigações trabalhistas. Ademais, de acordo com o art. 186 do CC, aquele que causa dano a outrem deve ser responsabilizado por isso (*culpa in contrahendo, in vigilando e culpa in eligendo).*

Também nesse sentido a jurisprudência:

> CONTRATO DE EMPREITADA. ATIVIDADE-FIM DA EMPRESA. RESPONSABILIDADE SUBSIDIÁRIA DA TOMADORA. Comprovado que a empresa celebrou contrato de empreitada de tarefas inseridas na sua atividade-fim, impõe-se a responsabilização subsidiária da tomadora, por se tratar da real beneficiária da prestação dos serviços, atraindo a aplicação da Súmula 331 do Tribunal Superior do Trabalho. (TRT-22 – RO: 000007524620165220107 – Rel. Fausto Lustosa Neto – Data de Julgamento: 27/03/2018, 2ª Turma).

Há, entretanto, jurisprudência inclusive do TST em sentido contrário, isto é, defendendo **a responsabilidade solidária**, sob o argumento de que a preferência de ordem ocorre na fase contratual. Quando a demanda chega ao Judiciário, o subempreiteiro já está inadimplente, não havendo mais preferência de ordem.

> RECURSO ORDINÁRIO. CONTRATO DE EMPREITADA DE CONSTRUÇÃO CIVIL. RESPONSABILIDADE SOLIDÁRIA. Restando evidenciado nos autos que a segunda reclamada se beneficiou da mão de obra do empregado, por meio da transferência de suas etapas de produção a empresa interposta, emerge cristalina a responsabilidade solidária no pagamento das obrigações trabalhistas reconhecidas no título judicial, diante da flagrante situação delineada no art. 455 da CLT. (TRT-20 00002184320175200004 – Relator: Jorge Antonio Andrade Cardoso – Data de Publicação: 01/02/2019).
>
> AGRAVO EM AGRAVO DE INSTRUMENTO. RESPONSABILIDADE SOLIDÁRIA. CONTRATO DE EMPREITADA. Conforme registrado pelo eg. Tribunal Regional, havia contrato de subempreitada entre as rés, ambas empresas construtoras, pelo que devem responder de forma solidária, nos termos do art. 455 da CLT, pelo pagamento das verbas trabalhistas. Julgado da c. SDI-1. (TST – Ag-AIRR: 20691220155090678 – Rel. Alexandre de Souza Agra Belmonte – Data de Julgamento: 18/12/2018 – 3ª Turma – Data de Publicação: *DEJT* 07/01/2019).

6.1.1. Dono da Obra

O dono da obra é o proprietário do terreno ou da construção, e poderá explorar ou não a construção civil como atividade econômica.

Algumas pessoas físicas ou jurídicas constroem ou reformam seus estabelecimentos, suas casas para uso próprio. Se, todavia, o fizerem com a finalidade de revenda ou de lucro, serão considerados empregadores ou empreiteiros principais, para fins de responsabilidade subsidiária, junto com o subempreiteiro.

Antes, o entendimento era de que o dono da obra não responde juntamente com o empreiteiro se não explorar atividade econômica ligada à construção civil. Ainda adotamos tal posição. Isto se explica porque se tivesse contratado o operário para a construção ou reforma do imóvel que vai se estabelecer ou residir, sequer seria empregador, porque não explora qualquer atividade econômica.

Entretanto, em 11/05/2017, o TST fixou tese vinculante, nos autos do IRR – 190-53.2015.5.03.0090, e modificou sua posição para defender que o dono da obra tem responsabilidade subsidiária para arcar com os débitos trabalhistas quando a empresa ou o empreiteiro contratado não forem idôneos. A responsabilidade, no entanto, não é automática. Por isso, é preciso provar, em caso de inadimplemento, a falta de idoneidade financeira do empreiteiro. A regra tem como exceção se o dono da obra for a administração pública, modificando o antigo entendimento da OJ 191 da SDI-1 do TST.

6.2. Lei nº 6.019/74

A Lei nº 6.019/74 autoriza a intermediação de mão de obra "para atender à necessidade de substituição transitória de pessoal permanente ou à demanda complementar de serviços" (art. 2º). Considera-se complementar a "demanda de serviços que seja oriunda de fatores imprevisíveis ou, quando decorrente de fatores previsíveis, tenha natureza intermitente, periódica ou sazonal" (art. 2º, § 2º).

O trabalhador temporário é empregado da empresa prestadora de serviços, sendo, este caso, mais uma exceção ao princípio da *ajenidad*, isto é, da bilateralidade dos contratos de trabalho.

A lei deixa claro que "qualquer que seja o ramo da empresa tomadora de serviços, **não existe vínculo de emprego** entre ela e os trabalhadores contratados pelas empresas de trabalho temporário" (art. 10).

Não há necessidade de o trabalhador ser **especializado**, como pretendeu o Decreto nº 73.841/74, mas tão somente que seja devidamente qualificado no contrato (brasileiro, casado, portador da CTPS...), na forma prevista na Lei nº 6.019/74. O decreto extravasou os limites da lei.

O trabalhador temporário pode ter diversos **contratos temporários sucessivos**, desde que seja com tomadores distintos, como se subentende do disposto no art. 10, § 1º, da Lei nº 6.019/74. Desde que esgotado o prazo máximo de vigência de **270 dias** (180 + 90), a lei exige um prazo mínimo de 90 dias entre o fim de um e início de outro contrato temporário com o mesmo tomador (§ 5º do art. 10). Aparentemente, a lei autoriza sucessivos contratos determinados, sem a consequência do art. 452 da CLT, até que se esgote o prazo máximo de 270 dias. Salvo quanto a este artigo, devem ser aplicados os demais artigos referentes ao contrato por prazo determinado da CLT ao temporário, quando compatíveis.

É permitida a terceirização de atividade-fim, sem descaracterizar a intermediação de mão de obra realizada pela interposta pessoa (art. 9º, § 3º, da Lei nº 6.019/74).

O contrato de trabalho temporário tem que ser **escrito** entre o empregador e o trabalhador, bem como entre a empresa temporária (prestadora de serviços) e a tomadora de serviços, na forma dos arts. 9º e 11 da Lei nº 6.019/74. O contrato entre as empresas é de natureza civil e deve apontar expressamente os **motivos** da demanda (acréscimo de serviço ou substituição de pessoal).

É responsabilidade da empresa contratante garantir as condições de segurança, higiene e salubridade dos trabalhadores, quando o trabalho for realizado em suas dependências ou em local por ela designado (art. 9º, § 1º).

O estrangeiro, com visto provisório de permanência no país, não pode ser contratado sob o abrigo desta lei (art. 17).

A empresa de trabalho temporário só poderá funcionar com o registro do Ministério da Economia, antigo Ministério do Trabalho (art. 4º da Lei nº 6.019/74), que será fornecido após a apresentação dos documentos exigidos no art. 6º. Empresa de trabalho temporário é a pessoa jurídica, urbana ou rural, responsável pela colocação de trabalhadores à disposição de outras empresas temporariamente.

É proibida a contratação de trabalho temporário para a substituição de trabalhadores em greve, salvo nos casos previstos em lei (art. 2º, § 1º).

O prazo de duração do contrato de trabalho temporário é de até **cento e oitenta dias** (contrato a termo), podendo ser prorrogado por mais noventa dias (art. 10 da Lei nº 6.019/74), totalizando, de forma consecutiva ou não, duzentos e setenta dias.

A empresa de trabalho temporário, ao contrário das agências de emprego, não pode cobrar qualquer importância do trabalhador temporário. Esta empresa também não pode impedir que o tomador de serviços contrate definitivamente o trabalhador temporário ao fim do prazo de seu contrato (art. 11, parágrafo único).

Alice Monteiro de Barros,[21] assim como boa parte da jurisprudência, não aceita o contrato de experiência em seguida ao contrato temporário, uma vez que o objeto principal do contrato de prova, que é avaliar o trabalhador, já terá sido cumprido. Concordamos com esta vertente. *Vide* Capítulo "Contrato por Prazo Determinado". Aliás, o art. 10, § 4º, com a nova redação dada pela Lei nº 13.429/17, agora é expresso neste sentido.

O trabalhador temporário pode ser demitido por justa causa ou aplicá-la no empregador (art. 13 da Lei nº 6.019/74).

A empresa de trabalho temporário é a responsável pelo cumprimento das obrigações trabalhistas dos trabalhadores temporários, porém, no caso de falência desta, a tomadora de serviços responderá solidariamente pelo período que o trabalhador esteve sob suas ordens.

Apesar de não existir controvérsias sobre a questão, a Lei nº 6.019/74 estabeleceu expressamente a competência da Justiça do Trabalho para dirimir os possíveis conflitos entre as empresas de trabalho temporário e seus trabalhadores (art. 19).

São aplicáveis todos os artigos da CLT e demais leis extravagantes ao temporário, ante sua condição de empregado, desde que compatíveis com a Lei nº 6.019/74, como, por exemplo: adicional noturno (20%), de insalubridade ou periculosidade, repouso semanal remunerado, férias proporcionais + 1/3, 13º salário, assinatura na CTPS, bem como todos os demais direitos previstos como regra geral na CLT.

---

21 BARROS, Alice Monteiro de. *Curso de Direito do Trabalho*. São Paulo: LTr. 2005, p. 423.

Além disso, o art. 12 garante, aos temporários, remuneração equivalente à dos empregados pertencentes à mesma categoria na empresa tomadora. A lei não quis equiparar os salários e sim diminuir as diferenças entre os trabalhadores internos e terceirizados, impedindo maiores discriminações. Para tanto, deve ser levado em conta o valor do piso da categoria dos empregados do tomador e não o salário do empregado do tomador, salvo na existência de plano de cargos e salários ou de estipulação de salário de ingresso superior ao normativo.

Apesar disso, há posição que advoga que o piso deve obedecer ao da categoria do intermediador.

De qualquer sorte, devem ser tomados alguns cuidados para não adotar valor idêntico ao do salário do empregado substituído (no caso de substituição de pessoal), pois este já pode ter incorporado certos benefícios e ter antiguidade na empresa, o que justifica um salário superior àquele que será pago ao temporário substituto.

Os trabalhadores temporários possuem jornada de trabalho de oito horas diárias, que não será alterada caso os empregados da empresa tomadora trabalhem apenas seis horas, respeitado o salário hora de forma proporcional entre eles. Mauricio Godinho[22] discorda e defende a aplicação da lei do tomador, em face da isonomia adotada no art. 12, *a*, da Lei nº 6.019/74, ou seja, que os trabalhadores temporários devem laborar o mesmo tempo dos empregados da empresa tomadora de serviços, assim como ter o mesmo enquadramento sindical. Entende, ainda, que o adicional de horas extras, que não podem exceder de duas horas por dia, é de, no mínimo, 50%, em face do disposto no art. 7º, XVI, da CRFB. A aplicação das regras constitucionais é indiscutível, pois obrigatória.

A contratante estenderá ao trabalhador da empresa de trabalho temporário o mesmo atendimento médico, ambulatorial e de refeição destinado aos seus empregados, existente nas dependências da contratante, ou local por ela designado (art. 9º, § 2º).

Não há que se falar em aviso prévio, por se tratar de contrato a termo.

Revogada a indenização prevista no art. 12, *f*, da Lei nº 6.019/74, porque substituída pelo FGTS – art. 7º, III, da CRFB. Havendo extinção antecipada, sem justa causa, devem ser aplicados os arts. 479 e 480 da CLT, além da indenização adicional de 40% sobre o FGTS, quando cabível. O art. 20 do Decreto 10.060/19 aborda os direitos do trabalhador temporário.

6.3. Lei nº 7.102/83

A segunda terceirização a ser regulamentada e autorizada por lei específica foi a prevista na Lei nº 7.102/83.

Pressionado pelos empresários que reclamavam segurança, diante da onda de assaltos aos bancos, financeiras e transportadoras de valores (dinheiro), o Estado, percebendo que a segurança pública (policiais civis, militares etc.) não era suficiente

---

22 DELGADO, Mauricio Godinho. *Curso de Direito do Trabalho*. 3. ed. São Paulo: LTr, 2004, p. 454.

para evitar o caos, autorizou todo um sistema de segurança privada (particular) a esses estabelecimentos, aí incluída a segurança feita por pessoas, chamadas pela lei de vigilantes. Isto se explica porque o Estado não poderia deixar que o particular contratasse um "matador profissional" ou pessoa "armada" para inibir a violência, por se tratar de matéria de ordem pública: a segurança da população. Mesmo autorizando a criação de todo um aparato de segurança particular, o Estado tem que controlar, através do Ministério da Justiça ou órgão competente e da Polícia Federal, o armamento, a munição, os uniformes etc., para fiscalizar e diferenciá-los da força policial do próprio Estado.

Por esse motivo, a subcontratação de um vigilante, via de regra, é obrigatória, salvo no caso do art. 2º, II, e do art. 10, § 4º, da Lei nº 7.102/83. Daí por que o vínculo de emprego não se forma com o tomador dos serviços.

Este era o entendimento predominante na vigência da, ora cancelada, Súmula nº 256 do TST.

Explica-se:

Até então não havia dúvidas de que o vínculo de emprego não se formava com o tomador, mesmo quando presentes os requisitos da relação de emprego, como se concluía da Súmula nº 257 do TST e da antiga Súmula nº 256 do TST. Entrementes, a partir da edição da Súmula nº 331 do TST, a questão se tornou controvertida.

Para alguns, se o trabalho for pessoal e subordinado em relação ao tomador, a terceirização não será regular e o liame se formará diretamente com este (salvo quando se tratar de ente da Administração Pública, em face da proibição contida no art. 37, II, da CRFB ou no caso da Lei nº 6.019/74). Os defensores desta tese afirmam que este entendimento decorre da interpretação literal da parte final do inciso III da Súmula nº 331 do TST. Questionam: por que teria o TST incluído o trabalho de vigilância no inciso III e não no inciso I, como outrora o fizera a, ora cancelada, Súmula nº 256 do TST?

Pensamos de forma diversa.

Um vigilante não pode ser contratado diretamente por qualquer pessoa, mas apenas por aquelas mencionadas em sua lei, pois o que quis o legislador foi evitar que uma pessoa física ou jurídica, não especializada em métodos de segurança, pudesse contratar um exército armado despreparado para sua segurança pessoal ou patrimonial, colocando em risco a sociedade.

A contratação de vigilância, via de regra, é hipótese de terceirização obrigatória, para segurança da sociedade e controle pelo Estado das pessoas armadas. Daí por que a necessidade da empresa de vigilância ser controlada pelo Ministério da Justiça (art. 20). Excepcionalmente, e desde que preenchidos todos os requisitos, a lei admite que o vigilante seja contratado diretamente pelo tomador dos serviços, isto é, que seja utilizado pessoal do próprio quadro (art. 10, § 4º, da Lei nº 7.102/83), sem a recomendada intermediação de mão de obra. Para tanto, o legislador, com muita razão, exigiu que o empregador (e tomador) contratasse empresa especializada em segurança privada, autorizada pelo Ministério da

Justiça ou órgão competente a funcionar como tal, para dar o necessário suporte ao vigilante empregado, tais como: curso profissionalizante de formação de vigilante, treinamentos, realização de psicotécnico, exame de saúde etc. Também será necessário o registro na Polícia Federal. Ressalte-se que o vigilante só pode ser contratado diretamente pelo tomador se desarmado, pois tanto a Lei nº 7.102/83 quanto o Estatuto do Desarmamento determinam que a arma é de propriedade da empresa de segurança para uso de seus "empregados".

Mesmo que o vigilante seja subordinado e preste serviços pessoais ao tomador, isto é, mesmo quando presentes os requisitos contidos nos arts. 2º e 3º da CLT, o vínculo não se formará com o tomador, ante a vedação legal (salvo nos casos já estudados).

Ressalte-se que o vigilante não pode ser contratado pela Lei nº 6.019/74 (art. 19-B).

6.3.1. Diferenças: Vigilante, Segurança e Vigia

Cabe ressaltar uma importante diferença entre três categorias de trabalhadores distintas: o vigilante, o vigia e o segurança.

O **vigilante** é aquele regido pela Lei nº 7.102/83. Conforme o art. 16, ele deve ser brasileiro, ter a idade mínima de 21 anos, instrução correspondente à quarta série do primeiro grau, não ter antecedentes criminais, ter sido aprovado em curso de formação de vigilantes autorizado pelo Ministério da Justiça ou órgão competente, ter sido aprovado em exame de saúde física, mental e psicotécnico e estar quite com as obrigações eleitorais. O exercício da profissão de vigilante requer prévio registro no Departamento de Polícia Federal (art. 17, *caput*).

O vigilante é contratado através de uma empresa especializada em vigilância, para a execução das atividades previstas no art. 10 da Lei nº 7.102/83, dentre elas: proceder a vigilância patrimonial das instituições financeiras ou afins, bem como de pessoas físicas; realizar transporte de valores ou garantir o transporte de qualquer outro tipo de carga; prestar segurança privada, através das empresas especializadas, segurança privada de pessoas, estabelecimentos comerciais, industriais, de prestação de serviços residenciais etc.

Conforme art. 3º da Lei nº 7.102/83, a vigilância ostensiva e o transporte de valores **só poderão ser executados por empresa especializada contratada ou pelo próprio estabelecimento financeiro**, este, desde que organizado e preparado para tal fim, com pessoal aprovado em curso de formação de vigilante. Assim, como já visto, não pode uma pessoa física ou jurídica comum admitir diretamente um vigilante.

Desta forma, só podem contratar diretamente vigilantes, sem terceirizar, as seguintes empresas: a) empresas especializadas; b) empresas possuidoras de serviços orgânicos de segurança; c) instituições financeiras.

As **empresas especializadas** são prestadoras de serviço de segurança privada autorizadas a exercer transporte de valores, escolta armada, atividades de vigilância patrimonial, segurança pessoal e cursos de formação de vigilância. Estas também são responsáveis pela terceirização dos serviços de vigilância.

Empresas possuidoras de **serviços orgânicos de segurança** são pessoas jurídicas de direito privado autorizadas formalmente a constituir um setor próprio de pessoas para o transporte de valores ou de vigilância patrimonial, na forma do art. 54 da Portaria nº 387/06, da DG/DPF.[23]

Por último, as **instituições financeiras** e bancos nos quais haja guarda ou movimentação de numerário.

Mesmo contratado pelo banco, o vigilante não será bancário (enquadramento sindical), conforme o exposto na Súmula nº 257 do TST.

> *Súmula nº 257 do TST: VIGILANTE. O vigilante, contratado diretamente por banco ou por intermédio de empresas especializadas, não é bancário.*

Ao vigilante, de acordo com o art. 19 da Lei nº 7.102/83, é assegurado o porte de arma, quando em serviço, uniforme especial às expensas do empregador, prisão especial por ato decorrente do serviço e seguro de vida.

Durante a execução do serviço é permitido o uso de revólver calibre 32 ou 38, além de cassetete de madeira ou de borracha (art. 22, *caput*, da Lei nº 7.102/83). Entretanto, conforme o parágrafo único deste mesmo dispositivo, os vigilantes, quando empenhados em transporte de valores, poderão, também, utilizar espingarda de uso permitido e de fabricação nacional, de calibres 12, 16 ou 20.

As armas são de propriedade e responsabilidade do empregador (art. 21 da Lei nº 7.102/83).

O exercício da atividade de vigilante sem a devida formação profissional acarreta a nulidade do contrato, já que fere o art. 104 do Código Civil, pois o objeto na presente relação é ilícito. Nesse sentido o art. 606 do Código Civil.

Pelos mesmos motivos, nulo o contrato daquele que trabalha ostentando arma de fogo que não seja de propriedade da empresa especializada em segurança, seja por ferir de morte o Estatuto do Desarmamento, seja porque, em algumas situações, constitui crime.

> VIGILANTE. AUSÊNCIA DOS REQUISITOS DA LEI Nº 7.102/83. SEGURANÇA. O vigilante é aquele regido pela Lei nº 7.102/83. Conforme o art. 16, ele deve ser brasileiro, ter a idade mínima de 21 anos, instrução correspondente à quarta série do primeiro grau (ensino fundamental), não ter antecedentes criminais, ter sido aprovado em curso de formação de vigilantes autorizado pelo Ministério da Justiça, ter sido aprovado em exame de saúde física, mental e

[23] Art. 54. A empresa que pretender instituir serviço orgânico de segurança deverá requerer autorização prévia ao DPF, mediante o preenchimento dos seguintes requisitos: I – exercer atividade econômica diversa da vigilância patrimonial e transporte de valores; II – utilizar os próprios empregados na execução das atividades inerentes ao serviço orgânico de segurança; III – comprovar que os administradores, diretores, gerentes e empregados que sejam responsáveis pelo serviço orgânico de segurança não tenham condenação criminal registrada; e IV – possuir instalações físicas adequadas, comprovadas mediante certificado de segurança, observando-se: a) dependências destinadas ao setor operacional, dotado de sistema de comunicação; b) sistema de alarme ou outro meio de segurança eletrônica, conectado com a unidade local da Polícia Militar, Civil ou empresa de segurança privada; c) local seguro e adequado para a guarda de armas e munições.

psicotécnico e estar quite com as obrigações eleitorais. O exercício da profissão de vigilante requer prévio registro no Departamento de Polícia Federal (art. 17, caput). O autor não tinha registro no Departamento de Polícia Federal nem fez o curso de formação profissional de vigilante. Logo, não era vigilante. Todavia, comprovada a função de segurança e como tal o vínculo pode ser reconhecido, pois não viola qualquer lei. (TRT-1 – RO: 11261420105010283 RJ – Rel. Volia Bomfim Cassar – Data de Julgamento: 25/01/2012 – 2ª Turma – Data de Publicação: 2012-02-08)

O **segurança** se distingue do vigilante por alguns motivos: a) não pode portar arma ou cassetete; b) pode ser contratado diretamente por qualquer pessoa física ou jurídica; c) não precisa ter formação profissional.

Também atua na segurança, mas não de forma tão ostensiva quanto o vigilante. Seu mister precípuo é a manutenção da ordem e proteção daquilo que lhe foi destinado. Normalmente controlam as entradas e saídas de bailes, *shows*, festas, ou prestam segurança a empresas e pessoas. Neste último caso, pode ser um trabalhador urbano, doméstico ou rural, dependendo das atividades de seu empregador.

Vigia é o empregado contratado para tomar conta de alguma coisa. Não atua na segurança. Não trabalha de forma ostensiva. Apenas observa atentamente a movimentação, sem tomar posição. Em suma, o vigia exerce tarefa apenas de observação e fiscalização do local, sem os requisitos exigidos pela Lei nº 7.102/83. Pode ser regido pela CLT, doméstico ou rural, dependendo de quem é seu empregador.

6.4. Art. 442, Parágrafo Único, da CLT – Sociedades Cooperativas

Segundo Valentin Carrion,[24] a sociedade cooperativa "é uma associação voluntária de pessoas que contribuem com seu esforço pessoal ou suas economias, a fim de obter para si, as vantagens que o agrupamento possa propiciar".

A Lei Maior (art. 174, § 2º) estimula a criação de sociedades, assim como a Recomendação nº 127 da OIT, com o objetivo de melhorar a remuneração dos seus trabalhadores associados.

Para Mauricio Godinho,[25] numa sociedade cooperativa regular é necessária a existência de dois princípios: remuneração diferenciada (a cooperativa permite que o cooperado obtenha uma retribuição pessoal superior àquilo que obteria caso não fosse associado) e dupla qualidade (o associado deve ser ao mesmo tempo cooperado e cliente, auferindo as vantagens dessa duplicidade de situações).

As cooperativas podem ser: de crédito, de produção, de consumo, em forma de consórcio, habitacional, ou de **trabalho**.

---

24 CARRION, Valentin. "Cooperativas de trabalho – autenticidade e falsidade". São Paulo, *Revista LTr*. n. 2, 1999, p. 167.

25 DELGADO, Mauricio Godinho, *op. cit.*, p. 329-333.

As cooperativas de trabalho se dividem em cooperativas de serviço ou de produção (art. 4º da Lei nº 12.690/12) e são regidas por vários princípios, entre eles o da autonomia e independência, o da preservação dos direitos sociais, do valor social do trabalho e da livre-iniciativa e o da não precarização do trabalho.

Os cooperativados são sócios das cooperativas e não empregados. Aliás, o art. 90 da Lei nº 5.764/71 já se manifestava acerca da inexistência de vínculo de emprego entre a cooperativa e seus cooperados:

> **Art. 90.** Qualquer que seja o tipo de cooperativa, não existe vínculo empregatício entre ela e seus associados.

Logo, o parágrafo único do art. 442 da CLT (inserido pela Lei nº 8.949/94) apenas repetiu tal afirmação, não autorizando a terceirização praticada pelas cooperativas, apesar da confusa redação do texto legal.

> **Art. 442.** (...)
> **Parágrafo único.** Qualquer que seja o ramo de atividade da sociedade cooperativa, não existe vínculo empregatício entre ela e seus associados, nem entre estes e os tomadores de serviços daquela.

Na verdade, a intenção da Lei nº 8.949/94 foi a de proteger os assentados do Movimento dos Sem Terra, com o único objetivo de tranquilizar as relações laborais nas chamadas Cooperativas de Assentados, que era de produção, e no regime de mutirão, onde as pessoas prestavam colaboração, sendo uma cooperativa de trabalho.

Ocorre que a *mens legis* não foi respeitada, acarretando o surgimento de várias empresas sob o manto de sociedades cooperativas. A maior parte, fraudulenta.

Verificada a fraude e preenchidos os requisitos dos arts. 2º e 3º da CLT, deve ser declarada a existência do vínculo de emprego com o tomador de serviços, salvo se este for órgão da Administração Pública.

Por esse motivo, o art. 5º da Lei 12.690/12 proibiu as cooperativas de trabalho de terceirizarem ou intermediarem mão de obra subordinada. O verdadeiro cooperativado é um autônomo, pois não possui vínculo de emprego nem com a cooperativa (art. 4º, II, da Lei 12.690/12) nem com os tomadores de serviço (art. 5º). A criação ou utilização de cooperativas para fraudarem os direitos dos empregados acarretará aos responsáveis as sanções penais, cíveis e administrativas cabíveis, sem prejuízo da ação judicial visando à dissolução da Cooperativa, na forma do art. 18 da Lei 12.690/12.

Remetemos o leitor ao Capítulo "Empregados e Trabalhadores Especiais", já que lá a matéria é explorada de forma mais profunda.

6.5. Administração Pública e o Art. 37, II, da CRFB

A Constituição de 1988 exigiu prévia aprovação em concurso público para investidura em cargo ou emprego público, fomentando, a partir de então, amplas e irrestritas hipóteses de terceirização por parte do ente público que, necessitado de mão de obra urgente, principalmente nos serviços essenciais à comunidade (hospitais, por exemplo), não poderiam esperar pela criação de cargos por lei ou pelo concurso público. A contratação de trabalhadores através de empresa colocadora de mão de obra, mesmo irregular e contrária à lei, não acarreta a formação do vínculo com o tomador público, ante o óbice constitucional. Nesse sentido o inciso II da Súmula nº 331 do TST e a Súmula nº 363 do TST.

Desobedecido o inciso II do art. 37 da CRFB, nula é a contratação do trabalhador, com base no § 2º do mesmo dispositivo constitucional.

A Administração Pública pode terceirizar serviços, isto é, contratar terceiros ou utilizar o serviço por meio de **concessão** e **permissão**.

A Lei nº 8.987/95, que regulamenta o art. 175 da Carta, trata da possibilidade de adoção do regime de concessão e permissão da prestação de serviços públicos.

A **concessão** é um contrato administrativo em que a Administração Pública permite que outrem execute um serviço, uma obra pública ou use um bem público, mediante sua própria conta e risco, no prazo e em condições estabelecidas, com tarifa ou outra forma de remuneração. É permitida através de licitação, na modalidade de concorrência (art. 2º, II, da Lei nº 8.987/95).

Permissão é a delegação a título precário da prestação de serviços públicos a pessoa física ou jurídica, mediante licitação, por sua conta e risco (art. 2º, IV).

O art. 25, § 1º, da mencionada lei permite à concessionária contratar terceiros para a execução e desenvolvimento de atividades **inerentes**, acessórias e complementares ao serviço, assim como para implementação de projetos associados.

Da mesma forma, o art. 94, II, da Lei nº 9.472/97, que trata das empresas de telecomunicações (que também são concessionárias de serviço público), autoriza a contratação de terceiros para as atividades inerentes, acessórias e complementares.

Antes da Lei nº 13.467/17, alguns defendiam que a expressão "inerente" significava "atividade-fim" e, em virtude disto, advogavam que a lei era uma exceção à regra geral e permitia, mesmo antes da Lei nº 13.429/17 (art. 4º-A da Lei nº 6.019/74), a terceirização de mão de obra ligada à atividade-fim da tomadora.

Havia intensa controvérsia a respeito da matéria, com posições para todos os lados. O TST, ao julgar uma ação civil pública (RR 134640-23.2008.5.03.0010), entendeu irregular a contratação de trabalhadores terceirizados para desempenhar atividades-fim na empresa tomadora concessionária de serviço público. Em votação apertada (8 a 6), a SDI-I do TST, alterando a decisão do TRT, rejeitou a interpretação de que a Lei nº 8.987/1995 atribuía à expressão "atividades inerentes" o sentido de "atividade-fim", e considerou irregular a terceirização praticada na CELG.[26]

[26] O STF, por meio da ARE 791.932 (Rel. Min. Teori Zavascki), entendeu que a matéria em debate tem repercussão geral e que o TST só pode deixar de aplicar a lei que autoriza a terceirização com a devida reserva de plenário, o que não tem ocorrido, infringindo a Súmula Vinculante 10 do STF. Aliás, já há decisões do TST afirmando ser lícita a terceirização nessas hipóteses, mas isso não afasta a responsabilidade subsidiária do tomador.

Porém, tal entendimento vinha sofrendo modificações e havia diversos julgados no sentido de autorizar a terceirização de atividade-fim para as concessionárias de serviço público, bem como as empresas de telecomunicação.

Dessa forma, o art. 25, § 1º, da mencionada lei já permitia à concessionária contratar terceiros para a execução e desenvolvimento de atividades inerentes, acessórias e complementares ao serviço, assim como o art. 94, II, da LTC.

Assim, a **empresa de telefonia**, concessionária deste serviço público, por exemplo, podia subcontratar empresa de conserto e instalação de linha telefônica (atividade inerente) ou firma de construção civil (atividade especializada) para realização de obras para cabeamento telefônico.

Hoje, a discussão está superada pelo art. 4º-A da Lei nº 6.019/74, que permite qualquer tipo de terceirização, inclusive das atividades inerentes e atividade-fim, garantindo a responsabilidade subsidiária do tomador e pela decisão do STF nos autos da ADPF 324 e no RE 958.252 para autorizar a terceirização "... de toda e qualquer atividade, meio ou fim, não se configurando relação de emprego entre a contratante e o empregado da contratada".

Como já exposto acima, o Decreto 9.507/18, que trata da terceirização no âmbito federal, proibiu sua ocorrência em algumas atividades na Administração Pública em geral. Remetemos o leitor ao item 4, *d*, acima, a respeito do tema.

6.6. Súmula nº 331, III, do TST

O inciso III da Súmula nº 331 do TST dispõe:

> *III – Não forma vínculo de emprego com o tomador a contratação de serviços de vigilância (Lei nº 7.102, de 20.06.1983) e de conservação e limpeza, bem como a de serviços especializados ligados à atividade-meio do tomador, desde que inexistente a pessoalidade e a subordinação direta.*

A contratação do vigilante ocorre, necessariamente, através de empresa especializada,[27] na forma do art. 3º, I, da Lei nº 7.102/83, como já estudado. Portanto, a Súmula deveria ser alterada para retornar o vigilante armado para o inciso I.

Além do serviço de vigilância, o inciso autoriza a subcontratação das atividades de conservação e limpeza, bem como os serviços especializados ligados à atividade-meio do tomador, desde que inexistente a pessoalidade e a subordinação direta.

Em qualquer caso, preenchidos os requisitos dos arts. 2º e 3º da CLT, o vínculo de emprego restará configurado entre o trabalhador e o tomador de serviços, já que não há lei que afaste a aplicação da regra celetista. Ademais, este entendimento respeita o Princípio da Proteção e da *ajenidad* (salvo com o tomador público).

Antes da Lei nº 13.467/17, a corrente doutrinária majoritária entendia que só era possível terceirização de atividademeio, salvo nas hipóteses já estudadas.

27 Salvo nos casos já mencionados no item 7.3.

Sergio Pinto Martins já defendia, mesmo antes da Lei nº 13.467/17, também, a possibilidade de terceirização de atividade-fim, com amparo no art. 170 da CFRB, desde que não existisse fraude. Utilizava o exemplo da indústria automobilística. Convém lembrar a decisão do STF na ADPF 324 e no RE 958252 que fixou a tese de licitude da terceirização em atividade-fim, mesmo antes da Lei 13.429/17.

A parte final do inciso III da Súmula nº 331 do TST, refere-se à "subordinação **direta**". Esta, na verdade, é aquela que o próprio patrão emite a ordem, coordena e supervisiona o serviço do empregado, sem intermediários e **indireta** a praticada por intermediários do patrão (*vide* Capítulo "Requisitos da Relação de Emprego").

Outro argumento tem sido utilizado para afastar o requisito da subordinação "direta" imposto pela parte final do inciso III da Súmula em comento, é a **subordinação estrutural**. De acordo com Mauricio Godinho[28] estrutural é, pois, a subordinação que se manifesta pela inserção do trabalhador na dinâmica do tomador de seus serviços, independentemente de receber (ou não) suas ordens diretas, mas acolhendo, estruturalmente, sua dinâmica de organização e funcionamento.

Isso quer dizer que, toda vez que o empregado executar serviços essenciais à atividade-fim da empresa, isto é, que se inserem na sua atividade econômica, ele terá uma **subordinação estrutural** ou **integrativa**, já que integra o processo produtivo e a dinâmica estrutural de funcionamento da empresa ou do tomador de serviços.

Todavia, após a Lei nº 13.467/17, que alterou o art. 4º-A da Lei nº 6.019/74, qualquer atividade poderá ser terceirizada, não se limitando à atividade-fim. Por isso, em breve, deve ser alterado o inciso III da Súmula 331 do TST, para ampliar as hipóteses de terceirização e modificar este critério de vínculo com o tomador. Aliás, a tese fixada pelo STF na ADPF 324 e no RE 958252 expressamente afirma que "1) É lícita a terceirização de toda e qualquer atividade, meio ou fim, não se configurando relação de emprego entre a contratante e o empregado da contratada". Aparentemente o STF afastou a possibilidade de formação de vínculo com o tomador privado, mesmo quando presentes os requisitos contidos nos artigos 2º e 3º da CLT.

6.7. Terceirização Geral – Arts. 4º-A e ss. da Lei nº 6.019/14

Após a Lei nº 13.429/17, a Lei nº 6.019/74 passou a regular tanto o trabalho temporário como a **terceirização de serviços em geral ou prestação de serviços a terceiros, como chamam alguns.** Logo, autoriza **dois tipos** de terceirização[29] de serviços:

---

[28] DELGADO, Mauricio Godinho. *Direitos fundamentais na relação de trabalho.* São Paulo: Revista LTr, 70-06/667.

[29] Há quem diferencie a **terceirização** da **intermediação de mão de obra**, sendo esta a hipótese do trabalho temporário. Argumentam que na intermediação haveria mero fornecimento temporário de trabalhador, com fim específico e ferramentas e instrumentos da empresa temporária, e na terceirização a prestação de serviços pode ser permanente, com ferramentas da empresa contratante. A distinção é apenas terminológica e não tem efeitos práticos, ainda mais depois da lei em estudo que

1ª – Terceirização do trabalho temporário;

2ª – Terceirização em geral.

O primeiro tipo é praticado pela empresa de trabalho temporário, como já estava previsto na Lei nº 6.019/74, e o segundo, pela primeira vez regulado em lei, pela **empresa de prestação de serviços**.

Os arts. 4º-A, 4º-B, 4º-C e 5º-A, 5º-B e 5º-C da Lei nº 6.019/74 regulam a **terceirização em geral**.

Pelos referidos dispositivos, apenas **pessoa jurídica** de direito privado pode terceirizar trabalhadores. A empresa contratante poderá transferir a terceiros a execução de quaisquer de suas atividades, inclusive a **atividade principal**.

A empresa prestadora de serviços não precisa de registro no Ministério da Economia, antigo Ministério do Trabalho e não está vinculada ao contrato temporário. Basta ter CNPJ, registro em Junta Comercial e capital social na forma da lei.

O § 1º do art. 4º-A da Lei nº 6.019/74 considera empresa prestadora de serviços aquela que contrata, remunera e **dirige** o trabalho realizado por seus trabalhadores. Portanto, exige o requisito da **subordinação direta** entre o trabalhador e a empresa prestadora de serviço empregadora, sob pena do vínculo de formar com o tomador.

Por outro lado, o mesmo parágrafo permite a **quarteirização**, pois autoriza a subcontratação de outras empresas para realização dos serviços contratados, um verdadeiro absurdo! Assim, uma empresa tomadora contrata uma empresa para que esta contrate outra para contratar empregado para colocar na tomadora.

O empregado que for demitido pelo tomador não poderá prestar-lhe serviços por intermédio da empresa prestadora de serviço ou como sócio desta antes do decurso do prazo de dezoito meses, contados a partir da dispensa do empregado (arts. 5º-C e 5º-D)[30]. A lei deixa claro que não há formação do vínculo empregatício entre os trabalhadores, ou sócios das empresas prestadoras de serviços, qualquer que seja o seu ramo, e a empresa contratante (art. 4º-A, § 2º). A melhor interpretação deste comando é que não haverá vínculo se não houver subordinação direta ao tomador.

É vedada à contratante a utilização dos trabalhadores em atividades distintas daquelas que foram objeto do contrato com a empresa prestadora de serviços (5º-A, § 1º).

De acordo com o art. 4º-C da Lei nº 6.019/74, são asseguradas aos empregados da empresa prestadora de serviços, quando os serviços forem executados nas dependências da tomadora, as mesmas condições

> I – relativas a:
>
> *a)* alimentação garantida aos empregados da contratante, quando oferecida em refeitórios;

aproximou os institutos. Se antes não havia motivos para a distinção, hoje com maior razão não há como se defender a tese de diferentes conceitos para o mesmo fenômeno, pois também pode haver terceirização temporária para fim específico ou definitiva para fim específico.

30 Disponível em: <http://www.planalto.gov.br/ccivil_03/_Ato2015-2018/2017/Lei/L13429.htm - art2>. Acesso em: 11.08.2017.

b) direito de utilizar os serviços de transporte;

c) atendimento médico ou ambulatorial existente nas dependências da contratante ou local por ela designado;

d) treinamento adequado, fornecido pela contratada, quando a atividade o exigir.

II – sanitárias, de medidas de proteção à saúde e de segurança no trabalho e de instalações adequadas à prestação do serviço.

O art. 4º-C, § 1º, da Lei nº 6.019/74, facultou a isonomia salarial e de benefícios dos terceirizados aos empregados da tomadora, regra diversa da imposição contida no art. 12, *a*, da Lei nº 6.019/74, dirigida aos trabalhadores temporários.

A nova lei não limitou a terceirização no tempo, logo, pode ser definitiva. O ideal seria que estas só ocorressem por prazo certo, com fim específico, dando um sentido lógico para a inclusão dos arts. 4º-A e 5-A na lei que trata de trabalho **temporário**. Ora, qual seria a vantagem de terceirizar pela empresa de trabalho temporário, cuja lei exige inúmeros requisitos para sua criação e para validade do contrato civil e de trabalho e, ainda, dá mais garantias aos trabalhadores, se a terceirização em geral exige menor burocracia e dá menos garantias aos trabalhadores terceirizados? A terceirização em geral esvazia a temporária, porque essa se torna mais onerosa se comparada à temporária.

Aliás, terceirizar atividade-fim pode colocar em risco a qualidade dos serviços oferecidos pelo tomador, pois executados por trabalhadores que não são subordinados ao tomador. Quando o tomador não dirige e não comanda o trabalho executado por seus trabalhadores, o serviço final não sai com a qualidade que deveria ter, principalmente se esses estiverem relacionados com sua atividade-fim. Sofre o trabalhador, o consumidor e a sociedade em geral.

Há expressa previsão da **responsabilidade subsidiária** da tomadora (art. 5º-A, § 5º).

A terceirização geral, regulada pelos arts. 4º-A e 5º-A da Lei nº 6.019/74, não se aplica ao vigilante (art. 19-B) nem à Administração Pública.

A terceirização feita pela **Administração Pública** está limitada a algumas atividades, como dispõe o Decreto 9.507/18, que trata da terceirização no âmbito federal. Entretanto, há fortes correntes afirmando que o decreto não poderia limitar a autorização contida na lei. Essa interpretação abre uma perigosa porta para que a Administração Pública terceirize toda e qualquer atividade, salvo as carreiras de Estado (agentes públicos), ressaltando que dificilmente será responsabilizada de forma subsidiária, diante do novo posicionamento do STF.

7. DA RESPONSABILIDADE

7.1. Responsabilidade do Intermediador de Mão de Obra

Há responsabilidade solidária entre o tomador e o intermediador de mão de obra quando a subcontratação for ilícita, hipótese em que o vínculo se forma com o tomador – aplicação dos arts. 186 c/c 927 c/c 942 do Código Civil (*culpa in contrahendo, in eligendo* e *in vigilando*).

Explica-se:

O intermediador responde porque contratou o trabalhador, atraindo para si a responsabilidade trabalhista, por isso é chamado de empregador formal ou aparente. Quando é desfeita esta farsa e repassado judicialmente o vínculo empregatício ao tomador, real empregador, não poderá ser desprezada a responsabilidade, mesmo porque não se pode premiar o infrator da norma em seu próprio proveito, o que é repudiado pelo direito. Logo, o tomador responde porque é o real empregador e o intermediador porque é o empregador aparente e também porque praticaram, em conjunto, atos ilegais com o objetivo de fraudar e prejudicar os direitos trabalhistas do trabalhador (art. 9º da CLT).

Portanto, a responsabilidade decorre tanto da lei civil (arts. 186 c/c 927 c/c 942 do Código Civil – *culpa in contrahendo, in eligendo* e *in vigilando*) como da trabalhista (arts. 9º, 2º e 3º da CLT).

O inciso IV da Súmula nº 331 do TST esqueceu de abordar esta hipótese, mas isto não elide nossa tese, porque decorre de lei.

Apesar das mudanças na jurisprudência, da moderna tendência flexibilizadora da rigidez das normas trabalhistas, da globalização da economia, da Lei nº 13.429/17, da competitividade do mercado, dos grandes níveis de desemprego que atravessamos, não mudamos de opinião. Ainda entendemos que a intermediação de mão de obra é nefasta ao trabalhador.

7.2. Responsabilidade do Tomador de Mão de Obra

7.2.1. Tomador Privado

Antes da Lei nº 13.429/17, não havia um comando legal específico para a responsabilidade do tomador dos serviços nos casos de terceirização. O intermediador responde porque era o empregador. E o tomador, qual o motivo da sua responsabilidade? Coube à jurisprudência construir a norma.

O fundamento do inciso IV da Súmula 331 do TST foi a responsabilidade civil prevista nos arts. 186, 187, 927, 942 do CC – *culpa in contrahendo, in eligendo* e *in vigilando*, bem como a responsabilidade trabalhista contida nos arts. 2º e 3º da CLT.

Explica-se:

Na verdade, o tomador dos serviços é o **empregador natural** ou real, pois é quem enriquece originariamente com o trabalho do empregado, enquanto o intermediador de mão de obra é identificado como o **empregador aparente** ou dissimulado, ganhando de forma derivada, já que não recebe originariamente a energia de trabalho. Esta ficção ocorre para proteção do trabalhador que, diante da concentração econômica e da necessidade de redução de custos, fica à mercê dos empregadores. Neste caso o empregador aparente é a pessoa jurídica que assina a CTPS e o real empregador o tomador dos serviços. Como os dois são empregadores, devem, por força do art. 2º da CLT, responder pelos créditos trabalhistas do empregado.

Nos casos de **mais de um tomador de serviços**, deverá haver limitação de responsabilidade pelo período e tempo que cada um tomou os serviços, não havendo responsabilidade solidária entre eles.

Entretanto, esta responsabilidade foi atenuada pelo comando do art. 455 da CLT, que impõe uma ordem de responsabilidade. O devedor primário é o empregador, o secundário é o tomador dos serviços. A aplicação analógica da responsabilidade contida no art. 455 da CLT também inspirou a jurisprudência.

A responsabilidade subsidiária do tomador foi expressamente reconhecida na Lei 13.429/17, que alterou a Lei 6.019/74 (art. 5º-A, § 5º), assim como na tese fixada pelo STF na ADPF 324 e no RE 958252.

7.2.2. *Tomador Público*

Muito se discutiu acerca da responsabilidade do tomador público, ante o disposto na Lei nº 8.666/93, art. 71, § 1º, que expressamente exclui a responsabilidade trabalhista (além de outras) da administração pública nos casos de inadimplemento da empresa prestadora de serviços contratada por licitação pública.

> **Art. 71.** O contratado é responsável pelos encargos trabalhistas, previdenciários, fiscais e comerciais resultantes da execução do contrato.
>
> § 1º A inadimplência do contratado, com referência aos encargos trabalhistas, fiscais e comerciais não transfere à Administração Pública a responsabilidade por seu pagamento, nem poderá onerar o objeto do contrato ou restringir a regularização e o uso das obras e edificações, inclusive perante o Registro de Imóveis.

Parte da doutrina nega a aplicação do comando legal acima, sob o argumento de que a norma é inconstitucional, com base no art. 37, § 6º, da CRFB.

Outros[31] adotam a tese de que a Administração Pública, quando subcontrata mão de obra, cujo empregador (empresa intermediadora de mão de obra) não cumpre suas obrigações trabalhistas, incorre em *culpa in eligendo* e *in contrahendo.* Aplicam os arts. 186, 927, 932, III e 942 do Código Civil, para concluir pela responsabilidade subsidiária do ente público.

Por último, há aqueles[32] que, como nós, entendem que o art. 37, § 6º, da CRFB não colide com o art. 71, § 1º, da Lei nº 8.666/93 e, por isso, a Administração Pública não deverá ser responsabilizada pelo inadimplemento das obrigações trabalhistas por parte do empregador, já que a regra especial revoga a geral.

Na verdade, aquela norma constitucional foi dirigida para os casos de danos causados a terceiros por pessoas jurídicas de direito público ou de direito privado que prestam serviço público. Por conseguinte, a administração pública só responde com responsabilidade objetiva quando, utilizando de seu *ius imperii* causar danos a terceiros.

---

31 BARROS, Alice Monteiro de. *Curso de Direito do Trabalho*. São Paulo: LTr. 2005, p. 427-428.

32 DI PIETRO, Maria Sylvia. *Direito Administrativo*. 10. ed. São Paulo: Atlas, p. 424-425.

Contratar empresa prestadora de serviço não se caracteriza como serviço público e nem se enquadra no poder de império da Administração Pública. É mero ato de gestão.

Nem se diga que a Administração Pública responde subsidiariamente por culpa *in eligendo* e *in contrahendo*, como pretendem alguns, uma vez que as exigências legais para a concorrência em licitações públicas são rígidas, excluindo, por exemplo, as empresas com débitos fiscais ou trabalhistas.

Logo, quando uma empresa vence a licitação e, por fim, é contratada pela Administração Pública, significa que preencheu todos os requisitos, condições e ultrapassou os obstáculos legais contidos nos editais.

Constitucional é, pois, o art. 71, § 1º, da Lei nº 8.666/93.

De qualquer sorte, a matéria foi superada pela decisão do STF (24/11/2010), prolatada nos autos da ADC nº 16, que entendeu ser **constitucional** o art. 71, § 1º, da Lei nº 8.666/93, segundo o qual a inadimplência de contratado pelo Poder Público em relação a encargos trabalhistas, fiscais e comerciais **não** transfere a responsabilidade por seu pagamento à Administração Pública.

Logo, inaplicável a responsabilidade subsidiária ou solidária pelo simples inadimplemento do empregador com base apenas nos arts. 186, 927 e 942 do Código Civil. A responsabilidade do tomador público é possível quando comprovada a culpa *in vigilando* da administração pública, que não pode ser presumida, ante o princípio da legalidade e o da impessoalidade que norteiam a administração pública.

A respeito da responsabilidade do tomador público, foi fixada tese vinculante no RE 760.931, que determina: "O inadimplemento dos encargos trabalhistas dos empregados do contratado não transfere automaticamente ao Poder Público contratante a responsabilidade pelo seu pagamento, seja em caráter solidário ou subsidiário, nos termos do art. 71, § 1º, da Lei nº 8.666/93".

Defendemos que, mesmo após a tese vinculante fixada, a Administração Pública responde quando comprovada sua omissão na fiscalização do cumprimento do contrato.

Explico:

De acordo com os arts. 29, IV, 55, XIII, e 67, *caput*, § 1º, da Lei nº 8.666/93, o contratado (intermediador de mão de obra) tem a obrigação de manter, durante a execução do contrato, todas as condições de habilitação e qualificação exigidas na licitação, e a administração pública (contratante e tomadora dos serviços) tem o dever de fiscalização quanto ao fiel cumprimento dessa exigência legal.

Assim, o tomador público, quando contrata pessoa jurídica a consecução de suas necessidades, isto é, para intermediar mão de obra necessária às suas atividades (fim ou meio), deve atentar para a idoneidade do contratado e fiscalizá-lo, sob pena de ser responsabilizado pelas dívidas trabalhistas inadimplidas do empregador.

Por esse motivo, foi alterada a parte final da Súmula nº 331 do TST, para acrescer:

> *V – Os entes integrantes da Administração Pública direta e indireta respondem subsidiariamente, nas mesmas condições do item IV, caso evidenciada a sua conduta culposa no cumprimento das obrigações da Lei n.º 8.666, de 21.06.1993,*

especialmente na fiscalização do cumprimento das obrigações contratuais e legais da prestadora de ***serviço como empregadora. A aludida responsabilidade não decorre de mero inadimplemento das obrigações trabalhistas assumidas pela empresa regularmente contratada.***

Ex. 1: Vamos imaginar que o empregador (empresa intermediadora de mão de obra contratada pelo tomador público por licitação) vinha pagando os salários de seus empregados regularmente. Entretanto, a partir de determinado momento para de pagar os salários e demais encargos trabalhistas, ao argumento de graves dificuldades financeiras. Como o administrador público contratante deve exigir mensalmente os comprovantes de pagamento de salários, FGTS, INSS e demais encargos sociais, perceberá no próprio mês o inadimplemento destas obrigações trabalhistas. Nessa esteira de raciocínio, o administrador público deve alertar a contratada (empregador formal) de um possível rompimento, caso a infração e o inadimplemento persistam. Continuando no mês subsequente, o administrador deve, o mais rápido possível, romper o contrato por descumprimento grosseiro do ajuste e da lei, afastando todos os trabalhadores imediatamente. Nesse exemplo, o administrador público não poderá ser condenado subsidiariamente, pois reagiu e rompeu o contrato.

Apesar do afirmado acima, sabemos que, em muitos casos, a administração pública necessita do serviço subcontratado e não pode interromper o serviço público essencial à população e, com isso, está impossibilitado de afastar os trabalhadores e, consequentemente, de romper imediatamente o contrato. Necessitará de mais tempo para nova licitação e contratação. Quanto maior a demora no procedimento de troca de intermediador, maior a probabilidade de o Judiciário entender pela *culpa in vigilando*.

Ex. 2: Empregador nunca recolheu FGTS, INSS e nunca pagou as horas extras noticiadas nos controles de ponto. A responsabilidade do tomador público é presumida, pois era sua obrigação exigir mensalmente, sob pena de retenção do pagamento, a quitação desses direitos trabalhistas dos empregados da pessoa jurídica contratada.

7.2.3. Outros Casos Expressos

As Leis n°s 6.615/78 (art. 11) e 6.533/78 (art. 17) contêm previsão legal de responsabilidade solidária do tomador dos serviços em caso de subcontratação de trabalhador. Os dois dispositivos, inclusive, possuem a mesma redação.

Art. 11. A utilização de profissional, contratado por agência de locação de mão de obra, obrigará o tomador de serviço, solidariamente, pelo cumprimento das obrigações legais e contratuais, se caracterizar a tentativa pelo tomador de serviço, de utilizar a agência para fugir às responsabilidades e obrigações decorrentes desta Lei ou do contrato de trabalho.

A Lei de Trabalho Temporário (Lei nº 6.019/74), em seu art. 16, também prevê a responsabilidade solidária do tomador dos serviços no caso de falência da empresa de trabalho temporário (prestadora):

> **Art. 16.** No caso de falência da empresa de trabalho temporário, a empresa tomadora ou cliente é solidariamente responsável pelo recolhimento das contribuições previdenciárias, no tocante ao tempo em que o trabalhador esteve sob suas ordens, assim como em referência ao mesmo período, pela remuneração e indenização previstas nesta Lei.

Na empreitada (art. 455 da CLT), conforme já explicado em seu capítulo, alguns autores entendem que a responsabilidade é subsidiária, enquanto para outros é solidária.

8. DIREITOS DO TRABALHADOR TERCEIRIZADO

A lei não exige isonomia de tratamento entre os trabalhadores terceirizados e os empregados da empresa tomadora de serviços, salvo em se tratando de trabalhador temporário, quanto à remuneração (art. 12, *a*, Lei nº 6.019/74).

O trabalhador terceirizado receberá a remuneração ajustada com seu empregador (empresa interposta) e seu labor será no horário determinado pela interposta pessoa, assim como o enquadramento sindical.

A categoria sindical do empregado relaciona-se à atividade desenvolvida por seu empregador, logo o trabalhador terceirizado pertencerá à categoria sindical relativa à atividade da empresa prestadora de serviços, da qual é empregado, e não àquela da empresa tomadora, que normalmente é mais favorável.

Assim, por exemplo, se os empregados da empresa tomadora de serviços tiverem uma carga horária de seis horas por dia, nada impede que os trabalhadores terceirizados trabalhem na mesma função e na mesma localidade durante oito horas diárias.

Por isso, não há que se falar em equiparação salarial entre trabalhadores terceirizados e os empregados da empresa tomadora de serviços, já que não possuem o mesmo empregador aparente, mesmo com o preenchimento dos demais requisitos do art. 461 da CLT.

Entretanto, no caso de comprovada a irregularidade da terceirização e, consequentemente, reconhecido o vínculo de emprego com o tomador de serviços (desde que não seja da Administração Pública), são garantidos todos os direitos dos trabalhadores do tomador, se postulados.

Maurício Godinho,[33] de forma diversa, defendia, antes da Lei nº 13.467/17, que os direitos garantidos ao trabalhador temporário, regidos pela Lei nº 6.019/74, deveriam ser estendidos para todo tipo de trabalhador terceirizado, pois se aquele, cujo contrato era de curta duração, possuía uma isonomia de tratamento, tal fato deveria ser garantido também à terceirização permanente.

---

[33] DELGADO, Mauricio Godinho. *Curso de Direito do Trabalho*. 3. ed. São Paulo: LTr, 2004, p. 443-445.

Apesar desta opinião, a Lei nº 13.467/17 tornou facultativa a isonomia salarial entre empregados do tomador e terceirizados (art. 4º-C, § 1º)

De qualquer forma, a jurisprudência, para algumas hipóteses, adotava o mesmo entendimento de Mauricio Godinho, na forma da OJ nº 383 da SDI-I do TST.

> RECURSO ORDINÁRIO DA RECLAMANTE. ISONOMIA. TRABALHADOR TERCEIRIZADO. BENEFÍCIOS DEVIDOS AOS FINANCIÁRIOS. Em que pese indevido o enquadramento da reclamante como financiaria, lhe são aplicáveis todas as normas coletivas da categoria, porquanto contratada mediante empresa interposta, como terceirizada, fazendo jus, portanto, às mesmas parcelas devidas aos empregados da tomadora de serviços. Inteligência do art. 12, *a*, da Lei 6.019/1974, aplicado analogicamente, e OJ 383 da SDI1 do col. TST. Recurso parcialmente provido, no capítulo. VISTOS, relatados e discutidos os autos de recurso ordinário em que figuram ANDREIA VIANA FLORENTINA DA SILVA, como recorrente, e RL CONSULTORIA E INTERMEDIAÇÃO DE NEGÓCIOS LTDA. e BANCO ITAÚ BMG CONSIGNADO S.A., como recorrentes. (TRT-1 – RO: 01014530920165010201 RJ, Relator: ENOQUE RIBEIRO DOS SANTOS, Data de Julgamento: 15/05/2018, Gabinete do Desembargador Enoque Ribeiro dos Santos, Data de Publicação: 22/05/2018)

> RECURSO DE REVISTA. TRABALHADOR TERCEIRIZADO. EXERCÍCIO DE ATIVIDADE-FIM. ISONOMIA SALARIAL. ORIENTAÇÃO JURISPRUDENCIAL Nº 383 DA SBDI-1 DO TST. Esta Corte Superior já pacificou entendimento, consubstanciado na Orientação Jurisprudencial nº 383 da SBDI-1, no sentido de que a contratação irregular de trabalhador, mediante empresa interposta, embora não gere vínculo de emprego com ente integrante da Administração Pública, não afasta o direito de os trabalhadores terceirizados perceberem as verbas trabalhistas asseguradas aos empregados que exerçam função idêntica na empresa tomadora dos serviços, por aplicação analógica da garantia de isonomia remuneratória prevista no art. 12, *a*, da Lei nº 6.019/74. Incidência do art. 896, § 7º, da CLT . Recurso de revista de que não se conhece. (TST – RR: 1929009620095120046, Relator: Walmir Oliveira da Costa, Data de Julgamento: 03/08/2016, 1ª Turma, Data de Publicação: *DEJT* 05/08/2016)

> *OJ nº 383 da SDI1 do TST. Terceirização. Empregados da empresa prestadora de serviços e da tomadora. Isonomia. Art. 12, "a", da Lei nº 6.019, de 03/01/1974 (*DJe *divulgado em 19, 20 e 22/04/2010).*
>
> *A contratação irregular de trabalhador, mediante empresa interposta, não gera vínculo de emprego com ente da Administração Pública, não afastando, contudo, pelo princípio da isonomia, o direito dos empregados terceirizados às mesmas verbas trabalhistas legais e normativas asseguradas àqueles contratados pelo tomador dos serviços, desde que presente a igualdade de funções. Aplicação analógica do art. 12, "a", da Lei nº 6.019, de 03/01/1974.*

Remetemos o leitor ao Capítulo "Igualdade Salarial" – item 5, onde o assunto será melhor abordado.

Capítulo 16

CONTRATO DE TRABALHO

TÍTULO I
FASES DE FORMAÇÃO DO CONTRATO

A união de duas ou mais vontades convergentes faz nascer o contrato. Entretanto, antes da conclusão do contrato há fases preparatórias, de conversações, entendimentos, debates e discussões. O ajuste entre as partes só se opera após o acordo final, os ajustes convergentes no período pré-contratual. São fases preliminares: as **negociações preliminares**, a **oferta** e a **aceitação**.

Em razão de a doutrina trabalhista pouco explorar o assunto, devem-se analisar as fases de formação do contrato de acordo com o direito civil e adequá-las ao contrato de trabalho.

As **negociações preliminares** são as ideias, as sondagens, os debates, as conversações dos interessados levadas ao conhecimento da outra parte, sem que haja qualquer vinculação jurídica entre os participantes, pois não cria direitos nem obrigações, mas tem como objetivo o preparo do consentimento das partes. **Não obriga** ao contrato. Assim, os debates entre o candidato ao emprego e a empresa não geram qualquer direito às partes interessadas.

A partir das negociações preliminares as partes podem passar à minuta, reduzindo por escrito algumas cláusulas ou condições do contrato sobre as quais já consentiram, para que sirva de modelo ao futuro contrato. Mesmo assim ainda não há vínculo jurídico entre as partes, pois só após o completo acordo sobre todos os pontos do contrato é que ele estará constituído.

Apenas na hipótese de um dos participantes **criar** no outro a **expectativa** de que o contrato será realizado, ao ponto de induzi-lo a praticar despesas, a não contratar ou aceitar outros negócios, a alterar seus planos futuros, a praticar ou deixar de praticar algo, e, sem causa justa, desistir do negócio, causando danos e prejuízos ao adversário, deverá ressarci-lo, ante a responsabilidade pré-contratual inerente a todos os negócios jurídicos, baseado no princípio de que todos os interessados no ajuste devem se comportar de boa-fé (arts. 186 e 927 do CC).

A empresa que promete ao candidato ao emprego que ele será selecionado para o cargo, fazendo com que o trabalhador desista de outro emprego, vaga ou seleção, se desistir de contratá-lo deverá ressarcir os prejuízos que ocasionou (dano emergente e lucro cessante).

Muitos associam o tema estudado – negociações preliminares – com outro assunto: perda de uma chance.

A **perda de uma chance** consiste no fato de o agente perder, por culpa de terceiro, uma oportunidade real de uma vantagem ou de evitar um prejuízo. A análise é feita pela probabilidade de ocorrência do resultado, caso o obstáculo não tivesse ocorrido.

Na verdade, o que se indeniza é a possibilidade do resultado esperado e não o valor patrimonial ou moral da chance, do resultado em si. Por isso, a doutrina civilista afirma que não se pode exigir a prova de que o dano era certo, mas sim de que existia grande possibilidade da ocorrência do evento esperado. Consequentemente, a indenização deverá ser proporcional ao maior ou menor grau de probabilidade (sempre positiva) da ocorrência do evento. É bom lembrar que a ocorrência do fato futuro é sempre hipotética. O futuro é sempre incerto e não há meios de provar o que realmente iria acontecer. O que se deve levar em conta é a probabilidade de ocorrência, que deve ser real, plausível, grande.

As negociações preliminares não geram, por si só, a perda de uma chance (do emprego em si), não acarretando indenização por esse motivo. Todavia, se o pretenso candidato ao emprego perdeu uma chance real de realizar outro ato, não relacionado com aquele emprego, como por exemplo, a última fase de um concurso a outro emprego ou cargo público, porque durante a reunião realizada para as negociações sofreu acidente dentro da empresa, por culpa desta ou ficou preso (trancado) numa sala dessa mesma empresa, poderá ocorrer a perda da chance. Nesse caso, o intérprete deve analisar as chances reais de que o pretenso trabalhador poderia ser aprovado no concurso ou na seleção do outro emprego ou cargo.

De qualquer forma, as hipóteses acima de perda de uma chance não se inserem diretamente na responsabilidade decorrente das negociações preliminares, mas sim de ato culposo praticado por um agente contra um candidato ao emprego. Entendemos que a competência para a solução dessas lides é da Justiça do Trabalho, ante o disposto na EC 45/04, mesmo não havendo a relação de emprego entre as partes.

O **contrato preliminar** ou **pré-contrato** deve preencher todos os requisitos essenciais, com exceção da forma, e ser levado a registro para obrigar a outra parte à celebração do contrato definitivo, indicando prazo à outra para que o efetive – arts. 462 e seguintes do CC. Esgotado o prazo, o juiz poderá suprir a vontade do inadimplente. Ex.: promessa de compra e venda.

Distingue-se da tratativa ou da negociação por ser um contrato que tem como objetivo desenhar os contornos do contrato definitivo, criando a obrigação futura de fazer o contrato final.

É de difícil aplicação no Direito do Trabalho, mas se ocorrer a "promessa de contrato de trabalho" o patrão particular será obrigado a contratar o obreiro, podendo, porém, demiti-lo no exato instante que o admitiu, já que a despedida é direito potestativo do empregador.

A **proposta, policitação** ou **oferta** é a declaração unilateral receptícia da vontade, dirigida por um interessado ao outro, com quem pretende celebrar o negócio jurídico, por força da qual o ofertante manifesta sua intenção de se considerar vinculado, se a outra parte aceitar. Na verdade, traduz-se na vontade definitiva do proponente de contratar nas bases ajustadas, pois as partes já ultrapassaram a fase dos estudos e debates. É o elemento inicial da constituição do contrato e, uma vez **aceita**, **obriga** ao contrato. Maria Helena Diniz[1] informa que a "policitação é uma declaração receptícia de vontade, dirigida por uma pessoa a outra (com quem pretende celebrar um contrato), por força da qual a primeira manifesta sua intenção de se considerar vinculada, se a outra parte aceitar".

A proposta de emprego oferecida por uma empresa a obriga, na forma e nas condições oferecidas, se aceita pelo destinatário. É claro que aqui também impera a regra de que, uma vez admitido, nada impede o patrão de demitir o trabalhador quando desejar, salvo quando protegido por estabilidade.

A aprovação em **concurso público**[2-3] pode ser analisada por alguns como uma proposta de emprego gerando o direito à admissão caso o aprovado esteja dentro do número de vagas na ordem de classificação.

Situação diversa é a que ocorre com candidato aprovado em concurso público para **cadastro de reserva**. Como o nome diz, cadastro de reserva ocorre quando ainda não há cargos vagos para investidura do aprovado. Se o edital do concurso fixa que sua realização é para cadastro de reserva, o candidato aprovado tem apenas expectativa de direito de ser um dia nomeado, na vacância de cargos, dentro da ordem de classificação. Não pode o Judiciário criar vaga para que o aprovado no certame público para cadastro de reserva seja nomeado, pois só a lei e a autorização

---

1 DINIZ, Maria Helena. *Curso de Direito Civil brasileiro. Teoria das obrigações contratuais e extracontratuais.* 20. ed. São Paulo: Saraiva, 2002, v. 3, p. 53.

2 Há decisões do STJ no sentido de que o candidato aprovado em concurso público dentro do número de vagas previstas em edital, possui direito líquido e certo à nomeação, e não mera expectativa de direito. Isto se explica pelo fato de a Administração Pública ser regida pelo princípio da legalidade (além de outros gerais – boa-fé – e específicos), logo, a aprovação em concurso público se equipara à aceitação da proposta e obriga o proponente, na forma da lei (arts. 463 e seguintes do CC). O ato de nomeação que, a princípio, seria discricionário, nesse caso se torna vinculado.

3 Direito do trabalho e processual do trabalho. Agravo regimental no recurso extraordinário com agravo. Concurso público. Demanda ajuizada por candidato em face de empresa subsidiária de sociedade de economia mista. Fase pré-contratual. Competência da Justiça do Trabalho. Ofensa aos arts. 2º e 5º da Constituição. Súmula 284/STF. Terceirização. Preterição. Direito à nomeação. Precedentes. 1. O Plenário do Supremo Tribunal Federal, no julgamento da ADI 3.395-MC, Rel. Min. Cezar Peluso, *DJ* 10/11/2006, afastou a aplicação do art. 114, I, da CF/88, na redação conferida pela EC 45/04 às causas entre o Poder Público e os servidores a ele vinculados por relação jurídica estatutária. 2. Tal entendimento não se aplica às demandas instauradas entre pessoas jurídicas de direito privado integrantes da administração indireta e seus empregados, cuja relação é regida pela Consolidação das Leis do Trabalho (RE 505.816-AgR, Rel. Min. Carlos Britto, 1ª Turma, *DJe* 18/05/2007), sendo irrelevante que a ação seja relativa ao período pré-contratual, em que ainda não há pacto de trabalho firmado entre as partes. 3. Conforme orientação pacífica desta Corte, a ocupação precária por terceirização para desempenho de atribuições idênticas às de cargo efetivo vago, para o qual há candidatos aprovados em concurso público vigente, configura ato equivalente à preterição da ordem de classificação no certame, ensejando o direito à nomeação (ARE 776.070-AgR, Rel. Min. Gilmar Mendes, 2ª Turma, *DJe* 22/03/2011; ARE 649.046-AgR, Rel. Min. Luiz Fux, 1ª Turma, *DJe* 13/09/2012). 4. Agravo regimental desprovido. Noticiado no *Informativo* 763. AgRg no ARE no 774.137/BA, rel. Min. Teori Zavascki.

orçamentária podem fazê-lo. Essa expectativa somente se converte em direito propriamente dito quando for aberta a vaga do cargo para a qual o candidato foi aprovado, respeitada a ordem de classificação do candidato, sendo permitido, em caso de necessidade, enquanto não tiver cargo vago, a contratação de mão de obra precária (terceirizada) para executar exatamente as mesmas atividades do cargo conforme descritas pelo edital do concurso.

Da mesma forma o STF no julgamento do RE 837.311:

> O surgimento de novas vagas ou a abertura de novo concurso para o mesmo cargo, durante o prazo de validade do certame anterior, não gera automaticamente o direito à nomeação dos candidatos aprovados fora das vagas previstas no edital, ressalvadas as hipóteses de preterição arbitrária e imotivada por parte da administração, caracterizada por comportamento tácito ou expresso do Poder Público capaz de revelar a inequívoca necessidade de nomeação do aprovado durante o período de validade do certame, a ser demonstrada de forma cabal pelo candidato.
>
> Assim, o direito subjetivo à nomeação do candidato aprovado em concurso público exsurge nas seguintes hipóteses:
>
> 1 – Quando a aprovação ocorrer dentro do número de vagas dentro do edital;
>
> 2 – Quando houver preterição na nomeação por não observância da ordem de classificação;
>
> 3 – Quando surgirem novas vagas, ou for aberto novo concurso durante a validade do certame anterior, e ocorrer a preterição de candidatos de forma arbitrária e imotivada por parte da administração nos termos acima. (STF. Plenário. RE 837311/PI, Rel. Min. Luiz Fux, j. 09/12/2015).

No mesmo sentido o STJ:

> Administrativo. Mandado de segurança. Concurso público. Cadastro de reserva. Aprovação fora do número de vagas. Mera expectativa de direito à nomeação. Ausência de violação de direito líquido e certo. 1. Cuida-se, na origem, de Mandado de Segurança impetrado por Aislan Pereira contra ato do Secretário de Administração do Estado da Bahia e do Comandante-Geral da Polícia Militar do Estado da Bahia, pleiteando o direito de matricular-se no Curso de Formação para Soldado da Polícia Militar, SAEB/01/2008. Entende o impetrante fazer jus à nomeação, porquanto o chamamento e posterior exclusão de candidatos habilitados em cadastro de reserva vincula a Administração ao preenchimento obrigatório das vagas abertas dentro da validade do concurso. 2. O Tribunal de Justiça do Estado da Bahia extinguiu o processo ante a ausência de direito líquido e certo do impetrante, sob os seguintes fundamentos: "o Impetrante não é possuidor do direito subjetivo apontado. Seja porque não houve preterição na ordem classificatória de convocação; seja porque o número de vagas oferecidas no Edital SAEB/01/2009 foi preenchido por candidatos que obtiveram notas melhores do que o Impetrante e, de igual forma, as vagas criadas (número 226) e de que tratam o Edital 002-CG/2011 atinentes à convocação dos candidatos do quadro de reserva; seja porque o resultado que eliminou os candidatos, declarando-os 'inaptos', tem caráter provisório; seja porque, finalmente, a vigência do concurso SAEB/01/2008, com prazo de validade para 12 meses, cuja homologação deu-se em julho de 2009, doc. de fls. 59 e ss., e cuja prorrogação, por mais um ano, operada por meio da Portaria/PM 398 de 16.07.2010, teve o termo final em 23.07.2011, vê-

-se, portanto, que o pedido formulado pelo Impetrante de convocá-lo, datado de 16.11.2011, não tem guarida porque fora do prazo de vigência do concurso". 3. O prazo decadencial para se impetrar Mandado de Segurança contra ausência de nomeação de candidato aprovado em concurso público é a data de expiração da validade do certame. Precedentes: AgRg no REsp 1.414.110/DF, Relator Ministro Humberto Martins, Segunda Turma, *DJe* 1º/9/2015; AgRg no REsp 1.357.029/BA, Relator Ministro Napoleão Nunes Maia Filho, Primeira Turma, *DJe* 8/5/2014. 4. Na hipótese dos autos, o prazo de validade do certame encerrou-se em 23/7/2011, sendo o *writ* impetrado em 16/11/2011, não havendo, portanto, que se falar em decadência. 5. Extrai-se dos autos que o recorrente participou do Concurso Público para Seleção de Candidatos ao Curso de Formação de Soldado da Polícia Militar do Estado da Bahia – Edital SAEB/01/2008, tendo sido classificado na 629ª colocação, posição muito além do número de vagas previstas no Edital SAEB/01/2008 para a Região 02 – Juazeiro (270 vagas, fl. 37, e-STJ) e das 226 novas vagas apontadas no Edital 002-CG/2011 (fl. 160, e-STJ). 6. O Supremo Tribunal Federal, em julgamento submetido ao rito da repercussão geral (RE n. 837.311/PI), firmou o entendimento de que o surgimento de novas vagas ou a abertura de novo concurso para o mesmo cargo, durante o prazo de validade do certame anterior, não gera automaticamente o direito à nomeação dos candidatos aprovados fora das vagas previstas no edital, ressalvadas as hipóteses de preterição arbitrária e imotivada por parte da administração, caracterizadas por comportamento tácito ou expresso do Poder Público capaz de revelar a inequívoca necessidade de nomeação do aprovado durante o período de validade do certame, a ser demonstrada de forma cabal pelo candidato. (RE 837311/PI, Relator Min. Luiz Fux, Tribunal Pleno, julgado em 09/12/2015, Repercussão Geral, *DJe* de 18.04.2016). 7. O pleito do ora recorrente somente poderia ser acolhido se fossem demonstradas cumulativamente, durante a validade do concurso em que obteve aprovação (embora não classificado dentro do número de vagas), a existência de vaga a ser preenchida e a necessidade inequívoca da Administração Pública em preenchê-la, configurando preterição arbitrária e imotivada por parte de a Administração não proceder a nomeação do impetrante. 8. *In casu*, não existe prova pré-constituída a indicar a existência de vaga dentro do prazo de validade do concurso e a preterição arbitrária e imotivada por parte da Administração, razão pela qual ausente o direito líquido e certo à nomeação. 9. Agravo Regimental não provido. Vistos, relatados e discutidos os autos em que são partes as acima indicadas, acordam os Ministros da Segunda Turma do Superior Tribunal de Justiça: "A Turma, por unanimidade, negou provimento ao agravo interno, nos termos do voto do(a) Sr(a). Ministro(a) Relator(a)". Os Srs. Ministros Og Fernandes, Mauro Campbell Marques e Assusete Magalhães (Presidente) votaram com o Sr. Ministro Relator. Ausente, justificadamente, o Sr. Ministro Francisco Falcão. (STJ, 2ª Turma, AgRg no RMS 38.849/BA 2012/0170609-8, Relator Ministro Herman Benjamin (1132), j. 10/11/2016, p. 29/11/2016).

Frise-se que, em se tratando de órgão da administração pública, nem a norma coletiva poderá modificar a tese acima. Há casos em que o empregador público se compromete, por norma coletiva, a aumentar o número de cargos e a contratar mais pessoal. A promessa não vincula neste caso, pois tais ajustes só obrigam as pessoas particulares, de natureza privada, com disponibilidade financeira, o que não ocorre com os entes públicos. A administração pública deve obedecer ao comando constitucional de criação de cargo por lei, admissão mediante concurso público e dotação orçamentária para contratar pessoal. Inválida, pois, cláusula de convenção e acordo coletivo que desrespeita a regra dos arts. 37, II, 169 e outros da CF. Tal ajuste serve como mera diretriz, incumbindo ao órgão público o cumprimento da Constituição e demais regras pertinentes à legalidade do ato praticado, a deliberação de conveniência e oportunidade, além da adequação orçamentária para o seu cumprimento.

Mesmo que, *ad argumentandum*, durante a vigência do certame (dois anos), haja vacância de cargos, a administração pública não tem plena disponibilidade administrativa e econômica para contratar por este simples fato, submetendo suas contratações à prévia dotação orçamentária e às diretrizes fixadas pelo DEST.

TÍTULO II
CONTRATO DE TRABALHO

1. CONCEITO

O *caput* do art. 442 da CLT diz (apenas) que o **contrato individual de trabalho** é o acordo tácito ou expresso, correspondente à relação de emprego. Esse conceito é incompleto, o que justifica uma melhor análise pela doutrina sobre o conceito de contrato de trabalho.

Segundo Orlando Gomes[4] o "contrato de trabalho, é a convenção pela qual um ou vários empregados, mediante certa remuneração e em caráter não eventual, prestam trabalho pessoal em proveito e sob direção de empregador".

Para Délio Maranhão[5] o contrato de trabalho é todo aquele pelo qual uma pessoa se obriga a uma prestação de trabalho em favor de outra. "É o negócio jurídico de direito privado pelo qual uma pessoa física (empregado) se obriga à prestação pessoal, subordinada e não eventual de serviço, colocando sua força de trabalho à disposição de outra pessoa, física ou jurídica, que assume os riscos de um empreendimento econômico (empregador) ou de quem é a este, legalmente, equiparado, e que se obriga a uma contraprestação (salário)". Com esta posição concorda Octávio Magano.[6]

Os dois conceitos se completam. Enquanto Orlando Gomes inclui o contrato de equipe, Délio Maranhão oferece uma definição mais detalhada do contrato individual de trabalho.

Contrato de equipe ou **plúrimo** é aquele firmado com um grupo de empregados, que se reúnem espontaneamente para realização de um serviço comum e afim, sendo que o trabalho só se efetiva mediante os esforços de todos os membros da

4 GOMES, Orlando; GOTTSCHALK, Élson. *Curso de Direito do Trabalho*. 4. ed. Rio de Janeiro: Forense. 1995, p. 118.

5 MARANHÃO, Délio; CARVALHO, Luiz Inácio Barbosa. *Direito do Trabalho*. 17. ed. Rio de Janeiro: Editora da FGV, 1993, p. 46.

6 MAGANO, Octávio Bueno. *Manual de Direito do Trabalho*. 3. ed. São Paulo: LTr, 1992, p. 47.

equipe. Na verdade, caracteriza-se por um "feixe de contratos individuais", como define Délio Maranhão.[7] Esse tipo de contrato é formado por contratos individuais de trabalho autônomos e independentes, cada qual anotado na CTPS de cada membro, pois o grupo não tem personalidade jurídica.

Délio Maranhão[8] assim se refere ao contrato de equipe: "o *grupo* não possui personalidade jurídica e existe, menos em função do contrato do que da obtenção do resultado pretendido, que exige um esforço comum de vários empregados: cada um deles, assim, realiza a sua prestação, por força de um contrato autônomo". Délio informa, ainda, que os contratos de equipe se caracterizam pela reunião espontânea dos seus membros e pela unidade de objetivos.

A equipe pode ter um "porta-voz", que se apresenta como chefe ou representante desta. Normalmente o representante coordena o grupo, ajusta as cláusulas contratuais do trabalho comum e recebe os salários dos demais para repasse (sem lucro). O que distingue este contrato de trabalho dos demais é que o grupo já se apresenta reunido espontaneamente para o trabalho, que tem um fim comum. Exemplo: banda de música, equipe de vigilantes, animadores de festas etc.

Alice Monteiro[9] também emprega a expressão **contrato de grupo** como sinônimo do contrato de equipe. Todavia, defende que as "individualidades, se não desaparecem, pelo menos aglutinam-se em defesa do *espírito de corpo*". Argumenta que o poder diretivo do empregador é atenuado. De fato, quando o grupo se complementa, o empregador pode se sentir limitado, pois a retirada de um membro pode comprometer o resultado final do trabalho. Apenas neste ponto concordamos com a autora.

Godinho[10] conceitua contrato de equipe como "aquele que tem mais de um ou diversos obreiros no polo ativo dessa **mesma relação**" (grifos nossos).

Mauricio Godinho também adota o mesmo entendimento por nós defendido, isto é, que contrato plúrimo é sinônimo de contrato de equipe.

Todavia, Rodrigues Pinto,[11] de forma isolada, inspirado em doutrina estrangeira, os distingue. Conceitua o **contrato plúrimo** como sendo aquele que reúne uma pluralidade de sujeitos (empregados), sem unidade de interesse jurídico e, por isso, o vínculo de emprego se forma com cada um autonomamente, independente da vigência dos demais membros do grupo. Já no **contrato de equipe** há uma relação jurídica única e os contratos de emprego não se dissociam, ficam interligados, de forma a contaminar um ao outro.

Discordamos desta opinião, pois o que caracteriza o **contrato de equipe** (que Rodrigues Pinto denomina de plúrimo) é a reunião espontânea do grupo, logo, sempre haverá interesse comum. A independência dos contratos decorre da lógica

---

7 SÜSSEKIND, Arnaldo; MARANHÃO, Délio; VIANNA, Segadas; TEIXEIRA, Lima. *Instituições de Direito do Trabalho*. 21. ed. São Paulo: LTr, 2003, v. 1, p. 277.

8 *Ibidem*, p. 278.

9 BARROS, Alice Monteiro de. *Curso de Direito do Trabalho*. São Paulo: LTr, 2005, p. 209.

10 DELGADO, Mauricio Godinho. *Curso de Direito do Trabalho*. São Paulo: LTr, 2002, p. 504.

11 PINTO, José Augusto Rodrigues. *Curso de Direito Individual do Trabalho*. 4. ed. São Paulo: LTr, 2000, p. 221.

jurídica, pois não se pode imaginar que a justa causa praticada por um membro do grupo contamine o contrato de outro membro. Tampouco que a estabilidade, o pedido de demissão ou a despedida de um trabalhador do grupo possa acarretar a mesma consequência para os demais. Ademais, o grupo não tem personalidade jurídica para assumir obrigações e ter direitos, impedindo a assinatura da carteira.

Acresce mais que, a penalidade não pode ser imposta àquele que não a praticou porque no Brasil impera o princípio da incomunicabilidade da pena.

Rodrigues Pinto[12] conceitua contrato de equipe:

> Trata-se de um negócio jurídico envolvendo, de um lado, um empregador e, de outro, uma pluralidade de empregados, estes, porém, enlaçados por uma unidade de interesses. Em consequência, não se formam tantas relações jurídicas quantos sejam os participantes do grupo, e sim uma relação única, tendo por sujeito o próprio grupo.
>
> De outra parte convém assinalar os efeitos diferenciados que, por suas características, o contrato de equipe produz, quanto:
>
> a) À retribuição do trabalho, que é fixada para todo o grupo, sem assumir a fisionomia de um salário coletivo, pois será repartido entre seus integrantes, individualmente, de acordo com sua classificação profissional. (...).
>
> b) Ao exercício do poder disciplinar pelo empregador, que deixa de individualizar-se, ante os membros da equipe, exercendo-se sobre toda ela. Assim, portanto, a justa causa oferecida por um desses integrantes deve ser considerada como de todo o grupo, para efeito resilitório.
>
> c) À retirada de integrante do grupo, que não significará resilição contratual por toda a equipe, podendo o trabalhador que se retira ou o próprio empregador indicar sucessor para a recomposição plena do conjunto, ou este substituir sem preenchimento da lacuna. No caso do preenchimento, a renovação do contrato será subjetiva, mas somente de conteúdo.
>
> d) Aos demais empregados adidos à equipe, por determinação do empregador. Esses empregados, que estão auxiliando a equipe no cumprimento de suas tarefas, não se integram a ela, mantendo intacto seu contrato individual de empregado para todos os efeitos.
>
> (...)
>
> Por suas características, o contrato de equipe evidencia as seguintes distinções em relação a outros contratos, a saber:
>
> a) ao contrato individual-tipo: porque envolve uma pluralidade de trabalhadores, enquanto esse é celebrado por um único sujeito-empregado;
>
> b) ao acordo coletivo de trabalho, com o qual costuma ser bastante confundido, sob a denominação de contrato coletivo de trabalho, porque o acordo coletivo tem como sujeito a representação sindical profissional e é de natureza normativa, não gerando, por si mesmo, relação individual de emprego;
>
> c) ao contrato individual plúrimo que reúne uma pluralidade de sujeitos-empregados, sem unidade de interesse jurídico, que permanece individual e destacado para cada contratante.
>
> (...)

12 PINTO, José Augusto Rodrigues. *Curso de Direito Individual do Trabalho*. 4. ed. São Paulo: LTr, 2000, p. 221.

Orlando Gomes[13] indica que o **contrato coletivo de trabalho** ou **contrato de trabalho coletivo** é sinônimo de **contrato de equipe**. Não concordamos com a denominação empregada pelo jurista, pois **contrato coletivo** de trabalho é a antiga nomenclatura das normas coletivas autônomas, efetuadas entre sindicatos ou entre estes e os empregadores, de forma abstrata, sem individualizar os empregados atingidos. Atualmente as nomenclaturas utilizadas para estas normas coletivas são: acordos e convenções coletivas. Portanto, a utilização desta expressão pode gerar confusão na interpretação.

O doméstico pode ser atingido pelo contrato de equipe quando, por exemplo, o casal é contratado para trabalhar na casa de veraneio. Ela como cozinheira e ele como caseiro e jardineiro.

Conclusão: Portanto, o contrato de trabalho resulta da soma dos requisitos caracterizadores da relação de emprego, ou seja, é a convenção expressa ou tácita, pela qual uma pessoa física presta serviços a outra (pessoa física ou jurídica), de forma subordinada e não eventual, mediante salário e sem correr os riscos do negócio, de forma continuada. Esse contrato de trabalho pode ser individual ou plúrimo, este último também chamado de contrato de equipe.

2. CONTRATO INTERMITENTE

A Lei nº 13.467/2017 acresceu à CLT o art. 452-A e seguintes e alterou o seu art. 443 para criar o **contrato intermitente**. Posteriormente, a MP nº 808/2017 alterou substancialmente esse contrato, mas a referida Medida Provisória perdeu sua eficácia em 23.04.2018, tendo produzido efeitos no período de sua vigência.

O contrato intermitente é aquele que alterna períodos de atividade (trabalho) e inatividade (não trabalho), sendo que estes não são computados nem remunerados. A maior característica do contrato intermitente não é apenas a alternância dos períodos de atividade com de inatividade, mas a imprevisibilidade do trabalho, dos períodos de serviço efetivo e de inação. Este tipo de contrato também é chamado de "contrato-zero". Isto significa que o trabalhador será admitido, com carteira assinada, para não trabalhar, até que, quem sabe um dia, seja chamado para o trabalho. Desta forma, seu contrato será para "zero" trabalho imediato. Como visto, o contrato de trabalho pode ser firmado para trabalho intermitente, isto é, para serviços aleatórios, descontínuos, transitórios, com alternância de períodos de trabalho e de inatividade. Algumas vezes a necessidade do serviço é imprevisível tanto pela empresa quanto pelo trabalhador e pode variar de tempos em tempos. Para este tipo de necessidade é que foi criado o contrato intermitente.

Esta espécie de contrato não se aplica aos aeronautas, mas deveriam ser excluídos todos que têm legislação própria, específica.

---

13 GOMES, Orlando; GOTTSCHALK, Élson. *Curso de Direito do Trabalho*. 17. ed. Rio de Janeiro: Forense, 2004, p. 171.

De acordo com o § 3º do art. 443 da CLT:

> Considera-se como intermitente o contrato de trabalho no qual a prestação de serviços, com subordinação, não é contínua, ocorrendo com alternância de períodos de prestação de serviços e de inatividade, determinados em horas, dias ou meses, independentemente do tipo de atividade do empregado e do empregador, exceto para os aeronautas, regidos por legislação própria. (NR)

De acordo com o art. 452-A da CLT, o contrato de **trabalho intermitente** deve ser celebrado por **escrito, anotado na CTPS**, e deverá garantir ao empregado o valor da hora de serviço nunca inferior ao salário mínimo-hora ou dia ou aquele que é pago aos demais empregados do estabelecimento que exercerem a mesma função, sejam intermitentes ou não. Temos mais um tipo de salário isonômico.

A formalidade exigida pelo *caput* do art. 452-A da CLT é essencial para validade da cláusula de "intermitência", isto quer dizer que se o empregado foi contratado oralmente ou de forma tácita para trabalhar de forma intermitente, não será regido pelo contrato intermitente e o seu tempo à disposição será contado na forma do art. 4º da CLT, devendo ser aplicadas as demais regras da CLT. Isto se explica porque o contrato intermitente é prejudicial ao trabalhador e exclui alguns dos direitos estendidos aos demais empregados. Por isso, a exigência legal de que o contrato seja **escrito e anotação da Carteira de Trabalho** é uma formalidade que deve ser respeitada.

Esta nova modalidade de contrato gera extrema insegurança ao trabalhador, que não tem nenhuma garantia da quantidade mínima de trabalho por mês ou de quantos meses irá trabalhar no ano e, apesar de ficar à disposição dos chamados do patrão, este período não é computado como tempo de serviço, não se lhe aplicando pelo período de inatividade o disposto no *caput* do art. 4º da CLT, podendo, inclusive, trabalhar para outros empregadores.

Para a execução do serviço, basta que o empregador convoque o empregado intermitente, por qualquer meio eficaz, para a prestação de serviços, noticiando a jornada, que não poderá ser superior à legal, sempre com a antecedência mínima de três dias corridos (§ 1º do art. 452-A da CLT).

Recebida a convocação, o empregado terá o prazo de um dia útil para responder, presumindo o silêncio como recusa. De acordo com o § 3º do mesmo artigo, a recusa não descaracteriza a subordinação inerente ao vínculo de emprego. Aceita a proposta de trabalho, aquele que descumprir injustamente pagará à outra parte, em trinta dias, a cláusula penal equivalente a 50% da remuneração que seria devida, permitida a compensação. Durante a vigência da MP nº 808, o contrato poderia prever cláusula penal ou alguma forma de reparação recíproca na hipótese de cancelamento de serviços previamente agendados, como autorizava o antigo inciso IV do art. 452-B da CLT. Logo, a multa, nessa época, não era tarifada pela lei, e sim contratual e em valor ajustado pelas partes.

Consumido o trabalho, o empregador fará o pagamento de imediato, na data acordada das parcelas previstas no § 6º. Será no primeiro dia útil após o último dia da prestação de serviços ou dez dias depois? O contrato regulará a matéria. De qualquer forma, a periodicidade do pagamento não poderá ser superior a 30 dias, na forma do art. 459 da CLT.

Apesar de não mais vigente o antigo § 11 do art. 452-A da CLT, prevalece o sentido da norma, com base no art. 459 da CLT: "na hipótese de o período de convocação exceder um mês, o pagamento das parcelas a que se referem o § 6º não poderá ser estipulado por período superior a um mês, contado a partir do primeiro dia do período de prestação de serviço". Assim, se o empregado começar no dia 12/3 e trabalhar até 30/5, o patrão deverá pagar até o dia 12/4 o salário de março e o de abril até dia 12/5.

Não se admite, pela primeira vez, de forma expressa na lei, o salário complessivo,[14] pois o § 7º do art. 452-A da CLT é expresso na exigência de que o recibo deverá discriminar cada uma das parcelas pagas.

O § 8º do art. 452-A da CLT também prevê a obrigatoriedade do empregador em fornecer ao empregado intermitente o comprovante do recolhimento do FGTS e da Previdência Social.

O empregador deverá conceder férias de um mês, isto é, não deverá convocar o "intermitente" para trabalhar no período concessivo das férias.

O legislador não explicita como será computado o período aquisitivo. Vamos imaginar um empregado que trabalha 3 dias num mês e noutro, apenas 5, isto é, menos de 14 dias em cada mês e em meses intercalados ou descontínuos. Como será a contagem, por data de aniversário da vigência do contrato ou da soma dos dias trabalhados até completar 365 dias? Sugerimos que a contagem se faça pela data de aniversário de vigência do contrato.

O cálculo do valor do pagamento das férias proporcionais + 1/3 e do décimo terceiro proporcional deve ser efetuado de forma similar àquela aplicada aos trabalhadores avulsos[15], que também trabalham de forma intermitente, mas não são empregados. Aliás, este tipo de trabalhador se assemelha demais ao intermitente.

Mais dúvidas: as férias são de 30 dias ou de um mês? A lei (§ 9º) refere-se ao mês. As férias serão usufruídas sem o pagamento nesse momento, pois a previsão legal é de quitação das férias proporcionais ao fim de cada período. Uma vez quitadas as férias antes de seu gozo, como ficará o caso de justa causa, ocasião em que tanto as férias proporcionais como o 13º proporcional não são devidos? Poderá o patrão descontar o que já havia quitado? Entendemos que sim.

O empregado vai gozar férias sem receber e receber férias muito antes do gozo, o que é uma inversão e contraria o comando contido no art. 7º, XVII, da CF, que determina que o gozo das férias será acrescido do abono de 1/3.

---

[14] Complessivo é o salário pago em única rubrica, isto é, que engloba diversas parcelas num único título, sem discriminar valores de cada parcela paga.

[15] Para os trabalhadores avulsos, o percentual, que engloba o quantitativo devido a título de férias +1/3 e 13º proporcional, incide sobre o MMO (Montante de Mão de Obra = horas, adicionais e RSR) e é depositado numa conta-corrente bancária para que, na época das férias ou em dezembro eles possam levantar todos os valores depositados a título de férias ou do 13º salário.

Além dos direitos previstos nos incisos I a V do § 6º do art. 452-A da CLT (pagamento das horas trabalhadas no período, férias proporcionais + 1/3 relativas ao tempo trabalhado, 13º proporcional dos dias trabalhados, RSR e adicionais), os demais direitos trabalhistas devem ser estendidos aos empregados intermitentes, apesar de não mencionados no § 6º, como vale-transporte, salário-família e benefícios estendidos aos demais empregados contínuos. Logo, os incisos são exemplificativos, e não taxativos.

A empregada que engravida no período de inatividade terá estabilidade na inatividade? Deverá ser convocada ao trabalho? De forma oposta, se engravida no curso do trabalho efetivo, terá o direito a continuar trabalhando, mesmo que a convocação tenha sido expressa limitando o período de trabalho em apenas 10 dias? E o empregado que registra sua candidatura a dirigente sindical no período de atividade ou inatividade é estável? Terá direito ao trabalho contínuo ou algum outro direito?

Os empregados inativos entram na contagem para fins de contratação de aprendizes e deficientes? E aqueles que trabalham apenas uns poucos dias do mês? Os mesmos questionamentos podem ser estendidos para a criação da CIPA, para obrigatoriedade contida no § 1º do art. 389 da CLT; para a obrigatoriedade do controle de ponto etc.

Recomendamos que deva prevalecer a interpretação decorrente do princípio da proteção ao trabalhador, isto é, o princípio interpretativo *in dubio pro misero,* segundo o qual, se a norma comportar mais de uma interpretação razoável, o exegeta deverá optar por aquela mais favorável ao trabalhador.

O período de inatividade é o intervalo temporal distinto daquele para o qual o empregado intermitente haja sido convocado e tenha prestado serviços ao patrão, logo, inatividade é o período sem trabalho para aquele empregador. Mesmo tendo caducado o art. 452-C da CLT, pelo fim da MP nº 808/2017, nada mudou nesse sentido: continua sendo hipótese de suspensão contratual, pois a inatividade não é considerada tempo à disposição e durante seu curso não há trabalho nem pagamento de FGTS, cota previdenciária, salário ou qualquer benesse. Aliás, se houver pagamento na inatividade, não será um contrato intermitente (antigo § 2º do art. 452-C da CLT – artigo perdeu a vigência com o fim da MP nº 808).

Por se parecer com um biscateiro, pode o intermitente trabalhar para outros tomadores, mesmo que atuem na mesma atividade econômica, isto é, que sejam concorrentes da empresa.

Perdeu a eficácia a partir de 23.04.2018 o art. 452-D da CLT, que dispunha que, se o intermitente não fosse convocado pelo período de um ano, contado do último dia de trabalho, ou, caso não tenha aceito, da última convocação, o contrato rompia de pleno direito. Como essa regra não mais vigora, poderá o intermitente ficar indefinidamente aguardando o chamado, por meses ou anos a fio. Também não vigora mais a regra do antigo art. 452-E da CLT de pagamento, no caso de rescisão do contrato, da metade do aviso prévio (sempre indenizado) e da indenização adicional do FGTS (20%), além de 80% do FGTS e não acesso ao seguro--desemprego. Dessa forma, se pedir demissão ou for demitido sem justa causa, receberá como os demais empregados.

O legislador perdeu a oportunidade de disciplinar uma contagem diversa do aviso prévio proporcional ao tempo de serviço e, com isso, adaptar essa regra ao empregado intermitente.

Acaba a regra imposta pelo revogado art. 452-G da CLT, que estabelecia até 31.12.2020 uma quarentena de 18 meses para que o empregador pudesse contratar ex-empregados como intermitentes, evitando a dispensa em massa para recontratação de forma precária. Agora, após o fim da MP nº 808/2017, os empregadores podem demitir seus empregados e recontratá-los como intermitentes. Recomendamos que respeitem os 90 dias indicados na Portaria nº 384/92 do MTE para uma eventual recontratação.

Por fim, importante mencionar que o art. 611-A, VIII, da CLT, que visa autorizar a redução ou supressão de direitos legais, permite que a convenção ou o acordo coletivo, por exemplo, reduza o prazo da convocação; que considere o silêncio como concordância; que não exija a forma expressa bilateral para alterar de trabalhador contínuo para intermitente; que exclua os trabalhadores intermitentes da contagem para fins de contratação de aprendizes, deficientes, CIPA etc.

Reflexões:

A criação de mais uma espécie de contrato de trabalho sob a denominação "contrato intermitente" visa, na verdade, autorizar a jornada móvel variada e o trabalho variável (bico), isto é, a imprevisibilidade da prestação de serviços, ferindo de morte os princípios da segurança jurídica, o da proteção ao trabalhador e o da continuidade da relação de emprego. A alteração da lei para permitir esta espécie de contrato atende principalmente aos interesses dos empresários, e não dos trabalhadores.

Há mais.

De acordo com os arts. 2º e 3º da CLT, é o empregador quem corre os riscos da atividade empresarial. Os dois artigos (arts 443 e 452-A) pretendem repassar ao trabalhador os riscos inerentes ao empreendimento, ante a imprevisibilidade dos ganhos mensais que terá, o que não é possível nas relações de emprego.

Permitir que o trabalho seja executado de tempos em tempos, sem garantia mínima de salário mensal e sem previsibilidade de quantidade mínima de dias de trabalho por mês ou número de meses de trabalho por ano é equiparar o empregado ao autônomo, repassando ao trabalhador os riscos do contrato. Este trabalhador se assemelha, e muito, ao avulso, que é um autônomo. Entretanto, o avulso tem a garantia de levantar o FGTS caso não seja convocado para o trabalho por período igual ou superior a 90 dias (art. 20, X, da Lei nº 8.036/90).

Será possível alterar o contrato (contínuo) de trabalho de um empregado, durante a sua vigência, para que ele passe a ser um contrato intermitente? Muitos defenderão a validade do ajuste ao argumento da livre autonomia da vontade do empregado em aceitar esta modalidade de contrato. Todavia, aquele que aceita negócio jurídico que lhe é prejudicial só o faz por necessidade ou por ignorância. Além disso, o art. 468 da CLT impede a alteração prejudicial ao empregado.

3. DENOMINAÇÃO

A denominação utilizada antes da legislação trabalhista era **locação de serviços**, pois derivou da *locatio operarum* do Direito romano em torno dos séculos VII e VI a.C., inspirando o Código Civil de 1916.

Com o nascimento do Direito do Trabalho, foram usadas algumas expressões, como contrato de indústria e contrato operário. Mais tarde foi chamado de contrato de salário e, também, de contrato corporativo.

Depois, com o advento da antiga Lei nº 62, de 5 de junho de 1935, que por sua vez regulava a rescisão do pacto laboral, passou-se a utilizar a denominação **contrato de trabalho**, que é adotada até os dias atuais.

Para Orlando Gomes,[16] no entanto, tal expressão abrange qualquer tipo de contrato no qual exista trabalho humano. Por isso, sugere o nome de **contrato de emprego**, pois assim, este tipo está restrito ao ajuste feito entre empregado e empregador. No mesmo sentido Martins Catharino[17] e Sergio Pinto Martins.[18]

Remetemos o leitor ao Capítulo I "Fundamentos e Formação Histórica".

4. CARACTERÍSTICAS

Para Martins Catharino[19] o contrato de trabalho (que, segundo ele, deve ser chamado de contrato de emprego) é **bilateral** (direitos e obrigações recíprocos), **consensual** (nasce da vontade e da concordância das partes), **oneroso** (há contraprestação pelo serviço prestado), **comutativo** (cada parte sabe previamente seu direito em relação à outra, cujas obrigações são recíprocas e equivalentes), ***intuitu personae*** (pessoal, como consequência do caráter fiduciário da relação de emprego) em relação ao empregado[20] e de **trato sucessivo** (o contrato não se exaure com a prática de um único ato, pois é de débito permanente).

Convém ressaltar que o caráter bilateral ou sinalagmático do contrato não se confunde com o comutativo. Sinalagmático significa reciprocidade de obrigações, equivalentes ou não, enquanto comutativo vem a ser aquele em que cada contratante recebe do outro prestação equivalente e pode apreciá-la desde o início, porque

---

16 *Ibidem*, 2003, p. 111.

17 CATHARINO, José Martins. *Compêndio Universitário de Direito do Trabalho*. São Paulo: Editora Jurídica e Universitária, 1972, v. 1, p. 267.

18 Sergio Pinto Martins afirma que o termo mais apropriado deve ser contrato de emprego, e não contrato de trabalho, pois na realidade não se trata da relação de qualquer trabalhador, mas sim da avença entre o empregador e o empregado de trabalho subordinado, o que enseja dúvidas a respeito do contrato de trabalho do trabalhador eventual, do autônomo, do avulso etc. MARTINS, Sergio Pinto. *Direito do Trabalho*. 13. ed. São Paulo, 2001, p. 112.

19 CATHARINO, José Martins, *op. cit.*, p. 269.

20 Excepcionalmente o caráter pessoal do contrato de trabalho é também relacionado à pessoa do empregador, como admite a doutrina. Neste caso, havendo morte do sócio, constituído em firma individual, pode haver uma ruptura no alinhamento de ideias que até então mantinha a relação, ocasião em que a lei permite ao trabalhador optar pela sua permanência no emprego ou saída – art. 483, § 2º da CLT. O assunto será novamente abordado no capítulo referente à "Rescisão Indireta".

assim foi ajustado. Contrapõe-se ao contrato aleatório, que é aquele que depende do risco, do acaso, pois as partes não sabem previamente a obrigação da outra. Nas palavras de Maria Helena Diniz,[21] "será comutativo o contrato a título oneroso e bilateral em que a extensão das prestações de ambas as partes, conhecida desde o momento da formação do vínculo contratual é certa, determinada e definitiva, apresentando uma relativa equivalência de valores (...)".

O caráter comutativo do contrato de trabalho é criticado por alguns, já que essa equivalência é meramente jurídica e não real. O trabalho humano não tem preço definido, pois a energia despendida não pode ser medida e valorada com precisão. Logo, não há equivalência real. Por isso, Evaristo Moraes Filho[22] prefere utilizar a nomenclatura **equipolência**, que corresponde a uma equivalência fictícia.

Orlando Gomes[23] aponta as mesmas características, acrescentando somente que o contrato de trabalho não depende de formalidade especial (**não solene**), salvo algumas exceções. Com razão o autor. Salvo raras hipóteses[24] o contrato de trabalho não depende de forma especial para sua validade. Informa, ainda, que o contrato é **real**, "uma vez que a obrigação de dar do empregador depende da obrigação de fazer do empregado, consistente na execução de um serviço."[25] Criticamos tal posição, uma vez que durante a interrupção contratual a obrigação do empregador em pagar salários permanece, mesmo sem qualquer trabalho prestado pelo empregado, portanto, a expressão não deve ser empregada.

Délio Maranhão[26] apresenta as seguintes características para o contrato de trabalho: contrato **principal** (pode estar acompanhado de contratos acessórios, como, por exemplo, o contrato de depósito), com **natureza privada com cláusulas de ordem pública** (há um mínimo legal que deve ser respeitado pelas partes), *intuitu personae* ou personalíssimo, sinalagmático (obrigações contrárias e equivalentes), consensual (nasce da vontade das partes), de trato sucessivo (não acaba com a prática de um único ato) e oneroso (há contraprestação pelo serviço executado ou pelo tempo à disposição).

De fato o contrato de trabalho é um contrato principal que gera obrigações e contratos acessórios, tais como: a) obrigações acessórias – previdenciárias, PIS, contribuições sindicais, assistência sindical etc.; b) contratos acessórios que se extinguem automaticamente com o rompimento do vínculo de emprego: seguro

---

21 DINIZ, Maria Helena. *Curso de Direito Civil brasileiro*. Teoria das Obrigações Contratuais e Extracontratuais. 17. ed. São Paulo: Saraiva, 2002, v. 3, p. 84.

22 MORAES FILHO, Evaristo e MORAES, Antonio Carlos Flores de. *Introdução ao Direito do Trabalho*. 9. ed. São Paulo: LTr, 2003, p. 251.

23 GOMES, Orlando; GOTTSCHALK, Élson. *Curso de Direito do Trabalho*. 16. ed. Rio de Janeiro: Forense, 2003, p. 111.

24 O contrato do aprendiz, atleta profissional, artista, trabalhador temporário, jogador de futebol, dentre outros, necessita de alguns requisitos para a validade do ajuste (conforme a legislação específica de cada um), logo, constitui exceção à regra geral.

25 GOMES, Orlando; GOTTSCHALK, Élson, *op. cit.*, 4. ed., 1995, p. 122.

26 MARANHÃO, Délio; CARVALHO, Luiz Inácio Barbosa. *Direito do Trabalho*. 17. ed. Rio de Janeiro: Editora da FGV, 1993, p. 46.

de vida, locação de imóvel, fornecimento de utilidade como carro, *laptop*, celular, plano de saúde, previdência privada, comodato de ferramentas etc.

Evaristo de Moraes[27] defende, ainda, que o contrato de trabalho seria um contrato de adesão, já que o empregado estaria obrigado a aceitar as condições impostas pelo empregador. Mas, essa posição é criticada pela doutrina majoritária, uma vez que é possível haver livre autonomia de vontade no ajuste de cláusulas que garantam direitos acima da lei. Apesar de rara, a autonomia de fato existe, o que retira a característica de contrato de adesão.

5. MORFOLOGIA OU FORMAÇÃO

O contrato de trabalho pode se constituir de forma **tácita** ou **expressa** (oral ou escrito), de acordo com o art. 443, *caput*, da CLT.

> **Art. 443.** O contrato individual de trabalho poderá ser acordado tácita ou expressamente, verbalmente ou por escrito, por prazo determinado ou indeterminado, ou para prestação de trabalho intermitente.

No caso de ingresso nas sociedades de economia mista e nas empresas públicas, onde há a formação de contrato de trabalho *stricto sensu*, ou seja, com a existência de empregado e empregador, há a necessidade de ingresso através de concurso público, em obediência à regra constitucional contida no art. 37, II, da CRFB. Com isso, neste caso, não existe a possibilidade de o contrato de trabalho ser constituído de forma tácita. Ele será expresso e de acordo com a citada norma constitucional.

O contrato de trabalho pode ser por tempo indeterminado ou a termo, que será estudado no próximo capítulo.

---

27 MORAES FILHO, Evaristo; MORAES, Antonio Carlos Flores de. *Introdução ao Direito do Trabalho*. 9. ed. São Paulo: LTr, 2003, p. 252.

Capítulo 17

REQUISITOS OU ELEMENTOS DO CONTRATO DE TRABALHO

O contrato de trabalho constitui espécie de negócio jurídico, de natureza bilateral, pois é acordo de vontades que, na conformidade da ordem jurídica, estabelece uma regulamentação de interesses entre as partes, com o objetivo de criar, modificar ou extinguir relações jurídicas de natureza patrimonial.

Por isso os contratos contêm duas características: a) estrutural, isto é, a **alteridade**, que se demonstra através da bilateralidade de atribuições, do caráter sinalagmático do contrato (direitos e obrigações recíprocas); b) funcional, pois compõe interesses contrapostos, harmonizando os conflitos. Daí decorre sua função econômica e social, pois é através do contrato que uma vasta gama de interesses se harmoniza.

Todo contrato pode ter três tipos de elementos: a) essenciais; b) naturais; c) acidentais.

1. ELEMENTOS ESSENCIAIS

Sendo o contrato um negócio jurídico, requer, para a sua validade, a observância de requisitos ou de elementos essenciais.

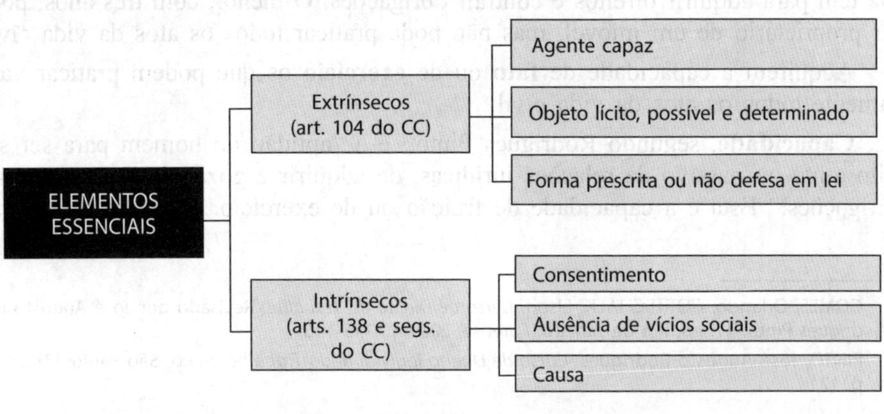

Os requisitos ou elementos essenciais para validade do contrato de trabalho dividem-se em extrínsecos e intrínsecos,[1] sendo que aqueles existem independentemente da relação de emprego enquanto estes passam a existir quando da materialização da relação empregatícia.

A ausência de um dos elementos essenciais pode comprometer a existência ou a validade do contrato.

O art. 166 do CC assim dispõe:

> **Art. 166.** É nulo o negócio jurídico quando:
> I – celebrado por pessoa absolutamente incapaz;
> II – for ilícito, impossível ou indeterminável o seu objeto;
> III – o motivo determinante, comum a ambas as partes, for ilícito;
> IV – não revestir a forma prescrita em lei;
> V – for preterida alguma solenidade que a lei considere essencial para a sua validade;
> VI – tiver por objetivo fraudar lei imperativa;
> VII – a lei taxativamente o declarar nulo, ou proibir-lhe a prática, sem cominar sanção.

1.1. Elementos Essenciais Extrínsecos

De acordo com o art. 104 do CC, para validade do negócio jurídico mister estejam presentes os requisitos, de forma concomitante:

a) agente capaz;
b) objeto lícito, possível, determinado ou determinável;
c) forma prescrita ou não defesa em lei.

1.1.1. Agente Capaz

A capacidade pode ser de **direito** ou de **fato**. De direito é aquela que toda pessoa tem para adquirir direitos e contrair obrigações. O menor, com três anos, pode ser proprietário de um imóvel, mas não pode praticar todos os atos da vida civil.

Adquirem a capacidade de **fato** ou de **exercício** os que podem praticar validamente todos os atos da vida civil.

Capacidade, segundo Rodrigues Pinto,[2] é a "aptidão do homem para ser sujeito ativo ou passivo de relações jurídicas, de adquirir e gozar direitos e contrair obrigações." Esta é a capacidade de fruição ou de exercício.

---

1 GOMES, Orlando; GOTTSCHALK, Élson. *Curso de Direito do Trabalho*. Revisado por José Augusto Rodrigues Pinto. 17. ed. Rio de Janeiro: Forense, 2004, p. 145-146.

2 PINTO, José Augusto Rodrigues. *Curso de Direito Individual do Trabalho*. 5. ed. São Paulo: LTr. 2003, p. 171.

Para Délio Maranhão,[3] a capacidade não deve ser confundida com as **condições administrativas** previstas para o exercício da atividade profissional, já que, nas palavras do autor, a inobservância das prescrições regulamentares não invalida o ato jurídico, sujeitando, apenas, àquele que as infringe, às sanções estabelecidas de ordem penal ou administrativa.

Realmente, a capacidade de fato distingue-se da legitimação para a prática de determinado ato, pois aquela se refere à aptidão para a prática geral dos atos jurídicos, enquanto a legitimação é específica, referindo-se a um ato em particular. Todavia, a infração aos requisitos legais necessários para o exercício de determinada atividade ou profissão pode acarretar a nulidade do próprio contrato.

A **legitimidade** é o poder de exercitar um direito que só o legitimado o tem. Assim, têm capacidade plena para trabalhar os maiores de 18 anos, mas só estarão legitimados (legalmente habilitados) para exercer a profissão de vigilante ou de peão de rodeio os maiores de 21 anos.

A exigência específica para prática de determinados atos é que determina a legitimidade, que pode se referir à idade mínima, ao registro, à formação profissional, às condições especiais, a requisito legal específico etc.

Portanto, não basta que o empregado seja maior e capaz, para exercer determinadas funções, deve preencher alguns requisitos administrativos e jurídicos, como, por exemplo, formação profissional adequada e registro no órgão competente. Neste caso, fala-se em falta de **capacidade específica** ou de legitimação para o contrato e não de uma incapacidade genérica. O trabalhador de 18 anos não está legitimado para exercer a profissão de vigilante, sem a prévia formação e registro, exigidos pela Lei nº 7.102/83, seja porque não tem a idade mínima legal, seja porque não preencheu os requisitos da lei. Nesse exemplo falta capacidade específica (legitimidade), que acarreta também **exercício ilegal da profissão** e, por isso, violará outro elemento essencial do contrato – **objeto ilícito**. O menor não tem legitimidade para aceitar trabalho em local insalubre e perigoso ou prejudicial à sua moralidade, em face da proibição legal, por exemplo. O maior de 51 anos não pode trabalhar em minas de subsolo, o menor de 21 anos não pode ser peão de rodeio etc.

Em face das considerações anteriores, discordamos de Délio Maranhão. A inobservância das exigências legais para exercício de determinada atividade torna nulo o contrato, ou por falta de capacidade específica (legitimidade) ou porque seu objeto é ilícito – exercício ilegal da profissão, salvo quando a regra for de proteção ao incapaz (ex.: menor). Desta forma, o trabalhador que exerce a função de advogado, mas não se formou em direito, nem obteve a carteira da OAB, explora ilegalmente uma profissão e seu contrato de trabalho é nulo de pleno direito.

> VÍNCULO DE EMPREGO. EXERCÍCIO DA VIGILÂNCIA ARMADA SEM CURSO DE FORMAÇÃO PROFISSIONAL. CONTRATO NULO. O exercício da profissão de vigilante necessita de aprovação em curso de formação profissional

[3] SÜSSEKIND, Arnaldo; MARANHÃO, Délio; VIANNA, Segadas; TEIXEIRA, Lima. *Instituições de Direito do Trabalho*. 22. ed. São Paulo: LTr, 2005, v. 2, p. 249.

> e registro prévio na polícia federal. O trabalho sem estes requisitos, conjugado com o uso de arma sem autorização legal para tanto, acarreta na **nulidade do contrato**. TRT, 1ª Reg. 8ª T, RO 00535-2002-023-01-00-9, Rel. Vólia Bomfim Cassar, sessão dia 25/05/05 (grifos nossos).

O assunto será analisado novamente no item relacionado ao objeto ilícito (item 1.2. deste ponto).

Para que o agente seja capaz é necessário que tenha capacidade de fato ou de exercício, ou seja, que possa exercer, por si só, todos os atos da vida civil.

São **absolutamente incapazes** as pessoas relacionadas no art. 3º do Código Civil:

> **Art. 3º** São absolutamente incapazes de exercer pessoalmente os atos da vida civil os menores de 16 (dezesseis) anos.

1.1.1.1. Idade

1.1.1.1.1. Histórico do Trabalho Infantil

Historicamente, as crianças sempre trabalharam junto às famílias e tribos sem se distinguir dos adultos. Os filhos dos escravos também serviam seus amos. Nas Corporações de Ofício trabalhavam como aprendizes por sete a dez anos. Com a Revolução Industrial o labor infantil cresceu de forma geométrica, forçando algumas crianças ao trabalho em condições deploráveis e em carga horária extenuante (algumas crianças com apenas cinco anos laboravam cerca de 14 a 16 horas por dia), por se tratar de mão de obra barata, dócil, com maior possibilidade de adaptação e de fácil dominação.

Só a partir do século XIX criou-se uma limitação ao trabalho infantil.

Na Grã-Bretanha, antes da Era Vitoriana (século XVIII), os limpadores de chaminés recrutavam pequenas crianças como auxiliares, incumbidos de subir até o topo afunilado para desobstruir a saída de fumaça das chaminés das casas dos ricos. Como muito bem pontuou Haim Grunspun,[4] "o único medo que superava o da escuridão e da altura era o medo do capataz que esperava embaixo se não cumprisse bem a tarefa". Em decorrência disto, a primeira medida legal (1788) ocorreu na Inglaterra, impedindo o trabalho dos pequenos "trepadores" com menos de oito anos. Além disso, a medida também previa o banho das crianças uma vez por semana, folga aos sábados para irem à igreja e proibia o trabalho forçado nas chaminés com o fogo aceso.

Alice Monteiro[5] noticia que a legislação tutelar do menor iniciou-se em 1802 com o "Ato da Moral e da Saúde", dirigido aos menores que trabalhavam na indústria da lã e do algodão e, mais tarde, a proteção ao menor foi tutelada por outros países industrializados da Europa.

---

4 GRUNSPUN, Haim. *O trabalho das crianças e dos adolescentes*. São Paulo: LTr, 2000, p. 48.

5 BARROS, Alice Monteiro de. *Curso de Direito do Trabalho*. 2. ed. São Paulo: LTr, 2006, p. 519.

No Brasil, só em 1891 foi publicado o Decreto nº 1.313 que proibia o trabalho dos menores em máquinas em movimento e na faxina das fábricas do Distrito Federal, mas somente em 1917 o Decreto Municipal nº 1.801/17 proibiu o trabalho de menores de 14 anos em fábricas no Rio de Janeiro (Distrito Federal). Em 1927 o Decreto nº 17.943-A/27, suspenso por dois anos por um *habeas corpus*, aprovou o Código de Menores, vedando o trabalho dos menores de 12 anos e trabalho noturno aos menores de 18. Aquela idade foi majorada para 14 anos para qualquer trabalho na indústria pelo Decreto nº 22.042/32.

A Carta de 1934 (art. 121, § 1º, *d*) proibiu o trabalho do menor de 14 anos, salvo autorização judicial. De forma similar, a Constituição de 1937 (art. 137, *k*). O Decreto-Lei nº 3.616/41 instituiu a Carteira de Trabalho do Menor, extinta em 1969, com a criação da Carteira de Trabalho e Previdência Social, comum a adultos e menores.

Com a publicação da CLT em 1943 foi mantida a proibição do trabalho do menor de 14 anos, salvo na condição de aprendiz, cujo salário mínimo era inferior ao do adulto.

A Constituição de 1946 (art. 157, IX) também vedou o trabalho do menor de 14 anos.

A Lei Maior de 1967 (art. 158, X) e a Emenda Constitucional nº 1/69 (art. 165, X) fixaram a idade mínima em 12 anos para o trabalho do menor. Posteriormente, o art. 7º, XXXIII, da CRFB/88 elevou este patamar para 14 anos. Em 1990, a Lei nº 8.069/90 publicou o Estatuto da Criança e do Adolescente (ECA), garantindo todos os direitos trabalhistas aos aprendizes maiores de 16 anos. Finalmente, a idade mínima para o trabalho é constitucionalmente alterada pela Emenda Constitucional nº 20/98, **para 16 anos, salvo na condição de aprendiz, limitado a 14**, redação que vigora até hoje.

Apenas com o art. 428, § 2º, da CLT foi igualado o salário mínimo dos aprendizes ao mínimo nacional dos demais empregados adultos.

1.1.1.2. Emenda Constitucional nº 20/98

A Constituição da República de 1967 (art. 158, X) e a Emenda Constitucional nº 1/69 (art. 165, X) fixaram a idade mínima em 12 anos para o trabalho do menor. Logo, entre 12 e 18 anos o menor era considerado relativamente capaz. Posteriormente, o art. 7º, XXXIII da CRFB/88 elevou este patamar, para proibir o trabalho do menor de 14 anos (redação original), restabelecendo o disposto nas Cartas de 1934 (art. 121, § 1º, *d*), 1937 (art. 137, *k*) e 1946 (art. 157, IX).

Como consequência do comando Constitucional de 1988, operou-se a derrogação de todos os dispositivos da Consolidação das Leis do Trabalho que autorizavam o trabalho do menor a partir de 12 anos.

A Emenda Constitucional nº 20/98, que tem eficácia imediata, independente de lei, por se tratar de norma proibitiva, elevou, ainda mais, a idade mínima do trabalhador menor para 16 anos, salvo na condição de aprendiz, limitado a 14 anos. A Emenda Constitucional nº 20/98 deu nova redação ao art. 7º, XXXIII da CRFB/88 e, implicitamente, modificou o art. 227, § 3º, I, da CRFB/88.

Mesmo antes da Emenda Constitucional nº 20/98, o Estatuto da Criança e do Adolescente – ECA (Lei nº 8.069/90) garantia ao aprendiz menor de 14 anos bolsa de aprendizagem, enquanto ao maior de 14 anos concedia todos os direitos trabalhistas e previdenciários. Na verdade, o art. 64 do ECA excluiu o vínculo de emprego para o trabalhador aprendiz menor de 14 anos, quando a Carta de 88 permitia que a criança entre 12 e 14 fosse contratada na condição de aprendiz. Por este motivo, o dispositivo era de discutida aplicabilidade em face da dúvida acerca de sua constitucionalidade, pois discriminava o menor entre 12 e 14 anos, sonegando-lhe seus direitos trabalhistas. Mesmo que assim não o fosse, ante o comando proibitivo da Emenda Constitucional nº 20/98, o art. 64 do ECA não foi recepcionado, na parte que permite a aprendizagem ao menor de 14 (mesmo sem vínculo de emprego) e foi recepcionado quando permite o vínculo de emprego, na condição de aprendiz, ao menor a partir dos 14 anos.

1.1.1.3. Idade para o Trabalho

A **capacidade plena** foi concedida ao trabalhador a partir da idade de **18 anos**, inclusive (art. 402 da CLT). Após a Emenda nº 20/98, considera-se **relativamente capaz** o trabalhador entre **16 e 18 anos** e, **absolutamente incapaz** o menor de **16 anos**, que só poderá trabalhar na condição de aprendiz (art. 7º, XXXIII, da CRFB), a partir de 14 anos (art. 7º, XXXIII, parte final, da CRFB c/c art. 403, *caput*, da CLT).

Portanto, considera-se incapaz para o trabalho o menor de 16 anos, salvo na condição de aprendiz, desde que devidamente assistido por seus representantes legais. Relativamente capaz é o menor entre 16 e 18 anos.

Todavia, esta regra geral deve ser interpretada em conjunto com as demais legislações que impõem idades distintas para exercício de determinado ofício ou profissão, como abaixo citado:

a) o **peão de rodeio** só é considerado plenamente capaz para este tipo de trabalho após os **21 anos** (art. 4º, *caput*, da Lei nº 10.220/2001), pois entre 16 e 21 anos a lei exige a expressa autorização de seu representante legal;

b) para o **vigilante** (art. 16, II, da Lei nº 7.102/83), a idade mínima é de **21 anos**, sem qualquer possibilidade de autorização do representante legal para trabalho em idade inferior;

c) o menor de **18 anos** não pode exercer a função de **propagandista e vendedor de produtos farmacêuticos** – art. 3º da Lei nº 6.224/75;

d) para os que trabalham em **minas de subsolo**, o art. 301 da CLT exige a idade mínima de **21** e máxima de **50** anos;

e) Para ser **mãe social** a lei exige a idade mínima de 25 anos – art. 9º, *a*, da Lei nº 7.644/87;

f) Proibido o trabalho dos menores de 18 anos para diversas atividades constantes da TIP (Lista das Piores formas de Trabalho Infantil), aprovada pelo Decreto nº 6.481/2008 que regulamentou a Convenção nº 182 da OIT (veja item 1.1.2.1 deste Capítulo);

g) **motoboy** ou **mototaxista** tem que ter a idade mínima de 21 anos – art. 2º da Lei nº 12.009/2009.

Ressalta-se que o Direito do Trabalho sempre adotou a idade de 18 anos como marco inicial para a maioridade plena, mesmo na vigência do Código Civil de 1916, que, à época, determinava a idade de 21 anos.

As exceções acima imprimem regra especial, e, por isso, não foram alteradas em razão da redação do Código Civil de 2002.

1.1.1.4. Do Contrato de Trabalho do Menor de 16 Anos

De acordo com o art. 3º, I, do Código Civil, a incapacidade absoluta diz respeito à idade, pois o menor de 16 anos é considerado totalmente incapaz.

A Constituição da República, no art. 7º, XXXIII, e o art. 403 da CLT, proíbem o trabalho ao menor de 16 anos, salvo na condição de aprendiz, limitado a 14 anos.

É certo que a norma é de ordem pública e deve ser aplicada imediatamente para impedir que o menor trabalhe. A criança e o adolescente devem frequentar a escola, brincar, fortalecer os laços familiares e descansar para crescer, de forma a tornar-se um adulto saudável. Esta é a finalidade da lei.

Entretanto, que medida o Judiciário deve tomar se o menor de 16 anos de fato trabalhou em condições de emprego? Que direitos tem o trabalhador admitido aos 13 anos e demitido aos 15, que executou serviços na forma dos arts. 2º e 3º da CLT e mais tarde busca seus direitos judicialmente?

A dúvida decorre da aplicação ou não do art. 104 do CC, que determina o respeito concomitante aos requisitos essenciais para validade do negócio jurídico: agente capaz, objeto lícito e forma prescrita ou não defesa em lei.

No caso do trabalho do menor de 16 anos, dois dos requisitos acima são violados de morte, pois a Constituição proíbe o trabalho (art. 166, VII, do CC) e o menor de 16 anos é considerado pelo art. 3º do CC incapaz, não podendo exercer qualquer ato da vida civil. Portanto, apenas um requisito está presente: objeto lícito. A consequência lógica preconizada pelo Código Civil para esta infração é a de nulidade absoluta do contrato – art. 166, I do CC. Mas esta regra tem aplicação e os mesmos efeitos no Direito do Trabalho, protetor do hipossuficiente?

A doutrina não é unânime na resposta desta pergunta.

A primeira corrente, no sentido de que o menor não tem nenhum direito. Russomano,[6] em posição radical e isolada, sustenta que o menor sequer tem direito

[6] RUSSOMANO, Mozart Victor. *Comentários à Consolidação das Leis do Trabalho*. 9. ed. Rio de Janeiro: Forense, 1982, p. 589.

aos salários, por se tratar de nulidade absoluta, com efeitos *ex tunc* e que o art. 182 do CC se aplica apenas às nulidades relativas.

Defendendo posição diferente, a segunda corrente, capitaneada por Arnaldo Süssekind[7] e Pontes de Miranda,[8] considera absolutamente nulo o contrato de trabalho do menor de 16 anos. Mas, como não é possível restituir as coisas ao *status quo ante*, pois não há como se devolver o trabalho despendido, o menor terá direito aos salários ainda não pagos (art. 182 do CC). Alguns outros acrescentam o direito do menor ao FGTS também, por aplicação analógica do art. 19-A da Lei nº 8.036/90.

Alice Monteiro de Barros[9] adota posição similar para sustentar que, com base nos arts. 593 e 606 do Código Civil, a retribuição mensal deve ter como parâmetro a remuneração devida, como se o serviço fosse executado por um autônomo, e não com base no salário mínimo. Os valores pagos não terão natureza salarial, mas indenizatória, por tratar-se, segundo a autora, de compensação razoável, paga com o intuito de impedir o enriquecimento ilícito.

A terceira corrente é no sentido de considerar a nulidade absoluta do contrato apenas no campo teórico, mas seus efeitos equiparam-se aos da nulidade relativa. **Consequência**: pagam-se todos os direitos do trabalhador até a declaração de nulidade ou a extinção do contrato. O bem a se proteger neste caso é a incapacidade.

Explica-se:

As características das **nulidades absolutas** não se confundem com as da nulidade relativa. A absoluta infringe norma de ordem pública; pode ser conhecida de ofício pelas partes ou pelo juiz; não preclui, convalida ou prescreve; seus efeitos são retroativos (*ex tunc*), atingindo o contrato desde seu início; a declaração de nulidade independe de pronunciamento jurisdicional. A **nulidade relativa** infringe norma de ordem privada; depende de requerimento das partes e de pronunciamento jurisdicional; prescreve, preclui e convalida e seus efeitos não retroagem, pois só se produzem a partir da decisão judicial (*ex nunc*).

Assim, a terceira corrente empresta às nulidades absolutas apenas os efeitos da nulidade relativa, para afirmar que apesar de infringir norma de ordem pública, de poder ser declarada de ofício, independentemente de pronunciamento do juiz, de não convalidar ou prescrever, seus efeitos se operam a partir da declaração de nulidade absoluta, não retroagindo *ab initio*.

Maiores esclarecimentos no item 1.4 deste Capítulo.

Valentin Carrion[10] defende que as relações são nulas quanto aos efeitos da manifestação de vontade. Entretanto, devem ser outorgados todos os direitos ao menor, como se capaz fosse, inclusive as verbas da resilição imotivada. Do contrário,

---

7 SÜSSEKIND, Arnaldo. *Curso de Direito do Trabalho*. Rio de Janeiro: Renovar. 2002, p. 234-236.

8 A posição de Pontes de Miranda referia-se ao limite previsto na Carta de 1946. MIRANDA, Pontes de. *Tratado de Direito Privado*. 3. ed. Rio de Janeiro: Borsói, 1971.

9 BARROS, Alice Monteiro de. *Curso de Direito do Trabalho*. São Paulo: LTr. 2005, p. 525.

10 CARRION, Valentin. *Comentários à Consolidação das Leis do Trabalho*. 29. ed. São Paulo: Saraiva, 2004, p. 66-67.

estar-se-ia subtraindo do menor direitos que os demais trabalhadores têm, sob o pretexto de conceder-lhe proteção.

Realmente, negar ao menor os direitos que os maiores têm é desprotegê-lo, o que pode incentivar o empregador a tomar o trabalho da criança, pois mais barato e sem encargos trabalhistas. Ademais, a proibição foi dirigida ao empregador, que é capaz e enriqueceu com esta mão de obra.

Délio Maranhão[11] advoga que a nulidade do contrato por incapacidade do agente constitui medida de proteção ao incapaz e não ao empregador, distinguindo a **capacidade de proteção** da **capacidade natural**.

De fato, a capacidade deve ser analisada sob dupla ótica: 1) a capacidade em relação à idade; 2) a capacidade de proteção da vontade do declarante.

Com razão Délio Maranhão. Na conformidade do art. 105 do Código Civil, nos atos bilaterais, se uma das partes é incapaz e a outra capaz, esta não pode alegar, utilmente, a incapacidade daquela, em seu próprio benefício, porque devia saber com quem tratava. Acresce que, um remédio tutelar instituído em favor do incapaz não pode ser aplicado em seu detrimento. A CLT destinou capítulo separado para o caso: DA PROTEÇÃO DO TRABALHO DO MENOR – Capítulo IV do Título III da CLT.

De Page,[12] distinguindo entre a incapacidade natural e a de proteção, acentuava que, em relação a esta, a nulidade absoluta é apenas teórica, considerada pela jurisprudência como vício de vontade (nulidade relativa).

O trabalho do menor ou de um trabalhador incapaz é absolutamente nulo, sob o ponto de vista **teórico** e relativamente nulo em relação aos seus **efeitos**. Isso porque a declaração desta nulidade produz efeitos *ex nunc*.

Se o julgador ou a autoridade conseguir flagrar um contrato de trabalho sendo executado por um incapaz, isto é, ainda vigente, deve impedir sua continuidade, proibindo, a partir daí, o trabalho. Sob esta ótica, a doutrina argumenta que o contrato realizado até então produziu todos os efeitos, já que a norma é de proteção ao incapaz e, por isso, a nulidade deve ser equiparada, quanto aos efeitos, a uma nulidade relativa. Daí por que conclui a doutrina que o contrato será válido até a declaração de nulidade pela autoridade.

Assim se posiciona a doutrina[13-14-15-16-17-18] majoritária.

---

11 MARANHÃO, Délio; CARVALHO, Luiz Inácio Barbosa. *Direito do Trabalho*. 17. ed. Rio de Janeiro: Editora da FGV, 1993, p. 57-61.

12 Cf. *idem*.

13 PINTO, José Augusto Rodrigues. *Curso de Direito Individual do Trabalho*. 4. ed. São Paulo: LTr, 2000, p. 194.

14 NASCIMENTO, Amauri Mascaro. *Iniciação ao Direito do Trabalho*. 27. ed. São Paulo: LTr, 2001, p. 227-229.

15 MAGANO, Otávio Bueno. *Manual de Direito do Trabalho*. Direito Individual do Trabalho. 3. ed. São Paulo: LTr, 1992, v. 2, p. 200.

16 MARTINS, Sergio Pinto. *Direito do Trabalho*. São Paulo, 13. ed. 2001, p. 98.

17 GOMES, Orlando; GOTTSCHALK, Élson. *Curso de Direito do Trabalho*. 16. ed. Rio de Janeiro: Forense. 2003, p. 146-148.

18 CATHARINO, José Martins. *Compêndio Universitário de Direito do Trabalho*. São Paulo: Editora Jurídica e Universitária. 1972, v. 1, p. 324-327.

Todavia, a lide só chega ao Judiciário quando o menor já não está mais trabalhando, porque extinto seu contrato. Cabe relembrar que a Justiça não é mais "do Trabalho" e sim "dos Sem Trabalho", isto é, dos desempregados. O empregado não busca o Judiciário enquanto vigente o contrato por medo de represália (dispensa). Portanto, não há como se defender a tese de que o contrato do incapaz é válido até a declaração de sua nulidade pelo Judiciário, porque quando a lide chega ao juiz, o empregado já foi despedido e, por isso, não tem o que se extinguir, uma vez que já extinto. Ademais, quais as verbas devidas em virtude da extinção decorrente da declaração de nulidade pelo Judiciário?

Por esses motivos, entendemos que o contrato do incapaz é absolutamente nulo sob o ponto de vista teórico. Isto porque infringe norma de ordem pública, não prescreve nem convalida, pode ser declarado de ofício e independe de pronunciamento do Judiciário. Todavia, o contrato é válido, quanto aos efeitos, até a despedida,[19] pois já foi demitido pelo patrão, devendo ser considerada válida a dispensa, para fins de direitos trabalhistas. Se, todavia, uma autoridade conseguir flagrá-lo ainda em curso, por esta será extinto e seus efeitos válidos até a declaração de nulidade (efeitos *ex nunc*). Nesta hipótese todas as verbas da rescisão serão devidas, como se imotivada fosse a despedida, pois não se pode beneficiar o infrator da norma.

Assim também têm entendido os tribunais trabalhistas:

> CONTRATO DE TRABALHO – MENOR – NULIDADE – EFEITOS. A vedação ao trabalho do menor estabelecida constitucionalmente, por si só, não afasta os direitos trabalhistas alcançados pelo reclamante. Isto porque à hipótese aplica-se a "teoria trabalhista das nulidades", ou seja, a regra é a da irretroação da nulidade, gerando efeitos apenas *ex nunc*. Assim, afigurando-se o vício concernente à capacidade do laborista, respeitam-se os efeitos jurídicos do contrato celebrado, mesmo porque não se pode restituir a força laborativa despendida pelo obreiro em benefício do empregador, sob pena de se estimular o enriquecimento ilícito empresário. Trata-se, na espécie, de "incapacidade de proteção". Como leciona Délio Maranhão, "a nulidade do contrato pela incapacidade do agente constitui medida de proteção ao incapaz. Assim, se um menor, que não oculta sua incapacidade, é admitido como empregado, desfeito o contrato sem culpa sua, terá todos os direitos que a lei assegura a quem presta trabalho subordinado e em função do tempo de serviço. É que o empregador que, cientemente, contratou com um incapaz, não pode alegar em seu proveito a nulidade do contrato pela incapacidade do menor que para ele trabalhou (...)" (*in Direito do Trabalho*. 17. ed. Rio de Janeiro: Editora da Fundação Getulio Vargas, 1993, p. 57). TRT/MG – RO: 16527/1999 – Rel. Designado: Juíza Denise Alves Horta. *DJ*/MG 29/04/2000.

> CRIANÇA E ADOLESCENTE – PRESTAÇÃO DE SERVIÇOS – VIOLAÇÃO DO ART. 7º, XXXIII, DA CF/88 – NULIDADE – CONSEQUÊNCIAS. O reconhecimento da nulidade da relação de emprego, pelo desrespeito da norma constitucional que proíbe o trabalho dos que não alcançaram 16 anos de idade, não é empecilho para o reconhecimento do vínculo, para o registro em CTPS e para o cumprimento, pelo empregador, de todas as obrigações trabalhistas e

---

19 Nesse caso todos os direitos são devidos, até a anotação da CTPS. Mesmo que o Judiciário reconheça todos os direitos, a Previdência não aceita tal decisão.

previdenciárias pertinentes. Deve ser diferenciado, sempre, o trabalho ilícito do trabalho proibido, jamais perdendo de vista quem o constituinte visou proteger. Não pode o empregador alegar a violação da Constituição em seu próprio benefício, e em prejuízo do trabalhador incapaz. TRT, 15ª Reg. 2ª T, RO 038854/00, Rel. Mariane Khayat, *DOE* 03/04/2001.

NULIDADE DA R. SENTENÇA – CERCEIO DE DEFESA – Constitucionalmente assegurados, os direitos de ação e de defesa, com todos os meios e recursos a eles inerentes (art. 5º, XXXV e LV), constitui cerceio de prova o indeferimento da oitiva de testemunhas, ante a inocorrência de quaisquer das hipóteses previstas no art. 334 do CPC e, ainda, pelo fato de o trabalho proibido não ter o mesmo significado de trabalho ilícito. É certo também que a restrição constitucional ao trabalho do menor (art. 7º, XXXIII) tem por escopo a proteção à infância e à juventude, mas caso se comprove o labor, a este devem ser reconhecidos os efeitos inerentes à prestação de serviços. TRT, 3ª Reg., 4ª T., RO 17858/97, Rel. Luiz Ronan Neves Koury, *DOE* 08/08/98.

Sergio Pinto Martins, em entendimento isolado, sustenta que a proibição de trabalho ao menor de 16 anos não se aplica ao doméstico, já que o inciso XXXIII do art. 7º da CRFB não foi incluído no parágrafo único do mesmo artigo. Discordamos da opinião. O exegeta deve fazer uma correta interpretação da Constituição. O parágrafo único do art. 7º da Carta foi taxativo na criação de direitos sociais. No entanto, as regras proibitivas (negativas), que não criam direitos (regras positivas), têm eficácia imediata (plena), independente de regulamentação, pois não precisam de uma regulamentação, de um fazer e sim de uma abstenção. A se pensar de outra forma, chegar-se-ia à terrível conclusão que o doméstico poderia ser discriminado em razão da cor, idade, religião etc., pois também não tinha sido incluído o inciso XXX no parágrafo único do art. 7º da Constituição, em sua redação primitiva. De qualquer forma, a EC 72/13 jogou uma pá de cal nessa celeuma, pois expressamente aplicou o inciso XXXIII do art. 7º ao empregado doméstico. Remetemos o leitor ao Capítulo "Trabalhador Doméstico".

No âmbito do Direito Civil, a jurisprudência vem entendendo que se o menor de 16 anos demonstrar discernimento claro a respeito do negócio jurídico celebrado, sua vontade terá relevância jurídica. É o que diz o Enunciado nº 138 do CJF – Conselho da Justiça Federal:

> A vontade dos absolutamente incapazes, na hipótese do inciso I do art. 3º, é juridicamente relevante na concretização de situações existenciais a eles concernentes, desde que demonstrem discernimento bastante para tanto.

Tal entendimento, a nosso ver, pode ter aplicação no Direito do Trabalho.

Conclusão: É indiscutível que a Constituição, o Código Civil e a CLT destinaram regra especial de proteção ao menor, que é incapaz de declarar a sua vontade. Portanto, ao tratar do menor, a visão deve ser de centralizar o homem e sua dignidade. Desta forma o Direito do Trabalho, que tem como seu maior valor a justiça social e a proteção social dos trabalhadores, não pode deixar de privilegiar o menor hipossuficiente, assim como outras minorias.

1.1.1.5. Capacidade Relativa

Os **relativamente incapazes** estão apontados no art. 4º do Código Civil:

> **Art. 4º** São incapazes, relativamente a certos atos ou à maneira de os exercer:
> I – os maiores de dezesseis e menores de dezoito anos;
> II – os ébrios habituais e os viciados em tóxico;
> III – aqueles que, por causa transitória ou permanente, não puderem exprimir sua vontade;
> IV – os pródigos.
> **Parágrafo único.** A capacidade dos indígenas será regulada por legislação especial.

Em face da lacuna na legislação trabalhista, recomendamos que os arts. 402 até 441 da CLT, quando compatíveis, devem ser aplicados aos demais trabalhadores relativamente incapazes, e não apenas ao menor e à mulher, como inicialmente previsto na CLT.

O trabalho do **índio** é abordado no Capítulo "Trabalhadores e Empregados Especiais".

Os relativamente incapazes são pessoas que têm possibilidade de manifestar sua vontade, desde que estejam devidamente assistidos.

Todavia, como a norma trabalhista é de proteção ao incapaz e, em face da impossibilidade de retroação de seus efeitos, a interpretação dessa nulidade não deve ser tão rigorosa quanto o é no Direito Civil.

A incapacidade do **pródigo** é decretada judicialmente e só se limita aos atos que possam comprometer seu patrimônio ou de sua família. Por isso, de rara aplicabilidade no Direito do Trabalho, até porque os direitos do trabalhador são indisponíveis.

1.1.1.6. Idade

De acordo com o texto consolidado, entre os 16 e 18 anos o menor precisa de autorização dos pais ou representantes legais para contratar, distratar e dar quitação pelo recebimento das parcelas resilitórias, mas pode firmar recibo pelo pagamento dos salários, sem assistência dos pais (art. 439, CLT).

A jurisprudência trabalhista, no entanto, defende que o menor não necessita de assistência para a celebração de um determinado contrato de trabalho, quando já tiver a carteira profissional, já que a expedição desta estava condicionada à apresentação de declaração expressa dos pais ou responsáveis, na forma do art. 17, § 1º, da CLT (revogado pela Lei 13.874/19). Nesse sentido também Alice Monteiro de Barros.[20]

> MENOR. CAPACIDADE CONTRATUAL. Presume-se autorizado, por seus responsáveis legais, para ajustar contrato de trabalho, o menor portador de carteira profissional, só lhe sendo vedado, sem a assistência de quem sobre ele detém o pátrio poder, dar quitação pelas verbas rescisórias (CLT, art. 439). TRT/SC – Ac: 2575/92 – Rel. Designado: Juiz Pedro Alves de Almeida. *DJ*/SC 18/08/1992.

---

[20] BARROS, Alice Monteiro de. *Curso de Direito do Trabalho*. São Paulo: LTr. 2005, p. 526.

Pela validade do contrato de trabalho, mesmo sem a assistência dos pais, Gabriel Saad.[21]

Todavia, a partir do Código Civil de 2002, art. 5º, parágrafo único, uma vez adquirida a capacidade com o primeiro contrato, mesmo que dispensado logo depois, o trabalhador não mais retornará à capacidade relativa, salvo se interditado, podendo firmar novos contratos sem a assistência de seus pais, pois já emancipado.

a) Emancipação

Quando a incapacidade cessa por expressa determinação da lei ocorre a emancipação **legal**. A emancipação **voluntária** dá-se por concessão dos pais, ou por sentença do juiz.

O art. 5º, parágrafo único, do Código Civil, estabelece que a incapacidade civil cessa pela existência de relação de emprego com economia própria, desde que o trabalhador seja menor entre 16 e 18 anos.

Entende-se por economia própria a percepção pelo empregado de, pelo menos, um salário mínimo,[22] já que é este o valor considerado suficiente para o trabalhador sobreviver, pela Constituição brasileira, na forma do art. 7º, IV, da CRFB.

De forma diversa, Gustavo Tepedino,[23] que assevera que economia própria deve ser entendida "no sentido da caracterização de renda suficiente para a sobrevivência da pessoa, de acordo com o nível social em que está inserida".

Discordamos. Em um país em que se avoluma o desemprego e a pobreza e que a Carta Maior conceitua o salário mínimo como aquele que é capaz de atender às necessidades básicas do trabalhador e de sua família, conclui-se que esse é o valor que deve ser determinante da "renda suficiente para a sobrevivência de uma pessoa".

O vínculo de emprego pode estar formalizado ou não para cessar a incapacidade relativa. A não anotação da CTPS não impede a maioridade, pois gera, tão somente, irregularidades contratuais e administrativas praticadas pelo empregador. No entanto, há posições civilistas no sentido de que o fim da capacidade relativa somente ocorre se houver a formalização da relação de emprego.

Em virtude do disposto no art. 5º, parágrafo único, do CC, que concede capacidade plena ao empregado com vínculo de emprego, alguns dos artigos da CLT, dirigidos ao relativamente capaz, **foram revogados tacitamente**,[24] já que visavam proteger a incolumidade da vontade. Logo, a partir do primeiro mês de vigência do contrato, o menor torna-se capaz.

---

21 SAAD, Eduardo Gabriel; SAAD, José Eduardo Duarte; BRANCO, Ana Maria Saad Castelo. *CLT comentada*. 39. ed. São Paulo: LTr, 2006, p. 346.

22 Da mesma forma *ibidem*, p. 345.

23 TEPEDINO, Gustavo; BARBOZA, Heloísa Helena; MORAES, Maria Celina Bodin de. *Código Civil interpretado conforme a Constituição*. Rio de Janeiro: Renovar, 2004, v. 1, p. 19.

24 Alice Monteiro pensa de forma diferente. Afirma que as disposições especiais da CLT a respeito do menor continuam vigentes, já que a norma geral (Código Civil) não revoga a especial (CLT). Acrescenta, ainda, que as regras da Consolidação não derivam apenas da incapacidade, mas também de outras peculiaridades como a moralidade, cultura, segurança etc. BARROS. Alice Monteiro de. *Curso de Direito do Trabalho*. São Paulo: LTr, 2005, p. 221.

O intérprete deve analisar a finalidade de cada norma e distinguir entre aquelas que visam a incolumidade da vontade daquelas que protegem a condição física, psicológica ou que são para proteção da idade. Foram revogadas tacitamente as regras de **proteção à incolumidade da vontade**, e continuam vigentes às dirigidas para **proteção da idade**.

Para uma análise mais transparente deste raciocínio alguns pontos merecem ser abordados:

1º) A CLT dirigiu suas regras de proteção à capacidade relativa apenas à mulher e ao menor. Àquela porque era considerada relativamente capaz, na época em que foi elaborada a CLT (1943). Estas regras podem ser aproveitadas a outras capacidades relativas;

2º) O Código Civil de 2002 trouxe novas hipóteses de capacidades relativas, como ébrios habituais e os viciados em tóxicos, que também precisam de assistência e proteção. Além disso, alterou a idade do absolutamente capaz para 18 anos e considerou emancipado o menor (entre 16 e 18 anos), quando em condição de emprego com economia própria que lhe garanta a subsistência;

3º) Em virtude destas novidades e alterações o exegeta deve ter prudência ao interpretar as regras trabalhistas destinadas ao relativamente capaz (menor púbere), para tentar estendê-las também às novas hipóteses do Código Civil e para analisar as que continuam vigentes para o menor.

Para tanto, o intérprete deve levar em conta se a intenção do legislador foi a de proteger a incolumidade da vontade, por entender que o menor púbere tem discernimento reduzido ou se pretendeu tutelar sua estrutura física, mental e biológica. Apenas as regras dirigidas à higidez da vontade do menor podem ser estendidas aos demais relativamente capazes.

As normas dirigidas à proteção da integridade física, moral e psíquica do menor continuam vigentes, pois levam em consideração as suas diferenças em relação aos adultos, assim como aquelas que distinguem homens e mulheres; a Administração Pública; o idoso etc. Todas são regras de proteção e, por isso, não afrontam a Constituição.

Resumindo: Quando o comando legal pretender preservar o interesse do menor em razão de sua **idade**, entre 16 e 18 anos, já que não tem ainda total formação física, mental e moral, a norma estará vigente, inclusive para os demais relativamente capazes, desde que compatíveis.

Ao mesmo tempo em que um artigo pode estar revogado tacitamente para um menor de 17 anos que obteve sua emancipação, pode ser usado de forma analógica para proteger um maior relativamente capaz (ébrio habitual, por exemplo).

Assim, podemos afirmar que:

Adquirida a capacidade em virtude da relação de emprego a partir do primeiro mês de vigência do pacto, o menor não mais precisará da assistência de seus representantes legais na quitação decorrente da extinção do contrato, no pedido de demissão ou em qualquer outro ato de vontade, podendo, inclusive, aplicar justa causa no empregador sem a assistência dos seus pais – art. 439, fim, da CLT. De forma contrária João Lima Teixeira.[25]

O **art. 408** da CLT, que autoriza aos representantes legais do menor a iniciativa na extinção do contrato de trabalho em razão de péssimas condições de saúde ou de prejuízos de ordem física ou moral, está revogado em nosso entender, em face da capacidade plena adquirida pelo menor em virtude da relação de emprego, já que pode agir sozinho.

Todavia, continua vigente o **art. 407** da CLT, que concede ao juiz de menores o poder de determinar o afastamento do empregado, sempre que constatar que aquele tipo de trabalho põe em risco a moralidade ou a incolumidade física ou intelectual do menor, ou em recomendar ao empregador a mudança da função nas mesmas hipóteses de trabalho incompatível com sua idade. Também está vigente o parágrafo único do art. 407 da CLT, que considera justa causa do empregador, nos casos de recusa à mudança de função. Da mesma forma e pelos mesmos motivos, continua vigente o **art. 406** da CLT. Estas são regras de proteção à idade, à incolumidade física e mental do menor que, mesmo emancipado, continua sofrendo, com muita facilidade, influência do meio, pois ainda em formação física e de caráter.

Pelas mesmas razões, continua vigente, a proibição de trabalho noturno, insalubre e perigoso,[26] bem como àqueles prejudiciais à sua moralidade, formação, saúde e condições psíquicas (art. 7º, XXXIII, da CRFB c/c **arts. 403, 405, 409 e 410** da CLT). Apesar de proibido, se houver trabalho nestas condições, ele deverá ser remunerado, pois não pode o infrator da norma (empregador) se beneficiar de sua própria torpeza. Em face da omissão da CLT alguns artigos do Estatuto da Criança e Adolescente também devem ser aplicados ao menor, como o art. 67 da Lei nº 8.069/90 (ECA) que proíbe o trabalho penoso do menor entre 14 e 18 anos. Quando o menor for colocado em família substituta (guarda, tutela ou adoção – art. 28 do ECA), a sua representação na Justiça do Trabalho será feita pelo detentor destes poderes, por serem os responsáveis do menor.

De acordo com o **art. 440** da CLT, contra o menor de 18 anos não corre a prescrição. Por se tratar de regra de proteção à idade e não à capacidade, já que a CLT destinou aos relativamente incapazes a imprescritibilidade, quando o Código Civil o fazia apenas para o absolutamente incapaz (regra que continua vigente no Código de 2002, no art. 198, I), demonstrando que pretendia proteger a idade e não a capacidade, entendemos que a regra continua vigente. Ressalte-se que a lei se refere "ao menor de 18 anos" e não ao incapaz, como o faz o Código Civil.

A se pensar de outra forma, estar-se-ia imputando a capacidade plena aos menores para todos os atos trabalhistas, inclusive para o trabalho noturno, insalubre etc. Ora, tendo a CLT regra própria, inaplicável é o Código Civil nesta parte (prescrição ao relativamente capaz ou ao incapaz), por incompatível com a proteção destinada aos trabalhadores menores de 18 anos.

---

25 SÜSSEKIND, Arnaldo; MARANHÃO, Délio; VIANNA, Segadas; TEIXEIRA, Lima. *Instituições de Direito do Trabalho*. 21. ed. São Paulo: LTr, 2003, v. 2, p. 173.

26 Da mesma forma SAAD Eduardo Gabriel; SAAD, José Eduardo Duarte; BRANCO, Ana Maria Saad Castelo, op. cit., p. 345.

A emancipação, casamento, emprego público efetivo, colação de grau em curso de ensino superior e pelo estabelecimento civil ou comercial não alteram a prescrição a ser aplicada ao menor.

Recepcionada foi a regra contida no **art. 413, I e II,** da CLT, que proíbe a prorrogação do trabalho, salvo através de norma coletiva para compensação de jornada (limitadas a 44 horas semanais) ou em caso de força maior. Isto se explica porque o menor deve ter tempo para os estudos. A prorrogação de sua jornada implica em mais tempo disponível para o trabalho e menos tempo à escola, aos estudos, ao descanso e recreação, que lhe são necessários. Por esse motivo o **art. 414** da CLT determinou a soma das jornadas de empregadores distintos (contaminação dos contratos), artigo que continua vigente. Assim, se o menor trabalha seis horas num determinado emprego, o segundo empregador só poderá tomar-lhe mais duas horas, sob pena de pagar as excedentes como extra.

O **art. 413**, parágrafo único, da CLT, determina a aplicação dos arts. 375, 376, 378 e 384 da CLT (já revogados, logo, inaplicáveis ao menor).

Os demais artigos (arts. 424 até 427) continuam vigentes, pois são normas de proteção à idade.

Entendemos pela inconstitucionalidade de duas regras dirigidas ao empregado rural, relativas à idade, por serem discriminatórias e não protetivas. A primeira está contida no art. 11, parágrafo único, da Lei nº 5.889/73 (e art. 15, parágrafo único, do Decreto nº 73.626/74), em face da discriminação que faz ao menor de 16 anos, destinando-lhe salário inferior ao pago ao adulto, sem qualquer critério além do da idade. Ressalte-se que a lei não se refere ao menor aprendiz, mas apenas ao menor de 16 anos. A segunda grosseira inconstitucionalidade, também por ato de discriminação em razão da idade (vedada pelo art. 5º, *caput*, da CRFB), é o disposto no art. 23, parágrafo único, do Decreto nº 73.626/74, que faculta a dispensa por justa causa do empregado rural, incapacitado para o trabalho em razão de idade avançada.

Proibição de trabalho prejudicial ao menor de 18 anos – Piores Formas de Trabalho Infantil – Convenção nº 182 da OIT

A partir da publicação do Decreto nº 6.481/08, que regulamentou os arts. 3º, *d*, e 4º da Convenção nº 132 da OIT (ratificada pelo Brasil), foi proibido o trabalho do menor em diversas atividades incluídas na lista TIP; algumas ainda não mencionadas pela lei ou pelo inciso XXXIII do art. 7º da CRFB, outras, sim. Abaixo apontaremos alguns trabalhos proibidos (a lista abaixo não está completa, é apenas exemplificativa):

a) na colheita de cítricos, pimenta malagueta e semelhantes;
b) em locais de armazenamento ou de beneficiamento em que haja livre desprendimento de poeiras de cereais e de vegetais;
c) em estábulos, cavalariças, currais, estrebarias ou pocilgas, sem condições adequadas de higienização;
d) no interior ou junto a silos de estocagem de forragem ou grãos com atmosferas tóxicas, explosivas ou com deficiência de oxigênio;

e) na extração e corte de madeira;
f) na cata de iscas aquáticas ou de mariscos;
g) que exijam mergulho, com ou sem equipamento;
h) em escavações, subterrâneos, pedreiras, garimpos, minas em subsolo e a céu aberto;
i) em locais onde haja livre desprendimento de poeiras minerais;
j) em salinas;
k) na operação industrial de reciclagem de papel, plástico e metal;
l) na industrialização de cana-de-açúcar;
m) na produção de carvão vegetal;
n) na fabricação de farinha de mandioca;
o) construção civil e pesada, incluindo construção, restauração, reforma e demolição;
p) em borracharias ou locais onde sejam feitos recapeamento ou recauchutagem de pneus;
q) na coleta, seleção e beneficiamento de lixo;
r) em cemitérios e artesanatos;
s) em serviços externos, que impliquem em manuseio e porte de valores que coloquem em risco a sua segurança (*office-boys*, mensageiros, contínuos);
t) em ruas e outros logradouros públicos (comércio ambulante, guardador de carros, guardas mirins, guias turísticos, transporte de pessoas ou animais, entre outros);
u) domésticos;
v) de manutenção, limpeza, lavagem ou lubrificação de veículos, tratores, motores, componentes, máquinas ou equipamentos, em que se utilizem solventes orgânicos ou inorgânicos, óleo diesel, desengraxantes ácidos ou básicos ou outros produtos derivados de óleos minerais;
w) ao ar livre, sem proteção adequada contra exposição à radiação solar, chuva, frio;
x) em espaços confinados.

1.1.1.7. Mulher

As novas condições tecnológicas permitiram condições de trabalho menos penosas e desenvolvidas com menor esforço físico, favorecendo os trabalhadores mais frágeis fisicamente, estimulando a inserção no mercado de trabalho da mulher e do menor. Os primeiros escritos foram no sentido de proteger tanto a mulher quanto o menor dos ambientes imorais ou nocivos à integridade física destes, pois eram considerados à época como relativamente incapazes.

A mulher há muito tempo é considerada capaz. A Lei nº 4.121/62 (estatuto da mulher) já tinha revogado tacitamente o art. 446 da CLT, que hoje encontra-se expressamente revogado pela Lei nº 7.855/89.

Portanto, não há mais necessidade de consentimento do pai ou do marido para a mulher trabalhar. Não pode mais o marido requerer a extinção do contrato da esposa.

Em face da igualdade preconizada nos arts. 5º, I, e 7º, XX, da CRFB, defendíamos que não foi recepcionado o art. 384 da CLT, bem como qualquer outra norma discriminatória concernente à jornada, hora extra, compensação, trabalho noturno, descanso diferenciado ou intervalo especial. Por este motivo, foi cancelada a Súmula nº 108 do TST. Em face disto, aplicam-se à mulher as mesmas restrições e normas dirigidas aos homens, salvo quando relacionadas com sua parte biológica (maternidade, amamentação, aborto etc.), pois neste caso não se estará discriminando e sim protegendo-a. Todavia, a Lei nº 13.467/17, revogou o art. 384 da CLT, encerrando a cizânia.

Também há regra especial para o trabalho da mulher aos domingos, pois o art. 386 da CLT lhe garante um domingo a cada quinzena. Aqui também cabe a discussão se o dispositivo foi recepcionado pela Carta ou não.

A respeito da mulher grávida ou lactante, remetemos o leitor ao Capítulo Estabilidade e Suspensão do Contrato de Trabalho.

1.1.1.8. Menor Aprendiz

O empregador, ao contratar trabalhador **aprendiz**, se obriga não só ao pagamento dos salários, mas a ensiná-lo uma profissão. Gera **vínculo de emprego**, mas este é apenas o meio pelo qual o menor realiza seu objetivo, que é o de obter a formação técnico-profissional metódica, compatível com o desenvolvimento físico, moral e psicológico do menor. Não gera vínculo de emprego a contratação do aprendiz pela empresa onde se realizar a aprendizagem ou por entidade sem fins lucrativos, que tenha por objetivo a assistência ao adolescente – art. 431 da CLT.

Só pode ser contratado como aprendiz o trabalhador entre **14 e 24 anos** (alteração feita pelo art. 18 da Lei nº 11.180/2005). Cumpre ressaltar que, antes dessa mudança, o aprendiz deveria ter entre 14 e 18 anos, conforme as regras da CLT. A idade máxima e prazo máximo de vigência do ajuste previstos no art. 428 da CLT não se aplicam aos aprendizes portadores de deficiência – § 5º do art. 428 da CLT. A comprovação da escolaridade do aprendiz com deficiência deve considerar, sobretudo, as habilidades e competências relacionadas com a profissionalização (§ 6º).

Para o aprendiz com deficiência com 18 anos ou mais, a validade do contrato de aprendizagem pressupõe anotação da CTPS, matrícula e frequência em programa de aprendizagem desenvolvido sob orientação de entidade qualificada – conforme artigo 428, parágrafo 8º, da CLT.

O contrato de aprendizagem precisa ser **escrito** e **por prazo determinado** (art. 428, *caput*, da CLT).

A duração máxima do contrato, conforme o art. 428, § 3º, da CLT, é de **dois anos** (alteração feita pela Lei nº 10.097/2000, pois antes a duração máxima era de três anos, exceto quando se tratar de aprendiz portador de deficiência, nunca ultrapassando a idade máxima de 24 anos.

Antes da Lei nº 10.097/2000 era assegurado ao aprendiz, na primeira metade do contrato de aprendizado, o valor de, pelo menos, 1/2 salário mínimo. Na segunda metade, 2/3 do salário mínimo (antiga redação do art. 80 CLT). Hoje, é garantido ao aprendiz um salário mínimo, salvo situação mais benéfica, como dispõe a atual redação do § 2º do art. 428 da CLT. Sua jornada passou a ser de seis horas, sendo vedada a prorrogação e a compensação, salvo nos casos em que o aprendiz já tiver completado o ensino fundamental, quando o limite diário de trabalho será de 8 horas (art. 432 da CLT).

O **contrato a termo** só poderá ser extinto antes do termo final quando: a) o aprendiz completar 24 anos; b) quando seu desempenho for insuficiente; c) quando cometer falta grave; d) por ausência injustificada à escola, que implique perda do ano letivo; e) a pedido do aprendiz (art. 433 da CLT, já alterado pela Lei nº 11.180/2005). Não se aplica o disposto nos arts. 479 e 480 da CLT ao aprendiz (art. 433, § 2º, da CLT) e seu **FGTS é de 2%** e não de 8% como para os demais empregados (art. 15, § 7º, da Lei nº 8.036/90).

Entendemos que a lei garantiu **estabilidade relativa** ao aprendiz durante a vigência do contrato, pois só permitiu a extinção antecipada do contrato a termo nos casos acima enumerados. *Vide* capítulo relativo à "Estabilidade".

De acordo com a CLT:

> **Art. 429.** Os estabelecimentos de qualquer natureza são obrigados a empregar e matricular nos cursos dos Serviços Nacionais de Aprendizagem número de aprendizes equivalente a cinco por cento, no mínimo, e quinze por cento, no máximo, dos trabalhadores existentes em cada estabelecimento, cujas funções demandem formação profissional.
>
> (...)
>
> § 1º-A. O limite fixado neste artigo não se aplica quando o empregador for entidade sem fins lucrativos, que tenha por objetivo a educação profissional.
>
> (...)
>
> § 1º As frações de unidade, no cálculo da percentagem de que trata o *caput*, darão lugar à admissão de um aprendiz.

As microempresas têm regra diferenciada, pois a elas não se aplica a exigência legal, conforme art. 51, III, da Lei Complementar nº 123/2006, que entrou em vigor em julho de 2007.

As demais empresas estão obrigadas a contratar aprendizes (art. 429 da CLT), mesmo para aquelas em que o trabalho para o menor de 18 anos é restrito, conforme posição também adotada pelo TST:

> (...) 2. FISCALIZAÇÃO TRABALHISTA. AUTUAÇÃO. CONTRATO DE APRENDIZAGEM. A vedação ao exercício da profissão de Vendedor de Produtos Farmacêuticos a menor de 18 anos (art. 3º da Lei nº 6.224/75) não impede a contratação de menor aprendiz para trabalhar em farmácia, porque suas atividades deverão ser executadas de forma compatível com o seu desenvolvimento físico, moral e psicológico (arts. 428, *caput*, da CLT e 10, § 2º, do Decreto nº 5.598, de 1º/12/2005). Em tal panorama, impõe-se manter decisão regional que, diante da renitência da impetrante e persistência no descumprimento da legislação, negou a segurança contra nova autuação de auditor-fiscal do Trabalho. Agravo de Instrumento a que se

> nega provimento. TST, 3ª T, Proc. AIRR – 1086/2005-018-03-40, Rel. Min. Ricardo Machado, *DJU* 27/04/2007.

Não concordamos com a tese *supra*, pois a prática viola o art. 7º, XXXIII, da CF, que proíbe o trabalho perigoso ou insalubre ao menor de 18 anos, além de violar a Convenção nº 182 da OIT, ratificada pelo Brasil (norma supralegal, logo, superior à lei ordinária). Assim, a base de cálculo para incidência do percentual de aprendizes não deve levar em conta trabalhos insalubres ou perigosos, como o executado por frentistas, vigilantes, trabalhadores em minas de subsolo etc. ou aqueles que a lei exige idade mínima de 21 anos ou habilitação específica para exercício da profissão.

1.1.2. *Objeto Lícito*

Para Clóvis Bevilácqua,[27] o objeto de direito é o bem ou vantagem sobre que o sujeito exerce o poder conferido pela ordem jurídica.

O objeto do contrato não pode ser contrário à lei, à moral, aos princípios de ordem pública e aos bons costumes.[28-29] Se o objeto do contrato constituir atividade ilícita, criminosa ou contrária aos bons costumes, será nulo de pleno direito, por falta de um dos requisitos essenciais para a validade do ato (art. 104 do Código Civil).

São exemplos de contrato com objeto ilícito: o apontador do jogo do bicho (OJ nº199 da SDI-I do TST); o médico que faz o aborto ilegal em clínicas especializadas; o assassino contratado para matar os inimigos do empregador; o trabalho armado, fora dos limites da Lei nº 7.102/83; a prostituta que vende o corpo em casa de lenocínio; o contrabandista de uma empresa de turismo ou de animais em extinção; os que trabalham nas rinhas de galo com vendas de rifas (art. 50 do Decreto-Lei nº 3.688/41); o trabalhador que exerce ilegalmente alguma profissão sem a necessária formação profissional ou administrativa (OJ nº 296 da SDI-I do TST); o motorista de ônibus pirata; o vendedor de produto receptado etc. Em todos esses casos, o contrato de trabalho será nulo, pois o empregado participou ativamente da ilicitude.

> VÍNCULO DE EMPREGO. EXERCÍCIO DA VIGILÂNCIA ARMADA SEM CURSO DE FORMAÇÃO PROFISSIONAL. CONTRATO NULO. O exercício da profissão de vigilante necessita de aprovação em curso de formação profissional e registro prévio na polícia federal. O trabalho sem estes requisitos, conjugado com o uso de arma sem autorização legal para tanto, acarreta na nulidade do contrato. TRT 1ª Reg. 8ª T, RO 00535-2002-023-01-00-9, Rel. Vólia Bomfim Cassar, sessão dia 25/05/2005.

> RECURSO DE REVISTA. JOGO DO BICHO. RECONHECIMENTO DE VÍNCULO EMPREGATÍCIO. IMPOSSIBILIDADE. OBJETO ILÍCITO. A jurisprudência desta Corte Superior, interpretando os arts. 82 e 145 do Código Civil de 1916 (arts. 104 e 166 do Código Civil de 2002), fixou o entendimento, consubstanciado na Orientação Jurisprudencial nº 199 da SBDI-1, de que é inviável o

---

27 BEVILÁCQUA, Clóvis. *Código Civil dos Estados Unidos do Brasil comentado*. 3. ed. Rio de Janeiro: Francisco Alves, 1927, v. 1.

28 BARROS, Alice Monteiro de. *Curso de Direito do Trabalho*. São Paulo: LTr. 2005, p. 221-225.

29 GOMES, Orlando; GOTTSCHALK, Élson. *Curso de Direito do Trabalho*. Revisado por José Augusto Rodrigues Pinto. Rio de Janeiro: Forense, 2004, p. 148.

reconhecimento de vínculo empregatício quando a relação de trabalho envolve a exploração da atividade ilícita denominada "jogo do bicho". Recurso de revista conhecido e provido. RR-44700-60.2009.5.08.0014, 1ª Turma, Relator Ministro Walmir Oliveira da Costa, *DEJT* 06/11/2015.

CONTRATO DE TRABALHO. JOGO DO BICHO. NULIDADE. O contrato de trabalho, como ato jurídico que é, exige a presença dos três requisitos descritos nos arts. 82 do CC/1916 e 104 do CC/2002: agente capaz, forma prescrita ou não defesa em lei e objeto lícito. O reclamante declarou-se vendedor de bilhetes do "jogo do bicho", o que, por força do que dispõe o art. 58 do DL 6.259/44, importa em contravenção penal. Assim, o objeto do contrato de trabalho entre o reclamado (banqueiro do jogo do bicho) e o reclamante (cambista) constitui-se em atividade ilegal e, portanto, ilícito o objeto, nulo é o contrato. Ac. (unânime) TRT 23ª Reg. (RO 00206.2004.03.23.00-5) Rel. Juiz. José Simioni, julgado em 31/08/2005 e publicado no *DJ*/MT de 06/10/2005.

Da mesma forma, nulo é o contrato de trabalho do **professor** que ministra aula sem ter formação técnica ou profissional para tanto, por ser exercício ilegal da profissão. Assim, um professor que ministra aulas de Direito do Trabalho e que não tem curso superior, exerce ilegalmente o magistério. O antigo registro (art. 317 da CLT) era requisito de publicidade e cadastro, e não de validade do contrato do professor.

Ressalte-se que o art. 317 da CLT exigia **registro no MEC** para o exercício da atividade remunerada de **professor** em estabelecimento de ensino particular.[30] Da mesma forma, o antigo art. 40 da Lei de Diretrizes e Bases (Lei nº 5.692/71). Todavia, o art. 92 da Lei nº 9.394/96 revogou toda a Lei nº 5.692/71 e, consequentemente, seu art. 40 e a exigência da CLT, **abolindo o registro no MEC**. Por esse motivo, o Ministério da Educação e Cultura (MEC) emitiu a Portaria nº 524/98 para revogar a antiga Portaria nº 399/89, que disciplinava os procedimentos para o registro profissional.

Mesmo na época em que era exigido o registro, a doutrina e a jurisprudência majoritárias eram no sentido de que a sua falta não tornava nulo o contrato. Alguns opinavam que o requisito era dirigido ao patrão, que deveria proceder ao registro. Outros[31] adotam o princípio da primazia da realidade e do não enriquecimento sem causa para garantir todos os direitos ao efetivo professor não registrado no MEC (esquecendo que o registro já foi revogado). Por último, havia opiniões no sentido

---

30 Entende-se por "estabelecimento de ensino particular" aquele em que a educação ministrada está regulada e controlada pelo MEC, isto é, os ensinos: básico (infantil, fundamental, médio), superior, especial etc., estando excluídos os cursos livres, como os de natação, dança, línguas, artes, academias de ginástica, cursos preparatórios de direito, etc. Assim também Alice Monteiro de Barros (ob. cit., p. 409). Da mesma forma a jurisprudência tem se posicionado: Professor e instrutor de informática. Curso livre. Enquadramento. Nos termos do art. 317 da CLT: "O exercício remunerado do magistério, em estabelecimentos particulares de ensino, exigirá apenas habilitação legal e registro no Ministério da Educação." No entanto, para os cursinhos livres não há exigência de cumprimento das formalidades previstas no mencionado dispositivo legal, não havendo nenhum impedimento para que o ministrante de aulas de informática seja enquadrado na categoria diferenciada dos professores, mormente quando comprovado, através da prova documental produzida, que o objetivo social da reclamada é a prestação de serviços de cursos e treinamento de educação continuada e permanente. TRT, 3ª Reg,. 5ª T., RO 00696.2005.013.03.00.7, Rel. Juiz José Roberto Freire Pimenta, *DJMG* 27/10/05.

31 BARROS, Alice Monteiro. *Contrato e Regulamentações Especiais de Trabalho. Peculiaridades, aspectos controvertidos e tendências*. São Paulo: LTr, 2008, p. 410.

de "transformar" o professor em instrutor, para retirá-lo da categoria profissional diferenciada e negar-lhe os direitos pretendidos, caso exercesse de fato a profissão, mas sem registro. De qualquer sorte, não encontramos opiniões no sentido de declarar nulo o contrato por falta de registro no MEC (requisito hoje não mais exigido).

Portanto, para o exercício legal da profissão de professor é necessário apenas a habilitação profissional, isto é, ter formação técnica ou profissional para a docência.

Desta forma, para ser professor de Direito, basta ser formado em Direito ou curso superior que o habilite a tanto; de Medicina, ser formado em Medicina ou curso superior que o habilite a tanto e assim por diante, apesar de a Lei se referir à necessidade de formação em curso de pós-graduação para "preparação para o exercício do magistério superior".[32]

Para outras considerações a respeito de professor remetemos o leitor ao Capítulo "Duração do Trabalho", item 10.5.

No caso específico do jogo do bicho existe jurisprudência tímida pregando a validade do contrato de trabalho, em face da "tolerância" do Estado com esta atividade, apesar de ilícita. Argumentam, ainda, que a declaração de nulidade acarretaria em enriquecimento sem causa. A posição é absurda, pois o Judiciário é o guardião da ordem moral e do direito e não pode aceitar tal negócio jurídico ilícito. Ademais, não se pode prestigiar o trabalhador que pratica o crime. Não é crível imaginar a procedência de um pedido de pagamento do salário de um matador que cobra pelo serviço (assassinato) já executado.

> JOGO DO BICHO. CONTEMPORIZAÇÃO DA ILICITUDE. RECONHECIMENTO DO VÍNCULO DE EMPREGO. EFEITOS. O estoicismo que impõe a nulidade contratual em razão da ilicitude do jogo do bicho, aqui na Paraíba, deve ser contemporizado, em face do beneplácito estatal, o que enseja a aplicação da teoria justrabalhista de nulidades. Ademais, o vínculo empregatício há de ser reconhecido para evitar o enriquecimento sem causa do contraventor. Ac. (unânime) TRT 13ª Reg. (RO 00236.2004.011.13.00-0), Relª. Juíza Herminegilda Leite Machado, julgado em 09/03/2005 e publicado no DJ/PB de 03/04/2005.

Nulo o ajuste em virtude de objeto ilícito, nada é devido ao empregado, sequer os salários, pois não se pode "compensar" trabalho ilícito se o empregado dele participou diretamente. Imaginem um assassino que pleiteia o pagamento do salário, porque de fato matou as pessoas indicadas pelo empregador durante aquele ano. Seria uma aberração o Judiciário deferir os salários, sob o argumento de se evitar o enriquecimento sem causa.

---

32 A Lei nº 9.394/96 divide a educação escolar em duas modalidades: ensino básico (infantil, fundamental e médio) e superior (art. 21). Apenas para a educação básica é exigida formação profissional específica, como se percebe dos arts. 62, 65 e 66 da Lei nº 9.394/96: Art. 62. A formação de docentes para atuar na educação básica far-se-á em nível superior, em curso de licenciatura, de graduação plena, em universidades e institutos superiores de educação, admitida, como formação mínima para o exercício do magistério na educação infantil e nas quatro primeiras séries do ensino fundamental, a oferecida em nível médio, na modalidade Normal. (...) Art. 65. A formação docente, exceto para a educação superior, incluirá prática de ensino de, no mínimo, trezentas horas. Art. 66. A preparação para o exercício do magistério superior far-se-á em nível de pós-graduação, prioritariamente em programas de mestrado e doutorado.

Aliás, o art. 594 do Código Civil não permite ajuste de retribuição, de contrato com objeto ilícito.

> **Art. 594.** Toda a espécie de serviço ou trabalho lícito, material ou imaterial, pode ser contratada mediante retribuição.

Todavia, a matéria não é pacífica na doutrina, que tenta dar contornos mais precisos ao conceito de trabalho ilícito.

Rodrigues Pinto[33-34-35] sugere a adoção da **teoria da dosagem da pena**, que leva em consideração a participação e conhecimento do empregado na atividade ilícita (objeto ilícito) explorada pelo patrão, conforme quadro a seguir:

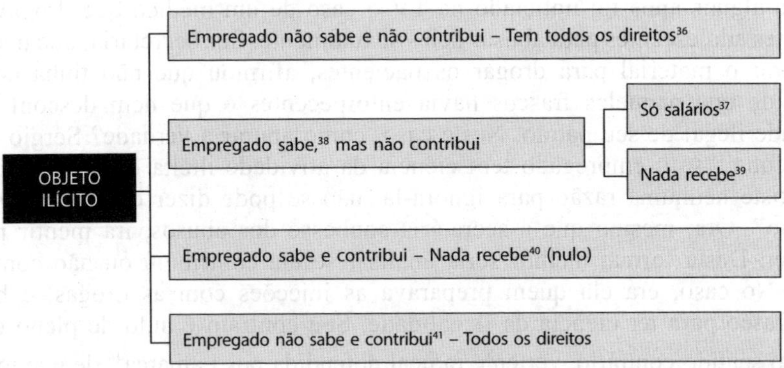

[33] PINTO, José Augusto Rodrigues. *Curso de Direito Individual do Trabalho*. 4. ed. São Paulo: LTr, 2000, p. 191.

[34] De forma similar. MARTINS, Sergio Pinto. *Direito do Trabalho*. 14. ed. São Paulo: Atlas, 2001, p. 98-100.

[35] Adota tese parecida Délio. MARANHÃO, Délio; CARVALHO, Luiz Inácio Barbosa. *Direito do Trabalho*. Rio de Janeiro: Editora da FGV, 1993, p. 57-61.

[36] A tese é no sentido de deferir ao empregado todos os direitos trabalhistas até a declaração de nulidade do contrato de trabalho (efeitos *ex nunc*). Da mesma forma Délio Maranhão, Martins Catharino e Sergio Pinto Martins. SÜSSEKIND, Arnaldo; MARANHÃO, Délio; VIANNA, Segadas; TEIXEIRA, Lima. *Instituições de Direito do Trabalho*. 21. ed. São Paulo: LTr, 2003, v. 1, p. 250, CATHARINO, José Martins. *Compêndio Universitário de Direito do Trabalho*. São Paulo: Editora Jurídica e Universitária, 1972, p. 327. MARTINS, Sergio Pinto. *Direito do Trabalho*. 13. ed. São Paulo, 2001, p. 100.

[37] PINTO, José Augusto Rodrigues. *Curso de Direito Individual do Trabalho*. 4. ed. São Paulo: LTr, 2000, p. 191.

[38] Argumenta a doutrina que, se o empregado tinha conhecimento da atividade ilícita, tinha ele o dever legal de denunciar o empregador, mesmo que não tenha participado e, por isso, o contrato é nulo de pleno direito. Discordamos desta posição, porque dificilmente se terá certeza de que o empregado de fato não sabia da atividade.

[39] Sergio Pinto e Délio Maranhão neste sentido. MARTINS, Sergio Pinto. *Direito do Trabalho*. 13. ed. São Paulo, 2001, p. 100; SÜSSEKIND, Arnaldo; MARANHÃO, Délio; VIANNA, Segadas; TEIXEIRA, Lima. *Instituições de Direito do Trabalho*. 21. ed. São Paulo: LTr, 2003, v. 1, p. 250.

[40] Esta é a opinião majoritária na doutrina e jurisprudência. Há posições jurisprudenciais tímidas no sentido de declarar a nulidade total do contrato e pagar apenas os salários (art. 182 do CC); ou de declarar a nulidade e mandar pagar salários e FGTS (analogia à Súmula nº 363 do TST) ou, ainda, de declarar a nulidade, mas mandar pagar todas as parcelas trabalhistas a título de indenização (art. 606 do CC). Raríssimas são as decisões no sentido da validade do contrato, com todos os seus efeitos. Lembramos que o direito não é uma ciência exata e, por isso, é fácil encontrar divergência nas interpretações.

[41] Acrescentamos esta última hipótese, não prevista por Rodrigues Pinto. Se, abstraindo-se a atividade da empresa, a atividade do empregado é lícita e havia aparência de licitude, tem o trabalhador

Porém, a doutrina[42-43-44] e a jurisprudência majoritárias desprezam a teoria da dosagem da pena, pois preferem classificar as nulidades decorrentes da ilicitude do objeto de forma diversa. Propõem que a análise se faça sob a ótica do trabalho desenvolvido pelo **empregado**, abstraindo-se ou desprezando-se a atividade do empregador, que pode ser lícita ou ilícita. Se o trabalho executado pelo trabalhador for lícito, o contrato será válido e todos os direitos trabalhistas garantidos. Se, entretanto, o trabalho em si for considerado imoral, ilícito ou contrário aos bons costumes, o contrato será nulo e nada será devido, nem mesmo os salários.

Concordamos com esta corrente, ante a dificuldade de se analisar na corrente anterior a boa-fé do empregado, se de fato ele sabia ou não da atividade ilícita do patrão.

Há alguns anos foi noticiado na TV o caso de um médico que drogava seus pacientes adolescentes para abusar deles sexualmente. Sua secretária, que o ajudava a separar o material para drogar os pacientes, afirmou que não tinha conhecimento de que naqueles frascos havia entorpecentes e que nem desconfiava da atividade ilegal de seu patrão. Neste caso, como apurar a verdade? Sergio Pinto[45] afirma que, "se o empregado tem ciência da atividade ilícita do empregador, ou não existe nenhuma razão para ignorá-la, não se pode dizer que há contrato de trabalho". Ora, mesmo que a secretária soubesse dos abusos, irá mentir para se proteger. Desta forma, melhor seria analisar se ela contribuiu ou não com o ato ilegal. No caso, era ela quem preparava as injeções com as drogas, e bastava ler o frasco para ter ciência da ilegalidade. Seu contrato é nulo de pleno direito.

Em sentido contrário, vertente radical defendida por Lamarca[46] de que todos os empregados contribuem de forma direta ou indireta para a atividade ilícita explorada pelo **patrão**, logo, o contrato de todos é considerado nulo de pleno direito, não tendo o trabalhador qualquer direito, independentemente da natureza do serviço prestado, fator desprezado pelo autor.

Não se pode confundir o **trabalho ilícito** com o **proibido**, pois o primeiro não produz nenhum efeito, porque viola os valores de moralidade, legalidade, contrário ao direito e à ordem pública. No trabalho ilícito o trabalhador não tem sequer direito aos salários ainda não pagos. No segundo caso, o trabalho proibido eiva o contrato de nulidade absoluta, mas produz alguns efeitos. Não se podendo restituir ao estado anterior, deverá o juiz fixar uma indenização equivalente aos salários ainda não pagos e nada mais.

---

todos os direitos, mesmo que tenha contribuído diretamente. Exemplo dessa situação ocorreu com as vendedoras de uma luxuosa Loja de São Paulo – capital, que trabalhavam vendendo mercadoria contrabandeada, segundo a imprensa. Como a aparência do negócio era de atividade lícita, as vendedoras têm toda proteção legal.

42 Neste sentido BARROS, Alice Monteiro de. *Curso de Direito do Trabalho*. São Paulo: LTr, 2005, p. 493.

43 MAGANO, Otávio Bueno. *Manual de Direito do Trabalho*. Direito Individual do Trabalho. 3. ed. São Paulo: LTr, 1992, v. 2, p. 192.

44 CATHARINO, José Martins. *Compêndio Universitário de Direito do Trabalho*. São Paulo: Editora Jurídica e Universitária, 1972, p. 326.

45 MARTINS, Sergio Pinto. *Direito do Trabalho*. 13. ed. São Paulo: Atlas, 2001, p. 100.

46 LAMARCA, Antônio. *Contrato individual de trabalho*. São Paulo: RT, 1969, p. 119.

Délio Maranhão[47] acrescenta que, "tratando-se de trabalho simplesmente proibido, embora nula a obrigação, pode o trabalhador reclamar os salários correspondentes aos serviços realizados, o que não aconteceria se o trabalho fosse ilícito: *nemo de improbitate sua consequitur actionem*".

A Lei do Contrato de Trabalho da Argentina demonstra com clareza a diferença entre objeto ilícito e trabalho proibido (arts. 39 e 40). De forma semelhante dispõe o Código do Trabalho português (arts. 115, I, e 117, II) que, com clareza, assevera que o contrato de trabalho declarado nulo ou anulado produz efeitos como se fosse válido, em relação ao tempo durante o qual esteve em execução. Se, todavia, o contrato tiver por objeto ou fim uma atividade ilícita, contrária à lei ou for ofensiva aos bons costumes, a parte que conhecia a ilicitude perde, a favor do Instituto de Gestão Financeira da Seguridade Social, todas as vantagens auferidas decorrentes do contrato de trabalho (art. 117, II).

Exemplo da corrente majoritária é o da faxineira da casa de tolerância; o servente da clínica de aborto ilegal; a faxineira da loja que vende produtos receptados etc. Como estes trabalhadores não participaram diretamente da atividade de seus empregadores, seus contratos são válidos, porque as atividades dos empregados são legais se analisadas isoladamente.

> VÍNCULO DE EMPREGO. TRABALHO DESENVOLVIDO EM CASA DE PROSTITUIÇÃO. RECONHECIMENTO. DISTINÇÃO ENTRE TRABALHO ILÍCITO E TRABALHO PRESTADO EM ATIVIDADE ILÍCITA. Impõe-se distinguir o trabalho ilícito por sua própria natureza, do trabalho desenvolvido em atividade ilícita, que, isoladamente considerado, pode ser plenamente legítimo e tutelado pelo Direito do Trabalho como é o caso dos autos em que a reclamante exercia as funções de cozinheira e encarregada da limpeza em estabelecimento destinado à exploração da prostituição. TRT/SC – RO: 7071/1998 – Rel. Designado: Juiz João Barbosa. *DJ/SC* 02/02/1999.
>
> Não há vínculo de emprego entre a casa que explora a prostituição e a mulher que a esta se dedica, em face da ilicitude do seu objeto (art. 82 do CC). TRT, SC, 1ª T., RO 4563/99, Rel. Roberto Guglielmetto, *DOE* 28/01/2000, *Revista Syntesis*, 31/2000, p. 297.
>
> RELAÇÃO DE EMPREGO. ATIVIDADE ILEGAL. Não é juridicamente possível o reconhecimento do vínculo de emprego quando o objeto do alegado lavor do autor e da atividade de pessoa que toma seu serviço é ilícito, no caso, ligadas ao lenocínio que constitui ilícito penal. Isto porque estar-se-ia desrespeitando um dos princípios ínsitos de todo o contrato que é o objeto lícito, conforme exige o art. 82 do Código Civil. TRT, 4ª Reg. 2ª T., RO 02164.271/98-0, Rel. Rejane Souza Pedra, *DOE* 20/11/2000.
>
> DANÇARINA DE CASA DE PROSTITUIÇÃO – POSSIBILIDADE DE RECONHECIMENTO DE VÍNCULO EMPREGATÍCIO. Restando aprovado que a autora laborava no estabelecimento patronal como dançarina, sendo revelados os elementos fático-jurídicos da relação de emprego, em tal função, não se tem

---

[47] MARANHÃO, Délio. *Direito do Trabalho*. 11. ed. Rio de Janeiro: Editora da Fundação Getulio Vargas, 1983, p. 33.

> possível afastar os efeitos jurídicos de tal contratação empregatícia, conforme pretende o reclamado, em decorrência de ter a reclamante também exercido a prostituição, atividade esta que de forma alguma se confunde com aquela, e, pelo que restou provado, era exercida em momentos distintos. Entendimento diverso implicaria favorecimento ao enriquecimento ilícito do reclamado, além de afronta ao princípio consubstanciado no aforismo *utile per inutile vitiari non debet*. Importa ressaltar a observação ministerial de que a exploração de prostituição, pelo reclamado, agrava-se pelo fato de que "restou comprovado o desrespeito a direitos individuais indisponíveis assegurados constitucionalmente – (contratação de dançarinas menores de 18 anos), o que atrai a atuação deste Ministério Público do Trabalho, através da Coordenadoria de Defesa dos Interesses Difusos, Coletivos e Individuais e Indisponíveis – CODIN" – Procuradora Júnia Soares Nader. TRT, 3º Reg., 5ª T, RO 1125/00, Rel. Rosemary de Oliveira Pires, *DJ*/MG 18/11/2000.

Há quem entenda que os salários devem ser pagos, mesmo no caso de trabalho ilícito, em face da irretroatividade desta nulidade e para evitar o enriquecimento sem causa.

Alice Monteiro[48] acrescenta que é nulo o contrato de trabalho quando o trabalhador tem a atribuição de atrair a freguesia, ocultar o negócio ou é cúmplice da atividade, exemplificando com o caso da dançaria de casa de prostituição, que tem como tarefa a atração da clientela.

Sergio Pinto Martins[49] advoga que na ação proposta pretendendo direitos trabalhistas em atividade ilícita, o processo deverá ser extinto sem resolução de mérito por impossibilidade jurídica do pedido (art. 267, VI, do CPC/73 e art. 485, VI, do CPC/2015) e falta de interesse processual do autor que postula em juízo (art. 3º do CPC/73 e art. 17 do CPC/2015), por força da ilicitude do objeto do contrato de trabalho.

Há diversas decisões do TST neste sentido:

> CARÊNCIA DE AÇÃO – VÍNCULO DE EMPREGO – JOGO DO BICHO. Sendo o objeto do trabalho ilícito nos termos da lei, não há que se falar em relação de emprego. Revista conhecida e provida. TST, 2ª T., RR 307685/96 Rel. José Bráulio Bassini, *DJU* 16/04/99.

Discordamos da opinião, pois o pedido de vínculo de emprego é sempre possível. Ademais, a declaração de nulidade do contrato é questão de mérito, porque diz respeito ao direito material e não deve ser confundido com as condições da ação.

1.1.2.1. Possibilidade Física do Objeto

Se o negócio jurídico tiver objeto física ou materialmente impossível (art. 104 do CC), no momento de sua constituição (e não de forma superveniente), de modo que o contratado jamais possa vencer o obstáculo para sua realização, porque contraria as leis naturais, o contrato será nulo de pleno direito.

---

48 BARROS, Alice Monteiro de. *Curso de Direito do Trabalho*. São Paulo: LTr, 2005, p 227.

49 MARTINS, Sergio Pinto. *Direito do Trabalho*. 19. ed. São Paulo: Atlas, 2001, p. 135.

Desta forma, nulo o contrato que ajusta uma construção de um muro no céu; ou para construir um prédio de 10 andares em 15 dias.

Apenas as impossibilidades absolutas têm efeito liberatório.

1.1.2.2. Determinação do Objeto

O contrato deve conter todos os elementos necessários para que se possa determinar o seu objeto. Se indeterminável o objeto, o contrato será inválido. Por isso o contrato deve especificar o gênero, a espécie, a quantidade ou as características individuais.

Assim, se o empregado é contratado para construir, deve o patrão especificar o que será construído, com que material, em que horário, e quais as ferramentas necessárias.

1.1.3. Formação Proibida, Forma Prescrita ou Não Defesa em Lei e "Proibição Legal"

O terceiro requisito, previsto no art. 104 do CC, refere-se à forma do negócio jurídico. A interpretação fria do dispositivo em comento, nos faz concluir que nulo será o negócio jurídico não efetuado sob a forma determinada pela lei. Em outras palavras: se a lei exigir que determinado contrato seja escrito e registrado, nulo será este pacto se não realizado desta forma.

Os contratos de trabalho não necessitam de registro e raramente[50] a lei determina que sejam escritos, isso porque o art. 443 da CLT admite a forma verbal ou escrita. Normalmente a **forma escrita** é exigida para proteger o próprio trabalhador.

Mesmo quando exigida a forma escrita, se o pacto for verbal e de fato houver a prestação de serviços, na forma dos arts. 2º e 3º da CLT, via de regra, o vínculo deve ser reconhecido e validado, porque o requisito (normalmente) é para proteger o trabalhador, e não prejudicar terceiros. Por isso, podemos afirmar que a ausência da forma escrita não acarreta, como regra geral, a nulidade do contrato de trabalho, quando muito, nula será a cláusula que submetia referido contrato à lei especial (Ex.1: contrato temporário oral – nula a cláusula verbal que submetia tal contrato à Lei nº 6.019/74. Portanto, o vínculo se forma com o tomador, aproveitando-se o contrato e as normas da CLT; Ex. 2: contrato de estágio deve ser escrito para impedir o vínculo de emprego com o tomador. Caso a forma escrita não seja respeitada, nula a cláusula verbal que o submetia à lei do estágio, aplicando-se a CLT. Logo, presentes os requisitos contidos nos arts. 2º e 3º da CLT, ele será empregado).

Apesar do requisito se referir à forma do ajuste, a doutrina e a jurisprudência trabalhistas, de forma praticamente unânime, confundem a formalidade que a lei exige para a formação de um contrato (escrito ou o necessário registro), com a proibição de formação de um contrato de trabalho, isto é, afirmam que este requisito trata do **trabalho proibido** quando deveria ser **contrato proibido.**

---

50 Exemplos de contratos de trabalho que devem ser escritos: temporário (Lei nº 6.019/74); aprendizagem (art. 428 da CLT); atleta profissional (art. 28 da Lei nº 9.615/98) etc.

O equívoco não é justificável, pois a falta de requisitos para o exercício de determinado ofício ou profissão acarreta a ilegitimidade para o trabalho, elemento da capacidade.

Logo, apenas para acompanhar a doutrina, estudaremos neste tópico os casos de **contrato proibido**, chamado por muitos de **trabalho proibido**.

São exemplos de situações em que a lei veda a formação do contrato, do vínculo de emprego ou impõe requisito para exercício de determinado trabalho:

- art. 37, II, da CRFB – Prévia aprovação em concurso público para ser empregado público;
- art. 7º, XXXIII, da CRFB – Proibição de trabalho ao menor de 16 anos, salvo na condição de aprendiz, limitado a 14 anos;
- art. 100 da Lei nº 9.504/97 c/c OJ nº 51 da SDI-I do TST – Proibição de contratação no período pré-eleitoral para a Administração Pública;
- art. 37, XVI e XVII, da CRFB – Proibição de acumulação de empregos públicos;
- a Lei nº 7.102/83 e a Lei nº 12.009/2009 regulam, respectivamente, a atividade profissional do vigilante e de *motoboy* ou mototaxista. As referidas leis exigem requisitos especiais para o exercício dessas atividades.

O trabalho **proibido** é diferente do trabalho **ilícito**. Naquele não há qualquer ilicitude na atividade prestada, o trabalho não contraria a ordem pública, a moral ou os bons costumes. A lei apenas proíbe sua formação e desenvolvimento, como nas hipóteses apontadas acima, ou exige o preenchimento de determinados requisitos.

De acordo com o art. 182 do Código Civil, a ausência de qualquer um dos requisitos previstos no art. 104 do CC torna nulo o negócio jurídico (**civil**), devendo os efeitos desta declaração retroagir, restituindo as partes ao estado que antes se encontravam, em razão da nulidade absoluta do ato. Todavia, quando a mesma matéria diz respeito ao contrato de trabalho, a questão não é tão simples e suscita controvérsias, já que ao trabalhador é dispensada especial proteção e porque é impossível restituir a energia de trabalho por ele já desprendida.

Há diversas correntes quanto ao tema, abaixo resumidas:

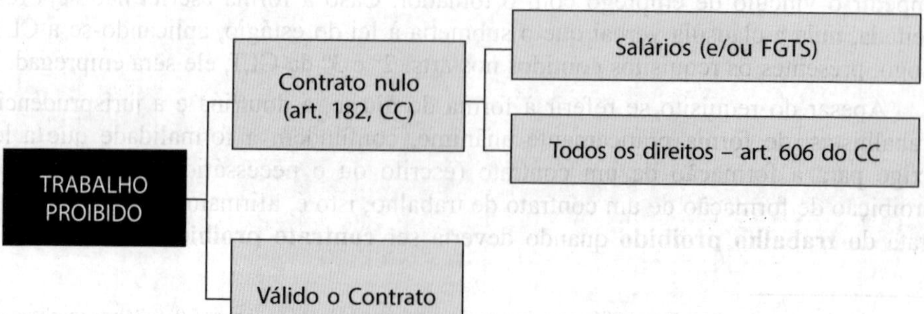

A primeira corrente advoga que o contrato de trabalho é nulo, em face da proibição legal ou da falta de preenchimento de requisitos essenciais para validade do ajuste trabalhista, tendo o trabalhador direito apenas aos salários ainda não pagos, em face da impossibilidade de se restituir à situação ao *status quo ante* (art. 182 do CC). Nada mais deve ser pago, sob pena de se estar premiando e incentivando o trabalho proibido. Esta é a nossa posição.

Délio Maranhão,[51] seguindo a mesma opinião, acrescenta que:

> (...) atingindo a nulidade o próprio contrato, segundo os princípios de direito comum, produziria a dissolução *ex tunc* da relação. A nulidade do contrato, em princípio, retroage ao instante mesmo de sua formação (...). Como consequência as partes devem restituir tudo que receberam, devem voltar ao *status quo ante*, como se nunca tivessem contratado. Acontece, porém, que o contrato de trabalho é um contrato de trato sucessivo, cujos efeitos, uma vez produzidos, não podem desaparecer retroativamente. Evidentemente, não pode o empregador "devolver" ao empregado a prestação de trabalho que este executou em virtude de um contrato nulo. Assim, não é possível aplicar-se, no caso, o princípio do efeito retroativo da nulidade. Daí por que os salários, que já foram pagos, não devem ser restituídos (...). E se o empregador ainda não os pagou? O direito não admite que alguém se possa enriquecer sem causa, em detrimento de outrem (...).

Dentro desta linha de raciocínio, há aqueles que deferem, ainda, o pagamento ou levantamento do FGTS, por aplicação analógica do art. 19-A, da Lei nº 8.036/90 c/c a Súmula nº 363 do TST. Esta tem sido a posição majoritária na doutrina e na jurisprudência.

Este entendimento é absurdo, pois não se pode estender direitos trabalhistas a um contrato que não é de trabalho, já que nulo de pleno direito. A inclusão do art. 19-A na Lei nº 8.036/90 incentiva a contratação irregular e causa prejuízo aos cofres públicos.

> ESTADO. CONTRATO DE TRABALHO. NULIDADE. CONCURSO PÚBLICO. RECURSO ORDINÁRIO – CONTRATO NULO. AUSÊNCIA DE CONCURSO PÚBLICO. EFEITOS. A Contratação de trabalhador por ente público, após a promulgação da Constituição da República de 1988, sem prévia aprovação em concurso público, é nula, gerando efeitos apenas a percepção de contraprestação pelos serviços prestados, em respeito ao princípio que veda o enriquecimento sem causa. A declaração de nulidade opera efeitos *ex tunc*, como vem entendendo o Tribunal Superior do Trabalho (Orientação Jurisprudencial nº 85 do TST), agora sedimentado no Enunciado nº 363 do TST, revisto em 4 de abril de 2002. TRT/RJ – PROC: 00988.2003.282.01.00.0 – Rel. Designado: Juiz José Leopoldo Félix de Souza. *DJ*/RJ 01/02/2005.

A segunda posição,[52] também defendendo a nulidade do contrato, garante ao trabalhador todos os direitos trabalhistas, como se empregado fosse (FGTS, férias,

51 SÜSSEKIND, Arnaldo; MARANHÃO, Délio; VIANNA, Segadas; TEIXEIRA, Lima. *Instituições de Direito do Trabalho*. 12. ed. São Paulo: LTr, 1991, v. 1, p. 243.

52 BARROS, Alice Monteiro de. *Curso de Direito do Trabalho*. 2. ed. São Paulo: LTr, 2006, p. 226.

13º, horas extras, noturnas, aviso prévio etc.). Todavia, estes valores devem ser pagos sob a rubrica de "indenização", para reparar o trabalho, que não pode ser restituído ao operário – arts. 593 c/c 606 do CC.

A última vertente,[53] posição tímida, sob o argumento do não enriquecimento sem causa do empregador, que já se apropriou do trabalho e do princípio da proteção ao hipossuficiente, se inclina pela validade do contrato, para garantir ao empregado todos os seus direitos.

Há situações (cooperado, corretor de seguros,[54] médico residente, voluntário, estagiário, representante comercial e cabo eleitoral – *vide* Capítulo de "Empregados e Trabalhadores Especiais") em que o trabalho não é proibido, mas há dispositivo legal que afasta a existência do vínculo de emprego, já que, na maioria dos casos citados, não são empregados mesmo, por faltar-lhes os requisitos contidos nos arts. 2º e 3º da CLT. A lei, na verdade, só realçou o óbvio. Logo, as hipóteses não podem ser confundidas.

> VÍNCULO DE EMPREGO. REPRESENTANTE COMERCIAL. Não comprovada a existência dos elementos configuradores da relação de emprego, mormente a subordinação, não há falar em reconhecimento do liame empregatício com representante comercial. TRT/SC – PROC: 02408.2002.040.12.01.0 – Rel. Designado: Juíza Maria de Lourdes Leiria. *DJ*/SC 07/10/2005.

Nestes casos, porém, se comprovada **fraude** na prestação destas atividades, o magistrado trabalhista pode reconhecer a existência do vínculo de emprego, com base no art. 9º da CLT.

> COOPERATIVA DE TRABALHO. COOSERVI. VÍNCULO EMPREGATÍCIO. RECONHECIMENTO. O encaminhamento de empregados pela tomadora à Cooperativa, visando à formalização da contratação, é demonstração cabal da existência de **fraude**. Comprovada a ilícita locação de mão de obra pela cooperativa-ré, COOSERVI, já que os serviços prestados por supostos cooperados encobrem o intuito de fraudar a legislação laboral, conforme reconhecido em vários processos judiciais (inclusive neste) e, ainda, pelo Ministério Público do Trabalho, resta o reconhecimento do vínculo empregatício da autora com aquela, mormente porque estão presentes os requisitos previstos no art. 3º da CLT. TRT/SC – PROC: 01955.2005.026.12.00.4 – Rel. Designado: Juiz José Ernesto Manzi. *DJ*/SC 25/10/2005 (grifos nossos).

> RELAÇÃO DE EMPREGO – NORMA LEGAL PROIBITIVA – TEORIA TRABALHISTA DE NULIDADES. Em face da impossibilidade do retorno ao *status quo ante*, com a devolução da força de trabalho despendida pelo trabalhador, a teoria trabalhista das nulidades, através da doutrina majoritária, construiu a célebre distinção entre trabalho ilícito e trabalho proibido. Apesar

53 Mauricio Godinho acrescenta que o contrato de trabalho terá todos os efeitos até a decretação da nulidade, em virtude da irretroação desta. DELGADO, Mauricio Godinho. *Curso de Direito do Trabalho*. São Paulo: LTr, 2002, p. 495.

54 Há entendimentos que o **corretor de seguros** que preencha os requisitos apontados nos arts. 2º e 3º da CLT é empregado da seguradora – Súmula nº 2 do TRT da 1ª Região.

de o ordenamento jurídico vedar a possibilidade de relação de emprego do corretor de seguros, trata-se de uma atividade lícita, admitida pela legislação pátria. Não há por que não reconhecê-la, sob pena de se beneficiar o infrator, duplamente. TRT, 3ª Reg. 1ª T., RO 00253/03, Rel. Manuel Cândido Rodrigues, *DJ*/MG 04/07/2003.

1.1.3.1. Estudo de Alguns Casos

1.1.3.1.1. Art. 37, II, da CRFB

De acordo com o art. 37, II, da CRFB a investidura em cargo ou emprego público depende de prévia aprovação em concurso público. O desrespeito a este requisito acarreta a nulidade absoluta do ato praticado, devendo a autoridade que o praticou responder pela contratação ilícita – § 2º do art. 37 da CRFB.

A *mens legislatoris* do constituinte foi a de evitar o nepotismo outrora existente, evitando privilégios nas contratações e democratizando o acesso aos empregos e cargos públicos. Na verdade, a exigência de concurso público possibilita que qualquer pessoa apta e capaz possa ter acesso aos empregos públicos, até então só garantidos aos apadrinhados, parentes e amigos das autoridades públicas. Antes da promulgação da Carta, a mera indicação bastava para o preenchimento dos cargos ou funções públicas. Hoje, a competência comprovada por aprovação prévia em concurso público é o necessário. Isto renova os quadros funcionais da Administração Pública, possibilita o acesso de pessoas preparadas, independentemente da cor, raça, religião e do relacionamento que mantenha com a autoridade pública.

Portanto, a intenção maior é a de proteger a própria sociedade, tornando mais transparentes os acessos ao emprego público. Tal medida é salutar e contribui para a democracia do país.

Ausente um dos requisitos essenciais para a validade do negócio jurídico, pois o trabalhador contratado sem concurso público viola a Lei Maior, outra solução não resta que a declaração de nulidade absoluta do contrato.

Entretanto, como a energia de trabalho não pode ser restituída, pois o tomador público dela já se apoderou, o obreiro terá direito **apenas** aos salários ainda não pagos pelo serviço executado. Nenhum outro direito poderá ser concedido, sob pena de se estimular a prática da contratação irregular, muitas vezes em fraude ao concurso público ou para beneficiar parentes.

De forma diversa, o art. 19-A da Lei nº 8.036/90, que garante a estes trabalhadores o FGTS, mesmo que admitidos antes da Lei, como entendeu o TST (OJ nº 362 da SDI-I do TST) – Súmula nº 363 do TST.

Exceção: **Agentes comunitários de saúde** e de combate às endemias. De acordo com o art. 198, §§ 4º e 5º, da Constituição, e regulamentado na Lei nº 11.350/2006, arts. 8º e 9º, os agentes comunitários de saúde e os agentes de combate às endemias são admitidos por meio **de processo seletivo público**. Esse pode ser de provas ou de provas e títulos, de acordo com a natureza e a complexidade de suas atribuições e requisitos específicos para o exercício das atividades, atendendo aos princípios da legalidade, impessoalidade, moralidade, publicidade e eficiência. Submetem-se, assim, ao regime jurídico estabelecido pela CLT, salvo se, no caso dos Estados, do Distrito Federal e dos Municípios, lei local dispuser de forma diversa. Portanto, nesses casos não há concurso público nem, por este motivo, a aquisição da estabilidade prevista no art. 41 da CRFB.

1.1.3.2. Policial Civil, Militar

Policial civil ou militar ou qualquer outro funcionário público pode ser empregado, salvo quando a lei expressamente proibir o acúmulo da função pública com a privada.

Existiu, em alguns Estados,[55] lei que proibia o trabalho do policial civil e bombeiros.

Como a proibição foi efetuada através de lei estadual, logo foi percebida a inconstitucionalidade, pois só a União pode legislar acerca do Direito do Trabalho (art. 22, I, da CRFB).

Afastado o obstáculo legal, nada mais impediria a formação do vínculo de emprego para as hipóteses em que o agente policial prestou serviços para particular, nas condições previstas nos arts. 2º e 3º da CLT. Se, contudo, o estatuto da corporação exigir dedicação exclusiva ou vedar a prestação de serviços a particulares, especialmente de segurança privada, a violação será meramente administrativa, podendo o policial ou bombeiro ser punido diretamente pela sua corporação, não impedindo a formação do vínculo de emprego – Súmula nº 386 do TST.

No mesmo sentido a jurisprudência:

> POLICIAL MILITAR. RECONHECIMENTO DO VÍNCULO EMPREGATÍCIO. O policial militar que presta serviços subordinados a particulares, pessoalmente, de forma contínua e mediante salários, é empregado e assim deve ser reconhecido. Decisão nesse sentido não afronta o Estatuto da Polícia Militar nem o Decreto-Lei nº 667/69. O trabalho proibido, contrariamente ao ilícito, gera efeitos. TRT/SP – Proc: 01521.2003.051.02.01.0 – Rel. Designado: Juíza Sônia Aparecida Gindro. *DJ*/SP 01/06/2004.

Questão tormentosa diz respeito à validade ou não do contrato do policial que presta serviços como vigilante a tomador privado, trabalhando ostensivamente armado, com arma da corporação ou própria, sem a devida formação em curso de vigilância e registro na Polícia Federal.

---

[55] A Lei Estadual do Rio de Janeiro 1.432/89 (já revogada) tinha a seguinte dicção no art. 7º: Aos agentes de autoridades e auxiliares de autoridades do Quadro Permanente da Polícia Civil do Estado do Rio de Janeiro, além das proibições estatutárias, é vedado exercer atividades incompatíveis com a função policial, especialmente as de segurança privada, seja diretamente ou através de empresa ou organização de qualquer natureza.

Há quem defenda que a formação exigida pela Lei nº 7.102/83 não se aplica ao policial por ter formação mais profunda e técnica ministrada pela respectiva academia de polícia e que a lei lhe garante o porte e uso de arma em tempo integral. Para estes, portanto, não haveria nulidade, podendo o Judiciário reconhecer o liame empregatício.

Entendemos de forma diversa.

O vigilante é aquele regido pela Lei nº 7.102/83 e, conforme o art. 16, ele deve ser brasileiro, ter a idade mínima de 21 anos, instrução correspondente à quarta série do primeiro grau (ensino fundamental), não ter antecedentes criminais, ter sido aprovado em curso de formação de vigilantes autorizado pelo Ministério da Justiça, ter sido aprovado em exame de saúde física, mental e psicotécnico e estar quite com as obrigações eleitorais. O exercício da profissão de vigilante requer prévio registro no Departamento de Polícia Federal (art. 17, *caput*).

O policial civil, militar ou bombeiro que exerce a profissão sem formação em curso profissional próprio, autorizado pelo órgão competente e que, consequentemente não tem registro na polícia federal, exerce ilegalmente a profissão, máxime se trabalhar armado, com arma que não seja da empresa de vigilância.

Explica-se:

Durante a execução do serviço é permitido ao vigilante o uso de revólver calibre 32 ou 38, além de cassetete de madeira ou de borracha (art. 22, *caput*, da Lei nº 7.102/83), sempre de propriedade e responsabilidade do empregador (art. 21 da Lei nº 7.102/83).

Mesmo em se tratando de policial, a quem é autorizado o porte e uso de arma em tempo integral, não poderia o trabalhador usar a arma da corporação para "vender" seu trabalho armado, isto é, utilizando-a de forma ostensiva.

O exercício da atividade de vigilante sem a devida formação profissional acarreta a nulidade do contrato, já que fere o art. 104 do Código Civil, pois o objeto da presente relação é ilícito. Nesse sentido o art. 606 do Código Civil.

Pelos mesmos motivos, nulo o contrato daquele que trabalha ostentando arma de fogo que não seja de propriedade da empresa especializada em segurança, seja por ferir de morte o Estatuto do Desarmamento, seja porque, em algumas situações, constitui crime.

Ademais, cabe ao Judiciário inibir o exercício ilegal da profissão e o uso indevido de arma de fogo na segurança privada. O policial pode usar a arma em serviço ou fora dele, mas não pode oferecer seu serviço armado (arma própria ou da corporação) como vigilante, pois, como tal, deve se submeter à Lei nº 7.102/83.

Não se argumente que neste caso deveria prevalecer o princípio da proteção ao trabalhador ou da primazia da realidade, pois não pode um princípio violar a lei e a ordem pública, máxime quando constitui crime (exercício ilegal da profissão). Neste caso, prevalece, pois, o princípio da proteção à sociedade e à coletividade.

Ademais, havendo conflito entre princípios, o critério para verificação do de maior peso é sempre o que causar menor prejuízo à coletividade, à sociedade, à ordem pública – critério da ponderação.

Inaplicável ao caso a Súmula nº 386 do TST, pois trata do trabalho desarmado do policial, como segurança privada, à pessoa jurídica de direito privado.

O mesmo ocorre com o aposentado por invalidez que trabalha nas condições da CLT ou do empregado informal que presta serviços durante a percepção do seguro-desemprego. Em ambos os casos o vínculo se forma, apesar da irregularidade praticada pelo trabalhador contra órgãos estatais, pois presentes os requisitos previstos nos arts. 2º e 3º da CLT, mas o trabalhador não estará isento das sanções criminais, civis e administrativas do ato praticado, que serão aplicadas pelo interessado e não pelo patrão.

1.1.3.3. Condições Especiais

Também não se pode confundir **contrato proibido**, com **condições especiais proibidas**. A cláusula contratual pode ser nula por dois motivos: a) quando infringir a **lei** (nulidade absoluta por infração à norma de ordem pública); b) quando violar o **ajuste** (nulidade absoluta por ferir o art. 468 da CLT).

Desta forma, a mulher não pode trabalhar durante a licença-maternidade; nenhum trabalhador pode trabalhar durante as férias, a folga, o intervalo etc.; o menor não pode trabalhar em locais insalubres, perigosas, ou nocivas à saúde. Nestes exemplos o contrato em si é válido, mas a cláusula que obriga à execução nessas condições é nula. Todavia, se de fato houve trabalho, ele será remunerado como se válido fosse.

Percebe-se que as situações são distintas. No trabalho proibido o contrato é contaminado *ab initio*, por ausência de um dos elementos essenciais (art. 104 do CC), acarretando a nulidade do contrato. No contrato válido executado em condições proibidas, falta legitimidade para a execução naquelas condições, logo, apenas a cláusula ilícita é nula, mas podem produzir efeitos quando a norma é de proteção ao trabalhador. Assim, terá o menor púbere direito ao adicional de insalubridade, se nesta condição de fato trabalhou, e a mulher, aos salários do período trabalhado durante a licença-maternidade; o trabalhador, à remuneração dos dias trabalhados durante as férias e à nulidade daquelas concedidas ficticiamente etc.

1.1.4. Ausência dos Requisitos Essenciais

A ausência de um dos requisitos previstos no art. 104 do Código Civil torna nulo o contrato de trabalho, não ensejando qualquer direito trabalhista. Não se tratando de objeto ilícito, os salários são devidos, se ainda não foram pagos (*vide* OJ nº 199 SDI-I do TST e Súmula nº 363 do TST). O art. 19-A da Lei nº 8.036/90 autorizou o levantamento do FGTS para os casos de contrato nulo do empregado contratado para a Administração Pública sem concurso público, mesmo que admitido antes da lei, desde que a rescisão seja contemporânea ou posterior (OJ nº 362 da SDI-I do TST).

A doutrina, propondo diferentes gradações quanto aos efeitos das nulidades do contrato de trabalho, discute a aplicabilidade rígida desta regra ao menor ou a qualquer outro incapaz, em face do caráter protetivo que lhe é dispensado, como acima estudado. Os efeitos da nulidade também são atenuados quando se trata de trabalho proibido, que fere norma de ordem pública, mas que não importa em atividade criminosa. Quanto à ilicitude do objeto a tendência deve ser restritiva, pois o Judiciário é o guardião da lei e deve privilegiar a sociedade como um todo, protegendo-a dos ilícitos.

Não se deve confundir nulidade de todo o contrato, por ausência de seus requisitos essenciais, com nulidade de cláusula contratual, como ocorre quando a lei proíbe o trabalho do menor em condições insalubres e perigosas; da gestante nos 120 dias da licença; do trabalhador durante as férias etc.

A nulidade do contrato atinge todo o ajuste, enquanto a nulidade da cláusula, apenas a parte nula.

1.1.4.1. Características da Nulidade Absoluta

- pode ser conhecida de ofício pelo juiz, porque independe de requerimento da parte ou pode ser reconhecida pela própria parte, pois independe de pronunciamento jurisdicional;
- fere matéria de ordem pública;
- não convalida, não prescreve, não decai, nem preclui;
- não produz efeitos;
- efeitos retroativos à data da constituição do negócio jurídico – *ex tunc*.

1.1.4.2. Características da Nulidade Relativa – Art. 177 do CC

- não pode ser conhecida de ofício pelo juiz, pois necessita de provocação ou requerimento da parte interessada;
- necessita de pronunciamento jurisdicional para produzir efeitos;
- prescreve, convalida, preclui e decai;
- a decisão de anulação do negócio jurídico produz efeitos a partir do momento em que foi prolatada, isto é, não produz efeitos retroativos, pois sua eficácia é *ex nunc*.

1.1.4.3. Restituição ao Estado Anterior – Art. 182 do CC

A sentença que anula o negócio jurídico (nulidade relativa) tem eficácia *ex nunc*, isto é, a nulidade é alegada para produzir efeitos para o futuro. Isto quer dizer que os atos praticados até a declaração de nulidade produzem todos os efeitos. Apesar de legítimos os atos praticados até a sua anulação, as partes devem, sempre que possível, retornar ao estado que anteriormente se encontravam, isto é, ao estado que se encontravam antes da constituição do contrato. Se isto não for possível, a situação deverá ser resolvida em perdas e danos, como dita o art. 182 do CC.

A doutrina trabalhista tem aplicado os efeitos da nulidade relativa aos casos de nulidade absoluta do contrato de trabalho, salvo quando o for por objeto ilícito.

1.2. Elementos Essenciais Intrínsecos (ou Requisitos Intrínsecos)

1.2.1. Defeitos do Negócio Jurídico

1.2.1.1. Erro, Dolo e Coação

a) Erro – arts. 138 a 144 do Código Civil

Se o ato for praticado sem a noção exata sobre alguma coisa, objeto ou pessoa, isto é, informação não verdadeira que influencia na vontade do declarante ou contratante. Parte de premissa errada, baseada em presunção equivocada (vício), quando não há dolosamente omissão ou declaração falsa, que influencia a vontade do declarante.

Para Orlando Gomes,[56] o erro ocorre quando há a ausência completa de conhecimento.

> **Ex. 1:** O empregador, pela aparência, contrata determinado trabalhador por achar que este é médico. Já a pessoa acha que foi contratada para outra função. Ressalta-se que o empregado não chega a exercer a atividade de médico.
>
> **Ex. 2:** Empregado recebe proposta para trabalhar em uma empresa e receber um percentual sobre o faturamento do setor. Na certeza que a empresa tem grande faturamento mensal e que, por isso, vai receber salário maior que o que recebe em seu trabalho atual, pede sua demissão e aceita o novo emprego. Logo no primeiro mês descobre que a empresa está quebrada, apesar do nome que tem na praça. Cumpre ressaltar que ninguém lhe informou o faturamento, foi uma presunção do trabalhador.

Neste caso, não há dolo das partes e, por isso, a nulidade será apenas relativa, cuja eficácia é inútil no Direito do Trabalho, conforme item 2.2.

b) Dolo – Arts. 145 a 150 do Código Civil

É o emprego de um artifício ou expediente astucioso para induzir alguém à prática de um ato que o prejudica e aproveita ao autor do dolo ou a terceiro.

> **Ex. 1:** Empregador contrata um trabalhador como médico, acreditando na credencial falsa que lhe foi exibida pelo empregado. Há dolo do empregado.
>
> **Ex. 2:** Empregador, ao contratar o trabalhador, apresenta cifras falsas de seus negócios, para induzi-lo a crer que receberá remuneração maior, pois baseada na participação dos lucros. Há dolo do empregador.

Neste caso também há a nulidade relativa do contrato.

---

[56] GOMES, Orlando; GOTTSCHALK, Élson. *Curso de Direito do Trabalho*. 16. ed. Rio de Janeiro: Forense, 2003, p. 151-152.

c) Coação – Arts. 151 a 155 do Código Civil

É qualquer pressão física ou moral exercida sobre a pessoa, bens ou honra, de um contratante, para obrigá-lo ou induzi-lo a efetivar o negócio jurídico.

Orlando Gomes[57] traz um exemplo claro de sua ocorrência numa relação de emprego. É o caso de um empregado coagir seu empregador a admitir determinado trabalhador, sob o temor de dano a seus bens dentro da empresa.

Acrescentamos, ainda, outro exemplo. O empregador demite um empregado e, por esse motivo, os outros trabalhadores entram em greve, para forçar a recontratação do empregado demitido. Isso é uma forma de coação.

Não constitui coação a obrigatoriedade legal de contratação de percentual mínimo de deficientes físicos ou aprendizes, já que estas são medidas de inclusão social e de proteção de minorias.

As consequências serão abaixo estudadas.

1.2.1.2. Consequência da Nulidade Relativa – Erro, Dolo e Coação

As nulidades relativas são cabíveis no Direito do Trabalho. Entretanto, a utilização desta ferramenta civil é rara na prática, porque demora a produzir efeitos, já que necessita do pronunciamento do Judiciário para tanto.

Explica-se:

Vigora no Direito do Trabalho a regra da resilição unilateral, sem ou com justa causa, instrumento mais eficaz e rápido que a rescisão judicial por nulidade relativa. Isto porque o contrato vigorará até o pronunciamento da Justiça a respeito da validade do contrato. Imaginem se o patrão descobre que o empregado, que pensava ser médico, mas não é, vai deixar que ele continue trabalhando até que o Juiz declare a nulidade deste contrato?

No caso de erro, o patrão deverá despedir o empregado sem justa causa, pois cometeu um engano quanto à sua profissão.

No caso de dolo e de coação, a parte inocente poderá aplicar a justa causa na outra.

Essas medidas são mais rápidas, eficazes e menos onerosas que a espera de uma decisão da Justiça.

1.2.1.3. Estado de Perigo e Lesão

De acordo com o Código Civil:

> **Art. 156.** Configura-se o estado de perigo quando alguém, premido da necessidade de salvar-se, ou a pessoa de sua família, de grave dano conhecido pela outra parte, assume obrigação excessivamente onerosa.

---

57 *Idem.*

> **Parágrafo único.** Tratando-se de pessoa não pertencente à família do declarante, o juiz decidirá segundo as circunstâncias.
>
> **Art. 157.** Ocorre a lesão quando uma pessoa, sob premente necessidade, ou por inexperiência, se obriga a prestação manifestamente desproporcional ao valor da prestação oposta.
>
> § 1º Aprecia-se a desproporção das prestações segundo os valores vigentes ao tempo em que foi celebrado o negócio jurídico.
>
> § 2º Não se decretará a anulação do negócio, se for oferecido suplemento suficiente, ou se a parte favorecida concordar com a redução do proveito.

A oferta de quem se encontra em estado de perigo não vincula, porque viciada a manifestação de vontade.

Alguns requisitos[58] são necessários para que o estado de perigo esteja presente: Objetivos: a) ameaça de grave dano a si ou a pessoa de sua família; b) atualidade do dano; c) onerosidade excessiva da obrigação. Subjetivos: a) crença do declarante de que realmente se encontra em estado de perigo; b) conhecimento do perigo pela outra parte.

> **Ex.:** Pessoa prestes a se afogar, para ser socorrida promete trabalhar por 20 horas seguidas de graça durante toda a vida para ser salva. Este contrato é nulo, porque contraria as normas imperativas da CLT e, anulável, porque excessivamente oneroso, e ajustado em situação de grave perigo.

1.2.1.4. Simulação – Art. 167 do Código Civil

Declaração ilusória da vontade com o objetivo de produzir efeito diverso do que apresenta, e a intenção de violar direito de terceiro ou disposição legal.

A simulação no contrato de trabalho acarreta a sua **nulidade absoluta** e não gera o efeito desejado. O que é nulo é o contrato simulado e não o contrato de trabalho **real**, pois indisponível pelas partes, mesmo que o trabalhador tenha vantagens com o negócio simulado (sonegação de imposto etc.).

Há vertente que defende a existência de uma nulidade absoluta parcial, ou seja, seria o aproveitamento de parte do contrato de trabalho.

Exemplos de simulação:

> **Ex. 1:** As partes ajustam um contrato de trabalho, que, na prática, jamais existiu: I – para fraudar a falência (dando feição de crédito privilegiado); II – para excluir a companheira do inventário (dando a aparência de doméstica); III – para que a esposa, filho ou parente possa ter computado o tempo de serviço; IV – para amiga ou parente receber salário-maternidade junto à Previdência (como doméstica, por exemplo). Em todos esses casos é nulo o contrato de trabalho.

---

58 NERY JUNIOR, Nelson; NERY, Rosa Maria de Andrade. *Código Civil anotado e legislação extravagante*. 2. ed. São Paulo: Revista dos Tribunais, 2003, p. 220.

Ex. 2: As partes ajustam um contrato civil ou empresarial, mas, na verdade, é de emprego: I – para simular que o empregado é sócio, cooperado, associado, mandatário, representante comercial, autônomo etc. Nulo o contrato civil ou social e válido o real contrato de trabalho.

Ex. 3: Aposentado por invalidez é contratado como empregado, mas pede para a CTPS de sua esposa ser anotada ao invés da sua. Os salários eram pagos em conta bancária conjunta. Apesar da simulação, o contrato da empresa com a esposa é nulo, porque ela nunca trabalhou, devendo o empregador anotar a carteira do aposentado. Devem ser, ainda, oficiados os órgãos fiscalizadores, Ministério Público e a Previdência, esta para cancelar a aposentadoria por invalidez (em face do retorno voluntário ao trabalho) e para cobrar a restituição do benefício pago indevidamente.

Mesmo que o empregado tenha participado ou mesmo obtido vantagens com a simulação, não se pode reduzir ou sonegar-lhe direitos trabalhistas, pois inderrogáveis – art. 9º da CLT. Portanto, inaplicável o art. 150 do CC.

1.2.1.5. Fraude

Fraude é o uso do direito contrário à sua finalidade ou à sua função social. A fraude pode ser classificada como: fraude contra credores (arts. 158 a 165 do Código Civil); fraude na execução e **fraude contra a lei.**

A fraude contra a lei é a que interessa ao estudo.

De acordo com o art. 9º da CLT:

> **Art. 9º** Serão nulos de pleno direito os atos praticados com o objetivo de desvirtuar, impedir ou fraudar a aplicação dos preceitos contidos na presente Consolidação.

Portanto, todo ato que vise impedir a aplicação da CLT é considerado como praticado em fraude à lei e, por isso, nulo de pleno de direito, pois os direitos trabalhistas são indisponíveis.

Ex.: Uma simulação de contrato de representação, que na verdade é um contrato de emprego, além de ser um negócio (contrato de representação) simulado, foi praticado em fraude à CLT (art. 9º).

1.2.2. Causa – Art. 140 do CC

É o motivo típico dos contratos nominados, como o é o contrato de trabalho. A causa ou razão de ser do contrato de trabalho é o exercício de uma atividade em troca de uma contraprestação, ou seja, o **motivo** é o próprio **trabalho**. Sob esta ótica, a causa é sempre lícita, pois trabalhar em troca de remuneração é atividade lícita, desde que atenda às qualificações profissionais exigidas por lei – art. 5º, XIII, da CRFB.

Dessa forma, pode-se, então, afirmar que o **contrato de inação** é nulo, como contrato de emprego, pois nele a pessoa é contratada para não trabalhar. Assim, falta motivo ao contrato. Um contrato de trabalho sem causa é absolutamente nulo. Todavia, pode ser válido como contrato de natureza civil.

> **Ex.**: Contrato de emprego simulado com a companheira do morto, para fingir que ela era sua doméstica e, com isso, excluí-la da partilha.

Algumas vezes a causa ou motivo do contrato se confunde com a ilicitude de seu objeto. Isto ocorre quando há causa, mas esta é ilícita.

Entretanto, é possível existir contrato de trabalho com períodos de inação, como ocorre com alguns atores quando trocam de emissora.

2. ELEMENTOS NATURAIS

Os elementos **naturais** são aqueles que decorrem da natureza do contrato, de sua razão de ser, sem que haja necessidade de menção expressa na contratação. São exemplos de elementos naturais do contrato de trabalho: a jornada máxima de oito horas e o pagamento de, pelo menos, um salário mínimo (direitos mínimos legais).

3. ELEMENTOS ACIDENTAIS

Elementos **acidentais** são cláusulas **acessórias** acrescentadas facultativamente pela vontade das partes ao negócios jurídicos que alteram ou modificam sua consequência natural, tais como a **condição**, o **termo** e o **encargo** (ou modo). Saliente-se que estes elementos não são indispensáveis à formação do negócio jurídico.

Os elementos acidentais são o **termo** e a **condição**, que já foram objeto de estudo no capítulo referente aos contratos a termo. De qualquer sorte, faremos uma revisão sobre o tema.

Termo é evento futuro e **certo** e pode ser expresso em duas fórmulas:

- *dies certus an et certus quando*;
- *dies certus an et incertus quando*.

Para Clóvis Bevilácqua,[59] termo é o dia ou momento em que começa ou se extingue a eficácia do negócio jurídico, podendo ter como unidade de medida a hora, o dia, o mês ou o ano.

A duração do contrato a termo pode ser fixada ou por unidade de tempo (termo certo) ou pela natureza do serviço a ser executado pelo empregado (termo incerto).

---

[59] BEVILACQUA, Clóvis. *Código Civil dos Estados Unidos do Brasil Comentado*. 3. ed. Rio de Janeiro: Francisco Alves, 1927, v. 1.

Na primeira hipótese é **certo** o acontecimento (evento) e a data em que o contrato irá se extinguir (exemplo: contrato de experiência com prazo de 90 dias). Na segunda, o evento é **certo**, mas **incerto** o momento em que ocorrerá, desde que sua realização se implemente dentro do prazo máximo previsto em lei (exemplos: contrato de safra, de obra certa etc.).

As duas hipóteses acima são espécies do contrato a termo.

Há discussão acerca da inclusão da **condição resolutiva** ser inserida nas espécies de contrato de trabalho por prazo determinado, ante a redação do § 1º do art. 443 da CLT (parte final). *Vide* Capítulo a seguir.

A **condição** pode ser **suspensiva** ou **resolutiva**.

O Código Civil conceitua, em seu art. 121, condição, como sendo a "cláusula que, derivando exclusivamente da vontade das partes, subordina o efeito do negócio jurídico a evento futuro e incerto".

De qualquer forma, cumpre esclarecer que o termo incerto não é sinônimo de condição. Nesta o evento é incerto, enquanto naquele o evento é certo.

Capítulo 18

ESPÉCIES DE CONTRATO DE TRABALHO

TÍTULO I
QUANTO AO TEMPO
(CONTRATO POR PRAZO DETERMINADO)

1. TEORIA GERAL E REGRA

O contrato de emprego pode ter sua duração limitada no tempo ou ser pactuado por duração indeterminada.

Em decorrência do princípio da continuidade da relação de emprego e de sua **natureza sucessiva**, pois o contrato de trabalho não se exaure em um único ato, isto é, é uma relação de débito permanente, assim, a **regra geral** é o prazo indeterminado, salvo ajuste expresso em contrário.

O contrato a **termo** é considerado prejudicial ao trabalhador, seja por impedir sua inserção na empresa de forma permanente, refletido no seu não comprometimento total com aquele emprego, seja por discriminá-lo frente aos demais empregados "efetivos", pois normalmente o empregador dispensa tratamento distinto aos efetivos e aos "temporários". O empregado contratado por prazo certo não "veste a camisa da empresa", porque sabe que sua permanência naquele emprego é interina. O contrato por prazo determinado traz ao trabalhador **insegurança**, já que tem ciência da data ou momento da extinção de seu contrato. Com isso, o trabalhador busca todo o tempo nova colocação no mercado. Quanto mais curto o contrato por prazo determinado, mais nefasto ao empregado. Por conta disto, esta espécie de contrato constitui uma exceção ao **princípio da continuidade da relação de emprego**.

Desta forma, não havendo prova ou cláusula a respeito, presume-se que o ajuste foi feito sem limite de tempo para sua duração, isto é, de vigência indeterminada, chamado pela CLT de contrato por **prazo indeterminado**. Esta presunção decorre do princípio da **continuidade da relação de emprego,** que pressupõe que não faz parte dos interesses do homem médio o desejo pela vida nômade e instável, preferindo prosseguir numa mesma relação de emprego, sem prazo certo, que lhe proporcione alguma previsibilidade de gastos e vida social.

2. FORMA

O contrato a termo deve ser **expresso**, podendo ser escrito ou verbal,[1-2-3] isto é, deve ser comunicado ao empregado o tempo de duração, pois a finalidade é que as partes contratantes tenham conhecimento do prazo de vigência do contrato para não serem surpreendidas com o seu término, sem qualquer aviso prévio (princípio da transparência e da boa-fé). Havendo prova da ciência do empregado, desde a admissão, de que seu contrato teria duração igual a 30 dias, por exemplo, implementado o termo e rompido o contrato, não serão devidos os haveres pertinentes à dispensa imotivada.

Valentin Carrion[4] e Amauri Mascaro[5] defendem que o ajuste deve ser expresso sob a forma **escrita**, não admitindo a forma oral, sob o argumento de que qualquer cláusula especial do contrato de trabalho deve ser anotada na CTPS, de acordo com o art. 29 da CLT.

Mauricio Godinho,[6] considera essencial a celebração escrita de alguns contratos a termo, tais como atleta profissional (Lei nº 9.615/1998, art. 28), artista profissional (Lei nº 6.533/78, art. 9º), trabalho temporário (Lei nº 6.019/74, art. 11), contrato provisório (Lei nº 9.601/98), contrato intermitente (art. 452-A da CLT) etc., admitindo, também, a forma oral para outros, como o contrato de safra, por exemplo. Concordamos com essa opinião, o contrato por prazo determinado não exige forma especial, salvo raras exceções que só ocorrem quando a lei determinar.

Sendo assim, o que importa é o conhecimento inequívoco pelo empregado de que aquele contrato foi firmado por prazo certo e se tem possibilidade (ou não) de prorrogação, pois a finalidade da lei foi a de preparar as partes para a terminação do contrato. A comunicação por escrito é a ideal, mas não essencial. Ideal, pois o empregador terá o documento necessário para comprovar que comunicou o empregado. Mas, se não o fizer por escrito e o empregado confessar (ou conseguir

---

1 Da mesma forma Magano, que admite a forma escrita ou verbal. MAGANO, Octávio Bueno. *Manual de Direito do Trabalho*. 3. ed. São Paulo: LTr, 1992, v. 2, p. 193-194.

2 Também admite a forma verbal ou escrita PINTO, José Augusto Rodrigues. *Curso de Direito Individual do Trabalho*. 5. ed. São Paulo: LTr, 2003, p. 228, assim como Sergio Pinto, que acrescenta que a forma escrita seria a ideal, mas é possível o contrato por prazo determinado oral. MARTINS, Sergio Pinto. *Direito do Trabalho*. São Paulo: Atlas, 2001, p. 103.

3 Alice Monteiro de Barros, que também defende a posição *supra*, entende que somente será obrigatória a forma escrita quando o legislador determinar, como ocorre no caso do trabalho temporário, art. 11 da Lei nº 6.019/74. BARROS, Alice Monteiro de. *Curso de Direito do Trabalho*. São Paulo: LTr, 2005, p. 456-458.

4 CARRION, Valentin. *Comentários à Consolidação das Leis do Trabalho*. 29. ed. São Paulo: Saraiva, 2004, p. 93.

5 NASCIMENTO, Amauri Mascaro. *Curso de Direito do Trabalho*. 20. ed. São Paulo: Saraiva, 2005, p. 659-660.

6 DELGADO, Mauricio Godinho. *Curso de Direito do Trabalho*. 3. ed. São Paulo: LTr, 2004, p. 536-537.

outro meio de prova) que tinha ciência da duração limitada do contrato, a cláusula oral de prazo determinado será válida. O direito pugna pelo princípio da lealdade e da transparência nas tratativas. Além disso, segundo o Código Civil (art. 112), nas declarações de vontade prevalece a intenção real das partes ao sentido literal da linguagem, isto é, à formalidade. Isso significa que o Código valorou a intenção das partes no momento do ajuste.

O que não se admite é o contrato a termo tácito,[7] por prejudicial ao trabalhador que, desconhecendo o termo tácito, não se prepara para o desemprego.

Resumo das correntes:

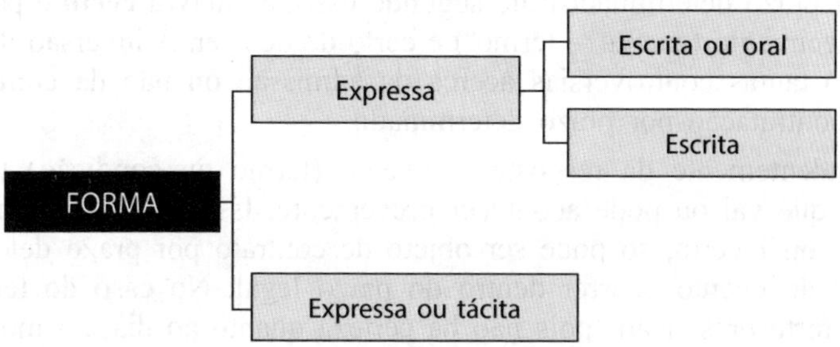

3. HIPÓTESES

A CLT considerou três as hipóteses de contrato por tempo determinado:

> **Art. 443.** O contrato individual de trabalho poderá ser acordado tácita ou expressamente, verbalmente ou por escrito, por prazo determinado ou indeterminado, ou para prestação de trabalho intermitente[8].
>
> § 1º Considera-se como de prazo determinado o contrato de trabalho cuja vigência depende de termo **prefixado** ou **da execução de serviços especificados** ou ainda **da realização de certo acontecimento suscetível de previsão aproximada** (grifos nossos).

São hipóteses de contrato por prazo determinado:

a) termo prefixado – **termo certo**. As partes têm a certeza de que o evento ocorrerá, pois o acontecimento que está vinculado à vigência do contrato é certo e, sabem exatamente quando isto se dará (dia, mês e ano);
b) execução de serviços especializados – **termo incerto**. As partes têm certeza que o evento irá ocorrer, mas não sabem quando isto se dará;

---

7 Délio Maranhão de forma isolada entende que o contrato a termo também admite a forma tácita. SÜSSEKIND, Arnaldo; MARANHÃO, Délio; VIANNA, Segadas; TEIXEIRA, Lima. *Instituições de Direito do Trabalho*. 22. ed. São Paulo: LTr, 2005, v. 1, p. 264-265.

8 A respeito do contrato intermitente remetemos o leitor ao Capítulo 16.

c) realização de **certo** acontecimento suscetível de previsão aproximada – A hipótese legal é motivo de grande controvérsia, pois, ao se referir a "certo acontecimento", o legislador quis acolher o **termo incerto** ou a **condição resolutiva**?

De fato, percebe-se do texto legal acima transcrito na alínea *c* que, se o legislador tivesse invertido as expressões **certo acontecimento** para **acontecimento certo** a questão seria mais fácil de solucionar. Na primeira, a expressão 'de **certo**' pode ser entendida como **algum** (algum acontecimento, podendo ele ser certo ou incerto e, neste último caso, a lei abraçaria a condição resolutiva como espécie de contrato por prazo determinado); no segundo caso, a palavra **certo** é para designar que o acontecimento (evento = termo[9]) é certo de ocorrer. A inversão da expressão teria evitado tantas controvérsias acerca da admissão ou não da **condição** como motivo de contratação por prazo determinado.

Independentemente da resposta, o evento (termo ou condição) tem que ter previsão de que vai ou pode acontecer brevemente. Isso quer dizer que mesmo o termo, certo ou incerto, só pode ser objeto de contrato por prazo determinado se a realização do evento ocorrer dentro do prazo legal. No caso do termo incerto deve haver forte presunção (pois não há certeza quanto ao dia, ao momento, mas apenas quanto ao evento), talvez adquirida pela experiência da vida, de que o acontecimento vai ocorrer dentro dos dois anos.

4. CONTRATO A TERMO OU SOB CONDIÇÃO RESOLUTIVA

O legislador celetista preferiu utilizar a expressão **contrato por prazo determinado** no art. 443, § 2º, da CLT, copiando o Código Civil. Objetivando interpretar o que seria contrato por prazo determinado os estudiosos da matéria se dividiram em duas correntes: a primeira, majoritária na doutrina defende que contrato por prazo determinado é **sinônimo** de contrato a termo e a segunda vertente no sentido de que contrato por prazo determinado é gênero que admite duas modalidades: contrato a **termo** e contrato sob **condição resolutiva**.

Termo é evento futuro e **certo** e pode ser expresso em duas fórmulas:

– *dies certus an et certus quando*;
– *dies certus an et incertus quando*.

A duração do contrato a termo pode ser fixada ou por unidade de tempo (termo certo) ou pela natureza do serviço a ser executado pelo empregado (termo incerto). O acontecimento é sempre certo, mas a data em que ele vai ocorrer é que pode ser certa ou incerta.

Na primeira hipótese é certo o acontecimento (evento) e a data em que o contrato irá se extinguir também – *dies certus an et certus quando* (exemplo:

---

9 Convém ressaltar que a palavra termo pode significar evento (= acontecimento) ou prazo.

contrato de experiência com prazo de 90 dias). Na segunda hipótese (*dies certus an et incertus quando*), o evento é certo, mas não é certo o momento em que ocorrerá, devendo sua realização se dar dentro do prazo máximo previsto em lei (exemplos: contrato de safra, de obra certa etc.).

Condição é evento futuro e **incerto.**

Submeter um contrato a um evento futuro e incerto seria uma modalidade de contrato por prazo determinado?

A pergunta é pertinente porque a lei preferiu utilizar a expressão "contrato por prazo determinado", sem explicar o que significa.

À primeira vista, o leitor açodado tem a impressão que o legislador não pretendeu abraçar o contrato submetido à condição resolutiva, como modalidade de contrato por prazo determinado, pois da leitura dos arts. 479 e 480 da CLT percebe-se que o legislador utilizou as expressões contrato por prazo determinado e contrato a termo como sinônimas. Para não ser repetitivo ora empregou a palavra contrato a termo, ora contrato a prazo, ora contrato por tempo determinado, ora contrato por prazo certo. Ademais, o contrato submetido a condição resolutiva não gera nenhuma certeza de que o evento irá de fato acontecer, ao contrário, surpreende as partes quando do seu implemento.

Vejamos alguns exemplos de expressões utilizadas pela CLT:

> **Art. 147.** O empregado que for despedido sem justa causa, ou cujo **contrato de trabalho se extinguir em prazo predeterminado**, antes de completar 12 (doze) meses de serviço, terá direito à remuneração relativa ao período incompleto de férias, de conformidade com o disposto no artigo anterior (grifos nossos).
>
> (...)
>
> **Art. 472.** O afastamento do empregado em virtude das exigências do serviço militar, ou de outro encargo público, não constituirá motivo para alteração ou rescisão do contrato de trabalho por parte do empregador.
>
> (...)
>
> § 2º Nos **contratos por prazo determinado**, o tempo de afastamento, se assim acordarem as partes interessadas, não será computado na contagem do prazo para a respectiva terminação (grifos nossos).
>
> (...)
>
> **Art. 479.** Nos **contratos que tenham termo estipulado**, o empregador que, sem justa causa, despedir o empregado, será obrigado a pagar-lhe, a título de indenização, e por metade, a remuneração a que teria direito **até o termo do contrato** (grifos nossos).
>
> (...)
>
> **Art. 480.** Havendo **termo estipulado**, o empregado não se poderá desligar do contrato, sem justa causa, sob pena de ser obrigado a indenizar o empregador dos prejuízos que desse fato lhe resultarem (grifos nossos).
>
> (...)
>
> **Art. 481.** Aos contratos **por prazo determinado**, que contiverem cláusula assecuratória do direito recíproco de rescisão antes de expirado o termo ajustado,

> aplicam-se, caso seja exercido tal direito por qualquer das partes, os princípios que regem a rescisão dos contratos por prazo indeterminado (grifos nossos).
>
> (...)
>
> **Art. 487.** Não havendo **prazo estipulado**, a parte que, sem justo motivo, quiser rescindir o contrato, deverá avisar a outra da sua resolução, com a antecedência mínima de (grifos nossos):
>
> (...)
>
> **Art. 502.** Ocorrendo motivo de força maior que determine a extinção da empresa, ou de um dos estabelecimentos em que trabalhe o empregado, é assegurada a este, quando despedido, uma indenização na forma seguinte:
>
> (...)
>
> III – havendo contrato **por prazo determinado**, aquela a que se refere o art. 479, desta Lei, reduzida igualmente à metade (grifos nossos).

A Lei nº 4.090/62 se refere ao **contrato a prazo** – art. 1º, § 3º, I.

Entrementes, a questão não é pacífica e comporta duas principais correntes, uma das quais já foi brevemente abordada.

Concluímos que há autores que entendem que o contrato por prazo determinado é **gênero** que comporta duas espécies: termo e **condição resolutiva**. Outros advogam que contrato por prazo determinado **só** admite o contrato a **termo**.

Os primeiros[10] apontam o contrato de safra, o de obra certa, o de experiência e o do substituto do aposentado por invalidez, como modalidades de contrato por prazo determinado submetido à **condição resolutiva**, porque a safra pode acabar por motivos diferentes da colheita e muito antes dela, como: geada, seca, praga etc. A obra pode paralisar e nunca chegar ao seu fim (abandono, embargo, falência etc.). O trabalhador pode não ser aprovado na experiência e o aposentado por invalidez pode morrer ou jamais recuperar a capacidade para o trabalho e, por isso, nunca a ele retornar. Portanto, esses acontecimentos podem ou não ocorrer e, por isso, de acordo com essa visão, são hipóteses de **condição**, comprovando que contrato por prazo determinado acolhe o contrato sob condição resolutiva, já que tais casos têm previsão legal.

Pensamos, assim como outros autores, de forma diferente. Para melhor explicar nossa posição, passaremos a analisar cada um dos casos acima mencionados de forma individualizada.

Os contratos determinados de safra e de obra certa são submetidos a **termo incerto**,[11] porque sem dúvida elas um dia chegarão ao fim, mesmo que por abandono, imprevistos da natureza, etc., não alcançando o objetivo esperado (colheita e fim da obra, respectivamente), mas não se sabe quando o fim ocorrerá.

O contrato de experiência é um contrato de trabalho por prazo determinado (gênero), subordinado a um termo final (espécie).

---

10 GOMES, Orlando; GOTTSCHALK, Élson. *Curso de Direito do Trabalho*. 17. ed. Rio de Janeiro: Forense, revisado por José Augusto Rodrigues Pinto, 2004, p. 153.

11 Da mesma forma MARANHÃO, Délio. *Direito do Trabalho*. 11. ed. Rio de Janeiro: Fundação Getulio Vargas, 1983, p. 158.

Explica-se:

A experiência em si é evento futuro e incerto e, sob este prisma, é uma condição. Não se sabe se o empregado (ou o empregador) vai ser "aprovado" na experiência, logo, a aprovação na experiência é evento futuro e incerto – condição resolutiva. Todavia, o legislador, ciente de que a experiência é uma condição, a incluiu como mera justificativa, motivação de um contrato a termo certo, com data máxima de duração (90 dias). Neste período certo, as partes se testam uma à outra. A lei propositadamente vinculou a vigência do contrato de trabalho ao prazo máximo de noventa dias (termo) e não ao motivo da contratação (experiência). Logo, o contrato de experiência é um contrato a termo em que uma parte, durante o período certo contratado, deve experimentar a outra. Mesmo não agradando, se tomar a iniciativa do rompimento do pacto antes do termo final, terá que pagar a indenização prevista no art. 479 da CLT à parte notificada. A se pensar de outra forma um empregado contratado para trabalhar por 45 dias prorrogáveis por mais 45 dias, poderia ser afastado no segundo dia de trabalho, e seu contrato extinto naturalmente, sob o argumento de que não foi aprovado na experiência, sem ter o direito de receber do empregador a indenização contida no art. 479 da CLT.[12]

A discussão era possível antes da inclusão da alínea *c* no art. 443 da CLT. A partir de 1967, através do Decreto-Lei nº 229/67, o contrato de experiência passou a ser, por determinação legal, modalidade de contrato por prazo determinado, na espécie a termo. Logo, o termo é o prazo que as partes ajustam para a experiência e não a experiência em si. O **prazo é o termo** e a **experiência a justificativa**, a motivação do contrato.

No caso do contrato de trabalho do **substituto** do **aposentado por invalidez** o legislador, excepcionalmente, equiparou, nesta única hipótese, os efeitos do contrato por prazo determinado (a termo) aos de um contrato submetido à condição resolutiva. Isto só pode ocorrer quando o empregado tiver ciência inequívoca, desde a admissão, de que foi contratado para substituir interinamente o aposentado por invalidez[13] – art. 475, § 2º, da CLT que tem o direito a retornar ao mesmo cargo e função, quando de sua recuperação. Contrato do substituto terá duração igual à do afastamento do aposentado por invalidez, que pode ser inferior ou superior ao prazo máximo legal, que como regra geral é de dois anos,[14] já que o aposentado

---

[12] Esta é a posição de Magano, que caracteriza o contrato de experiência como aquele que é submetido a uma condição resolutiva. Implementada a condição não é devida qualquer indenização à parte contrária. Afirma que o contrato de experiência é "modalidade do contrato de prazo determinado, de duração reduzida e faculdade de resilição antecipada, sem ônus para as partes (...)". MAGANO, Otávio Bueno. *Manual de Direito do Trabalho*. Direito Individual do Trabalho. 3. ed. São Paulo: LTr, 1992, v. 2, p. 174.

[13] Délio entende que o contrato do substituto do aposentado por invalidez é um contrato submetido à condição resolutiva e não a um termo incerto MARANHÃO, Délio. *Direito do Trabalho*. 11. ed. Rio de Janeiro: Fundação Getulio Vargas, 1983, p. 158.

[14] O contrato de trabalho do empregado aposentado por invalidez fica suspenso enquanto sua capacidade de trabalho não retornar ou outro evento ocorrer (morte, aposentadoria definitiva etc.), na forma da Súmula nº 160 do TST. Defendemos que não há prazo máximo para esta suspensão, podendo ser superior a cinco anos, conforme entendimento do TST. Todavia, Süssekind, de forma diversa, defende que o prazo máximo da suspensão do contrato por invalidez é de cinco anos – Súmula nº 217 do STF. *Vide* Capítulo "Suspensão do Contrato".

pode ou não recuperar a capacidade para o trabalho. A intenção da lei foi a de impedir a aquisição da estabilidade decenal pelo substituto do aposentado por invalidez, já que a ocupação sabidamente era interina, pois o cargo não estava vago e, porque a lei expressamente negou o direito ao recebimento da indenização prevista no art. 478 da CLT (vigente à época), que só era devida em casos de despedidas imotivadas praticadas nos contratos por prazo indeterminado. Por esse motivo, a doutrina posicionou-se no sentido de que a norma, na verdade, criou mais uma espécie de contrato por prazo determinado, dirigido especialmente ao empregado contratado para substituir o aposentado por invalidez.

Conclusão:

O contrato de trabalho por prazo determinado é aquele submetido a um termo final e excepcionalmente, quando a lei expressamente quis, equiparou os efeitos do contrato sujeito à condição resolutiva, aos de um contrato a termo.

O contrato subordinado à condição resolutiva não deve ser confundido com o contrato por termo incerto, já que o evento deste é certo de ocorrer, só não se sabe quando; ao contrário daquele onde o próprio evento é incerto, como na condição. Toma-se, apenas a título didático, um exemplo de termo incerto: a morte. É um evento futuro e certo de ocorrer, mas não sabemos quando (ainda bem). Neste caso o evento é certo, mas quando é incerto. Como hipótese de condição podemos citar a aprovação em concurso público, onde o acontecimento em si é incerto.

Octávio Magano,[15] Martins Catharino[16] e Valentin Carrion[17] admitem, como espécie do gênero contrato por prazo determinado, o contrato submetido a uma condição resolutiva expressa. Por outro lado, Mauricio Godinho,[18] Délio Maranhão,[19] Orlando Gomes,[20] Amauri Mascaro[21] e Arnaldo Süssekind[22] entendem que o contrato de trabalho submetido à condição não é espécie do gênero "contrato por prazo determinado".

---

15 MAGANO, Octávio Bueno. *Manual de Direito do Trabalho*. 3. ed. São Paulo: LTr, 1992, v. 2, p. 164.

16 Catharino menciona que a CLT só admitiu um tipo de contrato por condição resolutiva, caso do empregado contratado interinamente para substituir o aposentado por invalidez. CATHARINO, José Martins. *Compêndio Universitário de Direito do Trabalho*. São Paulo: Editora Jurídica e Universitária, 1972, v.1, p. 349.

17 Carrion afirma que o empregado contratado para substituir interinamente o aposentado por invalidez – art. 475 da CLT, é contratado à condição resolutiva e que este é um contrato determinado. CARRION, Valentin. *Comentários à Consolidação das Leis do Trabalho*. 29. ed. São Paulo: Saraiva, 2004, p. 271 e 276.

18 DELGADO, Mauricio Godinho. *Curso de Direito do Trabalho*. 3. ed. São Paulo: LTr, 2004, p. 527-528.

19 Ensina Délio que o fato que porá fim ao contrato é sempre certo, mas o momento da ocorrência de tal fato é que nem sempre é passível de prefixação. Admite, todavia, por exceção, que o contrato por prazo determinado previsto no art. 475, § 1º, da CLT é exceção à regra, pois é contrato submetido à condição resolutiva, com prazo máximo superior à regra geral, mas com os mesmos efeitos do contrato por prazo determinado. MARANHÃO, Délio; CARVALHO, Luiz Inácio Barbosa. *Direito do Trabalho*. 17. ed. Rio de Janeiro: Editora da FGV, 1993, p. 174-175.

20 GOMES, Orlando; GOTTSCHALK, Élson. *Curso de Direito do Trabalho*. 16. ed. Rio de Janeiro: Forense, 2003, p. 159.

21 NASCIMENTO. Amauri Mascaro. *Iniciação ao Direito do Trabalho*. São Paulo: LTr, 2001, p. 219.

22 SÜSSEKIND, Arnaldo. *Curso de Direito do Trabalho*. Rio de Janeiro: Renovar. 2002, p. 242-243.

Para aqueles que defendem que a condição resolutiva não pode motivar um contrato por prazo determinado, pergunta-se: quais seriam as consequências jurídicas de um contrato de trabalho, de um empregado, que está com sua vigência submetida a uma condição resolutiva?

> **Ex. 1:** Um empregado cuja duração do contrato de trabalho esteja vinculada à aprovação em um determinado concurso público. Aprovado no concurso público seu contrato estará extinto. Quais seriam as parcelas devidas em decorrência desta extinção?
>
> **Ex. 2:** Quando o contrato tiver sua duração limitada a uma competição. Assim, enquanto o empregado não vencer o campeonato, seu contrato se manterá vigente? Deve-se respeitar o prazo máximo de dois anos? Vencida a competição, seu contrato estará extinto de forma natural ou não? Poderá ser dispensado sem justa causa antes? Neste caso receberá a indenização prevista no art. 479 da CLT? Como se calcular metade dos salários do período que faltou se não se sabe se o evento iria ocorrer ou não?

A solução das questões depende da corrente adotada.

Para aqueles que defendem que o contrato por prazo determinado é apenas aquele **submetido a um termo**, tais ajustes são considerados como contratos por prazo **indeterminado** *ab initio*, cabendo despedida imotivada a qualquer tempo, mediante aviso prévio.

Em suma, para esta vertente a interpretação da expressão "certo acontecimento" não comporta o contrato submetido à condição, e, se assim foi o ajustado (condição), será considerada como cláusula morta e o contrato por prazo indeterminado.

Outros advogam que se trata de **contrato por prazo indeterminado com cláusula de garantia de emprego** (estabilidade), pois não admitem contrato por prazo determinado submetido a condição. Enquanto a condição não se implementar o empregador não poderá demitir o empregado, pois garantiu vigência mínima do contrato. Se dispensado no curso da garantia de emprego, o ex-trabalhador terá direito à reintegração ou à indenização substitutiva.

A terceira corrente, à qual nos filiamos, considera que o contrato de trabalho submetido à condição resolutiva é espécie do gênero contrato por prazo determinado. Vencido o prazo de dois anos, o contrato passa a vigorar sem prazo. Demitido antes de implementada a condição, o trabalhador tem direito à metade dos salários que faltavam para o prazo máximo (dois anos) – arts. 479 e 445 da CLT.

5. DURAÇÃO

A contagem do prazo não se faz na forma do *caput* do art. 132 do CC e sim como previsto na Lei nº 810/49 e § 3º do art. 132 do CC. Melhor dizendo, não se exclui o dia do começo, como menciona o Código Civil, já que foi ajustado trabalho para este dia, logo, computado na vigência do contrato.

Se o contrato teve sua duração vinculada ao número de dias, por exemplo, a 90 dias, a contagem se faz por dias corridos, incluindo o primeiro dia de vigência, fluindo incessantemente até o nonagésimo dia do contrato, quando se rompe naturalmente, independentemente de se o último dia recai em feriado, domingo, suspensão, interrupção ou qualquer outro fato.

Assim, se o ajuste foi por dia, deve-se respeitar o número de dias fixado no contrato, nunca superior ao limite legal. Se por mês ou ano, também a contagem deve ser feita levando-se em conta o mês ou o ano – Lei nº 810/49 c/c art. 132, § 3º do CC.

Um contrato com vigência de 3 meses e início em 5 de agosto, terá seu fim no dia 05 de novembro. Repete-se o dia e altera-se apenas o mês. Se o dia ajustado não tiver correspondente no mês do vencimento, o contrato findará no primeiro dia subsequente. Logo, para um contrato de 3 meses, iniciado no dia 31 de março, o vencimento será dia 1º de julho, uma vez que o mês de junho tem apenas 30 dias. A mesma regra se faz com os contratos a termo convencionado por ano. Se, com vigência de um ano e iniciado em 05/09/2016, seu termo final ocorrerá em 05/09/2017. Repete-se o dia, o mês e altera-se apenas o ano.

Como **regra geral** (há exceções), a duração máxima do contrato a termo é de **dois anos** (art. 445, *caput*, da CLT). **Dentro** deste prazo é possível apenas **uma prorrogação** (art. 451 da CLT), salvo lei em contrário.

Valentin Carrion[23] isoladamente defende o prazo máximo de quatro anos para os contratos a termo. Sustenta a sua tese numa interpretação ampliativa do art. 451 da CLT e na Súmula nº 195 do STF.

Entretanto, a Súmula nº 195 do STF foi editada antes da alteração do art. 445, *caput*, da CLT, que, em sua redação original, fixava o prazo máximo de quatro anos para o contrato por tempo determinado.

Quando elaborada, a CLT se inspirou no art. 1.229 do CC/16 que fixava o prazo máximo de quatro anos para o contrato por prazo determinado do prestador de serviço.

Como a própria CLT, em outro dispositivo (art. 451 da CLT) permite uma prorrogação do contrato por prazo certo, a discussão travada era se a única prorrogação do contrato estaria **dentro** dos quatro anos ou se poderia ser prorrogado por **mais** quatro anos, chegando a oito anos de contrato.

Pacificando a questão, o STF emitiu a Súmula nº 195, demonstrando que a jurisprudência majoritária da época adotava a interpretação restritiva do art. 451 da CLT, de que a prorrogação deveria ocorrer **dentro** do prazo máximo de quatro anos.

Todavia, o *caput* do art. 445 teve sua redação alterada (pelo Decreto-Lei nº 229/67), passando a fixar a duração máxima de dois anos do contrato a termo. Assim, a Súmula nº 195 do STF deve ser interpretada de acordo com a intenção na época de sua edição. Ela teve o objetivo de determinar que, dentro do prazo

---

23 CARRION, Valentin. *Comentários à Consolidação das Leis do Trabalho*. 29. ed. São Paulo: Saraiva, 2004, p. 281.

estipulado no art. 445, *caput*, da CLT, somente ocorrerá uma prorrogação sem ultrapassar o prazo máximo do citado dispositivo legal.

Como a redação do art. 445, *caput*, da CLT foi alterada também deve ser alterada a interpretação da Súmula nº 195 do STF (interpretação histórico-evolutiva).

Prazos de duração dos contratos por prazo determinado:

- contrato por prazo determinado – regra geral (dois anos) – art. 443, § 2º, *a* e *b*, da CLT c/c art. 455 da CLT;
- contrato de trabalho temporário (máximo 270 dias) – art. 10 da Lei nº 6.019/74;
- contrato de experiência (noventa dias) – art. 443, § 2º, *c*, c/c art. 445, parágrafo único, da CLT;
- técnico estrangeiro (dois anos) – Decreto-Lei nº 691/69;
- contrato de safra (dois anos) – art. 14 da Lei nº 5.889/73;
- artista (dois anos) – art. 9º da Lei nº 6.533/78;
- contrato por obra certa (dois anos) – Lei nº 2.959/56;
- aprendizagem (dois anos, salvo a pessoa com deficiência) – art. 428, § 3º, da CLT;
- treinador profissional de futebol (dois anos) – art. 6º, I, da Lei nº 8.650/93;
- estímulo a novos empregos (dois anos) – Lei nº 9.601/98 c/c art. 3º do Dec. nº 2.490/98;
- peão de rodeio (dois anos) – art. 2º, II da Lei nº 10.220/01;
- trabalho no exterior (em certos casos, três anos) – art. 16 da Lei nº 7.064/82;
- atleta profissional (cinco anos) – art. 29, *caput*, da Lei nº 9.615/98;
- trabalho marítimo – por viagem ou por "viagem redonda" (ida e volta) – Não há lei específica sobre a sua duração. A tese baseia-se no costume originado do contrato do tripulante, como disposto no art. 543 do Código Comercial – "(...) Não constando pela matrícula, nem por outro escrito do contrato, o tempo determinado do ajuste, entende-se sempre que foi por viagem redonda ou de ida e volta ao lugar em que teve lugar a matrícula". Alguns defendem que sua duração será igual ao da viagem, em face da norma transcrita, mesmo que superior a dois anos, mas, para a corrente majoritária, não pode ultrapassar o prazo de dois anos – art. 82, I, do Decreto nº 87.648/1982 – Regulamento de Tráfego Marítimo (revogado pelo Decreto 2.596/96);
- empregado contratado para substituir outro que se encontra aposentado por invalidez, cujo contrato se encontra suspenso e a lei lhe garante o retorno à função anterior – art. 475, § 2º, da CLT. **Duas correntes** sobre a duração deste: **sem prazo** de duração, pois o aposentado pode

recuperar sua capacidade de trabalho a qualquer tempo. Retomada a capacidade, mesmo após os cinco anos, o empregado terá direito ao retorno ao trabalho (Súmula nº 160 do TST). Defendemos esta corrente. Outra posição no sentido de que a duração máxima é de **cinco anos** (Súmula nº 217 do STF e Arnaldo Süssekind).[24] Atingido o prazo máximo, o empregador poderá rescindir o contrato de trabalho do empregado substituto sem o pagamento de indenização, desde que este trabalhador tivesse ciência das condições de sua contratação (art. 475, § 2º, da CLT);

- contrato por prazo determinado do prestador de serviços (sem vínculo de emprego – quatro anos) art. 598 do CC;
- contrato por prazo certo do representante comercial – art. 27, *c* e §§ 1º e 2º da Lei nº 4.886/65.

5.1. Contrato com Prazo Superior ao Estabelecido em Lei

A doutrina diverge quanto aos efeitos do contrato a termo que contém cláusula com duração de vigência superior **à legal (dois anos)**.

Leciona Délio Maranhão[25] que, havendo estipulação de prazo de duração superior ao permitido na lei, haverá a **nulidade parcial** do contrato (apenas parte da cláusula é nula) que não prejudicará a parte válida do contrato – art. 184 do CC, com substituição automática da cláusula nula pela norma pertinente referida na lei. A nulidade parcial de um ato não prejudicará o contrato na parte válida, devendo ser considerada nula somente a parte que exceder o limite legal, se a intenção das partes (art. 112 do CC) era de fato um contrato com duração certa. Assim, onde está escrito por exemplo "**A duração deste contrato será de cinco anos**", leia-se: a duração deste contrato será de dois anos. Desta forma, o ajuste por tempo determinado é válido, salvo se o trabalho continuou após o segundo ano, quando passará a vigorar sem prazo certo (indeterminado).

De forma diversa, José Augusto Rodrigues Pinto,[26] que entende que esta cláusula de duração do contrato é **nula**, fazendo com que o contrato de trabalho passe a vigorar por tempo indeterminado desde seu início.

Há, ainda, uma terceira vertente, que defende que existe um contrato de trabalho por tempo indeterminado, porém com cláusula de **garantia de emprego** pelo período estipulado pelas partes, por tratar-se de garantia mínima de vigência do contrato (estabilidade). Seria, segundo Alice Monteiro de Barros,[27] um contrato

---

24 SÜSSEKIND, Arnaldo. *Curso de Direito do Trabalho*. Rio de Janeiro: Renovar, 2002, p. 286.

25 SÜSSEKIND, Arnaldo; MARANHÃO, Délio; VIANNA, Segadas; TEIXEIRA, Lima. *Instituições de Direito do Trabalho*. 22. ed. São Paulo: LTr, vol. 1, 2005, v. 1, p. 264. MARANHÃO, Délio. *Direito do Trabalho*. 11. ed. Rio de Janeiro: Fundação Getulio Vargas, 1983, p. 158.

26 PINTO, José Augusto Rodrigues. *Curso de Direito individual do Trabalho*. 5. ed. São Paulo: LTr, 2003, p. 228.

27 BARROS, Alice Monteiro de. *Curso de Direito do Trabalho*. São Paulo: LTr, 2005, p. 477.

de trabalho com duração mínima. Nesta hipótese, o empregado demitido antes do término do período de garantia tem direito a receber integralmente os salários até o fim da benesse, diferentemente do que ocorre com a despedida antecipada praticada nos contratos a termo, que garante ao trabalhador apenas a metade dos salários do período que faltava (art. 479 da CLT). Ademais, no primeiro caso, pode o empregado pedir demissão no curso da garantia de emprego, sem ter a obrigatoriedade de indenizar o patrão na forma do art. 480 da CLT.

6. PRORROGAÇÃO E CONTINUAÇÃO

A **prorrogação, recondução** ou **renovação expressa**[28] do contrato por prazo determinado se distingue da **continuação** do trabalho após o termo final do ajuste. Enquanto aquela corresponde ao prosseguimento do mesmo contrato a termo, com novo prazo de duração (que não precisa ser igual ao primeiro),[29] nas mesmas condições anteriormente ajustadas, desde que respeitado o prazo máximo (art. 445 da CLT) e renovado por apenas uma vez (art. 451 da CLT), esta leva em conta a continuidade do trabalho após o prazo final do contrato a termo, "convolando-o" em contrato por tempo indeterminado por caducidade da cláusula de duração do contrato. A prorrogação tácita equivale à continuação.

> CONTRATO DE EXPERIÊNCIA. CONVERSÃO AUTOMÁTICA PARA CONTRATO POR PRAZO INDETERMINADO. Mantida a relação de trabalho após o termo do contrato de experiência, este é automaticamente convertido em contrato de prazo indeterminado. TRT/SC – RO: 9773/2001 – Rel. Designado: Juiz Marcus Pina Mugnaini. *DJ*/SC 23/05/2002.

Na prorrogação, a continuidade da prestação do labor deve ser acordada de forma expressa,[30-31] ou seja, oral ou escrita.

Grande controvérsia doutrinária se apresenta em fixar até que **momento** as partes podem ajustar a prorrogação do contrato a termo. A corrente majoritária se posiciona no sentido de que o contrato pode ser prorrogado a qualquer momento até o **último dia do vencimento** do primeiro prazo[32-33] contratual.

---

28 Estas nomenclaturas são usadas por Orlando Gomes como sinônimos. GOMES, Orlando; GOTTSCHALK, Élson. *Curso de Direito do Trabalho*. 16. ed. Rio de Janeiro: Forense, 2003, p. 164-165.

29 Alice Monteiro utiliza a nomenclatura "renovação" como sinônimo de "sucessão de contrato por prazo" e não como prorrogação, como por nós defendido. BARROS, Alice Monteiro de. *Curso de Direito do Trabalho*. 2. ed. São Paulo: LTr, 2006, p. 464.

30 Carrion entende que a prorrogação, assim como o ajuste para o contrato a termo, deve ser escrita, não admitindo a forma oral. CARRION, Valentin. *Comentários à Consolidação das Leis do Trabalho*. 29. ed. São Paulo: Saraiva, 2004, p. 93.

31 Délio Maranhão, de forma isolada, aceita, inclusive, a prorrogação tácita. SÜSSEKIND, Arnaldo; MARANHÃO, Délio; VIANNA, Segadas; TEIXEIRA, Lima. *Instituições de Direito do Trabalho*. 22. ed. São Paulo: LTr, vol. 1, 2005, v. 1, p. 265.

32 *Idem*.

33 PINTO, José Augusto Rodrigues. *Curso de Direito individual do Trabalho*. 5. ed. São Paulo: LTr, 2003, p. 231-235.

Apesar de adotarmos esta tese, entendemos que o ideal seria o ajuste da possível prorrogação no momento da admissão do empregado, levando-se em conta o princípio da transparência.

Isto porque o empregado, sabendo, desde a admissão que a prorrogação poderá ocorrer, não se apressa em procurar novo emprego. O que não se admite é que o empregador exija do empregado, desde a admissão, a assinatura do termo de prorrogação em "branco", sem informar-lhe por quanto tempo será a prorrogação e se de fato ocorrerá. A prorrogação é bilateral. Imagine-se que o empregado, sem saber se será ou não prorrogado seu contrato (cláusula de prorrogação assinada em branco na admissão), consiga nova colocação no mercado e, vencido o primeiro prazo, sente-se obrigado a permanecer até seu termo final, para não arcar com a indenização prevista no art. 480 da CLT. Esta medida caracteriza-se em abuso de direito praticado pelo empregador e deve ter as mesmas consequências do ato ilícito.

A prática tem mostrado que as contratações por experiência têm tomado esta forma: "admitido em caráter experimental por 45 dias, prorrogáveis por mais 45 dias", por exemplo. Fazendo assim, a prorrogação já estará ajustada desde a admissão e o prazo de prorrogação comunicado ao empregado. Vencido o primeiro prazo, o segundo se sucede sem notificação das partes, de forma automática.

A prorrogação não precisa ser feita por prazo idêntico ao inicialmente estipulado, nem exaurir o prazo máximo da lei. Dessa forma, é possível ajuste por prazo de seis meses, mais tarde prorrogado por oito meses (as partes não utilizaram os dois anos); ou de um contrato de experiência de 10 dias, prorrogado por mais 80 dias, por exemplo.

Não é possível a prorrogação após o vencimento do primeiro prazo do contrato a termo, mesmo que no dia seguinte. Este ato torna a prorrogação nula, em face da continuidade do contrato que, a partir do vencimento converte-se automaticamente em prazo indeterminado.

Rodrigues Pinto[34] afirma que não cabe prorrogação de contrato de trabalho de termo incerto e por condição (para quem entende que esta última forma é possível). Para o jurista, a prorrogação somente poderá ser ajustada para o contrato de trabalho de termo certo.

Com razão o professor, pois como se prorrogar aquilo que chegou ao termo final? Neste caso, renovação equivaleria a um novo contrato, sucessivo ao anterior, o que encontra óbice no art. 451 da CLT. Ex.: Empregado contratado para obra certa (edifício da Rua Palmeiras) ou safra de laranja. Finda a obra ou a safra, ocorrerá a extinção do contrato a termo incerto. Se contratado pelo mesmo empregador para outra obra (outro endereço) ou para a safra de maçã, não será o caso de prorrogação, mas novo contrato a prazo, sucessivo ao primeiro, que deve respeitar o prazo previsto no art. 452 da CLT.

Existem **duas exceções** à regra geral prevista no art. 451 da CLT, que admitem apenas uma prorrogação: Decreto-Lei nº 691/69 e Lei nº 9.601/98, que autorizam mais de uma prorrogação dentro do prazo máximo do contrato a termo.

34 *Idem.*

7. SUSPENSÃO, INTERRUPÇÃO E ESTABILIDADE

A data final do contrato a termo não se protrai em virtude de estabilidades, não se suspende em decorrência de doenças ou acidentes sofridos[35] pelo empregado, nem se interrompe em virtude de feriados, domingos ou férias. Ao contrário do que atualmente entende o TST, conforme se verifica do inciso III das Súmulas nº 244 e 378 do TST. A posição majoritária na doutrina[36-37] não aceita a dilação do contrato a termo pelas causas ora mencionadas.

Ressalta-se, porém, a opinião isolada de Magano,[38] que entende que a ocorrência de algum fato que motive a suspensão do contrato a termo, faz com que este tenha sua contagem suspensa, ocorrendo uma cessação provisória do contrato (efeito sanfona).

Implementado o termo final, o contrato rompe-se naturalmente, dispensando a declaração das partes ou qualquer notificação neste sentido. Isto porque, na verdade, não há dispensa ou pedido de demissão. Há morte natural do contrato. A **estabilidade**, a **suspensão** ou a **interrupção** do contrato restringem o exercício do poder potestativo do empregador e, por isso, **impedem a despedida imotivada**. Porém, quando o contrato chega ao seu termo final, não há despedida, pois as partes já tinham ciência, desde seu início, do momento ou data da terminação. Há morte natural.

Todavia, não se deve confundir duas situações distintas: a) quando a interrupção, suspensão ou estabilidade começa e termina dentro do prazo de vigência do contrato a termo, hipótese em que não poderá haver despedida arbitrária antes do termo, pois ainda vigente o ajuste; b) quando no momento do término, o contrato por prazo certo estiver suspenso, interrompido ou o empregado ainda for estável, caso em que o contrato se exaure automaticamente em seu termo final.

A estabilidade não protrai o termo final do contrato, pois não houve despedida e sim caducidade. Defendemos que o empregado adquire estabilidade **durante** o ajuste por prazo certo, isto é, tem o empregado o direito de não ser despedido sem justa causa antes do termo final de seu contrato por prazo determinado se for detentor de algum tipo de estabilidade. O empregador não poderá rescindir, sem justo motivo, antecipadamente, o contrato por prazo determinado, na forma do art. 479 da CLT. Se o fizer, pagará a totalidade dos salários pelo período da estabilidade, limitados ao termo final do contrato. Neste sentido, o § 4º do art. 1º da Lei nº 9.601/98, que ressalva a aquisição de algumas estabilidades até o termo final do contrato. Da mesma forma Sergio Pinto Martins.[39] Este era o entendi-

---

35 Godinho sustenta que, em caso de acidente de trabalho ou doença profissional, o empregado, mesmo que admitido por um contrato a termo, se beneficiará da garantia de emprego de um ano prevista no art. 118 da Lei nº 8.213/91. Porém, esta é uma posição minoritária. DELGADO, Mauricio Godinho. *Curso de Direito do Trabalho*. 3. ed. São Paulo: LTr, 2004, p. 570-571.

36 MARTINS, Sergio Pinto. *Direito do Trabalho*. 14. ed. São Paulo: Atlas, 2001, p. 103.

37 MARANHÃO, Délio. *Direito do Trabalho*. 11. ed. Rio de Janeiro: Fundação Getulio Vargas, 1983, p. 158.

38 MAGANO, Octávio Bueno. *Manual de Direito do Trabalho*. 3. ed. São Paulo: LTr, 1992, v. 2, p. 164 e 174.

39 MARTINS, Sergio Pinto. *Direito do Trabalho*. 14. ed. São Paulo: Atlas, 2001, p. 107.

mento majoritário da doutrina e da jurisprudência. Assim também o § 2º do art. 510-C da CLT impede o empregado com contrato determinado ou suspenso de se candidatar ao cargo de representante dos empregados nas empresas com mais de 200 empregados.

Entretanto, em setembro de 2012, o TST alterou radicalmente seu posicionamento para defender a manutenção da estabilidade da gestante (Súmula nº 244, III, do TST) e do acidentado (Súmula nº 378, III, do TST) em qualquer tipo de contrato por prazo determinado. Continuamos com a tese de que a estabilidade é adquirida durante o contrato, mas não após o termo final, como explicado abaixo.

De acordo com a nova redação das Súmulas nos 244 e 378 do TST:

> **Súmula nº 244, III**
>
> III – A empregada gestante tem direito à estabilidade provisória prevista no art. 10, inciso II, alínea "b", do Ato das Disposições Constitucionais Transitórias, mesmo na hipótese de admissão **mediante contrato por tempo determinado** (grifos nossos).
>
> **Súmula nº 378, III**
>
> III – O empregado submetido a **contrato de trabalho por tempo determinado** goza da garantia provisória de emprego, decorrente de acidente de trabalho, prevista no art. 118 da Lei nº 8.213/91 (grifos nossos).

Garantir o emprego durante todo o período da estabilidade, mesmo que perdure mais que a vigência do contrato determinado é o mesmo que acabar com algumas espécies de contratos determinados típicos.

A empregada que está terminando o curso de aprendizagem, aos 24 anos (idade máxima), e/ou cujo prazo de 2 anos está se esgotando, como previsto no art. 428 da CLT e que, no último mês, engravida, terá o contrato de aprendizagem prorrogado? Mesmo que tenha se formado, se ausente da escola ou saia do curso de formação metódica?

A temporária, regida pela Lei nº 6.019/1974, cujo contrato determinado não pode ultrapassar 180 dias (podendo ser prorrogado por mais 90), que engravida ou se acidenta, e, por isso, em virtude da estabilidade, ultrapassa o prazo legal, terá seu vínculo formado com o tomador, mesmo não havendo mais necessidade de seus serviços? Se, por exemplo, foi contratada para substituir as férias de 30 dias da secretária Maria de Lourdes, empregada do tomador (motivo do contrato temporário: substituição de pessoal regular e permanente da empresa cliente) e a temporária engravida, o que fazer? Ela continuará substituindo a secretária do tomador mesmo depois do seu retorno ou ficará à sua disposição, ou à disposição da empresa temporária? De terceirização lícita passará a ilícita?

Outros muitos exemplos poderiam ser citados aqui, mas basta ler as decisões que antecederam e inspiraram as alterações aqui discutidas.

Na verdade, **todos** os precedentes se basearam na impossibilidade de discriminação da gestante ou do acidentado quando o contrato tivesse sido ajustado por **experiência**. Isto se explica porque o fim do contrato tem cunho subjetivo (passar ou não na experiência), o que poderia ensejar discriminação. Ora, melhor teria sido inverter o ônus da prova na hipótese de ocorrência de estabilidade durante o contrato de experiência, de tal forma que ao empregador caberia o encargo de comprovar que não foi discriminatório o fato de a empregada não ter sido aprovada na experiência. Além disso, os respectivos incisos deveriam ter sido expressos no sentido de que a regra só se aplica ao **contrato de experiência** e não aos demais tipos de contratos por prazo determinados.

Aliás, já há decisões[40] excecionando alguns tipos especiais de contratos a termo da estabilidade da gestante.

Outra sugestão é estender a regra para todos os tipos de estabilidades, mas apenas nos contratos de experiência. Ora, por que só dois tipos de estabilidades ultrapassam o contrato a termo? Por que não as demais?

Estas e outras questões tornam frágeis os novos entendimentos do TST. Pela posição atual do TST, o contrato determinado se transformará em indeterminado se o período da estabilidade ultrapassar seu prazo.

Ainda adotamos a tese de que a estabilidade, qualquer que seja o tipo, é adquirida até o fim do contrato por prazo determinado, mas não depois de seu prazo, pois não há despedida e sim caducidade do contrato. O contrato nasce com dia ou momento certo para romper, cláusula ajustada legal ou contratualmente desde a admissão. Não surpreende as partes e não viola direitos.

8. *DIES AD QUEM* DO CONTRATO A TERMO

O contrato por prazo determinado é aquele ajustado para vigorar até que o evento futuro e certo, indicado no contrato, ocorra. Portanto, o pacto já nasce com a previsão de sua caducidade. Não ocorre despedida imotivada, não há pedido de demissão (salvo quando as partes desejarem fazê-lo antes do termo final). Há morte natural, caducidade, implemento do termo.

Assim, se um empregado foi contratado em 01/02/2017 para trabalhar por experiência por 90 dias, o contrato fluirá incessantemente e ininterruptamente até o nonagésimo dia, quando caducará, se não aprovado na experiência. Não importa qual o dia da semana (feriado, domingo, folga etc.) que recairá o nonagésimo dia, ou qual a condição do empregado nesta época, isto é, se doente (contrato suspenso ou interrompido), estável etc.

---

40 A Primeira Turma do Tribunal Superior do Trabalho reformou decisão que concedeu estabilidade provisória a uma ajudante de serviços gerais admitida em contrato temporário (Lei nº 6.019/74) quando estava grávida. A Employer Organização de Recursos Humanos Ltda. chegou a ser condenada a indenizá-la pelo período da estabilidade gestacional, mas, segundo a Turma, o contrato temporário não se assemelha aos contratos por prazo determinado, regulado pelos arts. 479 e 481 da CLT. RR-1163-28c.2014.5.09.0655, 20/03/17, Rel. Walmir Oliveira da Costa.

A caducidade ocorre *ipso iuris*, isto é, independe de notificação ou comunicação de sua caducidade.

Todavia, Sergio Pinto[41] defende que se o último dia do contrato a termo recair na véspera da **folga** (RSR) ou do dia **feriado**, o contrato **não** será prorrogado para o dia seguinte, e o empregado terá direito a receber pelo dia de folga ou pelo feriado, se adquiriu o direito (pontualidade e frequência na semana antecedente à folga ou feriado – art. 6º da Lei nº 605/49). Compara o exemplo acima com aquele em que o empregado trabalha por 12 meses num contrato por prazo determinado e, mesmo extinto o pacto em decorrência do implemento do termo, as férias serão devidas de **forma indenizada**. Todavia, a lei previu a conversão das férias adquiridas e não usufruídas em indenização (arts. 146 e 147 da CLT) e, por força disto, as férias indenizadas na rescisão contratual **não têm natureza salarial**, não integrando o tempo de serviço e, portanto, não ensejando o recolhimento do FGTS – OJ nº 195 da SDJ-1 do TST. A natureza salarial das férias indenizadas foi concedida apenas para fins de preferência e habilitação na massa falida – art. 148 da CLT.

Por outro lado, Magano[42] acredita que os *dies ad quem* do contrato a termo não podem recair na véspera do dia de folga do empregado. Se isto ocorrer, e o empregado tiver direito à remuneração do repouso (assiduidade e frequência), o dia deverá ser pago, por força da Lei nº 605/49 e o contrato será elastecido convolando-se em indeterminado.

Discordamos da opinião dos autores. O contrato por prazo determinado que começar numa quarta-feira não retirará do empregado a remuneração do repouso (domingo) daquela primeira semana de trabalho, mesmo não tendo trabalhado toda a semana. Da mesma forma, se a data prevista para o término for num sábado (véspera do dia da folga semanal – domingo) o empregado não receberá pela remuneração do domingo.

A opinião de Sergio Pinto contraria a regra de que o repouso tem natureza salarial e se caracteriza como interrupção do contrato do trabalho. Assim, se o empregador for obrigado a pagar pelo dia de repouso quando o contrato a termo se extinguir na véspera do dia feriado, domingo ou folga, este pagamento integrará o tempo de serviço em virtude de sua natureza salarial. A consequência lógica será a continuação do contrato após o termo, logo, na convolação do contrato por prazo determinado em prazo indeterminado.

Não é crível se exigir das partes que antevejam quando o termo final (seja termo certo ou incerto) vai ocorrer. Como poderia o empregador impedir que uma obra, uma safra, o retorno do aposentado por invalidez não ocorra nas vésperas de um feriado ou dia de folga? Ademais, se o contrato a prazo se extingue mesmo quando seu *dies ad quem* (dia do vencimento) recai no curso de estabilidade ou durante a suspensão contratual, hipóteses mais radicais que impedem a despedida imotivada, que dirá em casos de interrupção contratual. Podemos, ainda, fazer uma

41 *Ibidem*, p. 103.

42 MAGANO, Octávio Bueno. *Manual de Direito do Trabalho*. 3. ed. São Paulo: LTr, 1992, v. 2, p. 164.

analogia ao aviso prévio, cujo prazo de vencimento é de 30 dias, independentemente de o trigésimo dia recair em dia útil ou feriado.

Portanto, a terminação do contrato em dia antecedente à folga (RSR) ou ao feriado não obriga o empregador a pagar o dia de repouso ou feriado, nem a prorrogar o contrato. Assim também têm se posicionado a doutrina e a jurisprudência predominante.

9. SUCESSÃO DE CONTRATOS A TERMO

A regra geral é que dois contratos a termo não podem se suceder, salvo se entre eles transcorrer prazo superior a **seis meses** sem qualquer trabalho do empregado para aquele empregador, contado da data da terminação do primeiro e do início do segundo contrato (art. 452 da CLT). A **consequência** ao desrespeito a esta regra é sentida apenas nas obrigações decorrentes da extinção do contrato, pois a extinção do segundo contrato não seria considerada ruptura por morte natural[43] e sim em face de **dispensa imotivada**, pois se considera que o segundo contrato já nasceu com prazo indeterminado. Isto **não** quer dizer que haverá **unicidade contratual**, pois não houve trabalho de fato entre os dois contratos, e sim um lapso temporal de afastamento do empregado, salvo se de fato não houve solução de continuidade na prestação de serviços, quando haverá a unicidade contratual.

A posição adotada pelo legislador se explica porque o contrato a termo é nefasto ao trabalhador, já que fere o princípio da continuidade inerente a todos os contratos. Deve, pois, ser interpretado de forma restritiva.

Portanto, caso não seja respeitado o prazo de seis meses, somente será nula a cláusula que indica o prazo certo de vigência do segundo contrato, devendo ser considerado como contrato de trabalho por tempo indeterminado desde sua formação.

Apesar da regra geral acima, o art. 452 do Estatuto Laboral permite **duas exceções** que possibilitam a sucessão de contratos a termo em prazo inferior a seis meses, sem as consequências acima: quando a expiração de um dependeu de certos[44] acontecimentos ou da execução de serviços especializados. Nesses casos, o contrato sucessivo pode ser ajustado ou no dia imediato ao término do anterior, ou em interregno maior. Em ambos os casos não haverá unicidade contratual.

Digamos que uma empregada foi contratada experimentalmente para exercer a função de secretária executiva. Vencido este contrato a termo e não aprovada na experiência, seu empregador, por ter notado seus conhecimentos técnicos na advocacia, a contrata experimentalmente (outro contrato distinto) para exercer a função de advogada. Neste caso, o termo avençado é válido, pois os serviços contratados

43 Na caducidade do contrato são devidos apenas: saldo de salário, levantamento do FGTS, férias e trezenos. Na despedida imotivada após o termo ou nos contratos por prazo indeterminado, o empregado tem direito ao aviso prévio e sua integração no tempo de serviço (1/12), saldo de salário, férias e trezenos, FGTS + 40% e entrega das guias de seguro-desemprego.

44 Novamente o legislador foi impreciso quando utilizou a palavra "certo", pois "acontecimento certo" é diferente de "certo acontecimento". A inversão ocorreu por falha ou propositadamente?

nos dois contratos foram para funções e técnicas distintas, não se considerando indeterminado o segundo.

Da mesma forma, quando um empregado é contratado a termo para construir um muro. Construído o muro, o primeiro contrato chegou ao seu fim. Logo após, outro é efetuado por prazo certo para que ele trabalhe na colheita. Neste exemplo, os acontecimentos são **absolutamente** distintos (construção de um muro e trabalho na colheita da safra) e justificam a contratação pelo prazo certo, em face da transitoriedade dos serviços.

Délio Maranhão[45] não vê óbice num contrato determinado, que não esgotou todo seu prazo, ser sucedido por outro contrato a termo, desde que a soma dos dois não ultrapasse o prazo máximo legal (dois anos). Não concordamos com a tese adotada, pois viola a regra contida no art. 452 da CLT. Também considera legal[46] a sucessão de um contrato determinado depois de um indeterminado e afirma: "um contrato indeterminado pode ser substituído por outro a termo. Tal novação é, em princípio, válida, desde que não prejudicial ao empregado e se justifique pela natureza do serviço ou da atividade do empregador". Mais uma vez, discordamos da posição. A regra é a impossibilidade de um contrato a termo seguir um contrato indeterminado. Excepcionalmente é que será possível, quando comprovada que a contratação ocorreu por motivo distinto e para outra função e técnica diversa.

Cabe registrar a opinião de Rodrigues Pinto[47] que admite a inobservância do prazo mínimo de seis meses (art. 452 da CLT) no caso de sucessão de contratos por **obra certa** ou de **safra**. Sustenta que uma safra é sempre diferente da outra, assim como a obra e que por isso poderiam existir infinitos contratos por prazo certo, com interregno de dias ou imediatos ao termo final do anterior.

Perguntamos, então, se o empregado rural safrista algum dia terá um contrato por prazo indeterminado e, com isso, direito ao aviso prévio e as demais verbas decorrentes da despedida imotivada como à indenização de 40% sobre o FGTS? As férias serão sempre indenizadas e nunca usufruídas? O trabalhador terá vários contratos e ao término de cada um, começará a fluir a prescrição? Estas medidas ferem o princípio da estabilidade jurídica e unicidade contratual.

Por isso, discordamos da opinião do jurista, pois os acontecimentos devem ser absolutamente distintos para caracterizar exceção ao art. 452 da CLT, o que não ocorre nos exemplos por ele citados. Se assim se pensar, um dia é sempre um evento diferente de outro, o que permitiria constantemente a sucessão de contratos a termo sem solução de continuidade dos serviços durante todos os contratos. Apesar de regidos por leis especiais (Lei nº 2.959/56 – obra certa e Lei nº 5.889/73 – safra) a aplicação da CLT é compatível, pois não há dispositivo em contrário nos referidos diplomas especiais.

---

45 SÜSSEKIND, Arnaldo; MARANHÃO, Délio; VIANNA, Segadas; TEIXEIRA, Lima. *Instituições de Direito do Trabalho*. 28. ed. São Paulo: LTr, 1999, v. 1, p. 269.

46 MARANHÃO, Délio. *Direito do Trabalho*. 11. ed. Rio de Janeiro: Fundação Getúlio Vargas, 1983, p. 159.

47 PINTO, José Augusto Rodrigues. *Curso de Direito individual do Trabalho*. 5. ed. São Paulo: LTr, 2003, p. 237.

Acrescenta Rodrigues Pinto[48-49] que o contrato a termo pode suceder a um contrato de experiência, pois as motivações para a tolerabilidade dos contratos a termo são distintas, admitindo a cumulação ou sucessão. Para o autor a experiência é um acontecimento distinto do contrato a termo. Por isso, entende que pode existir um contrato de experiência de 90 dias sucedido por um outro contrato a termo com duração de dois anos. Messias Donato[50] pondera esta opinião, acrescentando que deve ser respeitado o prazo máximo de dois anos, mas permite a sucessão dos referidos contratos, isto é, admite que dentro de único contrato a termo de dois anos se possa fazer um contrato de experiência. Haveria, então, a possibilidade de três prorrogações? Uma dentro do contrato de experiência, uma quando de sua extinção para passar para o contrato por prazo determinado e outra dentro deste?

Discordamos veementemente das teses acima, assim como a jurisprudência majoritária, pois não poderá ocorrer sucessão de contrato de experiência com um contrato a termo se a destinação, função e serviço dos dois contratos forem os mesmos, isto é, para o mesmo tipo de serviço. Se o empregador quer contratar o empregado por dois anos, que fixe no ajuste um primeiro prazo de 90 dias e, se for o caso, o prorrogue por mais 21 meses.

Há quem defenda que nos casos de contrato a termo por aumento extraordinário de demanda ou pela intermitência dos serviços, como por ocasião das férias ou do natal, não é necessário respeitar o interregno de seis meses entre o fim e o início de outro contrato a termo. Desta forma, um empregado é contratado a termo para trabalhar 40 dias para cobrir o aumento da demanda da época de natal. Extinto seu contrato, novamente é contratado (novo contrato) por 10 dias para cumprir o período do carnaval, mais tarde o da semana santa e assim por diante. Neste caso, teremos vários contratos, sucessivos, sem o respeito ao período mencionado no art. 452 da CLT.

Exceções: O art. 1º do Decreto-Lei nº 691/69 é expresso acerca da exclusão do art. 452 da CLT a esta espécie de contrato. Portanto, a este não se aplica a exigência de seis meses. O contrato temporário que ainda não atingiu os 270 dias poderá ser prorrogado inúmeras vezes, é o que aparentemente autoriza o § 5º do art. 10 da Lei nº 6.019/74.

Apesar de a lei não ser expressa, defendemos que o interstício de seis meses exigido pelo art. 452 da CLT também não se aplica aos atletas profissionais (Lei nº 9.615/98), aí incluídos os treinadores profissionais de futebol (Lei nº 8.650/93), pois também regidos pela Lei nº 9.615/98, na parte compatível, uma vez que não é crível que tais trabalhadores tenham que aguardar seis meses inativos para, só depois, ajustarem novo contrato a termo. Dessa forma, incompatível a aplicação

---

48 *Ibidem*, p. 234.

49 Aparentemente Sergio Pinto concorda com a opinião de Rodrigues Pinto. MARTINS, Sergio Pinto. *Direito do Trabalho*. 14. ed. São Paulo: Atlas, 2001, p. 107-109.

50 DONATO, Messias Pereira. *Curso de Direito do Trabalho*. São Paulo: Saraiva. 1979, p. 155.

do art. 452 da CLT. Alice Monteiro,[51] de forma parecida, advoga que os arts. 451 e 452 da CLT não se aplicam ao jogador de futebol.

10. REQUISITOS PARA SUA VALIDADE

O § 2º do art. 443 da CLT assim dispõe:

> **Art. 443.**
> (...)
> § 2º O **contrato** por prazo determinado **só será válido** em se tratando (grifos nossos):
> a) de serviço cuja natureza ou transitoriedade justifique a predeterminação do prazo;
> b) de atividades empresariais de caráter transitório;
> c) de contrato de experiência.

O legislador, mais uma vez, utilizou-se de expressão inadequada.

Quis, na verdade, dizer que "a **cláusula contratual** de duração determinada só será válida em se tratando...", e não que "o **contrato** por prazo determinado só será válido (...)".

A nulidade atingirá apenas a cláusula de vigência predeterminada e não o próprio contrato – art. 184 do CC, pois o termo ou a condição são elementos acidentais do contrato e não essenciais para a sua validade. A se pensar de outra forma, o empregador poderia se valer de sua torpeza e descumprir todo o contrato quando infringisse o § 2º do art. 443 da CLT.

Motivos:

A legislação brasileira firmou como regra a limitação à liberdade de contratar por prazo determinado, permitindo-a apenas nos casos autorizados em lei.

Portanto, é insuficiente a vontade das partes para validade da cláusula de duração determinada (e não do contrato em si, como expressamente menciona a regra legal), pois o § 2º do art. 443 da CLT só a admite quando:

a) serviço cuja natureza ou transitoriedade justifique a predeterminação do prazo. Aqui o que é intermitente ou transitória é a necessidade daquela mão de obra, daquele serviço para a empresa;

Poderá ser contratado a termo quando a atividade do empregado for de necessidade intermitente para o empregador. Normalmente isto ocorre quando há excesso de demanda; para substituição de pessoal ou para atender fase transitória da atividade.

São exemplos: o empregado que é contratado para substituir outro que saiu de férias ou que está em licença; vendedor contratado apenas nas épocas festivas, para atender ao aumento da demanda – natal, páscoa, dia das mães, pais etc. Também pode ocorrer quando, numa determinada fase da obra, houver necessidade de colocação

---

[51] BARROS, Alice Monteiro. *Curso de Direito do Trabalho*. São Paulo: LTr, 2005, p. 471.

do carpete, do ladrilho, de armários etc. Assim, o colocador será contratado por tempo determinado – a termo. Estas fases são de necessidade transitória para a obra.

Não se deve confundir necessidade transitória ou intermitente de mão de obra com necessidade acidental. Aquela induz ao contrato de trabalho, pois presente a habitualidade (necessidade permanente). Nesta, o contrato não será de emprego, pois eventual o serviço.

b) atividade empresarial transitória. Neste caso, o que é transitória ou intermitente é a atividade da empresa, que fica paralisada de tempos em tempos, e não a necessidade da mão de obra;

> **Ex.:** Hotel de veraneio que só funciona no verão, pois nas demais estações do ano a atividade permanece paralisada, não funcionando, nem internamente, nem para o público. Reativada a atividade na próxima temporada, poderá a empresa readmitir os mesmos empregados, respeitando-se o interregno temporal de seis meses entre o fim de um contrato e o início do outro (art. 452 da CLT).

Há lojas que só funcionam na época de natal, de páscoa etc. Para estas atividades empresariais intermitentes é possível a contratação a termo.

c) contrato de experiência – Remetemos o leitor ao item a seguir.

11. TIPOS

11.1. Art. 443, § 2º, da CLT

As hipóteses previstas nas alíneas *a* e *b* do art. 443, § 2º, da CLT foram acima estudadas, para onde remetemos o leitor.

11.1.1. Contrato de Experiência

a) Conceito e finalidade

Contrato de experiência, ou **contrato de prova**, é aquele submetido a um **termo**. Logo, é espécie do gênero contrato de trabalho por prazo determinado.

É um contrato de trabalho, com aplicação de todas as regras da CLT que forem compatíveis. Assim também José Martins Catharino.[52]

Neste período, as partes poderão se testar, provar e experimentar uma à outra. Pode ter também como objetivo a verificação da aptidão do empregado para a função. Mas sua principal finalidade é a de permitir que os contratantes se conheçam, para possibilitar a análise das condições subjetivas (mau-humor, personalidade, rigor, atrasos, afinidade, perfil, dedicação, etc.) e objetivas (tipo de atribuição, responsabilidade, tarefas, preparo técnico etc.) de cada contratante.

52 CATHARINO, José Martins. *Compêndio Universitário de Direito do Trabalho*. São Paulo: Jurídica e Universitária, 1972, v. 1, p. 384.

Alice Monteiro de Barros[53] acrescenta que o contrato de experiência propicia às partes uma **avaliação subjetiva recíproca**, na qual o empregador analisa as aptidões técnicas[54] e o comportamento do empregado, enquanto este verifica as condições de trabalho que lhe serão impostas.

Como já afirmado, a doutrina majoritária (Arnaldo Süssekind,[55] Délio Maranhão,[56] Sergio Pinto Martins[57] e Mauricio Godinho)[58] classifica o contrato de experiência como espécie de contrato a termo, com dia certo para seu fim, pois, apesar da experiência em si ser uma condição resolutiva, este contrato está limitado ao prazo máximo de 90 dias, e este prazo é um termo (*dies certus an et certus quando*). O legislador abraçou o contrato de experiência como **termo certo** e não como condição resolutiva. Se assim não fosse, implementada a condição antes de vencido o prazo legal, o contrato se romperia sem ônus para as partes. Imaginem um contrato de experiência de 90 dias em que o empregador no segundo dia de vigência do pacto informa ao empregado que ele não foi "aprovado" na experiência. Se for uma espécie de **contrato a termo** o empregador deverá pagar a penalidade prevista no art. 479 da CLT ao empregado (além das demais parcelas resilitórias devidas ao caso). Se for uma **condição resolutiva**, inaplicável o art. 479 da CLT à hipótese, pois o contrato se extingue quando implementada a condição.

A jurisprudência e a doutrina majoritária advogam que o contrato de experiência é um contrato por prazo determinado (a termo certo) para fins de prova. A **experiência** é, na verdade, o **motivo do contrato a termo** de, no máximo, noventa dias.

No entanto, existem outras três posições para classificação do contrato de experiência.

Para a primeira (adotada por Washington de Barros) este tipo de contrato é um **contrato preliminar** ou pré-contrato, já que é prévio ao contrato de trabalho. Dessa forma, existiriam dois contratos autônomos (um preliminar e o outro que seria o contrato de trabalho propriamente dito).

Alice Monteiro de Barros,[59] com razão, contesta o posicionamento desta vertente, pois o objetivo do contrato preliminar é a celebração do contrato definitivo e o contrato de experiência é o próprio contrato de trabalho. Trata-se apenas de um contrato especial.

---

53 BARROS, Alice Monteiro de. *Curso de Direito do Trabalho*. São Paulo: LTr, 2005, p. 455.

54 Magano leciona que o contrato de experiência visa proporcionar ao empregador a possibilidade de verificar as aptidões técnicas do empregado e, a este, de avaliar a conveniência das condições de trabalho. MAGANO, Octávio Bueno. *Manual de Direito do Trabalho*. 3. ed. São Paulo: LTr, 1992, v. 2, p. 171.

55 SÜSSEKIND, Arnaldo. *Curso de Direito do Trabalho*. Rio de Janeiro: Renovar. 2002, p. 250.

56 SÜSSEKIND, Arnaldo; MARANHÃO, Délio; VIANNA, Segadas; TEIXEIRA, Lima. *Instituições de Direito do Trabalho*. 22. ed. São Paulo: LTr, 2005, v. 1, p. 264.

57 MARTINS, Sergio Pinto. *Direito do Trabalho*. 14. ed. São Paulo: Atlas, 2001, p. 108.

58 DELGADO, Mauricio Godinho. *Curso de Direito do Trabalho*. 3. ed. São Paulo: LTr, 2004, p. 543.

59 BARROS, Alice Monteiro de. *Curso de Direito do Trabalho*. São Paulo: LTr, 2005, p. 455.

Já para a segunda tese (adotada por Riva Sanseverino)[60] a experiência é **condição suspensiva** do contrato de trabalho. Assim, o contrato de trabalho só teria seu início após o término do mencionado período. Não podemos admitir a teoria, porque a condição suspensiva suspende o próprio contrato e o contrato de experiência já é o contrato de trabalho em si.

A teoria acima nasceu de doutrina estrangeira, na época em que não havia regulamentação específica quanto ao contrato de experiência e, a partir daí, surgiu a errônea prática ou costume de que, durante a experiência, não existia contrato de trabalho e, sim, civil, motivo pelo qual não se fazia necessária a assinatura da CTPS.

O debate tinha pertinência quando ainda não inserida a alínea *c* no § 2º do art. 443 da CLT, já que a matéria não era disciplinada pela CLT, o que apenas ocorreu em 1967. Hoje, a CLT é expressa no sentido de que o contrato de experiência é espécie do gênero contrato por prazo determinado, não comportando as interpretações acima.

Octávio Magano[61] e Paul Durand[62] (terceira corrente) entendem que a experiência é uma **condição resolutiva**, pois a contratação definitiva do trabalhador está condicionada à aprovação deste na experiência.

Magano considera que é um contrato por prazo determinado sob a modalidade de condição resolutiva. Para ele, a experiência é a condição resolutiva, que uma vez implementada, extingue o contrato sem ônus para as partes. Logo, se no segundo dia de trabalho o patrão não gostou do empregado poderá considerar extinto o contrato, por caducidade, independente do prazo pré-ajustado, sendo indevida a indenização prevista no art. 479 da CLT.

Assim se refere:[63]

> Fixa-se para ele prazo máximo de noventa dias, facultando-se às partes a faculdade de, no interregno, acusarem a ocorrência de condição resolutiva, correspondente à realização da prova e aprazimento de qualquer delas. Daí concluir-se que o contrato de experiência constitui modalidade de contrato a prazo, sujeito à condição resolutiva.
>
> (...)
>
> Que o contrato de experiência constitui modalidade de contrato de prazo determinado, submetido à condição resolutiva simplesmente potestativa.

Martins Catharino[64] concorda com a opinião de Magano, todavia difere quanto ao tipo de condição resolutiva que o contrato de experiência está submetido, pois acha que a condição é **potestativa mista**.

---

60 SANSEVERINO, Luisa Riva. *Diritto del Lavoro*. Padova: Cedam, 1967, p. 188.

61 MAGANO, Octavio Bueno. *Contrato de Prazo Determinado*. São Paulo: Saraiva. 1984, p. 51.

62 *Apud* CARRION, Valentin. *Comentários à Consolidação das Leis do Trabalho*. 29. ed. São Paulo: Saraiva, 2004, p. 281.

63 MAGANO, Octávio Bueno. *Manual de Direito do Trabalho*. 3. ed. São Paulo: LTr, 1992, v. 2, p. 173.

64 CATHARINO, José Martins. *Compêndio Universitário de Direito do Trabalho*. São Paulo: Jurídica e Universitária, 1972, v. 1, p. 384.

Conclusão: O estudo das correntes acima tem hoje apenas importância histórica, pois desnecessárias para explicar o contrato de experiência, já que a lei pacificou a matéria.

b) Duração

A duração máxima do contrato de experiência, conforme o art. 445, parágrafo único, da CLT, é de **90 dias** (e não de três meses) e também só pode ter **uma prorrogação** dentro deste prazo (art. 451 da CLT). Nesse sentido a Súmula nº 188 do TST. Por ser espécie do gênero **contrato a termo**, o contrato de experiência se submete a todas as regras gerais dos contratos a termo, inclusive à penalidade prevista nos arts. 479 e 480 da CLT.

Não existindo cláusula expressa que fixe o número de dias da experiência ou comprovação do ajuste do prazo certo, entender-se-á que as partes tacitamente concordaram com o prazo máximo legal (90 dias). Extinto antes do termo final, devem ser aplicados os arts. 479 ou 480 da CLT.

c) Forma

O contrato de experiência deve ser **expresso**, de preferência formal e anotado na CTPS do empregado, mas a forma escrita não é essencial para a validade da cláusula. Vencido o prazo experimental, o contrato passa a vigorar indeterminadamente, não havendo necessidade de qualquer aditamento, anotação ou novo ajuste, pois o contrato permanece, sem contudo, a cláusula de experiência.

d) Sucessão de Contratos de Experiência

O empregado não pode ser recontratado por experiência para exercer a mesma função no mesmo empregador ou tomador, ainda que se respeite a regra contida no art. 452 da CLT. Não há impedimento deste empregador em contratar o trabalhador novamente, mas terá que celebrar direto o contrato de trabalho, sem passar pela fase da experiência.

Entrementes, pode-se admitir a sucessão de contratos de experiência para funções absolutamente distintas, que exijam técnicas diversas, mesmo que em prazo inferior a seis meses entre eles.

Excepcionalmente, admite-se a sucessão de contratos de experiência no retorno de um empregado que saiu há muito tempo da empresa. Depois de muitos anos de seu afastamento, porque estava trabalhando em outras empresas, por exemplo, foi convidado a retornar, mas as condições de trabalho são distintas (horário, exigências, regras internas, produção, assiduidade, requisitos não exigidos antes etc.), apesar de ser a mesma função anteriormente exercida. Neste caso, havendo prova robusta de que era necessária a experiência para se saber se o empregado iria se adaptar ou não às novas regras, será válida a cláusula.

Um empregado temporário ou terceirizado que é colocado no tomador, não poderá ser contratado, após o término de seu ajuste com o intermediador, por experiência pelo tomador (agora seu empregador formal) para realizar, a mesma função anteriormente exercida como "contratado". Isto se explica porque o trabalhador já foi testado para a função.

O § 4º do art. 10 da Lei nº 6.019 (com a redação dada pela Lei nº 13.429/17) proibiu o tomador contratar o empregado por experiência se antes ele lhe prestou serviços pela Lei nº 6.019/74. A proibição deve ser aplicada com restrições, pois presume-se que seja para a mesma função antes exercida através da prestadora de serviço.

e) Contrato de Experiência e Período de Experiência

O contrato de experiência não deve ser confundido com o período de experiência mencionado no art. 478, § 1º, da CLT, que dispõe, *in verbis*: "o primeiro ano de duração do contrato por prazo indeterminado é considerado como período de experiência e, antes que se complete, nenhuma indenização será devida".

O art. 478, § 1º, da CLT, trata do primeiro ano de duração do contrato de trabalho por tempo indeterminado dos antigos empregados não optantes pelo sistema do FGTS, pois poderiam adquirir futuramente a estabilidade decenal, enquanto o contrato de experiência é um contrato a termo, estipulado pelas partes, para que possam avaliar as condições de trabalho.

No art. 478, § 1º, da CLT, a experiência era (pois não mais existe por não recepcionada pela Carta de 88) estipulada pela lei e não pela vontade das partes como ocorre com o contrato de experiência. Tal dispositivo legal, hoje em dia, tendo em vista a obrigatoriedade do regime do FGTS trazida pela Constituição Federal de 1988, não tem mais aplicação prática. Todavia, o efeito era idêntico ao do contrato de experiência: nenhuma indenização pela despedida imotivada seria devida antes de 12 meses de vigência. Da mesma forma ocorre quando do implemento do contrato a termo, quando nenhuma indenização por tempo de serviço é devida.

f) Domésticos e Contrato de Experiência

É possível contratar o empregado doméstico por experiência?

A resposta depende da época da contratação, se antes ou depois da LC 150/2015, pois não há previsão do contrato determinado ao doméstico na revogada Lei 5.859/1972. Hoje, o art. 4º da LC 150/2015 autoriza duas espécies de contratos determinados: o contrato de experiência e aquele que visa atender necessidades familiares de natureza transitória e para substituição temporária de empregado doméstico com contrato de trabalho interrompido ou suspenso.

Portanto, todo debate tem cabimento apenas para o período anterior à LC 150/2015.

Explica-se:

Defendemos que, antes da LC 150/2015, era aplicável ao doméstico o contrato de experiência mesmo no silêncio da lei especial (revogada Lei 5.859/1972), que vigorava à época.

Isto porque as normas constitucionais têm eficácia e por estarem no ápice da hierarquia formal das demais normas, irradiam seus comandos e ampliam seu alcance às normas infraconstitucionais. Alguns destes comandos constitucionais têm todas as características para produzir seus efeitos, tendo, por isso, **eficácia plena** e **imediata**.

Desta forma, o art. 5º, § 1º, da CRFB determina que "as normas definidoras dos direitos e garantias fundamentais têm aplicação imediata".

O art. 7º, parágrafo único, da CRFB, que enumera o direito dos domésticos, garante, dentre outros, o aviso prévio ao doméstico, direito antes não concedido a esta categoria.

Todavia, o conceito de aviso prévio; as hipóteses de cabimento; a faculdade de convertê-lo ou não em indenização e de quanto; sua integração ou não ao tempo de serviço do empregado; a época do pagamento, quando trabalhado ou indenizado; são regras que só estavam disciplinadas nos arts. 487 e seguintes da CLT, das quais, em princípio, o doméstico não teria direito por força do disposto no art. 7º, *a*, da CLT. Todavia, para cumprir a ordem emanada do art. 5º, § 1º da Carta e lhe dar plena eficácia, mister a utilização temporária das regras contidas na CLT, quando compatíveis e referentes ao instituto geral criado, e estendido como direito ao doméstico, no parágrafo único do art. 7º da Carta. Assim, a CLT será utilizada apenas nos artigos que possam representar uma exequibilidade do direito criado constitucionalmente para o doméstico, desde que compatível e até a regulamentação prevista na nova LC 150/2015.

Esta técnica de interpretação deve ser cuidadosa e encontrar limites na interpretação conforme a Constituição, sob pena de, numa interpretação muito extensiva se aplicar toda a CLT ao doméstico, o que não é admissível.

Assim, quando a Constituição garantiu ao doméstico o direito ao aviso prévio, quis dizer que este só é devido nas **despedidas imotivadas** ocorridas em **contratos indeterminados**. Esse conceito que acabamos de tecer está na CLT, assim como os conceitos de "despedida imotivada" e de "contrato indeterminado". Para saber o que é um contrato por prazo indeterminado, é necessário também saber o que é um contrato por prazo determinado. Portanto, este deveria ser o raciocínio utilizado antes da LC 150/2015.

Conclusão: ao dar ao doméstico o direito ao aviso prévio com o comando de que esse direito deveria ter eficácia plena e imediata, o constituinte autorizou também a aplicação do capítulo referente ao aviso prévio, ao capítulo da despedida por justa causa e às regras referentes ao contrato por prazo determinado contidos na CLT, até que a legislação especial regule de forma diversa, como ocorreu pela LC 150/15.

É bom ressaltar que as alíneas *a* e *b* do § 2º do art. 443 da CLT eram incompatíveis aos domésticos, já que seus empregadores não exploram atividade econômica, não podendo ser considerados empresas. Assim, apenas a alínea *c* (contrato de experiência) poderia ser aplicada.

Carrion[65] parecia compartilhar de posição similar:

> Os direitos que a Constituição concedeu genericamente aos domésticos devem ser aplicados com a regulamentação das leis que já os contemplam.
>
> É verdade que as leis ordinárias que necessitam de regulamentação somente entram em vigor na data em que esta ocorrer. Mas com as normas constitucionais não se pode dar o mesmo, a não ser que haja condicionamento expresso diferido ou exista absoluta impossibilidade material de atuação efetiva. É que o vazio regulamentador da lei não é tão tolerável como o da Constituição, pela maior imperatividade desta última sobre a primeira. No entendimento da eficácia das Constituições houve uma grande evolução, chegando a afirmar-se que já não há mais normas programáticas (José J. Canotilho), pelo que o intérprete e aplicador da lei tem de afastar as dificuldades para concretizar os dispositivos da Lei Maior.
>
> (...) tudo isso tem que levar o intérprete a uma interpretação criativa.
>
> Assim, enquanto não houver lei que complete certos dispositivos simplesmente enunciados pela Constituição, tem-se de aplicar o instituto deferido para outros sujeitos ou situações, tal como ele já está em vigor.

Alice Monteiro[66] também admitia o contrato de experiência para o doméstico antes da LC 150/15. Fundamentava seu entendimento no fato de que "a lei não distingue que funções poderão ser objeto do contrato de experiência". Discordamos apenas de seu fundamento, pois a lei a que se refere é a CLT e esta exclui o doméstico expressamente de sua aplicação – art. 7º, *a*, da CLT, salvo se tal dispositivo for interpretado conforme a Constituição.

Para aqueles que se recusarem a interpretar da forma acima, poder-se-ia argumentar, só por amor ao debate, que o contrato de experiência tem como fundamento a vontade das partes – *pacta sunt servanda*, vinculando-as, na forma da legislação civil que permite o contrato por prazo determinado.

A tese não era pacífica na doutrina e na jurisprudência, mas hoje foi superada pela previsão expressa do contrato determinado no art. 4º da LC 150/2015.

Concluindo: o doméstico, mesmo antes da nova LC 150/2015, poderia ser contratado por experiência, conforme as regras contidas na CLT, em face da interpretação conexa do art. 7º, parágrafo único, da CRFB, e do art. 7º, a, da CLT segundo a técnica de interpretação conforme a Constituição.

Atualmente, o art. 4º da LC 150/2015 é explícito quanto ao cabimento de duas hipóteses de contrato determinado: contrato de experiência e para atender necessidades familiares de natureza transitória e para substituição temporária de empregado doméstico com contrato de trabalho interrompido ou suspenso.

---

65 CARRION, Valentin. Comentários à Consolidação das Leis do Trabalho. 26. ed. São Paulo: Saraiva, 2001, p. 43/44.

66 BARROS, Alice Monteiro de. *Curso de Direito do Trabalho*. São Paulo: LTr, 2005, p. 464.

11.2. Lei de Estímulo aos Novos Empregos – Lei nº 9.601/98

Uma nova espécie de contrato de trabalho por prazo determinado foi instituída pela Lei nº 9.601/98, tendo sido regulamentada pelo Decreto nº 2.490/98 e Portaria nº 207, de 31 de março de 1998, do Ministério da Economia, antigo Ministério do Trabalho.

Essa lei foi criada com o intuito de tentar minimizar o desemprego no país, através da abertura de novos postos de trabalho (estímulo a novos empregos), porém, não atingiu as suas finalidades, tornando-se inócua.

A *mens legis* foi a de criar novas oportunidades de trabalho, contribuindo para a redução do desemprego. Logo, se este foi seu objetivo, resta claro, que não é correta a contratação de empregados sob o regime dessa lei para substituir, numa empresa, pessoal que tenha sido contratado a título permanente.

Ressalta-se que a este contrato aplicam-se todas as regras e princípios gerais dos contratos a termo, salvo naqueles casos que a própria lei exclui expressamente, como a indenização pela rescisão antecipada do contrato prevista nos arts. 479 e 480 da CLT, quando o valor será o previsto na norma coletiva. Inaplicável, também, a regra prevista no art. 451 da CLT, podendo **haver mais de uma prorrogação** sem que isto importe em indeterminação do prazo.

Todavia, para a contratação de empregados nos termos da Lei nº 9.601/98, é necessário o preenchimento de alguns requisitos. O primeiro deles relaciona-se ao espírito da própria lei, e, por isso, diz respeito à proibição de contratar novos empregados para substituir pessoal antigo, efetivo ou permanente da empresa. Se tal fato ocorrer, não haverá **acréscimo de mão de obra**, e sim mera substituição, ferindo de morte a intenção do legislador.

Essa questão foi explicitada pelo art. 1º do Decreto nº 2.490/98, que dispõe, *in verbis*:

> **Art. 1º** As convenções e os acordos coletivos de trabalho poderão instituir contrato de trabalho por prazo determinado, de que trata o art. 443 da Consolidação das Leis do Trabalho – CLT, independentemente das condições estabelecidas em seu § 2º, em qualquer atividade desenvolvida pela empresa ou estabelecimento, para admissões que representem acréscimo no número de empregados.
>
> **Parágrafo Único.** É vedada a contratação de empregados por prazo determinado, na forma do *caput*, para substituição de pessoal regular e permanente contratado por prazo indeterminado.

Segundo requisito: para que uma empresa possa contratar empregados através dessa lei, há a necessidade de que isso seja estabelecido por **acordo ou convenção coletiva de trabalho**.

Havendo autorização para contratação a termo sob o regime da Lei nº 9.601/98, na convenção ou acordo coletivo de trabalho, o empregador tem que fazer o depósito de uma via do contrato de trabalho a termo no Ministério da Economia, antigo Ministério do Trabalho indicando o rol de todos os empregados que são regidos por essa lei – art. 4º da Portaria nº 207 do Ministério do Trabalho.

Os empregados e os sindicatos, de acordo com o art. 9º do Decreto nº 2.490/98, podem denunciar ao Ministério do Trabalho (hoje Ministério da Economia) as situações de descumprimento à Lei nº 9.601/98.

A inobservância dos requisitos da Lei nº 9.601/98 torna nula a cláusula que submetia aquele contrato à regência desta lei, passando a ser regulado pelas regras gerais da CLT (art. 10 do Decreto nº 2.490/98).

A Lei nº 9.601/98 possui algumas peculiaridades: são garantidas as estabilidades da gestante, do dirigente sindical, dos cipeiros e do acidentado (art. 1º, § 4º) durante o curso do contrato de trabalho; somente podem ser estipulados por normas coletivas e para contratações que representem acréscimo do número de empregados; o número de trabalhadores contratados sob o regime da lei deve respeitar o limite imposto e, em alguns casos, não pode ultrapassar 50% da média mensal daqueles empregados contratados por tempo indeterminado nos últimos seis meses anteriores à publicação da lei.

A Lei nº 9.601/98 permite sucessivas prorrogações, desde que respeitado o prazo máximo de dois anos previsto no *caput* do art. 445 da CLT, o que importa numa exceção à regra geral dos contratos a termo. Isso não o transformará em um contrato por prazo indeterminado. Tal fato está previsto no art. 3º do Decreto nº 2.490/98. O contrato a termo da lei, segundo o parágrafo único do art. 3º do Decreto nº 2.490/98, pode ser sucedido por um contrato por tempo indeterminado.

Outras peculiaridades trabalhistas: **2% de FGTS ao mês** (art. 2º, inciso II, da Lei nº 9.601/98); contribuições do Sesi no percentual de 50% (art. 2º, inciso I, da Lei nº 9.601/98). Tais reduções só podem ser aplicadas até 60 meses após a vigência da lei (originariamente 18 meses, que foram prorrogados pela MP 1.952-20/2000).

Defendemos a constitucionalidade da Lei nº 9.601/98, pois só a lei pode criar situações díspares que ensejem direitos diferentes em casos especiais, como o fez, por exemplo, no caso do trabalho temporário (Lei nº 6.019/74) que afastou o vínculo de emprego com o tomador e demais direitos decorrentes da contratação direta, para permitir a terceirização de mão de obra, forma maléfica de contratação para o trabalhador.

Outro exemplo é a Lei nº 10.097/2000 que também garantiu ao aprendiz apenas 2% a título de FGTS e jornada de seis horas.

No caso da lei em exame, não houve discriminação, já que a não concessão do pré-aviso é ínsito de todos os contratos a termo, enquanto percentual do FGTS reduzido se explica ante a intenção social da Lei nº 9.601/98 de diminuir os níveis de desemprego. A Carta não estabelece o percentual, mas tão somente menciona o direito ao fundo. Da mesma forma Valentin Carrion,[67] para quem o princípio da isonomia desaparece diante de situações desiguais, portanto, justifica-se um tratamento jurídico diferenciado. Em sentido contrário Arnaldo Süssekind.[68]

67 CARRION, Valentin. *Comentários à Consolidação das Leis do Trabalho*. 29. ed. São Paulo: Saraiva, 2004, p. 277-278.

68 SÜSSEKIND, Arnaldo. *Curso de Direito do Trabalho*. Rio de Janeiro: Renovar. 2002, p. 243-246.

11.3. Obra Certa - Lei nº 2.959/56

O contrato por obra certa regido pela Lei nº 2.959/56 é espécie de contrato por prazo determinado sob a modalidade **termo incerto**.

Destina-se ao construtor que exerça a atividade de forma permanente para obras materiais de construção civil, não podendo ser aplicado a obras de natureza imaterial, como uma cirurgia, um serviço, um negócio etc.

É obrigação do próprio construtor a assinatura da CTPS, não podendo transferir a responsabilidade desta obrigação para o empreiteiro ou subempreiteiro, na forma do art. 455 da CLT.

Há quem argumente que a lei está revogada tacitamente desde 1967 (Decreto-Lei nº 229/67), em virtude da alteração do art. 443 da CLT, que teve incluído todo o § 2º ao artigo, permitindo a contratação por prazo determinado, quando a atividade do empregado fosse de natureza transitória para o empregador (alínea *a*).

Discordamos. Já era possível contratar pela CLT, com base no motivo "serviços especializados" ou "realização de certo acontecimento (...)" – art. 443, § 1º da CLT (na época parágrafo único). Ademais, a lei geral não revoga a especial, salvo quando expressamente dispuser neste sentido, o que não ocorreu (art. 2º, § 2º, da LINDB).

Quando foi publicada, as construções demoravam muitos anos e, naquela época a CLT autorizava o contrato a termo pelo prazo máximo de quatro anos, permitida uma prorrogação. Ainda se discutia se a prorrogação se dava dentro do prazo de quatro anos ou se poderia ser após, chegando a oito anos.

Todavia, hoje o prazo deve obedecer àquele previsto no art. 445 da CLT, isto é, o prazo máximo de **dois anos**, pois é silente a respeito.

Toda obra é composta de diversas etapas transitórias e de serviços especializados intermitentes tais como: calculista estrutural, armador, pedreiro, carpinteiro, eletricista, bombeiro hidráulico, ladrilheiro, paisagista, colocadores de carpete, sinteco, aquecedores, pintor etc. Alguns são necessários na fase de planejamento e construção da obra, enquanto outros para a fase final e para o acabamento. Por isto foi permitida a contratação por tempo determinado, já que de necessidade intermitente ou transitória em relação à obra como um todo.

Apesar de vigente, não há mais interesse dos empregadores em contratar um operário ou um trabalhador especializado segundo a Lei nº 2.959/56, pois mais oneroso para o empregador que o contrato a termo comum – serviços transitórios – art. 443, § 2º, *a*, da CLT.

Explica-se:

Na extinção normal de qualquer contrato a termo nenhuma indenização é devida. Isto significa, na prática, que não tem o empregado direito a receber os 40% sobre o FGTS. Todavia, se contratado na forma da Lei nº 2.959/56 e possuir mais de 12 meses de serviço e seu contrato se extinguir pelo término da obra ou da fase do serviço (mesmo que a obra persista), é devida a indenização de 40% sobre o FGTS, com redução de 30%, isto é, de 28% (40% – 30% = 28%) sobre o FGTS, como previsto no art. 2º da Lei nº 2.959/56.

Poder-se-ia argumentar que tal indenização não teria sido recepcionada pela Carta,[69] pois trata da antiga indenização prevista no art. 478 da CLT para os não optantes, hoje não mais existente para empregados admitidos a partir da Carta.

Entretanto, admita a equivalência entre os regimes do FGTS e o de proteção ao tempo de serviço previsto na CLT (art. 478 da CLT). Assim, no art. 2º da lei em estudo, onde está escrito "na forma do art. 478 da CLT", leia-se: "na forma do art. 18, § 1º, da Lei nº 8.036/90". Rechaçamos a corrente[70] de que a lei do Fundo teria revogado o art. 2º da Lei nº 2.959/56, pois a lei geral não revoga a especial.

Remetemos o leitor ao item 13 abaixo sobre Extinção do Contrato por Prazo Determinado, quando apresentaremos outras correntes.

Sucessão de Contratos

Conforme a obra vai avançando as fases e etapas vão se extinguindo e com isso os respectivos contratos de trabalho. Entendemos que não é possível[71] a sucessão de contratos a termo, salvo quando respeitado o prazo legal de seis meses exigido pelo art. 452 da CLT, sob o argumento de que uma obra é diferente de outra e, por isso, seriam "acontecimentos" distintos.

A se pensar desta forma, um construtor que tivesse cinco obras em andamento poderia contratar o pintor para uma obra pelo período de um ano. Extinto o contrato, um novo contrato sucessivo poderia ser realizado para o mesmo serviço em obra diversa e assim por diante. Este empregado, ao final, teria 10 anos de trabalho para o mesmo empregador, com dez contratos a termo distintos? Isto contraria os princípios da unicidade, da continuidade e da proteção ao trabalhador.

11.4. Safra – Art. 14 da Lei nº 5.889/73

O contrato de safra é espécie de contrato por prazo determinado sob a modalidade **termo incerto**, pois não se sabe quando a safra terá seu fim. Está previsto no art. 14 da Lei nº 5.889/73 para os trabalhadores rurais. Como a lei não menciona seu prazo de vigência, aplica-se a regra geral da CLT (**2 anos**).

Considera-se safrista o empregado rural contratado para trabalhar durante a safra. A duração de seu contrato (a termo) dependerá das variações estacionais da atividade agrária – art. 14, parágrafo único, da Lei. Entende-se como safra o período compreendido entre o preparo do solo para o cultivo e a colheita, art. 19, parágrafo único, do Decreto nº 73.626/74.

69 Aparentemente esta é a opinião de MARTINS, Sergio Pinto. *Direito do Trabalho*. 13. ed. São Paulo: Atlas, 2001, p. 113.

70 Alice Monteiro entende estar revogada a referida indenização em virtude da lei do FGTS. BARROS, Alice Monteiro de. *Curso de Direito do Trabalho*. São Paulo: LTr, 2005, p. 472.

71 Magano e Sergio Pinto em sentido contrário. Admitem a sucessão de contratos a termo, sem a necessidade de se aguardar o período de seis meses. MARTINS, Sergio Pinto. *Direito do Trabalho*. 13. ed. São Paulo: Atlas, 2001, p. 112; MAGANO, Octávio Bueno. *Manual de Direito do Trabalho*. 3. ed. São Paulo: LTr, 1992, v. 2, p. 186.

A vigência do contrato vinculada às épocas de plantio ou de colheita não desnatura o labor não eventual do rural, uma vez que seu trabalho é essencial em relação à atividade de seu empregador.

A legislação em estudo garantia ao safrista, além das parcelas decorrentes da extinção de um contrato a termo comum, uma indenização equivalente a 1/12 do salário mensal, por mês ou fração igual ou superior a 15 dias. Todavia, este dispositivo não foi recepcionado pela Carta/88, que generalizou compulsoriamente o sistema do FGTS. Logo, no lugar da indenização o safrista terá direito ao levantamento do FGTS.

11.5. Artista – Lei nº 6.533/78

O art. 10 da Lei nº 6.533/78 autoriza que o artista ou o técnico em espetáculo seja contratado por prazo certo, desde que por escrito, sob a forma determinada na lei, isto é, o contrato deverá conter o nome das partes, qualificação, prazo de vigência, natureza da função, título do programa, espetáculo ou produção, nome do personagem, local de trabalho, jornada, remuneração e forma de pagamento, dia de folga, ajuste sobre viagem e deslocamento, além do número da carteira de trabalho.

Portanto, a adoção pelas partes de um contrato por prazo determinado constitui mera faculdade e não imposição legal. Este contrato pode ser por termo certo (com data conhecida pelas partes para terminar) ou por termo incerto (temporada, espetáculo etc.). O prazo máximo é de **dois anos**.

O exercício da profissão de artista e técnico em espetáculos de diversões requer prévio registro na Delegacia Regional do Trabalho (art. 7º), e para que este seja efetuado é necessário o diploma do curso superior e atestado de capacitação profissional emitido pelo Sindicato. A lei exige que o contrato de trabalho destes profissionais seja padronizado, nos termos das instruções expedidas pelo Ministério da Economia, antigo Ministério do Trabalho, e tenha visto ou chancela do Sindicato representativo da categoria, que tem o prazo de dois dias úteis para tal. Após esse prazo, visado ou não, o contrato poderá ser registrado no Ministério do Trabalho (hoje Ministério da Economia) – art. 9º, §§ 2º e 3º, da Lei nº 6.533/78.

11.6. Técnico Estrangeiro – Decreto-Lei nº 691/69

O Decreto-Lei nº 691/69 determina que técnicos estrangeiros domiciliados ou residentes no exterior, mas contratados para execução, de serviços especializados, de forma provisória no Brasil, seja sempre feito por contrato por prazo determinado.

A provisoriedade mencionada pela norma deve ser analisada sob o critério temporal, isto é, de permanência do trabalhador estrangeiro no Brasil[72] e não em relação à atividade do empregador brasileiro.

---

72 Da mesma forma entende Magano e de forma diversa Francisco Ferreira e Jouberto Pessoa. Estes últimos defendem que a provisoriedade a que se refere a norma é quanto à atividade desempenhada pelo estrangeiro, isto é atividade alheia às habituais da empresa, e não quanto ao tempo de sua

Magano[73] informa que a necessidade de contratação destes trabalhadores em regime especial se justifica pela carência de alguns serviços especiais no Brasil, principalmente na área de petróleo.

O Decreto-Lei permite **diversas prorrogações** por termo certo, sem a limitação contida no art. 452 da CLT. Exclui também a aplicação dos arts. 451 e 453 da CLT – art. 1º do Decreto-Lei nº 691/69.

Apesar de determinar a exclusão da lei do FGTS vigente à época (Lei nº 5.107/66), hoje a aplicação da Lei nº 8.036/90 é indiscutível ao técnico estrangeiro, em face da universalização e compulsoriedade do regime a todos os tipos de empregados. Já foi a época em que se defendia que a natureza jurídica da indenização prevista no art. 479 da CLT era de indenização por tempo de serviço e, por isso, incompatível com o regime do FGTS. Hoje, majoritariamente adota-se a corrente de que a natureza jurídica da indenização prevista no art. 479 da CLT é de cláusula **penal legal tarifada**, ou pena por descumprimento do contrato. Logo, o regime do Fundo é perfeitamente compatível[74] com o pagamento da indenização prevista no art. 479 da CLT. Esta interpretação se extrai também do disposto no art. 14 do Decreto nº 99.648/90. O tema será novamente estudado no item 13 deste Capítulo.

A entrada e o trabalho do estrangeiro no Brasil devem respeitar a Lei nº 13.445/17 e Portaria 3/96 do MT, bem como o art. 359 da CLT, sendo exigido o visto temporário de trabalho (art. 14, I, *e*, da Lei nº 13.445/17).

A permanência do estrangeiro no Brasil para trabalho técnico é provisória e, enquanto aqui estiver válido, será o ajuste de pagamento em moeda estrangeira ou em moeda nacional. Se estipulado o pagamento em moeda nacional a taxa de conversão será a do dia do vencimento da obrigação (normalmente dia 30 de cada mês).

O Decreto-Lei nº 691/69 ainda lhe garante alguns direitos trabalhistas brasileiros, tais como os previstos nos arts. 479 e 480 da CLT, bem como salário mínimo, repouso semanal remunerado, jornada, normas de medicina e segurança do trabalho, seguro contra acidente de trabalho e previdência, desde que o técnico estrangeiro perceba remuneração exclusivamente em moeda nacional e proíbe sua participação nos lucros da empresa.

Como a norma especial não menciona o prazo máximo deste contrato por prazo determinado, aplica-se a regra geral da CLT, isto é, duração máxima de **dois anos**, aí já incluídas as sucessivas prorrogações permitidas pela lei – art. 445 da CLT c/c art. 14 da Lei nº 6.915/81.

---

permanência no Brasil. MAGANO, Octávio Bueno. *Manual de Direito do Trabalho*. 3. ed. São Paulo: LTr, 1992, v. 2, p. 180. JORGE NETO, Francisco Ferreira; CAVALCANTE, Jouberto de Quadros Pessoa. *Manual de Direito do Trabalho*. Rio de Janeiro: Lumen Juris, 2003, p. 988.

73 MAGANO, Octávio Bueno. *Manual de Direito do Trabalho*. 3. ed. São Paulo: LTr, 1992, v. 2, p. 180.

74 A Súmula nº 125 do TST não foi recepcionada pela Constituição de 1988. Tratava da aplicação do art. 479 da CLT aos optantes pelo FGTS em contratos determinados, possibilitando a compensação do FGTS devido com a indenização do art. 479 da CLT. Ressalte-se a opinião em contrário de Sergio Pinto, que defende a recepção da Súmula e sua aplicação prática. MARTINS, Sergio Pinto. *Comentários às Súmulas do TST*. São Paulo: Atlas, 2005, p. 71.

Sobre os demais direitos do estrangeiro veja Capítulo "Trabalhadores e Empregados Especiais."

11.7. Atleta Profissional – Lei nº 9.615/98

O desporto pode ser reconhecido em qualquer destas modalidades (art. 3º da Lei nº 9.615/98): desporto educacional, praticado nos sistemas de ensino; desporto de participação, de modo voluntário; desporto de rendimento, praticado segundo normas gerais da Lei nº 9.615/98, com a finalidade de obter resultados.

O desporto de rendimento pode ser organizado e praticado: a) de modo profissional, caracterizado pela remuneração pactuada em contrato formal; b) de modo não profissional, identificado pela liberdade de prática e inexistência de contrato de trabalho, sendo possível o recebimento de incentivos materiais.

Neste sentido o § 4º do art. 29:

> § 4º O atleta não profissional em formação, maior de quatorze e menor de vinte anos de idade, poderá receber auxílio financeiro da entidade de prática desportiva formadora, sob a forma de bolsa de aprendizagem livremente pactuada mediante contrato formal, sem que seja gerado vínculo empregatício entre as partes. (Incluído pela Lei nº 10.672, de 2003).

Logo, apenas o atleta de desporto profissional tem contrato de trabalho formal e por prazo determinado. O vínculo de desporto do atleta com a entidade desportiva contratante tem natureza acessória ao respectivo vínculo de emprego, dissolvendo-se com este na forma da lei. Ao atleta profissional é aplicada a lei especial em comento e, quando compatíveis, as regras da CLT – art. 28, §§ 1º e 2º e da Lei nº 9.615/98.

A nova redação da Lei nº 9.615/1998, art. 28-A, exclui a possibilidade do vínculo de emprego do atleta maior de 16 anos que firmar contrato civil com a entidade desportiva:

> **Art. 28-A.** Caracteriza-se como autônomo o atleta maior de 16 (dezesseis) anos que não mantém relação empregatícia com entidade de prática desportiva, auferindo rendimentos por conta e por meio de contrato de natureza civil. (Incluído pela Lei nº 12.395, de 2011).
>
> § 1º O vínculo desportivo do atleta autônomo com a entidade de prática desportiva resulta de inscrição para participar de competição e não implica reconhecimento de relação empregatícia. (Incluído pela Lei nº 12.395, de 2011).
>
> § 2º A filiação ou a vinculação de atleta autônomo a entidade de administração ou a sua integração a delegações brasileiras partícipes de competições internacionais não caracteriza vínculo empregatício. (Incluído pela Lei nº 12.395, de 2011).
>
> § 3º O disposto neste artigo não se aplica às modalidades desportivas coletivas. (Incluído pela Lei nº 12.395, de 2011).

Defendemos que o interstício de seis meses exigido pelo art. 452 da CLT, assim como a limitação de prorrogação estabelecida no art. 451 da CLT, não se aplicam aos atletas profissionais (Lei nº 9.615/98), aí incluídos os treinadores profissionais de futebol (Lei nº 8.650/93), pois também regidos pela Lei nº 9.615/98, na parte compatível, uma vez que não é crível que tais trabalhadores tenham que aguardar seis meses inativos para, só depois, ajustarem novo contrato a termo. Dessa forma, incompatíveis a aplicação dos arts. 451 e 452 da CLT. Alice Monteiro,[75] de forma parecida, advoga que os arts. 451 e 452 da CLT não se aplicam ao jogador de futebol. Aliás, foi alterada a redação do parágrafo único ao art. 30 da Lei nº 9.615/98 para, expressamente, excluir a aplicação dos arts. 445 e 451 ao atleta profissional.

A atividade de atleta profissional, sob qualquer modalidade desportiva, inclusive o jogador de futebol, é caracterizada por remuneração pactuada em contrato formal de trabalho firmado entre entidade de prática desportiva (empregador) e o atleta e deverá conter, obrigatoriamente, cláusula penal para as hipóteses de descumprimento, rompimento ou rescisão contratual – art. 28 da Lei nº 9.615/98.

O contrato firmado com um atleta profissional tem que ser por prazo determinado, com duração nunca inferior a **três meses** nem superior a **cinco anos** – art. 30 da Lei nº 9.615/98. Este prazo visa uma permanência maior do atleta para que possa demonstrar suas habilidades e desenvolvê-las.

Não se aplica ao atleta profissional os arts. 479 e 480 da CLT, como determina o § 10 da Lei nº 9.615/1998.

11.8. Contrato Temporário – Lei nº 6.019/74

O contrato temporário regido pela Lei nº 6.019/74, é espécie de contrato por prazo determinado sob a modalidade **termo incerto** como regra, pois a substituição de pessoal permanente do tomador ou para demanda complementar de serviços. Pode, entretanto, ocorrer sob a modalidade **termo certo**, quando um empregado, por exemplo, é contratado por 30 dias para substituir outro (do tomador) que saiu de férias. Neste caso, o termo é certo.

O empregado é contratado por uma empresa prestadora de mão de obra para prestar seus serviços a um tomador, sem que isto importe em vínculo de emprego com a empresa tomadora ou cliente. O trabalhador temporário terá os direitos previstos no art. 12 da Lei nº 6.019/74. Nos casos de falência da empresa prestadora ou intermediadora, a tomadora responderá solidariamente – art. 16 da Lei nº 6.019/74.

Não mais vigora a indenização prevista no art. 12, *f*, da Lei nº 6.019/74, pois substituída pelo FGTS que se tornou, a partir da Carta/88, regime jurídico único e compulsório. Aliás, esta é a interpretação extraída do art. 20, IX, da Lei nº 8.036/90.[76]

Os principais requisitos para validade deste contrato são:

a) contrato escrito entre empregado e empregador (empresa intermediadora de mão de obra);

[75] BARROS, Alice Monteiro. *Curso de Direito do Trabalho*. São Paulo: LTr, 2005, p. 471.

[76] CONTRATO DE TRABALHO TEMPORÁRIO. INDENIZAÇÃO PREVISTA NO ART. 12, *F*, DA LEI 6.019/74. Com o advento da Lei 8.036/90 não subsiste o direito à indenização prevista no art. 12, *f*, da Lei nº 6.019/74, na medida em que o FGTS se tornou, a partir da Constituição Federal de 1988, regime jurídico único e compulsório, substituindo aquela indenização. (TRT-15 – RO: 23770 SP 023770/2009, Relator: LUIZ ANTONIO LAZARIM, Data de Publicação: 30/04/2009).

b) contrato escrito entre a empresa prestadora e a tomadora, contendo o motivo da contratação;

c) duração máxima de duzentos e setenta dias.

Pode haver sucessão de contratos a termo sem o respeito ao prazo contido no art. 452 da CLT, desde que para tomadores distintos, ou para atribuições técnicas absolutamente diferentes, quando para o mesmo tomador ou, ainda, antes de completar os 270 dias.

Remetemos o leitor ao Capítulo "Terceirização", quando o assunto será melhor explorado.

11.9. Empregados Contratados ou Transferidos para Trabalho no Exterior – Lei nº 7.064/82

A Lei nº 7.064/82 regulava a situação de trabalhadores contratados no Brasil, ou transferidos por empresas prestadoras de serviços de engenharia, podendo desenvolver inclusive consultoria, projeto e obras, montagens, gerenciamento e congêneres – art. 1º. Com a nova redação do art. 1º da Lei nº 7.064/82, esta passou a ser aplicada a todos os empregados contratados no Brasil ou transferidos para trabalho no exterior, independente da atividade explorada pela empresa empregadora.

O regime da lei não se aplica aos empregados contratados no Brasil e transferidos provisoriamente para o exterior, por período não superior a 90 dias, desde que o trabalhador tenha tido ciência expressa dessa transitoriedade, devendo receber, além da passagem de ida e volta, diárias durante o período de trabalho no exterior, de natureza não salarial (parágrafo único do art. 1º da Lei nº 7.064/82).

O conceito de transferência para esta lei está impresso em seu art. 2º e os direitos do trabalhador transferido estão previstos nos arts. 3º a 8º da Lei nº 7.064/82, cabendo ressaltar que o trabalhador tem direito, após dois anos de permanência no exterior, a gozar férias anualmente, junto com seus dependentes, no Brasil, correndo por conta do empregador o custo com a viagem e retorno do trabalhador, salvo em caso de despedida por justa causa ou pedido de demissão, hipóteses em que o empregado deverá reembolsar o patrão das despesas com o retorno.

Em se tratando de empresa estrangeira e de empregado contratado no Brasil para prestar serviços no exterior, o contrato terá duração máxima de **três anos** (prazo determinado), salvo quando assegurado ao trabalhador e seus dependentes o direito de gozar férias anuais no Brasil, com as despesas pagas pela empresa estrangeira (art. 16 da Lei nº 7.064/82).

12. CONTRATO POR PRAZO DETERMINADO COM CLÁUSULA ASSECURATÓRIA DE RESCISÃO ANTECIPADA RECÍPROCA

O art. 481 da CLT autoriza a inclusão de cláusula que assegure aos contratantes o direito de rescisão unilateral antecipada nos contratos a termo. Se tal cláusula for utilizada não será devida a indenização contida no art. 479 da CLT e sim os direitos decorrentes das rescisões dos contratos indeterminados, inclusive, aviso prévio, seguro-desemprego (se preenchidos os requisitos) e 40% sobre o FGTS.[77]

Se esta faculdade não for utilizada pelas partes, o contrato caduca em seu termo final. Assim, devidas as verbas da terminação normal do contrato a termo.

A inclusão da cláusula em um contrato por prazo determinado confere às partes a faculdade de se arrependerem antecipadamente. É injusto, pois permite ao empregador ao mesmo tempo usufruir das vantagens do contrato a termo e do indeterminado.

A cláusula assecuratória é possível inclusive nos contratos de experiência – Súmula nº 163 do TST.

13. EXTINÇÃO DO CONTRATO POR PRAZO DETERMINADO E SEUS EFEITOS

A extinção do contrato por prazo determinado pode ocorrer quando do implemento do termo final ou de forma antecipada. Se ocorrer em seu termo final, morte natural, não enseja o pagamento do pré-aviso (exceto quando contiver cláusula assecuratória de rescisão antecipada) e da indenização compensatória de 40% sobre o FGTS, nem acoberta os diversos tipos de estabilidades (exceto ressalvas das Súmulas nºs 244, III, e 378, III, do TST), salvo no caso da Lei nº 9.601/98, ou o pagamento do seguro desemprego.

A extinção antecipada do contrato a termo, sem justa causa, de iniciativa do empregador dá direito ao empregado receber metade da remuneração a que teria direito se rompido na data ajustada (art. 479 da CLT), salvo nos casos das Leis nº 10.097/00 (art. 433, § 2º, da CLT), 9.601/98 e Decreto-Lei nº 691/69.

Ressaltamos a existência de controvérsias (corrente minoritária) em relação à aplicação ou não dos arts. 479 e 480 da CLT a contratos de termo incerto ou subordinados à condição resolutiva, bem como nas hipóteses em que o empregado tem estabilidade no curso do contrato a prazo, situações já explanadas neste Capítulo.

Dessa forma, se o contrato a termo foi ajustado por dois anos e o empregador demite, sem justa causa, o empregado no término do primeiro ano, deverá pagar uma **indenização** (art. 479 da CLT) correspondente à metade da remuneração do período que faltava (ou à remuneração de seis meses), além das parcelas **resilitórias** calculadas sobre o período trabalhado (saldo de salário, 13º proporcional, férias proporcionais +1/3 e levantamento do FGTS).

Apesar de a lei utilizar a expressão "remuneração", a indenização é calculada sobre o **salário-base**, excluído de qualquer outra vantagem.

Além disso, o trabalhador ainda tem direito aos **40% sobre o FGTS** (art. 14 do Decreto nº 99.684/90 c/c IN-FGTS nº 3/96, III, item 4, *b*). Amauri Mascaro[78]

---

[77] Além dessas parcelas também são devidos: saldo de salário, férias, 13º salário e levantamento do FGTS.

[78] *Apud* CARRION, Valentin. *Comentários à Consolidação das Leis do Trabalho*. 29. ed. São Paulo: Saraiva, 2004, p. 364.

adota a mesma opinião. Se preenchidos os requisitos, neste caso também receberá as guias do **seguro-desemprego**.

Todavia, esta posição por nós adotada não é unânime na doutrina e na jurisprudência. Valentin Carrion[79] entende que os 40% sobre o FGTS não são devidos quando da rescisão antecipada do contrato a termo, alegando que o decreto não poderia ter concedido direito não previsto na lei.

Mesmo nas rescisões antecipadas o empregado não tem direito ao aviso prévio, pois no lugar deste receberá a indenização prevista no art. 479 da CLT. O direito ao aviso prévio será concedido ao trabalhador quando o contrato por prazo certo contiver cláusula assecuratória de rescisão antecipada recíproca, desde que esta seja utilizada (art. 481 da CLT c/c Súmula nº 163 do TST), assim como a indenização adicional de 40%.

Apesar de a lei utilizar a expressão **remuneração**, a natureza desta indenização **não** é salarial. Por isso não integra o tempo de serviço, não incidindo sobre as férias, FGTS e trezenos pagos na rescisão.

Há divergências quanto à natureza jurídica desta indenização.

Para nós, trata-se, na verdade, de uma indenização prefixada pela lei, substitutiva do cumprimento integral do contrato, isto é, de sua execução. Como o empregador impediu o empregado de executar integralmente o contrato, deverá substituir tal obrigação de fazer pela indenização legal.

Uma segunda visão advoga que a natureza jurídica de tal parcela é de indenização por tempo de serviço (Amauri Mascaro Nascimento,[80] aparentemente Orlando Gomes[81] e Valentim Carrion).[82] Justificam a tese argumentando que o antigo Decreto nº 59.820/66, em seu art. 30, § 3º (este decreto regulamentava a Lei nº 5.107/66, já revogada pela lei atual do FGTS – Lei nº 8.036/90), admitia a compensação do FGTS com a indenização do art. 479 da CLT, exatamente porque ambas têm a mesma natureza jurídica. Mencionam que numa interpretação sistemática, o art. 479 CLT vem abaixo dos arts. 477 e 478 da CLT e todos dizem respeito à indenização por tempo de serviço. Mesmo após a revogação do referido decreto, tais autores, ainda hoje, admitem a compensação mencionada. Apoiam-se também na Súmula nº 125 do TST. Todavia, a Súmula referia-se ao Decreto nº 59.820/66, já revogado pela Lei nº 8.036/90.

Discordamos da tese.

Primeiro, porque o art. 14 do Decreto nº 99.684/90 expressamente menciona que nas extinções antecipadas dos contratos a termo (sem justa causa) é devida a indenização de 40% incidente sobre o FGTS, **sem prejuízo do disposto no art. 479 da CLT**.

---

79 *Idem.*

80 NASCIMENTO, Amauri Mascaro. *Curso de Direito do Trabalho.* 20. ed. São Paulo: Saraiva, 2005, p. 689.

81 GOMES, Orlando; GOTTSCHALK, Élson. *Curso de Direito do Trabalho.* 16. ed. Rio de Janeiro: Forense, 2003, p. 351.

82 CARRION, Valentin. *Comentários à Consolidação das Leis do Trabalho.* 29. ed. São Paulo: Saraiva, 2004, p. 364.

Segundo, porque a interpretação sistemática mencionada na tese dos aludidos mestres também nos levaria a crer que a indenização prevista no art. 480 CLT, paga pelo trabalhador ao patrão, também seria por tempo de serviço, o que é absurdo, como veremos abaixo.

A natureza jurídica da indenização prevista no art. 479 da CLT não pode ser considerada nem comparada com a indenização por tempo de serviço porque aquela tem a finalidade de reparar danos futuros, isto é, pelo tempo não trabalhado e não a de compensar o período já executado do contrato. Explica-se. Nos contratos indeterminados os empregados têm direito ao FGTS pelo período em que trabalharam e sobre este a indenização adicional de 40%. Os não optantes (quando existiam) tinham direito à indenização prevista no art. 478 da CLT e esta era computada por ano ou fração superior a seis meses de trabalho. Logo, toda indenização por tempo de serviço leva em conta o tempo trabalhado e não aquele que ainda não foi executado.

Estamos com Délio Maranhão[83] no sentido de afirmar que a indenização prevista no art. 479 da CLT não é compensável com a indenização adicional do FGTS (isto é, os 40%), porque não se trata de indenização por tempo de serviço, mas sim de indenização substitutiva da inexecução do contrato. Ou seja, trata-se de indenização ou cláusula penal tarifada (fixada por lei), por descumprimento do prazo de vigência do contrato. Esta é a corrente majoritária. Por outro lado, Rodrigues Pinto[84] afirma que teria natureza ressarcitória do dano causado pela não execução do contrato até o termo final. Discordamos. Nas indenizações decorrentes de perdas e danos, deve-se mensurar o valor do dano emergente e dos lucros cessantes, pois visa reparar o exato valor do prejuízo sofrido e, no caso presente, a lei é taxativa quanto ao valor, independentemente de o empregado ter sofrido ou não prejuízos.

O empregado que rompe o contrato antes do termo final, sem justa causa do patrão, deve pagar-lhe o valor correspondente aos danos que lhe causar, limitado à metade dos salários do período que faltava (art. 480 da CLT). Não há divergência na doutrina quanto à natureza jurídica deste dispositivo como **indenização** por perdas e danos tarifada, pois limitada ao teto previsto na lei.

O legislador tratou de forma diferenciada o rompimento de iniciativa do patrão e o de iniciativa do empregado. No primeiro o dano é presumido e tarifado, enquanto no segundo o dano tem que ser comprovado. Apesar disso, a jurisprudência vem entendendo que este dano também é presumido.

Cumpre registrar que a extinção do contrato a termo independe da notificação ou comunicação prévia do empregador (posição majoritária), já que o empregado, desde sua admissão, já sabe a data do término de suas atividades.

---

83 SÜSSEKIND, Arnaldo; MARANHÃO, Délio; VIANNA, Segadas; TEIXEIRA, Lima. *Instituições de Direito do Trabalho*. 22. ed. São Paulo: LTr, 2005, v. 1, p. 607-609.

84 PINTO, José Augusto Rodrigues. *Curso de Direito Individual do Trabalho*. 5. ed. São Paulo: LTr, 2003, p. 515-517.

No entanto, a notificação seria importante apenas para evitar a continuidade dos serviços por parte do empregado, o que acarretaria a indeterminação do prazo do contrato de trabalho.

Quando o contrato a prazo determinado se extinguir antes do prazo final em decorrência de força maior ou culpa recíproca, a indenização prevista no art. 479 da CLT será reduzida pela metade – arts. 502, II e 484 da CLT. Maiores considerações sobre o tema no Capítulo "Extinção do Contrato de Trabalho", no item Força Maior.

13.1. Extinção Natural do Contrato a Termo – Contrato de Safra, Temporário e Obra Certa

Por fim, cabe fazer algumas considerações quanto à extinção dos contratos de safra, temporário, por obra certa e técnico estrangeiro.

Nos contratos de **safra** e **temporário**, conforme o art. 14 da Lei nº 5.889/73 e art. 12, *f*, da Lei nº 6.019/74 há a previsão de uma indenização por tempo de serviço, correspondente a 1/12 do salário mensal do obreiro por mês ou fração acima de 14 dias.

Defendemos que a indenização prevista nas Leis nºs 5.889/73 e 6.019/74 foi substituída pelos depósitos na conta do FGTS do trabalhador, em face do novo comando constitucional que tornou genérico e compulsório o sistema do FGTS. Com isso, no caso de ruptura natural no termo final, ao invés de pagar 1/12 por mês trabalhado, o empregado terá direito ao levantamento do FGTS – art. 20, IX, da Lei nº 8.036/90. Se demitido sem justa causa pelo empregador antes do término do contrato, o trabalhador terá direito ao FGTS + 40%, além da indenização prevista no art. 479 da CLT e das demais parcelas da rescisão. Da mesma forma o art. 14 do Decreto nº 99.684/90.

No contrato por obra certa, terminada a obra ou aquela fase do serviço (mesmo que a obra persista) e tendo o trabalhador mais de um ano de serviço, de acordo com o art. 2º da Lei nº 2.959/56, o empregado terá direito à indenização do art. 478 da CLT reduzida de 30% do valor apurado.

Todavia, o art. 478 da CLT, não foi recepcionado pela Carta/88, devendo ser substituído pelo FGTS + 40%, sendo que a indenização de 40% será reduzida em 30%, isto é, o acréscimo pecuniário sobre o FGTS será de 28% e não de 40%. Nesse sentido, também Valentin Carrion.[85]

Sergio Pinto Martins,[86] de forma diversa, defende que o trabalhador, que teve seu contrato de obra certa encerrado com o fim da obra ou do serviço, levantará o FGTS, mas não lhe será devida qualquer indenização a título de 40%.

Há, ainda, aqueles que entendem que a redução deve se operar tanto sobre o FGTS quanto sobre os 40%. Assim, o direito do trabalhador seria o equivalente a 5,6% (de FGTS) + 28% (a título de indenização adicional do FGTS).

---

85 CARRION, Valentin. *Comentários à Consolidação das Leis do Trabalho*. 29. ed. São Paulo: Saraiva, 2004, p. 364.

86 MARTINS, Sergio Pinto. *Direito do Trabalho*. 13. ed. São Paulo: Atlas, 2001, p. 113.

No caso de extinção antecipada e sem justa causa do contrato por obra certa, deve ser paga a indenização prevista no art. 479 da CLT, sem qualquer redução, já que não há previsão legal para tal.

O Decreto-Lei nº 691/69 determina a exclusão do FGTS ao técnico estrangeiro. Todavia, a lei a que se referia o decreto vigia à época e hoje não mais vigora (Lei nº 5.107/66, revogada pela Lei nº 7.839/89). Portanto, discutida é a aplicabilidade ou não, após a Carta/88, do FGTS para o técnico estrangeiro regido pelo Decreto-Lei nº 691/69.

Para nós é certo que o técnico estrangeiro, em face da universalização e compulsoriedade do regime a todos os tipos de empregados, tem direito ao FGTS. Já foi a época em que se defendia que a natureza jurídica da indenização prevista no art. 479 da CLT era de **indenização por tempo de serviço** e, por isso, incompatível com o regime do FGTS. Hoje, majoritariamente adota-se a corrente de que a natureza jurídica da indenização prevista no art. 479 da CLT é de **cláusula penal legal tarifada**, ou pena por descumprimento do contrato. Logo, o regime do Fundo é perfeitamente compatível[87] com o pagamento da indenização prevista no art. 479 da CLT. Esta interpretação se extrai também do disposto no art. 14 do Decreto nº 99.648/90.

Francisco Jorge Neto[88] aparentemente adota a corrente de que o técnico estrangeiro não terá direito ao FGTS.

14. ACORDO COLETIVO E CONVENÇÃO COLETIVA

De acordo com o art. 611-A da CLT, a norma coletiva pode alterar, modificar ou revogar a lei ordinária, pois se sobrepõe a esta. Desta forma, poderá o instrumento coletivo alterar as regras do contrato determinado, aumentando, por exemplo, seu prazo, suas prorrogações ou hipóteses.

TÍTULO II
QUANTO AOS SUJEITOS ATIVOS (NÚMERO DE EMPREGADOS)

15. CONTRATO DE EQUIPE

15.1. Conceito e Características

É o ajuste efetuado entre empregador e um grupo de empregados reunidos espontaneamente para executarem determinada tarefa, serviço ou ofício conexo.

---

[87] A Súmula nº 125 do TST não foi recepcionada pela Constituição de 1988. Tratava da aplicação do art. 479 da CLT aos optantes pelo FGTS em contratos determinados, possibilitando a compensação do FGTS devido com a indenização do art. 479 da CLT. Ressalte-se a opinião em contrário de Sergio Pinto, que defende a recepção da Súmula e sua aplicação prática. MARTINS, Sergio Pinto. *Comentários às Súmulas do TST*. São Paulo: Atlas, 2005, p. 71.

[88] JORGE NETO, Francisco Ferreira; CAVALCANTE, Jouberto de Quadros Pessoa. *Manual de Direito do Trabalho*. Rio de Janeiro: Lumen Juris, 2003, p. 988.

Os trabalhadores se apresentam ao tomador dos serviços como uma equipe que presta serviços afins. A reunião destes trabalhadores é espontânea, isto é, não foram selecionados pelo empregador um a um, já se apresentaram reunidos ao tomador dos serviços (a equipe já vem pronta, formada). Caracteriza-se em um feixe de contratos individuais e independentes entre si. A extinção de um contrato ou a justa causa praticada por um empregado, ou, ainda, o pedido de demissão de um membro da equipe, não atinge o contrato dos demais. Por serem independentes e autônomos, o empregador deve assinar a carteira de cada empregado isoladamente. Todos os membros do grupo serão empregados do tomador, aplicando-lhes todas as regras da CLT.

Pode existir um porta-voz que, em nome do grupo, pratica atos e repassa os salários.[89] O representante pode significar a vontade do grupo diante do patrão ou chefiá-lo, mesmo assim também se caracteriza como empregado e não se confunde com o intermediador de mão de obra, com o empreiteiro ou subempreiteiro, pois não obtém lucro com a intermediação nem corre o risco do negócio.

Exemplo: banda de música em que o vocalista representa e fala em nome do grupo; equipe de segurança cujo chefe da segurança fala em nome do grupo; família contrata casal com filho maior para trabalhar em casa de veraneio, em que o homem será o caseiro, a mulher a cozinheira, o filho o jardineiro.

O empregador pode contratar empregados, selecioná-los individualmente e depois formar uma "equipe", uma turma de trabalhadores. Esta forma de contratar não se caracteriza em contrato de equipe, pois o contrato de equipe pressupõe que os trabalhadores tenham se reunido espontaneamente e se apresentado como um todo ao patrão. Os efeitos são os mesmos do contrato individual.

Caso o empregador não queira algum membro do grupo, em virtude de seu comportamento desidioso, por exemplo, poderá demiti-lo por justa causa e pedir ao "chefe" da equipe ou ao representante (se existir) para selecionar outro para substituir aquele membro dispensado. Caso a equipe discorde da dispensa, alegando que aquele empregado era membro fundamental para a banda (por exemplo), três medidas podem ser tomadas: ou a equipe tenta, junto ao empregador, persuadi-lo a ficar com o membro desidioso; ou a equipe se conforma; ou todos tomam a iniciativa do rompimento do contrato, pedindo demissão cada membro individualmente.

> VÍNCULO EMPREGATÍCIO. INTEGRANTE DE CONJUNTO MUSICAL. Merece ser indeferido o pedido de reconhecimento de vínculo laboral entre o autor e outros dois integrantes do conjunto musical, na hipótese em que inexiste a exploração

[89] O empregador correrá todos os riscos de o representante do grupo não repassar os salários aos demais membros. Neste caso, responderá o empregador diretamente pelos valores não quitados. Ressalte-se que a CLT determina que o salário deve ser pago diretamente ao empregado.

Se, por outro lado, o chefe do grupo ficar com parte dos salários, obtiver lucro ou vantagens patrimoniais com o trabalho da equipe, deixará de ser empregado (interlocutor do grupo) e passará a ser o empregador aparente, em face da intermediação de mão de obra praticada, respondendo também pelos débitos trabalhistas dos membros da equipe.

Saliente-se que o chefe da equipe não é um representante trabalhista (dos direitos trabalhistas) da equipe, mas mero interlocutor.

do negócio por um dos reclamados e o percebimento de remuneração por todos está condicionado à contratação de terceiros. Mister o reconhecimento de um verdadeiro contrato de equipe onde, nas palavras do eminente Isis de Almeida "se consubstancia uma sociedade de fato, sendo os componentes sócios em igualdade de situação e de participação dos resultados com o líder ou chefe". TRT/SC – RO: 11211/1998 – Rel. Designado: Juiz Nilton Rogério Neves. *DJ*/SC 10/05/1999.

Alguns autores[90] consideram que **contrato de equipe** é sinônimo ou espécie do gênero do **contrato coletivo** de trabalho. Discordamos,[91] *data venia*, desta opinião. Hoje,[92] contrato coletivo é instituto de direito coletivo e, segundo a corrente majoritária, à qual nos filiamos, é espécie do gênero convênio coletivo, isto é, é instrumento coletivo, imperativo, com normas gerais, abstratas, impessoais, superiores às convenções coletivas e acordos coletivos.

Da mesma forma Godinho[93] que classifica os contratos como individuais ou plúrimos. Individual aquele formulado entre **um** empregado e empregador. Plúrimo quando o número de sujeitos obreiros ativos (empregados) **na mesma relação** é maior que um. Explica que a noção de contrato plúrimo constrói-se em função do "sujeito operário" da relação, sem se enfocar a figura do ou dos empregadores.

Discordamos apenas da expressão **na mesma relação jurídica**, pois, se fosse a mesma, a extinção de um contrato importaria automaticamente na extinção dos demais.

Concordamos com Délio Maranhão[94] que expressamente menciona que no contrato de equipe os vínculos jurídicos entre os membros da equipe são autônomos e independentes e que a unidade entre eles é a destinação, o fim, o objetivo final, aí o ponto comum. Não é comum a relação de trabalho, o contrato.

Russomano,[95] de forma diversa, explica que os contratos de trabalho podem ser individuais ou plúrimos. Estes podem tomar mais de uma forma (espécies do gênero contrato plúrimo). A mais comum é o contrato de equipe, que ocorre quando contratos individuais são celebrados, simultaneamente, com vários trabalhadores, representados pelo chefe do *team*. O vínculo do contrato de equipe se trava, direta e individualmente, entre o empregador e cada um dos empregados componentes da equipe.

---

90 GOMES, Orlando; GOTTSCHALK, Élson. *Curso de Direito do Trabalho*. 16. ed. Rio de Janeiro: Forense, 2003, p. 171-173.

91 Godinho também critica a posição de denominar o contrato plúrimo de contrato coletivo de trabalho. *Idem*, p. 505.

92 No passado a CLT utilizou a expressão "contrato coletivo" em diversos artigos para designar acordo coletivo e de convenção coletiva. Ainda há artigos com a antiga redação, por falha técnica na revisão ocorrida em 1967 pelo Decreto-Lei nº 229/67.

93 DELGADO, Mauricio Godinho. *Curso de Direito do Trabalho*. São Paulo: LTr, 2002, p. 506.

94 SÜSSEKIND, Arnaldo; MARANHÃO, Délio; VIANNA, Segadas; TEIXEIRA, Lima. *Instituições de Direito do Trabalho*. 18. ed. São Paulo: LTr, v. 1, 1999, p. 277.

95 RUSSOMANO, Mozart Victor. *Comentários à Consolidação das Leis do Trabalho*. 9. ed. Rio de Janeiro: Forense, 1982, p. 410; RUSSOMANO, Mozart Victor, *Curso de Direito do Trabalho*. 7. ed. Curitiba: Juruá, p. 119.

Por último, de forma minoritária, há referências bibliográficas[96] que distinguem o contrato de equipe do contrato plúrimo, afirmando que não se trata da mesma coisa. No contrato plúrimo existe uma pluralidade de sujeitos-empregados que se reúnem sem unidade de interesse jurídico, que permanece individualizado e destacado para cada contratante, enquanto no contrato de equipe há uma solidariedade de interesses entre os membros da equipe, aparentando uma sociedade, há unidade de interesse jurídico, formando uma relação jurídica única. Discordamos desta posição e tecemos maiores considerações a este respeito no Título II – Contrato de Trabalho.

TÍTULO III
QUANTO À CONTINUIDADE

O contrato de trabalho pode ser contínuo ou intermitente. Contínuo é o que o tempo de serviço efetivo ou aquele em que o empregado está à disposição é computado como trabalho e remunerado. E intermitente é aquele que alterna períodos de atividade e inatividade, sendo que estes últimos não são computados.

16. CONTRATO INTERMITENTE

O empregado pode ser contratado para executar trabalhos contínuos, intermitentes, transitórios, por prazo determinado ou indeterminado ou pode ser contratado para serviços incertos, em períodos não garantidos, mediante um "**contrato intermitente**". O contrato intermitente é diferente dos demais contratos de empregado porque pressupões período de inatividade alternados com períodos de trabalho.

De acordo com o art. 443, § 3º, da CLT:

> Considera-se como intermitente o contrato de trabalho no qual a prestação de serviços, com subordinação, não é contínua, ocorrendo com alternância de períodos de prestação de serviços e de inatividade, determinados em horas, dias ou meses, independentemente do tipo de atividade do empregado e do empregador, exceto para os aeronautas, regidos por legislação própria.

O contrato intermitente é especial, por isso, deve ser escrito e anotado na CTPS, e é regido pelos arts. 452-A e ss. da CLT. É garantido ao empregado intermitente o valor hora equivalente ao salário mínimo hora ou dia ou ao equivalente ao pago aos empregados que exercem a mesma função – art. 452-A da CLT.

Esta espécie de contrato gera insegurança econômica ao trabalhador, pois não há garantia de quantidade mínima de trabalho por mês, nem previsibilidade de novo trabalho. Pode passar longos períodos sem ser convocado ao trabalho e pode prestar

---

96 PINTO, José Augusto Rodrigues. *Curso de Direito Individual do Trabalho*. 5. ed. São Paulo: LTr, 2003, p. 249.

serviços a tomadores distintos ou a um só. Ao fim de cada serviço o empregado intermitente terá direito a receber, além da remuneração daquele trabalho, as férias proporcionais, acrescidas de 1/3, bem como do décimo terceiro proporcional.

Para maiores considerações, remetemos o leitor ao Capítulo 16, oportunidade em que a matéria é mais bem estudada.

Capítulo 19

DURAÇÃO DO TRABALHO

1. FUNDAMENTO

As regras de medicina e segurança do trabalho envolvem os períodos de trabalho, os de descanso e as condições de trabalho. São normas imperativas que estabelecem direitos de ordem pública, impedindo as partes de renunciar, transacionar ou dispor de qualquer benesse que a lei tenha concedido ao empregado. A limitação do tempo de duração do trabalho tem como fundamento três aspectos importantes: biológicos, sociais e econômicos.

a) biológicos:

O excesso de trabalho traz fadiga, estresse, cansaço ao trabalhador, atingindo sua saúde física e mental. Portanto, os fatores biológicos são extremamente importantes para limitar a quantidade de trabalho diário.

b) sociais:

O trabalhador que executa seus serviços em extensas jornadas tem pouco tempo para a família e amigos, o que segrega os laços íntimos com os mais próximos e exclui socialmente o trabalhador.

c) econômicos:

Um trabalhador cansado, estressado e sem diversões produz pouco e, portanto, não tem vantagens econômicas para o patrão.

2. JORNADA E HORÁRIO DE TRABALHO

a) Jornada de Trabalho

Jornada – do francês *jour – journée*; do italiano *giorno – giornata*.

Jornada significa duração do trabalho **diário**. Nas palavras de Sergio Pinto Martins,[1] jornada "diz respeito ao número de horas diárias de trabalho que o trabalhador presta à empresa".

---

1 PINTO, Sérgio. *Direito do Trabalho*. 13. ed. São Paulo: Atlas, 2001, p. 437.

Este é o conceito mais técnico do instituto, uma vez que na linguagem forense é comum a utilização da expressão jornada no sentido mais amplo, isto é, abrangendo lapso temporal de maior duração. Assim, haveria jornada diária, semanal, mensal, anual etc. A lei também empregou conotação mais ampla quando se referiu "(...) à soma das *jornadas semanais* (...)" (destaques nossos), no art. 59, § 2º, da CLT.

A jurisprudência e os operadores trabalhistas frequentemente utilizam a expressão "jornada de 8 horas diárias", sem perceber a redundância cometida, pois jornada quer dizer horas trabalhadas em um dia e diária também significa dia. Logo, a tradução da expressão utilizada no exemplo seria "quantidade de horas trabalhadas em um dia de oito horas diárias". Neste caso a palavra jornada tem sentido de duração do trabalho e não quantidade de horas de trabalho em um dia.

Concluímos, portanto, que o legislador ao ser pouco técnico conferiu duplo sentido ao vocábulo jornada: limite de trabalho por dia, semana, mês ou ano ou número de horas trabalhadas em um dia.

O art. 7º, XIII, da CF fixa a jornada normal em até 8 horas diárias e 44 semanais, facultada a compensação por acordo ou convenção coletiva.

b) Horário de Trabalho

A hora de entrada e de saída do trabalhador no emprego determina seu horário de trabalho. Dependendo destes parâmetros a jornada é fixada. Arnaldo Süssekind[2] afirma que horário de trabalho "é a fixação dos momentos em que deve ter início e fim a jornada normal de trabalho e, se for o caso, do intervalo para descanso ou refeição (...)". Por exemplo: empregado inicia seu trabalho às 8 horas da manhã, interrompe suas atividades para o almoço às 12h, retornando às 13 horas. No final do dia, por volta das 17 horas o empregado encerra seu trabalho. Neste caso, seu horário de trabalho é das 8 às 17h, com uma hora de intervalo, e sua jornada é de oito horas.

Assim, o **horário** de trabalho pode ser diurno, noturno ou misto, dependendo dos horários de entrada e saída, ajustados entre o trabalhador e o patrão.

c) Duração do Trabalho

A duração do trabalho é o gênero do qual são espécies a jornada, o horário de trabalho e os repousos (intrajornada, entre jornadas ou interjornadas, semanal e anual). "Abrange o lapso temporal de labor ou disponibilidade do empregado perante seu empregador em virtude do contrato, considerados distintos parâmetros de mensuração: dia (duração diária, ou jornada), semana (duração semanal), mês (duração mensal), e até mesmo ano (duração anual)".[3]

---

2 SÜSSEKIND, Arnaldo; MARANHÃO, Délio; VIANNA, Segadas; TEIXEIRA, Lima. *Instituições de Direito do Trabalho*. 19. ed. São Paulo: LTr, 2000, v. II, p. 808.

3 DELGADO, Mauricio Godinho. *Curso de Direito do Trabalho*. 2. tir. São Paulo: LTr, 2002, p. 813.

Tem Direito ao Capítulo da Duração do Trabalho e, portanto, à jornada de trabalho, aos intervalos, às horas extras, os trabalhadores urbanos, rurais, domésticos (na parte compatível) e até os avulsos.

3. TRABALHO EXTRAORDINÁRIO

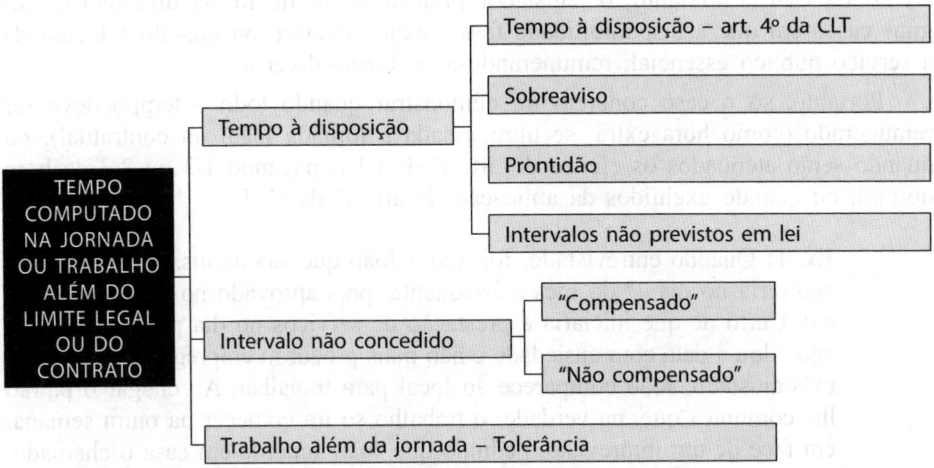

4. TEMPO OU TRABALHO ALÉM DO LIMITE LEGAL OU CONTRATUAL

4.1. Tempo à Disposição

4.1.1. Art. 4º da CLT

O legislador trabalhista considerou o tempo que o empregado fica **à disposição** do empregador aguardando ordens, como tempo de serviço prestado. Esta ficção legal teve a finalidade de proteger o obreiro dos abusos do poder econômico, porventura cometidos pelo patrão, tais como: intervalos não previstos em lei, tempo de espera de serviço quando em trabalho, tempo à disposição decorrente da limitação do direito de ir e vir, sobreaviso, prontidão etc.

Assim, todo o tempo em que o empregado permanecer **à disposição** da empresa, trabalhando ou não, deverá ser computado na jornada, salvo quando a própria lei[4] excepcionar. O tempo à disposição independe das atribuições que estão sendo ou não exercidas, ou até do local onde o empregado se encontre, isto é, dentro ou fora do estabelecimento.

4 Excluído desta regra estão o empregado com contrato intermitente – art. 452-A da CLT, bem como as situações contidas nos incisos I a VIII do § 2º do art. 4º da CLT, acrescidos pela Lei nº 13.467/17.

Todavia, a lei preferiu contemporizar esta regra, quando adotou sistema menos rígido para os ferroviários e aeronautas (sobreaviso ou prontidão). Isto porque, nestes casos, a lei fixou valores inferiores para remunerar o **trabalho** (tempo à disposição). O mesmo ocorreu com os motoristas profissionais de passageiros e cargas regidos pela Lei nº 13.103/15 (tempo de espera).

Em suma, todo e qualquer tempo à disposição deveria estar protegido pelo art. 4º da CLT. Entretanto, o legislador preferiu tratar de forma diferenciada alguns casos em que a disponibilidade fosse menos intensa, ou quando relacionada a serviço público essencial, remunerando-a de forma diversa.

Portanto, só o caso concreto irá demonstrar quando todo o tempo deve ser remunerado (como hora extra, se ultrapassada a jornada legal ou contratual), ou quando serão atenuados os efeitos do art. 4º da CLT, pagando 1/3 ou 2/3 da hora normal, ou quando excluídos da aplicação do art. 4º da CLT.

> **Ex. 1:** Quando entrevistado, foi dito a João que sua admissão no emprego ocorreria no dia 1º do mês subsequente, pois aprovado no teste admissional. Certo de que iniciaria a prestação de serviços no dia prometido, João aguardou a data com ansiedade e não mais procurou emprego. No dia 1º do mês ajustado, João comparece ao local para trabalhar. Ao chegar o patrão lhe comunica que, na verdade, o trabalho só irá começar na outra semana, em face de um imprevisto, pedindo que João aguarde em casa o chamado. Na semana seguinte, não tendo havido nenhum chamado, João retorna à empresa, quando lhe é dito que o emprego está garantido, mas que o início da prestação de serviços está sendo, mais uma vez, adiado para outra semana. Assim, continuou até completar um mês, quando o patrão disse a João que não tem trabalho para lhe oferecer, recusando-se a contratá-lo.

No exemplo acima, houve contrato de trabalho apesar de não ter havido qualquer prestação de serviços de fato, porque a João foi garantida a vaga no emprego a partir do primeiro dia do mês subsequente. O tempo que João foi mantido à disposição da empresa (um mês) é considerado como serviço prestado, logo, deve ser remunerado.

> **Ex. 2:** O empregado que trabalha das 7 h às 19 h, com intervalo das 12 h às 16h para determinado empregador, sem acordo de prorrogação de intervalo, tem direito a receber duas horas extras diárias, como tempo à disposição, pois ultrapassado o limite máximo de duas horas de intervalo e ultrapassada a jornada máxima ajustada (se computadas as duas horas à disposição relativas ao intervalo) ou de 8h – art. 71 da CLT c/c Súmula nº 118 do C. TST.
>
> **Ex. 3:** Preparado para deixar o trabalho, pois encerrada sua jornada, o patrão solicita que o trabalhador aguarde ali mesmo na porta, porque ainda iria lhe passar as tarefas do dia seguinte. Após 50 minutos, o empregador retorna e encontra o empregado, ainda na porta aguardando-o, quando, então, resolve liberá-lo. O tempo que o empregado aguardou (50 minutos) deve

ser considerado como de serviço prestado, logo, remunerado como tal. Por ter ultrapassado a jornada normal, esta remuneração será acrescida de 50%.

Ex. 4: Aguinaldo trabalhou 8 horas no sábado, encerrando sua jornada às 22 horas. Após seu descanso semanal (domingo), retornou na segunda-feira às 7 horas da manhã para trabalhar, saindo às 16 horas.

Neste caso, Aguinaldo terá direito a receber 2 horas como extras, uma vez que o empregador desrespeitou o intervalo mínimo de 11 horas entre um dia e outro de trabalho, mesmo quando permeado por um dia de descanso (semanal – 24 horas) – Súmula nº 110 do TST c/c OJ nº 355 da SDI-I do TST. Aguinaldo, no caso acima, teria direito a 35 horas de intervalo (24 + 11) e só foram concedidas 9 horas.

Esta regra se aplica a qualquer trabalhador, mesmo que não submetido a turnos de revezamento, devendo o exegeta fazer interpretação extensiva da Súmula nº 110 do TST.

Ex. 5: Empregado chega ao portão principal da empresa às 6 horas e 30 minutos. Percorre, por acesso exclusivo para pessoas, andando, 30 minutos até o posto de trabalho.

Antes da alteração do § 2º do art. 58 da CLT, pela Lei nº 13.467/17, o tempo despendido pelo empregado entre o portão da empresa e o posto de trabalho era computado na jornada, por aplicação analógica do arts. 294 c/c o 4º da CLT. Concordávamos com este entendimento. Da mesma forma entendia a Súmula nº 429 do TST.

Entrementes, a alteração legislativa é clara no sentido de não computar o tempo que o empregado gasta até a efetiva ocupação do posto, mesmo caminhando. Desta forma, não mais prevalece o disposto na Súmula 429 do TST.

Ex. 6: João, vendedor do comércio com jornada de 10h às 16h, é obrigado a chegar sempre às 9h e 30min, para arrumar a loja, contar o estoque, abrir o caixa etc. Como durante estes 30 min. iniciais ele também fica à disposição do empregador, terá direito ao pagamento do período como labor extraordinário. Aplicação analógica do art. 58, § 1º, da CLT, que estabelece a tolerância de até 10 min por dia, c/c o art. 4º da CLT.

A Súmula 366 do TST era expressa em considerar como tempo à disposição aquele que o empregado gasta com a troca de **uniforme**, com a higiene pessoal ou o lanche (refeição), desde que ultrapasse de cinco minutos, limitados a dez por dia. Esta regra foi alterada pelo § 2º do art. 4º da CLT, incluído pela Lei nº 13.467/17.

Ex. 7: Pedro é obrigado, por seu empregador, a fazer um curso de aperfeiçoamento. Ele assiste ao curso sem prejuízo do cumprimento da sua jornada normal. Como sua presença (ou realização on-line) é exigida e o patrão é beneficiado com a qualificação de sua mão de obra, o tempo das aulas deve ser remunerado como extra. O mesmo entendimento deve ser estendido aos "tempos vagos" do professor que fica à disposição da universidade ou colégio, salvo quando partiu dele o requerimento – Precedente Normativo 31 do TST. Veja item 10.5 deste Capítulo.

Entretanto, há quem entenda de forma diversa, sob o argumento de que o empregado se beneficiou com o enriquecimento de seu currículo. Polêmico também é o tempo destinado à ginástica nos intervalos do expediente, por ordem da empresa. Para uns, não é tempo à disposição porque é benéfico à saúde do obreiro. De outro lado, os que defendem o pagamento como hora extra, sob a alegação de que o bem-estar gerado pelos exercícios físicos reflete na melhoria da produção.

De nossa parte parece que a pedra de toque é obrigatoriedade de realização do curso, da ginástica, do estudo ou da troca de uniforme dentro da empresa e que ultrapasse o limite de 10 (5 + 5) minutos por dia. Se obrigatória, fora do expediente ou além da jornada, o tempo deve ser computado.

Para o **doméstico**, o art. 2º, § 7º, da LC 150/2015, considerou que "os intervalos previstos nesta Lei, o tempo de repouso, as horas não trabalhadas, os feriados e os domingos livres em que o empregado que moram no local de trabalho nele permaneçam não serão computados como horário de trabalho". É claro que esses períodos não serão computados se não houver trabalho e desde que o empregado não fique à disposição do patrão. Se, entretanto, o doméstico ficar à disposição do empregador, fora o horário de trabalho, deverá receber esse tempo como hora extra ou sobreaviso.

Não é considerado tempo à disposição o período que o empregado, fora do expediente e por sua escolha, se abriga na empresa para buscar proteção pessoal ou para executar atividades particulares, não prestando serviços neste tempo.

Neste sentido o § 2º do art. 4º da CLT, acrescido pela Lei nº 13.467/17:

> § 2º Por não se considerar tempo à disposição do empregador, não será computado como período extraordinário o que exceder a jornada normal, ainda que ultrapasse o limite de cinco minutos previsto no § 1º do art. 58 desta Consolidação, quando o empregado, por escolha própria, buscar proteção pessoal, em caso de insegurança nas vias públicas ou más condições climáticas, bem como adentrar ou permanecer nas dependências da empresa para exercer atividades particulares, entre outras:
>
> I – práticas religiosas;
>
> II – descanso;
>
> III – lazer;
>
> IV – estudo;
>
> V – alimentação;
>
> VI – atividades de relacionamento social;
>
> VII – higiene pessoal;
>
> VIII – troca de roupa ou uniforme, quando não houver obrigatoriedade de realizar a troca na empresa.

4.1.2. *Horas* In Itinere *– Vigente antes da Lei nº 13.467/17*

A antiga redação do § 2º do art. 58 da CLT dispunha que: "O tempo despendido pelo empregado até o local de trabalho e para o seu retorno, por qualquer meio de transporte, não será computado na jornada de trabalho, salvo quando, tratando-se de local de difícil acesso ou não servido por transporte público, o empregador fornecer a condução".

O direito às horas *in itinere* foi inspirada pela maciça jurisprudência que interpretava extensivamente o art. 4º da CLT e que estava retratada nas Súmulas nºs 90 e 320 do TST.

Para Arnaldo Süssekind[5] a expressão "à disposição do empregador, aguardando ou executando ordens", contida no art. 4º da CLT, teria sido demasiadamente ampliada, pois, neste caso, segundo sua ótica, o trabalhador não estava aguardando ordens ou as executando, e, por isso, não deveria ser protegido pelo art. 4º da CLT. Logo, Süssekind divergia do anterior entendimento legal e sumulado.

Na época nossa posição era em sentido oposto, uma vez que a Consolidação garantiu aos mineiros e aos ferroviários remuneração pelo tempo em que permanecem à disposição do patrão, mesmo que não estejam aguardando ordens. Esta regra poderia ser estendida aos demais trabalhadores.

Abaixo enumeramos os requisitos necessários para que o tempo despendido pelo empregado no itinerário casa-trabalho e vice-versa fosse computado na jornada (antes da Lei nº 13.467/17).

Para as **microempresas** e empresas de **pequeno porte** a lei permitia que as convenções e acordos coletivos estipulassem o tempo médio despendido pelo empregado na condução fornecida pelo empregador que se situava em local de difícil acesso. A norma coletiva também poderia retirar a natureza salarial da benesse – art. 58, § 3º, da CLT (revogado pela Lei nº 13.467/17).

Independentemente do tamanho da empresa, Alice Monteiro de Barros[6] aceitava que a norma coletiva isentasse o empregador do pagamento das horas *in itinere*. O assunto relacionava-se com a flexibilização autorizada por norma coletiva e, por isso, nós só aceitávamos qualquer renúncia de direito se para a sobrevivência da empresa que está em risco de extinção. Maiores considerações no Capítulo Flexibilização.

A Lei nº 13.467/17 alterou o § 2º do art. 58 da CLT para excluir as horas *in itinere* como tempo de serviço. A atual redação do mencionado parágrafo é neste sentido:

> **Art. 58.** (...)
>
> § 2º O tempo despendido pelo empregado desde a sua residência até a efetiva ocupação do posto de trabalho e para o seu retorno, caminhando ou por qualquer

---

5 SÜSSEKIND, Arnaldo; MARANHÃO, Délio; VIANNA, Segadas; TEIXEIRA, Lima. *Instituições de Direito do Trabalho*. 19. ed. São Paulo: LTr, 2000, p. 806.

6 BARROS, Alice Monteiro. *Curso de Direito do Trabalho*. 2. ed., São Paulo: LTr, 2006, p. 639.

meio de transporte, inclusive o fornecido pelo empregador, não será computado na jornada de trabalho, por não ser tempo à disposição do empregador.

4.1.2.1. Itinerário Casa-Trabalho-Casa – antes da Lei nº 13.467/17

A proteção legal atingia apenas o itinerário casa-trabalho-casa, podendo excluir parte do trajeto alcançado por transporte público e regular. Assim, caso haja condução regular até determinado ponto, este será excluído e só será computado na jornada o trajeto atingido pela condução fornecida pelo empregador – Súmula nº 90, IV, do TST.

4.1.2.2. Empresa Situada em Local de Difícil Acesso ou Não Guarnecida por Transporte Público e "Regular" – antes da Lei nº 13.467/17

De acordo com a doutrina, local de difícil acesso era aquele que tinha posição geográfica atípica, como no caso de uma empresa situada no topo de uma colina ou de uma fazenda no extremo interior de uma região. Afirmavam que a empresa situada no espaço rural era de difícil acesso e em espaço urbano era de fácil acesso.

Discordamos.

Mesmo sendo de **fácil acesso**, caso o local não seja servido de transporte público e regular e o empregador fornecesse a condução (graciosa ou não para o empregado), o tempo gasto no percurso seria computado na jornada.

A lei falava demais.

Não havia necessidade de incluir a expressão **difícil acesso**, uma vez que bastaria o legislador mencionar "local não guarnecido por transporte público e *regular*". Isto porque mesmo o local de fácil acesso se tornaria difícil para aqueles que não têm veículo próprio (carro) e a localidade não fosse servida por transporte público, não tendo como chegar ao local de trabalho. Não existe local de difícil acesso se houver farta condução pública, mesmo que geograficamente a empresa esteja situada em local atípico.

A regularidade do transporte não estava prevista na lei, mas continuava na Súmula nº 90, I, do TST. Enquanto a súmula mencionada continha a expressão **público e *regular***, a antiga redação do art. 58, § 2º, da CLT não mencionava a palavra "regular".

Transporte **irregular**, para efeito de horas *in itinere*, era diferente de transporte meramente insuficiente – Súmula nº 90, II e III, do TST. No primeiro caso, os horários da condução eram intermitentes e com grandes intervalos, não havendo regularidade de saídas, como, por exemplo, se só passava no ponto às 8h e às 20h. No segundo caso, havia condução suficiente quanto à regularidade de horários, mas em períodos de "pico", de excesso de demanda, as conduções fornecidas não eram suficientes para atender todos os que por elas esperavam, tendo que aguardar mais tempo no ponto.

A mera **insuficiência** de transporte não acarretava "horas de itinerário", pois nos horários de pico era comum que a condução fosse insuficiente para atender à demanda – Súmula nº 90, III, do TST.

Além disso, o trabalhador cujo horário de serviço fosse **incompatível** com o horário do transporte público e o empregador fornecesse condução, teria direito ao cômputo deste tempo na jornada – Súmula nº 90, II, do TST. Entretanto, se, não obstante esta carência de oferta de transporte público, houvesse compatibilidade com os horários de entrada e saída do trabalhador, ficaria descaracterizado o tempo à disposição, isto é, as horas *in itinere*. Este era o caso de mera insuficiência, sem incompatibilidade de horários – Súmula nº 90, III.

4.1.2.3. Condução Fornecida pelo Empregador – antes da Lei nº 13.467/17

A condução pode ser **coletiva** (ônibus, van, barco, aeronave etc.) ou **individual**, mas deveria ser fornecida pelo empregador para parte ou o total do percurso. O fornecimento da condução pelo empregador constituía requisito cumulativo para o cômputo na jornada do tempo nela despendido.

Desta forma, o tempo despendido no barco do empregador que levava os empregados à ilha onde está localizada a empresa, que se encontrava em local de difícil acesso e não guarnecida por transporte público, era computado na jornada.

Ressalte-se que o fato de o patrão cobrasse pelo transporte não descaracterizava o fornecimento patronal e, portanto, não afastava as horas *in itinere* – Súmula nº 320 do TST.

O tempo que o empregado gastava do **portão** da empresa até o local de trabalho era computado na jornada, por aplicação do art. 294 da CLT c/c art. 4º da CLT, desde que superasse 10 minutos diários – Súmula nº 429 do TST. Todavia, esta Súmula foi superada pela atual redação do § 2º do art. 58 da CLT.

Caso conhecido era o da Fiocruz, no Rio de Janeiro, em que o trabalhador chegava a gastar 20 minutos entre o portão e o local de trabalho. Tal período era computado na jornada.

Convém ressaltar que os empregados relacionados no art. 62 da CLT estão **excluídos** do direito ao sobreaviso, prontidão, pagamento pela supressão ou concessão de intervalo não previsto em lei (ou maior que o legal), e até da aplicação do art. 4º da CLT, quando importar em hora extra. Assim também tem entendido a jurisprudência.

4.1.3. Sobreaviso e Prontidão

Originariamente o sobreaviso foi previsto apenas para o ferroviário. De acordo com o *caput* do art. 244 da CLT "as estradas de ferro poderão ter empregados extranumerários, de sobreaviso e de prontidão, para executarem serviços imprevistos ou para substituições de outros empregados que faltem à escala organizada".

A lei considerou como **sobreaviso** o tempo que o ferroviário permanecer em sua casa aguardando o chamado para o serviço, devendo este tempo durar, no máximo, 24 horas e ser remunerado na razão de 1/3 da hora normal (§ 2º do art. 244 da CLT).

Preferiu o legislador amenizar os efeitos do art. 4º da CLT, pois não concedeu a paga da hora cheia, mas apenas de 1/3 da hora normal. Isto se explica porque, apesar de limitado o direito de ir e vir, o trabalhador permanecia no conforto de seu lar, aguardando o chamado do patrão e por se tratar de atividade pública essencial à população, passível de imprevistos.

Aos **petroleiros** foi garantido o **sobreaviso** – art. 5º, § 1º, da Lei nº 5.811/72, cuja remuneração corresponde à hora extra, logo, contraprestacionado na razão da hora + 50%.

O **sobreaviso** também foi estendido aos **aeronautas** pelo período mínimo de 3 horas e máximo de 12 horas e remunerado a 1/3 da hora normal, desde que não ultrapasse, como regra, a oito por mês – art. 43 da Lei nº 13.475/17.

A jurisprudência fixou o **sobreaviso** do **eletricitário** em 1/3 da totalidade das parcelas de natureza salarial, por aplicação analógica do art. 244, § 2º, da CLT – Súmula nº 229 do TST.

Quando o trabalhador fica obrigado a portar qualquer tipo de intercomunicador, como BIP, celular, ou *laptop* para ser chamado, vez ou outra, para trabalhar ou para resolver problemas da empresa à distância, terá direito à remuneração deste tempo à disposição.[7] Não se pode comparar o empregado que, ao final da jornada, pode se desligar do trabalho e relaxar, com aquele que, apesar de ter saído do ambiente de trabalho ao final da jornada, ainda leva consigo um prolongamento do ofício, tendo que responder com habitualidade aos chamados do empregador. Da mesma forma Alice Monteiro de Barros.[8]

O trabalhador tem direito à "**desconexão**", isto é, a se afastar totalmente do ambiente de trabalho, preservando seus momentos de relaxamento, de lazer, seu ambiente domiciliar contra as novas técnicas invasivas que penetram na vida íntima do empregado.

É certo que a limitação do direito de ir e vir imposta por estes aparelhos é bem mais amena e suave que a preconizada pelo art. 244, § 2º, da CLT, pois o raio de atuação está cada vez maior. Apesar do trabalhador não permanecer em casa aguardando ordens, como os antigos ferroviários, deve ter remunerado este desconforto de ficar preocupado todo o tempo com a área de atuação do aparelho, com o sinal, com o local onde está, com os chamados não atendidos, com os problemas que terá que resolver à distância etc. Afinal, esta garantia também decorre do art. 4º da CLT, cujo efeito excepcionalmente foi amenizado pelo legislador para o ferroviário, por se tratar de serviço essencial à população (transporte),

---

7 O parágrafo único ao art. 6º da CLT esclarece que "Os meios telemáticos e informatizados de comando, controle e supervisão se equiparam, para fins de subordinação jurídica, aos meios pessoais e diretos de comando, controle e supervisão do trabalho".

8 BARROS, Alice Monteiro de. *Curso de Direito do Trabalho*. São Paulo: LTr, 2005, p. 633.

assim como o fez para o aeronauta. O tempo que o empregado está aguardando a chamada é de sobreaviso e como tal deve ser remunerado (1/3 da hora normal). Já os chamados em si, isto é, o lapso temporal em que o trabalhador fica ao telefone, no computador ou intercomunicador resolvendo problemas da empresa é tempo de trabalho. Se este tempo à disposição ultrapassar o limite legal ou contratual, será considerado como extra.

Em sentido contrário, Sergio Pinto Martins,[9] por entender que o modelo contido no art. 244 da CLT se aplica apenas às limitações de ir e vir mais acentuadas, isto é, quando o trabalhador tiver que permanecer em casa aguardando ordens. Da mesma forma, Arnaldo Süssekind[10] que defende que as horas de sobreaviso não se aplicam ao trabalhador que usa BIP, enquanto aguarda o chamado, por ter liberdade de se locomover, salvo se tiver que permanecer em algum local aguardando o chamado.

Finalmente a jurisprudência acolheu nossa tese – Súmula nº 428, II, do TST –, pois considerou que o uso de BIP, pager, celular ou instrumentos telemáticos enseja o sobreaviso, desde que o empregado permaneça aguardando ordens ou seja controlado à distância.

> *Súmula nº 428, II, do TST: II – Considera-se em sobreaviso o empregado que, à distância e submetido a controle patronal por instrumentos telemáticos ou informatizados, permanecer em regime de plantão ou equivalente, aguardando a qualquer momento o chamado para o serviço durante o período de descanso.*

Considera-se de **prontidão** o tempo gasto pelo ferroviário "empregado que ficar nas dependências da estrada, aguardando ordens (...)" – art. 244, § 3º, da CLT. Neste caso a remuneração será de 2/3 da hora normal. Mais uma vez o legislador atenuou os efeitos do art. 4º da CLT, pois deveria ter considerado como tempo normal e, se ultrapassada a jornada normal, o tempo deverá ser considerado como extra. Afinal, ficar em qualquer local da empresa aguardando ordens do empregador é tempo de trabalho pelo art. 4º da CLT.

Para os **aeronautas**, a prontidão se chama **reserva** – art. 44 da Lei nº 13.475/17, e é remunerada como a hora normal. Considera-se em reserva o tempo que o aeronauta permanece, por determinação do empregador, em local de trabalho à sua disposição.

O tempo que o empregado gasta com **reuniões de trabalho** é considerado como tempo de trabalho ou à disposição. Se as reuniões forem realizadas fora do horário de trabalho, todo seu tempo deverá ser remunerado como hora extra – Precedente Normativo 19 do TST (hoje cancelado).

Após a antiga Lei nº 12.619/2012 (hoje Lei nº 13.103/2015), foram consideradas **tempo de espera** (art. 235-C, § 8º, da CLT) as horas em que o **motorista**

9 MARTINS, Sergio Pinto. *Direito do Trabalho*. 13. ed. São Paulo: Atlas, 2001, p. 469.

10 SÜSSEKIND, Arnaldo; MARANHÃO, Délio; VIANNA, Segadas; TEIXEIRA, Lima. *Instituições de Direito do Trabalho*. 19. ed. São Paulo: LTr, v. 2, 2000, p. 806.

profissional empregado ficar aguardando carga ou descarga do veículo nas dependências do embarcador ou do destinatário e o período gasto com a fiscalização da mercadoria transportada em barreiras fiscais ou alfandegárias. Entretanto, o legislador entendeu que tal período não poderia ser considerado como hora extra, apesar de ser, e, para tanto, determinou que "as horas relativas ao período do **tempo de espera** serão **indenizadas** com base no salário-hora normal acrescido de 30% (trinta por cento)". A novidade é que, além de ser remunerada com percentual menor que as horas extras (estas o são a 50%, enquanto aquelas a 30%), o tempo de espera, segundo o art. 235-C, § 9º, da CLT, **não** tem natureza salarial.

Quando o **tempo de espera** for superior a 2 (duas) horas ininterruptas e for exigida a permanência do motorista empregado junto ao veículo, caso o local ofereça condições adequadas, o tempo será considerado como de **repouso** para os fins do intervalo de que tratam os §§ 2º e 3º, sem prejuízo do pagamento do adicional de 30% previsto no § 9º do art. 235-C da CLT.

Era considerado **tempo de reserva** do **motorista profissional** de carga ou de passageiro o tempo que exceder a jornada em que o empregado estiver descansando no veículo em movimento, em dupla de motoristas em revezamento. Nesse caso, o valor previsto era de 30% da hora normal. Todavia, a Lei nº 13.103/2015 revogou o § 6º do art. 235-E da CLT e passou a chamar de "tempo de repouso" esse período e sem qualquer contraprestação.

De acordo com a nova redação do § 5º do art. 235-E da CLT:

> Nos casos em que o empregador adotar 2 (dois) motoristas trabalhando no mesmo veículo, o tempo de repouso poderá ser feito com o veículo em movimento, assegurado o repouso mínimo de 6 (seis) horas consecutivas fora do veículo em alojamento externo ou, se na cabine leito, com o veículo estacionado, a cada 72 (setenta e duas) horas.

Decorre daí a lógica conclusão de que o legislador deixou claro que o tempo que o trabalhador permanecer na boleia (cabine interna com pequena cama), descansando ou dormindo, quando o veículo estiver parado, não é considerado tempo à disposição, contrariando inúmeros julgados em sentido contrário, mas eram anteriores à referida lei.

O empregado **doméstico**, a partir da vigência da EC 72/2013, terá direito ao recebimento do sobreaviso, caso fique à disposição do empregador, como na possibilidade de ter que dormir com a criança ou com o idoso que constantemente acorda para receber cuidados ou alimento. Apesar da LC 150/2015 não ter sido expressa a respeito, é possível a aplicação dos arts. 4º e 244 (este por analogia) da CLT ao doméstico (art. 19 da LC 150/15).

Estranhamente, o legislador considerou que o salário do **doméstico** deve ser acrescido de 25% quando acompanha o empregador em viagem (art. 11, § 2º, da LC 150/2015). Esse valor é devido pela jornada normal, para compensar o tempo da viagem que o empregado permanece à disposição, longe de casa. O art. 11 da nova lei dos domésticos foi claro ao considerar apenas o tempo trabalhado em viagem, desprezando todo o tempo à disposição. Se, entretanto, fizer horas extras, o adicional de 50% será calculado pelo salário já majorado.

O art. 611-A, VIII da CLT autorizou a norma coletiva a dispor sobre o regime de sobreaviso. Logo, poderá excluir ou reduzir o respectivo pagamento.

4.1.4. Intervalo Não Previsto em Lei

Os intervalos previstos em lei, assim como qualquer outro período de descanso (semanal ou anual) constituem medida de proteção ao trabalhador e foram cuidadosamente previstos pela lei com base em rigorosos critérios técnicos. São normas de medicina e segurança do trabalho, que tentam diminuir os impactos dos excessos sobre o organismo. Nesta esteira de raciocínio, é fácil concluir que tais regras são imperativas e não podem ser modificadas nem para mais, nem para menos pela vontade das partes, salvo quando o próprio legislador autorizar.

Assim, toda vez que o empregador conceder intervalos intrajornada, entre jornadas, semanal ou anual, não previsto em lei, estará mantendo seu empregado à disposição. Se este período ultrapassar a jornada normal, deverá ser remunerado como hora extra.

> **Ex.**: Trabalho executado das 8 às 17 horas e 30 minutos, com um intervalo de 1 hora para descanso e alimentação e dois intervalos de 15 minutos, um no turno da manhã e outro no turno da tarde. Neste caso, como os dois intervalos de 15 minutos não estão autorizados por lei, são considerados como tempo à disposição, mesmo que o trabalhador usufrua, de fato, do descanso – Súmula nº 118 do TST.

4.1.5. Intervalo Não Concedido ou Suprimido

A concessão do intervalo para repouso e alimentação previsto no art. 71 da CLT é norma de medicina e segurança do trabalho e, por isso, direito de ordem pública. Como regra, o empregador não pode suprimir unilateral ou bilateralmente o período de descanso previsto em lei.

Nem a norma coletiva poderá suprimir ou fracionar o intervalo, salvo raros casos autorizados por lei, pois a medida é indispensável para reposição de energia, alimentação e descanso. Após a Lei nº 13.467/17, o art. 611-A, III, da CLT autorizou à norma coletiva reduzir o intervalo intrajornada, respeitado o período mínimo de 30 minutos.

A lei dos **motoristas** (Lei nº 13.103/2015) autorizou, desde que por norma coletiva, a redução ou o fracionamento do intervalo, como se depreende do § 5º do art. 71 da CLT (incluído pela Lei nº 12.619/2012 e alterado pela Lei nº 13.103/2015):

> § 5º O intervalo expresso no *caput* poderá ser reduzido e/ou fracionado, e aquele estabelecido no § 1º poderá ser fracionado, quando compreendidos entre o término da primeira hora trabalhada e o início da última hora trabalhada, desde

que previsto em convenção ou acordo coletivo de trabalho, ante a natureza do serviço e em virtude das condições especiais de trabalho a que são submetidos estritamente os motoristas, cobradores, fiscalização de campo e afins nos serviços de operação de veículos rodoviários, empregados no setor de transporte coletivo de passageiros, mantida a remuneração e concedidos intervalos para descanso menores ao final de cada viagem.

A hora extra com o respectivo adicional de 50% é devida quando o empregado labora além da jornada legal ou contratual. Também é devida quando não é concedido o intervalo intrajornada (art. 71, § 4º, da CLT) ou intervalo entre jornadas (Súmula nº 110 do TST). Todavia, se a hora já está **paga**, só resta remunerar o adicional. O tempo à disposição também pode ser considerado como trabalho extra e, se assim o for, terá o acréscimo de 50% (art. 4º da CLT).

Desta forma, o empregado contratado para trabalhar 8 horas, de 8 h às 17h, com uma hora de intervalo, que trabalha durante todo o intervalo tem direito à remuneração deste período, devendo o empregador pagar a hora mais o adicional de 50%.

Se, entretanto, no exemplo citado, o empregado trabalhar durante o intervalo, mas sair às 16 horas significa que ele **compensou** a hora a mais trabalhada pela saída antecipada. Até 1994 este fato acarretava tão somente em infração administrativa, na forma da cancelada Súmula nº 88 do TST. Todavia, a Lei nº 8.923/94 acrescentou o § 4º ao art. 71 da CLT para impedir esta prática, obrigando ao pagamento do adicional de horas extras (50%), porque acarreta malefícios à saúde do empregado, mesmo não importando em acréscimo no final da jornada, isto é, em labor além da 8º hora diária. A partir de então até a Lei nº 13.467/17, a doutrina se esforçava para tentar descobrir a **natureza jurídica** do adicional de 50% incidente sobre o intervalo suprimido e compensado no final da jornada.

Havia uma forte tendência em considerá-lo penalidade, o que não se confundia com o adicional de hora extra em estudo, e por isso, não teria a parcela natureza salarial e sim indenizatória (Valentin Carrion)[11] – art. 71, § 4º, CLT. Para os defensores desta tese, no exemplo citado, tanto a hora quanto o adicional seriam devidos, já que ainda não pagos.

Pensávamos de forma diversa.

Intervalo não concedido significava tempo à disposição ou trabalho realizado em período de descanso, logo, deveria ser remunerado como tal. No caso em estudo, como a hora já tinha sido paga como salário e, como a natureza jurídica do pagamento do intervalo suprimido também era de salário, devido era apenas o adicional sobre o período suprimido, sob pena de pagamento duplo pela mesma hora. Se o empregado recebesse seu salário pelo trabalho de 8 horas por dia e, se de fato trabalhasse apenas as oito horas, não poderia receber por nove, sob pena de enriquecimento sem causa e *bis in idem*. Situação diversa seria aquela do empregado que trabalhava nove horas consecutivas sem intervalos e, apenas recebia pelas oito horas diárias pelo pagamento do salário contratual. Neste caso teria direito ao

---

11 CARRION, Valentin. *Comentários à Consolidação das Leis do Trabalho*. 29. ed. São Paulo: Saraiva, 2004, p. 123.

pagamento da hora + 50%, correspondente ao tempo do intervalo suprimido. Sendo assim, não haveria *bis in idem* para o empregador quando o empregado trabalhasse na hora do descanso e isto importaria em acréscimo de horas trabalhadas no final do dia, isto é, não teria o trabalhador direito a uma hora paga como descanso suprimido e outra como hora extra pelo trabalho além da jornada, ambas com acréscimo de 50%. A se pensar de outra forma o empregador pagaria duas vezes o mesmo intervalo trabalhado (mesmo fato gerador), o que é refutado pelo direito. Assim, se o empregado trabalhasse na hora de intervalo e **compensasse**, saindo mais cedo do serviço, não trabalhando além da jornada normal, receberia apenas 50% sobre a hora suprimida, pois já teria recebido pela hora trabalhada, uma vez que seu salário foi ajustado para a jornada laborada. Neste sentido se posicionava José Augusto Rodrigues Pinto[12] que, como nós, defendia a tese de que o adicional era de hora extra (ficta) e, portanto, tinha natureza salarial.[13]

A natureza salarial do adicional previsto no art. 71, § 4º, da CLT, também era a posição do TST, conforme a Súmula nº 437, III, do TST.

Entrementes, toda a discussão acima perdeu a função, pois a nova redação do § 4º do art. 71 da CLT, alterado pela Lei nº 13.467/17, deixa clara a natureza indenizatória do intervalo suprimido e que o pagamento deve ser apenas da parte suprimida, alterando o antigo entendimento dos incisos I e III da Súmula 437 do TST. Antes da Lei nº 13.467/17, havia controvérsias a respeito do tempo que deveria ser pago pelo intervalo suprimido, bem como sua natureza. Abaixo exemplos que se aplicam para as situações anteriores à lei.

> **Ex.:** Empregado contratado para receber R$ 2.000,00 para trabalhar 8 horas diárias, das 8 h às 17h, com 1 hora de intervalo.

Intervalo concedido

.________. .________. = 8 horas de trabalho

8h 12h 13h 17h Intervalo usufruído.

Intervalo trabalhado e compensado

.________.________.________. = 8 horas de trabalho + **50% sobre a hora de**

8h 12h 13h 16h **intervalo** não concedido, mas "compensado".

Intervalo trabalhado e não compensado

.________.________.________. = 8 horas de trabalho + **1h extra +**

8h 12h 13h 17h **50%** (pelo intervalo não concedido)

---

12 PINTO, José Augusto Rodrigues. *Curso de Direito Individual do Trabalho*. 4. ed. São Paulo: LTr, 2000, p. 350.

13 Da mesma forma SAAD, Eduardo Gabriel; SAAD, José Eduardo Duarte; BRANCO, Ana Maria Saad Castelo. *CLT comentada*. 39. ed. São Paulo: LTr, 2006, p. 142.

Mauricio Godinho[14] argumentava que nestes casos o pagamento deveria compreender a hora extra em si, mesmo que ficta, além do respectivo adicional, pois a lei desejava sobrevalorizar esse tempo desrespeitado, por ser norma de medicina e segurança do trabalho. Sergio Pinto Martins[15] também advogava que o pagamento deveria corresponder ao período não concedido de descanso + 50%, mesmo que não tivesse havido sobrejornada, isto é, horas extras reais. De forma similar, mas pela hora cheia, Alice Monteiro de Barros[16] e a jurisprudência da época – Súmula nº 437, I, do TST.

De acordo com o entendimento de Godinho, para a mesma hipótese, o valor pago seria diferente, como abaixo demonstrado:

Exemplo para o período anterior à Lei nº 13.467/17: Empregado contratado para receber R$ 2.000,00 para trabalhar 8 horas diárias, das 8 h às 17h, com 1 hora de intervalo.

Intervalo concedido

.______. .______. = 8 horas de trabalho – Jornada normal

8h 12h 13h 17h Intervalo usufruído

Intervalo trabalhado e compensado

.______.______.______. = 8 horas de trabalho + **1h** + **50%** sobre a hora

8h 12h 13h 16h de intervalo não concedido, mas "compensado".

Intervalo trabalhado e não compensado

.______.______.______. = 8 horas de trabalho + **1h extra +**

8h 12h 13h 17h **50% (pelo intervalo não concedido)**

1h + 50% (pela hora extra em si).

4.1.6. Intervalo Concedido Parcialmente

O intervalo concedido parcialmente dá ao empregado o direito de receber apenas o período não gozado, pois não seria justo pagar ao trabalhador mais do que ele tem direito. Ademais, não se pode comparar a nocividade que sofre o empregado que não usufrui nenhum intervalo com aquele que goza de um descanso de 50 ou 40 minutos, apesar de a lei lhe garantir 1 hora. Assim também entendem Godinho[17] e Sergio Pinto Martins[18] e a atual redação do § 2º do art. 71 da CLT, alterado pela Lei nº 13.467/17.

---

14 DELGADO, Mauricio Godinho. *Curso de Direito do Trabalho*. São Paulo: LTr, 2002, p. 907.

15 MARTINS, Sergio Pinto. *Direito do Trabalho*. 13. ed. São Paulo: Atlas, 2001, p. 481.

16 BARROS, Alice Monteiro de. *Curso de Direito do Trabalho*. São Paulo: LTr, 2005, p. 643.

17 DELGADO, Mauricio Godinho. *Curso de Direito do Trabalho*. São Paulo: LTr, 2002, p. 906.

18 MARTINS, Sergio Pinto. *Direito do Trabalho*. 13. ed. São Paulo: Atlas, 2001, p. 48.

De forma diversa posicionava-se a OJ nº 355 da SDI-I do TST, que interpretava a OJ nº 307 da SDI-I (cancelada) de forma restritiva. Entretanto, a Súmula nº 437, I, do TST determinava o "pagamento total do período correspondente, e não apenas daquele suprimido", deixando claro que o período a que se refere é o do repouso garantido por lei e não o do descanso não usufruído.

Todavia, esta posição prevaleceu até a Lei nº 13.467/17. Após a alteração do § 4º do art. 71 da CLT é devido apenas o período suprimido:

> **Art. 71.**
> (...)
> § 4º A não concessão ou a concessão parcial do intervalo intrajornada mínimo, para repouso e alimentação, a empregados urbanos e rurais, implica o pagamento, de natureza indenizatória, apenas do período suprimido, com acréscimo de 50% (cinquenta por cento) sobre o valor da remuneração da hora normal de trabalho.

Alice Monteiro, da mesma forma que a jurisprudência da época consagrada pelo inciso I da Súmula nº 437 do TST, defendia o pagamento da hora cheia em qualquer caso, sob o argumento de que a norma é de medicina e segurança do trabalho e de que o descanso parcial não atinge a sua finalidade.

Para a supressão parcial do intervalo intrajornada ocorrida antes da Lei 13.467/17, é aplicável a tese vinculante de que a supressão de até cinco minutos na concessão do intervalo intrajornada é tolerável, desde que seja efetivamente variável (aleatória) e não seja uma imposição do empregador (Incidente de Recursos Repetitivos de nº 0001384-61.2012.5.04.0512, julgado pelo Pleno do TST em 25/03/19).

4.1.7. Trabalho Além da Jornada

De acordo com os arts. 58 e 59 da CLT:

> **Art. 58.** A duração normal do trabalho, para os empregados em qualquer atividade privada, não excederá de 8 (oito) horas diárias, desde que não seja fixado expressamente outro limite.
>
> § 1º Não serão descontadas nem computadas como jornada extraordinária as variações de horário no registro de ponto não excedentes de cinco minutos, observado o limite máximo de dez minutos diários.
>
> (...)
>
> **Art. 59.** A duração diária do trabalho poderá ser acrescida de horas extras, em número não excedente de **duas**, **por acordo individual**, **convenção coletiva** ou **acordo coletivo** de trabalho (grifos nossos).
>
> § 1º A remuneração da hora extra será, pelo menos, 50% (cinquenta por cento) superior à da hora normal.

A duração do trabalho está limitada a 8 horas por dia, no limite de 44 horas semanais – art. 7º, XIII, da CRFB. Todo trabalho acima destes patamares é considerado como extraordinário.

O limite máximo de labor de **duas** horas extras por dia, previsto no art. 59 da CLT, dirige-se ao empregador, que está proibido de exigir do empregado trabalho além deste parâmetro. Isto se explica porque o excesso de trabalho traz fadiga, estresse e segrega laços íntimos e sociais. Se, todavia, o empregado de fato trabalhou mais horas extras, tem direito à remuneração de todas, sem qualquer limitação – Súmula nº 376 do TST. Há exceções ao limite de 2 horas por dia, como no caso da jornada compensada 12x36 horas.

Os **minutos** que antecedem e sucedem a jornada devem ser desprezados se não ultrapassarem 5 minutos por entrada (início do expediente e início do segundo turno, após o intervalo de refeição) e por saída (saída para refeição e fim do expediente), desde que soma diária não seja superior de 10 minutos – art. 58, § 1º, da CLT. O tempo gasto com a colocação e a retirada do uniforme só será computado na jornada se for obrigatória a troca na empresa e, mesmo assim, se ultrapassar 5 minutos por troca, limitado a 10 minutos no dia (art. 4º, § 2º, VIII, da CLT).

O empregado que chega 3 minutos antes e sai 4 minutos depois da sua jornada não tem direito a receber os 7 minutos extras. Se, entretanto, chega 7 minutos antes e sai no horário normal terá o direito ao pagamento dos 7 minutos extras, sempre acrescidos de 50%. Da mesma forma se chega 11 minutos antes da jornada e sai no horário normal terá direito ao pagamento destes minutos extras, pois extrapola o limite de 5 minutos.

Nula cláusula de convenção ou acordo coletivo que elastece o limite de 5 minutos que antecedem e sucedem a jornada de trabalho para fins de apuração das horas extras, já que contraria norma prevista em lei. Este era o entendimento da Súmula nº 449 do TST. Todavia, o art. 611-A da CLT autoriza a norma coletiva a dispor sobre a jornada de trabalho, e isso poderá gerar novas controvérsias a respeito do tema.

A lei menciona que a duração normal do trabalho poderá ser acrescida de horas extras mediante **acordo individual** entre empregado e empregador ou quando prevista em **norma coletiva** – art. 59 da CLT. Há duas formas de interpretar este comando:

1ª) Na verdade, a exigência é simples requisito da prova do ato, pois o empregado terá direito a receber pelas horas extras trabalhadas, mesmo que inexista qualquer acordo escrito ou norma coletiva neste sentido.

2ª) Se, entrementes, houver contrato escrito ou norma coletiva que contrate as horas extras de forma permanente e habitual – pré-contratação de horas extras –, a pactuação será nula de pleno direito, pois torna o ordinário em extraordinário, o excepcional em comum, alterando e violentando de morte a regra contida no art. 7º, XIII, da CRFB. As horas extras devem ser excepcionais e não regra.

Ex.: Empregado contratado para ganhar R$ 2.000,00 para trabalhar 8 horas por dia, limitado a 44 h semanais e mais R$ 340,00 para fazer de forma permanente e habitual, 2 horas extras por dia, de segunda a quinta feira. Neste caso, o pacto (prévio) de horas extras permanentes é nulo e os valores assim ajustados apenas remuneram a jornada normal. Se, de fato, trabalhou duas horas extras por dia, de segunda a quinta, ainda terá o direito de recebê-las, cujo cálculo deverá ter como salário R$ 2.340,00 mensais. Neste sentido a Súmula nº 199, I, do TST. A pré-contratação só seria válida se destinada para evento episódico, como ocorreu com os bancários na época da conversão de moeda ou com os vendedores, na época de natal.

A regra contida no *caput* do art. 59 da CLT, tanto no que diz respeito ao limite de duas horas quanto na necessidade de prévio acordo para autorizar o labor extra, não se aplica aos domésticos, uma vez que a LC 150/2015 autorizou o trabalho extraordinário sem a exigência e sem limites. Defendemos a aplicação do art. 58, § 1º, da CLT, isto é, a tolerância de cinco minutos, limitados a dez por dia, para o cômputo ou não desse tempo como atraso ou serviço extra.

4.1.7.1. Horas Extras Obrigatórias

O labor suplementar deve ser incomum ou transitório, sob pena de se transformar a jornada máxima legal de oito horas em outra superior. Por este motivo, nenhum empregado está obrigado a cumprir, de forma permanente, horas extras, salvo quando: a) pré-contratadas por ajuste individual ou coletivo; b) nas hipóteses do art. 61 da CLT; c) na hipótese do art. 240, parágrafo único, da CLT. Veja itens 12.2 e 14 deste Capítulo.

5. COMPENSAÇÃO DE JORNADA

O regime de **compensação** ocorre quando houver aumento da jornada em um dia pela correspondente diminuição em outro, de forma a garantir o módulo **semanal** de 44 horas ou **mensal**[19] corresponde à soma das jornadas semanais.

A compensação de jornada é gênero cujas espécies são: compensação **tradicional** e **banco de horas**.

A compensação de jornada tradicional é aquela em que o módulo semanal ou mensal é respeitado e o horário de trabalho por dia é fixado previamente.

Um exemplo de compensação **tradicional** ocorre no caso de os empregados da construção civil que, por força de norma coletiva, têm horário da seguinte forma: de segunda a quinta feira, das 8 às 18 horas, com uma hora de intervalo (9 horas de trabalho por dia); às sextas-feiras, das 8 às 17 horas, com o mesmo intervalo (8 horas de trabalho). Os horários de trabalho são **previamente ajustados**, a jornada é de 8 horas às sextas e de 9 horas de segunda a quinta, que totalizam 44 horas semanais. Neste exemplo houve aumento de uma hora por dia, durante quatro dias, para compensar o não trabalho aos sábados, cuja jornada máxima seria de

[19] Muitos apontam como limite aproximado de 220 horas mensais, 440 horas bimestrais, 660 horas trimestrais e, assim por diante, **até o anual** de 2.640 horas (220 horas mensais x 12 meses). Entretanto, esta conta é aproximada e algumas vezes também será utilizada por nós apenas para facilitar. Na verdade, De acordo com a tese vinculante proferida os autos do IRR-849-83.2013.5.03.0138 sobre divisor bancário, o TST fixou que o número de semanas do mês é 4,2857, resultante da divisão de 30 (dias do mês) por 7 (dias da semana. Desta forma, o limite mensal nunca será de 220 horas e sim menor.

4 horas. Estas quatro horas foram distribuídas de forma fixa durante a semana e previamente ajustadas entre empregado e empregador.

Outro exemplo acontece com os vigilantes que, através de convênio coletivo, têm jornada de 12 horas de trabalho por 36 de descanso, de forma que no mês fica respeitado o limite constitucional.

O **banco de horas** foi criado inicialmente pela MP 1.709/98 para compensações de até 120 dias e, mais tarde, com nova redação, para compensações de até um ano, portanto, compensações anuais – MP 2.164-41/2001.[20] *Vide* art. 59, § 2º, da CLT.

Este nome foi escolhido por refletir semelhança a um banco onde há créditos e débitos na conta, isto é, o empregado que fizer horas extras, ao invés de recebê-las (em pecúnia), as acumula sucessivamente, para, dentro de um ano, no máximo, compensá-las.

O **banco de horas** pode ser **fixo** ou **variável**. No primeiro caso, o ajuste deve apontar previamente os horários de trabalho (fixos) e os períodos de sobrejornada (excesso) e de compensação (diminuição). No segundo caso, também chamado de banco de horas aleatório, o labor extra varia de acordo com a demanda e a folga compensatória também.

Uma empresa de ar refrigerado que tem grande movimento durante o verão, mas pequeno movimento durante o inverno, pode, por exemplo, ajustar com seus empregados que durante seis meses eles trabalharão por 10 horas/dia para, nos seis meses posteriores, trabalharem apenas seis horas e, durante todo aquele período (12 meses), receberão o mesmo salário, sem acréscimo ou redução (banco de horas fixo).

Também é possível, por exemplo, o empregador ajustar com seus empregados que toda vez que acumularem 6 horas extras, automaticamente, no dia imediato terão direito a uma folga compensatória. Isto costuma ser ajustado para os bancários, cuja jornada legal é de seis horas e o movimento varia conforme o dia do mês. Normalmente, nos primeiros dias (1, 2 e 3), no meio do mês (15), nos últimos dias (29 e 30), após feriados e às segundas-feiras, há maior movimento nas agências bancárias. Em face disto, ao invés de o banco pagar as horas extras laboradas nestes dias (limitadas a duas por dia), as compensa com outro dia de folga (banco de horas variável). O dia de folga não é previamente sabido pelas partes, nem os dias ou a quantidade de horas extras, que serão laboradas, que podem variar de minutos a horas por dia.

Assim, no exemplo citado, Rogério, bancário, trabalhou além do limite normal (seis horas), 1 hora e 30 min. no dia 2 de novembro, 20 min. no dia 9, 10 min. no dia 16, 2 horas/dia nos dias 29 e 30. Somando esses dias, Rogério terá direito a uma folga no dia 1º de dezembro (banco de horas variável). Os bancos costumam conceder a folga nos 12 meses subsequentes à aquisição do "direito à folga compensatória", sem que o empregado tenha ciência prévia do dia de descanso.

---

20 A primeira medida provisória (MP nº 1.709/98) foi reeditada inúmeras vezes até a última que levou o nº 2.164/91, que teve sua vigência indeterminada por força da EC nº 32/01 - art. 1º, que modificou o art. 62 da CRFB.

Se soubesse, poderia marcar a consulta médica que tanto aguarda, ou programar de buscar os filhos no colégio, ou ainda, descansar.

O banco de horas variável também pode ser ajustado da seguinte forma: o trabalhador permanece após o horário se tiver movimento na empresa (demanda, necessidade) e compensa quando for conveniente para os negócios.

Esta medida é prejudicial **ao trabalhador** e absurda, já que não permite que o empregado possa se preparar e programar sua vida pessoal no dia de folga. Além disso, há imprevisibilidade do horário do término do expediente, pois o empregado não sabe quando e quantas horas extras vai ter de trabalhar a cada dia, o que também gera insegurança ao trabalhador. O banco de horas variável lembra a pré-contratação de horas extras, pois torna o labor extra obrigatório, permanente e imprevisível. Todo trabalho extra é considerado nocivo à saúde mental, física e social do trabalhador, ainda mais quando conjugado à sua imprevisibilidade. Daí a necessidade de se limitar o direito do empregador de ajustar o banco de horas.

Explica-se:

A compensação de jornada pode ser utilizada de forma benéfica para as partes ou de forma nociva ao trabalhador, como acima exemplificado. A compensação anual variável, mesmo ajustada coletivamente, que exige o labor extra sem prévia comunicação, utilizada para aumentar os lucros, favorecendo exclusivamente os interesses do empregador, normalmente é abusiva. Isso porque as horas extras são laboradas aleatoriamente, sem qualquer pré-aviso, e as folgas, quando concedidas, não são programadas, para que o empregado tome conhecimento prévio e possa se preparar para o descanso. Tal medida segrega os laços sociais e familiares e causa extremo desgaste físico, porque o trabalhador nunca tem certeza da disponibilidade de seu tempo após o expediente normal, inviabilizando sua organização pessoal.

Por isso, o entendimento do TST, até o advento da reforma trabalhista, era de que o ajuste de compensação por banco de horas só era válido mediante prévia autorização em norma coletiva.

Entretanto, a Lei nº 13.467/17 incluiu o § 5º ao art. 59 da CLT para permitir, a partir de sua vigência, o ajuste individual escrito por banco de horas, desde que a compensação ocorra no período máximo de seis meses.

Dúvida de relevo surge a respeito de algumas questões trazidas pela redação contida no art. 59, § 2º, da CLT: o limite de dez horas por dia e o período máximo de um ano ou semestre. A contagem do banco de horas, pois a lei não esclarece se a compensação deve observar o ano (ou semestre) civil ou um ano (ou um semestre) a partir do labor de cada hora extra.

5.1. Limite de Dez Horas por Dia

A doutrina tem defendido que o limite de dez horas por dia só se aplica para os trabalhadores cuja jornada é de oito horas, em face do disposto no caput do art. 59 da CLT, quando menciona "(...) horas suplementares, em número não excedente de duas (...)", posição com a qual concordamos. Há, todavia, quem defenda[21] que o teto de 10 horas é indiscriminado, valendo para jornadas inferiores ao padrão de oito horas.

A lei não estabelece quantas horas extras pode um empregado fazer quando tiver jornada inferior à normal. Desta forma, quantas horas extras pode fazer um empregado que trabalha seis horas? E o que trabalha quatro horas/dia? Pensamos não ser razoável que um trabalhador que tem sua jornada reduzida, em razão da especificidade de sua função, tenha como teto as mesmas 10 horas de quem trabalha 8 horas normalmente. Assim, parece-nos que a melhor solução é o acréscimo de 2 horas em relação à jornada do caso concreto.

Aparentemente o limite de 10 horas por dia não se aplica aos que tem sua jornada sob o sistema 12x36 ou ao doméstico, pois a LC 150/2015 autorizou expressamente a jornada de 12x36h, assim como o art. 59-A da CLT e não impôs os limites e requisitos previstos na CLT para a compensação de jornada.

Antes da Reforma Trabalhista a compensação de jornada de 12 horas de trabalho por 36 de descanso só podia ser efetuada por norma coletiva. Atualmente o *caput* do art. 59-A da CLT autoriza o ajuste escrito entre patrão e empregado, sem intervenção do sindicato[22]. Os empregados que trabalham no sistema de compensação 12x36 não têm direito ao feriado nem ao § 5º do art. 73 da CLT. Maiores considerações acerca do tema estão no item a seguir.

Há exceções legais ao limite de dez horas por dia: **bombeiros civis** (Lei nº 11.901/2009), **motoristas profissionais** (Lei nº 13.103/2015) e **domésticos** (art. 10 da LC nº 150/2015) e regime geral de compensação de jornada de 12x36 previsto no art. 59-A da CLT. Nessas hipóteses, a lei autorizou expressamente o regime de trabalho por sistema de compensação de jornada de 12x36.

O não cumprimento das regras legais a respeito da compensação de jornada enseja a declaração de nulidade do respectivo acordo.

O art. 611-A, I, da CLT, acrescido pela Lei nº 13.467/17, autorizou a norma coletiva a adotar sistema de compensação de jornada, inclusive sob a modalidade do banco de horas. Neste caso, não haverá necessidade de se respeitar as regras e limitações contidas no art. 59 e seguintes da CLT.

Remetemos o leitor ao Capítulo "Interpretação do Direito e do Direito do Trabalho", item "Princípio da Interpretação Conforme a Constituição", exemplo 1.

5.2. Limite de Duas Horas por Dia

Apesar do limite de **duas** horas extras por dia, a lei (art. 59-A da CLT) excepciona alguns casos, entre eles o regime de compensação fixado de trabalho de 12x36 (doze horas trabalhadas por 36 de descanso) e a norma coletiva (art. 611-A, I e II, da CLT).

---

21 DELGADO, Mauricio Godinho. *Curso de Direito do Trabalho*. São Paulo: LTr, 2002, p. 868.

22 Durante a vigência da MP 808/17 o acordo de compensação pelo regime 12x36 só era permitido por norma coletiva, salvo para os empregados do setor de saúde, cujo acordo escrito entre patrão e empregado seria permitido.

Antes da Lei nº 13.467/2017, a jurisprudência considerava válido o sistema de compensação de jornada 12x36 apenas quando efetuado por meio de norma coletiva, sob o forte argumento de que os instrumentos coletivos podiam alterar as regras legais a respeito de jornada de trabalho porque expressamente autorizados a tanto pelo art. 7º, XIII, da CRFB. Concordávamos com a tese. Após a reforma trabalhista foi mantida a tese de que o acordo de compensação pelo sistema 12x36 só seria válido por norma coletiva, salvo para empregados do setor de saúde, que poderiam firmar acordo individual de compensação 12x36. Entretanto, essa nova regra só vigorou durante a vigência da MP nº 808/2017, que perdeu sua eficácia em 23.04.2018. A partir de então, poderão as partes (empregado e empregador) ajustar, de forma escrita e sem intervenção do sindicato, o acordo de compensação 12x36.

Não aceitamos o regime de compensação de 12 horas de trabalho por 12 horas de descanso (12x12), no sistema de três dias de trabalho por dois de descanso (3x2), como previsto em várias normas coletivas, pois uma simples conta aritmética comprova que não há compensação neste regime de trabalho, mas tão somente acréscimo de horas trabalhadas, sem qualquer compensação.

5.3. Forma

A compensação que ocorre dentro do mês pode ser ajustada por escrito, verbalmente ou, até, por acordo tácito, como autorizado pelo § 6º do art. 59 da CLT. Se for para compensações acima do mês, banco de horas ou regime de trabalho 12x36, só será aceita a ajuste escrito e/ou norma coletiva – art. 59, *caput* e §§ 2º e 5º, e art. 59-A da CLT c/c art. 7º, XIII, da CRFB. A Constituição refere-se a, "(...) facultada a compensação de horários e a redução da jornada, mediante acordo ou convenção coletiva de trabalho" (grifo nosso).

Cumpre esclarecer que antes da Lei nº 13.467/17 não era permitido acordo tácito para a adoção do regime de compensação de jornada – Súmula nº 85, III, do TST, ante a antiga exigência legal de que seja expresso.

Acordo tácito é entendido como aquele que não foi ajustado expressamente. Assim, quando um empregado trabalha 12 horas num dia para compensar nas 36 horas subsequentes, sem ajuste normativo ou *escrito*, a compensação será tácita, o que não é aceito pela lei para esse tipo de compensação (art. 59-A da CLT). Valentin Carrion,[23] mesmo antes da Reforma Trabalhista, aceitava o **ajuste tácito** "evidenciado pelo uso contínuo" para compensações semanais fixas, por entender mais benéfico ao trabalhador. O ajuste tácito para a compensação mensal também pode ser aplicado ao doméstico (art. 19 da LC nº 150/2015) e aos rurais (art. 1º da Lei nº 5.889/73).

De qualquer sorte, a lei exige a formalidade (acordo coletivo ou convenção coletiva) para a compensação de jornada do **menor** (art. 413, I, da CLT) e do **aeroviário** (acordo individual com assistência sindical, acordo coletivo ou convenção coletiva – art. 19, parágrafo único, do Decreto nº 1.232/62), **comerciário** (art. 3º, § 1º, da Lei nº 12.790/2013) e **motorista profissional de passageiro** ou

23 CARRION, Valentin. *Comentários à Consolidação das Leis do Trabalho*. 28. ed. atual. por Eduardo Carrion. São Paulo: Saraiva, 2003. p. 107.

carga (Lei nº 13.103/2015), para o banco de horas (art. 59, § 5º, da CLT) e para o regime 12x36 (art. 59-A da CLT) e qualquer outro regime de compensação que ultrapasse o limite de duas horas por dia (art. 611-A da CLT).

Não concordávamos com o antigo entendimento da jurisprudência consagrado pela cancelada Súmula nº 349 do TST, que, em boa hora, foi cancelada, porque contrariava o disposto em norma de medicina e segurança do trabalho (art. 60 da CLT), que impede qualquer prorrogação em **atividades insalubres**, aí entendidas as horas extras e as compensações, mesmo que autorizadas através de norma coletiva, sem a prévia inspeção da autoridade competente. Entretanto, a Lei nº 13.467/17 acrescentou o parágrafo único ao art. 60 da CLT para dispensar a prévia autorização da autoridade competente para a compensação 12x36 em local insalubre. Da mesma forma, o inciso XIII do art. 611-A da CLT.

Portanto, superado o inciso VI da Súmula nº 85, que considerava nulo o acordo de compensação de jornada em atividade insalubre, ainda que estipulado em norma coletiva, sem a necessária inspeção prévia e permissão da autoridade competente, na forma do art. 60 da CLT.

O bombeiro civil tem sua jornada fixada em 12 horas de trabalho por 36h de descanso (art. 5º da Lei nº 11.901/09), limitada a 36h semanais. Sua compensação, portanto, tem amparo legal, não havendo necessidade de ajuste individual ou coletivo.

Ao doméstico não se aplica o limite de duas horas extras por dia, tampouco a necessidade de norma coletiva para a compensação de jornada por banco de horas, na forma do art. 2º da LC 150/2015. A lei do doméstico apenas exigiu acordo escrito entre empregado e empregador e o pagamento das primeiras 40 horas extras ou a compensação dessas primeiras 40 horas no mês:

> § 4º Poderá ser dispensado o acréscimo de salário e instituído regime de compensação de horas, mediante acordo escrito entre empregador e empregado, se o excesso de horas de um dia for compensado em outro dia.
>
> § 5º No regime de compensação previsto no § 4º:
>
> I – será devido o pagamento, como horas extras, na forma do § 1º, das primeiras 40 (quarenta) horas mensais excedentes ao horário normal de trabalho;
>
> II – das 40 (quarenta) horas referidas no inciso I, poderão ser deduzidas, sem o correspondente pagamento, as horas não trabalhadas, em função de redução do horário normal de trabalho ou de dia útil não trabalhado, durante o mês;
>
> III – o saldo de horas que excederem as 40 (quarenta) primeiras horas mensais de que trata o inciso I, com a dedução prevista no inciso II, quando for o caso, será compensado no período máximo de 1 (um) ano.
>
> § 6º Na hipótese de rescisão do contrato de trabalho sem que tenha havido a compensação integral da jornada extraordinária, na forma do § 5º, fará o trabalhador jus ao pagamento das horas extras não compensadas, calculadas sobre o valor da remuneração na data da rescisão.

5.4. Prazo Máximo

O prazo máximo para a compensação é o **ano ou o semestre**. Para os ajustes individuais para compensação por banco de horas, o limite é o semestre. Para os demais o limite é o ano. A doutrina ainda não especificou como se estabelece o parâmetro anual ou semestral, se deve ocorrer dentro de um exercício (ano civil – de janeiro a dezembro ou semestre civil – janeiro a junho), ou a cada labor extra. A prática evidencia que as empresas têm adotado os dois sistemas. Alguns preferem ajustar que cada hora extra pode ser compensada em até um ano ou semestre, dependendo da forma do ajuste. Outros estabelecem que, dentro do exercício do ano ou semestre civil, todas as horas extras efetuadas através do banco de horas sejam compensadas até dezembro ou o fim do semestre daquele ano. O que não se admite é que a contagem comece a partir da aquisição do direito à folga compensatória, como vêm praticando alguns bancos.

De qualquer sorte, caso não sejam compensadas todas as horas extras laboradas, quando da rescisão estas serão pagas pela remuneração da data da rescisão – art. 59, § 3º, da CLT.

5.4.1. Condições Especiais

Independentemente da discussão anterior, para os menores – art. 413, I, da CLT, a lei exige que a compensação de jornada seja efetuada através de **norma coletiva** e limitada a 44 horas semanais.

Para as atividades insalubres, a compensação depende da prévia licença das autoridades competentes em matéria de higiene do trabalho, de acordo com o art. 60 da CLT, salvo para o regime de 12x36 (parágrafo único do art. 60 da CLT) ou quando autorizado em norma coletiva (art. 611-A, XIII, da CLT).

5.4.2. Empregado Público

Os empregados públicos também podem trabalhar sob o regime de compensação de jornada, nos mesmos moldes dos demais empregados, pois o ajuste coletivo ou escrito individual é aceito para as compensações por banco de horas e regime 12x36. Da mesma forma, deve ser aceita a regra da validade do ajuste tácito para os empregados públicos que compensam o labor extra dentro do mês.

6. TURNOS ININTERRUPTOS DE REVEZAMENTO

Historicamente o sistema de trabalho em turnos[24] ininterruptos de revezamento teve sua origem na Lei nº 5.811/72,[25] para os empregados que prestam serviços em atividades de exploração, perfuração, produção e refinação de petróleo, bem como na industrialização do xisto, na indústria petroquímica e no transporte de petróleo,

---

[24] A CLT, desde 1943, faz menção ao trabalho em escala de "revezamento semanal ou quinzenal" (art. 73), o que possibilitava a existência de 3 turmas de trabalho com 8h de labor diário cada, que se revezavam a cada semana ou quinzena. Não havia menção ao "turno ininterrupto".

[25] A Lei é específica e se aplica apenas aos empregados a que ela se refere. Todavia, inspirado nesse sistema, a prática do revezamento em turnos ininterruptos foi adotado por muitas empresas estranhas ao ramo do petróleo, muitas vezes de forma indiscriminada e outras através de norma coletiva.

com jornadas de **8 e 12 horas**. Em face da grande nocividade que a variação de horários ocasionava, subvertendo o relógio biológico e segregando hormônios, sono, convívio social e familiar, assim como da aplicação leviana deste sistema a outras atividades não atingidas pela lei em comento, o legislador constituinte reduziu a carga horária diária para **seis horas** – art. 7º, XIV, da CRFB.

Em face disto, revogado está o art. 2º, § 1º, e art. 3º da Lei nº 5.811/72 no que se refere à jornada de 8 e 12 horas para os turnos. Neste sentido Sergio Pinto Martins[26] e Arnaldo Süssekind.[27] Todavia, parece que a jurisprudência não compreendeu desta forma – Súmula nº 391, I, do TST, sob o argumento de que a regra geral não revoga a especial. Isto é, o entendimento do TST é no sentido de que a jornada de 6 horas, estabelecida no art. 7º, XIV, da CRFB, destina-se apenas àquelas turmas de revezamento não regidas pela Lei nº 5.811/72, já que esta foi recepcionada pela Carta. Conclusão, na prática a *mens legis* prevaleceu sobre a *mens legislatoris*.

A jornada de seis horas destinada aos empregados em **turnos ininterruptos de revezamento** enseja o divisor 180, na forma do art. 64 da CLT e da OJ nº 396 da SDI-I do TST.

Turno pode denotar turma de trabalho ou jornada (art. 2º, § 1º, da Lei nº 5.811/72) e, sob outra ótica, pode significar a divisão de trabalho dentro da jornada, isto é, o lapso temporal compreendido antes e depois do intervalo intrajornada (arts. 245 e 412 da CLT e antiga Súmula nº 88 do TST).

Entende-se por **revezamento** a troca contínua de horários de trabalho de forma que um empregado trabalhe todos os horários de um dia em períodos diferentes: manhã, tarde, noite e madrugada. Na primeira semana trabalha no horário da manhã, na segunda semana no horário da tarde, na terceira semana no horário da noite e assim por diante. Quanto mais intensa a alteração no horário de labor, maior o desequilíbrio provocado no metabolismo do corpo humano, que, com o passar do tempo tende a desenvolver uma série de patologias.

O revezamento pode ser semanal, quinzenal ou mensal. Todavia, a prática tem nos mostrado que alguns empregadores vêm adotando o sistema bimestral na tentativa de burlar a lei e não aplicar a jornada reduzida, ato que deve ser repelido pela jurisprudência.

Também tem direito à jornada reduzida o empregado que trabalha sob o sistema de revezamento, mas com um pequeno hiato no dia, de forma a cumprir quase todas as horas de um dia. Pode ocorrer com aquele que trabalha das 0 às 12h (12 horas) numa semana e noutra das 10 às 22h, nunca tendo trabalhado das 22 às 24h, pois a empresa fecha neste horário. O mesmo direito é garantido ao que tem três revezamentos habituais e labora das 0 às 9h, numa semana, noutra das 8 às 17h, e na posterior, das 13 às 23h e, recomeça na semana seguinte o mesmo esquema de trabalho, apesar do empregado nunca ter trabalhado das 23 às 24h.

26 MARTINS, Sergio Pinto. *Direito do Trabalho*. 13. ed. São Paulo: Atlas, 2001, p. 462.

27 SÜSSEKIND, Arnaldo; MARANHÃO, Délio; VIANNA, Segadas; TEIXEIRA, Lima. *Instituições de Direito do Trabalho*. 19. ed. São Paulo: LTr, v. 2, 2000, p. 811.

Isto se explica porque o gravame para a saúde, para a sua vida social e familiar é o mesmo. Neste sentido a OJ nº 360 do TST.

A doutrina não é unânime acerca do que é **ininterrupto**. Alguns afirmam que contínuo é o turno, que comporta dupla ótica, tanto no que diz respeito à jornada sem intervalo[28-29] (trabalho ininterrupto – turno da manhã e da tarde sem intervalo, logo turnos contínuos), como no que diz respeito às turmas de trabalho que se sucedem durante todo o dia (24 horas) na empresa, de forma que há trabalho ininterrupto em revezamento na empresa.[30-31] Quando uma turma termina o trabalho, outra a rende para continuar.

Pela primeira vertente, a jornada não pode sofrer interrupções, logo, revogado estaria o art. 3º, III, da Lei nº 5.811/72 e não se aplicaria ao caso o art. 71 da CLT. Para tanto, vários requisitos seriam exigidos para a adoção da jornada reduzida: atividade ininterrupta da empresa,[32] trabalho sem intervalo e revezamento das turmas de trabalho, de forma que cada empregado trabalhe, em semanas, quinzenas ou meses, em todos os horários de um dia. Assim, caso a empresa paralisasse um dia suas atividades na semana, não se enquadraria no tipo legal. Caso a empresa funcionasse 24 horas, durante todo o tempo, mas a jornada sofresse interrupção, não se enquadraria na hipótese legal. Caso o empregado trabalhasse das 0 às 8h numa semana e na outra das 8 às 16h e na posterior das 0 às 8h, sem nunca trabalhar no horário noturno, também não estaria enquadrado no caso.

A segunda vertente defende que a proteção foi dispensada ao trabalhador submetido à nocividade do revezamento, pouco importando qual o tipo de atividade da empresa e suas paralisações periódicas, pois o constituinte estaria protegendo o relógio biológico do empregado e este está atingido em qualquer tipo de trabalho realizado sob a forma de revezamento. Neste sentido a Súmula nº 360 do TST c/c OJ nº 360 da SDI-I do TST.

Os empregados submetidos a turnos ininterruptos de revezamento não têm direito à hora noturna reduzida, em face da aplicação analógica da Súmula nº 112 do TST.[33]

Em sentido contrário a OJ nº 395 da SDI-I do TST:

> TURNO ININTERRUPTO DE REVEZAMENTO. HORA NOTURNA REDUZIDA. INCIDÊNCIA. O trabalho em regime de turnos ininterruptos de revezamento não retira o direito à hora noturna reduzida, não havendo incompatibilidade entre as disposições contidas nos arts. 73, § 1º, da CLT e 7º, XIV, da Constituição Federal.

Turnos fixos em atividade ininterrupta, onde turmas de trabalhadores rendem outras sucessivamente, não ensejam a aplicação da benesse porque não consiste em trabalho penoso.

---

28 *Ibidem*, p. 811 e 812.

29 MAGANO, *apud Ibidem*, p. 810.

30 MARTINS, Sergio Pinto. *Direito do Trabalho*. São Paulo: Atlas, 2001, p. 462.

31 NASCIMENTO, Amauri Mascaro. *Iniciação ao Direito do Trabalho*. 27. ed. São Paulo: LTr, 2001, p. 270.

32 SÜSSEKIND, Arnaldo, *op. cit.*, p. 811 e 810.

33 Em sentido contrário Sergio Pinto Martins, *op. cit.*, p. 466.

A Constituição permitiu a flexibilização da regra através de negociação coletiva, isto é, convenção ou acordo coletivo. Neste caso, a jornada deve se limitar a oito horas diárias, em face da regra geral imposta pelo art. 7º, VI, da CRFB.[34] A OJ nº 275 da SDI-I do TST dispõe que a prorrogação da jornada sem a formalidade legal (negociação coletiva) implica pagamento das horas extras excedentes da sexta, com o respectivo adicional. Logo, com a formalidade (negociação coletiva) não haverá necessidade de pagamento. Aliás, a Súmula nº 423 do TST é neste sentido, e não autoriza o pagamento da sétima e oitava horas como extras.

Discordamos da posição sumulada, pois a Constituição apenas permitiu a prorrogação temporária da jornada através de norma coletiva, e não a redução salarial, pois ao majorar a jornada sem aumentar o salário, o empregador estará reduzindo o salário-hora do empregado. Um trabalhador que ganha R$ 2.000,00 por seis horas diárias e tem sua jornada ampliada para oito horas, sem acréscimo salarial, tem seu salário-hora reduzido.

Outro entendimento, melhor que o anterior, seria o de remunerar as horas excedentes da 6º como horas normais, isto é, sem o respectivo adicional. Esta é a nossa sugestão para a interpretação da Súmula.

7. ALTERAÇÃO DA JORNADA

Não se deve confundir alteração de horário de trabalho com alteração de jornada. A mudança no horário de entrada e saída do emprego, mantendo a mesma jornada (quantidade de horas trabalhadas por dia), é possível, mesmo que contrarie os interesses do empregado, pois faz parte do poder potestativo do patrão variar cláusulas contratuais. Esta regra tem exceções quando, por exemplo, houver alteração do turno diurno para o noturno, ou do diurno para o misto, ou ainda, quando houver cláusula expressa quanto à inalterabilidade do horário de trabalho. Este entendimento decorre de o fato do trabalho noturno ser prejudicial à saúde do trabalhador, importando em alteração maléfica ao laborista.

A mudança de jornada é aceita quando favorável ao trabalhador e isto ocorre quando houver redução de trabalho diário, sem a correspondente diminuição do salário.

Dúvida de relevo consiste em saber o que é bom para o trabalhador, principalmente quando a alteração for no sistema de trabalho.

> **Ex.**: Empregado admitido para trabalhar oito horas por dia e 44 semanais. Após dois anos de contrato o empregador altera, respeitando os requisitos legais, sua jornada para 12 horas de trabalho por 36h de descanso. Neste novo sistema o empregado permanece por 1 ano, quando, novamente, retorna ao sistema anterior, isto é, de oito horas de trabalho por dia, 44 semanais.

---

[34] Neste mesmo sentido, Mauricio Godinho. Obra citada, p. 831

Houve alteração prejudicial ao trabalhador? Qual?

A questão é de difícil resposta, pois se, por um lado, é pior trabalhar 12 horas por dia, por outro, é melhor descansar 36h e limitar a carga mensal em, no máximo 192 horas, menos que os demais empregados.

Todavia, o legislador limitou a jornada em oito horas por entender que este é o parâmetro máximo razoável para preservar a saúde física, social e mental do trabalhador. O padrão apontado pela Constituição (8 horas diárias, limitadas a 44 semanais) deve ser considerado como condição mais favorável ao trabalhador, salvo ajuste contratual para jornada inferior a esta. Convém lembrar que a fixação legal da jornada máxima é medida de medicina e segurança do trabalho.

Apesar disso, a jurisprudência tem se posicionado de forma diversificada a respeito da questão.

Há decisões no sentido de que a alteração para o sistema de 12x36 foi prejudicial, logo, nula, sendo devidas as horas extras laboradas a partir da 8º diária, enquanto o empregado foi mantido no sistema de compensação de 12x36.

Outros acórdãos se posicionam no sentido contrário, sustentando que o limite de 192 horas mensais com a possibilidade de descanso de 36 horas é benéfico, portanto, no exemplo citado a primeira alteração foi benéfica e a segunda prejudicial, logo, nula, tendo o empregado direito às horas extras laboradas a partir da 192º hora mensal.

Uma terceira posição, com a qual nos filiamos, opina no sentido de ser possível a alteração porque, se por um lado prejudica, por outro favorece o trabalhador. Logo, não há horas extras devidas. Poderia, ainda, se admitir, no máximo, o pagamento de uma indenização por alteração do sistema de trabalho, na forma prevista no art. 9º da Lei nº 5.811/72, que pode ser aplicado analogicamente.

Resumindo: a adoção do sistema de compensação de jornada após a admissão, qualquer que seja o tipo de compensação, importa em alteração do contrato de trabalho e, apesar de **lícita** (desde que a compensação seja feita na forma prevista em lei), pode importar em prejuízo para o trabalhador. Se isto ocorrer, recomendamos a aplicação da indenização prevista no art. 9º na Lei nº 5.811/72.

Não se deve confundir sistema de trabalho de 12x24 ou 12x36 com turnos ininterruptos de revezamento.

A alteração do sistema de turnos ininterruptos de revezamento para horários fixos, ainda que de oito horas, é lícita por ser benéfica ao trabalhador – art. 468 da CLT, mesmo importando em majoração de jornada. Neste sentido já se posicionou a doutrina majoritária,[35-36] pois o trabalho em revezamento faz mal ao relógio biológico do trabalhador, à sua saúde, ao seu convívio social e familiar, pois ora trabalha de dia, ora de tarde, ora à noite, ora de madrugada.

35 SÜSSEKIND, Arnaldo; MARANHÃO, Délio; VIANNA, Segadas; TEIXEIRA, Lima. *Instituições de Direito do Trabalho*. 19. ed. São Paulo: LTr, v. 2, 2000, p. 811 e 813.

36 MARTINS, Sergio Pinto. *Direito do Trabalho*. São Paulo: Atlas, 2001, p. 465.

Neste mesmo sentido o art. 10 da Lei nº 5.811/72 e a Súmula nº 391 do TST.

O caixa bancário também pode ter sua jornada majorada em duas horas (de seis horas para 8 horas diárias) quando for promovido à função de confiança e desde que perceba a gratificação legal, sem que isto importe em alteração *in pejus* – art. 224, § 2º, da CLT.

Remetemos o leitor ao Capítulo "Alteração do Contrato do Trabalho".

8. CONTRATO POR TEMPO PARCIAL

Sempre foi possível ajuste salarial inferior ao mínimo mensal (como também se refere o art. 6º, § 3º da Lei nº 605/49), mas igual ou superior ao mínimo por hora. As leis de política salarial e as que reajustam o valor do salário mínimo sempre estabeleceram valor hora, valor dia e valor mensal.

Assim, é possível (e sempre foi) contratar trabalhador por duas horas por dia, três vezes por semana, num total de seis horas semanais, desde que se respeite o valor hora do mínimo. Neste caso, o salário mínimo pago no final do mês será inferior ao mensal estabelecido por lei, mas igual ou superior ao horário estabelecido pela mesma lei. Da mesma forma a OJ nº 358 da SDI-I do TST.

Nem se poderia pensar de outra forma, pois seria extremamente injusto um empregado que trabalha no limite constitucional mensal ganhar o mesmo salário que o que trabalha a metade de horas mensais.

Este tipo de ajuste não tinha nomenclatura especial e poderia ser chamado de jornada reduzida, ajuste benéfico ao trabalhador, condição mais favorável etc.

A principal inovação[37] trazida pela MP 2.164-41/2001, que inseriu o art. 58-A, § 1º, da CLT, **foi a possibilidade de redução do salário e da jornada, de forma proporcional, durante o contrato de trabalho.** Para tanto, o legislador impôs alguns requisitos.

O primeiro deles foi a necessidade de **autorização normativa**, pois do contrário seria inconstitucional o § 2º do art. 58-A da CLT, já que a Constituição exige previsão expressa em acordo ou convenção coletiva para redução do salário. Aliás, tal exigência não foi originariamente prevista na primeira Medida Provisória que tentou autorizar a redução salarial por simples ajuste das partes.

Primeiro o legislador adotou o critério de nominar de **regime de tempo parcial** aquele cuja duração não excedesse a 25 horas semanais. Depois da Lei nº 13.467/17, o regime por tempo parcial não poderá exceder 26 horas, com possibilidade de execução de até 6 horas extras ou até 30 horas semanais. Apesar de não ter se referido ao limite máximo diário, entendemos que este deve respeitar a regra geral, isto é, de **oito horas por dia**.

37 Outras inovações foram trazidas, como, por exemplo, contagem de período de gozo de férias diferenciado – art. 130-A da CLT (artigo revogado pela Lei nº 13.467/17).

Isto não quer dizer que não se possa ajustar limite superior a 26 ou 30 horas, conforme o caso, e inferior a 44 horas semanais. Desde que seja respeitado o salário mínimo hora, ou o piso normativo (ou legal) hora, o ajuste será **lícito**. Se adotar o regime parcial depois a admissão, poderá, inclusive, fazer a redução do salário e da jornada (de forma proporcional) se a norma coletiva assim autorizar (flexibilização autorizada pelo art. 7º, VI, da CRFB).

O segundo requisito foi exigir para os empregados com regime integral, que autorizem, através de opção manifestada perante a empresa, o desejo de redução de carga horária semanal – art. 58-A, § 2º, *fine* da CLT. A lei é silente acerca desta declaração de vontade. Defendemos que ela deve ser feita por **escrito**, para evitar abusos, salvo se a norma coletiva disciplinar de forma diversa, como autoriza o § 2º.

Para qualquer empregado em regime de tempo parcial (admitidos nesta condição) o art. 58-A, § 1º, da CLT estabeleceu uma equivalência salarial. Aqui o legislador não criou outro tipo de equiparação salarial, mas tão somente se preocupou em determinar que o salário do empregado contratado por tempo parcial fosse proporcionalmente igual ao contratado por tempo integral, quando para exercício da mesma função. Para aqueles cujo regime de trabalho foi convolado após a admissão, a proporcionalidade será estabelecida de acordo com sua jornada anterior.

A adoção do regime parcial após a admissão de um empregado em regime integral foi de grande interesse para o legislador, para pôr fim a uma antiga controvérsia acerca da **redutibilidade salarial**, possibilitada através de ajuste coletivo pelo art. 7º, VI, da CRFB, pois vários posicionamentos existem em torno do tema. Há quem afirme,[38] que a redução deve respeitar o art. 2º da Lei nº 4.923/65, que teria sido recepcionado pela Constituição. Isto limita a redução em, no máximo, 25% do valor do salário, respeitado o salário mínimo, e proporcionalmente a jornada ou o número de dias trabalhados, por período não superior a três meses (prorrogáveis), desde que a empresa esteja comprovadamente atravessando dificuldades econômicas. Outros[39] defendem que o art. 2º da Lei nº 4.923/65 não foi recepcionado, estando as partes livres para o ajuste da forma estabelecida na norma coletiva. Maiores considerações sobre o tema no Capítulo "Ajuste e Fixação Salarial", item 2 "Irredutibilidade Salarial e Flexibilização".

A inclusão expressa do regime de tempo parcial em até 26 ou 30 horas semanais teve a nítida finalidade de pôr fim à tese de limitação da redução salarial e aos motivos que a ensejam. Pelo novo dispositivo pode-se reduzir, durante o contrato, o salário do empregado em 90%, por exemplo, sem qualquer motivo

---

38 SÜSSEKIND, Arnaldo. *Direito Constitucional do Trabalho*. Rio de Janeiro: Renovar, p. 150; GODINHO, Mauricio. *Curso de Direito do Trabalho*. São Paulo: LTr, 2002, p. 733; MARTINS, Sergio Pinto. *Direito do Trabalho*. São Paulo: Atlas, 2001, p. 256.

39 SAAD, Eduardo Gabriel. *Consolidação das Leis do Trabalho comentada*. São Paulo: LTr, 1993, p. 325. Aparentemente NASCIMENTO, Amauri Mascaro. *Curso de Direito do Trabalho*. São Paulo: Saraiva, 1999, p. 620.

econômico da empresa, desde que seja também reduzida a jornada, que a norma coletiva autorize e que o empregado declare sua concordância, o que não é difícil de o empregador obter mediante ameaça de dispensa.

Enquanto era rara a hipótese de previsão expressa de redução do salário nos instrumentos coletivos, tem sido comum, após a MP 1.709/98, a previsão de regime por tempo parcial nas normas coletivas, pois de fácil aceitação pelos associados que, na sua maioria, pensam que estão autorizando apenas a redução da jornada para a adoção de um regime parcial, mas estão implicitamente autorizando, também, sem terem a consciência disto, a redução proporcional de seus salários. Esta foi a verdadeira intenção da lei, **mascarar e facilitar a redução salarial**.

A atual redação do art. 58-A da CLT, além de criar dois novos parâmetros para a conceituação do contrato por tempo parcial (até 26 horas e até 30 horas), também autoriza horas extras (para o regime de até 26 horas), que podem ser compensadas diretamente[40] na semana.

Ao **doméstico** foi estendido o contrato por tempo parcial. O art. 3º da LC 150/2015 adotou expressamente o regime de tempo parcial de até 25 horas semanais (como era a antiga redação do art. 58-A da CLT, mantendo o número de dias de férias reduzido, regra que também existia no antigo art. 130-A da CLT, vigente antes da Lei nº 13.467/17). De forma similar à atual redação da CLT, para o doméstico foi autorizado o labor de até uma hora extra, com o limite máximo diário de seis horas, sem que isto descaracterize o regime especial. Para os empregados urbanos, o legislador apenas autorizou o labor de até 6 horas extras semanais, sem especificar o limite por dia e, ainda, só permitiu para os contratos por tempo parcial até 26 horas. Além disso, para os empregados urbanos permitiu a compensação destas horas extras até a semana imediatamente posterior, sem a necessidade de ajuste prévio ou de norma coletiva (§ 5º, art. 58-A, da CLT). Entendemos que a regra da compensação também pode ser aplicada ao doméstico, por força do art. 19 da LC 150/15.

Ao que parece, o legislador só permitiu, para os **domésticos**, jornada ordinária de até cinco horas por dia, por até cinco dias, para que seja considerado como contrato por tempo parcial, o que também difere da regra contida na CLT (art. 3º, § 2º, da LC 150/2015).

Entendemos que não é possível adotar a regra contida no art. 58-A, § 2º, da CLT, de alteração de regime de trabalho (de integral para parcial), durante sua vigência, que importe em redução do salário do **doméstico**. Isto se explica porque a redução salarial só é possível se autorizada pelo empregado e em norma coletiva e, enquanto estas não forem confeccionadas pelos respectivos sindicados, a medida não será possível para os empregados domésticos.

---

40 Nos parece que a expressão "diretamente" significa, informalmente, sem a necessidade de prévio ajuste escrito ou de norma coletiva.

9. JORNADA NOTURNA

De acordo com o art. 73 da CLT, o trabalho realizado entre as 22h e as 5h do dia seguinte é considerado noturno, tendo o legislador fixado a hora noturna em 52' e 30" e o adicional em 20%. Esta é a regra geral que se aplica aos trabalhadores urbanos e domésticos (art. 14 da LC 150/2015), mas, conforme quadro abaixo, há diversas exceções. A hora noturna reduzida é benefício suplementar ao adicional, não importando em *bis in idem* – Súmula nº 214 do STF.

Tipo	Categoria	Horário	Hora	Adicional	Amparo Legal
Urbano	**Regra Geral**	22h - 5h	52'30"	20%	Art. 73* CLT
	Advogado	**20h - 5h**	60'**	**25**%	Art. 20, Lei nº 8.906/94
	Petroleiro	22h - 5h	**60'**	20%	Súmula nº 112 TST
	Portuário	**19h - 7h**	**60'**	20%	OJ nº 60 SDI-I do TST
	Aeronauta	**18h - 6h no ar**	52'30"	20%	Art. 38, Lei nº 13.475/17
	Engenheiro	22h - 5h	60'**	**25**%	Art. 7º, Lei nº 4.950-A/66
Rural	Agricultura	**21h - 5h**	60'**	**25**%	Art. 7º, Lei nº 5.889/73
	Pecuária	**20h - 4h**	60'**	**25**%	Art. 7º, Lei nº 5.889/73

* Revogada a expressão "salvo nos casos de revezamento semanal ou quinzenal", contida no *caput* do art. 73 da CLT, ante a igualdade de remuneração entre trabalho noturno e o diurno, preconizada desde o art. 157, III, da CRFB/46, repetida nas Constituições posteriores e, hoje, no art. 7º, IX, da CRFB/88 – Súmula nº 213 do STF e antiga Súmula nº 130 do TST (cancelada).
A Constituição garantiu remuneração do trabalho noturno superior à do diurno, não tendo, por si só, modificado o direito à hora noturna reduzida, que continua vigente – OJ nº 127 da SDI-I do TST.

** Apesar do silêncio legal, o advogado,[41] o engenheiro e o trabalhador rural têm hora noturna de 60', pois percebem adicional maior (25%) e porque, para os rurais e os advogados, o horário noturno abrange efetivamente oito ou mais horas de relógio. Observe-se que, quanto ao advogado, o legislador concedeu até o intervalo intrajornada como de 60', quando para os demais casos o legislador não se pronunciou a respeito do intervalo noturno intrajornada. Todavia, a questão é controvertida e há posicionamentos no sentido de garantir a hora reduzida de 52'30".

41 MARTINS, Sergio Pinto. *Direito do Trabalho*. 13. ed. São Paulo: Atlas, 2001, p. 472.

Das 22 às 5 horas o empregado trabalha, de fato, sete horas, mas ganhará como se fossem oito horas, em face da redução da hora noturna.

Trabalho noturno..Hora reduzida
1ª hora..das 22 às 22h, 52min e 30s
2ª hora..das 22h e 52min e 30s às 23h e 45min
3ª hora..das 23h e 45min à 0h, 37min e 30s
4ª hora..da 0h, 37min e 30s à 1h 30min
5ª hora..de 1h e 30min às 2h, 22min e 30s
6ª hora..das 2h, 22min e 30s às 3h e 15min
7ª hora..das 3h e 15min às 4h, 7min e 30s
8ª hora..das 4h, 7min e 30s às 5h

Todavia, há equívoco na contagem acima, já que excluiu o necessário e indispensável intervalo para repouso e alimentação, que é de, no mínimo, uma hora (sem redução). Incluído o necessário intervalo, a oitava hora de trabalho, apesar de recair após às cinco horas da manhã, também deve ser reduzida, em face do disposto no § 5º do art. 73 da CLT, salvo para os empregados em sistema de compensação de 12x36 (art. 59-A, parágrafo único, da CLT).

Assim, o empregado contratado para trabalhar oito horas por dia vai estender esta jornada para as 6h da manhã, por causa do necessário período de descanso intrajornada.

1ª hora:..das 22h às 22h, 52min e 30s
2ª hora..: das 22h, 52min e 30s às 23h e 45 min
3ª hora..: das 23h e 45min à 0h, 37min e 30s
4ª hora:..da 0h, 37min e 30s à 1h e 30min
Intervalo de 1 hora – de 1h30min às 2h30min
5ª hora..de 2h 30min às 3h, 22min e 30s
6ª hora..das 3h, 22min e 30s às 4h e 15min
7ª hora..das 4h e 15min às 5h, 7min e 30s
8ª hora..das 5h, 7min e 30s às 6h

9.1. Hora Extra Noturna

De acordo com o § 5º do art. 73 da CLT, às prorrogações do trabalho noturno aplicam-se as benesses contidas no Capítulo II da CLT.

Sempre nos posicionamos no sentido de que o mencionado dispositivo legal apenas ratificava que as horas extras laboradas no horário noturno teriam o mesmo tratamento das horas noturnas normais, isto é, seriam reduzidas e acrescidas do adicional de 20%. Tal direito não seria obviamente presumido, em face da proibição contida no art. 193, § 2º, da CLT, que veda a acumulação do adicional de insalubridade com o de periculosidade. Portanto, o legislador teria sido expresso na autorização de cumulação de dois adicionais – noturno e extra.

Todavia, a jurisprudência majoritária deu ao dispositivo legal outra interpretação, de que como trabalho extra prestado após às cinco horas da manhã, depois de cumprida **integralmente a jornada noturna**, deverá ser considerado, ficticiamente, noturno, apesar de ser de fato diurno – Súmula nº 60, II, do TST.

Sergio Pinto Martins[42] explica tal entendimento pela expressão "**do** trabalho noturno" contida no parágrafo em comento, pois se prevalecesse o outro entendimento seria "**no** trabalho noturno".

Não é esta a prorrogação a que se referiu o § 5º do art. 73 da CLT, e sim à possibilidade de cumulação do adicional de hora extra ao de hora noturna.

Não se aplica a prorrogação noturna prevista no § 5º do art. 73 da CLT aos empregados contratados pelo regime de compensação 12x36, conforme o parágrafo único do art. 59-A da CLT, assim como para os domésticos contratados para o mesmo regime (12x36) – art. 10, § 1º, da LC 150/15.

10. JORNADAS ESPECIAIS

10.1. Advogado

Consoante art. 20 da Lei nº 8.906/94 o trabalho do advogado empregado, no exercício da profissão, "não poderá exceder a duração diária de quatro horas contínuas e 20 horas semanais, salvo **acordo** ou **convenção coletiva**, ou em caso de **dedicação exclusiva**".

A limitação acima não se aplica aos advogados públicos regidos pela CLT, inclusive os empregados de sociedade de economia mista e empresa pública, pois extinta sem julgamento de mérito a ADI-MC nº 1.552/DF.

De acordo com o art. 4º da Lei nº 9.527/97:

> **Art. 4º** As disposições constantes do Capítulo V, Título I, da Lei nº 8.906, de 4 de julho de 1994, não se aplicam à Administração Pública direta da União, dos Estados, do Distrito Federal e dos Municípios, bem como às autarquias, às fundações instituídas pelo Poder Público, às empresas públicas e **às sociedades de economia mista** (grifo nosso).

Portanto, três são as formas em que o advogado empregado poderá ser excluído da regra especial de quatro horas, para ser incluído na regra geral de oito horas, salvo quando o empregador ou a lei conceder direito à jornada inferior.

---

[42] MARTINS, Sergio Pinto. *Direito do Trabalho*. 13. ed. São Paulo: Ática, 2001, p. 476.

10.1.1. Acordo

Como a jurisprudência majoritária (Súmula nº 85, I, do TST) entendeu que na expressão "acordo ou convenção coletiva" contida no art. 7º, XIII, da CRFB estava compreendido tanto o acordo individual quanto o coletivo, pelas mesmas razões, a contratação expressa do advogado para trabalhar oito horas diárias e 40 horas semanais o exclui, por si só, da regra especial, não havendo necessidade de: cláusula específica de dedicação exclusiva ou de norma coletiva.

Em caso de ajuste entre as partes, mesmo que verbal, válido será o regime de trabalho de 8 horas diárias e 40 horas semanais. O que não se admite é o ajuste **tácito**.[43]

Os demais requisitos (norma coletiva e dedicação exclusiva) só deverão estar presentes quando não houver provas da vontade das partes, pois o simples ajuste individual é suficiente para a dilatação da jornada especial.[44]

De forma similar a OJ nº 403 da SDI-I do TST.

10.1.2. Norma Coletiva

A Lei nº 8.906/94, em seu art. 78, autorizou o Conselho Federal da OAB a editar novo regulamento, o que ocorreu em 25/10/94 (*DJU*, Seção I). Este, em seus arts. 11 a 14, esclarece os detalhes da jornada do advogado.

10.1.3. Exclusividade ou Dedicação Exclusiva

Esta lei, em seu art. 78, deferiu ao Conselho Federal da OAB a incumbência de editar novo regulamento, o que ocorreu conforme publicação no *DJU*, Seção I, de 25/10/94, onde em seu art. 12 vem esclarecer os detalhes da lei acima mencionada.

O Regulamento considera dedicação exclusiva o regime de trabalho que for expressamente previsto no contrato de trabalho (art. 12).

Para uns, o referido regulamento presumiu que o advogado contratado para trabalhar oito horas, de segunda a sexta-feira, desde que esta seja a jornada prevista no contrato de trabalho, tem exclusividade de emprego. Outros preferem interpretar que há necessidade de o regime de exclusividade estar expresso no contrato.

O art. 12 do Regulamento da OAB é compatível com a Lei nº 8.906/1994 e constitucional, já que cumpre com a delegação legislativa, preenche a lacuna legal, e não a contraria.[45]

---

43 Amauri Mascaro Nascimento e Otávio Bueno Magano também defendem que o ajuste basta para a fixação de jornada de oito horas diárias e 40 semanais, todavia, admitem o ajuste tácito, apud NASCIMENTO, Amauri Mascaro. *Curso de Direito do Trabalho*. 16. ed. São Paulo: Saraiva, 1999, p. 440.

44 SAAD, Eduardo Gabriel; SAAD, José Eduardo Duarte; BRANCO, Ana Maria Saad Castelo. *CLT comentada*. 37. ed. São Paulo: LTr, 2004, p. 200.

45 Aparentemente da mesma forma, NASCIMENTO, Amauri Mascaro. *Curso de Direito do Trabalho*. 16. ed. São Paulo: Saraiva, 1999, p. 439, que transcreve a seguinte Ementa da OE 014/95: "Advogado empregado. Jornada de Trabalho. São compatíveis os arts. 12 e 13 do Regulamento Geral com o art. 20 da Lei nº 8.906/94. Inteligência e sistemática dos preceitos legais" (Proc. O.E. 12/95 e 25/95, acórdão de 12/6/1995, Cons. Rel. Paulo Luiz Neto Lobo)".

De fato, o Regulamento Geral, tratado pelos arts. 54, V, e 78, da Lei nº 8.906/94, não possui simetria com a atribuição conferida ao Presidente da República, de expedir decretos e regulamentos para a fiel execução das leis sancionadas (CF, art. 84, IV).

Trata-se, em verdade, de norma de caráter estatutário, cuja atribuição, por lei, foi conferida ao órgão colegiado que representa a entidade de classe.

10.1.4. Conceito

Dúvida de relevo surge quanto ao conceito de **dedicação exclusiva**, pois esta pode se dar em relação a qualquer trabalho remunerado (fora da advocacia); ao emprego (dois ou mais empregos) ou à atividade (advocacia exercida como empregado ou não).

Quando um advogado é empregado, como examinar se ele tem ou não dedicação exclusiva?

Quando tiver dois empregos, mesmo que em atividades distintas (ex.: advogado empregado e em outro emprego vendedor)?

Quando, além de advogado empregado, tiver causas jurídicas particulares em que atua?

Presume-se que alguns empregados têm exclusividade de emprego, na mesma atividade (advocacia, por exemplo), quando o horário de trabalho for incompatível com mais de um emprego e/ou quando houver possibilidade de concorrência com a atividade do empregador – arts. 138 c/c 482, *c*, da CLT, salvo quando houver cláusula expressa em contrário.

Logo, pode o empregado advogar, sem vínculo de emprego, por conta própria em causas particulares, devendo fazê-lo fora do horário de trabalho, pois do contrário poderá ser repreendido.

O § 2º, do art. 12 do Regulamento informa que a dedicação exclusiva deve estar prevista no contrato[46].

Defendemos que o fato de o contrato do advogado prever a jornada de oito horas já basta para presumir a dedicação exclusiva, não necessitando de cláusula específica no contrato.

O fato de o advogado empregado ter outro emprego como advogado, prova inequivocamente, que não tem dedicação exclusiva, o que faz presumir, salvo ajuste em contrário ou norma coletiva, que sua jornada é de quatro horas.

Assim também entendeu o Conselho Federal da OAB47 quando se pronunciou da seguinte forma:

---

46 Art. 12. Para os fins do art. 20 da Lei nº 8.906/94, considera-se de dedicação exclusiva o regime de trabalho que for expressamente previsto em contrato individual de trabalho. (NR)5 Parágrafo único. Em caso de dedicação exclusiva, serão remuneradas como extraordinárias as horas trabalhadas que excederem a jornada normal de oito horas diárias.

47 *Apud idem.*

> Dedicação Exclusiva. O Regulamento Geral supera o paradigma do direito administrativo de que a condição de dedicação exclusiva impede o exercício profissional em outras atividades. Apesar do regime de dedicação **exclusiva no emprego**, o advogado pode ter outras fontes de renda. O regime de dedicação exclusiva fica caracterizado, **no emprego**, para jornada de trabalho de até 40 horas semanais... (Jornal do Congresso Federal OAB, nº 39/94, Anexo 7) (grifos nossos).

A jurisprudência também tem se posicionado desta forma:

> HORAS EXTRAS. ADVOGADO BANCÁRIO CONTRATADO APÓS O ADVENTO DA LEI 8.906/94. JORNADA DE TRABALHO. O entendimento deste Tribunal é no sentido de que nos casos em que o empregado for contratado após o advento da Lei 8.906/94, exige-se a cláusula expressa como condição essencial à caracterização do regime de dedicação exclusiva. No presente caso, restou consignado que por livre iniciativa a autora quando firmou o Termo Aditivo do Contrato de Trabalho optou pela jornada de dedicação exclusiva. Por não demonstrada contrariedade à Súmula 102, V do TST e inovatória a alegação da OJ 403 da SDI-1 do TST, deve ser mantida a decisão recorrida. Agravo regimental desprovido. AgR-E-ED-RR – 1288-12.2012.5.15.0004, Relator Ministro: Augusto César Leite de Carvalho, Data de Julgamento: 30/06/2016, Subseção I Especializada em Dissídios Individuais, Data de Publicação: *DEJT* 29/07/2016.

10.1.5. Hora Extra e Noturna do Advogado

De acordo com o art. 20, § 2º da Lei nº 8.906/94, o adicional de horas extras do advogado não poderá ser inferior a 100% sobre o valor da hora normal, mesmo havendo contrato escrito. As horas trabalhadas no período compreendido entre as vinte de um dia até as cinco do dia seguinte são remuneradas como noturnas e acrescidas de 25%. Em face destas vantagens (horário noturno dilatado e adicional privilegiado, ambos melhores que as benesses do art. 73 da CLT) e, em virtude do silêncio da lei especial, defendemos que a hora noturna do advogado é de 60 minutos, não se lhe aplicando o § 1º do art. 73 da CLT.

10.2. Engenheiros e Médicos

A aparente clareza na redação do art. 8º da Lei nº 3.999/61, que estabelece: "jornada normal do trabalho, salvo acordo escrito (...), será: a) para os médicos, no mínimo de duas horas e no máximo de quatro horas diárias" não foi suficiente para convencer a jurisprudência a fixar a jornada do médico em **quatro** horas diárias. O entendimento dominante foi no sentido de que a lei teve a finalidade de estabelecer o piso salarial do médico que trabalha até quatro horas e não em fixar a jornada em quatro horas – Súmula nº 370 do TST. Não concordamos com a tese adotada pela Súmula nº 370 do TST, de que a jornada do médico é de 8 horas, seja porque contraria a dicção literal da lei, seja porque injusta.

O art. 6º da Lei nº 4.950-A/66 (engenheiros, químicos, arquitetos, agrônomos e veterinários) determina que "para a execução das atividades e tarefas classificadas na alínea *a* do art. 3º, a fixação do salário mínimo será feita tomando-se por base o custo da hora fixado no art. 5º desta lei, acrescidas de 25% as horas excedentes das 6 (seis) diárias de serviço." Parece que a lei foi clara em determinar o acréscimo do adicional de 25% (percentual vigente antes da Constituição de 1988) após a 6º hora de trabalho diário. Após a Carta de 1988 o acréscimo é de 50% – art. 7º, XVI, da CRFB. Mesmo diante de tamanha transparência, a Súmula nº 370 do TST entendeu que a Lei nº 4.950-A/66 fixou salário mínimo para o engenheiro (e outros) e não a jornada reduzida.

Conclusão: Para a jurisprudência majoritária ambos têm jornada de 8 horas.

10.3. Digitadores

Não há dispositivo legal que garanta aos digitadores jornada especial. A regra contida no art. 72 da CLT obriga o empregador a conceder **intervalo** de 10 minutos a cada 90 de trabalho, não se referindo à jornada.

A NR nº 17, aprovada pela Portaria nº 3.751/90 do MTE, estipulou o limite máximo de **cinco** horas de trabalho contínuo para os digitadores, podendo, no restante do período, executar outras tarefas. Fixou também o intervalo de 10 minutos a cada 50 minutos de trabalho. Esta é uma regra de medicina e segurança do trabalho que, por força de delegação normativa (art. 190 da CLT), é fonte de direito para proteger a saúde do trabalhador, podendo apontar as atividades insalubres, perigosas e as que acarretam doença profissional. Por não ser lei formal, já que é ato emitido por autoridade administrativa (art. 84, IV, da CRFB), não tem a NR nº 17 legitimidade para fixar a jornada ou intervalo ou para contrariar lei nesse sentido. Todas as jornadas devem estar previstas em lei. Todavia, esta não tem sido a corrente majoritária adotada na jurisprudência.

Mauricio Godinho[48] advoga que a NR 17 do MT tem respaldo constitucional – art. 7º, XXII, da CRFB e, por isso, fixa a jornada dos digitadores em cinco horas e intervalo de 10 a cada 50 minutos.

Pelos mesmos argumentos, defendemos que o Anexo I da NR 17 do MTE[49] não criou jornada reduzida para os operadores de teleatendimento, *telemarketing* e *call center*, nem intervalo intrajornada especial. Para esses trabalhadores, deve ser aplicada a regra geral dos demais empregados (8 horas). Parte da doutrina e jurisprudência majoritária se posicionam de forma contrária, advogando a tese de fixação de jornada e intervalo pela NR.

10.4. Telefonistas

As telefonistas têm jornada especial desde que trabalhem para empresa de telefonia – art. 227 da CLT, ou, desde que operem mesa telefônica, mesmo que o empregador não explore o ramo da telefonia – Súmula nº 178 do TST.

---

48 DELGADO, Mauricio Godinho. *Curso de Direito do Trabalho*. São Paulo: LTr, 2002, p. 866.

49 O Anexo I da NR 17 do MTE fixa jornada de 6 horas, intervalo de 20 minutos intrajornada e dois intervalos de 10 min. computados na jornada.

A limitação da jornada constitui proteção legal, que tem como finalidade a diminuição da penosidade do trabalho, que atinge a saúde do trabalhador. Em outras palavras, a tutela especial de 6 horas diárias e 36 horas semanais visa abrandar a nocividade gerada, apesar dos grandes avanços tecnológicos, tanto pelo excessivo número de chamadas associado ao *stress* das ligações que aguardam ser intermediadas (chamada e espera), quanto pela monotonia da postura física e do trabalho repetitivo, que se limita a fazer e repassar ligações sem a ocorrência de conversas paralelas que suavizariam o trabalho.

Daí por que prevalece no TST o entendimento de que não se aplica jornada reduzida quando a atividade de telefonista for conjugada com a de recepcionista. No entanto, outros julgados argumentam que deve preponderar a função penosa de telefonista, ou ainda, a aplicação proporcional da jornada especial de acordo com o tempo gasto neste serviço. Neste sentido Alice Monteiro de Barros.[50]

Os operadores de *telemarketing*, televendas, atendimento telefônico de banco e os de *telex* não têm direito à jornada reduzida – OJs n°s 213 da SDI-I do TST,[51] porque não trabalham exclusivamente e de forma ininterrupta com atendimento de telefone. A nocividade do trabalho da telefonista decorre exatamente do cansativo trabalho de atender e repassar a ligação, sem diálogos ou conversas e qualquer outra atividade. Atualmente, as operadoras de telefones com muitos ramais ou com chamadas sucessivas, sem pausas, mesmo que não trabalhem com mesas telefônicas têm direito à jornada reduzida. Há que se fazer uma interpretação histórico-evolutiva para também enquadrar neste modelo os empregados sujeitos à mesma nocividade. Só o caso prático poderá demonstrar se a operadora tem ou não jornada especial.

10.5. Professores

Em face do grande desgaste físico e intelectual do docente a lei limitava a carga de trabalho do professor em **quatro** horas/aula consecutivas ou **seis** intercaladas por dia, em um mesmo estabelecimento de ensino. Esta medida favorecia um ensino mais eficiente. Entrementes, a partir a Lei nº 13.415/17, foi alterado o art. 318 da CLT para majorar a jornada e fixar o limite semanal em 44 horas. Apesar de não mencionar o parâmetro diário, entendemos que a jornada diária máxima é de 8 horas, pois assim estabelecido na Constituição.

Apesar de ter se referido a "estabelecimento", quis o legislador limitar a jornada por empregador, por empresa. Desta forma, não pode o empregador anotar diversos contratos de trabalho com o mesmo professor, um para cada estabelecimento da mesma entidade, para fugir da jornada máxima legal.

---

50 BARROS, Alice Monteiro de. *Contratos e regulamentações especiais do trabalho*, São Paulo: LTr, 2008, 3. ed., p. 507.

51 A OJ 273 da SDI-I do TST foi cancelada após a edição do Anexo II da NR 17 do MTE dando a entender que o TST vai adotar a tese de que os operadores de telemarketing e teleatendentes têm a jornada de 6 horas.

De acordo com a CLT:

> **Art. 318.** O professor poderá lecionar em um mesmo estabelecimento por mais de um turno, desde que não ultrapasse a jornada de trabalho semanal estabelecida legalmente, assegurado e não computado o intervalo para refeição.
>
> (...)
>
> **Art. 320.** A remuneração dos professores será fixada pelo número de aulas semanais, na conformidade dos horários.
>
> (...)
>
> **Art. 322.** (...)
>
> § 1º Não se exigirá dos professores, no período de exames, a prestação de mais de 8 (oito) horas de trabalho diário, salvo mediante o pagamento complementar de cada hora excedente pelo preço correspondente ao de uma aula.

A antiga regra do art. 318 da CLT, que fixava jornada reduzida, se estendia tanto para os professores de ensino fundamental, médio, superior (graduação e pós-graduação) e especial. Não se aplicava, contudo, aos professores de curso fora da esfera do MEC, isto é, de ensino livre, como curso de dança, preparatórios, de artes, de música, de línguas etc. Para maiores considerações remetemos o leitor ao Capítulo "Requisitos ou Elementos do Contrato de Trabalho", item 1.2.

Da mesma forma a jurisprudência da época:

> Instrutor de natação. Enquadramento. Categoria profissional diferenciada. Instrutor de natação de clube recreativo não se enquadra na categoria profissional dos professores. Recurso de revista a que se dá provimento. TST, 5ª T. RR 308163/96, Rel. Gelson Azevedo *DJU* 16/04/99.

Convém ressaltar que a Portaria 522/52 do MEC[52] fixava em 50 minutos a duração de cada aula ministrada no período diurno e em 45 minutos as ministradas no horário noturno (após às 20 horas) para estabelecimentos de ensino médio e superior. Porém há forte entendimento, com o qual concordamos, de que esta portaria está superada tanto pela Carta de 1988 como pela LDB. Portanto, a duração da hora-aula constitui opção da instituição, prevista em seu projeto pedagógico ou em norma coletiva em face do art. 53 da Lei nº 9.394/96 (LDB). Logo, a hora-aula pode ser de 40, 50, 60 minutos, ou outra duração, a critério da universidade, de acordo com o princípio da flexibilidade consagrado pela legislação atual.

É importante frisar que **hora** e **hora-aula** não são termos sinônimos. Hora é um segmento de tempo equivalente ao período de 60 (sessenta) minutos. Hora-aula corresponde a hora de atividade ou de trabalho escolar efetivo, sendo esse, portanto, um conceito estritamente acadêmico, ao contrário daquele, que é uma unidade de tempo. Quando a LDB fixa que para o ensino médio e fundamental, por exemplo, "o efetivo trabalho letivo se constituirá em 800 horas por ano de 60 minutos", referese a um direito do aluno e não à jornada do professor. Se, todavia, a

52 MEC significa Ministério da Educação.

instituição de ensino quiser converter as 800 horas em aulas de 45 minutos, terá que calcular quantas aulas terá que ministrar para chegar às mesmas 800 h de relógio.

Desta forma, antes da Lei nº 13.415/17, se o professor ministrasse mais de quatro horas-aula consecutivas, sem intervalo, tinha direito ao adicional de 50% incidente sobre as aulas que ministrou após a 4ª hora. Se, entretanto, ministrasse seis horas-aula num dia, com intervalo intrajornada, não teria direito a qualquer adicional por serviço extraordinário, pois respeitado o limite contido no antigo art. 318 da CLT.

O TST vinha acolhendo essa tese como se percebe de suas decisões[53] e da OJ nº 206 da SDI-I do TST. Abaixo decisões do TST:

> PROFESSOR – JORNADA EXTRAORDINÁRIA DE TRABALHO – ADICIONAL. É devido o adicional de vinte e cinco por cento sobre as horas excedentes, na forma do art. cinquenta e nove da CLT, pois a forma de remuneração prevista nos artigos trezentos e dezoito e trezentos e vinte e um do mesmo diploma legal diz respeito às aulas excedentes ao número contratual, e não às excedentes ao limite legal. Recurso da reclamada desprovido (Proc: 7610/90 – acórdão num: 499/92 Relator: Ministro Hylo Gurgel). 2. Revista conhecida e provida parcialmente. TST, 5ª T., RR 205280/1995, Rel. Nelson Antonio Daiha, *DJU* 06/03/98.

> PROFESSOR. REMUNERAÇÃO DAS AULAS EXCEDENTES. Aplicação do artigo sétimo, inciso dezesseis, da Constituição Federal. Ultrapassado o limite legal de seis aulas diárias ou trinta semanais, o professor faz jus ao adicional previsto no artigo sétimo, inciso treze, da Constituição Federal, para o cálculo do trabalho extraordinário prestado além destes limites. Recurso de Revista a que se dá provimento. TST, 1ª T., RR 204363/95, Rel. Oreste Dalazen, *DJU* 30/04/98.

Hoje, o art. 318 da CLT não limita o trabalho em "aulas", e sim na jornada máxima de 44 horas semanais.

Nada impede que o professor ministre aula em estabelecimentos de ensino diversos, pois o limite se aplica para **cada empregador**.

O trabalho extraclasse[54] compreende todo o tempo despendido pelo professor nas demais obrigações docentes como preenchimento do diário de classe, correção de provas, de trabalhos, preparo das aulas e dos exames. Estas atividades não podem ser consideradas como hora extra, pois já incluídas na remuneração do professor, cuja jornada já é reduzida para compensar estes afazeres e o desgaste mental, diferentemente do que ocorre com as reuniões exigidas pela Instituição de Ensino ou cursos de preparação que podem ser considerados como hora extra ou

---

[53] Também há decisão do TST garantindo a um professor de matemática da Acel – Administração de Cursos Educacionais S/C Ltda. (Colégio Sigma), de Brasília (DF), o recebimento de horas extras referentes às aulas excedentes a quatro diárias no mesmo estabelecimento. A decisão, baseada no art. 318 da CLT, foi mantida pelo Tribunal Regional do Trabalho da 10ª Região (Distrito Federal e Tocantins) e pela Segunda Turma do Tribunal Superior do Trabalho, que negou provimento a agravo de instrumento do colégio. TST, 2ª T., AIRR 1276/ 2003-013-10-40.2, juiz convocado Luiz Carlos Godoy. Verificar também a decisão contida no processo: E-RR 1221.992/95.6 (SDI), no mesmo sentido.

[54] Há corrente minoritária que entende que o trabalho extraclasse constitui tempo à disposição, isto é, como hora extra ou sobreaviso, e não como parte de sua jornada.

tempo à disposição compreendidos durante a jornada (art. 4º da CLT). Da mesma forma entende Alice Monteiro de Barros[55] e a jurisprudência dominante do TST:

> PROFESSOR. TRABALHO EXTRACLASSE. A remuneração do professor não inclui apenas o período de aulas ministradas, mas também o preparo dessas aulas, correção de exercícios e provas, por serem tais atividades inerentes à função docente. Assim, não há como se considerar, como extras, o período em que o profissional da área de ensino despende para o exercício de tais atividades. Ademais, no caso concreto, há acordo coletivo estipulando o adicional de hora-atividade, visando remunerar tarefas extraclasses. Revista conhecida em parte e provida. TST, 2ª T, RR 384016, Rel. José Luciano de Castilho Pereira.

Dúvida surge quanto às chamadas "janelas".[56] Isto se explica porque a antiga redação do art. 318 da CLT não se referia a elas, aplicando-se, na época, a regra do art. 4º da CLT. O entendimento era de que o tempo que o docente permanecia à disposição da instituição de ensino nas "janelas" deveria ser considerado de serviço efetivo (art. 4º da CLT c/c Precedente 31 da SDC), e como tal deveria ser remunerado. Entrementes, quando o intervalo era requerido pelo próprio professor, porque lhe beneficiaria, poderia ser desprezado o tempo vago ou janela da jornada. É comum docentes ministrarem aulas na primeira parte da manhã e no final da noite e neste meio tempo se dedicarem à outra atividade profissional.

A atual redação do art. 318 da CLT, modificado pela Lei nº 13.415/17, deixa claro que o professor pode trabalhar em turnos diversos para o mesmo empregador. Isto seria uma autorização para as famosas "janelas"? Parece que sim. Neste caso, não se exige autorização do professor para os "tempos vagos" ou exigência de acordo de prorrogação de intervalo intrajornada.

Não se deve confundir o intervalo intrajornada com as chamadas "janelas" entre os tempos de aula. O intervalo intrajornada é aquele que deve existir entre os tempos de aula e não pode ser superior ao previsto no art. 71 da CLT, salvo ajuste individual ou coletivo que discipline de outra forma.

Ao professor se aplica o art. 71 da CLT tendo direito ao intervalo intrajornada que, se suprimido, dá direito ao respectivo pagamento, na forma do § 4º do art. 71 da CLT.

Dessa forma, o professor que trabalhar seis horas aulas por dia, limite máximo previsto no art. 318 da CLT, tem direito ao intervalo de 15 minutos, que não pode ser reduzido, nem por norma coletiva, nem suprimido.

Ademais, o art. 71 da CLT apenas autorizou a redução do intervalo mínimo de uma hora, mesmo assim quando preenchidos os requisitos essenciais apontados pelo referido dispositivo, exatamente por se tratar de norma de medicina e

---

55 BARROS, Alice Monteiro de. *Curso de Direito do Trabalho*. São Paulo: LTr, 2005, p. 672.

56 "Janela" corresponde ao "tempo vago", isto é, tempo que o professor permanece à espera de outra aula. Em outras palavras: o período que fica aguardando entre uma e outra aula ou intervalo entre os turnos de aula fixado em virtude da escala de aulas fixada pela instituição de ensino. Isso não se confunde com o intervalo intrajornada para descanso e alimentação.

segurança do trabalho. Não faz qualquer menção à possibilidade de redução do intervalo mínimo de 15 minutos.

Estranhamente, a OJ nº 393 da SDI-I do TST entendeu que para os professores que trabalham a jornada máxima legal, de seis horas-aula (art. 318 da CLT), é garantido o salário mínimo mensal integral, não cabendo para estes a proporcionalidade do salário de acordo com a jornada do empregado, colidindo com o entendimento da OJ nº 358 da SDI-I do TST. A posição contraria o princípio da isonomia, pois quem trabalha menos horas percebe salário menor que aquele que trabalha mais horas, daí por que o salário mínimo é fixado por hora, por dia e por mês. Remetemos o leitor ao item "salário mínimo", no Capítulo 24.

11. TRABALHADORES EXCLUÍDOS

Estão excluídos do Capítulo II "Da Duração do Trabalho" os empregados de confiança e alguns tipos de trabalhadores externos e o teletrabalhador, na forma do art. 62 da CLT.

Estes trabalhadores também não têm direito a receber pagamento extra pelo tempo que permanecerem à disposição, em sobreaviso, prontidão e por supressão ou labor nos intervalos intrajornada e interjornadas. Assim também entendeu o TST no RR 6778/2001-037-12-00-2, julgado na SDI-I.

11.1. Constitucionalidade do Art. 62 da CLT

O art. 62 da CLT foi recepcionado pela Constituição de 88, pois a regra geral imposta pelo art. 7º, XIII e XVI, da CRFB não revoga os casos especiais. Se assim o fosse, não existiria mais o contrato a termo em face do aviso prévio garantido a todos os trabalhadores (art. 7º, XXI, da CRFB), nem o direito à equiparação salarial preconizada no art. 461 da CLT, em face da igualdade preconizada no *caput* do art. 5º da CRFB etc.

Neste sentido Magano,[57] Süssekind,[58] aparentemente Russomano, Valentin Carrion,[59] Sergio Pinto[60] e Amauri Mascaro[61] (alguns destes abordam o tema em estudo sem lançar qualquer comentário acerca da constitucionalidade ou não do artigo, mas enfrentam as características dos excluídos, gerando a presunção de que o acham constitucional).

---

57 *Apud* SÜSSEKIND, obra citada, p. 799.

58 SÜSSEKIND, Arnaldo; MARANHÃO, Délio; VIANNA, Segadas; TEIXEIRA, Lima. *Instituições de Direito do Trabalho*. 19. ed. São Paulo: LTr, v. 2, p. 799.

59 CARRION, Valentin. *Comentários à Consolidação das Leis do Trabalho*. 28. ed. São Paulo: Saraiva, 2003, p. 112.

60 MARTINS, Sergio Pinto. *Direito do Trabalho*. 13. ed. São Paulo: Atlas, 2001, p. 443.

61 NASCIMENTO, Amauri Mascaro. *Iniciação ao Direito do Trabalho*. 25. ed. São Paulo: LTr, 2002, p. 297.

Com grande lucidez Mauricio Godinho[62] enfrenta o assunto e esclarece que o art. 62 da CLT não traz uma regra discriminatória, que seria de todo inconstitucional. Trata-se somente de uma presunção jurídica (afastável por prova em contrário) de que a jornada não é fiscalizada, e como tal não é capaz de gerar direito a hora extra. É critério prático, não de eleição ou de discriminação. Nas palavras do jurista "(...) havendo prova firme (sob ônus do empregado) de que ocorria efetiva fiscalização e controle sobre o *cotidiano* da prestação laboral, fixando fronteiras claras à jornada diária laborada, afasta-se a presunção legal instituída, incidindo o conjunto das regras clássicas concernentes à jornada de trabalho."

O acréscimo salarial de 40% previsto no parágrafo único do art. 62 da CLT não é uma "compensação" pela supressão de hora extra, já que o pagamento das horas extras é garantido constitucionalmente – art. 7º, XVI, e sim apenas consequência natural da maior responsabilidade, tendo também o objetivo de evitar designações meramente fictícias. Neste sentido também se posiciona Alice Monteiro de Barros.[63]

Assim também a jurisprudência majoritária, tanto que a Súmula nº 287 do TST teve nova redação, após a revisão efetuada pela Resolução nº 121/ 03 do TST, quando se refere ao empregado que exerce cargo de gestão na forma do art. 62, II, da CLT, o que demonstra, mais uma vez, a sua recepção.

Logo, tanto para a doutrina quanto para a jurisprudência a Constituição não alterou as regras da CLT.

Todavia, o baiano José Augusto Rodrigues Pinto[64] entende que a Constituição não recepcionou o art. 62 da CLT, tendo os empregados de confiança direito às horas extras laboradas. No mesmo sentido, o Enunciado nº 17 da Primeira Jornada de Direito Material e Processual do Trabalho.

11.2. Excluídos

A seguir, analisaremos cada um.

11.2.1. Empregado de Confiança que Tenha Padrão mais Elevado de Vencimentos

Para a exclusão de uma regra tutelar geral, necessário o preenchimento de dois requisitos concomitantes: exercício de função de confiança e percepção de gratificação de 40% ou majoração salarial correspondente a 40% (art. 62, parágrafo único, da CLT).

---

62 DELGADO, Mauricio Godinho. *Curso de Direito do Trabalho*. São Paulo: LTr, 2002, p. 854.

63 BARROS, Alice Monteiro de. *Curso de Direito do Trabalho*. São Paulo: LTr, 2005, p. 640.

64 PINTO, José Augusto Rodrigues. *Curso de Direito Individual do Trabalho*. 4. ed. São Paulo: LTr, 2000, p. 331.

11.2.2. Função de Confiança

Todo contrato é lastreado no princípio da boa-fé que decorre da fidúcia inerente aos contratantes. O contrato de trabalho também é regido por este princípio e a todos os empregados é dispensada uma certa confiança, pois não se contrata quem se suspeita ser ímprobo. Todavia, não é este tipo de confiança que trataremos, pois geral a todos os contratos, mas sim daquela de maior relevo que distingue os empregados entre si.

De acordo com o art. 1.172 do Código Civil, "considera-se **gerente** o preposto permanente no exercício da empresa, na sede desta, ou em sucursal, filial ou agência". Quando a lei não exigir poderes especiais, considera-se o gerente autorizado a praticar todos os atos necessários ao exercício dos poderes que lhe foram outorgados, podendo ser conferidos a dois ou mais gerentes – art. 1.173 do CC.

Portanto, gerente é aquele que ocupa posição de superior hierárquico por atuar no exercício da empresa como auxiliar desta. Recebe seus poderes de gestão por delegação, tácita ou expressamente, diretamente conferidos pela diretoria, pelo empresário ou pelo superior hierárquico.

A confiança preconizada no art. 62, II, da CLT é aquela que é depositada no empregado que exerce, por delegação, algum poder típico do empregador, se confundindo com ele em alguns atos, similar àquela conceituada no art. 1.172 do Código Civil.

O principal poder do empregador é o de gerir a empresa com autonomia,[65] bem como o de disciplinar seus empregados. Desta forma, aquele empregado que tiver como função a de gestão da empresa, do setor ou filial, com total autonomia, é um alto empregado incluído do art. 62 da CLT e, portanto, excluído do Capítulo em estudo.

O poder disciplinar exercido pelo empregado de confiança não é requisito essencial para seu enquadramento no art. 62 da CLT, pois é possível encontrar chefe, diretor ou gerente que trabalhe sozinho (único empregado) com amplo poder de gestão, como acontece nas pequenas empresas. Estes não terão subordinados, logo, não exercerão o poder disciplinar. São exemplos do exercício do poder disciplinar: dar ordens, aplicar punições, admitir e demitir, distribuir tarefas, alterar horários e local de trabalho etc.

Os poderes variam de acordo com a **intensidade** da confiança, assim como as garantias legais. Certo é que, quanto mais intenso o poder do empregado, maior a confiança, e mais afastado da tutela legal (ver Capítulo "Trabalhadores e Empregados Especiais").

Ainda não se tem uma unanimidade na doutrina e na jurisprudência acerca de qual empregado de confiança está enquadrado no inciso II do art. 62 da CLT.

---

65 Carrion se refere à autonomia nas decisões mais importantes a serem tomadas na empresa, CARRION, Valentin. *Comentários à Consolidação das Leis do Trabalho*. 28. ed. atualizado por Eduardo Carrion, São Paulo: Saraiva, 2003, p. 113.

Como o grau de confiança pode variar de intensidade, classificamos os empregados de confiança em três categorias, pois para cada uma delas foi dispensado um tratamento legal distinto:

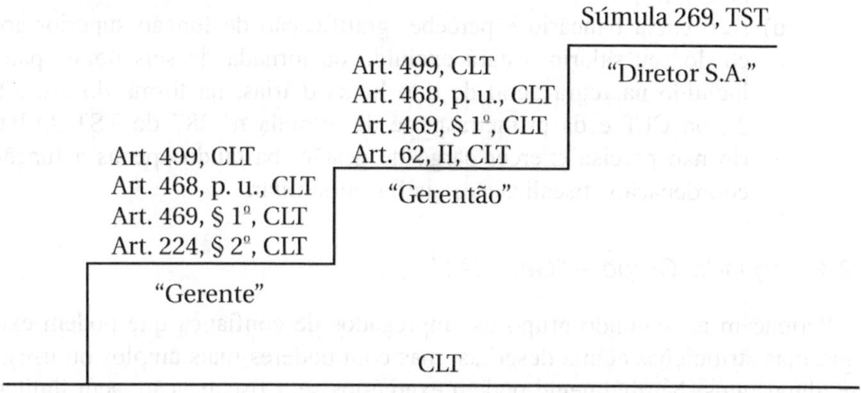

Separaremos os empregados de confiança em três grupos:[66]

11.2.3. Primeiro Grupo – "Gerente"

No primeiro grupo estão os empregados com um ou mais dos poderes a seguir: atribuições de gestão, mando, fiscalização, podendo admitir, demitir, emitir cheques, efetuar compras, contratar, distratar, representar o empregador perante credores, devedores, clientes, repartições públicas, através de mandato outorgado pelo empregador ou não, podendo ter ou não subordinados. Têm **poderes restritos**, com limitações ou alçadas, não importando a quantidade de afazeres relacionados com o cargo de confiança, mas sim a intensidade desta, que é limitada. Não é possível enumerar taxativamente os poderes ou atribuições destes empregados, pois só o caso concreto irá tipificá-los. Atos deste tipo de empregado podem ocasionar enormes prejuízos, mas jamais colocam em risco a atividade do empregador e a sua existência.

Características:

a) podem ser transferidos unilateralmente para localidade diversa da que resultar o contrato (art. 469, § 1º, da CLT);

b) podem ser revertidos ao cargo efetivo ("rebaixamento"), sem que isto importe em alteração contratual *in pejus* – art. 468, parágrafo único, da CLT. No entanto, a Súmula nº 372, I, do TST observa que o em-

---

66 Arnaldo Süssekind também separa os cargos de confiança em grupos. SÜSSEKIND, Arnaldo. *Curso de Direito do Trabalho*. Rio de Janeiro: Renovar, 2002, p. 217.

pregado terá direito à incorporação da gratificação de função, mesmo que retorne ao cargo efetivo, se permaneceu na função de confiança por dez ou mais anos;

c) não adquirem estabilidade na função e, em alguns casos, nem no emprego (art. 499 da CLT);

d) se o caixa bancário e perceber gratificação de função superior ao terço do seu salário, estará excluído da jornada de seis horas, para ser incluído na regra geral de oito horas diárias, na forma do art. 224, § 2º, da CLT e da primeira parte da Súmula nº 287 do TST. O bancário não precisa exercer cargo de gestão, bastando apenas a função de coordenação, fiscalização, chefia ou similar.

11.2.4. Segundo Grupo – "Gerentão"

Pertencem ao segundo grupo os empregados de confiança que podem exercer as mesmas atribuições acima descritas, mas com poderes mais amplos ou irrestritos para alguns atos. Normalmente podem exercê-los sem fiscalização, sem limites, de forma autônoma, substituindo o próprio empregador. Mesmo quando necessitam de autorização, esta é concedida sem critério fiscalizador, já que decorre da confiança. Estes trabalhadores são caracterizados como altos empregados, por se confundirem com o próprio empregador, face à amplitude de seus poderes. Um único ato destes empregados poderá **colocar em risco** não só a atividade do empregador, mas a sua própria existência. Este é o diferenciador entre o primeiro e o segundo grupo de empregados de confiança, isto é, entre o "gerente" e o "gerentão". Só os altos empregados caracterizados no "grupo 2" colocam em perigo a atividade empresarial, pouco importando objetivamente quais as suas atribuições específicas, pois, com um ato, poderão colocar em risco o empreendimento.

Nas palavras de Mario de La Cueva[67] "a própria existência da empresa, seus interesses fundamentais, a segurança e ordem essencial do desenvolvimento de sua atividade" são características deste tipo de empregado de confiança, isto é, do "gerentão", já que é um ***longa manus*** do empresário.

Características:

a) podem ser transferidos unilateralmente para localidade diversa da que resultar o contrato (art. 469, § 1º, da CLT), assim como os enquadrados no primeiro grupo;

b) podem ser revertidos ao cargo efetivo ("rebaixamento"), sem que isto importe em alteração contratual *in pejus* – art. 468, parágrafo único, da CLT, observada a Súmula nº 372, I, do TST, assim como os enquadrados no primeiro grupo;

---

[67] *Apud* SÜSSEKIND, Arnaldo; MARANHÃO, Délio; VIANNA, Segadas; TEIXEIRA, Lima. *Instituições de Direito do Trabalho*. 18. ed. São Paulo: LTr, v. 1, 1999, p. 319.

c) não adquirem estabilidade na função e, em alguns casos, nem no emprego (art. 499 da CLT), da mesma forma que os empregados de confiança do primeiro grupo;

d) se receberem, pelo menos, 40% a mais do valor do salário percebido na função ou cargo efetivo, mesmo que pagos em rubrica separada a título de gratificação, estarão excluídos de qualquer jornada, bem como de todo o Capítulo II "Da Duração do Trabalho", que compreende, também, os intervalos entre e intrajornadas, a necessidade de controle de ponto, a hora noturna reduzida, o adicional noturno, bem como qualquer pagamento extra pelo tempo à disposição, sobreaviso ou prontidão, direitos que o alto empregado não possui.

Nessa situação, encontra-se, por exemplo, o gerente-geral de uma agência de banco, conforme a segunda parte da Súmula nº 287 do TST. No entanto, esta é apenas uma presunção *iuris tantum* (relativa), e não *iuris et de iure* (absoluta), já que somente o real exercício da função de confiança garantirá a aplicação do art. 62, II, da CLT.

Controvérsia

A doutrina e a jurisprudência não são unânimes acerca da caracterização do empregado de confiança irrestrita, enquadrado no art. 62, II, da CLT.

Délio Maranhão[68] compartilha da nossa opinião:

> Nem todo cargo de direção será necessariamente de confiança. Mas, igualmente, não basta tratar-se de função técnica para que se considere, desde logo, afastada a hipótese de cargo dessa natureza. Não é certo, por igual, que o fato de o empregado ter poderes de representação o classifique, só por isso, como exercente de uma função de confiança (...).
>
> Em princípio serão de confiança aqueles cargos cujo exercício coloque em jogo – como diz *La Cueva* – "a própria existência da empresa, seus interesses fundamentais, sua segurança e a ordem essencial do desenvolvimento de sua atividade". (...) Assim, o empregado que administra o estabelecimento, ou aquele que chefia determinado setor vital para os interesses do estabelecimento.

Para outros,[69] a caracterização do cargo de confiança preconizada no inciso II do art. 62 da CLT, depende apenas do exercício do poder de gestão, sem, contudo, mencionarem qual a amplitude desta expressão,[70] isto é, se coloca em risco ou não a existência da empresa.

Há, ainda, aqueles que[71] traçam diferenças entre o enquadramento anterior à Lei nº 8.966/94 (que alterou a redação do art. 62 da CLT) e o posterior, defendendo

---

68 *Apud* SÜSSEKIND, Arnaldo; MARANHÃO, Délio; VIANNA, Segadas; TEIXEIRA, Lima. *Instituições de Direito do Trabalho*. 18. ed. São Paulo: LTr, v. 1, 1999, p. 319.

69 MARTINS, Sergio Pinto. *Direito do Trabalho*. 13. ed. São Paulo: Atlas, 2001, p. 446.

70 *Idem*, p. 445.

71 DELGADO, Mauricio Godinho. *Curso de Direito do Trabalho*. São Paulo: LTr, 2002, p. 341.

que a CLT já abraçou a tese de *La Cueva*, mas que, após a alteração do art. 62 da CLT, não mais se vislumbra aquele requisito (colocar em risco a atividade da empresa), bastando, tão somente, o exercício de cargo de gestão, além do padrão mais elevado de vencimentos.

Arnaldo Süssekind parece adotar esta tese, pois defende que:[72]

> (...) os gerentes e diretores-empregados, de que cogita o art. 62 da CLT, tal como definido no parágrafo único, são os investidos em cargos de gestão pertinentes à administração superior da empresa, enquanto os chefes de departamentos e filiais são os que, no exercício desses cargos de alta confiança, têm delegação do comando superior da empresa para dirigir e disciplinar os respectivos setores.

Entendemos que a nova redação da lei não alterou a essência da caracterização do empregado de confiança,[73-74-75-76-77] que está excluído da regra geral da jornada, mas apenas impôs mais um requisito, ganho superior a 40%, para a diferenciação concreta e objetiva, evitando-se a baixa remuneração destes empregados. Esta teria sido a real intenção do legislador. Portanto, defendemos a mesma corrente que Mario de La Cueva.

A Súmula nº 287 do TST manteve a cizânia acerca do assunto, pois apesar de ter expressamente mencionado que o gerente-geral da agência de um banco está enquadrado no inciso II do art. 62 da CLT, não deixou claro se este gerente precisa ter poderes de gestão tão intensos a ponto de colocar em risco a existência da empresa ou se qualquer gerente-geral, mesmo com poderes limitados, está excluído do Capítulo "Da Duração do Trabalho".

O fato de o legislador ter incluído os chefes de departamento, filial ou agência não contraria nossa tese, pois é possível um empregado que não se encontre no ápice da pirâmide hierárquica da empresa colocá-la em risco,[78] como já nos deparamos com casos concretos julgados.

Ex. 1: Uma empregada que trabalhava para determinada empresa como "supervisora" (a nomenclatura da função é despicienda), com atribuição

---

72 SÜSSEKIND, Arnaldo; MARANHÃO, Délio; VIANNA, Segadas; TEIXEIRA, Lima. *Instituições de Direito do Trabalho*. 19. ed. São Paulo: LTr, v. 2, p. 799.

73 Em sentido contrário Russomano que defende que a nova redação ampliou as hipóteses de função de confiança excluídas do Capítulo. RUSSOMANO, Mozart Victor. *Curso de Direito do Trabalho*. 7. ed. Curitiba: Juruá, 1999, p. 285.

74 No mesmo sentido VIANA, Márcio Túlio; RENAULT, Luiz Otávio Linhares. *O que há de novo em Direito do Trabalho*. São Paulo: LTr, 1997, p. 86.

75 Da mesma forma entende Alice Monteiro. BARROS, Alice Monteiro de. *Curso de Direito do Trabalho*. São Paulo: LTr, 2005, p. 662.

76 Assim também entende MAGANO, Otávio Bueno. *Do poder diretivo na empresa*. São Paulo: Saraiva, 1982, p. 214.

77 Este também é o entendimento de ALMEIDA, Amador Paes de. *CLT Comentada*. São Paulo: Saraiva, 2004, p. 77.

78 VIANA, Márcio Túlio; RENAULT, Luiz Otávio Linhares. *O que há de novo em Direito do Trabalho*. São Paulo: LTr, 1997, p. 87.

de contatar clientes e ajustar cláusulas com livre autonomia para vendas de produtos da empregadora. Não tinha subordinados, não podia admitir e demitir empregados, não possuía procuração formal outorgando-lhe poderes (tácita, sim), não emitia cheques, não escolhia os rumos do empreendimento. Entretanto, tinha autonomia bastante para ajustar a cláusula contratual mais conveniente aos interesses da empresa podendo, em caso de má-fé ou incompetência, colocar em risco a existência da empresa quando o contrato fosse extremamente nocivo à empregadora. Esta empregada está excluída da limitação da jornada, pois enquadrada no inciso II do art. 62 da CLT, apesar de não ter subordinados e não se encontrar no ápice da pirâmide hierárquica da empresa.

Ex. 2: Gerente-geral da agência bancária cuja única atribuição era de administrar seus empregados, controlando horários, tarefas desenvolvidas, cumprimento de metas, perfeição dos trabalhos, sem qualquer poder de gestão ou comando acerca dos rumos ou negócios da empresa, pois seus atos estavam subordinados à diretoria do banco (S/A). Não era o empregado de confiança referido no inciso II do art. 62 da CLT, pois estava incluído do § 2º do art. 224 da CLT.

Ex. 3: Apesar da pouca cultura, pois sequer cursou o ensino médio, o empregado escolhido como gerente dirige o negócio como se dono fosse, com todos os poderes para "tocar" o negócio, podendo negociar, escolher novos investimentos, efetuar contratos com autonomia. A escolha de seu nome como gerente se deu pelo fato de ter sido amigo de infância do dono do negócio. Este é o caso do alto empregado mencionado no inciso II do art. 62 da CLT, apesar de não ter conhecimento técnico e intelectual.

Se, todavia, sua remuneração não for condizente com a responsabilidade que carrega, estará excluído do inciso II do art. 62 da CLT. Note-se, que o parâmetro de 40% sugerido pela lei, pode ou não ser objetivo.

Explica-se:

Se existir cargo efetivo ou plano de cargos e salários, a comparação se fará na forma determinada pela lei, pois de fácil análise.

Se, entretanto, não existir cargo efetivo, PCCS ou parâmetro para a comparação, basta que seus vencimentos sejam significativamente superiores aos dos demais empregados, mesmo que seu subordinado imediato (ex.: subgerente) perceba apenas 20% a menos.

A jurisprudência majoritária também adota este entendimento:

> CARGO DE CONFIANÇA. HORAS EXTRAS. A regra preconizada no art. 62, II, da CLT, também pela sua nova redação, tem caráter excepcional e se justifica para excluir da proteção legal de limitação de jornada aqueles trabalhadores investidos de poderes e até representação, que tenham imediata incidência nos

objetivos gerais do empregador, podendo atuar como seu representante em vários setores da sociedade empresarial ou em ramo relevante de sua atividade, justificando as funções que lhe são atribuídas com poderes de mando, de gestão e com liberdade de decisão, de modo a influenciar nos destinos desta unidade econômica de produção, impondo-se apenas a apuração da função efetivamente exercida como decorrência do princípio da primazia da realidade. TRT 3ª Reg. 7ª T, RO 00582200403803002, Rel. Juiz Milton Thibau Almeida, *DJ*/MG 17/03/2005.

HORAS EXTRAS. CARGO DE GESTÃO. ART. 62, II, DA CLT. A redação do art. 62, II, da CLT e seu parágrafo único, permite inferir que os empregados incumbidos da função gerencial não receberão horas extras. Entretanto, para que fique configurada a aludida função, é necessário que o trabalhador exerça atividade que confira amplos poderes, percebendo salário superior aos dos demais empregados, acrescido de gratificação igual ou maior que 40% se houver. Assim, se o trabalhador percebe padrão salarial diferenciado, atendendo aos quantitativos legalmente impostos, possui função que o designa, ao menos formalmente, como ocupante de cargo de gestão e comanda sozinho um estabelecimento comercial, há evidências de amplos poderes de representação necessários à configuração da função de gerente, obstando o pagamento das horas extraordinárias. TRT 10ª Reg. 1ª T., RO 00858200480110003, Rel. Juiz Pedro Luis Vicentin Foltran, *DJU* 08/07/2005.

BANCÁRIO. FUNÇÃO DE CONFIANÇA. O exercício de função de confiança limitada, sem poderes de gestão e administração, que não resulte risco para a existência da empresa, exclui o bancário do enquadramento no art. 62, II, da CLT. Sua jornada será aquela prevista no art. 224, parágrafo 1º da CLT. TRT, 1ª Reg. 8ª T., RO 01160-2003-010-01-00-9, Rel. Vólia Bomfim Cassar, sessão dia 27/07/2005.

GERENTE. HORAS EXTRAS. Para que fique o gerente excepcionado dos preceitos relativos à duração do trabalho, necessária a inequívoca demonstração de que exerça típicos encargos de gestão, pressupondo esta que o empregado se coloque em posição de verdadeiro substituto do empregador ou cujo exercício coloque em jogo – como diria Mario de la Cueva – a própria existência da empresa, seus interesses fundamentais, sua segurança e a ordem essencial do desenvolvimento de sua atividade. TST 1º T. RR 17.988/90.3, Rel. Cnéa Moreira.

11.2.5. Percepção de Gratificação de 40% ou Majoração Salarial Correspondente a 40%

A lei ainda exigiu que para a exclusão da regra geral os empregados de confiança irrestrita tenham também padrão mais elevado de vencimentos, exigência, aliás, existente desde 1943 com a redação original do art. 62 da CLT. O critério para mensuração de **padrão mais elevado** foi identificado como aquele que permite que o empregado de confiança perceba gratificação de 40% ou majoração salarial correspondente a 40% – parágrafo único do inciso II do art. 62 da CLT. Portanto, o pagamento da gratificação de função de confiança é facultativo, pois a majoração pode estar embutida no salário.

Sergio Pinto Martins[79] defende que se não houver o pagamento da gratificação de 40% (que é facultativa), a comparação deve ser feita em relação ao cargo imediatamente inferior, logo, o empregado de confiança deverá ganhar 40% mais que seu subordinado imediatamente inferior.

A lei cometeu vários erros, pois não pensou na hipótese de o trabalhador não ter ocupado cargo efetivo anteriormente ou de este não existir na empresa. A maioria das pequenas e médias empresas sequer possuem quadro de carreira. Nem sempre o exercente de cargo de confiança tem empregados imediatamente inferiores a ele. Pode ocorrer que no setor, filial, posto ou departamento que trabalhe não existam empregados a ele subordinados diretamente, ou que exista outro empregado de confiança imediatamente subordinado, mas que também tem poderes de gestão. Não é crível que se imagine que a lei tenha obrigado que entre empregados (de confiança ou não), no escalonamento hierárquico da empresa, haja, necessariamente, uma diferença de 40% entre o salário do cargo inferior para o imediatamente superior. Logo, a comparação não poderá ser realizada desta forma.

A lei se refere a 40% a mais do **salário efetivo**, compreendendo ou não a gratificação de função de confiança. Melhor teria sido dizer que a gratificação deveria ser de 40% do salário base,[80-81] impondo critérios objetivos inafastáveis pela conveniência das partes.

Diante da redação imprecisa do parágrafo único do art. 62 da CLT, vários fatores concretos podem ocorrer que impossibilitam a verificação, como ocorre, por exemplo, quando o empregado é admitido diretamente para ocupar a função de confiança, que não tem subordinados diretos e cuja empresa não tem plano de cargos e salários. Como nunca ocupou cargo efetivo (só o de confiança) e como não tem subordinados diretos, como fazer a comparação? Defendemos que, neste caso, tal exigência não se aplicará, pois não se pode pagar 40% a mais daquilo que nunca foi pago. Da mesma forma Gabriel Saad.[82]

Caso existam empregados hierarquicamente inferiores, mesmo que não subordinados ao alto empregado, basta que este tenha padrões mais elevados de ganhos salariais comparativamente aos demais,[83] sem o critério objetivo de 40% a mais. Concluímos, pois, que o requisito (40% a mais) não é da essência do ato, sendo mero requisito acidental.

Se receberem, pelo menos, 40% a mais do valor do salário base, ou cargo efetivo, ou do salário do cargo que anteriormente ocupavam, ou de empregado ocupante de função imediatamente inferior, ou, não sendo possíveis estes critérios,

79 MARTINS, Sergio Pinto. *Direito do Trabalho*. 13. ed. São Paulo: Atlas, 2001, p. 446.

80 Carrion defende que a lei se referiu a 40% do salário-base. CARRION, Valentim. *Comentários à Consolidação das Leis do Trabalho*. 28. ed. atualizado por Eduardo Carrion, São Paulo: Saraiva, 2003, p. 114.

81 Amador Paes adota o entendimento que o percentual deve incidir sobre o salário-base. ALMEIDA, Amador Paes de. *CLT comentada*. São Paulo: Saraiva, 2004, p. 78.

82 SAAD, Eduardo Gabriel; SAAD, José Eduardo Duarte; BRANCO, Ana Maria Saad Castelo. *CLT comentada*. 39. ed. São Paulo: LTr, 2006, p. 130.

83 Aparentemente neste sentido RUSSOMANO, Mozart Victor. *Curso de Direito do Trabalho*. 7. ed. Curitiba: Juruá, 1999, p. 286.

se tiverem padrões mais elevados de vencimentos, estarão excluídos de qualquer jornada, bem como de todo o Capítulo II "Da Duração do Trabalho", que compreende, também, os intervalos entre e intrajornadas, a necessidade de controle de ponto, a hora noturna reduzida, o adicional noturno e a hora extra bem como o pagamento como extra do tempo à disposição, de sobreaviso ou da prontidão.

Note-se que o Capítulo da "Duração do Trabalho" compreende não só a limitação da jornada, como também períodos de descanso, trabalho noturno e respectivo adicional. Portanto, são normas de proteção à saúde física e mental do trabalhador.

Para excluir qualquer empregado da reparação destas nocividades (trabalho extra e noturno), mister que a lei seja interpretada restritivamente, em face do princípio da proteção ao trabalhador que sustenta todo o Direito do Trabalho.

11.2.6. Terceiro Grupo – Diretores

Aqui estão apenas os empregados **eleitos** (através de uma assembleia-geral) ao cargo de diretor de uma sociedade anônima, desde que tenha desaparecido a subordinação outrora existente. A jurisprudência majoritária considera **suspensos** os contratos de emprego enquanto exercerem tal mister (Súmula nº 269 do TST). O tempo de afastamento não será computado como tempo de serviço. Tal posição se apoia no fato de a diretoria da S/A ser um órgão onde os diretores administram livremente a empresa. Há outras correntes, dentre elas a que defende a extinção do contrato porque o empregado passa a ser seu próprio patrão, posição que adotamos (instituto da confusão – art. 381 do Código Civil de 2002). Remetemos o leitor ao Capítulo "Trabalhos e Empregados Especiais" e ao Capítulo "Suspensão do Contrato".

Enquanto suspenso o contrato, este trabalhador não tem qualquer direito trabalhista, nem mesmo ao FGTS. Da mesma forma o Decreto nº 99.684/90, art. 29 que estendeu o Fundo apenas para aqueles empregados de confiança que, mesmo com o contrato suspenso, o tempo de serviço é computado para todos os fins, o que não ocorre com os verdadeiros empregados eleitos diretores de S/A.

Apesar de sumulada, a matéria ainda não está pacificada na doutrina.

Magano[84] aponta a existência de quatro correntes:

1º – Extinção do contrato de trabalho, sem direito ao retorno quando findo o mandato,[85] em virtude da incompatibilidade entre a relação de emprego e a de mandato. Não pode o diretor mandatário dirigir-se, representar-se e subordinar-se a si mesmo, como leciona Mauricio Godinho.[86] Funda-se, também, no instituto da confusão – art. 381

---

[84] MAGANO, Otávio Bueno. *Manual de Direito do Trabalho*. Direito Individual do Trabalho. 3. ed. São Paulo: LTr, v. 2, 1992, p. 138.

[85] RUSSUMANO, *apud ibidem*, p. 139.

[86] DELGADO, Mauricio Godinho. *Curso de Direito do Trabalho*. São Paulo: LTr, 2002, p. 347.

do Código Civil, pois o empregado passa a ser credor de si mesmo, já que também é diretor;

2º – Suspensão contratual, com o direito de não extinção do contrato e consequente retorno ao cargo anterior.[87-88] Esta teoria também defende a incompatibilidade entre a relação de direção mandatária e a de emprego, mas atenua os efeitos da teoria anterior, protegendo o trabalhador em caso de retorno à condição anterior de empregado;

3º – Interrupção contratual com contagem do tempo de serviço, enquanto diretor.[89] Todavia, os autores que defendem esta tese não informam se o diretor receberia o salário, porque também empregado. Quem determinaria o valor de seu salário? Seus reajustes, o pagamento, quem faria? Ele mesmo? Em caso de não pagamento, quem seria o responsável? Ele mesmo, em face do disposto no art. 158, II, da Lei nº 6.404/76?;

4º – Não altera a situação jurídica do empregado, não modificando sua qualidade de diretor e de empregado.[90-91]

Convém relembrar que para a exclusão da tutela trabalhista ao diretor, necessário que seja eleito por assembleia ao cargo de gestão administrativa e financeira de uma sociedade anônima. Não basta a nomenclatura "diretor" para enquadrá-lo na Súmula nº 269 do TST, como tem acontecido nas grandes empresas: diretor de *marketing*, diretor de produtos, diretor do departamento de pessoal, diretor de campus, diretor de unidade, diretor setorial, diretor regional etc. A melhor denominação para os casos acima seria: "gerente", "chefe", "responsável" etc., pois não são diretores estatutários eleitos à administração da S.A. Os verdadeiros diretores não estão subordinados à sociedade, mas tão somente ao voto da maioria do Conselho Administrativo.

A contratação direta de um diretor (**estatutário**) de sociedade anônima, que nunca tenha sido empregado desta empresa, o caracteriza como empresário, já que tem independência e sofre os riscos de responder com seus bens pessoais em caso de atos contrários à lei, aos fins sociais ou abuso de personalidade jurídica (Lei nº 6.404/76, art. 158, II, art. 239, parágrafo único, e Lei nº 6.024/74, arts. 39 e 40, e Código Civil, art. 50). Por isso, jamais será empregado, salvo se robustamente comprovada a fraude, isto é, que, apesar da nomenclatura de diretor e da eleição

---

87 MARANHÃO, Délio, *apud* MAGANO, Otávio Bueno. *Manual de Direito do Trabalho*. Direito Individual do Trabalho. 3. ed. São Paulo: LTr, v. 2, 1992, p. 139.

88 PINTO, José Augusto Rodrigues. *Curso de Direito Individual do Trabalho*. 4. ed. São Paulo: LTr, 2000, p. 112.

89 MORAES FILHO, Evaristo Moraes; *apud* MAGANO, Otávio Bueno. *Manual de Direito do Trabalho*. Direito Individual do Trabalho. 3. ed. São Paulo: LTr, v. 2, 1992, p. 139.

90 CARVALHO, Antero *apud* MAGANO, Otávio Bueno. *Manual de Direito do Trabalho*. Direito Individual do Trabalho. 3. ed. São Paulo: LTr, v. 2, 1992, p. 138.

91 DELGADO, Mauricio Godinho. *Curso de Direito do Trabalho*. São Paulo: LTr, 2002, p. 351.

regularmente efetuada por assembleia, estava subordinado[92-93] e não sofria os riscos do empreendimento.

Diversa é a situação do empregado eleito para o Conselho de Administração de uma Sociedade Anônima. A Lei nº 6.404/76 inovou ao criar o Conselho de Administração como órgão obrigatório nas sociedades anônimas, de capital autorizado, de deliberação colegiada. O Conselho não tem poder de representação da sociedade, já que é exclusivo da diretoria.

O Conselho é composto de, no mínimo, três membros eleitos pela assembleia-geral (art. 140 da Lei nº 6.404/76).

Não existe impedimento legal para que um empregado da empresa seja eleito para o conselho de administração. Ocorrendo tal fato, o contrato de trabalho do empregado eleito não será suspenso, continuará em curso normalmente, porque o conselho de administração é órgão de deliberação, sem poderes para representar a companhia, poder exclusivo da Diretoria.

11.3. Trabalhadores Externos

Alguns empregados externos estão excluídos do Capítulo da "Duração do Trabalho" da CLT, em razão da incompatibilidade existente entre o controle de sua frequência e jornada e o trabalho desenvolvido longe dos olhos do patrão.

Trabalhador externo é aquele que executa seus serviços **fora do estabelecimento** do empregador, normalmente longe de sua fiscalização e controle.

Como no caso dos empregados de confiança, o trabalho externo pode ser dividido em três grupos:

1º – Trabalhadores externos cujo controle de horário e de execução das tarefas é impossível ou de difícil mensuração;

2º – Trabalhadores externos, mas que são obrigados a passar na empresa durante o expediente, podendo existir ou não fiscalização;

3º – Trabalhadores externos cuja atividade desenvolvida é compatível com a fixação de horário.

11.3.1. Primeiro Grupo

Estão compreendidos neste grupo aqueles empregados cujo trabalho não está submetido a qualquer controle ou fiscalização, não havendo meta a ser cumprida ou visitações predeterminadas. Podem realizar as tarefas como melhor convier, nos horários e dias de seu interesse ou necessidade.

---

92 No mesmo sentido, Mauricio Godinho, defendendo que o diretor estatutário contratado para exercer tal cargo pode ser empregado, desde que presente a subordinação. DELGADO, Mauricio Godinho. *Curso de Direito do Trabalho*. São Paulo: LTr, 2002, p. 349.

93 Aparentemente no mesmo sentido CARRION, Valentim. *Comentários à Consolidação das Leis do Trabalho*. 28. ed., atualizado por Eduardo Carrion, São Paulo: Saraiva, 2003, p. 114.

Estão excluídos do Capítulo "Da Duração do Trabalho" porque impossível a mensuração da quantidade de trabalho desenvolvido por dia, em virtude do tipo e modo de realização da atividade exercida.

Por este motivo a lei é expressa quando se refere a "empregados que exercem atividade externa **incompatível com a fixação de horário de trabalho** (...)" – art. 62, I, da CLT (grifos nossos). Ou seja, é a incompatibilidade de fixação e controle[94] da jornada que o afasta da tutela legal, e não o fato de desenvolver suas atividades fora do estabelecimento do empregador.

Não são controlados por nenhum modo, nem por cartão de ponto, nem por mensuração das tarefas, de produção, visitações, negócios, atribuições realizadas etc.

Mesmo externos, se existir alguma forma de controle de produção,[95] de percurso, de tarefas, de horário, de visitações etc., o empregado terá direito ao Capítulo em estudo e, se comprovadas as horas extras e/ou noturnas, haverá remuneração destas, pois a lei limitou a tutela protetiva em face de uma **presunção** jurídica[96] (presume-se que o trabalhador externo não é controlado e fiscalizado), que pode ser afastada por prova em contrário.

São exemplos destes trabalhadores: empregados em domicílio, os teletrabalhadores; os vendedores pracistas sem controle de vendas e visitações; os caminhoneiros ou carreteiros sem controle de radar, tacógrafo e horário (OJ nº 332 da SDI-I do TST) etc.

Estes são os verdadeiros trabalhadores externos incluídos no art. 62, I, da CLT. Vejamos alguns deles abaixo:

11.3.1.1. Trabalhador em Domicílio

A norma celetista (art. 6º da CLT) determina que não pode haver distinção entre o empregado que trabalha dentro do estabelecimento do empregador daquele que trabalha no seu próprio domicílio e do realizado a distância, salvo dispositivo legal em contrário.

Outro dispositivo legal preocupou-se com o conceito de trabalho em domicílio – art. 83 da CLT, considerando-o como aquele que é "executado na habitação do empregado ou em oficina de família, por conta de empregador que o remunere".

O conceito de domicílio deve ser aquele estabelecido no art. 70 do CC.

A CLT quis, na verdade, deixar claro que é possível existir relação de emprego, mesmo quando o empregado não comparece diariamente à empresa ou nunca comparece. Não teve o legislador interesse em discriminar, mas em dar tratamento diferenciado ante a presunção legal de trabalho sem controle e fiscalização.

---

94 Da mesma forma Carrion que afirma "há impossibilidade de conhecer-se o tempo realmente dedicado com exclusividade à empresa". *Ibidem*, p. 110.

95 *Idem*.

96 DELGADO, Mauricio Godinho. *Curso de Direito do Trabalho*. São Paulo: LTr, 2002, p. 853.

A doutrina tem sido tolerante com a ajuda eventual ou insignificante de familiares[97] ou amigos no cumprimento das tarefas, defendendo que nestes casos permanece o vínculo entre o empregado em domicílio e o patrão, desde que a prestação de trabalho não assuma a feição de empreendimento autônomo ou familiar.[98] A própria CLT se refere ao trabalho em oficina de família, autorizando, implicitamente, a ajuda de familiares na mão de obra. A pedra de toque para a descaracterização da relação de emprego pode ser notada quando o empregado passa a contratar (ou intermediar, obtendo lucro) ajudantes, a investir no negócio, adquirindo maquinaria, matéria-prima, utensílios industriais etc. Só a análise do caso concreto pode demonstrar a existência ou não do vínculo de emprego.

São exemplos de empregados em domicílio as costureiras que recebem o material em casa para realização das costuras; artesãos que confeccionam peças para posterior venda na empresa; trabalho artesanal para decoração diária de ambiente de trabalho (restaurantes etc.). Normalmente recebem por peça produzida.

O trabalhador **em domicílio** não pode ser confundido com o trabalhador autônomo, já que este sofre os riscos do empreendimento, enquanto aquele não. O fato de o empregado fornecer, exclusivamente, a matéria-prima pode ou não descaracterizar a relação de emprego, pois há vários empregados que são contratados com suas ferramentas de trabalho: carro, computador, caminhão, estetoscópio etc. Portanto, este não deve ser requisito distintivo, como o é no Direito italiano.[99-100]

Normalmente o empregado que trabalha na sua própria casa não tem qualquer controle de jornada e, por isso, impera a presunção de exclusão do Capítulo "Da Duração do Trabalho". Se, entretanto, o patrão exigir-lhe número mínimo de produção diária ou, por outros meios, conseguir controlar sua jornada, o empregado terá direito ao capítulo em estudo.

Assim, se, de fato, fizer horas extras e/ou noturnas, receberá por elas.

11.3.1.2. Motoristas

11.3.1.2.1. Caminhão ou Carreta

Antes da Lei nº 12.619/12 (já revogada) havia nítida presunção de que os motoristas de carreta ou caminhão estavam incluídos no inciso I do art. 62 da CLT, desde que não sujeitos a controle de jornada, seja por tacógrafo, radar, supervisores de plantão em determinadas paradas ou pontos etc.

Até então, a jurisprudência vinha entendendo, pela Orientação Jurisprudencial nº 332 da SDI – I do TST, que o tacógrafo não servia como meio de controle

---

97 MARTINS, Sergio Pinto. *Direito do Trabalho*. 13. ed., São Paulo: Atlas, 2001, p. 131.

98 SÜSSEKIND, Arnaldo; MARANHÃO, Délio; VIANNA, Segadas; TEIXEIRA, Lima. *Instituições de Direito do Trabalho*. 18. ed. São Paulo: LTr, v. 1, 1999, p. 320.

99 NASCIMENTO, Amauri Mascaro. *Curso de Direito do Trabalho*. 16. ed. São Paulo: Saraiva, 1999, p. 418.

100 No mesmo sentido, MARTINS, Sergio Pinto, *op. cit.*, p. 131.

de jornada e, não havendo outros elementos de fiscalização, entendia-se que o motorista era espécie de trabalhador externo e, por isso, não sujeito a controle de jornada. Logo, excluído do Capítulo. Na verdade, o tacógrafo é meio de medir a velocidade e, para mensurar a jornada, seria ainda necessário saber, com precisão, o tempo da viagem, o itinerário, a quilometragem rodada e o tempo das paradas.

Entrementes, a revogada Lei nº 12.619/2012, atual Lei nº 13.103/2015, regulamentou a profissão de motorista de passageiros e de carga e determinou, em seu art. 2º, V, *b*, que compete ao empregador o controle da jornada dos motoristas de passageiros e de carga:

Dispõe o art. 2º, V, *b*, da Lei nº 13.103/2015:

> ter jornada de trabalho controlada e registrada de maneira fidedigna mediante anotação em diário de bordo, papeleta ou ficha de trabalho externo, ou sistema e meios eletrônicos instalados nos veículos, a critério do empregador;

Desta forma, os motoristas, embora externos, estão excluídos da hipótese prevista no art. 62, I, da CLT.

A respeito do direito ao tempo de repouso e de reserva, intervalo e descansos, remetemos o leitor ao Capítulo 19 – "Duração do Trabalho".

11.3.1.2.2. Ônibus

O motorista de linha circular urbana intramunicipal ou intermunicipal é controlado quando da saída e retorno ao ponto final de cada viagem. Em muitos casos ainda há um inspetor ou fiscal de plantão em pontos aleatórios do percurso, aguardando a parada do ônibus para controle.

A Portaria nº 13.874/19 do Ministério do Trabalho autoriza a adoção de guias ministeriais (controle alternativo) para verificação da jornada dos motoristas e cobradores.

É compatível a adoção das guias ministeriais com o art. 2º, V, *b*, da Lei nº 13.103/2015, pois se equiparam às papeletas ou fichas de serviço externo a que se refere o art. 74 da CLT.

11.3.2. Segundo Grupo

Alguns trabalhadores externos, apesar de dispensados de controle de ponto, são obrigados a comparecerem, uma vez ao dia, pelo menos, na empresa ou encontrar com o supervisor em algum "ponto de encontro". Estas medidas, analisadas isoladamente, não se caracterizam, por si só, em controle de jornada. Todavia, se conjugadas com outros elementos de fiscalização podem demonstrar o controle, como, por exemplo, exigir que o empregado cumpra determinado roteiro de visitas, ou que atinja determinada meta de produção diária etc.

A diferença entre os empregados deste grupo e os do anterior é que os do primeiro grupo não têm nenhum controle aparente de jornada, enquanto os do segundo grupo têm algum controle.

Cabe ressaltar que em ambos os casos o ônus da prova é do empregado de comprovar a compatibilidade do trabalho executado com a possibilidade de se controlar sua jornada. Neste caso terá direito ao Capítulo. Logo, se trabalhou em jornada suplementar terá direito ao respectivo pagamento.

11.3.3. Terceiro Grupo

Há empregados que, embora executem seu trabalho majoritariamente de forma externa, são controlados ou no horário de entrada e saída, ou durante as viagens ou no número de visitas efetuadas.

É o que acontece com o *motoboy* que entrega pizzas para a pizzaria ou restaurante ou o *delivery* da farmácia, retornando após cada viagem para aguardar o novo comando de entrega; com o motorista do caminhão da loja de departamentos, que pega o carro na garagem, carrega-o e depois das entregas no domicílio do cliente, ao final da jornada, devolve o carro vazio. Também são exemplos destes trabalhadores: os motoristas de ônibus de passageiros intermunicipal ou entre municípios; os contínuos e *boys* etc.

Para estes, o Capítulo "Da Duração do Trabalho" é aplicável, porque controlados. Devem portar "papeleta de serviço externo" enquanto estiverem executando o trabalho externamente, na forma do art. 74, § 3º, da CLT.

11.3.4. Anotação na CTPS da Condição de Trabalhador Externo

O art. 62, I, da CLT exigiu a anotação da condição de externo na CTPS e no Registro de Empregados. A anotação na CTPS é requisito da **prova do ato**,[101-102] e não de sua **essência**. Se o patrão comprovar que o empregado é de fato externo prevalecerá a verdade à forma. A infração ao dispositivo legal sujeita o empregador somente à penalidade administrativa.

11.4. Teletrabalho

O conceito de teletrabalho era matéria que suscitava dúvidas na doutrina.

De acordo com o dicionário,[103] "tele" significa longe, à distância.

O teletrabalho pode ser desenvolvido no domicílio do empregado ou em um centro de computação, um escritório virtual ou alugado por hora para este fim aos interessados, pois há uma descentralização da empresa, pulverizando a "comunidade obreira".[104]

---

101 No mesmo sentido Russomano e Saad. RUSSOMANO, Mozart Victor. *Comentários à Consolidação das Leis do Trabalho*. 9. ed. Rio de Janeiro: Forense, 1982, p. 107; SAAD, Eduardo Gabriel; SAAD, José Eduardo Duarte; BRANCO, Ana Maria Saad Castelo. *CLT comentada*. 27. ed. São Paulo: LTr, 2004, p. 102.

102 Aparentemente em sentido contrário, defendendo que o requisito é "condição cumulativa", MARTINS, Sergio Pinto. *Direito do Trabalho*. 13. ed. São Paulo: Atlas, 2001, p. 444.

103 HOUAISS, Antônio. *Dicionário Houaiss da língua portuguesa*. Rio de Janeiro: Objetiva, 2001, p. 2.686.

104 *Idem*.

Há quem advogue[105] que o **teletrabalho** também pode ser denominado **trabalho periférico**, trabalho a distância, **trabalho remoto**, e quer dizer "prestação de serviço destinado a outrem sob a subordinação deste, exercido por um trabalhador, preferencialmente em sua casa e com o suporte de modernos instrumentos e tecnologias relacionados às telecomunicações e informática", admitindo a execução parcial do trabalho internamente na empresa. João Hilário aponta três elementos básicos para caracterização do teletrabalho: a) utilização de novas tecnologias referentes à informática e à telecomunicação; b) ausência ou redução do contato pessoal do trabalhador com o patrão, superiores hierárquicos ou colegas; c) o local de prestação de serviços geralmente é a casa do trabalhador.

Superadas as especulações doutrinárias a respeito do conceito de teletrabalho após a Lei nº 13.467/17, pois os arts. 75-B e seguintes da CLT conceituam e disciplinam o teletrabalho como:

> **Art. 75-B** – Considera-se teletrabalho a prestação de serviços preponderantemente fora das dependências do empregador, com a utilização de tecnologias de informação e de comunicação que, por sua natureza, não se constituam como trabalho externo.
> Parágrafo único. O comparecimento às dependências do empregador para a realização de atividades específicas que exijam a presença do empregado no estabelecimento não descaracteriza o regime de teletrabalho.
> **Art. 75-C.** A prestação de serviços na modalidade de teletrabalho deverá constar expressamente do contrato individual de trabalho, que especificará as atividades que serão realizadas pelo empregado.

Portanto, apesar de executar seus serviços **fora** do estabelecimento, o legislador considerou que o teletrabalho não é espécie de **trabalho externo**. Quis, na verdade, fugir da limitação contida no inciso I do art. 62 da CLT, que não exclui todos os externos do Capítulo "Da Duração do Trabalho", mas apenas aqueles cuja fixação de horário é incompatível com o serviço executado, isto é, quando não for possível controlar o serviço. Desta forma, mesmo que controlado, o teletrabalhador não terá direito à hora extra, noturna, adicional noturno, intervalo intrajornada e entrejornada.

De fato, no passado era difícil a mensuração do trabalho de um empregado em domicílio. Mas diante das novas tecnologias que permitem, em tempo real, o contato entre o empregado e o patrão, este meio de trabalho tem sido mais controlado e fiscalizado. Absurdo, por isso, o comando legal que exclui os teletrabalhadores de tantos benefícios pela mera presunção de que não são controlados. Estes também deveriam ter os mesmos direitos de todos os demais trabalhadores externos.

O teletrabalhador pode ser facilmente monitorado por *webcâmera, intranet*, telefone, rádio, GPS, número mínimo de tarefas diárias etc. Aliás, o parágrafo único do art. 6º da CLT é claro no sentido de que "Os meios telemáticos e informatizados de comando, controle e supervisão se equiparam, para fins de subordinação jurídica, aos meios pessoais e diretos de comando, controle e supervisão do trabalho alheio".

---

105 VALENTIM, João Hilário. "Teletrabalho e relações de trabalho". *Revista Gênesis de Direito do Trabalho*. Curitiba, Gênesis, 1999, p. 526.

Importante salientar que como a regra contida no inciso III do art. 62 da CLT é maléfica ao trabalhador, sua interpretação deve ser restritiva. Isto quer dizer que é requisito essencial para validade da exclusão do teletrabalhador ao Capítulo "Da Duração do Trabalho" a cláusula expressa em **contrato escrito** que indique esta modalidade de trabalho e especifique as tarefas que o empregado deve realizar.

Poderá ser realizada a **alteração** do regime presencial para o regime de teletrabalho desde que haja mútuo acordo entre as partes, registrado em aditivo contratual (§ 1º do art. 75-C da CLT). Entretanto, poderá o **empregador** determinar a alteração do trabalho a distância para presencial, desde que garanta um prazo mínimo de transição de 15 dias, e também o faça com cláusula aditiva (§ 2º). Neste ponto o legislador é confuso, pois ao mesmo tempo que permite que a alteração seja **unilateral**, por determinação do empregador, exige termo aditivo ao contrato. E se o empregado não assinar e não concordar com o aditivo? A exigência de aditivo neste caso é inócua.

O contrato escrito também deverá dispor sobre a responsabilidade pela aquisição, manutenção ou fornecimento dos equipamentos tecnológicos e da infraestrutura necessária e adequada à prestação do trabalho remoto, bem como ao reembolso de despesas arcadas pelo empregado, sendo que as utilidades fornecidas não integram o salário (art. 75-D da CLT). Com isso, poderá ser repassado ao empregado riscos com a sua saúde e com o material do trabalho.

Além disso, o art. 75-E da CLT dispõe que o empregador deverá instruir os empregados, de maneira expressa e ostensiva, quanto às precauções a tomar a fim de evitar doenças e acidentes de trabalho, devendo o trabalhador assinar termo de responsabilidade comprometendo-se a seguir as instruções fornecidas pelo empregador. Isto quer dizer, que, neste caso, se o empregado adquirir uma doença profissional (tenossinovite, por exemplo), o empregador estará isento de qualquer responsabilidade.

A título de curiosidade, o Provimento nº 69, de 12/2018, do CNJ dispõe sobre o teletrabalho no âmbito dos serviços notariais e de registro do Brasil.

12. ADICIONAL DE HORA EXTRA (CABIMENTO) E HORAS EXTRAS OBRIGATÓRIAS

12.1. Intervalo Intrajornada Suprimido

De acordo com o § 4º do art. 71 da CLT, quando o intervalo intrajornada mínimo para repouso e alimentação do trabalhador rural ou urbano não for concedido, o empregador deverá pagar a título de indenização apenas o período suprimido, com acréscimo de 50%.

Todavia, antes da nova redação dada pela Lei nº 13.467/17 ao § 4º acima mencionado, a lei não deixava clara a natureza do pagamento do intervalo nem quanto deveria ser pago, se apenas a parte suprimida ou a totalidade do intervalo intrajornada a qual teria direito o empregado.

Havia uma forte tendência de se considerar o adicional de 50% como penalidade, que não se confunde com o adicional de hora extra, e, por isso, não teria a parcela natureza salarial e sim indenizatória (Valentin Carrion)[106] – art. 71, § 4º, da CLT. Para alguns dos defensores desta tese, se o trabalho durante o intervalo fosse compensado ao final, seria devido apenas o adicional e não a hora acrescida do adicional, já que pena não se interpreta de forma ampliativa – princípio comezinho de hermenêutica.

Não concordávamos com a tese esposada por Valentin Carrion, pois intervalo não concedido significava trabalho realizado em período de descanso, logo, deveria ser remunerado como se fosse trabalho extra. Sendo assim, não haveria *bis in idem* para o empregador quando o empregado trabalhasse na hora do descanso e isto importasse em acréscimo de horas trabalhadas no final do dia. A se pensar de outra forma, o empregador pagaria duas vezes o mesmo intervalo trabalhado, o que é refutado pelo direito. Uma como pena pelo intervalo suprimido, outra como pagamento da hora (extra) pelo trabalho em horário de descanso. Assim, se o empregado trabalhou na hora de intervalo e "compensou" saindo mais cedo do serviço, não trabalhando além da jornada normal, receberia, na nossa opinião, apenas 50% sobre a hora suprimida. Neste sentido José Augusto Rodrigues Pinto[107] que, como nós, defendia a tese de que o adicional é de hora extra (ficta) e, portanto, teria natureza salarial. A Súmula nº 437, III, do TST também defendia a natureza salarial do pagamento do intervalo suprimido.

Mauricio Godinho[108] argumentava que nestes casos o pagamento deveria compreender a hora extra em si, mesmo que ficta, além do respectivo adicional, pois a lei desejou sobrevalorizar esse tempo desrespeitado, por ser norma de medicina e segurança do trabalho. Sergio Pinto Martins[109] também advogava que o pagamento deveria corresponder ao período não concedido de descanso + 50%, mesmo que não tivesse havido sobrejornada, isto é, horas extras reais. De forma similar, mas pela hora cheia, Mauricio Godinho, Alice Monteiro de Barros[110] e a Súmula nº 437, I, do TST.

A discussão acima não tem mais motivo, pois a partir da alteração da redação do § 4º do art. 71 da CLT pela Lei nº 13.467/17, o legislador foi claro em apontar a natureza indenizatória do pagamento pelo intervalo suprimido.

A matéria já foi abordada no item 4.1.5 deste Capítulo.

---

106 CARRION, Valentin. *Comentários à Consolidação das Leis do Trabalho*. 29. ed. São Paulo: Saraiva, 2004, p. 123.

107 PINTO, José Augusto Rodrigues. *Curso de Direito Individual do Trabalho*. 4. ed. São Paulo: LTr, 2000, p. 350.

108 DELGADO, Mauricio Godinho. *Curso de Direito do Trabalho*. São Paulo: LTr, 2002, p. 907.

109 MARTINS, Sergio Pinto. *Direito do Trabalho*. 13. ed. São Paulo, 2001, p. 481.

110 BARROS, Alice Monteiro de. *Curso de Direito do Trabalho*. São Paulo: LTr, 2005, p. 643.

12.2. Art. 61 da CLT

12.2.1. Hora Extra Obrigatória

O art. 61 da CLT trata do trabalho extraordinário obrigatório, isto é, sem bilateralidade (acordo de vontade entre as partes ou norma coletiva), em razão de necessidade imperiosa e, em geral, proveniente de fenômeno incomum e imprevisível. Necessidade imperiosa significa: a) **força maior** (definida no art. 501 da CLT), que pode ter três diferentes consequências sobre o contrato de trabalho: a primeira, que não é objeto de nosso estudo, acarreta a extinção do ajuste em virtude do fechamento da empresa. Os outros dois efeitos da força maior no contrato de trabalho dizem respeito à recuperação do tempo perdido em virtude de força maior, tanto no caso em que a empresa sofre prejuízos, mas não paralisa suas atividades (art. 61, § 2º, da CLT), como na hipótese em que o empregador tem sua atividade temporariamente paralisada em decorrência de graves prejuízos, interrompendo a prestação dos serviços até sua recuperação (art. 61, § 3º, da CLT); b) **serviços inadiáveis** ou cuja inexecução acarrete manifesto prejuízo para a empresa. Em relação a este aspecto deve-se fazer uma interpretação restritiva para evitar abusos. Vivemos na era da globalização, onde a flexibilização é importante instrumento na tentativa de salvar empresas que agonizam, através da união de esforços entre empregado e patrão. É o caso, por exemplo, de uma empresa que precisa atender pedido urgente, o qual significa a chance de recuperar sua abalada saúde financeira. Ou ainda, para conclusão de um serviço inadiável, que pela sua própria natureza envolve a utilização de produtos perecíveis.

O adicional de hora extra é devido quando o empregado labora além da jornada legal ou contratual. Também é devido quando não é concedido o intervalo intrajornada ou intervalo entre jornadas (Súmula nº 110 do TST). O tempo à disposição também pode ser considerado como trabalho extra e, se assim o for, terá o acréscimo de 50% (art. 4º da CLT).

O art. 61, § 2º, da CLT propositadamente não obrigou ao pagamento do adicional de horas extras, enquanto o § 3º excluiu (interpretação que se extrai porque o texto não foi expresso quanto ao pagamento) tanto o pagamento da hora extra, como do respectivo adicional.

Estas horas extras, além de **obrigatórias**, constituem exceções e, por isso devem ser interpretadas restritivamente e só se justificam quando a atividade da empresa é paralisada total ou parcialmente em virtude de causas acidentais ou força maior que impeça a continuidade das atividades empresariais. A lei permite que, após o restabelecimento das condições de trabalho (obras, reforma, reconstruções, conserto etc.), o trabalho seja prorrogado por mais duas horas por dia, no limite de 10, durante no máximo 45 dias, mediante autorização do Ministério da Economia, antigo Ministério do Trabalho, para que se recupere o tempo perdido. Durante o período em que o empregado estiver aguardando a reabertura do estabelecimento, fica em casa à disposição do empregador, recebendo os salários como se trabalhando estivesse. Assim, quando a empresa retomar suas atividades poderá convocar seus empregados ao trabalho, sem qualquer ajuste prévio para contratação das horas extras (exceção à regra geral) e, se for o caso, exigir deles trabalho na jornada normal e extra.

Apesar de o texto legal ser expresso neste sentido, há controvérsias sobre a recepção ou não destas exceções, pois o art. 7º, XVI, da CRFB determina o pagamento do adicional de 50% para as horas extras. A partir daí, surgem duas questões: estas duas horas (extras) são remuneradas ou o trabalhador deve prestar o serviço como forma de compensação pelo período de paralisação da empresa em que permaneceu recebendo sem trabalhar? Se devidas, são acrescidas do adicional de 50% respeitando o comando constitucional (art. 7º, XVI, da CRFB) ou esta seria uma exceção, como prevê o próprio artigo, isto é, sem o pagamento do respectivo adicional? A resposta não é unânime na doutrina e na jurisprudência.

Discussão similar gira em torno do § 2º do mesmo artigo que trata de trabalho extra em virtude de **força maior**, que não tenha importado em **interrupção** da atividade econômica e, consequentemente, dos serviços, pois a lei também dispensa o pagamento do adicional nesta hipótese. Teriam sido recepcionados os §§ 2º e 3º do art. 61 da CLT pela Carta ou também para estes casos é devido o adicional de 50%? A questão é controvertida.

Amauri Mascaro Nascimento,[111] Mozart Victor Russomano,[112] Sergio Pinto Martins,[113] Mauricio Godinho[114] entendem que o art. 61 da CLT não está recepcionado, em virtude da redação do art. 7º, XVI, da CRFB. Da mesma forma entende Alice Monteiro de Barros, conforme julgado abaixo:

> INTERVALO PARA REFEIÇÃO. LEI Nº 8.923/94. Após a edição da Lei nº 8.923/94, a ausência do intervalo para refeição deixou de constituir mera infração administrativa. Isto porque, o § 4º do art. 71 da CLT, com a redação dada pela Lei nº 8.923/94, determina que o período de repouso e alimentação há de ser remunerado com o acréscimo de 50% sobre o valor da remuneração da hora normal de trabalho, quando o empregador deixar de concedê-lo. A pretensão de que esta hora fique limitada apenas ao adicional incidente sobre o valor da hora normal não pode ser acatada. A limitação ao adicional justifica-se apenas nos casos em que o empregado já recebeu pagamento normal pelo período em que se reputa extraordinário, tal como ocorre com o comissionista. No caso de ausência do intervalo para descanso não se pode considerar que o salário normal englobe este período, pois trata-se de lapso que é excluído da jornada e que, por consequência, não é remunerado. Aliás, cabe registrar que a redação do § 4º do art. 71 é praticamente idêntica à do § 1º do art. 59, o que vem demonstrar que a intenção do legislador era mesmo impor o pagamento do período correspondente ao repouso em valor equivalente ao da hora normal, acrescida do adicional de hora extra. Dessa forma, se o reclamante nada recebeu pelo repouso, é devido o seu pagamento integral (valor normal acrescido do adicional). Releva notar, ainda, que nosso ordenamento não contém dispositivo algum que estabeleça o pagamento de quaisquer períodos em valor equivalente a apenas a metade da hora normal.

---

111 NASCIMENTO, Amauri Mascaro. *Curso de Direito do Trabalho*. 20. ed. São Paulo: Saraiva, 2005, p. 843-844.

112 RUSSOMANO, Mozart Victor. *Curso de Direito do Trabalho*. 7. ed. Curitiba: Juruá, 1999, p. 304.

113 MARTINS, Sergio Pinto. *Direito do Trabalho*. 13. ed. São Paulo, 2001, p. 460.

114 DELGADO, Mauricio Godinho. *Curso de Direito do Trabalho*. São Paulo: LTr, 2002, p. 875.

A legislação trabalhista, quando muito, determina o pagamento do trabalho realizado em sobretempo no mesmo valor da hora normal, tal como ocorre com o labor realizado em decorrência de força maior (art. 61, § 2º, da CLT), disposição que, aliás, encontra-se revogada pelo art. 7º, XVI, Constituição Federal (grifos nossos). TRT/MG – RO: 15784/95 – Rel. Designado: Juíza Alice Monteiro de Barros. *DJ*/MG 19/04/1996.

Outra corrente, defendida por Gabriel Saad,[115] por sua vez, entende que as horas extras que o empregado trabalhou devem ser remuneradas, entretanto, sem o respectivo adicional. Nesta esteira de raciocínio, o autor defende que a hora é devida, mas não o adicional.

Valentin Carrion[116] entende que o comando constitucional de remuneração mínima de 50% sobre a hora extra incide apenas sobre os serviços inadiáveis (hipótese prevista na parte final do § 2º do art. 61 da CLT) e não para os casos de força maior com ou sem interrupção do trabalho, como aliás dispõe expressamente o artigo legal. Defende, pois, que o art. 61 da CLT foi recepcionado, sob o argumento de que a regra geral não revogou a norma especial. Isto quer dizer que no caso de força maior, previsto no § 2º, é paga a hora sem adicional, e no caso do § 3º, não é paga nem a hora nem o adicional, como previsto na CLT. Compartilhamos dessa posição.

Isto é, foi recepcionado e, por isso, § 3º do art. 61 da CLT, o empregador não precisará pagar nem a hora nem o adicional, pois o empregado estará apenas trabalhando pelo período em que permaneceu em casa recebendo, prevalecendo a interpretação literal do respectivo dispositivo legal, compensando.

Arnaldo Süssekind,[117] em posição um pouco diferente, no sentido de que o adicional é devido nas hipóteses previstas no § 2º do art. 61 da CLT, isto é, tanto nos casos de força maior como nos casos de serviços inadiáveis ou aqueles cuja inexecução possa acarretar em manifesto prejuízo da empresa.

12.3. Ferroviário

Para os ferroviários, o art. 240, parágrafo único, da CLT estabelece **horas extras obrigatórias**, já que o empregador pode aplicar justa causa ao trabalhador que se recusa, sem justo motivo, a trabalhar em período extraordinário nas situações de urgência e acidente capazes de afetar a segurança ou a regularidade do serviço. Mesmo que a lei não tenha sido expressa, é lógico que o pagamento desta hora extra, com o respectivo adicional, é devido.

---

115 Cf. CARRION, Valentin. *Comentários à Consolidação das Leis do Trabalho*. 29. ed. São Paulo: Saraiva, 2004, p. 113.

116 *Idem*.

117 SÜSSEKIND, Arnaldo; MARANHÃO, Délio; VIANNA, Segadas; TEIXEIRA, Lima. *Instituições de Direito do Trabalho*. 22. ed. São Paulo: LTr, v. 2, 2005, p. 826.

13. INVALIDADE DO ACORDO DE COMPENSAÇÃO

O acordo de compensação deve preencher as formalidades legais e ser de fato cumprido, sob pena de ser inválido. A forma deve ser **escrita**, salvo quando a compensação ocorrer no mês (§ 6º do art. 59 da CLT) ou ajustado por **norma coletiva**.

O ajuste de compensação pode ser **nulo** por **dois motivos**: não estar regularizado (ajuste escrito, individual ou coletivo, nos casos que a lei assim exige) ou porque não foi cumprido de fato (trabalho habitual nos dias ou horários destinados à compensação).

Não se pode confundir acordo de compensação com as eventualidades do dia a dia (compensações excepcionais) toleradas pelo empregador, como:

> **Ex. 1:** Excepcionalmente chegar uma hora atrasado em um dia e o patrão, ao invés de descontar o atraso, autoriza que o empregado chegue mais cedo no dia seguinte para compensar;
>
> **Ex. 2:** Se um empregado chegou às 8h 10 min, quando deveria chegar às 8h e saiu dez minutos depois do expediente (17h10), essa compensação é informal, pois sequer passou das 8 horas diárias. Ressalte-se que dificilmente uma pessoa consegue chegar, britanicamente, todos os dias no mesmo horário no trabalho. Mesmo que frequentes os pequenos atrasos diários, com as devidas compensações, sem que importe em excesso de jornada (mais que 8 horas), entendemos que não estará descaracterizado o acordo de compensação.

O acordo de compensação **tácito** ocorre quando não há declaração de vontade (escrita ou oral). Ex.: O patrão constantemente permite que o trabalhador falte meio expediente às segundas-feiras e chegue uma hora mais cedo durante os outros quatro dias da semana para reposição, durante todo o contrato.

Tanto o acordo de compensação tácito (evidenciado pelo uso contínuo) como o acordo de compensação **verbal**[118] (ex: CTPS não é assinada, mas verbalmente pré-contratado com horário de compensação da semana espanhola – em uma semana trabalha 40 horas e na seguinte 48 horas) são permitidos apenas para a compensação que ocorre dentro do mês, para as demais é necessário **acordo escrito** ou **norma coletiva**. Para os casos que a lei exige forma especial, caso não ocorra, o acordo de compensação será nulo – art. 58-B da CLT. Neste caso, será devido apenas o adicional sobre as horas excedentes à duração máxima semanal.

Convém ressaltar que havendo ajuste expresso (escrito) para a compensação, caso seja ultrapassada a jornada, de forma eventual, as horas excedentes devem ser remuneradas como extras e o acordo declarado válido. Situação diversa ocorria quando esta prática se tornava corriqueira, quando, pelo entendimento anterior ao

---

118 Apesar de o art. 59, § 6º da CLT não se expresso em autorizar o acordo verbal, claro que este é permitido para os ajustes de compensação que ocorrem dentro do mês, pois se foi permitido o mais (ajuste tácito) o menos também está automaticamente autorizado.

adotado pelo art. 59-B, parágrafo único, da CLT (acrescido pela Lei nº 13.467/17), seria descaracterizado o acordo de compensação, e, considerado nulo. Convém ressaltar, que hoje a lei é clara e expressa afirmando que o labor em horas extras habituais não descaracteriza o acordo de compensação.

Desta forma, por exemplo, empregado cujo acordo de compensação prevê trabalho de nove horas, de segunda a quinta-feira, e de oito horas às sextas, para compensar o sábado não trabalhado, caso execute trabalho eventual extra na quinta-feira, receberá por este apenas a hora trabalhada após a 9ª, acrescida de 50%.

Todavia, se há trabalho extraordinário habitual e é no dia destinado à compensação, logo, nem compensação houve.

> **Ex.:** O empregado Mário foi contratado para ganhar R$ 2.000,00 para trabalhar 44 horas semanais, sendo nove horas, de segunda a quinta e oito horas na sexta-feira, tudo para compensar o sábado não trabalhado, conforme acordo de compensação. Todavia, habitualmente Mário trabalhava oito horas aos sábados, descumprindo o acordo de compensação. Este labor aos sábados, além de habitual, foi realizado no dia acordado para o descanso compensatório. No caso, será nulo o acordo, não pelas horas extras habituais, pois hoje a lei as permite, mas pelo não cumprimento do acordo.
>
> Segunda-feira – 9 horas (8 horas normais + 1 h de compensação);
>
> Terça-feira – 9 horas (8 horas normais + 1 h de compensação);
>
> Quarta-feira – 9 horas (8 horas normais + 1 h de compensação);
>
> Quinta-feira – 9 horas (8 horas normais + 1 h de compensação);
>
> Sexta-feira – 8 horas;
>
> Sábado – **8 horas**;
>
> Domingo – Folga.
>
> Total = 52 horas semanais
>
> Pergunta-se: como remunerar as horas extras trabalhadas por Mário?
>
> Três correntes tentavam resolver a questão, porém de forma diversa:

1ª corrente – Por ser nulo o acordo de compensação as horas trabalhadas após a 8ª diária, de segunda a quinta, serão consideradas como extras e, desta forma, pagas com o acréscimo de 50%, totalizando quatro horas extras de segunda a quinta + 50%. Adotamos esta corrente.

Esta forma de remunerar o trabalho extra tem como fundamento a Súmula nº 199, I, do TST, que pode ser aplicada analogicamente. Por ser nula a pré-contratação de serviço suplementar, os valores ajustados apenas remuneram a jornada normal, sendo ainda devidas as horas extras.

Como no ajuste havia previsão para o não trabalho aos sábados, a benesse concedida pelo empregador (princípio da condição mais favorável) se incorpora ao contrato de trabalho. Logo, todas as horas trabalhadas aos sábados também deverão ser remuneradas como extras, isto é, o empregador deverá pagar as oito horas de sábado, acrescidas de 50%.

Para esta solução, o empregador deverá pagar, ao todo, 12 horas extras, acrescidas de 50% (12 horas + 6 horas[119] = 18 horas).

2ª vertente – Nulo o ajuste de compensação, mas não o de fixação da jornada semanal de 44 horas, logo, devidas apenas as horas excedentes da 8ª, de segunda a quinta e as excedentes da 4ª aos sábados, totalizando oito horas extras, acrescidas de 50% (8 horas + 4 horas = 12 horas).

3ª posição – Apesar de nulo o ajuste de compensação, consideram-se remuneradas as nove horas de trabalho, de segunda a quinta-feira, em face do salário ajustado para as 44 horas semanais (sob pena de *bis in idem*). Todavia, como o labor de fato ultrapassou o limite legal de oito horas, será devido apenas o adicional incidente sobre cada hora que ultrapassou o limite diário, bem como todas as horas de sábado, acrescidas de 50%, em razão do ajuste de não trabalho neste dia (princípio da condição mais favorável ao trabalhador). O total neste caso é de 8 horas + 50% + 2 horas simples (50% sobre 4 horas) = (14 horas).

A Súmula nº 85, IV, do TST adotou o entendimento da terceira corrente, pois no primeiro caso serão remuneradas 18 horas, no segundo, 12 horas e no último, 14 horas. Na verdade, a terceira corrente é intermediária. Da mesma forma o art. 59-B da CLT, acrescido pela Lei nº 13.467/17.

Também é nulo o acordo de compensação de jornada em atividade insalubre, sem a necessária inspeção prévia e permissão da autoridade competente, na forma do art. 60 da CLT, salvo para os ajustes sob o sistema 12x36 (parágrafo único do art. 60 da CLT). A partir da Lei nº 13.467/17, a norma coletiva poderá autoriza a compensação de jornada em local insalubre sem a necessidade de prévia autorização da autoridade competente (art. 611-A, XIII, da CLT).

14. PRÉ-CONTRATAÇÃO DE HORAS EXTRAS

A jurisprudência consagrou a nulidade da pré-contratação de horas extras quando da admissão do empregado, conforme a Súmula nº 199, I, do TST. Os valores assim ajustados apenas remuneram a jornada normal, cabendo o pagamento das horas extras com o acréscimo de, no mínimo, 50% das horas excedentes. Estas, se ocorridas após a admissão, desde que para evento provisório, não serão consideradas como pré-contratadas (ex-OJ nº 48 da SDI-I do TST, agora incorporada ao texto da Súmula nº 199, I, do TST).

119 50% de 12 horas é igual a seis horas.

Dessa forma, verifica-se que o C. TST entende pela nulidade quando a pactuação ocorre na admissão do trabalhador, mas admite o pacto se ocorrido após o ingresso do empregado.

Apesar de falar do bancário, a regra se aplica, por analogia, a qualquer outro empregado.

Concordamos com a Corte Trabalhista no que concerne as horas extras pactuadas na admissão do empregado, mas, quando ajustadas após o ingresso do trabalhador, deve ser verificada a frequência do labor extra. Se permanentes ou habituais, deve ser adotada a mesma atitude para as horas extras pré-contratadas, ou seja, a pactuação deve ser considerada nula. Isto se explica porque o ajuste de trabalho extraordinário não pode obrigar o empregado permanentemente, sob pena de tornar ordinário aquilo que deve ser extraordinário.

15. VALORES DOS ADICIONAIS DE HORAS EXTRAS

- Urbanos, rurais e domésticos – 50%, **salvo** para o doméstico em viagem para acompanhamento do patrão, quando o adicional será calculado sobre o salário + 25% – art. 11, § 2º, da LC 150/2015;
- Advogado – 100% (art. 20, § 2º, da Lei nº 8.906/94);
- Ferroviário – as quatro primeiras: 50%; a partir da 4º hora extra: 60% ou 75% (art. 241 da CLT);
- Portuário – 100% pelo trabalho em feriado e intervalo intrajornada (art. 7º, § 5º, da Lei nº 4.860/65);
- Norma coletiva ou ajuste contratual que estipule valor superior;
- Trabalho aos domingos e feriados não compensados – 100% (Lei nº 605/49 c/c Súmula nº 146 do TST);
- Petroleiro – 100% pelo trabalho no período do intervalo intrajornada (art. 3º, II, da Lei nº 5.811/72).

16. SUPRESSÃO DAS HORAS EXTRAS

O trabalho noturno, insalubre, perigoso ou extraordinário é considerado nocivo à saúde mental, física e social do trabalhador. Em face disso, o empregador poderá a qualquer tempo suprimir estas condições de trabalho, mesmo que habitual e importe na redução da gama salarial, pois o adicional só é pago enquanto o empregado permanecer na situação prevista em lei – neste sentido a Súmula nº 265 do TST.

Por isso, o TST agiu bem ao cancelar a Súmula nº 76, pois o entendimento ali consubstanciado tornava ordinário aquilo que deveria ser extraordinário (labor extra), já que determinava a permanente incorporação da hora extra ao salário, incentivando o empregador a exigi-la, já que estava obrigado a pagá-la até o término do contrato do empregado.

Explica-se:

Na época em que a súmula foi expedida imperava o regime da estabilidade no emprego para os empregados não optantes pelo FGTS que contassem com mais de dez anos de serviço, que, por serem estáveis, buscavam o Judiciário com maior frequência durante a vigência de seu contrato, pois não corriam o risco da despedida arbitrária. Desta forma, quando o empregador suprimia o labor extra habitual, o empregado, cujo contrato de trabalho ainda estava vigente, ajuizava ação trabalhista, sem medo de ser despedido, para reclamar o restabelecimento da situação anterior, isto é, a manutenção do labor extra, sob o argumento de que a supressão do trabalho além da jornada normal importou em alteração contratual prejudicial, já que passava a ganhar menos. Em face disto, postulava o pagamento destas horas extras suprimidas até o fim do contrato, pois nula a alteração. O Judiciário, equivocadamente, deferia o pedido, com base na então Súmula nº 76 do TST, que se fundava erroneamente no art. 468 da CLT. Condenado, o empregador pagava as horas extras retroativas e restabelecia o pagamento para as posteriores. Já que estava obrigado a pagá-las permanentemente até o término do contrato do estável, passava a exigi-las. Portanto, a medida fazia com que o empregador voltasse a exigir o labor extra que é maléfico à saúde do empregado. Com o tempo o Judiciário percebeu o erro no entendimento, contrariando o princípio de que o labor extra deve ser excepcional, como o próprio nome faz referência – horas extraordinárias. Ademais, o Judiciário transformava a jornada máxima legal de 8 horas em jornada de 10h, transformando o extraordinário (o incomum) em ordinário (em comum).

Pelos motivos acima, o TST cancelou a Súmula nº 76 ao editar a Súmula nº 291, que foi inspirada no parágrafo único do art. 9º da Lei nº 5.811/71, que trata de alteração de jornada que cause prejuízo.

A nova súmula também comete grave equívoco, apesar de menos gravoso que o anterior, pois parte da premissa que a supressão de horas extras no curso do contrato de trabalho acarreta prejuízo ao empregado. Ao contrário, o patrão que as suprime pratica alteração *in mellius*, pois passa a respeitar a lei.

17. BASE DE CÁLCULO DAS HORAS EXTRAS E INTEGRAÇÃO

O cálculo das horas extras deve ser feito a partir do salário do empregado mensalista, que deve ser dividido pelo número de horas trabalhadas no mês.

O total de horas mensais é obtido pelo número total de horas semanais x cinco semanas.

Assim, para os empregados que trabalham 8 horas por dia e 44 semanais, deve-se dividir o salário por 220[120] (horas), para se descobrir o valor do salário-hora. A partir daí o cálculo das horas extras é fácil, pois basta multiplicar o valor

[120] O divisor de 220 é obtido por uma ficção jurídica, pois na verdade não se trabalha ordinariamente esta quantidade toda.

do salário-hora pelo número de horas extras laboradas no mês, acrescidas de 50% – arts. 64, 65 e 478, §§ 2º e 3º, da CLT c/c Súmula nº 431[121] do TST.

De acordo com a CLT:

> **Art. 64.** O salário-hora normal, no caso de empregado mensalista, será obtido dividindo-se o salário mensal correspondente à duração do trabalho, a que se refere o art. 58, por 30 (trinta) vezes o número de horas dessa duração.
> **Parágrafo único.** Sendo o número de dias inferior a 30 (trinta), adotar-se-á para o cálculo, em lugar desse número, o de dias de trabalho por mês.
> **Art. 65.** No caso do empregado diarista, o salário-hora normal será obtido dividindo-se o salário diário correspondente à duração do trabalho, estabelecido no art. 58, pelo número de horas de efetivo trabalho.

Divide-se o valor do salário por 30, se mensalista, e por 15, se quinzenalista, para se descobrir o valor do salário-dia.

O divisor 220 é obtido pelo resultado de 44 horas semanais x cinco semanas mensais (44 x 5 = 220). Isto porque há presunção de que todos os meses têm 30 dias ou cinco semanas, salvo o do professor, pois a lei é expressa no sentido de que o mês do professor tem quatro semanas e meia (art. 320, parágrafo único da CLT).

> **Ex.:** Para os que têm jornada de cinco horas por dia, seis dias na semana, logo de 30 horas semanais, basta multiplicar este número por cinco semanas para obter o resultado de 150 horas mensais trabalhadas. Então este (150) será o divisor. Nesse sentido, o art. 305 é expresso para os jornalistas.

De forma diversa entendeu o TST, que firmou a tese vinculante de que o divisor do bancário é de 180. Ao apreciar o Incidente de Resolução de Recurso Repetitivo – IRR – 849-83.2013.5.03.0138, o TST, além de apontar a forma de cálculo do divisor, também se posicionou sobre outros pontos.

A tese foi no sentido de que o divisor corresponde ao número de horas remuneradas pelo salário mensal, independentemente de serem trabalhadas ou não e que o divisor aplicável para cálculo das horas extras do bancário é definido com base na regra geral prevista no art. 64 da CLT (resultado da multiplicação por 30 da jornada normal de trabalho), sendo 180 e 220, para a jornada normal de seis e oito horas, respectivamente. A inclusão do sábado como dia de repouso semanal remunerado, no caso do bancário, não altera o divisor, em virtude de não haver redução do número de horas semanais, trabalhadas e de repouso.

Também decidiu que o número de semanas do mês é 4,2857, resultante da divisão de 30 (dias do mês) por 7 (dias da semana), não sendo válida, para efeito de definição do divisor, a multiplicação da duração semanal por 5. Em caso de

121 SÚMULA Nº 431: "SALÁRIO-HORA. EMPREGADO SUJEITO AO REGIME GERAL DE TRABALHO (ART. 58, *CAPUT*, DA CLT). 40 HORAS SEMANAIS. CÁLCULO. APLICAÇÃO DO DIVISOR 200 (redação alterada na sessão do Tribunal Pleno realizada em 14.09.2012) Para os empregados a que alude o art. 58, *caput*, da CLT, quando sujeitos a 40 horas semanais de trabalho, aplica-se o divisor 200 (duzentos) para o cálculo do valor do salário-hora."

redução da duração semanal do trabalho, o divisor é obtido na forma prevista na Súmula 431 (multiplicação por 30 do resultado da divisão do número de horas trabalhadas por semana pelos dias úteis).

Portanto, o bancário que trabalhar seis horas por dia, durante cinco dias, logo, 30 semanais, o divisor não será 150, como aparenta, mas, sim, 180, porque a jurisprudência do TST assim entendeu.

Todas as parcelas salariais habituais integram a base de cálculo das horas extras pela média física, na forma das Súmulas n°s 264 e 347 do TST c/c OJ nº 47 da SDI-I do TST.

Quando o salário for pago por unidade de obra, por produção, por peça ou a base de percentagem ou comissão, sobre a venda ou negócio realizado, o empregado só receberá o adicional sobre a hora extra, uma vez que a hora em si já está remunerada – Súmula nº 340 do TST c/c OJ nº 235 da SDI-I do TST. Se perceber salário misto, as horas extras serão calculadas sobre a parte fixa, já que sobre a parte variável incidirá apenas o adicional – OJ nº 397 da SDI-I do TST.

O pagamento habitual das horas extras acarreta na integração destas ao salário para fins de projeção no RSR – Súmula nº 172 do TST c/c art. 7º da Lei nº 605/49; no 13º salário – Súmula nº 45; nas férias + 1/3 – art. 142, § 5º da CLT e no FGTS – Súmula nº 63 c/c Lei nº 8.036/90.

Exceção: OJ nº 60, II, da SDI-I do TST.

Remetemos o leitor ao Capítulo "Remuneração" – Projeção.

18. CARTÕES DE PONTO

O art. 74, § 2º, da CLT imputa ao empregador que possuir mais de **vinte empregados por estabelecimento** a obrigação de manter registro formal e idôneo para controle da jornada do empregado efetuado através de cartão de ponto mecânico, manual ou eletrônico de frequência e horário. A finalidade da exigência legal é a de permitir que o empregador controle a jornada do empregado, para fins de pagamento das horas extras e para que o empregado possa conferir a quantidade de labor diário. Além disso, o artigo consagra o princípio da inversão do ônus da prova – Súmula nº 338 do TST. As **microempresas** estavam dispensadas da exigência, mesmo que possuíssem mais de dez empregados por estabelecimento – art. 11 da Lei nº 9.841/99. Todavia, a Lei Complementar nº 123/2006 revogou a Lei nº 9.841/99 e, com isso, a prerrogativa. Atualmente, também as **microempresas** estão obrigadas à observância do art. 74 da CLT. Para os **domésticos**, é obrigatória a adoção de controle de ponto mesmo que o patrão possua apenas um empregado (art. 12 da LC 150/2015).

A Lei 13.874/19 incluiu o §4º ao artigo 74 da CLT para permitir o cartão por exceção, desde que previsto de forma expressa no contrato ou na norma coletiva. Assim, o empregado só marca se laborar jornada extra e quando a fizer. A novidade altera o ônus da prova e, com isso deve ser modificado o inciso I da

Súmula 338 do TST, pois será do empregado o ônus da prova da sua jornada caso o empregador adote o sistema de "registro ponto por exceção".

A lei só exige o controle dos horários de entrada e de saída do expediente do trabalho, pois os horários de saída e retorno do intervalo intrajornada **não** precisam ser **anotados** pelo empregado, sendo facultada[122] a mera indicação do período de descanso no controle de horário – art. 74, § 2º, da CLT c/c Portaria nº 3.626/91 do MTPS. Esta medida evita que o empregado deixe de aproveitar parte do intervalo na fila para marcar o ponto. Para os **domésticos**, caso o intervalo legal seja modificado, isto é, fracionado, será necessária a sua anotação nos controles de ponto, sendo vedada, neste caso, sua prenotação (art. 13, § 2º, da LC 150/2015).

A lei se refere ao estabelecimento e não empresa, logo, a contagem deve respeitar os parâmetros legais. O posto de atendimento situado fora dos limites do estabelecimento equipara-se a uma unidade autônoma, apesar de, na prática, corresponder a uma unidade de determinada agência. Apesar de o entendimento majoritário ser no sentido de que o "posto" (ex: posto bancário) é um prolongamento do estabelecimento, advogamos que, de acordo com a *mens legislatoris*, o relevante é o número de empregados que há no posto (normalmente localizado em endereço diverso da agência ou estabelecimento), pois é ali que a fiscalização de horário deve ser feita.

A jurisprudência adotou a tese que o controle que contém horários britânicos é inidôneo, porque presumidamente não reflete a realidade – Súmula nº 338, III, do TST. Horário **britânico** é o que noticia que o empregado iniciou e terminou a jornada sempre no mesmo horário durante anos seguidos, isto é, de maneira uniforme, sem qualquer variação de segundos ou minutos.

Não concordamos que a tese seja aplicada a todo e qualquer tipo de controle de ponto. O controle manual (folha ou livro de ponto manuscrito), por exemplo, é preenchido pelo próprio empregado e, por isso, pode estar uniforme por culpa exclusiva do trabalhador. Não poderia ele se valer da própria torpeza. Ademais, depois de preenchido, não poderá haver rasuras, sob pena do fiscal de o trabalho aplicar multas administrativas por este fato. Além disso, a experiência tem nos mostrado que muitas vezes os empregados confessam, em audiência, a idoneidade do controle britânico. Portanto, para os controles manuais, o horário britânico não o torna nulo e, consequente a prova. Em relação aos demais controles (mecânico ou eletrônico), concordamos com a tese adotada pela súmula.

A fiscalização tem intenso controle sobre as marcações de ponto manuais e mecânicos, considerando infração administrativa qualquer deslize na anotação, seja por rasura, seja por marcação invertida, em local errado etc. Em face disso, entendemos que é possível a contratação de um "apontador" de cartão de ponto mecânico, desde que faça a marcação na frente do empregado, exibindo o controle para verificação do empregado, que deverá assinar após, para ratificar o horário.

---

122 A Lei 13.874/19 tornou facultativa a pré-assinalação do intervalo intrajornada, pois antes era obrigatória.

Para os empregados que executam trabalho externo, a lei exige a expedição de papeleta de serviço externo – art. 74, § 4º, da CLT, que não é um controle de horário.

A modernidade dos meios tecnológicos permitiu a criação de um novo tipo de controle de horário: digital ou através de cartão magnético. Apesar das vantagens do sistema, a experiência demonstrou que alguns empregadores, com relativa facilidade, burlavam o programa e, com isso, os horários registrados eletronicamente pelos empregados, sonegando as horas extras. A solução foi exigir inclusão de bobina de papel para fins de impressão do horário registrado no momento que acionado pelo empregado. É o que dispõe o art. 4º, III, da Portaria nº 1.510/2009 do MTE:

> III – dispor de mecanismo impressor em bobina de papel, integrado e de uso exclusivo do equipamento, que permita impressões com durabilidade mínima de cinco anos;

A Portaria nº 1.510/2009 do MTE, que passou a produzir efeitos a partir de 2 de abril, 1º de junho e 3 de setembro, de 2012, conforme a espécie de empresa, por força da Portaria SIT nº 2.686/2011, disciplina o registro eletrônico de ponto e a utilização do **Sistema de Registro Eletrônico de Ponto** – SREP e determinou que qualquer sistema de controle de ponto que utilize meios eletrônicos para identificar o empregado, tratar, armazenar ou enviar qualquer tipo de informação de marcação de ponto deverá atender alguns requisitos, entre eles citamos:

> **Art. 4.º** O REP deverá apresentar os seguintes requisitos:
>
> I – relógio interno de tempo real com precisão mínima de um minuto por ano com capacidade de funcionamento ininterrupto por um período mínimo de mil quatrocentos e quarenta horas na ausência de energia elétrica de alimentação;
>
> II – mostrador do relógio de tempo real contendo hora, minutos e segundos;
>
> III – dispor de mecanismo impressor em bobina de papel, integrado e de uso exclusivo do equipamento, que permita impressões com durabilidade mínima de cinco anos;
>
> IV – meio de armazenamento permanente, denominado Memória de Registro de Ponto – MRP, onde os dados armazenados não possam ser apagados ou alterados, direta ou indiretamente;
>
> V – meio de armazenamento, denominado Memória de Trabalho – MT, onde ficarão armazenados os dados necessários à operação do REP;
>
> VI – porta padrão USB externa, denominada Porta Fiscal, para pronta captura dos dados armazenados na MRP pelo Auditor-Fiscal do Trabalho;
>
> VII – para a função de marcação de ponto, o REP não deverá depender de qualquer conexão com outro equipamento externo; e
>
> VIII – a marcação de ponto ficará interrompida quando for feita qualquer operação que exija a comunicação do REP com qualquer outro equipamento, seja para carga ou leitura de dados.

O art. 611-A, X, da CLT, permite que a norma coletiva trate da marcação dos controles de ponto. Portanto, para os ajustes coletivos firmados depois da Lei nº 13.467/17, prevalece a forma determinada na norma coletiva.

19. SINOPSE

EXCLUÍDOS DO CAPÍTULO "DA DURAÇÃO DO TRABALHO" DA CLT

- art. 62 da CLT – Súmula nº 287 TST – anotação da CTPS – prova do ato;
- empregados em domicílio – arts. 6º e 83 da CLT – teletrabalho;
- ferroviário de estações de interior de natureza intermitente ou de pouca intensidade – art. 243 da CLT, sendo-lhes assegurado o repouso mínimo de 10 horas entre as jornadas.

4 HORAS

- advogado – **20** horas semanais – Lei nº 8.906/94 c/c o art. 12 do Regulamento Geral do Estatuto da OAB – Ver OJ nº 403 da SDI-I.

Exceção – contrato com cláusula expressa de exclusividade, acordo individual ou coletivo e convenção coletiva em contrário.

QUATRO AULAS CONSECUTIVAS OU SEIS INTERCALADAS

5 HORAS

- músicos – Lei nº 3.857/60 – **salvo** boates e locais de diversões – seis horas e músicos em festejos populares – sete horas;
- radialistas em setor de autoria e locução – art. 18, I, da Lei nº 6.615/78;
- jornalistas – art. 303 da CLT, **salvo** acordo escrito – até sete horas (art. 304 da CLT) – Ver OJ nº 407 do SDI-I do TST.

6 HORAS

- bancários – até o limite de **30** horas semanais – art. 224 da CLT – Súmulas nºs 59, 257 e 239 do TST e Súmula nº 102 do TST;
- artistas em radiodifusão, fotografia, gravação – até o limite de **30**h/s – art. 21, I, da Lei nº 6.533/78;
- telefonistas, telegrafia, radiotelegrafia – até o limite de **36**h/s – art. 227 da CLT c/c Súmula nº 178 do TST – ver OJ nº 213 da SDI-I do TST;
- telemarketing, operador de teleatendimento ou callcenter – até o limite de **36**h/s – NR 17, anexo II (controvertido);
- minas subsolo – até o limite de **36**h/s – art. 293 da CLT;
- artistas de circo – até o limite de **36**h/s – art. 21, IV, da Lei nº 6.533/78;
- operadores cinematográficos – art. 234 da CLT;

- turnos ininterruptos de revezamento – art. 7º, XIV, da CRFB – Súmulas nºs 360 e 391, I do TST, OJs nºs 388 e 360 da SDI-1 do TST;
- cabineiros de elevadores – art. 1º da Lei nº 3.270/57;
- revisor – Decreto-Lei nº 7.858/45;
- radialista em setor de produção, interpretação, dublagem etc. – art. 18, II, da Lei nº 6.615/78;
- artistas de cinema em estúdio – art. 21, II, da Lei nº 6.533/78;
- artistas dublagem – até o limite de **40h/s** – art. 21, V, da Lei nº 6.533/78;
- aprendiz – art. 432 da CLT com a redação da Lei nº 10.097/00, podendo ser de oito horas para aqueles que completaram o ensino fundamental;
- aeroviário – serviço de pista – art. 20 do Decreto nº 1.232/62.

7 HORAS

- radialista em setor de cenografia – art. 18, III, da Lei nº 6.615/78.

8 HORAS

- engenheiros – Súmula nº 370 do TST– Lei nº 4.950-A/66;
- professores – art. 318 da CLT;
- médicos – Súmula nº 370 do TST – Lei nº 3.999/61;
- ferroviários – as primeiras quatro horas extras pagas a 50%, as demais a 60 ou 75% – art. 241 da CLT;
- digitadores (controvertido – NR 17);
- químicos – art. 325 e seg. da CLT;
- equipagem e embarcados – tripulação – art. 248 da CLT;
- artistas de teatro – ensaio – Lei nº 6.533/78.
- todos os demais trabalhadores não abrangidos nas demais hipóteses.

LIMITE SEMANAL

ATÉ 25 HORAS – Contrato por tempo parcial dos domésticos – LC 150/15;

ATÉ 26 ou até 30 HORAS – Contrato por tempo parcial – art. 58-A da CLT;

ATÉ 30 HORAS – Fisioterapeuta e terapeuta ocupacional – Lei nº 8.856/94.

MAIS DE OITO DIÁRIAS E/OU 44 SEMANAIS

- compensação de jornada através de norma coletiva – art. 7º, XIII, da CRFB;
- 8h e 12h – Lei nº 5.811/1972 (turnos de revezamento dos petroleiros) – há corrente doutrinária que entende que esta regra está tacitamente revogada ante o disposto no art. 7º, XIV, da CRFB. Em sentido contrário a Súmula nº 391, I, do TST;
- jornada normal de cabine ou voo: 44h semanais ou 176h mensais. Jornadas especiais: 9h, 12h ou 16h ou 11h, 14h e 18h, dependendo do caso, para

tripulação mínima, composta e revezamento, respectivamente, dos aeronautas – Lei nº 13.475/17 – arts. 36 e 37;

- jornada de 12h de trabalho por 36h de descanso (12x36), limitada a 36 semanais – bombeiro civil – art. 5º da Lei nº 11.901/2009, doméstico, urbanos e rurais.

REDUÇÃO DE DUAS HORAS

- aviso prévio – redução de 2 horas por dia ou dispensa do trabalho nos últimos sete dias de vigência do pacto – art. 488, parágrafo único, CLT.

Capítulo 20

REPOUSO SEMANAL REMUNERADO E FERIADOS

1. BREVE HISTÓRICO

O direito ao descanso semanal no sétimo dia teve sua origem entre os Hebreus,[1] que costumavam descansar aos sábados, porque a Escritura Sagrada pregava que Deus descansou no sétimo dia, após criar o mundo. Mais tarde, o direito ao descanso semanal passou a fazer parte do Decálogo de Moisés, e, como domingo era o dia destinado à descida do Espírito Santo sobre os apóstolos, o descanso passou a recair aos domingos. Também era praxe entre os trabalhadores do campo as *mundinas*, que consistiam na interrupção do trabalho, a cada nove dias, a fim de que os agricultores pudessem ir a Roma fazer compras.

A primeira lei que proibiu o trabalho aos domingos foi feita por Constantino, imperador romano (321 a.C.).

O descanso em dias de festa teve sua origem em Roma antiga para os dias de bodas, festas comemorativas do início e fim das colheitas, aniversários, jogos, comemorações de índole religiosa e sacrifícios etc.

O Tratado de Versailles, as Convenções n°s 14, 31 e 106 da OIT, e sua Recomendação 103, tratam do repouso semanal remunerado, preferencialmente aos domingos.

A Declaração Universal dos Direitos do Homem de 1948 determina que "todo homem tem direito a repouso e lazer, inclusive à limitação razoável das horas de trabalho e férias remuneradas e periódicas" – art. XXIV.

No Brasil a primeira lei a dispor sobre a obrigatoriedade da concessão do descanso semanal foi publicada em 1932 (Decreto nº 21.186, de 22/03/32), apesar do costume já ter imposto antes disto o descanso aos domingos e festas religiosas, sem qualquer remuneração. O Decreto nº 23.152, de 15/09/33, estabelecia o repouso remunerado apenas para os trabalhadores de casas de diversão.

---

1 Amauri Mascaro cita as escrituras: "Seis dias trabalharás e farás toda a tua obra. Mas o sétimo dia é o sábado do Senhor teu Deus; não farás nenhuma obra nele, nem tu, nem teu filho, nem teu servo, nem tua serva (...) para que o teu servo e tua serva descansem como tu." *Apud* NASCIMENTO, Amauri Mascaro. *Curso de Direito do Trabalho*. 16. ed. São Paulo: Saraiva, 1999, p. 495.

A Constituição de 1934 foi a primeira a garantir o descanso semanal (mesmo que não remunerado), o que foi mantido pela Carta de 1937. Esta ampliou o repouso para os feriados civis e religiosos.

Inicialmente a CLT (art. 67) previa a concessão do repouso semanal, mas este não era remunerado. Com o advento da Lei nº 605, de 1949, o repouso semanal passou então a ser remunerado.

Entretanto, a Carta de 1946, em seu art. 157, VI, estabeleceu a remuneração aos repousos assegurados pela Constituição anterior. A Constituição Federal de 1967 (art. 165, VII) e a Emenda Constitucional nº 1/69 mantiveram esse direito.

A Carta de outubro de 1988, por sua vez, ratificou o disposto na Lei nº 605/49 para determinar a preferência do dia de domingo para o repouso semanal remunerado (art. 7º, XV).

2. DENOMINAÇÃO

A doutrina tem denominado o repouso semanal remunerado de diversas maneiras: repouso semanal remunerado, *RSR*, descanso semanal remunerado, *DSR*, repouso hebdomadário (termo utilizado pala Constituição Federal de 1934), folga semanal, repouso dominical, descanso dominical, descanso semanal e repouso semanal. Na verdade todas estas denominações são sinônimas de repouso semanal remunerado, que é o termo mais utilizado e adotado pela atual Carta Magna (art. 7º, XV).

3. FINALIDADE

Todo período de descanso, seja ele entre um dia e outro de trabalho, dentro da jornada, semanal ou anual, tem a finalidade de proporcionar ao empregado uma folga para repor as energias gastas pela execução dos serviços (fator fisiológico), a de permitir a convivência do trabalhador com sua família e com a sociedade (fator social) e a de aumentar o rendimento, pois empregado descansado produz mais (fator econômico).

O repouso remunerado de 24 horas consecutivas, no sétimo dia, é um direito irrenunciável do trabalhador, por constituir norma de ordem pública, destinada a proteger a saúde física, mental e social do trabalhador.

4. NATUREZA JURÍDICA

O repouso hebdomadário remunerado é um **direito** do trabalhador e se caracteriza como **interrupção** do contrato de trabalho, pois mesmo sem trabalhar no dia de descanso, se preenchidos os requisitos, o empregado recebe o salário correspondente a este dia, que é computado ao tempo de serviço.

Por se tratar de norma que visa assegurar a saúde do trabalhador, o direito é irrenunciável.

Em relação ao empregador, constitui-se em uma **obrigação**: a de conceder uma folga semanal de 24 horas consecutivas.

Por se tratar de norma de medicina e segurança do trabalho, o direito ao repouso semanal é irrenunciável, sendo defeso à negociação coletiva reduzir ou excluir tal direito do trabalhador – art. 611-B, IX, da CLT.

5. CAMPO DE APLICAÇÃO

A Lei nº 605/49 concedeu a todos os empregados **urbanos**, rurais ou trabalhadores avulsos o direito ao descanso semanal remunerado de 24 horas consecutivas, preferencialmente aos domingos e nos dias feriados civis e religiosos, na forma do art. 7º, XV e XXXIV, da CRFB.

Os arts. 67 a 70 da CLT foram parcialmente[2-3] revogados pela Lei nº 605/49 na parte que conflitam com a lei (apenas no que tange à autoridade competente para autorizar o trabalho aos domingos, comando contido no parágrafo único do art. 68 da CLT). Todavia, a questão é delicada na doutrina. Sergio Pinto Martins[4] defende que os referidos dispositivos da CLT estão revogados desde a entrada em vigor da Lei nº 605/49. Em sentido contrário, Süssekind[5] e Russomano,[6] que entendem que não há qualquer incompatibilidade entre os artigos citados e a Lei nº 605/49.

Os **domésticos** têm direito ao repouso semanal remunerado, entretanto, a estes não[7] se aplicava a obrigatoriedade de descanso remunerado nos feriados, conforme o art. 7º, parágrafo único, da CRFB. Somente após a antiga Lei 11.324/2006, os domésticos passaram a ter direito ao feriado. Hoje, o direito ao repouso semanal e aos feriados está expresso no art. 16 da LC 150/2015.

Apesar do direito ao descanso se estender aos **rurais**, para aqueles trabalhadores rurais que operarem também em regime de parceria, meação ou forma semelhante de participação na produção, não é garantido o direito à remuneração do repouso (art. 2º da Lei nº 605/49). Isto é, se além de empregado, o trabalhador também mantiver com seu patrão um contrato de parceria, meação ou arrendamento, ou outro similar (contratos mistos), só terá direito ao descanso, mas não à remuneração.

O trabalhador **avulso** também tem direito ao repouso semanal remunerado que corresponde ao acréscimo de 1/6 sobre os salários pagos pelos tomadores de serviço. A remuneração do repouso é paga juntamente com o salário.

---

2 Da mesma forma Alice Monteiro que defende a revogação parcial. Aponta que apenas o art. 68 conflita com a lei, logo, é o único que está revogado. BARROS, Alice Monteiro de. *Curso de Direito do Trabalho*. São Paulo: LTr. 2005, p. 680-681.

3 Assim também DELGADO, Mauricio Godinho. *Curso de Direito do Trabalho*. São Paulo: LTr, 2002, p. 914.

4 MARTINS, Sergio Pinto. *Direito do Trabalho*. 14. ed. São Paulo: Atlas, 2001, p. 489-490.

5 SÜSSEKIND, Arnaldo; MARANHÃO, Délio; VIANNA, Segadas; TEIXEIRA, Lima. *Instituições de Direito do Trabalho*. 22. ed. São Paulo: LTr, v. 2, 2005, p. 854.

6 RUSSOMANO, Mozart Victor. *Curso de Direito do Trabalho*. 7. ed. Curitiba: Juruá, 1999, p. 311.

7 Alice Monteiro de Barros defende que os domésticos já tinham, antes da lei, direito aos feriados. BARROS, Alice Monteiro de. *Curso de Direito do Trabalho*. São Paulo: LTr, 2005, p. 681/683.

6. CARACTERÍSTICAS DO DESCANSO

Para a aquisição do direito à remuneração do descanso de 24 horas consecutivas a Lei nº 605/49 impõe dois requisitos simultâneos: **frequência** e **pontualidade** na semana que antecede o repouso.

Assim, perderá o direito à remuneração do repouso, mas não ao descanso, o trabalhador que, na semana que antecedeu ao repouso, faltar ou se atrasar (art. 6º da Lei nº 605/49).

Além das 24 horas consecutivas do repouso semanal, o trabalhador tem ainda direito ao descanso de 11 horas entre um dia e outro de trabalho (art. 66 da CLT), que não pode ser deduzido do dia de descanso. Logo, entre um dia de trabalho e outro, permeado por um dia de descanso, o empregado terá o direito de descansar 35 horas (24 + 11). Nesse sentido a Súmula nº 110 do TST.

Mas, se o empregador conceder a folga de 24 horas e não respeitar o intervalo entrejornada?

O TST, conforme exposto na Súmula nº 110 e na OJ nº 355 da SDI-I do TST, entende que se houver prejuízo no intervalo entre jornadas, deve o empregador remunerar as horas subtraídas do descanso, com o respectivo adicional, como se hora extraordinária fosse.

O desrespeito ao intervalo de 11 horas, permeado pelo repouso semanal de 24h, é muito comum quando o empregado troca de turno de trabalho, do diurno para o noturno ou vice-versa (como, por exemplo, nos turnos ininterruptos de revezamento ou nos descansos coincidentes com os domingos, para aqueles que adotam escalas de revezamento exigidas para as atividades que funcionem aos domingos), sem que isto importe em horas extras. Eventualmente pode (e de fato acontece nos casos acima) ocorrer de ser desrespeitado o intervalo mínimo de 11 horas entre um dia e outro de trabalho. O que não se admite é que isto seja uma prática permanente. Caso o empregador desrespeite habitualmente o intervalo mínimo entre dois dias de trabalho, deve-se aplicar, só neste caso, a Súmula nº 110 do TST.

A Lei nº 13.103/2015 acresceu o art. 235-D à CLT para autorizar o fracionamento do repouso de 35 horas (24 + 11) para os **motoristas profissionais**[8] de longa distância, desde que usufrua o mínimo de 30 horas ininterruptas.

Os empregados referidos no art. 62 da CLT não têm direito ao Capítulo da "Duração do Trabalho" da CLT, mas, assim mesmo, possuem direito aos feriados

---

[8] De acordo com o art. 235-D da CLT, "Nas viagens de longa distância com duração superior a 7 (sete) dias, o repouso semanal será de 24 (vinte e quatro) horas por semana ou fração trabalhada, sem prejuízo do intervalo de repouso diário de 11 (onze) horas, totalizando 35 (trinta e cinco) horas, usufruído no retorno do motorista à base (matriz ou filial) ou ao seu domicílio, salvo se a empresa oferecer condições adequadas para o efetivo gozo do referido repouso. § 1º É permitido o fracionamento do repouso semanal em 2 (dois) períodos, sendo um destes de, no mínimo, 30 (trinta) horas ininterruptas, a serem cumpridos na mesma semana e em continuidade a um período de repouso diário, que deverão ser usufruídos no retorno da viagem. § 2º A cumulatividade de descansos semanais em viagens de longa distância de que trata o *caput* fica limitada ao número de 3 (três) descansos consecutivos".

e ao repouso semanal remunerado, seja por força da Lei nº 605/49, seja porque a redação originária da legislação trabalhista garantia esse direito a estes trabalhadores.

Nesse sentido a jurisprudência majoritária:

> REPOUSO SEMANAL. VENDEDOR. Os vendedores que exercem serviços externos, mesmo em não estando subordinados a horário, fazem jus ao repouso remunerado. A lei própria cuida do trabalho durante toda a semana e não da falta de sujeição a horário (art. 62 da CLT e art. 6º da Lei nº 605). TRT/RJ – RO: 7283/79 – Rel. Designado: Juiz Marco Aurélio Mendes de Farias Mello. *DJ*/RJ 26/05/1980.

Com isso, os arts. 57 a 75 da CLT (Capítulo II, referente à "Duração do Trabalho") realmente não são aplicados aos trabalhadores apontados pelo art. 62 da CLT, exceto no que diz respeito ao repouso semanal e aos feriados, conforme redação originária da CLT.

Ressalta-se, ainda, que o repouso semanal não descaracteriza o **turno ininterrupto de revezamento**, conforme a Súmula nº 360 do TST.

Deve o descanso coincidir com o domingo, no mesmo dia que a família, seus amigos e parentes descansam. É razão de dissolução dos laços familiares o trabalho no dia do descanso. Por isto, só por motivo de conveniência pública e necessidade imperiosa, mediante autorização ministerial, poderá a atividade empresarial funcionar aos domingos exigindo de seus empregados o trabalho nestes dias. A autorização de funcionamento aos domingos foi delegada ao Poder Executivo (decreto), que pode concedê-la de forma permanente ou provisória, de acordo com art. 10 da Lei nº 605/49 c/c arts. 6º, 7º e 8º do Decreto nº 27.048/49. Neste caso, deve o empregador conceder outro dia na semana para o descanso.

O repouso semanal do **bancário** ocorre aos domingos, sendo o sábado apenas um dia útil não trabalhado (semana inglesa). Nesse sentido a Súmula nº 113 do TST.

O art. 319 da CLT proíbe o trabalho dos **professores** aos domingos.

De acordo com o art. 12, parágrafo único, do Decreto nº 1.232/62, o **aeroviário** tem direito ao repouso semanal compreendido entre as 0h e as 24h, quando o trabalho for executado por turnos. Havendo necessidade de trabalho aos domingos o empregador deverá fazer coincidir a folga de cada empregado com um domingo por mês (art. 13).

7. REQUISITOS

Os requisitos são: **frequência** (assiduidade) e **pontualidade** no serviço (art. 6º, *caput*, da Lei nº 605/49) na semana que antecede cada repouso. Ambos os requisitos devem ser verificados ao mesmo tempo.

O empregado, para garantir a **remuneração** do repouso semanal (e não o repouso em si) deve ser pontual no trabalho na semana que antecede o descanso, ou seja, pode atrasar somente cinco minutos a cada entrada no trabalho (início da jornada e retorno do almoço) ou sair até cinco minutos antes do horário, de cada saída (almoço e fim do expediente), com limite de 10 minutos diários (art. 58, § 1º, da CLT).

Ex. 1: Se o empregado atrasar 10 minutos ao chegar ao trabalho, terá sido impontual e não estará protegido pela tolerância do art. 58, § 1º, da CLT. Se mensalista, o empregador poderá descontar o tempo referente ao atraso, bem como a remuneração do dia de repouso.

Ex. 2: Se o empregado atrasar cinco minutos ao chegar ao trabalho e depois atrasar cinco minutos ao retornar do almoço, não será impontual, já que terá respeitado o limite diário de 10 minutos, além dos 5 minutos a cada entrada no trabalho.

Quanto à frequência o art. 6º, § 1º, da Lei nº 605/49 estabelece os motivos justos para faltas ao serviço e a ordem preferencial dos **atestados médicos** (§ 2º[9]).

Entendemos[10] que o disposto no § 2º do art. 6º da Lei nº 605/49 não foi revogado,[11-12] mas apenas modificado para acrescer o comando previsto no § 4º do art. 60 da Lei nº 8.213/91.

Explica-se:

Apenas algumas empresas mantêm serviço médico próprio ou por convênio. Logo, apenas para aqueles que mantiverem estes serviços, a ordem preferencial dos atestados médicos será a prevista no art. 60, § 4º, da Lei nº 8.213/91. Neste sentido deve ser interpretada a Súmula nº 282 do TST.

A lei foi clara neste sentido:

> **Art. 60.** O auxílio-doença será devido ao segurado que ficar incapacitado para seu trabalho ou sua atividade habitual, desde que cumprido, quando for o caso, o período de carência exigido nesta Lei:
>
> I – ao segurado empregado, a partir do trigésimo primeiro dia do afastamento da atividade ou a partir da data de entrada do requerimento, se entre o afastamento e a data de entrada do requerimento decorrerem mais de quarenta e cinco dias; e
>
> II – aos demais segurados, a partir do início da incapacidade ou da data de entrada do requerimento, se entre essas datas decorrerem mais de trinta dias.
>
> (...)
>
> § 4º A empresa **que dispuser** de serviço médico, próprio ou em convênio, terá a seu cargo o exame médico e o abono das faltas correspondentes ao período

---

9 CID é uma Classificação Internacional de Doenças, em que a grande maioria dos diagnósticos médicos pode ser encontrada e associada a um código. Este código tem a função de uniformizar os diagnósticos e permitir análises estatísticas necessárias para a saúde pública.

10 Da mesma forma Alice Monteiro de Barros. *Ibidem*, p. 685.

11 Süssekind defende que a ordem preferencial de atestados médicos contida no art. 6º, § 2º, da Lei nº 605/49 foi revogada pelo art. 60, § 4º, da Lei nº 8.213/91 - Súmula nº 282 do TST. SÜSSEKIND, Arnaldo; MARANHÃO, Délio; VIANNA, Segadas; TEIXEIRA, Lima. *Instituições de Direito do Trabalho*. 21. ed. São Paulo: LTr, v. 1, 2003, p. 515.

12 Sergio Pinto também se posiciona no sentido da revogação total do § 2º do art. 6º da Lei nº 605/49, prevalecendo a ordem preferencial dos atestados médicos previstos no art. 60, § 4º, da Lei nº 8.213/91. MARTINS, Sergio Pinto. *Comentários às Súmulas do TST*. São Paulo: Atlas, 2005, p. 154-155.

referido no § 3º e somente deverá encaminhar o segurado à perícia médica da Previdência Social quando a incapacidade ultrapassar trinta dias.

Acresce mais que, como o art. 6º da Lei nº 605/49 não é taxativo, também se aplicam as demais hipóteses de faltas justas contidas na CLT (arts. 131, III, e 473 da CLT etc.).

O que não se aceita é que o empregado venha com atestado médico particular[13] para justificar sua falta. Maiores esclarecimentos sobre atestado médico serão abordados no item 3.8 do Capítulo "Suspensão do Contrato de Trabalho".

Conclui-se, pois, que o trabalhador perderá a remuneração do repouso semanal quando tiver faltado, mesmo que seja apenas um dia, na semana anterior ao descanso. Ressalte-se que, quando injusta a falta, o empregador deve descontá-la do salário do trabalhador para restar caracterizada a punição, pois caso isso não seja feito a falta será perdoada e o empregado não poderá perder a remuneração do repouso semanal.

Se na semana da falta ao trabalho existir um feriado, o empregado perderá, também, a remuneração do feriado.

> **Ex. 1:** Empregado faltou injustificadamente duas segundas-feiras (logicamente de semanas distintas no mesmo mês). O patrão poderá descontar as duas faltas injustas e, se o empregado for mensalista ou quinzenalista, os dois dias de descanso. Se diarista ou horista, o pagamento vai corresponder apenas aos dias ou às horas trabalhadas, acrescidos do repouso referentes às semanas em que o empregado não faltou.
>
> **Ex. 2:** Empregado faltou injustificadamente dois dias da mesma semana (segunda e terça-feira). Se mensalista, o patrão poderá descontar os dois dias de falta injusta e um dia de repouso, pois a cada semana só tem um dia de repouso.

De forma isolada Messias Pereira Donato,[14] que sustenta que os empregados mensalistas, como já possuem a remuneração do repouso semanal incluída no salário, se faltarem ao serviço de forma injustificada, sofrem desconto apenas desse dia, e não do valor do descanso semanal. Nesse sentido, também, a jurisprudência minoritária.

> REPOUSOS SEMANAIS REMUNERADOS. A teor do § 2º do art. 7º da Lei nº 605/49, consideram-se já remunerados os dias de repouso semanal do empregado mensalista, cujo cálculo de salário mensal, ou cujos descontos por falta sejam efetuados na base do número de dias do mês ou de trinta dias. Devidamente comprovado que a Reclamante recebia seus salários por mês, neutraliza-se o pagamento do repouso semanal remunerado já incluído. TRT/MG – Processo: 00229.2003.049.03.00.5 – Revisor Designado: Juiz Hegel de Brito Boson. *DJ*/MG 22/01/2004.

---

[13] Assim também entende RUSSOMANO, Mozart Victor. *Curso de Direito do Trabalho*. 7. ed. Curitiba: Juruá, 1999, p. 310.

[14] Cf. BARROS, Alice Monteiro de. *Curso de Direito do Trabalho*. São Paulo: LTr. 2005, p. 685.

Entretanto, este não é o comando da lei nem a posição da jurisprudência majoritária. Ademais, se assim se pensasse, o mensalista estaria dispensado do requisito da frequência e habitualidade para a remuneração de seu repouso, o que seria um contrassenso.

Abaixo transcrevemos a jurisprudência majoritária:

> REPOUSO REMUNERADO. MENSALISTA. Em alcançando o salário do mensalista, a remuneração dos trinta dias do mês – art. 7º, § 2º, da Lei nº 605/49 –, tem-se como pertinente o disposto no art. 6º, segundo o qual a falta injustificada no correr da semana torna indevido o pagamento do repouso, autorizando, portanto, o desconto não só do dia de ausência, como também daquele destinado ao repouso. Entendimento diverso leva ao estabelecimento de verdadeiro privilégio, com a manutenção, em relação aos mensalistas, do direito ao repouso, independentemente de assiduidade durante a semana. TST-E-RR 4.019/79. Ac. TP 26/83. Rel. Min. Marco Aurélio Mendes de Farias Mello. Revista LTr, São Paulo, 473/334.

8. DESCANSO APÓS O 7º DIA

O direito ao descanso ocorre no sétimo dia, isto é, após o sexto dia de trabalho. Por isso o descanso é semanal, hebdomadário.

Todavia, nem todos cumprem a lei. Logo, quais seriam as consequências jurídicas para o empregador que concede, na prática, repouso a seus empregados após o 7º dia de trabalho?

A questão merece análise minuciosa e o cuidado de se distinguir cada caso.

Se a atividade do empregador está autorizada a funcionar aos domingos e feriados e, em virtude disto, há uma escala de revezamento de modo a permitir que cada empregado possa fazer coincidir uma folga com um domingo a cada sete semanas (como regra geral), é possível que naquela sétima semana o empregado só tenha sua folga após o 7º dia de trabalho. Logo, o desrespeito é **eventual** e ocorreu para dar cumprimento ao comando legal.

Assim, por exemplo, se um empregado folga todas as terças-feiras, na sétima semana, em vez de descansar na terça, irá repousar no domingo, ou seja, após o 6º dia de descanso.[15] Em compensação, após o descanso do domingo, nova folga será usufruída na terça (dois dias após), regularizando a periodicidade semanal de folgas. Neste caso, não houve infração nenhuma (nem administrativa).

Todavia, é possível que o empregador, sem necessidade alguma, conceda folgas permanentemente no 8º dia ou numa semana no 8º na outra, no 10º dia e assim por diante, sempre desrespeitando a periodicidade semanal.

---

[15] Süssekind sugere que mesmo nos casos de atividades autorizadas a funcionarem aos domingos, a escala de revezamento de folgas deve fazer coincidir um domingo a cada sete semanas e nesta sétima semana a folga não pode ser após o sexto dia de trabalho. Discordamos desta posição porque na prática é inviável obedecer esta periodicidade. SÜSSEKIND, Arnaldo; MARANHÃO, Délio; VIANNA, Segadas; TEIXEIRA, Lima. *Instituições de Direito do Trabalho*. 21. ed. São Paulo: LTr, v. 1, 2003, p. 848.

Nestes casos, houve infração contratual e administrativa. Entretanto, como o empregado de fato usufruiu a folga e descansou, defendemos que se deve remunerar em dobro apenas o número de folgas não concedidas no mês. Não se pode punir da mesma forma aquele empregador que jamais deu folga a seu empregado, com aquele que concedeu, mas em periodicidade superior à legal.

> **Ex.:** Empregado folgava sempre no 8º dia. Numa semana na segunda, na outra na terça-feira, na outra semana na quarta, na outra na quinta-feira e assim por diante. Esta periodicidade é de conhecimento do empregado. Quais as reparações que o empregado tem direito?

Deve ser analisado quantos descansos ocorreram no mês e quantos o empregado teria direito se fossem semanais. Aqueles não concedidos serão remunerados em dobro.

Vamos dizer que, no caso do exemplo acima, o mês tivesse cinco domingos, mas o empregado, com este sistema de descanso no 8º dia, obteve apenas quatro folgas. Logo, uma será devida em dobro.

Em sentido contrário, Sergio Pinto Martins[16] que defende que todos os dias de repouso devem ser pagos em dobro caso não concedidos até o 7º dia. Há jurisprudência neste sentido:

> REPOUSO SEMANAL REMUNERADO. Permite a Lei nº 605/49 que a folga semanal seja gozada em outro dia que não o domingo, mas não admite que o seja após o sétimo dia de serviço, vedando a dilatação de período de sete dias, o que torna ilegal sua concessão no oitavo dia. TRT/MG – RO: 2092/87 – Rel. Designado: Juiz Walmir Teixeira dos Santos. *DJ*/MG 16/10/1987.

Assim também a OJ 410 do SDI-I do TST.

Ora, se a própria lei permite que a folga trabalhada seja compensada, como negar que houve descanso compensatório no exemplo anterior? A lei determina que apenas quando não o for é que sua remuneração será devida em dobro.

Da mesma forma tem entendido a jurisprudência:

> REPOUSO SEMANAL. FOLGA NO OITAVO DIA. O repouso remunerado deve ser fruído dentro de cada semana que é o ciclo de sete dias. A folga no oitavo dia implica que inexista cumprimento da lei na primeira semana, sendo devido em dobro o correspondente repouso. Ao começar a segunda semana (o segundo ciclo de 7 dias corridos) a folga se dá no primeiro dia desta semana estando atendida a lei. Na terceira semana (outros 7 dias corridos) a folga existe no seu segundo dia; na quarta semana a folga se dá no seu terceiro dia; na quinta semana a folga ocorre no seu quarto dia; na sexta semana, dá-se a folga no seu quinto dia; na sétima semana a folga é gozada no seu sexto dia e na oitava semana o repouso recai no 7º dia desta semana. Na nona semana é que vai voltar a inexistir a folga legal, voltando a ser devido em dobro o respectivo repouso. No sistema de folga

---

16 MARTINS, Sergio Pinto. *Direito do Trabalho*. 14. ed. São Paulo: Atlas, 2001, p. 497.

no oitavo dia, devidos em dobro são alguns repousos, não incluídos os daquelas semanas em que há o descanso, e este há de ser fruído dentro dos sete dias que perfazem a semana. Ref.: Lei nº 605/1949. TRT/MG – RO: 17093/91 – Rel. Designado: Juiz Antônio Fernando Guimarães. *DJ*/MG 26/09/1992.

9. ATIVIDADES AUTORIZADAS A FUNCIONAREM AOS DOMINGOS/ESCALA DE REVEZAMENTO

Deve o descanso coincidir com o domingo, no mesmo dia que a família, seus amigos e parentes descansam. É causa de dissolução dos laços familiares o trabalho no dia do descanso. Por isto, só por motivo de conveniência pública, necessidade imperiosa, exigência técnica, força maior ou para atender à realização de serviços inadiáveis, mediante autorização ministerial ou justificativa à autoridade regional (arts. 6º, 7º e 8º, *a*, do Decreto nº 27.048/49), poderá a atividade empresarial funcionar aos domingos exigindo de seus empregados o trabalho nestes dias. Neste caso, deve o empregador, conceder outro dia na semana para o descanso.

Para funcionamento aos feriados, as hipóteses são as mesmas, como expresso no art. 9º da Lei nº 605/49 c/c art. 6º a 8º do Decreto nº 27.048/49. Além disso, é possível a convenção coletiva autorizar o funcionamento dos estabelecimentos do comércio em geral nos dias feriados (art. 6º-A, da Lei nº 10.101/2000).

Nestes casos, o domingo será trabalhado e o empregador concederá ao empregado outro dia de descanso, devendo haver uma escala de trabalho feita sob a forma de revezamento, para assegurar a continuidade do funcionamento da empresa e a folga do empregado (art. 6º do Decreto nº 27.048/49 e art. 67, parágrafo único, da CLT), de maneira que cada empregado possa, como regra geral, fazer coincidir um descanso com um domingo a cada sete semanas[17-18] (art. 2º, *b*, da Portaria nº 417/66 do MTE – alterado pela Portaria 509/67), salvo quando se tratar de comércio em geral quando o descanso, em sistema de revezamento, deverá coincidir com um domingo a cada três semanas por mês (art. 6º, parágrafo único, da Lei nº 10.101/2000 c/c MP 388/2007[19]).

A previsão de pagamento em dobro dos domingos trabalhados em caso de necessidade imperiosa (art. 8º, *b*, do Decreto nº 27.048/49), que depende de prévia autorização e ocorre de forma transitória, pode ser substituída pela folga compensatória. Apenas na hipótese de **força maior** temos o único caso em que o empregado pode trabalhar aos domingos sem autorização prévia do Ministério do Trabalho, não dispensada, contudo, a justificativa posterior feita pelo empregador, no caso previsto no art. 8º, *a* do Decreto nº 27.048/49. Mesmo estando autorizado

---

17 Da mesma forma SÜSSEKIND, Arnaldo; MARANHÃO, Délio; VIANNA, Segadas; TEIXEIRA, Lima. *Instituições de Direito do Trabalho*. 21. ed. São Paulo: LTr, v. 1, 2003, p. 848.

18 Assim também Godinho. DELGADO, Mauricio Godinho. *Curso de Direito do Trabalho*. São Paulo: LTr, 2002, p. 918.

19 A MP 388/07, de 06/09/07, alterou a redação do art. 1º da Lei nº 10.101/00 que, até então, determinava a periodicidade, para coincidência da folga, de um domingo a cada quatro semanas. Com a nova redação, é possível o trabalhador ter mais de um domingo por mês como dia de folga.

a trabalhar excepcionalmente aos domingos, o operário terá, neste caso, direito à folga compensatória ou pagamento em dobro (aparentemente no mesmo sentido Russomano).[20] Em posição oposta, Alice Monteiro,[21] defendendo que o empregado não terá direito à folga compensatória nem ao pagamento em dobro (apenas de forma simples).

Na semana em que o empregado tiver o direito de fazer coincidir sua folga com o domingo, **não** terá direito a duas folgas, isto é, uma no dia que habitualmente folga e outra no domingo escalado para o descanso. Nesta semana o descanso não será no sétimo dia exato. Assim também Russomano[22] e Carrion,[23] acrescentando que o descanso deve "aproximar-se o mais possível dessa cadência semanal", "não poderão se acumular, nem ficar muito próximos, nem diminuir em número com referência aos domingos existentes.

Ressalta-se, ainda, que a jurisprudência estende essa regra aos supermercados (mercado atacadista).

> MANDADO DE SEGURANÇA. SUPERMERCADOS. FUNCIONAMENTO AOS DOMINGOS E FERIADOS.
>
> A Carta Magna de 1988 estabelece, em seu art. 170, que a ordem econômica funda-se no primado da valorização do trabalho e no respeito à livre iniciativa. Neste mesmo sentido, o art. 5º, inciso XIII, que confere a liberdade do exercício de qualquer trabalho, ofício ou profissão. A liberdade de iniciativa é, em outras palavras, o direito de escolha da atividade econômica, a forma e o modo de seu exercício. Obviamente, não constitui faculdade ilimitada, restando condicionada às restrições legais, entre elas, o respeito a direitos mínimos de segurança e saúde dos trabalhadores, de dignidade humana e dos demais interesses coletivos. Assim, a Administração Pública atua através de seu poder fiscalizador, de polícia, impondo regras ao livre exercício da atividade econômica ou profissional, impedindo que o interesse particular prevaleça sobre o público. Dentro deste quadro, conclui-se que as restrições do Poder Público atuam como uma exceção. E, no caso em tela, não há razão para as mesmas, uma vez que o funcionamento da Impetrante, nos domingos e feriados, encontra-se amparado por dispositivos legais.
>
> A Lei nº 10.101/2000, pelo seu art. 1º, autoriza o funcionamento do comércio varejista, em geral, aos domingos, a partir de 09/11/97, observado o art. 30, I, da CF/88. Por outro lado, o Decreto nº 27.048/49, que regulamenta a Lei nº 605/49, traz um elenco taxativo sobre as atividades permitidas nos dias de repouso, não se incluem, obviamente, os feriados. O contrato social da Impetrante revela que seu objeto é a distribuição e o comércio do tipo atacadista ou varejista, inclusive em consignação ou comissão, por conta própria ou de terceiros, nacionais ou estrangeiros, de gêneros alimentícios e não alimentícios, medicamentos em geral e correlatos, produtos de limpeza, móveis, tapetes, artigos farmacêuticos, produtos químicos, dietéticos etc. Se a lei dispõe que o comércio varejista, em geral, goza do privilégio do funcionamento nos domingos, não há razão para discriminar o atacadista, pena de ofensa ao art. 5º, *caput*, da CF/88.

---

[20] RUSSOMANO, Mozart Victor. *Comentários à CLT*. 8. ed. Rio de Janeiro: Forense, 1982, p. 123.

[21] 2. ed., 2006, p. 699.

[22] Voto TST, 1ª T, Ac. 324/72, *DJU* 16/10/72.

[23] 28. ed., 2003, p. 119.

De outra face, não se pode dizer que o decreto regulamentador da Lei nº 605/49 excluiu os supermercados. Isto porque o rol constante do art. 7º não pode ser interpretado segundo apenas os rigores da lei. O direito não é estático, evolui com a sociedade e com o momento histórico. O art. 5º da LICC recomenda ao intérprete que se observe os fins sociais a que a norma jurídica se dirige e às exigências do bem comum. Portanto, há de ser observado que, nos tempos atuais, os supermercados (ou hipermercados) são os mercados a que se refere o art. 7º do Decreto nº 27.048/49, registrando que, se se permitiu que os estabelecimentos que comercializam menor gama de produtos funcionem nos domingos e feriados, maior razão existe para que aqueles que englobam todos os produtos também operem nos referidos dias. Do mesmo modo, é de se pontuar que a modernização da sociedade trouxe menor tempo ao homem e à mulher para realizarem as tarefas mínimas do lar, nas quais se compreendem as compras de produtos básicos para a subsistência da família. Portanto, pode-se mesmo dizer que o funcionamento dos supermercados nos dias de repouso não só atende à livre iniciativa, como também ao interesse público moderno, respeitados, obviamente, os direitos dos trabalhadores, aliás, como previsto na multicitada Lei nº 10.101/00. Assim, correta a decisão de origem, que concedeu a segurança. Ao intérprete impõe-se a leitura da lei de modo que a sua linguagem não se torne perempta, desatualizada, antiga, ultrapassada. Com o avanço tecnológico, com a globalização, com a transnacionalização dos mercados, a necessidade de o empregado usufruir o repouso semanal no domingo, assim como gozar o feriado civil ou religioso no próprio dia, fica cada vez mais esbatido na vontade do próprio empregado. Muitos até preferem que o gozo se dê em outro dia da semana, conforme permite a Constituição. Nos dias atuais, o lazer pode ser usufruído em qualquer dia da semana com a mesma intensidade que nos domingos e feriados. O emprego está em franco e aberto declínio, devendo a lei ser interpretada em consonância com a realidade, oxigenizando o mercado, respeitadas as normas de segurança e saúde do trabalhador. O favorecimento ao fornecimento de bens e serviços vinte e quatro horas por dia, sete dias na semana, trinta ou trinta e um dias no mês, trezentos e sessenta e cinco dias no ano, é uma tendência da sociedade pós-moderna. O homem quer vencer o tempo e encurtar a distância e o trabalhador, que somos todos nós, de uma forma ou de outra, tudo temos feito para nos adaptarmos a esta realidade. Novos tempos, direito novo, isto é, leitura contemporânea, sem ferir a dignidade do trabalhador, mas outorgando modernidade à lei, que, em matéria como esta, deveria sempre ceder espaço para a negociação coletiva. TRT/MG – Processo: 00959.2005.108.03.00.0 – Rel. Designado: Juiz Luiz Otávio Linhares Renault. *DJ*/MG 01/10/2005.

Carrion[24] e, aparentemente, Alice Monteiro de Barros,[25] no entanto, defendem que o descanso aos domingos, para qualquer categoria, deve ocorrer uma vez por mês. Não justificam sua posição.

Discordamos dos autores, visto que a Portaria nº 417/66, após sofrer alteração pela Portaria 509/67, estabelece claramente o descanso de um domingo a cada sete semanas.

---

24 CARRION, Valentin. *Comentários à Consolidação das Leis do Trabalho*. 29. ed. São Paulo: Saraiva, 2004, p. 122.

25 BARROS, Alice Monteiro de. *Curso de Direito do Trabalho*. São Paulo: LTr, 2005, p. 689.

Há apenas quatro exceções:

a) os **elencos teatrais** e congêneres (circos, atividades artísticas, esportivas etc.), que não necessitam de escala de revezamento – (art. 67, parágrafo único da CLT c/c art. 6º, § 2º do Decreto nº 27.048/49);

b) o **comércio**, que possui lei própria regulando o tema, que determina a periodicidade de um domingo a cada três semanas (Lei nº 10.101/00, art. 6º, parágrafo único);

c) as **mulheres** têm regramento específico no art. 386 da CLT, o qual determina que nas atividades autorizadas ao funcionamento aos domingos a escala deverá ser quinzenal para coincidência da folga com o domingo;

d) havendo trabalho aos domingos por necessidade de serviço, será organizada uma escala mensal de revezamento que favoreça um repouso dominical por mês para os **aeroviários** – art. 13 do Decreto nº 1.232/62.

A escala de revezamento deve ser de livre escolha do empregador, mas previamente organizada para que os empregados dela tomem conhecimento para se planejarem – art. 6º, § 2º, do Decreto nº 27.048/49.

Foi concedida permissão de funcionamento aos domingos e feriados às atividades mencionadas pelo Anexo do Decreto nº 27.048/49 e enumeradas por Valentin Carrion[26] e Alice Monteiro:[27] serviços públicos e de transportes; a certas **indústrias** (alimentícias, água, energia, gás, esgotos, laticínios, frio industrial, distribuição de gelo, confecção de coroa de flores naturais, pastelarias, confeitaria, panificação etc.); a determinados **comércios** (alimentos como peixe, carnes frescas, frutas, verduras, aves e ovos, farmácias, barbearias, combustíveis, hotéis e similares, hospitais, casas de diversões, feiras livres, mercado [entendimento de que os supermercados também], **transportes** relativos a estes, porteiros, cabineiros de elevadores de edifícios residenciais etc.); a comunicações e empresas de **comunicação e publicidade**, de radiodifusão e de televisão, distribuidores de jornais e revista, **educação e cultura**, orquestras, ensino, instituições de culto religioso, biblioteca, museus, cinemas, **funerárias** e **agropecuárias**; ao comércio de artigos regionais, nas estâncias hidrominerais; ao **comércio em geral**; limpeza, portos, aeroportos, estradas, estações rodoviárias e ferroviárias. Cumpre esclarecer apenas que o rol é exemplificativo.

> REPOUSO SEMANAL – TRABALHO EM DOMINGOS E FERIADOS – HOSPITAL. Trabalhar em hospital, em domingos e feriados, não é anormal ou irregular. A jornada alternada, de doze horas de trabalho por trinta e seis de folga, do atendimento ao regramento legal no tocante à concessão de repousos semanais e de feriados, ainda que sob compensação na mesma semana. Descabe a pretensão de serem pagos os domingos e os feriados laborados. TRT/MG – RO: 4772/90 – Rel. Designado: Juiz Luiz Carlos da Cunha Avellar. *DJ*/MG 15/08/1991.

---

26 CARRION, Valentin, *op. cit.*, p. 121.

27 BARROS, Alice Monteiro de, *op. cit.*, p. 688.

O art. 386 da CLT preconiza que na existência de trabalho aos domingos, a mulher terá direito à escala quinzenal para ter o descanso dominical. Há uma corrente que defende a recepção deste dispositivo pela Carta de 1988, pois a **mulher**, por exercer ainda a função de dona de casa, teria direito ao exposto neste artigo. Nesse sentido, Sergio Pinto Martins.[28]

Discordamos desta posição, já que após a Constituição Federal de 1988 as mulheres passaram a ter os mesmos direitos do homem e, com isso, não podem usufruir desse benefício mais favorável a elas. Com isso, entendemos que o art. 386 da CLT, criado na época em que a mulher ainda era considerada relativamente capaz, não foi recepcionado pela Carta de outubro de 1988.

O desrespeito à escala de revezamento, de forma que o empregado jamais possa fazer coincidir seu descanso semanal com um domingo a cada sete semanas não enseja o pagamento em dobro do domingo não usufruído, pois compensado. Isto é, houve o descanso de fato, apesar de em dia não coincidente com o da lei. A infração do empregador será meramente de ordem administrativa.[29]

A jurisprudência, inclusive, aceita, através de norma coletiva, o estabelecimento do descanso em outro dia da semana que não o domingo, o que mostra que não é possível punir o empregador com o pagamento em dobro quando comprovado o repouso do trabalhador dentro da mesma semana.

> DOMINGOS TRABALHADOS. Estando autorizada, por cláusula normativa, a concessão de uma folga semanal em outro dia da semana que não o domingo e constatado o gozo do dia de descanso pelo empregado, indevido é o pagamento em dobro do domingo trabalhado. TRT/MG – RO: 10847/96 – Revisor Designado: Juiz Tarcísio Alberto Giboski. *DJ*/MG 26/04/1997.

Entendemos que os **domésticos**, contratados para trabalho aos finais de semana, não têm direito ao descanso de acordo com a escala de revezamento em estudo, seja porque a regra é incompatível com a lei especial dos domésticos, seja porque não se pode caracterizar o empregador doméstico como atividade empresarial que necessite de autorização para funcionar nesses dias.

9.1. Compensação de Jornada – Trabalho 12 × 12, 12 × 24 e 12 × 36 – Descanso Semanal

A jurisprudência tem tolerado a compensação de jornada sob a forma 12 x 12 (12 horas de trabalho por 12 de descanso, no sistema de três dias de trabalho por dois dias de descanso ou 3 x 2); 12 x 24 (12 horas de trabalho por 24 de descanso, trabalhando três dias desta forma e descansando um dia); 12 x 36 e 12 x 72.

Este sistema de trabalho, desde que permitido pela norma coletiva (Súmula nº 444 do TST), vem sendo adotado e tolerado pela jurisprudência, até mesmo para

---

28 MARTINS, Sergio Pinto. *Direito do Trabalho*. 14. ed. São Paulo: Atlas, 2001, p. 496.

29 Aparentemente no mesmo sentido PINTO, José Augusto Rodrigues. *Curso de Direito Individual do Trabalho*. 4. ed. São Paulo: LTr, 2000, p. 359.

atividades que não estão autorizadas a funcionar aos domingos. É muito comum para os vigilantes, para pessoal que trabalha em hospital e até mesmo para seguranças (não vigilantes, isto é, não regidos pela Lei nº 7.102/1983) de condomínios.

Os trabalhadores atingidos por este sistema de compensação trabalham em dias diferentes da semana e, de tempos em tempos, seu dia de trabalho recai num dia de domingo.

Via de regra, a norma coletiva que estabelece tais jornadas compensadas limita a carga horária mensal em 192 horas. Sob este argumento a jurisprudência tem entendido que os repousos semanais remunerados estão embutidos nas horas de descanso, não tendo o trabalhador mais dias de descanso além daqueles já concedidos. A alegação é de que o salário mensal fixado para o trabalho de 220 horas mensais remunera as oito horas de trabalho limitadas a 44 horas semanais, bem como os repousos mensais. Logo, o salário fixado para trabalho de 192 horas mensais contém mais repousos que a regra geral.

Concordamos com tal opinião. Todavia, se a atividade não está autorizada a funcionar aos domingos, o empregador incorre em infração administrativa, que deve ser punida pela autoridade competente.

Ressaltamos que no trabalho de 12 x 36 e de 12 x 72 respeita-se o intervalo previsto no disposto no art. 66 da CLT, isto é, as 24 horas de descanso acrescidas das 11 horas entre as jornadas.

Todavia, naquelas de 12 x 12 e 12 x 24 o descanso previsto no art. 66 da CLT só será respeitado se feito no sistema de 3 x 2 ou de 3 x 1, respectivamente, como vêm fazendo as normas coletivas.

Os **feriados** não estão incluídos nestes sistemas de compensação, portanto, se o dia de trabalho da escala recair em dia feriado o empregador deverá pagar em dobro o feriado, salvo se conceder folga compensatória além daquelas previstas na escala.

Da mesma forma a Súmula nº 444 do TST:

> JORNADA DE TRABALHO. NORMA COLETIVA. LEI. ESCALA DE 12 POR 36. VALIDADE. É valida, em caráter excepcional, a jornada de doze horas de trabalho por trinta e seis de descanso, prevista em lei ou ajustada exclusivamente mediante acordo coletivo de trabalho ou convenção coletiva de trabalho, assegurada a remuneração em dobro dos feriados trabalhados. O empregado não tem direito ao pagamento de adicional referente ao labor prestado na décima primeira e décima segunda hora.

O art. 10, § 1º, da LC 150/2015, determinou que o salário mensal do **doméstico** contratado para trabalhar no sistema 12 x 36 já remunera os feriados e repousos semanais.

A partir da Lei 13.467/17, os empregados contratados sob o regime de trabalho de 12 horas de trabalho por 36 horas de descanso, não têm direito ao descanso ou pagamento em dobro, quando o dia de trabalho recair em dia de feriado, e considera compensados os dias de repouso semanal, exatamente como para os domésticos.

10. TRABALHO EM DIA DE REPOUSO E FERIADO

Se não for concedido o repouso semanal ou o descanso do feriado ao empregado, o empregador poderá dar outro dia de folga para compensar. Se assim não o fizer, a remuneração do repouso (não o repouso em si) deverá ser paga em dobro (art. 9º da Lei nº 605/49 c/c art. 6º, § 3º, do Decreto nº 27.048/49 c/c Súmula nº 146 do TST c/c Súmula nº 461 do STF).

Apesar da lei não ser expressa em determinar o pagamento em **dobro** dos dias de repouso não compensados, a jurisprudência concedeu interpretação extensiva ao art. 9º da Lei nº 605/49.

Mozart Victor Russomano[30] e Sergio Pinto Martins[31] lembram a existência de uma discussão sobre a remuneração no caso de não compensação do trabalho aos domingos. Defendem posição contrária à da Súmula nº 146 do TST, isto é, de que a remuneração é em dobro levando-se em consideração a remuneração normal do repouso paga no salário. Quer dizer, a remuneração é em dobro e não em triplo. A visão do pagamento em dobro era confundida com o adicional sobre as horas trabalhadas.

Explica-se:

O mensalista, por exemplo, recebe seu salário por 30 dias, apesar de ter trabalhado 25 dias e usufruído de cinco domingos. Logo, estes domingos não trabalhados já estão remunerados no salário.

Se trabalhados, as horas de labor nos domingos deverão ser remuneradas em dobro, isto é, com adicional de 100%.

Isto equivale dizer que o trabalhador tem direito ao salário mensal (sem descontar os dias de descanso, onde já estão embutidas as horas de repouso), bem como as horas de efetivo trabalho nestes dias em dobro, isto é, com acréscimo de 100%. Concluindo: no total ele recebeu pelas horas trabalhadas no dia de folga três vezes (uma vez embutida no salário e duas vezes pagas em rubrica separada, pelo trabalho em dia de folga não compensada).

Nada mais justo, pois se o empregado que faz horas extras, após seu expediente normal de trabalho, as recebe com adicional de 50%, que dirá aquele que, em dia destinado ao descanso, trabalhar (o que acarreta em afastamento da família e despesas a mais com condução para ir e voltar do trabalho). Não seria justo que a hora extra trabalhada após o expediente, e menos nociva à saúde física e social, fosse remunerada de forma mais benéfica que o trabalho nos dias de folga não compensada.

Assim também se posicionou a jurisprudência majoritária, hoje consubstanciada na Súmula nº 146 do TST.

---

30 RUSSOMANO, Mozart Victor. *Curso de Direito do Trabalho*. 9. ed. 4. tir. Curitiba: Juruá, 2005, p. 325.

31 MARTINS, Sergio Pinto. *Direito do Trabalho*. 14. ed. São Paulo: Atlas, 2001, p. 497.

DOMINGO. REMUNERAÇÃO. REPOUSO SEMANAL. O trabalho prestado em domingos, e não compensado, deve ser pago em dobro, sem prejuízo da remuneração referente ao repouso semanal. TRT/RJ – PROC: 01229.2001.052.01.00.4 – Rel. Designado: Juiz José Calos Novis César. *DJ*/RJ 30/05/2003.

O art. 2º, § 8º, da LC 150/2015, também garantiu aos **domésticos** o pagamento em dobro pelo trabalho aos domingos e feriados, quando não compensados, sem prejuízo da remuneração relativa ao repouso semanal. Portanto, foi expressa no pagamento em triplo (dobro + o próprio repouso).

Caso o feriado seja no mesmo dia do repouso semanal, não serão acumuladas as remunerações, já que o empregado teve apenas um descanso, conforme o exposto pelo art. 11, § 3º, do Decreto nº 27.048/49.

11. FERIADOS

A CLT rapidamente se manifestou sobre o direito ao repouso (ainda não remunerado) aos feriados – art. 70, deixando para a lei especial sua regulamentação.

O art. 70 da CLT estabeleceu que:

> **Art. 70.** Salvo o disposto nos arts. 68 e 69, é vedado o trabalho em dias feriados nacionais e feriados religiosos, nos termos da legislação própria (redação dada pelo Decreto-Lei nº 229, de 28/2/1967).

Coube à Lei nº 605/49 determinar sua remuneração e apontar alguns feriados, deixando para as legislações posteriores a fixação dos demais.

A Lei nº 605/49, art. 1º, garantiu o direito ao repouso remunerado nos dias feriados civis e religiosos, de acordo com a tradição local.

Por sua vez, os arts. 1º e 2º da Lei nº 9.093/95, que revogou o art. 11 da Lei nº 605/49, estabeleceram os feriados civis e religiosos como sendo:

> **Art. 1º** São feriados civis:
> I – os declarados em lei federal;
> II – a data magna do Estado fixada em lei estadual;
> III – os dias do início e do término do ano do centenário de fundação do Município, fixados em lei municipal (inciso incluído pela Lei nº 9.335, de 10/12/1996).
>
> **Art. 2º** São feriados religiosos os dias de guarda, declarados em lei municipal, de acordo com a tradição local e em número não superior a quatro, neste incluída a Sexta-Feira da Paixão.

São feriados nacionais: 1º janeiro, 21 de abril, 1º maio, 7 de setembro, 2 de novembro, 15 de novembro, 25 de dezembro – Lei nº 10.607/2000.

A mencionada lei não se referiu ao feriado de 12 de outubro, estabelecido pela Lei nº 6.802/80.

Concluindo: são feriados **civis** no Brasil: 1º de janeiro (Lei nº 662/49); 21 de abril (Lei nº 1.266/50); 1º da maio (Lei nº 662/49); 7 de setembro (Lei nº 662/49); 15 de novembro (Lei nº 662/49); dia de eleição geral no país (Lei nº art. 360 da Lei nº 4.737/65[32] c/c art. 77 da CRFB); a data magna do Estado, como fixado em lei estadual específica; e datas de início e término do ano do centenário do Município, de acordo com a legislação local. São feriados **religiosos**: 12 de outubro (Nossa Senhora da Aparecida – Lei nº 6.802/80); sexta-feira da Paixão (incluído no rol de no máximo quatro feriados religiosos declarados por lei municipal – Lei nº 9.093/95); 25 de dezembro (Natal – Lei nº 662/49); 2 de novembro (Finados – Lei nº 10.607/2002).

Convém ressaltar que o art. 2º da Lei nº 9.093/95 deixa o limite máximo de quatro feriados municipais de origem local, dentre eles a sexta-feira da paixão.

vida parte tanto do empregado, que quer usufruir do benefício, quanto do patrão, que quer o trabalho do empregado sem ter que pagar a mais por isso.

A matéria é controvertida.

Defendemos que dia festivo é diverso de dia feriado. Apenas neste o empregado tem direito ao repouso remunerado, enquanto naquele não. São dias festivos, por exemplo, Dia da Abolição da Escravatura, da Bandeira, do Descobrimento do Brasil, os dias do Carnaval etc. Os dias de festa não são considerados dias feriados, salvo legislação federal, estadual ou municipal em sentido diverso. Por isso, via de regra (há exceções previstas em lei), nenhum dos dias do **Carnaval** é considerado feriado. São descansos costumeiros, decorrentes de uma tradição nacional, mas sem qualquer amparo legal, não estando, pois, o empregador obrigado a concedê-los, visto que ninguém é obrigado a fazer ou deixar de fazer algo senão em virtude de lei – art. 5º, II da CF. Aliás, a Lei 9.023/95 é expressa e taxativa ao apontar quais são os feriados para fins da Lei 605/49.

Entretanto, a jurisprudência é pendular, ora a favor do pagamento, ora contra, como se percebe abaixo:

> LABOR EM FERIADOS. É devido o descanso semanal remunerado apenas dos feriados expressamente instituídos em lei, nos termos da Súmula n. 36 deste Regional, de maneira que não havendo comprovação da instituição em lei dos feriados da **"terça-feira de Carnaval"** e de "Corpus Christi" é indevido o respectivo pagamento. 1ª Turma-PJe 23/02/2017 – Recurso Ordinário Trabalhista RO 0000525122014523006 (Trt-23) Roberto Benatar. (Grifos nossos)
>
> **FERIADO DE CARNAVAL. DOBRA. EXCLUSÃO.** O período de **carnaval não é considerado** feriado nacional à luz da Lei 10.607/2002 e não havendo amparo em legislação em sentido contrário, excluo a condenação em feriado relacionado à 3ª feira de carnaval. Recurso Ordinário patronal parcialmente provido e Recurso Ordinário obreiro improvido. TRT-6 –

[32] O referido artigo decretou feriado nacional o "dia em que se realizarem eleições de datas fixadas pela Constituição Federal". A Carta fixou datas para as eleições de prefeitos, governadores e presidente.

Recurso Ordinário RO 126000932008506, PE 0126000-93.2008.5.06.0221 (TRT-6). Jurisprudência. Data de publicação: 15/03/2010. (Grifos nossos)

FERIADO DE CARNAVAL. AUSÊNCIA DE PREVISÃO LEGAL. IRRELEVÂNCIA. Em que pese não haver previsão legal de feriado na terça-feira de Carnaval, os usos e costumes são fontes de direito e, sendo habitual, há décadas, a guarda desse dia como feriado, a praxe consuetudinária determina o pagamento em dobro do labor prestado nessa data" RO – 0108200-98.2009.5.18.0054, Rel. Des. Platon Teixeira de Azevedo Filho, Julgado em 30/06/2010, publicado em 07/07.2010). TRT18, ROPS – 0010397-63.2017.5.18.0013, Rel. Daniel Viana Junior, 2ª Turma, 10/07/2017. (Grifos nossos)

FERIADO DE CARNAVAL. AUSÊNCIA DE PREVISÃO LEGAL. IRRELEVÂNCIA. Em que pese não haver previsão legal de feriado na terça-feira de Carnaval, os usos e costumes são fontes de direito e, sendo habitual, há décadas, a guarda desse dia como feriado, a praxe consuetudinária determina o pagamento em dobro do labor prestado nessa data. *DJ Eletrônico*, Ano IV, nº 117, de 06.07.2010, pág. 9. Recorrente: Adm do Brasil Ltda. Recorrente-Reginaldo Evangelista de Paula. Recorrido: os mesmos 1082200905418000 GO 01082-2009-054-18-00-0 (TRT-18). Platon Teixeira De Azevedo Filho.

RESUMO

FERIADOS NACIONAIS

1º de janeiro – Confraternização Universal – Lei nº 662/49;

21 de abril – Tiradentes – Lei nº 1.266/50;

1º de maio – Dia do Trabalho – Lei nº 662/49;

07 de setembro – Independência do Brasil – Lei nº 662/49;

12 de outubro – N. Sr.ª Aparecida – Lei nº 6.802/80;

2 de novembro – Dia dos Finados – Lei nº 10.607/2002;

15 de novembro – Proclamação da República – Lei nº 662/49;

25 de dezembro – Natal – Lei nº 662/49;

O dia em que se realizarem eleições gerais em todo o País: art. 360 da Lei nº 4.737/65.

FERIADOS ESTADUAIS E MUNICIPAIS GERAIS – PARA TODOS OS ESTADOS/MUNICÍPIOS

Centenário da fundação do Município;

Data Magna do Estado.

Alguns Estados publicaram lei para tentar incluir a terça-feira de carnaval como feriado estadual, já que não há lei federal que o faça.

FERIADOS MUNICIPAIS E ESTADUAIS LOCAIS / RIO DE JANEIRO

20 de janeiro – São Sebastião – Padroeiro da Cidade;

Sexta-feira da Paixão – Festas Móveis (18 de abril de 2003);

23 de abril – Dia de São Jorge (Lei Estadual nº 5.198/08);

"Corpus Christi" – Festas Móveis (19 de junho de 2003) – **irregular**;

20 de novembro – Zumbi dos Palmares (Lei Estadual nº 4007/2002);

Terça de Carnaval – Feriado Estadual – Lei 5.243/08 (ADI 4131/08 – extinta sem resolução de mérito).

Regra especial: para os **aeroviários** o dia de repouso semanal não pode coincidir com feriado – art. 14 do Decreto nº 1.232/62.

Ressalte-se que, para o **comércio em geral**, só será permitido o trabalho em dias **feriados** se autorizado em convenção coletiva e observada a legislação municipal – art. 6º-A da Lei nº 10.101/2000.

A reforma trabalhista (Lei nº 13.467/17) permitiu que o dia do feriado possa ser trocado por outro mediante acordo ou convenção coletiva – art. 611-A, XI, da CLT. A norma coletiva poderá revogar a lei que concede feriado ou mudar sua forma de remuneração ou compensação.

12. REMUNERAÇÃO DO REPOUSO SEMANAL

Conforme art. 7º da Lei nº 605/49 a remuneração do repouso corresponderá:

a) para os que trabalham por dia, semana, quinzena ou mês, à de um dia de serviço, computadas as horas extraordinárias habitualmente prestadas;
b) para os que trabalham por hora, à remuneração de sua jornada normal de trabalho, computadas as horas extraordinárias habitualmente prestadas;
c) para o empregado por peça ou por tarefa, o equivalente ao salário correspondente às tarefas ou peças feitas durante a semana, no horário normal de trabalho, dividido pelos dias de serviço efetivamente prestado ao empregador;
d) para o empregado em domicílio, o equivalente ao quociente da divisão por 6 (seis) da importância total da sua produção na semana.

Alguns casos merecem um estudo aprofundado.

Comissionistas

Apesar da alínea *c* não ter sido clara a respeito, a metodologia do cálculo ali previsto aplica-se analogicamente aos **comissionistas**, ainda que pracistas, conforme consagrado pela Súmula nº 27 do TST. Ressalte-se que a Súmula nº 201 do STF, que nega o direito ao RSR e feriados ao comissionista vendedor pracista, foi editada cronologicamente antes da Súmula do TST, quando ainda era controvertida a matéria. Hoje, os vendedores pracistas e qualquer outro trabalhador externo, têm direito à remuneração do repouso e dos feriados. Esta foi a intenção da lei, pois garante aos trabalhadores em domicílio, que são, por sua natureza, externos, o direito. Ademais, a redação originária do art. 62, *a*, da CLT era nesse sentido.

> COMISSIONISTA REPOUSO SEMANAL REMUNERADO. O reclamante, vendedor comissionista, faz jus ao repouso semanal remunerado de 24 horas consecutivas, de preferência aos domingos, conforme art. 7º, inciso XV, da Constituição da República, art. 67 da CLT e art. 1º da Lei nº 605/49, sendo irrelevante que o seu horário de trabalho seja fiscalizado ou não pela empregadora e, que ele receba remuneração por comissão, pois a Lei nº 605/49, não excepcionou, no particular. O verbete nº 27, do Colendo Tribunal Superior do Trabalho, ademais, afasta, igualmente, qualquer dúvida quanto ao seu direito à verba. TRT/MG – RO: 21485/00 – Rel. Designado: Juiz Júlio Bernardo do Campo. DJ/MG 24/02/2001.

A remuneração do repouso dos **comissionistas** deverá corresponder a um dia de trabalho, para cada dia de folga ou feriado, e seu cálculo deverá ser feito da seguinte forma: divide-se o salário mensal pelo número de dias efetivamente trabalhados naquele mês (mês a mês, pois o número de dias trabalhados varia, assim como o valor das vendas efetuadas). O resultado deve ser multiplicado pelo número de domingos e feriados (se existirem). Este será o valor do repouso que deverá ser pago em rubrica separada.

> **Ex.:** No mês de 31 dias, com dois feriados e cinco domingos, o vendedor Manoel da Silva trabalhou 24 dias. Vamos dizer que o salário (por comissão) percebido neste mês tenha sido de R$ 2.100,00. A remuneração de seu repouso será calculada da seguinte forma: R$ 2.100,00 (utilizamos o valor mensal porque normalmente é difícil a mensuração das vendas por semana que antecede a cada repouso) divididos por 24 dias (dias trabalhados) = R$ 87,50 por dia (valor médio das comissões diárias). A partir daí, utiliza-se o resultado de R$ 87,50 (valor do dia), multiplicado por 7 descansos (2 feriados + 5 domingos) = R$ 612,50. Logo, o empregado deverá ganhar o valor de R$ 2.100,00 a título de comissões e, em outra rubrica, R$ 612,50 a título de RSR e feriados.

É incorreto utilizar o **divisor 1/6** para o cálculo do repouso do comissionista, seja porque a lei estipulou forma diversa, seja porque lhe causa prejuízo. No exemplo, dividir R$ 2.100,00 por seis, equivale a R$ 350,00 pelos repousos do mês, o que é bem inferior ao valor que o comissionista citado de fato tem direito (R$ 612,50).

Mensalista e quinzenalista

Se o empregado mensalista[33] ou quinzenalista não sofrer desconto pelas ausências nos dias de folga ou feriados, o repouso já está remunerado, não havendo necessidade de se pagar o repouso em rubrica separada – art. 7º, § 2º, da Lei nº 605/49. Este mesmo raciocínio se aplica aos sobressalários mensais (Súmula nº 225 do TST).

É fácil entender o disposto na lei. O empregado mensalista que percebe fixo de R$ 2.000,00, por exemplo, não sofre qualquer variação no valor do salário nos meses que têm menos ou mais dias (29 dias ou 31 dias), nem nos meses em que há feriados, apesar do empregado trabalhar menos dias nestes.

Horista

De acordo com a lei, a remuneração dos dias de folga do horista equivale à de sua jornada normal de trabalho por semana, computadas as horas extraordinárias habitualmente prestadas. Isso quer dizer que, se um empregado horista (que tem sua remuneração fixada por hora) trabalha em média 42 horas semanais, de segunda a sábado, e cada hora trabalhada é paga a R$ 10,00 (como estabelecido no contrato), tem direito a receber o valor de R$ 70,00 para cada domingo ou feriado que ocorra nesta semana (42h semanais divididas por 6 dias = 7 horas por dia), pago em rubrica separada. Este cálculo deve ser feito a cada semana, de acordo com os acontecimentos reais.

Entretanto, para o **professor**, que normalmente é remunerado por hora e, por isso, deveria ser pago na forma do art. 7º, *b*, da Lei nº 605/49, como acima exemplificado, isto é, pelas horas correspondentes às de sua jornada normal de trabalho, isto não ocorre, como pacificou a jurisprudência.

Explica-se:

A experiência tem demonstrado que muitos professores universitários ministram suas aulas em apenas um ou dois dias por semana. Nesta hipótese, o cálculo da média semanal pode variar. Se feito sobre todos os dias, inclusive os úteis não trabalhados o valor do repouso ficará prejudicado (menor). Se, por outro lado, computados apenas os dias efetivamente contratados, o resultado será maior.

Em suma, como se apurar o repouso do professor que ministra aulas apenas às segundas-feiras das 7h às 21h, com descanso para refeição e entre as aulas? Pela divisão da carga horária semanal pelo número de dias úteis da semana ou pelo número de dias efetivamente contratados? Há doutrina para os dois lados.

---

33 A palavra mensalista pode ter dois significados: tanto pode ser o empregado que tem o valor do seu salário fixado por mês, quanto pode significar a época do pagamento do salário. **Ex. 1:** Mário foi contratado por R$ 2.000,00 mensais (mensalista quanto ao valor ajustado, pois o valor remunera todo o mês trabalhado, independentemente de se o mês tem 29, 30 ou 31 dias), sendo que a cada quinzena recebe R$ 1.000,00 (quinzenalista quanto à época de pagamento). **Ex. 2:** O professor Alexandre foi contratado para receber R$ 60,00 por hora-aula, cujo valor total devido é pago a cada mês. Alexandre é horista quanto ao ajuste do salário, pois o valor só remunera as horas trabalhadas, e mensalista quanto à época do pagamento. Quando a Lei nº 605/49 trata do mensalista e quinzenalista está, na verdade, referindo-se ao que tem o valor do salário ajustado para remunerar o mês ou a quinzena.

A jurisprudência solucionou a questão (Súmula nº 351 do TST) aplicando analogicamente o art. 7º, *d*, da Lei nº 605/49 aos professores, isto é, dividindo-se o **valor do salário por 6 (seis)**, não adotando nem uma nem outra posição. Este cálculo é razoável e não causa prejuízos ao trabalhador. Ressalte-se que o mês do professor tem 4.5 semanas – art. 320, § 1º, da CLT. Aparente prejuízo pode ocorrer quando o mês contiver feriados, pois o quociente 6 remunera apenas as folgas semanais e não os feriados.

> PROFESSOR. REPOUSO SEMANAL REMUNERADO. Nos termos do § 2º do art. 7º da Lei nº 605/49, o repouso semanal remunerado está incluído no valor do salário dos empregados mensalistas. No entanto, esta regra não se aplica aos professores que, mesmo ganhando por mês, o cálculo de sua remuneração será fixado por hora-aula, nos termos do § 1º do art. 320 da CLT, restando excluídos os domingos e feriados, sendo-lhe devida a quantia correspondente ao descanso remunerado, que será equivalente a 1/6 da soma mensal do valor das horas-aula. Demonstrado o pagamento dos repousos semanais remunerados, como disposto no art. 320, § 1º, da CLT, nada há a deferir. TRT/SC – Processo: 00122.2004.030.12.00.4 – Rel. Designado: Juiz Geraldo José Balbinot. DJ/SC 02/12/2005.

Regra geral

As horas extras, a utilidade com natureza salarial que é concedida por dia e o adicional noturno, quando pagos com **habitualidade** nos dias que antecedem o repouso e na semana que ocorrer o feriado, devem ser projetados no RSR (Súmula nº 172 do TST) e no feriado da semana.

O adicional de insalubridade, porque calculado sobre o mínimo mensal, que remunera o mês (OJ nº 103 da SDI-I do TST); o adicional de periculosidade (quando o salário do empregado for mensal ou quinzenal que já remunera o mês); as gorjetas, porque pagas por terceiros e não pelo empregador (Súmula nº 354 do TST) e as gratificações mensais (quando remunerarem o mês) não integram o RSR e feriados.

> ADICIONAL DE PERICULOSIDADE. CÁLCULO. SALÁRIO. REPOUSO SEMANAL. O adicional de periculosidade, tendo como base de cálculo o salário contratual integral, já considera o repouso semanal remunerado. As demais integrações deferidas estão corretas. Dou provimento parcial. TRT/ RJ – RO: 00086/96 – Rel. Designado: Juiz Gilberto Rubens Damiani. DJ/RJ 22/07/1998.

O fato de o empregado não trabalhar aos sábados ou de ter duas, três ou mais folgas na semana não altera o cálculo do repouso semanal remunerado, porque a lei só garantiu a remuneração sem trabalho de um dia por semana (24 horas), preferencialmente, aos domingos.

Indiretamente, o TST, ao fixar a tese vinculante nos autos do Recurso Repetitivo IRR-849-83.2013.5.03.0138, adotou o mesmo entendimento:

1. O número de dias de repouso semanal remunerado pode ser ampliado por convenção ou acordo coletivo de trabalho, como decorrência do exercício da autonomia sindical.

2. O divisor corresponde ao número de horas remuneradas pelo salário mensal, independentemente de serem trabalhadas ou não.
3. O divisor aplicável para cálculo das horas extras do bancário, inclusive para os submetidos à jornada de oito horas, é definido com base na regra geral prevista no art. 64 da CLT (resultado da multiplicação por 30 da jornada normal de trabalho), sendo 180 e 220, para a jornada normal de seis e oito horas, respectivamente.
4. A inclusão do sábado como dia de repouso semanal remunerado, no caso do bancário, não altera o divisor, em virtude de não haver redução do número de horas semanais, trabalhadas e de repouso.
5. O número de semanas do mês é 4,2857, resultante da divisão de 30 (dias do mês) por 7 (dias da semana), não sendo válida, para efeito de definição do divisor, a multiplicação da duração semanal por 5.
6. Em caso de redução da duração semanal do trabalho, o divisor é obtido na forma prevista na Súmula 431 (multiplicação por 30 do resultado da divisão do número de horas trabalhadas por semana pelos dias úteis).

Remetemos o leitor ao Capítulo "Salário", item 14.2.4 – RSR.

Para os que trabalham apenas **alguns dias na semana**, o cálculo do repouso equivalerá à divisão dos dias de trabalho por 6, que são os dias úteis da semana. Logo, o empregado que recebe salário por dia e trabalha apenas 2 dias na semana (por força de contrato) terá direito ao repouso contado da seguinte forma: soma dos dois dias, divididos por seis. O resultado é o valor do repouso daquela semana. Há, entretanto, outra corrente no sentido de pagar sempre o equivalente a um dia de trabalho, independentemente do número de dias contratados para o labor.

Capítulo 21

INTERVALOS INTRAJORNADAS E INTERJORNADAS

1. CONCEITO E FINALIDADE

Os intervalos ou períodos de descanso são lapsos temporais, remunerados ou não, dentro ou fora da jornada, que têm a finalidade de permitir a reposição das energias gastas durante o trabalho, proporcionar maior convívio familiar, social e, em alguns casos, para outros fins específicos determinados pela lei, tais como alimentação, amamentação etc.

Fazem parte da duração do trabalho, pois, quando se limita a quantidade de horas a ser trabalhada por dia, automaticamente estipula-se a quantidade de descanso. Tanto a jornada, quanto o intervalo envolvem matérias relativas às saúdes física, mental e social do trabalhador, pois são regras da medicina e da segurança do trabalho.

O descanso pode ser dentro da jornada de trabalho, entre dois dias de trabalho, semanal, em feriados e até anual. Todavia, este Capítulo irá estudar apenas os dois primeiros, pois há capítulos específicos sobre RSR, feriados e férias.

Os intervalos **intrajornadas** ocorrem dentro do expediente de trabalho e podem ser computados ou não como tempo de trabalho efetivo, apesar do descanso de fato.

Os intervalos **entre jornadas** ou **interjornadas** são os descansos existentes entre um dia e outro de trabalho.

2. NATUREZA JURÍDICA

A natureza jurídica do intervalo é de **direito**, algumas vezes caracterizado em interrupção contratual, quando computado na jornada ou no contrato, outras vezes como suspensão. Enquanto para o empregado é um direito, para o patrão é um **dever**, porque este tem a obrigação de concedê-lo.

3. HIPÓTESES

3.1. Intervalos Entrejornadas ou Interjornadas

– 11 horas de descanso – regra geral – arts. 66 da CLT e 15 da LC 150/2015;

- 10 horas de descanso – jornalista – art. 308 da CLT;
- 12 horas de descanso – operadores cinematográficos – art. 235, § 2º, da CLT;
- 14 horas de descanso – cabineiros (ferroviários) – art. 245 da CLT;
- 17 horas de descanso – telefonistas – art. 229 da CLT.

3.2. Intervalos Intrajornadas

- 10 minutos de descanso a cada 90 minutos de trabalho – mecanografia – art. 72 da CLT – computa no tempo de serviço (NR 17 da Portaria nº 3.214/78);
- 10 minutos de descanso a cada 90 minutos de trabalho – médico – art. 8º, § 1º, da Lei nº 3.999/61 – computa no tempo de serviço;
- 15 minutos de descanso a cada 3 horas consecutivas de trabalho – minas de subsolo – art. 298 da CLT – computa;
- 15 minutos para repouso e alimentação – regra geral para trabalho superior a 4 horas, limitado a 6 horas por dia – art. 71, § 1º, da CLT – não computa;
- 20 minutos de descanso a cada 3 horas de trabalho – telefonista – art. 229 da CLT – computa;
- 20 minutos de descanso a cada 1h40min – frigorífico – art. 253 da CLT c/c Súmula nº 438 do TST – computa;
- 30 minutos de descanso duas vezes ao dia – amamentação – art. 396 da CLT – computa;
- uma hora de descanso entre o turno diurno e o noturno extra – operadores cinematográficos – art. 235 – não computa;
- uma a duas horas para repouso e alimentação para jornadas superiores a seis horas – regra geral – art. 71 da CLT – não computa;
- descanso de cinco ou mais horas para o rural em atividade intermitente – art. 10, parágrafo único, do Decreto nº 73.626/74 – não computa.

4. INTERVALO PARA REPOUSO E ALIMENTAÇÃO

4.1. Duração

De acordo com o art. 71 da CLT:

> **Art. 71.** Em qualquer trabalho contínuo, cuja duração exceda de 6 (seis) horas, é obrigatória a concessão de um intervalo para repouso ou alimentação, o qual será, no mínimo, de 1 (uma) hora e, salvo acordo escrito ou contrato coletivo em contrário, não poderá exceder de 2 (duas) horas.
>
> § 1º Não excedendo de 6 (seis) horas o trabalho, será, entretanto, obrigatório um intervalo de 15 (quinze) minutos quando a duração ultrapassar 4 (quatro) horas.
>
> § 2º Os intervalos de descanso não serão computados na duração do trabalho.

Para os **urbanos** que trabalharem mais de seis horas por dia, o intervalo será de, no mínimo, 1 hora e, no máximo, 2 por dia, mesmo que faça horas extras e estenda a jornada para dez horas diárias, ou mais.

> **Ex.**: Empregado que trabalha no sistema de compensação de 12 horas de trabalho por 36 de descanso tem o direito ao intervalo de, no mínimo, 1 hora, assim como o que trabalha 8 horas por dia ou aquele que trabalha 10 horas por dia, sendo que duas em regime de horas extras.

Para os que trabalham mais de 4 horas, limitados a seis por dia, o intervalo é de 15 minutos. Mesmo que trabalhe em jornada suplementar, seu intervalo continua o mesmo.

Da mesma forma vem se posicionando julgados minoritários:

> Ao empregado sujeito à jornada especial de 6 horas é assegurado o intervalo de 15 minutos, não computados na duração do trabalho (§ 1º do art. 71 da CLT), ainda que preste serviços além da 6ª hora. O trabalho em sobretempo não altera o intervalo legal, tratando-se tal acréscimo de jornada extraordinária e assim deve ser remunerada. INTERVALO INTRAJORNADA (TRT, 3ª Reg., 4ª T., RO-11599/2000, Rel. Juíza Maria José Castro Baptista de Oliveira, DJ/MG 03.02.01).

> Os trabalhadores que se submetem à jornada de 6 horas fazem jus ao intervalo de 15 minutos. Observado esse, o fato de prestarem horas extras não lhes dá direito a intervalo maior, porque não existe na legislação tal determinação. JORNADA REDUZIDA – INOBSERVÂNCIA DE INTERVALO – HORAS EXTRAS – IMPOSSIBILIDADE (TRT, 3ª Reg., 1ª T., RO-16546/99, Rel. Juiz Fernando Procópio de Lima Netto, DJ/MG 28.04.00).

Todavia, a Súmula nº 437, IV, do TST adotou a tese contrária.

Os **rurais** têm regra específica.

Para qualquer trabalho contínuo com jornada superior a 6 horas, a Lei nº 5.889/73, art. 5º, autoriza intervalo para repouso e alimentação de acordo com usos e costumes da região, não se computando este período para duração do trabalho. O Decreto nº 73.626/74, no art. 5º, § 1º, concede intervalo mínimo de 1 hora para os que trabalham mais de 6 horas, mas não estabelece o tempo máximo do intervalo e também é silente quanto ao direito ao intervalo para os que trabalham até 6 horas. Em razão desta lacuna e por força do comando contido no *caput* do art. 1º da Lei nº 5.889/73, deve ser aplicada a CLT, que além de compatível e suprir a lacuna, traduz norma de medicina e segurança do trabalho. Não é crível que o trabalhador, só porque executa seu labor no campo, não tenha direito a um limite máximo de intervalo ou não tenha nenhum quando trabalhar 6 horas. Isto quer dizer que o intervalo máximo dos rurais que trabalham mais de 6 horas é de duas horas, salvo acordo de prorrogação escrito e o trabalho intermitente (regra especial do rural). É possível a redução do intervalo mínimo, nas mesmas hipóteses e sob os mesmos requisitos do urbano. Para os rurais que trabalham mais que 4 até 6 horas por dia, o intervalo será de 15 minutos. Em caso de supressão do intervalo, devido o pagamento previsto no § 4º do art. 71 da

CLT. Assim também entende a Súmula nº 437, I, do TST. Em sentido contrário, a corrente que advoga a incompatibilidade do art. 71 da CLT com os rurais, sob o argumento que o art. 4º do Decreto nº 73.626/74 não autorizou sua aplicação. Aparentemente, Alice Monteiro[1] adota esta corrente. Discordamos desta posição, pois a aplicabilidade da CLT decorre do comando da lei, não podendo o decreto contrariá-la.

Para maiores considerações, remetemos o leitor ao Capítulo 12, item 7.1.3.

Os **domésticos** não tinham direito aos intervalos intrajornada e interjornada, pois excluídos da CLT (art. 7º, a). Todavia, após a EC 72/2013 e a regulamentação feita pela LC 150/2015 passou a ter o direito.

A jornada de 8 horas diárias, concedida aos **domésticos**, necessariamente deverá ser permeada do intervalo intrajornada para repouso e alimentação, de forma contínua (art. 71 da CLT), de uma a duas horas, podendo ser reduzida mediante ajuste entre as partes para 30 minutos ou fracionado em dois períodos, cuja soma seja no máximo de 4 horas, nessa hipótese. A lei não se refere ao intervalo devido para as jornadas superiores a 4 horas, até 6 horas, devendo ser aplicada, em face da lacuna legal, o intervalo mínimo de 15 minutos, por compatível o art. 71 da CLT. O art. 15 da nova lei também garante ao doméstico o intervalo mínimo entre dois dias de trabalho de 11 horas, exatamente como o art. 66 da CLT. Esses intervalos são consequências naturais da duração do trabalho e constituem em norma de higiene, medicina e segurança do trabalho. Se houver trabalho no período de repouso o empregador deverá remunerar o período como extra (remetemos o leitor ao Capítulo "Empregados Domésticos").

Para os urbanos, defendemos que, mesmo no **horário noturno**, o intervalo mínimo é de 60 minutos, embora a hora de trabalho noturna seja de 52 minutos e 30 segundos. Da mesma forma, Sergio Pinto.[2]

Os empregados de confiança e os externos não têm direito aos intervalos interjornadas e intrajornada, pois estão **excluídos** da regra geral (art. 62 da CLT).

Os intervalos para descanso e alimentação mencionados no art. 71 da CLT **não são computados** na jornada e, por isso, não são remunerados. Dessa forma, um empregado contratado para trabalhar 8 horas por dia necessariamente terá uma hora, no mínimo, de intervalo. Isso quer dizer que se ele entrar às 8h da manhã, só poderá terminar o expediente às 17h, pois teve de usufruir de um intervalo de 1 hora (no mínimo) sem trabalhar.

No período de intervalo, o trabalhador tem o direito de se ausentar do local de trabalho ou não, caso haja refeitório no próprio estabelecimento. Não é permitido trabalhar nesse período. Entretanto, os infortúnios ocorridos durante o intervalo são considerados como acidente de trabalho (art. 20 da Lei nº 8.213/91).

O intervalo deve ser **contínuo** para permitir o descanso e o convívio social. Não é possível desmembrar o intervalo previsto em lei em pequenos intervalos intermitentes na jornada, mesmo que a soma de todos totalize o limite máximo. Isto é, não é possível conceder 1 hora de intervalo para almoço, mais 30 minutos no período da manhã para lanche e outros 30 minutos à tarde para outro lanche.

---

1 BARROS, Alice Monteiro. *Curso de Direito do Trabalho*. 2. ed., São Paulo: 2006, p. 699.

2 MARTINS, Sergio Pinto. *Direito do Trabalho*. 13. ed. São Paulo: Altas, 2001, p. 482.

A concessão de intervalos não previstos em lei importa em tempo à disposição (art. 4º da CLT) e, se ultrapassada a jornada legal ou contratual, deve ser remunerada como extra – Súmula nº 118 do TST.

Nulo o ajuste para **supressão** do intervalo intrajornada ou entre jornadas, já que fere norma de ordem pública cuja finalidade é a manutenção das saúdes física, mental e social do trabalhador, mesmo que por norma coletiva inciso II da Súmula 437 do TST, salvo quando autorizado por lei (§ 5º do art. 71 da CLT). O inciso III do art. 611-A da CLT permitiu a redução do intervalo intrajornada, garantindo a pausa de 30 minutos, desde que autorizado em norma coletiva.

Há discussão se o empregador, depois de fixada a jornada e intervalos contratualmente, pode alterar o período do intervalo. **Ex.** Empregado contratado para trabalhar das 8 às 12h e das 13 às 17h, de segunda a sexta-feira. Depois de um ano, pode o empregador alterar o intervalo, que antes era de uma hora (das 12 às 13h), para um intervalo de 2 horas, estabelecendo que a nova jornada será das 8 às 12h e das 14 às 18h? Defendemos que é possível o patrão alterar a duração do intervalo para mais ou para menos, dentro do limite e dos requisitos da lei, por fazer parte do seu *ius variandi*, desde que não tenha havido ajuste expresso em contrário. O que não se admite é a criação de intervalos não previstos em lei.

A revogada Lei nº 12.619/2012, substituída pela Lei nº 13.103/2015, que regulamentou a profissão de motorista profissional de carga e de passageiros, acresceu o § 5º ao art. 71 da CLT, e permitiu apenas para os empregados no setor de transporte coletivo de passageiros a redução ou **fracionamento do intervalo**, desde que previsto em convenção ou acordo coletivo. A novidade é que não será considerada nula a cláusula normativa neste caso, sendo inaplicável a Súmula 437 do TST ao caso.

4.2. Controle

O patrão não precisa exigir a anotação dos horários de entrada e saída dos intervalos intrajornadas, porque a lei determinava apenas a **pré-assinalação** do horário do intervalo. Todavia, após a Lei 13.874/19 até a pré-assinalação se tornou facultativa – art. 74, § 2º, da CLT, enquanto se referiu à anotação do horário de entrada e saída do expediente de trabalho. A utilização da palavra "pré-assinalação" em vez da expressão "anotação" foi proposital, talvez porque o período é demasiadamente curto e o legislador não quis que o trabalhador perdesse qualquer minuto na fila para marcação do cartão de ponto.

Assim dispõe o art. 74 da CLT:

> **Art. 74.** O horário de trabalho será anotado em registro de empregados.
>
> § 1º (Revogado).
>
> § 2º Para os estabelecimentos com mais de 20 (vinte) trabalhadores será obrigatória a anotação da hora de entrada e de saída, em registro manual, mecânico ou eletrônico, conforme instruções expedidas pela Secretaria Especial de Previdência e Trabalho do Ministério da Economia, permitida a pré-assinalação do período de repouso. (grifo nosso).

> § 3º Se o trabalho for executado fora do estabelecimento, o horário dos empregados constará do registro manual, mecânico ou eletrônico em seu poder, sem prejuízo do que dispõe o caput deste artigo.
>
> § 4º Fica permitida a utilização de registro de ponto por exceção à jornada regular de trabalho, mediante acordo individual escrito, convenção coletiva ou acordo coletivo de trabalho.

De acordo com o comando legal e a Portaria nº 3.626/91 do MTE, o horário do intervalo deve constar dos controles de frequência, da ficha de registro do empregado e do contrato de trabalho. O empregado que alegar em juízo que não usufruiu do intervalo para descanso e alimentação pré-assinalado no cartão de ponto tem o ônus de provar tal fato, na forma do art. 373, I, do CPC/2015.

Para os **domésticos**, caso o intervalo intrajornada seja modificado, isto é, fracionado, será necessária a sua anotação nos controles de ponto, sendo vedada, neste caso, sua prenotação (art. 13, § 2º da LC 150/2015).

A Lei nº 13.467/17 incluiu o art. 611-A à CLT, que em seu inciso X permitiu à norma coletiva regular a modalidade de registro da jornada; logo, a norma coletiva também pode ser aplicada à forma de registro do intervalo.

4.3. Redução

A **redução do intervalo** mínimo de 1 hora, previsto no *caput* do art. 71 da CLT, depende de ato do Secretário Especial de Previdência e Trabalho depois de ouvida a Secretaria de Segurança e Medicina do Trabalho, desde que o estabelecimento atenda integralmente às exigências técnicas concernentes à organização dos refeitórios e quando os respectivos empregados não estiverem sob o regime de horas extras. Apesar da clareza do comando legal quanto aos requisitos para a admissibilidade da redução do intervalo mínimo de 1 hora, a Portaria nº 1.095/2010 do MTE exigiu a prévia autorização prevista em norma coletiva e dispensou a exigência prevista em lei de inspeção prévia, como se percebe a seguir:

> **Art. 1º** A redução do intervalo intrajornada de que trata o art. 71, § 3º, da Consolidação das Leis do Trabalho – CLT poderá ser deferida por ato de autoridade do Ministério do Trabalho e Emprego quando prevista em convenção ou acordo coletivo de trabalho, desde que os estabelecimentos abrangidos pelo seu âmbito de incidência atendam integralmente às exigências concernentes à organização dos refeitórios, e quando os respectivos empregados não estiverem sob regime de trabalho prorrogado a horas suplementares.
>
> § 1º Fica delegada, privativamente, aos Superintendentes Regionais do Trabalho e Emprego a competência para decidir sobre o pedido de redução de intervalo para repouso ou refeição.
>
> § 2º Os instrumentos coletivos que estabeleçam a possibilidade de redução deverão especificar o período do intervalo intrajornada.
>
> § 3º Não será admitida a supressão, diluição ou indenização do intervalo intrajornada, respeitado o limite mínimo de trinta minutos.
>
> **Art. 2º** O pedido de redução do intervalo intrajornada formulado pelas empresas com fulcro em instrumento coletivo far-se-ão acompanhar de cópia deste e serão

dirigidos ao Superintendente Regional do Trabalho e Emprego, com a individualização dos estabelecimentos que atendam os requisitos indicados no *caput* do art. 1º desta Portaria, vedado o deferimento de pedido genérico.

§ 1º Deverá também instruir o pedido, conforme modelo previsto no anexo desta Portaria, documentação que ateste o cumprimento, por cada estabelecimento, dos requisitos previstos no *caput* do art. 1º desta Portaria.

§ 2º O Superintendente Regional do Trabalho e Emprego poderá deferir o pedido formulado, independentemente de inspeção prévia, após verificar a regularidade das condições de trabalho nos estabelecimentos pela análise da documentação apresentada, e pela extração de dados do Sistema Federal de Inspeção do Trabalho, da Relação Anual de Informações Sociais – RAIS e do Cadastro Geral de Empregados e Desempregados – CAGED.

Art. 3º O ato de que trata o art. 1º desta Portaria terá a vigência máxima de dois anos e não afasta a competência dos agentes da Inspeção do Trabalho de verificar, a qualquer tempo, *in loco*, o cumprimento dos requisitos legais.

Parágrafo único. O descumprimento dos requisitos torna sem efeito a redução de intervalo, procedendo-se às autuações por descumprimento do previsto no *caput* do art. 71 da CLT, bem como das outras infrações que forem constatadas.

Portanto, a partir da Portaria nº 1.095/2010 do MTE dispensada está a inspeção prévia da autoridade competente, mas não a obrigatoriedade de manutenção de refeitório que obedeça às regras administrativas. Por esse motivo, o Ministério da Economia, antigo Ministério do Trabalho, não tem mais apreciado o mérito dos requerimentos de redução de intervalo formulados pelas empresas sem a prévia autorização em acordo ou convenção coletiva.

Inovou a mencionada Portaria, pois estabeleceu como intervalo mínimo o de 30 minutos, o que foi salutar, já que coíbe os empregadores que, ao argumento de que ofereciam refeitório, concediam apenas 15 minutos de intervalo.

Na verdade, a redução do intervalo só se justifica se o empregador mantiver refeitório capaz de atender à demanda dos empregados, em condições mínimas de higiene, e oferecer refeições que atendam às exigências nutritivas básicas. Por isso a lei exigiu a prévia fiscalização da Secretaria de Segurança e Medicina do Trabalho, requisito que entendemos ainda estar vigente, mesmo depois das Portarias nºs 42/2007 (já cancelada) e 1.095/2000, ambas do MTE. Entretanto, na prática, a Portaria dispensa esse requisito.

O art. 611-A, III autorizou a redução do intervalo por norma coletiva, desde que respeitado o intervalo mínimo de 30 minutos.

Antes da Lei nº 13.467/17, que acresceu o art. 611-A à CLT, doutrina[3-4] e jurisprudência[5] não vinham admitindo nem sequer ajuste coletivo para a redução do intervalo, salvo no caso de transporte público.

---

3 BARROS, Alice Monteiro de. *Curso de Direito do Trabalho*. 2. ed. São Paulo: LTr, 2006, pp. 650-651.

4 DELGADO, Mauricio Godinho. *Curso de Direito do Trabalho*. São Paulo: LTr, 2002, p. 896.

5 O inciso II da OJ 342 da SDI-I do TST autorizava a supressão do intervalo intrajornada dos empregados em empresas de transporte público rodoviário urbano, desde que garantida a redução da jornada para, no mínimo, 7 horas diárias ou quarenta e duas semanais, não prorrogada e concedidos

A redução do intervalo do **doméstico** é possível desde que ajustado por escrito entre as partes e nunca inferior a 30 minutos (art. 13 da LC 150/2015). A lei também permitiu seu fracionamento.

É bom lembrar que a qualidade das refeições oferecidas também é requisito para a redução da jornada. Se o patrão oferecer sanduíches em seus refeitórios, durante o intervalo, pode ser considerado lanche, mas não almoço ou jantar. É claro que o caso concreto pode modificar esse entendimento.

4.4. Prorrogação do Intervalo e Concessão de Intervalo Não Previsto em Lei

A lei autorizou a prorrogação do intervalo máximo de 2 horas por acordo individual entre empregado e empregador ou por norma coletiva. Logo, a única exigência é que o ajuste seja **escrito**, não se aceitando a forma tácita. Nomeia-se o instrumento utilizado de "acordo de prorrogação de intervalo", que não se confunde com o "acordo de compensação de jornada", já estudado.

O art. 13, § 1º, da LC 150/2015 autorizou indiretamente a prorrogação do intervalo do **doméstico** que mora no local que trabalho, em até 4 horas, se fracionado em dois períodos, de no mínimo uma hora.

A prorrogação tácita do período de intervalo será considerado como **tempo à disposição** (art. 4º da CLT) e, se ultrapassar a jornada normal ou contratual, deverá ser pago como hora extra.

> **Ex.:** Empregado trabalhava das 7h às 11h e das 15h às 19h, portanto, laborava 8 horas por dia e usufruía de intervalo de 4 horas. Esse empregado tem direito a receber 2 horas suplementares, pois a lei só permite descanso máximo de duas horas, para jornadas superiores a 6 diárias. Assim, o que sobejar desse limite é extra.

Os intervalos concedidos pelo empregador não previstos em lei representam tempo à disposição e, se o tempo total ultrapassar a jornada contratual ou legal, será considerado como trabalho extraordinário – Súmula nº 118 do TST. Mais considerações no Capítulo Duração do Trabalho.

4.5. Transação, Renúncia ou Supressão

Todos os intervalos e repousos previstos em lei são obrigatórios, e, por serem normas de medicina e segurança do trabalho, impossível a transação ou a renúncia desse direito, salvo o intervalo intrajornada, por norma coletiva (garantido o gozo mínimo de 30 minutos).

---

intervalos menores e fracionários ao final de cada viagem, não descontados da jornada. Apesar de cancelado o referido inciso, a regra deve continuar sendo aplicada para os casos anteriores à lei dos motoristas.

A revogada Lei nº 12.619/2012, atual Lei nº 13.103/2015, expressamente autorizou a redução ou fracionamento do intervalo, desde que autorizado por normas coletivas, para os empregados de empresas que exploram o transporte coletivo de passageiros (art. 71, § 5º, da CLT).

Exceções:

a) Art. 2º, § 2º, da Lei nº 5.811/72 – Neste caso o empregador poderá suprimir o intervalo para repouso e alimentação a fim de garantir a normalidade das operações ou para atender motivos de segurança nacional. Se suprimido, o empregado terá direito ao pagamento das horas do intervalo em dobro (art. 3º, inc. II, Lei nº 5.811/72).

b) Regime de trabalho sob o sistema 12x36 para qualquer empregado (art. 59-A da CLT) ou para os domésticos (art. 10 da LC 150/15). A lei autoriza que o intervalo seja observado ou indenizado. Isto é, além de retirar a natureza salarial do intervalo também autorizou sua supressão pelo respectivo pagamento.

4.6. Intervalo Trabalhado ou Concedido Parcialmente – Art. 71, § 4º, da CLT

A matéria foi profundamente explorada no Capítulo 19, itens 4.1.5 e 12.1. Remetemos o leitor para esses tópicos.

De qualquer sorte, após a Lei nº 13.467/17, a matéria foi modificada pela nova redação do § 4º do art. 71 da CLT, que determinou o pagamento apenas da parte suprimida, sempre de natureza indenizatória:

> **Art. 71.** (...)
>
> § 4º A não concessão ou a concessão parcial do intervalo intrajornada mínimo, para repouso e alimentação, a empregados urbanos e rurais, implica o pagamento, de natureza indenizatória, apenas do período suprimido, com acréscimo de 50% (cinquenta por cento) sobre o valor da remuneração da hora normal de trabalho.

5. INTERVALO DO DIGITADOR

De acordo com o art. 72 da CLT os empregados em serviço de mecanografia (datilográfica, escrituração e cálculo) têm direito a um descanso de 10 minutos a cada 90 de trabalho.[6] Essas regras foram estendidas aos digitadores, em face da semelhança do trabalho (Súmula nº 346 do TST), apesar do disposto na NR 17. Mais esclarecimentos consulte o Capítulo 19, tópico 10.3 e o item a seguir.

[6] Aparentemente no mesmo sentido Alice Monteiro de Barros. BARROS, Alice Monteiro de. *Curso de Direito do Trabalho*. 2. ed. São Paulo: LTr, 2006, p. 653.

Aparentemente em sentido contrário, Sergio Pinto Martins,[7] advogando que prevalece a NR, sob o argumento de que houve delegação normativa (art. 200 da CLT).

Esse intervalo é computado na jornada. Isto quer dizer que o empregado descansa, mas recebe pelo descanso. Para os que têm jornada de 8 horas, haverá dois intervalos no primeiro turno e outros dois no segundo turno, ou seja, dois antes do almoço e dois depois.

Não se aplica ao digitador a jornada da telefonista (art. 227 da CLT) porque não trabalha com atendimento de telefone nem em mesa telefônica.

6. *CALL CENTER, TELEMARKETING* OU TELEATENDIMENTO

Não há lei que garanta jornada privilegiada ou intervalos especiais para os operadores de *telemarketing*, teleatendimento ou televendas.

Entretanto, o Anexo II da NR 17, item 5.3, estabelece que o tempo de trabalho em efetiva atividade de teleatendimento ou *telemarketing* é de, no máximo, 6 horas diárias, nele incluídas as pausas, sem prejuízo da remuneração; e a duração do intervalo para repouso e alimentação é de 20 minutos (intervalo não computado na jornada – item 5.4.2).

Além desse intervalo, o Anexo II da NR 17 (aprovada pela Portaria nº 3.751/90 do MTE) prevê no item 5.4.1 outros dois intervalos para descanso, de 10 minutos em cada turno, computados na jornada, devendo o trabalhador manter-se nesse período distante do local de seu labor para obter o real efeito ergonômico do benefício, evitando, assim, as doenças profissionais. Por isso estabelece que:

> As pausas deverão ser concedidas:
>
> a) fora do posto de trabalho;
>
> b) em 02 (dois) períodos de 10 (dez) minutos contínuos;
>
> c) após os primeiros e antes dos últimos 60 (sessenta) minutos de trabalho em atividade de teleatendimento/*telemarketing*.

A NR acima também garante o direito a fazer coincidir a folga com um domingo por mês (item 5.1.1).

O anexo II da NR 17 é norma de segurança e medicina do trabalho e, como tal, obriga o empregador à sua observância, sob pena de cometer infração administrativa.

Apesar disso, entendemos que a NR não cria jornada privilegiada para os operadores de teleatendimento, *telemarketing* ou *call center*.

Explica-se: as jornadas são fixadas por lei, não havendo delegação legal para que o Executivo possa regulá-las. De forma diversa ocorre com as hipóteses de trabalho nocivo à saúde. Isso se justifica porque o artigo 190 da CLT autoriza o Ministério da Economia, antigo Ministério do Trabalho, a elaborar e "aprovar

---

7 *Ibidem*, p. 483.

quadro das atividades e operações insalubres e perigosas". Com esse comando, o legislador delegou o poder de legislar a um órgão do Executivo, mas apenas em relação às matérias de segurança e medicina do trabalho.

Portanto, o empregador que descumprir as regras de medicina e segurança do trabalho estabelecidas na NR 17, para os digitadores ou para os operadores de teleatendimento, sofrerá penalidade administrativa e poderá ser responsabilizado por doença profissional adquirida por seu empregado. Isto quer dizer que o trabalhador não terá direito ao recebimento de horas extras, se de fato trabalhava 8 horas diárias.

Por não se confundirem com as telefonistas, pois não se limitam a atender e repassar ligações, os operadores de *telemarketing* não têm direito à jornada reduzida (6 horas), não se lhes aplicando a regra contida no art. 227 da CLT. Assim como também não se assemelham aos digitadores, não tendo direito ao intervalo para descanso de 10 minutos a cada 90 de trabalho.

Mauricio Godinho entende que as normas de medicina e segurança do trabalho são fontes formais de direito, sendo obrigatórios os intervalos e jornadas por elas estabelecidas, pois, quando mais favoráveis, modificam as regras da CLT.

7. INTERVALO ENTRE DOIS DIAS DE TRABALHO

Entre dois dias consecutivos de trabalho o empregado tem direito a descansar, pelo menos, 11 horas – art. 66 da CLT. O desrespeito constante a essa regra importa no pagamento como extra das horas de descanso não concedidas – Súmula nº 110 do TST.

Se entre um dia e outro de trabalho tiver um feriado ou uma folga, o trabalhador terá direito a 24 horas de descanso mais 11 horas, totalizando 35 horas de repouso. Remetemos o leitor ao item 6, do Capítulo 20 – RSR.

Exceções no item 3.1 deste Capítulo.

8. INTERVALO PARA AMAMENTAÇÃO

De acordo com o art. 396 da CLT:

> **Art. 396.** Para amamentar seu filho, inclusive se advindo de adoção, até que este complete 6 (seis) meses de idade, a mulher terá direito, durante a jornada de trabalho, a 2 (dois) descansos especiais de meia hora cada um.
>
> § 1º Quando o exigir a saúde do filho, o período de seis (6) meses poderá ser dilatado, a critério da autoridade competente.
>
> § 2º Os horários dos descansos previstos no *caput* deste artigo deverão ser definidos em acordo individual entre a mulher e o empregador.

O intervalo de 30 minutos previsto na norma é computado na jornada, o que significa dizer que a mulher recebe por esse período como se trabalhando estivesse. O benefício perdura até a criança completar seis meses de idade, podendo, quando exigir a saúde do filho, mediante atestado médico, ser prorrogado. Diante de uma interpretação conforme, é possível estender o benefício à mãe adotiva seja para amamentação natural ou artificial.

O legislador não informava a periodicidade do intervalo, apenas garantiu dois intervalos de 30 minutos, já que a fome do bebê não ocorre em horário exato, apesar de previsível (de três em três horas, em média). Provavelmente os intervalos recairão: um antes do intervalo para refeição e outro depois. Se a jornada máxima é de 8 horas, dividida em dois turnos de 4 horas, a mulher poderá a cada 2 horas alimentar seu bebê. Se o neném não quiser se alimentar naquele intervalo previsto, não há pausa a ser concedida, pois a finalidade é para incentivar a amamentação, proporcionando, por via secundária, o maior contato entre mãe e filho. A alimentação da criança deve ocorrer em local apropriado. A regra foi dirigida às mães que laborem próximo ao local do trabalho e da creche ou às que trabalhem em empresas que mantêm creche.

Ressalte-se que o § 2º do art. 396, acrescido pela Lei nº 13.467/17, permitiu que empregada e o patrão ajustem por escrito a periodicidade do intervalo para amamentação.

Nos dias atuais, é muito comum que, após a licença-maternidade, a mulher não tenha como estar com o bebê para alimentá-lo diretamente, já que o intervalo é exíguo para percorrer distâncias maiores. Por esse motivo, entendemos que a mulher que recolher o leite materno no local de trabalho, por bombas mecânicas ou elétricas, para posterior alimentação do bebê, também tem direito ao intervalo, no prazo e na forma prevista pela lei (interpretação históricoevolutiva). Alice Monteiro[8] no mesmo sentido, sobre a alimentação artificial. Também neste caso a mulher deverá ajustar a periodicidade dos intervalos com o empregador, na forma do art. 396, § 2º, da CLT.

[8] Obra citada, 2. ed., p. 1.059.

Capítulo 22

FÉRIAS

1. BREVE HISTÓRICO – BRASIL

O Brasil foi o terceiro país[1] do mundo a conceder férias anuais remuneradas de 15 dias consecutivos a empregados. Inicialmente, o direito estava previsto no Aviso Ministerial datado de 18 de dezembro de 1889, expedido pelo então Ministro da Agricultura. Todavia, esta norma estava restrita apenas aos trabalhadores do Ministério da Agricultura, Comércio e Obras Públicas. Em 17 de janeiro de 1890 as férias anuais remuneradas de 15 dias foram estendidas aos operários diaristas e ferroviários. Mais tarde, a Lei nº 4.982/25[2] ampliou as férias de 15 dias para todos os trabalhadores em estabelecimentos comerciais, industriais e bancários. Todavia, a eficácia desta lei só foi atingida com o Decreto nº 23.103/33. Aos poucos outras, categorias foram atingidas pelas alterações legais para gozarem, também, do direito às férias até que a CLT (1943), em seus arts. 129 a 153, incluiu todos os empregados no benefício.

2. APLICAÇÃO

O direito às férias anuais remuneradas se aplica a todos os empregados e até a alguns trabalhadores não regidos pela CLT. Desta forma, as férias são direito dos empregados diretamente regidos pela CLT ou quando sua aplicação se der de forma subsidiária ou, ainda, quando a lei determinar: rurais; domésticos; avulsos; funcionários públicos civis e militares.

---

1 Antes desta data, apenas a Dinamarca, em 1821, concedia, em virtude de lei, uma semana de férias aos domésticos no mês de novembro. A França, em 1853, por força de um Decreto Imperial autorizava um descanso de 15 dias aos funcionários públicos, mas não as estendia aos empregados por isso não incluímos na contagem. Depois desta data, foi a vez da Inglaterra que em 1872 publicou uma lei outorgando férias aos operários da indústria. Só em 1919 a Áustria concedeu férias a todos os trabalhadores. A partir daí, em face do desenvolvimento desenfreado da indústria, os demais países foram concedendo férias. O Tratado de *Versailles* universalizou o direito dos trabalhadores às férias anuais remuneradas.

2 Süssekind informa que o Brasil foi o segundo país do mundo a conceder férias a determinados grupos de trabalhadores e o sexto a estender esse direito a todos os empregados de empresas particulares. Discordamos de seu posicionamento, pois, como visto acima, antes do Brasil, Dinamarca e Inglaterra já as concediam a alguns empregados. SÜSSEKIND, Arnaldo; MARANHÃO, Délio; VIANNA, Segadas; TEIXEIRA, Lima. Instituições de Direito do Trabalho. 18º ed. Vol. II, São Paulo: LTr, 1999, p. 885.

3. CONCEITO E FUNDAMENTOS

Conceito: O período de férias corresponde ao descanso anual remunerado que o trabalhador tem direito de usufruir, desde que tenha adquirido o direito.

Finalidade: O **descanso anual** tem o objetivo de eliminar as toxinas originadas pela fadiga e que não foram liberadas com os repousos semanais e descansos entre e intrajornadas. O trabalho contínuo, dia após dia, gera grande desgaste físico e intelectual, acumulando preocupações, obrigações e outros fenômenos psicológicos e biológicos adquiridos em virtude dos problemas funcionais do cotidiano.

Um período maior de descanso permite uma melhor reposição de energia e restaura o equilíbrio orgânico. Segundo Arnaldo Süssekind:[3] as férias se constituem em forma de higiene social e mental.

Russomano[4] aponta cinco fundamentos para as férias, a saber: a) fisiológico; b) econômico; c) psicológico; d) cultural; e) político. Acrescentamos mais uma finalidade indicada por Süssekind;[5] f) social.

a) fisiológico: o excesso de trabalho traz a fadiga. O repouso contínuo por 30 dias repõe as energias. Gabriel Saad[6] acrescenta que:

> Sob o ângulo fisiológico, não se sabe ao certo qual o tempo de repouso anual de que precisa o trabalhador. Mas, de qualquer modo, o assalariado necessita cada ano interromper seu labor, para descansar durante um lapso de tempo predeterminado em lei. Considerações que não nos deixam compreender a faculdade legal dada ao empregado de converter em pecúnia um terço do período de férias a que tiver direito.

b) econômico: o empregado descansado produz mais e com maior satisfação;

c) psicológico: o afastamento do trabalho propicia momentos de relaxamento, diversão, viagens ou descanso. Este necessário repouso ajuda no equilíbrio mental do trabalhador;

d) cultural: de acordo com Russomano, no período de férias "o empregado abre seu espírito para coisas alheias ao terra a terra, abrindo-se para outras culturas";

e) político: se traduz na utilidade das férias como mecanismo de equilíbrio da relação trabalhador *x* empresário;

f) social: porque aproxima o trabalhador da família, dos amigos e da sociedade neste período de descanso.

O direito ao usufruto das férias é irrenunciável porque previsto em lei.

---

3 SÜSSEKIND, Arnaldo; MARANHÃO, Délio; VIANNA, Segadas; TEIXEIRA, Lima. *Instituições de Direito do Trabalho*. 22. ed. São Paulo: LTr, v. 2, 2005, p. 881.

4 RUSSOMANO, Mozart Victor. *Curso de Direito do Trabalho*. 9. ed. 4. tir. Curitiba: Juruá, 2005, p. 333.

5 SÜSSEKIND, Arnaldo; MARANHÃO, Délio; VIANNA, Segadas; TEIXEIRA, Lima, *op. cit.*, p. 882.

6 SAAD; Eduardo Gabriel. *CLT comentada*, 24 ed., LTr, São Paulo, 1998, p. 105.

4. NATUREZA JURÍDICA

Muito se discutiu quanto à natureza jurídica das férias.

Entretanto, hoje está pacificado que a natureza jurídica das férias é **de direito** público para o empregado, logo, direito irrenunciável.[7] Corresponde ao descanso remunerado obrigatório, isto é, de interrupção do contrato de trabalho, pois o empregado tem o direito de não trabalhar durante 30 dias consecutivos, recebendo sua média remuneratória, como se trabalhando estivesse. Entretanto, também tem o empregado o **dever** de não trabalhar para outro empregador neste período, salvo se já estava obrigado a tanto, por força de outro contrato de trabalho (art. 138 da CLT). Isto é, não poderá procurar um novo emprego, um "bico", uma colocação, um trabalho durante seu período de férias. Desta forma, conclui-se que o empregado tem também o dever de descansar.

Não é um prêmio, indenização ou gratificação, como se pensou no passado. O número de dias de férias varia de acordo com as ausências injustificadas ocorridas no período aquisitivo, pois o empregado que trabalhou mais dias tem direito a um descanso maior, enquanto aquele empregado que trabalhou poucos dias, necessita de um período menor para repor as energias.

É, em resumo, um **direito-dever** do empregado e uma **obrigação** do empregador.

Por se tratar de norma de medicina e segurança do trabalho, pois protege a saúde psíquica e física do trabalhador, as férias são por ele **irrenunciáveis**,[8] caracterizando-se em norma de ordem pública, cogente.

Arnaldo Süssekind[9] e Orlando Gomes[10] adotam tese similar. Apontam como natureza jurídica das férias: para o empregador a obrigação é de fazer e de dar, isto é, a de conceder as férias e a de remunerá-las; para o empregado é um direito subjetivo e um dever de privar-se de trabalhar neste período. Acrescenta Süssekind, entretanto, que o empregador também tem o direito de exigir do empregado que se abstenha de trabalhar durante seu período de férias. Por isto, conclui, ser um direito-dever de ambas as partes.

Nesta mesma linha Sergio Pinto Martins[11] acresce que a natureza jurídica das férias possui duplo aspecto: um negativo e outro positivo. O negativo consiste no fato de o trabalhador não poder prestar serviços durante o período de férias e na vedação dirigida ao empregador de exigir trabalho deste no período das férias. O aspecto positivo fica por conta do dever do empregador de conceder as férias e pagar a remuneração.

---

7 Neste sentido também a Convenção 132 da OIT, que em seu art. 12 expressamente menciona que todo acordo feito no sentido do empregado "abandonar" o direito ao período mínimo de férias ou relativo à renúncia ao gozo de férias mediante indenização ou qualquer outra forma é nulo de pleno direito.

8 O art. 611-B, XI, da CLT proíbe que a norma coletiva reduza o número de dias de férias do empregado.

9 SÜSSEKIND, Arnaldo; MARANHÃO, Délio; VIANNA, Segadas; TEIXEIRA, Lima. *Instituições de Direito do Trabalho*. 22. ed. São Paulo: LTr, v. 2, 2005, p. 882.

10 GOMES, Orlando; GOTTSCHALK, Élson. *Curso de Direito do Trabalho*. 16. ed. Rio de Janeiro: Forense, 2003, p. 298.

11 MARTINS, Sergio Pinto. *Direito do Trabalho*. 13. ed. São Paulo: Atlas, 2001, p. 500.

Russomano[12] realça que as férias não têm natureza jurídica de prêmio, como se defendia no passado. Em sua opinião, as férias possuem natureza jurídica de direito subjetivo adquirido de acordo com as normas em vigor e exigível pelo trabalhador como seu titular.

Convém lembrar que as férias não usufruídas durante o contrato devem ser pagas quando da rescisão contratual. Neste caso, a obrigação de fazer converte-se no valor equivalente em espécie, isto é, em obrigação de dar (pagar), passando a ter natureza jurídica de **indenização**, salvo para os efeitos do art. 449 da CLT, quando constituirão crédito privilegiado na falência, recuperação ou dissolução da empresa (art. 148 da CLT). Neste sentido a OJ nº 195 da SDI-I do TST. Em virtude disto, as férias indenizadas não integram o tempo de serviço e, por consequência legal, sobre elas não incide o FGTS.

5. PERÍODO DE FÉRIAS E DURAÇÃO

Em regra, as férias são de **30 dias corridos**,[13] independente se o mês da concessão tem 28 ou 31 dias. Mas este direito nem sempre foi assim.

Há posição isolada[14] que sustenta que as férias devem ser de 30 dias úteis, sob o argumento de que a Convenção nº 132 da OIT exclui os feriados (art. 6, I).

Discordamos[15] desta posição. Primeiro porque o art. 6, I, da Convenção nº 132 não menciona dias úteis, e sim o não cômputo dos feriados. Logo, estão incluídos nas férias os domingos e dias de folga. Segundo porque a CLT já concede férias de 30 dias, que é mais favorável que aquelas de três semanas referidas na Convenção 132. Pelos motivos acima, conclui-se que o art. 6º, I, da Convenção nº 132 da OIT, que exclui os **feriados** do cômputo do período de gozo de férias, não é aplicável aos empregados brasileiros. Da mesma forma Arnaldo Süssekind[16] e Alice Monteiro de Barros.[17]

Originariamente a CLT concedia, em seu art. 132, período máximo de férias de 15 dias úteis. A Lei nº 816/49 alterou a duração das férias para 20 dias úteis. Mais tarde, o Decreto-Lei nº 1.535/77 estendeu para 30 dias o período máximo de usufruto das férias, alterando o art. 132 da CLT, modificação que impera até hoje no texto do art. 130 e não mais do art. 132 da CLT. Os 30 dias são corridos, isto é, computam-se os feriados[18] e domingos.

---

12 RUSSOMANO, Mozart Victor. *Curso de Direito do Trabalho*. 9. ed. 4. tir. Curitiba: Juruá, 2005, p. 333.

13 Para os empregados com contrato intermitente o período de férias é de um mês – § 9º do art. 452-A da CLT.

14 FRANCO FILHO, Georgenor de Souza. "A Convenção 132 da OIT e seus reflexos". *Revista Synesis*, 34/2002, p. 141.

15 Assim também SÜSSEKIND, Arnaldo; MARANHÃO, Délio; VIANNA, Segadas; TEIXEIRA, Lima. *Instituições de Direito do Trabalho*. 21. ed. São Paulo: LTr, 2003, v. 2, p. 889.

16 SÜSSEKIND, Arnaldo, MARANHÃO, Délio; VIANNA, Segadas, TEIXEIRA, Lima. *Instituições de Direito do Trabalho*. 21. ed. v. II, São Paulo: LTr, 2003, p. 709.

17 BARROS, Alice Monteiro de. *Curso de Direito do Trabalho*. 2. ed. São Paulo: 2006, p. 709.

18 Ressalte-se que o art. 6, I, da Convenção 132 da OIT (Decreto nº 3.197/99) determina que os feriados não sejam computados no período mínimo de férias. Tal determinação pode conduzir o intérprete a

Por este motivo, a Lei nº 5.859/72 concedia apenas 20 dias úteis de férias aos **domésticos**, pois na época que foi publicada, o mesmo direito vigorava para os urbanos. Infelizmente, o Decreto-Lei nº 1.535/77, quando alterou a CLT para majorar o período máximo de férias para 30 dias, esqueceu de mencionar a lei dos domésticos. Alguns pensavam que foi mero lapso e não a intenção do legislador e, em virtude disto, defendiam que também os domésticos tinham direito a férias de 30 dias corridos. Todavia, a corrente majoritária, tanto na doutrina quanto na jurisprudência da época, advogava que a lei geral não revoga a especial.

Cabe relembrar que após a Lei nº 11.324/2006 a controvérsia foi sepultada, pois o período de 30 dias foi estendido ao doméstico.

Conclui-se que os domésticos continuaram com o direito às férias de 20[19] dias úteis até o advento da Lei nº 11.324/2006, que expressamente majorou para 30 dias corridos as férias do doméstico.

O descanso de 30 dias é garantido apenas ao empregado que incorreu em até cinco faltas injustas no período aquisitivo, na forma do art. 130 da CLT, abaixo transcrito:

> **Art. 130.** Após cada período de 12 (doze) meses de vigência do contrato de trabalho, o empregado terá direito a férias, na seguinte proporção:
>
> I – 30 (trinta) dias corridos, quando não houver faltado ao serviço mais de 5 (cinco) vezes;
>
> II – 24 (vinte e quatro) dias corridos, quando houver tido de 6 (seis) a 14 (quatorze) faltas;
>
> III – 18 (dezoito) dias corridos, quando houver tido de 15 (quinze) a 23 (vinte e três) faltas;
>
> IV – 12 (doze) dias corridos, quando houver tido de 24 (vinte e quatro) a 32 (trinta e duas) faltas.

Podemos deduzir, portanto, que o empregado com mais de 32 faltas injustificadas ao trabalho, no período aquisitivo, perde o direito ao gozo de férias.

Especial era o caso do empregado regido por contrato na modalidade de **tempo parcial antes da alteração legislativa pratica pela Lei nº 13.467/17**, cujo período máximo de férias era de 18 dias corridos.

Para os **professores** do ensino superior de escolas mantidas pela União havia regra especial que já não mais prevalece, ante a adoção do regime jurídico único (estatutário) pela Lei nº 8.112/90.

---

defender que a CLT estaria alterada e que a partir da publicação do referido decreto as férias seriam de 30 dias + os feriados que recaíssem naquele mês. Todavia, defendemos que as normas contidas na CLT são, em seu conjunto, mais favoráveis, não se aplicando a Convenção 132 da OIT. Ademais, mesmo que assim não se pensasse, a lei brasileira concede 30 dias corridos de férias, enquanto a Convenção 132 da OIT refere-se a três semanas de descanso anual, no mínimo. Ora, mesmo que um feriado ou dois recaiam no período de férias, concedemos mais dias de descanso que a Convenção 132.

19 Da mesma forma SÜSSEKIND, Arnaldo; MARANHÃO, Délio; VIANNA, Segadas; TEIXEIRA, Lima, *op. cit.*, p. 909.

A Lei nº 5.540/68 c/c art. 8º do Decreto-Lei nº 465/69 garantia aos professores de ensino superior férias de 45 dias, de acordo com as escalas de revezamento para assegurar o funcionamento contínuo do estabelecimento de ensino. Contudo, a Lei nº 5.540/68 foi revogada pela Lei nº 9.394/96, restando em vigor apenas o art. 16, cuja redação foi alterada pela Lei nº 9.192/95.

Assim diz o art. 8º do Decreto-Lei nº 465/69:

> **Art. 8º** O pessoal docente das instituições de ensino superior, **mantidas pela União** terá direito a quarenta e cinco (45) dias de férias anuais, feitas as competentes escalas de modo a assegurar o cumprimento do disposto no § 2º do art. 28 da Lei nº 5.540, de 28 de novembro de 1968 (Grifos nossos).

Todavia, o art. 28, § 2º, da Lei nº 5.540/68 foi revogado pela Lei nº 9.394/96, que sequer menciona sobre as férias dos professores, apesar de o art. 8º do Decreto-Lei nº 465/69 continuar em vigor.

Mais tarde, respeitando o comando Constitucional contido no art. 39 da CRFB, com a redação vigente à época, a Lei nº 8.112/90 determinou a unicidade do regime jurídico dos trabalhadores admitidos por concurso público para a administração direta, autárquica ou fundacional. Portanto, os professores contratados pela União não são mais celetistas e sim estatutários, não se lhes aplicando a regra contida na Lei nº 5.540/68 e no Decreto-Lei nº 465/69, que foram superados pela Lei nº 8.112/90, que converteu todos os regimes em estatutários.

Não se deve confundir **férias escolares** com férias dos professores. As férias escolares destinam-se aos alunos enquanto as férias dos professores ao descanso dos docentes. Nas férias escolares os professores estão obrigados à prestação de serviços relacionados aos exames de recuperação, reforço, correção de provas, atualização de diários de classe etc.

As férias do professor normalmente são concedidas (em um ou dois períodos) durante o período de férias escolares. Da mesma forma a jurisprudência maciça:

> Professor. Férias. Distinguem-se as férias dos professores das férias escolares. Aquelas são devidas após um ano de vigência do contrato de trabalho, estas, em razão da interrupção ou final do ano letivo, mas ambas costumam coincidir. Recurso desprovido. TST. 2ª T., RR 272246/96.3, Rel. Min. Moacyr Roberto Tesch, *DJU* 30/10/98.

Aliás, a Lei nº 9.013/95, art. 1º, que deu nova redação ao art. 322 da CLT, explicitou que no período de férias escolares, o professor receberá com a mesma periodicidade seus salários e, se despedido sem justa causa ao término do ano letivo ou no curso das férias escolares, ser-lhe-á assegurado o respectivo pagamento.

> **Art. 322.** No período de exames e no de férias escolares, é assegurado aos professores o pagamento, na mesma periodicidade contratual, da remuneração por eles percebida, na conformidade dos horários, durante o período de aulas.
>
> (...)

§ 3º Na hipótese de dispensa sem justa causa, ao término do ano letivo ou no curso das férias escolares, é assegurado ao professor o pagamento a que se refere o *caput* deste artigo.

Assim também preconiza a jurisprudência majoritária consubstanciada na Súmula nº 10 do TST:

> *O direito aos salários do período de férias escolares assegurado aos professores (art. 322,* caput *e § 3º, da CLT) não exclui o direito ao aviso prévio, na hipótese de dispensa sem justa causa ao término do ano letivo ou no curso das férias escolares.*

Os **avulsos**, apesar de não serem empregados, mas trabalhadores sem vínculo de emprego, também têm direito às férias anuais remuneradas, na forma da Lei nº 5.085/66.

Dispõe a Lei nº 5.085/66:

> **Art. 1º** É reconhecido aos trabalhadores avulsos, inclusive aos estivadores, conferentes e consertadores de carga e descarga, vigias portuários, arrumadores e ensacadores de café e de cacau, o direito a férias anuais remuneradas, aplicando-se aos mesmos, no que couber, as disposições constantes das Seções I a V, do Capítulo IV, do Título II, arts. 130 a 147, da Consolidação das Leis do Trabalho, aprovada pelo Decreto-Lei nº 5.452, de 01/05/1943.
>
> **Art. 2º** As férias serão pagas pelos empregadores que adicionarão, ao salário normal do trabalhador avulso, uma importância destinada a esse fim.
>
> **Art. 3º** Os sindicatos representativos das respectivas categorias profissionais agirão como intermediários, recebendo as importâncias correspondentes às férias, fiscalizado o preenchimento das condições, legais e regulamentares, aquisitivas do direito, e efetuando o pagamento das férias aos trabalhadores, sindicalizados ou não, que fizerem jus a elas.

Por este motivo o art. 263, XVI da IN 971/09 do INSS conceitua montante de mão de obra como:

> XVI – montante de Mão de Obra (MMO), a remuneração paga, devida ou creditada ao trabalhador avulso portuário em retribuição pelos serviços executados, compreendendo o valor da produção ou da diária e o valor correspondente ao repouso semanal remunerado, sobre o qual serão calculados os valores de férias e décimo terceiro salário, nos percentuais de 11,12% (onze inteiros e doze centésimos por cento) e de 8,34% (oito inteiros e trinta e quatro centésimos por cento), respectivamente.

O percentual do FGTS de 8% deve incidir sobre o montante de mão de obra ou MMO, sobre as férias + 1/3, RSR e trezeno, logo, este valor chega a 9,5568%[20] sobre o MMO.

---

20 CARVALHO, Francisco Edivar. *Trabalho portuário avulso antes e depois da lei e modernização dos portos.* São Paulo: LTr, 2005, p. 93.

Os encargos trabalhistas devem ser recolhidos da seguinte forma:

Férias + 1/3 .... 11,12% sobre o MMO
13º salário .... 8,34% sobre o MMO
FGTS .... 9,5568% sobre o MMO

Os trabalhadores com **contrato intermitente**, apesar de empregados, se assemelham aos avulsos na forma de pagamento. Ao fim de cada período de trabalho, o intermitente receberá a remuneração, as férias proporcionais + 1/3, assim como o 13º proporcional – art. 452-A, § 6º, da CLT.

6. AQUISIÇÃO DO DIREITO

O direito às férias é adquirido após **12 meses de vigência** do ajuste contratual, seja por prazo determinado ou indeterminado. Com isto verifica-se que o legislador preferiu computar o tempo de vigência e não o período de efetivo serviço, inserindo na contagem, como regra geral, os períodos de interrupções e alguns casos de suspensões contratuais (arts. 4º, 130, 133 da CLT).

Ao completar 12 meses de serviço o empregado passa a ter direito adquirido às férias (período aquisitivo), que devem ser usufruídas nos 12 meses subsequentes (período concessivo) à aquisição – art. 134 da CLT.

Logo, todo período concessivo de férias é computado para o próximo período aquisitivo.

A contagem não é feita por ano civil (de janeiro a dezembro) e sim por aniversário da data da admissão.[21]

Este direito não é abalado quando o empregado é transferido, nem quando ocorre a sucessão.

O aviso prévio indenizado ou trabalhado também compõe a contagem do período aquisitivo, em face do comando contido no art. 487, § 1º, da CLT que determina sua integração ao tempo de serviço.

As férias adquiridas serão sempre devidas, mesmo em caso de despedida por justa causa.

Para os **empregados intermitentes**, a regra da contagem do período aquisitivo, a época do pagamento e a quantidade de dias das férias é diversa da regra dos demais empregados. As férias do **empregado intermitente** é de um mês, e não de 30 dias, o período aquisitivo será pela soma de dias trabalhados e não pela data de aniversário do contrato, o pagamento das férias não se faz na ocasião do gozo, mas sim ao fim de cada período de trabalho.

---

21 O art. 4º, § 2º, da Convenção 132 da OIT autoriza que a legislação do país adote como período aquisitivo o ano civil ou qualquer outro período de igual duração.

7. FÉRIAS PROPORCIONAIS

Para cada mês ou fração superior a 14 dias de trabalho (ou vigência do contrato) o empregado tem o direito a 1/12 de férias. Se esta fração atingir os 12/12 o direito está adquirido. Se o seu contrato extinguir antes de completar o ano, terá direito a férias proporcionais[22] – parágrafo único do art. 146 da CLT.

No mesmo sentido a Convenção 132 da OIT que dispõe que "um período mínimo poderá ser exigido para a obtenção de direito a um período de férias remuneradas anuais" - art. 5º, § 1º.

Todavia, a legislação brasileira é mais favorável quando exigiu apenas 15 dias de trabalho para a aquisição de 1/12 por mês trabalhado, enquanto a Convenção 132 da OIT menciona que "não deverá em caso algum ultrapassar seis meses".

Discute-se na doutrina e na jurisprudência a aplicação das férias proporcionais ao **doméstico**. O fundamento da cizânia baseia-se no fato de que o art. 3º da Lei nº 5.859/72 era expresso em determinar que as férias seriam concedidas após cada período de 12 meses de trabalho. Assim, segundo esta tese, a lei não garantiu férias proporcionais a cada mês ou fração superior a 14 dias de trabalho.

Discordamos desta opinião, porque a antiga lei dos domésticos era omissa quanto às obrigações decorrentes das extinções, aplicando-se, subsidiariamente, por força do comando contido no Decreto nº 71.885/73, art. 2º, o Capítulo de Férias da CLT aos domésticos. É compatível a aplicação dos arts. 146 e 147 da CLT aos domésticos, porque não colide nem contraria sua lei especial.

Ademais, a Convenção 132 da OIT[23] determinou sua aplicação a todo trabalhador, ressalvando apenas os marítimos.

Cabimento: As férias proporcionais não são devidas quando o empregado for demitido por justa causa (Súmula nº 171 do TST) e devidas pela metade em caso de culpa recíproca (Súmula nº 14 do TST). Nos demais casos de extinção do contrato de trabalho, qualquer que seja a causa, as férias proporcionais são devidas, salvo quando o empregado pedir demissão e contar com menos de 1 ano de casa. Em sentido contrário, a Súmula nº 261 do TST. Para os empregados intermitentes as férias proporcionais são devidas após cada período de trabalho e não com a extinção do contrato – art. 452-A, § 6º, da CLT.

7.1. Pedido de Demissão, Justa Causa e Convenção da OIT

> **Art. 146.** Na cessação do contrato de trabalho, qualquer que seja a sua causa, será devida ao empregado a remuneração simples ou em dobro, conforme o caso, correspondente ao período de férias cujo direito tenha adquirido.

---

22 Ex.: Empregado admitido em 10/03/07 com contrato extinto em 15/11/07 tem direito a 8/12 de férias proporcionais (desconsiderando-se o aviso prévio indenizado), já que a contagem se dá pela data de aniversário da admissão e não pelo trabalho em 15 ou mais dias em cada mês, como ocorre com o 13º salário. Se tivesse sido demitido em 27/11/07, teria direito a 9/12.

23 Sob este argumento (Convenção 132 da OIT) Alice Monteiro de Barros defende que os domésticos passaram a ter direito às férias proporcionais. BARROS, Alice Monteiro de. *Curso de Direito do Trabalho*. São Paulo: LTr, 2005, p. 700.

> **Parágrafo único.** Na cessação do contrato de trabalho, após 12 (doze) meses de serviço, o empregado, **desde que não haja sido demitido por justa causa**, terá direito à remuneração relativa ao período incompleto de férias, de acordo com o art. 130, na proporção de 1/12 (um doze avos) por mês de serviço ou fração superior a 14 (quatorze) dias. (grifos nossos)
>
> **Art. 147.** O empregado que for despedido **sem justa causa, ou cujo contrato de trabalho se extinguir em prazo predeterminado,** antes de completar 12 (doze) meses de serviço, terá direito à remuneração relativa ao período incompleto de férias, de conformidade com o disposto no artigo anterior (grifos nossos).

A redação contida nos arts. 146, parágrafo único, e 147 da CLT é de clareza solar quando determina que as férias proporcionais **não** são devidas para os empregados demitidos por justa causa (Súmula nº 171 do TST).

A jurisprudência é no mesmo sentido:

> RECURSO DE REVISTA. INTERPOSIÇÃO ANTERIOR À VIGÊNCIA DA LEI N.º 13.015/2014. CPC/1973. DESPEDIDA POR JUSTA CAUSA. CONDENAÇÃO AO PAGAMENTO DE FÉRIAS PROPORCIONAIS. Consoante o disposto na Súmula n.º 171 do TST, a extinção do contrato de trabalho sujeita o empregador ao pagamento da remuneração das férias proporcionais, ainda que incompleto o período aquisitivo de doze meses (art. 147 da CLT), salvo a hipótese de dispensa do empregado por justa causa. A Convenção 132.ª da OIT não altera o entendimento sedimentado no referido verbete sumular, pois a referida norma internacional não pormenoriza a hipótese de pagamento das férias proporcionais no caso de dispensa por justa causa, razão pela qual se entende que a norma contida no art. 146, parágrafo único, da CLT, dado o seu caráter especial, continua plenamente vigente. Assim, mantida pelo Regional a justa causa à dispensa do reclamante, as férias proporcionais acrescidas do terço constitucional devem ser excluídas da condenação. Precedentes. Recurso de Revista conhecido e provido. RR-482-24.2013.5.12.0004, 1ª Turma, Relator Ministro Luiz José Dezena da Silva, *DEJT* 05/04/2019.

Também enseja a interpretação no sentido de que o empregado que pede demissão e conte com menos de 1 ano de serviço, art. 147 da CLT, **não** tem direito às férias proporcionais. Aliás, neste sentido era a redação da Súmula nº 261 do TST.

Esta interpretação estava pacificada na jurisprudência até a publicação do Decreto promulgatório nº 3.197/99 (Convenção nº 132 da OIT), que em seu art. 11 assim se refere:

> Toda pessoa empregada que tenha completado o período mínimo de serviço que pode ser exigido de acordo com o § 1 do art. 5º da Presente Convenção deverá ter direito, em caso de cessação da relação de emprego, ou a um período de férias remuneradas proporcional à duração do período de serviço pelo qual ela não gozou ainda tais férias, ou a uma indenização compensatória, ou a um crédito de férias equivalente.

Como a Convenção 132 da OIT não excepcionou os empregados que rompem seus contratos por sua iniciativa (pedido de demissão) o TST resolveu alterar a redação da Súmula nº 261 para estender a estes o direito às férias proporcionais, contrariando a redação da CLT.

Logo, segundo a nova redação da súmula mencionada, para aqueles que espontaneamente pedem demissão antes ou após 12 meses de vigência do ajuste, também está garantido tanto o direito às férias proporcionais quanto às vencidas (quando devidas).

Não concordamos com a tese, pois adotamos a teoria de que a lei brasileira (CLT) é mais favorável ao trabalhador sob o ponto de vista da teoria do conglobamento. Logo, prevalece o comando do art. 147 da CLT no sentido de que empregado que pede demissão com menos de um ano de emprego não tem direito às férias proporcionais.

Explica-se:

A Constituição da OIT, em seu art. 19, § 8º,[24] estabelece que havendo conflito entre a legislação interna de um país e uma convenção internacional, deve ser adotada a regra mais favorável ao trabalhador, isto é, que a convenção ratificada não alteraria as condições locais mais favoráveis ao trabalhador. Para Arnaldo Süssekind[25] trata-se do Princípio da Condição Nacional mais Favorável.

Para a análise da norma mais favorável, necessária é a prévia escolha de uma das teorias de comparação entre os ordenamentos: atomista, conglobamento ou intermediária.

De acordo com a posição majoritária, com a qual compartilhamos, a teoria do conglobamento é a que melhor soluciona a questão, pois não fraciona o instituto, nem onera demasiadamente o empregador em detrimento do intenso benefício ao trabalhador. Com isso, ao analisar a legislação trabalhista brasileira e a Convenção 132 da OIT, percebe-se que, no seu conjunto, a primeira é a mais benéfica ao trabalhador.

A Convenção 132 da OIT tem pontos **menos** favoráveis ao trabalhador, se comparados com os direitos previstos no Capítulo de férias da CLT, aqui arrolados:

a) férias proporcionais adquiridas com pelo menos seis meses de serviço (lei brasileira exige apenas 15 dias para cada 1/12 de férias proporcionais);
b) férias de pelo menos três semanas (lei brasileira, 30 dias consecutivos);
c) determina que o empregado que entra em gozo de férias deve receber, pelo menos, a sua remuneração média – art. 7º, § 1º, da Convenção 132 da OIT (a lei brasileira determina que o pagamento das férias deve ser equivalente ao da época da concessão, incluídas as parcelas

[24] Art. 19, § 8º – Em caso algum, a adoção, pela Conferência, de uma convenção ou recomendação, ou a ratificação, por um Estado-membro, de uma convenção, deverão ser consideradas como afetando qualquer lei, sentença, costumes ou acordos que assegurem aos trabalhadores interessados condições mais favoráveis que as previstas pela convenção ou recomendação.

[25] SÜSSEKIND, Arnaldo. *Curso de Direito do Trabalho*. Rio de Janeiro: Renovar. 2002, p. 73.

habitualmente pagas no período aquisitivo, tudo acrescido de 1/3 – logo, o terço constitucional é benefício a mais);

d) possibilita que acordo entre patrão e trabalhador possa estipular outra época de pagamento para as férias, que não seja de forma antecipada – art. 7º, § 2º, da Convenção 132 da OIT (a CLT determina que as férias devem ser pagas com, no máximo, dois dias de antecedência e não autoriza qualquer exceção);

e) autoriza que o acordo entre empregado e empregador possa fracionar as férias em quantas partes foram, sem respeitar o limite mínimo de descanso para um dos períodos – art. 8º, § 2º, da Convenção 132 da OIT (a lei brasileira não aceita acordo entre as partes para fracionamento das férias fora das hipóteses previstas em lei);

f) autoriza que parte das férias, quando fracionadas, seja gozada nos 18 meses contados da aquisição – art. 9º, § 1º, da Convenção 132 da OIT (a lei brasileira limita o gozo de férias, fracionadas ou não, aos 12 meses subsequentes à aquisição);

g) permite que qualquer parte do período de férias que ultrapassar o mínimo estabelecido na Convenção (três semanas) poderá ser postergada com o consentimento do empregado, por um período além dos 18 meses acima mencionados – art. 9º, § 2º, da Convenção nº 132 da OIT (a lei brasileira determina que o gozo das férias, em sua totalidade – 30 dias, ocorra dentro do período concessivo, pena de pagamento em dobro);

h) considera nulo o acordo ou a renúncia ao período mínimo de férias previsto no art. 3º, § 3º, da Convenção da OIT (isto é, de três semanas) ou a conversão do gozo destas em pecúnia – art. 12 da Convenção 132 da OIT, deixando entender que para a parte excedente (uma semana ou sete dias) pode haver renúncia ao direito ou pagamento substitutivo (a CLT considera nulo qualquer ato de disposição do direito às férias ou ao seu gozo de 30 dias. Autoriza, entretanto, na forma da Convenção, que 1/3 das férias possa ser convertido em pecúnia – abono pecuniário).

Nesta esteira de raciocínio, percebe-se que o ponto nevrálgico da CLT (menos favorável), se comparado com os comandos da Convenção 132 da OIT, está na perda do direito às férias quando o empregado permanecer por mais de seis meses em auxílio doença (art. 133, IV, da CLT), já que o art. 5º, § 4º, da Convenção determina que as faltas ao trabalho decorrentes de doença não podem ser computadas como parte das férias anuais mínimas.

Ainda assim, nesta visão de conjunto, a legislação brasileira a respeito das férias é mais favorável ao empregado que a Convenção nº 132 da OIT.

Ademais, a se pensar que todo empregado tem sempre direito às férias proporcionais, também aquele que é demitido por justa causa teria direito. Todavia, nossa jurisprudência, de forma paradoxal, não concede férias proporcionais ao despedido por justa causa, contrariando o disposto no art. 11 da Convenção nº 132 da OIT.

O mesmo se diga quando a terminação ocorre por culpa recíproca. O TST entendeu que nestes casos as férias proporcionais são devidas pela metade, sem que qualquer lei ampare este entendimento. Esta posição também conflita com a Convenção nº 132 da OIT.

Dúvida surgirá quando o emprego intermitente, que recebeu diversos pagamentos de férias proporcionais, antes de adquirir o período aquisitivo for demitido por justa causa. Sugerimos, neste caso, a compensação na rescisão dos valores pagos porque indevidas férias proporcionais ao empregado demitido por justa causa.

8. FALTAS NO PERÍODO AQUISITIVO

As **faltas injustificadas** ocorridas no período aquisitivo reduzem quantitativamente o período do descanso, sendo vedada a permuta de dias de falta pelos correspondentes dias de repouso, isto é, de um dia de falta para um dia de diminuição do descanso – um por um. A proporcionalidade relacionada no art. 130 da CLT tem que ser respeitada.

Se o empregado tiver mais de 32 faltas injustificadas no período aquisitivo, mesmo que descontínuas, perderá o direito ao gozo das férias (art. 130, IV, da CLT), pois a lei entendeu que nestes casos o empregado já obteve o descanso suficiente. Esta ilação decorre do fato de o legislador não ter sido expresso acerca do número de dias de férias que tem direito a usufruir aquele que faltar injustificadamente mais de 32 dias do período aquisitivo.

Cumpre ressaltar que nos casos previstos no art. 473 da CLT, o empregado pode faltar sem prejuízo ao salário. Já o art. 131 da CLT apresenta as situações que não são consideradas faltas.

O art. 133 da CLT, por sua vez, transcreve os casos em que o empregado perde o direito às férias. São eles:

> **Art. 133.** Não terá direito a férias o empregado que, no curso do período aquisitivo:
>
> I – deixar o emprego e não for readmitido dentro de 60 (sessenta) dias subsequentes à sua saída;
>
> II – permanecer em gozo de licença, com percepção de salário, por mais de 30 (trinta) dias;
>
> III – deixar de trabalhar, com percepção do salário, por mais de 30 (trinta) dias, em virtude de paralisação parcial ou total dos serviços da empresa; e
>
> IV – tiver percebido da Previdência Social prestações de acidente de trabalho ou de auxílio-doença por mais de 6 (seis) meses, embora descontínuos.

Art. 133 da CLT – período aquisitivo incompleto

O inciso I do art. 133 da CLT autorizou a soma dos períodos aquisitivos incompletos de dois contratos (com o mesmo empregado), desde que o trabalhador volte a trabalhar para a mesma empresa dentro de 60 dias, contados de sua saída.

Essa é uma das raras passagens da CLT em que um contrato de trabalho contamina o outro. Apesar de serem entre as mesmas partes, são contratos distintos.

Todavia, o dispositivo em estudo, na prática, é pouco utilizado, pois o patrão, quando demite seu empregado, paga as férias proporcionais (quando devidas) na rescisão e, caso resolva mais tarde readmitir o empregado, novo período de férias iniciará, uma vez que o período anterior foi quitado na rescisão.

Na prática, a tendência é aplicar a regra de forma analógica aos casos de dois contratos com o mesmo empregador com curto espaço entre o fim de um e o início do outro, evitando a fraude aos direitos trabalhistas do trabalhador, para dar a unicidade contratual dos dois períodos. Isto é, o dispositivo tem sido usado para outro fim que não as férias. Em outras palavras, quando o empregado for despedido e, logo depois (até 60 dias) for readmitido na mesma empresa, o intérprete pode adotar a tese de um só contrato (com período de suspensão contratual igual ao interregno sem trabalho), por aplicação analógica do dispositivo em estudo.

O inciso IV do art. 133 da CLT contraria o art. 6º, § 2º, do Decreto nº 3.197/99 (Convenção nº 132 da OIT), que dispõe que os períodos de incapacidade para o trabalho resultante de doença ou de acidentes não poderão ser computados como parte do período mínimo de férias anuais. Ora, se este comando prevalecer sobre a CLT, além de revogado o inciso mencionado, também estariam excluídos dos dias de gozo de férias os dias que o trabalhador comprovasse doença ou incapacidade para o trabalho.

Entendemos que a CLT cumpre o determinado pelo art. 6º, § 2º, do Decreto nº 3.197/99, pois não considera como falta ao serviço as hipóteses previstas nos incisos II e III do art. 131 da CLT. Ademais, as normas acerca de férias, em seu conjunto, são mais favoráveis aos empregados que aquelas contidas na Convenção nº 132 da OIT. Logo, prevalece a redação do inciso IV do art. 133 da CLT.

9. CONCESSÃO

9.1. Período de Concessão

As férias serão concedidas por ato do empregador, no mês de sua escolha,[26] num só período como regra geral, nos 12 meses subsequentes ao período aquisitivo, na forma do art. 134 da CLT. Será participada por escrito, com antecedência de, no mínimo, 30 dias (art. 135 da CLT) e o pagamento feito até dois dias antes do

---

[26] O Decreto nº 3.197/99 (Convenção 132 da OIT), art. 10, § 1º, determina que a ocasião em que as férias serão gozadas será determinada pelo empregador, após consulta à pessoa empregada interessada em questão. Entendemos que este comando em nada modifica a CLT, seja porque a CLT é mais favorável ao trabalhador em seu conjunto, seja porque o item 2 do mesmo art. 10 do Decreto nº 3.197/99 autoriza o empregador a consultar a situação da empresa, verificando a necessidade do trabalho. Ademais, a prevalecer o entendimento de que a Convenção 132 alterou a CLT, também estariam revogados os incisos I, II, III e IV do art. 133 da CLT, que retira do trabalhador o direito às férias porque já obteve descanso em períodos que não foram de sua escolha e que não prestigiaram sua diversão ou conveniência.

início do gozo[27] (145 da CLT). As microempresas estão excluídas da regra prevista no art. 135 da CLT, na forma do art. 51, II da Lei Complementar nº 123/2006.

Para os membros de uma mesma família, que trabalhem para o mesmo empregador, o art. 136, § 1º da CLT garante o direito a gozar férias no mesmo período, se assim desejarem e disto não resultar prejuízo ao trabalho.

O empregado estudante menor de 18 anos também tem o direito a fazer coincidir suas férias com as férias escolares.

Portanto, estas são duas hipóteses de limitação ao direito de escolha do empregador quanto à ocasião de gozo das férias de seus empregados.

Os **marítimos**, de acordo com o art. 150 da CLT, possuem algumas peculiaridades, dentre elas, o direito de somar períodos aquisitivos de empregadores diferentes e de acumular dois períodos aquisitivos, conforme pode ser observado abaixo:

> **Art. 150.** O tripulante que, por determinação do armador, for transferido para o serviço de outro, terá computado, para o efeito de gozo de férias, o tempo de serviço prestado ao primeiro, ficando obrigado a concedê-las o armador em cujo serviço ele se encontra na época de gozá-las.
>
> § 1º As férias poderão ser concedidas, a pedido dos interessados e com aquiescência do armador, parceladamente, nos portos de escala de grande estadia do navio, aos tripulantes ali residentes.
>
> § 2º Será considerada grande estadia a permanência no porto por prazo excedente de 6 (seis) dias.
>
> § 3º Os embarcadiços, para gozarem férias nas condições deste artigo, deverão pedi-las, por escrito, ao armador, antes do início da viagem, no porto de registro ou armação.
>
> § 4º O tripulante, ao terminar as férias, apresentar-se-á ao armador, que deverá designá-lo para qualquer de suas embarcações ou o adir a algum dos seus serviços terrestres, respeitadas a condição pessoal e a remuneração.
>
> § 5º Em caso de necessidade, determinada pelo interesse público, e comprovada pela autoridade competente, poderá o armador ordenar a suspensão das férias já iniciadas ou a iniciar-se, ressalvado ao tripulante o direito ao respectivo gozo posteriormente.
>
> § 6º O Delegado do Trabalho Marítimo poderá autorizar a acumulação de 2 (dois) períodos de férias do marítimo, mediante requerimento justificado:
>
> I – do sindicato, quando se tratar de sindicalizado; e
>
> II – da empresa, quando o empregado não for sindicalizado.

O armador também é obrigado a conceder a etapa (alimentação) ao marítimo durante as suas férias – art. 152 da CLT.

Se o empregador não outorgar férias no período da concessão o empregado poderá, na forma do art. 137, § 1º, da CLT, ajuizar reclamação trabalhista postulando a fixação judicial da época do gozo das férias. Trata-se de condenação do empregador em obrigação de fazer personalíssima, ensejando a fixação de pena pecuniária correspondente a 5% do salário mínimo da região – art. 137, § 2º, da CLT.

---

27 Salvo para os empregados intermitentes.

Entrementes, este comando é inócuo, muito pouco ou quase nunca aplicável na prática, pois o enorme tempo de demora de um processo judicial e a possibilidade de recurso não permitem ao juiz a indicação da data para fixação do gozo das férias, pois não sabe se haverá recurso ou não.

É vedado o início das férias no período de dois dias que antecede feriado ou dia de repouso semanal remunerado (art. 134, § 3º, da CLT). A benesse foi uma novidade trazida pela Lei 13.467/17.

9.2. Forma de Pagamento

A remuneração das férias será aquela da época da concessão ou da extinção do contrato, quando indenizadas (art. 142 da CLT c/c Súmula nº 7 do TST), salvo para o empregado intermitente, cujo valor será o da época do fim de cada período de trabalho. A regra geral acima é aplicada para os que percebem **salário fixo** mensal. Assim, o valor das férias será o correspondente ao salário do mês do gozo, acrescido de 1/3 a título de abono constitucional.

Para os demais casos, a base é o período aquisitivo para cálculo das férias, salvo os comissionistas, abaixo estudado.

Para os que recebem por **hora trabalhada**, com jornadas variáveis, apurar-se-á a média das horas trabalhadas do período aquisitivo aplicando-se o valor do salário-hora na data da concessão das férias (art. 142, § 1º, da CLT).

Quando o salário for pago por **peça** ou por **tarefa**, tomar-se-á por base a média da produção do período aquisitivo, aplicando-se o valor da tarefa na data da concessão (art. 142, § 2º, da CLT).

Para os que percebem salário **variável**, isto é, em percentagem ou comissão, a média duodecimal terá como base os 12 meses anteriores à concessão e não os 12 meses do período aquisitivo – § 3º do art. 142 da CLT. Todavia, a média duodecimal deverá ser feita de forma atualizada, isto é, apurando-se os valores já corrigidos monetariamente. Aliás, o § 6º do art. 142 da CLT, ao se referir a "adicional" em valor variável, determinou o cálculo pela média atualizada. Logo, o mesmo raciocínio deve ser feito em relação aos comissionistas – no mesmo sentido a Orientação Jurisprudencial nº 181 da SDI-I do TST.

Será computada na base de cálculo a média duodecimal das parcelas variáveis habitualmente percebidas pelo empregado no período aquisitivo, na forma do art. 142, § 5º, da CLT, que se somará ao fixo da época da concessão.

Da mesma forma, os sobressalários e gorjetas pagas com habitualidade devem ser incluídos, pela sua média duodecimal (período aquisitivo), no cálculo das férias – art. 142 da CLT.

Valentin Carrion[28] defende que parcelas não habituais também podem ser incluídas para o cálculo de férias. Sustenta que o § 6º do art. 142 da CLT não

[28] CARRION, Valentin. *Comentários à Consolidação das Leis do Trabalho*. 29. ed. São Paulo: Saraiva, 2004, p. 155.

exigiu o requisito da habitualidade para a integração. Todavia, a jurisprudência é pacífica em sentido contrário – Súmulas nºs 24, 172, 226, 253, 264 etc. do TST.

As utilidades de natureza salarial também devem integrar o cálculo de férias, na forma do art. 458 da CLT.

Todavia, deve-se ter o cuidado de verificar, no caso concreto, se durante as férias o empregado continuou usufruindo do benefício, para que se evite o *bis in idem*. Assim, se o trabalhador desfrutou da casa (habitação) durante seu período de férias, isto significa que a utilidade *in natura* já foi integrada ao salário para cálculo das férias,[29] restando apenas o cálculo do terço constitucional sobre esta parcela *in natura*.

9.3. Terço Constitucional

A Carta premia com um terço a mais a remuneração das férias (art. 7º, XVII, da CRFB). O terço incide tanto sobre as férias vencidas, quanto sobre as proporcionais, independentemente de se gozadas, indenizadas, se devidas em dobro ou de forma simples (Súmula nº 328 do TST), ressalvada a opinião de Valentin Carrion abaixo comentada.

O terço constitucional foi incluído pela Carta de 1988. Com isso, somente após a vigência desta, o empregador é obrigado a pagar o acréscimo, mesmo para as férias já adquiridas e ainda não gozadas. Logo, se as férias foram adquiridas antes da Constituição, e o empregado não as usufruiu antes da Carta, ou a rescisão ocorreu após, o trabalhador terá o direito ao terço constitucional previsto no art. 7º, XVII. Nesse sentido a Súmula nº328 do TST.

Dúvida de relevo surge quando o empregador desrespeita uma ou mais regras da CLT ao dar férias. Como, por exemplo, quando concede férias sem pagá-las de forma antecipada (paga apenas no vencimento dos salários), ou sem o acréscimo pecuniário de 1/3 constitucional, ou, ainda, sem comunicá-las no prazo legal (até 30 dias antes do gozo).

Há jurisprudência no sentido de que tais requisitos são essenciais para a validade do ato de concessão das férias, sob o argumento de que o trabalhador que não foi avisado com a antecedência necessária não pode planejar suas férias, logo, não as usufruiu da forma devida; ou de que se não recebeu o pagamento antecipado não pode desfrutá-las da maneira mais adequada, pois estava sem dinheiro; ou se o empregado não recebeu o acréscimo de 1/3 não pode gozá-las da melhor forma, pois não teve a necessária quantia pecuniária para a diversão. Assim entendeu a Súmula nº 450.

Discordamos do entendimento acima.

A própria CLT considera em seu art. 133, II e III, que o empregado que permaneceu por mais de 30 dias (logo, 31 dias já bastam) sem trabalhar, recebendo salário, perde o direito às férias, mesmo que a paralisação não tenha sido por ele causada. Em outro dispositivo, a CLT não concede férias ao empregado que tenha

---

29 Da mesma forma Alice Monteiro que, entretanto, não faz referência ao terço constitucional. Entendemos que foi um lapso da autora. BARROS, Alice Monteiro de. *Curso de Direito do Trabalho*. São Paulo: LTr, 2005, p. 697.

tido mais de 32 faltas no período aquisitivo (art. 130, IV, da CLT). Em ambos os casos, o legislador considerou que o empregado que já descansou, não tem direito às férias, mesmo não tendo sido comunicado com antecedência ou recebido o pagamento antecipado ou o acréscimo pecuniário.

Por todo o exposto, conclui-se que os requisitos acima mencionados **não** são essenciais. O desrespeito a estes acarreta em infração administrativa, mas não torna nulo o benefício concedido (férias). Não se pode comparar o empregado que não usufruiu férias e, por isso, tem direito à remuneração dobrada, com aquele que as usufruiu (descansou), embora de forma irregular.

Podemos usar analogicamente a jurisprudência abaixo:

> TERÇO CONSTITUCIONAL. FÉRIAS NÃO GOZADAS FORMALMENTE EM RAZÃO DA CONCESSÃO DE LICENÇA REMUNERADA POR MAIS DE TRINTA DIAS. O adicional correspondente a um terço do salário constitui um direito do trabalhador que se encontra em gozo de férias, assegurado pela Carta Magna (art. 7º, XVII), com o objetivo de proporcionar ao trabalhador a possibilidade de efetivamente gozar de suas férias. Levando-se em consideração que o empregado, em razão da paralisação da empresa, deixou de trabalhar por mais de 30 dias, com percepção de salário, ou seja, embora formalmente não estivesse gozando da garantia constitucionalmente assegurada, usufruiu do respectivo descanso, tem-se que faz jus a receber o aludido terço, como se estivesse formalmente em gozo de férias. Conclui-se, portanto, que, nesta hipótese, a ausência de fruição das férias remuneradas não afasta o direito do empregado de receber o terço constitucional. Embargos não conhecidos. TST – E-RR-360.606/1997 – Rel. Ministro Rider de Brito. *DJU* 15/10/2001.

Todavia, a Súmula nº 450 do TST se posicionou de forma diversa:

> FÉRIAS. GOZO NA ÉPOCA PRÓPRIA. PAGAMENTO FORA DO PRAZO. DOBRA DEVIDA. ARTS. 137 E 145 DA CLT.
>
> É devido o pagamento em dobro da remuneração de férias, incluído o terço constitucional, com base no art. 137 da CLT, quando, ainda que gozadas na época própria, o empregador tenha descumprido o prazo previsto no art. 145 do mesmo diploma legal.

9.3.1. Terço Constitucional sobre o Abono

Há controvérsia acerca da incidência do terço sobre o abono de que trata o art. 143 da CLT. A discussão perpassa pela natureza jurídica do abono pecuniário do art. 143 da CLT e pelo comando constitucional que determina que a remuneração das férias deverá ser acrescida de 1/3. Se indenizatório, não terá a incidência do terço constitucional, salvo se o comando constitucional o determinou. Se de natureza salarial, deverá ter o acréscimo.

O art. 7º, XVII, da CRFB diz: gozo de férias anuais remuneradas, com, pelo menos, um terço a mais do que o salário normal.

Se o abono pecuniário corresponde aos dias de férias não usufruídos, porque o empregado os converteu em dinheiro (vulgarmente se diz que o empregador "comprou" parte das férias do empregado), e se estas férias são acrescidas de 1/3 se gozadas, logo, o terço tem que incidir sobre o abono, pois corresponde à indenização do exato valor que o empregado receberia se as tivesse usufruído. Aliás, a lei é neste sentido "no valor da remuneração que lhe seria devida nos dias correspondentes". Estes dias "correspondentes" são os dias de férias (acrescidas de 1/3) convertidos em abono ("vendidos").

Por este motivo, o legislador determinou que o abono fosse pago junto com as férias, isto é, de forma antecipada, para melhor desfrute destas. Da mesma forma Arnaldo Süssekind[30] e, aparentemente em sentido contrário, Valentin Carrion.[31]

> FÉRIAS. ABONO PECUNIÁRIO. TERÇO CONSTITUCIONAL. O abono pecuniário das férias deve ser pago acrescido do terço constitucional. TRT/ MG – PROC: 00723.2004.022.03.00.1 – Rel. Designado: Juiz Tarcísio Alberto Giboski. *DJ*/MG 22/01/2005.

Todavia, não incide FGTS nem INSS sobre o abono do art. 143 da CLT, na forma do Decreto nº 3.048/99, art. 214, § 9º, IV, V, *i* c/c Lei nº 8.212/91, art. 28, § 9º, *e*, item 6; c/c, art. 15, § 6º, da Lei nº 8.036/90 e OJ nº 195 da SDI-I do TST.

9.4. Concessão Fora do Prazo

Se o empregador conceder as férias fora do prazo previsto no art. 134 da CLT, a **remuneração** será devida em **dobro**, como informa o art. 137 da CLT. A dobra se refere à forma de pagamento e não ao período de descanso. Não pode o empregado dispor deste direito porque irrenunciável, por se tratar de norma de ordem pública. O valor da remuneração será aquele da época da concessão ou da data da extinção do contrato. Se fração das férias for concedida, parte dentro do período concessivo e parte fora, serão pagos em dobro apenas os dias gozados após o período e de forma simples os concedidos dentro do prazo (Súmula nº 81 do TST).

Em resumo, o empregador não pode deixar para o último dia do período concessivo para dar férias a seu empregado, pois, necessariamente, um dia recairá dentro do prazo, mas os demais 29 dias de férias irão invadir o mês subsequente, que já estará fora do período concessivo. O patrão que quiser protelar as férias de seu empregado deverá deixar para o último mês e não último dia do período concessivo.

Valentin Carrion,[32] em posição minoritária, defende a tese de que a dobra é uma punição e como tal não se constitui em salário e, por isso, sobre ela não incidiria o terço constitucional.

---

[30] SÜSSEKIND, Arnaldo; MARANHÃO, Délio; VIANNA, Segadas; TEIXEIRA, Lima. *Instituições de Direito do Trabalho*. 22. ed. São Paulo: LTr, v. 2, 2005, p. 911-912.

[31] CARRION, Valentin. *Comentários à Consolidação das Leis do Trabalho*. 29. ed. São Paulo: Saraiva, 2004, p. 151-156.

[32] *Ibidem*.

Entendemos que apesar da **dobra** ter natureza indenizatória, por ser um tipo de punição, sobre ela deve incidir o terço constitucional,[33] pois o valor desta indenização, por força de lei, deve corresponder ao dobro do valor que seria devido ao empregado se concedida à época. Em face de sua natureza indenizatória não incide FGTS e INSS na forma do Decreto nº 3.048/99 art. 214, § 9º, IV c/c o art. 28, § 9º, *d*, da Lei nº 8.212/91 e art. 15, § 6º da Lei nº 8.036/90.

Como já afirmado alhures, as férias indenizadas **não têm natureza salarial**, de acordo com o exposto na Orientação Jurisprudencial nº 195 da SDI-I do TST.

Caso as férias dos **empregados intermitentes** sejam concedidas após o prazo de concessão, como ficará o pagamento dobrado, já que ao final de cada período de trabalho o empregado já recebeu o respectivo pagamento? Defendemos que, nesta hipótese, o empregado deve receber apenas o valor das férias + 1/3.

10. ÉPOCA DAS FÉRIAS – PERÍODOS – REGRA ESPECIAL

Conforme art. 136 da CLT a época de gozo das férias será a que melhor convier ao empregador, já que é este quem corre todos os riscos do empreendimento porque dirige e administra a empresa. Em sentido contrário o art. 10 da Convenção nº 132 da OIT (Decreto nº 3.197/99), o qual preconiza que o empregado pode indicar a época do seu período de férias.

Porém, se não houver prejuízo ao trabalho e se assim desejarem, é possível os membros de uma família que trabalhem para o mesmo empregador usufruírem suas férias no mesmo período, conforme o art. 136, § 1º, da CLT.

Da mesma forma, tem o trabalhador menor de 18 anos o direito de fazer coincidir suas férias com o período de férias escolares (art. 136, § 2º, da CLT).

Em tais situações o legislador se preocupou mais com o menor e com a família que com os interesses do empreendimento.

11. FRACIONAMENTO DAS FÉRIAS

A CLT permite, desde que haja concordância do empregado, o fracionamento das férias em três períodos, um dos quais não poderá ser inferior a 14 dias corridos e os demais não poderão ser inferiores a cinco dias corridos, cada um – art. 134, § 1º, da CLT.

Süssekind[34] e Alice Monteiro[35] defendiam que a antiga redação do § 1º do art. 134 da CLT, teria sido revogada, porque autorizava, antes da Lei nº 13.467/17, que um dos períodos de fracionamento fosse de, no mínimo, de 10 dias consecutivos, o que contrariava o disposto no art. 8º, § 2º, da Convenção nº 132 da OIT, que determina que nenhum dos períodos poderá ser inferior a duas semanas.

---

33 Da mesma forma entende BARROS, Alice Monteiro de. *Curso de Direito do Trabalho*. São Paulo: LTr, 2005, p. 694.

34 SÜSSEKIND, Arnaldo; MARANHÃO, Délio; VIANNA, Segadas; TEIXEIRA, Lima. *Instituições de Direito do Trabalho*. 21. ed. São Paulo: LTr, v. 2, 2003, p. 893.

35 BARROS, Alice Monteiro de, *op. cit.*, p. 701.

Entretanto, no que se refere à possibilidade do gozo da segunda fração das férias recaírem nos 18 meses subsequentes ao período aquisitivo, Süssekind informa que prevalece a CLT, por ser mais favorável. Já Alice Monteiro aplica o comando contido na Convenção nº 132 da OIT (art. 8, II).

Pelo que parece, o doutrinador defende a teoria atomista para o critério da aplicação da norma mais favorável.

Não concordamos com a posição acima. A CLT é mais favorável ao trabalhador em seu conjunto, não se aplicando a Convenção nº 132 da OIT. Ademais, se assim se pensar, o fracionamento das férias do empregado que converte parte em abono pecuniário ficará extremamente prejudicado, pois, se as férias correspondem a 30 dias e o abono a 1/3 deste período, o empregado que "vende" 10 dias goza de 20, cujo fracionamento só poderá ser de um período de 14 e outro de seis dias, por exemplo. Esta divisão (seis dias) é prejudicial ao trabalhador, mas respeita a atual regra de fracionamento.

Apenas os **marítimos**, segundo o art. 150, § 1º, da CLT, poderão parcelar suas férias em mais períodos, desde que em portos de grande estadia.

12. PROIBIÇÃO DE TRABALHO A OUTRO EMPREGADOR

Reza o art. 138 da CLT que durante as férias o empregado não poderá prestar serviços a outro empregador, salvo se estiver obrigado a fazê-lo em virtude de contrato de trabalho preexistente.

Portanto, a vedação de trabalho durante as férias se limita àqueles empregados que só possuem um emprego e que, durante as férias, procuram outro trabalho ou "bico". Para os que mantêm dois contratos de trabalhos simultâneos com empregadores distintos e não conseguem fazer coincidir os dois períodos de férias numa mesma época, não há óbice algum em usufruir das férias em períodos distintos, sendo permitido, nestes casos, que desfrute das férias em um dos empregos e noutro continue prestando serviços, pois o trabalhador estava vinculado por outro contrato de trabalho.

Quando possui apenas um emprego, tem o obreiro o dever de gozar suas férias sem prestar qualquer tipo de serviços a outro tomador, pois a finalidade deste benefício é exatamente o de repor as energias para revigorar a saúde mental e física do trabalhador (fator fisiológico). Nas palavras de Süssekind,[36] a este dever de usufruir as férias corresponde a obrigação de não trabalhar, seja para o próprio empregador seja para outra empresa.

Assim, não pode o empregado "vender" todas as suas férias para trabalhar para o empregador, mesmo que em atividade distinta, pois tal ato desnatura a finalidade das férias e se caracteriza em transação ilegal feita em fraude à lei. Ressalte-se que as férias configuram direito irrenunciável ante a natureza publicista do instituto.

---

36 SÜSSEKIND, Arnaldo; MARANHÃO, Délio; VIANNA, Segadas; TEIXEIRA, Lima, *op. cit.*, p. 882.

Por outro lado, se o trabalhador descumprir a obrigação de gozar as férias e, sem o consentimento e conhecimento do empregador, prestar serviços a outro tomador neste período, o patrão, quando e se descobrir, poderá punir o trabalhador pela prática de ato faltoso.

13. COMUNICAÇÃO DAS FÉRIAS E ÉPOCA DO PAGAMENTO

A concessão das férias será comunicada por escrito ao trabalhador com antecedência mínima de 30 dias, na forma do art. 135, *caput*, da CLT.

Esta regra visou garantir ao trabalhador o direito de planejar suas férias, evitando que o tomador dos serviços comunique ao empregado no dia anterior, pegando-o desprevenido.

A concessão das férias deverá ser anotada na ficha de registro e na CTPS do trabalhador. Para tanto, o empregado deverá fornecer sua Carteira de Trabalho antes do período de gozo, sob pena de não usufruí-las enquanto não entregar o documento ao empregador para a respectiva anotação (art. 135 da CLT).

Apesar de a lei mencionar que o empregado não poderá entrar em gozo de férias sem que apresente ao empregador sua CTPS (art. 135, § 1º, da CLT), este requisito é da prova do ato (para provar o período de concessão, que é anotado na CTPS) e não de sua substância, pois se o empregado usufruir férias sem que tenha traditado sua CTPS ao patrão, o ato é válido e o trabalhador não poderá arguir sua torpeza em seu próprio benefício. Portanto, o comando contido no § 1º do art. 135 da CLT é mera recomendação.

Entendemos que no caso de comunicação do período concessivo de férias em prazo inferior a 30 dias, há apenas uma infração administrativa por parte do empregador, como acima fundamentado. De qualquer forma, há posição mais radical que defende o pagamento em dobro da remuneração relativa às férias para estes casos.

As férias e, se for o caso, também o abono devem ser pagos até dois dias antes do início do respectivo período – art. 145 da CLT. A regra visa antecipar o salário do mês, pago sem o respectivo trabalho (interrupção), acrescido do terço constitucional, para que o empregado possa melhor gozar as férias. **Exceção** a esta regra ocorre no contrato intermitente em que o pagamento far-se-á antes do gozo e não na época da concessão.

14. FÉRIAS COLETIVAS

As férias poderão ser concedidas a todos os empregados de uma mesma empresa ou de determinados estabelecimentos ou de alguns setores da empresa. Poderão ser concedidas de uma só vez, ou em dois períodos, neste caso, desde que nenhum deles seja inferior a 10 dias[37] corridos. Inteligência do art. 139 da CLT.

---

[37] Ver comentários acima sobre a recepção ou não deste artigo em face do disposto na Convenção 132 da OIT, a respeito de fracionamento das férias.

> CALÇADOS AZALEIA – FÉRIAS COLETIVAS – FRACIONAMENTO – PAGAMENTO EM DOBRO. Os arts. 134 e 139 da CLT contemplam preceito de ordem pública e de natureza imperativa que visa resguardar a saúde e a integridade físico-psíquica do empregado. Com efeito, a concessão de férias em período inferior a dez dias frustra a finalidade do instituto, causando evidentes efeitos negativos à saúde e ao convívio familiar e social do empregado. Nesse contexto, não há violação do art. 137 da CLT, uma vez que o Regional, em razoável interpretação, considerou que somente em hipóteses excepcionais se admite o fracionamento das férias e que a sua concessão por período inferior a 10 (dez) dias descaracteriza o instituto, sendo devido o pagamento em dobro. TST – RR: 94433/2003 – Rel. Designado: Juiz Convocado José Antônio Pancotti. *DJU* 02/09/2005.

Uma questão surge em virtude do disposto no art. 139 da CLT:

Como fica a situação do empregado admitido em janeiro cujas férias coletivas de 30 dias da empresa são concedidas em julho do mesmo ano, se ele ainda não adquiriu o direito às férias?

Este trabalhador terá o direito de descansar os 30 dias concedidos pelo empregador, pois o estabelecimento estará fechado neste período.

No caso do exemplo, o trabalhador receberá pelo período de 15 dias de férias proporcionais, na forma do art. 140 da CLT, o correspondente a 6/12 + 1/3 de seu salário, que será pago de forma antecipada (dois dias antes do gozo – art. 145 da CLT), reiniciando, a partir daí, novo período aquisitivo, por quitada a proporcionalidade devida.

Por ter ficado à disposição os outros 15 dias, receberá o trabalhador o salário deste período, que poderá ser pago até o quinto dia útil do mês subsequente.

15. ABONO DE FÉRIAS

É facultado ao empregado converter 1/3 do período de férias a que tiver direito em dinheiro, desde que seja requerido até 15 dias antes do término do período aquisitivo, na forma do art. 143 da CLT.

Assim, se o trabalhador tiver direito a 30 dias de férias, poderá usufruir 20 dias de repouso e "vender" 10 dias. Receberá o dinheiro correspondente por estes dez dias "vendidos" de forma antecipada, junto com as férias, além do salário pelos dias efetivamente trabalhados nestes mesmos 10 dias, este pago quando do pagamento do salário normal (até o quinto dia útil do mês subsequente).

Havendo requerimento **tempestivo** do empregado para conversão de 1/3 de suas férias em abono pecuniário, não poderá o empregador se recusar a "comprá-las", pois se trata de direito potestativo, cujo exercício depende apenas da vontade do declarante.

Apesar de se tratar de direito potestativo do empregado, esta regra não se aplica aos trabalhadores que gozam de férias coletivas, quando só estará o empregador obrigado ao pagamento do abono se a conversão for objeto de cláusula de acordo coletivo, na forma do art. 143, § 2º, da CLT.

Os empregados sob o **regime de tempo parcial** não podiam converter 1/3 do período de férias em abono pecuniário, conforme o art. 143, § 3º, da CLT. Todavia, esta regra foi alterada pela Lei nº 13.467/17 para permitir a conversão (art. 58-A, § 6º, da CLT).

O **abono pecuniário** não tem natureza salarial, como dispõe o art. 144 da CLT e, por isto, há controvérsias se sobre ele incide ou não o terço constitucional. Para a jurisprudência majoritária incide o terço constitucional sobre o abono pecuniário. Remetemos o leitor ao item referente ao "terço constitucional".

> CÁLCULO DO ABONO PECUNIÁRIO E DO TERÇO CONSTITUCIONAL SOBRE AS FÉRIAS. A jurisprudência desta Corte consagra entendimento de que não há incidência do acréscimo do terço constitucional sobre os dias convertidos em abono pecuniário. Isso em razão de o abono previsto no art. 143 da CLT constituir-se em uma contraprestação pelo serviço prestado nos dias a que ele corresponde, não se tratando de férias. Assim, apesar de fazer incidir o terço constitucional sobre o abono pecuniário e período de gozo das férias, separadamente, o método adotado pela agravada não causou prejuízo à agravante, pois não reduziu o valor total a que ela teria direito a título de abono pecuniário e adicional de férias, razão pela qual não se constata a pretensa violação aos arts. 7º, XXVII, da CR-88, 143 da CLT, nem a contrariedade à Súmula 328 do TST. Agravo Regimental não provido. [...] TST, 5ª Turma, AgR-AIRR-1007-80.2015.5.08.0122, Rel. Min. Breno Medeiros, Data de Julgamento: 04/04/2018, Data de Publicação: *DEJT* 06/04/2018.

Depois da Lei nº 13.467/17 as férias dos menores de 18 anos e a dos maiores de 50 anos podem ser fracionadas, pois foi revogado o § 2º do art. 134 da CLT.

16. EFEITOS DA CESSAÇÃO DO CONTRATO DE TRABALHO

Havendo despedida imotivada, despedida indireta, pedido de demissão, terminação normal do contrato, morte do trabalhador, aposentadoria com extinção do contrato, fechamento da empresa, o trabalhador terá o direito de receber todas as férias vencidas, simples e dobradas, bem como as proporcionais, todas acrescidas de 1/3, que serão pagas quando da quitação dos direitos resilitórios (Súmula nº 328 do TST). Assim, as férias vencidas são sempre devidas, independentemente do motivo da extinção do contrato (art. 146 da CLT), excepcionando-se, obviamente, os casos de nulidades contratuais (objeto ilícito, trabalho proibido etc.).

Os empregados demitidos por justa causa têm o direito às férias vencidas, simples e dobradas, mas perdem o direito às férias proporcionais (art. 146, parágrafo único, e art. 147 da CLT).

Os trabalhadores, cujo término do contrato de trabalho ocorreu por culpa recíproca (Súmula nº 14 do TST), têm direito às férias proporcionais pela metade, enquanto aqueles que pedem demissão com menos de 1 ano de serviço, segundo a lei, não têm direito às férias proporcionais. Todavia, a Súmula nº 261 do TST está em sentido contrário.[38]

O art. 15, § 6º, da Lei nº 8.036/90 c/c art. 214, § 9º, IV, do Decreto nº 3.048/99 considera as férias indenizadas, a dobra e o abono pecuniário (conversão do art. 143 da CLT) como parcela de natureza indenizatória, não incidindo a Previdência Social e o FGTS. No mesmo sentido a Orientação Jurisprudencial nº 195 da SDI-I do TST.

Todavia, para fins do art. 449 da CLT, as referidas parcelas devem ser equiparadas às de natureza salarial, para proteger o crédito trabalhista do empregado, na forma do art. 148 da CLT.

Quando concedidas, as férias se caracterizam em interrupção do contrato de trabalho, computando para todos os fins no tempo de serviço do empregado (art. 130, § 2º, da CLT). Porém, quando indenizadas no término do contrato não têm natureza salarial, nem são computadas como tempo de serviço.

17. PRESCRIÇÃO

O prazo prescricional das férias (cinco anos durante a vigência) conta-se a partir do último mês para a concessão de cada período e não de cada mês que completou o período aquisitivo, já que o prazo flui a partir da lesão e não do direito em si – art. 149 da CLT.

[38] O empregado com menos de 12 meses de vigência de contrato foi discriminado em diversas passagens da CLT, pois, na época de sua elaboração, vigorava o maior bem jurídico que o trabalhador já teve, a estabilidade decenal, cujo primeiro ano de contrato era tido como "período de experiência" (art. 478, § 1º, da CLT). Daí porque, majoritariamente, o art. 147 da CLT era interpretado como tendo excluído o benefício do empregado que pedisse demissão antes de completar 12 meses de contrato, já que essa era a real intenção do legislador, pois foi o trabalhador quem tomou a iniciativa de romper o contrato, não permitindo o transcurso do tempo para adquirir o direito às férias. Essa ilação culminou na redação originária da Súmula nº 261 do TST, alterada após a Convenção nº 132 da OIT, que tem comando específico em sentido contrário. Não concordamos com a interpretação adotada pelo TST, pois a CLT é mais favorável em seu conjunto (teoria do conglobamento) que a Convenção nº 132 da OIT. Mais considerações no item 7.1 deste Capítulo.

Capítulo 23

SALÁRIO

1. SALÁRIO

A palavra **salário** deriva do latim *salarium*, que teve sua origem na palavra *salis*, que significa sal. O sal era a moeda oferecida pelos romanos para pagar seus domésticos e soldados das legiões romanas.

Muitos doutrinadores, quando conceituam salário, utilizam-se do termo "contraprestação",[1] como o fez a CLT. Outros preferem o vocábulo "retribuição",[2] ao fundamento de que contraprestação reduz o contrato a uma relação de troca (trabalho contra remuneração), sem atentar para o aspecto pessoal do liame empregatício. A este fato pode ser acrescido que a contraprestatividade nem sempre está presente, como ocorre, por exemplo, nas hipóteses de interrupção do contrato, em que o empregado recebe o salário, embora não preste serviços.[3]

Também vem do latim a expressão pecúnia: *pecunia*, cognato de *pecus* que significa boi. O boi, assim como o sal, o óleo e o metal eram moedas de troca na antiguidade.

Algumas categorias têm nomenclatura própria para o salário ou estipêndio:

- funcionário público: vencimento;
- magistrado: subsídio;
- profissional liberal: honorário;
- militar: soldo;
- marítimos pagos por tempo: soldada e etapa (alimento);
- aposentado: provento;
- trabalho intelectual e não físico: ordenado;
- trabalho físico e não intelectual: salário;
- chefes religiosos, tais como o padre e o bispo: côngrua.

---

1 MAGANO, Russomano; CATHARINO, Prado; MARANHÃO, Délio. Apud BARROS, Alice Monteiro de. *Curso de Direito do Trabalho*. 2. ed., São Paulo: LTr, 2006, p. 712.

2 SÜSSEKIND, apud BARROS, Alice Monteiro de. *Curso de Direito do Trabalho*. 2. ed., São Paulo: LTr, 2006, p. 712.

3 NASCIMENTO, Amauri Mascaro, apud BARROS, Alice Monteiro de, *Curso de Direito do Trabalho*. 2. ed. São Paulo: LTr, 2006, p. 712.

1.1. Conceito

Salário é toda contraprestação ou vantagem em pecúnia ou em utilidade devida e paga diretamente pelo empregador ao empregado, em virtude do contrato de trabalho. É o pagamento direto feito pelo empregador ao empregado pelos serviços prestados, pelo tempo à disposição ou quando a lei assim determinar (aviso prévio não trabalhado, 15 primeiros dias da doença etc.).

Pode ser fixo ou variável. Salário **fixo** é a contraprestação garantida e invariável, salvo faltas e atrasos do empregado. Salário **variável** ou **aleatório** é aquele submetido a uma condição, normalmente à produção do trabalhador. Sua expressão monetária é diferente mês a mês.

O salário é devido não só pela execução do contrato de trabalho, mas também quando o empregado se encontra à disposição do empregador (art. 4º da CLT), considerando-se, desta forma, interrompido o contrato quando o empregado suspende a prestação de serviços, mas recebe o respectivo salário mesmo que parcialmente (férias, RSR, primeiros 15 dias da doença, faltas justas cujo pagamento seja determinado pela lei[4] etc.).

1.2. Natureza Jurídica do Salário

Existem quatro correntes principais para classificar o salário:

a) a primeira corrente considera o salário como o **preço** do trabalho, pois antigamente o trabalho era equiparado à mercadoria. Atualmente não há mais justificativa para sua aplicação;

b) para a segunda vertente, o salário é uma **indenização** paga ao empregado como compensação pelas energias despendidas. Todavia, a indenização visa reparar dano causado ou repor uma nocividade e o trabalho não causa dano;

c) a terceira posição entende que o salário tem natureza **alimentar**,[5] pois essencial para o trabalhador sobreviver. Na verdade, o salário não tem apenas natureza alimentar, mas também atinge outros fins, como habitação, higiene, transporte e educação. Sob outro aspecto, pode o trabalhador receber salário e não depender dele para sobreviver;

d) a última corrente, majoritária, afirma que a natureza jurídica do salário consiste no dever de retribuição, em razão do caráter sinalagmático, comutativo e oneroso do contrato. Assim, o trabalho é a prestação e o salário a **contraprestação.**

---

4 Nem todas as **faltas permitidas pela lei** obrigam o patrão ao respectivo pagamento. Isto porque o trabalho é a prestação e o salário a contraprestação. Logo, não havendo trabalho, presume-se indevido o salário. Excepcionalmente, deve haver contraprestação quando o legislador for expresso a tal respeito, mesmo na inocorrência de trabalho. Desta forma, quando, por exemplo, a **Lei Maria da Penha** autoriza a vítima da violência doméstica (empregada) a faltar até 6 meses ao trabalho, como medida de proteção, mas é silente quanto ao pagamento de sua remuneração durante este período, entende-se que, apesar de justa a falta (o que impede o patrão de puni-la) os salários não serão devidos.

5 A natureza alimentar do salário é destacada pela Constituição da República no seu art. 100.

Como não concordamos com as correntes acima, pois algumas vezes o salário é devido mesmo quando não há trabalho, como ocorre nos primeiros quinze dias da doença e do acidente, no aviso prévio não trabalhado, nas férias, nos dias de feriados e repousos semanais, defendemos que a natureza jurídica do salário é, na verdade, de **direito** do empregado ao respectivo pagamento em virtude da existência do contrato de trabalho. Isto se explica porque o salário não decorre somente do caráter sinalagmático do contrato (cada um dá o equivalente do que recebe). Pode ter esse direito mesmo quando não prestar qualquer serviço, nem estiver à disposição do empregador (art. 4º da CLT). Aliás, na doutrina estrangeira[6] encontramos correntes neste sentido. Esta, então, será uma quinta corrente, ainda não muito conhecida no Brasil.

2. REMUNERAÇÃO

2.1. Conceito

Remuneração é a soma do pagamento direto com o pagamento indireto, este último entendido como toda contraprestação paga por terceiros ao trabalhador, em virtude de um contrato de trabalho que este mantém com seu empregador. Sergio Pinto Martins[7] define remuneração como sendo:

> (...) o conjunto de prestações recebidas habitualmente pelo empregado pela prestação de serviço, seja em dinheiro ou em utilidades, provenientes do empregador ou de terceiros, mas decorrentes do contrato de trabalho, de modo a satisfazer suas necessidades básicas e de sua família.

Neste mesmo diapasão Délio Maranhão leciona: "Entende-se por remuneração o total dos proventos obtidos pelo empregado em função do contrato e pela prestação de trabalho, inclusive aqueles a cargo de outros sujeitos, que não o empregador".

Exemplo de **pagamento indireto** é a gorjeta, que apesar de não ter natureza salarial a CLT determina sua integração ao salário para fins de compor a remuneração do empregado, observando-se a Súmula nº 354 do TST.

Apesar de a CLT (art. 457) só ter mencionado a gorjeta como pagamento indireto, não excluiu outras espécies de pagamento de terceiro, quais sejam, as gueltas, as comissões, as gratificações, taxa de serviço, os prêmios, os pontos e as utilidades, desde que pagas por terceiros.

2.1.1. Gorjeta

A gorjeta é tão antiga quanto a civilização e sempre esteve ligada à generosidade ou à corrupção.

---

6 No Uruguai há forte corrente que defende a natureza de "direito" ou de "retribuição" pelos mesmos fundamentos acima. Apud GOMES, Orlando, GOTTSCHALK, Élson. *Curso de Direito do Trabalho*. 16. ed. Rio de Janeiro: Forense, 2003, p. 226.

7 MARTINS, Sergio Pinto. *Direito do Trabalho*. 19. ed. São Paulo: atlas, 2003, p. 238.

Segundo Rodrigues Pinto[8] os primeiros rumores da gorjeta aparecem na civilização grega, com o "pecúlio" dado aos escravos por bons serviços prestados e em Roma com a "espórtula", espécie de donativo feito a funcionários pelos bons serviços prestados.

Em português, gorjeta deriva do termo arcaico "gorja", que significa garganta, local por onde a bebida escorre. Por isso, quando se entrega a gorjeta a alguém também se utiliza expressão "é para molhar a garganta", "é para a cervejinha". Relaciona-se ao ato de beber.

As gorjetas, ou outras espécies de pagamento indireto, são concedidas por terceiro com a finalidade de estimular, agradar ou obter vantagens com o trabalho prestado pelo empregado. Só o faz porque o trabalhador está executando seus serviços naquele estabelecimento.

Nesse sentido, a natureza jurídica da **gorjeta** é uma **gratificação**[9-10] paga pelo terceiro (e não pelo empregador) ao empregado, em virtude do serviço que é prestado durante seu expediente de trabalho.

Sergio Pinto,[11] de forma isolada, posiciona-se no sentido de que a natureza jurídica da gorjeta é de **doação**, já que não é obrigatória.

Não se pode confundir gorjeta com a esmola, pois esta é concedida por benemerência, por caridade, sem que tenha havido algum serviço prestado.

A gorjeta, via de regra, **integra**[12] o salário e ambos compõem a remuneração, conforme estabelece o art. 457, *caput*, da CLT, para fins de projeção em outras parcelas e seu valor médio deve ser anotado na CTPS – art. 29, § 1º, da CLT.

A gorjeta pode ser classificada como: **desconhecida, ilícita, proibida e imoral**.

A **gorjeta desconhecida** é aquela que o empregador não sabe que o empregado a recebe. Mesmo assim, como ao empregador cabe a fiscalização do trabalho do empregado, se recebida com habitualidade, integra a remuneração. Algumas atividades geram a presunção de recebimento da gorjeta (garçom, cabeleireiro, manicura, frentista, guardador de automóvel, arrumadeira de hotel etc.). Outras atividades não acarretam na mesma ilação e, portanto, necessitam de prova por parte do empregado de que recebia de fato a gorjeta.

A **gorjeta proibida** é a que o empregador impede expressamente o seu recebimento, comunicando tal determinação diretamente ao empregado. Em alguns casos o cliente também é avisado. Entretanto, se o empregado de fato a perceber com habitualidade, a gorjeta **integrará** a remuneração deste trabalhador, pois

---

8 PINTO, José Augusto Rodrigues. *Curso de Direito Individual do Trabalho*. 4. ed. São Paulo: LTr, 2000, p. 315.

9 Neste sentido também PINTO, José Augusto Rodrigues. *Curso de Direito Individual do Trabalho*. 4. ed. São Paulo: LTr, 2000, p. 316.

10 MAGANO, Otávio Bueno. *Manual de Direito do Trabalho. Direito Individual do Trabalho*. 3. ed. São Paulo: LTr, 1992, v. 2, p. 204.

11 MARTINS, Sergio Pinto. *Direito do Trabalho*. 13. ed. São Paulo: Atlas, 2001, p. 224.

12 Integrar significa somar, acrescer. Quando se afirma que a gorjeta integra o salário para compor a remuneração se está afirmando que ela é somada a esta.

o empregador sofre todos os riscos do seu empreendimento e deve, por isso, fiscalizar a prestação de serviço do empregado. Nada impede, todavia, que o empregador puna o empregado que desrespeitou a regra, podendo até demiti-lo por justa causa.

A **gorjeta ilícita** é a propina. Decorre da corrupção, de favorecimento ilegal. É a vantagem em pecúnia que o terceiro oferece ao empregado para praticar ato ilegal contra o empregador, como considerar o peso abaixo do real, na pesagem da mercadoria (carne, frios, peixe etc.); para desviar mercadorias do empregador; para passar informações confidenciais da empresa a terceiros; para vender sem cobrar. Em face da ilegalidade do ato praticado pelo empregado, a gorjeta ilegal **jamais integra** a remuneração. Além disso, o empregador pode (e deve) aplicar justa causa no trabalhador. A ciência do empregador do ato ilícito não autoriza a integração na remuneração. Também se caracteriza como ilícita a comissão ou vantagem cobrada por empregado a terceiro interessado nos negócios de seu empregador. Para tanto, o trabalhador cobra do interessado para que ele leve vantagens sobre os demais concorrentes e vença a licitação ou a concorrência. Isto é, mesmo que não cause prejuízo ao empregador, se causar a terceiros, a paga é ilícita. É muito comum no mercado, um alto executivo, responsável pelo setor de compras ou de contratos, favorecer (devida ou indevidamente) um cliente, uma mercadoria ou produto, em detrimento dos demais, porque cobrou comissões ou vantagens para dar a preferência a estes.

A **gorjeta imoral** é aquela que, embora sua concessão não infrinja a lei, viola os bons costumes, a moral ou demonstra o caráter oportunista da pessoa. Seria o caso do empregado que tem vantagens econômicas oferecidas por terceiros para prestigiar certos produtos na hora da venda, mesmo que menos vantajosos, defeituosos ou mais caros. Isto ocorre, por exemplo, quando o freguês vai à farmácia MAX procurar vitamina C e o balconista, sabendo que ganhará uma comissão (gueltas) do fabricante (Merck), se conseguir vender a Vitamina X (vitamina mais cara que as outras), oferece apenas este produto, sem informar sobre a existência dos demais. O mesmo ocorre quando o freguês pede o remédio e o balconista oferece o mais caro, sem informar que existe o genérico ou um similar, em condições e preços mais acessíveis.

A gorjeta imoral **não deve integrar** a remuneração porque é contrária à finalidade do direito, caracterizando-se em ato de má-fé. O difícil é chegar à conclusão de que a paga é imoral, já que este conceito, hoje, tem tido contornos elásticos. Entendemos que deve ser analisada a postura do empregado diante do conceito da boa-fé objetiva. Se, realmente, tiver sido imoral, afrontando os direitos do cliente, de forma a lhe causar prejuízo, a gorjeta não deve integrar a remuneração. Entretanto, se o ato praticado não conduz a maiores consequências, opinamos pela integração da gorjeta ou da guelta.

As gorjetas podem, ainda, ser classificadas em **compulsórias e espontâneas**.

As **gorjetas compulsórias**, ou obrigatórias são as fixadas na nota, cobradas do cliente para distribuição entre os empregados.

As **gorjetas espontâneas**, ou facultativas são as que ficam a critério do livre-arbítrio do cliente concedê-las ou não. Também é chamada de gorjeta própria, porque decorre da vontade e não da coerção, já que não cobradas pelo estabelecimento – art. 457, § 3º, da CLT.

Convém ressaltar que o Brasil adotou vocábulo distinto do utilizado em outros países. Isto porque para a doutrina estrangeira a gorjeta "compulsória" é a que decorre de obrigação legal e a "espontânea" a concedida por costume, cobrada ou não na nota pelo estabelecimento. De fato, no Brasil não há lei que obrigue ninguém ao pagamento da gorjeta, pois ela se constitui em uma obrigação natural. Alguns autores informam que as gorjetas se tornam obrigatórias por força de um contrato de adesão. Desta forma, ao aceitar o preço da diária, com a taxa de serviço, o hóspede do hotel, previamente informado dos respectivos valores, concorda com a cobrança, vinculando-se ao pagamento. Todavia, a CLT utilizou as expressões "compulsória" e "espontânea" para designar "cobrada na nota" e "não cobrada na nota", respectivamente.

A norma coletiva pode flexibilizar as regras da gorjeta para qualquer tipo de empregado e de estabelecimento, seus percentuais, forma de retenção e até excluir sua integração (soma) ao salário, como expressamente autorizado pelo art. 611-A, IX, da CLT. Portanto, o disposto na norma coletiva prevalecerá sobre a lei.

Cumpre esclarecer que um empregado não pode receber apenas gorjetas, já que é obrigação legal do empregador pagar os salários quando há trabalho, pois aquele é contraprestação deste. Assim, se o empregador nunca pagou salários e o empregado só recebia gorjetas, deve o trabalhador procurar o Judiciário em busca dos salários retidos e não pagos, podendo o juiz neste caso arbitrar o valor (art. 460 da CLT), caso não tenha sido ajustado outro, respeitando os pisos normativos e legais.

A gorjeta não faz parte da renda do empregador[13] e, por isso, não pode ser computada para fins de tributos.

É comum os empregados ajustarem o **rateio** das gorjetas. A forma de rateio e os percentuais de desconto deve estar prevista em convenção ou acordo coletivo de trabalho e se não existir deve a assembleia de trabalhadores definir.

Isso, aliás, foi previsto expressamente pela Lei nº 13.419/2017, que incluiu os §§ 4º a 11 no art. 457 da CLT. Entretanto, a Lei nº 13.467/2017 (reforma trabalhista) inseriu outro texto no § 4º do art. 457 da CLT para tratar de prêmios.

A intenção do legislador não foi a de revogar o referido parágrafo que tratava da gorjeta, tendo sido apenas um erro na numeração. De qualquer sorte, pela sistemática legislativa, como a lei posterior revoga a anterior, foi revogado o § 4º

---

13 O § 4º do art. 457 da CLT foi incluído pela Lei nº 13.419/2017. Entretanto, a Lei nº 13.467/2017 (reforma trabalhista) incluiu outro texto no § 4º do art. 457 da CLT. A intenção do legislador não foi a de revogar o referido parágrafo que tratava da gorjeta, tendo sido apenas um erro na numeração. De qualquer sorte, pela sistemática legislativa, como a lei posterior revoga a anterior, podemos defender que foi revogado o § 4º acrescido pela Lei nº 13.419/2017, que se referia à gorjeta, para, no lugar, entrar o § 4º que se refere aos prêmios.

acrescido pela Lei nº 13.419/2017, que se referia à gorjeta, para, no lugar, entrar o § 4º que se refere aos prêmios.

Posteriormente, a MP nº 905/2019 restabeleceu quase toda a redação da Lei nº 13.419/2017, mas, como essa medida provisória foi revogada no seu último dia de vigência, restaurou-se o cenário de omissão legislativa.

Todas as características e conceitos acima podem ser estendidos aos outros pagamentos de terceiros como o "ponto",[14] a "guelta", as "comissões" pagas por terceiros, as "utilidades" fornecidas por terceiro etc.

Há quem distinga a **taxa de serviço** das **gorjetas**, ao argumento de que a primeira é cobrada pelos hotéis na diária correspondente ao serviço prestado pelo estabelecimento, apesar de ser destinada aos empregados e a segunda (gorjeta) pelo serviço do garçom (e equipe) ao cliente. A discussão hoje cai por terra diante da nova redação do § 3º do art. 457 da CLT, dado pela Lei nº 13.419/17, que incluiu a expressão "serviço":

> § 3º Considera-se gorjeta não só a importância espontaneamente dada pelo cliente ao empregado, como também o valor cobrado pela empresa, como **serviço** ou adicional, a qualquer título, e destinado à distribuição aos empregados.

As **gueltas** também se caracterizam em forma de pagamento indireto para estimular as vendas ou a produção. Pode ser paga em valor fixo ou percentual. Guelta é a parcela pecuniária paga, por exemplo, por um laboratório farmacêutico ao vendedor ou balconista da farmácia para incentivá-lo a dar preferência nas vendas dos produtos ou remédios deste laboratório. Outra situação é a da empresa de cartão de crédito que oferece gueltas aos empregados do banco para as operações realizadas em relação aos produtos da empresa de cartão. Se pago com habitualidade, compõe a remuneração para todos os fins. Essa também é a opinião de Alice Monteiro de Barros[15] e de parte da jurisprudência.

> RECURSO ORDINÁRIO DA RECLAMADA. REMUNERAÇÃO EXTRA FOLHA E SUA INTEGRAÇÃO. GUELTAS. Destaca-se o entendimento pacífico do C. TST sobre a questão, no sentido de que as comissões pagas habitualmente, mesmo que por terceiros, fornecedores da empresa ré, possuem natureza salarial, uma vez que é paga habitualmente com incentivo à melhoria de vendas, beneficiando o empregador. Deve as "gueltas" integrar a remuneração do autor. (TRT-17 – RO: 00019170620155170010, Relator: JOSÉ CARLOS RIZK, Data de Julgamento: 18/06/2019, Data de Publicação: 28/06/2019).

---

[14] Os "pontos" normalmente são utilizados como forma de rateio dos empregados de hotéis. O hóspede paga o valor da diária e consumo acrescido da "taxa de serviço" e, de acordo com a pontuação de cada empregado, a taxa de serviço ou gorjeta é distribuída. Assim, uma arrumadeira pode ter o salário de R$ 500,00 mais dois pontos, que significa 2% sobre o montante mensal arrecadado a título de taxa de serviço, cobrada na nota de cada hóspede.

[15] BARROS, Alice Monteiro de. *Curso de Direito do Trabalho*. São Paulo: LTr, 2005, p. 733.

Há, no entanto, uma vertente[16] que não entende pela integração da guelta[17] na remuneração do empregado, sob o argumento de que a parcela é espontânea e por falta de previsão legal.

> GUELTAS. NATUREZA JURÍDICA. A parcela denominada "guelta" não tem natureza salarial quando a prova dos autos sinaliza que era quitada pelos fornecedores no intuito de fomentar as vendas de seus produtos comercializados no estabelecimento comercial da reclamada através do incentivo pecuniário aos vendedores que privilegiavam determinada marca em detrimento das demais quando da oferta aos clientes. Destarte, na forma do disposto no art. 457 da CLT, não se compreende na remuneração o pagamento de prêmios e vantagens, mesmo que habituais, que não eram quitados diretamente pelo empregador. TRT/MG – Processo: 00837.2002.022.03.00.0 – Rel. Designado: Juiz Manoel Barbosa da Silva. *DJ*/MG 18/02/2003.

Discordamos da opinião acima. A espontaneidade da prestação de terceiro não impede sua integração, tanto que a CLT determinou a integração das gorjetas espontâneas. Ademais, a CLT não foi taxativa, mas meramente exemplificativa ao mencionar a gorjeta como espécie de pagamento de terceiro. A se pensar desta forma, bastaria a alteração, pelos restaurantes, da nomenclatura gorjeta por comissões, para desnaturá-la. Procedimento, aliás, que já vem sendo feito na prática.

Convém ressaltar que as **gueltas** pagas ao balconista de farmácia para que incentive a venda de um **medicamento** em detrimento de outro, tem sido objeto de grande polêmica, já que tem toda a aparência de paga imoral por se tratar de produto relacionado à saúde e à vida, enquanto para outros a prática seria uma espécie de *dolus bonus*, tolerado pelo direito brasileiro.

Explica-se:

Existem diversos tipos de dolo, sendo o ***dolus bonus*** e o ***dolus malus*** os que mais nos interessam.

O ***dolus bonus*** é aquele frequentemente utilizado no comércio informal e até mesmo no formal; consiste em exageros nas vantagens e boas qualidades da mercadoria oferecida pelo comerciante. Pressupõe astúcia e sagacidade do agente de mercado que valoriza seu produto para conquistar mais clientes. O *dolus bonus* é socialmente admitido, sendo até mesmo estimulado nesta economia capitalista em que vivemos. O que não se admite é que pelo *dolus bonus* se induza o freguês ou cliente a erro ou a um grave prejuízo. Neste caso, será equiparado ao *dolus malus*, que é combatido pelo direito, e se caracteriza pelo ganho obtido por meio de um ato ilícito, socialmente repugnado.

Portanto, toda vez que houver má-fé ou violação dos bons costumes estará se esbarrando no abuso do direito que é equiparado ao ato ilícito, não devendo, por este motivo, haver integração da parcela ao salário para qualquer fim.

---

16 Valentin Carrion entende que as gueltas "não influem na relação empregatícia". CARRION, Valentin. *Comentários à Consolidação das Leis do Trabalho*. 28. ed. atualizado por Eduardo Carrion. São Paulo: Saraiva, 2003, p. 294.

17 Idem do comentário do item 16.

A doutrina também defendia, antes da alteração legislativa, a integração à remuneração do valor em pecúnia pago pelo **direito de arena**,[18-19] por aplicação analógica da regra da gorjeta. Entretanto, o art. 42 da Lei nº 12.395/11 é expresso na natureza civil da parcela, retirando-lhe a natureza salarial trabalhista.

2.1.2. Integração

Apesar de o legislador ter sido expresso a respeito da integração das gorjetas "para todos os fins", a jurisprudência abrandou estes efeitos, por entender excessivamente oneroso para o patrão. Assim, as parcelas pagas habitualmente por terceiros, como as gorjetas, gueltas, comissões, taxa de serviço etc., integram o salário para alguns fins, tais como férias, FGTS, 13º salário e INSS.

Na forma da Súmula nº 354 do TST as gorjetas **não** integram o adicional noturno, as horas extras, o repouso semanal remunerado e o aviso prévio.

A súmula se baseou na interpretação literal das palavras utilizadas pelo legislador. Quando a lei se referir à remuneração como base de cálculo da parcela, o pagamento de terceiro integrará o salário. Quando a lei utilizar as expressões "salário" ou "dia normal de trabalho" ou "hora normal", a gorjeta não integrará. Veja a seguir os exemplos.

A CLT determinou que o pagamento das férias deve ser efetuado de acordo com a "remuneração" devida na época da concessão:

> **Art. 142.** O empregado perceberá, durante as **férias**, a **remuneração** que lhe for devida na data da sua concessão (grifo nosso).

De forma diferente se referiu ao pagamento da hora extra, do adicional noturno e do aviso prévio, pois aponta o salário ou a hora normal como parâmetro e não a remuneração:

> **Art. 59.** A duração diária do trabalho poderá ser acrescida de horas extras, em número não excedente de duas, por acordo individual, convenção coletiva ou acordo coletivo de trabalho.
>
> § 1º A remuneração **da hora** extra será, pelo menos, 50% (cinquenta por cento) superior à da hora normal.
>
> (...)
>
> **Art. 73.** Salvo nos casos de revezamento semanal ou quinzenal, o trabalho **noturno** terá remuneração superior à do diurno e, para esse efeito, sua remuneração terá um acréscimo de 20% (vinte por cento), pelo menos, sobre a **hora diurna** (grifos nossos).

---

[18] O art. 42 da Lei nº 9.615/2011 com a redação dada pela Lei nº 12.395/2011 foi expresso no seguinte sentido: Art. 42. Pertence às entidades de prática desportiva o **direito de arena**, consistente na prerrogativa exclusiva de negociar, autorizar ou proibir a captação, a fixação, a emissão, a transmissão, a retransmissão ou a reprodução de imagens, por qualquer meio ou processo, de espetáculo desportivo de que participem. § 1º Salvo convenção coletiva de trabalho em contrário, 5% (cinco por cento) da receita proveniente da exploração de direitos desportivos audiovisuais serão repassados aos sindicatos de atletas profissionais, e estes distribuirão, em partes iguais, aos atletas profissionais participantes do espetáculo, como parcela de natureza civil.

[19] Não confundir direito de arena, com luvas e bicho. Adiante os institutos serão mais bem explicados.

> (...)
>
> **Art. 487.** Não havendo prazo estipulado, a parte que, sem justo motivo, quiser rescindir o contrato deverá **avisar** a outra da sua resolução com a antecedência mínima de:
>
> (...)
>
> § 1º A falta do aviso prévio por parte do empregador dá ao empregado o direito aos **salários** correspondentes ao prazo do aviso, garantida sempre a integração desse período no seu tempo de serviço (grifos nossos).

A Lei nº 4.090/62 assim se refere à remuneração quando determina a forma de cálculo do 13º salário:

> **Art. 1º** No mês de dezembro de cada ano, a todo empregado será paga pelo empregador, uma gratificação salarial, independentemente da remuneração a que fizer jus.
>
> § 1º A gratificação corresponderá a 1/12 da **remuneração** devida em dezembro, por mês de serviço, do ano correspondente (grifos nossos).

Por último, a Lei nº 605/49 aponta o salário como base para o cálculo do RSR:

> **Art. 7º** A remuneração do repouso semanal corresponderá: a) para os que trabalham por dia, semana, quinzena ou mês, à de **um dia de serviço**, computadas as horas extras habitualmente prestadas (grifos nossos);

Discordamos do C. TST apenas no que diz respeito ao **aviso prévio**. Se o empregador, ao demitir, impede o empregado de trabalhar no respectivo período, pois prefere indenizá-lo, deveria pagar tudo que o empregado teria direito se trabalhando estivesse. Neste caso, se tivesse trabalhado receberia as gorjetas pagas pelos fregueses. Logo, as gorjetas devem integrar o salário para fins de cálculo do aviso prévio indenizado. Ao revés, a Súmula nº 354 do TST, que preferiu a interpretação literal do dispositivo legal mencionado (art. 487, § 1º, da CLT).

Concluindo: o empregador, ao recolher o INSS, o FGTS, ao pagar o 13º salário e as férias, deve considerar como base de cálculo não só o salário (paga direta), como também as pagas indiretas, somando-as, salvo norma coletiva disciplinando de forma diversa.

A experiência tem demonstrado que a inclusão e exclusão da parcela "gorjeta" no recibo de pagamento tem levado muitos trabalhadores ao Judiciário, porque acreditam que o desconto do exato valor da parcela creditada é ilegal, o que normalmente não é verdade, já que a gorjeta já foi recebida, restando, apenas, o recibo deste pagamento e a consequente integração.

Explica-se:

Normalmente o pagamento da gorjeta é feito diretamente pelo cliente ao trabalhador ou a ele repassado pelo empregador, fora do contracheque e antes do vencimento mensal, em espécie e em sistema de rateio ("caixinha"). Se de fato, a gorjeta já foi recebida pelo trabalhador, correto o procedimento do patrão que credita e, no mesmo ato, debita a parcela, pois necessita demonstrar a base de cálculo para fins de INSS, FGTS e outros consectários. Em face desses transtornos, sugerimos que a gorjeta não apareça como crédito (e débito) no contracheque do empregado, mas seja inserida diretamente na base de cálculo para os fins legais.[20]

2.2. Luvas e Bicho

O **bicho** (parcela paga ao atleta em virtude da vitória ou para estimular o bom desempenho) tem natureza salarial, pois visa incentivar o trabalhador, assim como as gratificações.

Já em relação às **luvas** pagas pelo futuro empregador ao atleta pela assinatura do contrato (art. 31, § 1º, da Lei nº 9.615/1998), a controvérsia é maior. Isto porque uma corrente defende que estas têm natureza indenizatória, já que pagas de uma só vez pela "compra" do passe do atleta. A segunda corrente, de forma correta, no sentido de que as luvas têm natureza de contraprestação, podendo ser pagas de uma só vez, no início do contrato de trabalho ou, até mesmo, de forma parcelada, o que representa claramente que o pagamento é feito por conta do trabalho realizado, sem existir qualquer caráter ressarcitório.

> "HIRING BÔNUS". PARCELA PAGA COMO INCENTIVO À CONTRATAÇÃO. EQUIPARAÇÃO ÀS LUVAS. NATUREZA JURÍDICA SALARIAL. REFLEXOS. Esta Corte Superior possui o entendimento de que a bonificação paga ao obreiro, no momento da sua contratação, possui natureza salarial, na medida em que equivale às "luvas" percebidas por atletas profissionais, independentemente de o pagamento realizar-se em parcela única. Contudo, tratando-se de parcela paga uma única vez, seus reflexos devem ser limitados, aplicando-se analogicamente a Súmula 253 do TST. Recurso de revista conhecido e provido no aspecto. TST – RR: 2467320135040302, Relator: Mauricio Godinho Delgado, Data de Julgamento: 05/06/2019, 3ª Turma, Data de Publicação: DEJT 07/06/2019.

> SALÁRIO. LUVAS DESPORTIVAS. NATUREZA JURÍDICA. INTEGRAÇÃO SALARIAL. CONHECIMENTO. Nos termos do art. 12 da Lei nº 6.325/1976, as luvas desportivas são pagas em razão do contrato de trabalho, tomando-se em consideração o desempenho do atleta profissional de futebol ao longo de sua carreira, consoante prelecionam José Martins Catharino e Alice Monteiro de Barros. Trata-se, portanto, de verba de natureza eminentemente salarial na medida em que caracteriza uma modalidade de contraprestação paga pelo empregador ao empregado. Robustece esta convicção o fato do art. 3º, inciso III, da Lei nº 6.354/1976 incluir as luvas desportivas no rol de parcelas que compõem remuneração do atleta profissional de futebol, estabelecendo inclusive, que tal valor deve estar expressamente especificado no contrato de trabalho, se previamente convencionado. Recurso conhecido, por divergência jurisprudencial, e parcialmente provido. Ac. TST 1ª T. (RR 467125/98), Rel. Juiz Convocado Altino Pedroso dos Santos, julgado em 02/06/04. In Bomfim, Benedito Calheiros; Santos, Silvério dos; Dicionário de Decisões Trabalhistas. 35. ed. Impetus: Niterói, 2005, p. 514, Ementa nº 1.307.

[20] Convém ressaltar que o mesmo procedimento deve ser feito com as utilidades fornecidas *in natura*.

3. ELEMENTOS DO SALÁRIO

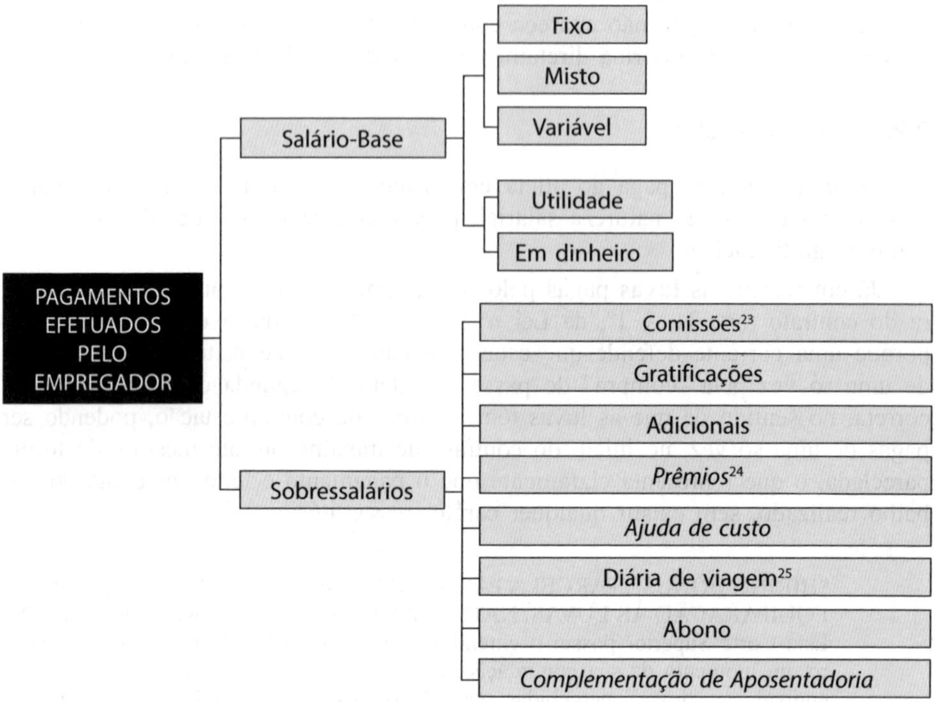

Além do **salário básico** (ou base) o empregado pode receber outras parcelas denominadas sobressalários (gratificações, adicionais, percentagens etc.). Sobressalário significa o que é pago além do salário base.

O **sobressalário** também é chamado, por alguns autores, de parcelas que gravitam em torno do salário-base ou de salário-condição,[24] pois dependem do implemento de uma condição legal ou contratual. É comum o empregador utilizar as nomenclaturas que lhe beneficiam ou inventar outras além das aqui mencionadas. Normalmente isso acontece para sonegar ao trabalhador a devida integração, determinada pelo art. 457, § 1º, da CLT, já que barateia o custo da mão de obra. Caberá ao intérprete buscar, em cada caso, a real finalidade e o fato gerador do sobressalário efetivamente pago para, só então, enquadrá-lo em um dos aqui

---

21 As comissões podem ser pagas como salário base, quando o mínimo ou o piso é garantido, ou como sobressalário.

24 Os prêmios, ajuda de custo e complementação da aposentadoria não têm natureza salarial. Daí por que alguns autores sequer as consideram como sobressalários.

25 A parcela diária de viagem, antes da Lei nº 13.467/17, poderia ter ou não natureza salarial.

24 Ex.: Enquanto o empregado trabalhar em local insalubre, receberá o respectivo adicional. Enquanto exercer a função de chefia, receberá a gratificação de função criada pela norma coletiva de sua categoria. Deixando de trabalhar em local insalubre ou de exercer a função de chefia, perde o direito de receber as respectivas vantagens. Estudaremos os sobressalários nos itens adiante.

estudados. Isto quer dizer que, a nomenclatura utilizada pelo patrão não tem, por si só, o condão de descaracterizar ou não a natureza salarial de uma parcela se, de fato, ela tem outra natureza. O exegeta deverá analisar cada caso cuidadosamente para fazer o correto enquadramento legal.

Estes elementos (sobressalários) normalmente integram[25] o salário (complexo salarial) diante de sua natureza e são concedidos sob condição. Assim, quando o empregado preencher determinada hipótese estipulada pela lei ou pela vontade das partes, receberá o sobressalário ajustado ou determinado pela lei.

Lembramos que a partir da Lei nº 13.467/17 (reforma trabalhista) vários parágrafos do art. 457 da CLT foram modificados retirando a natureza salarial de diversas parcelas. Além disso, poderá a norma coletiva retirar a natureza salarial das parcelas vinculadas à produtividade ou por desempenho individual do empregado – art. 611-A, IX, da CLT ou de gratificações, adicionais ou qualquer outra – art. 611-A, *caput,* da CLT. Portanto, muito do que será estudado a seguir só se aplica para as situações pretéritas à vigência da reforma trabalhista.

De acordo com a nova redação do art. 457 da CLT:

> **Art. 457.** Compreendem-se na remuneração do empregado, para todos os efeitos legais, além do salário devido e pago diretamente pelo empregador, como contraprestação do serviço, as gorjetas que receber.
>
> § 1º Integram o salário a importância fixa estipulada, as gratificações legais e as comissões pagas pelo empregador.
>
> § 2º As importâncias, ainda que habituais, pagas a título de ajuda de custo, auxílio-alimentação, vedado seu pagamento em dinheiro, diárias para viagem, prêmios e abonos não integram a remuneração do empregado, não se incorporam ao contrato de trabalho e não constituem base de incidência de qualquer encargo trabalhista e previdenciário.
>
> (...)

Enquanto o empregado receber a parcela de natureza salarial, esta integrará o salário (regra geral) para fins de projeção nas demais verbas trabalhistas, desde que habituais, salvo para projeção no FGTS, que incide sobre a remuneração independente da habitualidade, bastando a natureza salarial.

3.1. Breves Comentários às Modificações Trazidas pela Lei nº 13.467/17 ao Art. 457 da CLT

O § 1º do art. 457 da CLT retira do texto legal as seguintes parcelas: abonos, diárias de viagem, percentagens, e substitui a expressão "gratificações ajustadas" por "gratificações legais".

Foi retirada a natureza salarial dos abonos e diárias de viagens, pelo § 2º do mesmo artigo, ainda que as diárias sejam superiores a 50% do salário.

---

25 A palavra integrar está empregada no sentido de somar.

Não se sabe ao certo o novo significado de "**abono**". Antes da alteração legislativa, abono significava adiantamento salarial e este obviamente tem natureza salarial. Após a Lei nº 13.467/2017 não mais se tem o conceito de abono, pois, mesmo que habitual, não tem natureza salarial.

A percentagem é sinônimo de **comissão**, portanto o legislador corretamente adequou o texto à técnica jurídica. Logo, nenhuma alteração quanto à natureza salarial das comissões (que é sinônimo de percentagem).

O legislador não incluiu as **gratificações** contratuais ou ajustadas (nem a de função[26]) no § 1º nem no § 2º do art. 457 da CLT, deixando, mais uma vez, a jurisprudência interpretar se elas continuam com natureza salarial ou se perderam com a reforma trabalhista. Defendemos a natureza salarial da gratificação, qualquer que seja sua finalidade, pois, se desejasse excluí-la, o legislador o teria feito expressamente como o fez com os prêmios, diárias de viagem etc., no § 2º deste artigo. O mesmo raciocínio pode ser aplicado aos adicionais.

A partir da Lei nº 13.467/17, as **diárias de viagem**, mesmo que superiores a 50% do salário do empregado, deixam de ter natureza salarial. Correto o posicionamento do legislador, pois elas têm finalidade ressarcitória, isto é, de ressarcir as despesas com as viagens realizadas pelo empregado em viagem a trabalho.

Ainda que recebidos todos os meses ou habitualmente, não têm natureza salarial o **auxílio-alimentação** e prêmios. Dessa forma, não será mais necessária a adesão da empresa ao PAT para retirar a natureza salarial da alimentação, seja ela concedida *in natura*, como tíquete ou como vale-refeição. Apesar de o legislador ter apontado que é proibido o pagamento do auxílio-alimentação em dinheiro, caso o empregador o faça, será válido o pagamento, pois constitui benesse para o empregado. Entretanto, terá natureza salarial, salvo norma coletiva em sentido contrário.

As ajudas de custo não têm natureza salarial, salvo durante a vigência da MP nº 808/2017. As **ajudas de custo** se destinam a ressarcir as despesas efetuadas pelo empregado em virtude de sua transferência (arts. 469 e 470 da CLT). Essa transferência normalmente é de iniciativa do patrão, ainda que bilateral, e sempre importa em mudança de domicílio. Logo, por sua natureza ela é eventual no contrato. Todavia, de acordo com a nova redação do § 2º do art. 457 da CLT, as ajudas de custo, ainda que **habituais**, não têm natureza salarial. Ora, não são habituais as verdadeiras ajudas de custo. Teria o legislador dado outro conceito à expressão "ajuda de custo"? Aparentemente, as ajudas de custo a partir da Lei nº 13.467/2017 serão toda e qualquer parcela paga a título de ressarcimentos de gastos com o trabalho, estejam estes relacionados com vestimentas, ferramentas, material etc.

Além das mudanças apresentadas, o legislador também apontou a não incorporação de tais parcelas ao contrato de trabalho, o que significa dizer que poderão ser suprimidas, constituindo exceção ao art. 468 da CLT.

---

26 Durante a vigência da MP nº 808/2017 as gratificações de função tinham natureza salarial pelo texto legal.

O § 2º do art. 457 da CLT retira a natureza salarial dos prêmios[27] e os considera mera liberalidade concedida pelo empregador ao empregado em forma de bens, serviços ou em dinheiro.

O legislador conceituou os **prêmios** como liberalidades do empregador em forma de bens, serviços ou valor em dinheiro pago em razão do desempenho superior ao ordinariamente esperado no exercício de suas atividades. Dessa forma, não terá natureza salarial apenas esse tipo de prêmio, pois, se previsto no contrato ou na norma interna, não será liberalidade e, por isso, terá natureza salarial. Se pago mensalmente ou de forma habitual, é porque remunera o desempenho ordinário e não extraordinário.

4. SALÁRIO-UTILIDADE

4.1. Conceito e Requisitos

Utilidade é tudo que **não é dinheiro**, pecúnia. Cadeira, mesa, comida, combustível, máquina, casa, carro, plano de saúde, de previdência, vale ou bônus de pequena circulação etc. são exemplos de utilidades.

Os arts. 81 e 458 da CLT autorizam o pagamento de parte do salário em utilidades.

Utilidade não se confunde com salário-utilidade (ou *in natura*).

Para que uma utilidade fornecida pelo empregador tenha **natureza salarial** necessária é sua concessão de forma **habitual** (adota-se o critério temporal, ou seja, a utilidade tem que ser concedida durante a metade ou mais da metade do período), **gratuita** para o empregado e que seja fornecida **PELOS** serviços prestados (e não **PARA** a realização dos serviços), isto é, como forma de contraprestação destes. Também tem que ser **benéfica** ao trabalhador e, ainda, não pode ter lei em contrário.

A natureza salarial do benefício necessariamente importará na integração (soma) da parcela no salário para fins de projeção nas outras parcelas.

São requisitos concomitantes do **salário-utilidade**: a) concessão de uma utilidade; b) que a utilidade seja benéfica; c) que seja concedida de forma graciosa, habitual e fornecida pelos serviços prestados; d) que não haja lei retirando a natureza salarial da parcela.

a) Utilidade

O primeiro requisito é que a parcela seja concedida sob a forma de utilidade. Isto quer dizer que se o patrão paga a parcela "alimentação" em dinheiro, não será possível a análise se esta é concedida PARA ou PELO trabalho, se habitual ou eventual, etc., pois todo pagamento em dinheiro submete-se à regra da CLT, isto

---

27 Durante a MP nº 808/2017 os prêmios pagos mais de duas vezes ao ano tinham natureza salarial.

é, via de regra, tem natureza salarial, salvo quando a própria lei retirar sua feição retributiva. Parece que a Lei nº 13.467/17 trouxe exceção a esta regra quando retirou a natureza salarial dos valores pagos a título de reembolso a medicamento, próteses, óculos, órteses, próteses etc. – § 5º do art. 458 da CLT.

b) Utilidade benéfica

O fornecimento de bebidas alcoólicas, drogas, cigarros ou qualquer outro agente nocivo à saúde jamais constituirá salário-utilidade (art. 458, *caput*, *fine* da CLT). Nesse sentido a Súmula nº 367, II, do TST.

Portanto, mesmo que o empregado se sinta beneficiado com a concessão graciosa da utilidade, se ela proporcionar alguma nocividade à sua saúde física, mental ou social, não terá natureza salarial e poderá ser suprimida a qualquer momento. Assim, por exemplo, se o patrão conceder mensalmente caixas de cerveja, esta parcela não terá natureza salarial nem se incorporará ao contrato, podendo ser suprimida a qualquer momento.

c) Gratuidade, habitualidade e como forma de contraprestação pelos serviços prestados

O benefício concedido pelo empregador deve ser inteiramente gracioso para o empregado, por constituir vantagem para o trabalhador. Se sofrer qualquer desconto, desde que não seja desprezível (módico), será onerosa a utilidade, retirando sua natureza salarial.

Arnaldo Süssekind[28] defende que a utilidade, ao mesmo tempo, deve ser onerosa para o empregador e graciosa para o empregado. Discordamos deste posicionamento. O empregador pode não pagar por uma utilidade fornecida graciosamente ao seu empregado. O fato de um terceiro pagar, não impede a concessão graciosa para o empregado.[29]

A utilidade para ter natureza salarial deve ser concedida como forma de compensar o trabalhador **pelos** serviços prestados.

Assim, um benefício concedido como instrumento ou ferramenta de trabalho não se caracteriza em salário *in natura*, mas em mera utilidade, pois não foi fornecido como contraprestação (vantagem) e sim por necessidade. Uniforme, ferramentas de trabalho, carro, computadores, *laptop*, mostruário, combustível etc., quando fornecidos para o empregado usar para trabalhar não são considerados como salário.

Neste sentido também a Súmula nº 367, I, do TST.

Habitualidade significa repetição, que deve ser analisada como tudo aquilo que se repete por metade ou mais da metade de um período.[30] Assim, se o intérprete

---

28 SÜSSEKIND, Arnaldo; MARANHÃO, Délio; VIANNA, Segadas; TEIXEIRA, Lima. *Instituições de Direito do Trabalho*. 22. ed. São Paulo: LTr, 2005, v. 1, p. 360.

29 Podemos imaginar a concessão de alimentação em face de um convênio com outra empresa, em que o empregador não tem ônus e o empregado não paga nada.

30 Alice Monteiro sugere que a habitualidade aconteça quando a repetição se der durante pelo menos um ano. Não concordamos com esta posição, pois o parâmetro varia de acordo com a parcela que

quer saber se a utilidade é habitual para fins de projeção no 13º salário, deve-se analisar se a parcela *in natura* foi concedida por seis ou mais meses que antecedem dezembro (metade ou mais da metade do ano a que se refere aquela gratificação natalina). Se for para fins de projeção nas férias, metade ou mais da metade do período aquisitivo (seis ou mais meses do período aquisitivo, salvo para o comissionista). Se for para fins de projeção no RSR, metade ou mais da metade de seis dias, isto é, três ou mais dias que antecedem o dia de folga. A análise deve ser feita a cada semana, a cada ano e a cada período aquisitivo. A matéria será analisada melhor no item "projeções", dentro do Capítulo "Salário".

A jurisprudência também tem exigido a habitualidade para a caracterização da natureza salarial da utilidade, como se percebe da interpretação da OJ nº 413[31] da SDI-1 do TST.

d) Desde que não haja lei em contrário

As utilidades fornecidas ao empregado pela empresa representam uma economia em seus recursos financeiros e, portanto, um *plus* em seu salário, que deveria integrar o cálculo de vários institutos jurídicos. Entretanto, essa feição salarial dada às utilidades onera demasiadamente o empregador, desestimulando-o. Assim, o legislador, de forma correta, retirou o caráter de retribuição de algumas utilidades (vestuário, transporte ida e volta para o trabalho, instrumentos de trabalho, saúde, educação, previdência privada e seguro – art. 458, § 2º, da CLT e, após a Lei nº 13.467/17, o auxílio-alimentação, próteses, órteses e óculos). Deveria, na verdade, ter estendido a todas as utilidades, proibindo também o desconto no salário, de forma a não punir nenhuma das partes (empregado e empregador), o que ajudaria a reduzir os contrastes sociais, já que estimularia a concessão de benesses *in natura*.

4.2. Pagamento em Dinheiro

O art. 81 da CLT permite que o empregador desconte do salário do empregado a utilidade fornecida.[32]

Todavia, o parágrafo único do art. 82 da CLT determina que, no mínimo, **30%** do salário seja pago em **dinheiro**, impedindo o empregador de descontar 100% do

---

vai ser calculada sobre o salário utilidade. Na verdade, o critério anual pode ser utilizado para fins de incorporação (inserção) de uma benesse ao contrato de trabalho, como se fosse cláusula tacitamente ajustada, para impedir que seja posteriormente suprimida pelo empregador, mas não para fins de integração (soma) ao salário e de projeção em outras parcelas do contrato. BARROS, Alice Monteiro de. *Curso de Direito do Trabalho*. São Paulo: LTr, 2005, p. 707.

31 OJ nº 413 da SDI-I do TST: "A pactuação em norma coletiva conferindo caráter indenizatório à verba "auxílio-alimentação" ou a adesão posterior do empregador ao Programa de Alimentação do Trabalhador – PAT – não altera a natureza salarial da parcela, instituída anteriormente, para aqueles empregados que, habitualmente, já percebiam o benefício, a teor das Súmulas nos 51, I, e 241 do TST". Esta Orientação Jurisprudencial provavelmente será modulada ou alterada após a Lei nº 13.467/17.

32 O desconto é uma faculdade e, quando realizado, descaracteriza a natureza salarial da utilidade. BARROS, Alice Monteiro de. *Curso de Direito do Trabalho*. São Paulo: LTr, 2005, p. 707.

salário e, por outro lado, permitindo ao empregado a livre utilização desta parte do salário, o que evita o *truck system*.

Apesar disso, caso o empregador pague todo o salário sob a forma de utilidades, o que é irregular, caberá ao empregado postular a diferença (30%), que deve ser paga em dinheiro.

Cumpre esclarecer que a soma de todas as utilidades totaliza o valor do salário e não, como erroneamente presumido, de 70% do salário.

Alice Monteiro de Barros[33] entende que em relação ao rural o pagamento mínimo em dinheiro deveria ser de 55%, já que a lei apenas se refere a dois percentuais (20% para a habitação e 25% para alimentação). Discordamos, *data venia*, dessa posição, pois o fato da lei só se referir a duas utilidades, não exclui a aplicação das demais. Aliás, este é comando inserido no art. 1º da Lei nº 5.889/73, quando determina a aplicação da CLT naquilo que for compatível ao rural. Ademais, o art. 7º, IV, da CRFB também se aplica aos rurais. Logo, ao rural também se aplica o art. 82 da CLT, devendo ser mantido o percentual mínimo de 30% também a ele. *Vide* OJ nº 18 da SDC do TST.

4.3. Espécies e Valor da Utilidade

O salário mínimo representa (ou deveria representar) o valor das despesas diárias do trabalhador com alimentação, habitação, vestuário, higiene, transporte, educação, saúde, lazer e previdência social (art. 81 da CLT c/c art. 7º, IV, da CRFB).

Cada uma destas prestações *in natura* corresponde a um percentual do salário mínimo, cuja soma equivale ao seu valor total (100%). O parágrafo único do art. 82 da CLT determina que o valor mínimo pago em dinheiro deve corresponder a, pelo menos, 30% do valor total do salário mínimo, isto quer dizer, que os outros 70% podem ser fornecidos em utilidades.

De acordo com o art. 81 da CLT c/c art. 7º, IV, da CRFB o salário mínimo será determinado pela seguinte fórmula: SM (salário mínimo) = alimentação + habitação + transporte + vestuário + higiene + lazer + previdência + saúde + educação. Esta mesma fórmula também deve ser aplicada para quem percebe mais que um salário mínimo.

Os valores atribuídos às prestações fornecidas *in natura* deverão ser **justos e razoáveis**, não podendo exceder, em cada caso, os dos percentuais das parcelas correspondentes do salário mínimo ou o real valor da utilidade (art. 458, § 1º, CLT).

É importante tanto para fins de desconto, como no caso de integração, se encontrar o real valor da utilidade. Não pode haver para o empregado um desconto superior à própria utilidade que está sendo fornecida, como também na

[33] *Ibidem*, p. 394.

eventual hipótese de integração, não se pode utilizar um valor acima do que ela vale. Portanto, em relação à habitação, por exemplo, um porteiro que recebe R$ 2.000,00 de salário (mais que o mínimo) e que mora no próprio prédio onde presta serviços, um luxuoso condomínio em um bairro nobre do Rio de Janeiro, não pode sofrer desconto em seu salário superior ao valor que pagaria de aluguel para residir em Bangu (subúrbio da cidade), local onde provavelmente habitaria se neste emprego não estivesse. Um imóvel na Zona Sul é mais oneroso que um imóvel na zona Norte (condomínio, IPTU etc.) e não seria certo o empregado arcar com essa diferença.

É relevante também que o percentual utilizado seja justo e razoável, devendo ser ponderado através de critérios concretos de avaliação. Assim, para alimentação deve ser analisado se a refeição fornecida pelo empregador, café da manhã, por exemplo, é apenas um pão com manteiga e café preto ou se, além disso, são oferecidas frutas, cereais, leite, iogurtes, sucos, frios, queijos, bolos, geleias etc. Não seria razoável, no primeiro caso, que o empregador efetuasse o desconto máximo legal (2%), bem como não seria aceitável, diante de tamanha fartura na segunda hipótese, a utilização de um percentual módico, objetivando afastar a integração do benefício.

No caso da habitação deve ser levado em conta, para cálculo do percentual pertinente, se a moradia apresenta mínimas condições de higiene e conforto, se coletiva (caso de rateio do percentual a ser aplicado) ou não e, ainda, até que ponto o empregado pode dispor do imóvel como bem entender, isto é, receber amigos, decorar como desejar etc.

Isto quer dizer, quando a utilidade em estudo for uma daquelas prestações incluídas no salário mínimo, como acima descrito, deverá ser utilizado o percentual fixado para cada utilidade. Este percentual foi criado para o salário mínimo, mas serve de parâmetro para os demais salários, devendo ser aplicado sobre o salário contratual do empregado que percebe mais que o mínimo (se urbano). Assim, os valores finais variarão de acordo com o salário do empregado, mas os percentuais serão sempre os mesmos. Se o que se pretende integrar, por exemplo, é a habitação e esta corresponde a 25% do salário mínimo, o intérprete deverá utilizar-se do mesmo percentual e fazê-lo incidir sobre o salário base do empregado, limitado ao real valor da utilidade, pois não pode haver enriquecimento sem causa. Da mesma forma entendeu o legislador quando acresceu o § 3º ao art. 458 CLT. O resultado obtido por esta fórmula servirá de base de cálculo para fins de projeção nas férias, trezenos, FGTS e parcelas resilitórias.

Na verdade, o empregado ganha o que não lhe foi descontado. Este foi o benefício que obteve, pois se era lícito ao empregador efetuar o desconto e se esse não o fez, quem ganhou foi o empregado na mesma proporção, já que teria que gastar com a necessidade.

Utilizando-se da regra prevista no art. 458, § 1º, da CLT obtém-se valor justo e razoável da utilidade, que servirá tanto para fins de desconto, se assim desejar o empregador, como para fins de projeção, quando se caracterizar em salário utilidade o benefício concedido.

Em sentido contrário, a Súmula nº 258 do TST que recomendou o cálculo pelo real valor da utilidade, devendo-se respeitar os percentuais do salário mínimo apenas para aqueles empregados que recebem o mínimo.

Discordamos[34-35] da teoria adotada pela Súmula nº 258 do TST, não só porque contraria literalmente o disposto no art. 458 da CLT, como também porque a tese daria ao empregador o mesmo direito, isto é, o de descontar do salário do empregado o real valor da utilidade quando o trabalhador perceber mais que o mínimo. O entendimento da Súmula não pode servir como incentivo para o intérprete tratar desigualmente às partes, uma vez que premia o empregado e, em idêntica situação, mas invertida, não prestigia o empregador.

Também não foi essa a tese adotada pelo legislador quando fixou os percentuais para alimentação e habitação incidentes sobre o salário do empregado, mesmo que este ganhe mais que um salário mínimo (art. 458, § 3º, CLT). Na verdade, a aplicação desta Súmula se limita às prestações in natura que não estejam incluídas no salário mínimo.

A jurisprudência majoritária não vem aplicando a Súmula nº 258 do TST para os empregados celetistas que ganham mais que o salário mínimo.

Percentuais para os **urbanos**:

Na forma da Portaria 19/52 do MTPS e do Decreto nº 94.062/87 (já revogado), as primeiras cinco utilidades previstas pela CLT tinham os seguintes valores para o **Rio de Janeiro** (cada Estado tem uma tabela diferente): alimentação – 50%; habitação – 25%; vestuário – 13%; higiene – 6%; transporte – 6%.

Como o percentual da alimentação foi reduzido pelo art. 458 da CLT de 50% para 20% e, levando-se em conta que hoje o salário mínimo já não tem mais cinco prestações como previa originariamente a CLT (art. 81 da CLT), mas sim nove (art. 7º, IV, CRFB), sugerimos os seguintes percentuais (aplicação de regra de três): alimentação – 20% (art. 458, § 3º, da CLT – já incluídas as quatro refeições diárias); habitação – 25% (percentual mantido pelo art. 458 CLT); vestuário – 13%; higiene – 6%; transporte – 6% (percentual também mencionado pelo art. 4º, parágrafo único, da Lei nº 7.418/85); educação – 6%; saúde – 6%; lazer – 6%; previdência social – 12% (percentual também mencionado na Lei nº 8.212/90 para o empregador).

Para o Estado de **São Paulo** a mesma Portaria fixa os seguintes percentuais: Alimentação – 43%; habitação – 33%; vestuário – 14%; higiene – 6%; transporte – 4%. Após a Carta de 1988 foram acrescidas mais quatro utilidades a esta lista e, por isso, alterado o art. 458 da CLT, que fixou os percentuais da alimentação (20%) e habitação (25%). Portanto, os percentuais devem ser refeitos com os mesmos critérios acima.

---

[34] Godinho também adota nosso entendimento. Menciona que "tratando-se de salário contratual superior ao mínimo legal, apura-se o real valor da utilidade para o cálculo do salário *in natura*, respeitado o percentual máximo de incidência de cada utilidade sobre o montante do salário do contrato". In DELGADO, Mauricio Godinho. *Curso de Direito do Trabalho*. São Paulo: LTr, 2002, p. 708.

[35] No mesmo sentido Alice Monteiro, mas apenas quanto às duas utilidades (alimentação e habitação). *Ibidem*, p. 707.

Para outros Estados, o intérprete deve verificar os percentuais indicados pela Portaria nº 19/52 do MTPS e Decreto nº 94.062/87, respeitar os percentuais previstos no art. 458, § 3º, da CLT e aplicar a regra de três.

Convém lembrar que antes da Constituição de 1988 a lei só previa cinco utilidades compreendidas no salário mínimo (art. 81 da CLT), e que até o final dos anos 70 os valores do mínimo legal variavam dependendo do custo de vida de cada região e, por isso, eram fixados por zona ou subzona (como se podia observar dos revogados artigos 84 e seguintes da CLT). Daí por que a Portaria nº 19/52 do MTE apresenta percentuais diferentes para cada Estado.

Hoje, o valor do salário mínimo é único em todo o país e compreende nove utilidades (art. 7º, IV, da CRFB). Portanto, deve ser feita uma interpretação histórico--evolutiva e conforme à Constituição (uma ginástica jurídica mental).

4.4. Descontos

Como acima dito, o valor máximo que o patrão poderá descontar do salário do empregado é aquele mencionado na lei para o salário mínimo para a mesma utilidade. Desta forma, se a habitação corresponde a 25% do salário mínimo, este é o percentual máximo que poderá ser descontado ou, se assim não desejar o patrão e os demais requisitos estiverem presentes, também será este o percentual máximo a ser projetado no caso de ter a utilidade natureza salarial.

A utilidade é sempre onerosa para o empregado ou para o empregador. Para aquele quando houver desconto salarial, retirando-lhe o caráter retributivo, enquanto para este quando o trabalhador não participar de seu custo, isto é, quando não descontada de seu salário. Neste último caso, a utilidade poderá ter feição salarial, desde que também presentes os demais requisitos.

Devem ser desprezados os descontos irrisórios efetuados com o único objetivo de mascarar a natureza salarial da benesse. Os parâmetros de valores para fins de desconto e integração devem ser aqueles sugeridos pela Portaria nº 19/52 do MTE.

O percentual máximo incide sobre o salário do trabalhador e não pode resultar em valor superior ao da própria utilidade. Neste caso, prevalecerá o real valor da utilidade.

> **Ex. 1:** Empregado urbano ganha R$ 2.000,00 + habitação. Se o empregador desejar, poderá descontar do salário deste empregado o valor máximo correspondente a 25% de seu salário, isto é, o valor máximo de R$ 500,00. Se, todavia, o empregador não efetuar o desconto e a habitação se caracterizar em salário-utilidade, terá este empregado o direito à integração da parcela ao salário (soma do seu salário em dinheiro + o salário em utilidade), para fins de projeção nas verbas contratuais e decorrentes da rescisão. Isto quer dizer que o FGTS (8%) vai ser recolhido sobre R$ 2.500,00. Logo, a integração máxima também corresponderá a 25% a mais do salário base percebido pelo empregado.

Ex. 2: Empregador urbano HHH fornece ao empregado B, que ganha R$ 10.000,00, um imóvel para sua moradia. O real valor da locação do imóvel é de R$ 1.000,00. Logo, o desconto de R$ 2.500,00 (25% do salário do empregado) será superior ao real valor do benefício, assim, o patrão só poderá descontar R$ 1.000,00. Da mesma forma, se o patrão não efetuar qualquer desconto e a parcela *in natura* tiver natureza salarial, a integração (soma) ao salário do empregado estará limitada a R$ 1.000,00. Não seria justo a integração do valor real, pois não corresponde ao benefício proporcionado.

O empregador pode descontar todas as utilidades que fornece, desde que o faça desde a admissão, pois se sempre concedeu de forma graciosa, não poderá mais alterar o contrato em prejuízo do empregado (art. 468 da CLT). Valentin Carrion[36] em sentido contrário.

Os **rurais** só podem ser descontados de uma utilidade fornecida pelo patrão quando autorizarem expressamente e, mesmo assim, os percentuais sempre incidirão sobre o mínimo, mesmo quando o empregado perceba mais que o salário mínimo – art. 9º, § 1º, da Lei nº 5.889/73. A lei do rural só se refere aos percentuais de habitação (20%) e de alimentação (25%), o que não impede a aplicação analógica dos demais percentuais do urbano, mas sempre calculados sobre o salário mínimo – art. 1º da Lei nº 5.889/73. Defendemos que o percentual referente à alimentação deve ser, hoje, de 10%.

Explica-se:

A Portaria 19/52 do MTPS fixou a alimentação em 50% (RJ) para os urbanos e, nesta época, o percentual estipulado para o rural em sua lei era de 25%, logo, a alimentação do trabalhador rural correspondia à metade do valor do trabalhador urbano. Depois da Constituição de 1988 tanto os urbanos quanto os rurais tiveram acrescidas mais quatro utilidades ao salário. Em virtude disto, o art. 458, § 3º, da CLT alterou o percentual da alimentação para 20% sobre o salário contratual. Consequentemente, o percentual do rural também deve ser revisto, não só para comportar as quatro utilidades a mais, como também para respeitar a proporcionalidade até então existente entre a alimentação dos urbanos e a do rural. Assim, se hoje o urbano tem a alimentação fixada em 20%, o rural deve manter a proporção da metade do valor, isto é, 10%. Ademais, não é crível imaginar que o trabalhador rural tenha gastos com alimentação superiores aos dos urbanos.

Além das duas utilidades fixadas em sua lei especial, o **rural** tem direito às demais utilidades, seja pela aplicação analógica do art. 458 da CLT – art. 1º da Lei nº 5.889/73, seja porque a Carta expressamente estendeu todas aos rurais – art. 7º, IV, da CRFB.

---

36 CARRION, Valentin. *Comentários à Consolidação das Leis do Trabalho*. 28. ed, atualizado por Eduardo Carrion. São Paulo: Saraiva, 2003, p. 114.

As **domésticas** não podem sofrer descontos em virtude da concessão de algumas utilidades (moradia, vestuário, higiene e alimentação), conforme a antiga Lei nº 11.324/2006 e a atual LC 150/2015. Para as demais utilidades, não há impedimento legal para o desconto. Logo, o empregador pode descontá-las. Maiores esclarecimentos no Capítulo "Empregados Domésticos".

Valentin Carrion[37] defende a tese de que as utilidades fornecidas pelo empregador como condição para o exercício do trabalho urbano não podem ser descontadas, como, por exemplo, as ferramentas, uniformes e capacetes. Discordamos. Há dois tipos de utilidades fornecidas como condição para o trabalho ser desenvolvido: a) aquelas fornecidas temporariamente para uso apenas durante o exercício do trabalho. Depois de usada, devolve-se e outro empregado a utiliza; b) aquelas fornecidas de forma definitiva para o empregado, que a leva para casa e cessado o serviço pode dar uma destinação diversa daquela primitiva. No primeiro caso, de fato não poderia o empregador efetuar descontos, pois não pode cobrar por aquilo que não deu ao empregado, mas apenas "emprestou" para o exercício do próprio mister. Outra situação é aquela em que, mesmo sendo condição para o trabalho, o empregador concede ferramenta nova, uniforme novo, equipamentos etc., para o empregado ser o proprietário destes. Nesta última situação, não está o empregador obrigado a fornecer o bem graciosamente ao empregado, salvo se a lei impuser (como ocorre nos casos do vigilante e dos aeronautas). O intérprete, assim como o julgador, deve tomar os devidos cuidados para evitar abusos do empregador ou o enriquecimento sem causa do empregado.

De qualquer sorte, o parágrafo único do art. 82 da CLT determina que, no mínimo, 30% do salário sejam pagos em dinheiro.

4.5. Tipos de Utilidades

4.5.1. Alimentação

Segundo a Portaria 19/52 do MTPS, a alimentação consiste em quatro espécies: desjejum, almoço, café da tarde e jantar. Para cada uma destas refeições a Portaria 19/52 do MTPS, para o Rio de Janeiro (urbanos), fixou o percentual de 50 dividindo-o da seguinte forma: 5% para o café da manhã; 20% para o almoço; 5% para o café da tarde; 20% para o jantar.

A redução deste percentual (50%) foi implicitamente imposto pela Carta/88, quando incluiu mais quatro prestações ao mínimo (lazer, educação, previdência e saúde). Mais tarde, o legislador acresceu o § 3º ao art. 458 da CLT, impondo o valor de 20% sobre o **salário-base** para a alimentação (para todo o território nacional e engloba as quatro refeições). Ora, com uma simples regra de três chegou-se aos seguintes percentuais para os **urbanos**: **desjejum – 2%; almoço – 8%; café da tarde – 2%; jantar – 8%** (hipótese só aplicada para o **Rio de Janeiro**). Para

[37] CARRION, Valentin. *Ibidem*, 29. ed., 2004, p. 137.

outros Estados verificar os valores indicados na Portaria 19/52 do MTE e fazer regra de três com o percentual determinado no art. 458 da CLT.

Os **rurais** têm percentual distinto. A lei determina que a alimentação equivale a 25% sobre o **salário mínimo** (art. 9º, *b*, da Lei nº 5.889/73), sendo que o desconto só pode ser efetuado mediante **autorização** do trabalhador. Isto é, o desconto não decorre de lei, como ocorre com os urbanos, mas da anuência do trabalhador. Porém, entendemos que o percentual, atualmente, deveria ser de 10%, isto porque na época em que foi estabelecido o percentual de 25% pelo art. 9º, *b*, da Lei nº 5.889/73, este correspondia à metade daquele destinado ao urbano (50%). Como, hoje, a alimentação para o urbano representa 20%, a do rural deve representar **10% (1% + 4% + 1% + 4%)**.

Os **domésticos** não podem sofrer descontos em virtude de concessão de alimentação *in natura*, na forma do art. 2º-A da revogada Lei nº 5.859/1972 e atual art. 18 da LC 150/2015, salvo quando em viagem para acompanhar o patrão. A alimentação do doméstico não tem natureza salarial e, por isso, não integra o salário.

Ao fornecer a alimentação ou apenas algumas das refeições (almoço, lanche etc.), o empregador pode prepará-la e fornecê-la (Lei nº 3.030/56) ou pode conceder bônus, vale ou tíquete que tenha aceitação no mercado, restrita a refeições. Antes da Lei nº 13.467/17, o auxílio-alimentação poderia ter natureza salarial quando fosse habitual, gracioso para o empregado e como forma de contraprestação, se o empregador não tivesse aderido ao PAT (Programa de Alimentação ao Trabalhador – Súmula nº 241 do TST). Se fosse o empregador filiado ao PAT, este mesmo tíquete não tem e não tinha natureza salarial (OJ nº 133 da SDI-I do TST). Depois da Lei nº 13.467/17, a alimentação *in natura* ou em tíquete (vale-refeição, tíquete-refeição etc.) não tem mais natureza salarial, dispensando o empregador de aderir ao PAT.

Para as empresas que preparam as refeições dos empregados, diretamente ou por arrendamento, a Lei nº 3.030/56 faculta ao empregador o desconto de até 25% do **salário mínimo** (para todas as refeições) e não do salário-base do empregado. **Crítica:** entendemos que também para este percentual deve ser feita uma interpretação histórico-evolutiva, isto é, se, no passado, o percentual desta lei correspondia à metade daquele previsto na Portaria nº 19/52 para a alimentação (50%), fácil é concluir que hoje ele também deve corresponder à metade (10%) do valor previsto em lei (art. 458, § 3º da CLT) para os urbanos (20%). Não seria justo que o empregador que tem custo inferior, pois prepara a refeição, possa descontar mais de seu empregado. Imagine um empregado que percebe um salário mínimo. Se o empregador preparar e fornecer a alimentação pode descontar no máximo 25% de seu salário, mas se concedê-la de outra forma (tíquete, convênio com pensão, restaurante etc.) pode descontar no máximo 20%. Absurda a tese.

Defendemos, ainda, que o limite de 25% previsto na lei em estudo engloba as quatro refeições. Isto quer dizer que se o empregador fornece apenas uma, só pode efetuar o desconto proporcional a esta (2,5% – desjejum, 10% – almoço,

2,5% – lanche, 10% – jantar). Para aqueles que, como nós, defendem que o novo percentual é de 10%, a regra será diferente (1%, 4%, 1%, 4%).

O percentual previsto no art. 458, § 3º, da CLT corresponde ao limite máximo para desconto ou integração, o que quer dizer que, se a refeição for pobre ou muito barata, o percentual pode ser inferior. O real valor da utilidade deve prevalecer quando inferior ao percentual fixado em lei.

A jurisprudência tem adotado o entendimento de que a alimentação fornecida ao **bancário** por força de norma coletiva, em virtude do labor extra, **não tem natureza salarial** (OJ nº 123 da SDI-I do TST).

Aliás, a OJ nº 413 da SDI-I do TST parece contrariar a OJ nº 123 da SDI-I do TST, a saber:

> A pactuação em norma coletiva conferindo caráter indenizatório à verba "auxílio--alimentação" ou a adesão posterior do empregador ao Programa de Alimentação do Trabalhador – PAT – não altera a natureza salarial da parcela, instituída anteriormente, para aqueles empregados que, habitualmente, já percebiam o benefício, a teor das Súmulas nºs 51, I, e 241 do TST.

O entendimento contido na OJ 413 da SDI-1 do TST não mais prevalece após a Lei nº 13.467/17, pois o § 2º do art. 457 da CLT foi alterado para excluir a natureza salarial do **auxílio-alimentação**, sendo vedado seu pagamento em dinheiro. Entendemos que a natureza indenizatória se aplica tanto para o **tíquete--refeição**, o **vale-refeição** ou a **refeição** concedida *in natura*. Se a parcela for paga em dinheiro, só a norma coletiva poderá retirar a natureza salarial – art. 611-A, *caput,* da CLT.

Também foi permitida a supressão da benesse, isto é, a alteração *in pejus* do contrato, como se percebe do § 2º do art. 457 da CLT:

> § 2º As importâncias, ainda que habituais, pagas a título de ajuda de custo, **auxílio-alimentação**, vedado seu pagamento em dinheiro, diárias para viagem, prêmios e abonos não integram a remuneração do empregado, **não se incorporam ao contrato** de trabalho e não constituem base de incidência de qualquer encargo trabalhista e previdenciário (grifos nossos).

Via de regra, a alimentação é uma utilidade espontânea, isto é, o patrão não está obrigado a concedê-la, salvo se se obrigou em virtude de contrato, norma coletiva ou regulamento de empresa. Há exceção na Lei nº 7.644/87, art. 7º, que garante à mãe-social substituta a alimentação fornecida pelo patrão, apesar de autorizado o respectivo desconto.

A Lei 13.467/17 alterou o § 2º do artigo 457 da CLT para determinar que o auxílio-alimentação não integra o salário nem incorpora o contrato.

4.5.2. PAT (Lei nº 6.321/76)

Instituído pela Lei nº 6.321/76 o PAT visa incluir o trabalhador num programa de alimentação, incentivando o empregador através de benefícios fiscais.

A adesão ao Programa de Alimentação ao Trabalhador (PAT) proporciona ao empregador dedução no imposto de renda da empresa. A alimentação fornecida através deste programa **não tem natureza salarial**, como dispõe expressamente o art. 6º do Decreto nº 5/91 e implicitamente o art. 3º da Lei nº 6.321/76. Assim, também entendia a jurisprudência majoritária, consagrada na OJ nº 133 da SDI--I do TST, mesmo antes da alteração do § 2º do art. 457 da CLT pela Lei nº 13.467/17. O empregador pode descontar até 20% do **custo da refeição** do salário do empregado (art. 2º, § 1º, do Decreto nº 5/91). Esta é uma faculdade. Mesmo que não o faça, o benefício não tinha natureza salarial. Cada adesão tem validade de 12 meses e, para tanto, deve ser efetuada entre o 1º dia de janeiro e o dia 31 de março do ano, limitada a vigência a 31 de dezembro do mesmo ano. Todavia, a Portaria Interministerial 5/99 do MTE, art. 3º, estabeleceu vigência indeterminada. Ficam aprovados os programas automaticamente com a apresentação e registro do formulário oficial na ECT.

A adesão ao PAT pode ser feita pelas empresas que fornecem alimentação *in natura* ou através de tíquete (bônus de pequena circulação).

Algumas empresas fornecem tíquete refeição, vale-refeição e tíquete-alimentação. Aqueles correspondem a uma refeição (almoço ou jantar) e este a um bônus de circulação restrita aos supermercados, englobando todas as refeições. A soma dos dois não pode ultrapassar 20% do salário do empregado para fins de desconto.

Havia entendimentos, antes da Lei nº 13.467/17, em que o empregador que habitualmente concedia tíquete-refeição (utilidade) com natureza salarial, porque a benesse possuía todos os requisitos da lei para tanto, não poderia retirar-lhe tal natureza pela adesão ao PAT, alterando *in pejus* o contrato de trabalho destes – OJ nº 413 da SDI-I do TST. Consequentemente, a opção pelo PAT só tinha efeito para os admitidos após tal data.

De qualquer forma, após a Lei nº 13.467/17, o auxílio-alimentação concedido sob a forma de tíquete ou vale, com ou sem adesão ao PAT, com ou sem desconto salarial, não tem natureza salarial e pode ser suprimido pela empresa. Portanto, superada a OJ 413 da SDI-1 do TST.

4.5.3. Etapa

A alimentação fornecida ao **marítimo** embarcado chama-se **etapa**. Esta parcela não tem natureza salarial, pois é fornecida **para** o trabalho. Não poderia o trabalhador marítimo se deslocar até o continente mais próximo para se alimentar e depois retornar ao navio. Da mesma forma dispõe o Regulamento de Tráfego Marítimo no art. 144, IV, c/c art. 543 do Código Comercial. Mesmo sem natureza salarial, o art. 152 da CLT obriga o empregador a conceder a etapa ao marítimo em férias.

Alice Monteiro[38] e a jurisprudência minoritária se posicionam em sentido contrário. Defendem a natureza salarial da benesse.

4.5.4. Habitação

Para os **urbanos** o valor da habitação corresponde a 25% do salário contratual do empregado (art. 458, § 3º, CLT). Para os **rurais** o percentual é de 20 sobre o salário mínimo (art. 9º, a, da Lei nº 5.889/73) e só poderá haver o respectivo desconto se houver autorização expressa do trabalhador, como determina o § 1º do art. 9º da Lei.

Para que uma utilidade seja considerada como habitação mister que ela preencha as condições mínimas para uma moradia digna, mesmo que simples e modesta. Logo, não se caracteriza em habitação o quarto da residência da família que o doméstico utiliza para dormir, pois é cômodo da casa do patrão que o doméstico não pode dispor. Da mesma forma, não se configura em moradia o alojamento dos operários da construção civil, o "alojamento" dos faxineiros dos condomínios de edifícios. Nestes casos, o empregado não pode dispor do imóvel, não pode mobiliar ou enfeitá-lo a seu critério, não pode receber amigos ou a família. O imóvel não pertence direta ou indiretamente ao empregado e, em muitos casos, a moradia é coletiva, isto é, dividida com outros empregados e só se destina aos dias trabalhados, retornando o empregado nos dias de folga para casa.

Preenchidas as condições mínimas de uma habitação digna, estaremos diante de uma utilidade. Para que esta se caracterize em salário, ainda é necessário que seja habitual, graciosa e concedida pelos serviços prestados.

A regra acima não se aplica para o **doméstico** que habitar no mesmo lugar que trabalha, desde que esta possibilidade tenha sido acordada, ante o disposto no art. 2º-A, § 1º, da revogada Lei nº 5.859/1972, atual art. 18 da LC 150/2015. A moradia do doméstico só poderá ter natureza salarial quando ele habitar em local diverso do que trabalha. Convém ressaltar que o mesmo artigo proíbe o desconto da utilidade "moradia" ao doméstico que residir no mesmo lugar que trabalha.

A habitação fornecida por comodidade, luxo ou agrado implica contraprestação e poderá ter natureza salarial, dependendo, para tanto, do preenchimento dos demais requisitos.

Por outro lado, habitação fornecida PARA o trabalho, isto é, como medida indispensável para a realização do trabalho jamais se caracterizará em salário-utilidade, mesmo que fornecida graciosamente e de forma habitual – Súmula

---

38 BARROS, Alice Monteiro de. *Curso de Direito do Trabalho*. São Paulo: LTr, 2005, p. 709.

nº 367, I, do TST. É o caso da habitação dos zeladores, porteiros e caseiros. Para que estes possam exercer suas atribuições devem residir no próprio local de trabalho. Os porteiros e zeladores porque são responsáveis pela organização e fiscalização do condomínio. Os caseiros porque tomam conta da casa de veraneio.

Para os **rurais** é possível ajuste contratual que retire a natureza salarial da moradia concedida pelo patrão, desde que seja feito por escrito, na presença de duas testemunhas e haja notificação obrigatória do sindicato (§ 5º do art. 9º da Lei nº 5.889/73). Se for coletiva a habitação do rural, o desconto será proporcional e dividido para cada empregado, sendo vedada a moradia coletiva de famílias, para evitar promiscuidade (§ 2º do art. 9º da Lei nº 5.889/73). O valor da **habitação coletiva** também deve respeitar o número de habitantes para os urbanos – art. 458, § 4º da CLT.

Tanto para os empregados urbanos quanto para os rurais, extinto o contrato de trabalho o empregado deve desocupar o imóvel que lhe foi destinado em virtude do contrato de trabalho, em 30 dias – art. 9º, § 3º, da Lei nº 5.889/73 e art. 47, II, Lei nº 8.245/91 (Lei das Locações).

Entendemos, ainda, que para a habitação ser considerada graciosa, o empregador deve pagar todas as despesas decorrentes do uso do imóvel. Da mesma forma, parte da jurisprudência.

A habitação é uma parcela espontânea, isto é, o empregador não está obrigado por lei a concedê-la, salvo no caso da mãe-social, hipóteses em que o art. 8º, § 3º, da Lei nº 7.644/87 o obriga, tanto para a titular quanto para a substituta.

4.5.5. Transporte

Transporte tem conotação de movimento, de deslocamento de um para outro lugar. Em termos de Direito do Trabalho a utilidade "transporte", incluída como uma das prestações do salário mínimo é aquela destinada ao deslocamento do empregado de casa para o trabalho e do trabalho para casa.

O carro em si não se caracteriza em transporte, pois é apenas o meio pelo qual uma pessoa pode se locomover. Para que o automóvel leve o laborista ao trabalho é necessário o combustível. Assim, se o empregador fornece o carro, mas é o empregado quem abastece o veículo para se locomover para o trabalho e vice-versa, a utilidade está sendo onerosa para o empregado e não terá natureza salarial, mesmo que habitual e fornecida pelos serviços prestados.

Ressalta-se que para o transporte ser gracioso, o empregador, além de conceder o veículo, deve pagar seu combustível, sua manutenção e seus impostos.

Todavia, quando o patrão fornece carro com combustível para trazer e levar o empregado de casa para o trabalho, esta será uma utilidade do tipo "transporte". De forma semelhante, se o fornecimento for apenas do combustível para abastecimento do veículo do empregado. Este combustível poderá ter natureza salarial se for gracioso, habitual e pelos serviços prestados.

Não se deve confundir a concessão de uma utilidade destinada ao transporte do empregado com o pagamento de uma parcela em dinheiro sob a rubrica "ajuda transporte" ou "reembolso quilometragem", "ajuda aluguel de veículo" etc.

Quando o empregador paga em dinheiro e não em utilidade, não devemos submeter a parcela aos requisitos contidos no art. 458 da CLT.

Em princípio, todo e qualquer pagamento em dinheiro tem natureza salarial, salvo quando a própria lei o descaracterizar como tal. Admite-se, no máximo, a aplicação analógica do art. 457, § 2º, da CLT. Isto é, assim como a parcela "reembolso combustível" destina-se a ressarcir despesas do empregado na execução do trabalho, a parcela "diária de viagem" também. Para essa, a CLT considerava a sua natureza salarial quando superasse 50% do salário do empregado, regra alterada após a Lei nº 13.467/17.

A experiência tem nos mostrado que estes "reembolsos" são pagos em valores fixos, sem qualquer variação, demonstrando que não se destinam ao ressarcimento. Normalmente, superam, e muito, o valor total do salário. Logo, também devem ter natureza salarial.

Todavia, a jurisprudência tem se posicionado de forma diversa, porque apoiada no Decreto nº 3.048/99, art. 214, § 9º, XVIII, que não considera tais parcelas como salário-contribuição ou porque considera a parcela como indenizatória:

> REEMBOLSO DE DESPESAS COM VEÍCULO. NATUREZA INDENIZATÓRIA. Os valores pagos sob o título – reembolso de despesas com veículo –, não constituem salário – por fora –, destinando-se, à toda evidência, a indenizar o empregado pelo uso de seu veículo em serviço. Possuem, portanto, natureza indenizatória, como expressamente previsto na norma coletiva, não integrando a remuneração para qualquer efeito. TRT-1 – RO: 02853004220045010263 RJ, Relator: Angela Fiorencio Soares da Cunha, Data de Julgamento: 25/02/2014, Quarta Turma, Data de Publicação: 03/04/2014.

Se o fornecimento do veículo ou do combustível in natura estiver vinculado ao exercício do trabalho **não** terá natureza salarial, mesmo que o empregado também o utilize para atividades particulares. Nesse sentido a Súmula nº 367, I, do C. TST.

Empresas que se situam em local de difícil acesso e que não são guarnecidas por transporte público e regular, podem oferecer aos seus empregados veículos com combustível que estes jamais terão natureza salarial, pois se constituem na única forma de acesso ao local de trabalho.

Também é indispensável para consecução do trabalho o transporte do mineiro da boca da mina até o interior desta. O transporte neste caso é para o trabalho e não se constitui em salário utilidade.

Aliás, a lei e a jurisprudência entendiam que o tempo gasto neste itinerário, quando ultrapassa a jornada, ensejava horas *in itinere*, regra hoje revogada pela Lei nº 13.467/17.

O transporte fornecido para o empregado ir e voltar do trabalho não tem natureza salarial, mesmo que concedido de forma graciosa, habitual e para maior comodidade do trabalhador, na forma do inciso III do § 2º do art. 458 da CLT:

> **Art. 458.** (...)
>
> § 2º Para os efeitos previstos neste artigo, não serão consideradas como salário as seguintes utilidades concedidas pelo empregador:
>
> (...)
>
> III – transporte destinado ao deslocamento para o trabalho e retorno, em percurso servido ou não por transporte público;

A LC nº 150/15 não proíbe o desconto do transporte concedido *in natura* ao **doméstico**, como também não retira a natureza salarial da benesse, caso preencha os requisitos. Como não foi expressa, entendemos pela aplicação do art. 458, § 2º, da CLT aos domésticos também (aplicação do art. 11 da LC nº 150/15).

4.5.6. Vale-transporte

Todos os trabalhadores têm direito ao vale-transporte para cobrir as despesas de deslocamento residência-trabalho e vice-versa, através de transporte coletivo público, urbano ou intermunicipal e/ou interestadual (art. 1º da Lei nº 7.418/85). Entende-se como deslocamento para o trabalho e retorno a soma dos segmentos componentes da viagem do trabalhador por um ou mais meios de transporte (art. 2º do Decreto nº 95.247/87).

Estão dispensados da obrigatoriedade os empregadores que proporcionarem, por meios próprios ou contratados, em veículos adequados ao transporte coletivo, o deslocamento de seus trabalhadores de casa para o trabalho e do trabalho para casa – art. 4º do Decreto nº 95.247/85.

O vale-transporte **não tem natureza salarial**, pois assim quis a lei (art. 2º, a, da Lei nº 7.418/85 c/c art. 6º, I, do Decreto). Para muitos a natureza deste benefício é fiscal, pois possibilita descontos fiscais ao patrão – antiga redação do art. 3º da Lei nº 7.418/85.

Além dos **urbanos** e **rurais**, o art. 1º, II, do Decreto nº 95.247/1987 estendeu o benefício também aos empregados domésticos. A atual LC 150/2015 determinou a aplicação da lei do vale-transporte ao doméstico e não revogou a possibilidade de desconto em virtude de concessão de transporte *in natura* ou em tíquete para o doméstico.

O art. 7º do Decreto em comento criou requisito para concessão do benefício que não foi previsto em lei.

Exige que o empregado informe por escrito seu endereço residencial e meios de transporte mais adequados para o deslocamento. Ora, não pode um decreto regulamentador extrapolar os limites da lei e criar condição para exercício de um direito que não foi mencionado na lei. Portanto, neste ponto o decreto é ilegal. Conclui-se, pois, que o patrão não se exime de conceder o vale-transporte, sob o argumento de que o empregado não informou o itinerário e endereço, sendo sempre do empregador o ônus de provar que ofereceu o benefício ao seu empregado. Ademais, o endereço residencial do empregado deve constar de sua ficha de registro. Nesse sentido também se posiciona Valentin Carrion,[39] Süssekind.[40]

Entretanto, chegou a tomar posição em sentido contrário, pois defendia que cabia ao empregado o ônus de comprovar que satisfaz os requisitos indispensáveis para a obtenção do vale-transporte, conforme a antiga Orientação Jurisprudencial nº 215 da SDI-I do TST (cancelada). Não concordamos com essa posição como acima defendido.

Outra ilegalidade praticada pelo legislador executivo foi a de considerar justa causa para o rompimento do contrato o uso indevido do vale-transporte ou a declaração falsa (art. 7º, § 3º, do Decreto), pois extravasou os limites da lei para criar penalidade contra o empregado. Ora, se a lei não tipificou tal fato como falta grave, não poderia o decreto fazê-lo. É certo que a declaração falsa do endereço ou do itinerário constitui falta grave, mas não por aplicação do decreto, e sim porque este ato se constitui em improbidade (art. 482, *a*, da CLT). Porém, o uso indevido do vale-transporte não pode ser considerado falta capaz de resolver o contrato por justa causa, porque não quebra a confiança existente entre empregado e empregador. Ademais, se o vale-transporte é de propriedade do empregado, poderá ele fazer o uso que quiser deste em prejuízo das despesas com a locomoção casa-trabalho e vice-versa. É comum o trabalhador trocar o vale-transporte por alimento no supermercado, no armazém ou por outra mercadoria de sua necessidade nos camelôs. Neste caso, a infração é administrativa e não contratual. De qualquer sorte, não poderá o empregado faltar ao trabalho, sob o argumento de que não tem mais vales-transporte ou por falta de dinheiro para o deslocamento. Ao dar destinação diversa aos vales, assume os riscos de ter que arcar com os gastos de ida e volta ao trabalho.

O Decreto também informa que o vale-transporte não pode ser substituído por antecipação em dinheiro ou outra forma de pagamento (art. 5º). Se o empregador pagou o vale-transporte em pecúnia, atingiu a finalidade da lei que era a de ressarcir o trabalhador dos gastos com a locomoção. Pelo princípio do não enriquecimento sem causa não poderá ser condenado a pagar o que já quitou. A infração é meramente administrativa.

Todavia, parte da jurisprudência entende que terá natureza salarial o valor pago em pecúnia pelo empregador ao trabalhador em substituição ao vale-transporte, uma vez que não houve a participação social.

Há, ainda, a posição de Sergio Pinto Martins, que admite o pagamento do vale-transporte em pecúnia.

---

39 CARRION, Valentin. *Comentários à Consolidação das Leis do Trabalho*. 29. ed. São Paulo: Saraiva, 2004, p. 139.

40 SÜSSEKIND, Arnaldo; MARANHÃO, Délio; VIANNA, Segadas; TEIXEIRA, Lima. *Instituições de Direito do Trabalho*. 18. ed. São Paulo: LTr, 1999, v. 2, p. 369.

CONTRIBUIÇÃO PREVIDENCIÁRIA. INCIDÊNCIA SOBRE VALE-TRANSPORTE. O vale-transporte pode ser pago em dinheiro ao empregado, pois para este não representa nenhum prejuízo. A Lei nº 7.418/85 não é expressa no sentido de ser vedado ao empregador pagar o vale-transporte em dinheiro. O art. 5º do Decreto nº 95.247/87 é ilegal, pois regulamenta o que não está na lei. TRT/SP – Processo: 01197.2002.026.02.00.6 – Rel. Designado: Juiz Sergio Pinto Martins, *DJ*/SP 09/09/2005.

Em relação ao **doméstico**, porém, não há maiores divergências sobre a possibilidade de recebimento do vale-transporte em pecúnia, já que a tese era aceita pela jurisprudência. Isto era possível, mesmo contrariando a lei, pois o empregador doméstico não tem finalidade lucrativa e não tem a isenção fiscal determinada pela lei. Hoje, há comando expresso. O art. 19, parágrafo único, da LC 150/2015 autoriza o pagamento em dinheiro, no contracheque ou mediante recibo, das despesas com o transporte casa-trabalho e vice-versa. Ressalte-se que o art. 18 da nova lei do doméstico proíbe desconto de transporte destinado para acompanhamento em viagem.

O empregador poderá descontar do empregado o equivalente a até 6% do salário base do empregado e arcará com as despesas que sobejarem a este valor (art. 4º, parágrafo único, da Lei nº 7.418/85 – parágrafo revogado pela Lei nº 9.532/97 e restabelecido pela MP nº 1.753-17/99).

4.5.7. Vestuário

Toda peça destinada a trajar o empregado caracteriza-se em vestuário.

Podem ser roupas, sapatos, meias, maquiagem, adereços etc. É tudo aquilo que compõe a aparência.

Se for utilizado como uniforme, isto é, como vestimenta destinada ao uso exclusivo para o trabalho, não terá natureza salarial.

Assim também dispõe o art. 458, § 2º, I, da CLT, após a alteração efetuada pela Lei nº 10.243/2001.

Art. 458. (...)

§ 2º Para os efeitos previstos neste artigo, não serão consideradas como salário as seguintes utilidades concedidas pelo empregador:

I – vestuários, equipamentos e outros acessórios fornecidos aos empregados e utilizados no local de trabalho, para a prestação do serviço;

Para os **domésticos** não só foi retirada a natureza salarial do vestuário, como também proibido o desconto, como previsto no art. 18 da LC 150/15.

A concessão obrigatoriamente gratuita de uniforme em decorrência de determinação legal ocorre apenas em quatro hipóteses: bombeiro civil – art. 6º, I, da Lei nº 11.901/2009; aeronautas (Lei nº 13.475/2017, art. 66), aeroviários (Decreto nº 1.232/62, art. 22) e vigilantes (Lei nº 7.102/83, art. 19, I). Nos demais casos o empregador pode cobrar do empregado o uniforme que fornece, desde que cobre preço de custo ou valor razoável. Não se pode cobrar pelo uniforme emprestado ou de uso comum, ou quando devolvido à empresa na dispensa. Em sentido contrário Valentin Carrion.[41]

Se existir um instrumento coletivo que obrigue a concessão graciosa do vestuário, esta cláusula será aceita por se tratar de norma mais favorável ao empregado.

Em termos de Direito do Trabalho, uniforme não é apenas aquela vestimenta padronizada para o trabalho que não varia, pode ser uma roupa comum, diferente a cada dia, também de uso social, mas que fornecido pelo empregador como uniforme a ser utilizado durante o expediente de trabalho. Algumas lojas submetem suas vendedoras à aquisição de algumas peças de cada coleção para que as utilizem durante o trabalho como uniforme. Como a roupa adquirida passa a ser de propriedade da empregada, nada mais justo que se cobre por ela, pois se trata de um traje que também pode ser usado socialmente. Todavia, com preço razoável, abaixo do preço de mercado e dentro dos percentuais legais.

O percentual máximo para desconto ou para integração é de 13% do salário base do empregado – Portaria 19/52 do MTPS. Este valor foi fixado para o trabalhador urbano do Rio de Janeiro. Para os demais Estados deve ser verificada tabela.

A Constituição Federal prioriza os direitos da personalidade, dos quais a imagem faz parte. Porém, o direito de imagem tem uma tênue relação com o vestuário (utilidade relativa a tudo que compõe a aparência) e muitas vezes os institutos se confundem: invasão de privacidade x aparência. A imagem pode ser objetiva ou subjetiva.

Há empregadores que não permitem que seus executivos façam uso de barba, cabelos compridos ou tatuagens por entender que esta aparência pode destoar ou colidir com os valores que a empresa deseja transmitir, tais como tradição e seriedade.

No entanto, paira dúvida se este comando se refere ao vestuário (forma de compor a aparência) ou ao direito da personalidade do empregado (indisponível), tendo neste caso repercussão no dano moral. Entendemos que esse tipo de atitude, desde que razoável e não abusiva, faz parte do poder de comando do empregador, já que a aparência destes empregados ajuda a compor ou a não desvirtuar a imagem que a empresa deseja passar. Ressaltamos, porém, que existem limites a este poder, pois quando o uniforme torna a aparência do trabalhador aviltante ou vexatória acarreta o abuso de direito. O conceito é muito subjetivo e o critério utilizado deve ser razoável e compatível.

Remetemos o leitor ao item 4.2. do Capítulo 25.

Uniforme e direito de arena

Tem se tornado comum em supermercados e restaurantes a prática de se colocar no uniforme do empregado propaganda de outras empresas, dos produtos que vende ou

[41] CARRION, Valentin, *op. cit.*, p. 137.

logomarca de empresas parceiras. Nestes casos, questiona-se se o empregado tem algum direito pelo uso de sua imagem, assim como acontece com os jogadores de futebol. Estaria o empregado servindo como veículo para aumentar os lucros do empregador?

Depois da Lei nº 13.467/17, foi acrescido o art. 456-A à CLT para autorizar o empregador a definir o padrão da vestimenta do empregado, sendo lícita a inclusão no uniforme de logomarcas da própria empresa ou de empresas parceiras e outros itens relacionados à atividade desempenhada. Portanto, não havendo abusos, não tem o empregado direito à reparação da imagem por uso de logomarcas no uniforme.

Além disso, o parágrafo único do art. 456-A da CLT apontou a responsabilidade do empregado pela higienização do uniforme, salvo nas hipóteses em que forem necessários procedimentos ou produtos diferenciados para a lavagem.

Remetemos o leitor ao item 4.2 do Capítulo 25.

Natureza jurídica

O vestuário só pode ter natureza salarial quando não for destinado ao trabalho. Isto só poderá acontecer se o empregador mensalmente presentear o empregado com roupas novas para utilização social.

4.5.8. Higiene, Previdência, Saúde, Educação e Lazer

Também estas utilidades, quando fornecidas para o trabalho, não têm natureza salarial.

As condições mínimas que o empregador oferece para que o trabalho seja executado se caracterizam em necessidade. Assim, o sabonete, o papel higiênico, o detergente e desinfetante que se encontram nos banheiros ou à disposição no estabelecimento para uso dos empregados não se constituem em salário utilidade. Para tanto, necessário seria que o empregador fornecesse aos seus empregados "cesta higiênica" mensalmente, como forma de contraprestação.

A previdência social pública e geral (INSS), mesmo nos casos em que o empregador agracia o empregado pagando a sua cota sem desconto salarial, jamais se constituirá em utilidade, por ser uma obrigação legal PARA o trabalho.

De acordo com o art. 458 da CLT, algumas utilidades não têm mais natureza salarial, mesmo quando preenchidos todos os requisitos para a aquisição do direito, como é o caso da educação, saúde e previdência privada concedidas pelo empregador.

A proibição de desconto a título de vestuário e higiene, bem como a natureza não salarial da benesse, foi expressa para os **domésticos** após a antiga Lei nº 11.324/2006, que acrescentou o art. 2º-A à revogada Lei nº 5.859/1972, proibição mantida na atual Lei nº 150/2015, art. 18.

Apesar de a lei do doméstico não se referir aos percentuais para o desconto ou integração, defendemos a aplicação dos percentuais da CLT na parte compatível com a nova lei (art. 19 da LC 150/15) e da Portaria nº 19/52 do MTPS ao salário da doméstica, em relação às demais utilidades não mencionadas no art. 2º-A da revogada Lei nº 5.859/1972, mas mencionados expressamente no § 2º do art. 458 da CLT.

De acordo com o § 1º do art. 18 da Lei nº 150/2015, "É facultado ao empregador efetuar descontos no salário do empregado em caso de adiantamento salarial e, mediante acordo escrito entre as partes, para a inclusão do empregado em planos de assistência médico-hospitalar e odontológica, de seguro e de previdência privada, não podendo a dedução ultrapassar 20% (vinte por cento) do salário". Portanto, para o doméstico há regra própria de desconto máximo apenas para as utilidades acima mencionadas.

O vestuário fornecido para uso no trabalho, a educação concedida pelo empregador em estabelecimento próprio ou de terceiros, o seguro saúde, a assistência médica, o seguro de vida e a previdência privada não têm natureza salarial, inclusive para o doméstico. Esta medida incentiva o empregador a conceder educação, saúde e seguro de vida.

De acordo com os arts. 81 e 462 da CLT não pode o empregador efetuar desconto a título de seguro de vida, pois a parcela não está inserida no salário mínimo nem há autorização legal para tal desconto. Logo, nulo o desconto efetuado, devendo o empregador ressarcir o empregado destes valores.

Todavia, a jurisprudência majoritária, consagrada pela Súmula nº 342 do TST, se posicionou pela legalidade do desconto, desde que autorizado, salvo quando comprovada a coação.

Após a Lei nº 13.467/17, também não tem natureza salarial o auxílio-alimentação, as próteses, órteses e óculos, assim como, mesmo pago em dinheiro o reembolso de despesas médico-hospitalares e similares – art. 458, § 5º, da CLT.

4.5.9. Cultura

A **Lei nº 12.761/2012** criou o Programa de Cultura do Trabalhador, destinado a fornecer aos trabalhadores meios para o exercício dos direitos culturais e acesso às fontes de cultura.

O vale-cultura é devido a todos os empregados que ganham até 5 (cinco) salários mínimos mensais e corresponde ao valor de R$ 50,00 por mês, sem natureza salarial para fins trabalhistas, previdenciários e fiscais. Possibilita, ainda, até 2016 (ano calendário), a dedução de até 1% do Imposto de Renda da pessoa jurídica beneficiária. Ao empregador é facultado descontar do salário do empregado o valor de até 10% do vale-cultura.

Os trabalhadores com renda superior a 5 (cinco) salários mínimos poderão receber o vale-cultura, desde que garantido o atendimento à totalidade dos empregados com a remuneração de até 5 salários mínimos. O desconto, neste caso, poderá variar entre 20 a 90% do valor do vale.

O trabalhador poderá optar pelo não recebimento da benesse. Claro que esta "desistência" deverá ser feita por escrito. Portanto, é ônus do patrão comprovar que ofereceu o vale-cultura.

O art. 2º, §§ 1º e 2º, da Lei nº 12.761/2012 define como serviços e produtos culturais:

> § 1.º Para os fins deste Programa, são definidos os serviços e produtos culturais da seguinte forma:
>
> I – serviços culturais: atividades de cunho artístico e cultural fornecidas por pessoas jurídicas, cujas características se enquadrem nas áreas culturais previstas no § 2.º; e
>
> II – produtos culturais: materiais de cunho artístico, cultural e informativo, produzidos em qualquer formato ou mídia por pessoas físicas ou jurídicas, cujas características se enquadrem nas áreas culturais previstas no § 2.º.
>
> § 2.º Consideram-se áreas culturais para fins do disposto nos incisos I e II do § 1.º:
>
> I – artes visuais;
>
> II – artes cênicas;
>
> III – audiovisual;
>
> IV – literatura, humanidades e informação;
>
> V – música; e
>
> VI – patrimônio cultural.

O vale-cultura será confeccionado preferencialmente em cartão magnético, com seu valor expresso em moeda corrente, comercializado por empresas operadoras e disponibilizado aos usuários (empregados) pelas empresas beneficiárias (empregadores).

A lei foi regulamentada pelo Dec. nº 8.084/2013.

5. GRATIFICAÇÕES

Gratificação é o **plus** salarial pago pelo empregador para remunerar ou estimular o exercício de determinada situação, função, época especial ou para incentivo. É parcela espontânea, pois não prevista ou imposta por lei. Pode ser criada por contrato, por normas coletivas ou internas. Excepcionalmente pode ser criada por lei (gratificação natalina ou décimo terceiro salário – Lei nº 4.090/62; gratificação do radialista que acumula função – art. 13 da Lei nº 6.615/78; vendedor pracista quando acumula a função de vendedor com a de fiscalização ou inspeção – art. 8º da Lei nº 3.207/57).

Sergio Pinto Martins[42] sustenta que a gratificação não pode ser criada por lei, pois tem que ser concedida por liberalidade, de forma espontânea pelo empregador.

É espécie de pagamento sob condição ou de salário-condição, pois é devida quando implementada a condição estabelecida na norma, no ajuste ou na lei. Exemplos: a) a convenção coletiva prevê o pagamento de anuênio (gratificação

42 MARTINS, Sergio Pinto. *Direito do Trabalho*. 19. ed. São Paulo: Atlas, 2004, p. 275/276.

de tempo de serviço) a todos os empregados daquela categoria. Apenas aqueles que contarem com mais de um ano no mesmo empregador receberão o benefício; b) regulamento interno prevê gratificação de função aos chefes de departamento. Assim sendo, apenas os chefes de departamento, enquanto exercerem esta função, receberão a benesse.

Normalmente, a gratificação é utilizada para estimular o trabalhador. Ex.: Gratificação de assiduidade: paga apenas para os empregados pontuais e assíduos. Gratificação de quebra de caixa: destina-se a cobrir pequenas diferenças do caixa, compensando eventual prejuízo sofrido pelo empregado que exerce tal função.

Antes da Lei nº 13.467/17, o § 1º do art. 457 da CLT determinava a integração ao salário das "gratificações ajustadas".

Em virtude da palavra **ajustada**, parte da doutrina (minoritária) adotava a teoria **subjetiva**, entendendo que apenas as gratificações expressamente ajustadas por contrato tinham natureza salarial. As demais não integravam o salário, mesmo que habituais. Para os defensores desta tese, a natureza jurídica do benefício não ajustado pelas partes não era salarial, por ser mera liberalidade do empregador. Ludovico Barassi[43] entendia desta forma.

Entrementes, a corrente majoritária adotava a teoria **objetiva**, que levava em conta que o ajuste poderia ser tácito ou expresso. A vontade de se obrigar ao pagamento da gratificação poderia estar implícita na conduta de quem a efetuava. A periodicidade no pagamento da parcela denunciava a vontade de obrigar-se ao pagamento. Logo, se a parcela era paga com periodicidade[44] ou com habitualidade,[45] o ajuste era presumido e a gratificação teria natureza salarial e deveria ser integrada ao salário. Assim também entendiam Orlando Gomes,[46] Martins Catharino,[47] Délio Maranhão,[48] Arnaldo Süssekind,[49] Valentin Carrion,[50] Mauricio Godinho,[51]

---

43 Apud SÜSSEKIND, Arnaldo; MARANHÃO, Délio; VIANNA, Segadas; TEIXEIRA, Lima. *Instituições de Direito do Trabalho*. 22. ed. São Paulo: LTr, v. 1, 2005, p. 375-376.

44 **Periódica** é a parcela que, apesar de ter repetição eventual no ano, todo ano é paga. O décimo terceiro salário, por exemplo, é uma gratificação paga de forma eventual no ano, pois é devido apenas no mês de dezembro, entretanto, todo ano deve ser pago, logo, é parcela periódica. De acordo com a antiga Súmula nº 78 do TST (já cancelada) as gratificações periódicas integram o FGTS (parcela que substituiu a indenização por tempo de serviço) e o décimo terceiro salário.

45 Uma parcela do pagamento ou qualquer outro sobressalário pago de forma habitual, quer dizer que é pago metade ou mais da metade do período em estudo. Se o período for o ano, uma gratificação será habitual se paga seis ou mais meses do ano.

46 GOMES, Orlando; GOTTSCHALK, Élson. *Curso de Direito do Trabalho*. 16. ed. Rio de Janeiro: Forense, 2003, p. 226-227.

47 CATHARINO, José Martins. *Compêndio Universitário de Direito do Trabalho*. São Paulo: Editora Jurídica e Universitária, 1972, v. 2, p. 481-485.

48 MARANHÃO, Délio e CARVALHO, Luiz Inácio Barbosa. *Direito do Trabalho*. 17. ed. Rio de Janeiro: Editora da FGV, 1993, p. 198-199.

49 SÜSSEKIND, Arnaldo; MARANHÃO, Délio; VIANNA, Segadas; TEIXEIRA, Lima. *Instituições de Direito do Trabalho*. 22. ed. São Paulo: LTr, 2005, v. 1, p. 374.

50 CARRION, Valentin. *Comentários à Consolidação das Leis do Trabalho*. 29. ed. São Paulo: Saraiva, 2004, p. 300.

51 DELGADO, Mauricio Godinho. *Curso de Direito do Trabalho*. 3. ed. São Paulo: LTr, 2004, p. 739.

a Súmula nº 207 do STF e Súmulas nos 152 e 209 do TST (já cancelada). Nós também defendíamos esta tese.

Alice Monteiro de Barros,[52] que seguia a corrente *supra*, realçava que a natureza jurídica da gratificação era a de um salário condicionado, já que o empregado apenas a recebia se fizesse algo que correspondesse ao seu pagamento.

Assim dispõe o § 1º do art. 457 da CLT:

> § 1º Integram o salário a importância fixa estipulada, as **gratificações legais** e as comissões pagas pelo empregador (grifos nossos).

A nova redação do § 1º do art. 457 da CLT, modificada pela Lei nº 13.467/17, autorizou a integração das **gratificações legais** ao salário para fazer base de cálculo para outras verbas. Por outro lado, o § 2º do mesmo artigo impediu a integração de outras parcelas, sem, contudo, mencionar as demais **gratificações contratuais** ou ajustadas. Em outras palavras, o legislador autorizou a integração das gratificações legais ao salário, mas não incluiu as demais gratificações contratuais ou espontâneas nem como parcela que integra o salário nem como parcela que tem natureza indenizatória.[53] Isto quer dizer que deixou para o intérprete o posicionamento num ou noutro sentido. O legislador poderia ter alterado a posição da jurisprudência no sentido da natureza salarial das gratificações habituais ou periódicas. Com base no princípio *in dubio pro misero*, que determina que o exegeta deve se posicionar a favor do trabalhador nos casos em que a norma é silente a respeito de algum direito, defendemos que as gratificações contratuais ou ajustadas têm natureza salarial, salvo nos casos a seguir estudados.

Todavia, há quem defenda que, a partir da Lei nº 13.467/17, as gratificações não mencionadas no § 1º do art. 457 da CLT não têm mais natureza salarial. Assim, para os defensores desta tese, poderá o empregador pagar o salário mínimo ou piso salarial ao empregado e, a título de gratificação de produtividade para compensar a maior produção do empregado, pagar mais R$ 20.000,00. Antes da nova lei, os valores deveriam ser somados para servirem de base de cálculo para outras verbas (13º, férias, INSS, FGTS etc.). Hoje, para estes doutrinadores, a gratificação por tempo de serviço, por produtividade ou assiduidade não mais será somada ao salário.

Süssekind[54] distinguia as **gratificações** dos prêmios afirmando que enquanto aquelas se destinavam ao melhor rendimento e comportamento do empregado, sendo fixada de forma generalizada, **coletiva**, sem levar em conta os atributos individuais de cada um, os **prêmios** eram fixados para compensar atributos

---

52 BARROS, Alice Monteiro de. *Curso de Direito do Trabalho*. São Paulo: LTr, 2005, p. 725.

53 Situação similar encontram os adicionais, pois não estão no § 1º do art. 457 da CLT nem no § 2º do mesmo artigo. Aliás, os adicionais desde a redação anterior já não eram apontados expressamente no § 1º do artigo em estudo, e, mesmo assim, a jurisprudência defende sua integração ao salário, apesar da finalidade indenizatória.

54 SÜSSEKIND, Arnaldo; MARANHÃO, Délio; VIANNA, Segadas; TEIXEIRA, Lima. *Instituições de Direito do Trabalho*. 22. ed. São Paulo: LTr, 2005, v. 1, p. 380.

pessoais do empregado. Seu pagamento dependia apenas da ação pessoal do empregado.

Todavia, antes da reforma trabalhista, os Tribunais adotaram entendimento diverso. Apesar de ambas se constituírem em parcela suplementar (extra) ao salário, na prática todo sobressalário criado espontaneamente (salvo o 13º salário que é devido por força de lei) e pago de forma habitual ou uniforme (de forma periódica), cujo direito estivesse vinculado ao implemento de certas condições denominava-se gratificação, sem a distinção acima.

A Lei nº 13.467/17 enfrentou parcialmente o problema, pois, ao acrescer o § 4º do art. 457 da CLT, conceituou os prêmios como:

> § 4º Consideram-se **prêmios** as liberalidades concedidas pelo empregador em forma de bens, serviços ou valor em dinheiro, a empregado ou a grupo de empregados, em razão de desempenho superior ao ordinariamente esperado no exercício de suas atividades.

Logo, os prêmios se caracterizam como um incentivo, um *plus* pago ao empregado, em utilidade ou em dinheiro, sem natureza salarial em razão do seu superior desempenho.

A doutrina e a jurisprudência majoritária defendiam que a gratificação era tanto um incentivo pessoal como coletivo, como se podia observar nas Súmulas nºs 102, VI; 109; 202; 203; 225; 226; 240; 253 do TST.

A Lei nº 13.467/17 estabeleceu a diferença entre **gratificação** e prêmio, sendo aquela parcela destinada a agradar, estimular ou compensar a maior responsabilidade da função ou cargo ou seu desempenho e este (prêmio) com a finalidade de prestigiar o excepcional desempenho do empregado, acima do ordinariamente esperado.

A norma coletiva também poderá dispor sobre o pagamento dos prêmios, na forma do inciso IX do art. 611-A da CLT e até retirar a natureza salarial das gratificações e outros sobressalários, estejam eles ligados ou não à produtividade (art. 611-A, *caput* e IX, da CLT).

Conclusão: a regra geral é que toda gratificação desde que habitual[55] ou periódica tem natureza salarial. Excepcionalmente a lei poderá retirar-lhe esta natureza, como ocorreu com a gratificação de participação nos lucros, já que a Constituição/88 a desvinculou do salário – art. 7º, XI, da CRFB e outras a seguir estudadas.

---

55 Como já explicado, entende-se por **habitual** aquilo que se repete metade ou mais da metade de um período e **periódico** aquilo que se repete, mas não de forma habitual no ano, mas sim de modo uniforme no contrato. Uma gratificação paga uma ou duas vezes ao ano é eventual para fins de projeção nas férias e no aviso prévio, por exemplo, mas, se paga todo ano, será periódica e, por isso, terá sua projeção no FGTS e no décimo terceiro salário.

5.1. Gratificação de Função

A gratificação de função é criada espontaneamente (é um salário-condição), isto é, nenhum empregador está obrigado a pagá-la, salvo se assim ajustou por norma coletiva, interna ou por contrato. As únicas gratificações de função devidas por imposição legal são: arts. 13 e 16 da Lei nº 6.615/78 (radialista quando acumula função) e art. 8º da Lei nº 3.207/57 (vendedor pracista quando acumula com a função de inspetor ou fiscal).

A natureza salarial da gratificação de função foi reafirmada pela MP nº 808/2017, que alterou a redação do § 1º do art. 457 da CLT, consagrando a tese que já vinha sendo defendida pela jurisprudência. Todavia, a referida MP perdeu a eficácia em 23.04.2018 e, com isso, o § 1º voltou à redação anterior. A partir daí as gratificações ajustadas ou contratadas, inclusive a de função, não aparecem nem no § 1º nem no § 2º do art. 457 da CLT, ficando num "limbo" jurídico, deixando para o intérprete a posição a ser tomada acerca da natureza salarial ou não das gratificações contratuais ou ajustadas. Quando a lei é silente ou contraditória, recomenda-se a aplicação do princípio *in dubio pro misero.*

Ressalte-se que o art. 224, § 2º, da CLT não obriga os estabelecimentos bancários ao pagamento da gratificação de um terço do salário, apenas menciona que se houver o pagamento e o exercício simultâneo de cargo de confiança, o caixa bancário estará enquadrado na jornada de oito horas e não na regra geral dos bancários (seis horas). O mesmo ocorre no caso do art. 62, parágrafo único da CLT, já que apenas informa que no caso de recebimento da gratificação (além do preenchimento de outros requisitos) ocorre o afastamento da regra geral (jornada) utilizada para os empregados.

A **gratificação de função** é condicionada ao exercício da função. Enquanto o empregado exercê-la, receberá o benefício. Quando deixar a função, a gratificação correspondente será suprimida. Normalmente é destinada àqueles empregados que exercem funções especiais ou de maior responsabilidade. Também pode se destinar a incentivar, a gratificar e distribuir lucros.

A **gratificação de função de confiança** percebida por dez ou mais anos de serviço se incorporava ao contrato de trabalho e **não** poderia ser suprimida, mesmo que o empregado deixasse de exercer a função gratificada neste período (Súmula nº 372, I, do TST). Este entendimento era explicado porque o empregado que permanecia na função de confiança por muito tempo, elevava seu padrão financeiro, seu *status* funcional, sua vida social e não se adaptaria mais ao salário inferior do cargo efetivo. O empregador podia reverter o trabalhador ao cargo efetivo a qualquer momento e se o fizesse antes de dez anos poderia, também, expurgar a gratificação, desde que pagasse em rubrica própria para este fim – art. 468, parágrafo único, CLT. Como não se adquire estabilidade na função de confiança, o empregador poderá "rebaixar" o empregado, mesmo após este período (art. 499, CLT), mas não poderia suprimir a gratificação. Segundo o C. TST, tratava-se do "Princípio da Estabilidade Financeira".

Todavia, após a Lei nº 13.467/17, foi acrescido o § 2º ao art. 468 da CLT para autorizar a supressão da gratificação de função, mesmo após 10 anos de exercício da função de confiança. A intenção do legislador foi, sem dúvida, alterar o entendimento do TST, contido na Súmula 372, I.

Antes da Lei nº 13.467/2017, todas as gratificações legais ou contratuais habituais, inclusive a de função, tinham natureza salarial e, por isso, integravam o salário para todos os fins (férias, trezenos, FGTS + 40%), salvo para fins de RSR, porque normalmente era parcela fixa ou percentual sobre o salário de empregado mensalista, quando já estava embutido o dia de repouso e serve de base de cálculo para as horas extras (Súmulas nº 152 e 264 do TST). Depois da Reforma Trabalhista, a matéria passou a ser controvertida, pois o § 2º do art. 457 da CLT não retirou sua natureza salarial nem o § 1º reconheceu sua natureza salarial.

A norma coletiva poderá retirar a natureza salarial desta ou de qualquer outra gratificação, como autoriza o art. 611-A, *caput*, da CLT.

O caixa bancário que exerce função de confiança, que também recebe gratificação de função superior a um terço do salário, está enquadrado na jornada de oito horas e não na regra geral (seis horas) – art. 224, § 2º, da CLT c/c as Súmulas nº 102, II e IV; 109; 239; 240 do TST.

Se a norma coletiva dos bancários ordenar o pagamento de uma gratificação de função em valor superior ao estabelecido na lei, mas o empregador pagar apenas o terço legal ao bancário, o empregado não terá direito a sétima e oitava horas como extraordinárias, mas somente à diferença da gratificação. Nesse sentido a Súmula nº 102, VI, do TST. Isto se explica porque não houve infração à lei, e sim a uma norma de caráter privado.

5.2. Gratificação Semestral

Como o nome diz, a **gratificação semestral** é paga duas vezes ao ano, uma vez a cada semestre. Normalmente se constitui em parcela invariável, pois **não** depende dos lucros nem da produção. Se destina a agradar os empregados. Também é benefício **espontâneo**, só devido quando houver ajuste, norma coletiva ou regulamento que crie o direito. Como seu pagamento é eventual[56] no ano, a gratificação semestral não se projeta nas férias, horas extras, no décimo terceiro,[57] nas parcelas resilitórias e no aviso prévio (Súmula nº 253 do TST), mas integra (pelo critério da periodicidade) no FGTS e no INSS.

Aparentemente, a Lei nº 13.467/17 retirou a natureza salarial da gratificação semestral, pois não a relacionou no § 1º do art. 457 da CLT. Entretanto, o legislador também não a incluiu no § 2º do mesmo artigo, não retirando sua característica salarial. A contradição entre os parágrafos pode levar o intérprete à aplicação do princípio *in dubio pro misero*.

---

56 Eventual porque só é paga duas vezes no ano.

57 Esta é a nossa posição. Entretanto, a Súmula nº 253 do TST posiciona-se de forma oposta quanto à projeção no décimo terceiro salário.

Em relação a sua projeção no 13° salário, a jurisprudência se posicionou de forma diversa – Súmula nº 253 do TST. A explicação está na alegação de que a Lei nº 4.090/62 não exigiu o requisito da habitualidade para a integração. Não concordamos com esta posição em virtude de sua eventualidade no ano, requisito exigido para todas as projeções, de forma explícita ou implícita. Ressalta-se que a norma coletiva poderá retirar a natureza salarial desta parcela, na forma do art. 611-A, *caput*, da CLT.

5.3. Gratificação de Quebra de Caixa

É paga apenas aos empregados que exercem a função de caixa e tem a finalidade de remunerar a maior responsabilidade que a função exige, já que o empregado pode cometer erros involuntários na contagem do dinheiro, que podem acarretar descontos no salário por diferenças no caixa. É claro que, por se tratar de dano culposo, deverá haver previsão contratual para o desconto da diferença de caixa – art. 462, § 1º, da CLT.

É parcela espontânea, isto é, nenhum empregador está obrigado a pagá-la, salvo se a norma coletiva, o regulamento ou o contrato contiverem previsão nesse sentido.

Süssekind,[58] Sergio Pinto Martins e Alice Monteiro de Barros[59] negavam a natureza salarial do benefício, sob o argumento de que a parcela tinha caráter compensatório e indenizatório, pois visava o ressarcimento de um prejuízo sofrido pelo empregado.

Sergio Pinto[60] acrescentava que, se a parcela é paga mensalmente sem que houvesse dano causado pelo empregado ou nexo de causalidade ou, ainda, quando o valor da gratificação fosse superior ao do prejuízo, a parcela passaria a ter natureza salarial.

A jurisprudência se posicionava pela natureza salarial da parcela, conforme pacificado pela Súmula nº 247 do TST. A partir da reforma trabalhista (Lei nº 13.467/2017), as gratificações contratuais ou ajustadas foram excluídas do § 1º do art. 457 da CLT e não foi retirada sua natureza salarial no § 2º do mesmo artigo. Com isso, a natureza salarial ou não da parcela em estudo passou a ser controvertida.

Antes da Reforma Trabalhista a natureza salarial da "gratificação de quebra de caixa" era reconhecida pela jurisprudência e sua integração ao salário era direito do empregado, salvo no RSR, quando calculada sobre o salário do mensalista ou quinzenalista, que já embutido no salário o dia de repouso (aplicação analógica da Súmula nº 225 do TST c/c art. 7º, § 2º, da Lei nº 605/1949). Se sua natureza for salarial, fará base de cálculo das horas extras (Súmula nº 264 do TST).

58 SÜSSEKIND, Arnaldo; MARANHÃO, Délio; VIANNA, Segadas; TEIXEIRA, Lima. *Instituições de Direito do Trabalho*. 22. ed. São Paulo: LTr, 2005, v. 1, p. 380.

59 Alice Monteiro acrescentava que, se não houvesse autorização para o desconto, na forma do § 1º do art. 462 da CLT, este seria ilegal e, por isso, o pagamento da gratificação de quebra de caixa passaria a ter natureza salarial. BARROS, Alice Monteiro de. *Curso de Direito do Trabalho*. São Paulo: LTr, 2005, p. 747.

60 MARTINS, Sergio Pinto. *Direito do trabalho*. 13. ed. São Paulo: Atlas, 2001. p. 235.

Ressalte-se que a norma coletiva poderá retirar a natureza salarial dessa gratificação também, como autorizou o art. 611-A, *caput*, da CLT.

5.4. Gratificação Natalina ou Décimo Terceiro Salário

A gratificação de natal surgiu da prática e do costume de presentear o empregado no final do ano. Com isso, a lei incorporou essa prática e instituiu o 13º salário, tornando-o compulsório.

A matéria é disciplinada pelas Leis nos 4.090/62 e 4.749/65, bem como pelo Decreto nº 57.155/65.

É devida ao empregado urbano, rural, doméstico, aos servidores públicos e aos trabalhadores avulsos. Alice Monteiro de Barros[61] lembra, ainda, que essa gratificação também é devida ao trabalhador temporário, já que o rol do art. 12 da Lei nº 6.019/74 é meramente exemplificativo. Lógica a conclusão, pois qualquer empregado, mesmo aqueles regidos por lei especial, tem direito ao décimo terceiro salário – art. 7º, VIII, da CRFB.

Quando a parcela passou a ser imposta por lei, através dos citados diplomas legais, alguns trabalhadores entenderam que teriam direito às duas parcelas, isto é, àquela imposta pela lei e à paga espontaneamente pelo empregador. Em razão dessa indagação, o TST se posicionou (através da cancelada Súmula nº 145) no sentido de que a gratificação de natal paga de forma espontânea pelo empregador poderia ser compensada com aquela estipulada pela Lei nº 4.090/62.

É **compulsória** e de inquestionável **natureza salarial**, pois a lei é expressa neste sentido, quando utiliza a expressão "gratificação salarial", na parte final do art. 1º da Lei nº 4.090/62. Além disso, a Lei nº 13.467/17 ratificou a sua característica salarial no § 1º do art. 457 da CLT.

Só não é devida quando o direito ainda não estiver sido adquirido e o empregado for despedido por justa causa (art. 7º do Decreto nº 57.155/65) no ano. Considera-se adquirido o décimo terceiro salário depois do dia 14 de dezembro de cada ano, mesmo que seja proporcional.

De qualquer forma, cumpre esclarecer que a despedida com justa causa não acarreta a perda de todos os trezenos proporcionais, mas apenas daquele correspondente ao ano em que ocorreu a resolução contratual.

Exemplo: O empregado trabalhou de fevereiro de 2015 a março de 2016, quando houve a dispensa por justa causa. Esse trabalhador terá direito ao 13º salário proporcional do exercício de 2015 (11/12), mas não terá direito a essa parcela referente ao ano de 2016, porque aquele direito já tinha sido adquirido enquanto este ainda não.

Nas demais modalidades de terminação do contrato, a gratificação é devida proporcionalmente (Súmula nº 157 do TST – também havia previsão nas canceladas Súmulas nºs 2 e 3 do TST). Para o trabalhador intermitente, o pagamento será

---

61 BARROS, Alice Monteiro de. *Curso de Direito do Trabalho*. São Paulo: LTr, 2005, p. 726.

pelo trabalho executado e pago de imediato – art. 452-A, § 6º, III, da CLT. No caso de extinção do contrato por culpa recíproca, de acordo com a nova redação da Súmula nº 14 do TST, o empregado tem direito a 50% do valor do décimo terceiro salário – aplicação analógica do art. 484 da CLT.

A cada mês ou fração superior a 14 dias o empregado terá direito a 1/12 do benefício (art. 1º, §§ 1º e 2º, da Lei nº 4.090/62), salvo se for despedido por justa causa antes de dezembro. Para os que recebem remuneração variável, deve ser feita a média duodecimal.[62] O décimo terceiro salário deve ser pago proporcionalmente pelo empregador nos 15 primeiros dias da doença, sendo o restante do valor de encargo da previdência (art. 60 da Lei nº 8.213/91).

Deve ser pago até o dia 20 de dezembro de cada ano e corresponde ao valor da remuneração devida em dezembro, compensado o valor recebido a título de adiantamento (art. 1º da Lei nº 4.749/65). Entre os meses de fevereiro e novembro de cada ano o patrão está obrigado a adiantar metade do valor correspondente devido no mês anterior (art. 2º, *caput*, da Lei nº 4.749/65), porém não precisa fazer esse pagamento para todos os empregados ao mesmo tempo (art. 2º, § 1º, da Lei nº 4.749/65). Se houver requerimento tempestivo do empregado para que o adiantamento seja feito junto com as férias (art. 2º, § 2º, da Lei nº 4.749/65) o empregador estará obrigado a fazê-lo. Considera-se requerimento tempestivo aquele formulado pelo empregado no mês de janeiro do ano correspondente.

Se o empregado faltar injustificadamente por mais de 14 dias dentro de um mês, perderá a fração correspondente a este (1/12).

Caso o empregado tenha recebido o adiantamento do 13º salário e seja demitido antes do término do exercício, de acordo com os arts. 1º e 3º da Lei nº 4.749/65, o empregador pode compensar total ou parcialmente o valor adiantado. A corrente majoritária entende, ainda, que deve ser compensado o valor efetivamente pago, sem a incidência de correção monetária.

> 13º SALÁRIO. ANTECIPAÇÃO. A Lei nº 4.749/65, ao determinar que a gratificação natalina seja paga pelo empregador até o dia 20 de dezembro de cada ano, admite a compensação da parcela antecipada durante o ano, pelo valor efetivamente pago, sem qualquer correção, o que encontra amparo, inclusive, no E. 187/TST. TRT/MG – RO: 7175/96 – Rel. Designado: Juíza Alice Monteiro de Barros. *DJ*/MG 20/09/1996.

Sobre a gratificação natalina incide apenas o FGTS e INSS, pois ela não integra as demais parcelas por eventual no ano. Entretanto, como o décimo terceiro salário é calculado sobre toda gama salarial, as demais parcelas, quando pagas habitualmente, integram a remuneração para pagamento do trezeno (Súmulas nºs 45; 60, I; 139 etc., do TST).

---

62 O cálculo desta média será melhor analisado logo após.

Que direito tem o empregado que já recebeu o adiantamento do 13º salário, mas, no mês subsequente, sofreu reajuste salarial em virtude de norma coletiva da categoria (mera reposição da inflação, sem ganho real)?

Ex. 1: Empregado recebe, em maio, o adiantamento de seu 13º salário no valor de R$ 1.000,00, correspondente à metade do salário deste mês (2.000,00). Entretanto, seu salário é reajustado em novembro para R$ 2.200,00 e, por isso, em dezembro recebe o valor de R$ 1.100,00, que corresponde à metade do novo valor do seu salário. Tem ele, ainda, direito a mais R$ 100,00 pela diferença entre o valor pago em maio e o que seria devido se tivesse recebido integralmente a parcela em dezembro?

Mês	Salário	13º salário
Janeiro	R$ 2.000,00	
Fevereiro	R$ 2.000,00	
Março	R$ 2.000,00	
Abril	R$ 2.000,00	
Maio	R$ 2.000,00	+...R$ 1.000,00...adiantamento do 13º
Junho	R$ 2.000,00	
Julho	R$ 2.000,00	
Agosto	R$ 2.000,00	
Setembro	R$ 2.000,00	
Outubro	R$ 2.000,00	
Novembro	R$ 2.200,00	
Dezembro	R$ 2.200,00	Qual o valor devido?

Existem duas posições.

Para a primeira vertente, o empregado não terá direito, pois na época do pagamento do adiantamento, este correspondeu exatamente ao salário devido naquela época, valor ainda não corroído pela inflação.

A segunda corrente, por sua vez, entende que deve prevalecer o valor do salário de dezembro, já que a Lei nº 4.090/62 menciona que o valor do décimo terceiro salário é igual ao do salário de dezembro de cada ano. Com isso, o empregado tem direito à diferença do adiantamento do trezeno. No exemplo acima, terá direito a diferença de R$ 100,00.

E no caso de aumento (ganho real) salarial?

Nesse caso, não há dúvida que deve prevalecer o salário do mês de dezembro, devendo o empregador pagar a diferença correspondente ao adiantamento do 13º salário.

Exemplo: O empregado recebe o salário de R$ 2.000,00 e no mês de maio recebeu o adiantamento do trezeno no valor de R$ 1.000,00. Em outubro, o empregador concede um aumento real para o valor de R$ 3.000,00. Nesse caso, em dezembro, o empregado terá direito a R$ 1.500,00 (segunda metade do pagamento do 13º salário) e, ainda, a diferença de R$ 500,00, correspondente ao valor adiantado no mês de maio.

Para os **comissionistas** o pagamento do décimo terceiro salário deve respeitar o art. 2º, *caput*, do Decreto nº 57.155/65. A gratificação será calculada na base de 1/11 (um onze avos) da soma das importâncias variáveis atualizadas[63] devidas até novembro de cada ano. Isto se explica porque até 20 de dezembro o patrão ainda não sabe quanto o empregado produzirá em dezembro, até porque o mês ainda não acabou. Esta gratificação será somada à parte fixa do salário, se houver.

Em janeiro o patrão fará a revisão das contas. Desta vez calculará a média aritmética dos 12 meses do ano, inclusive dezembro, e pagará a diferença ou a compensará até o quinto dia útil do mês subsequente, tudo na forma do art. 2º, parágrafo único, do Decreto nº 57.155/65.

Discordamos da estipulação legal que indica como data máxima para o pagamento o dia 10 de janeiro – parágrafo único do art. 2º do mencionado decreto, já que anterior à alteração do art. 459, parágrafo único, da CLT (alterado pela Lei nº 7.855/89), que determina o pagamento até o 5º dia útil do mês. Dessa forma, defendemos a aplicação analógica deste dispositivo.

Sergio Pinto Martins[64] aceita a redução do valor do décimo terceiro salário se autorizado por norma coletiva. O argumento é o da flexibilização.

A nova redação do § 1º do art. 457 da CLT, dada pela Lei nº 13.467/17, manteve a natureza salarial das gratificações legais, como o 13º salário.

Convém ressaltar que a norma coletiva poderá determinar o parcelamento do 13º salário de forma diversa da prevista em lei. Entretanto, não poderá reduzir seu valor ou suprimir a benesse – art. 611-B, V, c/c art. 611-A, *caput,* da CLT.

5.5. Gratificação de Balanço ou Participação nos Lucros

A gratificação de balanço é parcela **espontânea**. Nenhum empregador está obrigado a pagá-la por força de lei. Logo, só terá esta obrigação se a benesse estiver prevista em norma coletiva, regulamento de empresa ou contrato.

Também pode ser chamada de "PL", gratificação de balanço, gratificação de lucros, participação nos lucros ou resultados. Alguns empregadores denominam de "bônus".

Após a Constituição de 88, a participação nos lucros ou gratificação de balanço está desvinculada da remuneração e, por isso, **não** tem natureza salarial – art. 7º, XI, da CRFB, não incidindo sequer o imposto de renda ou INSS.[65]

---

[63] OJ nº 181 da SDI-I do TST neste sentido.

[64] MARTINS, Sergio Pinto. *Direito do Trabalho*. 13. ed. São Paulo: Atlas, 2001, p. 233.

[65] A Lei nº 10.101/00 expressamente menciona que a participação nos lucros não constitui base de incidência de qualquer encargo trabalhista – art. 3º. Via de consequência, também não pode incidir no INSS ou no IR. Sergio Pinto Martins também advoga que não incide INSS sobre a participação nos lucros. *Ibidem*, p. 244.

Seu pagamento pode ser anual ou semestral[66] e depende do lucro – art. 3º da Lei nº 10.101/2000. Não havendo lucro o empregador não precisará pagar o benefício. O valor pode ser fixo ou variável, dependendo da estipulação.

Antes da Constituição de 88 a jurisprudência entendia que se a gratificação de balanço fosse paga mensalmente, teria natureza salarial (cancelada Súmula nº 251 do TST), hoje o entendimento foi superado pela Carta.

Existe, no entanto, uma vertente que defende a natureza salarial da participação nos lucros quando não respeitada a forma prevista em lei. Não concordamos com essa posição, visto que o legislador constitucional foi expresso em sentido contrário (art. 7º, XI, da CRFB). Da mesma forma a OJ Transitória nº 73 da SDI-I do TST.

A Lei nº 10.101/00 regulamentou a participação dos empregados nos lucros das empresas, mas não obrigou ao pagamento. Logo, não havendo ajuste entre as partes, não está a empresa obrigada a fazê-lo.

Arnaldo Süssekind[67] e Sergio Pinto Martins[68] distinguem participação nos **lucros** de participação nos **resultados**. Advogam que a gratificação de resultados corresponde ao complemento salarial pago quando se atinge metas relacionadas com a produção do empregado, da equipe, da agência etc., enquanto a participação nos lucros tem conceito definido em lei, depende do lucro (e não só da receita, ou da meta atingida).

Ora, o art. 7º, XI, da CRFB assim se refere: "participação nos lucros, ou resultados, desvinculada da remuneração (...)." Logo, a Carta de 1988 equiparou as expressões.

Alice Monteiro de Barros[69] entende que ambas são iguais, sendo as palavras sinônimas. Aparentemente assim também se posiciona a jurisprudência.

> PARTICIPAÇÃO NOS LUCROS E RESULTADOS. PAGAMENTO PROPORCIONAL. Caso em que não comprovado o correto pagamento da participação nos lucros e resultados ao empregado que contribuiu para o desempenho do empreendimento. TRT-4 – RO: 00208280820165040232, Data de Julgamento: 06/09/2018, 3ª Turma.

Alguns empregadores utilizam a rubrica "participação de resultados" para pagar outra verba, na tentativa de burlar o direito do empregado à integração da benesse ao salário. Desta forma, forçoso é concluir que só a análise do caso concreto poderá definir se a parcela de fato depende ou não do lucro, para retirar a natureza salarial da gratificação.

Entende-se como lucro líquido o resultado de toda a receita obtida pela empresa, deduzida de todas as despesas. O que restar será considerado como lucro e sobre este incidirá o percentual de participação nos lucros.

---

66 Apesar de a PL poder ser paga semestralmente, não há que se confundir com a gratificação semestral, pois aquela depende de lucro e esta, além de não depender, tem natureza salarial.

67 SÜSSEKIND, Arnaldo; MARANHÃO, Délio; VIANNA, Segadas; TEIXEIRA, Lima. *Instituições de Direito do Trabalho*. 22. ed. São Paulo: LTr, 2005, v. 1, p. 477-491.

68 MARTINS, Sérgio Pinto. *Direito do Trabalho*. São Paulo: Atlas.

69 BARROS, Alice Monteiro de. *Curso de Direito do Trabalho*. São Paulo: LTr, 2005, p. 754.

Controvertida é a **natureza jurídica** da participação nos lucros. Uma primeira corrente adota a tese da natureza jurídica de salário, tendo em vista o § 1º do art. 457 da CLT, pois este determina que a participação nos lucros é uma contraprestação de caráter retributivo. A segunda vertente pugna ser a natureza jurídica decorrente do contrato de sociedade, pois todos – empregado e empregador – teriam objetivo comum: o de obter lucro por meio da atividade que exercem. Por fim, a terceira sustenta ser a participação nos lucros uma parcela *sui generis*, pois configura uma transição entre o contrato de trabalho e o contrato de sociedade.

Amauri Mascaro Nascimento[70] assevera que:

> (...) a tese da participação nos lucros como contrato sui generis parte do pressuposto de que a instituição indica o início da sonhada fase de transição entre o regime do salário e o regime da sociedade, situando-se o sistema de participação exatamente como ponte através da qual serão percorridos os caminhos que permitirão, ao trabalhador, afastar-se da sua condição desfavorável, como segmento social, para situar-se em posição melhor, ao lado do capital e usufruindo das vantagens dele. Aceita essa tese, a participação nos lucros não é salário, mas também não faz do assalariado um sócio do empregador. Não fica descaracterizada a relação de emprego, ideia melhor que a anterior.

De qualquer sorte, o debate encontra óbice constitucional, ante a expressa menção de que a participação nos lucros é parcela desvinculada da remuneração – art. 7º, XI, da CRFB c/c Lei nº 10.101/00.

No caso de extinção contratual antes da data de distribuição dos lucros, o pagamento deve ser proporcional aos meses trabalhados, em face do princípio da isonomia, na forma da Súmula 451 do TST.

A norma coletiva poderá dispor sobre a participação nos lucros, inclusive com periodicidade de pagamento de forma diversa da contida na Lei nº 10.101/2000 (art. 611-A, XV, da CLT) e para deixar clara sua natureza não salarial.

5.6. Gratificação por Tempo de Serviço

Normalmente é fixada por ano e visa incentivar ou agraciar o empregado mais antigo. Como espécie do gênero salário-condição só é devida depois de preenchidos os requisitos, isto é, quando o trabalhador contar com o tempo de serviço necessário para a aquisição do direito. É **espontânea**, pois não há lei que imponha o pagamento do benefício.

São formas de gratificações por tempo de serviço: anuênio, biênio, quinquênio etc.

Apesar de não incluída no § 1º do art. 457 da CLT, defendemos, como já exposto, a **natureza salarial** da gratificação por tempo de serviço; logo, ela integra o salário para todos os efeitos, isto é, para fins de projeção nas férias, trezenos, FGTS, parcelas resilitórias (Súmulas nºs 203 e 226 do TST). Conforme a Súmula

---

70 NASCIMENTO, Amauri Mascaro. *Direito do Trabalho na Constituição de 1988*. São Paulo: Saraiva, 1989, p. 150.

nº 240 do TST, essa parcela integra também o cálculo da gratificação prevista no art. 224, § 2º, da CLT.

Não reflete no RSR porque calculada sobre o salário mensal do empregado, que já tem incluído o dia de repouso (Súmula nº 225 do TST). Como as demais gratificações, esta também faz base de cálculo para as horas extras (Súmula nº 264 do TST).

Cumpre esclarecer que a alteração contratual de concessão de anuênio para biênio ou quinquênio é maléfica para o empregado, ferindo o art. 468, *caput*, da CLT.

A norma coletiva também poderá retirar a natureza salarial desta gratificação, na forma do art. 611-A, *caput*, da CLT.

6. COMISSÕES

Conceituamos comissão como forma de contraprestação, exclusiva ou não, que leva em conta o resultado ou o desempenho dos trabalhadores que exercem serviços vinculados à sua produção ou à do grupo, como é o caso dos vendedores (de balcão, viajantes ou pracistas) e atividades afins. É, portanto, a percentagem ajustada sobre o valor do serviço ou do negócio. A natureza jurídica da comissão é de salário pago por unidade de obra (sinônimo de produção), na forma do art. 457, § 1º, da CLT.

A comissão também é chamada de: salário aleatório; percentagem; salário por unidade de trabalho ou salário variável.

Para Arnaldo Süssekind[71] a comissão corresponde à percentagem ajustada sobre o valor do serviço ou do negócio executado ou encaminhado pelo trabalhador, enquanto para Mauricio Godinho[72] a comissão pode corresponder a uma parcela fixa ou variável, distinguindo-a da percentagem.

Sergio Pinto Martins[73] e Alice Monteiro[74] sustentavam que percentagem e comissão são parcelas distintas, pois a comissão é gênero e a percentagem espécie.

De fato, a primeira impressão da leitura fria da antiga redação do § 1º do art. 457 da CLT era de que a "comissão" se distinguia da "percentagem", pois mencionava as duas expressões no texto legal. Entretanto, a partir da Lei nº 13.467/17, o § 1º foi alterado para suprimir a expressão "percentagem", constando apenas as comissões:

> Art. 457. (...)
>
> § 1º Integram o salário a importância fixa estipulada, as gratificações legais e as **comissões** pagas pelo empregador.

---

71 SÜSSEKIND, Arnaldo; MARANHÃO, Délio; VIANNA, Segadas; TEIXEIRA, Lima. *Instituições de Direito do Trabalho*. 22. ed. São Paulo: LTr, 2005, v. 1, p. 371.

72 DELGADO, Mauricio Godinho. *Curso de Direito do Trabalho*. São Paulo: LTr, 2002, p. 741.

73 MARTINS, Sergio Pinto. *Direito do Trabalho*. 19. ed. São Paulo: Atlas, 2001, p. 270.

74 BARROS, Alice Monteiro. *Curso de Direito do Trabalho*. 4. ed. São Paulo: LTr, 2008, p. 752.

Apesar da alteração legislativa, há passagens da CLT que ainda se referem às comissões e percentagens como se fossem parcelas distintas, como se observa dos arts. 78, parágrafo único; 142, § 3º; 459; e 466, §§ 1º e 2º, todos da CLT. Todavia, estamos com Arnaldo Süssekind, a interpretação deve ser restritiva, pois as palavras são sinônimas. Houve redundância. Foi um lapso do legislador. A prova disto está na nova redação dada pelo legislador ao § 1º do art. 457 da CLT.

A comissão pode ser caracterizada como salário base puro, misto ou como sobressalário e normalmente tem natureza salarial.

O empregado que percebe apenas por comissão tem a garantia de uma retirada mensal nunca inferior a um salário mínimo (ou piso salarial, se existir), mesmo que suas vendas tenham sido baixas naquele mês, não podendo o empregador compensar a parte que foi obrigado a complementar no mês subsequente (art. 7º, VII, da CRFB c/c arts. 1º e 3º da Lei nº 8.716/93 c/c art. 78, parágrafo único, da CLT).

Se recebe parte fixa e parte em comissões (**salário misto**), a soma não poderá ser inferior ao salário mínimo. Mas se a parte fixa já ultrapassa o mínimo, a comissão poderá ser em qualquer valor, inclusive zero em alguns meses.

A comissão paga como **sobressalário** denota que o empregado pode não a receber todo mês, pois dependente de outras condições que não a produção diária decorrente do trabalho. Ex.: a cada 3 meses, as equipes que atingirem a meta mínima de vendas ganharão 3% do faturamento da loja. Logo, a comissão como sobressalário é sempre periódica (bimestral, semestral, anual etc.) e normalmente tem natureza salarial. Assim, no mês em que a comissão for paga, incide sobre o FGTS. Se habitual no período terá efeito nas outras parcelas (trezenos, férias). Salvo o entendimento de que para o décimo terceiro salário não é necessário o requisito da habitualidade e sim da periodicidade – Súmula nº 253 do TST (vide item "projeções" deste Capítulo).

As eventuais comissões pagas como **sobressalário** que tiverem a finalidade de retribuir a maior produtividade, aquela superior à ordinariamente esperada ou ao excepcional superior desempenho (também maior ao ordinariamente esperado), não terão natureza salarial, pois se equiparam aos prêmios que, por força do § 2º do art. 457 da CLT, acrescido pela Lei nº 13.467/17, não integram o salário. Desta forma, o empregado que conseguiu atingir vendas inesperadas, muito superior à meta estabelecida, poderá receber, por exemplo, além das comissões pagas como salário, mais uma comissão dada por liberalidade equivalente a 10% sobre a parte excedente da meta. Este *plus* não terá natureza salarial, apesar de ser um percentual calculado sobre sua produtividade, pois a parcela equivale ao prêmio, de acordo com a nova sistemática criada pela reforma trabalhista (§ 4º do art. 457 da CLT). A pedra de toque está na **eventualidade** do atingimento do resultado inesperado pelo empregado, pois, se habitualmente o empregado atinge a meta ou tem *performance* superior aos demais empregados, deixa de ser extraordinário para ser ordinário.

A norma coletiva também poderá retirar-lhe a natureza salarial na forma do art. 611-A, IX, da CLT.

Apesar da exceção exposta, a regra geral é que toda comissão tem natureza salarial, inclusive as pagas como sobressalário e as destinadas à corretagem quando a função está relacionada com o contrato de trabalho – Súmula nº 93 do TST. Todavia, quando a comissão decorrer de corretagem e for totalmente desvinculada do contrato não terá natureza salarial. É o que ocorre quando uma recepcionista, por acaso, indica um cliente para compra de um imóvel cuja empresa vendedora é sua empregadora. Neste caso, como sua função não era a de venda (corretor de imóvel) e como é praxe do mercado repassar parte da corretagem a quem ajudou na intermediação e, ainda, por ser eventual, a parcela não terá natureza salarial. Portanto, mais uma exceção à regra da natureza salarial das comissões.

Também não tem natureza salarial a comissão paga a título de participação nos lucros. Isto porque o art. 7º, XI, da Carta desvincula a participação nos lucros da remuneração. É possível o empregador oferecer percentual sobre os lucros da empresa a todos os seus empregados.

O art. 466, *caput*, da CLT estabelece que o pagamento das comissões só é exigível depois de ultimada a transação a que se referem. Em decorrência deste dispositivo, existem duas posições.

Para a primeira vertente, o empregado receberá a comissão somente após o pagamento do valor da transação pelo cliente, pois ultimar, expressão utilizada pela lei, significa, por termo, chegar ao fim, finalizar, concluir. Neste sentido, a transação só poderia ser considerada finalizada depois de paga, quitada, liquidada. Por isso, a lei teria sido expressa nesse sentido no § 1º do art. 466 da CLT.

> **Art. 466.** O pagamento de comissões e percentagens só é exigível depois de **ultimada** a transação a que se referem (grifos nossos).
>
> § 1º Nas transações realizadas por prestações sucessivas, é exigível o pagamento das percentagens e comissões que lhes disserem respeito proporcionalmente à respectiva **liquidação** (grifos nossos).

Entretanto, a corrente majoritária (segunda corrente) defende que o trabalhador não pode ter condicionado seu salário ao pagamento do cliente, pois estaria sofrendo o risco do negócio (não pagamento). Logo, o empregado tem direito a receber sua comissão a partir do momento da efetivação da transação (transação aceita pelo patrão), independente do pagamento pelo cliente, já que somente o empregador corre o risco do negócio – neste sentido o art. 3º da Lei nº 3.207/57. Estamos com esta corrente.

Nas transações realizadas por prestações sucessivas, o pagamento das comissões ocorrerá de acordo com a periodicidade ajustada para a liquidação, isto é, no vencimento de cada parcela (art. 466, § 1º, da CLT). Exemplo: empregado vendeu uma mercadoria em 10 parcelas de R$ 230,00. Receberá sua comissão incidente sobre os R$ 230,00 durante 10 meses sucessivos, independentemente de o cliente pagar ou não.

Se alguma prestação vencer após o término do contrato de trabalho, o ex-empregado terá direito ao recebimento das comissões incidentes sobre as demais parcelas (art. 466, § 2º, da CLT). A cada mês o ex-empregador deverá pagar as comissões das prestações vencidas naquele mês, através de termo de rescisão complementar, bem como a projeção destas sobre o FGTS, férias proporcionais e trezeno proporcional, pela proporção paga na primeira rescisão, pois o direito às comissões já tinha sido adquirido antes da extinção do contrato, mas o exercício (efetivo recebimento) dependia do vencimento de cada prestação. Logo, mesmo paga após a extinção do contrato a parcela tem natureza salarial.

Segundo o *caput* do art. 459 da CLT:

> O pagamento do salário, qualquer que seja a modalidade do trabalho, não deve ser estipulado por período superior a um mês, **salvo o que concerne a comissões**, percentagens e gratificações (grifos nossos).

Apesar do estipulado acima e da previsão contida no art. 4º da Lei nº 3.207/57, quando as comissões representarem o salário base e a periodicidade de seu pagamento for trimestral, nos dois meses em que não houver pagamento da comissão deverá ser pago o salário mínimo (descontadas as faltas injustificadas).

Explica-se:

A Lei nº 8.716/93 estabeleceu para os que têm remuneração variável (comissão, peça, tarefa) e para os que têm salário misto (parte fixa e parte variável) a garantia do salário mínimo, sendo vedada qualquer compensação posterior. Isto é, o empregado não pode ficar sem nada receber se naquele mês trabalhou, mas nada produziu ou se para aquele mês não foi estipulada qualquer comissão.

Entrementes, se a comissão for ajustada como sobressalário a periodicidade pode ser trimestral, semestral etc. sem garantia do mínimo.

Como o comissionista tem remunerada toda a produção, isto é, recebe por todas as vendas ou negócios efetuados no mês (aí incluídas todas as horas laboradas), tem direito apenas ao adicional de 50% sobre as comissões pagas pelas vendas ou negócios realizados no horário extraordinário, uma vez que a produção realizada durante a hora extra em si já está remunerada. Nesse sentido a Súmula nº 340 do TST.

> **Ex. 1:** O empregado realiza 20 (vinte) vendas no horário normal e nenhuma no período extraordinário. Nesse caso, o trabalhador nada recebe a título de adicional de hora extras, já que 50% sobre zero (de comissão sobre zero de vendas) = zero.
>
> **Ex. 2:** O empregado realiza 2 (duas) vendas no horário normal e 20 (vinte) no período extraordinário. Nesse caso, o empregador deve pagar o adicional de 50% (cinquenta por cento) sobre a comissão incidente sobre as 20 (vinte) vendas realizadas durante o labor extra.

Como na prática não se tem como apurar o que foi vendido no horário normal e o que foi vendido no horário extra, a jurisprudência consagrou uma fórmula mais simples: divide-se o total das comissões recebidas no mês pelo total de horas (inclusive as extras) laboradas no mesmo mês. Este resultado apontará o valor hora. Apenas sobre as "horas extras" já recebidas deverá ser pago o adicional de 50%.

Se o empregado recebe **salário misto** (fixo + comissão) e ocorre labor extra, recebe o valor da hora extra acrescida do adicional de 50% no que tange ao valor fixo. Porém, em relação à comissão, prevalece a Súmula nº 340 do TST (cabe apenas o pagamento do adicional de 50% sobre as comissões pagas pelas vendas feitas no horário extra) c/c OJ nº 397 da SDI-I do TST.

Todavia, se o comissionista **puro** (que recebe apenas comissão) trabalha em horário extraordinário, sem a possibilidade de venda, porque o empregador o impediu (conferência de peças, arrumação da loja, contagem do estoque, vitrine etc.), caracterizada estará a falta (imposta) de frente de trabalho e, com isso, cabe o pagamento da hora extra acrescida do adicional de 50%. Ora, o comissionista só ganha por aquilo que vende ou produz. Se o empregador o impede de produzir, impossibilita o ganho salarial, devendo responder por este prejuízo.

O comissionista não tem direito à equiparação salarial e aos aumentos derivados de lei de política de reajuste salarial. Estes não são possíveis, pois o valor das peças acompanha a conjuntura econômica e, com isso, as comissões serão pagas em cima desses valores. Mas, em relação à parte fixa do salário, há a possibilidade do reajuste salarial.

A equiparação salarial entre os comissionistas que percebem idêntico percentual para a mesma frente de trabalho é incabível, pois se um empregado recebe mais que outro significa que tem maior produtividade, afastando a aplicação do art. 461 da CLT.

No caso de salário misto, se preenchidos os requisitos do art. 461 da CLT, mesmo que os empregados possuam frente de trabalho diferente, é possível ocorrer a equiparação salarial no que diz respeito à parte fixa do salário.

O comissionista, ainda que externo (pracista), tem direito ao recebimento do repouso semanal e dos dias feriados (Súmula nº 27 do TST) sobre os valores pagos. Isto se explica porque o comissionista só recebe pelo que produz, não estando embutida a remuneração do repouso. Preenchidos os requisitos contidos no art. 6º da Lei nº 605/49, devido é o RSR sobre as comissões pagas. Apesar de o art. 62, I, da CLT excluir os empregados externos daquele Capítulo II, a redação original da CLT estendia o direito ao repouso semanal a eles e, posteriormente, a Lei nº 605/49 expressamente os incluiu no art. 7º, *d*. Logo, os externos têm direito ao repouso semanal remunerado. Este benefício deve ser pago em rubrica separada para se evitar o salário complessivo.

As férias dos comissionistas puros (aqueles que apenas recebem por comissão) devem respeitar o disposto no art. 142, § 6º, da CLT.

> **Art. 142.** (...)
>
> § 3º Quando o salário for pago por percentagem, comissão ou viagem, apurar-se-á a média percebida pelo empregado nos 12 (doze) meses que precederem à concessão das férias.
>
> (...)

§ 6º Se, no momento das férias, o empregado não estiver percebendo o mesmo adicional do período aquisitivo, ou quando o valor deste não tiver sido uniforme será computada a média duodecimal recebida naquele período, após a atualização das importâncias pagas, mediante incidência dos percentuais dos reajustamentos salariais supervenientes.

O valor das comissões destes 12 meses, segundo a Orientação Jurisprudencial nº 181 da SDI-I do TST, deve ser corrigido monetariamente para em seguida obter-se a média para efeito de cálculo de férias, trezenos e verbas rescisórias.

6.1. Vendedor Pracista e Representante Comercial – Comissões

O vendedor pracista e o representante comercial são espécies de trabalhadores cujo salário normalmente é remunerado apenas sob a forma de comissão. Por isso, tudo aquilo até aqui estudado pode ser aplicado ao vendedor pracista, por ser empregado, mas não ao representante comercial.

Todavia, há lei específica que regula a matéria de cada um destes profissionais, detalhes abaixo estudados:

– Para o vendedor pracista há presunção de aceitação do pedido, na forma do art. 3º da Lei nº 3.207/57. Esse dispositivo preconiza que a transação será considerada aceita se o empregador não a recusar por escrito, dentro de 10 (dez) dias, contados da data da proposta.

Tratando-se de transação a ser concluída com comerciante ou empresa estabelecida noutro Estado ou no estrangeiro, o prazo para aceitação ou recusa da proposta de venda será de 90 (noventa) dias podendo, ainda, ser prorrogado, por tempo determinado, mediante comunicação escrita feita ao empregado.

Logo, a comissão para o pracista é paga pela presunção da venda.

O representante comercial, que não é empregado (é autônomo), também recebe suas comissões por presunção de aceitação do pedido, mas o prazo é diferente do pracista (15, 30, 60 ou 120 dias – art. 33, *caput*, da Lei nº 4.886/65).

– O pracista pode ter suas comissões estornadas no caso de insolvência notória do cliente – art. 7º da Lei nº 3.207/57 (deve ser notória e anterior à venda, de acordo com o entendimento majoritário). O representante comercial também está sujeito a esta regra (art. 33, § 1º, da Lei nº 4.886/65).

– O pracista, de acordo com o art. 4º, parágrafo único, da Lei nº 3.207/57, pode receber suas comissões em prazo não superior a um trimestre. Entretanto, a vertente majoritária defende que para ocorrer esse prazo de até três meses para o pagamento da comissão deve o empregador garantir mensalmente, pelo menos, o salário mínimo, aplicação do art. 1º da Lei nº 8.716/93, sem qualquer compensação nos meses posteriores. Se, por exemplo o empregador ajustou pagamento trimestral, o empregado receberá no primeiro mês o salário mínimo, no segundo também e no terceiro a comissão (sem qualquer compensação) e assim por diante.

O art. 459 da CLT também deixou a entender que a comissão poderia ser paga em prazo superior a um mês, porém o entendimento é o mesmo visto, isto é, que a periodicidade só pode ser superior a um mês se a comissão for paga como sobressalário ou garantindo o mínimo nos demais meses.

Para o representante comercial o § 2º do art. 33 da Lei nº 4.886/65 autoriza que o ajuste entre as partes possa prever periodicidade maior que o mês. Como não é empregado, o ajuste será válido e o trabalhador nada receberá em alguns meses.

– O pracista pode receber comissão pela venda de outro empregado, desde que este tenha atuado em sua zona exclusiva de trabalho (art. 2º, *caput*, da Lei nº 3.207/57). Nesta situação, os dois empregados recebem pela comissão: o que "furou" a zona e efetuou de fato a venda e aquele que teve sua zona "furada".

Os representantes também têm o mesmo direito – art. 31 da Lei nº 4.886/65.

– Se o vendedor pracista for retirado de sua zona de trabalho e, por causa disso, ocorrer uma queda no valor de suas comissões, será devida uma indenização para este empregado, de acordo com o art. 2º, § 2º, da Lei nº 3.207/57.
– A cláusula *del credere* (ou *star del credere*) tem origem no Direito italiano e significa que o vendedor passa a ser o responsável direto pela venda efetuada, respondendo pelo valor da venda no caso de inadimplemento do cliente. Para Martins Catharino[75] "é aquela pela qual o comissário fica constituído 'garante solidário ao comitente' da solvabilidade e pontualidade daqueles com quem tratar por conta deste". Isto é, o trabalhador passa a ser o fiador das vendas que faz. Essa cláusula encontrava previsão no art. 179 do Código Comercial, dispositivo revogado pelo novo Código Civil/02, que determinava o pagamento de um **plus** para compensar a cláusula *del credere*. Atualmente o art. 698 do CC prevê o mesmo direito.

Como ela coloca em risco o empregado, a cláusula *del credere* é inaplicável aos vendedores pracistas e qualquer outro empregado.

No caso dos representantes comerciais, há previsão legal (art. 43 da Lei nº 4.886/65) proibindo a inclusão da cláusula.

– O art. 37 da Lei nº 4.886/65 prevê a possibilidade de retenção da comissão para o representante comercial. Não há essa previsão ao

75 CATHARINO, José Martins. *Compêndio Universitário de Direito do Trabalho*. São Paulo: Editora Jurídica e Universitária, 1972, v. 2, p. 492.

vendedor pracista, pois empregado não pode ter sua comissão retida pelo seu empregador.

- O pracista deve receber sua comissão até o 5º dia útil do mês subsequente, assim como o comissionista interno (art. 459, parágrafo único, da CLT). Já o representante comercial recebe o pagamento das comissões até o dia 15 do mês subsequente ao da liquidação da fatura (art. 32, § 1º, da Lei nº 4.886/65).
- No caso de extinção do contrato do representante comercial por iniciativa do representado, terá o trabalhador direito a 1/3 (um terço) do valor das comissões dos três meses anteriores ao rompimento da relação de trabalho (art. 34 da Lei nº 4.886/65). É o aviso prévio dele que é calculado pela média trimestral e não duodecimal como determinado para os empregados.
- O vendedor pracista que acumular a função de inspeção e fiscalização tem o direito a uma gratificação[76] correspondente a um décimo de sua remuneração (art. 8º da Lei nº 3.207/57).

7. PRÊMIO

7.1. Conceito

Os prêmios têm a finalidade de recompensar, estimular, agradar, presentear o empregado. É instituído em caráter de liberalidade para uma situação especial, não obrigando o empregador a repeti-lo *ad futurum*, salvo ajuste em contrário.

Se, entretanto, o empregador se obrigou ao pagamento ou à concessão de um benefício, de cunho pecuniário ou não, implementada a condição ajustada, não poderá negar o cumprimento da prestação (Súmula nº 209 do STF). Não têm natureza salarial, porque a prestação é eventual, esporádica, condicional e limitada. Da mesma forma Orlando Gomes.[77]

Após a Lei nº 13.467/17, o § 2º do art. 457 da CLT expressamente retirou a natureza salarial do prêmio e autorizou a sua supressão, pois o legislador determinou sua não integração ao contrato.

De acordo com o § 4º do art. 457 da CLT:

> **Art. 457.** (...)
>
> § 4º Consideram-se **prêmios** as liberalidades concedidas pelo empregador em forma de bens, serviços ou valor em dinheiro a empregado ou a grupo de empregados,

[76] Apesar de a lei utilizar a expressão "adicional", trata-se, na verdade, de verdadeira gratificação, já que os adicionais visam compensar nocividades decorrentes do trabalho.

[77] GOMES, Orlando; GOTTSCHALK, Élson. *Curso de Direito do Trabalho*. 16. ed. Rio de Janeiro: Forense, 2003, p. 238-239.

em razão de desempenho superior ao ordinariamente esperado no exercício de suas atividades (grifos nossos).

Do texto exposto, incluído pela Lei nº 13.467/2017, percebe-se que, além do seu caráter de **liberalidade**,[78] os prêmios são **eventuais**, pois estão vinculados ao desempenho extraordinário, excepcional, incomum do empregado ou da equipe. Logo, para não ter natureza salarial, seu pagamento deve ser esporádico.[79]

Percebe-se a contradição do legislador em afirmar, no § 2º do art. 457 da CLT, que, "ainda que habituais", os prêmios terão natureza indenizatória. E no § 4º do mesmo artigo conceitua prêmio como parcela paga pelo desempenho superior ao ordinariamente esperado. Ora, não são habituais parcelas pagas uma ou duas vezes ao ano, mas, se pagas todo mês ou muitos meses no ano, são habituais. Ademais, ordinário é o comum, extraordinário é o incomum. Logo, imagina-se que o prêmio só é pago quando o desempenho for incomum, raro, excepcional, logo, **eventual**.

O prêmio pode ser pago em **bens** (relógio, carro etc.), em **serviço** (SPA, manicure, conserto de um carro do empregado) ou em **dinheiro**. O pagamento em dinheiro poderá ser em valor fixo ou em percentagem, sob a forma de comissões, neste caso, paga como parcela além do salário. Vide comentários anteriores sobre as comissões pagas como sobressalário. O prêmio pode ser pago como incentivo à rescisão contratual (PDV) e, se previsto na norma coletiva com cláusula específica, poderá dar quitação geral ao contrato de trabalho – art. 477-B da CLT.

Se o prêmio corresponder a um percentual e for pago mensalmente, isto é, de forma habitual ou periódica, terá natureza salarial, pois será verdadeira comissão ou gratificação habitual, descaracterizando-o como prêmio. Da mesma forma a Súmula nº 209 do STF, Rodrigues Pinto,[80] Alice Monteiro de Barros e jurisprudência.

A Receita Federal, por meio da Solução de Consulta COSIT nº 151, de 14 de maio de 2019, manifestou sua interpretação sobre os requisitos trazidos pela Reforma Trabalhista, como a liberalidade do empregador e o que seria considerado desempenho superior para fins de pagamento dos prêmios.

Para a Receita Federal, a partir de 11.11.2017, não integram a base de cálculo das contribuições previdenciárias os prêmios, ainda que habituais, que: (1) não decorram de obrigação legal ou de ajuste expresso, hipótese em que restaria descaracterizada a liberalidade do empregador e (2) decorram de desempenho superior ao ordinariamente esperado, devendo o empregador comprovar, objetivamente, qual o desempenho esperado e também o quanto esse desempenho foi superado.

---

78 Liberalidade quer dizer que o empregador espontaneamente concedeu a benesse, apesar de não estar obrigado por lei, contrato ou norma coletiva. Logo, o patrão que concedeu algumas vezes um prêmio não está obrigado a continuar concedendo, salvo se se obrigou a tanto por contrato ou norma coletiva.

79 A MP nº 808/2017 estabeleceu a periodicidade máxima de duas vezes ao ano para o prêmio não ter natureza salarial. Todavia, a MP perdeu a eficácia em 23.04.2018.

80 PINTO, José Augusto Rodrigues. *Curso de direito individual do trabalho*. 5. ed. São Paulo: LTr, 2003. p. 314.

Exemplo de prêmios eventuais, sem repetição.

Ex. 1: Ao completar 15 anos de serviço na empresa, o empregado recebe do patrão um relógio de ouro como prêmio.

Ex. 2: Empregador paga ao empregado que ultrapassou 10 vezes a meta a comissão (prêmio) de 5% sobre suas vendas.

Ex. 3: PDV (programa de dispensa voluntária) – empregador se obriga através de norma coletiva a conceder prêmio com natureza indenizatória equivalente a 100 salários aos empregados que aderirem ao programa de demissão voluntária.

O fato de o empregador rotular um pagamento como "prêmio-produção", "prêmio-assiduidade" ou "prêmio" por tempo de serviço, por exemplo, não acarreta a interpretação que estas parcelas não têm natureza salarial, pois contraprestacionam o trabalho executado ou o gratificam, além de serem habituais, e, por isso, poderão ter natureza salarial (Súmula nº 209 do STF) e não se caracterizam como prêmio stricto sensu, mas sim em gratificações (interpretação contida, por exemplo, nas Súmulas nos 115, 202, 203, 225 do TST – todos nominaram as referidas parcelas como gratificações e não como prêmios). Ressaltamos que, a partir da Lei nº 13.467/17, alguns vão defender que as gratificações não têm mais natureza salarial.

O § 2º do art. 457 da CLT, acrescido pela Lei nº 13.467/17, autorizou a supressão dos prêmios, pois estes não se "incorporam ao contrato". Isso quer dizer que o empregador que vinha pagando os prêmios poderá, a qualquer momento, suprimir a parcela.

De acordo com Iuri Pinheiro e Fabrício Lima:[81]

> Tem sido comum a instituição de prêmios em programas de compliance, via regulamento interno, e vinculados ao desempenho dos trabalhadores com a fixação de "standards" de metas. Caso o trabalhador atinja uma meta considerada ordinária, haveria uma situação de normalidade contratual, mas caso ele atinja um patamar acima, receberia uma premiação escalonada.
>
> A princípio, essa regulação estaria em conformidade com a disciplina legal dos prêmios, já que estamos a falar de desempenho superior ao esperado. Ocorre que não se pode ignorar a segunda chave do conceito legal: a liberalidade. E, ao instituir prêmios em regulamento interno ou em cláusulas específicas do contrato de trabalho vinculado ao atingimento de metas, pode-se considerar que essa parcela perderia a condição de liberalidades, dado que a empresa passaria a estar obrigada ao pagamento por força do ajuste prévio.

81 PINHEIRO, Iuri Pereira; SILVA, Fabrício Lima. *Manual do compliance trabalhista*: teoria e prática. Salvador: JusPodivm, 2020. p. 182.

8. AJUDA DE CUSTO E DIÁRIAS DE VIAGEM

A ajuda de custo[82] e as diárias de viagem não têm natureza salarial, pois se caracterizam como parcelas indenizatórias – art. 457, § 2º, da CLT. Antes da Lei nº 13.467/2017, as diárias de viagem superiores a 50% do salário mensal do empregado tinham natureza salarial.

As **ajudas de custo** se destinavam a ressarcir as despesas efetuadas pelo empregado em virtude de sua transferência (arts. 469 e 470 da CLT). Eram pagas numa única vez e jamais tinham natureza salarial, mesmo que ultrapassassem o salário do empregado naquele mês (art. 457, § 2º, da CLT).

De forma contraditória, o § 2º do art. 457 da CLT, alterado pela Reforma Trabalhista, afirma que, "ainda que habituais", as ajudas de custo não têm natureza salarial. Ora, se elas podem ser habituais, significa que não se referem àquela parcela mencionada no art. 470 da CLT. A transferência de um empregado para localidade diversa que importa em mudança de domicílio é algo raro, esporádico, incomum durante a vigência do contrato. Ademais, o mesmo parágrafo permite a supressão da parcela, mesmo que paga de forma habitual, o que também contraria o art. 470 da CLT, que impõe o pagamento da parcela toda vez que o empregado é transferido para local diverso do contrato com mudança de domicílio.

Ao que parece, a ajuda de custo mencionada pela Reforma Trabalhista no § 2º do art. 457 da CLT não é mais aquela que a doutrina entendia como tal.

Dessa forma, a nova ajuda de custo, mencionada pelo § 2º do art. 457 da CLT, deve ser entendida como pagamentos feitos pelo patrão a título de ressarcimento de despesas com o trabalho, como vestimentas, ferramentas, equipamentos, moradia etc.

O pagamento das despesas com a **transferência** do empregado para localidade diversa da que resultar o contrato e que mudar de domicílio é parcela **compulsória**, isto é, imposta por lei – art. 470 da CLT.

Para os **aeronautas**, o parágrafo único do art. 55 da Lei nº 13.475/2017 afirma que: "não integram a remuneração as importâncias pagas pela empresa a título de ajuda de custo, assim como as diárias de hospedagem, alimentação e transporte".

As **diárias de viagem** se destinam ao ressarcimento das despesas decorrentes das viagens que o empregado realiza na execução do contrato. São pagas de forma habitual, e, antes da Lei nº 13.467/2017, quando excedentes de 50% do salário-base mensal, tinham natureza salarial em sua totalidade (art. 457, § 2º, da CLT c/c as Súmulas nos 101 e 318 do TST). Enquanto pagas, integravam o salário. Atualmente, o § 2º do art. 457 da CLT retira a natureza salarial das diárias de viagem, mesmo quando superiores a 50%, e permite a supressão da parcela, o que é um absurdo. Ora, se o contrato prevê salário de R$ 3.000,00 + ressarcimento das despesas com as viagens que o empregado fizer a trabalho,

---

[82] Durante a vigência da nº MP 808/2017 as ajudas de custo superiores a 50% da remuneração passaram a ter natureza salarial. Todavia, a MP perdeu a eficácia em 23.04.2018.

não pode o patrão unilateralmente retirar a parcela, pois torna o contrato extremamente oneroso para o empregado.

As diárias de viagem são espontâneas, isto é, o empregador não está obrigado por lei a ressarcir o empregado das despesas que ele efetuou com a viagem de trabalho.

Se, no entanto, se obrigou a tanto, deverá ressarcir aquilo que ajustou. Pode ser a estada num hotel ou pensão, pode ser a alimentação e/ou o transporte, ou tudo isso.

Diária própria é aquela que é ressarcida mediante comprovação das despesas que o empregado teve durante a viagem. **Impróprias** quando adiantadas ou quando não exigem prestação de contas para o ressarcimento. Ambas tinham natureza salarial nos meses (e apenas nestes) que ultrapassarem 50% do salário (antes da Lei nº 13.467/2017). Hoje não mais.

9. COMPLEMENTAÇÃO DE APOSENTADORIA

Essa parcela também é chamada de implementação ou suplementação de aposentadoria.

A complementação de aposentadoria é benesse pactuada durante o contrato de trabalho, entre o empregado e o empregador ou entre empregado e empresa do grupo econômico do empregador, com a anuência deste, para surtir efeitos após a aposentadoria do trabalhador.

Tem o objetivo de garantir, a partir da aposentadoria, vantagens financeiras e/ou patrimoniais para complementar os proventos da aposentadoria pagos pelo INSS. Normalmente o complemento é feito por empresa de previdência privada, criada, mantida, patrocinada ou gerida pelo empregador.

Assim, se o empregado teve como último salário o valor de R$ 10.000,00 e ganha da previdência o valor de R$ 3.000,00, receberá a diferença de R$ 7.000,00, se o patrão lhe garantiu complementação de aposentadoria de forma a manter 100% do valor de seu último salário.

A **aposentadoria** é evento futuro e incerto, pois não há garantias se o trabalhador vai conseguir reunir todos os requisitos para sua aposentadoria, já que pode parar de recolher a previdência, pode morrer antes do fato etc.

De acordo com o Código Civil (art. 125), todo direito submetido à condição suspensiva não se considera adquirido até o implemento do fato (aposentadoria).

Sendo assim, poderia o empregador alterar todas as promessas feitas durante o contrato, porque não corresponderia a um direito adquirido. Também não infringiria o art. 468 da CLT, pois a alteração seria de uma promessa futura e não de um direito atual. Só este causa prejuízo. Nesse sentido, o inciso III da Súmula 288 do TST, abaixo transcrita.

De acordo com esse dispositivo, deve ser aplicada ao trabalhador a norma em vigor no momento de sua aposentadoria, independentemente de qualquer vantagem prometida anteriormente. Logo, as normas podem ser alteradas e modificadas antes do implemento da condição (nesse sentido, o art. 125 do Código Civil), pois não há direito adquirido às promessas futuras, prevalecendo, no momento da aposentadoria, a última norma pactuada, seja ela melhor ou pior que a anterior.

Mas, para as situações anteriores, o posicionamento é de prevalência das regras vigentes na época da admissão do empregado, posição espelhada nas Súmulas nºs 51, I, e 288 do TST.

> *Súmula nº 51 do TST: NORMA REGULAMENTAR. VANTAGENS E OPÇÃO PELO NOVO REGULAMENTO. ART. 468 DA CLT.*
>
> *I – As cláusulas regulamentares, que revoguem ou alterem vantagens deferidas anteriormente, só atingirão os trabalhadores admitidos após a revogação ou alteração do regulamento.*
>
> *Súmula nº 288 do TST: COMPLEMENTAÇÃO DOS PROVENTOS DA APOSENTADORIA.*
>
> *I – A complementação dos proventos de aposentadoria, instituída, regulamentada e paga diretamente pelo empregador, sem vínculo com as entidades de previdência privada fechada, é regida pelas normas em vigor na data de admissão do empregado, ressalvadas as alterações que forem mais benéficas (art. 468 da CLT).*
>
> *II – Na hipótese de coexistência de dois regulamentos de planos de previdência complementar, instituídos pelo empregador ou por entidade de previdência privada, a opção do beneficiário por um deles tem efeito jurídico de renúncia às regras do outro.*
>
> *III – Após a entrada em vigor das Leis Complementares nºs 108 e 109, de 29/05/2001, reger-se-á a complementação dos proventos de aposentadoria pelas normas vigentes na data da implementação dos requisitos para obtenção do benefício, ressalvados o direito adquirido do participante que anteriormente implementara os requisitos para o benefício e o direito acumulado do empregado que até então não preenchera tais requisitos.*
>
> *IV – O entendimento da primeira parte do item III aplica-se aos processos em curso no Tribunal Superior do Trabalho em que, em 12/04/2016, ainda não haja sido proferida decisão de mérito por suas Turmas e Seções.*

Para amparar a posição adotada no inciso I acima transcrito, a jurisprudência adota o errado entendimento de que aposentadoria é um **termo**, isto é, evento futuro e certo. Tudo isso para conseguir a consequência prevista no art. 131 do CC, isto é, de que o termo suspende o exercício do direito, mas não a sua aquisição. Sendo direito adquirido, não poderá o empregador modificar as promessas, porque vai violar de morte o art. 468 da CLT, quando causar prejuízo ao empregado.

Alteração imposta pela EC nº 20/98 foi a retirada da natureza salarial da complementação de aposentadoria. Antes da alteração, a corrente majoritária adotava a posição no sentido de que a complementação de aposentadoria, mesmo paga após a extinção do contrato, tinha natureza salarial. Apesar da natureza não salarial da benesse, defendemos a aplicação, por analogia, dos princípios de proteção ao salário, como o da irredutibilidade e da impenhorabilidade.

Desde fevereiro de 2013 foi retirada a competência da Justiça do Trabalho para apreciar e julgar as causas que versem sobre a complementação de aposentadoria. A competência passa a ser da Justiça Comum, ao argumento de que não há relação de emprego entre o ex-empregado aposentado e a empresa de previdência privada. A referida decisão do STF[83] ocorreu nos autos dos Recursos Extraordinários (REs) 586.453 e 583.050.

10. ADICIONAIS

10.1. Conceito

O adicional também se constitui em um sobressalário e possui **natureza salarial**[84-85] apesar da finalidade precípua de indenizar a nocividade causada pela situação a que o empregado estava exposto ou submetido. O trabalho em local insalubre, perigoso, noturno, extraordinário e a transferência do empregado para outra localidade são situações que acarretam algum tipo de dano à saúde social, biológica ou mental do empregado e, por isso, ensejam o pagamento do adicional. Na verdade, o empregador paga um *plus* em virtude do desconforto e da nocividade do trabalho.

São devidos apenas enquanto perdurar a situação. Cessada a causa da nocividade, cessa a obrigação legal do empregador em pagar o respectivo adicional. Entretanto, enquanto pago, integra (é somado) ao salário, em face de sua natureza salarial.

A natureza salarial dos adicionais não foi defendida pelo § 1º do art. 457 da CLT nem retirada pelo § 2º do mesmo artigo, deixando para o intérprete a solução do questionamento. Defendemos que quando a lei quis retirar a natureza salarial de alguma parcela o fez expressamente. Como não o fez, opinamos pela característica salarial dos adicionais.

O adicional é **compulsório**, visto que o empregador deve pagá-lo em razão de dispositivo legal nesse sentido.

---

83 De acordo com as notícias da página do STF: "Por maioria de votos, o Plenário do Supremo Tribunal Federal (STF) decidiu nesta quarta-feira (20) que cabe à Justiça Comum julgar processos decorrentes de contrato de previdência complementar privada. A decisão ocorreu nos Recursos Extraordinários (REs) 586453 e 583050, de autoria da Fundação Petrobrás de Seguridade Social (Petros) e do Banco Santander Banespa S/A, respectivamente. A matéria teve repercussão geral reconhecida e, portanto, passa a valer para todos os processos semelhantes que tramitam nas diversas instâncias do Poder Judiciário. O Plenário também decidiu modular os efeitos dessa decisão e definiu que permanecerão na Justiça do Trabalho todos os processos que já tiverem sentença de mérito até a data de hoje. Dessa forma, todos os demais processos que tramitam na Justiça Trabalhista, mas ainda não tenham sentença de mérito, a partir de agora deverão ser remetidos à Justiça Comum." Disponível em: <http://stf.jus.br/portal/cms/verNoticiaDetalhe.asp?idConteudo=231193>. Acesso em: 10 mar. 2015.

84 Da mesma forma pensam SÜSSEKIND, Arnaldo; MARANHÃO, Délio; VIANNA, Segadas; TEIXEIRA, Lima. *Instituições de Direito do Trabalho*. 18. ed. São Paulo: LTr, 1999, v. 1, p. 454; DELGADO, Mauricio Godinho. *Curso de Direito do Trabalho*. São Paulo: LTr, 2002, p. 714; BARROS, Alice Monteiro de. *Curso de Direito do Trabalho*. São Paulo: LTr, 2005, p. 738.

85 Após a Lei nº 13.467/17, chamada de "reforma trabalhista", a discussão em torno da natureza salarial dos adicionais deve voltar aos tribunais, já que o § 1º do art. 457 da CLT não determinou sua integração ao salário. Ora, mesmo na redação anterior a lei não o fazia e mesmo assim os tribunais pacificaram o entendimento acerca da natureza salarial dos adicionais.

10.2. Tipos

10.2.1. Adicional Noturno

O trabalho noturno tem remuneração superior ao diurno independentemente da atividade do empregador, se noturna, diurna ou mista e da atividade do empregado, se em turnos de revezamento ou não, pois há muito o art. 73 da CLT está derrogado (Súmulas n°s 213 e 313 do STF). A Súmula nº 130 do TST (cancelada) também previa que o regime de revezamento não exclui o direito ao adicional noturno.

A hora noturna é reduzida e ficticiamente computada como de 52'30" (cinquenta e dois minutos e trinta segundos) para algumas categorias. Explica-se esta benesse legal porque o trabalho noturno contraria o relógio biológico do ser humano e inverte-se ao costume da sociedade que, na sua maioria, trabalha de dia e descansa à noite. Também prejudica o convívio familiar e traz dificuldades ao trabalhador noturno de locomoção casa-trabalho-casa e para alimentação, pois à noite os transportes públicos se tornam irregulares e as casas de alimentação encerram suas atividades nos centros de trabalho mais cedo.

Ressalte-se que o intervalo intrajornada noturno não sofrerá redução, devendo ser respeitado o exposto no art. 71 da CLT.

Enquanto prestar serviço noturno terá o obreiro direito ao adicional noturno que, em face de sua natureza salarial, integrará o salário para todos os fins. Se, entrementes, o trabalhador deixar de exercer atividades noturnas perderá o direito ao adicional, mesmo que o tenha recebido por muitos anos (Súmula nº 265 do TST). Isto não importa em alteração *in pejus* porque trabalhar a noite faz mal à saúde biológica e social do trabalhador. Logo, a transferência para o turno diurno importa em alteração benéfica do contrato de trabalho, mesmo acarretando a supressão do pagamento do respectivo adicional.

Ao doméstico foi estendido o adicional noturno nas mesmas condições do trabalho urbano (art. 14 da LC 150/2015).

O pagamento do adicional não exclui o direito do empregado em ter reduzida a hora noturna para 52'30", porque esta é uma benesse suplementar (Súmula nº 214 do STF).

De acordo com a OJ nº 395 da SDI-I do TST, o trabalho em sistema de **turno ininterrupto de revezamento** não exclui o direito do trabalhador à hora reduzida, porque não há incompatibilidade entre as disposições contidas nos arts. 73, § 1º, da CLT e 7º, XIV, da Constituição da República.

Cumprida integralmente a jornada noturna e havendo prorrogação no horário diurno, estas horas, se forem extras diurnas, serão calculadas sobre a hora acrescida do adicional noturno e do adicional de hora extra. Se o empregado executar seus serviços em todo o período noturno e prorrogar para o diurno sem que isso importe em hora extra, mesmo assim as recebe como noturnas (art. 73, § 5º, da CLT c/c Súmula nº 60, II, do TST), salvo para os que trabalham sob o sistema 12x36 (art. 59-A, parágrafo único, da CLT – a partir da Lei nº 13.467/17) e para os domésticos (LC 150/15).

Na hora extra noturna há o acúmulo dos dois adicionais. O empregado submetido à jornada de 12 horas de trabalho por 36 de descanso, que compreenda a totalidade do período noturno, tem direito ao adicional noturno, relativo às horas trabalhadas após as 5 horas da manhã, na forma da OJ nº 388 da SDI-I do TST, mas não terá direito, como visto acima ao § 5º do art. 73 da CLT.

O adicional noturno corresponde a um percentual incidente sobre o salário, que variará, de acordo com número de horas noturnas laboradas por mês. Não incide sobre o salário mensal, salvo se o empregado tem toda sua jornada mensal compreendida no período noturno.

O percentual do adicional varia de acordo com algumas categorias, assim como a hora noturna e a reduzida:

Trabalhador	Adicional	Hora	Horário	Fundamento
Urbano: regra geral	20%	52'30"	22h às 5h	Art. 73 da CLT e LC 150/2015
Urbano: exceções				
Engenheiro	25%	60'[83]	22h às 5h	Lei nº 4.950-A/66, art. 7º
Advogado	25%	60'[84]	20h às 5h	Lei nº 8.906/94, art. 20
Portuário	20%	60'	19h às 7h	Lei nº 4.860/65, art. 4º, § 1º, c/c OJ nº 60, I, da SDI, TST
Trabalhadores em xisto e petróleo	20%	60'	22h às 5h	Súmula nº 112 do TST
Rural[85]				
Pecuária	25%	60'[85]	20h às 4h	Lei nº 5.889/73, art. 7º
Agricultura	25%	60'[85]	21h às 5h	Lei nº 5.889/73, art. 7º
Aeronauta	20%	52'30"	No ar das 18h às 6h do fuso da base	Lei nº 13.475/17, art. 39[86]

86 A Lei nº 4.950-A/66 não menciona a duração da hora noturna do engenheiro. Como ele já tem adicional privilegiado e, tendo em vista que sua lei é especial, entendemos que sua hora deverá ser de 60 minutos.

87 A Lei nº 8.906/94 não menciona qual a hora noturna do advogado. Como se trata de lei especial, entendemos pela não aplicação da regra geral da hora reduzida ao advogado. Sergio Pinto no mesmo sentido. MARTINS, Sergio Pinto. *Direito do Trabalho*. 14. ed. São Paulo: Atlas, 2001, p. 472.

88 A Lei nº 5.889/73 não menciona qual a hora noturna do rural. Como se trata de lei especial, entendemos pela não aplicação da hora reduzida da CLT.

89 A Lei nº 13.475/17 diferencia trabalho em terra do trabalho durante o voo. Para o trabalho em terra, considera-se noturno o trabalho executado entre as 22h e as 5h do dia seguinte. Além disso, art. 59, § 1º da Lei nº 13.475/17 define voo noturno como o "executado entre as 21 (vinte e uma) horas, Tempo Universal Coordenado, de um dia e as 9 (nove) horas, Tempo Universal Coordenado, do dia seguinte".

O empregado que labora das 22 às 5 horas trabalha, de fato, sete horas, mas ganhará como se fossem oito horas, em face da redução da hora noturna.

Trabalho noturno	Hora reduzida
1ª hora	das 22h às 22h, 52min e 30s
2ª hora	das 22h 52min e 30s às 23h45 min
3ª hora	das 23h 45min à 0h, 37min 30s
4ª hora	de 0h, 37min e 30s à 1h 30min
5ª hora	de 1h 30min às 2h, 22min e 30s
6ª hora	das 2h, 22min e 30s às 3h 15min
7ª hora	das 3h 15min às 4h, 7min e 30s
8ª hora	das 4h, 7min e 30s às 5h

Todavia, há erro na contagem acima, já que excluiu o necessário e indispensável intervalo para repouso e alimentação, que é de, no mínimo, uma hora. Esta hora não deve ser reduzida, em face do disposto no § 5º do art. 73 da CLT.

Assim, o empregado contratado para trabalhar oito horas por dia vai estender esta jornada para as 6h da manhã, por causa do necessário período de descanso intrajornada.

1ª hora .... das 22h às 22h, 52min e 30s
2ª hora .... das 22h 52min e 30s às 23h 45 min
3ª hora .... das 23h e 45min à 0h, 37min e 30s
4ª hora .... de 0h, 37min e 30s à 1h 30min
Intervalo de 1hora – de 1h30min às 2h30min
5ª hora .... das 2h 30min às 3h, 22min e 30s
6ª hora .... das 3h, 22min e 30s às 4h 15min
7ª hora .... das 4h 15min às 5h, 7min e 30s
8ª hora .... das 5h, 7min e 30s às 6h

A norma coletiva poderá alterar o horário noturno, reduzir o adicional e considerar a hora noturna como de 60 minutos, na forma do art. 611-A, *caput,* da CLT.

10.2.2. Adicional de Hora Extra

O adicional de hora extra é devido quando o empregado labora além da jornada legal ou contratual. Também é devido quando não é concedido o intervalo intrajornada ou intervalo entre jornadas (Súmula nº 110 do TST). Porém, a partir da Lei nº 13.467/17, não tem mais natureza salarial o intervalo intrajornada suprimido. O tempo à disposição também pode ser considerado como trabalho extra e, se assim o for, terá o acréscimo de 50% (art. 4º da CLT). Remetemos o leitor ao Capítulo Jornada de Trabalho.

10.2.3. Art. 61 da CLT

Outra questão controvertida é a hipótese do art. 61, §§ 2º e 3º, da CLT, pois o legislador expressamente excluiu o direito ao adicional nestes casos.

Quando a atividade da empresa é paralisada total ou parcialmente em virtude de causas acidentais ou força maior que impeça a continuidade das atividades empresariais, a lei permite que, após o restabelecimento das condições de trabalho (obras, reforma, reconstruções, conserto etc.) o trabalho seja prorrogado por mais duas horas por dia, no limite de 10, durante no máximo 45 dias, mediante autorização do Ministério da Economia, antigo Ministério do Trabalho, para que se recupere o tempo perdido. Durante o período em que o empregado estiver aguardando a reabertura do estabelecimento, fica em casa à disposição do empregador, recebendo os salários como se trabalhando estivesse. Assim, quando a empresa retomar suas atividades, poderá convocar seus empregados ao trabalho e, se for o caso, exigir deles trabalho na jornada normal e extra. A partir daí, surgem duas questões: estas duas horas (extras) são remuneradas ou o trabalhador deve prestar o serviço como forma de compensação pelo período que permaneceu recebendo sem trabalhar? Se forem renumeradas, são acrescidas do adicional de 50% respeitando o comando constitucional (art. 7º, XVI, da CRFB) ou esta seria uma exceção, como prevê o próprio artigo, isto é, sem o pagamento do respectivo adicional? A resposta não é unânime na doutrina e na jurisprudência.

Discussão similar gira em torno do § 2º do mesmo artigo, que trata de trabalho extra em virtude de força maior, que não tenha importado em interrupção da atividade econômica e, consequentemente, dos serviços, pois a lei também dispensa o pagamento do adicional nesta hipótese. Teriam sido recepcionados os §§ 2º e 3º do art. 61 da CLT pela Carta ou também para estes casos é devido o adicional de 50%? A questão é controvertida.

Amauri Mascaro Nascimento,[90] Mozart Victor Russomano,[91] Sergio Pinto Martins,[92] Mauricio Godinho[93] entendem que o art. 61 da CLT está revogado, em virtude da redação do art. 7º, XVI, da CRFB. Da mesma forma entendia Alice Monteiro de Barros. Conforme julgado abaixo.

> INTERVALO PARA REFEIÇÃO. Lei nº 8.923/94. Após a edição da Lei nº 8.923/94, a ausência do intervalo para refeição deixou de constituir mera in-

---

90 NASCIMENTO, Amauri Mascaro. *Curso de Direito do Trabalho*. 20. ed. São Paulo: Saraiva, 2005, p. 843-844.

91 RUSSOMANO, Mozart Victor. *Curso de Direito do Trabalho*. 7. ed. Curitiba: Juruá, 1999, p. 304.

92 MARTINS, Sergio Pinto. *Direito do Trabalho*. 13. ed. São Paulo, 2001, p. 460.

93 DELGADO, Mauricio Godinho. *Curso de Direito do Trabalho*. São Paulo: LTr, 2002, p. 875.

fração administrativa. Isto porque, o § 4º do art. 71 da CLT, com a redação dada pela Lei nº 8.923/94, determina que o período de repouso e alimentação há de ser remunerado com o acréscimo de 50% sobre o valor da remuneração da hora normal de trabalho, quando o empregador deixar de concedê-lo. A pretensão de que esta hora fique limitada apenas ao adicional incidente sobre o valor da hora normal não pode ser acatada. A limitação ao adicional justifica-se apenas nos casos em que o empregado já recebeu pagamento normal pelo período em que se reputa extraordinário, tal como ocorre com o comissionista. No caso de ausência do intervalo para descanso não se pode considerar que o salário normal englobe este período, pois trata-se de lapso que é excluído da jornada e que, por consequência, não é remunerado. Aliás, cabe registrar que a redação do § 4º do art. 71 é praticamente idêntica à do § 1º do art. 59, o que vem demonstrar que a intenção do legislador era mesmo impor o pagamento do período correspondente ao repouso em valor equivalente ao da hora normal, acrescida do adicional de hora extra. Dessa forma, se o reclamante nada recebeu pelo repouso, é devido o seu pagamento integral (valor normal acrescido do adicional). Releva notar, ainda, que nosso ordenamento não contém dispositivo algum que estabeleça o pagamento de quaisquer períodos em valor equivalente a apenas a metade da hora normal. **A legislação trabalhista, quando muito, determina o pagamento do trabalho realizado em sobretempo no mesmo valor da hora normal, tal como ocorre com o labor realizado em decorrência de força maior (art. 61, § 2º, da CLT), disposição que, aliás, encontra-se revogada pelo art. 7º, XVI, Constituição Federal** (grifos nossos). TRT/MG – RO: 15784/95 – Rel. Designado: Juíza Alice Monteiro de Barros. *DJ*/MG 19/04/1996.

Outra corrente (Gabriel Saad),[94] por sua vez, advoga que as horas extras que o empregado trabalhou devem ser remuneradas, entretanto, sem o respectivo adicional.

Valentin Carrion[95] entende que o comando constitucional de remuneração mínima de 50% sobre a hora extra incide apenas sobre os serviços inadiáveis (hipótese prevista na parte final do § 2º do art. 61 da CLT) e não para os casos de força maior com ou sem interrupção do trabalho. Defende, pois, que o art. 61 foi recepcionado, visto que a regra geral não revoga norma especial. Isto quer dizer que nos casos de força maior prevista no § 2º é paga a hora sem adicional e no caso do § 3º não é paga nem a hora nem o adicional, como previsto na CLT. Compartilhamos dessa posição.

Isto é, no caso do § 3º do art. 61 da CLT, o empregador não precisará pagar nem a hora nem o adicional, pois o empregado estará apenas trabalhando pelo período em que permaneceu em casa recebendo, adotando a interpretação literal do respectivo dispositivo legal.

Arnaldo Süssekind,[96] no sentido de que o adicional é pago nas hipóteses previstas no § 2º do art. 61 da CLT, isto é, tanto nos casos de força maior como

---

94 Cf. CARRION, Valentin. *Comentários à Consolidação das Leis do Trabalho*. 29. ed. São Paulo: Saraiva, 2004, p. 113.

95 *Idem*.

96 SÜSSEKIND, Arnaldo; MARANHÃO, Délio; VIANNA, Segadas; TEIXEIRA, Lima. *Instituições de Direito do Trabalho*. 22. ed. São Paulo: LTr, 2005, v. 2, p. 826.

nos casos de serviços inadiáveis ou aqueles cuja inexecução possa acarretar em manifesto prejuízo da empresa.

No caso dos **ferroviários**, o art. 240, parágrafo único, da CLT, estabelece que o empregador pode aplicar justa causa ao trabalhador quando este se recusa, sem justo motivo, a trabalhar em período extraordinário nas situações de urgência e acidente capazes de afetar a segurança ou a regularidade do serviço. Mesmo que a lei não tenha sido expressa, é lógico que o pagamento desta hora extra, com o respectivo adicional, é devido.

10.2.4. Invalidade do Acordo de Compensação

O acordo de compensação deve preencher as formalidades legais e ser de fato cumprido, sob pena de ser inválido. A forma deve ser escrita, ajustada por norma coletiva – Súmula nº 85, II, do TST – e, excepcionalmente será admitido o acordo tácito ou oral, como já estudado no Capítulo da Jornada de Trabalho.

Sendo válido o ajuste de compensação, caso seja ultrapassada a jornada ajustada, as horas excedentes devem ser remuneradas como extras.

Assim, por exemplo, empregado cujo acordo prevê trabalho de 9 horas, de segunda a quinta-feira, e de oito horas às sextas, para compensar o sábado não trabalhado, caso execute trabalho extra na quinta-feira, receberá por este, apenas a hora trabalhada após a 9ª, acrescida de 50%.

Todavia, será nulo o acordo de compensação quando não preencher as formalidades exigidas pela lei ou quando não for de fato cumprido.

> **Ex.:** O empregado Mário foi contratado para ganhar R$ 2.000,00, para trabalhar 44 horas semanais, sendo nove horas, de segunda a quinta e oito horas na sexta-feira, tudo para compensar o sábado não trabalhado, conforme acordo de compensação. Todavia, nunca folgou aos sábados, pois habitualmente Mário trabalhava oito horas aos sábados, descumprindo o acordo de compensação.
>
> Segunda-feira – 9 horas (8 horas normais + 1 h de compensação);
>
> Terça-feira – 9 horas (8 horas normais + 1 h de compensação);
>
> Quarta-feira – 9 horas (8 horas normais + 1 h de compensação);
>
> Quinta-feira – 9 horas (8 horas normais + 1 h de compensação);
>
> Sexta-feira – 8 horas;
>
> Sábado – **8 horas**;
>
> Domingo – Folga.
>
> ---
>
> Total = 52 horas semanais

Logo, como remunerar as horas extras trabalhadas por Mário?

Três correntes tentam resolver a questão, porém de forma diversa:

1ª corrente – Por ser nulo o acordo de compensação, as horas trabalhadas após a 8º diária, de segunda a quinta, serão consideradas como extras e, desta forma, pagas com o acréscimo de 50%, totalizando quatro horas extras de segunda a quinta + 50%.

Esta forma de remunerar o trabalho extra tem como fundamento a Súmula nº 199, I, do TST, que pode ser aplicada analogicamente. Por ser nula a pré-contratação de serviço suplementar, os valores ajustados apenas remuneram a jornada normal, sendo ainda devidas as horas extras.

Como no ajuste não havia previsão para o trabalho aos sábados, a benesse concedida pelo empregador (princípio da condição mais favorável) se incorpora ao contrato de trabalho. Logo, todas as horas trabalhadas aos sábados também deverão ser remuneradas como extras, isto é, o empregador deverá pagar as oito horas de sábado, acrescidas de 50%.

Para esta solução, o empregador deverá pagar, ao todo, 12 horas extras, acrescidas de 50% (12 horas + 6 horas[97] = 18 horas).

2ª corrente – Nulo o ajuste de compensação, mas não o de fixação da jornada semanal de 44 horas, logo, devidas apenas as horas excedentes da 8º, de segunda a quinta e as excedentes da 4º aos sábados, totalizando oito horas extras, acrescidas de 50% (8 horas + 4 horas = 12 horas).

3ª corrente – Apesar de nulo o ajuste de compensação, consideram-se remuneradas as nove horas de trabalho, de segunda a quinta-feira, em face do salário ajustado para as 44 horas semanais. Todavia, como o labor de fato ultrapassou o limite legal de oito horas, será devido apenas o adicional incidente sobre cada hora que ultrapassou o limite diário, bem como todas as horas de sábado, acrescidas de 50%, em razão do ajuste de não trabalho neste dia (princípio da condição mais favorável ao trabalhador). Total neste caso é de 8 horas + 50% + 2 horas simples (50% sobre 4 horas) = (14 horas). A Súmula nº 85, IV, do TST adotou o entendimento da terceira corrente, pois no primeiro caso serão remuneradas 18 horas, no segundo, 12 horas e no último, 14 horas. Na verdade, a terceira corrente é intermediária. Da mesma forma a Lei nº 13.467/17, pois incluiu o art. 59-B à CLT para adotar expressamente esta corrente.

10.2.5. *Valores dos Adicionais de Horas Extras*

- urbanos e rurais – 50%;
- advogado – 100% (art. 20, § 2º, da Lei nº 8.906/94);
- ferroviário – as quatro primeiras: 50%; a partir da 4º hora extra: 75% (art. 241 da CLT);
- portuário – 100% pelo trabalho em feriado e intervalo intrajornada (art. 7º, § 5º, da Lei nº 4.860/65);

[97] 50% de 12 horas é igual a seis horas.

- norma coletiva ou ajuste contratual que estipule valor superior;
- trabalho aos domingos e feriados não compensados – 100% – Lei nº 605/49;
- petroleiro – 100% – intervalo intrajornada trabalhado – art. 3º, II, da Lei nº 5.811/72.

10.2.6. Adicional de Insalubridade e Periculosidade

10.2.6.1. Introdução

Uma das características da norma é o seu caráter imperativo. Entretanto, de acordo com o bem que pretende tutelar, o Estado o protege de forma mais ou menos intensa. É o caso da saúde do trabalhador, cujas normas que visam a sua proteção são cogentes, de ordem pública, pois visam proteger a higidez física e mental do trabalhador. Daí porque é dever do intérprete cumprir os diversos comandos e princípios constitucionais e infraconstitucionais que determinam a proteção ao meio ambiente do trabalho (art. 225 da CRFB), a redução dos riscos inerentes do trabalho (art. 7º da CRFB) e a proteção da saúde do trabalhador.

A Constituição de 1988 determina em seu art. 196, como direito de todos e dever do Estado, a saúde e estabelece em seu art. 6º que a saúde é um direito social, de acesso universal e igualitário.[98] As normas relacionadas à saúde ostentam caráter de ordem pública e, portanto, inderrogáveis e inafastáveis pela vontade das partes.

A Convenção nº 148 da Organização Internacional do Trabalho (OIT) trata da Proteção dos Trabalhadores Contra os Riscos Profissionais Devidos à Contaminação do Ar, ao Ruído e às Vibrações no Local de Trabalho e foi ratificada pelo Brasil, por meio do Decreto nº 93.413, de 15 de outubro de 1986. Já a Convenção 155 da OIT versa sobre a segurança e saúde dos trabalhadores e o meio ambiente de trabalho, também ratificada pelo Brasil, por meio do Decreto nº 1.254, de 29 de setembro de 1994.

A CLT deve ser compatibilizada com as normas internacionais e com a Constituição.

Assim, deve o empregador proporcionar aos seus empregados e trabalhadores um meio ambiente de trabalho higiênico e saudável. Apesar disso, em algumas atividades, dadas as suas peculiaridades, o trabalhador acaba por ser exposto a agentes ou condições que colocam em risco a sua integridade física.

---

[98] OLIVEIRA, Sebastião Geraldo de. Proteção Jurídica à Saúde do Trabalhador. São Paulo: LTr, 2011, p. 43-79.

Diante de tal situação, o legislador estabeleceu regras que visam minimizar essa situação excepcional, não só indenizando aqueles trabalhadores submetidos a condições insalubres e perigosas, como também fixando regras que têm por escopo eliminar ou neutralizar alguns agentes agressivos. E, sob esse enfoque, trataremos de analisar a incidência dos adicionais de insalubridade e periculosidade.

Mesmo diante dos argumentos *supra*, a Lei nº 13.467/2017 autorizou que a norma coletiva modificasse o enquadramento do grau de insalubridade (art. 611-A, XII, da CLT). Além disso, o art. 394-A da CLT permitiu trabalho da grávida em local de insalubridade média ou mínima ou à lactante (em qualquer grau), salvo se apresentar atestado de médico de sua escolha que recomende o afastamento. Todavia, foi declarado inconstitucional o trecho "quando apresentar atestado de saúde, emitido por médico de confiança da mulher, que recomende o afastamento", dos incisos II e III do artigo 394-A da CLT, pela ADI 5.938. Nesse caso, continuará a receber o adicional, mesmo que não esteja mais trabalhando no local insalubre. Dessa forma, o empregador poderá compensar o valor pago com a Previdência.

10.2.6.2. Taxatividade

A Consolidação das Leis do Trabalho determina expressamente que serão consideradas atividades insalubres e perigosas aquelas assim caracterizadas pelo Ministério da Economia, antigo Ministério do Trabalho.

De acordo com a CLT:

> **Art. 189.** Serão consideradas atividades ou operações insalubres aquelas que, por sua natureza, condições ou métodos de trabalho, exponham os empregados a agentes nocivos à saúde, acima dos limites de tolerância fixados em razão da natureza e da intensidade do agente e do tempo de exposição aos seus efeitos.
>
> **Art. 190.** O Ministério do Trabalho aprovará o quadro das atividades e operações insalubres e adotará normas sobre os critérios de caracterização da insalubridade, os limites de tolerância aos agentes agressivos, meios de proteção e o tempo máximo de exposição do empregado a esses agentes.
>
> (...)
>
> **Art. 193.** São consideradas atividades ou operações perigosas, na forma da regulamentação aprovada pelo Ministério do Trabalho e Emprego, aquelas que, por sua natureza ou métodos de trabalho, impliquem risco acentuado em virtude de exposição permanente do trabalhador a:
>
> (...)

Percebe-se da leitura dos artigos acima transcritos que houve clara delegação normativa. Na verdade, o poder de criar normas, de legislar compete ao Legislativo. Entrementes, a própria lei poderá delegar ao Poder Executivo esse poder. Foi o que ocorreu com os arts. 190 e 193 da CLT. Por esse motivo, as Normas Regulamentares e Portarias emitidas pela Secretaria de Medicina e Segurança do Trabalho obrigam e devem ser equiparadas às leis.

Da mesma forma a OJ 345 do TST:

> ADICIONAL DE PERICULOSIDADE. RADIAÇÃO IONIZANTE OU SUBSTÂNCIA RADIOATIVA. DEVIDO. A exposição do empregado à radiação ionizante ou à substância radioativa enseja a percepção do adicional de periculosidade, pois a regulamentação ministerial (Portarias do Ministério do Trabalho nºs 3.393, de 17.12.1987, e 518, de 07.04.2003), ao reputar perigosa a atividade, reveste-se de plena eficácia, porquanto expedida por força de delegação legislativa contida no art. 200, "caput" e inciso VI, da CLT. No período de 12.12.2002 a 06.04.2003, enquanto vigeu a Portaria nº 496 do Ministério do Trabalho, o empregado faz jus ao adicional de insalubridade.

Outra conclusão que se retira da leitura dos arts. 190 e 193 da CLT diz respeito à taxatividade dos agentes nocivos, isto é, a respeito da limitação daqueles agentes. A jurisprudência uniformizada pelo TST é no sentido de que, mesmo que constatada pela prova pericial que o trabalho do reclamante, ex-empregado, era realizado em local insalubre ou perigoso, ou que a doença adquirida pelo trabalhador decorreu do trabalho, se o agente nocivo não estiver incluído no quadro de atividades insalubres ou não for apontado com exatidão como atividade perigosa, o trabalhador não terá nenhum direito.

Assim entende a Súmula 460 do STF:

> Adicional de Insalubridade – Perícia Judicial em Reclamação Trabalhista – Enquadramento da Atividade.
>
> Para efeito do adicional de insalubridade, a perícia judicial, em reclamação trabalhista, não dispensa o enquadramento da atividade entre as insalubres, que é ato da competência do Ministro do Trabalho e Previdência Social.

Da mesma forma as Súmulas 448, 447 do TST, respectivamente:

> Súmula 448: ATIVIDADE INSALUBRE. CARACTERIZAÇÃO. PREVISÃO NA NORMA REGULAMENTADORA Nº 15 DA PORTARIA DO MINISTÉRIO DO TRABALHO Nº 3.214/78. INSTALAÇÕES SANITÁRIAS.
>
> I – Não basta a constatação da insalubridade por meio de laudo pericial para que o empregado tenha direito ao respectivo adicional, sendo necessária a classificação da atividade insalubre na relação oficial elaborada pelo Ministério do Trabalho.
>
> (...)

> Súmula 447: ADICIONAL DE PERICULOSIDADE. PERMANÊNCIA A BORDO DURANTE O ABASTECIMENTO DA AERONAVE. INDEVIDO.
>
> Os tripulantes e demais empregados em serviços auxiliares de transporte aéreo que, no momento do abastecimento da aeronave, permanecem a bordo não têm direito ao adicional de periculosidade a que aludem o art. 193 da CLT e o Anexo 2, item 1, "c", da NR 16 do MTE.

O TST também fixou tese vinculante a respeito da matéria, nos autos do IRR-356-84.2013.5.04.0007:

1. O reconhecimento da insalubridade, para fins do percebimento do adicional previsto no art. 192 da CLT, não prescinde do enquadramento da atividade ou operação na relação elaborada pelo Ministério do Trabalho e Emprego ou da constatação de extrapolação de níveis de tolerância fixados para agente nocivo expressamente arrolado no quadro oficial.
2. A atividade com utilização constante de fones de ouvido tal como a de operador de teleatendimento não gera direito a adicional de insalubridade tão somente por equiparação aos serviços de telegrafia e radiotelegrafia, manipulação em aparelhos do tipo morse e recepção de sinais em fones para os fins do anexo 13 da NR 15 do Ministério do Trabalho.

A classificação de uma atividade como insalubre ou perigosa nos quadros do antigo Ministério do Trabalho ou órgão competente, isto é, sua indicação como tal na lei ou nas NRs ou Portarias do MTE, só gera direitos a partir de então, não produzindo efeitos retroativos (Súmula 248 do TST). Isso se explica porque as normas só se aplicam depois de vigentes e não têm efeito retroativo.

Da mesma forma, se, por exemplo, um trabalhador deixa de receber o adicional de insalubridade que sempre lhe foi pago por ter executado serviços insalubres, porque a atividade deixou de ser considerada como insalubre, não haverá direito adquirido,[99] como se percebe da OJ-Transitória 57 da SDI-1 do TST e da Súmula 248 do TST:

> Súmula 248: ADICIONAL DE INSALUBRIDADE. DIREITO ADQUIRIDO.
> A reclassificação ou a descaracterização da insalubridade, por ato da autoridade competente, repercute na satisfação do respectivo adicional, sem ofensa a direito adquirido ou ao princípio da irredutibilidade salarial.

A taxatividade dos agentes insalubres é defendida pela doutrina majoritária e jurisprudência. Apesar disso, defendemos que o entendimento é absurdo, pois contrário a todos os princípios constitucionais.

Os arts. 190 e 193 da CLT devem ser interpretados conforme a Constituição, conforme os princípios da dignidade da pessoa humana, da valorização social do trabalho, da proteção à saúde e meio ambiente do trabalho, ao princípio da redução dos riscos inerentes ao trabalho.

Aliás, já é absurda a norma que permite que o empregador compre, por ínfimos valores, a saúde do trabalhador, como o faz a CLT. Saúde não se vende e não se compra. Quando a lei determina que o empregador pague o adicional de insalubridade de 10, 20 ou 40% sobre o salário mínimo ou, sob outro enfoque,

[99] A gestante que é afastada do local insalubre continua a receber o adicional, na forma do art. 394-A da CLT.

30% sobre o salário-base para o trabalho perigoso, monetiza o risco, a saúde, o perigo.

Ademais, a saúde é um direito social, contido nos arts. 6º e 194 da Constituição.

10.2.6.3. Insalubridade

As condições de trabalho insalubres encontram-se enumeradas na Norma Regulamentadora (NR) nº 15, da Portaria nº 3.214/1978 do antigo Ministério do Trabalho e aponta os agentes químicos, físicos e biológicos prejudiciais à saúde do trabalhador e estabelece os limites de tolerância do organismo a essas agressões. A NR nº 15 considera como trabalho insalubre as atividades sob as condições de: 1) ruído contínuo ou intermitente; 2) ruídos de impacto; 3) exposição ao calor; 4) Revogado; 5) radiações ionizantes; 6) trabalho sob condições hiperbáricas; 7) radiações não ionizantes; 8) vibrações; 9) frio; 10) umidade; 11) agentes químicos cuja insalubridade é caracterizada por limite de tolerância e inspeção no local de trabalho; 12) poeiras minerais; 13) agentes químicos; 14) agentes biológicos. Esses são, pois, os principais agentes nocivos que dão ensejo ao pagamento do adicional de insalubridade.

O adicional de insalubridade é devido ao trabalhador que estiver exposto a situações nocivas à sua saúde, enquanto[100] executar o serviço nocivo (arts. 189 e 190 da CLT). Estas agressões podem ser causadas por agentes físicos, químicos ou biológicos. Para compensar o trabalho realizado nestas condições, o empregador deve pagar ao empregado adicional legal integral, independentemente do tempo que o empregado ficar exposto ao agente nocivo e é **calculado sobre o salário mínimo** (Súmula nº 17 do TST (cancelada) c/c Orientação Jurisprudencial nº 2 da SDI-I do TST) ou sobre o salário profissional, quando este é devido ao empregado por força de lei, convenção coletiva ou sentença normativa (Súmula nº 17 do TST), salvo no caso dos técnicos em radiologia[101], cujo percentual incidirá sobre o piso salarial desta categoria (art. 16[102] da Lei nº 7.394/85).

---

[100] Exceção a esta regra foi criada pela Lei nº 13.467/17, pois determinou o pagamento do adicional de insalubridade à gestante ou lactante agastada da função nociva durante o período de gestação. Isto é, mesmo executando trabalho insalubre a empregada afastada por este motivo (risco à saúde da gestante) perceberá o respectivo adicional, podendo o empregador compensar este valor com o que deve à Previdência – art. 394-A da CLT.

[101] A ADPF 151, proposta pela Confederação Nacional de Saúde (CNS), visa desvincular o piso salarial dos técnicos em radiologia do valor do salário mínimo nacional. Disponível em: <http://portal.stf.jus.br/noticias/verNoticiaDetalhe.asp?idConteudo=402768>.

[102] Conforme decisão proferida nos autos da Arguição de Descumprimento de Preceito Fundamental n. 151 de 18.02.19: "Decisão: O Tribunal, por unanimidade, julgou parcialmente procedente o pedido formulado na arguição de descumprimento de preceito fundamental para declarar a não-recepção do art. 16 da Lei 7.394/1985, ressalvando, porém, que:(i) os critérios estabelecidos pela referida lei devem continuar sendo aplicados, até que sobrevenha norma que fixe nova base de cálculo, seja lei federal, editada pelo Congresso Nacional, sejam convenções ou acordos coletivos de trabalho, ou, ainda, lei estadual, editada conforme delegação prevista na Lei Complementar 103/2000;(ii) fica congelada a base de cálculo em questão, a fim de que seja calculada de acordo com o valor de dois salários mínimos vigentes na data do trânsito em julgado da decisão que deferiu a medida cautelar (i.e., 13.05.2011),de modo a desindexar o salário mínimo, nos termos do voto do Relator."

Alguns autores[103] encampam a teoria da inconstitucionalidade da Súmula nº 17 do TST. De acordo com os defensores desta tese, o inciso IV do art. 7º da Lei Maior veda a vinculação do salário mínimo para qualquer fim, pois, segundo estes doutrinadores, o constituinte originário teve o objetivo de impedir que o salário fosse usado como indexador para reajustes.

O STF seguiu este entendimento, senão vejamos:

> ADICIONAL DE INSALUBRIDADE: Vinculação ao salário mínimo, estabelecida pelas instâncias ordinárias, que contraria disposto no art. 7º, IV, da Constituição. Ac. STF, 1ª T, RE 236.396-5/MG, julgado em 02/11/98 e publicado no *DJU* em 20/11/98 in *LTr* nº 62-12/1621.

Com a edição da Súmula Vinculante nº 4 a matéria está praticamente pacificada:

> *Súmula Vinculante nº 4 do STF – Salvo nos casos previstos na Constituição, o salário mínimo não pode ser usado como indexador de base de cálculo de vantagem de servidor público ou de empregado, nem ser substituído por decisão judicial.*

Na verdade, a Suprema Corte tem defendido que a vinculação do adicional de insalubridade ao salário mínimo ofende a Constituição da República e que não é possível o aproveitamento da norma, uma vez que contraria a literalidade do art. 7º, IV, da CRFB. Todavia, não admite que outro critério seja adotado pelo Judiciário. Sob este argumento, defende a aplicação temporária do art. 192 da CLT até que a lei altere a CLT para definir outro parâmetro para o cálculo do adicional de insalubridade (efeito modular futuro).

No mesmo sentido tem decidido o TST após a edição da Súmula Vinculante nº 4 do STF:

> ADICIONAL DE INSALUBRIDADE. BASE DE CÁLCULO. SALÁRIO MÍNIMO (CLT, ART. 192). DECLARAÇÃO DE INCONSTITUCIONALIDADE SEM PRONÚNCIA DE NULIDADE (UNVEREINBARKEITSE RKLARUNG). SÚMULA Nº 228 DO TST E SÚMULA VINCULANTE Nº 4 DO STF.
>
> 1. O STF, ao apreciar o RE-565.714-SP, sob o pálio da repercussão geral da questão constitucional referente à base de cálculo do adicional de insalubridade, editou a Súmula Vinculante 4, reconhecendo a inconstitucionalidade da utilização do salário mínimo, mas vedando a substituição desse parâmetro por decisão judicial.
>
> 2. Assim decidindo, a Suprema Corte adotou técnica decisória conhecida no direito constitucional alemão como declaração de inconstitucionalidade sem pronúncia da nulidade (*Unvereinbarkeitse rklarung*), ou seja, a norma, não obstante ser declarada inconstitucional, continua a reger as relações obrigacionais, em face da impossibilidade de o Poder Judiciário se substituir ao legislador para definir critério diverso para a regulação da matéria.

103 MARTINS, Sergio Pinto. *Direito do Trabalho*. 13. ed. São Paulo: Atlas, 2001, p. 261.

> 3. Nesse contexto, ainda que reconhecida a inconstitucionalidade do art. 192 da CLT e, por conseguinte, da própria Súmula nº 228 do TST, tem-se que a parte final da Súmula Vinculante 4 do STF não permite criar critério novo por decisão judicial, razão pela qual, até que se edite norma legal ou convencional estabelecendo base de cálculo distinta do salário mínimo para o adicional de insalubridade, continuará a ser aplicado esse critério para o cálculo do referido adicional, salvo a hipótese da Súmula nº 17 do TST, que prevê o piso salarial da categoria, para aquelas categorias que o possuam (já que o piso salarial é o salário mínimo da categoria). Recurso de revista provido. TST, RR 955/2006-099-15-00.1, 7ª T., Rel. Min. Ives Gandra da Silva Martins Filho, *DJU* 16/05/2008, p. 338.

Entendemos de forma diversa.

A indexação proibida na Carta de 1988 foi para fins de reajuste salarial, isto é, para qualquer medida que possa acarretar de fato inflação – OJ nº 2 da SDI-I do TST.

Mesmo após a Constituição o adicional de insalubridade continua sendo calculado sobre o salário mínimo, pois a palavra "remuneração", contida no art. 7º, XXIII, da CRFB, foi empregada no sentido de "contraprestação" – OJ nº 2 da SDI-I do TST.

Fere o art. 192 da CLT a decisão que acolhe pedido de adicional de insalubridade sobre a remuneração, na forma da OJ nº 2 da SDI-II do TST.

Observe-se que a Súmula nº 228 do TST teve a sua eficácia suspensa por força de decisão liminar proferida pelo Supremo Tribunal Federal, conforme registrou a Res. TST nº 185/2012 e julgamento de mérito no mesmo sentido.

No que diz respeito ao **técnico em radiologia**, o art. 16[104] da Lei nº 7.394/85 preconiza que o adicional de 40% incidirá sobre dois salários mínimos profissionais da região, no caso de existência de insalubridade e risco de vida. Alguns, no entanto, entendem que risco de vida corresponde à periculosidade, e não à insalubridade, porém esta não é a opinião majoritária.

O adicional de insalubridade corresponde a: 10%, 20%, 40% sobre o mínimo (art. 192 da CLT c/c Orientação Jurisprudencial nº 2 da SDI-I do TST) ou sobre o salário profissional, quando este é devido ao empregado por força de lei, convenção coletiva ou sentença normativa (Súmula nº 17 do TST – cancelada). O art. 611-B, XVII, da CLT proíbe a norma coletiva de reduzir ou suprimir direitos

---

104 Conforme decisão proferida nos autos da Arguição de Descumprimento de Preceito Fundamental n. 151 de 18.02.19: "Decisão: O Tribunal, por unanimidade, julgou parcialmente procedente o pedido formulado na arguição de descumprimento de preceito fundamental para declarar a não-recepção do art. 16 da Lei 7.394/1985, ressalvando, porém, que:(i) os critérios estabelecidos pela referida lei devem continuar sendo aplicados, até que sobrevenha norma que fixe nova base de cálculo, seja lei federal, editada pelo Congresso Nacional, sejam convenções ou acordos coletivos de trabalho, ou, ainda, lei estadual, editada conforme delegação prevista na Lei Complementar 103/2000;(ii) fica congelada a base de cálculo em questão, a fim de que seja calculada de acordo com o valor de dois salários mínimos vigentes na data do trânsito em julgado da decisão que deferiu a medida cautelar (i.e., 13.05.2011),de modo a desindexar o salário mínimo, nos termos do voto do Relator."

relacionados às normas de medicina e segurança do trabalho, entretanto, de forma contraditória, o inciso XII do art. 611-A da CLT autorizou a norma coletiva a alterar o enquadramento do grau de insalubridade.

O adicional de insalubridade tem natureza salarial,[105] conforme o entendimento do C. TST (Súmula nº 139), anterior à Reforma Trabalhista, apesar da finalidade indenizatória. Como corresponde a um percentual incidente sobre o salário mínimo, cujo valor é fixado por mês, porque remunera os 30 dias do mês, conclui-se que o RSR já está embutido na paga. Da mesma forma, a OJ nº 103 da SDI-I do TST.

A hora extra deve ser calculada com a integração do adicional de insalubridade, conforme prevê a Orientação Jurisprudencial nº 47 da SDI-I do TST. Isto se explica porque a hora extra é laborada no mesmo local da hora comum, o que quer dizer que o empregado continua exposto ao agente agressivo. Como o adicional de insalubridade é calculado sobre o mínimo e este remunera apenas as 220 horas mensais, se o empregado laborou além deste limite, tem direito a receber o adicional pelas horas extras que executou de fato. Por isso, o adicional constitui base de cálculo para as horas extras.

Qualquer prorrogação em trabalho insalubre depende da prévia autorização da autoridade competente, salvo nos sistemas de trabalho 12x36 (art. 60, parágrafo único, da CLT) e se autorizado em norma coletiva – art. 611-A, XIII, da CLT.

De acordo com a Súmula nº 47 do TST, a intermitência na prestação de serviços em local insalubre não afasta, só por esse motivo, o direito ao recebimento do adicional. Todavia, a Súmula deveria ter dito "de forma integral". Apesar de incompleta, este é o entendimento.

Se a concessão de EPI (equipamento de proteção individual) eliminar ou reduzir a nocividade, o empregado não terá mais direito ao adicional (Súmula nº 80 do TST). A simples concessão não representa a supressão do adicional de insalubridade (Súmula nº 289 do TST), pois poderá haver apenas a redução do malefício e porque o empregador deve tomar medidas que conduzam à diminuição ou eliminação da nocividade.

Caso o empregador forneça o EPI e o empregado não o utilize, será devido o adicional, já que cabia ao patrão fiscalizar o trabalho. Se não o fez, irá suportar as consequências do ato. Por outro lado, o empregador poderá demitir o empregado por justa causa, por descumprimento da regra de medicina e segurança do trabalho.

Assim, se o empregado se recusar a utilizar o EPI, o empregador pode demiti-lo com justa causa, na forma do art. 158, parágrafo único, *b*, da CLT.

---

[105] Após a Reforma Trabalhista, a natureza salarial dos adicionais, inclusive do adicional de insalubridade e periculosidade, é controvertida, pois o § 1º não mencionou sua natureza salarial e o § 2º do mesmo art. 457 da CLT não retirou.

No pedido de pagamento de adicional de insalubridade, a causa de pedir não vincula o pedido, ou seja, o trabalhador pode indicar uma nocividade, mas outra pode ser comprovada pela prova pericial e isto não impedirá o julgador de deferir o pedido, desde que também prevista no quadro do antigo Ministério do Trabalho (Súmula nº 293 do TST). Entrementes, não é permitido deferir adicional de periculosidade quando o pedido era de adicional de insalubridade, mesmo quando restar comprovada por prova pericial a periculosidade.

Infelizmente e de forma absurda, o TST, em sua maioria, vem sustentando que os adicionais não se acumulam caso o empregado esteja exposto a mais de um agente nocivo, baseado na vedação contida no item 15.3 da NR-15, da Portaria nº 3.214/78. Entendemos de forma diversa. Se o adicional visa indenizar a nocividade do trabalho executado pelo empregado, se as nocividades são múltiplas, os adicionais também deveriam ser. Ademais, não pode uma portaria impor obstáculo não criado pela lei. Da mesma forma Alice Monteiro de Barros.[106]

O art. 200, VI, da CLT, dá a entender que as **radiações ionizantes** seriam classificadas como insalubres. No entanto, o parágrafo único do mesmo artigo, estabelece que no caso das radiações ionizantes cabe ao Ministério da Economia, antigo Ministério do Trabalho expedir norma para classificá-las, o que foi feito pela Portaria nº 3.393/87 (modificada pela Portaria nº 496/02) e Portaria nº 518/03 (que restabeleceu a condição prevista na primitiva portaria) que classificam o trabalho com radiação ionizante como atividade perigosa. No caso dos **técnicos em radiologia**, deve ser aplicada a norma mais favorável.

Entendemos, juntamente com Carrion,[107] que deve ser aplicada a Portaria nº 3.393/87 e Portaria nº 518/03 do MT, por ter força de fonte formal de direito, ante a delegação legislativa contida no parágrafo único do art. 200 da CLT.

Assim também se posicionou a jurisprudência majoritária consagrada na OJ nº 345 da SDI-I do TST.

Convém lembrar que é proibido o trabalho insalubre para o menor de 18 anos (art. 7º, XXXIII da CR).

É dever do patrão transferir a empregada gestante do local de insalubridade máxima para um local salubre. Se não existir local salubre, a gestante entrará em licença-maternidade por ser considerada (equiparada) em gravidez de risco. Foi criado um tipo novo de suspensão contratual para esses casos.

Assim dispõe a nova redação do art. 394-A da CLT:

> **Art. 394-A.** Sem prejuízo de sua remuneração, nesta incluído o valor do adicional de insalubridade, a empregada deverá ser afastada de:

---

106 BARROS, Alice Monteiro de. *Curso de Direito do Trabalho*. São Paulo: LTr, 2005, p. 741.

107 CARRION, Valentin. *Comentários à Consolidação das Leis do Trabalho*. 29. ed. São Paulo: Saraiva, 2004, p. 180.

I – atividades consideradas insalubres em grau máximo, enquanto durar a gestação; (Incluído pela Lei nº 13.467, de 2017)

II – atividades consideradas insalubres em grau médio ou mínimo, [108] ~~quando apresentar atestado de saúde, emitido por médico de confiança da mulher, que recomende o afastamento durante a gestação~~; (Incluído pela Lei nº 13.467, de 2017)

III – atividades consideradas insalubres em qualquer grau, [109] ~~quando apresentar atestado de saúde, emitido por médico de confiança da mulher~~, que recomende o afastamento durante a lactação. (Incluído pela Lei nº 13.467, de 2017)

§ 1º (VETADO) (Redação dada pela Lei nº 13.467, de 2017)

§ 2º Cabe à empresa pagar o adicional de insalubridade à gestante ou à lactante, efetivando-se a compensação, observado o disposto no art. 248 da Constituição Federal, por ocasião do recolhimento das contribuições incidentes sobre a folha de salários e demais rendimentos pagos ou creditados, a qualquer título, à pessoa física que lhe preste serviço.

§ 3º Quando não for possível que a gestante ou a lactante afastada nos termos do *caput* deste artigo exerça suas atividades em local salubre na empresa, a hipótese será considerada como gravidez de risco e ensejará a percepção de salário-maternidade, nos termos da Lei no 8.213, de 24 de julho de 1991, durante todo o período de afastamento.

10.2.6.4. Periculosidade

O adicional de periculosidade é devido ao empregado que trabalhe diretamente com inflamáveis, explosivos, eletricidade, roubos ou outras espécies de violência física nas atividades profissionais de segurança pessoal ou patrimonial (art. 193 da CLT c/c OJs nºs 324 e 347 da SDI-I do TST) e os trabalhadores com motocicletas (ou mototaxistas ou motociclistas).

A exposição **intermitente** do trabalhador ao perigo também não afasta o pagamento integral do adicional de periculosidade (Súmula nº 364 do TST c/c Súmula nº 361 do TST).

O adicional de periculosidade será indevido quando o contato com a atividade perigosa for **eventual** ou habitual, de forma extremamente **reduzida**. Nesse sentido a Súmula nº 364 do TST.

Os trabalhadores **rurais** têm direito ao adicional de periculosidade desde que comprovadas a sua exposição a estas atividades.

Os **portuários** (art. 14 da Lei nº 4.860/65) recebem o adicional de periculosidade proporcional ao tempo de exposição à atividade perigosa.

---

[108] Foi declarado inconstitucional o trecho "quando apresentar atestado de saúde, emitido por médico de confiança da mulher, que recomende o afastamento", dos incisos II e III do artigo 394-A da CLT, pela ADI 5.938.

[109] Idem.

O adicional de periculosidade é direito indisponível do trabalhador, não podendo ser flexibilizado por norma coletiva. Da mesma forma o inciso II da Súmula 364 do TST. Há na jurisprudência posições neste sentido.

> ADICIONAL DE PERICULOSIDADE – PROPORCIONALIDADE AUTORIZADA POR INSTRUMENTO NORMATIVO – CLÁUSULA NULA. Nem todo direito trabalhista pode ser objeto de transação ou negociação coletiva. Em se tratando de matéria de segurança, saúde ou higiene, não há margem para a supressão de direitos, pois o que está em jogo são a vida e a integridade física do trabalhador. Assim, não pode ser admitida cláusula que prevê o pagamento do adicional de periculosidade de forma proporcional ao tempo de exposição ao risco, tese já afastada pela jurisprudência dominante, conforme entendimento consubstanciado na Súmula nº 361 do colendo TST. Todavia, ainda que se considerasse válida a transação quanto à referida matéria, ainda assim não haveria como prevalecer a norma coletiva invocada, a uma porque o ajuste apresentado sequer possui prazo de vigência; a duas, a teor do disposto no art. 614, § 3º, da CLT, que estatui que as normas coletivas não poderão ter duração superior a dois anos, sua vigência esgotou-se em 09/09/96, período este já abrangido pelo manto da preclusão. Recurso a que se nega provimento. TRT/MG – Processo: 01250.2001.060.03.00.3 – Rel. Designado: Juíza Maria Lúcia Cardoso de Magalhães. *DJ*/MG 02/07/2002.

O adicional de periculosidade corresponde a **30%** sobre o salário-base do empregado, excluído de qualquer outra vantagem (art. 193, § 1º, da CLT c/c Súmula nº 191 do TST). Para os **eletricitários**, o cálculo era feito sobre a totalidade das parcelas salariais e nem a norma coletiva poderia reduzir essa benesse. Entretanto, a partir da revogação da Lei nº 7.369/85 pela Lei nº 12.740/2012, também para os eletricitários, o adicional de periculosidade passou a ser calculado sobre o salário-base para os contratados depois da lei. Por esse motivo, foi acrescido o inciso III à Súmula 191 do TST.

O adicional de periculosidade tem natureza salarial e, por isso, integra o salário para todos os fins, inclusive para fins de cálculo do adicional noturno e da hora extra – Súmulas nos 63 e 132, I, da TST c/c OJ nº 259 da SDI-I do TST. O **técnico em radiologia**, para quem entende que sua atividade é perigosa, terá adicional de 40% sobre o piso legal da categoria.

Conforme a inteligência do art. 193, § 2º, da CLT, caso o empregado trabalhe em atividades insalubres e perigosas, deverá optar pelo recebimento de apenas um adicional. Absurda também esta regra, pois impede a cumulação de adicionais, como se acarretassem em *bis in idem*.

É proibido o trabalho insalubre, perigoso e noturno ao menor de 18 anos, na forma do art. 7º, XXXIII da CRFB. São destinatários do adicional de insalubridade e periculosidade: os empregados **rurais** e os **urbanos**, bem como os trabalhadores **avulsos** – art. 7º, XXIII e XXXIV, da CRFB.

A Lei nº 7.369/1985 concedia aos empregados do setor de energia elétrica o direito ao adicional de periculosidade. Todavia, tal direito só foi regulamentado com o advento dos Decretos nos 92.212/1985 e 93.412/1986. Hoje a matéria é regulada pelo art. 193, I, da CLT, pois a Lei nº 7.369/1985 foi revogada.

Não são apenas os empregados de empresa do setor elétrico, que têm direito ao adicional, mas os de todas as empresas em que os trabalhadores estiverem em contato direto e intermitente com sistema elétrico de potência – OJ nº 324 da SDI-I do TST.

Tal entendimento vem sendo acolhido pela jurisprudência majoritária.

> ADICIONAL DE PERICULOSIDADE. RESTRIÇÃO AOS EMPREGADOS DAS EMPRESAS CONCESSIONÁRIAS LIGADAS AO SISTEMA ELÉTRICO DE POTÊNCIA. IMPOSSIBILIDADE. A obrigação do pagamento do adicional de periculosidade não está adstrita às empresas concessionárias ligadas ao sistema elétrico de potência, ou seja, àquelas encarregadas da geração da transmissão e da distribuição de energia elétrica. Consoante dispõe o art. 2º do Decreto nº 93.412/86, essa obrigação independe do cargo, categoria, ou ramo da empresa. O risco decorrente do contato com material energizado (Lei nº 7.369/85 e Decreto nº 93.412/96) é que gera o direito ao pagamento do adicional de periculosidade, sendo que o tempo de exposição só aumenta a probabilidade de sinistro, independentemente da função exercida pelo empregado ou do ramo da empresa, de modo que, se este não ocorrer, restará preservada a higidez da empresa. Ac (unânime) TRT 12ª Reg. 3ª T. (RO–V 02077-2002-022-12-00-6), Rel.ª Juíza Lília Leonor Abreu, julgado em 31/05/2004.

> ADICIONAL DE PERICULOS IDADE. TELEFONIA MÓVEL. SISTEMA ELÉTRICO DE POTÊNCIA. A prestação de serviço em telefonia móvel não está elencada entre as atividades desenvolvidas em sistema elétrico de potência, como susceptível de gerar direito à percepção do adicional de periculosidade nos termos da Lei nº 7.369/85 e do Decreto nº 93.412/86. Recurso não provido. Ac. TRT 8ª Reg. 3ª T (RO 5597/03), Rel. (designado) Juiz. Walmir Oliveira da Costa, julgado em 07/11/2003.

Os empregados cabistas, instaladores e reparadores de linhas de empresas de telefonia que fiquem expostos a condições de risco pelo contato com sistema elétrico de potência têm direito ao adicional de periculosidade do eletricitário – OJ nº 324 da SDI-I do TST.

O **bombeiro civil** tem direito ao adicional de periculosidade de 30% do salário-base por força da Lei nº 11.901/2009, art. 6º, III. O Anexo 3, na NR 16, do MTE, regulamentou o direito ao adicional de periculosidade pelos profissionais de segurança patrimonial ou pessoal, concedido pelo inciso II do art. 193 da CLT.

De acordo com o referido Anexo:

> **2.** São considerados profissionais de segurança pessoal ou patrimonial os trabalhadores que atendam a uma das seguintes condições:
>
> a) empregados das empresas prestadoras de serviço nas atividades de segurança privada ou que integrem serviço orgânico de segurança privada, devidamente registradas e autorizadas pelo Ministério da Justiça, conforme Lei nº 7.102/1983 e suas alterações posteriores.
>
> b) empregados que exercem a atividade de segurança patrimonial ou pessoal em instalações metroviárias, ferroviárias, portuárias, rodoviárias, aeroportuárias e de bens públicos, contratados diretamente pela administração pública direta ou indireta.

> **3.** As atividades ou operações que expõem os empregados a roubos ou outras espécies de violência física, desde que atendida uma das condições do item 2, são as constantes do quadro abaixo: (...)

Como a maioria das normas coletivas já concedia aos vigilantes e seguranças um adicional de risco, exatamente pelo risco do trabalho exercido, a lei autorizou a dedução/compensação do adicional de periculosidade criado pela Lei nº 12.470/2012 com aquele que já era pago por força de norma coletiva, devendo o empregador pagar exclusivamente o adicional mais benéfico. O fato de o § 3º, do art. 193 da CLT, ter mencionado apenas o "acordo coletivo", deve-se entender que o legislador autorizou a compensação da parcela também quando previsto em convenção coletiva.

Também têm direito ao adicional de periculosidade, como já mencionado acima, de acordo com o § 4º do art. 193 da CLT, acrescido em 18/06/2014 pela Lei nº 12.997/14, os trabalhadores que utilizam motocicletas em seu ofício.

De acordo com o art. 193 da CLT:

> Art. 193. (...) § 3º Serão descontados ou compensados do adicional outros da mesma natureza eventualmente já concedidos ao vigilante por meio de acordo coletivo. (Incluído pela Lei nº 12.740, de 2012)

10.2.6.5. Enquadramento das Atividades Insalubres e Perigosas e Prova Pericial

De acordo com a lei, serão consideradas atividades insalubres ou perigosas aquelas que, por sua natureza, submetam ou exponham o empregado a situações nocivas ou perigosas à saúde. Entretanto, para que o empregado tenha direito à percepção do adicional legal as atividades laborais devem ser desenvolvidas em condições insalubres e perigosas acima dos limites de tolerância fixados pelo Ministério da Economia, antigo Ministério do Trabalho ou por lei. As atividades que são consideradas insalubres ou perigosas pelo Ministério da Economia, bem como seus limites de tolerância, estão taxativamente previstos nos quadros das atividades (arts. 189 e 190 da CLT).

Ressalta-se que é vedado ao **menor** de 18 anos o trabalho perigoso e insalubre, conforme o art. 7º, XXXIII, da CRFB, mas, caso trabalhe nessas condições, deverá receber o adicional, porque a nulidade é de cláusula e não do contrato como um todo. Ademais, não pode o infrator da norma se valer de sua própria torpeza para enriquecer, em detrimento dos interesses do incapaz ou do menor. Da mesma forma, é proibido o trabalho em local insalubre para a **gestante** e **lactante**, salvo se apresentar atestado do médico para seu afastamento – art. 394-A da CLT.

Para caracterização e classificação da insalubridade e periculosidade necessária é a **prova pericial** feita por médico ou engenheiro do trabalho (art. 195 da CLT c/c OJs nºs 165 e 173, I, da SDI-I do TST). O laudo pericial poderá ser confeccionado tanto pelo perito do trabalho vinculado ao Ministério da Economia como pelo perito escolhido pelo juiz, quando a questão está sendo discutida judicialmente. Se já houver laudo elaborado pelo *expert* da DRT, que comprove a condição insalubre ou perigosa do trabalho executado, num determinado setor da empresa, por exemplo, não haverá necessidade do juiz em determinar a perícia, devendo o empregado comprovar que trabalhava no setor periciado. Logo, a regra contida no art. 195, § 2º, da CLT não é absoluta. Neste sentido o art. 10 da Resolução nº 66/2010 do CSJT.

O pagamento espontâneo do adicional de insalubridade ou periculosidade, de forma habitual, torna incontroversa a atividade nociva ou de risco, logo, dispensável a prova pericial. – Aplicação analógica da Súmula nº 453 do TST.

O TST tem aplicado esse entendimento também para o caso de pagamento espontâneo e posterior supressão do adicional de insalubridade sem prova de mudança das condições de trabalho. Por todos, cita-se o RR-158-72.2017.5.09.0749, 3ª Turma, Relator Ministro Alexandre de Souza Agra Belmonte, *DEJT* 11.09.2020. Contudo, caso se pretenda a concessão de adicional de insalubridade em grau superior àquele que era pago espontaneamente, será necessária a produção de prova pericial.

Independem da **prova pericial** judicial: bombeiro civil, art. 6º, III da Lei nº 11.901/2009; **frentista** que trabalha diretamente com a bomba de gasolina (Súmula nº 39 do TST c/c Súmula nº 212 do STF – periculosidade presumida); **operador de raios X** (Portaria nº 3.393/87 c/c art. 16[110] da Lei nº 7.394/85 – insalubridade ou periculosidade – 40%); aqueles cuja DRT, através de **laudo** confeccionado extrajudicialmente, por perito habilitado, tenha constatado a existência de insalubridade ou periculosidade; por **prova emprestada** no caso de extinção do estabelecimento ou local desativado – OJ nº 278 da SDI-I do TST; **pagamento espontâneo** pelo patrão do adicional de periculosidade – Súmula nº 453 do TST; **segurança ou vigilante** que trabalha tentando evitar roubos ou com outras espécies de violência física – inciso III, art. 193, da CLT e o trabalhador em **motocicleta**; quando a **norma coletiva** fixar o grau (art. 611-A, XII, da CLT).

O documento denominado Perfil Profissional Profissiográfico – PPP,[111] emitido pelo empregador para comprovar, diante da Previdência Social, o trabalho insalubre ou perigoso, segundo as regras do INSS, pode ou não fazer prova do trabalho insalubre ou perigoso, desde que o agente nocivo descrito no referido documento seja exatamente igual, inclusive quanto ao grau, àquele previsto nas NRs expedidas pelo antigo Ministério do Trabalho.

---

[110] Conforme decisão proferida nos autos da Arguição de Descumprimento de Preceito Fundamental n. 151 de 18.02.19: "Decisão: O Tribunal, por unanimidade, julgou parcialmente procedente o pedido formulado na arguição de descumprimento de preceito fundamental para declarar a não-recepção do art. 16 da Lei 7.394/1985, ressalvando, porém, que:(i) os critérios estabelecidos pela referida lei devem continuar sendo aplicados, até que sobrevenha norma que fixe nova base de cálculo, seja lei federal, editada pelo Congresso Nacional, sejam convenções ou acordos coletivos de trabalho, ou, ainda, lei estadual, editada conforme delegação prevista na Lei Complementar 103/2000;(ii) fica congelada a base de cálculo em questão, a fim de que seja calculada de acordo com o valor de dois salários mínimos vigentes na data do trânsito em julgado da decisão que deferiu a medida cautelar (i.e., 13.05.2011),de modo a desindexar o salário mínimo, nos termos do voto do Relator."

[111] As nomenclaturas anteriores eram SB 40, DS 8030.

Como já explicado, ainda predomina o entendimento jurisprudencial da **taxatividade** dos agentes nocivos previstos em lei ou em normas expedidas pelo MTE. Assim, apesar de não concordamos com a tese, mesmo que a prova técnica comprove que o empregado trabalhava em condições insalubres ou perigosas, mister que a atividade apontada pelo laudo esteja incluída no quadro a que se refere o art. 190 da CLT, pois do contrário o empregado não terá direito à percepção do adicional respectivo – art. 196 da CLT c/c a Súmula nº 460 do STF c/c as Súmulas nº 248 e 448, I, do TST.

Por isso, o **lixo urbano** recolhido de residências, condomínios ou escritórios, mesmo sendo insalubres, não é considerado agente nocivo para fins de pagamento do adicional de insalubridade, pois não incluído no quadro de atividades nocivas da DRT. De forma diversa, se o lixo ou a limpeza de instalações sanitárias for de uso coletivo ou de grande circulação terá o trabalhador direito do respectivo adicional – Súmula 448, II, do TST.

Absurda a posição do TST acerca da **taxatividade** dos agentes nocivos para fins de pagamento dos adicionais de insalubridade e periculosidade, porque a tese fere de morte os princípios constitucionais da dignidade da pessoa humana, da função social do trabalho, da proteção à saúde e higidez do trabalhador, da proteção ao meio ambiente (art. 225) e da proteção do trabalhador (art. 7º). Hoje, a Constituição prioriza a pessoa humana, sua saúde mental e física, seu bem-estar e o valor social do trabalho. Dessa forma, se comprovado que o trabalho do empregado causa malefícios à sua saúde, deverá ter o direito ao respectivo adicional. Diga-se de passagem, já é absurdo o fato de a lei permitir que o empregador compre, por um valor tão irrisório, a saúde ou o risco de morte do empregado, quando, na verdade, a lei deveria proibir o trabalho reconhecido como insalubre e perigoso ou, em última análise, torná-lo tão caro que mais valesse ao patrão modificar o ambiente de trabalho ou gastar com bons equipamentos de segurança e proteção individual, do que pagar o adicional de insalubridade e periculosidade.

Se uma pessoa já trabalha em contato com determinada nocividade e esta só é incluída no quadro após 10 anos, somente a partir desse momento é que será devido o respectivo adicional – art. 196 da CLT.

A necessidade da produção em juízo da prova pericial ainda é questão controvertida na doutrina e na jurisprudência, ante o disposto no art. 195, § 2º, da CLT. Alguns estudiosos defendem que se trata de uma **prova tarifada**,[112] isto é, obrigatória e, por isto, indispensável seria a realização da prova técnica, não podendo ser substituída pela confissão do empregador, por prova testemunhal ou documental em nenhuma hipótese.

Outros[113] advogam uma obrigatoriedade mais branda da realização da prova técnica, admitindo a confissão e a prova emprestada em algumas hipóteses.

---

112 Convém ressaltar que há teoria no sentido de que prova tarifada é diferente de prova obrigatória.

113 FILHO, Manoel Antônio Teixeira. *A prova no Processo do Trabalho*. 3. ed. São Paulo: LTr, 1988, p. 251.

A Orientação Jurisprudencial nº 278 da SDI-I do TST se enquadra numa posição mediana, pois ora afirma que é obrigatória a prova pericial, ora admite a prova emprestada, mesmo que como medida de exceção.

Por último, há a corrente que defende que a prova pericial é a ideal, mas não é a única capaz de provar o fato. Admitem qualquer prova idônea capaz de provar o fato técnico, inclusive a confissão ficta, real ou pagamento espontâneo e habitual – Súmula nº 453 do TST. Isto porque parte da premissa que o art. 195, § 2º, da CLT não criou uma prova impositiva, obrigatória, mas apenas recomendou um meio de prova. Adotamos esta última tese, mas de forma moderada e responsável. Apesar disto, a jurisprudência majoritária tem se posicionado pela **indispensabilidade** da prova técnica em qualquer hipótese.

Quando o juiz determina a prova, fixa os honorários periciais e o empregado não paga a prova (adiantamento dos honorários periciais),[114] existiam quatro posições para solucionar a questão. Para a primeira vertente, o empregado deve ser executado do valor da perícia, o que contrariava a Orientação Jurisprudencial nº 98 da SDI-II do TST, cabendo mandado de segurança impetrado pelo empregado. Com a Reforma Trabalhista, esta corrente tomará força por conta do art. 790-B da CLT.

A segunda corrente defendia a extinção do processo sem resolução do mérito, em relação ao pedido referente ao adicional de periculosidade ou insalubridade, por não ter sido produzida a prova obrigatória, ao argumento de que falta pressuposto processual.

O terceiro entendimento adotava uma posição semelhante, porém mais radical, já que extinguia todo o feito sem resolução do mérito, também por falta de pressuposto processual.

A quarta posição, com a qual compartilhamos, entende que a prova não é obrigatória, mas apenas recomendável e deve ser arcada por aquele que tem o ônus

---

114 Apesar dos honorários serem devidos pela parte sucumbente é necessário o adiantamento destes para que o perito possa iniciar o trabalho – art. 6º da IN nº 27/05 do TST c/c art. 790 da CLT. De acordo com o art. 97 do CPC, compete à parte adiantar as despesas processuais com a produção da prova e quando juiz a determinar, as partes ratearão os custos da prova. Caso seja vencedor no objeto da perícia, a sentença condenará o réu a ressarcir o autor do valor adiantado. Convém ressaltar que o art. 10 da Resolução nº 66/2010 do CSJT (Conselho Superior da Justiça do Trabalho) autorizava os Tribunais Regionais a destinar recursos orçamentários para pagamento de honorários periciais, sempre que à parte sucumbente na pretensão fosse concedido o benefício da justiça gratuita. A Súmula nº 457 do TST refere-se à responsabilidade da União pelos honorários periciais, quando concedida a gratuidade de justiça. Todavia, após a Lei nº 13.467/17, o art. 790-B da CLT aponta a parte sucumbente no objeto da perícia como a responsável pelos honorários periciais mesmo que beneficiária da gratuidade. A União só responderá pelos honorários se não houver recursos no processo para custear a prova. Com esta mudança na lei, a responsabilidade da União, nos casos de gratuidade, deixa de ser automática para ser subsidiária. Logo, caiu por terra o art. 10 da Resolução 66/10 do CSJT que repassa automaticamente para a União a responsabilidade pelos honorários periciais.

"HONORÁRIOS PERICIAIS. BENEFICIÁRIO DA JUSTIÇA GRATUITA. RESPONSABILIDADE DA UNIÃO PELO PAGAMENTO. RESOLUÇÃO Nº 35/2007 DO CSJT. OBSERVÂNCIA. A União é responsável pelo pagamento dos honorários de perito quando a parte sucumbente no objeto da perícia for beneficiária da assistência judiciária gratuita, observado o procedimento disposto nos arts. 1º, 2º e 5º da Resolução nº 35/2007 do Conselho Superior da Justiça do Trabalho – CSJT."

de comprovar o fato. Com isso, se o empregado não quiser produzi-la, correrá os riscos da improcedência do pedido. Isto é, se outra prova não for produzida, será improcedente o pedido, por não comprovado o fato.

Há, ainda, corrente no sentido de inverter o ônus da prova, passando para o empregador o ônus de provar que o local é ou não insalubre ou perigoso. Esta posição baseia seus fundamentos no art. 157, I, da CLT, que determina a obrigação da empresa em cumprir e fazer cumprir as normas de medicina e segurança do trabalho e tem respaldo na Resolução nº 66/2010, do CSJT.

A Resolução nº 66/2010 do CSJT (art. 10), dispõe que se for requerida a insalubridade, periculosidade, indenização decorrente de acidente de trabalho ou qualquer outro pedido referente às normas de segurança e saúde do trabalho, o juiz poderá determinar a notificação da empresa ré para juntar aos autos cópias dos LTCAT (Laudo Técnico de Condições Ambientais de Trabalho), PCMSO (Programa de Controle Médico de Saúde Ocupacional), PPRA (Programa de Prevenção de Riscos Ambientais) e de laudo pericial da atividade ou local de trabalho, passível de utilização como prova emprestada, referente ao período em que o trabalhador prestou serviços na empresa.

Ora, se o empregador é obrigado a manter tais laudos técnicos acerca do ambiente de trabalho, não há dúvidas de que o ônus da prova é dele. Se os referidos documentos não noticiarem qualquer tipo de nocividade, o empregado que quiser impugnar o conteúdo do documento, poderá realizar a prova pericial para comprovar o fato.

10.2.6.6. Acumulação dos Adicionais de Insalubridade e Periculosidade

De acordo com o art. 193, § 2º, da CLT o empregado que trabalhar ao mesmo tempo em local insalubre e perigoso deverá optar por apenas um adicional, pois é vedado o acúmulo desses adicionais. De forma similar à NR 15, item 15.3, entende que, se o empregado trabalhar com mais de um agente insalubre, receberá tão somente o de maior nocividade.

A regra legal e regulamentar viola princípios comezinhos de direito civil, pois, se os adicionais visam indenizar a nocividade causada ao trabalhador e se a indenização leva em conta o efetivo prejuízo, não se pode limitar o ressarcimento a um só dano quando foram vários e causados por agentes diversos.

A norma proibitiva do acúmulo também afronta a Constituição, que considera saúde como um direito social (art. 6º) e fere princípios como o da dignidade da pessoa humana e o da proteção ao trabalhador. Além disso, contraria os valores que exsurgem das Convenções Internacionais 148 e 155 da OIT, e, por esse motivo, a regra é inválida, letra morta, norma superada pela interpretação constitucional. Aliás, o TST[115] já tem decisões defendendo essa tese, que ainda é minoritária, pois a jurisprudência e a doutrina dominante são no sentido de respeitar § 2º do art. 193 da CLT.

---

115 A decisão da 7ª Turma do TST – RR 1072-72.2011.5.02.0384 foi superada pela decisão TST-E--ARR-1081-60.2012.5.03.0064.

10.2.7. Adicional de Penosidade

Apesar de previsto no art. 7º, XXIII, da CRFB, não há norma infraconstitucional que regulamente o adicional de penosidade. Em virtude disto, o entendimento majoritário é de que a norma constitucional é de eficácia limitada ou, segundo a corrente clássica, é regra não autoaplicável.

A norma infraconstitucional é necessária para conceituar o que é trabalho penoso, qual o valor do respectivo adicional, sobre que parcela incide etc.

A Lei nº 8.112/90 (art. 71) conceitua o trabalho penoso para o servidor público, não podendo ser aplicada analogicamente ao empregado.

> **Art. 71.** O adicional de atividade penosa será devido aos servidores em exercício em zonas de fronteira ou em localidades cujas condições de vida o justifiquem, nos termos, condições e limites fixados em regulamento.

Com isso, ainda não há qualquer legislação que regulamente o trabalho penoso ao trabalhador urbano ou rural.

Segundo José Augusto Rodrigues Pinto:[116]

> (...) quando for definida, a penosidade deverá apanhar situações que, mesmo sem o risco preciso que pode ser visto na insalubridade e na periculosidade, expõem o empregado a um risco de saúde, integridade física ou vida acima dos padrões normais de risco de simplesmente viver.

Alguns autores sugerem que a profissão de telefonista e de professor sejam consideradas como atividades penosas porque, segundo a legislação previdenciária, elas ensejam aposentadoria especial.

10.2.8. Adicional de Transferência

É devido apenas e enquanto perdurar a transferência do empregado para localidade diversa daquela contratada e desenvolvida, desde que importe necessariamente em mudança de domicílio e de localidade.

Logo, são requisitos para a aquisição do direito ao adicional de transferência:

a) transferência provisória, determinada pelo empregador, mesmo que bilateral;
b) mudança de localidade;
c) mudança de domicílio;
d) transferência por real necessidade de serviço.

---

116 PINTO, José Augusto Rodrigues. *Curso de Direito Individual do Trabalho*. 4. ed. São Paulo: LTr, 2000, p. 386.

Entende-se por **transferência** a determinada no art. 469 da CLT, isto é, quando de iniciativa do empregador, seja ela unilateral ou bilateral, desde que importe necessariamente em mudança de domicílio e de localidade. Se for a pedido do empregado, será um caso de remoção, não sendo devido o respectivo adicional. Esse também é o entendimento de Luciano Martinez.[117]

Apesar de a lei se referir ao domicílio, Délio Maranhão[118] defende que a palavra domicílio "não deve ser entendida no sentido técnico-jurídico, e sim no de residência, que melhor corresponde à finalidade da norma". Concordamos em parte com a tese. Domicílio deve ser entendido não só em seu conceito técnico, mas também como residência.

Iuri Pinheiro[119] entende que o conceito de domicílio para fins de adicional de transferência não pode ser assimilado a partir do conceito de domicílio civil. Isso porque, nos termos do art. 70 do Código Civil, domicílio é o lugar no qual se estabelece residência com ânimo definitivo, enquanto que, para fins trabalhistas do adicional em questão, a transferência precisa ser provisória. Logo, o domicílio mencionado no art. 469 da CLT deve ser compreendido apenas como residência.

A mudança de localidade corresponde, segundo o TST, à mudança de **município** ou **região metropolitana**, de acordo com o inciso X da Súmula nº 6. Apesar de a súmula se referir à equiparação salarial (art. 461 da CLT), conceitua localidade, mesma expressão utilizada no art. 469 da CLT. Convém mencionar que a Lei nº 13.467/17 eliminou o requisito da "localidade" para fins de equiparação.

Discordamos do entendimento adotado pelo TST. Localidade hoje significa apenas município, cujo conceito é preciso e de fácil identificação. O mesmo não ocorre com a identificação da região metropolitana que, além de ter conceito impreciso (veja abaixo), cabe à lei estadual complementar dar seu contorno. Ocorre que algumas leis estaduais são alteradas constantemente para incluir municípios. Ora, se a própria lei estadual não sabe identificar quais os municípios fazem parte de uma região metropolitana, quanto mais o julgador. Não pode ficar sob o crivo de cada exegeta a indicação se este ou aquele município faz ou não parte da região metropolitana, ainda mais porque o juiz não está obrigado a conhecer de lei estadual – art. 376 do CPC/2015.

De acordo com o Dicionário Jurídico,[120] região metropolitana é:

> Um aglomerado de cidades-satélites que gravitam em torno de uma cidade maior. As regiões metropolitanas formam um núcleo urbano com interesses e problemas socioeconômicos comuns ou similares a serem resolvidos (...) A criação de áreas metropolitanas no território brasileiro é prevista pela Constituição Federal, dependendo de Lei Complementar.

---

117 MARTINEZ, Luciano. *Curso de direito do trabalho*. 11. ed. São Paulo: Saraiva, 2020. p. 313.

118 Neste sentido, SUSSEKIND, Arnaldo; MARANHÃO Délio; VIANNA, Segadas; TEIXEIRA, Lima. *Instituições de direito do trabalho*. 22. ed. São Paulo: LTr, 2005. v. 1, p. 550-551.

119 PINHEIRO, Iuri; LIMA, Fabrício. *Manual do compliance trabalhista: teoria e prática*. São Paulo: JusPodivm, 2020. p. 214.

120 MAGALHÃES, Humberto Piragibe; MALTA, Christóvão Piragibe. *Dicionário Jurídico*. 8. ed. Rio de Janeiro: Destaque, 1997, p. 766.

Na forma do art. 25, § 3º, da CRFB, os Estados estabelecerão a região metropolitana por lei complementar. No Estado do Rio de Janeiro, o art. 1º da Lei Complementar nº 181/18 estabelece quais municípios fazem parte da **região metropolitana do Rio de Janeiro**.

> **Art. 1º** Fica instituída a Região Metropolitana do Rio de Janeiro, composta pelos Municípios do Rio de Janeiro, Belford Roxo, Cachoeiras de Macacu, Duque de Caxias, Guapimirim, Itaboraí, Itaguaí, Japeri, Magé, Maricá, Mesquita, Nilópolis, Niterói, Nova Iguaçu, Paracambi, Petrópolis, Queimados, Rio Bonito, São Gonçalo, São João de Meriti, Seropédica e Tanguá.

A **região metropolitana**[121] **de São Paulo, segundo a Lei Complementar nº 1.139/2011**, compreende: Arujá, Barueri, Biritiba Mirim, Cajamar, Caieiras, Carapicuíba, Cotia, Diadema, Embu, Embu-Guaçu, Ferraz de Vasconcelos, Francisco Morato, Franco da Rocha, Guararema, Guarulhos, Itapevi, Itaquaquecetuba, Itapecerica da Serra, Jandira, Juquitiba, Mairiporã, Mauá, Mogi das Cruzes, Osasco, Pirapora do Bom Jesus, Poá, Ribeirão Pires, Rio Grande da Serra, Salesópolis, Santa Isabel, Santana de Parnaíba, Santo André, São Bernardo do Campo, São Caetano do Sul, São Lourenço da Serra, São Paulo, Suzano, Taboão da Serra e Vargem Grande Paulista.

Para Minas Gerais, conforme Lei Complementar nº 89/2006, a região metropolitana de **Belo Horizonte** é composta dos seguintes municípios: Baldim, Belo Horizonte, Betim, Brumadinho, Caeté, Capim Branco, Confins, Contagem, Esmeraldas, Florestal, Ibirité, Igarapé, Itaguara, Itatiaiuçu, Jabuticatubas, Juatuba, Lagoa Santa, Mário Campos, Mateus Leme, Matozinhos, Nova Lima, Nova União, Pedro Leopoldo, Raposos, Ribeirão das Neves, Rio Acima, Rio Manso, Sabará, Santa Luzia, São Joaquim de Bicas, São José da Lapa, Sarzedo, Taquaraçu de Minas e Vespasiano.

Por último, citamos a região metropolitana de **Florianópolis**: Águas Mornas, Alfredo Wagner, Angelina, Anitópolis, Antônio Carlos, Biguaçu, Canelinha, Florianópolis, Garopaba, Governador Celso Ramos, Leoberto Leal, Major Gercino, Nova Trento, Palhoça, Paulo Lopes, Rancho Queimado, Santo Amaro da Imperatriz, São Bonifácio, São João Batista, São José e São Pedro de Alcântara.

O adicional de transferência corresponde a **25% do salário-base**[122] do empregado – art. 469, § 3º, da CLT. Todavia, há posição diversa que defende a incidência do adicional de 25% sobre o complexo salarial do empregado, já que o art. 469, § 3º, da CLT, menciona o termo no plural "dos salários", para mostrar sobre quais verbas incide o adicional. Para esta vertente o termo "dos salários" seria equivalente à **remuneração**. Esta é a posição de Alice Monteiro.

---

121 Consulta em 01/10/06. Para as demais regiões recomendamos seja feita consulta no site http://pt.wikipedia. org/wiki/Lista_de_regi%C3%B5es_metropolitanas_do_Brasil.

122 Mauricio Godinho defende que o adicional incide sobre o salário contratual. Sergio Pinto alega que o adicional incide sobre o salário do empregado, mas não especifica se é o salário base ou o complexo salarial. DELGADO, Mauricio Godinho. *Curso de Direito do Trabalho*. São Paulo: LTr, 2002, p. 1.018; MARTINS, Sergio Pinto. *Direito do Trabalho*. 13. ed. São Paulo, 2001, p. 287.

> ADICIONAL DE TRANSFERÊNCIA. SALÁRIO, SALÁRIOS (REMUNERAÇÃO). SALÁRIO-BASE. A base de incidência do adicional de transferência, a teor do art. 469, § 3º, da CLT, é "salários", utilizado o termo no plural. A doutrina estabelece o conceito de salário e salários, este último considerado como a remuneração percebida pelo empregado; assevera que o termo remuneração equivale a salário "lato sensu", empregando a CLT, às vezes, no mesmo sentido, a palavra salários (arts. 469, 495 e 503) no plural, enquanto salário no singular, "stricto sensu", tem a acepção de salário fixo, de ordenado (art. 457)" (*Direito Social Brasileiro*. Cesarino Júnior, 1963, p. 159). A distinção existente entre remuneração e salário é de importância para o Direito do Trabalho brasileiro, uma vez que há institutos jurídicos calculados ora com base em um destes conceitos, ora com base em outro. Logo, o adicional de transferência, em consonância com a doutrina, deveria ser computado não sobre o salário e sim sobre a remuneração percebida pelo autor. TRT/MG – AP: 325/97 – Rel. Designado: Juíza Alice Monteiro de Barros. *DJ*/MG 18/07/1997.

O adicional não é cumulativo a cada transferência. Enquanto permanecer transferido receberá o adicional fixo de 25%, mesmo que tenha sido transferido para diversas localidades diferentes sucessivamente. Quando a transferência se tornar definitiva, o empregador pode suprimir o pagamento do adicional.

Dúvidas surgem quando o empregado é transferido sem qualquer comunicação do empregador quanto à duração de sua permanência nesta nova localidade, ficando o empregado sem saber se ela é definitiva ou provisória, e, depois de muito tempo, por exemplo, entre cinco a 10 anos, o empregado é novamente transferido para outra localidade que também importe em mudança de município e de domicílio.

Defendemos a tese lógica de que **provisória** é a transferência que não é definitiva, não levando em consideração o tempo de permanência do empregado em cada uma das localidades em que esteve transferido. Desta forma, o fato de o empregado ter sido contratado no Rio de Janeiro e permanecido transferido na França por 10 anos e depois ter retornado ao Rio de Janeiro, tudo por imposição do empregador, onde foi demitido, dá ao empregado direito ao recebimento do acréscimo salarial que corresponde ao adicional de transferência, durante o tempo que permaneceu em França. Isto é, não importa quanto tempo o empregado permaneceu transferido.

> ADICIONAL DE TRANSFERÊNCIA. Não havendo provas que evidenciem que as transferências eram definitivas, prevalece a presunção da provisoriedade, em face das sucessivas transferências ocorridas. TRT, 1º Reg. 8ª T, Proc. 00337-2003-013-01-00-9 (RO), Rel. Vólia Bomfim Cassar, sessão do dia 25/05/2005.

Para outros, o longo tempo de permanência do empregado numa localidade importa na mudança tácita da localidade do contrato e seria a partir desta localidade que se consideraria a transferência. Assim, o fato de o empregado ter permanecido por 10 anos em França importou em mudança da base contratual para a França, como se fosse o local original da execução do contrato, e, por isso, não teria direito ao acréscimo salarial (adicional), porque o transcurso de 10 longos anos, tornou definitiva a transferência. Para os que adotam esta corrente, só a partir da transferência (retorno) para o Brasil é que o empregado teria direito ao adicional, mesmo assim, se esta última fosse provisória.

Alice Monteiro de Barros[123] considera provisória a transferência que não dure mais que um ano, por aplicação analógica do art. 478, § 1º, da CLT (segundo o qual o primeiro ano de trabalho é considerado como período de experiência). A jurisprudência oscila entre o período de dois a cinco anos e, mesmo assim encontramos outras posições.

O TST tem levado em consideração o tempo de duração da transferência e fixado, como regra, o período de dois anos, conforme julgamentos as SBDI-1 a seguir:

> EMBARGOS EM RECURSO DE REVISTA INTERPOSTOS PELO RECLAMADO. ADICIONAL DE TRANSFERÊNCIA. Esta Corte Superior tem decidido que, para a avaliação da natureza da transferência, é necessário cotejar a frequência das mudanças de localidade de trabalho, bem como a duração de cada uma delas. O que se extrai do acórdão embargado é que o Reclamante, durante o período contratual de 30 anos, foi submetido a quatro alterações no local da prestação de serviço, tendo a última mudança de localidade perdurado por doze anos e se estendido até a rescisão contratual. Logo, tem-se que foi definitiva a transferência a que foi sujeito a Reclamante, pois, para o fim de aplicação da OJ 113 da SBDI-1 do TST, esta Subseção tem decidido que transferências com duração superior a 2 (dois) anos no período não prescrito não devem ser qualificadas como provisórias, mas sim definitivas. Recurso de embargos conhecido e provido (E-ED-RR-2448700-42.2007.5.09.0015 – Rel. Min. Alexandre Luiz Ramos – *DEJT* 13/09/2019).

> ADICIONAL DE TRANSFERÊNCIA. DIVERGÊNCIA JURISPRUDENCIAL CONFIGURADA. RECURSO DE EMBARGOS REGIDO PELA LEI 13.467/2017. ADICIONAL DE TRANSFERÊNCIA. A natureza da transferência ser provisória ou definitiva é aferido levando-se em conta algumas variáveis, não bastando o exame de um único fator, como o tempo, mas, sim, a conjugação de ao menos três requisitos: o ânimo (provisório ou definitivo), a sucessividade de transferências e o tempo de duração. Em recente decisão prolatada pela maioria no âmbito desta Subseção, prevaleceu a tese de que, no exame da sucessividade das transferências para fins do pagamento do adicional de transferência adota-se como parâmetro o tempo inferior a dois anos, verificado o período não alcançado pela prescrição. No caso, houve a permanência por mais de oito anos na última localidade e registro de cinco sucessivas transferências durante a contratualidade que perdurou de 1978 a 2007. Em circunstâncias tais, a atual jurisprudência desta Subseção considera definitiva a transferência a impedir o recebimento do respectivo adicional. Ressalva de entendimento do relator. Recurso de embargos conhecido e provido (E-ED-RR 3204300-36.2007.5.09.0652 – Rel. Min. Augusto César Leite de Carvalho – *DEJT* 17/05/2019).

[123] BARROS, Alice Monteiro de. *Curso de Direito do Trabalho*. São Paulo: LTr, 2005, p. 811.

No exemplo mencionado linhas atrás, o fato de o empregado ter permanecido por dez anos na França importou em mudança da base contratual para a França, como se fosse o local original da execução do contrato, e, por isso, não teria direito ao acréscimo salarial (adicional), porque o transcurso de dez longos anos tornou definitiva a transferência. Para os que adotam esta corrente, somente a partir da transferência (retorno) para o Brasil é que o empregado teria direito ao adicional, mesmo assim, se esta última fosse provisória.

Contudo, é importante ressaltar que o TST não observa apenas o tempo em si, considerando também os seguintes critérios: i) duração do contrato de trabalho; ii) número de transferências que ocorreram durante o vínculo empregatício; iii) tempo de permanência no local para onde ocorreu a transferência; iv) se o contrato findou na localidade para onde foi transferido.

Por isso é possível encontrar decisões de Turmas do TST que consideram provisórias transferências de até três anos,[124] razão pela qual se mostra aconselhável uma análise casuística, a partir do contexto de cada causa sob exame.

Além disso, merece registro que, para o TST,[125] o exame da sucessividade das transferências, para efeito de aferição do direito à percepção do adicional respectivo, não deve levar em consideração aquelas efetuadas no período prescrito, sob pena de os efeitos jurídicos de uma transferência já abarcada pela prescrição repercutirem na pretensão relativa ao adicional correspondente às transferências do período não prescrito.

Os **aeronautas** têm regra própria. O art. 73, § 1º, I, da Lei nº 13.475/17 considera transferência provisória a que durar período mínimo de 30 dias e máximo de 120 dias. Regra similar é encontrada no art. 26, § 1º, do Decreto nº 1.232/62 (**aeroviários**).

Valentin Carrion,[126] numa posição isolada, defende que o adicional é devido tanto para as transferências provisórias quanto para as definitivas.

Outra questão controvertida é se o **empregado de confiança** tem ou não direito ao adicional de transferência quando presentes os demais requisitos. A discórdia surgiu pela interpretação do art. 469, § 1º, da CLT, porque só para transferências que decorram de real necessidade de serviço é que é devido o adicional e, segundo alguns operadores do direito, o empregado de confiança pode ser transferido unilateralmente sem a alegada necessidade de serviço. Outros chegaram a estender a controvérsia àqueles empregados cujos contratos contenham cláusula explícita e implícita de transferibilidade.

Apesar do conflito entre as opiniões sempre defendemos que qualquer empregado, independente do grau de confiança, tem direito ao adicional de transferência quando presentes os requisitos previstos no art. 469 da CLT, porque se o legislador não discriminou os empregados de confiança, não poderia o

124 RRAg 1985-68.2012.5.02.0077, 2ª T., Rel. Min. Maria Helena Mallmann; ARR 1105-78.2013.5.04.0241, Rel. Min. Mauricio Godinho.

125 E-ED-RR 2448700-42.2007.5.09.0015, Rel. Min. Alexandre Luiz Ramos; E-ED-RR 3204300-36.2007.5.09.0652, Rel. Min. Augusto Cesar Leite Carvalho.

126 CARRION, Valentin. *Comentários à Consolidação das Leis do Trabalho*. 29. ed. São Paulo: Saraiva, 2004, p. 336.

intérprete fazê-lo. Ademais, o § 3º do art. 469 CLT é claro quando determina o pagamento do adicional em comento "independente das restrições do artigo (leia-se parágrafo) anterior".

Hoje a jurisprudência já pacificou o entendimento quando editou a OJ nº 113 da SDI-I do TST, dando aos empregados de confiança e àqueles cujos contratos contenham cláusula explícita ou implícita de transferência, que preencham os requisitos da transferência provisória, o direito ao adicional em estudo.

Saliente-se, ainda, que o empregado só pode ser transferido para localidade diversa da que resultar o contrato, que importe em mudança de município e de residência, quando houver **real necessidade de serviço**, independentemente se esta é provisória ou definitiva, pois do contrário, haverá abuso do direito de transferência (Súmula nº 43 do TST) e o empregado poderá resistir a esta ordem ilegal ajuizando ação trabalhista para requerer a reversão da transferência através da liminar prevista no art. 659, IX, da CLT.

O requisito de que a transferência ocorra por real necessidade de serviço presume-se preenchido, pois o empregador não poderá negar o pagamento do adicional sob o argumento de que transferiu sem qualquer necessidade. Não pode o agente torpe aproveitar-se de sua própria torpeza. Carrion[127] em sentido contrário, afirmando que a necessidade de serviço não pode ser presumida. Na verdade, entendemos que ela pode ser presumida quando for para favorecer o trabalhador e não quando para prejudicá-lo.

De qualquer sorte, as **despesas** da transferência provisória ou definitiva correrão por conta do empregador – art. 470 da CLT. Essa parcela, antes chamada de ajuda de custo, não tem natureza salarial, se constitui em vantagem autônoma e independente do direito à percepção do adicional.

Para os **aeronautas**, o valor da ajuda de custo está previsto no inciso I do § 5º do art. 73 da Lei 13.475/17 e corresponde ao valor não inferior a quatro vezes o valor do salário mensal, calculado o salário variável por sua taxa atual, multiplicada pela média do correspondente trabalho nos últimos doze meses.

11. ABONOS

Os abonos foram criados para designar adiantamento salarial. Na prática, vem sob a forma de adiantamento de reajuste salarial a ser compensado quando da data base.

Até a Lei nº 13.467/2017, os abonos tinham natureza salarial, pois a Lei nº 1.999/53, que alterou a primitiva redação do § 1º do art. 457 da CLT, assim determinou. Entretanto, a Lei nº 13.467/2017, que alterou o § 2º do art. 457 da CLT, expressamente retirou a natureza salarial. Entretanto, a vida desse artigo foi curta (apenas 3 dias), pois a MP nº 808/2017 retirou a expressão "abono" do § 2º do art. 457 da CLT. Portanto, a partir da MP nº 808/2017, os abonos não estavam no § 1º nem no § 2º do dispositivo em estudo, ficando no limbo

127 *Ibidem*, p. 334.

jurídico. Contudo, a MP perdeu a eficácia em 23.04.2018 e a redação anterior retornou, retirando a natureza da parcela, mesmo que habitual. A lei ainda permite sua supressão.

> **Art. 457 da CLT.** (...)
>
> § 2º As importâncias, ainda que habituais, pagas a título de ajuda de custo, auxílio-alimentação, vedado seu pagamento em dinheiro, diárias para viagem, prêmios e **abonos** não integram a remuneração do empregado, não se incorporam ao contrato de trabalho e não constituem base de incidência de qualquer encargo trabalhista e previdenciário.

12. VERBA DE REPRESENTAÇÃO

Alguns trabalhadores precisam ostentar *status* ou padrão social mais elevado para captar clientela ou promover negócios. Para tanto, necessitam de uma verba destinada para despesas como: jantares de negócio; carro novo; almoço de trabalho; visitas a locais turísticos etc.

A jurisprudência majoritária tem entendido que a verba de representação não tem natureza salarial, sob o argumento de que a parcela se destina a ressarcir o empregado destes gastos que o serviço lhe exigiu e se de fato corresponder ao exato valor gasto.[128]

Discordávamos desta posição. Parte do salário pago a todo empregado destina-se a despesas com aparência e padrão social. Quem ganha bem, normalmente mora e veste-se bem.

Por outro lado, aquele que recebe maior salário, ostenta, por si só, um padrão social melhor, e, muitas vezes este fato favorece os negócios ou a imagem da empresa. Ora, se o patrão quer que seu empregado ostente *status* social elevado, para atrair clientes ou investimentos, deve pagar um salário mais elevado. Do contrário, estar-se-ia permitindo que o empregador pagasse um irrisório salário (salário mínimo, por exemplo) e, sob outra rubrica, outro valor muito superior ao argumento que este tem a finalidade de garantir um *status* social ao trabalhador durante a execução do serviço. Assim, seria fácil burlar a regra da integração para sonegar direitos trabalhistas, previdenciários e fiscais.

Após a Lei nº 13.467/2017, a ajuda de custo mudou de característica e conceito, pois agora pode ser habitual e, ainda assim, suprimida (art. 457, § 2º, da CLT). Com a nova lei, a ajuda de custo pode ser qualquer pagamento que vise ao ressarcimento de despesas com o trabalho, entre elas aquelas que antes eram denominadas de verba de representação.

---

128 Da mesma forma MARTINS, Sergio Pinto. *Direito do Trabalho*. 13. ed. São Paulo, 2001, p. 254; BARROS, Alice Monteiro de. *Curso de Direito do Trabalho*. São Paulo: LTr, 2005, p. 757.

13. PIS-PASEP

Em 1976, através da Lei Complementar nº 26/75, houve a unificação dos dois fundos: programa de integração social (PIS), que foi criado pela Lei Complementar nº 7/70 e o programa de formação do patrimônio do servidor público (Pasep), criado pela Lei Complementar nº 8/70.

O PIS-Pasep caracteriza-se por um fundo de participação gerido pelo Governo Federal, calculado sobre o faturamento da empresa e não sobre o seu lucro. Por isso, é distinto da participação nos lucros.

A partir da Carta de 1988, o PIS-Pasep consiste em uma prestação anual pecuniária, **sem natureza salarial**, pago pelo Governo, à custa dos contribuintes, aos trabalhadores inscritos no programa, desde que preencham os requisitos, ressalvados os saldos individualizados existentes até a data da Constituição.

São participantes do PIS todos os empregados, inclusive os rurais, salvo os domésticos. Os avulsos também têm direito ao PIS. Os empregados rurais de pessoas físicas não têm direito ao PIS, pois estes não contribuem para o PIS.

São contribuintes do PIS as pessoas jurídicas de direito privado, ou a elas equiparadas pela legislação do imposto de renda.

Os participantes do Pasep são os funcionários ou empregados públicos.

De acordo com o art. 239 da CRFB, o PIS-Pasep deve financiar, nos termos da lei, o programa do seguro-desemprego e o abono anual do PIS. A partir da Carta foi proibida a distribuição de arrecadação do PIS-Pasep para depósito nas contas individuais, salvo para os patrimônios acumulados até 4/10/88. Além de preservar o patrimônio do PIS e do Pasep, foram mantidos os critérios de saque previstos em lei, sendo eliminada apenas a possibilidade de saque por motivo de casamento.

Os requisitos para recepção do abono anual do PIS são: a) estar cadastrado no PIS ou no CNT[129] há, pelo menos, cinco anos; b) receber até dois salários mínimos de remuneração mensal no período trabalhado; c) que tenha exercido atividade remunerada durante, pelo menos, 30 dias do ano-base – art. 239, § 3º, da CRFB c/c art. 9º da Lei nº 7.998/90. O abono anual corresponde ao valor de um salário mínimo vigente na época da data do pagamento.

Tem direito a receber as quotas do PIS/Pasep quem foi cadastrado até 4 de outubro de 1988 e encontra-se nas situações a seguir. O saque das quotas pode ser solicitado a qualquer momento, somente nas agências da Caixa, pelos seguintes motivos:

- aposentadoria;
- reforma militar;
- invalidez permanente;

[129] CNT significa: Cadastro Nacional do Trabalho.

- transferência de militar para a reserva remunerada;
- portador do vírus HIV (AIDS/SIDA);
- neoplasia maligna (câncer) do titular ou de seus dependentes;
- morte do trabalhador;
- benefício assistencial a idosos e deficientes.

O pagamento pode ser realizado, em casos excepcionais, em até cinco dias úteis após a solicitação. A pessoa cadastrada receberá a atualização monetária e a parcela de rendimentos do PIS não retirada no correspondente período de pagamento.

A atualização do saldo de quotas é efetuada anualmente, ao término do exercício financeiro (1º de julho a 30 de junho do ano seguinte), com base nos índices estabelecidos pelo Conselho Diretor do Fundo de Participação PIS/Pasep.

Todo trabalhador cadastrado no PIS, e que tem saldo de quotas, tem direito aos rendimentos anuais do PIS. Estes correspondem aos juros de 3% ao ano, mais o resultado líquido adicional (RLA).

O empregado admitido depois de 5/10/88 não tem direito a receber quotas, apenas o abono anual, mesmo assim depois de cinco anos de cadastro e desde que perceba até dois salários mínimos.

14. *STOCK OPTIONS*

Alguns empregadores oferecem aos seus empregados o direito de adquirir ações da companhia por um custo abaixo do mercado (*stock option*). Uma vez adquiridas voluntariamente pelo trabalhador, será possível a venda quando da valorização de seu valor econômico. Esse exercício de opção de compra de ações da empresa empregadora envolve riscos, pois o empregado poderá ganhar ou perder com a operação.

Por isso, entendemos que o "ganho" eventualmente obtido pelo trabalhador com a venda das ações de sua empregadora não tem natureza salarial, pois é espécie de operação financeira no mercado de ações. Ademais, pago em razão do negócio, e não da prestação de serviço. Ressalte-se que o empregado corre todos os riscos de a ação cair e, por isso, sofrer prejuízo com a prática.

Da mesma forma a doutrina e a jurisprudência majoritária:

> PARCELA "STOCK OPTIONS". NATUREZA SALARIAL NÃO RECONHECIDA. Tem-se que o plano de compra de ações (*Stock Options*) apenas assegura ao empregado o direito de auferir os lucros ou ganho potencial, resultante da diferença entre o preço de exercício e o valor de mercado da ação (o chamado *spread*) e, posteriormente, o direito à sua valorização e negociação futura, fatores que dependem da flutuação do mercado de ações, que pode ser ou não favorável. Embora a sua concessão tenha decorrido do contrato de trabalho, este se trata de um típico contrato mercantil, não havendo falar em natureza salarial da parcela. TRT-4 – RO: 00205406620155040015, Data de Julgamento: 16/11/2017, 3ª Turma.

15. PROJEÇÕES OU INTEGRAÇÕES

15.1. Considerações Gerais

Complexo salarial é tudo aquilo que o empregado ganha diretamente do empregador, e engloba tanto o salário-base, quanto os sobressalários. Na verdade, como o salário-base pode corresponder ao salário mínimo ou a um pequeno valor, o legislador garantiu que, além deste, outras parcelas podem ou devem ser pagas (algumas de natureza salarial outras não), assim denominadas de sobressalários (gratificações, adicionais etc.) que, enquanto pagas, devem integrar (somar) ao salário e formar a base de cálculo, para fins de FGTS, férias, trezenos, RSR, aviso prévio etc.

Isso porque a lei determina que algumas parcelas sejam calculadas sobre o salário *stricto sensu* (ex.: o adicional de periculosidade tem como base de cálculo o salário base do empregado, excluído de outras vantagens); outras sobre o complexo salarial, em alguns casos desde que habituais (ex: horas extras); e há ainda aquelas que incidem sobre a remuneração, isto é, sobre a paga direta e a indireta (ex: salário + sobressalários + gorjeta), como ocorre com as férias e trezenos.

Em suma: o empregado pode receber salário fixo, mais sobressalários, mais gorjetas (ou qualquer outra modalidade de paga de terceiro). Essas verbas podem ser somadas ou não para servirem de base de cálculo para outras.

Nesse sentido, **integrar** uma parcela à outra significa somá-las naquele mês ao salário para constituir a base de cálculo para projeção em outras parcelas, na forma que a lei determinar. Assim, por exemplo, se um empregado ganha R$ 2.000,00 de salário fixo, R$ 320,00 de horas extras, R$ 97,00 de RSR, o empregador deve recolher 8% sobre a soma dessas três parcelas, a título de FGTS, isto é, a base de cálculo do FGTS é o valor de R$ 2.417,00.

Algumas projeções dependem apenas da natureza salarial da verba (FGTS), enquanto outras dependem também da habitualidade do pagamento do sobressalário.

Como **regra geral**, toda parcela paga pelo empregador ao empregado, de forma habitual, integra ao salário deste para fins de projeção nas demais parcelas contratuais, salvo quanto ao FGTS que incide sobre a remuneração,[130] independentemente da habitualidade do pagamento da parcela. Para projeção no FGTS basta que a paga direta tenha natureza salarial.

A norma coletiva poderá retirar a natureza salarial de algum sobressalário (art. 611-A, *caput,* da CLT), além daqueles apontados no § 2º do art. 457 da CLT.

Resta saber o que é habitual.

---

130 Remuneração = paga direta + paga indireta. É o resultado da soma do salário mais os pagamentos feitos por terceiros. Maiores considerações no Capítulo Salário, item 2 "Remuneração".

Antes de estudar o que é habitual, vale a pena distinguir integração de incorporação. **Incorporar** significa fazer parte definitiva do corpo, que pode ser o contrato de trabalho ou o próprio salário. Assim, o empregado que sempre recebeu uma gratificação por assiduidade, tem direito à **integração** da parcela ao salário para fins de projeção em outras rubricas, como também tem o direito de não ter suprimida a benesse, porque **incorporada** ao contrato, já que ajustada (tácita ou expressamente). Isso quer dizer que todo benefício concedido com habitualidade e de forma incondicional é **incorporado** definitivamente ao contrato e passa a fazer parte integrante deste, não podendo mais ser retirado,[131] salvo as mencionadas no § 2º do art. 457 da CLT e norma coletiva. Diferentemente do que ocorre com algumas parcelas que apenas integram o salário e não se incorporam ao contrato, como acontece com as horas extras, as gratificações de função, os adicionais noturnos e de insalubridade etc., pois devem ser somados ao salário enquanto pagos, mas podem ser suprimidos quando o fato gerador (labor extra, exercício da função, horário noturno, trabalho insalubre etc.) deixar de ocorrer.

15.2. Habitualidade

Habitual é tudo aquilo que tem repetição frequente. Logo, podemos considerar que uma parcela é habitual quando ela se **repete metade** ou **mais da metade** de um período. O conceito de **período** depende da parcela que se pretende pagar. Desse modo, o período pode ser a semana (RSR), o ano civil (13º salário), o ano de vigência do contrato (férias), os 12 meses que antecedem a despedida (aviso prévio e parcelas da rescisão). Como não há mais nenhuma parcela[132] que se calcule com base em todo o contrato de trabalho, não se deve analisar se a verba é habitual no contrato.

15.2.1. 13º Salário

O 13º salário corresponde à média do que é pago por mês de serviço do ano correspondente (art. 1º, § 1º, da Lei nº 4.090/62). Logo, devem ser considerados, para fins de habitualidade, os meses anteriores a dezembro do respectivo ano, mesmo que incompleto.

Portanto, habitual é a parcela que é paga durante a metade ou mais do período a ser computado – aplicação analógica da Súmula nº 459 do STF.

Deve-se analisar cada **ano civil** (de janeiro a dezembro) separadamente para cada 13º salário devido no curso do contrato de trabalho.

---

131 Se a prestação foi em dinheiro ou em utilidade, poderá integrar ou não o salário. Portanto, incorporar não quer dizer que a parcela também deve ser integrada ao salário.

132 Apenas para cálculo da antiga indenização por tempo de serviço, prevista no art. 478 da CLT, o parâmetro era o contrato – ano trabalhado ou fração superior a 6 meses.

Como a gratificação natalina leva em consideração os 12 meses do ano, que antecedem seu pagamento (dezembro), a habitualidade se expressa em **meses**, desprezando-se os dias, as semanas, os semestres, o contrato.

A jurisprudência é contraditória a respeito da matéria, pois ora defende que a habitualidade do pagamento da prestação é requisito para a projeção na gratificação natalina, ora posiciona-se em sentido contrário.

A Súmula nº 45 do TST, por exemplo, exige a habitualidade das horas extras para fins de projeção no 13º salário.

Em sentido contrário, a Súmula nº 253 do TST, inspirada na antiga Súmula nº 78 do TST (já cancelada), que autoriza a projeção da gratificação semestral no 13º salário, apesar de ser eventual no ano, pois paga apenas 2 meses em um período de 12 meses.

De qualquer sorte, vamos aos exemplos do que é habitual para fins de 13º salário:

Exemplo:

Ano civil

H.E.		H.E.			H.E.							
Jan.	Fev.	Mar.	Abr.	Mai.	Jun.	Jul.	Ago.	Set.	Out.	Nov.	Dez.	13º

Ano civil

H.E.	H.E.	H.E.	H.E.	H.E.	H.E.	H.E.	H.E.	H.E.	H.E.	H.E.	H.E.	
Jan.	Fev.	Mar.	Abr.	Mai.	Jun.	Jul.	Ago.	Set.	Out.	Nov.	Dez.	13º

Ano civil

H.E.		H.E.		H.E.		H.E.		H.E.		H.E.		
Jan.	Fev.	Mar.	Abr.	Mai.	Jun.	Jul.	Ago.	Set.	Out.	Nov.	Dez.	13º

O símbolo H.E. aparece apenas nos meses em que foram pagas as horas extras efetivamente laboradas. A parcela poderia ser de horas extras, como também de adicional noturno, insalubridade, alimentação *in natura*, gorjeta etc. Adotamos as horas extras como hipótese apenas para ilustrar, mas qualquer outra poderia servir.

No primeiro caso, dos 12 meses daquele ano, apenas em três o empregado recebeu o pagamento das horas extras. Logo, a parcela é eventual naquele ano e deve ser desprezada para formação da base de cálculo da respectiva gratificação natalina.

No segundo, a parcela foi paga todos os meses, portanto, com habitualidade e, por isso, integra a base de cálculo do trezeno.

No último, as horas extras foram pagas em 6 meses, assim podem ser consideradas como habituais, integrando o cálculo do 13º salário.

15.2.2. Férias

De acordo com o art. 142 da CLT, o empregado tem o direito de receber durante as férias a remuneração equivalente à devida na época do gozo, mas calculada pela média do **período aquisitivo**, salvo se perceber por comissão, percentagem ou viagem, quando a base é o período que **antecede a concessão**. A lei foi expressa no sentido de que os sobressalários, como os adicionais, devem ser computados pela média duodecimal. Apesar de não mencionar o critério da habitualidade, a jurisprudência já se firmou nesse sentido – antiga Súmula nº 151 do TST – cancelada (horas extras habituais integram a base de cálculo das férias); Súmula nº 253 do TST (gratificação semestral não repercute no cálculo das férias, por eventual no ano).

De forma isolada, Valentin Carrion[133] advogando que qualquer parcela, mesmo eventual, integra o salário pelo seu duodécimo, para fins de projeção nas férias. Fundamenta seu posicionamento na lei, pois esta não exige tal requisito.

Exemplo:

Período aquisitivo

H.E.		H.E.			H.E.						
Abr.	Mai.	Jun.	Jul.	Ago.	Set.	Out.	Nov.	Dez.	Jan.	Fev.	Mar.

Período aquisitivo

H.E.	H.E.	H.E.	H.E.	H.E.	H.E.	H.E.	H.E.	H.E.	H.E.	H.E.	H.E.
Abr.	Mai.	Jun.	Jul.	Ago.	Set.	Out.	Nov.	Dez.	Jan.	Fev.	Mar.

Período aquisitivo

H.E.		H.E.		H.E.		H.E.		H.E.		H.E.	
Abr.	Mai.	Jun.	Jul.	Ago.	Set.	Out.	Nov.	Dez.	Jan.	Fev.	Mar.

O símbolo H.E. aparece apenas nos meses em que foram pagas as horas extras efetivamente laboradas no período aquisitivo. Apesar de constar no exemplo a parcela horas extras, poderia ser qualquer outro sobressalário, tais como adicional noturno, de insalubridade, alimentação *in natura*, pagamento de gorjeta etc. Adotamos as horas extras como hipótese apenas para ilustrar, mas qualquer outra poderia servir nessa situação.

No primeiro caso, dos 12 meses do período aquisitivo, em apenas três o empregado laborou e recebeu o pagamento das horas extras. Logo, a parcela é eventual naquele período e deve ser desprezada da base de cálculo das férias daquele ano.

No segundo, a parcela foi paga todos os meses do período aquisitivo; portanto, habitual. Integra a base de cálculo das férias do respectivo período.

---

133 CARRION, Valentin. *Comentários à CLT*. São Paulo: Saraiva, 2003, p. 147.

No último exemplo, as horas extras foram pagas em seis meses, assim podem ser consideradas como habituais, integrando o cálculo.

Convém ressaltar que para os comissionistas e para os que recebem por viagem ou percentagem, o período a ser considerado é o que antecede a concessão, e não o aquisitivo.

Se o contrato perdurou menos de 12 meses, a apuração do que é habitual deve ser feita sobre o sobressalário que foi pago por metade ou mais da metade do período de vigência do contrato.

15.2.3. Aviso Prévio e Parcelas da Rescisão Contratual

O aviso prévio, as férias proporcionais e o 13º proporcional, devidos em decorrência da extinção do contrato, são calculados pelo último salário ou pelo somatório das parcelas salariais que compõem o complexo salarial. Este corresponde à soma do salário-base, mais os sobressalários habitualmente pagos nos **12 meses antecedentes à terminação do contrato**, bem como das gorjetas ou pagas indiretas que o empregado recebeu no mesmo período, calculada pela média aritmética. (Aplicação analógica da OJ nº 181 da SDI-1 do TST, art. 142, §§ 1º a 3º e art. 478, § 4º da CLT). Se o contrato perdurou menos de 12 meses, a apuração do que é habitual deve ser feita de acordo com aquilo que foi pago por metade ou mais da metade do período.

Para os **intermitentes**, as verbas rescisórias devem ser calculadas pela média dos valores recebidos pelo empregado intermitente apenas nos meses durante os quais o empregado tenha recebido parcelas remuneratórias no intervalo dos últimos doze meses ou no período de vigência do contrato de trabalho intermitente, se este for inferior, como mencionava o antigo artigo 452-F da CLT, cuja vigência caducou em 23.04.18. Mesmo com a caducidade da MP 808/17, defendemos a utilização do critério, pois é lógico, razoável e de acordo com o padrão legal.

Exemplo:

Dados: data da despedida – 31 de agosto de 2017

H.E.		H.E.			H.E.						
Set.	Out.	Nov.	Dez.	Jan.	Fev.	Mar.	Abr.	Mai.	Jun.	Jul.	Ago.

H.E.	H.E.	H.E.	H.E.	H.E.	H.E.	H.E.	H.E.	H.E.	H.E.	H.E.	H.E.
Set.	Out.	Nov.	Dez.	Jan.	Fev.	Mar.	Abr.	Mai.	Jun.	Jul.	Ago.

H.E.		H.E.		H.E.		H.E.		H.E.		H.E.	
Set.	Out.	Nov.	Dez.	Jan.	Fev.	Mar.	Abr.	Mai.	Jun.	Jul.	Ago.

Nos casos supracitados o símbolo H.E. aparece apenas nos meses em que houve efetivo labor e consequente pagamento das horas extras trabalhadas. Como já salientado nos exemplos anteriores, apesar de constar a parcela "horas extras", qualquer outro sobressalário poderia ter sido utilizado.

Na primeira hipótese, dos 12 meses antecedentes à terminação contratual, em apenas três meses o empregado laborou e recebeu o pagamento das horas extras. Logo, a parcela é eventual naquele período e deve ser desprezada da base de cálculo do aviso e das verbas rescisórias.

Na segunda, as horas extras foram pagas em todos os meses do período cotejado, portanto, é habitual e integra a base de cálculo da maior remuneração.

No último exemplo, as horas extras foram pagas em 6 meses e, por isso, podem ser consideradas como habituais, integrando a base de cálculo da maior remuneração da rescisão. Esta deve corresponder à média aritmética do número físico das horas extras laboradas no período, aplicando-se, sobre o resultado, o valor do salário da rescisão.

15.2.4. RSR

Enquanto para o 13º salário, as férias e as parcelas resilitórias leva-se em conta cada período de 12 meses, para fins de se perquirir a habitualidade ou não de uma determinada parcela; para o repouso semanal remunerado leva-se em conta a semana, isto é, todo o período que antecede o descanso ou na semana que acontece o feriado – arts. 6º e 7º da Lei nº 605/49. Ressalte-se que nem todo descanso semanal é aos domingos, apesar de essa ser a regra geral.

Assim, será habitual aquela parcela que for paga durante a metade ou mais da metade dos dias anteriores ao repouso, devendo ser excluído o dia útil não contratado para o trabalho. Sendo habitual para o repouso, será também para o feriado que ocorrer dentro da semana.

Exemplo:

Empregado que trabalha de segunda a sexta-feira.

Seg.	Ter.	Qua.	Qui.	Sex.	Sáb.	Domingo
2 H.E.	2 H.E.	2 H.E.	2 H.E.	2 H.E.	–	–

Seg.	Ter.	Qua.	Qui.	Sex.	Sáb.	Domingo
2 H.E.					–	–

Seg.	Ter.	Qua.	Qui.	Sex.	Sáb.	Domingo
2 H.E.		2 H.E.		2 H.E.	–	–

Percebe-se, da hipótese acima, que dos cinco dias de trabalho o empregado fez horas extras todos os dias, logo, habituais na semana. Como a remuneração do dia de repouso equivale ao salário de um dia de trabalho, tem o operário direito à remuneração de 2 horas extras, a título de projeção (ou integração) das horas extras habituais no repouso.

No segundo caso, as horas extras foram eventuais na semana, mesmo que laboradas todas as semanas, pois só houve labor extraordinário às segundas-feiras (todas de um mês, por exemplo). Por eventuais na semana, não integram o repouso daquelas semanas.

No terceiro caso, dos cinco dias trabalhados, em três houve lavor extra, logo habituais na semana, devendo integrar pela média aritmética (6 horas por semana, divididas por 5 dias trabalhados) no dia de repouso. Há corrente em sentido diverso, informando que em qualquer caso o cálculo será sempre de 1/6, desde que o empregado tenha direito à integração.

É importante lembrar que apenas as parcelas pagas por hora, dia ou produção repercutem no RSR, tais como: horas extras, adicional noturno, alimentação *in natura*, comissão ou percentagem. Ou seja, as parcelas cujo cálculo leva em conta um percentual sobre o salário mensal ou quinzenal não repercutirão na remuneração do repouso. Por esse motivo, o adicional de periculosidade (porque calculado sobre o salário-base mensal), o de insalubridade (porque calculado sobre o salário mínimo mensal), o de transferência (porque normalmente se baseia no salário mensal do trabalhador) e a gratificação por tempo de serviço (se tiver como base o salário mensal), por exemplo, não projetam no repouso. Aliás, a Súmula nº 225 do TST é nesse sentido.

As horas extras habituais repercutem no RSR, e este nas férias, no 13º, no aviso prévio e no FGTS. Assim, foi fixada a tese no IRR 10169-57.2013.5.05.0024, superando a OJ 394 da SDI-1 do TST: "A majoração do valor do repouso semanal remunerado, decorrente da integração das horas extras habituais, deve repercutir no cálculo das férias, da gratificação natalina, do aviso prévio e do FGTS, sem que se configure a ocorrência de *bis in idem*".

15.2.5. Comissionistas

Os empregados que recebem por percentagem ou comissão têm o direito de receber o RSR em rubrica separada, porque não está embutido no pagamento do salário. O valor do repouso deve corresponder à média da produção da semana, isso porque as comissões só quitam as vendas, produtos ou negócios realizados nos dias efetivamente trabalhados.

Não se deve calcular o RSR na base de 1/6 dos valores das comissões, por causar grandes prejuízos ao empregado. Ademais, a Lei nº 605/49 determinou que a razão de 1/6 seria aplicada apenas para os empregados em domicílio. O mesmo critério deve ser utilizado para o intermitente. Para mais esclarecimentos, remetemos o leitor ao Capítulo RSR.

A forma correta de calcular o RSR sobre as comissões é:

Exemplo:

Dados:

Mês de outubro/07: Comissões pagas deste mês = R$ 2.400,00.

Número de dias trabalhados = 24 dias.

Número de feriados = 2 (12/10 – Nossa Senhora Aparecida e 16/10 – Dia do comerciário).

Número de domingos = 5.

Cálculo: R$ 2.400,00 (valor das comissões do mês 10/07) divididos por 24 (número de dias trabalhados no mês) = R$ 100,00 (valor do salário-dia).

R$ 100,00 x 7 (número de dias de descanso remunerado no mês de outubro, incluindo os feriados) = R$ 700,00.

Valor do RSR do mês de outubro/07 = R$ 700,00.

No contracheque o empregado terá o direito a ganhar: Comissões – R$ 2.400,00 + RSR e feriados = R$ 700,00.

Capítulo 24

AJUSTE E FIXAÇÃO SALARIAL

1. FIXAÇÃO DO SALÁRIO

A fixação do salário é efetuada quando da admissão do empregado, quando é ajustada a forma de remunerar o trabalho, tanto no que diz respeito ao valor do salário, quanto à época de pagamento. Qualquer que seja a forma escolhida, o ajuste não pode infringir a lei.

Quanto à forma de remunerar o trabalho, o salário pode ser fixado:

a) salário por unidade de tempo

Importância fixa paga em razão do tempo que o empregado trabalha ou permanece à disposição. Não importa a produção individual do empregado e sim o tempo que permanece trabalhando ou à disposição do patrão. Só o tempo é remunerado. São exemplos: salário fixado por hora (horista), por dia (diarista), por semana (semanalista), por quinzena (quinzenalista) e por mês (mensalista).

b) salário por unidade de obra

Valor que varia com a quantidade de serviço produzido, sem levar em conta o tempo despendido pelo empregado. Aqui a produção tem prioridade sobre o tempo que o empregado permanece à disposição. Remunera a produção, estimulando o trabalhador, pois quanto mais produz mais ganha. São exemplos: comissões (percentagens) salário por peça, por produção.

O art. 483, alínea *g*, da CLT garante ao empregado que recebe salário por unidade de obra o direito de rescindir o contrato de trabalho por justa causa, caso o empregador reduza drasticamente o seu trabalho de forma que isto afete seu salário sensivelmente, impedindo o empregado de auferir aquilo que sempre recebia, mas com pequenas variações.

c) salário por tarefa ou salário-tarefa

Importância fixa ajustada em razão do tempo preestabelecido, desde que o empregado execute o mínimo predeterminado – no art. 142, § 2º, da CLT, existe a previsão legal para adotar-se esta espécie de salário. A hora extra será considerada aquela que exceder do tempo ajustado e/ou da produção predeterminada. No entender do Arnaldo Süssekind[1] o salário-tarefa enseja sempre um salário misto. Também compartilha deste entendimento Sergio Pinto Martins.[2]

É intermediária entre as duas formas acima. Logo, se o empregado atingir a meta está liberado e pode ir para casa, mesmo antes do término do expediente. Se completar sua jornada, mesmo sem "bater" a meta, também está liberado do serviço. Por isso, será considerado extra o excesso tanto na produção efetuada além da meta estabelecida quanto do tempo trabalhado além da jornada fixada. Desta forma, se o empregado atingiu a meta antes de completar a jornada de oito horas, e mesmo assim permaneceu no serviço até o fim do expediente, terá direito de receber o adicional de 50% sobre as comissões percebidas pela produção excedente e o pagamento da hora extra + 50% sobre a parte fixa.

> **Ex.:** (Este exemplo servirá como enunciado para as três hipóteses abaixo). Empregado contratado para trabalhar oito horas, de segunda a sexta-feira, para ganhar R$ 2.000,00 e vender, no mínimo, 20 peças por dia. Para tanto deveria receber 2% sobre as peças vendidas. Seu salário foi ajustado por tarefa e tem a característica de salário misto, isto é, composto de parte fixa (para remunerar o tempo) e de comissões (para remunerar a produção).
>
> 1 – Se o empregado na 6ª hora de trabalho atingiu as 20 peças pode ir embora. Se, todavia, continuar trabalhando após a 6ª hora e continuar vendendo e produzir, ao fim da 8ª hora, 30 peças, receberá 50% sobre as comissões auferidas pelas 10 peças excedentes + 2 horas extras + 50% (calculadas sobre a parte fixa) pelo tempo trabalhado além da jornada contratada, pois o fim da jornada do empregado deveria ter coincidido com o término da produção ou, não atingida a produção preestabelecida, com o advento da oitava hora de trabalho.
>
> 2 – Se o empregado trabalhou 10 horas num dia e produziu 20 peças: receberá o adicional de 50% sobre as comissões incidentes sobre as vendas feitas após a 8ª hora + 2 horas extras + 50% (calculadas sobre a parte fixa) pelo excesso de trabalho após a jornada de oito horas.
>
> 3 – Se o empregado atingiu a meta na oitava hora de trabalho, mas continuou a trabalhar até a décima hora, terá direito ao adicional de 50% sobre as comissões recebidas pelas vendas feitas no horário extra + 2 horas extras (calculadas sobre o fixo) + 50%.

d) salário-prêmio (ou salário por prêmio)

O salário-prêmio é apontado por Arnaldo Süssekind,[3] que o classifica como "parcela complementar da remuneração principal paga em razão dos lucros, produção individual ou coletiva (...) para incrementar a produtividade".

---

1 SÜSSEKIND, Arnaldo; MARANHÃO, Délio; VIANNA, Segadas; TEIXEIRA, Lima. *Instituições de Direito do Trabalho*. 22. ed. São Paulo: LTr, 2005, v. 1, p. 484.

2 MARTINS, Sergio Pinto. *Direito do Trabalho*. 19. ed. São Paulo: Atlas, 2004, p. 244.

3 SÜSSEKIND, Arnaldo; MARANHÃO, Délio; VIANNA, Segadas; TEIXEIRA, Lima, *op. cit.*, p. 484.

Discordamos da respeitada opinião, já que a CRFB retirou a natureza salarial da participação nos lucros. Essa parcela é, na verdade, uma gratificação, ou seja, é um sobressalário sem natureza salarial. Ademais, os prêmios são eventuais e não têm natureza salarial.

1.1. Quanto ao Valor

O **ajuste** do valor do salário é fixado quando da admissão.

Reajuste salarial corresponde à majoração do valor nominal do salário na tentativa de devolver o padrão econômico do salário no momento da admissão, tentando manter o mesmo poder aquisitivo. Normalmente corresponde à reposição da inflação declarada (que nunca é a real).

Aumento salarial significa ganho real, isto é, majoração do valor monetário, da expressão numérica do salário em percentual acima da inflação. Normalmente, a jurisprudência não distingue a palavra "reajuste" da palavra "aumento", tratando-as como sinônimas. Na maioria das vezes utiliza a expressão "reajuste" e "reajuste com ganho real", sendo a segunda um reajuste com aumento real embutido.

Nenhum empregador está obrigado a reajustar ou aumentar o salário de qualquer empregado, salvo: a) se estiver obrigado por lei de política salarial (que já não é editada há algum tempo); b) por lei que fixe piso salarial ou salário mínimo, pois quando reajustado, o empregador também deverá reajustar o salário daqueles que percebem o mínimo e; c) se a norma coletiva obrigar ao reajuste.

A autonomia das partes é limitada quanto ao ajuste inicial do valor do salário do trabalhador. A escolha do valor pelas partes contratantes tem que respeitar os limites mínimos estabelecidos em lei, norma interna da empresa ou norma coletiva.

Também está limitada a autonomia das partes pelo valor máximo do salário, quando se tratar de empregado público, pois deverá respeitar o teto mencionado no inciso XI do art. 37 da CRFB, desde que a economia mista ou pública receba subsídios (recursos) do governo – § 9º do art. 37 da CFRB c/c OJ nº 339 da SDI- I do TST.

Para os empregadores privados não há limitação quanto ao valor máximo do salário.

1.2. Limitações ao Valor Mínimo do Salário

a) legal: salário mínimo nacional, salário mínimo profissional, piso estadual fixado por lei e limitações previstas nos arts. 358, 450 e 461 CLT c/c Súmula nº 159 do TST e Lei nº 6.019/74, art. 12, *a*.

a.1) Algumas profissões possuem pisos legais:[4]

– jornalistas profissionais: Decreto-Lei nº 7.037/44;

[4] Há forte tendência de se considerar inconstitucional o piso legal fixado em número de salários mínimos, por violar o art. 7º, IV, da CF – Súmula Vinculante 4 do STF.

- revisores de oficinas tipográficas: Decreto-Lei nº 7.858/45;
- empregados em empresas de radiofusão: Lei nº 6.615/78;
- médicos e dentistas: Lei nº 3.999/61;
- técnicos em radiologia: Lei nº 7.394/85;
- engenheiros, químicos, arquitetos, agrônomos e veterinários: Lei nº 4.950-A/66;
- pisos estaduais.

b) normativo sindical: piso salarial fixado para a categoria previsto em acordos ou convenções coletivas;

c) normativo jurisdicional: piso salarial fixado para a categoria previsto em sentença normativa.

1.2.1. Salário Mínimo

Salário mínimo é a contraprestação mínima, em utilidades ou em pecúnia, devida e paga diretamente pelo empregador ao empregado, por jornada normal de trabalho (art. 76 da CLT). A Carta de 88, art. 7º, IV, acrescenta: "salário mínimo, fixado em lei, nacionalmente unificado, capaz de atender a suas necessidades vitais básicas e às de sua família com moradia, alimentação, educação, saúde, lazer, vestuário, higiene, transporte, e previdência social, com reajustes periódicos que lhe preservem o poder aquisitivo (...)".

A legislação comparada, como aponta Arnaldo Süssekind,[5] classifica o salário mínimo como: salário vital de índole material (deve atender apenas ao custo das necessidades materiais do trabalhador), salário vital de índole pessoal (deve atender às necessidades materiais e espirituais do trabalhador) e salário familiar (deve atender às necessidades normais de ordem material e pessoal do trabalhador e de sua família).

O art. 6º da Lei nº 8.542/92 (dispositivo mantido em vigor pela Lei nº 8.880/94) praticamente repete a classificação do salário mínimo utilizada pela Constituição Federal de 1988:

> **Art. 6º** Salário mínimo é a contraprestação mínima devida e paga diretamente pelo empregador a todo trabalhador, por jornada normal de trabalho, capaz de satisfazer, em qualquer região do País, às suas necessidades vitais básicas e às de sua família com moradia, alimentação, educação, saúde, lazer, vestuário, higiene, transporte e previdência social.

O salário mínimo já foi fixado em valores diferenciados por regiões ou sub-regiões. A partir da Lei nº 6.708/79 foi determinada a "(...) gradativa redução das regiões em que se subdivide o território nacional, a fim de que seja alcançada a unificação do salário mínimo no país..." Todavia, só depois de 1986 que a unificação de fato se realizou por determinação do art. 17 do Decreto-Lei nº 2.284/86. Desde então, o valor do salário mínimo é o mesmo em todo o território nacional.

[5] *Ibidem*, p. 403-404.

Pode ser fixado por hora, dia, semana, quinzena ou mês, desde que respeite o valor mínimo hora, dia, semana, quinzena ou mês. O salário mínimo horário é obtido dividindo-se o valor mensal por 220; o diário por 30 – art. 64 da CLT.

A Lei Complementar nº 103/2000 autorizou a fixação de **pisos salariais** (referidos no art. 7º, V, da CRFB), pelos Estados e Distrito Federal, superiores ao salário mínimo federal. Arnaldo Süssekind[6] defende a utilização do piso salarial em virtude da insignificância do salário mínimo vigente no Brasil.

O jurista tem apenas receio de que esses pisos se tornem "salários mínimos regionais", o que seria inconstitucional, já que a competência para a estipulação de salário mínimo é da União. Tal situação realmente ocorreu e o ministro Marco Aurélio de Mello concedeu liminar, depois de impetrada a ADIN 2.358-6, com eficácia retroativa para suspender a Lei Estadual nº 3.496/2000 (que praticamente estipulou um "salário mínimo regional"), que estava em vigor no Estado do Rio de Janeiro.

Com isso, o Estado do Rio de Janeiro, atualmente, para atender o espírito do art. 7º, V, da CRFB c/c Lei Complementar nº 103/2000 estabeleceu de quatro a seis níveis de pisos salariais para diferentes grupos de trabalhadores, dando uma feição distinta do salário mínimo. Com essa atitude, o STF sequer julgou o mérito da ADIN 2.358-6. A iniciativa tomada pelo Estado do Rio de Janeiro foi seguida pelos outros Estados que resolveram adotar a Lei Complementar nº 103/2000.

O salário mínimo, em qualquer de suas formas de fixação, deve ser respeitado, independente da cor, raça, idade, sexo, religião etc. Assim, o deficiente físico, o menor, aquele que desenvolve trabalho manual ou técnico, interno ou externo, percebendo fixo ou variável (art. 7º, VII da CRFB), têm a garantia do salário mínimo.

Já houve quem defendesse a tese de que o valor do salário mínimo mensal é a quantia mínima devida a qualquer trabalhador submetido à legislação do trabalho, mesmo para aqueles que prestassem serviços apenas um dia na semana, num total de 4 a 5 dias por mês, por exemplo. Esta tese é refutada pelo art. 64, parágrafo único, da CLT e pelas leis de políticas salariais que fixam o valor do salário mínimo. Tanto estas quanto aquele permitem a fixação do salário mínimo por hora, dia, semana, quinzena ou mês. Logo, não há nenhum óbice legal ou constitucional no contrato que fixa um salário de, por exemplo, R$ 10,00 por dia normal de trabalhado (8h), para que o empregado trabalhe apenas cinco dias no mês. Apesar de este empregado perceber, no final do mês, R$ 50,00, valor inferior a um salário mínimo mensal, válido é o pagamento, pois se respeitou o salário mínimo hora e dia. Logo, o ajuste é lícito.

Não seria justo quem trabalha o limite máximo do mês, isto é, em média quase 220 horas por 30 dias, ganhar o mesmo valor daquele que trabalha, apenas, 30 horas mensais.

Entretanto, para os empregados públicos da Administração direta, autárquica e fundacional, que trabalham menos de 44 horas semanais é garantido o salário mínimo. Esta posição foi adotada pelo TST depois de algumas decisões do STF a respeito do tema. A provável explicação para a tese é que salário e jornada são fixados por lei.

---

6 *Ibidem*, p. 406.

Assim o Enunciado da OJ nº 358 da SDI-I do TST:

> SALÁRIO MÍNIMO E PISO SALARIAL PROPORCIONAL À JORNADA REDUZIDA. EMPREGADO. SERVIDOR PÚBLICO.
>
> I – Havendo contratação para cumprimento de jornada reduzida, inferior à previsão constitucional de oito horas diárias ou quarenta e quatro semanais, é lícito o pagamento do piso salarial ou do salário mínimo proporcional ao tempo trabalhado.
>
> II – Na Administração Pública direta, autárquica e fundacional não é válida remuneração de empregado público inferior ao salário mínimo, ainda que cumpra jornada de trabalho reduzida. Precedentes do Supremo Tribunal Federal.

A OJ nº 393 da SDI-I do TST entendeu que, para os professores que trabalhavam a jornada máxima legal vigente na época, de seis horas-aula (regra que vigorava antes da alteração do art. 318 da CLT), era garantido o salário mínimo mensal integral, não cabendo para estes a proporcionalidade mencionada na OJ nº 358, I, da SDI-I do TST, contrariando-a.

Por outro lado, o art. 58-A da CLT tornou expressa a possibilidade de pagamento proporcional ao tempo de horas contratadas (contrato por tempo parcial), isto é, deixou clara a autorização de ajuste salarial em valor proporcional à jornada. Qualquer forma de ajuste inicial para contratar alguém para trabalhar menos que 220 horas mensais ou 44 horas semanais sempre foi permitida, ainda que para trabalho superior a 26 ou 30 horas semanais.

A diferença entre o contrato por tempo parcial regulado pelo art. 58-A da CLT e a contratação de qualquer empregado para pagamento proporcional às horas trabalhadas é que tal artigo permitiu expressamente a redução do salário daqueles que já estavam empregados, através da diminuição proporcional da jornada, respeitando-se o salário-hora ajustado neste caso (contrato por tempo parcial).

Entretanto, para que a redução salarial decorrente da diminuição da jornada seja lícita, necessário preencher alguns requisitos: a) que a duração do trabalho seja limitada ao máximo de 26 ou 30 horas semanais; b) depende da autorização formal do empregado manifestada perante seu empregador; c) a norma coletiva precisa autorizar a redução da jornada e do salário, tudo na forma do art. 58-A, § 2º, da CLT (*vide* Capítulo "Duração do Trabalho", item "contrato por tempo parcial").

Tabela do salário mínimo:

1º/01/90	NCz$ 1.283,95	Dec. nº 98.783/89
1º/02/90	NCz$ 2.004,37	Dec. nº 98.900/90
1º/03/90	NCz$ 3.674,06	Dec. nº 98.985/90
1º/04/90	CR$ 3.674,06	Dec. nº 98.985/90
1º/05/90	CR$ 3.674,06	Dec. nº 98.985/90
1º/06/90	CR$ 3.857,76	Port. MTPS nº 3.387/90
1º/07/90	CR$ 4.904,76	Port. MTPS nº 3.511/90
1º/08/90	CR$ 5.203,46	Port. MTPS nº 3.557/90
1º/09/90	CR$ 6.056,31	Port. MTPS nº 3.588/90
1º/10/90	CR$ 6.425,14	Port. MTPS nº 3.628/90

1º/11/90	CR$ 8.329,55	Port. MTPS nº 3.719/90
1º/12/90	CR$ 8.836,82	Port. MTPS nº 3.787/90
1º/01/91	CR$ 12.325,60	Port. MTPS nº 3.828/90
1º/02/91	CR$ 15.895,46	Lei nº 8.178/91
1º/03/91	CR$ 17.000,00	Lei nº 8.178/91
1º/04/91	CR$ 17.000,00	Lei nº 8.178/91
1º/05/91	CR$ 17.000,00	Lei nº 8.178/91
1º/06/91	CR$ 17.000,00	Lei nº 8.178/91
1º/07/91	CR$ 17.000,00	Lei nº 8.178/91
1º/08/91	CR$ 17.000,00	Lei nº 8.178/91
1º/09/91	CR$ 42.000,00	Lei nº 8.222/91
1º/01/92	CR$ 96.037,33	Port. MEFP nº 42/92
1º/05/92	CR$ 230.000,00	Lei nº 8.419/92
1º/09/92	CR$ 522.186,94	Port. MEFP nº 601/92
1º/01/93	CR$ 1.250.700,00	Lei nº 8.542/92
1º/03/93	CR$ 1.709.400,00	Port. Interm. nº 04/93
1º/05/93	CR$ 3.303.300,00	Port. Interm. nº 07/93
1º/07/93	CR$ 4.639.800,00	Port. Interm. nº 11/93
1º/08/93	CR$ 5.534,40	Port. Interm. nº 12/93
1º/09/93	CR$ 9.606,00	Port. Interm. nº 14/93
1º/10/93	CR$ 12.024,00	Port. Interm. nº 15/93
1º/11/93	CR$ 15.021,00	Port. Interm. nº 17/93
1º/12/93	CR$ 18.760,00	Port. Interm. nº 19/93
1º/01/94	CR$ 32.882,00	Port. Interm. nº 20/93
1º/02/94	CR$ 42.829,00	Port. Interm. nº 02/94
1º/03/94	URV 64,79	Port. Interm. nº 04/94
1º/07/94	R$ 64,79	Lei nº 9.069/95
1º/09/94	R$ 70,00	Lei nº 9.063/95
1º/05/95	R$ 100,00	Lei nº 9.032/95
1º/05/96	R$ 112,00	Lei nº 9.971/2000
1º/05/97	R$ 120,00	Lei nº 9.971/2000
1º/05/98	R$ 130,00	Lei nº 9.971/2000
1º/05/99	R$ 136,00	Lei nº 9.971/2000
03/04/2000	R$ 151,00	Lei nº 9.971/2000
1º/04/2001	R$ 180,00	Medida Provisória nº 2.142/2001 e reedições
1º/04/2002	R$ 200,00	Lei nº 10.525/2002
1º/04/2003	R$ 240,00	Lei nº 10.699/2004
1º/05/2004	R$ 260,00	Lei nº 10.888/2004
1º/05/2005	R$ 300,00	Lei nº 11.164/2005
1º/04/2006	R$ 350,00	Lei nº 11.321/2006
1º/04/2007	R$ 380,00	Lei nº 11.498/2007
1º/03/2008	R$ 415,00	Lei nº 11.709/2008
1º/02/2009	R$ 465,00	Lei nº 11.944/2009
1º/01/2010	R$ 510,00	Lei nº 12.255/2010

1º/01/2011	R$ 545,00	Lei nº 12.382/2011
1º/01/2012	R$ 622,00	Decreto nº 7.655/2011, regulamentando a Lei nº 12.382/2011
1º/01/2013	R$ 678,00	Decreto nº 7.872/2012, regulamentando a Lei nº 12.382/2011
1º/01/2014	R$ 724,00	Decreto nº 8.166/2013, regulamentando a Lei nº 12.382/2011
1º/01/2015	R$ 788,00	Decreto nº 8.381/2014, regulamentando a Lei nº 12.382/2011
1º/01/2016	R$ 880,00	Decreto nº 8.618/2015, regulamentando a Lei nº 13.382/2011
29/12/2016	R$ 937,00	Decreto nº 8.948/2016, regulamentando a Lei nº 13.152/2015
27/12/2017	R$ 954,00	Decreto nº 9.255/2017, regulamentando a Lei nº 13.152/2015
1º/01/2019	R$ 998,00	Decreto nº 9.661/2019, regulamentando a Lei nº 13.152/2015
1º/01/2020	R$ 1.039,00	MP nº 916/2019
30/01/2020	R$ 1.045,00	MP nº 919/2020

1.2.2. Salário Mínimo Profissional Legal – Absoluto

Algumas categorias de empregados têm seus salários fixados por lei, o que limita a autonomia das partes, pois não poderá o empregador pagar menos do que o valor estipulado em lei. Assim, exercendo o empregado a profissão ou ofício que tenha lei impondo um piso salarial, tem ele o direito de receber a contraprestação mínima fixada. Os médicos e afins (Lei nº 3.999/61 c/c Súmula nº 301 TST c/c Súmula nº 370 do TST), engenheiros e afins (Lei nº 4.950-A/66 c/c Súmula nº 370 do TST), técnicos em radiologia (Lei nº 7.394/85 c/c Súmula nº 358 TST) etc. são exemplos de pisos legais de salários profissionais.

Muito se discutiu sobre a constitucionalidade destas leis, pois indexaram pisos profissionais ao salário mínimo e a Constituição de 1988 proibiu a vinculação ao salário mínimo para qualquer fim – art. 7º, IV, da CRFB.

Apesar de vozes tímidas em contrário, a fixação legal de remuneração mínima profissional em números de salários mínimos não encontra obstáculo constitucional, porquanto a própria Lei Maior permitiu em seu art. 7º, V, "piso salarial proporcional à extensão e à complexidade do trabalho". Ademais, a vedação constitucional visou a não indexação do mínimo para fins de desencadeamento da inflação e arrocho na economia, o que não ocorre com o salário mínimo profissional absoluto (OJ nº 71 da SDI-II do TST). Da mesma forma, Arnaldo Süssekind[7] e, em sentido contrário, Valentim Carrion.[8] Nas palavras de Süssekind[9] o que a proibição contida na Constituição pretendeu foi evitar que os alugueres, as prestações de um modo geral, ou qualquer outro ato jurídico, excluído o contrato de trabalho, fossem indexados ao salário mínimo. Por isso ainda estão vigentes as leis que fixam os salários de certas categorias em alguns mínimos, como está vigente o adicional de insalubridade que é calculado sobre o mínimo e as questões de alçada que levam em conta causas até dois mínimos – Súmulas nºs 303, I, *a*; 356 e 365 c/c OJ nº 2 da SDI-I do TST (cancelada).

---

7 SÜSSEKIND, Arnaldo; MARANHÃO, Délio; VIANNA, Segadas; TEIXEIRA, Lima. *Instituições de Direito do Trabalho*. 22. ed. São Paulo: LTr, 2005, v. 1, p. 412-416.

8 CARRION, Valentin. *Comentários à Consolidação das Leis do Trabalho*. 29. ed. São Paulo: Saraiva, 2004, p. 130-131.

9 SÜSSEKIND, Arnaldo; MARANHÃO, Délio; VIANNA, Segadas; TEIXEIRA, Lima, *op. cit.*, p. 412-416.

Todavia, a Súmula Vinculante nº 4 do STF é contrária e, mesmo assim a jurisprudência tem sido vacilante, senão vejamos:

> Súmula Vinculante 4. Salvo nos casos previstos na Constituição, o salário mínimo não pode ser usado como indexador de base de cálculo de vantagem de servidor público ou de empregado, nem ser substituído por decisão judicial.

1.2.3. Salário Mínimo Profissional Relativo

A lei excepcionalmente poderá outorgar a certos órgãos integrantes da Administração Pública a competência para estabelecer e fixar salário mínimo profissional para uma certa categoria. Será relativo o salário mínimo profissional fixado pelo Poder Executivo (ex.: estivadores), que só será válido se houver lei delegando este poder ao Executivo, já que não mais se permite decretos autônomos e normativos.

1.2.4. Salário Mínimo Normativo Sindical

A fixação do piso salarial profissional pode ocorrer através de acordo coletivo, convenção coletiva ou sentença normativa. Nestes casos, só estarão obrigados a respeitar tais valores os empregadores atingidos pelas respectivas normas, respeitando-se, desta forma, as categorias profissionais e econômicas acordantes, convenentes ou dissidentes, a base territorial e a vigência da norma – Súmula nº 374 do TST.

2. IRREDUTIBILIDADE SALARIAL – FLEXIBILIZAÇÃO

O direito à irredutibilidade do salário se funda não só no princípio tutelar do trabalhador, pois sua subsistência depende do pagamento do salário, como também na força obrigatória dos contratos – *pacta sunt servanda*, onde qualquer modificação que prejudique o trabalhador é nula de pleno direito – art. 468 da CLT. A impossibilidade de alteração inclui tanto a mudança do valor quanto a forma de pagamento do salário, quando for prejudicial ao trabalhador.

A própria Constituição só permite a redução de salário mediante acordo ou convenção coletiva – art. 7º, VI, da CRFB.

Cabe salientar ainda que o salário é que não pode ser reduzido e não a remuneração, pois esta é o salário mais gorjetas.

A redução proibida é tanto a direta quanto a indireta. Entende-se como redução **direta** aquela que reduz, de forma ilegal, o valor nominal do salário ajustado. Como **indireta,** a que reduz o número de peças ou a quantidade de serviço, para aqueles que recebem por unidade de obra, ou a jornada, de forma a afetar o valor numérico do salário. Nesta hipótese, poderá o empregado valer-se da despedida indireta prevista no art. 483, *g*, da CLT.

Entretanto, há muito a doutrina tem se preocupado também com a saúde da empresa, pois empresa saudável significa mantença dos empregos,[10] redução das taxas de desemprego e economia estável. Este quadro interessa aos empresários, aos

[10] Aliás, esse também foi o argumento para a Reforma Trabalhista ter sido efetuada de forma rápida.

empregados, sindicatos e principalmente ao governo. Pensando nisto o legislador constitucional manteve a possibilidade de redução salarial, antes preconizada na CLT (art. 503) e na Lei nº 4.923/65, desde que prevista em acordo coletivo ou convenção coletiva. A possibilidade de redução salarial constitui um dos tipos de flexibilização da legislação trabalhista.

Comentando sobre **flexibilização**, Arnaldo Süssekind[11] estabeleceu critérios de classificação do instituto: 1 – flexibilidade funcional: capacidade da empresa de adaptar seu pessoal para que assuma novas tarefas ou aplique novos métodos de produção; 2 – flexibilização salarial: que consiste na vinculação dos salários à produtividade; 3 – flexibilidade numérica: faculdade de adaptar o fator trabalho à demanda dos produtos da empresa. Quanto aos agentes: a) unilateral, quando imposta por autoridade pública ou pelo empregador (Chile, Peru, Panamá); b) negociada com o sindicato (Brasil,[12] Espanha e Itália), c) mista, unilateral ou negociada (Argentina).

Portanto, flexibilizar significa tornar maleável o que é inflexível. Em termos de Direito do Trabalho, cujas regras mínimas são impostas por lei de ordem pública, imperativa, flexibilização significava permitir, apenas para manutenção da saúde e existência da empresa, a redução ou alteração *in pejus* de direitos trabalhistas. Esse quadro mudou radicalmente depois da Lei 13.467/17, pois foi garantido às convenções e acordo coletivos e aos ajustes individuais o poder de reduzir e retirar inúmeras vantagens trabalhistas (remetemos o leitor ao Capítulo da Flexibilização).

A possibilidade de redução salarial já estava prevista no art. 503 da CLT e no art. 2º da Lei nº 4.923/65. Em caso de força maior ou prejuízos que afetassem a economia da empresa, o empregador poderia reduzir os salários de todos os seus empregados, na proporção de 25%, respeitado o salário mínimo. Esta era a regra contida no art. 503 da CLT que, segundo a corrente majoritária (Alice Monteiro,[13] Godinho[14] e Amauri Mascaro[15]) está superada (total ou parcialmente) pela Carta, pois não previa a intervenção sindical. Carrion[16] e Süssekind[17] defendem que o art. 503 da CLT já estava totalmente revogado tacitamente pela Lei nº 4.923/65.

Segundo alguns estudiosos da matéria, a Constituição/88 teria recepcionado a Lei nº 4.923/65. Alguns defendem que a recepção se deu apenas no que diz respeito à motivação (comprovada dificuldade econômica). Para outros, houve a

11 SÜSSEKIND, Arnaldo; MARANHÃO, Délio; VIANNA, Segadas; TEIXEIRA, Lima, *op. cit.*, p. 204-209.

12 Súmula nº 85, I, do TST em sentido contrário, pois permite a compensação de jornada através de acordo escrito entre empregado e empregador.

13 Alice defende a revogação parcial do art. 503 da CLT. BARROS, Alice Monteiro de. *Curso de Direito do Trabalho*. São Paulo: LTr, 2005, p. 769.

14 Mauricio Godinho também entende pela recepção da motivação da redutibilidade salarial prevista tanto no art. 503 da CLT, quanto na Lei nº 4.923/65. DELGADO, Mauricio Godinho. *Curso de Direito do Trabalho*. São Paulo: LTr, 2002, p. 733.

15 NASCIMENTO, Amauri Mascaro. *Curso de Direito do Trabalho*. 20. ed. São Paulo: Saraiva, 2005, p. 810.

16 CARRION, Valentin. *Comentários à Consolidação das Leis do Trabalho*. 29. ed. São Paulo: Saraiva, 2004, p. 330.

17 SÜSSEKIND, Arnaldo; MARANHÃO, Délio; VIANNA, Segadas; TEIXEIRA, Lima. *Instituições de Direito do Trabalho*. 22. ed. São Paulo: LTr, 2005, v. 1, p. 444-445.

recepção total da lei, salvo no que diz respeito à sentença normativa poder autorizar a redução salarial. Assim entende Arnaldo Süssekind.[18]

Esta lei permitia que, em situações excepcionais, recomendadas pela conjuntura econômica, o empregador atingido poderia, mediante convenção ou acordo coletivo (não mais em virtude de decisão da Justiça do Trabalho, em face do comando constitucional – art. 7º, VI da CRFB) e por tempo limitado de três meses (prorrogáveis), reduzir a jornada ou o número de dias de trabalho, acarretando, consequentemente, na redução proporcional dos salários no máximo em 25%, respeitado o mínimo.

Ressalta-se ainda que a Lei nº 11.101/2005 (Lei de Recuperação Judicial, Extrajudicial e Falência), em seu art. 50, VIII, admite a redução salarial, compensação de horários e redução de jornada, mediante acordo ou convenção coletiva. Para alguns, este dispositivo demonstra a recepção da Lei nº 4.923/65.

Não concordamos com a tese, apesar de louvável. A redução salarial não mais pode ficar sob o crivo e os critérios impostos pela Lei nº 4.923/65, pois a forma de flexibilização escolhida pelo legislador constitucional foi aquela efetuada através da tutela sindical e não estatal, com o intuito de defender os empregos, garantida a saúde da empresa. Só as entidades sindicais, diante das necessidades de cada caso, do clamor da categoria, poderão estipular livremente a forma, os quantitativos, a amplitude e a duração da medida que visa reduzir os salários e/ou vantagens trabalhistas. Não pode o empregador ser punido por ter atendido as regras impostas pelas normas coletivas que autorizaram a redução em benefício dos próprios trabalhadores, quando estas não corresponderem aos exatos termos da Lei nº 4.923/65. Poderia o empregador ter optado pela dispensa coletiva, em massa, diminuindo sua folha de pagamento. Se não o fez, foi em proveito dos próprios empregados que preferiram não perder seus valiosos empregos. Da mesma forma Valentim Carrion[19] e Amauri Mascaro Nascimento.[20] Os argumentos *supra* se tornam mais fortes depois da Lei 13.467/17, que autorizou as dispensas plúrimas e coletivas, sem a prévia participação dos sindicatos, e ainda deu ampla liberdade de negociação aos sindicatos, cujas normas coletivas se sobrepõem à lei (art. 611-A da CLT).

Sergio Pinto Martins,[21] por sua vez, sustenta que a Lei nº 4.923/65:

> (...) foi derrogada pela Constituição Federal, na parte que determina o prazo de três meses para redução, limite de 25% da redução, proibição de retirada de gratificações, de admissão de novos empregados por seis meses e de prestação de horas extras. Pois de acordo com este autor todas estas condições podem ser modificadas mediante acordo ou convenção coletiva.

De qualquer forma, não entendemos pela revogação total da Lei nº 4.923/65, mas sim pela sua derrogação, devendo ser aproveitado o *caput* do seu art. 2º, ou

---

18 *Idem*.

19 CARRION, Valentin, *op. cit.*, p. 330.

20 NASCIMENTO, Amauri Mascaro. *Curso de Direito do Trabalho*. 20. ed. São Paulo: Saraiva, 2005, p. 810.

21 MARTINS, Sergio Pinto. *Direito do Trabalho*. 19. ed. São Paulo: Atlas, 2004, p. 304/305.

seja, só poderá ser admitida a redução salarial, quando para manutenção da saúde e existência da empresa e desde que feita por norma coletiva.

Se prevalecer a Lei nº 4.923/65, a redução do valor nominal do salário, deve importar na redução correspondente do número de horas trabalhadas pelos empregados, mesmo assim por um período máximo de três meses. Da forma por nós defendida, poderá haver redução do salário, sem haver redução da jornada, salvo quando feita na forma do art. 58-A, § 2º, da CLT, pelo tempo que se fizer necessário para a empresa sobreviver. Isto porque a Constituição deu ampla legitimação aos sindicatos para, através dos convênios coletivos, estipularem a redução salarial. Cada categoria escolherá os parâmetros a serem respeitados, desde que o motivo seja para defender a existência da empresa.

Cumpre ressaltar que o art. 58-A à CLT autoriza a redução salarial em percentual superior a 25%, pois o § 2º do referido dispositivo legal autoriza qualquer redução de jornada, desde que não ultrapasse 26 ou 30 horas semanais e seja autorizado por norma coletiva.

Amauri Mascaro Nascimento[22] também defende que a redução salarial terá as dimensões resultantes da negociação coletiva.

O que não se admite é a redução salarial, mesmo que autorizada por norma coletiva, sem que tenha algum benefício para o empregado (no caso de redução de jornada proporcional a seu pedido ou estabilidade) ou para sobrevivência da empresa. Nesse sentido o § 3º do art. 611-A da CLT, que exigiu, para os casos de redução de salário por norma coletiva, a contrapartida da proteção dos empregados contra a despedida imotivada durante a vigência da norma coletiva. Diminuição salarial para aumento dos lucros constitui abuso de direito e deve ser declarada nula.

Por outro lado, a Lei nº 13.189/2015 criou o Programa de Proteção ao Emprego (hoje chamado Programa[23] Seguro-Emprego) e autorizou a redução de 30% do salário[24] e proporcionalmente da jornada, em momentos de comprovada crise decorrente da retração econômica, mediante acordo coletivo e adesão ao programa até o prazo determinado, respeitado o salário mínimo, por um período máximo de 24 meses. Todavia, esta lei terá vida curta, pois só permite a adesão até o dia 31 de dezembro de 2016. Por isso, assim que perder sua eficácia, em 2017 (prorrogado até dezembro de 2018).

Havia, antes da Lei nº 13.189/2015 e da Lei 13.467/17, portanto, quatro principais correntes a respeito da flexibilização salarial. A primeira, defendida por

---

22 NASCIMENTO, Amauri Mascaro, *op. cit.*, 16. ed. 1999, p. 620.

23 Lei nº 13.456/17 alterou antigo PPE para alterar o nome do programa e prorrogar o prazo de adesão até dezembro de 2018.

24 Os empregados de empresas que aderirem ao PSE e que tiverem seu salário reduzido fazem jus a uma compensação pecuniária equivalente a 50% (cinquenta por cento) do valor da redução salarial e limitada a 65% (sessenta e cinco por cento) do valor máximo da parcela do seguro-desemprego, enquanto perdurar o período de redução temporária da jornada de trabalho. Os empregados atingidos têm garantia de emprego pelo período de adesão ao programa e, após o seu término, por mais 1/3 do período de adesão.

Süssekind,[25] no sentido de que a redução salarial deveria respeitar os parâmetros e limites da Lei nº 4.923/65, defendendo que apenas restaria revogada a autorização de redução pela Justiça do Trabalho, ante o comando constitucional – art. 7º, VI, da CRFB. Outros defendiam que a diminuição salarial poderia ocorrer tanto nos casos do art. 503 da CLT, como nas hipóteses previstas na lei mencionada, desde que houvesse a intervenção sindical em ambos os casos. A terceira, no sentido de que a redução deveria respeitar os parâmetros estabelecidos na norma coletiva que a autorizou, não havendo limites impostos por qualquer lei, desde que seja para manutenção da saúde e existência da empresa. Por último, havia aqueles que delegavam à negociação coletiva todos os critérios da redução salarial, inclusive no que se referia à motivação. Sendo assim, para esta última corrente, poderia haver redução salarial, até para as empresas saudáveis, desde que a norma coletiva autorize, mesmo que para aumentar seus lucros em detrimento dos empregados.

A matéria ainda é controvertida, pois o TST não permitia a alteração contratual, mesmo que autorizada por norma coletiva, que, por exemplo, retirava a natureza salarial do tíquete-refeição concedido de forma habitual – OJ nº 413 da SDI-I do TST. Esta tese foi superada pelo art. 611-A da CLT, c/c o art. 457, § 2º, da CLT.

Outra forma de **redução salarial** é a diminuição do valor ajustado por peça ou do percentual incidente sobre a produção dos empregados que recebem por unidade de obra. A jurisprudência e a doutrina majoritária também têm aceitado esta redução (do percentual ou do valor de cada peça) quando, em virtude da modernização da maquinaria e equipamentos, a produção aumentar sensivelmente sem o correspondente esforço do trabalhador, desde que no final do mês o valor do salário recebido não sofra alterações prejudiciais.

De qualquer sorte, há outros casos que a própria lei autoriza a redução salarial, como ocorre com o rebaixamento do empregado de confiança ao cargo efetivo – art. 468 da CLT, já que gratificação de função poderá ser suprimida (salvo se recebida por mais de 10 anos – Súmula nº 372, I, do TST) e no caso de substituição interina – art. 450 da CLT c/c Súmula nº 159 do TST.

A Súmula nº 423 do TST entendeu, de forma absurda, que através da norma coletiva, é possível a redução salarial do empregado que antes trabalhava seis horas e passa para oito horas, sempre em sistema de turnos ininterruptos de revezamento. Apesar de não ser expressa neste sentido, é esta a conclusão que se extrai do seu enunciado:

> ***423. TURNO ININTERRUPTO DE REVEZAMENTO. FIXAÇÃO DE JORNADA DE TRABALHO MEDIANTE NEGOCIAÇÃO COLETIVA. VALIDADE.*** *Estabelecida jornada superior a seis horas e limitada a oito horas por meio de regular negociação coletiva, os empregados submetidos a turnos ininterruptos de revezamento não têm direito ao pagamento da 7ª e 8ª horas como extras.*

É certo que o art. 7º, XIV, da Constituição da República, autorizou a norma coletiva a fixar jornada superior a seis horas para os que trabalham em turnos ininterruptos de revezamento, mas não foi expressa em permitir que tal majoração

[25] SÜSSEKIND, Arnaldo; MARANHÃO, Délio; VIANNA, Segadas; TEIXEIRA, Lima. *Instituições de Direito do Trabalho*. 22. ed. São Paulo: LTr, 2005, v. 1, p. 444-445.

pudesse ocorrer no curso do contrato de trabalho, sem o correspondente aumento salarial, mesmo que sem o adicional de hora extra.

A OJ nº 275 da SDI-I do TST, de forma correta, determina o pagamento da sétima e oitava horas, como extras, acrescidas do respectivo adicional, quando inexistir instrumento coletivo fixando jornada diversa da prevista no art. 7º, XIV, da CRFB.

3. INTANGIBILIDADE SALARIAL

O empregado está protegido não só de seus credores como também dos credores do empregador (falência) e do próprio empregador que é, em última análise, o depositário do salário, porquanto só é pago no quinto dia útil do mês subsequente ao trabalhado, impedindo-o, por exemplo, de descontar os empréstimos concedidos, os alugueres, as dívidas civis etc.

O princípio da intangibilidade dos salários preconizado pelo art. 7º, VI, da CRFB e art. 462 da CLT, veda qualquer desconto não previsto em lei, ainda que autorizado. O interesse maior tutelado pelas normas cogentes referidas visa à segurança econômica do trabalhador, mantendo sua estabilidade econômica. Não poderia o empregado viver na incerteza dos valores a serem recebidos a cada mês, pois conta com padrão monetário ajustado para assumir compromissos financeiros futuros.

Porém, a jurisprudência vem aceitando alguns descontos não previstos em lei, desde que autorizados, por entender que são módicos e proporcionalmente vantajosos aos empregados, não colocando em risco estabilidade econômica do trabalhador – Súmula nº 342 do TST.

> *Súmula nº 342 do TST: DESCONTOS SALARIAIS. ART. 462 DA CLT. Descontos salariais efetuados pelo empregador, com a autorização prévia e por escrito do empregado, para ser integrado em planos de assistência odontológica, médico-hospitalar, de seguro, de previdência privada, ou de entidade cooperativa, cultural ou recreativo-associativa de seus trabalhadores, em seu benefício e de seus dependentes, não afrontam o disposto no art. 462 da CLT, salvo se ficar demonstrada a existência de coação ou de outro defeito que vicie o ato jurídico.*

3.1. Descontos Permitidos em Lei

a) adiantamentos – art. 462 da CLT

Para Arnaldo Süssekind[26] e Sergio Pinto[27] adiantamento não é desconto, mas apenas o pagamento da diferença salarial. O adiantamento salarial deve ser feito mediante recibo e descontado do contracheque quando do pagamento. O fato de constar do contracheque o desconto a título de "vale" ou "adiantamento" não gera a presunção de que o adiantamento foi feito. Para comprovar, o patrão deverá guardar o recibo do adiantamento.

---

26 *Ibidem*, p. 449.

27 MARTINS, Sergio Pinto. *Direito do Trabalho*, 19. ed. São Paulo: Atlas, 2004, p. 308.

Não deve ser confundido adiantamento salarial com **empréstimo** feito pelo empregador sem juros ou com juros legais. O empréstimo com juros, quando feito pelo empregador não poderá ser descontado do salário. Apenas quando feito na forma da antiga Lei nº 10.820/2003, modificada pela Lei nº 13.172/2015, estará o patrão autorizado ao desconto em folha. Apesar da regra geral, entendemos que o empréstimo benéfico ao trabalhador, feito pelo patrão, desde que autorizado pelo empregado e feito de forma razoável, pode ser descontado diretamente do salário. Entende-se por benéfico o empréstimo sem juros, em muitas parcelas, de forma que não ultrapasse o percentual autorizado pela lei de empréstimos, ou com juros muito abaixo dos de mercado.

Toda vez que o valor do adiantamento salarial for muito superior ao valor do salário caracterizará empréstimo.

b) contribuições previdenciárias, recolhidas pelo empregador, mas devidas pelo trabalhador.[28] As tabelas são expedidas de tempos em tempos pela Previdência, como abaixo demonstrado

Tabela de contribuição dos segurados empregado, empregado doméstico e trabalhador avulso, para pagamento de remuneração a partir de 1º de Março de 2020 (Portaria SEPRT nº 3659 de 2020)	
Salário de contribuição (R$)	**Alíquota para fins de recolhimento ao INSS (%)**
Até R$ 1.045,00	7,50
De R$ 1.045,01 até R$ 2.089,60	9,00
De R$ 2.089,61 até R$ 3.134,40	12,00
De R$ 3.134,41 até R$ 6.101,06	14,00

Por exemplo, se o empregado recebe 1 salário mínimo (situação mais usual), o empregador deve recolher 12% e reter dela 8%. Se ganha R$ 2.000,00 o empregador deve recolher os mesmos 12% e reter dela 9%, de acordo com a tabela acima.

c) contribuições do imposto de renda, recolhidas pelo patrão, mas devidas pelo empregado, descontadas diretamente da folha de pagamento, na fonte – Lei nº 8.541/92;[29]

---

28 Conforme o inciso II da Súmula 368 do TST: "É do empregador a responsabilidade pelo recolhimento das contribuições previdenciárias e fiscais, resultantes de crédito do empregado oriundo de condenação judicial. A culpa do empregador pelo inadimplemento das verbas remuneratórias, contudo, não exime a responsabilidade do empregado pelos pagamentos do imposto de renda devido e da contribuição previdenciária que recaia sobre sua quota parte."

29 Vide nota de rodapé anterior.

d) contribuições sindicais – arts. 578 e 545 da CLT, c/c o art. 8º, IV, da CRFB

Existem quatro tipos de contribuições sindicais:

d.1. Contribuição sindical (antigo imposto sindical – arts. 578 e 548, *a*, da CLT). Também chamada de contribuição anual obrigatória por Arnaldo Süssekind.[30]

Essa contribuição era compulsória e atingia toda a categoria. Era cobrada no mês de março de cada ano e correspondia a um dia de salário do empregado. Feito o desconto na folha salarial de março, o valor era repassado para o sindicato em abril. Após a Lei 13.467/17, a contribuição sindical anual deixou de ser compulsória e passou a ser facultativa.[31]

Discutia-se na doutrina o valor devido pelo empregado que não trabalhou o ano todo. Havia uma vertente que aceitava a proporcionalidade no pagamento da contribuição sindical compulsória. Outra posição (majoritária) entendia que deveria ser analisada a situação de emprego ocorrida durante o mês de março, fato gerador do desconto. Se estivesse empregado neste mês caberia o desconto do valor total da contribuição sindical (um dia do salário do trabalhador).

Se o empregado tivesse dois empregos com o mesmo enquadramento sindical e sindicato (inclusive quanto à localidade), só seria permitido um desconto. Se fosse descontado e depois despedido, num segundo emprego não poderia ser novamente descontado para o mesmo sindicato.

Tratando-se de profissional liberal empregado ou de empregado que era também profissional liberal, o trabalhador poderia optar em contribuir exclusivamente para a entidade sindical que representasse sua profissão – art. 585 da CLT.

As microempresas e empresas de pequeno porte estavam isentas do recolhimento da contribuição sindical antes compulsória, como dispõe o art. 13, § 3º, da Lei Complementar nº 123/2006.

De qualquer sorte, toda essa discussão era cabível antes da alteração dos arts. 578 e 582 da CLT pela Lei 13.467/17.

d.2. Contribuição sindical assistencial ou estatutária

A contribuição assistencial ou estatutária é facultativa e devida apenas pelos associados do sindicato. Destina-se à prestação de serviços acessórios do sindicato,

---

[30] SÜSSEKIND, Arnaldo; MARANHÃO, Délio; VIANNA, Segadas; TEIXEIRA, Lima, *op. cit.*, p. 1.168.

[31] No dia 29/06/2018, o STF, por 6 votos a 3, julgou improcedente a ADI 5794 ajuizada pela Confederação Nacional dos Trabalhadores em Transporte Aquaviário e Aéreo, na Pesca e nos Portos (CONTTMAF). Com essa decisão, firmou o entendimento acerca da constitucionalidade da Reforma Trabalhista (Lei 13.467/2017) na parte que deu nova redação aos artigos 545, 578, 579, 582, 583, 587 e 602 da CLT para condicionar o recolhimento da contribuição sindical anual (antes compulsória) à expressa e prévia autorização dos trabalhadores. O julgamento se estende às demais Ações Diretas de Inconstitucionalidade e, ainda, à Ação Declaratória de Constitucionalidade (ADC) 55, em que a Associação Brasileira de Emissoras de Rádio e TV (Abert) defende a validade da alteração legislativa. Dessa forma, é constitucional a regra que tornou facultativa a contribuição sindical anual equivalente a um dia de salário. Os principais argumentos a respeito da constitucionalidade dos dispositivos apontados são: a) o novo comando legislativo está de acordo com o artigo 8º, IV, da CF; b) a Lei 13.467/2017 não contempla normas gerais de direito tributário e, portanto, a matéria tratada não necessita de lei complementar; c) a facultatividade está em consonância com o direito fundamental de liberdade de associação, de sindicalização e de expressão, todos reconhecidos na Constituição.

como aqueles destinados a fins recreativos, odontológicos ou médicos, dependendo do que prevê o estatuto. O trabalhador interessado se associa e adere expressamente ao compromisso de contribuir mensalmente em troca dos serviços sociais oferecidos pelo Sindicato, como se fosse um clube.

É criada, prevista e regulamentada pelo estatuto do sindicato ou por assembleia-geral, na forma do art. 548, *b*, da CLT, por isso chamada de contribuição **estatutária.**[32]

O estatuto do sindicato pode prever que a contribuição seja mensal, quando também é chamada de **mensalidade**; bimestral ou até anual, pois esta periodicidade será determinada pelo estatuto.

A contribuição **assistencial** é facultativa, pois o desconto depende de prévia autorização do empregado associado. Ademais, ninguém é obrigado a utilizar dos serviços sociais do sindicato. Ressalte-se que a assistência jurídica e judiciária que é obrigação sindical, independentemente de contribuição e do fato de ser ou não associado.

De acordo com o art. 545 da CLT, os empregadores devem efetuar o desconto referente à contribuição estatutária quando notificados pelos respectivos sindicatos e os trabalhadores autorizarem o desconto.

Assim, quando a contribuição assistencial está prevista no estatuto do sindicato, alguns requisitos devem ser preenchidos para que o empregador seja obrigado ao desconto em folha: a) ser notificado pelo sindicato da contribuição sindical estabelecida pelo estatuto; b) comunicar os empregados; c) receber autorização escrita do empregado interessado no desconto.

Com tantos requisitos para cumprir a contribuição se tornou onerosa e rara, já que a maioria dos trabalhadores negava a autorização.

A melhor saída para o sindicato, ávido em receber a contribuição, era incluí-la na norma coletiva, pois esta também depende de prévia autorização da assembleia sindical geral, requisito exigido pelo art. 548, *b*, da CLT. Veja abaixo.

d.3. Contribuição prevista em norma coletiva – assistencial

A contribuição prevista em norma coletiva normalmente apresenta-se com a nomenclatura de "assistencial", pois se destina a contribuir com o sindicato pelos serviços assistenciais prestados (dentário, médico, recreativo etc.). Percebe-se que esta contribuição tem a mesma finalidade da contribuição estatutária, logo, não pode o sindicato cobrar as duas ao mesmo tempo, sob pena de *bis in idem.*

A maioria dos sindicatos informa que esta contribuição se destina a gratificar o sindicato pelos seus préstimos e dedicação na defesa dos interesses trabalhistas da categoria. Todavia, esta dedicação é obrigação legal do sindicato que é criado com esta finalidade. Defender os interesses da categoria é dever legal dos sindicatos, que não podem cobrar por aquilo que estão obrigados a fazer.

Não há previsão expressa para esta contribuição sindical, salvo para a corrente que adota a tese de que esta também está incluída no art. 548, *b*, da CLT, já que

---

32 Assim também SÜSSEKIND, Arnaldo; MARANHÃO, Délio; VIANNA, Segadas; TEIXEIRA, Lima, *op. cit.*, p. 1.168.

autorizada por norma coletiva que, por sua vez, foi obtida através da autorização feita por assembleia sindical.

O amparo legal para o desconto tem por base o art. 462 da CLT que autoriza o desconto quando previsto em norma coletiva.

A verdadeira justificativa para a inclusão desta contribuição em quase todas as normas coletivas da atualidade está no fato que os sindicatos encontraram dificuldade na cobrança da contribuição estatutária, como explicado acima. Ao invés de incluírem no estatuto e ainda terem que notificar cada empregador desta previsão, a autorização de desconto prevista em norma coletiva facilita o desconto e ainda isenta o sindicato de ter que notificar o empregador, pois ele deve ter ciência das normas coletivas que pactua. Além disso, a medida está autorizada tanto pelo art. 548, *b*, da CLT como pelo art. 462 da CLT.

Houve uma tentativa de abranger os associados e não associados, sob o argumento de que esta contribuição se assemelhava à **cota de solidariedade**, prevista em outros países, onde todos os empregados têm que contribuir porque solidários aos associados. No entanto, a tese não foi acolhida pela jurisprudência majoritária, que entendeu por aplicar analogicamente o art. 545 da CLT, visão hoje espelhada no Precedente nº 119 da SDC do TST e na OJ nº 17 da SDC do TST.

O TST, através do Precedente 74 da SDC (cancelado), entendia que o empregado deveria expressamente solicitar a não realização do desconto perante a empresa, até 10 dias antes do primeiro pagamento reajustado. Isto é, caso o trabalhador ficasse em silêncio, o desconto realizado pelo empregador seria válido. Este entendimento era absurdo, pois primeiro autorizava o desconto e depois permitia a oposição, quando, na verdade, o art. 545 da CLT refere-se à autorização prévia.

> CONTRIBUIÇÃO ASSISTENCIAL. A contribuição assistencial só poderá ser cobrada dos associados do sindicato e, ainda assim, desde que não se manifestem contra o desconto correspondente no prazo previsto na convenção coletiva. Não pode o sindicato exigir essa contribuição dos trabalhadores de uma empresa que, ao que tudo indica, não são seus associados, pois não comprovada esta condição. Impor em norma coletiva taxa assistencial aos trabalhadores não vinculados a sindicato viola a liberdade sindical e, em consequência, afronta o art. 8º, IV, da Constituição de 1988. TRT/MG – RO: 8.983/99 – Rel. Designado: Juíza Alice Monteiro de Barros. *DJ*/MG 03/05/2000.

Apesar de cancelado, na prática, ainda se aplica o precedente *supra*, porque seu texto vem sendo incluído nas normas coletivas. É nula, por abusiva – art. 187 do CC, cláusula normativa que obriga o empregado a ir pessoalmente "desautorizar" o desconto assistencial previsto em norma coletiva, e que impõe prazo para tal. Normalmente o prazo para o empregado opor-se ao desconto não é amplamente divulgado, é preclusivo, exíguo e esgota-se antes do desconto. Normalmente, o trabalhador só toma conhecimento da contribuição quando "sente" o desconto no contracheque, ocasião em que a oposição está preclusa. Tais medidas são adotadas para aumentar as receitas do sindicato em detrimento do salário do trabalhador.

O art. 545 da CLT não pode ser interpretado para prejudicar os empregados e favorecer os sindicatos. Sua redação é de clareza solar:

> **Art. 545.** Os empregadores ficam obrigados a descontar na folha de pagamento dos seus empregados, desde que por eles devidamente autorizados, as contribuições devidas ao Sindicato, quando por este notificados.

Adotamos a posição segundo a qual a previsão de desconto deve ser comunicada ao trabalhador e este deve previamente e de forma expressa autorizar o desconto, sob pena de não ser efetuado. A sua manifestação deve ser feita perante o empregador, pois é ele o responsável pelo desconto. Não se admite autorização tácita ou desconto prévio.

Entendemos que essa contribuição prevista em norma coletiva, baseada no art. 462 da CLT, não é assistencial, uma vez que há apenas o desconto anual, sem qualquer justificativa ou contraprestação além da obrigação legal do sindicato. A verdadeira contribuição assistencial é a mensalidade, ou seja, aquela prevista no estatuto do sindicato para prestação de serviços acessórios. Entrementes, como já vimos, esta não é a posição da jurisprudência majoritária, como demonstra a OJ nº 17 da SDC e o Precedente nº 119 da SDC do TST.

d.4. Contribuição confederativa

A contribuição confederativa é aplicada apenas para os associados da entidade e está prevista no art. 8º, IV, da CRFB, c/c a Súmula Vinculante 40 do STF.

Cabe relembrar que os sindicatos podem organizar-se em federações, desde que a reunião seja de, no mínimo, cinco sindicatos – art. 534 da CLT. Da mesma forma, as federações podem organizar-se em confederações, desde que com número mínimo de três federações – art. 535 da CLT.

A contribuição confederativa é cobrada diretamente pelas confederações, e, existindo sobras, estas podem ser repassadas às federações e sindicatos.

A Súmula nº 666 do STF estabelece que essa contribuição só pode ser exigida dos filiados do respectivo sindicato. Na mesma linha encontra-se o C. TST (Precedente 119 da SDC e Orientação Jurisprudencial 17 da SDC).

Discute-se a compulsoriedade desta contribuição. Arnaldo Süssekind[33] e Arion Romita[34] advogavam que será compulsória se existir lei (art. 149 da CRFB), pois entende que o art. 8º, IV, da CRFB, é uma norma de eficácia contida (norma não autoaplicável).

Defendemos que esta contribuição deve ser **facultativa** para os associados, cabendo ao empregado sindicalizado optar pelo seu desconto. Caso queira, deve informar ao empregador que, somente após esse aviso, poderá cobrar a contribuição. Isto se explica porque o trabalhador já tem inúmeros descontos salariais, sendo

---

33 SÜSSEKIND, Arnaldo; MARANHÃO, Délio; VIANNA, Segadas; TEIXEIRA, Lima, *op. cit.*, p. 1.174.

34 ROMITA, Arion Sayão. *Os direitos sociais na Constituição e outros estudos*. São Paulo: LTr, 1991, p. 87.

que uma das contribuições sindicais já é compulsória. Acrescentar mais descontos compulsórios é ferir o princípio da proteção salarial.

A Súmula Vinculante 40 do STF é no sentido da extensão da contribuição apenas para os associados:

> A contribuição confederativa de que trata o art. 8º, IV, da Constituição Federal só é exigível dos filiados ao sindicato respectivo.

e) **pensão alimentícia – art. 529 do CPC/2015**;

f) **requisição do INSS** – quando provenientes de dívidas contraídas pelo empregado com a Previdência Social – Lei nº 8.212/91, art. 91;

g) **suspensões legais (aí incluída a disciplinar) e faltas injustificadas**;

h) **alimentação** – Lei nº 6.321/76 – PAT; Lei nº 3.030/56; art. 458 CLT c/c arts. 81 e 82 da CLT; art. 7º, da Lei nº 5.889/73 (salvo para o doméstico, cujo desconto passou a ser proibido a partir da Lei nº 11.324/2006);

i) **transporte ou vale-transporte** – Lei nº 7.418/85, art. 4º, parágrafo único; utilidade (arts. 81 e 82 da CLT c/c art. 458 da CLT). O vale-transporte, de acordo com o art. 2º, *a*, da Lei nº 7.418/85, não tem natureza salarial, desde que concedido em forma de utilidade (não pode ser pago em espécie);

j) **demais utilidades** – arts. 81 e 82 CLT c/c art. 458 da CLT e Lei nº 5.958/73, (salvo para o doméstico, pois algumas utilidades não podem ser descontadas dele – Lei nº 11.324/2006);

k) **danos causados pelos empregados** (chamados de descontos indenizatórios) – art. 462 da CLT.

Se o dano for culposo, o desconto só será possível desde que haja prévia previsão contratual (Carrion[35] admite o desconto quando previsto em norma coletiva). Se doloso, o empregador poderá efetuar o desconto independente de autorização contratual.

O art. 462 da CLT autoriza o desconto apenas se o dano for patrimonial, estando excluído o dano moral, já que a norma foi editada quando ainda não se admitia o dano moral.

A Orientação Jurisprudencial nº 251 da SDI-I do TST e o Precedente nº 14 da SDC do TST entendem que, no caso de devolução do cheque sem fundos, o empregado pode ser descontado no respectivo valor, mesmo sem agir com dolo, desde que não observe as recomendações de instrumentos coletivos ou resoluções da empresa.

Se o valor do dano for superior ao salário do empregado, o patrão poderá fazer desconto nos meses subsequentes até a quitação dos gastos com o reparo do dano. Em qualquer caso o valor do desconto não poderá ultrapassar 30% a 35% do salário do empregado – aplicação analógica da Lei nº 10.820/2003, modificada

---

35 CARRION, Valentin. Comentários à Consolidação das Leis do Trabalho. 29. ed. São Paulo: Saraiva, 2004, p. 318-321.

pela Lei nº 13.172/2015. Há, todavia, forte corrente[36] no sentido de que o valor máximo de desconto salarial é de 70%, já que o art. 82, parágrafo único da CLT, obriga o empregador ao pagamento em dinheiro de, pelo menos, 30% – OJ nº 18 da SDC do TST;

l) quando autorizado por norma coletiva – art. 462, *fine*, CLT, desde que não abusivos;

m) multa – há forte tendência doutrinária em se aceitar a aplicação de multa ao trabalhador, como medida de punição disciplinar, sendo que a maioria dos autores só a admite quando prevista em norma coletiva. Neste sentido Süssekind,[37] Martins Catharino,[38] Russomano,[39] Alice Monteiro de Barros[40] e Orlando Gomes.[41] Em sentido contrário, Délio,[42] Carrion,[43] Arion Romita,[44] Amauri[45] e Sergio Pinto.[46] Concordamos com estes últimos autores. Não é possível o desconto salarial em virtude de multa, já que se trata de pena e esta deve ser autorizada explicitamente pela lei. Mesmo que a norma coletiva autorize, a cláusula deverá ser considerada abusiva (art. 187 do CC) e, por isso, nula de pleno direito.

Excepcionalmente será possível a aplicação de multa ao empregado com base no art. 613, VIII, da CLT:

> **Art. 613.** As Convenções e os Acordos deverão conter obrigatoriamente:
> (...)
> VIII – Penalidades para os Sindicatos convenentes, os **empregados** e as empresas em caso de violação de seus dispositivos (grifo nosso).

Todavia, a penalidade prevista no artigo mencionado não se refere à pena disciplinar, tampouco autoriza a aplicação de multa por descumprimento de

---

36 MARTINS, Sergio Pinto. *Direito do Trabalho*. 13. ed. São Paulo: Atlas, 2001, p. 260.

37 SÜSSEKIND, Arnaldo. *Curso de Direito do Trabalho*. Rio de Janeiro: Renovar. 2002, p. 431.

38 Catharino só autoriza o desconto por multa disciplinar quando autorizado por lei ou norma coletiva. Acrescenta como fundamento a previsão contida no art. 613, VIII, da CLT. Discordamos da posição, já que a penalidade prevista no referido artigo limita-se ao descumprimento de norma coletiva e não à pena disciplinar. CATHARINO, José Martins. *Compêndio Universitário de Direito do Trabalho*. São Paulo: Editora Jurídica e Universitária, 1972, p. 513.

39 RUSSOMANO, Mozart Victor. *Comentários à Consolidação das Leis do Trabalho*. 9. ed. Rio de Janeiro: Forense, 1982, p. 476.

40 BARROS, Alice Monteiro de. *Curso de Direito do Trabalho*. São Paulo: LTr, 2005, p. 772.

41 Orlando Gomes defende a legalidade dos descontos (inclusive a multa disciplinar) desde que previstos em contrato, pela lei ou norma coletiva. GOMES, Orlando; GOTTSCHALK, Élson. *Curso de Direito do Trabalho*. Rio de Janeiro: Forense, 1995, p. 262.

42 MARANHÃO, Délio; CARVALHO, Luiz Inácio Barbosa. *Direito do Trabalho*. 17. ed. Rio de Janeiro: Editora da FGV, 1993, p. 214.

43 CARRION, Valentin. *Comentários à Consolidação das Leis do Trabalho*. 29. ed. São Paulo: Saraiva, 2004, p. 320.

44 ROMITA, Arion Sayão. *O poder disciplinar do empregador*. Rio de Janeiro: Freitas Bastos, 1978, p. 164.

45 Amauri não admite a multa como penalidade disciplinar. NASCIMENTO, Amauri Mascaro. *Curso de Direito do Trabalho*. 16. ed. São Paulo: Saraiva, 1999, p. 453.

46 MARTINS, Sergio Pinto. *Direito do Trabalho*. 13. ed. São Paulo: Atlas, 2001, p. 261.

qualquer determinação prevista na norma coletiva, isto é, de forma indiscriminada. A penalidade deve ser por fato de grande repercussão que, em princípio, recairia sobre o sindicato, na federação ou na confederação. Excepcionalmente, na recusa ou ausência destes poderá ser formada a comissão de negociação (art. 617, § 2º, da CLT c/c art. 4º, § 2º, da Lei nº 7.783/89) e esta ser "multada" por não cumprir determinação prevista em norma coletiva ou em sentença normativa. Apenas neste caso a multa poderá recair sobre os empregados que fazem parte da comissão de negociação, já que esta não tem personalidade jurídica para responder pela penalidade.

A Lei nº 6.354/1976, em seu art. 15, § 1º, previa a aplicação de multa ao **jogador de futebol** no valor máximo de 40% do seu salário, montante que era repassado ao FAAP. Entretanto, a lei foi revogada pela Lei nº 12.395/2011.

A multa de 50% prevista no art. 452-A, § 4º, da CLT, acrescido pela Lei 13.467/17, não é espécie de penalidade disciplinar, mas sim de cláusula penal, e pode ser descontada do empregado.

n) compra da casa própria: desconto incide no FGTS que poderá ser levantado pelo trabalhador nesta hipótese, respeitados os limites da Lei nº 8.036/90. O desconto também pode incidir sobre o salário do empregado – Lei nº 5.725/71, em virtude de financiamento da casa própria pelo sistema do BNH;

o) apenas Orlando Gomes[47] e Barata Silva[48] entendem que pode haver **desconto dos aluguéres** devidos pelo empregado ao patrão. Não concordamos com a hipótese, pois não autorizada por lei;

p) Amauri Mascaro[49] e Orlando Gomes[50] defendem que pode ser descontada qualquer importância quando **autorizada pelo empregado no contrato de trabalho**;

q) aviso prévio não trabalhado (de 30 dias ou proporcional ao tempo de serviço), quando o empregado é o comunicante da terminação injusta do contrato – art. 487, § 2º, da CLT;

r) remuneração do repouso semanal e feriados para os mensalistas e quinzenalistas, quando não preencherem os requisitos contidos nos arts. 6º e 7º da Lei nº 605/49;

s) empréstimos feitos na forma da Lei nº 10.820/2003, concedidos por instituição financeira, desde que feitos para os empregados urbanos, limitados a 35% da remuneração "básica" ou das verbas da rescisão – art. 1º, § 1º, e

---

47 Cf. CARRION, Valentin. *Comentários à Consolidação das Leis do Trabalho*. 29. ed. São Paulo: Saraiva, 2004, p. 320.

48 Cf. *idem*, p. 320.

49 NASCIMENTO, Amauri Mascaro. *Curso de Direito do Trabalho*. 20. ed. São Paulo: Saraiva, 2005, p. 811.

50 GOMES, Orlando; GOTTSCHALK, Élson. *Curso de Direito do Trabalho*. Rio de Janeiro: Forense, 1995, p. 262.

art. 2º, inciso I, sendo 5% apenas para saque ou amortização de despesas com cartão de crédito. O Decreto nº 4.840/2003, art. 2º, § 2º, excluiu do conceito de remuneração básica as diárias de viagem, as ajudas de custo, adicional de serviço extraordinário, gratificação natalina, adicional de férias etc., bem como os descontos legais. Nas operações de crédito consignado de que trata este artigo, o empregado poderá oferecer em garantia, de forma irrevogável e irretratável, até 10% (dez por cento) do saldo de sua conta vinculada no Fundo de Garantia do Tempo de Serviço – FGTS – e até 100% (cem por cento) do valor da multa paga pelo empregador, em caso de despedida sem justa causa ou de despedida por culpa recíproca ou força maior, nos termos dos §§ 1º e 2º do art. 18 da Lei nº 8.036, de 11 de maio de 1990;

t) Súmula nº 342 do TST: A jurisprudência tem tolerado descontos não previstos em lei, desde que módicos, autorizados pelo empregado e efetuados em seu benefício, como ocorrem nos casos de clube recreativo, colônia de férias, caixa de empréstimo, seguro de vida etc.;

u) penhora ao salário: Em virtude da modificação da redação de parte do revogado art. 649, § 2º, do CPC/73 hoje art. 833, § 2º, do CPC/2015, que substituiu a expressão "pensão" pelo vocábulo "prestação" alimentícia e, levando-se em consideração a prevalência do interesse do credor (ex-) empregado, a penhora do salário de outro trabalhador tem sido autorizada por parte da jurisprudência. Desta forma, quando o crédito é oriundo da dívida trabalhista de empregado, a jurisprudência tem admitido, excepcionalmente, a penhora, em fase de execução de sentença trabalhista, do salário do sócio (ou ex-sócio ou ex-patrão) que, após o encerramento de sua empresa, tenha passado à condição de empregado, sem ter quitado as dívidas trabalhistas de seus ex-empregados. Nesse caso, para parte da jurisprudência, seu salário poderá ser penhorado. Ressalte-se, que algumas vezes a tese também tem como pano de fundo a teoria da desconsideração da pessoa jurídica para atingir o patrimônio do ex-sócio atual empregado de outra empresa.

Discordamos da posição acima. O salário continua impenhorável, salvo se receber acima de 50 salários mínimos. A supressão da palavra "absolutamente" impenhorável foi para adequar à realidade, pois mesmo na vigência do CPC/1973 havia exceções à impenhorabilidade prevista no artigo, o que tornava relativa a penhora. Por outro lado, a possibilidade de penhora para pagamento de prestação alimentícia, "**independentemente de sua origem**" (§ 2º do artigo 833 do CPC), referiu-se aos diversos tipos de pensionamentos estabelecidos pela via judicial (alimentos aos filhos, parentes, cônjuges, decorrente de dano material, pensão acidentária etc.). Ademais, quando o CPC quis excluir a dívida trabalhista da regra da impenhorabilidade o fez expressamente, como se observa no § 3º do mesmo artigo 833 do CPC. Portanto, o salário do empregado é impenhorável, salvo se o valor mensal for superior a 50 salários mínimos, quando a parte excedente poderá ser penhorada até 50% do valor líquido da gama salarial, na forma do artigo 529, § 3º, do CPC.

A jurisprudência tem limitado a penhora a 30% sobre o valor do salário (do ex-patrão), recaindo todo mês até completar o valor total do crédito trabalhista.

Todavia, a OJ nº 153 da SDI-II do TST se posicionou de forma contrária, desautorizando qualquer penhora ao salário, como se verifica abaixo:

> MANDADO DE SEGURANÇA. EXECUÇÃO. ORDEM DE PENHORA SOBRE VALORES EXISTENTES EM CONTA SALÁRIO. ART. 649, IV, DO CPC. ILEGALIDADE.
>
> Ofende direito líquido e certo decisão que determina o bloqueio de numerário existente em conta salário, para satisfação de crédito trabalhista, ainda que seja limitado a determinado percentual dos valores recebidos ou a valor revertido para fundo de aplicação ou poupança, visto que o art. 649, IV, do CPC contém norma imperativa que não admite interpretação ampliativa, sendo a exceção prevista no art. 649, § 2º, do CPC espécie e não gênero de crédito de natureza alimentícia, não englobando o crédito trabalhista.

4. TIPOS DE SALÁRIOS

a) Salário complessivo ou completivo

É o pagamento efetuado sob única rubrica, constante do contracheque sem qualquer discriminação, para remunerar diversas parcelas pagas como sobressalários. Tal procedimento impede que o empregado verifique o que lhe está sendo pago, a quantidade e os valores de cada parcela. É considerado nulo o pagamento sob a forma complessiva. O valor pago sob tal rubrica remunera apenas o trabalho prestado ordinariamente, sendo devidas, ainda, as demais parcelas a que o empregado tem direito, já que não remuneradas – (Súmula nº 91 do TST c/c Súmula nº 199, I, do TST).

Assim quando o empregador noticiar no recibo salarial "salário total.....R$ 850,00" e informar ao trabalhador que neste valor estão incluídas todas as parcelas que ele tem direito naquele mês, sem especificar quais são e que valores tem cada uma, bem como a quantidade de horas extras ou noturnas pagas (se houve), considera-se que não foram remuneradas outras parcelas além do salário-base, que passará a ser de R$ 850,00. Logo, serão devidas as demais.

Excepcionalmente, a jurisprudência tem aceitado a "pequena" complessividade, quando for possível a conferência pelo empregado dos valores pagos, por uma simples conta aritmética. É exemplo da "pequena" completividade: "comissões........... R$ 785,00". A complessividade está no pagamento das comissões. O empregado percebe que o valor das comissões supera o valor devido (pois sabe quanto vendeu), deduzindo que o RSR está embutido na paga. Esta pequena complessividade, quando remunera corretamente o empregado tem sido tolerada pelos Tribunais Trabalhistas, porque menos prejudicial ao trabalhador.

b) Salário a *forfait*

É o salário por unidade de obra cujo valor total é fixado antes do serviço se realizar, pressupondo uma quantidade prévia. É o ajuste prévio de um valor determinado (ou do pagamento antecipado) de um número determinado de horas extras ou de produção determinada, antes do evento ocorrer, podendo o trabalhador ganhar ou perder com a estipulação. *Forfait* é expressão francesa que significa acordo pelo qual um dos contratantes se obriga a fazer, fornecer ou realizar alguma coisa por certo preço prefixado, perdendo ou ganhando com a estipulação depois de realizado o serviço ajustado.

Quando for benéfico ao empregado, será válido. Quando maléfico, não poderá ser aceito, em face do princípio da proteção ao trabalhador.

A intenção desse tipo de salário de estabelecer um valor único pode acarretar prejuízos tanto para o empregado quanto para o empregador. Os dois assumem o risco. Mas, o entendimento majoritário é que este ajuste só será válido se não houver prejuízo ao trabalhador, não podendo o patrão compensar a perda no mês subsequente.

> SALÁRIO COMPLESSIVO. VEDAÇÃO. SALÁRIO EXTRA FOLHA RECONHECIDO. Os recibos salariais deverão trazer obrigatoriamente o valor da remuneração do trabalhador de forma discriminada, a fim de viabilizar ao empregado que se certifique sobre todas as parcelas recebidas e respectivos valores. A inobservância dessa premissa firma por configurar o pagamento de salário complessivo, prática vedada pelo ordenamento jurídico (Súmula 91 do TST e art. 9º da CLT). Desse modo, não procede a assertiva empresária de que o valor pago à autora, por meio de cheque e não contabilizado nos contracheques, quitou os créditos devidos a título de premiações e reflexos, por ter sido pago de forma complessiva. Identificado o pagamento de salário extrafolha, impõe-se o deferimento de seus reflexos nas demais verbas trabalhistas. TRT-3 – RO: 00105148920175030007 0010514-89.2017.5.03.0007, Relator: Convocada Clarice dos Santos Castro, Oitava Turma.

c) Salário supletivo

É aquele fixado pelo Judiciário, pela autoridade administrativa ou pelo árbitro quando não tiver sido ajustado o valor do salário ou "quando não houver prova" do *quantum* pactuado. De acordo com o art. 460 da CLT, na falta de ajuste a respeito do valor do salário, tem o empregado direito a receber o valor idêntico ao do empregado que, na mesma empresa, fizer serviço equivalente ou do que habitualmente for pago a serviço semelhante. Não se trata de equiparação salarial, mas sim de um parâmetro legal para a fixação do salário de um empregado que desconhece o valor de seu salário porque jamais foi pago e ajustado. Martins Catharino[51] nominou o salário fixado desta forma de *salário equitativo e supletivo.* Esta é uma hipótese rara na prática, pois dificilmente alguém prestará serviços a outrem sem nada receber ou ajustar, até porque isto poderia caracterizar o trabalho gratuito que afasta a caracterização do liame empregatício.

> SALÁRIO SUPLETIVO. Tem cabida a determinação do chamado "salário supletivo", pelo juiz, apenas quando ocorrer a falta da estipulação do salário ou

---

51 CATHARINO, José Martins. *Compêndio Universitário de Direito do Trabalho*. São Paulo: Editora Jurídica e Universitária, 1972, v. 2, p. 471.

não houve prova sobre a importância ajustada (art. 460/CLT). TRT/MG – RO: 20.810/92 – Rel. Designado: Juiz Álfio Amaury dos Santos. *DJ*/MG 28/09/1993. Na prática o art. 460 da CLT tem sido aplicado para os garçons, pois é comum o patrão contratá-lo e repassar apenas as gorjetas, cabendo ao julgador fixar o salário-base de acordo com o piso da categoria.

d) Salário corretivo

É aquele que deriva do princípio da igualdade salarial preconizada pelos arts. 5º, 358, 450 e 461 da CLT c/c art. 5º da CRFB. Neste caso o juiz não supre a inexistência do ajuste e sim corrige o desequilíbrio salarial ajustado contra a lei. Godinho[52] denomina de salário isonômico a previsão contida no art. 461 da CLT e de equitativo o determinado no art. 12, *a*, da Lei nº 6.019/74 e no art. 358 da CLT.

e) Salário garantido

É o valor mínimo garantido ao empregado, independente dos acréscimos legais (sobressalários) e convencionais – tipos: fixo e o salário mínimo no caso dos comissionistas.

f) Salário aleatório

É o salário variável pago por unidade de obra realizada – Ex.: comissionistas (vendedores) etc. Depende da sorte.

g) Salário variável

É aquele que varia de valor mês a mês. Pode ser por unidade de obra ou, excepcionalmente, por unidade de tempo, quando ajustado por hora, sem garantia de jornada mínima.

h) Salário profissional

É o menor salário que pode ser pago aos exercentes de certas atividades profissionais. Será absoluto quando previsto em lei e administrativo quando fixado através de portarias ou circulares expedidas pelo Poder Executivo. Será sindical quando previsto por norma coletiva autônoma e judiciária quando determinado por sentença normativa.

i) Salário diferido

É aquele devido, mas só recebido pelo empregado quando implementada certas condições futuras. Ex.: FGTS que é recolhido mês a mês, mas o empregado só pode movimentar a conta e levantar os respectivos valores quando preencher os requisitos determinados pela Lei nº 8.036/90 (entendimento unânime). Em relação às férias e ao 13º salário, alguns autores também os colocam como exemplos de salário diferido.

---

52 DELGADO, Mauricio Godinho. *Curso de Direito do Trabalho*. São Paulo: LTr, 2002, p. 670.

Entendemos, ainda, que o próprio salário-base é diferido, já que o empregado trabalha durante todo o mês, adquirindo, a cada dia, o direito ao salário, mas só o recebe no início do mês seguinte (futuro). Mas, essa posição é minoritária, já que a posição dominante entende que deve ser um futuro distante.

j) Salário misto

É aquele em que o trabalhador recebe salário em valor fixo + variável.

k) Salário coercitivo

É aquele cujo valor é determinado pela lei, seja para fixar o salário mínimo, piso, ou para proibir discriminações (arts. 461, 358, 450 da CLT, art. 12, *a*, da Lei nº 6.019/74 etc.). Os pisos fixados por acordo coletivo ou convenção coletiva, apesar de obrigarem os empregadores, foram fixados de forma autônoma, isto é, pela vontade das partes. Por isso, não se enquadram naqueles denominados de coercitivos ou obrigatórios.

l) Salário-base (básico ou principal)

É aquele excluído de qualquer vantagem.

m) Sobressalários

São os acréscimos ao salário-base. Normalmente dependentes de uma condição. Preenchida a condição, o empregador deve efetuar o pagamento. Também são chamados de **salário-condição** ou parcelas que gravitam em torno do salário-base.

n) Salário progressivo

É o constituído pelo salário básico acrescido de parcelas salariais variáveis e crescentes vinculadas à produção. Süssekind[53] conceitua salário progressivo como aquele em que há pagamento do salário + prêmio.

o) Salário absoluto

Piso salarial determinado em lei.

ɔ) Salário relativo

Piso salarial determinado em norma coletiva.

q) Salário judiciário

Valor mínimo estabelecido por sentença normativa.

---

53 SÜSSEKIND, Arnaldo; MARANHÃO, Délio; VIANNA, Segadas; TEIXEIRA, Lima. *Instituições de Direito do Trabalho*. 22. ed. São Paulo: LTr, 2005, v. 1, p. 380.

r) Salário administrativo

Valor mínimo fixado por portarias e circulares expedidas pelo Poder Executivo.

s) Salário social

São as vantagens que a relação de emprego propicia ao trabalhador, inserindo-o em um contexto social protetivo, que envolve não só o pagamento do salário (*lato sensu*) em si, as parcelas trabalhistas acessórias (abono anual do PIS, seguro desemprego etc.), como também os benefícios previdenciários (auxílio-doença, aposentadoria etc.). Abrange, ainda, as vantagens oferecidas pelos sindicatos (assistência judiciária, negociações coletivas, reunião do grupo e defesa coletiva dos interesses comuns do grupo etc.), cooperativas, associações e outras entidades do estilo. A benesse não se limita aos valores pecuniários, mas também às vantagens indiretas. A nomenclatura não deveria ser "salário social", porque muitos desses ganhos sequer têm natureza salarial, mas sim "Vantagens sociais" ou "caráter social da relação de emprego".

De acordo com Godinho[54] salário social é:

> Conjunto de prestações genericamente pagas ao trabalhador em virtude de sua existência como sujeito da relação de empregado. A figura engloba, desse modo, não somente as prestações pagas ao empregado pelo empregador e terceiros em derivação da relação empregatícia, como também as prestações assumidas pela comunidade mais ampla ou pelo Estado em favor do obreiro (desde prestações tanto mais distantes, como os benefícios e serviços previdenciários, as prestações de saúde e outras vantagens propiciadas por entidades associativas e da sociedade civil etc.).

t) Pagamento indireto

É o valor pago por terceiro ao empregado em virtude do contrato que ele mantém com seu empregador (gorjetas).

u) Salário vital material e salário vital pessoal

Vital material é o salário que visa satisfazer as necessidades básicas materiais do empregado; e salário vital pessoal é aquele que visa atender não só as necessidades básicas, mas também as "espirituais".[55]

v) Salário equitativo

Alice Monteiro adota a corrente de que salário equitativo é o previsto no art. 461 da CLT, Godinho afirma ser o previsto no art. 12, *a*, da Lei nº 6.019/74 e art. 358 da CLT, enquanto Martins Catharino afirma ser aquele previsto no art. 460 da CLT.

Sob este prisma, pode-se incluir o previsto na OJ nº 383 do SDI-I do TST.

---

[54] DELGADO, Mauricio Godinho, *op. cit.*, p. 668.

[55] BARROS, Alice Monteiro de. *Curso de Direito do Trabalho*. São Paulo: LTr, 2005, p. 763.

5. PAGAMENTO DO SALÁRIO

5.1. Periodicidade

A periodicidade do pagamento do salário pode ser livremente ajustada pelas partes, desde que não ultrapasse o mês. Assim, no máximo, pode acontecer de todo mês o empregado ter o direito a receber seu salário. Todavia, nada obsta de o patrão convencionar o pagamento por semana ou quinzena.

De acordo com o art. 4º, parágrafo único, da Lei nº 3.207/57, o vendedor pracista pode receber suas comissões em prazo não superior a um trimestre. Apesar da previsão legal, entendemos que pela garantia de, pelo menos, o salário mínimo (ou piso se houver) nos meses em que nada receber (sem compensações futuras),[56-57] já que o empregado não pode sofrer instabilidades e não pode sofrer os riscos do empreendimento. Assim também o art. 1º da Lei nº 8.716/93.

6. MODO E ÉPOCA DE PAGAMENTO DO SALÁRIO

O salário deve ser pago pessoalmente ao empregado, mediante recibo, até o 5º dia útil do mês subsequente ao trabalhado – art. 459 da CLT. Sábado[58] é considerado dia útil para fins de pagamento de salário (IN 1/89 do MTPS). No mesmo sentido Godinho[59] acrescentando que **sábado** é dia útil e pode ser trabalhado ou não. Se a empresa não funcionar ou o empregado não trabalhar no sábado o pagamento deve ser antecipado. Todavia, Godinho fundamenta seu entendimento na Súmula nº 113 do TST. Carrion[60] em sentido contrário. Defende que sábado será dia útil quando a empresa tradicionalmente exercer atividades neste dia. Da mesma forma Süssekind.[61]

A IN 1/89 do MTPS assim dispõe:

> **1.** Para efeito de orientação quanto ao prazo para o pagamento dos salários as Delegacias Regionais do Trabalho deverão observar o seguinte:
>
> I – na contagem dos dias será incluído o sábado, excluindo-se o domingo e o feriado, inclusive o municipal;
>
> II – quando o empregador utilizar o sistema bancário para o pagamento dos salários, os valores deverão estar à disposição do empregado, o mais tardar, até o quinto dia útil;

---

56 Da mesma forma SÜSSEKIND, Arnaldo; MARANHÃO, Délio; VIANNA, Segadas; TEIXEIRA, Lima. *Instituições de Direito do Trabalho*. 18. ed. São Paulo: LTr, 1999, v. 1, p. 493.

57 Aparentemente Alice Monteiro em sentido contrário. Concorda com a garantia mínima nos meses antecedentes ao trimestre, para "posterior acerto". BARROS, Alice Monteiro de., *op. cit.*, p. 772.

58 Assim também MARTINS, Sergio Pinto. *Direito do Trabalho*. 13. ed. São Paulo: Atlas, 2001, p. 257.

59 DELGADO, Mauricio Godinho. *Curso de Direito do Trabalho*. São Paulo: LTr, 2002, p. 742.

60 CARRION, Valentin. *Comentários à Consolidação das Leis do Trabalho*. 28. ed. atualizado por Eduardo Carrion, São Paulo: Saraiva, 2003, p. 310.

61 Süssekind justifica que a medida visa impedir que o empregado realize despesas de transporte desnecessárias, podendo permanecer com a família ou em lazer nos dias de repouso. SÜSSEKIND, Arnaldo; MARANHÃO, Délio; VIANNA, Segadas; TEIXEIRA, Lima. *Instituições de Direito do Trabalho*. 18. ed. São Paulo: LTr, 1999, v. 1, p. 491.

> III – quando o pagamento for efetuado através de cheque, deve ser assegurado ao empregado:
>
> a) horário que permita o desconto imediato do cheque;
>
> b) transporte, caso o acesso ao estabelecimento de crédito exija a utilização do mesmo.
>
> IV – o pagamento estipulado por quinzena ou semana, deve ser efetuado, até o quinto dia após o vencimento;
>
> V – constatada a inobservância das disposições contidas nesta instrução caberá ao Fiscal do Trabalho a lavratura de auto de infração conforme Emenda nº 0363, que passa a ter a seguinte redação (...)

A jurisprudência também adota o mesmo entendimento:

> SALÁRIO MENSAL – ÉPOCA PRÓPRIA PARA PAGAMENTO. ART. 459, PARÁGRAFO ÚNICO, DA CLT. INCLUSÃO DO SÁBADO COMO DIA ÚTIL. LEGALIDADE. Para efeito da contagem do prazo próprio para o pagamento dos salários mensais, estabelecido no art. 459, parágrafo único, da CLT, o sábado é incluído na contagem dos cinco dias úteis. Conquanto seja costume o fechamento das instituições bancárias nesse dia, ele não é dia de repouso e o recebimento do salário não pode ficar prejudicado. Aliás, os próprios sindicatos da categoria profissional dos bancários têm considerado o sábado como dia útil não trabalhado. Mais se mostra correto descartar o entendimento de que o sábado não se conta, quando se constata que a empresa exige do empregado o trabalho nesse dia. TRT/MG – Processo: 00683.2005.113.03.00.6 – Rel. Designado: Juiz Sebastião Geraldo de Oliveira. *DJ*/MG 01/12/2005.

Deve ser pago no horário do expediente ou logo após o seu encerramento e, ainda, em moeda corrente no país, para o empregado não ficar sujeito às oscilações cambiais, correndo o risco de ter seu salário majorado ou reduzido.

Dúvida de relevo existe quanto à data máxima do pagamento do salário do **empregado intermitente**, pois o § 6º do art. 452-A da CLT (acrescido pela Lei 13.467/17) determina que o pagamento deve ocorrer no "final de cada período de prestação de serviço". Ora, se o período de convocação de trabalho for por um trimestre, poderá o empregado receber os salários desse período no fim do trimestre? Entendemos que não. Mesmo que a prestação de serviços ultrapasse o mês, o pagamento de cada mês deve ser realizado no máximo até o 5º dia útil do mês subsequente.

Outra questão é a autorização contida no *caput* do art. 611-A da CLT. Isto porque a regra permite a flexibilização de diversos direitos contidos nos incisos do respectivo artigo, "**entre outros**". Logo, em tese, poderia a norma coletiva, a partir da Lei 13.467/17, autorizar que a data de pagamento máximo do salário se realize em periodicidade superior à prevista no art. 459 da CLT.

7. MOEDA ESTRANGEIRA

É proibido o pagamento em ouro ou moeda estrangeira pelo Decreto-Lei nº 857/69, salvo nos casos previstos nos Decreto-Lei nº 691/69 (técnicos estrangeiros domiciliados ou residentes no exterior, para execução, em caráter provisório, de serviços especializados no Brasil) e Lei nº 7.064/82 (apenas pelo período que o brasileiro estiver executando serviços no exterior – art. 5º). A doutrina considera que o pagamento efetuado desta forma é nulo, isto é, considerado como não feito[62] – parágrafo único do art. 463 da CLT.

Defendemos posição diversa. Se o ajuste beneficiou o trabalhador, pois indexado a uma moeda estrangeira "forte", acolhemos a validade do ajuste e do pagamento, já que favorável ao trabalhador. Os valores assim pagos, para fins de projeção nas demais parcelas (FGTS, por exemplo, pois deve ser recolhido em moeda nacional), devem ser convertidos pela data do vencimento da obrigação (30º dia do mês) e não pela data do pagamento – aplicação do art. 3º do Decreto-Lei nº 691/69. Isto não isenta o empregador das penalidades administrativas, por ter desrespeitado o comando contido no art. 463 da CLT.

Se, todavia, o salário for indexado a uma moeda "fraca", trazendo instabilidade econômica ao trabalhador, que sofre prejuízos com as variações cambiais, o ajuste de pagamento em moeda estrangeira é nulo. Entretanto, os pagamentos efetuados devem ser tidos como parcialmente válidos, pois quitam o valor pago. Assim, em face do princípio da irredutibilidade salarial, deverá ser garantido ao trabalhador um salário correspondente ao maior valor obtido pela média duodecimal (por ano) dos salários pagos (já convertidos em moeda nacional), no curso do contrato (aplicação analógica do art. 2º, § 1º, da Lei nº 3.207/57). A maior média anual servirá de base salarial mínima e, se for o caso, sobre ela incidirá os reajustes legais e normativos. Logo, o trabalhador terá direito, apenas, às diferenças salariais, e não ao pagamento total, sob pena de *bis in idem.*

Há jurisprudência,[63] no entanto, que, apesar de considerar nulo o ajuste, defende que a conversão da moeda estrangeira deverá ser pelo câmbio em vigor na data de admissão,[64] salvo se o contrato já estiver extinto, quando será o câmbio da data da extinção do contrato.

> SALÁRIO. CONTRATAÇÃO EM MOEDA ESTRANGEIRA. O pagamento efetuado em moeda estrangeira não é válido, pois a nossa lei exige que o pagamento seja feito em moeda corrente do país, isto é, o real. Não é proibida a contratação em moeda estrangeira, mas apenas o pagamento do salário dessa forma. Se o pagamento for feito em moeda estrangeira, deve haver a conversão para a nossa moeda pelo câmbio da data da celebração do contrato e não pela data do pagamento, aplicando-se sobre o referido salário os reajustes legais ou da categoria, pois do contrário estar-se-ia negando vigência à política salarial prevista em lei. Se o contrato não produz efeitos no Brasil, é a partir da data em que produz efeitos que será feita a conversão, a partir da data em que o empregado passou a trabalhar no Brasil. TRT, 2ª Reg., 2ª T., Proc. 03009-2000-069-02-00, Sergio Pinto Martins, *DOE*/SP 19/07/2005.

---

62 BARROS, Alice Monteiro de. *Curso de Direito do Trabalho*. São Paulo: LTr, 2005, p. 775.

63 *Apud* SÜSSEKIND, Arnaldo; MARANHÃO, Délio; VIANNA, Segadas; TEIXEIRA, Lima, *op. cit.*, p. 489.

64 Sergio Pinto é da opinião que a conversão deve ser feita na data da celebração do contrato. MARTINS, Sergio Pinto. *Direito do Trabalho*. 13. ed. São Paulo: Atlas, 2001, p. 256.

MOEDA ESTRANGEIRA. Recebendo o empregado como salário, em cruzeiro, o equivalente à moeda estrangeira, convertida ao câmbio do dia, não haverá nele a incidência de percentuais normativos ou aqueles semestrais da Lei nº 6.708/79. TRT, 1ª Reg, 1ª T., RO 05468/82, Rel. José Teófilo Vianna Clementino, *DO*/RJ, III, de 08/12/1982.

MOEDA ESTRANGEIRA – CONVERSÃO – IMPOSTO DE RENDA. I – Converte-se a obrigação estabelecida em moeda estrangeira pelo câmbio do dia do seu vencimento. II – O imposto de renda devido pelo empregado não abate o valor de sua remuneração para o cálculo dos seus direitos trabalhistas. TRT, 1ª Reg., 2ª T., RO 00504/80, Rel. Juiz Gustavo Câmara Simões, Sessão do dia 15/09/1980.

8. *TRUCK SYSTEM*

Vedado, também, é o pagamento em vales ou bônus de aceitação restrita no mercado, por caracterizar o *truck system*, isto é, uma limitação na autonomia do trabalhador em escolher como e onde quer gastar ou investir seu salário. O art. 462, §§ 2º e 3º, da CLT proíbe o empregador induzir ou obrigar, de qualquer maneira, a comprar mercadorias em estabelecimento mantido por ele ou por terceiro. Se, todavia, não for possível o acesso do trabalhador a outros armazéns não mantidos pelo empregador, a empresa poderá manter estabelecimento para tal fim desde que venda as mercadorias com preços razoáveis, sem fins lucrativos.

9. RETENÇÃO

O salário não pode ser retido pelo empregador sob nenhuma hipótese, salvo quando o empregado se recusar a passar recibo – art. 464 da CLT. Sua retenção dolosa constitui crime – art. 7º, X, da CRFB. Apesar da previsão constitucional, não há penalidade para este crime, o que torna inaplicável o dispositivo constitucional. O recibo deverá ser assinado pelo empregado. Se analfabeto, mediante sua impressão digital e, se não for possível, a rogo (assinado pela pessoa escolhida, na frente do trabalhador, na presença de duas testemunhas). Caso o pagamento seja feito através de depósito em conta, dispensa-se o recibo salarial, mas não o demonstrativo das parcelas pagas por mês.

O § 7º do art. 452-A da CLT, acrescido pela Lei 13.467/17, exige que, para o empregado intermitente, o recibo salarial deva conter a discriminação dos valores pagos relativos a cada uma das parcelas referidas no § 6º do mesmo artigo.

Ora, apesar de não estar expressamente prevista em lei, a discriminação dos valores pagos no recibo, parcela por parcela, ao empregado, seja ele intermitente ou não, deve ser feita, sob pena de se considerar **salário complessivo**. O empregado tem o direito de saber exatamente os valores que estão sendo pagos.

10. FORMA DE PAGAMENTO

Poderá ser pago em dinheiro, cheque ou através de depósito em conta corrente – art. 464, parágrafo único, da CLT. Se feito através de depósito conta bancária, o empregado não pode sofrer descontos (abusivos), pela administração de sua conta corrente (CPMF, IOF e outros), debitados pelo banco, salvo se autorizou expressamente o pagamento sob esta modalidade.

No pagamento realizado pessoalmente, o empregado deverá dar recibo ao seu empregador, mas se o trabalhador for **analfabeto** o fará mediante sua impressão digital ou, não sendo esta possível, a seu rogo (com a presença de duas testemunhas) – art. 464, *caput*, da CLT c/c Precedente nº 93 da SDC.

Na opção pelo pagamento feito pessoalmente ao empregado, o empregador pode utilizar da consignação em pagamento se o trabalhador se recusar a receber ou a dar recibo.

11. ATRASO NO PAGAMENTO DO SALÁRIO

O atraso no pagamento dos salários dá ao trabalhador o direito de aplicar a justa causa ao empregador – art. 483, *d*, da CLT c/c Decreto-Lei nº 368/1968. Extinto o contrato, o ex-empregador deverá pagar tais valores até a audiência, sob pena de pagamento de 50% de seu valor (**art. 467 da CLT**). Entendemos que esta penalidade não pode ser aplicada de ofício, sob pena de violar de morte o art. 460 do CPC/73 e o art. 492 do CPC/2015. A penalidade é devida até mesmo nos casos de dúvida acerca da relação de emprego[65] ou em caso de revelia (Súmula nº 69 do TST) e sempre incidirá sobre a parte incontroversa.

Há controvérsia se a penalidade é ou não aplicável para os Estados, DF, municípios, autarquias e fundações públicas, pois a MP 2.180-35 que incluiu o parágrafo único isentando tais entes, não foi repetido na Lei 10.272/2001.

A jurisprudência consagrou que a penalidade também não deve incidir para a massa falida – Súmula nº 388 do TST. Concordamos com a tese apenas se a atividade da empresa falida foi encerrada. Do contrário, a massa deve pagar na primeira audiência os salários e demais verbas da rescisão. Se a massa tem recursos para pagar os empregados, também tem para pagar os demitidos.

O Decreto-Lei nº 368/1968 considera mora contumaz o atraso salarial superior a três meses.

12. PROVA DO PAGAMENTO DO SALÁRIO

O pagamento do salário deve ser provado mediante a apresentação dos **recibos**. Se, entretanto, o empregador não mais os possuir (extravio, furto, causas acidentais naturais) poderá provar robustamente por outro meio idôneo. Isto se explica porque

---

65 Süssekind e Sergio Pinto em sentido contrário. SÜSSEKIND, Arnaldo; MARANHÃO, Délio; VIANNA, Segadas; TEIXEIRA, Lima, *op. cit.*, p. 494. MARTINS, Sergio Pinto, *op. cit.*, p. 258.

a exigência do recibo salarial tem a finalidade de comprovar o pagamento e não de criar regra de prova tarifada.[66-67]

A lei não obriga o empregador a fornecer cópia do recibo salarial ao empregado. Apesar disto, entendemos pela obrigatoriedade, em virtude do princípio da transparência na relação contratual travada entre as partes e da Convenção nº 117 da OIT c/c Precedente nº 93 da SDC do TST.

13. CESSÃO DO SALÁRIO OU DE CRÉDITO TRABALHISTA

É proibida a cessão, doação ou qualquer ato de alienação do salário do empregado, já que é considerado direito indisponível. Todavia, quando se transformar em crédito proveniente de sentença trabalhista já liquidada, a questão se torna controvertida. Defendemos que a cessão, em fase de execução, de crédito trabalhista só será válida com a expressa concordância do ex-empregado exequente e desde que homologada pelo juiz.[68] A cessão de crédito trabalhista perde a condição de crédito privilegiado, de acordo com o art. 83, VIII, § 4º, da Lei nº 11.101/05, pois passa a ser considerado como crédito quirografário.

66 Da mesma forma Süssekind, Orlando Gomes e Martins Catharino. SÜSSEKIND, Arnaldo; MARANHÃO, Délio; VIANNA, Segadas; TEIXEIRA, Lima, *op. cit.*, p. 485. GOMES, Orlando; GOTTSCHALK, Élson. *Curso de Direito do Trabalho*. Rio de Janeiro: Forense, 1995, p. 251. CATHARINO, José Martins. *Compêndio Universitário de Direito do Trabalho*. São Paulo: Editora Jurídica e Universitária, 1972, v. 2, p. 523.

67 Em sentido contrário Alice Monteiro que defende que não havendo recibo salarial a única prova admitida é a confissão. Jamais a prova testemunhal, como preconizado no art. 227 do CC. BARROS, Alice Monteiro de. *Curso de Direito do Trabalho*. São Paulo: LTr, 2005, p. 775.

68 Alice Monteiro em sentido contrário. *Ibidem*, p. 774.

Capítulo 25

DANO

1. CONCEITO DE DANO

De acordo com os artigos 186 e 927 do CC, todo aquele que, por ação ou omissão voluntária, negligência ou imprudência, violar direito ou causar dano a outrem, ainda que exclusivamente moral, está obrigado a repará-lo.

Para Sérgio Cavalieri[1] "é o resultado de uma ação ou omissão, não estribada em exercício regular de um direito, em que o agente causa prejuízo ou viola direito de outrem, por culpa ou dolo".

1.1. Dano Reflexo ou em Ricochete

Cavalieri[2] informa a existência de um dano reflexo (ou em ricochete), o qual resta caracterizado quando os efeitos do ato ilícito repercutem não apenas diretamente sobre a vítima, mas também sobre a pessoa intercalar, titular de relação jurídica que é afetada pelo dano não na sua substância, mas na sua consistência prática. A jurisprudência já aceita esse dano, mas entende apenas pela projeção de um reflexo.

> **Ex.:** Pedro e Maria compram ingresso para um *show*, mas este é cancelado. Pedro e Maria recebem o dinheiro de volta, sendo automaticamente ressarcidos. Mas, alguns entendem que há dano em ricochete para o taxista do ponto do local do *show*, em virtude de seu prejuízo pelo cancelamento do espetáculo.

A matéria ainda é pouco explorada, tendo em vista a limitação da competência da Justiça do Trabalho, que apenas aprecia questões decorrentes das relações de trabalho.

Poderíamos imaginar o caso de um empregado que, propositadamente, torna público segredo industrial de grande importância para a empresa empregadora se

---

1 CAVALIERI FILHO, Sérgio. *Programa de Responsabilidade Civil*. 5. ed. São Paulo: Malheiros, 2004, p. 95-96.

2 *Ibidem* p. 115-116.

proteger das concorrentes. Tal ato abala de tal forma sua saúde financeira, que acarreta a despedida de vários empregados e enérgicas medidas contra os remanescentes, detentores de seus segredos industriais. Percebe-se, do exemplo acima, que os efeitos do ato ilícito praticado pelo empregado delator repercutiram não só sobre a vítima escolhida, isto é, a empresa empregadora (dano direto), mas também nos demais empregados (dano reflexo).

Apesar da pertinência trabalhista da matéria, havia controvérsias acerca da competência da Justiça do Trabalho para julgar a ação de dano patrimonial reflexo causado por um empregado, mas refletido em outro (empregado x empregado).

Entretanto, é competente a Justiça do Trabalho para julgar lide em que se postula a reparação de dano reflexo (moral ou patrimonial) causado à família em virtude do acidente (com ou sem morte) do trabalhador, por culpa do patrão. Podemos imaginar o pedido da viúva de indenização por danos que lhe foram causados porque, em virtude do falecimento do marido por acidente de trabalho por culpa do patrão, deixou de ter custeadas suas despesas domésticas; ou do filho que deixou de receber a correta educação escolar em decorrência da morte do pai por doença profissional. Assim também tem se posicionado o TST (RR 0546.2007.172.06.00.4). Por este motivo a Súmula nº 366 do STJ foi cancelada.

A Lei 13.467/17 não alterou a possibilidade de cabimento de dano moral reflexo na Justiça do Trabalho. Ao contrário, o art. 223-B da CLT garante o direito à indenização a pessoa física ou jurídica que sofre dano extrapatrimonial, enquanto o § 1º do art. 223-G da CLT determina a indenização a cada um dos ofendidos pelo dano imaterial.

2. INDENIZAÇÃO – REQUISITOS

Os requisitos para o direito à indenização de dano (seja patrimonial ou não patrimonial) são: a) dano; b) ato ilícito, abusivo ou atividade de risco[3] (responsabilidade objetiva); c) nexo causal.

2.1. Dano

O dano é o fato gerador da responsabilidade de pagamento de indenização ou de reparação. Pode haver responsabilidade sem culpa, mas não pode haver responsabilidade sem dano. Mesmo que o agente pratique conduta culposa ou dolosa, viole a lei ou abuse de direito, se não causar dano não há que se cogitar em responsabilidade de reparação. Se, por exemplo, o empregador não conserva a máquina e mesmo assim nenhum acidente de trabalho ocorre, não há o que indenizar. Indenização sem dano acarreta enriquecimento ilícito. Assim, o prejuízo ou dano não é apenas o fato gerador, mas também determinante do dever de indenizar.

---

3 Após a Lei 13.467/17 há controvérsias sobre a possibilidade de reparação de dano extrapatrimonial decorrente de atividade de risco.

Dano é a violação de um bem juridicamente tutelado pelo direito, seja ele patrimonial ou não patrimonial.

Nas palavras de Sérgio Cavalieri[4] dano corresponde:

> (...) à subtração ou diminuição de um bem jurídico, qualquer que seja a sua natureza, quer se trate de um bem patrimonial, quer se trate de um bem integrante da própria personalidade da vítima, como a sua honra, a imagem, a liberdade etc. Em suma, dano é a lesão de um bem jurídico, tanto patrimonial como moral, vindo daí a conhecida divisão do dano em patrimonial e moral.

2.1.1. *Dano Patrimonial*

Dano Patrimonial Direto

O dano patrimonial é aquele que atinge os bens materiais da vítima. Tudo que puder ser apreciado, mensurado em dinheiro e pertencer ou for direito da vítima é considerado bem patrimonial ou material. Pode atingir o patrimônio presente (dano emergente) e/ou futuro (lucro cessante).

Dano Patrimonial Indireto[5]

É o dano patrimonial decorrente da violação de um bem imaterial da vítima. É consequência ou acessório do dano não patrimonial. Assim, se o empregador pratica assédio moral contra seu empregado, além da indenização do dano moral daí decorrente, tem o trabalhador direito, também, à reparação do dano material para ressarcir os gastos com médicos, remédios etc., decorrentes de uma depressão, por exemplo.

2.1.2. *Dano Emergente ou Positivo*

É aquele que, em decorrência do ato ilícito praticado por terceiro, importa em imediata diminuição no patrimônio da vítima. Corresponde ao exato valor da perda ou redução patrimonial sofrida pelo ofendido.

---

4 *Ibidem* 2. ed., 2001, p. 71.

5 A doutrina civilista não é unânime acerca da utilização da expressão **dano indireto**. Alguns (*apud* Cavalieri, p. 89) afirmam que dano indireto é o mesmo que dano em ricochete; outros preferem dizer que corresponde aos lucros cessantes, enquanto há aqueles (*apud* Cavalieri, p. 71) que o identificam como dano patrimonial indireto, já que decorrente de um dano moral, como no caso do médico difamado (dano moral) que perde receita com a diminuição da clientela (dano patrimonial) ou aumento de despesas com remédios e tratamentos psiquiátricos, consequência de seu estado emocional. Concluímos, assim, que o vocábulo "indireto" pode ser usado toda vez que o dano causado é acessório ao principal. No primeiro caso, o agressor causou dano à vítima, mas seus familiares sentiram a diminuição patrimonial porque a vítima arcava com os custos da casa (dano reflexo ou em ricochete causado às vítimas); no segundo exemplo, o dano emergente é o sentido no momento da agressão e o lucro cessante o reflexo futuro da lesão, logo, um desdobramento, um acessório. Na terceira hipótese, o agente violou bem imaterial (difamação – dano moral), mas atingiu acessoriamente um bem material (despesas com tratamento e diminuição de receita).

2.1.3. Lucro Cessante ou Dano Futuro

É o que atinge patrimônio futuro, abalando ganho certo, futuro e esperável que foi frustrado pelo ato praticado pelo ofensor.

Não se pode confundir lucro cessante com lucro imaginável, desejado, hipotético, remoto ou eventual. O ganho futuro deve ser o provável ou quase certo de ocorrer levando-se em consideração as circunstâncias do fato e o curso normal das coisas. Deve-se se fazer uma avaliação objetiva e concreta analisando a situação *patrimonial* da vítima antes do dano e a posterior ao dano, e o que deixou e deixaria de ganhar a partir disto. O julgador deve se apoiar no postulado da razoabilidade para ponderar corretamente entre qual seria a consequência normal, o curso natural dos fatos se o dano não tivesse ocorrido. Não tem como objetivo enriquecer a vítima nem conceder mais do que ela teria a probabilidade de ganhar.

2.2. Ato Ilícito

De acordo com o art. 927 do Código Civil:

> **Art. 927.** Aquele que, por ato ilícito (arts. 186 e 187), causar dano a outrem, fica obrigado a repará-lo.
>
> **Parágrafo único.** Haverá obrigação de reparar o dano, independentemente de culpa, nos casos especificados em lei, ou quando a atividade normalmente desenvolvida pelo autor do dano implicar, por sua natureza, risco para os direitos de outrem.

Isto quer dizer que se houver dano sem que o ofensor tenha praticado ato ilícito ou abuso de direito, não haverá obrigação de reparação, salvo nos casos do parágrafo único acima citado.

O empregador que demite o empregado, sem justa causa, lhe causa dano, pois o trabalhador ficará sem renda para sobreviver. Entretanto, a despedida é direito potestativo do empregador, e, por isso, o empregado não terá nenhum direito (moral ou patrimonial) além das verbas decorrentes da despedida.

Também não tem direito à indenização se o acidente de trabalho ocorreu por culpa exclusiva do empregado.[6] Isto se explica porque neste caso o patrão não praticou qualquer ato ilícito ou abusivo. Se, todavia, os dois concorreram com culpa ou dolo, a reparação deve ser reduzida e proporcional à culpa de cada um.

Assim, o frentista que, por exemplo, espontaneamente pegou uma escada para soltar uma pipa que ficou presa na ponta superior do telhado do posto de gasolina que trabalhava, se desequilibra e cai, sofre acidente de trabalho. Todavia, a culpa foi exclusivamente sua, não tendo direito a postular nenhuma reparação de seu empregador. Se, entrementes, foi o empregador quem pediu para que ele subisse para pegar a pipa, abusou do direito, pois esta não era atribuição do empregado frentista. Logo, o dano patrimonial e moral, decorrentes do acidente, serão de

---

6 Ressalvado o caso do parágrafo único do art. 927 do CC.

responsabilidade exclusiva do patrão, salvo se comprovar que o empregado também agiu com culpa (embriaguez, pulou sem a escada etc.).

Diverso é o caso do acidente de trabalho ou doença profissional adquirida em atividade de risco.

Há quem defenda que existe presunção de culpa do empregador[7] em todo acidente de trabalho ou doença profissional. Discordamos da opinião. A inversão do ônus da prova depende da causa de pedir apontada na inicial, da atividade do empregado, do local de execução dos serviços, do local do acidente, da atividade do empregador etc.

Se o trabalhador, na inicial, relata que o acidente ocorreu no itinerário casa--trabalho, em virtude de colisão do ônibus que o conduzia com carro particular de um terceiro, não haverá qualquer culpa do empregador. Se o empregado alega que o acidente decorreu de um tombo que levou porque teve uma vertigem, não se pode presumir a culpa do empregador. Portanto, não haverá culpa presumida do empregador quando o acidente ocorrer fora do local de trabalho ou quando a função exercida não sugerir a doença profissional adquirida.

> **Ex.:** Por determinação das regras de medicina e segurança do trabalho e sanitárias o empregador fixa em diversos pontos do setor aparelho atrativo e exterminador de insetos (luz roxa que atrai moscas e insetos e as eletrocuta). O empregado é contratado para executar seus serviços no setor de frios e laticínios com estes aparelhos. Após o primeiro dia de trabalho no setor, o empregado adquire cegueira e queimaduras por toda a pele descoberta. Mais tarde é diagnosticado que as lesões decorreram de raro caso de intolerância ao tipo de luz emitida pelo aparelho. Esse é um caso de concausa antecedente, mais tarde estudada.

2.3. Abuso de Direito

De acordo com o Código Civil:

> **Art. 187.** Também comete ato ilícito o titular de um direito que, ao exercê-lo, excede manifestamente os limites impostos pelo seu fim econômico ou social, pela boa-fé ou pelos bons costumes.

Abuso de direito é o exercício de um direito subjetivo ou de prerrogativas individuais de forma exacerbada, fora dos limites normais que são baseados em princípios de comportamento e de direito, que importe em atos que violem a ética, a moral, a boa-fé, os bons costumes, o bem comum e a função social do direito.

Convém ressaltar que **abuso de direito** não se confunde com **ato ilícito**. Neste sentido, Heloísa Carpena[8] distingue o ato ilícito do abuso de direito:

---

7 Neste sentido OLIVEIRA, Sebastião Geraldo de. *Indenizações por acidente do trabalho ou doença ocupacional*. 2. ed. São Paulo: LTr, 2006, p. 172.

8 CARPENA, Heloísa. *Abuso de direito nos contratos de consumo*. Rio de Janeiro: Renovar, 2001, p. 382.

> O ilícito, sendo resultante da violação de limites formais, pressupõe a existência de concretas proibições normativas, ou seja, é a própria lei que irá fixar limites para o exercício do direito. No abuso não há limites definidos e fixados aprioristicamente, pois estes serão dados pelos princípios que regem o ordenamento, os quais contêm seus valores fundamentais.

Consequência lógica do abuso de direito que causa prejuízo a terceiro é o dever de indenizar. Se ferir norma de ordem pública, deve-se, ainda, declarar a nulidade absoluta do ato praticado.

Demitir um empregado é direito potestativo do empregador. Todavia, se ao demitir o empregador declarar que o motivo é em razão da orientação sexual do empregado, fato que descobriu dias antes, a despedida será abusiva, por discriminatória. Da mesma forma, o empregador que reverte o empregado de confiança ao cargo efetivo imprimindo publicamente ao trabalhador rebaixado a pecha de incompetente ou de ímprobo.

2.4. Atividade de Risco

De acordo com o parágrafo único do art. 927 do CC:

> **Art. 927.** Aquele que, por ato ilícito (arts. 186 e 187), causar dano a outrem, fica obrigado a repará-lo.
>
> **Parágrafo único.** Haverá obrigação de reparar o dano, independentemente de culpa, nos casos especificados em lei, ou quando a atividade normalmente desenvolvida pelo autor do dano implicar, por sua natureza, risco para os direitos de outrem.

O Código Civil consagrou, finalmente, a teoria da responsabilidade sem culpa ou da culpa presumida, para fazer prevalecer o dever geral de não prejudicar o outro, de reparar o dano causado, o que se coaduna com os princípios constitucionais da sociedade solidária, da justiça social e distributiva, priorizando sempre a dignidade e incolumidade da pessoa humana. Este ato representou um passo à frente diante da antiga teoria da irresponsabilidade como regra e o da responsabilidade civil como exceção. O centro das atenções deixa de ser o autor do dano, o ofensor, para ser a vítima, o ofendido, numa visão alargada de **coletividade**, mudando-se os paradigmas da responsabilidade civil. As atividades de risco passam a incomodar a coletividade e não somente a pessoa do trabalhador submetido ao risco. O fundamento da teoria está no fato de que a pessoa que se aproveita economicamente da atividade de risco deve indenizar e reparar os danos causados a outrem, desde que decorrentes destes riscos. A incolumidade física e mental do trabalhador é interesse digno de tutela jurídica que, quando lesionados, devem ser reparados ou indenizados. A boa-fé objetiva faz presumir que todos devem se comportar socialmente de forma a não causar prejuízo ao outro. Mesmo que a conduta, sob o ponto de vista do direito positivo, seja lícita, não violando qualquer lei, se afetar direitos fundamentais do trabalhador, dentre eles sua saúde física e mental, bens que fazem parte da dignidade humana, terá direito à reparação e indenização pelos danos causados.

Desta forma, haverá culpa presumida do empregador que explora atividade de risco ou que permite que seu trabalhador execute atividade de risco.

Consideram-se **atividades de risco** aquelas que causam ao trabalhador ônus maior que aos demais trabalhadores de outras atividades – Enunciado[9] nº 38 do CEJ.[10]

Percebe-se, claramente, que as atividades **insalubres** e **perigosas** submetem o trabalhador a riscos acima do limite de tolerância normal. Além do adicional legal e, se for o caso da estabilidade decorrente da lei, terá o trabalhador direito à reparação material dos demais danos patrimoniais diretos e indiretos (remédios, médicos, redução da capacidade laborativa), bem como dos **morais**[11] daí decorrentes.

Também terão direito à reparação de dano pelo caminho da responsabilidade objetiva os empregados lesionados em virtude da utilização das ferramentas, equipamentos, maquinaria que trabalham diretamente ou que fazem parte da produção da empresa, desde que ofereçam risco pela sua manipulação, manuseio ou controle.

Da mesma forma, o trabalhador que executa seus serviços em atividade insalubre, perigosa, penosa ou de risco, mesmo que não incluída como tal nas leis e demais normas da DRT, também terá direito às reparações patrimoniais e morais,[12] mesmo que o empregador não concorra com culpa, desde que presente o nexo causal entre o dano e o agente nocivo ou de risco.

A **exceção** a esta regra está na prova cabal de culpa exclusiva do empregado, mesmo em atividades de risco. Assim, se o empregado trabalha em local que oferece riscos de atropelamento e, por isso, o patrão delimita com faixas no chão o local por onde o trabalhador pode transitar, faz treinamentos e o adverte de tal procedimento, mas, mesmo assim, o trabalhador passa por fora da faixa e é atropelado, conclui-se pela responsabilidade do empregado, estando o patrão exonerado de qualquer indenização. Se, entretanto, o patrão não fiscaliza, não ensina o procedimento correto, não pinta as faixas ou permite, com frequência, o desrespeito aos limites impostos, será caso de culpa do empregador. Em alguns casos também pode ocorrer a "culpa" concorrente (art. 945 do CC).

A jurisprudência trabalhista já vem se posicionando pela responsabilidade do empregador na manutenção da segurança do local de trabalho.

> ACIDENTE DE TRABALHO. RESPONSABILIDADE CIVIL DO EMPREGADOR. DEVER DE PREVENÇÃO, SEGURANÇA E CAUTELA PARA GARANTIR MEIO AMBIENTE DE TRABALHO HÍGIDO. ATO ILÍCITO. INDENIZAÇÃO DEVIDA.

---

9 O Enunciado 38 do CEJ assim se refere: "A responsabilidade fundada no risco da atividade, como prevista na segunda parte do parágrafo único do art. 927 do Código Civil, configura-se quando a atividade normalmente desenvolvida pelo autor do dano causar a pessoa determinada um ônus maior do que aos demais membros da coletividade."

10 A sigla CEJ significa Centro de Estudos Judiciários do Conselho da Justiça Federal.

11 Depois da Lei 13.467/17 há controvérsias se é possível reparação de dano extrapatrimonial decorrente de atividade de risco, por conta da expressão "apenas" contida no *caput* do art. 223-A da CLT, que exclui a aplicação de outras regras de mesma hierarquia da CLT, entre elas o Código Civil.

12 Vide comentário *supra*.

No acidente de trabalho típico, incontroverso nos autos, restaram configurados o dano e o nexo causal, sendo que a culpa surge como inarredável, decorrente da ausência de prevenção, segurança e cautela, na falta de um meio ambiente de trabalho hígido. A indenização por danos – morais e materiais – decorre da responsabilidade civil imputada a quem pratica ato ilícito. TRT-5 – RecOrd: 00010541020125050133 BA, Relator: MARGARETH RODRIGUES COSTA, 2ª. TURMA, Data de Publicação: DJ 09/10/2018.

DOENÇA OCUPACIONAL. PERDA AUDITIVA. VENDEDOR. MEIO AMBIENTE DO TRABALHO. ELIMINAÇÃO DOS RISCOS E CONVENÇÃO 155 DA OIT. RESPONSABILIDADE OBJETIVA E SUBJETIVA DO EMPREGADOR. NEXO DE CAUSALIDADE RECONHECIDO POR CONCAUSA. INDENIZAÇÕES DEVIDAS. 1. Conforme o art. 16 da Convenção 155 da Organização Internacional do Trabalho, ratificada pelo Brasil por meio do Decreto 1254/94, sobre segurança e saúde dos trabalhadores e o meio ambiente de trabalho, ao disciplinar a ação em nível de empresa, "1. Deverá ser exigido dos empregadores que, na medida que for razoável e possível, garantam que os locais de trabalho, o maquinário, os equipamentos e as operações e processos que estiverem sob seu controle são seguros e não envolvem risco algum para a segurança e a saúde dos trabalhadores". 2. O fato da doença ser de natureza degenerativa ou preexistente não obsta o reconhecimento do nexo de causalidade com o trabalho, se comprovado que a atividade laboral tenha contribuído para o desencadeamento ou agravamento da patologia, constituindo causa para o agravo à saúde da vítima, na forma do disposto no art. 21, I, da Lei 8.213/91. 3. A atividade explorada pela ré (CNAE 2831-3/00) apresenta grau de risco 3 para acidentes do trabalho, conforme Anexo V (Relação de Atividades Preponderantes e Correspondentes Graus de Risco conforme a Classificação Nacional de Atividades Econômicas) do Decreto 6.957/09, atraindo a responsabilização objetiva pelo risco da atividade, na forma do art. 927, parágrafo único, do CC, c/c Anexo V do Decreto 6957/09 e Lei 12009/09. 4. A apresentação parcial da documentação ambiental obrigatória e a omissão na apresentação de documentos essenciais, especialmente PCA (Programa de Conservação Auditiva), que consiste em um conjunto de medidas técnicas, em atenção às disposições da NR 7, Anexo 1 da Portaria 3.214/78 e a Portaria 19 do MTE, que visa a prevenir ou estabilizar as perdas auditivas dos trabalhadores, detectando a acuidade auditiva e acompanhando a evolução, a partir de um processo contínuo e dinâmico de implantação de rotinas nas empresas, e a não demonstração de adoção das medidas previstas nos documentos ambientais obrigatórios (PPP, PPRA, PCMSO, LTCAT, etc.) induz presunção de nexo de causalidade da patologia auditiva que acometeu a parte autora, independentemente do fornecimento de EPIs (protetores auriculares), a atrair a responsabilidade subjetiva da ré. 5. Responsabilidade da empregadora decorrente tanto da presença do elemento objetivo, pela aplicação da teoria do risco da atividade e do princípio do poluidor pagador, quanto do elemento subjetivo, pela ausência da totalidade da documentação ambienta obrigatória, restando inegavelmente presentes os requisitos caracterizadores da responsabilidade civil: ilicitude do ato (atividade com risco de acidentes/doenças), a existência de dano (lesão à integridade física do trabalhador) e o nexo de causalidade entre o labor e o dano causado (PAIR). Indenizações por danos morais e materiais devidas. DELITOS AMBIENTAIS TRABALHISTAS. ART. 132 DO CP E ART. 19, § 2º, DA LEI 8213/91. EXPEDIÇÃO DE OFÍ-

CIOS. Tendo em conta que o descumprimento de normas de saúde, segurança, medicina e higiene do trabalho constitui contravenção penal, em tese, na forma do art. 19, § 2º, da Lei 8213/91, como também a desconsideração de risco na atividade exigida do trabalhador é conduta que constitui, em tese, o crime do art. 132 do CP, cabível a expedição de ofício ao Ministério Público do Trabalho, em cumprimento ao disposto no art. 7º da Lei 7347/85. TRT-4 – ROT: 00209827920175040203, Data de Julgamento: 12/09/2019, 2ª Turma.

Sebastião Oliveira[13] cita algumas jurisprudências cíveis a respeito da matéria:

ACIDENTE DE TRABALHO. DIREITO COMUM. INDENIZAÇÃO POR MORTE. Quantificação. Não se pode culpar o trabalhador por não adotar procedimentos de segurança, quando não há, por parte do empregador, exigência e fiscalização nesse sentido. Além disso, em situações de risco, eventuais descuidos daquele são perfeitamente previsíveis, o que se constitui, aliás, em razão de ser de todo o sistema protetivo do trabalho. EI 700009165, TJRS, 5º Grupo Cível, julgado em 15/09/2000.

RESPONSABILIDADE CIVIL. ACIDENTE DE TRABALHO. INDENIZAÇÃO. DIREITO COMUM. CULPA CONCORRENTE. O empregador que deixa de orientar adequadamente o obreiro sobre a operação de equipamento potencialmente perigoso não pode debitar a ele culpa concorrente por ter sido estimulado por circunstâncias a adotar providência tecnicamente inadequada. EI 51398504/9, STACivSP, 12ª Câmara Cível, SP, Rel. Juiz Arantes Theodoro, julgado em 26/08/99.

RESPONSABILIDADE CIVIL. ACIDENTE DE TRABALHO. MORTE. Responsabilidade subjetiva do empregador. Reparação pelo direito comum. Culpa concorrente evidenciada. A vítima trabalhava para a ré, na qualidade de vidraceiro, no prédio do Ministério da Fazenda, efetuando serviços de reparos com uma escada e um ajudante. Ao verificar um vidro quebrado fora da área do seu alcance, resolveu colocar a escada sobre dois cofres e pediu ao ajudante para auxiliá-lo, quando subiu, desequilibrou-se e caiu, sofrendo lesões, que resultaram em sua morte. Ficando evidenciada a culpa concorrente, na medida em que a vítima agiu com imprudência e a empresa ré negligente, devendo ser mitigada a indenização. Tratando-se de ato ilícito, os juros são devidos a partir do evento danoso. TJRJ 2ª Câmara Cível, RJ, AP 2004.001.01191. Rel. Elisabete Filizzola, julgado em 20/04/2004.

RESPONSABILIDADE CIVIL. ACIDENTE DE TRABALHO. Ação de indenização fundada em direito comum. Desacusia manifestada no decurso ou depois de trabalho sujeito a elevada pressão sonora. Nexo de causalidade presumido. Ação julgada procedente. Responde pela redução permanente da capacidade laborativa do empregado, a empregadora, a cuja culpa se atribui doença profissional, que, manifestando-se no decurso ou depois do exercício de ocupação potencialmente agressiva ao órgão molestado, se presume sempre causada pelo trabalho. Ac.250.884.1, TJSO, 2ª Câmara, SP, Rel. Des. Cezar Peluso, sessão dia 06/08/1996.

---

13 OLIVEIRA, Sebastião Geraldo de. *Indenizações por acidente do trabalho ou doença ocupacional*. 2. ed. São Paulo: LTr, 2006, p. 172.

Não se confunde a culpa do empregado, que é exceção à teoria da responsabilidade objetiva, com a alegação do empregador de adoção de todas as medidas de segurança.

Houve proposta de inclusão, no art. 927 do CC, da frase "salvo se comprovado o emprego de medida de prevenção tecnicamente adequada". Entretanto, tal exceção não foi aceita sob o correto entendimento de que, mesmo com todas as medidas de segurança, o risco de acidente e lesão pode existir. Nisto se pauta a teoria do risco.

Para a análise da atividade de risco, basta uma comparação do nível de exposição do trabalhador ao risco de nocividade à saúde (mental ou física) ou à vida, em relação ao perigo que sofrem os demais membros da coletividade em outras atividades. Qualquer pessoa pode cair, tropeçar, escorregar, torcer o pé em casa ou na rua, mesmo que esteja desempregado, aposentado ou que possua trabalho eventual. Podemos sofrer lesões graves em virtude de picadas de mosquito, alergias, poeiras e isto conduzir a um dano com sequelas na saúde, mesmo que estejamos em casa ou desempregado. Acima deste risco considerado "normal" que atinge indistintamente qualquer pessoa, independentemente de estar ou não empregado, há outros que estão acima do limite razoável, do comum, expondo o trabalhador a uma nocividade que a população em geral não está submetida. Apenas nestes casos caberá a indenização ao empregado, mesmo que o patrão não concorra com nenhuma culpa.

O Código Civil se pautou na ideia do risco da atividade, mesmo que normalmente desenvolvida por várias empresas, mas que indubitavelmente causa dano, por se tratar de atividade de risco.

Os que contrariam a tese acima apontam a inconstitucionalidade do art. 927 do CC, sob o argumento de que a Carta abraçou apenas a teoria da responsabilidade subjetiva quando mencionou em seu art. 7º, XXVIII, "seguro contra acidentes de trabalho, a cargo do empregador, sem excluir a indenização a que este está obrigado **quando incorrer em dolo ou culpa**" (grifos nossos).

Refutamos a tese acima. Isto porque o art. 927 do CC não viola o art. 7º, XXVIII, da CFRB, já que cria direito mais favorável ao trabalhador. Regra, aliás, cravada no mesmo art. 7º, *caput*, da Carta, que expressamente abraça o princípio da condição mais favorável, quando dispõe que "são direitos dos trabalhadores urbanos e rurais, **além de outros que visem à melhoria de sua condição social**". No contexto, deve-se adotar a teoria da interpretação sistemática e teleológica, seja porque os parágrafos e incisos devem respeitar o *caput* do artigo, bem como o capítulo (direitos e garantias fundamentais) e demais princípios, seja porque o objetivo e a finalidade da Carta é o de proteger o trabalhador.

A Lei 13.467/17 acrescentou o artigo 223-A à CLT que, no *caput*, afirma que:

> **Art. 223-A.** Aplicam-se à reparação de danos de natureza extrapatrimonial decorrentes da relação de trabalho **apenas** os dispositivos deste Título (grifos nossos).

A expressão "apenas" deixa clara a intenção do legislador da não aplicação de outras normas de mesma hierarquia ao dano extrapatrimonial trabalhista. A reparação de dano decorrente de responsabilidade objetiva está regulada genericamente no Código Civil. Por isso, muitos defenderão que nas lesões morais ocorridas após a vigência da Lei 13.467/17, decorrentes de responsabilidade objetiva, não cabem reparação trabalhista.

Mesmo antes do Código Civil (parágrafo único do art. 927), entretanto, a jurisprudência já vinha alargando o conceito de "culpa", cujo requisito é necessário para o dever de indenizar. A culpa presumida nasce da premissa do dever que todos temos de não prejudicar ninguém e praticar atos com segurança. Ainda que não se confunda com a culpa presumida, a atividade de risco é mero desdobramento dessa tese, pois a pessoa que explora economicamente a atividade de risco deve ser responsabilizar pelos prejuízos materiais e morais daí decorrentes. Por isso, defendemos que, mesmo depois da Lei 13.467/17, ainda é possível a indenização de dano extrapatrimonial decorrente de atividade de risco, ainda que a lesão tenha ocorrido após a referida lei.

Maiores considerações a respeito do tema no tópico a seguir, de "Dano Moral".

2.5. Nexo Causal

Para que o dever de indenizar recaia sobre o patrão, mister que exista uma relação de causa e efeito entre a conduta por ele praticada ou a atividade desenvolvida pela empresa ou por seu empregado e o resultado. Se a atividade é de risco, se o patrão pratica ato ilegal ou abusivo, mas não causa dano algum ao empregado, não haverá dever de indenizar.

O nexo causal é o vínculo existente entre o dano e o ato praticado pelo empregador ou pela atividade de risco.

Considera-se causa a ação ou omissão sem a qual o resultado não teria ocorrido (art. 13 do CP).

2.6. Nexo Concausal ou Concausa

O acidente de trabalho, as doenças profissionais e as do trabalho, isto é, as doenças ocupacionais, podem derivar de mais de uma causa, relacionadas ou não com o trabalho, ofício ou profissão. Nesse sentido, a concausa caracteriza-se pela concorrência de diversas circunstâncias que agravam ou atenuam o dano. Não tem o condão de, por si só, produzir o dano ou de excluir o nexo causal provocado pela conduta principal. É fácil perceber a diferença entre o nexo causal e a concausa, pois se não fosse a conduta principal do agressor (nexo causal), a vítima não se encontraria no estado em que o evento danoso a colocou. A concausa é mero coadjuvante e não o evento principal.

Para Cavalieri Filho[14] "a concausa é outra causa que, juntando-se à principal, concorre para o resultado. Ela não inicia nem interrompe o processo causal, apenas

14 CAVALIERI FILHO, Sérgio. Programa de Responsabilidade Civil. 2. ed. 4. tir. São Paulo: Malheiros, 2001, p. 62.

o reforça, tal qual um rio menor que deságua em outro maior, aumentando-lhe o caudal".

Aliás, o art. 21 da Lei nº 8.213/91 equipara ao acidente de trabalho o infortúnio que, embora não tenha sido causa única, haja contribuído diretamente para a morte, redução ou perda da capacidade de labor.

As concausas podem ser de fatos preexistentes, supervenientes ou concomitantes ao dano e em nada diminuem a responsabilidade do agente, mesmo que não tivesse conhecimento da causa que reforçou o resultado gravoso.

Exemplo da **concausa antecedente** ou **preexistente** é o caso do diabético que se fere no trabalho ou do hemofílico, vitimado em um acidente com grave sangramento. Ocorre quando a circunstância ou fato é anterior ao movimento que desencadeia o dano (nexo causal). Dessa forma, as condições pessoais de saúde do agredido, assim como suas predisposições patológicas não atenuam a responsabilidade do agressor, embora aumentem o resultado do dano.

A **concausa superveniente** ou **posterior** é a circunstância que ocorre depois do desencadeamento do nexo causal, agravando ou atenuando o resultado do dano. O socorro imediato ou atrasado pode influir na intensidade do dano causado à vítima, por exemplo. Complicações pós-operatórias decorrentes de bactérias e micróbios podem piorar o estado da vítima e até levá-la à morte. Estas circunstâncias não alteram o valor da indenização ou a responsabilidade do agressor, apesar de agravar o dano. Todavia, a jurisprudência tem admitido a redução do valor da indenização do dano moral decorrente do infortúnio. No mesmo sentido Sebastião Oliveira.[15]

As **concausas concomitantes** ou **simultâneas** são as que coexistem ao sinistro, processando-se ao mesmo tempo, como pode ocorrer no caso do idoso portador de surdez parcial seja em decorrência da idade avançada, seja em virtude do ambiente de trabalho, local em que há excesso de ruído, em níveis acima da tolerância legal.

3. ACUMULAÇÃO DAS INDENIZAÇÕES – ACIDENTE DE TRABALHO

3.1. Benefício Previdenciário × Indenização por Acidente de Trabalho

3.1.1. Acidente de Trabalho sem Sequelas

De acordo com o Código Civil:

> **Art. 949.** No caso de lesão ou outra ofensa à saúde, o ofensor indenizará o ofendido das despesas do tratamento e dos lucros cessantes até o fim da convalescença, além de algum outro prejuízo que o ofendido prove haver sofrido.

[15] OLIVEIRA, Sebastião Geraldo de. *Indenizações por acidente do trabalho ou doença ocupacional*. 2. ed. São Paulo: LTr, 2006, p. 133 (nota de rodapé).

Art. 950. Se da ofensa resultar defeito pelo qual o ofendido não possa exercer o seu ofício ou profissão, ou se lhe diminua a capacidade de trabalho, a indenização, além das despesas do tratamento e lucros cessantes até o fim da convalescença, incluirá pensão correspondente à importância do trabalho para que se inabilitou, ou da depreciação que ele sofreu.

Parágrafo único. O prejudicado, se preferir, poderá exigir que a indenização seja arbitrada e paga de uma só vez.

Assim, se o trabalhador sofreu acidente de trabalho em decorrência de ato culposo ou doloso do empregador, e, por isso, ficou seis meses sem trabalhar, retornando ao emprego após a alta médica, **sem sequelas**, ele terá direito a perceber a indenização das despesas do tratamento e lucros cessantes (salários e demais despesas) até a convalescença – art. 949 do CC.

Apesar da reparação do dano patrimonial visar repor o exato valor do prejuízo sofrido pelo empregado, o patrão terá que pagar o valor equivalente ao salário (e demais vantagens) que o empregado ganhava quando do acidente, enquanto perdurar o afastamento do trabalhador, sem debitar, reduzir ou atenuar este valor por aquele que é pago pela Previdência Social. Isto porque as parcelas pagas têm natureza jurídica e fato gerador distintos. A parcela paga pelo empregador decorre do ato por ele praticado (dolo, culpa ou culpa presumida, para as atividades de risco), ensejando indenização; o fato gerador é o dano, com nexo causal que o vincula ao ato do patrão, enquanto o benefício pago pela Previdência tem natureza social, pois visa garantir um mínimo de sobrevivência ao segurado e tem como fato gerador o implemento das condições legais impostas pela lei. Preenchidos os requisitos legais o segurado terá direito. A Previdência não responde por culpa, dolo ou atividade de risco e sim por determinação legal, pelo princípio da solidariedade social.

Quando o acidentado retorna ao trabalho, após o período de auxílio-doença, sem qualquer sequela, a incapacidade será considerada como temporária para o trabalho, ensejando, apenas, o direito ao dano emergente e lucro cessante, desde que o empregador tenha agido com dolo ou culpa.

Como visto, esta indenização compreenderá tanto as despesas com o tratamento, como as destinadas a repor aquilo que o empregado deixou de ganhar com extras (gorjetas, gratificações etc.), bem como o pagamento pelo patrão dos salários do período de afastamento até a alta médica, pelo valor do último salário, sem qualquer dedução do valor pago pela Previdência.

Todavia, esta posição não é unânime.

Há corrente tímida (que serve para as três hipóteses de incapacidade para o trabalho) que defende que o empregador só deve pagar a diferença entre o valor pago pela previdência e aquele que o empregado teria direito se trabalhando estivesse. Esta tese justifica que o valor da reparação do dano não pode ser superior ao limite do dano causado. Argumenta que vítima não tem direito a um acréscimo de rendimento por causa do acidente, pois o art. 121 da Lei nº 8.213/91, ao estabelecer que o pagamento pela Previdência não **exclui** a responsabilidade civil da empresa ou de outrem, apenas quis deixar clara a não isenção total de responsabilidade, autorizando o pagamento pelo empregador da diferença entre o valor pago pelo INSS e aquele devido pelo empregador na época do acidente, além da reparação de outras despesas, como tratamentos médicos, remédios, ganhos extras como gorjetas, gratificações e reparações por danos morais. Acrescentam que o Código Civil não autoriza a fixação de pensão para estes casos (ocasião que a lei, segundo relatam, teria autorizado a cumulação), mas tão somente de indenização para reparação do dano. A lei não proíbe o abatimento, a dedução. Impede apenas a exclusão de responsabilidade. Por fim, apontam que a teoria da responsabilidade civil se baseia em não enriquecer nem empobrecer a vítima. Assim, o acúmulo da indenização com o benefício previdenciário iria proporcionar à vítima renda bem superior (dobrada) à que detinha antes do acidente.

Sebastião Oliveira,[16] em posição oposta, defende que o valor pago pelo empregador a título de lucros cessantes será o do salário, mesmo após o 16º dia da doença, sem qualquer dedução do valor pago pela Previdência. Além destes valores, ainda é possível a reparação por danos morais. Argumenta que o benefício pago pela Previdência não decorre de culpa ou dolo dos atos praticados contra a vítima segurada, enquanto a responsabilidade do empregador depende. Segundo sua tese, a Previdência tem responsabilidade com base na teoria do risco, enquanto o empregador, com base na responsabilidade civil por culpa ou dolo. Da mesma forma a doutrina[17] e jurisprudência majoritária. Concordamos com esta tese, salvo no que tange ao tipo de responsabilidade da Previdência.

No período que o empregado fica sem trabalhar, a Previdência Social arcará com o auxílio-doença em virtude da doença ou do acidente de trabalho a partir do 16º dia.

> **Art. 60.** O auxílio-doença será devido ao segurado empregado a contar do décimo sexto dia do afastamento da atividade, e, no caso dos demais segurados, a contar da data do início da incapacidade e enquanto ele permanecer incapaz.
>
> (...)
>
> **Art. 61.** O auxílio-doença, inclusive o decorrente de acidente do trabalho, consistirá numa renda mensal correspondente a 91% (noventa e um por cento) do salário de benefício, observado o disposto na Seção III, especialmente no art. 33 desta Lei.
>
> **Art. 62.** O segurado em gozo de auxílio-doença, insusceptível de recuperação para sua atividade habitual, deverá submeter-se a processo de reabilitação profissional para o exercício de outra atividade. Não cessará o benefício até que seja dado como habilitado para o desempenho de nova atividade que lhe garanta a subsistência ou, quando considerado não recuperável, for aposentado por invalidez.
>
> **Art. 63.** O segurado empregado, inclusive o doméstico, em gozo de auxílio-doença será considerado pela empresa como licenciado.
>
> (...)

De acordo com os artigos acima transcritos conclui-se que a Previdência Social arca com o auxílio-doença decorrente de acidente de trabalho, que equivale a 91%

---

16 *Ibidem*, p. 286.

17 CAVALIERI FILHO, Sérgio. *Programa de Responsabilidade Civil*. 5. ed. São Paulo: Malheiros, 2004, p. 161.

do salário-contribuição, o que não exclui, reduz ou deduz o direito do empregado à indenização patrimonial e moral.

Se, entretanto, em virtude do acidente o trabalhador tiver sequelas que lhe reduzam a capacidade laborativa, será o caso de invalidez parcial ou total. Neste caso, deverá ser aplicado o art. 950 do CC, que, além dos direitos patrimoniais acima relacionados, terá, ainda, direito à pensão (veremos abaixo). Neste caso, o trabalhador poderá optar pelo pagamento de uma indenização de uma só vez, como autoriza o parágrafo único do art. 950, do Código Civil c/c Enunciado[18] nº 48 do CEJ.

3.1.2. Acidente de Trabalho com Sequela – Invalidez

A indenização ou pensão deve levar em conta o prejuízo específico e não uma eventualidade futura. Por isso, necessário saber quais são os tipos de invalidez para se quantificar, com razoabilidade, o valor da indenização.

INVALIDEZ

- Inabilitação para a profissão, com possibilidade de readaptação para o trabalho em outra função;
- Incapacidade para o exercício de qualquer profissão ou atividade;
- Incapacidade total para qualquer atividade e com necessidade permanente do auxílio de outra pessoa para os atos normais da vida (grande invalidez).

A indenização deverá englobar: a) dano emergente e lucros cessantes que correspondem às despesas com o tratamento até o fim da convalescença, tais como: remédios, médicos, fisioterapia, próteses, aparelhos ortopédicos e o que deixou de ganhar com aquele trabalho; b) pensão correspondente, proporcional à incapacidade do trabalho para o qual ficou inabilitado até nova colocação no mercado, em caso de incapacidade relativa e parcial para o trabalho[19] ou vitalícia e integral em caso de incapacidade definitiva e total para o trabalho, sem dedução do valor recebido pela Previdência Social; c) pagamento mensal de empregado para aqueles que necessitarem permanentemente de auxílio de outra pessoa para os atos normais da vida diária, quando da "grande invalidez"; d) indenização pelos ganhos extras que deixou de receber em virtude do afastamento do trabalho, como gorjetas, comissões

---

18 O Enunciado 48 do CEJ assim se refere: "O parágrafo único do art. 950 do novo Código Civil institui direito potestativo do lesado para exigir pagamento de uma indenização de uma só vez, mediante arbitramento do valor pelo juiz, atendido ao disposto nos arts. 944 e 945 e à possibilidade econômica do ofensor."

19 Há entendimento jurisprudencial majoritário no sentido de que é possível a revisão da sentença se o estado de saúde do trabalhador se modificar, para melhor ou para pior. Normalmente, basta simples pedido de revisão do julgado, nos próprios autos da ação originária, comprovando a modificação do estado que o ex-empregado se encontra – aplicação analógica do art. 1.699 do CC c/c art. 471 do CPC/73 e 505 do CPC/2015.

ou gratificações (aí não se incluem as horas extras, noturnas e adicionais porque remuneram uma nocividade); e) indenização por dano moral e/ou estético.

As tabelas elaboradas pela Susep[20] indicam o percentual de invalidez permanente ou total. Os percentuais devem ser calculados sobre o último salário.

Tabela para Cálculo da Indenização em Caso de Invalidez Permanente		
Invalidez Permanente	**Discriminação**	**% sobre importância segurada**
TOTAL	Perda total da visão de ambos os olhos	100
	Perda total do uso de ambos os membros superiores	100
	Perda total do uso de ambos os membros inferiores	100
	Perda total do uso de ambas as mãos	100
	Perda total do uso de um membro superior e um membro inferior	100
	Perda total do uso de uma das mãos e de um dos pés	100
	Perda total do uso de ambos os pés	100
	Alienação mental total e incurável	100
PARCIAL	Perda total da visão de um olho	30
	Perda total da visão de um olho, quando o segurado já não tiver a outra vista	70
DIVERSOS	Surdez total incurável de ambos os ouvidos	40
	Surdez total incurável de um dos ouvidos	20
	Mudez incurável	50
	Fratura não consolidada do maxilar inferior	20
	Imobilidade do segmento cervical da coluna vertebral	20
	Imobilidade do segmento tóraco-lombo-sacro da coluna vertebral	25
PARCIAL MEMBROS SUPERIORES	Perda total do uso de um dos membros superiores	70
	Perda total do uso de uma das mãos	60
	Fratura não consolidada de um dos úmeros	50
	Fratura não consolidada de um dos segmentos rádio-ulnares	30
	Anquilose total de um dos ombros	25
	Anquilose total de um dos cotovelos	25
	Anquilose total de um dos punhos	20
	Perda total do uso de um dos polegares, inclusive o metacarpiano	25
	Perda total do uso de um dos polegares, exclusive o metacarpiano	18
	Perda total do uso da falange distal do polegar	9
	Perda total do uso de um dos dedos indicadores	15
	Perda total do uso de um dos dedos mínimos ou um dos dedos médios	12
	Perda total do uso de um dos dedos anulares	9
	Perda total do uso de qualquer falange, excluídas as do polegar: indenização equivalente a 1/3 do valor do dedo respectivo	

[20] A Susep é autarquia federal, vinculada ao Ministério da Economia, responsável pelo controle e fiscalização do mercado de seguros e previdência privada.

Tabela para Cálculo da Indenização em Caso de Invalidez Permanente

Invalidez Permanente	Discriminação	% sobre importância segurada
PARCIAL MEMBROS INFERIORES	Perda total do uso de um dos membros inferiores	70
	Perda total do uso de um dos pés	50
	Fratura não consolidada de um fêmur	50
	Fratura não consolidada de um dos segmentos tíbio-peroneiros	25
	Fratura não consolidada da rótula	20
	Fratura não consolidada de um pé	20
	Anquilose total de um dos joelhos	20
	Anquilose total de um dos tornozelos	20
	Anquilose total de um dos quadris	20
	Perda parcial de um dos pés, isto é, perda de todos os dedos e de uma parte do mesmo pé	25
	Amputação do 1º (primeiro) dedo	10
	Amputação de qualquer outro dedo	3
	Perda total do uso de uma falange do 1º dedo, indenização equivalente 1/2, e dos demais dedos, equivalente a 1/3 do respectivo dedo	
	Encurtamento de um dos membros inferiores	
	de 5 (cinco) centímetros ou mais	15
	de 4 (quatro) centímetros	10
	de 3 (três) centímetros	6
	Menos de 3 (três) centímetros	sem indenização

A Susep[21] acrescenta que:

> quando do mesmo acidente resultar invalidez de mais de um membro ou órgão, será calculada somando-se as percentagens respectivas, sem que possa, todavia, exceder a 100% (cem por cento) da importância segurada para o caso de INVALIDEZ PERMANENTE; havendo duas ou mais lesões de um mesmo membro ou órgão, a soma das percentagens correspondentes não poderá exceder a percentagem da indenização prevista para a sua perda total.

O Decreto nº 3.048/99, art.104, anexo III, tem extensa tabela, composta de nove quadros, relacionando as lesões que autorizam a concessão do auxílio-acidente.

Caberá à **prova pericial** ou àquela produzida nos autos apontar o grau de incapacidade do acidentado. Todavia, estes percentuais e parâmetros são apenas indicativos, assim como a prova pericial, pois não levam em conta alguns dados como a profissão da vítima, o mercado de trabalho, as características do ofendido etc. Na verdade, enquadram a invalidez de forma genérica.

Defendemos que a prova pericial é recomendável, mas não tarifada, isto é, não é obrigatória. Se já está evidente, por laudo médico acostado nos autos ou por

---

21 Tabela e informações obtidas no *site* da Susep na página: http://www.susep.gov.br/ menuatendimento/ seguro_pessoas_consumidor.asp#ac_pessoais, acesso em 10/10/2009.

outro meio idôneo que o trabalhador, por exemplo, perdeu a visão dos dois olhos, a tabela da Susep indica incapacidade de 100%. Neste caso, não haveria necessidade de produção de prova pericial para comprovar o fato e "enquadrar" a incapacidade.

Nas palavras de Silvio Rodrigues,[22] "o juiz deverá agir com ponderação ao fixar a indenização em casos tais, admitindo por vezes haver apenas redução na capacidade laborativa, com o fito não só de impossibilitar um enriquecimento indevido quando a vítima possa voltar a trabalhar em outro mister, como também o de desencorajar um injustificado ócio".

Não deve haver, por outro lado, um rigor inflexível quanto àqueles percentuais indicados ou pela tabela da Susep ou pelo perito. Estes devem servir de parâmetros complementares aos demais elementos dos autos e, com razoabilidade, o julgador deve fixar o valor da pensão e indenizações.

Para fixação da indenização a ser paga de uma única vez, como faculta o parágrafo único do art. 950 do CC, o juiz deve multiplicar o valor da pensão mensal, incluindo o 13º salário, pelo número de meses da expectativa de vida do trabalhador (tabela do IBGE sobre expectativa de vida).

Apesar da reparação do dano patrimonial visar repor o exato valor do prejuízo sofrido pelo empregado, o entendimento da doutrina e jurisprudência majoritárias é no sentido de que o empregador terá que pagar o valor equivalente ao salário (e demais vantagens) que o empregado ganhava quando do acidente, sem debitar, reduzir ou atenuar este valor por aquele que é pago pela Previdência Social. Isto porque as parcelas pagas têm natureza distinta. A paga pelo empregador decorre do ato praticado (dolo ou culpa ou culpa presumida, para as atividades de risco) ensejando indenização, enquanto aquela paga pela Previdência tem natureza social de garantir um mínimo de sobrevivência ao segurado. Preenchidos os requisitos legais o segurado terá direito. A Previdência não responde por culpa, dolo ou atividade de risco e sim por determinação legal.

Convém lembrar, ainda, que a natureza do seguro contra acidente de trabalho é social e difere por completo da natureza dos demais seguros, pois não preenche os requisitos dos arts. 757 até 777 do CC – art. 201, § 10, da CRFB c/c arts. 18 e 22 da Lei nº 8.213/91. Ademais, para o doméstico e contribuinte individual o benefício é garantido e inexiste recolhimento a título de seguro de acidente de trabalho.

A tese já estava consagrada na antiga Súmula nº 229 do STF que foi acolhida pelo art. 7º, XXVIII, da Constituição da República[23] c/c art. 950 do CC.

Desta forma, o empregador deve arcar com a totalidade da indenização, já que o benefício previdenciário não exclui, nem deduz ou atenua o valor devido pelo empregador a título de pensionamento ou indenização. Além destes valores, cabe, ainda, ao patrão, o pagamento dos gastos extras, assim entendidos como aqueles relacionados com a doença, tais como: médicos, remédios etc., bem como os efeitos

---

22 *Apud* OLIVEIRA, Sebastião Geraldo de. *Indenizações por acidente do trabalho ou doença ocupacional.* 2. ed. São Paulo: LTr, 2006, p. 267.

23 Art. 7º, XXVIII, da CRFB: "seguro contra acidentes de trabalho, a cargo do empregador, sem excluir a indenização a que este está obrigado quando incorrer em dolo ou culpa."

acessórios do contrato, como as gorjetas que deixou de receber, o plano de saúde que a empresa concedia etc. Além do dano moral e estético.

O valor da indenização deve levar em consideração todas as circunstâncias do fato, da incapacidade, da culpa etc. – art. 950 do CC c/c Enunciado[24] nº 192 do CEJ. Neste sentido o art. 949 do CC.

Não se justifica que a pensão ou indenização seja reduzida pela simples consideração hipotética e não comprovada, de que o trabalhador poderia exercer outro trabalho; que seria capaz de se recolocar no mercado de trabalho ou que poderia aprender outro ofício ou profissão.

A possibilidade de procura de outro trabalho, por aquele que perdeu a capacidade total ou parcial de trabalho, é uma eventualidade, uma hipótese que pode ou não ocorrer, já que outros fatores devem ser levados em conta como idade, o tipo de incapacidade, a dimensão desta, mercado de trabalho local, o estado psíquico que se encontra o acidentado etc.

A posição da jurisprudência é no sentido da não compensação da pensão devida pelo empregador com a devida pela Previdência:

> APELAÇÃO CÍVEL. RESPONSABILIDADE CIVIL. ACIDENTE DE TRÂNSITO COM LESÃO CORPORAL GRAVE. AMPUTAÇÃO DE PARTE DA PERNA. Incapacidade total para exercer sua função de agente penitenciário e em grau geral de 65%. Observados os elementos contidos nos autos, os danos morais foram corretamente arbitrados em R$ 50.000,00. Pensão vitalícia devida na base de 100% dos vencimentos que percebia na data do fato em razão da incapacidade para o exercício da profissão para a qual o autor estava habilitado. Não pode restar dúvida de que a situação criada pelo ato do réu gerou angústia e profundo sofrimento ao autor, pois, diante de inescusável e inadmissível imprudência de seu preposto, foi o autor atropelado tendo parte de sua perna esmagada com consequente amputação. Agora, o autor já não pode mais exercer a função para a qual se habilitou e teve, para o resto da vida, reduzida em 65% a sua capacidade para as demais atividades. Esta angústia não é aquela cotidiana a desautorizar a condenação moral. Afinal, os fatos acima narrados não são usuais e corriqueiros da vida, mas, de certo, que são caracterizadores de grave abalo psíquico capaz de gerar o direito à justa indenização. O laudo pericial foi claro no sentido de que o autor ficou 100% incapacitado para exercer a função para a qual se qualificou e isto é o quanto basta. Para a caracterização de invalidez total permanente é suficiente que o indivíduo seja incapacitado para exercer a função para a qual estava habilitado. É inexigível, e até desumano, que o autor nesta altura da vida, quase cinquenta anos, venha a ter que habilitar-se para nova função e submeter-se ao mercado de trabalho tendo em currículo a necessidade de utilização de prótese para manter-se ereto. Esta verba é devida sem o abatimento do valor pago pela previdência pública, eis que o entendimento jurisprudencial predominante é o de que, pela inteligência do art. 1.539 do CC vigente à época do fato, estas verbas são independentes e cumuláveis, eis que não cabe ao intérprete criar restrições

---

24 O Enunciado nº 192 do CEJ assim se refere: "Os danos oriundos das situações previstas nos arts. 949 e 950 do Código Civil de 2002 devem ser analisados em conjunto, para o efeito de atribuir indenização por perdas e danos materiais, cumulada com dano moral e estético."

onde a lei não restringiu. TJRJ 8ª Câmara Cível, AP 2004.001.04079, Rel. Des. Marco Aurélio Froes, julgado em 04/05/2004.[25]

ACIDENTE DE TRABALHO. INDENIZAÇÃO DE DIREITO COMUM. RESPONSABILIDADE CIVIL SUBJETIVA. CULPA CONFIGURADA. Empregador que impõe entrega de bebidas em local sabidamente violento em horário inadequado. Indenização cabível. 1. A Constituição da República admitiu a possibilidade de ser pleiteada a indenização pelo direito comum, cumulável com a acidentária, no caso de dolo ou culpa do empregador, consoante preceitua o art. 7º, XXVIII, da Carta Magna. 2. O fato de submeter o empregado à situação de risco – exigir o cumprimento integral de entregas em local sabidamente violento até altas horas da noite – criou a situação propiciatória do dano, caracterizando a conduta culposa da apelante. Nesta hipótese pode-se dizer que não há uma causação direta e imediata do dano por parte do empregador, ora apelante, mas seu comportamento ativo entra, de modo mediato, porém decisivo, como causa do resultado. A culpa da apelante concorrendo para o evento é inquestionável. 3. As verbas por danos materiais e morais foram fixadas de forma correta, na linha da jurisprudência desta Corte. 4. Rejeição das preliminares. TJ/RJ 14ª Câmara Cível, AP 2005.001.52261, Des. José Carlos Paes, Julgamento em 21/02/2006.

RESPONSABILIDADE CIVIL DO EMPREGADOR INDENIZAÇÃO COM BASE NO DIREITO COMUM – ACIDENTE DO TRABALHO – QUEDA DE ANDAIME – PROVA CONTRADITÓRIA QUANTO ÀS CIRCUNSTÂNCIAS EM QUE OCORREU O ACIDENTE E AUSÊNCIA DE PROVA DE CULPA DA EMPREGADORA. Ação de responsabilidade civil, com base no direito comum, proposta por ex-empregado em face da ex-empregadora, objetivando o recebimento de indenização por danos materiais, estéticos e morais decorrentes de acidente ocorrido em 31/03/1999, quando trabalhava como pedreiro num andaime, a uma altura aproximada de 2,5m, em obra que estava sendo realizada pela ré, e uma das madeiras utilizadas para servir de patamar, sobre a qual se firmava, veio a se partir provocando sua queda, sendo que o "pé-de-cabra" com o qual trabalhava veio a cair sobre seu braço direito, na altura do pulso. Sentença que, embora reconhecendo provado o evento danoso, apontou diversos pontos contraditórios no contexto probatório, concluiu pela ausência de prova do nexo de causalidade e, em consequência, julgou improcedente a pretensão autoral. É certo que "a indenização acidentária não exclui a do direito comum, em caso de dolo ou culpa grave/ do empregador" (verbete nº 229 da Súmula dá Jurisprudência do Egrégio Supremo Tribunal Federal) e que, a partir da Constituição de 1988, não mais se exija a culpa grave. Mas a culpa, ainda que leve, há de ser demonstrada. Além da existência de contradições relativamente às circunstâncias do acidente e às consequências do mesmo, ante a precariedade da prova testemunhal, não resultou demonstrada a ocorrência de culpa por parte da empregadora. Desprovimento do recurso. TJ/RJ 18ª Câmara Cível, AP 2005.001.54072, Des. Cássia Medeiros, julgamento 28/03/2006.

RESPONSABILIDADE CIVIL. ACIDENTE DE TRABALHO. INDENIZAÇÃO PELO DIREITO COMUM. IMPRUDÊNCIA E NEGLIGÊNCIA DO EMPREGADOR. ÔNUS DA PROVA. REGRA DO ART. 333, I, DO CPC. DANO MORAL E MATERIAL. CABIMENTO. RECURSOS DESPROVIDOS. Por ser independente

---

[25] *Apud* OLIVEIRA, Sebastião Geraldo de. *Indenizações por acidente do trabalho ou doença ocupacional*. 2. ed. São Paulo: LTr, 2006, p. 270.

da indenização tarifária que se postula com base na lei específica, a que decorre da responsabilidade civil do empregador, fulcrada no direito comum, necessita, entretanto, da demonstração de dolo ou culpa em qualquer grau, cujo ônus *probandi* compete ao titular da pretensão exibida, segundo a regra do art. 333, I, do CPC, o que, restando configurado, de forma cabal e irretorquível, não afasta o dever reparatório do empregador, esteja tal pretensão embasada na construção pretoriana (Súmula nº 229 do STF), ou arrimada na Constituição Federal de 1988 (art. 7º, XVIII). Assim, ocorrido o acidente que ocasionou lesão na mão direita do empregado, por imprudência e negligência do empregador no evento, admissível se apresenta a pretensão reparatória, no que concerne ao dano material, consistente em pensionamento, porquanto comprovado, bem como o dano moral daí resultante, cuja verba mostra-se adequada, sobretudo quando se verifica que a fixação da mesma se encontra situada em patamares comedidos. TJ/RJ, 3ª Câmara Cível, AP 2005.001.09852, Rel. Antônio Eduardo F. Duarte. Julgamento dia 28/03/2006.

3.1.3. Prescrição

De acordo com o art. 7º, XXIX, da CRFB a prescrição da pretensão de créditos resultantes das relações de trabalho é de cinco anos, até o limite de dois anos após a extinção do contrato de trabalho.

Portanto, todo crédito ou direito pretendido pelo empregado em razão de lesão causada pelo seu empregador, se submete à regra acima. A reparação de qualquer dano material ou moral também.

Ademais, o inciso XXVIII está posicionado imediatamente antes, do inciso XXIX do mesmo art. 7º, ambos relacionados com o direito do trabalhador urbano ou rural.

O empregado que danifica dolosamente a vidraça da agência bancária que trabalha dá ao empregador o direito de descontar dos seus salários o valor correspondente. Esta é uma lesão de cunho trabalhista e se submete à prescrição trabalhista. Todavia, para conceituar dano, dolo, nexo causal e quantificar o valor da indenização, mister a utilização de alguns artigos do Código Civil, que é a norma irradiante de todas as outras. Aliás, o conceito de pessoa física, de capacidade de direito e de exercício, de pessoa jurídica, de sociedade, empresário, dentre tantos outros são encontrados no Código Civil, mas isto não significa que a lesão seja de direito civil. Da mesma forma, o conceito de acidente de trabalho, de doença profissional, de doença do trabalho está na lei previdenciária, mas se a lesão foi praticada pelo patrão contra seu empregado, e o pedido for de reparação desta, a natureza será trabalhista. Portanto, não tem qualquer fundamento a corrente que alega que a lesão é de natureza civil, porque o conceito de dano está no Código Civil, e a partir daí aplicar a prescrição civil. A se pensar desta forma, quando o juiz criminal analisar a capacidade ou não do agressor e, para tanto, utilizar os conceitos de capacidade contidos no Código Civil, isto significará que a lesão é civil? Claro que não.

Se um empregador causar dano ao veículo do empregado, qual a prescrição aplicada ao caso? A trabalhista, é claro.

Seguindo este raciocínio, também é correto afirmar que a prescrição do dano que o empregador causar à saúde do trabalhador também é trabalhista.

O fato da Justiça Estadual sempre ter negado a aplicação da regra trabalhista ao caso, não pode alterar a sua natureza ou a interpretação. O deslocamento da competência, pela EC nº 45/2004, da Justiça Estadual para a Trabalhista,[26] modifica regra processual, mas não a de direito material. Seria o mesmo que dizer que a partir da Emenda nº 45/2004 o conceito de dano, acidente, doença, prejuízo alterou porque a competência também foi modificada.

Sendo assim, a **prescrição** a ser aplicada, mesmo para as ações interpostas antes da EC nº 45/2004, é, pois sempre foi, a **trabalhista**, isto é, a prevista no art. 11 da CLT.

Todavia, a matéria não é tranquila e inspira outras duas correntes.

A primeira no sentido de que a lesão é de natureza civil e, por isso, atrai a prescrição civil, isto é, aquela prevista no art. 206, § 3º, inciso V, do CC (três anos) ou quando o dano tiver ocorrido em data anterior ao novo Código, pelo antigo art. 177 do CC de 1916 (20 anos).

A segunda corrente confunde normas de direito material com as de direito processual, e advoga[27] que deverá ser aplicada a prescrição civil quando a lesão (acidente) tiver ocorrido antes da EC nº 45/2004; e trabalhista para as havidas após a Emenda. Aduz, ainda, que quando o autor ajuizou a ação na Justiça Comum levou em conta a prescrição "vigente" à época, não podendo ser prejudicado com a transferência da competência para Justiça do Trabalho.

O erro desta corrente está no fato de se achar que prescrição é regra de direito processual e, quando alterada a competência, também aquela estaria modificada.

A jurisprudência ainda é vacilante nos tribunais:

> PRESCRIÇÃO. DANO MORAL. Tratando-se de pretensão de indenização por danos morais, sob o fundamento de que a lesão decorreu da relação de trabalho, o prazo prescricional a ser considerado é o do art. 7º, inciso XXIX, da Constituição Federal. Desse modo, se o Reclamante não observa tal prazo, aguardando o desfecho de outra ação ajuizada, com vistas a desconstituir a despedida por justa causa, permite que a pretensão seja atingida pela prescrição. Recurso a que se nega provimento. TST, 5ª T., RR – 768299/2001 Rel. Gelson de Azevedo, *DJ* 25/08/2006.

> DANO MORAL. ACIDENTE DE TRABALHO. PRESCRIÇÃO. 1. A indenização de dano moral não tem previsão na legislação do trabalho, mas no direito comum. Constatação não desmentida pelo deslocamento da competência à Justiça do Trabalho pela EC 45. A matéria que era antes discutida na Justiça comum passou a

---

[26] A competência da Justiça do Trabalho está retratada na Súmula Vinculante 23 do STF: "A Justiça do Trabalho é competente para processar e julgar as causas relativas a indenizações por danos morais e patrimoniais decorrentes de acidente de trabalho propostas por empregado contra empregador, alcançando-se, inclusive, as demandas que ainda não possuíam, quando da promulgação da EC nº 45/2004, sentença de mérito em primeiro grau".

[27] Esta é a posição de Sebastião Oliveira. *Ibidem*, p. 329.

ser agora discutida na Justiça do Trabalho. Alterou-se apenas a competência, mas não a natureza jurídica da matéria discutida. Embora o litígio seja decorrente de relação de trabalho, não envolve direito tipicamente trabalhista. O deslocamento da competência, como regra de direito processual, não implica a alteração do direito material. A Constituição Federal estabelece prazo prescricional apenas com relação aos direitos e obrigações diretamente vinculados ao contrato. Não afasta disposições mais vantajosas para o trabalhador. A obrigação de indenizar dano moral não tem previsão no contrato e também não é oriundo do contrato, mas sim de uma obrigação dele independente. 2. Fato ocorrido na vigência do Código Civil anterior. Ação ajuizada na vigência do Código atual. Disposição transitória. Art. 2.028. Não decorrido mais da metade do prazo da lei antiga. Prazo da lei nova (três anos, art. 206, § 3º, inciso V). Prescrição consumada. TRT, 2ª Reg, 11ª T., RO 00723-2005-261-02-00, Rel. Eduardo de Azevedo Silva, *DOE*/SP 14/07/2006.

AÇÃO DE INDENIZAÇÃO POR DANOS MORAIS E MATERIAIS DECORRENTES DE ACIDENTE DE TRABALHO. PRESCRIÇÃO APLICÁVEL. AÇÃO AJUIZADA PERANTE O JUÍZO CÍVEL ANTERIORMENTE À EMENDA CONSTITUCIONAL Nº 45/04. É princípio basilar de direito intertemporal que as normas incidentes sobre determinado fato são as contemporâneas a ele (*tempus regit actum*). Se o autor sofreu perda da capacidade laborativa em março de 1988, o quadro fático estava consolidado sob a égide do direito vigente à época (art. 177 do Código Civil de 1916), que previa o prazo de 20 anos para a ação de reparação de danos decorrentes de acidente de trabalho perante a Justiça Comum (onde foi proposta). O posterior deslocamento dessa competência para a Justiça do Trabalho, conforme reconheceu o STF ao interpretar a Emenda Constitucional nº 45/04, não altera o prazo prescricional consagrado na norma vigente à época do evento (inteligência do art. 2.028 do Código Civil de 2002). TRT, 3ª Reg., 6ª T., RO 00101-2006-076-03-00-7, Rel. Ricardo Antônio Mahollem, *DJ*/MG 08/06/2006, p. 11.

INDENIZAÇÃO POR DANOS MORAIS E PATRIMONIAIS – DOENÇA OCUPACIONAL – PRESCRIÇÃO – AÇÃO AJUIZADA APÓS A EMENDA CONSTITUCIONAL Nº 45/2004. Com a superveniência da Emenda Constitucional nº 45/04, que transferiu os litígios afetos às indenizações por danos morais e materiais oriundos de acidente do trabalho ou doenças ocupacionais a ele equiparáveis, na visão do STF, da Justiça Comum para a Justiça do Trabalho, conforme decisão proferida no Conflito de Competência nº 7.204-1-MG, necessário o exame da *vis atrativa* que o juízo natural exerce sobre a prescrição, quando excepcionado o princípio da *perpetuatio jurisdictionis*. Logo, em relação às ações ajuizadas a partir da Emenda Constitucional nº 45/04, seja na Justiça Comum ou do Trabalho, a prescrição será aquela prevista no art. 7º, inciso XXIX, da Constituição Federal, bienal ou quinquenal no curso do contrato de trabalho, aplicando-se a prescrição cível somente para as demandas propostas antes da vigência da citada Emenda Constitucional. TRT 3ª Reg., 4ª T., RO 00078-2006-137-03-00-6, Rel. Júlio Bernardo do Carmo, *DJ*/MG 20/06/06, p. 14.

DANOS MORAIS. PRESCRIÇÃO APLICÁVEL. A fixação da competência para conhecer e julgar as ações indenizatórias decorrentes de danos morais e materiais se dá em razão da matéria, e não, do sujeito ofendido. Disto resulta que o fato de se tratar de litígio entre empregado e empregador não implica automática aplicação da prescrição trabalhista nas ações reparatórias de danos oriundos de infortúnio do trabalho. Durante longos anos a jurisprudência considerou que tais direitos classificavam-se como de natureza civil, por isto que tais pretensões tinham acolhida por aplicação subsidiária da norma prevista no art. 159/ CCB. A reconhecida natureza civil da pretensão determinou a fixação da competência em favor da Justiça Comum Estadual para o julgamento de tais ações até o advento da EC 45/2004 (que transferiu para a Justiça do Trabalho a competência para julgar ações com pedido de indenização por danos morais e materiais decorrentes de infortúnio do trabalho), cuja promulgação revela a prevalência da posição que reconhece a natureza trabalhista, e não, civil, dos direitos de reparação dos danos decorrentes de acidente de trabalho. O pressuposto da mudança das regras de competência firma-se no sentido de que se trata de direito decorrente da relação de trabalho determinante da especialização da competência. A EC 45/2004 constitui-se, portanto, em marco de uma nova concepção do legislador constituinte quanto à natureza trabalhista do direito à reparação por danos decorrentes do infortúnio do trabalho, o que, "ipso facto", implica também mudança das regras de prescrição aplicáveis à espécie, para se adotar as regras da prescrição trabalhista e conferir coerência ao sistema. Diferentemente, no entanto, das regras de competência, de aplicação imediata, as regras de direito material não se aplicam de imediato para ferir o direito adquirido e o ato jurídico perfeito. As regras de prescrição aplicáveis são aquelas vigentes na data da "actio nata". Alterações nos prazos prescricionais posteriores à ocorrência desta (*actio nata*) não podem atingir os direitos dela oriundos, sob pena de inconstitucionalidade. Do contrário, seria tomar de surpresa a parte que atenta aos prazos prescricionais primitivos, viesse abruptamente a sofrer o trancamento da exigibilidade de seu direito. Em exegese compatível com as mudanças operadas na competência relativa à reparação de danos decorrentes de infortúnio do trabalho, estabelece-se que a regra de prescrição aplicável é aquela vigente quando se verificou a "actio nata", na data do infortúnio. Assim, a prescrição trabalhista, bienal ou quinquenal, somente é aplicável, conforme o caso, em relação a pedidos de reparação decorrentes de infortúnios ocorridos a partir da data da promulgação da EC nº 45/2004, sob pena de se admitir a penalização injustificada de titulares de direitos ainda imprescritos na data da alteração das regras de competência, sem que, para tanto, tenha concorrido de qualquer forma, quer seja por ação, quer seja por omissão. Ora, no âmbito da anterior competência da Justiça Comum, a prescrição aplicável era a vintenária, a que se referia o art. 177/CCB. Não obstante o pedido se alicerce em relação de trabalho, há que se preservar, no caso vertente, a prescrição vintenária vigente à época da interposição da presente ação, distribuída em 1998 perante a Justiça Comum. TRT, 3ª Reg. 3ª T., RO 01219-2005-087-03-00-5, Rel. Antônio Gomes de Vasconcelos, *DJ*MG DATA: 21/04/2006, 14.

3.1.4. Fluência do Prazo Prescricional

De acordo com a Súmula nº 230 do STF: "A prescrição da ação de acidente de trabalho conta-se do exame pericial que comprovar a enfermidade ou verificar a natureza da incapacidade".

De forma similar, a Súmula nº 278 do STJ: "O termo inicial do prazo prescricional, na ação de indenização é a data em que o segurado teve ciência inequívoca da incapacidade laboral".

Com razão os entendimentos sumulados, pois o prazo prescricional tem início com a *actio nata*, isto é, com a lesão.

4. DANO MORAL OU EXTRAPATRIMONIAL

Desde a Constituição de 1988, o dano moral ou **extrapatrimonial** não está mais atrelado apenas à dor, tristeza, sofrimento humano. A doutrina e a jurisprudência evoluíram para abraçar também a violação ao nome, à imagem, à voz, à estética. Abandonou-se, com isso, a ideia de que só sofre dano moral a pessoa natural ou o indivíduo, para atingir também a coletividade ou a pessoa jurídica (Súmula 227 do STJ).

Aliás, o art. 223-D da CLT, acrescido pela Lei nº 13.467/2017, expressamente autoriza a reparação de dano extrapatrimonial decorrente da imagem, da marca, do nome, do segredo empresarial e do sigilo da correspondência da **pessoa jurídica**, assim como **da honra, da imagem, da intimidade, da liberdade de ação, da autoestima, da sexualidade, da saúde, do lazer e da integridade física** da **pessoa física** (art. 223-C da CLT). Aparentemente, o art. 223-B da CLT excluiu a **coletividade** como sujeito de direito, pois afirmou que a pessoa física e jurídica "são as titulares **exclusivas** do direito à **reparação**". Logo, apenas estas poderão pleitear a respectiva indenização pelo dano extrapatrimonial.

4.1. Espécies

O dano pode ser classificado em dano patrimonial e dano não patrimonial ou extrapatrimonial.

Patrimonial é o dano que atinge bens materiais ou de mensuração pecuniária, passível de avaliação econômica. Isto é, é o prejuízo econômico sofrido pela vítima, é o que fere o seu patrimônio.

Há controvérsia na doutrina a respeito do conceito de dano moral e extrapatrimonial. Alguns afirmam que dano moral é sinônimo de dano extrapatrimonial, enquanto outros preferem afirmar que dano moral é espécie do gênero dano extrapatrimonial. A celeuma tem origem no art. 5º da CRFB, isso porque ora afirma que há três espécies de dano (material, moral ou à imagem – inciso), ora aponta o dano moral como gênero, do qual são espécies o dano à honra, à intimidade, à imagem e à vida privada (inciso X).

Cavalieri,[28] por exemplo, afirma que o dano extrapatrimonial divide-se em dano moral e dano à imagem (aí incluído o estético).

[28] CAVALIERI FILHO, Sérgio. *Programa de Responsabilidade Civil*. São Paulo: Malheiros, 2004, p. 95.

Resumindo:

Para alguns, o dano pode ser:

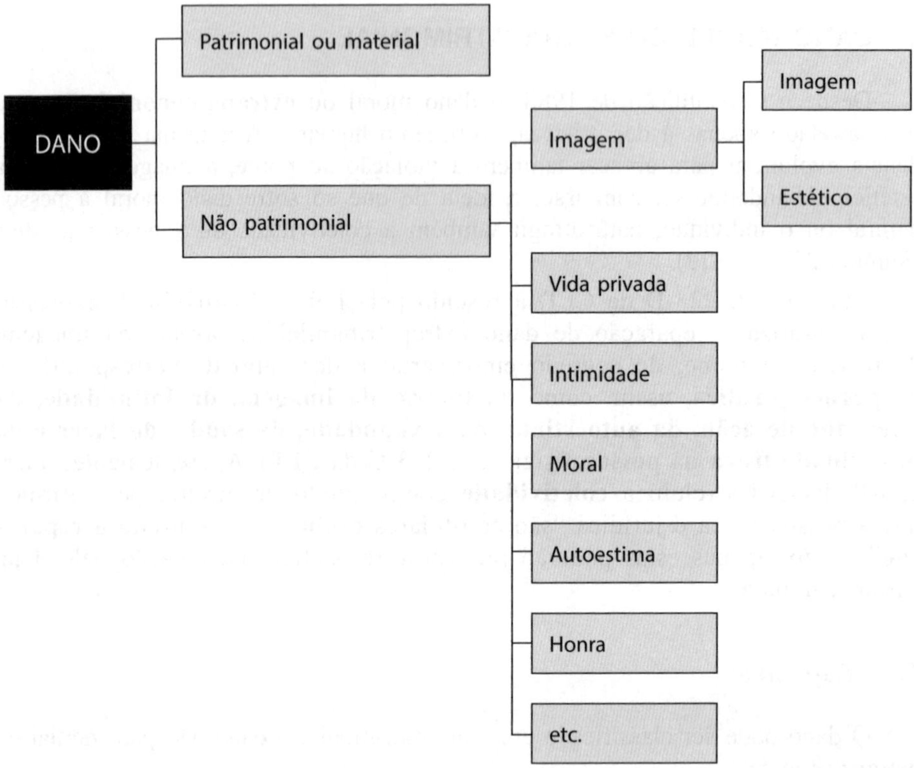

Outra vertente subdivide da seguinte forma:

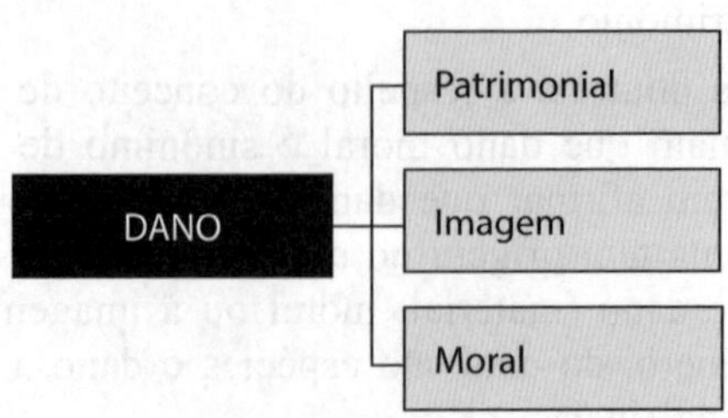

Há, ainda, aqueles que adotam uma terceira divisão:

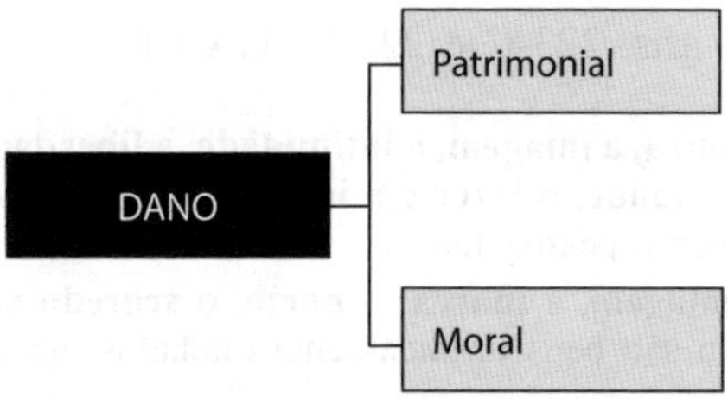

A controvérsia nasceu da interpretação de dois incisos do art. 5º da Lei Maior. Dispõe o art. 5º, V, da CRFB: "é assegurado o direito de resposta, proporcional ao agravo, além da indenização por dano material, **moral** ou à **imagem**". Parece, pela forma redigida pelo legislador, que a Constituição distinguiu o dano **moral** do dano à **imagem** (e segundo alguns, limitando nestas espécies o dano moral), pois mencionou três tipos de danos no inciso V.

Por outro lado, o art. 5º, X, da Constituição menciona que: "são invioláveis a intimidade, a vida privada, a honra e a **imagem** das pessoas, assegurado o direito à indenização pelo dano material ou **moral** decorrente de sua violação". Este último dispositivo parece ter incluído o dano à imagem como espécie do gênero **dano moral**, empregado no sentido de dano não material.

O dano não patrimonial também pode ser chamado de imaterial, extrapatrimonial, pessoal ou incorpóreo.

As correntes *supra* foram apontadas para demonstrar a variedade de bens imateriais que podem ser atingidos, com a finalidade de permitir que a vítima possa postular mais de uma indenização por dano extrapatrimonial quando violado mais de um direito da personalidade ou bem imaterial, isto é, uma para cada ofensa ou lesão extrapatrimonial; desde que atingido mais de um bem imaterial, a vítima tem direito a uma indenização para cada.

A partir da Lei 13.467/17, todavia, o § 1º do art. 223-B da CLT não mais permitiu a acumulação de indenizações de danos extrapatrimoniais decorrentes de um mesmo ato lesivo, de um mesmo fato, mas tão somente a **acumulação** do dano extrapatrimonial com o patrimonial.[29] Logo, se decorrentes de fatos distintos, poderá haver a acumulação.

Além disso, aparentemente o legislador apontou taxativamente os bens imateriais que, uma vez lesionados, podem gerar o dever de indenizar (arts. 223-C e 223-D da CLT). Em outras palavras, se o empregado sentiu a dor decorrente do acidente que amputou a sua perna (dor e estética), ambos por culpa do patrão, só poderá pedir a indenização pela violação de um destes bens não materiais. Essa nova regra é absurda, seja porque contraria regras da reparação civil (se repara

---

29 O art. 223-F da CLT, acrescido pela Lei 13.467/17, foi expresso em autorizar a cumulação do dano moral com o patrimonial, devendo o juiz, ao fixar a indenização, discriminar o valor de cada um de forma separada (art. 223-F, § 1º).

todo dano causado por outrem que age de forma ilícita), seja porque enseja o enriquecimento sem causa e também não inibe o agressor a não reincidir na prática.

De acordo com os arts. 223-C e 223-D da CLT:

> Art. 223-C. A **honra**, a **imagem**, a **intimidade**, a **liberdade de ação**, a **autoestima**, a **sexualidade**, a **saúde**, o **lazer** e a **integridade física** são os bens juridicamente tutelados inerentes à pessoa física.
>
> Art. 223-D. A **imagem**, a **marca**, o **nome**, o **segredo empresarial** e o **sigilo da correspondência** são bens juridicamente tutelados inerentes à pessoa **jurídica**.

A tese da **taxatividade** dos bens imateriais que podem ser indenizados quando atingidos também é injusta. Basta analisar o art. 223-C da CLT, que, ao relacionar os bens imateriais, esqueceu da privacidade. Ora, se o trabalhador teve sua privacidade violada, não poderá ser indenizado por isso por que a lei não a mencionou? Ressalto que o inciso X do art. 5º da Constituição menciona expressamente o direito de indenização pela violação da privacidade, logo, não pode a lei (CLT) infraconstitucional limitar sua aplicação. Defendo, por isso, a não taxatividade dos bens imateriais, seja para a pessoa física, seja para a jurídica. Entretanto, a matéria é nova e muitos defenderão a posição oposta.

4.2. Conceito

Segundo Savatier,[30] o conceito de dano moral corresponde a "todo sofrimento humano que não resulta de uma perda pecuniária", isto é, são lesões causadas por terceiros estranhas ao patrimônio, de difícil mensuração pecuniária.

Wilson de Melo Silva acrescenta que "dano moral é causado por lesões sofridas pelo sujeito físico ou pessoa natural de direito em seu patrimônio ideal, entendendo-se como contraposição ao material, sendo o conjunto de tudo aquilo que não seja suscetível de valor econômico".

Para Antônio Chaves[31] dano moral "é a dor resultante da violação de um bem juridicamente tutelado sem repercussão patrimonial".

João de Lima Teixeira[32] conceitua o dano moral como "o sofrimento humano provocado por ato ilícito de terceiros que molesta bens imateriais ou magoa valores íntimos da pessoa".

Sérgio Cavalieri[33] acrescenta que qualquer agressão à dignidade pessoal que lesiona a honra constitui dano moral. Valores como a liberdade, inteligência, trabalho,

---

30 Cf. CAVALIERI FILHO, Sérgio. *Programa de Responsabilidade Civil*. 5. ed. São Paulo: Malheiros, 2004, p. 95.

31 SÜSSEKIND, Arnaldo; MARANHÃO, Délio; VIANNA, Segadas; TEIXEIRA, Lima. *Instituições de Direito do Trabalho*. 22. ed. São Paulo: LTr, 2005, v. 1, p. 629.

32 *Idem*.

33 CAVALIERI FILHO, Sérgio Cavalieri. *Programa de Responsabilidade Civil*. 5. ed. São Paulo: Malheiros, 2004, p. 95.

honestidade, "aceitos pelo homem comum, formam a realidade axiológica a que todos estamos sujeitos".

Apesar de os autores acima não mencionarem a pessoa jurídica em seus conceitos, a doutrina e a jurisprudência defendiam que a pessoa jurídica também podia sofrer dano moral, por aplicação do art. 52 do Código Civil – Súmula nº 227 do STJ. Na área trabalhista podemos citar como defensores da tese Arnaldo Süssekind,[34] Pinho Pedreira[35] e João Lima Teixeira.[36] Concordávamos com eles. Entretanto, após a Lei 13.467/17 a celeuma caiu por terra. Isso porque o art. 223-D da CLT expressamente menciona a pessoa jurídica como titular de bens imateriais passíveis de reparação extrapatrimonial e permite sua cumulação com o dano patrimonial.

O Código de Defesa do Consumidor, no art. 6º, VI, afirma que o consumidor tem direito ao dano moral e, no *caput* do art. 2º, estabelece que o consumidor pode ser pessoa jurídica ou física. Com isso, este diploma legal também admite o dano moral em face da pessoa jurídica.

Preferimos adotar o seguinte conceito de dano moral: **é o resultado de uma ação, omissão que causa lesão ou magoa bens ou direitos da pessoa, ligados à esfera jurídica do sujeito de direito (pessoa física, pessoa jurídica, coletividade[37] etc.). É o que atinge o patrimônio ideal da pessoa ou do sujeito de direito. Seu fato gerador é o ato ilícito, abusivo ou quando decorrente de uma atividade de risco.**

Valentin Carrion[38] entende que o dano moral é aquele que "atinge os direitos da personalidade, sem valor econômico, tal como a dor mental psíquica ou física".

O maior patrimônio ideal do trabalhador é a sua capacidade laborativa, que deriva da reputação conquistada no mercado, do profissionalismo, da dedicação, da produção, da assiduidade, da capacidade etc. Nesta linha de raciocínio, é de se considerar ato lesivo à moral do empregado todo aquele que afete o indivíduo para a vida profissional, insultando, de forma leviana, a imagem profissional do empregado, impedindo sua ocupação profissional no mercado etc.

Da mesma forma Mosset Iturraspe e Pinho Pedreira:[39]

> (...) causa dano moral o empregador que divulga, no interior da empresa ou fora dela, que um trabalhador não foi admitido como empregado por ser homossexual ou cleptomaníaco. Ainda que seja verdadeira a acusação, constituirá dano extrapatrimonial por desnecessária a respectiva publicidade. E se inverídica, torna-se muito mais grave o dano.

---

34 SÜSSEKIND, Arnaldo, MARANHÃO, Délio, VIANNA, Segadas e TEIXEIRA, Lima, *op. cit.*, p. 642.

35 Cf. *Idem*.

36 Cf. *Idem*.

37 Há controvérsias se, mesmo após a Lei nº 13.467/2017, persiste o dano moral coletivo, pois o art. 223-B da CLT expressamente aponta como exclusivos titulares do direito à reparação a pessoa física e jurídica.

38 CARRION, Valentin. *Comentários à Consolidação das Leis do Trabalho*. 29. ed. São Paulo: Saraiva, 2004, p. 359.

39 Cf. SÜSSEKIND, Arnaldo; MARANHÃO, Délio; VIANNA, Segadas; TEIXEIRA, Lima, *op. cit.*, p. 641-642.

Dessa forma, excede o patrão que pratica os seguintes atos: não dar trabalho ao empregado no curso do contrato, obrigando-o a manter-se à mesa, à espera de serviço, enquanto os demais empregados o observam; diminuir a capacidade laborativa do empregado por meio de comentários maliciosos, divulgações, notas e publicações com caricaturas, xingamentos, apelidos; dispensar o empregado por furto, roubo, desfalque etc., divulgando tais informações e imprimindo no trabalhador a estampa de ímprobo; impedir nova colocação de empregado faltoso difundindo o ato que praticou para outras empresas, de forma que ninguém queira contratá-lo. Também é abusivo o empregador lançar dúvidas sobre o empregado, seja durante o contrato, antes (pré-contratual) ou na ruptura, a pecha ou descrédito sobre honestidade, moralidade, competência, diligência e responsabilidade no exercício das atribuições profissionais.

Também são exemplos de práticas que causam dano moral: o empregador que agride oralmente seu empregado ou o xinga; que explora sua imagem de forma pejorativa; que expõe o empregado à situação vexatória; que espia sua intimidade nos lavatórios e vestuários situados no local de trabalho; que tece maliciosos comentários a respeito do obreiro ou o expõe ao ridículo; que o deixa sem trabalho por longo período, humilhando-o; que anota na CTPS conduta que desabone o trabalhador ou que divulgue ou publique ato desabonador, mesmo que verdadeiro. . As práticas danosas são tantas que é impossível enumerá-las. Apesar dos nossos exemplos, a partir da Lei 13.467/17 a matéria não é tão pacífica como apontado, pois alguns autores defenderão a taxatividade das lesões extrapatrimonais para fins de indenização. Remetemos o leitor à discussão supra- abordada acerca da taxatividade das lesões imateriais.

Abaixo, alguns julgados sobre o tema:

> DANO MORAL DECORRENTE DE SUBMISSÃO DE EMPREGADA A TESTES DE POLÍGRAFO (DETECTOR DE MENTIRAS). A submissão de empregados a testes de polígrafo viola sua intimidade e sua vida privada, causando danos à sua honra e à sua imagem, uma vez que a utilização do polígrafo (detector de mentiras) extrapola o exercício do poder diretivo do empregador, por não ser reconhecido pelo ordenamento jurídico brasileiro o mencionado sistema. Assim, *in casu*, compreende-se que o uso do polígrafo não é indispensável à segurança da atividade aeroportuária, haja vista existirem outros meios, inclusive mais eficazes, de combate ao contrabando, ao terrorismo e à corrupção, não podendo o teste de polígrafo ser usado camufladamente sob o pretexto de realização de "teste admissional" rotineiro e adequado. Além disso, o uso do sistema de polígrafo assemelha-se aos métodos de investigação de crimes, que só poderiam ser usados pela polícia competente, uma vez que, no Brasil, o legítimo detentor do Poder de Polícia é unicamente o Estado. Recurso de revista conhecido e parcialmente provido. RR – 28140-17.2004.5.03.0092. Data de Julgamento: 10/03/2010, Rel. Min.: Mauricio Godinho Delgado, 6ª T., Data de Publicação: *DEJT* 07.05.2010.

> DANO MORAL. No presente caso, concluiu o egrégio Tribunal Regional pela configuração do dano moral, por constatar, mediante a análise dos depoimentos das testemunhas e dos prepostos das reclamadas, que a inserção do nome do autor na lista denominada PIS-MEL traduziu-se em conduta discriminatória, a qual

causou constrangimento de ordem moral ao candidato à vaga, em clara violação da intimidade, da vida privada, da honra e da imagem de seus empregados. Isso porque a lista em comento continha dados desabonadores daqueles que dela constavam, com o objetivo de dificultar o acesso ao emprego. AIRR – 21240-53.2004.5.09.0091. Data de Julgamento: 05/05/2010, Rel. Min.: Guilherme Augusto Caputo Bastos, 7ª T., Data de Publicação: *DEJT* 14/05/2010.

Não poderá o empregador anotar na CTPS do empregado as críticas à conduta profissional do trabalhador ou o motivo da dispensa – art. 29, § 4º, da CLT. Estes atos atingem o laborista em sua moral.

> DIREITO DO TRABALHO. ANOTAÇÃO DESABONADORA EM CTPS. DANO MORAL INDENIZÁVEL. As anotações realizadas pelo empregador na CTPS do empregado, fazendo referência expressa a cumprimento de ordem judicial, prejudicam a imagem do trabalhador frente ao mercado de trabalho, indubitavelmente. A obrigação do empregador, diante do disposto no artigo 29 da CLT, resume-se a anotar o contrato de trabalho tempestivamente. Dano moral indenizável. Aplicação do art. 186, C. Civil. Recurso provido parcialmente. TRT-15 – RO: 32679 SP 032679/2009, Relator: Luciane Storel da Silva, Data de Publicação: 29/05/2009.

Normalmente, o mero **descumprimento de obrigações legais** e contratuais não causa dano moral. Desta forma, o empregador que demite sem pagar saldo de salário e parcelas da rescisão não causou prejuízos à moral do trabalhador. Aí o dano foi meramente patrimonial, passível de exata quantificação legal. Não pagar horas extras, não assinar a CTPS do empregado, não depositar o FGTS ou deixar de pagar salários constituem motivos para o empregado aplicar a justa causa no empregador – art. 483, *d*, da CLT e não se qualificam como dano moral e sim patrimonial. Também não causa dano moral a revista pessoal quando necessária, desde que aleatória, com critérios e feitas por pessoas de mesmo sexo; ou monitoramento por aparelho eletrônico do trabalho do empregado, salvo quando houver abuso ou desvirtuação da finalidade da fiscalização.

Não é qualquer sofrimento íntimo que causa dano moral, pois cada ser humano tem um grau de sensibilidade diferente do outro. A simples despedida sem justa causa, mesmo quando o empregador quita todos os débitos tempestivamente, pode levar um determinado trabalhador mais sensível à depressão, ao sofrimento e constrangimento, não só por estar desempregado, mas também porque não poderá honrar seus débitos na praça. A despedida se constitui em direito potestativo do empregador e sua prática não enseja dano moral, salvo quando for por justa causa divulgada.

> RECURSO ORDINÁRIO. DANO MORAL. O fato do reclamado ter imputado ao autor a prática de ato de improbidade, com o objetivo de autorizar a justa causa, não justifica a indenização a título de dano moral, principalmente porque não há comprovação de que a reclamada tenha concorrido de alguma forma para a publicidade dos fatos. TRT, 1ª Reg. 8ª T., Proc. Proc.01245-2003-023-01-00-3 (RO), Rel. Vólia Bomfim Cassar, Sessão do dia 25/05/05.

A Lei nº 9.029/95 veda a **discriminação** praticada contra o empregado, apontando meios de reparação pecuniária. Entrementes, se comprovada a discriminação ao operário ele também terá direito à reparação do dano patrimonial. Ambas as reparações podem ser acumuladas – Súmula nº 37 do STJ e art. 223-F da CLT.

Também proíbe ato atentatório à dignidade da trabalhadora a Lei nº 9.263/96, art. 18, quando impede o empregador de exigir atestado de esterilidade da mulher para o exercício do trabalho.

O art. 373-A da CLT proíbe revistas íntimas, discriminações e abusos contra os trabalhadores em geral. Apesar de a norma estar incluída no capítulo da proteção da mulher, a regra deve ser estendida também para o homem.

Da mesma forma, o art. 1º da Lei nº 13.271/16, que dispõe:

> "Art. 1º As empresas privadas, os órgãos e entidades da administração pública, direta e indireta, ficam proibidos de adotar qualquer prática de revista íntima de suas funcionárias e de clientes do sexo feminino."

A proteção legal deve atingir também os homens, sob pena de inconstitucionalidade.

No que diz respeito à **intimidade** do empregado, a jurisprudência aceita, atualmente, o monitoramento do correio eletrônico corporativo (aquele fornecido pelo próprio empregador). Ainda não é aceito o monitoramento no correio eletrônico pessoal do empregado.

O **correio eletrônico** fornecido pelo empregador (corporativo), através do provedor deste, pode ser fiscalizado. Nesse caso, a jurisprudência entende que o empregado sequer precisa ser avisado do monitoramento. Entendemos que este pode ocorrer no correio eletrônico corporativo, mas o trabalhador deve ser informado dessa fiscalização.

> "E-MAIL" CORPORATIVO E "E-MAIL" PARTICULAR. Insta ressaltar, preliminarmente, que o correio eletrônico não é um serviço postal e o depósito de mensagens não é, tecnicamente, uma caixa postal propriamente dita. Trata-se, tão somente, de um meio de comunicação, sendo o "e-mail" apenas um depositário de mensagens eletrônicas enviadas para um endereço virtual, como bem assinala Alexandre Agra Belmonte, em preciosa monografia sobre o tema (*O Monitoramento da Correspondência Eletrônica nas Relações de Trabalho*. São Paulo: LTr, 2004, p. 64). Parece-me imperativo, a propósito, desde logo, distinguir duas situações básicas: "e-mail" particular ou pessoal do empregado e "e-mail" corporativo. No caso de "e-mail" particular ou pessoal do empregado – em provedor próprio deste, ainda que acessado louvando-se do terminal de computador do empregador – ninguém pode exercer controle algum de conteúdo das mensagens porquanto a Constituição Federal assegura a todo cidadão não apenas o direito à privacidade e à intimidade como também o sigilo de correspondência, o que alcança qualquer forma de comunicação pessoal, ainda que virtual. É, portanto, inviolável e sagrada a comunicação de dados em e-mail particular. Outra situação, a meu juízo, bem diversa, é aquela do chamado e-mail corporativo, em que o empregado utiliza-se de computador da empresa, de provedor da empresa e do próprio endereço eletrônico que lhe foi disponibilizado pela empresa, tudo para a utilização estritamente em serviço. Ilustrativamente, poder-se-ia afirmar que o e-mail corporativo é como se fosse uma correspondência em papel timbrado da empresa. O "e-mail" corporativo distingue-se do "e-mail" pessoal ou particular

do empregado, na medida em que aquele equivale a uma ferramenta de trabalho que a própria empresa coloca à sua disposição para utilização em serviço. O "e-mail" corporativo é disponibilizado pelo empregador ao empregado, louvando-se na confiança de que o empregado dele se utilizará em serviço e de forma adequada e ética. A senha pessoal conferida ao empregado para o acesso de sua caixa de "e-mail" não é uma ferramenta de proteção para evitar que o empregador tenha acesso ao conteúdo das mensagens. Ao contrário, a senha é instrumento de proteção do próprio empregador utilizada para evitar que terceiros, alheios à sua confiança, tenham acesso às informações trocadas dentro do sistema de "e-mail" da empresa que, muitas vezes, são referentes a assuntos internos e confidenciais. É claro que não se pode negar ao empregado a utilização comedida do "e-mail" (enviando uma mensagem eventual) ou da Internet (para, por exemplo, verificar saldo bancário) para fins particulares, desde que esta utilização, reitero, seja comedida e em observância da lei, da moral e dos bons costumes. Convenci-me, contudo, de que, sendo o empregador proprietário do e-mail corporativo, poderá ele exercer um controle, tanto formal (quantidade, horários de expedição, destinatários etc.) quanto material (de conteúdo), sobre o correio eletrônico. Inexiste, no Brasil, disciplinamento específico de proteção à privacidade do empregado diante da utilização do "e-mail" corporativo na empresa. Cumpre ser afastada, para logo, a hipótese de sigilo de correspondência em relação ao empregado, no tocante ao uso do "e-mail" corporativo, se não há, como aqui, razoável expectativa de privacidade. Se o "e-mail" é de uso corporativo, a não ser que o empregador consinta, deve destinar-se ao uso estritamente profissional. Quer dizer: nesse caso, o correio eletrônico não pode ser utilizado para fins pessoais, muito menos para provocar prejuízo ao empregador, para dar vazão à lascívia do empregado ou para cometer qualquer ilegalidade. Impende ter presente que, em caso de o empregado utilizar de forma indevida ou abusiva o e-mail corporativo, poderá a Empresa, em tese, responder perante terceiros por qualquer prejuízo, tal como sucederia com a utilização danosa de qualquer outra ferramenta de trabalho (Código Civil de 2002, art. 932, inciso III). Neste sentido, apropriada a advertência de Alexandre Agra Belmonte: "Umas das razões que levam ao rastreamento das navegações e "e-mails" diz respeito à associação da má utilização ao bom nome e reputação da empresa. No terreno da responsabilidade civil, não têm validade os chamados Legal Disclaimers ou avisos de isenção de responsabilidade empresarial, que remetem ao funcionário – e não à Empresa – a responsabilidade pelo envio de "e-mail" causador de prejuízo moral ou material. Assim como não teria valor o aviso afixado na porta de veículo funcional, informativo de que a empresa não responderia pelos xingamentos, agressões físicas ou abalroamentos ocorridos em horário de serviço, remetendo ao empregado a integral responsabilidade pelos atos. Isto porque o empregador responde, perante terceiros, pelos danos praticados pelo empregado ou preposto" (*in Monitoramento da Correspondência Eletrônica nas Relações de Trabalho*, LTr, 2004, p. 113). TST – RR: 613/2000-013-10-00 – Rel. Designado: Ministro João Oreste Dalazen. *DJU* 10/06/2005.

O **controle telefônico** dentro da empresa também é possível, desde que o empregado seja avisado da conduta fiscalizadora de seu empregador.

A **revista pessoal**, para Plá Rodriguez,[40] deve ser aceita dentro de certas condições para evitar situações desconfortáveis para o empregado. A revista quando

40 Cf. *Ibidem*, p. 646-647.

necessária deve ser feita, uma vez que o empregador também tem o direito de se prevenir sobre eventual subtração de bens, fato que pode gerar enorme prejuízo e, por consequência, até uma despedida em massa dos trabalhadores em virtude da péssima situação financeira da empresa (que decorreu dos inúmeros desvios de bens). De qualquer sorte, deve ser feita de forma a tentar preservar a dignidade do trabalhador. Se for abusiva, pode gerar dano moral.

> DANO MORAL. REVISTA DE BOLSAS E SACOLAS NA SAÍDA DO TRABALHO. A revista se justifica, não quando traduza um comodismo do empregador para defender o seu patrimônio, mas quando constitua um meio para satisfazer o interesse empresarial, à falta de outras medidas preventivas; essa fiscalização visa à proteção do patrimônio do empregador e à salvaguarda da segurança das pessoas. Quando utilizada, a revista deve ser em caráter geral, impessoal, para evitar suspeitas, através de critério objetivo (sorteio, numeração, todos os integrantes de um turno ou setor), mediante ajuste prévio com a entidade sindical ou com o próprio empregado, na falta daquela, respeitando-se, ao máximo, os direitos da personalidade (intimidade, honra, entre outros). A revista não implica exercício abusivo do poder diretivo, na sua manifestação concreta de fiscalização, quando a empresa possui bens suscetíveis de apropriação e o procedimento ocorria, ao término da jornada, em bolsas, sacolas e mochilas, com o consentimento do empregado, em caráter geral sem qualquer tratamento discriminatório, capaz de tornar suspeito determinado trabalhador. Pedido de compensação de dano moral julgado improcedente porque não violado nenhum direito da personalidade. TRT/ MG – Processo: 01173.2005.005.03.00.3 – Rel. Designado: Juíza Alice Monteiro de Barros. *DJ*/MG 16/02/2006.

O empregador, ao contratar, não deve analisar o passado de seu empregado, sob risco de discriminá-lo. Não deve ser procurado qualquer antecedente criminal do obreiro, pois tal ato viola a vida privada do trabalhador, salvo quando a atividade exigir ou for necessária a cautela prévia.

O empregado tem direito de não ser ofendido ou lesado na sua dignidade ou consideração social. Se o empregador atacar a honra do empregado punido disciplinarmente causará dano moral ao trabalhador.

A **imagem** (art. 20 do Código Civil) do empregado não pode ser utilizada para fins deturpados ou não autorizados. Para João de Lima Teixeira[41] a imagem do trabalhador pode ter duas dimensões: 1º) a de figura da pessoa ou a representativa dela, para fins de correlação com algum fato que o empregador transmite ao seu "público interno" com o fito que não seja de valorizá-la; 2º) a compreensiva de uma boa reputação pessoal ou profissional que o indivíduo construiu no meio em que convive e perante terceiros.

Ocorrida a transgressão do direito à imagem do empregado, responderá o empregador por este fato.

A ordem ou recomendação do patrão dirigida aos empregados limitando a liberdade na sua aparência, como a proibição de uso de barba, determinação de cabelo preso ou cortado, vedação de uso de brincos e anéis, de uso de *piercing* no nariz, boca etc.,

---

[41] *Ibidem*, 2005, p. 655-656.

bem como a limitação de uso de roupas decotadas, pode fazer parte do *ius variandi* do patrão quando vinculada à atividade econômica e/ou à função exercida pelo trabalhador. Defendemos que esses atos não ferem a intimidade, privacidade ou imagem do empregado, salvo quando cometidos abusos, pois visam a segurança, a limpeza etc.

Desta forma, é natural que seja proibido que as comissárias de bordo utilizem seus cabelos soltos (para não caírem na comida) e que não utilizem cordões (colares) longos (podem prender em alguma saliência e atrasar a evacuação da aeronave); é crível que seja exigido do cozinheiro, da enfermeira e do médico o uso de roupa branca, cabelos presos ou curtos (ou o uso de toucas) e mãos lavadas, em virtude da atividade, que exige higiene e cuidados contra bactérias e demais microrganismos maléficos à saúde; é possível que o empregador exija de altos executivos o uso de terno, cabelo cortado e barba feita para dar ar de maior seriedade aos negócios realizados, por exemplo.

O uso de camisetas, pelo empregado, durante o expediente, com propagandas de produtos vendidos não fere a imagem do empregado, nem gera qualquer direito a este, pois não lhe causa prejuízo. O art. 456-A da CLT, acrescido pela Lei 13.467/17, autorizou o empregador a definir o padrão de vestimenta no trabalho e considerou lícita a inclusão no uniforme de logomarcas da própria empresa ou de empresas parceiras e de outros itens de identificação relacionados à atividade desempenhada. Portanto, a celeuma que havia na jurisprudência a respeito da matéria foi sepultada, pois neste caso o trabalhador não tem direito à indenização extrapatrimonial.

A jurisprudência era pendular a respeito do tema, como se observa nas ementas abaixo:

> Uso da imagem do empregado. Indenização indevida. Em se tratando de uso de imagem do empregado, o ato ilícito se configura com o uso da imagem sem a devida autorização da pessoa ou, em havendo a autorização, o uso de forma indevida (art. 20 do Código Civil). A utilização, pelo reclamante, de camisas com logomarcas de fornecedores da empresa reclamada não implica uso indevido da imagem da empregada. Em tal caso, há equiparação à utilização de uniforme pelos empregados, o que não gera direito adicional ao trabalhador." TRT 1ª Reg. 7ª T., Proc. 00198-2007-032-01-00-5, *DO/RJ* 18/02/2008, Rel. Alexandre de Freitas Bastos.

> Indenização. Uso da imagem. Propaganda. Supermercado. Indenização. A entrega de camisetas com a logomarca de produtos dos fornecedores do empregador, para serem usadas em serviços, configura uso indevido da imagem. O direito personalíssimo de imagem encontra amparo constitucional, assim como o pagamento pelo seu uso. O empregador não pode dispor desse direito personalíssimo obrigando o empregado a fazer propaganda de produtos que muitas vezes contrariam suas convicções pessoais ou religiosas sem sua prévia autorização, para aumentar seus lucros." TRT, 1ª Reg. 6ª T., Rel. José Antônio Teixeira da Silva, Proc. 01144-2005-225-01-00-3, *DO/RJ* 13/03/2008.

O **dano estético** está relacionado à imagem, porém corresponde ao defeito físico.

> DANO ESTÉTICO. O dano estético integra-se aos elementos do dano moral. Define-se com a deformidade física, atingindo o lado psicológico do indivíduo que se sente

diminuído na integridade corporal e na estética de sua imagem externa. Classifica-se pela redução do valor existencial. Descabe, por isso, conceder-se diversas indenizações da mesma natureza pelo mesmo fundamento como se se tratassem de coisas distintas. A indenização por dano moral e por dano estético, em geral, compõe-se da mesma natureza, com arrimo na jurisprudência. O dano moral em virtude exclusivamente do dano estético, não justifica acúmulo indenizatório. TRT/MG – Processo: 01701.2004.059.03.00.5 – Rel. Designado: Juíza Emília Facchini. *DJ*/MG 03/03/2006.

O fato de se ter recorrido ao Código Civil para fundamentar o dano moral trabalhista – art. 186 c/c art. 927 c/c art. 929 do Código Civil, não retira a competência da Justiça do Trabalho quando o dano atingir a imagem do trabalhador, sua capacidade ou qualificação profissional. O que determina a competência desta Justiça é o fato de o dano se fundar em ato decorrente da relação de trabalho. Assim também tem entendido o STF.

4.3. Transmissibilidade

Apesar da intransmissibilidade dos direitos da personalidade, de acordo com o art. 11 do Código Civil, haverá transmissão dos efeitos patrimoniais dos danos morais aos sucessores do sujeito agredido. Da mesma forma Cavalieri[42] defendendo a transmissão dos direitos patrimoniais decorrentes dos direitos da personalidade. Dessa forma, os herdeiros podem postular dano moral sofrido pelo *de cujus*. Nesse sentido o art. 943 do Código Civil. A Lei 13.467/17 não alterou essa regra pelo simples fato de afirmar, no art. 223-B da CLT: "as quais são as titulares **exclusivas** do direito à reparação". Entendemos que a expressão "exclusivas" proibiu a indenização do dano coletivo trabalhista, mas não a possibilidade de sucessão, isto é, dos herdeiros postularem a indenização do dano causado ao falecido empregado.

4.4. Quantificação da Indenização do Dano Moral

Antes da Lei 13.467/17, prevalecia a tese do arbitramento, sem parâmetros legais definidos, do valor da indenização decorrente do dano extrapatrimonial, já que o dano moral não tem medida pecuniária – 950 do CC.

Ripert,[43] discorrendo sobre a matéria, atribuiu à indenização do dano moral o **caráter punitivo**. A indenização deste dano visa não à satisfação da vítima, e sim ao castigo do autor da ofensa. "As perdas e danos não têm aqui caráter ressarcitório e sim caráter exemplar". Correta a posição de Ripert, pois a indenização do dano moral não tem o condão de reparar a lesão sofrida, esta ressarcibilidade é pertinente ao dano patrimonial. O sofrimento é impassível de reparação material. Impedir que o empregador pratique novamente o ato com os demais empregados é o objetivo da indenização do dano moral. Contudo, nada impede que, além desta

---

42 CAVALIERI FILHO, Sérgio. *Programa de Responsabilidade Civil*. 5. ed. São Paulo: Malheiros, 2004, p. 104.

43 Cf. *Ibidem*, p. 95.

compensação em pecúnia, o Judiciário determine reparação *in natura*, de forma a obrigar uma contrapublicação dos fatos ou uma retratação pública.

Para Caio Mário da Silva Pereira[44] a indenização pelo dano moral tem natureza de **satisfação do ofendido**, ou seja, de reparar o dano. Agostinho Alvim[45] entende, assim como a corrente majoritária da área civil, que a natureza é de **compensação**. Um prazer diminui a dor, traz alegria, desvia a atenção do sofrimento.

Cavalieri[46] entende que a reparação do dano moral tem caráter de **compensação** e de **pena privada**. Concordamos com essa vertente, porém entendemos que a nomenclatura adequada seria pena educativa.

4.4.1. Quantificação

Quanto à quantificação do valor da indenização havia, antes da Lei 13.467/17, quatro correntes:

a) Aplicação analógica do art. 478 da CLT. A indenização consistia em uma remuneração por ano de serviço ou fração superior a seis meses e, para aqueles empregados com mais de 10 anos, duas remunerações por ano de serviço. Apesar de esta corrente ter sido muito adotada pela parte da jurisprudência trabalhista, a doutrina a despreza com muita razão, pois a intensidade do sofrimento causado pelo patrão independe do tempo que o trabalhador tenha de serviço.

b) Alguns tratadistas vinham adotando a fórmula contida no Código Penal para todos os casos de dano moral e aplicado a penalidade, de forma analógica, prevista no art. 953, *caput*, do Código Civil c/c art. 49 do Código Penal. O art. 953, *caput*, do Código Civil preceitua que "a indenização por injúria ou calúnia consistirá na reparação do dano que delas resulte ao ofendido. Parágrafo único: Se o ofendido não puder provar prejuízo material, caberá ao juiz fixar, equitativamente, o valor da indenização, na conformidade das circunstâncias do caso".

c) Havia aqueles que aplicavam a Lei de Imprensa (Lei nº 5.250/67 – declarada inconstitucional pelo STF em março de 2009), para a quantificação, em salários mínimos, da indenização, de acordo com os critérios estabelecidos por esta lei.

A Lei de Imprensa (Lei nº 5.250/67, arts. 16, 49, I, e 51) dispunha sobre a responsabilidade civil em casos de danos morais, tipificando e limitando a reparação de 2 a 20 salários mínimos. O art. 53 determinava que o juiz deveria levar em conta a intensidade do sofrimento do ofendido, a gravidade, a natureza e a

44 Cf. SÜSSEKIND, Arnaldo; MARANHÃO, Délio; VIANNA, Segadas; TEIXEIRA, Lima. *Instituições de Direito do Trabalho*. 22. ed. São Paulo: LTr, 2005, v. 1, p. 639.

45 Cf. *Idem*.

46 CAVALIERI FILHO, Sérgio. *Programa de Responsabilidade Civil*. 5. ed. São Paulo: Malheiros, 2004, p. 95.

repercussão do sofrimento; a intensidade do dolo do agressor, o grau de culpa do responsável, a situação econômica e condenação anterior em ação criminal; a retratação espontânea etc.

Eram bons os critérios adotados pela antiga Lei de Imprensa (declarada inconstitucional). Entretanto, para as lesões anteriores à vigência da Lei 13.467/17, preferíamos a corrente abaixo defendida.

d) Aplicação analógica do art. 1.694, § 1º, do Código Civil para fixar a indenização de acordo com a capacidade econômica do empregador e as características do ato praticado.

A **natureza da indenização** decorrente do dano moral é de **punição educativa** ao agressor, de forma a inibir a repetição do mesmo ato no futuro. Por isso, deve levar em conta a intensidade do ato, os antecedentes e a capacidade econômica do empregador. Não tem finalidade de enriquecer a vítima.

Segundo Lima Teixeira,[47] deveriam estar presentes (critérios apontados antes do art. 223-G da CLT, os seguintes requisitos:

- extensão do fato socialmente;
- permanência temporal (demora no sofrimento);
- intensidade do ato (venal, doloso, culposo, abusivo);
- antecedentes do agente;
- capacidade econômica do agressor e do ofendido;
- razoabilidade;
- indenização não tem finalidade de enriquecer o ofendido, e sim de pena exemplar do agressor.

A jurisprudência trabalhista acompanhava esta teoria:

> DANO MORAL. INDENIZAÇÃO. A natureza da indenização decorrente do dano moral é de punição educativa ao agressor, de forma a inibir a repetição do mesmo ato no futuro. Por isso, deve levar em conta a intensidade do ato, os antecedentes e a capacidade econômica do empregador. Não tem finalidade de enriquecer a vítima. TRT, 1ª Reg. Proc. 02801-2001-243-01-00-8 (RO), Rel. Vólia Bomfim Cassar, sessão do dia 29/06/05.

De forma similar o art. 223-G da CLT, acrescido pela Lei nº 13.467/2017, ao fixar os critérios que devem ser levados em conta pelo juiz ao apreciar o pedido de dano moral. Além disso, o § 1º do mesmo artigo classifica a lesão extrapatrimonial em quatro graus: mínimo, médio, grave e gravíssimo, fixando parâmetros de indenização para cada nível, atingindo o valor máximo de 50 vezes o último

47 SÜSSEKIND, Arnaldo; MARANHÃO, Délio; VIANNA, Segadas; TEIXEIRA, *op. cit.*, p. 633-638.

salário contratual do empregado, podendo, desde que haja reincidência entre as mesmas partes, dobrar o valor.

O art. 223-G da CLT assim dispõe:

> Art. 223-G. Ao apreciar o pedido, o juízo considerará:
>
> I – a natureza do bem jurídico tutelado;
>
> II – a intensidade do sofrimento ou da humilhação;
>
> III – a possibilidade de superação física ou psicológica;
>
> IV – os reflexos pessoais e sociais da ação ou da omissão;
>
> V – a extensão e a duração dos efeitos da ofensa;
>
> VI – as condições em que ocorreu a ofensa ou o prejuízo moral;
>
> VII – o grau de dolo ou culpa;
>
> VIII – a ocorrência de retratação espontânea;
>
> IX – o esforço efetivo para minimizar a ofensa;
>
> X – o perdão, tácito ou expresso;
>
> XI – a situação social e econômica das partes envolvidas;
>
> XII – o grau de publicidade da ofensa.
>
> § 1º Se julgar procedente o pedido, o juízo fixará a indenização a ser paga, a cada um dos ofendidos, em um dos seguintes **parâmetros, vedada a acumulação:**
>
> I – ofensa de natureza leve, até três vezes o último salário contratual do ofendido; (Incluído pela Lei nº 13.467, de 2017)
>
> II – ofensa de natureza média, até cinco vezes o último salário contratual do ofendido; (Incluído pela Lei nº 13.467, de 2017)
>
> III – ofensa de natureza grave, até vinte vezes o último salário contratual do ofendido; (Incluído pela Lei nº 13.467, de 2017)
>
> IV – ofensa de natureza gravíssima, até cinquenta vezes o último salário contratual do ofendido.
>
> § 2º Se o ofendido for pessoa jurídica, a indenização será fixada com observância dos mesmos parâmetros estabelecidos no § 1º deste artigo, mas em relação ao salário contratual do ofensor.
>
> § 3º Na reincidência entre partes idênticas, o juízo poderá elevar ao dobro o valor da indenização.

O perdão mencionado no inciso X do art. 223-G da CLT seria uma excludente ou atenuante do prejuízo? Sem dúvida, os demais incisos apontam causas que podem agravar ou atenuar a gravidade do evento danoso.

Convém ressaltar que **todos** que participaram da ofensa ao bem jurídico imaterial serão responsabilizados, na proporção da sua ação ou omissão, na forma do art. 223-E da CLT, o que engloba o dano **ricochete** ou reflexo.

Dúvida de relevo ocorre com o valor da indenização decorrente de morte, pois o texto da MP nº 808/2017, que perdeu vigência em 23.04.2018, informava que o tabelamento contido nos incisos I a IV do art. 223-G da CLT não se aplicava ao dano extrapatrimonial decorrente da morte, cujo valor ficaria a cargo do julgador arbitrar. Após a caducidade da referida Medida Provisória, muitos apontarão como lesão gravíssima e outros como excludente do tabelamento.

4.5. Dano Moral Vertical e Horizontal

O **dano vertical** é aquele praticado pelo empregador diretamente aos seus empregados ou através de seus prepostos, enquanto o **horizontal** ocorre entre os próprios empregados sem qualquer interferência do empregador, que apesar de ter ciência do dano, não toma qualquer atitude para impedir o dano moral horizontal.

O dano moral vertical pode ser ascendente ou descendente. **Ascendente**, quando exercido pelos empregados contra o chefe, e **descendente**, aquele praticado pelo superior hierárquico contra seu subordinado.

O dano moral **horizontal** é menos grave que o vertical, já que este é praticado diretamente pelo empregado ou superior hierárquico. Entretanto, se o empregador tem ciência da ocorrência de dano moral horizontal e nada fizer para cessá-lo, também responderá pelo dano.

Vilja Marques,[48] de forma diversa, caracteriza o fenômeno **vertical** "por relações autoritárias, desumanas e aéticas, em que predominam os desmandos, a manipulação do medo, a competitividade, os programas de qualidade total associados à produtividade". Acrescenta a autora que o fenômeno horizontal "está relacionado à pressão para produzir com qualidade e baixo custo".

4.6. Dano Moral Coletivo

O Código de Defesa do Consumidor definiu os interesses e direitos coletivos *lato sensu* ou direitos metaindividuais, que se dividem em difusos, coletivos e individuais homogêneos, ratificando em lei a definição até então vigente na doutrina. Reza o referido diploma legal, em seu art. 81, parágrafo único, incisos I, II e III, que:

> I – interesses ou direitos difusos, assim entendidos, para efeitos deste Código, os transindividuais, de natureza indivisível, de que sejam titulares pessoas indeterminadas e ligadas por circunstâncias de fato;
>
> II – interesses ou direitos coletivos, assim entendidos, para efeitos deste Código, os transindividuais de natureza indivisível de que seja titular grupo, categoria ou classe de pessoas ligadas entre si ou com a parte contrária por uma relação jurídica base;
>
> III – interesses ou direitos individuais homogêneos, assim entendidos os decorrentes de origem comum.

Não se deve confundir a noção de direito **metaindividual** com transindividual, já que este somente se aplica aos direitos difusos e coletivos. O direito metaindividual abrange os transindividuais, mas o inverso não ocorre, pelo fato de limitarem-se, estes últimos, aos direitos difusos e coletivos, excluindo os direitos individuais homogêneos.

---

48 ASSE, Vilja Marques. "Um fenômeno chamado psicoterrorismo". *Revisa LTr*, 68-07, jul. 2004, p. 819.

A classificação ocorre de acordo com a divisibilidade do direito e a determinabilidade de seus titulares. Em relação ao grau em que é possível verificar estes dois parâmetros, temos em ordem crescente os direitos: difusos, coletivos e individuais homogêneos. Seus titulares são, respectivamente, indeterminados, determináveis e determinados. Quanto à indivisibilidade do objeto somente os direitos individuais homogêneos são divisíveis.

Sendo assim, podemos estabelecer os aspectos para a caracterização de interesses e direitos **difusos** como aqueles que, por serem de natureza indivisível, abrangem número indeterminado de pessoas unidas por uma situação fática.

Os interesses e direitos **coletivos** têm natureza indivisível, mas os seus titulares são determináveis e ligados entre si.

Por fim, os direitos ou interesses **individuais homogêneos** caracterizam-se pela sua natureza divisível, tendo sujeitos determinados e direitos e interesses de origem comum.

Observe-se que quando o Código de Defesa do Consumidor discorre sobre "interesses ou direitos" o faz de forma a não possibilitar a discussão acerca da diferença entre os conceitos de interesse e direito.

Estamos de acordo com Kazuo Watanabe,[49] que discorre sobre o assunto, lembrando a semelhança entre os termos:

> Os termos "interesses" e "direitos" foram utilizados como sinônimos, certo é que, a partir do momento em que passam a ser amparados pelo direito, os "interesses" assumem o mesmo *status* de "direitos", desaparecendo qualquer razão prática, e mesmo teórica, para a busca de uma diferenciação ontológica entre eles.

Apesar do exposto, o **dano moral coletivo trabalhista**, de que é titular a coletividade abstratamente analisada, aparentemente foi excluído de reparação pelo art. 223-B da CLT, desde que a lesão coletiva tenha ocorrido após a vigência da Lei 13.467/17. Isso quer dizer que a Justiça poderá reconhecer o dano, mas não poderá determinar sua reparação do dano difuso ou coletivo. Normalmente a reparação do dano coletivo reverte para o FAT (Fundo de Amparo ao Trabalhador) ou outro órgão escolhido pelo Ministério Público na inicial. Agora, não mais haverá reparação por dano moral coletivo.

De acordo com o artigo 223-B da CLT:

> Art. 223-B. Causa dano de natureza extrapatrimonial a ação ou omissão que ofenda a esfera moral ou existencial da pessoa física ou jurídica, as quais são as **titulares exclusivas do direito à reparação**.

---

49 WATANABE, Kazuo. *Código brasileiro de defesa do consumidor*: comentado pelos autores do anteprojeto. 7. ed. Rio de Janeiro: Forense Universitária, 2001, p. 739.

4.6.1. Direitos e Interesses Difusos

Os direitos e interesses **difusos** podem ser conceituados sob dois critérios: o subjetivo e o objetivo. O critério subjetivo diz respeito à condição dos titulares, que devem ser indeterminados e que não exista relação jurídica base entre eles, mas, tão somente, uma relação fática. O critério objetivo diz respeito ao bem jurídico tutelado que deve ser indivisível.

Kazuo Watanabe[50] esclarece que "o bem jurídico tutelado é indivisível, pois uma única ofensa é suficiente para a lesão de todos", e "a satisfação de um deles" corresponde ao mesmo tempo ao benefício de todos eles.

Conclui Aluisio Gonçalves de Castro Mendes,[51] que a qualificação do interesse difuso será dada "por exclusão, ou seja, quando não for coletivo em sentido estrito, porque inexistentes a determinação e a relação jurídica base das pessoas entre si ou com a parte contrária".

A potencialidade de um determinado fato causar uma lesão coletiva, sem que haja qualquer relação jurídica entre os sujeitos que provocaram a lesão e aqueles passíveis de sofrê-la, indica a sua indeterminabilidade.

Há doutrina[52] afirmando que a greve em serviços e atividades essenciais que atinge a toda sociedade, ou a contratação de trabalhadores para a administração pública, em fraude ao concurso público, constituem lesões difusas, pois atingem pessoas indeterminadas, que, a partir da lesão, estão ligadas pelo fato em si (prejuízos decorrentes da greve ou do não acesso ao cargo ou emprego público).

De fato, o dano moral decorrente da fraude ao concurso público é de interesse difuso, assim como os danos causados àqueles atingidos pela greve em serviços essenciais (água, esgoto, energia etc.).

Constitui **dano moral difuso** a prática de uma determinada empresa de lançar poluentes no ar ou nas águas, atingindo não só seus empregados como também todos os demais sujeitos que respiraram daquele ar ou beberam daquela água.

Relembramos que após a Lei 13.467/17, o art. 223-B da CLT excluiu a reparação de dano moral coletivo (difuso ou coletivo). A matéria ainda será muito debatida, e provavelmente correntes contra e a favor surgirão.

4.6.2. Direitos e Interesses Coletivos

Os **direitos e interesses coletivos** revelam-se pela ligação jurídica que os titulares guardam entre si ou com a parte contrária, possibilitando a identificação daqueles. A relação jurídica faz com que sejam determináveis os sujeitos atingidos. Têm como características a transindividualidade e a natureza indivisível de seu objeto, que os difere dos interesses individuais homogêneos. A diferença entre os

---

50 *Ibidem*, p. 741.

51 MENDES, Aluisio Gonçalves de Castro. *Ações coletivas no direito comparado e nacional*. São Paulo: Editora Revista dos Tribunais, 2002, p. 220.

52 LIMA, Amarildo Carlos de. *A ação civil pública e sua aplicação no processo do trabalho*. São Paulo: LTr, 2002, p. 39.

interesses difusos e coletivos está na existência ou não de uma relação jurídica base. Quando há uma relação jurídica base, possibilitando a determinação dos titulares dos interesses, será reconhecido o interesse coletivo.[53]

Kazuo Watanabe[54] afirma que a relação jurídica base existente entre os sujeitos atingidos "é a preexistente à lesão ou ameaça de lesão do interesse ou direito do grupo, categoria ou classe de pessoas." A relação jurídica base não tem sua origem na lesão ou ameaça de lesão ao direito metaindividual, pois ela é anterior a esta.

A tutela dos direitos coletivos há muito é conhecida no Direito do Trabalho, mas a definição dada pelo Código de Defesa do Consumidor está além da delimitação do tema fornecido pelo ramo laboral. Quando o consectário legal consumerista associa os direitos coletivos à classe, à categoria e ao grupo, desde que tenha correspondência com a relação jurídica base, aumenta consideravelmente aqueles legitimados para defesa de tais direitos.

Os **interesses coletivos** não se confundem com os interesses dos componentes do sindicato ou dos interesses do próprio sindicato. Na verdade, os interesses coletivos são interesses da profissão, ou da categoria profissional, envolvendo todos os seus integrantes.

O **dano moral coletivo** ocorre quando a agressão moral é dirigida ao grupo, à categoria, por exemplo. Logo, pratica dano moral a publicação que divulga que os petroleiros são incompetentes e desonestos.

Também causa dano moral coletivo publicar anúncio de jornal indicando preferência por cor, idade, sexo, religião etc., contrariando o art. 373-A da CLT. Assim, o anúncio "precisa-se de mulher jovem, de 21 anos, bonita, magra, branca, católica, sem filhos, para cargo de secretária" causa dano moral à toda a coletividade.

O dano é coletivo, pois as pessoas já estavam ligadas anteriormente pela mesma cor, religião ou sexo.

Causa dano moral coletivo a propaganda de determinada empresa, que, pensando em autopromover-se, veicula anúncio em televisão informando o orgulho em ter apenas empregados brancos e judeus, fazendo referência pejorativa aos católicos e negros.

Nas palavras de Pinho Pedreira:[55] "dano moral coletivo é a injusta lesão da esfera moral de uma dada comunidade, ou seja, é a violação antijurídica de um determinado círculo de valores coletivos."

Relembramos que após a Lei 13.467/17, o art. 223-B da CLT excluiu a reparação de dano moral coletivo para as lesões difusas ou coletivas ocorridas após 11.11.17.

---

53 *Ibidem*, p. 40.

54 WATANABE, Kazuo. *Código brasileiro de defesa do consumidor*: comentado pelos autores do anteprojeto. 7. ed. Rio de Janeiro: Forense Universitária, 2001, p. 743.

55 SILVA, Luiz de Pinho Pedreira da. *A reparação do dano moral no Direito do Trabalho*. São Paulo: LTr, 2004, p. 132.

4.6.3. Direitos e Interesses Individuais Homogêneos

A natureza coletiva dos direitos e interesses **individuais homogêneos** surge da sua origem comum. Na essência são direitos individuais, mas a quantidade de pessoas titulares atingidas uniformemente recomenda a apreciação em demanda coletiva, prestigiando os princípios processuais da celeridade, economia e isonomia.

A doutrina tem afirmado que os direitos individuais homogêneos não são em essência direitos coletivos, mas, na verdade, é na defesa destes que o tratamento deve ser coletivo em face de sua origem comum.

Como assevera Humberto Dalla,[56] o direito individual homogêneo se distingue: "do direito subjetivo individual simples, que se refere apenas a uma pessoa, considerada em perspectiva individual e isolada, sem pontos comuns a outras".

Os direitos individuais homogêneos são divisíveis e podem ser disponíveis, mas deve haver interesse social revelado pela proporção ou aspecto do dano. Esta perspectiva do interesse, proporção ou aspecto do dano, detém o liame entre a relevância do bem jurídico a ser defendido e o interesse individual homogêneo.

O jornal *O Globo*[57] divulgou que a Ambev foi condenada a dano moral coletivo por obrigar seus vendedores à prática de atos vexatórios quando não atingissem a meta de vendas. Neste caso, o dano foi coletivo (gênero), sob a ótica de interesse individual homogêneo.

Muitas vezes, uma lesão ao direito difuso tem repercussão em direitos coletivos e individuais homogêneos. Desta forma, as espécies de direitos metaindividuais podem ocorrer conjunta ou separadamente.

É a pretensão e a causa de pedir constantes da ação civil pública que determinam se o interesse é difuso, coletivo ou individual homogêneo, podendo ocorrer pelo mesmo fato, os três tipos de direitos.

Há empregadores que praticam assédio moral vertical e horizontal, pressionando, rebaixando, punindo, seus empregados de forma tão intensa que eles perdem a autoestima.

Também podem ser exemplos de danos morais de interesses individuais homogêneos: **trabalho escravo**,[58] em condições indignas, trabalho infantil, discriminação

---

[56] PINHO, Humberto Dalla Bernardina de. *A natureza jurídica do direito individual homogêneo e sua tutela pelo Ministério Público como forma de acesso à justiça*. Rio de Janeiro: Forense, 2002, p. 33.

[57] O jornal *O Globo* de 25/08/2006, p. 32, noticiou que "ouvir insultos, pagar flexões de braço, dançar na boquinha da garrafa, assistir a reuniões em pé e desenhar caricaturas no quadro, essas são apenas algumas das humilhações as quais os funcionários da companhia de bebidas da Américas" (Ambev), em Natal, submetia seus trabalhadores, quando não atingiam as metas estipuladas pela empresa. A Ambev foi condenada a pagar um milhão de reais ao FAT.

[58] Trabalho **escravo**, trabalho degradante e forçado: Há posições afirmando que trabalho em condições análogas à de escravo é sinônimo de trabalho degradante. Outros, de forma similar, defendem que trabalho escravo é sinônimo de trabalho forçado, enquanto há corrente no sentido de que trabalho escravo é apenas uma das espécies de trabalho degradante, já que existem outros tipos de trabalhos degradantes. Na verdade, trabalho escravo é a nomenclatura antiga, vigente na época do sistema escravocrata, quando o trabalho era equiparado à mercadoria e o escravo à coisa. Sobre ele seu amo tinha a posse e explorava seu trabalho, normalmente, sem qualquer contraprestação e de forma

praticada na admissão, no curso ou na demissão, bem como a determinação que um grupo de empregados use uniformes ridículos ou indecentes etc.

Lembramos mais uma vez que, após a Lei 13.467/17, o art. 223-B da CLT excluiu a reparação de dano moral coletivo. Entretanto, para os interesses individuais homogêneos nada mudou, pois a reparação é destinada ao trabalhador atingido.

4.7. Assédio Moral ou Psicoterrorismo

O assédio moral é espécie de dano extrapatrimonial e se distingue do dano moral, pois, enquanto neste a lesão é identificada, sentida, percebida pela vítima, no assédio é camuflado, não perceptível. O dano moral pode ser pontual ou repetitivo, mas sempre expresso, claro e real. O terror psicológico é velado, oculto, despercebido pela vítima quando praticado. Caracteriza-se pela prática de sucessivos atos que baixam a autoestima do trabalhador de tal forma que ele próprio acredita na sua baixa competência ou no seu fracasso.

Podem caracterizar assédio moral atos como estabelecer metas impossíveis de ser cumpridas; determinar a realização de muitas tarefas em curtíssimo espaço de tempo, de forma que nenhum trabalhador consiga cumprir; determinar o refazimento constante das tarefas, deixando subentendida a falha ou incompetência; incentivar a prática do "dedo duro", isto é, prestigiar aquele que denuncia e dedura o colega; isolar o empregado e/ou retirar-lhe os poderes; exibir em reuniões coletivas tabelas de desempenho comparando pessoas e equipes com sinais negativos; praticar sucessivos rebaixamentos de função e transferências, de forma que o trabalhador se sinta isolado e diminuído; prática de rotatividade de pessoal com dispensas constantes de forma a deixar todos inseguros em seus postos e empregos; etc. Ressalte-se que alguns dos atos acima, se analisados isoladamente, **não geram, por si sós**, o psicoterrorismo. É a conjunção de vários desses atos que acarreta o assédio.

O assédio moral está relacionado com um costume ou prática repetitiva, algumas vezes contaminando o ambiente de trabalho como um todo, outras vezes praticada contra um ou alguns empregados. Por conta dessa característica da repetição, há

---

coercitiva, sem liberdade de escolha do trabalhador. O art. 149 do Código Penal considera crime "reduzir alguém à condição análoga a de escravo, quer submetendo-o a condições degradantes de trabalho, quer restringindo, por qualquer meio, sua locomoção em razão de dívida contraída com o empregador ou preposto." Nos parece que o Brasil adotou a teoria de que **trabalho em condição análoga à de escravo** ou "formas contemporâneas de trabalho escravo" é gênero do qual o **degradante** ou o sem liberdade (**obrigatório**) podem ser espécie. Convém relembrar que a Declaração Universal dos Direitos do Homem, de 1948, art. XXIII, recomenda a liberdade de trabalho, o direito à remuneração e a tratamento digno. Logo, todos os tipos, sinônimos ou não, são ilegais ou abusivos. Por outro lado, o art. 1º da Convenção nº 29 da OIT dispõe que: "Para fins desta Convenção, a expressão trabalho forçado ou obrigatório, compreenderá todo trabalho ou serviço exigido de uma pessoa sob ameaça de sanção e para o qual não se tenha oferecido espontaneamente." Portanto, para a OIT, trabalho forçado ou obrigatório pode ser remunerado ou não, mas é sempre compulsório, isto é, não há livre escolha do trabalhador, excluído, claro, o decorrente de condenação judicial, o serviço militar obrigatório, os serviços comunitários e o trabalho em situação de emergência. Para a OIT o que diferencia o trabalho obrigatório do degradante é que aquele pode ser degradante, mas esse nem sempre é obrigatório, uma vez que pode existir trabalho voluntário degradante.

muitos que confundem o dano moral que ocorre várias vezes com o assédio. Defendemos que a distinção entre os dois institutos não está na repetição em si, mas na forma de execução. Se feita de forma dissimulada, oculta, velada, disfarçada, é espécie de assédio. É a tentativa do empregador de vencer o trabalhador pelo cansaço. O desgaste emocional é tão agressivo que normalmente se deprimem ou pedem demissão.

O assédio é o termo utilizado para designar toda conduta que cause constrangimento psicológico ou físico à pessoa. Já o assédio moral é caracterizado pelas condutas abusivas praticadas pelo empregador direta ou indiretamente, sob o plano vertical ou horizontal, ao empregado, que afetem seu estado psicológico. Normalmente, refere-se a um costume ou prática reiterada do empregador.

Nas palavras de Vilja Marques[59] psicoterrorismo ou assédio moral "é a exposição dos trabalhadores e trabalhadoras a situações humilhantes e constrangedoras, repetitivas e prolongadas, durante a jornada de trabalho e no exercício das funções profissionais."

Sônia Nascimento[60] sugere um prazo de um a três anos de práticas como estas para a caracterização do assédio moral. Todavia, adverte que é possível ocorrer a lesão em período inferior, apesar de ser incomum.

Por causa dessas atitudes o empregado coloca em dúvida sua autoestima, a confiança em seu trabalho e sobre sua competência. Passa a acreditar que é o causador dos problemas, que executa um péssimo trabalho, sem serventia a qualquer um. Algumas vezes sente-se perseguido e isolado. É comum o empregado assediado pedir demissão, aposentar-se, afastar-se para tratamento por problemas psicológicos ou lançar-se nas drogas.

O empregador tenta "vencer pelo cansaço" o empregado, deteriorando paulatinamente, sua autoestima. Esse tipo de assédio é uma forma sutil de degradação psicológica. Para Sônia Mascaro Nascimento,[61] por muitas vezes, a tarefa mais difícil é identificar o assédio moral, pois a pessoa é envolvida em um contexto tal que é levada a pensar que é merecedora ou mesmo culpada pelas situações constrangedoras. Passa a acreditar ser a causadora do prejuízo da empresa ou causadora do dano ao ambiente de trabalho ou à tarefa.

O assédio moral também é chamado de *bossing*, *mobbing*, *bullying*, *harcèlement*, manipulação perversa, terrorismo psicológico e psicoterrorismo.

Para alguns o assédio moral se insere no âmbito do gênero discriminação e para outros se insere no gênero dano moral. Concordamos com essa segunda posição.

---

59 ASSE, Vilja Marques. "Um fenômeno chamado psicoterrorismo". *Revisa LTr*, 68-07, jul. 2004, p. 819.

60 NASCIMENTO, Sônia A. C. Mascaro. O assédio moral no ambiente do trabalho. São Paulo: *Revista LTr* nº 8, 2004, p. 924.

61 *Idem*.

4.7.1. Reparação

A reparação do dano causado por assédio moral segue os mesmos critérios da reparação do dano moral. Por isso, remetemos o leitor ao tópico acima a respeito da matéria.

4.8. Assédio Sexual

Considera-se **assédio sexual**, de acordo com o art. 216-A do Código Penal: "Constranger alguém com o intuito de obter vantagem ou favorecimento sexual, prevalecendo-se o agente da sua condição de superior hierárquico ou ascendência inerentes ao exercício de emprego, cargo ou função."

Entretanto, em termos trabalhistas defendemos que o assédio sexual tem contornos mais amplos,[62] escapando do tipo penal, porque é inaceitável que o empregador pratique, permita a alguém praticar ou mantenha ambiente de trabalho hostil e ameaçador, sob a ótica sexual. Ademais, é possível um empregado fazer chantagem sexual contra sua gerente, obrigando-a a relações carnais, para manter o sigilo de segredo pessoal ou profissional a que teve acesso. O assédio sexual pode ser praticado por qualquer das partes (empregado ou empregador) e, por ser uma violência contra a outra pessoa, é conduta faltosa que dá enseja à justa causa ou despedida indireta.

Por isso, o **conceito de assédio sexual** deve abraçar toda conduta sexual praticada, normalmente de forma reiterada, contra alguém que a repele. Nas palavras de Rodolfo Pamplona,[63] considera-se assédio sexual toda "conduta de natureza sexual não desejada que, embora repelida pelo destinatário, é continuadamente reiterada, cerceando-lhe a liberdade sexual." Concordamos com o magistrado.

Alice Monteiro de Barros,[64] acertadamente aponta que o assédio sexual pode situar-se, também, como assédio moral, uma vez que é um tipo de conduta gravosa, normalmente reiterada, com reflexos psicológicos sobre o lesado.

Esmiuçando o conceito: **assédio** nos conduz à ideia de convites ou investidas, normalmente reiteradas; **sexual** é todo ato que limite a liberdade sexual da vítima. Logo, para a caracterização do assédio, quatro são os **requisitos** exigidos: a) assediador e assediado; b) conduta de natureza sexual; c) conduta repelida pelo assediado; d) reiteração da conduta, como regra geral.[65]

Algumas vezes o assédio não é praticado por um **só agente** contra a vítima, mas por um grupo de trabalhadores colegas (assédio decorrente do ambiente de trabalho). O agente agressor pode ser o patrão ou seus prepostos ou colega de trabalho.

---

62 Alice Monteiro, no mesmo sentido. BARROS, Alice Monteiro de. *Curso de Direito do Trabalho*. São Paulo: LTr, p. 887.

63 PAMPLONA FILHO, Rodolfo. *Assédio Sexual: Questões Conceituais*. http://jus2.uol.com.br/ doutrina/texto.asp?id=6826, artigo elaborado em 04/01, acesso em 19/12/2008.

64 BARROS, Alice Monteiro de. *Curso de Direito do Trabalho*. São Paulo: LTr, p. 887.

65 No mesmo sentido, Rodolfo Pamplona, obra citada.

Outro fator importante é que a relação de **poder** do assediador sobre a vítima é uma característica comum, mas não é elemento essencial para a sua caracterização, já que pode haver assédio praticado pelo empregado contra o empregador, pelo empregado sobre o cliente ou mesmo entre dois ou mais trabalhadores de mesma hierarquia.

O assédio normalmente é tipificado quando há condutas reiteradas, investidas inoportunas constantes, mas, excepcionalmente, é possível ocorrer com apenas um ato, desde que gravoso.

A conduta sexual do agressor deve ser repelida pela vítima, tornando a insistência em ato abusivo e inoportuno. Pamplona[66] conceitua conduta sexual anormal capaz de tipificar o assédio como: "... os atos de conduta do homem ou da mulher que, para obter a satisfação do seu desejo carnal, utiliza-se de ameaça, seja ela direta ou velada, ilude a outra pessoa, objeto do seu desejo, com promessa que sabe de antemão que não será cumprida, porque não pretende mesmo fazê-lo ou porque é impossível realizá-la; ou, ainda, age de modo astucioso, destruindo a possibilidade de resistência da vítima." Isso quer dizer que a paquera, o namoro, a iniciativa de se declarar para alguém, um convite para sair, para almoçar, para jantar efetuado entre colegas de trabalho ou entre patrão e empregado, não enseja, por si só o assédio.

O assédio sexual divide-se em duas **espécies**: por intimidação e por chantagem. Assédio por **intimidação ou ambiental** ocorre quando a vítima é exposta a situações constrangedoras, humilhantes ou inoportunas. Ela é hostilizada com investidas sexuais, propostas, piadas, gestos sexuais etc. Pode ser praticada por um ou vários colegas, normalmente de mesma hierarquia, mas também pode ser efetuada por chefe, gerente ou outro superior. Os atos fazem parte de um contexto e decorrem de um ambiente de trabalho nocivo. Quase sempre tem o intuito de prejudicar, pressionar ou desestabilizar a vítima.

Assédio por **chantagem** ou ***quid pro quo*** (isto é, "isto por aquilo") é o tipo mais comum e conhecido e ocorre quando superior hierárquico, abusando de seu poder (qualquer que seja), ameaça a vítima com a perda de vantagens ou do próprio emprego caso não lhe preste "serviços sexuais". Excepcionalmente, pode acontecer de a chantagem ocorrer em troca de uma promoção ou vantagem para o empregado. Normalmente, quem tem proveito do assédio é o próprio agente, mas é possível seja praticado para terceiros, como obrigar a vítima a "prestar favores sexuais" para clientes importantes da empresa. Esse assédio sempre é praticado por abuso de poder.

Se a vítima aceitou a investida sexual ou contra ela não se opôs, de forma explícita ou implícita, não poderá alegar mais tarde a justa causa da outra parte ou o dano moral. Alice Monteiro,[67] de forma diversa, só admite o assédio quando a vítima demonstra repúdio manifesto contra a solicitação sexual ou atitude ofensiva sexual.

---

66 Obra citada.

67 Obra citada, p. 891.

4.9. Correção Monetária e Juros de Mora Incidentes sobre o Valor da Indenização por Danos Morais

Reconhecida pela decisão a ocorrência do **dano moral** e fixado ou alterado seu valor, a partir de que momento incidem os **juros de mora** e a **correção monetária**?

A **correção monetária** é o ajuste dos valores feito periodicamente, tendo como base o índice da inflação de um período, objetivando compensar a perda de valor da moeda, na tentativa de manter o poder aquisitivo. Normalmente começa a fluir no vencimento da obrigação. Entretanto, em se tratando de indenização decorrente de dano moral, como o valor arbitrado só é conhecido pelo devedor no momento da sentença ou do acórdão, é desta data que começa a correr a correção monetária, conforme entendimento majoritário consagrado pela Súmula nº 362 do STJ.

A CLT tem regra própria (art. 883) a respeito dos **juros moratórios**, e determina sua contagem a partir da **data do ajuizamento da ação trabalhista**. Todavia, esta também seria a regra para indenização por dano moral?

Os juros equivalem ao valor do aluguel do dinheiro, logo, incidem desde o momento em que retido o valor. Ora, se o valor da indenização por dano moral só foi arbitrado (fixado) na data da decisão, os juros só poderiam ser computados a partir desta data.

Da mesma forma José Geraldo da Fonseca,[68] que nos ensina:

> Os juros, de sua vez, são o proveito tirado de um capital emprestado, isto é, a prestação devida ao credor como compensação ou indenização pela privação temporária do capital. "Juro é o aluguel do dinheiro", o fruto jurídico da coisa, e essa coisa é o capital. Juros são acessórios do capital e podem ser compensatórios ou moratórios. Os compensatórios equivalem à recompensa do capital; os moratórios indenizam o credor pelo retardamento no cumprimento da obrigação de pagar. No processo do trabalho, os juros são, em regra, moratórios e legais, têm disciplina própria e contam-se, quando se trata de verbas devidas pela terminação do contrato, sobre o principal corrigido, desde o ajuizamento da ação. A disciplina dos juros no processo do trabalho se altera nos casos de reparação moral. Não se trata, como é curial, de compensação pelo capital tomado ao empregado. Na indenização moral não há capital do empregado indevidamente nas mãos do empregador. Da mesma forma, não são tipicamente moratórios porque não indenizam o credor de nenhuma obrigação de pagar. Trata-se, como dito, de indenização civil por ato ilícito. Se juros são o aluguel do dinheiro, e nos casos de dano moral esses juros não punem a mora do devedor porque até a fixação do valor da indenização, em juízo, o devedor não havia caído em mora, obviamente não podem vencer sobre a obrigação de pagar a indenização desde o ajuizamento da ação porque a esse tempo a obrigação ainda não estava constituída, e somente passou a ser exigível com a sentença, ou com o acórdão. Em suma: nas indenizações por danos morais, tanto a correção monetária quanto os juros incidem sobre o valor estabelecido em juízo, a partir de sua fixação na sentença ou no acórdão. Se a indenização já

[68] Disponível em: <http://www.poisze.com.br/livro/juros-de-mora-e-corre%C3%A7%C3%A3o-monet%C3%A1ria-nas-indeniza%C3%A7%C3%B5es-por-dano-moral-no-processo-do-trabalho>. Acesso em: 9 out. 2012.

> está fixada na sentença, e o tribunal a mantém, os juros e a correção monetária contam-se da data da sentença; se não está na sentença, mas o tribunal a inclui, correção e juros contam-se do dia do acórdão.

Ora, se a correção monetária só começa a fluir a partir da data da sentença ou acórdão que o fixou (Súmula nº 362 do STJ), como os juros poderiam ser contabilizados em data anterior à fixação do valor devido? Deve-se deflacionar o valor? Por estes motivos, defendemos que tanto os juros como a correção monetária incidem a partir da data de seu arbitramento, pois é neste momento que as partes conhecem o valor devido.

Em sentido contrário, a Súmula nº 439 do TST:

> DANOS MORAIS. JUROS DE MORA E ATUALIZAÇÃO MONETÁRIA. TERMO INICIAL. Nas condenações por dano moral, a atualização monetária é devida a partir da data da decisão de arbitramento ou de alteração do valor. Os juros incidem desde o ajuizamento da ação, nos termos do art. 883 da CLT.

5. DESCONTOS INDENIZATÓRIOS POR DANO PATRIMONIAL

É todo aquele passível de mensuração pecuniária, pois atinge direta ou indiretamente o patrimônio do empregador.

Os **descontos indenizatórios** têm por finalidade a reparação dos danos causados ao empregador pelo empregado na execução do contrato de trabalho.

Só podem ser efetuados em duas hipóteses: por dolo ou culpa. Quando os danos forem dolosos poderão ser descontados independentemente de previsão contratual. Quando culposos, necessitam da autorização contratual para que haja o desconto (Carrion[69] admite o desconto nessa situação se previsto em norma coletiva). Por óbvio a CLT não previu o desconto por dano moral, seja porque na época não se cogitava deste tipo de dano, seja porque o dano moral não é quantificável.

A Orientação Jurisprudencial nº 251 da SDI-I do TST e o Precedente nº 14 da SDC do TST entendem que no caso de devolução do cheque sem fundos, o empregado pode ser descontado no respectivo valor, mesmo sem agir com dolo, desde que não observe as recomendações de instrumentos coletivos e resoluções da empresa. É claro que para este desconto também deve haver previsão contratual prévia.

Ao empregador compete a prova do dano e da culpa ou dolo do empregado. A simples assinatura constante do contracheque não comprova o dano nem a autoria deste, mas tão somente o recebimento do valor pago.

Se o empregado quebrar uma máquina, derrubar um utensílio, queimar uma roupa (doméstica), der troco maior do devido, gerando diferença no caixa, receber cartão de crédito sem os procedimentos de conferência exigidos pela empresa (e para os quais foram treinados), geram o direito ao empregador de desconto salarial

69 CARRION, Valentin. *Comentários à Consolidação das Leis do Trabalho*. 29. ed. São Paulo: Saraiva, 2004, p. 318-321.

em tantos meses quantos sejam necessários para recuperar o prejuízo causado pelo trabalhador, desde que exista previsão expressa de desconto no contrato.

O valor do desconto será o correspondente ao valor do dano emergente e dos lucros cessantes, independentemente de o empregador ter ou não seguro, já que as indenizações não se acumulam. Assim, o motorista de uma empresa de ônibus que abalroa o veículo que dirige contra um poste, por imprudência, pode ser descontado do exato valor do dano causado ao veículo, bem como daquele valor que o empregador deixou de ganhar pelo fato do veículo estar parado para reparos, mesmo que o empregador tenha contratado seguro, desde que haja previsão contratual.

6. LIMITE DE DESCONTO

O limite do desconto será razoável, pois não há lei que imponha qualquer limite. Carrion[70] defende que o desconto realmente deve ser razoável, mas não estipula um percentual para indicar sua intenção.

A limitação contida no art. 477, § 5º, da CLT é dirigida ao empregador quando da rescisão contratual e não ao juiz (mesmo assim, parte da jurisprudência a aplica). Logo, durante o contrato, não existe lei que imponha qualquer limite ao desconto, ficando ao critério do intérprete. Poder-se-ia aplicar por analogia o parágrafo único do art. 82 da CLT e sugerir que não se desconte mais que 70% (esse limite de desconto também encontra previsão na Orientação Jurisprudencial nº 18 da SDC do TST), já que o empregado tem que perceber, pelo menos, 30% em pecúnia.

Há quem defenda que o desconto está limitado a 30% do salário do empregado e, em posição isolada, Victor Russomano[71] entende que não há limitação no desconto, devendo ser feito o desconto necessário para a reparação do prejuízo.

Entrementes, defendemos que o desconto de até 70% é muito elevado e restringe a sobrevivência digna do trabalhador. Recomendamos, pois, que a limitação seja de até 30% por mês, critério equânime e por aplicação analógica do art. 1º, § 1º, da Lei nº 10.820/2003[72] e dos arts. 89 e 91 da Lei nº 8.212/91 c/c arts. 89 e 90 da Lei nº 8.213/91.

---

70 *Ibidem*, 28. ed. atualizado por Eduardo Carrion, 2003, p. 312.

71 RUSSOMANO, Mozart Victor. *Curso de Direito do Trabalho*. 9. ed. 4. tir. Curitiba: Juruá, 2005, p. 401.

72 A Lei nº 13.172/2015 alterou o art. 1º, parágrafo 1º, da Lei nº 10.820/2003 para autorizar o desconto de até 35%, sendo 5% a título de despesas com cartão de crédito.

Capítulo 26

IGUALDADE SALARIAL

A **igualdade salarial**, como princípio geral de proteção contra a discriminação entre empregados, está prevista tanto no art. 7º, XXX e XXXI, da Constituição como nos arts. 5º *caput* e no artigo 461, § 6º, acrescido pela Lei 13.467/17 e pelo artigo 373-A da CLT, bem como pela Lei nº 9.029/95. Todos esses comandos decorrem do princípio da isonomia de tratamento apontado no art. 5º, *caput*, da CRFB. A igualdade preconizada na Carta não quer dizer que o empregador não pode pagar salários diferentes aos seus empregados, pois se assim o fosse, o servente deveria receber o mesmo salário que o gerente, o que não ocorre na prática. Na verdade, os iguais devem ser tratados de forma igual e os diferentes de forma diferente. Entre os que exercem a mesma função a lei regulou as hipóteses de pagamento de salário igual ou equivalente, como nos arts. 450 (e Súmula nº 159 do TST) 461 ou 358 da CLT e no art. 12, *a*, da Lei nº 6.019/74.

A reforma trabalhista avançou nesse ponto ao fixar uma multa de 50% do valor do limite máximo dos benefícios da Previdência em caso de discriminação de sexto e etnia. Todavia, pecou ao fixar a multa para apenas dois tipos de discriminação, quando existem outros.

Assim dispõe o art. 461, § 6º, da CLT:

> § 6º No caso de comprovada discriminação por motivo de sexo ou etnia, o juízo determinará, além do pagamento das diferenças salariais devidas, multa, em favor do empregado discriminado, no valor de 50% do limite máximo dos benefícios do Regime Geral de Previdência Social. (NR)

1. EQUIPARAÇÃO SALARIAL

1.1. Requisitos

A equiparação salarial, antes da Lei 13.467/17, era determinada pelos pressupostos exigidos pela antiga redação do art. 461 da CLT:

a) contemporaneidade;
b) mesmo empregador;
c) identidade de atribuições (mesma função);

d) mesma localidade;

e) diferença de tempo na função não superior a dois anos a favor do modelo;

f) mesma produtividade e perfeição técnica;

g) inexistência de plano de cargos e salários com critérios alternados de promoção por antiguidade e merecimento, homologado pelo órgão competente;

h) mesmo regime jurídico;

i) o modelo não pode ser empregado readaptado;

j) não cabe equiparação entre empregados públicos de cargos diferentes (este assunto será tratado dentro do item sobre o requisito "mesmo regime jurídico").

Depois da Lei 13.467/17, o art. 461 da CLT foi alterado para exigir os seguintes **requisitos**:

a) contemporaneidade;

b) mesmo empregador;

c) **mesmo estabelecimento**;

d) identidade de atribuições (mesma função);

e) diferença de tempo na função não superior a dois anos a favor do modelo;

f) **diferença de tempo no emprego para o mesmo empregador não superior a quatro anos a favor do modelo**;

g) mesma produtividade e perfeição técnica;

h) **inexistência de plano de cargos e salários que pode conter critérios de promoção por antiguidade e/ou por merecimento, dispensada a homologação ou registro em por qualquer órgão**;

i) mesmo regime jurídico;

j) o modelo não pode ser empregado readaptado;

k) **não cabe equiparação em cadeia, com paradigmas remotos ou que tenham obtido o disparate salarial por meio de ação judicial**;

l) não cabe equiparação entre empregados públicos de cargos diferentes (este assunto será tratado dentro do item sobre o requisito "mesmo regime jurídico").

1.1.1. Contemporaneidade

Empregado e modelo devem estar exercendo concomitantemente as mesmas atribuições, ou terem exercido funções idênticas no mesmo período. Não se vislumbra a possibilidade de exigir pagamento de salário igual para o empregado que venha a ocupar função ou cargo vago, não exercido por outra pessoa naquele mesmo momento.

Consequentemente, não poderá o empregado recém-contratado para ocupar cargo vago pedir igualdade ao salário daquele que foi demitido e, por isso, deixou vago o cargo.

Isto se explica porque a discriminação baseia-se em atos contemporâneos praticados pelo empregador entre empregados de uma mesma época.

O empregado e o paradigma devem ter trabalhado na empresa na mesma época, mesmo que pretérita, na forma do § 5º do art. 461 da CLT. Nesse sentido, a Súmula nº 6, IV, do TST.

1.1.2. Mesmo Empregador

Dois empregados só terão direito a receber salário idêntico se, além de preencherem os demais requisitos, também forem empregados do mesmo empregador. Ilação lógica, pois não se compara empregados de empresas diferentes.

Dúvida de relevo surge quando os empregados pertencem a empresas do mesmo grupo econômico (art. 2º, § 2º, da CLT). A questão girava em torno das teorias acerca da solidariedade "ativa" ou "passiva" a respeito do grupo econômico. Para um melhor estudo, nos reportamos ao capítulo sobre Empregador, onde o tema sobre grupo econômico é tratado com maior clareza.

De qualquer sorte, para quem defendia a existência de empregador único, cabia a equiparação salarial.[1] Para os autores que não concordavam com a presença do empregador único ou porque distinguem o tipo de solidariedade, não era possível a equiparação salarial[2] quando o modelo trabalhava em outra empresa do grupo. Aliás, essa era também a posição da jurisprudência, modificando a posição antiga em sentido contrário. Todavia, depois da Lei 13.467/17 não mais existe a figura da solidariedade ativa e, com isso, a discussão deve acabar e pacificar a matéria.

Defendíamos que a equiparação entre empregados do mesmo grupo econômico só é possível se o grupo for "promíscuo", isto é, quando as empresas se confundirem numa só, o que normalmente ocorre com o grupo horizontal. Quando o grupo não for "promíscuo", o que normalmente ocorre no grupo vertical ou por subordinação não caberá a equiparação salarial.

Ocorrendo fusão de empresas, isto é, a união de duas ou mais empresas em uma só, ou sucessão de empresários, os empregados da sucedida e da sucessora passam a pertencer à mesma empresa, logo, a equiparação é possível,[3] desde que os demais requisitos estejam presentes.

---

1 Neste sentido Otavio Bueno Magano, Alice Monteiro de Barros, Martins Catharino, Sergio Pinto e aparentemente Godinho. MAGANO, Otávio Bueno. *Manual de Direito do Trabalho*. Direito Individual do Trabalho. 3. ed. São Paulo: LTr, 1992, v. 3, p. 122; BARROS, Alice Monteiro de. *Curso de Direito do Trabalho*. São Paulo: LTr, 2005, p. 781; CATHARINO, José Martins. *Compêndio Universitário de Direito do Trabalho*. São Paulo: Editora Jurídica e Universitária, 1972, p. 187. MARTINS, Sergio Pinto. *Direito do Trabalho*. 13. ed. São Paulo, 2001, p. 269; DELGADO, Mauricio Godinho. *Curso de Direito do Trabalho*. São Paulo: LTr, 2002, p. 768.

2 SÜSSEKIND, Arnaldo; MARANHÃO, Délio; VIANNA, Segadas; TEIXEIRA, Lima. *Instituições de Direito do Trabalho*. 18. ed. São Paulo: LTr, 1999, v. 1, p. 445.

3 Neste sentido, MARTINS, Sergio Pinto. *Direito do Trabalho*. 13. ed. São Paulo, 2001, p. 269.

No que concerne à terceirização não há equiparação salarial entre o empregado terceirizado e o empregado do tomador, mas sim isonomia salarial desde que a terceirização seja feita pela empresa de trabalho temporário (art. 12, *a*, da Lei 6.019/74). A empresa prestadora de serviço que pratica a terceirização "genérica", fora dos contornos do trabalho temporário, poderá igualar ou não os salários e benefícios – § 1º do art. 4º-C da Lei 6.019/74.

Se a terceirização for ilegal e o vínculo for reconhecido com o tomador caberá o pedido de equiparação salarial, caso presentes todos os requisitos do art. 461 da CLT. Portanto, não cabe o pedido de equiparação salarial entre o empregado terceirizado e o empregado do tomador nas terceirizações ilícitas. Ademais, a diferença salarial pode decorrer de piso estabelecido em norma coletiva. Ora, não tendo o empregador (aparente ou formal) participado da norma coletiva, não poderá ser obrigado a cumpri-la. Neste sentido Sergio Pinto Martins.[4] Em sentido contrário Alice Monteiro de Barros,[5] mas apenas para o trabalhador temporário, na forma do art. 12, *a*, da Lei nº 6.019/74. Todavia, a Lei nº 6.019/74 trata de isonomia para o empregado temporário e salário equivalentes e não de equiparação salarial, cujos requisitos são distintos.

Mauricio Godinho[6] advogava, antes da Lei 13.467/17, que o empregado terceirizado deveria receber um tratamento isonômico em relação aos empregados da empresa tomadora de serviços. Entendia pela aplicação analógica do art. 12, *a*, da lei para todas as terceirizações. Nos reportamos ao capítulo sobre terceirização, onde esta questão é tratada com maior profundidade.

No que diz respeito à cessão de empregados, o C. TST entende que é possível a equiparação salarial, mesmo exercida a função em órgão governamental estranho à cedente, desde que esta responda pelos salários do paradigma e do reclamante – Súmula nº 6, V, do TST.

1.1.3. Identidade de Atribuições

Para que a equiparação se verifique, mister que os empregados cotejados executem exatamente as mesmas atribuições ou tarefas, não só as objetivas, como as subjetivas, isto é, com a mesma responsabilidade[7] e poderes. Essa atribuição deve estar associada à mesma função. Nesse sentido o inciso III da Súmula nº 6 do TST e a jurisprudência.

A CLT não conceitua o que é função ou cargo.[8] Na prática, a regra é que cargo é o gênero, e função, a espécie. Enquanto o cargo (quando existir) envolve

---

4 *Idem.*

5 BARROS, Alice Monteiro de. *Curso de Direito do Trabalho.* São Paulo: LTr, 2005, p. 782.

6 DELGADO, Mauricio Godinho. *Curso de Direito do Trabalho.* São Paulo: LTr, 2002, p. 341.

7 No mesmo sentido SÜSSEKIND, Arnaldo, MARANHÃO, Délio, VIANNA, Segadas e TEIXEIRA, Lima. *Instituições de Direito do Trabalho.* 18. ed. São Paulo: LTr, 1999, v. 1, p. 442.

8 No direito administrativo os conceitos são mais precisos. Cargo é o "lugar instituído na organização do serviço público, com denominação própria, atribuições e responsabilidades específicas e estipêndio correspondente, para ser provido e exercido por um titular, na forma estabelecida em lei." Por

a nomenclatura base da tarefa principal com objetivo de enquadrar o trabalhador em determinado ponto hierárquico na empresa, a função está ligada diretamente ao conjunto de atribuições estabelecidas para desempenho e execução do contrato. Mesmo assim, o empregador pode dar o nome que desejar às tarefas desenvolvidas, isto é, pode chamar de cargo ou de função. Assim, a nomenclatura dada pelo empregador (cargo ou função) não deve desviar a atenção para o que realmente importa: a identidade de atribuições, isto é, de tarefas desempenhadas pelos cotejados.

Se as funções têm o mesmo nome e o empregador-réu, em contestação, alega disparidade de atribuições, o ônus da prova é do patrão, pois a presunção está a favor do empregado. Se, todavia, as funções têm nomes distintos e o empregado-autor alega atribuições idênticas, o ônus da prova é do trabalhador, se negado o fato na defesa. Isto é, a identidade de nomenclatura de funções gera a presunção a favor dos trabalhadores de atribuições idênticas, da mesma forma que nomenclaturas distintas acarretam na presunção de funções diversas. Aplicação do inciso VIII da Súmula nº 6 do TST.

É possível a equiparação salarial para as **funções inespecíficas,**[9] **de confiança,**[10] **especializadas** ou **técnicas, intelectuais**[11] **e artísticas**, desde que o empregador não faça distinção entre os comparados, tratando os cotejados de forma igual. Este também é o entendimento da jurisprudência majoritária (Súmula nº 6, VII, do TST). Todavia, a doutrina[12] é em sentido contrário.

Alice Monteiro[13] acrescenta que:

> (...) apesar de os cargos de professor serem idênticos, torna-se difícil admitir a identidade funcional se as disciplinas por eles ministradas forem diferentes. Da mesma forma rejeita-se a identidade funcional entre enfermeiras de berçários e de centro de tratamento intensivo ou entre motoristas, quando um deles dirige carro de passeio e o outro conduz carreta (...).

O mesmo exemplo é fornecido por Sergio Pinto[14] que concorda que o motorista de veículo de passageiros não tem direito à equiparação salarial ao motorista de caminhão. Acrescenta que professores de disciplinas distintas, apesar de terem

---

sua vez, função "é a atribuição ou conjunto de atribuições que a administração pública confere a cada categoria profissional ou comete individualmente a determinados servidores para a execução de serviços eventuais, sendo comumente remunerada através de *pro labore*." MEIRELLES, Hely Lopes. *Direito Administrativo Brasileiro*. 22. ed. São Paulo: Malheiros, 1997, p. 266.

9 Aparentemente Süssekind defende que não é possível a equiparação salarial entre empregados que exercem funções inespecíficas quando sob o argumento que os "contínuos e serventes que trabalham de acordo com as circunstâncias". Acrescenta que também não é possível a equiparação entre trabalhadores intelectuais e artistas. SÜSSEKIND, Arnaldo; MARANHÃO, Délio; VIANNA, Segadas; TEIXEIRA, Lima, *op. cit.*, p. 442-444.

10 Da mesma forma DELGADO, Mauricio Godinho. *Curso de Direito do Trabalho*. São Paulo: LTr, 2002, p. 768.

11 Assim também MARTINS, Sergio Pinto. *Direito do Trabalho*. 13. ed. São Paulo, 2001, p. 267.

12 Neste sentido SÜSSEKIND, Arnaldo; MARANHÃO, Délio; VIANNA, Segadas; TEIXEIRA, Lima. *Instituições de Direito do Trabalho*. 18. ed. São Paulo: LTr, 1999, v. 1, p. 444.

13 BARROS, Alice Monteiro de. *Curso de Direito do Trabalho*. São Paulo: LTr, 2005, p. 780.

14 MARTINS, Sergio Pinto. *Direito do Trabalho*. São Paulo, 2001, p. 267.

o mesmo cargo têm funções distintas, pois cada um tem sua especialidade, não comportando o pedido de equiparação salarial.[15] Realmente é difícil realizar essa comparação, mas se o empregador não distinguir esses empregados e todos os demais requisitos estiverem presentes, será possível o pedido de equiparação salarial.

1.1.4. Mesma Localidade × Mesmo Estabelecimento

Localidade era entendida pela doutrina como Município. Justificava-se esta posição porque revogados os arts. 84 a 111 da CLT que fixavam valores diferenciados do salário mínimo para cada região, zona ou subzona. Sabendo-se que o município é a menor base territorial de um sindicato e que cada entidade sindical poderia estabelecer pisos salariais diversos para a categoria, concluía-se que correto estava o entendimento da doutrina, porque a diferença salarial teria sua origem na norma coletiva.

Todavia, a jurisprudência alargou o conceito de **localidade**, **município**[16] ou **região metropolitana** (Súmula 6, X, do TST).

Assim, o trabalhador só teria direito a ver seu salário equiparado se o modelo trabalhasse no mesmo município ou região metropolitana que o equiparando.

De acordo com o art. 25, § 3º, da CRFB, os Estados estabelecerão a região metropolitana por lei complementar. No Estado do Rio de Janeiro, o art. 1º da Lei Complementar nº 105/2002 (que revogou a Lei Complementar nº 87/97) estabelece quais Municípios fazem parte da **região metropolitana do Rio de Janeiro**.

Após a Lei 13.467/17, o requisito da "mesma localidade" desapareceu do art. 461 da CLT, e em seu lugar foi exigido que os empregados cotejados trabalhassem no mesmo **estabelecimento**. Portanto, a partir da vigência da nova lei, só terá direito a equiparação salarial o empregado que apontar paradigma que trabalhe na mesmo estabelecimento, que receba salário superior ao seu.

Dispõe o *caput* do art. 461 da CLT:

> Sendo idêntica a função, a todo trabalho de igual valor, prestado ao mesmo empregador, **no mesmo estabelecimento** empresarial, corresponderá igual salário, sem distinção de sexo, etnia, nacionalidade ou idade.

1.1.5. Diferença de Tempo na Função Não Superior a Dois Anos a Favor do Modelo × Diferença de Tempo no Emprego Não Superior a Quatro Anos a Favor do Modelo

A diferença de tempo de serviço, antes da Lei 13.467/17, contava-se apenas na **função** e não no **cargo ou no emprego**. Ainda se exige que a diferença de tempo na função não seja superior a dois anos entre os empregados comparados.

---

15 Da mesma forma SÜSSEKIND, Arnaldo; MARANHÃO, Délio; VIANNA, Segadas; TEIXEIRA, Lima. *Instituições de Direito do Trabalho*. 18. ed. São Paulo: LTr, 1999. v. 1, p. 443.

16 No mesmo sentido MARTINS, Sergio Pinto, *op. cit.*, p. 270. SÜSSEKIND, Arnaldo; MARANHÃO, Délio; VIANNA, Segadas; TEIXEIRA, Lima, *op. cit.*, p. 446.

Todavia, outro requisito passou a ser exigido pela nova redação do art. 461 da CLT: diferença de tempo no emprego não superior a quatro anos. Assim, o modelo não pode ser mais antigo na função mais de dois anos que o equiparando, nem pode ser mais antigo mais de quatro anos no emprego que o equiparando. Pode ser mais novo na função e no emprego sem limitação de tempo.

> Art. 461. (...)
>
> § 1º Trabalho de igual valor, para os fins deste Capítulo, será o que for feito com igual produtividade e com a mesma perfeição técnica, entre **pessoas cuja diferença de tempo de serviço para o mesmo empregador não seja superior a quatro anos e a diferença de tempo na função não seja superior a dois anos** (grifos nossos).

Assim também a Súmula nº 6, II, do TST e a Súmula nº 202 do STF.

Se o modelo trabalhou em períodos descontínuos (mesmo contrato ou contratos distintos) na mesma função e a soma destes ultrapassar dois anos, a equiparação não será deferida.

1.1.6. Identidade de Produtividade e Perfeição Técnica

Modelo e equiparando necessitam exercer idênticas atribuições e desenvolvê-las com a mesma produtividade e perfeição técnica. Entende-se como produtividade a quantidade de trabalho produzido por hora, dia ou mês. Como perfeição técnica a forma com que foi realizado o trabalho, pois um apressado pode produzir mais peças, só que defeituosas, pois confeccionadas sem o capricho que mereciam. Assim, se um mecânico conserta mais carros por dia, mas todos estes veículos mais tarde retornam à oficina porque o defeito persiste, não está produzindo com boa técnica. Da mesma forma o mecânico que, em busca da perfeição técnica, demora dias no conserto de um único carro com defeito simples.

Esses requisitos devem ser comprovados por prova técnica e é ônus do empregador comprovar uma possível diferença entre o empregado e o paradigma quando exercerem a mesma função.

O ideal é o equilíbrio entre a produtividade e a boa técnica. A equiparação só será possível quando os cotejados executarem suas tarefas com a mesma rapidez (produtividade) e perfeição técnica.

Se as jornadas entre os cotejados forem distintas a comparação deve ser proporcional a cada jornada.

1.1.7. Inexistência de Plano de Cargos e Salários com Previsão Alternada de Promoção por Antiguidade e Merecimento × Inexistência de Plano de Cargos e Salários, Podendo Conter Previsão de Promoção por Merecimento e/ou por Antiguidade

Plano de cargos e salários ou quadro de carreira, quadro de pessoal, PCCS ou plano hierarquizado em cargos e carreiras etc., caracteriza-se como uma norma autônoma, unilateral, espontaneamente confeccionada pelo empregador que dispõe sobre o ingresso inicial em cada carreira e função, os níveis de cada função, a forma de acesso às funções superiores hierarquicamente, as classificações, reclassificações, funções de confiança, funções técnicas, níveis de salários, critérios de promoções horizontais e verticais, topo da carreira etc. Pode ser criado por norma interna, regulamento de empresa ou norma coletiva (art. 611-A, V, da CLT).

Quando existir norma com as características acima, mesmo que o empregador tenha lhe destinado uma nomenclatura diversa, fica a empresa obrigada ao cumprimento das regras estabelecidas naquele instrumento, assegurando aos seus trabalhadores o direito de promoção, reclassificação e/ ou de majoração salarial quando preenchidos os requisitos ali previstos – Súmulas n°s 19, 51 e 127 do TST.

Antes da Lei 13.467/17, apenas os planos de cargos e salários que continham previsão de promoções alternadas ora por merecimento ora por antiguidade (questões que deveriam ser analisadas dentro de cada cargo ou carreira) e que tinham sido homologados pelo órgão competente, elidiam o direito à equiparação salarial, mesmo assim se cumpridas efetivamente as promoções por antiguidade e merecimento – §§ 2º e 3º do art. 461 da CLT c/c Súmulas n°s 6, I, e 127 do TST. Mesmo presentes estes requisitos, deveria ser analisado se, na prática, o empregador cumpria o plano de cargos e salários.

Valentim Carrion[17] entendia que a homologação pelo Ministério do Trabalho fazia presumir a existência do outro requisito (promoção alternada por merecimento e antiguidade). Concordávamos com a opinião do mestre.

Arnaldo Süssekind[18] defendia que, existindo ratificação do plano de cargos e salários pela norma coletiva, havia a dispensa da homologação pelo Ministério do Trabalho, posição que, *data venia*, não acompanhávamos, já que esse requisito era imposto por lei. Assim também entendia Sergio Pinto Martins.[19]

Mesmo antes da reforma trabalhista, havia jurisprudência flexibilizando os critérios legais por norma coletiva, como se observava da OJ-SDI1-418:

> *Equiparação salarial. Plano de cargos e salários. Aprovação por instrumento coletivo. Ausência de alternância de critérios de promoção por antiguidade e merecimento. (*DEJT *divulgado em 12, 13 e 16.04.2012).* Não constitui óbice à equiparação salarial a existência de plano de cargos e salários que, referendado por norma coletiva, prevê critério de promoção apenas por merecimento ou antiguidade, não atendendo, portanto, o requisito de alternância dos critérios, previsto no art. 461, § 2º, da CLT.

Na administração direta, autárquica e fundacional o plano de cargos e salários não precisava ser homologado pelo Ministério do Trabalho, pois criado por lei, enquanto para as entidades de economia mista e empresas públicas era necessária

---

17 CARRION, Valentin. *Comentários à Consolidação das Leis do Trabalho*. 29. ed. São Paulo: Saraiva, 2004, p. 317.

18 SÜSSEKIND, Arnaldo; MARANHÃO, Délio; VIANNA, Segadas; TEIXEIRA, Lima. *Instituições de Direito do Trabalho*. 18. ed. São Paulo: LTr, v. 1, 1999.

19 MARTINS, Sergio Pinto. *Direito do Trabalho*. 13. ed. São Paulo, 2001, p. 271.

a aprovação por ato administrativo da autoridade competente e pelo CCEE (atualmente DEST – Departamento de Coordenação das Empresas Estatais Federais), pois importava em disponibilidade de dinheiro – neste sentido a Súmula nº 6, I, do TST.

A Portaria 2, de 2006, da SRT estabelecia os requisitos necessários para a homologação.

Entrementes, após a Lei 13.467/17 o plano de cargos e salários **não precisa** de qualquer homologação ou registro em órgão público, nem conter critérios alternados ou não de promoção para obstar o pedido de equiparação salarial.

De acordo com o art. 461 da CLT:

> § 2º Os dispositivos deste artigo não prevalecerão quando o empregador tiver pessoal organizado em quadro de carreira ou adotar, por meio de norma interna da empresa ou de negociação coletiva, plano de cargos e salários, **dispensada qualquer forma de homologação ou registro em órgão público**.
>
> § 3º No caso do § 2º deste artigo, as promoções **poderão** ser feitas por merecimento e por antiguidade, ou por apenas **um** destes critérios, dentro de cada categoria profissional. (Grifos nossos)

1.1.8. Mesmo Regime Jurídico e Empregado Público

É necessário que os comparados estejam submetidos ao mesmo regime jurídico, isto é, que sejam regidos pela CLT, pois mesmo que dois trabalhadores executem suas tarefas lado a lado para um mesmo tomador, mas um seja estatutário e outro celetista, impossível é o pleito de equiparação salarial.

A Lei nº 9.962/2000 autorizava a contratação de servidores públicos pela administração pública direta autárquica e fundacional sob o regime jurídico estabelecido na CLT. Portanto, era possível numa mesma repartição haver um empregado e um estatutário. Mas, nesse caso, não será possível o pedido de equiparação salarial. Ademais, não é possível a equiparação salarial de empregados de carreiras distintas ou de cargos diferentes, sob pena de violar de morte o art. 37, II c/c art. 37, XIII, da CRFB. Nesse sentido a Orientação Jurisprudencial nº 297 da SDI-I do TST.

Em resumo: não é possível a equiparação salarial entre empregados públicos ocupantes de cargos ou funções públicas distintas, providos por concursos públicos diversos, em face da proibição do art. 37, II, da CRFB. Desta forma, não pode o advogado I ser equiparado ao advogado II da Petrobras, se a investidura nestas funções se deu por concursos diferentes. De forma contrária, é possível que o caixa I seja equiparado ao caixa IV da CEF se a investidura é para o cargo de caixa e os níveis de promoção são acessíveis por outros critérios que não o concurso público. Assim também a Súmula nº 455 do TST, que deve ser interpretada da forma acima, apesar de ter sido genérica:

> EQUIPARAÇÃO SALARIAL. SOCIEDADE DE ECONOMIA MISTA. ART. 37, XIII, DA CF/1988. POSSIBILIDADE. À sociedade de economia mista não se aplica a vedação à equiparação prevista no art. 37, XIII, da CF/1988, pois, ao contratar empregados sob o regime da CLT, equipara-se a empregador privado, conforme disposto no art. 173, § 1º, II, da CF/1988.

1.1.9. O Modelo Não Pode Ser Empregado Readaptado

Não cabe equiparação salarial quando o modelo é um trabalhador readaptado. Nesse caso, ele não poderá servir de paradigma para os demais empregados exercentes dessa sua nova função. Nesse sentido a inteligência do art. 461, § 4º, da CLT.

No caso de readaptação, o rebaixamento é permitido, mas esse trabalhador tem a garantia de seu salário-base. Por isso, um empregado não pode utilizar como modelo esse trabalhador para garantir uma equiparação salarial.

De acordo com o legislador, a readaptação decorre de deficiência física ou mental atestada pelo órgão competente da Previdência Social (art. 461, § 4º, da CLT).

1.1.10. Desnível Salarial Originado de Sentença × Equiparação em Cadeia Vedada

O desnível salarial pode se originar de uma sentença que tenha beneficiado o paradigma. Nesse caso, antes da Lei 13.467/17, era possível o pedido de equiparação, desde que a majoração salarial tivesse decorrido de sentença judicial e não tivesse se dado por condições personalíssimas do modelo ou, na hipótese de equiparação salarial em cadeia, se não demonstrada a presença dos requisitos da equiparação em relação ao paradigma remoto que deu origem à pretensão, caso arguida a objeção pelo reclamado – Súmula nº 6, VI, do TST. Depois da Lei 13.467/17, foi acrescido o § 5º ao art. 461 da CLT para impedir a indicação de paradigma remoto, ainda que o paradigma contemporâneo tenha obtido a vantagem em ação judicial que o beneficiou.

1.1.11. Discriminação Salarial por Etnia ou Sexo

Foi acrescido o § 6º ao art. 461 da CLT pela Lei 13.467/17, para determinar o pagamento das diferenças salariais decorrentes da equiparação, quando preenchidos os requisitos legais, além de uma multa de 50% do limite máximo dos benefícios do Regime Geral da Previdência Social, caso o empregador discrimine o salário do empregado por motivo de **sexo** ou **etnia**.

De acordo com o Dicionário Aurélio, **etnia** significa: "População ou grupo social que apresenta relativa homogeneidade cultural e linguística, compartilhando histórias e origens comuns."

Logo, se o empregador pagar salários inferiores aos negros, judeus ou mulheres, discriminando-os por pertencerem a etnias diferentes ou gênero diverso, além de obrigado a equiparar os salários, desde que preenchidos os requisitos contidos no art. 461 da CLT, também pagará a referida multa. Salutar a medida, pois inibe a prática.

1.1.12. Número de Paradigmas

Não existe qualquer problema em o empregado indicar mais de um paradigma[20] na peça vestibular, desde que indique o nome todo, para permitir que o empregador

[20] Da mesma forma BARROS, Alice Monteiro de. *Curso de Direito do Trabalho*. São Paulo: LTr, 2005, p. 793.

identifique o modelo e possa ser efetuada a defesa. O juiz deverá deferir a equiparação exclusivamente com o modelo que tiver o melhor salário.

Todavia, a matéria é tormentosa na doutrina. Sergio Pinto[21] defende que o reclamante não pode indicar mais de um paradigma na inicial.

1.1.13. Ônus da Prova

É do empregado o ônus de provar o fato constitutivo da equiparação salarial: identidade de atribuições. Ao empregador compete provar os fatos impeditivos, modificativos e extintivos que imputar, na forma do inciso VIII da Súmula nº 6 do TST. Dentre eles: diferença de tempo de serviço na função; existência de quadro de carreira, devidamente homologado; empregadores distintos; diferença de perfeição técnica, produtividade e localidade – *vide* item 1.1. deste Título e Capítulo.

A identidade de nomenclatura de função dos cotejados gera a ilação de que as atribuições eram idênticas, invertendo-se o ônus da prova. Se, por exemplo, modelo e equiparando exerciam a função de Assistente Técnico I e a defesa alegar a diferença de atribuições, o réu terá atraído para si o ônus probatório deste fato. Explica-se. Quando o empregador imputa aos seus empregados a mesma nomenclatura para a função exercida, a presunção é de execução das mesmas atribuições. De forma contrária, se o autor exercia a função de Auxiliar Administrativo I e o modelo de Auxiliar Administrativo II a presunção é de exercício de atribuições diversas, competindo ao autor, nesta hipótese, o ônus da prova.

Entendemos que a ratificação da Súmula nº 6, VIII, do TST comprova que deve ser levado em consideração o art. 333 do CPC de 1973 (art. 373 do CPC/2015). O art. 818 da CLT é baseado no CPC de 1939, isso porque a CLT (que é de 1943) é inspirada no Decreto-Lei nº 1.237/39, sendo este inspirado no Regulamento nº 737/1850. O CPC de 1939 também foi inspirado no Regulamento nº 737/1850.

2. ENQUADRAMENTO E DESVIO DE FUNÇÃO

A adoção de quadro de carreira é uma faculdade, podendo o empregador criá-lo ou não. A lei não determina forma especial para a criação de um quadro de carreira. Sua finalidade é a de hierarquizar categorias, cargos e funções em diferentes patamares, podendo assegurar ou não promoções, que podem ser por antiguidade (tempo de serviço) ou por merecimento, de forma alternada ou não. Apenas o quadro de carreira e salários que tiver a previsão alternada ora por merecimento ora por antiguidade e, desde que homologado pela autoridade competente, poderá servir de obstáculo ao pedido de equiparação salarial.

Independentemente de estar ou não de acordo com os critérios acima, o empregador que tiver um plano de cargos e salários ou um quadro em carreira obriga-se a cumpri-lo, pois limita seu poder potestativo de variar. Não poderá arguir sua própria torpeza para descumprir o que prometeu.

---

21 MARTINS, Sergio Pinto, *op. cit.*, 2001, p. 271.

O plano de cargos e salários é considerado norma benéfica ao empregado e como tal se incorpora ao seu contrato e não poderá ser alterado *in pejus*. Todavia, como se trata de norma de caráter privado, a jurisprudência tem entendido que a opção por um PCCS importa em renúncia ao outro – Súmula nº 51, II, do TST.

O empregado que é admitido em determinada função é enquadrado no plano de cargos e salários. Quando preencher os requisitos para uma promoção ele será **reenquadrado**.

Situação diversa é a do empregado que, embora exerça as atribuições do nível superior ou de outra função ou cargo, está formalmente enquadrado num nível mais baixo ou em outra função ou cargo distinto do que efetivamente exerce e para o qual foi contratado. Este fato é denominado de **desvio de função**. O desvio de função enseja o direito à retificação da CTPS para que conste a real função, cargo ou nível, bem como as respectivas diferenças salariais.

Não cabe o pedido de diferenças salariais entre níveis, cargos ou funções diferentes para empregados públicos da Administração Pública direta ou indireta, quando estes forem providos por concursos públicos distintos, isto é, quando o cargo, nível ou função contratual do reclamante for distinto daquele que ele efetivamente exerce – inciso II, do art. 37, da Constituição da República. A diferença salarial só será possível dentro da mesma carreira e para nível que não exige investidura por concurso público distinto daquele que o empregado foi admitido.

Desta forma, se o empregado fez concurso para advogado I da Petrobras, mas de fato exerce a função de advogado II da mesma empresa, cujos cargos são distintos, criados por lei e a investidura ocorre por concursos distintos, estará de fato desviado de função, devendo ser revertido imediatamente ao cargo anterior, sob pena de se violar de morte o princípio do concurso público previsto na Carta. Consequentemente, não terá direito a qualquer diferença salarial, por tratar de trabalho proibido, devendo ser aplicada analogicamente a Súmula nº 363 do TST.

Todavia, o TST parece adotar posição contrária, quando defende que o desvio de função do empregado não gera novo enquadramento, mas apenas as diferenças salariais respectivas, mesmo que esse desvio tenha ocorrido em período anterior à Constituição Federal de 1988 (Orientação Jurisprudencial nº 125 da SDI-I).

3. SALÁRIO-SUBSTITUIÇÃO

3.1. Conceito e Requisitos

A substituição não eventual e provisória enseja o direito de o substituto perceber o salário do substituído.

A Súmula nº 159, I, do TST reconheceu este direito e garante salário idêntico ao substituto enquanto perdurar a substituição não eventual.

Essa substituição tem caráter **provisório**. Logo, se foi definitiva não gerará o direito.

Não há norma legal que ampare este direito de forma expressa. O critério adotado pela súmula foi inspirado nos arts. 450 c/c 461 da CLT.

Para que o substituto tenha direito a receber o mesmo salário que o substituído mister que exerça exatamente as mesmas atribuições que aquele, com mesma produtividade e perfeição técnica e que o substituído esteja temporariamente afastado, pois se o cargo estiver vago, não se trata de substituição e sim de ocupação ou sucessão, que pode ser definitiva ou interina (Súmula nº 159, II, do TST), não ensejando o direito.

Substituição **não eventual** é aquela que acontece por evento previsível[22-23] de acontecimento aproximado e com frequência. As férias se caracterizam em evento previsível e frequente entre os empregados – Súmula nº 159, I, do TST (também encontrava previsão na cancelada OJ nº 96 da SDI-I do TST).

> SUCESSÃO TRABALHISTA. BANCÁRIO – REPOUSO SEMANAL. I – dá-se a sucessão empresarial na transferência, de um para outro titular da unidade econômico-jurídica, ou de parcela desta que possa ser havida como tal. Banco que assume os principais ativos e passivos de outro em liquidação extrajudicial é seu sucessor, respondendo pelas obrigações por aquele assumidas. II – o repouso semanal do bancário compreende o sábado e o domingo. III – a substituição de colega em períodos de férias não é eventual, tendo o substituto direito ao salário do substituído. TRT/RJ – RO: 24.772/97 – Rel. Designado: Juiz Ivan Dias Rodrigues Alves. *DJ*/RJ 07/04/2000.

A licença-maternidade e a licença-prêmio (para as empresas que a concedem) também são eventos habituais.[24] As faltas justificadas ou não, seja por doença ou por acidente de trabalho, não ensejam a aplicação da Súmula nº 159, I, do TST, por imprevisíveis. Há, porém, uma vertente que no caso de afastamento por doença, concede o salário-substituição a partir do momento que o empregado substituído passa a receber seu benefício previdenciário (não concede o salário-substituição apenas nos 15 primeiros dias).

Se no caso de atraso de algum empregado, o empregador coloca outro em seu lugar, existe uma corrente minoritária que concede o salário do substituído para este trabalhador.

O direito ao "salário-substituição" não deve ser aplicado no âmbito da Administração Pública, já que o empregado substituto não fez concurso para o cargo daquele que foi substituído. Também não admitimos o desvio de função e a equiparação salarial, pelos mesmos fundamentos.

Se um trabalhador passa a ocupar a função de outra que foi demitida ou promovida, não terá direito ao salário desta, pois não houve substituição e sim sucessão.

O **aeroviário** tem regra própria, como prevê o Decreto nº 1.232/62:

---

22 No mesmo sentido SÜSSEKIND, Arnaldo; MARANHÃO, Délio; VIANNA, Segadas; TEIXEIRA, Lima. *Instituições de Direito do Trabalho*. 18. ed. São Paulo: LTr, 1999, v. 1, p. 448.

23 Sergio Pinto acrescenta que o evento deve ser previsível, compulsório e periódico, mas pode ocorrer também na doença prolongada e na licença-maternidade. MARTINS, Sergio Pinto. *Direito do Trabalho*. 13. ed. São Paulo: Atlas, 2001, p. 272.

24 Da mesma forma SÜSSEKIND, Arnaldo; MARANHÃO, Délio; VIANNA, Segadas; TEIXEIRA, Lima. *op. cit.*, p. 448.

> **Art. 16.** Os aeroviários só poderão exercer outra função diferente daquela para a qual foram contratados quando **previamente e com sua anuência expressa for procedida a respectiva anotação na carteira profissional** (grifos nossos).
>
> **Parágrafo único.** O aeroviário chamado a ocupar cargo diverso do constante do seu contrato de trabalho, em comissão ou em substituição, terá direito a **perceber salário que competir ao novo cargo**, enquanto ao seu desempenho, bem como contagem de tempo de serviço para todos os efeitos e retorno à função anterior com as vantagens outorgadas à categoria que detinha (grifos nossos).

4. ISONOMIA ENTRE BRASILEIRO E ESTRANGEIRO

O art. 358 da CLT garante a isonomia salarial entre brasileiro e estrangeiro e estabelece que:

> **Art. 358.** Nenhuma empresa, ainda que não sujeita à proporcionalidade, poderá pagar a brasileiro que exerça função análoga, a juízo do Ministério do Trabalho, Indústria e Comércio, à que é exercida por estrangeiro a seu serviço, salário inferior ao deste, excetuando-se os casos seguintes:
>
> a) quando, nos estabelecimentos que não tenham quadros de empregados organizados em carreira, o brasileiro contar menos de 2 (dois) anos de serviço, e o estrangeiro mais de 2 (dois) anos;
>
> b) quando, mediante aprovação do Ministério do Trabalho, Indústria e Comércio, houver quadro organizado em carreira em que seja garantido o acesso por antiguidade;
>
> c) quando o brasileiro for aprendiz, ajudante ou servente, e não o for o estrangeiro;
>
> d) quando a remuneração resultar de maior produção, para os que trabalham à comissão ou por tarefa.
>
> **Parágrafo único.** Nos casos de falta ou cessação de serviço, a dispensa do empregado estrangeiro deve preceder à de brasileiro que exerça função análoga.

Fazendo referência à alínea *a* deste dispositivo, Sergio Pinto Martins[25] entende que a diferença de tempo é na função, utilizando o mesmo raciocínio da equiparação salarial. Concordamos com essa posição. Todavia, há autores que defendem que neste caso a diferença é no emprego mesmo (tempo de serviço).

Há acirrada discussão sobre a recepção ou não do art. 358 da CLT pela Constituição da República de 1988. Sergio Pinto Martins,[26] Mauricio Godinho,[27] Barreto Prado[28] e Alice Monteiro de Barros[29] consideram que este dispositivo não foi recepcionado pela Carta Magna, pois viola o Princípio da Isonomia, já

---

25 MARTINS, Sergio Pinto. *Direito do Trabalho*. 14. ed. São Paulo: Atlas, 2001, p. 266-267.

26 Sergio Pinto esclarece, ainda, que desde a Constituição de 1967 a nacionalidade foi excluída do aspecto discriminatório. *Ibidem*, p. 265-266.

27 DELGADO, Mauricio Godinho. *Curso de Direito do Trabalho*. 3. ed. São Paulo: LTr, 2004, p. 785.

28 Cf. CARRION, Valentin. *Comentários à Consolidação das Leis do Trabalho*. 29. ed. São Paulo: Saraiva, 2004, p. 242.

29 BARROS, Alice Monteiro de. *Curso de Direito do Trabalho*. São Paulo: LTr. 2005, p. 793.

que mesmo entre estrangeiros e brasileiros deve ser aplicado o art. 461 da CLT (equiparação salarial).

Estamos com Süssekind[30] e Carrion[31] que advogam que o art. 358 da CLT foi recepcionado pela Lei Maior, pois trata-se de norma de proteção de soberania do Estado.

Süssekind[32] defende a vigência do art. 358 da CLT, pois os incisos XXX e XXXI, do art. 7º, da Carta de 88 proibiram a diferença de salário por motivo de sexo, idade, cor, estado civil ou deficiência física. Não há indicação de nacionalidade.

5. ISONOMIA ENTRE O TRABALHADOR TEMPORÁRIO E O EFETIVO

Os trabalhadores temporários têm direito à remuneração equivalente a dos empregados pertencentes à mesma categoria na empresa tomadora, como dispõe a alínea *a* do art. 12 da Lei nº 6.019/74.

Existe corrente que adota o piso normativo da categoria do tomador de forma proporcional à jornada e outra posição com a tese de que o salário deve ser idêntico ao do trabalhador do tomador, desde que exercentes da mesma função.

Cuidados devem ser tomados para não ser adotado o mesmo salário (total) do empregado do tomador, pois este já pode ter incorporado certos benefícios e ter antiguidade na empresa, o que justifica um salário superior àquele que será pago ao temporário. Assim, pode ser adotado, no máximo, um valor proporcional, calculando o valor que o empregado substituído ganharia em início de carreira ou aquele do piso da categoria do tomador.

Há, ainda, aqueles que entendem que os requisitos para a isonomia são os mesmos do art. 461 da CLT.

Ressalte-se que a isonomia salarial prevista para os empregados temporários não foi estendida aos demais terceirizados em relação aos empregados do tomador, como se percebe do § 1º do art. 4º-C da Lei 6.019/74. Nesse caso, a regra é específica e não obriga, apenas faculta.

De acordo com o art. 4º-C da Lei 6.019/74:

> § 1º Contratante e contratada poderão estabelecer, se assim entenderem, que os empregados da contratada farão jus a salário equivalente ao pago aos empregados da contratante, além de outros direitos não previstos neste artigo.

As demais características do empregado regido pela Lei nº 6.019/74 serão abordadas com maior profundidade no Capítulo referente à "Terceirização".

---

30 Cf. CARRION, Valentin, *op. cit.*, p. 242.

31 *Idem.*

32 SÜSSEKIND, Arnaldo; MARANHÃO, Délio; VIANNA, Segadas; TEIXEIRA, Lima. *Instituições de Direito do Trabalho.* 18. ed. São Paulo: LTr, 1999, v. 1, p. 443.

Capítulo 27

SUSPENSÃO DO CONTRATO DE TRABALHO

1. SUSPENSÃO E INTERRUPÇÃO

A legislação brasileira adotou terminologia própria (suspensão e interrupção) para denominar os períodos de sustação de algumas ou quase todas as cláusulas contratuais, abandonando os critérios da doutrina estrangeira, que subdivide a suspensão em: a) total (verdadeira suspensão) e; b) parcial (interrupção). Por isso, alguns autores[1] criticam as expressões utilizadas pela CLT, sob o argumento: o vocábulo "interrupção" não é adequado para substituir a expressão "suspensão parcial".

A maior distinção entre a suspensão e a interrupção é que nesta há pagamento total ou parcial do salário, enquanto naquela não há pagamento de salário. Via de regra, na suspensão o tempo de serviço não é computado nem é devida qualquer contraprestação, enquanto na interrupção, ao contrário, o tempo de serviço é computado para todos os efeitos e as parcelas salariais são devidas integral ou parcialmente. Na suspensão, as partes se desobrigam do cumprimento de quase todas as obrigações contratuais, enquanto na interrupção todas as cláusulas contratuais permanecem vigentes,[2] estando o empregado desobrigado a prestar serviços.

2. SUSPENSÃO

2.1. Conceito e Características

Durante a suspensão contratual o empregado deixa de prestar serviços temporariamente ao empregador. Este, por sua vez, susta o pagamento dos salários ou

---

1 GOMES, Orlando; GOTTSCHALK, Élson. *Curso de Direito do Trabalho*. Rio de Janeiro: Forense, Revisado por José Augusto Rodrigues Pinto, 2004, p. 328.

2 Defendemos que durante a interrupção contratual o empregador não está obrigado a conceder vale-transporte e demais utilidades concedidas para o trabalho e em decorrência deste.

qualquer outra contraprestação ou vantagem ao trabalhador. Neste período as principais cláusulas contratuais ficam estáticas, paralisadas. O contrato não é executado e, por isso, não produz os principais efeitos. Todavia, as obrigações acessórias[3] continuam em vigor, cabendo, em caso de violação, a rescisão por justa causa. Na verdade, não é o contrato[4] que fica suspenso e sim sua execução.

As características vistas encontram exceção em três casos: acidente de trabalho, licença-maternidade, serviço militar. Por este motivo, a doutrina não é unânime em aceitar que estes três casos sejam de suspensão, mas sim de interrupção, pois, durante o período, é devido o FGTS e computado o tempo de serviço.

Há quem defenda[5] que nos casos de suspensão contratual a paralisação é quase plena e que durante o período o tempo de serviço não é computado, não sendo devido o FGTS nem qualquer outra parcela ao empregado.

Durante a suspensão o empregador não poderá demitir o empregado sem justa causa, salvo em caso de extinção da empresa ou por força maior. Durante o contrato por prazo determinado a suspensão não impede o implemento do termo final,[6] na forma do art. 472, § 2º da CLT. Na verdade, o que não se admite é a despedida imotivada durante a suspensão e não a morte natural do contrato. Em caso de justa causa praticada pelo trabalhador será possível a extinção do contrato durante a suspensão.

As partes não podem estipular a suspensão do contrato fora dos casos expressamente previstos em lei, pois isto prejudica o empregado que fica o período sem receber salários, salvo se foi por ele expressamente requerido e em seu benefício. Portanto, as "licenças sem vencimentos" impostas por alguns empregadores aos seus empregados, situação muito comum com professores universitários, são nulas de pleno direito, podendo o empregado aplicar a justa causa ao empregador por descumprimento grosseiro do contrato – art. 483, *d*, da CLT (não dar trabalho).

Quando o empregado retornar do período de suspensão contratual receberá as benesses, a partir daí, que a sua categoria obteve – art. 471 da CLT.

O prazo para retornar ao serviço é de 30 dias a contar da data que cessou a causa da suspensão das cláusulas contratuais. Passados os 30 dias o empregador poderá aplicar a justa causa ao empregado – o abandono de emprego, rescindindo o contrato. Esta penalidade independe de convocações para o trabalho, pois é obrigação do empregado retornar ao serviço e não do empregador pedir para ele voltar ao serviço.

---

3 Apesar de o contrato estar suspenso, o dever de fidelidade entre as partes continua latente. Assim, não deve o empregado, mesmo afastado, revelar segredo da empresa; depredar patrimônio do empregador, fazer concorrência etc.

4 Esta também é a posição de MARTINS, Sergio Pinto. *Direito do Trabalho*. 13. ed. São Paulo: Atlas, 2001, p. 462.

5 Apesar de Mauricio Godinho se posicionar desta forma, aponta o acidente de trabalho e o serviço militar como hipóteses de suspensão contratual. DELGADO, Mauricio Godinho. *Curso de Direito do Trabalho*. São Paulo: LTr, 2002, p. 1.034.

6 Aparentemente em sentido contrário a Súmula nº 378, III, do TST.

2.2. Obrigações das Partes Durante a Suspensão Contratual

a) Obrigações do empregador

O empregador deve respeitar o empregado durante o período de suspensão contratual, abstendo-se de divulgar informações que denigram a imagem profissional e pessoal do trabalhador.

Dúvida de relevo surge quando o tema diz respeito às utilidades concedidas durante o contrato, isto é, se elas continuariam ou não a ser fornecidas durante a suspensão.

Imaginemos um empregado acidentado e gravemente ferido que, por força disto, está em gozo de auxílio-doença. Pergunta-se: terá ele direito à manutenção do plano de saúde e da moradia concedida pelo empregador durante o período de suspensão contratual?

Tecnicamente o empregador pode suspender todos os efeitos pecuniários ou patrimoniais do contrato, pois as cláusulas contratuais ficam totalmente paralisadas, já que a execução do contrato é sustada. Assim, de acordo com essa visão fria e literal, pode o empregador suprimir o plano de saúde, ter restituída a moradia, deixar de conceder o vale-transporte, tíquete-refeição etc.

Todavia, a interpretação mais fria da lei e literal nem sempre é a mais justa, principalmente quando afastada da interpretação constitucional, de seus princípios.

Sugerimos que o intérprete analise o motivo da suspensão contratual para decidir a questão. Dessa forma, se o empregado está com seu contrato suspenso porque foi eleito dirigente sindical, todas as benesses podem ser suspensas. O mesmo raciocínio deve ser utilizado caso ele tenha tido seu contrato suspenso por serviço militar obrigatório ou por desempenhar qualquer cargo público civil etc. Por outro lado, caso a suspensão tenha ocorrido por motivo de **acidente ou doença**, a questão se torna mais difícil, já que algumas utilidades, como as relativas à saúde (plano de saúde), foram concedidas exatamente para fazer frente a essas situações excepcionais. Isto atende ao princípio da dignidade da pessoa humana e ao princípio protetivo do direito do trabalho, sem esbarrar na lógica legislativa. Daí por que defendemos que, excepcionalmente, algumas utilidades, dependendo do motivo e da duração da suspensão contratual, devem continuar a ser concedidas, como a manutenção do plano de saúde durante o auxílio-doença ou auxílio-doença acidentário.

Da mesma forma a Súmula nº 440 do TST:

> AUXÍLIO-DOENÇA ACIDENTÁRIO. APOSENTADORIA POR INVALIDEZ. SUSPENSÃO DO CONTRATO DE TRABALHO. RECONHECIMENTO DO DIREITO À MANUTENÇÃO DE PLANO DE SAÚDE OU DE ASSISTÊNCIA MÉDICA. Assegura-se o direito à manutenção de plano de saúde ou de assistência médica oferecido pela empresa ao empregado, não obstante suspenso o contrato de trabalho em virtude de auxílio-doença acidentário ou de aposentadoria por invalidez.

Não se deve confundir a obrigatoriedade ou não de manutenção do plano de saúde pelo empregador como o disposto no art. 30 da Lei nº 9.656/98, que é dirigido à seguradora.

Lembramos que a norma coletiva poderá suprimir o seguro-saúde ou plano de saúde – art. 611-A, *caput*, da CLT.

b) Obrigações do empregado

Durante o período de suspensão o empregado deve manter a lealdade contratual e, mesmo sem prestar serviços e receber qualquer vantagem econômica do empregador, não poderá praticar atos que autorizem a aplicação da justa causa. Logo, não poderá o empregado divulgar segredo da empresa, violar informações sigilosas, depredar patrimônio da empresa, macular a imagem do empregador etc.

O pedido de demissão efetuado pelo empregado no curso do período de suspensão ou de interrupção, desde que não eivado de vício de consentimento, é perfeitamente possível e válido,[7] já que ele mantém sua capacidade e liberdade de agir.

Resumindo: apenas as principais cláusulas contratuais ficam paralisadas durante a suspensão contratual.

2.3. Prescrição

Os prazos prescricionais estão taxativamente previstos em lei, assim como as hipóteses de interrupção e de suspensão de sua contagem. Por isso, não podem as partes livremente ajustar prazos ou hipóteses não previstas em lei ou presumi-los, tendo em vista que prescrição é matéria de ordem pública. Desta forma, a suspensão ou a interrupção contratual não impedem, não interrompem ou suspendem o prazo prescricional. Da mesma forma a OJ 375 da SDI-I do TST.

Alguns autores pensam de forma diferente. Acreditam que durante a suspensão contratual o prazo prescricional também suspende com base no inciso I do art. 199 do CC.

Todavia, a condição suspensiva a que se refere o inciso I do art. 199 do CC é a do próprio direito e não do contrato. Desta forma, se um direito depende do implemento de uma condição suspensiva, enquanto esta não se verificar, o direito não estará adquirido (art. 125 do CC), logo, não terá havido, ainda, lesão, já que esta ocorre depois daquela. A lesão que o empregado pretende à reparação em juízo são aquelas havidas antes da suspensão contratual, logo, já ocorridas.

Antes da OJ nº 375 do SDI-I do TST, a matéria era controvertida nos Tribunais, pois tinha decisões nos dois sentidos. Remetemos o leitor ao Capítulo "Prescrição".

> RECURSO DE REVISTA. 1. SUSPENSÃO DO CONTRATO DE TRABALHO PELO EXERCÍCIO DE CARGO DE DIRETOR ESTATUTÁRIO. FLUÊNCIA DA PRESCRIÇÃO. Não obstante o exercício de diretor estatutário eleito em assembleia constitua causa de suspensão do contrato de trabalho, nos termos da Súmula nº 269 do TST, não o é para a interrupção ou suspensão dos efeitos da

[7] Da mesma forma Mauricio Godinho. *Ibidem*, p. 1.039.

prescrição, ante a ausência de norma legal prevendo tal circunstância. TST. 4ª T. RR – 784677/2001, Rel. MARIA DORALICE NOVAES, *DJ* 17/02/2006.

APOSENTADORIA POR INVALIDEZ. PRESCRIÇÃO. A concessão de aposentadoria por invalidez, mesmo sendo motivo de suspensão do contrato de trabalho, não se enquadra em nenhuma das causas impeditivas, suspensivas ou interruptivas do prazo prescricional, enumeradas quer nos arts. 168, 169, 170 e 172 do Código Civil de 1916, quer nos arts. 197, 198, 199, 200 e 202 do Código Civil de 2002. Tampouco é possível considerá-la causa oficiosa de interrupção ou suspensão da prescrição a partir do princípio geral de direito segundo o qual contra *"non volent agere non curit praescriptio"*. Isso porque não há provas de que a doença que acometera a recorrente, em razão da qual fora aposentada por invalidez, a tivesse impedido de ingressar em juízo pleiteando o pagamento dos títulos deduzidos na inicial. Acresça-se a isso o fato de a suspensão do contrato de trabalho, proveniente da concessão de aposentadoria por invalidez, não guardar nenhuma afinidade com a condição suspensiva, erigida seja no art. 170, inciso I, do Código Civil de 1916, seja no art. 199, inciso I, do Código Civil de 2002, em causa impeditiva da prescrição. Embora esse Magistrado mantenha a sua convicção sobre a ausência de sinonímia entre suspensão do contrato de trabalho, por motivo de aposentadoria por invalidez, e a suspensão do prazo prescricional, o certo é que a douta SBDI-1 passou a sufragar a tese de a suspensão do contrato implicar a suspensão do prazo prescricional. Recurso provido. TST. 4ª T. Rel. BARROS LEVENHAGEN, RR – 1630/2003-111-03-00, *DJ* 4/11/2005.

2.4. Despedida Injusta no Curso da Suspensão

Durante o período de suspensão contratual não pode o empregado ser despedido sem justa causa, em face da paralisação das cláusulas contratuais que limitam o poder potestativo de dispensa.

Via de consequência, lógico seria afirmar que é nula a despedida injusta praticada no curso da suspensão, gerando o direito de o empregado ser reintegrado no emprego (se no momento da decisão já tiver obtido a alta médica) ou ter o contrato restabelecido (se no momento da decisão judicial ainda estiver em gozo de auxílio-doença). Entretanto, a posição da jurisprudência tem sido diversa, pois considera "regular" a dispensa, mas seus efeitos são protraídos até a primeira data possível para a dispensa, isto é, válida é a declaração unilateral do empregador no sentido de romper o vínculo sem justa causa, mas os efeitos desta declaração (resolução do contrato) só serão produzidos depois da alta médica ou da cessação do motivo da suspensão contratual (primeiro dia útil após o término da suspensão).

DESPEDIDA SEM JUSTA CAUSA DURANTE SUSPENSÃO CONTRATUAL DECORRENTE DE CONCESSÃO AUXÍLIO-DOENÇA COMUM. IMPOSSIBILIDADE. A concessão de auxílio-doença, ainda que comum, pelo INSS, importa a suspensão do contrato de trabalho, conforme o art. 476 da CLT. É incabível a despedida sem justo motivo do empregado durante este período, devendo ser analisadas as circunstancias da prática do ato para fins de decretação de nulidade absoluta ou relativa, caso em que deverá ser realizada a competente adequação. A nulidade reporta o término do contrato do trabalho para depois da alta do INSS, com indenização correspondente, se ultrapassado o benefício previdenciário, não importando em reintegração no emprego, eis que inexiste, no caso, estabilidade provisória prevista em norma jurídica. TRT-5 – RecOrd: 00004432220135050004 BA, Relator: Léa Nunes, 3ª Turma, Data de Publicação: DJ 26/07/2016.

3. HIPÓTESES DE SUSPENSÃO

3.1. Serviço Militar Obrigatório – Art. 472 da CLT

O serviço militar obrigatório importa na suspensão[8] do contrato de trabalho porque o empregador não terá nenhum ônus salarial no período – Leis nºs 4.072/62 e 4.375/64. Todavia, o tempo de afastamento é computado para todos os efeitos – art. 4º da CLT, inclusive para fins de depósito do FGTS. Alguns doutrinadores consideram esta hipótese como de interrupção do contrato por causa destes efeitos. Da mesma forma o Decreto nº 99.684/90, art. 28.

Se o trabalhador ingressar voluntariamente nas Forças Armadas, seu contrato não suspende nem interrompe. Neste caso considera-se que o empregado trocou de "profissão" pondo fim ao contrato.

A convocação do empregado para manobras, para manutenção da ordem interna ou guerra importa na interrupção do contrato, pois o empregador estará obrigado ao pagamento de 2/3 do salário do empregado.

3.2. Encargos Civis Públicos

A eleição ou a designação de um empregado para um cargo público acarreta a suspensão do contrato, salvo ajuste ou lei em contrário.

Exemplos: membros eletivos do Congresso Nacional, das Assembleias Legislativas ou Câmaras Municipais; Juízes Classistas etc.

> REPRESENTAÇÃO CLASSISTA NA JUSTIÇA DO TRABALHO. INTERRUPÇÃO OU SUSPENSÃO DO CONTRATO DE TRABALHO. O exercício das funções de juiz classista enquadra-se na hipótese de suspensão de contrato de trabalho prevista no art. 472 da CLT. Recurso em parte conhecido e provido. TST. 2ª T., JOSÉ LUCIANO DE CASTILHO PEREIRA, R – 552/1995-541-01-00, *DJ* 25/02/2005.

3.3. Mandato Sindical

O exercício do mandato sindical suspende o contrato de trabalho, na forma do art. 543, § 2º, da CLT.

O empregado eleito dirigente sindical tem seu contrato suspenso durante seu mandato desde que a acumulação da função de dirigente com a de empregado seja incompatível com o seu horário de trabalho. Neste caso, o empregado deixa

---

8 Da mesma forma DELGADO, Mauricio Godinho. *op. cit.*, p. 1.036; CARRION, Valentin. *Comentários à Consolidação das Leis do Trabalho*. 28. ed. São Paulo: Saraiva, 2003, p. 329.

de comparecer à empresa em face da incompatibilidade de horários e de receber seus salários.

Entrementes, a lei admite uma suspensão parcial quando o comparecimento ao sindicato for intercalado, isto é, um dia sim outro não, por exemplo. Neste caso, o contrato ficará suspenso apenas durante os dias ou horas de exercício do mandato sindical. De qualquer sorte, o empregado deve previamente cientificar o empregador das ausências, sob pena de se considerar falta injustificada e, quando reiterada, autorizar a aplicação da justa causa por desídia, sempre apurada por inquérito judicial.

A Lei nº 11.304/2006 (11/05/2006), acresceu o inciso IX ao art. 473 da CLT, para considerar interrupção a hipótese:

> **Art. 473.** (...)
>
> IX – pelo tempo que se fizer necessário, quando, na qualidade de representante de entidade sindical, estiver participando de reunião oficial de organismo internacional do qual o Brasil seja membro.

Há, ainda, dirigentes sindicais que desempenham suas funções como empregados sem a necessidade de paralisar o trabalho para comparecimento ao sindicato. Se assim ocorrer, não haverá nem suspensão nem interrupção. Outros não trabalham, mas a norma coletiva garante o pagamento salarial, quando será caso de interrupção.

3.4. Suspensão Disciplinar

A suspensão disciplinar se caracteriza como uma punição aplicada pelo empregador ao empregado em virtude de uma falta de média gravidade por ele cometida – art. 474 da CLT. Sua duração máxima é de 30 dias consecutivos, sob pena de se configurar o rompimento do contrato sem justa causa. Durante a suspensão disciplinar o empregado não recebe salários.

Remetemos o leitor ao Capítulo "Extinção do Contrato por Justa Causa".

3.5. Suspensão para Responder a Inquérito Judicial

Quando o empregador desejar demitir seu empregado estável decenal por justa causa, deverá fazê-lo através de uma ação chamada inquérito judicial – art. 494 da CLT. Entre a falta e o ajuizamento do inquérito o empregador poderá, se assim desejar, suspender[9] o empregado para afastá-lo do ambiente de trabalho. Se assim proceder, terá o prazo decadencial de 30 dias para o ajuizamento do inquérito – Súmula nº 403 do STF, sob pena de, não o fazendo, o empregado retornar ao emprego, devendo receber os salários do período.

---

9 Esta suspensão não é disciplinar e sim mera faculdade de o empregador afastar o empregado do local de trabalho para melhor preparar o inquérito judicial.

Ajuizado o inquérito judicial no prazo legal, o empregado permanecerá suspenso até o trânsito em julgado da decisão proferida nos autos deste inquérito. Se julgado improcedente, o empregado retornará ao emprego, em face de sua estabilidade, tendo direito à percepção dos salários atrasados – art. 495 da CLT, convolando-se todo o período de suspensão em interrupção. Se procedente o inquérito, o contrato do estável será extinto com a primeira decisão (Súmula nº 28 do TST), mantendo-se suspenso o contrato até a extinção.

A suspensão para o ajuizamento do inquérito não se confunde com a suspensão disciplinar estudada, pois esta é forma de punição e aquela é faculdade legal que o empregador possui para afastar o empregado infrator do ambiente de trabalho, a fim de permitir a investigação e consequente ajuizamento da ação de inquérito.

3.6. Diretor Eleito de S/A

A diretoria de uma S/A é considerada órgão da sociedade e é através de seu diretor que esta sociedade é administrada, gerida e comandada. Por isto, ao ser eleito diretor da S/A o contrato do empregado é suspenso[10] – Súmula nº 269 do TST. Para tanto, é necessário que tenha sido admitido em outra função e, mais tarde, eleito diretor de S/A, momento que seu contrato suspende, pois deixa de ser subordinado à empresa para comandá-la.

Se, todavia, o trabalhador continuar subordinado à empresa, conclui-se que a eleição foi apenas uma forma de mascarar uma promoção a um cargo superior. Nesta hipótese o contrato continua em curso, não havendo suspensão.

Pode, ainda, o trabalhador ingressar diretamente como diretor eleito de uma S/A, sem antes ter sido empregado, hipótese que não será empregado desta, pois é o gestor dos negócios, confundindo-se com o próprio empregador.

3.7. Greve – Lei nº 7.783/89

O art. 7º da Lei nº 7.783/89 expressamente prevê que a adesão à greve suspende o contrato durante o movimento, período em que não há pagamento de salários, nem prestação de serviços.

Se, entretanto, após o julgamento do dissídio o Tribunal determinar ou o empregador espontaneamente pagar os salários, o período será de interrupção e não de suspensão.

Remetemos o Leitor ao Capítulo "Greve".

---

10 Esta é a opinião majoritária da jurisprudência. Apesar disto, entendemos que a melhor solução seria a extinção do contrato de trabalho, em face do instituto da confusão.

3.8. Auxílio-doença

De acordo com o art. 59 da Lei nº 8.213/91 c/c art. 476 da CLT, a doença que acarrete o afastamento do empregado pode surtir dois efeitos no contrato de trabalho. Pelos 15 primeiros dias do afastamento acarreta a interrupção do contrato. A partir do 16º dia, inclusive, a doença importa na suspensão do contrato, momento a partir do qual o empregador esta desonerado do pagamento dos salários, que ficavam a cargo da Previdência Social.

De acordo com a nova redação do art. 60 da Lei 8.213/91:

> **Art. 60.** O auxílio-doença será devido ao segurado empregado a contar do décimo sexto dia do afastamento da atividade, e, no caso dos demais segurados, a contar da data do início da incapacidade e enquanto ele permanecer incapaz.

O emprego da palavra "auxílio-doença" já denota que o empregado está recebendo o benefício previdenciário, logo, doente há mais de 15 dias, isto é, com o contrato suspenso.

Exceção: **doméstico**, cuja suspensão (concessão do auxílio-doença) se dá desde o 1º dia da doença – art. 72, I, do Decreto nº 3.048/99 e **contrato intermitente**, apenas durante a vigência da MP nº 808/2017 – art. 452-A, antigo § 13, da CLT.

O auxílio-doença corresponde a 91% do salário de benefício (art. 61 da Lei nº 8.213/91) e depende de carência de 12 meses, salvo quando decorrente de acidente de trabalho, quando não há carência – art. 25, I c/c 26, II da Lei nº 8.213/91.

De acordo com o art. 75 do Decreto nº 3.048/99:

> **Art. 75.** Durante os primeiros quinze dias consecutivos de afastamento da atividade por motivo de doença, incumbe à empresa pagar ao segurado empregado o seu salário.
>
> § 1º Cabe à empresa que dispuser de serviço médico próprio ou em convênio o exame médico e o abono das faltas correspondentes aos primeiros quinze dias de afastamento.
>
> § 2º Quando a incapacidade ultrapassar quinze dias consecutivos, o segurado será encaminhado à perícia médica do INSS, que o submeterá à avaliação pericial por profissional médico integrante de seus quadros ou, na hipótese do art. 75-B, de órgãos e entidades públicos que integrem o Sistema Único de Saúde – SUS, ressalvados os casos em que for admitido o reconhecimento da incapacidade pela recepção da documentação médica do segurado, conforme previsto no art. 75-A.
>
> § 3º Se concedido novo benefício decorrente da mesma doença dentro de sessenta dias contados da cessação do benefício anterior, a empresa fica desobrigada do pagamento relativo aos quinze primeiros dias de afastamento, prorrogando-se o benefício anterior e descontando-se os dias trabalhados, se for o caso.
>
> § 4º Se o segurado empregado, por motivo de doença, afastar-se do trabalho durante quinze dias, retornando à atividade no décimo sexto dia, e se dela voltar a se afastar dentro de sessenta dias desse retorno, em decorrência da mesma doença, fará jus ao auxílio doença a partir da data do novo afastamento.

> § 5º Na hipótese do § 4º, se o retorno à atividade tiver ocorrido antes de quinze[11] dias do afastamento, o segurado fará jus ao auxílio-doença a partir do dia seguinte ao que completar aquele período.
>
> § 6º A impossibilidade de atendimento pela Previdência Social ao segurado antes do término do período de recuperação indicado pelo médico assistente na documentação autoriza o retorno do empregado ao trabalho no dia seguinte à data indicada pelo médico assistente.

A comprovação da doença se faz por atestado médico emitido por serviço médico próprio do empregador ou em convênio e, sucessivamente, emitido pela Previdência Social, por órgão credenciado ao SUS, pelo Sesc, Sesi, e apenas não existindo estes é que o empregado pode escolher médico particular – art. 60, § 4º, art. 8.213/91 c/c art. 6º, § 2º, da Lei nº 605/49 c/c art. 131, III da CLT – Súmulas nºs 15 e 282 do TST.

Ressalte-se que o serviço médico conveniado a que se refere a lei não se confunde com plano de saúde custeado ou oferecido pelo empregador. Assim, não pode o trabalhador escolher médico do plano para abonar sua falta.

Defendemos que o atestado médico expedido pelo SUS ou pelo médico não precisa conter o CID.[12] O CID não foi elaborado com o propósito de controle das doenças. Por isso, somente a lei pode obrigar o médico a revelar o código ou a doença em atestados médicos, ou quando a pedido do empregado. Esta é uma medida ética do médico e uma garantia de privacidade do paciente. A não revelação ou a revelação do CID ou do diagnóstico não é, portanto, uma decisão do médico e sim do paciente. Desta forma, a empresa não poderá obrigar o médico a colocar o diagnóstico ou o CID nos atestados, sem autorização do paciente, podendo o médico incorrer em violação de segredo profissional (art. 154 do Código Penal).

Os argumentos acima têm como fundamento o art. 5º, X, da CRFB e o art. 73 do Código de Ética Médica que proíbe o médico "revelar fato de que tenha conhecimento em virtude do exercício de sua profissão, salvo por motivo justo, dever legal ou consentimento, por escrito, do paciente".

A IN nº 31/2008, do INSS exige a inclusão da CID nos laudos emitidos pelo INSS para fins administrativos (internos):

> **Art. 1º** Estabelecer critérios para aplicação das diversas espécies de nexo técnico aos benefícios por incapacidade concedidos pelo INSS.
>
> **Art. 2º** A Perícia Médica do INSS caracterizará tecnicamente o acidente do trabalho mediante o reconhecimento do nexo entre o trabalho e o agravo.
>
> Parágrafo único. Para os fins do disposto neste artigo, considera-se agravo: a lesão, a doença, o transtorno de saúde, o distúrbio, a disfunção ou a síndrome de evolução aguda, subaguda ou crônica, de natureza clínica ou subclínica, inclusive morte, independentemente do tempo de latência.

---

11 Idem à nota anterior.

12 CID é uma Classificação Internacional de Doenças, em que a grande maioria dos diagnósticos médicos pode ser encontrada e associada a um código. Este código tem a função de uniformizar os diagnósticos e permitir análises estatísticas necessárias para a saúde pública.

Art. 3º O nexo técnico previdenciário poderá ser de natureza causal ou não, havendo três espécies:

I – nexo técnico profissional ou do trabalho, fundamentado nas associações entre patologias e exposições constantes das listas A e B do anexo II do Decreto nº 3.048, de 1999;

II – nexo técnico por doença equiparada a acidente de trabalho ou nexo técnico individual, decorrente de acidentes de trabalho típicos ou de trajeto, bem como de condições especiais em que o trabalho é realizado e com ele relacionado diretamente, nos termos do § 2º do art. 20 da Lei nº 8.213/91;

III – nexo técnico epidemiológico previdenciário, aplicável quando houver significância estatística da associação entre o código da Classificação Internacional de Doenças – CID, e o da Classificação Nacional de Atividade Econômica – CNAE, na parte inserida pelo Decreto nº 6.042/07, na lista B do anexo II do Decreto nº 3.048, de 1999.

3.9. Aposentadoria por Invalidez

A aposentadoria por invalidez é provisória e enquanto perdurar, o contrato permanece suspenso – art. 475 da CLT c/c art. 43 da Lei nº 8.213/91.

A doutrina se divide acerca do tempo máximo de duração desta aposentadoria provisória, já que, segundo alguns estudiosos, o contrato de trabalho não poderia ficar indefinidamente suspenso. A jurisprudência trabalhista preferiu adotar a tese de que o prazo de suspensão é igual ao da aposentadoria por invalidez, mesmo que superior a cinco anos – Súmula nº 160 do TST. Todavia, há corrente doutrinária que defende que a aposentadoria por invalidez suspende o contrato pelo período máximo de cinco anos, quando a aposentadoria se torna definitiva e rompe o contrato – Súmula nº 217 do STF. Arnaldo Süssekind[13] apoia esta última tese.

Ora, se a própria Previdência não considera definitiva a aposentadoria por invalidez após cinco anos, determinando o retorno do beneficiário ao trabalho em quaisquer das hipóteses, por que o intérprete iria entender de forma diversa? Por isto, adotamos a tese esposada pelo TST.

Remetemos o leitor ao Capítulo "Extinção do Contrato do Trabalho".

3.10. Licença-maternidade

A licença-maternidade de 120 dias está prevista no art. 7º, XVIII, da CRFB. O valor é pago diretamente pela Previdência para a doméstica e pelo empregador para as demais trabalhadoras (art. 73, I, da Lei nº 8.213/91), desde que preenchidos os requisitos, e de acordo com o valor do último salário da empregada. Ou seja, não há teto para este benefício nem carência salvo o previsto no art. 37, XI, da CRFB.

---

13 SÜSSEKIND, Arnaldo; MARANHÃO, Délio; VIANNA, Segadas; TEIXEIRA, Lima. *Instituições de Direito do Trabalho*. 18. ed. São Paulo: LTr, 1999, v. 1, p. 515.

A Lei 13.301/16, art. 18, § 3º, tinha majorado a licença para 180 dias para as mães de crianças acometidas por sequelas neurológicas decorrentes de doenças transmitidas pelo *Aedes aegypti*. Todavia, a regra foi revogada pela MP 894/19 (atual Lei 13.985/2020).

O salário-maternidade é pago pelo empregador, salvo para o doméstico (art. 72, I, do Decreto nº 3.048/99), que deverá receber diretamente da previdência o benefício.

De acordo com a IN 77/15 do INSS, é devido o salário-maternidade a partir do parto e será pago mesmo em situação de desemprego, desde que em período de graça:

> **Art. 340.** O salário-maternidade será devido na forma do art. 343 desta IN, inclusive nos casos de **natimorto, aborto não criminoso, adoção ou guarda judicial** para fins de adoção, conforme o caso, para os segurados: (...)
>
> § 1º Será devido o benefício de salário-maternidade para os segurados em período de manutenção da qualidade, conforme o art. 137.
>
> § 2º Se a perda da qualidade de segurado vier a ocorrer no período de 28 (vinte e oito) dias anteriores ao parto, será devido o salário-maternidade.
>
> **Art. 341.** Em se tratando de contrato de trabalho com prazo determinado que tenha se encerrado pelo decurso do prazo pré-estipulado entre as partes, será do empregador a responsabilidade do pagamento do benefício, se a empregada estiver grávida na data da rescisão.
>
> (..)
>
> **Art. 342.** A partir de 23 de janeiro de 2014, data do início da vigência do art. 71-B da Lei nº 8.213, de 1991, no caso de falecimento da segurada ou segurado que fazia jus ao benefício de salário-maternidade, nos casos de parto, adoção ou guarda para fins de adoção, será devido o pagamento do respectivo benefício ao cônjuge ou companheiro sobrevivente, desde que possua qualidade de segurado e carência, se for o caso, na data do fato gerador do benefício originário.
>
> (...)
>
> **Art. 343.** O salário-maternidade é devido durante 120 (cento e vinte) dias, com início fixado em até 28 (vinte e oito) dias antes do parto e a data da ocorrência deste, exceto para as seguradas em período de manutenção da qualidade de segurado, para as quais o benefício será devido a partir do nascimento da criança, observado o disposto no § 7º deste artigo.
>
> § 1º Considera-se fato gerador do salário-maternidade, **o parto**, inclusive do natimorto, o aborto não criminoso, a adoção ou a guarda judicial para fins de adoção.
>
> § 2º A data de início do salário-maternidade coincidirá com a data do fato gerador previsto no § 1º deste artigo, devidamente comprovado, observando que se a DAT for anterior ao nascimento da criança, a DIB será fixada conforme atestado médico original específico apresentado pela segurada, ainda que o requerimento seja realizado após o parto.
>
> § 3º Para fins de concessão do salário-maternidade, considera-se parto o evento que gerou a certidão de nascimento ou certidão de óbito da criança.
>
> § 4º Em caso **de aborto não criminoso**, comprovado mediante atestado médico com informação do CID específico, a segurada terá direito ao salário-maternidade correspondente a duas semanas.

§ 5º Tratando-se de parto antecipado ou não, ainda que ocorra parto de natimorto, este último comprovado mediante certidão de óbito, a segurada terá direito aos 120 (cento e vinte) dias previstos em lei, sem necessidade de avaliação médico-pericial pelo INSS.

(...)

É devido o salário-maternidade independentemente da carência, desde que tenha havido pelo menos um recolhimento em dia, como dispõem os artigos abaixo da Lei nº 8.213/91:

> **Art. 25.** A concessão das prestações pecuniárias do Regime Geral de Previdência Social depende dos seguintes períodos de carência, ressalvado o disposto no art. 26:
>
> (...)
>
> III – salário-maternidade para as seguradas de que tratam os incisos V e VII do caput do art. 11 e o art. 13 desta Lei: 10 (dez) contribuições mensais, respeitado o disposto no parágrafo único do art. 39 desta Lei; e (Alterado pela Lei nº 13.846/2019);
>
> **Art. 26.** Independe de carência a concessão das seguintes prestações:
>
> (...)
>
> VI – salário-maternidade para as seguradas empregadas, trabalhadora avulsa e empregada doméstica (Incluído pela Lei nº 9.876, de 26/11/99);
>
> **Art. 27.** Para cômputo do período de carência, serão consideradas as contribuições::
>
> I – referentes ao período a partir da data de filiação ao Regime Geral de Previdência Social (RGPS), no caso dos segurados empregados, inclusive os domésticos, e dos trabalhadores avulsos;
>
> II – realizadas a contar da data de efetivo pagamento da primeira contribuição sem atraso, não sendo consideradas para este fim as contribuições recolhidas com atraso referentes a competências anteriores, no caso dos segurados contribuinte individual, especial e facultativo, referidos, respectivamente, nos incisos V e VII do art. 11 e no art. 13.

Mesmo nos casos de despedida antes da gravidez, ou dispensa por justa causa durante a gestação a empregada terá direito, desde que ainda no **período de graça**, ao benefício, na forma do art. 97 do Decreto nº 3.048/99:

> **Art. 97.** O salário-maternidade da segurada empregada será devido pela previdência social **enquanto existir relação de emprego**, observadas as regras quanto ao pagamento desse benefício pela empresa (grifos nossos).
>
> **Parágrafo único.** Durante o **período de graça** a que se refere o art. 13, a segurada desempregada fará jus ao recebimento do salário-maternidade nos casos de demissão antes da gravidez, ou, durante a gestação, nas hipóteses de dispensa por **justa causa** ou a pedido, situações em que o benefício será pago diretamente pela previdência social (NR) (grifos nossos).

Em casos excepcionais, os períodos de repouso anterior e posterior ao parto podem ser aumentados de mais duas semanas, mediante atestado médico específico – art. 93, § 3º, do Decreto nº 3.048/99 c/c art. 392, § 2º, da CLT.

Aliás, o art. 343, parágrafo 6º, da IN nº 77/15 do INSS determina que:

> § 6º Em casos excepcionais, os períodos de repouso anterior e posterior ao parto podem ser aumentados em duas semanas, mediante atestado médico específico.
>
> § 7º Para a segurada em prazo de manutenção da qualidade de segurado, é assegurado o direito à prorrogação de duas semanas somente para repouso posterior ao parto.
>
> § 8º A prorrogação prevista nos §§ 6º e 7º deste artigo compreende as situações em que existir algum risco para a vida do feto ou da criança ou da mãe, conforme certificado por atestado médico, sendo que, nas hipóteses em que o pagamento é feito diretamente pela Previdência Social, o benefício somente será prorrogado mediante confirmação desse risco pela Perícia Médica do INSS.

A Previdência considerava parto o evento ocorrido após a 23ª semana de gestação, não importando o nascimento com ou sem vida (natimorto), pois o benefício era concedido assim mesmo. Antes desse período era considerado aborto. A partir da IN nº 77/15, a diferença entre aborto e natimorto dependerá do médico.

De acordo com o art. 392-B da CLT:

> Em caso de morte da genitora, é assegurado ao cônjuge ou companheiro empregado o gozo de licença por todo o período da licença-maternidade ou pelo tempo restante a que teria direito a mãe, exceto no caso de falecimento do filho ou de seu abandono.

Tanto a mãe biológica que entregou seu filho para a **mãe adotiva** quanto esta tem direito à licença-maternidade e ao consequente benefício previdenciário. Se **mais de uma criança** foi adotada no mesmo momento, a empregada só terá direito a uma licença e a um benefício. Entrementes, se tiver mais de um emprego, gozará do descanso em ambos os empregos, assim como receberá o salário-maternidade pelos dois.

Em caso de falecimento da mãe, o marido ou companheiro terá direito ao gozo de todo ou do restante do período da licença-maternidade, na forma do art. 392-B da CLT, salvo se houve abandono ou morte da criança.

Em face do princípio da não discriminação, defendemos a possibilidade de ser estendida, ao **casal homoafetivo** que adotou regularmente uma criança, a licença-maternidade ou a licença-paternidade. Caberá ao intérprete verificar, no caso concreto, qual dos cônjuges assumirá o papel de cuidar da criança para se determinar para quem será destinada a licença-maternidade.[14-15]

Aliás, este direito foi expressamente estendido ao homem pelo art. 392-C da CLT.[16]

---

14 Nos autos do MS 2013011006953-4, 3ª Vara da Fazenda Pública/DF, juiz Marco Antonio da Silva Lemos, j. 22.01.2013, foi concedida à servidora 180 dias em licença-maternidade, sem prejuízo da remuneração, para amamentar o filho gerado por sua companheira. No caso, a servidora afirmou que o bebê nasceu com baixo peso e dificuldade de sucção e que a mãe biológica é autônoma e não pode amamentá-lo. Assim, fez tratamento hormonal para dar leite e passou a amamentar a criança. Após ter o pedido de licença negado no trabalho, a mulher ajuizou o MS para assegurar o direito.

15 De acordo com o art. 392-A, § 5º, da CLT: "A adoção ou guarda judicial conjunta ensejará a concessão de licença-maternidade a apenas um dos adotantes ou guardiães empregado ou empregada."

16 De acordo com o art. 392-C da CLT: "Aplica-se, no que couber, o disposto no art. 392-A e 392-B ao empregado que adotar ou obtiver guarda judicial para fins de adoção."

A licença-maternidade **do empregado que adotar ou obtiver guarda judicial para fins de adoção** é de 120 dias, deixando de existir a proporcionalidade de dias conforme a idade da criança, já que revogados os parágrafos do art. 392-A da CLT e, deve ser pago diretamente pela Previdência, como determina o § 1º do art. 71-A da Lei nº 8.213/91.

É proibido o trabalho durante a licença-maternidade. Todavia, se de fato foi executado, a trabalhadora terá direito não só ao salário-maternidade, como também aos salários do período trabalhado.

Durante a suspensão contratual o empregador deverá depositar o FGTS da empregada – art. 28, IV, do Decreto nº 99.684/90.

Muito se discute se o período em que a empregada se encontra em licença-maternidade é de suspensão ou de interrupção, pois é o empregador quem paga o salário diretamente à empregada e, depois, compensa os respectivos valores com a Previdência – arts. 71 e 73 da Lei nº 8.213/91 c/c arts. 131, II, e 393 da CLT.

Entendem que é suspensão: Alice Monteiro de Barros,[17] Arnaldo Süssekind,[18] Magano[19] e Russomano.[20] Em posição oposta Amauri Mascaro,[21] Sergio Pinto Martins,[22] Valentin Carrion[23] e Maurício Delgado[24] classificando como interrupção.

O único benefício que não tem teto é o salário-maternidade, em face do disposto no art. 7º, XVIII, da CRFB quando garante o "salário" no período da licença.

A Lei nº 11.770/08 autorizou a **prorrogação** da licença-maternidade em mais 60 dias, totalizando 180 dias ao todo, apenas para as pessoas jurídicas que aderirem ao Programa Empresa Cidadã, desde que a empregada a requeira até o final do primeiro mês após o parto e seja concedida logo após a fruição da licença-maternidade de que trata a Constituição (120 dias). Tal benefício também foi garantido para a mãe adotiva. A parcela excedente (60 dias) poderá ser deduzida do imposto devido para empresas com base no lucro real. Durante o período de prorrogação (60 dias) a empregada (ou o empregado com extensão de 15 dias da licença paternidade – estudada abaixo) não poderá exercer qualquer atividade remunerada e a criança deverá ser mantida sob seus cuidados – redação dada pela Lei nº 13.257/2016.

A Lei nº 11.770/08 autorizou a **prorrogação** da licença-maternidade em mais 60 dias, totalizando 180 dias ao todo, apenas para as pessoas jurídicas que aderirem ao Programa Empresa Cidadã, desde que a empregada a requeira até

---

17 BARROS, Alice Monteiro de. *Curso de Direito do Trabalho*. São Paulo: LTr, 2005, p. 826.

18 SÜSSEKIND, Arnaldo. *Direito Constitucional do Trabalho*. Rio de Janeiro: Renovar, 1999, p. 251.

19 MAGANO, Otávio Bueno. *Manual de Direito do Trabalho*. 3. ed. Direito Individual do Trabalho. São Paulo: LTr, 1992, v. 2, p. 316.

20 RUSSOMANO, Mozart Victor. *Comentários à Consolidação das Leis do Trabalho*. 9. ed. Rio de Janeiro: Forense, 1982, p. 493.

21 NASCIMENTO, Amauri Mascaro. *Iniciação ao Direito do Trabalho*. 27. ed. São Paulo: LTr, 2001, p. 222.

22 MARTINS, Sergio Pinto. *Direito do Trabalho*. 13. ed. São Paulo: Atlas, 2001, p. 462, p. 306.

23 CARRION, Valentin. *Comentários à Consolidação das Leis do Trabalho*. 28. ed. São Paulo: Saraiva, 2003, p. 249.

24 DELGADO, Mauricio Godinho. *Curso de Direito do Trabalho*. São Paulo: LTr, 2002, p. 1.052.

o final do primeiro mês após o parto e seja concedida logo após a fruição da licença-maternidade de que trata a Constituição (120 dias). Tal benefício também foi garantido para a mãe adotiva. A parcela excedente (60 dias) poderá ser deduzida do imposto devido para empresas com base no lucro real. Durante o período de prorrogação (60 dias) a empregada (ou o empregado com extensão de 15 dias da licença paternidade – estudada abaixo) não poderá exercer qualquer atividade remunerada e a criança deverá ser mantida sob seus cuidados – redação dada pela Lei nº 13.257/2016.

A Lei nº 13.467/2017 autorizou o trabalho em local **insalubre** de grau médio e mínimo da grávida. Todavia, a ADI 5.938 declarou inconstitucional a expressão "quando apresentar atestado de saúde, emitido por médico de confiança da mulher, que recomende o afastamento" previstos nos incisos II e III do art. 394-A. Portanto, a partir deste julgamento a gestante e a **lactante** não podem trabalhar em local insalubre (art. 394-A da CLT). Se a lactante ou gestante for afastada do local insalubre para salubre, continuará a receber o respectivo adicional, que será compensado pelo empregador com a Previdência. Se não houver local salubre para a gestante, a empregada será considerada como portadora de "**gravidez de risco**" e será afastada por **licença-maternidade**.

3.11. Acidente de Trabalho

De acordo com a Lei nº 8.213/91, art. 59 c/c art. 60, § 4º c/c art. 476 da CLT, a partir do 16º dia do acidente de trabalho suspende-se o contrato,[25] apesar de o empregador continuar obrigado ao depósito do FGTS – art. 28 do Decreto nº 99.684/90. O tempo de serviço do período de suspensão é computado para todos os efeitos – art. 4º da CLT.

Por conta destes efeitos há fortes vozes na doutrina[26] classificando o acidente de trabalho como período de interrupção contratual.

Remetemos o leitor ao Capítulo "Estabilidade".

3.12. Suspensão para Curso

No período de dois a cinco meses o contrato poderá ser suspenso para que o empregado frequente curso profissionalizante custeado pelo empregador, desde que esta suspensão esteja prevista pela norma coletiva e autorizada por escrito pelo trabalhador – art. 476-A da CLT acrescido pela MP 2.164-41/01.

A suspensão durará o tempo do curso. Se, durante a suspensão, não for ministrado qualquer curso de qualificação profissional, estará descaracterizada a suspensão, devendo o empregador pagar os respectivos salários além da multa normativa prevista para o caso.

---

25 Da mesma forma Godinho, *ibidem*, p. 1036; Valentim Carrion, *op. cit.*, p. 329.

26 Neste sentido MARTINS, Sergio Pinto. *Direito do Trabalho*. 13. ed. São Paulo: Atlas, 2001, p. 293 e 462.

O contrato não poderá ser suspenso por mais de uma vez, pelo mesmo motivo, no período de 16 meses.

Se ocorrer dispensa do empregado durante a suspensão ou nos três meses subsequentes ao seu retorno, o empregador pagará ao empregado, além das parcelas resilitórias, a multa prevista no acordo ou convenção coletiva que deverá ser de, no mínimo, 100% do valor da última remuneração mensal anterior à suspensão – art. 476-A, § 5º, da CLT.

O prazo máximo de cinco meses poderá ser prorrogado (art. 476-A, § 7º, da CLT), por qualquer tempo, desde que a norma coletiva contenha previsão para tanto, o empregado concorde formalmente e o curso exija tempo maior que os cinco meses inicialmente previstos no *caput* do artigo em estudo.

O empregador poderá conceder ajuda compensatória mensal ao empregado e esta parcela, segundo o § 3º do art. 476-A da CLT, não terá natureza salarial.

3.13. Faltas Injustificadas

As faltas injustificadas são as não autorizadas pela lei, ou, mesmo quando autorizadas, quando a lei não determinar o pagamento dos respectivos salários.

3.14. Afastamento por até Seis Meses

Para assegurar a integridade física da mulher vítima de violência. Como a lei não determina o pagamento dos salários do período, o caso é de suspensão. Assim dispõe o art. 9º, § 2º, II, da Lei nº 11.340/2006.

3.15. Trabalho Intermitente

O trabalho intermitente é aquele regulado pelos arts. 452-A e seguintes da CLT, novidade trazida pela Lei nº 13.467/2017. O empregado contratado para o regime intermitente terá períodos de trabalho e de inatividade. Os períodos de inatividade são suspensões contratuais, épocas em que o empregado não trabalha e nada recebe. Não são considerados tempo à disposição os períodos de inação e, por isso, também não haverá depósitos do FGTS, recolhimento da cota previdenciária ou qualquer outro efeito. Apenas haverá contagem desse tempo para férias. Remetemos o leitor ao capítulo referente a essa espécie de contrato de trabalho.

4. INTERRUPÇÃO DO CONTRATO DE TRABALHO

4.1. Conceito

Ocorre a interrupção do contrato de trabalho quando o empregado deixa de prestar serviços, porém continua a receber a totalidade ou ao menos parte do seu salário. O contrato permanece em vigor, mas algumas cláusulas ficam paralisadas. Conta-se o tempo de serviço para todos os efeitos, como se trabalhando estivesse.

Durante o período de interrupção do contrato de trabalho, o empregador não pode demitir o empregado sem justa causa.

Contudo, em se tratando de contrato a termo, o seu termo final não se protrai em virtude da interrupção ocorrida.

4.2. Hipóteses de Interrupção

- **Ausências Legais Previstas no art. 473 da CLT**

São consideradas ausências legais as previstas no art. 473 da CLT:

- até dois dias consecutivos, em caso de falecimento do cônjuge, ascendente, descendente, irmão ou pessoa que, declarada em sua Carteira de Trabalho, viva sob sua dependência econômica;
- até três dias consecutivos, em virtude de casamento;
- por cinco dias, em caso de nascimento de filho, no decorrer da primeira semana licença-paternidade (redação do art. 473, III, da CLT alterada tacitamente pelo art. 7º, XIX, da CRFB c/c art. 10, § 1º, do ADCT). É possível estender a licença paternidade por mais 15 dias para os pais biológicos ou adotantes, empregados de pessoas jurídicas que participarem do programa "empresa cidadã", desde que requeiram até 2 dias após o parto ou a guarda e comprovem participação em programa ou atividade de orientação sobre paternidade responsável (Lei nº 13.257/2016);
- por um dia, em cada 12 meses de trabalho, em caso de doação voluntária de sangue devidamente comprovada;
- até dois dias consecutivos ou não, para o fim de se alistar eleitor, nos termos da lei respectiva;
- no período de tempo em que tiver de cumprir as exigências do serviço militar referidas na letra *c* do art. 65 da Lei nº 4.375/64 (Lei do Serviço Militar). A alínea *c* do art. 65 da Lei nº 4.375/64 refere-se ao comparecimento anual obrigatório, para apresentação da reserva ou cerimônias cívicas;
- nos dias em que estiver comprovadamente realizando prova de exame vestibular para ingresso em estabelecimento de ensino superior;
- pelo tempo que se fizer necessário, quando tiver que comparecer como parte em juízo – Súmula nº 155 do TST;
- pelo tempo que se fizer necessário, quando, na qualidade de representante de entidade sindical, estiver participando de reunião oficial de organismo internacional do qual o Brasil seja membro;
- até 2 (dois) dias para acompanhar consultas médicas e exames complementares durante o período de gravidez de sua esposa ou companheira;
- por 1 (um) dia por ano para acompanhar filho de até 6 (seis) anos em consulta médica;

  até 3 (três) dias, em cada 12 (doze) meses de trabalho, em caso de realização de exames preventivos de câncer devidamente comprovada.

- **Ausências Legais Previstas no art. 131, IV, da CLT**
  - O inciso IV do art. 131 da CLT preceitua que não será considerada falta ao serviço aquela que for justificada pela empresa, entendendo-se como tal a que não tiver sido descontada do correspondente salário;

- **Professor – nove dias, por falecimento de pai, mãe ou filho ou casamento** – art. 320 da CLT;
- **Duas semanas em caso de aborto** – arts. 392 e 395 da CLT. A doutrina majoritária defende que apenas o aborto não criminoso interrompe o contrato;
- **Domingos e feriados** – Lei nº 605/49 – *vide* Ponto 20;
- **Representante dos empregados nas Comissões de Conciliação Prévia** – Representante dos empregados nas Comissões de Conciliação Prévia: art. 625-B, § 2º, CLT. Terão direito ao salário integral quando estiverem no exercício da função de conciliadores das referidas entidades;
- **Aviso Prévio Indenizado ou não trabalhado de 30 dias ou proporcional ao tempo de serviço** – art. 487, § 1º, da CLT – por todo período, inclusive o proporcional;
- **Testemunha ou Parte** – art. 822 da CLT. O comparecimento da testemunha em juízo não importa em desconto salarial, motivo pelo qual o empregador deve pagar os salários dos dias respectivos. Da mesma forma, o empregado, quando for parte, não poderá ser descontado das horas que esteve em juízo – art. 473 da CLT, c/c Súmula nº 155 do TST;
- **Acidente de trabalho – 15 primeiros dias** – art. 60 da Lei nº 8.213/91, c/c os arts. 30 e 71 do Decreto nº 3.048/99 – *vide* comentários acima;
- **Doença – 15 primeiros dias** – art. 60 da Lei nº 8.213/91. A doença que não importa em desconto salarial é aquela atestada por médico da empresa, conveniado, ou médico da Previdência Social ou sistema conveniado ao SUS, salvo o doméstico (art. 72, I, do Decreto nº 3.048/99) e intermitente, apenas durante a vigência da MP nº 808/2017 (art. 452-A, antigo § 13, da CLT);
- **Afastamento para inquérito por motivo de segurança nacional** – art. 472, § 5º, da CLT[27] – interrupção apenas nos primeiros 90 dias de afastamento, no restante do período o afastamento caracteriza-se em suspensão;
- **Comparecimento à sessão do júri** – O comparecimento do empregado à sessão do júri como jurado não enseja desconto salarial – art. 441 do Código de Processo Penal;
- **Trabalho nas Eleições** – art. 98 da Lei nº 9.504/97 – direito ao dobro dos dias de trabalho, descansando e recebendo;

---

27 Havia quem defendesse que o § 5º estava revogado pela Lei nº 8.630/93, atualmente revogada pela Lei nº 12.815/2013.

- **Força Maior** – art. 61, § 3º, da CLT. A força maior pode acarretar cessação da atividade empresarial ou na interrupção da atividade econômica. Nesta última hipótese, o contrato do empregado permanece interrompido durante o período em que a empresa estiver paralisada;

- ***Lockout*** – art. 722, § 3º, da CLT. *Lockout* é o mecanismo utilizado pelos empregadores de compelir seus empregados à prática de algum ato ou a constrangê-los à determinada coisa. Para tanto, o empregador fecha o estabelecimento ou a empresa, impedindo o trabalho de seus empregados. A iniciativa se assemelha com a da greve, só que neste caso o movimento é do empregador. No caso de paralisação (*lockout*) da empresa, os empregados atingidos têm direito à integralidade salarial dos dias parados;
- **Amamentação** – art. 396 da CLT. A lei garante à mãe dois intervalos de 30 minutos para amamentação de seus filhos, inclusive da adotante, até que eles completem seis meses;

- **Intervalos Intrajornadas Computados no Tempo de Serviço;**

- **Férias** – art. 130 da CLT;

- **RSR**;

- **Dirigente Sindical Quando Tiver que se Ausentar por Motivo de Viagem Internacional Representando o Sindicato** – art. 473, IX, da CLT;

- **Falência Convertida em Recuperação Judicial** – art. 449, § 2º, da CLT, c/c o art. 50 da Lei nº 11.101/05;

- **O § 6º do art. 3º da Lei nº 8.213/91 estatui que:**

> **§ 6º** As ausências ao trabalho dos representantes dos trabalhadores em atividade, decorrentes das atividades do Conselho, serão abonadas, computando-se como jornada efetivamente trabalhada para todos os fins e efeitos legais.

O mesmo direito é concedido ao membro do conselho curador do FGTS – art. 3º da Lei nº 8.036/90, § 7º.

- **Interdição do Estabelecimento – art. 161, § 6º.**

De acordo com o art. 161 da CLT:

> Art. 161. O Delegado Regional do Trabalho, à vista do laudo técnico do serviço competente que demonstre grave e iminente risco para o trabalhador, poderá interditar estabelecimento, setor de serviço, máquina ou equipamento, ou embargar obra, indicando na decisão, tomada com a brevidade que a ocorrência exigir, as providências que deverão ser adotadas para prevenção de infortúnios de trabalho.
>
> (...)
>
> § 6º Durante a paralisação dos serviços, em decorrência da interdição ou embargo, os empregados receberão os salários como se estivessem em efetivo exercício.

Capítulo 28

SEGURANÇA E MEDICINA DO TRABALHO – SAÚDE DO TRABALHADOR

1. INTRODUÇÃO

O trabalhador, muitas vezes, passa mais tempo no ambiente de trabalho que em sua própria residência. Daí a necessidade de o ambiente de trabalho ser saudável, adequado, seguro e digno. Neste capítulo será aprofundado o estudo sobre o ambiente de trabalho, analisando-se, sobretudo, as noções de saúde e segurança do trabalhador.

2. MEIO AMBIENTE DO TRABALHO

2.1. Breve Histórico

Longe de pretender esgotar o tema a respeito da evolução histórica do Direito à Saúde, este estudo, necessariamente, pretende apontar, ainda que de forma perfunctória, o caminho traçado até o alcance das garantias hodiernamente disponíveis aos trabalhadores.

Os romanos foram os primeiros a perceberem que havia uma verdadeira correlação entre o trabalho e as doenças. Observou-se o aparecimento de doenças entre os trabalhadores com enxofre e os trabalhadores em mineração. Daí surgiram as primeiras preocupações acerca da deterioração da saúde laborativa.

Em 1556, foi publicado o primeiro Tratado sobre mineração de autoria do médico alemão Georgius Agricola, o qual relata o aparecimento de doenças entre os mineiros e indicava a necessidade de prevenção e tratamento para as doenças oculares, de juntas e pulmonares.

Acontecimento relevante dessa evolução ocorreu em 1700, com a publicação da obra do médico Bernardino Ramazzini, outrora intitulado *De Morbis Artificum Diatriba*, traduzido sob o título *As doenças dos trabalhadores*. Esse estudo produziu a maior pesquisa até então existente, ao se aprofundar na realidade laborativa de inúmeros trabalhadores com mais de sessenta profissões distintas, traçando a correlação entre essas atividades e as doenças resultantes, assim como as medidas de prevenção e tratamento.

Tem-se que, pela primeira vez, o estudo médico comprova que o trabalho é capaz de produzir doenças, culminando no incentivo à comunidade médica à observância da profissão de cada paciente, a fim de que seja possível estabelecer essa correlação.

Importante a citação das palavras de Ramazzini[1] a respeito das doenças a que são acometidos os gesseiros e caleiros:

> os operários absorvem pelo nariz e pela boca revoluteantes átomos de gesso que penetram nas vias respiratórias e, misturados à linfa, se aglutinam em nódulos ou se incrustam nos sinuosos condutos pulmonares, interceptando a respiração.

Não menos importante frisar é a parte da obra de Ramazzini[2] atinente às doenças relacionadas ao trabalho dos escribas e notários, cujo relato médico nos remete facilmente àquelas doenças típicas dos digitadores dos dias atuais:

> Conheci um homem, notário de profissão que ainda vive, o qual dedicou toda a sua vida a escrever, lucrando bastante com isso; primeiro começou a sentir grande lassidão em todo o braço e não pôde melhorar com remédio algum e, finalmente, contraiu uma completa paralisia do braço direito.

Com o avanço do trabalho no mundo e o surgimento da Revolução Industrial, passou o trabalhador a experimentar ainda maior sofrimento e consequências de sua função operária. Com o surgimento das máquinas e a necessidade de produção em massa, a comunidade dos trabalhadores percebeu, rapidamente, a fragilidade de sua saúde, haja vista que o foco desta dizia respeito apenas aos crescentes lucros e o avanço do capitalismo, colocando o trabalhador, paradoxalmente, em condição de miserabilidade sem o mínimo de proteção e sofrendo com as moléstias decorrentes do trabalho, o que, por vezes, resultava em mutilações e morte.

Nessa época, dada a premente necessidade de sobreviver, era ônus de cada trabalhador cuidar da defesa de sua saúde frente o ambiente a que era submetido, o qual o expunha aos perigos inerentes à utilização das máquinas e a absoluta ausência de equipamentos de proteção. Fato ainda mais grave percebeu-se com a utilização do comércio de crianças para o trabalho na indústria, haja vista a incessante necessidade de mão de obra.

Considerando a barbárie praticada, a opinião pública passou a demonstrar sua insatisfação diante do que vinha ocorrendo, o que motivou a intervenção estatal visando minimizar as agruras experimentadas pelos trabalhadores.

---

1 RAMAZZINI, Bernardino. *As doenças dos trabalhadores*. São Paulo: Fundacentro, 1992, p. 41.

2 Ibidem, p. 158.

Em 1908, surge, então, a primeira lei protetiva chamada "Lei de Saúde e Moral dos Aprendizes", impondo limitação da jornada, a proibição do trabalho noturno e estipulava ações de higiene no local de trabalho. Surge, no século XIX, a chamada "Encíclica" do Papa Leão XIII, estimulando na sociedade o sentido da Justiça Social, cujo escopo era incentivar os legisladores o respeito à proteção, indicando a necessidade de criação de normas contra os patrões que submetessem seus empregados a condições indignas e subumanas.

Após longo período de deterioração das condições dignas de trabalho, e diante da crescente e irreversível indignação dos operários, após a Primeira Grande Guerra fora realizada a Conferência da Paz, em 1919, que, por intermédio do Tratado de Versailles, restou criada a Organização Internacional do Trabalho (OIT), cujo objetivo foi uniformizar o tratamento das questões trabalhistas, com foco na Justiça Social.

Com a criação da OIT surgem os primeiros avanços na medicina do trabalho, uma vez que se tornava cada vez mais necessária a participação dos médicos nos processos seletivos dos trabalhadores, bem como incrementou-se a atividade do profissional de saúde na busca da recuperação dessa força de trabalho, já que se passou a perceber, principalmente diante do método do **fordismo**[3], que seria necessário o trabalhador sadio, produtivo e com baixo índice de faltas.

Nessa época, a figura do médico era o foco da intervenção empresarial, porquanto este profissional se destinava a atuar nos casos de enfermidade sem a preocupação, contudo, com os motivos que resultaram naquela enfermidade.

O trabalhador era agraciado apenas com a disponibilização de um médico para administrar os resultados danosos em seu labor, já que o profissional de medicina não possuía autonomia para interferir no processo de produção, muito menos na eliminação dos fatores de risco.

No Brasil, a atuação dos serviços médicos nas empresas surge de forma obrigatória apenas por intermédio da Portaria do antigo Ministério do Trabalho n.º 3.237/72 e, ainda assim, de acordo com o número de empregados e os riscos da atividade.

Muito embora a atuação do médico tenha representado considerável avanço nas condições de trabalho e verdadeiro benefício em busca da melhora da condição social, percebeu-se que não só a disponibilização do profissional de saúde representava a real necessidade da comunidade laborativa, compreendendo-se que era imperiosa a evolução desses direitos em busca da plena saúde ocupacional, com atuação não só no tratamento das enfermidades, como também na prevenção e na evolução do próprio ambiente de trabalho.

Há que se registrar que tais preceitos surgem na própria Declaração Universal do Direitos Humanos, ao enumerar princípios de criação de normas jurídicas, ressaltando o direito à vida, à liberdade e à dignidade humana. Não por outra razão, o seu art. XXIII estabelece que " todo homem tem direito ao trabalho, à livre escolha

---

3 *Fordismo* significa reunião de técnicas de produção industrial criadas pelo industrial norte-americano Henry Ford, baseadas no sistema de produção em massa (linha de montagem).

de emprego, a condições justas e favoráveis de trabalho (...), e seu art. XXIV registra o direito ao repouso, à limitação de horas de trabalho e a férias periódicas.

Nada obstante, tais movimentos indicativos de avanços de direitos, tímidas foram as iniciativas governamentais com foco nessa proteção, o que resultou na insatisfação e fortes reivindicações trabalhistas.

Em 1970 foi promulgada na Itália a lei intitulada *Statuto dei Diritti dei Lavoratori*, estabelecendo inúmeros avanços na proteção à saúde, na integridade física, na liberdade sindical e no direito à informação do empregado. A referida norma estabelecia que era direito do trabalhador o controle da aplicação das regras de prevenção aos acidentes de trabalho e das doenças profissionais.

Em 1981, a Conferência da OIT editou a Convenção nº 155, a respeito da segurança e saúde dos trabalhadores, representando verdadeiro avanço, como, por exemplo, o conceito de **saúde**, impondo a adaptação dos processos produtivos às capacidades mentais e físicas dos trabalhadores, a possibilidade de interrupção do trabalho em caso de perigo grave à saúde e à vida.[4]

2.2. Convenções da OIT

Nas palavras de Arnaldo Süssekind,[5] a Organização Internacional do Trabalho "é uma pessoa jurídica de direito público e internacional de caráter permanente, constituída de Estados, que assumem, soberanamente, a obrigação de observar as normas constitucionais da organização e das convenções que ratificam, integrando o sistema das Nações Unidas como uma de suas agências especializadas."

A OIT tem por foco promover a uniformização internacional do Direito do Trabalho, proporcionando a evolução das normas protetivas do trabalhador com alcance na justiça social e na dignidade do trabalho.

Como já esposado, os membros da Organização assumem a obrigação de observar as convenções emanadas deste órgão internacional, desde que as ratifique, assumindo tais convenções força normativa, passando a integrar o conjunto do direito positivado do Estado-Membro. A OIT, além das convenções, também emite recomendações destinadas à harmonização do Direito do Trabalho, indicando o caminho desejável de atuação dos Estados, porém tais recomendações servem apenas de paradigma, porquanto não contam com o consenso existente nas convenções.

A CRFB/88 prevê em seu art. 5º, § 2º, que os direitos e garantias contidas no corpo da Constituição não excluem outros decorrentes dos tratados internacionais em que o Brasil seja parte. Tem-se, portanto, que a própria Constituição confere a esses tratados valor jurídico de norma constitucional.

Registre-se que a Emenda Constitucional n.º 45/2004, que introduziu o § 3º do art. 5º da CRFB/88, assegura que os tratados e convenções internacionais,

---

4 Para mais informações, acesse o link: http://portal.mte.gov.br/legislacao/convencao-n-155.htm.

5 SÜSSEKIND, Arnaldo. *Convenções da OIT*. São Paulo: LTr, 1994, p. 19.

aprovados pelo Congresso Nacional, equiparam-se às Emendas Constitucionais, daí se perceber a extrema importância desses normativos internacionais sobre os direitos e fundamentos de proteção ao trabalhador.

As convenções da OIT ratificadas até a EC 45/2004, na verdade, passavam a compor o ordenamento jurídico do País, desde que não contrariassem o próprio Texto Constitucional. Elas ocupam posição intermediária entre a Constituição e a Lei Ordinária.

Já aquelas ratificadas após a publicação da EC 45/2004, uma vez aprovadas pelo Congresso Nacional e ostentando caráter de Emenda Constitucional, passam a se posicionar na hierarquia normativa com *status* supralegal, já que se equiparam à própria emenda. Como exemplo, a Convenção Internacional de Direitos da Pessoa com Deficiência, ratificada pelo Brasil pelo Decreto Legislativo 186/2008, passando a integrar o conteúdo constitucional das normas fundamentais.

Pelo que se infere, as Convenções da OIT, ratificadas, integram-se ao arcabouço legislativo nacional, podendo criar, alterar, complementar e até mesmo derrogar normas em vigor.

No quadro abaixo, é possível verificar as principais convenções da OIT que se relacionam aos aspectos de proteção ao trabalhador, em especial as Convenções nº 148, 155, 161, 167 (ratificadas pelo Brasil) e a de nº 187 (não ratificada), em virtude de sua abrangência e relevância em sua aplicação:

Convenção nº 103	Amparo à Maternidade (em vigor no Brasil desde 18/06/1966)
Convenção nº 115	Proteção contra as Radiações Ionizantes (em vigor no Brasil desde 05/09/1967)
Convenção nº 121	Prestações em caso de Acidentes do Trabalho e Doenças Profissionais (não ratificada pelo Brasil)
Convenção nº 127	Peso máximo das cargas (em vigor no Brasil desde 21/08/1971)
Convenção nº 134	Prevenção de acidentes de trabalho dos marítimos (em vigor no Brasil desde 25/07/1997)
Convenção nº 136	Proteção contra os riscos de intoxicação por benzeno (em vigor no Brasil desde 24/03/1994)
Convenção nº 139	Proteção e controle de riscos profissionais causados pelas substâncias ou agentes cancerígenos (em vigor no Brasil desde 27/06/1991)
Convenção nº 148	Proteção dos trabalhadores contra os riscos decorrentes da contaminação do Ar, Ruídos e Vibrações no local de trabalho (em vigor no Brasil desde 14/01/1983)
Convenção nº 152	Segurança e higiene nos trabalhos portuários (em vigor desde 17/05/1991)
Convenção nº 155	Segurança e saúde dos trabalhadores e meio ambiente de trabalho (em vigor no Brasil desde 18/05/1993)
Convenção nº 159	Reabilitação profissional e emprego de pessoas deficientes (em vigor no Brasil desde 18/05/1991)

Convenção nº 162	Utilização de asbesto com segurança (em vigor no Brasil desde 18/05/1991)
Convenção nº 161	Serviços de saúde no trabalho (em vigor no Brasil desde 18/05/1991)
Convenção nº 163	Proteção da saúde e a assistência médica aos trabalhadores marítimos (em vigor no Brasil desde 03/03/1998)
Convenção nº 167	Segurança e saúde na construção (em vigor no Brasil desde 19/05/2007)
Convenção nº 170	Segurança na utilização de produtos químicos no trabalho (em vigor no Brasil 22/12/1997)
Convenção nº 171	Trabalho noturno (em vigor desde 18/12/2004)
Convenção nº 174	Prevenção de acidentes industriais maiores (em vigor desde 02/08/2002)
Convenção nº 176	Segurança e saúde nas minas (em vigor desde 18/05/2007)
Convenção nº 182	Proibição das piores formas de trabalho infantil (em vigor desde 02/02/2001)
Convenção nº 184	Segurança e saúde na agricultura (não ratificada pelo Brasil)
Convenção nº 187	Marco promocional para a segurança e saúde no trabalho (não ratificada pelo Brasil)

2.3. Noções de Saúde e Segurança

A concepção clássica de saúde, que tem por norte definir o bem-estar da pessoa na simples ausência de doença, não alcança em sua definição aquilo que se busca garantir ao cidadão e ao trabalhador.

A OMS (Organização Mundial de Saúde), em 1946, por meio de seu documento de constituição, divorcia-se dessa simplista definição, imprimindo uma concepção progressista e positiva da saúde, estabelecendo que "saúde é um estado de completo bem-estar físico, mental e social, e não somente a ausência de doença e enfermidade".

Verifica-se que desse conceito extrai-se a conclusão de que a OMS, ao mencionar o "bem-estar social", reconhece a interferência do ambiente social na saúde da pessoa. E não é por outro motivo que a Legislação Pátria referente à Lei Orgânica da Saúde (Lei 8.080/90) assevera que:

> Art. 3º – Os níveis de saúde expressam a organização social e econômica do País, tendo a saúde como determinantes e condicionantes, entre outros, a alimentação, a moradia, o saneamento básico, o meio ambiente, o trabalho, a renda, a educação, a atividade física, o transporte, o lazer e o acesso aos bens e serviços essenciais. (Redação dada pela Lei nº 12.864, de 2013)"
>
> Parágrafo único. Dizem respeito também à saúde as ações que, por força do disposto no artigo anterior, se destinam a garantir às pessoas e à coletividade condições de bem-estar físico, mental e social.

Como se percebe, a definição trazida pela OMS sobre saúde não representa um mero estado que se atinge, mas, na verdade, propõe o caminho da melhoria da condição humana.

A CRFB/88, em verdadeira inovação, introduziu em seu art. 196, como direito de todos e dever do Estado, a saúde. Além disso, estabeleceu, em seu art. 6º, que a saúde é um direito social, de acesso universal e igualitário. As normas relacionadas à saúde ostentam caráter de ordem pública e, portanto, inderrogáveis e inafastáveis.

Analisados tais aspectos, à luz do Direito do Trabalho, pode-se concluir que a saúde, antes de representar puro direito ao trabalhador, afigura-se como direito de todos e, desta feita, deve ser exigido o seu cumprimento.

2.4. Meio Ambiente

De acordo com o inciso I do art. 3º da Lei nº 6.938/81 (Lei Nacional do Meio Ambiente), meio ambiente é o conjunto de condições, leis, influências e interações de ordens física, química e biológica, que permite, abriga e rege a vida em todas as suas formas.

Percebe-se que o conceito legal é demasiadamente amplo, aberto, permitindo variadas hipóteses em seu enquadramento. Raimundo Simão[6], com propriedade, afirma que o objetivo do direito ambiental é o de tutelar a vida saudável e pode ser classificado de diversas formas, como meio ambiente natural (ou físico), meio ambiente artificial, cultural e do trabalho.

O meio ambiente do trabalho deve priorizar a incolumidade física, psíquica e social do empregado e demais trabalhadores (terceirizados) e, por isso, deve ser salubre, saudável, digno e íntegro. Logo, não se limita ao local, ao endereço, ao ambiente interno, mas também ao serviço, mesmo que externo, às ferramentas, aos instrumentos de trabalho, à forma de execução das tarefas e ao modo como é tratado o trabalhador pelos colegas e superiores hierárquicos.

2.5. Princípios Ambientais Constitucionais

Há diversos princípios que fundamentam a proteção ao meio ambiente, aí incluído o meio ambiente de trabalho.

O princípio da prevenção foi reafirmado na Declaração do Rio de Janeiro número 15 e é considerado um megaprincípio[7], um princípio maior que inspira os demais. Está consagrado no art. 225, *caput,* da CRFB/88, quando afirma que é obrigação do Poder Público e da coletividade defender e preservar o meio ambiente. A necessária intervenção e participação do Estado e da coletividade nos leva a outro princípio, que é o princípio da participação.

Outro importante princípio é o da precaução para evitar acidentes que decorrem de riscos, tomando-se medidas que evitem o prejuízo irreversível.

---

6 MELO, Raimundo Simão de. *Direito ambiental do trabalho e a saúde do trabalhador.* São Paulo: LTr, 2013, p. 28.

7 MELO, Raimundo Simão de. *Direito Ambiental do Trabalho e a Saúde do Trabalhador.* 5ª ed. São Paulo: LTr, 2013, p. 54.

O princípio do desenvolvimento sustentável refere-se a uma política social de proteção ao meio ambiente, sem, contudo, impedir a livre-iniciativa. Nas palavras de Raimundo Simão[8], esse princípio "procura compatibilizar a atuação da economia com a preservação e equilíbrio do meio ambiente em todos os seus aspectos".

Por último há o princípio da ubiquidade que prega que o meio ambiente deve ser analisado em conjunto com os demais elementos e nunca de forma isolada.

2.6. Saúde e Segurança no Meio Ambiente do Trabalho

O desenvolvimento da atividade laborativa naturalmente expõe o trabalhador a inúmeros fatores de risco e agressões à saúde e à higidez física, clamando por urgente proteção.

Os atuais estudos e posicionamentos doutrinários avançaram no sentido de que é necessária a imposição urgente de proteção não só à saúde do trabalhador, mas também na prevenção que busque um ambiente que proporcione efetiva qualidade de vida do trabalhador.

O Brasil enfrenta graves problemas no setor da saúde, aí incluída a saúde do trabalhador. Certo é que a melhoria da legislação não caminha junto com a mudança de comportamento social, o que resulta concluir que inexiste harmonia entre a norma e a realidade do ambiente de trabalho, consoante se observa pela crescente ocorrência de acidentes de trabalho e doenças de saúde ocupacional.

A CRFB/88, em seu art. 225, estabelece que "todos têm direito ao meio ambiente ecologicamente equilibrado, bem de uso comum do povo e essencial à sadia qualidade de vida, impondo-se ao Poder Público e à coletividade o dever de defendê-lo e preservá-lo para as presentes e futuras gerações".

A regra contida no dispositivo constitucional, embora de forma implícita, estende essa proteção ao meio ambiente do trabalho, daí o notável avanço que se verifica do conteúdo constitucional. É fato que se a Constituição assegura ao trabalhador o direito à saúde, e determina que se estabeleça um meio ambiente equilibrado e saudável, logo, para o atingimento da plenitude de saúde ao trabalhador, há que se exigir também a higidez e equilíbrio no meio ambiente do trabalho, porquanto não se alcançaria a qualidade de vida do trabalhador sem a correspondente qualidade no seu ambiente.

Como já esposado neste estudo, a importância da saúde do trabalhador, seja ela física ou mental, traduz-se em direito fundamental previsto no art. 7º, XXII, da CRFB/88, bem como nas normas internacionais, CLT (Capítulo V, Título II) e em diversas instruções normativas, portarias e normas regulamentadoras emitidas pelos órgãos do Executivo.

Em regra, compete ao Legislativo a criação de normas que obrigam às partes, todavia, a própria lei poderá delegar ao Executivo a criação de direitos,

---

8 *Ibidem*, p. 61.

como, por exemplo, se verifica do disposto nos arts. 193, 195 e 196, todos da CLT, atribuindo às **normas regulamentadoras**[9] e às portarias o poder de

---

[9] Abaixo, as Normas Regulamentadoras emitidas pelo Ministério do Trabalho e Emprego, que dizem respeito ao ambiente do trabalho:
Norma Regulamentadora nº 1 – Disposições Gerais;
Norma Regulamentadora nº 2 – Inspeção Prévia;
Norma Regulamentadora nº 3 – Embargo ou Interdição;
Norma Regulamentadora nº 4 – Serviços Especializados em Engenharia de Segurança e em Medicina do Trabalho;
Norma Regulamentadora nº 5 – Comissão Interna de Prevenção de Acidentes;
Norma Regulamentadora nº 6 – Equipamentos de Proteção Individual - EPI;
Norma Regulamentadora nº 7 – Programas de Controle Médico de Saúde Ocupacional;
Norma Regulamentadora nº 8 – Edificações;
Norma Regulamentadora nº 9 – Programas de Prevenção de Riscos Ambientais;
Norma Regulamentadora nº 10 – Segurança em Instalações e Serviços em Eletricidade;
Norma Regulamentadora nº 11 – Transporte, Movimentação, Armazenagem e Manuseio de Materiais;
Norma Regulamentadora nº 11 Anexo I – Regulamento Técnico de Procedimentos para Movimentação, Armazenagem e Manuseio de Chapas de Mármore, Granito e outras Rochas;
Norma Regulamentadora nº 12 – Máquinas e Equipamentos;
Norma Regulamentadora nº 13 - Caldeiras e Vasos de Pressão e Tubulações;
Norma Regulamentadora nº 14 – Fornos;
Norma Regulamentadora nº 15 – Atividades e Operações Insalubres;
Norma Regulamentadora nº 16 – Atividades e Operações Perigosas;
Norma Regulamentadora nº 17 – Ergonomia;
Norma Regulamentadora nº 17 Anexo I – Trabalho dos Operadores de Checkouts;
Norma Regulamentadora nº 17 Anexo II – Trabalho em Teleatendimento/Telemarketing;
Norma Regulamentadora nº 18 – Condições e Meio Ambiente de Trabalho na Indústria da Construção;
Norma Regulamentadora nº 19 – Explosivos;
Norma Regulamentadora nº 19 Anexo I – Segurança e Saúde na Indústria de Fogos de Artifício e outros Artefatos Pirotécnicos;
Norma Regulamentadora nº 20 - Segurança e saúde no trabalho com Inflamáveis e combustíveis;
Norma Regulamentadora nº 21 – Trabalho a Céu Aberto;
Norma Regulamentadora nº 22 – Segurança e Saúde Ocupacional na Mineração;
Norma Regulamentadora nº 23 – Proteção Contra Incêndios;
Norma Regulamentadora nº 24 – Condições Sanitárias e de Conforto nos Locais de Trabalho;
Norma Regulamentadora nº 25 – Resíduos Industriais;
Norma Regulamentadora nº 26 – Sinalização de Segurança;
Norma Regulamentadora nº 27 – Revogada pela Portaria GM nº 262, 29/05/2008; Registro Profissional do Técnico de Segurança do Trabalho no MTB;
Norma Regulamentadora nº 28 – Fiscalização e Penalidades;
Norma Regulamentadora nº 29 – Norma Regulamentadora de Segurança e Saúde no Trabalho Portuário;
Norma Regulamentadora nº 30 – Norma Regulamentadora de Segurança e Saúde no Trabalho Aquaviário;
Norma Regulamentadora nº 30 – Anexo I – Pesca Comercial e Industrial;
Norma Regulamentadora nº 30 – Anexo II – Plataformas e Instalações de Apoio
Norma Regulamentadora nº 31 – Norma Regulamentadora de Segurança e Saúde no Trabalho na Agricultura, Pecuária Silvicultura, Exploração Florestal e Aquicultura;
Norma Regulamentadora nº 32 – Segurança e Saúde no Trabalho em Estabelecimentos de Saúde;
Norma Regulamentadora nº 33 – Segurança e Saúde no Trabalho em Espaços Confinados;
Norma Regulamentadora nº 34 – Condições e Meio Ambiente de Trabalho na Indústria da Construção e Reparação Naval;

fixar quais atividades são consideradas insalubres e perigosas (NR 15 e 17 do MTPS).[10]

Assim, não só os decretos, como também as portarias, circulares e outros atos do Executivo poderão, excepcionalmente, representar fonte de direito. Os arts. 155 e seguintes da CLT autorizam a delegação à Secretaria de Medicina e Segurança do Trabalho o poder de regulamentar as condições de meio ambiente do trabalho.

Na forma do art. 160 da CLT, os estabelecimentos somente poderão iniciar suas atividades com a prévia inspeção e aprovação de suas instalações pela autoridade regional competente em matéria de segurança e medicina do trabalho.

Com o objetivo de reduzir os riscos inerentes do trabalho, a CLT estabelece regras a serem cumpridas tanto pelas empresas quanto pelos empregados, consoante se verifica dos arts. 157 e 158, respectivamente.

É certo que algumas doenças profissionais, sejam elas físicas ou mentais, e alguns acidentes de trabalho são resultantes das más condições em que o trabalhador realiza seu mister. Além disso, o excesso de jornada, as posturas inadequadas durante a atividade laborativa, a supressão ou redução de intervalos ou tarefas repetitivas, a pressão e maus-tratos podem ser fatores que abalam a saúde do trabalhador e contribuem para essas moléstias.

A lei estabelece que a empresa que possuir certo número de empregados estará obrigada a constituir uma Comissão Interna de Prevenção de Acidentes (CIPA); o empregador é também obrigado a fornecer gratuitamente Equipamentos de Proteção Individual (EPI).

Exige ainda a lei que submeta seu empregado na admissão, durante o contrato e na demissão a exames médicos (art. 168 da CLT). Pelo fato de esses exames serem realizados de forma superficial, não diagnosticando doenças ou enfermidades, a lei autoriza a realização de outros exames solicitados pelo médico para a apuração da capacidade ou aptidão física e mental do empregado para a função a qual pretende exercer.

Norma regulamentar nº 35 – Trabalho em Altura

Norma Regulamentar nº 36 – Segurança e Saúde no Trabalho em Empresas de Abate e Processamento de Carnes e Derivados.

Norma Regulamentar R-37 – Segurança e Saúde em Plataformas de Petróleo.

Normas Regulamentadoras Rurais nº 1 – Revogada pela Portaria GM nº 191, 15/04/2008 – Disposições Gerais;

Normas Regulamentadoras Rurais nº 2 Revogada pela Portaria GM n.º 191, 15/04/2008 – Serviço Especializado em Prevenção de Acidentes do Trabalho Rural – SEPATR;

Normas Regulamentadoras Rurais nº 3 – Revogada pela Portaria GM n.º 191, 15/04/2008 – Comissão Interna de Prevenção de Acidentes do Trabalho Rural – CIPATR;

Normas Regulamentadoras Rurais nº 4 – Revogada pela Portaria GM nº 191, 15/04/2008 – Equipamento de Proteção Individual – EPI;

Normas Regulamentadoras Rurais nº 5 – Revogada pela Portaria GM nº 191, 15/04/2008 – Produtos Químicos.

10 Aprovadas pela Portaria 3.214/78, as normas regulamentadoras, como o próprio nome diz, regulamentam e orientam acerca dos procedimentos obrigatórios a serem observados pelas empresas brasileiras regidas pela CLT, relacionados à segurança e medicina do trabalho.

Pelo que se observa da Lei 9.029/95 e do art. 373-A, IV, da CLT, é proibido o exame de gravidez, de esterilidade ou qualquer outro exame que tenha cunho discriminatório. Todavia, tal regra deve ser relativizada, porquanto para as **empresas de tendência**,[11] ou seja, para aquelas empresas que exploram atividades nocivas à saúde da mãe ou da criança, o exame de gravidez é obrigatório, como por exemplo nas atividades em que a trabalhadora encontra-se exposta a agentes infectocontagiosos, e quando exerce função de técnica em radiologia. Essas normas imperativas, como se percebe, visam à preservação da higidez física e mental do trabalhador.

Infelizmente, foi autorizado o trabalho da gestante em local insalubre, desde que o médico não recomende seu afastamento – art. 394-A da CLT, bem como a flexibilização, por norma coletiva, do enquadramento do grau da insalubridade, além da redução do intervalo intrajornada – art. 611-A da CLT. Portanto, estas são exceções à regra de que as normas de medicina e segurança do trabalho não podem ser reduzidas ou flexibilizadas por normas coletivas, já que se enquadram como direitos de **indisponibilidade absoluta**. Nesse sentido o art. 611-B, XVII, da CLT, também acrescido pela Lei 13.467/17, que proíbe a negociação coletiva acerca destes direitos. O parágrafo único do artigo em comento ressalta que as regras de duração do trabalho e acerca dos intervalos não são consideradas normas de saúde, higiene e segurança do trabalho para os fins de flexibilização por norma coletiva.

3. CONCLUSÃO

A integridade física e mental do trabalhador é um direito que decorre de vários Princípios Constitucionais, que são normas e, portanto, obrigam: princípio da dignidade da pessoa humana (art. 1º); princípio da valorização do trabalho humano (art. 170); princípio da defesa do meio ambiente (art. 170); princípio da redução dos riscos inerentes ao trabalho, por meio de normas de saúde, higiene e segurança (art. 7º, XII) e pelo princípio da função social da empresa, subprincípio do princípio da função social da propriedade (art. 5º, XXIII).

É, pois, dever de todos cumprir tais determinações e tentar, ao máximo, reduzir os riscos inerentes ao trabalho. Daí porque tanto o Estado como o empregador, o próprio trabalhador e a sociedade devem tomar medidas para tornar eficaz estes comandos constitucionais. O empregador deve zelar pelo meio ambiente, prevenir, tomar precauções, treinar seus trabalhadores, adotar as normas pertinentes ao assunto, adquirir equipamentos de proteção, instituir a CIPA e adotar suas determinações e fiscalizar a utilização pelos empregados do correto uso dos equipamentos, de sua ergonomia e do EPI.

Também os empregados devem realizar os cursos oferecidos pelo patrão, utilizar o EPI, participar das CIPAS e reivindicar a melhoria das condições de trabalho.

O ambiente salubre e não perigoso será também estudado no Capítulo "Salário", no tema pertinente aos adicionais.

---

[11] Empresas de tendência são aquelas que exploram determinada atividade especial e, por tal motivo, autorizam comportamento excepcional, especial e específico, sem que isso resulte em tratamento discriminatório.

Capítulo 29

ALTERAÇÃO DO CONTRATO DE TRABALHO

1. ALTERAÇÃO DAS CLÁUSULAS CONTRATUAIS

Sendo o contrato de trabalho um ajuste de trato sucessivo, isto é, cuja execução não se exaure num único momento, pois se dá de forma continuada, é possível que durante sua vigência as condições iniciais de trabalho sofram mudanças e acarretem modificações do conteúdo, das cláusulas, dos direitos e obrigações dos contratantes. Estas alterações contratuais viabilizam a continuidade da relação de emprego de forma a não onerar excessivamente nenhum dos contratantes, adaptando o contrato às mudanças fáticas, legais, normativas e costumeiras.

Alterar significa mudar, transformar, modificar. Fala-se em alteração do contrato de trabalho. Mas, na verdade, o que ocorre é a modificação de suas cláusulas.

2. CLASSIFICAÇÃO DAS ALTERAÇÕES DE CLÁUSULAS CONTRATUAIS

A alteração das cláusulas contratuais pode ter várias classificações: a) quanto à origem: obrigatórias ou imperativas e voluntárias ou autônomas; b) quanto ao conteúdo: qualitativas e quantitativas; c) quanto à natureza: legais e ilegais; d) quanto à vontade: unilaterais e bilaterais.

2.1. Obrigatória e Voluntária

A alteração contratual **obrigatória** é aquela pela qual a vontade individual das partes não concorre, pois decorre de fonte formal heterônoma de direito que obriga e vincula o empregador.

Assim, todas as alterações determinadas pelo Estado ou com intervenção dele (Constituição, leis, decretos, sentença coletiva) são consideradas obrigatórias e substituem automaticamente a cláusula contratual anterior pela norma imperativa nova, ressalvado o direito adquirido do trabalhador, quando a alteração lhe for prejudicial, o que deve ser observado em cada caso.

Grande dúvida surge quando a lei nova reduz direitos. Como as leis não tem efeito retroativo, a lei só se aplica para os fatos ocorridos na vigência da nova lei, o que não se confunde com o direito adquirido supramencionado. Assim, por exemplo, a Lei 13.467/17 autorizou a compensação da jornada pelo sistema de banco de horas por acordo escrito individual entre empregado e empregador, o que antes só poderia ser feito por norma coletiva. Assim, um empregado admitido antes da vigência da Lei 13.467/17 para trabalhar em jornada não normal (não compensada) pode, depois da vigência da referida lei, ter alterado seu contrato para jornada compensada por banco de horas ou pelo sistema de compensação 12×36, desde que o faça por acordo individual escrito entre empregado e empregador. Da mesma forma, o empregado que exercia função de confiança havia menos de dez anos quando entrou em vigor a Lei 13.467/17, e anos após a referida lei é revertido ao cargo efetivo. Esse empregado poderá ter suprimida sua gratificação de função de confiança, pois seu direito ainda não tinha sido adquirido quando do advento da lei que suprimiu a benesse.

Em resumo, a nova lei se aplica para os contratos vigentes, seja para melhorar a situação do empregado ou para prejudicar.[1]

---

[1] No mesmo sentido a Súmula 248 do TST, e, em sentido contrário, a Súmula 191, III, do TST.

Alguns[2] autores incluem as normas coletivas como alterações obrigatórias. Discordamos da inclusão genérica das normas coletivas, pois as cláusulas contidas nos acordos e convenções coletivas são frutos das negociações coletivas que decorrem do ajuste de vontade das partes. Uma vez em vigor a norma coletiva, o empregador estará obrigado a cumpri-la.

Convém lembrar que o ajuste trabalhista é um contrato regulamentado e dirigido pelo Estado. Isto quer dizer que a lei dita as regras mínimas e limita a autonomia de vontade, não permitindo qualquer alteração. Por isto, suas condições mínimas de trabalho estão fixadas, limitadas e estabelecidas nas diversas regras legais trabalhistas que regem a matéria. Estas mesmas regras são modificadas de tempos em tempos e, quando isto acontece, a alteração será imperativa.

As alterações contratuais legais mais comuns são aquelas que implicam benefícios ao empregado, tais como estabilidades ou garantias de emprego criadas por lei, majoração salarial, decorrentes de reajustes legais (leis de política salarial, há muito inexistentes), redução da jornada de trabalho etc.

As alterações imperativas não ocorrem apenas pelas modificações da legislação. Também se apresentam quando os fatos, as condições de trabalho, a forma de execução do contrato se modificam e, por isso, passam a se enquadrar em outras regras abstratamente previstas na CLT. É o caso do bancário que é revertido do cargo de chefia para o efetivo, retornando à jornada de seis horas (antes de oito horas).

Um empregado admitido, por exemplo, para perceber R$ 2.000,00, mas que tempos depois passa a exercer a mesma função que um colega, preenchendo todos os requisitos contidos no art. 461 da CLT, terá direito à majoração salarial por força da equiparação salarial garantida no estatuto celetista. Da mesma forma, terá direito ao adicional de transferência quando for transferido provisoriamente, desde que preenchidos os requisitos contidos no art. 469 da CLT. Terá direito às horas extras acrescidas de 50%, quando laborar após a jornada legal ou contratual etc.

As alterações contratuais **voluntárias** são aquelas que as partes concorrem para a mudança diretamente ou através das normas coletivas (convenção ou acordo coletivo). Podem ser unilaterais ou bilaterais. Unilaterais quando apenas uma das partes participa (empregado ou empregador). Bilateral quando patrão e trabalhador ajustam a alteração. De qualquer forma, devem respeitar os parâmetros e contornos indicados no art. 468 da CLT, de forma a não causar prejuízo ao empregado.

São exemplos de alteração voluntária unilateral: aumento espontâneo do salário, concessão de sobressalários não previstos em lei ou majoração daqueles previstos na CLT.

Se a alteração, seja unilateral ou bilateral, for prejudicial ao trabalhador, haverá a automática substituição da cláusula contratual nula pela norma legal mínima ou anterior.

Assim, não poderá o empregador, por exemplo, que sempre concedeu alimentação graciosa, suprimi-la, ou aquele que pagava gratificação por tempo de serviço

---

2 MARTINS, Sergio Pinto. *Direito do Trabalho*. 13. ed. São Paulo: Atlas, 2001, p. 281.

deixar de pagar, salvo (em ambos os exemplos) quando concedida por norma coletiva e a posterior não mais conceder.

2.2. Quantitativa e Qualitativa

A alteração contratual pode ser quantitativa ou qualitativa.

Quantitativa é a mudança contratual que acarreta aumento ou diminuição do salário, da jornada, da quantidade de afazeres.

Será **qualitativa** quando importar em mudança da qualidade ou na natureza do trabalho. Isto ocorre quando há promoção, rebaixamento, alteração da função, cargo, *status*, atribuições, horário e turno (não alterando a jornada), local (espaço físico) ou localidade (município, estado ou país) da prestação de serviços etc. Délio Maranhão[3] defende que o local da prestação de serviços (sala, mesa, andar) não importa em alteração contratual, possuindo o empregador a autonomia para a modificação, salvo quando importar em prejuízo para o empregado – ex.: local mal iluminado, sem ventilação, condições que inexistiam anteriormente.

2.3. Lícitas ou Ilícitas

A inalterabilidade contratual tem base no Direito Civil, que considera que o contrato faz lei entre as partes (*pacta sunt servanda*). Por estarem obrigadas a cumprir o contrato, as partes não podem livremente alterar suas cláusulas no curso deste, máxime em se tratando de um contrato de trato sucessivo.

Também no Direito do Trabalho o contrato faz lei entre as partes. Entretanto, a autonomia das partes ao ajustarem as cláusulas contratuais está vinculada aos limites da lei. Conclui-se, pois, que as partes podem pactuar cláusulas iguais ou melhores (para o empregado) que a lei, mas nunca contra a lei e as normas coletivas vigentes (art. 444 da CLT).

Como consequência lógica do princípio da proteção, a CLT vedou alteração, mesmo que bilateral, quando prejudicial ao empregado (art. 468 da CLT). A proibição se aplica tanto para as alterações de direitos de caráter público como para aqueles decorrentes de norma de caráter privado, pois, mesmo os direitos disponíveis encontram óbice no art. 468 da CLT. Logo, a disponibilidade dos direitos disponíveis é relativa.

É válida qualquer alteração unilateral ou bilateral, que não cause prejuízo ao trabalhador, como aumento salarial ou redução da jornada, por exemplo.

A partir da Lei 13.467/17 várias exceções à regra da inalterabilidade *in pejus* foram criadas: a) pode o empregado presencial ajustar com seu patrão, por escrito, a mudança para o trabalho telepresencial, que o exclui do Capítulo da Duração do Trabalho, podendo essa renúncia causar prejuízos. Entretanto, unilateralmente o patrão poderá reverter o empregado telepresencial em presencial, desde que pré-avise em 15 dias antes de mudança (art. 75-C da CLT); b) pode o empregado

[3] SÜSSEKIND, Arnaldo; MARANHÃO, Délio; VIANNA, Segadas; TEIXEIRA, Lima. *Instituições de Direito do Trabalho*. 19. ed. São Paulo: LTr, 2000, v. 2, p. 554.

que ganha salário igual ou maior que duas vezes o valor máximo do benefício previdenciário e possua diploma de curso superior renunciar às normas coletivas na admissão ou durante o contrato e pode renunciar ou reduzir os direitos previstos no art. 611-A da CLT (parágrafo único do art. 444 da CLT); c) pode o empregado integral ajustar por escrito o contrato intermitente (art. 452-A da CLT); d) poderá ser suprimida a gratificação de função de confiança do empregado revertido ao cargo efetivo mesmo após dez anos na função de confiança – art. 468, § 2º, da CLT; e) poderá a norma coletiva reduzir, durante o contrato de trabalho, as benesses legais ou contratuais antes concedidas – art. 611-A da CLT.

As alterações contratuais mencionadas, portanto, apesar de maléficas ao empregado, são lícitas, porque autorizadas na lei.

Em suma, **lícitas** são as alterações de cláusulas contratuais que causem benefício, assim como as que não causem prejuízo e as permitidas pela lei, neste caso, mesmo que prejudique o empregado.

2.4. Alterações de Cláusulas Contratuais

a) Alteração do salário ou da forma de pagamento do salário

O aumento do salário, a diminuição da jornada, a redução dos riscos do trabalho são alterações benéficas.

O aumento salarial em princípio é sempre permitido. A exceção ocorre quando for empregado público da administração pública, ocasião em que deve ser aplicado o inciso XI do art. 37 da CRFB. Da mesma forma a jurisprudência, salvo quando se tratar de empresa que não necessita de subsídios do governo:

> OJ nº 339 da SDI-I do TST: TETO REMUNERATÓRIO. EMPRESA PÚBLICA E SOCIEDADE DE ECONOMIA MISTA. ART. 37, XI, DA CF/1988 (ANTERIOR À EMENDA CONSTITUCIONAL Nº 19/98) (nova redação, *DJ* 20/04/2005). As empresas públicas e as sociedades de economia mista estão submetidas à observância do teto remuneratório previsto no inciso XI do art. 37 da CF/1988, sendo aplicável, inclusive, ao período anterior à alteração introduzida pela Emenda Constitucional nº 19/98.

A limitação remuneratória prevista no art. 37, XI, CRFB/88, reiterada no art. 77, XIII, da Constituição Estadual do Rio de Janeiro, é inseparável dos princípios da moralidade, impessoalidade e legalidade previstos no art. 37, *caput* da CRFB. Logo, se a entidade depende dos subsídios, subvenções ou auxílios do Estado para sua sobrevivência, seus empregados serão submetidos ao teto contido no art. 37, XI, da Carta.

Tal proibição não se aplica apenas aos servidores públicos *stricto sensu,* mas também aos empregados públicos, tendo em vista o § 9º do art. 37, acrescentado pela Emenda Constitucional nº 19/98, que alterou a redação do art. 37, incluiu expressamente que *o disposto no inciso XI aplica-se às empresas públicas e às sociedades de economia mista, e suas subsidiárias, que receberem recursos da União, dos Estados, do Distrito Federal ou dos Municípios para pagamento de despesas de pessoal ou de custeio geral.*

Registre-se que o art. 17 do Ato das Disposições Constitucionais Transitórias, prevê a possibilidade de redução de vencimentos, remuneração, vantagens, adicionais e proventos de aposentadoria e afasta a *invocação de direito adquirido ou percepção de excesso a qualquer título*.

Esta limitação estende-se a todas as espécies remuneratórias percebidas, incluídas as vantagens pessoais ou de qualquer outra natureza, sendo certo que essas exigências foram mantidas na redação dada pela Emenda Constitucional nº 41/2003.

Assim, se o empregador público alterou o contrato de trabalho do empregado, reduzindo seu salário, por aplicação do "redutor" constitucional, tal alteração é permitida, em face do comando constitucional neste sentido.

b) **A supressão do trabalho noturno** (Súmula nº 265 do TST), insalubre, perigoso, da transferência e do trabalho extra (Súmula nº 291 do TST) também são alterações contratuais benéficas, pois elimina a nocividade do trabalho.

Não poderá o empregador alterar a data de pagamento dos salários, salvo quando mais benéfica. Todavia, a OJ nº 159 da SDI-I do TST se posicionou em sentido contrário.

É possível o empregador alterar a forma de remuneração do empregado, desde que não cause prejuízos ao trabalhador. O empregado que sempre ganhou comissões pode ter sua contraprestação alterada para o salário fixo, desde que esta alteração mantenha o padrão salarial que o empregado recebia antes da alteração.

c) **Mudança de local de trabalho** que não importe em transferência é possível e lícita, pois faz parte do *ius variandi* do empregador. Se o local de trabalho for mais distante da casa do empregado, o empregador estará obrigado a complementar os gastos (vale-transporte) com o transporte – Súmula nº 29 do TST. Poderá, ainda, trocar o maquinário, as ferramentas, a sala ou de espaço físico do local de trabalho.

d) **Transferência**

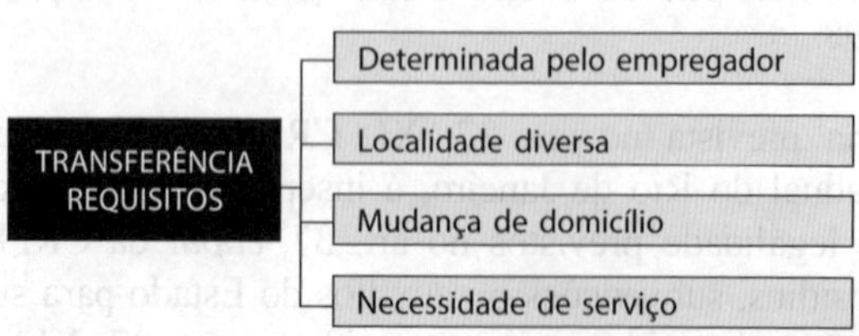

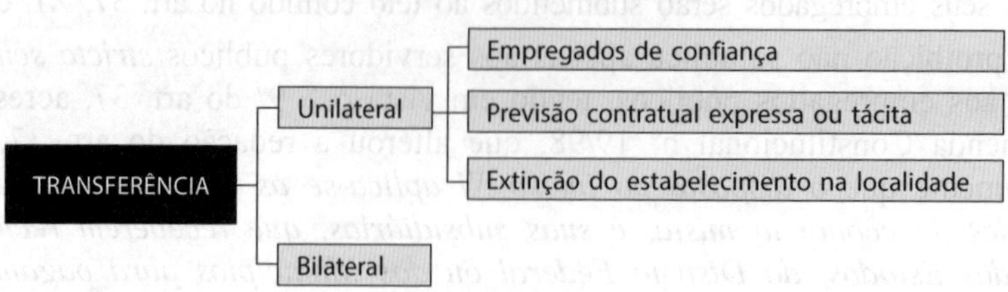

Entende-se por transferência a mudança do empregado para local diverso daquele inicialmente contratado, desde que importe necessariamente em mudança de município[4] e de domicílio – art. 469 da CLT.

A jurisprudência adotou a posição que localidade significa município ou região metropolitana – Súmula nº 6, X, do TST.

De acordo com o art. 25, § 3º, da CRFB, os Estados estabelecerão a região metropolitana por lei complementar. No Estado do Rio de Janeiro, o art. 1º da Lei Complementar nº 105/02 (que revogou a Lei Complementar nº 87/97) estabelece quais municípios fazem parte da Região Metropolitana do Rio de Janeiro.

> **Art. 1º** Fica instituída a Região Metropolitana do Rio de Janeiro, composta pelos Municípios do Rio de Janeiro, Belford Roxo, Duque de Caxias, Guapimirim, Itaboraí, Japeri, Magé, Nilópolis, Niterói, Nova Iguaçu, Paracambi, Queimados, São Gonçalo, São João de Meriti, Seropédica e Tanguá, com vistas à organização, ao planejamento e a execução de funções públicas e serviços de interesse metropolitano ou comum.

Os empregados de confiança e aqueles cujos contratos contenham cláusula explícita ou implícita de transferência podem ser transferidos unilateralmente.

Havendo extinção do estabelecimento na localidade admite-se, excepcionalmente, a transferência unilateral de qualquer empregado. Se for estável, terá direito à indenização ou à transferência, de acordo com a escolha do empregado. Preferindo a transferência, o dirigente sindical perde a estabilidade – art. 543, § 1º, da CLT.

Saliente-se, ainda, que o empregado só pode ser transferido para localidade diversa da que resultar o contrato, que importe em mudança de município e de residência quando houver REAL necessidade de serviço, independentemente de se esta é provisória ou definitiva, pois, do contrário, haverá abuso do direito de transferência (Súmula nº 43 do TST) e o empregado poderá resistir a esta ordem ilegal ajuizando ação trabalhista requerendo liminarmente a reversão da transferência – art. 659, IX, da CLT.

Entende-se por real necessidade de serviço a indispensabilidade da mão de obra daquele empregado na localidade, por inexistir outro profissional habilitado para a função. Segundo Valentin Carrion[5] a necessidade de serviço não se presume e deve, por isso, ser comprovada pelo patrão. Délio Maranhão[6] acrescenta que apenas quando existe cláusula de transferência é que a necessidade se presume, nos demais casos ela deve ser comprovada pelo empregador. Concordamos com Délio Maranhão desde que a cláusula de transferência tenha sido de fato ajustada em decorrência da atividade do empregado.

---

4 Da mesma forma CARRION, Valentin. *Comentários à Consolidação das Leis do Trabalho*. 26. ed. São Paulo: Saraiva, 2001, p. 325.

5 *Ibidem*, 28. ed., 2003, p. 326.

6 SÜSSEKIND, Arnaldo; MARANHÃO, Délio; VIANNA, Segadas; TEIXEIRA, Lima. *Instituições de Direito do Trabalho*. 18. ed. São Paulo: LTr, 1999, v. 2, p. 555.

O adicional de transferência é devido apenas enquanto perdurar a transferência (veja Capítulo "Salário" a respeito do tema).

Nestes casos a transferência tem que ser provisória, determinada pelo empregador, importar em mudança de Município e de residência (e não domicílio como diz a lei) e ter ocorrido por necessidade de serviço.

O adicional de transferência corresponde a 25% sobre o salário-base do empregado – art. 469, § 3º, CLT. O adicional não é cumulativo a cada transferência. Enquanto permanecer sendo transferido receberá o adicional fixo de 25%, mesmo que tenha sido transferido para diversas localidades diferentes.

Valentin Carrion,[7] numa posição isolada, defende que o adicional é devido tanto para as transferências provisórias quanto nas definitivas.

Questão controvertida é se o empregado de confiança tem ou não direito ao adicional de transferência quando presentes os requisitos. A discórdia surgiu pela interpretação do art. 469, § 1º, da CLT, porque só para aquelas transferências que decorram de real necessidade de serviço é que seria devido o adicional e, segundo alguns operadores do direito, o empregado de confiança e aqueles cujo contrato contenha previsão podem ser transferidos unilateralmente, sem a alegada necessidade de serviço.

Defendemos que qualquer empregado, independente do grau de confiança ou da cláusula contratual, tem direito ao adicional de transferência, quando presentes os requisitos previstos no art. 469 da CLT, porque se o legislador não discriminou os empregados de confiança, não poderia o intérprete fazê-lo. Ademais, o § 3º do art. 469 da CLT é claro quando determina o pagamento do adicional em comento independente das restrições do *artigo* (leia-se parágrafo) anterior.

Todavia, alguns doutrinadores entendem de forma diversa, argumentando que estes empregados podem ser transferidos unilateralmente e, por isso, não têm direito ao respectivo adicional.

Hoje a jurisprudência já pacificou o entendimento no sentido de conceder o adicional de transferência aos empregados de confiança e àqueles cujos contratos contenham cláusula explícita ou implícita de transferência, desde que preencham os requisitos da transferência provisória – OJ nº 113 da SDI-I do TST.

De qualquer sorte, as despesas com a transferência provisória ou definitiva correrão por conta do empregador – art. 470 da CLT. Esta ajuda de custo não tem natureza salarial, e se constitui em vantagem autônoma e independente do direito à percepção do adicional. Para os aeroviários a ajuda de custo corresponderá a dois meses de seu salário fixo devido nas transferências definitivas (art. 26, § 6º, do Decreto nº 1.232/62).

O art. 26, § 1º, do Decreto nº 1.232/62 considera definitiva a transferência superior a 120 dias (**aeroviário**).

---

7 CARRION, Valentin, *op. cit.*, p. 328.

e) Promoção

A promoção corresponde a uma ascendência hierárquica nos quadros da empresa. Pode ser provisória ou definitiva.

A promoção se caracteriza em alteração contratual qualitativa, normalmente unilateral e benéfica. Se importar em majoração salarial ou de jornada (ex.: bancário – art. 225 da CLT) a alteração também será quantitativa.

A doutrina não afina no mesmo diapasão quanto à obrigatoriedade do empregado aceitar uma promoção.

A corrente majoritária sustenta que se trata de uma alteração contratual unilateral benéfica e uma consequência lógica do engajamento do empregado à empresa.

Délio Maranhão[8] acrescenta que "entrando em uma organização em que é normal o acesso, não pode o empregado fugir à responsabilidade do cargo de maior relevo (...)".

O argumento dos defensores desta tese é no sentido de que há uma presunção lógica de que todos os trabalhadores pretendem evoluir funcionalmente na empresa, em posições hierarquicamente superiores àquelas da época da admissão. Não é crível se imaginar que um empregado admitido como servente pretenda se manter nesta função pelo resto de sua vida naquela mesma empresa.

Nesta linha de raciocínio, o empregado deve aceitar a promoção que lhe foi oferecida, sob pena de estar cometendo um ato de insubordinação, salvo quando o serviço oferecido for superior às suas forças intelectuais ou quando a promoção for retaliatória.

Desta forma, é possível o servente recusar a promoção a contador, pois não domina a técnica da contabilidade. É aceitável o caixa se recusar a exercer a função de gerente quando a "promoção" tem como única finalidade a de transferir o empregado para outra localidade, punindo-o do ato praticado que outrora desagradou o empregador.

Por outro lado, outra corrente, cujos defensores são Valentin Carrion[9] e Orlando Gomes,[10] também defendida por nós, entende que o empregado tem o direito de aceitar ou não a promoção, de acordo com a compatibilidade entre sua personalidade e os novos encargos profissionais do cargo oferecido através da promoção.

Para estes, a promoção só se aperfeiçoa com a aceitação tácita ou expressa do empregado. Logo, a recusa não acarretaria em ato de insubordinação, salvo nos casos de recusa por capricho ou malícia, acrescenta Orlando Gomes.[11]

Assim, pode o empregado manter-se eternamente naquela função subalterna, recusando-se à promoção oferecida, pois não pretende assumir riscos, executar

---

8 SÜSSEKIND, Arnaldo; MARANHÃO, Délio; VIANNA, Segadas; TEIXEIRA, Lima, *op. cit.*, 1999, v. 1, p. 552.

9 CARRION, Valentin, *op. cit.*, p. 320.

10 GOMES, Orlando; GOTTSCHALK, Élson. *Curso de Direito do Trabalho*. Rio de Janeiro: Forense, revisado por José Augusto Rodrigues Pinto, 2004, p. 319.

11 *Op. cit.*, p. 319.

tarefas diferentes daquelas que costuma fazer, não quer ter maior responsabilidade etc., características que colidem com sua personalidade pacata e não ambiciosa.

Godinho[12] acrescenta que a promoção será um direito ou uma obrigação se e quando a empresa possuir plano de cargo e carreira, salvo quando a justificativa for de fato "ponderável". Discordamos de Godinho, pois a recusa do empregado na promoção quando a empresa possuir plano de cargos e salários pode acarretar irregularidade no quadro e o mesmo tratamento aos outros.

Uma vez promovido, o empregador tem a faculdade de majorar o salário do empregado. Se assim o fizer, poderá pagar o *plus* como forma de aumento direto no salário-base ou pagar uma gratificação de função em rubrica separada, mantendo intacto o valor do salário-base.

Se a majoração salarial foi efetuada pelo pagamento de uma gratificação, é possível a supressão da parcela, quando o empregado retornar ao cargo efetivo, mesmo depois de dez anos de exercício da função de confiança – art. 468, § 2º, da CLT, acrescido pela Lei 13.467/17. Antes da lei mencionada, a jurisprudência entendia que a gratificação percebida por dez ou mais anos não poderia ser suprimida, salvo justo motivo – Súmula nº 372 do TST. Este entendimento era explicado porque o empregado que permanecia na função de confiança por muito tempo elevava seu padrão financeiro, seu *status* funcional, sua vida social e não se adaptaria mais ao salário do cargo efetivo.

f) Rebaixamento e reversão

O rebaixamento do empregado nos quadros hierárquicos da empresa não é aceitável pela legislação pátria. Excepcionalmente admite-se o retrocesso funcional:

1) reversão do empregado ao cargo efetivo;
2) empregado acidentado readaptado por recomendação da Previdência Social – art. 475 c/c art. 461, § 4º, da CLT. Todavia, esta alteração *in pejus* não pode importar, também, em redução salarial. O empregado readaptado deverá ter o salário-base garantido, mesmo que passe a ocupar função subalterna. Perderá, entretanto, os sobressalários da função que antes ocupava.

Mauricio Godinho[13] distingue a retrocessão do rebaixamento. Explica que a distinção está apenas na intenção do empregador. Quando o ato for praticado para retaliar, perseguir, discriminar será caso de **rebaixamento**. Quando não o for será **retrocessão**. Em ambos os casos o empregador transfere o empregado de um cargo superior, que ocupava definitivamente (logo, não era função de confiança) para função ou cargo inferior.

[12] DELGADO, Mauricio Godinho. *Curso de Direito do Trabalho*. São Paulo: LTr, 2002, p. 996.

[13] *Ibidem*, p. 997.

Reversão não se confunde com **rebaixamento**, pois significa o retorno do empregado ao cargo efetivo. Aquele empregado que estava ocupando interinamente outro cargo ou função, seja por motivo de substituição ou porque estava investido em cargo de confiança, pode ser **revertido**, a qualquer momento ao efetivo.

Se o empregador, por exemplo, reverter um empregado ao cargo efetivo sob o argumento de incapacidade técnica ou intelectual, ou por inabilidade para o trabalho, readaptação decorrente de acidente de trabalho ou, ainda, por mera desconfiança de improbidade e maliciosamente divulgar suas imperfeições de forma que cause mácula funcional ou quando o trabalhador for exposto, por este motivo, a uma situação vexatória, estará acarretando sérios danos morais ao empregado.

Portanto, é possível que uma alteração contratual, mesmo que lícita, implique danos morais ao empregado. O empregador deve tomar os cuidados para não ferir a reputação profissional e moral do trabalhador.

Ressalte-se que só poderá ser revertido o empregado que anteriormente ocupou função efetiva. Se já foi contratado no cargo de confiança não poderá perder o cargo para ocupar função subalterna, pois este ato é prejudicial ao empregado. A solução está em demitir o empregado. Desta forma também se posiciona Valentin Carrion.[14] Assim, não pode o coordenador acadêmico ou executivo de universidade, colégio, curso ou faculdade ser retirado da função para passar a professor, salvo se foi a seu pedido.

g) Alteração de cargo ou função

O empregador sempre poderá alterar o cargo ou a função do empregado quando: a) para melhorar seu *status* funcional, mudando apenas a nomenclatura da função; b) quando em virtude de promoção (neste caso desde que o empregado concorde); c) em virtude de extinção do cargo ou função no plano de cargos e salários[15] e; d) quando criar um plano de cargos e salários e tiver, por conta disto, que reacomodar e renominar as funções. Nestes casos, o empregado não poderá sofrer prejuízo quantitativo nem qualitativo, salvo quando a lei autorizar.

Pode o empregador alterar as atribuições do empregado, desde que compatíveis com a condição pessoal do trabalhador ou com a função exercida (art. 456, parágrafo único, da CLT), sem importar em jornada extra.[16] A função de motorista[17] é compatível com a de cobrador, assim como a de vendedor pracista com a de cobrador ou propagandista. A função de garçom é compatível com a de comins; arrumadeira com faxineira; atendente e operadora de caixa ou *telemarketing*; passadeira com lavadeira, cozinheiro com copeiro, professor com a

[14] CARRION, Valentin. *Comentários à Consolidação das Leis do Trabalho*. 28. ed. São Paulo: Saraiva, 2003, p. 324.

[15] Assim também DELGADO, Mauricio Godinho, *op. cit.*, p. 994.

[16] Se isto ocorrer o empregador deverá pagar as horas extras.

[17] Da mesma forma BARROS, Alice Monteiro de. *Curso de Direito do Trabalho*. São Paulo: LTr, 2005, p. 799.

de coordenador acadêmico e só ensejará diferença salarial se houver aumento de carga horária.

O acúmulo de função pode ensejar a alteração contratual, mas não o salário decorrente da função acumulada. Se o empregado se sentir prejudicado, deve resistir ou aplicar a justa causa ao empregador – art. 483, *a*, da CLT.

Todavia, é possível encontrar posições isoladas em sentido contrário (RR 644560/2000.4, 1ª T., TST).

h) A determinação de uso obrigatório de uniforme,[18] de traje apropriado, de equipamento de proteção individual ou a exigência de postura para o exercício da função, faz parte do poder de comando do patrão, desde que o traje não seja ridículo ou indecente. Pode o empregador que nunca exigiu uso de uniforme passar a exigir, já que tal direito faz parte do *ius variandi*.

O art. 456-A da CLT estabelece que cabe ao empregador definir o padrão de vestimenta do empregado no ambiente de trabalho, podendo incluir no uniforme logomarcas e outros itens, cabendo ao empregado a responsabilidade de higiene do uniforme, salvo se for necessária alguma técnica ou produtos diferenciados para sua lavagem. Mesmo fazendo parte do poder diretivo do patrão definir o uniforme ou padrão de vestimenta, poderá ser punido em caso de abuso de direito.

i) Alteração da jornada

Em princípio o empregador não poderá aumentar a **jornada** do empregado, salvo quando a lei permitir, quando houver acordo para a compensação ou quando for para causar benefícios. Constitui alteração benéfica alterar a jornada do empregado de seis horas de turnos ininterruptos de revezamento ou de turnos de 12 × 36 para turnos fixos de oito horas.

Alteração do **horário** do empregado, desde que não importe em majoração da jornada, e desde que não invada o turno noturno (pois é prejudicial ao empregado), é lícita, salvo se o empregador se comprometeu expressamente em contrário. Pode o empregador, por exemplo, alterar o horário contratual de 9 às 18h, para o horário das sete às 16 horas, sempre com o intervalo de uma hora. Pode o patrão mudar o empregado do turno noturno para o misto ou para o diurno, sem majorar a jornada. Estas medidas fazem parte do *ius variandi* do empregador.

O labor de **serviço extraordinário** importa em majoração anormal da jornada. Logo, este serviço extra só será obrigatório nos casos determinados pela lei (arts. 59, 59-A, 61 e 240 da CLT), dentre estes, a compensação de jornada, mediante ajuste entre as partes. Remetemos o leitor ao Capítulo "Duração do Trabalho" – itens 7 e 16.

O **bancário** que for promovido ao cargo de confiança passará de seis para oito horas sua jornada – art. 224, § 2º, da CLT.

---

18 Da mesma forma, *idem*.

O trabalhador que for **promovido** ao cargo de chefia ou passar a trabalhador externo, na forma do art. 62 da CLT, também poderá ter sua carga horária diária modificada, pois não tem direito ao Capítulo II.

A **redução da jornada**, desde que não importe em redução salarial, será sempre permitida, salvo nos casos: a) professores – quando tiver redução do número de turmas em virtude de evasão de alunos (OJ nº 244 da SDI-I do TST); de reclamação contínua dos alunos ou por desídia do professor; b) quando a norma coletiva autorizar em virtude das dificuldades financeiras da empresa (flexibilização); c) para adoção do contrato por tempo parcial – art. 58-A, § 2º, da CLT; d) supressão do labor extra.

De acordo com os arts. 9º e 10 da Lei nº 5.811/72, a alteração do regime (jornada) de trabalho, mesmo que importe em supressão ou redução de vantagens, assegura ao empregado regido pela mencionada lei uma indenização.

O aumento da jornada legal ou contratual não é admitido pela doutrina nem pela jurisprudência majoritária. Importará em pagamento das horas extras respectivas, salvo nos casos de compensação de jornada regularmente ajustada e não abusiva. Todavia, quando se trata de empregado público o TST se posicionou de forma contrária:

> *OJ nº 308 da SDI-I do TST: Jornada de trabalho. Alteração. Retorno à jornada inicialmente contratada. Servidor público.* DJ *11/08/03. O retorno do servidor público (administração direta, autárquica e fundacional) à jornada inicialmente contratada não se insere nas vedações do art. 468 da CLT, sendo a sua jornada definida em lei e no contrato de trabalho firmado entre as partes.*

j) Avanço tecnológico ou alterações técnicas da empresa

O mesmo se diga quanto à alteração das bases contratuais em virtude do progresso tecnológico adotado pela empresa. Defendemos[19] que é possível a revisão de algumas cláusulas contratuais, que não causem prejuízo ao trabalhador, para adaptar a empresa às novas tecnologias por ela implantadas na produção. Deste modo, se o empregado percebia 10% sobre sua produção manual, que correspondia no final do mês a R$ 2.000,00, por exemplo, pode passar a ter direito a 0,1% da produção industrial que passou a ser adotada depois de implementada nova tecnologia, desde que continue retirando a média mensal de R$ 2.000,00.

k) As benesses concedidas por norma coletiva só integram o contrato de trabalho enquanto vigentes os respectivos convênios coletivos. Portanto, após a vigência da norma coletiva, poderá o empregador suprimir a vantagem, salvo se houve norma

[19] Da mesma forma Délio Maranhão, que acrescenta que "no caso de aumento da capacidade produtiva da empresa, por fato novo, pode reajustar o preço da unidade de tarefa do empregado. Uma vez que não se trata, aí, de alteração unilateral, mas de simples consequência da modificação da base do negócio, elemento implícito do próprio contrato." SÜSSEKIND, Arnaldo; MARANHÃO, Délio; VIANNA, Segadas; TEIXEIRA, Lima. *Instituições de Direito do Trabalho*. 18. ed. São Paulo: LTr, 1999, v. 1, p. 544.

posterior que a tenha mantido. Em sentido diverso se posicionava o TST por meio da Súmula nº 277 do TST, que defendia, antes da Lei 13.467/17, a ultratividade das cláusulas normativas até que outra norma coletiva suprimisse ou modificasse a benesse. Hoje a ultratividade foi proibida pelo § 3º do art. 614 da CLT. Maiores considerações sobre o assunto no tópico 10.11 do Capítulo 37, "Convenção e Acordo Coletivo", momento em que o assunto é abordado de forma mais profunda.

l) *Ius variandi*

Por ser o dono do empreendimento e correr o risco do negócio, o empregador tem o poder diretivo do contrato de trabalho, podendo variar algumas cláusulas contratuais de acordo com a tendência econômica ou interesse da empresa. Faz parte do *ius variandi,* por exemplo: a) mudança do horário de trabalho, desde que não haja majoração da quantidade de horas trabalhadas por dia (jornada) e não importe em alteração do turno diurno para o noturno (por ser prejudicial ao empregado) – Súmula nº 265 do TST; b) mudança do local da prestação de serviços, respeitados os limites do art. 469 da CLT; c) possibilidade de exigir do empregado atribuições compatíveis com a função exercida – art. 456, parágrafo único da CLT; d) promoção do empregado; e) alteração da nomenclatura do cargo (sem causar prejuízos); f) escolha do uniforme etc.

m) Flexibilização dos direitos trabalhistas

Após a Lei 13.467/17, a norma coletiva poderá alterar o contrato de trabalho para suprimir vantagens contratuais, regulamentares ou criadas por normas internas do empregador ou direitos legais, pois prevalece sobre a lei.

As reduções ou alterações prejudiciais ao empregado, quando autorizadas por norma coletiva, são lícitas, desde que não violem o art. 611-B da CLT. Remetemos o leitor ao Capítulo "Importância do Direito do Trabalho na Publicização do Direito, Globalização, Crise do Direito do Trabalho, Flexibilização, Desregulamentação e Limite à Flexibilização", ocasião em que o assunto foi abordado de forma mais abrangente.

n) A substituição interina de um empregado por outro pode autorizar a promoção, com aumento de vantagens e, mais tarde, o "rebaixamento" deste empregado ao cargo ou função anterior, com perda destas mesmas vantagens – art. 450 da CLT c/c Súmula nº 159 do TST.

o) Salário ajustado por hora, dia, comissão, peça ou tarefa pode sofrer variações salariais de acordo com a demanda de trabalho, desde que não haja nenhuma garantia mínima de salário[20] ou de jornada.

A Lei nº 13.467/2017 retirou a natureza salarial das diárias de viagem, mesmo quando superiores a 50%, dos abonos, das ajudas de custo e dos prêmios. Dessa forma, o empregado que vinha recebendo uma dessas parcelas e o empregador que,

[20] O salário mínimo sempre será garantido aos que recebem remuneração variável, na forma do art. 7º, VII, da CRFB.

por força de lei, a integrava ao salário para fins de projeção nas férias, trezenos etc., poderão, depois da vigência da lei, parar de integrar a verba ao salário para tais fins.

p) **A alteração do regulamento, regimento ou norma interna** do empregador não pode provocar prejuízo ao empregado admitido antes da alteração, pois a benesse incorpora ao contrato.

> *Súmula nº 51 do TST: Norma regulamentar. Vantagens e opção pelo novo regulamento. Art. 468 da CLT (incorporada a Orientação Jurisprudencial nº 163 da SBDI-1) – Res. 129/2005 –* DJ *20/04/2005.*
>
> *I – As cláusulas regulamentares, que revoguem ou alterem vantagens deferidas anteriormente, só atingirão os trabalhadores admitidos após a revogação ou alteração do regulamento. (ex-Súmula nº 51 – RA 41/73,* DJ *14/06/1973).*
>
> *II – Havendo a coexistência de dois regulamentos da empresa, a opção do empregado por um deles tem efeito jurídico de renúncia às regras do sistema do outro (ex-OJ nº 163 – Inserida em 26/03/1999).*

A inalterabilidade *in pejus* do contrato encontra exceção tanto no inciso II da Súmula 51 do TST, como também no inciso II da Súmula 288 do TST.

3. NOVAÇÃO

Novação, segundo Maria Helena Diniz,[21] é o ato que cria nova obrigação, destinada a extinguir a precedente, substituindo-a no mesmo ato. É a substituição de uma obrigação por outra, que extingue a primeira. Não há a satisfação imediata do crédito, pois o credor não recebe a prestação devida, mas adquire outro crédito ou passa a exercê-lo contra outra pessoa.

Pode ser objetiva ou real e subjetiva ou pessoal – arts. 360 e seguintes do Código Civil. Esta, por sua vez, pode ser ativa ou passiva.

São requisitos para a novação:

a) capacidade e legitimidade;
b) existência de uma obrigação anterior;
c) criação de uma nova obrigação;
d) elemento novo;
e) intenção expressa ou tácita de novar (art. 361 do CC);
f) disponibilidade do direito objeto da obrigação a ser extinta.

Efeitos da novação quanto à obrigação extinta:

a) paralisação dos juros e extinção das garantias;

---

21 DINIZ, Maria Helena. *Curso de Direito Civil brasileiro.* Teoria Geral das Obrigações. Direito Civil, 20. ed. São Paulo: Saraiva, 2004, 2. v, p. 292.

b) perda, por parte do novo devedor, das exceções;
c) desaparecimento da mora das obrigações antigas;
d) extinção das ações contra as lesões antigas;
e) a insolvência do novo devedor correrá por conta e risco do credor.

Sob este aspecto é possível afirmar que a "sucessão de empregadores" não importa em novação,[22] pois não há *animus novandi* por parte do empregado. Não se pode dizer que houve vontade tácita, pois o empregado não é sequer consultado acerca da alienação do negócio. Quando percebe, se perceber, a negociação ou a transmissão da empresa já ocorreu.

Amauri Mascaro Nascimento[23] sustenta que a sucessão acarreta alteração subjetiva do contrato, pois muda apenas o titular da empresa, não importando em novação.

Orlando Gomes[24] informa que a alteração substancial das incumbências originariamente conferidas ao empregado, em caráter permanente, importa em novação objetiva, pois neste caso o *animus novandi* é presumido, implícito no acordo e não acarreta renúncia à antiguidade anterior. Argumenta que a sucessão não importa em novação.

Por outro lado, Cotrin Neto[25] defende que toda alteração contratual, mesmo que não altere substancialmente o contrato, importa em novação. Para ele a sucessão seria um caso de novação.

Délio Maranhão,[26] por sua vez, advoga que apenas as alterações que importem em mudança radical do objeto do contrato acarretam a novação. Aponta a "sucessão de estabelecimentos" como uma das hipóteses de novação subjetiva, informando que neste caso admite-se o *animus novandi* tácito.

4. *IUS RESISTENTIAE* E *IUS VARIANDI*

Ao conceituar empregado, a CLT informa que o trabalhador presta serviços sob a dependência do empregador. Por sua vez, nos termos do art. 2º da CLT é o empregador quem dirige a prestação de serviços, pois assume os riscos da atividade econômica que explora.

Como é o empregador aquele que investe seu capital no empreendimento, que escolhe os rumos do negócio, o momento para mudar o ramo e investir em novas ou antigas diretrizes da atividade, correndo todos os riscos dos desacertos ou dos lucros da vitória, também pode intervir na relação de emprego, pois tem o poder de comando que lhe faculta modificar algumas cláusulas contratuais nos limites

---

22 Da mesma forma GOMES, Orlando; GOTTSCHALK, Élson. *Curso de Direito do Trabalho*. Rio de Janeiro: Forense, revisado por José Augusto Rodrigues Pinto, 2004, p. 322.

23 NASCIMENTO, Amauri Mascaro. *Curso de Direito do Trabalho*. 16. ed. São Paulo: Saraiva, 1999, p. 504.

24 GOMES, Orlando; GOTTSCHALK, Élson. *op. cit.*, 2004, p. 316.

25 *Apud* SÜSSEKIND, Arnaldo; MARANHÃO, Délio; VIANNA, Segadas; TEIXEIRA, Lima. *Instituições de Direito do Trabalho*. 18. ed. São Paulo: LTr, 1999, v. 1, p. 549.

26 *Idem*.

da lei. Este poder se chama *ius variandi*. Sua utilização é necessária para que o contrato se desenvolva de acordo com os fins perseguidos pela empresa. Desta forma, cabe ao empregador determinar as condições em que o trabalho deve se desenvolver, dirigindo a prestação de serviços.

Nestes termos, pode-se afirmar que não há limites ou regras precisas para o exercício do *ius variandi*, pois as hipóteses que facultam a variação dependem de cada caso.

O poder de variar está estritamente vinculado ao poder que tem o empregador de alterar as cláusulas contratuais e as condições de trabalho.

Faz parte do *ius variandi*: a mudança do horário de trabalho, desde que não majore a quantidade de horas trabalhadas por dia (jornada) e não importe em alteração do turno diurno para o noturno (por ser prejudicial ao empregado) – Súmula nº 265 TST; alteração do local da prestação de serviços, respeitados os limites do art. 469 da CLT; o poder de exigir do empregado atribuições compatíveis com a função exercida – art. 456, parágrafo único, CLT; o direito de promover o empregado, de alterar a nomenclatura do cargo ou função (sem causar prejuízos qualitativos ou quantitativos), aumentar o salário; de especificar o padrão do uniforme ou vestimenta utilizada durante o trabalho – art. 456-A da CLT; alterar de telepresencial para presencial o teletrabalho, com aviso prévio de 15 dias – art. 75-C, § 2º, da CLT etc.

Apesar dos contornos imprecisos, o limite do poder de variar é restrito e esbarra em dois pontos fundamentais: não pode contrariar a lei, não pode ser abusiva e não pode ocasionar prejuízo para o empregado, salvo quando a lei assim permitir.

Assim, toda vez que o patrão exceder os limites do poder de variar, abusando deste direito, pode o empregado resistir ao ato arbitrário, protegendo-se. Exsurge daí o *ius resistentiae.*

A reação do empregado de resistir a uma alteração contratual abusiva, fora dos limites do *ius variandi,* está legitimada a partir da prejudicialidade do ato praticado. Toda e qualquer alteração contratual que importe em prejuízo para o empregado é nula de pleno direito, ressalvadas as hipóteses permitidas em lei – arts. 468, 469, 475 da CLT etc.

Todavia, a resistência do empregado não pode caracterizar outra lesão. Assim, não pode o empregado deixar de ir ao emprego porque o patrão não concedeu o vale-transporte; não pode o trabalhador deixar de ser diligente no trabalho, ou chegar atrasado, faltar porque o empregador atrasa o pagamento dos salários etc. Esta reação importa em abuso do direito de resistir e, segundo o art. 187 do CC, o abuso de direito se equipara ao ato ilícito. Para ser legítima a resistência do trabalhador deve se pautar na legalidade e não pode ser abusiva. Se o empregado descumprir suas obrigações contratuais poderá o empregador puni-lo disciplinarmente, sendo incabível o argumento de que o empregado tinha "legitimidade para tanto" em face das irregularidades prévias praticadas pelo empregador.

Há várias formas lícitas de o empregado resistir às variações abusivas do contrato de trabalho.

Consiste desde uma desobediência a uma ordem ilegal, abusiva ou alheia ao contrato, até a utilização de meios processuais adequados – exceção do contrato não cumprido – art. 476 do Código Civil.

O art. 659, IX, da CLT tipificou o meio processual adequado para o empregado resistir às transferências ilegais ou abusivas. Todavia, pode também se utilizar de outros instrumentos não tipificados na CLT, mas a ela compatíveis e aplicáveis subsidiariamente, como as medidas cautelares, os pedidos de tutela antecipada etc.

Capítulo 30

EXTINÇÃO DO CONTRATO DE TRABALHO

1. TERMINOLOGIA

A terminologia genérica utilizada para o assunto é variada entre os operadores do direito, não havendo um consenso a respeito da matéria.

Utilizam a nomenclatura ***extinção*** Délio Maranhão,[1] Hugo Gueiros,[2] Gabriel Saad,[3] José Rodrigues Pinto[4] e Russomano.[5] Preferem a denominação ***cessação*** do contrato Evaristo Moraes,[6] Sergio Pinto Martins[7] e Otávio Bueno Magano.[8] Por outro lado, Isis de Almeida[9] e Süssekind[10] adotam a terminologia ***terminação***, mesma expressão utilizada pela OIT. Por último, encontramos de forma isolada Orlando Gomes[11] que adotou o termo ***dissolução***.

A CLT utiliza diversas nomenclaturas empregando-as como sinônimas, tais como rescisão (Capítulo V, § 2º do art. 477, 482, 483, 484 da CLT etc.), terminação e cessação (*caput* do art. 477 da CLT), dissolução (art. 477, § 2º, CLT).

Portanto, a diferença entre os diversos vocábulos faz parte de um preciosismo, pois todas se relacionam ao mesmo fato: extinção do contrato de trabalho.

---

1 MARANHÃO, Délio; CARVALHO, Luiz Inácio Barbosa. *Direito do Trabalho*. 17. ed. Rio de Janeiro: Editora da FGV, 1993, p. 233.

2 BERNARDES, Hugo Gueiros. *Direito do Trabalho*. São Paulo: LTr, 1989.

3 SAAD, Eduardo Gabriel; SAAD, José Eduardo Duarte; BRANCO, Ana Maria Saad Castello. *CLT Comentada*. 39. ed. São Paulo: LTr, 2006, p. 491.

4 PINTO, José Augusto Rodrigues. *Curso de Direito Individual do Trabalho*. 15. ed. São Paulo: LTr, 2003, p. 517.

5 RUSSOMANO, Mozart Victor. *Curso de Direito do Trabalho*. 9. ed. 4. tir. Curitiba: Juruá, 2005, p. 171.

6 MORAES FILHO, Evaristo; MORAES, Antonio Carlos Flores de. *Introdução ao Direito do Trabalho*. 9. ed. São Paulo: LTr, 2003, p. 371.

7 MARTINS, Sergio Pinto. *Direito do Trabalho*. 14. ed. São Paulo: Atlas, 2001, p. 314.

8 MAGANO, Octávio Bueno. *Primeiras Lições de Direito do Trabalho*. 3. ed. São Paulo: RT, 2003, p. 78.

9 ALMEIDA, Ísis de. *Manual de Direito Individual do Trabalho*. São Paulo: LTr, 1998.

10 SÜSSEKIND, Arnaldo. *Curso de Direito do Trabalho*. Rio de Janeiro: Renovar, 2002, p. 323.

11 GOMES, Orlando; GOTTSCHALK, Élson. *Curso de Direito do Trabalho*. 16. ed. Rio de Janeiro: Forense, 2003, p. 343.

2. CAUSAS

As causas de extinção do contrato de trabalho podem ser:

a) normais;
b) anormais.

2.1. Extinção Normal

Também há controvérsia a respeito da nomenclatura a ser utilizada para as extinções normais dos contratos. Utilizam ***terminação normal*** ou morte natural do contrato Délio Maranhão[12] e Evaristo Moraes.[13] Todavia, outros preferem a terminologia ***caducidade*** (Rodrigues Pinto[14] e Orlando Gomes)[15] ou ***resolução*** do contrato (Gabriel Saad[16] e Hugo Gueiros).[17]

São consideradas normais as extinções que coincidirem com o implemento do termo final ou da condição resolutiva. Entretanto, a matéria não é pacífica, pois alguns estudiosos defendem que apenas o contrato a termo é espécie do gênero contrato por prazo determinado. A controvérsia, na verdade, cinge-se à interpretação do art. 443 da CLT, isto é, se este abraça os contratos a termo e aqueles submetidos à condição resolutiva ou só considera determinados os contratos a termo. A matéria já foi apreciada no capítulo "contrato por prazo determinado".

Extinto o contrato por prazo determinado em seu fim o empregado terá direito a levantar o FGTS, a receber o saldo de salários dos dias trabalhados, férias (simples e/ou proporcional) e trezeno.

Em caso de morte natural do contrato (implemento do termo ou da condição), não haverá direito ao pré-aviso (salvo quando contiver cláusula assecuratória de rescisão antecipada recíproca utilizada) e da indenização compensatória de 40% sobre o FGTS, nem acobertará os diversos tipos de estabilidades (exceto ressalvas das Súmulas nº 244, III, e 378, III, do TST) ou o pagamento do seguro-desemprego.

A exceção ocorre no caso da Lei nº 2.959/56 (art. 2º – **contrato por obra certa**) quando a indenização é reduzida a 30%. Como não existe mais a indenização contida no art. 478 da CLT, o art. 2º deve ser aplicado sobre a indenização adicional do FGTS. Sendo assim, se o contrato por obra certa se extinguir pelo

---

12 MARANHÃO, Délio; CARVALHO, Luiz Inácio Barbosa. *Direito do Trabalho*. 17. ed. Rio de Janeiro: Editora da FGV, 1993, p. 233.

13 MORAES FILHO, Evaristo; MORAES, Antonio Carlos Flores de. *Introdução ao Direito do Trabalho*. 9. ed. São Paulo: LTr, 2003, p. 376.

14 PINTO, José Augusto Rodrigues. *Curso de Direito Individual do Trabalho*. 5. ed. São Paulo: LTr, 2003, p. 513.

15 GOMES, Orlando; GOTTSCHALK, Élson. *Curso de Direito do Trabalho*. 16. ed. Rio de Janeiro: Forense, 2003, p. 351-354.

16 SAAD, Eduardo Gabriel; SAAD, José Eduardo Duarte; BRANCO, Ana Maria Saad Castello. *CLT comentada*. 39. ed. São Paulo: LTr, 2006, p. 388.

17 BERNARDES, Hugo Gueiros. *Direito do Trabalho*. São Paulo: LTr. 1989, p. 391.

fim da obra, o empregado, além das parcelas acima mencionadas, receberá também 28% a título de indenização adicional (40% – 30% = 28%).

Cumpre registrar que a extinção do contrato a termo independe da notificação ou comunicação prévia do empregador (posição majoritária), já que as partes, desde o início, já sabem a data ou o momento da extinção normal do contrato.

No entanto, a notificação seria importante apenas para evitar a continuidade dos serviços por parte do empregado, o que acarretaria a indeterminação do prazo do contrato de trabalho.

2.1.1. Terminação Antecipada do Contrato a Termo

2.1.1.1. Iniciativa do Empregador

De acordo com o art. 479 da CLT, a extinção antecipada do contrato a termo, por iniciativa do empregador, sem justa causa do empregado, dá a este o direito a uma indenização correspondente à metade da remuneração do período que restava para o término natural do contrato, salvo nos casos de aprendiz (art. 433, § 2º, da CLT) e da Lei nº 9.601/98 quando esta indenização não é devida.

Desta forma, se o contrato a termo foi ajustado por dois anos e o empregador demite, sem justa causa, o empregado no término do primeiro ano, deverá pagar uma indenização correspondente a seis meses de remuneração, além das parcelas resilitórias devidas. Se o termo for incerto[18] ou o contrato for submetido a condição, a indenização deverá ser arbitrada pelo tempo razoável que duraria este tipo de contrato. Se não for possível, deve ser utilizado o lapso maior, isto é, dois anos, como o de duração total do contrato. A partir daí, calcula-se a indenização.

Além disto, o trabalhador ainda tem direito aos 40% sobre o FGTS (art. 14 do Decreto nº 99.684/90; *b*). Amauri Mascaro[19] adota a mesma opinião. Se preenchidos os requisitos, também terá direito às guias do seguro-desemprego.

Todavia, tal posicionamento não é unânime na doutrina e na jurisprudência. Valentin Carrion,[20] por exemplo, entende que os 40% sobre o FGTS não são devidos quando da rescisão antecipada do contrato a termo, alegando que o decreto não poderia ter concedido direito não previsto na lei.

Mesmo nas rescisões antecipadas o empregado não tem direito ao aviso prévio, pois no lugar deste receberá a indenização prevista no art. 479 da CLT. O direito ao aviso prévio será concedido ao trabalhador quando o contrato por prazo certo contiver cláusula assecuratória de rescisão antecipada recíproca, desde que esta seja

---

18 Este posicionamento não é unânime na doutrina. Na verdade, há autores que defendem que não haverá qualquer indenização a ser paga no termo incerto, bem como nos contratos submetidos à condição, pois não se poderá calcular "metade do período que faltava".

19 *Apud* CARRION, Valentin. *Comentários à Consolidação das Leis do Trabalho*. 29. ed. São Paulo: Saraiva, 2004, p. 364.

20 *Idem*.

utilizada (art. 481 da CLT c/c Súmula nº 163 do TST), assim como a indenização adicional de 40%.

Trata-se, na verdade, de uma indenização prefixada pela lei, substitutiva do cumprimento integral do contrato, isto é, de sua execução. Como o empregador impediu o empregado de executar integralmente o contrato, deverá substituir tal obrigação de fazer pela indenização legal.

A natureza jurídica de tal parcela é controvertida, pois alguns operadores do direito afirmam que a indenização prevista no art. 479 da CLT tem natureza jurídica de indenização por tempo de serviço (Amauri Mascaro Nascimento[21] e, aparentemente, Orlando Gomes[22] e Valentim Carrion).[23] Justificam a tese argumentando que o antigo Decreto nº 59.820/66, vigente à época, em seu art. 30, § 3º (este decreto regulamentava a Lei nº 5.107/66, já revogada pela lei atual do FGTS – 8.036/90), admitia a compensação do FGTS com a indenização do art. 479 da CLT, exatamente porque ambas têm a mesma natureza jurídica. Mencionam que numa interpretação sistemática o art. 479 da CLT vem abaixo dos arts. 477 e 478 CLT e ambos dizem respeito à indenização por tempo de serviço. Mesmo após a revogação do referido decreto, tais autores, ainda hoje, admitem a compensação mencionada.

Discordamos da tese.

Primeiro, porque o art. 14 do Decreto nº 99.684/90 expressamente menciona que nas extinções antecipadas dos contratos a termo (sem justa causa) é devida a indenização de 40% incidente sobre o FGTS, *sem prejuízo do disposto no art. 479 da CLT.*

Segundo, porque a interpretação sistemática mencionada na tese também nos levaria a crer que a indenização prevista no art. 480 da CLT, paga pelo trabalhador ao patrão, também seria por tempo de serviço, o que é absurdo, como veremos abaixo.

A natureza jurídica da indenização prevista no art. 479 da CLT não pode ser considerada nem comparada com a indenização por tempo de serviço porque aquela tem a finalidade de reparar danos futuros, isto é, pelo tempo não trabalhado e não a de compensar o período já executado do contrato. Explica-se. Nos contratos indeterminados os empregados têm direito ao FGTS pelo período em que trabalharam e sobre este a indenização adicional de 40%. Os não optantes (quando existiam) tinham direito à indenização prevista no art. 478 da CLT e esta era computada por ano ou fração superior a seis meses de trabalho. Logo, toda indenização por tempo de serviço leva em conta o tempo trabalhado e não aquele que ainda não foi executado.

---

21 NASCIMENTO, Amauri Mascaro. *Curso de Direito do Trabalho*. 20. ed. São Paulo: Saraiva, 2005, p. 689.

22 GOMES, Orlando; GOTTSCHALK, Élson. *Curso de Direito do Trabalho*. 16. ed. Rio de Janeiro: Forense, 2003, p. 351.

23 CARRION, Valentin. *Comentários à Consolidação das Leis do Trabalho*. 29. ed. São Paulo: Saraiva, 2004, p. 364.

Estamos com Délio Maranhão[24] no sentido de afirmar que a indenização prevista no art. 479 da CLT não é compensável com a indenização adicional do FGTS (isto é, os 40%), porque não se trata de indenização por tempo de serviço, mas sim de indenização substitutiva da inexecução do contrato. Rodrigues Pinto[25] afirma que teria natureza ressarcitória do dano causado pela não execução do contrato até o termo final.

Em face da natureza jurídica distinta entre a indenização do art. 479 da CLT e da indenização incidente sobre FGTS a doutrina e a jurisprudência aceitam a cumulação das duas indenizações.

2.1.1.2. Iniciativa do Empregado

Quando o empregado toma a iniciativa de romper antecipadamente o contrato a termo, sem justa causa, a indenização é tarifada pelo art. 480 da CLT, desde que o empregador sofra prejuízos com o rompimento. Portanto, o pagamento da indenização depende do prejuízo. Mesmo em caso de danos causados ao empregador a lei impõe um teto: o valor que receberia em idêntica situação. Em outras palavras, o trabalhador deverá pagar ao patrão uma indenização equivalente a um valor qualquer desde que haja prejuízo e este valor não poderá ultrapassar metade da remuneração do período que faltava.

Apesar da clareza solar contida no texto legal, a jurisprudência abandonou a rigidez da lei para presumir o prejuízo do empregador e, desta forma, fixa, quase de forma unânime, o valor da indenização de forma idêntica ao preceituado no art. 479 da CLT, sem exigir a prova do dano.

A natureza jurídica desta indenização é incontroversa na doutrina. Trata-se de indenização por perdas e danos, já que o empregado jamais paga ao seu patrão indenização por tempo de serviço.

2.1.1.3. Força Maior e Culpa Recíproca

Na extinção antecipada do contrato a termo por motivo de força maior a indenização prevista no art. 479 da CLT é devida pela metade – art. 502, III, da CLT.

A CLT responsabilizou o empregador mesmo nos casos em que a iniciativa de rompimento do contrato não tenha sido do empregador, alterando a regra geral contida no Código Civil de que a força maior extingue a obrigação sem ônus para as partes – art. 393 do CC. Ressalte-se que a CLT não distingue a força maior do caso fortuito. Para a Consolidação, força maior engloba os dois casos.

Na extinção antecipada por culpa recíproca, apesar de não existir regramento específico a respeito, mas sim genérico – art. 484 da CLT, a indenização também deve ser paga pela metade.

---

24 SÜSSEKIND, Arnaldo; MARANHÃO, Délio; VIANNA, Segadas; TEIXEIRA, Lima. *Instituições de Direito do Trabalho*. 22. ed. São Paulo: LTr, 2005, v. 1, p. 607-609.

25 PINTO, José Augusto Rodrigues. *Curso de Direito Individual do Trabalho*. 5. ed. São Paulo: LTr, 2003, p. 515-517.

2.1.2. Contratos Submetidos a Condição Resolutiva

Para os que adotam a tese que o contrato submetido a uma condição resolutiva não é espécie de contrato por prazo determinado,[26] duas são as hipóteses: a) quando o contrato se extingue por implemento da condição resolutiva devem ser aplicadas as regras referentes aos contratos indeterminados (aviso prévio, 40% sobre o FGTS etc.); b) se o empregado for demitido antes do implemento da condição[27] terá direito ao aviso prévio (por equiparação aos contratos por prazo indeterminado) ou à reintegração no emprego com salários até o implemento da condição, nesta hipótese para os que defendem que a cláusula que vincula a vigência do contrato a uma condição resolutiva garante o emprego até o implemento desta, portanto, é uma espécie de estabilidade.

Vide Capítulo "Contrato Por Prazo Determinado" onde o assunto também é abordado.

2.2. Extinções Anormais – Espécies ou Modos

Os modos de dissolução do contrato de trabalho foram objeto de estudo por vários autores que não conseguiram chegar a um consenso na divisão.

Para Orlando Gomes[28] a divisão é a seguinte:

- resolução – quando determinada por decisão judicial;
- resilição ou rescisão – considera sinônimas as expressões – extinções unilaterais ou bilaterais (dispensa, despedida e distrato) e despedida por justa causa;
- caducidade – morte do empregado, força maior e condição resolutiva.

Arnaldo Süssekind[29] prefere a seguinte divisão:

- resolução – quando determinada ou autorizada judicialmente, nulidade do contrato e força maior;
- resilição – extinções unilaterais ou bilaterais sem justa causa;
- rescisão – extinções com justa causa;
- extinção – implemento de condição resolutiva ou termo, extinção da empresa, morte do empregador, aposentadoria ou morte do empregado.

---

26 Para aqueles que admitem que o contrato submetido à condição resolutiva é espécie de contrato por prazo determinado, deve-se aplicar a mesma regra para as extinções do contrato a termo, antecipadas ou não.

27 Para os que advogam que contrato submetido à condição é espécie do gênero contrato por prazo determinado, o empregado terá direito à metade dos salários do período que faltava para completar dois anos, prazo máximo admitido em lei, como regra geral.

28 GOMES, Orlando; GOTTSCHALK, Élson. *Curso de Direito do Trabalho*. Rio de Janeiro: Forense, Revisado por José Augusto Rodrigues Pinto, 2004, p. 344.

29 SÜSSEKIND, Arnaldo. *Curso de Direito do Trabalho*. Rio de Janeiro: Renovar, 2002, p. 324.

O termo cessação é utilizado por Evaristo de Moraes, Otavio Bueno Magano e Sergio Pinto Martins.

Apesar do brilhantismo das teorias, ousamos discordar das divisões acima, porque não abrangem todas as hipóteses de terminações do contrato (como força maior e nulidade). Com base na classificação apontada por Délio Maranhão[30] fornecemos outra divisão:

- resilição – distrato, despedida e demissão;
- resolução – justa causa, rescisão indireta e culpa recíproca;
- rescisão – nulidade do contrato;
- força maior – impossibilidade de execução do contrato;
- morte – do empregador pessoa física ou do empregado;
- extinção da empresa, fechamento, cessação da atividade e falência;
- aposentadoria compulsória e espontânea (esta apenas nos casos em que extingue e para os empregados públicos);
- *ope judicis* – por terminação judicial – art. 496 da CLT;
- suspensão disciplinar por mais de 30 dias consecutivos – art. 474 da CLT.

Dos modos de extinção acima mencionados reservamos dois títulos separados (Títulos XVI e XVII) para aqueles mais complexos – resilição e resolução, em que os estudaremos de forma mais profunda, para onde remetemos o leitor.

2.2.1. Resilição

Resilição é a extinção do contrato sem justa causa. São hipóteses de resilições: pedido de demissão, a dispensa imotivada e o distrato.

2.2.2. Resolução

Resolução é a extinção do contrato por justa causa, falta grave ou culpa recíproca – arts. 482, 483 e 484 da CLT.

2.2.3. Rescisão

Rescisão é a extinção do pacto em face da sua nulidade. Se a nulidade ocorreu em virtude do objeto ilícito do contrato nada é devido, nem os salários ou qualquer outra indenização, pois o Judiciário não pode determinar a remuneração

---

30 SÜSSEKIND, Arnaldo; MARANHÃO, Délio; VIANNA, Segadas; TEIXEIRA, Lima. *Instituições de Direito do Trabalho*. 18. ed. São Paulo: LTr, 1999, p. 564.

do trabalho que explora o crime – OJ nº 199 da SDI-I do TST. Na nulidade do contrato porque o trabalho era proibido, nada é devido, salvo o saldo de salários, se ainda não foi pago, bem como o pagamento do FGTS – Súmula nº 363 do TST c/c o art. 19-A da Lei nº 8.036/90. Se o contrato for nulo porque simulado, nada é devido, nem os salários, pois, na realidade, não houve prestação de serviços. Remetemos o leitor ao Capítulo "Elementos do Contrato de Trabalho".

2.2.4. *Força Maior*

A CLT não distingue força maior do caso fortuito – art. 501 da CLT. A força maior pode causar prejuízos (art. 61, § 2º, da CLT), interromper o contrato (art. 61, § 3º, da CLT) ou, ainda, extingui-lo (art. 502 da CLT). Ocorrerá a extinção do contrato quando a força maior importar em impossibilidade de sua execução porque a empresa encerrou sua atividade total ou parcialmente por motivo de força maior. Neste caso, a lei equiparou a extinção como se fosse por iniciativa do empregador, com algumas atenuações (ficção jurídica, já que não se aplica ao caso o art. 393 do CC).

Délio Maranhão[31] explica que os efeitos da força maior no âmbito do Direito do Trabalho não são os mesmos adotados pelo Direito Civil, porque naquele a indenização refere-se à "compensação de natureza salarial e não de reparação de prejuízos (perdas e danos), nada de estranho que a força maior não desobrigue o empregador do pagamento"; e conclui: "Esta impede a continuação do contrato e não o pagamento de um crédito devido pelo trabalho passado."

Para estes casos a lei concede a benesse de o empregador pagar a indenização adicional do FGTS pela metade (20% – art. 18, § 2º, da Lei nº 8.036/90), ou a antiga indenização contida no art. 478 da CLT pela metade. Se o contrato a termo se extingue antes do prazo final por força maior, a indenização prevista no art. 479 da CLT também é devida pela metade – art. 502, III, da CLT.

Também não é devido o aviso prévio, pois o empregador não tinha como prever a força maior. Da mesma forma Magano[32] e Sergio Pinto Martins.[33]

Sergio Pinto Martins[34] acrescenta que se a força maior não afetar substancialmente a situação econômica e financeira da empresa, não se aplicariam as restrições previstas no art. 502, II, da CLT.

---

[31] MARANHÃO; Délio; CARVALHO, Luiz Inácio Barbosa. *Direito do Trabalho*. 17. ed. Rio de Janeiro: FGV, 1993, p. 258.

[32] MAGANO, Otávio Bueno. *Manual de Direito do Trabalho*. Direito Individual do Trabalho. 3. ed. São Paulo: LTr, 1992, v. 2. p 339.

[33] MARTINS, Sergio Pinto. *Direito do Trabalho*. 13. ed. São Paulo: Atlas, 2001, p. 349.

[34] *Ibidem*, p. 402.

2.2.5. Factum Principis

A extinção do contrato pode ocorrer em virtude de *factum principis* (paralisação temporária ou definitiva do trabalho em razão de ato de autoridade municipal, estadual ou federal, ou pela promulgação de lei ou resolução que impossibilite a continuação da atividade), que é uma subespécie de força maior. Nesse caso, o art. 486, *caput*, da CLT, estabelece que a autoridade que tomou a medida será responsável pela indenização resultante da extinção do contrato de trabalho. Há controvérsia em relação ao montante devido e em se fixar quais são estas parcelas, pois a lei se refere à "indenização".

Uma vertente[35] considera que a autoridade competente é responsável pelo pagamento de todas as parcelas decorrentes da cessação do contrato de trabalho, isto é, pelas parcelas resilitórias (férias +1/3, trezeno, indenização adicional sobre o FGTS e saldo de salários).

Valentin Carrion,[36] Mauricio Godinho[37] e Gabriel Saad[38] (posição majoritária) defendem que a responsabilidade da autoridade que extinguiu a empresa está limitada à indenização por tempo de serviço por contrato indeterminado (atualmente corresponde à indenização adicional sobre o FGTS, isto é, aos 40%) ou por contrato determinado (art. 479 da CLT). Entrementes, para os que defendem esta corrente há uma divergência quanto ao percentual. Para alguns[39] essa indenização deve ser paga pela metade, ou seja, 20% sobre o FGTS – art. 18, § 2º, Lei nº 8.036/90. Outros,[40] de forma diversa, no sentido de que a autoridade não pode se beneficiar do comando legal, pois foi dirigido ao empregador e não ao terceiro que praticou o ato. Concordamos com esta corrente e com a posição de que o art. 486 da CLT transferiu para a autoridade interveniente apenas a responsabilidade pela indenização adicional do FGTS.

A doutrina e a jurisprudência não consideram o fechamento das casas de bingo caso de *factum principis*, já que estas funcionavam de forma precária.

Otávio Bueno Magano[41] acrescenta que racionamento de energia elétrica e falta de matéria-prima também não são casos de força maior. As desvalorizações ou valorizações cambiais, alterações de taxas e tarifas, a mudança da lei acrescentando direitos trabalhistas, os planos econômicos, as crises financeiras etc. não constituem hipótese de força maior.

---

35 NASCIMENTO, Amauri Mascaro. *Curso de Direito do Trabalho*. 16. ed. São Paulo: Saraiva, 1999, p. 535.

36 CARRION, Valentin. *Comentários à Consolidação das Leis do Trabalho*. 28. ed. São Paulo: Saraiva, 2003, p. 378.

37 DELGADO, Mauricio Godinho. *Curso de Direito do Trabalho*. São Paulo: LTr, 2002, p. 1.112.

38 SAAD, Eduardo Gabriel. *Consolidação das Leis do Trabalho Comentada*. São Paulo: LTr, 1993, p. 367.

39 Aparentemente esta é a posição SÜSSEKIND, Arnaldo. *Curso de Direito do Trabalho*. Rio de Janeiro: Renovar, 2002, p. 354.

40 Neste sentido CARRION, Valentin. *Comentários à Consolidação das Leis do Trabalho*. 28. ed. São Paulo: Saraiva, 2003, p. 378.

41 MAGANO, Otávio Bueno. *Manual de Direito do Trabalho*. Direito Individual do Trabalho. 3. ed. São Paulo: LTr, 1992, p. 325.

Délio Maranhão[42] afirma que a revogação legal de ato administrativo, no legítimo exercício do poder discricionário da administração pública não constitui *factum principis.*

Em caso de extinção da empresa ou estabelecimento por força maior extinguem-se todas as estabilidades e não é devido pré-aviso, já que o empregador não tinha como prever o evento.

2.2.6. Morte

A morte do empregado ou do empregador pessoa física torna impossível a continuidade da execução do contrato que se rompe por este motivo. Neste caso, não tem cabimento o pré-aviso[43] à outra parte, pois o fato é imprevisível. Também não terá cabimento a indenização adicional de 40%,[44] pois não houve despedida injusta e sim morte do contratante. Délio Maranhão[45] equipara a morte do trabalhador à força maior. Está isolado nesta opinião.

2.2.7. Extinção da Empresa, Fechamento ou Falência

A extinção regular ou irregular da empresa acarreta a rescisão do contrato em face da impossibilidade de sua execução, e, neste caso, será considerado que ela se deu por iniciativa do empregador, sendo devidas ao empregado todas as parcelas decorrentes da extinção – Súmula nº 44 do TST.

Há quem defenda[46] que o pré-aviso não é devido nos casos de falência (quando esta importa em extinção da empresa), sob o argumento de que o contrato se extingue por ato estranho à vontade das partes. Para estes, também seriam indevidas as penalidades previstas nos arts. 467 e 477, § 8º, da CLT, porque a massa não tem disponibilidade financeira para pagar fora do juízo falimentar. Argumentam, ainda, que os créditos são destinados aos credores de acordo com a preferência de ordem de cada. Neste sentido também a Súmula nº 388 do TST.

Discordamos da posição. A falência não se equipara à morte da pessoa física nem à força maior, pois é evento previsível do qual o empregador concorreu com sua culpa ou imprevidência para ocorrer. Ademais, é o empregador quem corre os

---

42 MARANHÃO, Délio; CARVALHO, Luiz Inácio Barbosa de. *Direito do Trabalho*. 17. ed. Rio de Janeiro: FGV, 1993, p. 259.

43 Da mesma forma DELGADO, Mauricio Godinho. *Curso de Direito do Trabalho*. São Paulo: LTr, 2002, p. 1.112.

44 Assim também se posiciona DELGADO, Mauricio Godinho. *Curso de Direito do Trabalho*. São Paulo: LTr, 2002, p. 1.112.

45 MARANHÃO, Délio; CARVALHO, Luiz Inácio Barbosa. *Direito do Trabalho*. 17. ed. Rio de Janeiro: Editora da FGV, 1993, p. 257.

46 Neste sentido SAAD, Eduardo Gabriel; SAAD, José Eduardo Duarte; BRANCO, Ana Maria Saad Castelo. *CLT Comentada*. 37. ed. São Paulo: LTr, 2004, p. 252; SÜSSEKIND, Arnaldo; MARANHÃO, Délio; VIANNA, Segadas; TEIXEIRA, Lima. *Instituições de Direito do Trabalho*. 21. ed. São Paulo: LTr, 2003, v. 2, p. 611; MAGANO, Otávio Bueno. *Manual de Direito do Trabalho*. Direito Individual do Trabalho. 3. ed. São Paulo: LTr, 1992, v. 2, p. 339.

riscos do negócio, não podendo repassá-los ao trabalhador. Logo, devido será o aviso-prévio,[47] a indenização adicional de 40%, bem como as penalidades previstas nos arts. 477, § 8º, e 467 da CLT. Da mesma forma posiciona-se Alice Monteiro de Barros.[48]

Apesar da Súmula nº 388 do TST, há jurisprudência em sentido contrário:

> FALÊNCIA. AVISO PRÉVIO. A falência do empregador implicou a cessação do contrato de trabalho. Os riscos do empreendimento devem ficar a cargo do empregador (art. 2º da CLT), não podendo ser transferidos para o empregado. Havendo cessação do pacto laboral pela falência da empresa, é devido o aviso prévio. TRT 2ª Reg. 1ª T., RO 20000144228, Rel. Desig. Sergio Pinto Martins.

> INDENIZAÇÃO DE 40% DO FGTS. FALÊNCIA. Houve a rescisão do contrato do reclamante com a falência. Há, portanto, dispensa, nos termos do § 1º do art. 18 da Lei nº 8.036/90. Falência não é motivo justo para a rescisão do contrato de trabalho, nem constitui força maior. Assim, devida é a indenização de 40% do FGTS, que é risco do negócio, devendo ser paga pelo empregador. TRT 2ª Reg. 1ª T, RO 20000144180, Rel. Desig. Sergio Pinto Martins.

2.2.8. Aposentadoria

Na visão trabalhista a aposentadoria pode ser de três tipos: compulsória, voluntária e por invalidez.

A **aposentadoria compulsória**, quando requerida pelo empregador aos 70 anos do empregado, se homem e, 65 anos, se mulher e desde que o empregado complete o período legal mínimo de carência para ser deferida, rompe o contrato por iniciativa do patrão, que deverá pagar todas as parcelas resilitórias, como se fosse uma despedida imotivada – art. 51 da Lei nº 8.213/91. Há controvérsias apenas quanto ao aviso prévio, se é devido[49] ou não.[50] Estudaremos o assunto no Capítulo específico sobre o tema: "Aviso Prévio".

A **aposentadoria por invalidez** suspende o contrato – Súmula nº 160 do TST, não ensejando sua extinção.

Arnaldo Süssekind[51] posiciona-se no sentido de que, após cinco anos, a aposentadoria provisória se torna definitiva, quando, então, rompe o contrato por iniciativa do trabalhador. Nesse sentido a Súmula nº 217 do STF. Ressalta que a Súmula nº 160 do TST (antigo prejulgado 37) está revogada porque se referia a lei anterior, quando não era expressa a respeito do limite de cinco anos. Da mesma forma Magano.[52]

---

47 No mesmo sentido MARTINS, Sergio Pinto. *Direito do Trabalho*. 13. ed. São Paulo, 2001, p. 343.

48 BARROS, Alice Monteiro de. *Curso de Direito do Trabalho*. São Paulo: LTr, 2005, p. 910.

49 MARTINS, Sergio Pinto, *op. cit.*, p. 338.

50 CARRION, Valentin. *Comentários à Consolidação das Leis do Trabalho*. São Paulo: Saraiva. 28. ed. 2003, p. 289.

51 SÜSSEKIND, Arnaldo. *Curso de Direito do Trabalho*. Rio de Janeiro: Renovar, 2002, p. 286.

52 MAGANO, Otávio Bueno. *Manual de Direito do Trabalho*. Direito Individual do Trabalho. 3. ed. São Paulo: LTr, 1992, v. 2, p. 313.

Pensamos de forma diferente. A aposentadoria por invalidez por ser provisória só rompe o contrato quando a Previdência Social a tornar definitiva, podendo este fato ocorrer mesmo após cinco anos,[53] já que a lei não impõe qualquer limite. Nesse sentido a Súmula nº 160 do TST.

Defendemos que a **aposentadoria espontânea** não rompe o contrato quando o empregado continua trabalhando após a concessão do benefício, salvo para o empregado público que se aposentar depois da EC 103/19, visto que o artigo 37, § 14, da CF determina a extinção do contrato. A doutrina a respeito da matéria era unânime a respeito da extinção do contrato de trabalho pela concessão da aposentadoria requerida pelo empregado.

Parte da doutrina[54-55-56-57] defendia o rompimento automático do liame e empregatício para qualquer tipo de empregado, pois adotava o antigo o critério estabelecido pela lei da Previdência Social anterior, que exigia a baixa na CTPS para o empregado requerer sua aposentadoria espontânea. Argumentam os defensores desta tese que com esta exigência a lei impôs a extinção do contrato como requisito prévio para o empregado requerer a aposentadoria. Mesmo diante da nova lei (Lei nº 8.213/91), que não exigiu a "baixa na CTPS" para o segurado requerer sua aposentadoria, os defensores desta tese continuaram a advogar que, ao requerer a aposentadoria, o empregado estaria tomando a iniciativa do rompimento do pacto.

Em posição oposta, a corrente doutrinária[58-59] e jurisprudencial no sentido de que a Lei nº 8.213/91 não determinou a extinção do contrato e nem exigiu a baixa na CTPS para o requerimento e concessão do benefício. Logo, o requerimento de aposentadoria voluntária não mais rompe o contrato de trabalho quando o trabalhador permanece trabalhando, exceção feita ao empregado público após a EC 103/19.

Explica-se de forma detalhada:

Durante a vigência da Lei nº 6.204/75 pacificado estava o entendimento de que o requerimento de aposentadoria espontânea extinguia o pacto laboral por iniciativa do empregado. Com o advento da Lei nº 6.887/80, dúvida de relevo surgiu na doutrina trabalhista, porque permitiu que a aposentadoria fosse requerida pelo empregado independentemente de seu desligamento do emprego, dividindo opiniões dos estudiosos quanto à extinção automática ou não do pacto.

---

53 Da mesma forma CARRION, Valentin. *Comentários à Consolidação das Leis do Trabalho*. 28. ed. São Paulo: Saraiva, 2003, p. 336; CATHARINO, José Martins. *Compêndio Universitário de Direito do Trabalho*. São Paulo: Editora Jurídica e Universitária, 1972, p. 620.

54 MARTINS, Sergio Pinto. *Direito do Trabalho*. 13. ed. São Paulo, 2001, p. 337.

55 SÜSSEKIND, Arnaldo. *Curso de Direito do Trabalho*. Rio de Janeiro: Renovar, 2002, p. 341.

56 CARRION, Valentin. *Comentários à Consolidação das Leis do Trabalho*. 28. ed. São Paulo: Saraiva, 2003, p. 286.

57 MAGANO, Otávio Bueno. *Manual de Direito do Trabalho*. Direito Individual do Trabalho. 3. ed. São Paulo: LTr, 1992, v. 2, p. 327.

58 CATHARINO, José Martins. *Compêndio Universitário de Direito do Trabalho*. São Paulo: Editora Jurídica e Universitária, 1972, v. 2, p. 660.

59 ROMITA, Arion Sayão. São Paulo: *Revista LTr*, n. 60-08, p. 1.051.

Contudo, referida lei foi revogada pela Lei nº 6.950/81, que repetiu a dicção da Lei nº 6.204/75, retomando-se o entendimento de que o requerimento de aposentadoria espontânea pelo empregado automaticamente extinguia o pacto.

Após a publicação da Lei nº 8.213/91 a cizânia voltou à baila, dividindo os cultores da matéria, já que, repetindo o entendimento consagrado pela Lei nº 6.887/80, não exigiu a "baixa" na CTPS para o requerimento da aposentadoria espontânea.

Assim dispõe o art. 49, I, da Lei nº 8.213/91: "A aposentadoria por idade será devida: ao segurado empregado, inclusive o doméstico, a partir: a) da data do desligamento (...); b) da data do requerimento, QUANDO NÃO HOUVER DESLIGAMENTO DO EMPREGO, ou (...)".

Portanto, a lei em vigor não só não exigiu a baixa na CTPS como também previu expressamente a possibilidade de o empregado continuar no emprego após o requerimento.

Logo, após o advento da Lei nº 8.213/91 o requerimento e/ou deferimento da aposentadoria requerida pelo empregado, por si só, não rompe o contrato de trabalho, salvo se assim desejar o empregado, pedindo sua demissão expressamente ou se afastando de fato do emprego ou for empregado público e sua aposentadoria for após a EC 103/19.

Em regra, o pacto laboral, sem tempo certo e determinado, rompe-se por iniciativa de uma das partes e excepcionalmente por impossibilidade física de sua execução, tal como a morte ou a extinção da empresa. Outras formas de extinção constituem-se em exceções e, por isso, deverão, necessariamente, constar, de forma expressa, da lei, como ocorria no caso da aposentadoria voluntária prevista na Lei nº 6.950/81.

Ora, atualmente não há lei que determine a extinção do pacto laboral em virtude de aposentadoria voluntária, exceto para o empregado público (art. 37, § 14º, da CF). Ademais, se a própria Previdência Social concede a aposentadoria e paga os benefícios ao empregado aposentado que não se desligou da empresa, porque o julgador ou o empregador iriam pensar de outra forma?

É princípio comezinho de hermenêutica que, onde o legislador não discriminou, não cabe ao intérprete fazê-lo. Ademais, no curso de um longo contrato em que as partes ainda não manifestaram a vontade de resilir, o rompimento só poderia se dar por força de lei ou por impossibilidade de execução.

Vamos dizer que, hipoteticamente, um empregado se aposente voluntariamente e continue trabalhando sem solução de continuidade, sem qualquer interrupção na prestação de serviços. Pela regra anterior, dois contratos existiam: um anterior à jubilação e outro posterior, contrariando o princípio da unicidade contratual e da continuidade da relação de emprego. Ora, este entendimento, em que pese tenha sido repetido pela Lei nº 6.950/81, que ensejou a alteração do art. 453 da CLT, é extremamente prejudicial ao empregado por abrir as portas às fraudes, visto que novas cláusulas contratuais poderiam ser efetuadas, trazendo prejuízos ao empregado.

Se, *ad argumentandum,* entendermos que os contratos terminam com a aposentadoria voluntária estaremos permitindo alterações prejudiciais, pois se trata de outro contrato de trabalho. Pensando desta forma, poderíamos concluir, por exemplo, que empregado com 20 anos de casa, ganhando 50 salários mínimos, com jornada de seis horas, poderia, após a sua aposentadoria voluntária, permanecer no mesmo emprego/função e neste novo contrato ganhar um salário mínimo para laborar oito horas diárias, executando as mesmas tarefas de antes. Que aberração!!

Todas as normas maléficas aos empregados devem ser interpretadas restritivamente, diante de princípio da proteção ao trabalhador que norteia o Direito do Trabalho.

Antes, a lei, e só ela, determinava a terminação do pacto, mesmo que causasse prejuízos ao empregado. Hoje, a lei não proíbe a continuidade e nem é expressa na extinção, ao contrário, permite expressamente o requerimento do trabalhador que continua no emprego. Portanto, seja pela interpretação literal, seja por aplicação do princípio da proteção, o contrato não mais se extingue com a jubilação.

Ao contrário do alegado por alguns, os proventos da aposentadoria não são incompatíveis com o pagamento dos salários, pois a própria Previdência paga o benefício quando o empregado está trabalhando. O levantamento do FGTS também não enseja a extinção do contrato nem o faz presumi-lo, já que há diversas hipóteses legais em que o empregado pode movimentar a conta do FGTS trabalhando, como ocorre com a aposentadoria por invalidez, doenças especificadas na lei, estágio terminal de vida em caso de doença; necessidade pessoal decorrente de desastre natural, pagamento das prestações pela compra da casa própria pelo SFH, idade igual ou superior a 70 anos etc. (art. 20 da Lei nº 8.036/90).

Não foi por outro motivo que o Supremo Tribunal Federal concedeu duas liminares nas ADINs 1721-3 e 1770-4 para suspender a eficácia dos §§ 1º e 2º do art. 453 da CLT, por julgá-los inconstitucionais, decisão que foi mantida no mérito (e que forçou o TST a rever sua jurisprudência sobre o tema, com o cancelamento da OJ nº 177 da SDI-I, que dispunha que a aposentaria extinguia o contrato de trabalho).

Há mais:

Não há que se confundir proventos da aposentadoria com salários, isto é, aposentadoria com continuidade do pacto laboral, uma vez que tais institutos são afins, mas diversos, não sendo excludentes um do outro. Hoje, aposentadoria não significa inatividade do contribuinte, mas apenas o implemento das condições estabelecidas na Lei da Previdência, até porque continua a contribuir mesmo após sua aposentadoria.

Se, após o deferimento da aposentadoria voluntária de um empregado, o empregador não mais o quiser, que proceda à respectiva dispensa.

Ademais, o aposentado não pode sobreviver com os proventos da aposentadoria concedida pelo INSS, porque seus valores são ínfimos e irrisórios. Permanecer no emprego, não é só um direito do trabalhador como também uma necessidade de sobrevivência.

Cabe ressaltar que a Emenda Constitucional 103/19, acresceu o § 14 ao art. 37 da Constituição, e determinou que:

> **Art. 37.** ....
>
> ....
>
> § 14. A aposentadoria concedida com a utilização de tempo de contribuição decorrente de cargo, emprego ou função pública, inclusive do Regime Geral de Previdência Social, acarretará o rompimento do vínculo que gerou o referido tempo de contribuição.

Conclusão: o requerimento e/ou deferimento de pedido de aposentadoria não extingue, por si só, o contrato de trabalho por iniciativa do empregado, salvo para o empregado público que se aposentar após a EC 103/19. Se o empregador demitiu o empregado após tomar conhecimento de que este se aposentou, terá que pagar a indenização adicional de 40% sobre todos os depósitos do FGTS, inclusive sobre o período anterior à aposentadoria.

Em alguns casos o empregador sequer procede a baixa quando da aposentadoria e considera, na CTPS e no termo de rescisão, um só contrato, esquecendo de sua tese de rompimento do contrato por aposentadoria.

Neste caso, mesmo que se argumente que a lei determinou a extinção do contrato em face da aposentadoria espontânea, o empregador pode conceder situação mais favorável ao empregado. A condição mais benéfica prevalece sobre a lei. Logo, também por este motivo o contrato será único.

Esta também era a defendida pelo STF (conforme voto do Ministro Sepúlveda Pertence no Recurso Extraordinário nº 449.420/PR – decisão abaixo), antes da EC 103/19. Por esse motivo foi cancelada a OJ nº 177 da SDI-I do TST, em outubro de 2006.

> A tese central do acórdão recorrido é a de que a aposentadoria espontânea é causa extintiva do contrato de trabalho.
>
> Partindo desse raciocínio, que decorre da interpretação do caput, art. 453, da Consolidação das Leis do Trabalho, o Tribunal Superior do Trabalho editou a Orientação Jurisprudencial da SDI-1 nº 177, *verbis*:
>
> "A aposentadoria espontânea extingue o contrato de trabalho, mesmo quando o empregado continua a trabalhar na empresa após a concessão do benefício previdenciário. Assim sendo, indevida a multa de 40% do FGTS em relação ao período anterior à aposentadoria."
>
> Segundo informação extraída do sítio do TST na internet (www.tst.gov.br), a OJ/SDI-1 nº 177 foi, posteriormente, mantida pelo Plenário da Corte Trabalhista.
>
> No caso dos autos há ainda a peculiaridade de ser a recorrente empregada pública, o que levou o Tribunal *a quo* a fazer incidir a Súmula/TST 363, segundo a qual: "A contratação de servidor público, após a CF/1988, sem prévia aprovação em concurso público, encontra óbice no respectivo art. 37, II, e § 2º, somente lhe conferindo direito ao pagamento da contraprestação pactuada, em relação ao número de horas trabalhadas, respeitado o valor da hora do salário mínimo, e dos valores referentes aos depósitos do FGTS."

A conclusão é lógica, posto que, se se considerar que a aposentadoria espontânea extingue o contrato de trabalho e que a continuidade do trabalho na empresa implica nova relação de trabalho, em se tratando de empregado público, somente seria válida se decorrente de aprovação em concurso público.

O raciocínio, no entanto, não me parece o mais correto, à luz de manifestações anteriores do Supremo Tribunal.

No julgamento da ADIn 1.721-MC, RTJ 186/83, o relator, em. ministro Ilmar Galvão, após discorrer sobre a nova dimensão dada pela Constituição de 1988 à proteção contra a despedida arbitrária ou sem justa causa, assentou:

"... a relação mantida pelo empregado com a instituição previdenciária não se confunde com a que o vincula ao empregador, razão pela qual o benefício previdenciário da aposentadoria, em princípio, não deve produzir efeito sobre o contrato de trabalho."

Extrato ainda, do voto do ministro Ilmar Galvão, texto do Prof. Arion Sayão Romita na LTR 60-08/1051:

"Duas são, portanto, as possíveis consequências jurídicas da obtenção, pelo empregado, da aposentadoria previdenciária: 1º – o empregado se aposenta pelo INSS e se afasta da atividade; 2º – o empregado obtém o benefício previdenciário mas prefere continuar em atividade (aposentado ativo).

Na primeira hipótese, não há dúvida de que a aposentadoria extingue o contrato de trabalho, com todas as consequências jurídicas daí decorrentes. Na segunda hipótese, inocorre a extinção do contrato de trabalho, porque a lei previdenciária não exige mais o desligamento para a concessão do benefício.

(...)

O direito de trabalhar não se confunde com o direito aos benefícios previdenciários, podendo um mesmo sujeito exercê-los simultaneamente; ambos defluem de situações perfeitamente caracterizadas e não coincidentes. Subsiste o direito de laborar, manter o contrato individual de trabalho e auferir a vantagem, desde que não seja por invalidez. Assim, o pedido de benefício não promove a rescisão contratual; esta, sim, deriva da vontade do obreiro de deixar de prestar serviços. Não sendo condição legal – como era na CLPS – para o exercício do direito, se a empresa não deseja mais o aposentado prestando-lhe serviço deve rescindir-lhe o contrato, assumindo, consequentemente, as obrigações previstas na lei."

Adiante, concluiu o relator daquele precedente:

"Se assim é, é fora de dúvida haver a norma ora impugnada inovado no campo do trabalho, ao considerar, não aposentadoria ordinária — de que até aqui se tratou –, mas a proporcional como mais uma causa de despedida do empregado, sem justa causa e sem indenização.

(...)

O texto legal impugnado, portanto, ao atribuir à aposentadoria proporcional o efeito de extinguir a relação de trabalho, na verdade, outra coisa não fez senão transformá-la em esdrúxula 'justa causa' para a despedida do empregado, sem sequer a indenização que é devida aos que atingem o limite de idade.

Trata-se de dispositivo que por haver exonerado o empregador da obrigação de indenizar o empregado arbitrariamente despedido ofende o art. 7º, I, da Constituição, não tendo, por isso, condição de subsistir como norma jurídica."

O Tribunal reafirmou esse entendimento no julgamento cautelar da ADIn 1.770, RTJ 168/128, em que o em. relator, Ministro Moreira Alves, ressaltou no seu voto:

"Já para os que consideram que essa vedação de acumulação de remuneração de aposentadoria com remuneração da atividade só alcança os servidores públicos, não se aplicando aos empregados de empresas públicas e de sociedades de economia mista, sob o fundamento de que há diferença entre o benefício previdenciário em favor do servidor público e o devido, por força do art. 202 da Constituição, ao empregado do setor privado, como o é o empregado de empresa pública ou de sociedade de economia mista (art. 173, § 1º, da Carta Magna), a inconstitucionalidade do dispositivo legal em causa decorre de outro fundamento: o de que esse § 1º indiretamente pressupõe que a aposentadoria espontânea desses empregados extingue automaticamente o vínculo empregatício, o que violaria os preceitos constitucionais relativos à proteção do trabalho e à garantia à percepção dos benefícios previdenciários, alegação essa que deu margem ao deferimento de liminar na ADIN 1.721, circunstância que, por si só – fui um dos quatro votos vencidos, é suficiente para que seja ela tida como relevante."

Certo, nas citadas ações diretas de inconstitucionalidade foi suspensa a eficácia apenas dos §§ 1º e 2º do art. 453 da CLT; não se cuidou do *caput*, que não foi objeto das arguições, até porque anterior à Constituição.

Dispõe o *caput* do art. 453 da CLT (redação alterada pela Lei nº 6.204/75):

"Art. 453. No tempo de serviço do empregado, quando readmitido, serão computados os períodos, ainda que não contínuos, em que tiver trabalhado anteriormente na empresa, salvo se houver sido despedido por falta grave, recebido indenização legal ou se aposentado espontaneamente."

De fato, o termo "readmitido" pressupõe que o anterior contrato de trabalho do empregado fora extinto; no entanto, isso não implica dizer que a aposentadoria espontânea resulte, necessariamente, na extinção do contrato de trabalho, uma vez que, como observado no voto do em. ministro Ilmar Galvão na ADIn 1.721, a aposentadoria espontânea pode ou não ser acompanhada do afastamento do empregado de seu trabalho: só haveria readmissão quando o trabalhador aposentado tivesse encerrado a relação anterior de trabalho e posteriormente iniciado outra; caso haja continuidade do trabalho, mesmo após a aposentadoria espontânea, não se pode falar em extinção do contrato de trabalho e, portanto, em readmissão.

A interpretação conferida pelo TST ao art. 453 da CLT viola a garantia constitucional contra a despedida arbitrária, razão pela qual deve ser afastada.

Assim, dele conheço e dou provimento ao recurso extraordinário para afastar a premissa do acórdão recorrido, derivada da interpretação conferida ao art. 453 da CLT – e devolver o caso para que prossiga, no TST, o julgamento do agravo: é o meu voto.

Apesar de a jurisprudência trabalhista ter sido no sentido de que a aposentadoria espontânea rompia o contrato de trabalho, o TST cancelou a OJ nº 177 da SDI-I do TST, em outubro de 2006, após o julgamento do mérito da ação direta de inconstitucionalidade interposta contra os §§ 1º e 2º do art. 453 da CLT. Por fim, a OJ nº 361 da SDI-I foi editada para consagrar o entendimento de que:

A aposentadoria espontânea não é causa de extinção do contrato de trabalho se o empregado permanece prestando serviços ao empregador após a jubilação. Assim, por ocasião da sua dispensa imotivada, o empregado tem direito à multa de 40% do FGTS sobre a totalidade dos depósitos efetuados no curso do pacto laboral.

O **empregado público** que se aposentou antes da EC 103/19 tem seu direito adquirido ao não rompimento do pacto trabalhista. Todavia, se fez o requerimento

> após a EC 103, mesmo que tenha preenchido os requisitos antes da promulgação desta, o contrato de trabalho se romperá por determinação da Lei Maior, devendo ser afastado do cargo ou emprego, sob pena de nulidade do contrato posterior, pois exercido sem a devida aprovação prévia em concurso público.

Durante a aposentadoria por invalidez o empregador deve continuar a fornecer o plano de saúde ou assistência médica que vinha concedendo, já que é exatamente neste momento que mais precisa da benesse – Súmula nº 440 do TST.

2.2.9. Ope Judicis

A extinção *ope judicis* ocorre quando a terminação do contrato depende de autorização do Judiciário – art. 496 da CLT. É necessária para os empregados estáveis, pois a lei exige que o rompimento contratual se dê através do Judiciário, que se pronuncia na ação de inquérito judicial interposta pelo empregador para apurar e aplicar a justa causa no empregado estável.

Remetemos o leitor ao Capítulo "Estabilidade" quando o tema será novamente abordado.

2.2.10. Extinção de Pleno Direito

Pela primeira vez, a lei trabalhista tratou da extinção de um contrato por inexecução, e foi chamada de extinção de pleno direito por não convocação do trabalho do intermitente. Essa regra estava prevista no art. 452-D da CLT, novidade trazida pela MP nº 808/2017. Entretanto, a referida Medida Provisória perdeu a eficácia em 23.04.2018. O instituto da extinção de pleno direito não está mais previsto em lei.

Capítulo 31

RESILIÇÃO DO CONTRATO DE TRABALHO

1. DISTRATO

A resilição do contrato de trabalho pode se operar de dois modos: unilateral ou bilateral. Será **bilateral** quando as partes ajustarem o fim do contrato. Este ato de pôr fim ao contrato de comum acordo entre as partes contratantes chama-se distrato, cuja modalidade mais conhecida no Direito do trabalho era o PDV (plano de demissão voluntária), Pirc (programa de incentivo à rescisão contratual) ou PDI (plano de demissão incentivada). Essa modalidade, embora muito utilizada na prática, não era regulamentada pela CLT.

O Programa de Demissão Voluntária (PDV) ou Programa de Incentivo à Rescisão (PIR) ou Programa de Demissão Incentivada (PDI) pressupõe a criação de um programa ou plano, pelo patrão, com algum tipo de estímulo em dinheiro (prêmio), bens, serviços ou utilidades, para estimular e atrair empregados a pedir demissão ou aceitar o "desligamento". Pode ser criado em norma interna ou coletiva. Se previsto em norma coletiva gerará a plena, irrevogável e ampla quitação geral de todos os direitos decorrentes do contrato de trabalho.

A lei apenas incorporou ao novo texto legal contido no artigo 484-A da CLT o entendimento do STF a respeito da matéria (STF, RE 590.415/SC, Rel. Min. Luís Roberto Barroso, julgamento em 30.04.2015).

Como o PDV é espécie de distrato, as parcelas mínimas a serem pagas aos empregados que aderem o programa são as previstas no art. 484-A da CLT.

Em caso de extinção do ajuste por comum acordo, o empregado receberá metade da indenização adicional do FGTS e metade do aviso prévio, se indenizado. As demais parcelas naturalmente devidas em virtude de uma extinção sem justa causa (saldo de salário, férias + 1/3 e décimo terceiro salário) são devidas integralmente, e o levantamento do FGTS está limitado a 80% dos valores depositados pelo patrão; não foi autorizada a percepção do seguro desemprego.

O distrato é gênero do qual o PDV (art. 477-B da CLT) é mera espécie. Por isso, também o PDV deve pagar, ao menos, as parcelas da rescisão previstas no art. 484-A da CLT.

Convém ressaltar que antes da Lei 13.467/17 a doutrina era quase unânime em afirmar o cabimento do distrato no Direito do Trabalho (Délio Maranhão,[1] Rodrigues Pinto,[2] Russomano,[3] Evaristo Moraes,[4] Romita,[5] Gabriel Saad,[6] Sergio Pinto,[7] Orlando Gomes,[8] Otávio Bueno Magano,[9] Amauri Mascaro,[10] Süssekind[11] e Hugo Gueiros),[12] apesar de, à época, a lei não prever expressamente este modo de extinção do contrato, nem apontar os efeitos pecuniários devidos pelo empregador ao empregado em caso de distrato.

Enquanto no Direito Civil o distrato é a forma mais comum de dissolução dos contratos e a resilição unilateral é escassa e rara, no Direito do Trabalho o distrato era , mas ocorria. Assim também se posicionava Mauricio Godinho.[13] Nossa tese, na época, se baseava na dificuldade em apontar quais as parcelas devidas ao empregado nesses casos. Ademais, estando o empregado sempre em situação de hipossuficiência em relação ao empregador e permanecendo subordinado até a quitação de todos os haveres trabalhistas, facilmente se prestaria e se prestará às exigências do empregador em forçá-lo a aceitar o distrato para transacionar ou renunciar a direitos que receberia em caso de dispensa imotivada.

Em um verdadeiro distrato, uma das partes toma a iniciativa de propor o rompimento em conjunto.

Antes do art. 484-A da CLT, o distrato não beneficiava o empregado. Se o empregado não mais quisesse trabalhar, deveria pedir sua demissão. Ajustar um distrato nesse caso não lhe beneficiaria em nada, pois a lei do FGTS não autorizava o levantamento do FGTS para a hipótese de distrato. Se o empregador quisesse, poderia abrir mão do pré-aviso mesmo nos casos de pedido de demissão. Esse ato não importava em transação ou distrato. Nessa mesma linha de raciocínio, se o empregador tomasse a iniciativa do distrato, qual a vantagem para o empregado, já que teria direito a mais parcelas que as supostamente oferecidas em caso de distrato? Nessa hipótese, provavelmente a proposta do patrão seria de renúncia ou transação de direitos que deveria pagar ao trabalhador.

---

1 MARANHÃO, Délio; CARVALHO, Luiz Inácio Barbosa. *Direito do Trabalho*. 17. ed. Rio de Janeiro: Editora da FGV, 1993, p. 236.

2 PINTO, José Augusto Rodrigues. *Curso de Direito Individual do Trabalho*. 5. ed. São Paulo: LTr, 2003, p. 540.

3 RUSSOMANO, Mozart Victor. *Curso de Direito do Trabalho*. 9. ed. 4. tir. Curitiba: Juruá, 2005, p. 171.

4 MORAES FILHO, Evaristo; MORAES, Antonio Carlos Flores de. *Introdução ao Direito do Trabalho*. 9. ed. São Paulo: LTr, 2003, p. 375-376.

5 ROMITA, Arion Sayão. *Direito do Trabalho – Temas em aberto*. São Paulo: LTr, 1998.

6 SAAD, Eduardo Gabriel; SAAD, José Eduardo Duarte; BRANCO, Ana Maria Saad Castello. *CLT comentada*. 39. ed. São Paulo: LTr, 2006, p. 459.

7 MARTINS, Sergio Pinto. *Direito do Trabalho*. 14. ed. São Paulo: Atlas, 2001, p. 343.

8 GOMES, Orlando; GOTTSCHALK, Élson. *Curso de Direito do Trabalho*. 16. ed. Rio de Janeiro: Forense, 2003, p. 349.

9 MAGANO, Octávio Bueno. *Primeiras Lições de Direito do Trabalho*. 3. ed. São Paulo: RT, 2003, p. 78.

10 NASCIMENTO, Amauri Mascaro. *Curso de Direito do Trabalho*. 20. ed. São Paulo: Saraiva, 2005, p. 723.

11 SÜSSEKIND, Arnaldo. *Curso de Direito do Trabalho*. Rio de Janeiro: Renovar, 2002, p. 325.

12 BERNARDES, Hugo Gueiros. *Direito do Trabalho*. São Paulo: LTr. 1989, p. 392.

13 DELGADO, Mauricio Godinho. *Curso de Direito do Trabalho*. São Paulo: LTr, 2002, p. 1.108.

Apesar dos argumentos acima, alguns autores como Orlando Gomes,[14] Gabriel Saad,[15] Süssekind[16] e Russomano[17] autorizavam, mesmo antes da reforma trabalhista, o distrato com transação de direitos trabalhistas. Sergio Pinto[18] estranhamente só não admitia a transação dos salários e férias, desautorizando o levantamento do FGTS, mas autorizava a transação para os demais direitos. Ora, o décimo terceiro salário também é direito irrenunciável. Saad[19] explicava que no caso de distrato o empregado poderia transacionar sem renunciar seus direitos, apontando como exemplo a situação em que o empregador parcela o pagamento das parcelas da resilição. Ora, no exemplo indicado não houve distrato, mas dispensa sem justa causa com posterior "renúncia" pelo empregado da penalidade prevista no art. 477, § 6º, da CLT, quando "aceitou" o pagamento parcelado das parcelas da rescisão. Hugo Gueiros[20] defendia que a "rescisão bilateral se distingue das demais por ser a única na qual os efeitos são estabelecidos pelas partes, vedada a transação diminutiva ou renunciatória."

A OJ nº 270 da SDI-I do TST acolhia, mesmo antes da lei, a tese da "transação" efetuada por meio do distrato:

> Programa de Incentivo à Demissão Voluntária. Transação extrajudicial. Parcelas oriundas do extinto contrato de trabalho. Efeitos. A transação extrajudicial que importa rescisão do contrato de trabalho ante a adesão do empregado a plano de demissão voluntária implica quitação exclusivamente das parcelas e valores constantes do recibo.

Hoje toda essa discussão caiu por terra, pois expressamente autorizado o distrato.

O art. 484-A da CLT autoriza que a extinção do contrato de trabalho se realize por distrato, isto é, de comum acordo. Havendo o distrato, o empregado terá direito a receber **50%** do aviso prévio, se indenizado, e **50%** da indenização adicional do FGTS, e levantará apenas **80%** do FGTS.

O art. 477-B da CLT, também acrescido pela Lei 13.467/17, ressalta que o PDV ou PDI pode ser **individual**, **plúrimo** ou **coletivo** e, se previsto em **norma coletiva**, enseja a **quitação plena** e irrevogável dos direitos decorrentes da relação de emprego, salvo estipulação contrária das partes.

Poderá a norma coletiva estabelecer prêmio em bens ou serviços, sem natureza salarial, para incentivo à adesão ao PDV – art. 611-A da CLT.

---

14 GOMES, Orlando; GOTTSCHALK, Élson. *Curso de Direito do Trabalho*. 16. ed. Rio de Janeiro: Forense, 2003, p. 349.

15 SAAD, Eduardo Gabriel; SAAD, José Eduardo Duarte; BRANCO, Ana Maria Saad Castello. *CLT comentada*. 39. ed. São Paulo: LTr, 2006, p. 459.

16 SÜSSEKIND, Arnaldo. *Curso de Direito do Trabalho*. Rio de Janeiro: Renovar, 2002, p. 325.

17 RUSSOMANO, Mozart Victor. *Curso de Direito do Trabalho*. 9. ed. Curitiba: Juruá, 4º tiragem, 2005, p. 171-175.

18 MARTINS, Sergio Pinto. *Direito do Trabalho*. 14. ed. São Paulo: Atlas, 2001, p. 343.

19 SAAD, Eduardo Gabriel; SAAD, José Eduardo Duarte; BRANCO, Ana Maria Saad Castello. *CLT comentada*. 39. ed. São Paulo: LTr, 2006, p. 459.

20 BERNARDES, Hugo Gueiros. *Direito do Trabalho*. São Paulo: LTr, 1989, p. 392.

O Programa de Demissão Voluntária (PDV) ou Programa de Incentivo à Rescisão (PIR) ou Programa de Demissão Incentivada (PDI) nada mais é que o distrato. Pode ser criado com ou sem estímulo em dinheiro, bens, serviços ou utilidades, oferecido pelo patrão aos empregados que desejarem aderir ao programa ou plano.

O PDV coletivo ou plúrimo vem sendo adotado pelas empresas que pretendem reduzir seus quadros funcionais, minimizando os custos financeiros com a folha de pagamento e, para tanto, oferecem atrativas indenizações em troca do "pedido de demissão" do empregado, isto é, de sua adesão. Percebe-se que quem toma a iniciativa de oferecer vantagens para atrair os empregados com interesse de afastamento é o empregador, mas quem de fato aceita a "troca" do emprego pelo "prêmio" (dinheiro ou utilidade) é o empregado. Assim, o empregado acaba requerendo sua demissão ou aposentadoria em troca das indenizações incentivadoras (verdadeiros prêmios, sem natureza salarial).

O PDV **individual** era incomum na prática, mas com a nova lei autorizando a medida, será mais corriqueiro. Caso o empregado comprove que foi coagido a aderir ao PDV, o ato será nulo, e ele terá direito às diferenças das verbas decorrentes da despedida imotivada.

2. DISPENSA OU DESPEDIDA

A palavra despedida ou dispensa é utilizada por praticamente todos os doutrinadores para designar o tipo de terminação unilateral do contrato de trabalho indeterminado, de iniciativa de rompimento pelo empregador, sem justa causa praticada pelo empregado.

Délio Maranhão e Luiz Inácio Barbosa de Carvalho[21] advertem:

> É costume usar-se a palavra dispensa (ou despedida) para todos os casos de dissolução do contrato, que não sejam por ato voluntário do empregado (...) Deve-se reservar a expressão – dispensa do empregado – para a hipótese do exercício do direito de resilição unilateral do contrato pelo empregador. Nos demais casos de dissolução, a saída do empregado é uma consequência da extinção do contrato, quanto na resiliação unilateral a causa da dissolução e a dispensa, identificam-se no mesmo ato.

2.1. Conceito

É a declaração unilateral constitutiva (negativa) e receptícia de vontade, feita pelo empregador ao empregado, no sentido de romper o contrato sem justa causa.

Receptícia, porque tem destinatário certo: o empregado que se pretende demitir. **Constitutiva**, porque tem finalidade de desconstituir o contrato. **Declaração unilateral** de vontade, porque o empregador expressa sua vontade através deste ato.

21 MARANHÃO; Délio; CARVALHO, Luiz Inácio Barbosa. *Direito do Trabalho*. 17. ed. Rio de Janeiro: FGV, 1998, p. 237-238.

2.2. Natureza Jurídica

A despedida é um direito potestativo, isto é, uma faculdade jurídica que depende unicamente da vontade do denunciante. Emitida a declaração de vontade ela se aperfeiçoa quando chegar ao destinatário, independentemente da aceitação ou não do trabalhador notificado.

Há posição tímida que defende que a despedida se constitui em direito relativo do empregador ou que a despedida tem natureza de punição, sanção disciplinar, hipóteses rechaçadas por praticamente toda a doutrina e jurisprudência, como menciona Amauri Mascaro Nascimento[22] que ressalta que a despedida é apenas um modo de extinção do contrato.

A dispensa **coletiva** ou **plúrima** se equipara à dispensa **individual**, logo, se opera sem a assistência sindical e sem a necessidade de prévia autorização em norma coletiva para sua efetivação.

Dispensa coletiva, em **massa** ou *lay-off* é a praticada pelo patrão, mesmo que em momentos distintos, para afastamento de uma gama de empregados pelo mesmo motivo: redução do quadro de empregados. Normalmente é praticada por dificuldades financeiras ou econômicas pelas quais atravessa a empresa ou para seu enxugamento (reestruturação). Visa a manutenção da saúde econômica da empresa, sua sobrevivência e, por isso, seu quadro funcional será definitivamente ou provisoriamente reduzido, podendo (ou não) ser restabelecido aos poucos, à medida em que a empresa se recupere.

Já a **dispensa plúrima** ocorre numa época, envolvendo grande número de empregados, por diversos motivos peculiares a cada caso. A motivação é diversa de cada despedida e não visa a redução do quadro de empregados. As extinções podem ocorrer num único ato, momento ou período. Se o número de demitidos está dentro do fluxo normal de entradas e saídas, caracteriza mera rotatividade de mão de obra. Diferentemente da primeira hipótese, a dispensa plúrima está dentro do padrão de normalidade da empresa e, por isso, não se considera dispensa coletiva.

As modalidades de despedida recém-estudadas se distinguem da dispensa individual, uma vez que esta envolve apenas um ou poucos empregados e é praticada por motivações diversas.

O art. 477-A da CLT afirmou que as despedidas **coletivas** e **plúrimas** se equiparam à dispensa **individual**; logo, se operam sem a assistência sindical e sem a necessidade de prévia autorização em norma coletiva para sua efetivação. A novidade soterra a discussão[23] a respeito da validade ou não da renúncia à Convenção 158 da OIT. Portanto, agora também as dispensas coletivas ou plúrimas também fazem parte do poder potestativo do empregador.

22 NASCIMENTO, Amauri Mascaro. *Curso de Direito do Trabalho*. 20. ed. São Paulo: Saraiva, 2005, p. 723.

23 A Ação Direita de Inconstitucionalidade (ADI) 1.625, interposta pela Confederação Nacional dos Trabalhadores da Agricultura, questiona, no STF, o Decreto 2.100/96, que renunciou à Convenção 158 da OIT, que impedia as dispensas coletivas.

2.3. Modo, Efeito e Tipos

A declaração unilateral é receptícia, isto é, tem destinatário certo (o empregado), e só se aperfeiçoa quando o notificado toma ciência da denúncia do contrato, independentemente de sua concordância ou de pronunciamento jurisdicional.

Segundo a corrente majoritária não existe forma especial para fazê-lo, devendo apenas ser expressa, isto é, oral ou escrita. Assim também Délio Maranhão,[24] Rodrigues Pinto[25] e Orlando Gomes.[26] Evaristo Moraes[27] e Catharino[28] aceitam também a extinção tácita. Catharino[29] acrescenta que "assim como a relação de emprego, sua resilição pode ser expressa ou tácita (...)". Concordamos com a opinião, mas só em situações especiais e anômalas, como no exemplo mais abaixo exemplificado.

A declaração unilateral produz seus efeitos independentemente da vontade do notificado, desde que tenha sido cientificado. Quando o notificado (empregado) estiver em local incerto e não sabido, a tentativa inequívoca de notificar o trabalhador produz os mesmos efeitos do recebimento. Isto pode acontecer quando o empregado desaparece, muda seu endereço e o empregador, preferindo a despedida sem justa causa, envia carta registrada ao conhecido endereço, constante da ficha de registro de empregados, e a carta é devolvida, com a notícia "mudou-se". Esta tentativa de notificar o empregado da denúncia do contrato, excepcionalmente, supre a necessária comunicação da despedida, produzindo os mesmos efeitos. A se pensar de outra forma, o empregador jamais conseguiria extinguir este contrato. Ademais, a resolução tácita do contrato também ocorre nos casos de abandono de emprego, quando o contrato rompe, algumas vezes, sem que o empregador consiga notificar o empregado, pois desaparecido.

Tipos

Alguns autores distinguem quatro tipos de dispensa: a **dispensa arbitrária**, prevista no art. 165 da CLT, a **dispensa sem justa causa**, aquela em que o empregador demite seu funcionário sem nenhuma justificativa, por mera liberalidade, exercendo seu poder potestativo; **dispensa obstativa**, utilizada para burlar os direitos trabalhistas do empregado; e por fim, a **dispensa retaliativa**, efetuada em represália a alguma atitude do trabalhador, *v.g.*, greve, piquete etc.

2.4. Requisitos

Para a validade da dispensa é necessário o preenchimento de alguns requisitos: declaração de vontade receptícia; capacidade do empregador e do empregado;

---

[24] MARANHÃO, Délio; CARVALHO, Luiz Inácio Barbosa. *op. cit.*, p. 237-238.

[25] PINTO, José Augusto Rodrigues. *Curso de Direito Individual do Trabalho*. 5. ed. São Paulo: LTr, 2003, p. 519-520.

[26] GOMES, Orlando; GOTTSCHALK, Élson. *Curso de Direito do Trabalho*. 16. ed. Rio de Janeiro: Forense, 2003, p. 347-349.

[27] MORAES FILHO, Evaristo. *A justa causa na rescisão do contrato de trabalho*. 2. ed. Rio de Janeiro: Forense, 1968, p. 44.

[28] CATHARINO, José Martins. *Compêndio Universitário de Direito do Trabalho*. São Paulo: Editora Jurídica e Universitária, 1972, v. 2, p. 748.

[29] *Idem*.

legitimidade de quem emite a declaração; e, antes da Lei 13.467/17, a homologação do recibo de quitação ou do pedido de demissão, no órgão competente, para os contratos com mais de um ano de vigência – esta era a antiga exigência contida no § 1º do art. 477 da CLT.

O simples fato de ser empregador acarreta a presunção de capacidade do comunicante da despedida. Da mesma forma, o vínculo de emprego emancipa o menor entre 16 e 18 anos, dispensando a assistência exigida pelo art. 439 da CLT.

Apenas o empregador ou seus prepostos têm legitimidade para demitir um empregado. Um terceiro estranho à relação ou um colega de mesma hierarquia não tem legitimidade para praticar a despedida. Da mesma forma, a despedida só produz efeito se comunicada à pessoa do empregado. Se for comunicada a um estranho ou a outro empregado, não produz os efeitos desejados.

Defendíamos que a homologação do recibo de quitação ou do pedido de demissão constituía requisito da prova do ato e não de sua substância ou essência. Isto é, servia, antes de sua revogação, apenas para comprovar que de fato o empregador pagou o empregado na data consignada no recibo, pois a tradição do dinheiro ou cheque era feita na frente do fiscal da DRT[30] ou do representante do sindicato. A ausência da homologação pelo sindicato ou DRT, não tornava nula a dispensa, nem a quitação desta desde que houvesse prova de pagamento das parcelas devidas.

Antes da reforma trabalhista defendíamos que a homologação exigida pelo revogado § 1º do art. 477 da CLT referia-se à validade do recibo de quitação, isto é, dos valores pagos e não da dispensa em si. Isto queria dizer que, se por outro meio de prova o ex-empregador comprovasse o pagamento das parcelas devidas em face da ruptura contratual, válido seria o pagamento e a extinção do contrato, pois o direito não admite o enriquecimento sem causa. A homologação feita por sindicato errado, ou fora do prazo não invalidava a dispensa ou o pagamento efetuado. Se tempestivo o pagamento das parcelas da rescisão, a homologação tardia nenhum efeito produzia, salvo de cunho administrativo.

O assunto, entrementes, não era pacífico, e os autores se dividiam entre as correntes. Como nós, considerando a homologação, antes da Lei 13.467/17, requisito da prova do ato e não de sua substância, estão: Délio Maranhão,[31] Carrion,[32] Martins Catharino[33] e Sergio Pinto Martins.[34] Catharino acrescentava que "a regra é a de que a resilição é informal e não solene, servindo sua forma tão somente como meio de prova, *ad probationem tantum...*".

---

30 A homologação poderia ser efetuada pela Delegacia Regional do Trabalho, pelo Sindicato, e, se não houvesse, pelo Ministério Público e, onde houvesse, pelo defensor público, e na falta ou impedimento destes, pelo juiz de paz – antiga redação dos revogados §§ 1º e 3º do artigo 477 da CLT.

31 MARANHÃO, Délio; CARVALHO, Luiz Inácio Barbosa. *Direito do Trabalho*. 17. ed. Rio de Janeiro: Editora da FGV, 1993, p. 261-265.

32 Carrion se posicionava que o vício era meramente formal neste caso, admitido outras provas desde que irrefutáveis. CARRION, Valentin. *Comentários à Consolidação das Leis do Trabalho*. 29. ed. São Paulo: Saraiva, 2004, p. 355-357.

33 CATHARINO, José Martins. *Compêndio Universitário de Direito do Trabalho*. São Paulo: Editora Jurídica e Universitária, 1972, v. 2, p. 748.

34 MARTINS, Sergio Pinto. *Comentários às Súmulas do TST*. São Paulo: Atlas, 2005, p. 184-188.

Por outro lado, Süssekind,[35] Romita,[36] Amauri Mascaro,[37] Russomano[38] e Wagner Giglio[39] advogavam que a homologação era requisito da substância do ato.

A jurisprudência majoritária adotava o entendimento intermediário de que se houver prova do pagamento tempestivo das parcelas resilitórias ou confissão do empregado neste sentido, a penalidade prevista no art. 477, § 8º, da CLT não se aplicava.

Cumpre ressaltar que as entidades pertencentes à **administração pública** direta, autárquica e fundacional estavam dispensadas da homologação exigida pelo revogado § 1º do art. 477 da CLT (conforme o art. 1º, I, do Decreto-Lei nº 779/69), em face da presunção de validade dos atos que pratica.

Se o empregado for analfabeto deverá dar quitação mediante sua impressão digital ou a seu rogo – art. 464 da CLT.

O **recibo** é o meio ideal para comprovar o pagamento das parcelas da rescisão. Todavia, o empregador pode comprovar por outros meios, desde que seja através de prova indiscutível como depósito na conta-corrente do empregado, confissão etc.

As parcelas pagas devem ser discriminadas uma a uma, para que o empregado possa conferir a retidão do pagamento – art. 477, § 2º, da CLT. Se a determinação não for cumprida o empregador correrá todos os riscos de ter que pagar diferenças de parcelas da rescisão, pois não terá prova de que quitou este ou aquele direito.

A homologação não tem eficácia liberatória das parcelas não pagas, sob pena de se premiar o enriquecimento sem causa. A respeito da Súmula nº 330 do TST, remetemos o leitor para o Capítulo "Princípios – Renúncia e Transação".

O sindicato não podia cobrar pela assistência sindical no ato da homologação, nem recusar dar assistência aos não associados, ou aos inadimplentes – esta era a redação do revogado § 7º do art. 477 da CLT, c/c OJ nº 16 da SDC do TST.

3. "PEDIDO DE" DEMISSÃO

A palavra demissão é utilizada pela maioria dos estudiosos na área para designar o tipo de terminação unilateral do contrato de trabalho indeterminado, cuja iniciativa é do empregado, sem justa causa praticada pelo empregador.

Não existe de fato um **pedido** de demissão, mas sim uma comunicação de extinção do contrato, de afastamento de iniciativa do empregado. O empregado não pede nada, pois após a comunicação, a extinção independe da concordância do empregador.

---

35 SÜSSEKIND, Arnaldo. *Curso de Direito do Trabalho*. Rio de Janeiro: Renovar, 2002, p. 270-273.

36 ROMITA, Arion Sayão. *Direito do Trabalho* – Temas em aberto. São Paulo: LTr, 1998.

37 NASCIMENTO, Amauri Mascaro. *Curso de Direito do Trabalho*. 20. ed. São Paulo: Saraiva, 2005, p. 767-769.

38 RUSSOMANO, Mozart Victor. *Curso de Direito do Trabalho*. 9. ed. Curitiba: Juruá, 4º tiragem, 2005, p. 197-202.

39 GIGLIO, Wagner D. *Direito Processual do Trabalho*. 14. ed. São Paulo: Saraiva, 2005, p. 217-218.

3.1. Conceito

É a declaração unilateral constitutiva e receptícia de vontade feita pelo empregado ao empregador, com a finalidade de romper o contrato sem justa causa.

Apesar da nomenclatura utilizada por todos ser **pedido de demissão**, não se trata, na verdade, de um pedido e sim de uma comunicação, um aviso, uma notícia, pois o pedido independe da concordância da outra parte para ser aceito ou não.

3.2. Natureza Jurídica

Constitui-se em um direito potestativo, isto é, numa faculdade jurídica que depende unicamente da vontade do denunciante.

3.3. Modo e Efeito

A declaração unilateral é **receptícia**, isto é, tem destinatário certo (o empregador), e só se aperfeiçoa quando o notificado toma ciência da denúncia do contrato, independentemente de sua concordância ou de pronunciamento jurisdicional.

Segundo a corrente majoritária não existe forma especial para fazê-lo, devendo apenas ser expressa, isto é, oral ou escrita. O ideal é que seja feito de forma escrita para que haja prova da intenção de não abandonar e sim de se desligar da empresa. A falta de comunicação do empregado no desfazimento do vínculo pode importar em presunção de abandono de emprego.

Por isto, é importante que o trabalhador que não deseja mais trabalhar para aquele empregador comunique-o de sua intenção de rompimento do contrato.

3.4. Requisitos

Para a validade do pedido de demissão necessário o preenchimento de alguns requisitos: declaração de vontade receptícia; capacidade do empregado e, antes da Lei 13.467/17, a homologação do pedido de demissão ou do recibo de quitação no órgão competente para os contratos com mais de um ano de vigência – como exigia o revogado § 1º do art. 477 da CLT.

Os empregados entre 16 e 18 anos com vínculo de emprego são considerados capacitados para todos os atos da vida civil, logo, não será exigida a assistência mencionada no art. 439 do CC.

A homologação do pedido de demissão ou do recibo de quitação de empregado capaz, antes da Lei 13.467/17, se constituía em requisito da prova do ato e não de sua substância ou essência. Isto é, a ausência da homologação pelo sindicato ou DRT não tornava nulo o pedido de demissão, desde que houvesse provas de que o ato de fato foi praticado sem vício de consentimento. Isto é, se por qualquer meio de prova o empregador comprovasse a incolumidade da vontade do empregado quando pediu demissão, o ato seria considerado válido para todos os fins, assim como o pagamento das parcelas devidas em face da ruptura contratual quando houvesse prova do respectivo pagamento, pois o direito não admite o enriquecimento sem causa.

Entrementes, o assunto não era pacífico e os autores se dividiam entre as correntes. Como nós, considerando, na época da vigência da lei, a homologação requisito da prova do ato, Délio Maranhão[40] e Martins Catharino.[41] Mauricio Godinho[42] defendia que a falta da homologação acarretava a presunção favorável ao obreiro de que a extinção se deu por despedida sem justa causa. Ressaltava, todavia, que esta presunção não era absoluta e admitia prova em sentido contrário.

Havia julgados neste sentido, mas minoritários:

> PEDIDO DE DEMISSÃO, HOMOLOGAÇÃO. Para se invalidar o pedido de demissão, é necessário vício de consentimento, dentre eles a coação, o que não foi comprovado pelo autor. Ademais, a falta de homologação da rescisão contratual pelo órgão competente, por si só, não torna inválido o pedido de demissão, nos termos da Súmula 30, editada por este Regional. TRT-2 10018959720165020046 SP, Relator: Wilma Gomes da Silva Hernandes, 11ª Turma – Cadeira 1, Data de Publicação: 17/09/2019.

> PEDIDO DE DEMISSÃO. FALTA DE HOMOLOGAÇÃO. A homologação do pedido de demissão ou do recibo de quitação de empregado capaz se constitui em requisito da prova do ato e não de sua substância ou essência. Isto é, a ausência da homologação pelo sindicato ou DRT não torna nulo o pedido de demissão, desde que haja provas de que o ato de fato foi praticado sem vício de consentimento. Isto é, se por qualquer meio de prova o empregador comprovar a incolumidade da vontade do empregado quando pediu demissão, esta será válida para todos os fins, assim como o pagamento das parcelas devidas em face da ruptura contratual quando houver prova do respectivo pagamento, pois o direito não admite o enriquecimento sem causa. TRT 1ª Reg., 9ª T, RO-0010011-21.2015.5.01.0225, Relatora Vólia Bomfim Cassar, *DJ* 06/06/18.

Contrariamente, posicionavam-se Valentim Carrion[43] Süssekind,[44] Romita,[45] Amauri Mascaro,[46] Russomano[47] e Wagner Giglio,[48] aparentemente Sergio Pinto Martins,[49] pois defendiam que tal requisito era da substância do ato, isto é, de sua essência.

---

40 MARANHÃO, Délio; CARVALHO, Luiz Inácio Barbosa. *Direito do Trabalho*. 17. ed. Rio de Janeiro: Editora da FGV. 1993, p. 261-265.

41 CATHARINO, José Martins. *Compêndio Universitário de Direito do Trabalho*. São Paulo: Editora Jurídica e Universitária, 1972, v. 2, p. 740-749.

42 DELGADO, Mauricio Godinho. *Curso de Direito do Trabalho*. São Paulo: LTr, 2002, p. 1.121.

43 CARRION, Valentin. *Comentários à Consolidação das Leis do Trabalho*. 29. ed. São Paulo: Saraiva, 2004, p. 355-357.

44 SÜSSEKIND, Arnaldo. *Curso de Direito do Trabalho*. Rio de Janeiro: Renovar, 2002, p. 270-273.

45 ROMITA, Arion Sayão. *Direito do Trabalho* – Temas em aberto. São Paulo: LTr, 1998, p. 484.

46 NASCIMENTO, Amauri Mascaro. *Curso de Direito do Trabalho*. 20. ed. São Paulo: Saraiva, 2005, p. 767-769.

47 RUSSOMANO, Mozart Victor. *Curso de Direito do Trabalho*. 9. ed. 4. tir. Curitiba: Juruá, 2005, p. 197-202.

48 GIGLIO. Wagner D. *Direito Processual do Trabalho*. 14. ed. São Paulo: Saraiva, 2005, p. 217-218.

49 MARTINS, Sergio Pinto. *Direito do Trabalho*. 13. ed. São Paulo, 2001, p. 334.

A jurisprudência não vinha aceitando o pedido de demissão sem a devida homologação para o empregado com mais de um ano de serviço, ou o pedido de demissão em si, ou o recibo de quitação, salvo se houvesse confissão expressa neste sentido.

> AGRAVO. RECURSO DE REVISTA. ACÓRDÃO PUBLICADO NA VIGÊNCIA DA LEI Nº 13.467/2017. PEDIDO DE DEMISSÃO. HOMOLOGAÇÃO SINDICAL. AUSÊNCIA. NULIDADE. TRANSCENDÊNCIA POLÍTICA. APLICAÇÃO DE MULTA. Conforme mencionado na decisão agravada, esta Corte, ressalvado o entendimento deste relator, tem firme jurisprudência no sentido de que a formalidade prevista no artigo 477, § 1º, da CLT encerra norma cogente, sendo imprescindível à validade do pedido de demissão firmado por empregado com mais de um ano de serviço a assistência do respectivo sindicato, mesmo que o empregado tenha admitido em juízo a iniciativa de ruptura do contrato. Precedentes. O e. TRT decidiu em desconformidade com a jurisprudência desta Corte, autorizando o exame da revista, ante a existência de transcendência política. Nesse contexto, não tendo sido apresentados argumentos suficientes à reforma da r. decisão impugnada, deve ser desprovido o agravo. Considerando a improcedência do recurso, aplica-se à parte agravante a multa prevista no art. 1.021, § 4º, do CPC . Agravo não provido, com aplicação de multa. TST – Ag-RR: 1004715020175010042, Relator: Breno Medeiros, Data de Julgamento: 27/11/2019, 5ª Turma, Data de Publicação: *DEJT* 06/12/2019.

> RECIBO DE QUITAÇÃO DE RESCISÃO DO CONTRATO DE TRABALHO. VALIDADE. O recibo de quitação de rescisão do contrato de trabalho, firmado por empregado com mais de um ano de serviço, só é válido com a assistência do sindicato profissional ou perante o Ministério Público, de acordo com os termos do § 1º do art. 477 da CLT. TRT/SC – Processo: 01045.2003.004.12.00.2 – Rel. Designado: Juíza Lília Leonor Abreu. *DJ*/SC 22/07/2004.

> RESCISÃO CONTRATUAL. PEDIDO DE DEMISSÃO. VALIDADE. Nos termos do art. 477, § 1º da CLT, o pedido de demissão ou recibo de quitação de rescisão do contrato de trabalho, firmado por empregado com mais de 1 (um) ano de serviço, só será válido quando feito com a assistência do respectivo Sindicato ou perante a autoridade do Ministério do Trabalho. TRT/SC – Processo: 01212.2000.040.12.00.6 – Rel. Designado: juiz Marco Vinício Zanchetta. *DJ*/SC 20/02/2003.

> PEDIDO DE DEMISSÃO Não se declara nulo, por vício de vontade, pedido de demissão, quando, em depoimento pessoal, confessa a reclamante que não se sentia mais em condições de trabalhar. Decisão mantida. TRT, 9ª Reg. 3ª T. RO 05247.94, Rel. Wanda Santi Cardoso da Silva, *DJ*/PR 29/07/95.

> AÇÃO RESCISÓRIA. PEDIDO DE DEMISSÃO. FALTA DE ASSISTÊNCIA SINDICAL. VIOLAÇÃO DE PRECEITO DE LEI. OCORRÊNCIA. A procedência de pedido de corte rescisório com fundamento em violação de dispositivo de lei, nos termos do art. 485, inciso V, do Código de Processo Civil, importa no reconhecimento de agressão direta e literal à norma apontada. Na hipótese dos autos, a decisão rescindenda validou o pedido de dispensa do empregado, mesmo sem a assistência do sindicato da categoria, por considerar não ter existido nenhuma coação da Reclamada para o ato de resilição contratual. Assim, no entender daquele julgador, não haveria qualquer desrespeito ao art. 477, § 1º, da Consolidação das Leis do Trabalho. Entretanto, da exegese literal do referido dispositivo de lei, têm-se a exigência da assistência sindical para a homologação de pedido de

demissão ou a quitação de rescisão contratual de empregado com mais de um ano no serviço, como pressuposto objetivo de validade do ato. TST, SDI-2, ROAR – 703/2003-000-08-00, Rel. Min. Emmanoel Pereira, *DJU* 26/05/2006.

Cumpre ressaltar que as entidades pertencentes à administração pública direta, autárquica e fundacional estavam dispensadas da homologação exigida pelo art. 477, § 1º, da CLT (conforme o Decreto-Lei nº 779/69), em face da presunção de validade dos atos que pratica.

A lei exigia que o pedido de demissão ou o recibo de quitação, um ou outro, fossem homologados. Para se evitar que o empregado comparecesse duas vezes no sindicato para homologar o pedido e depois o recibo de quitação, a lei facultou a prática de um só ato – conforme o revogado § 1º do art. 477 da CLT.

Na verdade, o empregador não tinha como obrigar o empregado a emitir sua declaração de vontade por escrito ou a comparecer no sindicato para homologar a quitação ou pedido de demissão. Portanto, algumas vezes o empregador transformava o pedido de demissão não formalizado em abandono de emprego.

A finalidade do revogado § 1º do artigo em comento era de verificar a incolumidade da vontade do empregado e presenciar o pagamento das parcelas decorrentes da rescisão, pois na época que a CLT foi redigida os pagamentos eram efetuados por meio de dinheiro e os empregados, em sua maioria, eram estáveis ou poderiam adquiri-la.

Hoje toda essa discussão caiu por terra, pois foi revogado o § 1º do art. 477 da CLT que exigia a homologação. Assim, mesmo que empregado conte com mais de um ano de casa, não será necessária a homologação do pedido de demissão ou da rescisão, bastando sua declaração de vontade.

Para os estáveis permanece a exigência de homologação do pedido de demissão, pois a Lei 13.467/17 não revogou ou alterou o art. 500 da CLT e, por isso, seu "pedido" de demissão será nulo se não homologado, devendo ser reintegrado. A regra foi criada apenas para os empregados portadores da estabilidade decenal, mas nada obsta o intérprete de estender a benesse aos demais estáveis, apesar do contido no artigo 8º, § 2º, da CLT.

A nova redação do art. 477 da CLT assim estabelece:

> 477. Na extinção do contrato de trabalho, o empregador deverá proceder à anotação na Carteira de Trabalho e Previdência Social, comunicar a dispensa aos órgãos competentes e realizar o pagamento das verbas rescisórias no prazo e na forma estabelecidos neste artigo.
>
> § 1º (Revogado).

3.5. Penalidade Prevista no Art. 477, § 8º, da CLT

As parcelas devidas em decorrência da extinção do contrato devem ser pagas em até dez dias contados da data do término do contrato, conforme a atual redação do § 6º do art. 477 da CLT, independentemente do tipo de extinção do contrato Da mesma forma, BARROS, Alice Monteiro de. *Curso de Direito do Trabalho.*

São Paulo: LTr, 2005, p. 908. ou do vínculo estar ou não formalizado. Após a Lei 13.467/17 não só a falta de pagamento no prazo legal enseja a penalidade, mas também o não cumprimento das demais obrigações decorrentes da extinção do contrato, tais como: comunicação aos órgãos competentes, baixa na CTPS e entrega dos documentos que comprovem a extinção do contrato, como o recibo de quitação e a chave de conectividade ao trabalhador.

De acordo a atual redação do art. 477 da CLT:

> Art. 477 (...)
>
> (...)
>
> § 4º O pagamento a que fizer jus o empregado será efetuado:
>
> I – em dinheiro, depósito bancário ou **cheque visado**, conforme **acordem as partes**; ou
>
> II – em dinheiro ou depósito bancário quando o empregado for analfabeto.
>
> (...)
>
> § 6º A entrega ao empregado de documentos que comprovem a comunicação da extinção contratual aos órgãos competentes bem como o pagamento dos valores constantes do instrumento de rescisão ou recibo de quitação deverão ser efetuados até **dez dias** contados a partir do término do contrato.
>
> a) (revogada);
>
> b) (revogada).
>
> § 7º (Revogado).
>
> (...)
>
> § 10. A anotação da extinção do contrato na Carteira de Trabalho e Previdência Social é documento hábil para requerer o benefício do seguro-desemprego e a movimentação da conta vinculada no Fundo de Garantia do Tempo de Serviço, nas hipóteses legais, desde que a comunicação prevista no *caput* deste artigo tenha sido realizada (grifos nossos).

A exigência de pagamento em **cheque visado** objetivou garantir a suficiência de fundos do valor pago na rescisão. Mas se o cheque não foi visado e tinha fundos, nenhuma penalidade deverá ser aplicada ao empregador, pois sua obrigação foi cumprida. A dificuldade estará na exigência de **comum acordo** quando à forma de pagamento (dinheiro, depósito ou cheque visado). Isto porque o empregado pode optar por receber em espécie e obrigará o empregado a sacar o valor correspondente. Rescisões com valores altos podem gerar insegurança em transitar nas ruas com o montante. Deveria o legislador ter deixado a escolha com o devedor.

Foram desburocratizados a rescisão, o levantamento do FGTS e do seguro-desemprego, medida que merece elogios. Para os empregados domésticos, essa facilidade já vinha ocorrendo com sucesso. Se, porventura, algum direito não for pago, caberá ao trabalhador buscar seus direitos no Judiciário. Com isso, acaba também toda discussão em torno da Súmula 330 do TST.

Se o empregado der causa ao atraso, a multa será indevida, mesmo que o empregador não tenha feito a consignação em pagamento.

Sujeitam-se ao prazo para pagamento das verbas resilitórias os empregadores públicos, mesmo quando pertencentes à administração pública direta, autárquica ou fundacional, pois quando contratam se nivelam aos empregadores privados – OJ nº 238 da SDI-I do TST.

O início da contagem do prazo contido no § 6º do art. 477 da CLT se faz do primeiro dia, útil ou não imediato à extinção do contrato e, a partir daí a contagem é contínua, sem interrupções – OJ nº 162 da SDI-I do TST c/c IN SRT nº 15/10 do antigo Ministério do Trabalho.

Há posições divergentes a respeito do início da contagem para o pagamento das verbas da rescisão. Alguns defendendo que o prazo tem início no dia seguinte à comunicação, mesmo que seja dia não útil. E outros em sentido oposto, como se verifica abaixo:

> MULTA DO ARTIGO 477, § 8º, DA CLT. CONTAGEM DO PRAZO PARA PAGAMENTO DAS VERBAS RESCISÓRIAS. TERMO INICIAL. I. Nos termos do entendimento contido na Orientação Jurisprudencial nº 162 da SDI-1 do TST o prazo para quitação das verbas rescisórias, previsto no art. 477 da CLT, é contado com a exclusão do dia da notificação da demissão e inclusão do dia do vencimento. II. De acordo com o registrado pela Corte de origem, a notificação da rescisão contratual ocorreu em uma sexta-feira (19/04/2013). Conforme a jurisprudência deste Tribunal Superior, o sábado não é considerado dia útil para efeito de contagem do prazo para pagamento das verbas rescisórias. Portanto, com a exclusão do dia do início, a contagem do prazo se iniciou no dia 22/04/2013 (segunda-feira) e terminou no dia 02/05/2013. Logo, a Reclamada observou o prazo para pagamento das verbas rescisórias, uma vez que o Tribunal Regional registrou que o referido pagamento ocorreu em 30/04/2013. III. Recurso de revista de que se conhece, por contrariedade à Orientação Jurisprudencial nº 162 da SDI-1 do TST, e a que se dá provimento. TST – RR: 9584220135090652, Data de Julgamento: 11/04/2018, Data de Publicação: DEJT 20/04/2018.

> MULTA DO ARTIGO 477 DA CLT. TERMO INICIAL DO PRAZO. O Regional a dotou entendimento no sentido de que o prazo previsto na alínea 'b' do § 6º do art. 477 da CLT não é interrompido ou suspenso em dias não úteis, de forma que sua contagem **se dá a partir do primeiro dia seguinte à data da notificação da dispensa, independentemente de ser dia útil ou não**. Todavia, prevalece nesta Corte ser indevido o início da contagem do prazo para pagamento das verbas rescisórias no sábado ou no domingo, porquanto não há expediente bancário ou nos sindicatos. Logo, se a dispensa se deu na sexta-feira, o prazo previsto no § 6º do artigo 477 da CLT inicia-se na segunda-feira. Tendo o reclamante sido dispensado em 16/1/2015, sexta-feira, o termo inicial da contagem do prazo para pagamento das verbas rescisórias se deu na segunda-feira 19/1/2015, encerrando-se no dia 28/1/2015. Uma vez que as verbas rescisórias foram pagas no dia 28/1/2015, indevida a aplicação da multa prevista no artigo 477, § 8º, da CLT. Recurso de revista conhecido e provido. 2. HONORÁRIOS ADVOCATÍCIOS. REQUISITOS. O deferimento dos honorários advocatícios quando a parte não está assistida pelo sindicato da categoria profissional, como na hipótese, não se coaduna com a jurisprudência desta Corte, consubstanciada nas Súmulas n os 219 e 329. Recurso de revista

> conhecido e provido. TST – RR: 202017520155040252, Relator: Dora Maria da Costa, Data de Julgamento: 13/03/2019, 8ª Turma, Data de Publicação: DEJT 15/03/2019. (Grifos nossos)

Há, também, controvérsias quanto ao último dia do prazo. Defendemos que se recair em dia feriado ou domingo será protraído para o primeiro dia útil posterior, como expresso no artigo 20, p. único da IN SRT 15/10.

Nesse sentido a posição majoritária espelhada pela jurisprudência:

> RECURSO DE REVISTA. MULTA DO ART. 477 DA CLT. CONTAGEM DO PRAZO PARA PAGAMENTO DAS VERBAS RESCISÓRIAS. TERMO FINAL QUE RECAI NO DOMINGO (DIA NÃO ÚTIL). PRORROGAÇÃO. Esta Corte pacificou o entendimento de que, na contagem do prazo para a aplicação da multa do art. 477 da CLT, é aplicável a sistemática prevista no art. 132, § 1º, do Código Civil, excluindo-se o dia do início e incluindo-se o dia do vencimento. Nesse sentido, a OJ 162 da SBDI-1 do TST. É consequência desse entendimento que, caindo o dia do vencimento em dia não útil, ele será postergado para o primeiro dia útil subsequente. Há precedentes. Recurso de revista conhecido e provido. TST – RR: 9006220125040733, Relator: Augusto César Leite de Carvalho, Data de Julgamento: 08/02/2017, 6ª Turma, Data de Publicação: DEJT 10/02/2017.

Antes da unificação dos prazos para pagamento, a redação anterior do § 6º do art. 477 da CLT fixava para os que cumprissem o aviso o prazo máximo era até o primeiro dia útil após a extinção do contrato. Nesse caso, a determinação pelo empregador de que o aviso prévio fosse "cumprido em casa" equivalia ao aviso prévio indenizado e dava ao empregado o direito de receber as parcelas da rescisão até o décimo dia da notificação, sob pena de o empregador incorrer na penalidade estudada neste capítulo – OJ nº 14 da SDI-I do TST

Se o empregador pagou tempestivamente as parcelas que entendia devidas, o fato do Judiciário reconhecer o direito do empregado às diferenças de parcelas resilitórias, seja qual for o motivo, não enseja o pagamento da penalidade prevista no art. 477, § 8º, da CLT. Da mesma forma, se a discussão travada na Justiça é a respeito da existência do vínculo de emprego[50], o não pagamento das parcelas

[50] VÍNCULO DE EMPREGO RECONHECIDO EM JUÍZO. MULTA DO ART. 477, § 8º, DA CLT. A multa de que trata o art. 477, § 8º, da CLT é cabível quando o empregador, ao rescindir o contrato de trabalho, deixa de quitar as parcelas rescisórias nos prazos expressamente estipulados no § 6º do referido preceito de lei. O seu fato gerador é a inadimplência na quitação das verbas rescisórias e as sanções previstas relacionam-se à pontualidade no pagamento, e não ao fato de a controvérsia acerca da relação de emprego ter sido dirimida em juízo. Precedentes. Recurso de revista conhecido e provido. 2. PERÍODO DO VÍNCULO DE EMPREGO E REMUNERAÇÃO. Como o Regional não dirimiu a controvérsia com base no ônus da prova, mas sim na análise do contexto fático dos autos, afasta-se a existência de violação dos artigos 818 da CLT e 333 do CPC. Recurso de revista não conhecido.
(TST – RR: 27976120105020019 2797-61.2010.5.02.0019, Relator: Dora Maria da Costa, Data de Julgamento: 30/10/2013, 8ª Turma, Data de Publicação: DEJT 05/11/2013).

da rescisão ou pagamento intempestivo enseja a penalidade prevista no referido dispositivo legal. Da mesma forma Alice Monteiro de Barros.[51]

Todavia, a matéria não é pacífica. Há decisão no sentido de que a controvérsia processual estabelecida no tocante à causa de extinção do contrato ou da relação de existência ou não da relação de emprego são motivos suficientes para excluir a penalidade.

> MULTA DO ARTIGO 477 DA CLT. RECONHECIMENTO DO VÍNCULO EMPREGATÍCIO EM JUÍZO. Quando as parcelas devidas pela dissolução contratual decorrem de provimento judicial, havendo, antes, controvérsia quanto à existência ou não do pacto laboral, incabível a condenação ao pagamento da multa rescisória. TRT-2 – RO: 2265020125020 SP 00002265020125020051 A28, Relator: REGINA VASCONCELOS, Data de Julgamento: 06/11/2013, 18ª TURMA, Data de Publicação: 08/11/2013.

Assim também se posiciona a jurisprudência majoritária:

> MULTA DO ART. 477 DA CLT PAGAMENTO DE VERBAS RESCISÓRIAS NO PRAZO LEGAL – HOMOLOGAÇÃO POSTERIOR. O que a lei exige é que o pagamento das parcelas objeto do termo de rescisão ou recibo de quitação se dê no prazo (art. 477, § 6º, da CLT), de forma que a homologação posterior não pode ser considerada como fato gerador de aplicação de multa. Inteligência que se extrai do § 8º do mesmo dispositivo de lei. Recurso de revista conhecido e provido. TST, 4ª T, RR – 814202/2001, Rel. Milton de Moura França, *DJ* 26/05/2006.

> MULTA DO ART. 477, § 8º, DA CLT. PAGAMENTO TEMPESTIVO DAS VERBAS RESCISÓRIAS POR DEPÓSITO BANCÁRIO. HOMOLOGAÇÃO POSTERIOR AO PRAZO. I – A interpretação gramatical da norma prevista no art. 477 da CLT prioriza, para a aplicação da multa, o fato material de as verbas rescisórias serem pagas no prazo legal, circunstância que se encontra subentendida no acórdão Regional, e não o aspecto formal do ato homologatório da entidade sindical o ter sido tardiamente. II – A homologação sindical, por sua vez, por constituir pressuposto de validade do ato de quitação, não rende ensejo ao pagamento da multa se a parte não invoca a sua nulidade, quer por vício na prestação da assistência sindical, quer por sua ausência. III – Em razão de o pedido de pagamento da multa prevista no art. 477, § 8º, da CLT não estar vinculado à invalidade do ato de quitação de rescisão contratual, mas ao fato de ter sido efetuada a sua homologação fora do prazo legal, descabe o pedido da multa, valendo acrescentar que a entrega tardia das guias do seguro-desemprego dá origem ao direito à indenização substitutiva. TST, 4ª T., RR – 1609/2004-009-01-00, Rel. Barros Levenhagen, *DJ* 22/09/2006.

O aumento coletivo posterior à quitação da rescisão autoriza o empregado a pleitear as diferenças, sem que isto importe em pagamento da penalidade prevista no art. 477, § 8º, da CLT.

---

51 BARROS, Alice Monteiro de, *op. cit.*, p. 907.

Sergio Pinto[52] defende que o pagamento a menor das verbas resilitórias enseja o pagamento da multa prevista no art. 477, § 8º, da CLT.

3.6. Quitação Parcial

A Lei 13.467/17 criou dois tipos diferentes de quitação parcial: a) quitação por períodos de trabalho do empregado intermitente; b) quitação anual com a chancela sindical.

Para os **empregados intermitentes**, o art. 452-A, § 6º, da CLT determinou a quitação parcial de alguns direitos trabalhistas após o término de cada período de trabalho. Nos períodos de inatividade o contrato não estará extinto, mas assim mesmo o obreiro, logo após o fim do serviço para o qual foi convocado, terá direito a receber antecipadamente e de imediato as férias proporcionais + 1/3 e 13º proporcional (além de outros direitos do período trabalhado).

Assim dispõe o § 6º do art. 452-A da CLT:

> § 6º Ao final de cada período de prestação de serviço, o empregado receberá o pagamento imediato das seguintes parcelas:
>
> I – remuneração;
>
> II – férias proporcionais com acréscimo de um terço;
>
> III – décimo terceiro salário proporcional;
>
> IV – repouso semanal remunerado; e
>
> V – adicionais legais.
>
> § 7º O recibo de pagamento deverá conter a discriminação dos valores pagos relativos a cada uma das parcelas referidas no § 6º deste artigo.

A quitação anual sindical efetuada de comum acordo pelas partes durante a vigência do contrato também foi criada pela Lei 13.467/17 e visa desobrigar o patrão das verbas quitadas expressamente discriminadas no termo de quitação. Provavelmente gerará as mesmas discussões que motivaram a Súmula 330 do TST a respeito da eficácia liberatória da chancela sindical.

De acordo com o art. 507-B da CLT:

> Art. 507-B. É facultado a empregados e empregadores, na vigência ou não do contrato de emprego, firmar o termo de quitação anual de obrigações trabalhistas, perante o sindicato dos empregados da categoria.
>
> Parágrafo único. O termo discriminará as obrigações de dar e fazer cumpridas mensalmente e dele constará a quitação anual dada pelo empregado, com eficácia liberatória das parcelas nele especificadas.

Ora, a quitação do que foi pago já está prevista no art. 477, § 2º, da CLT e nos recibos salariais assinados pelo empregado ou nos comprovantes de depósito dos salários e haveres trabalhistas pagos mensalmente. Criar a possibilidade de

---

52 MARTINS, Sergio Pinto. *Direito do Trabalho*. 13. ed. São Paulo, 2001, p. 462.

quitação anual geral em relação a cada parcela mencionada no termo, na vigência do contrato, quando o empregado está presumidamente submetido às ordens do patrão, é de duvidosa liberdade de vontade. Ora, se os recibos bastam para a comprovação das obrigações trabalhistas, qual o motivo para a quitação em sindicado? Claro que a intenção foi a de obter a eficácia liberatória geral do que não foi pago, gerando o enriquecimento sem causa. Por isso, deve ser ressuscitada a discussão em torno da eficácia liberatória da chancela sindical da quitação anual. Maiores discussões a respeito da Súmula 330 do TST no Capítulo 7, item 2.9.3.

Capítulo 32

AVISO PRÉVIO

1. HISTÓRICO

O aviso prévio teve sua origem no direito civil e comercial aplicado quando da extinção unilateral do contrato.

Nas Corporações de Ofício, o companheiro não poderia se desligar do trabalho sem antes conceder aviso prévio ao mestre. Entretanto, o direito não era recíproco, pois o mestre poderia afastar o companheiro, sem respeitar qualquer prazo.

Mais tarde, o Código Comercial (art. 81) previu o aviso prévio de um mês, salvo ajuste em contrário, nos contratos entre preponente e um de seus prepostos.

O Código Civil de 1916, referindo-se à locação de serviço, também tratou do aviso prévio no art. 1.221, acrescentando que seu cabimento ocorria apenas nos contratos por prazo indeterminado.

O primeiro ordenamento jurídico trabalhista a conceder aviso prévio foi o Decreto nº 16.107/23, que regulava a locação de serviços domésticos. A grande novidade do decreto era o cabimento do aviso nos contratos por prazo determinado.

O art. 6º da Lei nº 62/35 exigia que o empregado comunicasse o empregador, com antecedência mínima de oito ou 30 dias, da extinção unilateral do contrato. Todavia, a recíproca não era verdadeira, já que o empregador não estava obrigado a tanto.

A CLT incorporou o texto contido da Lei nº 62/35 ampliando o direito também ao empregado, tornando-o recíproco – arts. 487 até 491 da CLT.

Pela primeira vez, o aviso prévio foi arrolado constitucionalmente como um dos direitos dos trabalhadores, com prazo mínimo de 30 dias – art. 7º, XXI, da Carta de 1988.

2. CONCEITO E REGRAS GERAIS

O instituto do aviso prévio é motivo de farta doutrina que discute não só seu conceito e contornos, como também sua natureza jurídica.

Há três correntes para conceituar o aviso prévio:

1ª – Declaração de vontade unilateral receptícia desconstitutiva do contrato. Entre esta comunicação e a terminação efetiva do contrato há um lapso temporal mínimo de 30 dias. Se o notificado for o empregado, fica-lhe assegurado, ainda, o salário do período e o cômputo deste no tempo de serviço. Resumindo, aviso prévio é uma notificação, uma comunicação ou uma declaração de vontade seguida de um prazo mínimo legal preestabelecido. Adotam este conceito Orlando Gomes,[1] Süssekind,[2] Evaristo de Moraes Filho,[3] Gabriel Saad,[4] Sergio Pinto,[5] Délio Maranhão,[6] Russomano,[7] Rodrigues Pinto,[8] Mauricio Godinho[9] e Alice Monteiro de Barros.[10] Arnaldo Süssekind[11] acrescenta que o aviso prévio é a comunicação que um contratante faz ao outro de que resolveu denunciar o contrato que os vincula.

2ª – Outra vertente advoga que o aviso prévio transforma o contrato por prazo indeterminado em determinado, isto é, seria um contrato a termo – Desta forma, Russomano.[12]

3ª – A última corrente defende que o aviso prévio é um lapso de tempo imposto por lei entre a denúncia do contrato e sua efetiva terminação. Neste sentido Martins Catharino[13] e Octávio Bueno Magano.[14] Concordamos com esta tese, pois o conceito de aviso prévio não pode ser o mesmo da despedida. Despedida é a declaração unilateral receptícia desconstitutiva de vontade, e o aviso é prazo obrigatório entre a declaração e a efetiva extinção. A prova que os institutos

1 GOMES, Orlando; GOTTSCHALK, Élson. *Curso de Direito do Trabalho*. 16. ed. Rio de Janeiro: Forense, 2003, p. 356.

2 SÜSSEKIND, Arnaldo. *Curso de Direito do Trabalho*. Rio de Janeiro: Renovar, 2002, p. 345.

3 MORAES FILHO, Evaristo; MORAES, Antonio Carlos Flores de. 9. ed. *Introdução ao Direito do Trabalho*. 9. ed. São Paulo: LTr, 2003, p. 390.

4 SAAD, Eduardo Gabriel; SAAD, José Eduardo Duarte; BRANCO, Ana Maria Saad Castello. *CLT comentada*. 39. ed. São Paulo: LTr, 2006, p. 490.

5 MARTINS, Sergio Pinto. *Direito do Trabalho*. 14. ed. São Paulo: Atlas, 2001, p. 347.

6 MARANHÃO, Délio; CARVALHO, Luiz Inácio Barbosa. *Direito do Trabalho*. 17. ed. Rio de Janeiro: Editora da FGV, 1993, p. 261.

7 Cf. NASCIMENTO, Amauri Mascaro. *Curso de Direito do Trabalho*. 20. ed. São Paulo: Saraiva, 2005, p. 756.

8 PINTO, José Augusto Rodrigues. *Curso de Direito Individual do Trabalho*. 5. ed. São Paulo: LTr, 2003, p. 545.

9 DELGADO, Mauricio Godinho. *Curso de Direito do Trabalho*. 3. ed. São Paulo: LTr, 2004, p. 1.171.

10 BARROS, Alice Monteiro de. *Curso de Direito do Trabalho*. São Paulo: LTr, 2005, p. 899.

11 SÜSSEKIND, Arnaldo. *Curso de Direito do Trabalho*. Rio de Janeiro: Renovar, 2002, p. 346.

12 Cf. PINTO, José Augusto Rodrigues. *Curso de Direito Individual do Trabalho*. 5. ed. São Paulo: LTr, 2003, p. 548.

13 CATHARINO, José Martins. *Compêndio Universitário de Direito do Trabalho*. São Paulo: Editora Jurídica e Universitária, 1972, v. 2, p. 808-809.

14 MAGANO, Octávio Bueno. *Primeiras Lições de Direito do Trabalho*. 3. ed. São Paulo: RT, 2003, p. 80.

são diferentes é que a contagem do prazo do aviso inicia-se após a declaração de extinção, na forma da Súmula nº 380 do TST.

Segundo Octávio Bueno Magano,[15] "é o prazo que deve preceder a rescisão unilateral do contrato de trabalho de prazo final indeterminado e cuja não concessão gera a obrigação de indenizar".

De acordo com o art. 131 do CC: "O termo inicial suspende o exercício, mas não a aquisição do direito."

Entendemos que o aviso prévio é o **termo** que suspende o exercício do direito à extinção imediata do contrato. Isto é, ao denunciar o contrato, o notificante o extingue. Todavia, os efeitos desta extinção dependem do implemento do termo (prazo de 30 dias).

O contrato é extinto com a declaração de vontade de rompimento do pacto laboral, mas os efeitos só se tornam efetivos após o decurso do prazo, pois o aviso prévio é prazo legal imposto por lei para preparar as partes para o término do contrato.

Por isso, o trabalhador não adquire estabilidade no curso do aviso prévio, porque no momento da despedida (declaração de extinção) não havia obstáculo para a despedida. Nesse sentido a Súmula nº 371 e o inciso V da Súmula nº 369, ambas do TST.

Aliás, a CLT é clara neste sentido:

> **Art. 489.** Dado o aviso prévio, a rescisão torna-se efetiva depois de expirado o respectivo prazo, mas, se a parte notificante reconsiderar o ato, antes de seu termo, à outra parte é facultado aceitar ou não a reconsideração.
>
> **Parágrafo único.** Caso seja aceita a reconsideração ou continuando a prestação depois de expirado o prazo, o contrato continuará a vigorar, como se o aviso prévio não tivesse sido dado.

Este prazo é igual tanto para o empregado quanto para o empregador. Aquele, para que possa ter tempo para procurar nova colocação no mercado, novo emprego e, este, para que possa procurar um substituto para a vaga. Por se tratar de direito previsto em lei, o aviso prévio é irrenunciável pelo empregado, salvo quando este comprovadamente conseguiu novo emprego (Súmula nº 276 do TST).

A simples concessão do aviso prévio à outra parte faz presumir que a dispensa se deu sem justa causa, pois este é um instituto devido apenas nas terminações sem justa causa dos contratos indeterminados.

O aviso prévio é devido à parte inocente, tanto pelo empregador quando despedir o empregado, quanto pelo empregado quando pedir demissão. Pode ser trabalhado pelo empregado ou indenizado, quando será pago em pecúnia no termo de rescisão, como já estudamos acima. Não existe aviso prévio "cumprido em casa", devendo ser considerado este fato como aviso indenizado, conforme a Orientação Jurisprudencial nº 14 da SDI-I do TST.

---

15 *Idem.*

3. FORMA

O aviso prévio prescinde de forma especial, isto é, não precisa de formalidade, bastando o decurso do prazo mínimo previsto em lei que começa a fluir no primeiro dia útil imediatamente após o recebimento, pelo notificado, da comunicação de extinção.

Rodrigues Pinto[16] assevera que o pré-avisante deve exigir o ciente expresso do pré-avisado e, no caso de recusa deste, deve testemunhá-la em instrumento específico. O autor, na verdade, confunde a despedida com o prazo do aviso.

A jurisprudência também comete a mesma confusão, isto é, não distingue a extinção do contrato com o necessário prazo (aviso prévio) entre a denúncia e a efetiva terminação.

> AVISO PRÉVIO. FORMA. A lei não prescreve forma para o aviso prévio. Embora a vantagem da forma escrita seja indiscutível, nada impede que o pré-aviso seja dado tácita ou verbalmente. E não se pode discutir a validade do aviso prévio, quando se verifica que o seu objetivo foi alcançado, ou seja, a notificação de uma parte da ruptura do pacto por iniciativa da outra. TRT/MG – RO: 6.740/96 – Rel. Designado: Juiz Carlos Eduardo Ferreira. *DJ*/MG 17/01/1997.

4. EXTINÇÃO DO CONTRATO

A extinção ocorre com a recepção, pelo notificado, da notificação de dispensa, sendo que a resolução de fato só se efetiva após o término do aviso prévio. No mesmo sentido Martins Catharino.[17] Apesar de usar argumentos distintos, Arnaldo Süssekind[18] concorda com a tese.

Em consonância com esta tese as Súmulas n°s 369, V, e 371 do TST, já que não admitem a estabilidade no curso do aviso prévio.

Entretanto, a posição majoritária é no sentido de que o aviso prévio é apenas uma comunicação de que o notificante pretende romper o contrato ao final do pré-aviso, e não de que já está rompendo. Por esta vertente, o aviso é mera comunicação da intenção de romper. Nesse sentido Octávio Magano,[19] Sergio Pinto Martins,[20] Orlando Gomes,[21] Délio Maranhão,[22] Alice Monteiro de Barros[23] e, aparentemente, Rodrigues Pinto.[24]

---

16 PINTO, José Augusto Rodrigues. *Curso de Direito Individual do Trabalho*. 5. ed. São Paulo: LTr, 2003, p. 551-552.

17 Cf. *ibidem*, p. 549.

18 SÜSSEKIND, Arnaldo. *Curso de Direito do Trabalho*. Rio de Janeiro: Renovar. 2002, p. 346.

19 MAGANO, Octávio Bueno. *Primeiras lições de Direito do Trabalho*. 3. ed. São Paulo: RT, 2003, p. 81.

20 MARTINS, Sergio Pinto. *Direito do Trabalho*. 14. ed. São Paulo: Atlas, 2001, p. 351.

21 GOMES, Orlando; GOTTSCHALK, Élson. *Curso de Direito do Trabalho*. 16. ed. Rio de Janeiro: Forense, 2003, p. 356.

22 MARANHÃO, Délio; CARVALHO, Luiz Inácio Barbosa. *Direito do Trabalho*. 17. ed. Rio de Janeiro: Editora da FGV, 1993, p. 261.

23 BARROS, Alice Monteiro de. *Curso de Direito do Trabalho*. São Paulo: LTr, 2005, p. 900-901.

24 PINTO, José Augusto Rodrigues. *Curso de Direito Individual do Trabalho*. 5. ed. São Paulo: LTr, 2003, p. 549.

Alguns raros estudiosos[25] advogam que com a dação do aviso prévio o contrato indeterminado se transforma em determinado, isto é, rompe aquele e cria-se este.

Também não podemos concordar com a tese acima, uma vez que um contrato indeterminado jamais pode se transformar em outro determinado, pois tal ato seria contrário a todos os princípios de Direito do Trabalho. Assim também Martins Catharino,[26] Délio Maranhão,[27] Süssekind[28] e Rodrigues Pinto.[29]

5. NATUREZA JURÍDICA

A natureza jurídica do aviso prévio trabalhado ou indenizado é de direito para o notificado e de obrigação legal para o notificante da extinção unilateral sem justa causa.

Todavia, é possível apontar outras naturezas.

5.1. Trabalhado

Além de ser um direito, outras naturezas jurídicas podem ser apontadas:

a) é salário, porque o empregado recebe o pagamento pelos serviços prestados no período;

b) é prazo, pois corresponde ao lapso temporal legal que flui entre a denúncia do contrato e sua efetiva terminação. Esse prazo suspende a declaração de vontade da extinção contratual manifestada pelo denunciante, fazendo com que a extinção se opere com o implemento do prazo (lapso temporal mínimo de 30 dias).

Há outra vertente[30-31-32] que afirma que o aviso prévio trabalhado tem tríplice natureza: pagamento, prazo (tempo) e declaração de vontade (comunicação).

5.2. Indenizado pelo Empregador

O aviso prévio pode ser trabalhado ou não.

O patrão estará obrigado ao pagamento dos salários do período do aviso prévio quando impedir o trabalhador notificado da despedida imotivada de trabalhar

---

25 Cf. *ibidem*, p. 548.

26 Cf. *ibidem*, p. 547-548.

27 SÜSSEKIND, Arnaldo; MARANHÃO, Délio; VIANNA, Segadas; TEIXEIRA, Lima. *Instituições de Direito do Trabalho*. 22. ed. São Paulo: LTr, 2005, v. 1, p. 616.

28 SÜSSEKIND, Arnaldo. *Curso de Direito do Trabalho*. Rio de Janeiro: Renovar, 2002, p. 345-347.

29 Cf. PINTO, José Augusto Rodrigues. *Curso de Direito Individual do Trabalho*. 5. ed. São Paulo: LTr, 2003, p. 547-548.

30 MARTINS, Sergio Pinto. *Direito do Trabalho*. 13. ed. São Paulo: Atlas, 2001, p. 347.

31 NASCIMENTO, Amauri Mascaro. *Curso de Direito do Trabalho*. 16. ed. São Paulo: Saraiva, 1999, p. 467.

32 DELGADO, Mauricio Godinho. *Curso de Direito do Trabalho*. São Paulo: LTr, 2002, p. 1.149.

durante o aviso prévio (art. 487, § 1º, da CLT). A lei denomina este fenômeno de aviso prévio indenizado.

A natureza jurídica do aviso prévio "indenizado" deveria ser "indenizatória" por questões óbvias. Todavia, a lei entendeu de forma diversa, pois determinou o pagamento do "salário" durante o período e a integração deste no cômputo do tempo de serviço. Portanto, quando não for trabalhado, considera-se interrompido o contrato até o termo final do aviso prévio.

Não foi por outro motivo que o legislador expressamente mencionou a palavra "salário" no referido dispositivo legal e incluiu, recentemente, neste mesmo artigo os §§ 5º e 6º, acrescentando o legislador a expressão "mesmo que tenha sido recebido antecipadamente os salários correspondentes ao período do aviso" (art. 487, § 6º, *fine*, da CLT).

Nesta corrente também se encontram Délio Maranhão,[33] Arnaldo Süssekind,[34] Rodrigues Pinto,[35] Amauri Mascaro Nascimento,[36] Martins Catharino,[37] aparentemente Alice Monteiro de Barros,[38] Hirosê Pimpão,[39] Dorval Lacerda,[40] Súmula nº 305 do TST, Orientações Jurisprudenciais nºs 82 e 83 da SDI-I do TST e a jurisprudência majoritária:

> FGTS. INCIDÊNCIA SOBRE O AVISO PRÉVIO. NATUREZA SALARIAL. Em razão de sua natureza salarial, o aviso prévio integra o tempo de serviço para todos os efeitos legais, nos termos do art. 487, § 1º, da CLT. TRT/SC – Processo nº: 00646.2002.023.12.00.5 – Rel. Designado: Juíza Maria Regina Olivé Malhadas. *DJ*/SC 07/07/2004.

Da mesma forma o art. 15, § 6º, da Lei nº 8.036/90 c/c art. 28, IV, § 9º da Lei nº 8.212/91. Ademais, o Decreto nº 6.727, de 12/01/2009 (*DOU* 13/01/2009), **revogou** a alínea *f* do inciso V do § 9º do art. 214 do Decreto nº 3.048/99, que determinava a **não** incidência da cota previdenciária sobre o aviso prévio indenizado. Logo, se tal tributo incide sobre o aviso prévio indenizado, ele computa o tempo de serviço também para a Previdência, não havendo mais argumento para negar sua natureza salarial.

---

33 MARANHÃO, Délio; CARVALHO, Luiz Inácio Barbosa. *Direito do Trabalho*. 17. ed. Rio de Janeiro: Editora da FGV, 1993, p. 262.

34 SÜSSEKIND, Arnaldo. *Curso de Direito do Trabalho*. Rio de Janeiro: Renovar, 2002, p. 346.

35 PINTO, José Augusto Rodrigues. *Curso de Direito Individual do Trabalho*. 5. ed. São Paulo: LTr, 2003, p. 553-555.

36 NASCIMENTO, Amauri Mascaro. *Curso de Direito do Trabalho*. 20. ed. São Paulo: Saraiva, 2005, p. 761-763.

37 CATHARINO, José Martins. *Compêndio Universitário de Direito do Trabalho*. São Paulo: Editora Jurídica e Universitária, 1972, v. 2, p. 810.

38 BARROS, Alice Monteiro de. *Curso de Direito do Trabalho*. São Paulo: LTr, 2005, p. 903-904.

39 Cf. CARRION, Valentin. *Comentários à Consolidação das Leis do Trabalho*. 29. ed. São Paulo: Saraiva, 2004, p. 384.

40 Cf. *Idem*.

Em posição oposta Cesarino Júnior,[41] Gabriel Saad,[42] Arion Romita,[43] Orlando Gomes,[44] Russomano,[45] Octávio Magano,[46] Valentim Carrion,[47] Sergio Pinto Martins[48] e Mauricio Godinho,[49] pois advogam que o aviso prévio indenizado tem natureza jurídica de indenização, já que não há trabalho prestado neste período, logo, não há salário, porque é ressarcimento de um direito.

Há posição jurisprudencial minoritária neste sentido.

> AVISO PRÉVIO NÃO TRABALHADO. CONTRIBUIÇÃO PREVIDENCIÁRIA. A Lei nº 8.212, de 24/07/1991, alterada pela Lei nº 9.528, de 10/12/1997, foi omissa em relação à incidência de contribuição previdenciária sobre o aviso-prévio. Já o disposto no art. 214, § 9º, inciso, f, do Decreto nº 3.048, de 06/05/1999, expressamente exclui a referida parcela do cálculo do salário de contribuição. Se a Lei foi omissa em relação ao aviso prévio indenizado, não há ilegalidade quando o Decreto expressamente o retira da base de cálculo da incidência de contribuição previdenciária, porquanto este é regulamentador daquela. A natureza jurídica da parcela é claramente indenizatória, pois não retribui trabalho prestado ao empregador, não podendo se enquadrar como salário de contribuição. TRT/MG – Processo nº: 00655.2005.059.03.40.2 – Rel. Designado: Juiz Anemar Pereira Amaral. *DJ*/MG 24/08/2005.

Encontramos posição tímida na doutrina (Antônio Carlos Oliveira),[50] com a qual também não compartilhamos, de que a indenização é sanção jurídica, pena.

5.3. Indenizado pelo Empregado

A lei faculta ao empregado substituir o cumprimento do aviso prévio pelo pagamento equivalente. Sem dúvida, a parcela tem natureza jurídica de indenização tarifada por dano causado ao empregador, pois não lhe concedeu tempo suficiente para procurar outro empregado para a vaga. Não pode ser considerado salário, uma vez que o empregado não paga salário ao empregador.

O art. 487, § 2º, da CLT faculta ao empregador descontar *dos salários* do empregado a respectiva indenização devida pelo empregado. Entendemos que o

[41] Cf. PINTO, José Augusto Rodrigues. *Curso de Direito Individual do Trabalho*. 5. ed. São Paulo: LTr, 2003, p. 554.

[42] SAAD, Eduardo Gabriel; SAAD, José Eduardo Duarte; BRANCO, Ana Maria Saad Castello. *CLT comentada*. 39. ed. São Paulo: LTr, 2006, p. 490.

[43] ROMITA, Arion Sayão. *Direito do Trabalho – Temas em aberto*. São Paulo: LTr, 1998.

[44] Cf. PINTO, José Augusto Rodrigues. *Curso de Direito Individual do Trabalho*. 5. ed. São Paulo: LTr, 2003, p. 554.

[45] Cf. *Idem*.

[46] Cf. *Idem*.

[47] CARRION, Valentin. *Comentários à Consolidação das Leis do Trabalho*. 29. ed. São Paulo: Saraiva, 2004, p. 384.

[48] MARTINS, Sergio Pinto. *Direito do Trabalho*. 14. ed. São Paulo: Atlas, 2001, p. 356.

[49] DELGADO, Mauricio Godinho. *Curso de Direito do Trabalho*. 3. ed. São Paulo: LTr, 2004, p. 1.171.

[50] Cf. PINTO, José Augusto Rodrigues. *Curso de Direito Individual do Trabalho*. 5. ed. São Paulo: LTr, 2003, p. 554.

legislador disse menos do que queria. O desconto pode ser efetuado sobre qualquer outra parcela (férias, trezenos, horas extras etc.) e não apenas sobre o saldo de salários. Na verdade, o empregador pode fazer a compensação ou interpor ação de cobrança (Justiça do Trabalho) em qualquer caso, mesmo que não haja saldo a pagar no termo de rescisão ou que o empregador não tenha, no momento da rescisão, efetuado o desconto.

Em outras palavras, o empregador poderá compensar a indenização devida pelo trabalhador não apenas do saldo de salário, mas com qualquer outro crédito trabalhista que ele tenha com a empresa. Se não possuir créditos com a empresa, o empregador poderá interpor ação trabalhista de cobrança de seu direito ou, apresentar reconvenção em havendo ação trabalhista interposta pelo empregado. Assim também Russomano[51] e Catharino.[52]

Autorizando o desconto sobre qualquer outra parcela: Octávio Magano[53] e Valentim Carrion,[54] sendo que este último não admite ação de cobrança ou a arguição em reconvenção, mas apenas através de compensação (esta deve ser requerida em contestação, por trata-se de matéria de defesa).

> AVISO PRÉVIO. DESCONTOS. Autoriza-se o desconto do valor correspondente ao aviso prévio nos direitos rescisórios, nos casos em que o empregado pede demissão e ato contínuo pede dispensa do cumprimento do aviso prévio. TRT/RJ – RO: 11.705/90 – Rel. Designado: Juiz Narciso Gonçalves dos Santos. *DJ*/RJ 17/07/1992.

De forma diversa Sergio Pinto Martins[55] que defende que só pode ser descontado do saldo salarial, inexistindo o respectivo crédito a favor do empregado, não poderá haver desconto.

6. PRAZO E RETRATAÇÃO

Para que se evite a ruptura abrupta dos contratos por tempo indeterminado a lei exigiu que aquele que pretender unilateralmente romper o contrato deve comunicar à outra parte sua intenção com uma antecedência mínima de 30 dias. Não vigora mais o prazo de oito dias previsto no inciso I do art. 487 da CLT, ante a revogação tácita efetuada pelo art. 7º, XXI, da CRFB.

Concedido o aviso prévio, a retratação pelo notificante antes de expirado o prazo só terá validade se a outra parte concordar. Findo o período do pré-aviso a dispensa se considera efetivada para todos os fins, salvo se fraudulento (art. 489 da CLT).

---

51 RUSSOMANO, Mozart Victor. *Curso de Direito do Trabalho*. 7. ed. Curitiba: Juruá, 1999, p. 174.

52 CATHARINO, José Martins. *Compêndio Universitário de Direito do Trabalho*. São Paulo: Editora Jurídica e Universitária, 1972, v. 2, p. 485.

53 MAGANO, Octávio Bueno. *Primeiras Lições de Direito do Trabalho*. 3. ed. São Paulo: RT, 2003, p. 82.

54 CARRION, Valentin. *Comentários à Consolidação das Leis do Trabalho*. 29. ed. São Paulo: Saraiva, 2004, p. 386.

55 MARTINS, Sergio Pinto. *Direito do Trabalho*. 14. ed. São Paulo: Atlas, 2001, p. 351-352.

A retratação deve ser expressa, assim como a concordância. Se, todavia, as partes continuarem a trabalhar após o período do pré-aviso, conclui-se que houve retratação e concordância tácita. Neste caso o contrato prossegue como se nunca tivesse ocorrido o aviso prévio (art. 489, parágrafo único da CLT).

6.1. Contagem

Comunicada a dispensa hoje, independente da hora em que esta ocorra, o prazo do pré-aviso (mínimo de 30 dias), começa a fluir do dia seguinte, se for dia de trabalho, na forma do art. 132, *caput*, do Código Civil e da Súmula nº 380 do TST. Isto se justifica porque naquele dia o empregado não estava preparado para procurar novo emprego.

Se o empregado trabalha sábado e domingo e recebe o aviso prévio na sexta anterior, aqueles dias serão incluídos para a contagem do prazo do aviso prévio.

7. FINALIDADE

Quando o empregador é o denunciante, a finalidade do aviso prévio é a de conceder ao empregado a oportunidade de procurar uma nova colocação no mercado, além de não ocasionar um rompimento abrupto do contrato de trabalho.

Mas, quando o denunciante é o empregado, a finalidade, além de não causar o rompimento abrupto do pacto laboral, é de dar oportunidade ao empregador de procurar um substituto para não causar prejuízo à empresa.

8. EFEITOS

8.1. Empregado Urbano

O aviso prévio produz duplo efeito no contrato de trabalho quando o empregado urbano é o notificado, isto é, o dispensado: a) acarreta a redução da jornada ou na dispensa do trabalho por sete dias consecutivos (quando for trabalhado); b) importa em integração ao tempo de serviço para todos os fins, mesmo quando indenizado.

8.1.1. Jornada Reduzida ou Dispensa do Trabalho por Sete Dias

Durante o período do aviso prévio concedido pelo empregador ao trabalhador a jornada de trabalho será reduzida em duas horas por dia, sem prejuízo do salário integral (art. 488 da CLT). Alice Monteiro de Barros,[56] ressalta que essa redução jamais poderia ser concedida no aviso prévio dado pelo empregado ao empregador, por haver presunção de que aquele já possui um novo emprego ou uma nova ocupação.

---

56 BARROS, Alice Monteiro de. *Curso de Direito do Trabalho*. São Paulo: LTr, 2005, p. 903-900.

Esta regra só se aplica para os que trabalham oito horas por dia. Se o empregado trabalhar menos deverá ter redução proporcional. Assim, se o empregado tiver uma jornada de quatro horas a redução será de uma hora. Tal proporcionalidade é justa e sensata e não premia os que têm jornada mais curta em prol da punição dos que a tem mais dilatada. Ora, quem trabalha apenas quatro horas, normalmente tem mais tempo para procurar emprego que aquele que trabalha oito horas. Da mesma forma Valentim Carrion.[57]

De forma diversa Orlando Gomes,[58] Russomano,[59] Sergio Pinto Martins[60] e Alice Monteiro de Barros[61] que interpretam literalmente o art. 488 da CLT, aplicando para qualquer tipo de jornada a redução de duas horas.

A escolha do horário destinado à redução da jornada no período do aviso é do empregado, que deve comunicar previamente o empregador sua escolha, para não surpreendê-lo. Imaginemos que um empregado trabalhe normalmente das 6 às 15 horas, de segunda a sexta-feira. No período do pré-aviso poderá optar por chegar às 8h ou sair do trabalho às 13h, comunicando ao empregador esta escolha no ato da dação do pré-aviso. Neste exemplo, sair mais cedo do trabalho parece mais benéfico que chegar duas horas após o horário, pois dificilmente encontrará o comércio aberto no primeiro horário, para a procura de novo emprego. Deve o trabalhador decidir qual é o melhor horário para procurar novo emprego no mercado. Da mesma forma José Serson.[62]

Em sentido contrário, Orlando Gomes,[63] Gabriel Saad[64] e Russomano[65] que defendem que a escolha do horário da redução da jornada é do empregador.

O mesmo raciocínio pode ser aplicado quanto à opção do empregado pela redução de sete dias consecutivos.

A discussão travada pela doutrina é a mesma, isto é, de quem é a escolha de quais sete dias o empregado pode faltar no curso do pré-aviso. Pode o empregado escolher que dias serão? Isto é, serão na primeira semana ou o empregador poderá impor que isto ocorrerá na última? Pensamos da mesma forma. Sendo o empregado o maior interessado na busca de nova colocação no mercado, a escolha é sua, devendo comunicar tal fato ao empregador no ato da dação do pré-aviso, pois caso contrário sua ausência injustificada pode ser considerada como falta ao serviço.

---

57 CARRION, Valentin. *Comentários à Consolidação das Leis do Trabalho*. 29. ed. São Paulo: Saraiva, 2004, p. 387.

58 GOMES, Orlando; GOTTSCHALK, Élson. *Curso de Direito do Trabalho*. 16. ed. Rio de Janeiro: Forense, 2003, p. 360-361.

59 RUSSOMANO, Mozart Victor. *Curso de Direito do Trabalho*. 9. ed. 4. tir. Curitiba: Juruá, 2005, p. 183-184.

60 MARTINS, Sergio Pinto. *Direito do Trabalho*. 14. ed. São Paulo: Atlas, 2001, p. 352.

61 BARROS, Alice Monteiro de. *Curso de Direito do Trabalho*. São Paulo: LTr, 2005, p. 903-900.

62 SERSON, José. Curso de Rotinas Trabalhistas. 35. ed. São Paulo: RT, 1995.

63 GOMES, Orlando; GOTTSCHALK, Élson. *Curso de Direito do Trabalho*. 16. ed. Rio de Janeiro: Forense, 2003, p. 360-361.

64 SAAD, Eduardo Gabriel; SAAD, José Eduardo Duarte; BRANCO, Ana Maria Saad Castello. *CLT comentada*. 39. ed. São Paulo: LTr, 2006, p. 494.

65 RUSSOMANO, Mozart Victor. *Curso de Direito do Trabalho*. 9. ed. 4. tir. Curitiba: Juruá, 2005, p. 183-184.

8.1.2. Jornada Reduzida Não Concedida

A concessão do pré-aviso sem a redução da jornada ou sem a dispensa do trabalho por sete dias consecutivos acarreta nulidade do aviso, pois frustra a intenção legal e deve ser considerado como se não tivesse sido concedido. Da mesma forma, é ilegal substituir o período da redução da jornada pelo pagamento de horas extras, sendo devido, neste caso, novo aviso prévio, pelos mesmos fundamentos acima. Assim também Valentin Carrion,[66] Sergio Pinto Martins[67] e a Súmula nº 230 do TST.

Todavia, muitas iniciais trabalhistas postulam o pagamento das duas horas não concedidas como extras, seja porque desconhecem a Súmula nº 230 do TST, seja porque o trabalhador já obteve novo emprego, não pretendendo novo aviso prévio. Apesar de a regra geral ser de nulidade do pré-aviso concedido sem a redução de jornada, não se pode premiar o empregador que cometeu a infração. Nestes casos, entendemos que o julgador deve condenar o empregador nas horas extras. Não se está pretendendo com esta tese regularizar uma ilegalidade, mas tentar conceder ao trabalhador aquilo que mais lhe interessa. Ademais, se tem direito a mais, pode receber menos.

> AVISO PRÉVIO. REDUÇÃO DA JORNADA. NULIDADE. A inobservância da jornada reduzida no curso do aviso prévio implica sua nulidade, obrigando o empregador ao respectivo pagamento. TRT/SC – RO: 717/1997 – Rel. Designado: Juiz Osvaldo Sousa Olinger. *DJ*/SC 19/01/1998.

Amauri Mascaro Nascimento,[68] Gabriel Saad[69] e Orlando Gomes[70] entendem que o empregador pode substituir a redução da jornada pelo pagamento das horas respectivas como extras.

8.1.3. Integração ao Tempo de Serviço do Aviso Prévio Indenizado

Muito se discutiu na doutrina e na jurisprudência a respeito da integração do aviso prévio indenizado, mesmo diante da clara dicção legal contida na parte final do art. 487, § 1º, da CLT. Os defensores de sua integração são: Orlando Gomes,[71] Martins Catharino,[72]

---

66 CARRION, Valentin. *Comentários à Consolidação das Leis do Trabalho*. 29. ed. São Paulo: Saraiva, 2004, p. 387.

67 MARTINS, Sergio Pinto. *Direito do Trabalho*. 14. ed. São Paulo: Atlas, 2001, p. 352-353.

68 Cf. CARRION, Valentin. *Comentários à Consolidação das Leis do Trabalho*. 29. ed. São Paulo: Saraiva, 2004, p. 387.

69 SAAD, Eduardo Gabriel; SAAD, José Eduardo Duarte; BRANCO, Ana Maria Saad Castello. *CLT comentada*. 39. ed. São Paulo: LTr, 2006, p. 494.

70 GOMES, Orlando; GOTTSCHALK, Élson. *Curso de Direito do Trabalho*. 16. ed. Rio de Janeiro: Forense, 2003, p. 361.

71 Cf. CARRION, Valentin. *Comentários à Consolidação das Leis do Trabalho*. 29. ed. São Paulo: Saraiva, 2004, p. 385.

72 CATHARINO, José Martins. *Compêndio Universitário de Direito do Trabalho*. São Paulo: Editora Jurídica e Universitária, 1972, v. 2, p. 810.

Valentim Carrion,[73] Sergio Pinto Martins,[74] Mauricio Godinho[75] e Alice Monteiro de Barros,[76] argumentam que se trata de um período de interrupção do contrato de trabalho e, portanto, o período deve ser somado a este. Também entendemos desta forma. O fato de o empregado obter novo emprego no curso do aviso prévio indenizado não obsta, por si só, a tese, pois se trata também de uma ficção jurídica. A alegação de duplo contrato de emprego num mesmo período é frágil diante da determinação legal.

Argumentam alguns dos opositores da integração do aviso indenizado ao tempo de serviço que não existe salário sem trabalho, logo, a paga é substitutiva de dano e por isso se caracteriza em indenização, não se computando no tempo de serviço, tal como acontece com a indenização contida no art. 479 da CLT. Ora, em todos os períodos de interrupção do contrato de trabalho há pagamento de salário sem a devida prestação de trabalho. O pagamento substitutivo do cumprimento do aviso prévio tem natureza salarial, como já estudamos acima.

Defendem a não integração Arion Romita[77] e Rodrigues Pinto[78] (este entende, ainda, que há uma suspensão parcial do contrato de trabalho).

De qualquer sorte, nos parece que a celeuma hoje está sepultada diante dos novos §§ 5º e 6º do art. 487 da CLT que é claro quanto à integração do aviso prévio indenizado ao tempo de serviço.

> AVISO PRÉVIO INDENIZADO. INTEGRAÇÃO. ANOTAÇÃO DA CTPS. Nos termos da Lei (art. 487, § 1º, da CLT), o período correspondente ao aviso prévio indenizado integra o tempo de serviço para todos os efeitos legais. Aplicação da OJ nº 82 da SDI-I do TST.
>
> TRT/SC – Processo nº: 00432.2004.023.12.00.0 – Rel. Designado: Juiz Marcus Pina Mugnaini. *DJ*/SC 15/04/2005.

Em sentido contrário a Orientação Jurisprudencial nº 42, II, da SDI-I do TST entende que o período do aviso prévio indenizado não deve ser contado para fins de verificação do saldo do FGTS que enseja o pagamento da indenização adicional de 40%.

8.2. Empregado Rural

O empregado rural notificado da despedida imotivada tem direito de não trabalhar um dia por semana, sem prejuízo do salário, quando o aviso for trabalhado (art. 15 da Lei nº 5.889/73). Portanto, sua regra legal é diferente do empregado urbano.

---

73 CARRION, Valentin. *op. cit.*, p. 385.

74 MARTINS, Sergio Pinto. *Direito do Trabalho*. 14. ed. São Paulo: Atlas, 2001, p. 351.

75 DELGADO, Mauricio Godinho. *Curso de Direito do Trabalho*. 3. ed. São Paulo: LTr, 2004, p. 1.171.

76 BARROS, Alice Monteiro de. *Curso de Direito do Trabalho*. São Paulo: LTr, 2005, p. 902-903.

77 ROMITA, Arion Sayão. *Direito do Trabalho* – Temas em aberto. São Paulo: LTr, 1998.

78 PINTO, José Augusto Rodrigues. *Curso de Direito Individual do Trabalho*. 5. ed. São Paulo: LTr, 2003, p. 555.

A diferença de tratamento se explica porque o rural normalmente trabalha em local muito distante dos centros urbanos onde procura empregos. O deslocamento, na maioria dos casos, se dá no lombo de um cavalo ou a pé, o que demanda mais tempo que os transportes utilizados nos meios urbanos.

8.3. Doméstico

Por força do art. 7º, parágrafo único, da CRFB o doméstico passou a ter direito ao aviso prévio nos mesmos casos que o empregado urbano tem, isto é, nas despedidas imotivadas ocorridas nos contratos indeterminados e nos demais casos legais. Enquanto não houver regulamentação especial para o doméstico que informe aos operadores do direito quais os efeitos e consequências deste aviso, devem ser aplicadas as regras gerais sobre o instituto contidas na CLT, para dar exequibilidade ao instituto, naquilo que for compatível.

Durante o aviso prévio trabalhado pelo doméstico-notificado da despedida imotivada, terá o empregado o direito a ser dispensado do trabalho por sete dias consecutivos ou ter reduzida a sua jornada em 2 horas diárias, sem prejuízo do salário integral.

> AVISO PRÉVIO. O aviso prévio indenizado é também aplicável ao doméstico. TRT/MG – RO: 16.820/92 – Rel. Designado: Juiz Paulo Roberto Sifuentes Costa. *DJ*/MG 26/07/1994.

9. PRAZO DO AVISO PRÉVIO

- Empregado urbano, rural e doméstico – 30 dias;
- representante comercial – 30 dias (art. 34 da Lei nº 4.886/65);
- agenciador – 90 dias (art. 720, *caput*, do Código Civil);
- profissionais de beleza – cabeleireiros, manicures, esteticistas etc., em sistema de parceria – autônomos – 30 dias – art. 1º-A, § 10, V, da Lei 12.592/2012;
- autônomos (prestação de serviços) – 1, 4 ou 8 dias, salvo prazo diverso estipulado em contrato (art. 599, parágrafo único, do Código Civil).

10. AVISO PRÉVIO PROPORCIONAL

O aviso prévio proporcional ao tempo de serviço criado pelo inciso XXI do art. 7º da Carta constituía-se em norma de eficácia limitada e, por isso, dependia de lei para a sua aplicação. Neste sentido era a OJ nº 84 da SDI-I do TST (cancelada).

Entretanto, após decisão do STF,[79] proferida em quatro mandados de injunção,[80] que entendeu pela aplicação do inc. XXI do art. 7º da CRFB àqueles casos

[79] Disponível em: <http://www.stf.jus.br/portal/cms/verNoticiaDetalhe.asp?idConteudo=182667>. Acesso em 17/01/2011, às 19:14h.

[80] Mandados de Injunção nºs 943, 1.010, 1.074 e 1.090.

concretos, o legislativo, pressionado pela Suprema Corte, editou a Lei nº 12.506, em 11 de outubro de 2011.

Finalmente, o aviso prévio proporcional ao tempo de serviço foi regulamentado, retirando a eficácia da OJ nº 84 da SDI-I do TST, que deve ser cancelada.

Só é devido o aviso prévio proporcional ao tempo de serviço aos contratos extintos após a data de vigência da Lei nº 12.506/2011, pois as leis não têm efeito retroativo e não podem atingir situações já consumadas antes de sua existência e eficácia. Assim também a Súmula nº 441 do TST.[81]

10.1. Aviso Prévio Proporcional ao Tempo de Serviço

O aviso prévio tem a finalidade de preparar as partes para o término do contrato. Visa a conceder à parte inocente o tempo necessário para procurar novo emprego (se o trabalhador for o notificado) ou um substituto para o demissionário (se o empregador for o notificado). Desta forma, o direito ao prazo, seja ele de 30 dias ou mais, é recíproco, isto é, o empregado que conta com 21 anos de casa e pede demissão deve conceder ao seu patrão um aviso prévio de 90 dias, permitindo que o empregador tenha mais tempo para busca e treinamento de outro trabalhador para substituí-lo.

Este raciocínio foi aplicado quando a Constituição majorou de oito para trinta dias o aviso prévio (inc. XXI do art. 7º), pois o prazo de oito dias foi revogado tanto para o empregado, quando for o notificado da despedida, quanto para o empregador, quando for a parte denunciada. Saliente-se que os dois incisos do art. 487 da CLT estabeleciam o prazo de oito dias se o pagamento do empregado fosse efetuado por semana ou tempo inferior (o inc. I não foi recepcionado pela CRFB), e de 30 dias (inc. II) para os que recebiam por quinzena ou mês ou **que tivessem mais de 12 meses de serviço**. Portanto, a vinculação de um prazo superior de aviso prévio com o tempo de serviço do emprego já estava prevista na CLT e sempre foi interpretado como um direito indiscutivelmente recíproco.[82] Isto é, a CLT já garantia o aviso de 30 dias, para os empregados que contassem com mais de 1 ano de serviço, mesmo que percebessem por semana ou tempo inferior.

Regra similar é encontrada no Código Civil (art. 599, parágrafo único), que fixa um só prazo para as partes de acordo com a periodicidade do pagamento do trabalhador. Neste caso, o prazo é um direito da parte inocente que recebeu a comunicação de extinção do contrato, independentemente de quem é o comunicante.

Os que contestam a reciprocidade do aviso proporcional ao tempo de serviço se apoiam na interpretação literal do *caput* do artigo 7º da Constituição, que garante direitos aos trabalhadores. Entretanto, há incisos no artigo 7º que não podem ser considerados como direito do trabalhador, e sim do empregador, como o inciso XXIX que trata da prescrição (que é um direito do empregador) e outros podem

[81] O STF, nos autos do Mandado de Injunção 943, entendeu que as regras da Lei de Aviso Prévio são aplicadas a Mandados de Injunção impetrados no STF antes de outubro de 2011.

[82] Da mesma forma o TST - RR-1964-73.2013.5.09.0009.

ser interpretados como direito de ambas as partes, como o reconhecimento das convenções e acordos coletivos (XXVI), a possibilidade de redução do salário (IV), a compensação da jornada (XIII), a majoração dos turnos ininterruptos de revezamento (XIV). Além do mais, a interpretação literal é sempre a mais pobre.

A Circular nº 010, de 27/10/2011, emitida pelo antigo MTE,[83] foi expressa em sentido contrário (item 3). Afirma que apenas o empregado tem direito ao aviso prévio superior a 30 dias. Entendemos que a referida circular extrapolou o limite de sua competência ao legislar, sendo, portanto, ineficaz.

Explica-se.

O Executivo não tem o poder de legislar, pois tal competência é do Poder Legislativo.

Só a lei poderá delegar ao Executivo o poder de criar o direito, como o fez no caso dos arts. 193, 195 e 196 da CLT, deixando às normas regulamentares, às portarias, o poder de dizer quais são as atividades insalubres e perigosas – NR 15 e 16 do antigo MTE c/c Súmula nº 448 do TST. Neste sentido, não só o decreto, mas também as portarias, circulares etc., poderão, excepcionalmente, constituir-se em fonte formal de direito.

Para os domésticos, o aviso prévio proporcional ao tempo de serviço só se aplica aos empregados – art. 23 da LC 150/2015.

A convenção e o acordo coletivo podem alterar a contagem do prazo do aviso prévio proporcional ao tempo de serviço, na forma do art. 611-A, *caput*, da CLT.

10.2. Campo de Aplicação

Apesar de a Lei nº 12.506/2011 se referir ao aviso prévio previsto na CLT, entendemos que o direito pode ser aplicado também aos rurais, domésticos e avulsos.

A lei assim se refere:

> **Art. 1º** O aviso prévio, de que trata o Capítulo VI do Título IV da Consolidação das Leis do Trabalho – CLT, aprovada pelo Decreto-Lei nº 5.452, de 1º de maio de 1943, será concedido na proporção de 30 (trinta) dias aos empregados que contem até 1 (um) ano de serviço na mesma empresa.

Se o legislador pretendesse conceder apenas aos empregados regidos pela CLT, vulgarmente chamados de "urbanos", teria alterado o art. 487 da CLT para acrescer o inc. III ou outro parágrafo. A referência legislativa ao Capítulo VI do Título IV da CLT foi ao conceito do instituto e hipóteses de cabimento e não à pessoa destinatária do benefício.

[83] MTE significa Ministério do Trabalho e Emprego.

Por outro lado, o art. 7º, *caput*, da CRFB, assim como seu inc. XXXIV e o parágrafo único, garantem o aviso prévio proporcional tanto aos urbanos, quanto aos rurais, domésticos[84] e avulsos.

Na verdade a nova lei pretendeu apenas regulamentar o inc. XXI do art. 7º da CRFB.

10.3. Prazo

Assim dispõe o parágrafo único do art. 1º da Lei nº 12.506/2011:

> **Parágrafo único.** Ao aviso prévio previsto neste artigo serão acrescidos 3 (três) dias por ano de serviço prestado na mesma empresa, até o máximo de 60 (sessenta) dias, perfazendo um total de até 90 (noventa) dias.

Da leitura do texto acima, percebe-se que a lei limita o período de 30 dias de aviso prévio para o trabalhador que conta com até um ano de serviço na mesma empresa. A partir daí, a cada ano completo o empregado terá mais 3 dias, até o limite máximo de 60 dias, que, somados aos 30 primeiros, chegaremos ao limite máximo de 90 dias. Isso significa que com 20 anos o empregado terá direito a 90 dias de aviso prévio.

Da mesma forma, confira-se a Nota Técnica nº 184 CGRT-SRT-MTE, de 07.05.2012, da Secretaria de Relações do Trabalho, do Ministério da Economia, antigo Trabalho e Emprego.

10.4. Aviso Prévio Trabalhado – Art. 488 da CLT

É aplicável o art. 488 da CLT para os avisos superiores a 30 dias, ante a perfeita compatibilidade desta norma com a nova regra. Nestes casos, a redução de duas horas por dia deve ocorrer durante todo o período do pré-aviso ou a supressão de 7 dias consecutivos de trabalho, sem prejuízo do salário, para cada 30 dias de aviso que o empregado (urbano) tenha direito. Se o empregado for rural, a redução de 1 dia por semana deve ocorrer a cada semana que o trabalhador tenha direito.

Logo, é aplicável o art. 488 da CLT para todo o período do aviso.

O empregador não pode substituir a redução da jornada ou dos dias de descanso pelo pagamento de horas extras por parte ou por todo o período do aviso, pois tal medida contraria a finalidade do instituto na Súmula nº 230 do TST.

10.5. Aviso Prévio Não Trabalhado – Conversão em Pecúnia: Integração ao Tempo de Serviço e Natureza

A conversão do aviso prévio em pecúnia,[85] também chamado de aviso prévio indenizado, mesmo que superior a 30 dias, quando o empregado é o notificado da

---

[84] Da mesma forma a Nota Técnica nº 184 CGRT-SRT-MTE.

[85] Fiz referência apenas ao aviso indenizado porque o trabalhado indiscutivelmente integra o tempo de serviço para todos os fins.

despedida imotivada, integra o tempo de serviço do trabalhador tanto para fins de baixa na CTPS, recolhimento do FGTS, contagem do prazo prescricional, como para o recolhimento do INSS, bem como será levado em consideração, trabalhado ou indenizado, para fins da indenização adicional prevista no art. 9º da Lei nº 7.238/1984.

Quando pago em pecúnia, os avos referentes ao aviso serão computados para fins de cálculo de férias e 13º salário.

A natureza é salarial porque assim quis a lei, pois utilizou a expressão "salário" no art. 487, § 1º, da CLT:

> "A falta do aviso prévio por parte do empregador dá ao empregado o direito aos **salários** correspondentes ao prazo do aviso, garantida sempre a integração desse período no seu tempo de serviço" (grifo nosso).

Entendemos que o empregador não pode conceder parte trabalhada e parte indenizada, pois a lei não facultou este direito aos contratantes. Quando o aviso era de 8 ou de 30 dias, as partes não poderiam ajustar que 8 dias seriam trabalhados e 22 indenizados, ou que metade seria trabalhado e metade indenizado. Da mesma forma, não poderá o aviso de 60 dias, por exemplo, ser em parte indenizado e em parte trabalhado.

O empregado que pede demissão e não cumpre o aviso prévio, dá direito ao patrão de descontar de qualquer parcela resilitória o respectivo valor.

10.6. Aplicabilidade ou Não das Demais Regras da CLT

As demais regras previstas na CLT acerca do aviso prévio são perfeitamente aplicáveis ao restante do prazo criado pela Lei nº 12.506/2011.

Explicaremos algumas.

A reconsideração (art. 489 da CLT) da denúncia depende da concordância da outra parte, a qual pode ocorrer até o final do prazo do aviso, mesmo quando superior a 30 dias.

A parte que praticar, durante o prazo do aviso, trabalhado ou não, superior ou não a 30 dias, falta grave, dá à outra o direito à rescisão imediata e ao pagamento das correspondentes parcelas (arts. 490 e 491 da CLT).

Passa a ser possível a aplicação do abandono de emprego para os avisos trabalhados superiores a 30 dias, pois o obstáculo estava exatamente no fato de que apenas o transcurso de mais de 30 dias consecutivos de faltas reiteradas e injustificadas daria ensejo à justa causa de abandono e o aviso só tinha 30 dias e não mais do que 30.

Não se adquire estabilidade cujo fato gerador foi superveniente à dispensa e ocorrida no curso do aviso prévio proporcional ao tempo de serviço (Súmula nº 369, V, do TST), pois a denúncia do contrato ocorreu quando o trabalhador não era portador de qualquer garantia de emprego ou estabilidade. É bom lembrar que o aviso prévio é apenas o prazo legal que flui entre a denúncia do contrato e sua efetiva extinção. Como todo prazo, este também é um evento futuro e certo, cujo direito já foi adquirido (direito de extinção do pacto), mas os efeitos da terminação só podem ocorrer quando do final do prazo do aviso. O mesmo raciocínio se aplica para as suspensões e interrupções contratuais ocorridas no curso do prazo do aviso. Tais fatores não obstam a contagem contínua do prazo, nem seu termo final e a consequente extinção do contrato.

Na despedida indireta (justa causa do patrão) o trabalhador terá direito ao aviso prévio proporcional ao tempo de serviço, na forma do art. 487, § 4º, da CLT.

Ocorrendo culpa recíproca ou distrato, o aviso prévio proporcional é devido pela metade, na forma do art. 484 da CLT c/c a Súmula nº 14 do TST e art. 484-A da CLT.

Também são aplicáveis as regras contidas nos §§ 5º e 6º do art. 487 da CLT, e, por isso, devida a integração das horas extras habituais (pela média duodecimal) por todo o período do aviso (se indenizado), assim como os reajustes concedidos neste período devem ser repassados ao trabalhador.

O termo final do prazo do aviso prévio indenizado proporcional ao tempo de serviço não será considerado para fins de cálculo da indenização adicional de 40%, pois o empregador paga a rescisão antes do término do prazo – da mesma forma a OJ nº 42, II, da SDI-I do TST.

10.7. Renúncia – Súmula nº 276 do TST e Negociação Coletiva

O direito ao aviso prévio proporcional ao tempo de serviço é um direito previsto em lei, logo, para o empregado este é um direito irrenunciável por conta de sua característica pública. Todavia, a jurisprudência consagrou que é válida a renúncia se o empregado o fez por escrito e comprovadamente já tem novo emprego. Sendo este o entendimento majoritário, apesar de não concordamos, pois mais parece uma fraude que camufla o pedido de demissão com a finalidade de levantamento do FGTS, entendemos que a regra deve valer também para todo o prazo do aviso, isto é, inclusive para aqueles cujo prazo é superior a 30 dias.

Pelos mesmos argumentos, não é possível a negociação coletiva com o objetivo de transacionar, renunciar ou reduzir tal direito, pois a Constituição apontou as hipóteses (art. 7º, incs. VI, XIII e XIV, c/c o art. 611-B, XVI, da CLT) em que o direito por ela garantido poderia ser negociado coletivamente e esta não está aí incluída.

11. CONTRATO A TERMO

O aviso prévio não é devido em terminações normais do contrato a termo; em extinções antecipadas do contrato a termo; e em terminações por justa causa antes do termo. Se, entretanto, existir cláusula assecuratória de rescisão antecipada e esta for utilizada, será devido o aviso prévio, na forma do art. 481 da CLT c/c Súmula nº 163 do TST.

Na ocorrência de culpa recíproca, a nova redação dada à Súmula nº 14 pela Resolução nº 121/2003 do TST, o empregado tem direito a 50% do valor do aviso prévio, o que não estava garantido no entendimento anterior à reforma feita pela Corte Trabalhista.

Ressalta-se, no entanto, que na situação deste contrato a termo se tornar um contrato de trabalho por tempo indeterminado, será devido o aviso prévio.

> CONTRATO DE EXPERIÊNCIA. INDETERMINAÇÃO. O contrato de experiência, por ser modalidade de contrato a termo, deve sempre prever seu prazo final. Tendo as partes pactuado a contratação, com prazo inicial de 45 dias, o qual fora extrapolado, sem que se tenha anotado sua prorrogação, certo é que houve sua indeterminação, razão pela qual torna-se devido o aviso prévio, consectário do despedimento injusto, nos contratos por prazo indeterminado. TRT/MG – RO: 18.430/00 – Rel. Designado: Juiz Luiz Otávio Linhares Renault. *DJ*/MG 27/01/2001.

12. CABIMENTO

Mesmo nos casos de cessação da atividade econômica, fechamento da empresa, aposentadoria compulsória (devido pelo empregador), aposentadoria espontânea que importe em extinção do contrato (devido pelo empregado), despedida indireta, falência ou extinção da empresa é devido o pré-aviso – Súmula nº 44 do TST. Ressalta-se que na ocorrência de culpa recíproca e de distrato, o empregado tem direito a 50% do valor do aviso prévio, se indenizado, na forma da Súmula 14 do TST e do art. 484-A da CLT.

Assim, o trabalhador tem direito ao aviso prévio toda vez que a terminação do contrato indeterminado for de iniciativa do empregador, salvo nos casos de força maior e de morte do empregador pessoa física.

O aviso não é devido apenas nos casos de terminação do contrato a termo (normal ou antecipada), justa causa, força maior, morte do empregado ou do empregador pessoa física.

Abaixo apontamos a posição de alguns autores a respeito da matéria.

Délio Maranhão,[86] Orlando Gomes,[87] Sergio Pinto Martins,[88] Octávio Bueno Magano[89] e Campos Batalha[90] entendem que no caso de força maior não é devido o aviso prévio, pois o empregador não poderia prever o evento.

---

86 MARANHÃO, Délio; CARVALHO, Luiz Inácio Barbosa. *Direito do Trabalho*. 17. ed. Rio de Janeiro: Editora da FGV, 1993, p. 258.

87 GOMES, Orlando; GOTTSCHALK, Élson. *Curso de Direito do Trabalho*. 16. ed. Rio de Janeiro: Forense, 2003, p. 374-377.

88 MARTINS, Sergio Pinto. *Direito do Trabalho*. 14. ed. São Paulo: Atlas, 2001, p. 348-349.

89 MAGANO, Octávio Bueno. *Primeiras lições de Direito do Trabalho*. 3. ed. São Paulo: RT, 2003, p. 82.

90 Cf. *Idem*.

Concorda que é devido quando a extinção decorrer de falência Sergio Pinto Martins.[91] Pelo não cabimento em caso de falência: Gabriel Saad,[92] Délio Maranhão,[93] Magano[94] e Campos Batalha.[95]

> FALÊNCIA. AVISO PRÉVIO E MULTA DE 40% DO FGTS. CABIMENTO. O fato de a Reclamada estar falida não redime a massa de suas obrigações legais, principalmente aquelas decorrentes dos contratos de trabalho. O trabalhador, em qualquer caso, terá direito ao recebimento de todas as parcelas devidas em decorrência da dissolução do contrato, conforme prevê o art. 449 da CLT. Portanto, o processo falimentar não justifica o não pagamento da multa fundiária de 40% ou do aviso prévio. TRT/MG – RO: 5.179/00 – Rel. Designado: Juíza Emília Facchini. *DJ*/MG 26.08.2000.

Pelo cabimento em caso de aposentadoria: José Serson[96] e Sergio Pinto.[97]

A mesma discussão existia antes do acréscimo do § 4º do art. 487 da CLT, pois a doutrina era vacilante se era ou não devido o aviso nos casos de despedida indireta. A lei estancou a dúvida determinando o seu pagamento.

13. BASE DE CÁLCULO DO AVISO PRÉVIO

Todas as parcelas de natureza salarial habitualmente pagas nos últimos 12 meses de vigência do contrato, servem de base de cálculo do aviso prévio indenizado, tais como horas extras, adicionais, gratificações etc. Entendemos que a gorjeta e as demais pagas indiretas também devem fazer parte da base de cálculo. Entretanto, a jurisprudência se posicionou de forma contrária – Súmula nº 354 do TST.

Se sobrevier reajuste salarial concedido por norma coletiva na vigência do período do aviso prévio, trabalhado ou não, o empregado fará jus ao salário reajustado, bem como às diferenças das demais parcelas pagas na rescisão (art. 487, § 6º, da CLT).

As horas extras habituais integram o cálculo do aviso prévio (art. 487, § 5º, da CLT c/c Súmula nº 172 do TST). Todavia, as gratificações semestrais, por eventuais no ano, não integram o pré-aviso – Súmula nº 253 do TST.

---

91 MARTINS, Sergio Pinto. *Direito do Trabalho*. 14. ed. São Paulo: Atlas, 2001, p. 348.

92 SAAD, Eduardo Gabriel; SAAD, José Eduardo Duarte; BRANCO, Ana Maria Saad Castello. *CLT Comentada*. 39. ed. São Paulo: LTr, 2006, p. 490-495.

93 SÜSSEKIND, Arnaldo; MARANHÃO, Délio; VIANNA, Segadas; TEIXEIRA, Lima. *Instituições de Direito do Trabalho*. 22. ed. São Paulo: LTr, 2005, v. 1, p. 617.

94 MAGANO, Octávio Bueno. *Primeiras lições de Direito do Trabalho*. 3. ed. São Paulo: RT, 2003, p. 82.

95 Cf. *Idem*.

96 SERSON, José. *Curso de rotinas trabalhistas*. 35. ed. São Paulo: RT, 1995.

97 MARTINS, Sergio Pinto. *Direito do Trabalho*. 14. ed. São Paulo: Atlas, 2001, p. 348-349.

14. ESTABILIDADE

No período do aviso prévio não se adquire estabilidade quando o fato for posterior à comunicação da dispensa – Súmulas n°s 369, incisos V e 371 do TST. Isto se explica porque o aviso prévio é apenas um termo que suspende o exercício do direito, mas não a sua aquisição. A parte final da Súmula nº 371 do TST, entretanto, esclarece que na concessão de auxílio-doença no curso do aviso prévio, os efeitos da dispensa somente se concretizam depois de expirado o benefício previdenciário. Não concordamos com a tese do TST, pois se a comunicação de dispensa é válida o termo se implementa independentemente de causas suspensivas do contrato.

Sendo portador de estabilidade, o empregador deve esperar expirar todo o período de garantia de emprego para, só após conceder o pré-aviso, pois os dois institutos são incompatíveis entre si (Súmula nº 348 do TST).

De acordo com a Orientação Jurisprudencial 268 da SDI-I do TST, somente após o término do período estabilitário é que se inicia a contagem do prazo do aviso prévio para efeitos das indenizações previstas no art. 9º da Lei nº 6.708/79 e art. 9º da Lei nº 7.238/84.

Exceção: a gestante cuja confirmação (leia-se concepção) da gravidez ocorra durante o aviso prévio tem estabilidade no emprego, na forma do art. 391-A da CLT. Desta forma, a despedida sem justa causa é nula e a empregada deve ser reintegrada. Remetemos o leitor ao Capítulo da "Estabilidade".

15. JUSTA CAUSA

Durante o período do aviso prévio a parte que praticar falta grave pode punir a outra (arts. 490 e 491 da CLT). Se no curso do aviso prévio o empregador praticar falta grave, pode o trabalhador afastar-se do emprego sem que isto importe em outra falta. Neste caso, o patrão deverá pagar o salário correspondente ao restante do período, além das parcelas da rescisão como se imotivada fosse. Nesse sentido, Arnaldo Süssekind.[98] Em sentido contrário, Valentin Carrion.

Se, entretanto, foi o empregado que cometeu a justa causa, salvo a de abandono de emprego, no período do pré-aviso, além de se afastar imediatamente, perderá o direito a receber os salários do restante do período e as parcelas devidas em função da despedida imotivada, recebendo apenas as parcelas devidas em face da justa causa – Súmula nº 73 do TST. Como salienta Valentin Carrion,[99] o trabalhador perde o restante do aviso e, também, o direito às demais indenizações. Nesse sentido Barreto Prado[100] e Rezende Puech.[101]

---

98 Cf. CARRION, Valentin. *Comentários à Consolidação das Leis do Trabalho*. 29. ed. São Paulo: Saraiva, 2004, p. 388.

99 *Ibidem*, p. 389.

100 Cf. *idem*.

101 Cf. *idem*.

Não cabe a aplicação do abandono de emprego no período do aviso prévio de 30 dias, pois para que este seja configurado é necessário o transcurso de mais de 30 dias de faltas injustificadas reiteradas e consecutivas, o que não poderá ocorrer, pois o aviso prévio é de 30 dias – Súmula nº 73 do TST. Se, entretanto, o aviso prévio for superior a 30 dias (proporcional ao tempo de serviço, independente de quem seja o notificante, será possível a aplicação do abandono de emprego.

> JUSTA CAUSA. AVISO PRÉVIO. SÚMULA 73/TST. FALTA GRAVE. Não se pode perder de vista que a caracterização da justa causa, em quaisquer das hipóteses tipificadas pelo art. 482/CLT, tem por escopo a falta grave praticada pelo empregado, que impossibilita a continuidade do vínculo empregatício pela quebra da fidúcia inerente à relação de emprego. E, segundo a Súmula nº 73/TST, "falta grave, salvo a de abandono de emprego, praticada pelo empregado no decurso do prazo do aviso prévio, dado pelo empregador, retira àquele qualquer direito à indenização. Portanto, para o reconhecimento da dispensa motivada, inclusive aquela havida no curso do aviso prévio, capaz de retirar do obreiro o direito às verbas rescisórias, é indispensável a prova da gravidade da falta. TRT/MG – Processo nº: 01002.2001.068.03.00.3 – Rel. Designado: Juiz Hegel de Brito Boson. *DJ*/MG 05/04/2002.

16. PROFESSOR

Presume-se que professor demitido no curso do semestre letivo, sem justa causa, não tem condições de se recolocar em outro trabalho do mesmo gênero, pois os colégios e faculdades já estão com seus quadros completos e as aulas em curso. Por isso, defendemos que, no caso acima, seja pela situação fática, seja pela aplicação analógica do artigo 322, § 3º, da CLT, são devidos os salários do período compreendido entre a despedida imotivada do professor e o fim do ano letivo, aí compreendidas as férias escolares. Aliás, muitas normas coletivas já vêm garantindo esse direito.

Por outro lado, o artigo 322 da CLT foi expresso no sentido de garantir os salários dos professores no período de **férias escolares**,[102] que não se confundem com as **férias do professor**. Estas devem estar inseridas naquelas. A consequência deste comando legal é de que, havendo despedida imotivada nesses períodos, é devido o pagamento dos salários até o fim das férias escolares (§ 3º do artigo 322 da CLT) ou período letivo, além do **aviso prévio**, que não se confunde com os salários – Súmula nº 10 do TST.

102 Durante as férias escolares é proibido o trabalho, salvo os relacionados aos exames escolares.

Capítulo 33

RESOLUÇÃO DO CONTRATO DE TRABALHO

TÍTULO I
JUSTA CAUSA

Ao conceituar empregado a CLT informa que o trabalhador presta serviços sob a dependência do empregador. Por sua vez, nos termos do art. 2º da CLT é o empregador quem dirige a prestação de serviços, pois assume os riscos da atividade econômica que explora.

Como é o empregador aquele que investe seu capital no empreendimento, que escolhe os rumos do negócio, o momento para mudar o ramo e investir em novas ou antigas diretrizes da atividade, correndo todos os riscos dos desacertos ou de obter os lucros resultantes da escolha, também pode intervir na relação de emprego, pois tem o poder de comando.

O poder de comando lhe faculta modificar algumas cláusulas contratuais nos limites da lei – *ius variandi*, para que o contrato se desenvolva de acordo com os fins perseguidos pela empresa. Desta forma, cabe ao empregador determinar as condições em que o trabalho deve se desenvolver, dirigindo a prestação de serviços.

Daí exsurge o direito do empregador de fiscalizar (controle) o correto cumprimento dos afazeres do empregado e o direito de puni-lo (disciplinar), nos casos de descumprimento de seus deveres, aplicando-lhe as penas permitidas por lei[1] – advertência, suspensão e justa causa. O poder disciplinar decorre, pois, do poder de comando inerente das posições que se encontram empregador num patamar e o empregado em outro abaixo – hierarquia.

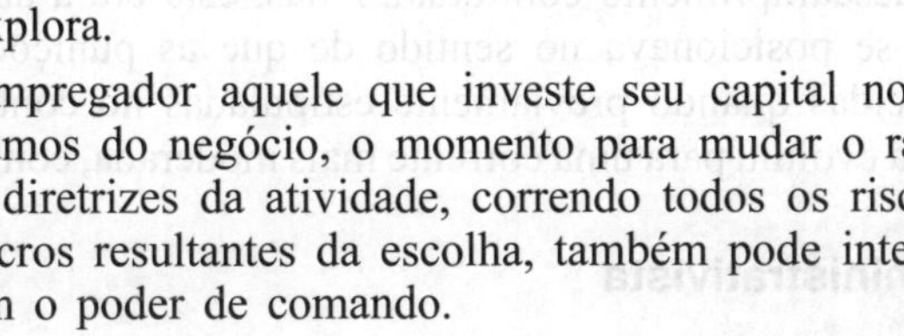

[1] A doutrina majoritária também admite a multa como penalidade disciplinar. Mais tarde o assunto será abordado.

1. PODER DISCIPLINAR

Muito se discutiu na doutrina acerca da natureza jurídica do poder disciplinar do empregador.

1.1. Teoria Penalista

Defende que o poder disciplinar é similar ao poder punitivo do Estado contra o criminoso. Entretanto, muitas são as diferenças, dentre elas o poder disciplinar e o poder do Estado em aplicar penas ao criminoso, tais como a coercibilidade da pena e a discricionariedade da punição disciplinar; a função social da pena criminal e a funcional da disciplinar. Ademais, o empregado não é um criminoso que precisa ser afastado da sociedade.

1.2. Teoria Civilista

Identifica semelhanças entre as sanções disciplinares com as penas civis, cominadas contratualmente para garantir a execução do ajuste. Ora, o poder disciplinar pode ser exercido mesmo que não esteja previsto contratualmente, porque decorre de lei, enquanto as penas civis necessitam da previsão contratual para serem aplicadas nos casos de descumprimento contratual. Aliás, esta era a antiga tese da teoria contratualista que se posicionava no sentido de que as punições disciplinares só poderiam ser exercidas quando previamente estipuladas no contrato. Mais tarde a teoria contratualista evoluiu para uma corrente mais moderada, como abaixo estudada.

1.3. Teoria Administrativista

Esta tese advoga que o poder disciplinar exsurge de uma supremacia especial, distinta da soberania do Estado, mas similar a esta, pois fundada na ordem jurídica e no interesse público. Esta tese foi abandonada porque o direito de punir o empregado decorre da lei e não é exclusivo do Estado ou do poder soberano. O poder discricionário da punição do empregado objetiva defender interesse privado e não público.

1.4. Teoria do Direito Especial ou do Poder Especial

Propõe que o poder disciplinar não se vincula, não se classifica, nem se assemelha com os poderes típicos do direito penal, civil ou administrativo. É uma soma de faculdades que são próprias do Direito do Trabalho e não de outras áreas.

O fundamento doutrinário para se reconhecer o poder disciplinar do empregador como direito autônomo dos demais passou por quatro correntes com nuanças diferentes:

a) Teoria contratualista – o fundamento do poder disciplinar é o contrato de trabalho, pois é através deste que o empregado coloca sua energia de trabalho à disposição do empregador, a quem fica juridicamente subordinado. Esta é a teoria adotada pelo Direito do Trabalho brasileiro. Corresponde à antiga teoria contratualista, mas de forma avançada e moderada, temperada com as especialidades trabalhistas. Alguns autores a denominam de teoria neocontratualista.

b) Teoria institucionalista – Acredita na existência de um direito penal da empresa. Supõe que o poder disciplinar nasce com a empresa, como atividade organizada, como instituição organizada ou um corpo social, onde em um dos polos da relação se encontrava, numa posição de supremacia, o empregador, defendendo as prioridades e interesses da instituição. Em outra posição, inferior e de submissão, o empregado, a quem cabe o dever de obediência. Parte da premissa que a instituição detém de autoridade e a faz atuar através dos meios necessários, com o objetivo de realizar o empreendimento. Para tanto, utiliza de medidas sancionadoras para manter a ordem interna, prejudicando a coletividade e os interesses comuns. É uma mistura do direito disciplinar público com o direito disciplinar privado coletivo, um verdadeiro direito penal das instituições, igualando-se ao Estado na autoridade. Não foi aceita no Direito do Trabalho brasileiro, já que o direito penal não se confunde com o trabalhista, nem a soberania do Estado com a posição de superioridade hierárquica do empregador.

c) Teoria da propriedade – defende que o poder disciplinar decorre da propriedade dos meios de produção. Como o empregador é o dono do negócio, aquele que investiu seu capital e da empresa recebe os frutos, pode comandar e punir o empregado. De acordo com esta teoria, é daí que surge o poder disciplinar. Todavia, o poder do homem sobre a coisa não se confunde com a submissão jurídica que o empregado tem em relação ao patrão. Esta decorre simplesmente do contrato de trabalho. Se assim não fosse, como se explicaria o fato de um empregado mais abastado e patrimonialmente mais forte que a empresa, ter que se submeter às regras contratuais, devendo obediência ao patrão?

d) Teoria da delegação do poder público – Justifica que o Estado delega ao empregador o poder disciplinar porque este detém o monopólio econômico do empreendimento. Ora, o poder disciplinar não se confunde com os poderes do Estado. Nem o empregado com os cidadãos.

2. PUNIÇÕES

O poder disciplinar decorre do poder diretivo, facultando ao empregador aplicar punições ao empregado quando este descumprir o contrato de forma a abalar a relação existente entre eles. Três[2] são os tipos de punições e a aplicação destas fica sob o crivo do empregador: repreensão ou advertência, suspensão e justa causa.

2 Há quem defenda que a multa é também um tipo de punição disciplinar. O assunto será abordado mais tarde.

2.1. Gradação da Pena

Ao juiz não é dado o condão de graduar a pena, pois não é o detentor do poder disciplinar, nem vivenciou aquela relação. Resta ao Judiciário manter ou elidir a penalidade aplicada. Da mesma forma Süssekind,[3] Valentin Carrion[4] e Lamarca.[5] Em sentido contrário Evaristo de Moraes Filho,[6] Délio Maranhão[7] e Martins Catharino.[8]

3. TIPOS DE PUNIÇÃO

3.1. Advertência

Advertência, admoestação, censura ou repreensão pode ser oral ou escrita e visa punir faltas leves e reprimir que aconteçam novamente. A lei não a prevê expressamente. Nem precisaria, pois é ínsita do poder disciplinar. Quando for escrita, o empregado deverá assinar o instrumento de ciência da punição, que apenas serve como prova do seu comportamento. Se houver recusa, o empregador terá que se utilizar de testemunhas presenciais para comprovarem não só que o empregado foi repreendido, mas também que se recusou a assinar a comunicação ou, para evitar alegação de dano moral, comunicá-lo, por telegrama, com cópia de teor e de recebimento, o motivo pelo qual foi advertido. Há quem (Lamarca)[9] defenda que a censura ou advertência não se caracteriza em penalidade e sim em mera notificação ou comunicação de punição futura.

3.2. Suspensão

O empregador pode suspender o empregado quando este praticar faltas mais graves. Não tão graves a ponto de acarretar a resolução do contrato e nem tão leves a ponto de ensejarem uma repreensão. Durante o período da suspensão disciplinar o empregado não recebe o salário (suspensão contratual). A suspensão disciplinar não poderá ser superior a 30 dias consecutivos, sob pena de rompimento do contrato sem justa causa, como se fosse uma dispensa imotivada (art. 474 da CLT).

3.3. Multa

A Lei nº 6.354/1976, em seu art. 15, § 1º, previa a aplicação de multa ao **jogador de futebol** no valor máximo de 40% do seu salário, montante que era repassado ao FAAP. Entretanto, a lei foi revogada pela Lei nº 12.395/2011.

---

3 SÜSSEKIND, Arnaldo. *Curso de Direito do Trabalho*. Rio de Janeiro: Renovar, 2002, p. 325-329.

4 CARRION, Valentin. *Comentários à Consolidação das Leis do Trabalho*. 29. ed. São Paulo: Saraiva, 2004, p. 368.

5 LAMARCA, Antônio. *Manual das Justas Causas*. 2. ed. São Paulo: Revista dos Tribunais, 1983, p. 32.

6 Cf. CARRION, *op. cit.*, p. 368.

7 MARANHÃO, Délio; CARVALHO, Luiz Inácio Barbosa. *Direito do Trabalho*. 17. ed. Rio de Janeiro: Editora da FGV, 1993, p. 242.

8 CATHARINO, José Martins. *Compêndio universitário de Direito do Trabalho*. São Paulo: Editora Jurídica e Universitária, 1972, v. 2, p. 767-781.

9 LAMARCA, Antônio. *Manual das Justas Causas*. 2. ed. São Paulo: Revista dos Tribunais, 1983, p. 38.

A multa prevista no § 4º do art. 452-A da CLT não pode ser considerada penalidade disciplinar, seja porque é recíproca, seja porque se assemelha à cláusula penal.

3.4. Justa Causa

É a penalidade disciplinar máxima aplicada pelo empregador ao trabalhador. Só deve ser aplicada quando o empregado praticar uma falta muito grave, descumprir grosseiramente o contrato, ou quando a lei autorizar a extinção por este motivo. Torna desaconselhável o prosseguimento da relação de emprego, ferindo de morte a fidúcia inerente à manutenção do ajuste.

Alguns estudiosos diferenciam a justa causa da falta grave. Para Délio Maranhão[10] a falta grave é praticada apenas pelo empregado estável, os demais empregados praticam justa causa para o rompimento do contrato. Assim também pensam Sergio Pinto[11] e Süssekind,[12] que não vislumbram qualquer diferenciação prática. Baseados neste parâmetro, Dorval Lacerda,[13] Russomano,[14] Martins Catharino,[15] Wagner Giglio[16] e Valentin Carrion[17] informam que a falta grave é a justa causa de superior intensidade, logo, só aplicada aos estáveis. A jurisprudência não distingue as duas nomenclaturas, empregando-as como sinônimas ou equivalentes. Assim também Otávio Bueno Magano[18] e Evaristo Moraes Filho.[19]

Godinho[20] menciona que a falta grave é aquela que deve ser apurada formalmente, através de inquérito judicial.

Defendemos que as expressões são sinônimas, pois empregadas de forma indistinta.

A CLT emprega a expressão *falta grave* no art. 453; parágrafo único do art. 240; arts. 492, 493, 495 e art. 543, § 3º da CLT. O termo justa causa é utilizado nos arts. 508 (revogado pela Lei nº 12.347/10), 479, 480 e 482 da CLT.

---

10 SÜSSEKIND, Arnaldo; MARANHÃO, Délio; VIANNA, Segadas; TEIXEIRA, Lima. *Instituições de Direito do Trabalho*. 22. ed. São Paulo: LTr, 2005, v. 1, p. 573-574.

11 MARTINS, Sergio Pinto. *Direito do Trabalho*. 13. ed. São Paulo, 2001, p. 319.

12 SÜSSEKIND, Arnaldo. *Curso de Direito do Trabalho*. Rio de Janeiro: Renovar, 2002, p. 329.

13 LACERDA, Dorval. *A falta grave no Direito do Trabalho*. 4. ed. São Paulo: Edições Trabalhistas, 1976, p. 17.

14 RUSSOMANO, Mozart Victor. *Curso de Direito do Trabalho*. 7. ed. Curitiba: Juruá, 1999, p. 285.

15 CATHARINO, José Martins. *Compêndio Universitário de Direito do Trabalho*. São Paulo: Editora Jurídica e Universitária, 1972, v. 2, p. 769.

16 GIGLIO, Wagner D. *Justa causa*. 4. ed. São Paulo: LTr, 1993, p. 17.

17 CARRION, Valentin. *Comentários à Consolidação das Leis do Trabalho*. 29. ed. São Paulo: Saraiva, 2004, p. 367.

18 MAGANO, Otávio Bueno. *Manual de Direito do Trabalho*. Direito Individual do Trabalho. 3. ed. São Paulo: LTr, 1992, v. 2, p. 333.

19 MORAES FILHO, Evaristo. *A justa causa na rescisão do contrato de trabalho*. 2. ed. Rio de Janeiro: Forense, 1968, p. 105.

20 DELGADO, Mauricio Godinho. *Curso de Direito do Trabalho*. São Paulo: LTr, 2002, p. 341, p. 1.159.

3.4.1. Sistema Legislativo

Cada país adota um tipo de sistema legislativo para tratar as justas causas motivadoras da resolução contratual. Os sistemas[21] podem ser: a) **taxativo**, enumerativo, limitativo ou exaustivo: a lei enumera, limita e taxativamente indica quais os casos em que cada uma das partes pode romper o contrato; b) **exemplificativo** ou enunciativo: a lei é genérica no seu enunciado básico, não deixando de proporcionar alguns exemplos elucidativos ao intérprete; c) **genérico**: a lei dispõe de modo amplo, de forma mais abstrata e geral possível, não exemplificando nem limitando.

O Brasil adotou o sistema legislativo taxativo, pois todos os tipos constam expressamente na lei. Nem todos os tipos estão no art. 482 da CLT, também há tipos em outros artigos da CLT e em outras leis. Também se posicionam desta forma Dorval Lacerda,[22] Arnaldo Süssekind,[23] Délio Maranhão,[24] Rodrigues Pinto,[25] Amauri Mascaro,[26] Evaristo Moraes,[27] Mauricio Godinho,[28] Gabriel Saad[29] e Orlando Gomes.[30]

Logo, os fatos a serem punidos não podem extravasar os contornos fixados em lei, pois estes tipos são taxativos, apesar de muito plásticos, pois permitem diversas interpretações. Não há justa causa sem previsão legal.

Wagner Giglio,[31] Sergio Pinto,[32] Russomano[33] e Alice Monteiro[34] mencionam que o sistema legislativo brasileiro foi taxativo nos arts. 482 e 483 da CLT, pois os tipos previstos em outros artigos ou leis já estão incluídos naqueles, isto é, são redundantes.

Aliás, há julgados neste sentido, apesar de não apontarem a posição majoritária:

> A acumulação de cargos públicos não constitui justa causa para o rompimento do vínculo empregatício, na medida em que não se inclui nas hipóteses das alíneas do art. 482 da CLT. Violação do art. 5º, II, da Constituição Federal não configurada. TST, 1ª T., RR 282.843/96.5, Rel. João Oreste Dalazen, *In* CARRION,

---

21 Amauri Mascaro Nascimento acrescenta mais um tipo de sistema legislativo: misto, como sendo o resultado da combinação entre o taxativo e o genérico. NASCIMENTO, Amauri Mascaro. *Curso de Direito do Trabalho*. 16. ed. São Paulo: Saraiva, 1999, p. 592.

22 LACERDA, Dorval. *A falta grave no Direito do Trabalho*. 4. ed. São Paulo: Edições Trabalhistas, 1976, p. 14-28.

23 SÜSSEKIND, Arnaldo. *Curso de Direito do Trabalho*. Rio de Janeiro: Renovar, 2002, p. 327.

24 SÜSSEKIND, Arnaldo; MARANHÃO, Délio; VIANNA, Segadas; TEIXEIRA, Lima. *Instituições de Direito do Trabalho*. 19.ed. São Paulo: LTr, 2000, v. 2, p. 574.

25 PINTO, José Augusto Rodrigues. *Curso de Direito Individual do Trabalho*. 4. ed. São Paulo: LTr, 2000. 470.

26 NASCIMENTO, Amauri Mascaro. *Curso de Direito do Trabalho*. 16. ed. São Paulo: Saraiva, 1999, p. 592.

27 MORAES FILHO, Evaristo. *A justa causa na rescisão do contrato de trabalho*. 2. ed. Rio de Janeiro: Forense, 1968, p. 44.

28 DELGADO, Mauricio Godinho. *Curso de Direito do Trabalho*. São Paulo: LTr, 2002, p. 1.161.

29 SAAD, Eduardo Gabriel; SAAD José Eduardo Duarte; BRANCO, Ana Maria Saad Castelo. *CLT comentada*. 37. ed. São Paulo: LTr, 2004, p. 478.

30 GOMES, Orlando; GOTTSCHALK, Élson. *Curso de Direito do Trabalho*. Rio de Janeiro: Forense, 1995, p. 369.

31 GIGLIO, Wagner D. *Justa causa*. 4. ed. São Paulo: LTr, 1993, p. 18.

32 MARTINS, Sergio Pinto. *Direito do Trabalho*. 13. ed. São Paulo: Atlas, 2001, p. 320.

33 RUSSOMANO, Mozart Victor. *Curso de Direito do Trabalho*. 7. ed. Curitiba: Juruá, 1999, p. 196.

34 BARROS, Alice Monteiro de. *Curso de Direito do Trabalho*. São Paulo: LTr, 2005, p. 839.

Valentin. *Comentários à Consolidação das Leis do Trabalho*. 26. ed. São Paulo: Saraiva, 2001, p. 359.

De forma diversa e isolada está Martins Catharino[35] que defende que o Brasil adotou o sistema exemplificativo.

Para os trabalhadores avulsos a lei foi expressa em autorizar que o contrato, a norma coletiva ou a lei disponham sobre os tipos – art. 29 da Lei nº 12.815/2013.

3.4.2. Forma

A terminação do contrato de trabalho por justa causa praticada pelo empregado se opera *ope iuris*, bastando a declaração de vontade do empregador e a ciência do empregado da despedida por justo motivo para produzir seus efeitos. Portanto, não exige forma especial, salvo quando se tratar de empregado estável e, mesmo assim, quando a lei exigir que a falta grave seja apurada e comprovada através de inquérito judicial. Neste caso a extinção será *ope judicis*, isto é, através do Judiciário.

3.4.3. Tipos

As faltas previstas no ordenamento jurídico passíveis da punição máxima são taxativas na lei:

- art. 482 da CLT – faltas genéricas para todos os empregados;
- art. 240, parágrafo único, da CLT – ferroviário que se recusa a fazer horas extras nos casos de urgência e acidente;
- art. 15 da Lei nº 7.783/89 – prática de ato faltoso durante o movimento grevista;
- art. 158, parágrafo único, da CLT – não utilização do EPI (equipamento de proteção individual);
- art. 3º da Lei nº 9.962/00 – empregado público;
- art. 433, II da CLT – aprendiz quando comete falta;
- art. 7º, § 3º, do Decreto nº 95.247/87 – vale-transporte – declaração falsa ou uso indevido (legalidade discutida porque extravasa os limites da lei);
- art. 23, parágrafo único, do Decreto nº 73.626/74 – rural incapacitado em razão da idade (ilegal porque discrimina o trabalhador em razão da idade);
- art. 27 da LC 150/2015 – doméstico;
- art. 13 da Lei nº 6.019/74 – trabalho temporário;
- art. 235-B, parágrafo único, da CLT – motorista quando descumpre seus deveres.

---

35 CATHARINO, José Martins. *Compêndio Universitário de Direito do Trabalho*. São Paulo: Editora Jurídica e Universitária, 1972, p. 779.

3.4.4. Requisitos[36] para Aplicação da Justa Causa

a) imediatidade ou atualidade;
b) proporcionalidade entre a falta e a punição;
c) *non bis in idem*;
d) não discriminação;
e) gravidade da falta;
f) teoria da vinculação dos fatos ou dos motivos determinantes da punição;
g) não ocorrência de perdão tácito ou expresso.

a) Imediatidade, atualidade ou contemporaneidade

A punição tem que ser atual, pois o transcurso do longo tempo entre a falta e a penalidade acarreta a presunção de perdão ou de renúncia do direito de punir.

É um requisito recíproco, isto é, é aplicado tanto para as faltas cometidas pelo empregado, quanto para as cometidas pelo empregador.

Logo que o empregador tome conhecimento da prática de ato faltoso deve providenciar a aplicação da penalidade. Esta exigência tem como fundamento retirar do patrão o poder de punição, pois poderia usá-lo como forma de ameaçar e deixar o trabalhador oprimido, com medo de ser, a qualquer momento, punido. Da mesma forma, assim que o trabalhador tenha ciência da falta perpetrada pelo empregador deverá puni-lo, sob pena de **perdão tácito**.

Punição atual não significa concomitante, e sim contemporânea, pois a imediatidade está vinculada à rápida punição, que deve ser contada a partir da ciência do fato e da autoria do ato inquinado.[37]

Se o empregador descobre, após uma auditoria interna, que um empregado desviou grande importância em dinheiro no ano anterior, ainda pode puni-lo, porque só tomou conhecimento da falta e da autoria desta após a auditoria.

A rapidez na punição deve ser avaliada de acordo com cada tipo de empregador e a complexidade burocrática que cada empresa exige para processar uma dispensa por justa causa. Normalmente, quanto menor a burocracia, menor o tempo para punir. Quanto maior a proximidade entre empregado e empregador, mais rápida deverá ser a punição, para que não se caracterize em perdão tácito. *A contrario sensu,* quando o empregador for a administração pública ou se tratar

---

36 Alguns autores preferem dizer "requisitos" e, outros, "elementos". A indicação de quais e quantos são os requisitos para a aplicação da justa causa também é questão controvertida. Dorval Lacerda menciona sete "requisitos" (previsão legal, prejuízo, veracidade, atualidade, gravidade, vínculo etiológico e conexidade com o serviço); Wagner Giglio aponta apenas um (gravidade da falta); Alice Monteiro refere-se a seis elementos (previsão legal, caráter determinante da falta, atualidade, proporcionalidade, gravidade da falta, *non bis in idem*); Godinho enumera nove requisitos (nexo causal, adequação, proporcionalidade, imediaticidade, ausência de perdão, *non bis in idem*, inalteração da punição, ausência de discriminação e caráter pedagógico do poder disciplinar). LACERDA, Dorval. *A falta grave no Direito do Trabalho*. 4. ed. São Paulo: Edições Trabalhistas, 1976, p. 20; GIGLIO, Wagner D. *Justa causa*. 4. ed. São Paulo: LTr, 1993, p. 19; BARROS, Alice Monteiro de. *Curso de Direito do Trabalho*. São Paulo: LTr, 2005, p. 834; DELGADO, Mauricio Godinho. *Curso de Direito do Trabalho*. São Paulo: LTr, 2002, p. 1.164.

37 Assim também Mauricio Godinho. *Ibidem*, p. 1.165.

de uma empresa de grande porte, com procedimentos complexos e burocráticos, o critério de avaliação da imediatidade deve ser mitigado, ampliado.

Não se pode comparar o caso do empregado Joaquim que trabalhava na padaria do Sr. Manoel, quando foi flagrado furtando dinheiro pelo próprio patrão, com a hipótese do empregado público que foi surpreendido, pelo chefe do setor, furtando material da empresa pública. Enquanto aquele patrão pode demitir o Joaquim por justa causa oralmente, isto é, ato contínuo, imediatamente, no mesmo instante; o chefe do setor público tem que comunicar o ocorrido ao chefe do departamento, que repassa a recomendação de dispensa por justa causa ao departamento jurídico, que avalia e repassa ao departamento de pessoal de maior hierarquia da empresa. Por fim, o departamento de pessoal avalia a situação, ratifica a possibilidade de dispensa por justa causa e encaminha a ratificação da proposta de dispensa à diretoria. Após todos estes atos, algumas vezes, ainda há necessidade do parecer final do jurídico para a publicação no *Diário Oficial*. Só a partir daí é possível a terminação do contrato por justa causa. Percebemos que no primeiro caso a imediatidade significou algumas horas ou dias entre a falta e a punição, enquanto no segundo caso o prazo para a punição foi maior, mas foi mantida a contemporaneidade. Em alguns casos, o procedimento de dispensa pode demorar de um a seis meses.

O que é importante para se apreciar a imediatidade ou atualidade entre a falta e a punição é que o empregador inicie de imediato (a partir do conhecimento da falta) o procedimento de dispensa.

> JUSTA CAUSA – IMEDIATIDADE – AUSÊNCIA. Mantém-se o decisum de primeiro grau que não reconheceu como válida a justa causa aplicada, quando patente nos autos a ausência de imediatidade na aplicação da punição, cerca de cinco meses após a falta atribuída à empregada. TRT-20 00615001020025200004, Relator: João Bosco Santana de Moraes, Data de Publicação: 06/09/2002.

> JUSTA CAUSA. IMEDIATIDADE. A imposição de penalidade alguns dias depois dos fatos não denota inobservância do princípio da imediatidade, mas faz prova da tese defensiva de apuração dos fatos e tomada de decisão quanto à sanção aplicável junto ao setor jurídico da empresa. Recurso do reclamante a que se nega provimento. TRT-2 10001700220195020068 SP, Relator: Manoel Antonio Ariano, 14ª Turma – Cadeira 3, Data de Publicação: 16/12/2019.

Portanto, não há um parâmetro legal para se apurar a imediatidade, devendo prevalecer o bom-senso, a razoabilidade.

Mauricio Godinho[38] sugere que o prazo máximo seja de 30 dias, por aplicação analógica da Súmula nº 403 do STF, mesmo assim, quando houver necessidade de alguma diligência averiguatória. Discordamos do prazo sugerido, pois alguns inquéritos administrativos demoram mais tempo e, ainda assim, será possível a despedida por justa causa. O importante é que o procedimento seja iniciado logo após a descoberta do fato.

38 *Idem.*

b) Proporcionalidade entre a falta e a punição

Para faltas leves devem ser aplicadas punições brandas. Para faltas graves punições mais rigorosas. Como regra geral só há três punições permitidas pela doutrina e jurisprudência: advertência, suspensão e justa causa. A CLT só menciona as duas últimas. Apesar de não se referir à advertência ou repreensão, a doutrina e a jurisprudência já consagraram o direito de o empregador aplicar esta punição. Já estudamos a matéria no tópico acima.

A repreensão, advertência ou admoestação é aplicada verbalmente ou por escrito e se destina a punir faltas leves.

A suspensão disciplinar afasta o empregado do serviço e neste período ele nada recebe. Não pode ser superior a 30 dias consecutivos, sob pena de se considerar o contrato extinto sem justa causa – art. 474 da CLT. A suspensão visa punir falta de gravidade média, mas que não justifica, ainda, a resolução do pacto por justa causa.

A justa causa é aplicada à falta gravíssima, que torne desaconselhável e insuportável a continuidade da relação de emprego, por quebra total da fidúcia contratual.

A justa causa é a pena máxima e por isso não pode ser aplicada levianamente. Deve ser robustamente provada.

> JUSTA CAUSA. DESÍDIA. DESPROPORCIONALIDADE.ELIDIDA. Um dos requisitos para a aplicação da justa causa é o da gravidade da falta. A punição deve ser proporcional à falta perpetrada pelo empregado e, quando excessiva, deve ser elidida, por desproporcional. É o caso dos autos. Por outro lado, a gravidade de uma falta pode ser comprovada pelo ato em si ou pela falta que, embora leve, se torne grave pela sua repetição. O autor, em um ano de três meses de contrato (média), teve três faltas punidas e uma justa causa. Levando-se em consideração que todas estas faltas eram leves e que o último ato praticado não foi de maior gravidade, conclui-se que a síntese de todas as faltas não nos leva à desídia. (TRT-1 - RO: 125720115010072 RJ, Relator: Volia Bomfim Cassar, Data de Julgamento: 27/03/2012, Segunda Turma, Data de Publicação: 2012-04-17).

A penalidade não pode ser anotada na CTPS – art. 29, § 4º, da CLT, nem nos registros funcionais do empregado, sob pena de dar ensejo ao dano moral. Não pode ser divulgada, pois a reputação profissional do trabalhador é seu maior bem jurídico e desta depende sua recolocação no mercado.

Os operadores do direito não afinam no mesmo diapasão quanto à possibilidade do Judiciário em graduar a pena aplicada pelo empregador. Lamarca,[39] Carrion[40] e Süssekind[41] se posicionam no sentido de que o Judiciário só pode manter ou elidir a penalidade aplicada, de acordo com a avaliação do julgador. Assim também a jurisprudência majoritária. Por outro lado, Evaristo Moraes Filho,[42] Délio Mara-

---

39 LAMARCA, Antônio. *Manual das justas causas*. 2. ed. São Paulo: Revista dos Tribunais, 1983, p. 17.

40 CARRION, Valentin. *Comentários à Consolidação das Leis do Trabalho*. 29. ed. São Paulo: Saraiva, 2004, p. 368.

41 SÜSSEKIND, Arnaldo. *Curso de Direito do Trabalho*. Rio de Janeiro: Renovar. 2002, p. 325-329.

42 Cf. CARRION, Valentin, *op. cit.*, p. 368.

nhão[43] e Catharino[44] entendem que o juiz pode graduar a pena aplicada, convolando uma penalidade mais rigorosa numa menos dura. Apontam como fundamento o art. 413 do CC ou o fato de que "quem pode o mais pode o menos". Assim, se o Judiciário pode manter a justa causa, também poderia transformá-la em suspensão.

Não concordamos com esta posição. O poder disciplinar é inerente ao empregador, sendo indevida a intromissão do Judiciário neste poder de comando. Só ao empregador é permitido avaliar a melhor penalidade a ser aplicada em cada caso. Se, entretanto, houver abuso, caberá ao Judiciário a elisão da pena. Logo, ao juiz cabe apenas elidir ou manter a pena.[45]

> O legislador não abriga a gradação de punições. Basta que reste configurada a situação tipificada para que o empregador fique autorizado a proceder à dispensa justificada. TST, 3ª T., RR 163.359/95.5, Rel. José Luiz Vasconcellos. *In* CARRION, Valentin. *Comentários à Consolidação das Leis do Trabalho*. 26. ed. São Paulo: Saraiva, 2001, p. 362.

Não há necessidade de o empregador respeitar qualquer gradação[46-47-48] para aplicar a justa causa. Isto quer dizer que o patrão pode aplicar a justa causa como primeira punição disciplinar (que será também a última), desde que o ato praticado tenha a gravidade suficiente para desafiar a punição maior. Não seria crível que o empregador tivesse que se submeter, de forma paciente e tranquila, a repetidas faltas do empregado, para punir cada uma de forma gradativa (primeiro as advertências, depois a suspensão e por último a justa causa) e só depois poder aplicar a pena máxima.

Há inúmeros acórdãos nesse sentido:

> JUSTA CAUSA. GRADAÇÃO DA PENA. DESNECESSIDADE. Determinadas faltas, capituladas no artigo 482 da Consolidação das Leis do Trabalho, são de natureza tão grave que até dispensam uma gradação de penalidades. É o caso da agressão física a colega de serviço (artigo 482, j, da Consolidação das Leis do Trabalho). Recurso provido no particular, por unanimidade. TRT-24 01231008020095240002, 1ª Turma, Relator: Amaury Rodrigues Pinto Junior, Data de Julgamento: 09/12/2010.

---

43 SÜSSEKIND, Arnaldo, MARANHÃO, Délio, VIANNA, Segadas, TEIXEIRA, Lima. *Instituições de Direito do Trabalho*. 18. ed. São Paulo: LTr, 1999, v. 1, p. 252.

44 CATHARINO, José Martins. *Compêndio Universitário de Direito do Trabalho*. São Paulo: Editora Jurídica e Universitária, 1972, v. 1, p. 143.

45 Este entendimento também se aplica para a suspensão contratual.

46 Alice Monteiro de Barros se posiciona de forma diversa. Afirma que a gradação deverá ser respeitada em face de seu caráter pedagógico, salvo se a gravidade da falta autorizar a dispensa de imediato. BARROS, Alice Monteiro de. *Curso de Direito do Trabalho*. São Paulo: LTr, 2005, p. 836.

47 Mauricio Godinho entende que o efeito pedagógico de gradação de penalidade seja adotado com critérios crescentes de punições, favorecendo o caráter didático. Todavia, aponta que este método não é absoluto, pois em caso de falta de maior gravidade, a justa causa pode ser aplicada. DELGADO, Mauricio Godinho. *Curso de Direito do Trabalho*. São Paulo: LTr, 2002, p. 1.167.

48 NASCIMENTO, Amauri Mascaro. *Iniciação ao Direito do Trabalho*. 27. ed. São Paulo: LTr, 2001, p. 207.

> JUSTA CAUSA. GRADAÇÃO DA PENA. DESNECESSIDADE. Não há que se questionar sobre gradação da pena quando a falta cometida, por si só, diante da gravidade, já justifica a dispensa por justa causa. TRT-1 – RO: 12267420105010054 RJ, Relator: Marcos Cavalcante, Data de Julgamento: 04/07/2012, Sexta Turma, Data de Publicação: 12/07/2012.

Há, entretanto, posições divergentes no sentido de exigir a observância da gradação da pena:

> JUSTA CAUSA. GRADAÇÃO DA PENA. Os princípios da proporcionalidade e da gradação da pena devem ser observados em caso de dispensa por justa causa, tendo em vista que as punições se revestem de caráter pedagógico, objetivando o ajuste comportamental do empregado às normas da empresa. TRT-11 00132020120131100, Relator: Maria das Graças Alecrim Marinho.

c) *Non bis in idem* ou singularidade da punição

Não se pode punir duas vezes a mesma falta, sob pena da última ser elidida. Para cada falta nasce para o empregador o direito de aplicar apenas uma punição. Porém, poderá o empregador despedir o empregado por justa causa por diversas faltas perpetradas pelo empregado.

Assim, se o empregador advertiu o empregado por ter agredido verbalmente o colega, por exemplo, no dia 03/05/2006, não poderá, por esta mesma falta, suspendê-lo. Se ele no dia 10/07/2006 cometer o mesmo ato, poderá o empregador aplicar outra penalidade igual ou superior. Da mesma forma, se pelo furto praticado o empregador suspendeu o empregado, não poderá mais tarde aplicar a justa causa para este mesmo evento.

Não se considera dupla penalidade o fato de o empregador descontar do salário os dias referentes às faltas injustificadas que levaram ao abandono ou à desídia. Da mesma forma não se considera dupla penalidade a faculdade que o empregador possui em descontar do período de férias as faltas injustas que o empregado teve no período aquisitivo, e em demitir o trabalhador por desídia. O desconto dos dias não trabalhados, o desconto dos danos causados; a redução dos dias de férias; a perda da remuneração do dia de repouso semanal, por impontualidade ou faltas, são faculdades que o legislador concedeu ao empregador e, por isto, não se relacionam com as punições disciplinares. Ademais, a lei trata destas faculdades em artigos e títulos diferentes das penalidades disciplinares.

Todavia, as faltas injustificadas que não foram descontadas não podem ser consideradas como falta injusta praticada pelo empregado, pois perdoadas.

> JUSTA CAUSA. *NON BIS IN IDEM*. A justa causa constitui a penalidade máxima que pode ser imputada ao empregado e, por isso, necessita ser comprovada de forma robusta. Havendo falta grave já punida pelo empregador por outro meio, advertência ou suspensão, não pode ser também aplicada a justa causa, sob pena de *bis in idem*. TRT-1 - RO: 00009895620145010262 RJ, Data de Julgamento: 01/06/2016, Sexta Turma, Rel. Marcos Cavalcante, Data de Publicação: 13/06/2016.

d) Não discriminação ou tratamento igual

Não pode o empregador punir de forma diversa os empregados que praticaram a MESMA falta. Não se trata de faltas iguais praticadas por empregados diferentes, em momentos distintos. Aqui a palavra "mesma" significa que houve único ato faltoso praticado em coautoria, isto é, onde vários empregados participaram em sistema de cooperação. Neste caso, a punição a ser aplicada deve ser idêntica para todos, sob pena de se discriminar aquele que teve a punição mais severa.

É o que ocorre quando três bancários resolvem, em conjunto, desviar dinheiro dos clientes. Um usa sua senha para a retirada, o outro adultera a contabilidade e o terceiro "empresta" sua conta-corrente para receber o produto do furto. Estas faltas foram praticadas em coautoria, logo, os empregados devem ser punidos da mesma forma, isto é, com a mesma punição, sem se levar em conta a gravidade *in concreto*. Portanto, não deve o intérprete levar em consideração que o que utilizou sua senha para o desvio de dinheiro tinha dez anos de serviço, sem nenhuma punição prévia e com produtividade e dedicação ímpar. Nem considerar que o que adulterou a contabilidade já tinha uma punição disciplinar anterior e cinco anos de serviço e que era considerado bom empregado. Também não pode levar em conta que o que recebeu os valores desviados em sua conta tinha apenas seis meses de casa e já tinha sido punido diversas vezes.

A doutrina é vacilante quando se trata de faltas iguais, mas praticadas em momentos diferentes por empregados distintos. Aqui há que se fazer algumas ponderações. Se é praxe da empresa o perdão tácito ou expresso de algumas faltas, não poderá o empregador, abruptamente, sem prévia comunicação, punir um determinado empregado por ter praticado falta igual àquela que todos sempre cometeram sem qualquer punição. Não se está aqui pregando que o empregador jamais poderá punir as faltas graves posteriores iguais às que vinham sendo cometidas e que eram tacitamente perdoadas por um preposto incompetente, por exemplo. Não. No momento que o patrão desejar fazer valer seus direitos de resolver o contrato por justa causa para acabar com aquelas burlas constantes, deverá emitir circular comunicando que aquela prática não mais será permitida, informando que aquele que persistir será punido com a resolução contratual.

Por outro lado, pode ocorrer que uma falta tenha sido punida com suspensão e, mais tarde, outra falta **igual** tenha sido praticada por outro trabalhador que foi punido com justa causa. Diante desta situação, não pode o intérprete esquecer-se da apreciação *in concreto* da falta, principalmente se ela foi culposa. Neste caso poderá haver punição diferente. A matéria será melhor examinada abaixo.

Havendo duplicidade de punição revoga-se a segunda pena, pois não poderia ter sido aplicada.

Na verdade, o intérprete deve estudar criteriosamente cada caso para não praticar injustiças.

RECURSO ORDINÁRIO DA RECLAMADA. JUSTA CAUSA. TRATAMENTO DESIGUAL. A dispensa do reclamante por justa causa, após o perdão tácito do

> seu superior hierárquico e a aplicação de advertência aos seus subordinados, todos partícipes da mesma irregularidade cometida, implicou em tratamento desigual, eis que não comprovada qualquer justificativa para tal atitude diferenciada. Entendendo a reclamada que os atos praticados não foram suficientes à aplicação da justa causa em relação a alguns empregados, deveria também possibilitar o mesmo tratamento para todos os envolvidos. Recurso ordinário ao qual se nega provimento. Processo: RO – 0001826-73.2013.5.06.0144, Redator: André Genn de Assunção Barros, Data de julgamento: 17/03/2016, Quarta Turma, Data da assinatura: 17/03/2016.

e) Gravidade da falta e apreciação da gravidade

A falta que enseja a aplicação da pena máxima da justa causa tem que ser muito grave, tão grave a ponto de tornar insuportável a continuidade da relação de emprego. A infração que justifica a resolução do contrato por justa causa não torna impossível o prosseguimento do contrato, pois este fato só ocorre nos casos de força maior. Na verdade, a falta grave implica quebra da confiança, da fidúcia ínsita do contrato de trabalho.

A apreciação da falta do trabalhador deve ser avaliada em cada caso de forma concreta ou subjetiva[49] isto é, levando-se em consideração a personalidade do agente, a intencionalidade, os fatos que levaram o empregado à prática daquele ato, a ficha funcional pregressa, os antecedentes, as máculas funcionais anteriores; grau de instrução ou de cultura, a época; o critério social etc.

Exemplo: três empregados, por mera coincidência, faltaram 15 dias consecutivos ao trabalho, sem apresentarem qualquer justificativa à empresa. O primeiro tinha apenas oito meses de trabalho e sua ficha funcional apontava diversas faltas anteriores punidas com advertências e suspensões. O segundo contava com cinco anos de serviço e tinha uma advertência e uma suspensão anterior pelo mesmo motivo. O terceiro empregado tinha 10 anos de serviço e nunca havia faltado de forma injustificada antes do ocorrido. O primeiro foi demitido por justa causa, pois seu comportamento demonstrava sua negligência pelo serviço (desídia). O segundo foi suspenso, pois era bom empregado, mas já tinha punições anteriores pelo mesmo motivo. O terceiro foi advertido, porque seu bom desempenho, dedicação e diligência ao trabalho não permitiram uma punição mais drástica.

> JUSTA CAUSA. GRAVIDADE DA FALTA. Para efeito de aplicação da justa causa é necessário que a falta seja grave o suficiente para tornar insustentável a continuidade da relação de emprego. TRT-1 – RO: 00126908820145010205, Relator: MARCOS DE OLIVEIRA CAVALCANTE, Data de Julgamento: 21/09/2016, Sexta Turma, Data de Publicação: 07/10/2016.

> JUSTA CAUSA. GRAVIDADE DO ATO FALTOSO. A justa causa é a pena máxima aplicada a um empregado e por este motivo ela deve ser grave suficiente e

[49] Por isso, Evaristo de Moraes Filho afirma que toda justa causa é relativa. MORAES FILHO, Evaristo. *A justa causa na rescisão do contrato de trabalho*. 2. ed. Rio de Janeiro: Forense, 1968, p. 192.

robustamente comprovada, sob pena de macular a ficha funcional de um empregado, não se admitindo a possibilidade de pairar qualquer dúvida a respeito de sua justiça, no convencimento do julgador, devendo ser sopesada a gravidade do ato faltoso. TRT-1 – RO: 11270063200950100061 RJ, Relator: Leonardo Dias Borges, Data de Julgamento: 27/03/2012, Segunda Turma, Data de Publicação: 17/04/2012.

Nas palavras de Evaristo Morais Filho[50] a culpa do empregado deve ser apreciada concretamente, "isto é, levando-se em conta não só a medida padrão – bônus *pater familias* – como também a personalidade do agente, suas condições psicológicas, sua capacidade de discernimento, e assim por diante".

A apreciação *in concreto* da culpa do empregado se assemelha à culpa penal e se distingue da culpa civil, pois esta sempre é apreciada abstratamente. A culpa do empregador é sempre apreciada abstratamente. Um servente de obra que utiliza com frequência de palavrões ao se referir aos colegas tem uma gravidade menor que o executivo que o faz no meio de uma reunião com os diretores da empresa.

e.1. Conduta do empregado fora do local de trabalho

Em princípio, a conduta do trabalhador fora do local de trabalho ou do horário de trabalho, quando este é executado externamente, não tem qualquer influência na relação de emprego, não podendo o empregador limitar ou fiscalizar os atos praticados pelo trabalhador fora do expediente. Exceção a esta regra ocorre quando a conduta social do empregado repercutir diretamente na relação contratual.

A expressão "local de trabalho" deve ser entendida em termos, pois uma briga entre empregados nas imediações da empresa não será considerada como estranha à relação contratual.

Arnaldo Süssekind[51] acrescenta que apenas o prudente arbítrio do juiz poderá fixar o critério de até aonde vai a irradiação do ambiente de trabalho, já que não se pode objetivamente fixar em metros ou centímetros.

f) Teoria da vinculação dos fatos ou dos motivos determinantes da punição ou do caráter determinante da falta ou nexo causal

A teoria dos motivos determinantes conclui que entre a falta e a resolução do contrato por justa causa deve haver uma relação de causa e efeito, um nexo causal. Os atos praticados pelo empregado que foram considerados pelo empregador como faltosos são as causas, e a despedida por justa causa, o efeito. O empregador deve comunicar, com precisão, o motivo da extinção do contrato (justa causa) e as causas (faltas) que motivaram tal penalidade, para que o empregado tenha o direito de conhecê-las (e se defender, se for o caso) e para ter a garantia de que o empregador não irá substituí-las por outras posteriormente. A punição imputada

---

50 *Ibidem*, p. 50.

51 SÜSSEKIND, Arnaldo; MARANHÃO, Délio; VIANNA, Segadas; TEIXEIRA, Lima. *Instituições de Direito do Trabalho*. 18. ed. São Paulo: LTr, 1999, v. 1, p. 580.

decorre da prática de determinado ato faltoso do empregado. Via de consequência, as demais faltas não punidas foram perdoadas, não podendo o empregador, mais tarde, tentar incluí-las naquela punição. Uma vez identificada a falta que ensejou a penalidade máxima, não poderá o empregador incluir ou substituir por outra.

A simples concessão do aviso prévio importa em perdão tácito a todas as faltas porventura praticadas pelo empregado, já que faz presumir a inexistência de faltas anteriores à comunicação. Admite-se, entretanto, de forma excepcional, prova robusta de que foi concedido por quem não tinha poderes ou por erro. Da mesma forma Valetin Carrion.[52]

> **Ex.:** Empregador demite o empregado por excesso de faltas – desídia. Mais tarde, em juízo, o excesso de faltas não é comprovado, mas resta configurada a improbidade por furto praticado por este mesmo empregado. Como a dispensa por justa causa, no exemplo, ocorreu por excesso de faltas injustificadas – desídia, não poderá o ex-patrão justificar que a dispensa se deu também por furto na peça de defesa, pois esta falta não foi punida.

Todavia, a matéria não é tão pacífica como parece.

Há duas vertentes. A primeira é a **teoria subjetiva**,[53] corrente que adotamos, como explicitado acima, que defende que a falta tem que ser grave, anterior à punição, determinativa da denúncia do contrato, não podendo ser posteriormente substituída, mesmo que o denunciante descubra outras faltas após a extinção. Para aplicar a pena, o denunciante deve apontar os motivos que determinaram a punição. Adotam esta corrente: Wagner Giglio,[54] Dorval Lacerda,[55] Arnaldo Süssekind,[56] Sergio Pinto Martins[57] e Amauri Mascaro.[58]

Já a segunda corrente[59] (**teoria objetiva**) defende que a falta não precisa ser determinante da extinção do contrato de trabalho, pois pode ser descoberta, jus-

---

52 CARRION, Valentin. *Comentários à Consolidação das Leis do Trabalho*. 28. ed. São Paulo: Saraiva, 2003, p. 379.

53 Sergio Pinto Martins denomina esta corrente de heterodoxa e acrescenta que, de forma diferente, a vertente ortodoxa é no sentido de não se aceitar que o ex-empregador tipifique erroneamente a falta na peça de defesa. Se o fizer, não se caracteriza a falta. MARTINS, Sergio Pinto. *Direito do Trabalho*. 13. ed. São Paulo, 2001, p. 330.

54 GIGLIO, Wagner D. *Justa causa*. 4. ed. São Paulo: LTr, 1993, p. 27.

55 LACERDA, Dorval. *A falta grave no Direito do Trabalho*. 4. ed. São Paulo: Edições Trabalhistas, 1976, p. 18.

56 SÜSSEKIND, Arnaldo; MARANHÃO, Délio; VIANNA, Segadas; TEIXEIRA, Lima. *Instituições de Direito do Trabalho*. 18. ed. São Paulo: LTr, 1999, v. 1, p. 581.

57 MARTINS, Sergio Pinto. *Direito do Trabalho*. 13. ed. São Paulo: Atlas, 2001, p. 321.

58 NASCIMENTO, Amauri Mascaro. *Curso de Direito do Trabalho*. 16. ed. São Paulo: Saraiva, 1999, p. 590.

59 Hugo Gueiros defende a corrente objetiva. Pondera que "uma causa rescindente não enunciada por falta de provas pode justificar a rescisão contratual embora não a tenha determinado." Se prende à distinção entre a expressão "determinante" da palavra "justificativa", acrescentando que é possível se demitir por justa causa porque há suspeita de que o empregado praticou o ato. Segundo o autor, a

tificada ou substituída após a extinção. A justa causa, nesse caso, não precisa de motivo para sua aplicação.

> JUSTA CAUSA. DESÍDIA. Comprovado que o autor não faltou nos dias apontados como motivador da despedida por justa causa (teoria dos fatos determinantes), elide-se a justa causa. TRT-1 – RO: 2647520115010067 RJ, Relator: Volia Bomfim Cassar, Data de Julgamento: 18/09/2012, Segunda Turma, Data de Publicação: 24/09/2012.

> JUSTA CAUSA - COMUNICAÇÃO INDISPENSÁVEL - A justa causa deve ser expressa e inequívoca na comunicação da dispensa do empregado, exatamente por se tratar de forma atípica de extinção do pacto, sendo indispensável estar clara a sua aplicação, com a indicação das faltas que a ensejaram. Não obstante a comprovação das faltas cometidas, não tendo a comunicação de dispensa feito qualquer referência quanto à justa causa, não há como reconhecê-la. (TRT-3 – RO: 2218106 00886-2006-013-03-00-5, Relator: Emilia Facchini, Sexta Turma, *DJMG* 08/02/2007. p. 21.

Valentin Carrion[60] entende que os fatos devem ser anteriores e determinantes da resolução por justa causa, não podendo ser substituídos posteriormente nem agravados, salvo se o empregador desconhecia a falta na época que comunicou a dispensa. Parece, portanto, admitir uma corrente intermediária.

Outra questão também é controvertida na doutrina e na jurisprudência: a necessidade de comunicar o motivo da dispensa. Evaristo Moraes,[61] Süssekind[62] e Délio Maranhão[63] entendem que é necessário comunicar o empregado da justa causa, sob pena de se considerar que o trabalhador foi despedido sem justa causa. Sergio Pinto Martins[64] alega que a lei não exige que seja dito ao empregado o motivo da terminação do contrato, logo, não é preciso. Por outro lado, Amauri Mascaro[65] e Wagner Giglio[66] no sentido de que não há necessidade de se comunicar ao empregado os motivos da despedida, mas se o patrão o fizer estará vinculado a provar tais fatos.

g) Não ocorrência de perdão – expresso ou tácito

Configura perdão expresso aquele em que o empregador desculpa formalmente o empregado. Perdão tácito refere-se ao ato praticado pelo empregador incompatível

---

prova poderá ser feita em juízo se contestada pelo empregado. BERNARDES, Hugo Gueiros. *Direito do Trabalho*. São Paulo: LTr, 1989, v. 1, p. 404.

60 CARRION, Valentin. *Comentários à Consolidação das Leis do Trabalho*. 29. ed. São Paulo: Saraiva, 2004, p. 367.

61 MORAES FILHO, Evaristo. *A justa causa na rescisão do contrato de trabalho*. 2. ed. Rio de Janeiro: Forense, 1968, p. 29.

62 SÜSSEKIND, Arnaldo; MARANHÃO, Délio; VIANNA, Segadas; TEIXEIRA, Lima. *Instituições de Direito do Trabalho*. 18. ed. São Paulo: LTr, 1999, v. 1, p. 581.

63 MARANHÃO, Délio; CARVALHO, Luiz Inácio Barbosa. *Direito do Trabalho*. 17. ed. Rio de Janeiro: Fundação Getúlio Vargas, 1998, p. 243.

64 MARTINS, Sergio Pinto. *Direito do Trabalho*. 13. ed. São Paulo, 2001, p. 321.

65 NASCIMENTO, Amauri Mascaro. *Curso de Direito do Trabalho*. 16. ed. São Paulo: Saraiva, 1999, p. 589.

66 GIGLIO, Wagner D. *Justa causa*. 4. ed. São Paulo: LTr, 1993, p. 29.

com a punição que deveria aplicar pela falta cometida, de forma que importe na presunção do perdão. Configura perdão tácito a demora na punição, assim como a não punição. A concessão do aviso prévio faz presumir o perdão das faltas ainda não punidas, mesmo que desconhecidas pelo empregador, pois a ele cabia fiscalizar o trabalho executado pelo trabalhador.

Exemplo de perdão expresso: após cometer a falta, o empregador emite uma circular comunicando aos colegas que perdoou o empregado faltoso.

Exemplo de perdão tácito: após cometer a falta o empregador promove o empregado faltoso, garantindo-lhe, inclusive, um aumento salarial.

> JUSTA CAUSA. PERDÃO TÁCITO. Ao ter certeza da falta grave cometida pelo empregado deve o empregador imediatamente comunicar a despedida por justa causa, sob pena de se caracterizar o perdão tácito. TRT-12 – RO: 00018756020105120045 SC 0001875-60.2010.5.12.0045, Relator: Lourdes Dreyer, Secretaria da 2ª TURMA, Data de Publicação: 19/07/2011.

h) Prejuízo

Dorval Lacerda,[67] de forma isolada, entende que a justa causa só pode ser aplicada se ocorrer prejuízo moral ou material. Caso contrário, não restará caracterizada. Aduz que o prejuízo pode ser certo ou presumido, apontando como exemplo de prejuízo presumido para o empregador o abandono de emprego.

Discordamos da opinião. A justa causa ocorre por quebra da fidúcia e não porque acarretou em prejuízos patrimoniais ao patrão.

Digamos que um empregado seja surpreendido guardando em sua bolsa objeto furtado de um cliente do empregador ou do próprio empregador. O fato de ter devolvido, porque foi flagrado praticando o ato, não diminui a gravidade do ato praticado. Logo, mesmo sem prejuízo patrimonial, pode ser despedido por justa causa.

Da mesma forma Amauri Mascaro Nascimento.[68] Os demais autores[69] sequer apontam o prejuízo como requisito para aplicação da justa causa.

4. ESTUDO DE ALGUMAS FALTAS

4.1. Improbidade

Etimologicamente, improbidade significa maldade, malícia, perversidade, desonestidade. Ímprobo é aquele que é moralmente mau, com maus instintos.

Todavia, o conceito trabalhista da improbidade não é unânime na doutrina trabalhista.

---

67 LACERDA, Dorval. *A falta grave no Direito do Trabalho*. 4. ed. São Paulo: Edições Trabalhistas, 1976, p. 16.

68 NASCIMENTO, Amauri Mascaro. *Curso de Direito do Trabalho*. 16. ed. São Paulo: Saraiva, 1999, p. 588.

69 Mauricio Godinho, Alice Monteiro, Valentin Carrion, Hugo Gueiros, Sergio Pinto Martins etc.

Para a corrente subjetiva,[70-71-72-73-74-75-76] com a qual concordamos, improbidade é todo ato de desonestidade, ato contrário aos bons costumes, à moral, à lei.

> RECURSO ORDINÁRIO. IMPROBIDADE. JUSTA CAUSA. Comprovada a adulteração no horário lançado no controle de ponto, por meio de computador, que beneficia o autor, detentor de senha por trabalhar no CPD, caracterizado está ato de improbidade que autoriza a dispensa por justa causa (art. 482, a da CLT). TRT-1 - RO: 12848820105010018 RJ, Relator: Edith Maria Correa Tourinho, Data de Julgamento: 02/07/2013, Oitava Turma, Data de Publicação: 15/07/2013.

> ATO DE IMPROBIDADE. JUSTA CAUSA. A retirada de produto guardado dentro do depósito da Reclamada, para uso próprio do Reclamante, caracteriza ato de improbidade, sendo legítima a dispensa do obreiro por justa causa, nos termos do art. 482, a da CLT. Recurso a que se nega provimento. TRT-18 269201001318004 – GO 00269-2010-013-18-00-4, Relator: Júlio César Cardoso De Brito, Data de Publicação: *DJ* 25/08/2010, p. 5/6).

Segundo Délio Maranhão[77] a improbidade é a violação de um dever legal:

> (...) é a prática que traduz delito, ou desonestidade, abuso, fraude, má-fé, má conduta no serviço ou fora dele, ferindo as leis penais, ou as leis morais, caracterizando o ilícito penal ou ilícito civil (...) é o oposto de probidade, e esta por definição é uma noção de moral (...) em resumo, haverá improbidade em todo ato que ofenda aquelas normas de moral que, em determinado meio e em determinado momento, a sociedade não tolera sejam violados (...).

A vertente objetiva entende a improbidade como atos praticados contra o patrimônio da empresa ou de terceiros. Nesse sentido, Orlando Gomes,[78] Maurício Godinho[79] e Wagner Giglio.[80]

> ATO DE IMPROBIDADE. JUSTA CAUSA. Confessada pela reclamante a apropriação de numerário da reclamada, caracterizado está o ato de improbidade ensejador da justa causa da despedida. TRT-5 – RO: 586200400505009 BA

---

70 LAMARCA, Antônio. *Contrato individual de trabalho*. São Paulo: Revista dos Tribunais, 1969, p. 335.

71 RUSSOMANO, Mozart Victor. *Comentários à Consolidação das Leis do Trabalho*. 9. ed. Rio de Janeiro: Forense, 1982, p. 202.

72 BARROS, Alice Monteiro de. *Curso de Direito do Trabalho*. São Paulo: LTr, 2005, p. 840.

73 SAAD, Eduardo Gabriel; SAAD, José Eduardo Duarte; BRANCO, Ana Maria Saad Castelo. CLT comentada. 37. ed. São Paulo: LTr, 2004, p. 231.

74 MARTINS, Sergio Pinto. *Direito do Trabalho*. 13. ed. São Paulo, 2001, p. 324.

75 SÜSSEKIND, Arnaldo. *Curso de Direito do Trabalho*. Rio de Janeiro: Renovar, 2002, p. 330.

76 LACERDA, Dorval. *A falta grave no Direito do Trabalho*. 4. ed. São Paulo: Edições Trabalhistas, 1976, p. 44.

77 MARANHÃO, Délio; CARVALHO, Luiz Inácio Barbosa. *Direito do Trabalho*. 17. ed. Rio de Janeiro: Editora da FGV, 1993, p. 244-245.

78 GOMES, Orlando; GOTTSCHALK, Élson. *Curso de Direito do Trabalho*. 16. ed. Rio de Janeiro: Forense, 2003, p. 370.

79 DELGADO, Maurício Godinho. *Curso de Direito do Trabalho*. São Paulo: LTr, 2002, p. 1.168.

80 GIGLIO, Wagner D. *Justa causa*. 4. ed. São Paulo: LTr, 1993, p. 49.

00586-2004-005-05-00-9, Relator: Alcino Felizola, 3ª Turma, Data de Publicação: *DJ* 08/03/2006.

JUSTA CAUSA. ATO DE IMPROBIDADE. A apropriação de valores que compõem o patrimônio do empregador, através de procedimentos escusos consubstanciados em depósito em conta-corrente e ausência de prestação de contas das despesas supostamente realizadas por conta da empresa, configura ato de improbidade, conforme delineado no art. 482, alínea "a" da CLT, ensejando a dispensa do empregado por justa causa. TRT 2ª Reg. 4ª T., 01324-2003-033-02-00, Rel. Paulo Augusto Câmara, *DOE* SP 18/09/2006.

4.2. Incontinência de Conduta

Embora o legislador tenha incluído na mesma alínea a incontinência de conduta e o mau procedimento, usando entre as expressões a conjunção "ou", os tipos são diferentes.

Haverá incontinência de conduta quando o empregado levar uma vida irregular fora do trabalho que, de alguma forma, influencie direta ou indiretamente no emprego, ferindo a sua imagem funcional ou a imagem da empresa, ou seja, é o comportamento habitualmente irregular incompatível com a sua condição, função, cargo ou *status* funcional.

A princípio, o empregador não pode, nem deve interferir na vida pessoal do empregado e, *a contrario sensu*, a vida social do empregado também não pode influenciar na relação de emprego. Os aspectos da vida privada do empregado são irrelevantes para o empregador, salvo quando refletirem negativamente na empresa. Por isso, o nexo causal entre a conduta social do trabalhador e o emprego é de extrema importância, pois constitui em exceção.

Portanto, só haverá incontinência de conduta se o comportamento irregular do empregado interferir no bom desempenho do serviço e na imagem da empresa. Alguns[81-82] dos autores que adotam esta corrente defendem que o ato sempre ocorre fora do trabalho, mas repercute dentro deste, enquanto outros[83] a autorizam quando o fato ocorrer dentro ou fora do trabalho.

O empregado que habitualmente aparece na mídia invadindo festas, comemorações, passeatas para, desautorizadamente, beijar o aniversariante, a autoridade, o atleta ou o artista pode ter sua imagem social maculada. Se ficar conhecido como "o beijoqueiro" e exercer função de relevância, como a de diretor executivo de uma multinacional, negociando diretamente com os clientes, colocará sua posição e/ou a da empresa em descrédito.

---

81 MARANHÃO, Délio; CARVALHO, Luiz Inácio Barbosa. *Direito do Trabalho*. 17. ed. Rio de Janeiro: Editora da FGV, 1993, p. 245.

82 RUSSOMANO, Mozart Victor. *Curso de Direito do Trabalho*. 7. ed. Curitiba: Juruá, 1999, p. 204.

83 CARRION, Valentin. *Comentários à Consolidação das Leis do Trabalho*. 29. ed. São Paulo: Saraiva, 2004, p. 369.

O contador de uma congregação religiosa que é devedor contumaz na praça, dos fiéis e associados, sendo constantemente interpelado durante o trabalho para pagar as dívidas, fere a fidúcia que os fiéis devem ter na igreja e que esta deposita naquele que elabora suas contas. Este é mais um exemplo de incontinência de conduta.

A conduta irregular pode estar ou não ligada ao desvio ou exacerbação sexual, mas sempre ocorrerá fora do trabalho.

Neste sentido também Russomano[84], que afirma que o tipo se caracteriza através de excessos de ordem moral em que incorre o empregado e quase sempre se vincula ao seu comportamento sexual.

Ao contrário do mau procedimento, a incontinência pressupõe habitualidade.

Outra posição considera a incontinência de conduta como o desregramento da conduta sexual, libertinagem, pornografia, assédio sexual etc. A justa causa sempre estaria ligada ao desequilíbrio sexual. Nesse sentido, Arnaldo Süssekind,[85] Alice Monteiro de Barros,[86] Sergio Pinto,[87] Mauricio Godinho[88] e Antônio Lamarca.[89]

Amauri Mascaro,[90] defensor da segunda corrente, aponta que a incontinência de conduta também é comportamento irregular, porém incompatível com a moral sexual e desde que relacionada com o emprego. Parece que Carrion[91] concorda com este entendimento, pois afirma que a incontinência de conduta é a vida desregrada com perda da respeitabilidade e bom conceito, comportamento desordenado em público, com desvio ou abuso da sexualidade.

> JUSTA CAUSA. INCONTINÊNCIA DE CONDUTA. A sentença condenatória criminal, ainda que não transitada em julgado, é elemento bastante para testificar fatos que configuram incontinência de conduta no curso do contrato de trabalho (art. 482, "b", da CLT). TRT 2ª Reg. 6ª T, RO 48672-2002-902-02-00, Rel. Rafael Pugliese Ribeiro, *DOE* SP 14/02/03.

4.3. Mau Procedimento

A doutrina se esforça para conceituar o mau procedimento e a incontinência de conduta, mas seus contornos continuam controvertidos e imprecisos.

---

84 RUSSOMANO, Mozart Victor. *Curso de Direito do Trabalho*. 7. ed. Curitiba: Juruá, 1999, p. 203.

85 SÜSSEKIND, Arnaldo. *Curso de Direito do Trabalho*. Rio de Janeiro: Renovar. 2002, p. 331.

86 BARROS, Alice Monteiro de. *Curso de Direito do Trabalho*. São Paulo: LTr, 2005, p. 841.

87 MARTINS, Sergio Pinto. *Direito do Trabalho*. 13. ed. São Paulo, 2001, p. 325.

88 DELGADO, Mauricio Godinho. *Curso de Direito do Trabalho*. São Paulo: LTr, 2002, p. 1.169.

89 LAMARCA, Antônio. *Manual das justas causas*. 2. ed. São Paulo: Revista dos Tribunais, 1983, p. 337.

90 NASCIMENTO, Amauri Mascaro. *Curso de Direito do Trabalho*. 16. ed. São Paulo: Saraiva, 1999, p. 593.

91 CARRION, Valentin. *Comentários à Consolidação das Leis do Trabalho*. 28. ed. atualizado por Eduardo Carrion, São Paulo: Saraiva, 2003, p. 364.

Para a maioria da doutrina,[92-93-94-95] o mau procedimento é uma figura tão ampla que poderia abranger todos os outros tipos legais. Pode abrigar qualquer falta, desde que não acolhida nas demais figuras.

Está presente quando for infringido o dever social do empregado de boa conduta, regras que devem ser observadas pelo homem comum no trato com o outro: polidez, paciência e educação.

O mau procedimento, hipótese contida na alínea *b* do art. 482 da CLT, se define pela quebra de regras sociais de boa conduta. Nesta justa causa não se exige o requisito da habitualidade, já que um ato isolado basta para o tipo.[96] Normalmente é praticado em serviço, mas nada obsta que excepcionalmente ocorra nas proximidades da empresa, durante o expediente ou pouco antes ou depois do trabalho.

Dorval Lacerda[97] conceituou o mau procedimento como os "atos contrários ao bom viver, à discrição pessoal, às atitudes físicas corretas, o respeito à paz e ao decoro de terceiros (...)", aponta o caso do trabalhador que "tem o hábito de proferir palavras obscenas, não contra alguém, mas pelo prazer ou vício de proferi-las; que pratica uma série de atos faltosos contrários às boas normas do viver, que, por sua natureza leve, isoladamente, não constituíram motivo para a dispensa, mas que, em seu conjunto e continuidade (...)".

Por isso, muitos autores[98] conceituam o mau procedimento como "o procedimento incorreto do empregado, através da prática de atos que firam a discrição pessoal, as regras do bem viver, o respeito, o decoro e a paz; atos de impolidez, de grosseria, de falta de compostura, que ofendam a dignidade (...)".

Nesse sentido, ainda, Délio Maranhão[99] (para este tem que ocorrer dentro do trabalho), aparentemente Alice Monteiro de Barros[100] e Dorval Lacerda[101] (para este pode ocorrer dentro ou fora do trabalho).

O uso de palavrões, palavras de baixo calão, a falta de compostura e atos de grosseria também se caracterizam em mau procedimento.

> (...) 2. FALTA GRAVE. MAU PROCEDIMENTO. ART. 482, *B*, DA CLT. Tendo o Regional constatado da prova dos autos que aconteceram ofensas

---

92 *Idem.*

93 DELGADO, Mauricio Godinho. *Curso de Direito do Trabalho.* São Paulo: LTr, 2002, p. 1.169.

94 MARTINS, Sergio Pinto. *Direito do Trabalho.* 13. ed. São Paulo, 2001, p. 325.

95 RUSSOMANO, Mozart Victor. *Curso de Direito do Trabalho.* 7. ed. Curitiba: Juruá, 1999, p. 203.

96 Da mesma forma Russomano. *Idem.*

97 LACERDA, Dorval. *Aspectos jurídicos do contrato de trabalho.* Rio de Janeiro: Revista do Trabalho, 1941, p. 50.

98 GIGLIO, Wagner D. *Justa causa.* 4. ed. São Paulo: LTr, 1993, p. 70.

99 MARANHÃO, Délio; CARVALHO, Luiz Inácio Barbosa. *Direito do Trabalho.* 17. ed. Rio de Janeiro: Editora da FGV, 1993, p. 245.

100 BARROS, Alice Monteiro de. *Curso de Direito do Trabalho.* São Paulo: LTr, 2005, p. 843.

101 LACERDA, Dorval. *A falta grave no Direito do Trabalho.* 4. ed. São Paulo: Edições Trabalhistas, 1976, p. 50.

> recíprocas, no meio de acalorada discussão, e em face do obreiro contar com mais de 21 (vinte e um) anos de serviços sem punição, não há como se vislumbrar ofensa à literalidade do art. 482, *b*, da CLT. Ademais, não foi afastada a possibilidade de punição, mas apenas que a aplicação da demissão por justa causa configura rigor excessivo. Agravo de Instrumento a que se nega provimento. TST, 3ª T., AIRR-622/2004-039-15-40.1, Rel. Juiz Convocado Ricardo Machado, *DJ* – 10/11/2006.

De forma distinta, Amauri Mascaro[102] informa que mau procedimento é o comportamento irregular do empregado, incompatível com as normas exigidas pelo senso comum do homem médio. Aponta como exemplo a hipótese de uso indevido de cartões de visita que possam induzir terceiros a erro quanto à função exercida pelo empregado junto ao empregador. Godinho[103] acrescenta outras hipóteses como: dirigir veículo do empregador sem habilitação ou sem autorização, utilizar tóxico na empresa ou ali traficá-lo; pichar paredes, danificar equipamento etc.

> JUSTA CAUSA. MAU PROCEDIMENTO. Tendo o reclamante confessado sua participação em esquema fraudulento, através de sindicância administrativa, não infirmada por outras provas dos autos e sequer contestada em seu depoimento pessoal, descabe a anulação da justa causa, bem como indenização por danos morais deste fato pretendida. TRT-11 00010272620155110013, Relator: David Alves de Mello Junior, Gabinete do Desembargador David Alves de Mello Junior.

Os exemplos citados estão corretos se analisados de acordo com a corrente objetiva a respeito do conceito de improbidade. Todavia, pensamos que os fatos narrados configuram, na verdade, ato de improbidade, pois adotamos a corrente subjetiva a respeito do conceito de improbidade.

Há, ainda, uma outra posição, que defende que mau procedimento está ligado ao comportamento irregular incompatível com o homem médio, isto é, uma vida irregular que interfere na função do trabalhador. Nesse sentido, Sergio Pinto Martins.[104]

Por todo o exposto, percebe-se que as noções a respeito do mau procedimento são vagas e imprecisas. E é exatamente por este motivo que os autores concluem no sentido de afirmar que o mau procedimento é tudo que não se enquadra nos demais tipos legais. Distingue-se da incontinência de conduta porque esta ocorre fora do trabalho, enquanto aquela dentro do trabalho.

---

102 NASCIMENTO, Amauri Mascaro. *Curso de Direito do Trabalho*. 16. ed. São Paulo: Saraiva, 1999, p. 424.

103 DELGADO, Mauricio Godinho. *Curso de Direito do Trabalho*. São Paulo: LTr, 2002, p. 1.169.

104 MARTINS, Sergio Pinto. *Direito do Trabalho*. 14. ed. São Paulo: Atlas, 2001, p. 325-326.

4.4. Negociação Habitual por Conta Própria ou Alheia Quando Constituir Concorrência a Empresa ou Negociação Habitual por Conta Própria ou Alheia Quando for Prejudicial ao Serviço

A alínea *c* do art. 482 da CLT contém dois tipos similares.[105-106] O primeiro tipo se caracteriza pela violação do dever de fidelidade que abrange também a concorrência do empregado ao empregador.

A negociação deve ser habitual, fora do serviço, sem o conhecimento do empregador e desde que importe em concorrência ou em desvio de clientela.

Aliás, o art. 84, IV, do antigo Código Comercial[107] de 1850 já permitia que o preposto fosse demitido se estivesse fazendo negociações para si ou outrem. Hoje, o art. 1.170 do CC repete a proibição. Não há necessidade de coincidência com os pressupostos do crime de concorrência desleal.[108] Em sentido contrário Rodrigues Pinto.[109]

A lei estabelece que um crime de concorrência desleal é cometido sempre que o infrator utilizar de meios fraudulentos para desviar a clientela de outrem, em seu próprio benefício ou em benefício de terceiros.

Segundo a Convenção de Paris[110] concorrência desleal é "todo ato de concorrência contrário às práticas honestas em matéria industrial ou comercial", e segue especificando os atos que devem ser particularmente proibidos:

> (...) todo e quaisquer fatos suscetíveis de criar confusão, qualquer que seja o meio empregado, com os produtos do concorrente; as alegações falsas, no exercício do comércio, suscetíveis de desacreditar os produtos de um concorrente; as indicações ou alegações cuja utilização no exercício do comércio seja sensível de induzir o público em erro sobre a natureza, modo de fabricação, características, possibilidades de utilização ou quantidade das mercadorias.

Assim, concorrência desleal é simplesmente a prática industrial ou comercial desonesta. As legislações internas de cada país regulam a estrutura comercial e legal, complementando a proteção dos direitos da propriedade intelectual.

---

105 Em sentido contrário Giglio, defendendo a existência de um único tipo e que sempre será exigida a habitualidade, o desconhecimento do empregador e que importe em concorrência ou prejuízo. Afirma que o conhecimento pelo empregador, mesmo que tácito descaracteriza o tipo. GIGLIO, Wagner D. *Justa causa*. 4. ed. São Paulo: LTr, 1993, p. 82. Da mesma forma LACERDA, Dorval. *Aspectos jurídicos do contrato de trabalho*. Rio de Janeiro: Revista do Trabalho, 1941, p. 49.

106 No mesmo sentido Mauricio Godinho, Carrion e aparentemente Sergio Pinto. DELGADO, Mauricio Godinho. *Curso de Direito do Trabalho*. São Paulo: LTr, 2002, p. 1170; CARRION, Valentin. *Comentários à Consolidação das Leis do Trabalho*. 29. ed. São Paulo: Saraiva, 2004, p. 369; MARTINS, Sergio Pinto. *Direito do Trabalho*. 13. ed. São Paulo, 2001, p. 326.

107 "Art. 84. Com respeito aos preponentes, serão causas suficientes para despedir os prepostos sem embargo de ajuste por tempo certo: (...) IV – Negociações por conta própria ou alheia sem permissão do preponente."

108 No mesmo sentido SÜSSEKIND, Arnaldo; MARANHÃO, Délio; VIANNA, Segadas; TEIXEIRA, Lima. *Instituições de Direito do Trabalho*. 18. ed. São Paulo: LTr, 1999, v. 1, p. 587.

109 PINTO, José Augusto Rodrigues. *Curso de Direito Individual do Trabalho*. 4. ed. São Paulo: LTr, 2000, p. 471.

110 Acesso em http://www.cesupa.br/saibamais/nupi/PropIntelectual.asp, consultado em 21/11/06.

De acordo com o art. 195 do Código de Propriedade Industrial – Lei nº 9.279/96:

Art. 195. Comete crime de concorrência desleal quem:

I – publica, por qualquer meio, falsa afirmação, em detrimento de concorrente, com o fim de obter vantagem;

II – presta ou divulga, acerca de concorrente, falsa informação, com o fim de obter vantagem;

III – emprega meio fraudulento, para desviar, em proveito próprio ou alheio, clientela de outrem;

IV – usa expressão ou sinal de propaganda alheios, ou os imita, de modo a criar confusão entre os produtos ou estabelecimentos;

V – usa, indevidamente, nome comercial, título de estabelecimento ou insígnia alheios ou vende, expõe ou oferece à venda ou tem em estoque produto com essas referências;

VI – substitui, pelo seu próprio nome ou razão social, em produto de outrem, o nome ou razão social deste, sem o seu consentimento;

VII – atribui-se, como meio de propaganda, recompensa ou distinção que não obteve;

VIII – vende ou expõe ou oferece à venda, em recipiente ou invólucro de outrem, produto adulterado ou falsificado, ou dele se utiliza para negociar com produto da mesma espécie, embora não adulterado ou falsificado, se o fato não constitui crime mais grave;

IX – dá ou promete dinheiro ou outra utilidade a empregado de concorrente, para que o empregado, faltando ao dever do emprego, lhe proporcione vantagem;

X – recebe dinheiro ou outra utilidade, ou aceita promessa de paga ou recompensa, para, faltando ao dever de empregado, proporcionar vantagem a concorrente do empregador;

XI – divulga, explora ou utiliza-se, sem autorização, de conhecimentos, informações ou dados confidenciais, utilizáveis na indústria, comércio ou prestação de serviços, excluídos aqueles que sejam de conhecimento público ou que sejam evidentes para um técnico no assunto, a que teve acesso mediante relação contratual ou empregatícia, mesmo após o término do contrato;

XII – divulga, explora ou utiliza-se, sem autorização, de conhecimentos ou informações a que se refere o inciso anterior, obtidos por meios ilícitos ou a que teve acesso mediante fraude; ou

XIII – vende, expõe ou oferece à venda produto, declarando ser objeto de patente depositada, ou concedida, ou de desenho industrial registrado, que não o seja, ou menciona-o, em anúncio ou papel comercial, como depositado ou patenteado, ou registrado, sem o ser;

XIV – divulga, explora ou utiliza-se, sem autorização, de resultados de testes ou outros dados não divulgados, cuja elaboração envolva esforço considerável e que tenham sido apresentados a entidades governamentais como condição para aprovar a comercialização de produtos.

Pena – detenção, de 3 (três) meses a 1 (um) ano, ou multa.

§ 1º Inclui-se nas hipóteses a que se referem os incisos XI e XII o empregador, sócio ou administrador da empresa, que incorrer nas tipificações estabelecidas nos mencionados dispositivos.

§ 2º O disposto no inciso XIV não se aplica quanto à divulgação por órgão governamental competente para autorizar a comercialização de produto, quando necessário para proteger o público.

O termo "negociação" tem significado trabalhista muito mais amplo que os contornos definidos pela legislação empresarial. Logo, todo ato de comércio ou não, se importar em concorrência, em prejuízo ou desvio de clientela, importa em justa causa. Portanto, qualquer ato, mesmo que não seja tipificado como ato de comércio, pode ensejar a justa causa. Neste sentido também Wagner Gíglio.[111]

Convém ressaltar que o novo Código Civil positiva a teoria da empresa, não mais dividindo a atividade econômica pelos atos em si considerados, mas sim pelo modo em que ela é exercitada. A teoria que divide os atos em si considerados (atos comerciais *x* atos civis) é a teoria dos atos de comércio, do Código Comercial de 1850.

Dorval Lacerda[112] ressalta que o tipo se caracteriza não só pela prática reiterada de negócios, mas também pela prestação de serviços do empregado a terceiros, pois a norma se funda nos deveres de não concorrência.

Em sequência, acrescenta Dorval:

> Quando o empregado trabalhar, mesmo para concorrente, sem caráter representativo, isto é, sem que o exercício de seu trabalho traduza, ou por contacto com terceiros ou por sua natureza peculiar, concorrência ou detrimento do empregador, desde que não se tenha comprometido trabalhar para este exclusivamente – não se verifica igualmente o ato faltoso.

Ocorre que, o empregado é livre para prestar serviços a mais de um empregador, logo, a falta só estará caracterizada se houver uma concorrência efetiva ou prejuízo real, que diminua os lucros da empresa, direta ou indiretamente, tenha o empregado vantagens ou não. A cláusula de não concorrência não precisa ser expressa, pois se presume o dever de fidelidade ao empregador.

> JUSTA CAUSA – NEGOCIAÇÃO HABITUAL – ATO DE CONCORRÊNCIA – SERVIÇOS EXECUTADOS EM CASA OU NAS DEPENDÊNCIAS DA EMPRESA – IRRELEVANTE. Para caracterizar ato de concorrência, irrelevante é o fato de o autor executar serviços por conta própria em sua casa ou nas dependências da empresa. Em ambos os casos, a falta de lealdade autorizadora da dispensa por justa causa resta caracterizada. TRT-24 01546000820025240004, Relator: Nicanor de Araújo Lima, Data de Julgamento: 06/08/2003, Tribunal Pleno.

Discute-se na doutrina o que seria negociação habitual. Para uma corrente, a negociação habitual corresponde a qualquer atividade que prejudique a atividade do empregador, mesmo fora dos atos de comércio, admitindo, inclusive, desvio de clientela.

Outra vertente acredita que há a necessidade da existência de atos de comércio. Nesse sentido Sergio Pinto Martins.[113]

---

111 GIGLIO, Wagner D. *Justa causa*. 4. ed. São Paulo: LTr, 1993, p. 82.

112 LACERDA, Dorval. "Aspectos jurídicos do contrato de trabalho". Rio de Janeiro: *Revista do Trabalho*, 1941, p. 46.

113 MARTINS, Sergio Pinto. *Direito do Trabalho*. 14. ed. São Paulo: Atlas, 2001, p. 326-327.

Se a concorrência foi feita de forma eventual, em ato isolado, o tipo passa a ser o contido na alínea *a* do art. 482 da CLT.

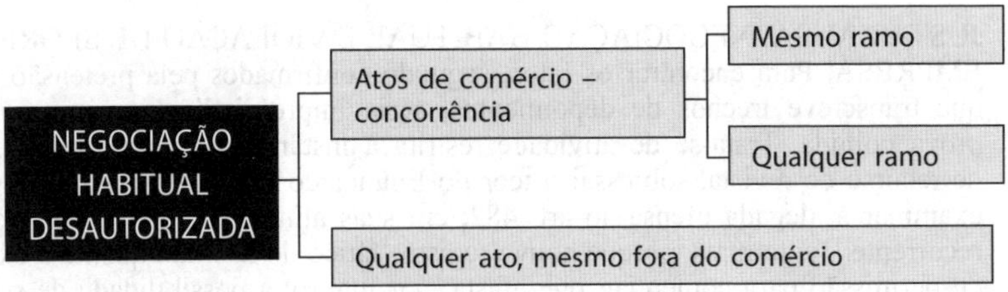

Também suscita controvérsia se o tipo ocorre mesmo quando a atividade for distinta da explorada pelo patrão. Isto é, a lei exige que a concorrência seja por ato praticado em produto do mesmo gênero ou ramo de atividade ou se pode ser caracterizado mesmo quando o ramo ou a atividade for diversa. Para uma vertente[114-115] o ato tem que ser do mesmo ramo. Já a outra, com a qual concordamos, defende que pode ser de atividade distinta.

Uma determinada vidraçaria é selecionada por um consumidor para orçar um serviço. O empregado, designado para ir à casa do pretenso cliente, para fazer a medição, orçamento do material a ser colocado na residência e emitir o pedido, oferece o mesmo serviço com preço inferior, mas efetuado por ele particularmente no seu dia de folga, ocultando tal fato do empregador. Este ato, apesar de ser concorrente à empresa empregadora e a ela prejudicial, foi eventual, pois praticado pela primeira vez pelo empregado, logo, não enseja a penalidade em estudo.

Se, todavia, o empregador quiser demitir o empregado por justa causa, poderá fazê-lo, mas por ato de improbidade e não por negociação habitual, pois falta a habitualidade. Se não o fizer, isto é, preferir a suspensão (penalidade mais leve), só poderá aplicar a pena em estudo se a falta se repetir algumas vezes.

O segundo tipo é a negociação habitual por conta própria ou alheia quando for prejudicial ao serviço. Neste caso, mesmo que o empregador tenha ciência do fato, tácita ou expressamente, se a negociação estiver trazendo prejuízo ao trabalho, perturbando o seu bom andamento, o tipo estará caracterizado.

Assim, quando o empregado utiliza seu tempo de serviço para venda, comercialização ou realização de negócios durante o expediente, também causa prejuízo ao empregador, apesar de nem sempre concorrer. Isto ocorre quando a manicura, durante o expediente, enquanto lixa a unha da freguesa, lhe oferece produtos da Avon, Natura, Hermes, com o conhecimento do empregador. Se tais atos não prejudicarem o trabalho, não haverá falta a ser punida. Todavia, se a manicura, de forma habitual, parar o trabalho para demonstrar como são os produtos, para preencher os pedidos e fazer entregas em domicílio, estará prejudicando o serviço e, por isso, poderá ser despedida por justa causa, com base na alínea *c* do art. 482 da CLT.

---

114 MARANHÃO, Délio; CARVALHO, Luiz Inácio Barbosa. *Direito do Trabalho*. 17. ed. Rio de Janeiro: Editora da FGV, 1993, p. 245-246.

115 MORAES FILHO, Evaristo. *A justa causa na rescisão do contrato de trabalho*. 2. ed. Rio de Janeiro: Forense, 1968, p. 75.

Há, todavia, corrente defendendo que nos dois tipos é necessário o desconhecimento do empregador. Desta forma tem entendido a jurisprudência.

> JUSTA CAUSA. NEGOCIAÇÃO HABITUAL E VIOLAÇÃO DE SEGREDO DA EMPRESA. Para encontrar os fatos, segundo confirmados pela pretensão recursal que transcreve trechos de depoimentos, seria imprescindível rever nos autos a prova colhida. Trata-se de atividade restrita à instância ordinária, pois, em sede de recurso de revista, sobressai o teor do Enunciado 126, TST. Assim, impossível examinar a alegada ofensa ao art. 482, em suas alíneas *c* e *g*, CLT trazidas pela recorrente. Tanto mais, porque houve registro fático do acórdão quanto à existência de permissão para comerciar, que afasta, por inteiro, a possibilidade de se divisar ofensa ao art. 482, *c* na medida em que o texto legal se refere à negociação habitual sem permissão do empregador, pois o tipo legal se compõe dos dois elementos: a) sem permissão do empregador e b) quando constituir ato de concorrência ou for prejudicial ao serviço. TST, 4ª T., RR-03135/2002-900-03-00.4, Rel. Juíza Convocada Maria do Perpétuo Socorro Wanderley de Castro, *DJ* – 01/08/2003.

4.5. Condenação Criminal Transitada em Julgado de Pena Privativa de Liberdade

São três os requisitos para a caracterização da falta:

a) condenação criminal;
b) que haja transitado em julgado;
c) que inexista suspensão condicional da pena.

Não é a condenação criminal em si, mas a impossibilidade física do empregado de continuar prestando serviços.[116-117-118-119-120-121-122-123]

> JUSTA CAUSA. CONDENAÇÃO CRIMINAL TRANSITADA EM JULGADO. O art. 482, d, da CLT tipifica como justa causa para ensejar a rescisão contratual "a condenação criminal do empregado, passada em julgado, caso não tenha havido suspensão da execução da pena", não sendo necessário que os fatos que determinaram a condenação criminal sejam relacionados com a prestação de trabalho, mas é a impossibilidade de continuidade na execução do contrato, em virtude da privação de liberdade do empregado que justifica a resolução contratual. TRT-3 –

---

116 Da mesma forma RUSSOMANO, Mozart Victor. *Curso de Direito do Trabalho*. 7. ed. Curitiba: Juruá, 1999, p. 205.

117 MARANHÃO, Délio; CARVALHO, Luiz Inácio Barbosa. *Direito do Trabalho*. 17. ed. Rio de Janeiro: Editora da FGV, 1993, p. 246.

118 SÜSSEKIND, Arnaldo. *Curso de Direito do Trabalho*. Rio de Janeiro: Renovar. 2002, p. 331-333.

119 LACERDA, Dorval. *A falta grave no Direito do Trabalho*. 4. ed. São Paulo: Edições Trabalhistas, 1976, p. 68.

120 GIGLIO, Wagner D. *Justa causa*. 4. ed. São Paulo: LTr, 1993, p. 99-100.

121 CARRION, Valentin. *Comentários à Consolidação das Leis do Trabalho*. 28. ed. São Paulo: Saraiva, 2003, p. 366.

122 DELGADO, Maurício Godinho. *Curso de Direito do Trabalho*. São Paulo: LTr, 2002, p. 1.171.

123 ALMEIDA, Amador Paes de. *CLT Comentada*. São Paulo: Saraiva, 2004, p. 235.

RO: 01331200904303005 0133100-98.2009.5.03.0043, Relator: Milton V.Thibau de Almeida, Terceira Turma, Data de Publicação: *DEJT* 19/07/2010, 16/07/2010. p. 42.

Assim, o empregador não precisa esperar 30 dias para aplicar o abandono de emprego, poderá fazê-lo após o trânsito em julgado da decisão criminal que contenha pena privativa da liberdade (não superior a dois anos), sem *sursis* (arts. 77 e 78 do Código Penal) ou internação em clínica ou estabelecimento psiquiátrico.

Se a condenação criminal for substituída por multa ou por restrição de direitos, não impossibilitará o empregado de comparecer ao trabalho, afastando o tipo em estudo, salvo se houver proibição de exercício de qualquer ofício ou profissão. O mesmo raciocínio se aplica se o regime for semiaberto ou prisão-albergue, pois não impedem o empregado de trabalhar. Da mesma forma Alice Monteiro.[124]

Desnecessários que os fatos estejam relacionados com o serviço. Isto quer dizer que não interessa ao empregador se o empregado está sendo processado criminalmente por ato praticado fora do trabalho. Mas, se for condenado por pena privativa da liberdade, sem *sursis*, presente estará o tipo.

As faltas ao serviço em virtude de **prisão preventiva** ou em **flagrante** são consideradas faltas injustas, podendo o empregador, além de descontar os dias, punir o empregado com desídia ou abandono de emprego, mas, sem condenação criminal, transitada em julgado, não poderá aplicar a pena prevista na alínea *d* do art. 482 da CLT.

Há posição contrária, no sentido de que a prisão do empregado elide o ânimo de abandonar e, por isso, inaplicável o abandono de emprego:

> JUSTA CAUSA. PRISÃO DE EMPREGADO. AUSÊNCIA DO *ANIMUS ABANDONANDI*. Não comprovada a intenção do empregado em abandonar o emprego, dado que o seu afastamento decorreu de seu aprisionamento, mantém-se a sentença quanto a reversão da justa causa aplicada. TRT-10 00001917820185100012 DF, Data de Julgamento: 06/11/2019, Data de Publicação: 08/11/2019.

> RECURSO ORDINÁRIO. DISPENSA POR JUSTA CAUSA. ABANDONO DE EMPREGO. PRISÃO PROVISÓRIA. O abandono de emprego, como hipótese autorizadora da dispensa por justa causa (art. 482, *i* da CLT) exige comprovação de dois elementos: um objetivo, configurado na ausência injustificada do empregado, por pelo menos 30 dias, conforme se verifica do entendimento contido na Súmula 32 do TST, e o subjetivo, consubstanciado na intenção de o obreiro abandonar o emprego (*animus abandonandi*). Por sua vez, as faltas ao trabalho por motivo de prisão revelam forte indicativo quanto à ausência de *animus abandonandi* por parte do trabalhador, requisito essencial para a aplicação da justa causa em comento. É que, durante a prisão, o empregado tem a sua liberdade de ir e vir limitada por determinação decorrente de ato estatal, o que não implica necessariamente em intenção de o obreiro abandonar o emprego. TRT-3 – RO: 00113441920165030095 0011344-19.2016.5.03.0095, Relator: Rosemary de O.Pires, Decima Turma.

---

124 BARROS, Alice Monteiro de. *Curso de Direito do Trabalho*. São Paulo: LTr, 2005, p. 845.

Entendemos que o ânimo de abandonar não é requisito essencial para aplicação da justa causa por abandono, mas apenas fato normalmente presente nesses casos. Imagine que um empregado comece a faltar o serviço, mas envia telegramas regulares informando que pretende retornar, em com isso, ausenta-se do trabalho por mais de 30 dias consecutivos. A hipótese e de justa causa ou por abandono (sem o requisito do *animus abandonandi*) ou de desídia por excesso de faltas ao serviço. O mesmo raciocínio pode ser aplicado ao empregado preso antes da condenação criminal transitada em julgado.

> JUSTA CAUSA. ABANDONO. DEPENDÊNCIA QUÍMICA. O abandono foi comprovado pela reclamada, já que houve a falta reiterada ao serviço por mais de 30 dias, e o comunicado de dispensa por tal motivo. O *animus abandonandi* é requisito acidental, o que afasta a alegação de que não tinha total consciência da consequência de suas faltas em razão da dependência. Não bastasse, o empregado só recebe auxílio-doença, por ser dependente, quando estiver internado para se tratar e a internação depende da vontade do paciente. Se o paciente não quiser se tratar a Previdência não o recebe como doente e, por isso, não paga o benefício. Assim, não há lei que obrigue o empregador a manter empregado o trabalhador dependente que apresenta faltas e descontrole emocional, como é o caso dos autos, conforme suspensões e advertências juntadas. TRT-1 – RO: 00109442420135010076 RJ, Data de Julgamento: 04/05/2016, Segunda Turma, Relatora Vólia Bomfim Cassar, Data de Publicação: 24/05/2016.

4.6. Desídia

A palavra desídia significa "disposição para evitar qualquer esforço físico ou mental, (...) indolência, ociosidade, preguiça, de zelo, desleixo, incúria, negligência",[125] falta de cuidado, desmazelo, falta de atenção, desinteresse, indiferença.

Assim, o empregado relapso, imprudente, negligente, desinteressado, imperito, que não exerce suas atividades com exação, que tem má-vontade, pode ser despedido por justa causa, com base no art. 482, *e*, da CLT – desídia.

Para que um empregado seja considerado desidioso é necessário conhecê-lo um pouco, pois só com o tempo se pode traçar o perfil de uma pessoa e, a partir daí concluir que ela é preguiçosa, desleixada e negligente.

A pessoa humana, por sua natureza imperfeita, erra, peca, falha e comete enganos. É absurdo pretender que um empregado não se engane nunca, não cometa falhas ou erros. É de se esperar que qualquer pessoa, vez por outra, cometa excessos, atos imprudentes, pecados, erros. Para que um empregado seja considerado desidioso, deverá sair deste perfil normal do homem médio, ir além da medida comum, do bom-senso, da responsabilidade.

Por conta disto, em regra a desídia não se caracteriza por único ato e sim por uma síntese de atos faltosos de menor gravidade. Evaristo Moraes Filho[126] acrescenta

---

125 HOUAISS, Antônio. *Dicionário Houaiss da língua portuguesa*. Rio de Janeiro: Objetiva, 2001, p. 994.

126 MORAES FILHO, Evaristo. *A justa causa na rescisão do contrato de trabalho*. 2. ed. Rio de Janeiro: Forense, 1968, p. 189.

que não se trata de mera adição de faltas. A gravidade da falta se percebe pela sua reiteração e não por uma falta analisada isoladamente. Como regra geral exige-se que o comportamento faltoso seja habitual. Quanto mais grave a falta, menor número de vezes precisará ser repetido para se perceber o perfil desidioso do empregado. A última falta, neste caso, será punida com a penalidade máxima da desídia.

Excepcionalmente a desídia pode ocorrer **por único ato**. Pode acontecer de um médico, empregado de uma clínica médica, esquecer uma tesoura na barriga do paciente, por exemplo. De um motorista de ônibus ser imprudente e por conta do excesso de velocidade causar um grave acidente. Estes fatos analisados isoladamente, sem faltas anteriores, têm gravidade suficiente para justificar a aplicação da justa causa por desídia. A perniciosidade pode ser concentrada em um ato de superior gravidade a ponto de justificar a penalidade. Délio Maranhão,[127] Mauricio Godinho,[128] Rodrigues Pinto,[129] Carrion,[130] Russomano[131] e Alice Monteiro[132] no mesmo sentido. Nossa posição ainda é minoritária, mas tem tomado força nos últimos anos.

Segundo Délio Maranhão,[133] a desídia se caracteriza pelo descumprimento das obrigações contratuais de prestação de serviços de forma produtiva, quantitativa e qualitativamente. Acrescenta que a desídia:

> (...) pode resultar da inabilidade, da imperícia, da escassa produção ou da negligência do empregado. A inabilidade é a incapacidade decorrente de ordem física (...) A imperícia é a incapacidade de ordem profissional para o cumprimento da prestação (...) A negligência é a falta de diligência (...) A desídia é a negligência. E esta pressupõe culpa do empregado. É a antítese da diligência (...) Trata-se de uma síntese de faltas leves – e não mera adição.

A desídia pressupõe culpa, que se divide em imperícia, negligência e imprudência. Logo, será sempre culposa.[134] Portanto, a desídia não admite ato doloso. Se assim ocorrer, estaremos diante da improbidade ou do mau procedimento.

Cumpre registrar que apenas Dorval Lacerda[135] defende que a desídia pode ser culposa ou dolosa.

---

127 SÜSSEKIND, Arnaldo; MARANHÃO, Délio; VIANNA, Segadas; TEIXEIRA, Lima. *Instituições de Direito do Trabalho*. 2. ed. São Paulo: LTr, 2003, v. 1, p. 580.

128 DELGADO, Mauricio Godinho. *Curso de Direito do Trabalho*. São Paulo: LTr, 2002, p. 846.

129 PINTO, José Augusto Rodrigues. *Curso de Direito Individual do Trabalho*. 4. ed. São Paulo: LTr, 2000, p. 471.

130 CARRION, Valentin. *Comentários à Consolidação das Leis do Trabalho*. 28. ed. São Paulo: Saraiva, 2003, p. 366.

131 RUSSOMANO, Mozart Victor. *Curso de Direito do Trabalho*. 7. ed. Curitiba: Juruá, 1999, p. 205.

132 BARROS, Alice Monteiro de. *Curso de Direito do Trabalho*. São Paulo: LTr, 2005, p. 846.

133 MARANHÃO, Délio; CARVALHO, Luiz Inácio Barbosa. *Direito do Trabalho*. 17. ed. Rio de Janeiro: Editora da FGV, 1993, p. 246-248.

134 No mesmo sentido GIGLIO, Wagner D. *Justa causa*. 4. ed. São Paulo: LTr, 1993, p. 119; BARROS, Alice Monteiro de. *Curso de Direito do Trabalho*. São Paulo: LTr, 2005, p. 846.

135 LACERDA, Dorval. *A falta grave no Direito do Trabalho*. 4. ed. São Paulo: Edições Trabalhistas. 1976, p. 50-52.

Russomano[136] exclui os atos de imperícia como aqueles relacionados à desídia. Caracteriza-os como mau procedimento.

Não há necessidade de três advertências e duas suspensões ou várias advertências e algumas suspensões prévias para posterior aplicação da desídia ao empregado, já que não faz parte das obrigações do empregador "educar o empregado", isto é, dar caráter pedagógico ao poder disciplinar com a aplicação gradativa das punições. Da mesma forma a doutrina[137] e a jurisprudência majoritária. O fato de as faltas anteriores não terem sido punidas não significa que a última não possa ser penalizada com vistas das anteriores.

Ora, um empregado que frequentemente falta ao serviço, sem justificar o motivo, poderá ser demitido por desídia, desde que as faltas tenham sido descontadas (art. 131, IV da CLT), mesmo sem qualquer punição disciplinar anterior. Isto se explica porque a lei não exigiu o caráter pedagógico do poder disciplinar do empregador. É claro que a existência de punições anteriores acelera a possibilidade de aplicação da pena máxima, pois se traça mais rápido o perfil do empregado. Um trabalhador advertido reiteradamente e depois suspenso, que continua a praticar os mesmos atos desidiosos, demonstra que não quer modificar seu comportamento, tornando mais grave a falta.

Em sentido contrário Alice Monteiro,[138] Wagner Gíglio[139] e Mauricio Godinho[140] advogando a aplicação gradual das penalidades, como caráter pedagógico. Argumentam que as faltas anteriores devem ser punidas, sob pena de o empregador estar permitindo (perdoando) o comportamento faltoso.

Há quem entenda que a falta reiterada ao serviço não caracteriza desídia, pois o empregado não trabalha neste dia para demonstrar sua incúria, sua negligência, seu desinteresse pelo trabalho. Esta vertente caracteriza o excesso de faltas ao serviço como indisciplina.[141-142]

4.7. Embriaguez Habitual ou em Serviço

A alínea *f* do art. 482 da CLT contém dois tipos: a embriaguez em serviço e a habitual.

O vício degenera o caráter da pessoa, pois diminui sua capacidade de administrar a vida, seus bens, sua vontade. Arruína a moral, propicia o crime e atos delituosos e dificulta o trabalho. O indivíduo intoxicado perde o governo de suas

---

136 RUSSOMANO, Mozart Victor. *Curso de Direito do Trabalho*. 7. ed. Curitiba: Juruá, 1999, p. 206.

137 PINTO, José Augusto Rodrigues. *Curso de Direito Individual do Trabalho*. 4. ed. São Paulo: LTr, 2000, p. 471.

138 BARROS, Alice Monteiro de. *Curso de Direito do Trabalho*. São Paulo: LTr, 2005, p. 847.

139 GIGLIO, Wagner D. *Justa causa*. 4. ed. São Paulo: LTr, 1993, p. 126.

140 DELGADO, Mauricio Godinho. Curso de Direito do Trabalho. São Paulo: LTr, 2002, p. 846.

141 GIGLIO, Wagner D., *op. cit.*, p. 118.

142 BARROS, Alice Monteiro de. *Curso de Direito do Trabalho*. São Paulo: LTr, 2005, p. 847.

faculdades e, por isso, pode se tornar incapaz de executar o serviço com a necessária prudência que a tarefa exige.

De acordo com o dicionário,[143] embriaguez significa "estado causado pela ingestão de bebidas alcoólicas".

De fato, a intenção do legislador ao utilizar a expressão "embriaguez" foi de incluir no tipo apenas o alcoólatra, pois o excesso de ingestão de álcool é a causa mais comum entre os viciados, já que se trata de droga permitida legalmente e aceita socialmente. Todavia, o tipo deve abarcar todos os outros tipos de drogas que viciam e causam dependência.

Portanto, a embriaguez deve ser entendida além do seu sentido gramatical, para atingir todas as substâncias químicas embriagantes, tóxicas ou entorpecentes como: éter, haxixe, ópio, maconha, cocaína, morfina, atropina, santonina, bala, álcool, óxido de carbono, cloral, crack, skank etc. O tipo pode ocorrer mesmo que a doença não tenha nenhuma relação com o trabalho.

No mesmo sentido Wagner Gíglio,[144] Russomano,[145] Dorval Lacerda,[146] Carrion,[147] Délio Maranhão,[148] Sergio Pinto,[149] Mauricio Godinho[150] e Alice Monteiro.[151]

Os dois tipos se relacionam com a embriaguez e não com a ingestão da droga. Portanto, ingerir em serviço álcool não enseja o tipo se o empregado não ficar embriagado. Isto não quer dizer que o empregador não possa demiti-lo por justa causa, mas o fará por outro tipo – mau procedimento.

A embriaguez habitual relaciona-se com o uso frequente pelo trabalhador, fora do serviço, da droga causadora do estado alucinógeno. Pode o patrão aplicar a justa causa mesmo quando caracterizado o alcoolismo.

Há forte corrente jurisprudencial e doutrinária no sentido de se considerar o alcoolismo como doença, afastando o tipo apontado como motivo de justa causa – art. 482, *f*, da CLT. De fato, a tese tem o respaldo de médicos, sociólogos, de alguns juristas e da OMS (Organização Mundial de Saúde). Há, pelo menos, três códigos para tipificá-las: 291 (psicose alcoólica), 303 (síndrome de dependência do

143 HOUAISS, Antônio. *Dicionário Houaiss da língua portuguesa*. Rio de Janeiro: Objetiva, 2001, p. 1.120.

144 GIGLIO, Wagner D. *Justa causa*. 4. ed. São Paulo: LTr, 1993, p. 133.

145 RUSSOMANO, Mozart Victor. *Curso de Direito do Trabalho*. 7. ed. Curitiba: Juruá, 1999, p. 206.

146 LACERDA, Dorval. "Aspectos jurídicos do contrato de trabalho". Rio de Janeiro: *Revista do Trabalho*, 1941, p. 54.

147 CARRION, Valentin. *Comentários à Consolidação das Leis do Trabalho*. 28. ed. São Paulo: Saraiva, 2003, p. 366.

148 SÜSSEKIND, Arnaldo; MARANHÃO, Délio; VIANNA, Segadas; TEIXEIRA, Lima. *Instituições de Direito do Trabalho*. 21. ed. São Paulo: LTr, 2003, v. 1, p. 624.

149 MARTINS, Sergio Pinto. *Direito do Trabalho*. 13. ed. São Paulo, 2001, p. 328.

150 DELGADO, Mauricio Godinho. *Curso de Direito do Trabalho*. São Paulo: LTr, 2002, p. 1.172.

151 BARROS, Alice Monteiro de. *Curso de Direito do Trabalho*. São Paulo: LTr, 2005, p. 848.

álcool) e 305.0 (abuso do álcool sem dependência). Neste sentido Amador Paes,[152] Lamarca,[153] Amauri Mascaro Nascimento, Rodrigues Pinto[154] e João Regis.[155]

> EMBRIAGUEZ HABITUAL X EMBRIAGUEZ EM SERVIÇO. INGESTÃO DE BEBIDA ALCOÓLICA. ARTIGO 482, f, CLT. NÃO CONFIGURAÇÃO. O art. 483, f, da CLT, prevê dois tipos: o da embriaguez habitual, que é verificada mesmo sem relação com serviço, mas que diante de sua repetição, repercute na execução do trabalho, e a embriaguez no serviço, isto é, durante a execução do contrato, ainda que não habitual, sendo a primeira afastada em caso de doença. Para a configuração da justa causa por embriaguez em serviço não basta que se comprove a ingestão de uma bebida alcoólica no local de trabalho, mas sim a situação de embriaguez pelo consumo exagerado de substâncias que altere sensivelmente a capacidade cognitiva e de trabalho e sopesados os demais elementos caracterizadores da justa causa, em especial o princípio da proporcionalidade. No caso vertente, não comprovada a embriaguez em serviço de modo robusto e insofismável pela reclamada, a teor do art. 818, impõe-se seja convolada a dispensa por justa causa em dispensa imotivada por ato do empregador, com o deferimento das verbas rescisórias correlatas. Além disso, não foi observada, no exercício do poder disciplinar, a proporcionalidade entre a falta cometida e pena aplicada, além de inexistir prova nos autos de advertências ou suspensões que tenham sido aplicadas ao autor durante todo o contrato de trabalho, com duração de quase três anos. Conheço do recurso do reclamante e dou provimento no particular. TRT-1 – RO: 00102119120155010204 RJ, Relator: Sayonara Grillo Coutinho Leonardo da Silva, Sétima Turma, Data de Publicação: 24/01/2017.

> RECURSO DE REVISTA. DISPENSA ARBITRÁRIA. INDÍCIO DE ALCOOLISMO CRÔNICO. ART. 482, f, DA CLT. 1. O comparecimento do empregado ao serviço por três vezes consecutivas , em estado de embriaguez, ainda que decorrido lapso de tempo entre uma e outra ocorrência, desperta suspeita de alcoolismo, circunstância em que o empregador, por cautela , e considerando a classificação como doença crônica pelo Código Internacional de Doenças (CID) da Organização Mundial de Saúde OMS, deve encaminhá-lo ao órgão previdenciário para diagnóstico e tratamento, consoante lhe assegura o art. 20 da Lei nº 8.213/91 . 2. A evolução natural da sociedade propiciada pelo desenvolvimento científico realizado na área médica e de saúde pública permite novo enquadramento jurídico ao fato – embriaguez habitual ou em serviço – cujas consequências não mais se restringem ao indivíduo e à relação jurídica empregado-empregador. Nesse quadro, o art. 482, f, da CLT deve ser interpretado em consonância com os princípios fundamentais tutelados pela Constituição Federal entre os quais da dignidade humana (art. 1º, III), efetivada, no caso, por meio do acesso universal e igualitário às ações e serviços que viabilizem a promoção, proteção e recuperação da saúde (art. 196 da CF/88 c/c a Lei nº 8.213/91). 3. Nesse contexto, revela-se

---

152 ALMEIDA, Amador Paes de. *CLT comentada*. São Paulo: Saraiva, 2004, p. 477.

153 LAMARCA, Antônio. *Manual das justas causas*. 2. ed. São Paulo: Revista dos Tribunais, 1983.

154 PINTO, José Augusto Rodrigues. *Curso de Direito Individual do Trabalho*. 4. ed. São Paulo: LTr, 2000, p. 476.

155 TEIXEIRA, João Régis Fassebender. *Alcoolismo do empregado*: justa causa ou doença? Noções de Direito do Trabalho – Estudos em homenagem ao professor Élson Gottschalk. São Paulo: São Paulo, 1995, p. 211.

> juridicamente correto o acórdão recorrido ao concluir que o desfazimento do pacto laboral do autor , por iniciativa da reclamada, com fundamento no art. 482, f, da CLT, materializou procedimento obstativo ao direito de ser encaminhado ao INSS para tratamento da enfermidade e, em caso de irreversibilidade, a concessão de aposentadoria provisória, o que revela a arbitrariedade da dispensa efetivada. Recurso de revista conhecido e não provido. TST – RR: 1947007320075090092, Relator: Walmir Oliveira da Costa, Data de Julgamento: 13/08/2014, 1ª Turma, Data de Publicação: DEJT 15/08/2014.

Todavia, a matéria ainda não está pacificada, pois apesar de socialmente correta e humanística, a tese não encontra respaldo na lei. O empregado só receberá auxílio-doença, por ser alcoólatra ou viciado, se estiver internado para se tratar e a internação depende da vontade do paciente e da recomendação médica. Se o paciente não quiser se tratar através da necessária internação, a Previdência não o recebe como doente e, por isso, não paga o benefício previdenciário, até porque poderia sustentar seu vício através da renda mensal paga como benefício. A única garantia da Previdência de que o empregado viciado quer se tratar é a internação.

Portanto, a legislação nacional só paga o auxílio-doença quando o empregado se interna espontaneamente, seja por doença seja por vício. Enquanto não existir lei para obrigá-la a pagar mesmo quando o viciado não se interna, o empregador poderá aplicar o tipo.

Não se pode obrigar o empregador a suportar o trabalhador cansado, esquecido, com ausências mentais temporárias, sonolento, estressado, com a acuidade diminuída, trêmulo, com falta de atenção e descontrole emocional, comportamentos que refletem a doença. Ademais, a lei ainda prevê o tipo e enquanto não for alterada enseja a penalidade. Assim também se posicionam Amador Paes de Almeida,[156] Russomano,[157] Süssekind[158] e Dorval Lacerda.[159]

> RECURSO ORDINÁRIO. JUSTA CAUSA. Uma vez comprovado que o empregado retornou do intervalo em estado de embriaguez, decorrente de alcoolismo, considera-se configurada a prática de falta suficientemente grave para justificar a despedida por justo motivo. TRT-1 - RO: 01564009520095010059 RJ, Relator: Leonardo Pacheco, Data de Julgamento: 20/05/2014, Quinta Turma, Data de Publicação: 28/05/2014.

> JUSTA CAUSA. ABANDONO. DEPENDÊNCIA QUÍMICA. O abandono foi comprovado pela reclamada, já que houve a falta reiterada ao serviço por mais de 30 dias, e o comunicado de dispensa por tal motivo. O *animus abandonandi* é requisito acidental, o que afasta a alegação de que não tinha total consciência da consequência de suas faltas em razão da dependência. Não bastasse, o empregado só recebe auxílio-doença, por ser dependente,

---

156 ALMEIDA, Amador Paes de. *CLT comentada*. São Paulo: Saraiva, 2004, p. 235.

157 RUSSOMANO, Mozart Victor. *Curso de Direito do Trabalho*. 7. ed. Curitiba: Juruá, 1999, p. 207.

158 SÜSSEKIND, Arnaldo. *Curso de Direito do Trabalho*. Rio de Janeiro: Renovar. 2002, p. 333-334.

159 LACERDA, Dorval. *A falta grave no Direito do Trabalho*. 4. ed. São Paulo: Edições Trabalhistas, 1976, p. 76.

> quando estiver internado para se tratar e a internação depende da vontade do paciente. Se o paciente não quiser se tratar a Previdência não o recebe como doente e, por isso, não paga o benefício. Assim, não há lei que obrigue o empregador a manter empregado o trabalhador dependente que apresenta faltas e descontrole emocional, como é o caso dos autos, conforme suspensões e advertências juntadas. TRT-1 - RO: 00109442420135010076 RJ, Data de Julgamento: 04/05/2016, Segunda Turma, Relatora Vólia Bomfim Cassar, Data de Publicação: 24/05/2016.

De acordo com o anexo II, CID 10, Grupo V, item VI, doença F10.2, do Decreto nº 3.048/99, combinado com o art. 20 da Lei nº 8.213/91, é doença do trabalho o transtorno mental e comportamental devido ao uso do álcool, isto é, o alcoolismo crônico, desde que decorrentes ou relacionados com o trabalho. Apenas neste caso e, mesmo assim desde que o paciente espontaneamente queira se submeter ao tratamento, a Previdência Social recebe o doente para tratamento e paga o benefício previdenciário.

A embriaguez em serviço ocorrida uma única vez enseja a justa causa. Neste sentido Rodrigues Pinto,[160] Amador Paes de Almeida[161] e Alice Monteiro.[162] Pode ser comprovada por exame clínico, confissão ou por prova testemunhal.

Ocorrerá quando o indivíduo se encontrar em estado ébrio, fora do governo de suas faculdades, decorrente da ingestão de qualquer agente alucinógeno, tóxico ou entorpecente.

> JUSTA CAUSA – EMBRIAGUEZ EM SERVIÇO. A justa causa tipificada na comunicação de dispensa, alínea f do art. 482 da CLT (embriaguez habitual ou em serviço) configura-se quando o empregado faz uso de álcool, ou de qualquer outro entorpecente alucinógeno, fora do serviço, ou é encontrado embriagado no horário do expediente, sendo certo que para a embriaguez em serviço basta que o evento ocorra em uma única oportunidade. TRT-1 – RO: 01000192520165010026, Relator: MONICA BATISTA VIEIRA PUGLIA, Data de Julgamento: 13/02/2017, Terceira Turma, Data de Publicação: 24/02/2017.

Se for fortuita, acidental, involuntária afasta-se a justa causa como regra geral.[163] Logo, se o empregado tomou um remédio para dor de cabeça e, por ser alérgico a alguma substância contida neste medicamento, fato até então a ele desconhecido, tem reação alucinógena, não pode ser enquadrado no tipo.

O primeiro tipo se caracteriza pela habitualidade e é fora do serviço enquanto o segundo tipo é em serviço e uma vez basta para configurá-lo.

---

160 PINTO, José Augusto Rodrigues. *Curso de Direito Individual do Trabalho*. 4. ed. São Paulo: LTr, 2000, p. 472.

161 ALMEIDA, Amador Paes de. *CLT comentada*. São Paulo: Saraiva, 2004, p. 234.

162 BARROS, Alice Monteiro de. *Curso de Direito do Trabalho*. São Paulo: LTr, 2005, p. 848.

163 No mesmo sentido MARTINS, Sergio Pinto. *Direito do Trabalho*. 13. ed. São Paulo, 2001, p. 328

4.8. Violação de Segredo da Empresa

Violar significa desrespeitar, infringir, transgredir, abrir sem a permissão do dono, forçar a abertura, entrar sem permissão, invadir, devassar, divulgar,[164] tornar público, propalar, tornar conhecido.

De acordo com o dicionário[165] segredo é aquilo que não deve ser revelado, que é secreto, sigiloso, o que se oculta à vista e ao conhecimento, silêncio ou discrição acerca do que nos foi dado conhecimento ou confiado.

A primitiva redação contida na alínea *d* do art. 35 do Decreto nº 20.465/31 assim dispunha: "violação de segredo do qual, por força do cargo, o empregado esteja de posse". Posteriormente a Lei nº 62/35 ampliou os contornos desta justa causa para determinar a "violação de segredo de que o empregado tenha conhecimento".

É dever do empregado manter segredo acerca dos detalhes que cercam a atividade do empregador. Este dever decorre também de sua discrição. Por isso o refrão popular reza que "o segredo é a alma do negócio".

Considera-se segredo todo elemento capaz de determinar a característica singular da produção da empresa, todos os fatos, atos ou coisas que dizem respeito ao empreendimento. De acordo com Giglio[166] segredo é "tudo que, sendo referente à produção ou negócio e do conhecimento de poucos, não deve, pela vontade de seus detentores, ser violado (...)", isto é, segredo é tudo que se refere à produção ou ao negócio.

Desta forma, os fichários da clientela da empresa, os receituários médicos, as anotações deste, as pastas dos clientes do advogado, com a verdadeira versão e documentos da causa; a análise jurídica de uma causa; a análise dos dados econômicos de uma empresa de consultoria econômica; o *modus operandi* da empresa; a receita daquele prato que constitui atrativo do restaurante; o extrato bancário etc. constituem segredo da empresa. Excluem-se os segredos pessoais das pessoas físicas dos sócios da sociedade empregadora ou daqueles que a dirigem.

Dorval Lacerda[167] e Saad[168] asseveram que é a empresa que deve decidir o que é segredo para ela.

Não constitui violação de segredo o empregado que divulga informação sigilosa ilegal, abusiva, fraudulenta ou crime praticado pela empresa à autoridade[169] competente ou àquele que seria prejudicado pela fraude. Da mesma forma, se intimado para depor como testemunha, o empregado deverá contar ao juiz os segredos da empresa, sob pena de cometer falso testemunho (art. 342 do CP), mesmo que legais,

---

164 HOUAISS, Antônio. *Dicionário Houaiss da língua portuguesa*. Rio de Janeiro: Objetiva, 2001, p. 2.866.

165 *Ibidem*, p. 2.535.

166 GIGLIO, Wagner D. *Justa causa*. 4. ed. São Paulo: LTr, 1993, p. 158.

167 LACERDA, Dorval. *A falta grave no Direito do Trabalho*. 4. ed. São Paulo: Edições Trabalhistas, 1976, p. 63-64.

168 SAAD, Eduardo Gabriel; SAAD, José Eduardo Duarte; BRANCO, Ana Maria Saad Castello. *CLT comentada*. 39. ed. São Paulo: LTr, 2006, p. 478.

169 Dorval Lacerda afirma que o segredo ilegal só pode ser divulgado para a autoridade competente. Para qualquer outra pessoa não poderia ser publicizado o segredo. LACERDA, Dorval, *op. cit.*, p. 217.

salvo se por força da profissão estava obrigado ao sigilo. Nesse sentido também Délio Maranhão,[170] Dorval,[171] Gíglio[172] e Carrion.[173]

Aliás, o Código Penal aponta como crime o ato de revelar a qualquer pessoa o segredo de que tiver notícia, ou conhecimento, em razão do ofício, emprego ou profissão – art. 154 do CP. Também cometia crime quem "divulgasse ou explorasse, sem autorização, quando a serviço de outrem, segredo de fábrica ou negócio, que lhe fosse confiado ou de que tivesse conhecimento em razão do serviço" – art. 196, XII, do CP, mas o artigo foi revogado pela Lei nº 9.279/96.

Há quem[174] defenda que a revelação de segredo conhecido em circunstâncias alheias ao contrato não enseja o tipo em estudo, mas sim mau procedimento, pois para configuração da falta mister que o empregado tenha tido conhecimento do segredo em virtude do contrato que mantém com seu empregador, ou que o tenha violado durante o expediente.

Aquele que viola o segredo e não o divulga, pois o usa para vantagem própria comete a falta grave prevista no art. 482, *g*, da CLT? E aquele que viola sem proveito próprio ou de outrem, como no caso de um empregado que inadvertidamente abre uma correspondência do patrão?

A violação ocorre quando o empregado devassa, divulgando ou não a informação, usando para si ou para outrem, causando ou não prejuízo ao empregador. Assim também Carrion.[175] A violação tem que ser intencional, sob pena de afastar o tipo, o que não impede o empregador de aplicar outro. Assim também Wagner Giglio.[176]

Em sentido contrário Dorval Lacerda[177] afirmando que a violação acidental ou caso fortuito não altera o tipo. Saad[178] e Süssekind[179] acrescentam que não há diferença se a violação foi ou não proposital.

Délio Maranhão[180] afirma que é o ato de violar que importa, isto é, "quebrar o lacre", colocar a descoberto, devassar o segredo da empresa, pouco importando se

---

170 MARANHÃO, Délio; CARVALHO, Luiz Inácio Barbosa. *Direito do Trabalho*. 17. ed. Rio de Janeiro: Editora da FGV, 1993, p. 248.

171 LACERDA, Dorval, *op. cit.*, p. 63-64.

172 GIGLIO, Wagner D. *Justa causa*. 4. ed. São Paulo: LTr, 1993, p. 166.

173 CARRION, Valentin. *Comentários à Consolidação das Leis do Trabalho*. 28. ed. São Paulo: Saraiva, 2003, p. 367.

174 GIGLIO, Wagner D, *op. cit.*, p. 155.

175 CARRION, Valentin, *op. cit.*, p. 367.

176 GIGLIO, Wagner D, *op. cit.*, p. 155.

177 LACERDA, Dorval. *Aspectos jurídicos do contrato de trabalho*. Rio de Janeiro: Revista do Trabalho, 1941, p. 57.

178 SAAD, Eduardo Gabriel; SAAD, José Eduardo Duarte; BRANCO, Ana Maria Saad Castello. *CLT comentada*. 39. ed. São Paulo: LTr, 2006, p. 478.

179 SÜSSEKIND, Arnaldo. *Curso de Direito do Trabalho*. Rio de Janeiro: Renovar, 2002, p. 334-335.

180 MARANHÃO, Délio; CARVALHO, Luiz Inácio Barbosa. *Direito do Trabalho*. 17. ed. Rio de Janeiro: Editora da FGV, 1993, p. 248.

foi ou não divulgado ou usado. Para Sergio Pinto[181] e Saad[182] violar corresponde, também, à divulgação do segredo.

Wagner Giglio[183] no sentido de que a revelação só caracterizará violação de segredo da empresa se for feita a terceiro interessado capaz de causar prejuízo[184-185] à empresa, isto é, a terceiro que seja capaz de causar prejuízo ao empregador. Acrescenta que a facilitação para o terceiro ter acesso ao "segredo", desde que dolosa, não afasta o tipo.

Não há necessidade de comunicar ao empregado de que não pode divulgar informações que são importantes para a empresa, nem de que não deve violar ou devassar as informações das quais não tem acesso. Da mesma forma Délio Maranhão[186] e Carrion[187] e em sentido contrário Dorval Lacerda[188] advogando que a empresa deve comunicar de forma expressa o empregado sobre o fato de ser segredo determinada informação.

4.9. Insubordinação e Indisciplina

Ato de insubordinação e de indisciplina revela-se quando há violação na obrigação do empregado em obedecer às ordens do patrão.

O dever de obediência do empregado decorre da subordinação jurídica prevista no art. 3º da CLT. Dentre as ordens emanadas pelo empregador temos as "ordens gerais" e as "ordens específicas".

As ordens específicas são aquelas dirigidas a um ou mais empregados em especial para agirem em determinado sentido ou para cumprimento de uma tarefa. O comando dado pelo empregador ao contínuo para ele ir ao banco pagar uma conta é exemplo de uma ordem específica, assim como a ordem emanada do chefe para a secretária digitar um texto.

As ordens gerais são aquelas destinadas a todos os empregados da empresa, do setor ou da filial. A determinação de uso de uniforme, de entrada proibida em determinado ambiente, de proibição de fumar, de silêncio, de procedimentos internos etc. são exemplos de ordens gerais.

---

181 MARTINS, Sergio Pinto. *Direito do Trabalho*. 14. ed. São Paulo: Atlas, 2001, p. 329.

182 SAAD, Eduardo Gabriel; SAAD, José Eduardo Duarte; BRANCO, Ana Maria Saad Castello. *CLT comentada*. 39. ed. São Paulo: LTr, 2006, p. 478.

183 GIGLIO, Wagner D. *Justa causa*. 4. ed. São Paulo: LTr, 1993, p. 160.

184 Süssekind acredita que o prejuízo é necessário para a configuração do tipo. SÜSSEKIND, Arnaldo. *Curso de Direito do Trabalho*. Rio de Janeiro: Renovar. 2002, p. 334-335.

185 Sergio Pinto indica o prejuízo como um dos requisitos para o tipo. MARTINS, Sergio Pinto. *Direito do Trabalho*. 14. ed. São Paulo: Atlas, 2001, p. 329.

186 MARANHÃO, Délio; CARVALHO, Luiz Inácio Barbosa. *Direito do Trabalho*. 17. ed. Rio de Janeiro: Editora da FGV, 1993, p. 248.

187 CARRION, Valentin. *Comentários à Consolidação das Leis do Trabalho*. 28. ed. São Paulo: Saraiva, 2003, p. 367.

188 LACERDA, Dorval. *A falta grave no Direito do Trabalho*. 4. ed. São Paulo: Edições Trabalhistas, 1976, p. 55-57.

A insubordinação é o desrespeito intencional a uma ordem do patrão lícita e não abusiva. De acordo com Dorval Lacerda,[189] "é a prática intencional que representa o não cumprimento deliberado de uma ordem especial, de caráter pessoal, dada ao empregado pelo empregador ou por um superior hierárquico".

A indisciplina é a desobediência de uma ordem geral que regula a execução do trabalho na empresa.

A insubordinação distingue-se da indisciplina apenas pela amplitude e generalização da ordem. Aquela é dirigida diretamente a um empregado, enquanto esta é direcionada a todos ou vários empregados.

> JUSTA CAUSA. INDISCIPLINA E INSUBORDINAÇÃO. ART. 482, ALÍNEA H DA CLT -"A justa causa, por ato de indisciplina e insubordinação, nos termos do art. 482, alínea h da CLT remete à ideia de descumprimento contumaz com as obrigações contratuais, notadamente as normas constantes do regulamento interno da empregadora, com a evidenciação de um comportamento reiterado e habitual de insubmissão do trabalhador, de modo a autorizar a resolução culposa do contrato. Recurso ordinário provido." TRT-1 – RO: 01011260220165010060 RJ, Relator: Valmir De Araujo Carvalho, Data de Julgamento: 21/03/2018, Gabinete da Presidência, Data de Publicação: 04/04/2018.

> JUSTA CAUSA. INDISCIPLINA. O dever de obediência do empregado decorre da subordinação jurídica prevista no art. 3º da CLT. A indisciplina é a desobediência de uma ordem geral que regula a execução do trabalho na empresa. Não tendo restado suficientemente demonstradas a tipicidade da conduta do reclamante e a não discriminação no ato de sua dispensa motivada, deve ser mantida a sentença atacada, que tornou sem efeito a justa causa aplicada. Recurso improvido. TRT-1 – RO: 775320135010049 RJ, Relator: Roberto Norris, Data de Julgamento: 24/09/2013, Quinta Turma, Data de Publicação: 04/04/0016.

Convém ressaltar que o empregado não é obrigado a cumprir uma ordem ilegal ou abusiva, já que a falta pressupõe o desrespeito a um exercício normal do empregador de dar ordens. Desta forma, não caracteriza falta grave o descumprimento proposital do trabalhador ao comando do empregador de matar alguém, de desviar dinheiro, de fazer um "gato" para furtar energia etc. Também poderá recusar a ordem quando ela for alheia ao contrato, fora das atribuições do empregado ou abusiva. É lícita a recusa de um professor de varrer a sala, apesar de o comando ter partido do coordenador ou reitor da universidade. Da mesma forma Délio Maranhão[190], Godinho,[191] Alice Monteiro,[192] Sergio Pinto[193] e Giglio.[194]

---

[189] *Ibidem*, p. 57-60.

[190] SÜSSEKIND, Arnaldo; MARANHÃO, Délio; VIANNA, Segadas; TEIXEIRA, Lima. *Instituições de Direito do Trabalho*. 21. ed. São Paulo: LTr, 2003, v. 1, p. 582.

[191] DELGADO, Mauricio Godinho. *Curso de Direito do Trabalho*. São Paulo: LTr, 2002, p. 1.174.

[192] BARROS, Alice Monteiro de. *Curso de Direito do Trabalho*. São Paulo: LTr, 2005, p. 851.

[193] MARTINS, Sergio Pinto. *Direito do Trabalho*. 13. ed. São Paulo, 2001, p. 330.

[194] GIGLIO, Wagner D. *Justa causa*. 4. ed. São Paulo: LTr, 1993, p. 179-181.

Se a ordem emanar de quem não tinha legitimidade para tanto, o empregado também poderá se recusar a cumpri-la.

O empregado que faz reivindicação, protesta ou reclama das condições de trabalho não comete ato de indisciplina ou insubordinação.

Délio Maranhão[195] acrescenta que em situações excepcionais e por motivos ponderosos ou de ordem moral pode afastar o tipo. Aponta o caso do empregado que é designado para trabalhar com seu maior inimigo, exemplo que poderá desobedecer a ordem, salvo se nenhum outro puder ficar no seu lugar.

4.10. Abandono de Emprego

Quando é admitido o empregado obriga-se a prestar serviços com diligência e continuidade.

Configura o abandono do emprego a ausência injustificada ou não justificada tempestivamente e sem a permissão do patrão, que ocorra de forma reiterada e sucessiva. O decurso de 30 dias, prazo fixado pela jurisprudência, faz presumir a intenção do empregado em abandonar o emprego, que é requisito acidental para a caracterização da falta prevista no art. 482, *i*, da CLT.

A palavra abandono[196] deriva do ato de abandonar que quer dizer largar de vez, ir e não voltar, partir, ir embora, renunciar, desistir, sair sem intenção de voltar.

O *animus* de abandonar é requisito acidental, pode estar presente ou não. Em sentido contrário Russomano,[197] Alice Monteiro,[198] Rodrigues Pinto,[199] Délio Maranhão[200] defendendo que o requisito é essencial, mesmo que presumido pela ausência reiterada por 30 dias injustamente.

Existem decisões neste sentido:

> A prova do ânimo de abandonar constitui elemento essencial da justa causa, em ordem de autorizar a resilição do contrato por parte do empregador. Não o tem empregado que, antecipadamente, e nos termos do regulamento de empresa, licenciou-se, ficando suspenso o contrato, para evitar transferência compulsória indesejada. TRT/DF, 1ª T., RO 3.007/ 85, Juiz Pena Junior. RUSSOMANO, Mozart Victor. *Curso de Direito do Trabalho*. 7. ed. Curitiba: Juruá, 1999, p. 368.
>
> JUSTA CAUSA. ABANDONO. DEPENDÊNCIA QUÍMICA. O abandono foi comprovado pela reclamada, já que houve a falta reiterada ao serviço

195 SÜSSEKIND, Arnaldo; MARANHÃO, Délio; VIANNA, Segadas; TEIXEIRA, Lima. *Instituições de Direito do Trabalho*. 21. ed. São Paulo: LTr, 2003, v. 1, p. 582.

196 HOUAISS, Antônio. *Dicionário Houaiss da língua portuguesa*. Rio de Janeiro: Objetiva, 2001, p. 8.

197 RUSSOMANO, Mozart Victor. *Curso de Direito do Trabalho*. 7. ed. Curitiba: Juruá, 1999, p. 209.

198 BARROS, Alice Monteiro de. *Curso de Direito do Trabalho*. São Paulo: LTr, 2005, p. 851.

199 PINTO, José Augusto Rodrigues. *Curso de Direito Individual do Trabalho*. 4. ed. São Paulo: LTr, 2000, p. 473.

200 MARANHÃO, Délio; CARVALHO, Luiz Inácio Barbosa. *Direito do Trabalho*. 17. ed. Rio de Janeiro: Editora da FGV, 1993, p. 249-250.

por mais de 30 dias, e o comunicado de dispensa por tal motivo. O *animus abandonandi* é requisito acidental, o que afasta a alegação de que não tinha total consciência da consequência de suas faltas em razão da dependência. Não bastasse, o empregado só recebe auxílio-doença, por ser dependente, quando estiver internado para se tratar e a internação depende da vontade do paciente. Se o paciente não quiser se tratar a Previdência não o recebe como doente e, por isso, não paga o benefício. Assim, não há lei que obrigue o empregador a manter empregado o trabalhador dependente que apresenta faltas e descontrole emocional, como é o caso dos autos, conforme suspensões e advertências juntadas. TRT-1 – RO: 00109442420135010076 RJ, Data de Julgamento: 04/05/2016, Segunda Turma, Relatora Vólia Bomfim Cassar, Data de Publicação: 24/05/2016.

Logo, mesmo que o motivo das faltas reiteradas seja justo, isto é, previsto na lei, se o empregado não comunica ao patrão tempestivamente (30 dias consecutivos – Súmula nº 32 do TST c/c art. 472, § 1º, da CLT c/c art. 474 da CLT),[201] o abandono poderá ser aplicado, salvo se comprovar que não tinha como se comunicar, pois estava em coma ou inconsciente em um hospital. Por este motivo a expressão "sem causa justificada" foi suprimida pela CLT, apesar de constar no Decreto nº 20.465/31 e na Lei nº 62/35. Da mesma forma Délio Maranhão[202] e Dorval Lacerda.[203]

Há quem defenda[204-205-206] que em prazo inferior aos 30 dias fixados pela jurisprudência é possível aplicar a justa causa por abandono de emprego. Exemplificam com o caso do empregado que desaparece do trabalho e dias depois o empregador toma conhecimento que ele está trabalhando em outra empresa.

O abandono é sempre tácito, nunca expresso. Da mesma forma Wagner Giglio[207] e Martins Catharino.[208]

O empregado que informa que está "abandonando o emprego" está na verdade, tomando a iniciativa de extinção do contrato e, por isso, comunica ao empregador sua intenção de não mais voltar. Por isso, afirma-se que o abandono rescinde de fato o contrato, cabendo ao empregador punir, comunicar e formalizá-lo.

---

201 Este prazo foi inspirado no art. 86, § 2º do antigo Estatuto do Trabalhador Rural que previa que a ausência injustificada por mais de 30 dias consecutivos caracterizava abandono de emprego.

202 SÜSSEKIND, Arnaldo; MARANHÃO, Délio; VIANNA, Segadas; TEIXEIRA, Lima. *Instituições de Direito do Trabalho*. 21. ed. São Paulo: LTr, 2003, v. 1, p. 583.

203 LACERDA, Dorval. *Aspectos jurídicos do contrato de trabalho*. Rio de Janeiro: Revista do Trabalho, 1941, p. 62.

204 CARRION, Valentin. *Comentários à Consolidação das Leis do Trabalho*. 28. ed. São Paulo: Saraiva, 2003, p. 367.

205 RUSSOMANO, Mozart Victor. *Curso de Direito do Trabalho*. 7. ed. Curitiba: Juruá, 1999, p. 209.

206 MARTINS, Sergio Pinto. *Direito do Trabalho*. 13. ed. São Paulo: Atlas, 2001, p. 330.

207 GIGLIO, Wagner D. *Justa causa*. 4. ed. São Paulo: LTr, 1993, p. 201.

208 CATHARINO, José Martins. *Compêndio Universitário de Direito do Trabalho*. São Paulo: Editora Jurídica e Universitária, 1972, v. 2, p. 790.

Dorval Lacerda,[209] Délio Maranhão,[210] Arnaldo Süssekind[211] e Eduardo Saad[212] em sentido contrário advogando que o abandono pode ser expresso ou tácito.

Mesmo havendo presunção da intenção de abandonar, é necessário o patrão aguardar por 30 dias para punir o empregado. Isto porque o empregado que desaparece porque já está trabalhando em outro local, pode, em poucos dias, se arrepender e retornar ao emprego, antes dos 30 dias. Isto não quer dizer que o patrão não possa despedir por justa causa, mas terá que encontrar outro tipo para a falta reiterada ao serviço. Entrementes, toda a doutrina se posiciona em sentido oposto.

Existe doutrina[213-214] no sentido de que a prisão acarreta a suspensão do contrato, não ensejando o abandono, por falta do elemento intencional. Nos posicionamos de forma contrária. Para configurar abandono de emprego basta que as faltas sejam injustas e reiteradas. Ora, a lei não estabelece como justa a falta ao serviço por motivo de prisão. Ora, uma mãe não pode faltar ao serviço quando o filho está doente. Se o fizer poderá ser descontada dos respectivos dias e se forem consecutivas e superiores a 30 dias o tipo estará presente.

Não há necessidade de o empregador convocar o empregado para retornar ao serviço, para ameaçá-lo com a despedida por justa causa, pois a obrigação de trabalhar é do empregado. Na prática este procedimento tem sido muito adotado como forma de provar as faltas reiteradas. Não é aconselhável a publicação em jornal da convocação ou da despedida, não só porque o empregado provavelmente não terá acesso à informação publicizada, como também pode abalar a imagem do trabalhador, ensejando dano moral.

Entretanto, será necessária a comunicação da extinção do contrato por justa causa, pois falta praticada e não punida é falta perdoada, salvo se o empregado estiver em local incerto e não sabido, quando valerá como prova a tentativa inequívoca de comunicação da punição.[215]

4.11. Ofensas Físicas contra o Empregador, Superior Hierárquico ou Qualquer Pessoa

Sendo o contrato de trabalho de trato sucessivo, isto é, de execução continuada, o convívio é diário o que propicia um contato mais íntimo entre empregado e empregador e, como consequência natural, as divergências e ressentimentos.

---

209 LACERDA, Dorval. *A falta grave no Direito do Trabalho*. 4. ed. São Paulo: Edições Trabalhistas, 1976, p. 61-62.

210 SÜSSEKIND, Arnaldo; MARANHÃO, Délio; VIANNA, Segadas; TEIXEIRA, Lima. *Instituições de Direito do Trabalho*. 21. ed. São Paulo: LTr, 2003, v. 1, p. 583.

211 SÜSSEKIND, Arnaldo. *Curso de Direito do Trabalho*. Rio de Janeiro: Renovar, 2002, p. 331-335-336.

212 SAAD, Eduardo Gabriel; SAAD, José Eduardo Duarte; BRANCO, Ana Maria Saad Castello. *CLT Comentada*. 39. ed. São Paulo: LTr, 2006, p. 478.

213 GIGLIO, Wagner D. *Justa causa*. 4. ed. São Paulo: LTr, 1993, p. 219.

214 DELGADO, Mauricio Godinho. *Curso de Direito do Trabalho*. São Paulo: LTr, 2002, p. 1.175.

215 Da mesma forma LACERDA, Dorval. *Aspectos jurídicos do contrato de trabalho*. Rio de Janeiro: Revista do Trabalho, 1941, p. 62.

Quando os interesses são antagônicos, como no caso da relação de emprego, discussões acaloradas não são tão incomuns. Daí pode decorrer agressões físicas. Neste caso, se o ato partiu do empregado, mesmo que provocado para tanto, poderá ser dispensado por justa causa.

O tipo constante das alíneas *j* e *k* do art. 482 da CLT refere-se a ofensa física que significa ataque, lesão à integridade física, pessoal, corpórea. Desta forma as brigas, as rixas, cotoveladas, joelhadas, cabeçadas, socos, murros, tapas, beliscões, empurrões e pontapés constituem ofensas físicas.

Apesar do tipo se referir à pessoa do empregador, na verdade quis o legislador dizer aos sócios, diretores ou superiores hierárquicos, salvo se o empregador for de fato uma pessoa física (profissional liberal, doméstico etc.). Também será caracterizada a falta se a agressão for praticada pelo empregado contra qualquer outra pessoa relacionada com o trabalho, como os clientes, fregueses, os colegas, um fiscal etc.

As ofensas físicas praticadas dentro do estabelecimento da empresa, dentro ou fora do expediente, nas suas proximidades ou, quando se tratar de trabalhador externo, fora do espaço físico, mas em serviço da empresa, abraçam o tipo em estudo, em que pese a lei apontar que a falta ocorre "em serviço". Da mesma forma Wagner Gíglio.[216]

Se a agressão física é consequência da reação de legítima defesa, o tipo será afastado. De acordo com o Código Penal, art. 21, considera-se legítima defesa "quem, usando moderadamente dos meios necessários, repele injusta agressão, atual ou iminente, a direito seu ou de outrem".

4.12. Atos Lesivos da Honra e da Boa Fama

Ato lesivo é toda manifestação ou ação que cause prejuízo ou ofensa a outrem. Portanto, pode ser revelada com palavras (verbais ou escritas) ou gestos, não se limitando apenas ao que é dito, mas também aos gestos praticados pelo trabalhador.

Honra[217] é o princípio ético que leva alguém a ter conduta proba, virtuosa, corajosa e que lhe permite gozar de bom conceito na sociedade; sentimento próprio de dignidade, de decoro.

Boa fama é o conceito social de alguém diante da sociedade, sua reputação.

Para a corrente majoritária (Carrion,[218] Orlando Gomes,[219] Russomano,[220] Dorval Lacerda[221] e Mauricio Godinho),[222] os atos lesivos seriam os tipos

---

216 GIGLIO, Wagner D. *Justa causa*. 4. ed. São Paulo: LTr, 1993, p. 228.

217 HOUAISS, Antônio. *Dicionário Houaiss da língua portuguesa*. Rio de Janeiro: Objetiva, 2001, p. 1.550.

218 CARRION, Valentin. *Comentários à Consolidação das Leis do Trabalho*. 29. ed. São Paulo: Saraiva, 2004, p. 372.

219 GOMES, Orlando; GOTTSCHALK, Élson. *Curso de Direito do Trabalho*. 16. ed. Rio de Janeiro: Forense, 2003, p. 372.

220 RUSSOMANO, Mozart Victor. *Curso de Direito do Trabalho*. 7. ed. Curitiba: Juruá, 1999, p. 210.

221 LACERDA, Dorval. *A falta grave no Direito do Trabalho*. 4. ed. São Paulo: Edições Trabalhistas, 1976, p. 186.

222 DELGADO, Mauricio Godinho. *Curso de Direito do Trabalho*. São Paulo: LTr, 2002, p. 1.176.

penais de calúnia, difamação e injúria, apontados nos arts. 138, 139 e 140 do Código Penal.

Discordamos desta opinião, pois os tipos penais têm contornos que o Direito do Trabalho não precisa obedecer. É dever do empregado a fidelidade e bons tratos ao empregador. Logo, qualquer ato doloso ou culposamente grave que abale a fama ou a honra do patrão justifica a aplicação da penalidade. Ademais, para a caracterização da difamação é necessário o dolo, para a caracterização do tipo trabalhista basta a culpa. A retratação é motivo de extinção da punibilidade penal, mas não afasta a quebra da fidúcia entre empregado e empregador. Assim, é possível ocorrer uma falta grave praticada por empregado que ofende o patrão gravemente e depois pede desculpas.

Da mesma forma, posicionam-se Délio Maranhão,[223] Wagner Gíglio[224] e Süssekind[225] advogando que qualquer ato, mesmo fora dos contornos do Direito Penal, desde que abale a honra ou a boa fama do empregador caracteriza a falta em estudo.

Portanto, a falta prevista nas alíneas *j* e *k* do art. 482 da CLT se caracteriza por qualquer palavra ou gesto que ofenda qualquer pessoa, colega, freguês, superior hierárquico, diretor, empregador ou sócio da empresa, mesmo que não tenha os contornos dos tipos penais previstos no Código Penal. Como explicado no item anterior, a falta pode ocorrer dentro, fora ou nos arredores da empresa.

4.13. Prática Constante de Jogos de Azar

Jogo[226] é a designação genérica de certas atividades cuja natureza ou finalidade é recreativa; competição física ou mental sujeita a regras, com participantes que disputam entre si por uma premiação ou simples prazer; contrato aleatório entre duas ou mais pessoas, pelo qual um dos parceiros ganha a soma ou a coisa arriscada, e os demais perdem; aposta.

Jogo de azar é aquele que o ganho ou a perda depende exclusivamente da sorte ou, pelo menos, dela também dependa. Isto é, os jogos que dependem da habilidade do jogador, do raciocínio ou do cálculo não são considerados jogos de azar. Se a sorte for o fator determinante ou de grande influência no jogo, este será um jogo de azar.

São jogos de azar: jogo do bicho, loteria, raspadinha, corrida de cavalo, roleta, cartas, bingo, rinha de galo.

Não são considerados jogos de azar o xadrez, damas, bilhar, o futebol, o vôlei, tênis etc. Estes jogos quando praticados pelo empregado, fora do local de trabalho, afastam o tipo e, se refletirem negativamente na empresa, o empregado poderá ser dispensado por outro tipo (incontinência de conduta).

---

223 MARANHÃO, Délio; CARVALHO, Luiz Inácio Barbosa. *Direito do Trabalho*. 17. ed. Rio de Janeiro: Editora da FGV, 1993, p. 250-251.

224 GIGLIO, Wagner D. *Justa causa*. 4. ed. São Paulo: LTr, 1993, p. 258.

225 SÜSSEKIND, Arnaldo. *Curso de Direito do Trabalho*. Rio de Janeiro: Renovar, 2002, p. 336-337.

226 HOUAISS, Antônio. *Dicionário Houaiss da língua portuguesa*. Rio de Janeiro: Objetiva, 2001, p. 1.685.

Com propriedade Russomano[227] afirma que o "jogo leva à corrupção moral, assim como a embriaguez leva à degradação física".

A falta apontada na alínea *l* do art. 482 da CLT refere-se à prática constante de jogos de azar. Constante quer dizer habitual, costumeiramente, com repetição.

Por isso, o tipo caracteriza-se quando o empregado é contumaz ou viciado[228] em jogo fora do local de trabalho, mas, em virtude desta doença, traz consigo as repercussões deste descontrole para o trabalho. O nexo de causalidade é necessário, sob pena de não restar configurada esta falta.

Neste sentido também Délio Maranhão,[229] Amador Paes de Almeida[230] e Russomano,[231] ressaltando que a prática deve ser fora do trabalho, mas essa atitude deve causar reflexos no desempenho das atividades do empregado no emprego (a prática deve ser constante).

O empregado que joga durante o trabalho pode ser demitido por improbidade ou mau procedimento, mesmo que tenha praticado o ato uma única vez.

Sergio Pinto Martins,[232] Mauricio Godinho[233] e Gíglio[234] entendem que a prática de jogos de azar pode ser fora ou dentro do trabalho.

Não há necessidade que o empregado tenha a intenção de lucro, de ganho com a prática. A falta configura-se pelo vício, pelo descontrole emocional, pelas repercussões maléficas que o vício pode acarretar ao trabalho. Da mesma forma Sergio Pinto Martins.[235]

Em posição oposta Wagner Gilgio,[236] Alice Monteiro de Barros,[237] aparentemente Carrion[238] e Dorval Lacerda[239] advogando que a falta abraça apenas os jogos que possam causar instabilidade financeira, isto é, que tenham objetivo de lucro.

---

227 RUSSOMANO, Mozart Victor. *Comentários à Consolidação das Leis do Trabalho*. 9. ed. Rio de Janeiro: Forense, 1982, p. 563.

228 Assim também entende Wagner Giglio, pois admite a aplicação da penalidade em estudo mesmo quando o trabalhador não for viciado, mas for um jogador contumaz, habitual, inveterado. GIGLIO, Wagner D. *Justa causa*. 4. ed. São Paulo: LTr, 1993, p. 282.

229 MARANHÃO, Délio; CARVALHO, Luiz Inácio Barbosa. *Direito do Trabalho*. 17. ed. Rio de Janeiro: Editora da FGV, 1993, p. 251.

230 ALMEIDA, Amador Paes de. *CLT comentada*. São Paulo: Saraiva, 2004, p. 237.

231 Cf. MARANHÃO, Délio; CARVALHO, Luiz Inácio Barbosa, *op. cit.*, p. 251.

232 MARTINS, Sergio Pinto. *Direito do Trabalho*. 14. ed. São Paulo: Atlas, 2001, p. 332.

233 DELGADO, Mauricio Godinho. *Curso de Direito do Trabalho*. São Paulo: LTr, 2002, p. 1.178.

234 GIGLIO, Wagner D. *Justa causa*. 4. ed. São Paulo: LTr, 1993, p. 284.

235 MARTINS, Sergio Pinto, *op. cit.*, p. 332.

236 GIGLIO, Wagner D, *op. cit.*, p. 281.

237 BARROS, Alice Monteiro de. *Curso de Direito do Trabalho*. São Paulo: LTr, 2005, p. 853.

238 CARRION, Valentin. *Comentários à Consolidação das Leis do Trabalho*. 28. ed. São Paulo: Saraiva, 2003, p. 368.

239 LACERDA, Dorval. *A falta grave no Direito do Trabalho*. 4. ed. São Paulo: Edições Trabalhistas, 1976, p. 63-64.

Dorval Lacerda[240] afirma, também, que pode ser qualquer jogo de azar, mesmo que seja legal. Desta forma, o tipo não precisará respeitar os contornos do art. 50, § 3º, da Lei de Contravenções Penais. Concorda com a tese Wagner Giglio[241] e Mauricio Godinho.[242] Concordamos com esta opinião, pois o tipo pretende preservar o ambiente de trabalho, a execução fiel do contrato sem transtornos trazidos pelo empregado.

Süssekind[243] e Amauri Mascaro,[244] em posição oposta, entendem que somente os jogos relacionados à contravenção penal podem ser incluídos como falta grave.

4.14. Perda da Habilitação ou Requisitos para Exercer a Profissão

A Lei 13.467/17 acrescentou a alínea *m* ao artigo 482 da CLT, para considerar justa causa a perda da habilitação ou dos requisitos estabelecidos em lei para exercício da profissão, em decorrência de conduta dolosa do empregado.

O dolo é diferente da culpa e o legislador definiu como justa causa a conduta dolosa que enseja a perda da habilitação profissional.

Exercer uma profissão sem a respectiva habilitação é contravenção penal (art. 47 do Dec. 3.688/41) e, por isso, o fato já impede o trabalhador de exercê-la. Se o fizesse estaria enquadrado na alínea *a* do art. 482 da CLT.

Dessa forma o advogado empregado que pratica algum ato intencional que ensejou a cassação de sua inscrição nos quadros da OAB poderá ser despedido por justa causa, mas não poderá ser punido com a mesma pena o motorista empregado que perde a carteira ou carta de motorista por excesso de multas, pois neste caso sua conduta foi culposa, enquanto a do primeiro foi dolosa.

4.15. Atos Atentatórios à Segurança Nacional

Criada para atender interesses momentâneos de uma situação política particular, a justa causa prevista no parágrafo único foi acrescida depois de mais de 20 anos de vigência, em 1966. O Decreto-Lei nº 3/66 incluiu mais uma justa causa no rol do art. 482 da CLT.

Esta foi a única justa causa que não estava prevista originariamente na CLT ou nas legislações anteriores. Por isso foi chamada de "legislação de exceção",[245] já que refletia o movimento armado histórico-político iniciado em 1964, ocasionando uma reação das forças armadas contra os esquerdistas. Poucas foram as oportunidades do Judiciário se pronunciar sobre a aplicação desta justa causa, seja porque o tipo

---

240 *Idem.*

241 GIGLIO, Wagner D. *Justa causa.* 4. ed. São Paulo: LTr, 1993, p. 285.

242 DELGADO, Mauricio Godinho. *Curso de Direito do Trabalho.* São Paulo: LTr, 2002, p. 1.178.

243 SÜSSEKIND, Arnaldo. *Curso de Direito do Trabalho.* Rio de Janeiro: Renovar, 2002, p. 337.

244 NASCIMENTO, Amauri Mascaro. *Iniciação ao Direito do Trabalho.* 27. ed. São Paulo: LTr, 2001, p. 203.

245 GIGLIO, Wagner D. *Justa causa.* 4. ed. São Paulo: LTr, 1993, p. 288.

caiu em desuso, seja por pronunciamento majoritário do TST através do antigo prejulgado 23 que se transformou na Súmula nº 150[246] do TST, cancelada em 2003.

Apesar de ter tomado contornos diferentes daqueles impostos pelo Decreto-Lei nº 3/66 o tipo está vigente e merece adaptações. Neste sentido Russomano[247] que é expresso em afirmar que a redemocratização nacional limitou o interesse prático dessa justa causa, mas não a revogou.

Todavia, há quem entenda que o artigo não está mais vigente[248] ou que é inaplicável. Outros[249] preferem dizer que o tipo está desatualizado historicamente e em desuso.

Alguns autores comentam a falta sem qualquer referência ao assunto (vigente ou revogado), dando a entender que o tipo está vigente Sergio Pinto Martins,[250] Carrion,[251] Catharino.[252]

De qualquer sorte, muitas críticas foram feitas ao texto legal. A primeira delas refere-se ao fato de a lei apontar a palavra "atos" no plural, dando a errônea impressão de que a falta só estaria configurada quando o empregado praticasse mais de um ato contra a segurança nacional.

É claro que um único ato contra a segurança nacional pode acarretar a justa causa. Assim também se posiciona Wagner Gíglio.[253]

Esse ato pode ser dentro ou fora do serviço. Em sentido contrário, Wagner Giglio[254] defende que a falta sempre se caracterizará fora do serviço. Se ocorrer dentro do serviço, o empregado poderá ser despedido por outro tipo.

O conceito de atos atentatórios à segurança nacional variou com o passar do tempo. De acordo com o art. 11 do revogado Decreto-Lei nº 3/66:

> **Art. 11.** Será considerado atentatório à segurança nacional, afora outros casos definidos em lei:
>
> a) Instigar, preparar, dirigir ou ajudar a paralisação de serviços públicos concedidos ou não ou de abastecimento;
>
> b) Instigar, publicamente ou não, desobediência coletiva ao cumprimento de lei de ordem pública.

---

246 Entendemos que a Súmula nº 150 do TST já não tinha sido recepcionada pelo art. 5º, XXXV, da CRFB mesmo antes de ser cancelada. Assim também ALMEIDA, Amador Paes de. *CLT Comentada*. São Paulo: Saraiva, 2004, p. 237. MARTINS, Sergio Pinto. *Direito do Trabalho*. 13. ed. São Paulo, 2001, p. 333.

247 RUSSOMANO, Mozart Victor. *Curso de Direito do Trabalho*. 7. ed. Curitiba: Juruá, 1999, p. 211.

248 Mauricio Godinho afirma que o dispositivo em estudo está revogado pela Constituição, já que esta não autoriza prisões ou condenação através de inquérito administrativo – art. 5º, LIII, LIV e XXXV da CRFB. DELGADO, Mauricio Godinho. *Curso de Direito do Trabalho*. São Paulo: LTr, 2002, p. 1.178.

249 GIGLIO, Wagner D. *Justa causa*. 4. ed. São Paulo: LTr, 1993, p. 295.

250 MARTINS, Sergio Pinto. *Direito do Trabalho*. 14. ed. São Paulo: Atlas, 2001, p. 332-333.

251 CARRION, Valentin. *Comentários à Consolidação das Leis do Trabalho*. 28. ed. São Paulo: Saraiva, 2003, p. 369.

252 CATHARINO, José Martins. *Compêndio Universitário de Direito do Trabalho*. São Paulo: Editora Jurídica e Universitária, 1972, v. 2, p. 791.

253 GIGLIO, Wagner D. *Justa causa*. 4. ed. São Paulo: LTr, 1993, p. 288.

254 *Ibidem*, p. 293.

De acordo com a Lei nº 7.170/83, são atos atentatórios à segurança nacional:

Art. 8º Entrar em entendimento ou negociação com governo ou grupo estrangeiro, ou seus agentes, para provocar guerra ou atos de hostilidade contra o Brasil.

(...)

Art. 9º Tentar submeter o território nacional, ou parte dele, ao domínio ou à soberania de outro país.

(...)

Art. 10. Aliciar indivíduos de outro país para invasão do território nacional.

(...)

Art. 11. Tentar desmembrar parte do território nacional para constituir país independente.

(...)

Art. 12. Importar ou introduzir, no território nacional, por qualquer forma, sem autorização da autoridade federal competente, armamento ou material militar privativo das Forças Armadas.

(...)

Parágrafo único. Na mesma pena incorre quem, sem autorização legal, fabrica, vende, transporta, recebe, oculta, mantém em depósito ou distribui o armamento ou material militar de que trata este artigo.

Art. 13. Comunicar, entregar ou permitir a comunicação ou a entrega, a governo ou grupo estrangeiro, ou a organização ou grupo de existência ilegal, de dados, documentos ou cópias de documentos, planos, códigos, cifras ou assuntos que, no interesse do Estado brasileiro, são classificados como sigilosos.

(...)

Parágrafo único. Incorre na mesma pena quem:

I – com o objetivo de realizar os atos previstos neste artigo, mantém serviço de espionagem ou dele participa;

II – com o mesmo objetivo, realiza atividade aerofotográfica ou de sensoreamento remoto, em qualquer parte do território nacional;

III – oculta ou presta auxílio a espião, sabendo-o tal, para subtraí-lo à ação da autoridade pública;

IV – obtém ou revela, para fim de espionagem, desenhos, projetos, fotografias, notícias ou informações a respeito de técnicas, de tecnologias, de componentes, de equipamentos, de instalações ou de sistemas de processamento automatizado de dados, em uso ou em desenvolvimento no País, que, reputados essenciais para a sua defesa, segurança ou economia, devem permanecer em segredo.

Art. 14. Facilitar, culposamente, a prática de qualquer dos crimes previstos nos arts. 12 e 13, e seus parágrafos.

(...)

Art. 15. Praticar sabotagem contra instalações militares, meios de comunicações, meios e vias de transporte, estaleiros, portos, aeroportos, fábricas, usinas, barragem, depósitos e outras instalações congêneres.

(...)

Art. 16. Integrar ou manter associação, partido, comitê, entidade de classe ou grupamento que tenha por objetivo a mudança do regime vigente ou do Estado de Direito, por meios violentos ou com o emprego de grave ameaça.

(...)

Art. 17. Tentar mudar, com emprego de violência ou grave ameaça, a ordem, o regime vigente ou o Estado de Direito.

(...)

Art. 18. Tentar impedir, com emprego de violência ou grave ameaça, o livre exercício de qualquer dos Poderes da União ou dos Estados.

(...)

Art. 19. Apoderar-se ou exercer o controle de aeronave, embarcação ou veículo de transporte coletivo, com emprego de violência ou grave ameaça à tripulação ou a passageiros.

(...)

Art. 20. Devastar, saquear, extorquir, roubar, sequestrar, manter em cárcere privado, incendiar, depredar, provocar explosão, praticar atentado pessoal ou atos de terrorismo, por inconformismo político ou para obtenção de fundos destinados à manutenção de organizações políticas clandestinas ou subversivas.

(...)

Art. 21. Revelar segredo obtido em razão de cargo, emprego ou função pública, relativamente a planos, ações ou operações militares ou policiais contra rebeldes, insurretos ou revolucionários.

(...)

Art. 22. Fazer, em público, propaganda:

I – de processos violentos ou ilegais para alteração da ordem política ou social;

II – de discriminação racial, de luta pela violência entre as classes sociais, de perseguição religiosa;

III – de guerra;

IV – de qualquer dos crimes previstos nesta Lei.

Pena: detenção, de 1 a 4 anos.

§ 1º A pena é aumentada de um terço quando a propaganda for feita em local de trabalho ou por meio de rádio ou televisão.

§ 2º Sujeita-se à mesma pena quem distribui ou redistribui:

a) fundos destinados a realizar a propaganda de que trata este artigo;

b) ostensiva ou clandestinamente boletins ou panfletos contendo a mesma propaganda.

§ 3º Não constitui propaganda criminosa a exposição, a crítica ou o debate de quaisquer doutrinas.

Art. 23. Incitar:

I – à subversão da ordem política ou social;

II – à animosidade entre as Forças Armadas ou entre estas e as classes sociais ou as instituições civis;

III – à luta com violência entre as classes sociais;

IV – à prática de qualquer dos crimes previstos nesta Lei.

Pena: reclusão, de 1 a 4 anos.

Art. 24. Constituir, integrar ou manter organização ilegal de tipo militar, de qualquer forma ou natureza armada ou não, com ou sem fardamento, com finalidade combativa.

Pena: reclusão, de 2 a 8 anos.

Art. 25. Fazer funcionar, de fato, ainda que sob falso nome ou forma simulada, partido político ou associação dissolvidos por força de disposição legal ou de decisão judicial.

> Pena: reclusão, de 1 a 5 anos.
>
> **Art. 26.** Caluniar ou difamar o Presidente da República, o do Senado Federal, o da Câmara dos Deputados ou o do Supremo Tribunal Federal, imputando-lhes fato definido como crime ou fato ofensivo à reputação.
>
> Pena: reclusão, de 1 a 4 anos.
>
> **Parágrafo único.** Na mesma pena incorre quem, conhecendo o caráter ilícito da imputação, a propala ou divulga.
>
> **Art. 27.** Ofender a integridade corporal ou a saúde de qualquer das autoridades mencionadas no artigo anterior.
>
> **Pena:** reclusão, de 1 a 3 anos.
>
> § 1º Se a lesão é grave, aplica-se a pena de reclusão de 3 a 15 anos.
>
> § 2º Se da lesão resulta a morte e as circunstâncias evidenciam que este resultado pode ser atribuído a título de culpa ao agente, a pena é aumentada até terço.
>
> **Art. 28.** Atentar contra a liberdade pessoal de qualquer das autoridades referidas no art. 26.
>
> Pena: reclusão, de 4 a 12 anos.
>
> **Art. 29.** Matar qualquer das autoridades referidas no art. 26.
>
> Pena: reclusão, de 15 a 30 anos.

A CLT se refere ao "inquérito administrativo" que comprove o ato atentatório. Entretanto, não existe previsão na CLT, e não existia à época, acerca deste inquérito. Esta expressão foi muito utilizada na fase inicial da Justiça do Trabalho, quando ainda fazia parte do Poder Executivo, isto é, antes de 1946, mas em 1966 a palavra já não mais encontra conceito na CLT.

Martins Catharino[255] sugere que o inquérito ou sindicância sejam feitos internamente na empresa.

Para outros, como tais órgãos não mais processam qualquer inquérito administrativo, deverá ser processado e julgado na Justiça do Trabalho. Carrion,[256] Saad[257] e Hugo Gueiros.

Por outro lado, o art. 4º do Decreto-Lei nº 3/66 (já revogado) determinava que o inquérito fosse instaurado para os empregados estáveis na Delegacia de Trabalho Marítimo e julgado pelo ministro de Estado e não pela Justiça do Trabalho quando envolvesse trabalhadores portuários e, de acordo com o art. 472, § 4º, da CLT, perante a Procuradoria Regional do Trabalho para os demais empregados.

Decreto-Lei nº 3/66 disciplinava:

> **Art. 4º** Para efeito de cassação da matrícula e no caso de estabilidade, será instaurado inquérito administrativo na Delegacia do Trabalho Marítimo, assegurado o direito de defesa do acusado e fixado o prazo de 60 (sessenta) dias para a sua conclusão.

---

255 CATHARINO, José Martins. *Compêndio Universitário de Direito do Trabalho*. São Paulo: Editora Jurídica e Universitária, 1972, v. 2, p. 791.

256 CARRION, Valentin. *Comentários à Consolidação das Leis do Trabalho*. 28. ed. São Paulo: Saraiva, 2003, p. 369.

257 SAAD, Eduardo Gabriel; SAAD, José Eduardo Duarte; BRANCO, Ana Maria Saad Castelo. *CLT comentada*. 39. ed. São Paulo: LTr, 2006, p. 478.

§ 1º Ao determinar a suspensão, o Delegado do Trabalho Marítimo, se fôr o caso, mandará desde logo instaurar o inquérito administrativo.

§ 2º O Ministro de Estado terá 30 (trinta) dias para proferir sua decisão.

Todavia, a Lei nº 7.170/83, que hoje disciplina a segurança nacional, dispõe que:

Art. 30. Compete à Justiça Militar processar e julgar os crimes previstos nesta Lei, com observância das normas estabelecidas no Código de Processo Penal Militar, no que não colidirem com disposição desta Lei, ressalvada a competência originária do Supremo Tribunal Federal nos casos previstos na Constituição.

Parágrafo único. A ação penal é pública, promovendo-a o Ministério Público.

Art. 31. Para apuração de fato que configure crime previsto nesta Lei, instaurar-se-á inquérito policial, pela Polícia Federal:

I – de ofício;

II – mediante requisição do Ministério Público;

III – mediante requisição de autoridade militar responsável pela segurança interna;

IV – mediante requisição do Ministro da Justiça.

Parágrafo único. Poderá a União delegar, mediante convênio, a Estado, ao Distrito Federal ou a Território, atribuições para a realização do inquérito referido neste artigo.

Portanto, a expressão "inquérito administrativo" referida no parágrafo único do art. 482 deve ser entendida como inquérito policial perante a Polícia Federal, na forma do art. 31 da atual lei de segurança nacional.

Convém relembrar que a lei trabalhista se refere à segurança nacional em diversas passagens, como transcrito abaixo.

Art. 131. Não será considerada falta ao serviço, para os efeitos do artigo anterior, a ausência do empregado:

(...)

V – durante a suspensão preventiva para responder a inquérito administrativo ou de prisão preventiva, quando for impronunciado ou absolvido; e (redação dada pelo Decreto-Lei nº 1.535, de 13/4/1977)

(...)

Art. 472. O afastamento do empregado em virtude das exigências do serviço militar, ou de outro encargo público, não constituirá motivo para alteração ou rescisão do contrato de trabalho por parte do empregador.

(...)

§ 3º Ocorrendo motivo relevante de interesse para a segurança nacional, poderá a autoridade competente solicitar o afastamento do empregado do serviço ou do local de trabalho, sem que se configure a suspensão do contrato de trabalho (Parágrafo incluído pelo Decreto-Lei nº 3, de 27/1/1966).

§ 4º O afastamento a que se refere o parágrafo anterior será solicitado pela autoridade competente diretamente ao empregador, em representação fundamentada com audiência da Procuradoria Regional do Trabalho, que providenciará desde logo a instauração do competente inquérito administrativo (parágrafo incluído pelo Decreto-Lei nº 3, de 27/1/1966).

> § 5º Durante os primeiros 90 (noventa) dias desse afastamento, o empregado continuará percebendo sua remuneração (parágrafo incluído pelo Decreto-Lei nº 3, de 27/1/1966).
>
> (...)
>
> **Art. 482.** Constituem justa causa para rescisão do contrato de trabalho pelo empregador:
>
> (...)
>
> **Parágrafo único.** Constitui igualmente justa causa para dispensa de empregado a prática, devidamente comprovada em inquérito administrativo, de atos atentatórios à segurança nacional (parágrafo incluído pelo Decreto-Lei nº 3, de 27/1/1966).

Em resumo a CLT prescrevia o seguinte comportamento a ser tomado pelo empregador: se o empregado praticasse ato atentatório à segurança nacional a autoridade competente solicitaria que o empregador afastasse o empregado, devendo continuar a pagar os salários durante os primeiros 90 dias do afastamento, dando ciência destes atos à Procuradoria Regional do Trabalho.

Hoje, a justa causa está em vigor, a autoridade é a polícia federal e o inquérito é policial, e o empregador continua obrigado ao pagamento, por 90 dias, do salário do empregado acusado.

4.16. Falta Contumaz de Pagamento de Dívida

O art. 508 da CLT reservava, pois o tipo foi revogado pela Lei nº 12.347/2010, aos bancários uma falta grave específica, desde que, de forma contumaz, não pagassem as dívidas legalmente exigíveis que possuem.

O legislador tinha criado o tipo porque os bancários trabalham em instituições de crédito, manuseando numerário ou aplicações financeiras durante todo o expediente.

A jurisprudência já se posicionou no sentido de que o bancário que emite cheques sem fundos de forma habitual ou deixa de quitar promissórias e duplicatas pratica justa causa. Resta saber se, mesmo depois da revogação expressa do art. 508 da CLT, a jurisprudência continuará se posicionando da mesma forma. Defendemos que o bancário que é devedor contumaz, com nome sujo na praça, pratica justa causa tipificada como incontinência de conduta se a função exercida no banco estiver diretamente relacionada com o manuseio de numerário ou crédito e, mesmo assim, o caso deve ser analisado concretamente, para que não se pratiquem injustiças.

Délio Maranhão,[258] Alice Monteiro,[259] Amador Paes de Almeida[260] e Russomano[261] entendem que este dispositivo deveria ser estendido a todos os trabalhadores, mesmo que com outra tipificação, pois, conforme Paes de Almeida, "todo e qualquer

---

258 MARANHÃO, Délio; CARVALHO, Luiz Inácio Barbosa. *Direito do Trabalho*. 17. ed. Rio de Janeiro: Editora da FGV, 1993, p. 251.

259 BARROS, Alice Monteiro de. *Curso de Direito do Trabalho*. São Paulo: LTr, 2005, p. 855.

260 ALMEIDA, Amador Paes de. *CLT comentada*. São Paulo: Saraiva, 2004, p. 238.

261 RUSSOMANO, Mozart Victor. *Curso de Direito do Trabalho*. 7. ed. Curitiba: Juruá, 1999, p. 211.

empregado que deixe de pagar suas dívidas por sua culpa exclusiva – é um mau pagador, e que, ainda que possuindo meios, insiste em não honrar seus compromissos – comete falta grave – improbidade ou mau procedimento". O exemplo clássico citado por Russomano é o do caixa de uma loja que lida com dinheiro durante todo tempo e que é devedor contumaz não inspira credibilidade ao patrão.

Não concordamos com a opinião.

A vida particular do empregado não interessa ao patrão e se nenhuma repercussão maléfica produzir na empresa, não poderá o empregador despedir o empregado só por este motivo. Portanto, o tipo só poderá abranger o bancário, sob pena de se aplicar uma pena extensivamente, o que contraria o princípio geral de direito de que pena interpreta-se restritivamente. Assim também Godinho.[262]

4.17. Greve Declarada Ilegal ou Abusiva

A Carta de 1988 ampliou o exercício do direito de greve que, mais tarde, foi regulamentado pela Lei nº 7.783/89. Os abusos a este direito podem importar em sanções de ordem penal, civil ou trabalhista. Todavia, o trabalhador só poderá ser disciplinarmente punido pelo empregador quando praticar ato que importe em prática de uma das faltas capituladas no art. 482 da CLT.

A simples participação no movimento grevista não enseja a aplicação de qualquer penalidade, mesmo quando declarada ilegal ou abusiva a greve pelo Judiciário, pois a Constituição garantiu o direito à livre escolha pelo trabalhador de adesão ou não ao movimento grevista (Súmula nº 316 do STF). Ademais, sendo a greve um fato coletivo que envolve toda a categoria interessada, presume-se o interesse do empregado na adesão ao movimento.

O exercício regular de um direito não pode se voltar contra aquele que o exerceu. A simples declaração de abusividade ou ilegalidade não pode, por si só, ensejar o tipo, pois é necessário que o empregado tenha de fato praticado atos faltosos como os previstos no art. 482 da CLT. Neste mesmo sentido Délio Maranhão,[263] João Lima Teixeira[264] e Alice Monteiro de Barros.[265]

Desta forma, constitui justa causa o empregado que participa de piquete obstativo ou que pratica os atos previstos no art. 6º da Lei nº 7.783/89, que participa de greve de ocupação, que atenta contra o patrimônio do empregador ou atos previstos no art. 482 da CLT.

Aparentemente Carrion[266] adota a mesma opinião, pois afirma que apenas os excessos praticados pelos grevistas são passíveis de justa causa.

---

262 DELGADO, Mauricio Godinho. *Curso de Direito do Trabalho*. São Paulo: LTr, 2002, p. 1.181.

263 *Apud* SÜSSEKIND, Arnaldo; MARANHÃO, Délio; VIANNA, Segadas; TEIXEIRA, Lima. *Instituições de Direito do Trabalho*. 21. ed. São Paulo: LTr, 2003, v. 1, p. 588.

264 *Ibidem*, p. 587.

265 BARROS, Alice Monteiro de. *Curso de Direito do Trabalho*. São Paulo: LTr, 2005, p. 856.

266 CARRION, Valentin. *Comentários à Consolidação das Leis do Trabalho*. 28. ed. São Paulo: Saraiva, 2003, p. 369.

Em posição oposta Amauri Mascaro Nascimento[267] no sentido de que a greve abusiva gera a presunção de justa causa. Da mesma forma Eduardo Saad:[268]

> A simples participação pacífica em greve declarada ilegal pelo TRT não constitui, por si só, falta grave para a despedida do trabalhador. Aplicação do art. 26 da Lei nº 4.330/64. TRT 2ª Reg. 1ª T., 0285027257-9, Rel. Floriano Corrêa. CARRION, Valentin. *Comentários à Consolidação das Leis do Trabalho*. 28. ed. São Paulo: Saraiva, 2003, p. 369.

TÍTULO II DESPEDIDA INDIRETA

5. NOMENCLATURAS

São aceitas as seguintes nomenclaturas: despedida indireta, dispensa indireta, rescisão forçada, demissão forçada, rescisão indireta, justa causa do empregador.

6. CONCEITO

É a faculdade que possui o empregado de romper o contrato por justo motivo quando o empregador praticar uma das hipóteses previstas em lei como justa causa.

7. REQUISITOS

Alguns requisitos devem ser preenchidos concomitantemente para que o empregado possa aplicar a justa causa ao empregador, sob pena da penalidade ser afastada pelo Judiciário, convertendo-se a despedida indireta em pedido de demissão, já que foi o empregado quem tomou a iniciativa de rompimento do contrato.

Requisitos:

a) Gravidade da falta do empregador

A falta que enseja a aplicação da justa causa tem que ser muito grave, mas tão grave a ponto de tornar insuportável a continuidade da relação de emprego e praticada pelo patrão ou um de seus prepostos. A infração que justifica a resolução do contrato por justa causa não torna impossível o prosseguimento do contrato, pois este fato só ocorre nos casos de força maior. Na verdade, a falta grave implica na quebra da confiança, da fidúcia ínsita do contrato de trabalho.

---

267 NASCIMENTO, Amauri Mascaro. *Curso de Direito do Trabalho*. 16. ed. São Paulo: Saraiva, 1999, p. 594.

268 SAAD, Eduardo Gabriel; SAAD José Eduardo Duarte; BRANCO, Ana Maria Saad Castelo. *CLT comentada*. 39. ed. São Paulo: LTr, 2006, p. 478.

Portanto, o primeiro requisito é que a falta seja muito grave a ponto de tornar insuportável a continuidade do contrato.

O não pagamento do FGTS durante o contrato de trabalho, por exemplo, é uma falta praticada pelo empregador. Entretanto, como o empregado, via de regra, só movimenta a conta do FGTS quando da extinção do contrato de trabalho, a falta não tem a necessária gravidade nem torna insuportável a continuidade da relação de emprego. Mauricio Godinho[269] no mesmo sentido.

O mesmo poderia ser dito se o empregador não pagava as horas extras.

Todavia, uma síntese de faltas leves ou sua reiteração podem tornar grave a falta e, com isso, é possível que a continuidade deste se torne insuportável.

> RESCISÃO INDIRETA. DESCUMPRIMENTO CONTRATUAL REITERADO. CONFIGURAÇÃO. Na hipótese dos autos, restou demonstrado que a reclamada atrasou o pagamento salarial de janeiro a fevereiro de 2017, que foram quitados apenas em 24/03/2017, após o ajuizamento da ação, restando configurada a mora contumaz. Portanto, impõe-se o reconhecimento da rescisão indireta, não merecendo reforma a sentença, nos termos do art. 483 da CLT. Recurso a que se nega provimento, no particular. Adoto, na forma regimental, o relatório, a admissibilidade e os demais pontos do voto do Exmo. Desembargador Relator, prevalecendo, tão somente no que concerne à rescisão indireta." TRT-1 – RO: 01002895820175010044 RJ, Relator: Enoque Ribeiro dos Santos, Data de Julgamento: 02/10/2019, Quinta Turma, Data de Publicação: 23/10/2019.

A apreciação da falta do patrão, ao contrário da praticada pelo empregado, deve ser avaliada de forma abstrata, isto é, sem levar em consideração os motivos alegados pelo empregador para praticar o ato. Assim também se posicionam Mauricio Godinho[270] e Délio Maranhão.[271]

Desta forma, mesmo que o empregador alegue falência, falta de dinheiro, morte em família, ser pessoa física, ter perdido uma concorrência, força maior ou qualquer outro motivo, estes fatos não podem ser levados em consideração na aplicação da penalidade, pois a gravidade da falta basta, já que o empregador corre todos os riscos do negócio.

b) Imediatidade, atualidade ou contemporaneidade

A punição tem que ser atual, pois o transcurso do longo tempo entre a falta e a penalidade acarreta a presunção de perdão ou de renúncia do direito de punir.

É um requisito recíproco, isto é, é aplicado tanto para as faltas cometidas pelo empregado, quanto para as cometidas pelo empregador.

---

269 DELGADO, Mauricio Godinho. *Curso de Direito do Trabalho*. São Paulo: LTr, 2002, p. 1.189.

270 *Ibidem*, p. 1.190.

271 SÜSSEKIND, Arnaldo; MARANHÃO, Délio; VIANNA, Segadas; TEIXEIRA, Lima. *Instituições de Direito do Trabalho*. 21. ed. São Paulo: LTr, 2003, v. 1, p. 590.

Logo que o empregado tome conhecimento da falta praticada pelo empregador, deve romper o contrato imediatamente, sob pena de perdoar a falta.

Mauricio Godinho[272] sugere que o prazo máximo seja de 30 dias para as faltas do empregado. O prazo é razoável e pode ser aplicado também para as faltas do patrão, mas só o caso concreto poderá dizer se deve ser reduzido ou tolerado pequeno aumento.

Punição atual não significa concomitante, e sim contemporânea, pois a imediatidade está vinculada à rápida punição, que deve ser contada a partir da ciência do fato.

c) Teoria dos fatos determinantes ou da vinculação dos fatos

A teoria dos motivos determinantes conclui que entre a falta e a resolução do contrato por justa causa deve haver uma relação de causa e efeito, um nexo causal. Os atos praticados pelo empregador considerados pelo empregado como faltosos são as causas, e a despedida indireta o efeito. O empregado tem que comunicar ao patrão o seu afastamento e os fatos (a falta) que motivaram tal penalidade, para que o empregador tenha o direito de conhecê-las (e se defender, se for o caso) e para ter a garantia de que o empregador não irá alegar abandono de emprego. A punição imputada decorre da prática de determinado ato faltoso do empregador. Via de consequência, as demais faltas não punidas foram perdoadas, não podendo o empregado, mais tarde, tentar incluí-las naquela punição. Uma vez identificada a falta que ensejou a penalidade, não poderá o trabalhador incluir ou substituir por outro tipo.

A simples concessão do aviso prévio ou pedido de demissão importa em perdão tácito a todas as faltas porventura praticadas pelo empregador, já que faz presumir a inexistência de faltas anteriores à comunicação.

A comunicação de resolução por justa causa deve ser feita pessoalmente, com testemunha ou através de telegrama, com cópia de teor e de recebimento.

d) Não ter havido perdão tácito ou expresso

Se o empregado expressamente declarar que perdoa a falta praticada pelo patrão, não poderá mais tarde punir esta falta. Considera-se perdão tácito a falta de imediatidade na punição.

8. FORMA

A despedida indireta se opera *ope iuris* e não *ope judicis*, isto é, a aplicação da penalidade ao empregador depende apenas da declaração de vontade emitida pelo empregado ao empregador, não havendo necessidade de pronunciamento do Judiciário.

---

[272] DELGADO, Mauricio Godinho, *op. cit.*, p. 1.165.

O ajuizamento da ação ou reclamação trabalhista se destina apenas a cobrar as verbas decorrentes da rescisão indireta e não pedir o rompimento do pacto laboral pelo Judiciário. Isto se explica porque o Judiciário demora tanto tempo para apreciar a questão que a manutenção do empregado no emprego até decisão final transitada em julgado pode significar que a falta não é tão grave a ponto de tornar insuportável a relação de emprego. Isto significa que, como regra geral, a permanência do empregado no serviço poderá ser incompatível com a própria falta alegada ou poderá servir de elemento para reduzir sensivelmente a gravidade desta. Preocupado com isso, o legislador expressamente apontou as únicas hipóteses em que o trabalhador poderá permanecer em serviço e postular judicialmente a resolução contratual – art. 483, § 3º, da CLT.

Infelizmente a prática tem nos demonstrado que a ação trabalhista tem sido utilizada como meio para comunicar ao empregador do afastamento do empregado em face da resolução do contrato por justa causa do empregador e, neste mesmo ato, o empregado aproveita a oportunidade para pedir as parcelas decorrentes da resolução contratual.

Esta extinção contratual opera-se *ipso iuris*, isto é, mediante simples comunicação ao empregador da extinção do contrato por justa causa, seja via telegrama, pessoalmente ou através da ação judicial.

O empregado que ajuíza tempestivamente[273] ação trabalhista comunicando o rompimento por justa causa do patrão e, em virtude disso, postula as parcelas da rescisão não pode ser punido por abandono[274] de emprego, mesmo que haja demora na citação, pois o atraso não ocorreu por sua culpa e sim por conta dos trâmites burocráticos do Judiciário. Ademais, de fato o trabalhador não abandonou o emprego, apenas demitiu-se de forma forçada e tomou as medidas certas para tanto. Afastada a justa causa, a rescisão indireta converte-se em pedido de demissão. A tese também é adotada por Mauricio Godinho[275] aduzindo que neste caso o trabalhador não precisará conceder aviso prévio ao empregador. Discordamos apenas desta parte. Em se tratando de pedido de demissão, o patrão poderá requerer a compensação na contestação, se desejar.

Como dito antes, afastada a justa causa, a rescisão indireta converte-se em pedido de demissão, mesmo em se tratando de empregado estável, pois se ele podia pedir demissão diante de uma autoridade da DRT ou do sindicato que a homologava, quanto mais diante do juiz que tem mais conhecimento e mais cuidado com o pedido.

Se o empregado tomou a iniciativa de rompimento do contrato para só mais tarde pretender judicialmente a conversão desta em despedida indireta, entendemos

---

273 A tese acima só terá cabimento se entre a falta e a punição comunicada judicialmente não transcorreu lapso temporal maior que 30 dias, sob pena de dar ensejo a arguição de abandono de emprego.

274 Em sentido contrário Délio Maranhão, Amauri Mascaro Nascimento e Alice Monteiro de Barros advogando pela aplicação do abandono de emprego. SÜSSEKIND, Arnaldo; MARANHÃO, Délio; VIANNA, Segadas; TEIXEIRA, Lima. *Instituições de Direito do Trabalho*. 21. ed. São Paulo: LTr, 2003, v. 1, p. 590; NASCIMENTO, Amauri Mascaro. *Curso de Direito do Trabalho*. 16. ed. São Paulo: Saraiva, 1999, p. 454; DELGADO, Mauricio Godinho. *Curso de Direito do Trabalho*. São Paulo: LTr, 2002, p. 869.

275 DELGADO, Mauricio Godinho. *Curso de Direito do Trabalho*. São Paulo: LTr, 2002, p. 1.202.

que estão perdoadas eventuais faltas, uma vez que o empregado pediu demissão sem aplicar a punição ao patrão.

> PEDIDO DE DEMISSÃO. NULIDADE. RESCISÃO DO CONTRATO POR DESPEDIDA INDIRETA. DESCABIMENTO. É incabível o pedido de rescisão do contrato de trabalho por despedida indireta, fundado em falta grave patronal, quando, ao tempo do ajuizamento da ação, o contrato de trabalho já tenha sido extinto por iniciativa do trabalhador, mediante assistência sindical e sem prova de vício de vontade. TRT-4 – RO: 00209337820175040028, Data de Julgamento: 06/06/2019, 4ª Turma.

> DESPEDIDA INDIRETA. DEMISSÃO. Caso em que a reclamante se demitiu, sem alegação concreta de eventual coação para o ato e, além disso, as apregoadas faltas da empregadora, no caso, não têm o condão de tornar nulo o ato da demissão, inclusive porque a empregada tinha a faculdade de denunciar o contrato de trabalho com base no art. 483 da CLT. Recurso ordinário da reclamada provido no aspecto. TRT-4 – RO: 00208882020165040801, Data de Julgamento: 02/06/2017, 7ª Turma.

É claro que o mesmo raciocínio não pode ser aplicado ao empregado que desaparece da empresa e anos depois ajuíza ação trabalhista alegando justa causa do empregador. Como não comunicou (puniu) tempestivamente o patrão da extinção e da penalidade aplicada, conclui-se que perdoou a falta. A máxima vale também para este caso: falta praticada e não punida imediatamente é falta perdoada. Neste caso, o empregador poderá arguir o abandono desde que tenha comunicado a extinção por este motivo, pois do contrário também perdoou o abandono.

Em suma, em regra o empregado deve primeiro romper o contrato por justa causa, comunicando este fato ao patrão e, só depois de expirado o prazo do vencimento da obrigação de pagamento das parcelas da rescisão, ajuizar a reclamação trabalhista postulando-as. Entrementes, em apenas dois casos é possível o empregado permanecer no emprego, ajuizar a ação e aguardar trabalhando a decisão da justiça de rompimento do contrato. Se procedente, o contrato será rompido por justa causa do patrão. Se improcedente o empregado continuará trabalhando.

De acordo com o § 3º do art. 483 da CLT apenas nas hipóteses das alíneas *d* e *g* o empregado pode continuar no serviço. Nas demais hipóteses, a permanência no emprego é incompatível com a falta alegada, devendo ser elidida (afastada) a penalidade. Portanto, apenas nas faltas apontadas nas alíneas *d* e *g* o empregado pode continuar no serviço, nas demais deve se romper o contrato enquanto ajuíza (ou para ajuizar) a ação trabalhista. Assim também entende Saad,[276] Amador Paes de Almeida,[277] Alice Monteiro de Barros[278] e Sergio Pinto Martins.[279]

---

276 SAAD, Eduardo Gabriel; SAAD, José Eduardo Duarte; BRANCO, Ana Maria Saad Castello. *CLT comentada*. 39. ed. São Paulo: LTr, 2006, p. 486.

277 ALMEIDA, Amador Paes de. *CLT comentada*. São Paulo: Saraiva, 2004, p. 241.

278 BARROS, Alice Monteiro de. *Curso de Direito do Trabalho*. São Paulo: LTr, 2005, p. 869.

279 MARTINS, Sergio Pinto. *Direito do Trabalho*. 13. ed. São Paulo: Atlas, 2001, p. 336.

Russomano[280] acrescenta que:

> Sempre entendemos que apenas quando o trabalhador se sente incompatibilizado com o empregador, tornando-se insuportável sua permanência na empresa, é que existe despedida indireta. Sendo assim, não é admissível possa o trabalhador ajuizar a ação, que pressupõe impossibilidade de sua permanência no serviço, continuando, porém, na empresa, como se nada houvesse ocorrido. Os fatos desmentiriam a pretendida incompatibilidade, pressuposto necessário da despedida indireta.

Délio Maranhão[281] afirma que:

> (...) já a resolução do contrato pelo empregado, por motivo de inexecução faltosa das obrigações do empregador, não tendo o sentido de penalidade disciplinar, não repele, por sua natureza, normalmente, o pronunciamento prévio do juiz (...). Mas, enquanto a força resolutiva é necessária e normal quando a resolução parte do empregador, que, resolvendo o contrato, aplica, ao mesmo tempo, uma penalidade disciplinar, admitido a lei uma única exceção de estabilidade do empregado; quando o direito de resolução é exercido pelo empregado, a condição resolutiva *pode* também operar, normalmente, *ope judicis*, não sendo necessária a resolução *ipso jure*.

Em sentido contrário Mauricio Godinho[282] e Carrion[283] asseverando que em todas as hipóteses o obreiro pode permanecer ou não em serviço e que o legislador só se referiu a essas porque menos gravosas para o empregado.

9. PEDIDO JUSTO DE DEMISSÃO

O legislador propositadamente inseriu as hipóteses abaixo nos parágrafos e não no elenco das alíneas das justas causas do empregador, porque não contemplam casos de rescisão indireta e sim de extinção justa.

Quando o empregado tiver que desempenhar obrigação legal incompatível com o trabalho, o empregado poderá optar pela suspensão ou rescisão do contrato e, no caso de morte do empregador, constituído como empresa individual, poderá considerar extinto o contrato ou continuar trabalhando – art. 483, §§ 1º e 2º, da CLT.

Na primeira hipótese, se optar pela suspensão, o contrato e todas as cláusulas contratuais ficam paralisados até que a causa cesse.

Se preferir a extinção, o empregado deverá pedir demissão. Portanto, os §§ 1º e 2º do art. 483 da CLT tratam de pedido de demissão "justo", isto é, pedido de demissão sem que o empregado tenha que conceder aviso prévio ao patrão.

---

280 RUSSOMANO, Mozart Victor. *Curso de Direito do Trabalho*. 7. ed. Curitiba: Juruá, 1999, p. 213.

281 SÜSSEKIND, Arnaldo; MARANHÃO, Délio; VIANNA, Segadas; TEIXEIRA, Lima. *Instituições de Direito do Trabalho*. 21. ed. São Paulo: LTr, 2003, v. 1, p. 590.

282 DELGADO, Mauricio Godinho. *Curso de Direito do Trabalho*. São Paulo: LTr, 2002, p. 1.201.

283 CARRION, Valentin. *Comentários à Consolidação das Leis do Trabalho*. 29. ed. São Paulo: Saraiva, 2004, p. 376.

Assim também entende Carrion,[284] Mauricio Godinho,[285] Amador Paes de Almeida,[286] Russomano[287] e Hugo Gueiros.[288] Se o contrato for por prazo determinado e o pedido de demissão "justo" for anterior ao termo final, o trabalhador estará isento da indenização prevista no art. 479 da CLT.

Saad,[289] de forma diversa, alega que na hipótese prevista no § 1º do art. 483 da CLT o aviso prévio será devido ao empregador, pois a lei não dispensou o empregado desta obrigação. Süssekind[290] advoga que o art. 483, § 2º, da CLT corresponde à justa causa do empregador e o art. 483, § 1º, da CLT trata de pedido de demissão, mas com a necessidade de aviso prévio.

Há duas outras hipóteses de pedido de demissão justo: arts. 394 e 408 da CLT que isentam o empregado da concessão do pré-aviso ou da indenização prevista no art. 479 da CLT.

10. TIPOS

O art. 483 da CLT trata das situações que podem motivar o empregado a romper o contrato de trabalho. Algumas das faltas previstas nesse dispositivo serão tratadas abaixo, exceto as previstas nas alíneas *e* e *f*, já que para esses casos devem ser observadas as mesmas discussões existentes nos casos das alíneas *j* e *k* do art. 482 da CLT.

10.1. Serviços Superiores às Forças do Empregado, Defesos por Lei, Contrários aos Bons Costumes ou Alheios ao Contrato

A principal obrigação do empregado é prestar serviços e realizar as tarefas que lhe sejam confiadas, desde que estas estejam relacionadas com o trabalho e a função, que sejam compatíveis com suas forças físicas e intelectuais,[291-292] que não sejam ilegais nem firam o bom costume – art. 483, *a*, da CLT.

---

284 *Idem.*

285 DELGADO, Mauricio Godinho. *Curso de Direito do Trabalho.* São Paulo: LTr, 2002, p. 1204-1206.

286 ALMEIDA, Amador Paes de. *CLT comentada.* São Paulo: Saraiva, 2004, p. 241.

287 RUSSOMANO, Mozart Victor. *Curso de Direito do Trabalho.* 7. ed. Curitiba: Juruá, 1999, p. 213.

288 BERNARDES, Hugo Gueiros. *Direito do Trabalho.* São Paulo: LTr, 1989, p. 404.

289 SAAD, Eduardo Gabriel; SAAD, José Eduardo Duarte; BRANCO, Ana Maria Saad Castelo. *CLT comentada.* 39. ed. São Paulo: LTr, 2006, p. 486.

290 SÜSSEKIND, Arnaldo. *Curso de Direito do Trabalho.* Rio de Janeiro: Renovar, 2002, p. 341.

291 Neste sentido também LACERDA, Dorval. *A falta grave no Direito do Trabalho.* 4. ed. São Paulo: Edições Trabalhistas, 1976, p. 228; RUSSOMANO, Mozart Victor. *Curso de Direito do Trabalho.* 7. ed. Curitiba: Juruá, 1999, p. 214; MARTINS, Sergio Pinto. *Direito do Trabalho.* 13. ed. São Paulo, 2001, p. 335; BARROS, Alice Monteiro de. *Curso de Direito do Trabalho.* São Paulo: LTr, 2005, p. 856.

292 Em posição contrária, entendendo que as "forças" mencionadas no tipo legal referem-se apenas às físicas e não às mentais, CATHARINO, José Martins. *Compêndio Universitário de Direito do Trabalho.* São Paulo: Editora Jurídica e Universitária, 1972, p. 366; LAMARCA, Antônio. *Manual das justas causas.* 2. ed. São Paulo: Revista dos Tribunais, 1983, p. 423.

A força física ou muscular mencionada pela lei não deve estar limitada àquela apontada nos arts. 390 e 405, § 5º, da CLT para a mulher e menor (20/ 25 kg) e no art. 198 do CLT para os homens (60 kg).

O comando legal deve apenas servir de parâmetro, pois deve ser observado o perfil e a estrutura física do empregado. Assim também se posicionam Giglio,[293] Alice Monteiro,[294] Carrion[295] que defendem deve ser de acordo com o perfil do empregado.

Por outro lado, Sergio Pinto Martins[296] e Süssekind[297] sustentam que as forças devem corresponder à força legal (arts. 198 e 390 da CLT).

O tipo é ainda mais amplo que o explorado pela doutrina, pois inclui os serviços inadequados à idade, à saúde, à característica física, às emoções, às habilidades do obreiro. Em todos estes casos poderá ser aplicada justa causa ao empregador.

> **Ex. 1:** Manoel tem como atribuição o carregamento e descarregamento de mercadorias. A partir de determinado dia o patrão exige que ele passe a carregar blocos de grandes e pesadas caixas, superiores às suas forças físicas. Percebendo que não conseguirá cumprir a determinação, outra solução não resta a Manoel que rescindir o contrato por justa causa do empregador.
>
> **Ex. 2:** Fábio é contratado como contínuo, mas o empregador passa a exigir que faça peças de contestação nas reclamações trabalhistas, tarefa que Fábio não sabe, nem pode desempenhar, seja porque superiores as suas forças intelectuais, seja porque não tem habilitação específica para tanto (formação em Direito).
>
> **Ex. 3:** Maria sempre foi exímia secretária. Determinado dia seu patrão lhe pede para agradar de todas as formas seus clientes, na expectativa de fechar um grande contrato, impondo que ela se relacione sexualmente com eles para convencê-los a tanto. Maria pode aplicar a justa causa no chefe por lhe exigir serviços contrários aos bons costumes.
>
> **Ex. 4:** A advogada Márcia recebe ordens do chefe para fazer a limpeza do escritório – serviços alheios ao contrato.
>
> **Ex. 5:** O patrão do segurança José exige que ele mate uma pessoa que não gosta. Felipe recebe ordens da síndica para que "puxe um gato" e furte a energia da rua para as casas do condomínio. Em ambos os exemplos as ordens são ilegais e os empregados devem se recusar a cumpri-las, sob pena de justa causa do patrão.

---

[293] GIGLIO, Wagner D. *Justa causa*. 7. ed. São Paulo: Saraiva, 2000, p. 316.

[294] BARROS, Alice Monteiro de. *Curso de Direito do Trabalho*. São Paulo: LTr, 2005, p. 857.

[295] CARRION, Valentin. *Comentários à Consolidação das Leis do Trabalho*. 28. ed. São Paulo: Saraiva, 2003, p. 370.

[296] MARTINS, Sergio Pinto. *Direito do Trabalho*. 14. ed. São Paulo: Atlas, 2001, p. 334-336.

[297] SÜSSEKIND, Arnaldo. *Curso de Direito do Trabalho*. Rio de Janeiro: Renovar, 2002, p. 338-341.

10.2. Tratado pelo Empregador ou Superior Hierárquico com Rigor Excessivo

Rigor excessivo significa intransigência exagerada, má-educação, maus-tratos, tortura ou falta de cortesia, desproporcionalidade na punição.

Muitas podem ser as formas de rigor excessivo dispensadas pelo empregador aos seus empregados, tais como repreensões verbais grosseiras, com requinte de desmerecimento; exagero minudente de ordens e de perfeição na realização das tarefas; punições desnecessárias sucessivas e violentas; maus-tratos; fiscalização afrontosa; impedimento de ausências durante o expediente para ir ao banheiro ou para se sentar.

10.3. Correr Perigo Manifesto de Mal Considerável

Perigo significa risco anormal, não previsto no contrato ou que seja considerado acima das condições normais de trabalho permitidas em lei.

O dispositivo legal não se refere aos perigos normais da profissão ou da função, como no caso do motorista que corre risco de acidente de trânsito; do aviador com uma possível queda da aeronave, salvo quando por culpa do empregador o risco se tornar anormal.

Consideram-se atividades de riscos aquelas que causam ao trabalhador ônus maior que aos demais trabalhadores de outras atividades – Enunciado[298] nº 38 do CEJ.[299]

De acordo com o dicionário,[300] manifesto significa aquilo que não pode ser contestado em sua natureza, existência; flagrante, indiscutível, inegável, patente, evidente.

No contexto da CLT a expressão toma contornos mais amplos, ligado àquilo que está prestes a acontecer, iminente. Portanto, o tipo será afastado se o perigo à saúde não for iminente. Em virtude disto o trabalho em condições insalubres, sem a devida proteção individual, afasta este tipo de justa causa ao empregador por este tipo, já que a nocividade é paulatina e manifesta-se muito tempo depois. Todavia, o trabalho em condições perigosas, sem a devida proteção ao trabalhador caracteriza o tipo.

Da mesma forma se posicionam Giglio[301] e Lamarca.[302] Em sentido contrário Süssekind[303] e Saad.[304]

---

298 O Enunciado nº 38 do CEJ assim se refere: "A responsabilidade fundada no risco da atividade, como prevista na segunda parte do parágrafo único do art. 927 do Código Civil, configura-se quando a atividade normalmente desenvolvida pelo autor do dano causar a pessoa determinada um ônus maior do que aos demais membros da coletividade."

299 A sigla CEJ significa Centro de Estudos Judiciários do Conselho da Justiça Federal.

300 HOUAISS, Antônio. *Dicionário Houaiss da língua portuguesa*. Rio de Janeiro: Objetiva, 2001, p. 1.836.

301 GIGLIO, Wagner D. *Justa causa*. 7. ed. São Paulo: Saraiva, 2000, p. 334.

302 LAMARCA, Antônio. *Manual das justas causas*. 2. ed. São Paulo: Revista dos Tribunais, 1983, p. 424.

303 SÜSSEKIND, Arnaldo. *Curso de Direito do Trabalho*. Rio de Janeiro: Renovar, 2002, p. 338-341.

304 SAAD, Eduardo Gabriel; SAAD, José Eduardo Duarte; BRANCO, Ana Maria Saad Castello. *CLT comentada*. 39. ed. São Paulo: LTr, 2006, p. 483.

Mal significa destruição, estrago, prejuízo, dano, saúde muito debilitada. Considerável quer dizer aquilo que é passível de ser levado em conta, relevante, importante.

Desta forma, se o empregador exigir que o empregado trabalhe em um local que esteja vazando gás estará expondo o empregado, desnecessariamente, a um perigo manifesto de mal considerável.

Todo ato que importe em risco à integridade física ou à saúde do empregado enquadra-se no tipo em estudo.

10.4. Descumprimento das Obrigações do Contrato de Trabalho

A força obrigatória dos contratos decorre do ajuste entre as partes – *pacta sunt servanda*. Entrementes, em termos de Direito do Trabalho a lei e as normas coletivas impõem as cláusulas mínimas do contrato. Portanto, ao admitir o empregado o patrão assume o compromisso de cumprir as obrigações decorrentes de lei, do contrato, de norma coletiva, regulamento interno, ou qualquer outra norma.

O descumprimento destas obrigações[305-306] pode acarretar a justa causa do empregador – art. 483, *c*, da CLT. Neste caso, a falta deve ser grave a ponto de tornar insuportável a continuidade da relação de emprego. Quando a falta for leve, necessita ser reiterada para que se torne mais grave, quando for grave a repetição é desnecessária.

O não pagamento do FGTS durante o contrato de trabalho, por exemplo, é uma falta praticada pelo empregador. Entretanto, como o empregado, via de regra, só movimenta a conta do FGTS quando da extinção do contrato de trabalho, a falta não tem a necessária gravidade nem torna insuportável a continuidade da relação de emprego.[307] Mauricio Godinho[308] e Sergio Pinto[309] no mesmo sentido. Alice Monteiro de Barros, no sentido oposto[310].

Há julgados nos dois sentidos, como se percebe abaixo, uns entendendo que há justa causa praticada pelo patrão e outros não:

> RECURSO ORDINÁRIO. RESCISÃO INDIRETA. RECOLHIMENTO DO FGTS. IRREGULARIDADE. COMPROVAÇÃO FALTA GRAVE. CONFIGURAÇÃO. A rescisão indireta é a faculdade do empregado de romper o contrato de trabalho por justo motivo, quando o empregador cometer uma das faltas elencadas no art. 483, da CLT. *In casu*, a irregularidade no recolhimento do FGTS constitui causa

---

305 No mesmo sentido GIGLIO, Wagner D. *Justa causa*. 4. ed. São Paulo: LTr, 1993, p. 335; DELGADO, Mauricio Godinho. *Curso de Direito do Trabalho*. São Paulo: LTr, 2002, p. 1.196; BARROS, Alice Monteiro de. *Curso de Direito do Trabalho*. São Paulo: LTr, 2005, p. 861; CARRION, Valentin. *Comentários à Consolidação das Leis do Trabalho*. 28. ed. São Paulo: Saraiva, 2003, p. 371.

306 Há posição mais restritiva no sentido de que o tipo se limita ao descumprimento das obrigações contratuais, não atingindo as legais, normativas e regulamentares. LAMARCA, Antônio. *Manual das justas causas*. 2. ed. São Paulo: Revista dos Tribunais, 1983, p. 522.

307 Deve ser feita uma ressalva. Quando a própria lei determinar a rescisão por justa causa, como no caso do § 2º do art. 31 da Lei nº 9.615/98.

308 DELGADO, Mauricio Godinho. *Curso de Direito do Trabalho*. São Paulo: LTr, 2002, p. 1.189.

309 MARTINS, Sergio Pinto. *Direito do Trabalho*. 13. ed. São Paulo, 2001, p. 335.

310 BARROS, Alice Monteiro de. *Curso de Direito do Trabalho*. São Paulo: LTr, 2005, p. 862.

suficientemente grave a autorizar a rescisão indireta do contrato de trabalho. TRT-1 – RO: 01009776220185010245 RJ, Relator: JORGE ORLANDO SERENO RAMOS, Data de Julgamento: 27/08/2019, Oitava Turma, Data de Publicação: 26/09/2019.

DEPÓSITO IRREGULAR DE FGTS. RESCISÃO INDIRETA. NÃO CABIMENTO. O fato do empregador não depositar regularmente o FGTS, não gera, por si só, a justa causa do empregador, por não tornar insuportável a continuidade da relação de emprego. TRT-1 – RO: 01003531020185010246 RJ, Relator: TANIA DA SILVA GARCIA, Data de Julgamento: 30/07/2019, Gabinete da Desembargadora Tania da Silva Garcia, Data de Publicação: 02/08/2019.

Também é controvertida a justa causa do patrão que não pagava as horas extras ou quando não assinou a CTPS do empregado,[311] apesar de ter quitado todos os direitos decorrentes desta relação de emprego.

RESCISÃO INDIRETA. HORAS EXTRAS RECONHECIDAS EM JUÍZO. Por força do artigo 818 da CLT, é do empregado o ônus da prova quanto à ocorrência de falta grave patronal a justificar a ruptura motivada do pacto nos moldes do artigo 483 consolidado. Nessa esteira, a manutenção do vínculo é princípio que norteia toda relação de trabalho. E, para que possa ser rompido tal princípio através de pronunciamento do Poder Judiciário, mister se faz a ocorrência de situação cuja gravidade torne inviável a manutenção do vínculo. Contudo, o simples fato de as reclamadas terem sido condenadas ao pagamento de horas extras não é suficiente para autorizar a rescisão indireta do contrato de trabalho por falta grave do empregador. Tal infração não enseja a ruptura indireta do contrato de trabalho porque, diante da falta perpetrada pelo empregador, poderia a obreira pleitear a correção de tal irregularidade judicialmente, sem por fim ao vínculo empregatício. TRT-2 – RO: 00007982520155020431 SP, Relator: Dóris Ribeiro Torres Prina, Data de Julgamento: 15/10/2015, 7ª TURMA, Data de Publicação: 23/10/2015.

RESCISÃO INDIRETA – O não pagamento das horas extraordinárias e a falta da integração das gorjetas ao salário não se constitui em motivo justificador da rescisão indireta do contrato, pois assim como a despedida do empregado com justa causa deve derivar de ato suficientemente grave a impedir a continuidade do liame, o rompimento do contrato, pelo empregado, sob o fundamento de culpa do empregador deve, também, fundamentar-se em atos patronais graves, o que não é o caso dos autos. Alie-se a circunstância de o contrato ter perdurado mais de seis anos, aceitando o reclamante pacificamente esta situação, o que contradiz a alegação de a situação estar insuportável. Dou provimento para julgar improcedente o pedido de rescisão indireta. (TRT-1 – RO: 00103849320155010082 RJ, Relator: LUIZ ALFREDO MAFRA LINO, Quarta Turma, Data de Publicação: 21/03/2017).

Todavia, uma síntese de faltas leves pode, pela sua reiteração, se tornar grave e, com isso, insuportável, dependendo do caso.

RECURSO DE REVISTA. DESPEDIDA INDIRETA. NÃO CARACTERIZAÇÃO. Embora não se possa abstrair o registro do contrato de trabalho do elenco das

311 No mesmo sentido MARTINS, Sergio Pinto, *op. cit.*, p. 335.

obrigações de natureza cogente a ser cumprida pelo empregador, restam ausentes os demais requisitos à declaração de falta grave, porquanto esta exige, à sua caracterização, a presença concomitante da imediatidade; de gravidade tal que impossibilite a manutenção da relação de emprego e ainda que o fato seja determinante da rescisão. A assinatura da Carteira do Trabalho e os respectivos efeitos previdenciários restam atendidos pelo comando sentencial, sem que deste subsista prejuízo direto ao trabalhador. Recurso de Revista parcialmente conhecido e desprovido. TST, 4ª T., RR 426.398/98.3, Rel. Juíza Convocada Helena e Mello, *DJ* 27/09/2002.

A principal obrigação do empregador é dar trabalho e pagar pontualmente o salário. Logo, o descumprimento destas obrigações não necessita de reiteração. O pagamento em audiência dos salários em atraso não elide a penalidade aplicada ao empregador – Súmula nº 13 do TST.

Todavia, há doutrina[312-313-314] no sentido de se aguardar três ou mais meses para a caracterização da justa causa por atraso no pagamento dos salários, por aplicação analógica do Decreto-Lei nº 368/68. Discordamos desta posição,[315] pois a regra foi para criar sanção penal e fiscal e não trabalhista. O não pagamento do salário é falta gravíssima que não precisa de reiteração.

RECURSO ORDINÁRIO OBREIRO. MORA SALARIAL. RESCISÃO INDIRETA DO CONTRATO DE TRABALHO. CONFIGURAÇÃO – Para que se configure a mora salarial a justificar a rescisão indireta do contrato de trabalho, não é necessária a mora salarial igual ou superior a três meses. No âmbito do contrato de trabalho, o salário é a principal obrigação do empregador. (Processo: RO – 0001149-16.2015.5.06.0292, Redator: Fabio Andre de Farias, Data de julgamento: 29/06/2016, Segunda Turma, Data da assinatura: 29/06/2016). TRT-6 – RO: 00011491620155060292, Data de Julgamento: 29/06/2016, Segunda Turma.

O empregado não pode praticar outra falta para reagir à falta do empregador, sob pena de estar caracterizada a culpa recíproca ou poder ser punido (suspensão ou advertência) por esta.

10.5. Redução de Trabalho por Parte do Empregador Quando este for por Peça ou por Tarefa

Apesar de a lei ter apontado apenas o salário por peça ou por tarefa, o tipo tem tido interpretação mais ampla,[316] abrangendo todos os tipos de salários por unidade de obra, que estejam vinculados à produção ou que, de alguma forma, sejam variáveis.

---

312 SAAD, Eduardo Gabriel; SAAD, José Eduardo Duarte; BRANCO, Ana Maria Saad Castelo. *CLT comentada*. 39. ed. São Paulo: LTr, 2006, p. 483.

313 CARRION, Valentin. *Comentários à Consolidação das Leis do Trabalho*. 28. ed. São Paulo: Saraiva, 2003, p. 371.

314 MARTINS, Sergio Pinto. *Direito do Trabalho*. 13. ed. São Paulo, 2001, p. 335.

315 Da mesma forma SAAD, Eduardo Gabriel; SAAD José Eduardo Duarte; BRANCO, Ana Maria Saad Castelo. *CLT comentada*. 39. ed. São Paulo: LTr, 2006, p. 483; DELGADO, Mauricio Godinho. *Curso de Direito do Trabalho*. São Paulo: LTr, 2002, p. 1.196.

316 Neste sentido GIGLIO, Wagner D. *Justa causa*. 4. ed. São Paulo: LTr, 1993, p. 357; DELGADO, Mauricio Godinho. *Curso de Direito do Trabalho*. São Paulo: LTr, 2002, p. 1.197.

O requisito é a redução "sensível" do valor total do salário mensal, o que quer dizer redução substancial nas vendas, nas tarefas ou peças. O que reduz é a quantidade de peças ou de produção e não o valor nominal de cada peça, da comissão ou da tarefa. Logo, pequenas variações salariais afastam a justa causa do empregador. Giglio[317] sugere que a variação até 25% (aplicação analógica do art. 503 da CLT) estará dentro da normalidade. Acima disto, o empregado poderá punir o patrão.

Os vendedores pracistas têm regra especial inserida no art. 2º, §§ 1º e 2º, da Lei nº 3.207/57, autorizando o empregador modificar a zona de trabalho e, se com este ato causar prejuízo ao trabalhador, deverá garantir como mínimo de remuneração a média das comissões dos últimos 12 meses. Se respeitada a lei, o empregado não poderá aplicar a justa causa no patrão, porque não terá havido a redução "sensível" a que se refere a lei.

Se a redução salarial não decorre de culpa do empregador ou se por culpa do empregado, será considerada lícita e, por isso, afastará o tipo. O TST também entende dessa forma, conforme a Orientação Jurisprudencial nº 244 da SDI-I do TST.

Wagner Giglio[318] acrescenta que a retração no mercado ou a falta de empenho do empregado afastam o tipo. Todavia, a falta do produto a ser vendido pelo empregado não o afasta.

Alice Monteiro de Barros,[319] de forma contrária, advoga que a redução do número de aulas do professor acarreta a justa causa do patrão.

10.6. Art. 407 da CLT

Quando o empregador não tomar as medidas para mudar o menor de função, quando esta lhe for prejudicial à saúde ou à moral, o trabalhador menor poderá aplicar a justa causa prevista no art. 407, parágrafo único, da CLT.

TÍTULO III
CULPA RECÍPROCA

11. REQUISITOS

A culpa recíproca dificilmente é reconhecida pelas partes, pois ambas se julgam com razão. Apesar de sua ocorrência na prática contratual ser rara, porque nestes casos o contrato é extinto de forma tácita (uma parte não percebe que está praticando a justa causa como reação da praticada pela outra), é um importante instrumento para o julgador que, por sua isenção, percebe a presença dos requisitos indispensáveis a sua caracterização. Daí por que a culpa recíproca, na maioria das

---

317 GIGLIO, Wagner D. *Justa causa*. 4. ed. São Paulo: LTr, 1993, p. 357.

318 *Ibidem*, p. 359.

319 BARROS, Alice Monteiro de. *Curso de Direito do Trabalho*. São Paulo: LTr, 2005, p. 866.

vezes, só é percebida e reconhecida pelo Judiciário, já que as partes sequer alegam tal impedimento em suas petições. É um fato conhecido de ofício pelo juiz.

São elementos caracterizadores da culpa recíproca prevista no art. 484 da CLT:

a) duas faltas graves

Para a caracterização da culpa recíproca é necessário que o empregado pratique uma falta gravíssima a ponto de, por si só, justificar o rompimento do contrato e que o empregador também tenha praticado outra falta gravíssima capaz de tornar insuportável a continuidade do contrato. Logo, são duas faltas graves, uma praticada por cada um.

b) proporcionalidade entre as faltas

As faltas precisam ser proporcionais, pois uma falta leve praticada pelo patrão e outra grave perpetrada pelo trabalhador como reação afasta o tipo.

c) atualidade ou contemporaneidade

A reação deve ser contemporânea à ação, sob pena da primeira falta estar perdoada por ausência de punição tempestiva.

Logo, se o empregador bate no empregado e este imediatamente reage agredindo-o da mesma forma, teremos um caso de culpa recíproca. Se, todavia, o trabalhador agredido não reage de imediato e um ano após resolve agredir o patrão, sob o argumento de que finalmente está conseguindo se vingar, a culpa recíproca estará afastada, pois a falta do patrão foi perdoada por não punida tempestivamente.

d) nexo de causalidade

É necessário que haja uma relação de causa e efeito ou de ação e reação, isto é, um nexo causal entre a falta praticada pelas partes. A culpa recíproca depende deste requisito.

Todavia, algumas vezes a aplicação da culpa recíproca tem servido de válvula de escape para o julgador, que não encontra outra solução para o problema apresentado em juízo.

Muitas são as decisões judiciais que têm aplicado a culpa recíproca sem os elementos descritos nas alíneas *a* até *d*.

> **Ex. 1:** Empregado desaparece da empresa, sem qualquer comunicação. Empregador percebe o fato e nenhuma medida toma. Dois anos depois, o trabalhador ajuíza reclamação trabalhista alegando que desapareceu da empresa porque considerou o contrato rompido por justa causa por falta de pagamento dos salários dos três últimos meses do contrato. Portanto, estava reagindo à falta do empregador. Na contestação, o patrão confirma o não pagamento dos três últimos salários e argui abandono de emprego. Em depoimento, as partes confessam que não comunicaram à outra a extinção nem a penalidade.

Do exemplo acima, percebe-se que tanto empregado quanto o patrão não puniram tempestivamente um ao outro, perdoando as respectivas faltas, pois esperaram dois anos para arguirem, em juízo, a penalidade. Qual seria a solução para o caso?

A hipótese apresenta duas faltas graves, a primeira, praticada pelo patrão – não pagamento dos salários; a segunda, pelo empregado – abandono do serviço; a segunda foi praticada como reação à primeira, logo, houve nexo de causalidade. A reação foi contemporânea à primeira falta. As faltas são proporcionais.

Portanto, houve culpa recíproca.

A Súmula nº 14 do TST se posicionou pela aplicação analógica do art. 484 da CLT para todas as verbas resilitórias. Desta forma, em caso de extinção por culpa recíproca o empregado receberá 50% das férias proporcionais; 50% do aviso prévio; 50% do décimo terceiro proporcional, além do FGTS + 20%. As férias vencidas e trezenos vencidos são devidos integralmente.

TÍTULO IV
OBRIGAÇÕES DECORRENTES DA EXTINÇÃO DO CONTRATO DE TRABALHO

Contrato por prazo indeterminado			
Despedida sem justa causa, extinção da empresa e falência	**Despedida por justa causa**	**Despedida indireta**	**Culpa recíproca**
- Saldo de salário - Férias vencidas + 1/3 - Férias proporc. + 1/3 - Aviso prévio - 13º salário proporcional - FGTS + 40% - Seguro-desemprego[321]	- Saldo de salário - Férias vencidas + 1/3	- Saldo de salário - Férias vencidas + 1/3 - Férias proporc. + 1/3 - Aviso prévio - 13º salário proporcional - FGTS + 40% - Seguro-desemprego*	- Saldo de salário - Férias vencidas + 1/3 - 50% das férias proporc. + 1/3 - 50% do aviso prévio - 50% do 13º salário proporcional - FGTS + 20%

* Vide nota 321 (empregado que preenche os requisitos da lei).

320 O seguro-desemprego só era pago se o empregado estivesse de fato desempregado, contasse com seis meses contínuos de casa ou 15 meses descontínuos nos últimos 24 e não estivesse recebendo benefício previdenciário. Todavia, depois da MP 665/2014 o trabalhador deverá comprovar vínculo com o empregador por, pelo menos, 18 meses na primeira vez em que requerer o benefício e, na segunda solicitação, o período de carência será 12 meses. A partir do terceiro pedido, a carência voltará a ser seis meses. O número de parcelas também mudou.

<table>
<tr><th colspan="4">Contrato por prazo determinado</th></tr>
<tr><th>Pedido de demissão</th><th>Força maior</th><th>Implemento do termo ou da condição</th><th>Despedida sem justa causa antes do termo final</th></tr>
<tr><td>- Saldo de salário
- Férias vencidas + 1/3
- Férias proporc. + 1/3
- Desconto do aviso prévio devido ao empregador
- 13º salário proporcional</td><td>- Saldo de salário
- Férias vencidas + 1/3
- Férias proporc. + 1/3
- 13º salário proporcional
- FGTS + 20%
- Seguro-desemprego*</td><td>- Saldo de salário
- Férias vencidas + 1/3
- Férias proporc. + 1/3
- 13º salário proporcional
- FGTS</td><td>- Saldo de salário
- Férias vencidas + 1/3
- Férias proporc. + 1/3
- Indenização prevista no art. 479 da CLT
- 13º salário proporcional
- FGTS + 40%
- Seguro-desemprego*</td></tr>
<tr><th>Despedida com justa causa antes do termo final</th><th>Pedido de demissão no contrato a termo</th><th>Força maior no contrato a termo</th><th>Culpa recíproca
No contrato a termo</th></tr>
<tr><td>- Saldo de salário
- Férias vencidas + 1/3</td><td>- Saldo de salário
- Férias vencidas + 1/3
- Férias proporc. + 1/3
- Indenização ao empregador prevista no art. 480 da CLT
- 13º salário proporcional</td><td>- Saldo de salário
- Férias vencidas + 1/3
- Férias proporc. + 1/3
- 13º salário proporcional
- 50% da indenização prevista no art. 479 da CLT
- FGTS
- Seguro-desemprego*</td><td>- Saldo de salário
- Férias vencidas + 1/3
- 50% das férias proporc. + 1/3
- 50% do 13º salário proporcional
- FGTS
- 50% da indenização prevista no art. 479 da CLT</td></tr>
<tr><th>Aposentadoria compulsória</th><th>Aposentadoria espontânea com rompimento do contrato</th><th>Distrato</th><th></th></tr>
<tr><td>- Saldo de salário
- Férias vencidas + 1/3
- Férias proporc. + 1/3
- Aviso prévio
- 13º salário proporcional
- FGTS + 40%
- PIS</td><td>- Saldo de salário
- Férias vencidas + 1/3
- Férias proporc. + 1/3
- Desconto do aviso prévio devido ao empregador
- 13º salário proporcional
- FGTS
- PIS</td><td>- Saldo de salário
- 50% do aviso prévio
- Férias + 1/3
- Férias prop. + 1/3
- 13º prop.
- FGTS + 20%
- Não tem seguro-desemprego</td><td></td></tr>
</table>

* Vide nota 321 (empregado que preenche os requisitos da lei).

Capítulo 34

ESTABILIDADE

1. ESTABILIDADE E GARANTIA DE EMPREGO

Estabilidade e garantia de emprego constituem institutos afins, porém diversos, não se confundindo. A garantia de emprego abrange não só a restrição ao direito potestativo de dispensa (estabilidade), como também a instituição de mecanismos de recolocação do trabalhador, de informações, consultas entre empresas, sindicatos, trabalhador, política estatal, criando estímulos para evitar o desemprego. A garantia de emprego é gênero do qual a estabilidade é espécie. Toda medida praticada com o intuito de diminuir o desemprego, recolocar o trabalhador no mercado de trabalho, incentivar a admissão, desestimular a dispensa, obstar ou onerar a despedida arbitrária, capacitar o profissional no sentido de aproveitá-lo no mercado é considerada medida de garantia no emprego. A garantia de emprego é um instituto político-social-econômico, enquanto a estabilidade é um instituto trabalhista.

Assim, quando a lei autoriza o recolhimento do FGTS em percentual menor para estimular a criação de novos empregos (Lei nº 9.601/98) ou para incluir o menor aprendiz no mercado (art. 432 da CLT c/c art. Lei nº 8.036/90) ou na indústria (art. 429 da CLT) está, na verdade, tomando medidas de garantia de empregos. Quando a lei impõe o pagamento de adicionais remuneratórios ou indenizatórios em virtude da dispensa imotivada (art. 14 da Lei nº 8.036/90 – 40% sobre o FGTS; Lei nº 8.880/94) está desestimulando a despedida. Quando o empregador cria espontaneamente restrições à dispensa, exigindo, por exemplo, como pré-requisito desta a submissão da intenção de dispensa a uma comissão paritária para análise e tentativa de recolocação e aproveitamento dentro dos quadros da empresa, está criando um mecanismo de garantia de emprego. Quando a lei obriga a contratação de deficientes físicos (art. 93 da Lei nº 8.213/91) ou de qualquer minoria está, também, fomentando o emprego.

Enfim, a **garantia de emprego** é uma política socioeconômica, enquanto a estabilidade é um direito do empregado.

No mesmo sentido, Sergio Pinto Martins,[1] Amauri Mascaro[2] e Valentin Carrion.[3]

Em face disto, discordamos de Mauricio Godinho[4] que entende por estabilidade a "vantagem jurídica de caráter permanente", enquanto por garantia de emprego a vantagem jurídica garantida ao empregado de caráter provisório. Alice Monteiro de Barros[5] parece concordar com o conceito de Godinho.

2. CONCEITO

Estabilidade no emprego é a garantia que o empregado tem de não ser despedido senão nas hipóteses previstas em lei ou no contrato. Esse direito atenua o poder potestativo do empregador de despedida.

3. CLASSIFICAÇÃO DA ESTABILIDADE

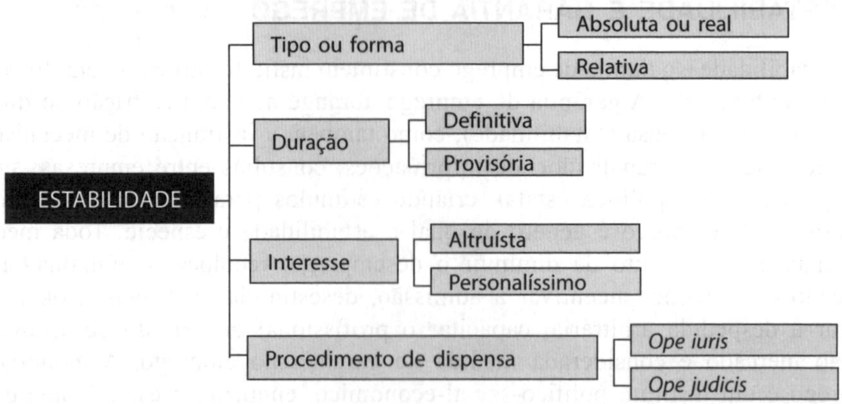

3.1. Quanto ao Tipo ou Forma

As estabilidades podem ser: absolutas ou relativas.

De acordo com Arnaldo Süssekind,[6] **absolutas ou reais** são as estabilidades em que o empregado só poderá ser dispensado por vontade do empregador mediante a prática comprovada de falta grave ou justa causa (motivo disciplinar). **Relativa** é a estabilidade que o empregado pode ser dispensado por motivos técnicos, financeiros, disciplinares ou econômicos.

---

1 MARTINS, Sergio Pinto. *Direito do Trabalho*. 14. ed. São Paulo: Atlas, 2001, p. 360.

2 NASCIMENTO, Amauri Mascaro. *Iniciação ao Direito do Trabalho*. 27. ed. São Paulo: LTr, 2001, p. 432.

3 CARRION, Valentin. *Comentários à Consolidação das Leis do Trabalho*. 29. ed. São Paulo: Saraiva, 2004, p. 390-391.

4 DELGADO, Mauricio Godinho. *Curso de Direito do Trabalho*. 3. ed. São Paulo: LTr, 2004, p. 1.231-1.232.

5 BARROS, Alice Monteiro de. *Curso de Direito do Trabalho*. São Paulo: LTr. 2005, p. 922.

6 SÜSSEKIND, Arnaldo. *Curso de Direito do Trabalho*. Rio de Janeiro: Renovar, 2002, p. 385.

De acordo com a parte final do art. 165 da CLT, considera-se **dispensa arbitrária** aquela que não se funda em motivo técnico, financeiro, disciplinar ou econômico.

Motivo **disciplinar** equivale à prática de justa causa, de acordo com os tipos apontados pela lei. Despedida por motivo **técnico** ocorre em duas situações: a) quando o empregador tiver que substituir o trabalho manual por máquinas; b) quando o empregado não está desempenhando suas funções com a exação técnica que a função exige, cometendo imperfeições inaceitáveis, mas não suficientes para a desídia. Arnaldo Süssekind[7] entende por motivo técnico apenas a "introdução de novas máquinas ou métodos de trabalho que importem, necessariamente, na redução do pessoal utilizado no respectivo setor." Problemas financeiros ou econômicos, devidamente comprovados, também permitem a despedida dos que detêm estabilidade relativa. **Econômico** ocorre, por exemplo, quando há redução significativa da clientela e **financeiro** é a falta de dinheiro, de capital de giro.

Convém ressaltar que a despedida por motivos técnicos, financeiros ou econômicos equivale à despedida imotivada quanto aos efeitos pecuniários,[8] dando direito à movimentação do FGTS + 40%, aviso prévio, SD etc.

Além destes motivos, a estabilidade também se **extingue** por iniciativa do empregador por extinção da empresa, morte do empregador, falência, fechamento do estabelecimento ou aposentadoria compulsória, além dos casos de extinção por força maior e culpa recíproca.

São tipos de estabilidades absolutas: decenal; sindical; cooperativa; art. 19 do ADCT; acidente de trabalho; art. 41 da CRFB; membros CNPS, da CCP e do CCFGTS, assim como a garantida pela Lei nº 13.189/2015 (Programa Seguro-Emprego). São tipos de estabilidades relativas: membros da Cipa; gestante;[9] alguns empregados públicos, aprendiz e representante dos empregados nas empresas com mais de 200 empregados (§ 3º do art. 510-D da CLT).

De forma diversa Valentin Carrion,[10] que conceitua a estabilidade absoluta como aquela prevista em lei e, por isso, é a que enseja a reintegração, não podendo ser substituída pela indenização, nem com a concordância do empregado, salvo nos casos legais. Relativa seria aquela prevista em norma de ordem privada que pode ensejar tanto a reintegração quanto a indenização em substituição àquela. Assim

7 SÜSSEKIND, Arnaldo; MARANHÃO, Délio; VIANNA, Segadas; TEIXEIRA, Lima. *Instituições de Direito do Trabalho*. 21. ed. São Paulo: LTr, 2003, v. 1, p. 720.

8 Da mesma forma se posiciona DELGADO, Mauricio Godinho. *Curso de Direito do Trabalho*. São Paulo: LTr, 2002, p. 1.230.

9 Em sentido contrário Godinho, afirmando que a gestante só pode ser dispensada por justa causa, *op. cit.*, p. 1.231.

10 CARRION, Valentin. *Comentários à Consolidação das Leis do Trabalho*. 29. ed. São Paulo: Saraiva, 2004, p. 390-393.

também Cesarino Junior,[11] Rodrigues Pinto[12] e Amauri Mascaro.[13] Parece que o TST tem se posicionado desta forma.

3.2. Quanto à Duração

Quanto à duração, a estabilidade pode ser definitiva ou provisória. Definitiva é aquela estabilidade que garante o emprego até a morte do empregado, sua aposentadoria (qualquer de suas formas), extinção da empresa, morte do empregador pessoa física, culpa recíproca, justa causa ou pelos motivos contidos no parágrafo único do art. 165 da CLT, isto é, que não tem duração determinada.

São **definitivas** as estabilidades:

- decenal – art. 492 da CLT;
- art. 41 da CRFB;
- art. 19 do ADCT;
- contrato – se as partes assim ajustarem.

Provisória é a estabilidade que tem duração determinada no tempo.

São provisórias:

- sindical – art. 543 da CLT e art. 8º, VIII, da CRFB;
- gestante – art. 10, II, *b*, do ADCT;
- CIPA – art. 165 da CLT e art. 10, II, *a*, do ADCT;
- cooperativas – art. 55 da Lei nº 5.764/71 (titulares eleitos);
- acidente de trabalho – art. 118 da Lei nº 8.213/91;
- Conselho Curador do FGTS – art. 3º, § 9º, da Lei nº 8.036/90 (titulares e suplentes eleitos);
- Conselho Nacional da Previdência Social – art. 3º, § 7º, da Lei nº 8.213/91 (titulares e suplentes eleitos);
- Comissões de Conciliação Prévia – art. 625-B, § 1º, da CLT (Lei nº 9.958/2000) – titulares e suplentes;
- não discriminação – Lei nº 9.029/95 (reintegração ou indenização substitutiva) e Súmula nº 443 do TST;
- aprendiz – durante o curso da aprendizagem – art. 432 da CLT;
- contrato – se as partes assim ajustarem;

---

11 Cf. *ibidem*, p. 392-393.

12 PINTO, José Augusto Rodrigues. *Curso de Direito Individual do Trabalho*. 5. ed. São Paulo: LTr, 2003, p. 481-487.

13 NASCIMENTO, Amauri Mascaro. *Curso de Direito do Trabalho*. 20. ed. São Paulo: Saraiva, 2005, p. 750-756.

- Os empregados que tiveram redução salarial decorrente da adesão pela empresa empregadora ao programa de proteção ao empregado – Lei nº 13.189/2015, pelo **período de garantia no emprego, que deve ser equivalente, no mínimo, ao período de redução de jornada acrescido de um terço;**
- Representante dos empregados nas empresas com mais de 200 empregados (Lei 13.467/17).

3.3. Quanto ao Procedimento de Dispensa

- *Ope judicis* ou que necessite de um procedimento prévio

Apenas algumas estabilidades necessitam de inquérito judicial para a apuração judicial de justa causa, nos demais casos a dispensa se opera *ope legis*. Isto porque a lei exige que o empregador ajuíze a correspondente ação de inquérito para apurar e provar a justa causa e, quando julgado procedente, o juiz extingue o contrato de trabalho do estável por justa causa do empregado ou motivo previsto em lei.

Espécies de estabilidades que necessitam de inquérito judicial prévio para a resolução contratual de empregado estável: decenal; sindical; membro titular do Conselho Nacional da Previdência Social e Conselheiro das Cooperativas.

Para os empregados públicos da administração direta, autárquica e fundacional, o § 1º do art. 41 da Carta de 88 determina que o estável só perde o cargo em virtude de sentença judicial transitada em julgado, ou mediante procedimento administrativo,[14] em que seja assegurada a ampla defesa ou, ainda, através de processo de avaliação de desempenho. O representante dos empregados no Conselho Curador do FGTS necessita de prévio processo sindical para ser dispensado por justa causa.

3.4. Quanto ao Interesse

O tipo de estabilidade se divide de acordo com os interesses que ela visa defender. Se o interesse for do grupo ela será altruísta, se pessoal, será personalíssima.

São personalíssimas porque adquiridas em função de condição especial do empregado: decenal; art. 19 do ADCT; art. 41 da CRFB; acidentado; gestante e aprendiz.

São altruístas as estabilidades destinadas aos representantes da coletividade ou do grupo. Essa estabilidade destina-se a proteger o representante do grupo das pressões do empregador, já que, em nome do grupo, muitas vezes, contraria os interesses do patrão.

---

14 O STF relativizou essa regra para os empregados da ECT, permitindo a dispensa por mera motivação.

4. CONTRATO POR PRAZO DETERMINADO

Defendemos que o empregado adquire estabilidade durante o contrato por prazo determinado, mas só até o termo final. Isto é, o termo final do contrato não se protrai em virtude de estabilidade, já que esta impede a despedida imotivada, e não a morte natural do contrato ou sua caducidade.

Assim também a doutrina[15-16] majoritária, que não aceita a dilação do contrato a termo pela estabilidade, suspensão ou interrupção do contrato. Entretanto, em setembro de 2012, o TST alterou radicalmente seu posicionamento para defender a manutenção da estabilidade da gestante (Súmula nº 244, III, do TST) e do acidentado (Súmula nº 378, III, do TST) mesmo nos contratos por prazo determinado. Continuamos com a tese de que a estabilidade é adquirida durante o contrato, mas não após o termo final, como explicado abaixo.

De acordo com a nova redação das Súmulas nºs 244 e 378 do TST:

> *Súmula nº 244, III*
>
> *III. A empregada gestante tem direito à estabilidade provisória prevista no art. 10, inciso II, alínea "b", do Ato das Disposições Constitucionais Transitórias, mesmo na hipótese de admissão* ***mediante contrato por tempo determinado****. (grifos nossos).*
>
> *Súmula nº 378, III:*
>
> *III – O empregado submetido a* ***contrato de trabalho por tempo determinado*** *goza da garantia provisória de emprego, decorrente de acidente de trabalho, prevista no art. 118 da Lei nº 8.213/91. (grifos nossos).*

Garantir o emprego durante todo o período da estabilidade, mesmo que perdure mais que a vigência do contrato determinado, é o mesmo que acabar com algumas espécies de contratos determinados típicos. Maiores considerações no Capítulo "Espécies de Contrato" – contrato por prazo determinado.

Entretanto, o IAC 5639-31 fixou a tese de que a estabilidade gestante não se aplica aos contratos determinados regidos pela Lei nº 6.019/1974 (temporários). Entendemos que a mesma tese pode ser adotada nos demais contratos especiais a termo, como aprendiz, por exemplo.

5. CARGOS E ATIVIDADES QUE NÃO ENSEJAM A ESTABILIDADE

A ocupação de função ou cargo de confiança é sempre interina e demissível *ad nutum*. Por isso o empregado pode ser afastado a qualquer momento para reverter ao cargo efetivo, pois não se adquire qualquer tipo de estabilidade na função de confiança – art. 499 c/c art. 468, parágrafo único, da CLT.

---

15 MARTINS, Sergio Pinto. *Direito do Trabalho*. 14. ed. São Paulo: Atlas, 2001, p. 103.

16 MARANHÃO, Délio. *Direito do Trabalho*. 11. ed. Rio de Janeiro: Fundação Getúlio Vargas, 1983, p. 158.

Se admitido diretamente na função de confiança, aqui entendida aquela compreendida no art. 62, II, da CLT (remetemos o leitor àquele capítulo), não irá adquirir estabilidade nem na função nem no emprego. Advoga do mesmo pensamento Arnaldo Süssekind.[17]

O mesmo raciocínio se aplica ao empregado chamado a ocupar interinamente outra função para substituição provisória de outro empregado – art. 450 da CLT. Sua estabilidade não irá atingir a função ocupada interinamente e sim a anterior, a qual poderá ser revertido.

O empregado que tem estabilidade quando também exerce cargo de confiança tem estabilidade no emprego, e não na função, pois esta é demissível a qualquer momento.

> ESTABILIDADE PREVISTA NO ART. 118 DA LEI Nº 8213/91. EXERCÍCIO DE FUNÇÃO GRATIFICADA. DESTITUIÇÃO APÓS O PERÍODO DE SUSPENSÃO DO CONTRATO DE TRABALHO. NULIDADE. NÃO CONFIGURAÇÃO. A estabilidade provisória do art. 118 da Lei nº 8.213/1991 tem como finalidade a garantia do emprego ao trabalhador afastado das atividades laborais por motivo de acidente do trabalho, constituindo óbice para a rescisão imotivada do contrato de trabalho no período estabilitário. Referida estabilidade, contudo, não impede a destituição obreira da função comissionada eventualmente exercida, com o consequente retorno do empregado ao cargo efetivo, ato que se insere no poder diretivo do empregador (CLT, artigo 468, parágrafo único). Recurso conhecido e desprovido. (TRT-10 – RO: 01718201200310000 DF 01718-2012-003-10-00-0 RO, Relator: Desembargador Douglas Alencar Rodrigues, Data de Julgamento: 09/04/2014, 3ª Turma, Data de Publicação: 25/04/2014 no *DEJT*).

6. EXTINÇÃO DA ESTABILIDADE

A estabilidade extingue-se pelo seu decurso, quando provisória, ou em qualquer caso (provisória ou definitiva) em face da morte do empregado, sua aposentadoria[18] (qualquer de suas formas), pedido de demissão, extinção da empresa ou do estabelecimento, morte do empregador pessoa física, culpa recíproca, justa causa ou pelos motivos contidos no parágrafo único do art. 165 da CLT ou previstos em lei.

As previstas em lei não podem ser renunciadas porque se constituem em direito indisponível, já que são normas de ordem pública. Entretanto, há jurisprudência

---

17 SÜSSEKIND, Arnaldo; MARANHÃO, Délio; VIANNA, Segadas; TEIXEIRA, Lima. *Instituições de Direito do Trabalho*. 21. ed. São Paulo: LTr, 2003, v. 1, p. 723.

18 A possibilidade de extinção do contrato após cessada a aposentadoria por invalidez está prevista no § 1º do art. 475 da CLT; a possibilidade de extinção do contrato pela aposentadoria "compulsória" está prevista no art. 50 da Lei 8.213/91. Nesses dois casos, se o empregador pode demitir significa que não há mais estabilidade. Entretanto, convém ressaltar que tais regras foram criadas para o estável decenal e parte da doutrina e da jurisprudência aplica analogicamente aos demais estáveis. A aposentadoria espontânea não mais rompe o contrato, como se entendia no passado. Assim, esse tipo de aposentadoria não rompe automaticamente o contrato, mas, segundo a doutrina, extingue a estabilidade (decenal).

defendendo que a demora no ajuizamento da ação acarreta em renúncia tácita ou a recusa do empregado em aceitar o retorno ao emprego (RR-419/2005-172-06-00.3). Concordamos que a recusa ou omissão do empregado em retornar ou aceitar o retorno ao emprego acarrete a renúncia à sua estabilidade. Veja o item abaixo.

7. AJUIZAMENTO DA AÇÃO DEPOIS DE DECORRIDO O PERÍODO DE ESTABILIDADE

Alice Monteiro[19] e Sergio Pinto[20] afirmam que se a gestante deixou transcorrer o prazo da estabilidade e só ingressando em juízo após o escoamento total desta, não tem direito às vantagens pecuniárias. Acrescentam que a empregada despedida que já tinha confirmado sua gravidez e ingressa em juízo depois de transcorrido parte do período estabilitário, só terá direito às vantagens patrimoniais decorrentes da estabilidade a partir do ajuizamento da reclamação trabalhista.

Sergio Pinto[21] afirma que o pedido de indenização na reclamação trabalhista demonstra o desinteresse da empregada gestante na reintegração, acarretando a improcedência do pedido, salvo quando não mais for possível a reintegração pelo transcurso de seu prazo e desde que o empregador tivesse conhecimento da gravidez.

A jurisprudência é vacilante a respeito da matéria e para as estabilidades provisórias tem posições no sentido de negar qualquer direito se o empregado se recusou a retornar à empresa, quando convocado ou se o ajuizamento da ação foi após o escoamento total da estabilidade. Entretanto, há posicionamento diverso no sentido de conceder apenas a indenização substitutiva nestes casos, por aplicação da Súmula nº 396, I do TST. Remetemos o leitor ao item relativo à estabilidade do cipeiro.

Se, ajuizou a ação no curso da estabilidade e no momento do julgamento o prazo já transcorreu, o juiz deve converter a reintegração no valor equivalente em espécie, na forma da Súmula nº 396 do TST.

8. REINTEGRAÇÃO E READMISSÃO

A lei confunde as duas expressões, mas elas têm significado distinto.

A **reintegração** acarreta a nulidade absoluta da dispensa praticada, o retorno do empregado ao emprego e função anteriormente ocupada, salvo se de confiança, e o pagamento dos salários e demais vantagens do período do afastamento. Portanto, seus efeitos são retroativos à data da dispensa (nula) e o período de afastamento é considerado como de interrupção ao contrato.

---

19 BARROS, Alice Monteiro de. *Curso de Direito do Trabalho*. São Paulo: LTr, 2005, p. 1.053.

20 MARTINS, Sergio Pinto. *Direito do Trabalho*. 13. ed. São Paulo: Atlas, 2001, p. 369.

21 *Ibidem*, p. 368.

Se a reintegração for determinada pela sentença, poderá o juiz aplicar pena pecuniária (*astreinte*) pelo descumprimento desta obrigação de fazer do empregador – art. 729 da CLT.

Transcorrido o prazo da estabilidade ou percebendo o juiz a animosidade e incompatibilidade entre empregado e empregador de convivência pacífica, poderá converter a reintegração nos salários do período de afastamento. Se a estabilidade era definitiva, caberá ao juiz a extinção do contrato, bem como a condenação do empregador no pagamento em dobro da indenização prevista no art. 478 da CLT (se o trabalhador tinha prazo anterior à Carta como não optante) ou o FGTS + 40% – Súmula nº 28 do TST. Havendo pedido de pagamento das parcelas resilitórias, o juiz também poderá deferir.

A despedida ocorrida na vigência de estabilidade decorrente de lei enseja a reintegração.

Na **readmissão** a despedida é válida e a lei, o contrato ou a vontade das partes permitem o retorno do empregado ao emprego, através de um novo contrato de trabalho, sem efeitos *ex tunc*, nem pagamentos retroativos. Os efeitos pecuniários e contratuais ocorrem a partir do efetivo retorno do empregado ou do momento determinado pela lei ou contrato.

São raros os casos de readmissão previstos em lei.

O art. 8º das Disposições Transitórias da Carta Magna de 1988 concedeu anistia política aos atingidos por atos de exceção, institucionais ou complementares e assegurou o retorno ao emprego. A hipótese é de readmissão e não de reintegração, pois os efeitos pecuniários só terão início após o retorno do empregado ao emprego anteriormente ocupado (OJ nº 91 da SDI-I do TST).

A Lei nº 8.878/94 é inconstitucional já que autoriza novo contrato de trabalho através do retorno do empregado ao cargo ou emprego público, pois fere de morte o art. 37, II, da CRFB que exige prévia aprovação em concurso público. Todavia, a OJ Transitória nº 56 da SDI-I do TST parece adotar a tese de constitucionalidade da lei, pois determina que os efeitos pecuniários são devidos a partir do efetivo retorno do empregado.

Havendo readmissão, despreza-se o período de afastamento e computa-se o tempo de serviço anterior, salvo se o empregado foi despedido (no primeiro contrato) por justa causa, tiver recebido a indenização legal ou se aposentado espontaneamente – art. 453 da CLT. Este dispositivo tinha grande aplicabilidade na época dos empregados não optantes para contagem do tempo de serviço para fins de aquisição da estabilidade decenal. Hoje o referido dispositivo legal é de rara aplicação.

9. INTERRUPÇÃO E SUSPENSÃO CONTRATUAL

O pedido de reintegração compreende não só o pleito de restabelecimento do vínculo de emprego, mas também o de retorno ao emprego e os efeitos pecuniários decorrentes deste ato (salários, FGTS etc.).

Quando o contrato está suspenso ou interrompido e, mesmo assim o empregado foi dispensado, não cabe o pedido de reintegração e sim de restabelecimento do liame empregatício, já que o trabalho é proibido no período de interrupção e suspensão contratual.

O direito à estabilidade decorrente de acidente de trabalho nasce a partir da cessação do auxílio-doença. Portanto, não tem interesse processual o empregado imotivadamente demitido que postula a estabilidade quando ainda está recebendo benefício previdenciário e, por isso, não obteve alta da doença.

10. HIPÓTESES

10.1. Estabilidade Decenal e FGTS

A primeira norma a tratar da estabilidade decenal para os ferroviários foi o Decreto nº 4.682/23 (Lei Eloy Chaves). Mais tarde, a CLT estendeu esta estabilidade aos demais empregados.

Até o advento da Lei nº 5.107/66, todos os trabalhadores eram automaticamente protegidos pela indenização prevista no art. 478 da Consolidação das Leis do Trabalho, em virtude da qual o empregado teria direito, como forma de indenização pelo tempo de serviço prestado, quando dispensado sem justa causa, a uma remuneração para cada ano de serviço prestado à empresa. O primeiro ano de prestação de serviços era considerado como **período de experiência** e não acarretava o pagamento da respectiva indenização (art. 478, § 1º, da CLT). A indenização só era devida para os empregados contratados por prazo indeterminado.

Ao completar dez anos ininterruptos de prestação de serviços ao mesmo empregador, o empregado adquiria a estabilidade no emprego (art. 492 da CLT).

Tal estabilidade, além de definitiva, só permitia a dispensa mediante a prática de falta grave devidamente apurada através de inquérito judicial (arts. 492, 493 e 494 da CLT), ajuizável no prazo máximo de 30 dias contados da data da suspensão do empregado (prazo decadencial) e no prazo de cinco anos para os casos em que o empregado não foi suspenso (José Augusto Rodrigues Pinto[22] defende, para estes casos, o prazo de dois anos). Cessando a atividade da empresa, havendo morte do empregador constituído em empresa individual, extinguindo-se a empresa, fechando-se o estabelecimento, filial ou agência ou havendo supressão necessária da atividade, era assegurado ao empregado (não optante) o direito à indenização contida no art. 478 da CLT, que seria paga de forma dobrada, caso contassem com mais de dez anos no serviço.

Em casos fortuitos ou de força maior (a CLT não os distingue), a indenização (do não optante) era paga pela metade (art. 502 da CLT).

22 PINTO, José Augusto Rodrigues. *Curso de Direito Individual do Trabalho*. 5. ed. São Paulo: LTr, 2003, p. 489.

Não havia estabilidade nos cargos de confiança e para os empregados admitidos diretamente neste, sem antes ter ocupado qualquer outra função na empresa, não havia possibilidade de se adquirir a estabilidade nem na função nem no emprego. A exceção também se estendia aos empregados em consultórios médicos, ou em escritórios de profissionais liberais (arts. 499 e 507 da CLT). Os rurais também eram beneficiados pelo sistema previsto nos arts. 478 e 492 da CLT.

Com o advento da Lei nº 5.107/66, criou-se outro instituto para proteção do tempo de serviço dos empregados que optassem pela proteção daquela lei, renunciando à proteção contida na CLT (art. 478). Os dois regimes se excluíam e não poderiam conviver concomitantemente no mesmo período, salvo ajuste em contrário.

O Fundo de Garantia do Tempo de Serviço excluiu a possibilidade de aquisição da estabilidade decenal do empregado e, se fosse estável, poderia renunciá-la ao optar pelo sistema do FGTS. Remetemos o leitor ao Capítulo do FGTS.

10.1.1. Estabilidade Decenal e a Constituição de 1988

A Constituição da República Federativa do Brasil/88 revogou os arts. 492 e seguintes da CLT, tornando genérico o regime do FGTS para todos os trabalhadores, como forma de proteção ao tempo de serviço. Para os empregados que contavam com mais de dez anos de tempo de serviço e que não tivessem optado pelo FGTS até a promulgação da Carta, foi ressalvado o direito adquirido à estabilidade e à indenização do art. 478 da CLT até 5/10/88.

A Lei nº 8.036/90 ressalvou, no art. 14, o direito adquirido aos trabalhadores que, à data da promulgação da Carta, já tinham adquirido a estabilidade. Logo, quem ainda não tinha adquirido a estabilidade decenal até o advento da Constituição não mais poderá conquistá-la, salvo ajuste contratual em sentido contrário.

Ainda é possível um empregado estável optar pelo FGTS pelo tempo anterior à Constituição, desde que não optante e que permaneça na mesma empresa até hoje. Todavia, ao optar o trabalhador estará renunciando sua estabilidade – Súmula nº 98, II, do TST.

> ESTABILIDADE. O instituto da estabilidade decenal é incompatível com o do regime do FGTS, sendo impossível sua conjugação. O primeiro garante o emprego e o segundo uma indenização compensatória do tempo de serviço, pela ruptura imotivada do contrato de trabalho. TRT 3ª T., 1ª Reg., RO 1169.02, Rel. Fernando Antônio Zorzenon, *DO*/RJ 13/12/2002, in BOMFIM, Benedito Calheiros; SANTOS, Silvério dos. *Dicionário de Decisões Trabalhistas*. 35. ed. Rio de Janeiro: Impetus, 2005, p. 242.

Remetemos o leitor ao Capítulo do FGTS.

10.1.2. Características

A estabilidade decenal é definitiva, personalíssima, *ope judicis* e absoluta.

10.2. Estabilidade Sindical

10.2.1. Dirigente de Associação Profissional

A liberdade sindical preconizada pela nova Carta permitiu a criação de sindicatos sem a intervenção do Estado, sendo desnecessária a prévia criação de associação profissional, como exigia a CLT (art. 512 da CLT). Logo, atualmente os sindicatos não necessitam da autorização do Estado para sua criação e funcionamento, salvo quanto ao controle da unicidade sindical – IN nº 3/91 da DRT. Via de consequência, não foi recepcionada a estabilidade[23-24-25] do dirigente de associação profissional, pois esta entidade não tem mais os poderes de representação da categoria, hoje só garantidos aos sindicatos. Por este motivo a Súmula nº 222 do TST foi cancelada. Só os sindicatos têm poderes para homologar rescisões, fazer negociações coletivas, acordos, convenções, greve e dissídios. Ora, se os representantes de associações não têm mais estes poderes, não contrariam os interesses do patrão.

> DIRIGENTE DE ASSOCIAÇÃO PROFISSIONAL ESTABILIDADE PROVISÓRIA. INDEVIDA. O art. 8º, VIII, da Constituição da República de 1988, ao assegurar a estabilidade provisória, refere-se somente aos empregados sindicalizados, restando silente em relação aos dirigentes de associação profissional, restando claro que esses últimos estão excluídos da garantia de tal estabilidade. (TRT-11 00107825120135110011, Relator: RUTH BARBOSA SAMPAIO, Gabinete da Desembargadora Ruth Barbosa Sampaio)

Pelos mesmos motivos, não têm estabilidade no emprego, por esse dispositivo legal, os dirigentes de Conselhos Regionais[26] ou Nacionais (OAB, Crea etc.). Da mesma forma Süssekind,[27] Sergio Pinto Martins[28] e Alice Monteiro de Barros[29] e o TST.

---

23 Amauri Mascaro Nascimento em sentido contrário. Argumenta que o fato de a Constituição ter assegurado a estabilidade aos dirigentes sindicais não quer dizer que tenha revogado a dos dirigentes de associações profissionais NASCIMENTO, Amauri Mascaro. *O Direito do Trabalho na Constituição de 1988*. 2. ed. São Paulo: Saraiva, 1991, p. 88.

24 Pela recepção da estabilidade do dirigente de associação profissional, MARTINS, Sergio Pinto. *Direito do Trabalho*. 13. ed. São Paulo: Atlas, 2001, p. 363.

25 Pela não recepção da estabilidade do dirigente de associação profissional, SÜSSEKIND, Arnaldo; MARANHÃO, Délio; VIANNA, Segadas; TEIXEIRA, Lima. *Instituições de Direito do Trabalho*. 21. ed. São Paulo: LTr, 2003, v. 1, p. 711 e 715; MAGANO, Otávio Bueno. *Suplemento Trabalhista*. São Paulo: LTr 56.298/90; DELGADO, Mauricio Godinho. *Curso de Direito do Trabalho*. São Paulo: LTr, 2002, p. 1.232.

26 Os membros de conselhos regionais e nacionais podem ter estabilidade pela aplicação do artigo 41 da CF, e não pelo fato de serem dirigentes.

27 SÜSSEKIND, Arnaldo; MARANHÃO, Délio; VIANNA, Segadas; TEIXEIRA, Lima. *Instituições de Direito do Trabalho*. 21. ed. São Paulo: LTr, 2003, v. 1, p. 711 e 715.

28 Sergio Pinto advoga que os dirigentes das entidades fiscalizadoras de exercício profissional (OAB, CRC, Crea, CRM etc.) não têm estabilidade. MARTINS, Sergio Pinto. *Direito do Trabalho*. 13. ed. São Paulo, 2001, p. 364.

29 BARROS, Alice Monteiro de. *Curso de Direito do Trabalho*. São Paulo: LTr, 2005, p. 941.

10.2.2. Dirigente Sindical

O empregado eleito para cargo de direção sindical, titular ou suplente, tem estabilidade no emprego desde o registro de sua candidatura e, se eleito, até um ano após o término do mandato, salvo se cometer falta grave devidamente apurada e comprovada em prévio inquérito judicial – art. 543, § 3º, da CLT, c/c art. 8º, VIII, da CRFB c/c Súmula nº 379 do TST. Aliás, a garantia de emprego destinada aos dirigentes sindicais está em consonância com as Convenções nº 98/49 (Decreto Legislativo nº 49/52) e nº 135 da OIT.

A estabilidade só atinge os membros do conselho administrativo, não sendo aplicável aos do conselho fiscal, já que se limitam a fiscalizar a gestão financeira do sindicato, na forma do art. 522, § 2º, da CLT, não atuando diretamente na defesa dos interesses da categoria – OJ nº 365 da SDI-I do TST.

A garantia também se estende aos dirigentes das federações e confederações, pois também sofrem pressão pelo cargo que exercem, dentro do limite contido no art. 522 da CLT.

Assim também entende a doutrina[30] e jurisprudência majoritária:

> ESTABILIDADE PROVISÓRIA. DIRIGENTE DE FEDERAÇÃO. O empregado eleito regularmente vice-presidente de Federação de trabalhadores a qual é filiado o sindicato profissional goza de estabilidade provisória no emprego, conforme artigos 8º, inciso VIII, da CR/88 e 543, parágrafo 3º, da CLT. (TRT-3 – RO: 00103419220165030171 0010341-92.2016.5.03.0171, Relator: Emerson Jose Alves Lage, Primeira Turma)

Entretanto, a matéria não é pacífica, pois os arts. 538 e 539 da CLT não determinam a aplicação do art. 543, § 3º, da CLT.

Abrange também a inamovibilidade do dirigente e seu suplente, para assegurar o exercício de suas funções sindicais. O dirigente tem o direito de não trabalhar durante o tempo que permanecer no sindicato (suspensão contratual, salvo ajuste em contrário) – art. 543 da CLT. Se for compulsoriamente transferido para localidade diversa da base territorial do sindicato para o qual foi eleito, poderá postular judicialmente a medida urgente prevista no art. 659, IX, da CLT. Se aceitar a transferência, perde a sua estabilidade – art. 543, § 1º, da CLT. A esse conjunto de medidas protetivas dirigidas ao dirigente sindical a doutrina denominou de **imunidade sindical**.

---

30 Nesse sentido, SÜSSEKIND, Arnaldo; MARANHÃO, Délio; VIANNA, Segadas; TEIXEIRA, Lima. *Instituições de Direito do Trabalho*. 21. ed. São Paulo: LTr, 2003, v. 2, p. 710; RUSSOMANO, Mozart Victor. *Comentários à Consolidação das Leis do Trabalho*. 9. ed. Rio de Janeiro: Forense, 1982, p. 658; BARROS, Alice Monteiro de. *Curso de Direito do Trabalho*. São Paulo: LTr, 2005, p. 923.

A estabilidade se dá no emprego, não atingindo a função de confiança que é sempre demissível[31] – aplicação analógica do art. 499 da CLT.

> Estabilidade provisória assegurada ao dirigente sindical revela preocupação com o emprego em si, cujo correspondente é o cargo efetivo. O cargo em comissão é de investidura precária, estando o retorno ao cargo efetivo condicionado apenas à vontade do empregador (CLT, art. 468, parágrafo único). Recurso ordinário provido. TST, SDI-II, RO-AR 208.545/ 95.1, Rel. Manoel Mendes de Freitas, *DJU* 17/06/97.

Durante o contrato por prazo determinado o empregado adquire a estabilidade, mas esta garantia não impede o implemento do termo final,[32] já que não há despedida e sim caducidade contratual. Neste sentido a Lei nº 9.601/98.

10.2.3. Requisitos para Aquisição da Estabilidade

A estabilidade sindical visa proteger o dirigente sindical das pressões que pode sofrer de seu patrão em decorrência do exercício do mandato sindical, já que é o principal representante para a categoria obter melhores condições sociais.

Entrementes, nem todos os dirigentes sindicais têm estabilidade.

A garantia de emprego atinge apenas os empregados *eleitos* a cargo de *administração* sindical que representem a *sua* categoria *profissional* diante de seu empregador, na *base territorial* do sindicato e desde que a entidade sindical tenha *comunicado*, por escrito, à empresa o registro da candidatura em 24 horas[33] e, se eleito, sua eleição e posse no mesmo prazo.

A assertiva acima induz o intérprete a cinco fatores importantes:

a) Empregados eleitos

Empregados nomeados ou designados para cargo de dirigente sindical ou de **delegado** sindical, estes, na forma do art. 523 da CLT, não têm direito à estabilidade sindical.[34-35] Assim também têm se posicionado o TST e a jurisprudência majoritária, sempre dentro do limite do artigo 522 da CLT:

> ESTABILIDADE PROVISÓRIA. INEXISTÊNCIA. DIRIGENTES SINDICAIS NÃO ELEITOS ENTRE OS SETE PRIMEIROS LUGARES PARA A DIRETORIA DO SINDIÁGUA. Caso concreto em que resulta mantida a procedência de ação declaratória, em que foi pleiteada a declaração de que os empregados demandados

---

31 SÜSSEKIND, Arnaldo; MARANHÃO, Délio; VIANNA, Segadas; TEIXEIRA, Lima. *Instituições de Direito do Trabalho*. 21. ed. São Paulo: LTr, 2003, v. 1, p. 711.

32 BARROS, Alice Monteiro de, *op. cit.*, p. 928.

33 Ver nova redação do inciso I da Súmula nº 369 do TST.

34 Assim também se posiciona SÜSSEKIND, Arnaldo; MARANHÃO, Délio; VIANNA, Segadas; TEIXEIRA, Lima, *op. cit.*, p. 715.

35 Da mesma forma CARRION, Valentin. *Comentários à Consolidação das Leis do Trabalho*. 28. ed. atualizado por Eduardo Carrion, São Paulo: Saraiva, 2003, p. 427.

não são detentores de estabilidade provisória de que são beneficiários os dirigentes sindicais eleitos entre os sete primeiros. Acórdão recorrido em harmonia com o item II da Súmula n.º 369/TST (ex-OJ 266 da SBDI-1 do TST). Ausência de violações e de divergência. Aplicação da Orientação Jurisprudencial n.º 336 da SBDI-1 do TST.Recurso de Revista não conhecido.

(TST – RR: 789984222001507555 5 789984-22.2001.5.07.5555, Relator: Carlos Alberto Reis de Paula, Data de Julgamento: 23/08/2006, 3ª Turma,, Data de Publicação: *DJ* 15/09/2006.)

A lei foi expressa quando exigiu o processo de eleição como requisito para aquisição da estabilidade, critério democrático e impessoal – § 4º do art. 543 CLT. Da mesma forma a OJ nº 369 da SDI-I do TST.

O registro da candidatura não pode ocorrer no curso do aviso prévio, sob pena de o empregado não estar garantido pela estabilidade – Súmula nº 369, V do TST. Em posição contrária Mauricio Godinho.[36] Remetemos o leitor ao Capítulo Aviso Prévio, onde o assunto é abordado de forma mais aprofundada.

b) Número de administradores eleitos

A administração do sindicato será exercida por uma diretoria constituída, no máximo, de sete e, no mínimo, de três membros e de um conselho fiscal composto de três membros – art. 522 da CLT. Este dispositivo foi recepcionado pela Carta, pois influencia na relação de emprego, apesar de importar em ingerência do Estado nos sindicatos. Da mesma forma Süssekind[37] e Valentin Carrion,[38] Alice Monteiro de Barros e a jurisprudência majoritária (Súmula nº 369, II).

ESTABILIDADE SINDICAL. DIRIGENTE ELEITO PARA OCUPAR A OITAVA POSIÇÃO DA DIRETORIA. ULTRAPASSADO O LIMITE PREVISTO NO ARTIGO 522 DA CLT. RECURSO NÃO PROVIDO. A jurisprudência consolidada do TST entende que o artigo 522 da CLT fora recepcionado pela nossa Carta Magna (Súmula nº 369, II). Assim, gozam de estabilidade apenas os integrantes da diretoria, até o limite de sete diretores e sete suplentes. No caso vertente, o requerido foi eleito na oitava colocação, como membro da Diretoria, não possuindo, portanto, direito à estabilidade provisória, visto que ultrapassado o limite previsto, no dispositivo citado. (TRT-7 – RO: 00008839120145070015, Relator: REGINA GLAUCIA CAVALCANTE NEPOMUCENO, Data de Julgamento: 28/01/2015, Data de Publicação: 28/01/2015)

Portanto, apenas os dirigentes sindicais eleitos que compõem a administração do sindicato têm estabilidade no emprego.

---

36 DELGADO, Mauricio Godinho. *Curso de Direito do Trabalho*. São Paulo: LTr, 2002, p. 1.229.

37 SÜSSEKIND, Arnaldo; MARANHÃO, Délio; VIANNA, Segadas; TEIXEIRA, Lima. *Instituições de Direito do Trabalho*. 21. ed. São Paulo: LTr, 2003, v. 1, p. 713.

38 CARRION, Valentin. *Comentários à Consolidação das Leis do Trabalho*. 28. ed. atualizado por Eduardo Carrion, São Paulo: Saraiva, 2003, p. 427.

O TST tem entendido que os dirigentes do conselho fiscal não têm estabilidade, pois têm suas competências limitadas à fiscalização da gestão financeira do sindicato (art. 522 da CLT), não administrando a entidade, conforme OJ nº 365 da SDI-I do TST:

> ESTABILIDADE PROVISÓRIA. MEMBRO DE CONSELHO FISCAL DE SINDICATO. INEXISTÊNCIA.
>
> Membro de conselho fiscal de sindicato não tem direito à estabilidade prevista nos arts. 543, § 3º, da CLT e 8º, VIII, da CF/1988, porquanto não representa ou atua na defesa de direitos da categoria respectiva, tendo sua competência limitada à fiscalização da gestão financeira do sindicato (art. 522, § 2º, da CLT).

Ressalte-se que a matéria ainda é controvertida e comporta interpretações contrárias.

Há jurisprudência e doutrina minoritária, no sentido de que o número de dirigentes sindicais é ilimitado, ficando a critério do estatuto do sindicato fixar os parâmetros. Neste caso, todos os dirigentes eleitos teriam a estabilidade em comento, mesmo que em número superior àquele previsto no art. 522 da CLT, porque, segundo esta tese, o art. 522 da CLT não foi recepcionado pela Carta/88.

A limitação contida no art. 522 da CLT também se estende aos dirigentes de Federações e Confederações.

c) Representação da categoria profissional que exerce no empregador na mesma base territorial

Sofre pressão o empregado que, em virtude dos poderes sindicais que possui, possa ameaçar os interesses do patrão, isto é, que tenha poder de pressionar o patrão para conquista de melhoria das condições sociais da categoria. Conclui-se, desta forma, que aquele empregado que não representa sua categoria diante de seu empregador, na base territorial de seu sindicato, não possui estabilidade no emprego, pois não constitui ameaça ao patrão. Assim também a jurisprudência majoritária (Súmula nº 369, III, do TST).

> ESTABILIDADE PROVISÓRIA – DIRIGENTE SINDICAL. A estabilidade provisória do dirigente sindical existe em função da representatividade dos demais colegas de trabalho. Uma vez eleito o empregado para ocupar o cargo de vice-presidente de entidade sindical diferenciada, sendo ainda diversa da categoria preponderante dos empregados da empresa-reclamada, torna-se indispensável a comunicação pela entidade sindical diferenciada ao empregador, na forma do § 5º do art. 543 da CLT, prova essencial para assegurar ao dirigente sindical a sua estabilidade no emprego, como determina a Súmula nº 369, do Colendo TST. **Ademais disso, o empregado de categoria diferenciada, eleito dirigente sindical, somente faz jus à estabilidade sindical, se exercer na empresa atividade pertinente à categoria profissional do sindicato para o que foi eleito dirigente** (grifos nossos) TRT/MG – Processo nº: 00597.2005.107.03.00.1 – Rel. Designado: Juiz Júlio Bernardo do Carmo. *DJ*/MG 18/03/2006.

Veja o quadro abaixo:

Empregado que trabalha para um banco situado no Município do Rio de Janeiro:[39]

Empregador	Função do empregado	Dirigente Eleito do Sindicato	Tem estabilidade?	Motivo
Banco	Caixa	Dos Bancários do M. Rio de Janeiro	Sim	Representa sua categoria diante de seu empregador e trabalha na base territorial de seu sindicato.
Banco	Caixa	Dos Bancários do M. Nova Iguaçu	Não	Não trabalha na base territorial do sindicato.
Banco	Motorista	Dos Bancários do M. Rio de Janeiro	Não	Sua categoria é diferenciada. Por isso não representa sua categoria e sim a dos bancários.
Banco	Motorista	Dos Condutores de Veículos Rodoviários do M. Rio de Janeiro	Sim	Representa sua categoria diante de seu empregador e trabalha na base territorial do sindicato que representa.
Banco	Caixa (mas é advogado formado)	Dos Advogados do M. Rio de Janeiro	Não	Apesar de ser advogado não exerce esta função no empregador. Logo, não representa sua categoria diante de seu empregador – Súmula nº 369, III, do TST.
Banco	Advogado	Dos Advogados do M. Rio de Janeiro	Duas correntes	A primeira entende que advogado é categoria diferenciada. Para os defensores desta tese o trabalhador será estável. Para aqueles que entendem que os profissionais liberais não pertencem à categoria diferenciada, o empregado não terá estabilidade, pois não representará sua categoria diante de seu empregador.
Banco	Caixa	Dos Estabelecimentos Bancários do M.R.J.	Não	O dirigente, apesar de eleito, representa os interesses do empregador, logo, não sofre pressões. Apenas os dirigentes dos sindicatos das categorias profissionais podem ser estáveis.

39 Da mesma forma SÜSSEKIND, Arnaldo; MARANHÃO, Délio; VIANNA, Segadas; TEIXEIRA, Lima, *op. cit.*, p. 716; BARROS, Alice Monteiro de. *Curso de Direito do Trabalho*. São Paulo: LTr, 2005, p. 930; NASCIMENTO, Amauri Mascaro. *Curso de Direito do Trabalho*. 16. ed. São Paulo: Saraiva, 1999, p. 576.

d) Defesa dos interesses da categoria profissional

Se o legislador visou proteger apenas os empregados que poderiam ser ameaçados em virtude da representação e dos poderes que possuíam, não estão aí incluídos os empregados, mesmo que eleitos, dirigentes de sindicatos representativos de categoria **econômica**, pois visam defender o interesse do empregador, em contraposição ao dos empregados.

e) Comunicação

O art. 543, § 5º, da CLT determinou que a entidade sindical deve comunicar o registro da candidatura do empregado ao cargo de dirigente sindical, em **24 horas** e, se eleito, em igual prazo, o dia da eleição e posse.

Entendemos que o requisito exigido pela norma mencionada é o da publicidade do ato e não o de sua substância, uma vez que o empregador pode saber por outros meios, inclusive pelo próprio empregado, do registro da candidatura e da posse. Não se pode repassar ao empregado as consequências da negligência ou má-fé praticada pelo sindicato pela falta da comunicação ou quando esta ocorre de forma intempestiva. Na verdade, o que pretendeu o legislador é que o empregador tivesse ciência do registro e da eleição de seu empregado.

Ademais, é de ciência de todos que os que estão no poder (dirigentes sindicais) nem sempre desejam ser substituídos por grupos ideologicamente opostos. Dar apenas ao sindicato o poder de comunicar o patrão do registro da candidatura para fins de aquisição de estabilidade sindical é o mesmo que dar munição à arma do inimigo que não quer que chapa contrária vença as eleições sindicais.

Em boa hora o TST alterou seu entendimento para aceitar a estabilidade do dirigente sindical mesmo quando a comunicação de sua candidatura ocorrer após o prazo de 24 horas, desde que feita na vigência do contrato de trabalho.

Dispõe o inciso I da Súmula nº 369 do TST:

> I – É assegurada a estabilidade provisória ao empregado dirigente sindical, ainda que a comunicação do registro da candidatura ou da eleição e da posse seja realizada fora do prazo previsto no art. 543, § 5º, da CLT, desde que a ciência ao empregador, por qualquer meio, ocorra na vigência do contrato de trabalho.

Entretanto, este não é o entendimento de parte da doutrina,[40] que defende ser indispensável a comunicação no prazo legal para a aquisição da estabilidade.

10.2.4. Exceções

a) Não tem direito à estabilidade o empregado que registra sua candidatura no curso do aviso prévio – Súmula nº 369, V, do TST. A jurisprudência tentou evitar o registro intencional (má-fé) para obstar a dispensa já pré-

40 BARROS, Alice Monteiro de. *Curso de Direito do Trabalho*. São Paulo: LTr, 2005, p. 926.

avisada. Mauricio Godinho[41] discorda deste entendimento, asseverando que o aviso prévio integra o tempo de serviço para todos os fins – art. 487, § 2º, da CLT. Remetemos o leitor ao Capítulo "Aviso Prévio".

b) Perde a estabilidade o dirigente sindical que aceitar a transferência para localidade diversa da base territorial do sindicato que representa – art. 543, § 1º, da CLT, pois seus poderes sindicais e de representação da categoria estão limitados à base territorial em que antes se encontrava.

c) A extinção da atividade empresarial no âmbito da base territorial do sindicato extingue a estabilidade do dirigente – Súmula nº 369, IV, do TST. A extinção da empresa, do estabelecimento costuma extinguir todos os tipos de estabilidade, porque este direito visa proibir o empregador de efetivar dispensas imotivadas, o que não ocorre no caso de morte do empregador ou extinção da empresa. Como garantir o emprego cuja empresa não mais existe? Não seria lógico manter uma estabilidade sem emprego. Apesar de majoritário, há entendimentos em contrário que defendem que neste caso (extinção da empresa) o empregado deveria receber em pecúnia a indenização substitutiva da estabilidade.

d) O empregado que deixa de exercer, por qualquer motivo, a atividade ou profissão correspondente à categoria que representava sindicalmente, perde a estabilidade porque não mais pertence àquela categoria profissional – art. 540, § 1º, da CLT.

10.2.5. Inquérito Judicial

Após a Constituição de 1988 não mais é necessário o ajuizamento prévio de inquérito judicial para apuração da falta grave do dirigente sindical. Isto porque o art. 8º, VIII, da CRFB não reproduziu literalmente o art. 543, § 3º, da CLT, suprimindo a parte final deste artigo "devidamente apurada nos termos desta Consolidação". Esta supressão foi proposital, porque o regime da estabilidade decenal foi extinto com a nova Carta e como ele o inquérito judicial. Não seria crível se manter algo que foi revogado para quem originariamente foi criado.

Todavia, este não é o posicionamento majoritário da jurisprudência e de parte da doutrina,[42] hoje consagrado na Súmula nº 379 do TST.

> DIRIGENTE SINDICAL – FALTA GRAVE – DESNECESSIDADE DE INQUÉRITO PARA DISPENSA. Desnecessário é o inquérito judicial para a dispensa de empregado, dirigente sindical agasalhado por estabilidade provisória, que cometeu falta grave, aplicação do art. 8º, VIII, da Carta Magna de 1988. TRT/MG – RO: 7.789/94 – Rel. Designado: Juiz Sérgio Aroeira Braga. *DJ*/MG 09/08/1994.

---

41 DELGADO, Mauricio Godinho. *Curso de Direito do Trabalho*. São Paulo: LTr, 2002, p. 1.228.

42 Neste sentido NASCIMENTO, Amauri Mascaro. *O Direito do Trabalho na Constituição de 1988*. 2. ed. São Paulo: Saraiva, 1991, p. 46; BARROS, Alice Monteiro de. *Curso de Direito do Trabalho*. São Paulo: LTr, 2005, p. 927.

10.2.6. Características

A estabilidade do dirigente sindical é **absoluta**, pois só pode ser demitido por justa causa – motivo disciplinar. É **altruísta** porque visa proteger interesses da coletividade. É **provisória**, pois seu detentor tem estabilidade desde o registro da candidatura e, se eleito, até um ano após o término do mandato. A dispensa por justa causa deste empregado estável, segundo a jurisprudência majoritária, só pode ocorrer mediante apuração através de **inquérito judicial** – Súmula nº 379 do TST.

10.3. Estabilidade da Gestante

De acordo com o art. 10, II, *b*, do ADCT a empregada gestante não pode ser dispensada desde a confirmação da gravidez até cinco meses após o parto.

A estabilidade em comento instiga cinco questões de relevo:

1 – Se o empregador necessita ser comunicado do estado gravídico da empregada.
2 – Se a empregada precisa ter conhecimento de seu estado gravídico antes da dispensa.
3 – Se esta estabilidade enseja a reintegração ou a indenização.
4 – Se a gestação é interrompida por aborto espontâneo ou se a criança nasce morta, como fica a estabilidade da empregada?
5 – Se a empregada engravidar no curso do contrato a termo, adquire estabilidade?
6 – Se a empregada doméstica grávida tem estabilidade.

10.3.1. Conhecimento pelo Empregador

O art. 10, II, *b*, do ADCT, que concedeu a estabilidade à gestante, visou evitar que as mulheres fossem demitidas por se encontrarem grávidas, preocupação, aliás, já impressa na lei trabalhista – art. 391 da CLT. Outro cuidado que o legislador constituinte teve ao garantir a estabilidade da gestante foi o de evitar que a mulher sofresse discriminação pelo estado que se encontrava, evitando o desemprego numa fase em que o rendimento é extremamente necessário. Antes da Constituição era possível o empregador dispensar a gestante, o que causava sérios prejuízos à mulher e à criança.

A gestação é o fato jurídico que faz a empregada adquirir o direito à estabilidade. A comunicação é mero requisito da prova do ato e não de substância. Sendo assim, o empregador, mesmo que desconheça o estado gravídico da empregada, não pode demiti-la, porque sua responsabilidade é objetiva.

Da mesma forma a Súmula nº 244, I, do TST, que dispõe que o desconhecimento[43] do estado gravídico **pelo empregador** não afasta o direito à reintegração ou ao pagamento da indenização decorrente da estabilidade.

---

[43] O mesmo entendimento foi adotado pelo STF no RE 629053. Disponível em: <http://portal.stf.jus.br/noticias/verNoticiaDetalhe.asp?idConteudo=392418>.

Há correntes em sentido contrário,[44-45] argumentando que cabe à empregada comprovar ou comunicar ao empregador o estado de gravidez, sob pena de não adquirir a estabilidade.

Não pode o empregador obrigar a empregada a se submeter ao exame médico de esterilização ou de gestação, porque considerado crime pelo art. 2º da Lei nº 9.029/95 e proibida a prática pelo art. 373-A, IV, da CLT. O exame médico periódico e demissional exigido pelo art. 168 da CLT não inclui o de sangue ou de urina, mas tão somente os superficiais ou os necessários para exercício da função.

10.3.2. Conhecimento pela Empregada

A confirmação a que se refere o texto constitucional é aquela íntima da empregada, feita por exames, atestados ou de forma empírica, isto é, pelo simples funcionamento de seu organismo.

Não há unanimidade na doutrina e na jurisprudência quanto à data do início da estabilidade da gestante, já que o art. 10, II, *b*, do ADCT menciona como início a **confirmação** da gravidez, sem especificar se esta deve ou não ocorrer na vigência do pacto.

Para Valentin Carrion[46] o fato de a empregada ter confirmado seu estado gravídico após a ruptura do contrato de trabalho, mas com data de concepção anterior a esta, dá à trabalhadora o direito à reintegração ou à indenização pelo período posterior à confirmação, perdendo o direito aos salários do período compreendido entre a dispensa e a confirmação.

Alice Monteiro[47] e Sergio Pinto[48] advogam que a empregada despedida, que já tinha confirmado sua gravidez e ingressa em juízo depois de **transcorrido parte** do período estabilitário, só terá direito às vantagens patrimoniais decorrentes da estabilidade a partir do ajuizamento da reclamação trabalhista.

Sergio Pinto[49] acrescenta que o pedido de indenização na reclamação trabalhista demonstra o desinteresse da empregada na reintegração, acarretando a improcedência do pedido, salvo quando não mais for possível a reintegração pelo transcurso de seu prazo e desde que o empregador tivesse conhecimento da gravidez.

---

44 NASCIMENTO, Amauri Mascaro. *O Direito do Trabalho na Constituição de 1988*. 2. ed. São Paulo: Saraiva, 1991, p. 46.

45 MARTINS, Sergio Pinto. *Direito do Trabalho*. 13. ed. São Paulo: Atlas, 2001, p. 367.

46 CARRION, Valentin. *Comentários à Consolidação das Leis do Trabalho*. 28. ed. atualizada por Eduardo Carrion. São Paulo: Saraiva, 2003, p. 253.

47 BARROS, Alice Monteiro de. *Curso de Direito do Trabalho*. São Paulo: LTr, 2005, p. 934.

48 MARTINS, Sergio Pinto. *Direito do Trabalho*. 13. ed. São Paulo: Atlas, 2001, p. 368.

49 *Ibidem*, p. 368.

Entretanto, a jurisprudência majoritária se posiciona no sentido de que a empregada terá direito à reintegração ou indenização desde a CONCEPÇÃO (se esta se deu no curso do contrato de trabalho), pois este é o marco inicial da estabilidade, mesmo que a confirmação para a gestante tenha ocorrido após a "dispensa". Este entendimento visa proteger a gestante, independentemente de qualquer outra medida objetiva, como atestados, exames ou comprovações do estado gravídico. Baseia-se na responsabilidade objetiva do empregador. Ademais, o prazo prescricional para pedido de reparação de lesão trabalhista é de dois anos contados da extinção do contrato.

Alice Monteiro[50] e Sergio Pinto[51] afirmam que se a gestante deixou **transcorrer todo o prazo** da estabilidade só ingressando em juízo após o escoamento total desta, não tem direito às vantagens pecuniárias.

Discordamos da posição acima, pois a responsabilidade do empregador é objetiva. Entre a ilegalidade praticada pelo empregador ao demitir a grávida arbitrariamente e o desleixo da empregada em deixar transcorrer o período, entendemos que a gravidade maior está no ato do empregador e, por isso, deverá substituir as vantagens do período de estabilidade por dinheiro. Ademais, é proibido o trabalho nos 120 dias da licença-maternidade. No mesmo sentido a jurisprudência majoritária – Súmula nº 396, I, do TST c/c Súmula nº 244, II, do TST.

Aconselhamos os empregadores a firmarem, junto com a dação do aviso prévio, documento em que declara à empregada demitida que aquele aviso será nulo de pleno direito caso a trabalhadora esteja grávida ou comprove estado gravídico com data anterior àquela comunicação ou no decurso do aviso (art. 391-A da CLT), devendo, neste caso, retornar ao emprego, em 30 dias, sob pena de abandono de emprego e renúncia à estabilidade. O mesmo raciocínio pode ser aplicado ao empregado adotante – parágrafo único do art. 391-A da CLT. Alice Monteiro[52] também acha que haverá renúncia se ela não retornar.

Vale relembrar que a gestante adquire estabilidade mesmo se a concepção ocorrer no período do **aviso prévio**, trabalhado ou não, como determina o art. 391-A da CLT, assim como o empregado adotante (homem ou mulher) ao qual tenha sido concedida guarda provisória para fins de adoção – art. 391-A, parágrafo único, da CLT.

10.3.3. Reintegração ou Indenização

A antiga redação da Súmula nº 244 do TST consagrava que a gestante não tinha direito à reintegração, mas sim à indenização (salários e demais direitos) do período. Esta posição se explicava porque a gestante não tinha qualquer estabilidade legal antes da Carta de 1988, logo, sua estabilidade estava prevista em norma autônoma, de natureza privada, cuja infração acarreta a respectiva indenização.

---

50 BARROS, Alice Monteiro de. *Curso de Direito do Trabalho*. São Paulo: LTr, 2005, p. 1.053.

51 MARTINS, Sergio Pinto, *op. cit.*, p. 369.

52 BARROS, Alice Monteiro de, *op. cit.*, p. 934.

Após a Constituição a gestante dispensada sem justa causa terá direito à reintegração enquanto estiver em curso sua estabilidade, salvo quando o julgador perceber que há animosidade entre empregada e empregador, quando poderá converter esta reintegração no valor pecuniário substitutivo. Por este motivo, a redação da súmula foi alterada – *vide* Súmula nº 244, II, do TST.

Diferente é a situação da doméstica, pois sua reintegração depende da concordância expressa do empregador, já que a casa é o asilo inviolável. Não autorizando, terá ela direito aos salários do período.

10.3.4. Interrupção da Gravidez ou Morte da Mãe

Independente do nascimento com vida da criança ou da interrupção da gestação por aborto espontâneo, tem a trabalhadora estabilidade enquanto estiver grávida. A controvérsia quanto à manutenção da estabilidade surge a partir da interrupção da gravidez ou pelo nascimento sem vida da criança.

Para a medicina, considera-se aborto a perda do embrião e parto o nascimento com ou sem vida do feto. O embrião se torna feto após a 12º semana completa de gestação.

Há autores[53] que mencionam que a interrupção da gravidez antes que o feto seja viável, isto é, antes do sétimo mês, é considerada aborto.

A Previdência Social tem posição distinta. Só concede licença-maternidade após a 23º semana, conforme IN nº 77/15, do INSS:

> **Art. 343.** O salário-maternidade é devido durante 120 (cento e vinte) dias, com início fixado em até 28 (vinte e oito) dias antes do parto e a data da ocorrência deste, exceto para as seguradas em período de manutenção da qualidade de segurado, para as quais o benefício será devido a partir do nascimento da criança, observado o disposto no § 7º deste artigo.
>
> § 1º Considera-se fato gerador do salário-maternidade, o parto, inclusive do natimorto, o aborto não criminoso, a adoção ou aguarda judicial para fins de adoção.
>
> § 2º A data de início do salário-maternidade coincidirá coma data do fato gerador previsto no § 1º deste artigo, devidamente comprovado, observando que se a DAT for anterior ao nascimento da criança, a DIB será fixada conforme atestado médico original específico apresentado pela segurada, ainda que o requerimento seja realizado após o parto.
>
> § 3º Para fins de concessão do salário-maternidade, considera-se parto o evento que gerou a certidão de nascimento ou certidão de óbito da criança.
>
> § 4º Em caso de aborto não criminoso, comprovado mediante atestado médico com informação do CID específico, a segurada terá direito ao salário-maternidade correspondente a duas semanas.
>
> § 5º Tratando-se de parto antecipado ou não, ainda que ocorra parto de natimorto, este último comprovado mediante certidão de óbito, a segurada terá direito aos 120 (cento e vinte) dias previstos em lei, sem necessidade de avaliação médico-pericial pelo INSS.

---

53 GOMES, Hélio. *Medicina Legal*. 12. ed. São Paulo: Saraiva, 1978, 2. v, p. 213.

§ 6º Em casos excepcionais, os períodos de repouso anterior e posterior ao parto podem ser aumentados em duas semanas, mediante atestado médico específico.

Em caso de **aborto**, o art. 395 da CLT garante à mulher o direito ao repouso remunerado de **duas semanas** após o aborto não criminoso, negando-lhe o direito aos cinco meses de estabilidade após o parto.

Para os casos de **nascimento sem vida**, ou com **morte pós-parto** da criança, a doutrina e jurisprudência não afinam no mesmo diapasão.

A primeira corrente entende que houve parto, assim entendido como o nascimento com ou sem vida da criança (ou após a 12º semana completa, conforme a medicina, ou após a 23ª semana de gestação, conforme a previdência), este é o fato gerador da estabilidade, na forma da interpretação literal do dispositivo constitucional.

Portanto, teria a mulher a mesma estabilidade que a mãe que acabou de parir seu filho com vida.

A segunda corrente, em sentido contrário, equipara o nascimento sem vida ao aborto, mesmo após a 12ª ou 23ª semana, acarretando apenas o direito ao repouso previsto no art. 395 da CLT. Argumentam que em caso de morte de filho (em outra fase da vida) a CLT garante apenas o descanso de dois dias – art. 473, I da CLT, logo o repouso remunerado de duas semanas é mais benéfico que a regra geral. Ademais, a estabilidade de cinco meses após o parto destina-se à criança, à maternidade, o fato não ocorreu.

Não concordamos com esta corrente, pois a gestante que perde seu filho após a 12ª semana, seja no início ou no fim da gestação, além da perda irreparável, sofre com a queda brusca dos hormônios, que geram efeitos colaterais mais gravosos, tanto psicológicos, como físicos. Além do mais, se a própria previdência garante a licença-maternidade nestes casos, por que o empregador não garantiria a estabilidade, já que não terá prejuízos financeiros com este afastamento?

A mãe adotiva, apesar de ter direito à licença-maternidade – art. 392-A da CLT, não tem direito à estabilidade no emprego, pois a lei não lhe garante este direito.

Em caso de morte da mãe, o art. 392-B da CLT estende ao marido ou companheiro a licença maternidade por todo o período ou pelo que faltar, salvo se houve morte da criança também ou abandono. A LC 146/14 estendeu a estabilidade da gestante a que detiver a guarda do filho, no caso de falecimento da mãe.

10.3.5. Estabilidade – Contrato a Termo

Em princípio, o termo final dos contratos a termo não é protraído em virtude da aquisição da estabilidade, pois o que a estabilidade impede é a despedida imotivada. O implemento do termo final acarreta a morte natural do contrato, não havendo dispensa, mas sim extinção normal.

Todavia, entendemos que o trabalhador estável, aí incluída a gestante, tem estabilidade durante o contrato, isto é, enquanto não for implementado seu termo final, impossibilitando a despedida imotivada antes deste, quando seria devida a indenização contida no art. 479 da CLT para as dispensas permitidas, sem justa causa.

A atual redação do inciso III da Súmula nº 244 do TST é no sentido de que: "A empregada gestante tem direito à estabilidade provisória prevista no art. 10, inciso II, alínea 'b', do Ato das Disposições Constitucionais Transitórias, mesmo na hipótese de admissão **mediante contrato por tempo determinado**" (grifos nossos).

10.3.6. Doméstica

Não se aplicava à doméstica a estabilidade prevista no art. 10, II, *b*, do ADCT, já que este artigo regulamentou provisoriamente o inciso I do art. 7º da CRFB. O parágrafo único do art. 7º da Constituição não inclui, dentre os direitos sociais estendido aos domésticos, o inciso I do mesmo art. 7º. Esta também era a posição da doutrina e jurisprudência majoritárias.

Aliás, a doméstica não tinha qualquer tipo de estabilidade.

Entretanto, após a antiga Lei nº 11.324/2006, a doméstica passou a ter direito à estabilidade, direito mantido na nova lei dos domésticos. Maiores considerações *vide* Capítulo "Domésticos".

Defendemos que não cabe a **reintegração** compulsória da doméstica sem o consentimento expresso do patrão, uma vez que a casa é asilo inviolável, ninguém nela podendo penetrar sem o consentimento expresso do morador (art. 5º, XI, da CRFB). Logo, não pode o Judiciário obrigar alguém a suportar a presença de um estranho em seu lar. Isto quer dizer que o juiz deve deferir apenas a indenização substitutiva caso o empregador doméstico não aceite a reintegração.

10.3.7. Características

A estabilidade da gestante é relativa,[54-55-56] pois o art. 10, II, do ADCT, *caput*, é expresso: "fica vedada a dispensa arbitrária ou sem justa causa". A dispensa arbitrária, segundo o art. 165 da CLT, é aquela que não se funda em motivo técnico, financeiro, disciplinar ou econômico. Logo, a gestante pode ser demitida por motivo técnico, por exemplo, mesmo que não cometa qualquer falta grave. Todavia, no período compreendido dentro dos 120 dias da licença-maternidade, sua estabilidade passa a ser absoluta, já que o contrato passa a ficar suspenso, impossibilitando a despedida sem justa causa.[57]

É **personalíssima**, pois defende interesse pessoal da gestante e da maternidade. É **provisória**, pois abrange desde a confirmação da gravidez até cinco meses após

---

54 Arnaldo Süssekind também defende a estabilidade relativa, salvo durante os 120 dias da licença quando se torna absoluta. SÜSSEKIND, Arnaldo; MARANHÃO, Délio; VIANNA, Segadas; TEIXEIRA, Lima. *Instituições de Direito do Trabalho*. 21. ed. São Paulo: LTr, 2003, v. 1, p. 718.

55 Alice Monteiro advoga que a estabilidade da gestante é relativa. BARROS, Alice Monteiro de. *Curso de Direito do Trabalho*. São Paulo: LTr, 2005, p. 933.

56 Ao contrário se posiciona Godinho que defende que a gestante só pode ser demitida por justa causa. DELGADO, Maurício Godinho. *Curso de Direito do Trabalho*. São Paulo: LTr, 2002, p. 1.231.

57 Da mesma forma entende BARROS, Alice Monteiro de. *Curso de Direito do Trabalho*. São Paulo: LTr, 2005, p. 1.052.

o parto. A dispensa se opera ***ipso iuris***, pois prescinde de pronunciamento judicial, **não** havendo a necessidade de ajuizamento de inquérito judicial.

10.4. Estabilidade do Titular da CIPA

10.4.1. Criação e Extinção

A maioria dos estabelecimentos com mais de 19 empregados está obrigada a constituir Cipas – Portaria nº 3.214/78 c/c art. 163 da CLT c/c NR 5. Outras, dependendo da sua atividade econômica (NR 5, anexos), só estão obrigadas a constituir a CIPA quando tiverem, por estabelecimento, mais de 29, 50, 100 etc., empregados. De acordo com a NR 5, item 5.46, mesmo que não sejam empregados do tomador, os terceirizados que trabalhem no estabelecimento entram na contagem.

A função do dirigente da Cipa é indicar a área de risco de acidente e solicitar as medidas necessárias para recuperação, manutenção e prevenção de riscos. Tais medidas muitas vezes contrariam os interesses do empregador, pois deve despender dinheiro para a melhoria do local de trabalho.

Se um estabelecimento, por qualquer motivo, passar a ter menos de 20 empregados, não haverá mais necessidade de manter a Cipa. Sendo assim, poderá extingui-la e, em consequência, a estabilidade de seus membros estará também extinta. Todavia, o item 5.15 da NR 5 determina que o número de membros da CIPA não poderá ser reduzido e não poderá ser desativada pelo empregador antes do término do mandato de seus membros, ainda que haja redução do número de empregados da empresa, exceto no caso de encerramento das atividades do estabelecimento.

Defendemos que o cipeiro que aceitar ou pedir a sua **transferência** para outro estabelecimento, perde o mandato e, consequentemente, a estabilidade. Isto se explica porque seu mister está vinculado ao estabelecimento em que foi constituída a Cipa para a qual foi eleito. Ademais, a outra unidade ou filial pode ter outros dirigentes da Cipa que para lá foi instituída, ou ter menos de 20 empregados.

O dirigente da Cipa que **faltar** imotivadamente a mais de **quatro** reuniões da comissão, as quais devem ser realizadas mensalmente, perderá o mandato e a consequente estabilidade, como prevê o item 5.30 da NR5.

De acordo com a NR 5 do MTPS:

> **DO OBJETIVO**
>
> 5.1 A Comissão Interna de Prevenção de Acidentes – Cipa – tem como objetivo a prevenção de acidentes e doenças decorrentes do trabalho, de modo a tornar compatível permanentemente o trabalho com a preservação da vida e a promoção da saúde do trabalhador.
>
> **DA CONSTITUIÇÃO**
>
> 5.2 Devem constituir Cipa, por estabelecimento, e mantê-la em regular funcionamento as empresas privadas, públicas, sociedades de economia mista, órgãos da administração direta e indireta, instituições beneficentes, associações recreativas, cooperativas, bem como outras instituições que admitam trabalhadores como empregados.

5.3 As disposições contidas nesta NR aplicam-se, no que couber, aos trabalhadores avulsos e às entidades que lhes tomem serviços, observadas as disposições estabelecidas em Normas Regulamentadoras de setores econômicos específicos.

(...)

DAS ATRIBUIÇÕES

5.16 A Cipa terá por atribuição:

a) identificar os riscos do processo de trabalho, e elaborar o mapa de riscos, com a participação do maior número de trabalhadores, com assessoria do SESMT, onde houver;

b) elaborar plano de trabalho que possibilite a ação preventiva na solução de problemas de segurança e saúde no trabalho;

c) participar da implementação e do controle da qualidade das medidas de prevenção necessárias, bem como da avaliação das prioridades de ação nos locais de trabalho;

d) realizar, periodicamente, verificações nos ambientes e condições de trabalho visando a identificação de situações que venham a trazer riscos para a segurança e saúde dos trabalhadores;

e) realizar, a cada reunião, avaliação do cumprimento das metas fixadas em seu plano de trabalho e discutir as situações de risco que foram identificadas;

f) divulgar aos trabalhadores informações relativas à segurança e saúde no trabalho;

g) participar, com o SESMT, onde houver, das discussões promovidas pelo empregador, para avaliar os impactos de alterações no ambiente e processo de trabalho relacionados à segurança e saúde dos trabalhadores;

h) requerer ao SESMT, quando houver, ou ao empregador, a paralisação de máquina ou setor onde considere haver risco grave e iminente à segurança e saúde dos trabalhadores;

i) colaborar no desenvolvimento e implementação do PCMSO e PPRA e de outros programas relacionados à segurança e saúde no trabalho;

j) divulgar e promover o cumprimento das Normas Regulamentadoras, bem como cláusulas de acordos e convenções coletivas de trabalho, relativas à segurança e saúde no trabalho;

l) participar, em conjunto com o SESMT, onde houver, ou com o empregador da análise das causas das doenças e acidentes de trabalho e propor medidas de solução dos problemas identificados;

m) requisitar ao empregador e analisar as informações sobre questões que tenham interferido na segurança e saúde dos trabalhadores;

n) requisitar à empresa as cópias das CAT emitidas;

o) promover, anualmente, em conjunto com o SESMT, onde houver, a Semana Interna de Prevenção de Acidentes do Trabalho – Sipat;

p) participar, anualmente, em conjunto com a empresa, de Campanhas de Prevenção da AIDS.

5.17 Cabe ao empregador proporcionar aos membros da Cipa os meios necessários ao desempenho de suas atribuições, garantindo tempo suficiente para a realização das tarefas constantes do plano de trabalho.

5.18 Cabe aos empregados:

a) participar da eleição de seus representantes;

b) colaborar com a gestão da Cipa;

c) indicar à Cipa, ao SESMT e ao empregador situações de riscos e apresentar sugestões para melhoria das condições de trabalho;

d) observar e aplicar no ambiente de trabalho as recomendações quanto à prevenção de acidentes e doenças decorrentes do trabalho.

10.4.2. Representante dos Empregados

Ao empregado eleito para cargo de direção de Comissões Internas de Prevenção de Acidentes (vice-presidente) foi garantida a estabilidade no emprego desde o registro da candidatura até um ano após o término do mandato – art. 10, II, *a*, do ADCT. A estabilidade do "cipeiro" já estava prevista no art. 165 da CLT, mas se estendia a todos os membros eleitos, apenas pelo período do mandato de um ano – art. 164, § 3º, da CLT.

Tanto a CLT quanto a Carta/88 garantiram a estabilidade apenas dos empregados eleitos ao cargo de direção das Cipas, excluindo, assim, o presidente, uma vez que este é designado pelo empregador – art. 164, § 5º, da CLT.[58] Antes da Carta era duvidosa a estabilidade do suplente, inclinando-se a corrente majoritária em negar-lhe tal direito – Súmula nº 339, I do TST. Após a Constituição, a doutrina e a jurisprudência majoritária adotaram a posição oposta, concedendo estabilidade ao suplente.

Portanto, após a Constituição apenas o vice-presidente das Cipas tem estabilidade, pois a Carta não recepcionou a CLT na parte que concedia a estabilidade a todos os membros titulares eleitos, pois usou a palavra "empregado" no singular. Em sentido contrário, Valentin Carrion[59] e Süssekind[60] que entendem perfeitamente compatível o art. 165 da CLT com o art. 10, II, *a*, do ADCT, defendendo a tese de que todos os empregados eleitos têm estabilidade pelo período do mandato e apenas o vice-presidente até um ano após o mandato.

O art. 164, § 3º, da CLT só permite uma reeleição. Se o dirigente foi reeleito mais de uma vez, não adquirirá a estabilidade em estudo.

10.4.3. Extinção do Estabelecimento e Transferência

Quando o estabelecimento ou a empresa forem extintos, extingue-se, por consequência, a estabilidade – Súmula nº 339, II do TST. Isto se explica, porque não havendo empregador, não há emprego.

---

58 Sergio Pinto Martins acrescenta que se o presidente da Cipa for eleito gozará da mesma estabilidade que o vice-presidente. MARTINS, Sergio Pinto. *Direito do Trabalho*. 13. ed. São Paulo: Atlas, 2001, p. 366.

59 CARRION, Valentin. *Comentários à Consolidação das Leis do Trabalho*. 28. ed. atualizado por Eduardo Carrion, São Paulo: Saraiva, 2003, p. 164.

60 SÜSSEKIND, Arnaldo; MARANHÃO, Délio; VIANNA, Segadas; TEIXEIRA, Lima. *Instituições de Direito do Trabalho*. 21. ed. São Paulo: LTr, 2003, v. 1, p. 720.

Da mesma forma, se o empregado requerer ou aceitar expressamente sua transferência para outro estabelecimento, pois sua estabilidade está limitada ao local que executa os serviços.

Assim também a jurisprudência:

> AGRAVO DE INSTRUMENTO. MEMBRO DE CIPA. TRANSFERÊNCIA NÃO RESISTIDA PARA OUTRA FILIAL. RENÚNCIA À ESTABILIDADE PROVISÓRIA. Confirmada a ordem de obstaculização do recurso de revista, na medida em que não demonstrada a satisfação dos requisitos de admissibilidade, insculpidos no artigo 896 da CLT. Agravo de instrumento não provido. (TST – AIRR: 1050009620085240007 105000-96.2008.5.24.0007, Relator: Augusto César Leite de Carvalho, Data de Julgamento: 10/08/2011, 6ª Turma, Data de Publicação: *DEJT* 19/08/2011).

> ESTABILIDADE PROVISÓRIA. MEMBRO DA CIPA. TRANSFERÊNCIA DE ESTABELECIMENTO. RENÚNCIA TÁCITA. IMPOSSIBILIDADE. A estabilidade do empregado eleito para ocupar cargo da Comissão Interna de Prevenção de Acidentes – CIPA, prevista no artigo 10, II, *a*, do ADCT, tem por escopo a proteção não do trabalhador que a detém, mas sim de toda a comunidade de empregados da empresa, pois visa garantir a liberdade no exercício das prerrogativas do membro da Comissão na fiscalização do cumprimento das normas de saúde e segurança do trabalho, as quais possuem proteção constitucional (artigo 7º, XXII). Trata-se, portanto, de direito cuja renúncia pressupõe manifestação expressa e inequívoca daquele que é portador da representação da coletividade que o elegeu. Precedentes. Recurso de revista de que se conhece e a que se dá provimento. (TST – RR: 45050620125120050, Relator: Cláudio Mascarenhas Brandão, Data de Julgamento: 20/09/2017, 7ª Turma, Data de Publicação: *DEJT* 29/09/2017).

10.4.4. Características

Estabilidade **provisória**, pois é garantida desde o registro da candidatura até um ano após o término do mandato. É **relativa**, pois o empregado pode ser despedido por motivo técnico, financeiro, disciplinar ou econômico, na forma do art. 165 da CLT. É **altruísta**, pois visa defender os interesses do grupo. A dispensa motivada em um dos elementos contidos no art. 165 da CLT ocorre ***ope iuris***, isto é, por simples declaração de vontade, dispensando o ajuizamento de inquérito judicial.

10.4.5. Ajuizamento da Ação após o Prazo da Estabilidade

A jurisprudência não afina no mesmo diapasão quando o assunto refere-se à demora no ajuizamento da ação:

> ESTABILIDADE PROVISÓRIA. MEMBRO DA CIPA. Reclamação ajuizada após o término do período estabilitário. A estabilidade provisória do membro da Cipa não é direito individual do trabalhador, mas direito do grupo que esse representa naquele órgão. Se o trabalhador é despedido no período de vigência do mandato e, negligentemente, somente ajuíza a reclamação trabalhista após escoado o prazo

do mandato e o prazo de garantia do emprego, não há que se falar em reintegração, visto que não há mais mandato. Também não há direito à indenização, porque esta é própria das estabilidades provisórias que se traduzem em direitos individuais (estabilidade da gestante, do empregado acidentado ou portador de doença profissional). O pagamento de salários e vantagens do período de garantia prende-se à possibilidade de reintegração para o exercício do mandato, e se não há direito à reintegração, não há direito à indenização. Recurso de revista parcialmente conhecido e não provido. TST, 5ª T., RR 574927/99.0, Rel. Rider Nogueira de Brito, *DJU* 07/02/2003.

DISPENSA IMOTIVADA DO CIPEIRO. DEMORA NA PROPOSITURA DA AÇÃO. IRRELEVÂNCIA. Direito à indenização compensatória. O art. 10, II, *a*, do ADCT não previu qualquer garantia no emprego ou estabilidade provisória. Ali o Constituinte se limitou a proibir momentaneamente o exercício do poder potestativo de resilição, cuja infringência abre para o empregado o direito à percepção de uma indenização, correspondente ao período de proibição de exercício daquele poder, com respaldo no art. 159, CC. Desse modo, optando o empregado pela indenização compensatória, revela-se juridicamente inconsistente a tese da renúncia tácita à vantagem extraída do fato de a ação ter sido proposta depois de vencido o prazo de proibição do exercício de poder potestativo, ou da circunstância de proposta de retorno ao trabalho ou da constatação de que já havia conseguido outro emprego. É que o decurso do prazo constitucional só teria relevância se ao tempo da propositura da ação houvesse transcorrido o biênio prescricional, enquanto a tese da renúncia tácita faz tábula rasa do princípio segundo o qual a renúncia de direitos, sobretudo de direitos trabalhistas, há de ser, de regra, expressa, ao passo que a recusa do retorno ao serviço, quer o seja manifesta ou inferida da obtenção de outro emprego, traduz legítimo direito do empregado, consagrado no art. 489 da CLT. Recurso a que se nega provimento. TST 4ª T., RR, 539.710.1999.1, Rel. Antônio José de Barros Levanhagem, *DJU* 19/12/2002.

10.5. Estabilidade do Acidentado

Consoante art. 118 da Lei nº 8.213/91, o empregado acidentado goza de estabilidade de 12 meses após a cessação do auxílio-doença. Nesse sentido a Súmula nº 378, I, do TST.

10.5.1. Empregados Excluídos

Estavam excluídos do benefício os empregados domésticos – arts. 11 e 18, § 1º, da Lei nº 8.213/1991. Depois da LC 150/2015, foi estendido aos domésticos os arts. 18 e 19 da Lei da Previdência. Assim, para o **doméstico** a estabilidade da acidentada é controvertida, já que agora o doméstico foi incluído no art. 19 da Lei 8.213/1991, que conceitua acidente de trabalho, o que não ocorria antes da LC 150/2015. Por isso, alguns defenderão o direito do doméstico ao art. 118 da mesma lei, que garante a estabilidade ao acidentado.

Os rurais têm direito ao benefício – art. 194 da CRFB c/c Súmula nº 612 do STF (aplicação analógica).

10.5.2. Requisitos

São requisitos para a aquisição desta estabilidade: a) ter ocorrido um acidente de trabalho ou doença a ele equiparado; b) ter o empregado recebido auxílio-doença; c) ter obtido alta médica. Da mesma forma a Súmula nº 378, I, do TST.

10.5.3. Acidente de Trabalho, Doença Profissional e Doença do Trabalho

De acordo com o art. 19 da Lei nº 8.213/91, **acidente de trabalho** é o que ocorre pelo exercício do trabalho a serviço da empresa que provoque lesão corporal ou perturbação funcional que cause a morte, perda ou redução, permanente ou temporária, da capacidade para o trabalho.

O acidente de trabalho tem três espécies: típico, atípico ou equiparado e de trajeto.

O acidente **típico** é o que ocorre dentro da empresa, no horário de trabalho.

Atípico ou equiparado é o acidente que, embora não tenha sido a causa única, tenha contribuído diretamente para a morte do trabalhador, para a perda de sua capacidade ou produzido lesão que exija atenção médica para a sua recuperação. As doenças ocupacionais (doença do trabalho e doença profissional) são espécies de acidente atípico.

Acidente de **trajeto** ou *in itinere* é o que ocorre no trajeto casa-trabalho e trabalho-casa. Neste sentido, o inciso IV, *d*, do art. 21 da Lei nº 8.213/91 é claro ao se referir que o acidente de trajeto é o ocorrido no percurso casa-trabalho e vice-versa, independente do itinerário escolhido, se mais distante ou mais curto.

Os tribunais têm entendido que um pequeno desvio de curso, como virar num quarteirão fora do itinerário apenas para parar na padaria e comprar pão, para só depois prosseguir, não impede a caracterização do acidente, pois ainda presente o nexo causal. Para afastar o acidente é necessário um desvio relevante no percurso, como passar na casa da namorada e ficar horas por lá ou parar num restaurante e jantar com os amigos.

Ter sofrido um acidente de trabalho, adquirido uma doença profissional ou doença do trabalho, tipificada na Lei da Previdência é um dos requisitos para a aquisição da estabilidade. Tanto a doença profissional quanto a doença do trabalho equiparam-se ao acidente de trabalho – art. 19 da Lei nº 8.213/91.

A Lei nº 8.213/91 considera acidente de trabalho:

> **Art. 19. Acidente do trabalho** é o que ocorre pelo exercício do trabalho a serviço de empresa ou de empregador doméstico ou pelo exercício do trabalho dos segurados referidos no inciso VII do art. 11 desta Lei, provocando lesão corporal ou perturbação funcional que cause a morte ou a perda ou redução, permanente ou temporária, da capacidade para o trabalho.
>
> (...)
>
> **Art. 20. Consideram-se acidente do trabalho**, nos termos do artigo anterior, as seguintes entidades mórbidas:

I – doença profissional, assim entendida a produzida ou desencadeada pelo exercício do trabalho peculiar a determinada atividade e constante da respectiva relação elaborada pelo Ministério do Trabalho e da Previdência Social;

II – doença do trabalho, assim entendida a adquirida ou desencadeada em função de condições especiais em que o trabalho é realizado e com ele se relacione diretamente, constante da relação mencionada no inciso I.

§ 1º Não são consideradas como doenças do trabalho:

a) a doença degenerativa;

b) a inerente a grupo etário;

c) a que não produza incapacidade laborativa;

d) a doença endêmica adquirida por segurado habitante de região em que ela se desenvolva, salvo comprovação de que é resultante de exposição ou contato direto determinado pela natureza do trabalho.

(...)

Art. 21. Equiparam-se também ao **acidente do trabalho**, para efeitos desta Lei:

I – o acidente ligado ao trabalho que, embora não tenha sido a causa única, haja contribuído diretamente para a morte do segurado, para redução ou perda da sua capacidade para o trabalho, ou produzido lesão que exija atenção médica para a sua recuperação;

II – o acidente sofrido pelo segurado no local e no horário do trabalho, em consequência de:

a) ato de agressão, sabotagem ou terrorismo praticado por terceiro ou companheiro de trabalho;

b) ofensa física intencional, inclusive de terceiro, por motivo de disputa relacionada ao trabalho;

c) ato de imprudência, de negligência ou de imperícia de terceiro ou de companheiro de trabalho;

d) ato de pessoa privada do uso da razão;

e) desabamento, inundação, incêndio e outros casos fortuitos ou decorrentes de força maior;

III – a doença proveniente de contaminação acidental do empregado no exercício de sua atividade;

IV – o acidente sofrido pelo segurado ainda que fora do local e horário de trabalho:

a) na execução de ordem ou na realização de serviço sob a autoridade da empresa;

b) na prestação espontânea de qualquer serviço à empresa para lhe evitar prejuízo ou proporcionar proveito;

c) em viagem a serviço da empresa, inclusive para estudo quando financiada por esta dentro de seus planos para melhor capacitação da mão de obra, independentemente do meio de locomoção utilizado, inclusive veículo de propriedade do segurado;

d) (Revogado pela Medida Provisória nº 905/2019.

§ 1º Nos períodos destinados à refeição ou descanso, ou por ocasião da satisfação de outras necessidades fisiológicas, no local do trabalho ou durante este, o empregado é considerado no exercício do trabalho.

§ 2º Não é considerada agravação ou complicação de acidente do trabalho a lesão que, resultante de acidente de outra origem, se associe ou se superponha às consequências do anterior.

Art. 22. A empresa ou o empregador doméstico deverão **comunicar** o acidente do trabalho à Previdência Social até o 1º (primeiro) dia útil seguinte ao da ocorrência e, em caso de morte, de imediato, à autoridade competente, sob pena de multa variável entre o limite mínimo e o limite máximo do salário de contribuição, sucessivamente aumentada nas reincidências, aplicada e cobrada pela Previdência Social.

§ 1º Da comunicação a que se refere este artigo receberão cópia fiel o acidentado ou seus dependentes, bem como o sindicato a que corresponda a sua categoria.

§ 2º **Na falta de comunicação por parte da empresa, podem formalizá-la o próprio acidentado, seus dependentes, a entidade sindical competente, o médico que o assistiu ou qualquer autoridade pública,** não prevalecendo nestes casos o prazo previsto neste artigo (grifos nossos).

§ 3º A comunicação a que se refere o § 2º não exime a empresa de responsabilidade pela falta do cumprimento do disposto neste artigo.

§ 4º Os sindicatos e entidades representativas de classe poderão acompanhar a cobrança, pela Previdência Social, das multas previstas neste artigo.

(...)

Art. 23. Considera-se como dia do acidente, no caso de doença profissional ou do trabalho, a data do início da incapacidade laborativa para o exercício da atividade habitual, ou o dia da segregação compulsória, ou o dia em que for realizado o diagnóstico, valendo para este efeito o que ocorrer primeiro.

Nexo causal

Não basta que o empregado tenha uma doença ou que tenha sido acometido por um acidente ou infortúnio, é necessário que estes decorram do trabalho ou que tenham ocorrido durante o expediente, nos intervalos ou nos arredores. O nexo causal entre a doença e o trabalho é requisito indispensável para a aquisição da estabilidade.

> DOENÇA PROFISSIONAL. NEXO CAUSAL. Não restou estabelecido nexo causal ou concausal entre a doença que acometeu temporariamente o reclamante e o labor por ele realizado nas dependências da reclamada. Impõe-se, portanto, seja mantida a sentença que julgou improcedentes os pedidos relativos às verbas oriundas da rescisão indireta e às indenizações por danos morais, materiais e de período de estabilidade (TRT-7 – RO: 00016412920175070027, Relator: JEFFERSON QUESADO JUNIOR, Data de Julgamento: 12/11/2018, Data de Publicação: 14/11/2018).

10.5.4. Comunicação do Acidente

A referida norma legal determina que o empregador deverá comunicar o acidente à Previdência Social até o primeiro dia útil seguinte ao acidente – CAT – art. 22 da Lei nº 8.213/91. Na falta de comunicação pela empresa, poderão fazê-lo: o próprio empregado acidentado, seus dependentes, a entidade sindical, o médico que o assistiu ou qualquer autoridade pública.

O fato de o empregador fornecer a CAT já comprova, por si só, que o empregador reconhece o acidente de trabalho ocorrido com seu empregado. Nos demais casos, a prova fica por conta do empregado. Uma vez provado o nexo causal entre o acidente e o trabalho, a responsabilidade do empregador decorre da lei – art. 22, § 3º, da Lei.

10.5.5. Cessação do Auxílio-Doença

Para a aquisição da estabilidade é necessário, ainda, que o empregado tenha recebido auxílio-doença, isto é, que tenha sofrido lesão capaz de afastá-lo do trabalho por, pelo menos, 31 dias consecutivos. O art. 59 da Lei nº 8.213/91 preconiza que o auxílio-doença é pago ao empregado que permanecer incapacitado para o trabalho por mais de 15 dias consecutivos, logo, a partir do 31º dia receberá o referido benefício previdenciário. Da mesma forma a Súmula nº 378, II do TST.

O direito à estabilidade nasce com a alta, isto é, com a cessação do auxílio-doença. Portanto, não tem interesse processual o empregado imotivadamente demitido que postula a estabilidade quando ainda está recebendo benefício previdenciário – aplicação analógica da OJ nº 276 da SDI-I do TST.

10.5.6. Alta Médica

A estabilidade do acidentado começa a fluir após a cessação do benefício previdenciário, pois enquanto recebê-lo o contrato de trabalho do acidentado estará suspenso. A lei previdenciária refere-se ao empregado que se encontre nesta situação como licenciado.

Ressalte-se, como alhures explicitado, que durante esta suspensão contratual o empregador está obrigado aos depósitos do FGTS – art. 28 do Decreto nº 99.684/90 e a consequente contagem do tempo de serviço – art. 4º da CLT.

Obtida a alta médica, o empregado terá a estabilidade de 12 meses.

10.5.7. Constitucionalidade do Art. 118 da Lei nº 8.213/91

Magano[61] entende que qualquer estabilidade não prevista na Carta só poderia ser criada através de lei complementar, em face do comando contido no art. 7º, I, da CRFB. Portanto, considera inconstitucional o art. 118 da Lei nº 8.213/91.

Não podemos compartilhar desta opinião, uma vez que o inciso I do art. 7º da Carta referiu-se aos benefícios genéricos que visassem a proteger a despedida arbitrária. Não é o caso, pois esta é uma estabilidade específica dirigida apenas àqueles que sofreram acidente. Ademais, as normas infraconstitucionais devem ser interpretadas à luz da Carta de 88 que em seu art. 7º expressamente determina

---

[61] MAGANO, Otávio Bueno. *Manual de Direito do Trabalho*. Direito Individual do Trabalho. 3. ed. São Paulo: LTr, 1992, v. 2, p. 357.

a aplicação da condição mais favorável ao empregado. Assim também Arnaldo Süssekind[62] e a jurisprudência predominante – Súmula nº 378, I do TST.

10.5.8. *Características*

A estabilidade do acidentado é **provisória**, pois é garantida por 12 meses após a cessação do auxílio-doença. É **absoluta**, pois só pode ser dispensado por justa causa. É **personalíssima**, pois defende interesses pessoais do acidentado. A dispensa por justa causa ocorre ***ope iuris***, isto é, por simples declaração de vontade, dispensando o ajuizamento de inquérito judicial.

10.5.9. *Contrato de Experiência ou Contrato a Termo*

Qualquer tipo de estabilidade não impede o implemento do termo final do contrato por prazo determinado. Isto se explica porque a estabilidade impede a despedida imotivada e nos contratos a prazo não há despedida e sim morte natural do contrato por caducidade.

Entretanto, o TST alterou radicalmente sua posição para defender que:

> *Súmula nº 378 do TST:*
>
> *(...)*
>
> *III – O empregado submetido a* ***contrato de trabalho por tempo determinado*** *goza da garantia provisória de emprego, decorrente de acidente de trabalho, prevista no art. 118 da Lei nº 8.213/91. (grifos nossos)*

Mauricio Godinho[63] no mesmo sentido. Maiores considerações no item 10.3.5 deste Capítulo.

11. OUTRAS ESTABILIDADES

11.1. Empregado Público – Art. 41 da CRFB

A estabilidade do servidor público admitido através de concurso público para cargo efetivo é adquirida após três anos de efetivo exercício, na forma do art. 41 da CRFB.

A partir daí, grande controvérsia nasceu acerca da amplitude da expressão **servidor público** referida no *caput* do art. 41 da Constituição. Isto porque, se o conceito compreende os **empregados públicos**, significa que eles também seriam estáveis após três anos de efetivo exercício (ressalte-se que antes da EC nº 19/98 o prazo era de dois anos).

---

62 SÜSSEKIND, Arnaldo; MARANHÃO, Délio; VIANNA, Segadas; TEIXEIRA, Lima. *Instituições de Direito do Trabalho*. 21. ed. São Paulo: LTr, 2003, v. 1, p. 720.

63 DELGADO, Mauricio Godinho. *Curso de Direito do Trabalho*. São Paulo: LTr, 2002, p. 558.

Duas vertentes surgiram a respeito do tema.

A primeira corrente, no sentido de que a Administração Pública, quando contrata o trabalhador regido pela CLT, equipara-se ao empregador privado e, como tal, não lhe garante estabilidade no emprego. Concordamos com essa tese, pois toda a sistemática da Constituição, até a EC nº 19/98, baseava-se no regime jurídico único (estatutário). Daí por que se refere a estágio probatório e estabilidade, institutos destinados apenas aos servidores estatutários. Além disso, em uma interpretação sistêmica (holística), observa-se que o art. 41 da Carta está dentro do Capítulo VII – Da Administração Pública; Seção II – Dos servidores públicos, os quais trazem regras aplicáveis aos funcionários públicos civis da Administração (estatutários).

Por outro lado, a exigência de concurso público não serve de argumento para garantir a estabilidade, pois tal requisito tem como fundamento a moralidade e a impessoalidade no seio da Administração Pública, nobres princípios expressamente mencionados pelo art. 37 da Lei Maior, com clara intenção de eliminar o nepotismo e privilégios que contaminavam toda a Administração Pública. Ademais, a referência a cargo e nomeação exclui a aplicação do dispositivo em comento para os servidores contratados sob o regime da CLT, porque peculiares ao regime estatutário.

No mesmo sentido parte dos julgados:

> ESTABILIDADE DE OCUPANTE DE EMPREGO PÚBLICO REGIDO PELA CLT. O disposto no art. 41 da Constituição da República é inaplicável aos empregados públicos (os celetistas), uma vez que toda a sistemática da Seção II do Capítulo VII do Título III da Constituição da República, se fundava, até a Emenda nº 19/98, na existência de um regime jurídico único; hoje, a Administração Pública pode celebrar contrato de trabalho pelo regime da CLT, e celebra. E quando o faz sujeita a relação de emprego às mesmas condições estabelecidas para as empresas privadas. Recurso de Embargos conhecido e provido para julgar improcedente a reclamação trabalhista. TST, SDI-I, ERR 557968, Rel. Min. João Batista Brito Pereira, *DJ* 22/06/2001.

> RECURSO DE REVISTA. ADMINISTRAÇÃO PÚBLICA DIRETA. SERVIDOR REGIDO PELA CLT. ESTABILIDADE DO ART. 41/CF. Não é extensiva ao servidor regido pela CLT, na Administração Pública Direta, a estabilidade do art. 41 da Constituição Federal (na redação anterior à da Emenda nº 19/98). "O disposto no art. 41 da Constituição da República é inaplicável aos empregados públicos (os celetistas), uma vez que toda a sistemática da Seção II do Capítulo VII do Título III da Constituição da República, se fundava, até a Emenda nº 19/98, na existência de um regime jurídico único; hoje, a administração pública pode celebrar contrato de trabalho pelo regime da CLT, e celebra. E quando o faz sujeita a relação de emprego às mesmas condições estabelecidas para as empresas privadas" (Ministro Brito Pereira). Recurso não provido. TST, 5ª T., RR 416885, Rel. Juiz Convocado Guedes de Amorim, *DJ* 08/06/2001.

> EMPREGADO PÚBLICO. ESTABILIDADE. IMPOSSIBILIDADE CONSTITUCIONAL. A condição de "estável" conferida ao reclamante surgiu em decorrência da interpretação equivocada dada a dispositivos constitucionais, inaplicáveis a empregados públicos, que embora sejam servidores públicos *lato sensu*, não são ocupantes de

> cargos públicos de provimento efetivo, estes sim regidos por normas de Direito Administrativo, únicos sujeitos à aquisição da estabilidade contida no art. 41, por força do disposto no art. 37, II, da Carta Fundamental. Revista a que se dá provimento. TST, 3ª T., RR 312513, Rel. Min. José Luiz Vasconcellos, *DJU* 26/05/2000.

Sergio Pinto Martins,[64] no mesmo sentido, acresce mais que: "Os §§ 1º e 2º do art. 41 da Constituição fazem referência a cargo e não a função. Cargo só tem funcionário público e não empregado público. Nomeação também só ocorre em relação a quem tem cargo, pois se for empregado, é admitido. Assim também se posiciona Dallari".[65]

A segunda posição inclinou-se em sentido oposto, sob o argumento de que todos os atos da Administração Pública devem ser pautados pela motivação, moralidade, legalidade e impessoalidade. Afirmam que a expressão servidor público abrange também os empregados e que os fatos geradores da estabilidade mencionada no art. 41 da CRFB são: aprovação em concurso público para cargo efetivo e transcurso de três anos de efetivo exercício. Argumentam, ainda, que a isonomia constitucional estaria ferida se não fosse estendida a estabilidade aos empregados públicos, já que a Constituição concedeu estabilidade tanto aos estatutários como aos admitidos há mais de cinco anos antes de 05/10/88 (art. 19 do ADCT) – Súmula nº 390 do TST.

O TST, depois de ter se inclinado pela primeira posição, modificou seu entendimento após a decisão do STF, preferindo conceder a estabilidade ao empregado público, na forma do art. 41 da Lei Maior, inclusive para os empregados admitidos mediante concurso público para **Conselhos Regionais ou Federais.**

Mais tarde, o STF decidiu, no Recurso Extraordinário nº 589.998, de 12/09/2013, e fixou o seguinte entendimento:

> EMPRESA BRASILEIRA DE CORREIOS E TELÉGRAFOS – ECT. DEMISSÃO IMOTIVADA DE SEUS EMPREGADOS. IMPOSSIBILIDADE. NECESSIDADE DE MOTIVAÇÃO DA DISPENSA. RE PARCIALEMENTE PROVIDO. I – Os empregados públicos não fazem jus à estabilidade prevista no art. 41 da CF, salvo aqueles admitidos em período anterior ao advento da EC nº 19/1998. Precedentes. II – Em atenção, no entanto, aos princípios da impessoalidade e isonomia, que regem a admissão por concurso público, a dispensa do empregado de empresas públicas e sociedades de economia mista que prestam serviços públicos deve ser motivada, assegurando-se, assim, que tais princípios, observados no momento daquela admissão, sejam também respeitados por ocasião da dispensa. III – A motivação do ato de dispensa, assim, visa a resguardar o empregado de uma possível quebra do postulado da impessoalidade por parte do agente estatal investido do poder de demitir. IV – Recurso extraordinário parcialmente provido para afastar a aplicação, ao caso, do art. 41 da CF, exigindo-se, entretanto, a motivação para legitimar a rescisão unilateral do contrato de trabalho (STF – RE: 589998 PI,

---

64 MARTINS, Sergio Pinto. *Comentários às Súmulas do TST*. São Paulo: Atlas, 2005, p. 266.

65 DALLARI, Adilson Abreu. *Regime Constitucional dos Servidores Públicos*. 2. ed., São Paulo: Revista dos Tribunais, 1992, p. 88.

Relator: Min. Ricardo Lewandowski, Data de Julgamento: 20/03/2013, Tribunal Pleno, Data de Publicação: Acórdão Eletrônico).

Como se observa, pelo entendimento do STF, só têm a estabilidade prevista no artigo 41 da CF os empregados públicos regidos pela CLT que a adquiriram até a entrada em vigor da Emenda Constitucional nº 19/1998.

Antes da EC 19/98 o texto do art. 41 da CF era: *"Art. 41 – São estáveis, após dois anos de efetivo exercício, os **servidores nomeados em virtude de concurso público**"*. A tese do STF é a de que, sob a vigência desse texto, não havia distinção entre empregados e estatutários para obtenção de estabilidade. Entretanto, com o advento da EC 19/1998, o texto passou a ser: *"Art. 41. São estáveis após três anos de efetivo exercício os servidores nomeados **para cargo de provimento efetivo** em virtude de concurso público"*. Para o STF, a nova redação limitou, em tese, a estabilidade aos **servidores estatutários**.

Posteriormente, a decisão dos Embargos de Declaração do RE 589.998, que decidiu o caso acima:

> DIREITO CONSTITUCIONAL E DIREITO DO TRABALHO. EMBARGOS DE DECLARAÇÃO EM RECURSO EXTRAORDINÁRIO. DISPENSA SEM JUSTA CAUSA DE EMPREGADOS DA ECT. ESCLARECIMENTOS ACERCA DO ALCANCE DA REPERCUSSÃO GERAL. ADERÊNCIA AOS ELEMENTOS DO CASO CONCRETO EXAMINADO. 1. No julgamento do RE 589.998, realizado sob o regime da repercussão geral, esta Corte estabeleceu que a Empresa Brasileira de Correios e Telégrafos – ECT tem o dever de motivar os atos de dispensa sem justa causa de seus empregados. Não houve, todavia, a fixação expressa da tese jurídica extraída do caso, o que justifica o cabimento dos embargos. 2. O regime da repercussão geral, nos termos do art. 543-A, § 7º, do CPC/1973 (e do art. 1.035, § 11, do CPC/2015), exige a fixação de uma tese de julgamento. Na linha da orientação que foi firmada pelo Plenário, a tese referida deve guardar conexão direta com a hipótese objeto de julgamento. 3. A questão constitucional versada no presente recurso envolvia a ECT, empresa prestadora de serviço público em regime de exclusividade, que desfruta de imunidade tributária recíproca e paga suas dívidas mediante precatório. Logo, a tese de julgamento deve estar adstrita a esta hipótese. 4. A fim de conciliar a natureza privada dos vínculos trabalhistas com o regime essencialmente público reconhecido à ECT, não é possível impor-lhe nada além da exposição, por escrito, dos motivos ensejadores da dispensa sem justa causa. Não se pode exigir, em especial, instauração de processo administrativo ou a abertura de prévio contraditório. 5. Embargos de declaração providos em parte para fixar a seguinte tese de julgamento: A Empresa Brasileira de Correios e Telégrafos – ECT tem o dever jurídico de motivar, em ato formal, a demissão de seus empregados.

A partir daí parece que o TST tem modificado seu entendimento para conceder a estabilidade apenas aos admitidos por concurso público para a administração direta, autárquica e fundacional, antes da EC 19/98:

> RECURSO DE EMBARGOS INTERPOSTO NA VIGÊNCIA DA LEI 13.015/2014. EMPREGADO PÚBLICO. REGIME CELETISTA. ADMISSÃO POSTERIOR À

> EMENDA CONSTITUCIONAL 19/1998. AUSÊNCIA DE DIREITO À ESTABILIDADE PREVISTA NO ART. 41 DA CONSTITUIÇÃO DA REPÚBLICA. O servidor público celetista admitido após a Emenda Constitucional 19/1998 não tem direito à estabilidade prevista no art. 41 da Constituição da República. Precedentes. Recurso de Embargos de que se conhece e a que se nega provimento (TST. SDI-1. Proc: RR-106500-15.2005.5.02.0332, Rel. JOÃO BATISTA BRITO PEREIRA, 06/09/18).

Conclusão: defendemos que a estabilidade prevista no art. 41 da CRFB só atinge os trabalhadores estatutários, pois submetidos a outro regime jurídico ou os celetistas admitidos antes da EC 19/98. Esta parece ser a opinião do STF e de parte dos julgados do TST. Apesar de a Súmula 390 do TST não fazer nenhuma ressalva, os precedentes que levaram a ela foram anteriores à EC 19/98.

Entretanto, a celeuma continua, pois ainda não cancelada a Súmula 390 do TST, que garante a estabilidade contida no artigo 41 da CF para qualquer empregado público da administração direta, autárquica e fundacional, estando excluídos os empregados da economia mista e empresa pública – Súmula nº 390, I e II do TST.

> RECURSO DE REVISTA. SERVIDORA PÚBLICA CELETISTA E CONCURSADA. APOSENTADORIA ESPONTÂNEA. CONTINUIDADE NA PRESTAÇÃO DE SERVIÇOS. NÃO EXTINÇÃO DO CONTRATO DE TRABALHO. ACUMULAÇÃO DE PROVENTOS E VENCIMENTOS. ESTABILIDADE DO ART. 41 DA CF. 1 – O Tribunal Regional assentou que a autora, empregada pública, tem seu contrato de trabalho regido pela CLT, sendo submetida ao regime do FGTS, que é incompatível com a estabilidade postulada no art. 41 da CF, razão pela qual concluiu que a continuidade do contrato de trabalho após a aposentadoria, com percepção cumulativa dos proventos com a remuneração da ativa, afronta o art. 37, § 10, da CF. 2 – Nos termos da Orientação Jurisprudencial nº 361 da SBDI-1/TST, a aposentadoria espontânea não é causa de extinção do contrato de trabalho se o empregado permanece prestando serviços ao empregador após a jubilação. 3 – Ao servidor público celetista não é vedada a acumulação de proventos e vencimentos, se perceber seus proventos de aposentadoria pelo regime geral de previdência social disciplinado no artigo 201 da CF. Com efeito, o artigo 37, § 10, da CF veda a percepção simultânea de proventos de aposentadoria com a remuneração de cargo, emprego ou função pública dos servidores públicos submetidos aos regimes de aposentadoria previstos nos artigos 40, 42 e 43 da CF, que correspondem respectivamente aos regimes de aposentadoria dos servidores públicos titulares de cargos efetivos, dos membros das Polícias Militares e Corpos de Bombeiros Militares e dos membros das Forças Armadas. 4 – **O item I da Súmula nº 391 dispõe que: "O servidor público celetista da administração direta, autárquica ou fundacional é beneficiário da estabilidade prevista no art. 41 da CF/1988". 5 – No caso, considerando que não incide a vedação do art. 37, § 10, da CF e sendo incontroverso que a autora, servidora pública celetista, continuou a prestar serviços para a fundação pública estadual, após a aposentadoria espontânea, é devida a sua reintegração, uma vez que detentora de estabilidade prevista no art. 41 da Constituição da República.** Recurso de revista conhecido por contrariedade ao item I da Súmula nº 390 do TST e provido. (TST – RR: 403720135020004, Relator: Alexandre de Souza Agra Belmonte, Data de Julgamento: 16/11/2016, 3ª Turma, Data de Publicação: *DEJT* 18/11/2016).

AGRAVO DE INSTRUMENTO. EMPREGADO DE CONSELHO REGIONAL DE FISCALIZAÇÃO DO EXERCÍCIO PROFISSIONAL. DISPENSA IMOTIVADA. POSSIBILIDADE. A mudança de entendimento do STF acerca da necessidade de motivação dos empregados de Conselhos Profissionais que foram submetidos a concurso público, impõe que seja provido o presente agravo de instrumento para melhor exame da tese de violação do artigo 37, II, da Constituição Federal. Agravo de instrumento conhecido e provido. II – RECURSO DE REVISTA. EMPREGADO DE CONSELHO REGIONAL DE FISCALIZAÇÃO DE EXERCÍCIO PROFISSIONAL. ADMISSÃO MEDIANTE APROVAÇÃO EM CONCURSO PÚBLICO. IMPOSSIBILIDADE DE DISPENSAR IMOTIVADAMENTE. ADI/STF 1.717-6/DF. REINTEGRAÇÃO. 1. A hipótese cuida de empregado admitido em 16/6/2008, mediante aprovação em concurso público junto à entidade de fiscalização profissional, e que foi dispensado de forma imotivada em 10/10/2008. 2. A jurisprudência desta Corte vinha adotando o entendimento de que os conselhos federais e regionais de fiscalização profissional não seriam autarquias em sentido estrito, e os seus servidores, mesmo admitidos por concurso público, não gozariam da estabilidade própria dos servidores públicos, prevista nos artigos 19 do ADCT e 41 da Constituição Federal, sendo possível, portanto, a dispensa sem justa causa. 3. No entanto, o Supremo Tribunal Federal, ao apreciar a ADI 1.717-6/DF (Rel. Min. Sidney Sanches), deu a palavra final acerca da natureza jurídica dos conselhos de fiscalização profissional e a consequente necessidade de submissão a concurso público, ao declarar a inconstitucionalidade do caput e dos parágrafos 1º, 2º, 4º, 5º, 6º, 7º e 8º do artigo 58 da mencionada Lei 9.649/98, aduzindo que a "interpretação conjugada dos artigos 5º, XIII, 22, XVI, 21, XXIV, 70, parágrafo único, 149 e 175 da Constituição Federal, leva à conclusão, no sentido da indelegabilidade, a uma entidade privada, de atividade típica de Estado, que abrange até poder de polícia, de tributar e de punir, no que concerne ao exercício de atividades profissionais regulamentadas, como ocorre com os dispositivos impugnados". Assentou, assim, a natureza de autarquia corporativa dessas entidades. 4. Nesse esteio, e considerando, ainda, que os conselhos de fiscalização profissional têm o dever de prestar contas ao Tribunal de Contas da União, por exercerem atividade tipicamente pública, a exigência de concurso público, no caso, traduz-se em uma maneira de prestigiar os princípios constitucionais da moralidade, da impessoalidade e da igualdade no âmbito da Administração Pública. Por essa razão, à luz da nova interpretação do Supremo Tribunal Federal, a dispensa destes empregados, inclusive a do autor, deve ser motivada. 5. A possibilidade de modulação dos efeitos da decisão do Supremo Tribunal Federal foi debatida no âmbito da SDI-1 desta Corte em 3/4/2014, nos autos do Processo nº TST-84600-28.2006.5.02.0077, ocasião em que foi decidido que serão considerados nulos os contratos de trabalho dos empregados admitidos sem a submissão ao concurso público, salvo se a admissão do empregado tiver ocorrido anteriormente à ADI 1717-6/DF. Como corolário, também devem ser incluídos nesta exceção os empregados admitidos sem concurso público nos 5 anos anteriores à vigência da Constituição Federal de 1988. Tais exceções se fazem necessárias a fim de resguardar a segurança jurídica que deve permear as relações jurídicas e as decisões judiciais. 7. Nesse contexto, o recurso de revista deve ser provido, pois é incontroverso que o autor foi submetido a concurso público, razão pela qual sua dispensa deveria ter sido motivada. Recurso de revista conhecido por violação do artigo 37, II, da Constituição Federal e provido. [...] CONCLUSÃO: RECURSO DE REVISTA CONHECIDO PARCIALMENTE E DESPROVIDO (RR – 252000-28.2008.5.02.0035, Relator Ministro Alexandre de Souza Agra Belmonte, 3ª Turma, Publicação *DEJT* 25/09/2015).

Esta estabilidade é **relativa**, **definitiva**, ***ope judicis*** e **personalíssima**.

11.2. Empregado Público – Art. 19 do ADCT

O art. 19 do ADCT da Constituição garantiu aos empregados públicos federais da administração direta, autárquica e fundacional que contassem com mais de cinco anos da data da promulgação da Carta, a estabilidade no emprego.

Dispõe o art. 19 do Ato das Disposições Constitucionais Transitórias da CRFB:

> Os servidores públicos civis da União, dos Estados, do Distrito Federal e dos Municípios, da Administração Direta, Autárquica e das Fundações Públicas, em exercício na data da promulgação da Constituição, há pelo menos cinco anos continuados e que não tenham sido admitidos na forma regulamentada no art. 37, da Constituição, serão considerados estáveis no serviço público.

Da interpretação literal do texto acima se percebe que o legislador constituinte incluiu apenas os empregados públicos da administração direta, autárquica e fundacional, garantindo o privilégio da estabilidade, desde que contassem com, pelo menos, cinco anos contínuos de prestação de serviços a estes órgãos estatais.

Quando o legislador quis abranger todos os entes da administração direta o fez expressamente, mencionando cada um dos órgãos abrangidos pela norma, como, por exemplo, no art. 37, *caput*, da CRFB. Quando quis excluir alguns dos entes públicos, também o fez expressamente, mencionando os abrangidos, como, por exemplo, nos arts. 39 e 173 da CRFB e 19 do ADCT. Logo, quando o legislador quis discriminar o fez, não cabendo ao intérprete ampliar ou reduzir as benesses concedidas – princípio comezinho de hermenêutica. A interpretação extensiva só se aplica a textos legais incompletos, genéricos e de interpretação duvidosa, onde não há especificação das diversas espécies de um mesmo gênero. Não é o caso.

A *mens legislatoris* no art. 19 do ADCT foi a de garantir a alguns empregados públicos a estabilidade, já que o art. 39 da Carta tornou único o regime jurídico dos servidores da administração direta, autárquica e fundacional – regime estatutário. Exatamente estes são os entes indicados pelo constituinte no art. 19 do ADCT, cujos empregados foram beneficiados com a estabilidade. Ademais, as Disposições Constitucionais são transitórias, o que quer dizer, até que a lei regulamente os comandos contidos na Carta, prevalece a disposição transitória. Logo, o art. 19 do ADCT regulamentou, temporariamente, o art. 39 da Carta até que a Lei nº 8.112/90 convertesse seus regimes jurídicos de celetistas para estatutários.

Atualmente, os servidores públicos submetidos ao regime estatutário sujeitam-se à aprovação em concurso público de provas e provas e título e a estágio probatório.

Em suma, exclusivamente os empregados da administração direta, autárquica ou fundacional, cujos regimes jurídicos mais tarde foram transformados em estatutários, se beneficiam da estabilidade contida no art. 19 do ADCT. O legislador, para estes casos, considerou os cinco anos de tempo de serviço que antecederam a promulgação da Carta como estágio probatório, pois estavam sujeitos à dispensa *ad nutum*. Excepcionalmente, os empregados de fundações privadas, regidos pela CLT, desde que subvencionadas e mantidas pelo Poder Público, para realizar atividades típicas do Estado, estão atingidos pela estabilidade contida no art. 19 do ADCT – OJ nº 364 da SDI-I do TST.

Esta é **absoluta**, **definitiva**, ***ope judicis*** e **personalíssima**.

11.3. Empregado Público e Servidor Público

11.3.1. Empregado Público e Servidor Público

A Constituição de 88, diversamente das anteriores, preferiu a expressão **servidor público**, no lugar de **funcionário público**. A partir daí, a doutrina do direito administrativo destinou nomenclaturas distintas para designar o tipo de contratação: a) servidor público de natureza legal (estatutário, com cargo público) e; b) servidor público de natureza contratual (celetista, com emprego público).

Apesar do acima afirmado, majoritariamente não se aceita na doutrina chamar o empregado público, regido pela CLT, de servidor público, pois preferem **empregado público.**

Normalmente, os empregados públicos ocupam a Administração Indireta (sociedade de economia mista e empresa pública), enquanto os estatutários, a Administração Direta, Autárquica e Fundacional.

Antes da Constituição, os trabalhadores da Administração Pública eram regidos por diferentes tipos de regimes jurídicos, tais como os celetistas, os estatutários, os de confiança (cargos em comissão), os temporários, os cedidos e, ainda, os "janelistas" (sem concurso ou seleção prévia). A Carta, na verdade, não criou um novo regime, apenas impôs que se estabelecesse um sistema único para todos os seus "servidores", sem, todavia, estipular qual. Tanto é assim que o regime jurídico único federal só foi instituído de fato em 1990, (regime estatutário) pela Lei nº 8.112/90. Há quem[66] afirme que alguns de seus dispositivos são inconstitucionais.

Como só a União pode legislar sobre Direito do Trabalho (art. 22 da CRFB), alguns Municípios, impedidos de fixar o regime celetista como único, permitiram que seus empregados (admitidos antes da CRFB) pudessem optar por um dos dois regimes (manutenção da CLT ou passar a estatutário). Essa medida foi considerada

---

[66] Marcelo Machado adverte que: "Sobre a Lei nº 8.112/90 alega-se a inconstitucionalidade do seu art. 243, § 1º, por violação expressa ao art. 37, inc. II, da CRFB/88 e art. 19 e § 1º do ADCT –, ADI nº 2968, Rel. Min. Cezar Peluso. Sem dúvidas, a determinação infraconstitucional violou a CRFB/88, porque transformou os empregos, então ocupados pelos 'novos servidores' (os 'celetistas'), recém-incluídos no novo regime jurídico único, em cargos, em clara afronta às determinações constitucionais acima citadas. Em defesa da sobrevivência do art. 243, § 1º, estaria o argumento de que seria uma **determinação normativa de efeito concreto**, portanto, casuística." MACHADO, Marcelo Ferreira. *O calvário imposto pela Emenda Constitucional nº 19/ 98 e a ADI nº 2.135* - DF - notas diversas sobre um sem-número de irregularidades (ou um fim ou um começo?). Disponível em: www.mettacursos.com.br/artigos. Acesso em 17/10/07.

por alguns como inconstitucional, pois o Comando Maior era o de criar um regime e não o de optar.

Mesmo assim, alguns Municípios, como os de Resende (RJ) e Poços de Caldas (MG), por exemplo, instituíram o regime único celetista, apesar de não autorizados a tanto pelo art. 22, inc. I, da CRFB.

11.3.2. Empregados Públicos Admitidos Há menos de 5 Anos da Constituição/88 sem Concurso Público e a EC nº 19/98

Em 5/10/88 havia cerca de 33 mil[67] servidores que não contavam, ainda, com cinco anos de **serviço efetivo** e, por isso, não atingidos pela estabilidade garantida pelo art. 19 do ADCT. Há notícias de que até hoje praticamente todos continuam trabalhando, nos mesmos locais, na administração pública. Isto quer dizer que ninguém foi despedido, apesar da Lei Maior ter sido clara no sentido de que aquele que desejasse primeiro ser estável e depois possuidor de cargo público efetivo, necessitaria ser previamente aprovado em concurso. Seu tempo anterior serviria como título, conforme parágrafo primeiro do art. 19 do ADCT.

De acordo com o § 1º do art. 19 do ADCT:

> (...)
>
> § 1º O tempo de serviço dos servidores referidos neste artigo será contado como título quando se submeterem a concurso para fins de **efetivação**, na forma da lei.

Cabe aqui fazer uma pequena distinção. Não se deve confundir efetividade com estabilidade. **Efetividade** é uma característica da nomeação (nomeação em comissão, nomeação em caráter vitalício etc.) e vincula o trabalhador ao cargo, enquanto **estabilidade** é o direito do funcionário, após três anos de sua nomeação, não ser demitido do serviço público, salvo por sentença judicial ou processo administrativo. Nas palavras de Dallari[68] "a estabilidade diz respeito ao **serviço público** e não ao **cargo**. Assim, pode a administração aproveitar um funcionário estável em outro cargo de igual padrão..." (grifos nossos).

Em síntese: o constituinte concedeu a estabilidade no serviço público (e não no cargo público) para os que contavam com cinco ou mais anos em 5/10/88, autorizando, implicitamente, a dispensa dos que contavam com menos tempo,[69] já que não detentores da estabilidade. Os estáveis que desejarem ser efetivados devem ser aprovados em prévio concurso público,[70] requisito indispensável para

---

67 Informação amplamente divulgada na imprensa da época.

68 DALLARI, Adilson Abreu. *Regime Constitucional dos Servidores Públicos*. 2. ed., São Paulo: Revista dos Tribunais, 1992, p. 82.

69 No mesmo sentido, DALLARI, Adilson Abreu. *Regime Constitucional dos Servidores Públicos*. 2. ed., São Paulo: Revista dos Tribunais, 1992, p. 88.

70 Dallari sustenta que o concurso exigido pelo § 1º do art. 19 do ADCT pode ser concurso interno, restrito aos servidores estabilizados. DALLARI, Adilson Abreu. *Regime Constitucional dos Servidores Públicos*. 2. ed., São Paulo: Revista dos Tribunais, 1992, p. 91.

sua efetivação, já que este é o procedimento que mais se ajusta aos princípios do direito administrativo.

A Emenda Constitucional nº 19/98 trouxe, por isso, algumas novidades: a) autorizou o servidor estável a perder o cargo, mesmo que não tenha dado causa (excesso de gasto orçamentário), adotando a teoria da **flexibilização da estabilidade**; b) determinou a exoneração dos servidores não estáveis, como previsto nos arts. 169, § 3º, II, e § 4º, da CRFB:

> **Art. 169.** A despesa com pessoal ativo e inativo da União, dos Estados, do Distrito Federal e dos Municípios não poderá exceder os limites estabelecidos em lei complementar.
>
> (...)
>
> § 3º Para o cumprimento dos limites estabelecidos com base neste artigo, durante o prazo fixado na lei complementar referida no *caput*, a União, os Estados, o Distrito Federal e os Municípios adotarão as seguintes providências:
>
> (...)
>
> II – Exoneração dos **servidores não estáveis** (grifos nossos).
>
> § 4º Se as medidas adotadas com base no parágrafo anterior não forem suficientes para assegurar o cumprimento da determinação da lei complementar referida neste artigo, o **servidor estável** poderá perder o cargo, desde que ato normativo motivado de cada um dos Poderes especifique a atividade funcional, o órgão ou unidade administrativa objeto da redução de pessoal (grifos nossos).

O inc. II do § 3º do art. 169 da CRFB estava, na verdade, se referindo aos que contavam com menos de 5 anos antes da Carta (aqueles 33 mil trabalhadores anteriormente mencionados), tendo sido expresso nesse sentido no art. 33 da EC nº 19/98:

> **Art. 33.** Consideram-se **servidores não estáveis**, para os fins do art. 169, § 3º, inc. II, da Constituição Federal aqueles admitidos na administração direta, autárquica e fundacional sem concurso público de provas ou de provas e títulos após o dia 5 de outubro de 1983 (grifos nossos).

Portanto, a expressão "servidores não estáveis", mencionada na norma acima, foge ao conceito clássico de servidor não estável. Considera-se servidor não estável aquele que fez concurso e está em estágio probatório, ou seja, aquele que ainda não ganhou a estabilidade (isso, dentro de um contexto normal).

Na verdade, a EC nº 19/98 repetiu o mesmo comando do constituinte de 1988, isto é, de que os não estáveis deveriam ser exonerados, desde que ultrapassados os limites orçamentários de despesa com o pessoal. Isto se explica porque o art. 19 do ADCT nunca foi cumprido.

Vale relembrar que a partir da Constituição o acesso ao emprego ou cargo público passou a estar restrito aos previamente aprovados em concurso público.

11.3.3. Lei nº 9.962/2000

A Lei nº 9.962/2000 autorizou, no âmbito federal da Administração Pública Direta, Autárquica e Fundacional, a contratação de empregados regidos pela CLT. Isso ocorreu em face da permissão (tácita) do art. 39 da CRFB, com a nova redação introduzida pela EC 19/98. Com isso, foi excepcionada a regra geral prevista na Lei nº 8.112/90, que previa o regime jurídico único (estatutário). Logo, a partir de então estes entes voltaram a ter a possibilidade de contratar servidores sob um dos dois regimes jurídicos: celetistas ou estatutários.

Outra foi a novidade trazida pela Lei nº 9.962/00: criação de uma estabilidade relativa ou a relativização da estabilidade já conhecida.

Explica-se:

O art. 41 da CRFB garante ao servidor público de tais entidades estabilidade após 3 anos de efetivo exercício, benesse que, segundo a jurisprudência majoritária – Súmula nº 390 do TST (tese que não concordamos), foi estendida aos empregados públicos, por ser espécie do gênero servidor, desde que fosse aprovado por concurso público para a administração direta, autárquica ou fundacional. Cumpre ressaltar que a redação original do mencionado art. 41 da Carta foi alterada pela EC nº 19/98, para passar a permitir a perda do cargo do estável, não só por sentença judicial transitada em julgado ou processo administrativo (Súmulas nºs 20 e 21 do STF), mas também mediante avaliação de desempenho periódica.

Todavia, a Lei nº 9.962/2000 aumentou, ainda mais, as hipóteses de perda do cargo, até então limitadas àquelas mencionadas no art. 41 da CRFB.

De acordo com o art. 3º da Lei nº 9.962/00:

> **Art. 3º** O contrato de trabalho por prazo indeterminado somente será rescindido por ato unilateral da Administração Pública nas seguintes hipóteses:
>
> I – prática de falta grave, dentre as enumeradas no art. 482 da Consolidação das Leis do Trabalho – CLT;
>
> II – acumulação ilegal de cargos, empregos ou funções públicas;
>
> III – necessidade de redução de quadro de pessoal, por excesso de despesa, nos termos da lei complementar a que se refere o art. 169 da Constituição Federal;
>
> IV – insuficiência de desempenho, apurada em procedimento no qual se assegurem pelo menos um recurso hierárquico dotado de efeito suspensivo, que será apreciado em trinta dias, e o prévio conhecimento dos padrões mínimos exigidos para continuidade da relação de emprego, obrigatoriamente estabelecidos de acordo com as peculiaridades das atividades exercidas.
>
> **Parágrafo único.** Excluem-se da obrigatoriedade dos procedimentos previstos no *caput* as contratações de pessoal decorrentes da autonomia de gestão de que trata o § 8º do art. 37 da Constituição Federal.

Em suma, há duas correntes a respeito da matéria.

A primeira no sentido de que a Lei nº 9.962/2000 não criou nenhuma estabilidade, já que esta garantia encontrava-se no próprio texto constitucional (art. 41

da CRFB). Nesta esteira de raciocínio, a Lei nº 9.962/2000 apenas teria ampliado as hipóteses de despedida do servidor trabalhista, flexibilizando a estabilidade prevista no art. 41 da Carta.

A segunda vertente, da qual fazemos parte, vislumbrava na Lei nº 9.962/2000 a criação, para os empregados públicos admitidos para aquelas entidades, de uma estabilidade relativa, pois o comando legal só permitia dispensá-los nas hipóteses previstas no art. 3º da Lei nº 9.962/2000.

Ressalte-se que após o julgamento da ADIN nº 2.135/2000 a **Lei nº 9.962/2000 é inconstitucional**, como veremos abaixo.

Esta é (ou era) uma estabilidade **relativa, definitiva**, ***ope iuris*** e **personalíssima**.

11.3.4. Regime Jurídico Único e a Lei nº 9.962/2000

A Emenda Constitucional nº 19/98 pretendeu outras duas novidades além das já estudadas:

a) o fim do regime único; e
b) o fim do concurso público para o empregado público (celetista) e, em substituição, um processo seletivo.

A novidade importava em verdadeiro retrocesso, permitindo o retorno do nepotismo e das medidas antiéticas. A PEC, felizmente foi rejeitada: o concurso público continua obrigatório.

Apesar de ter sido também derrotado na intenção de extinção do regime jurídico único, o destaque apresentado pela oposição, para substituir a redação proposta pelo Governo, deixou de incluir a expressão "regime jurídico único" no art. 39 da CRFB, ou seja, a incompetência do constituinte derivado conseguiu o mais difícil: derrubar a proposta do Governo filosoficamente e aprová-la na prática!

Resumo: todos comemoraram, tanto o Governo, que perdeu na votação mas ganhou no texto, porque a péssima redação o favoreceu, como a oposição, que venceu na votação mas por incompetência errou na redação do novo texto constitucional.

Diante dessa tragédia linguística, o regime jurídico único deixou de ser obrigatório, uma vez que essa determinação, antes expressa, sumiu do texto constitucional.

Convém frisar que a EC nº 19/98 não colocou fim ao regime jurídico único. Na verdade, apenas deixou de ser obrigatório a partir de então, por não mais exigido expressamente.

A Lei nº 9.962/2000 acabou, na prática, com o regime jurídico único, pois permitiu a contratação de empregados públicos sob o regime da CLT, além de ter criado ou flexibilizado a estabilidade, para a administração direta, autárquica e fundacional, no âmbito federal.

O mesmo ocorreu com o Município do Rio de Janeiro, que também acabou com o seu regime único, por meio da Lei Estadual nº 3.010/00, já que autorizou a contratação, no âmbito da administração direta, autárquica e fundacional de celetistas.

Apesar de tudo isso, foi interposta a ADIN nº 2.135-4/00 no STF para declarar a inconstitucionalidade da nova redação do art. 39 da CRFB, inserida pela EC nº 19/98, sob o formal argumento de que o destaque não passou por uma das Casas, ferindo o procedimento formal de aprovação das Emendas.

Por fim, em 2 de agosto de 2007, o STF deferiu parcialmente a medida cautelar incidental à referida ADIN, para suspender a eficácia do art. 39, *caput*, da Constituição, com a nova redação trazida pela Emenda Constitucional nº 19, de 4 de junho de 1998, voltando a vigorar a primitiva redação do art. 39 da CRFB, com efeitos *ex nunc*, "subsistindo a legislação editada, nos termos da Emenda suspensa".

Apesar da ementa do acórdão determinar a subsistência da legislação editada sob a égide da EC nº 19/98 (Lei nº 9.962/2000), a intenção era dar validade aos concursos públicos efetuados para contratação de celetistas desde a EC nº 19/98 até a decisão, ficando resguardadas as situações consolidadas até decisão final do processo.

Portanto, a partir da decisão do STF (publicada em 14/08/2007) é fácil concluir pela inconstitucionalidade da Lei nº 9.962/2000, pois afronta diretamente a redação do art. 39 da CRFB, cuja redação atual (mesma redação original) impõe um regime jurídico único para a administração direta, autárquica e fundacional.

Em face da inconstitucionalidade da Lei nº 9.962/2000 e demais leis estaduais expedidas depois da EC nº 19/98, que autorizaram a contratação de empregados públicos sob o regime celetista, não poderá haver mais contratação sob o regime celetista, nem alegação futura de infração ao direito adquirido ao regime (celetista), porque efetuado sob o manto de uma Emenda mais tarde declarada inconstitucional. Não se adquire direito inconstitucional.

11.4. Empregado Público de Empresa Pública e Sociedade de Economia Mista

De acordo com o art. 173, § 1º, inc. II, da CRFB, as empresas públicas e as sociedades de economia mista estão sujeitas ao regime jurídico (celetista) próprio das empresas privadas, inclusive quanto aos direitos e obrigações trabalhistas. Isto quer dizer que, salvo quanto à investidura no emprego público (concurso público), o contrato e sua extinção são regidos pelos mesmos princípios e regras da CLT e não por aquelas típicas dos estatutários.

A exigência de prévia aprovação em concurso público é regra geral para contratação de qualquer servidor público, seja empregado ou estatutário. A medida tem como fundamento a moralidade e a impessoalidade, isto é, acabar com o nepotismo e privilégios ocorridos na Administração Pública. A dispensa do empregado não está relacionada à forma de admissão, seja porque a Carta não exigiu qualquer procedimento prévio para tal medida, seja porque a regra geral da CLT nada menciona.

Há mais:

Rejeita-se o argumento de que a Administração Pública deve motivar o ato da dispensa, pois amparada por tal princípio, uma vez que a despedida é ato discricionário e não vinculado e, por isso, prescinde de justificativa ou motivação, deixando ao administrador a liberdade de escolha de seu conteúdo, sua conveniência, modo de realização, sempre pautado pelo não abuso do direito.

Nas palavras de Hely Lopes,[71] "A rigor, a discricionariedade não se manifesta no ato em si, mas sim no poder de a Administração Pública praticá-lo pela maneira e nas condições que repute mais convenientes ao interesse público (...). Discrição é liberdade de ação dentro dos limites legais".

Portanto, o empregado concursado de sociedade de economia mista e empresa pública, por si só, não tem estabilidade no emprego, seja porque não abrangido pelo artigo 41 da CRFB, nem pelo art. 19 do ADCT, seja porque não há norma legal ou constitucional nesse sentido. A estabilidade não se presume.

Conclusão: O empregado público de sociedade de economia mista e de empresa pública não tem, só pelo fato de ter sido admitido por concurso público, direito à estabilidade no emprego ou de ter sua despedida vinculada à motivação. Assim também entendeu a jurisprudência majoritária – Súmula nº 390, inc. II, do TST. Vide decisão do STF a respeito da matéria no tópico 11.1.

Todavia, em relação a Empresa Brasileira de Correios e Telégrafos, o TST[72] tem entendido que a ela não se aplica o art. 173 da Carta, sob o argumento de que além de ser uma empresa pública que não explora atividade econômica também presta serviço público, sendo, por isso, atípica. Portanto, as despedidas por ela efetuadas devem ser motivadas – da mesma forma a OJ nº 247, II, da SDI-I do TST. Vide decisão do STF a respeito da matéria no tópico 11.1.

11.5. Aprendiz – Art. 433 da CLT

O aprendiz só pode ser dispensado na ocorrência das hipóteses previstas no art. 433, incisos I, II ou III, da CLT. Isto quer dizer que, não ocorrendo tais fatos, não poderá o empregador dispensar o aprendiz antes do termo final do contrato a termo de aprendizagem.

É uma estabilidade **relativa**, pois o aprendiz pode ser dispensado por outros motivos que não apenas a falta grave, **provisória**, pois perdura enquanto subsistir o contrato de aprendizagem, **personalíssima** e ***ope iuris***.

11.6. Membro do Conselho Nacional da Previdência Social

A Lei nº 8.213/91, art. 3º, § 7º, garante aos representantes dos empregados (três) no CNPS, titulares e suplentes, a estabilidade desde a nomeação até um

71 *Ibidem*, p. 151.

72 Neste sentido, a OJ nº 247, II, da SDI-I do TST.

ano após o término do mandato. Sua dispensa só pode ocorrer por justa causa apurada por inquérito judicial. A indicação dos representantes dos trabalhadores e dos empregadores é feita pela central sindical ou pelas confederações nacionais, e o mandato é de dois anos, sendo permitida uma recondução (arts. 295 e 301 do Decreto nº 3.048/99 c/c art. 3º, § 7º, da Lei nº 8.213/91). É espécie de estabilidade altruísta, pois visa à defesa dos interesses do grupo.

11.7. Membro do Conselho Curador do Fundo de Garantia

Os representantes dos empregados no CCFGTS têm estabilidade desde a nomeação até um ano após o término do mandato, inclusive os suplentes. A indicação dos representantes dos empregados e dos empregadores é feita pelas centrais sindicais ou confederações federais, para mandato de dois anos, sendo permitida uma recondução – Lei nº 8.036/90, art. 3º, § 9º – titulares e suplentes. Só podem ser demitidos por falta grave, logo, sua estabilidade é **absoluta**. A lei não exige inquérito judicial para a sua dispensa, mas não autoriza a dispensa por mero ato de vontade, refere-se a um **inquérito sindical**. É **provisória** e **altruísta**.

11.8. Membro da Comissão de Conciliação Prévia da Empresa

O § 1º do art. 625-B da CLT proíbe a dispensa do representante dos empregados eleitos das comissões de conciliação prévia instituídas no âmbito da empresa, titulares e suplentes, salvo prática de justa causa. Sua estabilidade estende-se aos titulares e suplentes, e inicia-se com a eleição[73] e prossegue até um ano após o término do mandato que é de um ano, permitida uma reeleição.

No mesmo sentido, Sergio Pinto Martins,[74] defendendo que a estabilidade inicia-se com a eleição e não com a candidatura.

De acordo com o *caput* do art. 625-B da CLT as CCPs instituídas no âmbito da empresa serão constituídas no mínimo de dois e no máximo de dez membros, sendo a metade destes eleitos para representação dos empregados e a outra metade indicada para representar os interesses do patrão.

Esta estabilidade é **absoluta**, ***ope iuris***, **provisória** e **altruísta**.

11.9. Dirigentes Representantes dos Empregados nas Cooperativas

Esta estabilidade está prevista no art. 55 da Lei nº 5.764/71, o qual estabelece que os empregados de empresas eleitos diretores de sociedades cooperativas pelos mesmos criadas gozarão das garantias asseguradas aos dirigentes sindicais pelo art. 543 da CLT.

---

73 Alice Monteiro entende que a estabilidade do membro dirigente da CCP inicia-se com o registro da candidatura. Aplica, analogicamente, o art. 543, § 3º, da CLT. BARROS, Alice Monteiro de. *Curso de Direito do Trabalho*. São Paulo: LTr, 2005, p. 938.

74 MARTINS, Sergio Pinto. *Comentários às Súmulas do TST*. São Paulo: Atlas, 2005, p. 379.

De acordo com a lei em estudo, a Diretoria ou Conselho de Administração é tratado na Seção IV enquanto o Conselho Fiscal está inserido na Seção V. Como o art. 543 da CLT concede a estabilidade à administração do sindicato, os membros do conselho fiscal das cooperativas não têm estabilidade, porque a Lei nº 5.764/71 não os incluiu no Conselho de Administração – Orientação Jurisprudencial nº 253 da SDI-I do TST. Há quem[75] entenda que os suplentes também não têm estabilidade, porque a lei não se referiu a eles. Discordamos. O art. 543 da CLT deve ser aplicado naquilo que for compatível. O suplente que de fato substituir o diretor terá direito à estabilidade, pois também sofrerá pressões do patrão.

O mandato do diretor de cooperativa é definido no estatuto e não poderá ser superior a quatro anos (arts. 21, V, e 47 da Lei nº 5.764/71).

Aplica-se ao dirigente de cooperativa as ponderações feitas a respeito da necessidade de comunicação do registro da candidatura e da eleição exigida para os dirigentes sindicais.

O número de dirigentes também deve respeitar o limite contido no art. 522 da CLT, por semelhança de tratamento que lei empregou. Em sentido contrário, Sergio Pinto Martins,[76] advertindo que ficará a cargo do estatuto estabelecer o número de dirigentes da cooperativa, salvo se houver abuso.

A doutrina[77] tem defendido a necessidade de inquérito judicial para apuração da justa causa do dirigente da cooperativa, por aplicação analógica do art. 543 da CLT e da Súmula nº 379 do TST. Concordamos com esta opinião.

11.10. Representantes dos Empregados nas Empresas com Mais de 200 Empregados

A Lei 13.467/17 acrescentou à CLT os arts. 510-A e seguintes da CLT para criar a estabilidade dos representantes dos empregados nas empresas com mais de 200 empregados com a finalidade de promover o entendimento direto entre empregados e empregador. A medida está em consonância com o art. 11 da Constituição e a Convenção 135 da OIT. O Precedente Normativo 86 da SDC do TST já mencionava o direito à estabilidade desses representantes, mas ainda não era vinculativo ou criava qualquer direito. O precedente era mero registro de decisões anteriores em sede de dissídio coletivo.

O número de representantes varia de 3 a 7 empregados eleitos (por estado), de acordo com o número de empregados que a empresa possuir e, se tiver filiais em mais de um estado, será feita a comissão em cada estado.

O art. 510-B da CLT descreve as atribuições desses representantes.

Não poderão se candidatar ao cargo de representante o empregado contratado por prazo determinado, os que estiverem com o contrato suspenso e os que estão

---

75 *Ibidem*, p. 378.

76 *Ibidem*, p. 377.

77 MARTINS, Sergio Pinto. *Comentários às Súmulas do TST*. São Paulo: Atlas, 2005, p. 256.

no período do aviso prévio, ainda que indenizado. A eleição será convocada com antecedência mínima de 30 dias antes do término do mandato da comissão anterior, por meio de edital fixado na empresa com ampla publicidade (art. 510-C da CLT).

Não poderá a comissão substituir a função do sindicato de defender os direitos e os interesses coletivos ou individuais da categoria, inclusive em questões judiciais ou administrativas, hipótese em que será obrigatória a participação dos sindicatos em negociações coletivas de trabalho, nos termos dos incisos III e VI do *caput* do art. 8º da Constituição.

O mandato do representante será de um ano, vedada sua reeleição por dois períodos, e sua estabilidade é garantida desde o registro da candidatura até um ano após o término do mandato. A estabilidade é relativa, pois poderá ser despedido por motivos técnicos, financeiros, disciplinares e econômicos.

De acordo com os arts. 510-A e seguintes da CLT:

> Art. 510-A. Nas empresas com mais de **duzentos empregados**, é assegurada a eleição de uma comissão para representá-los, com a finalidade de promover-lhes o entendimento direto com os empregadores.
>
> § 1º A comissão será composta:
>
> I – nas empresas com mais de duzentos e até três mil empregados, por **três** membros;
>
> II – nas empresas com mais de três mil e até cinco mil empregados, por **cinco** membros;
>
> III – nas empresas com mais de cinco mil empregados, por **sete** membros.
>
> § 2º No caso de a empresa possuir empregados em vários estados da Federação e no Distrito Federal, será assegurada a eleição de uma comissão de representantes dos empregados por estado ou no Distrito Federal, na mesma forma estabelecida no § 1º deste artigo.
>
> Art. 510-B. A comissão de representantes dos empregados terá as seguintes **atribuições**:
>
> I – representar os empregados perante a administração da empresa;
>
> II – aprimorar o relacionamento entre a empresa e seus empregados com base nos princípios da boa-fé e do respeito mútuo;
>
> III – promover o diálogo e o entendimento no ambiente de trabalho com o fim de prevenir conflitos;
>
> IV – buscar soluções para os conflitos decorrentes da relação de trabalho, de forma rápida e eficaz, visando à efetiva aplicação das normas legais e contratuais;
>
> V – assegurar tratamento justo e imparcial aos empregados, impedindo qualquer forma de discriminação por motivo de sexo, idade, religião, opinião política ou atuação sindical;
>
> VI – encaminhar reivindicações específicas dos empregados de seu âmbito de representação;
>
> VII – acompanhar o cumprimento das leis trabalhistas, previdenciárias e das convenções coletivas e acordos coletivos de trabalho.
>
> § 1º As decisões da comissão de representantes dos empregados serão sempre colegiadas, observada a maioria simples.

§ 2º A comissão organizará sua atuação de forma independente.

Art. 510-C. A eleição será convocada, com antecedência mínima de **trinta dias**, contados do término do mandato anterior, por meio de edital que deverá ser fixado na empresa, com ampla publicidade, para inscrição de candidatura.

§ 1º Será formada comissão eleitoral, integrada por cinco empregados, não candidatos, para a organização e o acompanhamento do processo eleitoral, vedada a interferência da empresa e do sindicato da categoria.

§ 2º Os empregados da empresa poderão candidatar-se, exceto aqueles com contrato de trabalho por **prazo determinado**, com contrato **suspenso** ou que estejam em período **de aviso prévio**, ainda que indenizado.

§ 3º Serão eleitos membros da comissão de representantes dos empregados os candidatos mais votados, em votação secreta, vedado o voto por representação.

§ 4º A comissão tomará posse no primeiro dia útil seguinte à eleição ou ao término do mandato anterior.

§ 5º Se não houver candidatos suficientes, a comissão de representantes dos empregados poderá ser formada com número de membros inferior ao previsto no art. 510-A desta Consolidação.

§ 6º Se não houver registro de candidatura, será lavrada ata e convocada nova eleição no prazo de um ano.

Art. 510-D. O mandato dos membros da comissão de representantes dos empregados **será de um ano**.

§ 1º O membro que houver exercido a função de representante dos empregados na comissão **não poderá** ser candidato nos dois períodos subsequentes.

§ 2º O mandato de membro de comissão de representantes dos empregados não implica **suspensão ou interrupção** do contrato de trabalho, devendo o empregado permanecer no exercício de suas funções.

§ 3º **Desde o registro da candidatura até um ano após o fim do mandato**, o membro da comissão de representantes dos empregados não poderá sofrer despedida arbitrária, entendendo-se como tal a que não se fundar em motivo disciplinar, técnico, econômico ou financeiro.

§ 4º Os documentos referentes ao processo eleitoral devem ser emitidos em duas vias, as quais permanecerão sob a guarda dos empregados e da empresa pelo prazo de cinco anos, à disposição para consulta de qualquer trabalhador interessado, do Ministério Público do Trabalho e do Ministério do Trabalho (grifos nossos).

Essa é uma estabilidade relativa, *ope iuris*, altruísta e provisória.

11.11. Ato Discriminatório

De acordo com o art. 1º da Lei nº 9.029/95:

> Fica proibida a adoção de qualquer prática discriminatória e limitativa para efeito de acesso à relação de emprego, ou sua manutenção, por motivo de sexo, origem, raça, cor, estado civil, situação familiar ou idade, ressalvadas, neste caso, as hipóteses de proteção ao menor previstas no inciso XXXIII do art. 7º da Constituição Federal.

A lei não foi taxativa quando estabeleceu os atos discriminatórios, mas meramente exemplificativa. Entendimento diverso conduziria à inconstitucionalidade da norma, pois estaria, *a contrario sensu* permitindo a discriminação em razão de religião, por exemplo, porque não mencionada na lei.

Assim, todo e qualquer ato discriminatório ao empregado, praticado no ato da admissão, durante o contrato ou que implique sua despedida está inserido na hipótese legal, conforme moderna teoria da interpretação conforme.

Sergio Pinto Martins[78] afirma que a proteção só se aplica às discriminações à mulher.

As práticas proibidas no art. 373-A da CLT, apesar de direcionados às mulheres, também devem ser estendidas aos homens, sob pena de estar eivada de grosseira inconstitucionalidade.

A consequência da despedida comprovadamente discriminatória está prevista no art. 4º da Lei nº 9.029/95 que faculta ao empregado, além do direito à reparação pelo dano moral, optar entre: a) reintegração com ressarcimento integral de todo o período de afastamento ou b) percepção em dobro da remuneração do período de afastamento.

Abaixo comentários acerca dos portadores do vírus HIV.

11.12. Leis Eleitorais

Algumas leis eleitorais, de vigência temporária, têm concedido no período que antecede e sucede a eleição algumas garantias aos empregados públicos e servidores estatutários, dentre eles o de estabilidade no emprego. Isto se justifica para que o dirigente não utilize de ameaças para forçar o voto de seu subordinado, com fins políticos.

Estas leis visam garantir a moralidade e impessoalidade na administração pública e atingem tanto os empregados da administração direta, autárquica e fundacional, como também os da sociedade de economia mista e empresa pública,[79] pois também podem sofrer perseguições políticas em troca de votos, salvo quando a própria lei os excluir.

11.13. Deficientes Físicos ou Reabilitados

De acordo com o art. 36 do Decreto nº 3.298/99, que regulamentou a Lei nº 7.853/89, todas as empresas com 100 ou mais empregados são obrigadas a preencher de 2% a 5% de seus cargos com beneficiários da Previdência Social reabilitados ou com pessoa portadora de deficiência física.

---

78 *Ibidem*, p. 375.

79 Neste sentido BARROS, Alice Monteiro de. *Curso de Direito do Trabalho*. São Paulo: LTr, 2005, p. 939.

De acordo com os arts. 3º e 4º do Decreto nº 3.298/99 considera-se deficiência física:

> **Art. 3º** Para os efeitos deste Decreto, considera-se:
>
> I – deficiência – toda perda ou anormalidade de uma estrutura ou função psicológica, fisiológica ou anatômica que gere incapacidade para o desempenho de atividade, dentro do padrão considerado normal para o ser humano;
>
> II – deficiência permanente – aquela que ocorreu ou se estabilizou durante um período de tempo suficiente para não permitir recuperação ou ter probabilidade de que se altere, apesar de novos tratamentos; e
>
> III – incapacidade – uma redução efetiva e acentuada da capacidade de integração social, com necessidade de equipamentos, adaptações, meios ou recursos especiais para que a pessoa portadora de deficiência possa receber ou transmitir informações necessárias ao seu bem-estar pessoal e ao desempenho de função ou atividade a ser exercida.
>
> **Art. 4º** É considerada pessoa portadora de deficiência a que se enquadra nas seguintes categorias:
>
> I – deficiência física – alteração completa ou parcial de um ou mais segmentos do corpo humano, acarretando o comprometimento da função física, apresentando-se sob a forma de paraplegia, paraparesia, monoplegia, monoparesia, tetraplegia, tetraparesia, triplegia, triparesia, hemiplegia, hemiparesia, ostomia, amputação ou ausência de membro, paralisia cerebral, nanismo, membros com deformidade congênita ou adquirida, exceto as deformidades estéticas e as que não produzam dificuldades para o desempenho de funções;
>
> II – deficiência auditiva – perda bilateral, parcial ou total, de 41 decibéis (dB) ou mais, aferida por audiograma nas frequências de 500HZ, 1.000HZ, 2.000Hz e 3.000Hz;
>
> III – deficiência visual – cegueira, na qual a acuidade visual é igual ou menor que 0,05 no melhor olho, com a melhor correção óptica; a baixa visão, que significa acuidade visual entre 0,3 e 0,05 no melhor olho, com a melhor correção óptica; os casos nos quais a somatória da medida do campo visual em ambos os olhos for igual ou menor que 60º; ou a ocorrência simultânea de quaisquer das condições anteriores;
>
> IV – deficiência mental – funcionamento intelectual significativamente inferior à média, com manifestação antes dos 18 anos e limitações associadas a duas ou mais áreas de habilidades adaptativas, tais como:
>
> a) comunicação;
>
> b) cuidado pessoal;
>
> c) habilidades sociais;
>
> d) utilização dos recursos da comunidade;
>
> e) saúde e segurança;
>
> f) habilidades acadêmicas;
>
> g) lazer e;
>
> h) trabalho.
>
> V – deficiência múltipla – associação de duas ou mais deficiências.

O art. 36, §§ 2º e 3º, do Decreto nº 3.298/99 conceitua pessoa habilitada:

> **Art. 36.** A empresa com 100 ou mais empregados está obrigada a preencher de 2% a 5% de seus cargos com beneficiários da Previdência Social reabilitados ou com pessoa portadora de deficiência habilitada, na seguinte proporção:
>
> I – até 200 empregados, 2%;
>
> II – de 201 a 500 empregados, 3%;
>
> III – de 501 a 1.000 empregados, 4%; ou
>
> IV – mais de 1.000 empregados, 5%.
>
> (...)
>
> § 2º Considera-se pessoa portadora de deficiência habilitada aquela que concluiu curso de educação profissional de nível básico, técnico ou tecnológico, ou curso superior, com certificação ou diplomação expedida por instituição pública ou privada, legalmente credenciada pelo Ministério da Educação ou órgão equivalente, ou aquela com certificado de conclusão de processo de habilitação ou reabilitação profissional fornecido pelo Instituto Nacional do Seguro Social – INSS.
>
> § 3º Considera-se, também, pessoa portadora de deficiência habilitada aquela que, não tendo se submetido a processo de habilitação ou reabilitação, esteja capacitada para o exercício da função.
>
> (...)

A Lei nº 8.213/91 estabelece as regras básicas para a habilitação e a reabilitação profissional.

> Da Habilitação e da Reabilitação Profissional
>
> **Art. 89.** A habilitação e a reabilitação profissional e social deverão proporcionar ao beneficiário incapacitado parcial ou totalmente para o trabalho, e às pessoas portadoras de deficiência, os meios para a (re)educação e de (re)adaptação profissional e social indicados para participar do mercado de trabalho e do contexto em que vive.
>
> **Parágrafo único.** A reabilitação profissional compreende:
>
> a) o fornecimento de aparelho de prótese, órtese e instrumentos de auxílio para locomoção quando a perda ou redução da capacidade funcional puder ser atenuada por seu uso e dos equipamentos necessários à habilitação e reabilitação social e profissional;
>
> b) a reparação ou a substituição dos aparelhos mencionados no inciso anterior, desgastados pelo uso normal ou por ocorrência estranha à vontade do beneficiário;
>
> c) o transporte do acidentado do trabalho, quando necessário.
>
> (...)

O percentual deve incidir sobre o número total de empregados da empresa, e não sobre cada estabelecimento.

Art. 93, § 1º, da Lei nº 8.213/91:

> **Art. 93.** A empresa com 100 (cem) ou mais empregados está obrigada a preencher de 2% (dois por cento) a 5% (cinco por cento) dos seus cargos com beneficiários reabilitados ou pessoas portadoras de deficiência, habilitadas, na seguinte proporção:
>
> I – até 200 empregados..2%;
>
> II – de 201 a 500..3%;
>
> III – de 501 a 1.000..4%;
>
> IV – de 1.001 em diante..5%.
>
> [...]
>
> **§ 1º A dispensa de pessoa com deficiência ou de beneficiário reabilitado da Previdência Social ao final de contrato por prazo determinado de mais de 90 (noventa) dias e a dispensa imotivada em contrato por prazo indeterminado somente poderão ocorrer após a contratação de outro trabalhador com deficiência ou beneficiário reabilitado da Previdência Social.** (grifos nossos)

Portanto, são portadores de estabilidade os deficientes físicos ou trabalhador reabilitado até que outro seja contratado para sua vaga, respeitado o limite imposto pelo art. 36 do Decreto nº 3.298/99, salvo se em virtude da dispensa o empregador passou a ter menos de 100 empregados.

11.14. Portador do Vírus da AIDS

Os portadores do vírus da AIDS não têm direito à estabilidade pelo simples fato de estarem acometidos por esta doença, apesar da relevante questão social da matéria. As estabilidades decorrem de lei e esta não tem amparo legal. Da mesma forma Alice Monteiro[80] e Sergio Pinto Martins.[81]

Todavia, nada impede de a norma coletiva ou interna do empregador criar este direito aos empregados portadores de AIDS ou outras doenças.

O que não se admite é a dispensa discriminatória. Esta sim pode ensejar a sua reintegração no emprego com base na Lei nº 9.029/95. Aliás, a Lei nº 12.984/14 tornou crime a conduta discriminatória contra o portador do vírus HIV, inclusive as relacionadas ao emprego.

Defendemos que a pedra de toque é a discriminação e não uma suposta estabilidade. Assim, quando o empregador tem ciência da doença e, logo em seguida, demite o portador do vírus HIV ou de qualquer outra doença, ou, ainda, o faz em razão de fator social, opção sexual etc., pratica ato discriminatório.

Nesse sentido, o TST consagrou que a dispensa de trabalhador portador de doença grave que suscite estigma ou preconceito é discriminatória, como abaixo transcrito:

> *Súmula nº 443: Dispensa discriminatória. Presunção. Empregado portador de doença grave. Estigma ou preconceito. Direito à reintegração. Presume-se discriminatória a despedida de empregado portador do vírus HIV ou de outra doença*

---

80 *Ibidem*, p. 943.

81 MARTINS, Sergio Pinto, *op. cit.*, p. 375.

grave que suscite estigma ou preconceito. Inválido o ato, o empregado tem direito à reintegração no emprego.

Ora, como presumir uma discriminação se o empregador não tinha conhecimento do fato? Como discriminar aquilo que se desconhece? Por outro lado, como exigir que o trabalhador revele sua doença ao empregador? A intimidade e a privacidade são bens da personalidade. Logo, há conflito de interesses. De um lado, a presunção de inocência, isto é, de que a despedida é um direito do patrão e que ela é válida se o empregador não tinha ciência da doença do empregado (presunção de inocência e exercício regular de um direito). Por outro lado, o direito à privacidade, isto é, o direito do trabalhador de não noticiar sua doença ao patrão. Diante do conflito de interesses, a solução está na ponderação dos valores defendidos. Entendemos que no caso em questão prevalece a presunção de inocência, salvo se o patrão tinha ciência do fato.

A discriminação só pode ser presumida se comprovado que o patrão tinha ciência da doença.

Capítulo 35

FGTS – FUNDO DE GARANTIA DO TEMPO DE SERVIÇO E INDENIZAÇÃO POR TEMPO DE SERVIÇO

TÍTULO I
FGTS

1. HISTÓRICO

O primeiro regime jurídico que visou proteger o tempo de serviço do empregado foi o previsto no art. 478 da CLT. Todavia, este regime levava os empregados mais antigos à estabilidade no emprego, se contassem com 10 ou mais anos de serviço na mesma empresa.

A possibilidade de aquisição da estabilidade era motivo de acentuada insatisfação pelos empresários que alegavam que o trabalhador estável se tornava menos produtivo. Além disso, não contemplava a possibilidade de dispensa por motivo econômico ou financeiro, engessando economicamente as empresas.

Sergio Pinto Martins[1] informa que os constituintes de 1934 já previam a adoção de um fundo de reserva para garantia de um salário por ano caso a empresa desaparecesse (projeto da Constituição enviado pelo Governo Provisório – art. 124, § 5º, da CLT). O primeiro fundo obrigava as pessoas jurídicas contribuintes do imposto de renda ao recolhimento de 3% – art. 46 da Lei nº 3.470/58.

Nesta época havia forte pressão da classe econômica para estender o benefício a todos os trabalhadores e interesse político na utilização destes recursos.

---

1 MARTINS, Sergio Pinto. *Direito do Trabalho*. 13. ed. São Paulo: Atlas, 2001, p. 391.

O interesse do Estado estava na utilização dos rendimentos do fundo para financiamento de casas próprias e ofereceriam, em contrapartida, um fundo de reserva de contribuições recolhidas mês a mês pelo empregador para futura garantia de despedida imotivada, protegendo o trabalhador contra os riscos de desaparecimento ou quebra da empresa.

A par de tudo isso, o cenário político de 1964 era ideal para a mudança, em face do regime autoritário vivido naquela época.

O resultado foi a criação da Lei nº 5.107/66, hoje revogada, criando um sistema alternativo que extinguiria com a estabilidade e, em contrapartida, dava outras vantagens, como o direito aos valores depositados mesmo nos casos de pedido de demissão (levantados depois de algum tempo e não com a terminação do contrato). O regime do Fundo de Garantia do Tempo de Serviço era facultativo na época e liberou o mercado. Praticamente todos os empregados admitidos após a lei, já se viam obrigados a "optar" desde a admissão.

O art. 158, XIII, da Carta de 1967 garantia "estabilidade com indenização ao trabalhador despedido, ou fundo de garantia equivalente", mantida pela Emenda de 1969.

Com a criação do FGTS muitos trabalhadores se acharam prejudicados, com este novo regime, já que 8% x 12 = 96%, não era o mesmo que os 100% que recebiam por ano de serviço no regime anterior (art. 478 da CLT). A matéria foi então pacificada pelo TST através da Súmula nº 98, que dizia:

> *Súmula nº 98 do TST: A equivalência entre os regimes do Fundo de Garantia por Tempo de Serviço e da estabilidade da Consolidação das Leis do Trabalho é meramente jurídica e não econômica, sendo indevidos quaisquer valores a título de reposição de diferença.*

Os dois sistemas conviveram entre o período de 1967 até 1988 e, como já analisado, não tinham equivalência econômica e sim jurídica e a opção pelo FGTS excluía o regime previsto no art. 478 da CLT.

A Constituição de 1988 generalizou o sistema do FGTS – art. 7º, III. Hoje, a Lei nº 8.036/90 regula o benefício.

2. OPÇÃO

De acordo com a Lei nº 5.107/66, ora revogada, qualquer empregado poderia optar pelo FGTS, mediante declaração escrita, desde que o fizesse dentro de 365 dias da vigência da Lei nº 5.107/66 ou da admissão, quando esta se desse após a vigência da lei.

Para os empregados que optassem pelo sistema do FGTS no prazo de 365 dias, contados da vigência da Lei; e no prazo de 365 dias para os admitidos após a Lei, contados a partir da admissão, eram exigidos os seguintes requisitos (art. 1º, §§ 1º e 2º): declaração escrita, anotação da opção na CTPS do empregado, bem como no livro de registro de empregados.

Para os empregados que optassem pelo FGTS fora do prazo estabelecido, eram exigidos os seguintes requisitos:

a) declaração escrita, anotação da opção na CTPS do empregado, bem como no livro de registro de empregados;
b) homologação da opção pela Justiça do Trabalho.

À época os requisitos exigidos eram apenas para provar a incolumidade da vontade do empregado. Mesmo que ausente um ou mais requisitos, havendo prova de que esta era a vontade do empregado, a opção seria considerada válida.

Todavia, a matéria não era pacífica na doutrina e jurisprudência, que se dividiu em duas correntes:

1ª Corrente

A doutrina majoritária da época defendia que os requisitos impostos pela lei eram da substância, da essência do ato, e do cumprimento deles dependeria a validade da opção pelo FGTS. Fundamentavam a tese no fato de que a opção acarretava a renúncia à estabilidade e, como tal, a interpretação deveria ser restritiva, para se evitar fraudes.

Equivale dizer que a declaração escrita, a anotação da opção na CTPS do empregado, bem como no livro de registro de empregados e a homologação pela Justiça do Trabalho eram requisitos *ad essentiam* ou *ad solemnitatem* do ato. Isto é, a ausência de qualquer requisito, acarretaria a nulidade da opção pelo FGTS.

Aparentemente, este foi o entendimento da Súmula nº 223 do TST (hoje cancelada) ao declarar que o "termo inicial para anular a opção pelo FGTS coincide com a data em que formalizado o ato opcional", entendendo-se como formalização do ato o preenchimento de todos os requisitos exigidos pela lei. Enquanto não preenchidos, a prescrição não começava a correr, por não ter havido a *actio nata*.

2ª Corrente

A segunda corrente, minoritária entre os doutrinadores, mas de peso na jurisprudência, defendia que os requisitos exigidos pela lei visavam garantir a incolumidade da declaração de vontade do empregado. Tanto que, a declaração de vontade não viciada, bastava para a validade do ato.

Comparavam a essencialidade do cumprimento dos requisitos contidos no art. 1º da Lei nº 5.107/66 aos antigos requisitos contidos no revogado § 1º do art. 477 da CLT para fins de homologação da rescisão. Desta forma, caso o pagamento das verbas resilitórias ocorresse dentro do prazo legalmente estabelecido, a falta da homologação não geraria a repetição do ato praticado, sob pena de enriquecimento sem causa. Neste caso, o requisito legalmente exigido era a prova do ato.

Ademais, percebia-se que empregados que estavam próximos da aposentadoria ou que acabavam de ser demitidos questionam judicialmente a validade do ato opcional, valendo-se do não preenchimento de um dos requisitos exigidos pela

Lei nº 5.107/66, para o requerimento judicial da nulidade da opção do FGTS e consequente declaração da estabilidade decenal e reintegração. Frequentemente estes empregados sequer declaravam na inicial a existência de vício de consentimento. Ao contrário, quando inquiridos a respeito, declaravam a preferência, à época, ao regime do FGTS. Além disso, muitos já tinham movimentado a conta do FGTS, ratificando a opção com tal ato.

Outro fundamento era o então art. 85 do Código Civil de 1916 que determinava que "nas declarações de vontade se atenderá mais a sua intenção que ao sentido literal da linguagem".

Argumentavam os defensores da tese que a Lei nº 5.107/66 quando quis dar a qualidade de **essencial** ao requisito, o fez expressamente, como no art. 17, § 2º, que tratava do **pedido de demissão** dos empregados estáveis.

Há mais:

Se a própria lei permitiu que nos primeiros 365 dias da vigência da Lei nº 5.107/66, qualquer empregado optasse pelo FGTS independentemente da homologação judicial, e que, dentre estes empregados também estavam incluídos os que contavam com mais de 10 anos de serviço, conclui-se que a homologação judicial não era requisito essencial e criado com fito de proteger os portadores de estabilidade.

Para os defensores desta corrente, a formalidade do ato opcional a que se referia a Súmula nº 223 do TST era a declaração de opção pelo sistema do FGTS. Ao optar (manifestação de vontade), começaria a fluir o prazo prescricional.

Ademais, a Lei nº 8.036/90 não exige a homologação pela Justiça do Trabalho da opção do FGTS.

Ao contrário, o Decreto nº 99.684/90 apenas exige a declaração escrita da opção e, para a opção com transação, a homologação sindical:

> **Art. 5º** A opção com efeito retroativo será feita mediante **declaração escrita** do trabalhador, com indicação do período de retroação (grifos nossos).
>
> (...)
>
> Art. 6º O tempo de serviço anterior à opção ou a 5 de outubro de 1968 poderá ser transacionado entre empregador e empregado, respeitado o limite mínimo de 60% (sessenta por cento) da indenização simples ou em dobro, conforme o caso.
>
> Parágrafo único. Na hipótese de que trata este artigo, a transação deverá ser **homologada pelo sindicato** da categoria profissional, mesmo quando não houver extinção do contrato de trabalho (grifos nossos).

Conclusão:

Em suma, os requisitos exigidos no art. 1º da Lei do FGTS/66 eram *ad probationen* do ato e não invalidavam a declaração quando houvesse prova de que esta era a real vontade do trabalhador, salvo se arguido e provado o vício de consentimento dentro do prazo prescricional.

Com o advento da Lei nº 8.036/90 o regime se tornou obrigatório, isto é independente de opção do empregado. Todavia, permaneceu a faculdade de opção[2] pelo período anterior, mas não mais se exige a homologação desta opção (art. 14) pela Justiça do Trabalho, comprovando que o requisito sempre foi da prova e não da substância do ato. Em sentido contrário, Sergio Pinto Martins defendendo que o requisito ainda subsiste através da jurisdição voluntária da Justiça do Trabalho.

3. CABIMENTO

Têm direito ao FGTS os empregados **urbanos** e **rurais** e os trabalhadores **avulsos**. Para o doméstico, o sistema era facultativo – art. 3º-A da revogada Lei nº 5.859/1972. O art. 21 da LC 150/2015 regulamentou a EC 72/13 e tornou compulsório o FGTS do doméstico.

É devido enquanto durar o contrato de trabalho, salvo nos períodos de suspensão contratual. Quando o contrato estiver suspenso em virtude de acidente de trabalho, licença-maternidade ou serviço militar o FGTS será devido, por ser uma exceção prevista no art. 4º da CLT c/c art. 28 do nº Decreto nº 99.684/90.

4. REGIME DO FGTS

O Fundo de Garantia do Tempo de Serviço é a atual, única e genérica proteção legal ao tempo de serviço do empregado, em substituição ao antigo regime previsto na CLT – art. 478. Em favor do empregado são depositadas, sem qualquer desconto salarial, em instituições bancárias indicadas pela lei, importâncias mensais correspondentes a 8% da remuneração paga pelo empregador ou por terceiros (ex.: gorjetas). Estas importâncias, de acordo com a legislação, poderão ser total ou parcialmente levantadas quando da terminação do contrato ou nos casos legalmente previstos (aposentadoria, morte etc.).

Foi a Lei nº 5.107/66, a primeira a regular o FGTS e a trazer opção aos empregados quanto ao regime de proteção de tempo de serviço. Hoje a matéria está disciplinada pela Lei nº 8.036/90 e não é mais uma opção, pois se constitui em regime obrigatório.

Pelo sistema antigo vigiam dois tipos de regimes. O geral, previsto pela CLT (art. 478) e o especial, que era facultativo (FGTS). Nesta época, aos empregados eram oferecidas três opções e em duas elas, se estável (decenal) fosse o empregado, haveria renúncia a esta estabilidade pelo simples ato opcional voluntário e não viciado.

A opção pelo regime do FGTS deveria ser feita no prazo de 365 (trezentos e sessenta e cinco) dias a contar da vigência da Lei nº 5.107/66, para os que já estavam contratados e a partir da admissão para os novos empregados. Para os contratos vigentes quando da edição da lei, caso deixassem de realizar a opção

2 O Decreto nº 99.684/90, art. 5º, exige apenas a declaração escrita.

no prazo legal, essa só poderia ser realizada na Justiça do Trabalho, perante o juiz-distribuidor (jurisdição voluntária). Para aqueles que eram empregados da União a opção pelo FGTS seria feita perante o juiz federal, conforme a Súmula nº 17, do extinto TFR.

4.1. Contas Vinculadas do FGTS

A Lei nº 5.107/66 criou dois tipos de conta. Uma chamada "individualizada", que era de propriedade da empresa, mas personalizada ou individualizada em nome do empregado não optante pelo FGTS. A empresa tinha a faculdade de depositar os valores concernentes aos empregados não optantes (8%), que eram individualizados para sua identificação.

A finalidade da norma, no que se refere à conta nominal da empregadora (FGTS), mas individualizada em relação ao empregado não optante, foi a de garantir, em caso de eventual dispensa, a solvabilidade do crédito referente à indenização prevista no art. 478 da CLT. Era o que se interpreta da leitura do art. 18, I e II, da revogada Lei nº 5.107/66:

> **Art. 18.** No caso de extinção do contrato de trabalho do empregado não optante (...)
>
> I – Havendo indenização a ser paga, a empresa poderá utilizar valor do depósito da conta vinculada, até o montante da indenização por tempo de serviço;
>
> II – Não havendo indenização a ser paga, ou decorrido o prazo prescricional para a reclamação de direitos por parte do empregado, a empresa poderá levantar a seu favor o saldo da respectiva conta individualizada (...).

Caso esses empregados passassem a ser optantes, o valor que estava em seus nomes passava para uma nova conta, chamada de "vinculada". Se o empregado não optasse pelo FGTS, dois anos após o encerramento do contrato de trabalho, o valor depositado na conta individualizada a ele correspondente, poderia ser retirado pelo patrão (sob o código 26), uma vez que pertencente à empresa.

O art. 14, § 3º, da Lei nº 8.036/90 manteve a faculdade de o empregador desobrigar-se da responsabilidade da indenização relativa ao tempo de serviço anterior à opção, para os empregados não optantes admitidos antes da Carta, depositando na conta vinculada do trabalhador o valor correspondente à indenização – Súmula nº 295 do TST, ora cancelada. O art. 19 da Lei nº 8.036/90 dispôs que:

> **Art. 19.** No caso de extinção do contrato de trabalho prevista no art. 14 desta lei, serão observados os seguintes critérios:
>
> I – havendo indenização a ser paga, o empregador, mediante comprovação do pagamento daquela, poderá sacar o saldo dos valores por ele depositados na conta individualizada do trabalhador;
>
> II – não havendo indenização a ser paga, ou decorrido o prazo prescricional para a reclamação de direitos por parte do trabalhador, o empregador poderá levantar em seu favor o saldo da respectiva conta individualizada, mediante comprovação perante o órgão competente do Ministério do Trabalho e da Previdência Social.

Na vigência de Lei nº 5.107/66, para movimentar a conta vinculada, o empregado se utilizava de um documento denominado AM (Autorização de Movimentação). Atualmente, o próprio Termo de Rescisão do Contrato de Trabalho (TRCT) é o documento que autoriza a movimentação, desde que preenchida com o código respectivo. Assim, o preenchimento do campo nº 24, com o código 01, aponta que o empregado foi dispensado sem justa causa e, com isso, pode movimentar sua conta. O código 05 indica aposentadoria e também permite a movimentação. Isso não acontece, porém, quando o código é o 18, que indica um pedido de demissão. Esses códigos estão contidos na Circular CEF nº 5/90.

4.1.1. Opção Simples – Lei nº 5.107/66

A opção simples era feita pelo empregado que contasse com tempo de serviço anterior à lei ou à opção, quando ainda protegido pelo art. 478 da CLT. Ao optar pelo regime do FGTS, estaria protegido, daquele momento em diante, pelo FGTS, ressalvado o direito à indenização anterior à opção. Esta opção não foi recepcionada pela Carta/88 e se encontra revogada. Mas, para dados históricos vale a pena estudar as consequências da opção simples sobre o pacto. Quando efetuada, era garantida ao empregado uma indenização híbrida, consoante os dois regimes, da seguinte forma:

admitido	opção	dispensa antes CF =
em 1968	FGTS	4 remunerações + FGTS
art. 478	1972	desde a opção até a dispensa
CLT		+ 10% destes depósitos

* Se a dispensa ocorresse depois da Carta de 1988, o valor da indenização adicional corresponderia a 40% sobre os depósitos.

4.1.2. Opção Retroativa – Prevista na Lei nº 5.958/73

A opção retroativa tinha cabimento quando o empregado já contava com tempo de serviço anterior à opção e ao optar pelo regime do FGTS o fazia para ser protegido *ad futurum* e, também, de forma retroativa, isto é, a começar da admissão, desde que esta tenha sido posterior à Lei nº 5.107/66. Consequência: todo o pacto laboral ficava protegido pelo FGTS, renunciando a forma de proteção ao tempo de serviço contida no art. 478 da CLT.

Para os empregados que já contassem com dez ou mais anos e, por isso, fossem estáveis, a opção retroativa estaria limitada a este período, não afetando a estabilidade decenal.

Este sistema vige até hoje na Lei nº 8.036/90 – art. 14, § 4º. A doutrina se dividiu na interpretação do mencionado dispositivo legal. Uns defendiam a tese do direito potestativo do empregado (João Lima Teixeira Filho),[3] argumentando que poderiam optar retroativamente pelo FGTS independente do consentimento do empregador, negando a aplicabilidade da Lei nº 5.958/73.

Adotamos a posição de Valentim Carrion[4] de que a opção retroativa prevista no art. 14, § 4º, da Lei nº 8.036/90 não revogou a exigência contida na Lei nº 5.958/73 acerca da necessidade de consentimento do empregador. Aliás, o art. 5º do Decreto nº 99.684/90 concede prazo para o empregador discordar da opção retroativa em 48 horas. Portanto, é possível interpretar que a concordância do empregador está prevista no Decreto. Assim também se posicionou a jurisprudência majoritária – Orientação Jurisprudencial Transitória nº 39 da SDI-I do TST.

Entretanto, hoje não existe mais a limitação contida na Lei nº 5.958/73. Portanto, o empregado poderá optar retroativamente à admissão ou a 1º/01/67 (aliás, o § 4º do art. 14 da Lei nº 8.036 é expresso neste sentido), renunciando à estabilidade decenal.

Vejamos o exemplo:

1979	1992	2012
admitido em 1979 art. 478 CLT	Em 1992, opção retroativa pelo FGTS	– dispensa após a CF = levantamento do FGTS desde a admissão até a dispensa + 40%

De acordo com o parágrafo único do art. 4º do Decreto nº 99.684/90 o direito à opção retroativa não se aplica ao trabalhador rural, àquele que já tenha transacionado o tempo anterior; àqueles em que os valores do FGTS já tenham sido depositados na sua conta vinculada (personalizada – em nome do trabalhador).

De fato, a opção retroativa não poderia ser aplicada ao trabalhador rural porque este, antes da Carta de 1988, não tinha direito ao FGTS.

Entendemos que o decreto não pode impedir que o empregado que já tem os valores do FGTS depositados em sua conta personalizada opte retroativamente, porque extrapola os limites da lei.

---

3 SÜSSEKIND, Arnaldo; MARANHÃO, Délio; VIANNA, Segadas; TEIXEIRA, Lima. *Instituições de Direito do Trabalho*. 22. ed. São Paulo: LTr, 2005, v. 1, p. 671.

4 CARRION, Valentin. *Comentários à Consolidação das Leis do Trabalho*. 29. ed. São Paulo: Saraiva, 2004, p. 351-358.

4.1.3. Opção com Transação – Prevista na Lei nº 5.107/66

Tinha cabimento quando o empregado não optante contasse com tempo de serviço anterior. Além de no curso do contrato, ao optar pelo regime do FGTS, transacionava o tempo anterior, dando quitação ao empregador do tempo anterior à opção, desde que o valor da transação não fosse inferior a 60% da indenização devida. Este sistema também continua parcialmente vigente, pois o art. 14, § 2º, da Lei nº 8.036/90, permite que o empregado que era protegido pelo art. 478 da CLT (antes da Carta de 88) transacione com o empregador o período anterior à Constituição, respeitado o limite de 60%.

1968	1972	2012
admitido em 1968 art. 478 até a CLT	opção com transação em 1972: empregado recebe, no ato, 60% ou mais da indenização correspondente ao tempo anterior à opção Ex.: 4 remunerações	dispensa após a CF levantamento do FGTS desde a opção dispensa + 40%

Com o advento da Constituição de 1988 os empregados até então não optantes pelo FGTS que contassem com mais de 10 anos de tempo de serviço na mesma empresa têm seu direito adquirido (art. 14 da Lei nº 8.036/90), mas poderão, se continuarem neste mesmo empregador, optar pelo sistema do FGTS para reger seu contrato pelo período compreendido entre a Constituição e a sua admissão, transacionando o tempo anterior ou o fazendo de forma retroativa – §§ 2º e 4º do art. 14 da Lei nº 8.036/90.

5. ADMINISTRAÇÃO DO FUNDO

A partir de 11/05/91 a Caixa Econômica Federal assumiu o controle de todas as contas vinculadas e personalizadas do FGTS.

O Conselho Curador do FGTS determina as diretrizes e os programas gerais para o sistema do FGTS.

Os depósitos efetuados nas contas vinculadas serão corrigidos monetariamente com base nos parâmetros fixados para atualização dos saldos dos depósitos de poupança e capitalizarão juros de 3% ao ano – art. 13 da Lei nº 8.036/90.

Diga-se de passagem que os juros cobrados dos mutuários sempre são maiores do que aqueles pagos aos titulares das contas vinculadas. Logo, o governo sempre tem lucros com o novo regime.

6. NATUREZA JURÍDICA DO FGTS

Para o empregado o FGTS tem natureza jurídica de **direito** à contribuição que tem caráter **salarial** (salário diferido). Equipara-se a uma poupança forçada. Para o empregador é uma **obrigação** e para a sociedade a **contribuição** tem caráter social. Daí decorre sua natureza múltipla ou híbrida.

Mauricio Godinho[5] adota tese similar. Afirma a **natureza tríplice** do benefício: o empregado aparece como credor do empregador, logo, é um crédito; para o empregador o FGTS é um dever, pois deve efetuar o recolhimento e para a sociedade tem caráter social.

Todavia, a natureza jurídica do FGTS é motivo de debate acirrado na doutrina.

Sergio Pinto[6] advoga que a natureza jurídica do FGTS deve ser analisada sob a ótica do empregado: **crédito** como forma de compensação; e do empregador: **contribuição social**, espécie do gênero tributo.

Alguns apontam a natureza de **tributo ou contribuição parafiscal** porque compulsório, previsto em lei e recolhido pelo Estado, com finalidade de constituir fundo econômico para financiar o sistema financeiro de habitação – SFH.

Outros informam que a natureza do FGTS é **previdenciária**, já que não pode ser considerado um tributo, mas uma imposição estatal; ou de natureza de **indenização ou prêmio por tempo de serviço**, de **contribuição social** ou de **salário atual**, há até quem entenda que é **compensação.**

Há quem afirme que é um **salário socializado** porque seria devido pela sociedade ao trabalhador (fundo social).

Magano[7] e Amaro Barreto[8] entendem que o FGTS visa a **compensação do tempo de serviço do empregado**, não tendo relação com uma indenização.

> ADICIONAL POR TEMPO DE SERVIÇO E FGTS. NATUREZA JURÍDICA DISTINTA. COMPATIBILIDADE DE PAGAMENTO. O adicional por tempo de serviço, de cunho nitidamente salarial, e o FGTS, que visa compensar o tempo de serviço do empregado, não se confundem, já que tais verbas apresentam naturezas jurídicas totalmente distintas, sendo que não há, no ordenamento jurídico pátrio, qualquer expressa vedação no sentido de que as duas parcelas sejam simultaneamente concedidas ao servidor público, contratado sob o regime celetista, razão pela qual não merece guarida a tese de que o pagamento do FGTS supre, automaticamente, o adicional por tempo de serviço. TRT/MG – RO: 15.309/01 – Rel. Designado: Juíza Denise Alves Horta. *DJ*/MG 15/03/2002.

---

5 DELGADO, Mauricio Godinho. *Curso de Direito do Trabalho*. 3. ed. São Paulo: LTr, 2004, p. 1.273.

6 MARTINS, Sergio Pinto. *Direito do Trabalho*. 14. ed. São Paulo: Atlas, 2001, p. 394-398.

7 MAGANO, Octavio Bueno. *Manual de Direito do Trabalho*. 4. ed. São Paulo: LTr, 1993, v. 2, p. 360.

8 Cf. *idem*.

Orlando Gomes[9] defende que o instituto possui natureza de **direito semipúblico** (direito subjetivo social), com a deslocação do direito privado para o direito público, não sendo uma indenização do tipo previdenciária.

Arnaldo Süssekind[10] defende que o FGTS tem natureza jurídica de **salário diferido** por ser um direito adquirido no presente, dependente de realização de condição futura para sua movimentação (ex.: dispensa sem justa causa – levantamento imediato; dispensa com justa causa – levantamento, em regra, após três anos sem qualquer movimentação na respectiva conta).

Por isso o art. 2º, § 2º, da Lei nº 8.036/90 expressamente impediu a penhora das contas vinculadas do FGTS.

7. EXCEÇÃO

O Decreto-Lei nº 194/67 isentava as entidades filantrópicas e beneficentes do recolhimento mensal do FGTS, obrigando-as, entretanto, ao pagamento em espécie quando da rescisão.

Todavia, o referido decreto-lei foi revogado pela Lei nº 8.036/90, que centralizou todos os depósitos na Caixa Econômica Federal, extinguindo a possibilidade de criação de fundos em outros bancos. Sergio Pinto Martins[11] entende que o Decreto-Lei nº 194/67 está revogado desde a Lei nº 7.839/89.

Na verdade, a finalidade do Decreto-Lei nº 194/67 era o de permitir que os valores pudessem gerar rendimentos às instituições filantrópicas em face de sua finalidade social. Por este motivo, o art. 27 do Decreto nº 99.684/90 expressamente ratificou a necessidade de as entidades filantrópicas efetuarem os referidos depósitos do FGTS.

Há corrente que advoga que o Decreto-Lei nº 194/67 não foi recepcionado pela Carta de 1988.

Outros afirmam que a norma está vigente, pois nem a Carta nem a Lei nº 8.036/90 foram expressas neste sentido, sendo ilegal o Decreto nº 99.684/90 por extrapolar os limites da lei.

8. BASE DE CÁLCULO

O recolhimento mensal do FGTS corresponde a 8% da remuneração do empregado. Toda parcela que tiver natureza salarial, mesmo que paga de forma eventual, inclusive sobre o 13º salário (Súmulas nºs 63 e 148 do TST) serve de base de cálculo para o FGTS. De acordo com o art. 15, § 6º, da Lei nº 8.036/90, está compreendido no conceito de remuneração as parcelas que a Previdência So-

---

9 Cf. MARTINS, Sergio Pinto. *Direito do Trabalho*. 14. ed. São Paulo: Atlas, 2001, p. 395.

10 SÜSSEKIND, Arnaldo. *Curso de Direito do Trabalho*. Rio de Janeiro: Renovar, 2002, p. 349-350.

11 MARTINS, Sergio Pinto, *op. cit.*, p. 401.

cial considera com salário-contribuição. Enquanto o empregado estiver transferido provisoriamente para o exterior, continuará a ter direito ao FGTS calculado sobre o total da sua remuneração – OJ nº 232 da SDI-I do TST.

Exceções:

a) aprendiz: 2% (art. 15, § 7º, da Lei nº 8.036/90);
b) Lei nº 9.601/98: 2% (estímulo a novos empregos). Esta benesse só vigorou nos primeiros 60 meses da vigência da lei (art. 2º). Hoje, vigora o FGTS a 8%.

O pagamento relativo ao aviso prévio, trabalhado ou não, está sujeito à contribuição para o FGTS. Nesse sentido a Súmula nº 305 do TST. As férias indenizadas não fazem base de cálculo para fins de FGTS, em face de sua natureza indenizatória (Orientação Jurisprudencial nº 195 da SDI-I do TST).

O empregador tem até o dia sete do mês subsequente para recolher o FGTS – art. 15 da Lei nº 8.036/90.

9. INDENIZAÇÃO ADICIONAL DE 40%

O art. 10, I, do ADCT aumentou de 10% para 40% o valor da indenização adicional, que é depositada na conta vinculada do empregado nas seguintes hipóteses, conforme Lei nº 8.036/90:

> **Art. 18.** Ocorrendo rescisão do contrato de trabalho, por parte do empregador, ficará este obrigado a depositar na conta vinculada do trabalhador no FGTS os valores relativos aos depósitos referentes ao mês da rescisão e ao imediatamente anterior que ainda não houver sido recolhido, sem prejuízo das cominações legais.
>
> § 1º Na hipótese de despedida pelo empregador sem justa causa, depositará este, na conta vinculada do trabalhador no FGTS, importância igual a quarenta por cento do montante de todos os depósitos realizados na conta vinculada durante a vigência do contrato de trabalho, atualizados monetariamente e acrescidos dos respectivos juros.
>
> § 2º Quando ocorrer despedida por culpa recíproca ou força maior, reconhecida pela Justiça do Trabalho, o percentual de que trata o § 1º será de 20 (vinte) por cento.
>
> § 3º As importâncias de que trata este artigo deverão constar da documentação comprobatória do recolhimento dos valores devidos a título de rescisão do contrato de trabalho, observado o disposto no art. 477 da CLT, eximindo o empregador exclusivamente quanto aos valores discriminados.

O empregado despedido sem justa causa tem direito à indenização adicional de 40% sobre o FGTS, mesmo que tenha ocorrido saque nesta conta. Nesse sentido o inciso I da Orientação Jurisprudencial nº 42 da SDI-I do TST.

A indenização adicional incidente sobre o FGTS (40%) tem a mesma natureza jurídica da antiga indenização prevista no art. 478 da CLT. Remetemos o leitor ao Capítulo “Indenização Por Tempo de Serviço”.

O cálculo da indenização de 40% sobre o FGTS deverá ser feito com base no saldo da conta vinculada na data do efetivo pagamento das verbas resilitórias, desconsiderando a projeção do aviso prévio indenizado, por ausência de previsão legal. Nesse sentido a Orientação Jurisprudencial nº 42, II, da SDI-I do TST.

A multa prevista no art. 22 da Lei nº 8.036/90 por irregularidade de depósito é administrativa e não reverte para o empregado. Da mesma forma Alice Monteiro de Barros.[12]

A penalidade prevista no art. 467 da CLT não se aplica[13] sobre o FGTS ainda não depositado ou sobre a indenização adicional de 40%, uma vez que pena deve ser interpretada restritivamente.

O art. 22 da LC 150/2015 obriga o empregador ao pagamento mensal de 3,2% para garantia da indenização adicional de 40% sobre o FGTS. O referido dispositivo é inconstitucional, pois obriga a todos ao pagamento de parcela que é condicionada à despedida imotivada, violentando o inciso I do art. 7º da CRFB.

Percentuais – Exceção

a) culpa recíproca – 20% – art. 18, § 2º, da Lei nº 8.036/90;
b) força maior – 20% – art. 18, § 2º, da Lei nº 8.036/90;
c) Lei nº 2.959/56 – 28% (redução de 30% sobre a indenização adicional);
d) distrato – 20% – art. 484-A da CLT.

Com o cancelamento da OJ nº 177 da SDI-I do TST a indenização adicional deverá incidir sobre todo o contrato, desprezado o fato de o empregado estar ou não aposentado.

10. CONVERSÃO DE REGIME JURÍDICO

Com a publicação da Lei nº 8.112/90 o regime celetista dos contratos de trabalho vigentes foi convertido no regime estatutário, atingindo apenas empregados da administração pública direta, autárquica ou fundacional na esfera federal.

A Súmula nº 178 do extinto Tribunal Federal de Recursos autorizava o levantamento do FGTS em casos de conversão de regime jurídico. Ocorre que a Lei nº 8.036/90 não inclui dentre as hipóteses de levantamento do FGTS a conversão de regime jurídico. Na prática, não havia recursos suficientes para tantos levantamentos na mesma época, preocupando o governo com as consequências futuras.

Por este motivo a movimentação imediata da conta não foi aceita, levando milhares de interessados ao Judiciário. Para evitar a concessão de liminares, foi incluída a proibição no art. 29-B da Lei nº 8.036/90.

---

12 BARROS, Alice Monteiro de. *Curso de Direito do Trabalho*. São Paulo: LTr, 2005, p. 964.

13 Da mesma forma posiciona-se Alice Monteiro. *Ibidem*, p. 965.

Mais tarde, foi modificado o inciso VIII do art. 20 da Lei nº 8.036/90, para facultar a movimentação da conta só após três anos fora do sistema do FGTS, porém o saque só seria feito na data do aniversário do titular (1º aniversário após três anos). Desta forma, os saques não aconteceriam ao mesmo tempo, e sim de forma suave e diluída no ano.

11. SAQUES

De acordo com o art. 20 da Lei nº 8.036/90:

> **Art. 20.** A conta vinculada do trabalhador no FGTS poderá ser movimentada nas seguintes situações:
>
> I – despedida sem justa causa, inclusive a indireta, de culpa recíproca e de força maior; (Redação dada pela Medida Provisória nº 2.197-43, de 2001)
>
> I-A – extinção do contrato de trabalho prevista no art. 484-A da Consolidação das Leis do Trabalho (CLT), aprovada pelo Decreto-Lei nº 5.452, de 1º de maio de 1943; (Incluído pela Lei nº 13.467, de 2017)
>
> II – extinção total da empresa, fechamento de quaisquer de seus estabelecimentos, filiais ou agências, supressão de parte de suas atividades, declaração de nulidade do contrato de trabalho nas condições do art. 19-A, ou ainda falecimento do empregador individual sempre que qualquer dessas ocorrências implique rescisão de contrato de trabalho, comprovada por declaração escrita da empresa, suprida, quando for o caso, por decisão judicial transitada em julgado; (Redação dada pela Medida Provisória nº 2.164-41, de 2001)
>
> III – aposentadoria concedida pela Previdência Social;
>
> IV – falecimento do trabalhador, sendo o saldo pago a seus dependentes, para esse fim habilitados perante a Previdência Social, segundo o critério adotado para a concessão de pensões por morte. Na falta de dependentes, farão jus ao recebimento do saldo da conta vinculada os seus sucessores previstos na lei civil, indicados em alvará judicial, expedido a requerimento do interessado, independente de inventário ou arrolamento;
>
> V – pagamento de parte das prestações decorrentes de financiamento habitacional concedido no âmbito do Sistema Financeiro da Habitação (SFH), desde que:
>
> a) o mutuário conte com o mínimo de 3 (três) anos de trabalho sob o regime do FGTS, na mesma empresa ou em empresas diferentes;
>
> b) o valor bloqueado seja utilizado, no mínimo, durante o prazo de 12 (doze) meses;
>
> c) o valor do abatimento atinja, no máximo, 80 (oitenta) por cento do montante da prestação;
>
> VI – liquidação ou amortização extraordinária do saldo devedor de financiamento imobiliário, observadas as condições estabelecidas pelo Conselho Curador, dentre elas a de que o financiamento seja concedido no âmbito do SFH e haja interstício mínimo de 2 (dois) anos para cada movimentação;
>
> VII – pagamento total ou parcial do preço de aquisição de moradia própria, ou lote urbanizado de interesse social não construído, observadas as seguintes condições: (Redação dada pela Lei nº 11.977, de 2009)

a) o mutuário deverá contar com o mínimo de 3 (três) anos de trabalho sob o regime do FGTS, na mesma empresa ou empresas diferentes;

b) seja a operação financiável nas condições vigentes para o SFH.

VIII – quando o trabalhador permanecer três anos ininterruptos fora do regime do FGTS; (Redação dada pela Lei nº 13.932, de 2019.)

IX – extinção normal do contrato a termo, inclusive o dos trabalhadores temporários regidos pela Lei nº 6.019, de 3 de janeiro de 1974;

X – suspensão total do trabalho avulso por período igual ou superior a 90 (noventa) dias, comprovada por declaração do sindicato representativo da categoria profissional;

XI – quando o trabalhador ou qualquer de seus dependentes for acometido de neoplasia maligna; (Incluído pela Lei nº 8.922, de 1994)

XII – aplicação em quotas de Fundos Mútuos de Privatização, regidos pela Lei nº 6.385, de 7 de dezembro de 1976, permitida a utilização máxima de 50% (cinquenta por cento) do saldo existente e disponível em sua conta vinculada do Fundo de Garantia do Tempo de Serviço, na data em que exercer a opção; (Incluído pela Lei nº 9.491, de 1997) (Vide Decreto nº 2.430, 1997)

XIII – quando o trabalhador ou qualquer de seus dependentes for portador do vírus HIV; (Incluído pela Medida Provisória nº 2.164-41, de 2001)

XIV – quando o trabalhador ou qualquer de seus dependentes estiver em estágio terminal, em razão de doença grave, nos termos do regulamento; (Incluído pela Medida Provisória nº 2.164-41, de 2001)

XV – quando o trabalhador tiver idade igual ou superior a setenta anos; (Incluído pela Medida Provisória nº 2.164-41, de 2001)

XVI – necessidade pessoal, cuja urgência e gravidade decorra de desastre natural, conforme disposto em regulamento, observadas as seguintes condições: (Incluído pela Lei nº 10.878, de 2004)

a) o trabalhador deverá ser residente em áreas comprovadamente atingidas de Município ou do Distrito Federal em situação de emergência ou em estado de calamidade pública, formalmente reconhecidos pelo Governo Federal; (Incluído pela Lei nº 10.878, de 2004)

b) a solicitação de movimentação da conta vinculada será admitida até 90 (noventa) dias após a publicação do ato de reconhecimento, pelo Governo Federal, da situação de emergência ou de estado de calamidade pública; e (Incluído pela Lei nº 10.878, de 2004)

c) o valor máximo do saque da conta vinculada será definido na forma do regulamento. (Incluído pela Lei nº 10.878, de 2004)

XVII – integralização de cotas do FI-FGTS, respeitado o disposto na alínea i do inciso XIII do art. 5º desta Lei, permitida a utilização máxima de 30% (trinta por cento) do saldo existente e disponível na data em que exercer a opção; (Redação dada pela Lei nº 12.087, de 2009)

XVIII – quando o trabalhador com deficiência, por prescrição, necessite adquirir órtese ou prótese para promoção de acessibilidade e de inclusão social; (Incluído pela Lei nº 13.146, de 2015)

XIX – pagamento total ou parcial do preço de aquisição de imóveis da União inscritos em regime de ocupação ou aforamento, a que se referem o art. 4º da

Lei nº 13.240, de 30 de dezembro de 2015, e o art. 16-A da Lei nº 9.636, de 15 de maio de 1998, respectivamente, observadas as seguintes condições: (Incluído pela Lei nº 13.465, de 2017)

a) o mutuário deverá contar com o mínimo de três anos de trabalho sob o regime do FGTS, na mesma empresa ou em empresas diferentes;

b) seja a operação financiável nas condições vigentes para o Sistema Financeiro da Habitação (SFH) ou ainda por intermédio de parcelamento efetuado pela Secretaria do Patrimônio da União (SPU), mediante a contratação da Caixa Econômica Federal como agente financeiro dos contratos de parcelamento;

c) sejam observadas as demais regras e condições estabelecidas para uso do FGTS.

XX – anualmente, no mês de aniversário do trabalhador, por meio da aplicação dos valores constantes do Anexo desta Lei, observado o disposto no art. 20-D desta Lei; (Incluído pela Lei nº 13.932, de 2019)

XXI – a qualquer tempo, quando seu saldo for inferior a R$ 80,00 (oitenta reais) e não houver ocorrido depósitos ou saques por, no mínimo, 1 (um) ano, exceto na hipótese prevista no inciso I do § 5º do art. 13 desta Lei; (Incluído pela Lei nº 13.932, de 2019)

XXII – quando o trabalhador ou qualquer de seus dependentes for, nos termos do regulamento, pessoa com doença rara, consideradas doenças raras aquelas assim reconhecidas pelo Ministério da Saúde, que apresentará, em seu sítio na internet, a relação atualizada dessas doenças. (Incluído pela Lei nº 13.932, de 2019)

§ 1º A regulamentação das situações previstas nos incisos I e II assegura que a retirada a que faz jus o trabalhador corresponda aos depósitos efetuados na conta vinculada durante o período de vigência do último contrato de trabalho, acrescida de juros e atualização monetária, deduzidos os saques.

§ 2º O Conselho Curador disciplinará o disposto no inciso V, visando beneficiar os trabalhadores de baixa renda e preservar o equilíbrio financeiro do FGTS.

§ 3º O direito de adquirir moradia com recursos do FGTS, pelo trabalhador, só poderá ser exercido para um único imóvel.

§ 4º O imóvel objeto de utilização do FGTS somente poderá ser objeto de outra transação com recursos do fundo, na forma que vier a ser regulamentada pelo Conselho Curador.

§ 5º O pagamento da retirada após o período previsto em regulamento, implicará atualização monetária dos valores devidos.

§ 6º Os recursos aplicados em cotas de fundos Mútuos de Privatização, referidos no inciso XII, serão destinados, nas condições aprovadas pelo CND, a aquisições de valores mobiliários, no âmbito do Programa Nacional de Desestatização, de que trata a Lei nº 9.491, de 1997, e de programas estaduais de desestatização, desde que, em ambos os casos, tais destinações sejam aprovadas pelo CND. (Redação dada pela Lei nº 9.635, de 1998)

§ 7º Ressalvadas as alienações decorrentes das hipóteses de que trata o § 8º, os valores mobiliários a que se refere o parágrafo anterior só poderão ser integralmente vendidos, pelos respectivos Fundos, seis meses após a sua aquisição, podendo ser alienada em prazo inferior parcela equivalente a 10% (dez por cento) do valor adquirido, autorizada a livre aplicação do produto dessa alienação, nos termos da Lei nº 6.385, de 7 de dezembro de 1976. (Redação dada pela Lei nº 9.635, de 1998)

§ 8º As aplicações em Fundos Mútuos de Privatização e no FI-FGTS são nominativas, impenhoráveis e, salvo as hipóteses previstas nos incisos I a XI e XIII a XVI do *caput* deste artigo, indisponíveis por seus titulares. (Redação dada pela Lei nº 11.491, de 2007)

§ 9º Decorrido o prazo mínimo de doze meses, contados da efetiva transferência das quotas para os Fundos Mútuos de Privatização, os titulares poderão optar pelo retorno para sua conta vinculada no Fundo de Garantia do Tempo de Serviço. (Incluído pela Lei nº 9.491, de 1997)

§ 10. A cada período de seis meses, os titulares das aplicações em Fundos Mútuos de Privatização poderão transferi-las para outro fundo de mesma natureza. (Incluído pela Lei nº 9.491, de 1997)

§ 11. O montante das aplicações de que trata o § 6º deste artigo ficará limitado ao valor dos créditos contra o Tesouro Nacional de que seja titular o Fundo de Garantia do Tempo de Serviço. (Incluído pela Lei nº 9.491, de 1997)

§ 12. Desde que preservada a participação individual dos quotistas, será permitida a constituição de clubes de investimento, visando a aplicação em quotas de Fundos Mútuos de Privatização. (Incluído pela Lei nº 9.491, de 1997)

§ 13. A garantia a que alude o § 4º do art. 13 desta Lei não compreende as aplicações a que se referem os incisos XII e XVII do *caput* deste artigo. (Redação dada pela Lei nº 11.491, de 2007)

§ 14. Ficam isentos do imposto de renda: (Redação dada pela Lei nº 11.491, de 2007)

I – a parcela dos ganhos nos Fundos Mútuos de Privatização até o limite da remuneração das contas vinculadas de que trata o art. 13 desta Lei, no mesmo período; e (Incluído pela Lei nº 11.491, de 2007)

II – os ganhos do FI-FGTS e do Fundo de Investimento em Cotas – FIC, de que trata o § 19 deste artigo. (Incluído pela Lei nº 11.491, de 2007)

§ 15. A transferência de recursos da conta do titular no Fundo de Garantia do Tempo de Serviço em razão da aquisição de ações, nos termos do inciso XII do *caput* deste artigo, ou de cotas do FI-FGTS não afetará a base de cálculo da multa rescisória de que tratam os §§ 1º e 2º do art. 18 desta Lei. (Redação dada pela Lei nº 11.491, de 2007)

§ 16. Os clubes de investimento a que se refere o § 12 poderão resgatar, durante os seis primeiros meses da sua constituição, parcela equivalente a 5% (cinco por cento) das cotas adquiridas, para atendimento de seus desembolsos, autorizada a livre aplicação do produto dessa venda, nos termos da Lei nº 6.385, de 7 de dezembro de 1976. (Incluído pela Lei nº 9.635, de 1998)

§ 17. Fica vedada a movimentação da conta vinculada do FGTS nas modalidades previstas nos incisos V, VI e VII deste artigo, nas operações firmadas, a partir de 25 de junho de 1998, no caso em que o adquirente já seja proprietário ou promitente comprador de imóvel localizado no Município onde resida, bem como no caso em que o adquirente já detenha, em qualquer parte do País, pelo menos um financiamento nas condições do SFH. (Incluído pela Medida Provisória nº 2.197-43, de 2001)

§ 18. É indispensável o comparecimento pessoal do titular da conta vinculada para o pagamento da retirada nas hipóteses previstas nos incisos I, II, III, VIII, IX e X deste artigo, salvo em caso de grave moléstia comprovada por perícia médica, quando será paga a procurador especialmente constituído para esse fim. (Incluído pela Medida Provisória nº 2.197-43, de 2001)

§ 19. A integralização das cotas previstas no inciso XVII do *caput* deste artigo será realizada por meio de Fundo de Investimento em Cotas – FIC, constituído pela Caixa Econômica Federal especificamente para essa finalidade. (Incluído pela Lei nº 11.491, de 2007)

§ 20. A Comissão de Valores Mobiliários estabelecerá os requisitos para a integralização das cotas referidas no § 19 deste artigo, devendo condicioná-la pelo menos ao atendimento das seguintes exigências: (Incluído pela Lei nº 11.491, de 2007)

I – elaboração e entrega de prospecto ao trabalhador; e (Incluído pela Lei nº 11.491, de 2007)

II – declaração por escrito, individual e específica, pelo trabalhador de sua ciência quanto aos riscos do investimento que está realizando. (Incluído pela Lei nº 11.491, de 2007)

§ 21. As movimentações autorizadas nos incisos V e VI do *caput* serão estendidas aos contratos de participação de grupo de consórcio para aquisição de imóvel residencial, cujo bem já tenha sido adquirido pelo consorciado, na forma a ser regulamentada pelo Conselho Curador do FGTS. (Incluído pela Lei nº 12.058, de 2009)

§ 22. Na movimentação das contas vinculadas a contrato de trabalho extinto até 31 de dezembro de 2015, ficam isentas as exigências de que trata o inciso VIII do *caput* deste artigo, podendo o saque, nesta hipótese, ser efetuado segundo cronograma de atendimento estabelecido pelo agente operador do FGTS. (Incluído pela Lei nº 13.446, de 2017)

§ 23. As movimentações das contas vinculadas nas situações previstas nos incisos V, VI e VII do *caput* deste artigo poderão ser realizadas fora do âmbito do SFH, observados os mesmos limites financeiros das operações realizadas no âmbito desse sistema, no que se refere ao valor máximo de movimentação da conta vinculada, e os limites, critérios e condições estabelecidos pelo Conselho Curador. (Incluído pela Lei nº 13.932, de 2019)

§ 24. O trabalhador poderá sacar os valores decorrentes da situação de movimentação de que trata o inciso XX do *caput* deste artigo até o último dia útil do segundo mês subsequente ao da aquisição do direito de saque. (Incluído pela Lei nº 13.932, de 2019)

§ 25. O agente operador deverá oferecer, nos termos do regulamento do Conselho Curador, em plataformas de interação com o titular da conta, inclusive por meio de dispositivos móveis, opções para consulta e transferência, a critério do trabalhador, para conta de depósitos de sua titularidade em qualquer instituição financeira do Sistema Financeiro Nacional, dos recursos disponíveis para movimentação em decorrência das situações previstas neste artigo, cabendo ao agente operador estabelecer os procedimentos operacionais a serem observados. (Incluído pela Lei nº 13.932, de 2019)

§ 26. As transferências de que trata o § 25 deste artigo não acarretarão a cobrança de tarifas pelo agente operador ou pelas demais instituições financeiras. (Incluído pela Lei nº 13.932, de 2019)

Em caso de **distrato**, o levantamento do FGTS fica limitado a 80% do valor dos depósitos, na forma do § 1º do art. 484-A da CLT, e a indenização adicional será de 20%.

12. PRESCRIÇÃO DO FGTS

Para os que defendem que o FGTS é espécie do gênero **tributo**, sua prescrição deveria ser de cinco anos (art. 174 do CTN).

Todavia, alguns defendiam a semelhança do FGTS com a cota previdenciária (espécie de tributo também), e a antiga lei da previdência, vigente à época da criação do FGTS – Lei nº 3.807/60 (há muito revogada), em seu art. 144, previa a prescrição de trinta anos para cobrança, pelo órgão previdenciário, das respectivas contribuições. Daí por que a jurisprudência consagrou a prescrição trintenária do FGTS, corrente que vigora até hoje.

Aliás, o art. 23, § 5º, da Lei nº 8.036/90 referia-se à prescrição de 30 anos antes da sua redação ter sido alterada pela Lei 13.932/19.

Essa posição inspirou a antiga redação da Súmula nº 362 do TST que confirmava a prescrição de 30 anos.

> FGTS PRESCRIÇÃO TRINTENÁRIA. A natureza jurídica de contribuição previdenciária do FGTS não foi alterada com o advento da Constituição Federal de 1988, ao prever a contribuição para o fundo dentre os direitos dos trabalhadores urbanos e rurais. Desde que a ação seja ajuizada dentro do prazo de dois anos a partir da rescisão do contrato de trabalho, o prazo prescricional para o empregado reclamar contra o não recolhimento da verba, nas épocas próprias, é de 30 anos, desde que o pleito se refira às contribuições da parcela principal e, não, dos reflexos desta em outras verbas trabalhistas cujo prazo prescricional é de cinco anos, pois, neste caso, a exemplo das parcelas principais de que serão os reflexos apenas acessórios, o prazo prescricional será quinquenal. TRT/MG – Processo nº: 00148.2002.019.03.00.2 – Rel. Designado: Juiz Júlio Bernardo do Carmo. *DJ*/MG 19/10/2002.

> PRESCRIÇÃO FGTS – Tratando-se de diferenças de depósitos não efetuados, ou efetuados de forma insuficiente pelo empregador, a prescrição é trintenária, a teor do disposto na Súmula nº 362, do C. TST, desde que a ação seja ajuizada no biênio. TRT, 1ª Reg. 8ª T., RO 01460-2004-322-01-00-3, Rel. Vólia Bomfim Cassar, sessão dia 30/11/2005.

Entrementes, há aqueles[14-15] que defendem que a prescrição do FGTS deve seguir a mesma regra dos demais créditos trabalhistas, seja porque o art. 7º, XXIX, da Carta não excepcionou, seja porque o art. 2º, § 3º, da Lei nº 8.844/94 (posterior à Lei nº 8.036/90) determinou que os créditos do FGTS gozem dos mesmos privilégios atribuídos aos créditos trabalhistas.

Todavia, o STF, julgando Recurso Extraordinário com Agravo (ARE 70912), decidiu, em novembro de 2014, com repercussão geral, que o prazo prescricional para cobrança do FGTS é **de 5 anos**, com efeitos modulares para os depósitos não realizados a partir da decisão.

A **conversão de regime jurídico** importa na extinção do contrato de trabalho, desafiando a prescrição de dois anos a partir de então – Súmula nº 382 do TST.

---

14 SÜSSEKIND, Arnaldo. *Curso de Direito do Trabalho*. Rio de Janeiro: Renovar, 2002.

15 MARTINS, Sergio Pinto. *Direito do Trabalho*. 13. ed. São Paulo: Atlas, 2001, p. 411.

A prescrição para reclamar a diferença de 40% sobre o FGTS em virtude dos expurgos inflacionários é de dois anos contados a partir da Lei Complementar nº 110/2001.

Explica-se:

A prescrição extintiva começa a fluir da data da extinção do contrato de trabalho, independentemente de ter havido ou não lesão, como determina o art. 11 da CLT. Essa contagem tem características semelhantes a dos prazos decadenciais, já que começa a fluir do direito e não da lesão. Por isso que o não pagamento das parcelas da rescisão não projeta o início da contagem da prescrição para aquela data (10º dia ou primeiro dia útil – art. 477, § 8º da CLT). É uma característica anormal do prazo prescricional trabalhista.

Desta forma, a prescrição extintiva para requerer a reparação de qualquer outro direito que não tenha por base lesão havida no curso do contrato, começa a fluir da criação do direito e não da lesão, por aplicação analógica do entendimento da prescrição extintiva.

A Lei Complementar nº 110, de 29/06/2001, criou direito ao reajuste dos depósitos do FGTS, logo, o prazo de dois anos começou a fluir da data da publicação da Lei Complementar nº 110/2001. Não concordamos com a parte final da OJ nº 344 da SDI-I do TST, pois tem critérios diferentes. Ora considera o fato gerador do direito a lei, ora a sentença transitada em julgado federal que reconheça o crédito.

13. EXPURGOS INFLACIONÁRIOS

Na forma do art. 13 da Lei nº 8.036/90:

> **Art. 13.** Os depósitos efetuados nas contas vinculadas **serão corrigidos monetariamente com base nos parâmetros fixados para atualização dos saldos dos depósitos de poupança** e capitalização juros de (três) por cento ao ano. (grifos nossos)

Acontece que a CEF não creditou as correções monetárias às contas vinculadas do FGTS, apesar de ter corrigido as demais contas de seus clientes, como os demais bancos o fizeram. Com esta atitude, a CEF sonegou dos trabalhadores os reajustes determinados pelos planos econômicos da época.

Por este motivo, o STF, no ano de 2001, declarou que a CEF corrigiu erroneamente os valores existentes nas contas-correntes do FGTS de todos os trabalhadores em virtude dos Planos Verão e Collor. O valor da dívida foi estimado em R$ 40 bilhões, o que gera a presunção de que este também foi o valor lucrado pelo Governo com tal medida.

Em face disto, foi editada a Lei Complementar nº 110/2001 com a ilusória proposta de repor o prejuízo causado aos trabalhadores. Indecentemente a lei prevê que é de responsabilidade do Governo o pagamento de apenas R$ 6 bilhões, repassando ao empresário a responsabilidade pelo restante do valor, com o aumento das alíquotas de recolhimento do FGTS (meio por cento), inclusive para aquelas empresas criadas após 1990. Ressalte-se que a lei ainda prevê que o trabalhador receberá tal direito com um deságio de 15%. Transferir ao empresário uma conta que não é sua é medida contrária à boa-fé, à ética e à finalidade do direito.

De fato a Lei Complementar nº 110/2001 concedeu aos correntistas do FGTS reajuste de 16,64% e de 44,08%, sobre os saldos das contas mantidas entre o período de 01/12/88 a 28/02/89 e durante o mês de abril/90, em virtude dos expurgos dos planos econômicos, tudo às expensas do fundo – art. 4º, reconhecendo um direito que foi efetivamente suprimido dos correntistas.

Portanto, a obrigação de pagar o reajuste – valor principal e seus acessórios é do Fundo, isto é, da Caixa Econômica Federal, pois foi a responsável pela não aplicação tempestiva da correção monetária garantida em lei aos correntistas na época – art. 927, CC. Nem se poderia pensar de outra forma, pois haveria enriquecimento sem causa.

Não é possível repassar ao empregador qualquer ônus, pois praticou o ato jurídico perfeito – 5º, XXXV, da CRFB, baseado na teoria da aparência e boa-fé, pois pagou a indenização adicional sobre o valor constante do extrato emitido pela própria CEF.

Ademais, aquele que causar prejuízos a terceiro por prática de ato ilícito (desrespeito à correção legal) responderá pelos prejuízos diretos e indiretos causados, levando-se em conta a extensão do dano – art. 944 do CC.

Ademais, quando a lei quis excluir a responsabilidade do Fundo dos acessórios o fez expressamente, como ocorreu no caso das multas e correção monetária – parágrafo único do art. 4º da Lei Complementar nº 110/01.

Ressalte-se que onde o legislador não discriminou não cabe ao intérprete fazê-lo. Assim, aplica-se a regra geral de que o acessório segue a mesma sorte do principal.

O governo usa o dinheiro do Fundo, remunera o capital de forma irrisória (3% ao ano), empresta este mesmo dinheiro com juros muito superiores a este, sonega a correção legal e ainda quer se isentar da responsabilidade conexa deste dano? Ora, por que motivo teria a lei determinado que a indenização adicional do FGTS passaria a ser de 50%? Para que a diferença (10%) fosse destinada a custear os prejuízos que ocasionou aos correntistas das contas vinculadas do FGTS.

A responsabilidade do empregador limita-se ao depósito da indenização adicional de 50% (não mais vigora este percentual desde janeiro de 2007) sobre o saldo existente na conta de seu empregado, como declarado pela CEF.

Se, ao demitir, o empregador pagou a indenização adicional de 40% sobre o saldo que existia, de acordo com as correções aplicadas até o momento, não pode mais tarde o Banco depositário responsabilizar o patrão pela correção não aplicada pelo próprio Fundo que administra.

O fato de o banco do correntista não ter aplicado corretamente juros ou correção monetária não pode incriminar aquele que licitamente de boa-fé agiu – art. 422 do CC.

Acresce mais, aquele que, embora detentor de um direito, o exercita de forma abusiva, excedendo dos limites razoáveis, também comete ato ilícito e, em virtude disto, deve reparar os danos diretos e indiretos que causou – arts. 186 c/c 187 do CC. Logo, ao deixar de aplicar a correção monetária sobre os valores depositados nas contas vinculadas do FGTS, impedindo que o empregador pagasse corretamente seus empregados, a Caixa Econômica Federal cometeu ato ilícito, causando prejuízo direto (ao correntista) e indireto (ao empregado demitido sem justa causa) – arts. 402 c/c 927 do CC.

Apesar dos argumentos acima, a jurisprudência majoritária se posicionou de forma distinta – OJ nº 341 da SDI-I do TST.

TÍTULO II
INDENIZAÇÃO POR TEMPO DE SERVIÇO

14. INDENIZAÇÃO POR TEMPO DE SERVIÇO

A indenização por tempo de serviço prevista no art. 478 da CLT era devida para empregados que contassem com mais de um ano nos contratos indeterminados, desde que dispensados imotivadamente e não fossem optantes pelo regime do FGTS.

Após a Carta/88, o FGTS passou a ser o único regime de proteção ao tempo de serviço, ressalvado o direito adquirido daqueles que já tinham o direito à indenização na forma do artigo supracitado (art. 14, § 1º, da Lei nº 8.036/90), isto é, aos não optantes admitidos antes da Constituição/88.

Seu valor correspondia a uma remuneração por ano de serviço ou fração superior a seis meses. Portanto, tanto a indenização prevista no art. 478 da CLT quanto o FGTS são tipos de regime de proteção ao tempo de serviço do empregado.

Todavia, a natureza jurídica e os fundamentos destes institutos são distintos, não podendo ser comparados, pois o FGTS, segundo a corrente majoritária, tem natureza jurídica de salário diferido, já que é de propriedade do empregado em qualquer caso. Apenas há distinção legal quanto ao momento de levantamento dos respectivos valores, podendo ser imediato ou postergado. Já a indenização por tempo de serviço prevista no art. 478 da CLT não é devida em algumas hipóteses, como no pedido de demissão, aposentadoria espontânea, justa causa, terminação normal do contrato a termo e é devida pela metade nos casos de força maior e culpa recíproca. Não há sequer equivalência econômica entre o FGTS e a indenização por tempo de serviço, pois os valores correspondentes são diferentes (Súmula nº 98 do TST).

O art. 7º, I, da CRFB, determinou, nos termos da lei complementar, o pagamento de indenização compensatória devida ao empregado em caso de despedida arbitrária. Esta indenização compensatória deve ser considerada, até que seja promulgada a lei complementar, ao percentual incidente sobre o FGTS nos casos de despedida arbitrária ou nos demais casos legais. Este equivalia inicialmente a 10% (Lei nº 5.107/66), mais tarde foi elevado a 40% incidente sobre o saldo do FGTS constante na época da terminação do contrato, independente de saques – art. 10, I, do ADCT c/c art. 18, § 1º, da Lei nº 8036/90 c/c art. 9º, § 1º, do Decreto nº 99.684/90.

Logo, a antiga indenização por tempo de serviço (art. 478 da CLT) hoje foi substituída pela indenização compensatória incidente sobre o FGTS.

A indenização por tempo de serviço se assemelha, e muito, quanto ao fundamento e hipóteses de pagamento, à indenização compensatória incidente sobre o FGTS (40%).

15. CONCEITO

É o pagamento efetuado pelo empregador ao empregado em virtude da despedida sem justa causa, ou quando o empregador toma a iniciativa do rompimento do contrato (aposentadoria compulsória – art. 51 da Lei nº 8.213/91), ou, ainda, nos demais casos legais: conversão da reintegração em indenização – art. 496 da CLT; extinção do estabelecimento ou empresa por falência ou não – art. 497 da CLT; força maior ou culpa recíproca (arts. 484 e 502 da CLT).

Sua finalidade é de recompensar o empregado pelo tempo que prestou serviços ao empregador.

16. NATUREZA JURÍDICA – TEORIAS

A doutrina ainda não chegou a um consenso sobre a natureza jurídica da antiga indenização por tempo de serviço. Citaremos algumas das mais importantes abaixo.

16.1. Teoria do Crédito

Inspirou-se na lei italiana de 1919 e no princípio da mais-valia da empresa. Como o empregado contribui com o crescimento da empresa, tornando-a próspera e como não pode adquirir a propriedade desta em decorrência de seu trabalho, tem direito a um crédito sobre os fundos do estabelecimento. Este crédito é acumulativo e guarda estreita relação com o tempo de serviço. O empregado só o recebe quando da extinção do contrato de trabalho sem justa causa.

Críticas: A teoria não explica por que o empregado não recebe o crédito em caso de pedido de demissão, aposentadoria voluntária, justa causa etc. Em se tratando de crédito e tendo este natureza salarial, deveria ser pago ao empregado em qualquer hipótese, o que não ocorre com a indenização do art. 478 da CLT.

16.2. Teoria do Ressarcimento do Dano ou Assistencial

Visa compensar o empregado pela perda do emprego, considerando a despedida como um dano causado ao empregado. Por isto dá vantagens pela antiguidade.

Críticas: Para ressarcir um dano deve-se levar em conta a extensão deste o que não ocorre com a indenização contida no art. 478 da CLT, pois esta é prefixada. A indenização leva em conta o tempo de serviço já prestado, isto é, o passado do trabalhador, enquanto a indenização por dano leva em conta os prejuízos imediatos e futuros. Ademais, o ato de despedir não gera culpa do patrão, pois está exercendo um direito potestativo.

São defensores desta tese: Martins Catharino,[16] Russomano[17] e Orlando Gomes.[18]

16.3. Teoria do Risco Profissional, do Risco Criado ou da Teoria Objetiva

Parte do princípio que o empregador responde sempre, independente de culpa, pois assume os riscos do negócio e do empreendimento e com estes estão os da dispensa imotivada.

Críticas: A teoria não explica por que a indenização não é devida em casos de pedido de demissão, aposentadoria espontânea, justa causa e porque é devida pela metade em casos de força maior.

Francisco Antônio de Oliveira[19] é defensor desta teoria.

16.4. Teoria da Previdência, Previdencial ou da Assistência Social

A indenização devida em face da despedida é um seguro contra o desemprego, pois é a forma de sobrevivência do trabalhador após a extinção do pacto, caracterizando-se em benefício social.

Críticas: Não se trata de benefício social, pois este depende de prévia contribuição do empregado e a responsabilidade é sempre da Previdência, em qualquer caso, o que não ocorre com o empregador que não paga a indenização nos casos de pedido de demissão, justa causa etc.

16.5. Teoria da Pena ou Penal

Parte do pressuposto que o empregador sofre uma pena em face das despedidas injustas. Assim a indenização seria uma pena, multa, punição.

Críticas: O ato da dispensa não pode ser punido porque não é ilegal, e sim um exercício de um direito garantido por lei. A teoria não explica como a indenização é devida, mesmo que pela metade, nos casos de força maior.

---

16 CATHARINO, José Martins. *Compêndio Universitário de Direito do Trabalho*. São Paulo: Editora Jurídica e Universitária, 1972, v. 2, p. 830-831.

17 RUSSOMANO, Mozart Victor. *Curso de Direito do Trabalho*. 9. ed. 4. tir. Curitiba: Juruá, 2005, p. 188-191.

18 GOMES, Orlando; GOTTSCHALK, Élson. *Curso de Direito do Trabalho*. 16. ed. Rio de Janeiro: Forense, 2003, p. 161-162.

19 OLIVEIRA, Francisco Antônio. *Consolidação das Leis do Trabalho*. 3. ed. São Paulo: Revista dos Tribunais. 2005.

16.6. Teoria do Prêmio, Premial ou Prêmio Colaboração

Justifica que a indenização é devida porque se caracteriza em um prêmio legal pago nos casos legais em virtude da colaboração do empregado com a empresa, levando em conta seu tempo de serviço. É uma compensação legal.

Críticas: O prêmio não se submete às regras e formas, pois é espontâneo. Também não justifica por que discrimina uns em detrimento de outros ou porque é a indenização devida pela metade nos casos de força maior.

Adotam esta teoria Délio Maranhão[20] e, aparentemente, Sergio Pinto Martins.[21] Estamos com os juristas. Apesar de o prêmio ser parcela normalmente espontânea, nada obsta ao legislador fixar e tarifar um prêmio devido em caso de dispensa imotivada e nas outras hipóteses legais.

16.7. Teoria do Salário Diferido ou Retido

A paga prevista no art. 478 da CLT seria salário complementar à remuneração, retido mês a mês para ser pago quando do implemento de certas condições.

Críticas: Não pode ser considerado salário, pois a indenização contida no art. 478 da CLT não tem natureza salarial e não sofre a proteção do salário. Ademais, salário é devido em qualquer hipótese, pois é a contraprestação pelos serviços prestados, o que não acontece com a indenização contida no art. 478 da CLT.

16.8. Teoria do Abuso do Direito

Inspirou-se no Código francês (art. 1.382). Considera abuso de direito o fato de o empregador demitir, sem justa causa, seu empregado, pois estaria desviando maliciosamente os fins sociais do emprego.

Críticas: A despedida é um direito potestativo que pode ser utilizado livremente, não se constituindo em abuso o uso de um direito – art. 160 do Código Civil.

É defensor desta tese Otávio Bueno Magano.[22]

16.9. Teoria da Integração do Aviso Prévio

Parte do pressuposto que o empregado deveria ter um prazo de aviso prévio superior ao do empregador, pois aquele precisa procurar nova colocação no mercado. Como a lei garantiu a ambos o mesmo prazo, a indenização seria devida ao empregado para compensar o exíguo prazo do pré-aviso, como se fosse um prazo suplementar.

---

20 MARANHÃO, Délio; CARVALHO, Luiz Inácio Barbosa. *Direito do Trabalho*. 17. ed. Rio de Janeiro: Editora da FGV, 1993, p. 280-286.

21 MARTINS, Sergio Pinto. *Direito do Trabalho*. 14. ed. São Paulo: Atlas, 2001, p. 383-384.

22 MAGANO, Octavio Bueno. *Manual de Direito do Trabalho*. 4. ed. São Paulo: LTr, 1993, v. 2, p. 348-349.

Críticas: Indenizar o empregado tem significado diverso de avisá-lo da dispensa. Ademais, há situações em que, segundo a corrente majoritária, não é devido o pré-aviso, mas a indenização sim – força maior (sendo a indenização pela metade).

17. CONCLUSÃO E TEORIAS MISTAS

Dentre as teorias vistas, verificamos que nenhuma delas consegue explicar, por completo, a natureza jurídica do instituto. Algumas justificam a natureza jurídica de acordo com a finalidade da parcela (previdencial, salário diferido, crédito e prêmio), outras se preocupam com a causa, isto é, o fato gerador, o benefício e, a partir daí, sua natureza jurídica (teoria do abuso do direito, da pena, do dano e do risco).

Alguns estudiosos preferiram não adotar uma destas teorias, mas sim uma **teoria mista**, misturando algumas das teorias vistas. É o caso de Hugo Gueiros[23] que adota ao mesmo tempo as teorias do dano, do risco, da pena e do abuso. Outros, apesar de confirmarem a teoria mista (outras misturas) se posicionam pela natureza jurídica preponderante, isto é, a principal, como é o caso de Orlando Gomes,[24] Russomano[25] e Catharino.[26]

De qualquer sorte, todas são importantes para justificar um estudo acadêmico e a preocupação por parte da doutrina a respeito da matéria.

---

23 BERNARDES, Hugo Gueiros. *Direito do Trabalho*. São Paulo: LTr. 1989.

24 GOMES, Orlando; GOTTSCHALK, Élson. *Curso de Direito do Trabalho*. 16. ed. Rio de Janeiro: Forense, 2003, p. 161-162.

25 RUSSOMANO, Mozart Victor. *Curso de Direito do Trabalho*. 9. ed. 4. tir. Curitiba: Juruá, 2005, p. 188-191.

26 CATHARINO, José Martins. *Compêndio universitário de Direito do Trabalho*. São Paulo: Editora Jurídica e Universitária, 1972, v. 2, p. 830-831.

Capítulo 36

PRESCRIÇÃO E DECADÊNCIA

1. BREVE HISTÓRICO

A palavra prescrição tem origem no latim *praescriptione*, cognato de *praescribere* que significa escrever na frente.

No Direito Romano as ações civis eram perpétuas, salvo raras exceções, o que ocasionava um grande transtorno social, pois o devedor vivia em fuga permanente do credor, já que este poderia, a qualquer momento, cobrar a dívida. A negligência do credor não o beneficiava.

Com a finalidade de fixar prazos para as ações, de forma a garantir paz ao devedor e uma estabilidade nas relações sociais, a Constituição de Teodósio II, em 424 (Código Teodosiano, Liv. IV, Tít. 14, Lei nº 1), fixou a prescrição das ações perpétuas em 30 anos, que se destinava a extinguir o direito de ação, autorizando um meio de defesa contra as ações perpétuas (*praescriptio triginta annorum*), mantendo as prescrições menores (nas contra o pretor o prazo era de 1 ano, por exemplo).

Pela Lei de Ebúcia o processo formulário dividia-se em duas fases: *in iure* e *in iudicio*. A primeira fase terminava com a fórmula emanada do magistrado (sentença). As fórmulas tinham duas classificações: partes principais e partes acessórias. As acessórias correspondiam às exceções e prescrições. As prescrições eram cláusulas inseridas no início da fórmula e não se relacionavam com o seu teor. Poderiam ser a favor do autor ou do réu.

2. FINALIDADE E NATUREZA JURÍDICA

É uma aspiração do direito à estabilidade, à segurança e à tranquilidade nas relações jurídicas, assim como a previsibilidade das regras que regulam estas relações.

No interesse deste objetivo o tempo é elemento fundamental e comum dos institutos da prescrição e da decadência, pois seu transcurso sepulta pretensões e direitos se não reivindicados oportunamente, ainda que justos. A passagem do tempo (evento cronológico) é elemento natural e tem seus efeitos tanto na vida biológica do homem quanto no seu campo obrigacional. A possibilidade do devedor de ser cobrado por prazo indeterminado, de forma perpétua, indefinida, traz insegurança jurídica e conflitos sociais. Sob este prisma, a prescrição pacifica tais conflitos.

A finalidade da prescrição e da decadência é dar tranquilidade e certeza jurídica às relações, impedindo que a insegurança acarrete consequências gravosas sobre a sociedade e seus indivíduos. Em virtude disto, sua **finalidade é de ordem pública**, pois visa à paz social, à segurança jurídica e à segurança pública. A **natureza jurídica** da prescrição pode ser analisada sob dois prismas: para o devedor é **direito** (de não mais ser exigido para cumprimento da pretensão) e para o credor é **fato jurídico extintivo**, pois aniquila a pretensão.[1-2] Elimina a deflagração de contendas e liquida demandas judiciais a respeito de questões já esquecidas ou apagadas pelo tempo. Calcifica a lesão, trazendo o retorno da confiança e impondo a estabilidade jurídica.

Todavia, esta visão nem sempre foi neste sentido. Nas Ordenações Filipinas[3] (Livro IV, Título 79) e Ordenações Manuelinas (Livro IV, Título 80), que pré-codificaram nosso direito, a prescrição tinha natureza jurídica de pena ou conotação de castigo, pois punia o titular inerte, privando-o de seu direito. A inércia do detentor de um direito demonstrava seu descomprometimento, seu desinteresse para solucionar prontamente a questão. Em virtude disto, o negligente era punido com a perda do direito.

Apesar disso, ainda encontramos na doutrina quem defenda o caráter punitivo da prescrição. Délio Maranhão[4] cita o caráter de sanção existente na prescrição, embora não o destaque como fundamento principal, quando afirma que "se o titular do direito ofendido não age, propondo a ação para restabelecer o equilíbrio desfeito, o Estado – visando à estabilidade das relações em sociedade – consolida a situação criada, punindo, dessa forma, àquele que negligenciou na defesa de seu direito: *dormientibus non sucurrit jus*".

Como visto, a inércia e o tempo são elementos comuns da prescrição e decadência e também não há diferenças de relevo entre os fundamentos (paz social e estabilidade das relações jurídicas) desses institutos, mas, por afetarem à dinâmica social de formas distintas, o legislador estabeleceu prazos normalmente mais exíguos para decadência e mais longos para prescrição. Isto porque a decadência relaciona-se com a modificação unilateral de uma relação jurídica preexistente (exercício de um direito potestativo), enquanto a prescrição convola uma situação que antes era contrária ao Direito (reparação de um direito violado). Como o exercício de um direito potestativo tem menor repercussão social que a reparação de uma lesão, o legislador concedeu maior proteção social à prescrição conferindo-lhe, em regra, prazos mais extensos. Além disso, como o cumprimento das obrigações é de in-

---

1 ALVES, Vilson Rodrigues. *Da prescrição e decadência no novo Código Civil*. Campinas: Bookseller, 2003, p. 89.

2 MIRANDA, Pontes. *Tratado de Direito Civil*. 3. ed. Tomo VI. Rio de Janeiro: Borsói, 1970, p. 100.

3 LEAL, Antônio Luis da Câmara. *Da prescrição e da decadência*. Rio de Janeiro: Forense, 1993, p. 6.

4 *Apud* LORENZETTI, Ari Pedro. *A prescrição e a decadência na Justiça do Trabalho*. São Paulo: LTr, 2009, p. 27.

teresse de toda sociedade o legislador admitiu que houvesse renúncia[5] quanto aos efeitos da prescrição, mas não em relação à decadência.

2.1. Introdução

A passagem do tempo tanto pode ter efeito positivo sobre as relações jurídicas e atuar como fato gerador de direitos, como ocorre com a **prescrição aquisitiva** (usucapião), como pode ser fator extintivo da pretensão diante da inação, dentro de determinado prazo, do titular de um direito subjetivo violado (**prescrição extintiva**).

O transcurso do tempo também influi de forma determinante nas relações jurídicas decorrentes de alguns direitos potestativos (faculdade jurídica de agir que independe da colaboração da outra parte), condicionando a validade de seu exercício a um prazo determinado e fatal (não interrompe ou suspende), que, se escoado, acarreta a **decadência**, isto é, o perecimento ou caducidade do próprio direito.

Assim, a prescrição e a decadência incidem sobre tipos de direitos diferentes e uma relação jurídica nunca estará sujeita aos dois institutos ao mesmo tempo. Não existem situações híbridas.

Entretanto, por que é tão difícil diferenciar a prescrição da decadência?

Vários fatos contribuem.

O primeiro fator foi a confusão trazida pelo Código Civil de 1916, que não distinguia tecnicamente os institutos, tratando, por exemplo, no art. 178, vários prazos decadenciais como sendo de prescrição.

Outro motivo é a afinidade destes dois institutos que, apesar de diferirem quanto ao seu objeto, não se prestam à criação ou modificação de relações jurídicas, e relacionam-se a fatos jurídicos **extintivos** (salvo no que tange à prescrição aquisitiva). Tanto a prescrição (extintiva) quanto a decadência possuem o mesmo fator operante, a **passagem do tempo**, e ambos têm o mesmo fator determinante, isto é, a **inércia do titular** de um direito ou o seu desinteresse por certo lapso temporal; o que se revela no brocardo "o direito não socorre a quem dorme", que pode ser entendido como o direito deve ser exercido tempestivamente, dentro de seus prazos. Portanto, embora a prescrição e a decadência atinjam relações jurídicas diferentes e tenham formas de funcionamento distintas, possuem a mesma fundamentação.

Abaixo analisaremos cada um dos institutos para melhor diferenciá-los.

3. PRESCRIÇÃO

3.1. Conceito

Por muito tempo se concebeu que a prescrição estava relacionada ao direito de ação e, em virtude disto, quando acolhida extinguia este direito, na concepção

5 Convém ressaltar que há quem defenda a impossibilidade da renúncia da prescrição pelo devedor, ante o disposto art. 487, II, do CPC, que permite ao juiz o seu conhecimento de ofício.

de muitos. Neste sentido, alguns renomados autores[6-7] defendem que a prescrição é a extinção do direito de ação. O não exercício tempestivo da ação, isto é, o não ajuizamento oportuno da ação que assegura o direito violado impede, de acordo com esta posição, seu exercício, o direito de ação. Câmara Leal[8] a conceituava como "extinção de uma ação ajuizável, em virtude da inércia de seu titular durante certo lapso de tempo, na ausência de causas preclusivas de seu curso." Posição tímida[9] defendia que a prescrição extingue o próprio direito.

O Código Civil sepultou a controvérsia. Conceituou a prescrição como sendo a extinção da pretensão de um direito material violado pelo decurso dos prazos previstos em lei, desde que não haja causas impeditivas, interruptivas ou suspensivas de seu decurso – arts. 189, 205 e 206 do CC c/c arts. 26 e 27 do CDC.

Assim, a prescrição retira a exigibilidade de um direito. O direito em si sobrevive e pode ser exercido extrajudicialmente, mas não mais cobrado, exigido. A obrigação passa a ser natural e seu cumprimento espontâneo não autoriza a repetição de indébito, isto é, a devolução.

Explica-se:

Há duas grandes categorias de direitos: os direitos objetivos e os direitos subjetivos.

O **objetivo** é o direito abstratamente previsto na norma, que impõe vários requisitos para ser exercido. O direito **subjetivo** nasce do encontro da norma com o fato, isto é, aquele que preencheu todos os requisitos previstos abstratamente na lei poderá exercer e exigir o direito previsto. Em outras palavras, o **direito objetivo** é o estabelecido pela norma jurídica, ou seja, a norma impõe certos requisitos para que o indivíduo possa vir a gozar de determinado direito. Quando a pessoa possui todos os requisitos necessários para usufruir o direito, diz-se que ele possui o **direito subjetivo**.

Ao **direito** do sujeito ativo corresponde o **dever** do sujeito passivo, o que significa que aquele pode exigir algo (entregar, fazer ou se abster de alguma coisa) deste (Estado, um vizinho, a coletividade como um todo etc.). Portanto, o sujeito ativo sempre fica na dependência do sujeito passivo honrar com sua obrigação, o que faz com que os direitos subjetivos sejam **violáveis**, podendo resultar em **perdas e danos**. Isto é, a violação do direito subjetivo, que causa dano, faz nascer, para esse titular, o poder de exigir (pretensão) do devedor uma obrigação. Assim, a **pretensão**, influência do direito germânico (*anspruch*), é o **poder** que o sujeito ativo tem de, com sucesso, **exigir** juridicamente de um terceiro (sujeito passivo) uma ação ou omissão.

---

6 LEAL, Antônio Luis da Câmara. *Da prescrição e da decadência*. Rio de Janeiro: Forense, 1993, p. 12; RODRIGUES, Silvio. *Direito Civil*. São Paulo: Saraiva, 2003, v. 1, p. 358.

7 DINIZ, Maria Helena. *Curso de Direito Civil*. São Paulo: Saraiva, 1991, v. 1, p. 202.

8 LEAL, Antônio Luis da Câmara. *Da prescrição e da decadência*. Rio de Janeiro: Forense, 1993, p. 12.

9 PEREIRA, Caio Mário da Silva. *Curso de Direito Civil*. São Paulo: Saraiva, 2000.

Exemplo: A dívida pode existir, mas só pode ser cobrada pelo credor quando vencida, caso contrário gera a obrigação de indenizar. Após ser **violado** o **direito subjetivo** (não pagamento da dívida em seu vencimento) surge a pretensão, que deve ser exercida dentro de determinado prazo sob pena de prescrever (tornar-se inexigível pelas vias judiciais), conforme definido no art. 189 do CC.

Portanto, podemos concluir que a **prescrição** só começa a fluir a partir do **direito lesionado** e do consequente aparecimento da **pretensão**. O transcurso de tempo aliado à inércia não justificável (que depende de valoração legal – causas impeditivas ou suspensivas) do titular do crédito, acarretam na prescrição, que não atinge a validade da obrigação, mas a eficácia da pretensão. Assim, a relação jurídica prescrita continua existindo e o único elemento atingido é a pretensão, a dívida não pode mais ser oposta, quer através de ação ou execução. A obrigação prescrita existe, mas não pode mais ser cobrada. Tanto que a prescrição **não** aparece como um dos modos de extinção das obrigações ao lado da dação, pagamento, novação, confusão, compensação etc.

Apesar de a prescrição decorrer de um ato-fato jurídico, pois deriva de conduta humana (ainda que omissiva, isto é, não invocar o direito por longo período), os aspectos da vontade do agente são irrelevantes para os efeitos prescricionais, que decorrem de lei. Quer dizer, que não há interesse nos motivos que levaram o credor à inércia.

4. DECADÊNCIA

4.1. Conceito

Etimologicamente, decadência deriva do latim *caducus-a-um* e significa aquilo que cai, que está destinado a perecer, morrer. O sufixo "encia", variação do vocábulo latim *entia*, indica ação ou estado: ação de cair ou estado daquilo que decaiu.

Decadência é a perda de **direitos potestativos** e **invioláveis** pelo decurso de prazo previsto em lei ou no contrato para o seu exercício.

No ramo trabalhista, a decadência tem menor incidência.

O Código Civil não define expressamente a decadência, mas traça sua diferenciação em relação à prescrição, o que não ocorria no Código Civil de 1916. Enquanto a prescrição torna inexigível uma pretensão, a decadência extingue o próprio direito. Na prescrição o direito persiste, mas a pretensão é liquidada.

Existem direitos subjetivos e passíveis de violação (vinculados à prescrição) como, por exemplo, os direitos da personalidade (vida, honra, integridade física, liberdade), os direitos de crédito, os direitos reais, o direito intelectual do tipo autoral etc. Há, entretanto, outros direitos, em menor número, que são verdadeiras faculdades e, por isso, invioláveis (ligados à decadência).

A **decadência** é menos frequente que a prescrição e mais simples em seu conceito. Relaciona-se com **direitos potestativos** ou formativos, e envolve liberdade individual. Deriva do latim *potestas* que significa poder, e é a faculdade que um sujeito (titular do direito) tem de criar, modificar ou extinguir uma relação jurídica, interferindo na vida de outrem unilateralmente, isto é, sem que este possa se manifestar ou colaborar para tanto, colocando-o em um **estado de sujeição**. Relaciona-se ao implemento de um direito e não à exigência do cumprimento de uma obrigação. Porém, nem todos os direitos potestativos estão sujeitos a um prazo legal para serem exercidos (decadência). O direito de divórcio ou de rescisão de um contrato de trabalho são exemplos de direitos potestativos não sujeitos a prazo decadencial. Nem todos os direitos potestativos sofrem os efeitos negativos da passagem do tempo.

O prazo decadencial é sempre **fatal**, logo, a ele não se aplicam as causas suspensivas ou interruptivas da contagem do prazo prescricional (art. 207 do CC), salvo raras exceções.

Desafia a decadência o prazo para ajuizar:

a) inquérito judicial contra empregado estável, se suspenso – 30 dias – Súmula nº 62 do TST c/c Súmula nº 403 do STF;

b) mandado de segurança – 120 dias;

c) embargos à execução – 5 dias;

d) ação rescisória – 2 anos.

4.2. Diferenças entre a Prescrição e a Decadência

PRESCRIÇÃO arts. 189 a 206 CC	DECADÊNCIA arts. 207 a 211 do CC
Extingue a pretensão - art. 189 do CC.	Extingue o direito.
Relaciona-se a uma prestação pessoal ou real.	Relaciona-se a direitos potestativos, a direitos sem prestação.
Incide nas ações condenatórias.	Incide nas ações constitutivas.
Seu prazo começa a fluir da lesão e não do direito. Primeiro nasce o direito e depois a lesão - art. 189 do CC.	Seu prazo começa a fluir do nascimento do direito.
Não podia ser conhecida de ofício, salvo quando aproveitava incapaz - art. 198, I, do CC. A partir da Lei nº 11.280/2006, o art. 219, § 5º, do CPC/73 passou a autorizar o juiz a conhecer da prescrição de ofício.[10]	A decadência prevista em lei pode ser conhecida de ofício pelo juiz - art. 210 do CC.
Suas hipóteses e prazos são fixados exclusivamente pela lei e as partes não podem alterá-los ou criar novas hipóteses - art. 192 do CC.	Suas hipóteses e prazos são fixados pela lei ou pela vontade das partes. Aqueles prazos previstos em lei não podem ser alterados pela vontade das partes.
Os prazos são passíveis de suspensão, interrupção e causas impeditivas de seu curso.	Seus prazos não são passíveis de suspensão, interrupção e causas impeditivas de seu curso, salvo contra os incapazes - arts. 207, 208 do CC c/c, art. 198, I, do CC (ver OJ nº 13 e 18 da SDI II do TST e art. 26 do CDC).

[10] Sem correspondente no CPC/2015.

PRESCRIÇÃO arts. 189 a 206 CC	DECADÊNCIA arts. 207 a 211 do CC
As hipóteses de suspensão, interrupção e causa impeditiva são taxativas na lei, não podendo as partes criar novas.	Seus prazos não são passíveis de suspensão, interrupção e causas impeditivas de seu curso. (ver OJ nºs 13[11] e 18 da SDI II do TST e art. 26 do CDC).
Pode ser renunciada depois de consumada – art. 191 do CC.	Não pode ser renunciada – art. 209 do CC.
A parte pode arguir a qualquer tempo em grau ordinário de jurisdição – art. 193 do CC.	A parte pode arguir a qualquer tempo em grau ordinário de jurisdição – art. 211 do CC.

5. NORMAS GERAIS DE PRESCRIÇÃO

a) os particulares não podem declarar imprescritível qualquer direito, mesmo que em benefício do empregado, não se aplicando neste caso o princípio da condição mais benéfica – art. 192 do CC;

b) os prazos só podem ser fixados por lei e não podem ser majorados em qualquer hipótese pelos particulares, mesmo que em benefício do trabalhador;

c) as partes não podem criar hipóteses de interrupção, suspensão ou causas de impedimento do fluxo da prescrição, nem o juiz fazer interpretação extensiva ou análoga – art. 192 do CC;

d) antes de consumada, a prescrição não pode ser renunciada – art. 191 do Código Civil;

e) a prescrição iniciada contra uma pessoa continua a correr contra o seu sucessor, salvo quando absolutamente incapaz – art. 196 do CC c/c art. 198, I, do CC;

f) com o principal prescrevem os acessórios;

g) a prescrição em curso não gera direito adquirido;

h) tanto as pessoas naturais como as jurídicas sujeitam-se à prescrição;

i) a prescrição interrompida recomeça a correr da data do ato que a interrompeu ou do último ato praticado no processo para interrompê-la – art. 202, parágrafo único, do CC;

j) a interrupção do prazo prescricional só poderá ocorrer uma vez – art. 202, *caput*, do CC;

k) suspensa a prescrição em favor de um dos credores solidários, só aproveita aos outros se a obrigação for indivisível – art. 201 do CC.

---

[11] A OJ 13 da SDI-II foi cancelada.

6. PRESCRIÇÃO TRABALHISTA

A **prescrição aquisitiva** (usucapião) excepcionalmente terá aplicação no Direito do Trabalho. Pode ocorrer sobre ferramentas de trabalho, casa, carro ou outros móveis. Dificilmente o trabalhador conseguirá a propriedade do imóvel ou do objeto móvel alegando usucapião, já que era detentor do objeto que lhe foi fornecido pelo próprio patrão em virtude do trabalho. Logo, só em situações excepcionais a usucapião poderá ocorrer de fato. Mauricio Godinho,[12] em posição isolada, admite a prescrição aquisitiva no caso de usucapião. Justifica que como esta é uma das formas de aquisição de propriedade, pode acarretar a mudança da propriedade da empresa, gerando a sucessão trabalhista. Discordamos. A sucessão é possível em qualquer caso de transferência da empresa, mesmo que não tenha novo proprietário, mas mero possuidor da empresa.

A **prescrição extintiva** tem perfeita aplicação no campo trabalhista e ela se divide em quatro espécies:

a) prescrição extintiva (propriamente dita): 2 anos;
b) prescrição total: 5 anos;
c) prescrição parcial: 5 anos;
d) prescrição intercorrente: 2 anos – Súmula nº 150 do STF e p. 2º do artigo 11 da CLT.

7. ESPÉCIES DE PRESCRIÇÃO

7.1. Extintiva

A prescrição **extintiva** diz respeito à pretensão, à exigibilidade do direito. Começa a fluir após a extinção do pacto, independentemente de ter ou não ocorrido alguma lesão. Seu prazo é de dois anos – art. 7º, XXIX, da CRFB c/c art. 11 da CLT. Extinto o ajuste trabalhista o empregado terá o prazo de dois anos para ajuizar a ação trabalhista que vise à reparação de qualquer lesão ocorrida na vigência do contrato. Transcorrido o prazo, sem que a parte tenha exercido seu direito, a pretensão está prescrita.

Assemelha-se com a decadência, pois seu prazo começa a fluir da extinção do contrato (já computado o aviso prévio, trabalhado ou indenizado, ao fim do prazo, aí incluído o período do aviso proporcional ao tempo de serviço – OJ nº 83 da SDI-I do TST) tendo havido ou não lesão no ato resilitório. Em virtude disso, alguns raros julgados advogam pela não interrupção e suspensão desse prazo sob o argumento de que o prazo é decadencial.

Apesar dessa semelhança, as demais características são semelhantes às dos prazos prescricionais, por isso, trata-se de prazo prescricional.

---

12 DELGADO, Mauricio Godinho. *Curso de Direito do Trabalho*. São Paulo: LTr, 2002, p. 246.

Aliás, a Lei Maior confirma esta tese, na forma do art. 7º, XXIX, da CRFB:

> Ação, quanto aos créditos resultantes das relações de trabalho, com **prazo prescricional** de cinco anos para os trabalhadores urbanos e rurais, até o limite de **dois anos após a extinção do contrato** (grifos nossos).

Portanto, a prescrição bienal distingue-se das demais porque seu prazo não começa a fluir da lesão e sim da desconstituição do contrato, peculiaridade da decadência.

Desta forma, se algum direito for criado por lei ou norma coletiva, após a extinção do contrato de trabalho, começa a fluir o prazo para reclamar o implemento ou cumprimento de tal direito na data de sua criação e não com a lesão, em face dessa semelhança que a prescrição extintiva tem com a decadência. Por esse motivo a prescrição da ação de cumprimento começa a fluir do trânsito em julgado da sentença normativa; a diferença da indenização adicional de 40%, decorrente dos expurgos inflacionários incidentes sobre o FGTS prescreve em dois anos contados a partir da Lei Complementar nº 110/2001 – OJ nº 344 da SDI-I do TST; o pedido de readmissão em virtude de anistia a partir da concessão da anistia – art. 8º do ADCT e Lei nº 8.878/94 etc.

7.2. Total

A prescrição **total** aplica-se às lesões contratuais que se iniciaram há muito e que se estancaram há mais de cinco anos do ajuizamento da ação. Seu prazo é de cinco anos, contados da lesão. Também está relacionada com o ato único praticado há mais de cinco anos. Entende-se como ato único aquele que não se protrai no tempo, como, por exemplo, o dano moral, o não pagamento da indenização prevista na Súmula nº 291 do TST, devido em face da supressão do labor extra etc. Ato único é a lesão única, isto é, que não repercute mês a mês, não tendo efeito de trato sucessivo.

A jurisprudência, e mais tarde a lei, equipararam, todavia, os efeitos do ato único aos efeitos daquele que não infringe dispositivo de lei, mas que se protrai no tempo – Súmula nº 294 do TST. Da mesma forma o § 2º do art. 11 da CLT, acrescido pela Lei 13.467/17.

> § 2º Tratando-se de pretensão que envolva pedido de prestações sucessivas decorrente de alteração ou descumprimento do pactuado, a prescrição é total, exceto quando o direito à parcela esteja também assegurado por preceito de lei.

Explica-se:

A Súmula nº 294 do TST e o §. 2º do art. 11 da CLT equipararam a pretensão de reparação de supressão de parcela de trato sucessivo e de ordem privada ao pedido de reparação de lesão ocorrida por ato único.

Pergunta-se:

Está prescrita a pretensão de restabelecimento de parcela concedida mensalmente ao empregado por força do contrato, logo, não previsto em lei, mas suprimida há mais de cinco anos?

> **Ex.:** Desde a admissão o caixa percebia gratificação de quebra de caixa, parcela concedida voluntariamente pelo empregador, já que não está obrigado a tanto por lei. Depois de três anos recebendo mensalmente a parcela, o empregador injustificadamente suprimiu o benefício, apesar de o empregado continuar trabalhando como caixa. Ajuizada a ação cinco anos após a supressão, a pretensão está prescrita?

Duas correntes se propõem a responder a questão:

A primeira corrente entende que não, pois o **direito** está previsto em lei (inalterabilidade contratual – art. 468 da CLT) e a parcela era de trato sucessivo, desafiando a prescrição parcial e não a total. O trabalhador terá direito aos últimos cinco anos contados do ajuizamento da ação. Esta era a nossa opinião.

O princípio da irredutibilidade salarial está garantido constitucionalmente – art. 7º, VI, da CRFB. Logo, todo ato praticado pelo empregador que importe em redução salarial viola direito garantido em lei, atraindo a prescrição parcial.

Por outro lado, se o ato perpetrado pelo patrão importar em alteração prejudicial ao empregado, por supressão de parcela prevista ou não em lei, será considerado nulo de pleno direito – art. 468 da CLT, salvo se praticado por norma coletiva, nos termos do art. 611-A da CLT. Como a declaração dos atos absolutamente nulos não prescreve, seus efeitos pecuniários estarão prescritos em cinco anos, atraindo a prescrição parcial.

No exemplo citado, a supressão de parcela "gratificação de caixa" importou em redução salarial, diante de sua natureza salarial e em alteração prejudicial ao empregado (mesmo que a parcela não tivesse natureza salarial). Logo, o ato infringiu dois dispositivos legais que amparam direitos de ordem pública – a irredutibilidade salarial – art. 7º, VI, da CRFB e art. 468 da CLT. Portanto, a supressão infringe **direito** garantido em lei – exceção prevista na Súmula nº 294 do TST e no § 2º do art. 11 da CLT.

A segunda corrente defende a aplicação da prescrição total, pois a parcela "gratificação de caixa" não está garantida por lei, enquadrando-se na Súmula nº 294 do C. TST e hoje no § 2º do art. 11 da CLT. Essa vertente utiliza a interpretação literal da palavra "**parcela**" contida na súmula e na lei. A sua solução seria a de que a pretensão está prescrita, por ultrapassados cinco anos da supressão (da alteração contratual).

Conclusão: a diferença entre a primeira e a segunda correntes está na interpretação da expressão "parcela" contida tanto na Súmula 294 do TST como no § 2º do art. 11 da CLT. Para os que fazem interpretação extensiva, a expressão "parcela" significa direito. Para os que adotam a interpretação literal, parcela significa pagamento específico de um sobressalário ou benefício.

7.3. Parcial

A prescrição **parcial** é de cinco anos e torna inexigíveis as parcelas anteriores a cinco anos da data do ajuizamento da ação – Súmula nº 308 do TST.

A prescrição quanto ao pedido do recolhimento do FGTS ou diferenças pelo não recolhimento é de dois anos após a extinção do contrato e era de 30[13] anos durante o contrato – Súmula nº 362 do TST. O STF alterou esse posicionamento para fixar também em 5 anos a prescrição do FGTS, observada a modulação. Remetemos o leitor ao Capítulo "FGTS".

O quinquênio é contado da data do ajuizamento da ação que está sendo julgada para trás. Retroage-se cinco anos da data em que a ação está sendo julgada, repetindo-se o mesmo dia e mês.

8. CASOS ESPECIAIS

8.1. Menor

Contra o menor de 18 anos não corre a prescrição (art. 440 da CLT). Por se tratar de regra de proteção à idade e não à capacidade, já que a CLT destinou aos relativamente incapazes a imprescritibilidade quando o Código Civil o faz apenas para o absolutamente incapaz. Ressalte-se que a lei se refere "ao menor de 18 anos" e não ao incapaz.

A emancipação, casamento, emprego público efetivo, colação de grau em curso de ensino superior pelo estabelecimento civil ou comercial não alteram a prescrição a ser aplicada ao menor. Ademais, por já ser empregado é capaz.

A prescrição prevista no art. 440 da CLT aplica-se apenas ao **trabalhador menor e não ao herdeiro** do empregado falecido. Desta forma, os herdeiros só poderão exigir os créditos não alcançados pela prescrição quando do falecimento do empregado.

> O art. 440 da CLT diz respeito à proteção do trabalho do empregado e não ao menor herdeiro. A morte do empregado suspende a prescrição em curso, que recomeça a contar da maioridade dos herdeiros. Sentença que se reforma em reexame necessário, para declarar prescritas as parcelas anteriores a 05/10/86. TRT 4ª Reg. 5ª T., RO 00734.231/93.8, Rel. Ricardo Luiz Tavares Gehiling, julgado em 21/10/99. BOMFIM, Benedito Calheiros; SANTOS, Silvério dos. *Dicionário de Decisões Trabalhistas*. 32. ed. Rio de Janeiro: Edições Trabalhistas, 2002, p. 485.
>
> PRESCRIÇÃO. ART. 440 DA CLT. MENOR HERDEIRO. Inaplicabilidade. As disposições do art. 440 da CLT, que impedem a contagem do prazo prescricional contra o menor, referem-se a direitos adquiridos por ele a condição de trabalhador, não alcançando o menor herdeiro, que se submete às regras do direito comum. TRT, 3ª Reg. 1ª T., RO 16.469/02, Rel. Rosemary de Oliveira Pires, *DJ*/MG 14/02/2003.

---

13 O STF, julgando Recurso Extraordinário com Agravo (ARE 70912), decidiu, em novembro de 2014, com repercussão geral, que o prazo prescricional para cobrança do FGTS é **de 5 anos.**

Na vigência do contrato a prescrição parcial passa a produzir seus efeitos quando o menor completar 23 anos, já que a sua prescrição começa a fluir com 18 anos (inclusive).

O TST também tem se posicionado desta forma, como demonstra a recente decisão prolatada pela 6ª T. (RR 3676.2003.66.09.00.6).

8.2. Demais Casos

Doméstico – 5 anos limitados a 2 após a extinção do contrato – Remetemos o leitor ao Capítulo "Empregados Domésticos";

Rural – 5 anos limitados a 2 após a extinção do contrato – Remetemos o leitor ao Capítulo "Trabalhador Rural";

FGTS – 5 anos limitados a 2 após a extinção do contrato – Capítulo "FGTS";

Dano Moral e Material – 5 anos limitados a 2 após a extinção do contrato – Capítulo "Salário";

Acidente do Trabalho – 5 anos limitados a 2 após a extinção do contrato – Capítulo "Salário".

9. DAS CAUSAS QUE OBSTAM O FLUXO DO PRAZO PRESCRICIONAL

De acordo com o Código Civil:

> **Art. 197.** Não corre a prescrição:
>
> I – entre os cônjuges, na constância da sociedade conjugal;
>
> II – entre ascendentes e descendentes, durante o poder familiar;
>
> III – entre tutelados ou curatelados e seus tutores ou curadores, durante a tutela ou curatela.
>
> **Art. 198.** Também não corre a prescrição:
>
> I – contra os incapazes de que trata o art. 3º;
>
> II – contra os ausentes do País em serviço público da União, dos Estados ou dos Municípios;
>
> III – contra os que se acharem servindo nas Forças Armadas, em tempo de guerra.
>
> **Art. 199.** Não corre igualmente a prescrição:
>
> I – pendendo condição suspensiva;
>
> II – não estando vencido o prazo;
>
> III – pendendo ação de evicção.
>
> (...)
>
> **Art. 200.** Quando a ação se originar de fato que deva ser apurado no juízo criminal, não correrá a prescrição antes da respectiva sentença definitiva.
>
> **Art. 201.** Suspensa a prescrição em favor de um dos credores solidários, só aproveitam os outros se a obrigação for indivisível.

Art. 202. A interrupção da prescrição, que somente poderá ocorrer uma vez, dar-se-á:

I – por despacho do juiz, mesmo incompetente, que ordenar a citação, se o interessado a promover no prazo e na forma da lei processual;

II – por protesto, nas condições do inciso antecedente;

III – por protesto cambial;

IV – pela apresentação do título de crédito em juízo de inventário ou em concurso de credores;

V – por qualquer ato judicial que constitua em mora o devedor;

VI – por qualquer ato inequívoco, ainda que extrajudicial, que importe reconhecimento do direito pelo devedor.

Parágrafo único. A prescrição interrompida recomeça a correr da data do ato que a interrompeu, ou do último ato do processo para a interromper.

Art. 203. A prescrição pode ser interrompida por qualquer interessado.

Art. 204. A interrupção da prescrição por um credor não aproveita aos outros; semelhantemente, a interrupção operada contra o codevedor, ou seu herdeiro, não prejudica aos demais coobrigados.

§ 1º A interrupção por um dos credores solidários aproveita aos outros; assim como a interrupção efetuada contra o devedor solidário envolve os demais e seus herdeiros.

§ 2º A interrupção operada contra um dos herdeiros do devedor solidário não prejudica os outros herdeiros ou devedores, senão quando se trate de obrigações e direitos indivisíveis.

§ 3º A interrupção produzida contra o principal devedor prejudica o fiador.

Apesar da relevante função social da prescrição como medida de política jurídica e paz social, para algumas situações o legislador considerou justa a inércia/omissão do titular em exercer seu direito, criando obstáculos que paralisam o curso da prescrição.

O fluxo do prazo prescricional é suscetível de **suspensão/impedimento** ou **interrupção**. As hipóteses previstas em lei são taxativas não podendo ser criadas outras pela vontade da parte.

Havendo **suspensão** (ou impedimento), cessada a causa que a determinou, o prazo continua a fluir, sem desprezo do prazo já transcorrido (efeito sanfona). Isto é, influem e interferem em seu cômputo circunstâncias que podem excluir de sua contagem certos períodos de tempo que estiveram suspensos, adiando o termo final da prescrição.

As causas de **impedimento** e **suspensão** têm a mesma natureza de ser, mas diferem quanto ao seu momento. Nesta, o prazo prescricional já se encontrava fluindo quando ocorre o fato obstativo, **superveniente** ao início da prescrição, que paralisa (suspende) o prosseguimento do prazo, já que o direito não é exigível durante aquele período. Exemplo é o aparecimento de incapacidade absoluta do titular do direito após iniciado o prazo prescricional – arts. 3º e 198, I, do CC. Já naquela o fato impeditivo se verifica antes mesmo do direito lesionado nascer (é

anterior ao início da prescrição), impedindo que o prazo se inicie, postergando sua deflagração. É exemplo, no Direito do Trabalho, a menoridade – art. 440 da CLT, em que o prazo prescricional só começa a fluir após os 18 anos. A prescrição também estará suspensa pela interposição do acordo extrajudicial e volta a correr da data do trânsito em julgado da decisão que negar a homologação – art. 855-E da CLT.

Na **interrupção**, ao contrário, cessada a causa que a determinou, o prazo prescricional recomeça a correr desde o início (marco zero), não adicionando o prazo já transcorrido.

9.1. Interrupção

O art. 202 do CC de 2002 dispõe em seu *caput* que a interrupção da prescrição só pode ocorrer **uma vez**. Essa previsão se aplica subsidiariamente ao Direito do Trabalho, já que a CLT é omissa a respeito e tal determinação é compatível com os princípios adotados por esse ramo do direito.

Desta forma, havendo sucessivos atos interruptivos, apenas o primeiro destes irá interromper a prescrição, os demais não produzirão qualquer efeito de se reiniciar a fluência do lapso prescricional, ou seja, não ajuizada a ação após o primeiro ato interruptivo, seja ele qual for, o prazo prescricional fluirá contínua e inexoravelmente. A lei se referiu a uma única interrupção antes da ação que se está julgando, pois no curso da ação a prescrição fica **suspensa**.

> **Ex.:** Extinto o contrato de trabalho em 10/02/2016 (aviso prévio cumprido), ajuizada a primeira reclamação trabalhista em 10/02/2017 (estamos usando datas fáceis para simplificar o entendimento) e arquivada em 10/03/2017, novo prazo de dois anos foi renovado para ajuizamento da mesma ação, cujo processo foi extinto sem julgamento de mérito (arquivado).
> Ajuizada a segunda reclamação em 10/03/2018 e arquivada em 10/10/2018, conclui-se que o autor tem até 10/10/2019 para ajuizar a ação, sob pena de prescrita a pretensão.

Explica-se:

O segundo ajuizamento não renovou o biênio, logo, o prazo de um ano exato fluiu até o ajuizamento da segunda ação, restando mais um ano. Como durante o curso da (segunda) ação não correu a prescrição (suspensão do prazo), o autor ainda tinha um ano para nova ação, cujo prazo começou a fluir a partir do útimo arquivamento.

As causas interruptivas da prescrição são fatos provocados e determinados diretamente pelas partes. A interrupção susta a contagem prescricional já iniciada, eliminando inclusive o prazo prescricional em curso, ou seja, o prazo recomeça do zero, o que favorece mais largamente o titular do direito, do que as chamadas causas suspensivas ou impeditivas. Estas últimas são fatores que a lei considera indicativos de restrições sofridas pelo titular do direito no que tange à defesa de seus próprios interesses. Quando se trata de causas impeditivas inviabilizam, juridicamente, o início da contagem da prescrição. E, em se tratando de causas suspensivas, sustam a contagem prescricional já iniciada.

Uma grande diferença de tais causas para as interruptivas é que as primeiras consubstanciam fatos ocorridos independentemente da vontade das partes beneficiadas por estas, já as causas interruptivas decorrem de um agir da parte, interessada em dela se beneficiar. Considerando que o titular do direito está interessado na sua preservação, a legislação confere largo efeito à conduta interruptiva, restituindo ao credor, por inteiro, o prazo prescricional em curso, ou seja, a contagem do prazo recomeça, por inteiro, desde a data do ato de interrupção. A única exceção, apontada pelos doutrinadores, de um ato do titular em defesa de seu direito, que não se enquadra como interrupção é a propositura de reclamação administrativa, tratada pelo Decreto nº 20.910 de 1932.

Por se tratar de norma benéfica e de ordem pública, as hipóteses de suspensão, interrupção e de impedimento estão previstas em lei e são taxativas, não podendo as partes criar ou ampliar as hipóteses legais.

Em virtude disso, a interrupção do contrato de trabalho não importa em interrupção do prazo prescricional, pois a hipótese não foi abraçada pelo Código Civil ou pela CLT. Da mesma forma pensa Isis de Almeida[14] acrescentando que nesse caso o contrato continua a produzir todos os seus efeitos, daí por que "não se vê nenhuma razão para ser admitida a suspensão da prescrição". Em sentido contrário Alice Monteiro de Barros.[15]

9.2. Demora na Citação

De acordo com o art. 219, §§ 3º e 4º, do antigo CPC de 1973 o réu deveria ter sido citado em até 90 dias, sob pena de não se ter por interrompida a prescrição. O CPC, no art. 240, § 2º, determina o prazo de 10 dias.

O prazo fixado pela lei processual é perfeitamente compatível com o Processo do Trabalho[16] e refere-se apenas aos casos em que a citação não ocorresse por culpa exclusiva do autor. Assim, quando o reclamante fornece diversas vezes endereço incorreto do réu e, por isso, ultrapassava o prazo de 90 dias ou ultrapassa hoje o prazo de 10 dias entre a distribuição e a citação (notificação), a prescrição não está interrompida desde a distribuição da ação, mas sim a partir da efetiva citação.

Se, entretanto, a demora na citação se der por culpa do Judiciário, o autor não poderá ser prejudicado – Súmula nº 106 do STJ, c/c o art. 240, § 3º, do CPC.

---

14 ALMEIDA, Ísis de. *Manual da prescrição trabalhista*. 3. ed. São Paulo: LTr. 1999, p. 160.

15 BARROS, Alice Monteiro de. *Curso de Direito do Trabalho*. São Paulo: LTr, 2005, p. 996.

16 Em sentido contrário Alice Monteiro que defendia a incompatibilidade dos §§ 2º, 3º e 4º do art. 219 do CPC/73 ao processo do trabalho. Argumentava que no sistema trabalhista não há despacho ordenando a citação. Por isso a interrupção se opera com a distribuição do feito. *Ibidem*, p. 982.

Todavia, o TST entendia e entende de forma contrária, isto é, pela incompatibilidade do revogado art. 219, §§ 2º, 3º e 4º, do antigo CPC/73 e do atual art. 240, § 2º, do CPC – posição adotada pela OJ nº 392 da SDI-I do TST.

9.2.1. Ajuizamento da Ação

A citação válida importa em interrupção da prescrição, na forma do art. 240, § 1º, do CPC c/c art. 202, I, do CC e retroage à data do ajuizamento da ação quando distribuída, uma vez que em comarcas com mais de um cartório há necessidade de prévia distribuição.

Portanto, a data da propositura da ação só é considerada se houve citação válida, salvo se em 10 dias o réu não for citado por culpa do autor – art. 240, § 2º, do CPC.

Citado o réu, mesmo que o processo seja extinto sem julgamento de mérito, a prescrição estará interrompida quanto aos pedidos idênticos – Súmula nº 268 do TST e § 2º do art. 11 da CLT.

O § 3º do art. 11 da CLT foi no mesmo sentido da Súmula 268 do TST. De acordo com a nova redação do art. 11 da CLT:

> Art. 11. (...)
>
> § 3º A interrupção da prescrição somente ocorrerá pelo ajuizamento de reclamação trabalhista, mesmo que em juízo incompetente, ainda que venha a ser extinta sem resolução do mérito, produzindo efeitos apenas em relação aos pedidos idênticos.

9.2.2. Arquivamento

O "arquivamento" da reclamação trabalhista equivale à extinção do processo sem julgamento de mérito e interrompe a prescrição, desde que tenha havido citação válida – Súmula nº 268 do TST e § 3º do art. 11 da CLT.

Havia doutrina tímida em contrário[17] no sentido de que o arquivamento resultava efetivamente a perempção da instância e essa tornava nula a citação, não tendo o condão de interromper a prescrição. Ocorre que o art. 175 do Código Civil de 1916, que tratava desta hipótese, não foi repetido no atual Código Civil, tendo assim sido revogado tacitamente.

De acordo com o parágrafo único do art. 202 do CC a prescrição interrompida recomeça a correr da data do ato que a interrompeu, ou do último ato do processo para a interromper.

Entende-se como último ato do processo o praticado pelo juiz com cunho decisório, não estando incluídos, pois, os atos cartoriais e os despachos de mero expediente exarados pelo juiz.

---

17 ALMEIDA, Ísis de. *Manual da prescrição trabalhista*. 3. ed. São Paulo: LTr. 1999, p. 126-129.

No caso de arquivamento, o último ato é a decisão de "arquivamento", isto é, a sentença de extinção do processo sem julgamento de mérito.

Para a contagem da prescrição intercorrente, o § 1º do art. 11-A da CLT foi expresso ao afirmar que "a fluência do prazo prescricional intercorrente inicia-se quando o exequente deixa de cumprir determinação judicial no curso da execução."

9.2.3. Contagem do Prazo Interrompido

Havendo interrupção da prescrição a contagem da prescrição extintiva recomeça a partir do ato interruptivo. Entretanto, o mesmo não ocorre em relação à prescrição parcial.

A contagem da prescrição parcial em caso de interrupção anterior tem sido motivo de grande discussão na doutrina e de controvérsia na jurisprudência.

Com razão Rodolfo Pamplona[18] que defende que, em caso de interrupção por arquivamento, o quinquênio deve ser computado a partir do ajuizamento da ação que está sendo julgada, excluído o período de paralisação ocasionado pela ação em curso que foi arquivada (suspensão). Explica que deve ser abatido todo o período compreendido entre o ajuizamento da primeira reclamatória e seu arquivamento, por constituir direito adquirido do empregador e, por isso, será computado para efeitos desse quinquênio. Aponta, ainda, o seguinte exemplo:

> João da Silva despedido em 1º/12/2001, e havendo a interrupção da prescrição no período de 1º/12/2002 a 1º/12/2003, se vem este novamente a reclamar em 1º/12/2004 (ressalte-se que estamos utilizando datas exatas para facilitar a compreensão da problemática), quando do cálculo das parcelas efetivamente deferidas no processo de conhecimento, só poderão ser quantificadas as parcelas devidas entre 1º/12/98 e 1º/12/2001 ou seja, 3 (três) anos de relação de emprego, pois pela aplicação da prescrição quinquenal, 1 (hum) ano prescrito refere-se ao período anterior à primeira reclamação, e outro no que diz respeito ao período entre o arquivamento da primeira reclamatória e o ajuizamento da segunda.

Uma segunda vertente posiciona-se no sentido de que apenas a prescrição extintiva é passível de interrupção. A prescrição parcial flui normalmente, não devendo ser excluído qualquer período, nem os referentes à suspensão.

> PRESCRIÇÃO. INTERRUPÇÃO PELO ARQUIVAMENTO DA RECLAMATÓRIA. CONTAGEM DO PRAZO PRESCRICIONAL QUINQUENAL. ENUNCIADO 268 DO C. TST. Inteligência do art. 7º, inciso XXIX, da Constituição Federal. Importante ter em foco o bem da vida protegido pelo instituto da prescrição, qual seja, a busca da paz social, com o sepultamento das tensões sociais, trazendo estabilidade a essas relações. A Constituição Federal em seu art. 7º inciso XXIX, com a nova redação dada pela Emenda Constitucional nº 28, que nenhuma alteração implicou ao trabalhador urbano, contém em seu bojo dois prazos distintos,

[18] PAMPLONA FILHO, Rodolfo. *Interrupção da prescrição no processo trabalhista.* São Paulo, *Revista LTr*, 59-05, maio, 1995, p. 627.

sendo certo que os efeitos que deles se irradiam têm implicações díspares. O prazo prescricional bienal aplica-se ao exercício do direito de ação, enquanto o quinquenal incide sobre o direito material e projeta-se para o passado. Do cotejo da norma constitucional com as regras ordinárias, impõe-se a seguinte conclusão: como o arquivamento interrompe a prescrição, o trabalhador, a partir daquela data, tem ainda mais dois anos para ajuizar nova ação, pleiteando eventuais direitos compreendidos no **quinquênio imediatamente anterior à propositura da nova ação.** Interpretação diversa afronta o sistema jurídico lógico. TRT, 15ª Reg., 2ª T., RO 14446/00-9, Rel. Luis Carlos Cândido Martins Sotero, julgado em 10/10/2000. BOMFIM, Benedito Calheiros; SANTOS, Silvério dos. *Dicionário de decisões trabalhistas*. 32. ed. Rio de Janeiro: Edições Trabalhistas, 2002, p. 488.

A terceira posição é no sentido de que a prescrição parcial deve ser computada da data do ajuizamento da primeira ação que foi a primeira a interromper o contrato.

PRESCRIÇÃO QUINQUENAL. INTERRUPÇÃO. CONTAGEM DO PRAZO. PRIMEIRA RECLAMAÇÃO TRABALHISTA. 1. O ajuizamento de Reclamação Trabalhista interrompe tanto a prescrição bienal quanto à quinquenal. Entender diversamente tornaria inócuo o efeito interruptivo assegurado pelos arts. 219, § 1º do CPC e 202 do Código Civil. 2. Destarte, interrompida a prescrição, o cômputo do biênio é reiniciado a partir do término da condição interruptiva, qual seja, o trânsito em julgado da decisão proferida na primeira ação, enquanto a **prescrição quinquenal do primeiro ato de interrupção, isto é, a propositura da primeira Reclamação Trabalhista**. Precedentes desta Corte. Recurso de Revista conhecido e provido. TST, 3ª T, RR 11.092.2002.900.09.00.8, *DJ* 14/10/2005 (grifos nossos).

9.2.4. Protesto Judicial

O protesto judicial era espécie do gênero da ação cautelar administrativa contida no CPC de 1973 e hoje espécie de procedimento não contencioso e tem por finalidade a preservação do direito do trabalhador de reclamar créditos oriundos do contrato de trabalho.

O protesto, para ter os efeitos desejados – interromper a prescrição –, precisa indicar as parcelas trabalhistas que pretende a interrupção. Não se admite protesto genérico para estes efeitos. Da mesma forma, Mauricio Godinho.[19]

A medida é perfeitamente compatível com o processo do trabalho e, no entendimento jurisprudencial majoritário, sua simples interposição interrompe a prescrição – OJ nº 392 da SDI-I do TST. Apesar do entendimento do TST, entendemos que o protesto, assim como qualquer ação trabalhista, só interrompe a prescrição se houver citação, mesmo que fora do prazo previsto no parágrafo 2º do art. 240 do CPC.

9.3. Suspensão e Impedimento

As causas impeditivas e suspensivas da prescrição paralisam a contagem do prazo da prescrição extintiva, total e parcial.

---

19 DELGADO, Mauricio Godinho. *Curso de Direito do Trabalho*. São Paulo: LTr, 2002, p. 256.

Além das hipóteses previstas nos arts. 197, 199 e 200 do CC, a CLT também trata da suspensão no art. 625-G e o art. 855-E da CLT.

Suspenso o contrato de trabalho o fluxo do prazo prescricional não restará suspenso, salvo quando presentes as hipóteses contidas na lei como suspensivas, mesmo em virtude de auxílio doença.

Em sentido contrário Isis de Almeida,[20] Valentim Carrion[21] e Alice Monteiro de Barros[22] (art. 199, I, do CC – pendência de condição suspensiva).

Discordamos desta posição. O inciso I do art. 199 do CC refere-se a um determinado direito que está sujeito à condição suspensiva e não a um contrato suspenso. Quando o empregado está recebendo auxílio-doença seu contrato está suspenso, mas não os direitos já adquiridos antes da licença legal. Isto quer dizer que todas as lesões anteriores já tiveram seus prazos iniciados, pois posteriores à aquisição do próprio direito.

Um empregado que trabalhou todo o mês de março e de abril de 2005, não recebeu os respectivos salários e entrou em licença médica em maio do mesmo ano não tem o direito aos salários de março e abril "suspenso por condição suspensiva" porque seu contrato foi suspenso. Ao contrário, o direito aos salários já tinha sido adquirido a cada dia efetivamente trabalhado e a lesão iniciada a partir do quinto dia útil do mês subsequente (data legal do vencimento da obrigação), quando o prazo prescricional começa a fluir. Pensamento contrário fere a lei e o direito.

Tepedino,[23] comentando o inciso I do art. 199 do CC, com muita propriedade, afirma que:

> A doutrina, contudo, criticou a inclusão desse dispositivo legal, afirmando que se trata de preceito supérfluo. A prescrição não poderá correr nesses casos pelo simples fato de que não existe ainda pretensão para exigir o cumprimento de uma obrigação. No art. 199, I, tem-se apenas uma expectativa de direito, que somente será adquirido com a verificação da condição estipulada pelas partes, que se constitui, como se sabe, em evento futuro porém incerto (...). Somente a partir de então é que começará a contar o prazo prescricional.

Todavia, a jurisprudência ainda está dividida a respeito da matéria:

> PRESCRIÇÃO. SUSPENSÃO DO CONTRATO DE TRABALHO. AUXÍLIO DOENÇA. PRESCRIÇÃO. NÃO FLUÊNCIA. 1. Suspenso o contrato de trabalho, em virtude de o empregado haver sido acometido de doença profissional (leucopenia), com percepção de auxílio-doença, opera-se a correlata suspensão igualmente do fluxo do prazo prescricional para o ajuizamento da ação trabalhista. Omissa a lei, razoável a inovação analógica do art. 170, inciso I, do Código Civil brasileiro,

---

20 ALMEIDA, Ísis de. *Manual da prescrição trabalhista.* 3. ed. São Paulo: LTr. 1999, p. 160.

21 CARRION, Valentin. *Comentários à Consolidação das Leis do Trabalho.* 28. ed. São Paulo: Saraiva, 2003, p. 70.

22 BARROS, Alice Monteiro de. *Curso de Direito do Trabalho.* São Paulo: LTr, 2005, p. 995.

23 TEPEDINO, Gustavo; BARBOZA, Heloísa Helena; MORAES, Maria Celina Bodin de. *Código Civil Interpretado conforme a Constituição.* Rio de Janeiro: Renovar, 2004, v. 1, p. 374.

segundo o qual não flui a prescrição pendendo condição suspensão. Daí se infere a regra absolutamente prudente de que se o titular do direito subjetivo material lesado está impossibilitado de agir, para tornar efetivo o seu direito, não flui a prescrição. Assim, forçoso reconhecer que, enquanto perdura a enfermidade determinante da paralisação das obrigações bilaterais principais do contrato, o empregado acha-se fisicamente impossibilitado de exercer o direito constitucional de ação. 2. Embargos de que se conhece e que se dá provimento, para análise do mérito da demanda. TST SDI-I E-RR 741962/01, Rel. Oreste Dalazen, julgado em 25/11/2002.

PRESCRIÇÃO. APOSENTADORIA POR INVALIDEZ. EMPREGADO COM IDADE SUPERIOR A 55 ANOS. 1. A aposentadoria por invalidez não extingue o contrato de trabalho, à luz do art. 475 da CLT. Irrelevante a circunstância de se tratar de empregado com idade superior a 55 anos. 2. O benefício ostenta natureza nitidamente condicional e provisória, independendo da idade do beneficiário, pois vincula-se unicamente à incapacidade laborativa que deu casa à suspensão do contrato de trabalho. Inteligência dos arts. 46 do Decreto nº 357/91 e 46 da Lei nº 8.213/91, que preveem expressamente a possibilidade de o aposentado por invalidez retornar à atividade de forma espontânea e a qualquer tempo, fazendo cessar a concessão do benefício, sem qualquer distinção em razão de idade. 3. Por conseguinte, em face da suspensão do contrato de trabalho, não corre o prazo prescricional quanto ao direito de ação de empregado aposentado por invalidez, ainda que maior que 55 anos. 4. Recurso de revista de que se conhece e a que se dá provimento. TST, 1ª T., RR 43.8674/98, Redator João Oreste Dalazen, julgado em 04/06/2003. BOMFIM, Benedito Calheiros; SANTOS, Silvério dos. *Dicionário de decisões trabalhistas*. 32. ed. Rio de Janeiro: Edições Trabalhistas, 2002, p. 438.

PRESCRIÇÃO. SUSPENSÃO DO CONTRATO DE TRABALHO. PRESCRIÇÃO. INTERRUPÇÃO. A suspensão do contrato de trabalho decorrente de licença previdenciária não tem, por si só, força suficiente para provocar a suspensão ou interrupção da prescrição. Opera-se a suspensão do contrato, de modo que se tornam inexigíveis as prestações recíprocas, mas não do direito de agir em relação às obrigações nascidas no período anterior ao início da suspensão. TRT 1ª Reg. 2ª T., RO 01182.2002.029.01.00.2, Rel. Paulo Roberto Capanema da Fonseca, julgado em 19/05/2004, BOMFIM, Benedito Calheiros; SANTOS, Silvério dos. *Dicionário de decisões trabalhistas*. 32. ed. Rio de Janeiro: Edições Trabalhistas, 2002, p. 447.

AUXÍLIO-DOENÇA. SUSPENSÃO DO CONTRATO DE TRABALHO E NÃO DA PRESCRIÇÃO QUINQUENAL. A suspensão do contrato de trabalho pelo gozo de auxílio-doença transformado em aposentadoria por invalidez não constitui causa interruptiva nem suspensiva do curso do prazo prescricional de cinco anos para pleitear os créditos resultantes do contrato de trabalho exigíveis no período anterior à suspensão. TRT, 12ª Reg. 3ª T., RO-V 00368.2003.031.12.00.1, Rel. Lília Leonor Abreu, julgado em 14/09/04. BOMFIM, Benedito Calheiros; SANTOS, Silvério dos. *Dicionário de decisões trabalhistas*. 32. ed. Rio de Janeiro: Edições Trabalhistas, 2002, p. 446.

PRESCRIÇÃO. SUSPENSÃO DO CONTRATO DE TRABALHO. Por fato ocorrido antes da concessão da licença, porque durante esta apenas suspensa a relação de emprego e em vigor o contrato, pode o empregado acionar a empresa e, não o fazendo, sujeita-se à prescrição legal. TST, 2ª T., RR 89787/93.9, *DJU* 17/02/95.

10. CONTAGEM DA PRESCRIÇÃO

Dispõe a Lei nº 810/49 c/c art. 132, § 3º, do CC que os prazos fixados em ano devem ser contados repetindo-se o mesmo dia e mês no ano correspondente.

Se o último dia do contrato recaiu no dia 10/05/05, já incluído o aviso prévio, o trabalhador poderá ajuizar a ação até 10/05/07, último dia de seu prazo.

10.1. *Dies a Quo* (Termo Inicial da Contagem do Prazo)

O curso do prazo prescricional inicia-se com a lesão (*actio nata*). Isto significa que a fluência do prazo começa quando o direito se torna exigível.

Antes de vencido o direito, o credor não pode cobrá-lo do devedor, logo, seu prazo ainda não começou a fluir.

10.1.1. Extintiva – Prazos – Jurisprudência

- Extinção do contrato – Súmula nº 308 do TST;
- Pagamento da indenização adicional de 40% do FGTS – Expurgos inflacionários – OJ nº 344 do TST;
- Mudança de regime celetista para estatutário – Súmula nº 382 do TST;
- Complementação de aposentadoria – Súmula nº 326 do TST; OJ nº 156 da SDI-I do TST;
- Pensão – OJ nº 129 SDI-I TST.

10.1.2. Parcial – Prazos – Jurisprudência

- Parcial – Súmula nº 308, I do TST;
- Férias – art. 149 da CLT;
- Salários – art. 459, parágrafo único, da CLT – quinto dia útil do mês subsequente ao vencido;
- Sentença normativa – Súmula nº 350 do TST c/c Súmula nº 349 STF;
- Complementação de aposentadoria – Súmula nº 327 do TST;
- Demais casos: Súmulas nºs, 275, 315, 373 do TST.

10.1.3. Total – Prazos – Jurisprudência

- Orientações Jurisprudenciais nºs 76, 175, 242, 243 da SDI-I do TST;
- Súmula nº 199, II, do TST.

10.2. *Dies Ad Quem* (Termo Final da Contagem do Prazo)

Se o último dia do prazo prescricional recair em dia feriado, domingo ou recesso, será prorrogado para o primeiro dia útil posterior – art. 132, § 1º, do CC.

RECURSO DE REVISTA. CONTAGEM DO PRAZO PRESCRICIONAL. PRESCRIÇÃO BIENAL EXTINTIVA. TERMO FINAL QUE RECAI EM SÁBADO. PRORROGAÇÃO PARA O PRIMEIRO DIA ÚTIL POSTERIOR. PROVIMENTO. O entendimento assente nesta colenda Corte, em se tratando da contagem do prazo prescricional naqueles casos em que o seu termo final recai em sábado, caminha no sentido de que deve o mesmo ser prorrogado para o primeiro dia útil subsequente, nos termos do que preceitua o art. 184, § 1º, do CPC. Afastada a incidência da prescrição bienal extintiva, deve ser provido o Recurso de Revista para determinar-se o retorno dos autos à Vara de origem para que prossiga no julgamento da presente Reclamação Trabalhista. TST, 1ª Reg. RR 689060/00, Rel. Maria de Assis Calsing, julgado em 14/04/2004.

11. ARGUIÇÃO DA PRESCRIÇÃO

Antes da Lei nº 11.280/2006, o § 5º do art. 219 do CPC de 1973 dispunha que "não se tratando de direitos patrimoniais, o juiz poderá, de ofício, conhecer da prescrição e decretá-la de imediato", e agora, com a nova redação, preconiza: "**o juiz pronunciará, de ofício, a prescrição**" (grifos nossos).

Apesar da clareza do texto legal, há controvérsias acerca da aplicação do referido dispositivo legal à área trabalhista, já que as normas do direito comum devem ser aplicadas subsidiariamente ao processo do trabalho, quando a CLT for omissa e a regra for compatível com seus institutos.

De fato, a CLT é omissa a este respeito, salvo quanto à prescrição intercorrente (art. 11-A, § 2º). Quanto à compatibilidade a matéria ainda é controvertida.

Alguns se manifestaram no sentido de que a novidade constitui forte instrumento para a celeridade e agilidade do processo, desafogando o Judiciário, sendo, portanto, perfeitamente compatível.

Outros, defensores também da aplicação subsidiária do referido dispositivo legal, preconizam a possibilidade, antes mesmo de formada a relação processual, de o magistrado proferir seu julgamento após o ajuizamento da demanda, quando a pretensão se apresentar prescrita. Este entendimento impede o direito de a parte comprovar eventual causa interruptiva ou suspensiva do curso da prescrição.

Na verdade, o legislador quis reforçar a prevalência do interesse público sobre o privado, já que a prescrição, assim como a decadência, também constitui matéria de ordem pública. Portanto, o dispositivo legal é compatível com a regra processual trabalhista. Nem se diga que tal entendimento fere o art. 7º, *caput,* da Constituição porque aqui a regra é processual e lá se pretendeu melhores condições sociais, isto é, de direitos materiais.

Por isso, o poder de declaração judicial *ex officio* passa a ser regra processual trabalhista.

Em sentido contrário Arion Romita[24] que advoga que o referido dispositivo legal não é aplicável ao processo do trabalho por ser incompatível com a norma

[24] ROMITA, Arion Sayão. "Pronúncia de ofício de prescrição trabalhista". São Paulo, *Revista LTr*, Suplemento Trabalhista, ano 42, n. 100/06, p. 423.

constitucional que estabelece o princípio da prevalência da condição mais favorável ao trabalhador – art. 7º, *caput,* CRFB.

Já há jurisprudência do TST no mesmo sentido (RR-404/2006-028-03-00.6), mas a matéria ainda precisa amadurecer nos tribunais.

O legislador da reforma trabalhista perdeu a oportunidade de incluir no art. 11 da CLT a possibilidade de conhecimento de ofício da prescrição, como o fez para a intercorrente no § 2º do art. 11-A da CLT. Alguns vão aplicar extensivamente a regra às demais prescrições e outros argumentarão que o legislador quando quis foi expresso na possibilidade de conhecimento de ofício e não o foi para as demais prescrições, mas tão somente para a intercorrente.

12. PRESCRIÇÃO INTERCORRENTE

A prescrição intercorrente é a que ocorre durante o curso do processo judicial. Tem cabimento quando a parte deixa de providenciar o andamento do processo, na diligência que lhe competia. Seu prazo é idêntico ao prazo para ajuizar a ação. Portanto, é de dois anos para os contratos extintos e de cinco anos se ainda vigente o pacto.

Na fase de conhecimento a inércia da parte acarretará a extinção do processo sem julgamento de mérito (art. 485, II e III, do CPC) ou com julgamento de mérito (art. 487, I, do CPC/73). Portanto, a prescrição intercorrente teria cabimento na fase de execução de título judicial ou acordo descumprido – art. 525, § 1º, VII, do CPC.

Antes da Lei 13.467/17 a execução poderia ser promovida de ofício pelo juiz, independentemente de a parte estar ou não acompanhada de advogado. Logo, não havia necessidade de se aguardar a iniciativa da parte, salvo quando se tratasse de liquidação por artigos, quando o julgador poderia se valer do art. 40, § 2º, da Lei nº 6.830/80.[25]

Por isso, alguns defendiam a não aplicação da prescrição intercorrente na Justiça do Trabalho, já que incompatível com seus institutos, neste sentido a Súmula nº 114 do TST.

Todavia, a matéria não era pacífica e tinha posicionamentos contrários, isto porque o art. 884, § 1º, da CLT, menciona: "a matéria de defesa será restrita às alegações de cumprimento da decisão ou do acordo, quitação ou **prescrição da dívida**."

---

[25] De acordo com o art. 40 da Lei nº 6.830/80: Art. 40. O Juiz suspenderá o curso da execução, enquanto não for localizado o devedor ou encontrados bens sobre os quais possa recair a penhora, e, nesses casos, não correrá o prazo de prescrição. § 1º Suspenso o curso da execução, será aberta vista dos autos ao representante judicial da Fazenda Pública. § 2º Decorrido o prazo máximo de 1 (um) ano, sem que seja localizado o devedor ou encontrados bens penhoráveis, o Juiz ordenará o arquivamento dos autos. § 3º Encontrados que sejam, a qualquer tempo, o devedor ou os bens, serão desarquivados os autos para prosseguimento da execução. § 4º Se da decisão que ordenar o **arquivamento** tiver decorrido o **prazo prescricional**, o juiz, depois de ouvida a Fazenda Pública, poderá, de ofício, reconhecer a **prescrição intercorrente** e decretá-la de imediato (incluído pela Lei nº 11.051, de 2004) (grifos nossos)." De acordo com o § 4º acima transcrito, do despacho que determinou o arquivamento do processo de execução fiscal começa a correr a prescrição intercorrente. Por conta disso, há quem defenda que a partir da alteração do artigo acima (pela Lei nº 11.051/04), a prescrição intercorrente passou a ser aplicada ao processo do trabalho, já que a lei de executivos fiscais é de aplicação supletiva à execução trabalhista.

Por isso a Súmula nº 327 do STF, bem como alguns autores,[26] advogava a possibilidade de aplicação da prescrição intercorrente no Processo do Trabalho.

A discussão *supra* foi pacificada a partir da Lei 13.467/17, que incluiu o art. 11-A à CLT:

> Art. 11-A. Ocorre a prescrição intercorrente no processo do trabalho no prazo de dois anos.
>
> § 1º A fluência do prazo prescricional intercorrente inicia-se quando o exequente deixa de cumprir determinação judicial no curso da execução.
>
> § 2º A declaração da prescrição intercorrente pode ser requerida ou declarada de ofício em qualquer grau de jurisdição.

A novidade está na possibilidade da declaração de **ofício** pelo juiz, questão que era muito tormentosa no judiciário trabalhista, e no **prazo** fixo de dois anos, pois deveria ter respeitado o comando constitucional contido no art. 7º, XXIX, que determina o prazo de cinco anos quando o contrato estiver em curso e de dois para os contratos extintos. Ora, se o empregado ajuizar ação com o contrato vigente, a prescrição intercorrente também deverá ser de cinco anos.

O ideal seria o legislador ter estendido a possibilidade de conhecimento de ofício para todos os tipos de prescrição, terminando a grande celeuma a respeito do tema.

26 TEIXEIRA FILHO, Manoel Antônio. *Execução no processo do trabalho*. São Paulo: LTr, 1989, p. 217.

Unidade I
DIREITO COLETIVO DO TRABALHO

Capítulo 37

DIREITO COLETIVO

1. INTRODUÇÃO

As relações de trabalho, individualmente consideradas, são reguladas pelo direito objetivo. Exprimem um padrão previsto de relação jurídica. Na medida em que o processo econômico, no interior do qual se desenvolvem estas relações, é um fenômeno coletivo, comunitário, o modelo de relação de trabalho que melhor harmonize com o processo econômico tende a ser generalizado. Daí por que as relações de trabalho sempre podem ser consideradas tanto a partir de um plano individual e concreto, dos contratantes reais, em torno de um objeto específico e mediante condições empiricamente constatáveis, quanto de um plano coletivo, abstrato, resultante de uma atitude intelectual de generalização dos aspectos recorrentes nas relações individuais.

A percepção coletiva da relação de trabalho fica mais evidente quando a atenção se volta para o período moderno, quando o contratado, diferente do artesão medieval, deixa de ser o proprietário dos meios usados no seu ofício e passa a servir o contratante fora de casa, convivendo com outros trabalhadores em um lugar destinado especialmente para a produção. Nesta nova situação, a dinâmica social levou à organização dos trabalhadores em associações de socorro mútuo e para reivindicações conjuntas, embriões dos sindicatos que logo surgiriam.

Este processo ocorre contemporâneo à formação do sistema jurídico tal como conhecemos hoje, assentado em boa medida nos conceitos de "contrato livre", ou civil, pelo menos nominalmente consensual, em substituição do sistema personalista de obrigações baseadas em *status* e privilégios hierárquicos e de "propriedade como direito real". A relação de trabalho também passa a exprimir uma modalidade de contrato civil, a *locatio conducto operarum*.

Ao mesmo tempo, no continente europeu que nos vincula pela colonização portuguesa, houve uma redução das fontes do direito com a forma escrita incorporando o direito costumeiro e o direito real junto com as fontes romanas e canônicas. A primeira e maior expressão deste movimento de identificação do direito com a fonte escrita é o Código Civil de Napoleão de 1804. Paralelamente se desenvolve um processo de afirmação dos Estados nacionais territorialmente delimitados, num fenômeno centrado numa mudança de sentido do conceito de Constituição que adquire expressão formal e um significado normativo.

No curso do século XIX, as lutas travadas por melhores condições de trabalho e as reivindicações coletivas de trabalhadores põem em relevo a dimensão coletiva da relação de trabalho, criando condições, a partir do começo do século XX, para a percepção da singularidade desta relação jurídica, abrindo caminho para a incorporação dos direitos sociais nas constituições (primeiro na Constituição da Revolução mexicana de 1917 depois na Constituição alemã de Weimar em 1919, ingressando no constitucionalismo brasileiro a partir da Constituição de 1934), para o reconhecimento da autonomia do direito individual do trabalho e para o surgimento de meios judiciais e extrajudiciais de solução de conflitos coletivos.

2. DENOMINAÇÃO

Já foi chamado de Direito Corporativo, Direito Normativo, Direito Sindical e, hoje, de Direito Coletivo.

Como o sindicato é a base de sustentação do Direito Coletivo muitos autores[1-2] continuam apontando a denominação de Direito Sindical como sinônimo.

3. AUTONOMIA

O Direito Coletivo ainda é um segmento do Direito do Trabalho, mas está em vias de se tornar uma ciência independente, autônoma, pois lhe falta apenas um requisito para tanto: vasta legislação. Os demais requisitos exigidos para se considerar autônoma a disciplina já estão presentes, como: domínio de vasta matéria; princípios próprios; institutos peculiares. Ademais, os sujeitos e objetos também são diversos dos relacionados aos do direito individual.

A doutrina[3-4-5-6-7] majoritária também situa o Direito Coletivo (ou Sindical, segundo alguns) como parte ou ramo do Direito do Trabalho. Mauricio Godinho,[8] de forma isolada, no sentido de que o direito coletivo tem uma "autonomia relativa".

Antônio Álvares da Silva e Rego Monteiro,[9] em posição isolada, advogam que o Direito Coletivo é uma ciência autônoma.

---

1 BARROS, Alice Monteiro de. *Curso de Direito do Trabalho*. São Paulo: LTr, 2005, p. 1.144.

2 CATHARINO, José Martins. *Tratado elementar de direito sindical*. São Paulo: LTr, 1977, p. 68.

3 RUSSOMANO, Mozart Victor. *Direito sindical*. Rio de Janeiro: Konfino, 1974, p. 47.

4 CATHARINO, José Martins, *op. cit.*, p. 69.

5 NASCIMENTO, Amauri Mascaro. *Direito sindical*. 2. ed. São Paulo: Saraiva. 1991, p. 19.

6 BARROS, Alice Monteiro de. *Curso de Direito do Trabalho*. São Paulo: LTr, 2005, p. 1.145.

7 ROMITA, Arion Sayão. *Direito sindical brasileiro*. Rio de Janeiro: Brasília, 1976, p. 28.

8 *Idem*, p. 1.297.

9 *Apud* MAGANO, Otávio Bueno. *Manual de Direito do Trabalho*. Direito coletivo do trabalho. 3. ed. São Paulo: LTr, 1993. v. 3, p. 11.

4. DEFINIÇÃO

O Direito Coletivo é a parte do Direito do Trabalho que trata coletivamente dos conflitos do trabalho e das formas de solução desses mesmos conflitos. Trata da organização sindical e da forma de representação coletiva dos interesses da classe profissional e econômica.

Magano[10] define Direito Coletivo como "a parte do Direito do Trabalho que trata da organização sindical, da negociação e da convenção coletiva do trabalho, dos conflitos coletivos do trabalho e dos mecanismos de solução dos mesmos conflitos."

5. PRINCÍPIOS

Os princípios de Direito Coletivo são aplicáveis a todo processo coletivo, compreendendo desde a negociação coletiva até o sindicalismo. Uma negociação coletiva necessita de bases para orientar os interessados, o procedimento e facilitar a solução nos impasses procedimentais. Os princípios da negociação coletiva destinam-se a formar toda a estrutura procedimental, normatizar ou integrar as regras existentes. Os agentes sociais também necessitam de princípios para orientar a reunião e associação de interesses para fins de representação da coletividade.

5.1. Princípio da Liberdade Sindical

O princípio da liberdade sindical é a espinha dorsal do Direito Coletivo representado por um Estado Social e democrático de direito. É um direito subjetivo público que veda a intervenção do Estado na criação ou funcionamento do sindicato.

A Convenção 87 da OIT, não ratificada pelo Brasil, informa que esta liberdade consiste no direito dos empregadores e trabalhadores, sem distinção e intervenção estatal, de constituírem as organizações que consideram convenientes, assim como de se filiarem a essas organizações ou delas se desligarem.

Por isso, a liberdade sindical possui duas faces: a individual e a coletiva.

Coletiva é a liberdade de o grupo constituir o sindicato de sua escolha, com a estrutura e funcionamento que desejar, com ampla autonomia.

A liberdade **individual** pode ser positiva ou negativa. Na positiva estão incluídos os seguintes direitos: a) o direito dos trabalhadores e dos empregadores de se reunirem a companheiros de profissão ou a empresas com atividades iguais ou conexas para fundar sindicatos ou outras organizações sindicais; b) o direito de cada trabalhador ou empregador de se filiar a essas organizações e nelas permanecer. Sob a ótica negativa, a liberdade sindical individual abrange: a) o direito de se retirar de qualquer organização sindical quando quiser; b) o direito de não filiar-se a sindicato ou outra organização sindical.

---

10 *Idem.*

Também faz parte da liberdade sindical a pluralidade de sindicatos e sua total independência frente ao Estado.

Cláusulas que atentam contra a liberdade sindical:

- *Mise à l'index* – Lista negra de não associados. As empresas divulgam os nomes dos trabalhadores com atuação sindical significativa para excluí-los do mercado de trabalho.
- *Maintenance of membership* – Manutenção de filiação – cláusula que obriga o empregado a preservar sua filiação a determinado sindicato durante o prazo de vigência da respectiva convenção coletiva, sob pena de perda do emprego.
- *Yellow dog contracts* – o empregado compromete-se a não se filiar a nenhum sindicato depois que for admitido pela empresa. Quando o empregado é contratado concorda na não filiação ao sindicato correspondente à sua categoria.
- *Closed shop* – exige a filiação a determinado sindicato como condição ao emprego (proibida nos EUA), portanto, veda o acesso de trabalhadores não sindicalizados por determinado sindicato.
- *Agency shop* – exige a contribuição sindical, mas não sua filiação.
- *Union shop* – impõe a filiação como condição à continuidade do emprego; o empregado compromete-se a se sindicalizar após certo tempo de admissão, sob pena de ser despedido. Não se obstrui o ingresso de trabalhador não sindicalizado, mas inviabiliza-se sua continuidade no emprego caso não proceda, em certo período, à sua filiação sindical.
- *Preferential shop* – Preferência pelos sindicalizados na admissão. O Brasil tinha adotado essa cláusula, mais tarde combatida pela jurisprudência – art. 544, I, da CLT c/c OJ nº 20 da SDC.
- *Company Union* – "Sindicatos de Empresa" ou "Sindicatos Fantasmas". O próprio empregador estimula e controla (mesmo que indiretamente) o sindicato profissional.

5.2. Princípio da Preponderância do Interesse Coletivo sobre o Individual

O Direito Coletivo se preocupa com a melhoria da condição social do trabalhador. Para tanto, a vontade da maioria prevalece sobre os interesses da minoria. Este critério retrata o princípio da solidariedade social da coletividade conjugado com o da democracia interna, pois a solução é tomada no interesse do grupo, de acordo com o que lhe for, naquele momento, melhor.

Dependendo da solução tomada em nome da coletividade, seus efeitos poderão repercutir no campo social, econômico e político do país.

É possível, em determinadas situações, em nome da manutenção da saúde da empresa, a negociação coletiva tender para a supressão, flexibilização ou alteração de direitos antes garantidos.

A negociação, desde que legitimada, tem autonomia para propor mudanças, fazer reivindicações, concessões e, permitir a redução ou supressão de direitos. Por isso, ela se distingue do direito individual do trabalho, pois não se preocupa com um indivíduo e sim com a coletividade.

O sujeito dessa relação é a coletividade e não um ou outro empregado analisado de forma concreta.

5.3. Princípio da Autonomia Coletiva ou Poder de Autorregulamentação[11]

O direito positivo não é de responsabilidade exclusiva do Estado, competindo também aos agentes sociais contribuírem com a construção de normas jurídicas de caráter coletivo, de observância obrigatória no território, como as leis, preenchendo as lacunas legais e melhorando a condição social do trabalhador. Para tanto, os sindicatos representativos das categorias dos empregados e dos empregadores negociam com a finalidade de criarem, alterarem ou suprimirem direitos trabalhistas, normalmente de caráter privado, que irão vincular as partes atingidas pelo convênio coletivo resultante da negociação coletiva.

A negociação coletiva se assemelha à tratativa, proposta e fases preliminares dos negócios jurídicos, uma vez que dependem, para sua solução, da vontade dos negociantes.

5.4. Princípio da Busca do Equilíbrio Social ou da Paz Social

Por se tratar de lide entre dois agentes sociais com interesses antagônicos, que se chocam – capital *x* trabalho, com evidente desigualdade jurídica e patrimonial, a negociação coletiva tem como finalidade buscar o equilíbrio destes dois lados desiguais da balança, pondo fim ao conflito e pacificando a coletividade. Ao solucionar o conflito, os interessados restabelecem o equilíbrio social.

5.5. Princípio da Adequação ou da Adaptação

A finalidade da negociação coletiva é a de adequar os direitos trabalhistas a cada categoria, de acordo com a região, época, situação econômica, empresa, condições de trabalho etc. Deve levar em conta todas as premissas e condições para negociar. Assim, quando uma empresa estiver passando dificuldades financeiras, a finalidade da negociação coletiva será a de reduzir direitos antes garantidos à categoria, para evitar as despedidas coletivas. Se o empregador estiver atravessando dificuldades financeiras, ou em processo falimentar ou tiver uma peculiaridade no negócio que o distingue da aplicação geral da lei, a solução poderá ser a de flexibilizar direitos

---

11 Mauricio Godinho nomina este princípio de "princípio da criatividade jurídica da negociação coletiva". DELGADO, Mauricio Godinho. *Curso de Direito do Trabalho*. São Paulo: LTr, 2002, p. 1.295.

previstos em lei ou em normas internas ou regulamentares, como, por exemplo, reduzir salários e suprimir benefícios.

5.6. Princípio do Limite da Negociação Coletiva[12]

O objetivo da negociação coletiva é o de adequar as relações trabalhistas à realidade enfrentada pelos interessados, que se modifica a cada dia, base territorial, empresa e época. Busca a harmonia temporária dos interesses antagônicos. Assim, é possível a criação de benefícios não previstos em lei, a supressão destes mesmos benefícios ou sua modificação. A negociação irá adequar-se ao campo que encontrar para pauta de reivindicações para retração de direitos. Todavia, o empregador poderá propor a flexibilização[13] de certos direitos previstos em lei e que não violem os constitucionais. A negociação é feita entre os sindicatos da categoria econômica e profissional ou entre sindicato dos trabalhadores e empresa.

As normas coletivas têm ampla liberdade para conceder benefícios superiores aos previstos na lei, mas têm limitações quando desejarem reduzir ou suprimir direitos previstos em lei.[14-15] Este poder está limitado pelos direitos constitucionalmente garantidos aos trabalhadores. O grupo deverá avaliar, em cada caso, o quanto aquela coletividade deve ceder para não perder seus empregos ou ganhos de forma coletiva. O art. 611-B da CLT, acrescido pela Lei 13.467/17, apontou os direitos que não podem ser negociados coletivamente, impondo os limites da negociação. Entendemos que a relação ali apontada não é taxativa, apesar da expressão "exclusivamente" contida no *caput* do artigo, pois não incluiu alguns direitos, princípios e valores constitucionais. Daí ser meramente exemplificativo. Retornaremos ao assunto a seguir.

Na verdade, o art. 611-A da CLT aponta alguns dos direitos que podem ser reduzidos ou alterados pela negociação coletiva, e o art. 611-B da CLT, a limitação desse poder. Sem dúvida o art. 611-A da CLT permite mais inclusões que o art. 611-B da CLT de limitações. A expressão "entre outras" contida no *caput* do art. 611 espelha essa intenção do legislador de ampliar ao máximo a flexibilização com finalidade de redução de direitos legais.

---

12 Mauricio Godinho denomina este princípio de "princípio da adequação setorial negociada". *Idem*.

13 A expressão flexibilização foi utilizada neste texto no sentido de redução de vantagens legais.

14 Godinho divide os direitos trabalhistas previstos em lei em duas espécies, os de "indisponibilidade absoluta" e aqueles de "indisponibilidade relativa". Defende que só os direitos trabalhistas de indisponibilidade relativa poderão ser negociados e, em consequência, transacionados. Os direitos de indisponibilidade absoluta, segundo o autor, não poderão ser negociados, por constituírem um patamar mínimo civilizatório. Segundo o autor, este se divide em três grupos convergentes de normas trabalhistas heterônomas: normas constitucionais em geral; as normas de tratados e convenções internacionais vigorantes no plano interno e normas legais infraconstitucionais. Considera como de indisponibilidade absoluta a assinatura da CTPS, o salário mínimo ou bases salariais mínimas; normas antidiscriminatórias e de identificação profissional; os direitos previstos nas convenções internacionais do trabalho; as normas de medicina e segurança do trabalho e demais normas constitucionais em geral, com algumas ressalvas. *Ibidem*, p. 1296-1299.

15 Assim também as Súmulas 437, II, e 449 do TST.

De acordo com os arts. 611-A e 611-B da CLT:

Art. 611-A. A convenção coletiva e o acordo coletivo de trabalho, têm prevalência sobre a lei quando, entre outros, dispuserem sobre:

I – pacto quanto à jornada de trabalho, observados os limites constitucionais;

II – banco de horas anual;

III – intervalo intrajornada, respeitado o limite mínimo de trinta minutos para jornadas superiores a seis horas;

IV – adesão ao Programa Seguro-Emprego (PSE), de que trata a Lei nº 13.189, de 19 de novembro de 2015;

V – plano de cargos, salários e funções compatíveis com a condição pessoal do empregado, bem como identificação dos cargos que se enquadram como funções de confiança;

VI – regulamento empresarial;

VII – representante dos trabalhadores no local de trabalho;

VIII – teletrabalho, regime de sobreaviso e trabalho intermitente;

IX – remuneração por produtividade, incluídas as gorjetas percebidas pelo empregado, e remuneração por desempenho individual;

X – modalidade de registro de jornada de trabalho;

XI – troca do dia de feriado;

XII – enquadramento do grau de insalubridade;

XIII – prorrogação de jornada em locais insalubres, sem licença prévia das autoridades competentes do Ministério do Trabalho;

XIV – prêmios de incentivo em bens ou serviços, eventualmente concedidos em programas de incentivo;

XV – participação nos lucros ou resultados da empresa.

§ 1º No exame da convenção coletiva ou do acordo coletivo de trabalho, a Justiça do Trabalho observará o disposto no § 3º do art. 8º desta Consolidação.

§ 2º A inexistência de expressa indicação de contrapartidas recíprocas em convenção coletiva ou acordo coletivo de trabalho não ensejará sua nulidade por não caracterizar um vício do negócio jurídico.

§ 3º Se for pactuada cláusula que reduza o salário ou a jornada, a convenção coletiva ou o acordo coletivo de trabalho deverão prever a proteção dos empregados contra dispensa imotivada durante o prazo de vigência do instrumento coletivo.

(...)

Art. 611-B. Constituem objeto ilícito de convenção coletiva ou de acordo coletivo de trabalho, **exclusivamente**, a supressão ou a redução dos seguintes direitos:

I – normas de identificação profissional, inclusive as anotações na Carteira de Trabalho e Previdência Social;

II – seguro-desemprego, em caso de desemprego involuntário;

III – valor dos depósitos mensais e da indenização rescisória do Fundo de Garantia do Tempo de Serviço (FGTS);

IV – salário mínimo;

V – valor nominal do décimo terceiro salário;

VI – remuneração do trabalho noturno superior à do diurno;

VII – proteção do salário na forma da lei, constituindo crime sua retenção dolosa;

VIII – salário-família;

IX – repouso semanal remunerado;

X – remuneração do serviço extraordinário superior, no mínimo, em 50% à do normal;

XI – número de dias de férias devidas ao empregado;

XII – gozo de férias anuais remuneradas com, pelo menos, um terço a mais do que o salário normal;

XIII – licença-maternidade com a duração mínima de cento e vinte dias;

XIV – licença-paternidade nos termos fixados em lei;

XV – proteção do mercado de trabalho da mulher, mediante incentivos específicos, nos termos da lei;

XVI – aviso prévio proporcional ao tempo de serviço, sendo no mínimo de trinta dias, nos termos da lei;

XVII – normas de saúde, higiene e segurança do trabalho previstas em lei ou em normas regulamentadoras do Ministério do Trabalho;

XVIII – adicional de remuneração para as atividades penosas, insalubres ou perigosas;

XIX – aposentadoria;

XX – seguro contra acidentes de trabalho, a cargo do empregador;

XXI – ação, quanto aos créditos resultantes das relações de trabalho, com prazo prescricional de cinco anos para os trabalhadores urbanos e rurais, até o limite de dois anos após a extinção do contrato de trabalho;

XXII – proibição de qualquer discriminação no tocante a salário e critérios de admissão do trabalhador com deficiência;

XXIII – proibição de trabalho noturno, perigoso ou insalubre a menores de 18 anos e de qualquer trabalho a menores de 16 anos, salvo na condição de aprendiz, a partir de 14 anos;

XXIV – medidas de proteção legal de crianças e adolescentes;

XXV – igualdade de direitos entre o trabalhador com vínculo empregatício permanente e o trabalhador avulso;

XXVI – liberdade de associação profissional ou sindical do trabalhador, inclusive o direito de não sofrer, sem sua expressa e prévia anuência, qualquer cobrança ou desconto salarial estabelecidos em convenção coletiva ou acordo coletivo de trabalho;

XXVII – direito de greve, competindo aos trabalhadores decidir sobre a oportunidade de exercê-lo e sobre os interesses que devam por meio dele defender;

XXVIII – definição legal sobre os serviços ou atividades essenciais e disposições legais sobre o atendimento das necessidades inadiáveis da comunidade em caso de greve;

XXIX – tributos e outros créditos de terceiros;

XXX – as disposições previstas nos arts. 373-A, 390, 392, 392-A, 394, 394-A, 395, 396 e 400 desta Consolidação.

> Parágrafo único. Regras sobre duração do trabalho e intervalos não são consideradas como normas de saúde, higiene e segurança do trabalho para os fins do disposto neste artigo.

A seguir, analisaremos o art. 611-A da CLT e cada um dos seus incisos:

> Art. 611-A. A convenção coletiva e o acordo coletivo de trabalho, têm prevalência sobre a lei quando, entre outros, dispuserem sobre:

O *caput* do art. 611-A da CLT autoriza a ampla **flexibilização**, aumentando o leque de possibilidades de direitos previstos em lei que podem ser reduzidos ou suprimidos. A norma não teve o objetivo de ampliar direitos, pois isso sempre foi possível.

O texto afirma que a enumeração destes direitos nos incisos do artigo é meramente **exemplificativa**. A prevalência do negociado sobre o legislado enfraquece o princípio da indisponibilidade dos direitos legais trabalhistas, assim como derruba o princípio da prevalência da norma mais favorável. Torna os direitos trabalhistas menos públicos e mais privados, transformando a maioria dos direitos contidos na CLT, que não se encontram na Constituição, em direitos disponíveis, de característica privada.

> Art. 611-A, I – pacto quanto à **jornada de trabalho**, observados os limites constitucionais;
>
> Art. 611-A, II – **banco** de horas **anual**;

Os incisos I e II tratam de jornada de trabalho e de compensação de jornada por banco de horas.

O legislador tratou o banco de horas em inciso diverso da compensação tradicional, como também fez no art. 59 da CLT, demonstrando que são espécies do mesmo gênero, mas com efeitos diferentes.

A compensação tradicional é aquela em que as partes ajustam os dias que o empegado vai trabalhar além da jornada normal e o(s) dia(s) da correspondente diminuição (compensação). Assim, pode o trabalhador se preparar para o labor extra e para a compensação, pois tem ciência prévia dos horários e dias.

Diversamente do que ocorre com a compensação por banco de horas, que se traduz num sistema de crédito e débito, assemelhando-se a uma conta-corrente bancária. Neste tipo de ajuste, nem o empregado nem o patrão sabem quando haverá labor extra e quando será a compensação. É aleatório, imprevisível, variável, sem ajuste fixo de horas. Logo, poderá num dia o empregado trabalhar mais 40 minutos para atender os clientes da fila, noutro laborar mais 1h30 para fechar um negócio inadiável; noutro apenas 15 minutos, tudo depende do dia, das demandas, dos clientes etc. Em contrapartida, todas as faltas, saídas antecipadas e atrasos são abatidos e nos dias de menor movimento o empregado é liberado no meio do expediente ou de véspera, para fins de compensação. O trabalhador fica à mercê da necessidade do seu serviço. Se firmado por acordo individual escrito, o limite da compensação será semestral e só poderá trabalhar por até 2 horas por dia. Se autorizado por norma coletiva, poderá ultrapassar o limite diário, mas respeitar o ano de aniversário de cada labor extra.

O inciso I do art. 611-A da CLT autoriza a compensação de jornada, sem impor os mesmos requisitos do art. 59 da CLT[16], observado o limite constitucional.

Logo, poderá a norma coletiva, por exemplo, adotar o regime de compensação de 24x120, no sistema 1x5, isto é, poderá autorizar os médicos a trabalharem em regime de plantão de 24 horas consecutivas um dia na semana, compensando este excesso nos cinco dias subsequente, além do repouso semanal remunerado. Esta forma de compensação ultrapassa o limite de 2 horas por dia, imposto no art. 59 da CLT e não ultrapassa o limite semanal de 44 horas.

Poderá, por outro lado, o instrumento coletivo autorizar que o empregado trabalhe 10 horas durante dois anos e nos dois anos seguintes trabalhe 6 horas, sempre com o mesmo salário.

Quanto ao banco de horas, estampado no inciso II do artigo em estudo, como já mencionado, o legislador estabeleceu apenas o limite anual. Assim, o ajuste coletivo poderá autorizar o labor de mais 2 horas por dia, superando o art. 59 da CLT.

> Art. 611-A, III – intervalo intrajornada, respeitado o limite mínimo de trinta minutos para jornadas superiores a seis horas;

A regra é clara e não há necessidade de maiores explicações. O instrumento coletivo poderá reduzir o período mínimo de intervalo de 1 hora para os que trabalham mais de 6 horas por dia, mesmo que a empresa não possua refeitório (regra contida no art. 71 da CLT), respeitado o limite mínimo de 30 minutos. Ressalte-se que o parágrafo único do art. 611-B da CLT excluiu a jornada e intervalos como espécie de norma de medicina e segurança do trabalho para fins de negociação coletiva.

> Art. 611-A, IV – adesão ao Programa Seguro-Emprego (PSE), de que trata a Lei nº 13.189, de 19 de novembro de 2015;

Estranha a inclusão da Lei nº 13.189/15 na CLT, pois de vigência temporária[17]. Por que o legislador incluiria uma lei de vigência temporária numa lei definitiva? A partir de dezembro de 2018, o Programa não mais existirá, salvo nova lei ou medida provisória que o prorrogue.

O objetivo do legislador foi autorizar a redução do salário em percentuais superiores aos ali previstos[18], desde que reduza proporcionalmente a jornada, claro, sem onerar o FAT, pois o inciso XXIX do art. 611-B da CLT impede a negociação

---

16 O art. 59 da CLT limita em duas horas diárias o acordo de compensação.

17 O PSE extingue-se em 31.12.18 e com ele todo o regulamento do programa trazido pela Lei nº 13.189/17.

18 A Lei nº 13.189/17 autoriza a redução de até 30% do salário, mas 50% deste valor será pago ao trabalhador com recursos do FAT (Fundo de Amparo do Trabalhador), limitado a 65% do valor do seguro-desemprego. Podem aderir ao PSE as empresas de todos os setores em situação de dificuldade econômico-financeira que celebrarem acordo coletivo de trabalho específico de redução de jornada e de salário.

de direitos de terceiros. Assim, poderá a norma coletiva reduzir os salários, por motivo de comprovada dificuldade econômica, em 50%, reduzindo proporcionalmente a jornada, desde que garanta o emprego no período de vigência da norma coletiva, como exige a lei e o § 3º do art. 611-A da CLT.

> Art. 611-A, V – plano de cargos, salários e funções compatíveis com a condição pessoal do empregado, bem como identificação dos cargos que se enquadram como funções de confiança;

A negociação coletiva poderá apontar quais são os cargos que considera de confiança, com a nítida intenção de excluir esses trabalhadores do Capítulo Da Duração do Trabalho contido na CLT, isto é, das horas extras noturnas e intervalos etc. Com isso, não poderá o Judiciário perquirir se aquela função é de alta confiança, média ou não é de confiança, pois sua intervenção na autonomia coletiva se limita ao exame dos requisitos contidos no art. 104 do CC. Desta forma, poderá a norma coletiva, por exemplo, apontar que a função de chefe de servente está inserida no inciso II do art. 62 da CLT, sem a necessidade de percepção de ganho ou gratificação superior a 40% do salário efetivo.

> Art. 611-A, VI – regulamento empresarial;

O instrumento coletivo poderá revogar, alterar e suprimir vantagens anteriormente concedidas aos seus empregados previstas no regulamento ou regimento interno da empresa, excluindo a incidência da Súmula 51, I, do TST, isto é, permitindo a alteração *in pejus* do contrato de trabalho. Logo, afasta-se a aplicação do art. 468 da CLT. Assim, prevalecerá o novo regulamento de empresa que cause prejuízo aos admitidos antes da alteração.

> Art. 611-A, VII – representante dos trabalhadores no local de trabalho;

O objetivo do inciso VII foi o de alterar as regras contidas nos arts. 510-A e seguintes da CLT a respeito da estabilidade do representante dos empregados nas empresas com mais de 200 empregados. Assim, a norma poderá disciplinar o procedimento da eleição de forma diversa; poderá restringir o tempo da estabilidade, o prazo do mandato, reduzir o número de beneficiários pela estabilidade etc. Entendemos que não poderá excluir a estabilidade em si porque a norma visou regulamentar o art. 11 da CF.

> Art. 611-A, VIII – teletrabalho, regime de sobreaviso e trabalho intermitente;

Pouco espaço restou para a norma coletiva reduzir os direitos do teletrabalhador, pois os arts. 62, III, e 75-A e seguintes da CLT já excluíram vários direitos desse trabalhador. Mesmo assim, ainda será possível que a norma coletiva discipline regras do teletrabalho para, por exemplo, apontar a responsabilidade do empregado na aquisição e manutenção do maquinário, dispensando o ajuste individual.

A inclusão do sobreaviso no inciso VIII visou eliminar de vez o sobreaviso como tempo à disposição, excluindo seu pagamento ou reduzindo ainda mais, ou apontando situações que não serão consideradas “sobreaviso”.

Poderá a norma coletiva alterar as regras contidas no art. 452-A da CLT para, por exemplo, modificar o prazo de convocação mínima do trabalhador intermitente, aumentar a multa, fixar o período de inatividade etc. Provavelmente virá para prejudicar ainda mais esse trabalhador já tão prejudicado pela reforma trabalhista.

> Art. 611-A, IX – remuneração por produtividade, incluídas as gorjetas percebidas pelo empregado, e remuneração por desempenho individual;

A finalidade do inciso IX foi de retirar a natureza salarial dos sobressalários ou parcelas pagas com base na produtividade ou no desempenho individual do empregado, além de permitir a supressão da integração das gorjetas ao salário, revogando parcialmente o art. 457 da CLT.

Poderá a norma coletiva criar ou estabelecer um percentual de desconto e retirar a natureza salarial de qualquer outra parcela, salvo do próprio salário base, com fundamento no *caput* do art. 611-A da CLT. Logo, o acordo coletivo poderá afirmar que as gratificações ajustadas, de função ou pagas com habitualidade não terão natureza salarial, assim como o adicional noturno ou de transferência; poderá permitir a supressão de sobressalários não previstos em lei etc.

> Art. 611-A, X – modalidade de registro de jornada de trabalho;

Alterar a modalidade de registro da jornada de trabalho não depende de norma coletiva. O empregador sempre pode escolher entre a marcação manual, mecânica, eletrônica ou digital. Logo, despicienda a autorização contida no inciso X do art. 611-A da CLT.

Como o *caput* do art. 611-A da CLT amplia as hipóteses contidas nos incisos, poderá a norma coletiva dispensar o registro diário de ponto e adotar o sistema mensal de *timesheet* confeccionado pelo próprio empregado ou de declaração pelo próprio empregado de quantas horas laborou, ou, ainda, de determinar que os estabelecimentos com menos de 50 empregados estão dispensados de controle de ponto. Esses exemplos não estariam autorizados pelo inciso X, mas sim pelo *caput* do mesmo artigo. Também poderá a norma coletiva afirmar que não será nulo o controle de ponto rasurado. A regra que obriga o patrão ao controle de ponto não está na Constituição, e sim no art. 74 da CLT, que pode ser superado por instrumentos coletivos.

> Art. 611-A, XI – troca do dia de feriado;

O trabalho do empregado em dia feriado deve ser pago em dobro ou compensado por outra folga, na forma da Lei 605/49, logo, não foi este o objetivo do inciso XI do art. 611-A da CLT. Sua verdadeira intenção foi a de permitir o funcionamento da atividade empresarial em dia feriado, sem a prévia necessidade da autorização da autoridade competente, garantindo ao trabalhador outro dia de descanso para compensar o feriado trabalhado. Poderá também a norma coletiva autorizar que a compensação pelo trabalho em dia feriado ocorra dentro do mês, semestre ou ano, por exemplo.

Outra finalidade foi a de não ser autuado pelos fiscais caso o estabelecimento funcione em dia feriado ou não tenha feito a escala de revezamento determinada pela lei ou por portarias da DRT.

O direito ao repouso remunerado aos feriados não está garantido pela Constituição, logo, poderá a norma coletiva suprimi-lo ou retirar a obrigatoriedade de pagamento pela pausa.

> Art. 611-A, XII – enquadramento do grau de insalubridade;
>
> Art. 611-A, XIII – prorrogação de jornada em ambientes insalubres, sem licença prévia das autoridades competentes do Ministério do Trabalho;

A MP nº 808/2017 alterou o inciso XII e revogou o inciso XIII, ambos com a finalidade de garantir a aplicação integral das normas de medicina e segurança do trabalho e proteger a saúde do trabalhador. As alterações eram necessárias, pois a redação anterior contrariava o inciso XVII do art. 611-B da CLT. Todavia, a MP nº 808/2017 perdeu sua eficácia em 23.04.2018, retornando à redação anterior contida no inciso XII e restabelecendo o inciso XIII.

Mesmo após a caducidade da Medida Provisória nº 808, defendemos que o enquadramento do grau de insalubridade por norma coletiva e a autorização de prorrogação de jornada em locais insalubres, sem a prévia licença do MT, devem respeitar às normas de saúde, higiene e segurança do trabalho previstas em lei ou em normas regulamentadoras do Ministério da Economia, antigo Ministério do Trabalho. Essas hipóteses deverão estar previstas no instrumento coletivo baseadas em laudo pericial confeccionado por médico ou engenheiro do trabalho, pois excluem a necessidade de licença prévia das autoridades competentes do antigo Ministério do Trabalho.

> Art. 611-A, XIV – prêmios de incentivo em bens ou serviços, eventualmente concedidos em programas de incentivo;

O inciso XIV do art. 611-A da CLT pode deixar clara a natureza não salarial do prêmio pago habitualmente, como também do prêmio criado para incentivar o trabalhador a aderir ao PDV (adotando a posição majoritária dos julgados), com ampla quitação, posição que já foi defendida pelo STF.

> Art. 611-A, XV – participação nos lucros ou resultados da empresa.

A finalidade do inciso em estudo é a de permitir que as empresas distribuam o lucro aos seus empregados com liberdade e fora dos parâmetros contidos na Lei 10.101/00. Logo, a periodicidade de seu pagamento poderá ser até mensal, desde que isso esteja expresso na norma coletiva.

Outros casos:

Assim, além dos casos supraestudados, contidos nos incisos I a XV do art. 611-A da CLT, é possível, por exemplo, a norma coletiva retirar a natureza salarial de qualquer sobressalário; autorizar a alteração contratual *in pejus*; alterar os requisitos da equiparação salarial para dificultá-la ainda mais; aumentar o limite de horas extras diárias para fins de compensação (como já estudado anteriormente); parcelar em mais vezes o pagamento do 13º salário; parcelar em mais períodos as férias; poderá determinar a inclusão do trabalhador no inciso I do art. 62 da CLT para qualquer tipo de externo; será possível, ainda, alterar o prazo legal ou determinar o parcelamento do pagamento das verbas da rescisão; diminuir a multa prevista pelo atraso no pagamento da rescisão; alterar a data de pagamento dos salários além do 5º dia útil do mês subsequente (garantido o valor do salário mínimo mensal); poderá diminuir o adicional de transferência ou até a sua retirada; será possível revogar estabilidades não previstas na Constituição; aumentar o prazo do contrato de experiência ou de qualquer contrato determinado; permitir mais prorrogações dos contratos determinados; etc. Enfim, a negociação coletiva poderá praticar amplas flexibilizações (revogações).

O § 3º do art. 611-A da CLT garantiu uma contrapartida, mas apenas no caso de ser pactuada cláusula que reduza o salário ou a jornada. Nesse caso, a norma coletiva deverá prever a proteção dos empregados contra dispensa imotivada durante o prazo de vigência do instrumento coletivo. Assim, também cai por terra a tese do TST de que a retirada de vantagens por norma coletiva só é válida se houver uma contrapartida compensatória. Aliás, o § 2º do mesmo artigo foi expresso neste sentido: "a inexistência de expressa indicação de contrapartidas recíprocas em convenção coletiva ou acordo coletivo de trabalho não ensejará sua nulidade por não caracterizar um vício do negócio jurídico".

Por outro lado, além daqueles descritos no art. 611-B da CLT não será possível a norma coletiva afastar o vínculo de emprego (art. 611-B, I); reduzir o adicional noturno, insalubre ou perigoso (por serem normas de medicina e segurança do trabalho – art. 611-B, XVII); induzir de qualquer forma os trabalhadores a se associarem, pois fere a liberdade sindical (art. 611-B, XXVI); não será possível ajustar banco de horas com prazo de compensação superior ao ano (art. 611-A, II); etc.

Logo, apesar do vocábulo "exclusivamente" contido no *caput* do art. 611-B da CLT, é claro que a norma não é taxativa, mas sim restritiva, pois esqueceu de impedir que a negociação coletiva que viole, por exemplo, os direitos da personalidade e liberdades garantidas na Constituição, além dos princípios e valores constitucionais. Não poderá, assim, a norma coletiva violar a dignidade, a intimidade, a privacidade, a honra do trabalhador, determinando, por exemplo, a utilização de uniforme indecente, que exponha as partes íntimas; ou autorizando o monitoramento nos banheiros; não poderá a norma coletiva excluir a responsabilidade extrapatrimonial decorrente da violação de algum bem imaterial contido no inciso X do art. 5º da CF; não poderá a norma coletiva restringir a liberdade do trabalhador, impedindo, por exemplo, seu afastamento do local de trabalho durante os intervalos; ou impedir a contratação ou promoção de algum trabalhador por motivo de crença, etnia, gênero ou opção sexual etc.

A Lei 13.467/17 dificultou ao máximo a intervenção do Judiciário na negociação coletiva, restringindo as hipóteses de **nulidade das normas coletivas**, limitando sua atuação. Adotou como **princípio a intervenção mínima na autonomia da vontade coletiva**, dando maior segurança às convenções coletivas e acordos coletivos e aos seres coletivos. Isto está refletido tanto no § 3º do art. 8º como no art. 611-A da CLT, a seguir transcritos.

Apesar da expressão "**exclusivamente**" contida no *caput* do art. 611-B da CLT, por óbvio que há outros vícios capazes de anular a norma coletiva ou uma cláusula contida no instrumento coletivo.

Como visto dos itens recém-estudados, para validade da negociação coletiva e, consequentemente, da convenção coletiva e do acordo coletivo, é necessário observar o art. 612 da CLT (quórum da assembleia ou do estatuto), com ampla divulgação da convocação para a assembleia, registro em ata, bem como os requisitos dos arts. 613, 614, 616 da CLT. Além disso, devem ser observados os princípios, valores e regras constitucionais, sob pena de nulidade da cláusula violadora desse direito, mesmo que ele não esteja expressamente incluído nos incisos do art. 611-B da CLT. Será nula a cláusula redutora do salário se não garantiu a contrapartida legal exigida (garantia de emprego durante a vigência da norma).

Enfim, de fato foi limitado o poder do Judiciário de anular cláusulas contidas nas normas coletivas, o poder der interferir na autonomia coletiva. Entretanto, não é taxativo, como aparenta, o art. 611-B da CLT.

A limitação do juiz não está apenas na análise dos requisitos do art. 104 do CC.

É claro que a medida visou dar garantia e segurança ao empresário que se valeu das normas coletivas para reduzir direitos (flexibilização).

5.7. Princípio da Boa-fé ou da Lealdade entre os Negociantes[19]

A boa-fé nas negociações é requisito fundamental para mútua colaboração e transparência nas tratativas, principalmente depois da Lei 13.467/17, pois ampliou os poderes da negociação autorizando infinitas hipóteses de flexibilização. É necessária uma análise adequada das proposições do adversário, que retrate com fidelidade a situação real da empresa e das necessidades apontadas na pauta de reivindicações dos trabalhadores. Os sindicatos devem agir no interesse da categoria e não no interesse próprio.

O direito à informação deve ser garantido aos negociantes, para que os trabalhadores tenham a exata noção da contabilidade da empresa e os empregadores dos reais problemas enfrentados pelos empregados.

Convém ressaltar que a nulidade de cláusula de convenção ou acordo coletivo apenas pode ocorrer quando violados os arts. 612. 613, 614 da CLT e 104 do CC. Por isso a maior responsabilidade dos entes sindicais no momento da negociação.

---

19 Godinho denomina de princípio da lealdade e transparência na negociação coletiva.

5.8. Princípio da Intervenção Obrigatória dos Sindicatos

Para a validade da negociação coletiva a lei (art. 8º, III e VI, CRFB c/c art. 611 da CLT) exige a intervenção obrigatória dos sindicatos, salvo raras exceções, como nos casos de ausência de sindicato da categoria ou recusa nas negociações.

5.9. Princípio da Equivalência entre os Negociantes

O que se equivalem são os sindicatos, e não os membros da categoria. Em princípio, os sindicatos têm a mesma equivalência jurídica e econômica com igualdade para negociarem.

Os sindicatos são pessoas jurídicas de direito privado, com autonomia financeira e estatuto próprio. Tendo em vista que agem em nome do grupo, atuam com liberdade, sem a pressão ou possibilidade de retaliação por parte do empregador, poupando o trabalhador, que certamente sofreria perseguições, se enfrentasse sozinho a negociação.

5.10. Princípio da Atuação de Terceiros

Quando as partes não conseguirem, isoladamente, chegar a um consenso, mantendo o impasse nas propostas, os interessados devem ser acompanhados por um terceiro para, intermediando a negociação, aproximar os pontos de vista, diminuir as animosidades, podendo atuar de forma ativa ou passiva, arbitrando ou não a solução. Estes coadjuvantes da negociação deverão ser imparciais, podendo ser escolhidos pelas partes ou impostos pela lei.

Quando a atuação for ativa o mediador deve ser perito ou entendido na matéria, podendo aconselhar e propor soluções compatíveis com a lide.

5.11. Outros Princípios

Pinho Pedreira[20] aponta outra gama de princípios do Direito Coletivo, alguns já analisados, outros ainda não, por isso vamos comentá-los de forma sucinta:

a) Liberdade sindical – já comentado;

b) Exclusividade sindical

O princípio da exclusividade sindical repele o sindicato misto, incentivando a criação apenas de sindicatos que representem, com exclusividade, a categoria econômica ou a profissional – art. 8º da CRFB c/c Convenção nº 98 da OIT (ratificada pelo Brasil). Tem por fundamento a garantia de independência do sin-

---

20 SILVA, Luiz de Pinho Pedreira da. "Os princípios do Direito Coletivo do Trabalho". *Revista LTr*, 63-02, fev. 1999, p. 151.

dicato dos trabalhadores, ante a facilidade de seu domínio pelo poder econômico do sindicato patronal.

c) Autonomia coletiva

Em sentido amplo, a autonomia coletiva confere aos grupos (representados pelos sindicatos) o poder normativo, que pode ser público (do Estado) ou privado (dos particulares), para confeccionarem normas coletivas de interesse do grupo. Em sentido restrito a autonomia coletiva refere-se à liberdade de auto-organização dos sindicatos (liberdade de definir sua própria fisionomia, estrutura administrativa, quórum, estatutos etc.) – art. 3º da Convenção nº 87 da OIT.[21]

d) Autodeterminação coletiva ou autotutela

A autotutela consiste no poder que os sindicatos têm de aplicar sanções aos membros do grupo que violam suas regras de direito ou ao grupo oposto (greve, *lockout*, boicote etc.). Autodeterminação para regulamentar as relações de trabalho obrigando às partes convenentes ou acordantes à aplicação dessas normas. Também pode abranger a autodeterminação do grupo de deflagrar greve.

e) Democracia sindical interna

O princípio da democracia interna aponta que a vontade da maioria deve ser apurada por meio de métodos colegiais, em uma diretoria eleita através de procedimentos como convocação, reunião, discussão, moção, impugnação. Na verdade, "o teste da democracia não está em quem faz as decisões, mas em quem elege os que as fazem",[22] já que nem todos os associados participam de todas as reuniões, por isso os representantes do grupo devem estar legitimados para, em nome deste, agir. Inclui o direito de votar e ser votado, de ter acesso às informações, direito à livre expressão etc.

f) Indisponibilidade relativas dos direitos previstos nas normas coletivas

As normas coletivas se aplicam a toda categoria atingida e não apenas aos associados aos sindicatos convenentes ou acordantes – art. 611 da CLT. Assim, mesmo a empresa que não participou do convênio coletivo está obrigada a respeitá-lo, e também serão beneficiados ou prejudicados os empregados não associados ao sindicato participante da convenção ou do acordo coletivo.

Entrementes, o parágrafo único do art. 444 da CLT autorizou que o empregado portador de diploma de curso superior e que perceba salário igual ou superior a duas vezes o valor máximo dos benefícios previdenciários possa, mediante ajuste escrito com o patrão, renunciar aos direitos previstos nas normas coletivas. Ora,

---

21 "As organizações de trabalhadores e de empregadores têm o direito de redigir seus estatutos e regulamentos administrativos e de escolher livremente seus representantes, de organizar sua administração e suas atividades e o de formular seu programa de ação."

22 *Apud* SILVA, Luiz de Pinho Pedreira da, *op. cit.*, p. 157.

se o mesmo dispositivo legal permite a disponibilidade de alguns direitos legais, por maior razão também os normativos.

A hipótese em estudo é exceção à regra geral de **indisponibilidade** dos direitos previstos nas normas coletivas.

6. ENTES COLETIVOS – HISTÓRICO

Os sindicatos são os legitimados originariamente para a representação dos interesses do grupo. A Carta de 1988 determina a participação obrigatória dos sindicatos nas negociações coletivas – art. 8º, VI, da CRFB, ratificando sua importância e indispensabilidade na intermediação dos conflitos coletivos. Aliás, esta regra já existia na CLT – arts. 857 e 861 da CLT e Decreto nº 1.572/95.

A base de sustentação do Direito Coletivo é o sindicalismo e, por isso, necessário se faz o estudo histórico dos sindicatos.

No Direito romano encontra-se a semente do sindicalismo, não com a feição atual, mas com certas semelhanças. Eram os colégios romanos[23] que, por determinação da autoridade, dividiam o povo segundo seus ofícios ou artes para facilitar a governabilidade. Acreditava-se que o povo dividido em muitas partes resistiria menos. Os colégios romanos foram extintos oficialmente em 64 a.C., mas persistiram até 56 da era cristã.[24]

No século XII surgem as corporações de ofícios que, nesta época, despontam como primeiro fenômeno associativo inspirados nos *collegia* romanos e nas *guildas* germânicas, apesar de não terem estrutura sindical, mas de verdadeira unidade produtiva. Surgiram após a decadência do regime feudal quando os colonos refugiaram-se nas cidades ao lado dos artesãos e operários, na tentativa de fugir de seus antigos senhores.[25] Como a reunião era feita por grupo da mesma profissão ou atividade profissional, pouco a pouco esta agremiação passou a constituir uma forte organização representativa. Cada corporação representava um ofício ou profissão e detinha monopólio absoluto no território. Ninguém poderia exercer sua atividade, ofício ou a profissão sem ingressar no grêmio da Corporação respectiva. Deveriam proteger e promover os interesses de artesãos e mercadores. Controlavam o mercado fixando preços e organizando as formas de trabalho.

Eram típicas empresas dirigidas por seus mestres e sua composição dividia-se entre mestres, companheiros e aprendizes. Os mestres ensinavam o ofício correspondente à corporação aos aprendizes e os assalariavam. Estes lhe deviam obediência e fidelidade. Após cinco anos, quando terminavam a aprendizagem, os aprendizes passavam a companheiros ou oficial. Na verdade, só a partir do século XIV surgem os companheiros.

---

23 SÜSSEKIND, Arnaldo; MARANHÃO, Délio; VIANNA, Segadas. *Instituições de Direito do Trabalho*. 19. ed. São Paulo: LTr, v. 2, p. 1.071.

24 *Ibidem*, p. 1.071.

25 SÜSSEKIND, Arnaldo. *Curso de Direito do Trabalho*. Rio de Janeiro: Renovar, 2002, p. 8.

Os mestres eram os donos das oficinas a quem os companheiros e aprendizes deviam obediência.

Os companheiros recebiam salário pelo trabalho executado e só chegavam a mestres quando aprovados na difícil prova "obra-mestra", que era paga. Todavia, o companheiro que contraísse casamento com a filha de mestre ou se casasse com viúva do mestre passava à condição de mestre.

O aprendiz era um menor entre 12 e 14 anos cujos pais pagavam altas taxas para que o mestre lhe ensinasse o ofício e a profissão, o que demorava, em média, 5 anos. Os aprendizes deviam obediência aos mestres e a estes estavam vinculados, não podendo trabalhar para outro mestre, até alcançarem o mais alto grau nas corporações de ofício, mesmo depois de atingida a condição de companheiro. Os filhos dos mestres não estavam subordinados a estas regras e não precisavam da aprovação no exame "prova-mestra".

No século XIV nascem as *Compagnonnage* como oposição às corporações de ofícios. Os aprendizes formados há mais de cinco anos não estavam conseguindo chegar a mestre e, por isso, continuavam como companheiros por muito tempo, mantendo a dependência, subordinação e fidelidade aos mestres. Em face disto revoltaram-se contra o poder e o monopólio destes. Daí surgiu a primeira manifestação sindical dos trabalhadores contra os tomadores de serviço, na defesa dos interesses da classe. Nesta época as *compagnonnage* equivaliam ao sindicato de uma categoria profissional e as corporações de ofício equivaliam aos sindicatos patronais. A partir desta divisão aparece o princípio do paralelismo sindical.

As constantes revoltas, greves, boicotes dos companheiros contra os mestres e o desaparecimento das regulamentações profissionais enfraqueceram as corporações de ofício. A Revolução Francesa, em nome da liberdade, combateu as corporações de ofício e as *compagnonnage* entregando os trabalhadores à livre exploração dos patrões. Finalmente, na França, através da Lei Chapelier (1.791), nome do deputado que foi seu relator, foram extintas as corporações de ofício e as *compagnonnage* e proibida qualquer forma de associação, independente do pretexto. Esta foi a primeira lei a se referir ao *syndic*, que significava "síndico", o escolhido para representar o grupo, o representante, o porta-voz. Da expressão *syndic* nasce a palavra *syndicats* – sindicato.

O Código Penal francês de 1810 considerou crime a coalizão.

Na Inglaterra, por volta de 1820, inspirados por Robert Owen, foram criados os *trade-unions,*[26] mesmo diante da proibição legal de coalizão, pois os trabalhadores necessitavam reivindicar melhoria de condição social pressionando empresários e governo. Em 1824 o Parlamento inglês revogava a proibição de coalizão.

De lá para cá, várias iniciativas incentivaram a criação dos sindicatos, desde a Encíclica Rerum Novarum (1891), o Tratado de Versailles, que formalmente

---

26 *Idem*, p. 517.

reconheceu o direito de associação, a Declaração Universal dos Direitos do Homem em 1948 dispôs sobre o direito de associação e de organização sindical, a Convenção nº 87 da OIT que dispõe sobre liberdade sindical e proteção ao direito de sindicalização (1948) e a Convenção nº 98 da OIT (1949) com a finalidade de proteger os direitos sindicais.

No Brasil, a Constituição do Império foi a primeira a adotar os postulados filosóficos da Revolução Francesa, pois assegurou a liberdade para o trabalho e aboliu as corporações de ofício.

Como havia preponderância das atividades agrícolas e de exploração de minério no país, em face de suas condições geográficas e dimensões econômicas, contribuíram para o retardamento do desenvolvimento sindical no Brasil, já que suas indústrias eram incipientes.

Apesar disto, a partir da segunda metade do século XIX foram constituídas "algumas associações de beneficência e ligas operárias de expressão local, que empreenderam típicas atividades sindicais, inclusive greves".[27]

No Brasil, o sindicalismo teve início com a Liga Operária, criada por volta de 1879 e, depois, com a União Operária em 1880. Todavia, não representavam o interesse da profissão, pois seus quadros eram abertos a estranhos alheios à atividade profissional. Raramente e de forma tímida, demonstravam o protesto e representavam a reivindicação do grupo.

Mesmo sem expressão sindical e alheia aos interesses do grupo, no século XX algumas associações[28] de classe aparecem como: "Sociedade União dos Folguistas (1903); União dos Operários Estivadores (1903); e União dos Operários em Fábricas de Tecidos (1917). Este cenário permaneceu durante a Revolução Liberal (1930) e por todo o "Estado Novo", com raras exceções. A primeira lei que deu início a uma verdadeira organização sindical em nosso país foi o Decreto nº 19.770/31, que estabelecia a unicidade sindical, proibia qualquer medida, propaganda ou ideologia política; obrigava o patrão ao pagamento de uma indenização equivalente a seis meses de salário em caso de despedida do trabalhador em virtude de sua ação sindical e excluía o empregado público e domésticos de sua aplicação. Nos anos 70 o índice de sindicalização urbana em todo país equivalia a 31,9%,[29] sendo este o percentual médio, pois nas grandes cidades chegava a 36% e, no interior, em virtude do trabalho rural, a menos de 7%. O percentual médio, computando trabalhadores urbanos e rurais, era de 25%[30] de trabalhadores sindicalizados, apontando o baixo índice associativo do país. A partir das greves do ABC paulista (principalmente na área da metalurgia),

---

27 SÜSSEKIND, Arnaldo. *Direito Constitucional do Trabalho*. Rio de Janeiro: Renovar, 1999, p. 322.

28 A primeira norma sindical brasileira foi o Decreto nº 979/1903 que instituiu sindicatos mistos que, na verdade, não tinham nenhuma característica sindical. Esta agremiação tinha como finalidade facilitar a concessão de crédito aos que se dedicavam às atividades rurais.

29 VIANNA, Segadas; SÜSSEKIND, Arnaldo; MARANHÃO, Délio; VIANNA, Segadas; TEIXEIRA, Lima. *Instituições de Direito do Trabalho*. 19. ed. São Paulo: LTr, 2000. v. 2, p. 1.078.

30 Dados retirados do inquérito Estatístico-Sindical do Ministério do Trabalho, feito em 31/12/1976.

ocorrida na década de 1980, houve incremento da sindicalização. Em 2017, havia mais de 15 mil sindicatos; a unicidade sindical continua sendo obrigatória e os estatutários estão excluídos.

A Emenda Constitucional nº 72/13 estendeu aos **domésticos** as convenções e os acordos coletivos.

6.1. Resumo Cronológico

A Constituição de 1891 foi omissa no tocante ao trabalho do homem, limitando-se a assegurar o livre exercício de qualquer profissão. Mas garantiu o direito à associação (art. 72, § 8º), o que proporcionou ao STF[31] o fundamento jurídico para declarar a licitude das organizações sindicais então existentes.

O Decreto nº 979 foi o primeiro que regulou a matéria em nosso país, tratando das organizações sindicais dos trabalhadores rurais – agricultura, mas era de sindicatos mistos.

Só em 1907 o Decreto nº 1.637 estendeu o direito de sindicalização a todos os trabalhadores. Daí em diante o avanço foi surpreendente, culminando no Decreto nº 19.770/31 dispondo sobre organização sindical e na CLT (Decreto-Lei nº 5.452/43) regulando a criação e todo o funcionamento do sindicato.

Apesar da Carta de 1934 ter autorizado a pluralidade sindical, tal fato nunca chegou a se concretizar. A Constituição de 1937 impôs a unicidade sindical, instituiu o imposto sindical compulsório e considerou a greve e o *lockout* como recursos nocivos e antissociais. A Lei Maior de 1946 manteve os ditames da anterior, mas garantiu a liberdade de associação e o direito de greve. A Constituição de 1967 previu eleições sindicais obrigatórias e garantiu o direito de greve.

A Constituição de 1988 proibiu a interferência do Estado na criação e funcionamento do sindicato, propiciando uma tímida liberdade sindical, pois ainda manteve a unicidade sindical, a divisão dos sindicatos por categorias, pela contribuição sindical compulsória (depois suprimida), pela manutenção do sistema confederativo e do poder normativo da Justiça do Trabalho (depois modificado ou extinto pela EC nº 45/2004).

De lá para cá os sindicatos têm sido respeitados e protegidos pela legislação pátria, assim como seus atos reconhecidos.

7. SINDICATOS

7.1. Conceito

Os sindicatos nasceram com a finalidade de obter, por meios conflituosos, a melhoria das condições de trabalho e, por via de consequência, de vida.

[31] *Apud* SÜSSEKIND, Arnaldo. *Direito Constitucional do Trabalho*. Rio de Janeiro: Renovar, 1999, p. 323.

As conquistas dos trabalhadores são conseguidas através de negociações coletivas intermediadas ou deflagradas pelos respectivos sindicatos.

A definição de sindicato, segundo Mauricio Godinho Delgado,[32] inicialmente se fez levando-se em consideração os sindicatos obreiros, entretanto, na medida em que surgiram os sindicatos empresariais, sua definição tornou-se mais ampla, abrangendo os dois polos trabalhistas (obreiros/empregadores).

Vejamos, portanto, suas definições.

Sindicatos são entidades associativas permanentes, que representam trabalhadores vinculados por laços profissionais e laborativos comuns, visando tratar de problemas coletivos das respectivas bases representadas, defendendo seus interesses trabalhistas e conexos, com o objetivo de lhes alcançar melhores condições de labor e vida.

Sindicatos seriam entidades associativas permanentes, que representam, respectivamente, trabalhadores, *lato sensu*, e empregadores, visando a defesa de seus correspondentes interesses coletivos.

A lei brasileira define sindicato como associação para fins de estudo, defesa e coordenação de interesses econômicos ou profissionais de todos os que, como empregadores, empregados, agentes ou trabalhadores autônomos, ou profissionais liberais, exerçam, respectivamente, a mesma atividade ou profissão ou atividades ou profissões similares ou conexas. (art. 511, *caput*, CLT).

7.2. Natureza Jurídica e Representação do Sindicato

O sindicato é pessoa jurídica de direito privado, conforme bem salientou Pedro Carlos Sampaio Garcia.[33] É uma associação civil sem fins lucrativos, tendo caráter de direito privado revelado por ser criado por iniciativa única dos interessados, constituído e administrado sob a responsabilidade de seus membros e por ter sua finalidade voltada à defesa de seus interesses.

Os sindicatos que representam os interesses dos trabalhadores se organizam, em sua maioria, por categoria e não por profissão.[34] Explica-se esta atitude ante o paralelismo sindical que deve existir entre a categoria econômica e a profissional, de forma que cada agente social esteja devidamente representado, equilibrando os interesses. A associação de trabalhadores por identidade de situação de emprego ou de empregador foi expressamente adotada pelo art. 511, § 2º, da CLT quando, ao conceituar categoria profissional, incluiu os trabalhadores que se encontravam em situação de emprego na mesma atividade econômica, mesmo que exercessem profissões e funções distintas. A ressalva foi feita à categoria diferenciada – art. 511, § 3º, da CLT, pois estes trabalhadores não serão

---

32 DELGADO, Mauricio Godinho. *Curso de Direito do Trabalho*. 2. ed. São Paulo: LTr, 2003, p. 1.315.

33 GARCIA, Pedro Carlos Sampaio. *O sindicato e o processo*: a coletivização do processo do trabalho. São Paulo: Saraiva, 2002, p. 16.

34 Exceção se faz aos sindicatos de categorias diferenciadas que se organizam por profissão ou ofício.

enquadrados segundo a atividade preponderantemente exercida pelo empregador, como nos demais casos.

De acordo com os arts. 511 e 513 da CLT, **categoria** é o conjunto de pessoas que exerce sua atividade num determinado setor. Como já visto, o Brasil preferiu adotar o sistema de categoria, em face de sua inspiração no Direito italiano.

Até a Constituição de 1988 as categorias diferenciadas, por importarem em exceção à regra geral, deveriam estar relacionadas no quadro de atividades e profissões, como alude o art. 570 c/c 577 da CLT, propostos pela antiga Comissão de Enquadramento Sindical e aceitas pelo Ministro do Trabalho. As partes não poderiam, livremente, em virtude de interesses comuns, constituir uma categoria diferenciada. Todavia, esta imposição legal não mais prevalece, ante o disposto no art. 8º, I, da CRFB. Por isso foi extinta a Comissão. Hoje aquele quadro apenas serve de modelo, de exemplo,[35] pois não pode mais o Estado intervir na formação[36] do sindicato nem na escolha da categoria que pretende representar. Desta forma, uma categoria será considerada diferenciada quando de fato constituir sindicato que não corresponda ao paralelismo simétrico sindical.

O paralelismo sindical importa na existência de um sindicato representativo da categoria profissional para cada sindicato correspondente à categoria econômica.

A legislação impõe (art. 534 da CLT) a composição do sistema sindical sob a forma de uma pirâmide, que se compõe do sindicato, em seu piso, da federação, em seu meio, e da confederação, em sua cúpula.

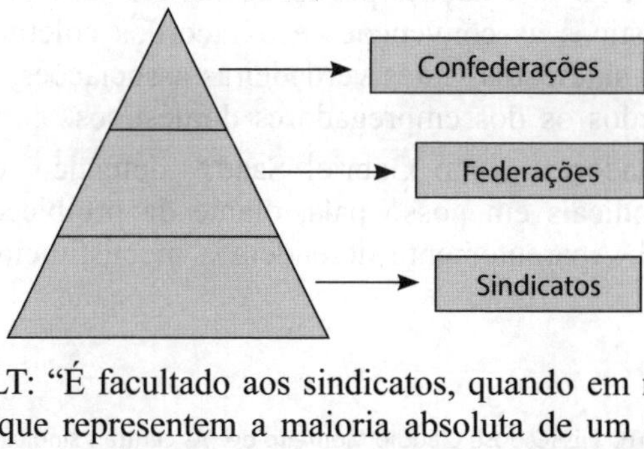

Art. 534 da CLT: "É facultado aos sindicatos, quando em número não inferior a 5 (cinco), desde que representem a maioria absoluta de um grupo de atividades ou profissões idênticas, similares ou conexas, organizarem-se em federação."

Art. 535 da CLT: "As confederações organizar-se-ão com o mínimo de três federações e terão sede na Capital da República."

O sistema sindical acima foi recepcionado pela Constituição de 1988,[37] na medida em que o inciso II do art. 8º da CF, determinou que a organização, em qualquer grau,

---

35 SÜSSEKIND, Arnaldo. *Curso de Direito do Trabalho*. Rio de Janeiro: Renovar, 2002, p. 533.

36 Salvo no que diz respeito ao registro sindical, que foi mantido pelo art. 8º da CRFB, em face do princípio da unicidade sindical.

37 SÜSSEKIND, Arnaldo, *op. cit.*, p. 530.

seja representativa de categoria profissional ou econômica. Quando a CRFB se refere a "qualquer grau" se referiu às instâncias sindicais (sindicatos, federações e confederações).

As centrais sindicais são órgãos classistas, que representam e coordenam classes trabalhadoras, para ajudar no diálogo político-econômico. O reconhecimento é conferido às entidades com filiação mínima de 100 sindicatos nas 5 regiões do país. Apesar da nomenclatura "centrais sindicais" defendemos que elas não pertencem ao sistema sindical[38] e, por isso, não podem efetuar acordo coletivo, convenção coletiva, homologar rescisão ou negociar coletivamente.

O objetivo da Lei nº 11.648/08 foi a participação das centrais sindicais na esfera política para orientar os sindicatos e usufruir de parte da contribuição sindical.[39] Nas palavras de José Cláudio Monteiro de Brito Filho[40] "a participação das centrais na esfera política é de atuação sindical quer coordenando os esforços e as ações das entidades integrantes do sistema confederativo, quer representando a classe dos trabalhadores em conselhos, entidades etc.".

O sistema confederativo, a unicidade sindical e a sindicalização por categoria foram mantidos pela Constituição de 1988. As centrais sindicais não estão organizadas em sistema de monopólio, pois todas representam os trabalhadores (pluralidade), não respeitam o paralelismo sindical e não se organizam por categoria, ao contrário, representam uma classe, a dos trabalhadores. Por isso, defendemos que elas não têm legitimidade sindical para atos típicos e não pertencem ao sistema confederativo sindical. De forma similar atuam os sindicatos dos domésticos, dos servidores públicos e as associações profissionais. Ressalte-se que a EC nº 72/13 estendeu aos domésticos as convenções e os acordos coletivos. Com isso, será necessário que seus sindicatos, antes verdadeiras associações, sejam formalmente reconhecidos e criados os dos empregadores domésticos.

Alguns doutrinadores, como Gabriel Saad,[41] defendem que não há espaço para as centrais sindicais em nosso país, diante da proibição constitucional de pluralidade sindical. Aparentemente defendem a inconstitucionalidade da Lei nº 11.648/08.

---

38 Da mesma forma BRITO FILHO, José Cláudio Monteiro de. "As centrais sindicais e a Lei nº 11.648/2008". São Paulo: *Suplemento Trabalhista* 069/08, p. 336.

39 As contribuições sindicais recolhidas são distribuídas da seguinte forma: 60% pertencem ao sindicato; 15% às federações; 5% às confederações; 10% ao Estado (Conta Especial Emprego e Salário) e 10% para a central sindical que for indicada pelo sindicato cuja representação gerou o recolhimento da contribuição. De acordo com o Jornal *O Globo* de 20 de fevereiro de 2015, p. 2, as centrais sindicais receberam, em 2015, 3,4 bilhões de reais. A CUT ficou com 59 milhões, a Força com R$ 47 milhões. A UGT com R$ 44 milhões. A notícia ainda informa que há cerca de 10 mil entidades sindicais no Brasil. Não satisfeitas com o vultoso valor que ainda vão receber, o Governo enviou para o congresso proposta para aumentar a contribuição sindical, que hoje está fixada em 1 dia de trabalho, para 4 dias de trabalho, que corresponderá a 13% de um salário (esta última notícia foi veiculada no Jornal *O Globo* de 22 de agosto de 2008, p. 14).

40 BRITO FILHO, José Cláudio Monteiro de. "As centrais sindicais e a Lei nº 11.648/2008". São Paulo: *Suplemento Trabalhista* 069/08, p. 336.

41 *Apud* Amauri Mascaro Nascimento. NASCIMENTO, Amauri Mascaro. "As centrais sindicais e as modificações de 2008". São Paulo: *Suplemento Trabalhista* 045/08, p. 219.

Outros, dentre eles Amauri Mascaro,[42] afirmam sua constitucionalidade, sob o argumento de que a Carta garantiu a livre associação profissional e sindical (art. 8º, *caput*). Amauri Mascaro explica que a Carta impõe a unicidade sindical na categoria e não acima dela (posição das centrais sindicais), isto quer dizer que, nosso sistema admite, segundo suas palavras, a pluralidade na cúpula e impõe a unicidade na base sindical. Imputa às centrais sindicais o caráter "político-institucional" com o objetivo de praticar o diálogo social de forma tripartite (governo, empresários e trabalhadores) para ajustar pactos sociais, afirmando que elas não concorrerão com os sindicatos e não vão comprometer suas prerrogativas negociais, pois não podem efetuar convênios coletivos. Alega que as centrais sindicais não pertencem ao sistema confederativo, pois estão acima dele e estão reunidas sob a forma "supracategoria" e não por categoria.

Em 2015 já contávamos com 12 Centrais Sindicais, entre elas a CUT (Central Única dos Trabalhadores – PT); FS (Força Sindical); UGT (União Geral dos Trabalhadores – vários partidos); NCST (Nova Central Sindical de Trabalhadores); CTB (Central de Trabalhadores e Trabalhadoras do Brasil – PCdoB); CGTB (Central Geral dos Trabalhadores do Brasil – dissidente da CUT).

7.3. Condições de Registro e Funcionamento

Com a Constituição de 1988 foi vedada a intervenção estatal na criação e funcionamento dos sindicatos – art. 8º, I, da CRFB. Não poderá mais o Estado determinar as regras de criação, a composição, o *quorum*[43] de representação para a validade de qualquer ato praticado,[44] salvo o registro no Cartório de Pessoas Jurídicas e o Registro Sindical no Ministério da Economia, antigo Ministério do Trabalho – IN 03/94 e 01/97. Este último requisito foi exigido para que se fiscalizasse a unicidade sindical exigida pela Carta, impedindo-se que mais de um sindicato com a mesma representação se estabelecesse na mesma base territorial – unicidade[45] sindical.

Não é mais necessária a criação prévia e existência mínima de três anos das associações profissionais para a criação do sindicato, por não ter sido recepcionado o art. 515 da CLT, já que a lei não pode mais estabelecer condições e requisitos para a criação e existência do sindicato, salvo para salvaguardar a unicidade sindical.

Nesta esteira de raciocínio é crível presumir que também se encontram revogados os arts. 521, 524, 527, 529 até 532, 540, § 2º, 577 da CLT e outros que importem em intervenção do Estado no funcionamento do Sindicato.

---

42 NASCIMENTO, Amauri Mascaro. "As centrais sindicais e as modificações de 2008". São Paulo: *Suplemento Trabalhista*, 045/08, p. 219.

43 Em sentido contrário a OJ nº 13 do SDC do TST (já cancelada).

44 No mesmo sentido SÜSSEKIND (SÜSSEKIND, Arnaldo. Direito Constitucional do Trabalho. Rio de Janeiro: Renovar, 1999, p. 341.) e em sentido contrário CARRION, Valentin. Comentários à Consolidação das Leis do Trabalho. 28. ed., atualizado por Eduardo Carrion, São Paulo: Saraiva, 2003, p. 450.

45 Arion Romita diferencia unicidade sindical de unidade sindical, afirmando que aquela é imposta por lei e esta é espontânea. (ROMITA, Arion. Sayão. Os direitos sociais na Constituição e outros estudos. São Paulo: LTr, 1991, p. 223).

Todavia, foram recepcionados os arts. 511, 519, 520, 522,[46] 534, 545, 558, 570, 578, 581, § 2º da CLT.[47]

7.4. Forma de Custeio – Contribuições Sindicais

As contribuições sindicais são as principais fontes de custeio do sindicato e do sistema confederativo. Constituem-se num resquício do autoritarismo copiado por nós da *Carta Del Lavoro*, da Itália, época de Mussolini. Sua manutenção pela Constituição de 1988 (art. 8º, IV, da CRFB) comprova que a liberdade sindical preconizada constitucionalmente não estava completa, pois a imposição de contribuição compulsória (hoje revogada) para todos os trabalhadores, associados ou não, importava em controle ao sistema sindical que feria a liberdade do trabalhador.

São contribuições sindicais:

a) contribuição anual que era compulsória para toda categoria – art. 578 da CLT. O antigo imposto sindical foi mantido pela Constituição de 1988, mas sua obrigatoriedade foi revogada pela Lei 13.467/17;[48]

b) contribuição estatutária – art. 548, *b*, da CLT. Geralmente são mensais e atingem apenas os associados. Prevista nos estatutos dos sindicatos – Precedente Normativo nº 119 do SDC TST e OJ nº 17 do SDC do TST;

c) contribuição confederativa – art. 8º, IV da CRFB. Só para associados – Precedente Normativo nº 119 do SDC do TST c/c OJ nº 17 do SDC do TST e Súmula Vinculante 40 do STF;

d) contribuição assistencial ou quota de solidariedade[49] – prevista nas normas coletivas. Apenas para os associados – art. 545 da CLT c/c

---

46 Entendemos vigente o art. 522 da CLT, pois não se refere apenas ao funcionamento dos sindicatos, mas também aos direitos trabalhistas dos dirigentes sindicais (estabilidade). Nesse sentido a Súmula nº 369, III, do TST e em sentido contrário Valentim Carrion (CARRION, Valentin. *Comentários à Consolidação das Leis do Trabalho*. 28. ed. atualizado por Eduardo Carrion, São Paulo: Saraiva, 2003, p. 422.).

47 Süssekind adota a teoria de que estão vigentes as regras contidas na CLT, dirigidas aos sindicatos, desde que tenham reflexo direto na relação de emprego.

48 No dia 29/06/2018, o STF, por 6 votos a 3, julgou improcedente a ADI 5.794 ajuizada pela Confederação Nacional dos Trabalhadores em Transporte Aquaviário e Aéreo, na Pesca e nos Portos (CONTTMAF). Com essa decisão, firmou o entendimento acerca da constitucionalidade da Reforma Trabalhista (Lei 13.467/2017) na parte que deu nova redação aos artigos 545, 578, 579, 582, 583, 587 e 602 da CLT para condicionar o recolhimento da contribuição sindical anual (antes compulsória) à expressa e prévia autorização dos trabalhadores. O julgamento se estende às demais Ações Diretas de Inconstitucionalidade e, ainda, à Ação Declaratória de Constitucionalidade (ADC) 55, em que a Associação Brasileira de Emissoras de Rádio e TV (Abert) defende a validade da alteração legislativa. Dessa forma, é constitucional a regra que tornou facultativa a contribuição sindical anual equivalente a um dia de salário. Os principais argumentos a respeito da constitucionalidade dos dispositivos apontados são: a) o novo comando legislativo está de acordo com o artigo 8º, IV, da CF; b) a Lei 13.467/2017 não contempla normas gerais de direito tributário e, portanto, a matéria tratada não necessita de lei complementar; c) a facultatividade está em consonância com o direito fundamental de liberdade de associação, de sindicalização e de expressão, todos reconhecidos na Constituição.

49 A contribuição sindical denominada pela doutrina alienígena, como "quota de solidariedade", não foi adotada pelo Brasil, porque responsabiliza todos os membros da categoria, associados ou não, em face do laço de solidariedade que atinge os interesses profissionais ou econômicos. Este entendimento também foi adotado pelo TST (OJ nº 17 da SDC e Precedente nº 119 do TST), no sentido de que a

OJ nº 17 do SDC c/c Precedente nº 119 do SDC do TST e antigo Precedente Normativo nº 74 do SDC, ora cancelado.

Remetemos o leitor ao Capítulo "Ajuste e Fixação Salarial", ocasião que a matéria foi melhor explorada.

8. FORMAS DE SOLUÇÃO DE CONFLITOS COLETIVOS

Conflito, do latim *conflictus,* significa lutar, combater, indicando posições antagônicas entre as partes. Os conflitos têm, pois, a conotação de controvérsia, divergência, pretensão resistida, lide, dissídio. Para alguns as expressões são sinônimas.[50] Para outros, conflito é o gênero, do qual se dividem algumas espécies. Russomano,[51] por exemplo, considera que conflito tem sentido amplo de contraste de interesses enquanto dissídio é a forma de solução destes conflitos.[52]

Segundo Carreira Alvim:[53] "O conflito de interesses é o elemento *material* da lide, sendo seus elementos *formais* a pretensão (de quem pretende) e a resistência (de quem se opõe à pretensão)".

Os conflitos podem ser individuais ou coletivos. Os individuais são aqueles que têm por objeto interesses individuais concretos, de pessoas determinadas. Os coletivos de trabalho ocorrem quando existir divergência de interesses trabalhistas entre um grupo de trabalhadores e seus empregadores, para defesa de algum interesse coletivo do grupo ou dos membros que o compõem. Por sua vez, os conflitos coletivos do trabalho podem ser subdivididos em econômicos, quando versarem sobre salários e vantagens econômicas em sentido amplo; e sociais, quando tiverem por objeto medidas de natureza social para os trabalhadores; legais, quando observarem os parâmetros legais; e ilegais quando ferirem o ordenamento jurídico.[54]

Outros preferem classificação mais simplista e optaram por dividir os conflitos coletivos do trabalho em dois grandes gêneros: conflitos de interesses ou econômicos; conflitos jurídicos ou de direito (Sergio Pinto Martins[55] e Otávio Bueno Magano).[56]

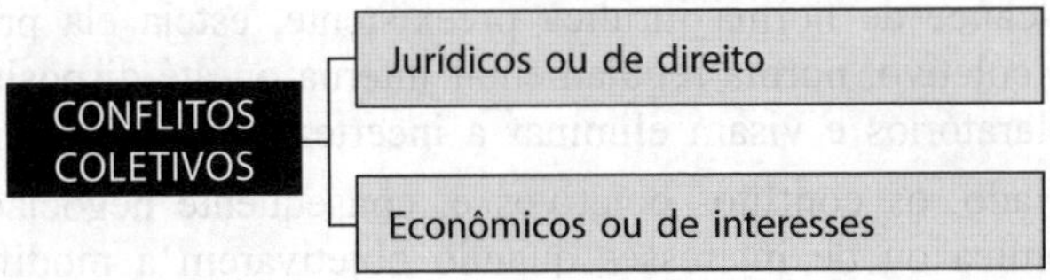

compulsoriedade da contribuição para não associados afronta a liberdade sindical preconizada no art. 8º da CRFB.

50 De la Cueva entende que as expressões são sinônimas. Mario, De la Cueva, *apud* MAGANO, Otávio Bueno. *Direito Coletivo do Trabalho*. 3. ed. São Paulo: Ltr, 1993, v. 3, p. 180.

51 RUSSOMANO, Mozart Victor. *Conflitos coletivos de trabalho*. São Paulo: RT, 1979, p. 5.

52 No mesmo sentido e defendendo a mesma posição Sergio Pinto Martins. MARTINS, Sergio Pinto. *Direito do Trabalho*. São Paulo: Atlas, 2001, p. 687.

53 ALVIM, José Eduardo Carreira. Comentários à lei de arbitragem (Lei nº 9.307 de 23/9/1996). 2. ed. atual. Rio de Janeiro: Editora Lumen Juris, 2004, p. 23.

54 NASCIMENTO, Amauri Mascaro. *Curso de Direito do Trabalho*. São Paulo: Saraiva, 1999, p. 793.

55 MARTINS, Sergio Pinto. *Direito do Trabalho*. São Paulo: Atlas, 2001, p. 687.

56 MAGANO, Otávio Bueno. *Direito coletivo do trabalho*. São Paulo: LTr, 1993. v. 3, p. 182.

Econômicos são os conflitos que têm por objetivo a criação ou modificação das condições de trabalho, enquanto os jurídicos têm por finalidade a interpretação e/ou aplicação de normas jurídicas preexistentes, como, por exemplo, a interpretação de cláusula de convenção coletiva ou de regulamento de empresa.

Sob outro paradigma, alguns autores apontam forma diversa de abordagem do tema, preferem que os conflitos coletivos sejam divididos pelo tipo de interesse: difusos, coletivos ou individuais homogêneos. Os de interesses **difusos** estão ligados por um direito indivisível, que atinge uma coletividade indeterminada. **Interesses coletivos**, propriamente ditos, são os igualmente ligados a um direito indivisível, contudo, a uma coletividade determinada ou determinável. Os **individuais homogêneos**, por sua vez, atingem um grupo determinado, isto é, ligados por um direito divisível.[57] Esses são tratados pela doutrina[58] como acidentalmente coletivos e não coletivos propriamente dito, por sua característica nitidamente individual.

Outra divisão seria quanto ao tipo de conflito coletivo. No Brasil, os conflitos coletivos podem ocorrer nas relações de consumo, nas relações de cidadania (relacionadas com o direito à promoção da saúde, educação, cultura, ao lazer e a um meio ambiente equilibrado) e nas relações de trabalho.

Os conflitos coletivos de trabalho devem ser intermediados pelos **Sindicatos**, pois são, segundo o art. 8º, VI, da CRFB, os agentes legitimados para tanto. Portanto, todo e qualquer conflito coletivo deve ter a participação e intermediação dos sindicatos, federações ou confederações e, apenas na ausência destas, poderá ser constituída uma comissão de negociação para deliberação e negociação coletiva – art. 4º, § 2º, da Lei nº 7.783/89 e art. 617, § 1º da CLT.

A greve e o *lockout,* segundo parte da doutrina, são considerados como **expressão** de conflito coletivo de trabalho. Neste sentido também Amauri Mascaro Nascimento,[59] Sergio Pinto Martins[60] e Otávio Bueno Magano.[61]

Como já visto, os conflitos coletivos do trabalho e consequentes negociações podem ter natureza jurídica ou de direito quando versarem sobre a interpretação, aplicação ou alcance de norma jurídica preexistente, esteja ela prevista em convenção, acordo coletivo, norma regulamentar interna ou até dispositivo legal. Seus efeitos são declaratórios e visam eliminar a incerteza gerada pela norma.

Por outro lado, os conflitos coletivos e, consequente negociação, podem ter natureza econômica ou de interesses quando objetivarem a modificação, criação

---

57 A corroborar com a necessária distinção, Aluisio Gonçalves de Castro Mendes (MENDES, Aluisio Gonçalves de Castro. *Ações coletivas no direito comparado e nacional* – São Paulo: Editora Revista dos Tribunais, 2002, p. 218): "A correta distinção se faz necessária e é importante, na medida em que as duas categorias estão submetidas a regime diverso em termos de coisa julgada. A sentença proferida em relação aos interesses difusos produzirá efeitos *erga omnes*, enquanto na solução dos conflitos envolvendo direitos coletivos a eficácia estará adstrita ao grupo, categoria ou classe."

58 Nesse sentido: Aluisio Gonçalves de Castro Mendes (MENDES, Aluisio Gonçalves de Castro. *Ações coletivas no direito comparado e nacional*. São Paulo: Editora Revista dos Tribunais, 2002, p. 220).

59 NASCIMENTO, Amauri Mascaro. *Curso de Direito do Trabalho*. São Paulo. Saraiva. 1999, p. 793.

60 MARTINS, Sergio Pinto. *Direito do Trabalho*. São Paulo: Atlas, 2001, p. 687.

61 MAGANO, Otávio Bueno. *Direito Coletivo do Trabalho*. São Paulo: LTr, 1993. v. 3, p. 180.

ou supressão de direitos trabalhistas. Estes acarretam as cláusulas normativas dos instrumentos coletivos e seus efeitos são de natureza constitutiva.

Otávio Bueno Magano[62] refere-se, ainda, aos conflitos **próprios** e **impróprios**. Os primeiros se apresentam historicamente como os conflitos de trabalho mais ostensivos, porque resultam de contraposição a que chegaram os trabalhadores e empresários. Os segundos, embora relativos ao trabalho e dele decorrentes, não pressupõem a oposição de atitudes do trabalhador e do patrão.

8.1. Conflitos Coletivos do Trabalho

Independentemente da classificação e divisão dos tipos dos conflitos serão examinadas as formas de solução destes conflitos.

Diante do progresso tecnológico e econômico, da globalização, da onda neoliberal das relações de trabalho, as condições de vida em sociedade têm se alterado com muita rapidez. Na maioria dos casos, estas novas condições de vida desequilibram a distribuição de renda. Some-se a isto o processo de automação do trabalho, a expressiva competitividade de mercado, a horizontalização da produção de bens e serviços e a necessidade de redução de custos. Todos estes fatores elevam, cada vez mais, o nível de desemprego e restringem as condições favoráveis de trabalho. Desta forma, a insatisfação social da classe trabalhadora e empresarial, tem acarretado sucessivas batalhas travadas em busca de antagônicos interesses, ante a inércia do Estado. Na falta de soluções legislativas e garantias protetoras advindas do Estado, os próprios grupos sociais têm-se enfrentado, na tentativa de adequação de interesses, de equilíbrio de classes. Neste contexto de dinamismo socioeconômico é que surgem os conflitos coletivos de trabalho onde cada grupo pretende defender seus próprios interesses.

A solução dos conflitos coletivos de trabalho pode assumir diversas formas.

De acordo com Américo Plá Rodriguez[63] há seis formas básicas de solução dos conflitos coletivos:

a) Ajuste Direto

Ocorre quando há entendimento direito entre o patrão e os operários, sem a participação de terceiros, como ocorre com o acordo coletivo de trabalho.

b) Investigação

As partes lançam mão de um perito para analisar e apresentar parecer técnico sobre a questão, de forma que as partes possam, com justiça, fixar as novas condições de trabalho.

---

62 MAGANO, Otávio Bueno. *Participação e processo*. Coordenação de Ada Pellegrini Grinover. São Paulo: RT, 1988, p. 267.

63 RODRIGUEZ, Américo Plá. "Estudo preliminar", *in BUEN*, Nestor (Coord.). *A solução dos conflitos trabalhistas*. São Paulo: LTr, 1986, p. 18-25.

Todavia, a investigação, referida por Plá Rodriguez, não é forma de solução de conflito, mas tão somente elemento que poderá servir de base para as negociações.

c) Conciliação[64]

Pressupõe a participação de um terceiro na negociação coletiva, que pode ser um particular ou algum órgão do Estado. O terceiro tenta aproximar os pontos de vista das partes, na tentativa de buscar concessões mútuas para compor o litígio voluntariamente.

d) Mediação

Intervenção de um terceiro que formula recomendações, conselhos e faz indicações das melhores soluções, sempre na tentativa de ajudar as partes a resolverem, voluntariamente, o conflito. O mediador é, geralmente, de escolha das partes e deve ser perito ou entendido na matéria. Deve conduzir as negociações, propiciando às partes condições para alcançarem a solução para a lide.

A mediação de que estamos tratando é a prevista na Lei 10.192/2001, que visa regular o artigo 616 da CLT e é destinada às negociações coletivas de natureza trabalhista. Portanto, é diferente daquela regulada pelo Código de Processo Civil de 2015, que aponta conceitos diversos dos que estão aqui expostos.

De acordo com a Lei 10.192/2001:

> Art. 11. Frustrada a negociação entre as partes, promovida diretamente ou através de mediador, poderá ser ajuizada a ação de dissídio coletivo.
>
> § 1º O mediador será designado de comum acordo pelas partes ou, a pedido destas, pelo Ministério do Trabalho e Emprego, na forma da regulamentação de que trata o § 5º deste artigo.
>
> § 2º A parte que se considerar sem as condições adequadas para, em situação de equilíbrio, participar da negociação direta, poderá, desde logo, solicitar ao Ministério do Trabalho e Emprego a designação de mediador, que convocará a outra parte.
>
> § 3º O mediador designado terá prazo de até trinta dias para a conclusão do processo de negociação, salvo acordo expresso com as partes interessadas.
>
> § 4º Não alcançado o entendimento entre as partes, ou recusando-se qualquer delas à mediação, lavrar-se-á ata contendo as causas motivadoras do conflito e as reivindicações de natureza econômica, documento que instruirá a representação para o ajuizamento do dissídio coletivo.
>
> § 5º O Poder Executivo regulamentará o disposto neste artigo.

---

64 O CPC/15 expressamente conceituou a conciliação e a mediação. Assim dispõe o artigo 165 do CPC: "§ 2º O conciliador, que atuará preferencialmente nos casos em que não houver vínculo anterior entre as partes, poderá sugerir soluções para o litígio, sendo vedada a utilização de qualquer tipo de constrangimento ou intimidação para que as partes conciliem. § 3º O mediador, que atuará preferencialmente nos casos em que houver vínculo anterior entre as partes, auxiliará aos interessados a compreender as questões e os interesses em conflito, de modo que eles possam, pelo restabelecimento da comunicação, identificar, por si próprios, soluções consensuais que gerem benefícios mútuos". A Resolução 174/2016 do CSJT dispõe sobre a política judiciária nacional de tratamento adequado das disputas de interesses no âmbito do Poder Judiciário Trabalhista e conceitua, de forma processual, a Conciliação, Mediação, Conflito e Disputa.

O mediador para atuar nas negociações coletivas de natureza trabalhista deve ter comprovada experiência na composição dos conflitos de natureza trabalhista e conhecimentos técnicos relativos às questões de natureza trabalhista, na forma das alíneas "a" e "b" do artigo 4º, parágrafo 1º do Decreto 1.572/1995.

Logo, não se deve confundir a mediação nas negociações coletivas com a mediação prevista na Lei 13.140/2015 e a prevista no CPC/2015.

Explico.

O Conselho Nacional de Justiça (CNJ) tratou da mediação e conciliação de todo o Judiciário por meio da Resolução 125/2010, salvo para a Justiça do Trabalho, que foi excluída pela Emenda de 2 de março de 2016.

O parágrafo único do artigo 1º da Lei 13.140/2015 conceituou a mediação e a conciliação de forma diversa daquela adotada para as negociações coletivas, como se percebe do parágrafo único da referida lei:

> Parágrafo único. Considera-se mediação a atividade técnica exercida por terceiro imparcial sem poder decisório, que, escolhido ou aceito pelas partes, as auxilia e estimula a identificar ou desenvolver soluções consensuais para a controvérsia.

Entretanto, as lides trabalhistas foram excluídas da referida lei, na forma do parágrafo único do artigo 42 da mesma Lei 13.140/2015 que dispôs:

> Parágrafo único. A mediação nas relações de trabalho será regulada por lei própria.

O CPC/2015 também conceituou conciliação e mediação tal como a Lei 13.140/2015, como se percebe do artigo 165 do Código de Processo Civil:

> § 2º O conciliador, que atuará preferencialmente nos casos em que não houver vínculo anterior entre as partes, poderá sugerir soluções para o litígio, sendo vedada a utilização de qualquer tipo de constrangimento ou intimidação para que as partes conciliem.
>
> § 3º O mediador, que atuará preferencialmente nos casos em que houver vínculo anterior entre as partes, auxiliará os interessados a compreender as questões e os interesses em conflito, de modo que eles possam, pelo restabelecimento da comunicação, identificar, por si próprios, soluções consensuais que gerem benefícios mútuos.

Apesar de as regras do CPC serem aplicáveis de forma subsidiária ao processo do trabalho, o TST se posicionou no sentido da inaplicabilidade da audiência prévia de conciliação e mediação prevista no artigo 334 do CPC ao processo do trabalho, art. 2º, IV da IN 39 do TST.

A Resolução 174 do CSJT, de 30/09/16, visando uniformizar os mecanismos consensuais de solução de litígios na Justiça do Trabalho tratou da mediação e conciliação do processo do trabalho, conforme artigo 1º:

> **Art. 1º** Para os fins desta resolução, considera-se:
>
> **I** – "Conciliação" é o meio alternativo de resolução de disputas em que as partes confiam a uma terceira pessoa – magistrado ou servidor público por este sempre

supervisionado –, a função de aproximá-las, empoderá-las e orientá-las na construção de um acordo quando a lide já está instaurada, com a criação ou proposta de opções para composição do litígio;

II – "Mediação" é o meio alternativo de resolução de disputas em que as partes confiam a uma terceira pessoa – magistrado ou servidor público por este sempre supervisionado –, a função de aproximá-las, empoderá-las e orientá-las na construção de um acordo quando a lide já está instaurada, sem a criação ou proposta de opções para composição do litígio;

Conclusão: O conceito de conciliação e de mediação contido no Código de Processo Civil, aplicável em parte ao processo do trabalho, não é o mesmo para as mediações realizadas nas negociações coletivas de trabalho.

e) Arbitragem

As partes convencionam submeter o litígio à solução de um terceiro por elas eleito. Este árbitro formulará laudo que será respeitado pelas partes. O árbitro pode ser técnico, perito ou leigo e a arbitragem pode ser jurídica ou por equidade.

f) Decisão Judicial ou Jurisdição

É a submissão do litígio à jurisdição estatal que solucionará o conflito através de uma sentença coletiva.

Sabe-se que ação coletiva é o gênero do qual são espécies: Ação Civil Pública (Lei nº 7.347/85), Ação Popular (art. 5º, LXIII da CRFB c/c Lei nº 4.717/65), Mandado de Segurança Coletivo (art. 5º, LXX da CRFB c/c Lei nº 12.016/2009); Ação Civil Coletiva do art. 81 do Código de Proteção e Defesa do Consumidor (hoje usada por outros ramos do direito) e o dissídio coletivo.

Sobre o dissídio coletivo e o poder normativo na Justiça do Trabalho falaremos adiante.

Outra divisão

Por outro lado, Raimundo Simão,[65] Amauri Mascaro Nascimento,[66] Francisco Ferreira Neto,[67] entre outros,[68-69] acreditam que há apenas três formas de solução dos conflitos.

---

65 *Apud* GANDRA FILHO, Ives Grandra. *Processo coletivo do trabalho*. 2. ed. São Paulo: LTr, 1996, p. 24.

66 NASCIMENTO, Amauri Mascaro. *Direito sindical*. 2. ed. São Paulo: Saraiva, 1991, p. 8.

67 JORGE NETO, Francisco Ferreira Jorge. *Manual de Direito do Trabalho*. Rio de Janeiro: Lumen Juris, 2003, p. 1.553.

68 ARAÚJO CINTRA, Antônio Carlos de *et al*. *Teoria geral do processo*. 18. ed. São Paulo: Malheiros, 2002, p. 20.

69 Amauri Mascaro Nascimento entende que os conflitos coletivos de trabalho só podem ser resolvidos por duas formas: autocomposição ou heterocomposição. Logo, não inclui a autodefesa e autotutela como formas de solução dos conflitos. NASCIMENTO, Amauri Mascaro. *Iniciação ao Direito do Trabalho*. 27. ed. São Paulo: LTr, 2001, p. 536.

a) Autodefesa

As formas de autodefesa seriam: a greve, o *lockout*, a boicotagem, a sabotagem, os piquetes obstativos, pois com estas medidas a parte tenta impor, pela força, seu ponto de vista, sua reivindicação.

Todavia, segundo parte da doutrina, tais manifestações não se caracterizam propriamente em formas de solução de conflito e sim de criação e demonstração de insatisfação. São instrumentos de pressão e "barganha para se obter um acordo favorável aos próprios interesses".[70]

b) Autocomposição

Forma de composição voluntária, onde as partes fazem concessões recíprocas, mesmo que sob a intervenção de um terceiro (conciliação ou mediação).

c) Heterocomposição

É a solução obtida pela imposição de terceiro estranho à relação (arbitragem ou decisão judicial).

8.2. Autodefesa ou Autotutela

Nas fases primitivas da civilização[71] a autotutela se dava quando aquele que pretendia alguma coisa de outrem o impedia de obtê-la e, para tanto, utilizava da sua própria força e, por si mesmo, obtinha a satisfação de sua pretensão. Este mecanismo de defesa demonstrava que vencia o mais forte e ousado, mas não tinha critérios de justiça. Por isso, são traços característicos da autotutela: a) a ausência de juiz distinto das partes; b) imposição da decisão por uma das partes à outra.

Diversos autores trabalhistas[72-73-74-75-76] apontam como exemplos da autodefesa ou autotutela a greve, o *lockout*, a boicotagem, a sabotagem, o *picketing* e todos os demais meios com uso de força, sejam legais ou ilegais, para pressão da classe adversária, em busca dos interesses do grupo.

Sabotagem é a destruição ou deterioração sorrateira dos produtos, das mercadorias, das matérias-primas ou dos instrumentos de trabalho. Pode vir juntamente com a greve ou não. É muito utilizada nos dias atuais na prática de retardamento do trabalho, sendo a forma mais usual através da "greve tartaruga" ou "fazer cera". Dependendo do ato praticado pode ser caracterizado como crime contra o patrimônio do empregador.

---

70 GANDRA FILHO, Ives Gandra. *Processo Coletivo do Trabalho*. 2. ed. São Paulo: LTr, 1996, p. 24.

71 ARAÚJO CINTRA, Antônio Carlos de *et al*. *Teoria geral do processo*. 18. ed. São Paulo: Malheiros, 2002, p. 21.

72 CESARINO JUNIOR. *Direito social*. São Paulo: LTr, 1980, p. 567.

73 NASCIMENTO, Amauri Mascaro. *Curso de Direito do Trabalho*. São Paulo: Saraiva, 1999, p. 793.

74 MARTINS, Sergio Pinto. *Direito do Trabalho*. São Paulo: Atlas, 2001, p. 687.

75 MAGANO, Otávio Bueno. *Direito coletivo do Trabalho*. São Paulo: LTr, 1993, v. 3, p. 180.

76 DELGADO, Mauricio Godinho. *Curso de Direito do Trabalho*. São Paulo: LTr, 2002, p. 1.383.

O ***picketing*** consiste na prática de alguns grevistas de impedir que outros trabalhadores assumam seus postos de trabalho no dia de greve, isto é, visam impedir a ação dos trabalhadores que tentam "furar" a greve. É considerado recurso antissocial, pois a ninguém é dado o direito de impedir outro de ir e vir, logo, o piquete obstativo é proibido e pode ensejar a aplicação da justa causa.

Boicotagem é o ato de difamação de uma pessoa para impedir que outras celebrem contrato ou estabeleçam relações com ela. Também considerada como recurso antissocial, estando sujeita às penalidades legais criminais.

Greve é a suspensão total ou parcial de trabalho, de forma pacífica e temporária, com a finalidade de reivindicar melhoria de condições de trabalho, competindo aos trabalhadores a decisão dos interesses que por meio da greve devem defender. Deve respeitar os procedimentos legais – Lei nº 7.783/89. A greve é um direito reconhecido constitucionalmente aos trabalhadores – art. 9º da CRFB.

Para mais detalhes acerca de greve remetemos o leitor ao Capítulo "Greve".

Lockout é uma espécie de greve patronal. Consiste no fechamento da empresa para impedir o trabalho de seus empregados. Muitas vezes a finalidade é a de inibir a reunião ou associação dos trabalhadores mal-intencionados, ou desejosos na greve. O *lockout* é proibido pela nossa legislação – art. 722 da CLT c/c art. 17 da Lei nº 7.783/89.

Mauricio Godinho[77] aponta que:

> *Locaute* é a paralisação provisória das atividades da empresa, estabelecimento ou seu setor, realizada por determinação empresarial, com o objetivo de exercer pressões sobre os trabalhadores, frustrando negociação coletiva ou dificultando o atendimento a reivindicações coletivas obreiras.

8.3. Autocomposição

Quando as partes ou uma delas abrem mão do interesse ou parte dele para chegarem a uma solução, estaremos diante da autocomposição. São três as formas de autocomposição de direitos disponíveis: a) desistência (renúncia à pretensão); b) submissão (renúncia à resistência oferecida à pretensão); c) transação (concessões recíprocas).

Segundo alguns autores[78] a autocomposição é forma parcial de solução dos conflitos, porque, segundo esta tese, não precisa de uma terceira pessoa, já que as próprias partes podem chegar à solução.

As formas de autocomposição dos conflitos coletivos trabalhistas não é assunto pacificado na doutrina. A discórdia está no fato de que para alguns só há autocomposição quando as partes solucionam o conflito sem qualquer interferência ou interveniência de terceiro, apontando, assim, apenas a convenção e o acordo

---

[77] DELGADO, Mauricio Godinho. *Curso de Direito do Trabalho*. São Paulo: LTr, 2002, p. 1.384.

[78] ARAÚJO CINTRA, Antônio Carlos de *et al*. *Teoria geral do processo*. 18. ed. São Paulo: Malheiros, 2002, p. 23.

coletivo como os únicos meios de autocomposição.[79-80] Outros incluem a conciliação e a mediação, mas não a arbitragem, porque nesta a solução é imposta por um terceiro e não decorre do consenso das partes.[81-82] Para os defensores desta tese, a autocomposição ocorre apenas quando o conflito é solucionado voluntariamente, mesmo que com a interferência de um terceiro. Por fim, há ainda aqueles que incluem toda forma de composição extrajudicial, como tipo de solução por autocomposição. Neste grupo estão: a convenção coletiva, o acordo coletivo, a conciliação, a mediação e a arbitragem, pois mesmo que imposta, é forma de composição extrajudicial.[83]

8.4. Heterocomposição

A heterocomposição[84] caracteriza-se pela intervenção de um terceiro na disputa entre dois ou mais sujeitos, podendo decidir a questão ou aconselhar as partes para que cheguem a uma solução.

De acordo com César Augusto de Castro Fiuza[85] as principais espécies de heterocomposição são: arbitragem, conciliação, mediação, negociação, facilitação, *fact-finding* e *mini-trial*.

Dinamarco[86] informa que os primitivos sistemas também adotavam a heterocomposição, porque as partes passaram a preferir soluções imparciais, proferidas por árbitros ou pessoas de confiança mútua. Como consequência, surge a arbitragem facultativa, escolhida pelas partes para solução do conflito. Passado algum tempo o Estado passou a interferir nas relações entre particulares como forma de pacificar os conflitos sociais. O autor informa que no Direito romano as partes recorriam ao pretor e, depois, elegiam um árbitro de sua confiança, porque esta função era delegada pelo pretor. No período clássico, o Estado passa a nomear os árbitros criando a arbitragem obrigatória. Numa etapa posterior, o pretor passa a decidir as lides, dando início à jurisdição do Estado.

O conceito de heterocomposição por nós adotado não é unânime na doutrina trabalhista, pois é considerada por alguns[87-88] como forma de solução de conflitos

---

79 MARTINS, Sergio Pinto. Obra citada, p. 688.

80 JORGE NETO, Francisco Ferreira. *Manual de Direito do Trabalho*. Rio de Janeiro: Lumen Juris, 2003, p. 1.553.

81 Neste sentido Raimundo Simão de Melo, *apud* GANDRA FILHO, Ives, ob. cit., p. 24.

82 NASCIMENTO, Amauri Mascaro. *Iniciação ao Direito do Trabalho*. 27. ed. São Paulo: LTr, 2001, p. 536.

83 Neste sentido MAGANO, Otávio Bueno, ob. cit., p. 214; FILHO, Ives Gandra Martins, ob. cit., p. 25.

84 FIUZA, César Augusto de Castro; SÁ, Maria de Fátima Freire de; DIAS, Ronaldo Brêtas C. *Temas atuais de Direito Processual Civil*. Belo Horizonte: Del Rey, 2001, p. 92.

85 *Ibidem*, p. 93-99.

86 ARAÚJO CINTRA, Antônio Carlos de *et al*. *Teoria geral do processo*. 18. ed. São Paulo: Malheiros, 2002, p. 21-23.

87 NASCIMENTO, Amauri Mascaro. *Curso de Direito do Trabalho*. São Paulo: Saraiva, 1999, p. 859.

88 No mesmo sentido, Francisco Neto, que defende que a heterocomposição denota a solução dos conflitos através de um terceiro, incluindo nestes casos a mediação, a arbitragem e a sentença: NETO, Francisco Ferreira Jorge. *Manual de Direito do Trabalho*. Rio de Janeiro: Lumen Juris, 2003, p. 1.553.

quando a solução é oriunda de um terceiro, seja porque as partes voluntariamente escolheram aceitar esta decisão (arbitragem) seja porque a solução foi imposta por determinação judicial (sentença coletiva). Por último, encontramos aqueles que encontram na heterocomposição apenas os meios de solução judiciais.[89]

9. NEGOCIAÇÃO COLETIVA DO TRABALHO

9.1. Conceito e Características

Negociação é a forma primária de um interessado obter daquele que tem interesse contraposto uma solução que atenda aos dois. As partes buscam aproximar seus entendimentos, discutindo e rediscutindo o assunto, sempre com a finalidade de resolver as questões.

"A negociação é, portanto, o conjunto de técnicas que leva as partes a uma solução pacífica, normalmente transacionada",[90] como assevera César Augusto de Castro Fiuza.

Os grupos sociais quando entram em negociação coletiva demonstram desenvolvimento e maturidade nas formas de composição de litígios, pois reduz a participação do Estado nas lides. A negociação coletiva é base de formação do Direito do Trabalho, pois se caracteriza como atividade típica de toda estrutura deste ramo do direito.

Nas palavras de Amauri Mascaro Nascimento:[91]

> Sua presença é inconteste, tanto no tempo, desde os primórdios da formação juslaboral, como no espaço, independentemente da estrutura política ou ideológica em que se desenvolve.
>
> O que muda é apenas o grau de desenvolvimento da negociação coletiva, mais evoluída nos sistemas políticos liberais e menos praticada nos sistemas jurídico-políticos centralizados pelo Estado, nos quais maior é a regulamentação estatal das condições de trabalho.

Caracteriza-se como fonte de elaboração de normas positivadas, portanto, como fonte material, as negociações coletivas têm como função a criação, modificação ou supressão de condições de trabalho, isto é, sua função é normativa ou flexibilizadora. Além disso, se destina à composição de conflitos, logo, também tem função pacificadora, servindo de importante instrumento de redução das demandas judiciais e estabilidade social. Não se está negando com isso o caráter obrigacional das normas resultantes da negociação coletiva, mas tão somente apontando as funções jurídicas mais importantes.

---

89 MAGANO, Otávio Bueno. *Direito coletivo do trabalho*. São Paulo: LTr, 1993, v. 3, p. 214.

90 FIUZA, César Augusto de Castro; SÁ, Maria de Fátima Freire de; DIAS, Ronaldo Brêtas C. (Coord.). *Temas atuais de Direito Processual Civil*. Belo Horizonte: Del Rey, 2001, p. 97.

91 NASCIMENTO, Amauri Mascaro. *Iniciação ao Direito do Trabalho*. 27. ed. São Paulo: LTr, 2001, p. 539.

Acrescente-se, ainda, a estas funções jurídicas outras que também são encontradas na negociação coletiva, dentre as quais, a função política, a econômica e a social.

Função política porque é forma de diálogo entre grupos com interesses antagônicos, capazes de desequilibrar a estrutura política em que o Estado se desenvolve. O Estado tem interesse que a luta de classes se resolva pacificamente e com isso valoriza as ações destes interlocutores sociais quando espontaneamente resolvem o conflito.

Cumpre função econômica, pois através das normas são distribuídas riquezas que ordenam a economia. Pode também ter caráter de concessões quando há necessidade de adaptação do quadro social da empresa à realidade socioeconômica do país, reduzindo custos operacionais e funcionais para sua sobrevivência (redução de salário – flexibilização).

A função social da negociação está caracterizada pela participação dos trabalhadores nas decisões empresariais, seja para a harmonia do ambiente social de trabalho seja para a criação de novas e boas condições de trabalho, o que resolve inúmeras questões sociais.

A negociação coletiva tem efeito equilibrador, por isso, é elástica e flexível, ora pode tender para proteção do direito dos trabalhadores, ora para a proteção da saúde da empresa. Enquanto a lei engessa por ser rígida e inflexível, a negociação coletiva prima pela adequação de interesses, sempre levando em conta o momento que se está apresentando a problemática, a localidade, as bases e diretrizes, assim como a condição econômica dos partícipes desta barganha.

Existem diferentes teorias e técnicas de negociação que poderiam ser utilizadas de forma mais eficiente e atingir os anseios das partes na maioria dos casos, todavia, ainda há pouco interesse na matéria.

Entrementes, há algumas recomendações na seara trabalhista.

A CLT tentou desenhar e traçar procedimentos prévios para resolução dos impasses, sistematizando alguns atos: arts. 612, 616, 616, § 1º, 613, 614 e 614, § 1º. Todos estes procedimentos estão previstos como requisitos necessários para a validade da negociação prévia para a realização de acordo ou convenção coletiva de trabalho.

A Organização Internacional do Trabalho considera a negociação coletiva a melhor forma de composição dos conflitos coletivos e, por isso, incentiva a prática nos países através de várias convenções.

A Convenção 163 da OIT é o instrumento internacional de maior importância no assunto, pois reconhece que o direito à negociação coletiva deve ser amplo e assegurado a todas as regiões e formas de organização, em qualquer nível sindical, profissional ou empresarial. Apesar disto, é sabido que no Brasil a negociação sindical só pode ser exercida pelos sindicatos, salvo quando tratar de assunto interno da empresa,[92] quando os próprios interessados poderão negociar diretamente. As federações

[92] Os empregados podem eleger um representante do grupo para tratar com o empregador questões relacionadas, por exemplo, com o uniforme, que está desconfortável.

e confederações só têm legitimidade por exclusão, isto é, na ausência de sindicato da categoria ou pela recusa de negociação destes, na forma do art. 613 da CLT.

O Comitê de Liberdade Sindical da OIT, órgão que aprecia as denúncias e reclamações de sindicatos a respeito de violações da liberdade sindical de um país, "considera o direito de negociar elemento essencial da liberdade sindical, bem como considera imprescindível o comportamento da boa-fé pelas partes negociantes".[93]

A Convenção 154 da OIT declara que a negociação coletiva deve ser praticada em todos os ramos de atividade econômica, inclusive no setor público, observada a legislação de cada país. Por sua vez, a Convenção 98 da OIT assegura a ampla liberdade sindical, tendo especial relevo no incentivo dos países no sentido de estimular internamente a criação de novas condições de trabalho através das convenções coletivas.

Sobre os limites da negociação coletiva, remetemos o leitor ao item princípios de direito coletivo, anteriormente estudado.

9.2. Procedimento da Negociação Coletiva

Os sindicatos e empresas, inclusive as que não tenham representação sindical, quando provocados, não podem se recusar à negociação coletiva, na forma do art. 616 da CLT. Verificando-se a recusa, o interessado deve dar ciência à DRT que convidará as partes para a mesa-redonda, na tentativa de incentivar o acordo.

O procedimento da negociação coletiva é disciplinado pela CLT da seguinte forma:

> a) Em caso de acordo coletivo, o primeiro passo é a provocação de uma das partes, por insatisfeita, reivindicando vantagens para o grupo; b) notificação do sindicato, que terá oito dias para dizer se assume ou não a negociação (art. 617 da CLT); c) para todos os casos: assembleia sindical, devidamente convocada, para autorizar a diretoria a iniciar as negociações (art. 612 da CLT); d) notificação da parte contrária para iniciar os debates e discussões a respeito das propostas; e) a parte contrária, que é obrigada a negociar (art. 616 da CLT), sob pena de um terceiro intervir nas negociações; f) chegando as partes a um consenso, será reduzida a termo uma minuta das cláusulas negociadas (art. 613 da CLT); g) nova assembleia para aprovação das cláusulas ajustadas; h) o documento final é redigido, com todos os requisitos contidos nos arts. 613 e 614 da CLT; i) depósito do documento na DRT no prazo de oito dias de sua assinatura (art. 614 da CLT); j) publicidade da norma coletiva, de forma visível, na sede dos sindicatos e das empresas, dentro de cinco dias do depósito; k) início da vigência três dias após o depósito.

9.3. Classificação das Negociações Coletivas do Trabalho

As negociações coletivas têm suma importância para o Direito do Trabalho, uma vez que a Constituição de 1988, em seu art. 114, § 2º, exigiu a comprovação da negociação frustrada ou da arbitragem frustrada, como requisito indispensável

93 NASCIMENTO, Amauri Mascaro, *op. cit.*, p. 547.

para o ajuizamento do dissídio coletivo.[94] O mesmo requisito foi exigido para legalidade da greve a ser deflagrada (art. 9º da CRFB c/c arts. 3º e 17 da Lei nº 7.783/89 c/c OJs nºs 11 e 24 do SDC do TST – já cancelada). Da mesma forma, o art. 616 CLT proíbe a recusa de uma das partes em negociar, impondo, no caso de recusa, a obrigatoriedade da "mesa-redonda".

Assim, as negociações coletivas trabalhistas podem ser divididas, segundo José Augusto Rodrigues Pinto,[95] quanto aos sujeitos, quanto à forma de sua intervenção e quanto ao resultado visado. Acreditamos que uma classificação deve ser acrescida àquelas nominadas pelo autor: quanto à legitimação que pode ser tipificada em lei ou não.

a) Negociação Segundo a Legitimação

Distinção há de ser feita quanto ao tipo de legitimação para as negociações coletivas. Para aquelas em que a lei autoriza a negociação com poderes para efetuar acordo coletivo, convenção coletiva ou propositura de dissídio coletivo para a categoria, para decidir acerca da conveniência para deflagrar greve ou para flexibilizar direitos trabalhistas apenas estão legitimadas as associações sindicais em seus diversos graus.

Todavia, há negociações coletivas cuja finalidade pode ser de apenas modificar o regulamento interno da empresa, os costumes internos, uniforme, procedimentos burocráticos, criação de uma ouvidoria etc. que atingem apenas os empregados da empresa. Para esses atos não há necessidade da presença da entidade sindical, podendo os trabalhadores eleger representantes e o empregador, se desejar, também poderá se fazer representar por um conselho ou comitê. Esses entes coletivos não têm a legitimação dos sindicatos e seus representantes não têm as garantias legais destinadas aos dirigentes sindicais.

Aliás, o art. 11 da CRFB expressamente exigiu que, para as empresas com mais de 200 empregados, fosse assegurado o direito à eleição de representantes dos trabalhadores com a exclusiva finalidade de promover-lhes o entendimento direto com os empregadores. Tal direito foi regulado pelos arts. 510-A e seguintes da CLT.

b) Negociação Segundo os Sujeitos

As partes da negociação coletiva devem ser aquelas que, segundo a lei ou a convenção, representem os interesses de suas categorias. Assim, podemos ter de um lado o sindicato, federação ou confederação dos trabalhadores[96] e do outro a associação representativa da categoria econômica ou da(s) empresa(s) em caso de acordo coletivo. Na ausência do sindicato dos empregados ou na recusa de todas as associações sindicais, os trabalhadores poderão prosseguir nas negociações diretamente, formando uma comissão de negociação que terá legitimidade para negociar – art. 617 da CLT c/c art. 5º da Lei nº 7.783/89.

---

94 Da mesma forma a OJ nº 6 da SDC do TST.

95 PINTO, José Augusto Rodrigues. *Direito Sindical e Coletivo do Trabalho*. São Paulo: LTr, 1998, p. 174.

96 Estas duas últimas só têm legitimidade quando a negociação for recusada pela entidade sindical de instância inferior, ou quando inexistir entidade representante daquela categoria – art. 617 da CLT c/c art. 5º da Lei nº 7.783/89.

Quando a negociação não tiver um viés coletivo abrangente de toda a categoria, a comissão de negociação poderá representar a coletividade daquela empresa.

A negociação pode ser simples ou compartilhada. Simples, quando os sujeitos agem sem a intervenção de um terceiro e, compartilhada, quando houver um coadjuvante intercedendo de forma mais ou menos intensa para a solução da lide.

c) Forma de Intervenção

A identificação dos sujeitos implica forma de sua intervenção. Será sindical quando o agente representativo da classe profissional for um sindicato, federação ou confederação. Será direta unilateral quando a negociação for efetuada pela comissão de trabalhadores, por um ou mais trabalhadores, cujo representante tenha sido devidamente designado ou eleito, sempre que houver recusa das entidades sindicais em negociar ou quando inexistir sindicato representativo naquela base territorial. Negociação direta e bilateral ocorrerá quando de um lado se encontrar a comissão de negociação e de outro uma ou mais empresas ou o representante do patrão.

d) Resultado

Nas palavras de José Augusto Rodrigues Pinto[97] os resultados da negociação podem ser de quatro classes:

> 1) a qualidade da vida do trabalhador;
>
> 2) a cogestão;
>
> 3) a participação acionária operária; e
>
> 4) a triparticipação.
>
> Na primeira classe enquadram-se as negociações destinadas à fixação das condições gerais de trabalho (...).
>
> Na segunda classe enquadram-se as discussões visando à presença dos empregados, por suas representações diretas, na formulação e execução da atividade da própria empresa (...).
>
> Na terceira classe enquadra-se a espinhosa questão da participação do trabalhador nos lucros da empresa...
>
> Por fim, a quarta classe diz respeito à convergência da representação de empregados, junto com a de empregadores e governamentais (...).

10. FORMAS EXTRAJUDICIAIS DE SOLUÇÃO DOS CONFLITOS COLETIVOS DE TRABALHO

10.1. Conciliação

A expressão conciliação deriva do latim *conciliatione* e significa "ato ou efeito de conciliar; ajuste, acordo ou harmonização de pessoas desavindas; congraçamento, união, composição ou combinação."[98]

---

97 PINTO, José Augusto Rodrigues. *Direito Sindical e Coletivo do Trabalho*. São Paulo: LTr, 1998, p. 175-176.

98 GIGLIO, Wagner D. *A conciliação nos dissídios individuais do trabalho*. Porto Alegre: Síntese, 1997, p. 11.

Para Nelson Mannrich:[99]

> O vocábulo *conciliatio* evoca harmonização. Pela conciliação, um terceiro promove a composição equitativa de um conflito ou controvérsia, cabendo aos sujeitos envolvidos aceitá-la ou não, prevalecendo apenas a vontade dos interessados na solução amigável do conflito.

Na verdade, na conciliação as partes chegam, por si sós, à solução do conflito. O terceiro apenas aproxima os pontos de vista das partes. Pode ser extraprocessual, intraprocessual ou pós-processual. Na conciliação extraprocessual o conciliador ajuda as partes a extinguirem o conflito, evitando o Judiciário; intraprocessual quando feita no meio do processo, podendo partir do juiz ou dos litigantes, pondo fim ao processo. A terceira ocorre quando a conciliação é posterior ao trânsito em julgado, atingindo a execução.

O conciliador coloca-se como coadjuvante das partes, assumindo papel passivo,[100] já que apenas incentiva as partes à composição do litígio, aproximando os pontos de vista, aconselhando-as sobre as vantagens da conciliação, mas sem entrar nas questões de mérito da lide.

Todavia, a matéria não é tão tranquila quanto parece. Isto porque alguns autores afirmam que conciliação e mediação são vocábulos que significam a mesma coisa e se referem ao fenômeno como se fossem sinônimos.[101-102]

10.2. Mediação

Nas palavras de Mannrich:[103]

> A mediação corresponde a um instrumento pelo qual um terceiro, não envolvido no conflito, estimula as partes ao compromisso, à tolerância ou ao acordo, evitando-se a ruptura das relações ou da negociação. A proposta formulada pelo mediador não tem força obrigatória, apenas com a adesão das partes, transformando-se no conteúdo de um acordo ou convenção coletiva.

A mediação normalmente é extrajudicial e se utiliza de um terceiro, estranho à lide, para facilitar, mediar o conflito. O mediador é um terceiro imparcial que ajuda a composição da lide e nada decide, apenas auxilia as partes a chegarem a um consenso.

---

99 PAIVA, Mário Antônio Lobato de (Coord.). *A Lei do rito sumaríssimo e das comissões de conciliação prévia na Justiça do Trabalho vista pelos juristas*. Rio de Janeiro: Forense, 2002, p. 228.

100 Em sentido contrário, MAGANO, Otávio Bueno. *Direito coletivo do trabalho*. São Paulo: LTr, 1993, v. 3, p. 215.

101 MARTINS, Sergio Pinto. *Direito do Trabalho*. São Paulo: Atlas, 2001, p. 688-690.

102 JORGE NETO, Francisco Ferreira Jorge. *Manual de Direito do Trabalho*. Rio de Janeiro: Lumen Juris, 2003, p. 1.558.

103 PAIVA, Mário Antônio Lobato de (Coord.). *A lei do rito sumaríssimo e das comissões de conciliação prévia na Justiça do Trabalho vista pelos juristas*. Rio de Janeiro: Forense, 2002, p. 229.

A diferença entre o conciliador e o mediador está na forma de agir. O conciliador é agente passivo na relação que está interferindo, enquanto o mediador pode opinar e propor soluções. É, pois, agente ativo sem, contudo, ter poder de coação ou de coerção sobre as partes na tomada de decisão. De acordo com este raciocínio, o mediador pode propor soluções, adentrar no mérito da lide.

Contudo, esta posição não é unânime.

Nas palavras de Magano:[104]

> A diferença mais assinalada entre a mediação e a conciliação não consiste na maior ou menor passividade do terceiro e sim na diretriz das respectivas atividades; a do conciliador está orientada para composição equitativa do conflito, em conformidade com as pretensões das partes; a do mediador está voltada para a realização do acordo, mas em conformidade com diretrizes próprias. Tem ele a tendência de se colocar "super partes", embora nunca chegue a fazê-lo, porque, então, converter-se-ia em árbitro.

A mediação esteve prevista na Lei nº 4.330/64 (Lei de Greve – revogada pela Lei nº 7.783/89), quando era procedimento prévio e obrigatório realizado pela Delegacia Regional do Trabalho.

Também o art. 616, § 1º, da CLT c/c OJ nº 24[105] da SDC do TST dispõem acerca da necessidade de mediação na negociação prévia, autorizando o Delegado Regional do Trabalho a agir como mediador dos conflitos coletivos, tendo o poder de convocar as partes, a fim de que compareçam à mesa-redonda para tentativa de negociação e possibilidade de acordo. Na negociação coletiva trabalhista a mediação é facultada às partes, que podem escolher o mediador para compor o conflito. Tal fundamento está consubstanciado no Decreto nº 1.572/95 que estabeleceu regras para a mediação na negociação coletiva c/c art. 11 da Lei nº 10.192/01 e Instrução Normativa nº 23[106] de 23 de maio de 2001 da SRT-TEM.

Aliás, a MP nº 2.164-41/2001 acresceu o art. 627-A à CLT, autorizando a abertura de procedimento especial para ação fiscal, objetivando a orientação sobre o cumprimento das leis de proteção ao trabalho, bem como a prevenção e saneamento de infrações à legislação, mediante Termo de Compromisso.

---

104 MAGANO, Otávio Bueno. Manual de Direito do Trabalho. Direito coletivo do trabalho. 3. ed. São Paulo: LTr, 1993, v. 3, p. 67.

105 Esta Orientação Jurisprudencial foi cancelada em maio/04, mas ainda tem importância na interpretação do direito.

106 A Instrução Normativa nº 23/01 e art. 627 da CLT orientam os auditores fiscais na utilização de métodos da "dupla visita", primeiro quando houver lei, regulamento, atos normativos ou instruções novas para orientar os empregadores; a segunda seria na forma de visita aos estabelecimentos recentemente inaugurados para orientar e indicar as leis, portarias e regulamentos que devem ser observados. O fiscal deve fazer aconselhamentos técnicos aos agentes sociais, não devendo se limitar à advertência e autuação de autos de infração (fiscalização), tudo na forma do art. 627 e 627-A da CLT. Zoraide de Amaral denomina este procedimento como "mesas de entendimento". SOUZA, Zoraide Amaral de. *Arbitragem, conciliação, mediação nos conflitos trabalhistas*. São Paulo: LTr, 2004, p. 218-221.

A Portaria nº 817/95 do antigo Ministério do Trabalho especificou critérios para a participação do mediador nos conflitos coletivos. Esclareceu que a negociação seria considerada frustrada quando esgotados os seguintes procedimentos:

a) apresentação ou recebimento da pauta de reivindicações;
b) análise da pauta pela representação patronal;
c) realização da primeira reunião ou rodada de negociação direta;
d) inexistência de consenso entre as partes sobre o conteúdo total ou parcial da pauta de reivindicações.

Sobre a função do mediador, a Portaria nº 817/95 esclarece que o mediador terá por função formular propostas e possibilidades ou recomendações de solução do litígio, devendo prestar às partes informações sobre os efeitos e consequências do conflito, estimulando-as à solução amigável.

A Lei nº 10.101/2000, art. 4º, I, que dispõe sobre participação nos lucros, prevê a mediação como forma de solucionar divergências decorrentes daquela lei.

10.3. Arbitragem

Para Carreira Alvim[107] arbitragem é o sistema:

> (...) em que o Estado, em vez de interferir diretamente nos conflitos de interesses, solucionando-os com a força da sua autoridade, permite que uma terceira pessoa o faça, segundo determinado procedimento e observado um mínimo de regras legais, mediante uma decisão com autoridade idêntica à de uma sentença judicial.

O Código Comercial de 1850 permitia a solução do conflito por árbitros, também reconhecidos no Regulamento nº 737/1850 (art. 411) como peritos arbitradores nomeados em juízo.

Hoje a Arbitragem é tratada pela Lei nº 9.307/96 como um importante instrumento para dirimir litígios relativos a direitos patrimoniais disponíveis entre pessoas capazes – art. 1º.

Os árbitros são escolhidos pelas partes, sempre em número ímpar (art. 13, § 1º da Lei nº 9.307/96) e fazem o papel de juiz de direito e de fato (art. 18). A sentença que proferir tem a mesma força que um título executivo judicial (art. 31) e tem requisitos para validade similares aos da sentença judicial (relatório, fundamentação e dispositivo) – art. 26. Apesar de fazer coisa julgada, a sentença arbitral não pode ser desconstituída por ação rescisória, mas sim por ação anulatória (art. 33).

---

107 ALVIM, José Eduardo Carreira. *Comentários à Lei de Arbitragem* (Lei nº 9.307, de 23/9/1996). 2. ed. atual. Rio de Janeiro: Editora Lumen Juris, 2004, p. 24.

As partes devem escolher o tipo de arbitragem que desejam, isto é, se de direito ou de equidade (art. 1º, §§ 1º e 2º). Se de direito, podem, ainda, indicar quais as regras serão aplicadas, desde que não viole os bons costumes e a ordem pública. É facultado às partes renunciar ou não aos recursos.

De acordo com o art. 1º da Lei nº 9.307/96 a arbitragem só pode ser utilizada para dirimir conflitos cujos direitos sejam de natureza patrimonial disponível, o que não ocorre com a maioria das lides individuais trabalhistas, pois tratam de direitos previstos na legislação, logo, de caráter imperativo, de ordem pública. Em função disso, a arbitragem tem maior aplicabilidade no âmbito do direito coletivo que trata de direitos patrimoniais disponíveis.

O art. 613, V, da CLT dispõe que:

> **Art. 613.** As Convenções e os Acordos deverão conter obrigatoriamente:
>
> (...)
>
> V – normas para a conciliação das divergências surgidas entre os convenentes por motivos da aplicação de seus dispositivos;

Entretanto, conforme bem salientou Amauri Mascaro do Nascimento,[108] os sindicatos nunca se interessaram em dar efetividade a esse dispositivo legal e raros foram os acordos coletivos que continham cláusula obrigacional instituindo a arbitragem.

A **arbitragem** é uma forma alternativa de solução de conflitos de interesses onde estes são resolvidos pela participação de uma terceira pessoa, qual seja, o árbitro, tendo sido esta modalidade de resolução e solução de conflitos pactuada pelas próprias partes, através da confecção de uma cláusula compromissória ou do compromisso arbitral, onde, voluntariamente, os contratantes avençam que eventual conflito entre os mesmos deverá ser solucionado através da arbitragem, desde que os direitos em jogo sejam patrimoniais e disponíveis – art. 1º da Lei nº 9.307/96.

Os doutrinadores[109] dividem a arbitragem em duas modalidades: arbitragem obrigatória e arbitragem voluntária. A primeira é imposta pelo estado para solução obrigatória de certo tipo de conflito. A segunda decorre da vontade das partes. O Brasil adotou o segundo modelo, pois para exclusão da lide da apreciação do Judiciário necessária é a existência prévia do compromisso ou da cláusula compromissória.

Cláusula compromissória é um pacto em que se estabelece que, na eventualidade de uma divergência futura entre os interessados na execução do negócio principal, estes deverão lançar mão do juízo arbitral. Antes da Lei nº 9.307/96 a cláusula compromissória não tinha efeito vinculante, não levando, necessariamente,

---

108 NASCIMENTO, Amauri Mascaro. *Curso de Direito Processual do Trabalho*. 20. ed. São Paulo: Saraiva, 2001, p. 375.

109 SÜSSEKIND, Arnaldo; MARANHÃO, Délio; VIANNA, Segadas; TEIXEIRA, Lima. *Instituições de Direito do Trabalho*. 21. ed. São Paulo: LTr, 2003, v. 1, p. 1.219.

ao juízo arbitral. Após a Lei nº 9.307/96 a parte que desejar que a outra honre a cláusula compromissória vazia poderá requerer judicialmente a *sua* citação para comparecer em juízo a fim de lavrar o compromisso arbitral. Não comparecendo, a sentença que julgar procedente valerá como compromisso arbitral – art. 7º, § 7º, da Lei nº 9.307/96.

A cláusula compromissória transfere a solução de **futuros** (e eventuais) conflitos para a arbitragem, logo, é feita **antes** da existência da lide, enquanto no compromisso arbitral as partes submetem a lide (o conflito) **atual** ao julgamento do árbitro, logo, o compromisso é ajustado **durante** a controvérsia.

A cláusula compromissória pode ser "**cheia**" ou "**vazia**".

Cláusula completa ou "cheia" é aquela que tem elementos suficientes para instituir a arbitragem, sem a necessidade do compromisso arbitral. De acordo com o art. 5º da Lei nº 9.307/96 e, desde que aceita a designação pelo(s) árbitro(s), a arbitragem poderá ser instituída independentemente da celebração do compromisso arbitral.

A cláusula compromissória "vazia" ou "cláusula patológica" é genérica, não tem a designação dos árbitros ou do tribunal arbitral ou qualquer outro elemento que seja capaz de efetivar a arbitragem, daí a necessidade de se firmar o compromisso arbitral. O art. 6º da Lei determina o procedimento a ser adotado para a execução da cláusula compromissória "vazia". O art. 7º prevê a demanda judicial adequada para compelir a parte inerte ao compromisso arbitral, ou seja, consagra a execução específica da cláusula compromissória.

Compromisso arbitral é o acordo bilateral em que as partes interessadas submetem suas controvérsias jurídicas à decisão de árbitros, comprometendo-se a acatar a decisão. Pode ser judicial ou extrajudicial.

Em se tratando de uma opção feita pelas partes, a exclusão da lide da apreciação do Judiciário não afronta à garantia de acesso ao Judiciário – art. 5º, XXXV, da CRFB.

Todavia, em se tratando de arbitragem obrigatória, a inconstitucionalidade é gritante, já que se estaria impondo a alguém a submissão prévia da lide a um meio de solução extrajudicial não escolhido pelas partes dissidentes. A lei dos portuários parece referir-se a uma arbitragem obrigatória – art. 33 da Lei 12.845/13, pois obriga os portuários à criação de uma Comissão Paritária para solucionar litígios decorrentes da aplicação das normas referidas nos arts. 28, 29 e 31 da referida Medida Provisória.

Mauricio Godinho,[110] comentando sobre o assunto opina:

> A Lei nº 8.630, de 1993, que regula o trabalho portuário, em dispositivo que menciona o caminho arbitral obrigatório. Diz a lei que, inviabilizada a solução de litígios relativos a certos preceitos que menciona, pela Comissão Paritária criada

110 DELGADO, Mauricio Godinho. *Curso de Direito do Trabalho*. São Paulo: LTr, 2002, p. 1.427.

pelo mesmo diploma legal, "*as partes devem recorrer à arbitragem de ofertas finais* (art. 23, *caput*, e § 1º, Lei nº 8.630).[111]

Na verdade, não se trata de arbitragem obrigatória, pois o § 2º do art. 33 da Lei 12.845/13 preceitua que "firmado o compromisso arbitral, não será admitida a desistência de qualquer das partes". Logo, se as partes não estão obrigadas ao compromisso arbitral também não estão à arbitragem.

Nos EUA existem diversas formas de arbitragem:[112]

a) convencional, a preferida dos árbitros, uma vez que eles têm plena liberdade para resolver as questões, tirar médias ou impor outras situações;
b) *final offer*, na qual o árbitro ficará limitado a escolher a oferta de uma parte ou a oferta de outra parte, tal como foram apresentadas;
c) *package* ou arbitragem por pacote. O árbitro adotará como decisão o pacote total das ofertas do empregador sobre todos os itens da negociação, ou o pacote global das pretensões do sindicato sobre todos os itens da negociação. Não decidirá alguns temas segundo a pretensão do sindicato e outros de acordo com a proposta do empregador; e
d) *med-arb*, que é a arbitragem na qual o árbitro pode atuar como mediador.

Nos contratos de trabalho de empregados que percebam mais que duas vezes o limite máximo dos valores dos benefícios previdenciários poderá ser pactuada cláusula compromissória, desde que seja de iniciativa do empregado ou com sua concordância – art. 507-A da CLT.

10.4. *Mini-trial*

É um processo híbrido de solução dos conflitos coletivos utilizado nos EUA, pois mistura a negociação, a mediação e a arbitragem em seu processo, pois ao fim dos debates o mediador deve emitir sua opinião, com base nos dados e fatos apresentados pelas partes.

"As partes apresentam suas razões a um terceiro imparcial, ou a um grupo de pessoas previamente selecionadas"[113] a fim de que estas emitam parecer técnico a respeito da lide.

---

[111] O referido diploma encontra-se revogado pela MP nº 595/2012, que passou a cuidar da matéria e tem por correspondente ao dispositivo citado o art. 33, caput e § 1º.

[112] *Apud* João Lima Teixeira, in SÜSSEKIND, Arnaldo; MARANHÃO, Délio; VIANNA, Segadas; TEIXEIRA, Lima. *Instituições de Direito do Trabalho*. 21. ed. São Paulo: LTr, 2003, v. 1, p. 1.220.

[113] SOUZA, Zoraide Amaral de. *Arbitragem – conciliação – mediação nos conflitos coletivos trabalhistas*. São Paulo: LTr, 2004, p. 87.

Havendo acordo entre as partes na aceitação do parecer emitido pelo mediador, estas assinam a transcrição para dar-lhe força executiva.

Não chegando ao acordo, ao fim do *mini-trial,* o *neutral advisor*[114] *elaborará um "parecer" denominado BATNA (best alternative to a negotiated agreement),* "que pode ser utilizado em negociações futuras."[115]

10.5. *Summary Jury Trial*

É um *mini-trial* realizado perante um júri fictício escolhido entre aqueles que participam de júris verdadeiros, pertencentes aos quadros do tribunal local. É muito utilizado nos EUA, principalmente depois da Emenda 16 das FRCP[116] adotada em dezembro de 2003, que pode impor o procedimento prévio à ação civil pública.

10.6. *Early Neutral Evaluation*

Um mediador neutro conduz as negociações e, depois de ouvir as partes, dá seu parecer sobre as chances de cada um. É utilizado no norte da Califórnia como "processo anexo à Corte" com a finalidade de reduzir custos do processo judicial. Deve ser realizado dentro de 150 dias do ajuizamento da ação.

10.7. *Ombudsman*

O *ombudsman* é a pessoa escolhida por uma entidade, grupo ou empresa para tomar conhecimento das queixas e irregularidades narradas pelos interessados. Tem a função de investigá-las, propor soluções, recomendações, prevenir litígios e promover entendimento direto com o adversário. Age como ouvidor dos problemas diários do grupo ou da empresa, principalmente no que se refere às reivindicações e reclamações dos trabalhadores. Pode envolver desde questões salariais, benefícios trabalhistas, ambientes de trabalho e, até, segurança do trabalho e ética no trabalho.

O art. 11 da Constituição de 1988 refere-se ao representante dos empregados nas empresas com mais de 200 empregados, com a finalidade exclusiva de promover o entendimento direto com os empregadores. A estabilidade destes representantes foi garantida pela Lei 13.467/17. Para maiores esclarecimentos a respeito do tema, remetemos o leitor ao Capítulo da Estabilidade.

10.8. Tribunais Privados ou *Rent a Judge*

Utilizado nos EUA como forma de solução extrajudicial dos litígios. As partes escolhem, contratam e pagam juízes privados para julgarem a lide.

---

114 O *neutral advisor* é o conselheiro neutro que pode ser escolhido pela parte para defender seus interesses, devendo ser o mais técnico possível e isento.

115 SOUZA, Zoraide Amaral de *op. cit.*, p. 87.

116 *Ibidem*, p. 88.

10.9. *Fact-finding*

É utilizado como técnica escolhida pelas partes ou determinada pela lei para apuração dos fatos e provas que serão relevantes na negociação, conciliação ou mediação. Nos EUA o *fact-finding* é procedimento obrigatório.

10.10. Termo de Ajuste de Conduta

O § 6º do art. 5º da Lei nº 7.347/85, que disciplinou a ação civil pública, autorizou aos órgãos públicos legitimados tomarem dos interessados compromisso de ajustamento de sua conduta às exigências legais, dando ao TAC (termo de ajustamento de conduta) eficácia de título executivo extrajudicial. Tem como pressuposto o reconhecimento implícito da ilegalidade perpetrada pela empresa e de forma explícita a promessa de que sua conduta se ajustará aos termos legais.

10.11. Convenção e Acordo Coletivo de Trabalho

10.11.1. Conceito

O acordo coletivo de trabalho é o negócio jurídico extrajudicial efetuado entre sindicato dos empregados e uma ou mais empresas, onde se estabelecem condições de trabalho, obrigando as partes acordantes dentro do período de vigência predeterminado e na base territorial da categoria – art. 611, § 1º, da CLT.

Suas cláusulas são comandos abstratos, gerais e impessoais. Em face disto, a convenção ou o acordo coletivo se assemelham à lei. Nas palavras de Carnelutti[117] estes instrumentos normativos têm corpo de contrato e alma de lei.

O conceito legal:

> **Art. 611**, § 1º, da CLT – É facultado aos sindicatos representativos de categorias profissionais celebrar Acordos Coletivos com uma ou mais empresas da correspondente categoria econômica, que estipulem condições de trabalho, aplicáveis no âmbito da empresa ou das empresas acordantes às respectivas relações de trabalho.

Por sua vez a convenção coletiva de trabalho é um negócio jurídico extrajudicial pactuado entre o sindicato dos empregados e o sindicato dos empregadores, estabelecendo condições de trabalho para toda a categoria. Também tem vigência temporária e aplicação apenas na base territorial dos respectivos sindicatos – art. 611, *caput* da CLT.

> **Art. 611** da CLT – Convenção Coletiva de Trabalho é o acordo de caráter normativo pelo qual dois ou mais sindicatos representativos de categorias econômicas e profissionais estipulam condições de trabalho aplicáveis, no âmbito das respectivas representações, às relações individuais de trabalho.

---

117 *Apud* SÜSSEKIND, Arnaldo; MARANHÃO, Délio; VIANNA, Segadas; TEIXEIRA, Lima. *Instituições de Direito do Trabalho*. 21. ed. São Paulo: LTr, 2003, v. 1, p. 87.

De acordo com o art. 614, § 3º, da CLT, o prazo de duração do acordo e da convenção coletiva de trabalho será de 2 (dois) anos.

> **Art. 614,** § 3º, da CLT – Não será permitido estipular duração de Convenção ou Acordo superior a 2 (dois) anos, sendo vedada a ultratividade.

Têm direito à regra os trabalhadores urbanos e rurais e os avulsos. A Emenda Constitucional 72/13 estendeu aos domésticos as convenções e os acordos coletivos. Entendemos que, para o exercício desse direito, é necessário que antes sejam formalmente reconhecidos pela DRT seus sindicatos, antes, verdadeiras associações com nome de sindicatos e criados os dos empregadores domésticos. Só depois disso, teremos realmente, no mundo prático, acordos ou convenções coletivas de domésticos.

10.11.2. Natureza Jurídica – Teorias

Em face da abstração e impessoalidade das normas coletivas, teorias tentam explicar a natureza jurídica destes convênios coletivos.

Teorias civis

1 – Teoria do mandato

Parte da premissa que o empregado e o empregador são representados pelos respectivos sindicatos. Os sindicatos quando ajustam o convênio coletivo agem como mandatários.

Todavia, esta teoria foi superada, porque após concluído o mandato, o sindicato (mandatário) estaria livre, por já ter cumprido sua função, o que não ocorre nas convenções e acordos coletivos, pois os sindicatos devem cumprir o ajustado. São partes formais da norma.

2 – Teoria da gestão de negócios ou quase contrato

Baseia-se na teoria de que os sindicatos atuam como gestores de negócios em benefício do empregado e do empregador. Entretanto, a gestão de negócios pressupõe silêncio do beneficiado, o que não ocorre nas negociações coletivas ante a exigência de quórum mínimo nas assembleias sindicais. Ademais há benefícios individuais e coletivos.

3 – Teoria da estipulação em favor de terceiro

Justifica a atuação dos sindicatos, pois parte da premissa que o sindicato dos trabalhadores quando ajusta condições de trabalho com um ou mais patrões, o faz em favor de terceiros (empregados). A crítica que se faz a esta teoria é que a estipulação em favor de terceiros cria direito individual cujo beneficiário é determinado. As cláusulas coletivas criam direitos abstratos a favor de uma categoria indeterminada, mas determinável.

4 – Teoria da personalidade moral fictícia

Esta teoria concede ao sindicato personalidade jurídica fictícia por confundi-lo com a de seus associados. Neste sentido o sindicato agiria em nome próprio para defesa de seus interesses. Nega a existência de terceiros. Como se os próprios trabalhadores e patrões celebrassem o ajuste. Entrementes, o sindicato não é pessoa fictícia e seus interesses não se confundem com os de seus associados. Constitui-se em pessoa jurídica de direito privado.

5 – Teoria da representação legal

O sindicato é o representante da categoria porque assim determinou a lei, delegando tais poderes a estes entes jurídicos, e as normas por ele ajustadas gravam todos os componentes do grupo. Há críticas a esta teoria no sentido de que o sindicato representa a pluralidade de indivíduos e não uma "unidade orgânica" – categoria.

Teorias mistas

6 – Teoria do pacto social

O empregado celebra pacto social de aceitar a decisão da maioria quando ingressa no sindicato, pois para a negociação coletiva ser válida é necessário o *quorum* mínimo exigido por lei. Logo, a convenção coletiva lhe é aplicável em virtude do pacto. Todavia, o ingresso no sindicato não pode servir como uma renúncia à autonomia da vontade.

7 – Teoria da solidariedade necessária

Pressupõe que o indivíduo, analisado de forma isolada como trabalhador ou empregador, está subordinado à vontade da maioria. Contudo, os componentes da categoria estão subordinados ao bem da coletividade e não da maioria.

8 – Teoria do uso e costume industrial

A convenção coletiva tem seus fundamentos nos usos e costumes industriais, trazendo para suas cláusulas a materialização destes costumes. Entretanto, a norma coletiva pode ser contrária ao costume e até "revogá-lo". Não pode contrariar a lei, mas é possível contrariar o costume.

Teorias jurídico-social, normativa ou regulamentar

9 – Teoria da instituição corporativa

A teoria se justifica alegando que a norma coletiva é a expressão da vontade corporativa do grupo produtivo, independente da homologação, requisitos ou ratificação impostos pelo Estado. Esta teoria não encontra amparo na legislação brasileira, que impõe uma série de requisitos para validade da norma coletiva.

10 – Teoria regulamentar

Defende que a norma contida no instrumento coletivo é a lei interna da profissão ou daquela categoria. Nega a importância do ajuste, do acordo. Impõe a estes instrumentos a denominação de convenção-lei. Apesar de razoável, a tese não pode prosperar, pois não há como se negar a existência do ajuste, da autonomia da vontade, do negócio jurídico.

11 – Teoria da lei delegada

Advoga que o Estado delega ao sindicato o poder de promulgar leis profissionais, regulamentando as condições de trabalho. Todavia, a norma coletiva não pode revogar regras imperativas contidas nas leis trabalhistas, nem revoga a lei anterior se contrariá-la. Ademais, a lei delegada é da competência do Presidente da República e não dos sindicatos.

12 – Ato ou contrato-regra (teoria de Duguit)

A convenção coletiva é aplicada como lei profissional, colocando-se numa posição de meio direito, entre a categoria e a lei do Estado, como legislação secundária de trabalho. É contrato porque as relações são formuladas diretamente pelos sindicatos convenentes ou acordantes. Teria forma de contrato, mas características de lei. Agem os sindicatos como representantes das categorias para defender seus interesses. O ajuste é normativo porque cria normas e condições de trabalho, solucionando conflitos coletivos e pacificando as relações de emprego. Suas normas são abstratas, gerais e indeterminadas porque atingem um grupo indeterminado de trabalhadores e patrões.

Esta é a teoria mais aceita na doutrina[118-119-120] trabalhista por melhor explicar a natureza jurídica dos convênios coletivos.

10.11.3. Duração, Pressupostos e Validade

De acordo com os arts. 613 e 614 da CLT para validade do convênio coletivo necessário que a) seja escrito; b) conste o prazo de vigência (máximo dois anos); c) a negociação coletiva seja autorizada por assembleia sindical, respeitando o *quorum* mínimo; d) depósito de uma via do instrumento coletivo na DNT[121] ou no Ministério da Economia, bem como fixação na empresa de cópias do ajuste normativo, em local visível. A Portaria nº 865/95 ratifica estas exigências.

A necessidade de homologação prevista no art. 615 da CLT foi revogada pelo Decreto nº 229/67.[122]

A negociação coletiva não está expressamente prevista no art. 613 da CLT, mas é indispensável para a sua validade.

Em face da vinculação dos contratantes ao negócio jurídico ajustado (*pacta sunt servanda*); do princípio da não alegação de sua própria torpeza e da autonomia sindical, preconizada pela Carta de 1988, que proibiu o dirigismo estatal nos sindicatos, salvo quanto ao registro sindical, alguns dos requisitos impostos pelo art.

---

118 SÜSSEKIND, Arnaldo; MARANHÃO, Délio; VIANNA, Segadas; TEIXEIRA, Lima. *Instituições de Direito do Trabalho*. 21. ed. São Paulo: LTr, 2003, v. 1, p. 78.

119 MARTINS, Sergio Pinto. *Direito do Trabalho*. 13. ed. São Paulo: Atlas, 2001, p. 462.

120 Alice adota esta corrente e a denomina de teoria mista. BARROS, Alice Monteiro de. *Curso de Direito do Trabalho*. São Paulo: LTr, p. 1.216.

121 Departamento Nacional do Trabalho.

122 No mesmo sentido a OJ nº 34 da SDC do TST.

614 da CLT, para validade da norma coletiva, não mais são de relevância, podendo ser tolerada sua falta e validada a norma quando favorável ao trabalhador, uma vez que nas declarações de vontade prevalece a intenção à forma. Logo, mesmo que não tenha havido o depósito prévio no Ministério da Economia para registro e arquivo, ou a afixação da norma em local visível pelos sindicatos ou empresa, se a norma for benéfica ao trabalhador, válida será, pois tais requisitos se destinam à incolumidade da vontade e à publicidade. Quando se destinarem à redução ou supressão de direitos dos trabalhadores, tais requisitos devem ser considerados como da sua substância, da essência, da solenidade do ato.

Todavia, a questão não é pacífica na doutrina e jurisprudência.

Alguns doutrinadores[123] advogam pela não recepção total dos arts. 612, 613, 614 e 615 da CLT, porque interferem na autonomia sindical e, por isso, violentam o art. 8º da CRFB.

Outros, em sentido contrário,[124-125-126-127-128] defendem que os referidos dispositivos consolidados foram recepcionados e estão plenamente em vigor, por compatíveis.

Defendemos que alguns dos requisitos de validade impostos nos arts. 613 e 614 da CLT são regras de proteção à incolumidade de vontade da maioria e à publicidade da norma, pois não pode o agente alegar sua própria torpeza em seu benefício. Assim, se não for alegado vício de consentimento nem a falta de publicidade a norma será válida, desde que escrita, de vigência temporária e representativa da categoria, mesmo quando não preenchidos tais requisitos consolidados. Ora, qual a finalidade de depósito prévio da norma coletiva no Ministério da Economia e de sua afixação em local visível que não a publicização das condições ali ajustadas? Como se pode alegar que uma convenção ou acordo coletivo é nulo porque não tem os deveres dos empregados; ou as disposições sobre o processo de sua prorrogação e de revisão; ou, ainda, as normas para a conciliação das divergências; algumas rasuras ou adendos (art. 613, V, VI, VII, VIII, parágrafo único, e art. 614 da CLT)?

A norma coletiva entrará em vigor a partir de sua assinatura, pois os requisitos legais acima destacados não impedem a aplicação da vigência prevista no próprio convênio.

A vigência máxima das normas coletivas autônomas (acordo e convenção coletiva) é de dois anos[129] – art. 614 da CLT. Na prática percebemos ajuste de vigência

---

123 No mesmo sentido Rodrigues Pinto e João Lima Teixeira (PINTO, José Augusto Rodrigues. *Direito sindical e coletivo do trabalho*. São Paulo: LTr, 1998, p. 217; SÜSSEKIND, Arnaldo; MARANHÃO, Délio; VIANNA, Segadas. *Instituições de Direito do Trabalho*. 21. ed. São Paulo: LTr, v. 2, p. 1.202).

124 MARTINS, Sergio Pinto. *Direito do Trabalho*. São Paulo: Atlas, 2001, p. 732.

125 MAGANO, Otávio Bueno. *Manual de Direito do Trabalho*. Direito coletivo do trabalho. 3. ed. São Paulo: LTr, 1993, v. 3, p. 171.

126 SAAD, Eduardo Gabriel. *CLT comentada*. 37. ed. São Paulo: LTr, 2004, p. 450-452.

127 GOMES, Orlando; GOTTSCHALK, Élson. *Curso de Direito do Trabalho*. Rio de Janeiro: Forense, 1995, p. 608-609.

128 DELGADO, Mauricio Godinho. *Curso de Direito do Trabalho*. São Paulo: LTr, 2002, p. 1.363.

129 A proposta de reforma sindical encaminhada em fevereiro de 2005, pelo então Ministro do Trabalho, aumenta este prazo para três anos, salvo outro prazo indicado na própria norma, podendo ter efeito ultra-ativo por mais 90 dias, após sua vigência.

de um ano. Isto se explica porque as normas coletivas obrigam os contratantes enquanto vigentes. Todavia, é possível sua revisão durante sua vigência (cláusula *rebus sic stantibus*) ou extensão – art. 615, § 1º, da CLT.

A jurisprudência consagrou ser nula a cláusula que determine vigência superior à legal ou vigência indeterminada – OJ nº 322 da SDI-I do TST.

O art. 614, § 3º, da CLT, com a redação dada pela Lei 13.467/17, proibiu o efeito da ultratividade, contrariando o antigo entendimento do TST, espelhado na Súmula 277 do TST.

10.11.4. Quorum

Em face da autonomia sindical preconizada no art. 8º, I da Carta de 1988, há entendimentos de que está revogado tacitamente o art. 612 da CLT, que exigia *quorum* mínimo para validade da assembleia e consequente negociação coletiva. Defendem que o *quorum* a ser respeitado deve ser aquele estipulado nos estatutos dos respectivos sindicatos que têm liberdade para estipulação. Assim, o *quorum* deverá obedecer aquele estipulado no estatuto de cada sindicato.[130-131] Estando a categoria econômica e profissional devidamente representadas por seus sindicatos, o ajuste coletivo efetuado entre eles deve ter validade independentemente dos requisitos legais.

Todavia, defendemos que o *quorum* imposto pelo art. 612 da CLT está vigente, já que tem a finalidade de garantir a representação da maioria pelo sindicato. Visa à proteção e a incolumidade da vontade dos interessados, pois impõe que 2/3 dos associados deliberem a respeito do tema. Da mesma forma a Orientação Jurisprudencial nº 13 da SDC[132] do TST que entende que o art. 612 da CLT foi recepcionado pela Carta[133] e a doutrina majoritária como já mencionado acima.

Convém relembrar que a convocação para qualquer assembleia deve ser amplamente divulgada – OJs nºs 28 e 35 da SDC do TST.

Prorrogação, revisão, denúncia e revogação

De acordo com o art. 615 da CLT:

> **Art. 615.** O processo de prorrogação, revisão, denúncia ou revogação total ou parcial de Convenção ou Acordo ficará subordinado, em qualquer caso, à aprovação de Assembleia-Geral dos Sindicatos convenentes ou partes acordantes, com observância do disposto no art. 612.

---

130 Neste mesmo sentido SÜSSEKIND, Arnaldo. *Curso de Direito do Trabalho*. Rio de Janeiro: Renovar, 2002, p. 546, SÜSSEKIND, Arnaldo; MARANHÃO, Délio; VIANNA, Segadas. *Instituições de Direito do Trabalho*. 21. ed. São Paulo: LTr, v. 2, p. 1.202.

131 Da mesma forma entende NASCIMENTO, Amauri Mascaro. *Compêndio de direito sindical*. 4. ed. São Paulo: LTr, 2005, p. 396.

132 Esta OJ foi cancelada em 09/10/03.

133 SAAD, Eduardo Gabriel. *Consolidação das Leis do Trabalho comentada*. São Paulo: LTr, 2004, p. 453.

> § 1º O instrumento de prorrogação, revisão, denúncia ou revogação de Convenção ou Acordo será depositado para fins de registro e arquivamento, na repartição em que o mesmo originariamente foi depositado observado o disposto no art. 614.
>
> § 2º As modificações introduzidas em Convenção ou Acordo, por força de revisão ou de revogação parcial de suas cláusulas passarão a vigorar 3 (três) dias após a realização de depósito previsto no § 1º.

Prorrogar é o processo pelo qual o prazo de vigência da convenção ou do acordo coletivo é estendido, mantendo as mesmas condições da norma prorrogada.

A matéria merece atenção, pois o § 3º do art. 614 da CLT não autoriza que as partes estipulem vigência superior a dois anos – OJ nº 322 da SDI-I do TST, e a possibilidade de prorrogação, mesmo que submetida à prévia aprovação da assembleia (art. 615, CLT) não pode dar vigência a uma mesma norma superior a dois anos.

Por isso, entendemos que a prorrogação só pode ocorrer dentro do prazo máximo de dois anos (art. 614, § 3º, da CLT), sob pena de se perpetuar a norma coletiva, o que fere o princípio da adaptação.

Amauri Mascaro Nascimento,[134] de forma diversa, admite tantas prorrogações quantas os interessados pactuarem, porque a lei não limita o número de prorrogações.

Revisão é o processo em que os interessados pactuam a alteração total ou parcial da norma coletiva ainda durante a sua vigência. Pode ser para conceder condições mais favoráveis ou não. Se menos favoráveis, a norma estará reduzindo direitos dos trabalhadores, não ferindo qualquer direito adquirido, já que as benesses normativas não se incorporam de forma definitiva aos contratos de trabalho.[135] Para tanto, a revisão tem que respeitar os procedimentos previstos em lei.

A **denúncia** ocorre quando uma das partes notifica a outra de que não vai mais cumprir a norma coletiva. Só extinguirá a obrigação de cumprimento da norma coletiva se a outra parte concordar com a denúncia. Amauri[136] adverte que se a outra parte não concordar os efeitos são suspensivos até as partes renegociarem, sob pena de o conflito ser decidido por um terceiro (mediador, conciliador, arbitragem ou jurisdição).

A **revogação** ocorre quando as partes, de comum acordo, decidem desfazer total ou parcialmente o ajustado na norma coletiva. Enquanto a denúncia é unilateral a revogação é bilateral.

Em todos os casos há necessidade de autorização prévia da assembleia, registro e arquivamento na DRT e a eficácia do ato praticado só passa a produzir efeitos três dias após, como determinado pelo art. 615 da CLT.

---

134 NASCIMENTO, Amauri Mascaro. *Compêndio de direito sindical*. 4. ed. São Paulo: LTr, 2005, p. 398.

135 Em sentido contrário os autores que defendem a incorporação definitiva das benesses normativas aos contratos de trabalho.

136 NASCIMENTO, Amauri Mascaro, *op. cit.*, p. 399.

10.11.5. Espécies de Cláusulas Coletivas

Os convênios coletivos podem ter cláusulas normativas, cláusulas obrigacionais e cláusulas de garantia.[137-138] As cláusulas normativas fixam condições genéricas de trabalho para os membros da categoria (ex.: adicional noturno de 40%, adicional de hora extra de 100% etc.). As obrigacionais se dirigem às partes formais (sindicatos) criando obrigações entre elas (ex.: contribuição sindical que um sindicato convenente deve pagar ou repassar ao outro). Por último, as cláusulas de garantia se destinam a regular o próprio instrumento coletivo, como vigência, eficácia, duração etc.

As **cláusulas normativas** podem ser divididas em econômicas, sociais e de adaptação. As econômicas dizem respeito às condições de trabalho, criando benesses e vantagens aos trabalhadores (ex.: reajuste salarial, gratificação de função etc.), enquanto as sociais representam apoio social aos empregados (ex.: assistência médica, odontológica, creches etc.). As de adaptação são as cláusulas que permitem a redução de direitos trabalhistas, adequando os direitos dos trabalhadores à realidade econômica da empresa.

10.11.6. Efeitos das Cláusulas Coletivas sobre o Contrato de Trabalho

As cláusulas normativas aplicam-se para todos os membros da categoria, associados ou não associados – art. 611 da CLT.

Enquanto vigentes as normas coletivas as partes convenentes ou acordantes estão obrigadas a cumpri-las, salvo quando contrariar a lei.

Após o término da vigência destes convênios, os empregadores não estarão mais obrigados a cumpri-las?

Não há dúvidas que para os empregados admitidos após o término da vigência da norma, os empregadores não estarão obrigados a tanto. Entretanto, quanto àqueles empregados que receberam as benesses de forma habitual durante a vigência do instrumento coletivo, a doutrina e a jurisprudência são pendulares e ainda não se posicionaram num só sentido.

Alguns afirmam que os benefícios podem ser suprimidos em face do término da vigência, pois criados de forma condicional, isto é, enquanto vigente a norma, mesmo que não tenha sido efetuada outra norma posterior. Posicionam-se neste sentido: Wilson Campos Batalha,[139] Antônio Álvares da Silva[140] e Gabriel Saad.[141] O inciso I da Súmula nº 277 do TST também se posicionava

---

[137] PINTO, José Augusto Rodrigues. *Direito sindical e coletivo do trabalho*. São Paulo: LTr, 1998, p. 218.

[138] DELGADO, Mauricio Godinho. *Curso de Direito do Trabalho*. São Paulo: LTr, 2002, p. 1.362.

[139] *Apud* SÜSSEKIND, Arnaldo; MARANHÃO, Délio; VIANNA, Segadas; TEIXEIRA, Lima. *Instituições de Direito do Trabalho*. 21. ed. São Paulo: LTr, 2003, v. 1, p. 345.

[140] *Apud* ROMITA, Arion Sayão. *Os direitos sociais na Constituição e outros estudos*. São Paulo: LTr, 1991, p. 328.

[141] SAAD, Eduardo Gabriel. *Consolidação das leis do trabalho comentada*. São Paulo: LTr, 2004, p. 454.

no sentido da não incorporação definitiva das cláusulas normativas decorrentes de sentenças normativas, acordos ou convenções coletivas nos contratos de trabalho, mas foi modificado o entendimento em setembro de 2012. Extinta a vigência da norma coletiva, os empregadores poderão suprimir as benesses normativas concedidas. Também adotamos, mesmo antes da Reforma Trabalhista, esta corrente. Godinho[142] denomina esta tese "aderência limitada pelo prazo". Convém ressaltar que o art. 614, § 3º, da CLT, com a redação dada pela Lei 13.467/17, expressamente adotou esta corrente e impediu o efeito ultrativo, isto é, além do limite de dois anos.

As normas coletivas criam direitos de caráter privado, complementando a lei e propiciando a melhoria da condição social do trabalhador. Os direitos por elas criados têm natureza distinta daqueles concedidos por lei, que se incorporam de forma definitiva aos contratos de trabalho. Em regra, as leis não têm vigência temporária, distinguindo-se, também neste aspecto, da precariedade das normas coletivas.

Ademais, um dos princípios do direito coletivo é o da adaptabilidade das vantagens trabalhistas à realidade econômica da empresa(s), daí o motivo da sua vigência temporária. Assim, quando a empresa estiver bem, com boa lucratividade, os trabalhadores podem obter maiores vantagens, quando seus lucros estiverem pequenos ou comprometidos, os benefícios serão reduzidos ou flexibilizados (reduzidos). Também sob este ponto de vista, não se justifica a incorporação definitiva das cláusulas normativas aos contratos de trabalho, pois impediria as empresas de se adaptar às realidades econômicas em épocas de crise.

Acresce mais que, as condições mais favoráveis ao operário só se incorporam ao contrato de trabalho quando concedidas de forma habitual e incondicionalmente (princípio da prevalência da condição mais favorável). Não é o caso das normas coletivas, já que suas benesses são concedidas sob condição: a vigência da norma.

Pelos motivos expostos defendemos que as cláusulas normativas das convenções e dos acordos coletivos, assim como as das sentenças normativas, só integram o contrato de trabalho durante a vigência da norma. Extinta a norma, mesmo que outra não seja ajustada, as benesses podem ser suprimidas, salvo quanto ao reajuste salarial concedido, já que o salário não pode sofrer redução (art. 7º, VI, da CRFB), a menos que outra norma coletiva o faça.

Da mesma forma a nova redação do art. 614 da CLT:

> Art. 614. (...)
>
> § 3º Não será permitido estipular duração de convenção coletiva ou acordo coletivo de trabalho superior a dois anos, sendo vedada a **ultratividade**.

---

142 DELGADO, Mauricio Godinho. *Curso de Direito do Trabalho*. São Paulo: LTr, 2007, p. 1.399.

Por outro lado, Mozart Victor Russomano,[143] Otávio Bueno Magano,[144] José Augusto Rodrigues Pinto[145] e Délio Maranhão[146] acreditavam que o direito criado pela norma coletiva se incorporava ao contrato de trabalho do empregado e não poderia mais ser suprimido, mesmo após a expiração do prazo de vigência da norma coletiva. Apontavam o art. 468 da CLT e o direito adquirido como embasamento da tese. Mauricio Godinho[147] denominava esta teoria "aderência irrestrita".

Em outra posição, autores como Arnaldo Süssekind,[148] Orlando Gomes,[149] Arion Romita[150] e Valentin Carrion[151] sustentavam a **ultratividade**[152] das cláusulas normativas que o direito normativo vigoraria para aqueles empregados até que outra norma expressamente o suprimisse, modificasse ou alterasse. Fundamentavam suas teses na Lei nº 8.542/92, art. 1º, § 1º, que continha dicção similar. Todavia, o referido artigo bem como seu parágrafo, já foi revogado pela MP nº 1.875-57/99 e a Lei 13.467/17 vedou a ultratividade, superando a Súmula 277 do TST.

Renato Rua de Almeida,[153] em posição similar à tese de Amauri Mascaro (quarta corrente), sustentava que as cláusulas normativas não vigoram após a extinção da norma coletiva, salvo no que se refere às vantagens pessoais adquiridas. Os requisitos para a incorporação definitiva são: o trabalhador ter preenchido as condições exigidas pela norma ainda na sua vigência e que seja um benefício continuado e não episódico. Ex.: Norma prevê estabilidade definitiva para os empregados que contassem com mais de 10 anos de casa. Se o trabalhador completou o tempo exigido (10 anos) ainda na vigência da norma, mesmo após a sua vigência, a estabilidade estaria garantida. Parece que a OJ nº 41 da SDI-I é no mesmo sentido.

Amauri Mascaro do Nascimento[154] separava os tipos de cláusulas para análise das que podem e das que não podem integrar. Informava que as cláusulas obrigacionais jamais se incorporam ao contrato de trabalho, enquanto as normativas poderiam ou não. Para tanto, analisava a natureza e o prazo de vigência das cláu-

---

143 RUSSOMANO, Mozart Victor. *Comentários à consolidação das leis do trabalho*. 9. ed. Rio de Janeiro: Forense, 1982, p. 706.

144 MAGANO, Otávio Bueno. *Manual de Direito do Trabalho*. Direito coletivo do trabalho. 3. ed. São Paulo: LTr, 1993, v. 3, p. 176.

145 PINTO, José Augusto Rodrigues. *Direito sindical e coletivo do trabalho*. São Paulo: LTr, 1998, p. 219.

146 MARANHÃO, Délio. *Direito do Trabalho*. 11. ed. Rio de Janeiro: Editora da Fundação Getulio Vargas, p. 322.

147 *Ibidem*, p. 1.399.

148 SÜSSEKIND, Arnaldo. *Curso de Direito do Trabalho*. Rio de Janeiro: Renovar, 2002, p. 584.

149 GOMES, Orlando; GOTTSCHALK, Élson. *Curso de Direito do Trabalho*. Rio de Janeiro: Forense, 1995, p. 614.

150 ROMITA, Arion Sayão. *Os direitos sociais na Constituição e outros estudos*. São Paulo: LTr, 1991, p. 335.

151 CARRION, Valentin. *Comentários à consolidação das leis do trabalho*. São Paulo: Saraiva, 28. ed. atualizado por Eduardo Carrion, 2003, p. 453.

152 A proposta de reforma sindical prevê a possibilidade de efeito ultra-ativo até 90 dias após a vigência da norma coletiva.

153 ALMEIDA, Renato Rua. "Das Cláusulas Normativas das Convenções Coletivas de Trabalho: Conceito, Eficácia e Incorporação nos Contratos Individuais de Trabalho". São Paulo: *Revista LTr* 60-12, dez. 1996, p. 1.602.

154 NASCIMENTO, Amauri Mascaro. *Compêndio de direito sindical*. 4. ed. São Paulo: LTr, 2005, p. 357.

sulas, para concluir quais sobreviveriam e quais desapareceriam. Acresce que "um adicional de tempo de serviço é, por sua natureza, algo que se insere nos contratos individuais de trabalho, se as partes não estipularam condições ou limitações à sua vigência. Um adicional de horas extraordinárias é obrigação que, tendo em vista sua natureza, vigora pelo prazo em que a convenção coletiva perdurou."

10.11.7. Peculiaridades do Acordo Coletivo

O acordo coletivo é muito utilizado para atender demanda local, decorrente de um conflito em determinada(s) empresa(s) e seu pessoal.

Os empregados serão representados pelos seus sindicatos que estão legitimados para tanto, desde que provocados, na forma do art. 617 da CLT.

O art. 617 da CLT concede legitimação extraordinária ou substitutiva[155] para a atuação das Federações, Confederações e dos próprios trabalhadores para prosseguirem nas tratativas do acordo coletivo, no caso de o sindicato estar desinteressado na negociação. A lei não se refere ao sindicato inexistente e sim ao desinteressado, salvo o disposto no § 2º do art. 4º da Lei nº 7.783/89. Isto se explica porque o legislador não quis bloquear as vias negociais.

> **Art. 617.** Os empregados de uma ou mais empresas que decidirem celebrar Acordo Coletivo de Trabalho com as respectivas empresas darão ciência de sua resolução, por escrito, ao Sindicato representativo da categoria profissional, que terá o prazo de 8 (oito) dias para assumir a direção dos entendimentos entre os interessados, devendo igual procedimento ser observado pelas empresas interessadas com relação ao Sindicato da respectiva categoria econômica.
>
> § 1º Expirado o prazo de 8 (oito) dias sem que o Sindicato tenha se desincumbido do encargo recebido, poderão os interessados dar conhecimento do fato à Federarão a que estiver vinculado o Sindicato e, em falta dessa, à correspondente Confederação, para que, no mesmo prazo, assuma a direção dos entendimentos. Esgotado esse prazo, poderão os interessados prosseguir diretamente na negociação coletiva até final.
>
> § 2º Para o fim de deliberar sobre o Acordo, a entidade sindical convocará assembleia-geral dos diretamente interessados, sindicalizados ou não, nos termos do art. 612.

Enquanto as convenções coletivas são ajustadas para toda a categoria, necessitando do quórum de seus associados (apenas os associados votam), o acordo coletivo é pactuado para obrigar determinada(s) empresa(s), aplicando-se a todos os seus empregados (salvo os pertencentes à categoria diferenciada). Todos os empregados, associados ou não (chamados pela lei de "interessados" – art. 612 da CLT), têm direito a voto, diferenciando-se da assembleia convocada para as convenções coletivas.

---

155 *Ibidem*, 386.

Os empregadores agem diretamente, sem a intervenção sindical, na forma do art. 611, § 1º, da CLT. Esta regra continua vigente,[156-157] pois não colide com o art. 8º, VI, da CRFB, que exige a participação dos sindicatos nas negociações coletivas, já que o acordo coletivo obriga a empresa acordante e não o sindicato da categoria econômica.

Em sentido diverso, Celso Ribeiro Bastos[158] e Amauri Mascaro[159] argumentando que a legitimidade para negociar passa, por força da norma constitucional, das "empresas para os sindicatos e o acordo coletivo deve ter a participação obrigatória do sindicato patronal."

10.11.8. Conflito entre Acordo e Convenção Coletiva

Havendo conflito entre acordo coletivo e convenção coletiva deveria, antes da Lei 13.467/17, ser aplicada a norma mais favorável ao trabalhador segundo o critério da teoria do conglobamento – *vide* Capítulo "Fontes de Direito do Trabalho".

Da mesma forma vinha entendendo a jurisprudência da época:

> RECURSO DE REVISTA. HIPÓTESES DE CABIMENTO. DIVERGÊNCIA PRETORIANA NÃO COMPROVADA. CONVENÇÃO COLETIVA. NORMA MAIS FAVORÁVEL. ART. 620 DA CLT. NÃO CONHECIMENTO. Para que o Recurso de Revista venha a ser conhecido, faz-se necessária a satisfação dos requisitos enumerados no art. 896 da CLT. No presente caso, a inespecificidade dos arestos regionais válidos indicados a confronto, na forma da Súmula nº 296-TST, impede que seja reconhecida a divergência jurisprudencial. Registre-se que o Regional apenas consignou que adotava a tese da aplicação da Convenção Coletiva, porquanto mais favorável, ressaltando que a vantagem verificada se dava quanto aos índices de reajustes salariais, mas em momento algum mencionou que a adoção da norma se dava de forma fracionada, ou que se adotavam cláusulas mais benéficas tanto das convenções como dos acordos, deixando, portanto, de emitir tese a respeito da aplicação ou não da teoria do conglobamento, não havendo dissenso de teses a ser reconhecido. Revista não conhecida. TST, 4ª T., RR 722227/2001.3, Rel. Conv. Maria de Assis Calsing, *DJU* 30/06/2006.

> INTERVALO INTRAJORNADA. REDUÇÃO. ACORDO COLETIVO. INVALIDADE. Encontra-se consagrado nesta Corte, por meio da Orientação Jurisprudencial nº 342 da SBDI-1 do TST, o entendimento de que é inválida cláusula de acordo ou convenção coletiva de trabalho contemplando a supressão ou redução do intervalo intrajornada porque este constitui medidas de higiene, de saúde e de segurança do trabalho, garantido por norma de ordem pública (art. 71 da CLT e art. 7º, XXII, da CF/88), infenso à negociação coletiva. Registre-se, ainda, o entendimento prevalecente nesta Corte, por meio da Orientação Jurisprudencial nº 307 da SDI-1 do

[156] No mesmo sentido SÜSSEKIND, Arnaldo. *Direito constitucional do trabalho*. Rio de Janeiro: Renovar, 1999, p. 402.

[157] Assim também se posiciona Pinho Pedreira. *Apud* NASCIMENTO, Amauri Mascaro. *Compêndio de direito sindical*. 4. ed. São Paulo: LTr, 2005, p. 377.

[158] *Apud Ibidem*, p. 377.

[159] *Idem*.

TST, de que, após a edição da Lei nº 8.923/94, a não concessão total ou parcial do intervalo intrajornada mínimo, para repouso e alimentação, implica o pagamento total do período correspondente, com acréscimo de, no mínimo, 50% sobre o valor da remuneração da hora normal de trabalho (art. 71 da CLT). Desse modo, vem à baila o Enunciado nº 333 do TST, em que os precedentes da SDI foram erigidos à condição de requisitos negativos de admissibilidade do recurso, não se vislumbrando as ofensas constitucionais apontadas e encontrando-se superada a divergência jurisprudencial colacionada. ACORDO COLETIVO E CONVENÇÃO COLETIVA. SIMULTANEIDADE. A decisão recorrida, ao aplicar a convenção coletiva, norma mais favorável, ao invés do acordo coletivo, decidiu em consonância com o art. 620 da CLT, que dispõe acerca das prevalências das condições estabelecidas em convenção, quando mais favoráveis, sobre as estipuladas em acordo, pois um dos princípios que norteiam o Direito do Trabalho é o da aplicação da norma mais favorável ao empregado. Este entendimento encontra-se consagrado nesta Corte, mediante os seguintes precedentes: RR-799.089/2001, Rel. Min. Rider de Brito;RR-351.990/97, Rel. Min. Vantuil Abdala; RR-360.945/97, Rel. Min. Rider de Brito; RR-203.563/95, Rel. Min. Milton de Moura França. RR-110-2002-004-20-00, Rel. Min. Carlos Alberto Reis de Paula. Incide a obstaculizar a admissibilidade do recurso o óbice do Enunciado nº 333 do TST, encontrando-se superada a divergência jurisprudencial colacionada. Recurso de revista não conhecido integralmente. TST 4ª T., RR-1278/2003-027-03-00.8, Rel. Barros Levenhagen, *DJU* 15/10/2004.

COMPLEMENTAÇÃO DE APOSENTADORIA. REAJUSTE SALARIAL E ABONO – PREVALÊNCIA DO ACORDO COLETIVO SOBRE A CONVENÇÃO COLETIVA ADOÇÃO DA TEORIA DO CONGLOBAMENTO. O acórdão regional rejeitou o pedido do Autor, sob o fundamento de que os empregados em atividade não tiveram reajuste salarial, não se justificando o que pretendido, sobre a complementação de aposentadoria. Concluiu que não ocorreu ofensa ao art. 620, da CLT, restando prejudicada a aplicação da norma mais favorável, tendo em vista a teoria do conglobamento. Um dos princípios norteadores do Direito do Trabalho é o da aplicação da norma mais favorável ao empregado. No entanto, deve ser compreendido de forma sistemática, ou seja, considerando-se o conjunto das normas. Da mesma forma que as instâncias ordinárias, a jurisprudência desta Corte firma-se no sentido de que o art. 620 da CLT revela a Teoria do Conglobamento, pela qual as normas são consideradas e interpretadas em conjunto, e não da forma isolada, pretendida pelo Recorrente. Recurso de Revista conhecido e desprovido. TST, 3ª T., RR-1021/2002-074-15-00.7, Rel. Maria Cristina Irigoyen Peduzzi, *DJU* 07/12/2006.

COMPLEMENTAÇÃO DE APOSENTADORIA. REAJUSTES E ABONO ESTABELECIDOS EM CONVENÇÃO COLETIVA E NÃO RATIFICADOS EM ACORDO COLETIVO. OBSERVÂNCIA DO ART. 620 DA CLT E APLICAÇÃO DA TEORIA DO CONGLOBAMENTO. I – O acordo coletivo, em razão de sua especificidade em relação aos empregados da empresa, deve ser preservado, pois é celebrado dentro de um contexto de concessões mútuas, no pleno exercício de autonomia negocial coletiva pelos sindicatos profissionais, que não pode ser desconsiderada, sob pena de frustração da atuação sindical na tentativa de autocomposição dos interesses coletivos de trabalho. II – Na interpretação dos ajustes coletivos prevalece o princípio do conglobamento, segundo o qual as normas coletivas devem ser observadas em sua totalidade e não isoladamente, pois, na negociação coletiva, os empregados obtêm benefícios mediante concessões recíprocas, sendo vedado aplicar, entre as disposições acordadas, apenas o que for mais benéfico aos trabalhadores. 3. É inviável a aplicação em parte da Convenção

Coletiva, conjugando-se com o acordo coletivo firmado pela categoria, como feito pelo acórdão recorrido. O art. 620 da CLT não autoriza tal procedimento, devendo ser interpretado como determinante da aplicação da norma mais favorável em seu conjunto, e não de forma parcelada. Esse tem sido o entendimento do TST, conforme os precedentes citados. Recurso conhecido e desprovido. TST, 4ª T., RR, 638/2003-066-15-00.1, Rel. Barros Levenhagen, *DJU* 07/12/2006.

ACORDO COLETIVO – GARANTIA DE EMPREGO PARA OS EMPREGADOS DO BANESPA – NORMA ESPECÍFICA E MAIS BENÉFICA PREVALÊNCIA SOBRE CONVENÇÃO COLETIVA FIRMADA ENTRE FENABAN E SINDICATOS DE BANCÁRIOS CONCEDENDO REAJUSTE SALARIAL DE 5,5% – TEORIA DO CONGLOGAMENTO EXEGESE DO ART. 620 DA CLT REAJUSTE DE COMPLEMENTAÇÃO DE APOSENTADORIA – NÃO DESRESPEITO À PARIDADE SALARIAL PREVISTA NO REGULAMENTO DE PESSOAL DO BANCO ENTRE ATIVOS E JUBILADOS. 1. O art. 620 da CLT fala em prevalência das 'condições' estabelecidas em convenção coletiva quando mais favoráveis àquelas previstas em acordo coletivo. O uso do plural leva ineludivelmente à conclusão de que o legislador não se afastou da teoria do conglobamento, segundo a qual cada instrumento normativo deve ser considerado no seu todo, e não cláusula a cláusula isoladamente. 2. O fundamento racional da teoria (as 'boas razões' de Norberto Bobbio para a positivação do Direito) está no fato de que as condições de trabalho estatuídas em instrumento normativo são objeto de negociação global, na qual determinada vantagem é concedida pela empresa ou sindicato patronal como compensação pela não inclusão de outra, de tal forma que o conjunto das condições de trabalho e remuneração passam a ser aceitáveis por ambas as partes. (...) (RR – 1001-2002-074-15-00, Rel. Min. Ives Gandra Martins Filho, *DJ* 17/06/2005). No mesmo sentido, os seguintes julgados: RR-556-2002-066-15-00.6, Rel.Min. Ives Gandra Martins Filho, *DJ* 12/8/2005; AIRR 695738/2000, *DJ* 4/5/2001, Relator: Juiz Convocado João Amílcar Pavan; RR-108-2002, *DJ* 15/10/2004, Relator: Min. Vantuil Abdala, AIRR 20549-2002, *DJ* 7/11/2003, Relator Min. Carlos Alberto Reis de Paula.

Entrementes, após a Lei 13.467/17, foi alterado o art. 620 da CLT para determinar expressamente a prevalência do acordo coletivo sobre a convenção; nesse caso, mesmo que menos favorável aos trabalhadores. É a exceção ao princípio da prevalência da norma mais favorável ao trabalhador. A alteração legislativa demonstra a intenção do legislador na ampla flexibilização.

Assim dispõe a atual redação do art. 620 da CLT:

Art. 620. As condições estabelecidas em acordo coletivo de trabalho sempre **prevalecerão** sobre as estipuladas em convenção coletiva de trabalho (grifos nossos).

10.11.9. Legitimados

De acordo com o art. 611 da CLT apenas os sindicatos podem celebrar convenção coletiva. As Federações e Confederações[160] só podem agir quando inexistir,

160 Até o momento a legitimidade não foi concedida às centrais sindicais.

naquela base territorial, sindicato, isto é, apenas nos casos de categoria inorganizada. Essa legitimação extraordinária ou subsidiária[161] concedida às entidades de nível superior só foi concedida para que elas atuem em favor das categorias não organizadas em sindicatos em sua base territorial. O mesmo não ocorreu com os acordos coletivos, já que para estes o legislador autorizou a atuação das Federações e Confederações no caso de desinteresse do sindicato – art. 617 da CLT.

Assim dispõem os §§ 1º e 2º do art. 611 da CLT:

> § 1º É facultado aos Sindicatos representativos de categorias profissionais celebrar Acordos Coletivos com uma ou mais empresas da correspondente categoria econômica, que estipulem condições de trabalho, aplicáveis no âmbito da empresa ou das acordantes respectivas relações de trabalho.
>
> § 2º As Federações e, na falta desta, as Confederações representativas de categorias econômicas ou profissionais poderão celebrar convenções coletivas de trabalho para reger as relações das categorias a elas vinculadas, inorganizadas em Sindicatos, no âmbito de suas representações.

10.11.10. Categoria e Base Territorial

A convenção coletiva tem aplicação para toda a categoria econômica (associados ou não) e profissional[162] (associados ou não), representada pelos sindicados convenentes, naquela base territorial – art. 611 da CLT.

Isto quer dizer que mesmo as empresas não associadas ou que foram criadas após a assinatura da convenção coletiva estão por ela obrigadas, já que o sindicato a todas representa. O mesmo se diga a respeito dos empregados, isto porque a norma coletiva se aplica para os sócios e não sócios do sindicato e para aqueles admitidos após confecção da norma, pois enquanto vigora ela atinge a todos os membros da categoria. Outra não poderia ser a afirmação, pois os sindicatos representam a categoria independentemente de mandato outorgado pelos interessados, já que a lei lhe concedeu tal poder.

O conceito de categoria está estabelecido no art. 611, §§ 1º, 2º e 3º da CLT.

Categoria profissional abrange todos os trabalhadores que trabalhem para um mesmo empregador ou para uma mesma atividade econômica, em face da semelhança de suas condições de vida. Em face do paralelismo sindical para cada sindicato de categoria econômica haverá um correspondente sindicato, paralelo, da categoria profissional. Assim, o sindicato dos estabelecimentos bancários representa a categoria econômica, enquanto o sindicato dos bancários a categoria profissional (indústria *x* industriário; comércio *x* comerciário; petróleo *x* petroleiros; metalúrgica *x* metalúrgicos; banco *x* bancário; etc.).

A **categoria profissional diferenciada** foge do natural paralelismo sindical, causando uma assimetria na regra geral, para atingir apenas os empregados que

---

161 NASCIMENTO, Amauri Mascaro, *op. cit.*, p. 383.

162 Salvo para os empregados pertencentes às categorias diferenciadas.

tenham sindicatos que os reúnam por profissão, ofício ou função, levando em conta as peculiaridades de cada uma. A convenção coletiva só atingirá a categoria diferenciada se o sindicato que a representa tiver participado, já que o negócio jurídico só faz lei entre as partes convenentes – Súmula nº 374 do TST.

Os **profissionais liberais** fazem parte da categoria diferenciada, já que além de muitos terem estatuto legal regulamentando a profissão (advogados, médicos, engenheiros etc.), também têm sindicato próprio. Aparentemente no mesmo sentido Alice Monteiro de Barros[163] quando afirma que o advogado pertence à categoria diferenciada.

Havendo **desdobramento de categorias** profissionais, as novas categorias serão representadas por outro sindicato, que elaborará novas normas coletivas. Neste caso, o empregador pode deixar de aplicar a antiga norma, aguardar a nova, para aplicá-la, uma vez que as normas só obrigam as partes convenentes ou acordantes. Amauri Mascaro Nascimento[164] posiciona-se de forma diversa, pois advoga que nesses casos deve-se aplicar a norma coletiva vigente na época do desdobramento até o final de sua vigência e só depois de findo o prazo de sua expiração e havendo nova norma coletiva, o novo instrumento será aplicado.

Base territorial é o limite geográfico de atuação dos sindicatos, que limita também sua representação. Quando a base é ampliada também é alargada a área de atuação sindical. O inverso também é verdadeiro.

Nem sempre a aplicação da norma coletiva (acordo ou convenção) é o mesmo da base territorial do sindicato, isto porque nem sempre a base territorial de um convenente coincide com a do outro. Há sindicatos que têm base municipal e negociam com outro que tem base estadual.

As normas coletivas não podem ser aplicadas territorialmente além dos limites da base dos dois sindicatos e não havendo coincidência de bases, a aplicação estará limitada àquela de menor amplitude de qualquer dos dois sindicatos.

Para as empresas que têm estabelecimentos situados em diversas bases territoriais será aplicada a norma coletiva confeccionada em cada base territorial pelos respectivos sindicatos, mesmo que umas sejam mais favoráveis que outras.

A mudança total de uma empresa para outra base territorial a desobriga do cumprimento da norma coletiva anterior, passando a vincular-se ao sindicato da nova base territorial, bem como às normas por este estabelecidas, mesmo que menos favoráveis aos trabalhadores transferidos.

> Empresa que, embora sediada em outro local, passa a desenvolver sua atividade econômica em base territorial onde vigore convenção coletiva intersindical, deve observar as condições de trabalho e salariais vigentes no local da prestação de serviços, sob pena de criar inadmissível disparidade no tratamento, principalmente remuneratório, entre trabalhadores de mesma categoria. O fato de a empresa não ter participado da negociação coletiva não a desobriga do cumprimento da con-

---

[163] BARROS, Alice Monteiro de. *Contratos e Regulamentações Especiais de Trabalho. Peculiaridades, Aspectos Controvertidos e Tendências*. 3. ed., São Paulo: LTr, 2008.

[164] NASCIMENTO, Amauri Mascaro, *op. cit.*, p. 381.

venção, pois esta tem natureza ampla e a representação é prerrogativa da entidade sindical, por força de lei, sem necessidade de qualquer delegação. TRT, 9ª Reg. 2ª T., RO 893/86, Rel. Euclides Rocha, *DJ* 10/09/86.

Pelos mesmos motivos, os empregados transferidos de uma filial para outra, que tenham base territorial diversa, passam a ser atingidos pelas normas coletivas na nova base, perdendo os direitos previstos na antecedente, mesmo que mais favoráveis, pois as normas coletivas só obrigam as partes convenentes. Em regra, a base territorial é aquela em que o empregado trabalha, logo, se for transferido, sua base poderá ser alterada.

A jurisprudência também tem se posicionado dessa forma:

> Pedido formulado com base em cláusula de convenção coletiva não pode ser atendido se, mudando o local de trabalho, o empregado deixou de ser alcançado pela referida convenção. Vantagem dessa espécie restringe-se aos empregados que trabalham no limite da representação do sindicato convenente. TRT, 9ª Reg. 2ª T., RO 11.045/86, Rel. Leonardo Abagge, *DJ* 2/04/86.

De forma diversa Amauri Mascaro[165] defendendo que as normas coletivas vigentes na época da transferência devem ser aplicadas até o final da vigência da norma coletiva, para, só depois, se aplicar a norma da nova base territorial.

10.11.11. Nulidade da Norma Coletiva

A Lei 13.467/17 dificultou ao máximo a intervenção do Judiciário na **validade das normas coletivas**, limitando sua atuação. Adotou como o **princípio a intervenção mínima na autonomia da vontade coletiva**, dando maior e segurança às convenções e acordos coletivos e aos seres coletivos. Isto está refletido tanto no § 3º do art. 8º, como no art. 611-A da CLT, a seguir transcritos:

> Art. 8º (...)
>
> § 3º No exame de convenção coletiva ou acordo coletivo de trabalho, a Justiça do Trabalho analisará **exclusivamente** a conformidade dos elementos essenciais do negócio jurídico, respeitado o disposto no art. 104 da Lei nº 10.406, de 10 de janeiro de 2002 (Código Civil), e balizará sua atuação pelo princípio da **intervenção mínima na autonomia da vontade coletiva**.
>
> Art. 611-A (...)
>
> § 1º No exame da convenção coletiva ou do acordo coletivo de trabalho, a Justiça do Trabalho **observará** o disposto no § 3º do art. 8º desta Consolidação.
>
> § 2º A inexistência de expressa indicação de contrapartidas recíprocas em convenção coletiva ou acordo coletivo de trabalho **não** ensejará sua nulidade por não caracterizar um vício do negócio jurídico.

---

165 *Ibidem*, p. 407.

§ 3º Se for pactuada cláusula que reduza o salário ou a jornada, a convenção coletiva ou o acordo coletivo de trabalho **deverão** prever a proteção dos empregados contra dispensa imotivada durante o prazo de vigência do instrumento coletivo.

§ 4º Na hipótese de procedência de ação anulatória de cláusula de convenção coletiva ou de acordo coletivo de trabalho, quando houver a **cláusula compensatória**, esta deverá ser igualmente anulada, sem repetição do indébito.

§ 5º Os sindicatos subscritores de convenção coletiva ou de acordo coletivo de trabalho deverão participar, como litisconsortes necessários, em ação individual ou coletiva, que tenha como objeto a anulação de cláusulas desses instrumentos.

Apesar da expressão "**exclusivamente**" contida no *caput* do art. 611-B da CLT, por óbvio que há outros vícios capazes da anular a norma coletiva ou uma cláusula contida no instrumento coletivo, senão vejamos:

Como visto dos itens supraestudados, para a validade da negociação coletiva e, consequentemente, da convenção coletiva e do acordo coletivo, é necessário observar o requisito contido no art. 612 da CLT (*quorum* da assembleia ou do estatuto), com ampla divulgação da convocação para a assembleia, registro em ata, bem como os requisitos dos arts. 613, 614, 616 da CLT. Além disso, devem ser observados os princípios, valores e regras constitucionais, sob pena de nulidade da cláusula violadora desse direito, mesmo que ele não esteja expressamente incluído nos incisos do art. 611-B da CLT (remetemos o leitor ao item 5.6: "princípio da limitação da negociação coletiva", supraestudado, em que alguns exemplos são apontados). Além disso, será nula a cláusula redutora do salário se não garantiu a contrapartida legal exigida (garantia de emprego durante a vigência da norma).

Enfim, de fato foi **limitado** o poder do Judiciário de anular cláusulas contidas nas normas coletivas, o poder de interferir na autonomia coletiva. Entretanto, não é taxativo, como aparenta, o art. 611-B da CLT. Logo, a limitação do juiz não está apenas na análise dos requisitos do art. 104 do CC.

É claro que a medida visou dar garantia e segurança ao empresário que se valeu das normas coletivas para reduzir direitos (flexibilização).

Os sindicatos serão litisconsortes necessários nas demandas judiciais individuais e coletivas que visem à nulidade de cláusula de convenção ou acordo coletivo. O § 5º do art. 611-A da CLT foi corrigido pela MP nº 808/2017, que infelizmente perdeu sua eficácia em 23.04.2018. A correção dizia respeito à competência para julgar ação anulatória de cláusula de convenção ou acordo coletivo que é a Seção de Dissídios Coletivos e não da Vara. O juiz singular, da Vara do Trabalho, não tem competência coletiva. Com a caducidade da Medida Provisória nº 808, a CLT retornou à redação original, dada pela Lei nº 13.467/2017. Apesar de incompetente o juiz da Vara para declarar coletivamente a nulidade de uma norma coletiva, nada obsta apreciar a matéria como prejudicial de mérito, como questão incidental. Dessa forma, se houver no rol de pedidos um postulando a declaração de nulidade de uma cláusula de convenção ou acordo coletivo, o julgado deverá extinguir sem resolução de mérito o pedido, seja porque a parte não tem legitimidade para tanto, seja porque lhe falta competência.

10.12. Contrato Coletivo de Trabalho

O vocábulo "contrato coletivo" de trabalho já foi a designação para as atuais convenções e acordos coletivos utilizada originariamente pela CLT.

A primeira menção a respeito do assunto autorizando empregados e patrões a celebrarem acordos e convenções coletivas ajustadas diretamente entre as partes foi do Decreto nº 19.970/31, mas a primeira definição legal de convenção coletiva nasceu do Decreto nº 21.761/32, tendo utilizado a nomenclatura "convenção coletiva" para designar os dois tipos legais hoje existentes no art. 611 da CLT. Na época, os convênios coletivos atingiam toda a categoria.

A Constituição de 1934 manteve as regras criadas pelo Decreto nº 21.761/32, bem como o nome "convenção coletiva". A Carta de 1937 alterou o nome "convenção" para o vocábulo "contrato coletivo". Nesta época a abrangência destas normas se estendia apenas aos associados do sindicato. Em 1943, a CLT manteve a nomenclatura "contrato coletivo", atingindo apenas os associados, podendo haver extensão desses direitos para os demais membros da categoria pelo Ministro do Trabalho. Foi a Carta de 1946, seguida da Constituição de 1967, que retomaram à antiga nomenclatura: convenção coletiva, sem, contudo, mencionar os atingidos. A alteração expressa no atual texto consolidado se deu através do Decreto-Lei nº 229/67, que diferenciou a convenção coletiva do acordo coletivo, alterando os arts. 611 e seg. da CLT. Este decreto-lei estendeu os efeitos dos instrumentos coletivos a toda a categoria.

A Lei Magna de 1988 manteve os vocábulos acordo coletivo e convenção coletiva – art. 7º, XXVI da CRFB.

Entretanto, persiste até os dias atuais a antiga nomenclatura "contrato coletivo" em diversas partes da lei, como, por exemplo, nos arts. 59, *caput,* 61, § 1º, 71, 235, 295, 391, parágrafo único, 462 e 513, *b,* CLT.

Apesar disto, o art. 1º, § 1º, da Lei nº 8.542/92, já revogado pela Lei nº 10.192/2001, referiu-se às condições de trabalho previstas em convenções coletivas, acordos coletivos, *contratos coletivos* e sentenças normativas. Ao apresentar três tipos de convênios coletivos extrajudiciais teria a lei criado um novo tipo de ajuste coletivo ou teria sido um lapso?

A doutrina não é unânime a respeito da matéria e, se for o caso, do conceito de contrato coletivo de trabalho, senão vejamos Orlando Gomes[166] sempre defendeu, mesmo antes da vigência da Lei nº 8.542/92 que contrato coletivo é o contrato de equipe. Todavia, um não se confunde com outro. Enquanto o primeiro é instituto de direito coletivo o outro é de direito individual.

Para João Lima Teixeira, autor da exposição de motivos do anteprojeto de lei de Relações Coletivas do Trabalho,[167] elaborado pela comissão de modernização da

166 GOMES, Orlando; GOTTSCHALK, Élson. *Curso de Direito do Trabalho*. Rio de Janeiro: Forense, 1995, p. 185.

167 De acordo com Romita a instalação da Comissão de Modernização da Legislação do Trabalho foi publicada no Diário Oficial, Seção I, 20.01.1993, p. 825. ROMITA, Arion Sayão. *Direito do Trabalho*. Temas em aberto. São Paulo: LTr, 1998, p. 546.

legislação do trabalho, da qual João Lima era o presidente da Comissão, o contrato coletivo é o convênio coletivo que prescreve as normas gerais e parâmetros a serem observados e aplicados aos acordos e convenções coletivas. É o instrumento normativo, resultado de uma negociação de âmbito nacional, em um ou mais de um setor econômico. Os legitimados seriam as centrais sindicais, as federações nacionais e confederações. Aparentemente Romita também adota esta opinião.[168]

O Ministério da Economia, antigo Ministério do Trabalho[169] tem orientação no sentido de que o contrato coletivo do Trabalho:

> É o resultado da negociação coletiva direta e voluntária entre empregados e empregadores, com força de lei, sobre todos os aspectos da relação de trabalho, dos mais simples aos mais complexos. Para que isso possa ocorrer, torna-se necessário criar um novo modelo de relações, que proporcione às empresas a flexibilidade que lhes permita responder aos desafios da produtividade e da competitividade. E que conduza ao redimensionamento do papel do Estado nas relações do trabalho, transformando-o de repressor e intervencionista num organizador e articulador do processo, além de viabilizar efetivamente a liberdade e a autonomia sindical (...).
>
> (...) um documento negociado entre representantes das entidades de empregados e empregadores estabelecendo direitos e deveres de lado a lado, abrangendo o maior número possível de aspectos em torno das relações trabalhistas.

Sergio Pinto[170] acrescenta às informações acima que o "(...) contrato coletivo é a negociação de âmbito nacional ou interprofissional, que daria regras básicas para os demais pactos coletivos (...) iria substituir a lei (...)". Todavia, nos ensinamentos do juiz paulista, para adoção deste entendimento é necessária mudança na legislação e na Carta Maior. Outra crítica formulada é no sentido de que o contrato coletivo não seria um documento, como se refere o texto do antigo Ministério do Trabalho, mas sim no resultado da concretização de uma negociação coletiva.

Amauri Mascaro Nascimento[171] prefere afirmar que o contrato coletivo "permanece como uma pretensão, mas não uma realidade vigente no ordenamento jurídico", já que não há definição legal nem regulamentação para este instrumento coletivo.

Outros preferem dizer que as expressões são sinônimas, isto é convenção coletiva de trabalho é sinônimo de contrato coletivo,[172-173-174] já que não há em nosso país distinção legal para ambos.

---

168 *Ibidem*, p. 548.

169 Ministério do Trabalho. Trabalho e cidadania 1. Fevereiro/03.

170 MARTINS, Sergio Pinto. *Direito do Trabalho*. São Paulo: Atlas, 2001, p. 708-709.

171 NASCIMENTO, Amauri Mascaro. *Curso de Direito do Trabalho*. São Paulo: Saraiva, 1999, p. 893.

172 PINTO, José Augusto Rodrigues. *Curso de Direito do Trabalho*. São Paulo: LTr, 2003, p. 222.

173 Da mesma forma Russomano e Segadas Vianna. *Apud* SÜSSEKIND, Arnaldo; MARANHÃO, Délio; VIANNA, Segadas. *Instituições de Direito do Trabalho*. 21. ed. São Paulo: LTr, 2003, v. 1 e 2, p. 1.191.

174 Assim também entende DELGADO, Mauricio Godinho. *Curso de Direito do Trabalho*. 6. ed., São Paulo: LTr, 2007, p. 1.390.

11. PODER NORMATIVO NA JUSTIÇA DO TRABALHO E A EC Nº 45/04

11.1. Introdução

Na clássica divisão política detalhada por Montesquieu as funções estatais foram separadas por atribuições para cada um dos três poderes do Estado, sendo que cada poder seria autônomo e independente, mas intimamente ligados. Ao Legislativo foi concedido o poder de emitir regras gerais, abstratas e impessoais, sem poder de atuar concretamente na vida social. Ao Executivo a chefia do governo e a prática de atos de administração, além de, após a atuação do legislativo, regulamentar as leis. Ao Judiciário foi destinado o poder de atuar no caso concreto para ditar a regra do caso concreto, adequando a lei abstrata para a solução das lides que lhe são apresentadas.

A Constituição, entretanto, para que cada poder possa efetivamente funcionar, em face das demandas sociais, destinou aos mesmos poderes funções atípicas, como, por exemplo, quando o Executivo legisla por meio de medidas provisórias, leis delegadas, cria e extingue cargos e julga litígios administrativos no âmbito de sua atuação (arts. 62, 68 e 84, VI da CRFB); quando o Senado Federal julga o presidente da República e investiga através das CPIs (art. 52, I da CRFB); quando o Legislativo dispõe sobre sua organização, provimento de cargos e atribuições de remuneração e férias (atribuições típicas do Executivo). O Judiciário, por fim, tem função atípica quando se organiza administrativamente ao conceder férias, licenças e estruturar seu quadro funcional; quando legisla através de seus regimentos internos (art. 96, I, *a* da CRFB) e quando legisla através do poder normativo atribuído à Justiça do Trabalho.

11.2. Poder Normativo da Justiça do Trabalho

A primeira Carta Política que autorizou e delegou à Justiça do Trabalho competência legislativa para solução dos conflitos coletivos do trabalho foi a de 1946, em seu art. 123, § 2º, cuja redação se manteve nas Constituições posteriores de 1967 – art. 123, § 2º e Emenda de 1969 – art. 142:

> A lei especificará os casos em que as decisões, nos dissídios coletivos, poderão estabelecer normas e condições de trabalho.

Entretanto, antes da matéria ser elevada ao nível constitucional, alguns decretos já mencionavam a competência da Justiça do Trabalho (então de âmbito administrativo) em solucionar os conflitos coletivos com base na equidade: Decretos nºs 21.396/32 e 22.132/32. Isto se explica em face do movimento político vivido à época, que ressaltava a ideia do corporativismo, que tem como fundamento a colaboração e não a luta de classes para desenvolvimento do Estado. Assim, nas relações trabalhistas, a solução da lide coletiva através do Judiciário por meio da equidade passou a ser peça fundamental para a harmonia do conflito entre capital e trabalho, de forma que o trabalhador pudesse ser inserido como fator essencial ao desenvolvimento da empresa. Daí por que o Brasil se inspirou, neste tópico, na Carta del Lavoro (italiana – 1927), e na Lei italiana 563/26, art. 13, que autorizava à magistratura do trabalho italiana, com base na equidade, fixar novas condições de trabalho para solução dos conflitos coletivos de interesse das categorias econômicas e profissionais.

Em face disto, a Constituição de 1937, art. 139, determinou que:

> Para dirimir os conflitos oriundos das relações entre empregadores e empregados, regulados na legislação social, é instituída a Justiça do Trabalho, que será regulada em lei e à qual não se aplicam as disposições desta Constituição relativas à competência e às prerrogativas da Justiça comum.

A CLT apenas regulamentou o procedimento dos dissídios coletivos (art. 868 da CLT: "... que tenha por motivo novas condições de trabalho...") e limitou seu poder no art. 766 da CLT.

A Constituição de 1988 manteve o Poder Normativo da Justiça do Trabalho no art. 114, § 2º:

> Recusando-se qualquer das partes à negociação ou à arbitragem, é facultado aos respectivos sindicatos ajuizar dissídio coletivo, podendo a Justiça do Trabalho **estabelecer normas e condições**, respeitadas as disposições convencionais e legais mínimas de proteção do trabalho (grifos nossos).

Os Tribunais confirmaram a manutenção desse poder, mas o limitou às questões não julgadas inconstitucionais pelo STF – A Súmula nº 190 do TST assim dispõe:

> Súmula nº 190 do TST: Poder normativo do TST. Condições de trabalho. Inconstitucionalidade. Decisões contrárias ao STF. Ao julgar ou homologar ação coletiva ou acordo nela havido, o Tribunal Superior do Trabalho **exerce o poder normativo constitucional**, não podendo criar ou homologar condições de trabalho que o Supremo Tribunal Federal julgue iterativamente inconstitucionais (grifos nossos).

Mais tarde, o STF (RE 19.79911.9. PE, julgado em 24/09/1996) reduziu a amplitude do poder normativo dos Tribunais do Trabalho ao decidir que a Justiça do Trabalho

> (...) pode criar obrigações para as partes envolvidas nos dissídios desde que atue no vazio deixado pelo legislador e não se sobreponha ou contrarie a legislação em vigor, sendo-lhe vedado estabelecer normas e condições vedadas pela Constituição ou dispor sobre matéria cuja disciplina seja reservada pela Constituição ao domínio da lei formal.

Da forma como concebido até a EC nº 45/2004 o poder normativo era a forma que o Judiciário dispunha de fazer, através dos julgamentos por equidade feitos nos dissídios coletivos de natureza econômica, o preenchimento das lacunas normativas, pacificando o conflito coletivo. Neste passo, a atividade do Judiciário deixa de ser apenas de fazer a subsunção lógica e silogística de aplicar a lei ao caso concreto, para criar normas jurídicas gerais, abstratas e impessoais, estabelecendo para a categoria novas condições de trabalho. Esta tarefa não era só importante, pelo ponto de vista da função atípica do Judiciário, mas principalmente pelo poder harmonizador e pacificador dos conflitos econômicos e sociais decorrentes das mais diversas reivindicações dos trabalhadores.

Diante do poder normativo, a Justiça do Trabalho pode completar ou suplementar o ordenamento legal, permitindo a adaptação de normas cogentes a peculiaridades regionais, empresariais ou profissionais, para adaptá-las a situações conjunturais, aos métodos de trabalho ou à implementação de nova tecnologia, possibilitando a intervenção estatal, com normas gerais abaixo das quais não se pode conceber a vida do trabalhador com dignidade.[175]

É preciso destacar que o Brasil é um país desigualmente desenvolvido tendo regiões subdesenvolvidas, onde ainda é possível encontrar exploração do menor e de trabalhadores em situações análogas a de escravos, convivendo com regiões desenvolvidas ou em vias de desenvolvimento.

11.3. Emenda Constitucional nº 45/04

A Emenda nº 45/2004 alterou a redação do § 2º e acresceu o § 3º ao art. 114 da CRFB, que passou a ter a seguinte redação:

> § 2º Recusando-se qualquer das partes à negociação **coletiva** ou à arbitragem, é facultado **as mesmas, de comum acordo,** ajuizar dissídio coletivo **de natureza econômica**, podendo a Justiça do Trabalho **decidir o conflito,** respeitadas as disposições mínimas legais de proteção ao trabalho, bem **como as convencionadas anteriormente** (grifos nossos).
>
> § 3º Em caso de greve em atividade essencial, com possibilidade de lesão ao interesse público, o Ministério Público do Trabalho poderá ajuizar dissídio coletivo, competindo a Justiça do Trabalho **decidir** o conflito (grifos nossos).

A frase **"estabelecer normas e condições"** foi retirada e as expressões que estão grafadas em negrito acrescentadas, além da alteração na redação final.

A intenção real do projeto que acabou sendo acolhido pela Emenda 45/04 foi a de restringir o poder normativo a apenas duas hipóteses, diminuindo ou em algumas hipóteses até extinguindo a intervenção estatal nas relações capital x trabalho, dando margem para que os próprios agentes sociais se entendam e fortaleçam os mecanismos de autocomposição.

175 *Ibidem*, 19. ed. 2000, v. 2, p. 203.

Sem dúvidas, a finalidade foi a de desafogar o Judiciário com a redução dos dissídios coletivos ajuizados; estimular a composição extrajudicial e acabar com o poder atípico atribuído ao Judiciário Trabalhista desde 1932.

Também sofreu forte influência da Recomendação nº 90, emitida pelo Conselho de Administração da OIT, decorrente do caso 1.839/95, oriundo de uma denúncia feita pela Central Única dos Trabalhadores. A denúncia afirma que o Brasil, através do Judiciário, violou o princípio da negociação coletiva, consagrado na Convenção nº 98 da OIT, já que declarou abusiva a greve deflagrada contra a Petrobras. Os motivos foram variados. A Recomendação 90 da OIT é no sentido de que o governo brasileiro modifique sua legislação interna, com o objetivo de que os conflitos coletivos de **interesses** só sejam submetidos às autoridades judiciais se as partes, de comum acordo, aceitarem a submissão da lide ao Judiciário, mesmo assim, apenas nos casos de serviços essenciais.

Desta forma foi feito.

11.4. Críticas

Nem sempre a composição amigável é possível em face da desigualdade existente entre a força do capital em contrapartida com a necessidade do trabalhador de melhores condições, principalmente nas regiões mais carentes onde ainda impera o "coronelismo", o abuso do poder econômico e para as categorias inorganizadas ou cujos sindicatos não tenham muita representatividade. Em algumas hipóteses, os empregadores se recusam a qualquer negociação e ainda perseguem os representantes sindicais ou líderes. Não é incomum no Brasil notícias de mortes encomendadas de dirigentes sindicais, fiscais do trabalho, membros do Ministério Público, líderes de trabalhadores, que atuavam no exercício de seu mister, pela melhoria da condição social do trabalhador e, algumas vezes, apenas para aplicação dos direitos básicos legais.

Não prospera o argumento de que a medida visa diminuir o número de processos, para diminuir a sobrecarga do Judiciário, pois alguns dissídios poderão ser compensados ou substituídos e provavelmente serão pela aceitação da ação civil pública para as mesmas hipóteses, pois o futuro aponta pela coletivização do processo.

Não há como negar a aceitação dos dissídios de natureza jurídica, onde não há exercício do poder normativo, mas de típica jurisdição, pois tem a finalidade de interpretar o ordenamento jurídico vigente. Tal medida aglutinaria em uma só demanda diversas individuais, evitando milhares de demandas individuais que buscariam o mesmo processo exegético.

Há necessidade de se admitir os dissídios coletivos de natureza econômica em qualquer caso de greve, com restrições e limites de atuação do Poder Judiciário previsto em lei, sob pena de caos social e de se negar o acesso à Justiça a esses conflitos. Por isso, não se explica que a possibilidade da ação seja apenas nos casos de greve em atividades consideradas essenciais.

Relegar a iniciativa da ação coletiva, em casos de greve em serviços essenciais, exclusivamente ao Ministério Público é negar o caráter de relevância social da ação.

A greve em serviços essenciais atinge diretamente a população podendo trazer graves prejuízos. Ademais, uma sociedade democrática preconiza a desconcentração de poderes. Desta forma, deveria ser suprimida a parte do texto que permite a iniciativa da ação exclusivamente ao Ministério Público, permanecendo o critério ora vigente.

Na verdade, o poder normativo e a tutela coletiva consagrada originariamente no Direito do Trabalho brasileiro foram seios de inspiração para a coletivização do processo, hoje amplamente amparada pelo Código de Defesa do Consumidor e Lei das Ações Civis Públicas, que tutelam os direitos coletivos os quais por sua natureza coletiva ou difusa, indivisível, impõem efeitos *erga omnes ou ultra partes,* em jurisdição própria e similar àquela de equidade que inspirou nosso tribunal especializado. Sabendo-se que o processo é forma de participação democrática e que a busca é da efetivação de seu resultado, a utilização da ação na proteção de direitos super ou metaindividuais pelos membros da coletividade é um passo à frente da antiga visão individualista do processo e do direito.

Restringir ou acabar com o poder normativo da Justiça do Trabalho é medida meramente política, pois anda na contramão do avanço do moderno Direito Processual.

A alegação de que a restrição ao poder normativo seria um estímulo à negociação coletiva autônoma perde força quando o Estado não oferece meios para a efetivação e execução da medida, nem oferece solução à intransigência de uma das partes. Ora, se antes da Emenda 45 o patrão não cedia às reivindicações, mesmo sabendo da forte tendência paternalista deste Judiciário, quanto mais agora que sabe que ao Judiciário os empregados não poderão mais recorrer. Hoje, mais do que nunca, os patrões irão recusar a negociar.

11.5. Dissídio Coletivo de Natureza Econômica por Mútuo Consentimento

A grande novidade trazida pela EC nº 45/2004 foi a inclusão da exigência "de comum acordo" para o ajuizamento do dissídio de natureza econômica e da expressão "decidir o conflito", colocada no lugar da anterior "estabelecer normas e condições" de trabalho – § 2º do art. 114 da CRFB. Assim, a Emenda criou para os dissídios coletivos de natureza econômica um requisito de procedibilidade para o ajuizamento do dissídio: concordância da outra parte dissidente. Com esta medida a ação coletiva passou a ser bilateral, isto é, interposta de comum acordo. Esta exigência equiparou o procedimento a uma arbitragem judicial voluntária.

Muitos são os que acharam que a alteração foi salutar por eliminar o viés normativo-legislativo atípico do Judiciário e diminuir a intervenção do Estado nas relações de trabalho, incentivando os agentes sociais à composição fora do Judiciário. Alegam que as partes se mostravam pouco dispostas à negociação, porque se acomodavam na solução paternalista da Justiça do Trabalho, enfraquecendo os sindicatos.

Outros,[176] concordando com o avanço da nova ótica constitucional, defendem a total extinção do poder normativo em face da expressão utilizada pela Carta "deci-

176 PINTO, José Augusto Rodrigues. "A Emenda Constitucional nº 45/04 e a Justiça do Trabalho: reflexos, inovações e impactos". São Paulo, *Revista LTr* 69-05, 2005, p. 521.

dir", ao invés da anterior "estabelecer normas e condições" de trabalho. Explica-se a tese porque decidir significa limitar o julgamento às pretensões deduzidas em juízo, pelo contraditório das partes, entregando-se a tutela jurisdicional dentro dos limites da controvérsia posta em juízo, restando ao julgado o trabalho de assunção da norma ao caso concreto.

Há argumentos no sentido de que o consentimento não precisa ser prévio e sim posterior à propositura da ação. Neste sentido têm entendido os Tribunais. Desta forma, a parte insatisfeita com a recusa nas negociações coletivas ajuizaria o dissídio coletivo, facultando-se à outra, em contestação concordar ou não com a via escolhida para solução do conflito coletivo.

Há quem[177] argumente que o poder normativo foi extinto nos dissídios de natureza econômica bilaterais, mas que continua vigente nos casos de greve de serviços essenciais, quando uma das partes poderá, independentemente da vontade da outra, interpor a ação coletiva. A interpretação decorre do art. 114, II, e seu § 3º, da CRFB.

Outra posição seria que a exigência de acordo para o ajuizamento da ação coletiva em estudo seria inconstitucional, por ferir de morte o art. 5º, XXXV, da CRFB. Sob este argumento foi proposta a ADIn 3.392 pela Confederação Nacional das Profissões Liberais, que ainda pende de decisão.

Uma Proposta de Emenda à Constituição, inspirada na reforma sindical proposta pelo governo Lula, tramita no Congresso para alteração da redação do § 2º do art. 114 da CRFB, ampliando um pouco ou pacificando as interpretações a respeito do tema – poder normativo, pois reserva à lei ordinária a regulamentação legal da "ação normativa" de comum acordo (como passa a nominar o dissídio econômico). Em virtude deste comando, juntamente com a PEC tramita o Anteprojeto de Lei de Relações Sindicais que apresenta em seu art. 188 a roupagem desejada para o poder normativo da Justiça do Trabalho:

> **Art. 188.** No fracasso da negociação coletiva destinada à celebração ou à renovação de norma coletiva, os atores coletivos em conflito poderão, de comum acordo, provocar a atuação do tribunal do trabalho, de árbitro ou de órgão arbitral para o fim de criar, modificar ou extinguir condições de trabalho.

Defendemos que a Emenda reduziu e, muito, o Poder Normativo da Justiça do Trabalho que, agora, está limitado ao pedido, causa de pedir e às condições estabelecidas pelas normas coletivas anteriores. Além desse limite, enquanto vigorar a nova redação constitucional, o Judiciário não poderá criar condições de trabalho. Sua função máxima se limita ao efeito **ultrativo**, isto é, de prorrogar as condições anteriores. A bilateralidade para o ajuizamento da ação pode ser posterior, isto é, arguido como forma de defesa.

---

177 TEIXEIRA FILHO, Manoel Antônio. "A Justiça do Trabalho e a Emenda Constitucional nº 45/04". São Paulo, *Revista LTr* 69-01, 2005, p. 15.

Capítulo 38

GREVE

1. CONCEITO

Greve é a cessação coletiva e voluntária do trabalho, decidida por sindicatos de trabalhadores assalariados de modo a obter ou manter benefícios ou para protestar contra algo.

De acordo com o art. 2º da Lei nº 7.783/89:

> **Art. 2º** Para os fins desta Lei, considera-se legítimo exercício do direito de greve a suspensão coletiva, temporária e pacífica, total ou parcial, de prestação pessoal de serviços a empregador.

Nicolas Pizzaro Suarez[1] conceitua como:

> Greve é a suspensão temporal do trabalho, resultante de uma coalizão operária – acordo de um grupo de trabalhadores para a defesa de interesses comuns –, que tem por objetivo obrigar o patrão a aceitar suas exigências e conseguir, assim, um equilíbrio entre os diversos fatores da produção, harmonizando os direitos do trabalho e os do capital.

2. ORIGEM DA PALAVRA

A expressão tem origem no francês *grève*, com o mesmo sentido, proveniente da *Place de Grève*, em Paris, na margem do Sena, lugar de embarque e desembarque de navios onde vários gravetos eram trazidos pelo rio Sena. O termo *grève* significa originalmente "terreno plano composto de cascalho ou areia à margem do mar ou do rio".

---

1 *Apud* PINTO, José Augusto Rodrigues. *Direito sindical brasileiro*. São Paulo: LTr, 1993, p. 291.

Nesta praça os trabalhadores se encontravam, debatiam e deliberavam sobre as medidas a serem tomadas para interesse do grupo. Alguns empregadores também compareciam na *Place de Grève* quando queriam contratar mão de obra.

3. HISTÓRICO

Na civilização antiga os escravos já se rebelavam contra os abusos e lutavam por alguns direitos, muito embora não se pudesse falar em greve, já que não eram empregados, mas coisas de propriedade do amo. O mesmo ocorria com os servos da gleba na Idade Média. Nesta época, os movimentos de reivindicação poderiam significar a morte ou castigos aplicados aos "indolentes".

A Revolução Francesa e Industrial propiciaram o nascimento das greves em face das revoltas originadas pelas condições desumanas em que eram executados os trabalhos.

A Lei Chapelier (1791) proibia qualquer forma de agrupamento profissional para defesa de interesses coletivos.

O Código Penal de Napoleão (1810) punia com prisão e multa a greve dos trabalhadores.

A Encíclica *Rerum Novarum* afirma o sindicalismo como forma de defesa contra a opressão do patrão. Entretanto, foi contra o direito de greve, já que, segundo o Papa Leão XIII, os grevistas eram elementos perniciosos que poderiam corromper os bons trabalhadores e ameaçar os patrões na perda de sua propriedade privada.

O Tratado de *Versailles* deu fôlego ao movimento operário através da Sociedade das Nações e da OIT, que pregavam que o trabalho não é mercadoria e buscavam a valorização humana da pessoa do trabalhador.

3.1. No Brasil

O Código Penal (1890) proibia a greve até a derrogação desse dispositivo pelo Decreto nº 1.162/1890. Mais tarde, a Lei nº 38/35, que se referia à segurança nacional, a conceituou como delito.

A Carta de 1934 proibiu a greve.

O Decreto nº 431/38, que também versava sobre segurança nacional, considerou como crime a greve de funcionários públicos.

O art. 139 da Constituição de 1937 considerava a greve e o *lockout* como recursos antissociais, nocivos ao trabalho e ao capital e incompatível com os superiores interesses de produção nacional.

O Decreto-Lei nº 1.237/39 estabelecia que a greve era passível de punições que poderiam variar na suspensão, despedida e até prisão.

O Código Penal de 1940 (arts. 200 e 201) considerava crime a paralisação temporária do trabalho, se houvesse perturbação da ordem pública, ou fosse contrário aos interesses públicos.

A CLT (art. 723, ora revogado) impunha sanções aos trabalhadores que abandonassem o serviço coletivamente e sem prévia autorização do Tribunal.

Mais tarde, o Decreto-Lei nº 9.070/46 regulamentou a matéria autorizando a greve em atividades acessórias, mas impondo muitas limitações, como nas atividades fundamentais.

A Carta de 1946 reconheceu o direito de greve, conforme lei, mudando radicalmente o paradigma. Todavia, o STF entendeu que o Decreto-Lei nº 9.070/46 tinha sido recepcionado pela Carta de 46, que proibia a greve.

A Lei nº 4.330/64 autorizou a greve inclusive nas atividades essenciais, mas ainda impunha algumas restrições. Apontava expressamente os fatos que tornaria ilegal a greve.

A Carta de 1967 (arts. 157 e 158) outorgava o direito de greve aos trabalhadores, salvo nos serviços públicos e em atividades essenciais. A Emenda de 1969 manteve a mesma orientação.

A Lei nº 6.620/78 definiu como crime contra a Segurança Nacional a paralisação ou diminuição do ritmo de trabalho no serviço público ou atividade essencial, bem como do servidor público.

Hoje é um direito assegurado pelo art. 9º da Constituição brasileira de 1988.

> **Art. 9º** É assegurado o direito de greve, competindo aos trabalhadores decidir sobre a oportunidade de exercê-lo e sobre os interesses que devam por meio dele defender.
>
> § 1º A lei definirá os serviços ou atividades essenciais e disporá sobre o atendimento das necessidades inadiáveis da comunidade.
>
> § 2º Os abusos cometidos sujeitam os responsáveis às penas da lei.

A Lei nº 7.783/89 também considera a greve como direito:

> **Art. 1º** É assegurado o direito de greve, competindo aos trabalhadores decidir sobre a oportunidade de exercê-lo e sobre os interesses que devam por meio dele defender.
>
> **Parágrafo único.** O direito de greve será exercido na forma estabelecida nesta Lei.

A Lei nº 7.783/89 não se refere mais à ilegalidade da greve e sim a abusos do direito de greve quando descumpridas suas normas. Define as atividades essenciais e dispõe sobre o exercício do direito de greve.

Resumindo: a greve passou pela fase de proibição, depois foi tolerada e agora se constitui em um direito.

4. NATUREZA JURÍDICA

Apontar a natureza jurídica da greve tem sido um árduo trabalho da doutrina que, até hoje, não chegou a um consenso a respeito.

A natureza jurídica da greve é de **direito**[2] **potestativo coletivo.**

Godinho[3] adota outra posição. Afirma que a greve "é um direito fundamental de caráter coletivo, resultante da autonomia privada coletiva inerente às sociedades democráticas". Por isso, segundo o autor, sua natureza jurídica é de direito fundamental, é um superdireito.

Russomano[4] afirma que a greve é um fato jurídico enquanto Martins Catharino[5] defende ser um fato.

Rodrigues Pinto[6] prefere advogar que a greve tem natureza complexa "melhor revelada através de seus fundamentos metajurídicos e de sua finalidade de pressão coletiva para induzir o atendimento de pretensões trabalhistas."

Sergio Pinto Martins[7] assevera que greve é um direito de coerção visando à solução do conflito coletivo.

É direito potestativo, porque exercido de acordo com a oportunidade e conveniência do grupo. Coletivo, pois, é no grupo que o exercício do direito de greve alcançará seu objetivo final. É um superdireito porque reconhecido constitucionalmente como direito fundamental. Portanto, greve é um direito potestativo fundamental coletivo.

Em face da sua garantia constitucional, é proibida a negociação coletiva a respeito do direito de greve – art. 611-B, XXVII da CLT.

5. FINALIDADE

A greve é a exteriorização do conflito existente entre a classe trabalhadora e o patrão acerca das questões pendentes que, apesar das tentativas de negociação, persistem. Sua finalidade é a de pressionar o empregador para ceder em alguns pontos.

Alguns[8-9-10-11-12] a consideram como instrumento de **autotutela** e outros com demonstração de força,[13] por instrumentos de pressão e "barganha, para se obter um acordo favorável aos próprios interesses".[14] Na verdade, é uma arma essencial na luta de classe. A greve é uma demonstração de força e união da classe traba-

---

2 Alice Monteiro defende que a greve é um direito coletivo. BARROS, Alice Monteiro de. *Curso de Direito do Trabalho*. São Paulo: LTr, 2005, p. 1.227.

3 DELGADO, Mauricio Godinho. *Curso de Direito do Trabalho*. São Paulo: LTr, 2002, p. 1.413.

4 RUSSOMANO, Mozart Victor. *Princípios gerais de Direito Sindical*. Rio de Janeiro, 1995, p. 249.

5 CATHARINO, José Martins. *Tratado elementar de direito sindical*. São Paulo: LTr, 1977, p. 265.

6 PINTO, José Augusto Rodrigues. *Direito sindical brasileiro*. São Paulo: LTr, 1993, p. 297.

7 MARTINS, Sergio Pinto. *Direito do Trabalho*. São Paulo, 13. ed., 2001, p. 755.

8 CESARINO JUNIOR. *Direito social*. São Paulo: LTr, 1980, p. 567.

9 NASCIMENTO, Amauri Mascaro. *Curso de Direito do Trabalho*. São Paulo: Saraiva, 1999, p. 793.

10 MARTINS, Sergio Pinto. *Direito do Trabalho*. São Paulo: Atlas, 2001, p. 687.

11 MAGANO, Otávio Bueno. *Direito coletivo do trabalho*. São Paulo: LTr, 1993. v. 3, p. 180.

12 DELGADO, Mauricio Godinho. *Curso de Direito do Trabalho*. São Paulo: LTr, 2002, p. 1.383.

13 Godinho também se posiciona desta forma. DELGADO, Mauricio Godinho. *Curso de Direito do Trabalho*. São Paulo: LTr, 2002, p. 1.395.

14 GANDRA FILHO, Ives Gandra. *Processo Coletivo do Trabalho*. 2. ed. São Paulo: LTr, 1996, p. 24.

lhadora, "de natureza violenta", mas controlada, "compreendida e consentida", no dizer de Segadas Vianna.[15] Justifica-se pela necessidade social de se balancear a questão da hipossuficiência tanto financeira quanto política dos trabalhadores em face do poder econômico do patrão.

6. SUSPENSÃO DO CONTRATO DE TRABALHO

Durante o período de greve os contratos de trabalho permanecem suspensos, isto é, seus efeitos ficam absolutamente paralisados – art. 7º da Lei nº 7.783/89:

> **Art. 7º** Observadas as condições previstas nesta Lei, a participação em greve suspende o contrato de trabalho, devendo as relações obrigacionais, durante o período, ser regidas pelo acordo, convenção, laudo arbitral ou decisão da Justiça do Trabalho.

A consequência lógica da suspensão do contrato é a proibição do empregador em despedir, sem justa causa, os empregados que aderiram o movimento paredista. Aliás, esta determinação está expressa no parágrafo único do art. 7º da Lei nº 7.783/89:

> **Parágrafo único.** É vedada a rescisão de contrato de trabalho durante a greve, bem como a contratação de trabalhadores substitutos, exceto na ocorrência das hipóteses previstas nos arts. 9º e 14.

Durante a greve, o empregador não poderá contratar empregados substitutos, salvo na hipótese de o sindicato profissional não manter em atividade equipes de empregados com o propósito de assegurar os serviços cuja paralisação resultem em prejuízo irreparável, ou deterioração irreversível de bens, máquinas e equipamentos, bem como a manutenção daqueles essenciais à retomada das atividades da empresa quando da cessação do movimento (art. 9º da Lei 7.783/89) ou manter a paralisação após o acordo. Também não poderá contratar trabalhadores temporários substitutos, na forma do § 1º do art. 2º da Lei 6.019/74.

7. TIPOS DE GREVE

Há vários tipos de movimentos grevistas:

a) greve de ocupação ou de habitação[16]

Invasão da empresa para impedir o trabalho de outros trabalhadores (que se recusam a aderir ao movimento); a tentativa de paralisação da produção; a recusa de sair da empresa, mesmo após o expediente, são exemplos deste tipo de greve. Algumas vezes empregados são detidos como reféns. É considerada ilícita ou abusiva.

---

15 SÜSSEKIND, Arnaldo; MARANHÃO, Délio; VIANNA, Segadas; TEIXEIRA, Lima. *Instituições de Direito do Trabalho*. 21. ed. São Paulo: LTr, 2003. v. 1, p. 1.077.

16 A Súmula Vinculante 23 do STF firmou a competência da Justiça do Trabalho para as ações possessórias ajuizadas em decorrência do exercício de greve, inclusive o interdito proibitório.

b) *Yellow-dog-contracts*

Ainda não conhecida no Brasil. É a paralisação do serviço nas empresas que contratam empregados com salários ou condições inferiores aos mínimos estabelecidos nos contratos coletivos.

c) greve de braços caídos ou greve tartaruga

Usada nos EUA, na Inglaterra, Argentina e Itália. Já está acontecendo no Brasil. Consiste na redução do trabalho ou da produção, sem que haja suspensão coletiva do trabalho.

d) greve branca

Os empregados assumem os postos de trabalho, mas não trabalham.

e) greve de rodízio ou rotativa

É a paralisação que atinge primeiro um setor ou seção de um trabalho que é feito "em cadeia", afetando o sincronismo no trabalho. Depois outros setores, de forma alternada. Os trabalhadores param ou reduzem o ritmo de trabalho, de forma a afetar, em cadeia, as outras etapas do processo produtivo.

f) greve intermitente

Consiste em paralisações por instantes, coordenadamente, de toda uma seção. Ela vai e volta.

g) greve padrão ou greve de zelo ou operação padrão

É o excesso de zelo praticado nos afazeres de forma tão meticulosa que retarda a produção, causando graves prejuízos.

Consiste em seguir rigorosamente todas as normas da atividade, o que acaba por retardar, diminuir ou restringir o seu andamento. É uma forma de protesto muito utilizada por categorias sujeitas às leis que restringem o direito de greve, como as prestadoras de serviços considerados essenciais à sociedade, por exemplo. É muito utilizada por ferroviários, metroviários, controladores de voo e policiais de alfândega, entre outros.

h) greve de solidariedade

É a greve deflagrada para proteção de direitos de outra categoria ou de um grupo ou de alguns trabalhadores. É considerada abusiva.

i) greve de fome

O grevista recusa-se a alimentar-se para chamar a atenção das autoridades, ou da sociedade civil, para suas reivindicações.

j) greve geral

Paralisação de uma ou mais classes de trabalhadores, de âmbito nacional. Geralmente é convocado um dia em especial de manifestação, procurando chamar atenção pela grande paralisação conjunta.

k) greve selvagem

Iniciada e/ou levada adiante espontaneamente pelos trabalhadores, sem a participação ou à revelia do sindicato que representa a classe.

l) greve política

Entende-se por greve política a dirigida contra os poderes públicos, para conseguir determinadas reivindicações não suscetíveis de negociação coletiva, tais como alteração ou criação de direitos previstos em lei.

Os tribunais trabalhistas têm considerado abusiva a greve política, sob o argumento de que não é espécie do gênero greve trabalhista, já que não visa nenhuma medida do patrão e sim do governo.

8. REQUISITOS

Abaixo transcrevemos de forma extremamente sucinta o procedimento necessário para deflagração do movimento grevista de forma legítima.

Insatisfação – provocação do sindicato – convocação de assembleia – deliberação (quórum) – pauta de reivindicações – tentativa de negociação diretamente com o patrão – negociação frustrada – nova assembleia – deliberação pela greve – comunicação no prazo legal à entidade patronal, ao patrão e à comunidade (conforme o caso) – greve.

Portanto, a greve é um recurso que só pode ser utilizado depois de frustrada a negociação ou a arbitragem, demonstrada de forma satisfatória – OJ nº 11 da SDC do TST, sob pena de ser considerada abusiva.

A convocação para qualquer assembleia deve ser amplamente divulgada – OJs nºs 22, 28 e 35 da SDC do TST e, segundo alguns, o quórum[17-18] deverá ser o estabelecido no art. 612 da CLT, que estaria vigente mesmo após a CRFB – OJ nº 13 da SDC do TST (já cancelada). Outros,[19-20-21-22-23-24] em sentido contrário, afirmam que o art. 612 da CLT não foi recepcionado pela Carta de 1988, devendo ser respeitado o quórum previsto no estatuto, como, aliás, prevê expressamente o art. 4º, § 1º, da Lei nº 7.783/89, não gerando dúvidas a respeito do tema.

---

17 No mesmo sentido PINTO, José Augusto Rodrigues. *Direito sindical e coletivo do trabalho*. São Paulo: LTr, 1998, p. 217.

18 João Lima Teixeira. SÜSSEKIND, Arnaldo; MARANHÃO, Délio; VIANNA, Segadas. Instituições de Direito do Trabalho. 21. ed. São Paulo: LTr, v. 2, p. 1.202.

19 MARTINS, Sergio Pinto. *Direito do trabalho*. São Paulo: Atlas, 2001, p. 753.

20 MAGANO, Otávio Bueno. *Manual de Direito do Trabalho*. Direito coletivo do trabalho. 3. ed. São Paulo: LTr, 1993, v. 3, p. 171.

21 SAAD, Eduardo Gabriel, *CLT comentada*. 37. ed. São Paulo: LTr, 2004, p. 450-452.

22 GOMES, Orlando; GOTTSCHALK, Élson. *Curso de Direito do Trabalho*. Rio de Janeiro: Forense, 1995, p. 608-609.

23 DELGADO, Mauricio Godinho. *Curso de Direito do Trabalho*. São Paulo: LTr, 2002, p. 1.363.

24 BARROS, Alice Monteiro de. *Curso de Direito do Trabalho*. São Paulo: LTr, 2005, p. 1.228.

Outra exigência é a necessária notificação antecedente da decisão, como exige o art. 3º da Lei nº 7.783/89, que se refere ao tema expressamente:

> **Art. 3º** Frustrada a negociação ou verificada a impossibilidade de recursos via arbitral, é facultada a cessação coletiva do trabalho.
>
> Parágrafo único. A entidade patronal correspondente ou os empregadores diretamente interessados serão notificados, com antecedência mínima de 48 (quarenta e oito) horas, da paralisação.
>
> (...)
>
> **Art. 13.** Na greve, em serviços ou atividades essenciais, ficam as entidades sindicais ou os trabalhadores, conforme o caso, obrigados a comunicar a decisão aos empregadores e aos usuários com antecedência mínima de 72 (setenta e duas) horas da paralisação.

9. LEGITIMIDADE

A titularidade do direito de greve é dos trabalhadores, pois a eles compete decidir sobre a oportunidade, a conveniência e os interesses que, por meio da greve, devem ser defendidos.

Portanto, os trabalhadores não podem deflagrar a greve diretamente, pois a legitimidade (art. 8º, VI, da CRFB) foi garantida às associações sindicais – **sindicato, federação e confederação**. Todavia, na ausência destas, poderão os trabalhadores constituir **comissão de negociação** para prosseguimento do procedimento grevista – art. 4º da Lei nº 7.783/89 c/c art. 617 da CLT. Entende-se por ausência dos entes sindicais a recusa em assumir as negociações, na forma do art. 617 da CLT, bem como a inexistência de sindicato representativo.

10. LIMITAÇÃO DO DIREITO DE GREVE

Há algumas restrições ao direito de greve. As mais importantes encontram-se na própria Carta Maior, limitando o direito dos trabalhadores em serviços essenciais – art. 9º, § 1º, da CRFB c/c art. 11 da Lei nº 7.783/89 c/c art. 12 da CRFB.

> **Art. 10.** São considerados serviços ou atividades essenciais:
>
> I – tratamento e abastecimento de água; produção e distribuição de energia elétrica, gás e combustíveis;
>
> II – assistência médica e hospitalar;
>
> III – distribuição e comercialização de medicamentos e alimentos;
>
> IV – funerários;
>
> V – transporte coletivo;
>
> VI – captação e tratamento de esgoto e lixo;
>
> VII – telecomunicações;
>
> VIII – guarda, uso e controle de substâncias radioativas, equipamentos e materiais nucleares;
>
> IX – processamento de dados ligados a serviços essenciais;

> X – controle de tráfego aéreo e navegação aérea;
>
> XI compensação bancária;
>
> XII – atividades médico-periciais relacionadas com o regime geral de previdência social e a assistência social;
>
> XIII – atividades médico-periciais relacionadas com a caracterização do impedimento físico, mental, intelectual ou sensorial da pessoa com deficiência, por meio da integração de equipes multiprofissionais e interdisciplinares, para fins de reconhecimento de direitos previstos em lei, em especial na Lei nº 13.146, de 6 de julho de 2015 (Estatuto da Pessoa com Deficiência); e
>
> XIV – outras prestações médico-periciais da carreira de Perito Médico Federal indispensáveis ao atendimento das necessidades inadiáveis da comunidade.
>
> **Art. 11.** Nos serviços ou atividades essenciais, os sindicatos, os empregadores e os trabalhadores ficam obrigados, de comum acordo, **a garantir, durante a greve, a prestação dos serviços indispensáveis ao atendimento das necessidades inadiáveis da comunidade** (grifos nossos).
>
> **Parágrafo único. São necessidades inadiáveis, da comunidade aquelas que, não atendidas, coloquem em perigo iminente a sobrevivência, a saúde ou a segurança da população** (grifos nossos).
>
> **Art. 12.** No caso de inobservância do disposto no artigo anterior, o Poder Público assegurará a prestação dos serviços indispensáveis.
>
> **Art. 13.** Na greve, em serviços ou atividades essenciais, ficam as entidades sindicais ou os trabalhadores, conforme o caso, obrigados a comunicar a decisão aos empregadores e aos usuários com antecedência mínima de 72 (setenta e duas) horas da paralisação.

A Constituição também determina a imputação de penas aos abusos cometidos ao direito à greve – art. 9º, § 2º, da CRFB.

Sobre greve abusiva falaremos mais adiante.

Outra restrição constitucional foi dirigida aos **servidores públicos** – art. 37, VI e VII, da CRFB que determina que "o direito de greve será exercido nos termos e nos limites definidos em lei **específica**" (acrescida pela EC nº 19/98).

De acordo com a doutrina majoritária e antigo posicionamento do STF, essa era uma norma de eficácia limitada, pois dependia de norma infraconstitucional que regulamentasse tal direito, apesar do expresso comando contido no art. 5º, § 1º, da Carta.

Até o dia 25/10/2007 vários Mandados de Injunção tinham sido julgados pela Corte Maior, com decisões que apenas se limitavam a declarar a omissão e mora legislativa.

Todavia, a partir do julgamento dos Mandados de Injunção nº 670/ES e nº 712/PA, o STF abandonou a antiga e pacífica opinião de que a medida (Mandado de Injunção – MI) serviria apenas para que o Judiciário declarasse a mora do legislador, notificando-o quanto à sua inércia, com o objetivo de editar lei necessária à viabilização de um direito constitucionalmente garantido. Nessa esteira de raciocínio foram julgados os MI 20-4/95-DF e do MI 438/94-GO, que se referiam ao direito de greve do servidor público. A decisão reconhecia a omissão e notificava o Poder Legislativo para que atuasse de modo concreto, editando norma para suprir a omissão. Naquela época, o STF defendia que o inciso VII do art. 37 da CRFB era norma de eficácia limitada, dependente de lei infraconstitucional (lei complementar).

Novos paradigmas foram adotados a partir do julgamento dos MI nº 670/ES e nº 712/PA, que reconheceu expressamente o direito de greve do servidor público, sob o argumento de que a omissão legislativa (mais de 19 anos sem confeccionar a lei específica exigida pela Carta) não poderia servir de obstáculo à realização de um direito assegurado constitucionalmente: greve do servidor público. Diante desse novo entendimento, o STF passou a defender a natureza jurídica constitutiva da sentença proferida no mandado de injunção, para suprir a omissão do legislador, elaborando a norma faltante. Nesse caso, pode ser adotada a eficácia *erga omnes* (isto é, com alcance de todos) ou limitada à situação concreta. A medida, segundo o Supremo, não invadiria a competência legislativa do Congresso (art. 2º da CRFB), pois a decisão teria apenas função normativa, mas não legislativa. Com isso, passou-se a admitir a **regulamentação supletiva de caráter normativo** quando houver omissão inconstitucional do legislativo.

De acordo com a decisão proferida em 25/10/2007, é possível a aplicação da Lei nº 7.783/89, com as devidas adaptações, pois devem ser observadas as peculiaridades do servidor público. A decisão não atingiu apenas o caso concreto (afastou-se da teoria concretista), já que atinge a todos – *erga omnes*. Resta saber como estabelecer limites e parâmetros do exercício do direito de greve do servidor público usando a Lei nº 7.783/89 como pano de fundo. A tarefa é árdua e foi dirigida aos exegetas e ao Judiciário, pois a decisão do Supremo, nas palavras do Ministro Eros Grau, é "norma enunciada como texto normativo, logo, sujeita a interpretação pelo seu aplicador."

Qual a justiça competente? Como superar o requisito prévio da negociação frustrada, já que a administração pública não tem poder de negociação?[25]

Qual o percentual mínimo de trabalhadores para manter o funcionamento das atividades essenciais durante a greve, de forma a não causar grave prejuízo à sociedade? Essas e outras perguntas serão alvo de muita controvérsia e pendem de solução. Só o tempo poderá ajudar.

De qualquer forma, foi publicado o Decreto nº 7.777/2012, que dispõe sobre as medidas para a continuidade de atividades e serviços públicos dos órgãos e entidades da administração pública federal durante greves, paralisações ou operações de retardamento de procedimentos administrativos promovidas pelos servidores públicos federais.

11. GREVE ABUSIVA OU ILÍCITA

A greve é um direito a ser exercido de acordo com o interesse do grupo. Por conta de sua natureza jurídica (direito) discute-se na doutrina se a greve pode ser declarada ilegal.

---

[25] Vide OJ nº 5 da SDC.

A discussão perdeu sentido após o art. 187 do Código Civil de 2002, pois a nova lei equiparou o ato ilegal ao abusivo. Ademais, a simples adesão à greve de acordo com a lei não pode ser considerada abusiva, na forma do art. 188, I, do CC.

Considera-se ato abusivo a ocupação ameaçadora de estabelecimentos, setores ou da empresa; sabotagem ou boicote aos serviços da empresa e associados; piquete obstativo ou depredatório do patrimônio do patrão; agressão física ou moral aos colegas, aos superiores hierárquicos ou empregadores; emprego de violência contra os colegas; depredação do patrimônio do empregador ou inutilização de suas mercadorias, isto é, qualquer ato contra seu patrimônio; prática de falta grave e delitos criminais; desrespeitar os prazos, condições e regras determinadas pela Lei nº 7.783/89; permanecer em greve depois de aceito o acordo coletivo etc. As OJs nºs 1, 10, 11, e 38 da SDC apontam outros casos de abusividade da greve.

A Lei nº 7.783/89 dispõe:

> **Art. 14.** Constitui abuso do direito de greve a inobservância das normas contidas na presente Lei, bem como a manutenção da paralisação após a celebração de acordo, convenção ou decisão da Justiça do Trabalho.
>
> **Parágrafo único.** Na vigência de acordo, convenção ou sentença normativa não constitui abuso do exercício do direito de greve a paralisação que:
>
> I – tenha por objetivo exigir o cumprimento de cláusula ou condição;
>
> II – seja motivada pela superveniência de fatos novo ou acontecimento imprevisto que modifique substancialmente a relação de trabalho.

Remetemos o leitor para o Capítulo 33, "Título I – Justa Causa", item 4.16.

REFERÊNCIAS BIBLIOGRÁFICAS

ABREU, Jorge Manuel Coutinho de. *Do abuso de direito*. Coimbra: Almedina, 1999.

ADOLFO, Luiz Gonzaga Silva. *Globalização e estado contemporâneo*. São Paulo: Memória Jurídica, 2001.

ALMEIDA, Amador Paes de. *CLT Comentada*. São Paulo: Saraiva, 2004.

ALMEIDA, Ísis de. *Manual de direito individual do trabalho*. São Paulo: LTr, 1998.

ALMEIDA, Ísis de. *Manual da prescrição trabalhista*. 3. ed. São Paulo: LTr, 1999.

ALMEIDA, Renato Rua. "Das cláusulas normativas das convenções coletivas de trabalho: Conceito, eficácia e incorporação nos contratos individuais de trabalho". *Revista LTr* 60-12, São Paulo, dez. 1996.

ALVES, Amauri César. *Novo contrato de emprego: parassubordinação trabalhista*. São Paulo: LTr, 2004, p. 89.

ALVES, Alexandre Ferreira de Assumpção. Problemas de direito civil e constitucional. TEPEDINO, Gustavo (coord.). *A desconsideração da personalidade jurídica e o direito do consumidor*: um estudo de direito civil constitucional. Rio de Janeiro: Renovar, 2000.

ALVES, Vilson Rodrigues. *Da prescrição e decadência no novo Código Civil*. Campinas: Bookseller, 2003.

ALVIM, José Eduardo Carreira. *Comentários à Lei de Arbitragem (Lei nº 9.307, de 23/9/1996)*. 2. ed. atual. Rio de Janeiro: Editora Lumen Juris, 2004.

ARAUJO, Nádia de. *Direito internacional privado*. Rio de Janeiro: Renovar, 2001.

ARAÚJO CINTRA, Antônio Carlos de *et al*. *Teoria geral do processo*. 18. ed. São Paulo: Malheiros, 2002.

ASSE, Vilja Marques. "Um fenômeno chamado psicoterrorismo". *Revista LTr*, 68-07, jul. 2004.

BARCELLOS, Ana Paula de. *A eficácia jurídica dos princípios constitucionais. O princípio da dignidade da pessoa humana*. Rio de Janeiro: Renovar, 2002.

BARRETO, Amaro. *Tutela geral do trabalho*. Rio de Janeiro: Rio, 1964.

BARROS, Alice Monteiro de. *Curso de direito do trabalho*. São Paulo: LTr, 2005.

BARROS, Alice Monteiro de. *Curso de direito do trabalho*. 2. ed. São Paulo: LTr, 2006.

BARROS, Alice Monteiro de. *Contratos e regulamentações especiais de trabalho. Peculiaridades, aspectos controvertidos e tendências*. São Paulo: LTr, 3. ed., 2008.

BARROS, Felipe Luiz Machado; BRAGA, Peterson Fernandes. Os tratados internacionais em matéria tributária. *Jus Navigandi*, Teresina, ano 7, n. 64, abr. 2003. Disponível em: <http://jus2.uol.com.br/doutrina/texto.asp?id=3897>. Acesso em: 19 fev. 2007.

BARROS, Glauce de Oliveira. "Prescrição dos direitos do trabalhador rural. Inciso XXIX do art. 7º da Constituição Federal à luz da Emenda Constitucional nº 28". *Revista O Trabalho*, Curitiba: Decisório Trabalhista, fascículo 41, jul. 2000.

BARROSO, Luis. Fundamentos teóricos e filosóficos do novo direito constitucional brasileiro. *Jus Navigandi*, Teresina, ano 6, n. 59, outubro de 2002, disponível em http://jus2.uol.com.br/doutrina/texto.asp?id=3208, acesso em 12.12.06.

BARROSO, Luis Roberto. *Interpretação e aplicação da Constituição*. São Paulo: Saraiva, 2003.

BEBBER, Júlio César. *Princípios do processo do trabalho*. São Paulo: LTr, 1997.

BERNARDES, Hugo Gueiros. *Direito do trabalho*. São Paulo: LTr, v. 1, 1989.

BLACK, H. C. *Black's law dictionary*. St. Paul, Minn, West. Publishing Co. 1968.

BOMFIM, Benedito Calheiros; SANTOS, Silvério dos. *Dicionário de decisões trabalhistas*. 35. ed. Rio de Janeiro: Impetus, 2005.

BOMFIM, Benedito Calheiros; SANTOS, Silvério dos. *Dicionário de decisões trabalhistas*. 32. ed. Rio de Janeiro: Edições Trabalhistas, 2002.

BOMFIM, Benedito Calheiros; SANTOS, Silvério dos. *Dicionário de decisões trabalhistas*. 28. ed. Rio de Janeiro: Edições Trabalhistas, 1996.

BONAVIDES, Paulo. *Curso de direito constitucional*. 10. ed. São Paulo: Malheiros Editores, 2000.

BRANDÃO, Junito de Souza. *Mitologia grega*. Rio de Janeiro: Vozes, v. 2, 1987.

BRITO FILHO, José Cláudio Monteiro de. "As centrais sindicais e a Lei nº 11.648/2008". São Paulo: *Suplemento Trabalhista* 069/08.

CAMPINHO, Sérgio. *Sociedade por cotas de responsabilidade limitada*. Rio de Janeiro: Renovar, 2000.

CANOTILHO, José Joaquim Gomes. *Direito constitucional e teoria da Constituição*. 2. ed. Coimbra: Almedina, 1998.

CAPPELLETTI, Mauro. *Acesso à justiça*. Tradução de Ellen Gracie Northfleet. Porto Alegre: Fabris, 1988.

CARELLI, Rodrigo de Lacerda. *Formas atípicas de trabalho*. São Paulo: LTr, 2004.

CARMO, Júlio Bernardo do. "Da eficácia liberatória da quitação advinda de homologação de rescisão contratual". São Paulo: Revista LTr, março de 1994.

CARPENA, Heloísa. *Abuso de direito nos contratos de consumo*. Rio de Janeiro: Renovar, 2001.

CARRION, Valentin. *Comentários à Consolidação das Leis do Trabalho*. 28. ed. atualizada por Eduardo Carrion. São Paulo: Saraiva, 2003.

CARRION, Valentin. *Comentários à Consolidação das Leis do Trabalho*. 29. ed. São Paulo: Saraiva, 2004.

CARRION, Valentin. *Comentários à Consolidação das Leis do Trabalho*. 28. ed. São Paulo: Saraiva, 2003.

CARRION, Valentin. *Comentários à Consolidação das Leis do Trabalho*. 26. ed. São Paulo: Saraiva, 2001.

CARRION, Valentin. "Cooperativas de trabalho – Autenticidade e falsidade". São Paulo: Revista LTr. n. 2, 1999.

CARVALHO, Francisco Edivar. *Trabalho portuário avulso antes e depois da lei e modernização dos portos*. São Paulo: LTr, 2005.

CARVALHO FILHO, José dos Santos. *Manual de direito administrativo*. 7. ed. Rio de Janeiro: Lumen Juris.

CARVALHOSA, Modesto. *Comentários à Lei de Sociedades Anônimas*. São Paulo: Saraiva, 1977, v. 3.

CATHARINO, José Martins. *Compêndio universitário de direito do trabalho*. São Paulo: Editora Jurídica e Universitária, 1972.

CATHARINO, José Martins. *Tratado elementar de direito sindical*. São Paulo: LTr, 1977.

CAVALIERI FILHO, Sérgio. *Programa de responsabilidade civil*. 2. ed. São Paulo: Malheiros, 2001.

CAVALIERI FILHO, Sérgio. *Programa de responsabilidade civil*. 5. ed. São Paulo: Malheiros, 2004.

CESARINO JUNIOR, *Direito social*. São Paulo: LTr, 1980.

CHARBONEAU, Paul-Eugène. *Entre o capitalismo e o socialismo:* a empresa humana. São Paulo: Livraria Pioneira, 1983.

COELHO, Fábio Ulhôa. *Manual de direito comercial*. 6. ed. São Paulo: Saraiva, 2002.

COELHO, Inocêncio Mártires. *Interpretação constitucional*. Porto Alegre: Sérgio A. Fabris Editor, 1997.

COMPARATO, Fábio Konder. *Função social da propriedade e dos bens de produção*. Dicionário Empresarial – estudos e pareceres, 1990.

COMPARATO, Fábio Konder. "Estado, empresa e função social". *Revista dos Tribunais*. São Paulo: Revista dos Tribunais, ano 85, RT n. 732, 1996.

COMPARATO, Fábio Konder. *A reforma da empresa*. São Paulo: Saraiva, 1990.

COMPARATO, Fábio Konder. "A reforma da empresa". Rio de Janeiro: *Revista Forense*, n. 290, 1985.

DALLARI, Adilson Abreu. *Regime constitucional dos servidores públicos*. 2. ed., São Paulo: Revista dos Tribunais, 1992.

DALLEGRAVE NETO, José Affonso (Coord.) *Direito do trabalho contemporâneo*. Flexibilização e efetividade. São Paulo: LTr, 2003.

DELGADO, Mauricio Godinho. *Curso de direito do trabalho*. São Paulo: LTr, 2002.

DELGADO, Mauricio Godinho. *Curso de direito do trabalho*. 6. ed. São Paulo: LTr, 2007.

DINIZ, Maria Helena. *Curso de direito civil brasileiro*. Teoria geral do direito civil. 22. ed. São Paulo: Saraiva, 1. v., 2005.

DINIZ, Maria Helena. *Curso de direito civil brasileiro*. Teoria geral das obrigações de direito civil. 20. ed. São Paulo: Saraiva, 2. v., 2004.

DINIZ, Maria Helena. *Curso de direito civil brasileiro*. Teoria das obrigações contratuais e extracontratuais. 20. ed. São Paulo: Saraiva, 3. v., 2002.

DUMORTOUT, André Luiz; GONÇALVES, Álvaro Thomaz. *Dicionário de sociedades comerciais e mercado de capitais*, Rio de Janeiro: Forense, 1983.

DWORKIN, Ronald. *O império do direito*. São Paulo: Martins Fontes, 1999.

FACHIN, Luiz Edson. *Estatuto jurídico do patrimônio jurídico*. 2001, nota prévia da tese.

FERNANDES, F. *Dicionário de sinônimos e antônimos da língua portuguesa*. Rio de Janeiro: Ed. Globo, 1995.

FERRAJOLI, Luigi. *A soberania no mundo moderno. Nascimento e crise do estado nacional*. São Paulo: Martins Fontes, 2002.

FERREIRA, Aurélio Buarque de Holanda. *Novo dicionário Aurélio da língua portuguesa*. 2. ed. Rio de Janeiro: Nova Fronteira, 1986.

FERREIRA FILHO. Manoel Gonçalves. *Do processo legislativo*, 3ª ed., São Paulo: Saraiva, 1995, p. 286.

FIUZA, César Augusto de Castro; SÁ, Maria de Fátima Freire de; DIAS, Ronaldo Brêtas C. (Coords.). *Temas atuais de direito processual civil*. Belo Horizonte: Del Rey, 2001, Texto: Formas alternativas de solução de conflitos.

FONSECA, Vicente José Malheiros da. "Comissões de conciliação prévia". *Revista do Trabalho*, ano 18, n. 210. Porto Alegre: HS Editora Ltda., jun. 2001.

FRANCO FILHO, Georgenor de Souza. "A Convenção 132 da OIT e seus reflexos". *Revista Synesis*, 34/2002.

GARCEZ, José Maria Rossani. Negociação. ADRS. *Mediação. Conciliação e arbitragem*. 2. ed. Rio de Janeiro: Lumen Juris, 2003.

GARCIA, Pedro Carlos Sampaio. *O sindicato e o processo:* a coletivização do processo do trabalho. São Paulo: Saraiva, 2002.

GIGLIO, Wagner D. *Justa causa*. 7. ed. São Paulo: Saraiva, 2000.

GIGLIO, Wagner D. *Justa causa*. 4. ed. São Paulo: LTr, 1993.

GIGLIO, Wagner D. *A conciliação nos dissídios individuais do trabalho*. Porto Alegre: Síntese, 1997.

GIGLIO, Wagner D. *Direito processual do trabalho*. 14. ed. São Paulo: Saraiva, 2005.

GOMES, Fábio Rodrigues. "Eficácia horizontal dos princípios constitucionais". *Palestra* proferida no Metta Cursos Jurídicos em de 15/02/2007, às 9h.

GOMES, Hélio. *Medicina legal*. 12. ed. São Paulo: Saraiva, 2. v. 1978.

GOMES, Orlando; GOTTSCHALK, Élson. *Curso de direito do trabalho*. Rio de Janeiro: Forense, 1995.

GOMES, Orlando; GOTTSCHALK, Élson. *Curso de direito do trabalho*. 17. ed. Revisado por José Augusto Rodrigues Pinto. Rio de Janeiro: Forense, 2004.

GONDIN, Regina. *Natureza jurídica da solidariedade*. Rio de Janeiro: Conquista, 1958.

GRUNSPUN, Haim. *O trabalho das crianças e dos adolescentes*. São Paulo: LTr, 2000.

GUSMÃO, Mônica. *Direito empresarial*. 3. ed. Rio de Janeiro: Impetus, 2004.

HÄBERLE, Peter. *Hermenêutica constitucional*. A sociedade aberta dos intérpretes da Constituição: contribuição para a interpretação pluralista e "procedimental" da Constituição. Tradução por Gilmar Ferreira Mendes. Porto Alegre: Sérgio Antônio Farbis, 1997.

HOLANDA, A. B. *Novo dicionário da língua portuguesa*. Rio de Janeiro: Nova Fronteira, 1996.

HOUAISS, Antônio. *Dicionário Houaiss da língua portuguesa*. Rio de Janeiro: Objetiva, 2001.

IANNI, Octavio. *A era do globalismo*. Rio de Janeiro: Civilização Brasileira, 1996.

IANNI, Octavio. *A sociedade global*. 10. ed. Civilização brasileira. Rio de Janeiro, 2002.

JORGE NETO, Francisco Ferreira; *Manual de direito do trabalho*. Rio de Janeiro: Lumen Juris, 2003.

JORGE NETO, Francisco Ferreira; CAVALCANTE, Jouberto de Quadros Pessoa. *Manual de direito do trabalho*. Rio de Janeiro: Lumen Juris, 2003.

KOURY, Suzy Elizabeth Cavalcante. *A desconsideração da personalidade jurídica e os grupos de empresas*. Rio de Janeiro: Forense, 2003.

LACERDA, Dorval. *A renúncia no Direito do Trabalho*. São Paulo: Max Limonad.

LACERDA, Dorval. "Aspectos jurídicos do contrato de trabalho". Rio de Janeiro: *Revista do Trabalho*, 1941.

LACERDA, Dorval. *A falta grave no direito do trabalho*. 4. ed. São Paulo: Edições Trabalhistas, 1976.

LAMARCA, Antônio. *Contrato individual de trabalho*. São Paulo: Revista dos Tribunais, 1969.

LAMARCA, Antônio. *Manual das justas causas*. 2. ed. São Paulo: Revista dos Tribunais, 1983.

LEAL, Antônio Luis da Câmara. *Da prescrição e da decadência*. Rio de Janeiro: Forense, 1993.

LIMA, Amarildo Carlos de. *A ação civil pública e sua aplicação no processo do trabalho*. São Paulo: LTr, 2002.

LORENZETTI, Ari Pedro. *A prescrição e a decadência na Justiça do Trabalho*. São Paulo: LTr, 2009, p. 27.

MACHADO, Marcelo Ferreira. "O calvário imposto pela Emenda Constitucional n. 19/98 e a ADI 2.135 – DF – notas diversas sobre um sem-número de irregularidades (ou um fim ou um começo?)". Disponível em: <www.mettacursos.com.br/artigos>.

MAGALHÃES, Humberto Piragibe; MALTA, Christóvão Piragibe. *Dicionário jurídico*. 8. ed. Rio de Janeiro: Destaque, 1997.

MAGANO, Otávio Bueno. *Manual de direito do trabalho*. Direito individual do trabalho. 3. ed. São Paulo: LTr, 1992, v. 2.

MAGANO, Otávio Bueno. "Fundo de Garantia do Tempo de Serviço". *Boletim IOB*, 30 jan. 1990.

MAGANO, Otávio Bueno. *Manual de direito do trabalho*. Direito coletivo do trabalho. 3. ed. São Paulo: LTr, 1993, v. 3.

MAGANO, Otávio Bueno. *Primeiras lições de direito do trabalho*. 3. ed. São Paulo: RT, 2003.

MAGANO, Otávio Bueno. *Manual de direito do trabalho*. Direito individual do trabalho. 3. ed. São Paulo: LTr, 1992, v. 2, p. 138.

MAGANO, Otávio Bueno. *Suplemento trabalhista*. São Paulo: LTr 56.298/90.

MAGANO, Otávio Bueno. *Do poder diretivo na empresa*. São Paulo: Saraiva, 1982.

MARANHÃO, Délio. *Direito do trabalho*. 11. ed. Rio de Janeiro: Editora da Fundação Getulio Vargas, 1983.

MARANHÃO, Délio; CARVALHO, Luiz Inácio Barbosa. *Direito do trabalho*. 17. ed. Rio de Janeiro: Fundação Getulio Vargas, 1998.

MARTIN, Hans-Peter & Schumann Harald. *A armadilha da globalização*. O assalto à democracia e ao bem-estar social. 5. ed. São Paulo: Globo, 1999.

MARTINEZ, Luciano. *Curso de direito do trabalho*. 11. ed. São Paulo: Saraiva, 2020.

MARTINS, Sergio Pinto. *Direito do trabalho*. 13. ed. São Paulo, 2001.

MARTINS, Sergio Pinto. *Comissões de conciliação prévia e procedimento sumaríssimo*. 2. ed. São Paulo: Atlas, 2001.

MARTINS, Sergio Pinto. *Comentários às súmulas do TST*. São Paulo: Atlas, 2005.

MARTINS, Sergio Pinto. *A terceirização e o direito do trabalho*. São Paulo: Atlas, 2003.

MARTINS FILHO, Ives Gandra da Silva. *Processo coletivo do trabalho*. 2. ed. São Paulo: LTr, 1996.

MARTINS FILHO, Ives Gandra da Silva. *Manual esquemático de direito e processo do trabalho*. 10. ed. rev. e ampl. São Paulo: Saraiva, 2002.

MAXIMILIANO, Carlos – *Hermenêutica e aplicação do direito*. 12. ed. Rio de Janeiro: Forense, 1992.

MEIRELLES, Hely Lopes. *Direito administrativo brasileiro*. 31. ed. São Paulo: Malheiros, 2003.

MELLO, Celso Bandeira de. *Curso de direito administrativo*. 11. ed. São Paulo: Malheiros, 1999.

MELLO, Celso D. de Albuquerque. "Aspectos jurídico-políticos da globalização". *Revista de Ciências Sociais*. Rio de Janeiro: Universidade Gama Filho, v. 2, n. 2, dez. 1996.

MELLO, Celso D. de Albuquerque. *Direito internacional econômico*. Rio de Janeiro: Renovar, 1993.

MELO, J. T. Almeida. "Julgamento por equidade", *in O sino de Samuel*. Belo Horizonte: Faculdade de Direito da UFMG, 1997.

MENDES, Aluisio Gonçalves de Castro. *Ações coletivas no direito comparado e nacional*. São Paulo: Editora Revista dos Tribunais, 2002.

MIRANDA, Jorge. *Teoria do Estado e da Constituição*. Rio de Janeiro: Forense, 2002.

MIRANDA, Jorge. *Teoria do Estado e da Constituição*. Coimbra: Coimbra, 2002.

MIRANDA, Pontes. *Tratado de direito civil*. 3. ed. Tomo VI. Rio de Janeiro: Borsói, 1970.

MONTEIRO, Washington de Barros. *Curso de direito civil*. São Paulo: Saraiva, 2004, v 1.

MORAES, Alexandre de. *Direito constitucional*. 8. ed. São Paulo: Atlas, 2000.

MORAES, Alexandre de. *Direito constitucional*. 9. ed. São Paulo: Atlas, 2002.

MORAES FILHO, Evaristo; MORAES, Antonio Carlos Flores de. *Introdução ao direito do trabalho*. 9. ed. São Paulo: LTr, 2003.

MORAES FILHO, Evaristo; MORAES, Antonio Carlos Flores de. *Sucessão nas obrigações e a teoria da empresa*. Rio de Janeiro: Forense, 1960, v. 1.

MORAES FILHO, Evaristo; MORAES, Antonio Carlos Flores de. *Introdução ao direito do trabalho*. São Paulo: LTr, 1971.

MORAES FILHO, Evaristo; MORAES, Antonio Carlos Flores de. *Introdução ao direito do trabalho*. 9. ed. São paulo: Ltr, 2003.

MORAES FILHO, Evaristo; MORAES, Antonio Carlos Flores de. *A justa causa na rescisão do contrato de trabalho*. 2. ed. Rio de Janeiro: Forense, 1968.

MOTTA, Sylvio; DOUGLAS, William. *Direito constitucional*. Rio de Janeiro: Impetus, 2004.

MOTTA, Sylvio; DOUGLAS, William. *Controle de constitucionalidade*. 2. ed. Rio de Janeiro: Impetus, 2002.

NASSAR, Rosita de Nazaré Sidrim. *Flexibilização do direito do trabalho*. São Paulo: LTr, 1991.

NASCIMENTO, Amauri Mascaro. *Curso de direito do trabalho*. 16. ed. São Paulo: Saraiva, 1999.

NASCIMENTO, Amauri Mascaro. *Iniciação ao direito do trabalho*. 27. ed. São Paulo: LTr, 2001.

NASCIMENTO, Amauri Mascaro. *Iniciação ao direito do trabalho*. 28. ed. São Paulo: LTr, 2002.

NASCIMENTO, Amauri Mascaro. *Direito sindical*. 2. ed. São Paulo: Saraiva, 1991.

NASCIMENTO, Amauri Mascaro. *Compêndio de direito sindical*. 4. ed. São Paulo: LTr, 2005.

NASCIMENTO, Amauri Mascaro. *O direito do trabalho na Constituição de 1988*. 2. ed. São Paulo: Saraiva, 1991.

NASCIMENTO, Amauri Mascaro. "As centrais sindicais e as modificações de 2008". São Paulo: *Suplemento Trabalhista* 045/08.

NASCIMENTO, Sônia A. C. Mascaro. "O assédio moral no ambiente do trabalho". *Revista LTr*, n. 8, São Paulo, 2004.

NERY JUNIOR, Nelson; NERY, Rosa Maria de Andrade. *Código Civil anotado e legislação extravagante*. 2. ed. São Paulo: Revista dos Tribunais, 2003, p. 220.

NEVES, Humberto Alves Coelho Marcelo. "Direito público do trabalho. Estudos em homenagem a Ivan D. Rodrigues Alves". Artigo de Arnaldo Süssekind, *Os direitos sociais-trabalhistas na binacional "ITAIPU"*, Belo Horizonte, Fórum, 2008, pp. 26-31.

NORRIS, Roberto; DALLEGRAVE NETO, José Affonso. *Inovações no processo do trabalho*. 2. ed. Rio de Janeiro: Editora Forense, 2000.

OLIVEIRA, Sebastião Geraldo de. *Indenizações por acidente do trabalho ou doença ocupacional*. 2. ed. São Paulo: LTr, 2006.

PAIVA, Mário Antônio Lobato de (Coord.). *A Lei do rito sumaríssimo e das Comissões de Conciliação Prévia na Justiça do Trabalho vista pelos juristas*. Rio de Janeiro: Forense, 2002.

PAIXÃO, Cristiano; FLEURY, Ronaldo Curado. *Trabalho portuário. A modernização dos portos e as relações de trabalho no Brasil*. 2. ed. São Paulo: Método, 2008, p. 89.

PAIXÃO, Cristiano; FLEURY, Ronaldo Curado. *Trabalho Portuário. A modernização dos portos e as relações de trabalho no Brasil*. 2. ed. São Paulo: Método, 2008, p. 20.

PAMPLONA FILHO, Rodolfo. "Prescrição das ações propostas por trabalhadores domésticos". *Revista LTr*, 60-11, nov. 1996.

PAMPLONA FILHO, Rodolfo. "Assédio sexual: questões conceituais". http://jus2.uol.com.br/doutrina/ texto.asp?id=6826, artigo elaborado em 04/01, acesso em 19/12/2008.

PAMPLONA FILHO, Rodolfo. "Interrupção da prescrição no processo trabalhista". *Revista LTr*, 59-05, mai. 1995.

PEDREIRA, Pinto. "Um novo modelo social: a flexissegurança". São Paulo: *Revista LTr*, Publicação mensal de legislação, doutrina e jurisprudência, v. 69, n. 6, p. 645, jun. 2005.

PEDREIRA, Pinto. "O teletrabalho". *Revista LTr*. v. 64, n. 5. São Paulo: LTr, mai. 2000.

PEIXINHO, Manoel Messias. *A interpretação da Constituição e os princípios fundamentais. Elementos para uma interpretação constitucional renovada*. Rio de Janeiro: Lumen Juris, 1999.

PEREIRA, Caio Mário da Silva. *Instituições de direito civil*. Rio de Janeiro: Forense, 2004.

PEREIRA, Caio Mário da Silva. *Instituições de direito civil*. Rio de Janeiro: Forense, 2002. v. 1.

PEREZ, Viviani. *A função social da empresa: uma proposta de sistematização do conceito. Trabalho final de disciplina de direito civil*. Mestranda da Uerj, 2005.

PINHEIRO, Iuri; LIMA, Fabrício. *Manual do* compliance *trabalhista*: teoria e prática. São Paulo: JusPodivm, 2020.

PINHO, Humberto Dalla Bernardina de. *A natureza jurídica do direito individual homogêneo e sua tutela pelo Ministério Público como forma de acesso à justiça*. Rio de Janeiro: Forense, 2002.

PINTO, José Augusto Rodrigues. *Curso de direito individual do trabalho*. 4. ed. São Paulo: LTr, 2000.

PINTO, José Augusto Rodrigues. *Direito sindical brasileiro*. São Paulo: LTr, 1993.

PINTO, José Augusto Rodrigues. "A Emenda Constitucional nº 45/04 e a Justiça do Trabalho: reflexos, inovações e impactos". São Paulo: *Revista LTr*, 69-05, 2005.

PRUNES, José Luiz Ferreira. *Contrato de trabalho doméstico e trabalho a domicílio*. Curitiba: Juruá, 1995.

PRUNES, José Luiz Ferreira. *Tratado sobre a prescrição e a decadência no direito do trabalho*. São Paulo: LTr, 1998.

REALE, Miguel. "A globalização da economia e o direito do trabalho". *Revista LTr*, 61-01/12.

REALE, Miguel. "Visão geral do projeto de Código Civil: tramitação do projeto". *Revista dos Tribunais*, nº 752, jun. 1998.

REALE, Miguel. *Lições preliminares de direito*. 16. ed. São Paulo: Saraiva, 1988.

RÊGO, Werson Franco Pereira; RÊGO, Oswaldo Luiz Franco. "O Código de Defesa do Consumidor e o direito econômico". Rio de Janeiro: *Revista da Emerj*, n. 19, 2002.

REQUIÃO, Rubens. *Curso de direito comercial*. 22. ed. São Paulo: Saraiva, 1995. v. 1.

RIPERT, Georges. *O regime democrático e o direito civil moderno*. São Paulo: Saraiva, 1987.

ROBOREDO, Maria Lúcia. *Flexibilização do direito laboral no Cone Sul*. Rio de Janeiro: Universidade Gama Filho, 1997, Tese de Doutorado.

RODRIGUEZ, Américo Plá. Estudo Preliminar. In: BUEN, Nestor de (Coord.). *A solução dos conflitos trabalhistas*. São Paulo. LTr, 1986.

RODRIGUEZ, Américo Plá. *Princípios de Direito do Trabalho*. São Paulo: LTr, 1978.

ROMITA, Arion Sayão. *O poder disciplinar do empregador*. Rio de Janeiro: Freitas Bastos, 1978.

ROMITA, Arion Sayão. *Direito do trabalho – temas em aberto*. São Paulo: LTr, 1998.

ROMITA, Arion Sayão. *Os direitos sociais na Constituição e outros estudos*. São Paulo: LTr, 1991.

ROMITA, Arion Sayão. *Globalização da economia e direito do trabalho*. São Paulo: LTr, 1997.

ROMITA, Arion Sayão. *Direito sindical brasileiro*. Rio de Janeiro: Brasília, 1976.

ROMITA, Arion Sayão. Prefácio contido no livro de SOUZA, Zoraide Amaral. *Arbitragem – Conciliação – Mediação nos conflitos coletivos trabalhistas*. São Paulo: LTr, 2004.

ROMITA, Arion Sayão. Inovações no processo do trabalho. *Revista Forense*, v. 353. Rio de Janeiro: Forense, 2000.

ROMITA, Arion Sayão. *Pronúncia de ofício de prescrição trabalhista*. São Paulo: LTr, 2006, ano 42, LTr Sup. Trab. 100/06.

ROMITA, Arion Sayão. *O princípio da proteção em xeque*. São Paulo: LTr, 2003.

ROMITA, Arion Sayão. *Direitos fundamentais nas relações de trabalho*. São Paulo: LTr, 2005.

RUSSOMANO, Mozart Victor. *Curso de direito do trabalho*. 7. ed. Curitiba: Juruá, 1999.

RUSSOMANO, Mozart Victor. *Comentários à Consolidação das Leis do Trabalho*. 9. ed. Rio de Janeiro: Forense, 1982.

RUSSOMANO, Mozart Victor *et al*. *Consolidação das Leis do Trabalho anotada*. Rio de Janeiro: Forense, 2002.

RUSSOMANO, Mozart Victor. *Direito sindical*. Rio de Janeiro: Konfino, 1974.

RUSSOMANO, Mozart Victor. *Princípios gerais de direito sindical*. Rio de Janeiro: 1995.

SAAD, Eduardo Gabriel; SAAD, José Eduardo Duarte; BRANCO, Ana Maria Saad Castelo. *CLT comentada*. 37. ed. São Paulo: LTr, 2004.

SAAD, Eduardo Gabriel; SAAD, José Eduardo Duarte; BRANCO, Ana Maria Saad Castelo. *CLT comentada*. 39. ed. São Paulo: LTr, 2006.

SAAD, Eduardo Gabriel; SAAD, José Eduardo Duarte; BRANCO, Ana Maria Saad Castelo. *Consolidação das Leis do Trabalho comentada*. São Paulo: LTr, 1993.

SAAD, Eduardo Gabriel; SAAD, José Eduardo Duarte; BRANCO, Ana Maria Saad Castelo. "Das comissões de conciliação prévia", *Suplemento LTr*, 043/00.

SANTOS, Moacyr Amaral. *Primeiras linhas de direito processual civil*. 15. ed. São Paulo: Saraiva, 1992.

SARMENTO, Daniel. *A ponderação de interesses na Constituição Federal*. Rio de Janeiro: Lumen Juris, 2003.

SARMENTO, Daniel. *Direitos fundamentais e relações privadas*. Rio de Janeiro: Lumen Juris, 2001.

SERSON, José. *Curso de rotinas trabalhistas*. 35. ed. São Paulo: RT, 1995.

SILVA, Carlos Henrique Zangrano da. *Resumo de direito do trabalho*. 6. ed. Rio de Janeiro: Edições Trabalhistas, 2003.

SILVA, De Plácido e. *Vocabulário Jurídico*. 23. ed. Atualizadores: Nagib Slaibi Filho e Gláucia Carvalho. Rio de Janeiro: Forense, 2003.

SILVA, José Afonso da. *Aplicabilidade das normas constitucionais*. São Paulo: Malheiros, 2001.

SILVA, José Afonso da. *Curso de direito constitucional*. São Paulo: Malheiros, 2005.

SILVA, Luiz de Pinho Pedreira da. *Principiologia do direito do trabalho*. 2. ed. São Paulo: LTr, 1999.

SILVA, Luiz de Pinho Pedreira da. *A reparação do dano moral no direito do trabalho*. São Paulo: LTr, 2004.

SILVA, Luiz de Pinho Pedreira da. "Os princípios do direito coletivo do trabalho". *Revista LTr*, 63-02, fev. 1999.

SOUSA, Celita Oliveira. *Solução dos conflitos trabalhistas nas comissões de conciliação prévia.* Brasília: Editora Consulex, 2001.

SOUZA, Zoraide Amaral de. *Arbitragem, conciliação, mediação nos conflitos trabalhistas*. São Paulo:LTr, 2004.

STEIN, Alex Sandro. *Curso de direito portuário*. São Paulo: LTr, 2002.

STRECK, Lenio Luiz. *Jurisdição constitucional e hermenêutica.* Rio Grande do Sul: Livraria do Advogado, 2000.

STRECK, Lenio Luiz. *Hermenêutica jurídica e(m) crise:* uma exploração hermenêutica da crise do Direito. Porto Alegre: Livraria do Advogado, 1999.

SÜSSEKIND, Arnaldo. *Direito constitucional do trabalho***.** Rio de Janeiro: Renovar, 1999.

SÜSSEKIND, Arnaldo. *Direito internacional do trabalho*. 3. ed. São Paulo: LTr, 2000.

SÜSSEKIND, Arnaldo. *Curso de direito do trabalho*. Rio de Janeiro: Renovar, 2002.

SÜSSEKIND, Arnaldo. "Prescrição do doméstico". *Revista LTr* 53-91.

SÜSSEKIND, Arnaldo; MARANHÃO, Délio; VIANNA, Segadas; TEIXEIRA, Lima. *Instituições de direito do trabalho*. 18. ed. São Paulo: LTr, v. 1. 1999.

SÜSSEKIND, Arnaldo; MARANHÃO Délio; VIANNA, Segadas; TEIXEIRA, Lima. *Instituições de direito do trabalho*. 19. ed. São Paulo: LTr, v. 2. 2000.

SÜSSEKIND, Arnaldo; MARANHÃO Délio; VIANNA, Segadas; TEIXEIRA, Lima. *Instituições de direito do trabalho*. 21. ed. São Paulo: LTr, v. 1. 2003.

SÜSSEKIND, Arnaldo; MARANHÃO Délio; VIANNA, Segadas; TEIXEIRA, Lima. *Instituições de direito do trabalho*. 22. ed. São Paulo: LTr, 2005. v. 1.

TEPEDINO, Gustavo. "Premissas metodológicas para a constitucionalização do direito civil". *Temas de direito civil*. Rio de Janeiro: Renovar, 1999.

TEPEDINO, Gustavo; BARBOZA, Heloísa Helena; MORAES, Maria Celina Bodin de. *Código Civil interpretado conforme a Constituição*. Rio de Janeiro: Renovar, 2004, v. 1.

TEIXEIRA, João Régis Fassebender. *Alcoolismo do empregado:* justa causa ou doença? Noções de Direito do Trabalho – Estudos em homenagem ao professor Élson Gottschalk. São Paulo: São Paulo, 1995.

TEIXEIRA FILHO, Manoel Antônio. *Execução no processo do trabalho*. São Paulo: LTr, 1989.

TEIXEIRA FILHO, Manoel Antônio. "A Justiça do trabalho e a Emenda Constitucional 45/04". São Paulo: *Revista LTr* 69-01, 2005.

THEODORO JUNIOR, Humberto. *Curso de direito processual civil*. Rio de Janeiro: Forense, 1996, v. 2.

TOMAZETTE, Marlon. "Desconsideração da personalidade jurídica: a teoria, o Código de Defesa do Consumidor e o novo Código Civil". São Paulo: *Revista dos Tribunais*, ano 90, vol. 794, dez. 2001.

VALENTIM, João Hilário. "Teletrabalho e relações de trabalho". *Revista Gênesis de Direito do Trabalho*. Curitiba: Gênesis, 1999.

VALERIANO, Sebastião Saulo. *Comissões de conciliação prévia trabalhistas:* Lei nº 9.958/2000: aspectos controvertidos e jurisprudência. São Paulo: LTr, 2003.

VENOSA, Sílvio de Salvo. *Direito civil.* Teoria geral das obrigações e teoria geral dos contratos. 5. ed. São Paulo: Atlas, v. 2. 2005.

VIANA, Márcio Túlio; RENAULT, Luiz Otávio Linhares. *O que há de novo em direito do trabalho*. São Paulo: LTr, 1997.

VIANNA, L.W. *A judicialização da política e das relações sociais no Brasil.* São Paulo: Editora Revan, 2002.

VILHENA, Paulo Henrique Ribeiro. *Relação de emprego, estrutura legal e supostos*. 2. ed. São Paulo: LTr, 1999.

WATANABE, Kazuo. *Código Brasileiro de Defesa do Consumidor:* comentado pelos autores do anteprojeto, 7. ed. Rio de Janeiro: Forense Universitária, 2001.

ZANGRANDO, Carlos Henrique da Silva. *Resumo de direito do trabalho*. 6. ed. Rio de Janeiro: Edições Trabalhistas, 2003.

Outras referências

Revista *VOCÊ S/A*, dezembro de 2003.

Revista *Veja* de 07/07/1999.

Revista *Veja* de 26/07/2006.

Site consultado em 16/11/2003: http://www.mte.gov.br/Temas/conciliacao/Legislacao/Conteudo/nota.asp

Site consultado em 22/07/2006: http://www.ibge.gov.br/

Site consultado em 21/11/2003: www.tst.gov.br

Jornal *O Globo* de 30/07/2006.

Jornal *O Globo* de 25/08/2006.

Jornal *O Globo* de 08/08/2006.

Jornal *O Globo* de 22/12/2004.

Bureau of Labor Statistics, *Folha de S. Paulo* de 14/02/1996.

ÍNDICE ALFABÉTICO-REMISSIVO

(os números referem-se às páginas.)

A

D

E

H

I

J

L

N

Q

R

T

U

V

W

Y

Z